金融機関の法務対策5000講

5000講

遠藤　俊英
小野瀬　厚
神田　秀樹
中務 嗣治郎

[監修]

I巻

金融機関の定義
コンプライアンス
取引の相手方
預金

編

一般社団法人 金融財政事情研究会

はしがき

　本書は、昭和33年から39年にかけて「旬刊金融法務事情」の特集として弊会より発刊された『銀行窓口の法務対策130講』を集大成し、昭和40年に『銀行窓口の法務対策1300講』として発刊したのがはじまりです。その後、好評のうちに9回の改訂を重ねてまいりました。

　今回の改訂では、中小・地域金融機関を含むより幅広い金融機関の窓口に加え、本部各部でご利用いただいている実態をふまえ、『銀行窓口の法務対策』という書名を半世紀ぶりに改め、『金融機関の法務対策』として刊行することになりました。

　『4500講』刊行後4年経った現在、金融機関を取り巻く状況は大きく変動しました。平成26年の会社法改正など、重要な法令の立法・改正がなされたほか、平成28年の相続預金に関する最高裁大法廷決定、信用保証契約における反社会的勢力排除に関するものなど、新しい判例が多く出されました。また、マイナンバー制度や法定相続情報証明制度など金融機関の窓口における手続に影響する新たな制度も登場しました。一方で、金融機関は従来以上に中小企業を支援する役割が期待されるとともに、法令遵守のミニマムスタンダードを超えた顧客本位の業務運営を求められています。さらに、FinTech の拡大や、本年5月に改正された債権法により、金融機関の業務そのものが大きく変容しようとしています。

　時代の流れとともに知識が蓄積されてきた本書を、あらゆる金融業務に対応できる金融法務の実務の定本として、窓口で異例の手続に遭遇したときや、業務で疑問を抱いたときの確かな相談相手として、ご活用いただければ幸いです。

　最後に、『5000講』の刊行にあたって、ご繁忙の折、ご監修をお引き受けくださった遠藤俊英氏、小野瀬厚氏、神田秀樹氏、中務嗣治郎氏、また企画へのご参画、ご執筆、ご校閲を賜りました方々、ならびに9回にわたる改訂にご執筆等のご協力を賜りました方々に対しまして、厚く御礼申し上げる次第です。

平成29年12月

一般社団法人　金融財政事情研究会

『5000講』の監修者、企画・執筆・校閲者

◆ 監修者

遠藤　俊英（金融庁監督局長）
小野瀬　厚（法務省民事局長）
神田　秀樹（学習院大学教授）
中務嗣治郎（弁護士・弁護士法人中央総合法律事務所代表弁護士　マネイジングパートナー）

◆ 企画・執筆・校閲者

相澤　晃（全国信用金庫協会）	石毛　和夫（弁護士）	臼井　幸治（弁護士）
相原　恭治（おかやま信用金庫）	石塚　修（山形銀行）	臼井　隆行（日本政策投資銀行）
青木　晋治（弁護士）	石塚　智教（弁護士）	宇田川敦史（弁護士）
青木　良介（城北信用金庫）	石橋　尚季（三井住友信託銀行）	内ヶ﨑　茂（三菱UFJ信託銀行）
青竹　美貴（みずほ銀行・弁護士）	泉　篤志（弁護士）	内田　敏春（日本政策投資銀行）
青柳　徹（弁護士）	板橋　英之（北日本銀行）	内田　義厚（早稲田大学）
赤尾進一郎（三菱UFJ信託銀行）	市村　直子（あおぞら銀行）	宇都宮弘一（東京スター銀行・弁護士）
赤坂　務（日本政策投資銀行）	伊藤　貴史（あおぞら債権回収）	内海　順太（東京スター銀行）
赤崎　雄作（弁護士）	伊藤菜々子（弁護士）	梅田亜由美（日本M&Aセンター・司法書士）
秋山　朋治（みずほ信託銀行）	伊東　信博（宮崎太陽銀行）	浦　亮一（弁護士）
浅井　弘章（弁護士）	伊藤　尚（弁護士）	浦滝　琢己（北海道銀行）
朝岡　裕子（日本政策投資銀行）	伊藤　広樹（弁護士）	浦中　裕孝（弁護士）
浅野　謙一（弁護士）	糸村　昌史（沖縄銀行）	浦山　周（弁護士）
麻生　裕介（弁護士）	稲田　博志（あおぞら銀行・弁護士）	永口　学（弁護士）
安達　祐介（三井住友銀行）	稲葉　千雅（三井住友信託銀行）	江口真理恵（弁護士）
安福　泰啓（全国信用保証協会連合会）	犬塚暁比古（弁護士）	江藤寿美怜（弁護士）
網野　精一（弁護士）	井上　生喜（西京銀行）	遠藤　雄一（足利銀行）
荒井陽二郎（三井住友銀行・弁護士）	今井　佑（弁護士）	大石健太郎（弁護士）
荒田　龍輔（弁護士）	今出　尚孝（三井住友銀行・弁護士）	大上　良介（弁護士）
在原　佑（千葉銀行）	今富　芳明（十八銀行）	大浦　貴史（弁護士）
有吉　尚哉（弁護士）	岩城　方臣（弁護士）	大川　友宏（弁護士）
粟澤　方智（弁護士）	岩木　保樹（日本M&Aセンター・公認会計士）	大木　健輔（三菱東京UFJ銀行）
安東　克正（中国銀行）	岩崎江光子（KPMGコンサルティング）	大櫛　健一（弁護士）
飯窪　光隆（不動産鑑定士・一級建築士）	岩間　智女（弁護士）	大口　敬（弁護士）
飯田　浩司（弁護士）	上田　淳史（弁護士）	大倉　徹也（三菱東京UFJ銀行）
飯塚　仁康（日本M&Aセンター）	上西　拓也（弁護士）	大澤　武史（弁護士）
飯沼　孝明（東京スター銀行）	植村　泰弘（あずさ監査法人）	大篠　智子（東京スター銀行）
飯山　高康（小田原第一信用組合）	宇佐美　豊（金融監査コンプライアンス研究所）	大野　静香（司法書士）
井川　正行（三菱東京UFJ銀行）	鵜沢　実治（千葉銀行）	大野　正文（全国銀行協会）
池田　瑛吉（琉球銀行）	氏家　洋輔（あずさ監査法人）	大林　寿代（東京スター銀行）
石川　智史（弁護士）	後平　真輔（弁護士）	小笠原恵美（三井住友銀行）

鈴木　正人	（弁護士）	玉井　豊文	（TGコンサルティング）	中村　閑	（弁護士）
鈴木　正之	（三菱UFJ信託銀行）	田村　篤	（みずほ銀行）	中村　弘明	（三菱東京UFJ銀行）
鈴木　円	（大光銀行）	田村　宗久	（弁護士）	中村　広樹	（弁護士）
鈴木　友一	（弁護士）	為重　力哉	（広島銀行）	並木　知紀	（税理士）
鈴木　由里	（弁護士）	田谷　惠子	（みずほ銀行）	新村　浩司	（東京スター銀行・弁護士）
須藤　雄宏	（あおぞら銀行・弁護士）	菅野　二郎	（三井住友銀行）	西　祐平	（三井住友銀行）
鷲見　大輔	（大垣共立銀行）	塚本　英巨	（弁護士）	西尾　友佑	（日本M&Aセンター・公認会計士）
住田　昌弘	（弁護士）	津田　圭司	（KPMGコンサルティング）	西岡　祐介	（弁護士）
清野　訟一	（弁護士）	土田　裕章	（福岡銀行）	錦野　裕宗	（弁護士）
関口　諒	（弁護士）	土谷　豪	（KPMGコンサルティング）	西崎　進	（北洋銀行）
関沢　正彦	（弁護士）	角野　佑子	（弁護士）	西澤　徹	（法務省）
世良　裕一	（全国銀行資金決済ネットワーク）	鶴岡　勇誠	（弁護士）	西田　智洋	（鹿児島銀行）
曽我　幸男	（弁護士）	照屋　光	（沖縄振興開発金融公庫）	西谷　和美	（弁護士）
十河　遼介	（弁護士）	土井富美久	（山口フィナンシャルグループ）	西中　宇紘	（弁護士）
髙井　章光	（弁護士）	薫　貞明	（三井住友信託銀行）	西村　孝史	（あずさ監査法人）
髙木いづみ	（弁護士）	田路　至弘	（弁護士）	根津　宏行	（弁護士）
高子　賢	（弁護士）	徳永愼太郎	（三菱東京UFJ銀行）	野崎　竜一	（弁護士）
髙梨　俊介	（三井住友銀行・弁護士）	徳丸　大輔	（弁護士）	能瀬　愛	（三井住友銀行）
髙野　紘輝	（弁護士）	戸田憲次郎	（KPMGコンサルティング）	野村　完	（弁護士）
高橋　厚志	（みずほ銀行・弁護士）	樋之口真樹	（南日本銀行）	羽間　弘善	（弁護士）
高橋　剛	（外国法事務弁護士（ニューヨーク州法））	冨岡　孝幸	（弁護士）	長谷川敦史	（日本生命保険）
高橋　浩美	（東京東信用金庫）	冨岡　武彦	（弁護士）	長谷川　卓	（三井住友銀行）
髙橋　洋行	（弁護士）	冨川　諒	（弁護士）	畑　英一郎	（弁護士）
髙畠三由紀	（三菱東京UFJ銀行）	富田　晋也	（全国信用保証協会連合会）	秦　まり子	（TIMコンサルティング）
高松　志直	（弁護士）	冨田　雄介	（弁護士）	蜂谷　真以	（三菱東京UFJ銀行）
髙見　駿	（弁護士）	冨松　宏之	（弁護士）	馬場　敦子	（三井住友信託銀行）
高谷　裕介	（弁護士）	豊田　将之	（三井住友信託銀行）	馬場健太郎	（北陸銀行）
瀧井　麻美	（みずほ銀行）	豊原　輝久	（あずさ監査法人）	土生　哲也	（弁理士）
瀧川　佳昌	（弁護士）	中　朋美	（三井住友銀行）	濱井　耕太	（弁護士）
滝澤あゆみ	（三菱UFJ信託銀行）	永井　利幸	（弁護士）	浜崎　祐紀	（弁護士）
田口　和幸	（弁護士）	長尾　龍一	（広島信用金庫）	浜田　将裕	（弁護士）
竹田　瑛典	（肥後銀行）	中川　正勝	（東京東信用金庫）	早坂　文高	（三井住友トラストクラブ）
竹田　和寛	（三井住友銀行）	永田　香織	（みずほ銀行）	原　佳奈子	（TIMコンサルティング）
竹山　智穂	（弁護士）	長田真理子	（みずほ銀行・弁護士）	原田　義昭	（三井住友銀行）
田子　真也	（弁護士）	永田　光博	（弁護士）	張谷俊一郎	（弁護士）
田中　公二	（大分県信用組合）	中務　尚子	（弁護士）	半田　久之	（司法書士）
田中　俊介	（日本生命保険）	中務　正裕	（弁護士）	東　竜太	（親和銀行）
田中　淳介	（尼崎信用金庫）	中西　和幸	（弁護士）	百武　健一	（京都中央信用金庫）
田中　貴士	（弁護士）	中原　健夫	（弁護士）	日向　隆	（弁護士）
田中　雄士	（弁護士）	中光　弘	（弁護士）	平松　知実	（巣鴨信用金庫）
谷　健太郎	（弁護士）	中村　健	（日本生命保険）	平山浩一郎	（弁護士）
谷口　厚志	（全国銀行協会）	中村　達弘	（日本生命保険）	廣瀬健一郎	（弁護士）
谷崎　研一	（弁護士）	中村　友絵	（三菱東京UFJ銀行）	廣渡　鉄	（弁護士）

『130講』から『4500講』までの企画・執筆・校閲者

相沢　璋治 （国民金融公庫）
相澤　智 （全国信用保証協会連合会）
相羽　利昭 （弁護士）
相場　中行 （弁護士）
青木　栄一 （八十二銀行）
青木　宏悦 （大蔵省）
青島　克浩 （三井住友銀行）
青谷　岩男 （法務省）
青山　直子 （野村アセットマネジメント）
青山　正博 （みずほ銀行・弁護士）
赤木　剛 （住友信託銀行）
赤坂　務 （日本政策投資銀行）
赤崎　雄作 （弁護士）
秋田　常雄 （大和銀行）
秋葉　喜浩 （山形しあわせ銀行）
秋元　君元 （住友銀行）
秋山　晃 （山形銀行）
秋山　恵司 （さくら銀行）
穐山　茂樹 （香川銀行）
浅井　隆彦 （弁護士）
浅井　弘章 （弁護士）
浅田久治郎 （税理士）
浅田　隆 （三井住友銀行）
浅野　謙一 （弁護士）
浅海　義信 （西京銀行）
浅見　利夫 （足利銀行）
足羽三千夫 （日本銀行）
東　儀一 （北海道拓殖銀行）
安立　直徳 （法務省）
安達　祐介 （三井住友銀行）
安達　義雄 （山形銀行）
油野　義明 （北海道拓殖銀行）
阿部　隆彦 （弁護士）
安倍　俊夫 （日本興業銀行）
安部　直典 （トゥルーバグループホールディングス）
安保　智勇 （弁護士）
天野　宏 （全国銀行協会）
天野　泰明 （りそな銀行）
天野　佳洋 （住友信託銀行）
網野　精一 （弁護士）
綾　克己 （弁護士）
荒井　真一 （東京銀行）
新井　正彦 （八十二銀行）
荒川　晃 （同栄信用金庫）
荒木政之丞 （国税庁）
荒巻　慶士 （弁護士）

荒谷　道春 （司法書士）
有吉　尚哉 （弁護士）
粟澤　方智 （弁護士）
粟島　浩 （北陸銀行）
粟田口太郎 （弁護士）
安念　宣子 （富士銀行）
飯岡　啓司 （常陽銀行）
飯倉　国臣 （埼玉銀行）
飯田　岳 （弁護士）
飯田　勝人 （信用状保証状研究所）
飯塚　武 （千葉興業銀行）
飯塚　充洋 （全国銀行協会連合会）
飯野　敦 （東和銀行）
飯原　一乗 （弁護士）
井形　良吉 （山形銀行）
井川　牧夫 （東京銀行）
五十嵐裕美子 （弁護士）
伊川　綾香 （東京スター銀行）
井川　正行 （三菱東京UFJ銀行）
井口　寛二 （弁護士）
井口　正久 （三菱銀行）
以倉　廸夫 （大和銀行）
池田　鈴子 （弁護士）
池田　尊幸 （愛媛銀行）
池田　靖 （弁護士）
池田　弥生 （東京地方裁判所）
池幡　正 （紀陽銀行）
池森　俊文 （興銀フィナンシャルテクノロジー）
井坂　公明 （時事通信社）
伊沢　直樹 （日本興業銀行）
石井　悦子 （みずほ銀行）
石井　眞司 （第一勧業銀行・弁護士）
石井　清司 （百十四銀行）
石井　隆 （ジェネラル　リインシュアランス　エイジイ）
石井　康司 （三井住友銀行）
石垣　俊二 （神奈川銀行）
石川　清司 （横浜銀行）
石川　剛 （弁護士）
石川　智彦 （三井住友銀行）
石川　泰 （三井銀行）
石黒　直文 （北海道拓殖銀行）
石黒　将名 （阪神銀行）
石毛　和夫 （弁護士）
石嵜　政信 （三菱UFJ信託銀行）
石澤麻里子 （横浜銀行）
石塚　智教 （弁護士）

石塚　恭路 （北日本銀行）
石橋　敏夫 （中小企業金融公庫）
石原　明 （法務省）
石原　次郎 （三菱信託銀行）
石丸　正芳 （日本生命保険）
石山　勝 （山形銀行）
泉尾　行教 （日本債券信用銀行）
泉　元美 （住友信託銀行）
五十田武治 （神戸銀行）
板垣幾久雄 （弁護士）
板橋　史明 （日本政策投資銀行）
市川　勇 （法務省）
市川　満 （全国信用保証協会連合会）
一宮　弘之 （みずほインターナショナルビジネスサービス）
市村　直子 （日本債券信用銀行）
伊藤　一敏 （山形銀行）
伊藤　邦彦 （三井住友銀行）
伊藤　慶二 （秋田銀行）
伊藤　紳祐 （北洋銀行）
伊藤　達哉 （日本政策投資銀行）
伊藤　経雄 （東洋信託銀行）
伊藤　尚 （弁護士）
伊藤　文雄 （滋賀銀行）
伊東　昌俊 （全国信用保証協会連合会）
伊藤　靖生 （国民金融公庫）
伊藤　義一 （松蔭大学大学院）
稲生　康男 （日本生命保険）
稲見　隆史 （住友信託銀行）
井上　昌治 （弁護士）
井上　俊雄 （全国銀行協会連合会）
井上　尚司 （弁護士）
井上　博史 （東京三菱UFJ銀行）
井上　大文 （しまなみ債権回収）
井上　文男 （さくら銀行）
井上　史男 （神戸銀行）
井ノ上真人 （三井住友銀行）
井上　友樹 （三井住友銀行）
今井　和男 （弁護士）
今井　進 （横浜銀行）
今出　尚孝 （三井住友銀行・弁護士）
今西　章 （大和銀行）
入江　伸夫 （三菱UFJ信託銀行）
入江　基晴 （中国銀行）
入江　泰至 （三菱東京UFJ銀行）
入江　康彦 （三井信託銀行）
岩切　義敏 （宮崎銀行）

心石　舜司	（弁護士）	斉藤　成美	（湘南信用金庫）	椎名　一夫	（三井住友銀行）
小塩　龍樹	（肥後銀行）	斉藤　洋	（埼玉銀行）	椎野　友介	（日本生命保険）
小島　一郎	（横浜銀行）	斉藤　睦馬	（第一勧業銀行）	鹿野　嘉昭	（21世紀政策研究所）
児島　立夫	（トマト銀行）	佐伯　聡	（三菱東京UFJ銀行）	色摩　和夫	（福島女子短期大学）
小新　俊明	（住友銀行）	阪　章伸	（SMBC電子債権記録）	宍戸　育夫	（富士銀行）
小平　尚美	（弁護士）	酒井　栄治	（日本興業銀行）	志田　康雄	（整理回収機構）
古手川高志	（三菱UFJ信託銀行）	酒井健太郎	（三菱UFJ信託銀行）	階　猛	（新生銀行）
後藤　俊夫	（三菱信託銀行）	酒井　忠昭	（神戸銀行）	品川　哲也	（全国信用保証協会連合会）
後藤　光宏	（阪神銀行）	酒井　教夫	（法務省）	志波　和佳	（トゥルーバグループホールディングス）
後藤　守孝	（三菱UFJリサーチ＆コンサルティング）	坂本　周	（日本長期信用銀行）	篠田　純一	（法務省）
小林　章博	（弁護士）	坂本　賢一	（鳥取銀行）	篠原　吉弘	（住友銀行）
小林　晃郎	（中小企業金融公庫）	坂本　直樹	（しまなみ債権回収）	柴田　彰	（さくら銀行）
小林　憲一	（日本興業銀行）	坂本　康	（第一勧業銀行）	柴田　重弘	（愛知銀行）
小林　貴恵	（弁護士）	佐久間　彬	（第四銀行）	柴田　鉄也	（不動産銀行）
小林　武司	（富士銀行）	佐久間憲児	（日本債券信用銀行）	柴原　多	（弁護士）
小林　徹	（住友信託銀行）	佐久間　亨	（三井住友信託銀行）	芝本　正好	（三菱銀行）
小林　信明	（弁護士）	佐久間弘道	（弁護士）	紫尾　俊一	（鹿児島銀行）
小林　秀紀	（京葉銀行）	桜井正三郎	（法務省）	渋谷　徹	（南日本銀行）
小林　史治	（弁護士）	櫻井　孝洋	（豊和銀行）	渋谷　正人	（スルガ銀行）
小林　雅人	（三井住友銀行）	桜井　武士	（住友銀行）	渋谷　隆士	（荘内銀行）
小林　幹雄	（弁護士）	櫻井　朋人	（新生銀行）	島瀬　憲次	（さくら銀行）
小林　幹幸	（弁護士）	笹岡　孝一	（福井銀行）	嶋田　幸忠	（大阪厚生信用金庫）
小林　洋介	（弁護士）	笹川　豪介	（三井住友信託銀行・弁護士）	島田　和幸	（みずほ銀行）
古原　暁	（弁護士）	佐々木　茂	（弁護士）	島田　敏雄	（弁護士）
駒木　保夫	（群馬銀行）	佐々木秀夫	（不動産銀行）	島田治三郎	（富士銀行）
小松　極	（芝信用金庫）	佐々木英人	（弁護士）	島田　博	（東京相和銀行）
小松　貞運	（伊予銀行）	佐々木英乃	（弁護士）	島谷　六郎	（弁護士）
小松　博親	（全国銀行協会連合会）	佐々木　勝	（三菱銀行）	嶋村　那生	（弁護士）
小松崎　徹	（常陽銀行）	笹原　一則	（山形銀行）	清水　和夫	（日本トラスティ・サービス信託銀行）
五味　廣文	（西村あさひ法律事務所）	佐々本正人	（三和銀行）	清水　湛	（法務省）
小宮山澄枝	（弁護士）	佐藤　順	（東北銀行）	清水　寛	（佐賀共栄銀行）
小山　勇	（第一勧業銀行）	佐藤　晋	（三井住友銀行）	清水　竜	（地域経済活性化支援機構）
小山　潔人	（日本開発銀行）	佐藤　新司	（岡崎信用金庫）	下井敬一郎	（多摩中央信用金庫）
小山　正之	（オリックス信託銀行）	佐藤　拓	（三井住友銀行）	下久保　翼	（弁護士）
紺田　哲司	（弁護士）	佐藤　忠	（あさひ銀行）	下西　祥平	（弁護士）
近藤　秋元	（住友銀行）	佐藤　英之	（三菱東京UFJ銀行）	下向　智子	（弁護士）
近藤　武辰	（住友銀行）	佐藤　仁	（日本信託銀行）	寿円　秀夫	（三井銀行）
近藤　秀樹	（住友銀行）	佐藤　博	（SMBC電子債権記録）	首藤　節夫	（大分県信用組合）
近藤　寛	（東洋信託銀行）	佐藤　正人	（秋田銀行）	城市　智史	（三井住友銀行）
近藤　博人	（富国生命保険）	佐藤　義幸	（弁護士）	昇高　正明	（広島銀行）
近藤　泰明	（弁護士）	佐貫　葉子	（弁護士）	庄司　義光	（三井住友銀行）
佐長　功	（弁護士）	佐柳　恭威	（バークレイズ証券）	庄野　昌博	（神戸銀行）
齋木　賢二	（司法書士）	澤　重信	（東京スター銀行）	白鳥　元生	（青森銀行）
才口　千晴	（弁護士）	澤井　明一	（あさひ銀行）	真川　幹也	（もみじ銀行）
西郷　隆永	（日本銀行）	沢田　孝一	（阿波銀行）	神宮　弘一	（足利銀行）
斉藤　忠男	（法務省）	沢野　潤	（大蔵省）	神宮字　謙	（東京スター銀行）
斎藤　恒夫	（山形銀行）	沢ノ井史郎	（富士銀行）	新藤　孝	（山形銀行）

氏名	所属	氏名	所属	氏名	所属
新平 記岱	(鹿児島相互信用金庫)	曽我 伸英	(全国信用金庫協会)	竹下 重人	(国税庁)
新保 雄司	(弁護士)	曽我 幸男	(弁護士)	竹田 和寛	(三井住友銀行)
菅田 彰一	(日本興業銀行)	外山 敏夫	(大和銀行)	竹田 忠夫	(富士銀行)
菅原 胞治	(弁護士)	染川 芳宏	(みずほ銀行)	竹田 亨	(東京地方裁判所)
菅原 雅晴	(BNPパリバ証券)	田井 純	(弁護士)	武田 祥資	(さくら銀行)
杉浦 信也	(りそな保証)	田井 雅巳	(三和銀行)	竹原 隆信	(弁護士)
杉浦 哲也	(東海銀行)	田尾久美子	(弁護士)	竹村 正大	(全国信用保証協会連合会)
杉浦 浩子	(東京地方裁判所)	互 智司	(住友銀行)	竹村 葉子	(弁護士)
杉橋 義春	(埼玉銀行)	大藤 耕治	(三菱銀行)	竹本 博	(三菱UFJ信託銀行)
杉原 麗	(弁護士)	高井 庸人	(相互信用金庫)	竹山 智穂	(地域経済活性化支援機構)
杉村 政昭	(三井信託銀行)	髙岡 信男	(弁護士)	多田 敏明	(弁護士)
杉山 明	(クレディセゾン)	髙木 瑛子	(弁護士)	立賀 明弘	(山陰合同銀行)
杉山 訓三	(富国生命保険)	高木新二郎	(中央大学法科大学院・弁護士)	舘上 雄一	(広島銀行)
杉山 正己	(東京地方裁判所)	髙田 佳恵	(三井住友銀行)	太刀川英男	(横浜銀行)
杉山 守	(岐阜信用金庫)	高月 昭年	(明海大学)	立木 志保	(福岡中央銀行)
杉若 雄次	(外為業務コンサルタント)	高堂 行弘	(三菱UFJ信託銀行)	立山 直司	(三菱信託銀行)
鈴江 謙三	(整理回収機構)	髙橋 瑛輝	(弁護士)	館川 昌彦	(京葉銀行)
鈴木 秋夫	(弁護士)	髙橋 順一	(弁護士)	田中 彰	(佐賀銀行)
鈴木 和男	(全国信用保証協会連合会)	髙橋 進	(朝日信用金庫)	田中 和夫	(三和銀行)
鈴木 健之	(三菱UFJ信託銀行)	髙橋 俊樹	(金融財政事情研究会)	田中 公二	(大分県信用組合)
鈴木 善作	(静岡銀行)	高橋 成行	(UFJ銀行)	田中 淳介	(尼崎信用金庫)
鈴木 忠司	(さくら銀行)	高橋 幸春	(北海道銀行)	田中 直喜	(静岡銀行)
鈴木 知法	(みずほ銀行)	高橋 智彦	(三井住友信託銀行・弁護士)	田中 信幸	(中兵庫信用金庫)
鈴木 秀昭	(三菱UFJ信託銀行)	高橋 弘	(三菱銀行)	田中 秀朋	(佐賀銀行)
鈴木 正和	(元協和銀行)	髙橋 洋行	(弁護士)	田中 弘明	(内部監査士)
鈴木 正之	(三菱UFJ信託銀行)	髙橋 稔	(八千代銀行)	田中 博文	(弁護士)
鈴木 正美	(東京地方裁判所)	髙橋 由紀	(三井住友銀行・弁護士)	田中 博行	(山陰合同銀行)
鈴木 保雄	(近畿銀行)	高平 英男	(岩手銀行)	田中 勝	(三井信託銀行)
鈴木 義則	(愛知銀行)	髙山 崇彦	(弁護士)	田中 三夫	(みちのく銀行)
須藤 克己	(中国銀行・弁護士)	髙山 満	(弁護士)	田中 充	(北越銀行)
須藤 晃一	(山形銀行)	高畠 由和	(法務省)	田中 嘉隆	(関西銀行)
鷲見 大輔	(大垣共立銀行)	高安昭之助	(東京銀行)	棚田 良平	(東京海上火災保険)
住田 立身	(全国銀行協会連合会)	田川 淳一	(弁護士)	棚橋 実	(愛知銀行)
住田 昌弘	(弁護士)	瀧井 麻美	(みずほ銀行)	谷川 啓	(あおぞら銀行)
関 潤	(大光銀行)	瀧川 佳昌	(弁護士)	谷川 修一	(富士銀行)
関 貴志	(三井信託銀行)	瀧嶋 亮介	(弁護士)	谷川 博幸	(三菱信託銀行)
関 秀忠	(弁護士)	滝田 裕	(弁護士)	谷口 昌隆	(十八銀行)
関口 真介	(七十七銀行)	滝本 豊水	(弁護士)	谷崎 研一	(日本長期信用銀行)
関口 節子	(常陽銀行)	田口 和幸	(弁護士)	谷藤 辰男	(国税庁)
関口 靖夫	(幸福相互銀行)	田口 健司	(弁護士)	種村 一彦	(太陽銀行)
関沢 正彦	(弁護士)	武井 一彦	(三井住友信託銀行)	田幡 和寿	(NSフィナンシャルマネジメントコンサルティング)
瀬々 敦子	(住友信託銀行)	竹内 克己	(第一勧業銀行)	田畑 頼一	(住友信託銀行)
瀬戸 祐典	(弁護士)	武内 邦正	(富国生命保険)	多比羅 誠	(弁護士)
妹尾 啓子	(三井住友銀行)	竹内 浩司	(警察庁)	玉井 豊文	(TGコンサルティング)
世良 裕一	(全国銀行資金決済ネットワーク)	竹内 康	(大和銀行)	玉浦 亮	(三井住友銀行)
仙石 茂	(第一勧業銀行)	竹内 豊	(幸福銀行)	玉上 信明	(住友信託銀行)
仙波 寛之	(みずほ銀行)	竹澤 大格	(弁護士)	田村 篤	(みずほ銀行)

氏名	所属	氏名	所属	氏名	所属
楡井　義丈	（みなと銀行）	樋口　理義	（北洋銀行）	藤瀬　裕司	（みずほ証券）
貫　晶子	（福岡中央銀行）	樋口　侑志	（みずほ銀行）	藤田　昭	（日本長期信用銀行）
沼尾　均	（昭和オートレンタリース）	樋口　義継	（尼崎信用金庫）	藤田　義治	（みずほフィナンシャルグループ）
納富　知也	（日本債券信用銀行）	日比野俊介	（みずほ銀行）	藤野かおり	（福岡銀行）
能仲　英雄	（法務省）	粂田　誠	（肥後銀行）	藤原　敬三	（中小企業再生支援全国本部）
野草　弘嗣	（大阪銀行）	姫野　法成	（福岡銀行）	藤原　彰吾	（みずほ銀行）
野村　完	（弁護士）	百武　健一	（京都中央信用金庫）	藤原総一郎	（弁護士）
野村　重信	（弁護士）	日向　隆	（弁護士）	藤原　敬士	（日本政策投資銀行）
野村　修也	（中央大学法科大学院・弁護士）	平尾　照夫	（大蔵省）	藤本　隆史	（警察庁）
野村　充	（日本銀行）	平尾　正隆	（住友生命保険）	藤吉　隆彦	（十六銀行）
野本　直久	（第一銀行）	平工　功	（大垣共立銀行）	藤吉　哲也	（筑邦銀行）
法月　正志	（りそな銀行）	平田　真一	（北國銀行）	伏屋　隆	（三菱UFJ信託銀行）
萩原　克虎	（弁護士）	平田　統久	（三菱UFJ信託銀行）	二上　武	（富山第一銀行）
土師　潤	（全国銀行協会）	平田　義男	（北海道銀行）	渕上　清二	（びわこ銀行）
橋詰　博臣	（三井信託銀行）	平野亀一郎	（三井銀行）	淵脇　大樹	（日本政策投資銀行）
橋本　安徳	（三井銀行）	平野　信也	（泉州銀行）	舟木　凌	（東京銀行）
橋本　睦男	（金融財政事情研究会）	平野　隆好	（長崎銀行）	舟橋　孝男	（大和銀行）
長谷川　卓	（三井住友銀行）	平野　英則	（西武信用金庫）	古井佐代子	（TIMコンサルティング）
長谷川俊明	（弁護士）	平野　文則	（法務省）	古板悦二郎	（富士銀行）
長谷川芳雄	（三井信託銀行）	平本　浩司	（クラウン・リーシング）	古川　純平	（弁護士）
羽田　正三	（新潟中央銀行）	平山浩一郎	（弁護士）	古澤　陽介	（弁護士）
畠　武彦	（千葉銀行）	廣川　和男	（住友銀行）	古島　正彦	（水戸地方裁判所）
秦　まり子	（TIMコンサルティング）	廣瀬健一郎	（弁護士）	北條　聡	（日本生命保険）
秦　光昭	（元横浜国立大学）	広瀬　武史	（三菱UFJ信託銀行）	穂刈　俊彦	（あおぞら銀行）
波多江種憲	（福岡中央銀行）	広瀬　勉	（全国信用保証協会連合会）	木田　源太	（三井住友）
旗田　庸	（東京リース）	広瀬　利範	（大分銀行）	星　治	（三菱UFJ信託銀行）
蜂谷　真以	（三菱東京UFJ銀行）	広田　信治	（大蔵省）	細井　明	（北越銀行）
八田　剛	（三菱東京UFJ銀行）	廣渡　鉄	（弁護士）	細貝　輝之	（島根銀行）
服部　茂樹	（全国銀行協会連合会）	廣渡　直樹	（福岡銀行）	堀田あずさ	（三井住友信託銀行）
馬殿　泰信	（大和銀行）	深沢　理子	（横浜銀行）	堀　賢介	（弁護士）
花守　隆志	（みずほ銀行）	福井　修	（富山大学）	堀　隆之	（トゥルーバグループホールディングス）
土生　哲也	（弁理士）	福井　隆夫	（中小企業金融公庫）	堀　裕	（弁護士）
浜田　淳一	（第一勧業銀行）	福栄　泰三	（弁護士）	堀　龍兒	（日商岩井）
浜谷　尚宏	（北洋銀行）	福岡真之介	（弁護士）	堀井　一明	（北越銀行）
濱本　茂		福島　司	（長崎銀行）	堀江　要蔵	（横浜信用金庫）
早坂　文高	（三井住友信託銀行）	福島　良治	（みずほ第一フィナンシャルテクノロジー）	堀口　真	（弁護士）
林　史章	（太陽神戸銀行）	福世　信夫	（三菱信託銀行）	本多　知則	（三井住友銀行・弁護士）
林　泰相	（警察庁）	福田　光一	（大蔵省）	前川　五良	（神戸銀行）
林　裕子	（日本生命保険）	福田　隆行	（弁護士）	前田　明彦	（香川銀行）
林田　秀樹	（三菱信託銀行）	福田　光久	（整理回収機構）	前田　栄	（法務省）
林部　實	（富山大学）	福谷　賢典	（弁護士）	前田　庸	（学習院大学）
馬場　敏男	（幸福銀行）	藤井　達也	（中国銀行）	馬上幸太郎	（七十七銀行）
原　佳奈子	（TIMコンサルティング）	藤井　康弘	（弁護士）	牧　恵美子	（弁護士）
原田　義昭	（三井住友銀行）	藤池　智則	（弁護士）	牧岡金太郎	（日本総合研究所）
波里　好彦	（弁護士）	藤枝　茂樹	（大阪市信用金庫）	牧野　耕作	（神戸銀行）
日沖　健	（富士銀行）	藤崎　武志	（全国信用保証協会連合会）	牧野　正満	
引地　利治	（横浜銀行）	藤沢　正雄	（富士銀行）	正木　順	（あおぞら債権回収）

山口　輝久	（日本相互銀行）	横山　史雄	（第四銀行）	環境衛生金融公庫業務部
山口　博司	（日本電気）	吉井　浩之	（広島信用金庫）	山陰合同銀行　総合事務部
山口　実	（太陽神戸銀行）	吉家　幸彦	（八十二銀行）	十六銀行
山口　善夫	（南都銀行）	吉岡　伸一	（岡山大学・弁護士）	整理回収機構
山﨑　晃	（司法書士）	吉岡　慎二	（日本政策投資銀行）	富山第一銀行審査部管理課
山﨑　和憲	（十八銀行）	吉岡　正明	（福徳銀行）	預金保険機構
山﨑　純	（弁護士）	好川　栄一	（国税庁）	
山﨑　哲央	（弁護士）	吉川　国男	（中京銀行）	（執筆当時の所属を指します）
山﨑　博美	（北海道銀行）	吉沢　利文	（神戸銀行）	
山﨑　文雄	（住友銀行）	吉澤　敏行	（弁護士）	
山﨑　吉彦	（大和銀行）	吉田健一郎	（但陽信用金庫）	
山﨑　良太	（弁護士）	吉田　聡	（TIMコンサルティング）	
山下　実紀	（三井住友信託銀行）	吉田　茂樹	（栃木銀行）	
山科　武司	（三菱東京UFJ銀行）	吉田　伸哉	（弁護士）	
山田威一郎	（弁護士）	吉田　忠史	（宮崎銀行）	
山田　和雄	（三菱信託銀行）	吉田　博	（三菱銀行）	
山田　一宏	（愛知銀行）	吉田　雅子	（日本政策投資銀行）	
山田　勝紀	（大垣共立銀行）	吉田　光碩	（神戸学院大学）	
山田　重美	（日本興業銀行）	吉田　靖	（税理士）	
山田　修三	（日本興業銀行）	吉田　康志	（全国銀行協会）	
山田　孝昭	（香川銀行）	吉田　裕一	（大分銀行）	
山田　忠彦	（みずほ銀行）	吉谷　晋	（三菱UFJ信託銀行）	
山田　太知	（全国銀行協会）	吉原　清孝	（香川銀行）	
山田　敏博	（応用アール・エム・エス）	吉原　省三	（弁護士）	
山田　裕子	（三菱UFJ信託銀行）	吉村　信秀	（高知銀行）	
山中　正人	（三井住友銀行）	吉元　利行	（オリエント総合研究所）	
山中　眞人	（弁護士）	米津稜威雄	（弁護士）	
山中　康嗣	（岐阜信用金庫）	米野　信博	（浜銀ファイナンス）	
山根　明	（阿波銀行）	米山　英夫	（太陽神戸銀行）	
山根　伸也	（広島銀行）	両部　美勝	（静岡中央銀行）	
山根　眞文	（東京銀行）	若月　一泰	（経済産業省）	
山野　勲夫	（第一勧業銀行）	若林　茂樹	（日本政策投資銀行）	
山本　治	（栃木銀行）	若林　信子	（弁護士）	
山本　清貴	（三菱東京UFJ銀行）	若山　正彦	（弁護士）	
山本　啓太	（弁護士）	渡辺　一明	（北越銀行）	
山本　浩司	（三井住友銀行）	渡辺　研司	（名古屋工業大学）	
山本　浩三	（清水銀行）	渡邊　准	（地域経済活性化支援機構）	
山本　晃祥	（三菱東京UFJ銀行）	渡辺　隆生	（東京スター銀行）	
山本　昇	（弁護士）	渡辺　武俊	（あさひ銀行）	
山本　晴敏	（富士銀行）	渡辺　通	（宮崎太陽銀行）	
山本　均	（みずほ銀行）	渡邉　博己	（京都学園大学）	
山本　眞樹	（東京銀行協会）	渡部　展至	（もみじ銀行）	
山本　正士	（弁護士）	渡部夫美雄	（日本長期信用銀行）	
山本　祐二	（さくら銀行）	渡邊　昌裕	（弁護士）	
湯浅　正彦	（弁護士）	渡部　行久	（三菱銀行）	
湯川　雄介	（弁護士）	渡辺　義彦	（第三銀行）	
横山平四郎	（大和銀行）	和田　昭夫	（警察庁）	

利用の手引き

1　本書の構成

▷本書『銀行窓口の法務対策5000講』は次の5巻から構成されています。

- Ⅰ　金融機関の定義・コンプライアンス・取引の相手方・預金編
- Ⅱ　為替・手形小切手・電子記録債権・付随業務・周辺業務編
- Ⅲ　貸出・管理・保証編
- Ⅳ　担保編
- Ⅴ　回収・担保権の実行・私的整理・法的整理編

▷各巻はそれぞれ章、節、項から構成されています。

▷「主要目次」では巻ごとの体系を一覧することができます。

▷「目次」には項目ごとの見出しと設問が示してあります。

　見出しには巻ごとの通し番号を付してあります（Ⅰは10001～、Ⅱは20001～、Ⅲは30001～、Ⅳは40001～、Ⅴは50001～）。テーマごとに順を追って項目を配列することにより、体系的に実務を理解できるよう配慮しました。

▷民法（債権関係）改正に関する記述については、網掛けで表示をしています。

2　設問の構成

▷本書の各設問の構成内容は、原則として、設問に対して「結論」「解説」の形式をとっています。

▷結論では、実務に対応できるように簡潔に指針を示してあります。

▷解説では、最新の法令・判例等に基づき、基本的な考え方と実務上の留意点をわかりやすく説明してあります。

▷解説にあたっては、類似する設問、もしくは関連設問についてある程度重複した説明となっているところがあります。また、他の設問を同時に参照したほうがわかりやすく、理解に役立つと思われる場合には、文中で参照すべき該当設問番号を〈【10033】参照〉のように示してあります。

▷法令・判例等の引用にあたっては略記を用いましたので、凡例を参照してください。

凡　例

1　法令等の表記（略称を用いた主な法令等）

一般社団法人及び一般財団法人に関する法律	一般社団財団法人法
一般社団法人及び一般財団法人に関する法律及び公益社団法人及び公益財団法人の認定等に関する法律の施行に伴う関係法律の整備等に関する法律	一般社団財団法人等整備法
会社法の施行に伴う関係法律の整備等に関する法律	会社法整備法
外国為替及び外国貿易法	外為法
仮登記担保契約に関する法律	仮登記担保法
偽造カード及び盗難カード等を用いて行われる不正な機械式預貯金払戻し等からの預貯金者の保護等に関する法律	偽造盗難カード預金者保護法
金融機関等による顧客等の本人確認等に関する法律	本人確認法
金融機関の信託業務の兼営等に関する法律	兼営法
金融機能の再生のための緊急措置に関する法律	金融再生法
金融商品の販売等に関する法律	金販法
金融商品取引法	金商法
中小企業者等に対する金融の円滑化を図るための臨時措置に関する法律	金融円滑化法
勤労者財産形成促進法	財形法
経済産業省関係産業競争力強化法施行規則	強化法経産省令
経済産業省関係産業競争力強化法施行規則第二十九条第二項の規定に基づき認証紛争解決事業者が手続実施者に確認を求める事項	強化法経産省告示
経済産業省関係産業競争力強化法施行規則第二十九条第一項第一号の資産評定に関する基準	資産評定基準告示
公益社団法人及び公益財団法人の認定等に関する法律	公益法人認定法
個人情報の保護に関する法律	個人情報保護法
債権管理回収業に関する特別措置法	サービサー法
裁判外紛争解決手続の利用促進に関する法律	ADR法
資産の流動化に関する法律	資産流動化法
私的独占の禁止及び公正取引の確保に関する法律	独占禁止法
不動産登記法	不登法
不動産登記令	不登令
不動産登記規則	不登規
会社更生法	会更法
会社更生規則	会更規

民事再生法	民再法
民事再生規則	民再規
社債、株式等の振替に関する法律	振替法
出資の受入れ、預り金及び金利等の取締りに関する法律	出資法
書面の交付等に関する情報通信の技術の利用のための関係法律の整備に関する法律	IT書面一括法
組織的な犯罪の処罰及び犯罪収益の規制等に関する法律	組織的犯罪処罰法
滞納処分と強制執行等との手続の調整に関する法律	滞調法
建物の区分所有等に関する法律	区分所有法
建物保護ニ関スル法律	建物保護法
中小企業団体の組織に関する法律	中小企業団体法
電子署名及び認証業務に関する法律	電子署名法
動産及び債権の譲渡の対抗要件に関する民法の特例等に関する法律	動産・債権譲渡特例法
投資信託及び投資法人に関する法律	投信法
特定債務等の調整の促進のための特定調停に関する法律	特定調停法
特定商取引に関する法律	特定商取引法
特定融資枠契約に関する法律	特定融資枠法
任意後見契約に関する法律	任意後見契約法
農業協同組合法	農協法
犯罪による収益の移転防止に関する法律	犯罪収益移転防止法
犯罪利用預金口座等に係る資金による被害回復分配金の支払等に関する法律	振り込め詐欺救済法
不当景品類及び不当表示防止法	景表法
法の適用に関する通則法	法適用通則法
民間事業者等が行う書面の保存等における情報通信の技術の利用に関する法律	e-文書法
民間資金等の活用による公共施設等の整備等の促進に関する法律	PFI法
民事執行法	民執法
民事執行規則	民執規
民事執行法施行令	民執法施行令
民事訴訟法	民訴法
民事訴訟規則	民訴規
民事保全法	民保法
民事保全規則	民保規
預金等に係る不当契約の取締に関する法律	導入預金取締法

宅地建物取引業法	宅建業法
雇用の分野における男女の均等な機会及び待遇の確保等に関する法律	男女雇用機会均等法
資金決済に関する法律	資金決済法
中小企業における経営の承継の円滑化に関する法律	承継円滑化法
行政手続における特定の個人を識別するための番号の利用等に関する法律	マイナンバー法
民法の一部を改正する法律（平成29年6月2日法律第44号）による改正後の民法	改正民法

〈政省令等〉

金融商品取引業者等向けの総合的な監督指針	金商業者監督指針
金融商品取引業等に関する内閣府令等	金商業等府令
金融商品取引法施行令	金商法施行令
「金融商品取引法制に関する政令案・内閣府令案等」に対するパブリックコメントの結果等について」（平成19年7月31日）の「コメントの概要及びコメントに対する金融庁の考え方」	金商法制パブコメ回答
金融商品取引法第二条に規定する定義に関する内閣府令	金商法定義府令
主要行等向けの総合的な監督指針	主要行監督指針
信託会社等に関する総合的な監督指針	信託会社監督指針
中小・地域金融機関向けの総合的な監督指針	中小・地域監督指針
東京手形交換所規則	東京・規則
東京手形交換所規則施行細則	東京・施行細則
保険会社向けの総合的な監督指針	保険会社監督指針
預金等受入金融機関に係る検査マニュアル	金融検査マニュアル
銀行取引約定書ひな型（全銀協・平成12年廃止）	銀行取引約定書例
経営者保証に関するガイドライン	経営者保証ガイドライン
「経営者保証に関するガイドライン」Q&A	経営者保証ガイドライン Q&A
個人債務者の私的整理に関するガイドライン	個人版私的整理ガイドライン
自然災害による被災者の債務整理に関するガイドライン	自然災害債務整理ガイドライン
昭和43年6月1日告示第71号：信用金庫が会員以外の者に対して行う資金の貸付け等に関する期間及び金額を指定する件	員外貸付告示
公益通報者保護法を踏まえた内部通報制度の整備・運用に関する民間事業者向けガイドライン	内部通報ガイドライン

2 主な判例集、法律雑誌の略記方法

《判例集》

民　録	大審院民事判決録
民　集	大審院民事判決集・最高裁判所民事判例集
刑　集	大審院刑事判決集・最高裁判所刑事判例集
高民集	高等裁判所民事判例集
下民集	下級裁判所民事判例集
裁判集民事	最高裁判所裁判集民事
東高時報	東京高等裁判所判決時報
新　聞	法律新聞
判決全集	大審院判決全集

《法律雑誌等》

金　法	金融法務事情
判　時	判例時報
判　タ	判例タイムズ
金　商	金融商事判例
労　判	労働判例
手　研	手形研究
銀　法	銀行法務21
曹　時	法曹時報
法　時	法律時報
評　論	法律評論
民　商	民商法雑誌
法　協	法学協会雑誌
公取委審決集	公正取引委員会審決集

3 判決・決定の表記

	言渡裁判所	言渡年月日	掲載誌・号・頁
（例）	最決	平28.12.19	（民集70巻8号2121頁）
	大判	大6.10.13	（民録23輯1815頁）
	福岡高判	平28.10.4	（金法2052号90頁）
	大阪地判	昭55.9.30	（金法944号35頁）

4 通達の表記

（例）最高裁平2.7.17民二第265号民事局長及び総務局長通達

　　法務省平2.11.8民三第5000号民事局長通達

　　法務省昭30.4.8民事甲第683号民事局長通達

5　全銀協発出の文書

（例）全銀協平11．3．16「消費者との契約のあり方に関する留意点」Ⅲ4

6　文献の引用

（例）東京地方裁判所民事執行センター実務研究会編著『民事執行の実務〔第3版〕不動産
　　　執行編(上)』686頁

　　　山本和彦「相殺の合理的期待と倒産手続における相殺制限」金法2007号14頁

主要目次

目　次

第2章　協同組織金融機関

第1節　協同組織金融機関の会員・組合員資格

第2節　加入・脱退・喪失

●第1項　加　　　　　入

10096　**通称での加入**　通称での普通預金取引を行っていた預金者から、会員として

第4節　協同組織金融機関の出資持分

第5節　協同組織金融機関の商人性等

第6節　協同組織金融機関のガバナンス

●第1項　役員の定数・報酬・義務等

第7節　協同組織金融機関の新たな展開

第3章　　コーポレートガバナンス

第4章　コンプライアンス

第1節　コンプライアンス総論

第2節　金融商品取引に係るルール

●第1項　金融商品取引法総論

●第3項　金融商品販売法

●第5項　消費者契約法

第3節　金融ADR

第4節　守　秘　義　務

第5節　個人情報保護

第6節　顧客情報管理

第7節　独占禁止法、景表法

●第1項　独占禁止法

●第2項　景　　表　　法

第8節　マネーローンダリング

第9節　FATCA 対応

第12節　証券業務等にかかわるコンプライアンス

●第１項　インサイダー取引

第13節　その他のコンプライアンス

●第1項　他　業　禁　止

●第2項　職場環境の確保

第14節　利用者保護

第15節　反社会的勢力への対応

第16節　金　融　行　政

●第1項　監　督　行　政

第5章	金融機関の危機管理態勢と業務継続マネジメント

第4節　法人との取引

第5節　電子取引（非対面取引）

第7章　預　　　　金

第1節　入　　　　金

● 第1項　預金の成立

●第5項　当　座　勘　定

第2節　預金の払戻し・解約

●第1項　共通事項

第3節　預金の管理

第4節　預金への差押え・転付

●第1項　共　通　事　項

●第3項　陳述の催告

第6節　預金取引先の法的整理

第8章 投資信託の窓販等

第9章 保険の窓販等

第1節 総 論

第2節 募 集

第3節　弊害防止措置

第4節　保険契約の保全

第5節　その他の留意点

第 1 章

金融機関の定義・種類

10001 金融機関の意義・種類

金融機関とは何か。また、どのような種類の金融機関があるのか

結　論

金融機関とは、手元資金に余裕がある者と資金不足のため資金需要がある者との間に立って、資金の融通を仲介する機関をいう。金融機関は、中央銀行、公的金融機関、民間金融機関に大別され、民間金融機関は、預金取扱金融機関と非預金取扱金融機関に分類される。前者は狭義の金融機関といわれ、後者を含めて広義の金融機関といわれる。

解　説

◆金融機関の意義　金融機関とは、手元資金に余裕がある者と資金不足のため資金需要がある者との間に立って、資金の融通を仲介する機関をいう。

◆金融機関の種類　金融機関は、中央銀行（日本銀行）、公的金融機関（日本政策投資銀行、商工組合中央金庫、日本政策金融公庫等）、民間金融機関に大別され、さらに、民間金融機関は、預金を取り扱う預金取扱金融機関と非預金取扱金融機関に分類される。

預金取扱金融機関は、預金を受け入れて、その預金に一定の利子をつけて返還することを保証したうえで、これを原資に貸付、投資等を行う。また、決済手段となりうる預金通貨の移動等を通じて為替取引を行う。この預金取扱金融機関は、株主の利益の最大化を目的とする営利法人としての株式会社組織である銀行と、会員または組合員の相互扶助を目的とする非営利法人としての協同組織形態をとる協同組織金融機関およびその中央機関に区分される。

そして、銀行は、営業地域、歴史的経緯等から、都市銀行、地方銀行、第二地方銀行、信託銀行、その他銀行、外国銀行支店に分類される。

一方、協同組織金融機関は、中小企業金融を主たる業務とする信用金庫、信用組合および労働金庫、農林漁業金融を主たる業務とする農林漁業系統金融機関（農・漁業協同組合等）に分類される。これらの協同組織金融機関は、地域の中小企業、農林漁業者等への貸付を目的としていることから、その性質上比較的規模が小さい。そこで、業態ごとに、個別の金融機関に対して経営支援をするため、信金中央金庫、全国信用協同組合連合会、労働金庫連合会、農林中央金庫等の中央機関が設置されている。

このような預金取扱金融機関は、狭義の金融機関であるとされるが、広義の金融機関には、非預金取扱金融機関も含まれる。非預金取扱金融機関としては、証券業務に従事する証券会社、保険業務に従事する保険会社、投資信託委託会社、投資顧問会社、貸金業者、リース会社等がある。これらも、資金供給者・資金需要者間の金融仲介機能を有するという意味で、広義の金融機関に含まれるものとされている。

10002 銀行の意義・種類

銀行とは何か。また、どのような種類の銀

行があるのか

結　論

　銀行法上、銀行とは、内閣総理大臣の免許を受けて銀行業を営む者をいい、銀行業とは、①預金または定期積金の受入れと貸付または手形の割引をあわせ行うこと、②為替取引を行うことのいずれかを行う営業であり、預金または定期積金等の受入れを行う営業も銀行とみなされる。銀行は、預金取扱金融機関であるとされ、都市銀行、地方銀行、第二地方銀行、信託銀行、その他銀行、外国銀行支店に分類される。

解　説

◆**銀行・銀行業の意義**　銀行法上、銀行とは、内閣総理大臣の免許を受けて銀行業を営む者をいう（銀行法2条1項）。

　銀行法上、銀行業とは、①預金または定期積金の受入れと貸付または手形の割引をあわせ行う営業、あるいは、②為替取引を行う営業をいう（同条2項）。また、③預金または定期積金等の受入れを行う営業も、貸付業務を伴うものでなくとも、銀行業に該当するものとみなされる（同法3条）。

　経済的観点から、銀行業務の本質的特徴は、預金等を受け入れるという受信業務と、そこで得られた資金を貸し付けるという与信業務をあわせ行うことにより、金融仲介を行う点にある。商法502条8号において営業的商行為を定めた「銀行取引」の解釈においても、こうした受信業務と与信業務をあわせ行うことが「銀行取引」であって、自己資金の貸付を業とすることは「銀行取引」に該当しないものとされている（最判昭30.9.27民集9巻10号1444頁）。したがって、上記①のとおり、預金業務と貸付業務をあわせ行う営業は銀行業に該当するが、預金を受け入れずに貸付を業とする者は貸金業者であって（貸金業法2条1項・2項・3条）、銀行ではない。

　しかし、為替取引のみを行う営業も、上記②のとおり、銀行業に該当する。隔地者間の資金授受の媒介を行うにあたり、送金依頼人から金銭等を受け入れるという受信行為を行うことから、十分な信用力がある者にのみ、為替業務を行わせるために、為替業務のみを行う場合も銀行業に該当するものとされている。

　さらに、預金等を受け入れる営業を行い、それをすべて投資に回して、為替業務や貸付業務を行わない場合も、預金者から受信行為を行い、預金者保護の必要性が高いことから、銀行法の潜脱を防止するために、上記③のとおり、銀行業に該当するものとみなされる。

　このように、銀行業の本質は、預金業務と貸付業務をあわせ営業することであるが、為替業務のみの営業や預金業務のみの営業も、銀行法上は、銀行業として規律される。そして、現代では、為替業務は預金通貨の移動により行われることが多いので、為替業務のみの営業であっても、実際上、銀行は、預金の取扱いを行っていることになる。そのため、銀行は、協同組織金融機関と並んで、預金取扱金融機関であるとされる。もっとも、協同組織金融機関が、会員・組合員の相互扶助のための非営利法人としての協同組織であるのに対して、銀行は、株主利益の最大化を目的とした営利法人としての株式会社組織である（銀行法4条の2）。

◆**銀行の種類**　銀行は、営業地域、歴史的経緯等から、都市銀行、地方銀行、第二地方銀行、信託銀行、その他銀行、外国銀行支店に分類される。

都市銀行が、大都市に本店を置き、広域に営業展開している銀行であるのに対して、地方銀行および第二地方銀行は、本店所在地の都道府県に主たる営業基盤を置く銀行である。

地方銀行は、一般社団法人全国地方銀行協会の会員銀行であるのに対して、第二地方銀行は、一般社団法人第二地方銀行協会の会員銀行である。第二地方銀行の源流は、庶民間の相互扶助的な金融組織として広まった無尽講にあり、それが、昭和26年に制定された相互銀行法に基づき相互銀行となり、さらに、相互銀行は、平成元年2月以降、金融機関の合併及び転換に関する法律に基づき、漸次、銀行法上の銀行に転換して、第二地方銀行となり、現在は、存在しない。

信託銀行は、金融機関の信託業務の兼営等に関する法律に基づき、銀行法上の銀行業とともに信託業務を兼営する銀行をいう。

その他の銀行としては、インターネット銀行、決済専門銀行、ゆうちょ銀行等がある。ゆうちょ銀行は、公的金融機関であった日本郵政公社が、郵政民営化法により、平成19年10月に、民営・分社化され設立された銀行である。

外国銀行が支店形態で我が国において銀行業を営もうとするときは、内閣総理大臣の免許を受ける必要がある（銀行法47条1項）。そして、その免許を受けたときは、当該外国銀行の我が国の支店・営業所を一つの銀行とみなすものとされている（同条2項）。

以上は、銀行法上の銀行の分類であり、銀行法上の銀行は、普通銀行とも呼ばれる。普通銀行以外にも、前述の相互銀行のほか、長期信用銀行法に基づく長期信用銀行もあった。しかし、長期信用銀行は、都市銀行に吸収され、あるいは、普通銀行に転換し、現在は、存在しない。

| 10003 | 銀行法の目的 |

銀行法の目的は何か

結　論

銀行法の目的は、銀行の業務の健全かつ適切な運営を確保して、国民の銀行に対する信用を維持し、預金者等を保護することにより、銀行が金融仲介機能および信用創造機能を発揮して、金融の円滑を図る点にあり、これにより、国民経済の健全な発展に資することが同法の究極目的である。

解　説

◆**銀行法の規定**　銀行法1条1項において、銀行法の目的は「銀行の業務の公共性にかんがみ、信用を維持し、預金者等の保護を確保するとともに金融の円滑を図るため、銀行の業務の健全かつ適切な運営を期し、もつて国民経済の健全な発展に資する」点にあるとされている。

◆**銀行業務の機能**　銀行業は、①大衆から預金等を受け入れる預金業務と、預金として受け入れた資金をもって貸付または手形の割引を行う貸付業務をあわせ行う営業

をいうほか、②為替取引を行う営業、または③預金等の受入れを行う営業をいう（銀行法2条2項・3条）。

銀行の預金業務は、一般人に対して余剰資金の安全な保管手段と確実な貯蓄手段を提供する機能を有する。また、銀行の貸付業務は、預金業務で受け入れた資金を資金需要者（借入人）に提供する金融仲介機能を有する。この貸付業務は、貸付資金が借入人の口座に入金されることにより新たな預金が創出されることになるので、信用創造機能も有する。さらに、銀行の為替業務は、売買代金の決済等のための隔地者間の資金移動を仲介するという意味での金融仲介機能も有する。

このように、銀行は、その業務において、金融仲介機能および信用創造機能を発揮して「金融の円滑」を図ることにより、国民の余剰資金を資金需要者に効率的かつ適切に供給し、「国民経済の健全な発展に資する」ことが求められ、ここに銀行業務の公共的性格が認められる。銀行法の目的は、国民経済の健全な発展のため、銀行をして金融の円滑のために金融仲介機能および信用創造機能を発揮させる点にある。

◆**信用維持**　ただ、こうした銀行の金融仲介機能および信用創造機能が十分に発揮されるためには、「銀行の業務の健全かつ適切な運営」が確保されて、預金者が銀行への「信用を維持」していることが前提である。

すなわち、銀行が受け入れる預金は、基本的に、預金者から要求があれば、その元本に利子を付して払戻しをする必要があるものである。他方で、預金を原資とする貸付は、通常一定の期限が設定されており、

銀行が要求したからといって直ちに返金されるべき性質のものではない。また、預金を原資とする投資は、必ずしも元本が保証されていない。そのため、銀行の貸付や投資の失敗等により、預金者の銀行に対する信用が揺らぎ、多くの預金者が一斉に銀行に対して預金の払戻請求をして取付け騒ぎが生ずれば、銀行は払戻資金の確保の必要に迫られ、新たな貸付を行うことが困難となり、信用収縮が起きるだけでなく、預金者に払い戻す資金が不足して、経営破綻するおそれがある。万が一、銀行が経営破綻することとなれば、当該銀行に対して与信を行っていた他の銀行の経営状況も苦しくなる。

特に、現代では、個々の金融機関が、金融市場や決済システム等を通じて、相互に網の目のように与信・受信の関係で結ばれて金融システムを構成している。そのため、ある金融機関の支払不能が、金融市場や決済システム等を通じて、他の金融機関ひいては金融システム全体に連鎖的に波及する危険がある。これをシステミック・リスクという。こうしたリスクが顕在化すると、ますます信用収縮が加速し、国民経済の発展に重大な悪影響を及ぼすこととなる。そのために、銀行業務の健全性を確保して、国民の銀行に対する信用を維持することが重要なのである。したがって、銀行法の目的には、国民の銀行に対する信用を維持して、預金者等を保護する点があげられているのである。

このように、銀行法の目的は、銀行の業務の健全かつ適切な運営を確保して、国民の銀行に対する信用を維持し、預金者等を保護することにより、銀行が金融仲介機能

および信用創造機能を発揮して、金融の円滑を図る点にあり、これにより、国民経済の健全な発展に資することが同法の究極目的である。

◆**銀行法の規制と法令遵守**　このような目的を達成するために、銀行法は、銀行の業務の健全かつ適切な運営を確保すべく、銀行業務を免許制にするとともに、自己資本比率規制、業務範囲規制、議決権保有規制、主要株主規制、金融庁による監督等の厳格な規制を置いているのである。それゆえ、銀行業務の健全性・適切性を確保して、国民の銀行に対する信用を維持する観点から、銀行法をはじめとした法令の遵守およびリスク管理が銀行の経営者および行員に強く求められる。

10004　銀行の業務範囲規制

銀行が行える業務の範囲はどこまでか

結　論

　銀行の業務範囲は、銀行法10条1項に定める固有業務、同法10条2項に定める付随業務、同法11条に定める他業証券業務等、法律で特に認められた法定他業に及ぶが、銀行がそれ以外の業務を行うことはできないので、新規商品の開発等に際しては、銀行の業務範囲に含まれるかどうか十分に確認する必要がある。

解　説

◆**銀行法上の他業禁止**　銀行法は、「業務の範囲」という共通見出しのもとで、同法10〜12条で、銀行が行うことができる業務の範囲について規定し、それ以外の業務を行うことを禁じている（同法12条、他業禁止）。これは、銀行がその本来業務に専念して、金融の円滑化を図り、銀行の金融仲介機能および信用創造機能を十分に発揮して、国民経済の発展に資することが求められること、および、銀行が国民より受け入れた預金等をもって他業を行うと、その事業に失敗した場合、銀行業務の健全性が損なわれ、国民の銀行に対する信用が失われることによる。

◆**固有業務**　銀行法10条1項は、銀行は、次に掲げる業務を営むことができるとしている。

① 　預金または定期積金等の受入れ

② 　資金の貸付または手形の割引

③ 　為替取引

　これらの業務は、銀行の固有業務といわれ、銀行業を構成するため、原則として、銀行以外の者がこれを行うことはできない（銀行法2条2項・4条1項）。もっとも、預金業務をあわせ行うものでない貸付業務については、【10002】で述べたとおり、銀行業に該当しないことから、銀行でなくとも、貸金業者の登録を行えば、これを行うことができる（貸金業法2条1項・2項・3条）。

◆**付随業務**　銀行法10条2項は、銀行が行える業務として付随業務を規定し、その各号において、付随業務を個別的に列挙するほか、同項柱書において、「その他の銀行業に付随する業務」（その他付随業務）を包括的に定めている。

　個別列挙された付随業務としては、①債務の保証または手形の引受、②有価証券の

売買または有価証券関連デリバティブ取引（投資の目的をもってするものまたは書面取次行為に限る）、③有価証券の貸付、④国債、地方債もしくは政府保証債（以下「国債等」という）の引受（売出しの目的をもってするものを除く）または当該引受に係る国債等の募集の取扱い、⑤金銭債権の取得または譲渡、⑥特定目的会社が発行する特定社債等の引受（売出しの目的をもってするものを除く）または当該引受に係る特定社債等の募集の取扱い、⑦短期社債等の取得または譲渡、⑧有価証券の私募の取扱い、⑨地方債または社債その他の債券の募集または管理の受託、⑩銀行その他金融業を行う者の業務の代理または媒介、⑪外国銀行の業務の代理または媒介、⑫国、地方公共団体、会社等の金銭の収納その他金銭に係る事務の取扱い、⑬有価証券、貴金属その他の物品の保護預り、⑭振替業、⑮両替、⑯有価証券関連デリバティブ取引を除くデリバティブ取引、⑰有価証券関連デリバティブ取引を除くデリバティブ取引の媒介、取次または代理、⑱金融等デリバティブ取引、⑲金融等デリバティブ取引の媒介、取次または代理、⑳有価証券関連店頭デリバティブ取引、㉑有価証券関連店頭デリバティブ取引の媒介、取次または代理、㉒一定のファイナンス・リース業務、㉓一定のファイナンス・リース業務の代理または媒介がある。

このような付随業務は、銀行以外の者も行うことが可能であるが、他の規制法上、登録等の要件が必要であれば、これを満たす必要がある。

◆**他業証券業務等**　銀行法11条は、銀行の付随業務に該当しない業務についても、銀行の固有業務の遂行を妨げない限度で行える業務として個別的に列挙している。これには、国債等の公共債に関する業務、投資信託の受益証券の窓販、投資助言業務等の一定の証券業務のほか、信託法3条3号に定める自己信託の方法によってする信託に係る事務に関する業務、地球温暖化対策の推進に関する法律で定める算定割当量の取得・譲渡・その媒介等を行う業務も含まれる。

◆**法定他業**　銀行法12条は、銀行が、担保付社債信託法その他の法律により営む業務（法定他業）を行うことができるとしている。法定他業の例としては、担保付社債信託法による担保付社債信託業務のほか、兼営法に基づく信託業務、保険業法に基づく保険窓販業務等がある。

◆**他業禁止規定違反の効果**　上記の銀行の業務範囲を超えて銀行が業務を行った場合は、銀行法12条の他業禁止規定に違反することとなる。これに違反する行為を行ったからといって直ちに当該行為の私法上の効力が無効になるわけではないが、当該行為を行った役員は過料に処せられるほか（銀行法65条3号）、業務改善・業務停止・役員解任命令の対象となる（同法26条1項・27条）。会社法上、役員は銀行に対して損害賠償責任を負うとともに（会社法423条）、株主等による解任請求事由ともなりうる（同法854条）。したがって、銀行が新規商品の開発等を行った場合は、銀行が行うことができる業務範囲に含まれるか十分に確認するとともに、必要に応じて、外部の弁護士とともに検討するほか、金融庁に相談する等の対応を行う必要がある。

10005　銀行の固有業務

銀行のみが行える固有業務の範囲はどこまでか

結　論

　銀行のみが行える固有業務は、預金業務、貸付業務、為替業務であるが、預金業務とあわせ行われない貸付業務は、固有業務ではない。銀行が新規商品等の開発を行う場合は、預り金や為替取引の意義をふまえて、銀行の固有業務や付随業務への該当性を確認する必要があるとともに、銀行が融資または投資する一般事業会社において、銀行の固有業務が行われていないかを確認する必要がある。

解　説

◆固有業務の排他性　銀行法10条1項は、銀行は、次に掲げる業務を営むことができるとしている。

① 　預金または定期積金等の受入れ

② 　資金の貸付または手形の割引

③ 　為替取引

　これらの業務は、銀行業を構成するため、原則として、銀行以外の者がこれらを行うことはできないことから（銀行法2条2項・4条1項）、排他的固有業務ともいわれる。

　もっとも、預金業務をあわせ行うものでない貸付業務については、【10002】で述べたとおり、銀行業に該当しないことから、銀行でなくとも、貸金業者の登録を行えば、これを行うことができる（貸金業法2条1

項・2項・3条）。

◆銀行以外の者が固有業務を行った場合の効果　銀行でない者が、銀行の排他的固有業務を行った場合は、3年以下の懲役もしくは300万円以下の罰金に処せられ、またはこれを併科するものとされている（銀行法61条1号）。また、預金業務に関しては、これを銀行以外の者が行うと、出資法2条の預り金禁止規制にも抵触し、3年以下の懲役もしくは300万円以下の罰金に処し、またはこれを併科するものとされている（同法8条3項）。

◆固有業務の排他性の例外　ただし、銀行以外でも、他の法律に特別の規定のある者は、預金業務や為替業務を行うことができる。たとえば、協同組織金融機関は、信用金庫法等の根拠法に基づき、預金業務や為替業務を行うことが認められている。また、資金決済法は、銀行等以外の者が為替取引（少額の取引として政令で定めるものに限る）を業として営むことを「資金移動業」と定義づけて（資金決済法2条2項）、内閣総理大臣の登録を受けた者が、資金移動業を営むことができるものとしている（同法37条）。

◆預り金・為替取引の意義　銀行の固有業務は、銀行のみが行える業務を確定するものであるほか、銀行の付随業務、とりわけ、銀行法10条2項柱書の「その他の銀行業に付随する業務」の範囲の確定にあたって、固有業務との関連性が一つの判断要素となることから、銀行の付随業務の範囲を画する要素ともなりうる。また、固有業務は、銀行以外の一般事業会社が行えない業務の範囲を確定する機能を有する。

　そのため、預り金の意義や為替取引の意

義が問題となるが、この点、出資法2条の預り金とは、①不特定かつ多数人からの、②金銭の受入れであって、③当該金銭につき元本の返還が保証され、④当該金銭の価額が主として当該金銭拠出者の利便のために保管されているものをいうと解されている（札幌地判昭50.11.12判時801号112頁）。

また、最決平13.3.12（刑集55巻2号97頁）は、「為替取引を行うこと」とは、「顧客から、隔地者間で直接現金を輸送せずに資金を移動する仕組みを利用して資金を移動することを内容とする依頼を受けて、これを引き受けること、又はこれを引き受けて遂行することをいうと解するのが相当である」としている。

これらの預り金や為替取引の意義をふまえて、銀行が新規商品等の開発を行う場合は、銀行の固有業務や付随業務への該当性を確認する必要があるとともに、銀行が融資または投資する一般事業会社において、銀行の固有業務が行われていないかを確認する必要がある。

10006 ゆうちょ銀行の業務範囲規制

ゆうちょ銀行の業務範囲には、どのような規制があるか

結　論

ゆうちょ銀行は、銀行業の免許を受けたものとみなされているが、いわゆる移行期間中には、他の民間金融機関とのイコールフッティングな競争条件を確保するため、業務範囲が制限され、認可事項となり、ま

た、預金者の預入限度額も制限されている。したがって、ゆうちょ銀行は、移行期間中は、新規商品を開発する際には、認可が必要か否かを検討する必要があるとともに、預金者に預入限度額を遵守させるための体制を整備する必要がある。

解　説

◆**ゆうちょ銀行の銀行業の条件**　日本郵政公社（以下「公社」という）の民営・分社化により、郵政民営化法が施行された平成19年10月に、日本郵政公社において受け入れた定額郵便貯金、定期郵便貯金等については、独立行政法人郵便貯金・簡易生命保険管理機構（以下「機構」という）が承継する一方で、通常貯金等については、ゆうちょ銀行が承継して、銀行法4条1項の銀行業の免許を受けたものとみなされた（郵政民営化法5条2項・96条・98条1項）。

ただし、その免許には、①郵政民営化法110条1項各号に掲げる業務を行おうとするときは、内閣総理大臣の承認を受けること、および、②「移行期間中の銀行法等の特例等」を定めた郵政民営化法第8章第3節の規定の適用を受ける間、業務の健全、適切かつ安定的な運営を維持するための基盤となる銀行代理業者への継続的な業務の委託がされていることという条件が付された（同法98条2項）。

後者の条件は、従前の郵政公社の貯金業務等のビジネスモデルが、全国に広がる郵便局ネットワークを営業基盤としてきたことから、業務の健全、適切かつ安定的な運営を維持するため、郵便局ネットワークを運営する当時の郵便局株式会社（郵政民営化法改正により、平成24年10月に、郵便局

株式会社は郵便事業株式会社を吸収合併して日本郵便株式会社となった。同法 6 条の 2 ）を銀行代理業者として継続的に業務委託することが想定されている。

◆移行期間中の認可を要する業務　前者の条件である内閣総理大臣の承認を要する郵政民営化法110条 1 項各号に掲げる業務は、①外貨預金・譲渡性預金の受入れ（同法110条 1 項 1 号、同法施行令 3 条 1 項）、②預金担保貸付、国債等担保貸付等の一定の貸付を除く貸付（同法110条 1 項 2 号）、③債務の保証・手形の引受、特定社債の引受・当該引受に係る募集の取扱い、有価証券の私募の取扱い、債券の募集または管理の受託、外国銀行の業務の代理または媒介等の一定の銀行の付随業務（同項 3 号）、④国債証券等に係る有価証券の募集の取扱い、証券投資信託受益証券に係る有価証券の募集の取扱い等を除く、金商法33条 2 項各号に定める証券業務（同項 4 号）、⑤同法施行令 3 条 2 項に定める業務を除く、法定他業（同項 5 号）、⑥その他内閣府令・総務省令で定める業務（同項 6 号）である。この⑥の業務は、基本的に、銀行の付随業務のうち、公社の業務範囲以外の業務が掲げられており（郵便貯金銀行及び郵便保険会社に係る移行期間中の業務の制限等に関する命令 3 条）、たとえば、銀行法10条 2 項柱書の「その他の銀行業に付随する業務」についても、公社の業務範囲以外の業務が掲げられている。これらの業務は、内閣総理大臣の承認事項であるとともに、民営化委員会の意見を聴取したうえで、内閣総理大臣および総務大臣が認可すべき事項とされる（郵政民営化法110条 1 項・ 6 項）。

郵政民営化法 8 条が定める移行期間中は、政府出資の持株会社である日本郵政株式会社が、ゆうちょ銀行の株式またはかんぽ生命保険会社の株式を保有することを通じて、国民に暗黙の政府保証を想起させ、他の民間金融機関とのイコールフッティングな競争条件が確保されないおそれがあることから、民営化時には、ゆうちょ銀行の業務範囲を公社の業務範囲と同様のものとしつつ、民営化後の状況をふまえて、他の民間金融機関との間の適正な競争関係および利用者への役務の適切な提供の観点からの支障がなければ、政省令の改正や認可により規制を緩和して、経営の自由度拡大とイコールフッティングの調和を図りながら、業務を拡大することが想定されている（同条 5 項）。

◆預入限度額の制限　また、郵政民営化法施行時、移行期間中におけるゆうちょ銀行の預金者の預入限度額は、機構に承継された郵便貯金の額と合算して1000万円とされたが、平成28年 3 月から1300万円となった（同法107条 1 項 1 号、同法施行令 2 条 2 項）。

◆ゆうちょ銀行の対応　したがって、ゆうちょ銀行は、移行期間中は、新規商品を開発する際には、通常の銀行以上にその業務範囲を確認する必要があり、通常の銀行の業務範囲に含まれていても、認可を要する業務か否かを検討する必要があるとともに、預金者に預入限度額を遵守させるための体制を整備する必要がある。

10007　信託銀行の業務範囲規制

信託銀行の業務範囲について、どのような

規制があるか

結　論

　信託銀行は、銀行が行える業務のほか、兼営法1条1項の信託業および併営業務を行うことができる。ただし、金融制度改革法施行前からの信託銀行以外の信託銀行は、不動産業務が制限される。信託銀行は、自らの業務が、上記の業務範囲内のものか、兼営の認可を受けるにあたり定めた信託業務の種類および方法の範囲内のものかを確認する必要がある。

解　説

◆**信託業務の兼営の認可**　信託銀行とは、銀行法に基づく免許を受けた銀行のうち、兼営法1条1項に基づき「信託業務」の兼営の認可を受けたものをいう。

　したがって、信託銀行は、銀行法上、銀行が行える業務のほか（【10004】参照）、兼営法1条1項にいう「信託業務」を行うことができる。ここに「信託業務」とは、信託業および併営業務をいう。

◆**信託業と併営業務**　ここに信託業とは信託の引受を行う営業をいい（信託業法2条1項）、引き受ける信託としては、金銭信託、有価証券の信託等のさまざまな信託がある。また、併営業務とは、兼営法1条1項各号に定める業務をいい、具体的には、①信託契約代理業、②信託受益権売買等業務、③財産の管理、④財産に関する遺言の執行、⑤会計の検査、⑥財産の取得・処分または賃借に関する代理または媒介、および⑦財産の管理・整理・清算、債権の取立て、債務の履行の代理事務をいう。

　信託会社は、原則として、兼業業務として、①ないし③の業務しかできないが（信託業法21条1項）、信託銀行は、より広汎な併営業務を営むことができる。これは、銀行法に基づく監督規制を通じて業務の健全性が強く図られていることによるものとされる。しかし、信託銀行は併営業務として列挙された業務までしかできないが、信託会社は、それ以外の業務であっても、内閣総理大臣の承認を得れば営むことができる（同条2項）。

　代表的な併営業務としては、相続関連業務に関して、遺言の執行業務は④および⑥に、遺産の整理業務は⑥および⑦に該当し、証券代行業務は、⑦の債務の履行の代理事務に該当するものとされている。

◆**信託銀行の不動産業務**　信託銀行は、信託業法制定当時から、不動産信託、不動産仲介業務、不動産鑑定業務等の不動産業務を広く営んできており、平成5年の金融制度及び証券取引制度の改革のための関係法律の整備等に関する法律（いわゆる金融制度改革法）施行前からの信託銀行については、こうした不動産業務が認められている（兼営法附則（平成16年12月3日法律第154号）16条7項）。しかし、不動産市場の混乱を避けるために、それ以外の信託銀行については、不動産業務を営むことは制限されている。すなわち、①特定目的信託等の一定の信託を除く、土地等の処分を目的とする信託の引受、②当該信託に係る信託契約代理業、③不動産の売買等の代理・媒介、④信託財産の管理・処分において宅建業法2条2号に規定する行為を行う信託の引受、⑤当該信託に係る信託契約代理業、⑥不動産の鑑定評価、⑦不動産に係る投資

に関し助言を行う業務、⑧商品投資顧問業に該当する業務を営むことができないものとされている（兼営法施行令3条、同法施行規則3条1項）。

◆**信託銀行の対応**　信託業務の認可を受けるにあたっては、信託業務の種類および方法を定める必要がある（兼営法1条2項）。したがって、信託銀行は、自らの業務、とりわけ、新規業務が、信託業または併営業務の範囲か否かを確認するとともに、信託業務の認可を受けるにあたり定めた信託業務の種類および方法の範囲内のものか否かもチェックする必要がある。

10008　外国銀行の業務範囲

外国銀行の業務範囲について、どのような規制があるか

結　論

① 外国銀行が我が国において銀行業を営むには、当該外国銀行の子会社として日本法人を設立し、銀行法4条1項の免許を受ける方法と当該外国銀行の日本における銀行業の本拠となる1カ所の支店を定め、同項の免許を受ける方法がある。

② 外国銀行支店が同項の免許を受けた場合、外国銀行支店の業務範囲については、通常の銀行と同様の取扱いを受ける。

③ 外国銀行の日本駐在事務所等が行うことのできる業務は、銀行の業務に関する情報の収集または提供、その他銀行の業務に関連を有する業務に限られる。

解　説

◆**外国銀行とは**　外国銀行とは、外国の法令に準拠して、外国において銀行業（銀行法2条2項）を営む者をいう（同法10条2項8号カッコ書）。

◆**外国銀行が日本国内で銀行業を営む方法**　外国銀行が我が国において銀行業を営むには、①当該外国銀行の子会社として日本法人銀行を設立し、銀行法4条1項の免許を受け、当該日本法人銀行が銀行業を営む方法、②外国銀行が、当該外国銀行の日本における銀行業の本拠となる1カ所の支店を定めて同項の免許を受け、外国銀行の支店として銀行業を営む方法（同法47条1項）がある。

また、外国銀行自体の業務は、これを当該外国銀行の日本法人銀行や外国銀行支店に代理・媒介させることを通じて、日本国内で行うことができる（外国銀行代理業。詳細は【10036】【10037】【10038】以下を参照）。

上記①の方法により設立され、免許を受けた日本法人銀行は、銀行法上「外国銀行」ではなく、同法2条1項にいう「銀行」である。そこで、以下では上記②の場合について述べる。

◆**外国銀行支店についての銀行法上の取扱い**　外国銀行が日本国内の本拠となる1カ所の支店につき、銀行法4条1項の免許を受けた場合、その支店および当該外国銀行の日本における他の支店および営業所は、一つの銀行とみなされ（以下、これらを総称して「外国銀行支店」という）、同法の適用を受ける（同法47条2項本文）。

外国銀行支店が適用を受ける銀行法の規

定は、性質上外国銀行支店への適用になじまないもの（銀行法47条2項ただし書）以外のすべての規定である。また、適用される規定のうち、外国銀行支店の特殊性によりそのまま適用することができない条文については、銀行法施行令において読み替えられることになっている（同条4項。読み替えられる規定については、同法施行令9条の表を参照）。この意味で、銀行法における外国銀行支店に対する取扱いは、内国民待遇であるといえる。

◆**外国銀行支店の業務の範囲**　上述のように、外国銀行支店は、その性質に反しない限り、銀行法の適用を受けることになる。そして、銀行の業務範囲に関する銀行法10条ないし12条については、外国銀行支店であることを理由に適用を除外する規定は存在しない。

したがって、外国銀行支店の営むことのできる業務の範囲は、通常の銀行と変わらないと考えてさしつかえない（銀行の業務の範囲については、【10004】等を参照）。

◆**外国銀行の駐在員事務所等**　外国銀行（外国銀行支店を設けている場合には、当該外国銀行支店）は、日本において駐在員事務所その他の施設（以下「駐在員事務所等」という）を設置することができる（銀行法52条1項）。設置する場合は、あらかじめ、行う業務の内容、当該業務を行う施設の所在地等を内閣総理大臣に届け出る必要がある（同項）。外国の金融機関が銀行業務と証券業務を兼営している場合で、当該外国の金融機関が証券業務のために駐在員事務所を設置し、そこで銀行業務に関する情報収集を行う場合にも、同様に届出が必要である（同項カッコ書）。

駐在員事務所等は、外国銀行が日本において銀行業を営むための支店の設置や日本法人銀行の設立の準備のために設置されるものであり、駐在員事務所等の行うことのできる業務は、①銀行の業務に関する情報の収集または提供（銀行法52条1項1号）、②その他銀行の業務に関連を有する業務（同項2号）に限られる。①の例としては、市場調査や支店設置のための広報活動などが、②の例としては、各支店の人事を統括するといった、本店における業務の一部を分担させる場合などがあげられる。

10009　その他の付随業務

銀行が銀行法10条2項柱書に定める「その他の銀行業に付随する業務」として行うことのできる業務にはどのようなものがあるか

結　論

主要行監督指針Ⅴ-3-2において定められたコンサルティング業務、ビジネスマッチング業務、M&Aに関する業務、事務受託業務、電子マネーの発行に関する業務等が「その他の銀行業に付随する業務」に該当する。また、銀行の余剰能力を活用して行う業務等について上記監督指針の定める4基準を総合的に考慮して認められる場合がある。

解　説

◆**他業禁止と「その他の付随業務」**　銀行は、他業禁止（銀行法12条）の観点から

営むことのできる業務が限定されているが、付随業務として、銀行法10条2項各号に列挙されている付随業務のほか、同項柱書に定める「その他の銀行業に付随する業務」（以下「その他の付随業務」という）を行うことができる。

「その他の付随業務」については、主要行監督指針V-3-2「「その他の付随業務」等の取扱い」において、行うことのできる業務の内容や要件、留意事項が示されている。

具体的には、「銀行が、従来から固有業務と一体となって実施することを認められてきたコンサルティング業務、ビジネスマッチング業務、M&Aに関する業務、事務受託業務については、取引先企業に対する経営相談・支援機能の強化の観点から、固有業務と切り離してこれらの業務を行う場合も「その他の付随業務」に該当する」旨が定められている。

また、「銀行が、従来から実施することを認められてきた電子マネー（オフラインデビットにおける電子カードを含む。）の発行に係る業務」および銀行が顧客またはその関係者の宗教を考慮して行う「商品の売買が含まれる取引」「物件の賃貸が含まれる取引」および「顧客の行う事業に係る権利の取得が含まれる取引」（いわゆるイスラム金融）が「その他の付随業務」に該当することも明記されている（イスラム金融については【10021】参照）。

上記以外の銀行が行う業務が「その他の付随業務」の範疇にあるかについては、銀行法12条において他業が禁止されていることに十分留意し、①当該業務が同法10条1項各号および2項各号に掲げる業務に準ず

るか、②当該業務の規模が、その業務が付随する固有業務の規模に比して過大なものとなっていないか、③当該業務について、銀行業務との機能的な親近性やリスクの同質性が認められるか、④銀行が固有業務を遂行するなかで正当に生じた余剰能力の活用に資するか、といった観点を総合的に考慮すべきこととされている。

上記の4基準に照らした「その他の付随業務」該当性については、ノーアクションレター制度による照会事例が複数公表されている（【10013】【10017】【20748】参照）。

また、銀行が所有するビルの空きスペースの賃貸についても上記の4基準に加えて一定の要件を満たす場合には「その他の付随業務」に該当するものとされている（【20749】参照）。

その他、銀行が自らの業務のために自社で開発し、またはシステムベンダーに開発させたシステムを他の金融機関に利用させ、あるいは不要となったシステムを売却することについても、上記の4基準に照らして「その他の付随業務」に該当しうる場合があるものと思われる。

◆**具体的に列挙された業務の内容**　「コンサルティング業務」には企業向けの財務相談、事業承継や経営方針の策定、社内制度改革、海外進出等に関する支援業務のほか、個人向けの資産運用アドバイザリー業務（いわゆるプライベートバンキング業務）も含むと解されているが、金商法に規定する投資助言業務に該当しない範囲で行う必要がある。

「M&Aに関する業務」とは、①対象企業の選定に関するアドバイス、②対象企業の事業・財務に関する情報提供、③価格算

定に係るアドバイス、④ M&A の方式・条件設定に関するアドバイス等がこれに該当するものと思われるが、自行の利益相反管理方針（銀行法13条の3の2）に照らした対応を行うことが必要と思われる。また、金商法33条および銀行法12条により禁止される株式の売買の媒介を行うことはできないことに留意すべきである。

ビジネスマッチングについては、【20866】【20867】【20868】【20869】【20870】【20871】【20872】【20873】【10014】参照。

◆**検証および態勢整備**　主要行監督指針では「その他の付随業務」を行うにあたっては「十分な対応を検証し、態勢整備を図」ることが要求されているため、「その他の付随業務」に該当するものとして新規の業務を行うにあたっては、ノーアクションレター制度の照会事例等をふまえて弁護士からの意見書徴求等を含めて十分な検討を行うことが必要である。

また、主要行監督指針に記載されている留意事項をふまえた態勢整備が必要となる。

10010　付随業務としての金銭債権の取得・譲渡

銀行が付随業務として行うことのできる金銭債権の取得または譲渡とはどのようなものか

結　論

銀行の付随業務としての「金銭債権の取得・譲渡」には、譲渡性預金などの銀行法施行規則12条で例示列挙された金銭債権の取得・譲渡のほか、シンジケートローンのセカンダリー取引、ファクタリング業務などが該当する。また、「取得・譲渡」には投資目的で行うもののほか、第三者間の取引を仲介するものを含むと解されている。

解　説

◆**取得または譲渡することができる金銭債権の種類**　銀行は、他業禁止（銀行法12条）の観点から営むことのできる業務が限定されているが、付随業務として、金銭債権の取得または譲渡を業として行うことができる（同法10条2項5号。【20747】参照）。

金銭債権とは、通常は、一定額の金銭の給付を目的とする債権（金額債権）をいうが、銀行法10条2項5号は、「譲渡性預金証書その他の内閣府令で定める証書をもつて表示されるものを含む」としており、同法施行規則12条各号に規定される以下のものが該当する。

① 譲渡性預金の預金証書
② コマーシャル・ペーパー
③ 住宅抵当証書
④ 貸付債権信託の受益権証書
⑤ 抵当証券
⑥ 商品投資受益権の受益権証書
⑦ 外国の法人の発行する証券または証書で銀行業を営む者その他の金銭の貸付を業として行う者の貸付債権を信託する信託の受益権またはこれに類する権利を表示するもの
⑧ 市場デリバティブ取引、店頭デリバティブ取引、外国市場デリバティブ取引（いずれも有価証券関連デリバティブ取引に該当するものを除く）に係る権利または金融等デリバティブ取引（銀行法施

行規則13条の２の３）に係る権利を表示する証券または証書

これらは、例示であって銀行法10条２項５号により銀行が行うことのできる金銭債権の取得・譲渡はこれらの「金銭債権」に限定されるものではない。たとえば、シンジケートローンのセカンダリー取引、ローン・パーティシペーション（債権者が債務者に対する貸付債権を譲渡することなく、債権者が有している貸付債権から得られる経済的な利益とリスクの配分に第三者を参加させることをいう）、ファクタリング業務（金銭債権を弁済期限前に買い取ることにより債権者に金銭を融通する業務）なども同号の業務に該当するものと解されている。

◆「取得又は譲渡」の意義　「取得又は譲渡」は銀行が投資目的で売買を行う行為に加え、他にあっせんする行為も含まれる。銀行法10条６項は、「第２項第５号に掲げる業務には同号に規定する証書をもつて表示される金銭債権のうち有価証券に該当するものについて、（中略）金融商品取引法第２条第８項第１号から第６号まで及び第８号から第10号まで（定義）に掲げる行為を行う業務を含むものとする」と定めている。これは、金銭債権の流通段階において、売手と買手を仲介する行為や売手から買い取って買手に売却するような行為も同条２項５号の業務に含まれることを定めたものと解される。

なお、投資目的での有価証券の取得・譲渡は登録金融機関業務の登録が不要であるが、対顧業務として有価証券としての金銭債権の譲渡・取得またはそのあっせんを行う場合には登録金融機関業務の登録が必要

となる（金商法33条の２）。

◆付随業務の根拠条文　銀行が行うことのできる付随業務には銀行法10条２項各号で列挙されている付随業務と同項柱書に定める「その他の銀行業に付随する業務」（以下「その他の付随業務」という）があるが、重複適用が排除されているわけではないため、ある業務が同項各号および「その他の付随業務」の複数に該当することもある。

金銭債権の流動化のアレンジャー業務やシンジケートローンのセカンダリー取引におけるアレンジャー業務は、「その他の付随業務」に該当するものと解されているが、同項５号の「金銭債権の取得・譲渡」には、上記のとおり仲介行為も含まれると解されることから、同号の業務にも該当すると解することもできると思われる。

| 10011 | 付随業務としてのリース取引 |

銀行が付随業務として行うことができる銀行法10条２項18号に定めるリース取引に係る業務とはどのようなものか

結　論

銀行が付随業務として行うことのできるリース取引に係る業務は解約不能かつフルペイアウトのファイナンス・リース取引に係るものであって、使用期間終了後に所有権が相手方に移転しないものに係る業務に限られる。

解　説

◆**ファイナンス・リースとオペレーティング・リース**　　平成23年改正銀行法により、銀行は、付随業務としてリース取引に係る業務およびその代理・媒介業務を行うことができることとなった（銀行法10条2項18号・19号。【20747】参照）。

　もっとも、リース取引が付随業務として許容されるのは、固有業務（融資）との親近性、リスクの同質性等が認められるためであり、おのずからその業務範囲は限定される。

　リース取引は、一般に「ファイナンス・リース」と「オペレーティング・リース」に分類され、「ファイナンス・リース」とは、①リース契約に基づくリース期間の中途において当該契約を解除することができないリース取引またはこれに準ずるリース取引（解約不能のリース取引）であって、②借手が、当該契約に基づき使用する物件からもたらされる経済的利益を実質的に享受することができ、かつ、当該リース物件の使用に伴って生じるコストを実質的に負担することとなるリース取引（フルペイアウトのリース取引）をいう。

　「オペレーティング・リース」とは、ファイナンス・リース以外のものをいう。

　銀行が付随業務として行うことができるのはファイナンス・リースに係るものに限られる。なお、銀行のリース子会社は、オペレーティング・リースも収入依存度規制の範囲内で行うことができる（銀行法施行規則17条の3第2項11号、「銀行法施行規則第17条の3第2項第3号及び第38号の規定に基づく銀行等の子会社が営むことので

きる業務から除かれる業務等を定める件」（平10.11.24金融監督庁・大蔵省告示第9号）2条）。

◆**銀行が付随業務として行うことのできるファイナンス・リース取引の内容**　　銀行が本体で営むことができるリース取引に係る業務は以下のとおりである（銀行法10条2項18号、同法施行規則13条の2の4）。

　機械類その他の物件を使用させる契約であって次に掲げる要件のすべてを満たすものに基づき、当該物件を使用させる業務

　イ　契約の対象とする物件（以下「リース物件」という）を使用させる期間（以下「使用期間」という）の中途において契約の解除をすることができないものであること、または使用期間の中途において契約の解除をすることができない旨の定めがないものであって、相手方が、当該契約に係る使用期間の中途において当該契約に基づく義務に違反し、または当該契約を解除する場合において、未経過期間に係る使用料のおおむね全部を支払うこととされているものであること。

　ロ　使用期間において、リース物件の取得価額から当該リース物件の使用期間の満了の時において譲渡するとした場合に見込まれるその譲渡対価の額に相当する金額を控除した額および固定資産税に相当する額、保険料その他当該リース物件を使用させるために必要となる付随費用（利子および手数料の額）の合計額を対価として受領することを内容とするものであること。

　ハ　使用期間が満了した後、リース物件の所有権またはリース物件の使用および収益を目的とする権利が相手方に移転する旨の定めがないこと。

「機械類その他の物件」には自動車、工作機械などのほか建物を含むが、土地はフルペイアウトにならないことから含まれない。

また、「リース取引に関する会計基準」（企業会計基準第13号）および「リース取引に関する会計基準の運用指針」（企業会計基準運用指針第16号）において、フルペイアウトの要件として「現在価値基準」と「経済的耐用年数基準」が定められており、かかる基準は銀行が付随業務として行うことのできる範囲の判断にあたって参考となると思われる。

上記の「リース取引に関する会計基準」においては、「所有権移転ファイナンス・リース取引」と「所有権移転外ファイナンス・リース取引」が定められているが、銀行法上許容されるのは「所有権移転外ファイナンス・リース取引」に限られる。

リース会社がリース物件の保守、管理、修繕等を行う「メンテナンス・リース」は銀行が行うことができる業務には含まれない。

一方、リースアップ物件の売却や更新はリース業務に含まれるか、銀行法10条2項柱書の「その他の付随業務」として行うことができるものと解されている。

10012 付随業務としてのデリバティブ取引

銀行が付随業務として行うことができるデリバティブ取引に係る業務とはどのようなものか

結 論

銀行が付随業務として行うことができるデリバティブ取引に係る業務には、①有価証券関連デリバティブ取引を除くデリバティブ取引およびその媒介、取次または代理（銀行法10条2項12号・13号）、②金融等デリバティブ取引およびその媒介、取次または代理（同項14号・15号）、③有価証券関連店頭デリバティブ取引およびその媒介、取次または代理（同項16号・17号）、④有価証券関連デリバティブ取引（投資の目的をもってするものまたは書面取次行為に限る。同項2号）がある。

解 説

◆**銀行が付随業務として行うことができるデリバティブ取引**　銀行が付随業務として行うことができるデリバティブ取引は、①有価証券関連デリバティブ取引（金商法28条8項6号）を除くデリバティブ取引（同法2条20項）およびその媒介、取次または代理（銀行法10条2項12号・13号）、②金融等デリバティブ取引およびその媒介、取次または代理（同項14号・15号）と、有価証券関連デリバティブ取引に分かれる。

有価証券関連デリバティブ取引については、③有価証券関連店頭デリバティブ取引（金商法28条8項4号）およびその媒介、取次または代理（銀行法10条2項16号・17号）であれば銀行が行うことが可能であり、④それ以外の有価証券関連デリバティブ取引は投資の目的をもってするものまたは書面取次行為（金商法33条2項）に限って行うことができる（銀行法10条2項2号）。

②の金融等デリバティブ取引は金商法上

の「デリバティブ取引」に該当しないものである。①および③を行うにあたっては、登録金融機関としての登録が必要となる（金商法33条の2）。

◆**金融等デリバティブ取引**　銀行が付随業務として行うことのできる金融等デリバティブ取引（銀行法10条2項14号）は、(i)商品デリバティブ取引、(ii)算定割当量に係るデリバティブ取引、(iii)当事者の一方の意思表示により当事者間において(i)、(ii)に掲げる取引を成立させることができる権利を相手方が当事者の一方に付与し、当事者の一方がこれに対して対価を支払うことを約する取引その他これに類似する取引、の三つである（同法施行規則13条の2の3）。算定割当量に係るデリバティブ取引については【10020】参照。

(i)の商品デリバティブ取引は、当事者が数量を定めた商品について当該当事者間で取り決めた商品相場に基づき金銭の支払を相互に約する取引その他これに類似する取引であって、次に掲げる取引に限定されている。

㋑　差金の授受によって決済される取引

㋺　商品およびその対価の授受を約する売買取引であって、ⓐ当該売買取引に係る商品を決済の終了後に保有することとならないこと、ⓑ当該売買に係る商品の保管または運搬に伴い発生しうる危険を担保しないこと、のいずれをも満たすもの

㋺は、平成20年銀行法改正により新たに付随業務として認められることとなったもので、ⓐおよびⓑの要件を満たせば、現物決済を伴う商品デリバティブ取引を行うことも可能とするものである。ⓐについては、結果的に決済の終了時に商品を保有し続け

なければよく、その手段に制限はないものとされているが、いかなる理由であろうとも「当該売買取引に係る商品を決済の終了後に保有する」こととなった場合は銀行の業務範囲規制違反に該当するものとされている。ⓑについては、現物の保管・管理について外部委託を行う、保険によってこれらのリスクを回避する等の方法が考えられる。

なお、銀行法の規定は他の法令の規定の適用を排除するものではないため、投資家等から委託を受けて行う国内または外国の商品取引所の取引の執行または店頭取引等を行うことを業とする場合には、商品先物取引業者として商品先物取引法に基づく許可（同法190条）を受けることが必要となる。また、同法の対象外となる取引（同法2条15項の対象外店頭商品デリバティブ取引）であっても、同法352条の規定による公示に係る上場商品に該当する商品を取引対象商品とする店頭商品デリバティブ取引または同条の規定による公示に係る上場商品指数に該当する等の商品指数を取引の対象とする店頭商品デリバティブ取引を業として行う場合には特定店頭商品デリバティブ取引業者としての届出が必要となる（同法349条）。

なお、金融等デリバティブ取引の媒介、取次または代理（銀行法10条2項15号）については、上場商品構成物品等（商品先物取引法15条1項1号）について商品市場（同法2条9項）における相場を利用して行う同法2条14項1～3号および4号（ニを除く）に掲げる取引の媒介、取次または代理は除外されている（銀行法施行規則13条の2の3第3項）。

10013 情報提供業務の「その他の付随業務」該当性

銀行が行う情報提供業務は、銀行法10条2項柱書に定める「その他の銀行業に付随する業務」として行うことのできる業務に該当するか

結　論

　ダイレクトメール、店舗内情報提供機器（PDP）、通帳、残高明細書ステートメント、パンフレット、HP、電子メール等の余白部分を利用した情報提供業務は、余剰能力の活用といえる範囲内で行われるものであれば「その他の付随業務」に該当しうる。

解　説

◆「その他の付随業務」該当性の判断基準
銀行は、付随業務として、銀行法10条2項各号に列挙されている付随業務のほか、同項柱書に定める「その他の銀行業に付随する業務」（以下「その他の付随業務」という）を行うことができる。

　主要行監督指針Ⅴ-3-2「「その他の付随業務」等の取扱い」(1)～(4)に定められている業務以外の業務が「その他の付随業務」の範疇にあるかについては、銀行法12条において他業が禁止されていることに十分留意し、①当該業務が同法10条1項各号および2項各号に掲げる業務に準ずるか、②当該業務の規模が、その業務が付随する固有業務の規模に比して過大なものとなっていないか、③当該業務について、銀行業務との機能的な親近性やリスクの同質性が認められるか、④銀行が固有業務を遂行す

るなかで正当に生じた余剰能力の活用に資するか、の観点を総合的に考慮すべきこととされている。

◆情報提供業務の「その他の付随業務」該当性　上記監督指針においては、「その他の付随業務」該当性の判断にあたっては、ノーアクションレター制度による照会事例を参照すべきとされている。

　情報提供業務の「その他の付随業務該当性」については、平成15年7月1日付で①ダイレクトメール、②店舗内情報提供機器（PDP）、③通帳、残高明細書ステートメント、パンフレットの余白部分、また、平成16年6月1日付で、④HP、電子メールの余白部分を、それぞれ利用した、自行の業務提携先企業・取引先企業関連情報の提供業務について金融庁の回答が公表されている（なお、ATMの画面、利用明細書の余白を利用した広告業務については【20748】参照）。

　上記4件の照会事例はいずれも、4基準につき、余剰性（④）、親近性・リスクの同質性（③）、非過大性（②）、準業務性（①）の順番に検討しており、余剰性の基準が重視されている。

　余剰性（④）については、銀行が固有業務を遂行するうえで、必要なものとしてすでに存在するものの、業務上使用しておらず取り除くことが不可能な部分等の余剰能力を活用するものであること、業務の運営にあたって現在の業務運営体制を大きく変更するものではないことが掲げられている。

　もっとも、上記4件の照会事例のうち、④のHP、電子メールについては、電子媒体という媒体の性質上容量を自由に設定できるものであり、付随業務のために必要な

分だけ容量を拡張することが余剰能力の活用といえるかという問題が生じる。そのため、上記照会事例においては、具体的に付随業務に利用する容量の上限を示したうえで「媒体の市場価値を維持する前提を勘案し、余剰部分を無制限に拡張することはしない」旨が記載されている。

銀行業務とのリスクの同質性（③）については、事務ミス・システム障害リスク、レピュテーショナルリスク等につき、発生しないか固有業務のリスクより小さいとし、銀行業務との親近性（③）については、固有業務を行うにあたり実施している情報提供と機能的な親近性があるとしている。

非過大性（②）については、余剰能力の範囲内で行うものであり、付随業務を行うにあたって過剰な投資を行うものではないことから付随業務の規模が固有業務の規模に比して大きくなることはないとしている。

準業務性（①）については、固有業務を行うにあたって情報を提供するうえで必要な設備等を管理する業務と類似するものとしており、銀行業務との親近性とほぼ同様の理由があげられている。

なお、近年銀行が発行するキャッシュカードのICカード化が進んでおり、銀行のキャッシュカード上に他社の業務のためのアプリケーションを搭載することが可能となっている。これらは情報提供業務とは異なるが、余剰能力の活用の範囲内であれば「その他の付随業務」に該当しうるものと思われる。

10014　ビジネスマッチング・顧客紹介の範囲

銀行が銀行法10条２項柱書に定める「その他の銀行業に付随する業務」として行うことのできるビジネスマッチング・顧客紹介はどの範囲のものか

結　論

ビジネスマッチングや顧客紹介として行うことができるのは、「媒介」に至らない行為にとどまり、顧客にパンフレット等を配布・交付等することは可能であるものの、それを超えて商品の説明や価格交渉の仲介を行うことはできないものと思われる。なお、宅建業法等他の法律に抵触する行為はできないことにも留意が必要である。

解　説

◆**ビジネスマッチング・顧客紹介と「その他の付随業務」**　　銀行は、付随業務として、銀行法10条２項各号に列挙されている付随業務のほか、同項柱書に定める「その他の銀行業に付随する業務」（以下「その他の付随業務」という）を行うことができることとされており、主要行監督指針Ⅴ－３－２(1)において、従来から固有業務と一体となって行われているビジネスマッチング等は、取引先企業に対する経営相談・支援機能の強化の観点から、固有業務と切り離してこれらの業務を行う場合も「その他の付随業務」に該当するものとされている。

また、これらの業務には、銀行が引受金融商品取引業者に対し株式公開等が可能な取引先企業を紹介する行為も含まれ、勧誘

行為をせずに単に顧客を金融商品取引業者に対し紹介する行為も「その他の付随業務」に該当するものとされている。

◆ビジネスマッチング・顧客紹介として行うことのできる業務の範囲　ビジネスマッチング・顧客紹介としてどのような業務を行うことができるかについては主要行監督指針等においても明示的に定められていない。

しかしながら、銀行法上、銀行は、銀行その他金融業を行う者の業務など一定の業務の代理・媒介のみを付随業務として行うことができ（同法10条2項8号・8号の2・19号）、その他の業務の代理・媒介を行うことは認められていないものと思われる。

また、特定の物件の販売先等として候補企業を紹介することは、宅建業法2条2号の不動産の売買の媒介に該当するものであり、許容されないものと思われる。

このように他社の業務の「代理・媒介」をビジネスマッチングとして行うことはできないと解されるところ、「媒介」とは、他人間の法律行為、すなわち契約の成立に尽力する事実行為をいうと解されている。

どのような行為であれば「媒介」に該当しないかについては、主要行監督指針Ⅷ-3-2-1-1(3)②において、銀行代理業の許可の要否に関し、商品案内チラシ・パンフレット・契約申込書等の単なる配布・交付、契約申込書およびその添付書類等の受領・回収、金融商品説明会における一般的な銀行取扱商品の仕組み・活用法等についての説明は「媒介」に至らない行為とされていることが参考となる。

したがって、顧客が作成したパンフレット等を他の顧客に配布・交付する行為は「媒介」に該当するものではなく、「その他の付随業務」としてのビジネスマッチングの範囲内であると思われるものの、それを超えて顧客の取り扱う商品内容を説明したり、価格交渉を仲介したりする行為はビジネスマッチングの範囲を超えるものと思われる。

なお、ビジネスマッチング・顧客紹介については、上記のとおり「取引先企業に対する経営相談・支援機能の強化」の観点から、固有業務と切り離して「その他の付随業務」として行うことが認められているものであるため、その対象者は銀行の固有業務その他の業務の取引先（取引見込先を含む）に限られるものと思われる（ビジネスマッチング業務のその他の注意点等については【20866】【20867】【20868】【20869】【20870】【20871】【20872】【20873】参照）。

10015　銀行と電子マネー発行業務

銀行は、電子マネー発行業務を行うことができるか。銀行が、電子マネー発行業務を行う際、留意すべき点は何か

■ 結　論

銀行は、電子マネー発行業務を「その他の付随業務」として行うことができる。

電子マネーは、資金決済法上の「第三者型前払式支払手段」に該当するため、銀行が電子マネー発行業務を行う場合には、内閣総理大臣の登録を受ける必要がある。この登録を受けた「第三者型発行者」には、

原則発行保証金の供託が義務づけられているが、一定の要件を満たす銀行は、当該供託義務が免除される。

解　説

◆**「その他の付随業務」該当性**　電子マネーとは、利用者があらかじめ一定の金額をICカードやサーバにチャージし、これを店舗等で利用する決済手段である。

電子マネー発行業務は、銀行法10条2項各号に掲げられている付随業務には該当しない。したがって、銀行が、当該業務を行うことの可否は、当該業務が、同項柱書の「その他の付随業務」に該当するか否かによって判断される。

この点、「その他の付随業務」等の取扱いを定めた主要行監督指針V-3-2(2)および中小・地域監督指針III-4-2(2)には、「銀行が、従来から実施することを認められてきた電子マネー（オフラインデビットにおける電子カードを含む。）の発行に係る業務については、発行見合資金の管理等、利用者保護に十分配慮した対応となっていることについて、銀行自らが十分挙証できるよう態勢整備を図る必要があることに留意すること」との記載がある。このように、監督指針は、銀行が、電子マネー発行業務を「その他の付随業務」として行うことができることを前提に、当該業務を行うに際しての留意点をあげている。

したがって、銀行は、電子マネー発行業務を「その他の付随業務」として行うことができるが、当該業務を行うに際しては、これらの監督指針において、上記のような態勢整備を図ることが求められている点に留意する必要がある。

◆**資金決済法との関係**　上述のように、銀行法上、銀行が、電子マネー発行業務を行うことができるとしても、以下の資金決済法上の規制が銀行にも適用されることには、留意すべきである。

まず、電子マネーは、利用者が一定の金額を発行者に事前に支払っておくことが必要であるから、「前払式支払手段」に該当する（資金決済法3条1項）。また、電子マネーは、通常、発行者以外の第三者から商品の購入やサービスの提供を受ける場合にも利用できるものとされているため、「第三者型前払式支払手段」にも該当する（同条5項）。

「第三者型前払式支払手段」の発行業務は、内閣総理大臣の登録を受けた法人である、「第三者型発行者」でなければ行うことができない（資金決済法7条・3条7項）。したがって、銀行が電子マネー発行業務を行う場合、発行前にこの登録を受ける必要がある。

また、資金決済法は、前払式支払手段発行者の破綻から利用者を保護するために、「前払式支払手段発行者」に、原則発行保証金の供託を義務づけている（同法14条）。もっとも、銀行は、銀行法等による厳格な規制のもとに置かれていることから、一定の健全性に関する要件を満たしていれば、破綻によって利用者の利益を害する危険性が少ない。したがって、一定の健全性に関する要件を満たす銀行には、当該供託が免除されている（同法35条）。

一定の健全性に関する要件とは、「銀行法第14条の2その他これに類する他の法令の規定に規定する基準を勘案して内閣府令で定める健全な自己資本の状況にある旨の

区分に該当すること」であり（同法施行令12条・8条1項）、この「内閣府令で定める健全な自己資本の状況にある旨の区分」には、銀行の種類に応じ、要求される単体自己資本比率が定められている（前払式支払手段に関する内閣府令31条）。具体的には、海外営業拠点を有する銀行（外国銀行支店を有する銀行を除く）、長期信用銀行または信用金庫連合会については、最終の業務および財産の状況に関する説明書類における国際統一基準に係る単体自己資本比率が8％以上（同条1項1号）、海外営業拠点を有しない銀行、長期信用銀行または信用金庫連合会もしくは信用金庫については、同説明書類における国内基準に係る単体自己資本比率が4％以上（同項2号）であることが要求されている。

　なお、これらの要件を満たす銀行であったとしても、資金決済法上前払式支払手段発行者に課される表示、報告等の義務については免除されないことに注意を要する。

　また、銀行が、換金性の付与された電子マネーを発行して資金移動を行う場合は、為替取引として整理されることになる（金融庁平成22年2月23日「資金決済に関する法律の施行に伴う政令案・内閣府令案等に対するパブリックコメントの結果等について」回答7参照）。

10016　銀行と仮想通貨

銀行が仮想通貨交換業を営むことができるか

結　論

　現行法上、銀行が、仮想通貨交換業を営むことができると解するのは困難ではないかと思われる。

解　説

◆**仮想通貨の概要**　仮想通貨は、平成28年5月25日に成立した改正資金決済法上、次のように定義されている。すなわち、①物品を購入し、もしくは借り受け、または役務の提供を受ける場合に、これらの代価の弁済のために不特定の者に対して使用することができ、かつ、不特定の者を相手方として購入および売却を行うことができる財産的価値（電子機器その他の物に電子的方法により記録されているものに限り、本邦通貨および外国通貨ならびに通貨建資産を除く）であって、電子情報処理組織を用いて移転することができるもの、または、②不特定の者を相手方として前号に掲げるものと相互に交換を行うことができる財産的価値であって、電子情報処理組織を用いて移転することができるものと定義されている（同法2条5項）。

　そして、改正資金決済法上、仮想通貨交換業とは、①仮想通貨の売買または他の仮想通貨との交換、②①の行為の媒介、取次または代理、③①および②の行為に関して、利用者の金銭または仮想通貨の管理をすることを業として行うことをいうものとされ（同法2条7項）、同法の施行日である平成29年4月1日以降は、仮想通貨交換業を営む者は、登録が必要となる（同法63条の2）。仮想通貨交換業が新たに規制対象とされたのは、平成26年に、仮想通貨ビット

コインの世界最大の交換所を運営していたマウントゴックス社が破綻して、仮想通貨の保有者の保護の必要性が認識されたこと、および、平成27年6月のG7エルマウ・サミット等で、国際的に、マネーローンダリング等の観点から仮想通貨に対する規制が求められたことによる。

◆**「その他の付随業務」該当性**　仮想通貨交換業は、銀行法10条2項各号に掲げられている銀行の付随業務には該当しない。したがって、銀行が、当該業務を行うことの可否は、当該業務が、同項柱書の「その他の付随業務」に該当するか否かによる。

「その他の付随業務」に該当するか否かは、銀行法12条において他業が禁止されていることに十分留意し、①当該業務が同法10条1項各号および2項各号に掲げる業務に準ずるか、②当該業務の規模が、その業務が付随する固有業務の規模に比して過大なものとなっていないか、③当該業務について、銀行業務との機能的な親近性やリスクの同質性が認められるか、④銀行が固有業務を遂行するなかで正当に生じた余剰能力の活用に資するか、という観点を総合的に考慮して判断される（主要行監督指針Ⅴ-3-2⑷および中小・地域監督指針Ⅲ-4-2⑷。【10009】参照）。

参議院財政金融委員会においては、仮想通貨の販売、投資、勧誘等の業務は、その銀行の固有業務との機能的な親近性やリスクの同質性があるかどうか、その業務規模が銀行の固有業務に比して過大ではないかなどの観点から、業務の態様に応じて判断されていくべきものと言及されている（平成28年5月24日財政金融委員会議録第14号）。一方で、政府は、仮想通貨の売買の

仲介や仮想通貨と通貨との交換、仮想通貨を預かる「口座」の開設および当該口座間での仮想通貨の移転については、銀行法に規定する銀行が営むことができる業務には該当しないとの答弁をしている（参議院平成28年2月23日付答弁書第53号）。

たしかに、仮想通貨は、「通貨」という名称が付され、決済手段として利用されていることから、同じく決済手段である電子マネーの発行業務が「その他の付随業務」とされていることにかんがみれば（【10015】参照）、仮想通貨の取扱いも同様に付随業務と考えるべきにも思われる。

しかし、仮想通貨は、法貨ではなく、銀行が取り扱う現金通貨や預金通貨と異なる。また、法貨の価値に依拠せずに、独自の値動きを示すものであって、この点で、法貨の価値に依拠する電子マネーとも異なる。したがって、顧客が仮想通貨を取得すると、商品を取得した場合と同様に、価格変動による元本毀損リスクを負う。このことにかんがみると、仮想通貨交換業と銀行の固有業務との機能的な親近性やリスクの同質性を認めることはむずかしく、仮想通貨交換業が、「その他の付随業務」に該当すると解することは困難ではないかと思われる。

なお、平成29年4月1日施行の改正銀行法施行規則では、「金融関連業務」（銀行法16条の2第2項2号）に仮想通貨交換業が追加されなかったため、仮想通貨交換業が「その他の付随業務」に該当しなければ、銀行の子会社においても、仮想通貨交換業を行うことはできない（同法施行規則17条の3第2項3号参照）。

◆**資金決済法上の留意点**　仮に、銀行が、「その他の付随業務」として仮想通貨交換

業を営むことができたとしても、仮想通貨交換業を行うためには、内閣総理大臣の登録を受けることが必要である（改正資金決済法63条の2）。そして、この登録を受けた仮想通貨交換業者には、情報の安全管理（同法63条の8）、利用者に対する情報提供（同法63条の10）、利用者が預託した金銭・仮想通貨の分別管理（同法63条の11）、仮想通貨交換業者に関する金融ADR制度の導入（同法63条の12など）等の規制が適用される。

10017 不動産デリバティブ取引の「その他の付随業務」該当性

銀行は、不動産デリバティブ取引を行うことができるか

結 論

取引内容が、不動産指数を使用した差金決済に基づく金銭の授受にすぎない、銀行が価格変動リスクを適切にヘッジしている等の要件を満たすものに関しては、銀行が、不動産デリバティブ取引を「その他の付随業務」として行うことができる。

解 説

◆「その他の付随業務」該当性判断基準

不動産デリバティブ取引は、銀行法10条2項各号に掲げられている付随業務には該当しない。したがって、銀行が、当該業務を行うことの可否は、当該業務が、同項柱書の「その他の付随業務」に該当するか否かによる。

「その他の付随業務」に該当するか否かは、銀行法12条において他業が禁止されていることに十分留意し、①当該業務が同法10条1項各号および2項各号に掲げる業務に準ずるか、②当該業務の規模が、その業務が付随する固有業務の規模に比して過大なものとなっていないか、③当該業務について、銀行業務との機能的な親近性やリスクの同質性が認められるか、④銀行が固有業務を遂行するなかで正当に生じた余剰能力の活用に資するか、という観点を総合的に考慮して判断される（主要行監督指針Ⅴ-3-2(4)および中小・地域監督指針Ⅲ-4-2(4)。【10009】参照）。

◆不動産デリバティブ取引に類似する商品デリバティブ取引の取扱い

当事者が数量を定めた商品について当該当事者間で取り決めた商品相場に基づき金銭の支払を相互に約する取引その他これに類似する取引（以下「商品デリバティブ取引」という）に関しては、差金決済によって取引されるものであれば、銀行の付随業務として定められている金融等デリバティブ取引の一つとして認められている（銀行法施行規則13条の2の3第1項1号）。

このような商品デリバティブ取引が銀行の付随業務として認められた理由は、商品デリバティブ取引におけるリスクは、顧客の信用リスクと価格変動リスクの二つであるところ、銀行が、価格変動リスクを適切にヘッジしている限りにおいては、銀行に生じるリスクは顧客の信用リスクだけであり、銀行の既存業務である貸出業務等が有するリスクと同一であること、実際に行われている取引の内容は、差金決済に基づく金銭の授受にすぎず、銀行の既存業務であ

る預金業務等と同質であることがあげられる。

◆**不動産デリバティブ取引の「その他の付随業務」該当性**　本問に関しては、ノーアクションレター制度による照会事例が公表されており（銀行法整理番号10平成22年3月25日付回答）、当該照会に対し、金融庁は、以下のような回答を行っている。

不動産デリバティブ取引においても、その取引の内容が、不動産指数を使用した差金決済に基づく金銭の授受にすぎないのであれば、銀行が価格変動リスクを適切にヘッジしている限り、前記の商品デリバティブ取引に関する二つの理由が妥当するため、このような内容の不動産デリバティブ取引であれば、前記①および③の基準を満たす。

さらに、前記のような商品デリバティブ取引との類似性を有する不動産デリバティブ取引であれば、銀行がすでに有している商品デリバティブ取引等のオペレーション能力を活用できるため、前記④の基準も満たされる。

したがって、銀行が、極度管理等により不動産デリバティブ取引の業務規模が過大とならないように管理し、②の基準を満たすような態勢を整えれば、銀行は、前記の性質を有する不動産デリバティブ取引に関しては、「その他の付随業務」として行うことができる。

◆**金商法上の登録の必要性**　このように、不動産デリバティブ取引は、「その他の付随業務」に該当するが、銀行が当該業務を行うためには、登録金融機関としての登録が必要となる（金商法33条の2第3号）。

| 10018 | 銀行の証券業務範囲 |

銀行が行える証券業務の範囲はどこまでか

結　論

銀証分離の原則から、銀行が、有価証券関連業または投資運用業を行うことは原則として禁止されているが、他業証券業務に含まれる投資助言業務および有価証券関連業務、ならびに付随業務に含まれる有価証券等管理業務および証券紹介業務等は、行うことができる。

解　説

◆**銀証分離の原則**　金融機関による優越的地位の濫用や、利益相反の弊害防止のために、金融機関が、その本体において有価証券関連業または投資運用業を行うことは、原則として禁止されている（金商法33条1項本文）。もっとも、以下の業務に関しては、例外的に銀行が取り扱うことが認められている。

◆**他業証券業務**　まず、銀行は、他業証券業務として、固有業務の遂行を妨げない限度において、①金商法28条6項に規定する投資助言業務（銀行法11条1号）、および、②金商法33条2項各号に掲げる有価証券または取引について、同項各号に定める行為を行う業務（同法11条2号）を行うことが認められている。

②の業務は、有価証券関連業務と呼ばれる業務である。有価証券関連業務の内容は多様であるが、代表的なものとしては、書面取次行為、銀行自らが公共債等の金融商品

の売買を行う業務や、証券会社等の第一種金融商品取引業者から委託を受けて、証券会社等のために、それらの顧客との有価証券の売買の媒介を行う業務（金融商品仲介業務）、投資信託の銀行窓販業務等がある。

金融機関が、これらの行為を行う場合には、内閣総理大臣から登録金融機関としての登録を受けなければならない（金商法33条の2第2号）。

また、②の業務のうち、有価証券の販売・勧誘行為その他の金商法64条1項各号に掲げられた行為は、外務員の登録を受けた者でなければ、行うことができないとされている（同法64条）。

◆**有価証券等管理業務**　銀行は、付随業務として、有価証券の保護預り、振替業務を行うことができる（銀行法10条2項10号・10号の2）。当該業務は有価証券等管理業務に該当するため、他業証券業務と同様、登録金融機関としての登録が必要となる（金商法33条の2柱書）。

◆**証券紹介業務**　「勧誘行為をせず単に顧客を金融商品取引業者に対し紹介する業務」は、銀行法上の「その他の付随業務」に含まれるため、銀行が行うことができる（主要行監督指針Ⅴ-3-2(1)、中小・地域監督指針Ⅲ-4-2(1)）。金融商品仲介業務までには至らない業務であるから、外務員に登録されていない者でも証券紹介業務を行うことができる（【20859】参照）。

◆**その他「付随業務」として行うことのできる業務**　有価証券関連業のうち、金融機関が、他の法律の定めるところにより投資の目的をもって、または信託契約に基づいて信託をする者の計算において行う有価証券の売買もしくは有価証券関連デリバティブ取引を行う場合には、前記銀証分離の原則は適用されない（金商法33条1項ただし書）。

したがって、銀行においても、このような目的または計算において行う有価証券の売買や有価証券関連デリバティブ取引に関しては、付随業務としてこれを行うことができ（銀行法10条2項2号）、当該業務は登録金融機関業務の対象とならない（金商法33条の2第2号）。

| 10019 | 信託業の認可を得ていない銀行の信託業務の範囲 |

信託業の認可を得ていない銀行が行うことができる信託業務は、どの範囲か

結　論

信託業の認可を得ていない銀行は、原則として信託業務を行うことができない。例外的に銀行が行うことができる信託業務は、①信託業務を営む銀行の信託業務の代理または媒介、②自己信託に係る事務に関する業務、③担保付社債信託業務である。

解　説

◆**他業禁止の原則**　銀行は、固有業務、付随業務、他業証券業務等および他の法律により許容された業務以外の業務を営むことができない（銀行法12条）。このように、銀行が他業を営むことを制限されているのは、銀行が他業を営むことにより本業が疎かにされること、および他業による本業への影響により本業の質が低下することを防止するためである。したがって、信託の引

受を行う営業である「信託業」(信託業法2条1項)に関しては、原則として、兼営法に基づく認可を受けていない銀行は行うことができない。

◆**銀行法上認められている例外**　ただし、銀行法は、銀行の付随業務として、内閣府令で定められた「銀行その他金融業を行う者の業務の代理等」を認めている(同法10条2項8号)。そして、同法10条2項8号における業務の代理の内容として、「信託業務を営む銀行の信託業務の代理又は媒介」が内閣府令によって定められている(同法施行規則13条)。したがって、銀行は、付随業務として、①信託業務を営む銀行の信託契約または併営業務に係る契約の締結の代理または媒介を行うことができる(ただし、不動産業務に係るものは除かれる。【10007】参照)。

また、銀行法は、銀行の固有業務および付随業務のほかに、固有業務の遂行を妨げない限度において、銀行が他業証券業務等を行うことを認めている(同法11条)。この他業証券業務等の一つとして、信託法3条3号に掲げる方法によってする信託、いわゆる自己信託に係る事務に関する業務が掲げられている(銀行法11条3号)。したがって、銀行は、他業証券業務等として、固有業務の遂行を妨げない限度において、②自己信託に係る事務に関する業務を行うことができる。

なお、銀行は、信託に関連する業務として、信託受益権の売買や代理業務等を行うこともできる(銀行法11条2号、金商法33条2項1号・2条2項1号)。

◆**他の法律により認められている例外**
さらに、銀行は、担保付社債信託法に基づく③担保付社債信託業務を、「担保付社債信託法その他の法律により営む業務」として行うことができる(銀行法12条)。もっとも、担保付社債信託業務は、あくまで他業であるため、銀行が担保付社債信託業務を行うためには、銀行としての免許に加え、担保付社債信託法に基づく免許を受けることが必要となる(担保付社債信託法3条)。

10020	銀行と排出量取引

銀行は、排出量取引を取り扱うことができるか

結論

　銀行は、銀行法11条4号に基づき、排出量取引(排出量の現物取引、その媒介、取次、代理)を取り扱うことができる。また、銀行は、同法10条2項14号に基づき、排出量価格を対象とする一定の金融等デリバティブ取引についても取り扱うことができる。

解説

◆**排出量取引の意義**　排出量取引(Emission Trading)とは、一般に、一定の汚染物質について排出許容量の総枠を定め、当該汚染物質の排出主体ごとに一定数量の排出権を割り当てた場合における、当該権利の市場における取引のことをいい、排出権取引ともいわれる。

温室効果ガスの総排出量の削減を目的とした、気候変動に関する国際連合枠組条約の京都議定書の17条にも規定されている。

排出量取引が行われると、温室効果ガス

を削減しやすい国・企業は、余剰分の排出権の売却により利益が得られる一方で、排出権を超えて温室効果ガスを排出した国・企業は排出権の取得コストが発生するため、両者が温室効果ガスの削減に努めることが見込まれ、これにより、温室効果ガスの効果的削減を実現できると考えられている。

◆**他業禁止と排出量取引の位置づけ**　銀行は、預金の受入れ、資金の貸付、為替取引といった固有業務を行うものであるが、他業禁止（銀行法12条）の観点から、その他の業務について、営むことのできる業務が限定されている（その趣旨については【10023】参照）。固有業務以外で銀行が営むことができる業務としては、①付随業務（同法10条2項各号に列挙されている業務等）、②他業証券業務等（同法11条）、③法定他業（同法12条）がある。

　そして、排出量取引については、銀行法11条4号において、他業証券業務等の一環として、算定割当量を取得し、もしくは譲渡することを内容とする契約の締結またはその媒介、取次もしくは代理を行う業務として（同法施行規則13条の2の5）、その取扱いが認められている。

　また、銀行法10条2項14号において、付随業務である金融等デリバティブ取引として、排出量に関連するデリバティブ取引があげられている。すなわち、算定割当量（地球温暖化対策の推進に関する法律2条6項に規定する算定割当量その他これに類似するものをいう）の価格その他の指標の数値としてあらかじめ当事者間で約定された数値と、将来の一定の時期における現実の当該指標の数値の差に基づいて算出される金銭の授受を約する取引またはこれに類似する取引であって内閣府令で定めるもののうち、銀行の経営の健全性を損なうおそれがないと認められる取引として内閣府令で定めるものが付随業務として認められている。具体的には、①差金の授受によって決済されるもののほか、②算定割当量およびその対価の授受を約する売買取引であって、当該売買取引に係る算定割当量を決済の終了後に保有することとならないデリバティブ取引が付随業務として認められている（銀行法施行規則13条の2の3第1項・2項）。

10021　銀行とイスラム金融

銀行は、いわゆるイスラム金融を取り扱うことができるか。可能であるとして、取り扱うことのできる範囲はどこまでか

結　論

　銀行は、主要行監督指針Ⅴ-3-2⑶において示された範囲において、イスラム金融を取り扱うことができる。ただし、その範囲の外のイスラム金融について一律に禁止されているわけではなく、同指針Ⅴ-3-2⑷に掲げられた観点を総合考慮した個別の判断により、銀行による取扱いが可能となる余地もある。

解　説

◆**イスラム金融の特徴**　いわゆるイスラム金融とは、イスラム法に従った金融取引を指し、①利子の禁止、②資金を提供する者と提供を受ける者との間での損益共有、

③イスラム法に違反する事業に関する取引（たとえば、煙草、酒、豚肉の取引）の禁止といった特徴がある。

　こうした制限を回避するため、たとえば、実物や事業投資を介した取引とすることにより、利子を回避する等の対応が行われている。こうした対応策は、通常の投融資等と異なる取引上のリスクを不可避的に孕むこととなるから、銀行の業務範囲に含まれるか否か、その際の留意点は何かを個別具体的に判断する必要が生じることとなる。

◆他業禁止と「その他の付随業務」　銀行は、他業禁止（銀行法12条）の観点から営むことのできる業務が限定されているが、付随業務として、銀行法10条2項各号に列挙されている付随業務のほか、同項柱書に定める「その他の銀行業に付随する業務」（以下「その他の付随業務」という）を行うことができる（【10009】参照）。

　「その他の付随業務」については、主要行監督指針Ⅴ-3-2「「その他の付随業務」等の取扱い」において、行うことのできる業務の内容や要件、留意事項が示されており、イスラム金融に関するものとしては、平成27年4月1日付改正により、「資金の貸付け等と同様の経済的効果を有する取引」として(3)に記載が追加された。具体的には、大要、次のように定められている。

①　銀行が、顧客またはその関係者の宗教を考慮して、商品売買（取引所外での売買を含む）、物件の賃貸借または顧客の営む事業に係る権利の取得が含まれる資金の貸付と同様の経済的効果を有する取引（資金貸付、手形割引、銀行法10条2項18号のリース契約を含む）を行う場合には、以下の点に留意する。

　イ　商品売買……当該商品の売買代金に係る信用リスク以外に商品に関するリスク（当該取引に必要となる商品の売買ができないリスクを含む）を銀行が負担していないこと。

　ロ　物件の賃貸（銀行が当該物件の取得前に取得の対価を支払う場合を含む）……当該物件の賃料に係る信用リスク以外に当該物件に関するリスクを銀行が負担していないこと。銀行法10条2項18号の要件を満たすこと。銀行が物件の建設等、銀行が行うことのできない業務を行うこととなっていないこと。

　ハ　顧客の行う事業に係る権利の取得……当該権利から生じるキャッシュフローが資金の貸付と同様であり、当該事業に関するリスクのうち当該顧客に対する信用リスクと評価できないものを銀行が負担していないこと。

②　銀行が、顧客またはその関係者の宗教を考慮して、商品売買が含まれる預金の受入れと同様の経済的効果を有する取引（預金、定期積金等を含む）を行う場合には、商品に関するリスクを負担していないことに留意する。

③　銀行が、顧客またはその関係者の宗教を考慮して、商品売買が含まれる金利・通貨スワップ取引と同様の経済的効果を有する取引を行う場合には、商品に関するリスクを負担していないことに留意する。

　なお、主要行監督指針の改正案に関する意見募集結果では、具体的な取引内容を同指針に照らして判断する必要があるが、想定している取引としては、①イはイスラム金融商品であるコモディティ・ムラバハ、

①ロはイスラム金融商品であるイジャーラ、イスティスナ、①ハはイスラム金融商品であるムシャラカ、ムダラバであること、また、スクーク（イスラム債）、ムダラバ（匿名組合契約類似取引）、ムシャラカ（合弁事業類似取引）について、「有価証券の売買」（銀行法10条２項２号）に該当する場合もありうることが金融庁により示されている。

◆**明示されていない類型の取引**　主要行監督指針Ｖ−３−２(4)では、Ｖ−３−２(1)〜(3)に定められている業務以外の業務が、「その他の付随業務」の範疇にありうることを前提に、その際のメルクマールを示している。また、主要行監督指針の改正案に関する意見募集結果によれば、上記①〜③に係る記載を含む改正案は、現行法令の範囲内で取扱いが可能な取引を明らかにするものであり、その他の取引については、従来どおり、個別的に判断するとされている。

したがって、主要行監督指針Ｖ−３−２(3)に明示されているもの以外の類型に係る取引が一律に禁止されているわけではなく、同(4)に掲げられた観点を総合考慮した個別の判断により、可能な場合がありうる。明示されていない取引であって、銀行がその業務範囲か否か判断に迷う場合には、ノーアクションレター制度を活用することも考えられる。

10022　子法人等・関連法人等の業務範囲規制

銀行の子法人等・関連法人等が行うことができる業務範囲はどこまでか

結　論

銀行の子法人等・関連法人等が行うことができる業務範囲は、主要行監督指針Ｖ−３−３により、同監督指針に示されている業務に制限される。

解　説

◆**銀行の他業禁止規制とその拡張**　銀行には、銀行法12条により、他業禁止規制が課されているが（その趣旨については【10023】参照）、銀行グループの業務範囲規制についても、銀行の他業禁止の趣旨をグループ全体に及ぼし、グループ全体として銀行に対する規制に準じた取扱いとされている（主要行監督指針Ｖ−３−１(2)）。

そして、主要行監督指針Ｖ−３−３において、他業禁止の観点から、銀行の子会社、子法人等および関連法人等（以下「子会社等」という）の業務範囲、留意点等が示されている（銀行持株会社の子会社等についても、これに準じた取扱いを行うものとされている）。その具体的内容については、後述する。

◆**用語の定義**　銀行が保有する議決権割合のみで形式的に判断される「子会社」とは異なり、「子法人等」および「関連法人等」は、実質支配力基準・影響力基準によりその該当性が判断される（「子会社」の判断基準については【10023】参照）。具体的には次のように定められている。

（1）子法人等　「子法人等」とは、親法人等（他の法人等の意思決定機関を支配している法人等として内閣府令で定めるもの（銀行法施行令４条の２第２項前段））によりその意思決定機関を支配されている

他の法人等をいう。この場合において、親法人等および子法人等または子法人等が他の法人等の意思決定機関を支配している場合における当該他の法人等は、その親法人等の子法人等とみなす（同項後段）。

また、「特定子法人等」とは、特定出資会社（下記(3)参照）でない子法人等をいう（主要行監督指針Ⅴ-3-3-1(3)）。

(2)　関連法人等　「関連法人等」とは、法人等（当該法人等の子法人等を含む）が出資、取締役その他これに準ずる役職への当該法人等の役員もしくは使用人である者もしくはこれらであった者の就任、融資、債務の保証もしくは担保の提供、技術の提供または営業上もしくは事業上の取引等を通じて、財務および営業または事業の方針の決定に対して重要な影響を与えることができる他の法人等（子法人等を除く）として内閣府令で定めるものをいう（銀行法施行令4条の2第3項）。

また、「特定関連法人等」とは、特定出資会社でない関連法人等をいう（主要行監督指針Ⅴ-3-3-1(3)）。

(3)　特定出資会社　「特定出資会社」とは、銀行またはその子会社が、国内の会社（当該銀行の子会社を除く）の株式等について、合算して、その基準議決権数（当該国内の会社の総株主等の議決権に100分の5を乗じて得た議決権の数をいう）を超えて所有している場合の当該国内の会社をいう（主要行監督指針Ⅴ-3-3（注1））。

◆**特定出資会社、子法人等および関連法人等の国内の業務範囲等**　銀行の子会社の業務範囲は【10023】のとおりであるが、上記のとおり「子会社」性は形式基準で判断されるため、実質支配力基準・影響力基準で判断される「子法人等」や「関連法人等」に銀行法16条の2の業務範囲規制が直接適用されるものではない。しかしながら、銀行の実質的な支配が及ぶ子法人等や関連法人等は、当該銀行のグループの一部であるといえ、銀行の他業禁止の趣旨を及ぼすのが適当と考えられるため、主要行監督指針Ⅴ-3-3では、以下のように、業務範囲と留意点を定めている。

(1)　特定出資会社　主要行監督指針Ⅴ-3-3によれば、特定出資会社が営むことができる業務は、①銀行、②長期信用銀行、③資金移動専門会社、④証券専門会社、⑤証券仲介専門会社、⑥保険会社、⑦少額短期保険業者、⑧信託専門会社、⑨従属業務または金融関連業務をもっぱら営む会社、および、⑩銀行法16条の2第1項12号の2（特別事業再生会社を除く）～13号に定める会社が行うことができる業務の範囲内であるとされ、特定出資会社が国内の会社であるという特性等から、子会社対象会社（銀行法16条の2第1項に規定する子会社対象会社をいう）の業務範囲のうち、一部に限定されている。

また、銀行法施行規則、告示、主要行監督指針に定める子会社に関する基準等を満たす必要があることに留意する、とされている。

(2)　特定子法人等および特定関連法人等　主要行監督指針Ⅴ-3-3-1(3)によれば、銀行の特定子法人等および特定関連法人等の業務の範囲については、子会社対象会社の営むことができる業務の範囲内であるとされている。

また、銀行法施行規則、告示、主要行監督指針に定める子会社に関する基準等を満

たしているかに留意する必要があるとされている。

加えて、金融システム改革のための関係法律の整備等に関する法律の施行（一部を除き、平成10年12月1日）の際、信託業務を営む銀行（本体で不動産業務を営む者に限る）の特定子法人等または特定関連法人等で現に一般向け不動産業務を営むものの当該業務については、銀行の特定子法人等および特定関連法人等が営むことができる業務に含まれるものとされている。

◆**海外における子法人等および関連法人等の業務範囲等**　銀行の海外子会社の業務範囲については【10026】のとおりであり、主要行監督指針Ⅴ-3-3-4(1)では、「銀行の海外における子会社等の業務の範囲についても、国内の子会社等と同様の業務範囲の考え方を適用し、子会社対象会社の営むことができる業務以外の業務を営むことのないよう留意する必要がある」としている。

10023　銀行子会社の業務範囲

銀行子会社が行うことができる業務範囲はどこまでか

結　論

　銀行子会社が行うことができる業務範囲は、銀行法16条の2第1項により、同項各号に掲げる子会社対象会社の営む業務に制限される。

解　説

◆「子会社」と「子法人等」　銀行は、銀行法16条の2第1項により、同項各号に掲げる会社（子会社対象会社）以外の会社を子会社としてはならないものとされている。これは、銀行の他業禁止規制との関係によるものである。

すなわち、銀行には、銀行法上、他業禁止規制が課されているが（同法12条）、その趣旨は、銀行が銀行業以外の業務を営むことによる異種のリスクの混入の阻止、銀行業務に専念することによる効率性の発揮、利益相反取引の防止の点にある。そして、銀行グループの業務範囲規制についても、銀行の他業禁止の趣旨をグループ全体に及ぼし、グループ全体として銀行に対する規制に準じた取扱いとするものとされており（主要行監督指針Ⅴ-3-1参照）、そのような観点から、銀行の子会社の対象となる会社を制限する形で、銀行子会社が行うことができる業務範囲が制限されているのである。

業務範囲の制限の対象となる「子会社」とは、会社がその総株主等の議決権の100分の50を超える議決権を保有する他の会社をいうものとされている（銀行法2条8項。議決権割合の算定にあたっては、銀行の子会社、さらにその子会社が保有する議決権割合も合算される）。ここで留意すべきなのは、銀行法上の子会社への該当性は、実質的に会社の経営を支配しているか否かの観点から子会社の該当性を判断する実質支配力基準を採用している会社法等と異なり、銀行が保有する議決権割合のみで形式的に判断する点にある。ただし、銀行法上は、子会社の概念とは別に実質支配力基準・影響力基準によりその該当性を判断する「子法人等」「関連法人等」との概念が存在す

るところ、子法人等・関連法人等について
も、他業禁止の趣旨から、銀行の健全性を
確保するため、銀行子会社の業務範囲の制
限が及ぶものとされている（主要行監督指
針Ⅴ-3-3）。

◆**「子会社」の業務範囲**　子会社対象会
社の範囲は、次の①〜⑰である。

① 銀行
② 長期信用銀行
③ 資金移動専門会社
④ 証券専門会社
⑤ 証券仲介専門会社
⑥ 保険会社
⑦ 少額短期保険業者
⑧ 信託専門会社
⑨ 銀行業を営む外国の会社
⑩ 有価証券関連業を営む外国の会社
⑪ 保険業を営む外国の会社
⑫ 信託業を営む外国の会社
⑬ 従属業務または金融関連業務をもっぱ
　ら営む会社（従属業務および金融関連業
　務の意義については、【10024】【10025】
　参照）
⑭ 新たな事業分野を開拓する会社（いわ
　ゆるベンチャービジネス会社。銀行法施
　行規則17条の2第6項の要件を満たすも
　のに限られ、ベンチャーキャピタル会社
　を通じて子会社化する必要がある）
⑮ 経営の向上に相当程度寄与すると認め
　られる新たな事業活動を行う会社（銀行
　法施行規則17条の2第7項の要件を満た
　すものに限られ、特別事業再生会社につ
　いては、ベンチャーキャピタル会社を通
　じて子会社化する必要がある）
⑯ ①〜⑮および⑰の会社のみを子会社と
　する持株会社

⑰ ①〜⑯の会社のみを子会社とする外国
　の持株会社

さらに、平成28年の銀行法改正により、
情報通信技術その他の技術を活用した銀行
の営む銀行業の高度化もしくは銀行の利用
者の利便の向上に資する業務またはこれに
資すると見込まれる業務を営む会社（いわ
ゆるフィンテック（FinTech）企業）が子
会社対象会社として追加された。

銀行は、こうした子会社対象会社以外の
会社を子会社（ないしは子法人等・関連法
人等）としてはならず、その業務範囲も、
子会社対象会社の営む業務の範囲に制限さ
れることとなる。

これらの子会社対象会社を新たに子会社
としようとする場合、原則として、内閣総
理大臣の事前の認可を受けなければならな
い（銀行法16条の2第7項、同法施行規則
17条の5）。

なお、銀行法16条の2第1項に基づく子
会社対象会社の制限は、子会社対象会社以
外の会社が、銀行またはその子会社の担保
権の実行による株式等の取得、銀行または
その子会社による上記⑭または⑮の会社の
株式等の取得、その他同法施行規則17条の
4第1項各号に定める事由により銀行の子
会社となる場合には、適用されない。ただ
し、この場合であっても、上記⑭または⑮
の会社の取得等の場合を除き、銀行は、事
由の生じた日から1年を経過した日までに
子会社でなくなるよう、所定の措置を講じ
なければならないものとされている（同法
16条の2第3項）。

10024　従属業務の範囲

銀行子会社が営むことができる「従属業務」とは何か

結　論

従属業務とは、銀行または銀行の子会社の営む業務に従属する業務として銀行法施行規則により限定列挙される業務である。従属業務は、銀行業からみれば他業のため、従属業務を営む子会社対象会社にあっては、収入依存度規制の要件を満たす必要がある。

解　説

銀行が子会社とすることができる子会社は、銀行法16条の2第1項により、同項各号に掲げる子会社対象会社に限られるところ（同項に基づく子会社規制については、【10023】参照）、「従属業務又は金融関連業務を専ら営む会社」も子会社対象会社に含まれる（同法16条の2第1項11号。金融関連業務については、【10025】参照）。

ここに、「従属業務」とは、銀行または銀行の子会社の営む業務に従属する業務として内閣府令で定めるものとされているところ（銀行法16条の2第2項1号）、これを受けて、銀行法施行規則17条の3第1項は、従属業務として次の①〜㉗を限定列挙している。

① 不動産の賃貸または管理を行う業務
② 福利厚生に関する事務を行う業務
③ 物品の購入または管理を行う業務
④ 印刷または製本を行う業務
⑤ 広告または宣伝を行う業務
⑥ 自動車の運行または管理を行う業務
⑦ 調査または情報の提供を行う業務
⑧ ATM等の管理を行う業務
⑨ ダイレクトメールの作成または発送を行う業務
⑩ 担保財産の評価、管理を行う業務
⑪ 担保財産の売買の代理または媒介を行う業務
⑫ 消費者ローンの相談または事務の取次を行う業務
⑬ 外国為替取引、信用状、旅行小切手に関する業務または対外取引のための資金の貸付等の事務を行う業務
⑭ 計算を行う業務
⑮ 書類の作成、整理、保管、発送または配送を行う業務
⑯ 顧客との間の事務の取次を行う業務
⑰ 労働者派遣事業または職業紹介事業
⑱ 電子計算機に関する事務を行う業務
⑲ 役職員に対する教育または研修を行う業務
⑳ 現金、小切手、手形または有価証券の輸送を行う業務
㉑ 現金、小切手、手形または証書の集配を行う業務
㉒ 有価証券の受渡しを行う業務
㉓ 現金、小切手、手形または有価証券の整理、確認または保管を行う業務
㉔ 自らを子会社とする保険会社のために投資を行う業務
㉕ 自らを子会社とする銀行等の債権の担保財産を購入し、購入した財産の所有および管理を行う業務
㉖ ①〜㉕に掲げる業務に準ずるものとして金融庁長官が定める業務（現時点では金融庁長官が定める業務はない）

㉗ ①〜㉖に付帯する業務（①〜㉖の業務を営むものが営むものに限る）

　この従属業務を営む会社として子会社対象会社に該当するためには、従属業務または金融関連業務を「専ら」営む必要があるため、複数の従属業務を営むことや、従属業務と金融関連業務を併営することは認められるが、従属業務または金融関連業務以外の業務を併営することはできない。

　また、従属業務を営む会社にあっては、主として銀行、銀行の子会社その他これらに類する者として内閣府令で定めるもの（銀行法施行規則17条の2第4項。銀行のグループ会社がこれに該当する）の営む業務のためにその業務を営んでいるものに限るとされていた（銀行法16条の2第1項11号柱書カッコ書）。これは、いわゆる収入依存度規制を定めるものである。すなわち、従属業務を業として営むことは、銀行業からみれば他業であり、銀行の他業禁止規制（同法12条）との関係で問題となるところ、主として親銀行グループ等のために営むものであれば、アウトソーシングの一環として銀行の経営の効率化に資するものといえるため、従属業務を営む銀行の子会社の総収入に占める親銀行グループ等からの収入が一定以上の割合があることを条件に従属業務を営むことを認めたものである。

　収入依存度に係る具体的な基準は、銀行法16条の2第11項による委任に基づき、「銀行法第16条の2第7項等の規定に基づき、従属業務を営む会社が主として銀行若しくは銀行持株会社又はそれらの子会社その他これらに類する者のために従属業務を営んでいるかどうかの基準を定める件」（平成14年3月29日金融庁告示第34号）に

よって定められている。もっとも、この収入依存度規制については、平成28年の銀行法改正に伴う上記告示の改正により、決済関連事務等の受託の容易化の観点から特定の業務については収入依存度が緩和された。また、同年の銀行法改正により、同法16条の2第1項11号柱書カッコ書内の「主として」の文言も削除された。

10025　金融関連業務の範囲

銀行子会社が営むことができる「金融関連業務」とは何か

結　論

　金融関連業務とは、銀行業、有価証券関連業、保険業または信託業に付随し、または関連する業務として銀行法施行規則により限定列挙される業務である。金融関連業務のうち、証券専門関連業務、保険専門関連業務および信託専門関連業務については、特定の子会社対象会社との一定の資本関係を要件とする出資規制が定められている。

解　説

　銀行が子会社とすることができる子会社は、銀行法16条の2第1項により、同項各号に掲げる子会社対象会社に限られるところ（銀行法16条の2第1項に基づく子会社規制については、【10023】参照）、「従属業務又は金融関連業務を専ら営む会社」も子会社対象会社に含まれる（同項11号。従属業務については、【10024】参照）。

　ここに、「金融関連業務」とは、銀行業、

有価証券関連業、保険業または信託業に付随し、または関連する業務として内閣府令で定めるものとされているところ（銀行法16条の２第２項２号）、これを受けて、銀行法施行規則17条の３第２項は、金融関連業務として次の①～(51)を限定列挙している。

① 銀行等の業務の代理または媒介
② 農業協同組合等の業務の代理または媒介
③ 「銀行業を営む外国の会社」の業務の代理または媒介（国内において営む場合は、カストディ業務に限る）
④ 資金移動業の代理または媒介
⑤ 信託契約代理業
⑥ 信託銀行等の信託併営業務を受託する契約の締結の代理または媒介
⑦ 金銭の貸付または金銭の貸借の媒介
⑧ イスラム金融
⑨ 銀行の付随業務
⑩ 債権管理回収業
⑪ 確定拠出年金運営管理業
⑫ 保険募集
⑬ 金商法２条８項７号・13号および15号に掲げる行為を行う業務
⑭ 商品投資顧問業
⑮ クレジットカード業務
⑯ 個品割賦購入あっせん業務
⑰ プリペイドカード業務
⑱ リース業
⑲ ベンチャーキャピタル業務
⑳ 投資信託委託業
㉑ 投資顧問業
㉒ 投信法施行令３条１号、２号および６～８号に掲げる資産に対する投資として、他人のため金銭その他の財産の運用（その指図を含む）を行う業務
㉓ M&A アドバイザリー業務
㉔ 経営に関する相談に応ずる業務
㉕ 金融その他経済に関する調査または研究を行う業務
㉖ 個人の財産形成に関する相談に応ずる業務
㉗ データの処理を行う業務およびこれらのデータの伝送役務を提供する業務
㉘ 電子計算機のプログラムの作成もしくは販売を行う業務および計算受託業務
㉙ 確定給付企業年金等に係る掛金または給付金等の計算に関する業務および書類等の作成または授受に関する業務
㉚ 算定割当量を取得し、もしくは譲渡することを内容とする契約の締結またはその媒介、取次もしくは代理を行う業務
㉛ 電子債権記録業
㉜ 有価証券に関する事務の取次を行う業務
㉝ 有価証券に関する顧客の代理
㉞ インベスターリレーション（IR）業務
㉟ 有価証券に関する情報の提供または助言
㊱ 組合契約等の締結の媒介、取次または代理を行う業務
㊲ 保険業に係る業務の代理または事務の代行
㊳ 保険事故等の調査を行う業務
㊴ 保険募集を行う者の教育を行う業務
㊵ 老人福祉施設等に関する役務その他老人、身体障害者等の福祉に関する役務の提供を行う業務
㊶ 健康維持もしくは増進のための運動を行う施設等の運営を行う業務
㊷ 事故等の危険の発生の防止等のための

調査、分析または助言を行う業務

㊸ 健康、福祉または医療に関する調査、分析または助言を行う業務

㊹ 保険会社等の業務に関する電子計算機のプログラムの作成または販売を行う業務および計算受託業務

㊺ 自動車修理業者等のあっせんまたは紹介に関する業務

㊻ 保険事故に関する報告の取次を行う業務または保険契約に関し相談に応ずる業務

㊼ 財産の管理に関する業務および当該業務に係る代理業務

㊽ 信託併営業務

㊾ 信託財産（不動産を除く）の評価に関する業務

㊿ ①～㊾に掲げる業務に準ずるものとして金融庁長官が定める業務（金融庁告示によって信用状の発行を行う業務等が定められている）

(51) ①～㊿に掲げる業務に付帯する業務（①～㊿の業務を営むものが営むものに限る）

上記の金融関連業務のうち、「証券専門関連業務」（上記の㉜～㊱およびこれに付随する業務）、「保険専門関連業務」（上記の㊲～㊻およびこれに付随する業務）ならびに「信託専門関連業務」（上記の㊼～㊾およびこれに付随する業務）をもっぱら業として営むことは、それぞれ証券・保険・信託業を営む子会社との関連性があるゆえに子会社とすることが容認されていると考えられる。そのため、これらの業務を営む子会社対象会社については、他の子会社対象会社である「証券子会社等」（銀行法16条の２第２項６号）、「保険子会社等」（同項７号）および「信託子会社等」（同項８号）との一定の資本関係を要件とする出資規制（同条１項11号）が定められている。

10026 銀行の海外子会社の業務範囲

銀行の海外子会社が行うことができる業務範囲はどこまでか

結　論

銀行の海外子会社が行うことができる業務範囲についても、国内の子会社等と同様の業務範囲の考え方が適用される。ただし、現地監督当局が銀行の行う業務として容認するものであれば、我が国の銀行法の趣旨を逸脱しない限り、これを業務として行うことができると考えられる。

解　説

銀行が子会社とすることができる子会社は、銀行法16条の２第１項により、同項各号に掲げる子会社対象会社に限られるが（同法16条の２第１項に基づく子会社規制については、【10023】参照）、「銀行業を営む外国の会社」（同項７号）等、対象となる子会社に外国の会社が含まれていることからもわかるように、銀行は、銀行を含む外国の会社を子会社にすることができる。

もっとも、外国の銀行については、我が国の銀行法と異なる規制が適用されるところ、海外子会社の業務の範囲が、我が国の銀行法上の他業禁止規制との関係で問題となる。具体的には、対象となる海外子会社の法域において、銀行が特段の制限なく有

価証券関連業を行っている場合や、銀行が一般事業を行っている場合等、銀行の行う業務範囲が我が国の銀行法上の他業禁止規制の範囲と異なる場合に、このような銀行を子会社とすることが、異種のリスクの混入の阻止等を目的とした他業禁止規制の観点から問題となるのである。

この点、主要行監督指針は、「銀行の海外における子会社等の業務の範囲についても、国内の子会社等と同様の業務範囲の考え方を適用し、子会社対象会社の営むことができる業務以外の業務を営むことのないよう留意する必要がある」としながらも、「銀行業を営む外国の会社（以下「銀行現法」という）が行う業務については、バーゼルコンコルダット（「銀行の海外拠点監督上の原則」1975年バーゼル委員会（1983年改訂））の趣旨にかんがみ、現地監督当局が容認するものは、銀行法の趣旨を逸脱しない限り原則として容認するものとする」（主要行監督指針Ⅴ-3-3-4(1)）と定めている。したがって、海外子会社の行う業務が、現地監督当局が銀行の行う業務として容認するものであれば、我が国の銀行法の趣旨を逸脱しない限り、これを業務として行うことができるものと考えられる。

なお、銀行法16条の2第1項に基づく子会社対象会社の制限は、現に子会社対象会社以外の外国の会社を子会社としている外国の子会社対象会社または特例対象持株会社（子会社対象会社を子会社としている持株会社または外国の会社であって持株会社と同種のものもしくは持株会社に類似するもの）を子会社とすることにより、銀行が子会社対象会社以外の外国の会社を子会社（いわゆる孫会社）とする場合には、適用

されない。ただし、この場合であっても、銀行は、原則として、その外国の子会社が子会社となった日から5年を経過した日までに子会社でなくなるよう、所定の措置を講じなければならないものとされている（同法16条の2第4～6項）。

また、外国の会社を新たに子会社としようとする場合、内閣総理大臣の事前の認可を受ける必要があるところ（銀行法16条の2第7項）、この認可申請の際、理由書その他の認可申請書類に、①外国の会社が子会社対象会社以外の会社を子会社としているかどうかの別、②子会社対象会社以外の会社を子会社としている場合には、子会社対象会社以外の会社の営む業務の内容ならびに最近の財産および損益の状況、③外国の会社を子会社とした日から5年以内に、子会社対象会社以外の会社を子会社でなくなるようにするために講ずることを予定している所要の措置の内容を明確に記載する必要がある。そして、銀行の財務の健全性に悪影響を与えるおそれがある場合、子会社対象会社以外の会社の業務内容が公の秩序または善良の風俗を害し、子会社とする外国の会社の社会的信用を失墜させるおそれがある場合、その他子会社とする外国の会社が当該子会社対象会社以外の会社の業務の適正性を確保するよう子会社管理業務を的確かつ公正に遂行できることが確認できない場合は、認可をすることができないことに留意するものとされている（主要行監督指針Ⅴ-3-3-4(4)）。

10027 銀行持株会社の業務範囲

銀行持株会社が行うことができる業務範囲
はどこまでか

結　論

銀行持株会社が行うことができる業務範囲は、子会社である銀行等の経営管理を行うことと経営管理に付帯する業務に限定される。ただし、平成28年の銀行法改正により、内閣総理大臣の認可を受けてグループ内の共通業務を行うことが可能となった。

解　説

　銀行持株会社とは、銀行を子会社とする持株会社（銀行法2条12項）であって、銀行法52条の17第1項の認可を受けて設立され、または同項もしくは同条3項ただし書の認可を受けているものをいう（同法2条13項）。同法上、会社を銀行を子会社とする持株会社に転化し、または銀行を子会社とする持株会社を設立しようとする場合、内閣総理大臣の事前の認可を取得しなければならないものとされている（同法52条の17第1項）。これは、銀行経営の健全性確保や預金者保護といった観点から、銀行のみならず銀行を傘下に置く持株会社についても、監督当局の認可に係らしめたものである。

　このような銀行持株会社の設立認可制を採用した趣旨を貫徹するため、銀行持株会社は、その子会社である銀行、銀行兄弟会社および特例子会社対象会社（【10028】参照）の経営管理を行うことならびにこれに

付帯する業務のほか、他の業務を営むことができないものとされている（銀行法52条の21第2項）。

　経営管理に付帯する業務としては、グループを代表して資金調達を行うこと、営業ソフト等の貸与を行うこと、営業用建物を子会社等へ貸し付けることが考えられる。

　もっとも、銀行持株会社が行うことができる子会社の経営管理については、平成28年の銀行法改正により、グループ頂点の銀行持株会社は、グループの経営管理を行わなければならないものとされ、金融グループにおける経営管理の充実が銀行持株会社の義務とされた（平成28年改正銀行法52条の21第1項。なお、銀行持株会社を有さない銀行グループの場合は、グループ頂点の銀行の義務となる。同法16条の3）。これによれば、ここでいう「経営管理」とは、次の①〜④をいうものとされており（同法52条の21第4項、同法施行規則34条の14の2第3項）、銀行持株会社が行うことができる子会社の経営管理の内容が明確化された。

① グループの経営の基本方針の策定およびその適正な実施の確保
② グループに属する会社相互の利益が相反する場合における必要な調整
③ グループの業務の執行が法令に適合することを確保するために必要な体制の整備
④ グループの再建計画（策定が必要なものとして金融庁長官が指定したものに限る）の策定およびその適正な実施の確保

　また、従前、子会社の経営管理を行うことはできても、子会社の業務の執行を行うことはできなかったが、平成28年の銀行法

改正により、内閣総理大臣の事前の認可を取得することを条件に、資産運用業務やシステム管理業務等、グループに属する銀行を含めた二つ以上の子会社に共通する業務であって、当該業務を銀行持株会社において行うことがグループの業務の一体的かつ効率的な運営に資するものとして同法施行規則34条の14の3各号で定めるものを、銀行持株会社がこれらの子会社にかわって行うことができるものとされた（同法52条の21の2）。

| 10028 | 銀行兄弟会社（銀行持株会社の子会社）の業務範囲 |

銀行兄弟会社（銀行持株会社の子会社）が行うことができる業務範囲はどこまでか

結 論

銀行兄弟会社（銀行持株会社の子会社）が行うことができる業務範囲は、銀行法52条の23第1項により、同項各号に掲げる子会社対象会社の営む業務に制限される。

解 説

銀行持株会社は、銀行法52条の23第1項により、同項各号に掲げる会社以外の会社を子会社としてはならないものとされている。これは、銀行の子会社規制（【10023】参照）と同様、銀行の他業禁止規制との関係によるものである。現に、従前、銀行持株会社の子会社（銀行兄弟会社）の業務範囲は、基本的に銀行の子会社と同様の範囲とされていた。しかし、平成20年改正銀行

法により、後述する銀行法52条の23の2に基づく銀行持株会社の子会社の範囲等の特例が設けられ、銀行兄弟会社の業務範囲を拡大するための措置が講じられた。

業務範囲の制限の対象となる「子会社」が、銀行持株会社が保有する議決権割合のみで形式的に判断されるものであることや、子会社概念とは別に実質支配力基準・影響力基準によりその該当性を判断する「子法人等」「関連法人等」についても銀行兄弟会社の業務範囲の制限と同様の制限が及ぶものと解されていること（主要行監督指針Ⅴ-3-3）は、銀行の子会社規制の場合と同様である。

銀行持株会社の子会社対象会社、すなわち銀行兄弟会社の範囲は、次の①〜⑰である。

① 銀行
② 長期信用銀行
③ 資金移動専門会社
④ 証券専門会社
⑤ 証券仲介専門会社
⑥ 保険会社
⑦ 少額短期保険業者
⑧ 信託専門会社
⑨ 銀行業を営む外国の会社
⑩ 有価証券関連業を営む外国の会社
⑪ 保険業を営む外国の会社
⑫ 信託業を営む外国の会社
⑬ 従属業務もしくは金融関連業務またはこれらの業務の両方をもっぱら営む会社（従属業務および金融関連業務の意義については、【10024】【10025】参照）
⑭ 新たな事業分野を開拓する会社（いわゆるベンチャービジネス会社。銀行法施行規則17条の2第6項の要件を満たすも

のに限られ、ベンチャーキャピタル会社を通じて子会社化する必要がある）

⑮　経営の向上に相当程度寄与すると認められる新たな事業活動を行う会社（銀行法施行規則17条の2第7項の要件を満たすものに限られ、特別事業再生会社については、ベンチャーキャピタル会社を通じて子会社化する必要がある）

⑯　①〜⑮および⑰の会社のみを子会社とする持株会社

⑰　①〜⑯の会社のみを子会社とする外国の持株会社

さらに、平成28年の銀行法改正により、情報通信技術その他の技術を活用した銀行の営む銀行業の高度化もしくは銀行の利用者の利便の向上に資する業務またはこれに資すると見込まれる業務を営む会社（いわゆるフィンテック（FinTech）企業）が銀行兄弟会社として追加された（銀行法52条の23第1項11号の3）。

加えて、銀行持株会社の場合、特例子会社対象業務をもっぱら営む会社等を特定子会社対象会社として子会社（持株特定子会社）とすることができるものとされている（銀行法52条の23の2）。「特例子会社対象業務」とは、金融等デリバティブ取引に係る商品の売買その他の内閣府令で定めるものとされており（同条2項、同法施行規則34条の19の3）、銀行法施行規則の改正によって銀行兄弟会社の業務範囲を拡大することが可能となっている。

したがって、銀行持株会社は、これらの子会社対象会社以外の会社を子会社としてはならず、銀行兄弟会社の業務範囲も、これらの子会社対象会社の営む業務の範囲に制限されることとなる。

これらの子会社対象会社を新たに子会社としようとする場合、原則として、内閣総理大臣の事前の認可を受けなければならないこと（銀行法52条の23第6項、同法施行規則34条の19）や、子会社対象会社の制限が、子会社対象会社以外の会社が、銀行持株会社またはその子会社の担保権の実行による株式等の取得、銀行持株会社またはその子会社による上記⑭または⑮の会社の株式等の取得、その他銀行法施行規則34条の17第1項各号に定める事由により銀行持株会社の子会社となる場合には、適用されないが、この場合であっても、上記⑭または⑮の会社の取得等の場合を除き、銀行持株会社は、事由の生じた日から1年を経過した日までに子会社でなくなるよう、所定の措置を講じなければならないものとされていること（同法52条の23第2項）は、銀行の子会社規制と同様である。

10029　銀行の議決権保有規制

銀行の議決権保有規制はどのようなものか

結　論

いくつかの例外を除き、銀行グループでは合算して5％、銀行持株会社グループでは合算して15％を上限に、一般事業会社の議決権の保有が制限されている。

解　説

銀行またはその子会社は、国内の会社の議決権については、合算して、総株主等の議決権数の5％を超える議決権を取得し、

または保有してはならないものとされている（銀行法16条の4第1項）。また、銀行持株会社またはその子会社は、国内の会社の議決権については、合算して、総株主等の議決権数の15％を超える議決権を取得し、または保有してはならないものとされている（同法52条の24第1項）。すなわち、銀行グループでは合算して5％、銀行持株会社グループでは合算して15％を上限に、一般事業会社の議決権の保有が制限されている。これらの議決権保有規制は、銀行の子会社規制（【10023】参照）と同様、銀行の他業禁止規制（同法12条）との関係によるものであり、これにより銀行経営の健全性を確保し、また子会社規制の潜脱を防止する点に規制の主眼がある。

以下、主に銀行グループの議決権保有規制について述べる。

議決権保有規制の対象となる「国内の会社」からは、基本的には、銀行が銀行法16条の2に基づき子会社とすることができる会社が除かれるため、子会社対象会社については5％を超える議決権を取得することができるが、ベンチャービジネス会社（同法16条の2第1項12号）および特別事業再生会社（同項12号の2）については、後述する③および④の例外の場合を除いて議決権保有規制の対象となる。

もっとも、この議決権保有規制については、いくつかの例外がある。まず、①銀行またはその子会社が、担保権の実行による株式等の取得や、取引先である会社との間の合理的な経営改善のための計画に基づく株式等の取得等、銀行法施行規則17条の6第1項各号に定める事由により議決権を取得する場合には、議決権保有規制の対象外

となっている（同法16条の4第2項本文）。もっとも、この場合において、5％を超える部分の議決権については、銀行があらかじめ内閣総理大臣の承認を受けた場合を除き、取得し、または保有することとなった日から1年を超えてこれを保有してはならないものとされているため（同項ただし書）、1年以内に処分する必要がある。また、50％を超える部分の議決権については、内閣総理大臣の承認の対象とならず、内閣総理大臣の承認を受けた場合でも、5％を超える部分の議決権を速やかに処分することが条件とされる（同条3項）。

次に、②銀行またはその子会社は、合併や会社分割等、銀行法16条の4第4項各号に定める場合には、議決権を5％を超えて保有し続けることができるが（ただし、50％を超えて保有し続けることはできない）、5％を超える部分については、5年以内に処分することが合併の認可等の条件とされる（同条4項・5項）。

さらに、③銀行の子会社対象会社であるベンチャービジネス会社または特別事業再生会社の議決権の取得または保有については、特定子会社、すなわち資金の貸付等を専門に行うベンチャーキャピタル会社は、銀行の子会社に該当しないものとみなされるものとされている（銀行法16条の4第7項）。したがって、銀行がベンチャーキャピタル会社を通じて保有するベンチャービジネス会社等の議決権については、議決権保有規制の対象外となっている。ただし、保有期間については一定の制限がある（同法施行規則17条の2第11項・12項）。

加えて、④特例対象会社、すなわち地域の活性化に資すると認められる事業を行う

会社として銀行法施行規則17条の7の3第1項の要件を満たす会社等は、議決権保有規制の対象となる「国内の会社」から除かれる（銀行法16条の4第1項・8項）。もっとも、議決権保有規制の対象から除かれる特例対象会社は、銀行または特定子会社以外の子会社が合算して5％を保有していないものに限られ、また、保有期間にも一定の制限がある点には留意する必要がある。

このほか、⑤信託銀行が金銭または有価証券の信託に係る信託財産として所有する株式等に係る議決権のうち、委託者または受益者が行使し、またはその行使について会社もしくは議決権の保有者に指図を行うことができるものや、元本の補てんまたは利益の補足の契約をしている金銭信託以外の信託に係る信託財産である株式等に係る議決権等、銀行法施行規則1条の3第1項各号に定める議決権については、議決権保有規制の対象外となっている（銀行法16条の4第9項・2条11項）。

なお、銀行の議決権保有規制については、独占禁止法上も、銀行法とおおむね同様の議決権保有規制が設けられている（独占禁止法11条）。

銀行持株会社の議決権保有規制の例外もおおむね同様であるがいわゆるフィンテック（FinTech）企業（銀行法52条の23第1項11号の3）について、15％を超える議決権を取得するには内閣総理大臣の認可を要する点に留意すべきである（同法52条の23第6項）。

10030 大口信用供与規制

大口信用供与規制とは何か

結 論

大口信用供与規制とは、銀行が同一人に対する融資等の信用の供与等を行うにあたっては、一定の限度額を超える信用の供与等を禁止する規制である。

解 説

銀行は、同一人に対する融資等の信用の供与等を行うにあたっては、一定の限度額を超えて信用の供与等を行ってはならないものとされている（銀行法13条）。これを大口信用供与規制という。大口信用供与規制は、銀行経営の健全性の観点から、特定の融資先に信用が集中することを回避し、もって危険の分散を図るとともに、銀行の信用が広く適正に配分されることを企図したものである。

大口信用供与規制の内容を具体的にみると、まず、規制の対象となる「信用の供与等」については、以下のものが定められている（銀行法施行令4条6項、同法施行規則14条）。

① 貸出金のうち、貸借対照表のコールローン勘定、買現先勘定および貸出金勘定に計上されるもの（コールローンについては、当分の間、適用除外とされている。銀行法施行規則附則2条1項）

② 債務の保証のうち、貸借対照表の支払承諾見返勘定に計上されるもの

③ 出資のうち、貸借対照表の有価証券勘

定のうち株式勘定またはその他の証券勘定として計上されるもの（後者は、外国法人の発行する株式等に限る）

④ ①～③に類するものとして、貸借対照表の銀行法施行規則14条4項各号に定める勘定に計上されるもの

次に、規制の内容については、受信側を同一人と銀行主要株主（銀行法2条10項）の場合に区分して、同一人に対する信用の供与等については、銀行の自己資本の額の25%、銀行主要株主に対する信用の供与等については、銀行の自己資本の額の15%を超えて信用の供与等を行ってはならないものとされている（同法施行令4条7項・8項）。

ここに、「同一人」とは、受信者である同一人自身以外にも、同一人自身の親会社、子会社、兄弟会社等、銀行法施行令4条1項で定める特殊の関係のある者を含むものとされているため、信用の供与等の限度額は、受信者を含む会社グループの合算ベースで判断するものとされている（ただし、受信者が当該銀行のグループ会社である場合は、受信者単体で判断するものとされている）。

また、銀行が子会社等を有している場合には、子会社等による信用の供与等も含む銀行グループの合算ベースで判断するものとされており（銀行法13条2項、同法施行令4条10項・11項）、銀行持株会社がいる場合には、銀行持株会社グループの合算ベースで判断するものとされている（ただし、銀行持株会社が行う出資等の額は除く。同法52条の22、同法施行規則34条の15第3項）。

信用の供与等の総額は、預金担保貸付における担保の額等、安全性の高いものに係る金額を控除して計算するものとされている（銀行法13条6項、同法施行規則14条の2第1項）。また、基準となる自己資本の額は、銀行の自己資本比率規制（同法14条の2）の基準に従い算出される自己資本の額について必要な調整を加えた額とされている（同法13条6項、同法施行規則14条の2第2項）。

受信者の合併等により信用の供与等の額が限度額を超えた場合および事業の遂行上緊急の資金の必要が生じた場合等、銀行法施行令4条9項各号に定めるやむをえない理由がある場合において、内閣総理大臣の承認を受けた場合は、限度額を超える信用の供与等を行うことができる（銀行法13条1項ただし書）。また、大口信用供与規制は、国および地方公共団体に対する信用の供与等、一定の信用の供与等について適用が除外される（同条3項、同法施行令4条13項）。

これらの規制内容に加え、大口信用供与規制の潜脱を防止するため、その名義や方法を問わず、銀行またはその子会社等が大口信用供与規制を免れる目的で信用の供与等を行った場合であって、名義人以外の者が実質的に当該信用の供与等を受けるときは、当該信用の供与等は、銀行またはその子会社等のその者に対する信用の供与等として、大口信用供与規制を適用するものとされている（銀行法13条5項）。

10031　特定関係者との取引

銀行が特定関係者との取引において課せられる規制（アームズ・レングス・ルール）

はどのようなものか

　アームズ・レングス・ルールとは、銀行が、子会社等のグループ会社（特定関係者）やその顧客との間で、通常の条件と異なる不明朗な条件で取引を行ってはならないものとする規制である。

　銀行は、子会社等のグループ会社（特定関係者）やその顧客との間で、通常の条件と異なる不明朗な条件で取引を行ってはならないものとされている（銀行法13条の2。いわゆるアームズ・レングス・ルール）。アームズ・レングス・ルールは、銀行とグループ会社等との利益相反取引を通じて銀行経営の健全性が損なわれること等を防止するための規定である。

　アームズ・レングス・ルールの対象となる「特定関係者」は、銀行法施行令4条の2により、銀行の子会社、銀行の主要株主銀行を子会社とする銀行持株会社、銀行の兄弟会社、銀行の子法人等・関連法人等のほか、銀行代理業者とその子法人等・関連法人等など、が定められている。なお、「子法人等」とは、同条2項に定める実質支配力基準に基づき意思決定機関を支配されている法人等を、「関連法人等」とは、同条3項に定める影響力基準に基づき財務および営業または事業の方針の決定に対して重要な影響を受けている法人等をいう。

　次に、アームズ・レングス・ルールにより規制される取引または行為は、次の①ないし④である。したがって、グループ内で業務委託やその他の取引を行う場合、アームズ・レングス・ルールに違反していないかという観点から取引条件の検証を行う必要がある。

①　銀行が、その営む業務の種類、規模および信用度等に照らして特定関係者と同様であると認められる特定関係者以外の者との間で、特定関係者との間で行う取引と同種および同量の取引を同様の状況のもとで行った場合に成立することとなる取引の条件と比べて、当該銀行に不利な条件で行われる取引（銀行法13条の2第1号、同法施行規則14条の10）

②　特定関係者の顧客との間で行う取引で、銀行が、その営む業務の種類、規模および信用度等に照らして特定関係者の顧客と同様であると認められる特定関係者の顧客以外の者との間で、特定関係者の顧客との間で行う取引と同種および同量の取引を同様の状況のもとで行った場合に成立することとなる取引の条件と比べて、銀行に不利な条件で行われる取引（特定関係者と特定関係者の顧客が特定関係者が営む事業に係る契約を締結することをその取引の条件にしているものに限る）（銀行法13条の2第2号、同法施行規則14条の11第1号）

③　特定関係者との間で行う取引で、その条件が銀行の取引の通常の条件に照らして特定関係者に不当に不利益を与えるものと認められるもの（銀行法13条の2第2号、同法施行規則14条の11第2号）

④　なんらの名義によってするかを問わず、銀行法13条の2の規定による禁止を免れる行為または取引（銀行法13条の2第2号、同法施行規則14条の11第3号）

もっとも、これらの取引または行為をすることにつき銀行法施行規則14条の8各号で定めるやむをえない理由がある場合において、内閣総理大臣の承認を受けたときは、これらの取引または行為を行うことができるものとされている（銀行法13条の2柱書ただし書）。特に、賃料・手数料の減免、金利減免、金利支払猶予、債権放棄、デット・エクイティ・スワップ、特定関係者が債務超過である場合等における増資等の引受については、この承認の必要性について検討すべきものとされている（主要行監督指針V-2）。

この点、平成28年の銀行法改正により、銀行が同一持株会社グループ内の銀行との間で行う取引または行為で、その条件が銀行の取引の通常の条件に照らして銀行に不利益を与えるものに関し、銀行の経営の健全性を損なうおそれがなく、取引の条件を明確に定めているものとして内閣総理大臣の承認を受けたときも、これらの取引または行為を行うことができるものとされ（平成28年改正銀行法13条の2柱書ただし書、同法施行規則14条の8第2項）、グループ内の資金融通の容易化が図られた。

| 10032 | 銀行の機関設計 |

銀行の機関設計として、どのようなものが許容されているか

結　論

①取締役会、監査役会および会計監査人、②取締役会、監査等委員会および会計監査人、③取締役会、指名委員会等および会計監査人の3種の機関設計が許容されている。

解　説

◆**組織形態**　我が国における企業の形態としては、会社法上の「会社」（株式会社、合名会社、合資会社、合同会社。会社法2条2号）のほか、民法上の組合や協同組合等さまざまなものがあるが、銀行法4条の2柱書は、銀行の組織形態を株式会社に限定している。

その理由は、①株式会社は特定の資金力に依存しないで幅広く資金を集めることができ、資金調達の面から、大規模事業を行うのに適していること、②社員等の構成員の人的条件が経営に影響を与える度合いが小さいこと、③株式会社は情報公開の原則が最も徹底しており、株主総会、取締役会、監査役会等、内部組織が整然と区分されている等があげられている（小山嘉昭『詳解銀行法〔全訂版〕』83頁）。

銀行以外の金融機関として、信用金庫、信用組合等があるが、これらは銀行と同じ金融機関でありながら、株式会社形態ではなく、協同組織形態であり、会員・組合員である中小企業や個人等が、相互扶助の精神に基づき協同して事業を行うものである。これに対して、銀行は、株式会社であるから、営利法人であって、その事業で得られた利益を構成員である株主に分配することを目的としている。

◆**機関設計**　銀行の機関設計については、銀行法4条の2に定めがあり、①取締役会、②監査役会、監査等委員会または指名委員会等、③会計監査人の設置が必要とされている。すなわち、取締役会と会計監査人は

常に必要であり、監査役会、監査等委員会または指名委員会等のいずれを機関として設置するかについては、各行の判断により、選択可能ということになる。

銀行がこれらの機関設計を有効に変更するためには、定款変更および当該変更に係る登記が必要となるところ（会社法915条1項・911条3項22号（監査等委員会設置）・23号（指名委員会等設置）等）、定款変更は事後的に届け出る必要があるため注意を要する（銀行法53条1項8号、同法施行規則35条1項1号）。また、機関設計を変更するに際しては、役員の選任および退任を伴うが、銀行を代表する取締役や銀行の常務に従事する取締役等については、原則として事前届出が必要となることにも留意されたい（同項3号・3号の2）。

10033 銀行代理業

銀行代理業はどのように定義されているか。また、いかなる者が銀行代理業を営むことができるのか

結　論

銀行代理業とは、銀行のために、①預金または定期積金等の受入れを内容とする契約の締結の代理または媒介、②資金の貸付または手形の割引を内容とする契約の締結の代理または媒介、③為替取引を内容とする契約の締結の代理または媒介の、いずれかを行う営業をいうものとされている。銀行代理業は、内閣総理大臣の許可を受けた者でなければ、営むことができない。

解　説

◆**銀行代理業の意義**　銀行代理業とは、銀行のために、①預金または定期積金等の受入れを内容とする契約の締結の代理または媒介、②資金の貸付または手形の割引を内容とする契約の締結の代理または媒介、③為替取引を内容とする契約の締結の代理または媒介の、いずれかを行う営業をいうものとされている（銀行法2条14項）。

銀行の委託を受けて、当該銀行が営む付随業務に係る契約の締結の代理または媒介を行うことは「銀行代理業」には該当しない。

また、銀行の顧客の委託のみにより、当該顧客のために行う行為は「銀行代理業」に該当しない。「顧客のために」とは、顧客からの要請を受けて、顧客の利便のために、顧客の側に立って助力することをいい、具体的には、①顧客を代理する場合、②純粋に顧客のみからの委託により顧客のために媒介する場合をいうとされている。そして、②の該当性については、個別事情に即して判断することになるものの、一般に、イ銀行からの直接または間接的な委託に基づき、預金、貸付、為替取引を内容とする契約の条件の確定または締結に関与するものではない場合、ロ契約条件の確定または締結に関与する対価として、銀行から直接または間接的に報酬、手数料その他名目のいかんにかかわらず経済的対価を受領するものではない場合には、銀行代理業に該当しないと考えられている。なお、平成28年12月27日金融審議会金融制度ワーキング・グループ「金融制度ワーキング・グループ報告—オープン・イノベーションに向けた

制度整備について―」において、現行では一般に上記のような考え方に基づき銀行代理業の該当性が判断されているが、今般、法制定時に想定されなかったITを活用したサービスが登場しており、FinTechの動きのなかでさまざまなサービスが登場・拡大することが想定されること等をふまえ、銀行代理業への該当性について明確化が図られるべきとの趣旨の指摘がなされており、今後の動向を注視する必要がある。

さらに、「媒介」に至らない行為を銀行から受託して行う場合も、銀行代理業には該当しない。たとえば、主要行監督指針Ⅷ－3－2－1－1(3)によれば、①商品案内のチラシ・パンフレット・契約申込書等の単なる配布・交付、②契約申込書およびその添付書類等の受領・回収、③金融商品説明会における一般的な銀行取扱商品の仕組み・活用法等についての説明に関して、事務処理の一部のみを行う場合には銀行代理業の許可は不要とされている。一方で、①については配布または交付される書類の記載方法を説明すること、②については契約申込書の記載内容の確認まで行う場合には、「媒介」に当たることがありうるとされている。

◆**許可制**　銀行法上、銀行代理業は内閣総理大臣による許可制とされている（同法52条の36第1項）。銀行代理業の許可に係る申請を受けた内閣総理大臣は、①銀行代理業を遂行するために必要と認められる基準に適合する財産的基礎を有する者であること、②人的構成等に照らして、銀行代理業を的確、公正かつ効率的に遂行するために必要な能力を有し、かつ、十分な社会的信用を有する者であること、③他に業務を営むことによりその銀行代理業を適正かつ確実に営むことにつき支障を及ぼすおそれがあると認められない者であることという基準に適合するかどうかを審査のうえ銀行代理業の許可を行うか否かを判断する（同法52条の38第1項）。また、銀行法施行規則において、銀行代理業に関する能力を有する者の確保等、審査における配慮事項が定められている（同規則34条の37）。

内閣総理大臣は、かかる審査基準に照らして公益上必要と認めた場合には、その必要の限度において、銀行代理業の許可に、銀行代理業の業務内容その他の事項について条件を付し、およびこれを変更することができる（銀行法52条の38第2項）。

◆**所属銀行制**　銀行代理業については所属銀行制が採用されており（銀行法52条の36第2項）、また、銀行代理業者は複数の所属銀行のために銀行代理業を営むことができる。

所属銀行は、銀行代理業者が営む銀行代理業に関し、銀行代理業に係る業務の指導その他の健全かつ適切な運営を確保するための措置を講じなければならない（銀行法52条の58、同法施行規則34条の63）。また、所属銀行は、原則として、銀行代理業者がその銀行代理行為について顧客に加えた損害を賠償する責任を負担する（同法52条の59第1項）。例外的に、所属銀行が銀行代理業者への委託につき相当の注意をし、かつ、当該銀行代理業者が行う銀行代理行為について顧客に加えた損害の発生の防止に努めたときは、その責任を免れる（同条2項）。

10034 銀行代理業者に関する兼業規制

銀行代理業者は、銀行代理業および銀行代理業に付随する業務以外の業務を営むことができるのか

結　論

　銀行代理業者は、銀行代理業および銀行代理業に付随する業務のほか、内閣総理大臣の承認を受けた業務のみを営むことができる。

解　説

◆銀行代理業の許可に係る審査における配慮事項　兼業業務について、兼業業務の内容が法令に抵触すること、兼業業務の内容が銀行代理業者の社会的信用を損なうおそれがあること、兼業業務における顧客との間の取引関係に照らして所属銀行と銀行代理業者の利益が相反する取引が行われる可能性が認められること、兼業業務の取引上の優越的地位を利用して銀行代理業に係る顧客の保護に欠ける行為が行われるおそれが認められること等、銀行法施行規則34条の37第6号イ〜ホのいずれにも該当しないことが、銀行代理業の許可審査における配慮事項とされている（同規則34条の37第6号）。

　ここでの、「兼業業務による取引上の優越的地位を不当に利用する行為」については、主要行監督指針等で、①顧客に対し、銀行代理業に係る契約の締結に応じない場合には兼業業務に係る取引を取りやめる旨または兼業業務に関し不利な取扱いをする

旨を示唆し、銀行代理業に係る契約を締結することを事実上余儀なくさせること、②顧客に対する兼業業務の取引を行うにあたり、銀行代理業に係る契約の締結を要請し、これに従うことを事実上余儀なくさせること、③顧客に対し、銀行代理業に係る業務として行う業務の競争者と取引する場合には兼業業務の取引を取りやめる旨または兼業業務に関し不利な取扱いをする旨を示唆し、自己の競争者と銀行代理業に係る契約と同種の契約を締結することを妨害すること、④顧客に対する兼業業務の取引を行うにあたり、自己の競争者と、銀行代理業に係る契約と同種の契約を行わないことを要請し、これに従うことを事実上余儀なくさせることがあげられている。

　また、銀行法施行規則34条の37第6号ハとの関係で、一般事業者が所属銀行のために事業者向け貸付に係る契約の締結の代理または媒介をすることは基本的に認められないが、①預金等担保貸付に係る契約の締結の代理または媒介、②規格化された貸付商品（与信審査に関与しない場合で、かつ、1000万円を上限とする）に係る契約の締結の代理または媒介については、銀行代理業として行うことができるとされていることには留意を要する。

　さらに、兼業業務が信用供与を行う業務である業者については、上記に加えて、銀行代理業として行う行為の内容が、貸付資金で購入する物品等を担保として行う貸付契約に係るものであること、規格化された貸付商品で契約締結審査に関与するものでないこと等の、銀行法施行規則34条の37第7号イ〜ハの要件のいずれにも該当することが、許可審査において配慮される。

この点、貸付を主たる業務とする業者については、預金等担保貸付を除き、事業者向け貸付に係る契約の締結の代理または媒介をすることは基本的に認められない。また消費者向け貸付についても、①預金等担保貸付に係る契約の締結の代理または媒介、②規格化された貸付商品（与信審査に関与しないものに限る）であって、貸付資金で購入する物品または物件を担保として行う貸付に係る契約の締結の代理または媒介に限り認められうる。

◆銀行代理業者の兼業に係る承認等　銀行代理業者は、銀行代理業および銀行代理業に付随する業務のほか、内閣総理大臣の承認を受けた業務のみを営むことができる（銀行法52条の42第1項および3項）。もっとも、内閣総理大臣による承認の拒否は、承認の申請に係る業務を営むことが銀行代理業を適正かつ確実に営むことについて支障を及ぼすおそれがあると認められるときに限定されている（同条2項）。

なお、上記の銀行代理業の許可申請において、申請者が申請書に銀行代理業および銀行代理業に付随する業務以外の業務を営む旨を記載し、それを前提として銀行代理業の許可を受けた場合には、その記載された兼業業務については、上記の内閣総理大臣の承認を受けたものとみなされる（銀行法52条の42第4項）。

◆ファイアーウォール規制　銀行代理業者は、銀行代理業において取り扱う顧客に関する非公開金融情報が、事前に書面その他の適切な方法により、当該顧客の同意を得ることなく兼業業務に利用されないことを確保する措置を講じなければならない（銀行法施行規則34条の48第1項）。非公開

金融情報は、「その役員又は使用人が職務上知り得た顧客の預金等、為替取引又は資金の借入れに関する情報その他の顧客の金融取引又は資産に関する公表されていない情報」と定義されているが、外延は明確ではない。単に顧客であるという事実や顧客の属性に関する情報（氏名、住所、電話番号、性別、生年月日、職業）は非公開金融情報に該当しないものと思われる。

また、銀行代理業者は、兼業業務において取り扱う顧客に関する非公開情報が、事前に書面その他の適切な方法により、当該顧客の同意を得ることなく銀行代理業および銀行代理業に付随する業務に利用されないことを確保する措置を講じなければならない（銀行法施行規則34条の48第2項）。さらに、銀行代理業者は、兼業業務において取り扱う顧客に関する非公開情報が、事前に書面その他の適切な方法により当該顧客の同意を得ることなく所属銀行に提供されないことを確保するための措置を講じなければならない（同条3項）。非公開情報は「その兼業業務上知り得た公表されていない情報」と定義されているところ、これについても外延は明確ではないが、単に顧客であるという事実や顧客の属性に関する情報（氏名、住所、電話番号、性別、生年月日、職業）は非公開情報に該当しないものと思われる。

なお、上記の同意を取得することを目的として非公開金融情報ないし非公開情報を利用することは許容されるものと考えられる。

10035 銀行代理業における顧客保護

銀行代理業者は、顧客保護のために、どのような措置を講じることを求められているか

結　論

　銀行代理業者は、一定の事項の表示および顧客への情報提供を行うことが求められている。また、銀行代理業者は、顧客から取得した情報につき、適切な取扱いを求められる。さらに、銀行代理業者に係る禁止行為が定められており、銀行代理業者は、これを遵守する必要がある。

解　説

◆銀行代理業者による表示および顧客への情報提供等　　銀行代理業者は、銀行代理業を営む営業所または事務所（以下「営業所等」という）ごとに、公衆の見やすい場所に、銀行代理業の許可を受けた者である旨の標識を掲示しなければならず（銀行法52条の40）、また、銀行代理行為を行う営業所等の窓口には、銀行代理行為を行う旨を顧客の目につきやすいように掲示しなければならない（同法施行規則34条の45第2項）。加えて、銀行代理業者は、顧客に対し、銀行代理業を行わない窓口を、銀行代理業を行う窓口と誤認させないための措置を講ずる必要がある（同条4項）。

　また、銀行代理業者は、銀行代理行為を行う場合、あらかじめ顧客に対して所属銀行の商号、固有業務に係る契約締結の代理を行うか媒介を行うかの別等を明示する必

要がある（銀行法52条の44第1項、同法施行規則34条の43）。

　加えて、銀行代理業者は預金または定期積金の受入れを内容とする契約締結の代理または媒介を行う場合には、その契約の内容その他預金者等に参考になるべき情報の提供を行う必要がある（銀行法52条の44第2項、同法施行規則34条の44・13条の3）。さらに、銀行代理業者は、銀行代理行為に係る重要な事項の顧客への説明その他の健全かつ適切な運営を確保するための措置を講じなければならない（銀行法52条の44第3項）。

　また、銀行代理業者は、所属銀行が二以上ある場合には、顧客が締結しようとする契約に係る顧客が支払うべき手数料と同種の契約につき他の所属銀行に支払うべき手数料が異なるときはその旨、顧客が締結する契約と同種の契約を他の所属銀行のために行っているときはその旨、顧客の取引の相手方となる所属銀行の商号または名称を明示することが必要となる（銀行法施行規則34条の43第1項）。そして、顧客が締結する契約と同種の契約を他の所属銀行のために行っている旨を示したときは、当該銀行代理業者は、顧客の求めに応じて、他の所属銀行の同種の契約の内容その他顧客に参考となるべき情報の提供を行わなければならない（同規則34条の46）。

　さらに、銀行代理業者が、金融商品の販売またはその代理もしくは媒介を行う場合には、預金等との誤認防止のための説明を行う必要がある（銀行法施行規則34条の45第1項・13条の5第1項・2項および第4項）。

◆銀行代理業者による情報の取扱い等

銀行代理業者は、個人顧客の情報の安全管

理、従業者の監督および取扱いを委託する場合にはその委託先の監督について、当該情報の漏えい、滅失またはき損を防止するために必要かつ適切な措置を講じなければならない（銀行法施行規則34条の47・13条の6の5）。また、銀行代理業者は、個人顧客の返済能力情報を、返済能力の調査以外の目的に利用しないことを確保するための措置を講じなければならず（同規則34条の47・13条の6の6）、また、個人顧客に関する特別の非公開情報を、適切な業務の運営の確保その他必要と認められる目的以外の目的のために利用しないことを確保するための措置を講じなければならない（同規則34条の47・13条の6の7）。

このほか、銀行代理業およびこれに付随する業務と兼業の間でのファイアーウォール規制にも留意を要する（【10034】参照）。

◆**銀行代理業者の禁止行為**　銀行代理業者は、銀行代理業について、顧客に対して、①虚偽を告知する行為、②不確定の事項について断定的判断を提供しまたは確実であると誤認させるおそれのあることを告げる行為、③密接関係者の営む業務に係る取引を行うことを条件として貸付等の代理または媒介をする行為、④密接関係者に対して所属銀行の通常の取引条件に照らして当該所属銀行に不利益を与えるものであることを知りながら、当該通常の取引条件よりも有利な条件で貸付等の代理または媒介をする行為、⑤その他銀行法施行規則で定める、顧客の保護に欠け、または所属銀行の業務の健全かつ適切な遂行に支障を及ぼすおそれがある行為を行ってはならないものとされている（銀行法52条の45、同法施行規則34条の53）。

10036　外国銀行代理業務とは

外国銀行代理業務は、どのように定義されているか。また、いかなる者が外国銀行代理業務を営むことができるのか

結　論

外国銀行代理業務とは、外国銀行の業務の代理または媒介（銀行の子会社である外国銀行の業務の代理または媒介を当該銀行が行う場合における当該代理または媒介その他の内閣府令で定めるものに限る）とされている。

解　説

◆**外国銀行代理業務とは**　外国銀行代理業務とは、外国銀行の業務の代理または媒介（銀行の子会社である外国銀行の業務の代理または媒介を当該銀行が行う場合における当該代理または媒介その他の内閣府令で定めるものに限る）とされている（銀行法10条2項8号の2・52条の2第1項）。

◆**委託元となりうる外国銀行等の範囲**

かつて、委託元となりうる外国銀行等の範囲については、受託者が銀行である場合は、それと親・子・兄弟の資本関係にある外国銀行の業務の代理または媒介に限られ、受託者が外国銀行支店の場合は、当該外国銀行の外国営業所および当該外国銀行と親・子・兄弟の資本関係にある外国銀行の業務の代理または媒介に限定されていた。ここでの、「親会社等」「子会社等」の該当性は、いわゆる形式基準で判断されるものとされていたが、平成29年4月1日施行の銀行法

施行規則の改正によって、以下のとおり、実質支配力基準によっても該当性が判断される「親法人等」「子法人等」の文言を用いることで、委託元となりうる外国銀行等の範囲が拡大された（銀行法施行規則13条の2）。なお、下記のⒾ～ⓇⒾに該当しない外国銀行の業務の代理または媒介は、これを海外において行う場合に限り許容される。

① 受託者が「銀行」である場合
   Ⓘ 銀行の子会社である外国銀行
   Ⓡ 銀行の子法人等である外国銀行
   Ⓗ 銀行を子法人等とする外国銀行
   Ⓝ 銀行を子会社とする銀行持株会社の子法人等である外国銀行
   Ⓗ 銀行を子会社とする親法人等の子法人等である外国銀行
② 受託者が「外国銀行支店」である場合
   Ⓗ 外国銀行支店に係る外国銀行の外国銀行外国営業所
   Ⓣ 外国銀行支店に係る外国銀行の子法人等である外国銀行
   Ⓣ 外国銀行支店に係る外国銀行を子法人等とする外国銀行
   Ⓡ 外国銀行支店に係る外国銀行を子会社とする親法人等の子法人等である外国銀行

◆**認可制**　銀行が外国銀行代理業務を営む場合、所属外国銀行ごとに認可を受ける必要がある（銀行法52条の2第1項）。もっとも、平成29年4月1日施行の銀行法の改正によって、外国銀行グループとしての認可を受けて、当該外国銀行グループに属する外国銀行を所属外国銀行とする外国銀行代理業務を営むことができることとなった（同条2項）。ここでの「外国銀行グループ」の範囲は次のとおりである（銀行法施行規則34条の2第4項）。なお、銀行が当該銀行の子会社である外国銀行等を所属銀行として外国銀行代理業を営む場合には、届出で足りるものとされている（同法52条の2第3項、同法施行規則34条の2の2第1項）。

① 「銀行」（外国銀行支店を除く）の場合
   Ⓘ 銀行の子法人等である外国銀行
   Ⓡ 銀行を子法人等とする外国銀行
   Ⓗ 銀行を子会社とする銀行持株会社の子法人等である外国銀行
   Ⓝ 銀行を子会社とする親法人等の子法人等である外国銀行
② 「外国銀行支店」の場合
   Ⓗ 外国銀行支店に係る外国銀行の外国銀行外国営業所
   Ⓗ 外国銀行支店に係る外国銀行の子法人等である外国銀行
   Ⓣ 外国銀行支店に係る外国銀行を子法人等とする外国銀行
   Ⓣ 外国銀行支店に係る外国銀行を子会社とする親法人等の子法人等である外国銀行

10037　外国銀行代理業者に関する業務規制

外国銀行代理業者が、外国銀行代理業務として行うことができる代理または媒介の範囲はどのようなものか

結　論

　外国銀行代理業者の代理または媒介は、委託元である外国銀行等が営む業務のうち、

①銀行の固有業務、②銀行の付随業務（代理または媒介に係る業務および銀行法10条2項（8号および8号の2を除く）の規定により代理または媒介を行うことができる業務を除く）、の代理または媒介に限られている。

■ 解　説 ■

◆外国銀行代理業者に関する業務規制

外国銀行代理業者の代理または媒介は、委託元である外国銀行等が営む業務のうち、①銀行の固有業務、②銀行の付随業務（代理または媒介に係る業務および銀行が銀行法10条2項（8号および8号の2を除く）の規定により代理または媒介を行うことができる業務を除く）、の代理または媒介に限られている。

上記の②について、「平成20年金融商品取引法等の一部改正に係る政令案・内閣府令案等に対するパブリックコメントの結果等について」における「コメントの概要及びコメントに対する金融庁の考え方」において、「代理又は媒介に係る業務」に関しては、外国銀行が業務として行う「他の者の業務の代理又は媒介」自体をいい、外国銀行代理業務として当該「代理又は媒介」の「代理又は媒介（いわゆる復代理又は再委託）」は禁止する趣旨とされている。

また、上記の②について、「銀行が銀行法第10条第2項（第8号及び第8号の2を除く）の規定により代理又は媒介を行うことができる業務」という部分は、付随業務の規定により銀行が代理または媒介を行うこと自体が許容されているもの（銀行法10条2項13号のデリバティブ取引の代理または媒介等）については、銀行法10条2項8

号および8号の2に基づく代理または媒介を除いて、その代理または媒介が外国銀行代理業に該当しないことを意味し、かかる代理または媒介については、外国銀行代理業の規制外で行うことが可能となる。そのため、同法10条2項各号に掲げる業務および同項柱書における「その他の銀行業に付随する業務」の該当性が議論となる場合も想定される。かかる該当性の判断には主要行監督指針で定める要件等に照らして個別具体的な判断が必要となる。また、かかる該当性の判断については、【10009】も参照されたい。

◆顧客のために行う外国銀行等の業務の代理または媒介

顧客の委託のみにより、当該顧客のために行う場合には、外国銀行や外国銀行外国営業所の業務の代理または媒介をすることも、外国銀行代理業には該当しない。「顧客のために」の該当性については【10033】も参照されたい。かかる該当性についても個別具体的な判断が必要であるものの、たとえば、国内顧客からの依頼により海外における送金受取人のための口座開設やATMカードの発行等を補助する行為、顧客の既存の海外口座から日本国内の銀行に対する送金を実施する場合等については、金融庁が公表する「外国銀行代理業務に関するQ&A」等において考え方が示されている。

◆ 「媒介又は代理」に該当しない行為

「媒介又は代理」に該当しない行為については、外国銀行代理業務の範囲から外れるため、その該当性が問題となりうる。この点、外国銀行代理業に該当するか否かは、主要行監督指針等の記載をふまえ個別事例ごとに実態に即して判断されるべきとされ

ている。上記の「外国銀行代理業務に関するQ&A」では、外国銀行日本支店が海外拠点の商品・サービスの説明および資料提供をすること、契約締結ずみの既存顧客に関するアフターケアに該当する行為を行うこと等について考え方が示されており、参考となる。

◆**「外—外」取引**　外国行為主体が日本国外において行為をして、その結果が日本国外において完結する、いわゆる「外—外」取引については、基本的に銀行法が適用されない。一方で、銀行法の規制対象となる行為が一部でも日本国内で行われる場合や、その効果が日本国内で発生する場合には、当該行為に銀行法が適用されるものと解されている。

「外—外」取引についても、外国銀行代理業への該当性が問題となりうるところ、上記の「コメントの概要及びコメントに対する金融庁の考え方」において、外国銀行日本支店の行員を海外の本支店または兄弟銀行に派遣して、海外において銀行業務を行う場合であっても、当該行為により外国銀行が実質的に日本国内で銀行業を営んでいると認められる場合には、外国銀行代理業に該当する可能性があるとされている。また、たとえば、A外国銀行日本支店と同一の外国銀行グループに属する別法人であるB外国銀行が、B外国銀行のブックにより、日本企業の子会社である海外現地法人と取引を行う場合において、当該取引の実質的な交渉をA外国銀行日本支店と当該海外現地法人の親会社である日本企業の間で行う場合や、当該取引の判断をA外国銀行日本支店や当該海外現地法人の親会社である日本企業が行うことがありうる

ところ、このような場合は、「外—外」取引には該当しない可能性がある。

10038	所属外国銀行による外国銀行代理業務への関与

所属外国銀行は、外国銀行代理業者による外国銀行代理業務に関与することができるのか。所属外国銀行が外国銀行代理業者による外国銀行代理業務に関与することができる場合、関与の程度に制限はあるか

結　論

所属外国銀行が外国銀行代理業者による外国銀行代理業務に関与することは許容されるが、所属外国銀行自体が日本国内において銀行業を営んでいると認められる場合には、銀行法4条1項および47条1項に違反することとなる。

解　説

◆**所属外国銀行による外国銀行代理業務への関与**　外国銀行代理業者が日本国内において所属外国銀行が営む銀行業の代理または媒介をする場合、当該所属外国銀行は、日本国内で銀行業を営むこととなるため、本来は、銀行業の免許を受ける必要がある（銀行法4条1項・47条1項）。もっとも、外国銀行代理業務の認可を受けて外国銀行代理業者が実施する業務については、所属外国銀行は、銀行業の免許を受けることを要しないものとされている（同法52条の2の2）。

したがって、この場合に、所属外国銀行自体が外国銀行代理業者を介さずに日本国

内において銀行業を営んでいると認められる場合には、銀行法4条1項および47条1項に違反することとなる。

もっとも、外国銀行代理業者が外国銀行代理業務を実施する場合において、所属外国銀行の職員の助力を得ることが顧客の保護に資する場合等に、所属外国銀行の職員が外国銀行代理業者の職員をサポートするために帯同することや、外国銀行代理業者の職員が主催し参加する電話会議等に所属外国銀行の職員が補助的に参加することなど、外国銀行代理業者が行う外国銀行代理業務の支援業務を行うにとどまる場合には、当該所属外国銀行の職員の行為は、外国銀行代理業者の行為の一部とみなしうるとされている（金融庁公表の「外国銀行代理業務に関するQ&A」）。ただ、外国銀行代理業者は、外国銀行代理業務の健全性・適切性を確保する措置を講ずるものとされていることから（銀行法52条の2の7、銀行法施行規則34条の2の33）、上記のような帯同や参加によって、所属外国銀行の職員自身が日本国内で営業活動を行うことがないようにするため、帯同および参加の目的を合理的説明が可能なものに限定するとともに、帯同や参加の状況を管理し、これを記録化しておくことが求められると考えられているため留意を要する。

なお、所属外国銀行の職員が、顧客と直接の接触を行わず、当該外国銀行代理業者の職員の支援（商品内容のレクチャー、営業ノウハウの提供、内部的事務処理支援等）を行うことは可能と考えられている（上記「外国銀行代理業務に関するQ&A」）。

10039 協同組織金融機関の意義・種類

協同組織金融機関とは何か。どのような種類の協同組織金融機関があるのか

結論

協同組織金融機関とは、会員または組合員である中小規模の事業者、勤労者、農業者、漁業者、消費者等が相互扶助の精神に基づいて、経済的・社会的地位の向上を図ることを目的とする非営利法人であり、一般の金融機関から融資を受けやすいとはいえない立場にある会員、組合員に対する資金の融通を業務とする金融機関である。協同組織金融機関に属するものとして、信用金庫、信用組合、労働金庫および農林漁業系統金融機関の4業態がある。

解説

◆**協同組織金融機関の意義**　協同組織金融機関とは、会員または組合員である中小規模の事業者、勤労者、農業者、漁業者、消費者等が相互扶助の精神に基づいて、経済的・社会的地位の向上を図ることを目的とする非営利法人であり、一般の金融機関から融資を受けやすいとはいえない立場にある会員、組合員に対する資金の融通を業務とする金融機関である。協同組織金融機関の特色については、【10040】を参照されたい。

◆**協同組織金融機関の種類**　協同組織金融機関に属するものとして、信用金庫、信用組合、労働金庫および農林漁業系統金融機関の4業態がある。

① 信用金庫は、会員制度による協同組織金融機関であり、会員資格の概要は、信用金庫の地区内の、住民、勤労者、事業者（一定の規模以下のものに限る）、当該事業者の役員および当該信用金庫の役員とされている（【10051】参照）。信用金庫の業務範囲については、他の協同組織金融機関と異なり、預金または定期積金の受入れに関しては、対象が会員に限定されていないという特徴がある（【10041】参照）。

② 信用組合は、小規模の中小企業者等によって組織される協同組合組織の金融機関であり、組合員資格は概略、信用組合の地区内の、住民、勤労者、事業者（一定の規模以下のものに限る）、当該事業者の役員および当該信用組合の役員とされている（【10052】参照）。信用組合の業務範囲は信用金庫と異なり、預金取引、貸出取引のいずれについても、原則として、対象は組合員に限られる（【10043】参照）。なお、信用組合の組合員資格に関しては、中小企業等協同組合法に定められているところ、同法上、「内閣府令」とされている場合、これが「中小企業等協同組合法施行規則」を指す場合と、「中小企業等協同組合法による信用協同組合及び信用協同組合連合会の事業に関する内閣府令」を指す場合があるため、留意を要する（この点については、信用組合研究会編『信用組合便覧』の「中小企業等協同組合法・法規四段対照表」がわかりやすい）。また、信用組合の子会社の業務範囲や信用組合に係る議決権保有規制等、一定の事項については、中小企業等協同組合法ではなく、協同組合に

よる金融事業に関する法律に規定されている。

③ 労働金庫は、主として労働者の団体によって構成される協同組織金融機関であり、会員資格の概要は、労働金庫の地区内に事務所を有する労働組合、消費生活協同組合、その他労働者を主たる構成員とする労働者の団体である（【10053】参照）。労働金庫の業務範囲は信用金庫と異なり、預金取引、貸出取引のいずれについても、原則として、対象は組合員に限られる（【10045】参照）。

④ 農林漁業系統金融機関には、主として農業者等を組合員とする農業協同組合と漁民等を組合員とする漁業協同組合とがあるところ、それらの組合員資格については【10054】【10055】で述べる。農業協同組合および漁業協同組合の業務範囲については【10047】【10048】で述べるが、信用金庫と異なり、預金取引、貸出取引のいずれについても、原則として、対象は組合員に限られる。

10040　協同組織金融機関の業務範囲

協同組織金融機関はどのような範囲の業務を行うことができるか

結　論

協同組織金融機関は、預金または定期積金の受入れ、資金の貸付、手形の割引、為替取引をはじめとして多様な金融サービスを業務として提供することが認められている点で、銀行に類似する。一方で、相互扶

助の理念に基づき、一般の金融機関から融資を受けやすいとはいえない立場にある者への資金融通を目的とするという性格から、構成員に対する金融サービスの提供を基本とし、非構成員に対する金融サービスの提供については一定の制限が設けられている。

解　説

◆協同組織金融機関の特色　協同組織金融機関は、金融サービスの提供者であり、金融仲介機能・信用創造機能を果たすことを役割とする。そのため、協同組織金融機関は、その本来業務に専念して、金融の円滑化を図り、金融仲介機能・信用創造機能を十分に発揮することが求められるとともに、受け入れた預貯金をもって他業を行うことによって、サービス水準が低下するおそれや、預貯金者等の資産を害するおそれが生ずることから、その行うことができる業務の範囲が限定されている。この点は、銀行と共通する。

　一方で、協同組織金融機関は、本来、相互扶助を理念とし、非営利という特性を有するものと位置づけられており、その基本的性格は、中小企業および個人など、一般の金融機関から融資を受けやすいとはいえない立場にある者が構成員となり、これらの者が必要とする資金の融通を受けられるようにすることを目的とする点で、銀行と異なる。

　このような共通点および相違点から、協同組織金融機関の業務範囲には、銀行のそれと共通する部分と相違する点とがみられる。

　なお、かつて、協同組織金融機関の業務範囲と銀行の業務範囲との間には大きな差があったものの、昭和50年代前後において、銀行に従前から認められていた業務を協同組織金融機関にも認める趣旨の規制の見直しがなされ、さらに平成10年以降は、このような流れが進むとともに、銀行の業務範囲を拡大する規制の見直しが行われると同時に協同組織金融機関の業務範囲も同様の拡大を図る手当がなされてきている（金融審議会金融分科会第二部会協同組織金融機関のあり方に関するワーキング・グループ「中間論点整理報告書」（平成21年6月29日））。

◆協同組織金融機関の業務範囲における特色　協同組織金融機関では、一定の条件のもと、預金または定期積金の受入れ、資金の貸付、手形の割引、為替取引を業務として行うことができるものとされている（信用金庫法53条1項各号、中小企業等協同組合法9条の8第1項および2項、労働金庫法58条1項および2項、農協法10条1項および6項、水産業協同組合法11条1項および3項）。このほかにも、行うことができる業務の範囲に制限はあるものの、多様な金融サービスを業務として提供することが認められており（詳細は【10041】【10042】【10043】【10044】【10045】【10046】【10047】【10048】【10049】【10050】参照）、この点は、銀行と共通するものである。

　一方、上記のような協同組織金融機関の基本的性格から、基本的に、構成員に対して金融サービスを提供することが想定されており、非構成員に対する金融サービスの提供については、原則として一定の制限が設けられている（詳細は【10041】【10042】【10043】【10044】【10045】【10046】【10047】【10048】【10049】【10050】参照）。

10041　信用金庫の業務範囲

信用金庫は、どのような範囲の業務を行うことができるか

結　論

　信用金庫は、①預金または定期積金の受入れ、②会員に対する資金の貸付、③会員のためにする手形の割引、④為替取引といった基本業務を行うことができることに加えて、多様な付随業務を行うことが認められている。加えて、基本業務および付随業務に該当しない業務であっても、基本業務の遂行を妨げない限度で一定の証券業務等を行うことができ、また、保険業法に基づく保険の窓販業務等、他の法律で認められる業務を行うことができる。

解　説

◆信用金庫の特徴　信用金庫は、金融サービスの提供者であり、金融仲介機能・信用創造機能を果たすことを役割とする点で、銀行と共通する（【10040】参照）。特に、信用金庫制度が「国民大衆のために金融の円滑を図り、その貯蓄の増強に資する」ことを目的としている点は（信用金庫法1条）、国民の金融の円滑を図る銀行と類似するものであり、後述するとおり、信用金庫が行うことのできる預金業務の範囲に他の協同組織金融機関と異なる特徴として現れている。

　一方、協同組織金融機関である信用金庫は、本来、相互扶助を理念とし、非営利という特性を有するものと位置づけられており、その基本的性格は、中小企業および個人など、一般の金融機関から融資を受けやすいとはいえない立場にある者が構成員となり、これらの者が必要とする資金の融通を受けられるようにすることを目的とする点で、銀行と異なる。

　このような異同から、信用金庫の業務範囲には、銀行のそれと共通する部分と相違する点とがみられる。

◆信用金庫の基本業務　信用金庫は、①預金または定期積金の受入れ、②資金の貸付、③手形の割引、④為替取引を業務として行うことができる（信用金庫法53条1項および2項）。

　このうち、②および③に関しては、原則として、会員のためにするものに限定されており、それを妨げない限度において、会員以外の者に対しての資金の貸付および会員以外の者のためにする手形割引ができることとされている（信用金庫法53条2項）。これは、協同組織金融機関の基本的性質に由来するものであり、銀行の業務範囲との相違点の一つである。

　一方で、預金または定期積金の受入れに関しては、対象が会員に限定されていない。これは、他の協同組織金融機関と異なる、信用金庫の一つの特徴といえる。

◆信用金庫の付随業務　信用金庫は、上記の基本業務のほか、当該業務に付随する業務を行うことができる（信用金庫法53条3項）。個別列挙された付随業務としては、①債務の保証または手形の引受（会員のためにするものその他の内閣府令で定めるものに限る）、②有価証券の売買または有価証券関連デリバティブ取引（投資の目的をもってするものまたは書面取次行為に限

る）、③有価証券の貸付（会員のためにするものその他の内閣府令で定めるものに限る）、④国債等の引受（売出しの目的をもってするものを除く）または当該引受に係る国債等の募集の取扱い、⑤金銭債権の取得または譲渡、⑥特定目的会社が発行する特定社債等の引受（売出しの目的をもってするものを除く）または当該引受に係る特定社債等の募集の取扱い、⑦短期社債等の取得または譲渡、⑧有価証券の私募の取扱い、⑨金庫、株式会社日本政策金融公庫その他内閣総理大臣の定める者の業務の代理または媒介（内閣総理大臣の定めるものに限る）、⑩外国銀行の業務の代理または媒介（外国において行う外国銀行の業務の代理または媒介であって、内閣府令で定めるものに限る）、⑪国、地方公共団体、会社等の金銭の収納その他金銭に係る事務の取扱い、⑫有価証券、貴金属その他の物品の保護預り、⑬振替業、⑭両替、⑮デリバティブ取引であって内閣府令で定めるもの、⑯デリバティブ取引（内閣府令で定めるものに限る）の媒介、取次または代理、⑰金融等デリバティブ取引のうち信用金庫の経営の健全性を損なうおそれがないと認められる取引として内閣府令で定めるもの、⑱金融等デリバティブ取引の媒介、取次または代理、⑲一定の有価証券関連店頭デリバティブ取引、⑳一定の有価証券関連店頭デリバティブ取引の媒介、取次または代理、㉑一定のファイナンス・リース業務、㉒一定のファイナンス・リース業務の代理または媒介がある。

また、上記の①〜㉒は例示であり、信用金庫は、基本業務に付随するその他の業務を行うことができる。「基本業務に付随す

るその他の業務」の該当性については、【10009】が参考となる。

◆**その他の業務**　信用金庫法53条6項は、上記の基本業務および付随業務に該当しない業務であっても、基本業務の遂行を妨げない限度で行うことができる業務を個別的に列挙している。これには、①国債等の公共債に関する業務、投資信託の受益証券の窓販、投資助言業務等の一定の証券業務のほか、②信託法3条3号に定める自己信託の方法によってする信託に係る事務に係る業務、③兼営法に基づく信託業務、④地方債または社債その他の債券の募集または管理の受託、⑤担保付社債信託法による担保付社債信託業務、⑥地球温暖化対策の推進に関する法律で定める算定割当量その他これに類似するものの取得・譲渡・その媒介等を行う業務が含まれる（信用金庫法53条6項）。なお、④および⑤については、会員、卒業会員等の一定の者のためにするものに限定されている（同法施行規則51条）。

このほか、保険業法に基づく保険の窓販業務等（同法275条、同法施行令39条4号）、他の法律で認められる業務を行うことができる。

10042 信用金庫の子会社の業務範囲

信用金庫の子会社は、どのような範囲の業務を行うことができるか

結　論

　信用金庫が子会社とすることができる会社は、①従属業務をもっぱら営む会社、②

金融関連業務をもっぱら営む会社、③新たな事業分野を開拓する会社、④経営の向上に相当程度寄与すると認められる新たな事業活動を行う会社、⑤前記①～④に掲げる会社のみを子会社とする持株会社に限られているため、信用金庫の子会社の業務はかかる範囲内に限定される。

解　説

◆**信用金庫の子会社の業務範囲**　信用金庫は、信用金庫法54条の21第1項により、同項各号に掲げる会社（子会社対象会社）以外の会社を子会社としてはならないものとされている。

　かかる信用金庫の子会社の業務範囲規制における「子会社」とは、信用金庫がその総株主等の議決権の100分の50を超える議決権を保有する会社をいう（信用金庫法32条6項）。そして、この場合において、信用金庫およびその一もしくは二以上の子会社または当該信用金庫の一もしくは二以上の子会社がその総株主等の議決権の100分の50を超える議決権を保有する他の会社は、当該信用金庫の子会社とみなされる（同項）。

　このように、信用金庫法上の子会社の該当性は、議決権割合のみで形式的に判断される。ただし、信用金庫法上も銀行法と同様に実質支配力基準・影響力基準で判断される「子法人等」「関連法人等」との概念が存在し、かかる「子法人等」および「関連法人等」についても、信用金庫の子会社と同様に業務範囲規制が及ぶものとされている（中小・地域監督指針Ⅲ-4-7-1(3)・Ⅴ-3-7-1）。

　子会社対象会社の範囲は次のとおりとされている（信用金庫法54条の21第1項）。

① 信用金庫その他これに類する者として内閣府令で定めるものの行う業務のために、信用金庫の行う業務に従属する業務として内閣府令で定めるもの（以下「従属業務」という）をもっぱら営む会社

② 信用金庫の基本業務に付随し、または関連する業務として内閣府令で定めるもの（以下「金融関連業務」という）をもっぱら営む会社

③ 新たな事業分野を開拓する会社（信用金庫法施行規則70条4項に定めるものであり、かつ、信用金庫法54条の21第1項2号に定める要件を満たすことを要する）

④ 経営の向上に相当程度寄与すると認められる新たな事業活動を行う会社（信用金庫法施行規則70条5項に定めるものであり、かつ、信用金庫法54条の21第1項2号の2に定める要件を満たすことを要する）

⑤ 上記①～④に掲げる会社のみを子会社とする持株会社（信用金庫法施行規則70条12項に定めるものであることを要する）

　なお、銀行においては、平成29年4月1日施行の銀行法改正によって、いわゆるFinTech企業が子会社対象会社として追加されたのに対して、信用金庫法上、信用金庫に関しては同様の追加がなされていないことに留意が必要である。

◆**信用金庫の子会社における従属業務および金融関連業務**　上記のとおり、信用金庫の子会社は従属業務を行うことができるところ、これを受けて、信用金庫法施行規則64条4項は、不動産の賃貸または管理を行う業務、福利厚生に関する業務、物品の

購入または管理を行う業務等を従属業務として限定列挙している。従属業務に関しては、「信用金庫その他これに類する者として内閣府令で定めるものの行う業務のために」行われるものであることを要するところ、これは、いわゆる収入依存度規制を定めるものである。これに該当するか否かの基準は、「信用金庫の従属業務を営む会社が主として信用金庫その他これに類する者の行う業務のために従属業務を営んでいるかどうかの基準等を定める件」（平成14年3月29日金融庁告示第40号）で定められている。なお、かかる基準は、平成29年4月1日施行の信用金庫法の改正に伴い改正されている点に留意を要する。

また、信用金庫の子会社は金融関連業務を行うことができるところ、これを受けて、信用金庫法施行規則64条5項は、信用金庫の業務の代理または媒介、銀行等の業務の代理または媒介、資金移動業の代理または媒介等を金融関連業務として限定列挙している。

従属業務を営む会社または金融関連業務を営む会社として信用金庫の子会社対象会社に該当するためには、従属業務または金融関連業務を「専ら」営む必要があるため、複数の従属業務または金融関連業務を営むことや、従属業務と金融関連業務を併営することは認められるが、従属業務または金融関連業務に該当しない業務をあわせて営むことは認められない点に留意する必要がある。

10043　信用組合の業務範囲

信用組合は、どのような範囲の業務を行うことができるか

結　論

信用組合は、①組合員に対する資金の貸付、②組合員のためにする手形の割引、③組合員の預金または定期積金の受入れ、④前記①〜③に付帯する事業といった必要事業を行うとともに、多様な任意事業を行うことができるものとされている。それらに加えて、必要事業および任意事業に該当しない場合であっても、必要事業の遂行を妨げない限度で一定の証券業務等を行うことができ、また、保険業法に基づく保険の窓販業務等（保険業法275条、保険業法施行令39条4号）、他の法律で認められる業務を行うことができる。

解　説

◆**信用組合の特徴**　信用組合は、金融サービスの提供者であり、金融仲介機能・信用創造機能を果たすことを役割とする点で、銀行と共通する（【10040】参照）。

一方、協同組織金融機関である信用組合は、本来、相互扶助を理念とし、非営利という特性を有するものと位置づけられており、その基本的性格は、中小企業および個人など、一般の金融機関から融資を受けにくい立場にある者が構成員となり、これらの者が必要とする資金の融通を受けられるようにすることを目的とする点で、銀行と異なる。

このような異同から、信用組合の業務範囲には、銀行のそれと共通する部分と相違する点が見られる。

◆**信用組合の必要事業**　信用組合は、①組合員に対する資金の貸付、②組合員のためにする手形の割引、③組合員の預金または定期積金の受入れ、④前記①～③に付帯する事業を行うものとされている（中小企業等協同組合法９条の８第１項）。上記のような協同組織金融機関の基本的性質から、いずれについても、必要事業としては組合員のためにするもののみが定められており、任意事業として、一定の範囲内で、非組合員への金融サービスの提供が認められている。

◆**信用組合の任意事業**　信用組合は、上記の必要事業のほか、任意事業をあわせて行うことができる（中小企業等協同組合法９条の８第２項）。個別列挙された任意事業としては、①為替取引、②国等の預金の受入れ、③組合員と生計を一にする配偶者等の預金または定期積金の受入れ、④組合員以外の者の預金または定期積金の受入れ、⑤組合員以外の者に対する資金の貸付（手形の割引を含む）、⑥債務の保証または手形の引受（組合員のためにするものその他の内閣府令で定めるものに限る）、⑦有価証券の売買（有価証券関連デリバティブ取引に該当するものを除く）または有価証券関連デリバティブ取引（投資の目的をもってするものまたは書面取次ぎ行為に限る）、⑧有価証券の貸付（組合員のためにするものその他の内閣府令で定めるものに限る）、⑨国債等の引受（売出しの目的をもってするものを除く）または当該引受に係る国債等の募集の取扱い、⑩金銭債権の取得また

は譲渡、⑪特定社債等の引受（売出しの目的をもってするものを除く）または当該引受に係る特定社債等の募集の取扱い、⑫短期社債等の取得または譲渡、⑬有価証券の私募の取扱い、⑭信用組合、協同組合連合会、株式会社日本政策金融公庫その他内閣総理大臣の定める者の事業または業務の代理または媒介（内閣総理大臣の定めるものに限る）、⑮外国銀行の業務の代理または媒介（外国において行う外国銀行の業務の代理または媒介であって、内閣府令で定めるものに限る）、⑯国、地方公共団体、会社等の金銭の収納その他金銭に係る事務の取扱い、⑰有価証券、貴金属その他の物品の保護預り、⑱振替業、⑲両替、⑳デリバティブ取引であって内閣府令で定めるもの、㉑デリバティブ取引（内閣府令で定めるものに限る）の媒介、取次または代理、㉒金融等デリバティブ取引のうち信用組合の経営の健全性を損なうおそれがないと認められる取引として内閣府令で定めるもの、㉓金融等デリバティブ取引の媒介、取次または代理、㉔一定の有価証券関連店頭デリバティブ取引、㉕一定の有価証券関連店頭デリバティブ取引の媒介、取次または代理、㉖一定のファイナンス・リース事業、㉗一定のファイナンス・リース事業の代理または媒介、㉘上記の①～㉗に付帯する事業がある。なお、上記のとおり、非組合員の預金・定期積金の受入れ、非組合員に対する資金の貸付（手形割引を含む）も認められているが、協同組織金融機関の基本的性質から、いずれについても、一定の制限が設けられている（中小企業等協同組合法９条の８第３項・４項、同法施行令14条１項、２項）。

◆**その他の業務**　信用組合は、上記の必要事業および任意事業のほか、必要事業の遂行を妨げない限度で行うことができる業務を個別列挙している。これには、①国債等の公共債に関する業務、投資信託の受益証券の窓販、投資助言業務等の一定の証券業務のほか、②信託法3条3号に定める自己信託の方法によってする信託に係る事務に係る業務、③金融機関の信託業務の兼営等に関する法律に基づく信託業務、④地方債または社債その他の債券の募集または管理の受託、⑤担保付社債信託法による担保付社債信託業務、⑥地球温暖化対策の推進に関する法律で定める算定割当量その他これに類似するものの取得・譲渡・その媒介等を行う業務が含まれる（中小企業等協同組合法9条の8第7項）。なお、④および⑤については、組合員等の一定の者のためにするものに限定されている（中小企業等協同組合法による信用協同組合及び信用協同組合連合会の事業に関する内閣府令2条）。

　このほか、保険業法に基づく保険の窓販業務等（同法275条、同法施行令39条4号）、他の法律で認められる業務を行うことができる。

10044　信用組合の子会社の業務範囲

信用組合の子会社は、どのような範囲の業務を行うことができるか

結　論

　信用組合が子会社とすることができる会社は、①従属業務をもっぱら営む会社、②金融関連業務をもっぱら営む会社、③新たな事業分野を開拓する会社、④経営の向上に相当程度寄与すると認められる新たな事業活動を行う会社、⑤前記①〜④に掲げる会社のみを子会社とする持株会社に限られているため、信用組合の子会社の業務はかかる範囲内に限定される。

解　説

◆**信用組合の子会社の業務範囲**　信用組合は、協同組合による金融事業に関する法律（以下「協金法」という）4条の2第1項により、同項各号に掲げる会社（子会社対象会社）以外の会社を子会社としてはならないものとされている。かかる信用組合の子会社の業務範囲規制における「子会社」とは、信用組合がその総株主等の議決権の100分の50を超える議決権を保有する会社をいう（協金法4条1項）。この場合において、信用組合およびその一もしくは二以上の子会社または当該信用組合の一もしくは二以上の子会社がその総株主等の議決権の100分の50を超える議決権を保有する他の会社は、当該信用組合の子会社とみなされる（同項）。

　このように、協金法上の子会社の該当性は、議決権割合のみで形式的に判断される。ただし、同法上も銀行法と同様に実質支配力基準・影響力基準で判断される「子法人等」「関連法人等」との概念が存在し、かかる「子法人等」および「関連法人等」についても、信用組合の子会社と同様に業務範囲規制が及ぶものとされている（中小・地域監督指針Ⅲ-4-7-1(3)・Ⅴ-4-8-1）。

子会社対象会社の範囲は次のとおりとされている（協金法4条の2第1項）。

① 信用組合その他これに類する者として内閣府令で定めるものの行う業務のために、信用組合の行う業務に従属する業務として内閣府令で定めるもの（以下「従属業務」という）をもっぱら営む会社

② 信用組合の必要事業に付随し、または関連する業務として内閣府令で定めるもの（以下「金融関連業務」という）をもっぱら営む会社

③ 新たな事業分野を開拓する会社（協同組合による金融事業に関する法律施行規則（以下「協金法施行規則」という）10条4項に定めるものであり、かつ、協金法4条の2第1項2号に定める要件を満たすことを要する）

④ 経営の向上に相当程度寄与すると認められる新たな事業活動を行う会社（協金法施行規則10条5項に定めるものであり、かつ、協金法4条の2第1項2号の2に定める要件を満たすことを要する）

⑤ 上記①〜④に掲げる会社のみを子会社とする持株会社（協金法施行規則10条12項に定めるものであることを要する）

　なお、銀行においては、平成29年4月1日施行の改正銀行法によって、いわゆるFinTech企業が子会社対象会社として追加されたのに対して、協金法上、信用組合に関しては同様の追加がなされていないことに留意が必要である。

◆信用組合の子会社における従属業務および金融関連業務　上記のとおり、信用組合の子会社は従属業務を行うことができるところ、これを受けて、協金法施行規則4条4項は、不動産の賃貸または管理を行う業務、福利厚生に関する業務、物品の購入または管理を行う業務等を従属業務として限定列挙している。従属業務に関しては、「信用協同組合その他これに類する者として内閣府令で定めるものの行う業務のために」行われるものであることを要するところ、これは、いわゆる収入依存度規制を定めるものである。これに該当するか否かの基準は、「従属業務を営む会社が主として信用協同組合その他これに類する者の行う業務のために従属業務を営んでいるかどうかの基準等を定める件」（平成14年3月29日金融庁告示第11号）で定められている。なお、かかる基準は、平成29年4月1日施行の改正協金法に伴い改正されている点に留意を要する。

　また、信用組合の子会社は金融関連業務を行うことができるところ、これを受けて、協金法施行規則4条5項は、信用組合の業務の代理または媒介、銀行等の業務の代理または媒介、資金移動業の代理または媒介等を金融関連業務として限定列挙している。

　従属業務を営む会社または金融関連業務を営む会社として信用組合の子会社対象会社に該当するためには、従属業務または金融関連業務を「専ら」営む必要があるため、複数の従属業務または金融関連業務を営むことや、従属業務と金融関連業務を併営することは認められるが、従属業務または金融関連業務に該当しない業務をあわせて営むことは認められない点に留意する必要がある。

10045　労働金庫の業務範囲

労働金庫が行うことができる業務範囲はどこまでか

結　論

労働金庫は、①会員の預金または定期積金の受入れ、②会員に対する資金の貸付、③会員のためにする手形の割引といった必要業務を行うとともに、多様な任意業務を行うことができるものとされている。それらに加えて、必要業務および任意業務に該当しない場合であっても、必要業務の遂行を妨げない限度で一定の証券業務等を行うことができ、また、保険業法に基づく保険の窓販業務等、他の法律で認められる業務を行うことができる。なお、各労働金庫の具体的な業務を把握するためには、業務方法書の確認等も必要である。

解　説

◆**労働金庫の業務の特徴**　労働金庫は、金融サービスの提供者であり、金融仲介機能・信用創造機能を果たすことを役割とする点で、銀行と共通する（【10040】参照）。

一方、協同組織金融機関である労働金庫は、相互扶助を理念とし、非営利という特性を有するものと位置づけられており、中小企業および個人など、一般の金融機関から融資を受けやすいとはいえない立場にある者が構成員となり、これらの者が必要とする資金の融通を受けられるようにすることを目的とする点で、銀行とは異なる。

このような異同から、労働金庫の業務範囲には、銀行のそれと共通する部分と相違する点がみられる。

◆**労働金庫の必要業務**　労働金庫は、①会員の預金または定期積金の受入れ、②会員に対する資金の貸付、③会員のためにする手形の割引を行うものとされている（労働金庫法58条1項）。上記のような協同組織金融機関の基本的性質から、いずれについても、必要業務としては会員のためにするもののみが定められている。

◆**労働金庫の任意業務**　労働金庫は、上記の必要業務のほか、任意業務をあわせて行うことができる（労働金庫法58条2項）。個別列挙された任意業務としては、①為替取引、②国、地方公共団体その他営利を目的としない法人の預金の受入れ、③会員を構成するもの（以下「間接構成員」という）の預金または定期積金の受入れ、④間接構成員または個人会員と生計を一にする配偶者等の預金または定期積金の受入れ、⑤会員以外のもの（国等、間接構成員および配偶者等を除く）の預金または定期積金の受入れ、⑥間接構成員および日本勤労者住宅協会に対する資金の貸付（手形の割引を含む）、⑦債務の保証または手形の引受（会員のためにするものその他の内閣府令・厚生労働省令で定めるものに限る）、⑧有価証券の売買（有価証券関連デリバティブ取引に該当するものを除く）または有価証券関連デリバティブ取引（投資の目的をもってするものまたは書面取次行為に限る）、⑨有価証券の貸付（会員のためにするものその他の内閣府令・厚生労働省令で定めるものに限る）、⑩国債等の引受（売出しの目的をもってするものを除く）または当該引受に係る国債等の募集の取扱い、

⑪金銭債権の取得または譲渡、⑫特定目的会社が発行する特定社債等の引受（売出しの目的をもってするものを除く）または当該引受に係る特定社債等の募集の取扱い、⑬短期社債等の取得または譲渡、⑭有価証券の私募の取扱い、⑮労働金庫、独立行政法人住宅金融支援機構、株式会社日本政策金融公庫、独立行政法人勤労者退職金共済機構その他内閣総理大臣および厚生労働大臣の定める者の業務の代理または媒介（内閣総理大臣および厚生労働大臣の定めるものに限る）、⑯国、地方公共団体、会社等の金銭の収納その他金銭に係る事務の取扱い、⑰有価証券、貴金属その他の物品の保護預り、⑱振替業、⑲両替、⑳デリバティブ取引であって内閣府令・厚生労働省令で定めるもの、㉑デリバティブ取引（内閣府令・厚生労働省令で定めるものに限る）の媒介、取次または代理、㉒金融等デリバティブ取引のうち労働金庫の経営の健全性を損なうおそれがないと認められる取引として内閣府令・厚生労働省令で定めるもの、㉓金融等デリバティブ取引の媒介、取次または代理、㉔一定の有価証券関連店頭デリバティブ取引、㉕一定の有価証券関連店頭デリバティブ取引の媒介、取次または代理、㉖一定のファイナンス・リース事業、㉗一定のファイナンス・リース事業の代理または媒介がある。なお、上記のとおり、会員以外のものの預金または定期積金の受入れ、会員以外のものに対する資金の貸付（手形の割引を含む）も認められているが、協同組織金融機関の基本的性質から、いずれについても、一定の制限が設けられている（同条3項・4項、同法施行令3条）。

◆**その他の業務**　労働金庫は、上記の必要業務および任意業務のほか、必要業務の遂行を妨げない限度で行うことができる業務を個別列挙している。これには、①国債等の公共債に関する業務、投資信託の受益証券の窓販、投資助言業務等の一定の証券業務のほか、②信託法3条3号に定める自己信託の方法によってする信託に係る事務に係る業務、③金融機関の信託業務の兼営等に関する法律に基づく信託業務、④地方債または社債その他の債券の募集または管理の受託、⑤担保付社債信託法による担保付社債信託業務、⑥地球温暖化対策の推進に関する法律で定める算定割当量その他これに類似するものの取得・譲渡・その媒介等を行う業務が含まれる（労働金庫法58条7項）。

このほか、保険業法に基づく保険の窓販業務等（同法275条、同法施行令39条5号）、他の法律で認められる業務を行うこともできる。

◆**労働金庫の業務範囲の確認**　労働金庫が新規業務を開始し、または既存業務の大きな変更を行う場合等、労働金庫の業務範囲を把握する必要がある際には、上記の業務範囲規制に留意するとともに、労働金庫の定款（労働金庫法23条の2）や業務方法書（同法29条3号）で規定した業務の範囲か否かを確認する必要がある。

10046　労働金庫の子会社の業務範囲

労働金庫の子会社が行うことができる業務範囲はどこまでか

結　論

　労働金庫が子会社とすることができる会社は、①従属業務をもっぱら営む一定の会社、②金融関連業務をもっぱら営む一定の会社、③新たな事業分野を開拓する一定の会社、④経営の向上に相当程度寄与すると認められる新たな事業活動を行う一定の会社、⑤前記①〜④に掲げる会社のみを子会社とする一定の持株会社に限られているため、労働金庫の子会社の業務はかかる範囲内に限定される。

解　説

◆労働金庫の子会社の業務範囲　労働金庫は、労働金庫法58条の3第1項により、同項各号に掲げる会社（子会社対象会社）以外の会社を子会社としてはならないものとされている。

　かかる労働金庫の子会社の業務範囲規制における「子会社」とは、労働金庫がその総株主等の議決権の100分の50を超える議決権を保有する会社をいう（労働金庫法32条5項）。そして、この場合において、労働金庫およびその一もしくは二以上の子会社または当該労働金庫の一もしくは二以上の子会社がその総株主等の議決権の100分の50を超える議決権を保有する他の会社は、当該労働金庫の子会社とみなされる（同項）。

　このように、労働金庫法上の子会社の該当性は、議決権割合のみで形式的に判断される。ただし、同法上も銀行法と同様に実質支配力基準・影響力基準で判断される「子法人等」「関連法人等」との概念が存在し、かかる「子法人等」および「関連法人

等」についても、労働金庫の子会社と同様に業務範囲規制が及ぶものとされている（中小・地域監督指針Ⅲ−4−7−1(3)・Ⅴ−5−6−1）。

　子会社対象会社の範囲は次のとおりとされている（労働金庫法58条の3第1項）。

① 親会社である労働金庫その他これに類する者として内閣府令・厚生労働省令で定めるものの行う業務のために、労働金庫の行う業務に従属する業務として内閣府令・厚生労働省令で定めるもの（以下「従属業務」という）をもっぱら営む一定の会社

② 親会社である労働金庫の必要業務に付随・関連する業務（以下「金融関連業務」という）をもっぱら営む一定の会社

③ 新たな事業分野を開拓する会社（労働金庫法施行規則45条6項に定めるものであり、かつ、労働金庫法58条の3第1項2号に定める要件を満たすことを要する）

④ 経営の向上に相当程度寄与すると認められる新たな事業活動を行う一定の会社（労働金庫法施行規則45条7項に定めるものであり、かつ、労働金庫法58条の3第1項2号の2に定める要件を満たすことを要する）

⑤ 上記①〜④の会社のみを子会社とする持株会社（労働金庫法施行規則45条14項に定めるものであることを要する）

　なお、銀行においては、平成29年4月1日施行の改正銀行法によって、いわゆるFinTech企業が子会社対象会社として追加されたのに対して、労働金庫法上、労働金庫に関しては同様の追加がなされていないことに留意が必要である。

◆**労働金庫の子会社における従属業務および金融関連業務**　上記のとおり、労働金庫の子会社は従属業務を行うことができるところ、これを受けて、労働金庫法施行規則45条４項は、不動産の賃貸または管理を行う業務、福利厚生に関する業務、物品の購入または管理を行う業務等を従属業務として限定列挙している。従属業務に関しては、「主として労働金庫その他これに類する者として内閣府令・厚生労働省令で定めるものの行う業務のために」行われるものであることを要するところ、これは、いわゆる収入依存度規制を定めるものである。これに該当するか否かの基準は、「労働金庫の従属業務を営む会社が主として労働金庫その他これに類する者の行う業務のために従属業務を営んでいるかどうかの基準等を定める件」（平成14年３月29日金融庁告示第４号）で定められている。

　また、労働金庫の子会社は金融関連業務を行うことができるところ、これを受けて、労働金庫法施行規則45条５項は、労働金庫の業務の代理または媒介、銀行等の業務の代理または媒介、資金移動業の代理または媒介等を金融関連業務として限定列挙している。

　従属業務を営む会社または金融関連業務を営む会社として労働金庫の子会社対象会社に該当するためには、従属業務または金融関連業務を「専ら」営む必要があるため、複数の従属業務または金融関連業務を営むことや、従属業務と金融関連業務を併営することは認められるが、従属業務または金融関連業務に該当しない業務をあわせて営むことは認められない点に留意する必要がある。

◆**労働金庫の子会社の業務範囲の確認**　労働金庫は、上記⑤の会社を子会社としようとするときは、一定の場合を除き、内閣総理大臣および厚生労働大臣の認可を受けなければならず（労働金庫法58条の３第３項）、その他の上記①～④の会社を子会社としようとするときは、その旨を内閣総理大臣および厚生労働大臣に届け出なければならない（同法91条１項２号）。そのため、子会社が新規業務を行いまたは既存業務を大きく変更する場合は、子会社の業務範囲規制に留意するとともに、認可の申請または届出に係る業務の範囲かどうかも確認する必要がある。

10047　農業協同組合の業務範囲

農業協同組合が行うことができる業務範囲はどこまでか

結　論

　協同組織金融機関としての農業協同組合は、融資事業や貯金事業のほか、農協法10条６項・７項に掲げる事業を行うことができる場合がある。それらに加えて、保険業法に基づく保険の窓販業務等、他の法律で認められる業務を行うことができる場合がある。なお、各農業協同組合の事業を把握するためには、定款や信用事業規程等の確認を行う必要がある。

解　説

◆**農業協同組合の業務の特徴**　農業協同組合は、一定の信用事業を行う場合、協同

組織金融機関としても役割を有する。信用事業とは、①農協法10条1項2号の事業（以下「融資事業」という）、②同項3号の事業（以下「貯金事業」という）、③同条23項各号に掲げるファイナンス・リース事業、④同条6項および7項の事業と定義され（同法11条2項）、このうち農業協同組合が行うことができる信用事業は①、②、④である。農業協同組合が信用事業を行う場合、金融サービスの提供者となり、金融仲介機能・信用創造機能を果たすことを役割とする点で、銀行と共通する（【10040】参照）。他方、協同組織金融機関としての農業協同組合は、相互扶助を理念とし、非営利という特性を有するものと位置づけられており、その基本的性格は、中小企業および個人など、一般の金融機関から融資を受けやすいとはいえない立場にある者が構成員となり、これらの者が必要とする資金の融通を受けられるようにすることを目的とする点で、銀行とは異なる。このような異同から、農業協同組合の業務範囲には、銀行のそれと共通する部分と相違する点がみられる。

また、協同組織金融機関としての農業協同組合においては、営農指導事業、購買事業、販売事業、利用事業、共済事業等の事業を兼営して信用事業を行うことから（農協法10条1項各号）、他の協同組織金融機関とは異なる業務範囲の規制となっている。

◆**貯金事業**　農業協同組合は、組合員の貯金または定期積金の受入れを行うことができる（農協法10条1項3号）。貯金者は、銀行と異なり、原則として組合員に限定されることが特徴である。貯金事業は、出資組合（組合員に出資をさせる組合）しか行

うことができず、非出資組合（組合員に出資をさせない組合）は行うことができない（同条4項）。農協法が貯金事業を行おうとする場合、信用事業規程を定め、行政庁の承認を受ける必要がある（同法11条1項）。

◆**融資事業**　農業協同組合は、組合員の事業または生活に必要な資金の貸付を行うことができる（農協法10条1項2号）。この事業は、上記貯金事業と異なり、出資組合のみならず、非出資組合も行うことができる。

また、原則として貸付の対象は組合員に限定されるが、例外的に地方公共団体等に対する資金の貸付、農村地域における産業基盤または生活環境の整備のために必要な資金で一定のものの貸付、銀行その他の金融機関に対する資金の貸付を行うことができる（農協法10条20項）。

◆**農協法10条6項の事業**　農業協同組合が、貯金事業を行う場合、組合員のために次の事業を行うことができる。

すなわち、①手形の割引、②為替取引、③債務の保証または手形の引受、④有価証券の売買（有価証券関連デリバティブ取引に該当するものを除く）または有価証券関連デリバティブ取引（書面取次行為に限る）、⑤有価証券の貸付、⑥国債等の引受（売出しの目的をもってするものを除く）または当該引受に係る国債等の募集の取扱い、⑦金銭債権の取得または譲渡、⑧特定社債等の引受（売出しの目的をもってするものを除く）または当該引受に係る特定社債等の募集の取扱い、⑨短期社債等の取得または譲渡、⑩有価証券の私募の取扱い、⑪農林中央金庫その他主務大臣の定める者の業務の代理または媒介（主務大臣の定め

るものに限る）、⑫外国銀行の業務の代理または媒介（外国において行う外国銀行の業務の代理または媒介であって、主務省令で定めるものに限る）、⑬国、地方公共団体、会社等の金銭の収納その他金銭に係る事務の取扱い、⑭有価証券、貴金属その他の物品の保護預り、⑮振替業、⑯両替、⑰一定の店頭デリバティブ取引、⑱デリバティブ取引の媒介、取次または代理であって、主務省令で定めるもの、⑲金融等デリバティブ取引のうち貯金事業を行う組合の経営の健全性を損なうおそれがないと認められる取引として主務省令で定めるもの、⑳金融等デリバティブ取引の媒介、取次または代理、㉑一定の有価証券関連店頭デリバティブ取引、㉒有価証券関連店頭デリバティブ取引の媒介、取次または代理、㉓上記①～㉒に付帯する事業、を行うことができる。

◆**農協法10条7項の事業**　農業協同組合が、融資事業と貯金事業をあわせ行う場合、これらの事業の遂行を妨げない限度で、次の事業を行うことができる。

　すなわち、①国債等の公共債に関する業務、投資信託の受益証券の窓販、投資助言業務等の一定の証券業務のほか、②信託法3条3号に定める自己信託の方法によってする信託に係る事務に係る業務、③兼営法に基づく信託業務、④地方債または社債その他の債券の募集または管理の受託、⑤担保付社債信託法による担保付社債信託業務、⑥地球温暖化対策の推進に関する法律で定める算定割当量その他これに類似するものの取得・譲渡・その媒介等を行う業務を行うことができる。

◆**その他の業務**　このほか、貯金事業を行う農業協同組合においては、保険業法に基づく保険の窓販業務等（同法275条、同法施行令39条8号）他の法律で認められる業務を行うことができる。

◆**農業協同組合の業務範囲の確認**　農業協同組合が新規業務を開始する場合や既存業務の大きな変更を行う場合等、農業協同組合の業務範囲を把握する必要がある際には、上記の業務範囲規制に留意するとともに、その定款（農協法28条）、および、信用事業規程（同法11条2項、農業協同組合及び農業協同組合連合会の信用事業に関する命令7条1項）や信用事業方法書（同条2項）等で規定した業務の範囲か否かを確認する必要がある。

10048　漁業協同組合の業務範囲

漁業協同組合が行うことができる業務範囲はどこまでか

結　論

　協同組織金融機関としての漁業協同組合は、融資事業、貯金事業のほか、水産業協同組合法11条3〜5項に掲げる事業を行うことができる場合がある。それらに加えて、保険業法に基づく保険の窓販業務等、他の法律で認められる業務を行うことができる場合がある。なお、各漁業協同組合の事業を把握するためには、定款や信用事業規程等の記載の確認を行う必要がある。

解　説

◆**漁業協同組合の業務の特徴**　漁業協同組合は、一定の信用事業を行う場合、協同

組織金融機関としても役割を有する。信用事業とは、①水産業協同組合法11条1項3号の事業（以下「融資事業」という）、②同項4号の事業（以下「貯金事業」という）、③同法87条3項各号に掲げるファイナンスリース事業、④同法11条3〜5項の事業と定義され（水産業協同組合法11条の4第2項）、このうち漁業協同組合が行うことができる信用事業は①、②、④である。漁業協同組合が信用事業を行う場合、金融サービスの提供者となり、金融仲介機能・信用創造機能を果たすことを役割とする点で、銀行と共通する（【10040】参照）。他方、協同組織金融機関としての漁業協同組合は、相互扶助を理念とし、非営利という特性を有するものと位置づけられており、その基本的性格は、中小企業および個人など、一般の金融機関から融資を受けやすいとはいえない立場にある者が構成員となり、これらの者が必要とする資金の融通を受けられるようにすることを目的とする点で、銀行とは異なる。このような異同から、漁業協同組合の業務範囲には、銀行のそれと共通する部分と相違する点がみられる。

また、協同組織金融機関としての漁業協同組合においては、購買事業、販売事業、利用事業、共済事業等の事業を兼営して信用事業を行うことから（水産業協同組合法11条1項各号）、他の協同組織金融機関とは異なる業務範囲の規制となっている。

◆**貯金事業**　漁業協同組合は、組合員の貯金または定期積金の受入れを行うことができる（水産業協同組合法11条1項4号）。貯金者は、銀行と異なり、原則として組合員に限定されていることが特徴である。貯金事業は、出資組合（組合員に出資をさせ

る組合）しか行うことができず、非出資組合（組合員に出資をさせない組合）は行うことができない（同条2項）。水産業協同組合法が貯金事業を行おうとする場合、信用事業規程を定め、行政庁の認可を受ける必要がある（同法11条の4第1項）。

◆**融資事業**　漁業協同組合は、組合員の事業または生活に必要な資金の貸付を行うことができる（水産業協同組合法11条1項3号）。融資事業も、出資組合しか行うことができず、非出資組合は行うことができない（同条2項）。

また、原則として貸付の対象は組合員に限定されるが、例外的に地方公共団体等に対する資金の貸付、漁港区域における産業基盤または生活環境の整備のために必要な資金で一定のものの貸付、銀行その他の金融機関に対する資金の貸付を行うことができる（水産業協同組合法11条10項）。

◆**水産業協同組合法11条3項の事業**　漁業協同組合が、貯金事業を行う場合、組合員のために次の事業を行うことができる。

すなわち、①手形の割引、②為替取引、③債務の保証または手形の引受、④有価証券の売買等、⑤有価証券の貸付、⑥国債等の引受（売出しの目的をもってするものを除く）または当該引受に係る国債等の募集の取扱い、⑦一定の有価証券の私募の取扱い、⑧農林中央金庫その他主務大臣の定める者の業務の代理または媒介（主務大臣の定めるものに限る）、⑨外国銀行の業務の代理または媒介（外国において行う外国銀行の業務の代理または媒介であって、主務省令で定めるものに限る）、⑩国、地方公共団体、会社等の金銭の収納その他金銭に係る事務の取扱い、⑪有価証券、貴金属そ

の他の物品の保護預り、⑫振替業、⑬両替、⑭一定のデリバティブ取引の媒介、取次または代理、⑮上記①ないし⑭に付帯する事業、を行うことができる。

◆水産業協同組合法11条４項・５項の事業
漁業協同組合が、融資事業と貯金事業をあわせ行う場合、これらの事業の遂行を妨げない限度で、次の事業を行うことができる。

すなわち、①金商法33条２項１号に掲げる有価証券について同号に定める行為を行う事業、②同法33条２項１号・３号および４号に掲げる有価証券について金融商品取引業者の委託を受けて、当該金融商品取引業者のために行う同法２条11項１～３号に掲げる行為を行う事業、③同法33条２項２号に掲げる有価証券について同号に定める行為を行う事業、④兼営法に基づく信託業務に係る事業、⑤信託法３条３号に掲げる方法によってする信託に係る事務に関する事業、⑥投資助言業務に係る事業、を行うことができる。

◆その他の業務　このほか、貯金事業を行う漁業協同組合においては、保険業法に基づく保険の窓販業務等（同法275条、同法施行令39条９号）他の法律で認められる業務を行うことができる。

◆漁業協同組合の業務範囲の確認　漁業協同組合が新規業務を開始する場合や既存業務の大きな変更を行う場合等、漁業協同組合の業務範囲を把握する必要がある際には、上記の業務範囲規制に留意するとともに、その定款（水産業協同組合法32条）、および、信用事業規程（同法11条の４第２項、漁業協同組合等の信用事業等に関する命令５条１項）や信用事業方法書（同条４項）等で規定した業務の範囲か否かを確認

する必要がある。

10049　農業協同組合の子会社の業務範囲

農業協同組合の子会社が行うことができる業務範囲はどこまでか

結　論

貯金事業または共済事業を行う農業協同組合は、①信用事業または共済事業に従属する業務をもっぱら営む一定の会社、②信用事業または共済事業に付随し関連する業務をもっぱら営む一定の会社を除き、特定事業に相当する事業を行い、または特定事業に相当する事業に従属し、付随し、もしくは関連する業務を営む会社を子会社としてはならない。

解　説

◆農業協同組合の子会社の業務範囲　農協法10条１項３号（以下「貯金事業」という）または同項10号の事業（以下「共済事業」という）を行う農業協同組合は、同法11条の64第１項により、同項各号に掲げる業務をもっぱら営む会社（子会社対象会社）を除き、特定事業に相当する事業を行い、または特定事業に相当する事業に従属し、付随し、もしくは関連する業務を営む会社を子会社としてはならないとされている。特定事業とは、貯金事業および共済事業をあわせ行う農業協同組合にあっては、信用事業または共済事業、貯金事業を行う農業協同組合にあっては信用事業、共済事業を行う農業協同組合にあっては共済事業

を指す（農協法11条の64第2項）。なお、信用事業については、【10047】参照。

　かかる農業協同組合の子会社の業務範囲規制における「子会社」とは、農業協同組合がその総株主または総出資者の議決権の100分の50を超える議決権を有する会社をいう（農協法11条の2第2項）。そして、この場合において、当該組合およびその一もしくは二以上の子会社、または、当該組合の一もしくは二以上の子会社がその総株主等の議決権の100分の50を超える議決権を有する他の会社は、当該組合の子会社とみなされる（同項）。

　このように、農協法上の子会社の該当性は、議決権割合のみで形式的に判断される。ただし、同法上も銀行法と同様に実質支配力基準・影響力基準で判断される「子法人等」「関連法人等」との概念が存在し、農業協同組合の信用事業または共済事業に従属する業務または付随・関連する業務を行う「子法人等」および「関連法人等」については、農業協同組合の子会社と同様に業務範囲規制が及ぶものとされている（系統金融機関向けの総合的な監督指針Ⅲ-4-8-1(3)、共済事業向けの総合的な監督指針Ⅲ-2-1-1(3)）。

　子会社対象会社の範囲は次のとおりとされている（農協法11条の64第1項）。

①　農業協同組合の行う特定事業に従属する業務として農林水産省令で定めるもの（以下「従属業務」という）をもっぱら営む国内の会社（信用事業に従属する業務をもっぱら営むものにあっては主として当該農業協同組合その他これに類する者として主務省令で定めるものの行う事業または営む業務のために、その他の会社にあっては主として当該農業協同組合の行う事業のためにその業務を営んでいるものに限る）

②　貯金事業および共済事業をあわせ行う農業協同組合にあっては同法10条1項2号の事業（以下「融資事業」という）、貯金事業または共済事業に、貯金事業を行う農業協同組合にあっては融資事業または貯金事業に、共済事業を行う農業協同組合にあっては共済事業に、それぞれ付随し、または関連する業務として農林水産省令で定めるもの（以下「付随・関連業務」という）をもっぱら営む国内の会社

◆従属業務　　貯金事業と共済事業をあわせ行う農業協同組合、および、貯金事業を行う農業協同組合において、その従属業務は、①他の事業者のための不動産の賃貸または管理を行う業務、②福利厚生に関する業務、③物品の購入または管理を行う業務等がある（農協法11条の64第1項1号、同法施行規則61条1項・2項）。

　これに対して、共済事業を行う農業協同組合において、その従属業務は、上記の貯金事業を行う農業協同組合の場合と重複するものが多いが、他の事業者の現金自動支払機等の保守、点検その他の管理を行う業務や、他の事業者の行う外国為替取引、信用状もしくは旅行小切手に関する業務または輸出入その他の対外取引のため直接必要な資金に関する貸付、手形の割引、債務の保証もしくは手形の引受に関し必要となる事務を行う業務等が除外されている点は異なる（農協法11条の64第3項）。

　従属業務に関しては、「主として農業協同組合その他これに類する者として主務省

令で定めるものの行う事業若しくは営む業務又は農業協同組合の行う事業のために」行われるものであることを要するところ、これは、いわゆる収入依存度規制を定めるものである（農協法11条の64第4項）。これに該当するか否かの基準は、「農業協同組合の従属業務を営む会社が農業協同組合のために営む従属業務等に関する基準」（平成18年11月9日金融庁・農林水産省告示第23号）で定められている。

◆**付随・関連業務**　貯金事業と共済事業をあわせ行う農業協同組合において、その付随・関連業務は、①貯金事業を行う農業協同組合の業務の代理または媒介、②銀行等の業務の代理または媒介、③保険募集等である（農協法11条の64第1項2号、同法施行規則61条4項）。

　貯金事業を行う農業協同組合において、その付随・関連業務は、上記の貯金事業と共済事業をあわせ行う農業協同組合の場合と重複するものが多いが、共済事故その他の共済契約に係る事項の調査を行う業務、共済契約の締結または共済契約の締結の代理もしくは媒介を行う者の教育を行う業務、共済契約者からの共済事故に関する報告の取次を行う業務または共済契約に関し相談に応ずる業務等は除外されている点が異なる（農協法11条の64第1項2号、同法施行規則61条5項）。

　共済事業を行う農業協同組合においても、その付随・関連業務は、上記の貯金事業と共済事業をあわせ行う農業協同組合の場合と重複するものが多いが、上記の①貯金事業を行う農業協同組合の業務の代理または媒介、②銀行等の業務の代理または媒介等は除外されている点が異なる（農協法11条

の64第1項2号、同法施行規則61条6項）。

◆**農業協同組合の子会社の業務範囲の確認**　貯金事業または共済事業を行う農業協同組合は、子会社対象会社を子会社としようとするときは、一定の場合を除き、行政庁に届け出なければならない（農協法97条3号）。そのため、子会社が新規業務を行いまたは既存業務を大きく変更する場合は、子会社の業務範囲規制に留意するとともに、届出に係る業務の範囲かどうかも確認する必要がある。

10050　漁業協同組合の子会社の業務範囲

漁業協同組合の子会社が行うことができる業務範囲はどこまでか

結　論

　貯金事業または共済事業を行う漁業協同組合は、①信用事業または共済事業に従属する業務をもっぱら営む一定の会社、②信用事業または共済事業に付随し関連する業務をもっぱら営む一定の会社を除き、特定事業に相当する事業を行い、または特定事業に相当する事業に従属し、付随し、もしくは関連する業務を営む会社を子会社としてはならない。

解　説

◆**漁業協同組合の子会社の業務範囲**　水産業協同組合法11条1項4号の事業（以下「貯金事業」という）または同項11号の事業（以下「共済事業」という）を行う漁業協同組合は、同法17条の14第1項により、

同項各号に掲げる業務をもっぱら営む会社（子会社対象会社）を除き、特定事業に相当する事業を行い、または特定事業に相当する事業に従属し、付随し、もしくは関連する業務を営む会社を子会社としてはならないとされている。特定事業とは、貯金事業および共済事業をあわせ行う漁業協同組合にあっては、信用事業または共済事業を、貯金事業を行う漁業協同組合にあっては信用事業、共済事業を行う漁業協同組合にあっては共済事業を指す（同法17条の14第2項）。なお、信用事業については、【10048】参照。

かかる漁業協同組合の子会社の業務範囲規制における「子会社」とは、漁業協同組合がその総株主または総出資者の議決権の100分の50を超える議決権を有する会社をいう（水産業協同組合法11条の6第2項）。そして、この場合において、当該組合およびその一もしくは二以上の子会社、または、当該組合の一もしくは二以上の子会社がその総株主等の議決権の100分の50を超える議決権を有する他の会社は、当該組合の子会社とみなされる（同項）。

このように、水産業協同組合法上の子会社の該当性は、議決権割合のみで形式的に判断される。ただし、水産業協同組合法上も銀行法と同様に実質支配力基準・影響力基準で判断される「子法人等」「関連法人等」との概念が存在し、漁業協同組合の信用事業または共済事業に従属する業務または付随・関連する業務を行う「子法人等」および「関連法人等」については、漁業協同組合の子会社と同様に業務範囲規制が及ぶものとされている（漁協系統信用事業における総合的な監督指針Ⅲ-4-6-1(4)、

漁協等の共済事業向けの総合的な監督指針Ⅲ-2-1-1(3)）。

子会社対象会社の範囲は次のとおりとされている（水産業協同組合法17条の14第1項）。

① 漁業協同組合の行う特定事業に従属する業務として主務省令で定めるもの（以下「従属業務」という）をもっぱら営む国内の会社（信用事業に従属する業務をもっぱら営むものにあっては主として当該漁業協同組合その他これに類する者として主務省令で定めるものの行う事業または営む業務のために、その他の会社にあっては主として当該漁業協同組合の行う事業のためにその業務を営んでいるものに限る）

② 貯金事業および共済事業をあわせ行う漁業協同組合にあっては水産業協同組合法11条1項3号の事業（以下「融資事業」という）、貯金事業または共済事業に、貯金事業を行う農業協同組合にあっては融資事業または貯金事業に、共済事業を行う農業協同組合にあっては共済事業に、それぞれ付随し、または関連する業務として主務省令で定めるもの（以下「付随・関連業務」という）をもっぱら営む国内の会社

◆従属業務　貯金事業と共済事業をあわせ行う漁業協同組合、および、貯金事業を行う漁業協同組合において、その従属業務は、①他の事業者のための不動産の賃貸または管理を行う業務、②福利厚生に関する業務、③物品の購入または管理を行う業務等がある（水産業協同組合法17条の14第1項1号、漁業協同組合等の信用事業等に関する命令26条1項）。

これに対して、共済事業を行う漁業協同組合において、その従属業務は、上記の貯金事業を行う漁業協同組合の場合と重複するものが多いが、他の事業者の現金自動支払機等の保守、点検その他の管理を行う業務や、他の事業者の行う外国為替取引、信用状もしくは旅行小切手に関する業務または輸出入その他の対外取引のため直接必要な資金に関する貸付、手形の割引、債務の保証もしくは手形の引受に関し必要となる事務を行う業務等は除外されている点が異なる（水産業協同組合法17条の14第2項）。

従属業務に関しては、「主として組合その他これに類する者として主務省令で定めるものの行う事業若しくは営む業務又は組合の行う事業のために」行われるものであることを要するところ、これは、いわゆる収入依存度規制を定めるものである（水産業協同組合法17条の14第4項）。これに該当するか否かの基準は、「漁業協同組合等の従属業務を営む会社が漁業協同組合等のために営む従属業務等に関する基準」（平成18年11月9日金融庁・農林水産省告示第24号）で定められている。

◆**付随・関連業務**　貯金事業と共済事業をあわせ行う漁業協同組合、および、貯金事業を行う漁業協同組合において、その付随・関連業務は、①貯金事業を行う組合または連合会の業務の代理または媒介、②銀行等の業務の代理または媒介、③金銭の貸付または金銭の貸借の媒介であって業として行うもの等がある（水産業協同組合法17条の14第1項2号、漁業協同組合等の信用事業等に関する命令26条3項）。

これに対して、共済事業を行う漁業協同組合において、その付随・関連業務は、①保険募集、②共済事故その他の共済契約に係る事項の調査を行う業務、③共済契約の締結または共済契約の締結の代理もしくは媒介を行う者の教育を行う業務、④共済契約者からの共済事故に関する報告の取次を行う業務または共済契約に関し相談に応ずる業務等である（水産業協同組合法17条の14第1項2号、同法施行規則85条）。

◆**漁業協同組合の子会社の業務範囲の確認**
貯金事業または共済事業を行う漁業協同組合は、子会社対象会社を子会社としようとするときは、一定の場合を除き、行政庁に届け出なければならない（水産業協同組合法126条の2第3号）。そのため、子会社が新規業務を行い、または既存業務を大きく変更する場合は、子会社の業務範囲規制に留意するとともに、届出に係る業務の範囲かどうかも確認する必要がある。

第 **2** 章

協同組織金融機関

協同組織金融機関の会員・組合員資格

10051　信用金庫の会員資格

信用金庫の会員資格は、銀行や信用組合と比較して、どのような違いがあるか

結　論

　信用金庫や信用組合は、協同組織金融機関としての特色から、銀行と異なり、会員・組合員資格が限定され、地区内において、住所または居所を有する者、事業所を有する者、勤労に従事する者等に限定されている。また、事業者の会員・組合員資格の制限は、信用金庫においては常時使用する従業員300人以下または資本金9億円以下の事業者に限定されているのに対して、信用組合においては常時使用する従業員300人以下または資本金3億円以下の事業者等に限定されている点が異なる。

解　説

◆**信用金庫の特色**　信用金庫法1条において、「国民大衆のために金融の円滑を図り、その貯蓄の増強に資するため、協同組織による信用金庫の制度を確立し、金融業

務の公共性にかんがみ、その監督の適正を期するとともに信用の維持と預金者等の保護に資すること」が同法の目的として規定されている。この「国民大衆のために金融の円滑を図り、その貯蓄の増強に資する」という点は、国民の金融の円滑を図る銀行と類似する。しかし、信用金庫は、信用組合や労働金庫、農協系統金融機関、漁協系統金融機関と同様に、協同組織金融機関であるとされる。協同組織金融機関は、営利を追求する株式会社組織とは異なり、中小企業、農林漁業者および個人など、一般の金融機関から融資を受けやすいとはいえない立場にある者が構成員となり、相互扶助の理念に基づき、これらの者が必要とする資金の融通を受けられるようにすることを目的として設立されたものであり（金融制度調査会第一委員会中間報告「協同組織金融機関のあり方について」（平成元年5月15日））、この点で、信用金庫の会員資格等において、銀行等との違いが表れる。

◆**会員資格**　信用金庫は、協同組織金融機関として会員により構成され、その会員資格は制度上限定されている。すなわち、定款で定められた①信用金庫の地区内に住所または居所を有する者、②信用金庫の地

区内に事業所を有する者、③信用金庫の地区内において勤労に従事する者、④信用金庫の地区内に事業所を有する者の役員およびその信用金庫の役員に、会員資格があるとされている（信用金庫法10条1項、同法施行規則1条）。また、事業者の会員資格については、一般に融資は中小企業のうちでも大きい者および中堅企業に偏るおそれがあることから、常時使用する従業員300人以下または資本金9億円以下の事業者に限定されている（同法10条1項）。

信用金庫の会員は、出資1口以上を有し、かつ、その出資額は、政令で定められる一定の金額以上で、定款で定めるところによらなければならない（信用金庫法11条）。

◆**会員の加入・脱退**　会員の加入には、①原始加入（信用金庫法13条前段）、②持分譲受けによる加入（同条後段・15条3項）、③相続加入（同法14条）の方法があり、③を除いて、信用金庫の承諾が必要である。なお、③については、会員の死亡は後述のように法定の脱退事由とされているが、一定の期間内に加入の申出をしたときに相続開始の時に会員になったものとみなされる。

会員の脱退には、会員の意思に基づく自由脱退（信用金庫法16条）と、法定の事由に基づく法定脱退（同法17条）がある。法定脱退の事由としては、信用金庫法17条1項・2項に、①会員たる資格の喪失、②死亡または解散、③破産手続開始の決定、④除名、⑤持分の全部の喪失、⑥出資未達が定められている。

◆**会員の受ける金融サービス**　信用金庫は、会員の相互扶助を目的とした協同組織金融機関であるという特色から、融資（資金の貸付および手形の割引）は、原則として会員に限定される（信用金庫法53条1項2号・3号）。

これに対して、預金または定期積金の受入れについては、会員に限られず、会員以外の者からの受入れも可能である（信用金庫法53条1項1号）。これは、国民大衆のために金融の円滑を図り、その貯蓄の増強に資する見地からの帰結であり、この点では、信用金庫の会員は後述する信用組合の組合員と異なり、銀行と類似する。

10052　信用組合の組合員資格

信用組合の組合員資格は、銀行や信用金庫と比較して、どのような違いがあるか

結　論

信用金庫や信用組合は、協同組織金融機関としての特色から、銀行と異なり、会員・組合員資格が限定され、地区内において、住所または居所を有する者、事業所を有する者、勤労に従事する者等に限定されている。また、事業者の会員・組合員資格の制限は、信用組合においては常時使用する従業員300人以下または資本金3億円以下の事業者等に限定されているのに対して、信用金庫においては常時使用する従業員300人以下または資本金9億円以下の事業者に限定されている点が異なる。

解　説

◆**信用組合の特色**　中小企業等協同組合法（以下「協同組合法」という）1条にお

いて、「中小規模の商業、工業、鉱業、運送業、サービス業その他の事業を行う者、勤労者その他の者が相互扶助の精神に基き協同して事業を行うために必要な組織について定め、これらの者の公正な経済活動の機会を確保し、もつてその自主的な経済活動を促進し、且つ、その経済的地位の向上を図ることを目的とする」と規定され、同法5条1項1号においても信用組合が「組合員又は会員の相互扶助を目的とすること」が要件とされていなければならないとされている。このように、信用組合も、信用金庫や労働金庫、農協系統金融機関、漁協系統金融機関と同様に、相互扶助の理念に基づく協同組織金融機関であり、この特色により、信用組合の組合員資格等において、銀行等との違いが表れる。

◆**組合員資格**　信用組合は、株式会社である銀行とは異なり、協同組織金融機関として組合員により構成され、その組合員資格は制度上限定されている。すなわち、定款で定められた①信用組合の地区内において商業、工業、鉱業、運送業、サービス業その他の事業を行う小規模の事業者、②信用組合の地区内に住所もしくは居所を有する者、③信用組合の地区内において勤労に従事する者、④信用組合の地区内において商業、工業、鉱業、運送業、サービス業その他の事業を行う事業者の役員および信用組合の役員に組合員資格があるものとされている（協同組合法8条4項、中小企業等協同組合法による信用協同組合及び信用協同組合連合会の事業に関する内閣府令1条）。また、事業者の組合員資格については、一般に融資は中小企業のうちでも大きい者および中堅企業に偏るおそれがあるこ

とから、常時使用する従業員300人以下の事業者または資本金3億円以下の事業者等に限定されている（協同組合法8条4項・7条1項・2項）。

信用組合の組合員は、出資1口以上を有しなければならない（協同組合法10条1項）。

◆**組合員の加入・脱退**　組合員の加入には、①原始加入（協同組合法15条前段）、②譲受加入（同法17条）、③相続加入（同法16条1項）、の方法があり、③を除いて、信用組合の承諾が必要である。なお、③については、組合員の死亡は後述のように法定の脱退事由とされているが、一定の期間内に加入の申出をしたときに相続開始の時に組合員になったものとみなされる。

組合員の脱退には、組合員の意思に基づく自由脱退（協同組合法18条）と、法定の事由に基づく法定脱退（同法19条）がある。法定脱退の事由としては、同法19条1項に、①組合員たる資格の喪失、②死亡または解散、③除名、④公正取引委員会の排除措置命令、⑤信用組合の持分の全部の喪失、が定められている。

◆**組合員の受ける金融サービス**　信用組合は、組合員の相互扶助を目的とした協同組織金融機関であるという特色から、融資（資金の貸付および手形の割引）は、原則として組合員に限定される（協同組合法9条の8第1項1号・2号）。

また、同様の理由から、預金または定期積金の受入れについても、原則として組合員からのものに限定される（協同組合法9条の8第1項3号）。この点で、同じく協同組織金融機関ではあるが、預金または定期積金について会員以外からの受入れが認められている信用金庫と異なる。

労働金庫の会員資格は、銀行や信用金庫と比較して、どのような違いがあるか

結　論

　労働金庫や信用金庫は、協同組織金融機関としての特色から、銀行と異なり、会員・組合員資格が限定されている。もっとも、労働金庫は、労働組合、消費生活協同組合等の福利共済活動のために金融の円滑を図るという目的から、信用金庫や信用組合と比べて、地区内に事務所を有する労働組合や消費生活協同組合、地区内に住所を有する労働者等のさらに限定された者に会員資格がある点が異なる。

解　説

◆**労働金庫の特色**　労働金庫法１条において、「労働組合、消費生活協同組合その他労働者の団体が協同して組織する労働金庫の制度を確立して、これらの団体の行う福利共済活動のために金融の円滑を図り、もつてその健全な発達を促進するとともに労働者の経済的地位の向上に資すること」を目的としていることからわかるとおり、労働金庫は、信用組合や信用金庫、農協系統金融機関、漁協系統金融機関と同様に、協同組織金融機関である。協同組織金融機関は、営利を追求する株式会社組織とは異なり、中小企業、農林漁業者および個人など、一般の金融機関から融資を受けやすいとはいえない立場にある者が構成員となり、相互扶助の理念に基づき、これらの者が必要とする資金の融通を受けられるようにすることを目的として設立され、この特色により、労働金庫の会員資格等において、銀行等との違いが表れる。

◆**会員資格**　労働金庫は、銀行と異なり、協同組織金融機関として会員により構成され、その会員資格は制度上限定され、労働組合、消費生活協同組合等の福利共済活動のために金融の円滑を図るという目的の点からも、信用金庫や信用組合と比べて会員資格はさらに限定されている。すなわち、定款で定められた①労働金庫の地区内に事務所を有する労働組合、②労働金庫の地区内に事務所を有する消費生活協同組合および同連合会、③労働金庫の地区内に事務所を有する国家公務員の団体、地方公務員の団体、健康保険組合および同連合会、国家公務員共済組合法に基づく共済組合および同連合会、地方公務員等共済組合法に基づく共済組合および同連合会ならびに私立学校教職員共済制度を管掌することとされた日本私立学校振興・共済事業団、④前記①〜③のほか、その労働金庫の地区内に事務所を有し、かつ、労働者のための福利共済活動その他労働者の経済的地位の向上を図ることを目的とする団体であって、その構成員の過半数が労働者であるものおよびその連合団体が、会員資格を有するとされている（労働金庫法11条１項）。また、⑤定款に定めのある場合には、その労働金庫の地区内に住所を有する労働者およびその労働金庫の地区内に存する事業場に使用される労働者も、会員となりうる。

　労働金庫の会員は、出資１口以上を有しなければならない（労働金庫法12条）。

◆**会員の加入・脱退**　会員の加入には、

①原始加入（労働金庫法14条前段）、②持分譲受けによる加入（同条後段・15条3項）、の方法があり、労働金庫の承諾が必要である。

会員の脱退には、会員の意思に基づく自由脱退（同法16条）と、法定の事由に基づく法定脱退（同法17条）がある。法定脱退の事由としては、労働金庫法17条1項に、①会員たる資格の喪失、②死亡または解散、③破産手続開始の決定、④除名、⑤持分の全部の喪失が定められている。

◆会員の受ける金融サービス　労働金庫は、労働者の団体の行う福利共済活動のために金融の円滑を図る協同組織金融機関としての特色から、融資（資金の貸付および手形の割引）は、原則として会員に限られる（労働金庫法58条1項2号・3号）。

また、同様の理由から、預金または定期積金の受入れについても、原則として会員からのものに限定される（労働金庫法58条1項1号）。

以上のように、労働金庫は、融資が会員に限定されている点で、信用金庫や信用組合と共通するが、預金等の受入れについても会員に限定されている点については、信用金庫と異なり、信用組合と共通している。

| 10054 | 農業協同組合の組合員資格 |

農業協同組合の組合員資格は、銀行や信用金庫等の他の協同組織金融機関と比較して、どのような限定があるか

結　論

農業協同組合は農業者の経済的社会的地位の向上等を目的とした協同組織であり、銀行や信用金庫等の他の協同組織金融機関と異なった、組合員資格の限定がある。すなわち、組合員は正組合員と准組合員に分かれ、個人の正組合員は、農民に限定される。法人の正組合員は、農業を営む法人のうち、常時使用する従業員の数が300人を超え、かつ、その資本金の額または出資の総額が3億円を超える法人が除外される。准組合員の資格も主に、農業に関係するものに限定される。

解　説

◆農業協同組合の特色　農業協同組合は、信用事業を行う場合には、金融機関としての役割を担うものであるが、農協法7条1項が「組合は、その行う事業によつてその組合員及び会員のために最大の奉仕をすることを目的とする」と規定していることから明らかなように、協同組織としての農業協同組合は構成員の相互扶助による組織であって、銀行と異なり、営利を目的とした組織ではない。また、農業協同組合が農業生産力の増進および農業者の経済的社会的地位の向上を図ることを目的としていることから（同法1条）、組合員資格等において、信用金庫等の他の協同組織金融機関との違いが表れる。

◆組合員資格　農業協同組合の組合員は、正組合員と、議決権および選挙権を有しない准組合員（農協法16条1項）で、定款で定められたものによって構成される（同法12条1項）。この准組合員制度は、勤労農

民以外の住民に対して農業協同組合の行う事業を利用する途を閉ざしてしまうのは適当でないとの考慮により導入されたものとされる。

正組合員の資格は、農業者であること、すなわち、①農民、②農業を営む法人（その常時使用する従業員の数が300人を超え、かつ、その資本金の額または出資の総額が3億円を超える法人を除く）に限定される（農協法12条1項1号・2条1項）。

准組合員の資格は、①当該農業協同組合の地区内に住所を有する個人または当該農業協同組合からその事業に係る物資の供給もしくは役務の提供を継続して受けている者であって、当該農業協同組合の施設を利用することを相当とするもの、②当該農業協同組合の地区の全部または一部を地区とする農業協同組合、③農事組合法人等当該農業協同組合の地区内に住所を有する農民が主たる構成員となっている団体で協同組織のもとに当該構成員の共同の利益を増進することを目的とするものその他当該農業協同組合または当該農業協同組合の地区内に住所を有する農民が主たる構成員または出資者となっている団体、である（農協法12条1項2～4号）。

◆**組合員の加入・脱退**　組合員の加入には、①通常加入、②持分の譲渡による加入（農協法14条）がある。農協法には、相続による加入は規定されていないが、定款の定めによって持分の相続による加入を認めることができる。なお、農業協同組合においては、組合員に出資させる組合（以下「出資組合」という）と、出資をさせない組合（以下「非出資組合」という）があり、出資は必ずしも加入のための要件ではない

場合がある（同法13条1項）。

組合員の脱退には、組合員の意思に基づく任意脱退と、法定の事由に基づく法定脱退がある。任意脱退について、非出資組合の組合員は、原則として60日前までに予告をして事業年度末において脱退することができ、これに対して出資組合の組合員は、持分全部を譲渡することによって脱退ができる（農協法20条）。法定脱退の事由としては、①組合員たる資格の喪失、②死亡または解散、③除名、が定められている（同法21条）。

◆**組合員の受ける金融サービス**　農業協同組合は、農業者の協同組織の発達を促進することで農業者の経済的社会的地位の向上等を目的としていることから、資金貸付や貯金の受入れ等の事業を行う場合において、資金の貸付は原則として組合員に限定され、貯金または定期積金も原則として組合員からの受入れに限定されている（農協法10条1項2号・3号）。

10055	漁業協同組合の組合員資格

漁業協同組合の組合員資格は、銀行や信用金庫等の他の協同組織金融機関と比較して、どのような限定があるか

結　論

漁業協同組合は漁民の経済的社会的地位の向上等を目的とした協同組織であり、銀行や信用金庫等の他の協同組織金融機関と異なり、組合員資格の限定がある。すなわち、一定の地域を地区とする漁業協同組合

（水産業協同組合法18条1項。以下「地区漁業協同組合」という）に注目すると、組合員は正組合員と准組合員に分かれ、個人の正組合員は、一定の漁民に限定される。個人以外の正組合員は、漁業生産組合と漁業を営む法人のうち、一定のものに限定される。准組合員の資格も、主に漁業に関係するものに限定される。

解　説

◆漁業協同組合の特色　漁業協同組合は、信用事業を行う場合には、金融機関としての役割を担うものであるが、水産業協同組合法4条が「組合は、その行う事業によつてその組合員又は会員のために直接の奉仕をすることを目的とする」と規定していることから明らかなように、協同組織としての漁業協同組合は構成員の相互扶助による組織であって、銀行と異なり、営利を目的とした組織ではない。また、漁業協同組合が漁民の経済的社会的地位の向上と水産業の生産力の増進を図ることを目的としていることから（同法1条参照）、組合員資格等において、農業協同組合や信用金庫等の他の協同組織金融機関との違いが表れる。漁業協同組合には、地区漁業協同組合のほか、正組合員を漁業を営む者のみに限定できる組合、正組合員を特定の種類の漁業を営む者に限って組織される組合、内水面において漁業を営む者等を主たる構成員とする組合等が含まれる（同法18条1〜4項）が、以下では、地区漁業協同組合を中心に説明する。

◆組合員資格　漁業協同組合の組合員は、正組合員と、議決権および選挙権を有しない准組合員（水産業協同組合法21条1項）

によって構成される。

地区漁業協同組合において、正組合員の資格は、①当該組合の地区内に住所を有し、かつ、漁業を営みまたはこれに従事する日数が1年を通じて90〜120日の間で定款で定める日数を超える漁民、②当該組合の地区内に住所または事業場を有する漁業生産組合、③当該組合の地区内に住所または事業場を有する漁業を営む法人（常時使用する従業者の数が300人以下であり、かつ、その使用する漁船の合計総トン数が1500〜3000トンの間で定款で定めるトン数以下）とされている（水産業協同組合法18条1項）。

その他、特例により、正組合員を漁業を営むもののみに限定できる組合、正組合員を特定の種類の漁業を営む者に限って組織される組合、内水面において漁業を営む者等を主たる構成員とする組合においては、異なる正組合員資格が規定されている（水産業協同組合法18条2〜4項）。

漁業協同組合の准組合員の資格は、定款で定められた①正組合員の資格を有しない漁民等、②組合員と世帯を同じくする者等、③当該組合の地区内に住所または事業場を有する漁業を営む法人（常時使用する従業者の数が300人以下であり、かつ、その使用する漁船の合計総トン数が3000トン以下）、④当該組合の地区内に住所または事業場を有する水産加工業者または常時使用する従業者の数が300人以下である水産加工業を営む法人、⑤当該組合の地区内に住所または事業場を有する遊漁船業を営む者（常時使用する従業者の数が50人以下）、⑥当該組合の地区の全部または一部を地区とする組合、と規定されている（同条5項）。

◆組合員の加入・脱退　組合員の加入に

は、①通常加入、②持分の譲渡による加入（水産業協同組合法20条）がある。同法には、相続による加入は規定されていないが、定款の定めによって持分の相続による加入を認めることができる。なお、組合員に出資させる組合（以下「出資組合」という）と、出資をさせない組合（以下「非出資組合」という）があり、出資は必ずしも加入のための要件ではない場合がある（同法19条1項）。

組合員の脱退には、組合員の意思に基づく任意脱退と、法定の事由に基づく法定脱退がある。任意脱退について、非出資組合の組合員は、原則として60日前までに予告をして事業年度末において脱退することができ、これに対して出資組合の組合員は、持分全部を譲渡することによってのみ脱退ができる（水産業協同組合法26条）。法定脱退の事由としては、①組合員たる資格の喪失、②死亡または解散、③除名、が定められている（同法27条）。

◆**組合員の受ける金融サービス**　漁業協同組合は、漁民の経済的社会的地位の向上等を目的としていることから、資金貸付や貯金の受入れ等の事業を行う場合において、資金の貸付は原則として組合員に限定され、貯金または定期積金も原則として組合員からの受入れに限定されている（水産業協同組合法11条1項3号・4号）。

| 10056 | 身分権的権利と財産的権利 |

会員が有する身分権的権利と財産的権利とは何か

結　論

会員が有する身分権的権利とは、会員が金庫に対して有する権利義務の総体またはこれらの権利義務発生の基礎となる法律上の地位をいう。また、会員が有する財産的権利とは、会員の持分に内在する、金庫の解散または会員の脱退時に会員が一定の条件のもとで金庫に支払を請求できる権利をいう。

解　説

◆**会員が有する「持分」の法的性質**　信用金庫は協同組織金融機関であり、信用金庫の貸出取引の対象者は、原則としてその会員に限られる。信用金庫の会員となるには、会員となる資格を有する者が、信用金庫に出資して加入することが必要である。

信用金庫の会員は、信用金庫に出資して加入することにより、信用金庫に対して「持分」を有すると考えられている。信用金庫法にその法的性質が明確に定められているわけではないが、会員の持分は、身分権的権利と財産的権利という二つの法的性質を有すると考えるのが一般的である。

◆**身分権的権利と財産的権利**　信用金庫に加入するということは、信用金庫という相互扶助を目的とする協同組織金融機関の会員になることである。会員は、信用金庫の事業利用権や剰余金配当請求権（信用金庫法57条）といった自益権、総代会への投票権といった共益権を有するとともに、定款に従わなければならないなどといった義務も負うことになる。このように、持分には、「会員権」とでもいうべき、その地位に結びついたさまざまな権利や義務が包含

されている。会員が有する身分権的権利とは、このような、会員が金庫に対して有する権利義務の総体またはこれらの権利義務発生の基礎となる法律上の地位をいう。

他方、財産的権利は、会員の持分に内在する停止条件付債権としての持分払戻請求権のことを指す。信用金庫の会員は、信用金庫の解散または会員の脱退時に持分の払戻しを求める権利（持分払戻請求権）を有する。この持分払戻請求権は、脱退した事業年度の終わりまではその存否および具体的な金額が定まらないものである（信用金庫法18条2項参照）が、会員が持分を取得したときから持分に内在すると解されている。そこで、この内在する権利を、会員の財産的権利と呼ぶものである。

このような整理は、東京地判平15.5.26（金商1181号52頁）でも採用されている。なお、会員が脱退すると、持分の身分権的権利が失われ、それまで内在していた持分払戻請求権が顕在化することになる。

10057 会員となる資格

信用金庫の会員となる資格とはどのようなものか

結　論

① 個人会員は、④信用金庫の地区内に住所または居所を有する者、⑤信用金庫の地区内に事業所を有する者、⑧信用金庫の地区内において勤労に従事する者、⑤信用金庫の地区内に事業所を有する者の役員および⑪その信用金庫の役員のいず

れかを満たす必要がある（信用金庫法10条1項、同法施行規則1条）。

② 法人会員は、④信用金庫の地区内に住所を有するもの（信用金庫法10条1項1号）または信用金庫の地区内に事業所を有するもの（同項2号）でなければならず、⑤常時使用する従業員の数が300人を超え、かつ、資本金の額または出資の総額が9億円を超えるものであってはならない（同項ただし書、同法施行令4条）。

解　説

◆**信用金庫の会員制度**　信用金庫は、中小企業専門金融機関、協同組織金融機関、地域金融機関の三つの役割を有しているとされている。会員制度は、信用金庫が協同組織金融機関であることの表れである。そして、会員となる資格が地区内に住所や事業所等を有する者に限定されていること（信用金庫法10条1項）は、信用金庫が地域金融機関であることの表れであり、また、事業者である場合の会員となる資格が一定規模以下の事業者に限定されていること（同項ただし書）は、信用金庫が中小企業専門金融機関であることの表れであると言える。

◆**個人の会員たる資格**　個人会員は、①信用金庫の地区内に住所または居所を有する者、②信用金庫の地区内に事業所を有する者、③信用金庫の地区内において勤労に従事する者、④信用金庫の地区内に事業所を有する者の役員および⑤信用金庫の役員のいずれかを満たす必要がある（信用金庫法10条1項、同法施行規則1条）。

上記①または②に該当する個人が事業者である場合は、常時使用する従業員の数が300人を超えてはならないとされている

（信用金庫法10条1項ただし書）。この「事業者」は個人であると法人であるとを問わず、自己の名において事業を行う者をいい、営利を目的とするか否かも問わない。

◆**法人の会員たる資格**　法人会員は、①信用金庫の地区内に住所を有するもの（信用金庫法10条1項1号）または信用金庫の地区内に事業所を有するもの（同項2号）でなければならず、②常時使用する従業員の数が300人を超え、かつ、資本金の額または出資の総額が9億円を超えるものであってはならない（同項ただし書、同法施行令4条）。

「常時使用する従業員の数が300人を超え、かつ、資本金の額または出資の総額が9億円を超えてはならない」という要件（上記②）は、常時使用する従業員の数が300人を超えていることと資本金の額または出資の総額が9億円を超えていることの両方を満たしたときに、会員となる資格を有しないということである。

◆**定款の定め**　信用金庫法10条1項は、「信用金庫の会員たる資格を有する者は、次に掲げる者で定款で定めるものとする」と規定し、会員たる資格は定款の絶対的必要記載事項である（同法23条3項5号）。同法10条1項の文言に照らせば、定款において会員たる資格をさらに限定することも可能と考えられる。しかし、定款における会員たる資格の定めについては、同項各号に掲げる者を広く会員とすることが適当とされていたこともあり（昭和26年7月28日蔵銀第3586号）、同法の定める資格要件をそのまま規定するのが実務となっており、定款独自の限定が問題となることはほぼないと思われる。

10058　上場会社の会員資格

上場会社の会員資格は、その連結子会社の資本金の額および従業員の数を合算して判断する必要があるか

結　論

上場会社の会員資格について、その連結子会社の資本金の額および従業員の数を合算して判断する必要はない。

解　説

◆**法人会員の資本金の額および従業員の数に関する要件**　法人会員は、常時使用する従業員の数が300人を超え、かつ、資本金の額または出資の総額が9億円を超えてはならない（信用金庫法10条1項ただし書、同法施行令4条）。

これは、常時使用する従業員の数が300人を超えていることと資本金の額または出資の総額が9億円を超えていることの両方を満たしたときに、会員となる資格を有しないということである。したがって、常時使用する従業員の数が300人を超えていても資本金の額または出資の総額が9億円以下であれば、会員となる資格が認められるし、逆に、資本金の額または出資の総額が9億円を超えていても、常時使用する従業員の数が300人以下であれば、会員となる資格が認められることになる。

◆**上場会社の会員資格の判断における連結子会社の資本金の額および従業員の数の合算の要否**　この「常時使用する従業員の数が300人を超え、かつ、資本金の額また

は出資の総額が9億円を超えてはならない」という要件は、信用金庫が中小企業専門金融機関であることの表れであるといえる。

しかし、信用金庫法は、法人の会員資格について、常時使用する従業員の数が300人を超え、かつ、資本金の額または出資の総額が9億円を超えてはならないと定めるのみであり、その要件は明確である。したがって、この要件を満たしているのであれば、仮に一般的には中小企業といえないような法人であっても、会員資格を否定する理由はない。

また、上場会社であろうと非上場会社であろうと、会員となる資格の判断には影響しないし、連結子会社の資本金の額および従業員の数を合算する必要もない。したがって、たとえば、上場会社で資本金の額も大きく、常時使用する従業員を多数抱える連結子会社を有しているような法人であっても、当該法人自体の常時使用する従業員の数が300人以下であれば、会員資格を認めてよい。

10059 子会社の会員資格

信用金庫は子会社の会員資格をどのように判断すべきか

結 論

信用金庫は子会社自体の住所等ならびに従業員数および資本金等の額を基準に判断すればよい。

解 説

法人会員は、①信用金庫の地区内に住所を有するもの（信用金庫法10条1項1号）または信用金庫の地区内に事業所を有するもの（同項2号）でなければならず、②常時使用する従業員の数が300人を超え、かつ、資本金の額または出資の総額が9億円を超えるものであってはならない（同項ただし書、同法施行令4条）。この要件は、信用金庫法において明確に定められているため、この要件を満たしているのであれば、仮に一般的には中小企業といえないような法人であっても、会員資格を否定する理由はない。

したがって、ある法人が、会員となる資格を有しない法人の子会社であったとしても、信用金庫は、当該子会社自体の従業員数および資本金等の額を基準に判断すればよい。

このことは、親会社の連帯保証を取り付けて融資を行うような例であっても変わるところはない。

たとえば、地区外に所在する会社が地区内に子会社を有しており、当該子会社の従業員数が300人以下である場合、金庫は、当該子会社を会員としたうえで、地区外の親会社から連帯保証を取り付けて融資を行うことも認められる。

10060 市街地再開発組合の会員資格

市街地再開発組合は会員資格を有するか

結　論

法人会員となる資格の要件を満たせば市街地再開発組合も会員資格を有する。

解　説

市街地再開発組合は、都市再開発法に基づく市街地再開発事業を行う主体として設立されるものである。市街地再開発組合は、市街地再開発事業の施行区域内の宅地の所有権または借地権を有する5人以上が、区域内の権利者3分の2以上の同意を得て、都道府県知事の認可を受けることで設立される（同法11条・14条）。

都市再開発法は、市街地再開発組合は法人であると定めている（同法8条1項）。

信用金庫法は、会員たる資格について、法人の種類に関する限定を設けていない。したがって、市街地再開発組合であっても、法人会員の資格要件（【10057】参照）を満たしていれば、会員資格を有することとなる。

なお、市街地再開発組合においては、資本金に当たるものがないため、従業員数のみにより会員資格の有無を判定することになる。

10061　国立大学法人への貸出

国立大学法人に対して貸出を行うことは可能か

結　論

員外貸出により貸出を行うことが可能で

ある。

解　説

国立大学法人は、国立大学法人法に基づき、国立大学の運営等を行っている法人である。国立大学は、かつては国により設置されていたが、同法により、国立大学法人に移行されている。国立大学法人は平成28年4月時点において全国に86法人存在する。

国立大学法人の会員資格については、会員資格を認めて貸出を行うことができないとの考えもあった。しかし、産学官連携等の事業の増加もあり、国立大学法人への貸出の必要性が高まったことから、平成29年3月24日、信用金庫法施行令が改正され、国立大学法人に対する員外貸出が可能となった（同令8条1項5号）。

なお、員外貸出が可能である以上、従業員数等の要件は問題とならない。

10062　公益法人の会員資格

公益法人は会員資格を有するか

結　論

法人会員となる資格の要件を満たせば公益法人も会員資格を有する。

解　説

公益法人は、公益法人認定法に基づき公益認定を受けた一般社団法人および一般財団法人の総称である（同法2条）。公益認定を受けて公益法人となると税制上のメリットが得られる。内閣府の統計によると平

成27年12月時点で9000以上の公益法人がある。

このように、公益法人は、公益認定を受けた一般社団法人および一般財団法人のことであるから、他の通常の一般社団法人および一般財団法人と同様、法人である（公益法人認定法3条）。

そして、信用金庫法は、会員たる資格について、法人の種類に関する限定を設けていない。また、同法は、会員たる資格について営利性の有無を問題としてもいない。したがって、公益法人であっても、法人会員の資格要件を満たしていれば、会員資格を有することとなる。

10063 地区外の隣県に居住する個人商店主の会員資格

信用金庫は、地区外の隣県に居住する、自金庫の地区内に個人商店を有する店主の会員たる資格をどのように判断すべきか

結論

常時使用する従業員の数が300人以下である場合には会員たる資格を有すると判断してよい。

解説

◆個人で事業を行う者の会員たる資格

個人会員は、①信用金庫の地区内に住所または居所を有する者、②信用金庫の地区内に事業所を有する者、③信用金庫の地区内において勤労に従事する者、④信用金庫の地区内に事業所を有する者の役員および⑤信用金庫の役員のいずれかを満たす必要が

ある（信用金庫法10条1項、同法施行規則1条）。

しかし、上記①または②に該当する個人が事業者である場合は、常時使用する従業員の数が300人を超えてはならないとされており（信用金庫法10条1項ただし書）、個人であっても自己の名において事業を行う者であれば、この「事業者」に該当することになる。

本問の個人商店の店主は、自己の名において事業を行っていると考えられるから、「事業者」に該当すると思われる。したがって、常時使用する従業員の数が300人を超えていないかどうかについては確認が必要になる。

◆**「事業所」の判断**　上記②における「事業所」とは、営業所であると否とを問わず、本店であろうと支店、出張所、工場その他であろうと、およそある事業の内容たる活動が行われる一定の場所であればよいと解されている。

そのため、地区外の隣県に居住する、自金庫の地区内に個人商店を有する店主は、信用金庫の地区内に住所または居所を有する者（上記①）には該当しないが、信用金庫の地区内に事業所を有する者（上記②）には該当すると考えられる。

したがって、当該店主は、常時使用する従業員の数が300人以下である場合には、会員たる資格を有することとなる。

なお、信用金庫の地区内だけでなく地区外にも事業所を有している場合、常時使用する従業員の数は、地区内外の事業所の総数を指すこととなる。

10064 地区外に本社がある企業の会員資格

本社が地区外にあり自金庫の地区内には事業所として登記されていない工場のみがある企業について、信用金庫の会員資格をどのように判断すべきか

結　論

　工場が登記されていなくとも、常時使用する従業員の数が300人以下または資本金が９億円以下である場合には、会員たる資格を有すると判断してよい。

解　説

　法人会員は、信用金庫の地区内に住所を有するもの（信用金庫法10条１項１号）または信用金庫の地区内に事業所を有するもの（同項２号）でなければならない。本問の事例のように本社が地区外にある場合、信用金庫の地区内に事業所を有していなければ、会員となる資格がないと判断されることになる。

　「事業所」とは、営業所であると否とを問わず、本店であろうと支店、出張所、工場その他であろうと、およそある事業の内容たる活動が行われる一定の場所であればよいと解されている。登記されていることも要件とはされていない。

　そこで、本社が地区外にあり自金庫の地区内には事業所として登記されていない工場のみがある場合であっても、当該工場は「事業所」に該当すると考えてよく、当該企業は金庫の地区内に事業所を有する者（信用金庫法10条１項２号）と考えてよい。

　したがって、本社が地区外にあり自金庫の地区内には事業所として登記されていない工場のみがある法人については、常時使用する従業員の数が300人以下または資本金が９億円以下である場合には、会員たる資格を有すると判断してよい。

　なお、常時使用する従業員の数は、地区内だけでなく地区外で使用する従業員の数も含めて判断する必要がある。

10065 地区内に進出予定である地区外企業の会員資格

現時点では自金庫の地区内にいっさいの住所を有さない企業が、地区内の工業団地に進出する予定であるという場合、会員資格をどのように判断すべきか

結　論

　事業の目的遂行のための拠点の存在が明らかであり、かつ、当該事業者がそこを拠点として継続的に事業を行う意思のあることが客観的に確認できるのであれば、地区内に事業所が存在するものとして会員資格を判断してよい。

解　説

　法人会員は、信用金庫の地区内に住所を有するもの（信用金庫法10条１項１号）または信用金庫の地区内に事業所を有するもの（同項２号）でなければならない。

　地区内にいっさいの住所を有さないのであれば、原則として会員たる資格はないこととなる。しかし、本問の事例では地区内の工業団地内進出が予定されているため、

どの程度の事情があれば、地区内に事業所があるものとして会員資格を判断してよいかを検討する必要がある。

「事業所」とは、営業所であると否とを問わず、本店であろうと支店、出張所、工場その他であろうと、およそある事業の内容たる活動が行われる一定の場所であればよいと解されている。

いつから事業所が存在すると判断されるかについて明確な基準は存在しない。しかし、事業所が、ある事業の内容たる活動が行われる一定の場所であればよいと緩やかに解されており、登記されていることも要件とされていないことに照らせば、開業準備中の拠点についても、そこに実体が認められるのであれば、事業所と認めてよいと考えるのが合理的である。

したがって、固定電話での連絡が可能であるとか、郵便物が届くといった形で、事業の目的遂行のための拠点の存在が明らかであり、かつ、当該事業者がそこを拠点として継続的に事業を行う意思のあることが客観的に確認できる場合には、事業所と認めてよいと考える。

ただし、実際に事業を開始していない段階でかかる判断を行うことは容易でない。事業者がそこを拠点として継続的に事業を行う意思を有するか否かについては、厳格な調査と確認を行ったうえで、事業の目的などに照らした慎重な検討が求められる。

10066 地区内に住所のない個人事業主の会員資格

地区内に住所のない者が地区内に開業するとして開業資金の借入れを申し込んできた場合、信用金庫の会員たる資格の判断はどのようにすべきか

結論

地区内に開業のための拠点の存在が認められ、かつ、地区内で開業する意思のあることが客観的に確認できるのであれば、地区内に事業所が存在するものとして会員資格を判断してよい。

解説

個人会員は、①信用金庫の地区内に住所または居所を有する者、②信用金庫の地区内に事業所を有する者、③信用金庫の地区内において勤労に従事する者、④信用金庫の地区内に事業所を有する者の役員および⑤信用金庫の役員のいずれかを満たす必要がある（信用金庫法10条1項、同法施行規則1条）。

本問の事例では、地区内に住所がなく、また、勤労に従事しているわけでもないと思われるので、開業資金の借入れを申し込んできた者は地区内に事業所を有する者と判断されない限り会員たる資格を有しないこととなる。

そして、未開業である以上、事業所も存在しないと考えるのが自然である。

しかし、いつから事業所が存在すると判断するかについて明確な基準は存在しない。「事業所」が、ある事業の内容たる活動が行われる一定の場所であればよいと緩やかに解されており、登記されていることも要件とされていないことに照らせば、開業準備中であっても、開業のための拠点が存在し、そこに実体が認められるのであれば、

事業所と認めてよいと考えられる。

　具体的には、地区内に開業のための拠点の存在が認められ、かつ、地区内で開業する意思のあることが客観的に確認できるのであれば、地区内に事業所が存在するものとして会員資格を判断してよいと考えられる。ただし、その判断に際しては、厳格な調査と確認を行うべきであろう。

10067　地区内にアパートを所有する地区外居住者の会員資格

住所や勤務先は地区外にあるが、地区内にアパートを所有している者の会員資格をどう判断すべきか

結　論

　地区内のアパート内でそのアパートに関係する管理運営業務を行っているような例を除き、会員たる資格は認められない。

解　説

　個人会員は、①信用金庫の地区内に住所または居所を有する者、②信用金庫の地区内に事業所を有する者、③信用金庫の地区内において勤労に従事する者、④信用金庫の地区内に事業所を有する者の役員および⑤信用金庫の役員のいずれかを満たす必要がある（信用金庫法10条1項、同法施行規則1条）。

　本問の事例では、住所や勤務先は地区外にあることから、会員たる資格は認められない。また、「事業所」は、ある事業の内容たる活動が行われる場所である必要があ

るところ、単に地区内にアパートを所有しているだけでは、事業所とは認められない。当該個人が、常駐に近い形でアパートの管理運営業務を行っているような場合であれば、アパートを事業所とみる余地もあろうが、そうでなければ、事業所と判断することは困難であろう。本問の事例では別途勤務先があることに照らすと、地区内に保有するアパートを事業所と判断することは困難な事案と考えられる。

10068　単身赴任者の会員資格

地区外に単身赴任している者の会員資格をどう判断すべきか。地区内に家族を残している場合とそうでない場合とで違いはあるか

結　論

① 　単身赴任者の勤務地も地区外である場合、当該単身赴任者は会員たる資格を有しないのが原則である。
② 　ただし、生計を一にする家族が引き続き地区内に居住しているような場合には、なお住所があるものとして会員資格を認めるべきとの考えもある。

解　説

　個人会員は、①信用金庫の地区内に住所または居所を有する者、②信用金庫の地区内に事業所を有する者、③信用金庫の地区内において勤労に従事する者、④信用金庫の地区内に事業所を有する者の役員および⑤信用金庫の役員のいずれかを満たす必要

がある（信用金庫法10条1項、同法施行規則1条）。

　地区外に居住する単身赴任者については、勤務地も地区外であれば、信用金庫の会員たる資格は原則として有しないことになる。これは、住民票上の住所が地区内に残っている場合であっても（住所が地区外である事実は変わらないため）同様である。

　ただし、地区外に単身赴任しているが、生計を一にする家族は地区内に定住しているというような事案では、なお当該単身赴任者は地区内に住所を有するものとして、会員資格を認めてよいとする考えも存在する（信用金庫実務研究会「研究会報告Ⅰ会員資格等（その2）」金法1218号17頁）。この考えを前提とすれば、本問の事例で地区内に家族を残している場合には、単身赴任者にも会員資格が認められることになる。ただし、この考えについては、会員資格に関する信用金庫法の定めの文言を拡大解釈しすぎていないかとの疑問も生じうるところであり、裏付となる裁判例等も存在しないことに留意すべきである。

　もし、地区内に家族が居住しているのであれば、当該家族は会員たる資格を有している可能性がある。そこで、家族に会員になってもらったうえで貸付を行う（必要に応じて単身赴任者に連帯保証人となってもらう）か、小口員外貸付（信用金庫法53条2項、同法施行令8条1項3号。平成10年12月14日告示第54号「信用金庫が会員以外の者に対して行う資金の貸付け等に関する期間及び金額を指定する件」第3号によれば、会員資格を有するが会員でない者に対しては1人当り700万円を上限とする資金の貸付が可能である）を利用するか、いず

れかの方法をとることも考えられよう。

10069 外国人の会員資格

信用金庫の地区内に居住する個人は、外国人であっても、会員となる資格があるか

結　論

　信用金庫の地区内に居住する個人は、外国人であっても、会員となる資格がある。ただし、短期間の在留許可しか有しない者は、地区内に住所・居所があるとは認められないので注意が必要である。

解　説

　個人会員は、①信用金庫の地区内に住所または居所を有する者、②信用金庫の地区内に事業所を有する者、③信用金庫の地区内において勤労に従事する者、④信用金庫の地区内に事業所を有する者の役員および⑤信用金庫の役員のいずれかを満たす必要がある（信用金庫法10条1項、同法施行規則1条）。

　そして、信用金庫法は、個人会員の資格について国籍を問題としていない。

　したがって、地区内に居住するのであれば、外国人であっても会員となる資格は認められる。むしろ、外国人であること自体を理由に会員となることを拒絶するようなことがあれば、不法行為を構成し、金庫が損害賠償責任等を負う可能性があるので注意が必要である。

　なお、外国人の場合、その住所・居所は在留カードまたは特別永住者証明書により

確認することとなる。観光のための短期滞在の場合など、短期間しか在留しない者については、たとえ在留期間中は地区内で生活するとしても、信用金庫の会員資格を判断するうえで「住所」「居所」があるとは認められず、会員資格があると判断することはできない。

10070 外国法人の日本支社の会員資格

信用金庫は、自金庫の地区内にある外国法人の日本支社の会員資格をどのように判断すべきか

結 論

① 日本支社が日本で設立された子会社である場合、当該子会社について会員資格を判断する。

② 日本支社が支店や駐在員事務所である場合、外国法人について会員資格を判断する。

解 説

◆外国法人の日本における拠点の主な形態
外国法人が日本に拠点を設ける場合の形態は、大きく分けると三つある。一つ目は、日本に日本法に基づき設立された子会社である。二つ目は、支店である。外国企業が日本で継続的な取引を行う場合、日本において登記をしなければならない（会社法818条参照）が、支店設置の登記は簡便な手法として一般的に用いられている。支店は、支店名義で銀行口座を開設したりすることなどもできるが、独立した法人格は有

していない。三つ目は、駐在員事務所である。広告宣伝などの活動を行うことができるものの、直接営業活動を行うことはできない。コストがかからず、税務上のメリットを享受できることもあるため、日本の拠点が直接営業活動を行わなくてもよいような場合には採用されることも多い。駐在員事務所は登記されず、また、通常、駐在員事務所名義で銀行口座を開設することもできない。

外国法人の日本支社の会員資格を検討する場合、まず、そこで述べられている「日本支社」がどういった形態の拠点を指しているかを把握する必要がある。

◆日本支社の会員資格の検討　外国法人の日本支社が、日本で設立された子会社である場合、当該子会社は独立した法人格を有しているので、会員資格は当該子会社について判断すればよい。

他方、日本支社が支店または駐在員事務所である場合、支店や駐在員事務所は独立した法人格を有しないから、外国法人について会員資格を判断することとなる。信用金庫法は法人の種類を限定していないため、外国法に基づき設立された法人であっても、要件を満たせば会員たる資格を有することになる。

法人会員は、①信用金庫の地区内に住所を有するもの（信用金庫法10条1項1号）または信用金庫の地区内に事業所を有するもの（同項2号）でなければならず、②常時使用する従業員の数が300人を超え、かつ、資本金の額または出資の総額が9億円を超えるものであってはならない（同項ただし書、同法施行令4条）。

「事業所」は、およそある事業の内容た

る活動が行われる一定の場所であればよいと解されている。したがって、支店は事業所に該当する。また、登記されていることも要件とはされていないから、地区内に存在するのが駐在員事務所であっても事業所と認めることができる。

したがって、地区内に支店または駐在員事務所が存在する場合、外国法人の常時使用する従業員の数および資本金の額を確認して、会員たる資格を判断することになる。この判断に際しては、日本国内に限らず、当該外国法人全体の常時使用する従業員の数を検討する必要がある。

10071 地区内に所在する会社役員の会員資格

地区内にある株式会社の取締役で、地区外に住んでいる個人を会員とすることができるか

結　論

会員とすることができる。

解　説

個人会員は、①信用金庫の地区内に住所または居所を有する者、②信用金庫の地区内に事業所を有する者、③信用金庫の地区内において勤労に従事する者、④信用金庫の地区内に事業所を有する者の役員および⑤信用金庫の役員のいずれかを満たす必要がある（信用金庫法10条1項、同法施行規則1条）。

法人の役員は通常「勤労に従事する者」（上記③）に該当しないと解されているの

で、本問の事例では、「地区内に事業所を有する者の役員」（上記④）の該当性について検討することとなる。

この「地区内に事業所を有する者の役員」という要件（上記④）は、平成14年の信用金庫法改正および同法施行規則により追加されたものである。

「地区内に事業所を有する者の役員」における「地区内に事業所を有する者」は、信用金庫の会員たる資格を有していることを要求していない。したがって、たとえば、地区内に事業所を有しているものの、常時使用する従業員の数が300人を超え、かつ、資本金の額または出資の総額が9億円を超えているために、会員となる資格を有しない法人の役員であっても、「地区内に事業所を有する者の役員」として個人会員となる資格は有することになる。

なお、「信用金庫の役員」（上記⑤）は、自金庫の役員を自金庫の個人会員とすることができることを明確にしたものである。

10072 地区内に本社がある会社の取締役（地区外の事業所に常駐し住所・居所が地区外にある場合）の会員資格

地区内に本社がある会社の取締役（地区外の事業所に常駐し住所・居所が地区外にある場合）を会員とすることができるか

結　論

会員とすることができる。

個人会員は、①信用金庫の地区内に住所または居所を有する者、②信用金庫の地区内に事業所を有する者、③信用金庫の地区内において勤労に従事する者、④信用金庫の地区内に事業所を有する者の役員および⑤信用金庫の役員のいずれかを満たす必要がある（信用金庫法10条１項、同法施行規則１条）。

本問の事例では、「地区内に事業所を有する者の役員」（上記④）の該当性について検討することとなる。「地区内に事業所を有する者の役員」の要件は、当該役員が地区内の事業所に常駐することや勤務することを求めていない。また、当該役員が地区内に居住していることも求めていない。

したがって、本問の事例のように地区外の事業所に常駐し、住所・居所も地区外にある場合であっても、地区内に本社がある会社の取締役であれば、「地区内に事業所を有する者の役員」として個人会員となる資格を有すると判断してよい。

10073　地区外の事業所の従業員数と会員資格

地区外に居住するが、地区内の事業所で合計50人、地区外の事業所で合計500人の従業員を常時使用する個人事業主に会員資格を認めてよいか

結　論

会員資格を認めることはできない。

個人会員は、①信用金庫の地区内に住所または居所を有する者、②信用金庫の地区内に事業所を有する者、③信用金庫の地区内において勤労に従事する者、④信用金庫の地区内に事業所を有する者の役員および⑤信用金庫の役員のいずれかを満たす必要がある（信用金庫法10条１項、同法施行規則１条）。

地区外に事業所を有していても、地区内に事業所があれば、「信用金庫の地区内に事業所を有する者」（上記②）には該当するので、本問の事例も「信用金庫の地区内に事業所を有する者」と解される。

また、上記①または②に該当する個人が事業者である場合は、常時使用する従業員の数が300人を超えてはならないとされている（信用金庫法10条１項ただし書）。この「事業者」は個人であると法人であるとを問わず、自己の名において事業を行う者をいうため、本問の事例における個人事業主は「事業者」に該当する。従業員数の数については、当該事業者が複数の事業を営み、地区外に複数の事業所を有する場合でも、すべての常時使用する従業員を合算して300人を超えているか否かで判断される。

したがって、本問の事例では、常時使用する従業員の数が550人と、300人を超えてしまっているため、会員となる資格を有しないことになる。

10074　未成年者の会員資格

未成年者に会員資格を認めてよいか

結　論

会員資格を認めてもよい。

解　説

◆未成年者の会員資格　個人会員は、①信用金庫の地区内に住所または居所を有する者、②信用金庫の地区内に事業所を有する者、③信用金庫の地区内において勤労に従事する者、④信用金庫の地区内に事業所を有する者の役員および⑤信用金庫の役員のいずれかを満たす必要がある（信用金庫法10条1項、同法施行規則1条）。しかし、信用金庫法は、個人会員の資格において、成年か未成年かを問題としていない。

したがって、未成年者であっても、個人会員の資格を有するのであれば、会員資格を認めてよい。

◆未成年者の法律行為　しかし、未成年者は制限行為能力者であるので（民法20条1項）、未成年者が法律行為を行うには、原則として、法定代理人が同意（同法5条1項本文）するか、未成年者を代理して行う（同法824条本文・859条1項）必要がある（なお、未成年者の法定代理人は、原則として親権者（同法818条1項）であるが、親権者がない場合等は未成年者後見人が法定代理人となる（同法838条1号））。

したがって、未成年者の加入申込みを受け付ける場合には、当該未成年者の法定代理人がだれであるか、また、法定代理人の同意はあるか、といった点について十分な確認が必要である。また、未成年者が金庫に加入しなければならない場面はそれほど多くないと思われることから、その加入申込みに対しては慎重な対応が必要であると考えられる。

◆成人とみなされる場合　現在、満20歳をもって成年となるが（民法4条）、婚姻すると成年に達したものとみなされる（同法753条）。また、未成年者が1種または数種の営業を許された場合、その営業に関しては成年者とみなされる（同法6条1項）。したがって、これらの場合には、20歳未満であっても、法定代理人の同意等は不要であり、加入申込みについても単独で行うことができる。

なお、平成29年9月現在、成人年齢を20歳から18歳へ引き下げることが議論されているため、その推移についても注意すべきであろう。

10075　パート社員や派遣社員の人数と会員資格

パート社員、アルバイト、季節従業員、派遣社員、請負業者からの受入社員は「常時使用する従業員」に含めて計算すべきか

結　論

パート社員、アルバイト、季節従業員であっても臨時で雇用している者でない限り含めるべきである。派遣社員や請負業者からの受入社員は原則として含まれない。

解　説

◆**「常時使用する従業員」**　法人会員は、常時使用する従業員の数が300人を超え、かつ、資本金の額または出資の総額が9億円を超えるものであってはならないとされており、また、個人会員についても、①信用金庫の地区内に住所または居所を有する者または②信用金庫の地区内に事業所を有する者が事業者である場合は、常時使用する従業員の数が300人を超えてはならないとされている（信用金庫法10条1項ただし書、同法施行令4条）。

　「常時使用する従業員」の範囲については、従来より、その事業者が常時雇用する従業員をいい、臨時で雇用する従業員は含まないとされてきた（信用金庫法研究会編「最新信用金庫法の解説」97頁）。法文上も、雇用の形態は限定されていないので、「常時使用する従業員」は、いわゆる正社員に限られず、短時間労働者も除外されないと解すべきである。他方、派遣社員や請負業者からの受入社員は、原則として、派遣先や受入側の事業者との間で雇用関係が存在しないので「従業員」に該当せず、「常時使用する従業員」にも含まれないと解すべきである。

◆**「常時使用」の判断基準**　事業者にどの程度の期間雇用されていれば「常時使用する従業員」に含まれることになるかという点について、明確な基準は存在しない。しかし、この点については、中小企業基本法の解釈が参考となると考える。すなわち、同法は、中小事業者の判断基準として「常時使用する従業員の数」を用いているが（同法2条1項）、この「常時使用する従業員」は、労働基準法20条の規定に基づく「解雇の予告を必要とする者」を指すと解されている（中小企業庁Webサイト）。信用金庫法も中小企業基本法も、中小事業者を判別するための基準として「常時使用する従業員の数」を用いている点で共通しているので、信用金庫法の定める「常時使用する従業員」の判断においても、中小企業基本法と同様に、労働基準法20条の規定に基づく「解雇の予告を必要とする者」に該当するか否かによって判断するのは合理的であると考える。

〈参考〉労働基準法
（解雇の予告）

　第20条　使用者は、労働者を解雇しようとする場合においては、少なくとも30日前にその予告をしなければならない。（以下略）

　第21条　前条の規定は、左の各号の一に該当する労働者については適用しない。但し、第1号に該当する者が1箇月を超えて引き続き使用されるに至った場合、第2号若しくは第3号に該当する者が所定の期間を超えて引き続き使用されるに至った場合又は第4号に該当する者が14日を超えて引き続き使用されるに至った場合においては、この限りでない。

　一　日日雇い入れられる者
　二　2箇月以内の期間を定めて使用される者
　三　季節的業務に4箇月以内の期間を定めて使用される者
　四　試の使用期間中の者

10076 権利能力なき社団の会員資格

法人格をもたない町内会などの団体の会員資格をどのように判断するべきか

結　論

　原則として会員資格は認められないが、①団体としての組織を備え、②多数決の原則が行われ、③構成員の変更にかかわらず団体が存続し、④代表の方法、総会の運営、財産の管理などといった団体としての主要な点が確定していれば、権利能力なき社団として会員資格を認めうる。

解　説

　町内会などの団体には、社団としての実体を有していながらも、法人格を有していない団体がある。これらの団体は、法人格を有していない以上、法律行為の主体とはなりえないのが原則であるが、判例は、①団体としての組織を備え、②多数決の原則が行われ、③構成員の変更にかかわらず団体が存続し、④代表の方法、総会の運営、財産の管理などといった団体としての主要な点が確定していれば、「権利能力なき社団」として、法律行為の主体となりうると判断している（最判昭39.10.15民集18巻8号1671頁）。

　信用金庫法も、原則として個人または法人を会員として想定していると考えられるが、権利能力なき社団として法律行為の主体となりうるものについては、法人会員としての要件を満たせば、会員となる資格を認めてよいと考えられる。

　したがって、町内会などの団体についても、①団体としての組織を備え、②多数決の原則が行われ、③構成員の変更にかかわらず団体が存続し、④代表の方法、総会の運営、財産の管理などといった団体としての主要な点が確定していれば、権利能力なき社団として、会員資格を認めうる。

10077 各種団体の会員資格

信用金庫は、NPO法人、自治会、管理組合、シルバー人材センター、労働者協同組合、社会福祉協議会の会員たる資格をどのように判断すべきか

結　論

　NPO法人、シルバー人材センターおよび社会福祉協議会は、多くの場合、法人格を有するため、法人会員の資格要件を満たす場合には会員資格を認めてよい。他方、自治会、管理組合および労働者協同組合については、その形態を確認して判断する必要がある。

解　説

◆**NPO法人の会員資格**　　特定非営利活動促進法（以下「NPO法」という）に基づき登記された特定非営利活動を行う団体を、一般的にNPO法人と呼ぶ。

　NPO法人は、登記することにより法人格を取得する（NPO法7条1項・2項）。

　そして、信用金庫法は、会員たる資格について、法人の種類に関する限定を設けていない。また、同法は、会員たる資格につ

いて営利性の有無を問題としてもいない。したがって、NPO法人であっても、法人会員の資格要件を満たしていれば、会員資格を有することとなる。

なお、NPO法人については、資本または出資の額に関する規定が存在しない。事実上の出資がなされることはあるようであるが、その場合であっても、どの部分が資本または出資の総額と解すればよいかが不明確である。そのため、「常時使用する従業員の数が300人を超え、かつ、資本金の額または出資の総額が9億円を超えるものであってはならない」との要件については、常時使用する従業員の数についてのみ検討すべきものと考える。

◆**自治会の会員資格**　自治会は、通常、法人化されていない団体である。したがって、かかる団体については、原則として会員としての資格を認めることができない。しかし、①団体としての組織を備え、②多数決の原則が行われ、③構成員の変更にかかわらず団体が存続し、④代表の方法、総会の運営、財産の管理などといった団体としての主要な点が確定していれば、権利能力なき社団として、会員資格を認めうる（【10076】参照）。

◆**管理組合の会員資格**　マンションなどの管理組合については、管理組合法人として法人化（区分所有法47条）されていれば、法人格が認められるため、問題なく会員としての資格を認めることができる。しかし、法人化されていなくとも、ほとんどの場合、規約を備え、権利能力なき社団として認められる要件を満たすため、会員資格を認めることが可能である。

団地（一団地内に複数の建物があり、そ

の団地内の土地または附属施設がそれらの建物の所有者の共有に属する場合）の管理組合や、団地管理組合法人についても同様である。

◆**シルバー人材センターの会員資格**　シルバー人材センターは、高年齢者等の雇用の安定等に関する法律に基づき、地域ごとに設置される公益法人である。公益法人に会員資格を認められることについては【10062】で述べたとおりである。

◆**労働者協同組合**　労働者協同組合は、協同組合の一種であるが、農業協同組合などと異なり法律により法人格が与えられているわけではない。一般社団法人などの形態をとっている場合もあるため、その形態を確認したうえで、法人か否か、法人でない場合は権利能力なき社団としての要件を満たすか否かを判断して、会員たる資格の有無を判断する必要がある。

◆**社会福祉協議会**　社会福祉協議会は、社会福祉法に基づき地域福祉の推進を図ることを目的として設立される団体である（同法109条以下）。基本的に社会福祉法人として登記され、法人格を有する（同法22条）ため、会員たる資格を有することができる。

10078 地縁による団体

町内会などの地縁による団体の会員資格をどのように判断するべきか

結　論

原則として会員資格を認めることはでき

ないが、①地方自治法に基づき法人格を与えられた地縁団体または②権利能力なき社団としての要件を満たす団体については会員資格を認めうる。

解　説

　町内会などの地縁による団体は、通常、法人格を有しない。そのため、原則として、会員資格を有することはない。

　しかし、地方自治法260条の2第1項・2項は、かかる団体が、地域的な共同活動のために不動産または不動産に関する権利等を保有するために市町村長の認可を受けた場合、その規約の目的の範囲内で法人格を有する団体になると定めている。この場合、当該地縁団体は、一定の目的の範囲内とはいえ、法人格を有することになるので、会員資格を認めることもできると考えられる。ただし、貸付を行う際には、それが当該地縁団体の規約の目的の範囲内であるかについて、検討が必要である。

　また、地方自治法に基づき法人格を与えられていない団体であっても、「権利能力なき社団」としての要件（①団体としての組織を備え、②多数決の原則が行われ、③構成員の変更にかかわらず団体が存続し、④代表の方法、総会の運営、財産の管理などといった団体としての主要な点が確定していること（最判昭39.10.15民集18巻8号1671頁））を満たしていれば、権利能力なき社団として会員資格を認めることが可能である。

10079　医療法人の会員資格

医療法人に会員資格を認めてよいか

結　論

　法人会員の資格要件を満たすのであれば、会員資格を認めてよい。

解　説

　医療法人は、病院、診療所、介護老人保健施設等を運営するために、医療法に基づき都道府県知事の認可を受けて設立される（同法44条1項）。医療法人には社団たる医療法人と財団たる医療法人があるが、いずれも法人である（同法39条1項）。

　信用金庫法は、会員たる資格について、法人の種類に関する限定を設けておらず、また、会員たる資格について営利性の有無を問題としてもいない。したがって、医療法人であっても、法人会員の資格要件を満たしていれば、会員資格を有することとなる。

　なお、医療法人については、資本に該当する部分がないため、「常時使用する従業員の数が300人を超え、かつ、資本金の額または出資の総額が9億円を超えるものであってはならない」との要件については、常時使用する従業員の数についてのみ検討することとなる。

10080　地方公共団体の会員資格

地方公共団体に信用金庫、信用組合、農業

協同組合の会員資格・組合員資格を認めて
よいか

結　論

　地方公共団体には信用金庫、信用組合、農業協同組合の会員資格・組合員資格は認められない。

解　説

◆**信用金庫**　地方公共団体は、法人格を有しており（地方自治法2条1項）、信用金庫法は法人の種類を会員たる資格の要件としていない。しかし、信用金庫の目的（同法1条）に照らし、統治組織としての地方公共団体には、会員たる資格を認められないと解されている。ただし、地方公共団体は、員外貸出の対象としては認められている（同法施行令8条1項7号）。

◆**信用組合**　信用組合の組合員たる資格を有する者は、信用組合の地区内において商業、工業、鉱業、運送業、サービス業その他の事業を行う小規模の事業者、組合の地区内に住所もしくは居所を有する者または組合の地区内において勤労に従事する者その他これらに準ずる者（中小企業等協同組合法8条4項）とされており、地方公共団体は個人でも小規模の事業者でもなく、組合員たる資格を有しえない。

◆**農業協同組合**　農業協同組合の組合員となる資格を有する者は、①農業者、②当該農業協同組合の地区内に住所を有する個人または当該農業協同組合からその事業に係る物資の供給もしくは役務の提供を継続して受けている者であって、当該農業協同組合の施設を利用することを相当とするも

の、③当該農業協同組合の地区の全部または一部を地区とする農業協同組合、④農事組合法人等、当該農業協同組合の地区内に住所を有する農民が主たる構成員となっている団体で協同組織のもとに当該構成員の共同の利益を増進することを目的とするものその他当該農業協同組合または当該農業協同組合の地区内に住所を有する農民が主たる構成員または出資者となっている団体とされており（農協法12条1項）、地方公共団体がこれに該当することはないから、組合員となることはない。

10081　公立大学法人に対する貸出の可否

公立大学法人に対する貸出は可能か

結　論

　員外貸出により貸出を行うことが可能である。

解　説

　公立大学法人は、大学の設置および管理を行う一般地方独立行政法人である（地方独立行政法人法68条1項）。公立大学には、地方公共団体等により設置されている大学も存在するが、現在、その多くは、公立大学法人に移行されている。

　公立大学法人については、国立大学法人に対する員外貸出が認められる前から、員外貸出が可能とされている（信用金庫法施行令8条1項5号）。

　なお、員外貸出が可能である以上、従業員数等の要件は問題とならない。

10082 地区内の大学に通学する学生の会員資格

地区外に居住し、地区内の大学に通学する学生に会員たる資格を認めることができるか

結　論

　原則として会員たる資格を認めることはできない。

解　説

　個人会員は、①信用金庫の地区内に住所または居所を有する者、②信用金庫の地区内に事業所を有する者、③信用金庫の地区内において勤労に従事する者、④信用金庫の地区内に事業所を有する者の役員および⑤信用金庫の役員のいずれかを満たす必要がある（信用金庫法10条1項、同法施行規則1条）。

　「地区内において勤労に従事する者」とは、文字どおり、勤務している個人を指し、学生として通学している者は含まれない。

　したがって、本問の事例でも、地区外に居住し、地区内の大学に通学する学生については、地区内に事業所を有するとか、地区内に事業所を有する者の役員等であるといった事情がない限り、会員たる資格を認めることはできない。

10083 信金中央金庫の代理貸付における会員資格

信用金庫が信金中央金庫の代理貸付を行う場合、顧客が当該金庫の会員たる資格を有することは必要か

結　論

　会員たる資格を有することが必要である。

解　説

◆**信用金庫による代理貸付と保証**　信用金庫は、信金中央金庫や政府系金融機関等の委託金融機関から委託を受けて、当該委託金融機関を代理して貸付を行うことができる（信用金庫法53条3項7号）。そして、かかる代理貸付に付随して委託金融機関に対して保証を提供することも認められている（同法施行規則50条1項3号）。なお、信用金庫が保証を提供できる委託金融機関は、「信用金庫法施行規則第50条第1項第3号及び第53条第1項第2号の規定に基づく信用金庫及び信用金庫連合会が行うことができる信用金庫法第53条第3項第7号及び第54条第4項第7号に掲げる業務に付随して行う債務の保証を定める件」（平成18年金融庁告示第38号）および「信用金庫及び信用金庫連合会が業務の代理又は媒介を行うことができる者を指定する件」（平成18年金融庁告示第34号）に定められており、信金中央金庫や日本政策金融公庫等が含まれている。

◆**会員たる資格の要否**　信用金庫法上、代理貸付の顧客について制限はない。しかし、信金中央金庫の代理貸付においては、当該金庫の会員たる資格を有していることが要件とされている。なお、信用金庫の会員たる資格については、【10057】を参照のこと。

　他方、日本政策金融公庫等の代理貸付に

おいては、かかる限定は付されておらず、代理貸付に付随して保証を提供する場合には、員外保証によることができる。

10084 債務保証取引における会員資格

信用金庫は、会員たる資格のない債権者に対する会員たる資格のある顧客の債務を保証することができるか

結　論

会員たる資格を有する顧客の、会員たる資格のない債権者に対する債務は保証することができる。

解　説

信用金庫は、自金庫の会員や卒業会員等の債務について保証を提供することができる（信用金庫法53条3項1号、同法施行規則50条1項1号）。この場合、保証する債務の債権者に制度はない。

したがって、会員たる資格のない債権者の債権であっても、債務者が信用金庫の会員たる資格を有していれば、当該信用金庫は、当該債務を保証することができる。

10085 会員以外の者を連帯債務者に含む貸出の可否

信用金庫の会員以外の者を連帯債務者に含む貸出は可能か

結　論

信用金庫は、会員以外の者を連帯債務者に含む貸出はできない。

解　説

信用金庫は、原則として、会員に対してしか貸出を行うことができない。

連帯債務とは、数人で負担していても、債権者が連帯債務者の1人に対して全部の履行を請求することができる債務である（現行民法432条、改正民法436条）。したがって、信用金庫が、複数の者に対して連帯債務者として貸出を行った場合で、連帯債務者に信用金庫の会員以外の者が含まれていたとしても、信用金庫は会員たる連帯債務者に対して全体の履行を請求することも可能である。

しかし、信用金庫が、複数の者に対して連帯債務者として貸出を行い、そのなかに会員以外の者が含まれていた場合、信用金庫は、会員以外の者に対しても貸付債権を有することになってしまい、これは、会員に対してしか貸出を行うことができないという信用金庫法の規定に反する。

したがって、信用金庫は、会員以外の者を連帯債務者に含む貸出はできないと考えられる。

なお、会員でなくとも、会員たる資格を有する者に対しては、700万円以下の小口員外貸出が可能である（信用金庫法53条2項、同法施行令8条1項3号、員外貸付告示）。

10086 会員以外の者による債務引受

信用金庫が会員に対して貸付をしていた場合に、会員以外の者を後から債務引受により債務者とすることはできるか

結　論

　原則として会員以外の者を債務引受により債務者とすることはできないと考えられるが、（連帯）保証人が併存的債務引受をすることは例外的に許容されると考えられる。

解　説

　信用金庫は、700万円以下の小口員外貸付（信用金庫法53条2項、同法施行令8条1項3号、員外貸付告示3号）の場合（なお、小口員外貸付は、会員以外の者についても会員資格を有することが必要である）を除き、会員以外の者を連帯債務者に含む貸付をすることはできないと解されている（【10085】参照）。そして、会員以外の者が会員の信用金庫に対する借入債務を併存的（重畳的）に引き受けた場合、この債務引受により原債務者と債務引受者は原則として連帯債務関係に立つことになる（最判昭41.12.20民集20巻10号2139頁）。そのため、原則として、会員以外の者を債務引受により債務者とすることはできないと考えられる。

　ただし、債務引受者がもともと会員の借入債務を（連帯）保証していたような場合には、当該債務引受は、実質的には保証債務履行請求権を確保するためのもの（保証

のままでは、付従性により主債務が時効消滅する可能性があるため）であり、会員以外の者を連帯債務者として貸付をする場合とは場面が異なり、員外貸付の制限の趣旨にも反しないと考えられる。そのため、上記のように、会員以外の者を保証人とする場合と実質的に異ならない場合には、会員以外の者が併存的債務引受により債務者となることもできると考えられる。

10087 シンジケートローン取引における借入人の会員資格

信用金庫は、自金庫の地区内に住所または事業所を有しない会社を借入人とするシンジケートローンに参加することができるか

結　論

　信用金庫は、原則として、自金庫の地区内に住所または事業所を有しない会社を借入人とするシンジケートローンに参加することはできない。

解　説

　シンジケートローンは、複数の金融機関等が協調してシンジケート団を組成し、単一の契約書により同一の借入人に対して同一の条件で行う貸付であり、このような貸付も信用金庫法53条1項2号の「資金の貸付け」に該当する。したがって、シンジケートローンについても、借入人は、原則として会員資格が必要である。

　このことは、信用金庫がシンジケートローンの貸付人である場合には、エージェン

ト兼貸付人であるときも、またはエージェント以外の単なる参加者としての貸付人であるときも、同様（借入人は会員であることが必要）である（平野英則「信用金庫の法務入門（第22回）」金法1732号77頁）。

なお、信用金庫法施行令8条1項により、例外的に借入人が員外貸付を許容される対象先である場合（たとえば、対象先が同項7号の地方公共団体である場合。【10088】参照）には、員外貸付としてシンジケートローンに参加して貸出をすることができるのはもちろんである。

10088 地方公共団体を借入人とするシンジケートローン

信用金庫は、地方公共団体を借入人とするシンジケートローンに参加することができるか

結　論

可能である。

解　説

信用金庫の貸付先（融資先）は、原則として会員に限定されており（信用金庫法53条1項2号）、このことは、シンジケートローンに参加して貸付を行う場合も同様である（【10087】参照）。もっとも、地方公共団体に対する貸付は、員外貸付として認められている（同条2項、同法施行令8条1項7号）。そのため、信用金庫は、員外貸付として、地方公共団体を借入人とするシンジケートローンに参加して貸付をすることができる。

なお、「地方公共団体」には、普通地方公共団体と特別地方公共団体があり、前者には都道府県および市町村が含まれ、後者には特別区、地方公共団体の組合および財産区が含まれる（地方自治法1条の3）。

また、貸付先（融資先）となる地方公共団体については特に限定はないため、地区外の地方公共団体に対する員外貸付も可能である。

10089 遠隔地の借入人に対するシンジケートローンへの参加

信用金庫は、自金庫の会員たる資格を有する会社を借入人とするシンジケートローンへの参加を打診されたが、当該借入人は自金庫から遠隔地に本社が所在し、自金庫の地区内の事業所は、営業活動のための拠点であるにすぎない。このような場合、信用金庫は、当該シンジケートローンに参加することができるか

結　論

信用金庫は、借入人の会員たる資格を認定し、本件シンジケートローンに参加することができる。

解　説

シンジケートローン取引も通常の貸付取引と同様に、借入人には、原則として、信用金庫の会員たる資格が必要である。本問の借入人は、地区内に事業所を有するとのことであり、自金庫の会員たる資格の要件を充足しているので（信用金庫法10条1項

２号）、信用金庫は、本件シンジケートローンに参加することができる。

　本問で、借入人の本社が遠隔地に所在することや自金庫の地区内にある事業所が営業活動のための拠点であるにすぎないことは、信用金庫が当該借入人の会員たる資格を認定することの妨げとなるものではない（平野英則「信用金庫の法務入門（第6回）」金法1690号119～120頁）。

10090 会員資格のない者を原債務者とするローン・パーティシペーション取引への参加

信用金庫は、会員資格のない者を原債務者とするローン・パーティシペーション取引にパーティシパントとして参加することができるか

結　論

　信用金庫は、会員資格のない者を原債務者とするローン・パーティシペーション取引に参加することはできない。

解　説

　この点に関し、次の全国信用金庫協会（全信協）通達は、原債務者が自金庫の会員であること、または信用金庫法施行令8条1項各号に該当する員外貸付の対象であることを要するとしている。平成7年6月8日付全信協発第94号「金融機関の貸出債権に係るローン・パーティシペーションの取扱いについて」において、「3．信用金庫が取扱う場合の注意点」として「信用金

庫が原債権者になる場合は問題がありませんが、参加者になる場合は、……次の点に留意する必要があります」と記載され、「(1)当該信用金庫の会員が債務者である対象債権のほか、［信用金庫法］施行令8条1項各号（会員以外の者に対する資金の貸付等）の規定する該当の対象債権については、参加者となることは可能です」と記載されている。

　したがって、信用金庫は、原則として、自金庫の会員資格のない者を原債務者とするローン・パーティシペーション取引にパーティシパントとして参加することはできない。

　しかし、例外的に、原債務者が地方公共団体（信用金庫法施行令8条1項7号）あるいは地方住宅供給公社（同項9号）など員外貸出の対象先である場合には、信用金庫はパーティシパントとして参加することができる。

10091 資産流動化におけるSPCの会員資格

地区内に住所または事業所のない、資産の流動化に関する法律に基づいて設立された特定目的会社（SPC）を会員とすることができるか

結　論

できない。

解　説

　資産の流動化に関する法律に基づいて設立された特定目的会社（SPC）も、会員資

格については、一般の事業法人と異なるところはない。そのため、信用金庫の地区内に住所または事業所がなければ、当該特定目的会社を会員とすることはできない（信用金庫法10条1項1号・2号）。

10092 PFI取引におけるSPCの会員資格

信用金庫は、PFI（Private Finance Initiative）案件における会員たる資格のない特別目的会社（SPC）に貸付を行うことができるか

結　論

　信用金庫は、会員としての貸付をすることはできないが（信用金庫法53条1項2号）、PFI事業遂行のために設立された特別目的会社（SPC）は、員外貸付の対象とされており（同条2項、同法施行令8条1項6号、PFI法2条5項）、信用金庫は、SPCに対する貸付を行うことができる。

解　説

　従来は、信用金庫法10条1項1号および2号により、PFI事業のSPCも自金庫の地区内に住所または事業所を有していなければ会員資格が認められず、SPCに対する貸付もできなかった。しかし、PFI事業の隆盛を背景に、同法施行令が改正され、「民間資金等の活用による公共施設等の整備等の促進に関する法律（平成11年法律第117号）第2条第5項に規定する選定事業者に対する同条第4項に規定する選定事業に係る資金の貸付け」が員外貸付として認められた（信用金庫法施行令8条1項6号）。これにより、PFI事業のSPCが当該金庫の地区内に住所または事業所を有しない場合、すなわち会員たる資格のない場合であっても、信用金庫は、当該SPCに対してPFIの事業資金を貸し付けることができるようになった。

10093 信用金庫会員資格の再取得

いわゆる卒業生金融を行っている借入人が従業員の削減を行い、その数が300人以下となった場合、当該借入人は再度信用金庫の会員となることができるか

結　論

　借入人がいったん卒業生となった場合であっても、その後当該借入人が会員たる資格要件を充足するようになった場合は、再度信用金庫の会員となることができる。

解　説

　信用金庫の会員制度における卒業生とは、一定期間（3年以上）会員であった者の常時使用する従業員数が300人を超え、かつ、法人にあってはその資本金の額が9億円を超えた者をいう（信用金庫法施行令8条1項2号）。信用金庫は、卒業生となった者に対しても一定期間融資取引を継続することができ（員外貸付告示）、こうした融資をいわゆる卒業生金融という。

　信用金庫法は、事業者の会員たる資格の規模的要件として、個人の事業者については、常時使用する従業員数が300人以下で

あること、法人の事業者については、常時使用する従業員数が300人以下、または資本金の額もしくは出資の総額が9億円以下であることを掲げるのみであり（同法10条1項ただし書、同法施行令4条）、卒業生が再度会員たる資格の規模的要件を充足した場合における会員資格の再取得を禁じてはいない。

したがって、本問のケースにおける借入人は、再度信用金庫の会員となることができる。

また、信用金庫の卒業生たる借入人（法人）が資本の減少（減資）により、その資本金の額または出資総額が9億円以下となった場合も同様に、再度信用金庫の会員となることができる。

10094 会員資格を喪失した場合における会員継続期間

会員が吸収分割により他の会社の事業に関する権利義務を承継し、これにより資本金が9億円を超え、かつ従業員数が300名を超えた場合、信用金庫は当該会員との貸出取引を継続することはできるか

結　論

卒業会員の要件に該当する場合には、一定期間、貸出取引を継続することができる。

解　説

信用金庫の法人会員となるには、資本金もしくは出資総額が9億円以下であるか、または常時使用する従業員数が300名以下である必要がある（信用金庫法10条1項た

だし書、同法施行令4条）。会員となった後に、資本金が9億円を超え、かつ常時使用する従業員数が300名を超えた場合には、会員資格を喪失することとなる。このことは、吸収分割により他の会社の事業に関する権利義務を承継することにより資本金や常時使用する従業員数が増えた場合も同様であり、吸収分割の結果、資本金が9億円を超え、かつ常時使用する従業員数が300名を超えた法人会員は、会員資格を喪失する。

ただし、このように会員資格を喪失した場合であっても、会員であった期間（以下「会員継続期間」という）が3年以上である場合（員外貸付告示1号）には、卒業会員に対する員外貸付として、以下の期間（員外貸付告示2号）、貸出取引を継続することが可能である（信用金庫法53条2項、同法施行令8条）。

会員継続期間が3年以上5年未満の場合脱退時から5年間

会員継続期間が5年以上の場合　脱退時から10年間

10095 会社分割によって会員資格要件を満たした場合

従前は常時使用する従業員数が300名超、かつ資本金の額が9億円超であった会社が、会社分割（新設分割）を行い、新設分割会社と新設分割設立会社の双方が、常時使用する従業員数300名以下、かつ資本金の額が9億円以下となった場合、これらの会社は信用金庫の会員資格を有するか

結　論

　信用金庫の地区内に住所または事業所を有する限り、新設分割会社と新設分割設立会社のいずれも会員資格を有する。

解　説

　会社分割のうち新設分割は、会社が、会社分割により設立する会社に事業に関する権利義務を承継させる会社法上の手続をいう。もともと存在し、新設分割をする会社を「新設分割会社」といい、新設分割により設立される会社を「新設分割設立会社」という。

　本問の場合、新設分割前の会社については、常時使用する従業員数が300名超かつ資本金の額が9億円超であるため会員資格は認められないが（信用金庫法10条1項ただし書）、新設分割後の新設分割会社および新設分割設立会社については、いずれも、常時使用する従業員数300名以下で、資本金の額も9億円以下とのことであるから、これらの新設分割後の両社については、信用金庫の地区内に住所または事業所を有する限りは（同項1号および2号）、信用金庫の会員資格を有する。

第2節

加入・脱退・喪失

第1項　加　　　入

10096　通称での加入

通称での普通預金取引を行っていた預金者から、会員として加入のうえ貸出取引についても同様に通称で行いたいとの申出があった際に応じても問題ないか

結　論

会員としての加入は、個人加入のための加入資格の要件を満たしていれば、その通称によっても問題ない。ただし、加入にあたっては、戸籍上の本名を通称等とあわせて加入申込書に記入してもらい、本人の会員資格の確認と事務手続上の連絡先の確認等を行う必要がある。

解　説

◆**会員加入資格**　信用金庫法では、信用金庫の会員となること（＝加入）ができる者として、①その信用金庫の地区内に住所または居所を有する者、②その信用金庫の

地区内に事業所を有する者、③その信用金庫の地区内において勤労に従事する者、④①～③に掲げる者に準ずる者として内閣府令で定める者（その信用金庫の地区内に事業者を有する者の役員およびその信用金庫の役員、同法施行規則1条）があげられている（同法10条1項）。

◆**加入の承諾**　信用金庫の会員になろうとする者が申込みを行った場合、どのようなときに金庫が承諾を拒絶できるかについては争いがあるが、通称による加入申込みであるというだけで承諾を拒否する事由に該当することはなく、実務上も問題が生じることはないと考えられる（平野英則編著『改訂信用金庫法の実務相談』119頁〔岡野正明〕）。本問のように通称での申込みがあった場合は、信用金庫法に定める会員加入資格を満たしていれば、加入できることとなる。すなわち、金庫の地区内に住所または居所を有することにより会員資格があることが確認され、通称等だけではなく加入者の本名による本人確認を行うこと（加入申込書には通称と本名を併記することが必

要となる）などにより、所定の加入手続を行うことが可能である。

なお、貸出取引についても同様に応じることが可能である。

10097 相続加入の留意点

相続加入とは何か。また、実務上どんな点に注意すべきか

結　論

相続加入とは、死亡した会員の相続人であり、かつ会員たる資格を有する者が、相続開始時にさかのぼって会員であったとみなし、被相続人である会員の持分を承継することである（信用金庫法14条1項）。申込みには定款に定められた所定期間（一般的には3カ月）があることや、複数相続人がいる場合でも加入ができるのは1人に限る点に留意する必要がある。

解　説

◆**相続加入とは**　　相続加入とは、死亡した会員の相続人であり、かつ会員たる資格を有する者を、相続開始時にさかのぼって会員であったとみなし、被相続人である会員の持分を相続人に承継することである（信用金庫法14条1項）。

会員の死亡は、法定脱退事由とされている（信用金庫法17条1項2号）ため、原則として相続人は持分を承継せず、持分払戻請求権（同法18条1項）を相続することになる。そのため会員資格を有する相続人が加入を希望しても、煩雑な手続を要する原

始加入とせざるをえないこととなる。そこで、相続加入の手続により、この問題を回避することができる点に利点がある。

◆**相続加入の留意点**　　相続加入には、以下のような留意点があげられる。

まず、信用金庫の定款で定められた期間のうちに相続人が加入の申出を行う必要があること（信用金庫法14条1項）に留意しなければならない。その期間は、定款で通常3カ月とされている（信用金庫定款例11条1項）。

また、相続人が複数いる場合でも、相続加入できるのは相続人のうち1人だけであること（信用金庫法14条2項）にも留意する必要がある。これは、持分の共有が認められないこと（同法15条4項）によるものである。被相続人の持分の一部を承継して信用金庫の会員となり、残りの持分を払い戻すことは認められていない（平野英則『改訂信用金庫法の実務相談』121頁〔岡野正明〕）。

相続加入できる相続人は信用金庫法に定める会員資格（同法10条）を有していなければならないことに留意が必要である。当然のことながら、相続加入を行った結果、持分払戻請求権は発生しないこととなる。

10098 相続加入を拒否することができる場合

相続加入を拒否することができるのはどのような場合か

結　論

新規加入と同様に相続人が会員資格を有

しない場合、定款所定の期間内（通常3カ月）の申出ではない場合、さらに持分の一部を相続するような条件を付す場合には、加入を拒否しなければならない。また相続人が暴力団員等の反社会的勢力に該当するときは、会員たる資格を喪失しているため相続加入であっても信用金庫は拒否しなければならない。

解　説

◆**相続人による加入**　　会員の死亡は、法定脱退事由の一つとされている（信用金庫法17条1項2号）ため、相続人が信用金庫に加入することを希望する場合、原始加入の方法と同じ方法にて加入することとなる。しかしながら、相続人自ら払込みをして加入し、また被相続人が有していた持分の払戻しを受けられるのは、被相続人の死亡した日の属する事業年度末となる（同法18条2項）。このような不便さを解消するため相続加入の制度を利用することが可能である。しかし、相続加入であっても新規加入と同様に当該信用金庫の会員たる資格がなければ加入することはできない。

◆**相続加入の要件**　　相続加入するためには、定款の定める方法により、会員の死亡の日から3カ月以内（信用金庫定款例11条1項）に会員たる資格を有する相続人が加入の申込みをすること、複数の相続人が存在する場合、全相続人の同意により選定された1人の相続人に限ることが必要である。

なお、反社会的勢力との取引排除については【10115】を参照。

| 10099 | 成年後見人の会員加入と会員資格 |

成年後見人による会員加入は可能か。会員資格はどう判断するのか

結　論

成年被後見人が信用金庫法の定める会員資格を有している場合には、成年後見人の代理により会員加入することができる。また会員であった者が、後見開始の審判を受け、成年被後見人となったとしても会員資格を失うことはない。

解　説

◆**成年被後見人の会員加入**　　成年被後見人とは、「精神上の障害により事理を弁識する能力を欠く常況にある者」で、家庭裁判所の後見開始の審判を受けた者のことをいう（民法7条・8条）。被後見人には必ず1人または複数名の後見人が付され（同法843条）、本人の財産に関する法律行為は、原則として後見人の代理により行われる（同法9条・859条）。したがって、成年被後見人が会員へ加入するにあたり、その手続は後見人の代理によって行わなければならない。

◆**会員加入の可否**　　会員加入は、信用金庫が広く国民大衆のため金融の円滑を図り、その貯蓄の増強に寄与することを目的としていることから、信用金庫法10条1項各号に掲げる者はすべて会員資格を有するものとし、それ以外定款で定める事由以外での制限を設けることはないとされている（昭和26年蔵第3586号）。したがって、成年被

後見人であっても、会員たる資格を制限する事由とはならない。

◆**会員加入への制限**　しかしながら成年後見人は、被後見人のため善管注意義務をもって資産管理を行う必要があり、本来は預貯金以外の金融資産を有するべきではない。したがって、信用金庫は成年被後見人にとって会員加入することが必要と認められる場合、具体的には相続加入の場合または融資を受ける合理的な必要性があるときに限り加入を認めるべきである。また会員加入は、民法13条1項3号の「不動産その他重要な財産に関する権利の得喪を目的とする」に該当し、具体的には「元本の保証されない取引」と解される。したがって、後見監督人が選任されている場合には、後見監督人の同意を得なければ（同法864条）、後見人による代理は後見監督人に取り消される可能性がある（同法865条）。

◆**総会における議決権の行使について**
議決権は、会員自らが総（代）会に出席して行使するのが原則であるが、あらかじめ通知のあった事項については、代理人をもって行使することができる。しかし代理人は会員でなければならないという定めがあり（信用金庫法12条2項）、後見人が被後見人の代理人となれるかという問題がある。しかし、仮に後見人が会員でなかったとしても、ここで代理人に求められる会員たる資格の要件とは任意代理を指すものと解すべきであり、後見人が代理して議決権を行使することができる。成年被後見人は、そもそも代理人を指定することができず、また、成年後見人は法定代理人として、原則として財産上の法律行為を行うことができる（民法859条1項）からである。なお、

後見人による代理が行われなければ不当に権利が制限される結果となる。したがって、後見人は、成年被後見人にかわって議決権を行使することができる。

10100　被保佐人・被補助人の加入申込み

被保佐人・被補助人による会員加入は可能か

結　論

被保佐人・被補助人等の制限行為能力者であっても信用金庫の会員としての加入を受け付けることは可能である。

解　説

◆**制限行為能力者の加入の可否**　会員加入は、金庫が広く国民大衆のため金融の円滑を図り、その貯蓄の増強に寄与することを目的としていることから、信用金庫法10条1項各号に掲げる者はすべて会員資格を有するものとし、それ以外定款で定める事由以外での制限を設けることはないとされている（昭和26年蔵第3586号）。したがって、成年被後見人（【10099】参照）と同様に、被保佐人・被補助人であることが会員たる資格を制限する事由とはならない。

◆**保佐人や補助人の同意権の範囲**　保佐人や補助人の同意権の範囲については、民法13条1項・17条1項で定められており、会員加入については、同法13条1項3号の「不動産その他重要な財産に関する権利の得喪を目的とする」に該当し、具体的には「元本の保証されない取引」と解される。

そのための加入にあたっては、保佐人や補助人の同意を得ることが必要である。

◆実務上の対応　被保佐人または被補助人は信用金庫法に定める会員たる資格を有していれば、会員加入の申込みに信用金庫は応じる必要がある。ただし、家庭裁判所の審判で補助人の同意を必要とされている場合には、補助人の同意なく受け付けると取り消されるおそれがあるため、登記事項証明書による確認を行い、同意を得ておく必要がある。また、被保佐人の場合も保佐人に同意権があるので、同意を得ておく必要がある。

10101 加入の申込みに対する信用金庫の承諾

会員資格を有する者からの加入の申込みに対し、信用金庫が承諾をしないことはできるか

結　論

　信用金庫の判断により加入を拒否することも可能と考えうるが、加入を拒否するには、客観的かつ合理的な根拠が必要であり、またその説明責任を果たさなければならない。

解　説

◆信用金庫法における定め　信用金庫の会員となるには、定款の定めるところにより加入の申込みをし、信用金庫の承諾を得なければならない（信用金庫法13条）とされている。ただし、信用金庫の承諾が必要となるのは原資加入と持分譲受けによる場合であり、相続加入（同法14条）の場合は定められた期間に相続人が申込みをすれば足りる（【10097】参照）。

◆承諾義務に対する見解　信用金庫が加入の申込みに対して承諾をしなければならないかどうかについては、二つの分かれた見解がある（平野英則「信用金庫の法務入門・第12回加入」金法1706号61頁参照）。

① 信用金庫は本質的に協同組織であり、原則として加入の自由が認められるべきであり（信用金庫法7条、独占禁止法22条2号）、信用金庫は裁判所による譲渡命令に対する信用金庫の承諾義務について、正当な理由がなく承諾拒否はできないとする見解がとられている（東京地判昭44.5.29金法550号33頁、東京高判昭45.11.26金法611号35頁）。したがって、この見解からは信用金庫法上の正当事由は相当に限定され、原則として加入申込みには承諾しなければならない。

② 他の協同組織に関する法律（中小企業等協同組合法14条、農協法20条、消費生活協同組合法15条2項等）には、加入承諾義務に関する記載があるが、これに対して、信用金庫法には承諾義務の明文の定めがないこと、他の協同組織は組合員の生活に密接に関係があり公益的性格が強いこと、信用金庫は金融を目的とするもので他に金融を得る手段があること、会員の信用と相互の信頼が必要であるという両者の性格の相違があることといった理由により、会員たる資格を有する者であっても加入を強制する権利はなく、信用金庫は自由な判断で承諾するか否かを定めうる考え方（吉原省三「信用金庫の出資持分に対する強制執行について」

金法674号4項）がある。

◆**実務上の対応**　信用金庫との取引が金融取引であり、与信判断には謝絶もありうること、また、ほかにも金融機関が存在することを考慮すると、上記②のとおり信用金庫の判断により加入を拒否することも可能と考えうるが、上記①のとおり加入を拒否するには、客観的かつ合理的な根拠が必要であり、またその説明責任を果たさなければならず、信用金庫は原則として加入申込みには承諾する必要がある。

なお、相続加入を拒否することができるかどうかについては、【10098】を参照。

10102　大口出資

信用金庫への出資に対して口数（金額）制限を設けるべきか

結　論

信用金庫法では、出資総口数の最低限度および最高限度として出資総口数の100分の10を超えてはならないとされているが、一定の合理的口数（金額）に制限することが望ましい。

解　説

◆**信用金庫法における規定とその趣旨**
一会員の出資口数は、出資総口数の100分の10を超えてはならないとされている（信用金庫法11条4項）。会員は出資口数のいかんにかかわらず1個の議決権を有する（同法12条1項）のみであり、信用金庫が大口出資者の資本的支配に服するおそれが

ないので、会員出資口数に制限を設けなくてもよいように考えられる。しかし、実際には、大口出資者の死亡等による法定脱退により持分の払戻しが行われると、信用金庫の出資額が急激に減少し、自己資本の維持・安定が損なわれること、また大口出資者が地区外移転等による会員資格の喪失をほのめかすことにより資本の圧力を用いて信用金庫の経営に介入することなどが、この規定の理由として考えられる（平野英則「信用金庫の法務入門・第13回出資」金法1708号61頁）。

◆**投資目的になじまない性質**　また、信用金庫への出資金は、協同組織である信用金庫の事業を利用する目的でなされる出資である。つまり、会員制度を維持するためのものであり預金金利より高い出資の配当収入を得るための投資目的にはなじむものではない。また、出資配当は保証されておらず、出資金は預金保険の対象外であり、脱退して払戻しをするには一定の期間が必要となるなどの不利益を被る可能性がある。

◆**信用金庫が有することとなる持分総額の制限**　会員は、その持分の全部の譲渡によって脱退すること（自由脱退）ができ、その譲渡を受ける者がいない場合は、定款に基づきその持分を信用金庫が譲り受けることを求めることができる（信用金庫法16条1項）。ただし、信用金庫が保有することとなる持分の総額が、信用金庫の出資総口数の100分の5が限度とされている（同条2項、同法施行令5条1項）。大口出資者が自由脱退してしまうと、この限度を超えてしまうという状況も考えられる。

◆**実務上の対応**　出資加入に上限を設けるのは上記の事由のほか、仮に出資額に上

限を設けたとしても会員加入に制限を受けるわけでなく不当な排除とされることはないといえる。むしろ信用金庫の経営への影響をかんがみて合理的な基準での上限を設ける（たとえば、法人では100万円、個人では50万円）ことに妥当性があると考えられる。

第2項　脱　　　退

10103　法定脱退

行方不明となっている会員を法定脱退として処理し、その出資金を返済が長期間延滞している貸出金に充当してもさしつかえないか

結　論

単に行方不明という事由のみでは法定脱退事由には当たらないため、出資金を貸出金に充当することはできない。ただし、失踪宣告を受けた場合には、法定脱退事由に該当するため、出資金を貸出金に充当することができる。

解　説

◆資格の喪失と除名　　会員が行方不明となっているだけでは、住所、居所、事業所、勤務先のすべてが地区外に移転したとは言い切れないため、会員たる資格の喪失（信用金庫法17条1項1号）には該当せず、直ちに法定脱退として処理することはできない。したがって、債務者を法定脱退として処理するには、信用金庫定款例15条、別表4に該当する者として除名する方法により処理することとなる。

◆法定脱退の効力が生じるケース　　自然人が死亡した場合、法定脱退事由に該当する（信用金庫法17条1項2号）。これには失踪宣告により死亡とみなされる場合（民

法30条・31条）も含まれるため、会員が失踪宣告を受けた場合には、法定脱退として処理し、出資金を貸出金に充当することができる。

◆所在不明を理由としての会員資格の喪失　【10112】を参照。

10104　会員である会社の解散

会員となっていた法人が事業を廃止し解散したが、解散登記がなされていなければ法定脱退として処理することはできないか

結　論

金庫の会員たる会社が解散した場合、解散登記の時点ではなく、解散事由が発生した時に解散の効果が生じるものと解されている。実務上、法定脱退の対象としては、解散は難しく、事務所の閉鎖、代表者の行方不明などを確認して「会員たる資格の喪失」によって法定脱退としての対応が可能である。

解　説

◆脱退の効果に関する規定　　信用金庫法17条1項2号には、会員の法定脱退事由として、解散が規定されているが、どのような場合に解散となるのか規定がない。法人の解散は、通常、登記事項であり、登記事項たる事実は法人が登記しなければその事

実を対抗することができないとされている（会社法908条1項）。

◆**会社の解散とは** 会員である会社の解散による脱退について、登記されること、または金庫に通知すること等の要件は信用金庫法には規定されていない。また、会員の資格を重視する信用金庫としては、会員が脱退に当たるか否かの判断は、会員からの通知等によって行われるべきものでなく、事実上脱退とされる状態にあるかどうかによって判断されるべきである。

◆**実務上の対応** 中小企業においては、株主総会による解散の決議がされることは事実上ないため、株式会社の休眠会社のみなし規定（会社法472条）に該当する場合を除き、解散登記がされないことも少なくない。また、代表者が行方不明となっているなどの事由だけでは法定脱退として処理することはできない。たとえば、事務所の閉鎖により地区内に事業所を有しないこと等の事由があれば、解散ではなく、むしろ「会員たる資格の喪失」（信用金庫法17条1項1号、【10103】参照）によって法定脱退として対応すべきである。

10105 破産手続開始決定と法定脱退

破産手続開始決定を受けた会員の資格はどうなるのか

結 論

破産手続開始決定により法律上当然に脱退することとなる。

解 説

◆**破産手続開始決定と法定脱退** 信用金庫法では、法定脱退の事由として破産手続開始の決定が規定されている（同法17条1項3号）ため、会員が破産手続開始の決定（破産法30条1項）を受けた場合には、会員の意思にかかわらず、法律上当然に信用金庫を脱退することになる。

◆**持分払戻請求権の譲渡** 破産手続開始決定によって金庫を法定脱退した会員の破産管財人から、持分の払戻しの時期は脱退した事業年度の終了後になるため信用金庫の持分の換価だけが残ってしまい、最後配当を実施することができない旨相談を受けることがある。

法定脱退後の持分払戻請求権は単なる金銭債権であり、その譲渡は持分の譲渡とは異なり金庫の承諾を得ることなく、自由に行うことができる。そのため、破産管財人が持分払戻請求権を第三者に譲渡し、譲受人から譲渡代金の支払を受けることによって、持分の換価がなされるので、裁判所は破産手続を終了させることができる（留意点につき、平野英則編著『改訂信用金庫法の実務相談』151頁〔田中敏夫〕）。

◆**決定の取消と廃止の違い** 破産手続開始の決定の取決めとは、破産手続開始の申立に対する即時抗告によって破産手続開始の決定が取り消された場合をいうものと解されており（破産法33条3項）、破産手続開始の決定の効力が消滅したと考えられ、破産手続が遡及的に効力を失うこととなる。一方で、同時破産手続廃止（【50688】参照）および異時破産手続廃止（【50691】参照）は、将来に向かってその進行を停止す

るものにとどまり、破産手続が廃止されて
も、遡及的に効力を失う破産手続開始の決
定の取消とは異なり、法定脱退への効力は
及ばない。

10106 除名の手続

信用金庫の会員を除名するための手続はど
のようなものか

結 論

除名は、定款の定める事由に該当する会
員につき、総（代）会の特別決議によって
することができる。この場合においては、
信用金庫は、その総（代）会の会日の10日
前までに、その会員に対しその旨を通知す
る必要がある（信用金庫法17条3項）。ま
た、除名にあたっては、総会員（総総代）
の半数以上が出席し、その議決権の3分の
2以上の多数による決議（特別決議）を必
要とする（同法48条の3第3号）。

その際、除名の手続に瑕疵があると、決
議の取消の訴えが提起されたり、役員に過
料が課せられたりすることもあるので留意
する必要がある。

解 説

◆除名の事由　各信用金庫が除名事由と
して定款に現在掲げているのは、四つの類
型がある（信用金庫定款例15条、別表4）。
① 貸付金の弁済、貸付金の利子の支払ま
　たは手形債務の履行を怠り、期限後6カ
　月以内にその義務を履行しないとき。
② 法令もしくはこの金庫の定款に違反し、

この金庫の業務を妨げまたはこの金庫の
信用を失わせるような行為をしたとき。
③ 暴力的な要求行為等をしたとき。
④ 表明・確約に虚偽の申告をしたとき。
このほかに、信用金庫法施行規則9条の
2に定められた、長期にわたり（5年以
上）所在が不明であることを定款に規定し
て除名対象としている信用金庫もある
（【10112】参照）。

◆除名の手続　除名の手続は以下のよう
なものである。
① 定款の定める事由に該当する会員につ
　き、総（代）会の特別決議によってする
　ことができる。この場合においては、信
　用金庫は、その総（代）会の会日の10日
　前までに、その会員に対しその旨を通知
　する必要がある（信用金庫法17条3項）。
② 除名にあたっては、総会員（総総代）
　の半数以上が出席し、その議決権の3分
　の2以上の多数による決議（特別決議）
　を必要とする（信用金庫法48条の3第3
　号）。
③ 総（代）会において弁明する機会を与
　えなければならない（信用金庫法17条3
　項）。
④ 除名は、除名した会員にその旨を通知
　しなければ、これをもってその会員に対
　抗することができない（信用金庫法17条
　4項）。
なお、①、④の通知については、配達証
明付内容証明郵便によって行う。

◆除名の手続に瑕疵がある場合　除名の
手続に瑕疵があるときは、除名の決議は、
決議の取消の訴えの対象となる（信用金庫
法48条の8、会社法831条）だけでなく、
役員は100万円以下の過料が課せられる

（信用金庫法91条1項3号）ことにも留意が必要である。

10107 保証債務不履行の除名事由該当性

保証債務の不履行が除名事由に当たるか

結　論

保証債務の不履行という事由では会員である保証人の除名事由には当たらないと解される。

解　説

◆除名事由　　除名の事由は定款によって定めらなければならず（信用金庫法17条3項）、各信用金庫が除名事由として、現在定款に主に次の四つの類型を掲げている（信用金庫定款例15条、別表4）。

① 貸付金の弁済、貸付金の利子の支払または手形債務の履行を怠り、期限後6カ月以内にその義務を履行しないとき。

② 法令もしくはこの金庫の定款に違反し、この金庫の業務を妨げまたはこの金庫の信用を失わせるような行為をしたとき。

③ 暴力的な要求行為等をしたとき。

④ 表明・確約に関して虚偽の申告をしたとき。

このほかに、信用金庫法施行規則9条の2に定められた、長期にわたり（5年以上）所在が不明であることを理由として除名対象とする定款に規定している信用金庫もある（【10112】参照）。

会員の除名は、会員の意思にかかわりなく処分されることから、その手続は厳格に行うことが要求される。

◆保証債務の不履行の適否　　保証契約には、利他性、無償性、情義性、未必性、軽率性などの特殊性があることから、保証人を債務者と同様に取り扱うことはできない。したがって貸付金の弁済を行わない場合等については除名理由（【10106】参照）となるが、保証債務はこれに含まれないと解される。

10108 除名された会員の出資証券が第三者に譲渡されていた場合の対応

除名された会員の出資証券が第三者に譲渡されていた場合、どのように対応すればよいか

結　論

信用金庫の承諾なく行われた持分および出資証券の譲渡はいずれも無効であり、除名された会員の出資証券に価値はない。ただし、可能であれば回収・処分すべきであるが、回収がむずかしいときは、未回収のままとしてもやむをえない。

解　説

◆出資証券の法的性質　　信用金庫の出資証券は、信用金庫に会員加入しようとする者が、定款で定めるところにより加入につき信用金庫の承諾を得て引受出資口数に応じた金額を払込み等して、会員となったことを証明するものである。したがって、出資証券は株券や社債券のように権利と証券が不可分一体となったものでなく、また番

号札のような免責証券でもなく、預金証書と同様、証拠証券にすぎないと解される。

しかし後日、すでに処理ずみの出資証券を呈示され、出資金の払戻等請求されることもありうることから、原則回収に努めなければならず、回収不能として処理する場合、交渉記録を作成し、後日出資証券が発見された際の紛争に備える必要がある。

◆**第三者への譲渡**　信用金庫法15条1項には、「会員は、金庫の承諾を得て、会員又は会員たる資格を有する者にその持分を譲り渡すことができる」と定められ、また同条2項には、「会員たる資格を有する者が持分を譲り受けようとするときは、金庫の承諾を得なければならない」と定められている。そのため金庫の承諾は、譲渡の効力要件とされており、金庫の承諾を得ないで行われた譲渡は無効と解されている。

また、出資証券は、有価証券でないことから、その証券を譲渡しても、権利の発生、行使または移転は生じない。よって出資証券が第三者に譲渡されても、譲り受けた者に証券上の権利は移転しない。

なお最近では、譲渡等のリスクを回避するために出資証券を発行しない信用金庫も多くみられる。

10109　法定脱退の勘定処理

法定脱退の勘定処理はどのように行えばよいか

結　論

法定脱退事由が生じたその日に金庫の総出資金からその法定脱退分の出資金額を減額し、「その他の負債」に含まれる払戻未済金に振り替えることとなる。

解　説

◆**法定脱退と自由脱退**　法定脱退は、会員の意思にかかわりなく、信用金庫法17条1項で定められた事由が発生すれば法律上当然に脱退することをいう。勘定処理は会員の意思に基づく自由脱退とは異なる処理を行うこととなる。

◆**法定脱退の勘定処理**　法定脱退事由が生じたその日に金庫の総出資金からその法定脱退分の出資金額を減額し、「その他の負債」に含まれる払戻未済金に振り替えることとなる。この払戻未済金は、信用金庫法18条2項により財産確定時（通常、年度末）までこの勘定にて計上しておき、翌期首に払戻未済持分に振り替え、請求があったときに払い戻す必要がある。

◆**留意点**　法定脱退の勘定処理に関して、以下の2点に留意する必要がある。

① 法定脱退の効果……法定脱退の効果は、該当事由が生じると当然に会員であった者が会員でなくなるため、法定脱退者は、会員たる地位にある者が有する議決権等の共益権、剰余金配当請求権等の自益権、その他会員としての貸出を受ける権利等を喪失する。よって、年度の途中で法定脱退した者に対しては剰余金の配当は行われない。

② 持分払戻請求権の消滅時効……持分払戻請求権は、脱退の時から2年間行わないときは、時効によって消滅する（信用金庫法19条）。消滅時効の起算点は、脱退者が金庫に対し権利を行使できる時か

ら進行するため（民法166条1項）、持分払戻請求権が行使可能となる事業年度末から進行することとなる。

10110 事後員外貸出・事後地区外貸出

事後員外貸出、事後地区外貸出とは何か

結論

貸出の当初は会員貸出であったものの、なんらかの理由でその会員が会員資格を喪失して、法定脱退しても残存する貸出であり、事後員外貸出と事後地区外貸出に分けられる。

解説

◆**事後員外貸出と事後地区外貸出の区分**

貸出の当初は会員貸出であったものの、なんらかの理由でその会員が会員資格を喪失して、法定脱退しても残存する貸出は、事後員外貸出と事後地区外貸出に分けられる（平野英則「信用金庫の法務入門・第10回員外貸出・員外保証（その4）」金法1700号133頁）。

① 事後員外貸出

・事業者としての会員資格を超えた場合
・卒業生金融の特例期間を経過した場合
・会員が死亡して債務を継承する相続人が会員たる資格を有しない場合
・延滞貸出金の整理に際し出資金を充当したが残債が生じた場合

② 事後地区外貸出

・地区外に移転した場合
・地区内で勤労に従事していたが失職し

た場合

・地区内で勤労に従事していたが、事業所が地区外へ移転した場合
・地区内に事業所を有する者の役員が退任した場合

◆**業務報告書への記載** 平成19年9月に全国信用金庫協会から発行された「決算関係書類等の作成要領」のなかの「業務報告書等への記載上の留意点」（50頁）において、「会員、会員外の区別は、期末時点の状態によるものではなく、卒業生貸出を除き融資実行時の状態による。したがって、事後員外貸出及び事後地区外貸出については「会員外」としないので留意する」とされている。

したがって、事後員外貸出および事後地区外貸出については、「会員外」とはならないため、「うち会員外」の欄の左側に「先数」「金額」を記載することとなり、業務報告書上では、「会員外」および「会員外の内訳」に計上せず、「9.貸出金」のなかの「Ⅱ 金額別」の「先数、金額」欄に計上して、貸出金の内容を明確化すべきである。

10111 自由脱退者の配当金

前年度末で会員でなくなった自由脱退者に対しても、配当金を支払う必要があるのか

結論

自由脱退者が年度末に会員となっていた場合、前年度分の配当金を支払う必要がある場合がある。

　信用金庫定款例13条１項は、「会員が金庫に対しその持分の譲り受けを請求したときは、金庫はその請求の日から６月を経過した日以後に到来する事業年度末においてその持分を譲り受けるものとする」としている。その結果、一般的には毎年10月１日以降、金庫に対し持分の譲受けを請求した場合には、当該事業年度には脱退できず、翌期の事業年度末に脱退することになる。

　信用金庫法16条１項は、「会員は、何時でも、その持分の全部の譲渡によって脱退することができる。この場合において、その譲渡を受ける者がいないときは、会員は、金庫に対し、定款で定めるところにより、その持分を譲り受けるべきことを、請求することができる」と規定しているが、金庫の公共性の見地や出資金の性質から、やむをえず信用金庫定款例13条１項のような規定を設け、信用金庫の自己資本維持を図っていると解されている。

　このため持分（出資金）を受領できない期間が生じうるので、その場合においては配当金が支払われることとなっている。

第3項 喪 失 等

10112 行方不明になった信用金庫の会員の資格

信用金庫の会員が行方不明になった場合には、会員資格を喪失するか

結 論

単に行方不明であるというだけでは会員資格を喪失しない。しかし、信用金庫の定款に長期所在が不明である会員の除名に関する事項が定められている場合は、「長期所在不明であること」を理由に除名することができる。

解 説

信用金庫法施行規則9条の2において「定款に長期間所在が不明である会員の除名に関する事項を定めることができる」とされている。一方で、同条にて「当該除名の対象となる会員の所在が不明であることを確認するための適切な措置を講」じなければならない。

所在不明会員の要件として、当該会員を除名するには、①金庫が会員に対してする通知または催告が5年以上継続して到達していないこと、または、②長期間（5年以上）継続して金庫の事業を利用していない会員とし、当該会員の所在が不明であることを確認するための適切な措置を講ずる必要がある。

10113 行方不明になった会員を除名するための手続

信用金庫が所在不明会員の除名手続を行うにあたってどのような体制整備を行う必要があるか

結 論

定款において所在不明会員を除名する事項を定めるとともに、除名対象となる会員が所在不明であることを確認するための適切な措置を講じる必要がある。

解 説

◆**体制整備** 所在不明会員を除名するには次の措置を行うための体制整備が必要となる。

① 定款に所在不明会員の除名に関する事項を定めること。

② 除名対象となる会員の所在が不明であることを確認するため、以下のような措置を図ること。

・信用金庫が会員に対してする通知または催告が、長期間（5年以上継続して）到達しないことを疎明できるよう、返戻された郵便物またはそれに関する記録を管理すること。

・会員が5年以上継続して信用金庫の事業を利用していないことを疎明できるよう、会員の取引履歴を調査のうえ記録を作成、管理すること。

・信用金庫が、会員の住所等への現地調査を行うなど会員が届出住所に所在していないことの確認を行うこと。
・公告等により、除名対象者が金庫への住所等の変更届出を行うことや所在不明を事由とする除名の決議を総（代）会で実施すること等について、会員に周知をすること。
・会員から「自らが除名対象者に該当するかどうか」を確認するための照会があった場合や、除名対象者である会員から除名しないよう申出があった場合に適切に対応できる体制を整備すること。

　定款を変更して所在不明会員を除名対象とするか否かは、各信用金庫の任意であり、信用金庫の判断により対応しないこともできる。従前から所在不明である会員の場合、所在不明期間および事業を利用しない期間については、定款変更前の期間を含めて取り扱ってよい。

◆**事業を利用しないことの疎明**　　事業を利用しないこととは、普通預金等を含めたいっさいの預積金取引を利用しないことをいう。ただし、普通預金口座はあるものの、出資配当金および当該預金口座の利息のみが記帳されている場合は、利用をしていないものと考えてよい。

　確認の記録は、取引の利用がないことを確認した担当者やその日時の記録を書面または電磁的方法により作成して永久保存する。

◆**会員の所在が不明であることの調査**

会員の所在の調査は、会員から届出があったその住所等において、当該会員が不在であることを調査する必要がある。調査方法は次のような方法が考えられる。
・現地確認
・公的書類（住民票等）の取得による確認
・親族への確認（個人会員の場合）
・電話（固定電話または携帯電話）による確認
・リサーチ会社を利用した調査による確認

　上記確認の記録は、取引の利用がないことを確認した担当者やその日時の記録を書面または電磁的方法により作成して永久保存する。

◆**通知または催告に係る疎明資料**　　通知または催告が到達しなかったことを疎明するため、次の取扱いをする必要がある。

①　返戻された通知や催告の現物が5年間保存されていること。
②　通知または催告が不達であったことが、信用金庫の記録上、次のような事項が書面または電磁的記録により5年間分管理できていること。
・会員の氏名・住所等
・返戻物の種類
・返戻日付
・返戻理由
・その他必要と認められる事項
③　上記疎明が永久保存されていること。

10114　**民事再生手続開始の決定と会員資格**

信用金庫の会員が民事再生手続開始の決定を受けた場合、その会員資格はどうなるか

結　論

信用金庫会員の法定脱退事由について規定する信用金庫法17条1項は、会員が民事再生手続開始の決定を受けた場合を掲げておらず、除名された場合を除き、会員は原則として、会員資格を維持することができる。

解　説

信用金庫法17条1項は、清算型の倒産手続である解散（2号）および破産手続開始の決定（3号）のみを法定脱退事由としている。その理由は、民事再生手続や会社更生手続のような再建型倒産手続の場合は、会員が事業を継続しつつ再建を図るので、そのためには信用金庫との融資取引関係の維持が必要であり、その再建をサポートするうえで、会員資格を存続させることが不可欠とする趣旨であると思われる。

しかし、会員が借入金の返済を6カ月以上延滞するなどの除名事由が発生し（信用金庫定款例15条）、信用金庫が総会において当該会員を除名した場合は、当該会員は法定脱退により（信用金庫法17条1項4号）、会員資格を喪失する。

なお、除名の手続は、総会の会日の10日前までに、その会員に対し総会において除名する旨を通知して、総会における弁明の機会を与え、総会の決議を経ることが必要である（信用金庫法17条3項）。また、除名は、除名した会員にその旨を通知しなければ、当該会員に対抗することができないとされており（同条4項）、除名後の通知を失念しないように注意する必要がある。

10115　暴力団員の会員たる資格

暴力団員は、信用金庫の会員たる資格を有するか

結　論

暴力団員は、反社会的勢力の属性要件に該当する者であり、信用金庫の会員たる資格を有しない。

解　説

全国信用金庫協会（以下「全信協」という）は平成24年3月30日付で、「反社会的勢力の会員からの排除に関する信用金庫定款例の一部改正について」（全信協発第809号）と題する書面を信用金庫宛てに送付している。

この信用金庫定款例の一部改正により、同定款例に5条2項および別表3を新設し、別表3に掲げる暴力団員等の反社会的勢力の属性要件に該当する者は、信用金庫の「会員となることができない」として、暴力団員を会員たる資格を有する者から排除し、会員たる資格を有しないものとしている。

したがって、原始加入、譲受加入および相続加入の場合は、信用金庫は、会員への加入申込み時に、氏名、住所などの必要事項を受け付けたうえで、必要事項と自金庫のデータベースとの照合、警察等の専門機関への相談結果等により、当該加入申込者の反社会的勢力への該当が確認された場合は、信用金庫定款例5条2項による「会員となることができない」ことを根拠として、

加入を断ることができる。

　また、この信用金庫定款例の一部改正は、定款変更後の会員のみならず、定款変更前からの会員が反社会的勢力に該当する場合についても会員から排除することを想定しており、定款変更前からの会員につき、新たに追加した同定款例別表3の会員資格喪失事由に該当するとして、会員資格を喪失させることができる。

　定款変更前への遡及適用の効果については、預金取引約款変更前に契約した預金者への適用を有効とする福岡高判平28.10.4（金法2052号90頁）がある。

10116　暴力団員の会員資格を制限する方法

暴力団員の会員資格を制限する方法はどのようなものがあるか。会員となることを未然に防止する策としてどのようなものがあるか

結　論

　暴力団員等に該当しないこと、信用金庫定款例別表3第2項各号に該当しないことの表明、ならびに将来にわたっても該当しないことの確認を行わなければならないことを定款に規定する必要がある。

　また、反社会的勢力に関するデータベースの整備を行い、会員加入前の未然防止を図るため、加入申込時にデータベースとの照合を行うことが必要である。また、あわせて既存会員についてデータベースとの定期的なデータの照合（スクリーニング）を行う必要がある。

解　説

◆**定款**　信用金庫定款例5条「会員たる資格」において、「暴力団員等に該当しないこと、及び「別表3」に該当しないことの表明、並びに将来にわたっても該当しないことの確約」および「自ら又は第三者を利用して「別表4」に該当する行為を行わないことの確約」とされているが、定款において同様の規定をして、会員加入の申込者に対して周知する。また会員加入にあたって、上記規定への同意を求める。

◆**反社会的勢力に関するデータベースの整備**　反社会的勢力に関するデータベースの整備を図り、該当する人物がデータ照合からもれないよう注意する。また既存会員について定期的にデータ照合を行い、上記規定に同意している会員については、反社会的勢力に該当することが判明したときは除名の手続を行う（【10117】参照）。

10117　暴力的な要求行為をした会員に対する除名処分

暴力的な要求行為をした会員に対する除名処分は可能か

結　論

　暴力的な要求行為をした会員に対する除名処分は、信用金庫法および定款例の定める除名手続により可能である。

解　説

◆**会員資格の制限と表明・確約**　会員への加入にあたり加入申込書の記載事項（信

用金庫定款例10条（加入）１項６号・７号）に暴力団員等でないこと等の表明・確約事項および行為要件に該当する行為を行わないことの確約を受けるようにする。また、同定款例５条２項に規定する別表３には、属性要件に暴力団員等のほか、いわゆる「共生者」を含むものとして会員から排除する対象を明らかにする。

◆**原始加入・譲受加入・相続加入の場合**

会員への加入申込時に、氏名・住所等の必要事項の明示を受け、必要事項と金庫のデータベースとの照合、警察等の専門機関への相談結果等により、当該加入申込者の反社会的勢力への該当が確認された場合、信用金庫定款例５条２項により「会員となることができない」ことを根拠に総合的判断として加入を断る。

◆**すでに会員となっている者の場合**　すでに会員となっている者が反社会的勢力であるか否かを判断するため、次の事項等を端緒として調査を行う。

・金庫の反社会的勢力のデータベースに該当した場合

・報道等により暴力団員であると疑われる場合

・威圧的な言動等から反社会的勢力ではないかと疑われる場合

・その他属性要件に該当する疑いがある場合

　上記に該当する場合、警察等の専門機関へ相談を行い、相談の結果、警察から「属性要件のいずれかに該当する」旨の回答がされた場合、金庫所定の事務手続に沿って会員からの除名手続を行う。

　なお、定款変更前からの会員についても、新たに追加した信用金庫定款例別表３の会員資格喪失事由に該当するとして会員資格を喪失させること、また、同定款例別表４の行為要件をもって除名することは可能であると解されている（【10115】参照。なお、除名の手続については【10106】参照）。参考例１、２、３は顧問弁護士より通知するものを想定している。

〔参考例1〕

会員たる資格の喪失及び持分（出資金）払戻しのご通知

冠省　当職は、○○信用金庫（以下「当金庫」といいます。）から、貴社（殿）との関係一切について、委任を受けた代理人として、以下のとおりご通知申しあげます。

　貴社（殿）におかれてもご存じのことと思いますが、平成19年6月に犯罪対策閣僚会議幹事会申合せとして、「企業が反社会的勢力による被害を防止するための指針」が定められ、反社会的勢力との取引を含め一切の関係を遮断することが求められております。

　これを受けて、当金庫の定款第5条第2項では、当金庫の定款別表3各項のいずれかに該当する者は当金庫の会員となることができないと定めておりますが、貴社（殿）は当金庫定款別表3に該当するので、信用金庫法第10条第1項及び当金庫定款第5条第2項の規定により会員たる資格を喪失し、法定脱退となりましたのでご通知申しあげます。

　つきましては、持分（出資金）の払戻しをいたしますので、平成○○年4月1日以降すみやかに、届出印、出資証券をご持参のうえ○○支店にご来店ください。また、来店に先立ちましては、来店の日時を当職に電話連絡いただければ幸いです。

　貴社（殿）が法定脱退となったことについては、上記経緯を十分にご理解いただくとともに、ご不明の点等がありましたら、当職においてご説明いたしますので、ご連絡いただくようにお願い申しあげます。

　なお、本件に関しては、冒頭申しあげましたとおり、当職が一切の委任を受けておりますので、当金庫の役職員に対して直接にご連絡等することについては、堅くお断りさせていただきます。

草々

平成○○年○○月○○日
〒○○○-○○○○
（住所）
　○○○○　様

（通知人）　○○信用金庫
上記代理人
（住所）
（電話番号）
　　　○○法律事務所
　　　弁護士　○○○○

通　知　書

冠省　当職は、○○信用金庫（以下「当金庫」といいます。）から、貴社（殿）との関係一切について、委任を受けた代理人として、以下のとおりご通知申しあげます。

　貴社（殿）におかれてもご存じのことと思いますが、平成19年6月に犯罪対策閣僚会議幹事会申合せとして、「企業が反社会的勢力による被害を防止するための指針」が定められ、反社会的勢力との取引を含め一切の関係を遮断することが求められております。

　これを受けて、当金庫の定款第15条では、会員が当金庫の定款別表4各項のいずれかに該当するときは、総（代）会の決議によって除名することができると定めております。

　貴社（殿）は当金庫定款別表4第3項第○号に規定する行為をしました。つきましては、貴社（殿）の会員除名の件を、来る○○月○○日開催の当金庫平成○○年度通常総（代）会に付議いたしますので、信用金庫法第17条第3項及び当金庫定款第15条の規定にもとづき、ご通知申しあげます。

　なお、信用金庫法第17条第3項及び当金庫定款第15条の規定により貴社（殿）には総（代）会において弁明する機会があることを申し添えます。総（代）会において弁明することを希望される場合には、○○月○○日までに当職宛てにご連絡ください。

　ご不明の点等がありましたら、当職においてご説明いたしますので、ご連絡いただくようにお願い申しあげます。

　本件に関しては、冒頭申しあげましたとおり、当職が一切の委任を受けておりますので、当金庫の役職員に対して直接にご連絡等することについては、堅くお断りさせていただきます。

草々

平成○○年○○月○○日
〒○○○－○○○○
（住所）
　○○○○　様

（通知人）　○○信用金庫
上記代理人
（住所）
（電話番号）
　　　○○法律事務所
　弁護士　○○○○

除名及び持分（出資金）払戻しのご通知

冠省　当職は、○○信用金庫（以下「当金庫」といいます。）から、貴社（殿）との関係一切について、委任を受けた代理人として、以下のとおりご通知申しあげます。

　去る○○月○○日付内容証明郵便をもってご通知しました貴社（殿）の会員除名につきましては、○○月○○日開催の当金庫○○年度通常総（代）会において議決されましたので、信用金庫法第17条第4項の規定にもとづき、ご通知申しあげます。

　つきましては、持分（出資金）の払戻しをいたしますので、平成○○年4月1日以降すみやかに、届出印、出資証券をご持参のうえ○○支店にご来店ください。また、来店に先立ちましては、来店の日時を当職に電話連絡いただければ幸いです。

　ご不明の点等がありましたら、当職においてご説明いたしますので、ご連絡いただくようにお願い申しあげます。

　なお、本件に関しては、冒頭申しあげましたとおり、当職が一切の委任を受けておりますので、当金庫の職員に対して直接ご連絡等することについては、堅くお断りさせていただきます。

草々

平成○○年○○月○○日
〒○○○－○○○○
（住所）
　○○○○　様

（通知人）　○○信用金庫
上記代理人
（住所）
（電話番号）
　　○○法律事務所
　　弁護士　○○○○

第 **3** 節

協同組織金融機関における員外貸付等

10118　員外貸付の限度

員外貸付とその最高限度はどのように定められているか

結　論

① 信用金庫については、会員以外の者に対して行う資金の貸付および手形の割引の額の合計額（地方公共団体に対する貸付、独立行政法人勤労者退職金共済機構等に対する財形持家融資等に要する資金の貸付および金融機関に対する資金の貸付、手形割引を除く）の最高限度は、当該信用金庫の資金の貸付および手形の割引（金融機関に対するものを除く）の総額の100分の20に相当する金額である（信用金庫法施行令 8 条 2 項）。

② 信用組合については、組合員以外の者に対して行う資金の貸付および手形の割引の額の合計額（独立行政法人勤労者退職金共済機構等に対する財形持家融資等に要する資金の貸付および金融機関に対する資金の貸付、手形割引を除く）の最高限度は、当該信用組合の資金の貸付お

よび手形の割引（金融機関に対するものを除く）の総額の100分の20に相当する金額である（中小企業等協同組合法施行令14条 2 項）。

③ 農業協同組合については、その組合員以外の者に対する貸付額と手形割引額の合計額の限度額は、政令で定める事業を除き原則として、その組合員に対する貸付額および手形割引額の合計額の 5 分の 1 を超えてはならない（農協法10条17項）。

解　説

◆**信用金庫と員外貸付**　信用金庫の融資対象は、原則として会員に限られている（信用金庫法53条 1 項 2 号・ 3 号）が、会員に対する融資を妨げない限度において会員以外の者に対する資金の貸付（手形の割引を含む）が認められている（同条 2 項、同法施行令 8 条）。

現在認められている員外貸出は、次に掲げる10の場合である（信用金庫法施行令 8 条 1 項）。

① 預金または定期積金担保の貸付（当該信用金庫の預積金で、かつ自己の預積金を担保とする場合に限る）。ただし、手形の割引は含まれない。

② 　３年以上会員であった事業者で、個人事業者の場合は常時使用する従業員の数が300人を超えることとなったこと、法人事業者の場合は常時使用する従業員数が300人を超え、かつ、その資本の額または出資の総額が９億円を超えることとなったことにより脱退した者に対して、脱退の時から５年以内（ただし、会員であった期間が５年以上であった事業者については10年以内）に行う資金の貸付（ただし償還期限は、脱退の時から５年以内（会員であった期間が５年以上の事業者は10年以内）に到来するものに限る）および手形の割引（いわゆる卒業生金融。員外貸付告示および平成10年12月14日告示54号の１号・２号参照）。

③ 　会員の外国子会社または３年以上会員であった卒業会員の外国子会社に対して脱退の時から（脱退の時からすでに経過した期間を除いて）５年以内（ただし、会員であった期間が５年以上であった卒業会員の外国子会社については10年以内）に行う資金の貸付（ただし償還期限は、脱退の時から５年以内（会員であった期間が５年以上の卒業会員の外国子会社は10年以内）に到来するものに限る）（員外貸付告示４号参照）。

④ 　会員以外の者で会員たる資格を有する者に対する700万円（信用金庫が地方公共団体から預託を受けて会員たる資格を有するものに対して行う当該資金の貸付については、１人当り700万円。ただし、預託金額を超えて貸付をする場合には、超えた分からの貸付については会員貸出として取り扱うことになる）までの資金の貸付および手形の割引（いわゆる小口員外貸出。員外貸付告示および平成10年12月14日告示54号の３号参照）。

⑤ 　独立行政法人通則法２条１項に規定する独立行政法人または地方独立行政法人法２条１項に規定する地方独立行政法人に対する資金の貸付（独立行政法人勤労者退職金共済機構および独立行政法人住宅金融支援機構に対する資金の貸付を除く）および手形の割引

⑥ 　PFI法２条５項に規定する選定事業者に対する同条４項に規定する選定事業に係る資金の貸付

⑦ 　地方公共団体に対する資金の貸付

⑧ 　独立行政法人勤労者退職金共済機構、独立行政法人住宅金融支援機構、沖縄振興開発金融公庫または財形法12条１項に規定する共済組合等に対する同法11条に規定する資金の貸付

⑨㋑ 　地方住宅供給公社ならびに住宅・宅地および道路の供給を目的とする法人であって、その出資金額または拠出された金額の２分の１以上が地方公共団体により出資または拠出されているものに対する資金の貸付および手形の割引

　㋺ 　特定住宅金融専門会社の債権債務の処理の促進に関する特別措置法３条１項２号に規定する債権処理会社に対する資金の貸付、手形の割引（⑨について、昭和63年１月30日告示11号、最終改正平成８年11月８日告示317号参照）

⑩ 　金融機関に対する資金の貸付および手形の割引

◆**信用組合と員外貸付**　　信用組合に認められる員外貸付は、以下のとおりである（中小企業等協同組合法施行令14条１項）。

① 組合員以外の者に対する預金または定期積金を担保とする資金の貸付

② 組合員以外の者で組合員たる資格を有するものに対し、金融庁長官の定める金額の範囲内において行う資金の貸付および手形の割引

③ 組合員の外国子会社に対する資金の貸付

④ 独立行政法人通則法2条1項に規定する独立行政法人または地方独立行政法人法2条1項に規定する地方独立行政法人に対する資金の貸付（独立行政法人勤労者退職金共済機構および独立行政法人住宅金融支援機構に対する資金の貸付を除く）および手形の割引

⑤ PFI法2条5項に規定する選定事業者に対する同条4項に規定する選定事業に係る資金の貸付

⑥ 地方公共団体に対する資金の貸付

⑦ 独立行政法人勤労者退職金共済機構、独立行政法人住宅金融支援機構、沖縄振興開発金融公庫または財形法12条1項に規定する共済組合等に対する同法11条に規定する資金の貸付

⑧ 地方住宅供給公社その他これに準ずる法人で金融庁長官の指定するものに対する資金の貸付および手形の割引

⑨ 金融機関に対する資金の貸付および手形の割引

◆**農業協同組合と員外貸付**　農業協同組合に認められる員外貸出は、定款の定めによるが（農協法10条17項・20項）、次の員外貸出を行うことができる。

① 地方公共団体または地方公共団体が主たる構成員もしくは出資者となっているか、もしくはその基本財産の額の過半を拠出している、営利を目的としない法人に対する資金の貸付

② 農村地域における産業基盤または生活環境の整備のために必要な資金で政令で定めるものの貸付（①に掲げるものを除く）

③ 銀行その他の金融機関に対する資金の貸付

10119　員外貸付の効力と担保・保証

法令上認められる以外の員外貸付の効力はどうなるか。担保・保証はどうか

結　論

法令上認められる員外貸付（【10118】参照）以外の員外貸付は無効であり、担保・保証も無効となる。

ただし、会員、組合員でない保証人に対する肩代り融資など、会員、組合員に対する債権回収のための員外貸付は有効とする考えもある。

員外貸付が無効とされたときは、不当利得として貸付金相当額の返還を請求することができる。

解　説

◆**員外貸付の効力**　判例は、農業協同組合の員外貸付についてこれを無効とし（最判昭41.4.26民集20巻4号849頁）、労働金庫の員外貸付についても同様に無効としている（最判昭44.7.4民集23巻8号1347頁）。

協同組合あるいはこれと実質的に同視される特定の目的のために特別法により設立

される法人は、その助成団体性、相互扶助性に照らし事業目的が制約されているが、学説の大勢はこの制約の効力を厳格に解しており、員外貸付は事業目的に反し無効とするのが通説である（大塚喜一郎『協同組合法の研究』391頁、上柳克郎『協同組合法』71頁など）。

ただし、会員、組合員に対する債権を回収するための、会員、組合員ではない保証人に対する肩代り融資や割引手形の振出人に対する当該手形の決済資金の貸付などは、事業目的の範囲に属し有効とする考えもある。

なお、員外貸付が無効とされた場合には、不当利得として貸付金相当額の返還を請求することができる。

◆**担保・保証の効力**　員外貸付が無効であれば、付従性により担保・保証も無効とするのが一般的な考え方である。一方、付従性の原則は金員の授受がないため被担保債権が成立しない場合の議論であって、金員が授受されたが消費貸借が無効である場合には別個に考慮すべきとする考え方もある。経済的意味では、消費貸借も不当利得も同じであること、そのための担保が被担保債権の法律上の性質の変化で無効とされるのはおかしいこと、そのために債務者や後順位抵当権者の利益を考慮してやる必要はないことから、借主の保証人の債務およびそのための抵当権は消費貸借の無効による不当利得返還請求権に及ぶと解することができるとする説もある（星野英一「農業協同組合の員外貸付が無効とされた事例（代表者も借主も事情を承知していた）」法協84巻4号570頁以下）。

しかし、判例は担保・保証も無効となる

としており、前掲の最判昭44.7.4は、員外貸付が無効であっても、抵当権が実行され担保物件が競落人の所有に帰した場合には、債務者が競落人の所有権取得を否定することは信義則上許されないとしており、担保権を有効とするものではないが、実務上、信義則により有効と同様に考えられていることに留意すべきである。

10120 事後員外貸出、事後地区外貸出の取扱い

信用金庫の事後員外貸出および事後地区外貸出については、どのように取り扱えばよいか

結　論

会員が貸出の当初は会員であったものの、死亡した場合などに生じる事後員外貸出、および地区外に移転した場合に生じる事後地区外貸出については、実務上、やむをえず発生したものであって、法令違反ととらえる必要はなく、有効と解されている。なお、金融庁（旧大蔵省）の検査における取扱いに準じて取り扱えばよい。

解　説

金融庁（旧大蔵省）検査では、信用金庫法施行令8条1項以外の員外貸出について、次のように取り扱っている（検査における取扱いを紹介するものとして、森井英雄編著『四訂信用金庫法の相談事例』73頁がある）。

（1）事後地区外貸出（会員に対して行われていた貸出であって、その後、当該会員

の住所、居所または事務所などが地区外へ
移ったため、法定脱退となり、結果的に地
区外貸出となったもの）、事後員外貸出
（会員に対して行われていた貸出であって、
除名、死亡、解散、破産などの事由による
法定脱退および自由脱退により、結果的に
員外貸出になったもの）および卒業生金融
で卒業生としての資格喪失後においても残
存する貸出については、

① 償還について積極的な努力をしている
と認められるものについては、法令違反
としないが、その後の整理を引き続き促
進させるため、不備事項として取り上げ
ることとする。

② 償還について積極的な努力が認められ
ず、貸出がいたずらに放置されているも
のについては、法令違反とはしないが、
貸出態度の問題として取り上げ、同時に
不備事項として指摘する。

③ 前記①および②の場合においても、貸
増しまたは更改を行っているものについ
ては、法令違反として指摘する。

（2） 卒業生金融については、貸出の契約
上の償還期限が資格喪失までの期間内とな
っているものであっても、金庫が当該期間
内に回収する意図をもたずに取り扱ったこ
とが明らかであるものは、法令違反として
指摘する。

この取扱いにあるように、信用金庫法施
行令8条1項以外の員外貸出について、信
用金庫は、早期回収に努めるべきことは当
然であるとしても、これを一概に法令違反
と断じ、無理な回収を図る必要はなく、会
員資格喪失後、貸出期限まで不可避的に生
ずる過渡的な回収のずれを員外貸出の存続
により補完することが許されると考えられ
る。

10121 事後地区外貸出の存続と持分の払戻しの要否

信用金庫は、事後地区外貸出となった貸付
が完済されない場合であっても、持分払戻
請求に応じる必要があるか

結論

　信用金庫は、借入人が事後地区外貸出と
なった貸付を完済していない場合であって
も、約定弁済しているなど債務の返済に問
題がない以上、信用金庫法の定めに従えば
原則として持分払戻請求に応じる必要があ
る。

解説

　会員は信用金庫の地区外への転居により、
会員たる資格を喪失すると、それが法定脱
退事由に該当し（信用金庫法17条1項1
号）、脱退により金庫の定款の定めるとこ
ろにより持分の払戻しを請求することがで
きる（同法18条1項、信用金庫定款例14条
1項1号・16条）。

　この持分払戻請求権は、法定脱退した会
員の権利であり義務ではない。したがって、
実務では、会員からの持分払戻請求がなけ
れば払戻しをしていないのが実情のようで
ある。

　しかし、法定脱退した会員から持分払戻
請求があった場合、信用金庫は、特段の事
情がない限り、法定脱退した会員の権利に
対応するものとして、それに応じる必要が
ある。

信用金庫法は、その例外として、「金庫は、脱退した会員が金庫に対する債務を完済するまでは、その持分の払戻を停止することができる」（同法20条）と定めている。

この例外規定が適用されるのは、信用金庫の債権保全を必要とする事由が借入人について生じたような場合である。たとえば、借入人の破産による法定脱退に伴い（信用金庫法17条1項3号）、借入人の信用金庫に対する債務の期限の利益が喪失され、脱退した事業年度が終わってから、信用金庫が自己の貸金債権と借入人の持分払戻請求権との相殺を予定しているような場合である。

信用金庫は、会員たる借入人が地区外に転居し、その勤務先も自金庫の地区外にある場合でも、借入人が貸付金の返済を一度も延滞することなく約定どおり行っていれば、今後も、事後地区外貸出として貸付を存続させるのが通常である。

このような状況において、地区外への転居後に借入人から持分の払戻請求があった場合、信用金庫は、借入人が貸付金を完済していないにもかかわらず、払戻請求があったときには、このような債権保全を必要とする状況にはなく、信用金庫法20条に基づく持分の払戻しの停止を行うことはできないので、借入人の持分払戻請求に応じる必要がある。

ただし、実務上会員と同様の権利を認める以上、一定の場合、持分払戻請求を留保するべきとする考え方も成立する。

10122 会員資格のない連帯保証人による借入れの肩代り

信用金庫が会員からの貸出金の回収が不可能となったため、員外の連帯保証人に連帯保証債務の履行を求めたところ、連帯保証人より、会員に対する貸出について、債務引受をしたいとの申出を受けた場合、どのように対応すべきか

結　論

債務引受の方法としては、主債務者に資力がない場合、連帯債務の関係にならない免責的債務引受とするのが望ましい。

解　説

信用金庫は会員資格のない者の担保や保証の提供により、会員に対する貸出を行うことができる。そして、保証人の申出による債務引受は、保証債務の履行のために行うものであり、会員以外の者の保証を認める以上、その保証債務の履行方法において、会員資格のない保証人による債務引受がなされることもありうるのであり、信用金庫の事業目的に含まれるとする考えがある。

本問の信用金庫にとっても、現在起こっている事象は法に触れるものではない。員外の連帯保証人との間に債権債務の関係が発生しているが、同人に資金の貸付を行っているのではなく、むろん手形の割引を行っているのでもない。

したがって、債務弁済契約により長期約定弁済契約とするか、もしくは、債務引受のうち債務者と連帯債務の関係とならない免責的債務引受とすることが望ましいと思

われる。

10123 卒業生の会員資格の再取得と再出資

信用金庫は、卒業生が会員たる資格を再取得し、会員としての取引を行う場合には、再度、出資をしてもらい会員となることが可能か

結　論

　信用金庫は、従来の卒業生との間の取引を、卒業生として行うのではなく、会員として行うのであれば、再度、出資を受け会員となってもらい会員として取引が可能となる。

解　説

　信用金庫の会員となるためには、一定の手続に従って、当該金庫に出資することが必要である（信用金庫法13条）。この原則は、会員たる資格を有する者が新規に会員になろうとする場合、および会員たる資格を再取得した卒業生が、再度、会員になろうとする場合の両方に適用される。

　したがって、卒業生が再度会員になろうとする場合、当該卒業生は信用金庫に対しあらためて出資をする必要がある。

　また、当該卒業生が資本金の額や常時使用する従業員の数といった会員たる資格の規模の要件を充足しなくなった場合で（信用金庫法10条1項柱書、同法施行令4条）、卒業生となった後、事業所のすべてを金庫の地区外に移転した結果、当該金庫の地区内に事業所がまったくなくなってしまった

場合には、会員たる資格のうち地区の要件を充足せず、会員たる資格はない（同法10条1項1号・2号）。したがって、この場合は、卒業生であっても、再度会員となることができない。

　したがって、信用金庫は、借入人が卒業生となったために、出資を払い戻したうえで、卒業生としての貸出取引を行っている場合であっても、当該卒業生の従業員の数が300人以下になり、または、資本金が9億円以下となったときは、借入人が、自金庫の会員として取引関係を望むのであれば、再度、出資を受けて会員となってもらうことが可能となる。

10124 卒業生資格取得前の既往貸出が卒業生期間を超過する場合の対応

信用金庫の融資先である株式会社が他社を吸収合併し、資本金の額が9億円を超え、かつ、従業員数が300人を超えた。既存融資の期限は15年後である。この融資について法令上の問題があるか。あるならどう対応すべきか

結　論

　融資先の株式会社が会員であった期間に応じて、5年後を、または10年後を過ぎた瞬間からこの資金の貸付は法令違反となる可能性がある。

　ただし、金融庁の取扱いにおいては、①貸し増しまたは更改を行っているものについては法令違反とされ、②償還について積極的な努力が認められず、貸出がいたずら

に放置されているものについては、法令違反とはしないが、貸出態度の問題として取り上げ、同時に不備事項として指摘されうる。③償還について積極的な努力をしているものと認められるものについては、法令違反とはしないが、その後の整理を引き続き促進させるため、不備事項として取り上げられる。

したがって、償還計画の見直しが借手と金融機関との間で協議され、新たな計画を再策定する等の、計画的・戦略的な卒業生金融対応を行っていくことが求められる。

解　説

◆信用金庫法における規定　信用金庫の会員たりうる資格は、次のとおり信用金庫法で定められており、各信用金庫は定款でも自金庫の会員となれる資格を定めている（同法10条1項）。

すなわち、その信用金庫の地区内に住所または居所を有する者（信用金庫法10条1項1号）

その信用金庫の地区内に事業所を有する者（同項2号）

その信用金庫の地区内において勤労に従事する者（同項3号）

前3号に掲げる者に準ずる者として内閣府令で定める者（同項4号）

ただし、信用金庫法10条1項1号または2号に掲げる者に該当する個人にあってはその常時使用する従業員の数が300人を超える事業者を除く。

また、信用金庫法10条1項1号または2号に掲げる者に該当する法人にあってはその常時使用する従業員の数が300人を超え、かつ、その資本金の額または出資の総額が政令で定める金額を超える事業者を除くとされている（同項ただし書）。政令で定めるその資本金の額または出資の総額とは、9億円とされている（同法施行令4条）。

本問では融資先の株式会社が他社を吸収合併し、資本金の額が9億円を超え、かつ、従業員数が300人を超えた。従業員数と資本金・出資総額という二つの基準を同時に超えたことにより本融資先は当該信用金庫の会員資格を失ったことになる。会員は資格を喪失した場合、そのときから、会員たる地位を失い、法定脱退する（信用金庫法17条1項1号①）。

この融資先にすでにその時点で行っている融資の期限は15年後だというのである。

信用金庫法53条2項は、政令で定めるところにより、会員以外の者に対して資金の貸付（手形の割引を含む）をすることができるとし、同法施行令8条1項2号は、同条項を受けて、同法10条1項ただし書に規定する事業者となったことにより会員を脱退したものを「卒業会員」と呼び、卒業会員に対して、金融庁長官の定める期間内に行う資金の貸付および手形の割引を行うことができるとする。

この金融庁長官の定める期間は、当該事業者が会員であった期間に応じて次のように定められている（員外貸付告示）。

会員であった期間が3年以上5年未満の場合、脱退の時から5年（員外貸付告示1条1項2項イ）

会員であった期間が5年以上の場合、脱退の時から10年（員外貸付告示1条2項ロ）

したがって、本問では、既存貸出の期限は15年であり、いずれにしても卒業生金融

の特例期間（5年または10年）を経過した場合として事後員外貸出となる。

信用金庫法施行令では、事後員外貸出について明記されておらず、原則として限定した会員との融資取引に限られている信用金庫においては、法令違反となるかどうかが懸念されるところである。

しかし、本問にあるように、当初は会員であったが、その後規模が拡大して会員資格を喪失することはありえよう。会員であった期間に実行された卒業生金融の特例期間を経過した貸出については事後員外として有効であり、回収に努めるべきではあるが、「一概に法令違反と断じ無理な回収を図る必要はない」（森井英雄編著『四訂信用金庫法の相談事例』72頁）ともいえよう。

なお、この点に関し、金融庁検査での取扱いについて、旧大蔵省時代のものとして、次のものが示されている。

「1　事後地区外貸出（会員に対して行われていた貸出であって、その後、当該会員の住所、居所または事務所などが地区外へ移ったため、法定脱退となり、結果的に地区外貸出となったもの）、事後員外貸出（会員に対して行われていた貸出であって、除名、死亡、解散、破産などの事由による法定脱退および自由脱退により結果的に員外貸出となったもの）および卒業生金融で卒業生としての資格喪失後においても残存する貸出については、

① 償還について積極的な努力をしているものと認められるものについては、法令違反とはしないが、その後の整理を引き続き促進させるため、不備事項としてとりあげることとする。

② 償還について積極的な努力が認められ

ず、貸出がいたずらに放置されているものについては、法令違反とはしないが、貸出態度の問題としてとりあげ、同時に不備事項として指摘する。

③ 前記①、②の場合においても、貸増または更改を行っているものについては、法令違反として指摘する。

2　卒業生金融については、貸出の償還期限が資格喪失までの期間内となっているものであっても、金庫が当該期間内に回収する意図をもたずに取り扱ったことが明らかであるものは、法令違反として指摘する」（前掲『四訂信用金庫法の相談事例』73頁）。

2にも注意したい。

10125　卒業生資格の再取得と会員期間の通算

従業員数が300人を超えたため会員資格を失い「卒業生金融」を行っていた取引先企業の従業員数が減り300人に満たなくなった場合、信用金庫は再度会員として取引できると考えてよいか。また、再度従業員が増加して会員資格を満たさなくなり卒業生となった場合、卒業生金融を供与できる期間はどのように決められるのか

結　論

信用金庫は、従業員数が300人を超えて会員資格を失ったものの、従業員が減少し300人以下となった企業を再度会員として貸出取引をすることができる。また、信用金庫は、当該企業の従業員数が再度300人を超えた場合には、卒業生金融を再び行う

ことができ、信用金庫は、これまでの会員期間を通算して、卒業生金融を供与できる期間を通算してもよい。

解　説

◆会員資格の回復

資本金が9億円を超える企業が常時使用する従業員数が300人を超えると、信用金庫の会員たる資格を失う（信用金庫法10条1項ただし書（従業員数基準）、同法施行令4条（資本金・出資総額基準））。その際、信用金庫はいわゆる卒業生金融により取引を続けることができる。当該企業がその従業員数を減員し300人に満たなくなると、信用金庫の会員資格を得られる状況に「復帰」することとなる。

まず、会員資格を得る状況に再びなること（復帰）が認められるのか。

一度会員資格を失ったものが、失った原因を解消して、再度会員資格を得られる状況に至ることは想定される。いったん会員資格を失ったら最後、二度とこのような「復帰」が認められないとした場合、そもそも、会員資格に限定を加えた趣旨は、中小企業であったり、限定された地域で事業を行ったり居住している事実こそが、協同組織金融機関の便を得るための理由（必要性）であるからである。

会員資格を限定するための基準はどこかで設けられる必要があり、さまざまな事情でその基準を出入りするものに対して、明らかに不自然な・法の趣旨を潜脱する目的で行われるような場合を除き、当該企業に会員資格の回復が当然に認められる。

したがって、信用金庫は、当該企業を再度会員として貸出取引をすることができる。

◆卒業生金融の再開と期間の通算方法

信用金庫は、将来、当該企業の従業員数が再度300人を超えた場合には、卒業生金融を再び行うことができる。

ただ、資金の貸付は、償還期限が当該期間内に到来するものでなければならない（信用金庫法53条2項（政令で定めるところにより）、同法施行令8条1項2号（猶予期間（金融庁長官の定める）））。員外貸付告示2項において卒業生金融を行うことができる期間が定められており、会員であった期間が3年以上5年未満の場合は脱退の時から5年（同項イ）、5年以上の場合は10年（同項ロ）とされている。

仮に、当該企業が6年前に貸出取引を開始し、4年間会員として信用金庫と融資取引を行ってきたが、2年前に常時使用する従業員が300人を超えたため卒業生金融により取引を続けていたとする。当該企業が卒業生金融を行うことができる期間は5年である（員外貸付告示2項）が、すでに2年間取引を行っているので、償還期限が3年（5年～2年）以内に到来するものでなければならない。

さらに1年後、当該企業が常時使用する従業員数が300人を超えたとき、猶予期間は何年になるのか。

当該企業は最初に脱退するまで4年間会員であり、脱退後2年で再び会員となり、1年後再び脱退している。当該企業が会員であった期間は通算（4年＋1年＝5年）できるのか。

信用金庫法が、会員であった期間の長短に応じて猶予期間の長短を設けているのは、会員すなわち中小企業であったり、限定された地域で事業を行ったり居住している状

況に長くある者ほど、脱退時に直ちに借入れを償還できないおそれが大きいとされたからである。

信用金庫法施行令8条1項2号は「(金融庁長官定める)期間会員であった(事業者)」とし、員外貸付告示も「(事業者が)会員であった期間」(1項)・「(前号の)期間」(2項)とするのみで、そこにはさらに期間を限定する文言はない。

そうすると、会員であった期間の解釈として、脱退期間が存在していたことを理由に通算できないと解する理由はない。

したがって、会員以外の者に対して行う資金の貸付等に関する期間は、脱退時の当該会員が脱退時までに会員であった期間の合計となる。

先の事例では、当該企業が再び脱退した時点で5年間会員であったことになるので、その時点で会員以外の者に対して行う資金の貸付等に関する期間は10年となる。

10126 信用金庫法施行令8条1項以外の員外貸出

信用金庫における日常の融資取引のなかで、信用金庫法施行令8条1項で認められている以外の員外貸出が発生することがある。これらに対してはどう考えたらいいのか

結　論

信用金庫法施行令8条1項で認められている以外の会員以外の者に対する資金の貸付が発生した場合は、その原因を解消する即時一括償還を求めるには、無理があるのが通常である。したがって、合理的な期間内に員外貸出を存続することは許容される。

解　説

◆**信用金庫法施行令8条1項で認められている以外の員外貸付**　信用金庫法施行令8条1項で認められている以外の会員以外の者に対する資金の貸付等としては、たとえば次のような事象が想定される。

① 会員債務者が地区外で勤務に従事するため、地区外へ転居することになった。

② 卒業生金融で許容されている期間を経過してなお融資が残存している。

これらに代表される事象により、当該会員は会員資格喪失により金庫を原則として法定脱退する。これらは、信用金庫法施行令8条1項で認められている以外の会員以外の者に対する資金の貸付であり、具体的には、事後員外貸出、事後地区外貸出がそれに該当する。即時一括償還を求めるには、無理な場合があるのが通常である。

◆**実務上の対応**　一般的な期限の利益喪失条項(一般社団法人信用金庫協会編『信用金庫便覧2016』1500頁等)のうち、当然喪失条項には該当するものが見当たらず、請求喪失条項にも当てはまるものは見つからない。「債権保全を必要とする相当の事由が生じたとき」というバスケット条項があるが、「債務者が会員資格を失ったこと」が直ちに「債権保全を必要とする相当の事由が生じた」わけではない。たとえば①の事例で、何の連絡もなく突然地区外へ転居し弁済意思を示さない場合はともかく、従来から順調に返済しており、いままでどおり返済していくという意思表示が明確にされている状況等である場合はこの請求喪失条項を適用することはできない。

また、法が会員資格に地区制限を設けているとはいえ、勤労従事者をはじめとする会員が地区外へ転居することは大いに想定される事象であり、この事象はその会員が資金の貸付を受けているか否かに関係なく起こりうる。

ただ、会員資格に地区制限が設けられたのは、当該協同組織金融機関の地区内で事業を行ったり居住・勤務していない者を、当該協同組織金融機関の金融サービスを提供する必要性が小さい・優先順位が低い者と考えるからであり、地区内で事業を行ったり勤労したり、生計を営む者の、金融の便益を受けたいという需要を、地区外の者よりも優先しているからである。

したがって、上記のような事例では、合理的な期間内に員外貸出を存続することを許容するべきと考える。

なお、この点に関し、金融庁検査での取扱いについて、旧大蔵省時代のものとして、次のものが示されている。

「1　事後地区外貸出（会員に対して行われていた貸出であって、その後、当該会員の住所、居所または事務所などが地区外へ移ったため、法定脱退となり、結果的に地区外貸出となったもの）、事後員外貸出（会員に対して行われていた貸出であって、除名、死亡、解散、破産などの事由による法定脱退および自由脱退により結果的に員外貸出となったもの）および卒業生金融で卒業生としての資格喪失後においても残存する貸出については、

① 償還について積極的な努力をしているものと認められるものについては、法令違反とはしないが、その後の整理を引き続き促進させるため、不備事項としてと

りあげることとする。

② 償還について積極的な努力が認められず、貸出がいたずらに放置されているものについては、法令違反とはしないが、貸出態度の問題としてとりあげ、同時に不備事項として指摘する。

③ 前記①、②の場合においても、貸増または更改を行っているものについては、法令違反として指摘する。

2　卒業生金融については、貸出の償還期限が資格喪失までの期間内となっているものであっても、金庫が当該期間内に回収する意図をもたずに取り扱ったことが明らかであるものは、法令違反として指摘する」（森井英雄編著『四訂信用金庫法の相談事例』73頁）。

2にも注意したい。

10127 地区内の親会社に対する、地区外の子会社への転貸を使途とする融資の可否

信用金庫の地区外に住所も事業者もない子会社に対する転貸資金を使途として、会員である取引先企業へ融資を実行しても問題ないか

結　論

会員資格のない子会社への転貸資金を会員である取引先企業へ貸し付けることは原則として許容されない。

解　説

信用金庫から資金の貸付を受けられる立

場を原則として会員に限定しているが（信用金庫法53条1項2号・3号）、会員たる資格そのものにも限定が設けられている（同法10条）。その限定事由には、従業員数や資本金・出資の総額のほか、住所・居所・事業所・勤労従事地が一定の地区にあるという、地区制限がある。

信用金庫の地区内で事業を行ったり居住・勤務していない者の金融サービスを提供する必要性が小さい・優先順位が低いからである。また、地区内で事業を行ったり居住・勤務していれば、遠隔地で複数の事業所を展開等していようと、他の限定事由に抵触しない限り、会員資格が認められる。地区内で事業を行ったり勤労したり、生計を営む者の、金融の便益を受けたいという需要を、地区外の同様の事業を行っている者よりも優先しているのである。

会員である取引先企業は借りた金員を地区内に住所も事業所もない子会社へ貸すと信用金庫の貸し付けた金員は実質的には子会社の需要に応ずるものになる。会員制度を潜脱する効果があることは否定できない。

信用金庫法は、会員以外の者に対する資金の貸付として許容されるものを限定列挙している。また、その前提として、会員以外の者に対する資金の貸付は、「前（53条第1）項第2号及び第3号に掲げる業務の遂行を妨げない限度において」「することができる」（同法53条2項）と明確に規定されている。

以上より、会員資格のない子会社に対する転貸資金の融資は原則として許容されない。

10128 会員たる資格のない者に対する員外預金担保貸付

信用金庫は、自金庫の地区外に転居し、勤務先も自金庫の地区内にはないために、会員たる資格のない者が地区内に居住していた頃に預け入れた本人名義の定期預金を担保とする員外預金担保貸付を行うことができるか

結　論

信用金庫は、預金者が自金庫の会員たる資格を有するか否かにかかわらず、預金者に対する本件員外預金担保貸付を行うことができる（信用金庫法53条2項、同法施行令8条1項1号）。

解　説

信用金庫が政令の定めるところにより員外貸出を行うことができる旨を規定する信用金庫法53条2項を受け、同法施行令8条1項1号は、「会員以外の者に対しその預金又は定期積金を担保として行う資金の貸付け」と定め、員外預金担保貸付を認めている。

信用金庫が預金者に対する員外預金担保貸付を行うに際して、預金者に自金庫の会員たる資格が必要か否かなどについては、次のように考えるべきである。

借入人が会員たる資格を必要とされる小口員外貸出については、信用金庫法施行令8条1項3号が「会員以外の者で会員たる資格を有するものに対し……」と規定するのに対し、員外預金担保貸付について、同項1号は「会員以外の者に対し……」との

み定めているので、この条文の文言上から
も、預金者に自金庫の会員たる資格は必要
とされていない。

　信用金庫が預金を受け入れたのは、預金
者が自金庫の地区内に居住していた時期で
あり、預金者は、自金庫の地区外に転居し
た後に、自金庫からの員外預金担保貸付を
受けることを意図して、定期預金を預け入
れたわけではない。

　本事例のような場合にまで、信用金庫に
よる員外預金担保貸付を認めないとすれば、
定期預金の中途解約による預金者の金利面
での不利益を回避するという預金担保貸付
の目的から逸脱することになるものと思わ
れる。

　本問における担保定期預金は、借入申込
人である預金者自身の定期預金であり、信
用金庫法施行令8条1項1号が「会員以外
の者に対しその預金又は定期積金を担保と
して……」と規定し、借入人本人の預金を
担保とする員外預金担保貸付のみを認める
趣旨とも整合している（借入人以外の者の
預金を担保とする員外預金担保貸付が認め
られないことについては、平野英則「信用
金庫の法務入門（第7回）」金法1692号69
頁、森井英雄編著『四訂信用金庫法の相談
事例』217頁。

　したがって、本問において、信用金庫は、
借入人本人の定期預金を担保に自金庫の会
員たる資格のない預金者に対し、員外預金
担保貸付を行うことができる。

10129 会員資格のない者を借入人とする貸付信託受益権購入の可否

信用金庫は、自金庫の会員資格のない借入
人に対する貸付債権の信託受益権を購入す
ることができるか

結　論

　信用金庫は、自金庫の会員資格のない借
入人に対する貸付債権の信託受益権を購入
することができる（信用金庫法53条3項5
号、同法施行規則50条3項4号）。

解　説

　信用金庫が貸出をする場合は、原則とし
て、借入人に会員資格が必要であり（信用
金庫法10条1項1号・2号・53条1項2
号）、一定の場合には、会員以外の者に対
する貸付等も可能である（同法53条2項、
同法施行令8条1項）。

　さらに、信用金庫は、預金、貸付、手形
割引および為替取引のほか、一定の業務を
行うことができ（信用金庫法53条3項）、
その一つとして「金銭債権（譲渡性預金証
書その他の内閣府令で定める証書をもつて
表示されるものを含む。）の取得又は譲渡」
があり（同項5号）、金銭債権であって
「内閣府令で定める証書をもつて表示され
るもの」には、「貸付債権信託の受益権証
書」がある（同法施行規則50条3項4号）。
そして、貸付債権が信用金庫法53条3項5
号の「金銭債権」に含まれることは明らか
であり、信用金庫がその信託受益権を取得
しまたは譲渡することは可能であるとされ

ている。

信用金庫がプライマリーマーケットにおいて、通常の相対貸出やシンジケートローン形式で貸付を行う場合は原則として借入人に会員資格が必要であるが、セカンダリーマーケットにおいて、たとえば甲信用金庫が自己の会員A社に対するシンジケートローン債権を信託し、その受益権証書の発行を受け、A社を会員とすることができない乙信用金庫が当該受益権を譲り受けることは可能である（信用金庫法53条3項5号、同法施行規則50条3項4号。平野英則「信用金庫の法務入門（第22回）」金法1732号77頁）。

10130　会員または卒業生の外国子会社に対する貸付

信用金庫は、自金庫の会員または卒業生の外国子会社の依頼により、当該外国子会社に対する貸付を行うことができるか

結　論

信用金庫は、自金庫の会員または卒業生の外国子会社の依頼により、当該外国子会社に対する貸付を員外貸付として行うことができる（信用金庫法施行令8条1項4号）。

解　説

信用金庫の法人会員たる資格は、原則として地区の要件が必須であり、地区外の法人に対する貸付は、信用金庫法施行令8条1項が規定する員外貸付のみであり、そのなかに会員または卒業生の外国子会社に対する貸付は存在しなかった。しかし、最近

では、信用金庫の会員または卒業会員（一般的に「卒業生」と呼ばれている）が海外に進出して、子会社を設立するケースが多くなっているにもかかわらず、これらの外国子会社はその事業規模等の理由により現地の銀行から借入れをすることが困難であった。

そのため、従来は、信用金庫が地区内の親会社である会員や卒業生に対して、外国子会社への転貸資金を融資することで対応することが行われていた。

このような背景をふまえ、平成25年3月29日から信用金庫法施行令8条の改正が公布・施行され、その1項4号に員外貸付として、「会員の外国子会社に対する資金の貸付け又は卒業会員の外国子会社に対する金融庁長官の定める期間の資金の貸付け（償還期限が当該期間内に到来するものに限る。）」が規定された。なお、卒業生の外国子会社に対する資金の貸付期間は、脱退した時からすでに経過した期間を除き、3年以上会員であった卒業生の外国子会社に対しては脱退の時から5年、5年以上会員であった卒業生の外国子会社に対しては脱退の時から10年であり、償還期限が当該期間内に到来するものに限られる（信用金庫が会員以外の者に対して行う資金の貸付等に関する期間および金額を指定する件（昭和43年大蔵省告示第71号）4号）。また、外国子会社の範囲については、信用金庫法施行令8条3項および同法施行規則49条の2を参照。

この規定により、信用金庫は、会員または卒業生の外国子会社に対する貸付を員外貸付として行うことができる。

10131 会員または卒業生の外国子会社の現地借入れのための保証

信用金庫は、会員または卒業生の外国子会社の依頼により、当該外国子会社が現地借入れをするための保証をすることができるか

結　論

　信用金庫は、会員または卒業生の外国子会社の依頼により、当該外国子会社が現地で借入れをするための保証を員外保証として行うことができる（信用金庫法施行規則50条1項2の2号）。

解　説

　最近では、信用金庫の会員または卒業生が海外に進出して、子会社を設立するケースが多くなっているが、これらの外国子会社はその事業規模から現地の銀行から借入れをすることが困難であった。

　そこで、平成25年3月29日に「令第8条第3項に規定する外国子会社のためにする債務の保証」と定める信用金庫法施行規則50条1項2の2号が公布・施行され、信用金庫が会員または卒業生の外国子会社の依頼を受け、スタンドバイ信用状または借入保証状の発行などにより、当該外国子会社の信用を補完し、現地の銀行から借入れをする途が開かれた。

　この規定により、信用金庫は、会員または卒業生の外国子会社の依頼により、当該外国子会社が現地借入れをするためのスタンドバイ信用状または借入保証状を発行す

ることで当該外国子会社が現地で借入れをするための保証を員外保証として行うことができる。

10132 地区外の者からの預金受入れの可否および預金担保借入れの可否

信用金庫の地区外に居住する者から定期預金の申込みがあった際に、その定期預金を担保に借入れができるかどうか尋ねられたが、どのように回答すべきか

結　論

　信用金庫が地区外の者の定期預金の申込みを受け入れることに問題はなく、定期預金を担保とした借入れも原則として行うことができる。ただし、当該預金担保融資を受けることを前提として、員外預金を勧誘したうえ、員外預金担保貸付を取り扱うことはできないと回答することになる。

解　説

　信用金庫は、預金または定期積金の受入業務を行うことができ（信用金庫法53条1項1号）、そこには会員からの預金に限るとする制限はない。資金の貸付や手形の割引に「会員に対する」とか「会員のためにする」という制限が設けられている（同項2号・3号）こととの明確な反対解釈から導かれる。したがって、信用金庫が地区外の者から定期預金の申込みを受け入れることに問題はない。

　また、信用金庫は、例外として会員以外の者に対して資金の貸付をすることができ

るが（信用金庫法53条2項）、その一類型として、会員以外の者に対してその預金または定期積金を担保として行う資金の貸付が認められている（同法施行令8条1項1号）。したがって、信用金庫が地区外の者から、その定期預金を担保に借入れができるかどうか質問された場合、原則としてできると回答することになる。

ただし、次のことに留意しなければならない。

信用金庫法施行令8条1項1号が、信用金庫に、会員以外の者に対してその預金または定期積金を担保として行う資金の貸付が認められているのは、預金者にとり、当該預金を中途解約することは金利の点で預金者に不利になるなどの点を考慮して設けられた、あくまで預金者の利益のためのものであり、金庫のためのものではないとされている（雨宮眞也＝和田好史編著『金融取引ルールブック〔第6版〕』129頁）。

したがって、預金取引もない会員外の者に対して、預金担保融資を前提として、員外預金を勧誘したうえ員外預金担保貸付を安易に取り扱うことは避けるべきものである（平野英則編著『改訂信用金庫法の実務相談』94頁）。

10133 他人の預金を担保とする員外貸付の可否

配偶者の定期預金を担保とする貸付の申込みが、会員たる資格を有しない者からあったが、このような貸付を信用金庫は行うことができるか

結論

配偶者の定期預金を担保として、会員たる資格を有しない者に対する預金担保貸付は行えない。

解説

信用金庫は、会員以外の者から預金または定期積金の受入業務を行うことができる（信用金庫法53条1項1号）。また、信用金庫は、例外として会員以外の者に対して資金の貸付をすることができるが（同条2項）、その一類型として、会員以外の者に対してその預金または定期積金を担保として行う資金の貸付が認められている（同法施行令8条1項1号）。

本問の、会員たる資格を有しない者からの申込みは、配偶者の定期預金を担保として預金担保による借入れである。信用金庫法施行令8条1項1号に、会員以外の者に対して「その」預金または定期積金を担保として行う資金の貸付という表現があり、この表現は、担保として契約できるのは「借入人の」預金または定期積金であることを要求している。

したがって、本問では、配偶者の定期預金を担保として、会員たる資格を有しない者に対する本人以外の者の預金による預金担保貸付は行えない。

10134 小口員外貸出と員外預金担保貸付の併存

信用金庫の会員たる資格を有するが会員ではないAから、配偶者もしくはA自身の定期預金いずれかを担保とした員外預金担

保貸付300万円の申込みの相談があった。また、Aからは並行して、別に700万円を小口員外貸出として借り、300万円の員外預金担保貸付とあわせた1000万円の手形貸付の申込みができるかとの相談があった。この場合、担保とする定期預金が配偶者か借入人本人かで考え方は異なるのか

結　論

　会員でないAに対し、Aの配偶者の定期預金（300万円）を担保として員外預金担保貸付を行うことは許容されない。したがって、「300万円の員外預金担保貸付とあわせた1000万円の手形貸付」は、小口員外貸出の上限である700万円を超えた300万円分が小口員外貸付の対象外になるので、1000万円の手形貸付はできないということになる。

　ただし、Aの申し込む貸付の担保預金が、配偶者の預金でなくA本人の預金である場合、300万円の融資は可能となるが、合計して1口の1000万円の手形貸付はできない。

解　説

◆配偶者の預金を担保とする場合　信用金庫は、会員以外の者に対して資金の貸付をすることができるが（信用金庫法53条2項）、その一類型として、会員以外の者に対してその預金または定期積金を担保として行う資金の貸付が認められている（同法施行令8条1項1号）。

　会員でないAの申込みは、その配偶者の定期預金を担保として預金担保による借入れについては、信用金庫法施行令8条1

項1号の文言に、会員以外の者に対して「その」預金または定期積金を担保として行う資金の貸付という表現があり、この表現は、担保として契約できるのは「借入人の」預金または定期積金であることを要求しているため、会員でないAに対し、その配偶者の定期預金（300万円）を担保として員外預金担保貸付を行うことは許容されない。

　また、信用金庫法では別に、会員以外の者で会員たる資格を有するものに対し、合計額700万円の範囲内において行う資金の貸付および手形の割引が認められているが（同法53条2項、同法施行令8条1項3号、員外貸付告示3号）、本問前段の預金担保貸付が許容されない以上、「300万円の員外預金担保貸付とあわせた1000万円の手形貸付」という申込みは、300万円分が小口員外貸付の対象外になるので、1000万円の手形貸付はできないということになる。

◆本人の預金を担保とする場合　Aが、配偶者の預金でなく本人預金を担保として300万円の借入申込みを行い、信用金庫が応じて預金担保貸付を行うことにした場合、並行して、Aから、上記の300万円の預金担保貸付を含めて、700万円の貸付とあわせた、合計で1000万円の手形貸付の申込みがあった場合、貸付を行えるのか。

　会員以外の者で会員たる資格を有するものに対し、合計額700万円の範囲内において行う資金の貸付および手形の割引が認められている（信用金庫法53条2項、同法施行令8条1項3号、員外貸付告示3号）。この限りにおいては、本問の後段の申込みにある「別に700万円を小口員外貸出として借りたい」との要望には応じることがで

きる。

　ただ、ここでは、別に、300万円の預金担保貸付があるので、形式的にはAに員外預金担保貸付300万円と小口員外貸出700万円が併存し、合計貸付残高は1000万円となる。小口員外貸出が700万円を限度とすることに抵触しないのか。

　この点、小口員外貸出の制度が認められた昭和43年6月の信用金庫法改正の際、金融二法説明会における旧大蔵省との質疑応答において、次のような説明が行われている。

　「（問）小口員外貸出は1人当り合計額30万円（注）の範囲内となっているが、員外預担貸の分は控除してよいか。

（答）施行令4条（注）1項1号の員外預担貸のほかに、同条同項3号による小口員外貸出ができるので、両者の併用も考えられ、この場合は預担部分は員外預担貸、他は30万円の範囲の小口員外貸出として取り扱ってもさしつかえない」

　したがって、この説明によれば、小口員外貸出が700万円を限度に認められていることとは別に、員外預金担保貸付が認められていることになる。

　ただし、本問の後段の申込みにはもう一つ留意するべき点がある。

　先の金融二法説明会における旧大蔵省との質疑応答において、（答）の末尾に次のような説明がある。

　「なお、小口員外貸出の場合は純債という考え方はとらない」

　（注）は昭和43年当時のもの。

（以上、金融二法説明会における旧大蔵省との質疑応答は森井英雄編著『四訂信用金庫法の相談事例』219頁）

　ここに用いられている純債とは、性格が異なる貸付（員外預金担保貸付と小口員外貸出）をあわせて一つの貸付として取り扱う場合を「純債」と表現したものである。当該信用金庫が決算書を作成する場合、両方の貸出は別々に記載するものとされるので、1通の商業手形に併存していた場合にその分け方に問題が生じることからこの表現を使ったものであるとされる（平野英則編著『改訂信用金庫法の実務相談』98頁〔岡野正明〕）。

　したがって、「300万円の員外預金担保貸付とあわせた1000万円の手形貸付の申込み」は応諾してはならず、それぞれ別の貸出形式で対応するべきである。

10135　小口員外貸出と地方公共団体の預託金に基づく制度融資の併存

信用金庫の会員たる資格を有するが会員ではない者に対し、一般の小口員外貸出と市の預託金に基づく制度融資を同時に実行できるか。また、実行できるとしたら金額の限度はあるのか

結　論

　一般の小口員外貸出として限度額である700万円までの融資ができる。また、市の預託金に基づく制度融資としてさらに700万円までの融資ができる。

解　説

　信用金庫法53条2項、同法施行令8条1項3号、員外貸付告示3号では、会員以外

の者で会員たる資格を有するものに対し、1人当りの資金の貸付および手形の割引の額の合計額700万円、信用金庫が地方公共団体から資金の預託を受けて会員たる資格を有する者に対して行う当該資金の貸付については、1人当りの資金の貸付の額700万円の範囲内において行う資金の貸付および手形の割引を認めている。

後者の700万円が、地方公共団体の預託金に基づく制度融資である（地方公共団体の預託金に基づく制度融資については【30487】参照）。

地方公共団体の行う制度融資に係る1人当り700万円の小口員外貸出の金額限度額は、信用金庫固有の小口員外貸出の金額限度700万円とは別枠で取り扱うことができる。

地方公共団体の行う制度融資において取り扱える小口員外貸出の総額は、預託された金額の範囲内である（森井英雄編著『四訂信用金庫法の相談事例』221頁以下）。

10136 債務者の合併と会員資格

信用金庫の会員である債務者（株式会社）が合併すると、会員資格を喪失した「卒業会員」として取り扱える場合と、取り扱えない場合の双方のケースがあるのか。あるとすれば具体的にはどのように判断すればよいか

結　論

「卒業会員」として取り扱える場合と、取り扱えない場合がある。その判断は、存続・新設会社を対象にするべきであるから、当該信用金庫としては、取引先債務者が合併する・される情報に接したとき、合併契約書・計画書等を速やかに入手することにより、存続・新設会社の従業員数や資本金の額または出資の総額を確認してその会員資格の有無を検証する必要がある。

解　説

◆**信用金庫の会員資格と卒業会員**　信用金庫の会員たりうる資格は、次のとおり信用金庫法で定められており、各信用金庫は定款でも自信用金庫の会員となれる資格を定めている（同法10条1項）。

すなわち、その信用金庫の地区内に住所または居所を有する者（信用金庫法10条1項1号）

その信用金庫の地区内に事業所を有する者（同項2号）

その信用金庫の地区内において勤労に従事する者（同項3号）

前3号に掲げる者に準ずる者として内閣府令で定める者（同項4号）

ただし、信用金庫法10条1項1号または2号に掲げる者に該当する個人にあってはその常時使用する従業員の数が300人を超える事業者を除く。また、同項1号または2号に掲げる者に該当する法人にあってはその常時使用する従業員の数が300人を超え、かつ、その資本金の額または出資の総額が政令で定める金額を超える事業者を除くとされている（同項ただし書）。なお、政令で定めるその資本金の額または出資の総額とは、9億円とされている（同法施行令4条）。

信用金庫法53条2項は、政令で定めると

ころにより、会員以外の者に対して資金の貸付（手形の割引を含む）をすることができる者（同法施行令8条1項2号）とし、同法10条1項ただし書に規定する事業者となったことにより会員を脱退した者を「卒業会員」と呼ぶ。卒業会員に対して、金融庁長官の定める期間内に行う資金の貸付および手形の割引を行うことができるものとする。

この金融庁長官の定める期間は、当該事業者が会員であった期間に応じて次のように定められている（員外貸付告示）。

会員であった期間が3年以上5年未満の場合、脱退の時から5年（員外貸付告示1条1項・2項イ）

会員であった期間が5年以上の場合、脱退の時から10年（員外貸付告示1条2項ロ）

◆**卒業会員と取り扱えるかの判断基準**

合併して会員資格を喪失するものの、「卒業会員」として取り扱える場合と、取り扱えない場合を判断するには、上記政令や告示の解釈によることになる。

ここで、そもそも合併とは、当事会社の一方が存続して他方を吸収する吸収合併と、当事会社のすべてが解散して新会社を設立する新設合併があるが（【30707】参照）、会員資格の得喪の判断は、合併前の会社を対象にするべきか、存続・新設会社を対象にするべきか、すべての当事会社を対象にするべきであろうか。昭和43年の旧大蔵省銀行局中手金融課による照会への回答によると、「合併前には両社とも会員資格があった事業者が一方のみであっても、合併後の会社を卒業生としてさしつかえない」との回答がある。この回答によれば、取引先

の会社の合併会社に会員資格が必要であるとされている（平野英則編著『改訂信用金庫法の実務相談』102頁〔岡野正明〕）。

すなわち、本問では、「卒業会員」として取り扱える場合と、取り扱えない場合を判断するには、存続・新設会社を対象にするべきことになる。したがって、当該信用金庫としては、取引先債務者が合併する・される情報に接したとき、合併契約書・計画書等を速やかに入手することによって判断する必要がある。存続会社が卒業会員として合併後も取引が可能である。

10137 債務者の地区外転居と融資の取扱い

住宅ローンと教育ローンを利用し、滞納をいっさいしていない信用金庫の会員が地区外に転居する場合、引き続き返済を続けてもらってもよいのか

結 論

引き続き約定による償還を求めることを原則とし、繰上げ償還の検討を無理に依頼する必要はない。なお、この点に関する金融庁検査での取扱いについて、卒業生資格取得前の既往貸出が卒業生期間を超過する場合の対応は【10124】を参照。

解 説

◆**会員資格の地区制限**　協同組織金融機関から資金の貸付を受けられるのは原則として会員に限定されている（信用金庫法53条1項2号・3号）、会員たる資格にも限定されており（同法10条）、その限定事由

には、従業員数や資本金・出資の総額のほか、住所・居所・事業所・勤労従事地が一定の地区にあるという、地区制限がある。

本問では、会員が地区外に転居すると、地区内に住所または居所を有する（信用金庫法10条１項１号）・地区内において勤労に従事する（同項３号）という条項をいずれも充足しないことになり、会員資格を失うことになる。会員は資格を喪失した場合、そのときから、その会員たる地位を失い、信用金庫を脱退（法定脱退）することになる。

したがって、住宅ローン・教育ローンは会員に対する資金の貸付（信用金庫法53条１項２号）ではないことになる。また、会員以外の者に対して行うことが認められている資金の貸付は、その預金または定期積金を担保として行うものと事業者で卒業会員に対する一定期間のものに限定されている（同法施行令８条１項１号・２号）ので、いずれにも該当しない。

◆**事後地区員外の取扱い**　まず、本問の場合、即時一括償還を求めるには、現実として無理がある。また、一般的な期限の利益喪失条項のうち、当然喪失条項にも請求喪失条項にも該当しない。何の連絡もなく突然地区外へ転居し弁済意思を示さない場合はともかく、本問のように従来から順調に返済しており、いままでどおり返済していくという意向が示されているならばこの請求喪失条項を適用することはできない。

また、信用金庫法が会員資格に地区制限を設けているとはいえ、勤労従事者をはじめとする会員が地区外へ転居することは大いに想定される事態でありその会員が資金の貸付を受けているか否かに関係なく起こ

りうる。

ただ、会員資格に地区制限が設けられたのは、当該協同組織金融機関の地区内で事業を行ったり居住・勤務していない者を、当該協同組織金融機関の金融サービスを提供する必要性が小さい・優先順位が低い者と考えるからである。また、地区内で事業を行ったり勤労したり、生計を営む者の、金融の便益を受けたいという需要を、地区外の同様の営為を行っている者よりも優先しているからである。

したがって、本問のような事例では、事後員外貸出として、有効な貸出と見なすことができる。引き続き約定による償還を求めることを原則とし、繰上げ償還を無理に検討する必要はない。

なお、この点に関する金融庁検査での取扱いについては【10124】参照。

なお、700万円の金額の範囲内で行うことが認められている会員以外の者に対する資金の貸付は、「会員たる資格を有するものに対し」て行われるものでなければならないので（信用金庫法施行令８条１項３号）、本問のような会員資格を喪失したものに対しては適用できないので注意を要する。

10138　**割引手形の地区外の振出人に対する期日一括決済資金の融資**

信用金庫の会員である手形の割引依頼人が、割引を実行した後に事業の継続が困難なことが明らかになって銀行取引停止処分を受け行方不明になったが、その後、地区外の事業者で会員ではない割引手形の振出人か

ら手形代金での一括での決済がむずかしいとの相談を受け、分割弁済のための資金の貸出を申し込まれた場合、この申込みに応じても問題はないか

結　論

　割引手形の振出人に対して期日の一括決済金を使途とする員外貸出は許されない。

　そのため、振出人から分割払いとして約束手形の交付を受けることで回収を図ることになる。

解　説

◆会員資格の地区制限　　本問の権利関係を整理しておく。

　信用金庫は、割引依頼人から、割引手形の振出人が振り出した手形を割り引いた。この手形の支払期日前に、割引依頼人が銀行取引停止処分を受けた。この時点で割引依頼人に対しては信用金庫は当該手形の買戻しを直ちに請求できるわけであるが、割引依頼人の行方が知れないので請求もかなわない。そのうち支払期日が到来する前に、信用金庫は、当該手形振出人から期日の一括決済金を使途とする長期貸出を求められた。当該手形振出人は地区外の事業者であり非会員である。

　信用金庫から資金の貸付を受けられる立場を原則として会員に限定しているが（信用金庫法53条1項2号・3号）、会員たる資格そのものにも限定が設けられており（同法10条）、その限定事由には、従業員数や資本金・出資の総額のほか、住所・居所・事業所・勤労従事地が一定の地区にあるという、地区制限がある。

◆地区制限の緩和は可能か　　会員資格に地区制限が設けられたのは、当該協同組織金融機関の地区内で事業を行ったり居住・勤務していない者を、当該協同組織金融機関の金融サービスを提供する必要性が小さい・優先順位が低い者と考えるからであり、地区内で事業を行ったり勤労したり、生計を営む者の、金融の便益を受けたいという需要を、地区外の同様の営為を行っている者よりも優先しているからである。

　本問の割引手形の振出人にも、地区外ではあるが金融の便益を受けたいという需要があると評価できる。しかしながら、信用金庫の金融サービスでなければならないわけではない。きびしい審査は予想されるが割引手形の振出人の事業所所在地を地区とする協同組織金融機関をはじめ他の金融機関の金融サービスで代替可能な需要である。

　また、信用金庫にとっても、現在起こっている事象は法に触れるものではない。非会員である割引手形の振出人との間に債権債務の関係が発生しているが、割引手形の振出人に資金の貸付を行っているのではなく、むろん手形の割引を行っているのでもない。また、信用金庫としては、支払期日に一括決済できないかもしれない割引手形の振出人に対して、手形上の債権行使の方法として支払呈示期間内にきちんと呈示したうえで、一括請求を行う方法から分割弁済を受領する方法等、ほかにとりうる方法がある。

　具体的には、割引依頼人が倒産した場合、その同意なしに振出人に対して分割支払を認めると買戻債務が消滅し裏書人への遡求権の行使が困難になる。そのため手形を支払呈示期間内に呈示し、支払を拒絶される

必要がある（手形法43条）。

そして、振出人からは分割払いとして約束手形を振り出してもらい、交付を受け、これを取り立てることで分割払いの履行を受けることである。

なお、割引手形債務が消滅しないよう、また分割払いの手形交付が更改や代物弁済とならないよう「旧手形による請求に異議ないこと」を内容とする覚書の交付を受けておく必要がある。

10139 地区外の物上保証人に対する一括代位弁済資金の融資

地区外に住む親族が居住する不動産に抵当権を設定して長期の証書貸付を行っていた、信用金庫の会員である個人事業主が、事業に失敗して行方不明になり、物上保証人である当該親族が貸出金の分割返済の意思を示した場合、代位弁済の原資を融資することに問題はないか

結　論

物上保証人に対する旧債務を引き継ぐ貸出は有効と解することも考えられる。

この考え方から債務引受による回収を受けるのが妥当と考えられる。

解　説

信用金庫は、個人事業主に対する債権を被担保債権としてその親族の所有不動産に抵当権を設定している。親族から、物上保証人として当該個人事業主の債務を一括代位弁済するための資金を使途とする長期貸出を求められた。なお、その親族は地区外に居住する。

信用金庫から資金の貸付を受けられる立場を原則として会員に限定しているが（信用金庫法53条1項2号・3号）、会員たる資格そのものにも限定が設けられており（同法10条）、その限定事由には、従業員数や資本金・出資の総額のほか、住所・居所・事業所・勤労従事地が一定の地区にあるという、地区制限がある。

会員資格に地区制限が設けられたのは、信用金庫の地区内で事業を行ったり居住・勤務していない者を、信用金庫の金融サービスを提供する必要性が小さい・優先順位が低い者と考えるからであり、地区内で事業を行ったり勤労したり、生計を営む者の、金融の便益を受けたいという需要を、地区外の同様の営為を行っている者よりも優先しているからである。

本問の親族にも、地区外ではあるが金融の便益を受けたいという需要があると評価できる。

非会員である親族との間には債権債務の関係が発生しておらず、抵当権の設定を受けているだけである。

しかし、本問のような物上保証人による旧債務を引き継ぐ貸出については有効と解することも可能と考えられる。このような貸出は形式的には員外貸出となるものの金庫の事業目的の範囲内に含まれ有効と考えられる、また判例にも農業協同組合の行った実質的な員外貸出について協同組合の目的の範囲内としたものもある（最判昭33．9．18民集12巻13号2027頁）。したがって、債務引受による方法が有効な手段と考えられる。

10140 地区外に居住する連帯保証人への一括代位弁済資金の融資

事業資金を融資していた信用金庫の会員である企業が貸出金の返済に滞り、期限の利益を喪失したものの、地区外に居住し非会員ではあるが連帯保証人となっている当該企業の代表者の親族が、分割返済をする意思を示している場合、当該親族に対して貸出を行って債権を回収することに問題はないか

結 論

代表者の親族に対して一括代位弁済金を使途とする員外貸出は許され債務弁済契約を締結することが望まれる。しかし、一方、旧債務を引き継ぐ債務引受は有効と考えられる。

解 説

本問の権利関係を整理しておく。

信用金庫は会員である企業に貸出を行っていたが、当該企業は延滞等による期限の利益喪失事由が発生した。信用金庫は、当該企業に対する債権の連帯保証人として代表者の親族と連帯保証契約を行っている。信用金庫は、その代表者の親族から、連帯保証人として当該企業の債務を一括代位弁済するための資金を使途とする長期貸出を求められたのである。なお、その親族は地区外に居住している。

協同組織金融機関から資金の貸付を受けられる立場を原則として会員に限定しているが（信用金庫法53条1項2号・3号）、会員たる資格そのものにも限定が設けられており（同法10条）、その限定事由には、従業員数や資本金・出資の総額のほか、住所・居所・事業所・勤労従事地が一定の地区にあるという、地区制限がある。

会員資格に地区制限が設けられたのは、当該協同組織金融機関の地区内で事業を行ったり居住・勤務していない者を、当該協同組織金融機関の金融サービスを提供する必要性が小さい・優先順位が低い者と考えるからであり、地区内で事業を行ったり勤労したり、生計を営む者の、金融の便益を受けたいという需要を、地区外の同様の営為を行っている者よりも優先しているからである。

信用金庫としては、連帯保証債務を一括決済できない親族に対して、連帯保証債務履行請求権行使の方法として、一括請求を行う方法から分割弁済を受領する方法等がある。

具体的には、債務弁済契約を締結するのが無難な対応である。

一方、農業協同組合が行った実質的な員外貸出について協同組合の目的範囲内として貸出を有効とした判例（最判昭33.9.18民集12巻13号2027頁）もあり、本問のような旧債務を引き継ぐ貸出は有効であると解釈できる。

なお、新規貸出ではなく、債務引受と考えられ、主債務者に資力がないときは、連帯債務の関係にならない免責的債務引受を採用すべきである。

10141 地区外に住む法定相続人への相続債務一括弁済資金の融資

信用金庫の会員である個人事業主が死亡し、地区外に居住する親族である子らが事業を引き継がず単純承認した場合で、被相続人に対して実行していた証書貸付の残債について、法定相続分を一括弁済するための資金を相続人らに貸し出しても問題ないか

結　論

　相続の諸届出を受けたうえで相続人から引き続き償還を求めることも一つの選択肢ではあるが、相続人らの求めに応じ、債務の相続人としてそれぞれの法定相続分を一括弁済するための資金を使途とする長期貸出を行うことも選択してよいと考える。

解　説

◆会員資格の地区制限　　本問の権利関係を整理しておく。

　信用金庫は会員である個人事業主に貸出を行っていたが、その個人事業主は死亡し相続が発生した。法定相続人が被相続人の信用金庫に対する債務を単純承認することになった。信用金庫は、債務の相続人としてそれぞれの法定相続分を一括弁済するための資金を使途とする長期貸出を求められたのである。なお、相続人はいずれも地区外に居住している。

　信用金庫から資金の貸付を受けられる立場を原則として会員に限定しているが（信用金庫法53条1項2号・3号）、会員たる資格そのものにも限定が設けられており

（同法10条）、その限定事由には、従業員数や資本金・出資の総額のほか、住所・居所・事業所・勤労従事地が一定の地区にあるという、地区制限がある。

◆地区制限の緩和は可能か　　会員資格に地区制限が設けられたのは、当該協同組織金融機関の地区内で事業を行ったり居住・勤務していない者を、当該協同組織金融機関の金融サービスを提供する必要性が小さい・優先順位が低い者と考えるからであり、地区内で事業を行ったり勤労したり、生計を営む者の、金融の便益を受けたいという需要を、地区外の同様の営為を行っている者よりも優先しているからである。

　本問の相続人らにも、地区外ではあるが金融の便益を受けたいという需要があると評価できる。しかしながら、信用金庫の金融サービスでなければならないわけではない。きびしい審査は予想されるが相続人の居住地を地区とする協同組織金融機関をはじめ他の金融機関の金融サービスで代替可能な需要である。

　また、信用金庫法が会員資格に地区制限を設けているとはいえ、個人会員が死亡して法定相続人全員が地区外で居住していることは想定される事象であり、この事象はその会員が資金の貸付を受けているか否かに関係なく起こりうる。

　したがって、本問のような事例では、相続の諸届出を受けたうえで相続人らから引き続き償還を求めることも一つの選択肢ではあるが、相続人らの求めに応じ、債務の相続人としてそれぞれの法定相続分を一括弁済するための資金を使途とする長期貸出を行うことも選択してよいと考えられる。判例にも、農業協同組合が行った実質的な

員外貸出について協同組合の目的の範囲内の貸出として有効としたものがある（最判昭33．9．18民集12巻13号2027頁）。

なお、新規の貸出としてではなく相続人それぞれが相続した債務については相互に重畳的債務引受をしてもらうことで対応するのが妥当と考えられる。

<table>
<tr><td>10142</td><td>員外預金担保貸付とその反復利用</td></tr>
</table>

以前から預金取引を行っていた非会員の企業に対して、一時的な運転資金を目的とした預金担保貸付を行うことはできるか。また、預金担保貸付を反復継続することができるか尋ねられた場合、どのように対応すべきか

結　論

本問前段の、非会員である企業の申込みは、一時的な運転資金としてされたもので、その預金を担保として行う資金の貸付であり問題ない。本問後段では、当該預金中途解約による不利益回避でなく、運転資金を反復継続して借り入れるという目的でされるものであるから、確認を受けた信用金庫としては、もっぱらその目的を受けて、員外預金担保貸付を安易に取り扱うことは許されないと考えられる。

解　説

信用金庫は、会員以外の者から預金または定期積金の受入業務を行うことができる（信用金庫法53条1項1号）。

また、信用金庫は、会員以外の者に対して資金の貸付をすることができるが（信用金庫法53条2項）、その一類型として、会員以外の者に対してその預金または定期積金を担保として行う資金の貸付が認められている（同法施行令8条1項1号）。

本問前段の、非会員である企業の申込みは、一時的な運転資金としてされたもので、その預金を担保として行う資金の貸付であり問題ない。

本問後段は、非会員である企業に対して、その特定の預金を担保として行う資金の貸付を反復継続して行えるかの確認を求められたのである。

信用金庫に、員外貸付をすることができる一類型として、その預金または定期積金を担保として行う資金の貸付が認められているのは（信用金庫法施行令8条1項1号）、預金者にとり、当該預金を中途解約することは金利の点で預金者に不利になるなどの点を考慮して設けられた、あくまで預金者の利益のためのものであり、信用金庫のためのものではないとされている（雨宮眞也＝和田好史編著『金融取引ルールブック〔第6版〕』129頁）。

したがって、本問後段では、当該預金中途解約による不利益回避でなく、運転資金を反復継続して借り入れるという目的でされるものであるから、確認を受けた信用金庫としては、もっぱらその目的を受けて、員外預金担保貸付を安易に取り扱うことは許されない。

協同組織金融機関の
出資持分

10143　持分の譲受請求

会員から出資金の一部を処分したい旨の申出を受けた場合、信用金庫はその出資金の一部を譲り受けることは可能か

結　論

信用金庫法上、信用金庫が会員の持分の一部を譲り受けることはできない。信用金庫としては、会員または会員たる資格を有する者にあっせんし、譲渡をすることを検討すべきである。

解　説

信用金庫法では、会員がその出資持分を譲渡しようとする場合、原則として会員または会員たる資格を有する者に対して行うことを予定しており、例外として信用金庫が会員から持分を譲り受けることができる場合は、会員が自由脱退をするために持分を処分するにあたりその持分を譲り受ける者が存在せず、会員が信用金庫に対して持分の譲受請求をしたときに認めている（同法15条 1 項・16条 1 項）。

信用金庫の持分譲受けがこのような場合に限定されるのは、会員の脱退の自由を保障する要請と、信用金庫の自己資本の維持が損なわれないよう実質的な払戻しを禁止する要請とを調整したことによる（信用金庫法16条 1 項後段・21条 1 項）。

会員の信用金庫に対する持分の譲受請求は自由脱退を前提とし、信用金庫が譲り受ける持分はその会員の持分の全部である必要があるため（信用金庫法16条 1 項前段）、持分の一部を譲り受けることはできない。

これに対して、会員または会員たる資格を有する者に対する譲渡については、一部または全部の区別がなく、一部譲渡をすることができるものと解されている（信用金庫法15条 1 項）。

本問のような申出を受けた場合は、一部譲渡を前提とする限り、信用金庫が会員の持分の一部を譲り受けることはできないため、信用金庫としては、会員または会員たる資格を有する者にあっせんし、譲渡をすることを検討すべきである。

10144　出資証券の廃止

信用金庫等が出資証券の発行を廃止することは可能か

結　論

信用金庫法、中小企業等協同組合法、農協法には出資証券に関する規定はない。信用金庫、信用組合、農業協同組合において出資証券の発行を廃止することは可能である。

解　説

出資証券とは、信用金庫から出資の払込みをした会員に対して、出資の払込みがあったこと、その所持人が信用金庫、信用組合の会員であり、信用金庫、信用組合、農業協同組合に対し出資に応じた持分を有することを証明するために交付される証券である。そのため、出資証券の法的性質は、借用証や受取証のように一定の事実を証明する証拠証券といえる（東京高決昭35.10.24金法258号4頁）。

信用金庫法、中小企業等協同組合法、農協法上、出資証券に関する規定はなく、会員、組合員に対して出資証券を発行するか否か、発行していた出資証券を廃止するかは、信用金庫、信用組合の任意である。

信用金庫、信用組合、農業協同組合等協同組織金融機関の一部で出資証券の発行を廃止する事例が増えつつあり、今後も増えていくものと予想される。この出資証券を廃止する理由としては、会員、組合員側からは、証券を保管するにあたり紛失・盗難などのリスクを排除できること、信用金庫側からは、証券の発行に伴う印刷費や回収・再発行の費用が削減されることがあげられている（平野英則編著『改訂信用金庫法の実務相談』157頁〔田中敏夫〕）。

出資証券の廃止に際しては、会員や組合員に対して不安や誤解を与えないよう、①出資証券が廃止されること、②廃止に伴い出資証券の効力が失われること、③出資証券の効力が失われたとしても出資持分および会員、組合員の権利について変更がないこと、④効力が失われた出資証券の取扱い、⑤譲渡、相続、脱退その他の手続に必要になる書類等の内容をまとめて、既存の会員、組合員に対して個別に通知し、営業店にポスターを掲示し、またはWebサイトに掲載する等をして報知する必要がある。

また、会員、組合員の保有出資口数および出資金額を証明するものとして、①会員の加入時には、加入承諾書を、②年1回、出資金残高通知書兼出資金配当金計算書を、③会員、組合員から依頼があった場合には、出資金残高通知書（出資証明書）を発行することとなる。

10145　出資証券の再発行

出資証券が紛失、焼失した場合には再発行してもよいか

結　論

信用金庫等の出資証券は、単なる証拠証券であり、これを再発行してもさしつかえない。しかし、再発行に際しては、後日、

トラブルが生じないよう慎重に取り扱う必要がある。

解　説

信用金庫法、中小企業等協同組合法、農協法上、出資証券に関する規定はなく、出資証券の法的性質は【10144】で述べたとおり証権の証券であり、証券上に記載された権利の移転、行使について証券の所持を必要とする有価証券とは異なる（東京高決昭35.10.24金法258号 4 頁）。

しかし、出資証券は単なる証拠証券にすぎないといっても、一般的には有価証券と誤認されるリスクがあり、これを安易に再発行することは後日のトラブルのもとになることも考えられ、その再発行にあたっては、細心の注意が必要である。特に顔見知りでない会員、組合員の場合には、印鑑証明書、登記事項証明書等の提出を求める等の慎重な手続をとることが必要である。

なお、出資証券を発行していない信用金庫、信用組合で、会員、組合員が加入承諾書等を紛失、焼失した場合には、年 1 回発行される出資金残高通知書兼出資金配当金計算書か、発行の依頼を受けて出資金残高通知書をつど発行することで対応することになる（【10144】参照）。

結　論

信用金庫法、中小企業等協同組合法、農協法には出資証券に関する規定はない。新証券を発行するか否かは信用金庫、信用組合等の任意である。

解　説

信用金庫法、中小企業等協同組合法、農協法上、出資証券に関する規定はなく、出資証券の法的性質については、【10144】で述べたとおり、証拠証券であり、証券上に記載された権利の移転、行使について証券の所持を必要とする有価証券とは異なる（東京高決昭35.10.24金法258号 4 頁）。また、証券の所持人が真の権利者でない場合でも、所持人に対して行った給付によって、信用金庫、信用組合等が債務を免れる効力をもつ免責証券でもない。

したがって、出資証券が発行されている場合に、その小額証券を併合して新たに大きな額面の出資証券を発行するか否かは、発行者である信用金庫、信用組合等の任意の判断によるが、新出資証券を発行する場合には、その「発行願」と旧小額出資証券の返還を受けたうえで、新証券を発行すべきである。

10146　小額の出資証券の併合

小額の出資口数の総括のため、小額証券を併合して新たに大きな額面の証券を発行できるか

10147　持分の質入れ

会員、組合員の持分の質入れは可能か

結　論

信用金庫等の会員、組合員の持分の質入

れは、可能である。

解　説

◆**持分の質入れ**　持分の第三者に対する質入れについては、信用金庫法、中小企業等協同組合法、農協法には規定はない。しかし、信用金庫法15条、中小企業等協同組合法17条、農協法14条等は、会員、組合員は、信用金庫、信用組合の承諾を得て、その持分を譲渡できる旨を定めており、それが財産上の価値を有していることは否定できず、持分は質権の目的とすることができると解される（特に信用金庫法21条１項前段は「金庫は、会員の持分を取得し、又は質権の目的としてこれを受けることができない」と規定しているが、これは信用金庫以外の者に対する質入れが可能であることを前提とするものである）。

◆**信用金庫・信用組合の承諾**　持分の質入れについては、譲渡の場合に準じて、信用金庫、信用組合の承諾を要するとする考えもあるが、信用金庫法15条、中小企業等協同組合法17条、農協法14条は、質入れの場合も含むとは解しにくく、実際上は、質権実行の際に信用金庫、信用組合の承諾があれば足りるので、質入れ時の信用金庫の承諾は要しないと解される（ただし、流質契約が許される商行為によって生じた質権を担保とする場合に、持分流質契約を設定するときは、信用金庫、信用組合の承諾を要する）。

　信用金庫法等を根拠とする上記の承諾とは別に、出資証券を発行している信用金庫、信用組合では、トラブル防止のため、証券面に信用金庫、信用組合に無断で譲渡・質入れを禁止する旨の文言を記載している場

合がある。また、出資証券を発行していない信用金庫、信用組合においても、出資規定・約款に無断で譲渡・質入れを禁止する旨の項目を設け、または、会員、組合員と個別に譲渡・質入れ禁止の契約を締結している場合がある。

　これらの場合には、承諾なくして質入れをしても質権者は悪意と推定される可能性があり、悪意の質権者との関係では質入れが無効となる（民法466条２項。大判大13.6.12民集３巻272頁）ので、信用金庫、信用組合から承諾（譲渡質入禁止特約の放棄）を取得する必要がある。

　債権法の改正により、譲渡質入制限特約がある債権については、譲渡・質入れがなされた場合にそれらの効力は特約の効力により妨げられず（改正民法466条２項）、譲受人（質権者）は譲渡質入制限特約について悪意または重過失である場合に特約を主張して債務の履行を拒むことができる（同法466条３項）こととなる。そのため、債権法改正以降は、譲渡質入制限特約があっても信用金庫、信用組合との関係で質入れは有効となり、質入れの際に信用金庫、信用組合の承諾（譲渡質入制限特約の放棄）は不要となる。

　また、有価証券の整理に伴い、債権質の設定に際し証書がある場合には、当該証書の交付を効力要件とした民法363条が削除される。出資証券を発行している場合には、質入れの際にその交付が必要であると解されてきたが（田代有嗣「特集＝信用金庫の出資をめぐる法的諸問題６出資証券」金法438号19頁）、根拠となる条文が削除されるため、債権法改正以降は、質入れの際に出資証券を交付することは不要となると解さ

れる。

　なお、信用金庫、信用組合の承諾を得て持分の質入れをした場合には、質権の実行としての競売について、信用金庫法15条1項、中小企業等協同組合法17条1項、農協法14条1項の譲渡の承諾があったものと解してよい。

　したがって、質権実行により持分を取得する譲受人が会員たる資格を有する者の場合は、信用金庫法15条2項の承諾を得ればよいこととなる。また、信用組合、農業協同組合の場合には、組合員でない者が持分を取得するには、加入の例によらなければならない（中小企業等協同組合法17条2項、農協法14条2項）。

10148　出資1口の金額を増加させる場合の必要事項

信用金庫において出資1口の金額を増やす場合、全会員の同意を得ることは必要か

結　論

　信用金庫が出資1口の金額を増加させる場合、全会員の同意と定款変更の手続が必要となる。

解　説

　信用金庫法上、出資1口の金額の増加については、出資1口の金額の減少について規定がある（同法51条・52条）のとは異なり、規定はない。

　出資1口の金額は、定款の絶対的必要記載事項であり、これを変更させる場合には定款変更の手続が必要となる（信用金庫法

23条3項7号）。出資1口の金額が増加すると、会員は信用金庫に対して金額の増加額を追加で払い込むことになる。

　定款変更は、一般的には特別の決議が必要となるが（信用金庫法48条の3第1号）、出資1口の金額の増加を多数決で決定できるとなると、資本のある多数派が反対する少数派に事実上の脱退を強要する手段として用いられるおそれがあり、また会員の有限責任の規定に反することになる（同法11条5項）。

　そのため、出資1口の金額の増加については、総代会（総会）の特別の決議では足りず、全会員の同意を必要とするものと解されている（信用協同組合につき、法務省昭31.3.27民事甲第635号民事局長回答、農業協同組合につき、法務省昭31.12.22民事甲第2889号民事局長回答）。

　したがって、信用金庫が出資1口の金額を増加させる場合、全会員の同意と定款変更の手続が必要となる。

10149　持分の差押え

信用金庫等の会員、組合員の持分は差押えの対象となるか

結　論

　信用金庫等の会員、組合員の持分は、差し押えることができる。

解　説

◆**持分の性質**　信用金庫、信用組合、農業協同組合の会員、組合員の有する「持

分」の内容については、自益権、共益権を含む身分権（もしくは会員、組合員の地位）を意味する場合と、会員、組合員が解散時や脱退時に信用金庫、信用組合に対して有する残余財産分配請求権、持分払戻請求権などの財産権を意味する場合との二義があり、後者の意味の持分に対しては当然に差押えが可能であるとするのが下級審裁判例（信用金庫の会員の持分に関し、東京地判昭44.5.29金法550号33頁、東京高判昭45.11.26金法611号35頁、東京地判平15.5.26金商1181号52頁）および通説である。

◆差押えの効力　持分の差押えの効力は、差押命令が、第三債務者である信用金庫、信用組合に送達された時に生じ、会員、組合員は、持分のいっさいの処分を禁じられる。

その効力の及ぶ範囲は、その後に発生する剰余金配当請求権や、法定脱退後の持分払戻請求権、信用金庫、信用組合が解散したときの残余財産分配請求権に転化した場合、これらの請求権に及ぶ旨の明文の規定（たとえば、利益の配当請求権や持分払戻請求権にも社員持分の差押えの効力が及ぶ旨を規定する旧商法90条のような規定、あるいは持分払戻請求権にも社員持分の差押えの効力が及ぶ旨を規定する会社法611条7項のような規定）はないが、これらの権利は、持分から生ずる果実または持分の内容そのものと解されるから、差押えは、これらの権利にも当然に及ぶと解してさしつかえない。なお、持分に対する処分禁止の効力は、一般の差押えと同様相対的なものにすぎず、絶対的に譲渡・質入れを禁ずる趣旨ではない。

また、持分に対する差押えの効力は、財産権的要素にのみ限定されるので、議決権、書類の閲覧請求権等の共益権の行使までも制限するものではない。

◆持分の換価　差押えした持分の換価手続は、民執法161条に定めるところによる。具体的には、裁判所が持分の一定の評価額による差押債権者への譲渡等適当な換価方法を命ずることになる。この場合にも、持分の譲渡については、信用金庫、信用組合の承諾が必要である（【10147】参照）。

なお、持分差押え後に自由脱退または法定脱退により、持分が金銭債権である信用金庫、信用組合に対する持分譲渡代金請求権、持分払戻請求権に転化した場合は、差押債権者による取立または転付命令により換価することができる。

10150　差し押えた出資持分の換価

差し押えた出資金（持分）の換価はどのような方法によるか

結　論

出資持分の換価は、差押債権者に譲渡する旨の譲渡命令によるか、売却命令に基づき、執行官が競り売り、入札などにより売却する方法などによる。

この方法による換価ができないときは、債権者代位権により脱退手続をし、持分を払戻請求権等に転化させて取り立てるか転付命令を得ることができると考えられる。

◆**換価方法**　信用金庫の会員、信用組合、農業協同組合の組合員が、信用金庫、信用組合に対して有する持分は、身分権的要素を含んでおり、単純な金銭債権ではない。したがって、差押債権者は差し押えた持分を、金銭債権の換価方法である転付命令の申立によって換価することはできない。また、民執法155条1項による取立権を行使して取り立てることもできない。

　差し押えた持分の換価は、民執法161条1項が定める次のような手続によることになる（同法167条1項）。

（1）譲渡命令による換価　差し押えた持分を支払にかえて、差押債権者に譲渡する命令の発令を受ける換価方法である。会員、組合員はその持分を、信用金庫、信用組合の承諾を得て、会員、組合員または会員資格、組合員資格を有する者に譲渡することができるので（信用金庫法15条1項・2項、中小企業等協同組合法17条1項・2項、農協法14条1項・2項）、差押債権者に持分の譲受人となる資格があり、事前に信用金庫、信用組合の承諾を得ることができる場合は、この譲渡命令によるのが一般的である。

（2）売却命令による換価　執行裁判所の売却命令に基づき、執行官が競り売り、入札などにより持分を売却する換価方法である。

　通常の場合、持分の時価が額面金額となること、買受人の資格に制限があることなどにより、この方法による換価は困難である。

（3）その他相当な方法による換価　執行裁判所は、譲渡命令や売却命令のほか、その他相当な方法による換価を命ずる命令を発することができるので、差押債権者が持分の譲受人となる資格がある買受人を探し出し、持分の譲受けについて、事前に信用金庫、信用組合の承諾を取得することができれば、その者に譲渡する命令などを得ることができる。

◆**債権者代位権の行使による換価**　持分の譲渡についての信用金庫、信用組合の承諾は持分譲渡の効力要件であり、この承諾が得られない場合は、譲渡命令が発せられあるいは売却命令が実施されても、譲受人、買受人に対する譲渡の効力が生じない。

　したがって、差押債権者が譲渡命令などの換価命令の申立をするに際しては、事前に信用金庫、信用組合から譲渡承諾書の交付を受ける必要がある（譲受人を特定せず、持分の譲受けが可能な有資格者であることを条件とする承諾も有効と解される）。

　信用金庫、信用組合が正当な事由がないにもかかわらずこの承諾を拒む場合は、差押債権者が債権者代位権（民法423条）を行使して換価できるとする考え方が有力である。

　この債権者代位権の行使による換価は次のような手続による。

　信用金庫法16条1項は、会員が脱退する場合に、持分を譲り受ける者がないときは、信用金庫に対して持分の譲受けを請求できるとしている。信用金庫が正当な事由なくして譲渡の承諾を拒む場合は、持分を譲り受ける者がいない場合に相当するので、差押債権者が債権者代位権に基づき会員に代位して、信用金庫に対し同法16条による譲受請求をする。

この譲受請求によって、持分は金銭債権である譲渡代金請求権に転化するが、持分に対する差押えの効力は当然に譲渡代金請求権に及ぶので、その支払期である譲受請求の日から6カ月経過後の事業年度末（信用金庫定款例13条1項）以後に、差押債権者は取立権を行使するか、転付命令の申立をする。

なお、会員は他から脱退を強要されるべきものではないから、債権者代位権を脱退の意思表示について行使することはできないとする説もある（「金融法務セミナー（第57回）」金法678号18頁）ので、信用金庫が債権者代位権の行使による支払請求に応じない場合も多いと思われる。このような場合は、譲渡代金請求訴訟を提起し勝訴判決を得る必要がある。

組合の持分については、一定の期間前に予告をしたうえで、組合員に代位して脱退の意思表示をし、事業年度末に取立権を行使して持分の払戻しを受けるか、持分払戻請求権に対する転付命令により換価することになる（中小企業等協同組合法18条・20条、農協法21条・23条参照）。

なお、債権法の改正では、債権者代位権の要件、「債務者の一身に専属する権利」の内容について変更がなく（改正民法423条1項）、債権者が被代位権利を行使した場合において、債務者の処分権限を失うものとした判例法理（大判昭14.5.16民集18巻557頁）から、処分権限を失わないと変更されるが（同法423条の5）、本項の内容は持分の換価のため差押えがなされていることが前提であるため、債権者代位権の行使による換価について、債権法改正以降、改正による影響は特段ないものと考えられる。

10151 滞納処分による出資持分の差押えと支払

滞納処分による差押えを受けた出資持分について、税務署に対する支払はどのようにすればよいか

結　論

税務署が差し押えた持分の支払を受ける場合は、書面により一定の期間前に予告をした後に、持分の一部（信用金庫の会員の持分については最低1万円を、信用組合・農業協同組合等の組合員の持分については最低1口を控除した残余の部分）の払戻（譲受）請求をすることになっている。

税務署から払戻請求書が送付されたときは、所定の支払時期に、信用金庫の場合は1万円を控除した部分について譲受けの手続をし、信用組合の場合は出資1口を控除した部分について脱退の手続をして支払をする。

なお、持分差押え後に、法定脱退事由が生じたときは、国税徴収法67条1項による取立権の行使を受けて支払をする。

解　説

◆**差押持分の換価方法**　　滞納処分により差し押えた信用金庫の会員の持分、信用組合、農業協同組合の組合員の持分は、公売（国税徴収法94条）あるいは公売にかえて随意契約（同法109条）により売却することによって換価されることになる。しかし、持分の譲渡には信用金庫、信用組合の承諾

を要すること、譲受人（買受人）の資格に制限があることなどにより、買受けの申出をする者がほとんどないため、実際にはこの方法によって換価されることはまれで、大部分は、信用金庫に対する持分の一部譲受請求、信用組合に対する持分の一部払戻請求により換価されている。

◆**持分の一部譲受請求等**　　税務署長は、差し押えた会員、組合員の持分を再度換価に付してもなお買受人がないとき、またはその持分の譲渡について、信用金庫、信用組合の承諾が得られない場合で、その持分以外の財産につき滞納処分を執行してもなお徴収すべき国税に不足すると認められるときは、信用金庫に対してその持分の一部の譲受けを、信用組合に対して持分の一部の払戻しを請求することができる（国税徴収法74条1項）。

譲受請求等の範囲が持分の一部とされているのは、持分の一部を残すことにより、会員、組合員の地位を奪うことなく、滞納処分の目的を達しようという趣旨である。

会員は、いつでも任意に信用金庫を脱退することができ、この脱退の自由を保障する目的で、信用金庫法16条は会員の信用金庫に対する持分全部の譲受請求を認めるが、持分の一部についての譲受請求は認めていない、また組合員は、組合を任意に脱退することができるが（中小企業等協同組合法18条、農協法21条）、出資口数の減少が認められる場合（中小企業等協同組合法23条、農協法27条）を除き、組合を脱退せずに、持分の一部について払戻しを請求することはできないのであるが、国税徴収法74条は、この信用金庫法等の自由脱退規定の特則をなすものと解される。

◆**譲受請求等の手続**　　税務署長が信用金庫、信用組合に対して、差し押えた持分の一部譲受請求等をする場合、税務署長は、30日（組合等からの脱退につき、法律または定款の定めにより、これと異なる一定期間前に予告することを必要とする場合は、その期間）前に、信用金庫、信用組合に予告しなければならない（国税徴収法74条2項）。

この予告は書面によることになっており（国税徴収法施行令33条2項）、「組合員等の持分の払戻等請求の予告通知書」が送付される。

前記の予告期間経過後に、税務署長より組合員の持分については、最低出資1口を控除した残余について払戻請求がされる。

信用金庫の会員の持分については、会員の最低出資額が1万円（ただし、東京都の特別区または金融庁長官が指定する市以外の地域に本店のある信用金庫については5000円）と定められているため（信用金庫法11条1項、同法施行令4条の2）、1万円以下の金額部分の譲受請求は、当分の間しない取扱いであり（国税徴収法基本通達74条関係7）、1万円を超える部分について譲受請求がされる。

なお、この請求も書面によることになっており（国税徴収法施行令33条1項）、「組合員等の持分払戻等請求書」が送付される。

◆**支払時期**　　国税徴収法74条は、会員、組合員の自由脱退に関する信用金庫法等の規定の特則をなすものであるから、税務署長から持分の譲受請求等を受けたときは、自由脱退に準じて支払等の処理をすればよい。

したがって、信用金庫は、税務署長から

の請求書を受領した日から6カ月経過した日以後に到来する事業年度末に（信用金庫定款例13条1項）、1万円を超える部分について譲受けの処理をして支払をすることになる。

　また、組合は、事業年度の末日以後に支払をすることになるが、予告通知を受けた日が定款の定める予告期限後である場合の支払時期は、翌事業年度末となる（中小企業等組合法18条、農協法21条）。

　この、税務署長に対する支払については、出資証券の授受を要しない。

◆**滞納処分後の法定脱退**　会員、組合員が法定脱退事由（信用金庫法17条、中小企業等協同組合法19条、農協法22条）に該当すると、会員、組合員の意思いかんにかかわらず、法定脱退事由の発生と同時に脱退の効果が生じ、持分は払戻請求権に転化することになる。

　滞納処分による持分差押え後に会員、組合員に法定脱退事由が発生した場合は、差押えの効力は持分払戻請求権に及ぶことになるが、国税徴収法74条による持分の一部譲受請求等はできないことになる。

　したがって、持分に対する差押えを受けた後、持分の一部譲受請求等のある前に法定脱退事由が発生した場合は、国税徴収法67条1項による取立権の行使を受けて、持分払戻額全額（滞納税額がこれより少ない場合は滞納額）を支払うことになる。また一部譲受請求等のあった後、譲受け等の効力が生ずる前に法定脱退事由が発生した場合は、一部譲受請求等を撤回してもらい、あらためて取立権の行使を受けて支払うのがよい。

　なお、この支払期は、法定脱退事由の発生した事業年度末である（信用金庫法18条2項参照）。

10152	出資金の債務への弁済充当

債務不履行の際、出資金を債務の弁済に充当してもさしつかえない旨の契約をすることは可能か

結　論

　債務不履行の場合を予測し、あらかじめ信用金庫、信用組合に対し、持分の譲渡または自由脱退の手続を委任することにより、担保の目的に沿う扱いをすることは可能であると解する。

解　説

◆**信用金庫の持分取得禁止**　信用金庫については、信用金庫法21条が、信用金庫が権利を行使する場合または同法16条の規定により持分の譲受けをする場合を除き、信用金庫が会員の持分を取得し、または質権の目的としてこれを受け入れることはできないと定めている。これは、信用金庫が会員の持分を取得することにより、自己資本充実の妨げとなるのを避けることを目的としているものである。

◆**担保としての持分の取得**　このように信用金庫法21条が明文をもって会員の持分を取得することを禁じている以上、信用金庫は、特例として許される場合を除き、一般的にこれを質権の目的として取得することはできない。

　出資金の債務充当契約についての可否を

論じた裁判例はまだ見当たらないが、株式については、株式の売却を債務者より委任を受けて預かり、弁済期が到来しても債務が履行されない場合は、その株式を任意に売却、売得金をもって債務に充当もしくは相殺する旨の契約は、他に脱法行為とみるべき特別の事情がない限り禁止規定に違反しないとする判例がある（大判昭18.10.6）。反対の趣旨の判例もあるが、戦後の下級審の判例もこれを踏襲し、通説も認めるところである。

この判例の趣旨は、出資金についても同様に解されるものであり、出資持分の譲渡、ならびに譲受けの請求について、信用金庫があらかじめ委任を受け、債務不履行の際は、任意に処分し、その譲渡代金、もしくは譲受代金を債務に充当、あるいは相殺する旨の契約はなんらさしつかえないものと解する。特に、出資金については株式と異なり、譲受人の資格が限定されている等、すぐに譲渡できる性質のものではないうえ、信用金庫が譲受するまでにはかなりの期間を要するので、実務上も、地区外への転出などで持分の払戻しを急ぐ場合にはやむなく前記のような扱いをする必要が生ずることもあるが、これは信用金庫法21条の脱法行為とはいえないものである。

なお、本問のように担保の目的に沿う扱いは、それ自体質権の設定がなされたとはいえず、持分の差押え等には対抗できない。したがって持分が差し押えられた場合には、債務への充当は相殺権の行使による以外に方法がなく、信用金庫が譲り受けて譲受代金支払債務と相殺するか、法定脱退事由に該当すれば持分払戻債務との相殺によることになる。

◆**信用組合、農業協同組合の場合**　信用組合、農業協同組合の出資金についても、これと同様であり、組合員の自由脱退を前提に、その払戻金を債務の弁済に充当してもさしつかえない旨の契約は有効である。

10153　出資金と貸出金との相殺

出資金と貸出金とは相殺できるか

結　論

出資金は、貸出金と直ちに相殺することはできない。

解　説

◆**出資金と相殺**　出資金とは、信用金庫、信用組合、農業協同組合という人的結合による事業体における会員、組合員となるための義務として出資された金銭等である。なお、信用組合、農業協同組合では、現物出資が認められている（中小企業等協同組合法29条3項・33条3項、農協法28条3項・62条3項）。出資がなされると、持分構成の一要素となり、純然たる金銭債権としての性格は失われる。

他方、相殺は、相対立する当事者が互いに同種の目的を有する債務を負担し、その債務がともに弁済期にある場合（相殺適状）に許されるものである（民法505条本文）。したがって、出資金は前述のように、純然たる金銭債権といえないから、金銭債権たる貸出金と同種の目的を有するとはいえず、その持分のままでは直ちに貸出金と相殺することはできない。

◆**持分の金銭債務への転換と相殺**　しかし、持分が次のような事由により、信用金庫、信用組合にとって、金銭債務に質的変化を遂げたときは、貸出金と相殺することが可能となる。すなわち、信用金庫についていえば、以下のようになったときである。

①　信用金庫法16条により金庫が持分を譲り受けたときに生ずる持分譲受代金支払債務

②　法定脱退事由が発生したときに、信用金庫法18条により発生する持分の全部または一部払戻債務

また、信用組合、農業協同組合の場合においても信用金庫における①の持分譲受代金支払債務のかわりに自由脱退による持分払戻債務があるほかは同様である。

なお、最判昭45.6.24（民集24巻6号587頁）によって、差押え以前に取得した債権であればこれを自働債権として差押えに優先して相殺ができることになっている。したがって、差押え以前に取得した債権を自働債権として、差押え以後に持分が金銭債務に転化した場合でも、これと相殺することは可能である。

また、債権法の改正では、上記判例の内容が明文化され、（改正民法511条1項）、差押え後に取得した債権について、差押え後に他人の債権を取得した場合を除いて「差押え前の原因に基づいて生じた」債権を自働債権として相殺することができるようになるが（同法511条2項）、持分の差押えと貸出金との相殺について、債権法改正以降、改正による影響は特段ないものと考えられる。

10154　信用金庫会員の破産手続における貸金と持分との相殺

信用金庫は、会員について破産手続が開始した場合において、自己の貸金債権と会員の持分払戻請求権とを相殺することができるか

結　論

信用金庫は、持分払戻請求権の停止条件が破産手続の開始後に成就した場合、破産手続の終結までは貸金債権と持分払戻請求権とを相殺することはできるとするのが、下級審裁判例の立場である。

解　説

破産手続の開始は会員の法定脱退事由である（信用金庫法17条1項3号）。

会員が法定脱退により持分払戻請求権を取得する（信用金庫法18条1項）のに対応して、信用金庫は、持分払戻債務を負担する。持分払戻債務は、法定脱退事由が生じた事業年度末における信用金庫の正味資産の存在を停止条件とする停止条件付債務である（同法18条2項、信用金庫定款例16条）。したがって、脱退した会員の持分払戻請求権は脱退した事業年度の終わりまでは、その具体的な数額が定まらず、行使することができない権利である（東京地判平15.5.26金商1181号52頁）。

破産手続が開始されると、原則として破産債権者は破産手続によってのみ権利の行使が可能である（破産法100条1項）。破産債権者は、破産者に対する債務がその破産

宣告の前において期限付きまたは停止条件付きである場合には、特段の事情がない限り、期限の利益または停止条件不成就の利益を放棄したときだけではなく、破産宣告後に期限が到来しまたは停止条件が成就したときにも破産法67条2項の規定により、その債務に対応する債権を受働債権とし、破産債権を自働債権として相殺をすることができるとするのが判例の立場である（最判平17.1.17民集59巻1号1頁、積立普通傷害保険契約の満期および解約返戻金の事案）。

また、上記最高裁判決以前の下級審裁判例では、信用金庫は、出資を受け会員が持分を取得したときから、将来その持分が金銭債権たる持分払戻請求権に転化したときには、破産者に対する貸金債権との相殺により当該貸金を回収できることを期待しており、この期待は合理的なものであるから、相殺が許されるとするものがあり（東京地判平15.5.26金商1181号52頁）、学説も上記最高裁判決の射程につき、信用金庫の持分払戻請求権に及ぶものと解している（野村秀敏「判批」金商1225号7頁）。

なお、実際に信用金庫が相殺できるのは、会員が破産した事業年度末以降である（平野英則「信用金庫の貸金債権と会員の持分払戻請求権との相殺」金法1705号7頁）。

| **10155** | 信用金庫会員の破産手続における貸金と持分との相殺の時期的制限 |

信用金庫は、会員について破産手続が開始し、自己の貸金債権と会員の持分払戻請求権とを相殺することができる場合、その時期的制限はあるか

結　論

弁済期が到来していない持分払戻請求権は、破産管財人の催告権の制度の対象とならないため、相殺権行使について時期的制限はない。

解　説

破産法では、相殺権の行使が可能であるのにもかかわらず、破産債権者が相殺権を行使するか否かの態度を明らかにしないため、破産管財人の管財業務に支障をきたす場合があり、破産手続の円滑な進行を図るため、破産管財人の催告権の制度が導入された（同法73条）。

この破産管財人の催告権の制度は、一般調査期間が経過した後または一般調査期日が終了した後は、相殺をすることができる破産債権者に対し、1カ月以上の期間を定めて催告をすることができ、その期間内に破産債権者が相殺するか確答しない場合は、その破産債権について相殺権の行使ができないとするものであり（破産法73条1項本文・2項）、相殺権の行使時期について制限が設けられた。

しかし、この制度の対象は、破産債権者の負担する債務が弁済期にあるときに限定され、停止条件付債務における停止条件の未成就のような場合は対象とならず（破産法73条1項ただし書）、時期的制限を受けない。

そのため、持分払戻債務の弁済期である事業年度末が破産管財人から催告を受けてから1カ月経過後に到来する場合でも、時

期的制約を受けず相殺権行使ができる（平野英則編著『改訂信用金庫法の実務相談』173頁〔田中敏夫〕）。

10156 信用金庫会員の民事再生手続における貸金と持分との相殺

信用金庫は、会員の民事再生手続において、自己の貸金債権と会員の持分とを相殺することができるか

結　論

信用金庫は、貸金債権と持分とを相殺することができるが、相殺をするためには、再生手続開始当時に再生債務者に対して債務を負担していることが必要であり、実際に相殺するのは困難である。

解　説

民事再生手続が開始されると、原則として再生債権者は再生手続によってのみ権利の行使が可能であるが（民再法85条1項）、再生債権者が再生手続開始当時に再生債務者に対して債務を負担しており、かつ、再生債権の届出期間満了前に相殺適状になれば、その届出期間内に限り、再生手続によらずに相殺することが可能であり、債務が期限付きであるときも同様である（同法92条1項）。

そして、①信用金庫の持分譲受代金債務は期限付債務ではなく、会員の譲受請求の日から6カ月を経過した日以後に到来する事業年度末において、譲受け後に有する信用金庫の持分が総出資口数の5％を超えな

いこと（信用金庫法16条、同法施行令5条1項、信用金庫定款例13条1項・2項）を停止条件とする停止条件付債務であり、②持分払戻債務も期限付債務ではなく、法定脱退事由が生じた事業年度末における信用金庫の正味資産の存在を停止条件とする停止条件付債務である（信用金庫法18条2項、信用金庫定款例16条）。そのため、再生債権者が再生債務者に対して停止条件付債務を負担し、停止条件が再生手続開始後、債権届出期間満了までに成就したときに相殺をすることができるか問題となるが、①停止条件付債務は、債務発生の基礎となる法律関係は成立しているものの債務自体は再生手続開始時に発生していないこと、②民再法92条1項は、破産法67条2項後段と異なり条件付債務を受働債権とする相殺を明文上認めていないことから、相殺はできないものと解される（伊藤眞『破産法・民事再生法〔第3版〕』906〜907、910頁）。

したがって、会員について民事再生手続が開始した場合に、信用金庫が持分との相殺をするためには、再生手続開始決定時までに、持分譲受代金債務または持分払戻債務の停止条件が成就していることを要し、再生債権の届出期間内に相殺することが必要である。

しかし、民事再生手続開始の申立がなされた時点において、会員は借入金について当然に期限の利益を喪失するので（信用金庫取引約定書ひな型5条1項1号）、再生手続の開始以前に持分譲受代金債務あるいは持分払戻債務の停止条件が成就し、相殺適状に達していれば、信用金庫はその時点で民法505条による相殺をするのが通常であり、持分譲受代金債務や持分払戻債務の

停止条件の成否が事業年度末を経過しない
と判明しないこと、および民事再生手続開
始の申立が法定脱退事由ではないことから、
実際に信用金庫が再生手続の開始後に相殺
するのはまれである。

10157 信用金庫会員の会社更生手続における貸金と持分との相殺

信用金庫は、会員の会社更生手続において、自己の貸金債権と会員の持分とを相殺することができるか

結 論

信用金庫は貸金債権と持分とを相殺することができるが、相殺をするためには、更生手続開始当時に更生債務者に対して債務を負担していることが必要であるため、実際に相殺するのは困難である。

解 説

　会社更生手続が開始されると、原則として更生債権者は更生手続によってのみ権利の行使が可能であるが（会更法47条1項）、更生債権者が更生手続開始当時に更生会社に対して債務を負担しており、かつ、更生債権の届出期間満了前に相殺適状になれば、その届出期間内に限り、更生手続によらずに相殺することが可能であり、債務が期限付きであるときも同様である（同法48条1項）。

　そして、①信用金庫の持分譲受代金債務は期限付債務ではなく、会員の譲受請求の日から6カ月を経過した日以後に到来する

事業年度末において、譲受け後に有する信用金庫の持分が総出資口数の5％を超えないこと（信用金庫法16条、同法施行令5条1項、信用金庫定款例13条1項・2項）を停止条件とする停止条件付債務であり、②持分払戻債務も期限付債務ではなく、法定脱退事由が生じた事業年度末における信用金庫の正味資産の存在を停止条件とする停止条件付債務である（信用金庫法18条2項、信用金庫定款例16条）。

　そのため、更生債権者が更生債務者に対して停止条件付債務を負担し、停止条件が更生手続開始後、債権届出期間満了までに成就したときに相殺をすることができるか問題となるが、①停止条件付債務は、債務発生の基礎となる法律関係は成立しているものの債務自体は更生手続開始時に発生していないこと、②会更法48条1項後段は、破産法67条2項後段と異なり条件付債務を受働債権とする相殺を明文上認めていないことから、相殺はできないものと解される（伊藤眞『会社更生法』342〜343頁）。

　したがって、会員について会社更生手続が開始した場合に、信用金庫が持分との相殺をするためには、更生手続開始決定時までに、持分譲受代金債務または持分払戻債務の停止条件が成就していることを要し、かつ更生債権の届出期間内に相殺することが必要である。

　しかし、会社更生手続開始の申立がなされた時点において、会員は借入金について当然に期限の利益を喪失するので（信用金庫取引約定書ひな型5条1項1号）、更生手続の開始以前に持分譲受債務あるいは持分払戻代金債務の停止条件が成就し、相殺適状に達していれば、信用金庫はその時点

で民法505条による相殺をするのが通常であり、持分譲受代金債務や持分払戻債務の停止条件の成否が事業年度末を経過しないと判明しないこと、かつ、会社更生手続開始の申立が法定脱退事由でないことから、実際に信用金庫が更生手続の開始後に相殺するのはまれである。

10158 信用金庫会員の特別清算における持分と貸金との相殺

信用金庫の会員について、特別清算が開始した場合、信用金庫は自己の貸金債権と会員の持分払戻請求権とを相殺することができるか

結　論

信用金庫は、持分払戻請求権の停止条件が特別清算の開始時に停止条件が成就した場合、特別清算開始後であっても、協定認可の決定が確定する前（会社法570条）で、かつ、特別清算終結前であれば、相殺することができる。

解　説

株式会社の特別清算は、公平な清算の遂行を目的とし、解散による清算手続において、清算の遂行に著しい支障をきたすべき事情があるとき、または、債務超過の疑いがあると認められるときに開始される手続である（会社法510条1号・2号）。したがって、特別清算は、会員がすでに解散し法定脱退事由（信用金庫法17条1項2号）が生じている場合の手続であり、持分払戻請

求権が発生する（同法18条1項）。

信用金庫の持分払戻債務は、会員が脱退した事業年度末において信用金庫の正味資産に欠損がないことを条件とする信用金庫の停止条件付債務である。そして、会社法は、特別清算における相殺については、相殺の禁止規定である破産法71条・72条と同様の規定を置く（会社法517条・518条）が、特別清算手続開始前に停止条件付債務を負担している場合には、その条件の成就が手続開始後であっても、相殺の合理的な期待があるものとして、会社法517条1項1号に該当せず、信用金庫は相殺することができると解される。

もちろん、特別清算手続における協定認可の決定が確定した後は（会社法570条）、協定条件によらなければ相殺することができないと解されており、認可決定の確定前に事業年度末が到来し、停止条件が成就している必要がある。また、相殺時期の制限はないが、特別清算終結前に相殺することが必要であることはもちろんである。

10159 破産・会社更生の管財人への出資金の支払拒絶

更生会社に対して貸金（更生債権）を有する場合、管財人に対し出資金の支払を拒否できるか。また、破産の場合はどうか

結　論

信用金庫、信用組合、農業協同組合は、更生会社に対し貸金を有していても、管財人に対し、出資金の支払を拒否することはできない。破産の場合は貸金との相殺が可

能であり、管財人に対する支払を拒否することができる。

解　説

◆**持分払戻しの停止**　信用金庫法20条、中小企業等協同組合法22条、農協法26条は、信用金庫、信用組合は脱退した会員、組合員が信用金庫、信用組合に対する債務を完済するまではその持分の払戻しを停止することができるものとしているが、これらの規定は、自ら債務を負担しながら、持分の払戻しを受けることは不合理であるという公平の見地から認められたものである。

脱退した会員、組合員に対する貸金と払戻債務とが相殺適状にあれば、持分の払戻しを請求されても相殺で対抗できるが、貸金の期限未到来などにより相殺ができない場合は、この規定により払戻しを拒否することが可能である。

ただし、払戻停止規定は、公平の見地から認められた抗弁権的性質のものにとどまり、それ以上に信用金庫、信用組合に担保権を与えたものではないから、留置権的性格を有するものではない。

◆**会社更生手続との関係**　貸金と出資金（持分）とを相殺するためには、持分が単純な金銭債権に転化していなければならない。

会社更生手続の開始は、会員、組合員いずれについても法定脱退事由に該当しないので、更生手続開始決定があっても、持分は金銭債権である持分払戻請求権に転化しない。また、更生手続開始後に法定脱退事由に該当し持分が払戻請求権に転化しても、債権届出期間満了前に相殺適状にあり、かつ同期間内に相殺の意思表示をしないと相

殺が許されないため（会更法48条1項）、通常の場合は、会社更生手続が開始されると、出資金との相殺は不可能となる。

この相殺が不可能な場合に、持分払戻しの停止規定により、管財人からの出資金支払請求を拒否できないかが問題となる。

前述したように、信用金庫法20条、中小企業等協同組合法22条、農協法26条の持分払戻停止の制度は、単に信用金庫、信用組合に抗弁権を与えるにとどまるから、更生手続においては更生担保権とはならないし、また、民事留置権でもなく、結局、更生会社に対して、その効力を失うものと考えるほかはない。

したがって、管財人から信用金庫に対して持分の譲受請求、信用組合に対して任意脱退の手続がとられ、持分譲渡代金の支払を請求された場合は、支払に応じざるをえないであろう。

◆**破産手続との関係**　信用金庫の会員の破産は法定脱退事由であり（信用金庫法17条1項3号）、破産手続開始と同時に会員は信用金庫を脱退し、持分は持分払戻請求権に転化する。

事業者である組合員の破産は、組合員の資格要件である事業を廃止したことになり、当該組合員は組合員資格の喪失により、信用組合を法定脱退し（中小企業等協同組合法19条1項1号、農協法22条1項1号）、持分は払戻請求権に転化する。

破産手続では相殺の時期についての制限がなく、破産手続開始後であっても、信用金庫、信用組合は破産者に対する貸金と持分払戻債務とを相殺することができる（【10154】参照）。

したがって、管財人からの出資金支払請

求に対しては、持分払戻停止規定による拒否はできないが、相殺権を行使して支払を拒否することができる。

10160 事業年度の途中で加入した信用金庫の会員への出資配当金

事業年度の途中で信用金庫に加入した会員についての出資配当金を計算する場合、加入日の翌月からの月割計算と、加入日当日からの日割計算のいずれかがよいか

結 論

信用金庫法上、配当の計算方法について規定はなく、加入日の翌月からの月割計算と、加入日の当日からの日割計算のいずれの方法によっても問題はない。

解 説

信用金庫法上、配当の計算方法について規定はなく、実務上加入日の翌月からの月割計算や、加入日当日からの日割計算と複数の計算方法があるなか（信用金庫実務研究会「剰余金の配当（信用金庫取引実務の再検討〈第6回〉）」金法931号28頁）、いずれかを選ぶに際し根拠や方針となる法律はない。

なお、旧商法における事業年度中に新株発行がなされた場合に日割計算で配当する規定が存在したが（同法280条の20第2項11号）、剰余金の配当は、その事業年度に生じた剰余金だけではなく、それ以前の事業年度に生じた剰余金のうち配当していないもの等を含めたものを配当するため、日

割配当に必ずしも合理性はないとして、会社法の改正により禁止され、基準日現在に株主であれば配当が得られるようになっている（相澤哲＝葉玉匡美＝郡谷大輔編著『論点解説 新・会社法』514頁、会社法124条）。

加入日の翌月からの月割計算、加入日の当日からの日割計算、またはそれら以外の計算方法いずれによっても問題はなく、計算方法についてはそれぞれの信用金庫の判断に委ねられた問題である。

10161 出資配当金の時効

出資配当金の時効期間は何年か

結 論

民法167条1項により10年間と解される。債権法改正以降は、権利者が権利を行使することができることを知った時から5年間か、権利を行使できる時から10年間のうちいずれか早く満了するほうによる。

解 説

◆**剰余金配当請求権の性質** 信用金庫、信用組合、農業協同組合の出資者は、それぞれ会員、組合員として、剰余金の配当請求権を有する（信用金庫法57条、中小企業等協同組合法59条、農協法52条）が、この剰余金配当請求権には、抽象的なものと具体的なものとの二つがある。

抽象的な剰余金配当請求権は、会員、組合員がその地位に基づいて有するところの、剰余金の配当にあずかる権利であるが、こ

れは、会員権、組合員権の一内容として、会員権、組合員権に包含され、それ自体が独立した権利ではないので、単独で時効により消滅することはない。

具体的な剰余金配当請求権は、毎事業年度の終わりに総会または総代会の配当承認決議（信用金庫法38条6項・49条、中小企業等協同組合法40条2項・55条、農協法44条1項5号・48条）により生ずるところの、具体的な確定額についての配当請求権である。具体的な剰余金配当請求権は、会員権、組合員権から独立した債権であり、それ自体単独で時効にかかるが、会員、組合員と信用金庫、信用組合との内部関係から生じた債権であり、第三者との間の商行為により生じたものではないから、民事上の債権として、時効期間は、民法167条1項により10年間と解する。

◆時効の起算点　債権の消滅時効は、権利を行使することができる時から進行する（民法166条1項）が、具体的な剰余金配当請求権は、①定款または配当承認決議で剰余金の配当の効力発生日を定めた場合には、その時から、②特段定めがない場合には、総会または総代会の配当承認決議のあった時から行使が可能と考えられるので、通常は配当承認決議の時から、時効が進行するものと解される。

なお、会社法では、株式会社が剰余金の配当をしようとする際に、株主総会の決議によって「当該剰余金の配当がその効力を生ずる日」を定めなければならないとされていることに対し（同法454条1項柱書・3号）、信用金庫法では、剰余金の配当について「定款の定めるところにより、会員の金庫の利用分量又は出資額に応じてしな

ければならない」と定めるほか（同法57条2項）、効力発生日について規定はない。

以上により、出資配当金請求権は、総会または総代会による配当決議の時から、10年間の時効により消滅することとなる。

◆債権法の改正　債権法の改正により、消滅時効は、債権者が権利を行使することができることを知った時から5年間（改正民法166条1項1号、主観的起算点）、あるいは権利を行使できる時から10年間（同法166条1項2号、客観的起算点）のうち、いずれか早く時効期間が満了したほうで完成し、また商事消滅時効（商法522条）は削除されることとなった。

「権利を行使することができる時」の解釈については、現行民法と異なることはないが、「権利を行使することができることを知ったとき」については、債権者の認識対象には権利行使の客体である「債権」の発生原因のほか「債務者」の存在も含むと解されている。そのため、剰余金配当請求権については、配当承認決議をした総会または総代会に出席していた会員、組合員は当該決議の時から、それ以外の会員、組合員は、配当金支払通知書を会員が受領等をし、剰余金配当請求権の発生を認識した時から、時効が進行するものと解される。

なお、改正民法の施行日前に生じた債権については、従前の例による（同法附則10条4項、施行日以後に債権が生じた場合であって、その原因たる法律行為が施行日前にされた場合を含む）ことから、施行日後から発生した出資配当金請求権について改正民法が適用されることになる。

したがって、債権法改正以降は、施行日後に発生した剰余金配当請求権について、

別途効力発生日の定めがない限り配当承認決議の時から10年間、会員が配当金請求権の発生を認識した時から5年間のいずれか時効満了が早いほうで時効が完成することとなる。

10162　定期積金の差押転付とその後の積金契約

定期積金に対して差押・転付命令を受けた場合、その後の積金契約はどうなるか

結　論

定期積金の掛け込み途中における転付命令は無効である。また、定期積金に対する差押えは有効であるが、その差押えは、定期積金契約そのものにはなんら影響を与えない。

解　説

◆**定期積金に対する転付命令の効力**　転付命令は、差し押えた金銭債権を、支払にかえて券面額で差押債権者に移転するもの（民執法159条1項）であるから、転付される債権は必ず券面額、すなわち債権額が確定していることを要する。

ところで、定期積金は、一定の金額を継続して掛け込むことにより、一定額の給付を受ける契約であるから、掛け込みをすべて完了し、契約給付金請求権が具体的に発生した場合または中途解約により解約返戻金請求権が具体的に発生した場合に初めて債権額が確定し、券面額を有することになる。したがって、定期積金に対する転付命令は、このような場合にのみ可能であり、

その他の場合には、たとえ転付命令が発せられていたとしても無効といわざるをえない（村岡二郎『預金〔基本金融法務講座1〕』386頁参照）。

具体的な給付金請求権または解約返戻金請求権の発生前に差押債権者が転付により満足を受けるためには、民法423条による債権者代位権に基づき、解約権を行使し、解約返戻金請求権を具体的に発生させたうえで、これを目的とする転付命令の申請を行うことを要するものと解される。

◆**定期積金に対する差押えの効力**　具体的な給付金請求権または解約返戻金請求権発生前における定期積金に対する転付命令は、前述のように無効であるが、定期積金が特定可能な債権として存在することは明らかであるから、これに対する差押命令は、有効である。

しかし、定期積金に対する差押えの効力は、金融機関に対しその支払をなすことを禁じ、契約者にはその処分、特に取立をなすことを禁ずるにとどまり（民執法145条1項）、その取立権も目的債権が具体的な金銭給付請求権にならない限り行使の余地はないので（同法155条）、定期積金契約そのものに影響を与えるものではない。

また、契約者に禁止されるのは、差押え当時現に存在する権利の価値を減少させる処分行為であるから、差押え後であっても、契約者が掛け込みを続けることは自由であり、また、差押え後に中途解約をなし、具体的な解約返戻金請求権を発生させることも可能である。

ただし、差押えの効力は、差押え後の掛込金、差押え後に発生した解約返戻金請求権にも及ぶ。定期積金に対する差押えは、

原則として満期における給付金請求権を内容とするものであり、給付金請求権に対する差押えは、解約返戻金請求権に対する差押えも当然に包含すると解されるからである。

10163 債権者代位権による脱退と出資金との相殺

会員、組合員の貸付金が延滞している場合、信用金庫、信用組合は債権者代位権により、会員、組合員を脱退させて、その出資金の払戻請求権と貸付金とを相殺することは可能か

結　論

債権者代位権の行使には問題がある。除名の手続をとり、持分払戻請求権と相殺すべきである。

解　説

◆持分との相殺による貸付金の回収　信用金庫や農業協同組合が会員、組合員の出資持分から相殺によって貸付金の回収をするには、その前提として、出資持分が単純な金銭債権に転化していることを要する。

持分が金銭債権に転化するのは、次の場合である。

第一は、会員または組合員たる資格の喪失、死亡または解散、除名等の事由の発生による法定脱退（信用金庫法17条、中小企業等協同組合法19条、農協法22条）において、その持分の払戻し（出資金の返還）が行われる場合であり（信用金庫法18条、中小企業等協同組合法20条、農協法23条）、

第二は、信用金庫にあっては、持分全部の信用金庫に対する譲受請求（信用金庫法16条1項）、組合にあっては自由脱退（中小企業等協同組合法18条、農協法21条）によって、譲受代金の支払または持分の払戻しがなされる場合である。

この点から、信用金庫、信用組合が貸付金と出資金との相殺をすることができるのは、以上の場合に限られる。そこで、信用金庫、信用組合が主導的にこの相殺によって貸付金の回収を図ることについては、信用金庫、信用組合が、債権者代位権の行使によって、会員、組合員を自由脱退させることができれば、非常に好都合なわけである。

◆任意脱退と債権者代位　債権者代位権行使の要件としては、①債務者の無資力、②債務者がその権利を行使しないこと、③債権者の債権が履行期にあること、④目的の権利の性質が代位行使を許すものであることなどの要件を満たすことが必要である（民法423条）。

本問において問題となるのは④の要件である。持分が一身専属的なものであるとすれば、債権者代位権の行使による脱退の意思表示は許されないことになる。

この点に関し、持分は一身専属権ではなく、持分の差押債権者が譲渡命令、売却命令などにより換価するため、信用金庫、信用組合に持分譲渡の承諾を求めたのに信用金庫、信用組合が承諾をせず換価できないというような場合には、差押債権者は債権者代位権により、自由脱退の請求をし、持分を取り立てることができるとする説が有力である（【10150】参照）。

ただし、脱退自体は一身専属的権利であ

って、他から強制されるべきものではないから、脱退の意思表示について債権者代位権の行使は許されないとする説もあり、代位権行使を可能とする説が定説であるとは言いがたい。

なお、債権法の改正では、①債権者代位権の要件、とりわけ「債務者の一身に専属する権利」の内容について変更がなく（改正民法423条1項）、②債権者が被代位権利を行使した場合において、債務者の処分権限を失うものとした判例法理（大判昭14.5.16民集18巻557頁）から、処分権限を失わないと変更されるが（同法423条の5）、任意脱退と債権者代位について、債権法改正以降、改正による影響は特段ないものと考えられる。

◆**信用金庫、信用組合の権利確保の手段**

前述のとおり、債権者代位権の行使による脱退の意思表示については可否両論があり、問題があるので、他に換価手段のない差押債権者の場合は別として、信用金庫、信用組合としては、定款の定める除名手続によるべきである。

会員、組合員が信用金庫、信用組合に対して負担する債務について、利息の支払または返済の履行を6カ月以上怠ったときは、除名することができ（信用金庫定款例15条1号、信用組合定款例16条1号）、除名によって会員、組合員は法定脱退し、持分は持分払戻請求権に転化する。

信用金庫、信用組合は、この持分払戻債務の支払期である事業年度末（信用金庫法18条2項、中小企業等協同組合法20条2項、農協法23条2項）に、貸金と持分払戻請求権とを相殺することができる。

なお、債権法の改正では、差押え後に取得した債権について、「差押え前の原因に基づいて生じた」債権を自働債権として相殺することができるようになるが（改正民法511条2項）、信用金庫、信用組合の権利確保の手段について、債権法改正以降、改正による影響は特段ないものと考えられる。

10164 信用金庫会員の持分払戻請求権の消滅時効の起算日

信用金庫会員の法定脱退による持分払戻請求権の消滅時効はいつから進行するか

結　論

法定脱退した会員が信用金庫に対して持分の払戻しを請求できるのは、会員が法定脱退した事業年度末以後であり、消滅時効はその事業年度末から進行する。

解　説

持分払戻請求権は、脱退の時から2年間行わないときは時効によって消滅する（信用金庫法19条）。

時効の起算日である「脱退の時」については、法定脱退事由発生の時であって、脱退者がその旨を信用金庫に通知した時、ないし信用金庫がその事実を知った時ではないとする説、および法定脱退のあった事業年度の終わりから進行するとする説がある。

このように説は分かれるが、消滅時効は、権利を行使しうる時から進行するのが原則であり（民法166条1項）、脱退者が現実に持分の払戻しを請求することができるのは、

法定脱退事由が生じた事業年度末であり、その時から消滅時効が進行すると解すべきである。

この消滅時効が実務上意味をもつのは、信用金庫が脱退者に対する貸金等の債権をもたない場合、または持分払戻額が貸金債権額を上回る場合である。なぜなら、脱退者は自己の持分払戻請求権の時効消滅後も信用金庫の貸金債権と相殺ができるからである（民法508条）。したがって、信用金庫は、法定脱退事由が発生した事業年度末において貸金債権が残っていれば、相殺により速やかにこれを回収するとともに、余剰があればこれを脱退者に返還し、貸金債権がなければ持分の全額を払い戻すべきである。

なお、債権法改正により消滅時効に主観的起算点が追加されるが（【10161】を参照）、信用金庫法19条の「脱退の時」の解釈に影響を与えることはなく、本条は民法上の消滅時効の特則に位置づけられるため、改正による影響は特段ないものと考えられる。

10165 持分差押え後の剰余金配当請求権

会員の持分が差し押えられ、信用金庫に債権者から差押命令が送達された後、剰余金の配当が行われた場合、その剰余金配当請求権に差押えの効力は及ぶか

結　論

信用金庫、信用組合、農業協同組合の会員、組合員の持分が差し押えられた場合、剰余金配当請求権にまで差押えの効力は及ぶ。

解　説

◆**差押えの効力**　信用金庫、信用組合、農業協同組合の会員、組合員の有する「持分」の内容については、身分権と財産権の二義があり、財産権としての持分に対しては差押えが可能である。

持分が差し押えられた場合、その効力が及ぶ範囲は、その後に発生する剰余金配当請求権に転化した場合、剰余金配当請求権に及ぶ明文の規定（たとえば、利益配当請求権にも社員持分の差押えの効力が及ぶ旨を規定する会社法621条3項）はないが、剰余金配当請求権は、持分から生ずる果実と解されるから、差押えは剰余金配当請求権にも及ぶものと解される（【10149】参照）。

◆**配当金を受領する方法**　上記のとおり、持分に対する差押えの効力は、差押え後に生ずる剰余金配当請求権に及ぶため、差押債権者は剰余金配当請求権について差押命令を得ることなく、取立または転付命令により取り立てることができる。

10166 債権差押通知書による持分の差押え

信用金庫の持分に対し税務署から債権差押通知書が送達された場合、その持分に対して差押えの効力は生ずるか

結　論

債権差押通知書による持分の差押えは不適法であるが、差押えの効力が認められる

可能性がある。信用金庫は、税務署に対して適法な通知書の発送を促すことが考えられる。

解　説

滞納処分による信用金庫、信用組合等の持分の差押えの手続は、第三債務者である信用金庫、信用組合に対する差押通知書の送達によって行う（国税徴収法73条1項）。国税徴収法上、債権とは、金銭または換価可能な財産の給付を目的とする債権に限られており、信用金庫、信用組合等の持分は、無体財産権等のうち第三債務者があるものとして扱いが異なる（国税徴収法基本通達62条関係1、同基本通達73条関係1(3)）。また、債権と無体財産権等のうち第三債務者があるものの差押手続は、別個に規定されている（同法62条1項、第三債務者に送達するのは「債権差押通知書」である）。

そのため、債権の差押手続により無体財産権等のうち第三債務者があるものである信用金庫、信用組合等の持分を差押さえることはできず、差し押えの効力は生じていないものと考えられる。

しかし、債権差押通知書という表題で、実質的に差押通知書に記載すべき事項（国税徴収法施行令30条2号）が記載されている場合、第三債務者に対して実質的な差押えの内容は認識でき、手続を間違えているものの違法性は軽微であると認定されれば、差押えの効力が生じていると判断される可能性がある（平野英則編著『改訂信用金庫法の実務相談』190頁〔麻生裕介〕）。

そのため、信用金庫としては、税務署に対し適法な差押通知書の発送を促すことが有用である。

10167　差押通知書と予告通知書の同時送達

信用金庫の持分に対し税務署から差押通知書と同時に予告通知書が送達された場合、信用金庫はどのように対応すべきか

結　論

信用金庫としては、差押通知書の送達時から予告通知書の効力が発生したものとして対応すべきである。

解　説

滞納処分により信用金庫、信用組合等の持分を差し押えた場合、換価については、公売または随意契約ではなく、大部分が信用金庫に対する一部譲受請求、信用組合に対する持分の一部払戻請求により行われている（【10151】参照）。

この一部譲受請求等は、差し押えた会員、組合員の持分を再度換価に付してもなお買受人がいないとき、またはその持分の譲渡について、信用金庫、信用組合の承諾が得られない場合で、持分以外の財産につき滞納処分を執行してもなお徴収すべき国税に不足すると認められるときに認められるものである（国税徴収法74条1項）。

また、この一部譲受請求等をする場合、税務署長は30日（信用組合等からの脱退につき、法律または定款の定めにより、これと異なる一定期間前に予告することを必要とする場合は、その期間）前に、信用金庫、信用組合に予告しなければならない（国税徴収法74条2項）。

そのため、信用金庫の持分に対し税務署

から差押通知書と同時に予告通知書が送達された場合、予告通知は持分の差押えが前提となっているため、差押えの効力が生じていない段階で予告通知をすることは違法であると考えられる。

しかし、実質的には、差押通知書が送達された段階で持分の差押えの効力は生じており、事後的に違法な状態が修正されたとも理解でき、また、予告通知の趣旨は、一部譲受請求等を受ける信用金庫、信用組合の負担を考慮し、制度の安定を図る趣旨のものであるため、実際の予告期間が確保できれば、不利益を及ぼすものではない（平野英則編著『改訂信用金庫法の実務相談』193頁〔麻生裕介〕）。

したがって信用金庫としては、差押通知書の送達時点から予告通知書の効力が発生したものと認めて、対応すべきである。

10168 予告通知書と譲受請求書の同時送達

信用金庫の持分に対し税務署から予告通知書と同時に譲受請求書が送達された場合、信用金庫はどのように対応すべきか。税務署長が、譲受請求書の再送付に応じない場合はどうか

結論

信用金庫は、税務署に対して予告期間の経過後、譲受請求書を送付するよう促すべきである。税務署長が譲受請求書の再送付に応じない場合、予告期間の経過により一部譲受請求の効力が生じたものとして対応すべきである。

解説

滞納処分により信用金庫、信用組合等の持分を差し押えた場合、換価については、信用金庫に対する一部譲受請求、信用組合に対する持分の一部払戻請求により行われており、この一部譲受請求等をする場合、税務署長は30日（組合等からの脱退につき、法律または定款の定めにより、これと異なる一定期間前に予告することを必要とする場合は、その期間）前に、信用金庫、信用組合等に予告しなければならない（国税徴収法74条2項、【10167】参照）。

そのため、信用金庫の持分に対し税務署から予告通知書と同時に譲受請求書が送達された場合、一部譲受請求は予告通知が前提となっているため、予告通知期間が経過していない段階で一部譲受請求をすることは違法であると考えられる。

したがって信用金庫としては、税務署に対して予告期間の経過後、譲受請求書を送付するよう促すべきである。

税務署に対して予告期間の経過後、譲受請求書を送付するよう促した後、税務署長が再送付に応じない場合、税務署長が書面を送達する順序を間違えたという手続上の違法は軽微であること、予告期間の目的が信用金庫の利益のためにあり、実際の予告期間が確保できれば、不利益を及ぼすものではないこと、先に送達された譲受請求書は、予告期間を停止期限として停止期限が付された請求であると理解すれば、予告期間の経過により一部譲受請求の効力が生じたものと認めることができる（平野英則編著『改訂信用金庫法の実務相談』196頁〔麻生裕介〕）。

したがって信用金庫としては、予告期間の経過時点から一部譲受請求の効力が発生したものと認めて、対応すべきである。

10169 持分に差押えがあった会員からの脱退の申出

会員の持分が差し押えられ、信用金庫に債権者から差押命令が送達された後、その会員から持分譲受請求による脱退の申出があった場合、信用金庫としてどのように対応すべきか

結　論

信用金庫としては、当該会員から持分の譲受けをすることができるが、差押えの効力が持分の譲渡代金に及ぶため、当該会員に支払うべきではない。

解　説

◆差押えの効力　信用金庫等の会員、組合員の有する「持分」の内容については、身分権と財産権の二義があり、財産権としての持分に対しては差押えが可能である。

持分が差し押えられた場合、その効力が及ぶ範囲は、その後に発生する持分払戻請求権に転化した場合、持分払戻請求権に及ぶ明文の規定はないが、持分払戻請求権は、持分の内容そのものと解されるから、差押えは持分払戻請求権にも及ぶものと解される（【10149】参照）。

◆差押え後の自由脱退　差押えの効力発生後に持分を第三者に譲渡することは処分禁止に反し、譲受人に対する譲渡代金請求権に差押えの効力が及ばないため、差押え

の効力を失わせることになる。差し押えられた持分の譲渡を第三債務者である信用金庫、信用組合が承諾しても差押債権者に対抗できないので、信用金庫、信用組合としては承諾をすべきではない。

しかし、信用金庫に対する持分の譲受請求や中小企業等協同組合法18条、農協法21条による自由脱退により会員、組合員を脱退することは可能である。差押えによって脱退することまで制限されることはなく、信用金庫に対する持分譲渡代金請求権、信用組合に対する持分払戻請求権に対して差押えの効力が及ぶと解されており、差押えによる処分禁止に反することにはならないからである。

したがって、信用金庫としては、当該会員から持分の譲受けをすることができるが、差押えの効力が持分の譲渡代金に及ぶため、当該会員に支払うべきではない。

10170 出資総額の規制

信用金庫の出資の総額についてはどのような規制があり、その規制に違反した場合どうなるか

結　論

信用金庫法上、出資の総額の最低限度額が法定されているため、最低限度額を下回ることは法令違反となる。出資金を最低限度額以上に増加できなければ、事業免許の取消をされる可能性がある。

解　説

　信用金庫は、出資の総額を政令で定める最低限度額以上であることを義務づけられており（信用金庫法５条）、政令では、①東京都の特別区の存する地域または金融庁長官の指定する人口50万人以上の市に主たる事務所を有する信用金庫の場合、２億円、②その他の信用金庫の場合、１億円と規定する（同法施行令１条）。

　出資の総額が最低限度額を下回った場合、上記の最低限度は、信用金庫の存続要件ではないため免許事業の失効や解散事由となるものではない。しかし、最低限度額を下回った状態は、信用金庫法５条に違反する状態であるため、内閣総理大臣は同法89条で準用する銀行法26条の規定に基づき一定の期限まで出資金を最低限度額以上に増加すべきことを命じ、それが履行されない場合には同法27条の規定により事業免許を取り消すことが考えられうる（内藤佳代子ほか編著『逐条解説信用金庫法』19頁）。

10171　持分の一部相続

信用金庫会員が死亡し、その相続人から他の相続人と遺産分割をしたい旨の申出を受けた場合、どのように対応すべきか

結　論

　信用金庫法上、相続人は被相続人の法定脱退による持分払戻請求を相続するか、相続人のうち１人のみ被相続人の持分を継承して加入することができ、相続人間で持分を分割して相続することはできない。

　相続人の１人が相続加入し、信用金庫の承諾を得てその持分の一部を他の相続人に譲渡することで対応すべきである。

解　説

　信用金庫の会員が死亡した場合、会員の死亡は法定脱退事由とされていることから（信用金庫法17条１項２号）、原則としてその相続人は死亡した会員の持分を承継せず、死亡した会員が有することとなった持分払戻請求権を相続する。この持分払戻請求権は可分債権であり、当然に相続分に応じて分割され遺産分割の対象とはならない（大阪高判平27.11.18金商1516号19頁、京都地判平27．２．６金商1516号23頁）。

　例外として、相続人が会員たる資格を有し、一定の期間内に加入の申出をした場合には、相続時にさかのぼって会員になったものとみなされ、被相続人の持分について権利義務を承継する（信用金庫法14条１項）。この制度の趣旨は、会員たる資格を有する相続人が加入を希望する場合に加入について手続上の便宜を図ったものである。

　この相続加入は、相続人が複数いる場合は、相続人の同意をもって選定された１人の相続人のみに限られ（信用金庫法14条２項）、分割して承継することは認められていない。相続人１人に限定するのは、そもそも持分の共有は認められておらず（同法15条４項）、権利関係の簡明化を図ったものである。

　したがって、被相続人の持分を相続人が分割して承継することはできないため、分割を実現するためには、相続人の１人が相続加入をし、その後に信用金庫の承諾を得

て持分の一部を他の相続人に譲渡をするこ
とにより（信用金庫法15条）、対応すべき
である。

協同組織金融機関の商人性等

10172 協同組織金融機関の商人性

協同組織金融機関は商人か。商人に該当しないとした場合、協同組織金融機関は、どのような点に留意して取引を行うべきか

結　論

　協同組織金融機関は、商法上の商人に該当しない。したがって、協同組織金融機関は、非商人性を前提として取引を行う必要がある。具体的な留意点としては、貸金債権の消滅時効管理、商事留置権の成否および損害賠償請求における遅延損害金の法定利率などがある。

　債権法改正以降は、商事消滅時効および商事法定利率が廃止されて、消滅時効、法定利率に統一される。経過規定により現行民法か改正民法が適用されるかが決まるため、施行日前か後かに留意する必要がある。

解　説

　これまで、協同組織金融機関たる信用金庫や信用組合の商人性が争われた事案に関する最高裁判決として、信用組合の貸金債権の消滅時効期間に関するもの（最判昭48.10.5金法705号45頁。以下「昭和48年判決」という）および信用金庫の商事留置権の成否に関するもの（最判昭63.10.18民集42巻8号575頁。以下「昭和63年判決」という）があり、いずれも「商法上の商人には当たらないとするのが相当である」と判断している。

　また、信用組合の商人性を否定し、その預金払戻債務の履行遅滞に伴う遅延損害金につき、民事法定利率である年5分を適用すべきであると判断した判例もある（最判平18.6.23金法1789号22頁。以下「平成18年判決」という）。

　上記最高裁判決のうち、昭和63年判決のみが信用金庫に関するものであり、昭和48年および平成18年の両判決は信用組合に関するものであるが、信用金庫および信用組合はともに協同組織金融機関とされている。

　これらの一連の最高裁判決は、協同組織金融機関の非商人性を認定しており、協同組織金融業界全般の金融実務、特に、貸金債権消滅時効の管理、有価証券担保権取得の要否に関する判断および法定利率の計算等の実務に影響を及ぼすものであり、実務上重要な判決である。

債権法改正以降、消滅時効については、商事消滅時効が廃止されて、権利者が権利を行使することができることを知った時から5年間か、権利を行使できる時から10年間のうちいずれか時効期間が早く満了するほうにより時効が完成する二元制に統一される（改正民法166条1項1号・2号）。経過規定により貸金債権の成立が施行日前か後かにより、現行民法（商法）か改正民法が適用されることになる（改正民法附則10条4項。なお、施行日以後に債権が生じた場合であって、その原因である法律行為が施行日前にされていたときは、従前の例による）。

また、法定利率に関しては、商事法定利率が廃止されて、固定制から変動制の法定利率に統一される（改正民法404条1項）。経過規定により債務の遅滞が施行日の前か後かで、現行民法（商法）か改正民法が適用されるかが決まることになる（改正民法附則17条4項）。

したがって、とりわけ貸金債権の消滅時効に関しては、経過規定により現行民法（商法）の適用がある可能性があるため、施行日と貸付取引の成立時期とについて留意する必要がある。

10173 協同組織金融機関の商事留置権

協同組織金融機関は、その非商人性との関係で、取立を委任された手形について、商事留置権が成立するか

結　論

商事留置権は、商行為の当事者の双方が商人であることを要件としているので（商法521条）、協同組織金融機関の商人性が否定される以上、協同組織金融機関が商事留置権を取得することはない。

解　説

最高裁の「昭和63年判決」（最判昭63.10.18民集42巻8号575頁）は、信用金庫の商事留置権の成否が争われた事案において、信用金庫の商人性を否定することにより、商人間で双方のために商行為である場合に適用される商事留置権（商法521条）の成立を否定したものである。

したがって、協同組織金融機関は、取引先が商人であるか否かを問わず、商事留置権の成立を前提としない融資実務対応が必要である。たとえば、協同組織金融機関は代金取立手形上に商事留置権が成立しないので、取引先の信用状態に応じ、必要があれば取立手形を担保として徴求するなどの対応が必要である。

10174 協同組織金融機関の貸金債権消滅時効の管理

協同組織金融機関は、その非商人性との関係で、貸金債権消滅時効の管理に際して、どのような点に留意すべきか

結　論

協同組織金融機関は非商人であるが、その貸金債権は常に民事債権として10年の消

減時効期間（民法167条1項）が適用されるわけではない。顧客の商人性および協同組織金融機関と顧客との取引の商行為性により、民事消滅時効期間の10年が適用される場合と商事消滅時効期間の5年間（商法522条1項本文）が適用される場合とがある。したがって、顧客の商人性および協同組織金融機関と顧客との取引の商行為性を見極めたうえで、消滅時効管理をする必要がある。

債権法改正以降は、商事消滅時効が廃止されて、権利者が権利を行使することができることを知った時から5年間か、権利を行使できる時から10年間のうちいずれか時効期間が早く満了するほうにより時効が完成する二元制の消滅時効に統一される（改正民法166条1項1号・2号）。経過規定により貸金債権の成立が施行日前か後かにより、現行民法（商法）か改正民法が適用されるため、貸金債権の成立時期に留意する必要がある。

解　説

最高裁の「昭和48年判決」（最判昭48.10.5金法705号45頁）は、信用組合の商人性は否定したものの、借入人の商人性を通じて貸付取引の商行為性を認定することにより、商事消滅時効期間の5年間を適用したものであり、協同組織金融機関の債権（消滅時効）管理上、非常に重要な判決である。

協同組織金融機関の債権に商事消滅時効が適用されるのは、協同組織金融機関または顧客の双方またはいずれか一方にとって商行為となる場合である。

◆**顧客が商人である場合**　協同組織金融機関は非商人であるが、顧客が商行為を業とする商人である場合には（商法4条1項）、その間の取引（商行為）から生ずる債務には商事消滅時効（同法522条）が適用される。

◆**協同組織金融機関の行為および／または顧客の行為が商行為である場合**　協同組織金融機関の行為および顧客の行為の双方が商行為である場合はもちろんのこと、協同組織金融機関の行為または顧客の行為のいずれか一方が商行為である場合にも（通説・判例は、商法522条にいう商行為により生じた債権とは、債権者または債務者の一方のために商行為により発生した債権であれば足りるとしている（大判明44.3.24民録17輯159頁））、その間の取引（商行為）から生ずる債務には、商事消滅時効（同法522条）が適用される。

協同組織金融機関は、顧客の商人性および取引の商行為性の観点から2段階的に検討し、その債務（権）に商行為性がない場合にのみ民事消滅時効が適用され、それ以外の場合はすべて商事消滅時効が適用されることに注意すべきである。

したがって、顧客（借入人）の商人性と取引の商行為性とを分析したうえで、その取引から発生した債権に適用される消滅時効が商事・民事のいずれであるかを見極めて、時効期間の管理をすることが肝要である。

◆**債権法の改正**　債権法の改正により、商事消滅時効は廃止され、債権者が権利を行使することができることを知った時から5年間（改正民法166条1項1号、主観的起算点）、あるいは権利を行使できる時から10年間（同法166条1項2号、客観的起

算点）のうち、いずれか早く時効期間が満了したほうで時効が完成する二元制の消滅時効に統一される。

貸金債権は、金融機関が債権やその発生原因について金銭消費貸借契約の締結時（改正民法587条の2、書面による諾成契約）または金銭の交付時（同法587条）に認識することが通常であるから、原則として主観的起算点と客観的起算点は一致する。したがって、起算点が同じであれば、主観的起算点の5年間のほうが期間満了は早いため、貸金債権の消滅時効は5年間が適用されることとなる。

なお、改正民法の施行日前に生じた債権については、従前の例による（改正民法附則10条4項、施行日以後に債権が生じた場合であって、その原因たる法律行為が施行日前にされた場合を含む）ことから、原因となった法律行為が施行日前にされたときを除いて、施行日後に生じた債権について改正民法が適用されることになる。

したがって、債権法改正以降は、貸付取引の成立時期が改正民法施行日の前か後かに留意して、消滅時効管理をする必要がある。

なお、実務的には、貸金は5年の時効で消滅するという前提で時効期間の管理をするのが堅実な手法といえよう。

10175 協同組織金融機関の非商人性と遅延損害金の法定利率

協同組織金融機関の非商人性との関係で、その遅延損害金の法定利率は民事法定利率と商事法定利率とのいずれが適用されるか

結論

協同組織金融機関は非商人であるが、その遅延損害金の法定利率は、顧客の商人性の有無および信用金庫と顧客との取引の商行為性の有無により、民事法定利率である年5分（民法404条）と商事法定利率である年6分（商法514条）のいずれが適用されるかが決まる。

債権法改正以降は、商事法定利率が廃止されて、固定制から変動制となった法定利率に統一される。経過規定により債務の遅滞が施行日の前か後かで、現行民法（商法）か改正民法が適用されるかが決まるため、遅滞の時期に留意する必要がある。

解説

最高裁の「平成18年判決」（最判平18.6.23金法1789号22頁）は、信用組合および顧客の商人性を否定したうえで、預金取引の商行為性も否定し、預金払戻債務の履行遅滞による遅延損害金につき、民事法定利率である年5分を適用すべきであると判断したものである。

◆顧客が商人である場合　協同組織金融機関は非商人であるが、顧客が商行為を業とする商人である場合には（商法4条1項）、その間の取引（商行為）から生ずる債務の法定利息には、商事法定利率（同法514条）が適用される。

◆協同組織金融機関の行為および／または顧客の行為が商行為である場合　協同組織金融機関の行為および顧客の行為の双方が商行為である場合はもちろんのこと、協

同組織金融機関の行為または顧客の行為の
いずれか一方が商行為である場合にも（通
説・判例は、債務が債権者または債務者の
一方にとって商行為により発生すれば足り
るとしている（最判昭30．9．8民集9巻10
号1222頁））、その間の取引（商行為）から
生ずる債務の法定利息には、商事法定利率
（商法514条）が適用される。

　協同組織金融機関は、顧客の商人性およ
び商行為性の観点から2段階的に検討し、
その債務（権）に商行為性がない場合にの
み民事法定利率が適用され、それ以外の場
合はすべて商事法定利率が適用されること
に注意すべきである。

　したがって、協同組織金融機関は、顧客
の商人性と取引の商行為性を分析し、自金
融機関の遅延利息に適用される法定利率が
商事・民事のいずれであるかを見極めたう
えで対応することが肝要である。

　債権法の改正により、商事法定利率は廃
止され、法定利率（改正民法404条1項）
に統一される。この法定利率は、固定制か
ら変動制となり、改正民法の施行時は3％
とし（同法404条2項）、3年ごとに見直し
が行われる（同法404条3項ないし5項）。
法定利率が変動した場合、金銭債務の損害
賠償額は、債務者が遅滞の責任を負った最
初の時点における法定利率により算定され
る（同法419条1項）。

　なお、改正民法の施行日前に債務者が遅
滞の責任を負った場合における遅延損害金
を生ずべき債務については従前の例による
ことから（改正民法附則17条3項）、施行
日後に債務者が遅滞の責任を負った場合に
おける遅延損害金を生ずべき債権から改正
民法の法定利率が適用されることになる。

したがって、債権法改正以降は、施行日
の前か後かにより現行民法（商法）か改正
民法が適用されるかが決まるため、遅滞の
時期に留意する必要がある。

10176 協同組織金融機関への独占禁止法の適用の有無

協同組織金融機関にも独占禁止法が適用されるか

結　論

　協同組織金融機関には原則として独占禁
止法が適用されないが、例外的に、協同組
織金融機関が不公正な取引方法を用いる場
合および不当な取引制限を行う場合には、
独占禁止法が適用される。

解　説

　独占禁止法は、私的独占、不公正な取引
方法等を禁止して、公正かつ自由な競争と
経済の健全な発達を促進することを目的と
している（同法1条）。

　協同組織金融機関に独占禁止法が適用さ
れるか否かについて、同法22条は「この法
律の規定は、次の各号に掲げる要件を備え、
かつ、法律の規定に基づいて設立された組
合（組合の連合会を含む。）の行為には、
これを適用しない。ただし、不公正な取引
方法を用いる場合又は一定の取引分野にお
ける競争を実質的に制限することにより不
当に対価を引き上げることとなる場合は、
この限りでない」と規定し、要件として以
下をあげている。

①　小規模の事業者または消費者の相互扶

助を目的とすること。

② 任意に設立され、かつ、組合員が任意に加入し、または脱退することができること。

③ 各組合員が平等の議決権を有すること。

④ 組合員に対して利益分配を行う場合には、その限度が法令または定款に定められていること。

原則として、「法律の規定に基づいて設立された組合」の行為、すなわち、中小企業等協同組合法、農協法、水産業協同組合法、森林組合法、信用金庫法、労働金庫法および消費者生活協同組合法などに基づき設立された協同組織金融機関には独占禁止法が適用されない（同法22条柱書本文）。

しかし、不公正な取引方法を用いる場合（独占禁止法2条9項）、または一定の取引分野における競争を実質的に制限することにより不当に対価を引き上げることになる場合には、これらの協同組織金融機関も独占禁止法の適用を受けることになるので（同法22条柱書ただし書）、注意が必要である。

したがって、当然のことながら、協同組織金融機関も不公正な取引方法の一つである「優越的地位の濫用」（独占禁止法2条9項5号）に該当する行為、あるいは独占禁止法2条6項が定義し、同法3条が禁止する「不当な取引制限」の一つであるカルテルを締結するなどの行為を行ってはならない。

協同組織金融機関の
ガバナンス

第1項　役員の定数・報酬・義務等

10177　信用金庫と役員との法律関係

信用金庫と役員はどのような法律関係に立つか

結　論

信用金庫には役員として理事と監事が置かれるが、これらの役員と信用金庫の関係については、民法の「委任」に関する規定に従うこととされている（信用金庫法33条）。

解　説

◆信用金庫の組織　　信用金庫の組織形態は取締役会を設置する株式会社に類似している。具体的には、①株式会社の取締役会に相当する機関である理事会が、信用金庫の業務執行の決定（意思決定）を行い、②理事会の構成員である理事のなかから理事会により選定される代表理事や業務執行を担当する理事が、理事会の意思決定に従って信用金庫の業務を執行し、③理事会、

個々の理事および監事が、信用金庫の業務を執行する理事の職務の執行を監督する（信用金庫法36条3項2号・35条の7、会社法381条1項）。

このように、信用金庫においては、業務執行の決定機関である理事会、理事会の構成員である理事および理事の職務執行を監督する監事はいずれも必須の機関であり（信用金庫法32条1項・36条1項）、株式会社のような組織形態の柔軟性（株式会社においては、取締役会や監査役を置かない組織形態も認められる）はない。

◆信用金庫の役員　　上記のとおり、信用金庫には、役員として理事と監事が置かれる（信用金庫法32条1項）。役員は自然人でなければならず、法人を役員とすることはできない（同法34条1号）。その他の役員の欠格事由については、【10178】参照。

◆役員の選任　　役員は総（代）会の決議により選任される（信用金庫法32条3項）が、総（代）会決議はあくまでも信用金庫の内部的な意思決定であり、選任により当然に被選任者が役員に就任するわけではな

い。被選任者は、役員への就任を承諾し、または信用金庫との間で契約が締結されることにより役員となる（実務的には前者の就任承諾が多いといえるが、契約締結の方法によることも可能である）。

◆**信用金庫と役員の法律関係**　信用金庫と役員の関係については、民法の委任に関する規定（民法643条以下）に従うものとされている（信用金庫法33条）。したがって、役員は、信用金庫との関係において、委任における受任者と同様に、善良なる管理者の注意をもってその職務を遂行する義務を負う（民法644条）。役員のその他の義務については、【10182】【10189】参照。

受任者の死亡や破産手続開始決定、後見開始の審判といった委任の終了事由（民法653条）が生じた場合には、委任関係の終了により役員も当然に退任となるが、委任者である信用金庫が破産手続開始決定を受けた場合には、民法653条の趣旨に照らし、委任関係は当然には終了しないと解されている（最判平16. 6 .10民集58巻 5 号1178頁）。

10178　信用金庫の役員となることができない者

信用金庫の役員となることができないのはどのような者か

結　論

法人や破産手続開始決定を受けて復権を得ない者、法令に違反して刑罰に処せられて執行が終わるまでの者などは、信用金庫の役員となることはできない（信用金庫法34条）。

解　説

◆**役員の欠格事由**　信用金庫の役員となることができない者は、以下のとおりである（信用金庫法34条）。なお、このように役員となることができない事由を、一般に「欠格事由」という。

①　法人

②　破産手続開始決定を受けて復権（【50749】参照）を得ない者

③　成年被後見人、被保佐人または外国の法令上これらと同様に扱われている者

④　信用金庫法などの一定の法令に違反し、または有価証券届出書虚偽記載等の罪などの特定の罪を犯し、刑罰に処せられ、その執行を終わり、またはその執行を受けることがなくなった日から 2 年を経過しない者

⑤　上記④以外の法令に違反し、禁錮以上の刑罰に処せられ、その執行を終わるまで、またはその執行を受けることがなくなるまでの者（執行猶予中の者を除く）

◆**欠格事由がある場合**　欠格事由がある者は信用金庫の役員に選任することができず、また、就任後に欠格事由が判明した場合には、役員は当然にその地位を失うことになる。

◆**株式会社との違い**　株式会社については、経営者が会社債務につき個人保証することが多い中小企業において会社と同時に同人も破産手続開始の決定を受けた場合に免責（復権）を得るまでに時間がかかるケースが多いこと等をふまえ、会社法の制定時に上記②の事由が取締役の欠格事由から除外されているが、信用金庫については欠格事由として維持されている。これは、信

用金庫については、「経営者が会社債務につき個人保証することが多い中小企業」が基本的には想定されないためであると考えられる。そのため、信用金庫の役員について破産手続開始決定があった場合には、委任関係の終了により当然に退任となり（【10177】参照）、また、復権を得るまでは再び信用金庫の役員には選任できないこととなる。

10179 信用金庫の役員の任期とその伸長

信用金庫の役員の任期はどのように定まるか。また、任期を伸長することができるか

結　論

信用金庫の役員の任期については、原則として、理事は最長2年、監事は最長4年とされているが、定款において「任期中の最終の事業年度に関する通常総会の終結の時」まで伸長することができる（信用金庫法35条の2）。

解　説

◆**役員の任期**　信用金庫の役員（設立当初の役員および補欠役員を除く）の任期については、理事については「2年以内において定款で定める期間」、監事については「4年以内において定款で定める期間」と定められている（信用金庫法35条の2第1項・2項）。ただし、役員は通常総会（総代会）で選任することが一般的であるところ、通常総会（総代会）は毎年同じ日に開催されるとは限らないため、上記の期間を

厳格に適用すると、通常総会（総代会）の日程によっては理事の任期に空白期間が生じる可能性がある（たとえば、ある年の6月25日に開催された通常総会（総代会）において理事が選任されたところ、その2年後の通常総会（総代会）は6月29日に開催されるという場合、2年後の通常総会（総代会）が開催される前に理事の任期が満了してしまうことになる）。そのため、信用金庫法は、定款の定めにより、役員の任期を「任期中の最終の事業年度に関する通常総会の終結の時」まで伸長することを認めている（同条5項）。

◆**役員の任期の起算点**　信用金庫の役員の任期の起算点については、「選任」時であることが明記されている会社法とは異なり、信用金庫法には明確な定めがない。理論的には選任時と就任時が考えられるが、実務的には選任時と就任時が異なることはあまりないため、結論に差異が生じることは少ないと考えられる。

◆**役員の任期の特則**　設立当初の役員の任期は創立総会で定められるが、1年を超えることはできない（信用金庫法35条の2第4項。ただし、定款の定めにより「任期中の最終の事業年度に関する通常総会の終結の時」まで伸長できることは、通常の役員の任期と同様である）。

補欠役員の任期は前任者の残任期間となる（信用金庫法35条の2第3項）。

◆**旧信用金庫法からの改正点**　証券取引法等の一部を改正する法律（平成18年法律第65号）による改正前の信用金庫法35条の2第1項においては、役員の任期は原則2年とされ、定款の定めによりこれを最長3年に伸長することができるものとされてい

たが、同改正により理事の任期は最長2年、監事の任期は最長4年と変更された。

10180 信用金庫の役員の定数

信用金庫の役員の定数は法律上どのように定められているか

結　論

信用金庫の役員の定数は定款で定める必要があるが、理事の定数は5名以上、監事の定数は2名以上とする必要がある（信用金庫法32条2項）。

解　説

◆**役員の定数に関する定款の定め**　信用金庫の役員の定数は定款の絶対的記載事項であり、信用金庫は、定款において役員の定数を定める必要がある（信用金庫法23条3項10号）。役員の定数については、理事については5名以上、監事については2名以上とする必要がある（同法32条2項）。

定款における役員の定数の定めは、確定数とするか、または一定の幅をもって定める場合には上限と下限の両方を定めるべきである。もっとも、信用金庫については、実務上、上限のみを定めていることが多く（信用金庫定款例17条参照）、その場合には、その上限数が定数になると解されている。

◆**役員の資格**　信用金庫の協同組合性の観点から、理事の定数の少なくとも3分の2以上は、会員（会員が法人である場合は、当該法人の業務を執行する役員）である必要がある（信用金庫法32条4項）。また、

事業年度の開始時における預金等の総額が50億円に達しない信用金庫を除き（同法施行令5条の2第1項）、監事のうち1名以上は員外監事とする必要がある（同法32条5項）。なお、員外監事については【10192】参照。

◆**役員の定数が欠けた場合**　信用金庫の役員の定数の3分の1を超えるものが欠けた場合には、3月（3ヵ月）以内に補充しなければならない（信用金庫法32条8項）。なお、前述のとおり、信用金庫の役員の定数については、定款において上限のみが定められることが多いが、その場合、信用金庫法32条8項の「定数」とはその上限数を意味すると解されている。そのため、たとえば、定款において理事の定数を「12名以内」と定めた場合において、理事数が7名以下となったときは、「定数の3分の1（4名）を超えるもの（5名以上）が欠けた」場合に該当し、理事を補充する必要がある。これに対し、定款において理事の定数の上限と下限を定めた場合には、下限を定数とすべきであると考えられる。

この役員の「定数」の解釈については、実際に総（代）会で選任された役員の員数であるとする見解（岸本寛之『信用金庫役員の職務執行の手引き』47頁以下）もあるが、そのように解釈すると、本来は定款で定めるべき「定数」（信用金庫法23条3項10号）を、その時々の総（代）会の決議により自由に定められることになってしまうという不都合がある。すなわち、上記の見解を前提とすると、定款における「定数」の定めを、さしあたりは大きな数字としておけばよい（たとえば、「500名以内」などとしておけばよい）という結論になりかね

ず、「役員の定数」を定款の記載事項とし、その「定数」を基準として員内理事の選任や欠員の補充を義務づけている信用金庫法の趣旨が没却されることになるのである。この問題については、前述のとおり、本来は定款における「役員の定数」として上限のみを定めることが必ずしも適切ではないなかで、あえて上限のみが定められている場合に、その文言をどのように理解すべきかに帰結すると考えられるが、役員の定数としてあえて上限のみを定めた場合には、それだけの員数で役員の職務を遂行させる体制を構築することを意味すると解すべき（つまり、上限数しか記載がないのであればその上限数が「定数」になると理解すべき）であり、たとえば、定款に「12名以内」と定めた場合には、「12名」が定数になると解すべき）であり、定款に「12名以内」と定めながら、実際には最低限の「5名」だけを選任し続けることは許されないと考えるべきである（理事の員数を5名のみとし続けたいのであれば、定款を変更すべきである）。

10181 信用金庫の理事の報酬の定め方

信用金庫の理事の報酬はどのように決まるのか

結　論

理事の報酬は、定款で定めるか、または総（代）会の決議により定める必要があるが、総（代）会決議において報酬総額（上限額）を定め、その範囲内で個々の理事に対する支給額を定めることが一般的である。

解　説

◆**理事に対する報酬の規制**　理事に報酬を支払うことは法律上必須ではないが（民法上も、委任は無償が原則である）、実務上は、理事の職務執行の対価として報酬等を支払うことが一般的である。

理事に報酬や賞与などの職務執行の対価（以下「報酬等」という）を支払う場合には、その金額について、定款に定めがない場合には、総（代）会の決議により定める必要がある（信用金庫法35条の6・35条の7、会社法361条1項・387条1項）。

理事の報酬を定款または総（代）会で定める必要があるのは、理事への報酬額の決定を理事自身に委ねると、いわゆる「お手盛り」の危険があるためである。そのため、総（代）会においては、必ずしも個々の理事に支給する報酬等の具体的金額を定める必要はなく、理事の報酬等の総額（上限額）のみを定め、個々の理事に対する支給額の決定は理事会に委ねることも可能と解されており、実務的にもそのような方法によることが一般的である。

なお、理事が使用人を兼ねる場合、理事としての報酬等と使用人としての給与等の両方を支給することがあるが、この場合、使用人の給与等の体系が定まっており、使用人としての給与等はその体系に従って支払う場合には、理事としての報酬等についてのみ総（代）会の決議を得れば足りると考えられる。ただし、疑義を避ける観点から、総（代）会における決議の際に理事に支払う報酬等の金額（または報酬等の総額）には使用人としての給与等が含まれな

いことを明示すべきである。

◆理事の報酬に関する開示　信用金庫は、役員（非常勤の役員を除くことができる。以下「対象役員」という）の報酬について、事業年度ごとに、報酬等の体系や報酬等の総額を開示する努力義務を負う（信用金庫法施行規則135条3項、「信用金庫法施行規則百三十二条一項第六号等の規定に基づき、報酬等に関する事項であって、信用金庫等の業務の運営又は財産の状況に重要な影響を与えるものとして金融庁長官が別に定めるものを定める件」（平成24年金融庁告示第22号）3条1項）。また、非常勤の役員についても、信用金庫から高額の報酬等を受け、信用金庫の業務および財産の状況に重要な影響を与えるものについては、同様に開示の努力義務を負う。なお、非常勤の役員の報酬等が「高額」であるかどうかについて、特に具体的な基準は定められていないため、各信用金庫において、対象役員に対する報酬等の平均額を基準とし、必要に応じて過去の実績の変動率等を勘案して判断する必要があると考えられる。

　報酬の開示については、上記のとおり努力義務ではあるものの、実務的には多くの信用金庫が開示している。

| 10182 | 信用金庫の理事が負う義務 |

信用金庫の理事はどのような義務を負うか

結　論

　理事は、善管注意義務をもって職務を遂行する義務を負うほか、報告義務などの義務を負う。また、特に代表理事等については、兼業や兼職が制限されており、専業義務を負う。

解　説

◆善管注意義務　信用金庫と理事の関係については、民法の委任に関する規定（同法643条以下）に従うものとされている（信用金庫法33条）ため、理事は、善良なる管理者の注意をもってその職務を遂行する義務を負う（民法644条）。

◆忠実義務　信用金庫の理事は、上記のとおり善管注意義務を負うほか、「法令及び定款並びに総会の決議を遵守し、金庫のため忠実にその職務」を行う義務を負っている（信用金庫法35条の4）。このような忠実義務の意味については、善管注意義務を明確にしたものにとどまり、理事に善管注意義務とは別個の特別に高度な義務を課すものではないと解されている（最判昭45.6.2民集24巻6号625頁）が、会社の利益を犠牲にして自らの利益を図ってはならないという義務（たとえば、利益相反取引の制限）を指して忠実義務と呼ぶことがある。

◆理事の責任　信用金庫の理事が善管注意義務や忠実義務に違反した場合には、信用金庫に対して任務懈怠の責任を負う可能性があるが、この責任については【10196】参照。

◆利益相反取引、兼業等の制限　信用金庫の理事は、①自己または第三者のために信用金庫と取引をしようとする場合や、②信用金庫が理事の債務を保証することその他理事以外の者との間において信用金庫と当該理事との利益が相反する取引（以下こ

れらの取引を総称して「利益相反取引」という）をしようとする場合には、当該取引を行うことについて理事会の承認を得る必要がある（信用金庫法35条の5第1項）。

　理事がこれらの行為を行う場合、信用金庫と理事の利害が衝突することになり、類型的にみて理事が信用金庫の犠牲のもとに自己や第三者の利益を図る危険性が高い。そこで、信用金庫法は、理事が信用金庫に対して忠実義務を負っている（同法35条の4）ことにかんがみ、理事が上記のような利益相反取引を行う場合には、原則として理事会の承認を要するものとしている。

　なお、株式会社の取締役とは異なり、競業避止義務（会社法356条1項1号）は定められていないが、その一方で、代表理事および信用金庫の常務に従事する理事については、内閣総理大臣の認可を受けた場合を除き、他の信用金庫もしくは法人の常務に従事し、または事業を営んではならないこととされている（信用金庫法35条1項）。

◆**報告義務**　理事は、3カ月に1回以上、自己の職務執行の状況を理事会に報告する義務を負う（信用金庫法36条6項）。

| 10183 | 信用金庫において理事が総代を兼ねることの法律上の制限とその適否 |

信用金庫の理事が総代を兼ねることは法律上可能か。また、法律上可能であるとして、理事が総代を兼ねることを避けるべきか

━━━━━━━━━━━━━━━━━━━━━

結　論

　理事が総代を兼ねることは法律上可能で

あり、また、理事が総代を兼ねることを特に避ける必要はないと考えられる。

解　説

◆**総代とは**　信用金庫は、定款で定めることにより、総会にかわる意思決定機関として総代会を設置することができる（信用金庫法49条1項）。総代とは、このような総代会の構成員を指し、会員から選任される（同条2項）。総代会は、会員が多数となる会員制組織においては、総会の開催が物理的に困難であることから認められている制度であるが、信用金庫法上は特に総代会を設置するための要件（会員数など）は定められておらず、実務的にもほとんどの信用金庫において総代会が設置されている。

◆**理事が総代を兼ねることの法律上の制限**　理事が総代を兼ねることについて、法律上は特に制限はない。

　なお、代表理事等については、兼業および兼職が制限されているが、総代となっても総代会に出席して議決権を行使するだけであるから、総代への就任は「他の信用金庫若しくは法人の常務に従事」することや、事業を営むことには当たらないと考えられる。

◆**理事が総代を兼ねることの適否**　法的には理事が総代を兼ねることができるとしても、理事と総代では立場が対立する場合があることから、理事が総代を兼ねることは避けるほうが望ましいという考え方もある。たとえば、理事の選任決議や理事の報酬等の決議において理事が総代を兼ねている場合、理事を兼ねる総代としては、総代会において議決権を行使するにあたり、総代として会員全体の利益を図るのではなく、

自己の利益を優先させてしまうことが懸念される、という理由である。

　もっとも、そもそも信用金庫法は、理事の定数の少なくとも3分の2以上は会員（会員が法人である場合は、当該法人の業務を執行する役員）でなければならないと定めている（同法32条4項）。そのため、総代会を設置しない信用金庫においては、理事が会員を兼ねることは当然に予定されている。そして、そのような信用金庫においては、理事を兼ねる会員が、理事の選任決議や理事の報酬等の決議において会員として議決権を行使することも可能であり、その適否は特に問題とされていない。

　たしかに、会員と総代とでは、総代は会員のなかから特に選ばれた者であり、会員のために議決権を行使するという点において相違はあるが、総代は、会員と委任関係に立つわけではなく、自らの判断に従って議決権を行使することができ、その点において会員と総代に相違はない。また、会員制組織においては、会員から業務執行者（理事）を選任することはむしろ自然であり、会員から選ばれた立場にある総代のなかから理事を選任することも、会員制組織という信用金庫の性質をふまえれば特に不適切とはいえない。

　したがって、理事を兼ねる総代の議決権行使を一律的に事前制約する必要は必ずしもなく、理事が総代を兼ねることを特に避ける必要はないと考える。

10184　信用金庫の計算書類

信用金庫において、計算書類の承認を得るための手続はどのようになっているか

結　論

　信用金庫では、計算書類について、作成、監事による監査（会計監査人を設置する信用金庫においては、これに加えて会計監査人による監査）、理事会の承認、総（代）会の承認（会計監査人を設置する信用金庫においては、総（代）会の承認にかえて、総（代）会への報告とすることが可能）といった手続が必要である。

解　説

◆**計算書類の作成**　信用金庫は、各事業年度についての計算書類（貸借対照表、損益計算書、剰余金処分案、損失処理案など）および業務報告ならびにこれらの付属明細書（以下「計算書類等」という）を作成する必要がある（信用金庫法38条1項）。計算書類等を作成するのは、原則として代表理事である。

◆**監事および会計監査人による監査**　信用金庫において、作成された計算書類等については、監事の監査を受けなければならない（信用金庫法38条3項）。

　会計監査人を設置する信用金庫においては、これに加えてさらに会計監査人の監査も必要である（信用金庫法38条の2第3項）。

　なお、事業年度の開始時における預金等の総額が200億円に達しない信用金庫については会計監査人の設置は任意であるが、それ以外の信用金庫においては会計監査人の設置は必須とされている（信用金庫法38条の2第1項、同法施行令5条の5第1項）。

◆**理事会の承認**　信用金庫の監事の監査

（会計監査人を設置する信用金庫においては、会計監査人による監査を含む）を受けた計算書類等については、理事会の承認を受けなければならない（信用金庫法38条4項・38条の2第4項）。

◆**総（代）会の承認**　信用金庫の理事会の承認を受けた計算書類および業務報告は、総（代）会に提出される（信用金庫法38条6項・38条の2第6項）。そして、計算書類については総（代）会の承認を受ける必要があり（同法38条7項・38条の2第7項）、業務報告についてはその内容を総（代）会に報告する必要がある（同法38条8項・38条の2第8項）。ただし、会計監査人を設置する信用金庫においては、会見監査報告の内容に無限定適正意見が含まれていること等の要件（同法施行規則37条）を満たす場合には、総（代）会の承認にかえて、その内容を総（代）会に報告することで足りる（同法38条の2第9項）。

◆**計算書類の備置き**　信用金庫は、各事業年度に係る計算書類等（監事および会計監査人による監査の報告を含む）を、主たる事務所には通常総（代）会の日の2週間前の日から5年間、従たる事務所には3年間、それぞれ備え置かなければならない（信用金庫法38条9項・10項・38条の2第12項）。ただし、計算書類等が電磁的記録で作成されている場合で一定の要件を満たすときは、従たる事務所への備置きは省略することができる（同法38条10項）。

10185	信用金庫における理事の辞任とその対応

信用金庫の理事はいつでも辞任することが

できるのか。理事が辞任した場合、信用金庫としてはどのような対応が必要か

結　論

信用金庫の理事はいつでも辞任することができる。理事が辞任した場合で、理事の定数の3分の1を超えるものが欠けたときは、3カ月以内に補充が必要である（信用金庫法32条8項）。代表理事が辞任した場合には、新たな代表理事の選定と変更登記手続を要する。

解　説

◆**理事の辞任**　信用金庫と理事の関係については、民法の委任に関する規定（同法643条以下）に従うものとされており（信用金庫法33条）、民法上、委任は各当事者がいつでも解除することができるとされている（同法651条1項）ため、理事は、いつでも自己の意思で委任を解除して理事を辞任することができる。

では、理事の辞任を制限する信用金庫と理事の間の契約は有効だろうか。株式会社については、取締役の辞任を制限する契約の効力を否定的に解する裁判例（大阪地判昭63.11.30判時1316号139頁）もあるが、少なくとも信用金庫・理事間における債権契約としての効力（その具体的効果は、違反の場合の賠償義務など）は認めてもよいと思われる。なお、特に合意がなくても、信用金庫にとって不利な時期に辞任をした場合には、やむをえない事由がある場合を除き、理事に賠償義務が生じる（民法651条2項）。

◆**理事の辞任の方法**　理事が辞任する場

合には、信用金庫（信用金庫の意思表示を受領する権限を有する代表理事）に対して辞任（委任の解除）の意思表示をする必要がある。当該意思表示が信用金庫に到達した時点で辞任の効力が生じ、信用金庫の承諾等は不要である。辞任の意思表示は口頭でもよいが、書面でするのが通常であろう。

なお、信用金庫の唯一の代表理事が辞任する場合には、原則として理事会において辞任の意思表示をする必要があると考えられる。

◆**権利義務理事**　理事が辞任をした場合には、原則として直ちに理事の地位を失うこととなるが、それにより役員が欠けた場合や法律や定款で定めた役員の員数が欠けた場合には、新たな理事が選任されるまで、理事としての権利義務を有する（信用金庫法35条の3）。

◆**欠員の補充**　信用金庫の役員の定数の3分の1を超えるものが欠けた場合には、3月（3カ月）以内に補充しなければならない（信用金庫法32条8項）。そのため、理事の辞任により定数の3分の1を超えるものが欠けたときは、理事の補充選任が必要となる（【10180】参照）。

◆**代表理事の辞任**　代表理事が辞任した場合には、新たな代表理事の選定（他に代表理事がいる場合を除く）と変更登記手続が必要である（信用金庫法66条1項・65条2項7号）。

10186　総（代）会の決議により信用金庫の役員を解任することの可否

総（代）会の決議により信用金庫の理事または監事を解任することができるか

結　論

信用金庫法35条の8の手続によらずに、総（代）会の決議により理事または監事を解任することはできない。

解　説

◆**役員の解任請求**　信用金庫の会員は、総会員の5分の1以上の連署をもって、役員の解任を請求することができる（信用金庫法35条の8第1項）。なお、総代会を設置する信用金庫においては、総会員の5分の1以上または総総代の5分の1以上の連署をもって解任請求が可能であると考えられる。

この役員の解任請求については、法令または定款違反を理由とする場合を除き、理事の全員または監事の全員について同時にしなければならない（信用金庫法35条の8第2項）。

解任請求は、解任の理由を記載した書面を信用金庫に対して提出する方法により行う（信用金庫法35条の8第3項）。解任の請求があった場合、信用金庫は、理事会において請求の日から3週間以内に、解任請求を総（代）会の議題として臨時総（代）会の招集を決定しなければならない（同条4項・5項・43条2項）。

その臨時総（代）会において、解任請求の対象となった役員には弁明の機会が与えられる（信用金庫法35条の8第4項）。

解任の請求があったにもかかわらず理事会が請求の日から2週間以内に総（代）会招集の手続をしないときは、解任請求をし

た会員は、内閣総理大臣の認可を受けて総（代）会を招集することができる（信用金庫法35条の8第5項・44条）。

上記の臨時総（代）会において出席者の過半数の同意があった場合には、解任請求の対象となった役員は解任により失職することとなる（信用金庫法35条の8第1項）。

◆総（代）会の決議による役員の解任

では、総（代）会の決議により役員を解任することができるか。

従前は、信用金庫の理事会がその決議に基づいて理事の解任を総（代）会の議案とし、その総（代）会で解任議案が可決された場合には、必ずしも信用金庫法35条の8の規定による手続によらなくても、役員を解任することができると解釈されてきたが（昭和31年6月23日法制局一発二四号大蔵省銀行局長宛法制局第一部長回答）、判例（最判平16.10.26金法1758号49頁）は、①同法35条の8（旧38条）は、信用金庫の特色（会員を構成員とする共同組織体としての特色）を考慮して、信用金庫の役員解任の手続について役員の地位の安定等に配慮した特別の手続を定めていること、②同法は、取締役に関する旧商法の規定を多数準用する一方で、役員の解任に関する規定については上記の特別の手続を定めた趣旨・目的を考慮して準用していないことに照らし、同法35条の8（旧38条）の規定によらずに、総（代）会の決議により役員を解任することはできないと判断した。

そのため、信用金庫法35条の8の手続によらずに、総（代）会の決議により役員を解任することはできないと考えられる。

10187 信用金庫における監事の選任手続

信用金庫の監事の選任手続はどのようになっているか

結　論

監事の選任手続は基本的には理事と同様であるが、監事の地位を保障するために監事には総（代）会での意見陳述権が認められている。また、会計監査人を設置する信用金庫については、監事の選任議案について、監事に同意権や提案権が認められている。

解　説

◆監事の選任手続（総論）　信用金庫の監事は、総（代）会の決議により選任される（信用金庫法32条3項、なお【10177】も参照）。決議の要件は、定款に別段の定めがない限り、普通決議（出席者の過半数）である（同法48条の2）。

監事は、総（代）会において、監事の選任議案（自らが再任されない選任議案を含む）について意見を述べることができる（信用金庫法35条の7、会社法345条1項）。これは、監事の意見陳述権を保障することにより、監事の選任議案に関する理事会の決定に監事の意向が反映されるようにする趣旨である。

◆特定金庫における特則　会計監査人を設置する信用金庫（以下「特定金庫」という。なお、会計監査人の設置の要否については【10184】参照）については、監事の選任議案について、監事に同意権が認めら

れている。すなわち、理事が監事の選任議
案を総（代）会に提出するには、監事の過
半数の同意を得なければならないこととさ
れている（信用金庫法38条の2第13項、会
社法343条1項）。これにより、特定金庫の
監事には、自らの再任を含め、監事の選任
議案について拒否権があるといえる。

　また、特定金庫の監事は、理事に対して、
監事の選任を総（代）会の目的とすること
および監事の選任議案を総（代）会に提出
することを請求することができる（信用金
庫法38条の2第13項、会社法343条2項）。
前述の監事の同意権は、監事の選任議案に
ついて監事に事実上の拒否権を認めるもの
であるが、監事の選任議案の提案権を認め
ることにより、同意を拒否した監事の選任
議案にかわる選任議案を監事から積極的に
提案できることになる。また、同意を拒否
する場面のほか、定数の範囲内で監事を増
員するように追加選任の議案を提案するこ
とも可能である。

10188 信用金庫における監事の報酬の定め方

信用金庫の監事の報酬はどのように決まる
のか

結　論

　監事の報酬については、理事の報酬と同
様に、定款で定めるか、または総（代）会
の決議により定める必要がある。総（代）
会の決議により報酬総額のみを定めた場合
には、個々の監事に対する報酬額は監事の
協議により定める。

解　説

◆**監事の報酬（総論）**　　信用金庫の監事
に報酬を支払うことは法律上必須ではない
が（民法上も、委任は無償が原則である）、
実務上は、監事の職務執行の対価として報
酬等を支払うことが一般的である。

　監事に対して報酬や賞与などの職務執行
の対価（以下「報酬等」という）を支払う
場合には、理事の場合（【10181】参照）と
同様、その金額について定款に定めがない
場合には、総（代）会の決議により報酬総
額を定める必要がある（信用金庫法35条の
7、会社法387条1項）。

　ただし、理事の報酬等を定款または総
（代）会で定めることとされている理由が、
いわゆる「お手盛り」の防止であるのに対
して、監事の報酬等を定款または総（代）
会で定める必要があるのは、適正な報酬等
を確保して監事の独立性を保障するためで
ある。そのため、総（代）会において、理
事の報酬等と監事の報酬等を一括して（合
算して）決議することは認められないと解
されている。また、監事には、監事の報酬
等について、総（代）会における意見陳述
権が認められている（信用金庫法35条の7、
会社法387条3項）。

◆**監事の報酬等の金額の定め方**　　監事の
報酬等についても、総（代）会では総額の
みを定める方法が認められる。その場合、
各監事の報酬等は、定款または総（代）会
の決議により定められた総額の範囲内で、
監事の協議によって定められる（信用金庫
法35条の7、会社法387条2項）。そのため、
個々の監事の報酬等の決定を理事や理事会
に一任することは許されない（理事が配分

方法の原案を作成することは許容されるが、その原案に監事が応じるか否かは監事の判断に委ねられる)。

なお、「監事の協議」とは、監事の全員一致を意味する。監事の協議が調わない場合には、信用金庫は、監事に対する報酬等を支払うことができない。

◆**監事に対する賞与**　監事に対して賞与を支給することも許されると考えられる。監事の職務内容に照らすと、監事に賞与や業績連動の報酬を支給することは不合理であるという見方もあるが、監事も監査という職務を通じて信用金庫の信用維持や業務の適正等に寄与しているのであり、その職務内容が監査である(業績に直結していない)からといって、賞与の支給を一律的に否定する必要はないと考えられる(仮に監事に対する賞与の支給が不合理であるとすれば、信用金庫の総務や人事などの管理部門の従業員に対する賞与の支給も不合理であるという帰結となりかねない)。

◆**監事の報酬に関する開示**　監事の報酬の開示については、【10181】参照。

| **10189** | 信用金庫の監事が負う義務 |

信用金庫の監事はどのような義務を負うか

結　論

監事は、善管注意義務をもって職務を遂行する義務を負うほか、理事会への出席義務や議案等の調査義務、不正行為等の報告義務などの義務を負う。

解　説

◆**善管注意義務**　信用金庫と監事の関係については、民法の委任に関する規定(同法643条以下)に従うものとされている(信用金庫法33条)ため、監事は、善良なる管理者の注意をもってその職務を遂行する義務を負う(民法644条)。

◆**監事の責任**　監事が善管注意義務に違反した場合には、信用金庫に対して任務懈怠の責任を負う可能性があるが、この責任については【10196】参照。

◆**監事の職務および権限**　監事の職務および権限は、理事の職務執行を監査することである(信用金庫法35条の7、会社法381条)。株式会社においては、監査役による監査の範囲を会計監査に限定することが認められているが(会社法389条1項)、信用金庫においてはそのような限定は認められていない。

なお、監事による監査の権限については、【10191】参照。

◆**監事の個別の義務**　監事は、次のような個別の義務を負う。

① 理事会に出席し、必要な場合には意見を述べる義務(信用金庫法35条の7、会社法383条1項本文)

② 理事が不正の行為をし、もしくは当該行為をするおそれがあると認めるとき、または法令もしくは定款に違反する事実もしくは著しく不当な事実があると認めるときにおける理事会への報告義務(信用金庫法35条の7、会社法382条)

③ 理事が総(代)会に提出しようとする議案、書類等の調査義務(信用金庫法35条の7、会社法384条)

④ 上記③の議案、書類等が法令もしくは定款に違反し、または著しく不当な事項があると認めるときにおける総（代）会への報告義務（信用金庫法35条の7、会社法384条）

10190 辞任した信用金庫の監事が総（代）会に出席できる理由

辞任した信用金庫の監事が、総（代）会に出席して意見を述べることができるのはなぜか

結　論

辞任した監事が、辞任後最初に招集される総（代）会に出席して、辞任した旨およびその理由を述べることができる（信用金庫法35条の7、会社法345条2項）とされるのは、監事がその任期中に意に反して辞任に追い込まれたような場合に、総（代）会に出席して辞任の不当性を会員（総代）に主張することができるようにするためである。

解　説

監事には、監事の選任議案についての意見陳述権が認められている（信用金庫法35条の7、会社法345条1項）。そして、実務上、監事の任期は通常総会（総代会）の終結時までとされるため（【10179】参照）、監事は、自らが再任される監事選任議案が提出された総（代）会だけでなく、自らが再任されない監事選任議案が提出された総（代）会についても、出席して意見を述べ

ることができる。

これに対し、監事が任期中に辞任した場合には、辞任と同時に監事としての地位を失うため、本来であれば、監事としてその後の総（代）会に出席することはできない。もっとも、これでは、監事が理事との意見対立等により事実上辞任に追い込まれたような場合には、監事に総（代）会での意見陳述権が認められないことになり、監事の選任議案（自らが再任されない監事選任議案を含む）について監事に意見陳述権を認めた趣旨が失われることになる。

そこで、信用金庫法は、辞任した監事について、その辞任後最初に招集される総（代）会に出席し、辞任した旨およびその理由を述べる権利を認めている（同法35条の7、会社法345条2項）。

これにより、監事がその任期中に意に反して辞任に追い込まれたような場合には、総（代）会に出席して辞任の不当性を会員（総代）に主張することができるようになり、翻って、理事による監事に対する不当な辞任の強制を防止することにつながる。

10191 業務監査に関して信用金庫の監事が有する権限

信用金庫の監事は、業務監査についてどのような権限を有するか

結　論

監事は、業務監査について、信用金庫やその子会社の調査権限を有する。

◆監事による業務監査　監事による監査には、会計監査（信用金庫法38条以下）と業務監査（同法35条の7、会社法381条）がある。業務監査とは、理事による職務執行を監査することを意味し、原則としては、理事による職務執行の適法性（法令や定款違反の有無）が監査の対象となる。職務執行の妥当性については、それが「著しく不当」である場合（たとえば、理事による職務執行が善管注意義務違反と評価されるような場合）を除き、監事による監査の対象とはならない。

　業務監査の結果について、監事は、監査報告を作成する義務を負う（信用金庫法35条の7、会社法381条1項）。

◆業務監査に関する監事の権限　業務監査に関し、監事は以下のような権限を有する。

（1）調査権限

① 報告請求、業務財産調査権……監事は、いつでも理事または支配人その他の使用人に対して事業の報告を求め、または信用金庫の業務および財産の状況の調査をすることができる（信用金庫法35条の7、会社法381条2項）。また、理事は、信用金庫に著しい損害を及ぼすおそれのある事実があることを発見したときは、直ちに当該事実を監事に報告する義務を負っている（信用金庫法35条の6、会社法357条1項）。

② 子会社監査権……監事は、その職務を行うために必要があるときは、信用金庫の子会社に対して事業の報告を求め、またはその子会社の業務および財産の状況の調査をすることができる（信用金庫法35条の7、会社法381条3項）。ただし、子会社は正当な理由がある場合はこれを拒否できる（会社法381条4項）。

③ 費用請求権……監事の業務監査権の実効性を確保するためには、そのための費用の裏付が必要である。そこで、監事は、信用金庫に対し、監査費用の前払い等を請求することができることとされている（信用金庫法35条の7、会社法388条）。これに対し、信用金庫は、当該費用が職務執行に必要でないことを証明した場合を除き、費用の請求を拒否することはできない。

④ 理事会出席権限……理事会への出席は監事の義務（信用金庫法35条の7、会社法383条1項）であるが、業務監査のための権限であるともいえる。理事は、理事会への監事の出席を拒否することはできない。

（2）是正権限　監事は、理事が不正の行為をし、もしくは当該行為をするおそれがあると認める場合、または法令もしくは定款に違反する事実もしくは著しく不当な事実があると認める場合において、必要があると認めるときは、理事会の招集権限を有する理事（通常は代表理事）に対し、理事会の招集を請求することができる（信用金庫法35条の7、会社法383条2項）。この請求があった場合、当該理事は、請求があった日から5日以内に、その請求の日から2週間以内の日を会日とする理事会を招集しなければならず、理事会が招集されない場合には監事が自ら理事会を招集することができる（信用金庫法35条の7、会社法383条3項）。監事は、このように招集され

た理事会において、上記の不正行為等について意見を述べ（信用金庫法35条の7、会社法383条1項）、当該不正行為等の是正を求めることとなる。

また、監事は、理事が信用金庫の目的の範囲外の行為その他法令もしくは定款に違反する行為をし、またはこれらの行為をするおそれがある場合において、当該行為により信用金庫に著しい損害を生じるおそれがあるときは、当該理事に対し、その行為をやめるよう請求（差止め請求）することができる（信用金庫法35条の7、会社法385条）。この請求については、訴訟を提起することもできるが、通常は仮処分命令の申立によることになる（仮処分命令で差止めの目的を達成できるためである）。

◆**独任制**　　監事は、いわゆる独任制の機関である。そのため、信用金庫法により監事に認められた上記の各権限は、各監事が単独で行使することができる。

10192　信用金庫の員内理事・員外監事

信用金庫における員内理事、員外監事とはどのような者か

結　論

員内理事とは、会員（会員が法人である場合には、会員たる法人の業務を執行する役員）の地位を有する理事を意味する。員外監事とは、法令の定める一定の要件を満たす監事を意味する。

解　説

◆**員内理事**　　員内理事とは、会員（会員が法人である場合には、会員たる法人の業務を執行する役員）の地位を有する理事を意味する。

信用金庫は、理事の定数の少なくとも3分の2を員内理事としなければならない（信用金庫法32条4項）。これは、信用金庫の協同組織性を担保するためのものである。なお、「理事の定数」とは、定款において確定数を定めた場合にはその確定数、上限と下限を定めた場合にはその下限数、上限のみを定めた場合にはその上限数を意味すると解される（【10180】参照）。

員内理事以外の理事を員外理事というが、定款等において員外理事の資格に一定の制限が設けられる場合もある。

◆**員外監事**　　員外監事とは、以下の要件をすべて満たす監事をいう（信用金庫法32条5項）。前述の「員外理事」の「員外」とは意味が異なるため、注意を要する。なお、③の要件は、平成26年会社法改正による社外性要件の厳格化に伴って新たに設けられた要件である。

① 信用金庫の会員（会員が法人である場合には、会員たる法人の役員もしくは使用人）以外の者であること。

② その就任の前5年間信用金庫の理事もしくは職員または信用金庫の子会社の取締役、会計参与（会計参与が法人であるときは、その職務を行うべき社員）もしくは執行役もしくは使用人でなかったこと。

③ 信用金庫の理事または支配人その他の重要な使用人の配偶者または2親等以内

の親族以外の者であること。

信用金庫は、事業年度の開始時における預金等の総額が50億円に達しない信用金庫を除き（信用金庫法施行令5条の2第1項）、監事のうち1名以上を員外監事としなければならない（信用金庫法32条5項）。理事とは異なり、員外監事以外の監事（員内監事）を設ける必要はなく、監事の全員を員外監事としてもよい。これは、理事のうち一定割合を員内理事としているのは会員信用金庫の協同組織性の担保という意味合いがあるのに対して、監事については、理事とは異なり信用金庫の業務を執行しないため、その監事を会員以外から選任したとしても、必ずしも信用金庫の協同組織性が損なわれるわけではないためであると考えられる。

◆員内理事または員外監事が必要数に満たなくなった場合の補充　辞任等により員内理事または員外監事が必要数に満たなくなった場合には、早急に総（代）会を開催して補充の員内理事または員外監事を選任する必要がある。

なお、員内理事が必要数に満たない状態となった場合であっても、理事による業務執行や理事会による意思決定が直ちに無効となるものではないと考えられる。理事の定数の一定割合に相当する数の員内理事を要するのは信用金庫の協同組織性を制度的に担保する趣旨であるが、員内理事が必要数を欠く状態となったとしても、それにより直ちに信用金庫が協同組織としての性格を失うわけではないためである。

これに対し、員外監事が欠けた場合には、信用金庫法35条の3の規定により員外監事が監事としての権利義務を有する場合を除き、補充の員外監事を選任して同法35条5項の要件を満たす状態としなければ、適法な監査を行うことができなくなるという問題がある。

10193　信用金庫の常勤監事

信用金庫における常勤監事とはどのような者か

結　論

常勤監事とは、一定規模以上の信用金庫において、監事の中から選定される常勤の監事である。

解　説

◆常勤監事の選定義務　事業年度の開始時における預金等の総額が500億円以上の信用金庫は、監事の互選により少なくとも1名を常勤の監事として選定しなければならない（信用金庫法38条の2第13項、会社法390条3項）。互選は監事の過半数の決定により行われる。実務上は、互選の結果について書面を作成する。

◆「常勤」の意味　「常勤」の意味については、他に常勤の仕事がなく、信用金庫の営業時間中原則としてその信用金庫の監事の職務に専念するものをいうと解されている。これを前提とすれば、常勤監事は、他の信用金庫の常勤監事や他の会社の常勤監査役などの常勤性のある役職に就任することはできないと考えられる。

なお、常勤監事は、員外監事のように監事の資格を定めるものではない。そのため、

仮に常勤監事の常勤性に問題がある場合でも、それが当該常勤監事の善管注意義務違反となる可能性があることは別として、監事の選定や監査の効力が失われるわけではないと考えられる。

◆**常勤監事が欠けた場合の対応**　常勤監事が事故等により欠けた場合には、監事の互選により新たな常勤監事を選定する必要がある。

| 10194 | 信用金庫における会計監査人の選解任等に関する議案の内容の決定 |

信用金庫における会計監査人の選任、解任等に関する議案の内容はどのように決定されるか

結　論

会計監査人の選任および解任ならびに会計監査人を再任しないことに関する議案の内容は、監事の過半数をもって決定される（信用金庫法38条の3、会社法344条1項・2項）。

解　説

◆**会計監査人の設置**　事業年度の開始時における預金等の総額が200億円に達しない信用金庫については会計監査人の設置は任意であるが、それ以外の信用金庫においては会計監査人の設置は必須である（信用金庫法38条の2第1項、同法施行令5条の5第1項）。

◆**会計監査人の選任、解任議案等の決定方法**　会計監査人は総（代）会の決議によ

り選任される（信用金庫法38条の3、会社法329条1項）。

信用金庫においては、総（代）会に提出する会計監査人の選任および解任ならびに会計監査人を再任しないことに関する議案の内容は、監事の過半数をもって決定する（信用金庫法38条の3、会社法344条1項・2項）。会計監査人の理事や理事会からの独立性を確保するためである。

| 10195 | 信用金庫における会計監査人の報酬等の決定に関する監事の同意 |

信用金庫における会計監査人の報酬等はどのように決定されるか

結　論

会計監査人の報酬等は、監事の同意を得て理事が決定する。

解　説

会計監査人に対して支払う報酬その他の職務執行の対価（以下「報酬等」という）については、役員に対する報酬等とは異なり、定款や総（代）会で定める必要はなく、通常は信用金庫と会計監査人との監査契約書において定められる。もっとも、理事が会計監査人に対して支払う報酬等を定める場合（具体的には、会計監査人と監査契約書を締結する場合）には、監事の過半数の同意を得る必要がある（信用金庫法38条の3、会社法399条1項）。会計監査人による監査を受ける立場にある理事のみが会計監査人の報酬等の決定にかかわるとすると、

会計監査人に対する報酬等が不当に低くさ
れるおそれがあり、これにより十分な監査
が期待できなくなる可能性があるためであ
る。

第2項　役員等の責任

| 10196 | 理事や監事、会計監査人の信用金庫に対する責任 |

信用金庫の理事や監事、会計監査人は、信用金庫に対してどのような場合に責任を負うとされているか

結　論

理事や監事、会計監査人が「その任務を怠ったとき」に、信用金庫に対して損害賠償責任を負うことになる。

解　説

◆**総論**　理事、監事および会計監査人は、「その任務を怠ったとき」は、信用金庫に対して損害賠償責任を負う（信用金庫法39条1項）。

◆**理事の責任**　理事は、信用金庫に対して善管注意義務（信用金庫法33条、民法644条）および忠実義務（信用金庫法35条の4）を負っている。そのため、理事に善管注意義務違反または忠実義務違反があった場合には、その任務を怠ったものとして、信用金庫に対して責任を負うことになる。また、理事が利益相反取引を行った場合など一定の場合には、理事の任務懈怠が法律上推定されるものとされている（同法39条2項）。

理事が善管注意義務違反に問われる場合としては、①法令（遵守義務）違反の場合、②監視義務違反の場合、③組織管理責任を

負う場合、そして、④経営判断を逸脱した場合といった類型が考えられる。

まず、①の法令（遵守義務）違反とは、理事自身が法令に違反する行為をすることを意味する。理事は、善管注意義務の内容として、信用金庫との関係においても法令を遵守すべき義務を負う。そのため、理事が業務執行に関して法令に違反することは、信用金庫との関係でも善管注意義務に違反することになる（たとえ、信用金庫の利益を図る目的であるとしても、違法行為が正当化されることはない）。なお、ここでいう「法令」には、信用金庫法だけでなく、いわゆる独占禁止法や金商法などあらゆる法令が含まれる。

次に、②の監視義務とは、自分以外の役員や従業員の違法行為を防止すべき義務を意味する。理事自身の法令遵守義務については上述のとおりであるが、理事には、自分以外の役員や従業員の業務執行を監視する義務があるから、適切に監視する義務を怠ったことにより他の役員や従業員の違法行為を看過した場合には、監視義務違反に問われる可能性がある。

また、③の組織管理責任とは、そもそも違法行為が発生しないような内部統制システムを構築する義務を意味する。裁判例にも、この内部統制システムの構築義務を認めているものがある（大阪地判平12. 9 .20判タ1047号86頁）。

最後に、④の経営判断の逸脱とは、理事が、業務執行について裁量を逸脱した判断

ないし行為を行うことである。この「経営判断」の考え方は、理事の責任を積極的に認めるものというよりも、むしろ一定の行為については理事の判断について結果責任を問わないための考え方として用いられている。なぜなら、理事は不確実な状況で迅速な決断を迫られる場合が多いため、結果だけを事後的に判断して理事の責任を問うことは、かえって理事の業務執行を萎縮させることにもなりかねないからである。そこで、理事の業務執行に関する結果が善管注意義務違反になるかどうかについては、主として、①その行為の当時の状況に照らして合理的な情報収集や検討等が行われた否かという点と、②その状況および理事に要求される能力水準に照らして不合理な判断でなかった否かの2点から判断すべきであると考えられている。

◆**監事の責任**　　監事は、信用金庫の業務執行そのものを行うわけではないから、理事による業務執行の結果について直ちに責任を負うわけではない。もっとも、監事には「理事の職務の執行を監査する」義務があるため（信用金庫法35条の7、会社法381条1項）、理事の職務執行が適法性を欠く場合には、その監視義務違反が善管注意義務違反となり、損害賠償責任を負うことがある。なお、監事の監査権限は、原則として理事の職務執行の適法性に加え、理事の職務執行が著しく妥当性を欠く場合には当該理事の職務執行が善管注意義務に違反し、適法性を欠くことになるので、監事が理事の職務執行を監視するにあたって、妥当性にまで及ぶと考えられる。

◆**会計監査人の責任**　　会計監査人が信用金庫に対して損害賠償責任を負う具体的な

場面としては、虚偽の計算関係書類の作成に関与して信用金庫に分配可能額を超える剰余金の配当を行わせた場合や、監査の実施の不適切により信用金庫の業務に支障を生じさせること、従業員の不正経理を見逃すこと、守秘義務に違反することなどが考えられる。

10197 信用金庫の理事や監事、会計監査人の第三者に対する責任

信用金庫の理事や監事、会計監査人は、第三者に対してどのような場合に責任を負うとされているか

結　論

理事や監事、会計監査人が「その職務を行うについて悪意又は重大な過失があったとき」に、第三者に対して損害賠償責任を負うことになる。

解　説

◆**理事の第三者責任**　　理事は、「その職務を行うについて悪意又は重大な過失があったとき」に、これによって第三者に生じた損害を賠償する責任を負う（信用金庫法39条の2第1項）。

「その職務を行うについて」とあるように、第三者が信用金庫法39条の2第1項に基づいて理事に損害賠償を請求するには、任務懈怠について当該理事に悪意または重大な過失があることを要する。この点で、（信用金庫に対してではなく）第三者に対する故意または過失を必要とする不法行為

責任（民法709条）とは異なる（なお、第三者に対する故意または過失があれば、第三者は、別途、民法709条に基づく損害賠償請求をすることも可能である）。

理事の任務懈怠の行為と第三者の損害との間に相当の因果関係がある限り「損害」には、直接第三者が被った損害（直接損害）だけでなく、信用金庫が理事の任務懈怠によって損害を被った結果、ひいて第三者に生じた損害（間接損害）も含まれる。前者（直接損害）の例としては履行の見込みのない取引や返済の見込みのない借入れを行った場合における取引相手方の損害などがあり、後者（間接損害）の例としては放漫経営により信用金庫の責任財産が減少し、その結果信用金庫の債権者が被る損害などがある。

また、理事は、①計算書類および事業報告ならびにこれらの附属明細書に記載し、または記録すべき重要な事項についての虚偽の記載または記録をしたとき、②虚偽の登記をしたとき、③虚偽の公告（信用金庫法89条において準用する銀行法16条1項の規定による信用金庫の事務所の店頭に掲示する措置および信用金庫法89条において準用する銀行法38条の規定による信用金庫のすべての事務所の公衆の目につきやすい場所に掲示する措置を含む）をしたときは、これらの行為をすることについて注意を怠らなかったことを主張・立証しなければ、これによって第三者に生じた損害を賠償する責任を負う（信用金庫法39条の2第2項1号）。これらの不実の情報開示については、その重大性にかんがみ、過失に関する挙証責任が転換され、かつ、軽過失の場合にも理事が免責されないものとされている。

◆**監事の第三者責任**　監事も、理事と同様に、その職務を行うについて悪意または重大な過失があったときに、これによって第三者に生じた損害を賠償する責任を負う（信用金庫法39条の2第1項）。信用金庫の監事は理事の職務執行を監査する義務を負っているから、理事の職務執行が任務懈怠となる場合には、その監視義務を怠ったものとして、監事も任務懈怠の責任を負う可能性がある。

なお、監事が監査報告に記載し、または記録すべき重要な事項について虚偽の記載または記録をした場合には、理事の場合と同様、過失に関する挙証責任が転換され、かつ軽過失の場合にも責任を免れることはできない（信用金庫法39条の2第2項2号）。

◆**会計監査人の第三者責任**　会計監査人も、理事や監事と同様、職務を行うについて悪意または重大な過失があったときは、これによって第三者に生じた損害を賠償する責任を負う（信用金庫法39条の2第1項）。

第三者との関係では、主として、粉飾決算を見逃すなど、会計監査報告に記載または記録すべき重要な事項について虚偽の記載または記録をした場合が問題となるが、このような場合、会計監査人は、自らが注意を怠らなかったことを主張・立証しなければ、第三者に対する損害賠償責任を免れることはできない（信用金庫法39条の2第2項3号）。

| 10198 | 信用金庫の理事に対する兼職兼業規制 |

信用金庫の理事が兼職や兼業をすることは

できるか

結論

代表理事および信用金庫の常務に従事する理事は、内閣総理大臣の認可を受けた場合を除き、他の信用金庫もしくは法人の常務に従事し、または事業を営んではならないこととされている（信用金庫法35条1項）。それ以外の理事については、兼職や兼業について法令上の制約はない。

解説

◆代表理事等の兼職または兼業の規制

代表理事や信用金庫の常務に従事する理事および支配人（以下「代表理事等」という）は、内閣総理大臣の認可を受けた場合を除き、他の信用金庫もしくは法人の常務に従事し、または事業を営んではならない（信用金庫法35条1項）。これは、代表理事等を信用金庫の職務に専念させる趣旨である。

「常務に従事」とは、信用金庫や法人の日常の実務に常時携わっていることを意味する。そのため、常勤の理事には原則として「常務に従事」に当たると考えられる。常勤監事は「信用金庫の常務に従事する役員」には当たると考えられる。

なお、信用金庫法35条1項は「役員（役員が法人であるときは、その職務を行うべき者）」と定めているが、法人が信用金庫の役員となることはできない（同法34条1号）ため、カッコ内は空振り（意味のない文言）となっている。

◆内閣総理大臣の認可

例外的に、内閣総理大臣の認可を受けた場合には、信用金庫法35条1項の兼職や兼業が認められる。内閣総理大臣は、信用金庫から当該認可の申請があった場合、当該信用金庫の業務の健全かつ適切な運営を妨げるおそれがないと認める場合でなければ、認可をしてはならない（同条2項）。

なお、当該認可に関する権限は、信用金庫法88条1項の規定により内閣総理大臣から金融庁長官に委任され、さらに同法施行令10条の2の規定により財務（支）局長に委任されている。

10199 信用金庫における理事や監事、会計監査人の損害賠償の連帯責任

信用金庫の理事、監事および会計監査人が信用金庫や第三者に対して損害賠償責任を負う場合において、その責任を負う者が複数いる場合、当該信用金庫や第三者に対してどのような内容の責任を負うか

結論

複数の役員等が信用金庫や第三者に対する損害賠償責任を負う場合には、その責任は連帯責任となる（信用金庫法39条の3）。したがって、各役員等が全額の損害賠償責任を負う。

解説

◆総論

信用金庫の理事、監事および会計監査人（以下「役員等」という）が、信用金庫法39条または39条の2の規定により信用金庫や第三者に対して損害賠償責任を負う場合において、損害賠償責任を負う役

員等が複数いるときは、その役員等は連帯して責任を負う（同法39条の３）。したがって、損害に対する寄与度が少ない役員等であっても、全額について損害賠償責任を負うこととなる。

　なお、損害賠償責任を負う役員等のうち一部の者が実際に賠償した場合には、自らの負担部分を超える金額について他の役員等に対して求償することができる（民法442条）。この「負担部分」については、当該役員等の立場や職務内容等によって異なるが、機械的に算出できるわけではないため、最終的には、役員等の間の求償訴訟の判決により定まることとなる。

◆利益相反取引における連帯責任　利益相反取引により信用金庫に損害が生じた場合、当該取引について任務懈怠のある理事は信用金庫に対する損害賠償責任を負う（信用金庫法39条１項）。この場合、①利益相反取引を行った理事だけでなく、②取引をすることを決定した理事、③理事会における承認の決議に賛成した理事については、その任務懈怠が法律上推定されるものとされている（同条２項）ので、これらの理事は、自らについて任務懈怠がないことを主張・立証しなければ、損害賠償責任を免れることはできない。さらに、自らが当事者となって信用金庫と取引をした理事については、その責任が無過失責任とされており、自らに帰責事由がないことを主張して責任を免れることはできない（同条８項）。

　したがって、利益相反取引により信用金庫に損害が生じた場合には、原則として、上記①、②、③の各理事が信用金庫に対して連帯して（信用金庫法39条の３）損害賠償責任を負うこととなる。

| 10200 | 理事、監事または会計監査人の責任免除の可否 |

理事、監事または会計監査人が、その任務懈怠を原因として信用金庫に対して損害賠償責任を負う場合、これらの役員等の信用金庫に対する責任を免除することはできるか

結　論

　信用金庫法では、任務懈怠を原因とする理事、監事または会計監査人の信用金庫に対する損害賠償責任は、総会員の同意がなければ免除することができないとされている。ただし、総（代）会の決議によりその責任の一部を免除することは可能である。

解　説

◆理事、監事または会計監査人の信用金庫に対する責任の免除　理事、監事または会計監査人（以下「役員等」という）は、「その任務を怠つたときは、金庫に対し、これによつて生じた損害を賠償する責任を負う」とされる（信用金庫法39条１項。【10196】参照）。信用金庫法では、役員等の信用金庫に対する損害賠償責任を免除するには「総会員の同意」が必要であるとされているところ（同条３項）、総会員の同意を得ることは現実的には困難であり、理事、監事または会計監査人に対する責任の全部を免除することは実際には考えにくいといえる。

◆理事、監事または会計監査人の信用金庫に対する責任の一部免除　以上のとおり、役員等の損害賠償責任の全部を免除するこ

とは現実的には困難であるが、その一方で、信用金庫法39条4項は、役員等が職務を行うにつき善意でかつ重大な過失がないときは、総（代）会の特別決議により、一定の以下の金額まで役員等の責任を一部免除することができると定めている。

具体的には、「賠償の責任を負う額から当該役員等がその在職中に金庫から職務執行の対価として受け、又は受けるべき財産上の利益の一年間当たりの額に相当する額として内閣府令で定める方法により算定される額」（信用金庫法39条4項柱書）に役員等の役職に応じた一定の係数を乗じた金額を超える部分を免除することができる。一定の係数とは、代表理事の場合は6、代表理事および員外理事以外の理事（員内理事）の場合は4、員外理事、監事または会計監査人の場合は2とされている（同項各号）。また、「財産上の利益の一年間当たりの額に相当する額として内閣府令で定める方法」は、信用金庫法施行規則38条1項に詳細が定められている。

たとえば、「財産上の利益の一年間当たりの額に相当する額として内閣府令で定める方法により算定される額」が2000万円の代表理事に対しては、1億2000万円を超える部分について責任を免除することは、法令上可能である（ただし総（代）会の特別決議を要する）。

◆責任の一部免除にあたっての留意点
上記の方法によって求められた金額は、免除額の上限であり、それ以下の金額とすること（免除部分を縮小すること）を排除するものではないことには留意が必要である。また、責任の一部免除を行った場合、「金庫が当該決議後に同項の役員等に対し退職慰労金その他の内閣府令で定める財産上の利益を与えるときは、総会の承認を受けなければならない」（信用金庫法39条7項）とされていることにも留意が必要である。

10201 信用金庫における役員責任限定契約の可否

信用金庫において、株式会社と同様に、理事会決議により役員等の責任の一部免除をすることや、社外役員との間で責任限定契約を締結することはできるか

結　論

信用金庫においては、理事会決議による役員等の責任の一部免除や社外役員と責任限定契約を締結することはできない。

解　説

信用金庫法では、理事、監事または会計監査人（以下「役員等」という。）は、「その任務を怠つたときは、金庫に対し、これによつて生じた損害を賠償する責任を負う」とされ（同法39条1項。【10196】参照）、その責任を免除するには「総会員の同意」が必要である（同条3項）。一定の要件を満たす場合には、役員等の損害賠償責任の一部を免除することは可能であるが、その責任の一部免除には総（代）会の特別決議を要する（同条4項。【10200】参照）。

これに対し、会社法においては、株式会社について、取締役会の決議で役員の責任の一部を免除すること（同法426条）や、社外役員との間で責任限定契約を締結しておくこと（同法427条）が可能とされてい

る。もっとも、信用金庫法はこうした会社法の規定を準用しておらず、また会社法と同等の規定も定めていない。

　そのため、信用金庫においては、役員等の責任を免除するには原則として（総（代）会の特別決議により一部免除をする場合を除き）総会員の同意を要するというべきであり、理事会決議により役員等の責任の全部または一部を免除したり、あるいはあらかじめ役員等と責任限定契約を締結しておくことはできない。

10202 信用金庫における会員代表訴訟

信用金庫の発起人、理事、監事、会計監査人または清算人が任務懈怠を原因として信用金庫に対して損害賠償責任を負うにもかかわらず信用金庫がその責任を追及しない場合、当該信用金庫の会員が当該信用金庫にかわって訴訟を提起することはできるのか

結　論

　信用金庫の会員は、一定の要件のもとで、その発起人、理事、監事、会計監査人または清算人に対して、信用金庫のために責任追及の訴訟を提起することができる。

解　説

◆**株主代表訴訟と会員代表訴訟**　会社法においては、6カ月前から引き続き株式を有する株主が、発起人、設立時取締役、設立時監査役、役員等もしくは清算人の責任（たとえば、善管注意義務違反により株式

会社に対して損害賠償責任を負う場合など）の追及等の訴えを株式会社に対して求め、株式会社が訴えを起こさない場合は、株式会社にかわって当該株主が訴えを起こすことができ、こうした訴訟をいわゆる「株主代表訴訟」という（会社法847条。【10234】参照）。信用金庫法においても株主代表訴訟における「株主等」「株式会社」をそれぞれ「会員」「金庫」と読み替える形で会社法847条が準用されており（信用金庫法39条の4）、信用金庫にかわって会員が役員等の責任追及の訴えを起こすことができる。これが「会員代表訴訟」といわれるものである。

◆**会員代表訴訟の趣旨**　信用金庫の役員等が信用金庫に対して任務懈怠に基づく損害賠償責任を負う場合であっても、役員等における仲間意識から、信用金庫が役員の責任を追及しないおそれがある（また、信用金庫が役員等の責任を追及しない理由として、「金額の多寡、立証の難易、役員等の資力（回収可能性）、訴訟等に要するコスト、敗訴した場合のリスクといった事情を総合的に判断した結果」であるとも考えられるという指摘もある。平野英則編著『改訂信用金庫法の実務相談』254頁〔麻生裕介〕）。

　そこで、信用金庫法は、会員が、信用金庫にかわって、訴えにより役員等の責任を追及する会員代表訴訟の制度を設けており、こうした訴訟によって、役員等の違法行為等に基づき信用金庫に生じた損害が回復されることになる。

　なお、会員代表訴訟は、あくまで「信用金庫のため」（信用金庫法39条の4、会社法847条3項）に起こすものであり、責任

追及等の訴えが会員もしくは第三者の不正な利益を図り、または信用金庫に損害を加えることを目的とする場合は、当該会員は、提訴請求および責任追及等の訴えの提起を行うことができない。

◆**会員代表訴訟の流れと効果**　会員代表訴訟は、信用金庫の会員であれば直ちに提起できるものではない。6カ月前から引き続き会員である者が、信用金庫に対して役員等の追及等の訴えを求め、その求めから60日以内に信用金庫が訴訟提起を行わない場合に、信用金庫のためにその会員自ら責任追及の訴訟を起こすことができるとされている（信用金庫法39条の4、会社法847条1項・3項）。

会員代表訴訟は、信用金庫が役員等に対して有する権利について、第三者である会員が信用金庫にかわってこれを行使することを認めるものである。すなわち、いわゆる法定訴訟担当のケースであり、会員が会員代表訴訟により受けた確定判決は、勝訴および敗訴のいずれであっても、信用金庫に対しても効力を有する（民訴法115条1項2号）。

◆**会社役員賠償責任保険**　役員が、会社の業務について行った行為に起因して損害賠償請求を受けた場合に、当該役員が負う賠償責任や訴訟費用を負担する保険として、会社役員賠償責任保険がある。同保険は、信用金庫が保険契約者となるのが一般的であるとされているが、株主代表訴訟（会員代表訴訟）担保特約部分に対応する保険料を役員の自己負担としたうえで、信用金庫が保険契約者として保険料を支払うことについても、法律上可能であると考えられている（前掲『改訂信用金庫法の実務相談』

259頁〔麻生裕介〕）。

第3項 理　事　会

10203　理事会の職務と権限

信用金庫の理事会とはどのような組織か。理事会の職務および代表理事に委任できない事項は何か

結　論

理事会は、信用金庫の必要的機関であり、すべての理事から構成される。

理事会の職務は、①信用金庫の業務執行の決定、②理事の職務の執行の監督、③代表理事の選定および解職である。

理事会の専決事項を除いた日常的業務執行事項については、代表理事自らが業務執行の意思決定をし、執行することができるが、重要な財産の処分および譲受けなど一部の重要な業務執行の決定事項については、理事会の専決事項として理事に委任することができない。

解　説

◆**理事会とは**　信用金庫の理事会は、信用金庫の必要的機関であり、すべての理事から構成される（信用金庫法36条1項・2項）。

加入脱退が自由であり、多数の会員が存在する信用金庫において、会員が会員たる資格において信用金庫の業務執行を直接担当するのはきわめて困難であり、非現実的といえる。そこで、総会または総代会で選任された理事全員をもって構成される必要常設の機関である理事会を設置し、業務執行についての意思決定権限を委任したものである。

◆**理事会の職務**　理事会の職務は、①信用金庫の業務執行の決定、②理事の職務の執行の監督、③代表理事の選定および解職である（信用金庫法36条3項・4項）。

上記①の業務執行の決定に関し、日常的な業務を含め、すべてを理事会が決定するのは現実的でなく、迅速かつ円滑な業務遂行のため、理事会の専決事項を除いた日常的業務執行事項については、代表理事自らが業務執行の意思決定をし、執行することができる。

理事会が理事に委任することができない重要な業務執行の決定事項（専決事項）として、①重要な財産の処分および譲受け、②多額の借財、③支配人その他の重要な使用人の選任および解任、④従たる事務所その他の重要な組織の設置、変更および廃止、⑤理事の職務の執行が法令および定款に適合することを確保するための体制その他信用金庫の業務の適正を確保するために必要なものとして内閣府令で定める体制の整備（内部統制システムの整備）が定められている（信用金庫法36条5項）。

理事会の専決事項たる「重要な」財産の処分および譲受けや、「多額の」借財の基準について、信用金庫法上は明らかでないが、最判平6.1.20（民集48巻1号1頁）は、「重要な財産の処分および譲受け」に

該当するかについては、当該財産の価額や金庫の総資産に占める割合、当該財産の保有目的、処分行為の態様および金庫における従来の取扱い等の事情を総合的に考慮するとしており、また東京地判平９.３.17（金法1479号57頁）は、「多額の借財」に該当するかについて、当該借財の額、信用金庫の総資産・経常利益等に占める割合、借財の目的および信用金庫における従来の取扱い等の事情を、総合的に考慮するとしている。

信用金庫においては、代表理事等に委任できる事項を明確にするため、そのつど理事決議で委任の範囲を定めるのではなく、理事会付議基準等において、あらかじめ付議基準を定めている。たとえば「重要な財産の処分および譲受け」に該当するかについて、１件当りの金額や、前期末における自己資本に占める割合などを基準として定めることが考えられる。

◆**理事会への報告**　理事は、３カ月に１回以上、自己の職務の執行の状況を理事会に報告しなければならない（信用金庫法36条６項）。このように報告義務が定められたのは、理事会の監督機能が有効に発揮されるためには、各理事が業務執行について適切な情報を有している必要があるからである。

上記の報告義務にかんがみて、理事会は少なくとも３カ月に１回以上は開催する必要がある。

10204　理事会の招集手続と決議要件

理事会はだれが招集権限を有し、どのような招集手続により招集されるか。また、理事会の決議はどのような決議要件となっているか

結　論

　理事会は各理事が招集するのが原則であるが、理事会を招集する理事を定款または理事会で定めたときは、その理事が招集することとなり、信用金庫定款例においては、代表理事たる理事長を招集権者としている。また、招集手続に関し、理事会を招集する者は、理事会の日の１週間（これを下回る期間を定款で定めた場合にあっては、その期間）前までに、各理事および各監事に対してその通知を発しなければならない。

　理事会の決議は、議決に加わることができる理事の過半数が出席し、その過半数をもって行うこととされている。

解　説

◆**理事会の招集**　理事会の招集については、信用金庫法37条４項において、会社法366条（招集権者）および368条（招集手続）の規定を準用している。

まず、理事会は各理事が招集するのが原則であるが、理事会を招集する理事を定款または理事会で定めたときは、その理事が招集することとなり（会社法366条１項）、信用金庫定款例においては、代表理事たる理事長を招集権者としている。定款等で招集権者を定めた場合、それ以外の理事は、招集権者に対し、理事会の目的である事項を示して、理事会の招集を請求することができ（信用金庫法37条４項、会社法366条２項）、招集の請求があった日から５日以

内に、その請求があった日から2週間以内の日を理事会の日とする理事会の招集の通知が発せられない場合には、その請求をした理事は、理事会を招集することができる（信用金庫法37条4項、会社法366条3項）。

次に、招集手続に関し、理事会を招集する者は、理事会の日の1週間（これを下回る期間を定款で定めた場合にあっては、その期間）前までに、各理事および各監事に対してその通知を発しなければならない（信用金庫法37条4項、会社法368条1項）。信用金庫定款例19条5項においては、会日の3日前までと上記期間を短縮する定めをし、さらに緊急の必要がある場合には上記期間を短縮することができるものとしている。

上記のとおり、理事会の招集通知を監事に対してもなすことを要することとしたのは、監事は理事会に出席し、必要があると認めるときは意見を述べなければならないことを定めているためである（信用金庫法35条の7、会社法383条1項）。もっとも、招集通知の送付先としなければならないからといって、監事が理事会の構成員となったり、決議に加わる権利を有したりするものでないことは当然である。

なお、理事会は、理事および監事の全員の同意があるときは、招集の手続を経ることなく開催することもできる（信用金庫法37条4項、会社法368条2項）。

◆**理事会の決議**　理事会の決議は、議決に加わることができる理事の過半数（これを上回る割合を定款で定めた場合にあっては、その割合以上）が出席し（決議の定足数）、その過半数（これを上回る割合を定款で定めた場合にあっては、その割合以

上）をもって行うこととされている（信用金庫法37条1項）。

信用金庫法37条1項において、定足数および議決要件の双方について、定款の定めにより加重することができることとされているが、条文の反対解釈からは、定足数および議決要件の双方について、決議要件を緩和することはできないと解される。また、総会と異なり、理事会については普通決議と特別決議の区別はない。

また、特別利害関係を有する理事は、議決に加わることができない（信用金庫法37条2項）。

なお、理事は個人的な信頼関係から選出されているものであるから、議決権数は頭数により1個であることは当然である。

10205 内部統制システムの内容

信用金庫法36条5項5号においては、理事会の専決事項として、内部統制システムの構築が定められているが、どのような内容を定める必要があるか。また、最近のような改正がなされたか

結　論

内部統制システムの決議事項について、平成26年の会社法改正を受けた信用金庫法改正により、信用金庫のみならずその子会社からなる集団の業務の適正を確保するための体制整備であることが明記され、また平成26年改正後の同法施行規則23条においては、グループ内部統制システムの内容が具体的に例示されている。

また、監事の監査体制の充実を図るため、平成26年改正後の信用金庫法施行規則23条においては、監事の職務を補助すべき使用人に対する監事の指示の実効性確保に関する事項などが追加されている。

解　説

◆内部統制システムの構築　信用金庫法36条5項5号においては、理事会の専決事項として、「理事の職務の執行が法令及び定款に適合することを確保するための体制その他金庫の業務の適正を確保するために必要なものとして内閣府令で定める体制の整備」（いわゆる「内部統制システムの構築」）が定められている。

　会社法において、いわゆる大会社に対しては、業務執行の一環として、会社の損害を防止する内部統制システムの構築に関する決議をすることを義務づけているが（同法362条4項6号・362条5項）、信用金庫法においては同様の定めはなく、よって、信用金庫の理事会において、内部統制システムの構築に関する決議をすることが法律上義務づけられるものではない。

　しかし、大和銀行事件判決（大阪地判平12.9.20判時1721号3頁）は、重要な業務執行について、取締役会が決定することを要するから、会社経営の根幹に係るリスク管理体制の大綱については、取締役会で決定することを要し、業務執行を担当する代表取締役および業務担当取締役は、大綱をふまえ、担当する部門におけるリスク管理体制を具体的に決定すべき義務を負い、この意味において、取締役は、取締役会の構成員として、また、代表取締役または業務担当取締役として、リスク管理体制を構築

すべき義務を負い、さらに、代表取締役および業務担当取締役がリスク管理体制を構築すべき義務を履行しているか否かを監視する義務を負うのであり、これもまた、取締役としての善管注意義務および忠実義務の内容をなすと、内部統制システム構築義務を明確に認めている。

　また、理事会による監督は理事の職務執行を対象とするものであり（信用金庫法36条3項2号）、使用人の業務執行の監督は、代表理事等を通じて間接的に行うにすぎないため、内部統制システムの構築は信用金庫においても大会社と同様重要ということができる。

◆内部統制システムの決議事項　内部統制システムの構築について決議する際の決議事項としては、信用金庫法施行規則23条において、下記の事項が列挙されている。もっとも、同規則においては、内部統制システムについて決議する場合には、下記の事項を決議することを定めているにすぎず、内部統制システムの具体的な内容について、一律に定めているものではない。

*　　*　　*

1　当該金庫の理事の職務の執行に係る情報の保存及び管理に関する体制

2　当該金庫の損失の危険の管理に関する規程その他の体制

3　当該金庫の理事の職務の執行が効率的に行われることを確保するための体制

4　当該金庫の職員の職務の執行が法令及び定款に適合することを確保するための体制

5　次に掲げる体制その他の当該金庫及びその子法人等から成る集団における業務の適正を確保するための体制

イ　当該金庫の子法人等の取締役、執行役、業務を執行する社員、会社法598条1項の職務を行うべき者その他これらの者に相当する者（ハ及びニにおいて「取締役等」という。）の職務の執行に係る事項の当該金庫への報告に関する体制

ロ　当該金庫の子法人等の損失の危険の管理に関する規程その他の体制

ハ　当該金庫の子法人等の取締役等の職務の執行が効率的に行われることを確保するための体制

ニ　当該金庫の子法人等の取締役等及び使用人の職務の執行が法令及び定款に適合することを確保するための体制

6　当該金庫の監事がその職務を補助すべき職員を置くことを求めた場合における当該職員に関する事項

7　前号の職員の当該金庫の理事からの独立性に関する事項

8　当該金庫の監事の第6号の職員に対する指示の実効性の確保に関する事項

9　次に掲げる体制その他の当該金庫の監事への報告に関する体制

イ　当該金庫の理事及び職員が当該金庫の監事に報告をするための体制

ロ　当該金庫の子法人等の取締役、会計参与、監査役、執行役、業務を執行する社員、会社法598条1項の職務を行うべき者その他これらの者に相当する者及び使用人又はこれらの者から報告を受けた者が当該金庫の監事に報告をするための体制

10　前号の報告をした者が当該報告をしたことを理由として不利な取扱いを受けないことを確保するための体制

11　当該金庫の監事の職務の執行について生ずる費用の前払又は償還の手続その他の当該職務の執行について生ずる費用又は債務の処理に係る方針に関する事項

12　その他当該金庫の監事の監査が実効的に行われることを確保するための体制

＊　　＊　　＊

　なお、平成26年の会社法改正を受けた信用金庫法改正により、同法36条5項5号において、信用金庫のみならずその子会社からなる集団の業務の適正を確保するための体制整備であることが明記され（規則事項から法律事項へ格上げ）、また平成26年改正後の信用金庫法施行規則23条においては、上記のとおり、グループ内部統制システムの内容が具体的に例示されている。

　また、監事監査の実効性を確保するためには、監査体制の整備が必要であるが、当該体制の充実を図るため、平成26年改正後の信用金庫法施行規則23条においては、監事の職務を補助すべき使用人に対する監事の指示の実効性確保に関する事項などが追加されている。

◆内部統制システムの運用状況の概要の業務報告への記載　信用金庫法施行規則25条では、内部統制システムの整備についての決議があるときは、業務報告の記載方法として、当該決議の内容の概要を業務報告の内容とすることとされていた。しかし、これでは、実際の内部統制システムの構築・運用状況についての情報を得る機会が少ないことから、平成26年改正により、業務報告の内容として、「内部統制システムの運用状況の概要」が追加された。

10206 理事会における書面決議の要件と留意点

信用金庫法における理事会の書面決議は、どのような要件で認められるか。書面決議の制度の活用にあたり、留意すべき点は何か

結　論

　書面決議は、定款に定めがあり、理事が理事会の決議の目的である事項について提案をした場合において、当該提案につき理事の全員が書面または電磁的記録により同意の意思表示をした場合に利用することができる。

　このように、書面決議が立法化されているが、理事会については膝を突き合わせて議論することが原則であり、書面決議を多用すると、理事会そのものが形骸化するおそれがあることから、書面決議は例外的なものであり、また少なくとも3カ月に1回以上は理事会を開催することが必要となることに留意が必要である。

解　説

◆**書面決議の立法化の背景**　　本来、理事会は、膝を突き合わせ、意見交換や議論を通じて、理事の専門的知識と経験を結集して妥当な結論を導くことに重要な意味がある。株式会社に関する裁判例であるが、最判昭44.11.27（民集23巻11号2301頁）も、書面決議（持回り決議）の方法による取締役会は無効と判示していた。

　しかし、機動的かつ迅速な意思決定をすべく、一定の場合に書面決議を認めるべき

という経済界の強い要請があり、会社法370条は持回り決議を認めるに至り、これを受け、信用金庫法37条3項においても書面決議を認める改正を行った。

◆**書面決議の要件**　　下記の要件を満たす場合、当該提案を可決する旨の理事会の決議があったものとみなされ、理事会の決議を省略することができる（信用金庫法37条3項）。

　まず、定款において、書面決議についての定めが必要である。

　次に、理事が理事会の決議の目的である事項について提案をした場合において、当該提案につき理事（当該事項について議決に加わることができるものに限る）の全員が書面または電磁的記録により同意の意思表示をすることが必要である。

　なお、消極的要件として、監事が当該提案について異議を述べたときは除外される。

◆**書面決議利用の留意点**　　上記のとおり、書面決議が立法化されているが、理事による理事会への報告（信用金庫法36条6項）まで省略が認められるものではない（この点、株式会社においては、会社法372条1項・2項において、取締役会への報告の省略に関する規定が定められているのと異なる）。

　書面決議について、信用金庫法等において回数の制限などはないが、前記のとおり、理事会については膝を突き合わせて議論することが原則であり、書面決議を多用すると、理事会そのものが形骸化するおそれがある。理事による理事会への報告義務との関係で、少なくとも3カ月に1回以上は理事会を開催することが必要となる。

　また、前記のとおり、監事が異議を述べ

た場合には書面決議を利用することができないことから、提案をする理事としては、理事のみならず監事にも当該提案の内容を十分説明し、理解を得る必要がある。

なお、書面決議を利用した場合も、議事録を作成する必要があることに留意が必要である（信用金庫法37条の2、同法施行規則24条4項）。

10207 理事会議事録の記載事項と閲覧請求への対応

理事会の議事録にはどのような事項を記載し、また理事等による署名等はどのようにすべきか。会員や信用金庫の債権者から理事会の議事録の閲覧や謄写の請求があった場合に、どのように対応すべきか

結論

理事会の議事については、議事録を作成し、理事会に出席した理事および監事が署名または記名押印しなければならない。

会員は権利行使のため必要があるとき、信用金庫の業務取扱時間内であればいつでも、信用金庫に対して理事会議事録の閲覧や謄写等を請求できる。他方で、信用金庫の債権者は、役員の責任追及のため必要があるときに限り、裁判所の許可を得て理事会議事録の閲覧や謄写等を行うことができる。

解説

◆理事会の議事録の作成　理事会の議事については、内閣府令で定めるところにより、議事録を作成し、議事録が書面をもっ

て作成されているときは、理事会に出席した理事および監事が署名または記名押印しなければならない（信用金庫法37条の2第1項）。また、議事録が電磁的記録をもって作成されている場合における当該電磁的記録に記録された事項については、内閣府令で定める署名または記名押印にかわる措置をとらなければならない（同法37条の2第2項）。

具体的には、理事会が開催された日時・場所、議事の経過の要領およびその結果、特別利害関係を有する理事があるときは、当該理事の氏名、議長が存するときは議長の氏名等の事項を記載することとなる（信用金庫法施行規則24条3項）。

◆会員および債権者による理事会議事録の閲覧・謄写請求権　会員は権利行使のため必要があるとき、信用金庫の業務取扱時間内であればいつでも、信用金庫に対して理事会議事録の閲覧や謄写等を請求できる（信用金庫法37条の2第4項）。「権利行使のために必要があるとき」とは、役員等の責任を追及するために、理事会の議題に関する役員等の賛否や意見等を確認したいときなどが典型例である。

他方で、信用金庫の債権者は、役員の責任追及のため必要があるときに限り、裁判所の許可を得て理事会議事録の閲覧や謄写等を行うことができる（信用金庫法37条の2第5項）。裁判所は、債権者が理事会議事録を閲覧または謄写をすることにより、信用金庫またはその子会社に著しい損害を及ぼすおそれがあると認めるときは、上記許可をすることができない（同法37条の2第6項）。「役員の責任追及のため必要があるとき」との要件のとおり、債権者が信用

金庫から債権を回収するために、資産等についての情報を探索すべく、理事会議事録を閲覧等することは認められない。

人的結合からなる協同組織金融機関の構成員である会員の閲覧・謄写請求に比して、債権者の閲覧・謄写請求について、裁判所の許可を要件とするなど、要件を厳格にしているのは、理事会の議事録については企業秘密等が含まれうるところであり、債権者に無限定に閲覧等を認めると、信用金庫が損害を被るおそれがあるためである。

| 10208 | 理事会議事録等の備置きおよび電子化 |

理事会議事録はどのように備え置く必要があるか。書面により作成されている場合と、電磁的記録により作成されている場合とで違いはあるか

結　論

　理事会議事録は、理事会の日から10年間、信用金庫の主たる事務所（本店）に備え置かなければならない。書面により作成されている場合、その正本（原本）を主たる事務所に現実に備え置く必要があり、電磁的記録により作成されている場合、主たる事務所において「電磁的記録に記録された事項を紙面または映像面に表示する」ことが可能であれば、主たる事務所とは別の場所に所在するサーバのハードディスク等に記録されていれば足りる。

　また、いったん書面により作成された理事会議事録を、スキャナ等により読み取ってできた電磁的記録を信用金庫の使用に係る電子計算機に備えられたファイルまたは磁気ディスク等をもって調整するファイルにより保存する方法が認められる。

解　説

◆**理事会議事録の備置き**　理事会議事録は、理事会の日から10年間、信用金庫の主たる事務所（本店）に備え置かなければならない（信用金庫法37条の2第3項）。

　理事会議事録が書面により作成されている場合、その正本（原本）を主たる事務所に現実に備え置く必要がある。他方で、理事会議事録が電磁的記録により作成されている場合、主たる事務所において「電磁的記録に記録された事項を紙面または映像面に表示する」こと（信用金庫法施行規則3条）が可能であれば、会員等による閲覧謄写請求に対応することができるため、電磁的記録またはその媒体自体を主たる事務所に現実に備え置く必要は必ずしもなく、主たる事務所とは別の場所に所在するサーバのハードディスク等に記録されていれば足りる。

◆**書面により作成された理事会議事録の電子化**　理事会議事録については、書面のみならず電磁的記録により作成することもできるが、その場合、最初から電磁的記録で作成する必要があり、いったん書面により作成した議事録を電磁的記録に変換することは認められないと解されていた。

　しかし、平成16年に制定された「民間事業者等が行う書面の保存等における情報通信の技術の利用に関する法律（e-文書法）」の3条において、「民間事業者等は、保存のうち当該保存に関する他の法令の規定により書面により行わなければならないとさ

れているもの（主務省令で定めるものに限る。）については、当該法令の規定にかかわらず、主務省令で定めるところにより、書面の保存に代えて当該書面に係る電磁的記録の保存を行うことができる」と規定されている。

そして、これを受けた「内閣府の所管する金融関連法令に係る民間事業者等が行う書面の保存等における情報通信の技術の利用に関する法律施行規則」４条１項においては、書面の電磁的記録の保存を行う場合の方法として、下記のいずれかの方法と定めている。

① 作成された電磁的記録を民間事業者等の使用に係る電子計算機に備えられたファイル又は磁気ディスク、シー・ディー・ロムその他これらに準ずる方法により一定の事項を確実に記録しておくことができる物（以下「磁気ディスク等」という。）をもって調製するファイルにより保存する方法」（１号）

② 書面に記載されている事項をスキャナ（これに準ずる画像読取装置を含む。）により読み取ってできた電磁的記録を民間事業者等の使用に係る電子計算機に備えられたファイル又は磁気ディスク等をもって調製するファイルにより保存する方法」（２号）

よって、いったん書面により作成された理事会議事録を、スキャナ等により読み取ってできた電磁的記録を信用金庫の使用に係る電子計算機に備えられたファイルまたは磁気ディスク等をもって調製するファイルにより保存する方法が認められる。

10209 利益相反取引の内容

利益相反取引として、理事会の承認が必要な取引はどのような場合か。例外的に理事会の承認を得る必要がないのはどのような場合か

結 論

信用金庫法35条の５に定める利益相反取引として、信用金庫と理事が直接取引を行う「直接取引」と、信用金庫が第三者（理事自身や理事が代理または代表する者を含まない）と取引する際に、信用金庫と理事の間に利益相反関係が生じる「間接取引」が存在し、理事会に付議し、承認を得る必要がある。

形式的には理事と信用金庫の取引であっても、類型的にみて信用金庫に損害を及ぼすおそれがない取引については、直接取引に当たらず、理事会に付議し、承認を得る必要はない。

解 説

◆**利益相反取引の規制の趣旨** 信用金庫法35条の５において、理事または信用金庫が利益相反取引をするときは、事前に理事会の承認を受けなければならないことが定められている。信用金庫に対して忠実義務（同法35条の４）を負っている理事が個人の利益を優先し、信用金庫の利益を害するおそれがあるため、利益相反取引について、理事会に付議したうえで利害関係を有しない理事や監事に監視・監督させ、信用金庫の利益を害する事態を予防することを目的

としている。

◆利益相反取引の類型　信用金庫法35条の5に規定する規制の対象となる利益相反取引としては、直接取引（同条1項1号）と間接取引（同項2号）の2類型がある。

（1）直接取引　理事が信用金庫から借入れをするなど、信用金庫と理事が直接取引を行うものを「直接取引」という。

すなわち、理事が自金庫を相手方として「自己または第三者のために」行い、理事と信用金庫の利益が相反する取引であり、理事が自ら当事者として信用金庫と取引を行う場合のみならず、信用金庫の取引の相手方（個人および法人を含む）の代理人や代表者として信用金庫と取引をする場合も含まれる。

（2）間接取引　信用金庫が理事の債務を保証するなど、信用金庫が第三者（理事自身や理事が代理または代表する者を含まない）と取引する際に、信用金庫と理事の間に利益相反関係が生じる場合にも理事会の承認が必要であり、このような取引を「間接取引」という。

信用金庫と理事との間の利益相反関係について、信用金庫が第三者と取引をする場合において、直接取引と同程度に信用金庫に損害をもたらす危険性があれば、信用金庫と理事の利益が相反するといえる。具体的には、信用金庫が理事の債務を保証する取引、信用金庫が理事の債務を引き受ける取引、理事の債務について信用金庫が担保を提供する（物上保証）取引等があげられる。

◆例外的に承認を得る必要のない取引

形式的には理事と信用金庫の取引であっても、類型的にみて信用金庫に損害を及ぼすおそれがない以下の取引については、直接取引に当たらず、理事会に付議し、承認を得る必要はない。

① 信用金庫に損害を与えるおそれのない取引……たとえば、理事による負担付きでない信用金庫への贈与、理事による債務の履行、信用金庫への理事による無担保・無利息の金銭の貸付などである。

② 信用金庫と完全子会社の取引……完全子会社の場合、当該子会社の利害得失は実質的には完全親会社たる信用金庫の利害得失を意味するため、両社の間に利益相反がない。

③ 理事が信用金庫との間で普通取引約款に基づき取引をなしたときのように、契約内容が定型化されていて理事や信用金庫に裁量の余地がない場合……理事と信用金庫との間の定型的取引（預金契約等の普通取引約款による定型的取引など、取引の相手方がだれであっても同じ条件で行われる取引）等があげられる。

10210　利益相反取引の承認手続

利益相反取引について、理事会での承認等の手続はどのように行われるか。また、利益相反取引後の理事会への報告はどのようになされるか

結　論

利益相反取引をしようとする場合には、理事会において、その取引につき重要な事実を開示し、その承認を受けなければならない。理事会の承認は、原則として事前承

認であるが、例外的に事後承認（追認）も認められ、その場合、利益相反取引は当初から有効となる。

また、利益相反取引を行った理事は、その取引後遅滞なく、取引に関する重要な事実を理事会に報告する義務がある。

解　説

◆理事会での承認等の手続

（1）　重要な事実の開示　　利益相反取引をしようとする場合には、理事会において、その取引につき重要な事実を開示し、その承認を受けなければならない（信用金庫法35条の5第1項柱書）。

「重要な事実」とは、その取引について信用金庫が承認すべきか否かの判断をするために必要な事実を意味する。借入れの場合は借入者、金額、利率、借入日、借入目的等が該当すると考えられる。間接取引の場合には、これらに加えて、債権者や信用金庫が負うこととなる債務の内容や主債務者の返済能力（保証契約の場合）等についても開示する必要がある。

（2）　理事会の承認手続　　理事会の承認決議は、議決に加わることのできる理事の過半数が出席し（定足数）、その過半数をもって行う（信用金庫法37条1項）。ただし、信用金庫の理事がその信用金庫から信用の供与を受ける場合における理事会の承認について、決議要件を通常よりも加重し、必要となる賛成数を通常の決議では出席理事の過半数であるところ、3分の2以上の賛成数を必要としている（同法89条1項、銀行法14条2項）。これは、理事への貸付行為が理事間のなれ合いで行われやすく、かつその行為が信用金庫に及ぼすおそれが

類型的に高いため、信用金庫が情実貸出を行うことのないよう、より慎重な手続としたものである。

取引の相手方となる理事またはその取引につき利益相反関係にある理事は信用金庫法37条2項に規定する「特別利害関係人」に当たり、定足数に算入されず、理事会の承認の議決に加わることはできない（同法37条2項）。

承認手続は個々の取引について行うのが原則であるが、取引の種類、数量、期間などを特定し、ある程度包括的に行うことも例外的に認められる。

（3）　承認の時期　　理事会の承認は、原則として事前承認であるが、例外的に事後承認（追認）も認められ、その場合、利益相反取引は当初から有効となる。

◆報告義務

（1）　取引後の事後報告　　利益相反取引を行った理事は、その取引後遅滞なく、取引に関する重要な事実を理事会に報告する義務がある（信用金庫法35条の5第3項）。

「取引に関する重要な事実」とは、取引が信用金庫に及ぼす影響を判断するうえで必要な事実であり、信用金庫の承認を得る際に開示が求められる重要な事実と同程度の事項である。

（2）　定期的な事後報告　　理事会の承認を受ける際に開示した重要な事実に重大な変更がない場合には、その各事実について変更のないことを定期的に報告すれば足りる。ただし、開示した重要な事実に重大な変更を生じたときは、遅滞なくその事実を報告しなければならない。さらに、その変更が理事会の承認判断の基礎に変動を生じさせるようなものであれば、あらためてそ

の事実を開示して理事会の承認を受ける必要がある。理事会への報告の頻度は、理事が職務執行の状況を報告する「3か月に1回以上」（信用金庫法36条6項）が目安になる。

<table>
<tr><td>10211</td><td>理事会の承認事項としての理事への預金担保貸付</td></tr>
</table>

信用金庫が理事に預金担保貸付を行う場合、貸付の条件が通常の条件と同様であれば、利益相反取引としての理事会の承認が必要ないといえるか

結　論

　信用金庫の理事に対する預金担保貸付は、類型的にみて、およそ信用金庫に損害を与えるおそれのない取引と同一に解することはできず、原則として理事会の承認を得る必要があると解される。もっとも、定期預金の中途解約にかわる預金担保貸付に関し、定型的な条件が定められており、理事が裁量を有しない定型的な取引といえるのであれば、例外的に、理事会の承認は不要と解することが可能である

解　説

◆預金担保貸付と理事会の承認　信用金庫が理事に対して貸付を行うことは、信用金庫法35条の5第1項1号の「直接取引」に該当する。よって、原則として理事会の承認を得ることが必要となるが、ここで問題となるのは、【10209】で述べたとおり、形式的には理事と信用金庫の取引であっても、類型的にみて信用金庫に損害を及ぼす

おそれがない取引については、直接取引に当たらず、理事会に付議する必要はないことから、預金担保貸付がこれに該当するかという点である。

　預金担保貸付は、自金庫の預金が担保となるものであり、預金額の範囲内で行う貸付については、相殺の担保的機能の観点からも、信用金庫の利益を害するおそれがなく、理事会に付議する必要がないとも思える。

　しかし、信用金庫から理事への貸付が行われると、貸付の条件が通常の条件と同様であっても、信用金庫としては運用の機会の喪失などのおそれもある。また、信用金庫の理事がその信用金庫から信用の供与を受ける場合における理事会の承認について、理事への貸付行為が理事間のなれ合いで行われやすく、かつその行為が信用金庫に及ぼすおそれが類型的に高いため、情実貸付がなされないよう、決議要件を通常よりも加重し、より慎重な手続としている。

　よって、信用金庫の理事に対する預金担保貸付は、理事による負担付きでない信用金庫への贈与、理事または信用金庫による債務の履行、信用金庫への理事による無担保・無利息の金銭の貸付など、類型的にみて、およそ信用金庫に損害を与えるおそれのない取引と同一に解することはできず、原則として理事会の承認を得る必要があると解される。

　もっとも、定期預金の中途解約にかわる預金担保貸付に関し、定型的な条件が定められており、理事が裁量を有しない定型的な取引といえるのであれば、相手がだれであっても同一内容の約款取引と同様に解され、理事会の承認は不要と解することが可

能である。

10212 理事会の承認事項としての監事への貸付

信用金庫が監事に貸付を行う際、理事会の承認が必要か

結　論

　信用金庫法において、信用金庫と監事との取引については規制をしていないため、信用金庫が監事に対して貸付を行う際、理事会の承認を得る必要はない。

　もっとも、信用金庫の監事に対する貸付によって信用金庫に損害が生じたような場合には、監事も善管注意義務違反の責任を負う可能性がある。

解　説

◆**監事への貸付と利益相反取引**　信用金庫法35条の5において、理事または信用金庫が利益相反取引をするときは、事前に理事会の承認を受けなければならないなど、信用金庫と理事との取引について規制をしている。

　信用金庫法においては、利益相反取引規制の対象となる「理事」について、特に制限を設けていない。よって、職員外理事や使用人兼務理事などを含め、また常勤・非常勤の別を問わず、信用金庫の理事の地位にある者はすべて対象となる。

　他方で、信用金庫法において、信用金庫と監事との取引については規制をしていない。監事は業務執行に関する意思決定に関与しないため、規制の対象とする必要がな

いためである。

　よって、信用金庫が監事に対して貸付を行う際、理事会の承認を得る必要はない。

　もっとも、信用金庫の監事に対する貸付によって信用金庫に損害が生じたような場合には、監事も善管注意義務違反の責任を負う可能性がある。

10213 理事就任前の貸付や理事の親族への貸付についての理事会の承認

理事就任前の貸付について、理事就任時に理事会の承認は必要か。また、信用金庫が理事と生計を同一にしている理事の息子に対して貸付をする場合、理事会の承認が必要か

結　論

　貸付を行ったのが理事に就任する前の場合、信用金庫の利益を損ねるおそれはないから、貸付時に理事会の承認は必要ないし、貸付後理事就任時にも理事会の承認は必要ない。

　理事と同居し、生計を同一にしている配偶者や子と取引を行う場合、理事が親族の名義を利用し、理事と行う直接取引と同様、信用金庫の利益が害されるおそれがあるから、理事と生計を同一にしている理事の息子に対して貸付を行う場合、理事会の承認を得ることが望ましいといえる。

解　説

◆**理事就任前の貸付についての承認**　信用金庫法において、利益相反取引について

理事会の承認を求めているのは、信用金庫に対して忠実義務（同法35条の４）を負っている理事が個人の利益を優先し、信用金庫の利益を損ねる危険がある取引であるため、理事会に付議したうえで利害関係を有しない理事や監事に監視・監督させ、信用金庫の利益を害する事態を予防することを目的としている。

信用金庫法35条の５では、規制の対象となる理事について、特に制限を設けていないが、職員外理事や使用人兼務理事などを含め、また常勤・非常勤の別を問わず、信用金庫の理事の地位にある者はすべて対象となる。

他方で、貸付を行ったのが理事に就任する前の場合、前記のように信用金庫の利益を損ねるおそれはないから、貸付時に理事会の承認を得ることは必要ないし、貸付後理事に就任する際も理事会の承認は必要ない（取締役候補者について、最判昭47．４．４民集26巻３号373頁は、利益相反取引の規制の対象となる取締役には含まれないとしている）。

また、理事に就任した後の債務の履行は、信用金庫に類型的にみて損害が生じえないため（大判大９．２．20民録26輯184頁）、その貸付につき、更改等をしない限りは、理事会の承認は必要ないと解される。

◆**親族との取引**　信用金庫法35条の５が利益相反取引として規制対象としているのは、「理事」との取引であり、理事の親族とはいえ、理事とは別人格であることから、法文上は理事会の承認が必要ないようにも思われる。

しかし、理事と同居し、生計を同一にしている配偶者や子と取引を行う場合、理事が親族の名義を利用し、理事と行う直接取引と同様、信用金庫の利益が害されるおそれがある。

よって、理事と生計を同一にしている理事の息子に対して貸付を行う場合、理事会の承認を得ることが望ましいといえる。なお、取締役（理事）の親族への貸付の事例ではないが、仙台高決平９．７．25（判時1626号139頁）は、会社が当事者となっている生命保険契約において、受取人を会社から取締役の妻に変更する場合、取締役の承認を要するものとしている。

また、理事と生計を同一にしていない親族との取引であっても、貸付の内容や条件によっては、理事の善管注意義務違反として信用金庫に対する損害賠償責任を負う場合もありうる。よって、利益相反取引規制が適用されない場合であっても、親族名義を濫用し、善管注意義務違反となるおそれがある場合には取引を差し控えるべきである。

10214 利益相反取引についての理事の責任

理事会の承認を得ないで行われた利益相反取引、および理事会の承認を得て行われた利益相反取引について、それぞれ理事はいかなる責任を負うか。免責が認められるのはどのような場合か

結　論

理事会の承認を得ずに利益相反取引がなされ、信用金庫に損害が生じた場合には、理事は信用金庫に対して損害賠償責任を負

う。

　また、理事会の承認を得て行われた利益相反取引により信用金庫に損害が生じたときは、利益相反取引を行った理事やその取引に関する理事会の承認決議に賛成した理事には任務懈怠が推定されるため、これらの理事は、自らについて任務懈怠がないことを主張立証しない限り、損害賠償責任を免れない。

　任務懈怠が認められた理事の責任については、総会員の同意がなければ免除することができないが、職務を行うにつき善意かつ無重過失のときは、報酬等を基準とする責任軽減の対象となる。

解　説

◆理事会の承認を得ないで行われた利益相反取引　利益相反取引規制に違反して理事会の承認を得ずに取引がなされた場合には、それ自体が法令違反行為であり、理事の任務懈怠に該当する。よって、利益相反取引によって信用金庫に損害が生じた場合には、理事は信用金庫に対して損害賠償責任を負う（信用金庫法39条1項）。

　直接取引の場合、上記の損害賠償責任は、信用金庫の取引の相手方である理事と信用金庫を代表して利益相反取引を行った理事が連帯して負い（信用金庫法39条の3）、間接取引の場合、信用金庫を代表して当該間接取引を行った理事が負う。

◆理事会の承認を得て行われた利益相反取引　利益相反取引により信用金庫に損害が生じたときは、①利益相反取引を行った理事、②信用金庫がその取引をすることを決定した理事、③その取引に関する理事会の承認決議に賛成した理事は任務懈怠が推定される（信用金庫法39条2項）。よって、これらの理事は、貸付実行時に十分な資料を収集して検討を行い、理事会決議で賛成したなど、自らについて任務懈怠がないことを主張立証しない限り、損害賠償責任を免れない。

　また、上記のとおり、理事会の決議に賛成した理事も任務懈怠が推定されることから、検討の結果、賛成することができないと判断するときは、明確に反対の意見を表明し、かつ、これを理事会議事録にとどめることが必要となる。

◆免責の可否　任務懈怠が認められた理事の責任については、総会員の同意がなければ免除することができないが（信用金庫法39条3項）、職務を行うにつき善意かつ無重過失のときは、報酬等を基準とする責任軽減の対象となる（同法39条4項）。

　ただし、直接取引を自己のためにした理事の、その取引による信用金庫に対する損害賠償責任は無過失責任となり、自らに帰責事由がないことを主張して責任を免れることができず（信用金庫法39条8項）、任務懈怠責任の一部免除も認められない（同法39条9項）。

| 10215 | 特別の利害関係を有する理事が加わった議決の有効性 |

特別の利害関係を有する理事が加わってされた理事会の議決について、効力を有すると考えてもよいか

結　論

　理事会の決議について特別の利害関係を有する理事は、定足数に算入されず、議決に加わることができない。もっとも、理事会決議に特別の利害関係を有する理事が加わった場合であっても、当然に無効ではなく、その理事の議決を除外してもなお決議の成立に必要な多数が存するときは、決議としての効力は否定されない。

解　説

◆特別利害関係理事と議決権行使　理事会の決議について特別の利害関係を有する理事は、定足数に算入されず、議決に加わることができない（信用金庫法37条2項）。理事は信用金庫に対して忠実義務を負っており、自己の利害を離れて権限を行使すべきであるが、特別利害関係がある場合には公正な権限行使を期待しえないためである。

　この点、株式会社に関する裁判例ではあるが、東京地判平23.1.7（公刊物未登載）は、「『議決』とは合議して決定することであるため、特別利害関係取締役は、会議体たる取締役会の合議および決定過程に加わることができず、よって、取締役会の構成メンバーとしての出席権および意見陳述権はない」と判示している。このように、議決権行使はできず、出席権や意見陳述権も認められないものの、審議のうえで情報収集するために信用金庫の側で必要があると認めるときは、当該理事を理事会に出席させ、事情を聴くことはできる。

◆特別利害関係理事の具体例　特別利害関係理事の具体例としては、理事と金庫との間の取引の承認における当該理事（信用金庫法35条の5第1項）や代表理事の解職における当該代表理事（同法36条3項3号、株式会社の取締役会による代表取締役の解任に関する最判昭42.3.14民集21巻2号378頁参照）などがあげられる。

　これに対し、代表理事の選任の場合における候補者たる理事は、特別利害関係を有する理事には該当しない。

　また、総会が定めた理事の報酬総額の配分を理事会で決定する場合について、特別利害関係に該当すると解する見解もあるが（田中誠二『会社法詳論（上）』572頁）、総会で報酬総額を決定している以上、各理事への配分いかんにより金庫を害することはなく、特別利害関係には該当しない（名古屋地判昭29.11.22下民集5巻11号1902頁、江頭憲治郎『株式会社法〔第6版〕』449頁）。

◆特別利害関係理事が関与した決議の効力　最判昭54.2.23（民集33巻1号125頁）は、中小企業等協同組合法に基づく企業組合の理事会決議に特別の利害関係を有する理事が加わった場合であっても、当然に無効ではなく、その理事の議決を除外してもなお決議の成立に必要な多数が存するときは、決議としての効力を認めて妨げないと解すべきであると判示していた。

　この点、漁業協同組合に関する最判平28.1.22（民集70巻1号84頁）は、水産業協同組合法37条2項が、漁業協同組合の理事会の議決について特別の利害関係を有する理事が議決に加わることができない旨を定めているのは、理事会の議決の公正を図り、漁業協同組合の利益を保護するためのものであるから、特別の利害関係を有する理事が議決権を行使した場合であっても、その議決権の行使により議決の結果に変動

が生ずることがないときは、そのことをもって、議決の効力が失われるものではなく、よって、漁業協同組合の理事会の議決が、当該議決について特別の利害関係を有する理事が加わってされたものであっても、当該理事を除外してもなお議決の成立に必要な多数が存するときは、その効力は否定されるものではないと判示しており、前記最高裁判決と同様の解釈を採用している。

第4項　総　代　（会）

信用金庫における総代会はどのような機関か。総代会を設置する場合、総代はどのように選任されるか

結　論

　信用金庫は、定款の定めにより、総会にかえて総代会を設置することができ、総代会を設置すると、総会の決議事項は総代会の決議事項となり、原則として総会は開催されないこととなる。

　総代の具体的な選任方法について、信用金庫法49条2項においては法定されず、定款事項とされている。

　総代会の機能をいっそう向上させることを目的とし、平成27年4月に業界申合せが改定されたことに伴い、総代の選任のために置く選考委員は、理事会の決議でなく総代会の決議によることとなっている。

解　説

◆**総代会の設置**　信用金庫は、定款の定めにより、総会にかえて総代会を設置することができ（信用金庫法49条1項）、大多数の信用金庫は定款の定めにより総代会制度を採用している。

　総代会は総会にかわる最高意思決定機関であり、総代会を設置すると、総会の決議事項は総代会の決議事項となり、原則とし

て総会は開催されないこととなる。

　このように、総代会制度が法定されているのは、会員数等が多数に及ぶ協同組織金融機関において、総会を開催することが実務上困難なためである。なお、信用金庫以外の協同組織金融機関の場合には、総代会を設置するためには一定数以上の組合員を有することを要求されているものが多いが（労働金庫法55条1項、協同組合法55条1項、農協法48条1項、水産業協同組合法52条1項）、信用金庫については、信用金庫法において会員数要件が定められておらず、すべての信用金庫において総代会を設置することができる。

◆**総代の選任方法**　総代の選任方法について、信用金庫法49条2項において、総代は、定款の定めるところにより、会員のうちから公平に選任されなければならないとされており、定款自治の観点から、具体的な選任方法は法定されず、定款事項とされている。

　これを受け、定款において、総代選任のために選任区域を分け、総代の定数を会員数に応じて選任区域ごとに定めること（信用金庫定款例26条1項）、総代選任のために選任区域ごとに選考委員を置くこと（同定款例27条1項）、選考委員が総代候補者を選考し、理事長に氏名を報告すること（同定款例28条1項）などが定められている。

　なお、以前の信用金庫定款例において、理事長は、理事会の決議により会員のなか

から選考委員を委嘱するものとされていた。しかし、総代会の機能をいっそう向上させることを目的とし、平成27年4月に業界申合せが改定されたことに伴い、総代の選任のために置く選考委員は、理事会の決議でなく総代会の決議によることとなった（信用金庫定款例27条4項）。

その他、総代会の機能向上策として、総代の定年制または重任制限の導入や、総代会に係る開示充実に関する施策が盛り込まれている。

10217 総代会の区分および決議事項

通常総代会と臨時総代会とは、どのような点が異なるのか。総代会の決議事項はどのようなものか

結　論

通常総代会は、定款の定めるところにより、毎事業年度1回招集されるものであるのに対し、臨時総代会は、必要があるときは、定款の定めるところにより、いつでも招集することができるものである。

総代会の決議事項は、信用金庫法45条の規定により、あらかじめ通知した事項のみ決議可能であるが、緊急な決議を要する場合があることを考慮し、定款において別段の定めを認めている。会員の除名、役員の選任および解任など、一定の事項については、総代会の決議または承認を要する事項とされており、これを理事会等他の機関で決議しても無効である。

解　説

◆**通常総代会および臨時総代会**　通常総代会は、定款の定めるところにより、毎事業年度1回（通常は6月）招集されるものである（信用金庫法42条、信用金庫定款例21条1項）。

これに対し、臨時総代会は、必要があるとき、定款の定めるところにより、いつでも招集することができる（信用金庫法43条1項、信用金庫定款例21条2項）。なお、臨時総代会の招集は、原則として理事会が決定するものであるが（信用金庫法45条3項）、少数者保護の観点から、総代は総総代の5分の1以上の同意を得て、信用金庫に対し、臨時総代会の招集を請求することができる（同法43条2項）。

◆**総代会で決議が可能な事項**　総代会においては、信用金庫法45条の規定により、あらかじめ通知した事項のみ決議可能である（同法48条の2第2項）。これは、会員に総代会での議論の準備期間を付与するためであるが、緊急な決議を要する場合があることを考慮し、定款において別段の定めを認めており、信用金庫定款例23条2項においては、「緊急の必要があると総会が決議した事項については、この限りではない」としている。なお、定款に定めがない場合であっても、議事運営に関する事項は、あらかじめ通知になくても必要に応じて決議することができる。

決議は、定款等に特段の定めがなければ、投票、挙手、起立など表決方法を採用することが望ましいが、必ずしもこのような採決手続が求められるものではなく、決議の成立に必要な議決権数を満たしたことが明

白な場合は、議長が可否を確認すれば足りるとした裁判例（最判昭42．7．25民集21巻6号1669頁）があり、信用金庫についても当てはまる。

◆**総代会の決議等を要する事項**　総代会の決議または承認を要する事項は、主として以下のとおりであり、これを理事会等他の機関で決議しても無効である。

① 会員の除名（信用金庫法17条3項）

② 役員の選任および解任（同法32条3項・35条の8第1項）

③ 計算書類の承認（同法38条7項）

④ 会計監査人の選任（同法38条の3、会社法329条1項）

⑤ 役員の報酬等（信用金庫法35条の6・35条の7、会社法361条・387条）

⑥ 役員等の責任の免除（信用金庫法39条4項）

⑦ 定款の変更（同法48条の3第1号）

⑧ 解散（同法48条の3第2号・62条1号）

⑨ 合併（同法48条の3第2号）

⑩ 事業の譲渡（同法48条の3第4号・58条1項）

⑪ 出資1口の金額の減少（同法51条1項）

⑫ 事業の譲受け（同法58条2項）

⑬ 設立委員の選任（同法61条の5第2項）

⑭ 清算人の解任（同法63条、会社法479条1項）

10218　総代会における普通決議の要件と特別決議の要件

総代会の決議要件はどのようになっているか。決議要件が加重されるのはどのような場合か

結　論

　総代会の議事は、普通決議については、定款に特別の定めがある場合を除き、出席した総代の議決権の過半数で決する。また、定款の変更など、信用金庫の事業運営に重大な影響を与える一定の事項について、総総代の半数以上の出席という定足数を設けるとともに、決議要件を総総代の議決権の3分の2以上に加重している（特別決議）。

解　説

◆**普通決議の要件**　総代会の議事は、法律（信用金庫法）または定款に特別の定めがある場合を除き、出席した総代の議決権の過半数で決する（同法48条の2第1項）。

　「特別の定めがある場合」とは、下記の特別決議の場合である。

　普通決議は特別決議と異なり、定足数についての定めはないが、信用金庫の判断で信用金庫法の決議要件を加重し、普通決議についても定足数を要件とすることも可能である。

◆**特別決議の要件**　信用金庫の事業運営に重大な影響を与える以下の事項について、総総代の半数以上の出席という定足数を設けるとともに、決議要件を総総代の議決権の3分の2以上に加重している（信用金庫法48条の3）。

① 定款の変更

② 解散または合併

③ 会員の除名

④ 事業の全部の譲渡等

⑤　信用金庫法39条4項に規定する役員等
　の責任の免除

10219　総代による議決権行使方法

総代は、書面または電磁的方法（インターネット等）による議決権行使や、代理人による議決権行使ができるか

結　論

　総代は、総代会に出席し、議決権を行使するのが原則であるが、定款の定めにより、①書面による議決権行使、②電磁的方法による議決権行使、③代理人による議決権行使が可能である。

　総代会を設置している場合、代理人に就任できるのは「他の会員」か「他の総代」かが問題となるが、総代でなくても会員であれば、総代会で議決権行使を認めても問題ないと解される。

解　説

◆議決権行使の方法　　総代は、総代会に出席し、議決権を行使するのが原則であるが、定款の定めにより、①書面による議決権行使、②電磁的方法による議決権行使、③代理人による議決権行使が可能である。

◆書面または電磁的方法による議決権行使
総代は、定款に定めがある場合は、実際には総代会に出席せず、書面または電磁的方法（インターネット等）により議決権行使が可能である（信用金庫法12条2項・3項、同法施行規則2条）。

　総代会において、書面による議決権行使

が可能とするためには、まず、定款にその旨の定めをし（信用金庫法12条2項）、また、総代会ごとに、総代会に出席しない総代が書面によって議決権を行使できることを理事会の決議により定めるとともに、総代に対し、その旨を書面（招集通知）で通知しなければならない（同法45条1項3号・3項）。

　総代数が1000名以上である場合は、書面による議決権行使を認める必要があるため（信用金庫法45条2項）、書面による議決権行使の方法等をあらかじめ定款に規定する必要がある。

◆代理人による議決権の行使　　総代は、定款に定めがある場合には、自らは総代会に出席せず、代理人により議決権行使が可能である（信用金庫法12条2項）。協同組織金融機関において、議決権は一身専属的な人格的権利であり、代理になじまない側面があるが、信用金庫法で例外的に認めたものである。

　もっとも、信用金庫法12条2項ただし書において、代理人に就任できるのは法律上「他の会員」に限定され、会員以外の者を代理人とすることはできないと定められているが、総代会を設置している場合、代理人に就任できるのは「他の会員」か「他の総代」かが問題となる。

　信用金庫が総代会を設置している場合、信用金庫法における「総会」に関する規定については「会員」を「総代」に読み替えており（同法49条5項）、これを貫くと「他の総代」となるようにも思える。しかし、同法において、代理人資格を会員に限定した趣旨は、議決権は一身専属的な人格的権利であり、代理になじまない側面があ

るためであり、総代でなくても会員であれば、総代会で議決権行使を認めても問題ないと解される（もっとも、定款において、総代の代理を総代と定めている場合においては、総代の代理は「総代」に限定される）。

なお、1人の会員が複数の代理人に代理権を付与できるかについては、そもそも1会員は1個の議決権しか有しないので認められない（信用金庫法12条1項）。

10220 総代の補充選任の必要性

定款に定める総代の定数の下限を下回った場合、直ちに総代を補充選任する必要があるか

結　論

信用金庫法49条3項において、定款には、総代の定数等について定めなければならないとしているが、定款に定める員数を欠くに至った場合の措置については定款自治に委ねられている。信用金庫定款例を前提にすると、欠員数が定員の2分の1に満たない場合には、直ちに総代を補充選任するまでの必要はないと解される。

解　説

◆総代の定数についての信用金庫法の規定
信用金庫法において、定款には、総代の定数、総代の選出方法、総代の選任に関して会員から異議があった場合の措置を定めなければならないとしている（同法49条3項、同法施行令6条）。

本問のように、定款に定める員数を欠く

に至った場合の措置については信用金庫法等には定められておらず、定款自治に委ねられている。

◆信用金庫定款例　　信用金庫定款例30条1項ただし書は、総代候補者について会員から一定以上の異議があった場合、当該総代候補者の数がその選任区域の総代の定数の2分の1に満たないときは、あらためて選考を行わないことができると定めている。これは選任時の規定であるが、選任後に定数を下回った場合についても、同様の考え方が妥当すると解することができ、欠員数が定員の2分の1に満たない場合には、直ちに総代を補充選任するまでの必要はないと解される。

10221 法人総代の場合の議決権行使

法人が総代に就任しているが、当該法人の代表取締役が退任した場合、だれが議決権行使をすることができるか。また、法人が総代に就任している場合、当該法人の従業員は代理人となることができるか

結　論

法人自体が信用金庫の会員であり、また総代となっている場合、その代表取締役は、代表取締役としての代表権に基づき、総代会に出席し、法人の議決権を行使することから、法人の代表取締役社長が退任して代表権を失った場合、後任の代表取締役に出席を依頼し、議決権行使をしていただくこととなる。

また、信用金庫法では、代理人を会員に

限るとしており、会員であることに強い要請があるため、法人総代の従業員が代理人として総代会の議決権を行使することは認められないものと解される。

解　説

◆法人総代の代表者変更　信用金庫法の会員資格としては、個人のみならず法人も存在し（同法10条1項）、よって会員から公平に選任される総代についても（同法49条2項）、個人のみならず法人が就任することも可能である。

法人自体が信用金庫の会員であり、また総代となっている場合、その代表取締役は、代表取締役としての代表権に基づき、総代会に出席し、法人の議決権を行使する。

よって、法人の代表取締役社長が退任して代表権を失った場合、後任の代表取締役に出席を依頼し、議決権行使をしていただくこととなる。

◆法人総代の従業員による代理行使　法人総代の従業員に総代会の議決権を代理行使させることができるか。

この点、株式会社について、最判昭51.12.24（民集30巻11号1076頁）は、株式会社が定款で株主総会における議決権行使の代理人の資格を株主に限定している場合においても、株主である地方公共団体、株式会社が、その職制上、上司の命令に服する義務を負い、議決権の代理行使にあたって法人の代表者の意図に反することができないようになっている職員または従業員に議決権を代理行使させることは、定款の規定に反しないと判示している。

これは、代理人資格を株主に限定した趣旨が、株主総会が株主以外の第三者により攪乱されることを防止し、会社の利益を保護するためであり、議決権の代理行使を認めないと、事実上議決権行使の機会を奪うに等しい結果となるためである。

また、会社法においては、法律上、代理人を株主に限定しているものではなく（同法310条1項）、代理人資格を限定する場合には定款自治に基づき限定するものであるのに対し、信用金庫法では法律上会員に限るとしており（同法12条2項ただし書）、会員であることに強い要請がある。よって、信用金庫においては、従業員を代理人とすることは認められないものと解される。

<table>
<tr><td>**10222**</td><td>**総代会の議長**</td></tr>
</table>

信用金庫の総代会において、議長を定めることが必要か。総代会の議長はどのような権限を有するか

結　論

信用金庫法においては総代会の議長について定めていないが、会議体の一般原則からも、適法かつ公正な審議を行うために、議事進行役として議長を定めることは必須と解される。総代会の議長は、会議の秩序維持権限、議事進行権限、退場命令権限などを有する。

解　説

◆総代会の議長の要否　信用金庫法においては総代会の議長について定めておらず（この点、会社法315条において、株主総会の議長についての明文規定があるのと異な

る）、同法施行規則48条３項において、総代会議事録の記載事項として「議長が存する場合には議長の氏名」と規定されており、法文上は総代会の議長を置くことが必須ではないようにも思える。また、信用金庫定款例23条１項においても、理事長が総代会の議長となり、理事長に事故があるときは、あらかじめ理事長が定めた順位に従い、他の理事がこれにあたることを規定しているにすぎない。

しかし、会議体の一般原則からも、適法かつ公正な審議を行うために、議事進行役として議長を定めることは必須と解される。

◆**総代会における議長の権限**　総代会における議長の権限については、会社法315条が信用金庫法に準用されていないが、参考となる。

まず、会社法315条１項において、株主総会の議長が、当該株主総会の秩序を維持し、議事を整理することを定めている。総代会の議長についても、会議の秩序維持権限および議事進行権限を有することは当然と解される。

また、会社法315条２項においては、株主総会の議長が、その命令に従わない者その他当該株主総会の秩序を乱す者を退場させることができることを定めている。この退場命令権限は、前記の秩序維持および議事整理権を実効化あらしめるために具体的に必要な権限ということができ、総代会の議長にも認められるものと解される。

その他、議長には、総代でない会員の傍聴を許可する権限や総代会の開会および閉会を宣言する権限などがある。

10223　総代の任期

総代の任期について、信用金庫法49条４項において、３年以内において定款で定める期間と定めているが、定款において、３年を超える場合でも、総代会が終了するまで任期が満了しない旨を規定することはできるか

結　論

理事および役員の任期は、定款によって、任期を任期中の最終の事業年度に関する通常総会の終結時まで伸長することを妨げない旨の明文規定があるが（信用金庫法35条の２第５項）、総代については同様の明文規定がない。よって、定款において、３年を超える場合でも、総代会が終了するまで任期が満了しない旨を規定することはできず、また仮に定款において規定を設けても、総代の任期について、最長期間である３年を超えて総代会終了まで任期を伸長することはできない。

解　説

◆**信用金庫法等における総代の任期の定め**
信用金庫法49条４項において、総代の任期は３年以内において定款で定める期間と定めており、これを受け、信用金庫定款例25条２項においては、総代の任期について定めをしている。

◆**総代会終了までの任期規定の可否**　信用金庫法35条の２第５項においては、理事および役員の任期は、定款によって、任期中の最終の事業年度に関する通常総会の終

結時まで伸長することを妨げないとしている。また、同法35条の3においては、役員に欠員を生じた場合の措置として、役員が欠けた場合または同法もしくは定款で定めた役員の員数が欠けた場合、任期満了または辞任により退任した役員は、新たに選任された役員が就任するまで、なお役員としての権利義務を有することを定めている。

しかし、総代については上記のような信用金庫法の規定はなく、定款において、3年を超える場合でも、総代会が終了するまで任期が満了しない旨を規定することはできず、また仮に定款において規定を設けても、総代の任期について、最長期間である3年を超えて総代会終了まで任期を伸長することはできない。

10224 総代会の傍聴

会員から信用金庫の総代会の傍聴をしたいとの要望があった場合、どのように対応すべきか

結　論

総代会の議長の権限として、会員から要望のあった場合、総代会の傍聴を認めることができるし、望ましいということができる。

もっとも、総代でない会員は総代の構成員ではなく、当然のことながら総代会での発言権や議決権はなく、議長は必要に応じて、議事整理権限や秩序維持権限を適切に行使することが必要である。

また、会員には当然に傍聴を求める権限

があるものではなく、議長において、傍聴を認めると、総代会の適正な運営に支障をきたすと判断する場合には、その裁量において傍聴を認めないこともできると解される。

解　説

◆会員からの総代会傍聴の要望への対応

信用金庫は定款の定めにより、総会にかえて総代会を設置することができる（信用金庫法49条1項）。

このように、総代会制度が法定されているのは、会員数等が多数に及ぶ協同組織金融機関において、総会を開催することが実務上困難なためである。

上記のとおり、本来は総会により意思決定するものであり、総代会も会員の代表によって構成されるものであることからすれば、会員から要望のあった場合、総代会の傍聴を認めることが、その透明性や民主性向上に資することとなる。

また、平成27年4月に改正された「総代会の機能向上策等に関する業界申し合わせ」（全国信用金庫協会）においては、会員や地域の多様な意見を反映するために経営管理態勢の強化・充実を図るとともに、積極的な情報開示に努める必要があるとされており、総代会に総代以外の会員の意見をより反映させるため、総代以外の会員の意見を吸い上げる場のさらなる充実を図ると記載されている。

よって、総代会の議長の権限として、会員から要望のあった場合、総代会の傍聴を認めることができるし、望ましいということができる。

もっとも、総代でない会員は総代の構成

員ではなく、当然のことながら総代会での発言権（野次等）や議決権はなく、傍聴を認めるとしても発言等は認めず、また議長は必要に応じて、議事整理権限や秩序維持権限を適切に行使することが必要である。

　また、信用金庫法等において会員に総代会の傍聴を認める規定があるものではないことから、会員には当然に傍聴を求める権限があるものではなく、議長において、傍聴を認めると、総代会の適正な運営に支障をきたすと判断する場合には、その裁量において傍聴を認めないこともできると解される。

協同組織金融機関の新たな展開

10225 外国子会社への貸付および債務保証

信用金庫が、会員の外国子会社に貸付をしたり、債務を保証したりすることができるのは、どのような場合か

結　論

　平成25年の信用金庫法施行令等の改正により、①新たな員外貸付の類型として、会員および卒業会員の外国子会社への直接の資金の貸付、②新たな員外保証の類型として、会員等の外国子会社が負う債務についての信用金庫による保証が、それぞれ追加されている。

　信用金庫には、海外子会社の親会社からの適時・適切な情報入手による実効的な融資審査やモニタリングの実施、必要に応じた現地での借入人の状況等の確認や親会社たる会員等との保証契約締結といったリスク管理態勢や法令等遵守態勢の整備が求められる。

解　説

◆会員の外国子会社等への直接の貸付等の

解禁　信用金庫の業務は、与信（資金の貸付および手形の割引）については、会員の相互扶助を目的とする協同組織金融機関としての性格から、原則として会員に対するものに限定されている（信用金庫法53条1項2号・3号）。

　もっとも、例外的に、政令で定めるところにより、会員以外の者に対する資金の貸付および手形割引（以下「員外貸付」という）を行うことができる（信用金庫法53条2項、同法施行令8条1項1～10号）。

　また、協同組織金融機関としての性格から、信用金庫が行う債務の保証（支払承諾）についても信用の供与先等が原則として会員に限定され、例外的に員外保証が認められている（信用金庫法53条3項1号、同法施行規則50条1項2～6号）。

　平成25年3月29日、信用金庫法施行令および信用金庫法施行規則の改正が、金融庁監督指針の改正とあわせて公布・施行され、①新たな員外貸付の類型として、会員および卒業会員の外国子会社への直接の資金の貸付（信用金庫法施行令8条1項4号）、②新たな員外保証の類型として、会員等の外国子会社が負う債務についての信用金庫による保証（信用金庫法施行規則50条1項

２号の２）がそれぞれ追加されている。

卒業会員の外国子会社への資金の貸付については、償還期限が金融庁の定める期間内に到来するものに限定されており、脱退した時からすでに経過した期間を除き、３年以上会員であった卒業生の外国子会社に対しては脱退の時から５年、５年以上会員であった卒業生の外国子会社に対しては脱退の時から10年となっている（昭和43年大蔵省告示第71号４号）。

◆平成25年改正の背景　信用金庫の会員たる中小企業がアジアなど海外に進出し、子会社を設立し、製造の一部や販路の維持・拡大を担当させる事例が増加しているが、外国子会社は、事業規模や信用力から、現地の銀行からの借入れ等が困難なケースも多かった。

信用金庫の地域金融機関としての性質から、その会員資格は、自金庫の地区内に住所または事業所を有する者という地区要件が必要であるため（信用金庫法10条１項１号・２号、同法施行規則４条）、平成25年改正以前は、信用金庫が会員等の外国子会社に対して直接の貸付ができなかった。

そこで、信用金庫が地区内の親会社たる会員等に、外国子会社への転貸資金を貸し付けたり（いわゆる「親子ローン」）、親会社たる会員または卒業会員の債務の保証をしたりして資金ニーズに応じていた。しかし、外国子会社も信用金庫から直接貸付を受けたり、直接に債務の保証を受けたりする必要性が高まった。

このようななか、平成25年１月11日には、「日本経済再生に向けた緊急経済対策」（閣議決定）に、「日本企業の海外展開支援等」との位置づけで、「信用金庫・信用組合による会員・組合員の海外子会社への融資等の解禁」が盛り込まれた。そこで、会員等の海外での事業展開の際の資金調達の支援の多様化や円滑化に沿った改正がなされたものである。

◆「外国子会社」の範囲　会員の相互扶助を目的とする信用金庫の取引は会員を原則とし、外国子会社への貸付等は、会員である中小企業等の資金ニーズのためであることから、外国子会社に対する貸付や債務の保証は、当該外国子会社と会員等との関連性が相当程度認められる範囲で解禁されており、外国子会社の範囲は下記のとおりである。

すなわち、信用金庫法施行令８条３項において、「外国子会社」とは、外国の法令に準拠して設立された法人その他の団体（外国法人等）であって、原則として、①会員または卒業会員がその総株主等の議決権の50％超の議決権を保有しているものをいい、例外的に、②外国の法制度等によって50％超の議決権を保有することが制限されている外国法人等であって、会員との間に、人的関係、財産の拠出等に係る関係その他の関係において当該会員または卒業会員と密接な関係を相当程度有するものとして内閣府令で定めるものと規定している。

上記の「人的関係、財産の拠出等に係る関係その他の関係において当該会員または卒業会員と密接な関係を相当程度有するもの」とは、具体的には、以下のいずれかをいう（信用金庫法施行規則49条の２）。

・会員等の役員や使用人等である者などで、外国子会社の財務および営業または事業の方針の決定に関して影響を与えること

ができるものが、外国子会社の取締役会その他これに準ずる機関の構成員の過半数を占めていること

・会員等が外国子会社の重要な財務および営業または事業の方針の決定を支配する契約等が存在すること

・外国子会社の資金調達額（貸借対照表の負債の部に計上されているものに限る）の総額の過半について会員等が融資（債務の保証および担保の提供を含む）を行っていること

なお、「外国子会社」の概念は、間接支配（子会社等を通じた保有）分と直接支配分とをあわせた総株主等の議決権の50％超の議決権ではなく、会員等が「直接」総株主等の50％超の議決権をもつことをいう。

◆**監督指針の改正（適切なリスク管理態勢等）**　信用金庫が会員の海外子会社への資金貸付等を行う場合のリスク管理について、中小・地域監督指針Ⅴ−1−3「信用金庫又は信用協同組合が会員又は組合員の海外子会社への資金の貸付け等を行う場合のリスク管理」において、借手企業（債務の保証先を含む）が海外に所在することもふまえ、適切なリスク管理態勢および法令等遵守態勢の整備を行う必要があることとされている。

中小・地域監督指針のなかでは、適切なリスク管理態勢および法令等遵守態勢の整備に関し、下記のような着眼点が示されている。

① 借り手企業の経営状況、資金使途及び回収可能性等について十分に把握するため、当該企業の親会社たる会員又は組合員（以下「会員等」という。）から情報を適時適切に入手すること等により、実効性ある融資審査やモニタリングを実施しているか。また、必要に応じ、現地において借り手企業の状況等を確認することができる態勢を整備しているか。

② 借り手企業に対する資金の貸付け等を行うに際し、借り手企業の財務基盤等に鑑み、必要に応じ、親会社たる会員等との間で保証契約を締結しているか。

③ 外貨建てによる資金の貸付け等を行う場合には、為替リスクのヘッジ手段を確保する等適切な為替リスク管理を行っているか。

④ 日本国内の法令等のみならず、借り手企業の所在地における法令等を遵守するための態勢を整備しているか。

10226　子会社の範囲の改正

「情報通信技術の進展等の環境変化に対応するための銀行法等の一部を改正する法律」に基づき改正された信用金庫法において、信用金庫および信用金庫連合会について、子会社の範囲の改正がなされているが、どのようなものか

結　論

FinTech と呼ばれる IT を活用した革新的な金融サービスや情報通信技術の急速な進展を受け、「情報通信技術の進展等の環境変化に対応するための銀行法等の一部を改正する法律」に基づき、信用金庫法の一部改正がなされている。

具体的には、信用金庫が子会社とすることができる「従属業務」を営む会社につい

て、グループへの収入依存度（50％以上）が緩和され、また、信用金庫連合会については、子会社としてFinTech企業等への出資の柔軟化がなされるなど、それぞれ子会社の範囲に関する改正等がなされている。

◆FinTech関連等の法改正の趣旨および概要　「情報通信技術の進展等の環境変化に対応するための銀行法等の一部を改正する法律」（平成28年法律第62号。平成28年5月25日成立、同年6月3日公布）に基づき、信用金庫法の一部改正がなされている。

上記「情報通信技術の進展等の環境変化に対応するための銀行法等の一部を改正する法律」は、FinTechと呼ばれるITを活用した革新的な金融サービスや情報通信技術が急速に進展するなど、最近における金融を取り巻く環境の変化に対応し、金融機能の強化を目的とし、銀行法等の整備を行うものである。

具体的には、①銀行グループ規制の見直し、および、②決済高度化に向けた規制の見直しを2本柱としている。

信用金庫法についても銀行法改正における内容が一部盛り込まれており、主なものとして、信用金庫および信用金庫連合会について、それぞれ子会社の範囲等に関する改正がなされている（信用金庫法54条の21・54条の23）。

◆信用金庫についての子会社の範囲の改正　まず、信用金庫が子会社とすることができる「従属業務」を営む会社について、基準の見直しが行われた。すなわち、改正前は「主として」当該信用金庫等のために従属業務を行うとしていた収入依存度規制（信用金庫またはそのグループからの収入額合計が総収入額の50％以上であることなどを要件としているを緩和し）、当該従属業務を営む会社の当該信用金庫等からの当該従属業務に係る収入の額の当該従属業務に係る総収入の額に占める割合等を勘案することが追加された（信用金庫法54条の21第8項）。

これは、銀行法16条の2の改正と同様の趣旨に基づくものであり、グループ外からのシステム管理などの業務の受託を容易にするため、従属業務を営む会社に求められるグループへの収入依存度（50％以上）を緩和することとしたものである。

◆信用金庫連合会についての子会社の範囲の改正　信用金庫連合会については、子会社として「情報通信技術その他の技術を活用した当該信用金庫連合会の第54条第1項各号に掲げる業務を行う事業の高度化若しくは当該信用金庫連合会の利用者の利便の向上に資する業務又はこれに資すると見込まれる業務を営む会社」（金融関連IT企業等）が追加されている（信用金庫法54条の23第1項11号の3）。

これは、銀行法16条の2と同様、FinTech企業への出資の柔軟化の措置に該当するものであり、従前より信用金庫連合会の子会社対象会社の範囲は、信用金庫よりも広く許容されており、信用金庫にはない改正点である。

上記の「情報通信技術」は「技術」の例示として掲げられているにすぎないため、同技術を用いない業務を営む会社についても、基準議決権数を超える出資が許容される可能性がある（湯山壮一郎ほか「情報通

信技術の進展等の環境変化に対応するため
の銀行法等の一部を改正する法律の概要」
金法2047号69頁）。

第 3 章

コーポレートガバナンス

10227　公開会社の形態

会社法上、公開会社がとりうる形態（機関設計）にはどのようなものがあるか

結　論

　会社法上、公開会社は、以下の6の形態をとりうる。公開会社が大会社である場合には、④〜⑥のいずれかの形態をとらなければならない。

①　取締役会（取締役最低3名）＋監査役（最低1名）

②　取締役会（同上）＋監査役（同上）＋会計監査人

③　取締役会（同上）＋監査役会（監査役最低3名、かつ、そのうち半数以上が社外監査役）

④　取締役会（同上）＋監査役会（同上）＋会計監査人

⑤　取締役会（同上）＋監査等委員会（委員は、取締役最低3名、かつ、その過半数が社外取締役）＋会計監査人

⑥　取締役会（同上）＋指名委員会・監査委員会・報酬委員会（いずれも、委員は、取締役最低3名、かつ、その過半数が社外取締役）＋会計監査人

解　説

◆**「公開会社」とは**　　会社法上、「公開会社」とは、その発行する全部または一部の株式の内容として、譲渡による当該株式の取得について株式会社の承認を要する旨の定款の定め（いわゆる譲渡制限）を設けていない株式会社をいう（同法2条5号）。

一種類でも譲渡制限のない株式があれば、その株式会社は、公開会社である。逆にいえば、その発行する株式の全部について譲渡制限を付している株式会社（いわゆる「非公開会社」または「全株式譲渡制限会社」）のみが「公開会社」でない株式会社である。上場会社は、「公開会社」に該当するが、両者は異なる概念である。

◆**公開会社がとりうる形態（機関設計）**
株式会社が会社法上最低限置かなければならない機関は、株主総会および取締役（最低1名）である（同法326条1項参照）。

　他方で、公開会社は、譲渡制限が付されていない株式を発行していることから、株式の譲渡によって株主が頻繁に変動し、また、分散する可能性がある。そのため、株主が積極的に経営を監視することを期待することができない。そこで、公開会社については、株主にかわって経営を監視する仕組みを設けることが求められる。

　まず、公開会社は、取締役会を置かなければならず（会社法327条1項1号）、その結果、少なくとも3名の取締役を置かなければならない（同法331条5項）。取締役会の職務は、①会社の業務執行の決定と②取締役の職務の執行の監督に大きく分けられる（同法362条2項1号・2号）。そして、②の監督の職務の裏付として、代表取締役の選定および解職をもその職務とする（同項3号）。

　次に、公開会社は、取締役会設置会社であることから、原則として、監査役を置かなければならない（会社法327条2項）。監査役は、取締役の職務の執行の監査をその職務とする（同法381条1項前段）（なお、公開会社の場合は、監査役の監査の範囲を

会計に関するものに限定する旨の定款を定めることはできない（同法389条1項）。ただし、公開会社に限られないが、株式会社は、監査等委員会設置会社または指名委員会等設置会社を採用することができ、これらのいずれかの場合には、監査役を置く必要がない。この場合には、監査役にかわって監査等委員会または監査委員会が監査を行う（同法399条の2第3項1号、404条2項1号）（監査等委員会設置会社については【10230】を、指名委員会等設置会社については【10229】をそれぞれ参照されたい）。

　公開会社は、以上のほか、監査役会または会計監査人を任意に置くことができる（会社法326条2項）（なお、監査等委員会設置会社または指名委員会等設置会社である場合には、会計監査人を必ず置かなければならない（同法327条5項））。

　監査役会を置く場合は、監査役は、3名以上で、そのうち半数以上は、社外監査役（会社法2条16号）でなければならない（同法335条3項）。そのほか、監査役会設置会社については【10228】を参照されたい。

　また、会計監査人は、計算書類の監査をその職務としており（会社法396条1項）、計算書類の適正性の確保についてその責任を負う。

◆**大会社である公開会社に強制される形態（機関設計）**　　以上が公開会社のとりうる機関設計であるが、公開会社が大会社である場合には、①会計監査人を置く監査役会設置会社、②監査等委員会設置会社または③指名委員会等設置会社のいずれかでなければならない（会社法328条1項）。

　「大会社」とは、①最終事業年度に係る貸借対照表に資本金として計上した額が5億円以上であることまたは②当該貸借対照表の負債の部に計上した額の合計額が200億円以上であることという要件のいずれかに該当する株式会社をいう（会社法2条6号）。

　このように一定以上の規模を有する株式会社は、株主や債権者その他利害関係人が多数に及ぶ可能性がある。そのため、監査・監督の重要性が高く、重厚な機関設計が求められる。

10228　監査役会設置会社

監査役会設置会社とはどのような形態の会社か

結　論

　監査役会設置会社とは、監査役会を置く株式会社であり、その形態には以下の2通りがある。
①　取締役会（取締役最低3名）＋監査役会（監査役最低3名、かつ、そのうち半数以上が社外監査役）
②　取締役会（取締役最低3名）＋監査役会（監査役最低3名、かつ、そのうち半数以上が社外監査役）＋会計監査人
　監査役会の職務は、①監査報告の作成、②常勤の監査役の選定および解職、③監査役の職務の執行に関する事項の決定の3点である。監査役会を置いた場合であっても、監査役の独任制は維持される。

◆**監査役会設置会社の形態**　監査役会設置会社とは、監査役会を置く株式会社または会社法の規定により監査役会を置かなければならない株式会社をいう（同法2条10号）。

　監査役会は、株式会社が任意に置くことができる機関である（会社法326条2項）。ただし、公開会社である大会社は、監査等委員会設置会社または指名委員会等設置会社のいずれかでない場合には、会計監査人を置く監査役会設置会社でなければならない（同法328条1項）（大会社および公開会社については【10227】を、監査等委員会設置会社については【10230】を、指名委員会等設置会社については【10229】をそれぞれ参照されたい）。監査役会を置くためには、これを置く旨の定款の定めが必要である（同法326条2項）。

　監査役会を置くことができる株式会社に特段の制限はない。ただし、監査役会設置会社は、取締役会を置かなければならず（会社法327条1項2号）、その結果、少なくとも3名の取締役を置かなければならない（同法331条5項）。

　このほか、監査役会設置会社は、会計監査人を任意に置くことができる（会社法326条2項）。

　以上から、監査役会設置会社がとりうる形態は、①取締役会＋監査役会と②取締役会＋監査役会＋会計監査人の2通りある（上述のとおり、公開会社である大会社は、監査役会を置く場合には、②の形態しかとれない）。

　なお、公開会社でない株式会社は、監査役の監査の範囲を会計に関するものに限定する旨を定款で定めることができるのが原則であるが、監査役会設置会社にはこれが認められていない（会社法389条1項）。したがって、監査役会設置会社の監査役はすべて、会計監査だけでなく、いわゆる業務監査もその職務とする。

◆**監査役会の構成**　監査役会は、すべての監査役で組織される会議体である（会社法390条1項）。監査役会設置会社において、監査役は、3名以上で、そのうち半数以上は、社外監査役（同法2条16号）でなければならない（同法335条3項）。

　また、監査役会は、監査役のなかから常勤の監査役を選定しなければならない（会社法390条3項）ので、監査役会設置会社には少なくとも1名の常勤の監査役が置かれる。

◆**監査役会の職務**　会議体たる監査役会の職務は、①監査報告の作成、②常勤の監査役の選定および解職、③監査の方針、会社の業務および財産の状況の調査の方法その他の監査役の職務の執行に関する事項の決定の3点である（会社法390条2項）。監査役会の決議は、監査役の過半数をもって行われる（同法393条1項）。

　他方で、監査役会の構成員である監査役は、取締役の職務の執行の監査をその職務とする（会社法381条1項前段）。そして、監査役は、独任制の機関であり、監査役が複数名いても、各自がそれぞれ会社法上の機関として位置づけられ、単独でその権限を行使することができる。この点は、監査役会を置いた場合であっても変わらない。すなわち、監査役会を置く場合であっても、監査を行う主体はあくまでも個々の監査役

であって、監査役会ではない。この点は、会社法390条2項ただし書において、上記③の監査役の職務の執行に関する事項についての監査役会の決定は、個々の監査役の権限の行使を妨げることができないとされている点に表れている。その結果、たとえば、ある監査役が、特定の事項について調査をしたい（同法381条2項・3項）という場合に、監査役会の決定（多数決）をもって、これを制限することはできない。監査役会の機能は、各監査役の役割分担を容易にするとともに、監査役間の情報共有を可能にすることにより、組織的・効率的監査を可能にすることにとどまると解される（江頭憲治郎『株式会社法〔第6版〕』532頁）。

10229 指名委員会等設置会社

指名委員会等設置会社とはどのような形態の会社か

結　論

指名委員会等設置会社は、以下の機関からなる形態の会社であり、社外取締役の業務執行者に対する監督機能に期待する機関設計である。

① 取締役会（取締役最低3名）

② 執行役（最低1名）

③ 指名委員会・監査委員会・報酬委員会（いずれも、委員は、取締役最低3名、かつ、その過半数が社外取締役）

④ 会計監査人

解　説

◆**指名委員会等設置会社とは**　指名委員会等設置会社とは、指名委員会、監査委員会および報酬委員会（以下「指名委員会等」という）を置く株式会社をいう（会社法2条12号）。

指名委員会等設置会社では、社外取締役を中心として構成される指名委員会および報酬委員会が、それぞれ、取締役の候補者を決定し、また、取締役および執行役の個人別の報酬を決定する。これにより、業務執行者に対する監督の実効性を確保することが図られており、主に上場会社による利用が想定される。

◆**指名委員会等設置会社の概要**　指名委員会等は、株式会社が任意に置くことができる機関である（会社法326条2項）。ただし、公開会社である大会社は、会計監査人を置く監査役会設置会社または監査等委員会設置会社のいずれかでない場合には、指名委員会等設置会社でなければならない（同法328条1項）（大会社および公開会社については【10227】を、監査役会設置会社については【10228】を、監査等委員会設置会社については【10230】をそれぞれ参照されたい）。指名委員会等を置くためには、これを置く旨の定款の定めが必要である（同法326条2項）。

指名委員会等を置くことができる株式会社に特段の制限はない。ただし、指名委員会等設置会社は、取締役会を置かなければならず（会社法327条1項4号）、その結果、少なくとも3名の取締役を置かなければならない（同法331条5項）。また、指名委員会等設置会社は、会計監査人を置かなけれ

ばならない（同法327条5項）。

さらに、指名委員会等設置会社には、少なくとも1名の執行役を置かなければならない（会社法402条1項）。

他方で、指名委員会等設置会社は、監査役および監査等委員会を置くことができない（会社法327条4項・6項）。

以上から、指名委員会等設置会社がとりうる形態は、取締役会（取締役最低3名）＋執行役（最低1名）＋指名委員会等＋会計監査人のみである（会計参与を任意に置く場合を除く）。

◆**指名委員会等の構成・職務**　指名委員会等は、いずれも、委員3人以上で組織される（会社法400条1項）。委員は、取締役のなかから、取締役会の決議によって選定される（同条2項）。そのうえ、委員の過半数は、社外取締役（同法2条15号）でなければならない（同法400条3項。社外取締役の要件については、【10232】を参照されたい）。

各委員会の職務について、まず、指名委員会は、株主総会に提出する取締役の選任および解任に関する議案の内容を決定することをその職務とする（会社法404条1項）。取締役を選任する機関が株主総会である点は他の形態の株式会社と同じである。

次に、報酬委員会は、執行役および取締役の個人別の報酬の内容を決定することをその職務とする（会社法404条3項）。指名委員会等設置会社では、執行役および取締役の報酬は、定款の記載事項でなく、また、株主総会の決議事項でもない。

以上の指名委員会および報酬委員会の各決定は、取締役会がこれを覆すことはできない。

監査委員会は、執行役および取締役の職務の執行の監査を職務としており（会社法404条2項）、この点は監査役と同じである。

◆**執行役の職務と決定権限の執行役への委譲**　執行役は、取締役会の決議によって選任され、また、解任される（会社法402条2項・403条1項）。

執行役の職務は、まず、会社の業務執行である（会社法418条2号）。これに対し、指名委員会等設置会社の取締役は、法令に別段の定めがある場合を除き、会社の業務を執行することができない（同法415条）。

また、指名委員会等設置会社では、取締役会は、業務執行の決定機関である（会社法416条1項1号）が、一定の事項を除き、業務執行の決定を執行役に大幅に委任することができる（同条4項）。執行役は、当該委任を受けた業務執行の決定もその職務とする（同法418条1号）。指名委員会等設置会社では、当該委任を行うことにより、機動的な業務執行が可能となる。

10230　監査等委員会設置会社

監査等委員会設置会社とはどのような形態の会社か

結　論

監査等委員会設置会社は、以下の機関からなる形態の会社であり、社外取締役の業務執行者に対する監督機能に期待する機関設計である。

① 　取締役会（取締役最低3名）

② 　監査等委員会（委員は、取締役最低3

名、かつ、その過半数が社外取締役）

③　会計監査人

解　説

◆**監査等委員会設置会社とは**　監査等委員会設置会社とは、監査等委員会を置く株式会社をいう（会社法2条11号の2）。

　監査等委員会設置会社は、社外取締役を導入しやすい機関設計として、平成27年5月施行の「会社法の一部を改正する法律」（平成26年法律第90号）により導入されたものであり、主に上場会社による利用が想定される。

◆**監査等委員会設置会社の概要**　監査等委員会は、株式会社が任意に置くことができる機関である（会社法326条2項）。ただし、公開会社である大会社は、会計監査人を置く監査役会設置会社または指名委員会等設置会社のいずれかでない場合は、監査等委員会設置会社でなければならない（同法328条1項）（大会社および公開会社については【10227】を、監査役会設置会社については【10228】を、指名委員会等設置会社については【10229】をそれぞれ参照されたい）。監査等委員会を置くためには、これを置く旨の定款の定めが必要である（同法326条2項）。

　監査等委員会を置くことができる株式会社に特段の制限はない。ただし、監査等委員会設置会社は、取締役会を置かなければならず（会社法327条1項3号）、その結果、少なくとも3名の取締役を置かなければならない（同法331条5項）。また、監査等委員会設置会社は、会計監査人を置かなければならない（同法327条5項）。

　他方で、監査等委員会設置会社は、監査

役および指名委員会等（指名委員会、報酬委員会、および監査委員会をいう。会社法2条12号参照）を置くことができない（同法327条4項・6項）。

　以上から、監査等委員会設置会社がとりうる形態は、取締役会（取締役最低3名）＋監査等委員会＋会計監査人のみである（会計参与を任意に置く場合を除く）。

◆**監査等委員会の構成**　監査等委員会は、すべての監査等委員で組織される（会社法399条の2第1項）。監査等委員は、取締役でなければならない（同条2項）ところ、監査等委員である取締役は、3名以上で、その過半数は、社外取締役（同法2条15号）でなければならない（同法331条6項。社外取締役の要件については【10232】を参照されたい）。監査等委員会は、監査役会（同法390条3項参照）と異なり、常勤の監査等委員を選定することが義務づけられていない。

◆**監査等委員会の職務**　監査等委員会の職務は、主に、①取締役の職務の執行の監査と、②監査等委員である取締役以外の取締役（監査等委員でない取締役）の選任、解任および辞任ならびに報酬について株主総会において述べる監査等委員会の意見の決定である（会社法399条の2第3項）。

　②の職務は、監査役にはない監査等委員会独自の監督に関する職務である。②の意見は、たとえば、自社の業績にかんがみ、監査等委員でない取締役が取締役にふさわしいか、また、その報酬が業績に見合っているかについての意見である。監査等委員会が選定する監査等委員は、株主総会において、これらの意見を述べることができる（会社法342条の2第4項・361条6項）。

◆**監査等委員会設置会社の業務執行とその決定** 監査等委員会設置会社の業務を執行するのは、代表取締役をはじめとする業務執行取締役であり（会社法363条1項）、監査役会設置会社と同じである。

業務執行の決定を行うのは、取締役会である（会社法399条の13第1項1号）。そして、取締役会は、重要な業務執行の決定を取締役に委任することができないのが原則である（同条4項）。しかし、これには例外があり、①取締役の過半数が社外取締役である場合または②取締役会の決議によって重要な業務執行の決定の全部または一部を取締役に委任することができる旨を定款で定めた場合のいずれかに該当する場合には、取締役会は、その決議によって、指名委員会等設置会社における場合と同程度に大幅に、重要な業務執行の決定を取締役に委任することができる（同条5項・6項）。監査等委員会設置会社では、当該委任を行うことにより、業務執行の機動性を高めることが可能となる。

10231 社外取締役の設置

会社法または上場規則上、社外取締役を設置することは義務づけられているか

結　論

株式会社（または上場会社）は、会社法および上場規則上、社外取締役を設置することが義務づけられていない。

ただし、社外取締役の設置を促進するため、会社法上、社外取締役を置いていない上場会社等の取締役は、定時株主総会において「社外取締役を置くことが相当でない理由」を説明するなどしなければならないとされている。

また、上場規則上、上場会社は、独立社外取締役を確保するよう努めなければならず、かつ、独立社外取締役を2名以上選任しない場合は、その理由を開示しなければならないとされている。

解　説

◆**会社法上の規律** 会社法上、株式会社は、社外取締役（同法2条15号）の設置が義務づけられていない（社外取締役の要件については、【10232】を参照されたい）。

もっとも、業務執行者から独立した立場にある社外取締役は、業務執行者を適切に監督することが期待され、その設置には一定の効用が認められうる。そこで、会社法上、社外取締役の設置を促進するための開示規制が設けられている。

すなわち、事業年度の末日において、公開会社であり、かつ、大会社である監査役会設置会社であってその発行する株式について有価証券報告書を提出しなければならない株式会社が社外取締役を置いていない場合には、取締役は、当該事業年度に関する定時株主総会において、「社外取締役を置くことが相当でない理由」を説明しなければならない（会社法327条の2）。当該規律が適用される株式会社は、主に上場会社である。「社外取締役を置くことが相当でない理由」とは、社外取締役を置くことがかえってその会社にマイナスの影響を及ぼすというような事情をいうと解されており（坂本三郎編著『一問一答　平成26年改正

会社法〔第2版〕』91頁）、その説明は実際上容易でない。

また、上記と同様の株式会社は、一定の要件を満たす場合に、事業報告または取締役選任議案に係る株主総会参考書類にも、「社外取締役を置くことが相当でない理由」を記載しなければならない（会社法施行規則74条の2第1項・119条2号・124条2項）。

◆**上場規則上の規律**　東京証券取引所の有価証券上場規程（以下「上場規程」という）も、上場会社に対し、社外取締役の設置を義務づけていないが、社外取締役の設置を推進するための規律を設けている。

まず、上場会社は、取締役である独立役員（独立社外取締役）を少なくとも1名以上確保するよう努めなければならないとされている（上場規程445条の4。独立役員および独立社外取締役の各意味については、【10233】を参照されたい）。これは、あくまでも独立社外取締役を確保する努力義務であり、結果として独立社外取締役を確保することができなかったからといって直ちに上場規程の違反となるわけではない。

次に、コーポレートガバナンス・コードの原則4-8では、上場会社は独立社外取締役を少なくとも2名以上選任すべきであるとされている（コーポレートガバナンス・コードについては、【10238】を参照されたい）。そして、東京証券取引所市場第一部および第二部の上場会社は、当該原則を実施して2名以上の独立社外取締役を選任するか、または2名以上の独立社外取締役を選任せず（すなわち、1名しか独立社外取締役を選任しない、または独立社外取締役を1名も選任しない）、その理由をコーポレートガバナンス報告書において説明

し、開示するかをしなければならない（上場規程436条の3第1号）。

◆**金融庁の監督指針**　以上のほか、たとえば、金融庁の「主要行等向けの総合的な監督指針」では、金融庁による監督に際し、上場銀行および上場銀行持株会社について、取締役の選任議案の決定にあたって、少なくとも1名以上の「独立性の高い社外取締役」（上場規則に定められている取締役である独立役員と同義）が確保されているかを検証するとされている（主要行監督指針Ⅲ-1-2(1)）。そして、主要行監督指針等の改正に係るパブリック・コメント手続において寄せられたコメントに対し、独立性の高い社外取締役が置かれていない場合には、その合理的な理由や設置予定時期を日常の監督において確認していくとの金融庁の考え方が示されている。

これらの規律をふまえ、金融機関を含め、上場会社において、1名または2名以上の（独立）社外取締役の選任が進んでいる状況にある。

10232　社外取締役の要件

社外取締役の要件としてどのようなものが会社法上求められているか

結　論

社外取締役の要件については、会社法上、大きく分けて、①代表取締役をはじめとする業務執行者の指揮命令下にないという観点からの要件と、②株式会社の関係者と利害関係を有しないという観点からの要件が

定められている。

◆**社外取締役の要件の概要**　社外取締役
の要件は、会社法2条15号に定められてお
り、①業務執行者の指揮命令下にないとい
う観点からの要件と、②株式会社の関係者
と利害関係を有しないという観点からの要
件の二つに大きく分けられる。

　また、社外取締役の要件は、時点に着目
し、当該株式会社の取締役が、当該取締役
の地位と同時に他の一定の地位を兼ねてい
ないことという現在の地位に関する要件と、
当該株式会社の取締役が過去に一定の地位
にあったことがないことという過去の地位
に関する要件にも分けられる。

◆**社外取締役の要件①：業務執行者の指揮
命令下にないこと**　取締役が業務執行者
自身である、または業務執行者の指揮命令
下にあると、たとえば、会社の業績にかん
がみて当該業務執行者を交代すべき場面で
あっても、当該業務執行者との人間関係か
ら、適切に行動することを期待することが
できない。また、過去に業務執行者の指揮
命令下にあった者も、一定期間、当該会社
との関係を絶っていなければ、同様のおそ
れがある。

　そこで、社外取締役として認められるた
めには、以下の要件を満たさなければなら
ないとされている（会社法2条15号イ・ロ）。

① 　当該株式会社の業務執行取締役（代表
取締役その他の会社法363条1項各号に
掲げる取締役および当該株式会社の業務
を執行したその他の取締役をいう。以下
同じ）もしくは執行役または支配人その
他の使用人（以下「業務執行取締役等」

という）でないこと

② 　当該株式会社の子会社の業務執行取締
役等でないこと

③ 　当該取締役への就任の前10年間当該株
式会社またはその子会社の業務執行取締
役等であったことがないこと

④ 　当該取締役への就任の前10年内のいず
れかの時において当該株式会社またはそ
の子会社の取締役、会計参与または監査
役であったことがある者（業務執行取締
役等であったことがあるものを除く）に
あっては、当該取締役、会計参与または
監査役への就任の前10年間当該株式会社
またはその子会社の業務執行取締役等で
あったことがないこと

◆**社外取締役の要件②：会社の関係者と利
害関係にないこと**　株式会社の親会社は、
子会社である当該株式会社に対し、その株
主総会の決議における議決権を背景とする
影響力を有している。そのため、当該株式
会社の業務執行者は、当該株式会社の利益
を犠牲にして親会社の利益を図るおそれが
ある。しかし、親会社の関係者は、当該株
式会社の取締役の立場から、そのような利
益相反行為を適切に監督することを期待す
ることができない。

　この点は、当該株式会社の兄弟会社の関
係者も同様であり、一方の兄弟会社の関係
者は、他方の兄弟会社である当該株式会社
の取締役の立場から、その共通する親会社
と他方の兄弟会社である当該株式会社の利
益が相反する行為を適切に監督することを
期待することができない。

　そこで、社外取締役として認められるた
めには、以下の要件を満たさなければなら
ないとされている（会社法2条15号ハ・ニ）。

① 当該株式会社の自然人である親会社等（同条4号の2）自身でないこと
② 当該株式会社の親会社等の取締役・執行役もしくは支配人その他の使用人でないこと
③ 当該株式会社の親会社等の子会社等（同条3号の2）（当該株式会社およびその子会社を除く）の業務執行取締役等でないこと

さらに、当該株式会社の業務執行者およびこれに準ずる者は、当該株式会社の利益を犠牲にして自己の利益やその近親者の利益を図るおそれもある。しかし、業務執行者等の近親者は、そのような利益相反行為を適切に監督することを期待することができない。そこで、社外取締役として認められるためには、④当該株式会社の取締役・執行役もしくは支配人その他の重要な使用人または自然人である親会社等の配偶者または2親等内の親族でないことという要件も満たさなければならない（会社法2条15号ホ）。

10233 独立社外取締役

独立社外取締役（独立取締役）とは何か

結論

独立社外取締役（独立取締役）とは、会社法に定める社外取締役の要件を満たすことに加えて、一定の独立性を備えている取締役をいう。

解説

◆ 「独立役員」としての「独立社外取締役」 独立社外取締役（独立取締役）は、会社法上の社外取締役（同法2条15号）と異なる概念であり、主に、上場規則上の存在である（社外取締役の要件については、【10232】を参照されたい）。

すなわち、上場会社は、一般株主保護のため、「独立役員」を1名以上確保しなければならず（東京証券取引所の有価証券上場規程（以下「上場規程」という）436条の2第1項）、独立役員に関して記載した「独立役員届出書」を東京証券取引所に提出しなければならない（同取引所の有価証券上場規程施行規則436条の2第1項1号）。

「独立役員」とは、「一般株主と利益相反が生じるおそれのない」社外取締役または社外監査役をいう（上場規程436条の2第1項）。そして、独立役員に該当する社外取締役が、一般に、「独立社外取締役」（独立取締役）といわれる。

「一般株主と利益相反が生じるおそれのない」の意味について、上場規程上の定義はなく、上場会社において実質的に判断する必要がある。東京証券取引所は、たとえば、経営陣から著しいコントロールを受けうる者、経営陣に対して著しいコントロールを及ぼしうる者は、「一般株主と利益相反が生じるおそれのない」者には該当しない可能性が高いとしている（同取引所「独立役員の確保に係る実務上の留意事項（2015年6月改訂版）」2頁）。

さらに、東京証券取引所は、「上場管理等に関するガイドライン」において、同取引所が一般株主と利益相反の生じるおそれ

があると判断する場合の判断要素を規定しており、社外取締役を独立役員として指定する場合について、以下の要素（以下「独立性基準」という）に抵触するときは、独立役員として届け出ることができないとしている。また、独立性基準に抵触しない場合であっても、その他の事情から「一般株主と利益相反が生じるおそれのない」の要件を満たさないと判断されるときは、「独立役員」と認められない。

① 当該会社を主要な取引先とする者またはその業務執行者

② 当該会社の主要な取引先またはその業務執行者

③ 当該会社から役員報酬以外に多額の金銭その他の財産を得ているコンサルタント、会計専門家または法律専門家（当該財産を得ている者が法人、組合等の団体である場合は、当該団体に所属する者）

④ 最近において次の(a)から(c)までのいずれかに該当していた者
　(a) 上記①～③に掲げる者
　(b) 当該会社の親会社の業務執行者（業務執行者でない取締役を含む）
　(c) 当該会社の兄弟会社の業務執行者

⑤ 次の(a)～(e)のいずれかに掲げる者（重要でない者を除く）の近親者
　(a) 上記①～④に掲げる者
　(b) 当該会社の子会社の業務執行者
　(c) 当該会社の親会社の業務執行者（業務執行者でない取締役を含む）
　(d) 当該会社の兄弟会社の業務執行者
　(e) 最近において(b)または当該会社の業務執行者に該当していた者

◆コーポレートガバナンス・コード上の「独立社外取締役」　上場会社に適用されるコーポレートガバナンス・コード（以下「コード」という）にも「独立社外取締役」が登場する（コードについては、【10238】を参照されたい）。

　コード自体にも「独立社外取締役」の定義はないが、コードの原則4-9前段は、「取締役会は、金融商品取引所が定める独立性基準を踏まえ、独立社外取締役となる者の独立性をその実質面において担保することに主眼を置いた独立性判断基準を策定・開示すべきである」としている。これは、金融商品取引所が定める独立性基準は、全上場会社に適用されるミニマム・スタンダードにすぎず、各上場会社において、独立社外取締役の独立性の有無について実質的な判断に資するよう、その取締役会自身が独立性判断基準を策定することを求めるものである。当該原則をふまえ、独立役員に係る上記独立性基準とは別に、自社固有の独立性判断基準を策定し、開示する上場会社も少なくない。

10234 株主代表訴訟

株主代表訴訟の制度とは何か

結　論

　株主代表訴訟の制度とは、株主が、会社にかわって、訴えにより取締役の責任の追及等を行うことを認める制度をいう。

　株主が提起することができる訴えは「責任追及等の訴え」に該当するものである。株主は、責任追及等の訴えを提起するために、原則として、まず、会社に対し、責任

追及等の訴えの提起を請求しなければならず、そのうえで、会社が当該提訴請求の日から60日以内に責任追及等の訴えを提起しないときにはじめて、会社にかわって、責任追及等の訴えを提起することができる。

株主は、1株でも有していれば提訴請求をすることができるが、公開会社の場合には、6カ月間継続して株式を保有している必要がある。

解　説

◆**株主代表訴訟の制度の趣旨**　取締役をはじめとする役員は、会社に対し、任務懈怠に基づく損害賠償責任その他の責任を負うことがある。しかし、役員同士の仲間意識から、会社が役員の責任を追及しないおそれがある。

そこで、会社法は、株主の利益を保護するため、株主が、会社にかわって、訴えにより役員の責任を追及することができることとしており（同法847条）、一般に「株主代表訴訟」と呼ばれる。株主代表訴訟により、役員の違法行為等に基づき会社に生じた損害が回復されることになる。また、株主によって責任が追及されうることから、役員による任務懈怠が抑止される効果も期待することができる。

最高裁判所の調べによると、平成27年中の全国地方裁判所における株主代表訴訟の新受件数は59件（前年比1件増）、既済件数75件（前年比増減なし）である。平成20年〜平成27年の間で新受件数が最も多かった年は、平成24年の106件である（商事法務2102号49頁）。

◆**株主代表訴訟の対象とすることができる責任の範囲**　株主が会社にかわって提起することができる訴えは、「責任追及等の訴え」と定義されている（会社法847条1項本文）。責任追及等の訴えは、役員の責任を追及する訴えに限られず、たとえば、不公正な払込金額で募集株式を引き受けた者等の責任（同法212条1項）を追及する訴えも含まれる。

◆**株主代表訴訟を提起することができる株主の資格**　後述するとおり、株主は、株主代表訴訟を提起するために、まず、会社に対して提訴請求をする必要がある。そして、株主は、1株でも有していれば、当該提訴請求をすることができる（いわゆる単独株主権、会社法847条1項。ただし、単元未満株主については、定款において当該提訴請求権を行使することができないと定められている場合を除く）。

他方で、公開会社においては、会社荒らしの防止のため、6カ月前から引き続き株式を有する株主でなければ、提訴請求をすることができない（会社法847条1項・2項）。

◆**株主代表訴訟に係る手続の概要**　株主は、責任追及等の訴えを提起するためには、まず、会社に対し、責任追及等の訴えの提起を請求しなければならない（会社法847条1項本文）。このように、株主は、権利主体である会社自身がその権利を行使するかどうかを判断する機会を与えなければならない。そのうえで、会社が当該提訴請求の日から60日以内に責任追及等の訴えを提起しないときに初めて、株主は、会社にかわって、責任追及等の訴えを提起することができる（同条3項）。

ただし、例外として、上記60日間の待機期間の経過により会社に回復することがで

きない損害が生ずるおそれがある場合には、株主は、会社にかわって、直ちに責任追及等の訴えを提起することができる（会社法847条5項本文）。

なお、責任追及等の訴えが株主もしくは第三者の不正な利益を図り、または当該会社に損害を加えることを目的とする場合は、当該株主は、提訴請求および責任追及等の訴えの提起を行うことができない。

株主が責任追及等の訴えを提起するにあたって裁判所に納付すべき申立手数料は、株主による訴え提起を容易にするため、一律1万3000円とされている（会社法847条の4第1項、民事訴訟費用等に関する法律4条2項前段、同法別表第一の1）。

株主代表訴訟の管轄は、会社の本店の所在地を管轄する地方裁判所の専属管轄である（会社法848条）。

会社は、株主代表訴訟に共同訴訟参加または補助参加することができる（会社法849条1項）。典型的には、会社が、役員に責任がないと考え、被告である役員側に補助参加するケースがあげられる。会社が取締役側に補助参加するには、その判断の適正を確保するため、監査役全員（監査役設置会社の場合）の同意を得なければならない（同条3項1号）。

株主代表訴訟は、会社が役員に対して有する権利について、第三者である株主が会社にかわってこれを行使することを認めるものである。すなわち、いわゆる法定訴訟担当のケースであり、株主が株主代表訴訟により受けた確定判決は、勝訴および敗訴のいずれであっても、会社に対しても効力を有する（民訴法115条1項2号）。

10235 多重代表訴訟

多重代表訴訟の制度とは何か

結論

多重代表訴訟の制度とは、完全親会社の株主が、その完全子会社にかわって、訴えにより当該完全子会社の取締役その他一定の役員の責任を追及することを認める制度である。

典型的には、純粋持株会社の企業グループの中核子会社の取締役の責任が多重代表訴訟の対象となりうる。もっとも、多重代表訴訟を提起するためには、純粋持株会社（完全親会社）の株主は、その株式の1％以上を有している必要があるため、その提起は必ずしも容易でない。

解説

◆多重代表訴訟の制度の趣旨　会社法上、株主代表訴訟の制度が設けられており、株主は、会社にかわって、訴えにより取締役の責任を追及することができる（同法847条。株主代表訴訟の制度については、【10234】参照）。

株主代表訴訟の制度は、会社が取締役の責任を追及しないおそれがあることから、株主の利益を保護するために設けられているものである。

しかし、会社が他の会社の完全子会社である場合に、当該完全子会社の取締役が当該完全子会社に対して負う責任については、当該完全子会社がその追及をしないおそれがあるだけでなく、当該完全子会社の株主

であるその完全親会社もその追及（株主代表訴訟の提起）をしないおそれもある。そこで、会社法は、完全親会社の株主の利益を保護するため、完全親会社の株主が、完全子会社にかわって、訴えにより当該完全子会社の取締役が当該完全子会社に対して負う責任を追及することができることとしており、一般に「多重代表訴訟」と呼ばれる。

多重代表訴訟の制度は、平成27年5月施行の「会社法の一部を改正する法律」（平成26年法律第90号）により創設されたものであるが、多重代表訴訟が提起された例はまだないようである。

通常の株主代表訴訟との比較において、多重代表訴訟の特徴は、以下に述べるとおり、大きく2点ある。

◆多重代表訴訟の特徴①：少数株主権

通常の株主代表訴訟は、株式を1株でも有していれば、会社に対し、その取締役の責任の追及に係る提訴請求をすることができる（単独株主権、会社法847条1項）。

これに対し、多重代表訴訟は、株式会社の完全親会社の株主であるということだけでは足りず、完全親会社の総株主の議決権の1％以上を有しているか、または完全親会社の発行済株式の1％以上を有していなければ、当該完全子会社の取締役の責任の追及に係る提訴請求を当該完全子会社に対して行うことができない（少数株主権、会社法847条の3第1項）。そのため、多重代表訴訟に係る提訴請求を行うことは、必ずしも容易でない。

なお、完全親会社については、厳密には、「最終完全親会社等」という用語が使用されている（会社法847条の3第1項〜3

項・847条の2第1項ただし書、同法施行規則218条の3）。その内容は複雑であるが、「最終完全親会社等」とは、要するに、企業グループの頂点に位置づけられる株式会社をいう。

◆多重代表訴訟の特徴②：重要な子会社の役員の責任を追及する訴えの限定

通常の株主代表訴訟では、役員の責任を追及する訴え以外の一定の類型の訴えも、「責任追及等の訴え」としてその対象とすることができる（会社法847条1項）。

これに対し、最終完全親会社等の株主が多重代表訴訟によりその完全子会社にかわって提起することができる訴えは、「特定責任」を追及する訴えに限られている（会社法847条の3第1項本文）。

「特定責任」の定義内容も複雑であるが、当該完全子会社の発起人等の責任の原因となった事実が生じた日において、以下の計算式（5分の1の割合については、これを下回る割合を定款で定めた場合には、その割合）を満たす場合における当該発起人等の責任をいう（会社法847条の3第4項）。

$$\frac{完全子会社の株式の簿価の合計額}{最終完全親会社等の単体の総資産額} > \frac{1}{5}$$

なお、発起人等とは、発起人、設立時取締役、設立時監査役、取締役、会計参与、監査役、執行役、会計監査人または清算人をいう（会社法847条1項、423条1項参照）。

このような限定の趣旨は、多重代表訴訟の対象を「重要な」完全子会社の発起人等の責任に限る点にある。そして、この要件を満たすのは、通常、いわゆる純粋持株会社を最終完全親会社等とする企業グループの傘下の完全子会社であり、かつ、銀行子会社・証券子会社・保険子会社をはじめと

して、その企業グループの中核をなす完全子会社の発起人等の責任である。

10236 グループ内部統制システム

グループ内部統制システム（企業集団の業務の適正を確保するための体制）とは何か

結　論

　会社法上、一定の株式会社の取締役会は、いわゆる内部統制システムの整備の一環として、「当該株式会社及びその子会社から成る企業集団の業務」の適正を確保するために必要な体制の整備について決定しなければならないとされており、当該体制が一般に「グループ内部統制システム」といわれる。

解　説

◆「グループ内部統制システム」とは

監査等委員会設置会社および指名委員会等設置会社以外の取締役会設置会社（主に監査役設置会社）が大会社である場合には、その取締役会は、取締役の職務の執行が法令および定款に適合することを確保するための体制その他株式会社の業務ならびに当該株式会社およびその子会社からなる企業集団の業務の適正を確保するために必要な体制の整備について決定しなければならない（会社法362条5項・4項6号。監査等委員会設置会社および指名委員会等設置会社は、大会社かどうかにかかわらず、同様の決定をしなければならない（同法399条の13第2項・1項1号　ロ・ハ、416条2項・1項1号ロ・ハ）が、以下では、監査役設置会社を念頭に置いて述べる）。

　これは、いわゆる「内部統制システム」の構築に係る決定義務である。そして、内部統制システムのうち、上記の「当該株式会社及びその子会社から成る企業集団の業務」の適正を確保するために必要な体制が、一般に「グループ内部統制システム」といわれる。

　平成27年5月施行の「会社法の一部を改正する法律」（平成26年法律第90号）による改正前の会社法のもとでは、グループ内部統制システムについての明文の規定は、同法施行規則に定められているのみであった。これに対し、グループ経営の進展に伴い、グループ企業の業務の適正性を確保することの重要性が高まっていることにかんがみ、同改正により、グループ内部統制システムが会社法本体に定められることとなった。

◆グループ内部統制システムの内容

　上述のとおり、会社法上、親会社である会社の取締役会は、グループ内部統制システムの整備について決定することが求められるが、その内容については、同法施行規則において、概要、以下に掲げる例が示されている（同法施行規則100条1項5号・3項4号ロ）。

① 当該会社の子会社の取締役や執行役等の職務の執行に係る事項の当該会社への報告に関する体制

② 当該会社の子会社の損失の危険の管理に関する規程その他の体制

③ 当該会社の子会社の取締役や執行役等の職務の執行が効率的に行われることを確保するための体制

④　当該会社の子会社の取締役や執行役等および使用人の職務の執行が法令および定款に適合することを確保するための体制

⑤　（監査役設置会社（監査役の監査の範囲を会計に関するものに限定する旨の定款の定めがある株式会社を含む）である場合）当該会社の子会社の取締役、会計参与、監査役、執行役等および使用人またはこれらの者から報告を受けた者が当該会社の監査役に報告をするための体制

　グループ内部統制システムは、親会社の取締役会が、親会社自身における体制としてその整備について決定しなければならないものである（会社法施行規則100条1項柱書参照）。すなわち、親会社の取締役会が個々の子会社の内部統制システムの整備について決定することを義務づけられているわけではない。

　親会社の取締役会が上記①～⑤の内容として実際に定める内容としては、たとえば、以下の①'～⑤'が考えられる。なお、上記①～⑤の項目は、グループ内部統制システムの具体的な内容として示された「例」にすぎない。したがって、親会社の取締役会は、上記①～⑤の項目に沿って決定することが必ずしも求められているわけではない。親会社の取締役会は、自身のグループ企業やそれを構成する個々の子会社の状況等をふまえて適切と考えられるグループ内部統制システムの整備について決定する必要があり、かつ、それで足りる。

①'　子会社の各事業部門の業務執行の状況等の親会社への報告体制の整備

②'　グループ会社全体のリスク管理の基本方針の制定

③'　グループ全体の経営理念・経営計画・経営戦略の策定とその共有

④'　グループ・コンプライアンス行動規範の制定

⑤'　親会社の監査役を報告窓口とするグループ内部通報制度・ホットライン制度の設置

10237　組織再編に対する株主の対抗措置

合併等の組織再編を望まない株主がとりうる対応にはどのようなものがあるか

結　論

　組織再編を望まない株主がとりうる対応として、①組織再編に係る株主総会の決議において反対の議決権行使をする、②組織再編の差止めを請求する、③株式の買取りを請求する、④組織再編の無効の訴えを提起するという対応がある。

解　説

◆**株主が組織再編を望まない理由として考えられるもの**　株主が合併等の組織再編を望まない場合の理由として、たとえば、以下のものが考えられる。

①　組織再編が会社の企業価値を向上させることにつながらない、むしろ企業価値を毀損するおそれがある

②　組織再編の対価に不満がある

③　組織再編に係る情報開示に虚偽があるなど、組織再編の手続が法令または定款に違反する

　このような場合に、株主は、以下に述べ

る四つの対応をとることが考えられる。

◆**株主の対応①：株主総会の決議において反対する**　組織再編をする場合には、株主総会の決議によって、当該組織再編に係る契約や計画の承認を受けなければならないのが原則である（会社法783条1項等）。そして、この場合の株主総会の決議は、いわゆる特別決議であり、厳格な要件が課されている（同法309条2項12号）。

　そこで、組織再編を望まない株主は、当該組織再編について株主総会の決議による承認が必要とされる場合には、反対の議決権を行使するとともに、反対することに賛同する他の株主を集め、組織再編の承認議案が否決されるよう努めることが考えられる。

　なお、株主総会の決議については、その内容が法令に違反する場合に、決議が無効であることの確認を、訴えをもって請求することができ、また、招集手続・決議の方法が法令・定款に違反する場合や決議の内容が定款に違反する場合等に、訴えをもって決議の取消を請求することができる（会社法830条・831条）。そこで、組織再編を望まない株主としては、株主総会の決議の無効確認の訴えや取消の訴えを提起することも考えられる。

◆**株主の対応②：組織再編の差止めを請求する**　組織再編については、株主にその差止め請求権が認められている。すなわち、以下に掲げる場合において、組織再編の当事会社の株主が不利益を受けるおそれがあるときは、当該当事会社の株主は、いわゆる簡易組織再編の場合を除き、当該当事会社に対し、当該組織再編をやめることを請求することができる（会社法784条の2等）。

① 当該組織再編が法令または定款に違反する場合

② 総株主の議決権の90％以上を有する株主との間の組織再編（いわゆる略式組織再編）の場合において、当該組織再編の対価が著しく不当であるとき

　もっとも、略式組織再編の場合以外の組織再編の場合、差止め事由は、①法令・定款違反のみであり、組織再編の対価に不満があるケースでは、そのことを理由としてその差止めを請求することができないと解される。

　組織再編の差止めを請求する場合は、組織再編の効力発生日までの時間的制約から、実際上は、裁判所に対し、差止めの仮処分を申し立てることにより行うことになる。

◆**株主の対応③：株式の買取りを請求する**　上記二つの対応は、組織再編の実行そのものを阻止することを目的とするものである。他方で、組織再編を望まない株主の対応として、組織再編が実行されることを前提として、株式買取請求権を行使することにより、当該会社から退場することも考えられる。

　すなわち、組織再編において、「反対株主」は、一定の場合を除き、会社に対し、自己の有する株式を公正な価格で買い取ることを請求することができる（会社法785条1項等）。「反対株主」について、会社法上一定の類型が定められているが、典型的には、組織再編をするための株主総会の決議において当該組織再編に反対した株主をいう。

　株式買取請求があった場合には、株式の価格の決定について、株主と会社との間で協議が行われる。そして、組織再編の効力

発生日から30日以内に協議が調わないときは、株主または会社は、裁判所に対し、価格の決定の申立をすることができる（会社法786条等）。

◆**株主の対応④：組織再編の無効の訴えを提起する**　上記三つの対応はすべて、組織再編の効力発生前におけるものである。他方で、組織再編の効力発生日以後においては、株主は、同日から6カ月以内に、当該組織再編の無効の訴えを提起するという対応をとることも考えられる（会社法828条1項7号～12号・2項7号～12号参照）。

　もっとも、無効原因は、会社法上定められていないが、組織再編手続の瑕疵であると解されており（江頭憲治郎『株式会社法〔第6版〕』885頁以下参照）、組織再編の対価に不満があることを理由とする無効の訴えは認められない。

10238	コーポレートガバナンス・コード

「コーポレートガバナンス・コード」とはどのようなものか

結　論

　「コーポレートガバナンス・コード」とは、実効的なコーポレートガバナンスの実現に資する主要な原則（合計73原則）を取りまとめたものをいい、各金融商品取引所の上場規則において定められている。上場会社は、上場規則上、同コードに定める各原則を実施するか、実施しない場合にはその理由を開示することが求められる。

解　説

◆**「コーポレートガバナンス・コード」とは**　「コーポレートガバナンス・コード」（以下「コード」という）とは、実効的なコーポレートガバナンスの実現に資する主要な原則を取りまとめたものをいい、各金融商品取引所の上場規則において定められている。コードは、金融庁に設置された「コーポレートガバナンス・コードの策定に関する有識者会議」における議論を経て策定されたものであり、平成27年6月から上場会社に対して適用されている。

　コードにおいて、「コーポレートガバナンス」とは、会社が、株主をはじめ顧客・従業員・地域社会等の立場をふまえたうえで、透明・公正かつ迅速・果断な意思決定を行うための仕組みを意味する。そして、コードは、各上場会社において、コーポレートガバナンスの構築にあたり、持続的な成長と中長期的な企業価値の向上のための自律的な対応を図ることを求めるものである。コードは上場会社側に、また、スチュワードシップ・コード（同コードについては、【10239】を参照されたい）は株主である機関投資家側に、それぞれ働きかけることによって上場会社の持続的成長を促すものであり、この点で両コードは車の両輪をなす。

◆**コードの構成および概要**　コードは、以下の第1章～第5章で構成され、各章に「基本原則」が1個ずつあり、さらに「原則」および「補充原則」が設けられるという三層構造からなる。

① 第1章　株主の権利・平等性の確保（「原則」7個、「補充原則」9個）

② 第2章　株主以外のステークホルダーとの適切な協働（「原則」5個、「補充原則」3個）

③ 第3章　適切な情報開示と透明性の確保（「原則」2個、「補充原則」4個）

④ 第4章　取締役会等の責務（「原則」14個、「補充原則」19個）

⑤ 第5章　株主との対話（「原則」2個、「補充原則」3個）

コードでは、合計73個（「基本原則」5個、「原則」30個、「補充原則」38個）の原則が定められており、その内容は多岐にわたる。

取締役会は、代表取締役をはじめとする経営者の監督を主なその職務の一つとしており（会社法362条2項2号参照）、コーポレートガバナンスの特に重要な担い手である。そのため、コードでは、特に、取締役会等の責務を定める第4章において多くの原則が設けられている。

なお、コードには、上場会社が一定の基準や方針、考え方等を策定し、開示することまで求める原則が11個ある。

◆**コードの実施と実施しない場合の理由の説明**　各金融商品取引所の上場規則は、上場会社に対し、コードの原則を実施することを義務づけているわけではない。上場会社は、コードの各原則を実施するか、実施しない場合にはその理由をコーポレートガバナンス報告書において説明し、開示することが求められるにすぎない（たとえば、東京証券取引所の有価証券上場規程436条の3）。すなわち、コードに定められる原則を実施するかどうかは、上場会社の任意の判断に委ねられており、上場会社は、一定の開示義務に服することを前提に、コー

ドの原則を実施しない自由がある（いわゆる「コンプライ・オア・エクスプレイン」ルール）。

また、実施するか、実施しない場合にはその理由を説明することが必要となる各原則の範囲は、上場区分ごとに異なる。たとえば、東京証券取引所の場合は、本則市場（同取引所市場第一部および第二部）の上場会社は「基本原則」「原則」「補充原則」のすべてが、また、マザーズおよびJASDAQの上場会社は「基本原則」のみが、それぞれ対象となる。

コードは、会社がとるべき行動について詳細に規定する、いわゆる「ルールベース・アプローチ」（細則主義）ではなく、いわゆる「プリンシプルベース・アプローチ」（原則主義）を採用している。プリンシプルベース・アプローチのもとでは、抽象的で大掴みな原則（プリンシプル）が定められるのみであり、上場会社において、コードの各原則の趣旨・精神を自ら解釈・理解し、各原則について、その趣旨・精神に照らして自社で当該原則を実施することが適切であるかどうかを判断することが求められる。

そこで、金融機関を含め、上場会社は、コードの原則に対して形式的・画一的に対応するのではなく、実施するかどうかを含め、持続的な成長と中長期的な企業価値の向上のために自社に適したガバナンス体制がどのようなものであるか、不断の見直しを行うことが肝要となる。

10239 スチュワードシップ・コード

「スチュワードシップ・コード」とはどのようなものか

結　論

「スチュワードシップ・コード」とは、**機関投資家が、投資先企業の持続的成長を促し、顧客・受益者の中長期的な投資リターンの拡大を図ることを目的として行うべき行動について、七つの原則およびその指針を定めるものをいう。機関投資家がコードを受け入れ、これらの原則に従うかどうかはその自由であるが、コードを受け入れる場合には、その旨を公表するとともに、その原則の一部を実施しない場合にはその理由を説明することが求められる。**

解　説

◆**「スチュワードシップ・コード」とは**
「スチュワードシップ・コード」とは、金融庁に設置された「日本版スチュワードシップ・コードに関する有識者検討会」が平成26年2月に策定・公表した「『責任ある機関投資家』の諸原則《日本版スチュワードシップ・コード》〜投資と対話を通じて企業の持続的成長を促すために〜」（以下「コード」という）をいう。

コードは、機関投資家を名宛人とし、「責任ある機関投資家」として「スチュワードシップ責任」（その内容は後述）を果たすにあたり有用と考えられる諸原則を定めるものである。

コード上、「機関投資家」の定義はない

が、基本的に、日本の上場株式に投資する機関投資家が念頭に置かれている。投資先企業の株主として位置づけられる機関投資家が、その「スチュワードシップ責任」を適切に果たし、投資先企業の企業価値の向上や持続的成長の促進に資する行動をとることにより、最終的には当該機関投資家の顧客・受益者の中長期的なリターンを拡大することが図られている。コードは株主側の機関投資家に、また、コーポレートガバナンス・コード（同コードについては、【10238】を参照されたい）は企業（上場会社）側に、それぞれ働きかけることによって企業の持続的成長を促すものであり、この点で両コードは車の両輪をなす。

◆**コードの定める原則の概要**　コードは、七つの原則とその指針からなり、各原則の概要は、以下のとおりである。

① 「スチュワードシップ責任」を果たすための明確な方針を策定・公表すること
② 「スチュワードシップ責任」を果たすうえで管理すべき利益相反について、明確な方針を策定・公表すること
③ 投資先企業の状況を的確に把握すること
④ 投資先企業との建設的な「目的を持った対話」を通じて、投資先企業と認識の共有を図るとともに、問題の改善に努めること
⑤ 議決権の行使と行使結果の公表について明確な方針をもつこと
⑥ 「スチュワードシップ責任」をどのように果たしているのかについて、顧客・受益者に対して定期的に報告を行うこと
⑦ 投資先企業との対話やスチュワードシップ活動に伴う判断を適切に行うための

実力を備えること

上記のとおり、コードでは「スチュワードシップ責任」がキーワードとなっている。コード上、「スチュワードシップ責任」とは、機関投資家が、投資先企業やその事業環境等に関する深い理解に基づく建設的な「目的を持った対話」（エンゲージメント）などを通じて、当該企業の企業価値の向上や持続的成長を促すことにより、顧客・受益者の中長期的な投資リターンの拡大を図る責任を意味する。

また、「（目的を持った）対話」（エンゲージメント）も、キーワードであり、中長期的視点から投資先企業の企業価値および資本効率を高め、その持続的成長を促すことを目的とした対話を指す。

なお、コードの内容については、おおむね3年ごとをメドとして定期的に見直しの検討を行うことが想定されている。そして、金融庁に設置された「スチュワードシップ・コードに関する有識者検討会」は、平成29年3月に、その改訂案を取りまとめ、5月に改訂版を公表している。

◆**コードの受入表明** コードは、機関投資家に対して法律上の義務を課すものではなく、法的拘束力も有しない。コードを受け入れ、コードに定められる原則を実施するかどうかは、機関投資家の任意の判断に委ねられる。

また、機関投資家は、コードを受け入れる場合であっても、その原則の一部を実施しないことも認められる。ただし、その場合には、実施しない理由を説明することが求められる（「コンプライ・オア・エクスプレイン」ルール）。

機関投資家は、コードを受け入れる場合には、自身のWebサイト上で、その旨を公表することが求められる。金融庁は、コードの受入れを表明している機関投資家のリストを公表しており、平成28年12月27日現在で、214の機関投資家がコードの受入れを表明している。

コードの受入れを表明している金融機関（信託銀行や保険会社等）も少なくないが、「責任ある機関投資家」として「スチュワードシップ責任」を果たしているかどうか、不断の見直しを行うことが求められる。

第 4 章

コンプライアンス

コンプライアンス総論

10240　コンプライアンスの意義

金融機関にとってのコンプライアンスとは
何か。なぜ、コンプライアンスの必要性が
いわれているのか

結　論

　コンプライアンスとは、法令をはじめ社
内の諸規則さらには確立された社会規範に
至るあらゆるルールを遵守することである。
金融機関は、銀行法等による免許・認可・
登録等を受けて業務を行っており、経済の
基盤を支える役割を担うことから、一般企
業と比べて公共性が高いため、より高いレ
ベルのコンプライアンスが求められている。
また、金融システム改革の進展によりグロー
バル化した市場においては、国際的基準
への整合性が求められているとともにルー
ル遵守の重要性はますます高まっている。

解　説

◆コンプライアンスとは　　コンプライア
ンスとは、法令や各種ルールを遵守するこ
とを指す。広くは、法律に規定することの

できない社会倫理規範や社内規則にのっと
って行動することまで含むと考えられ、企
業倫理の遂行に重要な役割を果たすもので
ある。

◆コンプライアンスが求められる背景
金融機関におけるコンプライアンスの重要
性が指摘されることとなった契機としては、
平成9年に発覚した総会屋への利益供与事
件で失った金融機関の信頼回復が求められ
たことがまずあげられるが、いまはそれに
とどまらず、我が国の経済・社会の構造変
化に対応するうえでコンプライアンスは不
可欠との認識が定着し、国際的な基準と整
合性のとれたルールの遵守の重要性はます
ます高まっている。ルールや社会規範から
の逸脱は、予期せぬ損失や信用の失墜とい
う重大なペナルティをもたらすことはすで
にいくつもの事例が示すとおりであり、こ
のような事態を避けるためにも、これまで
国内もしくは業界内で通用してきた慣行や、
役職員が「会社のため」に行ってきた行為
について、グローバル・スタンダードの観
点から再点検を行うことが求められている。

◆金融システム改革とコンプライアンス
金融システム改革の進展に伴い、投資信託
等リスク商品の取扱いや複雑な金融技術を

駆使した新たな業務領域の開発などにより、金融商品・サービスに関する法的知識の習得やリスクに関する説明の必要性はさらに重要度を増している。また、消費者意識の高まりもめざましいものがあり、金商法等の関連法規も整備されてきている。こうしたなか、コンプライアンスは、単に法令を遵守するという当然の原則としてのみでなく、金融機関のあらゆる業務において生じうる法的リスクを事前に回避・排除するという、いわばリスクマネジメントの一環として、より積極的な役割を担っている。

10241	行動憲章

全国銀行協会の行動憲章とはどのような内容・性格のものか

結　論

　銀行は、金融サービス業の中核として、高い公共性を有し、広く経済・社会に貢献していくという重大な責任を負っている。あらゆる分野で改革が進展している今日、銀行が、果たすべき役割はますます大きくなっていることから、高い倫理感に基づく自己規律によって、あらゆる人の人権を尊重しつつ、社会からの期待に真摯に応え、その社会的責任を果たすべく、不断の努力を払うことを宣言するため、一般社団法人全国銀行協会（以下「全銀協」という）が制定したのが行動憲章（平成9年9月制定、平成25年11月最終改定）である。

解　説

◆**制定・改定の経緯**　全銀協では、平成9年9月、総会屋への利益供与事件等を背景にして、金融機関の公共的使命や社会的責任の重要性、コンプライアンスの強化など、金融機関の役職員すべてが認識すべき基本理念を示す「倫理憲章」を制定した。

　その後、経済のグローバル化や情報化の進展、環境問題への取組みやバリアフリー化の促進など、社会を取り巻く環境は激変し、CSR（企業の社会的責任）に配慮した取組みがこれまで以上に叫ばれるようになった。また、銀行を取り巻く環境をみても、保険窓販や証券仲介業の解禁等による業務範囲の拡大、偽造キャッシュカードや振り込め詐欺など預金口座をめぐる犯罪の社会問題化など、倫理憲章の制定当時から大きく変化している。

　こうした状況をふまえ、平成17年11月にCSRへの取組みを中心に、より幅広い内容を盛り込むことを目的として「倫理憲章」を改定し、表題も「行動憲章」に改めた。その後、平成25年2月には社会経済環境の変化に伴う銀行界の取組みを盛り込むなどの内容の改定を行っている。

　平成25年11月には、金融サービスの多様化をふまえて、銀行単体での取引のみならず、他社（信販会社等）との提携による金融サービスの提供などの取引を含めいっさいの関係を遮断する旨を明記する改定を行った。

◆**行動憲章の内容**　行動憲章は、次の八つから構成されている。

①　銀行の公共的使命……銀行のもつ公共的使命の重みを常に認識し、健全な業務

運営を通じて揺るぎない信頼の確立を図る。

② 質の高い金融サービスの提供……経済活動を支えるインフラとしての機能はもとより、創意と工夫を生かし、お客さまのニーズに応えるとともに、セキュリティレベルの向上や災害時の業務継続確保などお客さまの利益の適切な保護にも十分配意した質の高い金融サービスの提供を通じて、内外の経済・社会の発展に貢献する。

③ 法令やルールの厳格な遵守……あらゆる法令やルールを厳格に遵守し、社会的規範にもとることのない、誠実かつ公正な企業活動を遂行する。

④ 社会とのコミュニケーション……経営等の情報の積極的かつ公正な開示をはじめとして、広く社会とのコミュニケーションを図る。

⑤ 従業員の人権の尊重等……従業員の人権、個性を尊重するとともに、安全で働きやすい環境を確保する。

⑥ 環境問題への取組み……資源の効率的な利用や廃棄物の削減を実践するとともに、環境保全に寄与する金融サービスを提供するなど、環境問題に積極的に取り組む。

⑦ 社会貢献活動への取組み……銀行が社会のなかにおいてこそ存続・発展しうる存在であることを自覚し、社会とともに歩む「良き企業市民」として、積極的に社会貢献活動に取り組む。

⑧ 反社会的勢力との関係遮断……市民社会の秩序や安全に脅威を与える反社会的勢力とは断固として対決し、関係遮断を徹底する。

このように、行動憲章には、社会からの信頼確立のために不可欠となる銀行の存立基盤にかかわるものにとどまらず、金融システムの改革など金融をめぐる大きな環境変化に対応する新しい銀行経営のあり方、ディスクロージャーの拡充など社会とのコミュニケーションの重要性、さらには良好な労働環境の確保や従業員の人権尊重、環境問題や社会貢献活動への積極的な取組みなど、CSRの視点を取り入れた幅広い内容となっている。

◆**行動憲章の意義** 銀行は、金融サービス業の中核として高い公共性を有し、広く経済・社会に貢献していくという重大な責任を負っており、CSRを意識した経営や各種法令やルールを厳格に遵守するコンプライアンス体制の確立が強く求められている。

とりわけ、近年は、地球温暖化に伴う環境への配慮や少子高齢化社会の到来に伴うバリアフリー化への要請、振り込め詐欺に代表される預金口座をめぐる社会問題化など、銀行経営を取り巻く環境は大きく変貌を遂げており、時々刻々と変化する社会情勢に適時的確に応えていく必要がある。また、保険窓販や証券仲介業の解禁、ファイアーウォール規制の見直しなど相次いで規制緩和が図られる一方、業務拡大から生じうる弊害等に対しては、金融機関の自主的な規律づけによる内部管理体制の整備が義務づけられるなど、これまで以上に責任のある経営が求められているところである。加えて、金融行政に関してもベターレギュレーションの柱の一つとして「ルールベースの監督とプリンシプルベースの監督の最適な組合せ」が掲げられている。「プリン

シプルベースの監督」はいくつかの主要な原則を示し、それに沿った金融機関の自主的な取組みを促すという監督手法である。たとえば金融庁は平成29年3月30日に「顧客本位の業務運営に関する原則」を公表し、金融事業者に受入れを呼びかけている。金融業者が原則をふまえて、何が顧客のためになるかを真剣に考え、横並びに陥ることなく、より良い金融商品・サービスの提供を競い合うよう促していくことがねらいである。また、同年3月17日に公表された「金融モニタリング有識者会議」報告書は、今後の金融検査・監督においては、従来の「最低基準の充足状況の確認」に加え、金融機関の「ベスト・プラクティスの追求に向けた対話」が必要になるとしている。こうした金融行政方針の変化のもと、銀行はこれまで以上に法令改正や制度変更等について的確かつ迅速に対応できる自立的な枠組みを整備・強化することが不可欠となっている。

　行動憲章およびその精神が、銀行業務に携わるすべての役職員にとっての行動指針として深く理解され、日々の業務運営のなかで常に意識されることがこれまで以上に求められているといえよう。

10242　コンプライアンス管理組織

コンプライアンス統括部署や、コンプライアンス担当者などコンプライアンス管理のための組織づくりにあたって留意すべき点は何か

結　論

　コンプライアンス管理の組織は、法令等遵守方針、コンプライアンス・マニュアルなどで策定された行動規範を実践するための組織であり、コンプライアンス統括部署においてコンプライアンス関連情報を一元的に管理する体制を構築するとともに、各部署に配置したコンプライアンス担当者と連携させ、法令等違反事案に適切に対応できる体制、法令等違反行為の未然防止および法令等遵守態勢の改善に役立てるような態勢を整備する必要がある。

解　説

◆コンプライアンス管理組織を設ける目的

金融機関職員によるコンプライアンスの欠如が金融機関および金融システムにもたらす損害・損失ならびに社会的影響は近年ますます大きくなってきている。そのため、金融機関は、法令等遵守を確保（＝法令等に違反することを予防）する態勢を整備する責務を負っている。

　法令等違反予防の実をあげるには、業務部署や営業店等に遵守すべき法令や社内規則を特定させ、業務の内容や職責に応じた研修をさせるとともに、コンプライアンス統括部署において各部署に散在する法令等遵守に関する情報（コンプライアンス関連情報）を一元的に収集、管理、分析、検討して、法令等違反行為の未然防止、再発防止を含む法令等遵守態勢の改善に役立てることができるような態勢の整備が求められている。このことは、金融検査マニュアル法令等遵守態勢の確認検査用チェックリストにおいて、「コンプライアンス統括部門

の態勢整備」があげられていることからも明らかである。

◆**コンプライアンス管理組織の態勢整備の留意点**　コンプライアンス管理のための組織の態勢整備にあたっては、以下の点に留意する必要がある。

① 役職員のなかから部署ごとなどにコンプライアンス担当者を選定し、その担当する職務の権限を明確にすること。

② コンプライアンス担当者の職務遂行に関するレポーティング、指導・監督権限を明確にすること。

③ 金融機関のさまざまな部署に散在するコンプライアンス関連情報を一元的に管理するコンプライアンス統括部署を設置すること。さらに、この統括部署を事務局として、社内においてしかるべき地位を占める役員（コンプライアンス担当役員）や役員等で構成される委員会（コンプライアンス委員会）を設けることも考えられる。また、この統括部署は、営業推進部署等から独立性を確保し、けん制機能を果たすことが求められていることから、それを可能とする組織を整備する必要がある。

④ 役職員からのコンプライアンスに関する問合せ、通報、相談等を受けて適切に処理する相談窓口を設置すること（【10245】参照）。

⑤ 法令等違反事案に対する制裁、処分、罰則を明示すること、それを実行すること、および違反事案の原因分析を行い再発防止策を策定すること。

⑥ 明白なコンプライアンスの違反がない場合であっても、コンプライアンス経営の実践状況に関する評価を行うことおよびその評価方法を整備すること。

◆**コンプライアンス管理組織の周知**　法令等遵守を確保するという本来の目的を達するためには、コンプライアンス・マニュアルなどの企業行動規範のみならず、コンプライアンス管理組織の存在と相談窓口等の利用方法を役職員に広く周知する必要がある。

10243　コンプライアンス・プログラム

コンプライアンス・プログラムとは何か。作成にあたって留意すべき点は何か

結　論

コンプライアンス・プログラムとは、広義では、法令等遵守を確保するために会社が構築する仕組み全体を指す。主な内容は「遵守のための組織・社内規則の作成」「教育・啓蒙プログラム」「問題発生時の対応マニュアル作成」などであり、全体として機能する必要がある。

狭義では、「コンプライアンスを実現させるための具体的な実践計画」を指す（金融検査マニュアル法令等遵守態勢の確認検査用チェックリスト参照）。この場合、実践計画としての具体性が必要であり、個々の施策の実行期限を明確にし、進捗状況の管理を行うとともに、必要に応じて計画の見直しを実施することが重要である。

解　説

◆**コンプライアンス・プログラム作成の趣旨**　コンプライアンスは銀行等の会社の

法令等遵守を意味するものであるが、銀行等の組織体としての行為によるか否かを問わず、法令等遵守がなされるか否かは最終的に役職員が法令等を遵守するか否かにかかってくる。

そこで役職員個々人が守るべき行動規範を策定して、これを明らかにすることによって、役職員が何に注意し、何を守れば法令違反とならなくてすむかをはっきりさせることが金融機関としてまず行うべきことである。

ただし、単に行動規範を定めたからといって、金融機関が役職員にそれに従わせる手段を構築しなければ行動規範は実践されないので、内部統制を実施する必要がある。

また、行動規範を定めたとしても、具体的な日常業務においてコンプライアンス上問題があるのか否か、どのように対処すべきか従業員が判断できない場合に対処する手段も必要となる。

さらに、いかなる行動規範も必ず守られる保障はないから、行動規範に反した行為がなされた場合をあらかじめ想定しておき、対処方法を規定し、損害の拡大を防止する必要がある。

これら、コンプライアンス確保のための方策を統合的に作成することが、コンプライアンス・プログラムを作成する趣旨である。

◆**コンプライアンス・プログラムの内容**

広義のコンプライアンス・プログラムは、以下の内容から成り立つとされている。

（1）組織・体制　金融機関全体のコンプライアンスに関する情報を一元的に収集するための組織を設置、当該組織にコンプライアンスを実践するための必要な権限を付与して管理する体制が必要である。

（2）行動規範　指針や規程・通達などさまざまな形式のものがあるが、そのなかでもコンプライアンス確保のために、具体的でわかりやすい基準を示すものとして、コンプライアンス・マニュアルを作成することが多い。

（3）内部統制システム　金融機関内部において役職員に行動規範を守らせ、あらかじめ法令等違反を防止するよう、法令違反を困難にさせる物理的・心理的強制を働かせる体制を整備する必要がある。たとえば、部署ごとにコンプライアンス担当者を配置し、当該担当者が管理・監督するという体制などである。

（4）相談・報告システム　法令等違反行為が金融機関内部の一部の担当者・部門のみでとどまり、法令等遵守のため必要な措置がとられないまま事態が深刻化・重大化することのないよう、金融機関の末端の、不都合な情報を吸い上げる制度を整備し、法令等を遵守しまたは法令等違反を拡大させない対策をとる機会を確保する必要がある。前述のコンプライアンス担当者から定期的もしくは随時にコンプライアンスに関する情報を一元的に管理する組織に報告させるという方法が有効である。また、経営陣に対するヘルプライン等の内部通報制度の整備も必要である。

（5）コンプライアンス教育　コンプライアンスの確保は、最終的に役職員の規範意識によるところが大きく、特にコンプライアンス担当者および経営陣のコンプライアンス意識の醸成が必要不可欠である。かかる意識の涵養のため、コンプライアンス教育を継続的に実施することが重要である。

（6）　緊急時における行動プログラムの策定　突如法令等違反行為が発生しまたは発覚した場合に、事態をより悪化させないよう金融機関としてとるべき方策をあらかじめプログラム化する必要がある。

◆**コンプライアンスを実現させるための具体的な実践計画**　コンプライアンスを確保するための仕組みのなかで、特に「具体的な実践計画」を指して「（狭義の）コンプライアンス・プログラム」ということがある（金融検査マニュアルはこのような語義で使用している）。この場合のプログラムは、少なくとも年次で経営陣が自ら参画・承認して作成された具体的な行動計画である必要があり、その内容は定期的に見直されるとともに、これに基づき改善への取組みの実践が行われていく必要がある。

10244　コンプライアンス・マニュアルの作成要領

コンプライアンス・マニュアルを作成するにあたっての考え方、留意点は何か

結　論

　コンプライアンス・マニュアル作成の主たる目的は、コンプライアンスを重視する企業風土の醸成と行動規範の明確化であり、そのためには、金融機関の実情をふまえ、実効性のある具体的な内容とする必要がある。なお、マニュアルは単に作成するだけでなく、その内容が役職員に周知徹底されていることが最も重要である。そのための教育・研修体制の確立や日常業務におけるチェック体制の確立も不可欠である（金融検査マニュアル法令等遵守態勢の確認検査用チェックリスト参照）。

解　説

◆**コンプライアンス・マニュアルとは**
コンプライアンス・マニュアルには、①役職員としてのあるべき姿や行動の指針等を明確にした倫理的行動規範と、②金融取引において遵守すべき法令や規則を網羅的に解説した法令等遵守マニュアルとがある。このほか、違法行為を発見した場合の対処方法等についても具体的に解説する必要がある点に留意する。

　また、コンプライアンス・マニュアルの策定および重要な部分の見直しについては、取締役会が承認するように金融検査マニュアルで求められている点に留意する。

　倫理的行動規範は、労働条件や服務規律を定めた就業規則と異なり、金融機関の社会的責任や公共的使命を適正に遂行する観点から、倫理的価値判断基準を定めたものであり、就業規則とは明確に区別される。

◆**倫理的行動規範作成上の留意点**　倫理的行動規範の作成・活用にあたっては、以下の点に留意する必要がある。

① 行動規範の内容は、金融機関の実情を十分勘案したものとすること。なお、すべての役職員にとってわかりやすい内容となるように工夫する必要がある。

② 内容は、極力具体的に明記する。

③ 個人の権利を制限する規定を設ける場合は、労働基準法等関連法規をふまえ、慎重に取り扱う。

④ 役職員に対し、行動規範の趣旨・内容、およびその実践にあたっての自らの役割を十分に理解させる。

⑤　行動規範の適時・適切な見直しを行う。

　なお、行動規範に関する職員からの質問や問題提起等を受け付ける窓口・方法を明確にしておくことが必要である。

◆**法令等遵守マニュアル作成上の留意点**

法令等遵守マニュアル作成・活用にあたっては、以下の点に留意する。

①　単なる法令等の解説ではなく、役職員が遵守すべき法令や規則を網羅的に、理解しやすいよう、具体的な事例に即して取りまとめる。

②　内容の理解のみならず、法令等に抵触した場合の経営に与えるリスクの大きさを十分に理解させる必要があるとともに、役職員が法令等違反の疑いのある行為を発見した場合の連絡すべき部署等（【10245】参照）を明示すべきである。

　なお、担当業務や部署により遵守すべき法令や規則が異なることから、なるべく担当業務・部署により遵守すべき法令や規則がわかるように解説することが望ましい。

10245　相談窓口（ヘルプライン）

職員からのコンプライアンスに関する相談窓口（ヘルプライン）等の設置にあたって留意すべき点は何か

結　論

　コンプライアンス統轄部署は、金融機関内の他の部署（人事部等）や外部の機関（弁護士等）などと協同・協力し、現場サイドからの通報、相談、質問のいっさいを引き受け気軽に相談できる窓口とするよう、

わかりやすい制度を構築する必要がある。社内通報制度については、秘密性を保持し、通報者が不利益を被らないよう配慮することが不可欠である。

解　説

◆**相談窓口（ヘルプライン）の設置とコンプライアンス**　コンプライアンスとひとくくりにされていることであっても、法令等の遵守はさまざまな局面で問題となりうるものである。しかし、あらかじめ策定されたマニュアル等だけでは実際の局面で法令等遵守が果たされているのか判断がつかないことは多く、そのまま放置したことにより問題が拡大したというケースも少なくない。特にコンプライアンス意識が高まるにつれ、法的観点からの相談に関する受け皿のニーズが増大する関係にあるため、職員が現場において法令等の解釈・対応等に迷った場合に、自由で気軽に相談・質問できる窓口を設けておくことは、コンプライアンス確保上大きな意義を有する。

　相談の受け皿としては、法令等遵守に携わっているコンプライアンス統括部署や、弁護士などの協力を得ることが望ましいといえる。また、気軽に相談できるという意味では、法令違反・ハラスメント等の窓口を一本化することにより、いかなる相談でも受け付ける体制も考えられよう。

◆**社内通報制度の採用とコンプライアンス**

社内通報制度とは、職員が、社内での法令等違反の事実を直接経営陣に対して報告する制度である。法令等違反の早期是正および抑止の点、さらに金融機関内における自浄作用という観点からも有用といえる。

　この制度の運用にあたっては、通報者が

不利益を被ることのないよう次の2点に留意すべきである。

① 金融機関が通報事実について調査する以上は、原則関係者以外に知られないよう、通報事実の秘密は保持されなければならない。

② 社内通報制度を導入した金融機関は、不正の目的をもってなされたもの以外は当該通報によって、通報者がいかなる不利益も受けないことを保障しなければならない。

◆**公益通報者保護法** 平成16年に制定された公益通報者保護法により、国民の生命、身体、財産などの保護にかかわる法令違反が生じ、または、まさに生じようとしている場合で一定の要件を満たす場合にその事実を労働者が労務提供先や行政機関等に通報したとき、その通報を行ったことを理由として事業者が行った解雇は無効となり、降格等の不利益取扱いは禁止される。また、通報者が派遣労働者であった場合には、派遣先が派遣元に対して、保護される通報をしたことを理由として当該派遣労働者の交代や不利益な扱いを求めることが禁止されている。金融機関も当然「事業者」に含まれるから、同法に違反するような解雇・不利益取扱い等は民事上無効となる。

したがって、社内通報制度を採用する場合においては、通報者本人が不利益を被らない制度づくりが重要であり、通報者保護のための秘密保持と不利益な取扱い禁止の明示が必要となる。

10246 コンプライアンス教育

役職員にコンプライアンスに関する事項の周知徹底を図るにはどうしたらよいか

結　論

コンプライアンス教育は、金融機関内の業務の内容や職責に応じたプログラムにより行う必要がある。また、コンプライアンス教育は、定期的、継続的に実施する必要がある。

解　説

◆**コンプライアンス教育の必要性** コンプライアンスは、内部規程や組織体制等のみでなく、個々の役職員の現実の行為によって確保される。コンプライアンスの確保のためには、遵守すべき法令や内部規程等に基づいて、役職員が現実の業務遂行において守るべき行動規範をできる限り具体的に定め、それを遵守することの意味を理解させ、それに従うという意識を根づかせることが必要である。

◆**コンプライアンス教育の方法** まず経営陣においてコンプライアンスの徹底が経営上の重要課題であることを認識し、内部規程と組織体制とを確立し、経営陣が範となり実践して、職員に浸透させるべきである。

遵守すべき倫理的行動規範・法令等の解説や、違法行為発見時の対処方法等を具体的に示した手引書（コンプライアンス・マニュアル）を策定し、これを全役職員に研修等で周知徹底することがまず求められる。

これは金融検査マニュアル法令等遵守態勢の確認検査用リストにあげられている事項である。

また、業務の内容や職責に応じて、それぞれが実践すべき行動規範や遵守すべき法令等・注意点などを教育しなければならない。

さらに、違法行為発見時の内部通報制度については定期的に全職員に周知するなど、リスクや重要性等に応じて研修の頻度なども定めることになろう。

経営陣に対しては、外部の専門家を活用した研修なども効果的である。年1～2回など定期的に実施するほか、重要な法令改正等の際にできる限りタイムリーに実施するなどの対応が望まれる。

◆**研修プログラムの見直しなど**　コンプライアンス教育は、直ちに効果が表れるとは限らない。また遵守すべき法令等の改正や不祥事件その他の問題が発生したときには、その対応についてタイムリーな周知徹底が求められる。固定的な教育プログラムの繰り返しではなく、定期的に内容を見直して、必要な者に対して必要な教育が実施される態勢を構築する必要がある。

なお、個々の研修の効果測定のためにはアンケートやテスト等を活用していく必要がある。研修主催者にはこれらで判明した問題点を次の研修に生かしていく姿勢が求められる。

10247　コンプライアンス態勢構築と経営陣の役割

法令等遵守態勢を構築するにあたって留意すべき点は何か。また、その際の経営陣の役割は何か

結　論

金融機関にとって法令等遵守態勢の構築は、業務の健全性および適切性を確保するための最重要課題の一つであり、経営陣は、法令等遵守態勢の構築のため、法令等遵守に係る基本方針を決定し、組織体制の整備を行う等、金融機関の業務の全般にわたる法令等遵守態勢の構築を自ら率先して行う役割と責任を負う。

ここでは、原則として会社法上の監査役（会）設置会社である銀行を念頭に置いて記述するが、信用金庫等の協同組織金融機関については、「取締役」とあるのは「理事」に、「取締役会」とあるのは「理事会」に、「取締役会等」とあるのは「理事会等」に、「代表取締役」とあるのは「代表理事」に読み替える。

解　説

◆**法令等遵守方針の策定**　金融機関の取締役は、善管注意義務および忠実義務の一内容として法令等遵守の徹底が当該金融機関の信頼の維持、業務の健全性および適切性の確保のために必要不可欠であることを十分に認識し、法令等遵守を重視しなければならない。特に、法令等遵守を担当する取締役は、金融機関全体の業務に適用される法令等の内容を理解するだけではなく、当該金融機関の法令等遵守の状況を的確に認識し、適正な法令等遵守態勢の構築に向けた方針および具体的な方策を検討することが求められる。

当該取締役で構成される取締役会におい

ては、法令等遵守に係る基本方針を定め、組織全体に周知させることが必要であり、その方針の策定、周知によって、当該金融機関における法令等遵守の考え方が具現化される。

また、当該基本方針については、定期的にまたは必要に応じて随時、法令等遵守の状況に関する報告・調査結果等をふまえて、方針策定のプロセスの有効性を検証し、適時に見直すことが必要である。

◆**組織体制の整備**　経営陣は、取締役会や常務会等の組織体の意思決定を通じて、営業推進部署等からの独立性を確保したコンプライアンス統括部署（法令等遵守に関する事項を一元的に管理する部署）を設置し、所掌事項を明確にして権限を付与し、適切な役割・機能を発揮させる態勢を整備する必要がある。

具体的には、金融機関全体の法令等遵守の徹底を図るために、コンプライアンス統括部署に必要な知識と経験とを有する管理者を配置し、必要な権限を与えるとともに、適切な規模の人員を配置し、当該人員に対し業務の遂行に必要な権限を与えることである。それにより、当該部門にさまざまな部署に散在するコンプライアンス関連情報を一元的に収集、管理、分析、検討させ、その結果に基づき適時に適切な措置・方策を講じさせ、定期的にまたは必要に応じて随時、取締役会等に対し法令等遵守の状況を報告させ、特に、経営に重大な影響を与える、または顧客の利益が著しく阻害される事案については、取締役会等に対し速やかに報告させる態勢を整備することが肝要である。

また、経営陣は、各業務部門および営業店等の法令等遵守態勢の実効性を確保するために、業務部署・営業店等ごとにコンプライアンス担当者を配置し、コンプライアンス関連情報の収集、モニタリング（遵守状況点検）、コンプライアンス統括部門への連絡等により、当該部門と連携させることが必要である。

◆**内部規程等の整備**　経営陣は、法令等遵守方針に合致することを確認したうえで承認した、法令等遵守に関する取決めを明確に定めた内部規程（法令等遵守規程）や役職員が遵守すべき法令等の解説、違法行為を発見した場合の対処方法等を具体的に示した手引書（コンプライアンス・マニュアル）を承認したうえで組織全体に周知させ、法令等遵守態勢の構築を図る必要がある。

さらに、法令等遵守を実現させるための具体的な実践計画（狭義のコンプライアンス・プログラム）を最長でも年度ごとに策定させ、承認したうえで組織全体に周知させ、代表取締役および取締役会は、その進捗状況や達成状況を定期的にかつ正確に把握・評価し、コンプライアンス・プログラムの実施状況を業績評価や人事考課等に衡平に反映する態勢を整備する必要がある。

10248　コンプライアンス態勢の管理・運営

コンプライアンス態勢の管理・運営にあたっての留意点は何か

結　論

　コンプライアンス態勢の管理・運営にあたっては、コンプライアンスの実践計画（狭義のコンプライアンス・プログラム）の策定・実施、評価・改善に向けた取組み、内部統制システムに基づくモニタリング態勢整備がポイントとなる。

　金融検査マニュアル中の法令等遵守態勢の確認検査用チェックリストには、「Ⅰ.経営陣による法令等遵守態勢の整備・確立状況」において、経営陣のコンプライアンス態勢の管理・運営上の留意点が、「Ⅱ.管理者による法令等遵守態勢の整備・確立状況」において、管理者およびコンプライアンス統括部門の留意点がまとめられており、参考になる。

　また、経営陣がこれらの状況を分析・評価し、改善に向けた指示・進捗状況のフォローアップを図る態勢も必要である。

解　説

◆内部統制システム

　コンプライアンス態勢の管理・運営にあたっては、コンプライアンスに関する情報を一元的に管理するための統括部署（コンプライアンス統括部署）の設置が不可欠である。

　コンプライアンス統括部署によるコンプライアンス情報の一元管理のためには、内部統制システムや相談・報告システム等の構築が前提となる（相談窓口については【10245】参照）。

◆コンプライアンスの実践計画

　コンプライアンス態勢の管理・運営にあたっては、コンプライアンスの実践計画（狭義のコンプライアンス・プログラム）に基づく施策への取組みが基本となる（狭義のコンプライアンス・プログラムについては【10243】参照）。

　この取組みにあたっては、具体的な施策の企画・立案（P）、実践（D）、施策の進捗状況と効果のチェック・検証（C）、検証結果に基づく改善への取組み（A）という、いわゆる「PDCAサイクル」が有効に機能することが重要である。改善への取組みが次の施策につながることにより、コンプライアンス態勢はより強化されていくことになる。

　コンプライアンス統括部署は、取締役会の承認を受けて（狭義の）コンプライアンス・プログラムを策定し、その進捗状況や達成状況のフォローアップを管理し、経営陣に報告する必要がある。また、その内容を定期的に見直すほか、計画期間中に対応を要する事態が生ずれば適宜追加見直しを行う等、状況に応じた運営にも留意する必要がある。

◆日常業務のモニタリング

　コンプライアンス統括部署は（狭義の）コンプライアンス・プログラムの管理のほか、内部統制システムや相談・報告システムに基づき、各業務部署や営業店等の日常業務における法令等遵守の状況のモニタリングを行う必要がある。

　モニタリングにおいて、事案によってはコンプライアンス担当者から追加報告や継続的な報告を求めたり、実地調査を行ったりすることも必要となる。また、問題点や改善を要する事項があれば、その原因を分析・検討のうえ、関係部署に対し、未然防止または再発防止を含む是正・改善に向けた具体的な指示や施策の策定等を指導する

ことが重要である。

　なお、顧客からの相談・苦情等については顧客サポート等管理責任者等と連携し、法令等違反行為またはその疑いに関する情報が含まれるものについてはコンプライアンス統括部署に報告させたうえ、コンプライアンス統括部署はそれを分析・検討のうえ還元するほか、相談・苦情等のなかで、必要と判断する事案については、利害関係のない者による適切かつ十分な調査を行わせ、原因究明を図る態勢の整備が必要とされている点にも留意する（モニタリングの結果、法令等違反行為があった場合の対処については、【10249】参照）。

◆経営陣への報告・経営陣からの指示

コンプライアンス態勢の管理・運営状況については、定期的にまたは必要に応じて適宜経営陣へ報告する必要がある。

　報告を受けた経営陣は、これらの状況を分析・評価し、法令等遵守態勢の実効性の評価を行ったうえで、態勢上の弱点、問題点等改善すべき点の有無やその内容・原因を検討・検証し、改善に向けた指示を行う必要がある。改善計画等についてはその進捗状況を検証し、適時・適切にフォローアップを図る態勢も必要である。

| 10249 | 法令等違反行為への対応と留意点 |

法令等違反行為が判明した場合にどのように対応すべきか。その際の留意点は何か

結　論

　法令等違反行為が判明した場合、直ちに

コンプライアンス統括部署の管理者等にその事実が報告され、コンプライアンス統括部署は関連する部署等と連携して違反行為を停止、是正させるとともに、経営陣にも必要に応じ速やかに報告する。

　さらに、コンプライアンス統括部署は違反行為の背景、原因、影響等を調査・解明し、責任の明確化を図るとともに、調査結果に基づく再発防止策を速やかに講じ、社内に周知徹底させる必要がある。

　なお、法令等で求められる当局等への届出や適時開示の要否についての検討を要することにも留意する。

　法令等違反行為への対応については、金融検査マニュアル法令等遵守態勢の確認検査用チェックリストにあげられている項目である（金融検査マニュアル法令等遵守態勢の確認検査用チェックリストⅢ「個別の問題点」３）。

解　説

◆コンプライアンスに関する情報の一元管理　　法令等違反行為に適切な対応を行うためには、コンプライアンス統括部署がコンプライアンスに関する情報を金融機関のさまざまな部署から吸い上げる態勢を整備し、法令等違反の疑いがある行為が判明した時点で早期に対応する必要がある。そのためには、内部統制システムや相談・報告システムの構築が不可欠である。

◆法令等違反の疑いがある行為の調査

法令等違反の疑いがある行為が判明した場合には、コンプライアンス統括部署は、直ちに、当該事案について自ら調査し、または、当該事案と利害関係のない部署に調査させたうえで、法令等違反行為の有無やコ

ンプライアンス上の問題点の有無について検証する必要がある。

◆違反行為の停止・是正と原因分析、再発防止策の策定　調査、検証の結果、法令等違反行為があったことが判明した場合には、コンプライアンス統括部署は直ちに関係する部署と連携し、違反行為の停止、是正の措置を講ずる必要がある。

また、法令等違反行為の行為者およびその管理責任者等に対しては、責任の明確化や追及を適切に行う必要がある。

一方、法令等違反行為について、その背景、原因、影響の範囲等について、コンプライアンス統括部署が自ら調査した、または利害関係のない部署に調査させた結果を分析し、その結果を管理者に報告する必要がある。

なお、原因分析にあたっては、事象の表象的な面にとどまらず、その背景や影響範囲も検証する必要がある。特に、個別の事象としては法令等の違反の程度が軽微なものであっても、同様の違反行為が頻発しているような場合には、組織の構造的な面に問題がないか等を検証する必要がある。

この分析結果については、再発防止の観点から関連業務部署の管理者や営業店長等に還元し、将来の未然防止のための措置を速やかに講ずるとともに、関連する他の部署にも講じさせる必要がある。

なお、法令等違反行為等のマイナスの情報は速やかに経営陣に報告されるような態勢を構築し、再発防止策の策定、実行に関して経営が率先して関与することで再発防止策の実効性が高められる点にも留意する。

このほか、賞罰・人事考課の評価項目上、法令等遵守が十分考慮される必要があり、たとえば、表彰制度について、法令等遵守の観点から問題のあった営業店等および職員等については表彰の対象から除外することなどが考えられる。

◆当局等への届出や適時開示の要否の検討
法令等違反行為が判明した場合には、法令上求められる不祥事件や事故等の届出の要否、疑わしい取引の届出の要否、適時開示の要否等を検討する必要がある。これらの届出等は法令等で期限が定められている場合もあるので、違反行為が判明した場合には速やかに要否を検討する。「不祥事件」に係る届出については、【10658】を参照されたい。

また、法令等で適時開示の義務が課せられていない場合でも、重大な法令違反であった場合や違反行為が与える社会的影響が大きい場合においては、当該事実を公表すべきかどうかも検討する必要がある。公表しなかったり公表の遅延により、社会的な批判を受ける可能性があることにも留意する。

10250　リーガル・チェック等

リーガル・チェック等とは何か。実施にあたって留意すべき点は何か

結　論

リーガル・チェック等とは、コンプライアンス・チェックを含み、たとえば、法務担当者、法務担当部署、コンプライアンス担当者、コンプライアンス統括部門または

社内外の弁護士等の専門家により内部規程等の一貫性・整合性や、取引および業務の適法性について法的側面から検証することをいう。

実施にあたっては、リーガル・チェック等の対象、実施部署や責任の所在、リーガル・チェック等に関する手順等を明確に定め、社内に周知徹底する必要がある。

リーガル・チェック等態勢については、金融検査マニュアル法令等遵守態勢の確認検査用チェックリストにあげられている項目である（金融検査マニュアル法令等遵守態勢の確認検査用チェックリストⅢ「個別の問題点」4）。

解　説

◆**リーガル・チェック等とは**　　リーガル・チェック等は、一般的には企業の業務や個々の取引の内容、または契約書等についてその適法性を法的側面から検証すること、および訴訟等の紛争リスクを検証することを指す。

しかし、単に適法性や紛争リスクの検証にとどまらず、金融機関内のルールや社会的規範に照らした妥当性の検証が重要となってきており、近年ではこのコンプライアンス・チェックを含めてリーガル・チェック等という場合が多くなってきている。

このため、金融検査マニュアルでは、「内部規程等の一貫性・整合性」について法的側面から検証することも含めて、上記〔結論〕で述べた内容を「リーガル・チェック等」と定義している。

従来のリーガル・チェックよりも広範な視点からのチェックが求められている点に注意する必要がある。

◆**リーガル・チェック等態勢**　　企業活動におけるコンプライアンスの重要性はあらためていうまでもないことであるが、コンプライアンスを確保するためにも、コンプライアンス・チェックを含めたリーガル・チェック等が適切に行われることがきわめて重要である。

そのためには、リーガル・チェック等の対象、実施部署や責任の所在、リーガル・チェック等に関する手順等を明確に定め、行内で周知徹底を図る必要がある。

◆**リーガル・チェック等の対象**　　どのような場合にリーガル・チェック等を行う必要があるかは、金融機関の実情に応じて各々が定める事項であるが、以下の場合にはリーガル・チェック等が必要となる。

① 新規業務の開始や新商品を取り扱う場合における、業務・商品の内容・仕組みや契約書等の一定の文書

② 既存の業務や商品の内容を変更する場合において、変更内容が業務・商品の法的な位置づけ等に影響を及ぼしたり、自行の紛争リスクに影響を与えたりする可能性がある場合等における、業務・商品の内容・仕組みや契約書等の一定の文書

③ 個別の取引に関し、自行で定めた一定の条件や範囲に該当する場合における、契約書等の文書

④ 法務・コンプライアンス等に関連する内部規程等の社内規則の制定・改定

以上のほか、金融検査マニュアルでは、リーガル・チェック等が必要な場合として、「海外の本・支店や現地法人等における顧客口座の開設等の取次その他の取引等」「優越的地位の濫用等が懸念される取引等」「増資におけるコンプライアンス等」「複雑

なスキームの取引の適法性」「利益相反の
おそれについての検討が必要な事案」「い
わゆるプライベート・バンキング等におけ
る非定型取引等」「アームズ・レングス・
ルールの適用あるグループ内の取引の適法
性」「法令上求められるディスクロージャ
ー等」「その他法的リスクが高いと合理
的・客観的に判断される文書、取引、業務
等」が例示的に列挙されている。金融機関
としては、これらを参考として各行（庫・
組）の実情をふまえて、リーガル・チェッ
ク等の対象範囲を検討し、決定のうえルー
ル化する必要がある。

◆**リーガル・チェック等の実施体制**　金
融検査マニュアルでは、リーガル・チェッ
ク等の実施主体については、法務担当者、
法務担当部署、コンプライアンス担当者、
コンプライアンス統括部門または社内外の
弁護士等の専門家を例示している。

リーガル・チェック等を実施するにあた
っては、前述のとおりリーガル・チェック
等の対象範囲を定めて、その対象に応じて、
実施者、実施基準、実施手順等を具体的に
定める必要がある。

また、金融検査マニュアルでは、外部の
弁護士等の専門家によるリーガル・チェッ
ク等を経た場合でも、取引等の実行前に当
該専門家の意見の内容を十分吟味・検討を
行う必要がある旨記載されているので、こ
の点にも留意する必要がある。

10251　業法と民事法

業法とは何か。金融機関に適用される業法
にはどのようなものがあるか。また、業法
と民事法とはどう違うのか

結　論

業法の代表的なものには銀行法、金商法、
保険業法等がある。業法が業界に属する事
業者が守るべき法律であるのに対し、民事
法は私人間の契約関係などを規律する法律
である。業者が業法に違反すると、監督官
庁が業者に対して種々の行政処分を課する
ことなどができるが、業法に違反しても、
業法に基づき顧客に損害賠償責任を負うこ
とは原則としてない。

解　説

◆**金融機関が守るべき法律**　業法が業界
に属する事業者が守るべき法律であるのに
対し、民事法は私人間の契約関係などを規
律する法律である。金融機関が金融商品を
取り扱うに際して遵守が求められる業法の
代表的なものは銀行法、金商法、保険業法
等である。

金融機関やその職員が業法に違反すると、
監督官庁が業者に対して種々の行政処分を
課することができる。たとえば、業者に対
してその業務の停止を命じ、最終的には業
者としての登録や免許まで取り消す権限も
ある。さらには、法令に違反した業者や職
員に対して、刑事罰が科されることもある。

一方、業法は民事に関する法律ではない
ため、原則として、業法違反が直接民事上
の損害賠償責任に結びつくわけではない。

◆**銀行が取り扱う金融商品と業法**　銀行
がその業務を行うには銀行法に違反しない
ようにしなければならず、原則として、同
法の定める各種行為規制を守る必要がある。

銀行が行うことのできる業務には、①預金、貸付、為替取引の固有業務（同法10条1項）、②債務の保証、有価証券等の保護預り、両替などの付随業務（同条2項）、③投資助言業務、（一部の）有価証券関連業務などの他業業務（同法11条）があるほか、保険業法により、保険募集人等の登録を受けて保険募集を行うことができる（同法275条2項）。

銀行の行う業務に対しては銀行法が適用になるが、銀行の行う有価証券関連業務などの登録金融機関業務に関しては、金商法の行為規制が直接適用になるし、銀行が保険募集人等の登録を受けて保険募集を行う際には、保険業法の行為規制が直接適用になる。

では、銀行法と金商法や保険業法の関係はどうなっているのか。まず、銀行法であるが、たとえば、同法13条の3の定める「銀行の業務に係る禁止行為」は「銀行は、その業務に関し、次に掲げる行為をしてはならない」としていることから、銀行がその業務として登録金融機関業務等を行う際にも同条が適用されることになる。さらに、登録金融機関業務は金商法に基づき行うものであることから、同法の行為規制も直接適用になる。銀行が保険募集人等の登録を受けて保険募集を行う際も、同様に保険業法の行為規制が直接適用になる。

次に、金商法の一部の規定が準用される特定預金等契約（銀行法13条の4）や特定保険契約（保険業法300条の2）はどうか。結論としては、特定預金等契約や特定保険契約には金商法が適用されるのではなく、あくまでも銀行法や保険業法によって金商法の一部の規定が準用されるだけであるこ

とから、銀行法や保険業法が適用されるにすぎない。一例をあげると、特定預金等契約に関しては金商法の広告等規制（金商法37条）が準用される（銀行法13条の4）が、特定預金等契約に関する広告等の定義や同規制の詳細は、銀行法令の規定をみなければならない。すなわち、広告等の定義は、金商業等府令72条ではなく、銀行法施行規則14条の11の17に規定されているし、広告等の表示方法も金商業等府令73条ではなく、銀行法施行規則14条の11の18に規定がある。

◆**業法と民事法**　業法が業界に属する事業者が守るべき法律であるのに対し、民事法は私人間の契約関係などを規律する法律である。業者が業法に違反すると、監督官庁が業者に対して種々の行政処分を課することなどができるが、業法に違反しても業法に基づき顧客に損害賠償責任を負うことは原則としてない。一方、金商法とその名称が似ているが、金販法は民事法であることから、金販法に違反すると業者は顧客に対して損害賠償責任を負うことになる。ただし、金販法は業法ではないため、同法に基づき行政処分や刑事罰を科されることはない。また、業法違反があったからといって、直ちに業法違反の行為が民事上も無効になるわけでもない。

一般論は上記のとおりであるが、各業法にはそれぞれ販売や勧誘における禁止事項が規定されており、業者に業法上の行為規制に違反する行為があれば、それは民事上も違法な行為が行われたと認定され、違反行為を行った業者や個人に対して民事上の責任が追及されやすくなる可能性がある。

10252　一般法と特別法

一般法・特別法とは何か。民法と商法の関係、民法と金販法・消費者契約法の関係はどうなっているのか

結　論

　一般法とは、適用領域が限られている法である特別法に対する概念であり、その適用領域は特別法に比べて広い。特別法は一般法に優先して適用されるのが原則である。銀行の行う行為には、原則として特別法である商法が一般法である民法に優先して適用されることになる。また、金販法や消費者契約法は、一般法である民法の一部の規定に関する特則を設けた法律である。

解　説

◆**一般法と特別法の関係**　　一般法は普通法とも呼ばれ、適用領域（人・場所・事柄等）が限られている法である特別法に対する概念であり、その適用領域は特別法に比べて広い。ただし、一般法・特別法は相対的な概念であり、たとえば、商事について定めている商法は、私法の一般法である民法に対しては、特別法であるが、手形法に対しては一般法である。特別法は一般法に優先し、後法優位の原則（同一段階の法規範同士の内容が抵触する場合には、後から成立した法律が優先するとの原則）よりも、特別法優先の原則のほうが優先する。特別法優位の原則や後法優位の原則は、いずれも同一段階の法規範同士の優先関係に関する原則であって、一般法の上位規範（たと

えば法律）は、特別法の下位規範（たとえば命令）より原則として優先する。

◆**民法と商法の関係**　　商法は、商人の営業、商行為その他商事について定める法律（同法1条1項）であるのに対し、民法は、広く一般私人の私的利益の調整をするものである。特別法優先の原則により、民法と商法の双方が適用可能な場面においては、商法が優先的に適用されることになる。代表的な例としては、債権の消滅時効（現行民法167条、改正民法166条、商法522条（民法改正後は削除））や法定利率（民法404条、商法514条（民法改正後は削除））がある。ただし、商法に定めのない事項（正確には商慣習法もない事項）については一般法である民法が適用される（商法1条2項）。

　商法の適用範囲については、商法は「商人」と「商行為」という二つの概念を使って定めている。

　商人とは、「自己の名をもって商行為をすることを業とする者」（商法4条1項）であり、銀行は商人に該当するので、その行う営業に関しては商法が適用される。一方、判例によると、信用金庫は営利を目的としていないので商人ではないとされていることから（最判昭63.10.18民集42巻8号575頁）、信用金庫の行う業務であるからといって、直ちに商法が適用されるとは限らない。

　商法は、商行為に関する定義規定を設け（商法501〜503条）、当事者の一方のために商行為となる行為については商法が適用される（同法3条）。

　上記の結果、銀行の行う行為には、原則として商法が優先して適用されることにな

る。

◆金販法・消費者契約法と民法の関係

金販法は民法の不法行為責任の特則であるとされる。すなわち、民法709条（不法行為）に基づき損害賠償請求をするには、①権利侵害（違法性）、②相手方の故意・過失、③権利侵害と損害の因果関係、④損害額、についての請求者による主張・立証が必要であるが、金販法は②についての主張・立証を不要とし（業者の無過失責任）、③、④について推定規定を設けている点において、民法の規定を修正している。よって、上記の観点から金販法は民法の特別法であるといえるものの、金販法は民法の規定の適用を排除していないこと（金販法7条）から、請求者側は、金販法と民法の一方、もしくは、双方に基づき、業者に対して損害賠償請求することが可能である。

消費者契約法は、民法における詐欺、強迫（民法96条）の要件の緩和および抽象的な要件の具体化・客観化等を図るものであることから、民法の特別法であるといえる。消費者契約法11条1項が「消費者契約の申込み又はその承諾の意思表示の取消し及び消費者契約の条項の効力については、この法律の規定によるほか、民法及び商法の規定による」と定めるのは、このことを明らかにしたものである。なお、同項には、①本法に特段の定めがない事項について、補充的に民法および商法の規定が適用されること、および、②本法の規定と民法および商法の規定が競合する場合には、本法が優先的に適用されること、の二つの内容が含まれている（内閣府国民生活局消費者企画課編『逐条解説消費者契約法〔補訂版〕』183〜184頁）。

10253 自主規制

自主規制とは何か。金融業務に関係する自主規制の代表例は何か

結　論

自主規制とは、ある特定の業種の同業者等から構成される団体等が、一定の目的を達成するため、自主的に、財やサービスの提供などについて一定のルールを定めることをいう。金融機関に関係の深い代表的な自主規制機関としては全国銀行協会や日本証券業協会がある。

解　説

◆自主規制の意義

預金者等を保護するため、あるいは資金決済等を円滑にし、資源を最適に配分するためには、金融・資本市場が公正なものでなければならない。金融・資本市場の公正さを保つためには、行政等が外部からの監視を行うことも必要であるが、これだけでは捕捉できないことも多い。臨機応変に対応し、金融・資本市場の公正さを保つためには、各金融機関が、自らを律した行動をとることが重要となる。ここに、自主規制の意義がある。

◆登録金融機関業務における自主規制機関

金商法では、自主規制機関として、認可金融商品取引業協会と認定金融商品取引業協会が規定されている。

認可金融商品取引業協会は、金融商品取引業者が内閣総理大臣の認可を受けて設立するものであり（金商法67条の2）、これに該当するものとしては、日本証券業協会

がある。

　他方、認定金融商品取引業協会は、金融商品取引業者が設立した一般社団法人であって、内閣総理大臣が認定したものをいい（金商法78条1項）、これに該当するものとしては、投資信託協会、日本投資顧問業協会、金融先物取引業協会、第二種金融商品取引業協会がある（平成29年7月現在）。

　認可金融商品取引業協会および認定金融商品取引業協会は、協会員（認定金融商品取引業協会にあっては、会員。以下同じ）に対し、法令違反や定款違反等の場合に、過怠金の賦課や協会員としての権利の停止や制限、除名などの処分を行うことができる（金商法68条の2・79条の2）。

　一般社団法人全国銀行協会は、金商法上の自主規制機関ではないが、平成19年3月に「消費者との契約のあり方に関する留意事項」を会員に通知する等、一定の自主規制機関としての活動を行っている。

◆**規則の具体例**　たとえば、日本証券業協会では、協会員の有価証券の売買その他の取引等に関する公正な慣習を促進して不公正な取引を防止し、取引の信義則を助長するために定める規則等（自主規制規則）、協会員の有価証券の売買その他の取引等およびこれに関連する行為に関する慣習を統一して、取引上の処理を能率化し、その不確定、不統一から生じる紛争を排除するために定める規則（統一慣習規則）、有価証券の売買その他の取引等に関する顧客と協会員間および協会員相互間の紛争の迅速かつ適正な解決に資するために定める規則（紛争処理規則）等が定められている。

　このうち重要な自主規制規則としては、「協会員の投資勧誘、顧客管理等に関する

規則」がある。また、日本証券業協会は外務員の登録事務を行っているが（金商法64条の7第1項、金商業等府令254条）、同登録事務の委任の内容等を定めるものとして、「協会員の外務員の資格、登録等に関する規則」や、協会員が、協会員またはその従業員等の事故により補てん行為を行う場合（金商法39条参照）の確認申請手続、委員会調査確認申請手続および事故報告手続等について定めた「事故の確認申請、調査及び確認等に関する規則」等もある。

◆**自主規制機関への加入**　登録金融機関は、特別会員として、日本証券業協会に加入できる（同協会定款5条3項）。また、全国銀行協会は、国内で活動する銀行、銀行持株会社および各地の銀行協会を会員とする組織で、平成29年4月1日現在の会員数は252である。

　金融商品取引業者等には、認可金融商品取引業協会や認定金融商品取引業協会への加入は義務づけられていない。しかし、それらの協会に加入していない場合には、協会の定款その他の規則に準ずる内容の社内規則を作成するか、あるいは当該社内規則を遵守するための体制を整備しなければ、第一種金融商品取引業、第二種金融商品取引業または投資運用業（個人である場合を除く）の登録は認められない（金商法29条の4第1項4号ニ）。

10254　監督指針

監督指針とは何か。金融業務に関係する監督指針に何があるか

結　論

　監督指針とは、より多面的な評価に基づく総合的な監督体系の構築のため、監督事務の基本的考え方、監督上の評価項目、事務処理上の留意点について、体系的に整理し、必要な情報を極力集約したオールインワン型の行政部内の職員向けの手引書のことをいう（金融庁「アクセスFSA 41号」34頁）。金融業務に関係する監督指針は、金融庁により公表されている。

解　説

◆監督指針の意義　　預金者等を保護するため、あるいは資金決済等を円滑にし、資源を最適に配分するためには、金融・資本市場が公正なものでなければならない。金融・資本市場の公正さを保つためには、第一に金融機関等が自主的に規律を保つことが重要であるが、それにも限界があり、行政による監視等外部からの監視が必要となる。金融庁による監視もこの行政による監視の一つである。

　平成10年6月の金融監督庁の発足を前に、透明かつ公正な金融行政への転換の一環として、「事務ガイドライン」が策定され、一般に公表された。この事務ガイドラインを発展的に解消し、新たに策定したものが「監督指針」である。事務ガイドラインの策定後、業態ごとの特性に即したより適切な監督業務の遂行のため、より多面的な評価に基づく総合的な監督体系の構築が必要とする見方が強まり、「中小・地域金融機関向けの総合的な監督指針」の策定を皮切りに、業態ごとの監督指針の策定が進んだ。

　なお、監督指針は、これ自体に法的拘束力があるわけではない。また、監督指針に記載されている監督上の全評価項目がすべての金融機関に一律に求められているわけではない。

◆監督指針の種類　　金融機関向けの監督指針として重要なものは、「主要行等向けの総合的な監督指針」「中小・地域金融機関向けの総合的な監督指針」である。その他関連するものとして、「金融商品取引業者等向けの総合的な監督指針」「金融コングロマリット監督指針」「保険会社向けの総合的な監督指針」「信託会社等に関する総合的な監督指針」等がある（なお、「証券会社向けの総合的な監督指針」および「金融先物取引業者向けの総合的な監督指針」は、いずれも平成19年9月30日に廃止されている）。また、監督指針に関連するものとして、「預金等受入金融機関に係る検査マニュアル」等がある。検査マニュアルとは、金融庁が、金融機関の検査を行う際に用いるマニュアルのことを意味する。

　このうち、「主要行等向けの総合的な監督指針」「中小・地域金融機関向けの総合的な監督指針」について若干の解説を加えると、「主要行等」とは、主要行および新生銀行、あおぞら銀行、シティバンク銀行、ゆうちょ銀行を指す（主要行監督指針Ⅰ-3-(3)）。主要行には、みずほ銀行、三井住友銀行、三菱東京UFJ銀行、りそな銀行の都市銀行のほか、信託銀行等が含まれる。他方、「中小・地域金融機関」とは、地方銀行、第二地方銀行、信用金庫、信用組合を指す（中小・地域監督指針Ⅰ-3-(1)）。なお、中小・地域監督指針は、労働金庫も対象としている。

◆監督指針の内容　　監督指針は、監督事

務の基本的考え方、監督上の評価項目、事務処理上の留意点について、体系的に整理したものである。たとえば、「主要行等向けの総合的な監督指針」では、監督事務の基本的考え方として、金融監督に関する基本的考え方、主要行等向けの総合的な監督指針の策定上の重点事項、監督事務上の留意点等が記載されている（主要行監督指針Ⅰ）。事務処理上の留意点としては、監督部局内の事務処理、銀行に関する苦情・情報提供等、法令解釈等の照会を受けた場合の対応等の項目がある（主要行監督指針Ⅱ）。監督上の評価項目としては、経営管理（ガバナンス）、財務の健全性等、業務の適切性等といった観点がある（主要行監督指針Ⅲ）。

　なお平成29年3月17日に公表された金融庁の「金融モニタリング有識者会議報告書―検査・監督改革への方向と課題」においては、検査・監督手法の見直しとともに、金融検査マニュアルおよび監督指針の抜本的見直しを提言した。金融庁ではこの報告書をふまえた金融モニタリング態勢の検討が進められていることから、監督指針の位置づけは今後大きく変わる可能性がある（【10651】参照）。

金融商品取引に係るルール

第1項　金融商品取引法総論

| 10255 | 金商法の概要 |

金商法とはどのような法律か。法の趣旨・
目的は何か

結　論

　基本的には、旧証券取引法が名称変更を
したものが金融商品取引法であるが、証券
取引法の規制下になかった外貨預金やデリ
バティブ取引なども金融商品取引法の規制
に服することになった。法の趣旨・目的は、
金融・資本市場を取り巻く環境の変化に対
応し、その構造改革を促進するため、幅広
い金融商品についての包括的・横断的な制
度の整備を図ることにある。

解　説

◆**金商法とはどのような法律か**　平成18
年の通常国会において、「証券取引法等の
一部を改正する法律」および「証券取引法
等の一部を改正する法律の施行に伴う関係
法律の整備等に関する法律」が可決成立し、
同年6月14日に公布された。これらの2本
の法律の施行により、証券取引法の題名は
「金融商品取引法」へと改められ、金融先
物取引法など四つの法律が廃止されて金商
法に統合された。そして、あわせて全部で
89の法律が改正されることにより、統一的
な金商法制を構築することになった。これ
ら2本の法律の施行は段階的に行われたが、
平成19年9月に本格施行され、関連政省府
令も制定・施行された。その結果、証券会
社は金融商品取引業者、証券取引所は金融
商品取引所となった（ただし、証券会社や
証券取引所等は引き続きそうした名称を使
用することができる）。

　これらのことからすると、「金融商品取
引法」とは従前の「証券取引法」がその題
名を変えただけであり、金融商品取引業者
というのは証券会社がその名称を変えただ
けのようにも思われる。しかしながら、金
商法の制定に伴い多くの法律が廃止、改正
され、金融商品取引を取り巻く法律制度が
大きく変わった。上記89の法律のなかには、

銀行法や金販法なども含まれており、金融機関の営業に与えた影響も非常に大きいものがあった。

◆金融機関の営業に与えた主な影響　金商法の行為規制の多くのものは、旧証券取引法でも規定されていたものが多い。たとえば、断定的判断の提供等の禁止、虚偽告知の禁止、損失補てんの禁止などは皆証券取引法でも禁止されていたことであり、金融機関で窓販されていた公社債や投資信託、あるいは証券仲介業務においては従前も禁止されていた。また、適合性の原則も旧証券取引法にも規定があり（同法43条1号、ただし、「目的」の規定はなかった）、金商法制定以前の裁判の場では広く適用されていた原則であった。また、広告等の規制も、公正慣習規則第7号（「広告等及び景品類の提供に関する規則」）に同様のルールがあった。

このようにみてくると、従来とあまり変わらないとも思えるが、外貨預金やデリバティブ取引にも金商法が適用（準用）されることになり、適合性の原則に基づく説明義務が金販法に明文化されたことは金融商品の勧誘・販売の現場にとっては大きな手続の変更であった。また、特定投資家制度は、旧証券取引法にはなかった制度である。

◆法の趣旨・目的　金商法の提案理由では、「金融・資本市場をとりまく環境の変化に対応し、その構造改革を促進する必要性にかんがみ、幅広い金融商品についての包括的・横断的な制度の整備を図る……必要がある」とされている。また、金融庁は平成18年9月に「新しい金融商品取引法制について」と題するパンフレットを発行しているが、その副題は、「利用者保護と公正・透明な市場の構築に向けて」となっている。したがって、「金融商品取引法制の目的は利用者（投資家）保護である」ということになる。この利用者保護のために、金商法は、金融商品を幅広く対象として（包括的）、従来の縦割業法を見直し、販売・勧誘から資産運用、投資助言に至る投資サービスにかかわる業者を横断的・包括的に規制する（横断的）と同時に、利用者の知識・経験や財力に応じた投資家制度、すなわちプロ向けの特定投資家制度を整備する（柔軟化）ことにしたのである。

では、なぜこのような金商法制の構築が目指されたのだろうか。この点について前記金融庁パンフレットは、「金融技術の進展などを背景として、利用者保護法制の対象となっていない金融商品が出現しており、利用者被害が生じるケースもみられ」「包括的・横断的な利用者保護ルールを整備し、利用者が安心して投資を行える環境を整備する必要」があると述べている。このような背景で新しい金商法制が必要とされたのである。

もっとも、投資者保護といっても、金商法は、金融機関の顧客に対する結果責任を定めたものではない。金商法制も、「投資家の自己責任」、つまり、「自分の判断で行った投資による結果（利益ないし損失）は自分で責任を負わなければならない」との原則を前提としている。この点について、平成17年12月22日の金融審議会金融分科会第一部会報告（「投資サービス法（仮称）に向けて」）は以下のように述べている。

「金融環境の変化、また業者と利用者の情報格差といった金融取引の一般的特性を

踏まえると、利用者に自己責任を問う前提
として、幅広い金融商品について包括的・
横断的な利用者保護の枠組みを整備し、利
用者保護を拡充することによって、既存の
利用者保護法制の対象となっていない「隙
間」を埋めるとともに、現在の縦割り業法
を見直し、同じ経済的機能を有する金融商
品には同じルールを適用する必要がある。
利用者保護の拡充をつうじて利用者が安心
して金融商品を利用できるようになること
は、我が国金融・資本市場の発展に資する
ものである」

つまり、投資家の自己責任原則とは、
「投資家が自分で色々な情報を収集・分析
し、自分の判断で投資する金融商品を選択
の上投資した以上、その結果（利益・損
失）については自分で責任を持たなければ
ならない」ということである。しかしなが
ら、一方で、顧客の有する情報は、質の面
でも量の面でも、金融機関がもっている情
報とは比べものにならないほど少ないこと
が多く、この業者と投資家との情報格差に
乗じて詐欺的な金融商品の販売が行われ、
投資家が被害を受けたケースも多い。金商
法制は、こうした投資家と業者との間の
「情報の格差」を是正し、投資家が自己責
任原則に基づいた金融商品の選択を行うた
めの前提条件を整備することによって、投
資者保護を図ろうとしているものであ
る。

10256 対象商品・取引の概要

旧証券取引法と比較して、金商法の適用・
準用対象商品・取引はどのように拡大され

たか

結　論

　旧証券取引法と比べ、有価証券の範囲を
拡大し、同時に、有価証券以外の幅広い資
産・指標に関するデリバティブ取引もその
規制対象とした。また、投資性のある預金、
保険、信託等にも金商法の行為規制の主要
なものが準用されることになった。

解　説

◆有価証券の定義が拡大された　　旧証券
取引法では、国債、地方債、社債、株式、
投資信託などが有価証券として列挙されて
（旧証券取引法2条1項）、一部の信託受益
権などが有価証券とみなされていた（同条
2項）。金商法においても、有価証券の定
義自体はあまり変わっていないが（金商法
2条1項）、一部その範囲が広がった。主
な改正点は以下のとおりである。

① 「有価証券」（金商法2条1項）……抵
　当証券が追加され（同項16号）、いわゆ
　るカバードワラントの範囲が拡大された
　（同項19号）。また、政令により学校債券
　が追加された（同項21号、金商法施行令
　1条2号、金商法定義府令4条）。

② 「みなし有価証券」（金商法2条2項）
　……信託受益権が追加されたこと（同項
　1号・2号）、集団投資スキーム持分の
　包括的定義が新設されたこと（同項5
　号・6号）、政令で「みなし有価証券」
　と指定するための要件から流通性の要件
　が削除されたこと（同項7号）、学校債
　が追加されたこと（同項7号、金商法施
　行令1条の3の4、金商法定義府令8

条）、が主な変更点である。

◆**デリバティブ取引が規制対象になった**
旧証券取引法では、規制対象商品は有価証券と有価証券に関するデリバティブ取引のみであった。金商法は、有価証券の範囲を拡大し、同時に、有価証券以外の幅広い資産・指標に関するデリバティブ取引もその規制対象とした。

　金商法におけるデリバティブ取引とは、「市場デリバティブ取引、店頭デリバティブ取引又は外国市場デリバティブ取引をいう」とされている（同法2条20項）。「市場デリバティブ取引」とは、金融商品市場において、金融商品市場を開設する者の定める基準および方法に従い行う一定の取引（同条21項）であり、「店頭デリバティブ取引」とは、金融商品市場および外国金融商品市場によらないで行う一定の取引（同条22項）、「外国市場デリバティブ取引」とは、外国金融商品市場において行う取引であって、市場デリバティブ取引と類似の取引をいう（同条23項）。

◆**投資性のある金融商品にも金商法が準用される**　金商法の制定理由は「幅広い金融商品についての包括的・横断的な制度の整備を図る」点にある。そのために、およそ「投資性の強い商品」を広くその規制対象とするというのが、金商法の基本的な考え方である。

　ここで、「投資性のある商品」とは何かであるが、平成17年12月22日公表の金融審議会金融分科会第一部会報告による定義によると、「投資性」とは、①金銭の出資、金銭等の償還の可能性をもち、②資産や指標などに関連して、③より高いリターン（経済的効用）を期待してリスクをとるも

のという基準で判断する。そして、「リスク」とは、①金利、通貨の価格、有価証券市場における相場その他の指標に係る変動により元本欠損が生ずるおそれ（いわゆる市場リスク）、または②金融商品販売者その他の者（たとえば発行者）の業務または財産の状況の変化により元本欠損が生ずるおそれ（いわゆる信用リスク）のいずれかを意味し、「リターン」とは、金銭的収益（プラスのキャッシュフロー）への期待をいう。つまり、「投資性のある商品」とは、「人が、市場または信用リスクをとりつつ、高い金銭的収益を目指す、金銭で出資・償還されうる商品」ということになる。

　以上の考え方のもと、金商法は、旧証券取引法と比較してその規制対象を広げ、「投資性のある」預金、保険、信託等にも、同法が準用されることになった。

◆**通貨・トラベラーズチェック**　金商法は「通貨」を「金融商品」の定義に含めている（同法2条24項3号）。しかしながら、同法が規制対象としているのは、同法2条8項の行為を業として行う場合だけであり、通貨が金融商品であるからといって、通貨の売買が同法の規制対象になるわけではない。同条8項の行為をみると、通貨は有価証券ではなく、通貨を対象とした取引のなかにはデリバティブ取引とみなされるものもあるが、通貨そのものの売買はデリバティブ取引ではない。よって、通貨そのものを業として売買したとしても、それに対して金商法は適用されない。

　また、トラベラーズチェックも金商法2条1項・2項の定義する「有価証券」に該当しないので、それを業として販売したとしても金商法は適用されない。

金商法が適用されるデリバティブ取引とは何か。特に、金融機関にとって注意が必要な取引にはどのようなものがあるか

結　論

　金商法では、有価証券に限らず、たとえば、通貨・金利、あるいは天候、信用などを対象としたデリバティブも規制対象とすることにした。したがって、旧証券取引法とは無縁であった通貨・金利スワップや天候デリバティブ、クレジット・デリバティブなども金商法の規制対象となった。

解　説

◆**従前の金融法制と金商法の相違点**　従前の金融法制では、有価証券デリバティブ取引が旧証券取引法（同法2条20～27項）、金融先物取引が金融先物取引法（同法2条1項）により規制されていたが、金商法では、新たに「デリバティブ取引」（同法2条20項）、「市場デリバティブ取引」（同条21項）、「店頭デリバティブ取引」（同条22項）、および「外国市場デリバティブ取引」（同条23項）に関する一般的な定義規定を設けた。

　従前の法規制と比べて、金商法下におけるデリバティブ取引の規制はどのように変わったのであろうか。

　まず、従前は、旧証券取引法が有価証券デリバティブ取引を規制し、金融先物取引法が金融先物取引を規制していた。金商法では、これらを統合して同法の規制下に置いた。

　また、従前は規制対象とされていなかったデリバティブ取引を新たに金商法の規制下に置いたが、それらの具体例としては、①通貨・金利スワップ取引（金商法2条21項4号・22項5号）、②クレジット・デリバティブ取引（同条21項5号・22項6号）、天候デリバティブ取引（同条21項2号・22項2号）、があげられる。

　また、「金商法は、規制の「すき間」を埋める観点から、デリバティブ取引にかかる取引類型、原資産および参照指標について政令指定を可能としており、利用者保護が必要と認められる新しいデリバティブ取引が出現した場合には、対象に追加することも可能である」（三井秀範＝池田唯一監修『一問一答金融商品取引法〔改訂版〕』119頁）。

　なお、「「商品」（商品取引所法2条4項）または「商品指数」（同条5項）を原資産または参照指標とする商品先物取引は、農産物や鉱物等の生産・流通をめぐる政策と密接に関係するものとして、商品取引所法により規制されている。このため、金商法におけるデリバティブ取引の原資産および参照指標から、それぞれ「商品」および「商品指数」を除外していた（同法2条24項4号・25項3号）」（前掲『一問一答金融商品取引法〔改訂版〕』123～124頁）。その後、平成26年改正により、同法2条24項3号の2が追加され、商品（商品先物取引法2条1項に規定する商品のうち、法令の規定に基づく当該商品の価格の安定に関する措置の有無その他当該商品の価格形成および需給の状況を勘案し、当該商品に係る市場デリバティブ取引により当該商品の適切

な価格形成が阻害されるおそれがなく、か
つ、取引所金融商品市場において当該商品
に係る市場デリバティブ取引が行われるこ
とが国民経済上有益であるものとして政令
で定めるもの）が金融商品に含まれること
となった。これを受けた同法施行令1条の
17の2は、金融庁長官が商品市場所管大臣
と協議して指定する旨規定するが、現時点
で指定は行われていない。

◆**デリバティブの定義**　「「デリバティブ
取引」の取引類型は、基本的に、①現物取
引の対象となる資産を「原資産」とする取
引類型、②それ自体は現物取引の対象とな
らない数値を「参照指標」とする取引類型、
③これら以外の取引類型に分類される」
（前掲『一問一答金融商品取引法〔改訂
版〕』116頁）。

　（1）　市場デリバティブ取引（金商法2条
21項）　「市場デリバティブ取引」とは、
金融商品市場において、金融商品市場を開
設する者の定める基準および方法に従い行
う一定の取引（同法2条21項）である。取
引類型は、①先物取引のうち現物の原資産
を利用する取引（1号）、②金融指標を参
照指標とする先物取引（2号）、③オプシ
ョン取引（3号）、④スワップ取引（4号）、
⑤クレジット・デリバティブ取引（5号）、
⑥その他政令で定める取引（6号）である。

　（2）　店頭デリバティブ取引（金商法2条
22項）　「店頭デリバティブ取引」とは、
金融商品市場および外国金融商品市場によ
らないで行う一定の取引（同条22項）であ
る。取引類型は、①先渡取引のうち現物を
原資産とする取引（1号）、②金融指標を
参照指標とする先渡取引（2号）、③オプ
ション取引（3号）、④オプション取引の

うち差金決済を行う取引（4号）、⑤スワ
ップ取引（5号）、⑥クレジット・デリバ
ティブ（6号）、⑦その他政令で定める取
引（7号）である。

　（3）　外国市場デリバティブ取引（金商法
2条23項）　「外国市場デリバティブ取
引」とは、外国金融商品市場において行う
取引であって、市場デリバティブ取引と類
似の取引をいう（同条23項）。「具体的には、
シカゴマーカンタイル取引所やロンドン国
際金融先物取引所、シンガポール取引所、
ユーレックス等で取引されている、株価指
数先物取引、金利先物取引、株価指数オプ
ション取引、金利オプション取引等を指し
ている」（平下美帆『実務のための金融商
品取引法〔第2版〕』95頁）。

◆**デリバティブの原資産（「金融商品」）**
金商法2条24項がデリバティブの原資産で
ある「金融商品」の定義規定を置いており、
①有価証券（1号）、②預金証書等（2号）、
③通貨（3号）、④その他政令で定めるも
の（4号）、⑤標準物（5号）が定められ
ている。平成26年改正により、⑥商品（3
号の2）が加わった。

　「標準物」とは、「デリバティブ取引のた
めに金融商品取引所が利率、償還期限等を
標準化して設定したものである」（前掲
『実務のための金融商品取引法〔第2版〕』
97頁）。なお、4号について現時点におい
ては政令で指定されていない。

◆**デリバティブの参照指標（「金融指標」）**
金商法2条25項がデリバティブの参照指標
である「金融指標」を定めている。

　1号は「金融商品の価格又は金融商品の
利率等」、2号は「気象庁その他の者が発
表する気象の観測の成果に係る数値」を

「金融指標」と定めた。2号は、いわゆる天候デリバティブにおいて利用される参照指標である。

3号は、政令指定事項であるが、①気象庁その他の者が発表する地象、地動、地球磁気、地球電気および水象の観測の成果に係る数値、②国際連合の定める基準に準拠して内閣府が作成する国民経済計算に係る数値等が指定されている（金商法施行令1条の18）。

4号は上記1～3号に掲げるものに基づいて算出した数値と定めている。

◆**金融機関にとって注意が必要な取引**

(1) 為替予約 「通貨」は「金融商品」と定義されており（金商法2条24項3号）、「金融商品」の「価格又は利率等」は「金融指標」と定義されている（同条25項1号）。これらの規定から為替レートは金融指標であると解釈される。では、為替予約を締結する行為は金融商品取引契約に該当するか。

まず、為替予約は金融商品市場で取引されるわけではないので、「市場デリバティブ取引」（金商法2条21項）や「外国市場デリバティブ取引」（同条23項）には該当しない。では、「店頭デリバティブ取引」（同条22項）はどうか。同項各号のうち、1号と2号に該当するか問題となる。通貨は金融商品であり、為替レートは金融指標と解釈されるので、1号または2号に該当しそうにも思える。しかしながら、両号とも、「差金の授受によって決済」あるいは「差に基づいて算出される金銭の授受」と定めているが、通常、為替予約では差金決済は予定されていない。したがって、通常の形態の為替予約は金融商品取引契約に該当しない。ただし、当初から差金決済を前提としている場合には、1号ないし2号に該当するおそれがある。なお、政令によると、金商法2条22項1号の規定する「その他政令で定める行為」とは「売買契約を解除する行為」とするとしているので（同法施行令1条の16）、金融商品の「売戻し」や「買戻し」に限らず、「解除」の際に差金決済をするものも、「店頭デリバティブ」の定義に該当することになる。

なお、為替予約に関して金融庁は、「先物外国為替取引及び為替スワップについて、当該取引に係る契約の締結時に差金の授受によって決済できることが約定されておらず、事後的に差金決済をすることとなった場合であっても、全体としてみて当該取引は当初の契約締結時から実質的に差金の授受によって決済することができる取引であると認められる場合には、金商法の店頭デリバティブ取引に該当する」（金商法制パブコメ回答102頁12番）と述べている。

(2) デット・アサンプション取引 デット・アサンプション取引とは、社債債務について、金融機関が発行者から金銭を受け入れ、かわりに社債債務についてその履行を引き受ける契約であるが、発行体と金融機関との間の社債債務に関しての債務履行引受契約が、クレジット・デリバティブに該当するのだろうか。

債務履行引受契約は、通常の場合、社債権者は、直接金融機関に対して社債債務の履行を請求できるものではなく、金融機関が発行体に対して、社債債務の履行をすべき義務を負っているにすぎない。そして、金融機関の発行体に対するこの債務は、確定的でなんらかの指標に条件づけられてい

るものではない。一方、金商法は、新たに、いわゆる「クレジット・デリバティブ」を「市場または店頭デリバティブ取引」と定義（金商法2条21項5号・同条22項6号）しているが、クレジット・デリバティブに該当するためには、金融機関の負う債務が、「法人の信用状態に係る事由その他これに類似するものとして政令で定めるもの」の発生に条件づけられている必要がある。ところが、デット・アサンプション取引で金融機関が負う債務は、確定的な債務であって条件付債務ではないので、同取引は、金商法の定義するクレジット・デリバティブ取引に該当しない。

（3）債務保証　保証債務は「主たる債務者がその債務を履行しないときに、その履行をする責任を負う」ものであり（民法446条1項）、条件付債務である。よって、定義上は店頭デリバティブ取引に該当しうるが、政令で、債務保証は店頭デリバティブ取引に該当しないことが明記された（金商法施行令1条の15第3号）。よって、債務保証は、クレジット・デリバティブに該当しない。

10258　仕組債、仕組預金

仕組債、仕組預金とは何か。デリバティブ取引とは異なるのか。仕組債、仕組預金販売にあたって留意すべきことは何か

結　論

　仕組債・仕組預金とは、デリバティブ取引が組み込まれた債券・預金である。これらの商品はデリバティブ取引そのものとは異なるが、商品性が複雑でリスクも大きな商品であることから、その勧誘・販売にあたっては注意が必要である。

解　説

◆仕組債、仕組預金の定義　「「仕組債」とは、文字通り、一般的な債券にはみられないような特別な「仕組み」をもつ債券」であり、「この場合の「仕組み」とは、スワップやオプションなどのデリバティブ（金融派生商品）を利用することにより、投資家や発行者のニーズに合うキャッシュフローを生み出す構造を指す」。そして、「こうした「仕組み」により、満期やクーポン（利子）、償還金などを、投資家や発行者のニーズに合わせて比較的自由に設定することができ」る（以上、日本証券業協会HP）。

　一方、「仕組預金」とは、全国銀行協会平成23年2月22日付「デリバティブを内包する預金に関するガイドライン」（以下「全銀協ガイドライン」という）1(1)によると、「金融商品取引法第2条第20項に規定するデリバティブ取引または商品先物取引法第2条第15項に規定する商品デリバティブ取引を組み込んだ預金をいう」と定義されている。

　上記から、仕組債や仕組預金はデリバティブ取引（金商法2条20項）そのものとは異なるが、デリバティブ取引を債券や預金に組み込んだ金融商品（債券もしくは預金）であるということになる。

◆デリバティブ商品の勧誘・販売に関する規制強化（【10341】参照）　デリバティブ商品の勧誘・販売に関しては、平成22年

から平成23年にかけて、監督指針、法令、自主規制ルールなどの改正・制定が相次ぎ、金融機関の業務に直接関係するものとしては、まず、平成22年4月16日、主要行監督指針のⅢ-3-3-1「与信取引等（貸付契約ならびにこれに伴う担保・保証契約およびデリバティブ取引）に関する顧客への説明態勢」の改正が施行された。さらに金融庁は平成22年9月13日、「デリバティブ取引に対する不招請勧誘規制等のあり方について」を発表し、法令による不招請勧誘規制の見直しとともに、投資者保護の充実を図っていくため、「自主規制による販売勧誘ルールの強化」が必要であるとして、全国銀行協会等に対して、販売勧誘ルールの強化への対応を求めた。

デリバティブ商品には、デリバティブ取引のみならず、デリバティブを組み込んだ金融商品である仕組債や仕組預金も含まれることから、仕組債や仕組預金を勧誘・販売する際には、上記ルールを遵守する必要がある。

◆仕組債・仕組預金の販売・勧誘の際の留意点（【10341】【10343】【10344】参照）

仕組債・仕組預金販売勧誘ルールで強化された内容は、①適合性の原則等の具体化（勧誘開始基準・合理的根拠適合性）、②顧客に対する説明の充実、③勧誘方法等に関する注意喚起文書の配布、であり、仕組債等については日本証券業協会の「協会員の投資勧誘、顧客管理等に関する規則」（以下「投資勧誘規則」という）、デリバティブ内包預金については全銀協ガイドライン（いずれも平成23年4月1日から施行）に詳細が規定されている。

投資勧誘規則の平成23年改正で新たに設けられた項目は3条3項（合理的根拠適合性）、5条の2（勧誘開始基準）、および、6条の2（注意喚起文書の交付等）であるが、これらの対象となる有価証券について明確な定義等が同規則上あるわけではない。日本証券業協会「協会員の投資勧誘、顧客管理等に関する規則第3条第3項の考え方（平成23年2月1日）」では販売する有価証券等、販売する投資者および販売方法の下記事項に留意して「当該有価証券等が少なくとも一定の顧客にとって投資対象としての合理性を有するものであることを事前検証する」こととしている。

① 販売する有価証券等の確認事項として、リスクの種類と大きさ（価格変動リスク、信用リスク、流動性リスク、等）、および、費用とパフォーマンス
② 販売する投資者の確認事項として、対象となる顧客および制限を付す場合の方法
③ 販売方法（公募、私募、等）

全銀協ガイドラインの対象はすべての仕組預金ではなく、下記の「複雑性を有する仕組預金」とされている。

① 満期時の払戻額が元本を下回る可能性のあるものまたは自動的にデリバティブ取引の権利行使が行われること等により、元本の額を下回って払い戻される条件があるもの
② 預入れ時に利率が確定しておらず、満期時の払戻通貨が預入通貨と同じ通貨で払い戻されないもの
③ 預入れ時に利率が確定しておらず、利息が預入通貨と同じ通貨で払い戻されないもの
④ 条件により利息が0またはきわめてそ

れに近い水準になるもの

⑤ 預入期間の延長につき銀行が選択権を有している特約が付されており、預入れ時に特約の執行条件が確定しておらず、その選択権を行使する要因が明らかにされていないもの

10259 集団投資スキーム持分等

金商法が適用される「集団投資スキーム持分」とは何か。また、学校法人等への貸付で注意しないといけないことは何か

結 論

金商法では、投資者保護のため、従来の規制の「すき間」を埋める観点から、いわゆる「集団投資スキーム持分」についての包括的な定義を設け、有価証券とみなすこととした。また、学校法人への貸付についても、一定の要件を満たすものについては有価証券とみなすこととしたので、注意が必要である。

解 説

◆「集団投資スキーム持分」とは何か

「集団投資スキーム持分」とは、民法667条1項に規定する組合契約、商法535条に規定する匿名組合契約、投資事業有限責任組合契約に関する法律3条1項に規定する投資事業有限責任組合契約または有限責任事業組合契約に関する法律3条1項に規定する有限責任事業組合契約に基づく権利、社団法人の社員権その他の権利のうち、当該権利を有する者（出資者）が出資または拠出をした金銭をあてて行う事業（出資対象事業）から生ずる収益の配当または当該出資対象事業に係る財産の分配を受けることができる権利と定義される（金商法2条2項5号）。

すなわち、「集団投資スキーム持分」の要素は、①出資者が金銭等を出資または拠出すること、②出資または拠出された金銭等をあてて事業が行われること、③出資者が出資対象事業から生ずる収益の配当または当該事業に係る財産の分配を受けることができる権利であることである。もっとも、上記定義に該当する権利であっても、金商法2条1項の有価証券、もしくは、同条2項の各号（5号を除く）の規定により有価証券とみなされる権利は除かれる。また、金商法の規制対象とすることが必ずしも必要でないと考えられる権利（同法2条2項5号イ〜ニ）も除外されている。

旧証券取引法においても、いわゆる集団投資スキーム持分のうち、投資事業有限責任組合契約に基づく権利など一定の要件を満たす権利が有価証券とみなされていた（旧証券取引法2条2項3〜5号）。しかしながら、経済実態は同じようなものでありながら、法の規制対象でなかったことから、十分な投資者保護が図られず、投資家が損失を被る事例が多くなってきた。そこで、これらを包括的に「集団投資スキーム」として有価証券とみなし、金商法の規制対象としたものである。

なお、外国の法令に基づく権利であっても、上記定義による権利に類するものも有価証券とみなされる（金商法2条2項6号）。

◆「集団投資スキーム持分」に関する規制

金商法2条2項5〜6号の定義に該当する

権利は有価証券とみなされるため、金商法の各種規制が適用される。主な規制は以下のとおりである。

① 投資型の集団投資スキーム持分（「有価証券投資事業権利等」）の募集または売出しについて、開示規制が適用される（金商法3条3号・4条1項・24条1項等）。

② 集団投資スキーム持分の自己募集は第二種金融商品取引業（金商法28条2項1号）に該当する。また、集団投資スキーム形態による有価証券またはデリバティブ取引に対する投資運用は投資運用業に該当する（同条4項3号）。よって、いずれも金融商品取引業者等としての登録が必要である。

③ 上記②の場合、金融商品取引業者等として、各種行為規制が適用される。

④ 集団投資スキーム持分の取引についても、各種不公正取引規制が適用される。

◆貸付、シンジケートローン

（1）貸付　金商法2条8項が、同項各号で規定する行為を業として行うことを「金融商品取引業」と定義しているが、融資業務は8項各号のいずれにも該当しない。よって、融資は金商法対象業務ではない。

（2）シンジケートローン　シンジケートローン（複数の金融機関から組成された融資団が、同一の契約書に基づいて、特定の借入人に対して融資等の信用供与を実行するもの）はどうか。シンジケートローンは、その経済実態をみれば私募債に近いともいえるが、私募債は、たとえ私募であっても社債であるから、有価証券に該当し（金商法2条1項5号）、その引受、私募の取扱いを業として行う行為は金融商品取引

業に該当することになる（同条8項6号・9号）。これに対し、シンジケートローンは、あくまでもその法的性格はローンであり、有価証券ではない。したがって、シンジケートローンの組成を行うことも、その融資団に参加することも金融商品取引には該当しない。

もっとも、金商法2条1項21号は、「流通性その他の事情を勘案し、公益又は投資者の保護を確保することが必要と認められるものとして政令で定める証券又は証書」も有価証券と定義している。また、同条2項7号は、「有価証券及び……権利と同様の経済的性質を有することその他の事情を勘案し、有価証券とみなすことにより公益又は投資者の保護を確保することが必要かつ適当と認められるものとして政令で定める権利」は有価証券とみなすと規定している。したがって、シンジケートローンも有価証券と定義し、あるいは有価証券とみなすという政令が定められる可能性はあるが、現在のところそのような政令は制定されていない。よってシンジケートローンは、金商法の規制対象外であるということになる。

なお、旧証券取引法にも同様の規定があったが（旧証券取引法2条1項11号・2項8号）、シンジケートローンは政令でも有価証券と指定されてはいなかった。

（3）学校向け貸付　金商法2条1項21号（有価証券の定義）の委任を受けた同法施行令1条2号は、「学校法人等が行う割当てにより発生する当該学校法人等を債務者とする金銭債権（指名債権でないものに限る。）を表示する証券又は証書であって、当該学校法人等の名称その他の内閣府令で定める事項を表示するもの」を有価証券と

定義し、金商法定義府令4条は、金商法施行令1条2号に規定する内閣府令で定める事項として以下を規定する。

① 金商法施行令1条2号に掲げる証券または証書を発行する学校法人等の名称

② 当該学校債券に係る金銭債権の金額

③ 当該学校債券に係る金銭債権の償還の方法および期限

④ 当該学校債券に係る金銭債権の利息ならびにその支払の方法および期限

また、金商法2条2項7号（みなし有価証券の定義）の委任を受けた同法施行令1条の3の4は、学校法人等に対する貸付に係る債権で、①当該貸付に係る利率、弁済期その他の内閣府令で定める事項（金商法定義府令8条1項により利率および弁済期とされる）が同一で、複数の者が行うもの（当該貸付が無利息であるものを除く）であること、および、②当該貸付の全部または一部が、当該貸付を受ける学校法人等の設置する学校に在学する者その他利害関係者として内閣府令で定める者以外の者が行う貸付であること、もしくは、当該貸付に係る債権の利害関係者以外の者に対する譲渡が禁止されていないことのいずれかに該当することの双方の要件に該当するものを有価証券とみなすとしている。

以上から、学校向けの貸付であっても、上記定義のいずれかに該当する場合には、「有価証券」もしくは「みなし有価証券」となる。ただし、金商法施行令1条2号は、証券もしくは証書のあることを前提とし、かつ、「指名債権」を除外している。そして、この点に関して、立案担当者は、「「指名債権でないもの」とは、証券・証書に債権者を表示せず、私法上の無記名証券とし

て有価証券性が認められるものを想定しており……、いわゆる証拠証券にすぎないものは該当しない」（三井秀範＝池田唯一監修『一問一答金融商品取引法〔改訂版〕』102頁）と述べている。

また、「みなし有価証券」（金商法2条2項7号）に該当するものとして、金商法施行令1条の3の4第1号は、「複数の者が行うもの」と定義している。よって、貸付が一金融機関によって行われたものであればみなし有価証券にはならない。ただし、金商法制パブコメ回答は、「銀行が一行で引き受けることにより成立する有利子貸付けに係る複数の債権であって、当該引き受けられた複数の債権が当該銀行以外の者に譲渡され得ない場合には、「複数の者が行うもの」に該当しない」（17、18頁65番）と述べているので、当初から譲渡を前提としてローンを実行した場合は、「みなし有価証券」に当たると思われる。

(4) 自己の運用目的での貸出実行は金商法の規制対象外　旧証券取引法下では、有価証券の売買を営業として行うことが証券業とされていた（旧証券取引法2条8項1号）が、「単に自己のポートフォリオのために行う投資目的での売買等は、利益を目的として、頻繁に行っていても、証券業には当たらない」（河本一郎＝関要監修『逐条解説証券取引法〔3訂版〕』42頁）と解されていた。金商法では、金融商品取引業の定義において、「営業」ではなく「業」として有価証券の売買を行うことが金融商品取引業と定義され（同法2条8項1号）、「業」とは、「営利目的であることを要件としない」とされる（前掲『一問一答金融商品取引法〔改訂版〕』217頁）が、金商法下

においても、自己の投資目的で行う有価証券の売買は金融商品取引業に該当しないと解される（同旨、川村正幸編『金融商品取引法〔第5版〕』302頁）。よって、学校向け貸付が仮に有価証券に該当したとしても、金融機関が行う自らの投資目的での学校向け貸付は金融商品取引行為には該当せず、金融機関の貸出実行が、自行の資産運用として行ったものであれば金商法規制対象外の行為である。なお、銀行法は、有価証券の売買を銀行の付随業務の一つとしており（同法10条2項2号）、同号カッコ書から、ここでいう有価証券の売買とは、「投資の目的をもって行う有価証券の売買」と解されている（小山嘉昭『詳解銀行法〔全訂版〕』177頁）。

10260 適格機関投資家等特例業務

適格機関投資家等特例業務とは何か。最近の法改正の背景、内容は何か

結 論

適格機関投資家特例業務とは、いわゆるプロ向けファンドの組成・資産運用を行う業務のことで、従来は第二種金融商品取引業や投資運用業の登録は不要とされ、金商法の行為規制はきわめて限定的にしか適用になっていなかった。近年、同業務の運営等面で弊害がみられたことから、投資家の範囲の限定や適用される行為規制の大幅な拡充などの規制強化が行われた。

解 説

◆**定義等（集団投資スキーム持分については【10259】参照）**　適格機関投資家等特例業務とは、金商法上有価証券とみなされる権利の一つである集団投資スキーム持分（金商法2条2項5号）の自己募集および資産運用（いわゆる「プロ向けファンド」の組成・資産運用）に関して、特例（同法29条および33条の2の適用除外）が認められている業務である。

具体的には、1人以上の適格機関投資家と49人以下の適格機関投資家以外の者を相手として資金を集め、当該資金の運用を行う業務のことであり、当該業務を行う際は、届出で足り、第二種金融商品取引業や投資運用業の登録は不要とされる（金商法63条1項）。

適格機関投資家等特例業務に対しては、後述する改正前においては、虚偽告知の禁止（金商法38条1号）や損失補てんの禁止（同法39条）等の限定的な規制しか適用されず、その他の行為規制は適用外となっていた（改正前の金商法63条4項）。

◆**法改正の背景**　旧証券取引法を改正する形で制定された金商法では、規制の「すき間」を埋める観点から、いわゆる集団投資スキーム持分も有価証券とみなした。結果、旧証取法と異なり、集団投資スキームについて、金商法の各種規制が適用されることになった一方で、プロ向けファンドについては、過剰規制を避けることを念頭に特例として適格機関投資家等特例業務に関する規定を設け、旧証券取引法と同様、金商法の規制対象から除外することとされた。しかし、適格機関投資家等特例業務におい

ては、適格機関投資家以外の者に限定は付されていなかったことから、プロ向けファンドが本来想定していた「プロ」以外の高齢者等の投資経験の乏しい一般投資家に対して詐欺的投資勧誘を行い、これらの一般投資家が被害を被る事例が多発した。

上記を受け、金融庁はその対応を強化してきた。具体的には、金商法の平成23年改正および関連する内閣府令の改正（平成24年4月1日施行）では、適格機関投資家等特例業務届出業者が当局に提出する届出書の記載事項を拡充するなどした。その後も金商法令の改正が行われ、投資家（出資者）の要件をきびしくする等したが、平成27年の金商法ならびに関連する同法施行令・内閣府令改正（平成28年3月1日施行）では、一般個人の出資を原則として禁止するなど出資者を限定するとともに、適格機関投資家等特例業務届出業者に対して適用される金商法の行為規制を大幅に拡充し、顧客に対する誠実公正義務（同法36条1項）、広告等規制（同法37条）、契約締結前交付書面等の作成交付義務（同法37条の3・37条の4）、断定的判断の提供等の義務等の禁止行為（同法38条2号・8号）、適合性の原則（同法40条1号）なども適用されることとなった（同法63条11項）。

◆**投資家の範囲**　上記改正後、適格機関投資家特例業務を行う者が、ファンドの販売等を行うことができる投資家（出資者）の範囲を、従来の適格機関投資家および適格機関投資家以外の者から、適格機関投資家および投資判断能力を有する者に限定することとなった（金商法63条1項1号、同法施行令17条の12第1項、金商業等府令233条の2第3項等）。具体的には、投資判

断能力を有する者とは、①金融商品取引業者等、②プロ向けファンドの運用者およびその役員、使用人、親会社、③上場会社、④資本金の額が5000万円以上である法人、⑤外国法人、⑥資産を1億円以上保有かつ証券口座等開設後1年を経過した個人などをいうとした。

| 10261 | 金商法が準用される投資性の強い預金、保険、信託 |

金商法が準用される投資性の強い預金、保険、信託とは何か

結　論

金商法は、投資者保護のため、同じ経済的機能を有する金融商品には同じルールを適用する観点から、元本欠損リスクのある預金、保険、信託にも同法の行為規制を準用することとした。具体的には、預金の場合には、外貨預金、デリバティブ預金等に金商法が準用される。

解　説

◆金商法の行為規制を準用（【10274】）

金商法制においては、利用者保護ルールの徹底を図るという観点から、投資性の強い預金、保険等については、銀行法や保険業法により、金商法の行為規制を準用することとした。これらの投資性の強い預金、保険等について、金商法を適用するのではなく、準用することにした理由について、立案担当者は、①銀行法や保険業法等との重複的適用を回避することができること、お

よび、②投資性の強い預金、保険等に係る行為規制と監督が同一の法に基づくことになり、法の適用関係が明確になること、と説明している（三井秀範＝池田唯一監修『一問一答金融商品取引法〔改訂版〕』46〜47頁等）。

◆**特定預金等**　銀行法13条の4によると、特定預金等とは、「金利、通貨の価格、金融商品市場における相場その他の指標に係る変動によりその元本について損失が生ずるおそれがある預金または定期積金等として内閣府令で定めるもの」をいう。要するに、市場リスクにより元本について損失が生ずるおそれがある預金等ということになる。

投資性の要素となるリスクとしては、「市場リスク」と「信用リスク」が主なものであるが、「銀行が取り扱う預金等については、銀行法により高度の財務の健全性が確保されるよう法制度が整備されていること等から、信用リスクは高いとまではいえない一方、預金等の商品設計によっては市場リスクは高い場合があり得る。このような観点から、市場リスクが一定程度ある預金等については、「特定預金等」として金商法の行為規制を準用している」とされる（前掲『一問一答金融商品取引法〔改訂版〕』406頁）。

内閣府令により、特定預金等とは、①預金者等が預入期間の中途で解約をした場合に違約金その他これに準ずるものを支払うこととなる預金等であって、当該違約金等の額を当該解約の時における当該預金等の残高から控除した金額が、金利、通貨の価格、金融商品市場における相場その他の指標に係る変動により預入金額を下回ること

となるおそれがあるもの（デリバティブ預金等）、②預金等のうち、外国通貨で表示されるもの（外貨預金等）、および、③預金等のうち、その受入れを内容とする取引に通貨売買に係るオプション取引が付随するもの（通貨オプション組入型預金等）、と定められた（銀行法施行規則14条の11の4）。

立案担当者によると、①の典型例としては「銀行が満期を延長または短縮する権利を有しており、顧客が中途解約した場合に違約金等を支払うこととなっている預金等」が想定され、②については、「円貨による預入れまたは払戻しがなされる商品のみならず、同一の外貨で預入れおよび払戻しがなされる商品」も含まれ、③については、「為替変動により預け入れた通貨と異なる通貨で払戻しが行われることのある預金等がこれにあたる」とする（前掲『一問一答金融商品取引法〔改訂版〕』407頁）。

◆**特定保険契約**　保険業法300条の2によると、「特定保険契約」とは、「金利、通貨の価格、同法（編注：金商法）第2条第14項に規定する金融商品市場における相場その他の指標に係る変動により損失が生ずるおそれ（当該保険契約が締結されることにより顧客の支払うこととなる保険料の合計額が、当該保険契約が締結されることにより当該顧客の取得することとなる保険金、返戻金その他の給付金の合計額を上回ることとなるおそれをいう。）がある保険契約として内閣府令で定めるもの」をいう。特定保険契約に関しても、その投資性の要素としては、特定預金等契約と同様の理由で、市場リスクにより損失が生ずるおそれがある保険契約とされている（前掲『一問一答

金融商品取引法〔改訂版〕』421頁）。

特定保険契約は保険業法施行規則234条の2で定められ、以下の保険契約が「特定保険契約」とされている。

① 同規則74条各号および153条各号に掲げる保険契約（同規則234条の2第1号）。なお、同規則74条の定める保険契約は「特別勘定を設けなければならない保険契約」であり、運用実績連動型保険契約等がそれに該当する。また、同規則153条は、外国保険業者の提供する保険契約に関する規定であり、その商品は同規則74条の列挙する商品と同内容である。

② 解約による返戻金の額が、金利、通貨の価格、金融商品市場における相場その他の指標に係る変動により保険料の合計額を下回ることとなるおそれがある保険契約（前号に掲げるものを除く）（同規則234条の2第2号）。

③ 保険金等の額を外国通貨をもって表示する保険契約（同規則234条の2第2号に掲げるものおよび保険業法3条5項1号に掲げる保険に係る保険契約であって、保険者がてん補すべき損害の額を当該外国通貨をもって表示するもの（事業者を保険契約者とするものに限る）を除く）（同規則234条の2第3号）。

ところで、保険契約は金商法の定義する店頭デリバティブ取引契約に文言上は該当する可能性があるが、金商法施行令1条の15第2号により、「保険業法第2条第1項に規定する保険業及び同項各号に掲げる事業に係る契約の締結」は、金商法2条22項に規定する「公益又は投資者の保護のため支障を生ずることがないと認められるもの」として定められている。よって、この規定に該当する保険契約である限り、店頭デリバティブに該当しない。

◆**特定信託契約** 特定信託契約とは、金利、通貨の価格、金融商品市場における相場その他の指標に係る変動により信託の元本について損失が生ずるおそれがある信託契約として内閣府令で定めるものをいう（信託業法24条の2）。特定預金等契約、特定保険契約と同じく、要するに、市場リスクにより元本について損失を生ずるおそれがある信託契約である。

特定信託契約については信託業法施行規則で規定されているが、「商品内容が非常に多様であるという信託の特性等をふまえ、特定預金等や特定保険契約とは異なり、投資性の強くない信託を除く信託が特定信託契約に該当するという規定の仕方としている。具体的には、①公益信託、②元本の全部補填付き信託、③信託財産を普通預金等のみで運用することが約され、かつ、信託報酬等の手数料が運用収益の範囲内で定められる信託、④管理型信託、および⑤金銭・有価証券等以外の物・権利の管理・処分目的の信託を、特定信託契約から除外している（信託業法施行規則30条の2）」（前掲『一問一答金融商品取引法〔改訂版〕』434頁）。

10262 金融商品取引業

金融商品取引業にはどのような種類があるか。また、金融商品取引業から除外される業務にはどのようなものがあるか

結　論

　金融商品取引業には、第一種金融商品取引業、第二種金融商品取引業、投資助言・代理業、投資運用業があり、金融機関も登録金融機関として、金融商品取引業務を行うことができる。一方、金融商品取引業から除外される業務としては、一定規模以上の株式会社を相手方とするデリバティブ業務があり、適格機関投資家等特例業務についても、金融商品取引業者としての登録は不要である。

解　説

◆統一的ルールのもとで投資家保護図る

従前の法制のもとでは、証券業は証券取引法、金融先物取引業は金融先物取引法、証券投資顧問業や投資一任契約に係る業務は証券投資顧問業法等といった具合に、それぞれ異なる法律によって規制されていた。平成19年9月に本格施行された金商法制では、これらの個別の法律を改廃して金商法という法律に統合した。金商法では、このように規制対象となる業務を、従前の証券取引法が対象としていた業務から大幅に拡大し、有価証券・デリバティブ取引の「販売・勧誘」業務のほか、「投資助言」「投資運用」および「顧客資産の管理」についても、登録制により、横断的に規制することにした。そのうえで、金融商品取引業を、①流通性の高い有価証券についての販売・勧誘、顧客資産の管理などを行う第一種金融商品取引業（金商法28条1項）、②流通性の低い有価証券についての販売・勧誘などを行う第二種金融商品取引業（同条2項）、③投資助言などを行う投資助言・代

理業（同条3項）、および④投資運用を行う投資運用業（同条4項）に区分している。

　なぜこのように幅広い業務を金融商品取引業として統合したのか。それは、従来の縦割り、つまり業種ごとの規制のもとでは、同じ経済的実質を有する金融商品を販売するにもかかわらず、業者によって適用される法律が異なり、その規制の内容に差が生じてしまうという不都合があり、統一的なルールのもとで投資者保護を図ることが必要と考えられたことによる。

◆第一種金融商品取引業

金融商品取引業のうち、以下の行為のいずれかを業として行うことである（金商法28条1項）。

①　有価証券（みなし有価証券を除く）についての売買・市場デリバティブ取引、当該取引の媒介・取次・代理、当該取引の委託の媒介・取次・代理、有価証券等清算取次、売出しまたは募集・売出し・私募の取扱い

②　店頭デリバティブ取引もしくはその媒介・取次・代理または店頭デリバティブ取引についての有価証券等清算取次

③　有価証券の引受

④　施設取引システム業務

⑤　有価証券等管理業務

　第一種金融商品取引業を行う金融商品取引業者に対しては、厳格な財産規制等が課せられている。

◆第二種金融商品取引業

金融商品取引業のうち、以下の行為のいずれかを業として行うことである（金商法28条2項）。

①　流動性の低い有価証券（委託者指図型投資信託の受益証券、抵当証券、集団投資スキーム持分等）の募集または私募（自己募集）

② 「みなし有価証券」についての売買・市場デリバティブ取引等

③ 有価証券に関連しない市場デリバティブ取引等

④ その他政令指定行為

◆投資助言・代理業　金融商品取引業のうち、以下の行為のいずれかを業として行うことである（金商法28条3項）。

① 投資顧問契約を締結し、当該投資顧問契約に基づき、有価証券の価値等または金融商品の価値等の分析に基づく投資判断に関して助言を行うこと

② 投資顧問契約または投資一任契約の締結の代理または媒介

◆投資運用業　金融商品取引業のうち、以下の行為のいずれかを業として行うことである（金商法28条4項）。

① 従前の投資法人資産運用業（同法2条8項12号イ）

② 従前の投資一任契約に係る業務（同項12号ロ）

③ 従前の投資信託委託業（同項14号）

④ 信託受益権や集団投資スキーム持分の権利者から出資または拠出を受けた金銭その他の財産に係る自己運用（同項15号）

◆登録金融機関　金商法は、旧証券取引法65条（金融機関の証券業禁止）の考え方を維持している（金商法33条1項）。しかしながら、旧証券取引法と同様、一定の金融商品取引業務に関しては、内閣総理大臣の登録を受けることによって、「登録金融機関」として、金融商品取引業務を行うことができる（金商法33条の2）。

なお、金商法は、金融商品取引業者と登録金融機関をあわせて「金融商品取引業者等」と定義している（同法34条）。

◆金融商品仲介業　金融商品仲介業とは、金融商品取引業者（第一種金融商品取引業または投資運用業を行う者に限る）または登録金融機関の委託を受けて、有価証券の売買の媒介等を当該金融商品取引業者または登録金融機関のために行う業務である（金商法2条11項）。

なお、金融商品仲介業者は、金融商品取引業者ではない（金商法2条9項）。

◆金融商品取引業の登録が不要の業務

（1）適格機関投資家等特例業務　「プロ向けファンド」、すなわち、適格機関投資家等を出資者とする集団投資スキームについては、一定の条件を満たせば金融商品取引業者等の登録をすることなく、届出により、「①その持分の自己募集（集団投資スキーム持分の発行者自身による当該持分の取得の申込みの勧誘であって、募集及び私募の両方を含む）（2条8項7号ヘ）のうち私募であるもの、②その財産の投資運用（主として有価証券またはデリバティブ取引に対する投資による運用）（同項15号ハ）」（三井秀範＝池田唯一監修『一問一答金融商品取引法〔改訂版〕』325頁）を業として行うことができる（金商法63条〜63条の7）。

なお、適格機関投資家等特例業務の詳細については【10260】参照。

（2）資本金額10億円以上の株式会社とのデリバティブ取引　店頭デリバティブ取引を業として行うことは金融商品取引業と定義されている（金商法2条8項4号）が、同条8項柱書中のカッコ書は、「その内容等を勘案し、投資者の保護のため支障を生ずることがないと認められるものとして政

令で定めるもの……を除く」としている。そして、金商法施行令1条の8の6第1項2号ロが「資本金の額が内閣府令で定める金額以上の株式会社」を「相手方として有価証券関連店頭デリバティブ取引以外の店頭デリバティブ取引等を行う行為」を定め、金商法定義府令15条2項が、前記施行令のいう資本金の額を10億円とすると規定している。よって、資本金額10億円以上の株式会社を相手方とする（有価証券関連店頭デリバティブ取引以外の）店頭デリバティブ取引等を行う行為を業としても金商法規制対象外である。

（3）自己の投資目的で行う有価証券の売買取引等　金融機関が「投資目的」で行う限り、金商法の規制対象外である。金商法33条1項は「金融機関……は、有価証券関連業……を行つてはならない。ただし、有価証券関連業については、金融機関が他の法律の定めるところにより投資の目的をもつて、……有価証券の売買……を行う場合は、この限りでない」としている。よって、「投資目的」で「有価証券の売買」を行うことは、他の法律で認められている限りは、許されている。旧証券取引法65条1項にも同様の規定があった。

なお、銀行法10条2項2号は、有価証券の売買（投資の目的をもってするもの……に限る）を付随業務として規定している。これは、「投資の目的をもってする有価証券の売買は、銀行が預金業務等を行い資金を集めたなかで貸付等に回されなかった資金を、有価証券の投資に差し向けることを指す。銀行が固有業務を遂行していくうえで、いわばそれに当然に随伴して生ずる業務である」からである（小山嘉昭『詳解銀

行法〔全訂版〕』177頁）。

10263 登録金融機関として行える金融商品取引業務

金融機関が登録金融機関として行える金融商品取引業とはどのようなものか

結　論

金商法においても、旧証券取引法と同様、有価証券関連業務（従前の証券業務に該当）を金融機関が行うことは禁止され、一定の業務だけが登録金融機関として行うことができることになっている。また、旧証券取引法の規制対象外であった有価証券関連以外のデリバティブ取引が金商法規制対象となったことから、これらの業務を行うことも登録金融機関業務とされた。

解　説

◆銀証分離制度　旧証券取引法においては、銀行等の金融機関が有価証券の売買や引受業務等の証券業務を行うことは原則として禁止されていた（同法65条1項）。これは、金融機関に証券業務を行うことを認めると、金融機関がその融資先である事業会社に、自己の融資資金を回収するために証券を発行させるなど、融資業務と証券業務の間の利益相反のおそれがあることや、事業会社の資金調達の方法を実質上支配することにより、金融機関が産業界への過度の影響力を有することとなるとの懸念等があったからである。そこで、同法65条1項は、金融機関が証券業務を行うことを原則として禁止し、そのうえで、同条2項にお

いて、上記の弊害が小さいものと考えられるものについてのみ行うことを認めていた。

　金商法においても、上記の考え方が踏襲され、金融機関が行う有価証券関連業務（従前の証券業務に該当する行為）を原則として禁止したうえで（同法33条１項）、一定の有価証券関連業務を行うことを認めている（同条２項）。これは、平成15年12月24日の金融審議会金融分科会第一部会報告「市場機能を中核とする金融システムに向けて」において、「依然として金融システムにおける資金仲介の大宗を担っているのは銀行であり、65条の根拠となった利益相反や銀行の優越的地位の濫用の可能性は、今なお重要な論点である」と指摘されていること等をふまえたものである（三井秀範＝池田唯一監修『一問一答金融商品取引法〔改訂版〕』248頁等）。

◆登録金融機関業務　　旧証券取引法下においても、金融機関に認められている証券業務を行うには、登録金融機関としての内閣総理大臣の登録が必要であった（同法65条の２）。金商法では、旧証券取引法の「証券業」（同法２条８項）と「金融商品取引業」（金商法２条８項）との概念が異なるため、「有価証券関連業」という概念を設け、金融機関の「有価証券関連業」または「投資運用業」を原則として禁止している（同法33条１項）。ここで「有価証券関連業」とは、金商法28条８項が規定する行為（有価証券の売買取引等、有価証券関連デリバティブ取引等）のいずれかを業として行うことをいい、旧証券取引法の定義する証券業務とほぼ同じである。

　旧証券取引法における登録金融機関業務は、同法が金融機関に証券業務を禁止して

いることを受けて、「前条第２項各号（編注：旧証券取引法65条２項）に掲げる有価証券又は取引について、同項各号に定める行為のいずれかを営業として行おうとするときは、内閣総理大臣の登録を受けなければならない」と規定していた。これに対して、金商法は、「次に掲げる行為（編注：金商法33条の２各号）のいずれかを業として行おうとするとき、又は投資助言・代理業若しくは有価証券等管理業務を行おうとするときは、内閣総理大臣の登録を受けなければならない」と規定する。よって、旧証券取引法下の登録金融機関業務と金商法下の登録金融機関業務とは異なっている。

　金商法下の登録金融機関業務は、下記のとおりである。

① 　投資助言・代理業（同法33条の２柱書）

② 　有価証券管理業務（同条柱書）

③ 　書面取次行為（同条１号）

④ 　同法33条２項各号に掲げる有価証券または取引についての当該各号に定める行為（同条２号）

⑤ 　（有価証券関連デリバティブ取引等以外の）デリバティブ取引または（有価証券の売買、有価証券関連デリバティブ取引等以外の）有価証券等清算取次（同条３号）

⑥ 　同法２条８項７号に掲げる有価証券（委託者指図型投資信託受益権に係る受益証券、抵当証券等）の募集または私募

◆留意点

（1）　有価証券関連デリバティブ取引以外のデリバティブ取引　　旧証券取引法下では、銀行法等の業法において付随業務として位置づけられていた。金商法においても、

有価証券関連デリバティブ取引以外のデリバティブ取引を金融機関が業として行うことは禁止されていないが（同法33条1項）、これらの取引を業として行うことも金融商品取引業とされたため、金融機関が業として行うには、同法33条の2の登録が必要である。

（2）　有価証券の定義が拡大されたこと　金商法は、信託受益権、抵当証券等を新たに有価証券として規定したり、集団投資スキーム持分に関する包括的定義規定を設けたりしたが、金融機関がこれらの権利等の売買等を行うことは、旧証券取引法では原則禁止されていなかった。しかしながら、金商法ではこれらの売買等は有価証券関連業に該当する。そこで、これらの行為を業として金融機関が行うことはいったん禁止され（同法33条1項）、金融機関が行っても弊害が少ないと思われる有価証券の種類ごとに、個別に禁止が解除されている（同条2項）。

なお、「信託受益権、抵当証券や集団投資スキーム持分といった金商法において新たに規定している有価証券（2条1項14号・16号・2項1号・2号・5号・6号等）についても、登録金融機関は、その売買またはその媒介、取次ぎもしくは代理のほか、市場デリバティブ取引等を行うことができるとしている（33条2項1号・5号イ・6号・33条の2第2号）」（前掲『一問一答金融商品取引法〔改訂版〕』252頁）。

（3）　書面取次行為　旧証券取引法では、金融機関が書面取次行為を営業として行うことは禁止されておらず（金商法65条1項ただし書）、登録金融機関としての登録も不要であった。金商法では、金融機関が、

書面取次行為を業として行うには、登録金融機関としての登録が必要である（同法33条の2第1号）。

（4）　有価証券等管理業務　旧証券取引法下では、「金融機関は付随業務として有価証券の保護預りを行うことができるとされていた（銀行法10条2項10号等）が、金商法では、これら業務を「有価証券等管理業務」（同法28条5項）と位置づけたうえで、登録金融機関の業務範囲に含め（同法33条3項・33条の2柱書）」（前掲『一問一答金融商品取引法〔改訂版〕』253頁）ている。

よって、有価証券等管理業務を行うにも登録金融機関としての登録が必要である（金商法33条の2柱書）。

（5）　投資運用業　旧証券取引法には、金融機関が投資運用を行うことについての特段の規定はなかった。これに対し、金商法は、金融機関が投資運用業を行うことを明示的に禁止している（同法33条1項）。もっとも、旧法制下において、信託銀行については旧投資顧問業法に基づき、認可を受けて投資一任業務を行いうるとされていた（同法31条1項・31条の3第3項）。金商法でも、信託銀行については特例が認められている（同法33条の8第1項）。

なお、「金融商品取引法33条の7において明示されているとおり、金融機関の子会社が29条の登録を受けて投資運用業を行うことは、当然に認められている」（平下美帆『実務のための金融商品取引法〔第2版〕』251頁）。

（6）　投資助言・代理業　金融機関が投資助言・代理業を行うことは禁止されておらず（金商法33条1項）、登録金融機関の

登録を受けることにより、業として行うことが金商法上は可能である（同法33条の2柱書）。

　なお、金商法上禁止されていなくとも、実際に銀行が当該業務をできるかどうかについては、他の法律、特に銀行法により銀行の業務範囲に対する制限が課されていないかを確認する必要がある。銀行に関しては、銀行法が同法10～11条の規定する業務のほか、他の業務を営むことができないとしており（同法12条）、従来、投資助言業務は同法10～11条に規定されていなかった。しかし、平成20年6月に銀行法が改正され、投資助言業務を行うことができることが明記された（同法11条1号）。よって、現在は、銀行は投資助言業務を行うことができる。ただし、銀行が投資助言・代理業を行おうとするときは、内閣総理大臣の登録を受けなければならない（金商法33条の2）。

　以上から、法の定義する投資助言業務に該当することを銀行が行うことは可能だが、登録金融機関でない銀行が同業務を行うことは法令違反になる。

10264　登録金融機関業務の登録手続

金融機関が登録金融機関業務を行うための手続は何か。どのような書類を届ける必要があるか

結　論

　金融機関が登録金融機関業務を行うためには業務方法書等を添付したうえで登録申請書を提出しなければならない。また、登録後、登録申請書や業務方法書記載事項に変更があった場合には、その旨を届け出なければならない。

解　説

◆金融機関にも認められる有価証券関連業務　金融機関が有価証券関連業を行うことは原則禁止されている（金商法33条1項）が、内閣総理大臣の登録を受けることにより、有価証券関連業のうちの一定のもの（同条2項）を行うことができる。また、金融商品取引業で有価証券関連業に該当せず、金融機関が行うことができるとされている投資・助言代理業もしくは有価証券等管理業務を行う場合にも内閣総理大臣の登録を受けなければならない（同法33条の2）。そして、金商法33条の2の登録を受けた金融機関を登録金融機関といい（同法2条11項）、登録金融機関の行う金融商品取引業を登録金融機関業務と呼ぶ（登録金融機関業務の内容については【10263】参照）。

　金融機関が登録金融機関業務を行うには、一定事項を記載した登録申請書を内閣総理大臣に提出しなければならない（金商法33条の3第1項）。

◆登録申請書の記載事項等　登録申請書の記載事項のうち主な事項は以下のとおりである。

① 　商号（金商法33条の3第1項1号）
② 　資本金の額（同項2号）
③ 　役員等の氏名（同項3号・4号）
④ 　本店その他の営業所または事務所の名称および所在地等（同項6号）
⑤ 　一定の業務を行う使用人の氏名（金商業等府令44条1号）

⑥ 指定紛争解決機関の名称等（同条2号）

⑦ 金融商品仲介業務を行う場合には委託金融商品取引業者の商号（同条6号）

また、登録申請書には下記の書類を添付しなければならない（金商法33条の3第2項）。

① 登録拒否事由（金商法33条の5）に該当しないことの誓約書（同項1号）

② 業務方法書（同項2号）

③ 親法人その他の関係会社を記載した書類（同項3号）

④ 定款、登記事項証明書、貸借対照表、損益計算書その他内閣府令で定める書類（同項4号）

上記書類のうち、業務方法書の記載事項は金商業等府令45条各号に詳細に記載され、同様に親法人その他の関係会社を記載した書類については同府令46条、4号のその他の書類は同府令47条1項各号が規定している。

◆**登録後の手続** 登録金融機関は、登録申請書記載事項について変更があったときは、その日から2週間以内に、その旨を内閣総理大臣に届け出なければならない（金商法33条の6第1項）。

金商法33条の3第2項2号に掲げる書類（業務方法書）に記載した業務の内容または方法について変更があった場合にも、遅滞なく、その旨を内閣総理大臣に届け出なければならない（同法33条の6第3項）。

10265 登録金融機関業務としての投資助言・代理業

投資助言・代理業とは何か。金融機関は投資助言・代理業を行うことができるか

結 論

投資助言業とは、投資顧問契約を締結し、当該契約に基づき「有価証券の価値等」もしくは「金融商品の価値等の分析に基づく投資判断」に関し、口頭、文書その他の方法により助言を行う業務であり、金融機関は登録金融機関として同業務を行うことができる。また、信託銀行でない金融機関も、代理業として投資一任契約の締結の代理または媒介を行うことができる。

解 説

◆**投資助言・代理業とは何か** 投資助言・代理業とは、金融商品取引業のうち、金商法2条8項11号または同項13号に掲げる行為のいずれかを業として行うことをいうと定義される（同法28条3項）。

① 当事者の一方が相手方に対して、「有価証券の価値等」もしくは「金融商品の価値等の分析に基づく投資判断」に関し、口頭、文書その他の方法により助言を行うことを約し、相手方がそれに対し報酬を支払うことを約する契約（投資顧問契約）を締結し、当該投資顧問契約に基づき、助言を行うこと（金商法2条8項11号）

② 投資顧問契約または投資一任契約の締結の代理または媒介（同項13号）

投資助言業務とは「投資助言・代理業に係る業務のうち、第3項第1号に掲げる行為に関する業務をいう」（金商法28条6項）と定義されているところ、上記の第3項第1号は「第2条第8項第11号に掲げる行

為」とされているので、投資顧問契約を締結し、当該契約に基づき「有価証券の価値等」もしくは「金融商品の価値等の分析に基づく投資判断」に関し、口頭、文書その他の方法により助言を行う業務であるということになる。

　金融機関は、登録金融機関として、投資助言・代理業を行うことができる（金商法33条の2柱書）とされる。よって、登録金融機関としての登録（もしくはその後の変更の届出により）、投資助言・代理業を行うことができる。金融機関が投資助言・代理業を行う場合には、登録申請書（金商業等府令44条1号ロ参照）および業務方法書（同府令45条4号・8号参照）にその旨等を記載すること（登録後にあっては変更の届出）が必要である。

◆投資助言業務に当たらない業務　投資助言業務とは、投資顧問契約を締結し、当該契約に基づき「有価証券の価値等」もしくは「金融商品の価値等の分析に基づく投資判断」に関し、口頭、文書その他の方法により助言を行う業務であることから、下記を業として行っても、投資助言業務に該当しない（顧客サービスとして行うことはさしつかえない）。

① 投資顧問契約を締結することなく行う助言（例：無償で行う助言サービス）
② 投資判断を行うことなく、金融商品の価値等（例：金利、為替レート、等）について助言すること
③ 不特定多数の者により随時に購入可能な文書（新聞、雑誌等）に記載されている情報を伝えること（【10351】も参照）

◆代理業　投資顧問契約または投資一任契約の締結の代理または媒介を業として行

うことである（金商法2条8項13号）。投資一任契約とは、「当事者の一方が、相手方から、金融商品の価値等の分析に基づく投資判断の全部又は一部を一任されるとともに、当該投資判断に基づき当該相手方のため投資を行うのに必要な権限を委任されることを内容とする契約」をいう（同項12号ロ）。

　金商法2条8項12号に掲げる行為を業として行うことは投資運用業に該当する（同法28条4項1号）。金融機関は投資運用業を行うことはできない（同法33条の2）が、投資顧問契約や投資一任契約の締結の代理または媒介を行うことはできる。なお、信託銀行は、兼営法1条1項の認可を受けた金融機関であり、金商法33条の8第1項に基づき、登録金融機関（同法33条の2柱書中「投資助言・代理業若しくは有価証券管理業務」は「投資助言・代理業、投資運用業若しくは有価証券管理業務」と読み替えられる（同法33条の8第1項）として（同法33条の2・33条の3）、投資運用業（同法28条4項1号）を行うことが可能である。

<table>
<tr><td>10266</td><td>登録金融機関業務に当たらない「紹介」</td></tr>
</table>

顧客を証券会社に紹介するために登録金融機関としての登録が必要か

結　論

　顧客を証券会社に紹介するにとどまる行為は金融商品仲介業務に該当せず、登録金融機関としての登録をすることなく行うこ

とができる。ただし、紹介と媒介との限界は不明確であることから、紹介というためには、証券会社の業務内容の説明にとどめること等が必要である。

解　説

◆金融商品仲介業は登録が必要　金融商品仲介業とは金融商品取引業者または登録金融機関の委託を受けて、有価証券の売買の媒介等を当該金融商品取引業者または登録金融機関のために行う業務をいうとされる（金商法２条11項）。金融機関は原則として有価証券関連業を行うことを禁止されている（同法33条１項）が、証券会社の委託を受けて有価証券の売買の媒介等（詳細は同条２項各号）を行うことはできる。ただし、そのためには登録金融機関としての登録が必要である（同法33条の２）。したがって、顧客を証券会社に紹介する行為が有価証券の売買の媒介等に該当するのであれば、金融機関は登録金融機関としての登録が必要ということになる。

この点について、金商業者監督指針Ⅷ－２－５(1)は金商法33条の規定の解釈について、「金融機関が行う以下の業務は、金商法第33条第１項により行ってはならないとされている行為には該当しない」とし、具体的に下記の行為を規定している。

① 取引先企業に対し株式公開等に向けたアドバイスを行い、または引受金融商品取引業者に対し株式公開等が可能な取引先企業を紹介する業務

② 勧誘行為をせず、単に顧客を金融商品取引業者に紹介する業務

上記から、単なる紹介とは具体的にどのような行為をいうのか、が問題となる。

◆「紹介」としてどのような行為が可能か
金商業者監督指針Ⅷ－２－５(1)①ロは、「勧誘行為をせず、単に顧客を金融商品取引業者に紹介する業務」は、銀行が金商法33条１項により行ってはならないとされている行為には該当しないとし、金商業者監督指針Ⅷ－２－５(1)②は、「上記①ロの「紹介」には、以下の行為を含む」とする。

イ 当該銀行等の店舗に、金融商品取引業者が自らを紹介する宣伝媒体を据え置くことまたは掲示すること

ロ 当該銀行等と金融商品取引業者の関係または当該金融商品取引業者の業務内容について説明を行うこと

では、上記に照らし、具体的にどのような行為までが「単なる紹介」として、登録金融機関としての登録なしにすることが可能か。

① 金融機関の本支店の店舗に証券会社の業務内容等を記載したパンフレット等を据え置くことは、金商業者監督指針Ⅷ－２－５(1)②イに該当することから可能である。

② 金融機関の業務内容等を記載したパンフレット等に、グループ会社についての紹介も記載し、そのなかで証券子会社等の業務内容を記載することも可能と考えられる。「当該銀行等と金融商品取引業者の関係又は当該金融商品取引業者の業務内容について説明を行うこと」（金商業者監督指針Ⅷ－２－５(1)②ロ）が単なる紹介にすぎないとされることから、直接説明することなく、自行のパンフレットに上記内容を記載するにとどまる行為は、より勧誘に該当する可能性が低いと解されるからである。

③　前記①、②のパンフレット等に記載された、証券会社の業務内容を顧客の依頼に応じて説明するにとどまる行為は、金商業者監督指針Ⅷ-2-5(1)②イ・ロの行為をあわせて行うにすぎないことから、可能と解される。

④　上記③において、説明を顧客からの依頼ではなく、行員が積極的に行うことはどうか。「当該銀行等と金融商品取引業者の関係又は当該金融商品取引業者の業務内容について説明を行うこと」（金商業者監督指針Ⅷ-2-5(1)②ロ）との規定において、「顧客の依頼に応じて」との限定は付されていないことから、可能と考えられる。ただし、媒介に該当しない行為は、あくまでも業務内容についての説明にとどまり、証券会社が取り扱っている金融商品の内容等を説明することは媒介に該当すると解される可能性が高いことに注意が必要である。

一般論としては上記のとおりと考えられるが、留意点を補足する。

①　どのような行為まで可能かは、具体的事例に即して判断されることになる。たとえば、紹介により実際に取引が成立した場合に、当該取引内容に応じた報酬等が金融機関に支払われることとなっている場合には、「媒介」に該当すると判断される危険性が高まる。

②　紹介が「媒介」に該当すると解される場合には、当該紹介を行う行員について、外務員登録が必要となる。

◆書面取次について　金商業者監督指針Ⅷ-2-5(2)①は、書面取次行為について、「銀行等は、当該業務を行う際に、顧客に対し、有価証券の売買その他の取引の勧誘を行ってはならない」とし、そのうえで、「以下の行為は勧誘行為には当たらない」と述べている。よって、証券会社を紹介するにあたり、下記のことを行っても、勧誘に該当しないことから、媒介にも当たらないという結論になる。

イ　当該業務内容の説明を顧客に対し行うこと

ロ　当該業務内容について、新聞、雑誌、文書、ダイレクトメール、インターネットのHP、放送、映画その他の方法を用いて紹介すること

ハ　当該業務に係る注文用紙および上記ロに規定する文書を当該銀行等の店舗に据え置くこともしくは顧客に送付すること、またはその文書を店舗に掲示すること

なお、金融機関は書面取次行為を業として行うことができる（金商法33条2項）が、同行為を業として行うには登録金融機関としての登録が必要である（同法33条の2第1号）。

10267　クロス・ボーダー取引に対する金商法

クロス・ボーダー取引に対して金商法は適用されるのか

結　論

金商法は国内の投資者保護を目的としているため、原則として、日本国外における金融商品取引契約の勧誘・販売・締結等に関しては、適用されない。ただし、事例によっては、純粋に日本国外で勧誘・販売・締結等が行われたとみなしてよいか、注意

を要する場合もある。

解　説

◆原則　金商法はその１条で法の目的を定めている。同条は、「この法律は、……金融商品取引業を行う者に関し必要な事項を定め、……有価証券の発行及び金融商品等の取引等を公正にし、有価証券の流通を円滑にするほか、資本市場の機能の十全な発揮による金融商品等の公正な価格形成等を図り、もつて国民経済の健全な発展及び投資者の保護に資することを目的とする」と述べている。つまり、投資者保護といっても、基本的には日本国内における投資者の保護を図ることを目的としている。したがって、特に日本国外の行為、あるいは日本国外の業者についても法を適用するとの規定がない限り、日本国外における金融商品取引契約の勧誘・販売・締結等に関しては、金商法は適用されない。これは、旧証券取引法においても同じであった。

◆外国人との取引　外国人でも日本に居住している者はもちろん金商法の保護対象である。同法は、投資家の国籍が日本かどうかで区別はしていない。では、日本に観光旅行に来ているだけの非居住者である外国人はどうか。「現行の証取法と同様、金融商品取引法は、基本的にはわが国居住者である投資者を保護するものである」ことからすると、非居住者である外国人は金商法の保護対象外であるようにも思えるが、「外国投資家（非居住者）であっても、たとえば、金融商品取引業者等が非居住者に対して本邦内で販売・勧誘する場合には、保護対象とな」ることから、結局非居住者である外国人にも法の保護が及ぶことにな

る（三井秀範＝池田唯一監修『一問一答金融商品取引法〔改訂版〕』265頁からの引用）。

◆海外在住の日本人との取引　金融機関の海外支店が海外居住の投資家（日系・非日系問わず）との間で金融商品取引を行う場合、金商法は特に適用がある旨の規定がない限り適用されない。これは、海外在住の投資家は日系・非日系を問わず、日本の居住者ではないこと、そして、法の業規制は、業者が日本国内で金融商品取引業を行う場合を規制しているものにすぎないからである。以上から、海外在住の日本人との取引には、原則として金商法は適用されないということになる。ただ、海外在住者（日本人かどうか問わず）が、直接日本国内の金融機関本支店と取引をする場合、業者の行為は日本国内で行われたとみなしうるので、金商法の規制対象になると考えられる。

インターネットによるクロス・ボーダー取引については【10268】参照。

10268　インターネットによるクロス・ボーダー取引

外国証券会社を国内の顧客に紹介することは可能か。金融商品取引業者として登録していない外国の証券会社が国内の投資家との間でインターネット取引を行うことができるか

結　論

外国証券会社を国内の顧客に紹介することは、たとえ紹介者である金融機関が金商法違反とならなくとも、当該外国証券会社

が金商法違反となる可能性がある。また、金融商品取引業者として登録していない外国の証券会社が国内の投資家との間でインターネット取引を行うことは、一定の措置等を講じない限り、金商法違反となる可能性が高い。

■■ 解 説 ■■

◆金商法の域外適用は可能か　金融商品取引業は、内閣総理大臣の登録を受けた者でなければ、行うことができない（金商法29条）。したがって、本問における外国証券会社が金融商品取引業者としての登録を受けた者、すなわち金融商品取引業者（同法2条9項）でなければ日本国内において金融商品取引業を行うことはできない。

　では、日本国外で金融商品取引業を行うために金商法に基づく登録が必要か。ある国が、当該国の法律を当該国以外の地における行為や当該国以外で事業を行う業者に対して適用するかどうかは、当該国の立法政策にかかわる問題であり、立法政策としては、金商法を日本国外における行為や日本国外で事業を行う業者に対して適用すること（域外適用）も可能と解される。ただし、「金商法は、基本的にはわが国居住者である投資者を保護するものであることから」（三井秀範＝池田唯一監修『一問一答金融商品取引法〔改訂版〕』265頁）、基本的には域外適用を想定していないものと解される。

　もっとも、金商法が基本的には域外適用されないとしても、国内の金融機関などが国内の投資家に対して外国証券会社を紹介してよいかどうかや、外国証券会社が国内の投資家との間で直接インターネットを通じた金融商品取引を行うことが可能かは、別問題である。前者においては国内金融機関の行為が介在するし、後者においては国内の投資家が取引の一方当事者であるからである。

◆金融庁の考え方　金商業者監督指針X－1（外国証券業者に対する法令の基本的考え方）は「外国証券会社は、日本国内における有価証券関連業の本拠として設ける主たる営業所又は事務所について登録を受けない限り、国内にある者を相手方として金商法第28条第8項各号に掲げる行為（＝有価証券関連業に係る行為）を行うことはできない」としたうえで、下記を述べている。

① 「国内に拠点を有しない無登録の外国証券業者であっても、有価証券関連業に係る行為についての勧誘をすることなく、あるいは金融商品取引業者（第1種金融商品取引業に限る）による代理又は媒介により、国内にある者の注文を受けて外国からその者を相手方として有価証券関連業に係る行為を行うことについては許容されている」（金商業者監督指針X－1－1）

② 「外国証券業者がホームページ等に有価証券関連業に係る行為に関する広告等を掲載する行為については、原則として「勧誘」行為に該当する」（金商業者監督指針X－1－2）

◆外国証券会社を国内の顧客に紹介することは可能か　上記でいう紹介が媒介に該当しないのであれば（【10266】参照）、外国証券会社を国内の顧客に金融機関が紹介することは、当該金融機関に関しては金商法違反の問題は生じないとも考えられる。

しかしながら、上記の外国証券会社が金融商品取引業者としての登録を行っていないのであれば、当該外国証券会社は金商法29条違反になると解される。なぜなら、金融機関から当該外国証券会社を紹介された顧客に対して、当該外国証券会社からの勧誘がなかったと考えることは困難だからである。

◆**金融商品取引業者として登録していない外国の証券会社が国内の投資家との間でインターネット取引を行うことができるか**

「外国証券業者がホームページ等に有価証券関連業に係る行為に関する広告等を掲載する行為については、原則として「勧誘」行為に該当する」が、当該インターネットにおいて担保文言を明記し、かつ、取引防止措置等を講じている場合は「国内投資家に向けた「勧誘」には該当しない」とされている（金商業者監督指針X-1-2）。したがって、上記措置等がなされていない限り、当該外国証券会社の行為は金商法違反となる可能性が高いと考えられる。

なお、「当該外国証券業者は、日本国内の投資者との間で勧誘を伴う実際の有価証券関連業に係る行為が行われていない旨を証明すべきである」とされていること（金商業者監督指針X-1-2(3)）に注意する必要がある。

ちなみに、上記にいう担保文言は「日本国内の投資者が当該サービスの対象とされていない旨の文言」とされ、取引防止措置等の例としては、①取引に際して、投資者の居所を確認できる手続を経ていること、②明らかに日本国内の投資者による有価証券関連業に係る行為であると信ずるに足る合理的な事由がある場合には、当該投資者から注文に応ずることのないよう配意していること、③日本国内に顧客向けのコールセンターを設置するなど、日本国内にある投資者に対し有価証券関連業に係る行為を誘引することのないよう配慮していること、があげられている。

| 10269 | セーフティ・ネット |

セーフティ・ネットとは何か。金融商品取引にかかわるセーフティ・ネットにはどのようなものがあるか

結　論

セーフティ・ネットとは、金融機関が破綻した場合に、顧客の資産などを守る仕組みをいい、主要なものとしては、預金保険制度による預金保護等、投資者保護基金、保険契約者保護機構による補償などがある。

解　説

◆**顧客の資産・契約を守る仕組み**　セーフティ・ネット（安全網）とは、万一、金融商品の取扱金融機関が破綻した場合に、預金者、投資者、保険契約者の観点から、顧客の資産や契約を守る仕組みをいい、セーフティ・ネットは、法律または業界のルールに基づいて制度化されている。

セーフティ・ネットの主要なものとしては、預金保険制度による保護等、投資者保護基金、保険契約者保護機構による補償などがあり、対象となる金融商品や金融機関、保護限度額などセーフティ・ネットの保護内容はそれぞれ異なる。

◆**預金保険制度**（【11209】【11210】【11211】【11212】【11213】【11214】参照）　預金保険制度は、金融機関が破綻した場合に、預金者の保護や資金決済における履行の確保を図り、信用秩序を維持することを目的とする制度であり、保護等の方式としては「資金援助方式」のほか「保険金支払方式（ペイオフ方式）」がある。

預金保険制度では、金融機関が破綻した場合に、同制度により保護される範囲は原則として1金融機関につき預金者1人当り元本1000万円までとその利息等とされているが、決済用預金については全額保護されている。

預金保険の対象となる預金等を付保預金、対象とならない預金等を付保対象外預金といい、外貨預金、譲渡性預金などは付保対象外預金である。

平成19年10月の民営化前に預け入れられた郵便貯金のうち定期性貯金は、郵便貯金法によって国が元利金の支払を保証している。それ以外の貯金（民営化後の預入れ分や、民営化前に預入れした通常貯金など）については、他の金融機関と同じ取扱い（預金保険の対象）となっている。

◆**投資者保護基金**　金融商品取引業者が破綻した場合であっても、金融商品取引業者は投資者から預かった株式、債券等の有価証券については分別管理が、投資者から預かった有価証券の売買代金については信託銀行等に信託することが金商法上、義務づけられている。また、金融商品取引業者が有価証券や預託金を弁済することが困難な場合には、国内で第一種金融商品取引業を営むすべての金融商品取引業者が加入を義務づけられている投資者保護基金が一般

の顧客の資産について補償を行う。ただし、店頭デリバティブ取引、外国金融商品市場デリバティブ取引に係る有価証券などは投資者保護基金による保護の対象外である。また、金融商品取引業者破綻時の投資家資産は、元本価額が変動する商品であることから、銀行預金のように元本が保護されるのではなく、1顧客当り1000万円を限度として補償されるにとどまる。

なお、登録金融機関は投資者保護基金に加入していないので、登録金融機関の顧客は同基金による保護を受けることはできない。もっとも、たとえば投資信託の信託財産は、投資信託委託会社や販売会社が管理しているのではなく、投資信託委託会社と投資信託契約を結んだ信託銀行が、信託銀行の本体資産とは別に管理している（分別管理）。したがって、投資信託委託会社や投資信託の販売会社である登録金融機関が破綻した場合でも、信託財産は信託銀行で保全される。

◆**保険契約者保護機構**　保険契約者保護機構は、万一保険会社が破綻した場合でも、破綻保険会社の保険契約の移転等（移転、合併、株式取得）における資金援助を行うことにより、保険契約者等の保護を図ることを目的として、生命保険会社・損害保険会社の業種別に設立されている。

国内で営業するすべての生命保険会社、損害保険会社は、それぞれ生命保険契約者保護機構、損害保険契約者保護機構への加入を義務づけられているが、共済、少額短期保険業者はどちらにも加入していない。

保護機構による補償内容は、生命保険契約においては破綻した生命保険会社の責任準備金の90%が補償され、損害保険契約に

おいては、自賠責保険と家計地震保険は責任準備金の100％、自動車保険・火災保険等は破綻後３カ月は100％、それ以降は80％が補償される（詳しくは【11293】参照）。

第2項　行　為　規　制

10270　金商法の行為規制の概要

金融商品の勧誘・販売時における金商法の
行為規制の概要を説明してほしい

結　論

　金商法の規定する勧誘・販売時における
行為規制の多くは、旧証券取引法にもあっ
たものである。ただし、金商法規制対象取
引が広がったこと、新たに特定投資家制度
が設けられたこと等が主な変更点である。

解　説

◆適用業務範囲が拡大　　金商法は、金融
商品取引業者が金融商品取引契約の勧誘・
販売時に従うべきルール（行為規制）を36
条以下に詳細に定めている。そのなかで主
要なものは、顧客に対する誠実義務（36条
1項）、広告等の規制（37条）、取引態様の
事前明示義務（37条の2）、契約締結前の
書面の交付（37条の3）、契約締結時等の
書面の交付（37条の4）、各種禁止行為
（38条）、損失補てん等の禁止（39条）、適
合性の原則等（40条1号）などである。こ
れらのルールのうち、多くのものは旧証券
取引法においても同様の規定があった。し
かしながら、金商法によって、これらのル
ールが適用される業務の範囲が大幅に拡大
されると同時にその強化が図られた。

　一方で旧証券取引法では、投資家の属性
にかかわりなくその行為規制が一律に適用
されたが、金商法では特定投資家制度を新
たに設け（同法34条以下）、適切な投資者
保護とリスク・キャピタルの供給の円滑化
を両立させる等の観点から、一部の行為規
制は特定投資家に適用されないものとして
いる（同法45条）。すなわち、業者に適用
される行為規制のうち、契約締結前におけ
る説明・書面交付義務、契約締結時におけ
る書面交付義務など、情報格差の是正を目
的とする行為規制については、取引相手が
特定投資家の場合は適用除外とすることと
し、他方、虚偽告知または断定的判断の提
供による勧誘の禁止、損失補てんの禁止な
ど、市場の公正確保をも目的とする規制に
ついては、適用除外としないこととした。
なお、金販法の改正施行令により、同法上
の重要事項説明義務も特定投資家に対して
は免除されることになった。

　なお、金商法第3章の「第2節　業務」
の構成であるが、第1款（35条〜40条の
5）の規定はすべての金融商品取引業者お
よび登録金融機関に適用される規定であり、
第2款（41条〜41条の5）が投資助言業務
に関する特則、第3款（42条〜42条の8）
が投資運用業に関する特則、第4款（43条
〜43条の4）が有価証券等管理業務に関す
る特則、第5款（43条の5〜44条の4）が
電子募集取扱業務に関する特則、第6款
（45条）が弊害防止措置等として金融商品
取引業者等が二以上の種別の業務を行う場
合の禁止行為等を規定している。

◆**金融機関の業務に関する行為規制**　金融機関については、旧証券取引法と同じく、有価証券関連業は原則として禁止されており（金商法33条1項）、一定の有価証券関連業務が例外として認められる（同条2項）という構造になっている。この例外として認められた有価証券関連業務に関しては、金商法のルールが適用される。また、デリバティブ取引が広く金商法の対象とされたことから、これらの取引にも、金商法の行為規制が適用される。

　以上の金商法が直接適用される取引に加え、投資者保護の見地から、金融機関が投資性の強い金融商品を販売・勧誘する場合には、金商法のルールを銀行法等により準用している。具体的には、特定預金等契約、特定保険契約、特定信託契約の締結について金商法の行為規制が準用される（銀行法13条の4、保険業法300条の2、信託業法24条の2。【10261】参照）。

| 10271 | 勧誘・販売等に関する各種行為規制の位置づけ |

勧誘・販売等に関する各種行為規制の位置づけはどうなっているのか。特に、広告・勧誘・販売の位置づけを教えてほしい

結　論

　広告等規制は、勧誘・販売の前の段階（情報提供段階）における規制であるが、その他の多くの規制は、勧誘・販売時におけるものである。ただし、情報提供と勧誘を明確に区別できないことも多いことには注意が必要である。

解　説

◆**主な行為規制**　顧客が、金融商品取引業者等と金融商品取引契約を締結する過程を時系列で整理すると、①業者からの情報提供、②業者による勧誘、③販売（契約締結）手続、④販売（契約締結）後の関係、⑤解約となる。

　一方、勧誘・販売等に関する主要な行為規制としては、特定投資家制度（金商法34条以下）、顧客に対する誠実義務（同法36条1項）、広告等の規制（同法37条）、取引態様の事前明示義務（同法37条の2）、契約締結前の書面の交付（同法37条の3）、契約締結時等の書面の交付（同法37条の4）、各種禁止行為（同法38条）、損失補てん等の禁止（同法39条）、適合性の原則（同法40条1号）などがある。また、金販法の説明義務も忘れてはならない。

　これらの行為規制は、上記①～⑤の時系列との関係でどのように位置づけられるのであろうか。時系列に応じて整理してみることにする。

◆**業者からの情報提供**　主に広告等の規制（金商法37条）が適用される段階である。金商法は、金融商品取引業者等が広告その他これに類似する行為（広告等）を行う際に厳格な行為規制を定めているが、その目的は投資者保護であり、そのために必要な表示事項や表示方法を細かく規定し、利益の見込み等について著しく事実に相違する表示または著しく人を誤認させるような表示をすることを禁止している。

　なお、情報提供段階においては、もっぱら広告等の規制が問題となり、勧誘段階における行為規制（たとえば適合性の原則）

は、直接は適用とならないのが原則である。ただし、「情報提供」と「勧誘」とを厳格に区別することは困難なことも多いこと、情報提供段階においても適合性原則の趣旨に沿った対応が望ましいと考えられる場面もありうること等に留意する必要がある（詳細は【10312】で後述）。

◆**業者による勧誘**　適合性原則（金商法40条1号）、虚偽告知の禁止（同法38条1号）、断定的判断の提供等の禁止（同条2号）、不招請勧誘等の禁止（同条4～6号）、金商法38条8号に基づく禁止事項として、「虚偽表示等」（金商業等府令117条1項2号）、「迷惑時間帯における訪問・電話勧誘」（同項7号）等、多くの行為規制が適用される場面である。

◆**販売（契約締結）手続**　「勧誘」から「販売」に至る過程は、必ずしも明確に区別できるものではないと思われるが、最終的な販売（契約締結）に至る過程において適用される行為規制としては、取引態様の事前明示義務（金商法37条の2）、契約締結前交付書面の作成・交付義務（同法37条の3）、虚偽告知の禁止（同法38条1号）、損失補てん等の禁止（同法39条）、最良執行方針等を記載した書面の交付義務（同法40条の2第4項）、金商法38条8号に基づく事項として、「説明義務」（金商業等府令117条1項1号）、「虚偽表示等」（同項2号）、「特別の利益提供禁止」（同項3号）、「偽計・暴行・脅迫の禁止」（同項4号）等があげられる。また、金販法の適用される場面も、この段階である。

◆**販売（契約締結）後の関係**　契約締結時等の書面の作成・交付義務（金商法37条の4）、書面による解除（同法37条の6）、損失補てん等の禁止（同法39条）、金商法38条8号に基づく禁止事項として、「履行拒否、不当遅延行為の禁止」（金商業等府令117条1項5号）等があげられる。

◆**解約**　顧客が購入した有価証券を売却する行為は、有価証券の売買に当たるので、それは新たな金融商品取引契約に該当する。これに対し、投資信託の解約やデリバティブ取引契約の解約は、新たな金融商品取引契約ではない。

「解約」時の行為規制としては、契約締結時等の書面交付義務（金商法37条の4第1項、金商業等府令98条1項1号）、同法38条8号に基づく禁止事項として、「偽計・暴行・脅迫の禁止」（金商業等府令117条1項4号）等があげられる。

◆**その他**　上記の過程すべてに適用される行為規制としては、特定投資家制度がある。また、顧客に対する誠実義務（金商法36条1項）は、金融商品取引業者等の業務すべての遂行における「誠実義務」を規定するものであるから、全過程を通じての規制である。

10272　勧誘の定義

勧誘とは何か。顧客と1対1でなければ勧誘に該当しないと考えてよいか

結　論

　勧誘の定義は金商法にないが、勧誘は、金融取引への誘引を目的として特定の利用者を対象として行われる行為ということができる。もっとも、顧客と1対1でなけれ

ば勧誘に該当しないと考えることは危険である。

解　説

◆**勧誘の定義**　金商法の定める行為規制には、勧誘に関するものが多く存在する。たとえば禁止行為である虚偽告知の禁止（同法38条1号）は「金融商品取引契約の締結又はその勧誘に関し」禁止されるものであるし、断定的判断の提供等の禁止（同条2号）も断定的判断の提供等をして「金融商品取引契約の締結の勧誘をする行為」を禁止するものである。さらには、適合性の原則も「不適当と認められる勧誘」が問題とされる（同法40条1号）。

このように、ある行為が勧誘に該当するかどうかは非常に大切であるが、金商法に「勧誘」を定義した規定はない。もっとも、一応「勧誘は、金融取引への誘引を目的として特定の利用者を対象として行われる行為ということができ」「金融取引への誘引目的の有無は、一般的な投資者を基準として、客観的状況をふまえて実質的に判断される」（松尾直彦『金融商品取引法〔第3版〕』404頁）ことになる。

◆**金融庁の考え方**　前述のとおり、金商法に勧誘の定義はないが、金商業者監督指針Ⅷ-2-5(2)①は以下の行為は勧誘に当たらないとしている。

イ　当該業務内容の説明を顧客に対し行うこと

ロ　当該業務内容について、新聞、雑誌、文書、ダイレクトメール、インターネットのHP、放送、映画その他の方法を用いて紹介すること

ハ　当該業務に係る注文用紙およびロに規定する文書を当該銀行等の店舗に据え置くこともしくは顧客に送付すること、またはその文書を店舗に掲示すること

また、主要行監督指針Ⅷ-3-2-1-1(3)②は、銀行代理業の許可の要否に関し、下記の行為は媒介に至らない（銀行代理業の許可は不要）としており、前述の金商業者監督指針の記載とあわせて、ある行為が勧誘に該当するかどうかの判断基準として参考になる。

イ　商品案内チラシ・パンフレット・契約申込書等の単なる配布・交付

ロ　契約申込書およびその添付書類等の受領・回収

ハ　金融商品説明会における一般的な銀行取扱商品の仕組み・活用法等についての説明

◆**顧客と1対1でなければ勧誘に該当しないと考えてよいか**　金融庁は「外国証券業者がホームページ等に有価証券関連業に係る行為に関する広告等を掲載する行為については、原則として「勧誘」行為に該当する」（金商業監督指針Ⅹ-1-2）としており、HPであっても勧誘に該当しうることになる。また、業者の担当者1名が、複数の顧客相手に営業活動を行うことは当然ありえ、その場合に勧誘がないと考えることには無理がある。

よって、顧客と1対1でなくとも、勧誘に該当することはあると考えるべきである。

◆**勧誘に当たらない場合の意義**　金商法の行為規制には「勧誘」を前提としたものが多数あり、ある行為が勧誘に該当しないのであれば、当該行為は勧誘を前提とした行為規制の対象外となる。代表例をあげると以下がある。

① 虚偽告知の禁止（金商法38条1号）

② 断定的判断の提供等の禁止（同条2号）

③ 不招請勧誘等の禁止（同条4～6号）

④ 適合性の原則（同法40条1号）

　もっとも、勧誘に該当しないからといって、どのような行為でも金商法違反とならないわけではない。特に下記に留意することが必要である。

① 勧誘の前の段階における情報提供は広告等規制（金商法37条）の対象となることが多い。広告等を行うに際しては、必要表示事項を金商法の定める表示方法で表示することが必要であるほか、誇大広告等も禁止されていること（同条2項）にも留意が必要である。

② ある行為が勧誘に該当しないと判断される場合であっても、その後勧誘行為が行われた場合、当該勧誘に先立って行われた行為も勧誘行為の一環であると判断される場合もありうる。たとえば、勧誘ではなく、単に情報提供として顧客に配布した資料中に当時のデータ等としては虚偽ではないが古いデータ等があり、顧客が当該古いデータがまだ有効なものと誤解していることを知りながら、あえて訂正することなく具体的な金融商品取引契約の締結の勧誘を行った場合、こうした古いデータ等の提供が勧誘行為の際に行われたとみなされることも考えられる。

③ 勧誘の定義が明確でなく、勧誘と情報提供との明確な区別をすることが実際には困難なことも考えられることから、顧客に対して情報提供（広告等）をするに際しても、適合性の原則に配慮することが望ましい。たとえば、ダイレクトメールの送付先について、リスクの高い複雑な金融商品の案内はある基準を満たす顧客に対してのみ行う等のことが考えられる。

◆登録等との関係　金融商品取引契約締結の勧誘を行わないのであれば、金融商品取引業に該当しないことから、金商業者等としての登録や金融商品仲介業としての登録も不要である。

　また、勧誘を行わないのであれば、外務員登録（金商法64条）も不要である。

10273　インターネット取引と勧誘

インターネット取引において勧誘はないと考えてよいか

結　論

　インターネット取引においては顧客自身が業者のHPにアクセスし、パスワード等を入力したうえで金融商品取引を行うことから、その一連のプロセスに業者が主体的に関与することはないことからインターネット取引において勧誘はないとの考えも見受けられる。しかし、金融庁がインターネット取引に関していっさい勧誘はないと考えているとは解されないことに注意が必要である。

解　説

◆インターネット取引における勧誘の可能性　インターネット取引においては、顧客は自ら業者のHPにアクセスし、パスワード等を入力したうえで金融商品取引を行

うことから、その一連のプロセスに業者が主体的に関与することはない。よって、インターネット取引においては勧誘はないと考える向きもあるようである。

たしかに、金商業者監督指針Ⅷ-2-5(2)①は、書面取次行為について、「銀行等は、当該業務を行う際に、顧客に対し、有価証券の売買その他の取引の勧誘を行ってはならない」とし、そのうえで、「以下の行為は勧誘行為には当たらない」と述べ、「当該業務内容について、新聞、雑誌、文書、ダイレクトメール、インターネットのHP、放送、映画その他の方法を用いて紹介すること」をあげている。

しかしながら、金商業者監督指針は、あくまでも「当該業務内容について」とのみ述べ、具体的な金融商品取引契約の内容については言及していない。また、後述の金商業者監督指針の他の記述においては、インターネット取引においても勧誘がありうることを念頭に置いていると推測される記述もある。よって、インターネット取引において勧誘はないと決めつけることは危険である。

◆**金融庁の考え**　金商業者監督指針Ⅹ-1（外国証券業者に対する基本的考え方）には「外国証券業者がホームページ等に有価証券関連業に係る行為に関する広告等を掲載する行為については、原則として「勧誘」行為に該当する」との記述がある。

また、金融庁はそのHPで、「無登録の海外所在業者による勧誘にご注意ください」として、「金融商品取引法に基づく登録を受けていない海外所在業者が、インターネットに日本語ホームページを開設する等により、外国為替証拠金取引（FX取引）や有価証券投資等の勧誘を行っている例が見受けられます」と述べている。

上記から、金融庁も、インターネット取引において勧誘がありうると考えていることが読み取れる。

◆**日本証券業協会について**　日本証券業協会は「高齢顧客への勧誘による販売に係るガイドライン」（【10318】参照）の一部改正を行い、当該改正は平成28年9月20日から施行された。本ガイドラインは同協会の「協会員の投資勧誘、顧客管理等に関する規則」5条の3（高齢顧客に対する勧誘による販売）の考え方を日本証券業協会として示すために平成25年10月29日に制定されたものであるが、従前のガイドラインでは、インターネット取引には原則として本条は適用にならないとされていた（ガイドライン「4．勧誘を行う場所、方法Q4」）。ガイドラインの上記結論は、「インターネット取引は顧客自身がIDとパスワードを入力してログインするとともに、「銘柄」及び「数量又は金額」を入力して行うもの」であることが理由とされ、本条に規定する「「勧誘による販売」に該当する行為がなされない限り、同条の適用対象にはならない」とされていた。同協会が公表した本改正の趣旨に関する平成28年6月10日付通達によると、本条の適用対象となるインターネット取引について明確にすべきとの提言および意見が寄せられたことから、本改正が行われることとなったとのことであり、本改正によるとインターネット取引であっても一定の場合には上記ガイドラインが適用されることになる。

上記から、日本証券業協会もインターネット取引において勧誘がないとは考えてい

ないものと推測される。

10274 銀行法・保険業法により準用される金商法の行為規制

銀行法・保険業法により準用される金商法の行為規制はどのようなものか

結　論

　金商法の行為規制の多くのものは銀行法・保険業法により準用されている。また、準用されていないものでも、もともと銀行法・保険業法に規定があるものもあることには注意が必要である。結局、投資性の強い預金・保険には、金商法と同等の規制が及ぶと理解すべきである。

解　説

◆**投資性の強い預金・保険に準用**　　預金は金商法で規制されるのではなく、銀行法で規制されている。しかしながら、投資者保護の徹底を図る観点から、同じ経済的性質を有する金融商品については、同様の勧誘・販売ルールを適用するという考え方から、投資性の強い預金や保険契約については、金商法を準用することにより、投資者保護の徹底を図っている。具体的には、銀行法13条の4を新設し、銀行が投資性の強い預金等（特定預金等）を販売・勧誘する場合に、金商法の行為規制を準用している。なお、銀行法施行規則14条の11の4によると、特定預金等とは、外貨預金、デリバティブ預金、通貨オプション組入型預金とされている。また、保険契約については、保

険業法300条の2が投資性の強い保険契約（特定保険契約）に金商法の行為規制を準用することとし、保険業法施行規則234条の2が特定保険契約の範囲を、特別勘定設置の保険契約、解約返戻金変動型保険・年金、外貨建保険・年金と規定している。

　では、なぜ投資性の強い預金等には金商法の適用ではなく、銀行法による準用という形をとったのか。その理由を、立案担当者は、「投資性の強い預金等について、金商法の行為規制の直接の適用対象とするのではなく、銀行法における準用という方式を採用した理由は、以下のとおりである。
① 金商法の行為規制には、銀行法に既に規定されている行為規制と重複するものがあるが、銀行法における準用という方式を採用すれば、行為規制の重複的適用を明確に回避することができること。
② 銀行法における準用という方式を採用すれば、投資性の強い預金等にかかる行為規制と監督が同一の法に基づくことになり、投資性の強い預金等にかかる行為規制の違反は、銀行法違反として銀行法に基づく行政処分の対象となることから、法の適用関係が明確となること」
と説明している（三井秀範＝池田唯一監修『一問一答金融商品取引法〔改訂版〕』405頁）。

◆**銀行法**　　銀行法13条の4が、同法で準用する金商法の規定を列挙している。整理の仕方としては、銀行法にすでに規定されている行為規制と重複するもの（たとえば、虚偽告知の禁止・断定的判断の提供等の禁止（金商法38条1号・2号））、投資性に着目した行為規制とは必ずしもいえないもの（たとえば、顧客に対する誠実義務（同法

36条1項)、取引態様の事前明示義務（同法37条の2）等）、銀行業務には関係のないもの（たとえば、社債の管理の禁止（同法36条の4））などは準用していない。

　結局、金商法の行為規制のうち、広告等の規制（同法37条）、契約締結前の書面交付義務（同法37条の3）、契約締結時等の書面交付義務（同法37条の4）、書面による解除（同法37条の6）、禁止行為の一部（同法38条）（不招請勧誘の禁止等（同条4～6号）、内閣府令委任事項（同条8号））、損失補てん等の禁止（同法39条）、適合性の原則等（同法40条）が準用されている。

　また、銀行法は、特定投資家制度も準用しているので、銀行がプロに対して特定預金等の販売・勧誘を行う場合には、上記の行為規制の一部が適用除外となる。

◆**保険業法**　　保険業法300条の2が、同法で準用する金商法の規定を列挙している。銀行法と同じく、保険業法にすでに規定されている行為規制と重複するもの、投資性に着目した行為規制とは必ずしもいえないもの、保険業務には関係のないものを除いた行為規制を準用している。

　準用されている行為規制は、広告等の規制（金商法37条）、契約締結前の書面交付義務（同法37条の3）、契約締結時等の書面交付義務（同法37条の4）、書面による解除（同法37条の6）、禁止行為の一部（同法38条）（不招請勧誘の禁止等（同条4～6号）、内閣府令委任事項（同条8号））、損失補てん等の禁止（同法39条）、適合性の原則等（同法40条）、特定投資家制度（同法34条以下）などである。

| 10275 | 特定投資家制度の概要 |

特定投資家制度の概要を説明してほしい

結　論

　特定投資家制度とは、投資家をプロとアマとに区分し、プロには異なる、緩やかな行為規制を適用しようとするものである。金商法の特定投資家制度の特徴は、一部のプロおよびアマについては、移行制度を設けたこと、移行は契約の種類ごととしたこと等である。

解　説

◆**制度の趣旨**　　旧証券取引法では、業者の行為規制は、投資家の属性にかかわりなく一律に適用されることになっていた。しかしながら、金商法は、投資家を特定投資家（プロ）と一般投資家（アマ）に区分し、異なる行為規制を適用することにした。これが「顧客の属性に応じた行為規制の柔軟化」といわれるものである。

　平成17年12月22日の金融審議会金融分科会第一部会報告（「投資サービス法（仮称）に向けて」）によると、特定投資家と一般投資家との区分を設ける趣旨・目的としては、①特定投資家と一般投資家との区分により、適切な利用者保護とリスク・キャピタルの供給の円滑化を両立させる必要があること、②特定投資家は、その知識・経験・財産の状況などから、適合性原則のもとで保護が欠けることとならず、かつ当事者も必ずしも行政規制による保護を望んでいないと考えられること、③特定投資家に

ついては、行政規制ではなく市場規律に委ねることにより、過剰規制による取引コストを削減し、グローバルな競争環境に置かれている我が国金融・資本市場における取引の円滑を促進することがあげられている。

また、同報告によると、特定投資家と一般投資家との区分のあり方としては、区分の趣旨・目的をふまえ、また、主要国・地域の制度を参考として、一般投資家に移行できない特定投資家、特定投資家に移行できない一般投資家、選択によって移行可能な中間層に分類することとされた。そのうえで、一般投資家に対しては、業者に十分な行為規制を課すことによりその保護を図るとともに、特定投資家に対しては一部の行為規制の適用を除外することとした。

◆**制度の概要**　特定投資家制度の概要は、①顧客は、すべて特定投資家（プロ）と一般投資家（アマ）とに区分されること、②プロもアマも、それぞれ移行可能なプロないしアマと、移行できないプロないしアマに区分されること、③移行できるプロおよびアマに関して、移行の制度（プロ成り、アマ成り）が設けられたこと、④プロには一定の行為規制が適用されず、金販法上も特定顧客とみなされ、金融商品販売業者による同法上の重要事項の説明義務が免除されること（同法3条7項1号、同法施行令10条1項）、⑤銀行法・保険業法にも制度が準用されていることと整理できる。

◆**特定投資家（プロ）に適用されない行為規制**　プロに適用されない行為規制は金商法45条等に規定されており、広告等の規制（同法37条）、不招請勧誘の禁止・勧誘受諾意思確認義務・再勧誘の禁止（同法38条4〜6号）、適合性の原則（同法40条1

号）、取引態様の事前明示義務（同法37条の2）、契約締結前の書面交付義務（同法37条の3）、契約締結時等の書面交付義務（同法37条の4）、保証金の受領に係る書面交付義務（同法37条の5）、書面による解除（同法37条の6）、最良執行方針等を記載した書面交付義務（同法40条の2第4項）、金販法上の重要事項説明義務（同法3条7項1号、同法施行令10条1項）、である。

一方、虚偽告知の禁止（金商法38条1号）、断定的判断の提供等の禁止（同条2号）、損失補てん等の禁止（同法39条）などについては、プロを相手とする取引であっても適用される。これはなぜか。それは、行為規制のうち業者と投資家との間の情報格差の是正を目的とするものについては、相手がプロの場合には適用しないことにしたが、市場の公正確保を目的とする行為規制については、相手がプロであっても適用することにしたからである。

結局、相手がプロであれば、広告等規制や適合性原則を心配する必要がなくなることや、取引態様を事前に明示することや、契約締結前および締結時の書面交付が不要となることが、実務面からすると大きな違いになると思われる。

10276　プロの定義

特定投資家（「プロ」）とはどのような投資家か。また、一般投資家（「アマ」）とはどのような投資家か

結　論

　特定投資家とは、①適格機関投資家、国、日本銀行と、②投資者保護基金その他の内閣府令で定める法人であり、それ以外の投資家はすべて一般投資家である。特定投資家のうち②は、アマへ移行可能な投資家であり、一般投資家のうちの法人投資家と一定の条件を満たす個人投資家が、プロへ移行可能な投資家である。

解　説

◆**総論**　投資家は「特定投資家」（プロ）と「一般投資家」（アマ）とに大別される。「特定投資家」の定義は金商法2条31項が規定しており、特定投資家以外の者が「一般投資家」である。なお、同法は「一般投資家」という用語は使用しておらず、アマとは、正確には「特定投資家以外の顧客」（同法34条の2第1項）のことである。

　「特定投資家」は、①適格機関投資家、国、日本銀行（金商法2条31項1～3号）と、②投資者保護基金その他の内閣府令で定める法人（同法2条31項4号）とがあり、このうち①は一般投資家へ移行ができないが、②は一般投資家への移行ができるとされている（同法34条の2第1項）。なお、②は「4号プロ」と呼ばれることがある。

　「一般投資家」は、③特定投資家へ移行可能な者（①②以外の法人および、一定の要件を満たす個人）と、④特定投資家への移行ができない③を除く個人とに分けられる。なお、金商法34条の3第1項により、「法人（特定投資家を除く）」は、プロ成り（申出により特定投資家となること）ができるとされている。よって、法人投資家は、

特定投資家か、プロ成りできる一般投資家のいずれかになる。また、③の一定の要件を満たす個人とは、1年以上の取引経験があり、取引状況などから合理的に判断して純資産額が3億円以上で、投資性のある金融資産が3億円以上と見込まれる個人、任意組合・匿名組合などの運営者である個人（出資合計額3億円以上の組合であること、および全組合員の同意が要件）をいうとされる（同法34条の4第1項、金商業等府令61条・62条）。

　ところで、上記①の特定投資家である適格機関投資家の範囲は、金商法2条3項1号に基づき金商法定義府令10条が定めており、同条は、適格機関投資家として、①有価証券残高が10億円以上であり、かつ、口座開設から1年以上経過しているものとして当局に届出を行った個人（金商法定義府令10条1項24号イ）、②組合の業務執行組合員等である個人のうち、当該組合等の有価証券残高が10億円以上であり、かつ、他のすべての組合員等の同意を得ているものとして当局に届出を行った者（同号ロ）、③厚生年金基金のうち純資産額が100億円以上あり当局に届出を行った者（同項19号）、を規定とすると同時に、信用協同組合については当局に届出を行ったものに限り適格機関投資家とすることにしている（同項9号）。

◆アマへ移行可能なプロ（4号プロ）

金商法2条31項4号前段は、「法79条の21に規定する投資者保護基金」をプロとし、次に、同号後段は、「その他の内閣府令で定める法人」もプロであるとしている。そして、金商法定義府令23条は、①特別の法律により特別の設立行為をもって設立され

た法人、②預金保険機構、③農水産業協同組合貯金保険機構、④保険契約者保護機構、⑤特定目的会社、⑥上場会社、⑦資本金5億円以上の株式会社、⑧金融商品取引業者または適格機関投資家等特例業務届出者である法人、⑨外国法人をプロであると定めている。これらの投資家がアマ成りのできる投資家である（金商法34条の2第1項）。従来プロとされていた地方公共団体は、平成23年4月からプロへ移行可能なアマへ変更になった。

◆プロへ移行可能なアマ（一般投資家）

金商法34条の3第1項は、「法人（特定投資家を除く）」はプロ成りできるとしている。よって、アマの法人投資家はすべてプロへ移行可能である。

これに対し、個人投資家の場合はすべてアマであり（適格機関投資家である場合を除く）、一定の条件を満たす個人投資家のみがプロ成りできることになっている（金商法34条の4第1項）。

◆留意事項

（1）　上場会社の定義　　金商法定義府令23条7号で特定投資家と定められている上場会社の定義は、「金融商品取引所に上場されている株券の発行者である会社」である。そして、「金融商品取引所」は「第80条第1項の規定により内閣総理大臣の免許を受けて金融商品市場を開設する金融商品会員制法人又は株式会社をいう」（金商法2条16項）と定義されているので、結局、日本国内の金融商品取引所（証券取引所）でその発行する株式が取引されている会社が上場会社であることになる。よって、外国の証券取引所等に上場していても金商法上は上場会社ではない。ただし、外国企業

でも国内の証券取引所のいわゆる外国部に上場している場合もあり、その場合は上場会社に該当する。上場会社の子会社も、その子会社自身が上場会社でない限り、上場会社であることという要件は満たさない。

（2）　法人の定義　　法人とは、「自然人以外のもので権利義務の主体となりうるもの」と定義され、民法が法人に関する大原則を定め、「法人は、この法律その他の法律の規定によらなければ、成立しない」（同法33条1項）とされる。

では、「組合」や「権利能力なき社団」は法人か。まず、組合であるが、民法上の組合（同法667条以下）あるいは商法上の匿名組合（同法535条以下）は、2人以上の出資者が契約によってつくった団体にすぎないので、法人ではない。また、投資事業有限責任組合なども法人ではない。

次に、「権利能力なき社団」は、言葉のとおり、それは権利義務の主体となりうる能力、すなわち権利能力がない社団であるので法人ではない。個人事業主も同様に法人ではない。

これに対し、「会社は、法人とする」（会社法3条）とされているので、株式会社に限らず、合名会社、合資会社や合同会社も法人である（同法2条1号）。

10277 　プロとアマの見分け方

プロかアマかをどのように見分ければよいか

結　論

　プロとアマの見分け方で最も重要なことは、アマ成りのできるプロ（4号プロ）の見分け方である。民間企業の場合には、上場会社もしくは資本金5億円以上の株式会社が4号プロである。

解　説

◆プロ・アマ判定が必要な理由
金商法上、アマに対しては、投資者保護のために十分な行為規制が適用されるが、プロに対しては、一部の行為規制の適用が除外される。したがって、金融機関が、顧客に対し金融商品取引を勧誘・販売する際には、その顧客がアマなのか、プロなのかを判断して勧誘・販売する必要がある。また、金商法は、アマに移行できるプロには、「アマになれること（アマ成り）」を金融商品取引契約を締結するまでに「告知」することを要求している（同法34条）。この観点から、同じプロであっても、「告知」が必要なプロ（4号プロ）なのか、不要なプロなのかを判断する必要がある。

　では、いつの時点でプロ・アマ判定をする必要があるかであるが、プロに適用が除外される行為規制の多くのものは勧誘・販売行為に関するものである（たとえば、適合性の原則、契約締結前の書面の交付）。よって、勧誘行為を行う前にはプロ・アマ判定が必要なことになる。もっとも、プロに対してアマと同様の厳しい行為規制に基づき勧誘・販売行為をしても、このことが特に法律違反になるわけではない。したがって、もし金融機関が、ある顧客がプロかアマか確信がもてない場合に、その顧客を

アマとして取り扱っておけば実際上大きな問題はない。

　ただし、4号プロに対する「告知義務」については注意が必要である。すなわち、金商法34条は、4号プロに対し、金融商品取引契約を締結するまでに、アマ成りの申出ができる旨を「告知しなければならない」としており、その懈怠は法律違反となるからである。よって、この告知義務を遵守するために、4号プロかどうかの判定を、金融商品取引契約を締結する前までにしなければならない。

◆見分け方

　(1)　顧客が個人の場合　　個人は原則として一般投資家である。ただし、一定の条件を満たす個人は、プロへ移行可能である。なお、個人投資家でも一定の要件を満たす者（10億円以上の有価証券残高をもち、有価証券取引の経験が1年以上ある者、もしくは、一定の条件を満たす、組合等の業務執行者である者）は届出をすることにより「適格機関投資家」になることができる（金商法2条3項1号、金商法定義府令10条1項24号・3項）。そして、適格機関投資家である個人（適格機関投資家かどうかは、金融庁のホームページで確認できる）は、アマ成りのできないプロである。

　金商法34条の4は、プロ成りできる個人投資家を、①商法535条に規定する匿名組合契約を締結した営業者である個人（内閣府令で定めるものを除く）その他これに類するものとして内閣府令で定める個人（金商法34条の4第1項1号）、および、②その知識、経験および財産の状況に照らして特定投資家に相当する者として内閣府令で定める要件に該当する個人（同項2号）と

している。そして、金商業等府令は、①の匿名組合に関しては、プロ成りの申出につき組合員すべての同意がない場合、または、出資合計額が３億円未満の場合は除くこと、①の「これに類するもの」とは、組合員すべての同意を得、かつ出資合計額が３億円以上の組合の業務執行組合員または有限責任事業組合の業務執行組合員（金商業等府令61条）、②に関しては、取引の状況等から合理的に判断して純資産額および投資性のある金融資産が３億円以上と見込まれ、かつ、最初の契約を締結してから１年を経過している者としている（同府令62条）。

よって、個人については、以下の者がプロ成りできることになる。

① 組合等（匿名組合、組合、有限責任事業組合）の営業者、業務執行組合員等である個人（ただし、プロ成りの申出にすべての組合員の同意があり、かつ、組合等の出資合計額が３億円以上の場合に限る）

② 純資産額および投資性のある金融資産額が３億円以上で、最初の契約締結から１年以上経過している者

なお、上記でいう「純資産額」とは、「承諾日における申出者の資産の合計額から負債の合計額を控除した額」をいい（金商業等府令62条１号）、「投資性のある金融資産」とは、「有価証券、デリバティブ取引に係る権利、など金商業等府令62条２号に列挙された資産（特定預金等、特定保険契約等に係る権利、特定信託契約に係る信託受益権、不動産特定共同事業契約に基づく権利、先物取引に係る権利など）」のことをいう。なお、金融資産は他行・他社に保有するものも含めて判定してよい。ただ

し、あくまでも「投資性のある金融資産」であるから、たとえば円建定期預金などは含まれないことに注意する必要がある。

（2）顧客が法人の場合　法人の場合、①アマに移行できないプロ、②アマに移行できるプロ、もしくは、③プロに移行できるアマのいずれかである。個人と異なり、プロに移行できないアマに該当するものはいない。

まず、①の「アマに移行できないプロ」であるが、これは、適格機関投資家（金商法２条31項１号）、国（同項２号）、および日本銀行（同項３号）が該当する。

次に、②の「アマに移行できるプロ」（４号プロ）であるが、問題は民間企業であり、その判定方法は、顧客企業が上場会社であるかどうかをまず確認し、次に、上場会社でなければ、その会社の直近貸借対照表で資本金額を確認することになる。なお、金商法令で、資本金が定義されていないので、単体ベースで判定することになる。

最後に、③の「プロに移行できるアマ」であるが、金商法34条の３は、プロを除くすべての法人がプロ成りできることを定めているので（同条１項）、投資家が法人である限り、会社の形態、規模等を問わず、法律上はすべてプロ成りできる。よって、会社法上の株式会社、有限会社（正確には特例有限会社）、合資会社、合名会社、合同会社、さらには宗教法人、学校法人、地方公共団体など、特別法によって法人格が付与されている者など、すべての法人はプロ成りできる。

◆留意事項

（1）４号プロの判定が最重要　金融機関にとって最も重要なのは、４号の規定す

るプロ（４号プロ）の判定である。それは、４号プロに該当しなければその投資家はアマであり、きびしい行為規制が業者に課せられること、および、４号プロに対してはアマ成りの告知義務があるからである。

（２）　要件確認義務　業者には、特定のアマが、プロ成りの要件を満たすかどうかを確認する義務があり（金商法34条の４第２項）、業者が不注意で、プロ成りの要件を満たしていないアマをプロ扱いした場合には、金商法違反となる。

（３）　プロ・アマの判定は必須か、すべての投資家をアマ扱いしてよいか　金商法は、「顧客の属性に応じた行為規制の柔軟化」を大きな柱の一つとし、その具体的な制度として特定投資家制度を設け、金融商品取引業者等が、顧客の属性に応じた勧誘・販売行為を行うことを期待している。もっとも、プロをすべてアマ扱いしても投資者保護の観点からは弊害はないのだから、すべてアマ扱いすれば十分であるとも思える。しかしながら、特定投資家制度は、金融商品取引業者等の負担を軽減させるためだけに設けられた制度ではなく、過剰な規制を望まない投資家のためにも設けられた制度でもある。さらに、形式的には、４号プロであるにもかかわらず、「アマ成りできる旨の告知」を欠いた場合には、法律違反（金商法34条の告知義務違反）といわざるをえないことから、安易にすべての投資家をアマとして扱うことは望ましいとはいえない。なお、この点について金融庁は、「業者の自主的な対応として、特定投資家に対して一般投資家と同様の対応を行うことも妨げられませんが、業者が特定投資家の意思に反して一律にそうした対応を行う

ことは、法適用の柔軟化を図る特定投資家制度の趣旨に合致せず許容されない」（金商法制パブコメ回答184頁８番）と述べている。したがって、金融機関としては、顧客がプロかアマかの判定は必ずしなければならない。

10278　プロ・アマ移行制度の概要

「プロ成り」「アマ成り」とはどのようなことか

結　論

金商法は、プロ・アマ間の移行制度を設けており、アマがプロになることは「プロ成り」、プロがアマになることは「アマ成り」と呼ばれている。金商法の移行制度の特徴は、その効果が相対的であること、移行は契約の種類ごとであること、および、アマのプロ成りに有効期限があることである。

解　説

◆プロ・アマ移行制度の概要　「アマ成り」とは、プロがアマとみなされることをいい、「プロ成り」とは、アマがプロとみなされることをいい、金商法34条の２以下がその手続を詳細に規定している。同法は、「顧客の属性に応じた行為規制の柔軟化」を導入することにし、一定の要件を満たす投資家をプロとして、プロに対しては、業者に対する行為規制の一部を適用しないこととした（同法45条）。しかしながら、プロといってもその金融商品に対する知識や

投資経験、財務状況等はさまざまであり、同じプロであってもすべての金融商品に対して同レベルの知識や投資経験を有しているとは限らない。また、アマであっても、その知識・経験等から、プロと取り扱ってもその保護に支障のないこともある。よって、同法は、適格機関投資家等以外のプロもしくは一定の要件を満たすアマについては、その申出により、アマもしくはプロへ移行できる制度を設けた。

このように、「特定投資家（プロ）」のうちの「4号プロ（投資者保護基金その他の内閣府令で定める法人）」は、自己をアマとして取り扱うよう申し出ること（アマ成り）ができ（金商法34条の2第1項）、「一般投資家（アマ）」である法人および一定の要件を満たす個人は、自己を特定投資家として取り扱うよう申し出ること（プロ成り）ができる（同法34条の3第1項・34条の4第1項）。

プロ・アマ移行制度の要点は下記のとおりである。

① アマ成りした「特定投資家」は、移行後はプロではなくアマとして取り扱われる（金商法34条の2第5項）。

② プロ成りした「一般投資家」は、移行後はアマではなくプロとして取り扱われる（同法34条の3第4項・34条の4第3項）。

③ 移行は、すべて「契約の種類ごと」である（同法34条の2第1項等）。

④ 移行の手続は、法が詳細に定めている（同法34条の2等）。

⑤ 移行の効果は永久ではない（同法34条の2第10項・34条の3第2項等）。

◆**契約の種類** 「契約の種類」とは、「金融商品取引契約の種類として内閣府令で定めるもの」とされ（金商法34条）、金商業等府令53条により、①有価証券取引（1号）、②デリバティブ取引（2号）、③投資顧問契約（3号）、④投資一任契約（4号）とされている。なお、金商法が準用される⑤特定預金等契約（外貨預金、デリバティブ預金、通貨オプション組入型預金）、⑥特定保険契約、⑦特定信託契約もそれぞれ銀行法（同法13条の4、同法施行規則14条の11の5）、保険業法（同法300条の2、同法施行規則234条の3）、信託業法（同法24条の2、同法施行規則30条の3）により、それぞれ別の「契約の種類」とされている。

アマ成り、プロ成りは、契約の種類ごとに行われる必要がある。契約の種類とは、前述のとおりであり、同じ契約の種類中の商品や取引ごとに、異なる取扱いをすることはできない。たとえば、「アマ扱いは株式取引だけ、国債、公社債、投信はプロ扱い」といった取扱いはできない。理由は、株式、国債、公社債、投信はいずれも「有価証券取引」（金商業等府令53条1号）に該当するので、同じ「契約の種類」に属するからである。この点に関して金商法制パブコメ回答は、「「契約の種類」（金商法第34条）については、金商業等府令第53条第1号〜第4号に掲げる4種類としておりますが、ご指摘のようにこれを更に細分化するとすれば、制度が複雑化して実務にも負担となりかねないことから、適当でないと考えられます」（186頁29番）、「金商法上、一般投資家・特定投資家間の移行手続は「契約の種類」ごとに行うこととされており、ご指摘のように、「有価証券の種類ごとに」移行手続を行うことは想定されてい

ません」（同189〜190頁11番）、と述べている。

◆「プロ成り」「アマ成り」の効果　投資家が、ある金融商品取引業者等との取引に関して、「プロ成り」もしくは「アマ成り」をしたとしても、それは、その特定の業者との取引に関してのことにすぎない。たとえば、金商法34条の４第１項は、プロ成りの申出は、「金融商品取引業者等に対し」行うこととしており、業者が、プロ成りのできるアマ投資家をプロとして取り扱えるのは、あくまでも当該業者との取引に関して、その特定のアマ投資家が「プロ成り」をした場合だけである。また、当然のことながら、当該業者が当該投資家をプロと取り扱えるのは、プロ成りの手続をした「契約の種類」に限る。

このように、「特定投資家と一般投資家との間の移行は相対的なものであり、ある金融商品取引業者等との関係において選択による移行を行ったとしても、他の金融商品取引業者等との関係において当該移行が行われるものではない」（松尾直彦＝松本圭介編著『実務論点金融商品取引法』189頁）。また、移行は、「契約の種類」ごとに行う必要があるので、同じ投資家の同じ業者との取引において、契約の種類によって、プロとして扱われたり、アマとして取り扱われたりすることになる。また、詳細は【10279】に譲るが、プロへの移行には有効期限がある。

なお、適格機関投資家としての届出を行った投資家は、すべての取引およびすべての業者との間において適格機関投資家として扱われる。よって、個人投資家でも適格機関投資家として届け出た者は、すべての業者、すべての取引に関してプロとなる。

| 10279 | プロ・アマ移行の手続 |

プロ・アマ移行の手続（含む、期限管理）および留意点を教えてほしい

結　論

　金融機関として注意すべきは「４号プロ」（アマになれるプロ）に対する告知義務であり、アマのプロへの移行の効果は原則として１年であるが、金融機関として一律に期限日を定めることも可能である。

解　説

◆アマ移行手続　アマへ移行可能なプロ（４号プロ）は、金融商品取引業者等に対し、契約の種類ごとに、当該契約の種類に属する金融商品取引契約に関して、自己をアマとして取り扱うよう申し出ることができる（金商法34条の２第１項）。このアマ成りの申出を受けた業者は、当該契約の種類に属する金融商品取引契約の締結の勧誘または締結のいずれかを行うまでに、「承諾日」等を記載した書面を交付して、当該申出を承諾しなければならない（同条２項・３項）。

◆プロ移行手続　アマである法人投資家がプロとしての取扱い（プロ成り）を希望する旨申し出た場合、業者は、プロ成りを承諾する前に、金商法の要求する事項が記載された書面により、当該投資家から、プロ成りについての同意を得なければならない（同法34条の３第２項）。この一定事項

とは、①業者の承諾日、②プロ成りの期間の最終日となる期限日、③プロ成りの対象となる契約の種類、④当該投資家が、（イ）内閣府令の定める特例内容および（ロ）プロ成りすると当該投資家がプロ扱いされることが適当でない場合にその保護に欠けるおそれがある旨を理解していること、⑤プロ成りするとその期限日前においてはプロ扱いされること、⑥期限日後の勧誘・販売においてはアマ扱いされること、⑦その他内閣府令で定める事項である。なお、金商業等府令59条によると、④の（イ）は、金商法45条の定める一定の行為規制（たとえば広告等の規制、契約締結前書面交付義務等）の保護が受けられないこととされ（金商業等府令59条１項）、⑦は、プロとして締結した金融商品取引契約に基づいて行う業者の行為については、期限日後においても、当該投資家をプロとして扱うことと定められている（同条２項）。

アマである個人投資家が、プロ成りを希望する旨申し出た場合には、業者は、まず、当該個人投資家に対し、（イ）内閣府令の定める特例内容（金商業等府令64条１項では、申出者がプロ成りすると金商法45条の定める一定の行為規制の保護が受けられなくなることとされている）、および（ロ）プロ成りすると当該投資家がプロ扱いされることが適当でない場合にその保護に欠けるおそれがある旨を記載した書面を交付し、その個人投資家が、プロ成りの要件を満たしているかどうかを確認することを義務づけている（同法34条の４第２項）。その後の手続は、上記アマである法人投資家のプロ成りの手続と同じである。

◆**プロ移行の有効期間**　プロへの移行手続をしたアマ投資家は、期限日までの間における金融商品取引契約（ただし、移行の対象の契約の種類に属するものに限る）の勧誘・販売に関してはプロとして扱われる（金商法34条の３第４項・34条の４第３項）。なお、移行期間の末日（期限日）は、「承諾日から起算して１年を経過する日」とされている（同法34条の３第２項・34条の４第４項）。一方、アマへ移行したプロについては、移行の有効期間はなく、当該投資家から自己を再びプロとして取り扱う旨申し出るまで、アマとして取り扱われる（同法34条の２第10項）。

このように、一般投資家・特定投資家間の移行は無期限のものではない。特にアマからプロへの移行の有効期間は原則として１年とされているだけでなく、「承諾日から起算して１年を経過する日」とされているため、当該移行の有効期間は、投資家ごとに異なることになる。もっとも、これではその期限管理が煩雑になりすぎるため、金商法は、当該移行の期限日に特例を設けており、「金融商品取引業者等が一定の日」を定めることができることになっている（金商業等府令60条１項等）。これは「特定投資家制度における一般投資家・特定投資家間の移行の「期限日」は、「承諾日から起算して一年を経過する日」とすることを原則としつつ、各業者における効率的な顧客管理の必要性等も勘案し、業者において「一定の日」を定めることを認めている」（金商法制パブコメ回答190頁14番）とされる。なお、この場合であっても、その「一定の日」は、「当該経過する日前であって内閣府令で定める日」でなければならない。（金商法34条の３第２項カッコ書等）。内閣

府令により、承諾日から１年以上先の日を期限日とすることはできない（金商業等府令60条２項等）とされている。

ところで、プロへ移行した投資家が上記期限日の後も引き続き移行を継続したいと希望する場合には「更新の申出」をすることができる（金商法34条の３第７項・34条の４第４項）。ただし、金融商品取引業者等が、プロに移行した投資家から、期限日以前に「更新の申出」を受けた場合には、その申出に対して承諾することができるが、その承諾は、「期限日以前」にしてはならない（同法34条の３第７項）とされる。

◆**告知義務**　金商法34条は、「当該特定投資家が次条第１項の規定による申出ができる旨を告知しなければならない」と規定している。そしてその「次条第１項」は、４号プロが自己をアマとして取り扱うよう申し出ることができることを定めている。これが「アマ成りの告知義務」である。なお、アマ成りの告知は、アマになれる投資家、つまり４号プロに対してだけすればよい。

では、アマ成りの告知は一度だけすればよいか。金商法34条は、「契約の申込みを特定投資家……から受けた場合であつて、当該申込みに係る金融商品取引契約と同じ金融商品取引契約の種類として内閣府令で定めるもの……に属する金融商品取引契約を過去に当該特定投資家との間で締結したことがない場合」にアマ成りの告知をしなければならないと規定している。すなわち、前にその投資家と取引をしたことがあり、その取引と同種類の取引をするのであればアマ成りの告知をしなくてもよいということになる。業者が商品Ａの取引をしよう

とする場合を例としてまとめると下記のようになる。

① 過去に、その投資家と金融商品取引契約をいっさい締結したことがなければ、アマ成りの告知をしなければならない。

② もし、その投資家と商品Ａの金融商品取引契約を締結したことがあれば、再度のアマ成りの告知は不要である。金商法は、締結した契約の時期は特に制限していない。

③ その投資家と商品Ａについて契約を締結したことはないが、商品Ｂについての契約を締結したことがあった場合には、商品Ａと商品Ｂとが同じ契約の種類に属するかどうかチェックする必要がある。もし同じ種類であれば、商品Ａの申込みを受けた際にアマ成りの告知は不要であるが、同じ種類でなければ、アマ成りの告知が必要である。

◆**留意点**

（1）告知・承諾義務　アマ成りのできるプロがアマ成りを希望した場合には、金融商品取引業者等は、必ずその申出を承諾しなければならない（金商法34条の２第２項）。また、アマ成りできる旨を告知する義務もある。このように金商法は、投資者保護の観点から、投資家がアマとして手厚い保護を受けることを望んだ以上は、そのように扱うことを業者に義務づけた。したがって、たとえどのように経験豊富な投資家であっても、４号プロがアマ成りを希望した以上、業者は、その申出を断ることはできない。

一方、アマへ移行可能なプロの場合と異なり、金商法34条の３（法人投資家）および同法34条の４（個人投資家）は、いずれ

も業者がアマに対して、「プロ成り」でき
る旨の告知をすることを義務づけてはいな
い。また、アマの投資家から「プロ成り」
の申出があった場合にも、同法34条の文言
と異なり、「当該申出を承諾しなければな
らない」との文言はない。したがって、業
者には、アマのプロ成りに関しては、告知
義務も承諾義務もない。これらの違いは投
資者保護の観点から出てきたものである。
つまり、金商法は、4号プロがより手厚い
保護（アマ成り）を希望した以上は、投資
者保護の観点から、その希望を必ず聞き入
れる（承諾する）ことを業者に義務づける
と同時に、希望すれば手厚い保護を受けら
れる制度があることを事前に教える（告知
する）ことも業者に義務づけた。しかしな
がら、反対にアマがプロに成るということ
は、手厚い保護を受ける権利を自ら放棄す
ることであるから、投資者保護の観点から
はその意思確認および手続は慎重に行われ
る必要がある。金商法はこの観点から、業
者に、プロ移行できるアマかどうかの確認
義務を課すると同時に、業者から積極的に
プロ成りを勧めること、あるいは、プロ成
りできることを知らせること（告知）は不
要としている。

　このように、業者に対する行為規制は一
方通行である。すなわち、業者には、4号
プロへのアマ成り告知「義務」、4号プロ
のアマ成り申出に対する承諾「義務」、プ
ロ成り要件確認「義務」はあるが、プロ成
り可能なアマへの告知義務やプロ成り申出
への承諾義務はない。これらはすべて投資
者保護の観点から、投資家が本来の保護を
求める場合（アマ成り）には、業者に各種
義務を課する一方、投資家が自ら法の保護

を放棄する場合は、業者からの働きかけで
はなく、投資家からの自主的な申告を待つ
こととしたものであろう。

　(2)　プロ成りと適合性原則　　上記(1)の
法令の趣旨からすると、一歩進んで、業者
としては、プロ成りを申し出た投資家が、
アマとしての手厚い保護を受けなくても問
題のない投資家かどうかを判断したうえで
プロ成りの承諾をすべきであること、すな
わち、プロ成りすべきでないと考えた場合
には、プロ成りの承諾をしないことも認め
た（さらには、求めている）と解釈すべき
である。この点について立案担当者は、
「特定投資家に取引の勧誘を行う場合には
適合性の原則（40条1号）の適用は除外さ
れるが、一般投資家が「選択による特定投
資家への移行」を行おうとする局面におい
ては、適合性の原則が適用される。たとえ
ば、その知識・経験・財産の状況および目
的に照らして特定投資家としてふさわしく
ない顧客に対して「選択による特定投資家
への移行」を勧誘するような金融商品取引
業者等は、当該原則に違反することとな
る」（三井秀範＝池田唯一監修『一問一答
金融商品取引法』〔改訂版〕267頁）と述べ
ている。

　以上から、金融機関は、アマの投資家に
対して、自ら積極的にプロ成りを勧めるこ
とは避けるべきである。金商法制パブコメ
回答でも「「特定投資家への移行」の勧誘
を行うことにより当該投資者の保護に欠け
ることとなるおそれがある場合には、適合
性の原則（金商法第40条第1号）に違反す
ることとなる」と述べられている（207頁
62番）。仮に、顧客がプロ成りを希望した
場合であっても、プロ成りの要件確認義務

は金融機関にある。よって、プロ成りの要件を満たしているかどうか、金融機関が納得できる資料の提供を顧客に求める必要がある。また、顧客がプロ成りの要件を満たしていることが確認できたとしても、当該顧客をプロとして扱うことにより不都合はないか、つまり、形式的にプロ成りの要件を満たしていても、顧客の「知識、経験及び財産の状況に照らして特定投資家に相当する者」（金商法34条の４第１項２号）といえるかどうか、適合性判断を行う必要がある。

（3）平成21年改正　平成21年に金商法が改正され、平成22年４月から施行された。改正点の一つが特定投資家（プロ）と一般投資家（アマ）の移行手続であり、旧規定から、以下のように変わった。

① プロからアマへの移行の効果（従前は１年）が、顧客の申出があるまで有効となり、金商法34条の２第３項から「期限日」に関する規定が削除され、更新に関する同条９項、10項も削除された。

② プロのアマ成りに有効期間がなくなるため、金商法第34条の２に新たにプロへの復帰に関する規定が設けられた（同条10項以下）。

③ アマのプロ成りに関して、プロ成り後、その有効期間内においても、アマに復帰できる旨の規定が設けられた（金商法34条の３第９項以下、34条の４第４項以下）。

　上記改正の結果、プロからアマへの移行の効果は、従来の原則１年という限定がなくなり、投資家からプロへの復帰の申出があるまで有効とすることになる。また、アマからプロへの移行の有効期間は、従前と同様原則１年とされるが、その期限内であ

っても、投資家はいつでもアマへ復帰できることになり、金融商品取引業者等は、投資家からのアマへ復帰したいとの申出を承諾しなければならない。

10280　顧客がプロの場合の行為規制

顧客がプロの場合にはいっさい書面交付や説明義務がないと考えてよいか

結　論

　金商法令や金販法の規定からは顧客がプロの場合にはいっさい書面交付や説明義務がないと考えがちである。しかし、金商法は業法にすぎず、また、金販法は民法の特則にすぎない。特に民事責任の観点からは、業者に説明義務がいっさいないと考えることは過去の裁判例に照らしても適当ではない。金融機関としては、法の一般原則に照らして、顧客がプロであったとしても、ケース・バイ・ケースで、最低限説明すべき事項がないかを検討し、顧客に対して説明する必要がある。

解　説

◆特定投資家（プロ）に対する法の建付け
金商法上の特定投資家（プロ）には一定の行為規制が適用されず（同法45条）、金販法上も特定顧客とみなされ、金融商品販売業者による同法上の重要事項の説明義務が免除される（金販法３条７項１号、同法施行令10条１項）。また、銀行法・保険業法でも金商法45条が準用されていること（銀行法13条の４、保険業法300条の２）から、

特定預金等契約や特定保険契約の勧誘・販売においても、金商法上のプロに対しては一定の行為規制が準用されない。

これらのプロに適用（準用）されない行為規制は金商法45条に規定されており、代表的なものは広告等規制（同法37条）、不招請勧誘等の禁止（同法38条4～6号）、適合性の原則（同法40条1号）、契約締結前書面交付義務（同法37条の3）、契約締結時等書面交付義務（同法37条の4）、金販法上の重要事項説明義務免除（金販法3条7項1号、同法施行令10条1項）などである。

一方、行為規制のうち業者と投資家との間の情報格差の是正を目的とするもの（虚偽告知の禁止（金商法38条1号）、断定的判断の提供等の禁止（同条2号）、損失補てん等の禁止（同法39条）など）については、これらが市場の公正確保を目的とする行為規制であることから、相手がプロであっても適用（準用）することとされる。

◆**説明義務について**　金商法令には、業者の顧客に対する説明義務を明文で定めたものはないが、禁止行為（金商法38条）の一つ（金商法38条8号に基づく追加禁止行為）として、金商業等府令117条1項1号が、「次に掲げる書面の交付に関し、あらかじめ、顧客（特定投資家を除く。）に対して、法第37条の3第1項第3号から第7号までに掲げる事項について顧客の知識、経験、財産の状況及び金融商品取引契約を締結する目的に照らして当該顧客に理解されるために必要な方法及び程度による説明をすることなく、金融商品取引契約を締結する行為」を掲げている。よって、上記をふまえると、プロに対しては説明義務がな

いようにも考えられる。また、前述のとおり、金販法はプロ（特定顧客）に対して重要事項説明義務がないことを明文で規定している（同法3条7項1号）。

しかしながら、金商法は業法にすぎず、業法違反にならないからといって民事上の責任がなくなるわけではない。また、金販法は民法の特則にすぎないことから、金商法および金販法の規定だけを根拠に、プロに対しては説明義務がいっさいないと考えることは適切ではない。

◆**プロに対する説明義務の考え方**　「金商法自体に説明義務を規定していないからといって、そもそも金融商品取引業者等に説明義務がまったくないと解釈することは妥当ではない。……契約締結前交付書面の作成・交付義務は、業者に説明義務があることを当然の前提として、その実質化を図るために書面作成・交付義務まで課したものであると解釈すべきである。よって、書面交付の要不要と説明義務そのものとは一応別物であると考えるべきである」（【10329】）上記によれば、顧客がプロであれば、金商法上の適合性原則違反（同法40条1号）や禁止行為としての説明義務違反（金商業等府令117条1項1号）に業者が問われることはないが、顧客に対する誠実義務（金商法36条1項）としての説明義務違反に問われる可能性はありうるということになろう。

民事上の責任についてであるが、金販法は民法の不法行為（同法709条）の特則にすぎないことを忘れてはならない。裁判上業者の説明義務違反や適合性原則違反を認めて、顧客に対して損害賠償を命じたものは多くある（たとえば、東京高判平26.8.

27金法2007号70頁、大阪高判平20．6．3金商1300号45頁、東京地判平6．5．30金法854号68頁、大阪地判平6．2．10判夕841号271頁など）が、損害賠償責任の根拠法令を金販法ではなく、民法の不法行為としたものは多くある。そして、民法は顧客がプロであることを業者の免責事由としてはいない。

上記から、法の一般原則に照らして、顧客がプロであったとしても、ケース・バイ・ケースで、最低限説明すべき事項がないかを検討し、顧客に対して説明する必要がある。

10281 顧客に対する誠実義務

顧客に対する誠実義務とは何か

結　論

「顧客に対する誠実義務」は、受託者責任から導かれる業者の義務であり、金商法36条の2以下の各行為規制は、この誠実義務を「具体化した」ものである。

解　説

◆受託者責任から導かれる義務　金商法36条1項は、「金融商品取引業者等並びにその役員及び使用人は、顧客に対して誠実かつ公正に、その業務を遂行しなければならない」と規定している。旧証券取引法にも同様の規定があり（同法33条）、金商法36条1項は旧証券取引法33条を承継したものである。

旧証券取引法33条の規定は、「証券市場の国際化、多様化が進展する中で業者規制の国際的調和を図るという観点から、証券監督者国際機構（IOSCO）の七つの行為規範原則が平成2年11月の総会において採択されたことを契機として」（河本一郎＝関要監修『逐条解説証券取引法〔3訂版〕』526頁）平成4年の証取法の改正で新たに加えられたものである（当時は49条の2）。

金商法において「受託者責任は、利用者保護ルールの徹底を図る観点から設けられた各行為規制の中核をなす概念であり、各行為規制は受託者責任を具現化したものといえる」（澤飯敦ほか「金融商品取引法制の解説(6)行為規制」商事法務1777号16頁）が、「顧客に対する誠実義務」は、受託者責任から導かれる業者の義務である。

「誠実・公正義務は、現行の証取法では三章の「総則」節で定められているが、金商法ではこれを「業務」節に移動し、各行為規制（36条の2以降）の直前に置いており、各行為規制が誠実・公正義務を「具体化した」ものであることが条文の位置からも明確にされている」（前掲「金融商品取引法制の解説(6)行為規制」商事法務1777号17頁）。

この規定自体は、精神規定ないしは訓示規定、すなわち、業者がその営業活動を行うに際して守るべき態度を規定したもので、具体的な義務を業者に課したものではないともいえる。しかしながら、金商法36条の2以下の規定により、顧客に対して誠実かつ公正に、その業務を行うための具体的な行為規制が定められている。「顧客に対して誠実かつ公正に業務を行う」のは当然のことであり、金融機関が営業活動を行うにあたっては、常にこの精神を念頭に置く必

要がある。また、個別の行為規制の解釈、運用にあたってはこの規定の趣旨をふまえた解釈、運用がなされることになる。

なお、立案担当者らは、同項に関して、「誠実公正義務は単なる訓示規定ではなくて法的義務ですので、その違反があれば法令違反になりますので、行政処分の対象になります」と述べている（神田秀樹ほか「座談会　新しい投資サービス法制—金融商品取引法の成立」商事法務1774号28頁〔松尾直彦発言〕）。ただし、同時に「一般条項ですから、そう発動されるようなものでもないので、ただ伝家の宝刀的な価値はある」（前掲「座談会　新しい投資サービス法制—金融商品取引法の成立」商事法務1774号28頁〔神田秀樹発言〕）ともコメントしている。

10282　特定金融商品取引業者等

特定金融商品取引業者等とは何か。特定金融商品取引業者等に該当する場合、どのような業務を対象に、どのような規制が課せられるのか

結　論

金融機関グループ会社のうち、第一種金融商品取引業者や登録金融機関業務を行う金融機関は特定金融商品取引業者等に該当する。特定金融商品業者等またはその子金融機関等が行う金融商品関連業務に関しては、顧客との利益相反管理体制の整備が求められる。

解　説

◆金融グループの利益相反管理体制
「特定金融商品取引業者等は、当該特定金融商品取引業者等又はその親金融機関等若しくは子金融機関等が行う取引に伴い、当該特定金融商品業者等又はその子金融機関等が行う金融商品関連業務……に係る顧客の利益が不当に害されることのないよう、内閣府令で定めるところにより、当該金融商品関連業務に関する情報を適正に管理し、かつ、当該金融商品関連業務の実施状況を適切に監視するための体制の整備その他必要な措置を講じなければならない」（金商法36条2項）。

平成20年の金商法の改正により、「役職員の兼職規制（改正前31条の4第1項～3項）の撤廃等、銀行・証券間のファイアーウォール規制の見直しを行うことにあわせて、金融グループとしての統合的な内部管理態勢の構築を促進する観点から、利益相反管理体制の整備を求めることとし」たものである（池田唯一ほか『逐条解説　2008年金融商品取引法改正』258頁）。

利益相反管理体制の整備は顧客の利益を保護するためのものであり、利益相反管理体制の整備が求められる対象は、「特定金融商品業者等又はその子金融機関等が行う金融商品関連業務」であり、金融商品関連業務とは、「金融商品取引行為に係る業務その他の内閣府令で定める業務をいう」（金商法36条2項カッコ書）とされる。

◆特定金融商品取引業者等の定義　　特定金融商品取引業者等とは、「金融商品取引業者等のうち、有価証券関連業を行う金融商品取引業者（第一種金融商品取引業を行

うことにつき第29条の登録を受けた者に限る。）その他の政令で定める者をいう」（金商法36条3項）とされ、登録金融機関はその他の政令で定める者である（金商法施行令15条の27第2号）。よって、金融機関グループ会社のうち、第一種金融商品取引業者および登録金融機関業務を行う金融機関は特定金融商品取引業者等に該当する。グループ内金融機関であっても、登録金融機関でなければ、特定金融商品取引業者等には該当しない。

◆**規制対象業務**　利益相反体制の整備が求められる業務は、当該特定金融商品取引業者等またはその子金融機関等が行う金融商品関連業務であり、親金融機関等が行う金融商品関連業務は含まれていない。ただし、それは「特定金融商品取引業者等に、……（それらの）親会社等にあたる金融機関等およびその顧客との取引まで管理させることは困難だからと考えられたことによる」（神崎克郎ほか『金融商品取引法』797頁）。もっとも、上記親会社等が登録金融機関であれば、当該親会社自身が特定金融商品取引業者等になるので、当該親会社等に利益相反体制の整備義務が課されることになる。

　子金融機関等とは、「特定金融商品取引業者等が総株主等の議決権の過半数を保有している者その他の当該特定金融商品取引業者等と密接な関係を有する者として政令で定める者のうち、金融商品取引業者、銀行、協同組織金融機関その他政令で定める金融業を行う者をいう」（金商法36条5項）。

　規制の対象業務である金融商品関連業務とは「金融商品取引行為に係る業務その他の内閣府令で定める業務をいう」（金商法

36条2項カッコ書）とされ、登録金融機関業務は金融商品関連業務に該当する（金商業等府令70条の3第2号イ）。

◆**行為規制の概要**　顧客の利益が不当に害されることのないよう、業務に関する情報を適正に管理すること、業務の実施状況を適切に監視するための体制を整備すること、およびその他必要な措置として、①対象取引を適切な方法により特定するための体制の整備、②対象取引を行う部門と当該顧客との取引を行う部門の分離などの顧客の保護を適正に確保するための体制の整備、③上記①、②に掲げる措置の実施の方針の策定およびその概要の適切な方法による公表、④対象取引の特定に係る記録などの保存が内閣府令で定められている（金商業等府令70条の4）。

10283　名義貸しの禁止

名義貸しとは何か。なぜ、名義貸しが禁止されるのか

結　論

　名義貸しとは、金融商品取引業者等が、自己の名義をもって、他人に金融商品取引業等を行わせることをいう。名義貸しが行われると金融商品取引業等を登録制とした趣旨が潜脱されることになってしまうことから禁止されている。

解　説

◆**名義貸しの禁止（金商法36条の3）**
金融商品取引業者等が、自己の名義をもっ

て、他人に金融商品取引業（もしくは登録金融機関業務）を行わせることは禁止されている（金商法36条の3）。

金商法においては、公正な金融商品取引を維持し、投資者の保護を図るために金融商品取引業を行おうとするものには、金融商品取引業者等としての登録を義務づけているが（同法29条等）、かかる登録を受けていない者が金融商品取引業者等の名義を借りて金融商品取引業を行うと、実質的に登録を受けずに金融商品取引業を行うことが可能となり、金融商品取引業および登録金融機関を登録制とした趣旨が潜脱されることになってしまう。そこで、金商法では、金融商品取引業者等による名義貸しを禁止している。

金融商品取引業者等が本条に違反して自己の名義を他人に使用させた場合には、罰則（金商法197条の2第10号の6）があるほか、業務改善命令や監督上の処分の対象となりうる。

◆**私法上の効果について**　金融商品取引業者等から名義借りをした者が顧客と行った金融商品取引の私法上の効果であるが、当該行為が金商法36条の3に違反することをもって、当該行為の効果が当然に無効となるわけではない。しかしながら、当該金融商品取引業者等が営業を行うものと誤認してその他人（名義借りをした者）と取引をした者に対しては、当該金融商品取引業者等は、当該他人と連帯して、その取引によって生じた債務を弁済する責任を負うことになる（商法14条）。

◆**無登録業者による勧誘等の規制**　近年の未公開株詐欺事件等を受けて、無登録業者による投資勧誘等に対して新たな規制を設ける金商法改正が行われた。

従前から金融商品取引業者としての登録を受けずに金融商品取引業を行うことは禁止され（金商法29条）、当該禁止行為に違反した場合には罰則規定があったが（同法197条の2第10号の4）、平成23年の金商法改正で、上記罰則が強化されると同時に、無登録業者が、金融商品取引業を行うことを目的として、金融商品取引契約の締結について勧誘をすることが禁止され（同法31条の3の2第2号）、当該禁止違反に対する罰則規定が設けられた（同法200条12号の3）。さらに、無登録業者が未公開有価証券の売付け等を行った場合、その売買契約等を無効とする規定が定められた（同法171条の2第1項）。これは業者規制を定める金商法の規定としては、きわめて異質な規定であるが、投資者の保護がより強く求められる未公開有価証券について、契約を私法上無効とすることによって、投資者保護を図ったものである。

10284　標識の掲示義務

標識の掲示義務とは何か

結　論

金融商品取引業者等は、営業所または事務所ごとに、公衆のみやすい場所に、法令の規定する様式の標識を掲示しなければならないことになっている。これは旧証券取引法の商号規制のかわりに、投資者保護のために義務づけられたものである。

◆金商業等府令別紙様式第10号、第11号

金融商品取引業者等は、営業所または事務所ごとに、公衆のみやすい場所に、内閣府令で定める様式の標識を掲示しなければならない（金商法36条の２第１項）。

標識は、金融商品取引業者は「金融商品取引業者登録票」であり、その様式は金商業等府令の別紙様式第10号に定められ、①金融商品取引業者の種別（第一種、第二種、投資助言・代理業、投資運用業の別）、②登録番号、③金融商品取引業者の商号、名称または氏名、④加入している金融商品取引業協会の名称、を表示する必要がある（金商業等府令71条１号）。また、登録金融機関については、「登録金融機関登録票」であり、その様式は別紙様式第11号に定められ、①登録金融機関業務、②登録番号、③登録金融機関の商号、名称または氏名、④加入している金融商品取引業協会の名称を表示する必要がある（同条２号）。なお、いずれの標識も縦20cm 以上、横30cm 以上でなければならないが、営業所または事務所が無人の端末である場合には、標識の大きさは縦５cm 以上、横７cm 以上であればよい。

金融商品取引業者等以外の者が上記標識またはこれに類似する標識を掲示することは禁止されており（金商法36条の２第２項）、標識の掲示義務に違反した金融商品取引業者等および金融商品取引業者等以外で上記標識等を掲示した者は30万円以下の罰金に処せられる（同法205条の２の３第４号）。

旧証券取引法では、証券会社は、その商号のうちに「証券」という文字を用いなければならない（同法31条１項）とすると同時に、証券会社でない者は、その商号のうちに証券会社であると誤認されるおそれのある文字を用いてはならない（同条２項）としていた。これは、証券会社に対してその商号に「証券」という文字を用いさせることにより、証券会社であることを明確にし、証券会社でない者に対しては、その商号のうちに証券会社と誤認されるおそれのある文字を用いてはならないとすることによって、証券会社であるか否かを明らかにして投資者保護を図ろうとしたものであった。

一方、金商法では、金融商品取引業者でない者は、金融商品取引業者という商号もしくは名称またはこれに紛らわしい商号もしくは名称を用いてはならない（同法31条の３）として、旧証券取引法31条２項に相当する規定は置いているが、金融商品取引業者が、その商号に「金融商品取引業者」を使用することを義務づけていない（旧証取法31条１項に相当する規定は金商法にはない）。そのかわりに、金商法は、金融商品取引業者等に、標識の掲示義務を課し、金融商品取引業者等以外の者が、金融商品取引業者等の「標識又はこれに類似する標識を掲示してはならない」（同法36条の２第２項）とした。

10285　広告等規制の概要

広告等規制の概要を教えてほしい

　広告等規制は、勧誘・販売に先立つ情報提供段階における行為規制であり、金商法は、投資者保護の観点から、広告等に関して必要表示事項を定めると同時に、表示方法も細かく規定している。金融機関としては、広告等規制の内容を理解するだけでなく、金商法の定義する広告等の範囲が広いことにも注意する必要がある。

解　説

◆**利用者保護目的の規制**　金商法37条は、金融商品取引業者等が、その行う金融商品取引業の内容について広告等をするときは、①業者の商号、名称または氏名、②業者が金融商品取引業者等であること、およびその登録番号、③金融商品取引業の内容に関する事項であって、顧客の判断に影響を及ぼすこととなる重要なものを表示しなければならないとし（同条1項）、また、広告等を行うに際しては、金融商品取引行為を行うことによる利益の見込みその他内閣府令で定める事項について、著しく事実に相違する表示をし、または著しく人を誤認させるような表示をしてはならない（同条2項）と規定している。これは、利用者保護ルールの徹底を図る観点からの規制である。

　広告等は、概念的には勧誘行為に先立つ、情報提供段階における行為規制である。つまり、広告等規制は、勧誘・販売の前段階における情報提供に関するルールであるという位置づけになる。よって、原則として、広告等にすぎない段階では、適合性原則は適用されない。すなわち、適合性の原則は、「不適当と認められる勧誘」を禁止してい

るだけであるから（金商法40条1号）、そもそも「勧誘」がなければ、同原則は適用されない（「狭義の適合性原則は「勧誘」に係る行為規制であるから、「勧誘」がない場合には適用されない」（松尾直彦＝松本圭介編著『実務論点金融商品取引法』158頁））。この点に関連して、立案担当者は、「利用者が金融商品取引契約に至る過程を考えてみますと、まず金融商品自体の認知から始まるわけです。これが広告等の世界ですね。それから関心を持って、例えば金融機関と接触をして説明を聞くということで、適合性原則の狭義の方が働いてくるのですね。このお客様に、この商品を勧めていいかという段階です。狭義の適合性原則から判断して、このお客様にこの商品を勧めていいということになりますと、いわゆる説明義務、契約締結前交付書面の交付義務、あるいは実質的説明義務、広義の適合性原則の世界が働いてくるわけです」（榎本亮ほか「座談会　金商法政令・内閣府令パブリックコメントを読み解く⑴」金法1816号12頁〔松尾直彦発言〕）と述べている。

　もっとも、概念的には上記のようにいえるが、実際には、情報提供行為と勧誘行為を明確に区別することは困難な場合も多く、したがって、情報提供段階においても、適合性原則に配慮することが望ましいであろう。

　広告等規制の要点は以下のとおりである。
① 　金商法の定義する「広告等」の定義は、一般に考えられている「広告」よりも広い（金商業等府令72条）。
② 　「広告等」に該当する場合には、法令の要求する必要記載事項を表示しなけれ

ばならない（金商法37条１項各号等）。

③ 「広告等」の表示方法は、法令の規制に従う必要がある（金商業等府令73条）。

④ 「広告等」においては、金融商品取引行為を行うことによる利益の見込み等に関して、著しく事実に相違する表示をし、または著しく人を誤認させるような表示をしてはならない（金商法37条２項）。

⑤ 一般放送事業者の放送設備により放送をさせる方法等による「広告等」には、特則がある（金商法施行令16条２項、金商業等府令73条３項）。

なお、広告等を行う対象である顧客が特定投資家である場合には、広告等の規制は適用にならない（金商法45条１号）。一方、特定預金等契約や特定保険契約、特定信託契約にも広告等規制が準用されている。

10286 広告等の定義

どのようなものが広告等に該当するか

結 論

金商法令が広告等の定義を定めているが、その定義はきわめて広い。すなわち、①情報提供手段は無限定であり、②情報提供先が不特定多数である必要はなく、③情報の内容である「金融商品取引業の内容」の定義は広く、かつ、④情報の内容も同一ではなく同様で足りることに注意が必要である。

解 説

◆**広告等の法令上の定義** 金商法令上、「広告等」は、金融商品取引業者等が行う

「金融商品取引業の内容について広告その他これに類似するものとして内閣府令で定める行為」（金商法37条１項柱書）と定義され、「その他これに類似するもの」は、金商業等府令72条１項柱書により、「郵便、信書便……、ファクシミリ装置を用いて送信する方法、電子メール……を送信する方法、ビラ又はパンフレットを配布する方法その他の方法……により多数の者に対して同様の内容で行う情報の提供とする」とされている。よって、ある情報提供が広告等に該当するための要件は、①情報提供が金商業等府令72条１項の定める「方法」によること、②「多数」の者に対する情報提供であること、③情報の内容が「金融商品取引業の内容」に関するものであること、および、④上記③の内容が、「同様の内容」であることになる。なお、「金融商品取引業の内容」とは、「金融商品取引業者等が行う金商法第２条第８項各号に掲げる行為に係る業の内容」（金商法制パブコメ回答231頁37番等）と定義される。

一般に、広告とは、「随時または継続してある事項を広く（宣伝の意味を含めて）一般に知らせること」（松尾直彦＝松本圭介編著『実務論点金融商品取引法』97頁、金商法制パブコメ回答227頁14番等）であり、典型的には情報提供先が「不特定多数の者」であること、情報提供の内容が「同一」であること、「宣伝（誘引・勧誘）目的」を有することが多いと思われるが、金商法の広告等は、これらの要素を必要とせず、広告の一般的な定義よりも広いことに注意が必要である。広告等への該当性に関する法令の規定、および金商法制パブコメ回答等における金融庁の考えを簡単にまと

めると、①情報提供手段は無限定（「その他の方法」）（金商法37条、金商業等府令72条柱書）、②「多数」につき、2人以上は要注意（金商法制パブコメ回答237、238頁58～72番）、③勧誘資料である必要なく（「金融商品・取引への誘引目的があるものに限定されず、情報提供にとどまるものも、「広告」に含まれる」（前掲『実務論点金融商品取引法』97頁））、④「金融商品取引業の内容」につき、特定の商品名に言及しているものは要注意（金商法制パブコメ回答228頁19～21番）、⑤内容が同一であることは不要（「同様の内容」）（金商法37条、金商業等府令72条柱書）ということになる。

結局、金融商品取引業の内容についてのものに当たるかどうかは、「常に個別事例ごとにその内容や目的等の実態に即して実質的に判断されるべきである」（前掲『実務論点金融商品取引法』95頁）。

なお、金商業等府令72条により、①法令または法令に基づく行政官庁の処分に基づき作成された書類を配布する方法（1号）、②個別の企業の分析および評価に関する書類であって、金融商品取引契約の締結の勧誘に使用しないものを配布する方法（2号）、③3号記載事項のすべての事項のみが表示されている景品その他の物品を提供する方法（3号）は除外されている。

◆「金融商品取引業の内容」とは何か

何が「金融商品取引業の内容」かに関して、明確な基準が法令上定められているわけではないが、立案担当者は、下記のように整理している。

「「金融商品取引業の内容」についてのものに当たるかどうかは、利用者保護の徹底という規制の趣旨をふまえると、基本的に

は次のように類型化することができると考えられるが、これを過度に一般化することは適当でなく、常に個別事例ごとにその内容や目的等の実態に即して実質的に判断されるべきである点に留意が必要と考えられる。……第一に、「金融商品取引業の内容」についてのものに該当する類型であり、たとえば、特定の商品・取引を表示するものなどが考えられる。……第二に、「金融商品取引業の内容」についてのものに該当する可能性が高い類型であり、たとえば、特定の商品・取引を表示しないものの、株式・投資信託等の一定類型の商品・取引を表示した資料、いわゆる投資セミナーの開催案内や配布資料、投資に関するアンケート調査票などが考えられる。……」（前掲『実務論点金融商品取引法』95、96頁）。

◆「多数」とは、何人以上をいうのか

この点、金商法令には明確な定めがない。金融庁も、「単独の顧客のみを対象として行われる当該顧客に即した情報の提供は「広告等」に該当しません」（金商法制パブコメ回答234頁53番等）、「複数の者に対して同様の内容の情報を提供する行為は「広告類似行為」に該当する可能性がある」（金商法制パブコメ回答237頁58番）、「相手方が特定されている場合でも、多数の者に対して同様の内容で行う情報の提供であれば、「広告類似行為」に該当し得る」（金商法制パブコメ回答238頁68番）、等と述べており、日本証券業協会においても、「一の顧客を対象とするもの」であっても、広告等に該当すると当初はしていた（日本証券業協会「広告等に関する指針（平成18年10月）」1頁）。以上から、2人以上は「多数」となりうると考えるべきである。

◆**「同様の内容」とは、どの程度の同一性をいうか**　「同様の内容」とは、具体的にどの程度内容が一致していれば「同様」とみなされるのか。この点について、金商法令には明確な基準が定められていない。また、金融庁も、「単独の顧客のみを対象として行われる当該顧客に即した情報提供」（金商法制パブコメ回答238頁66・67番）や「顧客からの問合せに応じて行う商品説明を表示した電子メール」（金商法制パブコメ回答238頁68番）は広告類似行為に該当しないと述べるのみである。したがって、内容の重要部分が一致していれば、「同様の内容」であると判断すべきであろう。

◆**広告等から除外されるもの**　「広告等」の定義に該当するものであっても、内閣府令により、以下のものは広告等から除外されている（金商業等府令72条）。

① 法令または法令に基づく行政官庁の処分に基づき作成された書類を配布する方法（1号）

② 個別の企業の分析および評価に関する書類であって、金融商品取引契約の締結の勧誘に使用しないものを配布する方法（2号）

③ 3号記載事項のすべての事項のみが表示されている景品その他の物品を提供する方法（3号）

たとえば、投資信託の契約締結前交付書面は、法令の定める広告等の定義に該当しうるが、同書面は、金商法37条の3により作成・交付が要求されている書面であるから、上記除外規定①により、同書面の交付は、広告等に該当しない。また、いわゆるアナリスト・レポート（上記②）も同じく広告等に該当しない。

もっとも、これらの書面をその本来の用法ではなく、勧誘資料として、多数の人に配布するなどする場合には、広告等に該当することになる。金融庁は、「アナリスト・レポート」（金商業等府令72条2号）に関して、「「アナリスト・レポート」が当該個別企業に係る有価証券等の販売・勧誘に用いられるような場合は、「金融商品取引業の内容」についての情報の提供として、「広告類似行為」に該当する」（金商法制パブコメ回答232頁43・44番）と述べており、日本証券業協会も、「法令・諸規則に規定する資料については、当該法令・諸規則に定められた目的で交付する場合には広告等に該当しない。ただし、投信法第33条に基づく運用報告書をこれから投資信託を取得しようとする顧客に交付する場合など、当該法令・諸規則に定められた目的以外で取引を誘引する手段として交付する場合には広告等に該当する」（前掲「広告等に関する指針（平成18年10月）」6頁）と述べていた。

◆**その他**

(1) セミナーの案内書　金融庁は、セミナーの開催案内が広告等に該当するかどうかについて「個別事例ごとに実態に即して実質的に判断されるべきものと考えられますが、当該「セミナーの開催案内」において、金融商品取引業者等の行う「金融商品取引業の内容」について多数の者に同様の内容の情報提供が行われる場合には、広告等規制の対象となる「広告類似行為」に該当する」（金商法制パブコメ回答228、229頁25番）と述べている。

(2) 特定顧客に対する提案書　通常、

「提案」は特定の顧客に対して行われるものであり、不特定多数に向けられる「広告」とは異なる。しかしながら、金商法でいう「広告等」では、相手方が「不特定」である必要はなく、また、金商業等府令によると、「同様の内容で行う情報の提供」が広告等に該当するのであるから、多数の者に提供される「情報」がまったく同一のものである必要もない。よって、「提案」が「広告等」かどうかは「実態をみて個別具体的に判断する」ということになる。もし、提案書がある特定の顧客だけのためにカスタマイズされたものであれば、広告等には該当しない。しかしながら、多数の顧客に対して個別に提案書を作成した場合でも、提案する商品の基本設計が同じで、単に金額や条件が異なるだけであれば、広告等に該当する可能性が高くなる。

この点については、前記日本証券業協会指針の広告等の「審査基準」の考え方が参考になる。協会指針は、「債券の条件一覧のように予め表示項目が決まっており、その都度、各項目に銘柄名、条件等が記入されるような広告等については、その様式について審査すればよく、個々の広告等についての審査は必要ない。（いわゆる雛形の審査で足りる。）」と述べている。つまり、協会指針の考え方を適用するならば、たとえ「提案書」という形式をとっていたとしても、個別の条件に係る部分以外が同内容のものは同様の内容の文書と解釈すべきであり、それを多数の者に送信・送付する場合には、広告等に該当するということになる。

10287 広告等の表示方法

広告等に該当する場合、何をどのように表示する必要があるか

結論

広告等の必要表示事項および表示方法については、法令が細かく規定しているが、最も重要なことは「リスクとリターンとをバランスよく表示すること」である。

解説

◆**金商法が規定する表示ルール**　金商法は、金融商品取引業者等が広告等を行うに際しては、①業者の商号、名称または氏名、②業者が金融商品取引業者であることおよびその登録番号、③金融商品取引業の内容に関する事項であって、顧客の判断に影響を及ぼすこととなる重要なものを表示しなければならないとし（金商法37条1項）、広告等を行うに際しては、金融商品取引行為を行うことによる利益の見込みその他内閣府令で定める事項について、著しく事実に相違する表示をし、または著しく人を誤認させるような表示をしてはならない（同条2項）とも規定している。さらに、広告等の表示方法についても細かく規制をしている（金商業等府令73条等）。

◆**必要表示事項**　広告等においては、以下の事項を表示しなければならない（金商法37条1項）。

① 商号、名称または氏名（同項1号）

② 金融商品取引業者等である旨および登録番号（同項2号）

③　金融商品取引業の内容に関する事項であって、顧客の判断に影響を及ぼすこととなる重要なものとして政令で定めるもの（同項3号）として、金商法施行令16条、金商業等府令74～76条に以下が規定されている。

　　㋑　手数料、報酬その他の対価に関する事項

　　㋺　委託証拠金その他の保証金の額または計算方法

　　㋩　元本損失等のおそれのある旨および理由、その直接の原因となる指標等

　　㊁　売付けの価格と買付けの価格に差がある旨（店頭デリバティブ取引）

　　㋭　当該金融商品取引契約に関する重要な事項について顧客の不利益となる事実

　　㋬　加入金融商品取引業協会の名称

◆表示方法　　金商業等府令73条によると、①明瞭かつ正確に表示（1項）、②金商法施行令16条1項4号・5号に掲げる事項（元本欠損等の生ずるおそれがある旨、理由、直接の原因となる指標等）の文字または数字を当該事項以外の事項の文字または数字のうち最も大きなものと著しく異ならない大きさで表示（2項）することが必要である。

◆一般放送事業者の放送設備により放送をさせる方法等　　一般放送事業者の放送設備により放送をさせる方法等による「広告等」については、その特性にかんがみ、特則が定められている。

　一般放送事業者の放送設備により放送をさせる方法等とは、金商業等府令77条1項に定義されており、テレビ・ラジオ・有線放送等、看板・立て看板・はり紙・広告塔

などがあげられている。

　表示事項は、①商号、名称または氏名、②金融商品取引業者等である旨および登録番号、③損失が生ずるおそれがある旨、である。表示方法にも特則がある（金商業等府令73条3項）。

◆広告等審査のポイント　　「リターンとリスクとをバランスよく表示する」ことが最も重要である。金融庁は、「過去には、商品のリスクなど顧客にとって不利益となり得るものを著しく小さな字で書いている広告も見られましたが、利用者の視点からは、商品の特長とリスクがバランスよく書かれていることが重要」（金融庁「金融商品取引法の疑問に答えます」2頁（平成20年2月21日））と述べ、「広告における文字の大きさに係る規制は、特長とリスクをバランス良く表示する、という点に主眼があり、「最も大きな文字の何割以上で表示すべき」といった形式的な判断よりも、利用者の視点に立った、利用者にとって見やすいものになっていることが重要です」「例えば、枠を用いたり、装飾を施したりするなど、見やすさの観点から工夫をすることが大切です」（前掲「金融商品取引法の疑問に答えます」3頁）、「別に定量的な、画一的な、最も大きな文字の何割以上という基準はありません。……とにかく字が大きければいいのだということではなくて……、考え方としては全体として見た場合のバランスですね。同じリスクの表示でも、例えば真ん中にある場合と下にある場合では、利用者にとっての見やすさが違いますので、例えば一番下にある場合は、真ん中にある場合よりも字を大きくしないと、……メリットとリスクのバランスのとれた表示にな

らない」（榎本亮ほか「座談会　金商法政令・内閣府令パブリックコメントを読み解く㊤」金法1816号17頁〔松尾直彦発言〕）等とコメントしている。

なお、「「セミナー等（講演会、学習会、説明会等の名目の如何を問わない。以下同じ。）を開催して、一般顧客等を集め、当該一般顧客等に対して金融商品取引の締結の勧誘（勧誘を目的とした具体的商品の説明を含む）を行う場合には、当該セミナー等に係る広告等及び送付する案内状等に、金融商品取引契約に関連するものであることを明確に表しているのみでは足りず、勧誘する目的がある旨を明確に表示している」（金商業者監督指針Ⅲ－2－3－3(1)④、金商法制パブコメ回答229頁25番）ことが求められている」ことにも注意が必要である。

10288　誇大広告等の禁止

誇大広告等とは何か。誇大広告等に当たらないようどのような点に留意すればよいか

結　論

誇大広告等とは、金融商品取引行為を行うことによる利益の見込みその他内閣府令で定める事項について、著しく事実に相違する表示をし、または著しく人を誤認させるような表示をすることをいう。留意事項に関しては金商業者監督指針に詳細が記載されている。

解　説

◆**誇大広告等とは何か**　金融商品取引業者等が広告等をするときは、金融商品取引行為を行うことによる利益の見込み、その他内閣府令で定める事項について、著しく事実に相違する表示をし、または著しく人を誤認させるような表示をしてはならない（金商法37条2項）とされ、同項は銀行が行う特定預金等契約の締結（銀行法13条の4）や保険会社等が行う特定保険契約の締結（保険業法300条の2）にも準用される。

本項にいう利益の見込みその他内閣府令で定める事項は、各法の施行規則（金商業等府令78条、銀行法施行規則14条の11の22、保険業法施行規則234条の20）に規定されている。

上記「内閣府令で定める事項」のうち主なものは、以下のとおりである（金商業等府令78条）。

① 金融商品取引契約の解除に関する事項（1号）
② 金融商品取引契約に係る損失の全部もしくは一部の負担または利益の保証に関する事項（2号）
③ 金融商品取引契約に係る損害賠償額の予定（違約金を含む）に関する事項（3号）
④ 金融商品取引業者等の資力または信用に関する事項（5号）
⑤ 金融商品取引業者等の金融商品取引業の実績に関する事項（6号）
⑥ 金融商品取引契約に関して顧客が支払うべき手数料等に関する事項（7号）

特定預金等契約および特定保険契約に関しては、上記のうち①、②、③、⑥に相当

する事項が各施行規則に規定されている（銀行法施行規則14条の11の22、保険業法施行規則234条の20）。

「著しく事実に相違する表示をし、又は著しく人を誤認させるような表示」については、法令に明文規定はないが、金商業者監督指針（Ⅲ-2-3-3(1)①イ）に「顧客が支払うべき手数料、報酬、その他の対価又は費用が無料又は実際のものよりも著しく低額であるかのように誤解させるような表示をしていないか」との記載があるほか、「誇大広告等に関する留意事項」（Ⅲ-2-3-3(1)③）として、以下が記載されている。

イ　有価証券等の価格、数値、対価の額の動向を断定的に表現したり、確実に利益を得られるように誤解させて、投資意欲を不当に刺激するような表示をしていないか

ロ　利回りの保証もしくは損失の全部もしくは一部の負担を行う旨の表示またはこれを行っていると誤解させるような表示をしていないか

ハ　申込みの期間、対象者数等が限定されていない場合に、これらが限定されていると誤解させるような表示を行っていないか

ニ　登録を行っていること等により、内閣総理大臣、金融庁長官、その他の公的機関が、金融商品取引業者を推薦し、またはその広告等の内容を保証しているかのような表示をしていないか

ホ　不当景品類及び不当表示防止法、屋外広告物法に基づく都道府県の条例その他の法令に違反するまたは違反するおそれのある表示をしていないか

ヘ　社会的に過剰宣伝であるとの批判を浴びるような表示をしていないか

◆**不当景品類及び不当表示防止法（以下「景表法」という）について**　誇大広告等との関係では、景表法との抵触についても十分に注意する必要がある。景表法との関係で注意すべき点については、詳しくは【10490】【10491】【10492】【10493】【10494】【10495】【10496】参照。

10289	書面の電磁的方法による交付

電磁的方法による書面交付とは何か。その手続および要件はどのように規定されているか

結　論

金商業者等が作成し、顧客に交付することが義務づけられている書面の交付方法としては、実際に書面を顧客に交付する方法だけではなく、電子メール等を使用して交付する方法が認められており、その手続および要件は金商法施行令および金商業等府令に規定されている。

解　説

◆**電磁的方法による書面交付**　金商法により金商業者等が作成し、顧客に交付することが義務づけられている書面は多数あるが、交付方法としては、実際に書面を顧客に交付する方法だけではなく、電子メール等を使用して交付する方法が認められている。たとえば、同法34条の2第4項は、「電子情報処理組織を使用する方法その他

の情報通信の技術を利用する方法であつて内閣府令で定めるもの」（以下「電磁的方法」という）による書面の提供を定め、電磁的方法の詳細は、同法施行令15条の22・23ならびに金商業等府令56条・57条に規定されている。上記規定は、いわゆる特定投資家制度に関する書面について定めたものであるが、同法34条の2第4項の定める電磁的方法は、同項が本来想定している同条3項の書面以外に、契約締結前交付書面、契約締結時等交付書面等にも準用されている（同法37条の3第2項・37条の4第2項）。

また、金商法における電磁的方法による書面交付の規定は、同法34条の2第4項だけでなく、目論見書（同法27条の30の9）、公開買付届出書（同法27条の30の11）等があり、また、租税特別措置法などの他法令にも同様の規定がある。

さらには、特定預金等契約についても電磁的方法による書面交付の規定がある。

◆**電磁的方法の詳細**　金商法（銀行法による準用を含む）の定める電磁的方法は、基本的には同じ内容であることから、以下、金商法34条の2第4項の規定する電磁的方法の詳細について説明する。

書面の交付を電磁的方法で行うことに関して、書面交付の相手方（顧客）に対して、あらかじめ電磁的方法の種類および内容を示し、書面または電磁的方法による承諾を得なければならない（金商法34条の2第4項、同法施行令15条の22第1項）。

電磁的方法については、①電子メール等で書面を顧客に送信する方法、②顧客に業者のHP等から書面をダウンロードさせる方法、③業者の設置する顧客専用のインターネットのページ等（顧客によるログイン

が必要なもの）において、顧客に書面を閲覧させる方法、④業者の設置するインターネットのページ等（複数の顧客が閲覧可能なもの）において、顧客に書面を閲覧させる方法の四つが定められている（金商業等府令56条1項1号）。

上記の各電磁的方法については、それぞれ電磁的方法として認められるための要件が規定されている（金商業等府令56条2項）。上記四つの方法いずれにも共通の要件は顧客が書面を作成できることであり、その他の要件としては、顧客に対する通知（①、③、④）、一定期間記録を消去しないこと（③、④）等が規定されている。

10290　取引態様の事前明示義務

取引態様の事前明示義務とは何か

結　論

取引態様の事前明示義務とは、顧客と業者との間に利益相反関係があるかどうかを、契約締結前に顧客に明示する義務であり、旧証券取引法にも規定があった。ただし、特定預金等契約や特定保険契約、特定信託契約には同義務は課せられていない。

解　説

◆**四つの取引態様**　旧証券取引法でも同様の規定があった（同法38条）。これは、業者が顧客と契約を締結する前に、業者と顧客との間の利益相反関係の有無を明らかにすることを業者に義務づけたものである。たとえば、有価証券の売買契約において、

顧客が有価証券の売り注文を出したときに、業者自身が買手となる場合には、顧客と業者の利害が対立する。他方、業者が媒介、取次、代理の形態で顧客の注文を受けるのであれば、両者の利益が対立することはない。そこで、金商法は、業者に、契約を締結する前に、顧客に対して、取引態様を明示する義務を課した。

「取引態様」とは、有価証券の売買または店頭デリバティブ取引の成立の取引形態による区分のことであり、その区分は、「証券会社が自ら顧客の相手方となって売買・取引の注文（仕切り注文）を受け証券会社自体がその相手方となって売買・取引を行う「自己取引」と、その取次ぎ等により他人の計算で行う注文（委託注文）を執行する「委託取引」に大別される」（河本一郎＝関要監修『逐条解説証券取引法〔3訂版〕』542頁）。金商法37条の2は、取引態様として、①自己が契約の相手方となる場合、②媒介、③取次、④代理の四つを規定しており、①が「自己取引」、②〜④が「委託取引」である。①は文言そのままだが、残りの三つはどういうものか。

まず、「取次」であるが、「取次」とは、自己の名をもって他者の計算において、法律行為をすることを引き受ける行為である。たとえば、業者が、顧客から取引所での有価証券の売買注文を受けた場合を例にとると、「取引所の市場では委託した顧客の名前でなく、受託した証券会社の名前で買入れや売却がされる。これは、証券会社が顧客の計算で売買することを引き受けることで、こういう行為を取次ぎというのである」（河本一郎＝大武泰南『証券取引法読本〔第7版〕』149頁）。

次に、「代理」であるが、代理業者は本人の名で顧客と取引を成立させることになり、契約の履行は、本人と顧客との間で行われる。

最後に、「媒介」であるが、媒介業者は他者の委託を受けて、その者と顧客との間で取引が成立するように尽力するという行為を行うにすぎず、契約の履行はその他者と顧客の間で行われる。

取引態様明示方法については特に規定がないので書面でも口頭でもよい。また、本条は、単なる訓示規定にすぎず、本条に違反してなされた売買・取引の私法上の効力には影響を与えないと解されている（前掲『逐条解説証券取引法〔3訂版〕』543頁）。

なお、特定預金等契約や特定保険契約、特定信託契約には取引態様の事前明示義務は準用されていない（銀行法13条の4、保険業法300条の2、信託業法24条の2）。

10291 契約締結前交付書面

契約締結前の書面とは何か。なぜ、その作成・交付が必要なのか

結　論

契約締結前交付書面とは、業者が顧客と金融商品取引契約を締結する前に作成のうえ、顧客に交付することが義務づけられている書面である。業者にかかる義務を課した趣旨は、業者が金融商品の内容を口頭で説明しただけでは契約内容や商品に内在するリスクについて顧客が理解することが困難と考えられるため、顧客に対して書面の

交付まで要求したことにある。

◆**金商法と金販法の規定**　金商法は、業者が金融商品取引契約を締結しようとするときは、あらかじめ、顧客に対して、一定の事項を記載した書面を交付しなければならないとしている（同法37条の3第1項）が、説明義務そのものについては明記していない。これとは反対に、金販法は、業者の説明義務が明記され（同法3条）、書面の交付は同法上義務づけられてはいない。これはどうしてなのか。

まず、業者が、顧客に対し、金融商品取引に関する説明義務を負っていることについては、あらためて説明するまでもない。金商法制の立法趣旨は、投資家と業者との間の「情報の格差」を是正し、投資家が自己責任原則に基づいた金融商品の選択を行うための前提条件を整備することによって、投資者保護を図ることである。情報格差を是正するには、業者が金融商品取引契約に関する重要事項について顧客が理解できるように説明しなければならない。金商法も金販法もこれを当然の前提として立法されている。業法である金商法は、この説明義務を当然の前提として、その実効性を高めるために一定の事項に関しては、業者が書面に記載し、その書面を契約締結前に顧客に交付することを義務づけた。すなわち、金商法37条の3の趣旨は、金融商品の内容を説明する場合に、口頭で説明しただけでは契約内容や商品に内在するリスクについて顧客が理解することが困難と考えられるため、顧客に対して書面の交付まで要求したのである。

契約締結前の書面交付は、特定投資家に対しては要求されていない。また、顧客の同意がある場合には、情報通信技術を利用する方法によって提供することができる（金商法37条の3第2項。【10289】参照）。ただし、金販法によると、顧客が不要と申し出た場合には、業者の説明義務が免除されるが、金商法には、同様の免除規定はない。したがって、相手が一般投資家の場合には、たとえ顧客が書面は不要と申し出たとしても、書面交付義務は免除されないことに注意する必要がある。

なお、金商業等府令は、金商法38条8号に基づく追加禁止事項として、「書面（編注：契約締結前交付書面等）の交付に関し、あらかじめ、顧客……に対して、法第37条の3第1項第3号から第7号までに掲げる事項……について顧客の知識、経験、財産の状況及び金融商品取引契約を締結する目的に照らして当該顧客に理解されるために必要な方法及び程度による説明」をしないこと（同府令117条1項1号）を規定している。したがって、同府令により、書面記載事項について適合性原則に基づく説明義務が業者に課されることになる。

◆**書面の様式**　金商法（銀行法による準用も含む）が作成・交付を要求している契約締結前交付書面（金商法37条の3）は、記載事項ならびに記載方法に関して細かく法令で定めてあるが、その様式は特に指定がない。よって、法令の要求（記載事項・記載方法）を満たせば、たとえば、商品のパンフレットであっても、それを顧客に交付することで契約締結前交付書面の交付とみなすことは一応可能である。この点につき、金融庁は下記のように述べている。

・「「契約締結前交付書面」については様式
が定められておらず、その「雛形」を示
すことは予定しておりません。……「契
約締結前交付書面」の記載事項・記載方
法は、法令において明確に規定されてお
り、個別の書面がこれらの要件に適合し
たものであるかどうかは、個別事例ごと
に実態に即して実質的に判断される……。
各金融商品取引業者等においては、……
制度の趣旨に即して、顧客がその内容を
的確に理解し得るよう、法令の範囲内で
創意工夫して契約締結前交付書面の作成
を行うことが期待されます」（金商法制
パブコメ回答292、293頁106番）。

・「「広告等規制」及び「契約締結前の書面
交付義務」のいずれの規制にも適合する
書面であれば、これを広告等及び契約締
結前交付書面として使用することは可能
である」（金商法制パブコメ回答269頁
255・256番）。

・約款を利用した交付について「個別事例
ごとに実態に即して実質的に判断される
べきもの……、投資信託の約款の交付を
もって契約締結前交付書面の交付義務を
履行したとするためには、当該約款が
「契約締結前交付書面」の記載方法・記
載事項の要件……を満たしていることが
必要」（金商法制パブコメ回答290頁92番）。

・商品説明資料等を利用した交付について
「個別事例ごとに実態に即して実質的に
判断される……「勧誘資料」が、「契約
締結前交付書面」の記載方法……や記載
事項の要件……を満たしていることが必
要」（金商法制パブコメ回答290頁96番）。

10292 契約締結前交付書面の必要記載事項および記載方法

契約締結前交付書面の必要記載事項および
記載方法を説明してほしい

結 論

契約締結前交付書面の必要記載事項は法
令に細かく規定されているが、その最も重
要な事項は、契約の概要、リスク関連の情
報、手数料等であり、特に重要と思われる
事項については、その記載場所や記載方法
についてまで、細かく規制されている。

解 説

◆**契約締結前交付書面の記載事項**

(1) 金商法37条の3第1項 契約締結
前交付書面には、下記の事項を記載する必
要がある。

① 当該金融商品取引業者等の商号、名称
または氏名および住所（1号）

② 金融商品取引業者等である旨および当
該金融商品取引業者等の登録番号（2
号）

③ 当該金融商品取引契約の概要（3号）

④ 手数料、報酬その他の当該金融商品取
引契約に関して顧客が支払うべき対価に
関する事項であって内閣府令で定めるも
の（4号）

⑤ 顧客が行う金融商品取引行為について
金利、通貨の価格、金融商品市場におけ
る相場その他の指標に係る変動により損
失が生ずることとなるおそれがあるとき
は、その旨（5号）

⑥　前号の損失の額が顧客が預託すべき委託証拠金その他の保証金その他内閣府令で定めるものの額を上回るおそれがあるときは、その旨（6号）

⑦　前各号に掲げるもののほか、金融商品取引業の内容に関する事項であって、顧客の判断に影響を及ぼすこととなる重要なものとして内閣府令で定める事項（7号）

(2)　金商法37条の3第1項7号　　同号は、「前各号に掲げるもののほか、金融商品取引業の内容に関する事項であつて、顧客の判断に影響を及ぼすこととなる重要なものとして内閣府令で定める事項」も契約締結前の交付書面に記載することを要求している。同号を受け、金商業等府令は、それらの事項として、各金融商品取引契約に共通の事項として15項目を列挙したうえで（同府令82条）、金融商品取引契約のタイプによっては、個別事項をも詳細に定めている（同府令83〜96条）。

なお、金商業等府令82条の規定する共通記載事項は下記のとおりである。

①　当該契約締結前交付書面の内容を十分に読むべき旨（1号）

②　金商法施行令16条1項2号に掲げる事項「委託証拠金等がある場合にあっては、その額又は計算方法」（2号）

③　元本損失等を生ずるおそれがある場合の当該指標等およびその理由（3〜6号）

④　租税の概要（7号）

⑤　終了事由（8号）

⑥　書面解除の規定の適用の有無および関連事項（9号・10号）

⑦　当該金融商品取引業者等の概要（11号）

⑧　当該金融商品取引業者等が行う金融商品取引業の内容および方法の概要（12号）

⑨　顧客が当該金融商品取引業者等に連絡する方法（13号）

⑩　当該金融商品取引業者等が加入している金融商品取引業協会および対象事業者となっている認定投資者保護団体の有無（14号）

⑪　指定紛争解決機関に関する事項（15号）

◆個別事項

(1)　契約の概要　　金商法が記載を要求しているのは、「当該金融商品取引契約の概要」（同法37条の3第1項3号）であり、一般的な記載ではない。この点につき、金融庁は「個別の金融商品取引契約ごとに、顧客が取引の内容を理解するために必要かつ適当と認められる情報を記載する」（金商法制パブコメ回答299頁150〜152番）と述べている。

(2)　手数料等（金商業等府令81条）

①　手数料、報酬、費用その他いかなる名称によるかを問わず、金融商品取引契約に関して顧客が支払うべき手数料等の種類ごとの金額もしくはその上限額またはこれらの計算方法（当該金融商品取引契約に係る有価証券の価格、デリバティブ取引等の額（「取引の対価の額または約定数値に、その取引の件数または数量を乗じて得た額。金商法施行令16条1項3号カッコ書」）もしくは運用財産の額に対する割合または金融商品取引行為を行うことにより生じた利益に対する割合を含む）

② 上記①記載の金額の合計額もしくはその上限額またはこれらの計算方法

③ 上記①、②の記載をすることができない場合にあっては、その旨およびその理由

④ 金商業等府令74条2～4項に定める手数料等（当該投資信託受益権等に係る財産が他の投資信託受益権等（出資対象投資信託受益権等）に対して出資され、または拠出されるものである場合の当該出資対象投資信託受益権等に係る信託報酬その他の手数料等）

(3) 「損失が生ずることとなるおそれ」「損失の額が委託証拠金等の額を上回るおそれ」　金商法には「損失が生ずることとなるおそれ」（同法37条の3第1項5号）と「損失の額が委託証拠金等の額を上回るおそれ」（同項6号）に関する定義はない。しかし、金販法にも同様の規定があり、同法は、その定義規定を設けている。金商法の「損失が生ずることとなるおそれ」と金販法の「元本欠損が生ずるおそれ」（同法3条1項1号等）、金商法の「損失の額が委託証拠金等の額を上回るおそれ」と金販法の「当初元本を上回る損失が生ずるおそれ」（同法3条1項2号等）とは、それぞれ同じことを意味している。

金販法は、「元本欠損が生ずるおそれ」とは「当該金融商品の販売が行われることにより顧客の支払うこととなる金銭の合計額……が、当該金融商品の販売により当該顧客の取得することとなる金銭の合計額を上回ることとなるおそれをいう」（同法3条3項）と規定している。要するに顧客が支払った金額が、受け取った金額を上回るおそれのことをいうことになる。したがっ

て、たとえ満期に顧客が受け取る金額が、当初支払った金額より少なかったとしても、満期前に利息、分配金等の名目で金銭を受け取っており、それらを加えると顧客が支払った金額よりは多い場合には、損失あるいは元本欠損が生じたことにはならない。

次に、金販法は、「当初元本を上回る損失が生ずるおそれ」とは、「当該損失の額が当該金融商品の販売が行われることにより顧客が支払うべき委託証拠金その他の保証金の額を上回ることとなるおそれ」（同法3条4項）と定義している。これは要するに、顧客が出資した金額をすべて失うだけにとどまらず、さらに支払を余儀なくされることを意味する。定義規定のなかにもあるように、この規定はいわゆる証拠金取引を念頭に置いており、この場合も「元本欠損が生ずるおそれ」に該当する。しかし、証拠金取引による最近の投資家被害事例にかんがみ、特に「元本を上回る損失」も明文化したものである。

(4) その他

① 「租税」に関して金融庁は、「顧客が的確に理解できるように具体的に記載する必要があり、……単に「そういうものが課される旨」では足りない」（金商法制パブコメ回答352頁91番）、「租税については、顧客が支払う金銭に係るもののみならず、顧客が受け取る金銭に係るものも含め、その概要を記載する必要があ」り、「「本取引の会計・税務処理については必ず事前に公認会計士・監査法人・税理士にご相談ください。」とだけ記載しても」「租税に関する概要を適切に記載したことにならない」（金商法制パブコメ回答352頁92番）と述べており、具体

的に記述する必要がある（税率を明記することが望ましい）。

② 「譲渡の制限」であるが、金商業等府令が要求しているのは、「当該有価証券の譲渡に制限がある場合にあっては、その旨及び当該制限の内容」（同府令83条1項1号）である。よって、一般論として譲渡制限がありうることの記載ではなく、当該契約につき譲渡制限があるのであれば、その内容を記載することが必要である。

③ 「当該金融商品取引業者等の概要」「当該金融商品取引業者等が行う金融商品取引業の内容及び方法の概要」について金融庁は、「対象となっている金融商品取引契約に係る業務以外の金融商品取引業についても記載する必要がある」（金商法制パブコメ回答306頁199番）、業者等の概要の「具体的内容を類型的に示すことは困難……。個別事例ごとに判断される……が、例えば、設立年月日、資本金、本店所在地、代表者の役職・氏名、行っている業務の種別や主な業務等については、記載する必要がある」（金商法制パブコメ回答305、306頁192番）と述べている。

◆**記載方法**　金商業等府令79条が、記載方法を詳細に定め、文字・数字の大きさは8ポイント以上とすること、および、特に重要な事項については、記載順序・場所を指定し、より大きな文字・数字を指定するなどしている。

10293　契約締結前交付書面の交付が必要な場合

どのような場合に契約締結前交付書面の交付が必要か。また、どのような場合に、その作成・交付を省略できるか

結　論

契約締結前交付書面は、個別の契約を締結する前に作成し、顧客に交付しなければならないのが原則である。ただし、包括書面（上場有価証券等書面・外貨預金等書面）を交付してある場合や、リスク内容が同様の契約を以前に締結してある場合など、書面を交付しなくとも投資者保護に問題がないと考えられる場合には、作成・交付を省略できる。

解　説

◆**書面の作成・交付が必要な場合**　金融商品取引業者等は、金融商品取引契約を締結しようとするときは、あらかじめ、顧客に対し、契約締結前交付書面を交付しなければならない（金商法37条の3第1項柱書）。

金融商品取引契約とは、金商法2条8項各号に掲げる行為を行うことを内容とする契約をいう（同法34条）。よって、有価証券の引受（同法2条8項6号）、有価証券の募集または私募（同項7号）などの行為を行う契約を締結する前にも書面の交付が必要である（金融法制パブコメ回答274、275頁16〜18番）。また、有価証券の売買を行うことが金融商品取引行為であることから（同項1号）、「金融商品取引業者等が、顧客に対し、有価証券を売却する場合のみ

ならず、顧客から有価証券を買い取る場合も、基本的には契約締結前交付書面の交付が必要」（金融法制パブコメ回答277、278頁31～34番）である。

書面の作成・交付義務を負うものは、契約を締結しようとする金融商品取引業者等である。有価証券の売買の媒介、取次または代理（金商法2条8項2号）なども金融商品取引行為ではあるが、金融庁によると、「登録金融機関が金融商品仲介行為として媒介を行う場合、原則として、顧客と委託金融商品取引業者との間の契約締結が問題となることから、委託金融商品取引業者が契約締結前交付書面及び契約締結時交付書面の交付義務を負う」（金融法制パブコメ回答286頁73～76番）。

◆書面の作成・交付が省略できる場合

（1）金商法　作成・交付が不要とされる場合が、金商法および金商業等府令で定められている。同書面の作成・交付が不要の場合（金商法37条の3第1項ただし書、金商業等府令80条）には、金融商品取引契約の内容等に関しての説明も省略できるため（金商法38条8号、金商業等府令117条1項1号）、いかなる場合に同書面の作成・交付が省略できるかを正確に理解することは、実務上非常に大切である。

まず、投資家がプロである場合には契約締結前交付書面の交付は不要である（金商法45条2号）。次に、金商業等府令は以下の場合には契約締結前交付書面の交付は不要であるとしている（金商業等府令80条）。

① 上場有価証券または店頭売買有価証券の売買その他の取引に係る金融商品取引契約の締結前1年以内に当該顧客に対し上場有価証券等書面を交付している場合（同条1項1号）

② 有価証券の売買その他の取引またはデリバティブ取引等に係る金融商品取引契約の締結前1年以内に当該顧客に対し当該金融商品取引契約と同種の内容の金融商品取引契約について契約締結前交付書面を交付している場合（同項2号）

③ 当該顧客に対し目論見書（当該契約締結前交付書面に記載すべき事項のすべてが記載されているものに限る）を交付している場合（同項3号）

④ すでに締結している金融商品取引契約の内容の一部の変更を内容とする金融商品取引契約を締結しようとする場合において、当該顧客に対し契約変更書面を交付している場合、もしくは、書面の記載事項に変更すべきものがないとき（同項4号）

⑤ 有価証券の売付け（当該業者から顧客が買い付けた証券に限る）、累積投資契約による有価証券の買付け・定期的売付け等（同項5号）

また、上場有価証券等書面（もしくは、契約締結前交付書面）を交付した日から1年以内に同書面に係る（もしくは、契約締結前交付書面と同種の内容の）金融商品取引契約を締結した場合には、当該締結の日において、上場有価証券等書面（もしくは、契約締結前交付書面）を交付したものとみなすことにしている（金商業等府令80条3項・4項）。よって、一度上場有価証券等書面（もしくは、契約締結前交付書面）が交付され、その後1年以内のインターバルで、上場有価証券等書面に係る取引（もしくは、契約締結前交付書面と同種の内容の取引）が行われる場合には、2回目以後に

ついて契約締結前交付書面の交付は不要ということになる。

（2）外貨預金　銀行が、顧客と外貨預金契約を締結しようとするときは、あらかじめ顧客に対し、契約締結前交付書面を作成・交付する必要があるが（銀行法13条の4、金商法37条の3）、「投資者の保護に支障を生ずることがない場合として内閣府令で定める場合は、この限りでない」とされている。

書面の作成・交付が省略できる場合について、外貨預金に関しては、銀行法施行規則14条の11の25第1項1〜3号が、以下のとおり規定している。

① 外貨預金等に係る特定預金等契約の締結前1年以内に外貨預金等書面を交付している場合で、かつ当該顧客から契約締結前交付書面の交付を要しない旨の意思の表明があった場合である（同項1号）。ここで外貨預金等書面とは、個別の契約ごとに作成される書面ではなく、契約締結前交付書面の必要記載事項のうち、一部分が記載された書面である。なお、金商法の上場有価証券等書面（金商業等府令80条1項1号）と異なり、交付不要との顧客の意思表明が必要であることに注意が必要である。

② 特定預金等契約の締結前1年以内に当該顧客に対し当該特定預金等契約と「同一の内容」の特定預金等契約に係る契約締結前交付書面を交付している場合である（銀行法施行規則14条の11の25第1項2号）。金商業等府令80条1項2号と類似の規定であるが、金商業等府令では「同種の内容」となっているところ、銀行法施行規則では「同一の内容」である

ことに注意が必要である。

③ すでに成立している特定預金等契約の一部の変更をすることを内容とする特定預金等契約を締結しようとする場合で、当該変更に伴いすでに成立している特定預金等契約に係る契約締結前交付書面の記載事項に変更すべきものがないとき、もしくは、変更すべきものがある場合であって当該顧客に対して契約変更書面を交付しているときである（銀行法施行規則14条の11の25第1項3号）。

なお、一度外貨預金等書面もしくは契約締結前交付書面を作成・交付すると、その後1年以内の間隔で特定預金等契約が締結されれば、上記①と②の特例が繰り返し適用されるので、その後も書面の交付は省略できることになる（銀行法施行規則14条の11の25第3項・4項）。ただし、外貨預金等書面の場合には、そのつど「当該顧客から契約締結前交付書面の交付を要しない旨の意思の表明」が必要であり（同条3項カッコ書）、契約締結前交付書面に関しては、「同一の内容」の特定預金等契約に限られる（同条4項）。

◆ 「同一の内容」「同種の内容」　特定預金等契約における「同一の内容」（銀行法施行規則14条の11の25第1項2号）や金融商品取引契約における「同種の内容」（金商業等府令80条1項2号）とはどのようなことをいうか。

まず、外貨預金の「同一の内容」とは何かに関して金融庁は、「同一口座内における同種通貨による外貨預金契約の追加的な締結」「同一通貨の外貨定期預金で期間が異なる場合」「同一通貨の外貨定期預金で利息の支払方法が異なる場合」には「同一

の内容」に該当するとしている（金商法制パブコメ回答624頁19番・625頁22番）。この点からは、外貨預金のうち、「同一科目かつ同一通貨」であれば「同一の内容」と考えてよい。なお、「「外貨普通預金」及び「外貨貯蓄預金」の口座開設後の個々の入金は、基本的に「特定預金等契約の締結」とは解されないことから、……口座開設後の入金の都度、契約締結前交付書面及び契約締結時交付書面の交付をする必要はない」（金商法制パブコメ回答615頁19番）とされている。

次に、「同種の内容」であるが、「同種」とは、「同一」よりは緩やかな基準である。金融庁は、「「同種の内容」といえるかを、個別事例ごとに顧客の視点から社会通念に照らして実質的に判断するべきものと考えられます。当該判断にあたっては、同号の規定の上記趣旨にかんがみ、特に当該契約に関して契約締結前交付書面を通じて顧客に提供されるべきリスク情報等が同様であるかが重要な要素となる」（金商法制パブコメ回答324頁23番）としたうえで、下記のような具体例をあげている（金商法制パブコメ回答324頁24番）。

① 有価証券については、少なくとも、金商法2条1項各号および2項各号に列記されている有価証券ごとに異なる。

② デリバティブ取引については、少なくとも、その取引類型、原資産である金融商品または参照指標である金融指標が異なる取引ごとに異なるものとなる。

③ 一方、（イ）金商法2条1項各号および2項各号に列記されている有価証券の種類が同一であっても、また、（ロ）デリバティブ取引に係る取引類型、原資産

である金融商品または参照指標である金融指標が同一であっても、必ずしも「同種の内容」となるものではない。たとえば、社債券については、普通社債、一般の新株予約権付社債、MSCB（転換価格修正条項付転換社債）等は、社会通念に照らして「同種の内容」に該当しない。さらに、普通社債についても、発行体の信用リスクに大きな相違がない場合には、基本的には「同種の内容」に該当するものと考えられるが、その発行体の信用リスクに大きな差異がある場合には、「同種の内容」に該当しない。

◆ **「外貨預金等書面」とは何か**　外貨預金等書面に関する留意事項は下記のとおりである。

① 外貨預金等書面の交付により、契約締結前交付書面の作成・交付を省略するには、そのつど当該顧客から「契約締結前交付書面の交付を要しない旨の意思の表明」が必要である（金商法制パブコメ回答622頁8～10番）。

② 外貨預金等書面の記載事項は、契約締結前交付書面の記載事項より簡略化されている。基本的には、個別の契約に関する事項は必要記載事項にはなっていない。このことから、外貨預金等書面は、「包括書面」と呼ばれている。これに対し、契約締結前交付書面は、「例えば「当該特定預金等契約の概要」等が記載事項とされており……、個別の契約ごとに作成・交付されるのが原則」（金商法制パブコメ回答612頁8番）である。

③ 「同一内容の特例」は、外貨預金等書面には適用されない。もっとも、外貨預金等書面は包括書面であるので、「同一

内容」に該当しない外貨預金契約であっても、外貨預金等書面の特例により、契約締結前交付書面の作成・交付を省略できる。

10294　販売用資料等

販売用資料、提案書、重要事項説明書とは何か。契約締結前交付書面とどう違うのか

結　論

　販売用資料、提案書、重要事項説明書は、業者が投資家に勧誘・販売する金融商品取引契約の内容を説明するために事実上作成されることがある資料等であり、法令上その作成や交付が義務づけられている資料等ではない。これらと異なり、契約締結前交付書面は金商法で作成・交付が義務づけられている書面であり、その作成・交付をしないことは金商法違反となる。

解　説

◆書類によって異なる法的位置づけ　顧客に金融商品の勧誘・販売を行う際には商品内容を説明するためにいろいろな書類を渡すことが多いと思われる。それらの書類にはパンフレットなどの商品を紹介するものから、顧客へ勧める取引の内容を記載した提案書、金融商品を販売するための資料である販売用資料や重要事項を記載した重要事項説明書もある。一方、たとえば投資信託であれば目論見書の交付が必要であるほか、契約締結前交付書面を契約締結前に交付することや契約締結後には契約締結時交付書面の交付が必要である。

　上記のように金融商品取引契約を締結するまでにはさまざまな書面を顧客に交付することになるが、これらの書類は法的にはどのような位置づけになるのであろうか。それを理解するためには、金融商品を販売するまでのプロセスに沿って考えることが有用である。

◆金融商品を販売するまでの典型的なプロセス　金融商品を販売するまでの典型的なプロセスは、情報提供→勧誘→販売（商品説明）→契約締結ということになる。金商法の行為規制は上記プロセスに沿って規定されている。すなわち、情報提供段階は広告等規制（同法37条）、勧誘時は適合性の原則（同法40条１号）、販売時は契約締結前交付書面の交付（同法37条の３）および説明義務（金融業等府令117条１項１号）、契約締結後は契約締結時交付書面の交付（金商法37条の４）ということになる。また、勧誘・販売を通しての行為規制としては、虚偽告知の禁止や断定的判断の提供等の禁止（同法38条１号・２号）をはじめとした多くの禁止行為がある。

◆販売用資料等の位置づけ　それでは、販売用資料、提案書、重要事項説明書とはどのような位置づけの書類なのであろうか。

　商品を一般的に紹介する資料としてはパンフレットがある。これは、顧客に具体的な金融商品の内容を説明するための資料というよりは、商品の品ぞろえを紹介するものであり、基本的には勧誘前の段階（情報提供）において使用される資料（広告等）である。このパンフレットに対し、販売用資料と一般に称されている書類は、特定の金融商品の内容を詳細に規定したものであ

り、単なる情報提供（商品紹介）ではなく、特定の金融商品を特定の顧客に対して勧める段階（勧誘段階）で使用されることが多い資料である。ただ、金商法上このような書面（販売用資料）の作成や交付が要求されているわけではなく、あくまでも営業上の必要から作成されるものである。パンフレットと異なり、具体的な商品内容を顧客に紹介するものであるが、販売用資料は特定の顧客だけでなく、多数の者に対しても交付することが予定されていることから、広告等に該当し、広告等審査の対象となる。

次に提案書であるが、販売用資料は多くの顧客に特定の商品を紹介する目的で作成されるものであるのに対し、提案書は特定の顧客に金融商品取引契約の締結を勧めるために個別に作成されるものである。よって、広告等の定義のうち「多数の者に対して」行う情報提供（金商業等府令72条）の要件を欠くことから原則として広告等規制の対象外であると考えることが可能である。

では、重要事項説明書はどうか。重要事項説明書も、販売用資料や提案書と同様、金商法令や金販法に根拠のある書面ではない。ただ、金融商品を販売するにあたって、投資家に対して説明すべき重要な事項（金販法の定義する重要事項に限られない）を説明するための資料として作成し、かつ、それらの事項を説明したことの証拠化のために重要事項説明書を作成し、投資家に交付することが実務上行われているようである。

◆**契約締結前交付書面**　これまでに述べた販売用資料等と異なり、契約締結前交付書面は金商法37条の3第1項により作成が義務づけられ、金融商品取引契約を締結す

る前に投資家に交付することが必要とされている。また、その必要記載事項や記載方法も法令で詳細に定められている（金商業者府令79条以下）。

契約締結前交付書面の作成・交付を懈怠することは金商法令違反となるほか、同書面の記載事項について説明することなく金融商品取引契約を締結することは金商法令で禁止されている（金商法38条8号、金商業者府令117条1項1号）。

10295　目論見書

目論見書とは何か。どのような場合に目論見書の交付が必要か。契約締結前交付書面と何が違うのか

結　論

目論見書とは有価証券の募集・売出しの際に投資家に対して交付が必要とされている書面であるのに対し、契約締結前交付書面は有価証券の募集・売出し以外の金融商品取引契約を締結する際にも作成・交付が義務づけられている書面である。

解　説

◆**目論見書とは何か**　目論見書とは、有価証券の募集もしくは売出しなどのために当該有価証券の発行者の事業その他の事項に関する説明を記載する文書であって、相手方に交付し、または相手方からの請求があった場合に交付するものをいう（金商法2条10項）。目論見書のうち交付が義務づけられるもの（同法15条2項）は交付目論

見書、交付の請求があったときに交付が義務づけられるもの（同条3項）を請求目論見書という。

目論見書の記載事項は法定され、交付目論見書の記載事項は、有価証券届出書の記載事項（金商法5条1項各号）のうち投資者の投資判断にきわめて重要な影響を及ぼすものとして企業内容開示府令12条の定める事項（金商法13条2項1号イ(1)）および同法5条1項各号に掲げる事項以外の事項であって企業内容開示府令13条に規定される事項（金商法13条2項1号イ(1)）である。

有価証券の発行者、有価証券の売出しをする者、引受人、金融商品取引業者、登録金融機関または金融商品仲介業者は、原則として、有価証券を募集または売出しにより取得させ、または売り付ける場合には、交付目論見書をあらかじめまたは同時に交付しなければならないとされる（金商法15条2項）が、上記でいう募集とは新たに発行される有価証券の取得の申込みの勧誘のうち私募を除いたもの（同法2条3項）、売出しとはすでに発行された有価証券の売付けの申込みまたはその買付けの申込みの勧誘のうち、多数の者を相手方として行う場合などをいう（同条4項）。

◆契約締結前交付書面との相違点　契約締結前交付書面は金融商品取引業者等が、金融商品取引契約を顧客と締結しようとするときに、あらかじめ交付することが義務づけられている書面であり（金商法37条の3第1項）、その記載事項は同項各号ならびに金商業等府令82条から96条までに詳細に規定されている。なお、金商業等府令の82条は契約締結前交付書面の共通記載事項、すなわち、金融商品取引契約の種類を問わ

ず記載が必要とされる事項を定め、金商業等府令83条以下は種類に応じた記載事項を定めている。

では、目論見書と契約締結前交付書面の違いは何か。相違点をまとめると以下のとおりである。

① 目論見書の交付は有価証券の募集もしくは売出しの際に必要であるが、契約締結前交付書面は有価証券の売買やその媒介・取次等（金商法2条8項1号・2号）、有価証券の引受・募集・売出しやその取扱い等（同項6～9号）だけにとどまらず、同項各号が定める行為（＝金融商品取引行為）を行うことを内容とする契約（＝金融商品取引契約。同法34条）を締結しようとするときに作成・交付が必要である。

② 前述のとおり、目論見書と契約締結前交付書面の記載事項はいずれも法定されており、重複はあるものの、異なっている。

③ 目論見書も契約締結前交付書面もそれらの交付を不要とされる場合があるが、目論見書は相手方が適格機関投資家である場合やすでに目論見書の交付を受けないことに同意した一定の要件を満たす者などとされている（金商法15条2項）のに対し、契約締結前交付書面の交付が不要とされるのは顧客が特定投資家に該当する場合（同法34条）、および金商業等府令80条1項各号に規定されている場合である。

◆契約締結前交付書面にかえて目論見書を交付する場合　目論見書と契約締結前交付書面には上記の違いがあるが、契約締結前交付書面の交付が不要とされる場合の一

つに目論見書を交付している場合（金商業等府令80条1項3号）があることから、この場合には目論見書とは別途に契約締結前交付書面の交付は不要ということになる。もっとも、上記取扱いが認められるためには、目論見書に契約締結前交付書面の必要記載事項のすべてが金商業等府令79条（契約締結前交付書面の記載方法）の定める方法に準ずる方法で記載されていることが必要であり、実務においては、目論見書を補完する書面（契約締結前交付書面の必要記載事項のうち目論見書に記載されていない事項のすべてを記載した書面）を目論見書と同時に交付することが行われている。

10296 契約締結時交付書面

契約締結時交付書面とは何か。また、必要記載事項は何か

結　論

契約締結時交付書面とは、顧客が締結した契約内容を確認できるよう、契約締結後遅滞なく、作成のうえ、顧客に交付しなければならない書面であり、その**必要記載事項は、法令で細かく規定されている。**

解　説

◆**総論**　金融商品取引業者等は、金融商品取引契約が成立したときその他内閣府令で定めるときは、遅滞なく、内閣府令で定めるところにより作成した書面を顧客に交付しなければならない（金商法37条の4第1項）。これが契約締結時交付書面である。

契約締結時交付書面の交付が要求されるのは、顧客が締結した金融商品取引契約の内容を確認するためである。よって、契約締結時交付書面の交付が要求されるのは、金融商品取引契約が成立したときである。もっとも、「その他内閣府令で定めるとき」として、金商業等府令98条1項が、①投資信託契約の一部解約時（同項1号）、および②投資口の払戻し時（同項2号）にも書面の交付を要求している。これは、これらの場合も、「「金融商品取引契約の締結」には該当しないものの、顧客がその内容を確認するために書面の交付を義務づけている」（三井秀範＝池田唯一監修『一問一答金融商品取引法〔改訂版〕』298頁）ものである。

◆**記載事項**　契約締結時交付書面の必要記載事項は金商業等府令99〜107条に規定されているが、これらの規定は以下のように整理できる。

① 金融商品取引契約に共通の記載事項（金商業等府令99条）。その主なものは以下のとおりである。

 イ　金融商品取引業者等の商号、名称または氏名（同条1項1号）

 ロ　金融商品取引業者等の営業所または事務所の名称（同項2号）

 ハ　金融商品取引契約、投資信託契約の一部解約または投資口の払戻しの概要およびそれらの年月日（同項3号・4号）

 ニ　金融商品取引契約、投資信託契約の一部解約または投資口の払戻しに係る手数料等に関する事項（同項5号）

 ホ　顧客の氏名または名称（同項6号）

② 顧客が金融商品取引業者等に連絡する

方法（同項7号）

③　有価証券（信託受益権および抵当証券等、集団投資スキーム持分を除く）の売買その他の取引またはデリバティブ取引等の記載事項

　　㋑　共通記載事項（金商業等府令100条）

　　㋺　有価証券の売買（信託受益権および抵当証券等、集団投資スキーム持分を除く）その他の取引または有価証券関連デリバティブの特則（金商業等府令101条）

　　㋩　有価証券関連デリバティブ取引等を除くデリバティブ取引等の特則（金商業等府令102条）

④　上記②以外の取引の記載事項

　　㋑　抵当証券等の売買その他の取引の特則（金商業等府令103条）

　　㋺　商品ファンド関連取引の特則（金商業等府令104条）

　　㋩　競走用馬投資関連業務に係る取引の特則（金商業等府令105条）

　　㊁　投資顧問契約等の個別事項（金商業等府令106条）

　　㋭　投資一任契約等の個別事項（金商業等府令107条）

なお、有価証券の売買（信託受益権および抵当証券等、集団投資スキーム持分を除く）に係るものであるときは、(i)現金取引または信用取引の別、(ii)信用取引の場合には、弁済期限および新規または決済の別を記載する必要がある（金商業等府令101条1項1号）。

| 10297 | 契約締結時交付書面の交付場面 |

契約締結時交付書面はいつ交付する必要があるのか。また、作成・交付を省略できるのはどのような場合か

結　論

契約締結時交付書面は、契約締結後「遅滞なく」作成・交付しなければならないが、契約成立のつどの書面交付までは必要ないと考えられる場合や、顧客が他の書面により契約内容を確認できる場合等には、交付不要とされている。

解　説

◆**交付すべき時**　契約締結時交付書面は「金融商品取引契約が成立したときその他内閣府令で定めるときは、遅滞なく、……書面を作成し、これを顧客に交付しなければならない」（金商法37条の4第1項）。

ところで、「遅滞なく」に関し、金商法も内閣府令も定義していないし、金融庁も、「書面の交付を「遅滞なく」行ったといえるかどうかは、「一般的な事務処理」の内容が適切かどうか等を踏まえ、個別事例ごとに実態に即して実質的に判断されるべきもの」（金商法制パブコメ回答338頁12番）と述べるにとどまる。よって、遅滞なくとは何か、社会通念に従って個別に判断することになるが、書面を顧客に交付して、顧客が契約内容を速やかに確認できるようにするという金商法の趣旨からすると、事務手続に要する最低の時間が許容されるだけであると考えるべきであろう。したがって、

金融機関としては、契約締結後すぐに書面の作成・交付の作業を始める必要がある。この観点からは、契約締結日に発送することまではできなくとも、作成作業は始め、遅くとも翌日には発送するようにすべきである。

◆作成・交付を省略できる場合

（1）金商法　契約締結時交付書面については、「契約成立の都度の書面交付までは必要ないと考えられる場合や、顧客が他の書面により契約内容を確認できる場合等には、交付を不要としている」（金商法37条の4第1項ただし書（三井秀範＝池田唯一監修『一問一答金融商品取引法〔改訂版〕』299頁））。

交付が不要な場合は、金商業等府令110条1項が規定しており、その主なものは下記のとおりである。

① 累積投資契約による有価証券の買付け・売付け等の場合で、顧客に対して定期的に書面を交付し、かつ、顧客からの個別取引に関する照会に対して、速やかに回答できる体制が整備されている場合（同項1号）

② 債券等の買戻・売戻条件付売買、店頭デリバティブ取引、有価証券の引受、有価証券の募集もしくは売出しの取扱いまたは私募の取扱い、等で、契約の成立ごとに当該取引の条件を記載した契約書を交付するものである場合（同項2号）

③ 事故処理である場合（同項4号）

④ 契約の一部変更の場合であって、書面の記載事項に変更すべきものがない場合、または顧客に対して契約変更書面を交付している場合（同項6号）

（2）外貨預金　銀行法施行規則による

と、以下の場合には契約締結時交付書面の交付は不要とされている（同規則14条の11の29）。

① 外貨預金等に係る特定預金等契約の締結前1年以内に当該顧客に対し外貨預金等書面を交付している場合（当該顧客から契約締結時交付書面の交付を要しない旨の意思の表明があった場合に限る）

② 特定預金等契約の締結前1年以内に当該顧客に対し当該特定預金等契約と同一の内容の特定預金等契約について契約締結時交付書面を交付している場合

③ すでに成立している特定預金等契約の一部の変更をすることを内容とする特定預金等契約が成立した場合であって、契約締結時交付書面の記載事項に変更すべきものがないとき、もしくは、顧客に対し契約締結時交付書面に記載すべき事項のうち当該変更に係る事項を記載した書面を交付しているとき

また、外貨預金等書面を交付した日から1年以内に外貨預金等に係る特定預金等契約の締結を行った場合、もしくは契約締結時交付書面を交付した日から1年以内に当該契約と同一の内容の特定預金等契約の締結を行った場合には、上記①および②の期間の計算はそれらの締結日から行うものとされている。

10298　その他の書面

契約締結時交付書面以外に作成が必要な書面にはどのようなものがあるか

結　論

　契約締結時交付書面以外に作成が必要な書面として、金商業等府令により「取引残高報告書」および商品ファンド関連取引に係る「運用報告書」が規定されている。

解　説

◆2種類の「その他の書面」　金商法37条の4第1項が規定する「その他の書面」として「取引残高報告書」（金商業等府令98条1項3号）および商品ファンド関連取引に係る「運用報告書」（同項4号）がある。

◆取引残高報告書　顧客に対して、一定期間内に行われた取引の内容および当該期間の末日における有価証券・金銭の残高を報告するために、交付が義務づけられている書面である。

　下記の場合に、取引残高報告書を交付しなければならない（金商業等府令98条1項3号）。

① 有価証券の売買その他の取引もしくはデリバティブ取引等に係る金融商品取引契約が成立し、または有価証券等もしくは金銭の受渡しを行った場合で顧客から請求があったときは、当該契約の成立または受渡しのつど

② 上記請求をした顧客以外の顧客に対しては、契約の成立または受渡しを行った日の属する報告対象期間の末日ごと

　取引残高報告書の記載事項の主なものは以下のとおりである（金商業等府令108条）。

① 顧客の氏名または名称（同条1項1号）

② 金融商品取引契約に係る約定年月日、有価証券の受渡しの年月日、売付け等ま

たは買付け等の別、等一定の事項（同項2号）

③ 報告対象期間において行った有価証券の受渡しに関する事項（同項3号）

④ 報告対象期間において行った金銭の受渡しの年月日およびその金額（同項4号）

⑤ 報告対象期間の末日における金銭および有価証券の残高（同項5号）

⑥ 報告対象期間の末日における信用取引、発行日取引およびデリバティブ取引の未決済勘定明細および評価損益（同項6号）

　なお、下記の場合には、取引残高報告書の交付は不要である（金商業等府令111条）。

① 顧客が外国政府、国際機関等であって、あらかじめ取引残高報告書の交付を要しない旨の承諾を当該顧客から得、かつ、当該顧客からの取引残高に関する照会に対して速やかに回答できる体制が整備されている場合（同条1号）

② 有価証券の買付けの媒介または代理（公開買付書を相手方として公開買付けに係る有価証券の買付けの媒介または代理を行う場合に限る）（同条2号）

③ 有価証券の受渡しが有価証券の引受に係るものである場合（同条3号）

④ 金融商品取引契約または有価証券の受渡しが有価証券の募集もしくは売出しの取扱いまたは私募の取扱いに係るものである場合（同条4号）

⑤ 有価証券、商品または金銭の受渡しを伴わない有価証券の売買その他の取引またはデリバティブ取引等を行う場合（同条5号）

⑥ 金融商品取引契約が市場デリバティブ

取引であって顧客の指示に基づき注文・清算分離行為が行われたものである場合であって、取引残高報告書を注文執行会員等が顧客に交付することにかえて清算執行会員が交付することにつき、あらかじめ合意しているとき（同条6号）

◆**運用報告書**　金融商品取引業者等は、商品ファンド関連取引に係る金融商品取引契約を締結しているときは、当該取引に係る商品ファンドの運用に係る計算期間の末日以後遅滞なく、当該商品ファンドの運用の状況について説明した報告書を作成し、交付しなければならない（金商業等府令98条2項）。

運用報告書の記載事項の主なものは下記のとおりである（金商業等府令109条）。

① 当該報告書の作成の日および前回の報告書の作成の日（同条1号）
② 計算期間末における純資産総額および1口当りの純資産額（同条2号）
③ 計算期間における運用の経過（同条3号）
④ 計算期間末における資産配分状況（同条4号）
⑤ 計算期間に係る商品ファンドの貸借対照表および損益計算書またはこれらにかわる書面（同条5号）
⑥ 監査に関する事項（同条6号・7号）
⑦ 計算期間における商品ファンド関連受益権の募集、私募または売出し等の件数、解約件数および償還件数ならびにそれらによる資産の増減額ならびに運用開始から計算期間末までの募集、私募または売出し等の件数、解約件数および償還件数ならびにこれらによる資産の増減額（同条8号）

⑧ 配当に関する事項（同条9号）

10299　書面による解除

書面による解除とは何か。どのような金融商品取引契約に書面による解除が認められているのか

結　論

書面による解除とはいわゆる「クーリング・オフ」のことであるが、現時点では、投資顧問契約にのみ、同制度が適用されることになっている。

解　説

◆**金商法上の「クーリング・オフ」**　金融商品取引業者等と金融商品取引契約（当該金融商品取引契約の内容その他の事情を勘案して政令で定めるものに限る）を締結した顧客は、金商法37条の4第1項の書面（いわゆる契約締結時交付書面）を受領した日から起算して政令で定める日数を経過するまでの間、書面により当該金融商品取引契約の解除を行うことができる（同法37条の6第1項）。これはいわゆる「クーリング・オフ」を規定したものである。

金商法の定める「クーリング・オフ」の詳細は以下のとおりである。

① 「クーリング・オフ」の対象となる金融商品取引契約は、金商法施行令16条の3第1項により「投資顧問契約」と規定されている。よって投資顧問契約以外の金融商品取引契約は「クーリング・オフ」の対象ではない。

② 「クーリング・オフ」の可能な期間は、契約締結時交付書面を顧客が「受領」した日から起算して、10日間である（金商法施行令16条の3第2号）。

③ 顧客からの解除の意思表示は書面で行う必要があるが（金商法37条の6第1項）、解除の効力は、解除を行う旨の書面を発した時に生ずる（同条2項）。

④ 金融商品取引業者等は、「クーリング・オフ」されたことによる損害賠償または違約金の支払を、一定限度を超えて請求することはできず（同条3項）、解除された金融商品取引契約の対価の前払いを受けていたときは、これを顧客に返還しなければならない（同条4項）。

⑤ 上記に反する特約で顧客に不利なものは無効とされる（同条5項）。

消費者保護のため、一定の場合に契約の効力を失わせる法律としては消費者契約法があるが、同法が認めているのは取消であり、取消のためには、「誤認」（同法4条1項・2項）、「困惑」（同条3項）が必要であり、かつ、「誤認」「困惑」については「投資家に立証責任がある」（平下美帆『実務のための金融商品取引法〔第2版〕』357頁）と考えられている。なお、平成28年の消費者契約法の改正で、取消事由が追加され、「過量な内容の契約」の場合にも取消できることとなった（同法4条4項）。また、金商法と同じく、消費者が一方的に契約を解除等することができるとする法律に特定商取引法があるが（同法9条）、同法の適用される販売形態および商品には制限があるため、金融商品取引契約にクーリング・オフを認めた同法37条の6の存在意義は大きい。

旧証券取引法の規制対象ではなかった金融商品取引契約のなかで、①投資顧問契約（旧投資顧問業法17条）と②商品投資契約または商品投資受益権の販売を内容とする契約（旧商品投資事業規制法19条）にはクーリング・オフ制度があった。しかしながら、金商法では、②はクーリング・オフの適用対象取引契約ではない。

この点につき、立案担当者は、「②については、金融商品取引法では、信託受益権またはいわゆる集団投資スキーム持分として有価証券として取り扱われることとなるが、信託受益権や集団投資スキーム持分のうち、商品ファンドのみを対象としてクーリング・オフ制度を適用することは必ずしも合理的ではないこと、商品投資を対象事業とするスキームに係る権利である以上、商品相場の変動に伴う価格変動リスクは比較的大きいものと考えられ、クーリング・オフ制度には馴染まない面があると考えられること等の理由から、施行令16条の3では①をクーリング・オフの制度の対象としている」（前掲『実務のための金融商品取引法〔第2版〕』357頁）と述べている。

10300　虚偽告知の禁止、断定的判断の提供等の禁止

「虚偽告知」「断定的判断の提供等」（金商法38条1号・2号）とは何か。これらの禁止行為をするとどうなるのか

結　論

「虚偽告知」とは「嘘をつくこと」であり、「断定的判断の提供等」とは「将来の

確実でないことを確実であると決めつけること」もしくは「将来の不確実な事項について確実であると誤解させるおそれのあることを告げること」である。「虚偽告知」には刑事罰もある。

解　説

◆**虚偽告知**　金商法38条１号は、金融商品取引業者等またはその役員もしくは使用人は「金融商品取引契約の締結又はその勧誘に関して、顧客に対し虚偽のことを告げる行為をしてはならない」と規定している。旧証券取引法においても、同法42条１項10号に基づく証券会社の行為規制等に関する内閣府令４条１号に同様の規定が設けられていた。つまり、金商法は、従来府令で規定されていた虚偽告知禁止を法律に格上げしたことになる。顧客が業者から虚偽を告げられれば、適切な投資判断を行うことができなくなることから、金融商品の勧誘・販売にあたって虚偽（嘘）を述べてはならないことは当然である。

　虚偽告知に対しては刑事罰も科せられる。虚偽告知をした個人は、１年以下の懲役もしくは300万円以下の罰金に処し、またはこれを併科する（金商法198条の６第２号）とされ、金融商品取引業者自体にも２億円以下の罰金が科せられる（同法207条１項４号）。

　虚偽とは、過去または現在の客観的事実と相違することや、理論上誤っていることなどを意味し、その対象は金利・通貨の価格、金融商品市場における相場その他の指標、手数料、契約条項等の金融商品ないしその取引条件に限らず、およそ投資家が投資判断を下すのに必要または有益と考えられることすべてにわたる。たとえば、その金融商品が品薄ではないのに、「品薄ですから今日中に決断しないと売切れになります」といったり、まったく売れている商品ではないのに、「当店では今月いちばん売れている商品だ」といったりすることも虚偽の告知に当たる。将来のことについて根拠のないことを述べることは、断定的判断の提供等に当たることが多いであろうが、内容によっては虚偽の告知に当たることもある。たとえば、まったく事実無根であるにもかかわらず、「Ａ社が来週今期収益予想の上方修正を発表する」という場合などである。

　銀行法・保険業法により当禁止規定は準用されていないが、これは、銀行法等の禁止行為にすでに同様のものがあるからである。

◆**断定的判断の提供等の禁止（金商法38条２号）**　金商法は、「顧客に対し、不確実な事項について断定的判断を提供し、又は確実であると誤解させるおそれのあることを告げて金融商品取引契約の締結の勧誘をする行為」を禁止している（同法38条２号）。また、金販法は、「顧客に対し、当該金融商品の販売に係る事項について、不確実な事項について断定的判断を提供し、又は確実であると誤認させるおそれのあることを告げる行為を行ってはならない」と規定している（同法４条）。この「断定的判断の提供等」には「不確実な事項についての断定的判断の提供」と「不確実な事項が確実であると誤解（誤認）させるおそれのあることを告げること」の両者が含まれる。なお、金商法は「誤解」、金販法は「誤認」という用語を使っているが、両者は同じ意

味である。

「断定的判断」とは、「将来の確実でないことを確実であると決めつけること」をいう。この定義に関しては、金商法と同じく「断定的判断の提供」を禁止している消費者契約法に関する内閣府作成資料が参考になるので、以下に引用する。

「「断定的判断」とは、確実でないものが確実である（例えば、利益を生ずることが確実でないのに確実である）と誤解させるような決めつけ方をいう。「絶対に」「必ず」のようなフレーズを伴うか否かは問わないが（例えば先物取引において、事業者が消費者に対して「この取引をすれば、100万円もうかる」と告知しても、「この取引をすれば、必ず100万円もうかる」と告知しても、同じく断定的判断の提供である）、事業者の非断定的な予想ないしは個人的見解を示すこと（例えば、「この取引をすれば、100万円もうかるかもしれない」と告知すること）は断定的判断の提供に当たらない。また、消費者の判断の材料となるもの（例えば、「エコノミストA氏は、「半年後に、円は1ドル＝170円に下落する」と言っている」という相場情報）について真実のことを告げることも問題にならない。さらに、将来の金利など「将来における変動が不確実な事項」につき、一定の仮定を置いて、「将来におけるその価額」、「将来において当該消費者が受け取るべき金額」につき、事業者が試算を行い、それを消費者に示したとしても、「将来における変動が不確実な事項」については、試算の前提としての仮定が明示されているかぎりは、「断定的判断の提供」には当たらない」（内閣府国民生活局消費者企画課編

『逐条解説消費者契約法〔補訂版〕』75頁）。

上記から、「断定的判断」とは、確実でないものが確実であると誤解させるような決めつけ方をいい、「絶対に」「必ず」のようなフレーズを伴うか否かは問わないことになる。このように、決めつけさえしなければ「断定的判断」にはならない。消費者契約法は、断定的判断の提供を契約の取消原因としているだけであるから（消費者契約法4条1項2号）、この厳密な定義でいう断定的判断の提供に該当しなければ契約の取消原因とはならない。

では、業者が、断定的判断を提供したらどうなるか。消費者契約法では、契約の取消原因となることは前述のとおりである。これに対して、金商法では、断定的判断の提供等は、業者に対する監督上の処分の対象（金商法51条等）となり、金販法により、損害賠償の民事効果とも結びつく（同法5条・6条）。また、断定的判断の提供等の禁止は、適合性原則と異なり、特定投資家に対しても適用（同法45条参照）される。

ところで、金商法は、断定的判断の提供等を行うこと自体を禁止しているので、断定的判断の提供等を行った以上、顧客がその結果契約を締結しなくとも、また、断定的判断を提供して契約が締結されたものの、その予想が的中して顧客に利益が出たとしても、違法な勧誘・販売行為であったことに変わりはない。

なお、特定預金等契約や特定保険契約には、金商法の断定的判断の提供等の禁止（同法38条2号）が準用されていない（銀行法13条の4、保険業法300条の2）。しかしこれは、断定的判断の提供等がこれらの契約においては禁止されていないというこ

とではない。銀行法は、銀行の業務に関し（銀行法13条の３第２号）、保険業法は、「（編注：保険契約の締結又は保険募集に関して）将来における契約者配当又は社員に対する剰余金の分配その他将来における金額が不確実な事項として内閣府令で定めるものについて」（同法300条１項７号。同法施行規則233条は「資産の運用実績その他の要因によりその金額が変動する保険金、返戻金その他の給付金又は保険料」を規定している）、それぞれ断定的判断の提供等を禁止しているので、金商法を準用していないにすぎない。むしろ、金商法は、断定的判断の提供等をして「金融商品取引契約の締結の勧誘をする行為」を禁止しているにすぎないところ、銀行法は「その業務に関し」、また保険業法は「保険契約の締結又は保険募集に関して」禁止しているので、その対象行為は広いとさえいえることに注意が必要である。

◆確実であると誤認させるおそれのあることを告げる行為　金商法では、金融商品取引業者等に対して「顧客に対して誠実かつ公正に、その業務を遂行しなければならない」として「顧客に対する誠実義務」を課している（金商法36条１項）。同法の規定する「虚偽告知の禁止」（同法38条１号）や「断定的判断の提供等の禁止」（同条２号）は、この誠実義務の具体的表れである。つまり、金融商品を顧客に販売しようとする場合には、当該金融商品についての正確な知識と情報を顧客に提供する必要がある。

ところで、「虚偽告知」は「嘘」を伝えることであり、「断定的判断の提供」は、前述のとおり、「将来の確実でないことを確実であると決めつけること」であるから、

これらに該当するかどうかの判断は、比較的容易である。しかし、「断定的判断の提供等」の「等」の部分、つまり、「確実であると誤解させるおそれのあることを告げる行為」とはどのようなことをいうか、その定義は曖昧である。なぜならば、「誤解させるおそれ」があるかどうかは、告知する相手やそのときの状況次第であり、たとえば、相手が非常に疑い深い人であれば、こちらが何をいってもなかなか信じてもらえないこともあれば、話す人間は冗談でいったつもりが、相手が冗談を真に受けてしまうということもある、したがって、「誤解させるおそれ」があるかどうかの判断はきわめてむずかしい。

まず、一般論としては、断定的判断の提供等かどうかは、形式的な文言のみから判断するのではなく、顧客の側で投資判断を適切に行うことが妨げられたか否かという実質面をあわせて考慮して判断することになる。すなわち、同じ言葉であっても、その言葉が発せられた状況や、それを受け取る人次第で結論が異なりうる。ただし、禁止されるのは、誤解を招くことを告げることであって、将来の不確実な事項に関することであっても、「意見」を述べること、「アドバイス」をすることは許される。つまり、投資家と金融のプロとは情報の質および量で格差があり、それを埋めて投資家が自己責任により投資判断ができるようにするのが金商法制の目的の一つであり、この観点からは、金融のプロが、アマである投資家に対してさまざまな的確なアドバイスをすることは、むしろ法が期待していることであるといってもよい。

では、どのようなセールストークが問題

となるか。

　まず、当然のこととして、虚偽のことを伝えてはならない。たとえば、著名なエコノミストのコメントを引用するような場合に、そのようなコメントを当該エコノミストがしていなければ、それは「嘘」をいったことになるので、断定的判断の提供以前の問題として、法の禁止する「虚偽告知」（金商法38条1号）に該当する。また、「嘘」ではなくとも、「断定的判断」、つまり「将来の確実でないことを確実であると決めつけること」は許されない。

　次に、顧客に対して、アドバイスを提供することはどうか。顧客にとって、今後景気がどうなるか、金利・為替の見通し、ひいては株価・株式指数などの市場の見通しは、最大の関心事である。顧客自身で収集できる情報には限りがあり、また、金融の専門家ではない一般顧客からすると、金融のプロである金融機関の意見やアドバイスがほしいと思うことも多いと思われる。金商法制下でも「意見」「アドバイス」の提供は禁止されていないし、旧証券取引法においても「断定的判断の提供等」は禁止されていたのであるから、金商法施行によってルールが変わったわけではない。ただ、注意すべきなのは、「意見」「アドバイス」の提供を行うに際しては、顧客の属性や営業時の状況をふまえ、決して誤解を与えることがないように注意することが必要だということである。そのためには、「意見」「アドバイス」の提供の際には、結論だけを伝えるのではなく、その「根拠」もできるだけ詳細に伝えるように努めるべきであろう。新しい金商法制の趣旨は、投資家と業者との間の情報格差をなくして投資家保

護を図ることにある。金融機関は金融のプロとしてさまざまな情報をもっており、それを投資家にも提供して、十分な情報をもとに、投資家が自分の責任で投資判断ができるようにする、これが金商法制の趣旨でもある。このような観点からは、「金利、為替の見通しを伝えること」「リサーチレポートを渡すこと、およびその内容を説明すること」「個人的な意見を伝えること」などが禁止されるわけではない。ただし、その際には、誤解を招くことのないよう伝え方および相手の属性に十分注意しなければならない。

10301　信用格付規制

信用格付規制とは何か。金商法の定義する信用格付業者の定義は何か

結　論

　信用格付規制の概略は、格付会社に登録制度を導入し、登録を受けた格付会社に対する規制・監督の枠組みを整備するというものである。信用格付および信用格付業者の定義は金商法が定めている。

解　説

◆**信用格付規制の導入**　平成21年の金商法改正により信用格付業者に対する規制（同法66条の27以下）や無登録格付の説明義務を定める新たな行為規制（同法38条3号）が導入され、これらの規制が平成22年10月1日より施行となった。この規制の概略は、格付会社に登録制度を導入し、登録

を受けた格付会社に対する規制・監督の枠組みを整備するというものである。このように、これまで規制の対象でなかった格付会社に対する公的規制が導入されることになった背景は、米サブプライム問題に端を発する世界的金融危機の原因の一つが格付会社の利益相反、格付プロセスの品質管理の欠如、情報開示不足にあるとの認識に立ち、①格付対象商品の発行者等からの格付会社の独立性確保・利益相反回避、②格付プロセスの品質と公正性の確保、③投資者等の市場参加者に対する透明性の確保を図ろうとするものである（平成20年12月17日金融審議会金融分科会第一部会報告、等）。

上記規制のうち、金商法38条3号は、「顧客に対し、信用格付業者以外の信用格付業を行う者の付与した信用格付（投資者の保護に欠けるおそれが少ないと認められるものとして内閣府令で定めるものを除く。）について、当該信用格付を付与した者が第66条の27の登録を受けていない者である旨及び当該登録の意義その他の事項として内閣府令で定める事項を告げることなく提供して、金融商品取引契約の締結の勧誘をする行為」を禁止している（詳細は【10302】）。

◆**信用格付とは何か** 「信用格付」は、金商法2条34項により、「金融商品又は法人（これに類するものとして内閣府令で定めるものを含む。）の信用状態に関する評価（以下この項において「信用評価」という。）の結果について、記号又は数字（これらに類するものとして内閣府令で定めるものを含む。）を用いて表示した等級（主として信用評価以外の事項を勘案して定められる等級として内閣府令で定めるものを

除く。）をいう」と定義され、「主として信用評価以外の事項を勘案して定められる等級」については、金商法定義府令24条3項1～5号が規定している。

◆**信用格付業者** 「信用格付業者」とは、金商法66条の27の規定により内閣総理大臣の登録を受けた者をいい（同法2条36項）、平成28年11月28日現在、株式会社日本格付研究所、ムーディーズ・ジャパン株式会社、ムーディーズSFジャパン株式会社、スタンダード＆プアーズ・レーティング・ジャパン株式会社、株式会社格付投資情報センター、フィッチ・レーティングス・ジャパン株式会社、日本スタンダード＆プアーズ株式会社の7社が信用格付業者としての登録を受けている。

金商法66条の27の登録を受けていない格付会社は、「信用格付業者以外の信用格付業を行う者」となる。ここで注意が必要なことは、ある格付会社のグループ会社の一部が同条の登録を受けていたとしても、登録格付会社となるのは当該登録をした会社だけであり、その他のグループ会社は無登録格付会社にすぎないことである。よって、上記7社の海外親会社等であっても、それらの親会社等自身が同条の登録を受けていないのであれば、「信用格付業者以外の信用格付業を行う者」となる。

◆**信用格付業者に対する規制** 信用格付業を行う法人は、内閣総理大臣の登録を受けることができ（金商法66条の27）、登録した信用格付業者に対しては、体制整備義務（同法66条の33）や情報開示義務（同法66条の36）等が課せられる。また、金融庁には、信用格付業者に対する検査・監督権限が与えられ（同法66条の40以下）、業務

改善命令や監督上の処分を課すことが可能となる。特に、業務改善命令は、金商業者等に対する業務改善命令（同法51条・51条の2）と同じく、具体的な法令違反がなくとも、「公益又は投資者保護のため必要かつ適当であると認めるとき」に発令できることになっている（同法66条の41）。

10302	無登録格付に関する説明義務

無登録格付に関する説明義務とは何か。投資信託の場合の留意事項は何か

結　論

　金商業者等は、信用格付業者以外の信用格付業を行う者の付与した信用格付について、当該信用格付を付与した者が金商法の登録を受けていない者である旨等を顧客に対して説明しなければならない。ただし、投信の場合の運用能力格付は信用格付に該当しないので、上記説明は不要である。

解　説

◆無登録格付に関する説明義務　金商法38条3号は、「顧客に対し、信用格付業者以外の信用格付業を行う者の付与した信用格付（投資者の保護に欠けるおそれが少ないと認められるものとして内閣府令で定めるものを除く。）について、当該信用格付を付与した者が第66条の27の登録を受けていない者である旨及び当該登録の意義その他の事項として内閣府令で定める事項を告げることなく提供して、金融商品取引契約の締結の勧誘をする行為」を禁止している。

よって、同禁止に該当し、上記に定める事項の説明（以下「無登録格付の説明」という）を行う必要があるのは、以下の要件を満たした場合である。

①　「信用格付」を提供して、金融商品取引契約の締結の勧誘をすること

②　当該信用格付が、信用格付業者以外の信用格付業を行う者の付与したものであること（以下「無登録格付」という）（「信用格付業者」の定義については【10301】参照）

③　当該信用格付が、「投資者の保護に欠けるおそれが少ないと認められるものとして内閣府令で定めるもの」に該当しないこと。なお、金商業等府令116条の2が、上記に該当する信用格付として、「当該金融商品取引契約に係る資産証券化商品の原資産の信用状態に関する評価を対象とする信用格付」（金商業等府令116条1号）および、それ以外の「当該金融商品取引契約に係る有価証券以外の有価証券又は当該金融商品取引契約に係る有価証券の発行者以外の者の信用状態に関する評価を主たる対象とする信用格付」（同条2号）を列記しているが、いずれも「実質的に当該資産証券化商品（又は当該金融商品取引契約に係る有価証券又は当該有価証券の発行者）の信用状態に関する評価を対象とする信用格付と認められる信用格付を除く」とされている。

◆投資信託について　投資信託は投信委託会社が投資家から集めた資金をさまざまな有価証券に投資することで運用するものであるが、投資信託の目論見書や販売用資料中に、"当該投資信託が投資対象とする

証券についての格付"や"投信委託会社の格付"に言及するものがよくみられる。これらの格付が法の定義する信用格付業者が付与した格付であればよいが、そうではない場合、投信の勧誘時に無登録格付の説明を行う必要があるかが問題となる。留意点は以下のとおりである。

(1) 信用格付に該当しないものについては説明不要　投資信託の場合、資産運用を行う投信委託会社の運用能力に関する格付（以下「運用能力格付」という）を記載するものがよく見受けられるが、当該格付が無登録格付の場合、無登録格付の説明が必要なのであろうか。運用能力格付が「信用格付」に該当するかが問題となる。そこで、「信用格付」の定義に当てはめると、運用能力と法人の信用状態とは異なると思われるほか、金商法定義府令24条3項2号が「有価証券の発行者その他の者が行う資産の運用その他これに類似する事業の遂行能力に関する評価の結果について表示した等級」を、「主として信用評価以外の事項を勘案して定められる等級」の具体例として規定している。よって、運用能力格付については、無登録格付の説明は不要である。

なお、金商法定義府令24条3項は、運用能力以外にも、「債権の管理及び回収に関する業務の遂行能力」（同項3号）、「信託財産の管理能力その他信託業務の運営の適切性」（同項4号）も列記している。

(2) 投資対象証券に付された格付に関しては、原則として、説明不要　投資信託の運用方針として、主たる投資対象証券に関する格付に言及することがよくあるが、上記の格付は、投信の受益証券もしくは投信委託会社に関する格付ではないため、原

則として、説明は不要である。ただし、「実質的に当該金融商品取引契約に係る有価証券又は当該有価証券の発行者の信用状態に関する評価を対象とする信用格付と認められる信用格付」の場合は例外であり、無登録格付の説明が必要である。この例外に当たるケースとしては、たとえばある投資信託の投資対象証券が、単一の発行体が発行する証券のみであるような場合が想定されよう。

(3) 投資信託受益証券そのものまたは投資信託委託会社に関する信用格付は説明が必要　前記(1)、(2)と異なり、投資信託受益証券そのものまたは投資信託委託会社に関する信用格付は、それが法の定義する無登録格付であれば、無登録格付の説明が必要となる。

10303　不招請勧誘等の禁止

不招請勧誘等の禁止とは何か。どのような金融商品取引契約がこれらの禁止の対象か

結　論

不招請勧誘等の禁止とは、「不招請勧誘」（勧誘の要請をしていない顧客に対し、訪問しまたは電話をかけて、金融商品を勧誘する行為）、「勧誘受諾意思確認義務」（勧誘に先立って顧客の勧誘を受ける意思の有無を確認せずに勧誘する行為）、「再勧誘」（一度勧誘を受けて断った顧客を再度勧誘する行為）を禁止することであり、「不招請勧誘の禁止」は、店頭金融先物取引、「勧誘受諾意思確認義務」および「再勧誘

の禁止」は、店頭および市場金融先物取引にのみ適用される。

解　説

金商法38条4～6号は、業者が、①勧誘の要請をしていない顧客に対し、訪問しまたは電話をかけて、金融商品取引を勧誘する行為（不招請勧誘の禁止、4号）、②勧誘に先立って、顧客に対し、その勧誘を受ける意思の有無を確認することをしないで勧誘をする行為（顧客の勧誘受諾意思確認義務、5号）、および、③一度勧誘を受けた顧客が、金融商品取引契約を締結しない旨の意思または勧誘を引き続き受けることを希望しない旨の意思を表示したにもかかわらず、当該勧誘を継続する行為（再勧誘の禁止、6号）を禁止している。

このうち、「不招請勧誘の禁止」に関しては、旧金融先物取引法76条4号にも同趣旨の規定があった。その立法趣旨は、電話や訪問のような不意打ち的な勧誘においては、勧誘を受けた人が受け身になりがちで、商品内容を十分理解することなく契約を締結してしまい、後で問題となった事例が多くあったことから、そのような不意打ち的な勧誘行為からの保護が必要と考えられたものである。上記②および③も同じく、顧客がその金融商品の勧誘を受けることを望んでいないのに、不意打ち的に、あるいは執拗に勧誘を受け、不本意な形で金融商品の購入をしてしまうことがないようにするために設けられた規定である。このうち、再勧誘の禁止については、「不招請勧誘の禁止を課す必要性までは認められないものの、その商品性や実態等に照らして、顧客の意思に反する勧誘については認めないも

のであり、適合性原則（狭義）と不招請勧誘の禁止の間に位置づけられるものである」（三井秀範＝池田唯一監修『一問一答金融商品取引法〔改訂版〕』304頁）とされる。

不招請勧誘の禁止（金商法38条4号）に関しては、従来の店頭金融先物取引（店頭FX取引等）に加え、平成23年4月1日からは「個人顧客を相手方とする店頭デリバティブ取引」（店頭金融先物取引のほか、有価証券店頭デリバティブ取引（証券CFD取引等）等が含まれる）も対象となった（同法施行令16条の4第1項2号）。また、勧誘受諾意思確認義務（同法38条5号）および再勧誘禁止（同条6号）は、不招請勧誘の禁止対象取引（上記②）に加え、取引所金融先物取引が対象である（同法施行令16条の4第2項）。よって、金融機関が通常扱う商品に、当面本件禁止は及ばない。しかしながら、不招請勧誘の禁止等に関しては、「今後、商品性や勧誘・利用者被害の実態等に鑑み、（編注：不招請勧誘の禁止、勧誘受諾意思確認義務、再勧誘の禁止の）対象に追加すべき金融商品・取引が出てきた場合には、政令において迅速かつ機動的に対応することになる」（前掲『一問一答金融商品取引法〔改訂版〕』302頁）とされていることに留意すべきである。金融機関としては、不招請勧誘の禁止等の趣旨をふまえ、顧客の意向を無視して、金融商品の勧誘を執拗に行うことは厳に慎む必要がある。

また、いわゆるデリバティブ関連取引に関する投資者保護の充実のため販売勧誘ルールの強化が図られ、①適合性の原則等の具体化（勧誘開始基準・合理的根拠適合

性)、②顧客に対する説明の充実、③勧誘方法等に関する注意喚起文書の配布等を内容とする、仕組債等については日本証券業協会の「協会員の投資勧誘、顧客管理等に関する規則」の改正、デリバティブ内包預金については全国銀行協会の「デリバティブを内包する預金に関するガイドライン」の制定がなされ、平成23年4月1日から施行されていることに注意が必要である(【10341】参照)。

　ところで、金商業等府令117条1項7号は、金商法38条8号の内閣府令で定める禁止事項として、いわゆる迷惑時間帯における電話・訪問による勧誘行為を禁止している。この禁止規定は、金融商品取引契約一般を対象としている(ただし、個人顧客に限る)ので注意が必要である。

| 10304 | 禁止行為(金商法38条7号) |

特定金融指標や特定金融指標算出者とは何か。だれの行うどのような行為が禁止されているのか

結　論

　特定金融指標とは、金融指標であって、当該金融指標に係るデリバティブ取引または有価証券の取引の態様に照らして、その信頼性が低下することにより、我が国の資本市場に重大な影響を及ぼすおそれがあるものとして内閣総理大臣が定めるものをいい、特定金融指標の算出および公表を行う業務を行う者のうち、内閣総理大臣が指定した者を特定金融指標算出者という。金融

商品取引業者等が特定金融指標算出者に対し、特定金融指標の算出に関し、正当な根拠を有しない算出基礎情報を提供する行為が禁止される。

解　説

◆**本号が追加された背景等**　　自己または第三者の利益を図る目的をもって、特定金融指標算出者に対し、特定金融指標の算出に関し、正当な根拠を有しない算出基礎情報を提供する行為が禁止される(金商法38条7号)。本号は、平成26年の金商法改正により特定金融指標算出者に係る規制(同法第5章の7)が導入されたことに伴い追加されたものである。

　LIBOR(London Interbank Offered Rate)などの金融指標に関する不正操作事案を受けて、国際的に金融指標に係る公的規制の導入の必要性が指摘され、金商法においても新たに第5章の7(156条の85以下)が設けられた。具体的には、本規制の対象となる金融指標を特定金融指標と定め(同法2条40項)、特定金融指標の算出および公表を行う業務の適正な遂行を確保することが公益等のために必要であると認められるときは、当該業務を行う者を特定金融指標算出者として指定し(同法156条の85第1項)、届出義務(同法156条の86)、業務規程の制定等(同法156条の89)その他の規制を課した。

　特定金融指標とは、金融指標であって、当該金融指標に係るデリバティブ取引または有価証券の取引の態様に照らして、その信頼性が低下することにより、我が国の資本市場に重大な影響を及ぼすおそれがあるものとして内閣総理大臣が定めるものをい

い（金商法2条40項）、特定金融指標の算出および公表を行う業務を特定金融指標算出業務、特定金融指標の算出および公表を行う業務を行う者のうち、内閣総理大臣が指定した者を特定金融指標算出者という（同法156条の85第1項）。

◆**本号で禁止される行為**　禁止される行為は「自己又は第三者の利益を図る目的をもって、特定金融指標算出者に対し、特定金融指標の算出に関し、正当な根拠を有しない算出基礎情報を提供する行為」（金商法38条7号）であり、本禁止行為の名宛人（禁止対象者）は金融商品取引業者等またはその役員もしくは使用人である。また、本禁止行為違反には罰則（3年以下の懲役もしくは300万円以下の罰金、またはこれらの併科）が科される（同法198条2号の3）。

算出基礎情報とは「特定金融指標の算出の基礎として特定金融指標算出者に対して提供される価格、指標、数値その他の情報をいう」（金商法38条7号カッコ書）と定義され、上記禁止対象者が正当な根拠を有しない算出基礎情報を特定金融指標算出者に提供する行為が禁止されている。金融商品取引業者等は金融指標に係るデリバティブ取引等を業として行っているところ、金融指標の数値を操作することができれば不正な利益を得ることも可能であることから、本禁止行為が設けられたものである。

本禁止行為に該当するためには算出基礎情報の提供にあたって、当該算出基礎情報に正当な根拠がないことに加え、自己または第三者の利益を図る目的という主観的要件が必要とされるが、これは、事務的な過失による正当な根拠を欠く算出基礎情報提供まで処罰する必要がないことによるものである。

10305 特別利益の提供の禁止

特別利益の提供とは何か

結論

金融商品取引契約につき、顧客もしくはその指定した者に対し、特別の利益の提供を約し、または顧客もしくは第三者に対し特別の利益を提供する行為が禁止される。特別の利益の提供が禁止されるのは市場の公正性を確保するためであり、特別の利益の提供かどうかは、個別事例ごとに実態に即して実質的に判断される。

解説

金商法は、「特別の利益の提供」を禁止している（同法38条8号、金商業等府令117条1項3号）。特別の利益の提供に関しては、旧証券取引法においても同様の規定があり（同法42条1項10号、証券会社の行為規制等に関する内閣府令4条2号）、金商法の規定も、基本的には旧証券取引法を引き継いだものである。

「特別の利益の提供」が禁止されているのは「市場の公正性を確保する観点から、刑事罰の対象となる損失補てん等の禁止よりも幅広い行為を対象とするもの」とされ、特別の利益の提供かどうかは、「個別事例ごとに実態に即して実質的に判断されるべきもの」であり、「他の顧客に対して負うべき忠実義務（金商法第41条第1項）に適

合しているか否かが問題となり得ることについても、留意が必要」（金商法制パブコメ回答394頁77番、394、395頁77〜80番）とされている。また、旧証券取引法では「顧客に対して特別の利益を提供することを約して勧誘する行為」が禁止されていたが（証券会社の行為規制等に関する内閣府令4条2号）、金商法では「特別の利益の提供等自体」が禁止される（金商法制パブコメ回答394頁77番）ことにも注意が必要である。すなわち、禁止される行為は「金融商品取引契約につき、顧客若しくはその指定した者に対し、特別の利益の提供を約し、又は顧客若しくは第三者に対し特別の利益を提供する行為（第三者をして特別の利益の提供を約させ、又はこれを提供させる行為を含む。）」（金商業等府令117条1項3号）とされている。

　もっとも、市場の公正性を害しない顧客サービスは、禁止される「特別の利益」には該当しない。「特別の利益の提供に該当するかどうかは、社会通念を踏まえて、個別事例ごとにその内容や目的等の実態に即して実質的に判断されるべきもの」であり、「たとえば、特定の条件に該当する顧客に対する手数料の軽減、金利の上乗せ、景品の提供やキャッシュバック等が一律に禁止されるものではなく、当該条件が不当でないこと、同様の取引条件にある他の顧客に対して同様の取扱いをすることや過大なものでないこと等、社会通念上妥当と認められる範囲内の取扱いにとどまる場合には、基本的には特別の利益の提供に該当しない」（松尾直彦ほか「金融商品取引法の行為規制（下）」商事法務1815号7頁）。なお、金商法制パブコメ回答では、下記事例は特別の利益の提供に該当しないものとして列挙されている。

① 業者が銀行等に預託している証拠金に金利がついた場合について「業者が「証拠金を業者に預託している顧客」のうちの特定の顧客ではなくそうした顧客全般を対象に当該金利を支払う場合」（金商法制パブコメ回答394頁79番）

② 「報酬の額について、顧客ごとに異なる額を定めるとしても、一定の料率表に基づく等の合理的な理由があるような場合」（金商法制パブコメ回答394頁80番）

③ 「取引条件の設定が不当でないこと、社内の手数料テーブルや当該銀行が同様の取引条件にある他の顧客に対して行っている値引率などを考慮して、社会通念上妥当と認められる範囲内に留まる場合」（金商法制パブコメ回答634、635頁11番）

④ 「景品の提供やキャッシュバックが一律に禁止されるものではなく、取引条件の設定が不当でないこと、同様の取引条件にある他の顧客に対し同様の取扱いをすることや過大な景品やキャッシュバックでないなど、社会通念上妥当と認められる範囲内の取扱いに留まる場合」（金商法制パブコメ回答635頁12番）

　なお、特定預金等契約に関しても特別の利益の提供は禁止されている（銀行法13条の4、金商法38条8号、銀行法施行規則14条の11の30の2第4号）。特定保険契約については、金商法の準用による禁止行為として該当する規定はないが（保険業法施行規則234条の27第1項）、保険業法300条が「保険契約者又は被保険者に対して、保険料の割引、割戻しその他特別の利益の提供

を約し、又は提供する行為」を禁止している（保険業法300条1項5号）。

10306 優越的地位の濫用の禁止

優越的地位の濫用とは何か

結　論

「優越的地位の濫用」とは、「自己の取引上の地位を不当に利用して相手方と取引すること」であり、金融機関が登録金融機関として金融商品取引業務を行う場合には、「優越的地位の濫用」に該当しないように留意することが必要である。

解　説

◆**優越的地位の濫用とは何か**　金融機関が登録金融機関として金融商品取引業務を行う場合には、「優越的地位の濫用」に該当しないように留意することが必要である。金商法は、金融商品取引業者等が二以上の種別の業務を行う場合の禁止行為を弊害防止措置等として規定しているが（同法44条以下）、特に登録金融機関については、同法44条の2第2項3号に基づき金商業等府令150条が登録金融機関その他業務に係る禁止行為を規定している。そして、同条は、信用供与の条件として、金融商品取引契約の締結またはその勧誘を行う行為を禁止しているだけでなく（同条1号）、その他「自己の優越的な地位を不当に利用して金融商品取引契約の締結又はその勧誘を行う行為」を禁止している（同条3号）。また、金商業者監督指針においても、「優越的地位の濫用防止」（金商業者監督指針Ⅷ-1-3）が規定されている。では、「優越的地位の濫用」とは何かであるが、その理解のためには独占禁止法が規定する「優越的地位の濫用」の理解が不可欠なので、独占禁止法がどのように規定しているかをみる。

独占禁止法19条は「事業者は、不公正な取引方法を用いてはならない」とし、「不公正な取引方法」とは、同法2条9項各号のいずれかに該当する行為をいうとされるが、そのうちの5号が規定する「自己の取引上の地位が相手方に優越していることを利用して、正常な商慣習に照らして不当に行う同号に規定する行為」が、「優越的地位の濫用」に該当する行為になる。

① 継続して取引する相手方（新たに継続して取引しようとする相手方を含む）に対して、当該取引に係る商品または役務以外の商品または役務を購入させること（同号イ）

② 継続して取引する相手方（新たに継続して取引しようとする相手方を含む）に対して、自己のために金銭、役務その他の経済上の利益を提供させること（同号ロ）

③ 取引の相手方からの取引に係る商品を受領した後当該商品を当該取引の相手方に引き取らせ、取引の相手方に対して取引の対価の支払を遅らせ、もしくはその額を減じ、その他取引の相手方に不利益となるように取引の条件を設定し、もしくは変更し、または取引を実施すること（同号ハ）

以上から、ある事例が「優越的地位の濫用」に該当するためには下記要件を充足す

ることが必要になる。

① 一方当事者が他方当事者に対して優越的地位にあること（地位要件）

② 優越的地位を利用して、不当に相手方に不利益を課すこと（濫用要件）

③ 当該行為が、正常な商慣習に照らして不当に行われていること（公正競争阻害要件）

　銀行業務に関しては、独占禁止法が直接適用されるだけではなく、金商法違反にもなる。また、銀行法においても、優越的地位の濫用に該当する行為が禁止行為として規定され（銀行法13条の3、同法施行規則14条の11の3第3号）、当該規定は、特定預金等契約の禁止行為の一つでもある（同規則14条の11の30第1号）。よって、優越的地位の濫用は、独占禁止法違反のみならず、業法違反にも問われることになる。

　金融機関が、「投資信託等の証券取引と融資、保証等を同時期に勧誘しつつ、融資・保証等を実行する行為や、設備資金等の融資を早めに実行し、支払期日までの間投資信託等の証券取引による運用を勧誘する行為は、かりに顧客の自由な意思による場合であっても、優越的地位に基づくものと見られかねないので十分な注意が必要である」（全銀協「銀行の公正取引に関する手引」28頁）。

◆**金商業者監督指針**　「優越的地位の濫用」に該当しうる行為として、下記があげられている（金商業者監督指針Ⅷ-1-3(1)）。

① 登録金融機関が顧客に対し、金融商品取引契約の締結に応じない場合には、融資等兼業業務に係る取引を取りやめる旨または当該業務に係る不利な取扱いをする旨を示唆し、金融商品取引契約を締結

することを事実上余儀なくさせること

② 顧客に対する兼業業務の取引を行うにあたり、金融商品取引契約の締結を要請し、これに従うことを事実上余儀なくさせること

③ 顧客が競争者（登録金融機関として行う業務の競争者）との間で金融商品取引契約を締結する場合には、兼業業務の取引を取りやめる旨または当該業務に関し不利な取扱いをする旨を示唆し、競争者との契約締結を妨害すること

④ 顧客に対する兼業業務の取引を行うにあたり、自己の競争者と金融商品取引契約の締結を行わないことを要請し、これに従うことを事実上余儀なくさせること

◆**抱き合わせ販売**　金融機関は、抱き合わせ販売（主たる商品と一緒に従たる商品をも抱き合わせて販売すること）にも該当しないように気をつける必要がある（公正取引委員会昭57.6.18告示第15号10項）。抱き合わせ販売に該当するための要件は下記のとおりである。

① 従たる商品が、主たる商品と他の商品であること

② 強制的に購入させること（相手方の商品選択の自由を実質的に抑圧すること）

| 10307 | 金商業等府令で禁止されている行為 |

どのような行為が金商業等府令で禁止されているか

結　論

　金商業等府令は、全部で38にものぼる行

為を追加的に禁止しているが、そのなかで最も重要なものは、実質的説明義務、特別利益提供の禁止、迷惑時間帯の電話・訪問による勧誘の禁止等である。

解　説

◆**38の禁止行為**　金商法38条8号に基づき金商業等府令117条1項は、全部で38にものぼる行為を追加的に禁止しているが、主要なものとしては下記がある。

① 契約締結前の書面等に記載されるべき重要事項につき、それらの書面の交付に関し顧客の知識、経験、財産の状況および金融商品取引契約を締結する目的に照らして当該顧客に理解されるために必要な方法および程度による説明をしないこと（同項1号）

② 金融商品取引契約の締結またはその勧誘に関して、虚偽の表示をし、または重要な事項につき誤解を生ぜしめるべき表示をする行為（同項2号）

③ 金融商品取引契約につき、顧客もしくはその指定した者に対し、特別の利益の提供を約し、または顧客もしくは第三者に対し特別の利益を提供する行為（同項3号）

④ 金融商品取引契約の締結または解約に関し、偽計を用い、または暴行もしくは脅迫をする行為（同項4号）

⑤ 金融商品取引契約に基づく金融商品取引行為を行うことその他の当該金融商品取引契約に基づく債務の全部または一部の履行を拒否し、または不当に遅延させる行為（同項5号）

⑥ 金融商品取引契約の締結または解約に関し、顧客に迷惑を覚えさせるような時間に電話または訪問により勧誘する行為（同項7号）

⑦ 「フロントランニング」（同項10号）、「無断取引」（同項11号）、「職務上の地位を利用した取引」（同項12号）、「法人関係情報を提供して行う勧誘」（同項14号）

◆**迷惑行為等**　「金融商品取引契約の締結又は解約に関し、顧客（個人に限る。）に迷惑を覚えさせるような時間に電話又は訪問により勧誘する行為」が禁止されている（金商業等府令117条1項7号）。「迷惑を覚えさせるような時間」が何時から何時までを指すかは法令には明記されておらず、金融庁も「社会通念に照らして個別事例ごとに実態に即して実質的に判断される」（金商法制パブコメ回答401頁111番）と述べているだけである。ただし、立案担当者は、「たとえば貸金業法令において、「社会通念に照らして不適当と認められる時間帯」として「午後9時から午前8時までの間」とされていることは参考になると考えられる（貸金業法21条1項1号、同法施行規則19条1項）。また、一般的な休日に、正当な理由がないのに、顧客の居宅に電話または訪問して勧誘する行為は、社会通念に照らして迷惑時間勧誘の禁止に該当し得ると考えられる。一方、顧客が事前に明示的に要請している場合や了解しているような場合には、夜間や休日に電話または訪問して勧誘しても、社会通念に照らして当該禁止に該当しない可能性が高いものと考えられる」（松尾直彦＝松本圭介編著『実務論点金融商品取引法』163頁）と述べている。

◆**その他**　一定の情報の提供や一定の情報に基づく行為が禁止されている（【10356】

参照）。

10308 銀行法および保険業法の各施行規則で禁止される行為

銀行法および保険業法の各施行規則ではどのような行為が禁止されているか

結　論

　銀行法および保険業法各施行規則は、特定預金等契約もしくは特定保険契約に関して、多くの追加的禁止事項を規定しているが、金商法の準用によるもの以外にも、銀行法・保険業法そのものの適用による禁止事項もある。

解　説

◆**特定預金等契約に関する追加禁止事項**

銀行法13条の4は金商法38条8号を準用し、それに基づき、銀行法施行規則14条の11の30の2が下記行為を禁止している。

① 顧客に対し、その営む業務の内容および方法に応じ、顧客の知識、経験および財産の状況をふまえた重要な事項について告げず、または誤解させるおそれのあることを告げる行為（同規則14条の11の30の2第1号・14条の11の3第1号）

② 顧客に対し、不当に、自己の指定する事業者と取引を行うことを条件として、信用を供与し、または信用の供与を約する行為（同規則14条の11の30の2第1号・14条の11の3第2号）

③ 顧客に対し、金融機関としての取引上の優越的地位を不当に利用して、取引の

条件または実施について不利益を与える行為（同規則14条の11の30の2第1号・14条の11の3第3号）

④ 契約締結前の書面等に記載されるべき重要事項につき、それらの書面の交付に関し顧客の知識、経験、財産の状況および特定預金等契約を締結する目的に照らして当該顧客に理解されるために必要な方法および程度による説明をしないこと（同規則14条の11の30の2第2号）

⑤ 特定預金等契約の締結またはその勧誘に関して、虚偽の表示をし、または重要な事項につき誤解を生ぜしめるべき表示をする行為（同規則14条の11の30の2第3号）

⑥ 特定預金等契約につき、顧客もしくはその指定した者に対し、特別の利益の提供を約し、または顧客もしくは第三者に対し特別の利益を提供する行為（同規則14条の11の30の2第4号）

⑦ 特定預金等契約の締結または解約に関し、顧客（個人に限る）に迷惑を覚えさせるような時間に電話または訪問により勧誘する行為（同規則14条の11の30の2第5号）

なお、銀行法13条の3の規定する禁止行為については、「銀行は、その業務に関し、次に掲げる行為をしてはならない」と定め、同条4号についてのみ、特定預金等契約の業務に関して適用されない旨を規定している。よって、同条1～3号の定める以下の禁止規定は、特定預金等契約にも適用される。

① 顧客に対し、虚偽のことを告げる行為（同条1号）

② 顧客に対し、不確実な事項について断

定的判断を提供し、または確実であると誤認させるおそれのあることを告げる行為（同条2号）

③　顧客に対し、当該銀行または当該銀行の特定関係者その他当該銀行と内閣府令で定める密接な関係を有する者の営む業務に係る取引を行うことを条件として、信用を供与し、または信用の供与を約する行為（同条3号）

なお、特定預金等契約の締結の業務には適用されない行為について銀行法13条の3第4号は、「第3号に掲げるもののほか、顧客の保護に欠けるおそれがあるもとして内閣府令で定める行為」としている。

◆**保険業法**　特定保険契約に関して、保険業法300条の2が準用する金商法38条8号の追加禁止事項は下記のとおりである（保険業法施行規則234条の27第1項）。

①　保険業法施行規則234条1項各号に掲げる行為（同法300条1項9号に規定する内閣府令で定める行為であり、1号から19号まである）（同法施行規則234条の27第1項1号）

②　保険契約者が信用供与を受けて当該保険契約の保険料の支払にあてる場合に、将来の保険金の額等が、資産の運用実績に基づいて変動するために、その額等が、信用供与を受けた額等を下回り、信用給与を受けた額の返済に困窮するおそれがある旨の説明等を行わず、契約の申込みをさせる行為（同項2号）

③　契約締結前交付書面等に記載されるべき重要事項につき、それらの書面の交付に関し顧客の知識、経験、財産の状況および特定保険契約を締結する目的に照らして当該顧客に理解されるために必要な

方法および程度による説明をしないこと（同項3号）

④　特定保険契約の締結または解約に関し、顧客（個人に限る）に迷惑を覚えさせるような時間に電話または訪問により勧誘する行為（同項4号）

なお、保険業法300条の規定する禁止行為において、「特定保険契約の締結又はその代理若しくは媒介に関しては同号（編集注：第1号）に規定する保険契約の契約条項のうち保険契約者又は被保険者の判断に影響を及ぼすこととなる重要な事項を告げない行為及び第9号に掲げる行為を除く」と規定するだけであるため、下記の禁止行為は、特定保険契約にも適用される。

①　保険契約者または被保険者に対して、虚偽のことを告げる行為（保険業法300条1項1号）

②　保険契約者または被保険者が保険会社等または外国保険会社等に対して重要な事項につき虚偽のことを告げることを勧める行為（同項2号）

③　保険契約者または被保険者が保険会社等または外国保険会社等に対して重要な事実を告げるのを妨げ、または告げないことを勧める行為（同項3号）

④　保険契約者または被保険者に対して、不利益となるべき事実を告げずに、すでに成立している保険契約を消滅させて新たな保険契約の申込みをさせ、または新たな保険契約の申込みをさせて、すでに成立している保険契約を消滅させる行為（同項4号）

⑤　保険契約者または被保険者に対して、保険料の割引、割戻しその他特別の利益の提供を約し、または提供する行為（同

項5号）

⑥ 保険契約者もしくは被保険者または不特定の者に対して、一の保険契約の契約内容につき他の保険契約の契約内容と比較した事項であって誤解させるおそれのあるものを告げ、または表示する行為（同項6号）

⑦ 保険契約者もしくは被保険者または不特定の者に対して、将来における契約者配当または社員に対する剰余金の分配その他将来における金額が不確実な事項として内閣府令で定めるものについて、断定的判断を示し、または確実であると誤解させるおそれのあることを告げ、もしくは表示する行為（同項7号）

⑧ 保険契約者または被保険者に対して、当該保険契約者または被保険者に当該保険会社等または外国保険会社等の特定関係者が特別の利益の供与を約し、または提供していることを知りながら、当該保険契約の申込みをさせる行為（同項8号）

10309　損失補てん等の禁止

損失補てん等の禁止とはどのような行為が禁止されているか

結　論

損失補てん等とは、有価証券売買取引等につき、顧客に生じた、もしくは、将来生ずる損失等の全部もしくは一部を補てんするために、財産上の利益を提供することを約束することや、実際に提供することである

り、業者が損失補てん等を行うことが禁止されているだけでなく、顧客が、損失補てん等を要求することも禁止されている。

解　説

◆損失補てん等とは　金商法39条1項は、いわゆる「損失補てん等の禁止」を定めている。損失補てん等とは、同項1～3号が規定する、以下の行為のことである。

① 有価証券売買取引等（「有価証券の売買その他の取引又はデリバティブ取引」と定義される）につき、当該有価証券等（「有価証券又はデリバティブ取引」と定義される）について顧客に損失が生ずることとなり、またはあらかじめ定めた額の利益が生じないこととなった場合には自己または第三者がその全部または一部を補てんし、または補足するため当該顧客または第三者に財産上の利益を提供する旨を、当該顧客またはその指定した者に対し、申し込み、もしくは約束し、または第三者に申し込ませ、もしくは約束させる行為（同項1号）

② 有価証券売買取引等につき、自己または第三者が当該有価証券等について生じた顧客の損失の全部もしくは一部を補てんし、またはこれらについて生じた顧客の利益に追加するため当該顧客または第三者に財産上の利益を提供する旨を、当該顧客またはその指定した者に対し、申し込み、もしくは約束し、または第三者に申し込ませ、もしくは約束させる行為（同項2号）

③ 有価証券売買取引等につき、当該有価証券等について生じた顧客の損失の全部もしくは一部を補てんし、またはこれら

について生じた顧客の利益に追加するため、当該顧客または第三者に対し、財産上の利益を提供し、または、第三者に提供させる行為（同項3号）

上記①、②、③の違いであるが、簡単にいうと、①は、「損益が発生する前の段階において、将来損失が生じたり、利益が生じた場合でも、それが予定した水準以下である場合には財産上の利益を提供する旨の約束等を行うこと」、②は、「すでに発生した損失又は利益に関し、約束等を行うこと」、③は、「実際に財産上の利益を提供すること」である（カギカッコ内は河本一郎＝大武泰南『証券取引法読本〔第7版〕』377頁）。

この損失補てん等の禁止は、旧証券取引法にも同様の規定があった（同法42条の2）。その立法趣旨であるが、特定の顧客に対する損失補てん等は、市場における公正な価格形成機能をゆがめ、健全な金融商品取引市場の発展を阻害することになるからであるとされる。そこで金商法は、金融商品取引をする際に、業者が、顧客に対して、事後的に顧客の損失を補てんすることや、事前に顧客に損をさせないことを保証することを禁止している。同時に、損失の補てんや保証だけでなく、利益を保証することや約束した利益が生じなかった場合に実際の利益との差額を補てんすることも禁止している。また、業者が損失補てん等を行うことを禁止しているだけでなく、顧客が、損失補てん等を要求し、約束させることなども禁止している（金商法39条2項）。

もっとも、損失補てん等の禁止には、事故による例外がある。旧証券取引法にも同様の規定があったが（同法42条の2第3

項・4項）、金商法も事故の場合の例外規定を設けている（同法39条3項・4項）。これはどうしてか。損失補てんが禁止されている理由は、前述のとおりであるが、業者に落ち度があって顧客に損害を与えた場合、業者は顧客に対して法律上損害賠償責任を負うことになる。「事故」とは、このような場合のことを意味している。「事故」により顧客が損害を被った場合に業者が顧客に損害賠償をするのは当然であり、金商法も「事故」の場合は損失補てんの禁止の例外としている。損失補てん等の禁止は、本来投資家が自己責任原則によって、損失について自分が責任を負うべきであるにもかかわらず、業者に損失を補てんすることを約束させること、あるいは、業者が損失を補てんすることを禁止しているものにすぎず、業者に落ち度がある場合についての業者の免責を規定しているわけではない。業者に落ち度がある場合に、業者が責任を負うことはいうまでもないことであり、その場合の損害賠償を顧客が要求することは顧客の当然の権利である（【10310】参照）。

◆**特定預金等契約・特定保険契約**　損失補てん等の禁止は、特定預金等契約・特定保険契約にも、それぞれ銀行法13条の4および保険業法300条の2により準用されている。ただし、ともに金商法「39条第3項ただし書及び第5項」を除くとしている。よって、「事故」の場合の確認手続は準用されていない。

◆**「財産上の利益」**　「財産上の利益」を定義した規定はないが、「財産上の利益」とは、「現金や物品に限定されるものではないが、金銭的・経済的価値のあるものをいう」（弁護士法人中央総合法律事務所編

著『金融商品取引ルール実務対策〔改訂版〕』133頁）とされる。また、金融庁は、「手数料の返還や金利の上乗せといった行為が損失補てん等の禁止規定……や特別利益の提供の禁止規定……に該当するかどうかは、当該行為の具体的内容や目的等を勘案し、社会通念を踏まえて、個別事例ごとに実態に即して実質的に判断される」（金商法制パブコメ回答635頁1番）、「「損失の補てん」に該当するか否かは、社会通念を踏まえ、個別事例ごとに実態に即して実質的に判断されるべきものと考えられますが、単なる記帳ミス……を訂正したことにより顧客に利益が生じたことをもって、「損失の補てん」を行ったということにはならない」（金商法制パブコメ回答635頁2番）、「ご指摘のような契約（編注：プライベート・エクイティ・ファンドにおけるクローバック条項）は、「成功報酬」に係るものとして、……「損失補てん等」に該当しない」（金商法制パブコメ回答403頁4番）と述べている。

10310 損失補てん等ができる場合

どのような場合に「損失補てん等」ができるか。あわせて、その場合の手続を教えてほしい

結 論

損失補てん等の禁止は、業者に落ち度がある場合（「事故」に該当する場合）には適用されない。ただし、その場合でも、損失補てん等は、法令の規定する詳細な手続

にのっとって行う必要がある。

解 説

◆**業者に落ち度がある場合**　損失補てん等の禁止に係る規定は、財産上の利益の提供等の申込み、約束または提供が事故による損失の全部または一部を補てんするために行うものである場合には適用されない（金商法39条3項）。「事故」とは、金融商品取引業者等またはその役員もしくは使用人の違法または不当な行為であって当該金融商品取引業者等とその顧客との間において争いの原因となるものとして内閣府令で定めるものをいうとされ、その具体的な定義は金商業等府令が規定している。また、損失補てん等が許される場合においても、財産上の利益の申込み等にあたっては、その補てんに係る損失が事故に起因するものであることにつき、当該金融商品取引業者等があらかじめ内閣総理大臣の確認を受けている場合その他内閣府令で定める場合に限るとされ（同項ただし書）、その具体的な手続も金商業等府令に規定されている。

◆**事故の定義（金商業等府令118条1項）**
事故とは、有価証券売買取引等に関し、①顧客の注文の内容について確認しないで当該顧客の計算により取引を行ったこと、②有価証券等の性質、取引条件、価格の騰落等について顧客を誤認させるような勧誘をしたこと、③注文執行にあたっての過失による事務処理の誤り、④電子情報処理組織の異常による顧客注文の執行の誤り、⑤その他の法令違反行為により顧客に損失を及ぼした場合をいう（金商業等府令118条1項1号）。

上記の場合とは別に、投資助言業務また

は投資運用業に関しての事故の定義も規定されている（金商業等府令118条1項2号）。

◆**損失補てんの手続の概略（金商業等府令119条以下）**　損失補てん等を行うには、事故の確認の申請のために申請書および添付書類を財務局長に提出し（金商業等府令120条）、確認が得られた後で顧客に対して損害賠償することになる。申請書の記載事項や添付書類についても規定されている（金商業等府令121条・122条）。

上記手続が原則であるが、一定の場合には事前確認は不要とされている。それらは、①裁判所の確定判決がある場合、②裁判上の和解が成立している場合、③調停等が成立している場合、④一定の要件を満たした和解が成立している場合、⑤「事故」のうち賠償金額が小さい場合、⑥注文執行にあたっての事務処理の誤り、または電子情報処理組織の異常による顧客注文の執行の誤りにより顧客に損失を与えた場合で、それらの誤りが法定帳簿または注文内容の記録により明らかである場合である。ただし、⑤と⑥の場合には、事後報告は必要とされる（金商法39条3項ただし書、金商業等府令119条）。

10311　クレームへの対応・処理方法

クレームとは何か。クレームを受けた場合の対応・処理方針を教えてほしい

結　論

クレームとは、金融機関に顧客から寄せられる"声"のうち、原状回復や金銭的な損害賠償を要求するといった、強い意思の表れをいう。クレームを受けた場合には、まずは顧客のクレームの趣旨を理解するように努め、そのうえで、適切な対応をとることが必要である。

解　説

◆**クレームとは何か**　金融機関が元本欠損リスクのある金融商品を取り扱うようになり、お客様から苦情等を受けることも増加している。金融庁の監督指針や検査マニュアルでは、苦情の原因を分析し、改善に向けた取組みを行うことを含めて、組織としての取組みを行うことが求められている。たとえば、金商業者監督指針（Ⅲ-2-5-1「苦情等対処に関する内部管理態勢の確立」）は、「苦情等への迅速・公平かつ適切な対処は、顧客に対する説明責任を事後的に補完する意味合いを持つ重要な活動の一つでもあり、金融商品・サービスへの顧客の信頼性を確保するため重要なものである」としたうえで、監督にあたっての主な着眼点として、①経営陣の役割、②社内規則等、③苦情等対処の実施態勢、④顧客への対応、⑤情報共有・業務改善等、⑥外部機関等との関係、に分けて留意事項をあげている。

それでは「クレーム」とはいったいどのようなものであろうか。金融機関に顧客から寄せられる"声"としては、「要望」（金融機関にサービスの向上や改善を求める意思の表れ）、「苦情」（金融機関職員の素っ気ない態度や対応のつたなさ、事務手続の不備等に対する不満の表れ）、「クレーム」（原状回復や金銭的な損害賠償を要求するといった、強い意思の表れ）、「言い掛か

り」(金融機関にはまったく非がないにもかかわらず、常識では考えられないような論理展開で八つ当たりしてくること)に分けられる。顧客が金融機関に対してクレームをいう場合、顧客と金融機関の間には険悪な空気が流れ、クレームから裁判沙汰になることもある。また、金融機関職員の素っ気ない態度や対応のつたなさ、事務手続の不備等に対する不満についてその場で苦情を顧客がいうとは限らず、長期間ストレスを溜めていた顧客からの苦情が、クレームに発展することもある。

◆**金融機関の対応**　顧客から苦情などを受けた場合の金融機関の対応として大切なことは、まずは聞き役に徹して、顧客の苦情などの趣旨を理解するように努めることである。顧客の話を聞いて、それが「要望」「苦情」「クレーム」「言い掛かり」のどれに当たるのかを見極め、適切な対応をとることが必要である。

　顧客からの苦情などが意見、提案、質問、問合せ等であれば、金融機関としても常識的な努力で対応すれば足りるであろうが、苦情、要求、注意、忠告、叱責に当たるものであれば、場合によっては複数の職員で対応することが適切な場合もある。さらに、これらのレベルを超えたクレームに当たるような場合には、金融機関としてもきびしい対応が必要であり、必要に応じて上司と対応する、本部へ報告・照会する、管理職または本部で対応する等が必要になる。顧客の要求内容が不当である場合には、警察や弁護士に相談等するなどの一般的な対応を超えた特殊な対応を検討することになる。

◆**クレーム対応にあたっての留意事項**
顧客からのクレーム対応にあたっては、金

融機関として誠実に対応することが必要であるが、顧客からの理不尽な要求に対しては、断るべきところは断ることが必要である。金融機関としては、仮にクレームの原因が金融機関側のミスにあったとしても、できることとできないことを顧客に示し、顧客に十分説明したうえで納得していただかなければならない。安易に、顧客の要求を受け入れることは、他の顧客との間で不公平な取扱いとなり、ケースによっては損失補てん等の禁止などの法令違反をきたすことにもなりかねない。

10312	適合性の原則とは何か

適合性の原則とは何か。また、その違反の法的効果は何か

結　論

　「適合性の原則」とは、「業者が、金融商品の勧誘・販売を行うにあたっては、顧客の知識、経験、財産、投資目的等に適合した形で行わなければならないというルール」であり、そのなかには、狭義の適合性原則と広義の適合性原則とがあり、前者は勧誘時、後者は説明時の行為規制である。適合性原則違反は業法違反となるだけでなく、民事責任(損害賠償責任)につながることもある。

解　説

◆**金商法上の適合性原則**　金商法40条1号は、金融商品取引業者等は、「金融商品取引行為について、顧客の知識、経験、財

産の状況及び金融商品取引契約を締結する目的に照らして不適当と認められる勧誘を行つて投資者の保護に欠けることとなつており、又は欠けることとなるおそれがあること」に該当することのないように、その業務を行わなければならないと規定しており、これは「適合性の原則」と呼ばれている。

「適合性の原則」とは、「業者が、金融商品の勧誘・販売を行うにあたっては、顧客の知識、経験、財産、投資目的等に適合した形で行わなければならないというルール」とされ、そのなかには、「狭義の適合性原則」（ある顧客に対しては、いかに業者が説明を尽くしても、一定の商品の販売・勧誘を行ってはならないとのルール）、および「広義の適合性原則」（業者が、顧客の知識、経験、財産、投資目的等に適合した形で商品の販売・勧誘を行わなければならないとのルール）があると説明されることが一般的である（「広義」「狭義」の定義は論者によって異なるが、立案担当者は「広義の適合性原則」は「説明義務」であると述べている（松尾直彦＝松本圭介編著『実務論点金融商品取引法』158頁以下等））。

「適合性の原則」は、旧証券取引法にも規定があったが（同法43条1号）、金商法では、適合性原則を判断する要素として、新たに「契約を締結する目的」が追加された。また、金商法38条8号に基づく追加禁止事項として、金商業等府令117条1項1号は、「書面の交付に関し、……顧客……に対して、……顧客の知識、経験、財産の状況及び金融商品取引契約を締結する目的に照らして当該顧客に理解されるために必要な方法及び程度による説明をすることな

く、金融商品取引契約を締結する行為」を規定しており、業者が投資家に対し、適合性の原則を取り込んだ説明を行うことを義務づけている。

一方、金販法においては、重要事項の「説明は、顧客の知識、経験、財産の状況及び当該金融商品の販売に係る契約を締結する目的に照らして、当該顧客に理解されるために必要な方法及び程度によるものでなければならない」（同法3条2項）とし、業者が説明義務を尽くしたかどうかの解釈基準として適合性の原則が取り込まれた。しかしながら、勧誘そのものに関しては、同法は規定していない。ただし、同法は、業者に「勧誘方針」の策定を義務づけ、そのなかで「勧誘の対象となる者の知識、経験、財産の状況及び当該金融商品の販売に係る契約を締結する目的に照らし配慮すべき事項」を定めることを求めている（同法9条2項1号）。

なお、適合性の原則は、金商法上の特定投資家（プロ）には適用されない（同法45条1号）。

◆**適合性原則が問題となる場面**　適合性原則の本来の適用場面は勧誘・販売時である。しかしながら、これらの本来の適用場面以外にも、金融商品取引法制のもとでは、以下の二つの場面で適合性原則の趣旨に留意した対応が必要である。

まず、第一は、特定投資家制度との関係である。金商法は、プロやアマを固定的には考えず、プロのアマ成りやアマのプロ成りが一定の場合には認められている（【10278】【10279】参照）。このうち、プロのアマ成りの場合は、アマ成りの申出に対しては承諾義務があることから、適合性原

則の適用場面はない。しかしながら、アマのプロ成りの場合には、顧客からプロ成りの申出があったとしても、業者にはそれを承諾する義務はない。では、業者としては、まったく自由にプロ成りを認めてよいのであろうか。まず、そのアマが個人の場合には、業者にプロ成りの要件を満たしているかどうかの確認義務がある（同法34条の4第2項）。一方、アマが法人の場合には、特に要件は定められていないものの、法人とはいっても、株式会社もあれば有限会社（正確には特例有限会社）もあり、数は少ないが合名会社、合資会社、合同会社もある。そしてまた、株式会社のなかでもその規模は千差万別である。一応法律上はすべての法人がプロ成りできることにはなっているが、本当にプロと扱って大丈夫な法人投資家か、適合性原則に基づいた判断を業者のほうですることを金商法は期待していると考えるべきである（金商法制パブコメ回答196頁1番）。

次に問題となるのは、金販法の定める「顧客の申出に基づく説明の省略」（金販法3条7項2号）の適用場面である。金販法は、「重要事項について説明を要しない旨の顧客の意思の表明があった場合」には、重要事項の説明はしなくてもよいとしている。しかしながら、重要事項の説明をしなくても投資者保護に欠けることはないこと、つまり商品内容を十分理解している顧客であるかどうかの判断義務は、業者に課せられていると考えられる。説明不要との申出があったこと、その一事をもっていっさい免責されるとは考えるべきではない（金商法制パブコメ回答674頁12番）。適合性原則の観点から、説明を省略しても大丈夫かど

うか、業者としては確認する必要があると考えられる。

◆**適合性原則違反の効果** 適合性の原則に違反するとどうなるか。金商法は業法であり、業者の運営の状況が適合性の原則に反する場合には、業務改善命令をはじめとした行政処分の対象となる（同法51条等）。一方、金販法は民事法であり、適合性の原則に基づき業者が説明義務を尽くさなかったと判断されれば、「重要事項について説明をしなかった」ことになり、業者は、顧客に対して損害賠償責任を負うことになる（同法5条）。

適合性原則違反が問題となった裁判例も多いが、適合性の原則違反の判断基準のリーディングケースとしては、最判平17.7.14（民集59巻6号1323頁）があげられる。同判決は、「証券会社の担当者が、顧客の意向と実情に反して、明らかに過大な危険を伴う取引を積極的に勧誘するなど、適合性の原則から著しく逸脱した証券取引の勧誘をしてこれを行わせたときは、当該行為は不法行為法上も違法となると解するのが相当である。そして、証券会社の担当者によるオプションの売り取引の勧誘が適合性の原則から著しく逸脱していることを理由とする不法行為の成否に関し、顧客の適合性を判断するに当たっては、単にオプションの売り取引という取引類型における一般的抽象的なリスクのみを考慮するのではなく、当該オプションの基礎商品が何か、当該オプションは上場商品とされているかどうかなどの具体的な商品特性を踏まえて、これとの相関関係において、顧客の投資経験、証券取引の知識、投資意向、財産状態等の諸要素を総合的に考慮する必要があ

る」と述べている。すなわち、最高裁は、適合性の原則違反が即民事上も違法となるのではなく、その違反が著しい場合にはじめて民事上も違法となるとしたうえで、違法とされる適合性原則違反かどうかの判断においては、「具体的な商品特性を踏まえて、これとの相関関係において、顧客の投資経験、証券取引の知識、投資意向、財産状態等の諸要素を総合的に考慮する必要がある」としている。

　もっとも、同判決は、平成18年改正金販法施行前のものにすぎず、改正金販法においては、適合性原則に基づく説明がなされない場合には、同法上の説明が行われなかったことになることから、今後の裁判においては適合性原則違反の有無（適合性の原則を加味したうえで、重要事項についての十分な説明がなされていたかどうか）が争点となり、「著しく逸脱」という要件は不要とされる可能性もある。裁判官が裁判例の紹介と分析、ならびに今後の審理の方向性や適合性原則違反の具体的判断方法まで述べた文献として、堀部亮一「証券取引における適合性原則について」（判タ1232号34頁）はきわめて興味深い。

10313　「狭義の適合性の原則」と「広義の適合性原則」

適合性の原則に沿った対応として、具体的に何が求められているか。「狭義の適合性の原則」と「広義の適合性原則」とは何か。「不適切な勧誘」とは何か

結論

　適合性の原則に沿った対応として、業者には、①不適当と認められる勧誘を行わないこと、②適合性の原則を取り込んだ説明を行うこと、③顧客の属性等に関する情報収集を行うことが要求されている。①が狭義の適合性原則、②が広義の適合性原則であり、不適切な勧誘とは、個々の顧客の属性に見合わず、当該顧客の保護に支障を生ずるおそれがあるような勧誘を行うことである。不適切な勧誘の例としては、金融商品取引について高度な知識・経験を有しない顧客に対して複雑な商品を勧誘すること、顧客の資産状況に照らして過当な取引を勧誘することなどがあげられる。

解説

◆**適合性の原則に沿った対応**　金商法40条1号は、「不適当と認められる勧誘を行わないこと」を求めており、金商業等府令117条1項1号は、「当該顧客に理解されるために必要な方法及び程度による説明をすること」を義務づけ、金商業者監督指針は、「顧客の属性等及び取引実態を的確に把握し得る顧客管理態勢を確立すること」を業者に要求している（金商業者監督指針Ⅲ-2-3-1）。したがって、業者として、①不適当と認められる勧誘を行わないこと、②適合性の原則を取り込んだ説明を行うこと、③顧客の属性等に関する情報収集を行うことが要求されている。

　まず、金融審議会での議論や、立案担当者のコメント等からは、いわゆる「狭義の適合性原則」は当然の前提とされていると思われる（澤飯敦ほか「金融商品取引法制

の解説(6)行為規制」商事法務1777号20頁、三井秀範＝池田唯一監修『一問一答金融商品取引法〔改訂版〕』309頁等）。よって、一定の属性の顧客に対しては、どのように説明義務を尽くしても、そもそも一定の投資性商品を勧誘・販売してはならないことになる。この「狭義の適合性原則」とは別に、勧誘時に適用される「広義の適合性原則」があるのかどうか、異論はありうるが、立案担当者は下記のように整理している（松尾直彦＝松本圭介編著『実務論点金融商品取引法』158頁以下）。

① 金商法の適合性原則は、「不適当と認められる勧誘」を行う等の状況を禁止するものであり、体制整備義務ではなく、行為規制である。

② 狭義の適合性原則は「勧誘」に係る行為規制であるから、「勧誘」がない場合には適用されない。ただし、「勧誘」に該当するかどうかについては、個別事例ごとに実態に即して実質的かつ慎重に判断されるべきである。

③ 実質的説明義務は、いわゆる「広義の適合性原則」の考え方を説明義務に取り込むものである。

④ したがって、金融商品・取引の販売・勧誘実務においては、適合性原則のもとで、2段階の対応が必要になる。すなわち、具体的には、①顧客の属性に照らして、一定の商品・取引について、そもそも当該顧客に販売・勧誘を行ってもよいかどうかを判断し（狭義の適合性原則）、②販売・勧誘を行ってもよいと判断される場合には、当該顧客の属性に照らして当該顧客に理解されるために必要な方法および程度による説明をする（広義の適

合性原則）という対応が必要となる。

上記整理によると、「不適切な勧誘の禁止＝狭義の適合性原則」であり、「不適切な勧誘」に当たるかは、「顧客の属性に照らして、一定の商品・取引について、そもそも当該顧客に販売・勧誘を行ってもよいかどうか」を判断すべきことになる。

◆**「不適切な勧誘」** では、「不適切な勧誘」とは、何を意味し、どのような基準で判断すればよいか。金商法ならびに金商法関連の政省府令には具体的な基準を定めた規定がなく、金商法制パブコメ回答のなかでも具体的な基準についての考え方は示されていない。すなわち、「ご指摘の規定（同法第40条第1号、金商業等府令第117条第1項第1号、銀行法施行規則第14条の11の30第2号）で義務づけられる適当な勧誘や必要な説明の方法・程度等については、法令上特段の定めはされておらず、勧誘・説明の態様等に関する形式的・手続的な面よりも、顧客の属性（知識、経験、財産の状況及び契約締結の目的）に照らして適切な勧誘・説明を行っているかという実質面が重視されるべきものと考えられます。具体的な勧誘・説明がいわゆる「適合性の原則」に適合したものと言えるかどうかは、個別事例ごとに実態に即して実質的に判断されるべきもの」（金商法制パブコメ回答414頁4番）と述べるにすぎない。

もっとも、この点に関連して、金融庁は、「金商法第40条第1号は、いわゆる「適合性の原則」を定めるものであり、例えば、金融商品取引について高度な知識・経験を有しない顧客に対して複雑な商品を勧誘することや、顧客の資産状況に照らして過当な取引を勧誘することなど、個々の顧客の

属性に見合わず、当該顧客の保護に支障を生ずるおそれがあるような勧誘を行うことを禁止している」（金商法制パブコメ回答413頁1番）と述べている。このコメントからは、「不適切な勧誘」の具体的な態様として、「顧客の知識・経験に比して複雑すぎる商品の勧誘」「顧客の資産状況に照らして過当な取引の勧誘」が想定されているものと考えられる。

　ただし、金商法制パブコメ回答の記述は例示にすぎず、不適当な勧誘の態様はこれらに限られないであろう。たとえば、金商業等府令117条1項7号が、「金融商品取引契約の締結又は解約に関し、顧客……に迷惑を覚えさせるような時間に電話又は訪問により勧誘する行為」を禁止していることや、平17.7.14の最高裁判例が、「積極的な勧誘」と述べていることなどから、あまりにも執拗な勧誘も不適切な勧誘とみなされることもあると思われる。ある裁判官が、「勧誘の態様については、当該取引に消極的であることが明らかな顧客に執拗な勧誘を行った場合であるとか、顧客が自ら進んで取引を求めてきたような場合のように、積極か消極のいずれか顕著な場合でなければ、勧誘の態様自体が適合性原則違反を決する中心的な争点となるケースはあまりないだろう」（堀部亮一「証券取引における適合性原則について」判タ1232号34頁）と述べていることは、「執拗な勧誘」も適合性原則違反となりうることを示唆しているものであろう。

10314 適合性の判断のための情報

適合性判断のために、どのような情報をいつ収集する必要があるか。また、情報提供を顧客に断られたらどうすればよいか

結　論

　適合性の判断要素として、法令は、顧客の「知識」「経験」「財産の状況」および「金融商品取引契約を締結する目的」の四つをあげている。よって、適合性の判断を行うには、これらの4要素に関する顧客情報を収集することが必要である。適合性原則は、勧誘・販売時に業者が従うべきルールであるため、その判断は、金融商品の勧誘・販売のつど行う必要があるが、情報収集自体は勧誘・販売のつど行う必要はなく、勧誘・販売時に必要最低限の情報がなんらかの方法でアップデートされていればよい。

解　説

◆どのような情報をいつ収集すべきか

金商法40条1号によると、顧客の「知識」「経験」「財産の状況」「金融商品取引契約を締結する目的」に照らして不適当と認められる勧誘を行ってはならないとされている。また、金販法は、重要事項の「説明は、顧客の知識、経験、財産の状況及び当該金融商品の販売に係る契約を締結する目的に照らして、当該顧客に理解されるために必要な方法及び程度によるものでなければならない」（同法3条2項）と規定している。つまり、適合性原則は、勧誘・販売時に業者が従うべきルールである。したがって、

適合性の判断は、金融商品の勧誘・販売のつど行う必要がある。

　法令は、適合性の判断要素として、顧客の「知識」「経験」「財産の状況」および「金融商品取引契約を締結する目的」の四つをあげている。よって、適合性の判断を行うには、これらの4要素に関する顧客情報を収集することが必要である。

　では、適合性判断の材料をいつ収集する必要があるかであるが、勧誘・販売のつど、適合性判断をしないとならないのであるから、適合性判断材料もまたそのつどアップデートしなければならない。もっとも、アップデートしなければならないということと、そのつど収集しなければならないということとは同義ではない。一般的には、顧客の「知識」は劣化することはあまりないと思われるし、経験がなくなることはない。しかしながら、「財産の状況」は変わることもあるし、「金融商品取引契約を締結する目的」はそのつど異なるのがむしろ多いであろう。したがって、「財産の状況」や「金融商品取引契約を締結する目的」、特に後者は勧誘・販売のつど、常に注意する必要があるが、「知識」「経験」については、そのつど収集しなくとも、すでにアップデートされた情報を収集ずみであることも多いと思われる。

　なお、情報収集の方法には法令上特に制限はないので、金融機関としては、顧客に情報を自己申告してもらう必要は必ずしもなく、たとえば、当該顧客の投資経験がなんらかの方法で確認できればよいであろう。「顧客カード等」の整備は必要であるが、「顧客カード等」に顧客が自分で記入することや取引のつど毎回作成することまで、

法令・規則上は求められていない（金商業者監督指針Ⅲ-2-3-1⑴①イ、日本証券業協会「協会員の投資勧誘、顧客管理等に関する規則」5条）。

◆情報提供を拒む顧客への対応　　金融商品取引業者等は、適合性の原則により、顧客の知識、経験、財産、投資目的等に適合した形で商品の販売・勧誘を行わなければならない。また、販売時の説明は、適合性の原則に基づき行う必要がある。顧客から必要な情報が得られないと、これらの適切な販売・勧誘および説明ができないのであるから、金融機関としては、顧客に最低限必要な情報の提供を要請する必要がある。よって、顧客が情報提供を拒み、適合性判断のための最低限の情報を得られない場合には、金融機関として、当該顧客との取引を断ることもやむをえない。

　ただし、前述のとおり、情報を顧客から自己申告させることまでは法令は要求していないのであるから、金融機関がなんらかの形で、最低限必要な情報を入手できる、もしくはすでに保有しているのであれば、それに基づき適合性判断を行うことは許される。

◆商品説明をする前に情報収集・適合性判断が必要か　　適合性の原則は、勧誘・販売時のルールであるから、勧誘に至らない段階では、適合性判断のための情報収集も不要である。そして金融庁は、「顧客の依頼に応じて商品の内容の説明を行うことは、必ずしも「勧誘」に該当しないことから、直ちに、いわゆる「適合性の原則」に違反することにはならない」（金商法制パブコメ回答415頁5番）とコメントしている。

　もっとも、実際には、広告等規制の対象

である情報提供行為と勧誘行為とを明確に区別することは困難な場合も多いと思われる。立案担当者も、「狭義の適合性原則は「勧誘」に係る行為規制であるから、「勧誘」がない場合には適用されない」とコメントすると同時に、「「勧誘」に該当するかどうかについては、個別事例ごとに実態に即して実質的かつ慎重に判断されるべきものと考えられる」と述べている（松尾直彦＝松本圭介編著『実務論点金融商品取引法』158～159頁）。

10315 顧客カードの作成・管理

顧客カードとは何か。顧客カードへの記入はだれが行う必要があるか

結　論

　顧客カードについての規定は金商法令にはないが、日証協規則ならびに金商業者監督指針により、その作成・整備等が要求されている。ただし、顧客カードを顧客自身が記入することまでは、日証協規則、金商業者監督指針も要求していない。

解　説

◆一般論　顧客との新たな金融商品取引開始にあたり、「ご相談シート」「顧客カード」等（以下「顧客カード」という）への顧客による記入を求めることが一般的である。金商法令には「顧客カード」に関する規定はないが、日本証券業協会「協会員の投資勧誘、顧客管理等に関する規則」（以下「日証協規則」という）ならびに金商業者監督指針上、「顧客カード等」の整備が要求され、日証協規則において協会員は、顧客（特定投資家を除く）について、一定事項を記載した顧客カードを備え付けることが義務づけられている（同規則5条1項）。なお、金商法上の登録金融機関は、日証協の協会員（特別会員（日証協定款5条3号））である。

　「顧客カード」の位置づけであるが、金商業者監督指針においては、「適合性原則」の項目（Ⅲ-2-3-1）中に規定が置かれ、「顧客属性等の的確な把握及び顧客情報の管理の徹底」が業者において行われているかの着眼点として、顧客カード等の整備が求められている。ただし、「顧客カード等」の整備は必要であるが、「顧客カード等」に顧客が自分で記入することや、取引のつど毎回作成することまで、法令・規則上は求められていない（「金商業者監督指針」Ⅲ-2-3-1(1)①イ、日証協規則5条）。

◆顧客カードに記載すべき事項等　顧客カードについては、個人用ならびに法人用の参考様式が、日証協規則に付されている。

　顧客カードの保存期間について日証協規則に明記されていないが、顧客カードは「取引等を行う顧客について」備え付けるものとされ（同規則5条1項）、保存規定があること（同条3項）から、顧客カード作成対象の取引が継続している限り、同カードを備え付けておくことが必要であると解釈される。「顧客カード」に記載すべき事項については、同規則5条1項に詳細に規定されており、これらの情報は、いわゆる適合性判断のための情報（顧客の「知識」「経験」「財産の状況」「金融商品取引契約を締結する目的」）にかかわるもので

ある。

　なお、日証協規則においては、顧客カードに記載すべき事項として、①氏名または名称、②住所または所在地および連絡先、③生年月日および職業（顧客が自然人の場合）、④投資目的、⑤資産の状況、⑥投資経験の有無、⑦取引の種類、⑧顧客となった動機、⑨その他必要と認められる事項、が規定されている。

◆顧客カードの記入者、整備等

　(1) 顧客カードの記入者　金商法令、日証協規則とも、顧客カードを顧客自身が記入することまでは要求していない。もっとも、そうだとすると、金融機関としては、後で適合性原則違反等が問題となったときに、顧客カードに記載された情報が顧客から提供されたものであることの立証ができなくなるとの懸念もありうるが、この点に関しては、以下のように整理が可能であろう。

① 顧客カードに記載された情報が正しいものであり、そのことが証拠上明らかであれば、だれが顧客カードに記入したかを心配する必要はない。

② 顧客カードに記載された情報が正しいかどうか証拠上明らかでない場合も、まずは、適合性原則違反を主張する者（顧客）が、外形的に適合性原則に反することが疑われる事実（例：投資経験がないこと、過大投資であること、等）を主張・立証することが必要である。

③ 問題は、顧客カードに記載された情報が間違っており、かつ、それが証拠上明らかな場合であるが、当該間違った情報を提供したのが顧客であり、かつ、それが証拠上（例：顧客の署名）明らかであ

れば、当該間違った情報に基づき行った金融機関の適合性判断に関して金融機関の免責が認められる可能性が高くなる。ただし、当該情報が間違っていることを金融機関が容易に知りえたのであれば、事例によっては、情報提供者が顧客であることのみをもってその責任がなくなるとは限らない。

④ 当該間違った情報を提供した者が顧客であることを立証できない場合であっても、そのことだけで金融機関の責任が生じるわけではない。顧客カードに記載してある情報は、適合性原則違反の有無を判断するための一資料にすぎず、その他の要素を総合的に判断して、適合性原則の有無が判断されるからである。さらには、仮に顧客カードに記載してある情報が顧客からの情報提供によるものであっても、たとえば、それが古い情報であり、実際の契約締結時には顧客の事情が変わっていた場合には、当該契約締結時の顧客の事情に基づいて適合性原則違反の有無が判断されることになる。

　以上をふまえると、顧客カードの記入者がだれであるかはあまり重要ではなく、同カードの内容を適宜アップデートし、正しい情報に基づき適合性判断を行うよう心がけることが重要といえよう。

　(2) 顧客カード記載内容の顧客との共有　金商法は、金融商品取引業者等に対して顧客カード等の作成・備置きや同カード等もしくはその写しの顧客への交付を義務づけていないことは前述のとおりである。また、金商業者監督指針は、適合性原則（同法40条1号）の規定に基づき、顧客の属性等に即した適正な投資勧誘の履行を確

保するため、「顧客カード等の整備」がなされているかどうかを監督の着眼点として規定していた（Ⅲ−2−3−1(1)①イ）が、同カード等もしくはその写しの顧客への交付について、従来言及していなかった。さらに、日証協規則も顧客カード等もしくはその写しの顧客への交付は義務づけていない。

　ただし、金融庁は金商業者監督指針Ⅲ−2−3−1(1)①イを平成24年2月に改正し、改正後の同イは、以下のように規定されている。

　「顧客の投資意向、投資経験等の顧客属性等を適時適切に把握するため、顧客カード等については、顧客の投資目的・意向を十分確認して作成し、顧客カード等に登録された顧客の投資目的・意向を金融商品取引業者と顧客の双方で共有しているか。また、顧客の申出に基づき、顧客の投資目的・意向が変化したことを把握した場合には、顧客カード等の登録内容の変更を行い、変更後の登録内容を金融商品取引業者と顧客の双方で共有するなど、投資勧誘に当たっては、当該顧客属性等に即した適正な勧誘に努めるよう役職員に徹底しているか」

　また、上記改正にかかわるパブリック・コメント（平成24年2月15日）において、金融庁は以下のように述べている。

　「顧客カード等の登録内容の顧客との共有については、新規顧客に限定されるものではなく、既存顧客に対しても適用されます」（No. 5）

　「顧客カード等の登録内容の顧客との共有にあたっては、顧客と金融商品取引業者等との間で登録内容について確認するだけでは足りず、これを確実に行う観点から、

顧客への手交、送付（電子的送付を含む）など書面による共有（以下、「書面による共有」という。）が必要」（No. 8）

　書面による共有の方法について「取引残高報告書等により定期的に顧客の現在の登録内容を書面で通知する方法」「新規口座開設時に顧客カードの登録内容が記載された申込書の写しを交付する方法」「当該月の口座開設者に対して翌月一斉に顧客カードの登録内容を書面をもって通知する方法」はどうかとの質問に対して、「書面による共有の方法については、各社ごとの実情に応じて、御質問に記載のような方法等により行うことは差し支えない」（No.15、16）

　「買い付けのあった顧客に対して、定期的に（例えば、1年1度）、最新の顧客カードの登録内容を顧客に連絡し、顧客から変更の申出があったときは登録内容を変更している場合」はどうかとの質問に対して、「定期的に行うことは差し支えありません」（No.17）

10316　適合性の原則の判断方法

適合性判断はどのようにして行えばよいか

結　論

　金融商品の販売・勧誘においては、適合性原則の判断は2段階で行う必要がある。すなわち、最初に、顧客の属性に照らして、そもそも当該商品を当該顧客に販売・勧誘を行ってもよいかどうかを判断し（狭義の適合性原則）、販売・勧誘を行ってもよい

と判断される場合には、当該顧客の属性に照らして当該顧客に理解されるために必要な方法および程度による説明をする（広義の適合性原則）という対応が必要である。

解　説

◆**なぜ適合性判断が必要か**　適合性判断をどのようにして行うべきかを検討するには、なぜ適合性判断が必要かを考える必要がある。金融庁は「金商法第40条第1号は、いわゆる「適合性の原則」を定めるものであり、例えば、金融商品取引について高度な知識・経験を有しない顧客に対して複雑な商品を勧誘することや、顧客の資産状況に照らして過当な取引を勧誘することなど、個々の顧客の属性に見合わず、当該顧客の保護に支障を生ずるおそれがあるような勧誘を行うことを禁止している」（金商法制パブコメ回答413、414頁1番）と述べており、また、立案担当者は、「金融商品・取引の販売・勧誘実務においては、適合性原則の下で、二段階の対応が必要になると考えられる。具体的には、①顧客の属性に照らして、一定の商品・取引について、そもそも当該顧客に販売・勧誘を行ってもよいかどうかを判断し（狭義の適合性原則）、②販売・勧誘を行ってもよいと判断される場合には、当該顧客の属性に照らして当該顧客に理解されるために必要な方法および程度による説明をする（広義の適合性原則）という対応が必要となると考えられる」（松尾直彦ほか「金融商品取引法関係政府令の解説(8)金融商品取引法の行為規制(下)」商事法務1815号7頁）とも述べている。

◆**「狭義」「広義」の2段階で判断**　上記の金融庁や立案担当者のコメントからは、以下のことが読み取れる。

まず、狭義の適合性原則として、「高度な知識・経験を有しない顧客に対して複雑な商品を勧誘することや、顧客の資産状況に照らして過当な取引を勧誘することなど、個々の顧客の属性に見合わず、当該顧客の保護に支障を生ずるおそれがあるような勧誘を行うこと」が禁止される。ここでは、「知識」「経験」「財産」「目的」のすべての情報が判断材料となると思われる。

次に、広義の適合性原則として、「当該顧客の属性に照らして当該顧客に理解されるために必要な方法および程度による説明」をしなければならない。ここでいう「当該顧客の属性」とは何であろうか。「知識」「経験」は、顧客の理解力・判断力に直結すると思われるので、これらは重要な要素であろう。しかしながら、「財産の状況」や「契約締結の目的」は必ずしも顧客の理解力・判断力とは直接リンクしないように思われる。もっとも、顧客の財産の状況を聞いて、そのポートフォリオのなかにリスクの高い金融商品があるかどうかがわかれば、当該顧客へどの程度・方法の説明をする必要があるか判断する材料となる。しかし、これは、財産の状況から「経験」を知ったにすぎないので、結局は「経験」に行き着くものと思われる。また、「目的」は、顧客の理解力・判断力とは直接関係しないであろう。よって、広義の適合性原則を説明義務ととらえる限り、その判断要素は、「知識」「経験」であるということになる。

◆**適合性判断4要素の重要度**　ところで、「知識」がなぜ必要とされているのか。金商法制パブコメ回答（413、414頁1番）は、

「高度な知識・経験を有しない顧客に対して複雑な商品を勧誘すること」を狭義の適合性原則に反する例としてあげている。また、「当該顧客の属性に照らして当該顧客に理解されるために必要な方法および程度による説明」が要求されている。ここでいう「知識」とはいったい何であろうか。金融・経済に対する一般的・学問的な知識が必要なわけではないであろう。大切なことは、顧客が、当該金融商品の商品性・リスクを理解したうえで、自分の財産の状況・目的にあった商品を選択できることにある。よって、たとえ金融・経済に対する学問的な知識はなくとも、投資経験があれば、金融商品の商品性・リスクは理解できるはずである。その意味で、「知識」と「経験」を比較すると、大切なことは「経験」であるということができる。

　この点について、ある裁判官は「顧客の属性」の4要素のうち、最も重要なものは「投資経験」であり、投資経験がある以上、経験のある取引とは異種の取引が勧誘される場合であっても投資家として商品のリスクを自分なりにある程度把握することは可能であると述べ「「証券取引の知識」は、確かに重要な要素ではあるが、その多くは、投資経験によって得られるもので、投資経験として認定された事実から推認されるものであるし、逆に、投資経験を伴わずに知識だけを有しているという顧客がいるとしても、そのような場合に、高度な理解を要する取引について適合性を満たすと評価できるかは疑問である」（堀部亮一「証券取引における適合性原則について」判タ1232号34頁）と述べている。

　以上から、単なる知識はそれほど重要で

はなく、「経験」に基づく「知識」が重要であるといえる。つまり、適合性判断の要素である「知識」とは、金融・経済に関する一般的・学問的な知識ではなく、金融商品に関する知識であるから、その知識を習得するのに最も適しているのは、実際に金融商品に投資してみることになる。よって、「経験」があることが確認できれば、「知識」の有無を聞く必要はないともいえる（金融庁も「金融商品取引業者等が着目すべき顧客の知識・経験は、直接的には信託受益権取引に関する知識・経験であると考えられますが、実物不動産取引に関する知識・経験の程度が不動産信託受益権取引に関する知識・経験の程度に連動するような事情が認められる場合には、当該実物不動産取引に関する知識・経験も含めて判断することも考えられます」と述べている（金商法制パブコメ回答414頁3番））。しかし、これは、「知識」について情報収集していないのではなく、「経験」があることが確認できれば、当該「経験」に基づき、「知識」を有することが確認できたということにすぎない。

　以上をまとめると以下のようになる。
① 「経験」があることが確認できれば、「知識」は推測されることが多い。
② 「財産の状況」と「目的」は、狭義の適合性判断の要素としてより重要である。
　なお、裁判所は、適合性の判断基準に関して、適合性原則違反が不法行為法上違法となる場合として、「証券会社の担当者が、顧客の意向と実情に反して、明らかに過大な危険を伴う取引を積極的に勧誘するなど、適合性の原則から著しく逸脱した」ときをあげており、適合性原則違反の具体的な判

断においては、単に、当該取引の「取引類型における一般的抽象的なリスクのみを考慮するのではなく……、具体的な商品特性を踏まえて、これとの相関関係において、顧客の投資経験、証券取引の知識、投資意向、財産状態等の諸要素を総合的に考慮する必要がある」と述べている（最判平17．7．14民集59巻6号1323頁）。

10317 「意向確認書面」と適合性判断

保険契約で作成・交付が要求されている「意向確認書面」とは何か。これは、適合性判断と同じものか

結 論

意向確認書面は、保険業法上の体制整備義務を具体化するものとして、保険商品が顧客の意向に合致した内容であることを顧客が確認する機会を確保し、顧客が保険商品を適切に選択・購入することを可能とするために、保険会社等が作成することを義務づけられている書面である。ただし、意向確認書面は、保険業法上顧客保護の体制整備を図る趣旨で、主として顧客の意向に関する情報を収集し、顧客の購入する商品がその意向に合致しているかを確認するためのものであり、適合性原則とは異なる性格・内容のものである。

解 説

◆**意向確認書面とは** 保険商品の販売にあたっては、「意向確認書面」の作成・交付が必要である（保険会社監督指針Ⅱ-4-

2-2-(3)）。意向確認書面は、保険業法上の体制整備義務を具体化するものとして、保険商品が顧客の意向に合致した内容であることを顧客が確認する機会を確保し、顧客が保険商品を適切に選択・購入することを可能とするために、保険会社等が作成することを義務づけられている書面であり、同書面の写しは、顧客に交付する必要がある。意向確認書面には、①顧客の意向に関する情報、②保険契約の内容が当該意向とどのように対応しているか、③その他顧客の意向に関して特に記載すべき事項、④募集人の氏名・名称、を記載する必要がある（保険会社監督指針Ⅱ-4-2-2-(3)④）。

もっとも、意向確認書面の作成・交付義務は、金商法の適合性原則と似ているが、適合性原則とは異なるものである。つまり、意向確認書面は保険業法上、顧客保護の体制整備を図る趣旨のものであるにすぎず、適合性原則とは異なる性格・内容のものである。したがって、意向確認書面を作成・交付しただけで、適合性の確認手続が十分であることにはならない。この点につき、立案担当者は、以下のように述べている（松尾直彦ほか「金融商品取引法関係政府令の解説⑽投資性の強い預金・保険・信託の規制」商事法務1818号30頁。なお、同文献中保険会社監督指針の条項等については改正前のものであるが、同文献の記載のとおりに引用する）。

「保険会社等は、保険会社監督指針をふまえ、原則として平成19年4月から、「意向確認書面」の作成・交付を行っている。「意向確認書面」は、保険業法上の体制整備義務（保険業法100条の2、同法施行規則53条の7）を具体化するものとして、保

険商品が顧客のニーズに合致した内容であることを顧客が確認する機会を確保し、顧客が保険商品を適切に選択・購入することを可能とするための体制整備を図る趣旨のものである（保険会社監督指針Ⅱ－3－5－1－2⒄（編注：Ⅱ－4－2－2⑶④））。このように「意向確認書面」は、①個々の販売・勧誘行為に係る行為規制ではなく体制整備義務の一環であること、②顧客の属性（知識・経験・財産状況・目的）のうち顧客のニーズを重視するものであることから、特定保険契約について準用される金商法における適合性原則（金商法40条1号）とは異なる性格・内容のものであると考えられる。なお、実務上の工夫として、適合性原則を遵守するために行う顧客に関する情報の収集（保険会社監督指針Ⅱ－3－5－1－3⑴（編注：Ⅱ－4－5））を意向確認書面と同一の書面により行うことは、一律に禁止されるものではないと考えられる」。

なお、平成26年保険業改正によって、従前の意向確認に係る体制整備は保険会社のみに課されたものであったが、「保険会社または保険募集人のいずれか、または双方」とされた（【11318】参照）。

このように、意向確認書面は、主として顧客の意向に関する情報を収集し、顧客の購入する商品がその意向に合致しているかを確認するためのものである。よって、適合性の判断要素のうち、「目的」については、必要な情報は十分に収集できている可能性が大きいものと思われるが、同書面では、顧客の「知識」「経験」「財産の状況」については収集することが要求されていない。したがって、金融機関としては、これらの情報を収集することが必要である。

10318　高齢者と適合性原則

高齢者との取引における注意事項は何か。取引等における適合性の原則をどのように考えればよいか

結　論

　高齢者との取引については通常以上の注意を払う必要があるが、高齢者でも、その理解力・判断力はさまざまであり、一律に年齢だけで取引を制限することは適合性の原則の趣旨に沿っているとは言いがたい。なお、日本証券業協会は高齢者取引に関して規則およびガイドラインを制定していることから、業者としてはこれらを遵守することが必要である。

解　説

◆**高齢者と適合性原則**　　一般論として、高齢者との取引については通常以上の注意を払う必要があるが、一律に年齢だけで取引を制限することは法令の適合性の原則の趣旨に沿っているとは言いがたい。高齢者でも、その理解力・判断力はさまざまだからである。

　この点について、金融庁は以下のように述べている（平成20年2月21日金融庁・証券取引等監視委員会「金融商品取引法の疑問に答えます」1頁）。

　「適合性の原則は、顧客の知識、経験、財産の状況、商品購入の目的に照らして不適当な勧誘をしてはならない、というルールです。顧客の状況を総合的に考慮して、それに見合った勧誘をすることを求めてい

るものです。

したがって、証券会社・金融機関が（顧客の知識や経験等に関係なく）
・一律に高齢者にはリスクの高い商品を販売しない
・一律に高齢者には一度目の訪問では販売しない
・一律に高齢者には親族の同席がなければ販売しない
などの対応をとることは、必ずしも制度の趣旨にあいません。

いずれにせよ、それぞれの顧客の状況に応じた、きめ細かで柔軟な販売・勧誘が行われることが、利用者、証券会社・金融機関の両方にとって望ましいことと考えられます」

◆**高齢者勧誘規則**　高齢者との証券取引に関しては、平成25年10月29日、日本証券業協会が「協会員の投資勧誘、顧客管理等に関する規則」を改正し、新たに高齢顧客に対する勧誘による販売に関する規則（以下「高齢者勧誘規則」という）を新設し（同規則5条の3）、同時に高齢顧客への勧誘による販売に係るガイドライン（以下「高齢者勧誘ガイドライン」といい、高齢者勧誘規則とあわせて「高齢者勧誘規則等」という）を制定した。また、あわせて、金融庁は金商業者監督指針の改正を行い、新たに「高齢顧客への勧誘に係る留意事項」を定めた（施行日は高齢者勧誘規則等も含め平成25年12月16日）。これらは、日本証券業協会が実施したパブリック・コメント（以下「日証協パブコメ」という）に示された日本証券業協会の考え方によると「高齢顧客からの苦情・あっせんの申し立てが相当数あること、また、高齢化が今後

も進展すること」「NISA制度が導入され、投資未経験者、投資初心者である高齢顧客も含めてNISA口座における取引が開始されること」から、「業界としての目線合わせのため」「速やかに社内規則等を整備する必要がある」と考えたことによるとのことである（No.5・10）。

高齢者勧誘規則等によると、業者は、①高齢顧客の定義、②高齢顧客に勧誘可能な商品の範囲、③勧誘場所や方法に応じた勧誘、等の事項に関する規則を定めることとされている。

◆**高齢者勧誘ガイドライン改正について**
日本証券業協会は高齢者勧誘ガイドラインの一部改正を行い、当該改正は平成28年9月20日から施行された。従前の高齢者勧誘ガイドラインでは、インターネット取引には原則として本条は適用にならないとされていた（ガイドライン「4．勧誘を行う場所、方法Q4」）。ガイドラインの上記結論は、「インターネット取引は顧客自身がIDとパスワードを入力してログインするとともに、「銘柄」および「数量又は金額」を入力して行うもの」であることが理由とされ、本条に規定する「「勧誘による販売」に該当する行為がなされない限り、同条の適用対象にはならない」とされていた。日本証券業協会が公表した本改正の趣旨に関する平成28年6月10日付通達によると、本条の適用対象となるインターネット取引について明確にすべきとの提言および意見が寄せられたことから、本改正が行われることとなったとのことである。

◆**本改正の概要および趣旨**　本通達によると、本改正の骨子は以下のとおりである。なお、下記①、②、③はインターネット取

引前に担当営業員による高齢顧客への勧誘があること（よって、当該勧誘時にはガイドラインが適用になること）を前提としており、④はそのような勧誘もない場合を想定している。

① 担当営業員による勧誘後、高齢顧客が自発的な意思によりインターネット取引を選択し発注する行為について、受注に関してはガイドラインの適用はなく、翌日以降の役席者による受注や、約定結果の確認・連絡の手続は必要ない。

② 勧誘前の役席者による承認は受けたものの、翌日以降の役席者による受注等の手続を回避するために、担当営業員が高齢顧客をインターネット取引に誘導することはガイドラインの趣旨に反する。

③ 協会員は、担当営業員による誘導によりインターネットで発注されていないか等のモニタリングを実施しなければならない。

④ 協会員が提供する Web サイト上の表示・サービスが、高齢顧客が行う検討の開始、商品の選定、情報の入手および購入の判断の過程において、担当営業員が行う勧誘とは同等・同質の行為でない限り、ガイドラインの適用対象にはならない。

10319　未成年者取引等

未成年者や成年被後見人等との取引における注意事項は何か

結　論

未成年者や成年被後見人等との取引においては、適合性の判断要素ごとに、本人と法定代理人らのどちらについて、適合性判断を行うかを、まず、整理する必要がある。また、成年後見人、保佐人、補助人の権限に違いがあること、保佐人、補助人は当然には本人を代理する権限が付与されているとは限らないことに注意が必要である。

解　説

◆**未成年者取引**　　未成年者との金融商品取引、特に、未成年者に対して金融商品の販売を行う場合には、最初に、当該購入資金につき、親権者の財産管理権が及ぶものかどうかを考える必要がある。親権者といえども、「（未成年の子が許可を受けた営業に関する）財産にたいしては管理権を有しない」「（親権者が目的を定めまたは定めないで処分を許した）財産にたいして管理権を有しない」「賃金請求権およびその行使によって受けとった賃金は、親権者の財産管理権には服さない」（於保不二雄＝中川淳編『新版注釈民法㉕』132、133頁）等とされ、たとえば、未成年者自身が稼いだ賃金には親権者の財産管理権が及ばないと解されるからである（民法5条、労働基準法59条）。

親権者の財産管理権が及ばない資金が金融商品の購入原資であれば、未成年者と直接取引をすることになり、適合性の判断も当該未成年者に関して行う必要がある。

親権者の財産管理権が及ぶ資金であれば、法定代理人である親権者を代理人として取引を行うか（民法824条）、もしくは、親権

者の同意を得て未成年者と取引を行うことになる（同法5条1項）。前者の場合であれば、適合性の判断要素のうち「知識」「経験」については親権者が主として問題となるであろうし、後者であれば、「知識」「経験」は、未成年者の成熟度に応じて、未成年者および親権者の双方が問題となるであろう。問題は、「財産」「目的」であるが、運用資金が未成年者自身の資金である以上、原則として未成年者本人の財産の状況、および、その運用目的と金融商品との適合性を確認すべきと考える。

◆**成年後見人、保佐人、補助人**　成年後見人、保佐人、補助人の権限は異なり、また、成年被後見人、被保佐人、被補助人の行為能力も異なる（【10742】【10746】【10747】【10748】【10762】参照）。成年後見人には本人の財産管理権があり、本人の財産に関する法律行為については成年後見人が代表し（民法859条）、本人の法律行為は取り消しうるものとされている（同法9条）。これに対し、保佐人は当然には本人を代表（代理）する権限はなく（同法876条の4）、被保佐人が行う一定の行為について同意権があるにとどまる（同法13条）。また、補助人も保佐人と同様である（同法17条・876条の9）。

以上から、保佐人、補助人との取引に関しては、代理権が付与されていることが確認できた場合は別として、取引の相手方はあくまでも本人であり、その取引に保佐人等の同意を得るのが原則となる。

後見人には本人の財産を管理する権限がある（民法859条）。ただし、「財産の管理とは、財産の保存、財産の性質を変じない利用、改良を目的とする行為をいう」とさ

れている（前掲『新版注釈民法(25)』412頁）。この観点からは、たとえ後見人が投資経験豊富で、後見人自身の目的（意向）がキャピタルゲイン指向であることが確認できたとしても、その運用方針が被後見人本人にとって不適切でないか確認するなど、慎重な対応が必要であろう。保佐または補助の場合には、同意するだけなのか、代理取引なのかによって異なる扱いも考えられるが、いずれの場合でも本人の状況も確認することが望ましい。

10320　障害者等との取引

障害者等との取引における注意事項は何か。成年被後見人、被保佐人、被補助人とは何か

結　論

障害者との取引にあたっては、障害者差別解消推進法の定める不当な差別的取扱いの禁止と合理的配慮の提供が求められる。成年被後見人、被保佐人、被補助人とは制限行為能力者であるが、制限行為能力者に当たる障害者等と取引を行った場合、取引が取り消されるリスクがあることから、金融機関としては、登記されていないことの証明書等の交付を要求してその該当性の有無を判断するとともに、当該顧客に十分な意思能力が備わっているかの確認を行ったうえで、取引の可否を判断する必要がある。

解　説

◆**障害者差別解消推進法**　平成28年4月

1日に施行された、障害を理由とする差別の解消の推進に関する法律（以下「障害者差別解消推進法」という）は、事業者に対して、その事業を行うにあたり、障害を理由として障害者でない者と不当な差別的取扱いをすることにより、障害者の権利利益を侵害してはならないこと（同法8条1項。以下「不当な差別的取扱いの禁止」という）、および、障害者から現に社会的障壁の除去を必要としている旨の意思の表明があった場合において、その実施に伴う負担が過重でないときは、障害者の権利利益を侵害することとならないよう、当該障害者の性別、年齢および障害の状態に応じて、社会的障壁の除去の実施について必要かつ合理的な配慮をするように努めなければならないこと（以下「合理的配慮の提供」という）を要求している（同条2項）。前者の不当な差別的取扱いの禁止は法的義務である一方、後者の合理的配慮の提供は努力義務である。

金融業務の分野においては、金融庁が「金融庁所管事業分野における障害を理由とする差別の解消の推進に関する対応指針」（以下「対応指針」という）を定めており、基本的な考え方や具体例等を示している。

◆**不当な差別的取扱いの禁止**　障害者差別解消推進法8条1項は不当な差別的取扱いを禁止し、障害者に対して、正当な理由なく、障害を理由として、財・サービスや各種機会の提供を拒否するまたは提供にあたって場所・時間帯などを制限する、障害者でない者に対しては付さない条件をつけることなどにより、障害者の権利利益を侵害することを禁止する。

ここで禁止されるのは、正当な理由なく、障害者を、問題となる事業について本質的に関係する諸事情が同じ障害者でない者より不利に扱うことである（対応指針第2の1(1)）。

◆**合理的配慮の提供**　障害者差別解消推進法8条2項は、事業者に、①その事業を行うにあたり、②障害者から現に社会的障壁の除去を必要としている旨の意思の表明があった場合において、③その実施に伴う負担が過重でないときは、障害者の権利利益を侵害することとならないよう、当該障害者の性別、年齢および障害の状態に応じて、社会的障壁の除去の実施について必要かつ合理的な配慮をするように努めなければならないと、合理的配慮の提供の努力義務を定めている。

①より合理的配慮は事業者の事業の目的・内容・機能に照らし、必要とされる範囲で本来の業務に付随するものに限られ、また、②より少なくとも障害者の真意に反する態様であってはならず、さらに、③より事業者に過重な負担となる配慮の提供までは要求されていない。

合理的配慮の提供は、社会的障壁の除去の実施について必要かつ合理的な態様で行われることであって、障害者を障害者でない者と比べて優遇する取扱いまでを要求するものではない。

◆**成年被後見人、被保佐人、被補助人とは何か**　成年後見・保佐・補助とは、精神上の障害により事理を弁識する能力を欠くか、または不十分である者について、同人の保護を図るための制度であり、成年後見開始審判を受けた者を成年被後見人、保佐開始の審判を受けた者を被保佐人、補助開始

の審判を受けた者を被補助人といい、制限行為能力者と呼ばれる（民法7条以下・11条以下・15条以下）。制限行為能力者との取引の留意点については、【10742】【10746】【10747】【10748】【10762】を参照されたい。

取引の相手である障害者が成年被後見人・被保佐人・被補助人であることが疑われるにもかかわらず、当該相手方が登記されていないことの証明書の提出等を拒絶した場合に、金融機関が取引を拒絶することが、障害者差別解消推進法8条1項の禁止する「不当な差別的取扱い」に該当するか否かが問題となりうるが、同項の禁止する「不当な差別的取扱い」とは、正当な理由なく、障害を理由として、財・サービスの提供の拒否等を行い、障害者の権利利益を侵害することであるところ、このような場合、「正当な理由」があるものとして、「不当な差別的取扱い」に当たらないと考えられる。

10321 業務の運営の状況が公益に反し、または投資者の保護に支障を生ずるおそれがある状況

「業務の運営の状況が公益に反し、又は投資者の保護に支障を生ずるおそれがある状況」（金商法40条2号、金商業等府令123条）とは何か

結 論

「業務の運営の状況が公益に反し、又は投資者の保護に支障を生ずるおそれがあるものとして内閣府令で定める状況」につい

ては、金商業等府令が規定しているが、その主要なものとしては、未確認取引、法人関係情報取引等がある。

解 説

◆**金商業等府令による36の禁止項目**　金融商品取引業者等は、業務の運営の状況が、業務に関して取得した顧客に関する情報の適正な取扱いを確保するための措置を講じていないと認められる状況、その他業務の運営の状況が公益に反し、または投資者の保護に支障を生ずるおそれがあるものとして内閣府令で定める状況に該当することのないように、その業務を行わなければならない（金商法40条2号）。

ここで法令が要求していることの第一は、「顧客に関する情報の適正な取扱い」であり、その留意点等については、金商業者監督指針Ⅲ-2-4「顧客等に関する情報管理態勢」に詳細に記述されている。

そして「その他業務の運営の状況が公益に反し、又は投資者の保護に支障を生ずるおそれがあるものとして内閣府令で定める状況」については、金商業等府令123条1項が全部で36項目規定している。なお、禁止される状況は、おおむね次のとおりである。

① あらかじめ顧客の注文の内容を確認することなく、頻繁に当該顧客の計算において有価証券の売買その他の取引またはデリバティブ取引等を行うこと（1号）

② 不特定かつ多数の投資者を勧誘して有価証券の売買またはデリバティブ取引についての委任を受けている者から、当該投資者の計算において行う取引であることを知りながら、あらかじめ当該投資者

の意思を確認することなく有価証券の売買またはデリバティブ取引の受託等をすること（2号）

③ 著しく不適当と認められる数量、価格その他の条件により、有価証券の引受を行うこと（3号）

④ 有価証券の元引受を行う場合において、発行者の財務状況、経営成績その他引受の適否の判断に資する事項の適切な審査を行わないこと（4号）

⑤ 法人関係情報に係る不公正な取引の防止を図るために必要かつ適切な措置を講じていないこと（5号）

⑥ 個人顧客に関する情報の安全管理等の取扱いを委託する場合に、その委託先の監督について必要かつ適切な措置を講じていないこと（6号）

⑦ 個人顧客に関する人種、信条、門地、本籍地、保健医療または犯罪経歴についての情報その他業務上知りえた公表されていない特別の情報を、必要と認められる目的以外の目的のために利用しないことを確保するための措置を講じていないこと（7号）

⑧ 顧客の有価証券の売買その他の取引等に関し、受渡状況その他の顧客に必要な情報を適切に通知していないこと（8号）

⑨ 投資信託受益証券等の乗換えを勧誘するに際し、顧客に対して、当該乗換えに関する重要な事項について説明を行わないこと（9号、詳細は【10335】参照）

⑩ 金融商品取引業者が、委託者指図型投資信託の受益証券の自己募集等の行為を行い、当該行為に関して、顧客の応募代金等を受ける場合において、預託を受け

た金銭について分別管理に準じた方法により、業者が金融商品取引業を廃止した場合等に顧客に返還すべき額に相当する金銭を国内において、信託会社等に信託をしていないこと（10号）

⑪ 集団投資スキーム持分を取得させ、または、売り付けようとする際に、これらの有価証券の取得または買付けの申込みの期間中に生じた投資判断に影響を及ぼす重要な事象について、個人である顧客に対して説明を行わないこと（11号）

⑫ 実勢を反映しない作為的な相場を形成させるべき金融商品等または有価証券に係る買付けもしくは売付けまたはデリバティブ取引の受託等をする行為を防止するための売買管理が十分でないこと（12号）

⑬ 金融商品取引業者等が、投資一任契約や特定同意等に基づき有価証券の売買やデリバティブ取引等を行う場合において、当該行為が投資者の保護に欠け、取引の公正を害し、または金融商品取引業等の信用を失墜させることとなることを防止するため十分な社内管理体制をあらかじめ整備していないこと（13号）

⑭ 適格投資家向け投資運用業を行う場合において、適格投資家以外の者が権利者となることを防止するための必要かつ適切な措置を講じていないこと（13号の2）

⑮ 金融商品取引業等に係る電子情報処理組織の管理が十分でないこと（14号）

⑯ 委託を行った金融商品仲介業者の金融商品仲介業に係る法令に違反する行為を防止するための措置が十分でないこと（15号）

⑰　委託を行った金融商品仲介業者の事故につき損失の補てんを行うための適切な措置を講じていないこと（16号）

⑱　委託を行った金融商品仲介業者に顧客に対する金銭または有価証券の受渡しを行わせていること（17号）

⑲　金融商品取引業者等が取得した顧客の財産に関する公表されていない情報その他の特別な情報を、事前に顧客の書面による同意を得ることなく、委託先登録金融機関や金融商品仲介業者に提供していることなど（18号）

⑳　融資業務または金融機関代理業務をあわせて実施する金融商品取引業または金融商品仲介業務を実施する組織の役職員が、有価証券の発行者である顧客の非公開融資等情報を自ら取得し、または融資業務等に従事する役職員から受領して、当該有価証券に係る金融商品取引行為の勧誘を行うこと（19号）

㉑　店頭デリバティブ取引について、金融商品取引業者等が売付けおよび買付けの価格または価格に相当する事項の双方がある場合に、これらの価格または価格に相当する事項を同時に提示しないこと（20号）

㉒　店頭デリバティブ取引について、金融商品取引業者等が顧客の取引時に表示した価格または価格に相当する事項を、当該価格または価格に相当する事項の提示を要求した当該顧客に提示しないこと（21号）

㉓　通貨関連デリバティブ取引、特定店頭オプション取引、非清算店頭デリバティブ取引に関して一定の措置を講じていないこと（21号の2〜21号の6）

㉔　金融商品取引業者が、本店その他の営業所または事務所を金融機関の本店その他の営業所等と同一の建物に設置してその業務を行う場合において、顧客が当該金融商品取引業者を当該金融機関と誤認することを防止するための適切な措置を講じていないこと（22号）

㉕　金融商品取引業者が、電気通信回線に接続している電子計算機を利用してその業務を行う場合において、顧客が当該金融商品取引業者を他の者と誤認することを防止するための適切な措置を講じていないこと（23号）

㉖　登録金融機関が取得した顧客の財産に関する公表されていない情報その他の特別な情報を、事前に顧客の書面による同意を得ることなく、委託金融商品取引業者に提供していることなど（24号）

㉗　登録金融機関が金融商品仲介行為を行おうとするときに、あらかじめ、顧客に対し一定の事項を明らかにしないこと（25号）

㉘　有価証券の募集または売出しの取扱いを行うにあたって、顧客に対し一定の事項を適切に通知していないこと（26号）

㉙　株券等の買集め行為を行うに際し、一定の措置を講じていないこと（27号）

㉚　投資一任契約に基づき年金給付等積立金の運用を行う場合において、当該投資一任契約の相手方である特定投資家以外の存続厚生年金基金に対して適切な説明を行うための十分な体制を整備していないこと（28号）

㉛　運用財産が信託されている場合において、運用業者が、運用財産の状況を信託会社等に通知していないこと（29号）

㉜　適格機関投資家等特例業務において、適切な行為を行っていないこと（30号）

10322　最良執行方針等

最良執行方針等とは何か

結　論

最良執行方針等とは、有価証券の売買およびデリバティブ取引に関する顧客の注文についての最良の取引の条件で執行するための方針および方法のことであり、金融商品取引業者等は、最良執行方針等を定めたうえで、その公表をする必要がある。なお、最良執行方針等としては、価格が最も重要であるが、執行のスピード、執行の確実性も重要な要素である。

解　説

◆**最良執行方針**　金融商品取引業者等は、有価証券の売買およびデリバティブ取引（政令で定めるものを除く。以下「有価証券等取引」という）に関する顧客の注文について、政令で定めるところにより、最良の取引の条件で執行するための方針および方法（最良執行方針等）を定めなければならない（金商法40条の2第1項）。

本規定は、旧証券取引法43条の2（最良執行義務）を引き継いだものである。同規定の新設によって、取引所取引の原則（旧証券取引法37条）は廃止され、向かい呑みの禁止規定（同法39条）および呑み行為の禁止規定（同法129条）も削除された。

最良執行方針等としては、「価格が最も重要であるが、執行のスピード、執行の確実性も重要な要素とされる」（日野正晴『詳解金融商品取引法』595頁）。また、最良執行方針等は、有価証券等取引について銘柄ごとに最良の取引の条件で執行するための方法および当該方法を選択する理由を記載して定めなければならない（金商法施行令16条の6第2項）。

なお、最良執行方針等の適用除外となる「政令で定めるもの」は、金商法施行令16条の6第1項により、①上場株券等、店頭売買有価証券、取扱有価証券を除く有価証券の売買、および②デリバティブ取引である。

◆**最良執行方針等の公表および執行**　金融商品取引業者等は、内閣府令で定めるところにより、最良執行方針等を公表しなければならず（金商法40条の2第2項）、最良執行方針等に従い、有価証券等取引に関する注文を執行しなければならない（同条3項）。

金融商品取引業者等は、最良執行方針等の対象である取引に関する顧客の注文を受けようとするときは、あらかじめ、顧客に対し、内閣府令で定めるところにより、当該取引に係る最良執行方針等を記載した書面を交付しなければならない。ただし、すでに当該書面（当該最良執行方針等を変更した場合にあっては、変更後のものを記載した書面）を交付しているときはこの限りでない（金商法40条の2第4項）。

金融商品取引業者等は、有価証券等取引に関する顧客の注文を執行した後、内閣府令で定める期間内に当該顧客から求められたときは、当該注文が最良執行方針等に従って執行された旨を内閣府令で定めるとこ

ろにより説明した書面（最良執行説明書）を、内閣府令で定めるところにより、当該顧客に交付しなければならない（金商法40条の2第5項）。なお、同書面には、①注文に係る有価証券等取引の銘柄、数量および売付けまたは買付けの別、②受注日時、③約定日時および執行した金融商品市場その他執行の方法を記載しなければならない（金商業等府令124条5項）。また、最良執行説明書を交付しようとする金融商品取引業者等は、顧客から求められた日から20日（特定投資家である顧客から同意を得た場合にあっては、当該同意に係る期間（20日以上の期間に限る））以内に当該顧客に交付しなければならない（金商業等府令124条6項）。

金融商品取引業者等は、金商法40条の2第4項または5項の規定による書面の交付にかえて、政令で定めるところにより、申出者の承諾を得て、当該書面に記載すべき事項を電子情報処理組織を使用する方法その他の情報通信の技術を利用する方法であって内閣府令で定めるものにより提供することができる（金商法40条の2第6項・34条の2第4項）。

<table>
<tr><td>10323</td><td>業務に関する帳簿書類</td></tr>
</table>

業務に関する帳簿書類としてどのようなものがあるか

結　論

業務に関する帳簿書類として、第一種金融商品取引業者については金商法46条の2、第一種金融商品取引業を行うもの以外の金融商品取引業者については同法47条、登録金融機関については同法48条が規定している。旧証券取引法と比べた特徴は、金商法によって新たに設けられた行為規制等に伴い、新たに作成・保存が義務づけられた書類があることである。

解　説

金融商品取引業者等は、その業務に関する帳簿書類を作成し、これを保存しなければならない（金商法46条の2等）。第一種金融商品取引業者については金商法46条の2、第一種金融商品取引業を行うもの以外の金融商品取引業者については同法47条、登録金融機関については同法48条が、それぞれ同様の規定を置いている。

◆**第一種金融商品取引業者（金商法46条の2）**　第一種金融商品取引業者が作成・保存すべき帳簿書類は、金商業等府令157条が規定しているが、その主なものは以下のとおりである。

① 特定投資家制度に関して顧客に交付した書面の写し（金商業等府令157条1項1号イ・2号イ）

② 契約締結前交付書面、契約締結時交付書面、それらにかわる書面の写し（同項1号イ～ニ）

③ 最良執行説明書の写し（同項1号イ）

④ 注文伝票（同項3号）

⑤ 各取引記録（同項4～8号）

⑥ 顧客勘定元帳（同項9号）

⑦ 受渡有価証券記番号帳（同項10号）

⑧ 保護預り有価証券明細簿（同項11号）

⑨ 分別管理監査の結果に関する記録（同項12号）

⑩ トレーディング商品勘定元帳（同項13号）

⑪ 現先取引勘定元帳（同項14号）

◆登録金融機関（金商法48条）　登録金融機関が作成・保存すべき帳簿書類は、金商業等府令184条1項が規定し、同条2項が、各書類の保存期限を規定している。

作成・保存すべき帳簿書類は、登録金融機関業務のうち、どの業務を行うかにより異なるが、登録金融機関として、投資助言・代理業および投資運用業以外のものを行う場合の主なものは以下のとおりとなる。

① 特定投資家制度に関して顧客に交付した書面の写し（金商業等府令184条1項1号・157条1項1号イ・2号イ）

② 契約締結前交付書面、契約締結時交付書面、それらにかわる書面の写し（金商業等府令184条1項1号・157条1項1号イ～ニ）

③ 最良執行説明書の写し（金商業等府令184条1項1号・157条1項1号イ）

④ 注文伝票（金商業等府令184条1項2号・157条1項3号）

⑤ 各取引記録（金商業等府令184条1項2号・157条1項4～8号）

⑥ 顧客勘定元帳（金商業等府令184条1項2号・157条1項9号）

⑦ 受渡有価証券記番号帳（金商業等府令184条1項2号・157条1項10号）

⑧ 保護預り有価証券明細簿（金商業等府令184条1項2号・157条1項11号）

⑨ トレーディング商品勘定元帳（金商業等府令184条1項2号・157条1項13号）

⑩ 現先取引勘定元帳（金商業等府令184条1項2号・157条1項14号）

なお、金融商品仲介業務を行う場合には、金融商品仲介補助簿および金融商品仲介預り明細簿の作成・保存が必要である（金商業等府令184条1項3号）。

◆作成・保存の留意点　作成・保存における留意点は、下記のとおりである。

① 金商法によって新たに設けられた行為規制等に伴い、新たに作成・保存が義務づけられた書類がある。たとえば、特定投資家制度に関して顧客に交付すべき書面、契約締結前交付書面・契約締結時交付書面・契約変更書面等である。

② 書類の保存期限は「顧客への交付書面等は5年間、注文伝票・発注伝票は7年間、その他書類は10年間」（松尾直彦＝松本圭介編著『実務論点金融商品取引法』195頁）とされている。

③ 帳簿書類について、一の帳簿書類が合理的な範囲において、他の帳簿書類を兼ねること、またはその一部の別帳とすることもしくは法令に規定する名称と異なる名称を用いることができる。ただし、それぞれの帳簿書類の種類に応じた記載事項がすべて記載されている場合に限る（金商業者監督指針Ⅲ-3-3(1)①）。

④ 契約締結時交付書面については、当該書面と同時に機械的処理により作成されるものであって、当該書面の記載事項がすべて記載された他の帳簿書類をもってこれにかえることができる（金商業者監督指針Ⅲ-3-3(1)⑤）。

⑤ 一定事項に留意したうえで、帳簿書類を電子媒体により保存することができる（金商業者監督指針Ⅲ-3-3(6)）。

⑥ 「金商業等府令で定められている帳簿書類の保存期間が適用されるのは施行後に作成・保存される帳簿書類となり、施

行前に旧法令に基づき作成された帳簿書類の保存期間は当該旧法令に定める保存期間」（前掲『実務論点金融商品取引法』200頁）となる。

⑦　契約締結前交付書面等に関して、保存すべき書類は「顧客等に交付した書面であり、基本的には交付した書面そのものの写しを保存する必要がありますが、複数の顧客等に対し交付した書面の内容が同一の内容であるような場合に、交付した顧客等の名称及び交付日の一覧と併せて交付書面の写しを1部のみ保存する方法をとることは可能」（金商法制パブコメ回答468頁27番）である。

⑧　契約締結前交付書面（金商法37条の3第1項）の写しについては、「交付した書面の写しが帳簿書類として作成・保存の対象となりますので、契約締結に至らなかったものも作成・保存の対象」（金商法制パブコメ回答468頁30～32番）となる。

第3項　金融商品販売法

10324　金融商品販売法

金販法とはどのような法律か。また、平成18年改正のポイントは何か

結　論

　金販法は、民事法として、民法の不法行為の特則を定めたものである。平成18年改正のポイントは、**説明義務の拡充、断定的判断の提供等の禁止の新設、対象商品・取引等の範囲の拡大**にある。

解　説

◆民法の不法行為の特則を定める　金販法は、消費者保護の充実とこれによる国民経済の健全な発展を目的として、平成12年5月に成立し、翌年4月より施行された法律である。金商法が業法であるのに対し、金販法は、民事法として、民法の不法行為の特則を定めたものと位置づけられる。

　投資家が、金融商品を購入して損害を被ったとして業者に対して損害賠償請求をする場合、その請求の法的根拠は、民法の債務不履行（同法415条）か、不法行為（同法709条）のいずれかになるが、従来は不法行為に基づく請求を行うことが一般的であった。その理由は、債務不履行に基づく場合には、業者に債務不履行（契約義務違反）があったことを投資家が証明する必要があるところ、どのような態様の債務不履行があったかの証明が非常に困難であることにあった。そこで、通常は不法行為に基づく請求がなされることになる。

　ところで、民法709条は、「故意又は過失によって他人の権利又は法律上保護される利益を侵害した者は、これによって生じた損害を賠償する責任を負う」と規定し、不法行為による損害賠償請求を行う者は、①権利侵害（違法性）、②故意・過失、③権利侵害（違法性）と損害との間の因果関係、④損害額の主張・立証をしなければならないと解釈されている。したがって、投資家は、①業者がなんらかの違法行為を行ったこと、②その際に業者に故意または過失があったこと、③業者の違法行為によって投資家が損害を被ったこと、④損害額のすべてを主張・立証しなければならない。

　金販法は、上記不法行為のルールに特則を設けるものである。

◆平成18年改正の要点　平成18年の金販法の改正では、主に、説明義務の拡充、断定的判断の提供等の禁止の新設、金販法対象商品・取引等の範囲の拡大が図られた。この点に関し、立案担当者は以下の旨を述べている（池田和世「金融商品取引法制の解説（11・完）金融商品販売法の改正」商事法務1782号17頁以下、松尾直彦監修『逐条解説新金融商品販売法』9頁以下）。

（1）説明義務の拡充
① 説明義務の対象とされていない「金融商品の販売に係る取引の仕組みのうちの重要な部分」について、新たに説明義務

の対象としている（金販法３条１項１号ハ・２号ハ・３号ハ・４号ハ・５号ハ・６号ハ）。

② 「元本欠損が生ずるおそれ」に含まれている「当初元本を上回る損失が生ずるおそれ」について、新たに「元本欠損が生ずるおそれ」（金販法３条１項１号・３号・５号）と区別して、その「旨」、その直接の原因となる「指標」（市場リスク）や「者」（信用リスク）等および「金融商品の販売に係る取引の仕組みのうちの重要な部分」を説明義務の対象とする（同法３条１項２号・４号・６号・４項）。

③ 業者が説明義務を尽くしたかどうかの解釈基準として適合性原則の考え方を取り込み、説明は、顧客の知識、経験、財産の状況および契約締結の目的に照らして、当該顧客に理解されるために必要な方法および程度によるものでなければならないとしている（金販法３条２項）。

（2） 断定的判断の提供等の禁止の新設
新たに断定的判断の提供等を禁止する規定を設け（金販法４条）、説明義務違反と同様、その違反があった場合に損害賠償責任（同法５条）を課するとともに、損害額の推定（同法６条１項）等の規定の対象としている。

（3） 対象商品・取引等の範囲の拡大
平成18年の改正では、金商法における対象商品・取引等の範囲の拡大（有価証券およびデリバティブ取引）に伴い、金販法の対象商品・取引等の範囲も拡大されている（金販法２条１項）。

◆改正の理由　では、なぜこのような改正がなされたのか。前記池田氏は、「当時

（編注：金販法の立案当時）、このような民法上の不法行為責任規定の特則を設けることにより、業者の説明義務違反により損害を被った顧客の民事救済に資することが想定されていた。ところが、従前の裁判例で金融商品の販売等について業者の損害賠償責任が認められた事例をみると、金融商品販売法に基づくものは少なく、大半は民法上の不法行為責任（民法709条・715条）に基づくものであった。そこで、今回の改正では、金融商品販売法を顧客にとってより使いやすいものとすることにより、顧客保護を一層図る観点から、金融商品販売業者等の顧客に対する民事上の義務を拡充することとした」と述べている。

なお、金販法施行令も改正され、金販法３条７項１号に規定する政令で定める者（特定顧客）に、金商法上の特定投資家が追加された（同法施行令10条１項）。したがって、金商法上のプロに対しては、金販法上の重要事項の説明義務（金販法３条１項）が課せられないことになった。この点は、実務上非常に大きな改正点である。

10325	金販法違反の効果

金販法に違反するとどうなるか。金商法とは何が違うのか

結　論

民事法である金販法は、投資者保護の観点から、投資家の証明責任を軽減し、業者に対する損害賠償請求を認められやすくした法律であり、同法違反の効果は、業者が

顧客に対する損害賠償責任を負うことにある。一方、金商法は業法であり、同法違反の効果は、原則として、業者が、金融庁から監督・命令等を受けることにある。

■ 解　説 ■

◆**金販法違反の効果**　金販法は、業者に金融商品の販売に際し、「重要事項」の説明義務を課し（金販法3条）、このような説明義務を業者が怠った場合には、投資家の被った投資元本の欠損額を投資家の受けた損害額と推定し、同時に説明義務違反と投資家の損害との因果関係を推定する（同法6条1項）ことにより、業者の投資家に対する損害賠償責任を認めた（同法5条）。つまり、同法は、民法の不法行為成立要件（【10324】参照）のうち、投資家による故意・過失の主張・立証を不要とし（業者の無過失責任）、権利侵害と損害との間の因果関係、および損害額について推定規定を設けた。したがって、結局、投資家は、「業者が金融商品販売法で要求される説明義務を怠ったこと」および「投資家が元本欠損を蒙ったこと」を立証しさえすれば、元本欠損額の損害賠償を請求できることになる。

なお、平成18年の金販法改正により、業者の説明義務違反に加えて断定的判断の提供等の禁止（同法4条）も追加されたので、投資家は、業者に説明義務違反があったこと、または、業者から断定的判断の提供等を受けたことを立証すればよいことになる。このように、金販法は、投資者保護の観点から、投資家の証明責任を軽減し、業者に対する損害賠償請求を認められやすくした法律である。

◆**金商法との相違点**　金販法と金商法とは、いずれも広範な金融商品を対象として、投資家の保護を図ることを目的としている。しかしながら、金販法は民事に関する法律であるのに対し、金商法は業法であり、その位置づけは異なる。すなわち、金販法は民法の不法行為の特則であり、業者が金販法に違反し、投資家が損害を被った場合、投資家は業者に対して金販法に基づいて損害賠償請求をすることになる。そして、投資家は、業者が損害賠償請求に応じない場合には、最終的には裁判所に訴えてその損害回復を図ることになる。一方、業者が金商法に違反すると、業者は、金商法に基づき金融庁から監督・命令等を受けることになり、投資家は、このような行政庁の行為により、間接的にその保護が図られることとなるが、投資家が同法に基づき業者を訴えることができるわけではない。

また、適用対象となる「金融商品」の面からも両法には違いがある。このうち、金販法の適用対象に関しては、同法2条1項が詳細に「金融商品の販売」の定義を規定しており、商品面からは、金販法の適用対象のほうが金商法の適用対象より広い。たとえば、一部の投資性の強い預金や保険を除けば、原則として預金や保険は金商法が適用（準用）されないが、それらも金販法の適用対象商品である。ただし、金販法に基づく損害賠償請求は、あくまでも投資家が損害（「元本欠損」もしくは「当初元本を上回る損失」）を被ったことが前提であるから、損害が発生しない金融商品であれば、同法が適用されることは事実上ない。

なお、「元本欠損が生ずるおそれ」について、金販法3条3項は、「当該金融商品

の販売が行われることにより顧客の支払うこととなる金銭の合計額が、当該金融商品の販売により当該顧客の取得することとなる金銭の合計額……を上回ることとなるおそれをいう」と定義しており、結局「元本欠損」とは、顧客が支払った金額が、受け取った金額を上回ることをいう。したがって、たとえ満期に顧客が受け取る金額が当初支払った金額より少なかったとしても、満期前に利息、分配金等の名目で金銭を受け取っており、それらを加えると顧客が支払った金額よりは多い場合には、同法上の「元本欠損」が生じたことにはならない。もっとも、これは金販法が適用されないというだけであって、一般法（たとえば民法709条）による損害賠償義務を生ずることはありうる。

　ところで、金販法は「勧誘方針の策定義務」を業者に課しているが（同法9条）、これは業者の体制整備義務にすぎず、いわゆる適合性原則を業者の行為規制として規定したものではない。適合性の原則については、その趣旨を説明義務のなかに取り込んではいるが（同法3条2項）、勧誘時の適合性原則そのものは、金販法は規定していない。この点も金商法と異なるところである（金商法40条1号参照）。

10326　重要事項

金販法のいう「重要事項」とは何か。また、「元本欠損が生ずるおそれ」とは何か

■ 結　論

　「重要事項」とは、主にリスクに関連した事項（リスクがあること、その要因、および理由）であり、リスクには市場リスクと信用リスクとがある。また、「元本欠損を生ずるおそれ」とは、顧客が支払った金額が、受け取った金額を上回るおそれのことをいう。

■ 解　説

◆**リスクがあること、その要因**　金販法3条1項は、業者が金融商品を販売する際に、顧客に対し「重要事項」を説明する義務を課している。そして、同項1〜7号が具体的にその「重要事項」とは何かを規定している。

　金販法3条1項1号は、いわゆる市場リスク（金利、通貨、株式指標等）により元本欠損（元本割れ）が生じるおそれがある場合に、そのリスクがあること、およびその理由（市場リスクの内容、取引の仕組み）を規定している。

　金販法3条1項2号は、同項1号と基本的には同じであるが、元本欠損にとどまらず、当初元本を上回る損失が生ずるおそれがある場合の規定である。

　金販法3条1項3号・4号も同項1号・2号と似た規定であるが、リスクの内容が市場リスクではなく、いわゆる信用リスクである場合の規定である。

　金販法3条1項5号・6号は、今後新しい金融商品が開発されたときに備えるための規定である。

　金販法3条1項7号は、金融商品の権利行使期間の制限や解除期間の制限がある場

合にそれを説明させるものであり、いわば市場・信用リスクによる元本欠損リスクなどを回避する手段についての情報である。

◆ **「元本欠損が生ずるおそれ」**　「元本欠損が生ずるおそれ」とは何か。これは、金商法でいう「損失が生ずることとなるおそれ」（同法37条の3第1項5号等）と同じことであり、金販法にその定義規定がある（立案担当者は、「「元本欠損が生ずるおそれ」……については、……金融商品販売法に定義がおかれている。「元本欠損が生ずるおそれ」は、取引を通じての総支払額が総取得額を上回る可能性があるという概念」であると述べている（松尾直彦監修『逐条解説新金融商品販売法』122頁））。すなわち、「当該金融商品の販売が行われることにより顧客の支払うこととなる金銭の合計額（当該金融商品の販売が行われることにより当該顧客の譲渡することとなる金銭以外の物又は権利であって政令で定めるもの（編注：金銭相当物）……がある場合にあっては、当該合計額に当該金銭相当物の市場価額……の合計額を加えた額）が、当該金融商品の販売により当該顧客……の取得することとなる金銭の合計額（当該金融商品の販売により当該顧客等の取得することとなる金銭以外の物又は権利がある場合にあっては、当該合計額に当該金銭以外の物又は権利の市場価額……の合計額を加えた額）を上回ることとなるおそれをいう」と規定している（同法3条3項）。

つまり、以下の「①と②の合計額」が「③と④の合計額」を上回る場合に「元本欠損」があることになる。

① 金融商品の販売が行われることにより顧客が支払う金銭の合計額

② 金融商品の販売が行われることにより顧客が譲渡することとなる金銭相当物の市場価額の合計額

③ 金融商品の販売により顧客の取得することとなる金銭の合計額

④ 金融商品の販売により顧客の取得することとなる金銭以外の物または権利の市場価額の合計額

この定義から明らかなように、要するに、顧客が支払った金額（もしくは譲渡した金銭相当物の市場価額）が、受け取った金額（もしくは取得することとなる金銭以外の物または権利の市場価額）を上回るおそれのことをいう。したがって、たとえ満期に顧客が受け取る金額が、当初支払った金額より少なかったとしても、満期前に利息、分配金等の名目で金銭を受け取っており、それらを加えると顧客が支払った金額よりは多い場合には、損失あるいは元本欠損が生じたことにはならない。

なお、上記①の「顧客が支払うこととなる金銭」には、預金額や株式の対価など、預金作成や金融商品の購入の対価、いわゆる元本相当額に限られず、手数料、税金等を含み、金融商品の購入に、代理業者・媒介業者等が関与する場合には、それらの代理業者・媒介業者等に支払うこととなる手数料等も含まれるとされる。一方で、預金作成や金融商品の購入のために融資を受けた場合の融資に対する利息は含まれないとされている（前掲『逐条解説新金融商品販売法』132頁）。また、上記③と④について、立案担当者は、下記旨を解説している（前掲『逐条解説新金融商品販売法』134頁）。

① 顧客等は、金融商品の購入により、保険契約者としての権利や有価証券等の権

利や物を取得することになる。「取得することとなる金銭」とは、この取得した権利または物の保有に伴って取得する金銭等をいう。具体的には、預金の利子の払戻金、保険金、債券の利子・償還金、株式の配当等である。

② 物または権利を処分した場合（株式を売却した場合等）に得られる金銭は、物または権利の保有に伴って取得する金銭ではないため、ここにいう「取得することとなる金銭」には含まれない。

③ 「顧客の支払うこととなる金銭」に顧客の支払うこととなる手数料・税金等を含むと解されるのと同様に、解約時の手数料・税金等については、「取得することとなる金銭」から控除されるものと解される。

④ 「取得することとなる金銭以外の物又は権利」とは、有価証券やそこに表示される株主としての権利等をいい、他社株転換社債や現物配当のように当初の物または権利の保有に伴って物または権利を取得する場合の当該物や権利も含まれる。

⑤ 算定時点において物または権利を保有している場合には、その時点での市場価額または処分推定価額が評価される。

⑥ 「取得することとなる金銭」と「取得することとなる金銭以外の物又は権利」とは、重複して評価されることはない。たとえば、債券であれば、満期までの元利合計額により、債券の権利内容は評価され尽くしているから、この元利合計額が顧客等の「取得することとなる金銭」であり、これに債券の購入により受け取る券面や、その市場価額が加えられて評価されることはない。

◆**「当初元本を上回る損失が生ずるおそれ」**　金販法3条4項は、「当該損失の額が当該金融商品の販売が行われることにより顧客が支払うべき委託証拠金その他の保証金の額を上回ることとなるおそれ」と定義している。この点につき、立案担当者は「顧客の当初の支払金額を超える額の損失が生ずるおそれのことであり、顧客に当初の支払金額に加えてさらなる支払義務が生じる場合に想定されるものである」（池田和世「金融商品取引法制の解説（11・完）金融商品販売法の改正」商事法務1782号19頁、前掲『逐条解説新金融商品販売法』138頁）と述べており、要するに、顧客が出資した金額をすべて失うだけにとどまらず、さらに支払を余儀なくされることを意味する。

定義規定のなかにもあるように、この規定はいわゆる証拠金取引等を念頭に置いている。「当初元本を上回る損失が生ずるおそれ」も「元本欠損が生ずるおそれ」に該当し、平成18年改正前の金販法では、元本を超える損失が生ずるおそれがある場合であっても、「元本欠損が生ずるおそれがある旨」を説明すれば足りることになっていた。しかし、「顧客にとって元本を超える損失が生ずるおそれがあるかどうかは、金融商品を購入するかどうか等を判断するに当たって重要な情報である」（前掲「金融商品取引法制の解説（11・完）金融商品販売法の改正」商事法務1782号19頁、前掲『逐条解説新金融商品販売法』137頁）ことから、同改正で、証拠金取引による最近の投資家被害事例にかんがみ、特に「元本を上回る損失」も明文化したものである。

10327 「市場リスク」「信用リスク」「取引の仕組み」

「市場リスク」「信用リスク」「取引の仕組み」とは何か

結　論

　「市場リスク」とは、金利、通貨の価格、金融商品市場における相場その他の指標に係る変動により、元本欠損等を生ずるおそれのことであり、「価格変動リスク」とも呼ばれる。「信用リスク」とは、有価証券の発行者等の業務または財産の状況の変化により元本欠損等を生ずるおそれのことである。「取引の仕組み」とは、リスクを生じさせる金融商品の販売の取引の仕組みのことであり、預金契約等の場合には「契約の内容」、有価証券の場合には「有価証券に表示される権利の内容及び有価証券の取得により顧客（投資家）が負うこととなる義務の内容」を意味する。

解　説

◆ **「市場リスク」**　　投資性の強い金融商品には、価格変動リスク（値下りリスク）がある。これは、その名のとおり、投資対象商品の市場価格が値下りするリスクである。価格変動リスクは証券投資や投資信託のリスクの最たるものであり、市場リスクといわれることもある。

　もっとも、「市場リスク」という用語がよく使われる（金商法制パブコメ回答300頁等）が、金商法に「市場リスク」という用語はない。ただ、金商法制パブコメ回答や立案担当者の解説からは、「金利、通貨

の価格、金融商品市場における相場その他の指標に係る変動」が「市場リスク」であると考えられていることが読み取れ（三井秀範＝池田唯一監修『一問一答金融商品取引法〔改訂版〕』475頁等）、金融審議会の報告書にも「金利、通貨の価格、有価証券市場における相場その他の指標に係る変動により元本欠損が生ずるおそれ（いわゆる市場リスク）」（金融審議会金融分科会第一部会報告「投資サービス法（仮称）に向けて」7頁）との記述がある。

　金販法は「重要事項」として、3条1項1号・2号で「市場リスク」を規定している。具体的には、「金利、通貨の価格、金融商品市場（金商法2条14項に規定する金融商品市場をいう。……）における相場その他の指標に係る変動」を「市場リスク」と定義している。よって、「市場リスク」とは、①金利変動リスク、②通貨変動リスク、③金融商品市場における相場その他の指標に係る変動リスクの総称であることになる。

　ここで、「金利変動リスク」とは金利変動により、「為替リスク」とは為替レートの変動により、それぞれ元本欠損等を生ずるおそれがあることである。

　では、③の「金融商品市場における相場その他の指標に係る変動リスク」とは何を意味するか。

　金商法上、「金融商品市場」とは「有価証券の売買又は市場デリバティブ取引を行う市場をいう」（同法2条14項）と定義されている。したがって、「金融商品市場における相場に係る変動リスク」とは「有価証券の売買又は市場デリバティブ取引を行う市場に係る変動リスク」のことであり、

典型的には、株式市場における株価変動リスクがこれに該当する。もっとも、③は「その他の指標」と規定されているので、この金融商品市場における相場に限らず、広く金融商品の価格が変動するリスクを包括的に規定したものと考えるべきである。よって、③は、金融商品の価格変動リスク（値下りリスク）、つまり、「金利、為替以外の要因によって、投資対象商品の市場価格が値下がりするリスク」と解釈すべきであろう。

「市場リスク」については、①元本欠損等を生ずるおそれがある旨、②当該指標、③上記②の指標に係る変動を直接の原因として元本欠損等が生ずるおそれを生じさせる当該金融商品の販売に係る取引の仕組みのうちの重要な部分を説明する必要がある。

◆「信用リスク」　「信用リスク」とは、投資先の企業が経営破綻に陥り、債務が履行されないリスクであり、①金融機関の場合の与信に対する貸倒れリスク、②債券投資の場合の債券を発行している企業が倒産し、購入した債券の元利金が支払われなくなるリスク（デフォルトリスク＝債務不履行リスク）がこれに当たる。

「信用」について、金販法は「当該金融商品の販売について当該金融商品の販売を行う者その他の者の業務又は財産の状況の変化」（同法3条1項3号・4号）と定義している。よって、「信用リスク」とは、元本欠損もしくは元本超過損を生じさせる原因のうち、「当該金融商品の販売を行う者その他の者の業務又は財産の状況の変化」であることになる。

では、「当該金融商品の販売を行う者その他の者」（当該者）とは、だれのことを指すか。概念的には、「「当該者」……とは、一定の者の業務または財産の状況の変化を直接の原因として元本欠損が生ずるおそれや当初元本を上回る損失が生ずるおそれ（信用リスク）がある場合における当該おそれをもたらす要因となる主体である」（松尾直彦監修『逐条解説新金融商品販売法』123頁）といえる。具体的には、金販法上の「金融商品販売業者等」（金融商品の販売等を業として行う者（同法2条3項））、および、「その他の者」として、典型的には有価証券の発行者等が含まれる（前掲『逐条解説新金融商品販売法』123頁）。

この信用リスクに関して説明すべき事項は、①元本欠損（もしくは元本超過損）が生ずるおそれがある旨、②当該者、③上記②の者の業務または財産の状況の変化を直接の原因として元本欠損等が生ずるおそれを生じさせる当該金融商品の販売に係る取引の仕組みのうちの重要な部分である（金販法3条1項3号）。つまり、「元本欠損リスク等があること」「当該者」「取引の仕組み」を説明することが必要になる。

◆「取引の仕組み」　「当該金融商品の販売に係る取引の仕組みのうちの重要な部分」（金販法3条1項各号ハ）については、金販法3条5項に定義規定がある。

たとえば、預金、信託契約、保険契約等（金販法2条1項1～4号・7号）に掲げる行為については、これらの契約の内容（同法3条5項1号）であり、有価証券（同法2条1項5号）の場合には、「有価証券に表示される権利の内容及び当該有価証券の取得により顧客が負うことになる義務の内容」（同法3条5項2号）である。

よって、預金契約等の場合には「契約の

内容」（金販法3条5項1号）、有価証券の場合には「有価証券に表示される権利の内容及び有価証券の取得により顧客（編注：投資家）が負うこととなる義務の内容」（同項2号）を意味する。たとえば、株式の場合には、顧客が購入する証券が株式であること、および、株式とはどのような権利を表象した証券であるかを説明することになるし、外貨預金の場合であれば、外貨預金には預金保険が適用されず、外貨預金契約先である金融機関の業務または財産の状況の変化によって、元利金が支払われないことがあることを説明すべきであるし、社債の場合には、発行体である当該会社の業務または財産の状況の変化によって、社債券に表示された内容の元利金の支払が約束どおり支払われないことがあることを説明することになる。

10328 勧誘方針

「勧誘方針」とは何か

結　論

　勧誘方針とは、業者がその勧誘の適正を確保するために法により策定が義務づけられたものであり、同方針には、勧誘の対象となる者の知識、経験、財産の状況および当該金融商品の販売に係る契約を締結する目的に照らし配慮すべき事項、勧誘の方法および時間帯に関し勧誘の対象となる者に対し配慮すべき事項、およびその他勧誘の適正の確保に関する事項を規定しなければならない。

解　説

◆**金販法上の勧誘方針**　　金販法9条は、「金融商品販売業者等は、業として行う金融商品の販売等に係る勧誘をしようとするときは、あらかじめ、当該勧誘に関する方針（以下「勧誘方針」という。）を定めなければならない」（同条1項）と規定し、勧誘方針を定めたとき、および、これを変更したときは、政令で定める方法により、速やかに、これを公表することを義務づけている（同条3項）。そして、これらの規定に違反した金融商品販売業者等に対しては50万円以下の過料が処せられる（同法10条）。

　この勧誘方針の策定は、金販法8条で、金融商品販売業者等に対して、勧誘の適正の確保に関する努力義務が規定されていることを受けて、その具体的措置として、義務づけられたものである（松尾直彦監修『逐条解説新金融商品販売法』180頁）。

　勧誘方針に定めるべき事項として金販法は以下を規定している（同法9条2項）。

① 勧誘の対象となる者の知識、経験、財産の状況および当該金融商品の販売に係る契約を締結する目的に照らし配慮すべき事項（同項1号）

② 勧誘の方法および時間帯に関し勧誘の対象となる者に対し配慮すべき事項（同項2号）

③ ①、②に掲げるもののほか、勧誘の適正の確保に関する事項（同項3号）

　上記金販法の規定から、勧誘方針においては、上記①〜③の事項が含まれていなければならないが、いずれの事項も基本的な事項が定められているにすぎず、その具体

的な内容は明らかにされていない。これは「個々の金融商品販売業者等に自主的に定めた勧誘方針の公表を義務づけることによって、勧誘の対象となる者（勧誘対象者＝将来の顧客）側による評価を通じ、コンプライアンスに関する金融商品販売業者等の間の競争が促され、勧誘の適正を確保するためのコンプライアンスの充実に向けた環境が整備されていくことが期待されているからである」（前掲『逐条解説新金融商品販売法』180頁）。

　以上から、勧誘方針の具体的な内容については、金融商品販売業者等がそれぞれ自主的な判断に基づき決定することが必要になるが、以下のような事項を盛り込むことが必要であると考えられる。

◆**金販法9条2項1号**　　「適合性の原則」に該当する事項であり、顧客の「知識」「経験」「投資目的（資金の性格、運用期間、リスク受容度、等）」「財産（収入、金融資産額、等）」に照らしてどのような配慮を行うかといったことを定めるものである。平成18年の改正により「当該金融商品の販売に係る契約を締結する目的」に照らしてという点が追加された。

◆**金販法9条2項2号**　　たとえば、勧誘を受けることについての顧客の希望の有無の確認、不当に執拗な勧誘を行わないこと、不退去等の迷惑行為を行わないこと、顧客の求めや了解がない限り夜間の勧誘を行わないこと等を定めるものである。また、顧客の自由な意思による契約を確保するために、顧客を困惑させるようなことをしないこと、不実告知や不利益事実の不告知を行わないこと等、顧客に重要事項を説明する際の態様に関する事項も2号に含まれる。

断定的判断の提供等が平成18年の改正で禁止行為として明記された（金販法4条）ことにも注意が必要である。

◆**金販法9条2項3号**　　3号に関しては、販売業者ごとにまちまちとなるものと考えられ、3号は販売業者の側から顧客に対して積極的にアピールできる事項を定めるものと考えてもよい。具体的には、苦情申出窓口の設置、職員の研修体制・社内資格制度などの事項が考えられる。

第4項 その他のルール

10329 説明義務

金融商品を販売する際に何を説明する必要があるか。金商法と金販法とで説明対象事項は同じか

結 論

　金販法は重要事項の説明義務を定めているが、金商法には説明義務を定めた規定はない。ただし、金商業等府令の禁止事項の一つとして、業者に実質的に説明義務を課している。両法の説明対象事項は、金販法が「重要事項」であるのに対し、金商業等府令の規定する事項は、契約締結前交付書面の主要記載事項であり、後者のほうが広い。

解 説

◆**金商法と説明義務**　金商法自体には説明義務を定めた規定はない。ただし、同法38条8号に基づく禁止行為の一つとして、金商業等府令117条1項1号が、「次に掲げる書面の交付に関し、あらかじめ、顧客……に対して、法37条の3第1項第3号から第7号までに掲げる事項……について顧客の知識、経験、財産の状況及び金融商品取引契約を締結する目的に照らして当該顧客に理解されるために必要な方法及び程度による説明をすることなく、金融商品取引契約を締結する行為」を禁止している。そ

して、「次に掲げる書面」として、契約締結前交付書面、上場有価証券等書面、目論見書（契約締結前交付書面の記載方法（金商業等府令79条）に準ずる方法により当該契約締結前交付書面に記載すべき事項のすべてが記載されているものに限る（金商業等府令117条1項1号ハ・80条1項3号））もしくは目論見書および目論見書補完書面（目論見書に契約締結前交付書面に記載すべき事項のすべてが記載されていない場合にあって、当該目論見書に記載されていない事項のすべてを記載した書面で、当該目論見書と一体のものとして交付する書面のことをいう（金商業等府令117条1項1号ハカッコ書・80条1項3号カッコ書））、契約変更書面を列挙している。よって、これらの書面のうち、いずれかの交付が行われる場合には、金商法上も説明義務があることになる（立案担当者は「金商法令においても、……実質的説明義務（金商業等府令117条1項1号）が規定されているので、金商法自体に正面から「説明義務」を規定することと概ね同様の法的効果を有するものと考えられる」（松尾直彦＝松本圭介編著『実務論点金融商品取引法』109頁）と述べている）。逆にいうと、これらの書面のいずれの交付も行われないのであれば、金商業等府令で定める禁止行為違反にはならず、その場合には説明義務もないともいえる。

　金商業等府令117条1項1号が要求している説明義務の対象は、金商法37条の3第

１項３～７号に掲げる事項であり、金販法にいう「重要事項」とは異なることにも注意が必要である。

ここで、金商法37条の３第１項３～７号に掲げる事項とは何か。対象商品が有価証券の場合には以下になる。

① 当該金融商品取引契約の概要（同項３号）

② 手数料等（同項４号）

③ 元本損失を被るおそれがある「旨」（同項５号）、「指標」もしくは「当該者」「理由」（同項７号、金商業等府令82条３号・５号）

④ 契約締結前交付書面の内容を十分に読むべき旨（金商法37条の３第１項７号、金商業等府令82条１号）

⑤ 租税の概要（金商法37条の３第１項７号、金商業等府令82条７号）

⑥ 契約終了事由（金商法37条の３第１項７号、金商業等府令82条８号）

⑦ クーリング・オフの有無（金商法37条の３第１項７号、金商業等府令82条９号、金商法37条の６）

⑧ 金融商品取引業者等の概要・業務の内容および方法・連絡方法。加入協会等（金商法37条の３第１項７号、金商業等府令82条11～14号）

⑨ 当該有価証券の譲渡に制限がある場合にあっては、その旨および当該制限の内容等（金商法37条の３第１項７号、金商業等府令83条１項）

もっとも、金商法自体に説明義務を規定していないからといって、そもそも金融商品取引業者等に説明義務がまったくないと解釈することは妥当ではない。立案担当者は、「説明義務は、業者の利用者に対する金融商品に関する重要事項の情報提供義務であり、相対型ディスクロージャー義務であるとも言えるとされており、適合性原則と並んで、利用者保護のための販売・勧誘ルールの柱と位置づけられるものである……」「金商法では、説明義務を契約締結前の書面交付義務……として規定しているが、これは、①開示規制における相対型ディスクロージャー義務である目論見書交付義務……との整合性……等を勘案したものである」「説明義務の趣旨に照らせば、金融商品取引業者等が法定の事項を記載した書面を単に交付すれば足りるというものではなく、顧客が金融商品取引契約を締結するかどうかを判断するために必要な重要な情報が顧客に対して実質的に提供されることが必要である」（三井秀範＝池田唯一監修『一問一答金融商品取引法〔改訂版〕』287～288頁）と述べている。したがって、契約締結前交付書面の作成・交付義務は、業者に説明義務があることを当然の前提として、その実質化を図るために書面作成・交付義務まで課したものであると解釈すべきである。よって、書面交付の要不要と説明義務そのものとは一応別物であると考えるべきである。

◆**金販法上の説明義務**　金販法３条１項は、業者が金融商品を販売する際に、顧客に対し「重要事項」を説明する義務を課している。そして、同項１～７号で、具体的にその「重要事項」とは何かを規定している。

このように金販法が説明義務の対象としているのは、「重要事項」のみであり、その内容は、主に元本欠損もしくは元本を上回る損失を被るリスクにかかわる事項であ

る。先ほどの金商業等府令117条1項1号が説明すべき事項として列挙してある事項と比べると、金販法の「重要事項」は、金商法の説明対象事項より狭いといえる。

10330 実質的説明義務

実質的説明義務とは何か

結　論

金販法も金商法も、顧客の知識、経験、財産の状況および契約締結の目的に照らして、当該顧客に理解されるために必要な方法および程度による説明、すなわち、顧客の理解力に応じた説明をすることを義務づけている。これは説明義務の形骸化を防ごうとしているものであり、「実質的説明義務」と呼ばれている。

解　説

金販法は「説明は、顧客の知識、経験、財産の状況及び当該金融商品の販売に係る契約を締結する目的に照らして、当該顧客に理解されるために必要な方法および程度によるものでなければならない」（同法3条2項）としている。また、金商法も「書面の交付に関し、あらかじめ、顧客……に対して、法第37条の3第1項第3号から第7号までに掲げる事項……について顧客の知識、経験、財産の状況及び金融商品取引契約を締結する目的に照らして当該顧客に理解されるために必要な方法及び程度による説明をすることなく、金融商品取引契約を締結する行為」を禁止（同法38条8号、

金商業等府令117条1項1号）している。

このように、金販法および金商法はともに、業者に対して、勧誘・販売時に顧客が理解できるような説明をすること、すなわち、顧客の理解力に応じた説明をすることを義務づけている。これは説明義務の形骸化を防ごうとしているものであり、「実質的説明義務」と呼ばれている（松尾直彦＝松本圭介編著『実務論点金融商品取引法』148頁等）。

この「実質的説明義務」について金融庁は、「証券会社・金融機関が商品を販売する場合には、①商品の仕組みや、リスク・手数料など、顧客の投資判断に必要な情報を説明している書面を交付するとともに、②書面だけでは形式的対応で済ませるおそれがありますので、顧客の知識、経験などに照らして理解してもらうことのできる方法・程度で書面の内容を説明することが求められます」（金融庁「金融商品取引法の疑問に答えます」2頁）と述べ、立案担当者は「説明義務の趣旨に照らせば、金融商品取引業者等が法定の事項を記載した書面を単に交付すれば足りるというものではなく、顧客が金融商品取引契約を締結するかどうかを判断するために必要な重要な情報が顧客に対して実質的に提供されることが必要である」（三井秀範＝池田唯一監修『一問一答金融商品取引法〔改訂版〕』287～288頁）とか、「業者は、当該顧客と同様の属性を有する顧客が社会通念上理解すると判断される方法・程度による説明を基本とした上で、当該顧客ごとに個別に適切な方法・程度による必要がある」（松尾直彦ほか「金融商品取引法関係政府令の解説(7)金融商品取引法の行為規制(上)」商事法務

1814号5頁）と述べている。つまり、顧客一般ではなく、「特定の顧客」（担当者が、これから説明をしようとしている、担当者の目の前にいる顧客）が理解できるような方法・程度による説明をしなければならないとされている。したがって、特定の顧客の事情に配慮することなく、画一的な説明を行うものにすぎないものは、法令の趣旨（実質的説明義務）に反することになる。

　一方、知識・経験が豊富な顧客に対しては、説明を省略してもよい事項・場合もある。この点につき金融庁は、「投資経験が豊富な顧客に販売する場合と投資経験の少ない顧客に販売する場合とで説明内容・方法を一律とする必要はないと考えられます」「例えば、過去に同じ商品について説明を受けたことのある顧客がその商品の内容、リスクについて現在も十分に理解していると認められる場合には、（過去の投資経験が他社におけるものであっても、）証券会社・金融機関はその顧客に対して比較的短時間の説明で販売することも可能です」（前掲「金融商品取引法の疑問に答えます」2頁）と述べている。

　なお、法令は、当該顧客に理解されるために必要な方法および程度による説明を求めているが、実際に当該顧客が理解したことまでは要求していない。これは、「当該顧客が現実に書面の内容を理解したかどうかは、当該顧客の主観にかかわり、他者にはわからないことから、業者の説明を通じて当該顧客が結果的に理解したことまでは求められていない」ことによる。しかし、金融機関が説明を行う際には、「当該顧客と同様の属性を有する顧客が社会通念上理解すると判断される方法・程度による説明

を基本とした上で、当該顧客ごとに個別に適切な方法・程度による必要」があり、たとえ「当該顧客が真に理解していることを正確に把握することは困難」であったとしても、たとえば、「当該顧客の理解度を何らかの方法で確認するなど、実務上の工夫を行うこと」が必要であろう（以上、カッコ内は、前掲「金融商品取引法関係政府令の解説(7)金融商品取引法の行為規制（上）」商事法務1814号5頁）。

10331　説明義務の免除

どのような場合に、どのような事項についての説明を省略することができるか

結　論

　金販法の重要事項説明義務は、説明を要しない旨の顧客の意思の表明があった場合、および、顧客が金商法上の特定投資家の場合には、免除される。これに対し、金商法では、説明を省略できる場合の規定はないが、適合性の原則に基づき、説明の全部もしくは一部を省略することが可能である。

解　説

◆金販法の「重要事項」説明義務　　金販法は、金融商品販売業者等に重要事項の説明義務を課している。しかし、その説明を省略できる場合として、①説明を要しない旨の顧客の意思の表明があった場合（同法3条7項2号）と②顧客が金商法上のプロ（特定投資家）の場合（同法3条7項1号、金販法施行令10条1項）を規定しているの

で、これらの場合には、「重要事項」の説明を省略できる。

◆**金商法の説明義務**　金商法には、説明を省略できる場合の規定はないが、金商法上の説明義務は、直接的には契約締結前交付書面等の交付に関して規定されている（金商業等府令117条1項1号）。よって、それらの書面の交付が不要な場合（たとえば、特定投資家の場合、1年以内の特例が適用される場合等）には、同法上の説明義務はないと一応はいうことができる。

また、金商法上の説明義務がある場合でも、同法は、適合性の原則に基づいて説明をすることを求めているので（金商業等府令117条1項1号）、適合性の原則から説明を省略しても投資者保護に欠けることがないと判断できる場合には、説明の全部もしくは一部を省略できる場合もあると考えられる。金融庁が「投資経験が豊富な顧客に販売する場合と投資経験の少ない顧客に販売する場合とで説明内容・方法を一律とする必要はないと考えられます」「例えば、過去に同じ商品について説明を受けたことのある顧客がその商品の内容、リスクについて現在も十分に理解していると認められる場合には、（過去の投資経験が他社におけるものであっても、）証券会社・金融機関はその顧客に対して比較的短時間の説明で販売することも可能です」（金融庁「金融商品取引法の疑問に答えます」2頁）と述べているのは、同じ趣旨であると思われる。

◆**金販法と金商法の説明義務**　金商法上の説明義務がないからといって、金販法上も重要事項の説明が不要であるわけではない。「重要事項の説明義務」は金販法上の義務であり、金商法とは直接リンクしていない。たとえ金商法令上説明義務がない場合であっても、金販法の重要事項説明義務まで自動的に免除されるわけではない。

逆に、金販法の重要事項の説明不要との顧客の意思の表明があったからといって、金商法上の説明義務がなくなるわけではない。金商法上は、あくまでも適合性の原則に基づいて、説明省略の可否を判断する必要がある。金融庁も「顧客が当該「意思の表明」を行った場合に免除されるのは業者の金販法上の説明義務であり、業者の金商法上の義務は免除されません」（金商法制パブコメ回答674頁9番）と述べている。

◆**説明不要との申出と適合性原則**　金販法3条7項2号は、「重要事項について説明を要しない旨の顧客の意思表示があった場合」には、同条1項の規定を適用しない、つまり、業者の説明義務を免除している。したがって、説明不要との申出が顧客からなされた場合、説明はしなくてよいのが原則である。しかしながら、どのような場合でも、また、顧客がどのような者であっても、顧客が「説明はいらない」と申し出たからといっていっさい説明が不要であると考えるのは危険である。たとえば、複雑な金融商品や新しい金融商品であるにもかかわらず、顧客が自分がよく知っている金融商品だと思い込んでいる場合もある。また、明らかにいままでリスクの高い金融商品を購入した経験もなく、また、知識もないと思われる顧客もいるであろう。このような場合には、たとえ顧客から説明不要という申出があっても、業者の説明義務は免除されない。また、業者のほうから働きかけて「説明不要」と顧客にいわせることなど論

外である。

　では、「説明を要しない旨の顧客の意思の表明」があり、説明義務が不要とされるためには何が必要か。それは、第一に、金販法が投資者保護を目的として立法されたことからすると、「説明を要しない旨の顧客の意思の表明」が顧客本人からの真意に基づく意思の表明であることが必要である。この観点から、業者が安易に、説明不要との意思の表明を顧客に求めてはならない。そして、第二に、適合性原則の考えからすると、その申出をした顧客が、当該金融商品に関する知識や経験等の点で明らかに説明が必要であると思われる顧客ではないことが必要である。つまり、たとえ顧客のほうで説明不要との申出があったとしても、その顧客の当該金融商品に関する知識や経験等の点から判断して明らかに説明が必要であると思われる場合には、安易に「説明を要しない旨の顧客の意思の表明」があったと解釈してはならないということになる。

10332　説明事実の証拠化

訴訟リスクを軽減するために、説明事実をどのように証拠化すればよいか

結　論

　顧客の署名・押印のある確認書等が存在すれば、顧客が書面を受領したこと、説明を受けたこと、ある意思の表明を行ったこと等が裁判所により認められる可能性が高くなる。

解　説

◆要件事実　業者の説明義務違反などを理由に、顧客が業者に対して損害賠償請求できるかどうかの検討のためには、"要件事実"（顧客が主張・立証しなければならない事実）が何かを知る必要がある。

　金販法によると、①重要事項について説明がなかったこと、②顧客が元本欠損を被ったことを顧客が主張・立証すれば、業者に対して損害賠償請求ができる（同法5条・6条）。つまり、顧客の損害は元本欠損額であることが推定され（同法6条1項）、かつ、説明義務違反（上記①）と損害との間の因果関係も推定されることになる。ただし、業者として、これらの推定を覆すこと（反証）は許される。一方、顧客が、民法の不法行為の規定（同法709条）に基づき業者に損害賠償請求するためには、仮に業者に説明義務違反があったとしてもそれだけでは不十分であり、そのこと（説明義務違反）により顧客が損害を被ったこと、つまり、「損害が発生したこと及び損害額」と「損害と説明義務違反との因果関係」の立証を顧客が行う必要がある。

　以上から、業者としては、訴訟リスク軽減の観点からは、顧客に対して、重要事項の説明を行うこと、および重要事項を説明したことの証拠化が最も重要である。

◆説明の要点　金販法の重要事項は、契約締結前交付書面等に記載してある事項のうちの一部にとどまる。投資信託の場合、一般論としては以下のようにいえる。

　まず、元本欠損リスクがあること（金販法3条1項1号イ等）、すなわち、「投信は預金ではなく元本欠損リスクがあること」

を、顧客にしっかりと説明し、納得させることが必要である。

次に商品性（「指標」「取引の仕組みのうちの重要な部分」（金販法3条1項1号ロ・ハ等））であるが、購入しようとする商品はどのような商品であるか、具体的には、①ファンドの主要な投資対象資産が何か、②投資対象資産のリスク・プロフィール（どのような場合に損失が発生するか）、が説明しなければならない事項である。重要なことは、一般論を説明するのではなく、当該ファンドの基準価額がどのような場合に上昇（もしくは下落）するかを説明することである。説明の要点は、当該顧客に、「そんなリスクがあると知っていたら、この投信を購入することはなかった」といわせないような説明をしておくことになる。

◆**説明事実の証拠化**　金販法を前提とすると、重要事項の説明を行ったこと、もしくは、説明不要の申出が顧客からあったことが認められれば、業者の損害賠償責任は否定されることになる。また、「私文書は、本人又はその代理人の署名又は押印があるときは、真正に成立したものと推定する」（民訴法228条4項）とされているため、顧客の署名・押印のある確認書等が存在すれば、顧客が書面を受領したこと、説明を受けたこと、ある意思の表明を行ったこと等が裁判所により認められる可能性が高くなる。

◆**業者としての防衛方法**　以上から、業者としての防御方法は以下になる。

① 重要事項の説明を行ったことを主張・立証する。厳密には、顧客が、説明がなかったことを主張することになるので、業者としては、「説明した」と反論すれ

ばよい。説明を行ったことの立証方法としては、重要事項説明書に顧客の署名・捺印をもらっておくことが有効であろう。

② 顧客から説明不要の意思表明があったことを主張・立証する。意思表明があったことの立証方法としては、顧客から確認印等をもらっておくことがやはり有効と考えられる。

③ 上記①、②の防御方法が成功しない場合には、重要事項の説明がなかったことと損害の間に因果関係がないことを主張・立証する。たとえば、顧客の投資経験が豊富で、当該商品の内容を熟知していたことを立証できれば、説明がなくとも顧客の投資判断は不変であったとして、因果関係を否定できる可能性がある。

④ 顧客が署名・捺印した確認書等がない場合、「面談交渉記録」等により上記①、②を証明するしかなくなるが、それだけでは証拠としては弱い。説明事実等について業者と顧客が争うことになるが、裁判所としては、各当事者の主張・立証を聞き、どちらを信用するかということになり、立証責任が業者にある事項（事実）が真偽不明の場合には、当該事実はなかったとして裁判が行われることになる。

10333　非対面取引における留意点

インターネットや電話を使った非対面取引において、金商法の行為規制の観点から、何に注意する必要があるか

結　論

　金商法の定める各種行為規制は、対面取引と非対面取引とで異ならないが、金融機関は、非対面取引においては、その特性にかんがみた配慮を行う必要がある。また、書面の交付等に関しては、電磁的交付の特則がある。

解　説

◆**背景**　近年、インターネットや電話を使った非対面取引が金融商品取引のなかで重要性を増してきている。しかしながら、金商法の定める各種行為規制は、対面取引と非対面取引とで異ならない。もっとも、営業担当者が顧客と直接１対１で応対する対面取引と、そのようなことのない非対面取引とでは、実際の対応は必然的に異なる。以下、各場面において、非対面取引において、どのような点に留意が必要か検討する。

◆**広告等規制**　ホームページ（HP）上やダイレクトメール（DM）を使った情報提供が広告等に該当することは異論がない。問題は、電話で録音メッセージを流すことや個別に電子メールを送信する方法も広告等に該当するかであるが、金商法の広告等の定義が広いことにかんがみると、これらも広告等に該当すると考えるべきである。もちろん、電話でオペレーターが顧客に個別にセールスする方法や電子メールで送信するメッセージが顧客ごとにカスタマイズ（個別化）されている場合には、それは「多数の者に対する同様の内容」の情報提供ではないので、広告等規制の対象とはならない。これらの場合は、もはや、情報提供段階（広告等）ではなく、個別の勧誘行為であるというべきである。

　上記と異なり「１対多数」の電子メールは広告等に該当するし、「１対１」の電子メールであっても、その主要部分が定型化された内容のメールであれば「広告等」に該当する可能性が大きくなる。よって、ある程度カスタマイズした電子メールであっても、たとえば宛先や日付、数値（たとえば金額、価格）だけ変えただけではカスタマイズされているとはみなされないであろう。

　ところで、HP上における情報提供（広告）において、どのような点に留意すべきであろうか。広告等規制は、原則として、広告等を一体としてみて規制に合致していれば足りる。この点に関して、金融庁も「広告等においては、広告表示事項が１枚の紙等にすべて表示されている必要はありませんが、各表示事項が金商業等府令第73条の表示方法等に従い一体として提供される必要があ」る（金商法制パブコメ回答242頁96番）と述べている。よって、HPは通常複数層のページで構成されているのであるから、それらの複数層のページを一体としてみて、広告等規制に対応すればよいことになる。もっとも、「一体」とみなしうるためには、「バナーやリンクの表示と、それらをクリックした後に現れる画面との一体性が認められることが必要」（金商法制パブコメ回答242頁93、94番）、「当該ウェブサイトが複数の階層によって構成されている場合には、リスク情報等を含む広告表示事項が一体として提供される実質が伴うよう格別の留意が必要」（金商法制パブコメ回答242頁95番）である。

　また、HP上における情報提供（広告）

においては、複数層のどこかに広告等規制で表示が要求されている必要表示事項が表示されていればよいというわけではなく、「広告等においてリターンとリスクとバランスのとれた形で表示することは重要であり、「リスク事項をリターンなどのメリットに関する情報の近くに表示するなど、相互のつながりが分かりやすい形で表示」することが望ましい」（金商法制パブコメ回答243頁102〜105番）ことに配慮しなければならない。

◆**適合性原則**　情報提供段階においては、勧誘・販売時の行為規制である適合性原則は適用されず、広告等規制の対象にすぎないのが原則である。特に、情報の受け手を制限することがむずかしい（だれでもアクセスできる）HP上での情報提供に関しては、適合性原則への対応は不要であろう（もちろん、広告等規制への対応は必須である）。ただし、金融商品取引契約の購入手続へ進む「入口」の段階では、適合性の原則に基づく絞込みを行う必要がある。

では、DMや電話の場合はどうであろうか。DMや電話が情報提供にとどまる限りは、適合性の原則が適用されないのが原則である。ただし、HPやテレビCM等と異なり、DM送付先や電話先を絞り込むことは可能である。よって、適合性原則の趣旨から、ある程度合理的な絞込みをすることが望ましいと思われる。もっとも、この場合には、「やみくもに電話やDM送付をしている」と受け取られないような配慮が行われていれば十分であろう。

◆**説明義務**　金商法は、対面取引と非対面取引とで、説明義務に差異を設けてはいない。立案担当者も、「金商法令における

実質的説明義務（金商法38条8号、金商業等府令117条1項1号）は、対面取引か非対面取引（ATM取引やインターネット取引等）かを問わず、顧客が契約締結前交付書面等の内容を的確に理解するかという実質面を重視するものである」（三井秀範＝池田唯一監修『一問一答金融商品取引法〔改訂版〕』292頁）と述べている。したがって、たとえ非対面取引でも、法令の要求する説明義務を尽くす必要がある。

もっとも、非対面取引では、金融機関の担当者が、顧客に直接説明を行わないことが多いと思われる。そこで、非対面取引においては、「その特性にかんがみ、この実質的説明義務の履行について、たとえば、①顧客が契約締結前交付書面等の内容を十分読んだことを確認すること、②顧客からの問合せに適切に対応する態勢を整備すること、および③照会頻度の高い質問について「Q&A」を掲載することなど、実務上の工夫が必要である」（前掲『一問一答金融商品取引法〔改訂版〕』292頁）。

なお、金商業者監督指針においては、「金融商品取引をインターネットを通じて行う場合においては、顧客がその操作する電子計算機の画面上に表示される説明事項を読み、その内容を理解した上で画面上のボタンをクリックする等の方法で、顧客が理解した旨を確認することにより、当該説明を行ったものと考えられる」（同監督指針Ⅲ−2−3−4(1)④）とされている。

◆**書面交付**　各種書面の交付は、電磁的交付が認められている（金商法37条の3第2項・34条の2第4項等）。この場合、金融商品取引業者等は、顧客から、「電磁的交付」を行うことについて「承諾」を得る

こと（金商法施行令15条の22第1項）、および、電磁的交付の方法は、金商業等府令56条に基づくことが必要である（【10289】参照）。

もちろん、電磁的交付ではなく、郵送などにより書面を顧客に交付すれば問題はないが、金融庁が「実際に書面を交付する方法……をとる必要がある」「画面上に書面に記載すべき情報を表示する方法では足りない」「紙面上に印刷されて出力されうるため、……書面の交付といい得る」「顧客が記載事項をプリントアウトするとは限らず、……適当でない」（金商法制パブコメ回答292頁102〜105番）等と述べていることから、郵送等により書面を直接顧客に交付するのではない場合（たとえば電子メールで送付するにとどまる場合）には、顧客が実際に書面をすべて印刷したことが確認できた場合以外は、上述の電磁的交付の条件を満たす必要がある。

◆**外務員登録**　非対面での勧誘・販売であっても、金融機関の担当者（オペレーター）には外務員資格が必要である。

10334　金融商品のセット販売

金融商品をセットで販売するときの注意事項を教えてほしい

結　論

金融商品をセットで販売すること自体は禁止されていないが、セット販売を行う際には、景表法違反、特別利益の提供、優越的地位の濫用、抱き合わせ販売等に該当し

ないように留意することが必要である。

解　説

◆**景表法について**　景表法4条は、「不当な顧客の誘引を防止し、一般消費者による自主的かつ合理的な選択を確保するため必要があると認めるとき」に、景品等の価額等につき、制限もしくは景品等の提供を禁止することができるとしている。

「景品類」の定義については、景表法2条3項が「顧客を誘引するための手段として、……、事業者が自己の供給する商品又は役務の取引に付随して相手方に提供する物品、金銭その他の経済上の利益」と規定し、「不当景品類及び不当表示防止法第二条の規定により景品類及び表示を指定する件（昭和37年6月30日公取委告示第3号）」1項が具体的に規定している。また、提供できる景品類の制限については、「一般消費者に対する景品類の提供に関する事項の制限（昭和52年3月1日公取委告示第5号）」が制定されている。

以上から、金融機関がその取り扱う金融商品をセットで販売する際に一方の商品の手数料・金利等を優遇する場合には、かかる優遇が上記景表法等の定める景品類に該当しないか、もし該当する場合にはその制限を超えないよう留意することが必要である。

◆**特別利益の提供等の禁止**　金商法は、「特別の利益の提供」を禁止している（金商法38条8号、金商業等府令117条1項3号）。「特別の利益の提供」が禁止されているのは「市場の公正性を確保する観点から、刑事罰の対象となる損失補てん等の禁止よりも幅広い行為を対象とするもの」とされ、

特別の利益の提供かどうかは、「個別事例ごとに実態に即して実質的に判断されるべきもの」（金商法制パブコメ回答394、395頁77〜80番）とされている。

「特別の利益」に関して、金商法の立案担当者は、「特別の利益の提供に該当するかどうかは、社会通念をふまえて、個別事例ごとにその内容や目的等の実態に即して実質的に判断されるべきものと考えられる。たとえば、特定の条件に該当する顧客に対する手数料の軽減、金利の上乗せ、景品の提供やキャッシュバック等が一律に禁止されるものではなく、当該条件が不当でないこと、同様の取引条件にある他の顧客に対して同様の取扱いをすることや過大なものでないこと等、社会通念上妥当と認められる範囲内の取扱いにとどまる場合には、基本的には特別の利益の提供に該当しないものと考えられる」と述べている（松尾直彦ほか「金融商品取引法関係政府令の解説(8)金融商品取引法の行為規制（下）」商事法務1815号7頁）。

以上から、金融機関がその取り扱う金融商品をセットで販売する際に一方の金融商品にかかる手数料・金利等を優遇する場合には、かかる優遇が、法令が禁止する特別の利益に該当しないよう留意することが必要である。

◆**優越的地位の濫用の禁止**　「事業者は、不公正な取引方法を用いてはならない」（独占禁止法19条）。「不公正な取引方法」とは、同法2条9項各号のいずれかに該当する行為をいい、「不公正な取引方法」の一つとして、自己の取引上の地位が相手方に優越していることを利用して、正常な商慣習に照らして不当に、一定の行為をする

こと（同法2条9項5号。「優越的地位の濫用」）がある。そして、上記一定の行為の一つとして、「継続して取引する相手方（新たに継続して取引しようとする相手方を含む。）に対して、当該取引に係る商品又は役務以外の商品又は役務を購入させること」（同号イ）が規定されている。

以上から、金融機関がある顧客に対して優越的地位にあるとみなされる場合において、その取り扱う金融商品を当該顧客に販売しようとする場合（例：融資の実行にあわせてデリバティブ商品の販売を行うこと）には、優越的地位の濫用にならないよう留意が必要である。

なお、他に抱き合わせ販売の規制についても留意する必要がある（【10306】参照）。

10335　乗換勧誘ルール等

乗換勧誘とは何か。乗換勧誘の場合の留意点は何か。償還乗換優遇とは何か

結　論

乗換勧誘とは投信の解約等とあわせて新たな投信の購入を勧誘することをいい、乗換勧誘の際には一定の重要事項について説明することが義務づけられている。一方、償還乗換優遇とは、投信の償還金をもって新たな投信を購入する際の手数料減免等の優遇措置をいい、手数料自由化により、乗換償還優遇措置の採否およびその内容は販売会社が自由に決定できることとなっている。

解　説

◆**乗換勧誘**　　金商業等府令123条1項9号は、「投資信託受益証券等の乗換えを勧誘するに際し、顧客に対して、当該乗換えに関する重要な事項について説明を行っていない状況」を金商法40条2号のいう「業務の運営の状況が公益に反し、又は投資者の保護に支障を生ずるおそれがあるもの」の一つとして規定する。

　金商業等府令123条1項9号によると、乗換えとは「現に保有している投資信託受益証券等に係る投資信託契約の一部解約若しくは投資口の払戻し又は投資信託受益証券等の売付け若しくはその委託等を伴う投資信託受益証券等の取得又は買付け若しくはその委託等をいう」と定義される。

　同号が、乗換えを勧誘する際に一定の重要事項について説明すべき旨を規定するのは、「長期保有を基本とする商品が多数存在しており、商品性も多岐にわたる受益証券等について、十分な説明もないままに乗換えが行われることを防止するため、乗換えを勧誘するに際し、当該乗換えを行うことが顧客のニーズに適合しているかを当該顧客が判断するための重要な事項について説明することを義務付ける」（一般社団法人投資信託協会「受益証券等の乗換勧誘時の説明義務に関するガイドライン」）ためである。

◆**乗換勧誘ルールの対象行為等**　　本ルールの対象となる乗換えの勧誘とは、「顧客が現在保有している受益証券等の解約若しくは投資口の払戻し又は売付け（＝解約）を行い、併せてほかの受益証券等の募集を行うことを当該顧客に勧誘する行為を指し

ている。したがって、「解約」と「募集」をセットで（乗換えの）勧誘をする行為」をいう。ただし、「実際の「解約」と「募集」の約定が同時に行われたかどうかによって判断されるものではない」（上記ガイドライン）。

　対象となる受益証券等は、投資信託受益証券等であるが、金商業等府令6条2号イからハまでに掲げるものを除くとされている（金商業等府令123条1項9号カッコ書）。具体的には、投資信託であってもMMF、中期国債ファンド、MRF等が除かれることになる。

◆**乗換勧誘に際して説明すべき重要な事項の例**　　上記ガイドラインによると、以下が重要な事項の例とされる。

① ファンドの形態および状況（名称、建通貨、ファンドの性格）
② 解約する受益証券等の状況（直近の解約価額、個別元本、解約に係る費用・概算損益）
③ 乗換えに係る費用（解約手数料または募集手数料、解約する受益証券等にあっては、解約に係る課税関係）

◆**償還乗換優遇**　　投資信託の償還に際し、当該償還金で他の投資信託を購入した場合に手数料減免等の優遇措置がとられることがあり、こうした優遇を償還乗換優遇と呼ぶことがある。もっとも、本優遇は投資信託が償還された場合における措置であり、乗換勧誘ルールにいう“乗換え”とは別物である。乗換勧誘ルールが対象としているのは顧客が保有している投資信託を償還前に解約等することとあわせて他の投資信託の購入を勧誘する行為であるのに対して、償還乗換優遇では、解約ではなく、満期等

によって保有している投資信託が償還される場合の優遇策であるからである。

なお、一般社団法人投資信託協会の2003年6月4日付投信協会メールマガジンによると、償還乗換優遇について以下のとおり説明されており、現在では、手数料自由化の結果、償還乗換優遇の採否およびその内容は、原則として、各販売会社の自由とされている。

「従来投資信託の手数料については、協会のルールで販売会社の割引禁止規定と償還乗換え優遇制度の2つの規定が設けられていました。しかし、投信の販売が従来の販売会社による勧誘から、パフォーマンス評価機関の創設やメディアによって提供された情報を活用し投資者が自己責任と判断によって購入するという新しい素地が生まれつつあること、また販売会社の営業スタイルも従来の募集手数料重視の傾向から顧客資産の預かり残高を重視する営業に切り替わりつつある状況でありました。

そこで協会では1998年、投信の販売手数料が販売会社のより自由な裁量で決められるよう、ルールの見直しを行い、割引禁止規定と償還乗換え優遇制度の規定を削除する手当てを行いました。これをもって協会ルール上には償還乗換え優遇制度を行った場合の計理処理以外の規定は存在しないこととなり、販売会社による自由な裁量による手数料体系が整えられました」

10336 助言義務等

助言義務とは何か。金融機関に助言義務があるか。他社取扱商品や類似商品について

も説明する必要があるのか。推奨販売は行ってもよいか

結　論

助言義務とは、金融機関が顧客に対してその投資判断に関して助言を行う義務であると理解されるが、その法的根拠は顧客と金融機関との間の契約であると解される。そのような契約がない場合に助言義務が認められるかは疑義がある。助言義務が認められない場合には他社取扱商品等について説明すべき義務があるとは解されない。推奨販売は、金商業等府令117条1項17号に該当するものであれば禁止されている。

解　説

◆**助言義務とは何か**　「助言義務」とは、「「金融機関が、顧客のポートフォリオのリスクを考慮し、場合によっては金融商品購入の再考や購入済商品の売却を促す助言を行う義務」であると理解することができる」（塚原成侑＝長谷川圭輔「金融機関の「助言義務」についての法的一考察」日本銀行金融研究所 Discussion Paper No.2016-J-1・1頁）。

金融機関と顧客との間の争いにおいて、説明義務違反や適合性原則違反が問題となることが多いことは周知のとおりであるが、上記義務の前に、そもそも金融機関には顧客に対する助言義務があるという主張が顧客サイドから行われることがある。しかし、金商法や金販法には業者の助言義務を明文で認めた規定はないことから、金融機関側からは、そのような助言義務はないと主張することになる。

助言義務については、最判平17.7.14（民集59巻6号1323頁）における才口千晴裁判官の補足意見が議論を喚起したとされる（前掲・「金融機関の「助言義務」についての法的一考察」5頁）。上記判決は、証券会社の適合性原則違反を認めた原審を破棄・差戻したものであるが、同判決の補足意見で才口裁判官は「被上告人のような経験を積んだ投資家であっても、オプションの売り取引のリスクを的確にコントロールすることは困難であるから、これを勧誘して取引し、手数料を取得することを業とする証券会社は、顧客の取引内容が極端にオプションの売り取引に偏り、リスクをコントロールすることができなくなるおそれが認められる場合には、これを改善、是正させるため積極的な指導、助言を行うなどの信義則上の義務を負うものと解するのが相当である」と述べた。

　上記をふまえ、本問では、助言義務の法的根拠（金融機関に助言義務があるか）、適合性原則・説明義務との関係（他社取扱商品や類似商品についても説明する必要があるのか）、禁止行為との関係（推奨販売は行ってもよいか）について考察する。

◆助言義務の法的根拠　金融機関と顧客との間で締結された契約において、金融機関が顧客に対して助言義務を負うことが定められていれば、金融機関は顧客に対して助言義務を負うことになる。この場合の助言義務の法的根拠は当該契約である。金融機関が顧客との間で投資顧問契約（金商法2条8項11号）を締結していれば当該投資顧問契約に基づき助言を行う契約上の責任を負う。金商法の投資顧問契約は有償を要件としているが、無償であっても金商法の

定義する投資顧問契約には該当しないが、契約上の義務として助言をすべき義務を負うことになる。また、契約の成立に書面は原則として必要とされないことから、口頭であっても助言することを約束していた場合には、金融機関に助言義務があることになる。この場合の助言義務の内容は、当該契約で定めた内容であることになる（【10351】参照）。

　上記のような契約がない場合であるが、説明義務や適合性原則とは別の助言義務が現行法上あるかについては、ないと考えてよいと思われる（「投資顧問契約を伴わない単なる金融商品取引契約（売買契約）の解釈または黙示の合意を根拠として金融機関の「助言義務」を認めることは容易でないと考えられる」（前掲「金融機関の「助言義務」についての法的一考察」14頁）。

◆説明義務・適合性原則との関係　本問で詳説しないが、金商法その他の業法や金販法などにおける説明義務対象である事項（金販法であれば重要事項）は明文で定められている客観的な情報であるのに対し、助言義務の内容は、そもそもその法的義務かどうかも疑問であることから、明確ではない。「「助言義務」の対象となる情報は、顧客の投資判断が顧客にとって有利なものであるかどうかについて、専門家としての評価を加え、場合によっては顧客の一定の投資行動に向かわせようとする情報である」（前掲・「金融機関の「助言義務」についての法的一考察」8頁）。

　次に適合性原則との関係であるが、適合性原則違反は「不適当と認められる勧誘」があることが前提である（金商法40条1号）が、助言義務は金融機関からの勧誘を

前提としない。

上記から、「「助言義務」は、金融機関に対し、顧客に関する広範な要素を考慮した上で、顧客の投資判断について評価を行い、この評価に基づく助言を提供するよう求める点において、説明義務や適合性原則の遵守義務とは異なる意義を有するものと位置づけることができる」（前掲「金融機関の「助言義務」についての法的一考察」11頁）。

「他社取扱商品や類似商品についても説明する必要があるのか」であるが、業法や金販法等に定める説明義務の対象に「他社取扱商品や類似商品」についての事項は含まれていない。よって、特段の事情がない限り、金融機関に「他社取扱商品や類似商品について」説明する必要はないということになる。

◆禁止行為等との関係　金商法は種々の禁止行為を定め（同法38条、金商業等府令117条1項各号）、また、業務の運営の状況が公益に反しまたは投資者の保護に支障を生ずるおそれがあることに該当しないよう義務づけている（金商法40条2号、金商業等府令123条1項各号）。さらには弊害防止措置等に関する詳細な規定も置いている（金商法44条以下）。金融機関は、これらの規定を遵守する必要がある。

「推奨販売は行ってもよいか」であるが、禁止行為の一つとして、金商業等府令117条1項17号は、「不特定かつ多数の顧客に対し、特定かつ少数の銘柄の有価証券の買付けもしくは売付けもしくはデリバティブ取引またはこれらの委託等を一定期間継続して一斉にかつ過度に勧誘する行為で、公正な価格の形成を損なうおそれがあるもの」を定めている。よって、推奨販売が本

号に定める要件を満たすのであれば、行ってはならないということになる。

| 10337 | 預金等との誤認防止措置 |

預金等との誤認防止措置とは何か。具体的に何を説明しなければならないか

結　論

金融機関が有価証券等を取り扱う場合には、顧客がそれらの商品が預金であると誤認しないよう、その取扱いを特定の窓口で行うとともに、一定事項の説明を行うことが義務づけられている。

解　説

預金業務を行う金融機関に対しては、預金者等に対する情報の提供等について銀行法12条の2に規定があり、同条に基づき同法施行規則13条の5が「金銭債権等と預金等との誤認防止」を規定している。

◆誤認防止の対象商品　銀行法施行規則13条の5第1項は、「銀行は、次に掲げる商品を取り扱う場合には、業務の方法に応じ、顧客の知識、経験、財産の状況及び取引を行う目的を踏まえ、顧客に対し、書面の交付その他の適切な方法により、預金等との誤認を防止するための説明を行わなければならない」とする。そして、同項は、「次に掲げる商品」として、①銀行法10条2項5号に規定する金銭債権（国内で発行された譲渡性預金の預金証書をもって表示されるものを除く）、②金商法33条2項1号から4号までに掲げる有価証券（国債証

券等を除く）、③保険契約、を規定している。

◆**説明事項**　誤認防止のために説明すべき事項は、対象商品が、①預金等ではないこと、②預金保険の対象ではないこと、③元本の返済が保証されていないこと、④対象商品の契約の主体、⑤その他預金等との誤認防止に関し参考となると認められる事項、である（銀行法施行規則13条の5第2項）。ただし、当該銀行自身が発行する社債を取り扱う場合には、上記のうち③、④の説明は不要である。

◆**特定の窓口**　金融機関が誤認防止の対象商品を取り扱う場合には、その営業所において、特定の窓口において取り扱うとともに、①預金等ではないこと、②預金保険の対象ではないこと、③元本の返済が保証されていないことを、顧客の目につきやすいように当該窓口に掲示することが必要である（銀行法施行規則13条の5第3項）。

◆**日証協規則**　日本証券業協会（以下「日証協」という）の「協会員の投資勧誘、顧客管理等に関する規則」10条2項も預金等との誤認防止のための説明事項を具体的に規定し、同条3項は、「特別会員は、その営業所又は事務所において、第1項に掲げる有価証券を取り扱う場合には、特定の窓口において取り扱うとともに、前項第1号から第3号までに掲げる事項を顧客の目につきやすいように当該窓口に掲示しなければならない」と規定している。なお、上記規則にいう説明事項は、銀行法施行規則13条の5第2項各号と同じである。

また、日証協の「広告等に関する指針」において、「預金等との誤認防止に関する注意」（同指針18頁）として、「預金等の取

扱いを行う特別会員における有価証券（国債証券等及び国債証券等のみの有価証券指数を除く。）の販売に関する広告等においては、預金等との誤認防止に関する注意文言を表示することが望ましい」とされていることにも注意が必要である。

| 10338 | 相続・贈与時の金商法の行為規制 |

相続・贈与時に金商法の行為規制（適合性原則、書面作成・交付義務、説明義務、等）は適用されるか

結　論

相続・贈与は、金融商品取引契約には該当しないものの、投資者保護の観点から、法令の趣旨にかんがみた対応が望まれる。特に相続の場合には、相続した金融商品取引契約のリスクについて、相続人に説明することが必要である。

解　説

◆**相続時対応**　金商法の行為規制の多くは、金融商品取引契約の締結の勧誘等に関するものであり、「契約」の勧誘や、「契約」の締結がなければ、それらの行為規制は適用されない。したがって、相続が契約でなければ、金商法の行為規制の対象とならないはずである。

ところで、「契約とは、二者以上の法的人格による二個以上の相対立する意思表示の合致（合意）であって、その効力として債権を発生させるものをいう」（我妻榮ほか『我妻・有泉コンメンタール民法―総

則・物権・債権〔補訂版〕』918頁）が、「相続は、死亡によって開始する」（民法882条）ものであるから、そこには「二者以上の法的人格による二個以上の相対立する意思表示の合致」は存在しない。よって、相続は当然承継であり、新たな契約の締結ではない。立案担当者も「相続によって相続人が被相続人から有価証券の所有権を承継すること（同法896条参照）は、金融商品取引行為ではない」（松尾直彦「金融商品取引法の解釈について」金法1831号19頁）と述べ、このことを認めている。

　もっとも、民法上「相続は契約ではない」ということと、金商法が業者に義務づける書面交付義務や説明義務の対象となる「金融商品取引契約の締結」がどのようなものをいうのかは、一応別問題であり、業者として、顧客保護の観点から何をすべきか、法令の趣旨に沿って解釈する必要がある。この点について当初金融庁は、「金商法上は、投資者保護の観点から、投資信託の受益証券が相続人に承継された時点（金融商品取引業者等において名義変更の手続が完了した時点）において、当該金融商品取引業者等と相続人との間で金融商品取引契約が締結されたと捉えるべきであり、当該承継の時点で契約締結前交付書面の交付が必要になる」（金商法制パブコメ回答280頁48番）としていた。

　このような金融庁の考えは、どのような理由によるものだったのか。この点は、立案担当者の下記コメントがよく説明している。

　「相続によって相続人が被相続人から有価証券の所有権を承継すること（民法896条参照）は、金融商品取引行為ではない。

一方、相続人は被相続人が金融商品取引業者等と締結していた取引口座に係る契約上の地位も承継することになる。したがって、相続人は相続により、金融商品取引業者等と金融商品取引契約を締結している状態になる。形式的には相続人は金融商品取引業者等と新たに金融商品取引契約を締結するものではないが、金融商品取引契約の当事者が変更されることから、実質的には相続人と金融商品取引業者等の間で新たに金融商品取引契約が締結されたものと評価することができる」（前掲「金融商品取引法の解釈について」金法1831号19頁）。

　その後金融庁は、当該金商法制パブコメ回答に関し、「これは、法定の契約締結前交付書面を交付しなければならないという趣旨ではありません」（金融庁「金融商品取引法の疑問に答えます」5頁）と述べ、さらに、金融庁担当官は、「これは、相続のための名義書換えを終えるまでに法令で規定する契約締結前交付書面の記載事項を不足なく記載した書面を交付しなければならないとの趣旨ではない」（池田唯一＝澤飯敦「金融商品取引法質疑応答集の公表」商事法務1826号32頁）と述べている。

　以上をふまえ、金融機関としては、どのように対応すべきであろうか。顧客（相続人）保護の観点からは、顧客に、契約締結前交付書面を交付し、あわせて重要事項等についても説明することが最も望ましいであろう。しかしながら、「相続は、死亡によって開始する」ところ、相続人に契約締結（＝相続）「前」に同書面を作成・交付することや説明を行うことは現実的ではない。よって、金融機関としては、法令の趣旨に沿って、相続開始後の適切なタイミン

グ（たとえば名義変更時）で、書面交付や
重要事項を相続人に説明すべきであろう。
「相続だから当然承継で説明は要らないと
いうのは、金商法の趣旨・目的には合致し
ない」（榎本亮ほか「座談会　金商法政
令・内閣府令パブリックコメントを読み解
く㊤」金法1816号21頁〔松尾直彦発言〕）
のである。立案担当者も、「相続の場合に
おける契約締結前交付書面の交付義務の運
用については、私法上の当然包括承継であ
ることから、実務的には当該趣旨の範囲内
で柔軟な対応をすることも許容され得るも
のと考えられる。例えば、相続の場合には、
第1に、金融商品取引業者等は、相続の時
点では、相続が起きたこと（被相続人の死
亡）についても、また誰が相続人かについ
ても知り得る立場にないことから、相続の
時点で契約締結前交付書面を交付する必要
はなく、金融商品取引業者等において名義
変更の手続が完了した時点において、契約
締結前交付書面を交付すれば足りるものと
考えられる（金融庁考え方280頁参照）」
（前掲「金融商品取引法の解釈について」
金法1831号20～21頁）と述べている。

◆**相続以外の場合**　　相続以外にも、金商
法の趣旨から、契約締結前交付書面の作
成・交付が必要か問題となる場合があるが、
それらのケースに関して、金融庁は、「贈
与、合併による有価証券の取得及び新株予
約権の付与」「投資信託受益権の証券会社
間での移管（累積投資契約に係るものなど
は除く）」の場合には、原則として契約締
結前交付書面を交付する必要はないとして
いる（前掲「金融商品取引法の疑問に答え
ます」4頁）。

では、書面の交付は不要だとしても、説

明も行う必要はないのであろうか。この点
に関しての金融庁の考え方は、贈与等の場
合は、相続と異なり、説明も不要というこ
とのようである。その理由は、「相続や贈
与等で有価証券を取得することにより取得
者がかえってリスクを負うこととなる場合
がある。贈与による有価証券の取得等の場
合には、取得者は当該有価証券の前所有者
からこれらの情報について引き継ぐことが
可能である。他方、相続の場合には相続時
に前所有者が存在せず、そのようなことが
できない」（前掲「金融商品取引法質疑応
答集の公表」商事法務1826号32頁）ことに
よる。

10339　相続人からの請求への対応

相続人から被相続人が保有していた有価証
券の売却や投資信託の解約請求を受けた場
合、どうすればよいか

結　論

預金については可分債権とする一方で、
有価証券に関する権利は不可分債権である
とするのが従来の判例であった。ただし、
預金に関しても、銀行実務上は遺産分割協
議前であれば、相続人全員の同意を得て払
い戻すのを原則としていたが、もっとも、
平成28年12月19日に預金について上記の判
例を変更する最高裁の決定がなされ、今後
は、この決定をふまえて、実務対応を行う
必要がある。

◆**相続の効果**　「相続人は、相続開始の時から、被相続人の財産に属した一切の権利義務を承継する」（民法896条）とされる。よって、被相続人が保有していた有価証券に係る権利義務は、被相続人の死亡の時（相続開始の時。同法882条）から、相続人が承継することになる。

相続人が1人の場合は、金融機関として、当該相続人が唯一の相続人であることの確認をする必要があることを除けば、当該相続人を唯一の権利者として扱えばよい。これは、被相続人の保有していた金融資産が預金であっても有価証券であっても同じである。

では、被相続人が生前保有していた金融資産が投資信託などの有価証券であった場合にどうすればよいかが問題となりうるが、本文では有価証券の場合について解説する（「預金者死亡と払戻し」の場合については【11106】参照）。

◆**裁判所の考え方**　金融商品の相続に関しては、従来の裁判所の判断は以下のとおりであった。

① 預金は預金者の銀行に対する分割可能な金銭債権であり、預金者が死亡すれば相続人が相続する。よって、各相続人が自己の持分に応じて支払請求をすることができる（最判昭29.4.8民集8巻4号819頁等）。

② 債券は不可分債権なので、共同相続人の共有となる。よって、民法544条1項の類推適用により、個人向け国債の換金請求は共同相続人全員が行うべきである（福岡地判平23.6.10金法1934号120頁）。

投信についてであるが、裁判所は、MMFに関する解約金支払請求権の差押えが問題となった最判平18.12.14（民集60巻10号3914頁）を踏襲したうえで、異なる結論を導いているものがみられる。上記最判では投信の法的性格について、①投信の関係者は、委託者・受託者・販売会社・受益者（投資家）であること、②換金にあたっては、受益者が、販売会社を通じ投信委託業者に対して投信の解約実行請求をすることができること、③受益者からの解約実行請求があると、投信委託業者は信託契約を一部解約し、解約金は販売会社において受益者に支払われること、④受益者が販売会社に解約実行請求を行ったときは、販売会社には投信委託業者にこれを通知する義務があり、通知を受けた投信委託業者には解約実行義務が生じ、解約の効力は、この解約実行によって生じること、⑤販売会社が投信委託業者から解約金の交付を受けたとき、販売会社は受益者にこれを支払う義務が生じる、としている。そして、販売会社には、受益者による解約実行請求の意思表示によりその時点において解約金の支払義務が当然に生じるものではないが、販売会社は、受益者に対し投信委託業者から解約金が支払われることを条件として解約金の支払義務を負い、受益者は販売会社に対し上記条件のついた一部解約支払請求権を有することになるとする。

もっとも、上記最高裁の考え方を前提としたうえで、一部の共同相続人からの投信の換金（解約実行）請求があった場合の結論について、本問で詳細の解説はしないが、裁判例は分かれているのが実情である。

◆**判例変更**　従来の判例上可分債権であ

り、相続によって各相続人が自己の持分（相続分）に応じて支払請求ができるとされていた預金においても、銀行実務上は遺産分割協議前であれば、相続人全員の同意を得て払い戻すのを原則としていた（【11106】参照）。

また、最決平28.12.19（民集70巻8号2121頁）は、「共同相続された普通預金債権、通常貯金債権及び定期貯金債権は、いずれも、相続開始と同時に当然に相続分に応じて分割されることはなく、遺産分割の対象となるものと解するのが相当である」として、従前の判例を変更した。

上記銀行実務および判例をふまえると、判例上不可分債権とされている有価証券においても、遺産分割協議前であれば、相続人全員の同意を得て売却や投信解約請求を受け付けるのを原則とすべきである。

10340 デリバティブ関連取引の定義および規制概要

規制が強化されたデリバティブ関連取引とは何か。また、規制の概要も教えてほしい

結論

デリバティブ取引に関しては金商法に定義があるが、平成23年以後に規制が強化されたデリバティブ関連取引は上記デリバティブ取引より広く、デリバティブが組み込まれた預金や債券も対象である。強化された規制としては、法令による不招請勧誘規制の見直しと自主規制による販売勧誘ルールの強化がある。

解説

◆デリバティブ関連取引に対する規制の強化　昨今、デリバティブ商品の販売・勧誘態勢への厳格化傾向がみられる。平成22年9月13日に金融庁が発表した「デリバティブ取引に対する不招請勧誘規制等のあり方について」において、①法令による不招請勧誘規制の見直し、②自主規制による販売勧誘ルールの強化の方針が示され、①は平成23年4月1日から施行された金商法の関連政令・府令の改正、②は全国銀行協会による「デリバティブを内包する預金に関するガイドライン」の制定および日本証券業協会による「協会員の投資勧誘、顧客管理等に関する規則」の改正等へとつながった。このような規制強化は、上記金融庁発表によると、①は店頭デリバティブ取引は業者が自由に商品内容を設計でき、価格の透明性も低く、投資者被害が発生しやすいため、②は個人顧客にとって店頭デリバティブに類する複雑な仕組債や投資信託はリスク等がわかりにくい、等が理由とのことである。

◆デリバティブ取引の定義　金商法上、デリバティブ取引には、市場デリバティブ取引（同法2条21項）、店頭デリバティブ取引（同条22項）、外国市場デリバティブ取引（同条23項）の三つがあり、取引類型としては先物取引、オプション取引、スワップ取引等がある。さらに、デリバティブの原資産として有価証券、預金債権、通貨等の金融商品、また、参照指標として金融商品の価格・利率等の金融指標がある。もっとも、昨今問題となり、規制が強化されたデリバティブ関連取引（商品）とは、上

記金商法の定義より広く、デリバティブが組み込まれた社債（いわゆる仕組債）や預金、投資信託も含まれている。

◆デリバティブ関連取引に対する規制の概略（【10341】【10342】参照） デリバティブ商品に関する金商法の行為規制の概要を述べると、①顧客が特定投資家（同法2条31項）である場合には、一部の例外（例：虚偽告知・断定的判断の提供等・損失補てん等の各禁止）を除き、同法の行為規制は適用にならない（同法45条）、②不招請勧誘の禁止（同法38条4号）に関しては、従来の店頭金融先物取引（店頭FX取引等）に加え、平成23年4月1日からは「個人顧客を相手方とする店頭デリバティブ取引」（店頭金融先物取引のほか、有価証券店頭デリバティブ取引（証券CFD取引等）等が含まれる）も対象となった（同法施行令16条の4第1項2号）、③勧誘受諾意思確認義務（金商法38条5号）および再勧誘禁止（同条6号）は、不招請勧誘の禁止対象取引（上記②）に加え、取引所金融先物取引が対象である（同法施行令16条の4第2項）、④デリバティブが組み込まれた商品（預金・社債など）はデリバティブ取引の定義に含まれていないので、不招請勧誘禁止等の対象外である、⑤デリバティブ商品の販売勧誘に関しては、適合性の原則を具体化する自主規制ルール等が新たに策定され、その対象商品にはデリバティブ取引だけでなく、デリバティブが組み込まれた商品も含まれる。

<table>
<tr><td>**10341**</td><td>金融行政・自主規制の概要</td></tr>
</table>

デリバティブ関連取引に関して、具体的にどのような規制の強化が行われたのか

結　論

仕組債等については日本証券業協会（以下「日証協」という）の投資勧誘規則の改正、デリバティブ内包預金については全国銀行協会の「デリバティブを内包する預金に関するガイドライン」の制定が行われ、いずれも平成23年4月1日から施行された。

解　説

金融庁はデリバティブ関連取引に関する投資者保護の充実を図っていくため、「自主規制による販売勧誘ルールの強化」が必要であるとして、全銀協等に対して、販売勧誘ルールの強化への対応を求めた。金融庁の求める販売勧誘ルール強化の内容は、①適合性の原則等の具体化（勧誘開始基準・合理的根拠適合性）（【10343】参照）、②顧客に対する説明の充実、③勧誘方法等に関する注意喚起文書の配布であり、仕組債等については日証協の「協会員の投資勧誘、顧客管理等に関する規則」（以下「投資勧誘規則」という）の改正、デリバティブ内包預金については全国銀行協会の「デリバティブを内包する預金に関するガイドライン」（以下「全銀協ガイドライン」という）の制定へとつながり、いずれも平成23年4月1日から施行された。

もっとも、適合性原則そのものは従来も存在したし（金商法40条1号）、説明義務

についても、契約締結前交付書面の作成・交付義務（同法37条の３）に加えて、適合性原則の考えを取り入れた実質的説明義務（いわゆる広義の適合性原則）が金商法令の禁止事項（同法38条８号、金商業等府令117条１項１号）や金販法の重要事項の説明方法・程度（同法３条２項）として規定されている。よって、一連の規制強化の特徴は、デリバティブ商品の取引に関して、①勧誘開始基準の設定および合理的根拠適合性の検証、②説明事項の具体化、注意喚起文書の交付義務、確認書徴求、が義務づけられたことにある。

◆**投資勧誘規則**　投資勧誘規則の主な改正内容は、勧誘における適合性原則の徹底（商品販売前の検証の義務づけ）として、合理的根拠適合性の検証（３条３項）と勧誘開始基準の設定（５条の２）、勧誘・販売時における説明義務の強化として、注意喚起文書の交付（６条の２）、重要事項の説明内容の具体化、確認書の受入れ（８条２項・３項）である。

　なお、金融庁の金商業者監督指針Ⅳ-3-3-2(6)②には、店頭デリバティブ取引の中途解約および解約清算金に関して、概略、以下のように規定されている。

① 「中途解約及び解約清算金について、……具体的に分かりやすい形で解説した書面を交付する等の方法により、適切かつ十分な説明をしているか」

② 「中途売却に伴う損失見込額の試算が困難である場合でも、可能な限り、最悪のシナリオを想定した説明がされることが望ましい」

③ 「中途解約できないものである場合にはその旨について、顧客が理解できるよ

うに説明していたか」

④ 「解約清算金が発生する場合にはその旨及び解約清算金の内容（……最悪シナリオを想定した解約清算金の試算額及び当該試算額を超える額となる可能性がある場合にはその旨を含む。）について、顧客が理解できるように説明しているか」

⑤ 「顧客が許容できる解約清算金の額を確認し、……最悪シナリオに至らない場合でも許容額を超える損失を被る可能性がある場合は、これについて顧客が理解できるよう説明しているか」

◆**デリバティブ預金**　全銀協ガイドラインも「デリバティブを内包する預金」（仕組預金）に関して、①適合性の原則等に基づく勧誘の適正化（投資者へ販売する商品としての適否の事前検証、勧誘開始基準の導入）、②顧客への説明（解約清算金の内容および清算金がある場合には元本割れする可能性がある旨、および、法人を相手方とする場合には優越的地位の濫用がないこと）と確認書（顧客からリスク等について説明を受けた旨の確認）の徴求、注意喚起文書（リスクに関する注意喚起とトラブルが生じた場合の金融ADR機関の連絡先を記載）の交付、の各事項を定めた。

　なお、金融庁の主要行監督指針Ⅲ-3-3-2-2(3)③には、以下のように規定されている。

　「特定預金等については、金融商品取引法の各種行為規制を定めた規定が準用されていることにかんがみ、特に店頭デリバティブ取引に類する複雑な仕組みを有する複雑な仕組預金を受け入れるときには、以下の態勢が整備されているか留意するもの

とする。

⑴ 複雑な仕組預金に関する注意喚起文書の配布に係る留意事項

（ⅰ）リスクに関する注意喚起、（ⅱ）トラブルが生じた場合の指定ADR機関等の連絡先等を分かりやすく大きな文字で記載した簡明な文書（注意喚起文書）を配布し、顧客属性等に応じた説明を行うことにより、顧客に対する注意喚起を適切に行っているか。また、その実施状況を適切に確認できる態勢となっているか。

㋺ 複雑な仕組預金の勧誘に係る留意事項（合理的根拠適合性・勧誘開始基準）

個人顧客に対して複雑な仕組預金の勧誘を行うにあたっては、顧客保護の充実を図る観点から、適合性原則等に基づく勧誘の適正化を図ることが重要であり、例えば、以下の点に留意して検証することとする。

・顧客へ提供する仕組預金としての適合性（合理的根拠適合性）の事前検証を行っているか。

・仕組預金のリスク特性や顧客の性質に応じた勧誘開始基準を適切に定め、当該基準に従い適正な勧誘を行っているか。

㋩ 複雑な仕組預金のリスク説明に関する留意事項

複雑な仕組預金のリスク説明の監督上の着眼点については、「金融商品取引業者等向けの総合的な監督指針」の「Ⅳ－3－3－2勧誘・説明態勢(6)」を参照するものとする」

10342 金融行政・自主規制の概要（与信関連デリバティブ取引）

与信関連デリバティブ関連取引に関して、具体的にどのような規制の強化が行われたのか

結　論

与信に関係するデリバティブ関連取引の規制強化として、主要行監督指針等が平成22年4月に改正・施行された。

解　説

与信に関係するデリバティブ関連取引の規制強化として、主要行監督指針等が、平成22年4月に改正・施行された。改正の主な内容は、与信取引に関連したデリバティブ取引に関して、①契約時点における説明、②実質的経営者への説明、③顧客のヘッジニーズに対する有効性の確認および説明、④事後フォロー、⑤その他（苦情が多い商品や取引の販売を継続するかどうかの検討を行うこと等）、であり、詳細は以下のとおりである（「与信取引等に関する顧客への説明態勢」Ⅲ－3－3－1）。

① 対象取引を与信取引等とし、与信取引（貸付契約およびこれに伴う担保・保証契約）に加え、貸付契約に伴うデリバティブ取引を追加した。

② 説明態勢については、従来の「顧客の知識、経験及び財産の状況」に加え、「取引を行う目的」に応じたものであることを求めることにした。

③ 従来も融資取引にデリバティブ取引が

含まれているときの契約時点における説明として、商品内容やリスクについて例示等も入れた説明が必要としてはいたものの、旧監督指針にあった「顧客の知識、経験及び財産の状況から見て問題がない場合を除き」との除外事由がなくなった。

④　契約時点等における商品または取引の内容およびリスク等に係る説明に関する留意事項を新たに細かく規定し、具体的にわかりやすい形で解説した書面を交付して、適切かつ十分な説明をすることが必要な事項を明記した。

上記④の「書面を交付して、適切かつ十分な説明をすることが必要な事項」の主要なものとして、下記がある。

①　デリバティブ取引の商品内容やリスクの例示等として、④最悪のシナリオを想定した想定最大損失額、⑥顧客のリスク許容度の確認と、最悪シナリオまで至らなくとも当該顧客のリスク許容度を超える損失可能性がある場合にはその説明、⑪金融指標等の変化と顧客の経営・財務状況への影響の相関関係等

②　デリバティブ取引の中途解約および解約清算金についての説明事項として、④取引が中途解約できない場合にはその旨、⑥中途解約により解約清算金が発生する場合にはその旨および解約清算金の内容、⑪銀行取引約定書等に定める期限の利益喪失事由に抵触するとデリバティブ取引についても期限の利益を喪失し、解約清算金の支払義務が生じる場合があること、㊁顧客が許容できる解約清算金額の確認と許容額を超える損失可能性がある場合にはその説明

③　提供するデリバティブ取引がヘッジ目的の場合、確認・説明すべき事項として、④顧客の事業の状況と市場における競争関係をふまえても、継続的な業務運営を行ううえで有効なヘッジ手段として機能すること、⑥ヘッジ手段として有効に機能する場面は、契約終期まで継続すると見込まれること、⑪顧客にとって、今後の経営を見通すことがかえって困難とすることにならないこと

10343 合理的根拠適合性、勧誘開始基準

合理的根拠適合性、勧誘開始基準とは何か

結　論

合理的根拠適合性とは、勧誘しようとする有価証券等が少なくとも一定の顧客にとって投資対象としての合理性を有するものであることを求める考え方であり、勧誘開始基準の設定とは、業者に対して、デリバティブ商品の販売の勧誘を行うにあたって、勧誘開始基準を定め、当該基準に適合した者でなければ、当該販売の勧誘を行ってはならないとするものである。

解　説

◆**適合性原則の徹底**　平成23年4月から、デリバティブ商品の勧誘における適合性原則の徹底（商品販売前の検証の義務づけ）として、合理的根拠適合性の検証と勧誘開始基準の設定が義務づけられた。

◆**合理的根拠適合性**　「合理的根拠適合性」とは、自主規制の定める基準に基づき、各社において、その参照対象となる株価指

数等の変動率との対比で、商品の利回りが適切な水準かどうか等、商品の適切性をチェックすることとされ（金融庁「デリバティブ取引に対する不招請勧誘規制等のあり方について」平成22年9月13日）、その具体化として、たとえば、日本証券業協会（以下「日証協」という）の「協会員の投資勧誘、顧客管理等に関する規則」3条3項は、「協会員は、当該協会員にとって新たな有価証券等の販売を行うにあたっては、当該有価証券等の特性やリスクを十分に把握し、当該有価証券等に適合する顧客が想定できないものは、販売してはならない」と規定している。つまり、「合理的根拠適合性は、勧誘しようとする有価証券等が少なくとも一定の顧客にとって投資対象としての合理性を有するものであることを求める考え方」（日証協「投資勧誘規則3条3項の考え方」平成23年2月1日）ということになる。また、「合理的根拠適合性」についてデリバティブを内包する預金に関するガイドラインは、「2．商品性やリスクの十分な把握」として、「銀行は、当該銀行にとって新たな仕組預金の取扱いを検討するに当たっては、当該仕組預金の商品性やリスクを十分に把握し、当該仕組預金に適合する顧客が想定できないものは、取り扱ってはならない」と規定している。

また、日証協が平成23年2月1日に発表した「投資勧誘規則3条3項の考え方」には、以下のように解説されている（「問2「合理的根拠適合性」とは、どのようなことを指すのか」）。

「合理的根拠適合性は、勧誘しようとする有価証券等が少なくとも一定の顧客にとって投資対象としての合理性を有するもの

であることを求める考え方です。なお、ここでいう「一定の顧客」とは、顧客属性や金融資産の状況、投資経験、リスク許容度等を勘案して、合理的な根拠に基づき投資を行う対象顧客の範囲が想定できることを指してい」る。

◆**勧誘開始基準**　「勧誘開始基準の設定」とは、業者に対して、デリバティブ商品の販売の勧誘を行うにあたって、勧誘開始基準を定め、当該基準に適合した者でなければ、当該販売の勧誘を行ってはならないとするものである。

日証協の投資勧誘規則によると、協会員は、顧客（特定投資家でない個人に限る）に対して、①店頭デリバティブ取引に類する複雑な仕組債、②店頭デリバティブ取引に類する複雑な投資信託、③レバレッジ投資信託、に係る販売の勧誘を行うにあたっては、上記①〜③の商品に係る販売ごとに勧誘開始基準を定め、当該基準に適合した者でなければ、当該販売の勧誘を行ってはならないとされる（5条の2）。なお、上記勧誘は、当該販売の勧誘の要請をしていない顧客に対し、訪問しまたは電話により行うものならびに当該販売の勧誘の要請をしていない顧客に対し、協会員の本店、その他の営業所または事務所において行うものに限るとされる。

一方、デリバティブを内包する預金に関するガイドラインでは、銀行は、顧客（特定投資家でない個人に限る）に対し、複雑性を有する仕組預金の勧誘（当該勧誘の要請をしていない顧客に対し、訪問しまたは電話によるもの、および当該勧誘の要請をしていない顧客であって来店した者に行うものに限る）を行うにあたっては、勧誘開

始基準を定め、当該基準に適合した者でなければ、当該仕組預金の勧誘をしてはならないとしている。

10344　注意喚起文書

注意喚起文書とは何か

結　論

　注意喚起文書とは、金融商品（取引）のリスクに関する注意事項等が記載された書面のことであり、自主規制において、リスクの高い金融商品（取引）に係る契約を締結しようとするときには、あらかじめ注意喚起文書を顧客に交付することが義務づけられている。

解　説

◆注意喚起文書の根拠（自主規制）　注意喚起文書の交付を義務づけている自主規制の代表例には下記のものがある。

① 　日本証券業協会「協会員の投資勧誘、顧客管理に関する規則」（以下「日証協投資勧誘規則」という）6条の2

② 　全国銀行協会「デリバティブを内包する預金に関するガイドライン」（以下「全銀協ガイドライン」という）4(1)

③ 　金融先物取引業協会「金融先物取引業取扱規則」（以下「金先業取扱規則」という）7条の2

　また、金融庁の金商業者監督指針IV-3-3-2(3)（店頭デリバティブ取引）にも注意喚起文書の配布に係る留意事項に関する記載がある。

◆日証協投資勧誘規則6条の2　協会員は、顧客と次の契約を締結しようとするときは、あらかじめ、当該顧客に対し、注意喚起文書を交付しなければならない（日証協投資勧誘規則6条の2第1項）。

① 　有価証券関連デリバティブ取引等

② 　特定店頭デリバティブ取引等

③ 　店頭デリバティブ取引に類する複雑な仕組債

④ 　店頭デリバティブ取引に類する複雑な投資信託

　注意喚起文書の必要記載事項は以下のとおりである（日証協投資勧誘規則6条の2第2項）。

① 　不招請勧誘規制の適用がある場合にあってはその旨

② 　リスクに関する注意事項

③ 　指定紛争解決機関等に係る事項

◆全銀協ガイドライン4(1)　銀行は、複雑性を有する仕組預金の預入れに係る契約を締結しようとするときは、あらかじめ当該顧客に対し注意喚起文書を交付し、顧客への注意喚起を行わなければならない。

　注意喚起文書の記載事項は以下のとおりである。

① 　リスクに関する注意喚起

② 　指定紛争解決機関に関する事項

◆金先業取扱規則7条の2　会員は、顧客と金融先物取引等に係る契約を締結しようとするときは、あらかじめ、当該顧客に対し、注意喚起文書を交付しなければならない。

　注意喚起文書の必要記載事項は以下のとおりである。

① 　不招請勧誘規制の適用がある場合にあってはその旨

② リスクに関する注意事項
③ 指定紛争解決機関等に係る事項

10345 外国為替証拠金取引（FX）

外国為替証拠金取引とは何か。金融機関が同取引を行う場合の留意点は何か

結　論

外国為替証拠金取引とは、証拠金を業者に預託し、主として差金決済により外国通貨の売買取引を行うことをいい、金商法の規制対象である店頭デリバティブ取引の一つである。金融機関は登録金融機関として、同取引を行うことが可能であるが、同取引は、金融機関が通常取り扱っている金融商品（取引）より大きなリスクを負うものであることを肝に銘じ、適合性原則に基づき対象顧客の選別を行い、不招請勧誘等の禁止に違反しないよう勧誘態様に留意が必要である。

解　説

◆**外国為替証拠金取引とは何か**　外国為替証拠金取引とは、証拠金を業者に預託し、主として差金決済により外国通貨の売買取引を行うことをいい、一般的にFXといわれている。少額の証拠金で多額の通貨取引ができるというメリットはあるが、リスクの高い取引であり、金商法の規制対象であるデリバティブ取引（同法2条20項）の一つである。

金商法上、金融機関は登録金融機関として外国為替証拠金取引を行うことができる

（同法33条の2第3号）が、同取引はリスクの高い取引であり、金融庁は「いわゆる外国為替証拠金取引について（平成27年7月7日更新）」という文書を同庁のHPに掲載し、投資家に対して注意喚起を行っている。同文書には「注意すべきポイント」として、以下が記載されている。

「① 外国為替証拠金取引は、金融商品取引法に基づく登録を受けた業者でなければ行うことができません。投資者の皆様におかれては、登録を受けていない者からの勧誘に十分ご注意ください。
② 登録を受けた業者と取引を行う場合であっても、その業者の信用力を慎重に判断し、取引内容をよく理解することが必要です。
③ 外国為替証拠金取引は、少額で取引できる反面、差し入れた保証金以上の多額の損失が生ずるおそれのある非常にリスクの高い取引です。そのため、リスクを認識した上で、自らの責任で適切な投資判断を行うことが必要です」

◆**外国為替証拠金取引に係る金商法の行為規制**　外国為替証拠金取引は、金商法2条8項4号の「店頭デリバティブ取引」（詳細な定義は同条22項）に該当する。同取引に係る契約も金融商品取引契約であることから、広告等規制（金商法37条）、契約締結前交付書面・契約締結時交付書面の交付義務（同法37条の3・37条の4）、虚偽告知の禁止（同法38条1号）、断定的判断の提供等の禁止（同条2号）、適合性原則（同法40条1号）等が適用になるが、銀行が通常取り扱う金融商品（取引）には適用されない不招請勧誘等の禁止（同法38条4～6号）が適用される取引であること

（同法施行令16条の４）に注意が必要である。

　上記以外にも、下記に注意が必要である。

① 　契約締結前交付書面の必要記載事項として、金商業等府令82条（契約締結前交付書面の共通記載事項）だけでなく、金商業等府令93条（デリバティブ取引等に係る契約締結前交付書面の共通記載事項）および金商業等府令94条（店頭デリバティブ取引契約に係る契約締結前交付書面の記載事項の特則）も記載する必要がある。

② 　金融庁の金商業者監督指針は、そのⅣ－3－3において「店頭デリバティブ取引業に係る業務の適切性」の項を設けている。そして、登録金融機関については、そのⅧ－1が金商業者監督指針Ⅳ－3－3を準用している。なお、Ⅷ－1はⅣ－3－3のうちの一部を除外しているが、登録金融機関が外国為替証拠金取引を業として行う場合には、除外事項に関するカッコ書は「この限りでない」としているので、その場合には、金商業者監督指針Ⅳ－3－3のすべての項目が当該登録金融機関にも適用され、金商業者監督指針Ⅳ－3－3－2（勧誘・説明態勢）の(1)広告等に係る留意事項、(2)説明書類に係る留意事項、(3)店頭デリバティブ取引の勧誘方法等に関する注意喚起文書の配布に係る留意事項、(4)店頭金融先物取引業者の説明責任に係る留意事項、(7)契約締結前の書面交付に係る留意事項、(8)委託証拠金その他の保証金の受領に係る書面交付に係る留意事項、(9)不招請勧誘の禁止規定に係る留意事項、(11)監督手法・対応、が適用されることになる。

③ 　金融先物取引（外国為替証拠金取引も該当する）に関しては、金融先物取引業協会が「金融先物取引業取扱規則」を制定しており、同規則によると、自己責任の徹底と顧客の意向と実情に即した取引勧誘（４条）、顧客カードの整備等（６条）、取引開始基準（７条）、注意喚起文書の交付等（７条の２）、取引説明書の交付・確認書の徴求（８条）、顧客への説明確認（８条の２）、架空名義取引の禁止（11条）、過度の投機的取引の防止（19条）等が義務づけられている。

◆**金融機関が外国為替証拠金取引を行う場合の留意点**　　金融機関は登録金融機関として、外国為替証拠金取引を行うことが可能である（金商法33条の２第３号）。同取引を行うにあたっては、同取引は金融機関が通常取り扱っている金融商品（取引）より大きなリスクを負うものであることを肝に銘じ、適合性原則に基づき対象顧客の選別を行い、不招請勧誘等の禁止に違反しないよう勧誘態様に留意が必要である。

| 10346 | 販売・勧誘時の留意点 |

金融商品の販売・勧誘等の際に留意すべき事項を解説してほしい

| 結　論 |

　金融商品の販売・勧誘等において最も重要なことは、実質的説明を行うことである。

| 解　説 |

　金融商品の販売・勧誘等の際に留意すべ

きルール（行為規制）としては、各種のものがあるが、販売・勧誘等のどの段階においてどのルールが適用されるのか（問題となるのか）を正確に知っておくことは有用である。

金融機関が金融商品を販売する過程は、①情報提供、②勧誘、③販売手続、④契約締結・履行となることが一般的と考えられる。勧誘・販売等に係る行為規制の代表的なものを上記に当てはめると、概略、①広告等規制、②（狭義の）適合性原則、虚偽告知・断定的判断の提供等の禁止、不招請勧誘等の禁止、等、③説明義務（広義の適合性原則）、契約締結前交付書面作成・交付義務、④契約締結時交付書面作成・交付義務となる。上記のことから、いくつかの留意点が導き出される。

◆適合性原則について　（狭義の）適合性原則は勧誘時のルールであり、勧誘がない場合には適用されない。金融機関の営業現場において、勧誘前の段階において適合性原則への対応（特に情報収集）を行おうとしているケースが見受けられるが、勧誘前（情報提供段階）におけるルールは、広告等規制（金商法37条）であり、適合性原則ではない。たとえば、商品案内のDM発送において、適合性原則は適用にならないのが原則であり、もっぱら広告等規制への対応に注意すべきである。

また、営業現場において、適合性判断に必要な情報（顧客の知識、経験、財産、投資目的）を最初からすべて入手しようとする試みがみられる。広告等と異なり、勧誘は業者と顧客の1対1の相対のやり取りであるのが通常であり、そのやり取りは段階的に行われることが多い。このような場合、業者による情報収集が段階的に行われるのは自然なことであり、業者としては、段階的に得られた情報に基づき適合性判断を行い、勧誘の継続が不適切と判断される場合には、その判断に至った時点で当該勧誘行為を中止すれば足りる。

適合性原則には"狭義"と"広義"があり、前者が不適切な勧誘を禁止するものであるのに対して、後者は実質的説明義務と同義である。業者の行為が勧誘だけにとどまる場合に顧客に損失が発生することは通常ないのであるから、業者として、勧誘時にあまり神経質になる必要はなく、勧誘段階においては、不適切な勧誘ではないかを確認し、不適切と判断された場合には取引を行わないようにすれば十分である。

◆（実質的）説明義務　金融商品の販売・勧誘において重要なことは実質的説明義務（【10330】参照）であり、金融商品の販売にあたり、業者は顧客が自己の責任で投資判断を行うために必要な情報を提供のうえ、当該顧客が理解できるような方法・程度による説明を行わなければならない。

説明として契約締結前交付書面（以下「前書面」という）の記載事項を形式的に読みあげることには問題がある。前書面の記載事項は量が多く、説明（読みあげ）に時間がかかりすぎるだけでなく、顧客に提供すべき重要な情報を顧客が理解できるような方法・程度で説明していない可能性がある。実質的説明の要点は、顧客が自己の責任で投資判断を行うために必要な情報を提供・説明することであるが、業者の責任に直結する可能性のある情報は、実はあまり多くない（【10332】参照）。突きつめていえば、①元本欠損リスクがあること、②

どのような場合に、③どの程度元本欠損が生じるか、である。時間だけかけて前書面の記載内容を読みあげても、顧客にこれらの情報が確実に伝わるとは限らない。

前書面は、契約締結前に個別に作成・交付することが要求されている書面であり、そのため「当該金融商品取引契約の概要」が必要記載事項となっている（金商法37条の３第１項３号）。同じ種類の金融商品を網羅する前書面（包括書面）や複数の前書面を一つにまとめた前書面集を事前に顧客に送付しただけでは、顧客に対する実質的説明義務を尽くしたとは評価できない可能性がある。また、包括書面化した前書面の記載内容を説明しても、それは所詮一般的な説明を行ったにすぎず、当該契約について説明したことにはならない可能性がある。

10347　外務員登録

金融機関において、どのような業務を担当する場合に外務員登録が必要か

結　論

　金融機関において、登録金融機関業務に従事する者は、原則として、**外務員登録が必要**である。その者が、営業所外で職務に従事するか、営業所内で職務に従事するかは問わない。ただし、金商法が準用されるにすぎない業務（たとえば外貨預金業務）に従事する者は、外務員登録は不要である。

解　説

◆**外務員の定義**　外務員とは、金融商品取引業者等の役員または使用人で、金融商品取引業者等のために、金商法64条１項各号に規定される行為を行う者をいう。勧誘員、販売員、外交員その他いかなる名称を有する者であるかを問わないし、もっぱら金融商品取引業者等の営業所外で職務に従事するか、営業所内で職務に従事するかも問わない。代表取締役も、外務員登録の対象となる行為を行う場合には、外務員登録を受ける必要がある。金融商品取引業者等は、その役員または使用人のうち、当該金融商品取引業者等のために、金商法64条１項各号に規定される行為を行う者について、外務員登録を受けなければならず、外務員としての登録を受けた者以外に、外務員の職務（外務員登録の対象となる各行為）を行わせてはならない（同条２項）。

なお、日本証券業協会の「協会員の従業員に関する規則」では「従業員」を、①会員の使用人で国内に所在する本店その他の営業所または事務所に勤務する者、②特定業務会員の使用人で国内に所在する本店その他の営業所または事務所において特定業務（特定店頭デリバティブ取引等に係る業務および第一種少額電子募集取扱業務のことをいう）に従事する者、③特別会員の使用人で国内に所在する本店その他の営業所または事務所において登録金融機関業務に従事する者、④派遣労働者のうち外務員の登録を受けている者と定義し（同規則２条６号）、会員の従業員の行為について規制している。

◆**外務員登録の対象となる行為**　金商法64条１項等が規定する外務員登録の対象となる行為の概要は以下のとおりである。

①　外務員登録が必要な行為は、第一種金

融商品取引業（金商法28条1項）に係るものが中心である。

② 第二種金融商品取引業（同条2項）を行う者であっても、市場デリバティブ取引を行う者については、外務員登録が必要である（同法64条1項3号、同法施行令17条の14）。

③ 金融商品仲介業者に対しても外務員に関する金商法64条～64条の9の規定が準用されている（同法66条の25）ので、外務員登録が必要である。

④ 適格機関投資家等特例業務を行う者（同法63条）については、外務員登録が義務づけられていない（同法64条は、金融商品取引業者等に外務員登録を義務づけているが、金融商品取引業者等とは金融商品取引業者および登録金融機関を指し（同法34条）、両者とも内閣総理大臣の登録が必要なところ（同法2条9項・11項）、適格機関投資家等特例業務を行う者は内閣総理大臣の登録が義務づけられていない（同法63条1項））。

⑤ 投資運用業および投資助言・代理業に係る行為（同法2条8項11～15号）は同法64条1項各号に列挙されていないので、外務員登録は不要である。

◆**後方事務に従事するもの**　後方事務が何かが問題であるが、たとえば、単なる記帳事務等であれば、外務員登録は不要と考えられる。この点に関連して、金商業者監督指針IV-4-3(1)等（第二種金融商品取引業については、金商業者監督指針V-3-2(1)が同内容を規定し、登録金融機関については、金商業者監督指針IV-4-3および金商業者監督指針V-3-2に準ずるものとされている（金商業者監督指針VIII-2-4））

は、金融商品取引業者の店内業務（店頭業務を含む）に従事する役員または使用人のうち、①勧誘を目的とした金融商品取引等の内容説明、②金融商品取引等の勧誘、③注文の受注、④勧誘を目的とした情報の提供等（バックオフィス業務に関することおよび顧客の依頼に基づく客観的情報の提供を除く）、⑤金商法64条1項1号または2号に掲げる行為を行う者の外務員登録を義務づけている。

◆**外貨預金業務に従事する者**　外貨預金契約（預金等のうち、外国通貨で表示されるもの）は、銀行法13条の4の定義する「特定預金等契約」（金利、通貨の価格、金商法2条14項に規定する金融商品市場における相場その他の指標に係る変動によりその元本について損失が生ずるおそれがある預金または定期積金等として内閣府令で定めるもの）に該当する（銀行法施行規則14条の11の4）。よって、外貨預金契約の勧誘・販売時には、多くの金商法の行為規制が準用される（銀行法13条の4）。もっとも、銀行法13条の4は、金商法の外務員に関する規定（同法64条～64条の9）を準用していない。よって、外貨預金の販売・勧誘に携わっているにすぎない者は外務員登録は不要である。

◆**登録金融機関業務に従事する者**　外務員登録を義務づけている金商法64条以下の名宛人は「金融商品取引業者等」である。よって、金融機関で金融商品取引業務（登録金融機関業務）に携わる者は、外務員登録が必要である。

金融機関自身は金融商品取引契約の仲介を行うにすぎず、直接の契約当事者にはならない場合に、かかる仲介業務だけに従事

する行員も外務員登録が必要か。

　金融機関は、金融商品仲介業としての登録をすることはできないが（金商法66条）、登録金融機関としての登録を受ければ金融商品仲介業務を行うことができる（同法33条の2）。したがって、金融機関が金融商品仲介を行う場合とは、金融商品仲介業者としてではなく、登録金融機関として行っていることになる。金商法64条以下は、登録金融機関をも名宛人としているので、金融商品仲介業務は同法64条1項が規定する外務員登録が必要な業務かどうかが問題となる。金融商品仲介業務は、同法2条8項2号にいう「有価証券の売買、……の媒介、取次ぎ」に該当し、同法64条1項1号イにより、同法2条8項2号に係る行為を行う者の外務員登録を義務づけている。よって、仲介業務だけに従事する職員も外務員登録が必要である。

◆**資産運用に関する相談業務に携わる者**

金商法64条1項に外務員登録が必要な行為が限定列挙されているが、「資産運用に関する相談業務」は、同項の列挙する事項のいずれにも該当しない。よって、資産運用に関する相談業務に携わる者は外務員登録が不要である。もっとも、同法64条1項1号ロは、「有価証券に係る売買又はその媒介、取次ぎ若しくは代理の申込みの勧誘」を行う者も外務員登録義務の対象としている。したがって、金融商品取引契約の締結（販売）に直接従事しなくとも、「勧誘」を行っているとみなされる場合には、外務員登録が必要であることに注意する必要がある。

| 10348 | 金融商品仲介業務上の注意点 |

金融機関が金融商品仲介業務を行う場合、金商法の観点から何に注意する必要があるか

結　論

　金融機関は、金融商品仲介業者になることはできないが、登録金融機関として、金融商品仲介業務を行うことはできる。登録金融機関として、金融商品仲介行為を行う以上、金商法の各種行為規制も適用されるが、個別取引の態様によって、適用されない行為規制もある。

解　説

◆**金融商品仲介業**　金融商品仲介業とは、金融商品取引業者または登録金融機関の委託を受けて、以下の行為のいずれかを当該金融商品取引業者または登録金融機関のために行う業務をいい（金商法2条11項）、金融商品仲介業を行うためには、内閣総理大臣の登録が必要である（同法66条）。

① 有価証券の売買の媒介（同法2条11項1号）

② 取引所金融商品市場における有価証券の売買または市場デリバティブ取引、もしくは、外国金融商品市場における有価証券の売買または外国市場デリバティブ取引、の委託の媒介（同項2号）

③ 有価証券の募集もしくは売出しの取扱いまたは私募の取扱い（同項3号）

④ 投資顧問契約または投資一任契約の締結の媒介（同項4号）

金融商品仲介業に関しては、金商法の「第三章の二」（66条～66条の26）が詳細な規定を設けているが、その概要は下記のとおりである。

① 金融商品仲介業者は金融商品取引業者等に該当しないが（金融商品取引業者等とは、金融商品取引業者または登録金融機関をいい（金商法34条）、金融商品取引業者とは金商法29条の登録を受けた者（同法2条9項）、登録金融機関とは同法33条の2の登録を受けた銀行等の金融機関をいう（同法2条11項）。金融商品仲介業者は、同法66条の登録を受けるにすぎないので、金融商品取引業者等に該当しない）、金融商品取引業者等に対する行為規制のうち、広告等の規制（同法66条の10）、禁止行為（同法66条の14、金商業等府令274条・275条）は、「第三章の二」にも規定が設けられており、損失補てん等の禁止や適合性の原則等については、金融商品取引業者等に対する行為規制が準用されている（金商法66条の15）。ただし、特定投資家制度（同法34条以下）は、金融商品仲介業者には適用されない（「金商法第34条の告知義務を含む特定投資家制度関係の諸規定は、金融商品仲介業者には適用されません」（金商法制パブコメ回答182、183頁3・4番））。

② 金融商品仲介業者は、業務委託を受ける所属金融商品取引業者等（金融商品取引業者が委託を受ける金融商品取引業者（第一種金融商品取引業または投資運用業を行う者に限る）または登録金融機関（金商法66条の2第1項4号））と委託契約を締結し、当該所属金融商品取引業者

等から業務委託を受けた各種行為の媒介、取次、代理等の取扱いができる。また、複数の金融商品取引業者等を所属金融商品取引業者等とすることができる（参考：「所属金融商品取引業者等が二以上あるときは」（金商業等府令258条3号））。

③ 金融商品仲介業務を行う金融商品仲介業者の役員または使用人は、外務員資格の取得と登録が必要である（金商法66条の25・64条）。

④ 金融商品仲介業は、個人・法人どちらでも営むことができる（金商業等府令257条以下には、個人を想定した規定がある）。

⑤ 金融商品仲介業者が、顧客から金銭もしくは有価証券の預託を受けることは禁止されており（金商法66条の13）、売買代金の受渡しや有価証券の預託は所属金融商品取引業者等が行う。

⑥ 金融商品仲介業者に対する監督責任は、原則として所属金融商品取引業者等が負い、金融商品仲介業者が顧客に加えた損害を賠償する責任を負う（金商法66条の24）。

◆金融機関と金融商品仲介業務　金融商品仲介業を行うことができる者は、「銀行、協同組織金融機関その他政令で定める金融機関以外の者」と明記されている（金商法66条。同法施行令1条の9により、株式会社商工組合中央金庫、保険会社、無尽会社、証券金融会社および「主としてコール資金の貸付け又はその貸借の媒介を業として行う者のうち金融庁長官の指定するもの」が規定されている）。したがって、金融機関は金融商品仲介業としての登録を受けることはできない。もっとも、これは、金融商

品仲介業務を金融機関が行えないということではなく、金融商品仲介業務だけを行う場合であっても、登録金融機関としての登録が必要であるということを意味するにすぎない（金商法33条の2）。その場合には、金融商品取引業者等に対する各種行為規制の適用にも服することになる。

もっとも、登録金融機関であっても、自ら金融商品取引契約の締結は行わず、単に仲介するにとどまる場合には、その行う業務の性格上適用されない行為規制はある（たとえば、金融庁は、金商法34条のプロ成りの告知義務に関し、「登録金融機関が金融商品仲介業務を行う場合には、金融商品取引契約の申込みを受けるのは当該登録金融機関ではなく委託金融商品取引業者であると考えられることから、基本的に、委託金融商品取引業者のみに告知義務が課される」（金商法制パブコメ回答183頁4番）と述べている）。しかし、それは個々の行為の実態に応じて各種行為規制が適用されたり、されなかったりするにすぎない。

◆**紹介業務**　金商業者監督指針Ⅷ-2-5(1)によると、銀行等が、「勧誘行為をせずに、単に顧客を金融商品取引業者に紹介する業務」は、金商法33条1項により行ってはならない有価証券関連業（「有価証券関連業」とは、同法28条8項各号のいずれかを業として行うことをいい、列記事項のなかには有価証券の売買の媒介等が含まれている）には該当しないとされている。よって、金融機関が、いっさい金融商品取引行為を行わず、他の金融商品取引業者等に顧客を紹介することがあるにとどまるのであれば、登録金融機関としての登録（同法33条の2）を行うことも不要であることにな

る。

では、金商業者監督指針でいう「勧誘行為をせずに、単に顧客を金融商品取引業者に紹介する業務」とは、具体的にはどのような業務を指していると考えればよいか。「勧誘行為」とは何かが問題となる。この点について、金商業者監督指針Ⅷ-2-5(1)②は、「紹介」には下記行為が含まれるとしている。

① 当該銀行等の店舗に、金融商品取引業者が自らを紹介する宣伝媒体を据え置くことまたは掲示すること

② 当該銀行等と金融商品取引業者の関係または当該金融商品取引業者の業務内容について説明を行うこと

また、書面取次行為について、勧誘行為には当たらないものとして、下記を列記している（金商業者監督指針Ⅷ-2-5(2)①）。

イ 当該業務内容の説明を顧客に対し行うこと

ロ 当該業務内容について、新聞、雑誌、文書、ダイレクトメール、インターネットのHP、放送、映画、その他の方法を用いて紹介すること

ハ 当該業務に係る注文用紙およびロに規定する文書を当該銀行等の店舗に据え置くこともしくは顧客に送付すること、またはその文書を店舗に掲示すること

以上から、有価証券関連業には該当しない単なる「紹介」であるというためには、上記各例示のような、提携関係や業務の説明を行うにとどめることが必要であることになる。これを超えて、個別の金融商品の説明を行うことや、契約締結のために尽力するようなこと（「媒介」とは、「売買を媒介すること、つまり結婚の仲人のように自

分が当事者になるものではないが、他人の間の売買が成立するために尽力することをいう」（河本一郎＝大武泰南『証券取引法読本〔第7版〕』149頁等）とされており、個別の契約締結のために尽力すると、「媒介」に該当することになる）は、「紹介」ではなく「勧誘」とみなされる可能性が大きくなる。なお、「業」として金商法2条8項各号の行為を行うことが「金融商品取引業」になるが、旧証券取引法2条8項では「営業」としていたのに対し、金商法は「業」としており、「金商法では、営利性が業の要件とされていない」（三井秀範＝池田唯一監修『一問一答金融商品取引法〔改訂版〕』14頁）ため、たとえ、金融機関が金融商品取引業者等から報酬を受け取らないことになっていたとしても、「媒介」を反復継続して行えば、「業」として行ったことになる点に注意が必要である。

◆**金融商品仲介業務と適合性原則**　金融機関が金融商品仲介業務を行うには、登録金融機関として内閣総理大臣に登録する必要がある。そして、金商法の行為規制の多くのものは、「金融商品取引業者等」を名宛人としており、「等」とは登録金融機関のことを意味している。よって、金融商品仲介を行う場合にも適合性の原則は適用される。

もっとも、金融機関が証券会社の委託を受けて行う金融商品仲介業務は、証券総合口座の開設や、株式・外国債券等の有価証券の売買注文などの勧誘を行うとともに、申込みがあった場合に、それを提携証券会社等へ取り次ぐといった業務が中心であるものと思われる。また、「証券仲介業務が解禁されたとはいえ、銀行の窓口では口座

開設の取次ぎが主で、個々の売買については電話やインターネットによって、顧客は直接証券会社にコンタクトを取ることが多い」（銀行研修社編『金融商品販売時の説明義務・勧誘ルールと苦情対応事例集』91頁）ともいわれている。このような場合にも、金融機関は、各種書面の作成・交付や、契約内容等についても詳しい説明をする必要があるか。

まず、各種書面作成・交付義務に関して、金融庁は、「登録金融機関が金融商品取引業者の委託を受けて当該金融商品取引業者のために行う「媒介」による「金融商品仲介行為」（有価証券の売買等の媒介）については、原則として、「金融商品取引契約」の定義である「顧客を相手方とし、又は顧客のために金融商品取引行為を行うことを内容とする契約」（金商法第34条）を締結しようとする行為には該当せず、「契約締結前の書面交付義務」の直接の対象とならないと考えられます」（金商法制パブコメ回答285、286頁72番）と述べている。よって、契約締結前交付書面（金商法37条の3）および契約締結時交付書面（同法37条の4）の作成・交付義務は金融商品仲介行為を行ったにすぎない金融機関にはない。

次に、説明義務はどうか。金商法上の説明義務について金融庁は、原則として当該金融機関にはなく、「委託をした金融商品取引業者が……、顧客に対する説明責任を果たすことが求められるものと考えられます」（金商法制パブコメ回答285、286頁72番）と述べている。ただし、金販法上の重要事項の説明義務の名宛人は金融商品販売業者等であり（同法3条1項）、「金融商品の販売」の「代理若しくは媒介」を業とし

て行う者も含まれる（同法2条3項・2項）。よって、金融機関の行った行為が媒介等にとどまるのであっても、同法上の重要事項説明義務が金融機関にある。もっとも、仲介にとどまるにすぎない場合には、事実上説明は委託業者から行われることが多いとは思われる。

なお、金融商品仲介業務を行うにあたっては、下記の点に留意が必要である。

① 金融商品仲介業務にも適合性の原則（金商法40条1号）が適用される。よって、媒介等を行うに際しては、当該顧客に関して適合性判断を行う必要がある。

② 金融商品仲介業務を行うにすぎない場合でも、虚偽告知（金商法38条1号）や断定的判断の提供等（同条2号）を行うことは禁止されている。これらの違法行為があり、そのことによって顧客が損害を被った場合には、金販法や法の一般規定（たとえば民法709条・715条の不法行為）により、金融機関や行為者が損害賠償責任を負うこともある。

10349　ラップ商品

ラップ商品（口座）とは何か。金融機関がラップ商品（口座）を取り扱うことができるか

■ 結　論

　ラップ口座のサービス（ラップ商品）を提供することは、金商法の定義する投資運用業に該当する。信託銀行以外の金融機関は投資運用業を行うことを禁止されているが、信託銀行以外の金融機関がラップ商品に関する契約（投資一任契約）の締結の代理または媒介を行うことは金商法上可能である。

■ 解　説

◆ラップ商品（口座）とは何か　ラップ口座とは、「米国で個人投資家向けに伸びているラップアカウントを日本でも開始したいとする証券業界の意向をふまえ、平成10（1998）年12月の投資顧問業法改正により証券業の兼業が解禁された」ものである（河村賢治ほか『投資顧問業の法務と実務』164頁）。金融庁の広報誌である「アクセスFSA 第24号（2004年11月）」の【金融便利帳】によると、「ラップ口座とは、証券会社が自社又は外部の投資一任業者（投資顧問業者のうち、顧客の資産の運用に関する意思決定を顧客から一任されている業者）を活用したうえで個人投資家の資産の運用・管理を行い、運用資産残高に応じて、運用報酬、売買執行に伴う手数料、口座管理料等を一括して徴収する口座のこと」とされている。

ラップ口座のサービス（ラップ商品）を提供することは、金商法の定義する投資運用業（同法28条4項1号、2条8項12号ロ）に該当する。金融機関は、投資運用業を行うことを禁止されている（同法33条1項）が、信託業務を営む場合には特例として投資運用業を行うことが認められている（同法33条の8第1項）。なお、信託銀行が投資運用業を行うことが認められたのは、「平成19年9月施行の改正（金商法への改正）の際に金融機関は銀・証分離の原則の一環として投資運用業を行うことが禁止さ

れる旨が明確化された（同法33条1項）。しかし、信託兼営金融機関については、同改正前から証券投資顧問業法に基づく認可を受けて投資一任業務を行うことが認められていたこと等から、本条1項により上記禁止が及ばないこととされた」（岸田雅雄監修『注釈金融商品取引法第2巻』146頁〔酒井敦史〕）ものである。

◆**金融機関がラップ商品を取り扱うことの可否**　日本においてラップ口座を提供しているのは、投資運用業者もしくは信託銀行であり、信託を兼営していない銀行は、ラップ口座を取り扱うことはできないが、大手の証券会社の多くは投資運用業も行うこととして金融商品取引業の登録を行っていることから、ラップ口座を提供することが可能である。

　もっとも、信託銀行以外の金融機関が投資一任契約の締結の代理または媒介を行うことは金商法上可能である。すなわち、「投資顧問契約又は投資一任契約の締結の代理又は媒介」（同法2条8項13号）を業として行うことは投資助言・代理業であり（同法28条3項2号）、銀行は登録金融機関としての登録を受けることにより、投資助言・代理業を行うことができる（同法33条の2）。

　なお、ファンドの名称に「ラップ」の文言を含む投資信託があるが、これはラップの文言を付していたとしても、その性格は投資信託である。よって、金融機関が登録金融機関としてそのような投資信託を取り扱うことは可能である。

10350　有価証券等管理業務

金融機関が有価証券等管理業務を行う場合、金商法の観点から何に注意する必要があるか

結　論

　有価証券等管理業務とは旧証券取引法の有価証券の保護預り業務のことであり、同業務を行う金融商品取引業者等には、善管注意義務および顧客から預託を受けた金銭または有価証券の分別管理義務がある。

解　説

◆**有価証券等管理業務**　有価証券等管理業務とは、有価証券の売買やデリバティブ取引等の行為に関して、顧客から金銭や有価証券等の預託を受けることや、社債等の振替を行うために口座の開設を受けて社債等の振替を行うことを業として行うことである（金商法28条5項・1項5号・2条8項16号・17号）。このように、有価証券等管理業務は、顧客の財産を預り、その管理を行う点に特徴がある。

　旧証券取引法では、「有価証券の保護預り」が証券会社の付随業務とされていた（同法34条1項1号）。金商法では、これを、金融商品取引業者等の行う本来業務として位置づけることとした（同法28条5項・1項5号・2条8項16号・17号。立案担当者は「資産管理については、有価証券の売買等に関して顧客から金銭または私法上の有価証券の預託を受ける業務および社債等の振替を本来業務として位置付け、業規制の

対象としている」と述べている（小島宗一郎ほか「金融商品取引法制の解説(2)金融商品取引法の目的・定義規定」商事法務1772号24頁）。また、口座管理機関の行う業務（社債等の振替に関する法律2条1項に規定する社債等の振替を行うために口座の開設を受けて社債等の振替を行うことをいう（金商法2条8項17号））については、「有体物としての占有を有するか否かの相違はあるものの、他人の権利（またはそれを表示する有価証券）についてその所在・移転の管理を行う点において、またその経済実態において、保護預り業務と類似するものであることから、これについても金融商品取引業の本来業務として位置づけている」（三井秀範＝池田唯一監修『一問一答金融商品取引法〔改訂版〕』228～229頁）とされる。これは、金融審議会金融分科会第一部会の中間整理における「金融商品について製販分離や仲介・代理販売が進むなか、販売者と資産管理者が異なる場合も出てきている。このため、投資（金融）商品の保護預りについても本来業務として位置づけ、保護預りのみを行う業者についても行為規制を課すことが適当である」（金融審議会金融分科会第一部会「中間整理」10頁）との指摘を受けたものであると思われる。

　金商法では、第3章第2節の第1款から第5款までにおいて、金融商品取引業者等への行為規制が定められているが、そのうち第1款は、通則としてすべての種類の金融商品取引業者等に適用される規制を規定し、第4款（金商法43条～43条の4）では、有価証券等管理業務を行う場合に課せられる特則が規定されている。これは有価証券等管理業務が、金融商品取引業者等の行う

本来業務と位置づけられたことにより新設されたものである。

◆**善管注意義務**　　金融商品取引業者等（金融商品取引業者等とは、金融商品取引業者または登録金融機関を意味する（金商法34条カッコ書））。よって、金商法第3章第2節第1款の規定中、「金融商品取引業者等」を対象とする規定は、有価証券等管理業務を行う登録金融機関に対しても当然に適用される（金商法制パブコメ回答446頁2番））は、顧客に対し、善良な管理者の注意をもって有価証券等管理業務を行わなければならない（金商法43条）。

　善管注意義務は、ローマ法の「善良な家父の注意」からきたものであり、債務者の属する階層・地位・職業などにおいて一般に要求されるだけの注意を意味するとされる（我妻榮ほか『我妻・有泉コンメンタール民法─総則・物権・債権』667頁）。民法上、善管注意義務に対するものとして、「自己のためにするのと同一の注意」義務（同法827条等）があるが、この自己を基準とする注意義務（それに反すると具体的あるいは主観的過失となる）と異なり、義務者の階層・地位・職業などから一般的に要求される客観的な標準に基づく注意をすべき義務ということになる。たとえば、株式会社の取締役の注意義務の水準は、その地位・状況にある者に通常期待される程度のものとされ、特に専門的能力を買われて取締役に選任された者については、期待される水準は高くなる（東京高判昭58.4.28判時1081号130頁、江頭憲治郎『株式会社法〔第5版〕』427頁）。

　有価証券等管理業務を行う金融商品取引業者等は、その専門的知識・能力を買われ

て有価証券等の管理を任されたものである
から、当該金融商品取引業者等が、専門家
として当然に要求される客観的な基準にお
いて、注意義務を果たすことを金商法43条
は要求しているものである。

　金商法43条の規定する義務は法的義務で
あり、その違反があれば法令違反になり、
行政処分の対象になるものと解すべきであ
る（立案担当者は、金商法36条（現同条1
項）に関して、「誠実公正義務は単なる訓
示規定ではなくて法的義務ですので、その
違反があれば法令違反になりますので、行
政処分の対象になります」と述べている
（神田秀樹ほか「座談会　新しい投資サー
ビス法制―金融商品取引法の成立」商事法
務1774号28頁〔松尾直彦発言〕）。ただし、
「一般条項ですから、そう発動されるよう
なものでもないので、ただ伝家の宝刀的な
価値はある」（同書同頁〔神田秀樹発言〕）
とは思われる）。

◆**分別管理義務（金商法43条の2）**　　本
条は、金融商品取引業者等が、顧客から預
託を受けた金銭または有価証券の分別管理
義務（1項・2項）およびその行う管理の
状況について公認会計士等の監査を受けな
ければならないこと（3項）を規定する。

　分別管理義務が設けられたのは、金融商
品取引業者等の財務状況の悪化が、それら
の者に財産を預けている顧客へ波及するこ
とのないようにするためである。平成10年
の旧証券取引法改正では証券業の参入規制
が緩和されたが、それに伴い、証券会社破
綻の際の投資家保護のために旧証券取引法
47条が規定された（「金融ビッグバンの進
展のもと証券会社間の競争が激化している
ところ、証券会社が破綻した場合に、顧客

資産が確実に返還されるよう顧客資産に係
る証券会社の分別管理義務が新たに規定さ
れた」（岸田雅雄ほか編『神崎克郎先生還
暦記念逐条・証券取引法―判例と学説』
217頁））。金商法43条の2第3項に関して
は、「旧証券取引法および関係政省令にお
いては、このような規定が定められていな
かったが、日本証券業協会の理事会決議
『会員における分別保管の適正な実施の確
保のための措置について』（平成13年11月
21日）において、自主規制として分別管理
に関する外部監査の実施が義務づけられて
いたことを踏まえ、金融商品取引法では顧
客財産の倒産隔離を図るため、外部監査義
務が法定され」たものとされる（平下美帆
『実務のための金融商品取引法〔第2版〕』
454～455頁）。

　分別管理義務（英語では「分別管理義務
は、segregation ルールと呼ばれている」
（神田秀樹『投資サービス法への構想』21
頁））とは、受託者が、他人の資産を預っ
ている場合には、その資産は自分の資産と
は分別して管理しなければならないという
義務を意味する。万一、受託者が破産した
場合であっても、預っている資産を保護す
る必要があるので、受託者にはこのような
義務が課せられる。

　分別管理義務は「民法の委任契約の受任
者の善管注意義務の規定からは（文言上
は）直ちには出てこない」（前掲『投資サ
ービス法への構想』26頁）とされるが、本
条の義務も、金商法43条の善管注意義務の
具体的発現の一つと考えるべきであろう。

◆**金商法43条の3（デリバティブ取引等に
おける分別管理）**　　本条は、有価証券関
連デリバティブ等以外のデリバティブ取引

等が金商法の規制対象取引とされたことにより新設された規定である。

有価証券関連デリバティブ等以外のデリバティブ取引等（有価証券関連デリバティブ取引に関して預託を受けた有価証券もしくは金銭は、金商法43条の2の分別管理義務の対象となる）に関して、顧客から金銭または有価証券その他の保証金または有価証券の預託を受けた場合の、分別管理義務（1項）および管理方法（2項）を定めた。

◆金商法43条の4（顧客の有価証券を担保に供する行為等の制限）　本条は旧証券取引法47条の2を受け継いだ規定である。旧証券取引法において、預託有価証券等の担保提供等の制限に関する規定は早くからあったが、その後の改正を経て現在の形になった（制定の沿革については、田中誠二＝堀口亘『コンメンタール証券取引法』544～545頁が詳しい）。平成12年の改正により、現同条3項（改正当時は2項。平成24年金商法改正で、商品関連市場デリバティブ取引に関する2項が追加されたため、3項となった）の規定（情報通信の技術を利用した同意取得の方法）が追加された。

本条の規定する制限が設けられているのは、金融商品取引業者等が顧客から預託を受けた有価証券等を自己のために担保に供したり他人に貸し付けたりした場合に、その間において、当該金融商品取引業者等または担保の提供や貸付を受けた当該他人に債務不履行などの事故が生じ、顧客が預託した有価証券等が処分され、顧客に損害が生ずることを防ぎ、もって顧客を保護するためである（同旨、堀口亘『最新証券取引法』420頁等）。

金融商品取引業者等は、顧客の計算において自己が占有する有価証券または顧客から預託を受けた有価証券（「金融商品取引業者等が運営するファンドにおいて、当該ファンドの財産として保有する有価証券は、金商法第43条の4第1項の「顧客の計算において自己が占有する有価証券又は顧客から預託を受けた有価証券」に該当しない」（金商法制パブコメ回答449頁1番）ので、本条の規制対象外である）を担保に供する場合または他人に貸し付ける場合には、内閣府令で定めるところにより、当該顧客から書面による同意を得なければならない（金商法43条の4第1項）。

ここにいう「顧客の計算において自己が占有する有価証券」とは、顧客の委託を受けて買い入れ、まだ顧客に引き渡さないで預っている有価証券のことであり、「顧客から預託を受けた有価証券」とは、寄託を受けた有価証券、担保として受けた有価証券、売却するために預った有価証券などのことである（同旨、前掲『コンメンタール証券取引法』545頁等）。

担保に供したり、貸し付けたりすることは、顧客から書面による同意を受ければ可能であり、金商法43条の4第1項を受けた金商業等府令146条は、その手続等を詳細に規定している。同府令によると、金融商品取引業者等は、有価証券を担保に供したり、他人に貸し付けたりする場合には、そのつど、顧客から書面による同意を得なければならない（金商業等府令146条1項）。ただし、金商業等府令140条1項に規定する場合（信用取引保証金代用有価証券を担保に供する場合）において、同項各号に掲げる要件のすべてを満たすときは、あらかじめ、顧客から金商法43条の4第1項の規

定による書面による同意（金商業等府令146条2項各号に掲げる要件のすべてを満たすものに限る）を包括的に得ることができる（金商業等府令146条2項）（旧証券会社に関する内閣府令31条1項・2項と同様の内容である）。

金商法43条の4第1項の規定する「書面による同意」については、同法34条の2第12項（情報通信の技術を利用した同意取得の方法）の規定（詳細は金商法施行令15条の23、金商業等府令57条の3に規定されている）が準用される（金商法43条の4第3項）。

10351 投資助言業務

金融機関が投資助言業務を行う場合、金商法の観点から何に注意する必要があるか

結 論

投資助言業務とは、投資顧問契約を締結し、当該投資顧問契約に基づき、有価証券の価値等または金融商品の価値等の分析に基づく投資判断に関し、助言する行為を業として行うことである。金融機関は、登録機関として同業務を行うことが可能である。

解 説

◆**投資顧問契約に基づく助言** 投資助言業務とは、投資顧問契約を締結し、当該投資顧問契約に基づき、有価証券の価値等または金融商品の価値等の分析に基づく投資判断に関し、助言する行為を業として行うことである（金商法28条3項1号・2条8

項11号）。もう少し詳しく説明すると下記のとおりになる。

① 投資顧問契約とは、当事者の一方が相手方に対して、④有価証券の価値等、もしくは、⑩金融商品の価値等の分析に基づく投資判断に関し、口頭、文書（新聞、雑誌、書籍その他不特定多数の者に販売することを目的として発行されるもので、不特定多数の者により随時に購入可能なものを除く）その他の方法により助言を行うことを約し、相手方がそれに対し報酬を支払うことを約する契約と定義される。

② 「有価証券の価値等」とは「有価証券の価値、有価証券関連オプションの対価の額又は有価証券指標の動向をいう」とされ、「金融商品の価値等」とは「金融商品の価値、オプションの対価の額又は金融指標の動向」、「投資判断」とは「投資の対象となる有価証券の種類、銘柄、数及び価格並びに売買の別、方法及び時期についての判断又は行うべきデリバティブ取引の内容及び時期についての判断」をいう。

③ 金商法は「金融商品」および「金融指標」について、同法2条24項・25項で定義している。

以上を前提として整理すると、金商法にいう投資助言業務に該当するためには下記が必要である。

① 助言は、「投資顧問契約」に基づき行う必要がある。

② 助言に対して相手方が報酬を支払うことを約束することが必要である。

③ 有価証券の価値等、たとえば、特定の銘柄の株式に関し、その株価の動向につ

き助言を行えば、投資助言業務に該当するが、有価証券の価値等以外の金融商品の価値の動向につき助言をしても、投資助言業務にはならない。たとえば、米ドル建債券の価格動向につき助言をすることは「有価証券の価値等」についての助言になるが、米ドル相場や金利の動向についての助言にすぎないのであれば、それは「有価証券の価値等」ではない「金融商品の価値等」の動向についての助言にとどまるので、それだけでは投資助言とはみなされない（通貨は金融商品（金商法2条24項3号）、金利は金融指標になる（同条25項1号））。

④ 「有価証券の価値等」ではない「金融商品の価値等」の動向に関して助言しても、それは投資助言業務には該当せず、「金融商品の価値等」の分析に基づく「投資判断」を行ってはじめて投資助言業務になる。よって、たとえば、円高になる可能性が高いとして米ドル建債券の売却をアドバイスしてはじめて「投資助言業務」に該当しうる助言をしたことになる。

この投資助言業務は、従来は、旧証券取引法ではなく、旧投資顧問業法による登録が必要とされていた業務だった（同法4条・2条1項・2項）が、金商法は、投資助言業を金融商品取引業の一つと位置づけた（同法2条8項11号）。

ところで、金商法は、銀行等の金融機関が有価証券関連業または投資運用業を行うことを原則として禁止しているが（同法33条1項）、投資助言業は同項で禁止されておらず、同法は、銀行等の金融機関にも投資助言業務の取扱いを認めている（同法33条3項・33条の2）。しかしながら、金商法上禁止されていなくとも、実際に銀行等の金融機関が当該業務をできるかどうかについては、他の法律、特に銀行法により銀行の業務範囲に対する制限が課せられていないかを確認する必要がある。銀行に関しては、同法が、同法10条・11条の規定する業務のほか他の業務を営むことができないとしており（同法12条）、従来、投資助言業務は同法10条・11条に規定されていなかった。しかし、平成20年6月に同法が改正され、投資助言業務を行うことができると明記された（同法11条1号）。よって、現在、銀行は投資助言業務を行うことができる。ただし、銀行が投資助言・代理業を行おうとするときは、内閣総理大臣の登録を受けなければならない（同法33条の2）。

以上から、法の定義する投資助言業務に該当することを銀行が行うことは可能だが、登録金融機関でない銀行が同業務を行うことは法令違反になる。ただし、下記のいずれかであれば、投資助言業務には該当しないことになるので、登録は不要である。

① 助言を顧客サービスの一環として、無償で行う場合
② 金利や為替、株式指数の動向を助言するにすぎない場合
③ 「新聞、雑誌、書籍その他不特定多数の者に販売することを目的として発行されるもので、不特定多数の者により随時に購入可能なもの」による助言

10352 弊害防止措置等

弊害防止措置等（金商法44条以下）とは何

か。登録金融機関として注意すべき点は何か

結　論

　弊害防止措置等とは、金融商品取引業者等が、複数の種別の金融商品取引業務を行う場合等に、金融商品取引業者等またはその役職員が行う一定の行為を禁止することによって、複数の種別の業務を行うこと等による弊害を防止しようとしたものである。特に、登録金融機関に関しては、信用供与に絡んで金融商品取引契約の締結またはその勧誘を行う行為等が禁止されていることに注意が必要である。

解　説

◆登録金融機関における弊害防止措置

金商法の第三章第二節第六款（44条〜44条の４）は、「弊害防止措置等」として、①二以上の種別の業務を行う場合の禁止行為（同法44条）、②その他業務に係る禁止行為（同法44条の２）、③親法人等または子法人等が関与する行為の制限（同法44条の３）、④引受人の信用供与の制限（同法44条の４）、を規定する。

　本問では金融機関の観点から、弊害防止措置等を概観することとし、特に重要と思われる条文（上記のうち①、②、③）については、【10353】【10354】【10355】で詳細を述べる。

◆二以上の種別の業務を行う場合の禁止行為（金商法44条）
　金融商品取引業者等が、複数の種別の金融商品取引業務を行う場合に、金融商品取引業者等またはその役職員が行う一定の行為を禁止することによ

って、複数の種別の業務を行うことによる弊害を防止しようとしたものである。業務の種別とは、金商法29条の２第１項５号に規定する種別をいい、おおむね第一種金融商品取引業に係る業務ならびに有価証券等管理業務、第二種金融商品取引業務、投資助言・代理業ならびに投資運用業の種別を指す。

　金融機関が投資助言業務を行う場合には金商法44条１号・２号ならびに同条３号に基づく金商業等府令147条１号・２号、投資助言業務および有価証券の引受を行う場合には金商業等府令147条３号・４号に留意が必要である。また、金融機関のうち信託業務を兼営し、投資運用業を行っている場合も同様である。

◆その他業務に係る禁止行為（金商法44条の２）
　金融商品取引業者等が、金融商品取引業務（付随業務を含む）や登録金融機関業務以外の業務を行う場合において、金融商品取引業者等またはその役職員が一定の行為を行うことを禁止している。これは、このような場合に「投資者の保護に欠け、取引の公正を害し、金融商品取引業または登録金融機関業務の信用を失墜させる行為を行うおそれがあることから、……一定の行為を禁止している」とされる（平下美帆『実務のための金融商品取引法』457頁）。

　金商法44条の２第１項は金融商品取引業者（登録金融機関を含まない）またはその役員もしくは使用人、同条２項は登録金融機関またはその役員もしくは使用人が名宛人である。登録金融機関は金銭の貸付その他信用の供与を主要業務として行っていることから、同条２項各号ならびに金商業等

府令150条各号に留意が必要である。

◆**親法人等または子法人等が関与する行為の制限（金商法44条の3）**　金融商品取引業者等が、親法人等または子法人等との間で取引をする場合、親法人等または子法人等の利益を図るために顧客の利益に反する行為を行うおそれがある。よって、金商法44条の3は親法人等または子法人等が関与する行為に制限を設けている。

　金商法44条の3第1項は金融商品取引業者に関して規定し、同条2項は登録金融機関に関して規定している。

◆**引受人の信用供与の制限（金商法44条の4）**　本条は、有価証券の引受人となった金融商品取引業者が、当該有価証券を売却する場合において、引受人となった日から6カ月を経過する日まで、その買主に買入代金につき貸付その他信用の供与をすることを禁止している。これは、このような場合には、「引受人が恣意的に相場を決定し顧客に不利益を与えることにもなりかねないことから、これを防止するため」（前掲『実務のための金融商品取引法』461頁）である。

　なお、本条の名宛人は金融商品取引業者であることから、登録金融機関は本条による規制の対象外である。

| 10353 | 二以上の種別の業務を行う場合の禁止行為 |

二以上の種別の業務を行う場合の禁止行為（金商法44条）としてどのような行為が禁止されているか。金融機関として何に留意が必要か

結　論

　金商法44条は、金融機関が投資助言業務または投資運用業務を行う場合における利益相反的取引を禁止するものである。よって、金融機関がいずれの業務も行わない場合には、金商法44条および金商業等府令147条の禁止行為の対象外である。

解　説

◆**禁止行為**　金商法44条により禁止される行為は以下のとおりである。

①　投資助言業務に係る助言を受けた顧客が行う有価証券の売買その他の取引等に関する情報または投資運用業に係る運用として行う有価証券の売買その他の取引等に関する情報を利用して、有価証券の売買その他の取引等の委託等を勧誘する行為（金商法44条1号）

②　投資助言業務および投資運用業以外の業務による利益を図るため、その行う投資助言業務に関して取引の方針、取引の額もしくは市場の状況に照らして不必要な取引を行うことを内容とした助言を行い、またはその行う投資運用業に関して運用の方針、運用財産の額もしくは市場の状況に照らして不必要な取引を行うことを内容とした運用を行うこと（同条2号）

③　投資助言業務の顧客が助言に基づき行った有価証券の売買等または投資運用業に関して運用財産の運用として行った有価証券の売買等を結了させ、または反対売買を行わせるため、その旨を説明することなく、当該顧客以外の顧客または当該運用財産の権利者以外の顧客に対して

有価証券の売買その他の取引等を勧誘する行為（同条3号に基づく金商業等府令147条1号）

④　投資助言業務または投資運用業に関して、非公開情報に基づいて、顧客の利益を図ることを目的とした助言を行い、または権利者の利益を図ることを目的とした運用を行うこと（同条2号）

⑤　有価証券の引受に係る主幹事会社である場合において、当該有価証券の募集または売出しの条件に影響を及ぼすために、その行う投資助言業務に関して実勢を反映しない作為的な相場を形成することを目的とした助言を行い、またはその行う投資運用業に関して実勢を反映しない作為的な相場を形成することを目的とした運用を行うこと（同条3号）

⑥　有価証券の引受等を行っている場合において、当該有価証券の取得または買付けの申込みの額が当該金融商品取引業者等が予定していた額に達しないと見込まれる状況のもとで、その行う投資助言業務に関して当該有価証券を取得し、もしくは買い付けることを内容とした助言を行い、またはその行う投資運用業に関して当該有価証券を取得し、もしくは買い付けることを内容とした運用を行うこと（同条4号）

◆**金商法44条の背景ならびに趣旨**　金商法44条1号は旧証券取引法44条1号・2号、金商法44条2号は旧投資顧問業法23条の5第2号・31条の5第2号、改正前の投資信託法34条の13第2号の規定を参考にしているとされる（平下美帆『実務のための金融商品取引法〔第2版〕』456頁）。また、金商業等府令147条2号は旧投資顧問業法23

条の5第1号・31条の5第1号、改正前の投資信託法34条の13第1号等、金商業等府令147条3号は旧投資顧問業法23条の5第3号・31条の5第3号、改正前の投資信託法34条の13第3号を参考に規定したとされる（前掲『実務のための金融商品取引法〔第2版〕』456頁）。

金商法44条1号は投資助言業務または投資運用業に関して得た情報を利用した勧誘、同条2号は不必要な取引を行うことを内容とした助言または運用を禁止するものであり、金商業等府令147条の行為も投資助言業務または投資運用業に係る一定の行為を禁止しているものである。よって、投資助言・代理業務も投資運用業務も行わない金融機関は、金商法44条ならびに金商業等府令147条の禁止行為の適用対象外である。

10354　その他の業務に係る禁止行為

その他の業務に係る禁止行為（金商法44条の2）とは何か。どのような行為が禁止されているか

結　論

登録金融機関に適用されるのは金商法44条の2第2項であり、主として信用供与を条件とした金融商品取引契約の締結または勧誘が禁止されている（投資助言業務や投資運用業務を行わない場合）。また、その他の禁止事項として、優越的地位の濫用に当たる行為や融資部門と金融商品仲介業務部門間の顧客の非公開融資等情報の授受が禁止されていることに注意が必要である。

解　説

◆金商法44条の2の構成　　金商法44条の2第1項は金融商品取引業者またはその役職員に対する禁止行為を定め、同条2項は登録金融機関またはその役職員に対する禁止行為を定めている。

◆金商法44条の2の立法趣旨　　「金融商品取引業者等が金融商品取引業・登録金融機関業務以外の業務を行う場合、金融商品取引業・登録金融機関業務の情報を利用してその他の業務を行う等、金融商品取引業・登録金融機関業務とその他の業務との間に利益相反が生じるおそれがある」（岸田雅雄『注釈金融商品取引法　第2巻』515頁〔堀弘〕）ことにより設けられた規定である。

◆禁止される行為　　金融商品取引業者またはその役員もしくは使用人は、金融商品取引業およびこれに付随する業務以外の業務を行う場合には、以下の行為をしてはならない（金商法44条の2第1項）。

① 信用取引以外の方法による金銭の貸付その他信用の供与をすることを条件として有価証券の売買の受託等をする行為（同項1号）

② 金融商品取引業者その他業務による利益を図るため、その行う投資助言業務に関して取引の方針、取引の額もしくは市場の状況に照らして不必要な取引を行うことを内容とした助言を行い、またはその行う投資運用業に関して運用の方針、運用財産の額もしくは市場の状況に照らして不必要な取引を行うことを内容とした運用を行うこと（同項2号）

③ 資金の貸付もしくは手形の割引を内容

とする契約の締結の代理もしくは媒介または信用の供与を行うことを条件として、金融商品取引契約の締結またはその勧誘を行う行為（同条3号に基づく金商業等府令149条1号）

④ 金融商品取引業に従事する役員または使用人が、有価証券の発行者である顧客の非公開融資等情報を金融機関代理業務に従事する役員もしくは使用人から受領し、または金融機関代理業務に従事する役員もしくは使用人に提供する行為（同条2号）

登録金融機関またはその役員もしくは使用人は、登録金融機関業務以外の業務を行う場合には、下記の行為を行ってはならない（金商法44条の2第2項）。

① 金銭の貸付その他信用の供与をすることを条件として有価証券の売買の受託等をする行為（同項1号）

② 登録金融機関その他業務による利益を図るため、その行う投資助言業務に関して取引の方針、取引の額もしくは市場の状況に照らして不必要な取引を行うことを内容とした助言を行い、またはその行う投資運用業に関して運用の方針、運用財産の額もしくは市場の状況に照らして不必要な取引を行うことを内容とした運用を行うこと（同項2号）

③ 資金の貸付もしくは手形の割引を内容とする契約の締結の代理もしくは媒介または信用の供与の条件として、金融商品取引契約の締結またはその勧誘を行う行為（同項3号に基づく金商業等府令150条1号）

④ 資金の貸付もしくは手形の割引を内容とする契約の締結の代理もしくは媒介ま

たは信用の供与を行うことを条件として、金融商品取引契約の締結またはその勧誘を行う行為（同条2号）

⑤ 自己の優越的な地位を不当に利用して金融商品取引契約の締結またはその勧誘を行う行為（金商法44条の2第3号）

⑥ 以下の場合において、その旨を顧客に説明することなく行う有価証券の売買の媒介または有価証券の募集、売出しもしくは私募の取扱い（同条4号）

　イ　自己に対して借入金に係る債務を有する者が当該有価証券を発行する場合であって、当該有価証券に係る手取金が当該債務の弁済にあてられることを知っているとき

　ロ　自己が借入金の主たる借入先である者が当該有価証券を発行する場合

⑦ 金融商品仲介業務に従事する役職員が、有価証券の発行者である顧客の非公開融資等情報を融資業務もしくは金融機関代理業務に従事する者から受領し、または融資業務もしくは金融機関代理業務に従事する者に提供する行為（同条5号）

◆**金融機関にとっての留意事項**　登録金融機関に適用されるのは金商法44条の2第2項であり、主として信用供与を条件とした金融商品取引契約の締結または勧誘が禁止されている（投資助言業務や投資運用業務を行わない場合）。

　その他の禁止事項として、金商業等府令により、優越的地位の濫用に当たる行為や融資部門と金融商品仲介業務部門間の顧客の非公開融資等情報の授受が禁止されていること（顧客の書面による事前の同意がある場合等の除外事由あり）に注意が必要である。

10355　親法人等または子法人等が関与する行為の制限

親法人等または子法人等が関与する行為の制限（金商法44条の3）として、どのような行為が制限されているか。親法人等または子法人等とは何か

結　論

　金融商品取引業者等が、親法人等または子法人等との間で取引をする場合、親法人等または子法人等の利益を図るために顧客の利益に反する行為を制限している。親法人等、子法人等については金商法31条の4第3項・4項で定められているが、内閣府令で定められる親法人等または子法人等との間の非公開情報もしくは非公開融資等情報の授受等にも注意が必要である。

解　説

◆**金商法44条の3の構成および立法趣旨**
金商法44条の2と同じく、44条の3第1項は金融商品取引業者またはその役職員に対する禁止行為を定め、同条2項は登録金融機関またはその役職員に対する禁止行為を定めている。

　本条の立法趣旨であるが、金融商品取引業者等が、親法人等または子法人等との間で取引をする場合、親法人等または子法人等の利益を図るために顧客の利益に反する行為を行うおそれがある。よって、本条は親法人等または子法人等が関与する行為に制限を設けている。

◆**禁止される行為**　金融商品取引業者またはその役員もしくは使用人は、以下の行

為をしてはならない（金商法44条の３第１項）。

① 通常の取引の条件と異なる条件であって取引の公正を害するおそれのある条件で、当該金融商品取引業者の親法人等または子法人等と有価証券の売買その他の取引または店頭デリバティブ取引を行うこと（同項１号）

② 当該金融商品取引業者との間で金融商品取引行為に関する契約を締結することを条件としてその親法人等または子法人等がその顧客に対して信用を供与していることを知りながら、当該顧客との間で当該契約を締結すること（同項２号）

③ 当該金融商品取引業者の親法人等または子法人等の利益を図るため、その行う投資助言業務に関して取引の方針、取引の額もしくは市場の状況に照らして不必要な取引を行うことを内容とした助言を行い、またはその行う投資運用業に関して運用の方針、運用財産の額もしくは市場の状況に照らして不必要な取引を行うことを内容とした運用を行うこと（同項３号）

④ その他、当該金融商品取引業者の親法人等または子法人等が関与する行為であって投資者の保護に欠け、もしくは取引の公正を害し、または金融商品取引業の信用を失墜させるおそれがあるものとして金商業等府令153条１項１号から15号に掲げる行為（同項４号）

登録金融機関またはその役員もしくは使用人は、下記の行為を行ってはならない（金商法44条の３第２項）。

① 通常の取引の条件と異なる条件であって取引の公正を害するおそれのある条件で、当該登録金融機関の親法人等または子法人等と有価証券の売買その他の取引または店頭デリバティブ取引を行うこと（同項１号）

② その親法人等または子法人等との間で金融商品取引行為に関する契約を締結することを条件として当該登録金融機関がその顧客に対して信用を供与しながら、当該顧客との間で金商法33条２項４号ロに掲げる行為（金融商品仲介行為）をすること（同項２号）

③ 当該登録金融機関の親法人等または子法人等の利益を図るため、その行う投資助言業務に関して取引の方針、取引の額もしくは市場の状況に照らして不必要な取引を行うことを内容とした助言を行い、またはその行う投資運用業に関して運用の方針、運用財産の額もしくは市場の状況に照らして不必要な取引を行うことを内容とした運用を行うこと（同項３号）

④ その他、当該登録金融機関の親法人等または子法人等が関与する行為であって投資者の保護に欠け、もしくは取引の公正を害し、または登録金融機関業務の信用を失墜させるおそれがあるものとして金商業等府令154条１号から９号に掲げる行為（同項４号）

◆留意点　金商法上の「親法人等」「子法人等」は以下のように定義されている。

① 「親法人等」とは、「金融商品取引業者の総株主等の議決権の過半数を保有していることその他の当該金融商品取引業者と密接な関係を有する法人その他の団体として政令で定める要件に該当する者」をいう（金商法31条の４第３項）。なお、上記政令は金商法施行令15条の16第１項

である。

② 「子法人等」とは、「金融商品取引業者が総株主等の議決権の過半数を保有していることその他の当該金融商品取引業者と密接な関係を有する法人その他の団体として政令で定める要件に該当する者」をいう（金商法31条の4第4項）。なお、上記政令は金商法施行令15条の16第2項である。

　金商法44条の3第1項4号、2項4号により内閣府令で定める行為のうち重要なものとして、親法人等または子法人等との間の非公開情報もしくは非公開融資等情報の授受等（顧客等の事前の同意がある場合等を除く）があることに注意が必要である（非公開情報・非公開融資等情報の定義については【10357】参照）。

　金商法44条の3第1項1号、2項1号はいわゆるアームズ・レングス・ルールを定めたものである（同ルールの詳細については【10484】参照）。

10356　情報提供等に関する規制

金融機関が保有する情報の提供等に関する規制としてどのようなものがあるか

結　論

　金融機関が保有する情報の提供等に関する規制としては、金商法の規制として、**特定金融商品取引業者等に関する規制、禁止行為、顧客に関する情報の適正な取扱い等、弊害防止措置等、があるほか、銀行法等の業法による規制がある。また、金融機関が**保有する顧客との取引内容に関する情報等について、金融機関は守秘義務を負うと解されていることにも注意が必要である。

解　説

　金融機関が保有する情報の提供等に関する規制としては、大きく以下のものがある。
① 特定金融商品取引業者等に関する規制（金商法36条2項ないし5項）
② 禁止行為（同法38条8号）
③ 顧客に関する情報の適正な取扱い等（同法40条2号）
④ 弊害防止措置等（同法44条ないし44条の4）
⑤ その他（銀行法等）

　上記はそれぞれ規制の目的・趣旨を異にし、規制対象者・情報、規制行為も異なるものである。また、金融機関が保有する顧客との取引内容に関する情報等について、金融機関は守秘義務を負うと解されている。守秘義務については「第4節　守秘義務」（【10391】以下）、上記のうちの①は【10282】（特定金融商品取引業者等）、③は【10321】（業務の運営の状況が公益に反し、または投資者の保護に支障を生ずるおそれがある状況）、④は【10352】（弊害防止措置等）の各設問にそれぞれの解説は譲り、本項では②と⑤について、その要点を説明する。

◆**禁止行為（金商法38条8号）について**
投資者の保護に欠け、もしくは取引の公正を害し、または金融商品取引業者の信用を失墜するものと認められる行為として、金商業等府令117条1項が定める以下の一定の情報の提供や一定の情報に基づく行為が禁止される。

① 個人である金融商品取引業者または金融商品取引業者等の役員もしくは使用人が、自己の職務上の地位を利用して、顧客の有価証券の売買その他の取引等に係る注文の動向その他職務上知りえた特別の情報に基づいて、またはもっぱら投機的利益の追求を目的として有価証券の売買その他の取引等を行う行為（金商業等府令117条1項12号）

② 有価証券の売買その他の取引または有価証券に係るデリバティブ取引もしくはその媒介、取次もしくは代理につき、顧客に対して当該有価証券の発行者の法人関係情報を提供して勧誘する行為（金商業等府令117条1項14号）

③ 上場会社等の発行する株式等の募集について、当該募集に係る有価証券に対する投資者の需要の見込みに関する調査を行う場合において、当該調査の対象者等に対し、当該募集に係る法人関係情報を提供する行為（金商業等府令117条1項15号）

④ 法人関係情報に基づいて、自己の計算において当該法人関係情報に係る有価証券の売買その他の取引等をする行為（金商業等府令117条1項16号）

◆その他（銀行法等）について　「銀行は、内閣府令で定めるところにより、……その業務に関して取得した顧客に関する情報の適正な取扱い、その業務を第三者に委託する場合における当該業務の的確な遂行その他の健全かつ適切な運営を確保するための措置を講じなければならない」（銀行法12条の2第2項）とし、銀行法施行規則が以下の規制を規定している。

① 銀行は、その取り扱う個人である顧客に関する情報の安全管理、従業者の監督および当該情報の取扱いを委託する場合にはその委託先の監督について、当該情報の漏えい、滅失またはき損の防止を図るために必要かつ適切な措置を講じなければならない（銀行法施行規則13条の6の5）。

② 銀行は、信用情報に関する機関から提供を受けた情報であって個人である資金需要者の借入金返済能力に関するものを、資金需要者の返済能力の調査以外の目的のために利用しないことを確保するための措置を講じなければならない（同規則13条の6の6）。

③ 銀行は、その取り扱う個人である顧客に関する人種、信条、門地、本籍地、保健医療または犯罪経歴についての情報その他の特別の非公開情報を、適切な業務の運営の確保その他必要と認められる目的以外の目的のために利用しないことを確保するための措置を講じなければならない（同規則13条の6の7）。個人情報保護法に関しては、【10409】参照。

10357　非公開情報等

非公開情報、非公開融資等情報とは何か。インサイダー情報とは異なるのか

結　論

非公開情報とは発行者に関する公表されていない重要な情報または顧客の有価証券の売買その他の取引に関する特別の情報であり、非公開融資等情報とは融資業務等に

従事する役職員が職務上知りえたその顧客の行う事業に係る公表されていない情報その他の特別な情報または金融商品取引業もしくは金融商品仲介業務に従事する役職員が職務上知りえたその顧客の有価証券の売買その他の取引等に係る注文の動向その他の特別の情報をいう。いずれもインサイダー情報とは異なる概念であるが重なりうるものでもある。

解　説

◆**総論**　弊害防止措置等（金商法44条から44条の4まで）の規定により、金商業等府令で追加して禁止される行為のなかに、「非公開情報」「非公開融資等情報」への言及がある。すなわち、非公開情報に言及した規定としては、金商業等府令147条2号、153条1項7～9号などがあり、非公開融資等情報に言及した規定としては、同府令149条2号、150条5号などがある。そこで、これらの情報が何を具体的に意味するかが問題となる。

◆**非公開情報・非公開融資等情報の定義**
「非公開情報」とは、「発行者である会社の運営、業務若しくは財産に関する公表されていない重要な情報であって顧客の投資判断に影響を及ぼすと認められるもの又は自己若しくはその親法人等若しくは子法人等の役員若しくは使用人が職務上知り得た顧客の有価証券の売買その他の取引等に係る注文の動向その他の特別の情報をいう」とされる（金商業等府令1条4項12号）。すなわち、発行者に関する公表されていない重要な情報または顧客の有価証券の売買その他の取引に関する特別の情報が非公開情報に該当しうることになる。

一方、「非公開融資等情報」は、金商業等府令1条4項13号により、「融資業務若しくは金融機関代理業務に従事する役員若しくは使用人が職務上知り得たその顧客の行う事業に係る公表されていない情報その他の特別な情報であって金融商品取引業若しくは金融商品仲介業務に従事する役員若しくは使用人が勧誘する有価証券に係る顧客の投資判断に影響を及ぼすと認められるもの又は金融商品取引業若しくは金融商品仲介業務に従事する役員若しくは使用人が職務上知り得たその顧客の有価証券の売買その他の取引等に係る注文の動向その他の特別の情報であって当該有価証券の発行者に係る融資業務若しくは金融機関代理業務に重要な影響を及ぼすと認められるもの」と定義されている。

上記から、「非公開融資等情報」には、以下の2種類があることになる。なお、①についてはこのような情報が「金融商品取引業若しくは金融商品仲介業務に従事する役員若しくは使用人が勧誘する有価証券に係る顧客の投資判断に影響を及ぼすものと認められるもの」、②については「当該有価証券の発行者に係る融資業務若しくは金融機関代理業務に重要な影響を及ぼすと認められるもの」であることが必要である。

①　融資業務等に従事する役職員が職務上知りえたその顧客の行う事業に係る公表されていない情報その他の特別な情報

②　金融商品取引業もしくは金融商品仲介業務に従事する役職員が職務上知りえたその顧客の有価証券の売買その他の取引等に係る注文の動向その他の特別の情報

◆**非公開融資等情報の遮断**　金融機関にとっては、融資部門と登録金融機関業務を

行う部門との間で非公開融資等情報が共有されることのないような施策（非公開融資等情報の遮断）を講ずることが重要になる。金商法令等の規定や金融庁・日本証券業協会（以下「日証協」という）の解説等は以下のとおりである。

① 「金融商品仲介業務に従事する役員又は使用人が、……非公開融資等情報を融資業務……に従事する役員若しくは使用人から受領し、又は融資業務……に従事する役員若しくは使用人に提供する行為」が禁止される（金商法44条の2第2項3号、金商業等府令150条5号）

② 「金融商品仲介業務と融資業務を併せて実施する組織を統轄する役員若しくは使用人等が、イ、融資業務に従事する者から受領した非公開融資等情報を金融商品仲介業務に従事する者に提供しないことになっているか。ロ、金融商品仲介業務に従事する者から受領した非公開融資等情報を融資業務に利用し、又は融資業務に従事する者に提供しないことになっているか」（金商業者監督指針Ⅷ-1-1(8)①）

③ 「金融商品仲介業務に従事する者と融資業務に従事する者との間での、……非公開融資等情報の授受を遮断しているか。例えば、金融商品仲介業務と融資業務の分離や担当職員の明確化又はこれに準じた措置を内容とする社内規則を整備すること等により、非公開融資等情報の授受の遮断について実効性が図られるよう努めているか」（金商業者等監督指針Ⅷ-2-1(2)⑥）

④ 「融資業務を通じて入手した有価証券の発行者にかかる非公開情報のうち、非公開融資等情報に該当するものについては、証券仲介業務担当者との間で授受が行われないよう情報遮断措置を取ることが必要です。このため、当該システム内の情報に非公開融資等情報が含まれている場合に、当該情報に証券仲介業務担当者がアクセス可能である状況は、組織が分離されていても非公開融資等情報が遮断されていないものと考えられます」（平成17年6月日証協「特別会員の証券仲介業務に関するQ&A」9頁の問19）

◆**インサイダー情報** 金商法は「（会社関係者）であって、上場会社等に係る業務等に関する重要事実を当該各号に定めるところにより知ったものは、当該業務等に関する重要事実の公表がされた後でなければ、当該上場会社等の特定有価証券等に係る売買その他の有償の譲渡若しくは譲受け又はデリバティブ取引をしてはならない」と定める（同法166条1項）。ここでいう重要事実とは、同条2項に詳細に規定されており、前述の非公開情報や非公開融資等情報とは必ずしも一致しない（一致する情報も含まれうる）（詳細は、【10573】）。

なお、法人関係情報について、金商業等府令により、有価証券の発行者の法人関係情報を提供して有価証券の売買その他の取引または有価証券に係るデリバティブ取引を勧誘する行為が禁止されており（金商業等府令117条1項14号）、ここでいう「法人関係情報」は金商法166条の重要事実や非公開情報・非公開融資等情報に限られないことに注意が必要である。すなわち、「法人関係情報」とは、「法第163条第1項に規定する上場会社等の運営、業務又は財産に関する公表されていない重要な情報であっ

て顧客の投資判断に影響を及ぼすと認められるもの並びに法第27条の2第1項に規定する公開買付け、これに準ずる株券等の買集め及び法第27条の22の2第1項に規定する公開買付けの実施又は中止の決定に係る公表されていない情報をいう」とされている（金商業等府令1条4項14号）。

10358 インサイダー取引

インサイダー取引とは何か。登録金融機関として注意すべき点は何か

結　論

インサイダー取引とは、①上場会社等の会社関係者、元会社関係者ないし情報受領者が、②当該上場会社等に係る業務等に関する重要事実発生後その公表前に、③当該重要事実の発生を一定の方法により知りながら、④当該上場会社等の特定有価証券等に係る売買その他の有償の譲渡もしくは譲受けまたはデリバティブ取引をすることである。金商法においては、特定有価証券等に係るクレジット・デリバティブ取引もインサイダー取引規制の対象取引となったことに注意が必要である（【10574】以下参照）。

解　説

◆**インサイダー取引の禁止**　金商法は会社関係者「であつて、上場会社等に係る業務等に関する重要事実……を当該各号に定めるところにより知つたものは、当該業務等に関する重要事実の公表がされた後でなければ、当該上場会社等の特定有価証券等

に係る売買その他の有償の譲渡若しくは譲受け又はデリバティブ取引……をしてはならない」（同法166条1項）と規定し、これは「インサイダー取引の禁止」といわれるものである。

上記定義によると、ある行為がインサイダー取引に該当するためには、①上場会社等の会社関係者、元会社関係者ないし情報受領者が、②当該上場会社等に係る業務等に関する重要事実発生後その公表前に、③当該重要事実の発生を金商法166条1項各号に定めるところにより知りながら、④当該上場会社等の特定有価証券等に係る売買その他の有償の譲渡もしくは譲受けまたはデリバティブ取引をすることが必要である。

旧証券取引法においてもインサイダー取引は禁止されていたが、金商法の規定は旧証券取引法の規定（同法166条1項）とおおむね同じであり、上記①〜④の要件のうち、異なるのは④だけである。すなわち、同法では「特定有価証券等に係る売買その他の有償の譲渡若しくは譲受け又は有価証券指数等先物取引、有価証券オプション取引、外国市場証券先物取引若しくは有価証券店頭デリバティブ取引」とされていたが、金商法では「特定有価証券等に係る売買その他の有償の譲渡若しくは譲受け又はデリバティブ取引」と規定されている。よって、同法では、「特定有価証券等に係るデリバティブ取引」が広く禁止対象取引に指定されたことになる。

◆**重要事実**　重要事実は、金商法166条2項に規定されており、以下のとおりである。

（1）　決定事実（金商法166条2項1号）
上場会社等の業務執行決定機関が一定の事

項を行うことについての決定をしたこと、または、当該機関が当該決定後公表した事項を行わないことを決定したことであり、募集株式等の発行または募集新株予約権の発行（同号イ）、資本金・資本準備金・利益準備金の額の減少（同号ロ・ハ）、自己株式取得（同号ニ）、株式無償割当て・株式分割（同号ホ・ヘ）、剰余金の配当（同号ト）、株式交換・株式移転（同号チ・リ）、合併（同号ヌ）、会社分割・事業譲渡等・解散（同号ル・ヲ・ワ）、新製品または新技術の企業化（同号カ）などである。

（2）発生事実（金商法166条2項2号）上場会社等に一定の事実が発生したことであり、災害に起因する損害または業務遂行の過程で生じた損害（同号イ）、主要株主の異動（同号ロ）、上場廃止等の原因となる事実（同号ハ）、その他政令指定事項（同号ニ）（金商法施行令28条の2第1〜12号）として、訴訟提起、仮処分申立、免許取消、債権者による債務の免除等がある。

（3）決算情報（金商法166条2項3号）上場会社等の売上高、経常利益もしくは純利益（売上高等）もしくは剰余金の配当または当該上場会社等の属する企業集団の売上高等について、公表された直近の予想値（当該予想値がない場合は、公表された前事業年度の実績値）に比較して当該上場会社等が新たに算出した予想値または当該事業年度の決算において差異が生じたことである。

（4）バスケット条項（金商法166条2項4号）（1）〜（3）のほか、上場会社等の運営、業務または財産に関する重要な事実であって投資者の投資判断に著しい影響を及ぼすものである。

（5）子会社に係る決定事実（金商法166条2項5号）、発生事実（同項6号）、決算情報（同項7号）、および、バスケット条項（同項8号）であり、基本的には、上記(1)〜(4)に対応している。

◆**クレジット・デリバティブ取引**（【10574】参照）　金商法においては、特定有価証券等に係るクレジット・デリバティブ取引も、インサイダー取引規制の対象取引となる。

ここで、特定有価証券等とは、金商法163条1項、金商法施行令27条の3により、①社債券（金商法2条1項5号）、②優先出資法に規定する優先出資証券（同項7号）、③株券または新株予約権証券（同項9号）、④外国の者の発行する証券等で上記①〜③の性質を有するものとして政令で指定されるもの、⑤関連有価証券（特定有価証券に係るオプションを表示する有価証券）とされる。

ただし、旧証券取引法における社債等の取引と同じく、対象となる重要事実は限定されている。すなわち、社債等取引に関しては、いわゆるデフォルト関係情報に基づき行うものに規制対象が限定されているが、社債等を参照資産とするクレジット・デリバティブ取引においても同じである。また、社債券（新株予約権付社債券を除く）その他の政令で定める有価証券に係る売買等をする場合は内閣府令で定める場合を除き、インサイダー取引の禁止は適用されない（金商法166条6項6号）とされており、有価証券の取引等の規制に関する内閣府令（以下「規制府令」という）によると、「法（編注：金商法）第166条第6項第6号に規定する内閣府令で定める場合は、同条第2

項に規定する重要事実のうち同項第1号ワ若しくは令第28条第8号に掲げる事項に係るもの又は令第28条の2第5号若しくは第6号に掲げる事実に係るものを知って売買等をする場合とする」とされている（規制府令58条）。

以上から、会社関係者等が、下記の情報を知って行う社債券等の売買取引等および社債券等に係るクレジット・デリバティブ取引はインサイダー取引になる。

① 「解散（合併による解散を除く。）」（金商法166条2項1号ワ）
② 「破産手続開始、再生手続開始又は更生手続開始の申立て」（金商法施行令28条8号）
③ 「債権者その他の当該上場会社等以外の者による破産手続開始、再生手続開始、更生手続開始又は企業担保権の実行の申立て又は通告」（金商法施行令28条の2第5号）
④ 「手形若しくは小切手の不渡り（支払資金の不足を事由とするものに限る。）又は手形交換所による取引停止処分」（金商法施行令28条の2第6号）

もっとも、すべてのクレジット・デリバティブ取引がインサイダー取引規制の対象となるわけではなく、クレジット・デリバティブ取引が参照する「法人の信用状態」の対象となる「法人」（会社）は、上場会社等に限られる（金商法166条1項）し、社債等を参照資産とするクレジット・デリバティブ取引が規制の対象であり、ローンのみを参照資産とするものは対象外である。

また、取引が禁止されるのは、会社関係者が以下に定めるところにより当該上場会社等に係る業務等に関する重要事実を知っ

た場合、および、会社関係者から重要事実の伝達を受けた場合であることは、通常のインサイダー取引と同じである（金商法166条1項・3項）。

① 当該上場会社等の役員、代理人、使用人その他の従業者が、その者の職務に関し知ったとき（同条1項1号）
② 当該上場会社等の株主等が、その権利の行使に関し知ったとき（同項2号）
③ 当該上場会社等に対する法令に基づく権限を有する者が、その権限の行使に関し知ったとき（同項3号）
④ 当該上場会社等と契約を締結している者または締結の交渉をしている者が、当該契約の締結もしくはその交渉または履行に関し知ったとき（同項4号）
⑤ 同項2号または4号に掲げる者であって法人であるものの役員等が、その職務に関し知ったとき（同項5号）

◆法人関係情報取引等の禁止　有価証券の発行者の法人関係情報を提供して有価証券の売買その他の取引または有価証券に係るデリバティブ取引を勧誘する行為が禁止されている（金商業等府令117条1項14号）。ここで「法人関係情報」とは、「法第163条第1項に規定する上場会社等の運営、業務又は財産に関する公表されていない重要な情報であって顧客の投資判断に影響を及ぼすと認められるもの並びに法第27条の2第1項に規定する公開買付け、これに準ずる株券等の買集め及び法第27条の22の2第1項に規定する公開買付けの実施又は中止の決定に係る公表されていない情報をいう」（金商業等府令1条4項14号）とされ、デフォルト関係情報に限られない。

登録金融機関が金商法に違反した場合、どのような罰則および監督上の処分等があるか

結　論

　旧証券取引法では、証券会社や登録金融機関に対する業務改善命令の発動については、個別に規定された事項についての法令違反に限定されていた。これに対し、金商法は、金融商品取引業者等が同法に違反した場合、その違反が一定の場合に該当すれば、業務の全部または一部の停止、役員の解任、登録の取消の処分が課せられるだけでなく、その業務の運営に関し、公益または投資者の保護のため必要かつ適当であると認めるときは、その必要の限度において、金融商品取引業者等に対し、業務の方法の変更その他業務の運営の改善に必要な措置をとるべきことを命ずることができるとされ、業務改善命令の発動要件を、一般的な要件の形にしていることに注意が必要である。

解　説

　金商法は、第三章第四節（50～57条）において、金融商品取引業者等に対する監督規定を置いている。登録金融機関が同法に違反した場合、その違反が一定の場合に該当すれば、業務の全部または一部の停止、役員の解任、登録の取消の処分が課せられる（同法52条の2）。また、「登録金融機関の業務の運営に関し、公益又は投資者の保

護のため必要かつ適当であると認めるときは、その必要の限度において、当該登録金融機関に対し、業務の方法の変更その他業務の運営の改善に必要な措置をとるべきことを命ずることができる」（同法51条の2）。

　旧証券取引法では、証券会社や登録金融機関に対する業務改善命令の発動については、個別に規定された事項についての法令違反に限定されていた（同法56条1項・65条の2第5項）。これに対して、金商法は、業務改善命令の発動要件を「公益又は投資者の保護のため必要かつ適当であると認めるとき」とし、一般的な要件の形にしている（同法51条・51条の2）。

　上記改正の背景は、旧法制下において、金融先物取引業者や投資信託委託業者に対しては、業務改善命令の発動要件を「公益又は投資者の保護のため必要かつ適当であると認めるとき」といった一般的な要件の形にしていたこと（旧金融先物取引法86条、旧投信法40条1項）による。

　このように、金商法では、業務改善命令の発動要件を一般的な要件の形にしているが、「金融商品取引業者等に対する業務改善命令は、あくまでも「その必要の限度において」行うものであり……、当局に必ずしも広範な裁量権を付与するものでない」（三井秀範＝池田唯一監修『一問一答金融商品取引法〔改訂版〕』323頁）。

　金商業者監督指針II-5-2においては、金融商品取引業者等に対する行政処分（業務改善命令、業務停止命令等）を検討するにあたっては、下記の点について検討を行うこととしている。

① 当該行為の重大性・悪質性の要素として、⑦公益侵害の程度、回利用者被害の

程度、㈡行為自体の悪質性、㈢当該行為が行われた期間や反復性、㈣故意性の有無、㈥組織性の有無、㈦隠蔽の有無、㈧反社会的勢力との関与の有無

② 当該行為の背景となった経営管理態勢および業務運営態勢の適切性として、㈠代表取締役や取締役会の法令遵守に関する認識や取組みが十分か、㈡内部監査部門の体制は十分か、また、適切に機能しているか、㈢コンプライアンス部門やリスク管理部門の体制は十分か、また適切に機能しているか、㈣業務担当者の法令等遵守に関する認識は十分か、また、社内教育が十分になされているか

③ 上記以外に、行政による対応に先行して、金融商品取引業者等自身が自主的に利用者保護のために所要の対応に取り組んでいるといった軽減事由があるか

なお、「登録金融機関が行う有価証券関連業務について不適切な事例が見られた場合においては、金商法に基づく投資者保護の観点に加え、銀行法等に基づく経営の健全性の観点も踏まえ、銀行監督担当部局等と連携して、報告徴求を行い、必要に応じ業務改善命令を発出することとする」とされている（金商業者監督指針Ⅱ-5-3）。

第5項　消費者契約法

| 10360 | 消費者契約法の適用範囲 |

消費者契約法の適用範囲はどこまでか。金販法や利息制限法等との関係はどうか

結　論

消費者契約法は消費者の利益の擁護のために民法の特則を定めたものであり、事業者と消費者間の契約に適用される。金販法とは競合的に適用され、消費者において有利なほうを選択できるが、利息制限法等に別段の定めのある場合はそちらが優先適用される。

解　説

◆**立法趣旨と適用範囲**　消費者契約法は、消費者に契約の取消権や契約条項の無効を主張する私法上の権利を与え、また、適格消費者団体に対して消費者の被害の発生・拡大を防止するために事業者等への差止請求を認めることなどによって、消費者の利益の擁護を図ることを目的としている（消費者契約法1条）。

民法では契約当事者を対等・平等の者としてルールを組み立てているが、消費者と事業者との間には情報格差・交渉力格差があり、民法をそのまま適用したのでは社会的に妥当な解決が図られないことがある。消費者契約法は、「契約の勧誘過程で消費者が誤認・困惑させられたとき等の取消

権」（【10361】参照）と「不当な契約条項の無効」（【10362】参照）等により、消費者の正当な利益の擁護を図ることを目的としている。

消費者は個人を指すが、事業としてまたは事業のために契約の当事者となる場合は除かれる。

消費者契約法の対象となるのは、消費者と事業者の間に締結されるすべての契約である。ただし、労働契約については別途特別法があるので除かれる（同法2条、労働契約の除外につき48条）。

◆**消費者契約法と金販法との関係**　消費者契約法の対象となる契約には、金販法の対象である金融商品の販売契約も含まれる。これらは競合して適用され、要件が整えば顧客（消費者）はいずれか有利なほうを選択できる。

たとえば、金融機関が消費者に対する金融商品の販売において説明義務を尽くさなかった場合には金販法上の損害賠償義務を追求できるが、その際にあわせて不実の告知や断定的判断の提供があれば、消費者契約法上の取消権も行使できることになる。

◆**消費者契約法と他の法律との関係**　消費者契約法は、民法・商法に優先して適用されるが、民法・商法以外の法律に意思表示の取消や契約条項の効力についての別段の定めがある場合は、その定めによる（消費者契約法11条）としている。

別段の定めのある法律としては、利息制限法・割賦販売法・特定商取引に関する法

律等がある。これらは無効となる契約条項の内容についてより詳細な定めを置いたり、遅延損害金の上限を独自に定めたりしているが、この場合、消費者契約法でなく、これらの法律が優先適用されることになる。

10361 消費者契約法による取消行為

消費者契約法により取り消される不適切な勧誘行為とは何か

結　論

　「重要事項の不実の告知」「断定的判断の提供」「不利益事実の故意の不告知」「不退去・退去妨害」「過量な内容の契約」等の場合には、消費者は契約を取り消すことができる。なお、平成28年の消費者契約法の改正によって、「過量な内容の契約」の場合に消費者は契約を取り消すことができるようになった。

解　説

　消費者契約法は、事業者の一定の行為により消費者が誤認をし、もしくは困惑することによって、契約の申込みもしくは承諾の意思表示をしたとき、または、過量な内容の消費者契約を締結した場合において、事業者が過量であることを知って消費者を勧誘し、それによって消費者が申込みまたは承諾の意思表示をしたときは、これを取り消すことができることとしている（同法4条）。また、事業者が第三者に消費者契約締結の媒介を委託している場合や代理人を用いている場合において、当該受託者や

代理人がこれらの行為を行った場合にも準用される（同法5条）。民法の詐欺・強迫規定（同法96条）の特則に当たるものである。

◆**消費者を誤認させる行為**　事業者の下記の行為をいう。

① 不実の告知……重要事項について事実と異なることを告げること。「重要事項」とは、消費者契約の目的物の内容もしくは取引条件であって、「契約を締結するか否かの判断に通常影響を及ぼすべきもの」、または、「消費者契約の目的となるものが当該消費者の生命、身体、財産その他の重要な利益についての損害又は危険を回避するために通常必要であると判断される事情」とされている（消費者契約法4条4項）。金融商品については、金融商品販売法の「重要事項」（【10326】参照）も参考にしつつ判断する必要があろう。民法の詐欺による取消と異なり、事業者の故意を要件としない。すなわち、事業者が虚偽の説明と認識し、消費者をだまそうとしていたこと等を消費者側で立証する必要はないとされている。

② 断定的判断の提供……消費者契約の目的物に関し、将来における変動が不確実な事項、たとえば目的物の価額、消費者が受け取る金額などについて断定的な判断を提供すること。個々の説明が断定的判断とはいえないような場合でも、事業者の行為を全体としてみて説明内容が確実であると消費者に思わせるような場合には、「断定的判断」に該当するとされる。①と同様に、事業者の故意は要件とされない。

③ 不利益事実の故意の不告知……消費者

の利益となる旨を告げたうえで、重要事項（不実の告知の場合と異なり、「消費者契約の目的となるものが当該消費者の生命、身体、財産その他の重要な利益についての損害又は危険を回避するために通常必要であると判断される事情」はここでの重要事項に含まれない）について消費者に不利益な事実を故意に告げないこと。故意というのは、当該事実が消費者の不利益になること、および当該消費者が当該事実を認識していないことを知りながら、という意味である。なお、事業者が消費者に対し、不利益事実等の説明をしようとしたにもかかわらず、消費者が説明を拒んだ場合には、取り消すことができない。

◆**消費者を困惑させる行為**　　事業者の下記の行為をいう（消費者契約法4条3項）。
① 消費者が事業者に対して、住居や自分の職場等からの退去を求めているにもかかわらず、これに応じないこと（不退去）。
② 消費者が勧誘を受けている場所から退去したい旨を示しているにもかかわらず、事業者が退去させないこと（監禁ないし退去妨害）。「身振り手振りで（退去などを）求めた」場合も含まれる。また、「これから外出する」「その商品はいらない」等の言動でも、帰ってほしいという意思を事業者に伝えていると評価される場合は、これに該当するとされる。

◆**過量な内容の契約**　　下記の場合をいう（消費者契約法4条4項）。
消費者契約の目的となるものの分量等が当該消費者にとっての通常の分量等を著しく超えるものであることを勧誘の際に事業者が知っていた場合において、消費者が、

その勧誘により当該消費者契約の申込みまたはその承諾の意思表示をしたとき。

◆**取消権の行使等**　　取消権を行使すると、当初にさかのぼって契約がなかったことになり、消費者は事業者に購入した金融商品を返還し、事業者は消費者に販売代金等を返還する義務を負う。ただし、善意の第三者に対抗できない（消費者契約法4条6項）。

◆**平成28年の消費者契約法の改正**　　平成28年の消費者契約法の改正によって、「重要事項」に「消費者契約の目的となるものが当該消費者の生命、身体、財産その他の重要な利益についての損害又は危険を回避するために通常必要であると判断される事情」が加えられ、また、過量な内容の契約を取り消すことができるようになった。その背景には、契約の目的物に関しない事項についての不実告知による被害事案や、高齢者の判断能力の低下等につけ込んで大量に商品を購入させる被害事案が多く発生したことがある。

10362　消費者契約法による無効

消費者契約法により無効とされる契約条項とは何か

結　論

事業者の債務不履行・不法行為・瑕疵担保責任に基づく損害賠償責任を不当に軽減したり、契約解除に伴う損害額等を不当に高く予定するなど、消費者の利益を不当に害する契約の条項は全部または一部無効とされる。

消費者契約においては、事業者は情報収集力や交渉力において消費者よりも構造的に優位であり、事業者主導で契約内容が消費者に一方的に不利な契約を締結するのは、民法解釈の指導原理たる信義則に反すると考えられる。消費者契約法においては、このような「不当条項」については、たとえ消費者が熟慮して受け入れた場合であっても無効とすることとしている。

◆不当条項の規定の構成　消費者契約法においては、不当契約の一般規定として、「消費者の不作為をもって当該消費者が新たな消費者契約の申込み又はその承諾の意思表示をしたものとみなす条項その他の法令中の公の秩序に関しない規定の適用による場合に比して消費者の権利を制限し又は消費者の義務を加重する消費者契約の条項であって、民法第一条第二項に規定する基本原則に反して消費者の利益を一方的に害するものは、無効とする」（消費者契約法10条）ことを定め、さらに全部無効、一部無効の契約条項類型を広範に規定している（同法8条・8条の2・9条）。

◆全部無効とされる契約条項　全部無効とされる場合は次のとおりである（消費者契約法8条・8条の2）。

① 事業者の債務不履行により消費者に生じた損害賠償責任の全部を免除する条項。事業者の故意または重大な過失による場合は、一部免除条項を含む。

② 事業者の債務履行に際してされた不法行為により消費者に生じた損害を賠償する責任の全部を免除する条項。事業者の故意または重大な過失による場合は、一

部免除条項を含む。

③ 事業者の瑕疵担保責任による損害賠償責任の全部を免除する条項。

④ 消費者の解除権を放棄させる条項。

◆一部無効とされる契約条項　一部無効とされる契約条項は消費者が支払う損害賠償額の予定等に関する次の場合であり、該当部分について条項は無効となり、その支払を消費者に請求することができない（消費者契約法9条）。

① 契約解除に伴う消費者の損害賠償額の予定または違約金を定める条項であって、これらを合算した額が事業者の平均的な損害額を超える部分。

② 消費者が支払うべき金銭の支払を遅延した場合の損害金の定めにつき、年利14.6％を超える部分（ただし、利息制限法等別段の定めがある場合はそちらが優先適用される。【10360】参照）。

◆平成28年の消費者契約法の改正　平成28年の消費者契約法の改正によって、消費者の解除権を放棄させる条項は無効であることが定められた。これは、事業者が債務を履行しない場合や、事業者の給付に瑕疵があり、契約の目的を達することができない場合でも、消費者に解除を認めず、消費者を契約に拘束し続ける条項は、不当性が高いためである。

また、旧法では、消費者契約法10条は、「民法、商法等の任意法規を適用した場合と比べて消費者の権利を制限し、または消費者の義務を加重する消費者契約の条項であって、信義則に反して消費者の利益を一方的に害するものは無効とする」と規定されていたところ、平成28年の法改正によって、「消費者の不作為をもって当該消費者

が新たな消費者契約の申込み又はその承諾
の意思表示をしたものとみなす条項」とい
う例示部分が設けられた。これは、最高裁
判所が、旧法10条の「任意法規」について、
「明文の規定のみならず、一般的な法理等
も含まれる」と判示したこと（最判平
23．7．15民集65巻5号2269頁）を明確にす
る趣旨である。

金融 ADR

10363 ADR（裁判外紛争解決制度）の意義

ADR（裁判外紛争解決制度）とは何か

結　論

ADRとは、裁判外紛争解決制度のことで、裁判によらずに法的なトラブルを解決する方法・手段のことをいう。この制度は、裁判に比較して、簡易・迅速・柔軟な紛争解決が可能であるとの特徴をもった制度である。

解　説

◆**ADR**　ADRとは、Alternative Dispute Resolution（裁判外紛争解決制度）の略称であって、裁判によらずに法的なトラブルを解決する方法・手段などを指す。たとえば、あっせん・調停・仲裁などさまざまなものがある。詳しく述べれば、トラブル解決に向けて、あっせん委員などの公正な第三者関与のもと、対立当事者の間における話合いや交渉を促進したり、利害を調整したりする手続を用意した制度ということができる。

◆**ADR の特徴**　ADR は、一般的に、事案の性質や当事者の事情等に応じた簡易・迅速・柔軟な紛争解決が可能である。たとえば、裁判（民事訴訟）であれば、訴え提起から判決まで上級審に係属することも想定すれば年単位の時間がかかり、その間、詳細な主張を記した訴状・準備書面などの書面やそれぞれの主張を裏付ける証拠が提出され、当事者などの関係者は尋問手続において反対尋問を受けたうえ、先例に沿った判決が下される。これに対し、ADR であれば、通常、数カ月で一定の結論が示されるが、それに至るまで、第三者を介した話合いにより手続が進められ、事案の性質や当事者の要望に応じて柔軟な手続が採用され、当事者の合意に基づく互譲による解決が模索されることになる。

◆**法的根拠**　ADR はさまざまな実施主体により運営されている。司法や行政が運営する ADR であれば、それぞれ根拠法が定められている。

これに対し、民間が運営する ADR については、必ずしも法的根拠が定められているものではなかった。しかし、近時、法的整備が進められてきており、民間が運営する ADR に関するものとして、「裁判外紛

争解決手続の利用の促進に関する法律」が平成16年に成立・公布され、平成19年4月に施行された。これは、一定の要件・基準に適合した民間が運営するADRについて、一定の法的効果を付与する制度である。同法の成立以前は、すでに諸外国においてADRの進行に積極的に取り組まれているものの、我が国では十分に機能していないと指摘されていた。その原因の主なものとしては、ADRの意義や役割について国民の理解が十分ではない、民間が行うADRについて情報が不十分で利用に際し不安感が伴う、などがあげられていた。そこで、本法律によって、ADRに関し基本理念および国等の責務を定め、国民の理解の増進を図るとともに、行政からの認証制度を採用することでADRの選択の目安を提供するなどして、ADRの利用の促進を図ることとした（小林徹「裁判外紛争解決手続の利用の促進に関する法律」ジュリスト1285号26頁）。

また、平成19年9月に施行された金融商品取引法において、投資性商品を対象とする苦情処理・あっせんの枠組みとして、認定投資者保護団体の制度が導入された。

そして、平成21年6月、金融商品取引法が改正され、銀行法、保険業法、金融商品取引法などの16の業法において、新たに金融分野において裁判外における紛争解決制度（金融ADR制度）が導入された（金融ADR制度導入の経緯については、【10366】参照）。

10364　ADRの実施主体

ADRは、どのような機関が運営しているのか

結　論

ADRは、司法・行政・民間などさまざまな実施主体によって運営されている。

解　説

ADRを実施する機関は司法・行政・民間などさまざま存在する。

司法が実施主体となるものとして、民事調停や仲裁がある。行政が実施主体となるものとして、消費生活センターや国民生活センターが実施するADRに加え、公害等調整委員会や建設工事紛争審査会などがある。民間が実施主体となるものとして、各弁護士会が運営する紛争解決センターや各種業界団体によるあっせん手続などがある。

民間が運営するADRについては、いわゆるADR促進法の要求する基準・要件に適合した場合、法務大臣の認証を受けることで、そのADR手続に一定の法的効果が与えられる制度が存在する（いわゆる認証ADR制度）。さまざまな分野において紛争解決を目指すADR機関が法務大臣の認証を受けており、平成29年2月時点では、認証を受けた先は150近くにまで達している。詳しくは、「かいけつサポート（法務大臣による裁判外紛争解決手続の認証制度）」のHPに掲載されている。

また、金融分野については、それぞれの業法において金融ADR制度に関する規定

が置かれている。金融 ADR 制度では、法令の基準・要件に沿った ADR 実施機関を金融庁長官が指定し、この指定を受けた指定紛争解決機関（以下「指定 ADR 機関」という）によって ADR が運営されている。たとえば、平成29年5月時点では、全国銀行協会、信託協会、生命保険協会、日本損害保険協会、保険オンブズマン、日本少額短期保険協会、証券・金融商品あっせん相談センター（FINMAC）、日本貸金業協会の8団体が、指定 ADR 機関として業務を行っている。

10365 金融 ADR 制度の意義

金融 ADR 制度とはどのような制度か

■ 結 論

　金融 ADR 制度とは、金融分野における裁判外紛争解決制度のことである。銀行法をはじめとする16業法において、関連する規定が定められている。金融 ADR においては、紛争解決に加え苦情処理もその対象業務となり、指定 ADR 機関がその中心的な役割を担うことになる。手続の実効性を確保するため、金融機関に片面的な義務が課されており、また、手続を利用した場合の法的効果が定められている。

■ 解 説

◆**意義**　金融 ADR 制度とは、金融分野における裁判外紛争解決制度である（ADRについては、【10363】参照）。金融商品・サービスは、リスクを内在することが多く、

その専門性・不可視性等とも相まってトラブルが生じる可能性が高い。また、近年、金融商品・サービスの多様化・複雑化が進むなか、トラブルの可能性も高まっており、顧客保護を図るとともに金融商品・サービスへの顧客の信頼性を確保する観点から苦情等への事後的な対処の重要性も高まっている。こうした観点をふまえ、簡易・迅速に金融商品・サービスに関する苦情処理・紛争解決を行うための枠組みとして金融 ADR 制度が導入された（主要行監督指針 Ⅲ-3-5-1(1)）。

◆**根拠法**　金融 ADR 制度は、新たな横断法が設けられたものではなく、16の業法（銀行法、長期信用銀行法、信用金庫法、労働金庫法、中小企業等共同組合法、農協法、水産業協同組合法、農林中央金庫法、信託業法、兼営法、保険業法、金商法、抵当証券業法、貸金業法、資金決済法、無尽業法）において金融 ADR に関する規定が新たに設けられており、既存の業法上の枠組みとして整備された。これは、金融 ADR 制度が、これまで業態ごとに行われてきた苦情処理・紛争解決の取組みをベースとするものであり、現行の金融関連の各業法の目的に沿うものであることを理由とする（大森泰人ほか『詳説金融 ADR 制度〔第2版〕』40頁）。

◆**対象業務**　金融 ADR 制度においては、一般の ADR と異なり、その対象を、紛争解決のみではなく、苦情処理にも拡大している（【10367】参照）。

◆**指定 ADR 機関**　金融 ADR 制度においては、苦情処理・紛争解決を行う指定 ADR 機関が中心的な役割を担うことになる。一定の要件を備えた ADR 機関は、行

政庁からの指定を受け、指定 ADR 機関として紛争解決等業務を行うことができる。ただし、このような指定を受けるための申請は法的義務とはされておらず、それぞれの ADR 機関の任意の判断で行われるので、業態によっては指定 ADR 機関が存在しない業態もありうる（【10372】参照）。

◆**金融機関の義務**　　金融 ADR 制度においては、業法上の枠組みとして、金融機関に対して、指定 ADR 機関が存在する場合と存在しない場合に分けて、それぞれ苦情処理・紛争解決に関する対応を義務として定めている（【10374】参照）。

まず、指定 ADR 機関が存在する場合、金融機関が指定 ADR 機関と締結する手続実施基本契約において、手続応諾義務、資料等提出義務、および結果尊重義務が定められている。金融 ADR 制度は、金融機関に対しこれらの義務を片面的に課すことにより、金融 ADR の実効性を確保するとともに、利用者保護の充実を図ることとしている。

また、指定 ADR 機関が存在しない場合においても、監督指針では、金融機関に対し、基本的に、指定 ADR 機関が存在する場合と同様の対応を求めている（【10373】参照）。

◆**金融 ADR の法的効果**　　金融 ADR 制度においては、手続を利用した場合の法的効果として、時効中断効と訴訟手続の中止効が定められている（【10368】参照）。

また、指定 ADR 機関における和解が成立した場合は、金商法上、損失補てん禁止の適用除外事由とされている（金商法39条3項ただし書、金商業等府令119条1項4号）。

◆**金融 ADR 制度の課題**　　金融 ADR 制度は、前述したとおり、業態ごとの制度として創設されたが、将来的には包括的・業態横断的な制度を目指すものであり、現状の制度は過渡的な態様と位置づけられている（前掲『詳説金融 ADR 制度〔第2版〕』40頁）。金融 ADR 制度を、包括的・業態横断的な制度とすることが今後の課題として最も大きな点である。

そのほかにも、指定 ADR 機関や紛争解決委員についても課題が指摘されている。

指定 ADR 機関については、中立性に対する信頼確保の点があげられる。現状、指定を受けた8機関のすべてが金融関連団体である（【10377】参照）ことから、顧客側からは、金融機関側に肩入れしているのではないかとみられがちである。顧客側からのそうした疑念を払拭し、中立性に対する信頼を確保することが課題となる。

また、紛争解決委員（【10369】参照）については、専門性の確保の点があげられる。金融 ADR 制度における紛争解決手続では、専門性の高い金融関連紛争を解決することがその主眼とされる。紛争解決手続を主宰する紛争解決委員において相当な専門的水準を確保することが、制度の根幹にもかかわる課題である。

10366	金融 ADR 制度導入の経緯

金融 ADR 制度は、どのような経緯を経て導入されたのか

結　論

　金融ADR制度は、金融トラブル連絡調整協議会における多方面にわたる関係者間の議論や金融審議会における審議をふまえて、平成21年、金商法の改正により導入された。

解　説

◆金融審議会での検討開始　金融審議会は、平成10年8月、大蔵大臣（当時）から「21世紀を見据え、安心で活力ある金融システムの構築に向けて、金融制度及び証券取引制度の改善に関する事項について、審議を求める」との建議を受けて、21世紀を見据えた金融のルールの枠組み等について検討が行われた。

　金融のルールの枠組みについて、ルール遵守の実効性確保という観点からは、行政や取引参加者の関与が重要であるが、さらに、いわば最後の拠り所として司法的解決が存在する。しかし、近年、金融分野での苦情・紛争の顕著な増加にもかかわらず、解決に要する時間や費用等に照らし、司法制度の使い勝手の悪さ等の問題が指摘されていた。こうした問題意識のもと、「ホールセール・リーテイルに関するワーキンググループ」において、金融取引の特性をふまえつつ、民事訴訟制度を補完する裁判外での紛争処理制度の整備を念頭に検討が重ねられた。

◆金融トラブル連絡調整協議会での検討
ワーキンググループでは、裁判外で金融トラブルの解決を目指す紛争処理機関について、広範な論点に関する多面的な検討を行い、第一部会において、平成11年7月6日に「中間整理（第一次）」を、同年12月14日に「中間整理（第二次）」を、平成12年6月9日、報告書（「金融分野における裁判外紛争処理制度の整備について」）を取りまとめて公表した。しかし、平成12年の時点では、各論点について意見を一致させることができなかった。

　そこで、同報告書を受けて、金融審議会答申「21世紀を支える金融の新しい枠組みについて」（平成12年6月17日）において、将来的な統一的・包括的制度も視野に入れつつ、これまで進められてきた業界団体等による裁判外紛争処理に関する運用面での改善が重要であることが指摘され、さらに、業態の枠を超えた情報・意見交換等を行う場として「金融トラブル連絡調整協議会」を設置するべきとの提言がなされ、業界団体等による自主的な苦情処理・紛争解決の取組みが進められることとなった。

　この提言を受けて、平成12年9月、「金融トラブル連絡調整協議会」が設置され、金融当局、消費者行政機関、消費者団体、各種自主規制機関・業界団体、弁護士会等の参加により議論が進められた。同協議会では、苦情処理・紛争解決を行う業界団体・自主規制機関間の連絡調整等を行うとともに、苦情処理・紛争解決手続の整備を進めていくための指針（平成14年4月25日「金融分野の業界団体・自主規制機関における苦情・紛争解決支援のモデル」）を策定するなど業界団体・自主規制機関による取組みのサポートを行っており、業界団体・自主規制機関による苦情処理・紛争解決の取組みの改善が進められた。その間、苦情処理・紛争解決に関する意識が高まり、業界団体・自主規制機関において一定の取

組みの進展がみられた。他方で、業界団体等による苦情処理・紛争解決等の取組みは、実施主体の中立性・公正性や実効性の確保が十分ではなく、利用者の信頼感・納得感が十分に得られていないとの指摘や、利用者への周知が不十分であるため利用者からの苦情を十分に吸い上げられていない懸念があるとの指摘もみられたところであった。

このほか、司法制度改革の一環として、平成19年4月、ADR法が施行され、一般的なADRの枠組みが導入された。また、平成19年9月、金商法において「認定投資者保護団体」の制度が導入され、投資性商品を対象とする苦情処理・あっせんの枠組みが設けられるなど、ADRに関するさまざまな取組みが進められた。

こうした動向をふまえ、「金融トラブル連絡調整協議会」において、平成20年6月、「金融分野における裁判外の苦情・紛争解決支援制度（金融ADR）の整備に係る今後の課題について（座長メモ）」が取りまとめられた。

◆**金融ADRの法制度化**　金融審議会金融分科会第一部会・第二部会の合同会合では、上記座長メモを受けて、利用者保護の充実・利用者利便の向上等の観点から、金融ADRの改善・充実のための具体的方策について審議を行い、平成20年12月17日、報告書「金融分野における裁判外紛争解決制度（金融ADR）のあり方について」を取りまとめた。同報告書において、金融ADRに関するさまざまな論点について方向性が示されたうえ、金融ADRの法制化が提言された。

これをふまえ、金商法が平成21年6月に改正され、金融商品に関するトラブルについて簡易・迅速に紛争解決を行い、利用者保護の充実・徹底を図るために、金融ADR制度が整備された。法制度として新たに横断法を設けることも考えられたが、金融ADR制度は、それまで業態ごとに行われてきた苦情処理・紛争解決の取組みをベースとして、銀行法、保険業法、金商法など16の業法において新たに規定が設けられ、金融ADR制度が業法上の枠組みとして整備された。同制度は、平成22年4月に一部施行され、指定ADR機関の指定取得のための申請手続が受け付けられ、同年10月に本格施行されて、指定ADR機関による苦情処理・紛争解決業務が開始された。

なお、制度の立法化の際、法施行後3年以内に制度のあり方等について検討を行うべきことが規定された（金融商品取引法等の一部を改正する法律附則21条1項）。これに基づき、金融庁において、平成24年11月に「金融ADR制度のフォローアップに関する有識者会議」が設置されて同会議メンバーによって議論が行われ、平成25年3月、報告書（「「金融ADR制度のフォローアップに関する有識者会議」における議論のとりまとめ」）が取りまとめられた。このなかで、指定ADR機関について、利用者保護に一定の役割を果たしているとの積極的な評価がなされる一方、運用上の課題として、①「利用者の信頼感・納得感を向上させるとともに、利用者にとってわかり易く、各機関において整合的な手続の構築が必要」および②「銀行窓販の増加等も踏まえ、関係機関間の連携強化が必要」との2点が指摘され、それぞれに対して、対応策として、①「金融庁において監督指針を策定・公表することにより、利用者の信

頼性向上や各機関の特性を踏まえた運用の整合性を図ること」および②「『金融 ADR 連絡協議会（仮称）』を設置し、情報・意見交換を行う等、関係機関の連携の強化」が提言された。

この提言に基づき、金融庁において、①指定 ADR 機関の業務運営等に関する監督指針として、平成25年 8 月、「指定紛争解決機関向けの総合的な監督指針」が策定・公表され、また、②すべての指定 ADR 機関の実務担当者等により構成される「金融 ADR 連絡協議会」が設置されて、おおむね四半期ごとに会議が開催され、意見交換等が行われることとなった。

10367　金融 ADR 制度の対象業務

金融 ADR 制度の対象業務は、紛争を解決する手続に係る紛争解決業務のみなのか

結　論

金融 ADR 制度は、紛争を解決する手続に係る紛争解決業務に加え、紛争に至らない苦情を処理する手続に係る苦情処理業務もその範疇としている。

解　説

一般の ADR においては、その対象を紛争の解決に限定しており、苦情の処理は対象外であることが通常である。ADR は公平な第三者が関与することが想定されているため、本来ならば事業者自身で対応を行うべき相談・苦情は、その対象としてなじまないとも考えられるからである。

これに対し、金融 ADR 制度は、紛争の解決のみならず、苦情の処理もその対象としている。顧客の不満や苦情が解決されない場合に紛争に発展していくものであるが、苦情と紛争は、そもそもその区別が相対的で相互に連続性を有するものである。また、金融機関における苦情の対応に指定 ADR 機関が関与することで苦情処理が促進されることとなり、仮に紛争に発展した場合でも紛争解決手続（あっせん手続）の円滑な進行につながり、ひいては利用者保護の充実に資することとなると考えられる。

指定 ADR 機関において、原則、苦情処理手続と紛争解決手続（あっせん手続）が一体的に運用されている。指定 ADR 機関によっては、苦情処理は紛争解決の前段階であるととらえて、紛争解決手続（あっせん手続）の申立の前提として、原則、苦情処理手続が行われることが必要として運用している機関もある（苦情前置主義。たとえば、全国銀行協会、証券・金融商品あっせん相談センター（FINMAC）など）。指定 ADR 機関による苦情処理手続においてトラブルの解決が図られるのであれば、紛争解決手続（あっせん手続）を経て解決を目指すよりも早期解決につながることになる。

また、指定 ADR 機関は、紛争解決・苦情処理に限らず、利用者からの相談にも対応していることが通常である。厳密にいえば、利用者からの相談に対応することは、金融 ADR 制度で求められている事項ではない。しかし、金融 ADR 制度においては、金融商品・サービスに関して発生する幅広い苦情・紛争を対象としうるよう、苦情・紛争について詳細な定義を設けず広い概念とされている（大森泰人ほか『詳説金融

ADR制度〔第2版〕』商事法務49頁）。そもそも、相談と苦情についても、区別が相対的で相互に連続性を有するものといえる。こうした両者の関係からすれば、相談も含めた利用者からの申出に広く対応することは、利用者の保護、ひいては金融商品・サービスに関する利用者の信頼の向上を図ることを目指す金融ADR制度の趣旨にも合致する。そこで、指定ADR機関では、こうした制度趣旨もふまえ、通常、苦情・紛争に限らず、相談についても、その対象業務としている。

10368 金融ADR手続の法的効果

金融ADR制度の紛争解決手続（あっせん手続）を利用した場合、どのような法的効果が発生するのか

結　論

時効中断効、訴訟手続の中止効が発生する。このほか、金融商品取引に係る紛争の場合、損失補てん禁止の適用除外事由とされている。

解　説

金融ADR制度においては、指定ADR機関の紛争解決手続（あっせん手続）についての法律上の効果として、消滅時効の進行がストップする時効中断効や同様の紛争が訴訟として係属する場合の調整規定（訴訟手続の中止効）が置かれている。また、指定ADR機関による和解が成立した場合、金商法上の損失補てん禁止の適用除外事由

とされている（金商法39条3項ただし書、金商業等府令119条1項4号）。

◆時効中断効　金融ADR制度における紛争解決手続（あっせん手続）を利用した場合でも、手続が不調に終わり解決に至らない場合もありうる。その場合に、時効が進行してしまって、時効期間の満了により権利行使する手段を失うことになれば、利用者は著しく不利益を被るとともに、金融ADRを利用するインセンティブを喪失することにもなる。金融ADR制度では、指定ADR機関の紛争解決手続（あっせん手続）を実施している間に時効の進行がストップする時効中断効が定められていることから、紛争解決手続（あっせん手続）が終了した後、顧客は裁判所に訴えを提起することが可能である。

顧客は、紛争解決手続（あっせん手続）が打ち切りになった場合、その旨の通知を受領した日から1カ月以内に訴えを提起したときは、紛争解決手続（あっせん手続）における請求時点に訴えの提起があったものとみなされる（銀行法52条の74、金商法156条の51）。

◆訴訟手続の中止　金融ADR制度による紛争解決手続の申立は、民事訴訟と並行して行うことも可能とされている。そこで、指定ADR機関の紛争解決手続（あっせん手続）と訴訟が同時に進行する場合、当事者の負担を軽減するため、双方の進行を調整する必要がある。具体的に、受訴裁判所は、当事者の共同の申立があれば、4カ月以内の期間を定めて訴訟手続を中止する旨の決定をすることができる（銀行法52条の75、金商法156条の52）。

一方、指定ADR機関の手続については、

このような調整規定は法令では定められてはいない。しかし、紛争解決手続（あっせん手続）と民事訴訟が同時に進行するが、当事者が民事訴訟での解決を望む場合、現実の運用において、通常、紛争解決委員が紛争解決手続（あっせん手続）を打ち切るようである。

◆**損失補てん禁止の適用除外**　金融商品取引において、損失補てん等の禁止の定めがある。金融商品取引業者等は、顧客に対し損失補てん等することが禁じられており（金商法39条1項）、また、顧客においても、金融商品取引業者等に対し、損失補てん等を行わせること等が禁じられている（同条2項）。一方、金融商品取引業者等やその役職員の違法行為・不当行為（「事故」）により顧客に損害が生じた場合において、内閣総理大臣の事故確認を受けることで、金融商品取引業者等が損失補てんを行うことが可能となる（同条3項ただし書）。また、事故確認を要しないで、損失補てんを行うことができる場合（損失補てん禁止の適用除外事由）も定められている（金商業等府令119条1項）。この損失補てん禁止の適用除外事由の一つに、指定ADR機関の紛争解決手続による和解が成立している場合があげられている（同条1項4号）。

◆**他のADR手続**　法務大臣の認証にかかる認証ADR手続においても、金融ADRと同様、法令にて、時効中断効、訴訟手続の中止効が定められている（ADR法25条・26条）。また、認証ADR手続によって和解が成立している場合が、損失補てん禁止の適用除外事由の一つとして定められている。

時効中断効、訴訟手続の中止効および損失補てん禁止の適用除外は、金融ADR制度と認証ADR制度において、共通する法的効果である。

10369 金融ADR制度における苦情処理担当者および紛争解決委員

金融ADR制度において指定ADR機関の苦情処理手続を行う担当者や紛争解決手続を行う紛争解決委員は、どのような者が選任されるのか。また、それらの者は法律上、どのような義務を負うのか

結　論

　金融ADR制度において、指定ADR機関の苦情処理手続を行う担当者について資格要件は定められていない。一方、指定ADR機関の紛争解決手続を行う紛争解決委員には資格要件が定められており、具体的に、弁護士・認定司法書士、対象金融業務の専門家、および消費生活専門相談員等とされている。そして、これら苦情処理を行う担当者や紛争解決委員には、法律上、秘密保持義務が定められている。

解　説

◆**苦情処理手続を行う担当者**　金融ADR制度において、指定ADR機関の苦情処理手続を行う担当者の資格要件等は定められていない。欠格事由として、暴力団員等は苦情処理手続に従事することができないが、これは指定ADR機関の義務（暴力団員等の使用の禁止義務）として規定されている（銀行法52条の69、金商法156条の46）。

◆**紛争解決委員**　指定 ADR 機関の紛争解決委員（あっせん委員）は、金融 ADR 制度において資格要件が定められている。紛争解決委員に要求される専門能力として、①法的知識等、②紛争分野、③紛争解決のそれぞれに関する専門能力が考えられる。そこで、法令では、それぞれの能力について資格要件が定められている（銀行法52条の73第3項、金商法156条の50第3項）。

具体的には、①法的知識等の専門家として、弁護士および認定司法書士に5年以上の期間従事した者（弁護士等）が、②紛争分野の専門家として、対象となる金融業務に10年以上の期間従事した者が、③紛争解決の専門家として、消費生活相談に関する一定の資格を有し、かつ、消費生活相談に応ずる業務に5年以上の期間従事した者（消費生活専門相談員等）が定められている。また、これらに準じる者として、判事、検事または弁護士等としての職務経験を5年以上有する者や、一定の学識経験者等も規定されている。

紛争解決委員（あっせん委員）の構成については、中立性と手続の円滑性を確保するため、少なくとも1名は、弁護士等または消費生活専門相談員等が含まれていなければならない。ただし、紛争解決委員（あっせん委員）に弁護士等が含まれていない場合、法令の専門的知識について弁護士の助言を受けることができるようにするための措置が必要である（銀行法52条の67第4項4号、金商法156条の44第4項4号）。

紛争解決委員（あっせん委員）は、当事者と一定の利害関係を有するときは、当該当事者に係る手続を実施する紛争解決委員（あっせん委員）として選任されてはならない（銀行法52条の73第3項前段カッコ書、金商法156条の50第3項前段カッコ書）。

紛争解決委員（あっせん委員）は、紛争解決手続（あっせん手続）において、紛争解決手続を実施するかどうか判断し、当事者・参考人から事情を聴取し、報告書の提出を求め、当事者から参考となるべき帳簿書類その他の物件の提出を求め、和解案を作成してその受諾を勧告し、特別調停をすることができる（銀行法52条の73第5項・6項、金商法156条の50第5項・6項）。

なお、暴力団員等が欠格事由となることは、苦情処理担当者の場合と同様である。

◆**秘密保持義務**　紛争解決委員（あっせん委員）および指定 ADR 機関の役員・職員等は、紛争解決等業務に関する秘密の漏示および自己の利益のための利用が禁止されており、これに違反した場合は刑事罰の対象となる（銀行法52条の64、金商法156条の41）。苦情処理手続および紛争解決手続（あっせん手続）において、当事者のプライバシー等の情報を扱うことになることから、情報の漏えいがなされないよう秘密保持義務が定められた。また、紛争解決手続（あっせん手続）は、手続自体が原則として非公開とされている（銀行法52条の73第7項、金商法156条の50第7項）。

◆**指定 ADR 機関の紛争解決手続における実際の運用**　以下では、指定 ADR 機関として、全国銀行協会と証券・金融商品あっせん相談センター（FINMAC）を例に述べる。

全国銀行協会では、少なくとも弁護士1名を含む3名の紛争解決委員で構成する小委員会において紛争解決手続（あっせん手続）を行う（全銀協「苦情処理手続および

紛争解決手続等の実施に関する業務規程」20条1項)。一般の銀行業務における紛争においては、弁護士、消費生活専門相談員等および銀行業務の専門家が各1名ずつ選任されている。

証券・金融商品あっせん相談センター（FINMAC）では、紛争解決手続（あっせん手続）は1人の紛争解決委員が主宰することとしている（FINMAC「苦情解決支援とあっせんに関する業務規程」25条）。紛争解決委員（あっせん委員）は全員が弁護士で構成されている（FINMAC「苦情解決支援とあっせんに関する業務規程」22条）。証券・金融商品あっせん相談センター（FINMAC）は、各都道府県において紛争解決手続を実施しているが、紛争解決委員は、地区ごとの担当が定められている。

10370 金融ADR制度の利点

紛争解決手段として金融ADRを利用することに、当事者にはどのようなメリットがあるのか

結　論

金融ADR制度は、ADR一般のメリット（中立・公正性、簡易性、柔軟性、迅速性、専門性、非公開性、低廉な費用等）に加え、金融ADR制度特有のメリット（業務範囲の拡大、金融機関側に片面的な義務を課す点）がある。

解　説

金融ADR制度は、紛争解決に向けた方法として、種々のメリットがある。金融ADR制度は、ADR一般のメリットに加え、金融ADR制度特有のメリットもある。

◆**ADR一般のメリット**　ADR一般のメリットとしては、中立・公正性、簡易性、柔軟性、迅速性、専門性、非公開性、低廉な費用等があげられる。

・中立・公正性　金融ADRの紛争解決手続（あっせん手続）では、金融分野に識見のある弁護士等の中立・公正な専門家が紛争解決委員（あっせん委員）として手続を主宰し、紛争の解決に努めることになる。

・簡易性　裁判（民事訴訟）であれば、詳細な主張を記した訴状・準備書面などの書面やそれぞれの主張を裏付ける証拠が提出され、当事者等の関係者は尋問手続において相手方から尋問を受けることもある。金融ADRでは、苦情処理であれば電話での対応も可能で、紛争解決手続（あっせん手続）においては、申立には書面を要することが多いものの、裁判ほどの厳格性が要求されるものではない。その後の手続における事情聴取において、口頭にて、当事者の主張を確認・補足することが予定されている。

・柔軟性　金融ADRでは柔軟な手続進行がなされる。それぞれの指定ADR機関において、利用者のニーズをふまえた手続が定められている。また、解決内容においても、必ずしも裁判例に沿った判断が下されるものではなく、事案の性質、当事者の事情等に応じて、当事者の一定の納得感を得ることを目指した解決が志向される。

・迅速性　金融ADRでは、年単位の時間

がかかる裁判と異なり、数カ月で結論が出されることになる。指定ADR機関ではそれぞれ標準処理期間を定めており、全国銀行協会と証券・金融商品あっせん相談センター（FINMAC）では、苦情の処理について2カ月、あっせんについて4カ月としている。

・専門性　金融ADRでは、専門性を有する第三者により解決が図られる。指定ADR機関において、苦情処理手続では金融業務の専門家が対応し、紛争解決手続（あっせん手続）では金融関係法の専門家や消費生活相談業務の専門家、金融業務の専門家が紛争解決委員（あっせん委員）として、トラブル解決を目指す。

・非公開性　金融ADRでは、裁判において対審・判決が原則公開とされていることと異なり、原則として非公開とされている。非公開とすることで、当事者が率直な意見を述べやすくなり、双方当事者にとってレピュテーション（評判）への悪影響を防ぐことにもなる。

・低廉な費用　金融ADRでは、指定ADR機関は主として金融機関の側から制度運営のための費用を徴収している。申立を行う顧客側にとって、制度利用のための費用負担が軽くすむことで、金額があまり高額ではない紛争であっても、泣き寝入りすることなく、手続を利用することができる。こうして、金融分野におけるトラブル解決が促進されることが期待される。

◆**金融ADR制度特有のメリット**　金融ADR制度は、ADR一般のメリットに加え、金融ADR制度特有のメリットを有している。金融ADR制度では、利用者保護の充実や紛争解決の実効性の見地から、ADRの対象を拡大するとともに、金融機関側に一方的な義務を課している。

まず、金融ADRの対象として、紛争解決業務に加え、苦情処理業務も含まれる。一般のADRが前者に限定されているのに対し、金融ADRでは、後者の業務にまで拡大されている（【10367】参照）。

また、金融機関は、指定ADR機関との手続実施基本契約において、手続応諾義務、資料等提出義務、結果尊重義務を負う。一般のADRが手続において当事者対等であるのに対し、金融ADRでは金融機関に一方的な義務を課している（【10374】参照）。

さらに、金融機関は、金融商品取引において顧客に生じた損失は原則として補てんすることができない（損失補てん禁止。金商法39条1項）が、指定ADR機関の紛争解決手続による和解が成立している場合は、損失補てん禁止の適用除外事由となる。金融機関としては、金融ADRを利用することで、損失補てん禁止に抵触することなく顧客と和解することが可能となる。

10371　金融ADRと他の紛争処理手続との相違

金融ADRは、紛争解決手続において、裁判（民事訴訟）や弁護士会の紛争解決センターと比べてどのような特色があるのか

結　論

金融ADR、裁判（民事訴訟）および弁護士会の紛争解決センターは、主として、手続の簡易・迅速性、事実認定、手続の拘

束力、公開性、顧客側の費用負担の点で相違がある。金融ADRは、裁判（民事訴訟）手続に比較して、手続が簡易・迅速、非公開、顧客側の費用負担が軽いという特色がある。また、弁護士会の紛争解決センターに比較して、手続の拘束力があるという特色がある。

解　説

指定ADR機関、裁判（民事訴訟）および弁護士会の紛争解決センターにおける各紛争解決手続において、種々相違点があるが、主なものをあげれば、手続の簡易・迅速性、事実認定、手続の拘束力、公開性の点で相違がある。また、顧客側にあっては、費用負担についてもそれぞれ異なっている。

◆**指定ADR機関**　　紛争解決手続（あっせん手続）において、指定ADR機関（本問では、全国銀行協会、証券・金融商品あっせん相談センター（FINMAC）を想定して説明する）では、手続における手間としては、申立に書面作成などが必要だが、主に事情聴取によって手続が進められることから、手続的な負担は重いわけではない。また、全国銀行協会も証券・金融商品あっせん相談センター（FINMAC）も標準処理期間は4カ月と定められており、短期間で結論が出されることになる。

他方、手続が簡易・迅速であることの裏返しとして、当事者間に事実関係に争いがある場合に、法適用の前提となる事実を確定する事実認定を行うことに困難を伴うこととなる。特にADR手続では、裁判と異なり、当事者の主張・立証が尽くされるものではなく、証人尋問を実施しないことから、証拠資料が存在しない場合の事実認定

は困難である。そのため、紛争解決委員（あっせん委員）は、細部まで事実を認定しないまま、両当事者の主張等により形成した一定の心証に基づいて、事案の解決を目指すことになる。

金融ADRでは、金融機関に対して、手続応諾義務、資料等提出義務、結果尊重義務という一定の義務が課されている（【10374】参照）。

金融ADRでは、紛争解決手続（あっせん手続）の内容や結果の公表は想定されていない（銀行法52条の73第7項、金商法156条の50第7項）。

費用について、金融機関側が運営費用を負担しているため、顧客側は無料か、費用がかかったとしても上限（証券・金融商品あっせん相談センター（FINMAC）：最高5万円）が設定されており、高額にはならない。

◆**裁判（民事訴訟）**　　手続について、裁判手続は基本的に弁護士などの法律専門家による遂行が想定されており、書面や証拠資料の作成・提出など非常に手間がかかる。また、手続が開始されてから結論が出されるまで、一審のみでなく上級審に係属されうることも想定すれば、年単位の期間が必要である。ただし、証人尋問などの証拠調べ手続を経て判決が言い渡された場合は、事実が認定されることになるし（たとえば、違法行為が認定される）、判決に基づき強制執行を行うことも可能となり、当事者に対し非常に強い強制力がある。裁判では、対審および判決が公開されることが原則である（憲法82条1項）。裁判においては、費用について、訴え提起の場合の印紙代や弁護士委任する場合の弁護士費用がかかる

ことから、時には費用が高額になるケースがある。

◆**弁護士会の紛争解決センター**　弁護士会の紛争解決センターでは、手続の負担が重くないこと、短期間で結論が出されること、事実認定が困難であること、手続が非公開であることは金融 ADR と同様である。

　ただし、金融 ADR とは以下の点で相異がある。まず、弁護士会の紛争解決センターでは必ずしも標準処理期間が定められているものではない。

　また、基本的に、手続において当事者対等とされており、相手方に対する強制力を有しないことから、相手方が手続に任意に応じない限り、解決の実効性に欠けることになる。もっとも、弁護士会の紛争解決センターについては、信用金庫等が金融 ADR（代替措置）として利用する場合は、金融機関に対し、指定 ADR 機関に準じた拘束力を有する場合もある。

　費用について、基本的に手続を利用するために若干の金額がかかり、和解が成立した場合にその和解額に応じた報酬の支払が必要になるが、それほど高額になるものではない。

◆**対比**　これらの特徴を簡単にまとめると以下のようになる。

・手続の簡易・迅速性について、金融 ADR および弁護士会の紛争解決センターはこれが肯定されるが、裁判手続では、簡易・迅速とは言いがたい。
・事実認定について、裁判では詳細な事実が認定されることになるが、金融 ADR および弁護士会の紛争解決センターはこれが困難である。
・手続の拘束力について、裁判は当事者を

強く拘束し、金融 ADR では金融機関に対して一定の拘束力を有するが、弁護士会の紛争解決センター（ただし、金融 ADR として利用される場合を除く）は当事者を拘束しないことが原則である。
・公開性について、裁判は公開が原則であるが、金融 ADR および弁護士会の紛争解決センターは非公開である。
・顧客側の費用負担について、金融 ADR および弁護士会の紛争解決センターは顧客の費用負担は軽いが、裁判は時として負担が重くなることがある。

　以上より、金融 ADR の利点について、裁判（民事訴訟）手続と比較して、簡易・迅速、非公開、顧客側の費用負担が軽いという特色がある。また、弁護士会の紛争解決センターと比較した場合、手続に拘束力があるという特色もある。

10372	金融 ADR 制度への金融機関の対応①

金融機関は、金融 ADR 制度に対し、どのような対応を行わなければならないか

― 結　論 ―

　金融機関は、指定 ADR 機関が存在する場合、指定 ADR 機関との間で手続実施基本契約を締結し、その契約で定められた内容を履行する義務を負う。他方、指定 ADR 機関が存在しない場合、金融機関は代替措置（苦情処理措置・紛争解決措置）を講じる義務を負う。また、金融機関は、金融 ADR への対応として利用する指定 ADR 機関などの外部機関の商号・名称お

および連絡先を公表することとされており、顧客に対し、状況に応じ、指定 ADR 機関を紹介することや、金融 ADR について説明することが必要とされている。

また、金融機関は、契約締結前交付書面や（預金を取り扱う金融機関において）預金受入れの際の説明書類において金融 ADR への対応措置を記載し、金融商品・サービスを勧誘する際には金融 ADR の説明を行う必要がある。

さらに、金融機関は、説明書類において、金融 ADR への対応措置を掲載し、公衆縦覧する必要ある。なかには、事業報告書への掲載が必要とされている業態もある。銀行等では、社内規則に金融 ADR に関する内容を記載する必要がある。

なお、金融機関になろうとする者が免許申請を行う場合、金融 ADR への対応措置の予定も審査対象に含まれると解される。また、登録申請を行う場合、金融 ADR への対応措置を行わないことが登録拒否事由とされている。

解　説

以下では、銀行を想定して、金融 ADR 制度に対応する義務について述べる。基本的に、信用金庫、信用組合、労働金庫、および農業協同組合等の協同組織金融機関にも妥当する。

◆手続への対応（応諾義務等）　金融機関は、指定 ADR 機関が存在する場合、指定 ADR 機関と手続実施基本契約を締結しなければならず、手続実施基本契約のなかで定められる手続応諾義務、資料等提出義務、結果尊重義務等の契約上の義務を負う。一方、指定 ADR 機関が存在しない場合、金融機関は代替措置として苦情処理措置および紛争解決措置を講じる義務を負う。金融機関は、代替措置において外部機関を利用する場合、各監督指針において手続応諾、資料等提出、結果尊重等が求められることになる（以上、【10374】参照）。

金融機関は、こうした金融 ADR 制度への対応のほか、以下のような義務も負う。

◆指定 ADR 機関の公表　金融機関は、手続実施基本契約の相手方である指定 ADR 機関の商号・名称を公表する必要がある（銀行法12条の３第２項、金商法37条の７第２項等）。これに加え、顧客が現実に指定 ADR 機関に苦情・紛争を申し立てるには連絡先も必要な情報であるから、監督指針において、連絡先の公表も求められている（主要行監督指針Ⅲ−3−5−3−1−2(1)②、金商業者監督指針Ⅲ−2−5−2−1(2)①ロ）。

一方、指定 ADR 機関が存在しない業態の場合であっても、外部機関が金融 ADR の代替措置である場合、顧客が当該外部機関を利用する機会を確保するため、監督指針において、金融機関は当該外部機関の商号・名称、連絡先等の必要な情報を周知・公表することが望ましい旨が定められている（主要行監督指針Ⅲ−3−5−3−2−2(3)①イ、金商業者監督指針Ⅲ−2−5−2−2(2)③イ a）。

◆指定 ADR 機関の紹介　顧客が苦情・紛争の適切な解決の機会を確保するためには、指定 ADR 機関等の情報を得ることが重要である。そこで、金融機関は、監督指針において、苦情等の内容や顧客の要望に応じて、指定 ADR 機関も含めた適切な外部機関等を紹介し、その標準的な手続の概

要等の情報を提供することが求められている（主要行監督指針Ⅲ-3-5-2-2(4)③、金商業者監督指針Ⅲ-2-5-1(2)④ハ）。こうした外部機関等の紹介は、金融機関において、自ら顧客の苦情等に向き合って真摯な対応を行うことの一環であると考えられる（石塚智教＝平塚恵美「金融ADR制度に関する監督指針の改正の概要(下)」金法1904号107頁）。

また、金融機関（登録金融機関、金融商品取引業者）は、監督指針において、顧客から苦情の申出があった場合には、真摯な対応をとるとともに、当事者間の話合いでは顧客の理解が得られない場合や、損害賠償金額の確定が困難である場合に、あらためて金融ADR制度の説明を行うことが求められている（金商業者監督指針Ⅲ-2-5-2-1(2)①ロb、Ⅲ-2-5-2-2(2)③イb）。当事者間の話合いでは顧客の理解が得られない場合や損害賠償金額の確定が困難である場合は、苦情解決のために第三者の関与が必要となり、金融ADR制度の利用が現実的となった段階であるから、顧客に対し、金融ADRの利用に必要な情報の提供を行うことは重要である。

◆**金融商品・サービス勧誘の際の対応**
金融機関は、元本割れ等のリスクを有する一定の金融商品を顧客に勧誘する場合、契約締結前交付書面を交付し、その内容を説明する必要がある（金商法37条の3、金商業等府令117条1項1号、準用条文銀行法13条の4・52条の45の2等）。金融機関は、こうした契約締結前交付書面において、金融ADR制度への対応措置の内容を記載する必要がある。

また、預金を取り扱う金融機関にあって

は、預金または定期積金等の受入れに関し、顧客に対し一定の情報を提供する必要がある（銀行法12条の2等）。金融機関は、情報提供の際に交付する書面において、金融ADR制度への対応措置の内容を記載する必要がある。

◆**内部規則の定め**　金融機関は、銀行などのように、社内規則において金融ADR制度への対応措置を定めることが義務づけられているものもある（銀行法施行規則13条の7）。

◆**公表資料等への掲載**　金融機関は、事業年度ごとに、業務および財産の状況に関する一定の重要な事項を記載した説明書類を作成し、公衆の縦覧に供する必要がある（銀行法21条1項、金商法46条の4）。このなかで、金融機関は、金融ADR制度への対応措置について記載する必要がある。

また、金融商品取引業者等は、事業年度ごとに事業報告書を作成し、金融当局に提出する必要がある。そのなかで、金融ADR制度への対応措置を記載することが必要である（金商法46条の3・47条の2、金商業等府令172条1項・182条（別紙様式第12号）。登録金融機関につき、金商法48条の2、金商業等府令187条（別紙様式第16号））。

◆**免許・登録等の申請時**　金融機関は、金融関係の業務を行うためには、関係業法で定められた免許や登録を受けなければならないとされている（銀行法4条1項、金商法29条）。

このうち免許業について、金融機関（になろうとする者）から免許の申請があった場合、金融当局は、基準適合性を審査することになるが、その際、法令で定められた

書面に加え、その他参考書面を徴求することになる（銀行法4条2項、同法施行規則1条の8第1項4号）。免許業においては、金融当局は、金融ADRへの対応措置の予定について、当該参考書面において確認することが可能と考えられることから、金融ADRについての対応措置に関する定めは特に置かれていない。

他方、登録業においては、登録申請があった場合、金融当局は、登録拒否事由が認められた場合を除き登録をしなければならない（金商法29条の4）。そのため、登録拒否事由の該当性を判断するため、金融商品取引業者（となろうとする者）には、金融ADR制度への対応措置の予定について書面への記載が求められている。具体的に、指定ADR機関が存在する場合の対応について、登録申請書に記載する必要があり（金商法29条の2第1項9号、金商業等府令7条1号（別紙様式第1号）。登録金融機関につき、金商法33条の3第1項8号、金商業等府令44条2号（別紙様式第9号））、指定ADR機関が存在しない場合の対応について、登録申請書そのものではなく、その添付書類に記載する必要がある（金商法29条の2第2項2号、金商業等府令8条5号。登録金融機関につき、金商法33条の3第2項2号、金商業等府令45条5号）。

◆**対応内容の変更時**　登録金融機関も含めた金融商品取引業者等は、金融ADR制度への対応内容に変更が生じた場合は以下のとおり金融当局への届出が必要である。指定ADR機関と手続実施基本契約を締結する場合、2週間以内に登録申請書の変更届出が必要である（金商法31条1項・29条の2第1項9号、金商業等府令7条1号

（別紙様式第1号）。登録金融機関につき、金商法33条の6第1項・33条の3第1項8号、金商業等府令44条2号（別紙様式第9号））。他方、指定ADR機関が存在せず、金融商品取引業者等が代替措置を講じる場合、遅滞なく、業務方法書の変更届出が必要である（金商法31条3項・29条の2第2項2号、金商業等府令8条5号。登録金融機関につき、金商法33条の6第3項・33条の3第2項2号、金商業等府令45条5号）。

10373　金融ADR制度への金融機関の対応②

金融機関は、指定紛争解決機関（指定ADR機関）を利用する場合にどのような義務を負うのか。指定ADR機関が存在しない業態はどうか

結　論

　金融機関は、指定紛争解決機関（指定ADR機関）が存在する場合、指定ADR機関を利用するための手続実施基本契約を締結し、同契約に定められた義務を負う。他方、指定ADR機関が存在しない場合、金融機関は代替措置を講じる義務を負い、紛争解決措置として外部のADR機関を利用しなければならない。

解　説

　金融ADR制度においては、一定の要件を備えたADR機関が、行政庁からの指定を受け（銀行法52条の62）、指定ADR機関として紛争解決等業務を行うことが想定されている（同法52条の65）。

一方で、このような指定を受けるための申請は法的義務とはされておらず、それぞれのADR機関の任意の判断で行われるので、業態によっては指定ADR機関が存在しない場合もありうる。金融機関が行うべき金融ADR制度への対応の内容は、指定ADR機関が存在する場合と存在しない場合とで異なっており、法令上もそれぞれ分けて規定されている（銀行法12条の3第1項）。

以下では、銀行を想定して法的義務を論ずるが、信用金庫や信用組合、労働金庫、農業協同組合等の協同組織金融機関においても、基本的に妥当する内容である。

◆**指定ADR機関が存在する場合**　　まず、銀行業界においては、全国銀行協会が指定ADR機関とされている（他に指定ADR機関が存在する業態は、【10364】参照）。指定ADR機関が存在する場合、金融機関は、指定ADR機関との間で手続実施基本契約を締結する措置を講じる義務を負う（銀行法12条の3第1項1号）。そして、金融機関は、当該手続実施基本契約の相手方である指定ADR機関の商号または名称を公表しなければならない（同条2項）。また、監督指針において、指定ADR機関の商号・名称だけではなく、その連絡先も公表することを求めている。さらに、金融機関は、手続実施基本契約により、その顧客に対し、指定ADR機関による紛争解決等業務の実施について周知するため、必要な情報の提供その他の措置を講じる義務を負う（銀行法52条の67第2項10号）。

指定ADR機関が存在する場合、指定ADR機関において苦情処理手続および紛争解決手続が実施されることになるが、金融機関には、これら手続について手続実施基本契約において、手続応諾義務（銀行法52条の67第2項2号）、資料等提出義務（同項3号）、結果尊重義務（同項4号）が課されている（それぞれの義務の内容等については、【10374】参照のこと）。

手続実施基本契約には、上記で述べた各義務のほか、金融機関の義務として、紛争解決手続の目的となった請求に係る民事訴訟に関する報告義務（銀行法52条の67第2項6～9号）のほか、指定ADR機関の責務として、苦情処理手続および紛争解決手続の実施（同項1号）、金融機関に対する和解内容の履行の調査・勧告（同項11号、銀行法規則34の70）が定められている。

以上述べたそれぞれの責務等については、全国銀行協会がひな型として公表している「全国銀行協会の苦情処理手続および紛争解決手続にかかる手続実施基本契約」に定められている。

◆**指定ADR機関が存在しない場合**　　協同組織金融機関業界においては、平成29年5月現在、指定ADR機関は存在しない。また、銀行等が投資信託の窓口販売を行っている場合の登録金融機関業務についても、同様に指定ADR機関が存在しない。指定ADR機関が存在しない場合、金融機関は、代替的な対応として、苦情処理に関して苦情処理措置、紛争解決に関して紛争解決措置を講じる必要がある（銀行法12条の3第1項2号、金商法37条の7第1項各号ロ）。それら各措置の内容は、法令において列挙されている。苦情処理措置は、外部機関を利用することに加え、本来、苦情処理は自ら対応すべき事項であることから、自社内で措置を講じることも認められている。一

方、紛争解決措置は、中立性確保等の見地から、すべて外部機関を利用することとされている。

ここでの各措置として、銀行法上の代替措置として利用される可能性があるものの具体例を列挙すると以下のとおりとなる。

① 苦情処理措置
- 苦情処理に従事する従業員への助言・指導を一定の経験を有する消費生活専門相談員等に行わせること
- 自社で業務運営体制・社内規則を整備し、公表等すること
- 金融商品取引業協会等を利用すること
- 国民生活センター、消費生活センターを利用すること
- 他の業態の指定ADR機関を利用すること
- 苦情処理業務を公正かつ的確に遂行できる法人（公正的確遂行法人）を利用すること

② 紛争解決措置
- 認証ADR機関を利用すること
- 金融商品取引業協会等を利用すること
- 弁護士会の紛争解決センターを利用すること
- 国民生活センター、消費生活センターを利用すること
- 他の業態の指定ADR機関を利用すること
- 紛争解決業務を公正かつ的確に遂行できる法人（公正的確遂行法人）を利用すること

多くの信用金庫や信用組合は、苦情処理措置は自社で対応しており、紛争解決措置として弁護士会の紛争解決センターを利用しているようである。また、銀行の登録金融機関業務については、本業（銀行業務）で対応している全国銀行協会（他の業態の指定ADR機関）の利用で足りることになる。

10374 金融ADR制度への金融機関の対応③

金融機関は、金融ADRの手続において、どのような対応を行う必要があるのか

結論

金融機関は、指定ADR機関の手続に関し、指定ADR機関との間の手続実施基本契約において、手続に応諾する義務、資料等を提出する義務、および結果を尊重する義務を負う。一方、指定ADR機関が存在しない業態では、監督指針において、金融機関は、代替措置（紛争解決措置）として選択したADR機関に対する手続への応諾、資料等の提出、結果の尊重が求められている。

解説

◆**概要** 金融ADR制度では、指定ADR機関における個別の手続において金融機関に対し一方的な義務（片面的義務）を課すことにより、紛争解決の実効性を図っている。金融機関は、指定ADR機関に対し、①手続応諾義務、②資料等提出義務、③結果尊重義務等を負っている。

◆**趣旨** 金融ADR制度によってこうした片面的義務が金融機関に課されているのは、情報・知識・交渉能力等の点で格差が存在する金融機関と顧客との間における実

質的な平等を確保し、中立・公正かつ実効的に苦情・紛争の解決を図ることで、顧客保護の充実および金融商品・サービスへの信頼の向上を図るためである。

◆①手続応諾義務、②資料等提出義務

①手続応諾義務とは、顧客から指定ADR機関に対し苦情の申出や紛争解決手続（あっせん手続）の申立があった場合に、金融機関は、拒否するに足る正当な理由がない限り、指定ADR機関の手続に応諾しなければならない、というものである（銀行法52条の67第2項2号、金商法156条の44第2項2号）。②資料等提出義務とは、指定ADR機関や紛争解決委員からの求めがあった場合、金融機関は、拒否するに足る正当な理由がない限り、報告を行う、物件を提出するなどしなければならない、というものである（銀行法52条の67第2項3号、金商法156条の44第2項3号）。金融機関は、顧客からの苦情の申出・紛争解決手続（あっせん手続）の申立があった場合に、原則、それらの手続に応じることになるし、指定ADR機関（または紛争解決委員）の求めに応じ、原則、事情説明を行い、資料を提出することになる。

ここで、金融機関が拒否することができる「正当な理由」については、基本的に限定的に解釈されている。たとえば、顧客が紛争解決手続により紛争解決を図る趣旨ではなく、手続において得られた資料等を流用するなど不当な目的で申立を行っていることが客観的に明白である場合や、申立以前に顧客との間で交渉を行った結果、訴訟により紛争解決を行うとの合意がなされ具体的に準備を進めている場合などが考えられる（監督指針パブコメ回答34・35）。こ

うした「正当な理由」の存否については、金融機関の申告があることを前提に、一義的には指定ADR機関（または紛争解決委員）によって判断されることになる。

◆③結果尊重義務　③結果尊重義務とは、紛争解決手続（あっせん手続）において、金融機関は、紛争解決委員から示された「和解案」（あっせん案）の勧告を受けること、および紛争解決委員から「特別調停案」が示された場合に一定の例外事由を満たす場合を除き、これを受諾しなければならないことである（銀行法52条の67第2項4号・5号、金商法156条の44第2項4号・5号）。

「和解案」とは、文字どおり、当事者がお互いに歩み寄ること（互譲）で和解を行うための案のことである。一定の「和解案」が提示されたとしても、これに合意するかどうかはあくまで当事者の任意であり、顧客も金融機関も、ともに任意の判断において和解案に応じるか拒むのか決めることができる。ただし、指定ADR機関の業務規程において金融機関の判断に制約を課している例がある。たとえば、全国銀行協会では、正当な理由がなければ、銀行はあっせん案（和解案）を拒否してはならないこととしている（「苦情処理手続および紛争解決手続等の実施に関する業務規程」34条3項）。

他方、「特別調停案」は、和解案の一種であるが、いわば特別な効力を有する和解案であり、これに応じるかどうかの判断において、金融機関に一定の制約が課されるものである。「特別調停案」が提示された場合、顧客は応じるかどうか自由に判断することが可能であるが、金融機関はこれを

拒むことが制限されており、顧客に対し訴訟で解決する姿勢を示すなど一定の場合を除き、「特別調停案」に合意しなければならない。金融機関が「特別調停案」を拒むことができる場合として、ⅰ顧客が受諾しないとき、ⅱ一定の期間内に当該紛争に関して訴訟が提起されたとき、ⅲ当該紛争に関して訴訟が提起されている場合において、一定の期間内に訴訟が取り下げられないとき、ⅳ仲裁合意その他の和解、調停が成立したとき、が定められている（銀行法52条の67第6項、金商法156条の44第6項）。こうした意味で、金融機関は、紛争解決委員が提示した解決案を尊重しなければならない義務を負っている。

　「和解案」および「特別調停案」による和解は、法的には、裁判外における当事者の合意による和解との位置づけである。そのため、裁判上の和解のような、それ自体で強制執行が可能となる債務名義には該当しないので、その和解の内容に基づいて相手方（金融機関）に対し強制執行を行うには、しかるべき手続を経る必要がある。ただし、金融ADR制度においては、履行の勧告という方策を設けており、制度的に履行の確保への対応を図っている（銀行法52条の67第2項11号、同法施行規則34条の70、金商法156条の44第2項11号、金商法第五章の五の規定による指定紛争解決機関に関する内閣府令7条）。また、監督指針において、和解案および特別調停案に受諾した場合の速やかな対応を求めており（たとえば、主要行監督指針Ⅲ-3-5-3-1-2(2)②ロ）、これに違反した場合が行政処分の対象となりうることから、現実的には、金融機関が履行しないことはまずないと思われる。

現在（平成29年8月）までのところ、指定ADR機関において特別調停案が提示された例は少ないようである。というのも、特別調停案は、顧客に対し、訴訟の負担を強制させる一面を有している。特別調停案は、紛争解決に向けて金融機関に対する大きな拘束力を有する一方、これを受諾しない金融機関は訴訟提起するなどの対応を行う必要がある。そして、金融機関が訴訟提起した場合、顧客は、これに対し被告として応訴しなければならず、訴訟の負担を強制されることになる。一方、特別調停案が提示されず、あっせんの見込みがないとしてあっせん打ち切りになった場合、顧客において、訴訟提起するかどうか選択することが可能となる。特別調停案が積極的に活用されない背景には、こうした顧客側の訴訟の負担への配慮があるものと考えられる（石塚智教『金融ADR便利帖』14頁）。

◆**指定ADR機関が存在しない業態の場合**

たとえば、協同組織金融機関（信用金庫、信用組合、労働金庫、および農業協同組合等）、登録金融機関など指定ADR機関が存在しない業態において、代替的な対応として紛争解決措置を講じる義務が課されているものの、当該措置の内容として、上記の①〜③のような各義務は定められていない（銀行法12条の3第1項2号、同法施行規則13条の8第2項、金商法37条の7第1項5号、金商業等府令115条の2第2項）。ただし、指定ADR機関が存在しない場合は、金融機関は紛争解決措置として、外部のADR機関を利用することが義務づけられており、金融機関は、選択した外部のADR機関の規則等をふまえ、当該ADR

機関の手続に真摯に対応することが上記①〜③の義務を設けた金融ADR制度の趣旨に合致すると考えられる。こうしたこともふまえて、監督指針において、指定ADR機関が存在する場合と同様の見地から、手続への応諾、資料等の提出、および和解案などの解決案の提示があった場合の対応について監督上の着眼点が設けられている（たとえば、主要行監督指針Ⅲ-3-5-3-2-2(3)②）。そのため、指定ADR機関が存在しない場合であっても、金融機関は、手続への応諾、資料等の提出、結果尊重について、指定ADR機関が存在する場合と基本的に同様の対応を行うことが求められる（石塚智教＝平塚恵美「金融ADR制度に関する監督指針の改正の概要(上)」金法1903号71頁）。

銀行や信用金庫における登録金融機関業務など、証券・金融商品あっせん相談センター（FINMAC）においてあっせん手続が行われる場合、金融機関は、証券・金融商品あっせん相談センター（FINMAC）の業務規程により、上記①〜③と同様の義務を負うことになる。証券・金融商品あっせん相談センター（FINMAC）のあっせん手続に適用される業務規定では、①手続応諾義務、②資料等提出義務、③結果尊重義務が定められている。証券・金融商品あっせん相談センター（FINMAC）において手続がなされる限り、金融ADR制度上の手続であろうとなかろうと、金融機関は証券・金融商品あっせん相談センター（FINMAC）に対しそれらの義務を負うことになる。

また、協同組織金融機関は、本稿執筆時点（平成29年5月）で業界に指定ADR機関が存在しない。そのため、それら協同組織金融機関は、金融ADR制度への対応（紛争解決措置）として、東京の三弁護士会の紛争解決センターなどの各地の弁護士会を利用している。金融ADR制度として紛争解決センターが利用される場合、各弁護士会は、金融機関との間で利用に関する契約を締結することが通常である。その利用契約において、多くの弁護士会では手続における当事者対等ルールを修正しており、金融機関に対し手続応諾義務、資料等提出義務および結果尊重義務を課している（ただし、各弁護士会によって内容が異なる可能性がある）。弁護士会の紛争解決センターを利用する場合、こうした利用契約によって、金融機関は、指定ADR機関に対する場合とほぼ同様の義務を負うことになる。

10375 指定ADR機関の指定要件等

ADR機関は、どのような場合に金融当局から指定ADR機関（指定紛争解決機関）としての指定を受けることができるのか

結　論

指定ADR機関は、指定申請を行ったうえ、指定要件として定められた内容（①欠格事由がないこと、②紛争解決等業務の実施能力（経理的基礎・技術的基礎）、③役職員の公正性、④業務規程の内容の十分性、⑤金融機関の異議がないことの確認）を満たした場合に、当局の指定を受けることができる。

解　説

◆**意義**　　金融ADR制度では、指定ADR機関が苦情処理・紛争解決業務（紛争解決等業務）を行い、制度の中核を担うことになる。指定の要件を備えた機関は、金融当局から指定を受けて、紛争解決等業務を行う。平成29年5月時点で、指定を受けたADR機関は、全国銀行協会等の8機関である（【10364】参照）。指定ADR機関としての指定を受けるためには申請が必要であるが、かかる申請は任意とされているため、業態によっては、申請・指定がなされない結果、指定ADR機関が存在しない業態もある（たとえば、信用金庫、信用組合、労働金庫、農業協同組合等の協同組織金融機関など）。

◆**指定要件**　　指定ADR機関の指定要件として、法令では以下の点があげられている（銀行法52条の62第1項、大森泰人ほか『詳説金融ADR制度〔第2版〕』44頁）。

① 　欠格事由がないこと（1～4号）
② 　紛争解決等業務の実施能力（経理的基礎・技術的基礎、5号）
③ 　役職員の公正性（6号）
④ 　業務規程の内容の十分性（7号）
⑤ 　金融機関の異議がないことの確認（8号）

これら指定要件について、金融庁総務企画局は、平成22年4月、「金融分野における裁判外紛争解決制度（金融ADR）に関する留意事項について（金融ADRガイドライン）」を定めて審査の基準を明らかにした。その後、報告書（「「金融ADR制度のフォローアップに関する有識者会議」における議論のとりまとめ」）による提言に

基づき、同ガイドラインの内容もふまえて平成25年8月に「指定紛争解決機関向けの総合的な監督指針」（以下「監督指針」という）を策定・公表し、引き続き審査の基準を明記している。なお、監督指針の策定により同ガイドラインは廃止された。

まず、指定ADR機関は、一定の欠格事由がないこと（①）を前提に、紛争解決等業務の実施能力が備わっている必要がある（②）。紛争解決等業務は、その性質上安定的かつ継続的に提供される必要があると考えられることから、これを可能とするだけの経営的根拠（経理的基礎）があることが必要であり、同業務の適確な実施にあたっては、適切な規模の体制が確保される必要があると考えられることから、組織としての態勢、知識および能力（技術的基礎）が備わっていることが求められる（監督指針Ⅲ-1参照）。

紛争解決等業務は、公正性・中立性・独立性が確保されることが必要であることから、役職員（③）においても、構成や業務実施体制について公正性等確保のために十分に配慮する必要がある（監督指針Ⅲ-2参照）。かかる見地から、指定ADR機関は、暴力団員等を使用することが禁じられている（銀行法52条の69）。

金融ADR制度では、指定ADR機関の自主的な取組みが尊重されており、紛争解決等業務について、法令ではなく、業務規程やそれに定められる手続実施基本契約等によって規律されることが想定されている（前掲『詳説金融ADR制度〔第2版〕』147頁）。そこで、業務規程の内容の十分性（④）が指定要件としてあげられている（監督指針Ⅲ-5参照）。業務規程の内容は、

手続実施基本契約の内容・締結に関する事項、紛争解決等業務の実施に関する事項、加入金融機関の費用負担に関する事項等、法令において定められている（銀行法52条の67第1項）。

さらに、業務規程の内容について異議を述べた金融機関が一定割合以下であることが定められている（⑤）。金融ADR制度の円滑かつ適切な運営を確保することがその趣旨である（前掲『詳説金融ADR制度〔第2版〕』46頁）。

◆指定ADR機関の監督　指定ADR機関の設立、指定後も、指定ADR機関の中立性・公正性および実効性が確保される必要があり、指定ADR機関に対する検査・監督規定が設けられている（銀行法第7章の5第3節、金商法第5章の5第3節）。指定ADR機関に対する検査・監督は、個別の苦情処理・紛争解決の内容の適否について行うものではなく、指定ADR機関における紛争解決等実施業務に係る実施態勢の適否について行うものである（前掲『詳説金融ADR制度〔第2版〕』47頁）。なお、金融庁において指定ADR機関に対する監督業務を担当する部署は、総務企画局に置かれた金融トラブル解決制度推進室（平成28事務年度）である。

10376 金融ADRの手続と裁判（民事訴訟）の手続における相違点

金融ADRの手続では、当事者の主張・立証について、裁判（民事訴訟）の手続とどのように異なるのか

結論

民事訴訟では、訴訟資料の収集提出は当事者の権能かつ責任とされ（弁論主義）、裁判所は当事者が主張しない事実を判決の基礎としてはならない。また、裁判において、ある主要事実が真偽不明である場合、立証責任（証明責任）を負う一方当事者に不利益に判断される。しかし、金融ADRでは、裁判のように弁論主義・立証責任が適用されないため、紛争解決委員は、当事者が主張しない事実であっても判断の基礎とすることができ、その判断は立証責任の存否に拘束されない。

解説

◆民事訴訟における弁論主義・立証責任
民事訴訟では、訴訟資料の収集提出は当事者の権能かつ責任とされる（弁論主義）。この弁論主義は、以下の三つの原則から構成される。①裁判所は、当事者が主張していない事実を認定して裁判の基礎とすることは許されない（第1原則）、②裁判所は、当事者間に争いのない事実はそのまま裁判の基礎にしなければならない（第2原則）、③争いのある事実について証拠調べをするには、原則として、当事者が申し出た証拠によらなければならない（第3原則）、との三原則である。

事実の確定は、当事者の申出に基づく証拠の取調べの結果として得られた証拠資料に基づくのが原則であることなどから、主要事実の存否が判断できず、真偽不明となることがありうる。この場合、立証責任（証明責任）の所在により判断がなされ、立証責任（証明責任）を負う一方当事者に

不利益に判断される。基本的に、法的効果の発生を主張する側に立証責任が課せられており、たとえば、顧客が金融機関に対し販売勧誘規制に違反した行為による損害賠償を請求する場合、損害賠償という法的効果を主張する顧客において、金融機関の違法行為に関する事実を立証する必要があり、裁判所はこの立証活動を前提に判断を行う。

◆**金融ADR**　これに対し、金融ADRにおいては、弁論主義の適用はなく、当事者に立証責任は課されない。そのため、当事者が主張しなくとも、紛争解決委員（あっせん委員）は、積極的に当事者に対し質問・聴取などを行って提示された事実について、あっせん案（和解案）や特別調停案を作成する際に考慮することが可能である。また、あっせん申立を受けた金融機関において、事案の性質などに応じ、積極的に事実の提示が求められる場合がある。

金融ADRでは、事実認定が厳密に行われるものではなく、白黒の結論を出すことが求められる手続ではない。紛争解決委員が、一定の心証その他の事情に基づき和解案を出して、当事者の互譲により紛争を解決することが想定されている。そのため、当事者間または当事者と紛争解決委員との間で、主張、立証の分担が厳密に区別されているものではない。

◆**金融機関の対応における留意点**　金融機関は、申立人が主張・立証していない事実であっても、事案の性質等によっては明らかに争点となりうる事項など、紛争解決手続（あっせん手続）において主張するかどうか適切な検討を行う必要がある。仮に、その事実を積極的に主張しないとしても、事情聴取期日においてあっせん委員から質問・聴取を受けることを想定し、それに対する準備を検討しておく必要がある。

◆**文書提出命令との関係**　民事訴訟において、文書の所持者が保有する文書を裁判に提出させる手続として文書提出命令（申立）が用意されている（民訴法223条）。一方、同命令の対象となる文書には例外が設けられており、もっぱら金融機関の内部での利用を想定した自己利用文書（たとえば、稟議書、営業日誌など）など、提出命令の対象とならないものがある。このように裁判（民事訴訟）でも提出が想定されていない資料・証拠書類について、紛争解決手続（あっせん手続）において提出する必要があるかどうか問題となる。

この点について、文書提出命令の趣旨等を勘案したうえで、紛争解決委員（あっせん委員（会））によって個別に判断されることになり（監督指針パブコメ回答35）、場合によっては、金融機関に提出が求められることもある。

しかし、提出が必要とされる場合であっても、金融機関は、顧客に対して提示せずに、紛争解決委員（あっせん委員）限りで提出することを求める余地はある。紛争解決手続（あっせん手続）では、非公開の手続ということもあり、紛争解決の促進の見地から、裁判の場合よりも広範に資料・証拠書類の提出が求められる可能性がある半面、手続について厳格なルールが定められているものではなく、紛争解決委員（あっせん委員）による柔軟な対応が認められやすい。そもそも、金融ADR制度では、一方当事者が提出した資料は、相手方にすべて開示されるものではなく、あっせん委員限りとされることを想定しているといえる。

<table>
<tr><td>10377</td><td>指定 ADR 機関とその取扱業務</td></tr>
</table>

指定 ADR 機関として指定を受けた団体はどこか。また、それぞれどのような業務を取り扱うのか

結　論

　預貯金分野において、全国銀行協会が、銀行業務および農林中央金庫業務における紛争解決等業務を扱っている。

　信託分野において、信託協会が、手続対象信託業務および特定兼営業務における紛争解決等業務を扱っている。

　保険において、まず生命保険に関し、生命保険協会が生命保険業務および外国生命保険業務における紛争解決等業務を扱っている。次に損害保険に関し、日本損害保険協会と保険オンブズマンが指定 ADR 機関としての指定を受けている。前者が、損害保険業務、外国損害保険業務および特定損害保険業務における紛争解決等業務を扱っており、後者が、損害保険業務、外国損害保険業務、特定損害保険業務および保険仲立人保険募集における紛争解決等業務を扱っている。また、少額短期保険業務について、日本少額短期保険協会において扱われている。

　証券分野において、証券・金融商品あっせん相談センター（FINMAC）が、特定第一種金融商品取引業務における紛争解決等業務を扱っている。

　貸金業務において、貸金業協会が紛争解決等業務を扱っている。

　なお、各 ADR 機関における対象業務で

以上にあげたのは金融 ADR における業務であって、ADR 機関によっては、それ以外にも業務を扱っていることがある。金融 ADR のほかに扱っている業務については、各 ADR 機関の HP 等を参照されたい（以上、平成29年5月現在）。

解　説

◆**業法ごとの枠組み**　金融商品・サービスやその販売チャネルが多様化するなかにあっては、利用者保護・利用者利便の向上のためには、金融業界全体を包括する、業態横断的な金融 ADR 制度が創設されることが望ましい。しかし、金融 ADR 制度において、それまで苦情処理・紛争解決が業界団体ごとに取組みが行われてきた実態や、専門性・迅速性の確保等の観点もふまえ、業態を単位とする業法上の枠組みとして制度が創設された（大森泰人ほか『詳説金融 ADR 制度〔第2版〕』40頁）。

◆**業態ごとの指定**　金融 ADR 制度は、法令の基準・要件に沿った ADR 実施機関を金融庁長官が指定し、この指定を受けた指定 ADR 機関によって制度が担われることになる。金融庁長官による指定は、金融分野を横断するものではなく、銀行・保険・証券など業態ごとになされる。

　そして、金融分野におけるすべての業態において指定 ADR 機関が存在するものではない。金融 ADR 制度における指定申請を行うかどうかは、各 ADR 実施機関の任意の判断に委ねられていることから、指定申請がなされていない業態においては、指定 ADR 機関が存在しないことになる。たとえば、協同組織金融機関（信用金庫、信用組合、労働金庫、農業協同組合、漁業協

同組合等）や第二種金融商品取引業者（たとえば、ファンド販売業者等）など、指定ADR機関が存在しない業態もある。これとは逆に、損害保険業務など、複数の機関により指定申請がなされた結果、複数の指定ADR機関が存在する業態もある。

◆**指定ADR機関とその業務対象**　平成29年5月時点における各金融分野における指定ADR機関およびその取扱業務は、［結論］の項で述べたとおりである。

◆**金融ADRの対象業務**　金融ADRの対象とされる業務は、金融関連業法に基づく業務である。たとえば、他業禁止がかかり、業務が限定されている銀行や保険会社については、法定他業も含め、その行う業務すべてが金融ADRの対象とされる。他方、第一種金融商品取引業務は金融ADRの対象であるものの、第一種金融商品取引業者（証券会社）は金融関連業務のほかにも業務を広く実施することが可能とされており、たとえば、第一種金融商品取引業者（証券会社）が宅地建物取引業務を行ったとしても、同業務は金融ADRの対象とはならない。

また、代理業者や仲介業者の行う業務については、委託元の所属金融機関の金融ADRの対象とされている（前掲『詳説金融ADR制度〔第2版〕』50頁）。

10378　**金融ADRの実施状況**

銀行業界において、金融ADRはどのように利用されているのか

結　論

銀行業界における指定ADR機関は全国銀行協会である。全国銀行協会の取り扱う金融ADR事案は、あっせんの新規申立件数は減少しているものの、相談および苦情の受付件数は堅調に推移しており、顧客による利用は広がっているといえる。紛争事案の業務分類としては、証券や保険の窓販が多い。和解の成立割合があっせん手続受理事案の約6割を占めており（平成27年度）、紛争解決に貢献しているといえる。

なお、銀行に関するリスク性金融商品の紛争は証券・金融商品あっせん相談センター（FINMAC）も取り扱っているが、厳密にいえば、これは金融ADR制度としての利用ではない。

解　説

◆**金融ADRの対象業務**　銀行における金融ADRの対象は、銀行業務全般である。他業禁止がかかり、業務が限定されている銀行については、法定他業も含め、その行う業務すべてが金融ADRの対象となる。たとえば、預金・融資・為替等の典型的な銀行業務に加え、金融デリバティブ取引、外貨預金・仕組み預金などの特定預金等取引、投資信託等窓販などの登録金融機関業務、変額年金保険等の保険窓販業務などがこれに含まれる。

◆**全国銀行協会の利用**　銀行業務における唯一の指定ADR機関は全国銀行協会である（平成29年5月時点）。そのため、銀行業務における苦情処理、紛争解決についての金融ADRは、全国銀行協会が利用されることになる。

また、登録金融機関業務を行っている銀行は、通常、日本証券業協会などの自主規制機関に加入しており、証券・金融商品あっせん相談センター（FINMAC）の手続を利用することが可能である。証券・金融商品あっせん相談センター（FINMAC）は、金融ADRに関する業務に加え、自主規制機関（日本証券業協会、金融先物取引業協会など）からの委託業務として、自主規制機関に加入している金融機関を対象として、苦情処理・あっせん業務を実施している。

次に、保険商品であれば、全国銀行協会でも取り扱っているが、保険業についての指定ADR機関（生命保険協会、日本損害保険協会、保険オンブズマン、日本少額短期保険協会）も取り扱っている。保険業についての指定ADR機関では、銀行の利用が認められていないため、銀行が当事者になる場合は全国銀行協会が利用されることになる。利用の区別について、一般的には、販売を行った銀行職員の説明等の苦情・紛争であれば銀行が当事者となるので全国銀行協会が利用され、購入した保険商品自体の商品性が問題となるのであれば保険会社が当事者となるので、保険業についての指定ADR機関が利用されることになる。

◆**全国銀行協会の利用実績**　全国銀行協会の公表に係る「全国銀行協会紛争解決等業務の実施状況（平成27年度）」によれば、平成27年度（平成27年4月～平成28年3月）において、受け付けた相談および苦情の件数は1万8506件であり、前年度比1283件（6.5％）減少した。業務分類別では預金業務が最も多く4493件（24.3％）である。

このうち受け付けた苦情は4139件であり、前年度比368件（9.8％）増加した。業務分類別では、預金業務1379件（33.3％）、貸出業務920件（22.2％）、チャネル業務335件（8.1％）等の順となっている。なお、「チャネル業務」とは、インターネット・モバイルバンキングやCD・ATM取引等である。

次に、あっせんの新規申立件数は124件であり、前年度比76件（38％）減少した。業務分類別では、証券業務（窓販）39件（31.5％）、保険業務（窓販）23件（18.5％）、デリバティブ業務19件（15.3％）等の順となっている。なお、これらの分野にて相談および苦情に占める割合は低く、証券業務（窓販）361件（2.0％）、保険業務（窓販）183件（1.0％）、デリバティブ業務44件（0.2％）であるとの比較からすれば、これらの分野は、相談および苦情申立にて解決することがむずかしく、あっせん手続までもつれることが多いといえる。

あっせん手続において、平成27年度に終結した件数は134件で、そのうち不受理が30件であり、あっせん手続が行われた104件のうち和解が成立したのは61件（58.7％）であった。和解が成立する可能性が高いことからすれば、全国銀行協会のあっせん手続が紛争解決に貢献していることを示している。

なお、平成23年度はあっせんの新規申立件数が1086件あり、平成27年度の同件数は、これの約9分の1に減少している。平成23年度に新規申立がなされた業務はデリバティブ業務749件（69.0％）、証券業務（窓販）164件（15.1％）といったリスク性金融商品に関する件数が多かったが、4年を経過して、これらの新規申立がそれぞれ19件、39件に減少したことが主な要因である。

◆**証券・金融商品あっせん相談センター（FINMAC）の利用実績**　証券・金融商品あっせん相談センター（FINMAC）では、「平成27年度紛争解決等業務の実施状況について」にて、登録金融機関の紛争解決等業務の動向が公表されている。

同センターでは、平成27年度、登録金融機関業務に関する相談が387件あり、前年度比226件（36.9％）減少した。もっとも、苦情は56件あり、前年度比29件（107％）増加した。あっせんの新規申立件数は6件であり、前年度比1件（14.3％）減少した。同センターを利用する登録金融機関は、銀行に限らず保険会社や信用金庫等も含まれるので、すべてが銀行についての申立というものではないが、登録金融機関の会員の多くは銀行であることから、申立の多くの割合は銀行に対してのものであることが推測される。

なお、平成23年度のあっせんの新規申立件数は212件であったことから、平成27年度（6件）は激減したことになる。これは、通貨オプション取引（いわゆる為替デリバティブ取引）に関する紛争が減少したことが一因である。

◆**銀行の対応における留意点**　銀行業務のなかで、証券業務（窓販）等のリスク性金融商品について、あっせん手続が申し立てられる件数が多い。そのため、顧客とのトラブル防止および顧客満足の向上の見地から、銀行は、リスク性金融商品の販売に際し、顧客が当該商品に適合するのか（適合性の原則）を確実に確認し、当該顧客が十分に理解できるよう商品説明する態勢を構築する必要がある。また、販売時の態勢が十全であっても、リスク性金融商品につ

いては、社会情勢の急激な変化に基づき顧客に損失が発生した場合、事後にトラブルとなることがある。こうした性質にかんがみ、販売時における顧客ごとの個別事情について、事後的に検証しうるよう、社内資料を整備しておく必要がある。

また、全国銀行協会および証券・金融商品あっせん相談センター（FINMAC）のあっせん手続において、和解率が高い（60％近い）ことからすれば、それだけ和解案が提示される事案が多いのであるから、銀行としてはあっせん手続には確実に対処する必要があり、自行の主張する事実についてあっせん委員（会）に十分に説明する必要がある。

| 10379 | 協同組織金融機関における金融 ADR |

信用金庫、信用組合等の協同組織金融機関では、金融 ADR はどのように利用されているのか

―――――――――――――

| **結　論** |

協同組織金融機関（信用金庫、信用組合、労働金庫、農業協同組合など）には、指定 ADR 機関が存在しない。そのため、各協同組織金融機関は、金融 ADR 制度における代替措置（苦情処理措置、紛争解決措置）として、苦情処理手続は自社で行い、紛争解決手続は弁護士会の紛争解決センター（仲裁センターなど名称はさまざま）を利用している。

解　説

◆金融 ADR 制度への対応　協同組織金融機関（信用金庫、信用組合、労働金庫、農業協同組合など）において、いずれの業態においても、平成29年8月時点で、指定ADR 機関は存在しない。そこで、協同組織金融機関は、金融 ADR 制度への対応として、代替措置（苦情処理措置・紛争解決措置）を講ずる必要がある。

各協同組織金融機関では、金融 ADR 制度の代替措置として、苦情処理手続は自社で行い、紛争解決手続は弁護士会の紛争解決センターを利用している。弁護士会の紛争解決センターは、都道府県ごとに存在する各弁護士会ごとに運営されており、その名称は紛争解決センターのほかにも、仲裁センター・調停センターなどさまざまである。各協同組織金融機関の中央組織（全国信用金庫協会、全国信用組合中央協会、全国労働金庫協会、全国農業協同組合中央会、全国漁業協同組合連合会）は東京三弁護士会と協定を締結しており、全国の加盟先が東京三弁護士会を利用できる態勢整備が図られている。また、地域ごとに個別に弁護士会と協定を締結している地区協会・地区中央会もある。

◆信用金庫における対応　信用金庫を例にとれば、金融 ADR 制度対応としての自金庫での苦情処理のほかにも、全国11地区の地区協会（地区しんきん相談所）にて苦情受付をしており、全国信用金庫協会（全国しんきん相談所）においても苦情受付をしている。顧客と信用金庫の当事者間では話合いがつかない場合に、第三者が苦情相談を受け付ける態勢が整備されているとい

える。平成27年度の取扱実績は、11地区相談所において相談117件、苦情142件であり、全国しんきん相談所において相談1063件、苦情56件であった。なお、全国11地区の地区協会は、札幌市、仙台市、東京都中央区（2協会）、金沢市、名古屋市、大阪市、広島市、高松市、福岡市、熊本市に所在する。

信用金庫における紛争解決措置として、全国信用金庫協会が東京三弁護士会と協定を締結して、各信用金庫が弁護士会の紛争解決センターを利用することを可能としている。そのほかにも地区協会が個別に地域の弁護士会と協定を締結しているところもある。他業態において、紛争解決制度の利用のためには苦情処理を経る必要があるとの運用（苦情前置）を行っているところもあるが、信用金庫の場合は、顧客としては、苦情処理を経ずとも、いきなり紛争解決措置（弁護士会の紛争解決センター）の利用をすることが可能な制度設計としている。

◆証券・金融商品あっせん相談センター（FINMAC）の利用　信用金庫は、登録金融機関として投資信託等のリスク性金融商品の販売を行い、日本証券業協会の特別会員となっているケースもある。その場合、信用金庫は、日本証券業協会を通じて、証券・金融商品あっせん相談センター（FINMAC）を利用することが可能である。同センターは登録金融機関業務に関する指定 ADR 機関ではないことから、厳密にいえば金融 ADR 制度とは別枠ではあるものの、同センターは指定 ADR 機関と同様のサービスを提供しており、実質的には金融ADR 制度と同様の運用が行われる。顧客は、信用金庫の窓口販売にて投資信託等を購入してトラブルとなった場合には、同セ

ンターに対して苦情申出、あっせん申立を行うことが可能である。

10380 金融ADRを利用することができる場合

顧客または金融機関は、金融ADRをどのような場合に利用できるのか。逆に利用が制限される場合があるのか

結　論

金融ADRを利用できる主体は、顧客および金融機関であり、顧客の資格等について法令での制限はない。

しかし、紛争を解決する能力を有する顧客について、紛争解決委員の判断で手続を開始しないとされることがある。また、①事案の内容等から紛争解決手続（あっせん手続）を行うのに適当ではないと認められるとき、および②当事者が不当な目的でみだりにあっせん手続の申立をしたと認められるときは、紛争解決委員（あっせん委員）の判断により紛争解決手続（あっせん手続）が実施されない。

解　説

◆**顧客**　金融ADRを利用することができる顧客は、法令において制限されていない。金融商品・サービスを享受する顧客であれば、個人であれ事業者（法人）であれ、原則として、金融ADRを利用することが可能である。

もっとも、指定ADR機関において、顧客と金融機関との間に交渉能力等の格差がなく、金融機関が片面的義務を負う紛争解決手続（あっせん手続）を行うことが適切ではないと認められる顧客（要するに、紛争解決する能力を有する者）の場合、紛争解決委員の判断で手続を開始しないとされることがある（銀行法52条の73第4項ただし書、金商法156条の50第4項ただし書）。たとえば、顧客が、金融業務に関する専門家（金融機関等）である場合や、大企業である場合などである。

◆**金融機関**　金融機関も、法令上、自ら金融ADRを申し立てることが可能である。しかし、全国銀行協会における公表資料（各「全国銀行協会紛争解決等業務の実施状況」）によれば、銀行から申立がなされた例はまれのようである（平成24年度に1件の例あり）。

◆**紛争解決手続（あっせん手続）になじまない事案**　紛争解決手続（あっせん手続）の申立がなされた事案について、原則として紛争解決手続（あっせん手続）が開始されるが、紛争解決委員（あっせん委員）の判断により手続を実施しない場合がある。

紛争解決委員（あっせん委員）の判断により紛争解決手続（あっせん手続）が実施されない場合として、法令において①事案の内容等から紛争解決手続（あっせん手続）を行うのに適当ではないと認められるとき、②当事者が不当な目的でみだりにあっせん手続の申立をしたと認められるとき、が定められている（銀行法52条の73第4項ただし書、金商法156条の50第4項ただし書）。

①の例として、解決の前提として詳細な事実認定が必要な場合や、たとえば経営判断や融資判断の妥当性のみの争いであり紛

争としての内実がない場合、紛争の前提問題として第三者との関係が問題となっている場合が該当するとされる。次に、②の例として、金融機関の関係資料を入手する目的のみで申立を行った場合や、同一の紛争について正当な理由なく複数回にわたり申立を行う場合、すでに他の手続において解決が示された紛争について正当な理由なく有利な解決を求めて申立を行う場合などが該当するとされる。具体的に、紛争解決手続の申立に先立ち、既に顧客が金融機関に対し証拠保全の申立を行い、裁判所が証拠調べを実施していた場合（民訴法234条）は、通常、顧客は民事訴訟を提起する予定であって、紛争解決手続は後に予定された民事訴訟における関係資料を入手する目的であると考えられ、そうであれば紛争解決手続が実施されない場合に該当する。

また、利用者の予測可能性を高めるため、各指定ADR機関において、苦情処理手続や紛争解決手続（あっせん手続）を開始しない場合について定めが置かれている。また、全国銀行協会では、「紛争解決手続を行わない場合」や「申立てを受理しなかった事例」をそのHPで公表しており、証券・金融商品あっせん相談センター（FINMAC）においても「あっせん手続に関する留意事項」をHPで公表している。

◆金融機関の対応における留意点　金融機関は、紛争解決手続（あっせん手続）が申し立てられたが、手続が実施されない場合に該当するのであれば、積極的に紛争解決委員（あっせん委員）に関連事実を主張することが重要である。紛争解決委員（あっせん委員）は、紛争解決手続（あっせん手続）の開始の可否について必要な情報を

取得しなければ適切な判断をすることができない。金融機関においても、紛争解決委員（あっせん委員）の判断のため、関係する事実を提示する必要がある。

10381　金融ADRの手続

指定ADR機関は、どのような手続で金融ADRを実施するのか

結　論

苦情処理手続について、指定ADR機関では、相談員が手続を実施する。

紛争解決手続（あっせん手続）について、当事者からの申立により、紛争解決手続（あっせん手続）で解決することが適切な案件であれば、指定ADR機関において手続が開始される。紛争解決手続（あっせん手続）では、双方当事者の主張が書面で提出された後、事情聴取のための期日が実施される。紛争解決委員（会）（あっせん委員（会））により、和解案・特別調停案が作成・提示され、当事者が受諾すれば、和解（あっせん）が成立する。

解　説

本項では、指定ADR機関における利用手続の一般的な流れを述べる。それぞれの機関で若干の相違があるが、全国銀行協会、証券・金融商品あっせん相談センター（FINMAC）、弁護士会の紛争解決センターの詳細については、それぞれ別項を参照のこと。

◆苦情の申出　金融ADRを利用するこ

とを希望する顧客は、まずは指定ADR機関に苦情の申出を行う。金融機関は、拒否するに足る正当な理由がない限り、指定ADR機関による苦情処理手続に対し応諾することになる。顧客は、指定ADR機関の相談員を介して、金融機関と話合いを行う。指定ADR機関においては、相談員が顧客から苦情の内容を聞き取り、顧客が解決を求める場合には金融機関に対して苦情の内容を伝えて迅速な解決を求め、時には当事者間に入って苦情の解決のための仲介に努めることもある。

相談員は、金融機関に対し、必要に応じ、解決に向けた取組みについて事情説明、結果報告を求めている。金融機関は、拒否するに足る正当な事由がない限り、相談員の求めに応じて、事情説明、資料提出をする必要がある。

こうした手続を経て、顧客が納得した場合には、苦情は解決することになる。他方、結論に納得せず、第三者による解決を求める場合には、顧客は次のステップとしてあっせんの申立をするかどうか検討することになる。

◆**あっせんの申立**　顧客は、あっせん手続による紛争解決を望む場合は、指定ADR機関に対しあっせんの申立を行う。あっせんの申立には、希望する解決方法や事実の経緯などを記載した書面を提出することが必要である（金融機関からの申立は現実としてまれであることから、顧客から申立があることを前提として説明する）。

なお、指定ADR機関が実施する紛争解決に係る手続は、その性質に応じて、「あっせん」（全国銀行協会、証券・金融商品あっせん相談センター（FINMAC）、信託協会等）や「裁定」（生命保険協会）など指定ADR機関ごとにさまざまだが、本項では全国銀行協会と証券・金融商品あっせん相談センター（FINMAC）の手続を対象としているため、「あっせん」の呼称で説明する。

また、紛争解決を行う手続（あっせん手続）を主宰する紛争解決委員（会）を、「あっせん委員（会）」の呼称で説明する。

金融ADR手続においては、原則、指定ADR機関による苦情処理手続と紛争解決手続が一体的に運用されている。したがって、あっせんの申立に際し、苦情前置主義、すなわち指定ADR機関における苦情処理の手続を求めるところもある（全国銀行協会、証券・金融商品あっせん相談センター（FINMAC））。そのような指定ADR機関においては、苦情処理手続は、その手続自体での解決を目指す手続であると同時に、あっせん手続の前段階ととらえている。苦情前置主義をとる指定ADR機関に対しては、顧客が「苦情の申し出」を行ってもこれが解決しない場合などに「あっせんの申立て」をすることになる。

◆**あっせん開始の判断**　あっせんの申立を受けたとしても、指定ADR機関はすべての申立についてあっせん手続を開始するものではない。あっせん手続になじまない事案については、あっせん手続は開始されない。そこで、指定ADR機関（あっせん委員（会））では、申立を受けた事案があっせん手続で解決することが適切な事案かどうか審査を行う。これは、一般に「適格性の審査」といわれている。

なお、あっせん手続になじまない事案については、【10380】参照。

◆**金融機関側の書面提出**　あっせん手続は、両当事者の意見を聴取しつつ解決策を模索する手続である。指定 ADR 機関は、顧客からの申立があった場合、金融機関に対しても、その言い分を聴取するため、金融機関の主張や事実経緯を記載した答弁書、関連資料の提出を求める。金融機関は、拒否するに足る正当な理由がない限り、事情説明、資料提出する義務を負っているから、原則として、指定 ADR 機関（あっせん委員（会））の求めに応じ答弁書や関連資料を提出することになる。

◆**事情聴取**　両当事者の書面での主張が提出されたら、次に、両当事者出席による「事情聴取」が行われる。あっせん委員（会）が、両当事者から事情を聞いて、事案の性質や当事者の事情等からどのような解決がふさわしいのか検討することになる。あっせん委員（会）の人数は、指定 ADR 機関によってさまざまで、1 人で対応する機関もあれば、複数人で対応する機関もある。指定 ADR 機関では、担当あっせん委員（会）に弁護士など法律の専門家を含める運用を行っているようである。

　あっせん委員（会）は、双方の当事者から事情聴取などを行うものの、あっせん手続はあくまで合意による解決を目指すものであって、双方の当事者の主張が食い違う場合に、どの事実が真実だったのかを判断することが目的ではない。そのため、裁判とは異なり、必ずしも詳細な事実認定を行うものではない。

◆**和解案（あっせん案）、特別調停案の提示**　あっせん委員（会）は、事案の性質や当事者の事情等に応じ、「和解案（あっせん案）」を作成・提示し、当事者に受諾

を勧告する。ただし、当事者に和解が成立する見込みがないなどと判断する場合には、あっせんを終了させることもある。

　当事者が、提示を受けた和解案に合意すれば、その和解案に基づくあっせんが成立するが、合意しなければ和解は成立せず、あっせんは不成立（あっせんの打ち切り）となる。

　なお、あっせん委員（会）は、和解案の受諾勧告では当事者に和解が成立する見込みがなく、事案の性質、当事者の意向、当事者の手続追行の状況その他の事情に照らして相当な場合、「特別調停案」を作成し、理由とともに当事者に提示することもある。「特別調停案」は、金融機関にあっては、一定の場合を除き応諾しなければならない（【10374】参照）。

◆**和解契約書の作成**　和解案、特別調停案の内容で当事者が合意に至ってあっせんが成立した場合、その内容で書面を作成し、双方当事者およびあっせん委員（会）が署名・押印を行う。双方当事者とあっせん委員（会）との三者間で郵便のやりとりを行うことから、実務では、若干の時間がかかることもある。

10382　**全国銀行協会の手続**

全国銀行協会は、金融 ADR の手続の実施に関しどのような運用をしているのか

結　論

　全国銀行協会では、金融 ADR について、1 回の事情聴取（期日）で解決を目指して

おり、あっせん委員会は合議制としている。そのほか、苦情前置主義を採用し、あっせん手続は全国9カ所で開催し、期日では双方当事者が対面しないように配意しており、期日に当事者本人の出席を必須とする運用をしている。

解　説

全国銀行協会において、手続の概要は一般的な金融ADRと同様である（【10381】参照）が、詳細は以下のとおりである（山本和彦＝井上聡『金融ADRの法理と実務』178頁以下〔相澤直樹〕）。

◆1回の事情聴取（期日）　　全国銀行協会では、1回の事情聴取（期日）において、あっせんの方向性を見いだすという運営を志向している。これは、紛争解決の迅速性の向上や、複数回の事情聴取の実施による当事者の負担を回避すること（効率性）を重視しているためである。

そうした迅速性・効率性の向上を図りつつ妥当な結果を導くため、期日前に、あっせん委員が申立書や答弁書を読み込んだうえで、申立人および金融機関の双方に対し、主張を明確にしたり争点を絞り込むなどの目的で、質問事項を送付のうえ回答を求めたり（主張書面の提出）、追加の資料提出を求めている。こうした工夫により事情聴取は1回ですむことが通常だが、ケースによっては、複数回の事情聴取を行うこともある。

◆合議制　　全国銀行協会のあっせん委員会は、弁護士などの法律専門家、消費生活相談業務の専門家、銀行業務の専門家（銀行員は含まれない）が選任されており、そのなかから3名の合議制で事情聴取を行う

（全銀協「苦情処理手続および紛争解決手続等の実施に関する業務規程」20条）。これは、あっせん手続における進行や解決案の作成において、偏りのない公平な判断を行うことを重視している。なお、申立の際に、申立人の側であっせん委員を選択することはできない。

◆その他手続上の留意点

①　苦情前置主義……全国銀行協会では、あっせん手続を利用する前に、苦情の申出が行われていることを前提として運用している。顧客が全国銀行協会に対し苦情の申出を行い、相手方の金融機関と話合いを行ったにもかかわらず、納得のいく解決に至らなかった場合に、あっせん手続を案内することが通常である。これは、極力、当事者間の話合いである苦情段階で解決されることが望ましいと考えられるためである。ただし、顧客と金融機関が、すでに十分な期間、交渉を行ってきたにもかかわらず解決に至らなかった場合などは、苦情対応段階を省略してあっせん手続に入るケースもある。

②　開催場所……金融ADR制度が施行された当時、あっせん委員会は東京でのみ開催されており、遠隔地における申立を行った顧客は、銀行とりひき相談所が設置されている銀行協会（全国51カ所）等に出向き、電話会議システムを利用して事情聴取を受けることができる枠組みとなっていた。現在でもその枠組みは残っているが、平成29年5月時点では、全国9カ所（札幌、仙台、東京、金沢、名古屋、大阪、高松、広島、福岡）においても対面によるあっせん手続が開催されている。すなわち、申立を希望する顧客は、

全国9カ所で対面で事情聴取を受けるか、最寄りの銀行協会等で電話会議システムを利用して事情聴取を受けるかを選択することができる。一方、銀行は、電話会議による出席は認められず、上記開催場所に出向くことになる。

③ 適格性審査……あっせん委員会では、申立に係る案件が、あっせん手続において解決を目指すものとして適切な事案かどうか、適格性の審査を行っている（全銀協「苦情処理手続および紛争解決手続等の実施に関する業務規程」26条1項）。現金の過不足などの事実関係を争う事案などあっせんになじまない場合（不適格事由に該当した場合）、申立は受理されず、あっせん手続は開始されない。また、全国銀行協会では、申立が不受理とされた事案が蓄積されてきたことから、不適格事由とともに、その例をHPで公表している。

④ 期日（事情聴取）における進行……あっせん委員会による事情聴取は非公開で行われる。また、その手続の進行にあたっては、双方の当事者が直接対面しないよう配意されており、あっせん委員会が双方の当事者から交互に事情聴取を行う方式を採用している。このような方式は、あっせん委員会が、双方の当事者から率直な意見を聴取することを重視した方式であるといえる。

⑤ 期日（事情聴取）の出席者……全国銀行協会では、期日（事情聴取）には当事者本人の出席を必須として運用している。代理人として弁護士に委任したとしても、弁護士のみの出席は認められない。当事者はあっせん委員会に対し、当事者本人の出席に加え、弁護士の同席を求めることになる。申立人が個人の場合の配偶者や子などの親族の出席の場合も、当事者本人の出席に加え、その同席を求めることになる。

⑥ 利用料金……全国銀行協会では、あっせん手続を利用する場合、顧客に利用料金はかからない（全銀協「苦情処理手続および紛争解決手続等の実施に関する業務規程」28条1項）。

⑦ 対象金融機関……全国銀行協会では、すべての銀行と農林中央金庫を対象として、金融ADRを実施している。

◆**銀行の対応における留意点**　全国銀行協会では、1回程度の期日において、事情聴取を行ったうえで和解案を提示する運用を行っている。当事者は、あっせん委員会に対し自己の主張を口頭で説明する機会は1回しかないことになる。また、あっせん委員会は期日において顧客の言い分を十分に聴取するよう努めていることから、期日での持ち時間は、一般的に顧客側の持ち時間が多く、銀行側の持ち時間は少なくなることがままある。銀行としては、少ない時間で効率的に適切な主張を行うため、期日の前には、入念な準備をしておくことが望ましいといえる。

| 10383 | 全国銀行協会が受け付ける苦情紛争とその傾向 |

全国銀行協会は、金融ADRに関し、どのような苦情紛争を受け付けるのか。苦情紛争の最近の傾向はどのようなものか

結　論

　全国銀行協会では、顧客からの苦情を広く受け付けており、紛争についても、あっせんに適さない申立を除いて、広く受け付けている。苦情紛争の最近の傾向としては、申出人が高齢化していることと、かつて申出件数が多かった為替デリバティブ取引に関する申立は落ち着きをみせていることがあげられる。

解　説

◆相談および苦情の受付　全国銀行協会では、全国銀行協会相談室を設けて顧客からの相談および苦情に応じている。平成27年度の受付実績では、総数が1万8506件であり、うち苦情が4139件となっている。相談および苦情の業務分類別では、預金業務に関するものが最も多い傾向にある。

　全国銀行協会では、受け付ける相談・苦情について定義を定めているが、相談は「銀行業務等に関して、本協会に照会・助言等を求めるもの」かつ苦情に該当しないものであり、苦情は「銀行に対する不満足の表明」としており、定義において限定が付されていないとおり、非常に広く相談および苦情を受け付けている（「苦情処理手続および紛争解決手続等の実施に関する業務規程」2条(3)・(5)）。

◆紛争の受付　全国銀行協会は、あっせん委員会にて紛争を受け付けている。紛争について、業務規程では広い定義を置いているものの、紛争解決を行わない場合の一定の例外を定めているほか（「苦情処理手続および紛争解決手続等の実施に関する業務規程」27条、「苦情処理手続および紛争解決手続等の実施に関する運営要領」16条）、性質上、あっせんに適さない申立は受理しない運用を行っている。全国銀行協会では、あっせんの受理・不受理について、関係者の予測可能性を高めるべく、申立を受理しなかった事例をHPで公表する運用を行っている。また、顧客が反社会的勢力に該当する場合も、あっせん委員会は紛争の申立には応じていない。

　なお、あっせん委員会では、申立を受理した案件であっても、紛争解決手続を打ち切ることもある。顧客と銀行の双方の歩み寄りが困難であっせん成立の見込みがない場合のほかにも、手続打ち切りの事由は規程に定められている（「苦情処理手続および紛争解決手続等の実施に関する業務規程」33条）。

◆最近の傾向　相談および苦情について、最近は、申出人が高齢化の傾向にあることがあげられる。申出人が高齢化するに伴い、今後、高齢者特有の事象の相談が増加することが予想される。たとえば、本人からではなく親族からの申出、認知症の高齢者から取引した覚えがないとの申出、入院中の高齢者の口座からの家族からの預金払戻しなどが考えられる。

　また、近時の課題として、平成28年4月にいわゆる障害者差別解消法が施行されたことに伴い、障がい者に適切に応対することが求められている。

　相談および苦情の総数について、平成23年度が2万件を超えていたのが（2万2180件）、平成27年度は1万8000件程度となり（1万8506件）、毎年、件数が減少していることも一つの傾向であろう。

　紛争については、あっせんの新規申立件

数が激減している。平成23年度は新規申立件数が1000件を超えていたものが（1086件）、毎年件数が減少し、平成27年度は124件となった。これは、為替デリバティブ取引に関する申立が激減して、落ち着きをみせていることが理由である。あっせんの新規申立の業務分類でいえば、証券業務（窓販）が31.5%、保険業務（窓販）が18.5%となっており、この窓販2業務にて約半数を占めている。平成28年度の第一四半期では、この2業務の占める割合が全体の6割強を占めており、この2業務の申立割合は今後も高い水準が続くことが予想される。

10384 証券・金融商品あっせん相談センター（FINMAC）の手続

証券・金融商品あっせん相談センター（FINMAC）は、金融ADRの紛争解決手続（あっせん手続）についてどのような運用をしているのか

結　論

　証券・金融商品あっせん相談センター（FINMAC）では、紛争解決委員（あっせん委員）が単独で手続を主宰し、当事者から複数回事情を聴取する運用を行っている。そのほか、苦情前置主義を採用し、全国50カ所で手続を開催し、期日の進行はあっせん委員の裁量に委ねられる。なお、証券・金融商品あっせん相談センター（FINMAC）は、金融ADRに関する業務のほか自主規制機関からの委託業務も実施している。

解　説

　証券・金融商品あっせん相談センター（FINMAC）における金融ADR手続の概要は一般的な金融ADRと同様である（【10381】参照）が、詳細は以下のとおりである（山本和彦＝井上聡『金融ADRの法理と実務』205頁以下（松川忠晴））。

◆**単独主宰**　証券・金融商品あっせん相談センター（FINMAC）では、1人のあっせん委員が単独で手続を主宰する（FINMAC「苦情解決支援とあっせんに関する業務規程」25条）。これにより、あっせん委員は、当事者から複数回事情を聴取するなどの柔軟な運用が比較的可能である。あっせん委員による事情聴取（期日）は、おおむね2回程度実施されることが多いが、場合によっては3～4回の期日が開催される場合がある。証券・金融商品あっせん相談センター（FINMAC）では、当事者からの事情聴取に時間と労力をかけることにより、当事者の納得感を高める運用を目指している。

　あっせん委員は全員が弁護士で構成されており、全国で手続を実施していることから、地域ごとの担当制とされている。あっせん委員の顔ぶれは、証券・金融商品あっせん相談センター（FINMAC）のHPで公表されている。なお、申立人はあっせん委員を選ぶことができない。

◆**全国での手続実施**　証券・金融商品あっせん相談センター（FINMAC）では、全国50カ所であっせん手続を実施している。全国47都道府県における県庁等所在地のほか、北海道において札幌のほか3カ所（函館、釧路、旭川）が実施地になる。証券・

金融商品あっせん相談センター（FINMAC）では、全国で手続を実施することにより、顧客が地理的な不利を被らないよう配慮しており、顧客の利便性を高める運用を行っている。

◆その他手続上の留意点

① 苦情前置主義……証券・金融商品あっせん相談センター（FINMAC）では、平成24年から、あっせん手続を利用する前に、苦情の申立を行っていることを前提として運用している。顧客が証券・金融商品あっせん相談センター（FINMAC）に対し苦情の申出を行い、相手方の金融機関と話合いを行ったにもかかわらず、納得のいく解決に至らなかった場合に、あっせん手続の利用を認めることが通常である。証券・金融商品あっせん相談センター（FINMAC）では、当事者からいきなりあっせん手続の申立の打診があった場合でも、まずは苦情を申し出ることを促している。これが代理人の弁護士を介した申立だったとしても、原則として苦情の処理手続を経てからあっせん手続に移行する運用としている。苦情処理手続において、相談員は、代理人の弁護士だけでなく、顧客本人からも事情を聴取している。

② 期日（事情聴取）の出席者……あっせん委員による事情聴取の期日には、原則、双方の当事者が出席することになる。ただし、弁護士などの代理人に依頼している場合、全国銀行協会の運用と異なり、その代理人が出席すれば、当事者本人の出席にかえることが認められる。代理人の場合は、代理人が事情説明などを行うことが認められる。他方、当事者が個人の場合に配偶者や子などの補佐人が同席することも認められるが、補佐人が同席した場合、代理人の場合と異なり、補佐人はあっせん委員が許可した場合を除き、あっせん手続のなかで発言することは認められない。

③ 期日（事情聴取）の進行……証券・金融商品あっせん相談センター（FINMAC）では、主宰するあっせん委員の裁量によって手続が進行される。多くの場合、まずは第1回期日の初めに双方の当事者が一同に会して、あっせん委員から手続の説明があり、三者において事案の概要を確認する。そのうえで、あっせん委員が、双方の当事者から交互に事情を聴取する。最後に、三者が一同に会して、手続の終了を確認する。

時には、事案の内容等から手続の透明性の確保を重視すべきと判断されるなどの場合、双方当事者が同席した場で、あっせん委員からの事情聴取が行われることがある。

④ 利用料金……証券・金融商品あっせん相談センター（FINMAC）では、あっせん手続を利用する場合、顧客は、申立金額に応じて2000円から5万円までの利用料金がかかる。

⑤ 対象金融機関……証券・金融商品あっせん相談センター（FINMAC）は、金融ADR制度に係る業務に加えて、金融庁の指定を受けていない他の業態についても苦情処理やあっせん業務を実施している。金融ADRとしては、証券業務（特定第一種金融商品取引業務）の指定ADR機関として、証券会社（第一種金融商品取引業者）を対象として業務を実施している。そのほか、自主規制機関

（日本証券業協会、金融先物取引業協会など）からの委託業務として、自主規制機関に加入している金融機関を対象として、苦情処理やあっせん業務を実施している。それら自主規制機関に加入する金融機関で証券会社以外のものとしては、銀行、信用金庫、保険会社およびその他の金融商品取引業者（第二種金融商品取引業者、運用業者、投資助言・代理業者）などがある。

さらに、自主規制機関に加入していない第二種金融商品取引業者であっても、個別利用登録をした業者を対象に苦情処理やあっせん業務を実施している。

自主規制機関加入業者と個別利用登録業者のうち、金融商品取引業者（証券会社を除く）にあっては、金融ADR制度の代替措置（法的義務）として、証券・金融商品あっせん相談センター（FINMAC）を利用している業者が多い。一方、銀行、信用金庫や保険会社などの場合、必ずしも金融ADR制度の法的措置ではないようである。もっとも、証券・金融商品あっせん相談センター（FINMAC）における業務規程（FINMAC「苦情解決支援とあっせんに関する業務規程」）は、金融ADR制度の法的義務の履行なのかどうかにかかわらず、すべての苦情処理やあっせん業務に適用されることになる。

◆**金融機関の対応における留意点**　証券・金融商品あっせん相談センター（FINMAC）では、1人のあっせん委員が手続を主宰するため、あっせん手続の進行および解決案の策定など、個々のあっせん委員の裁量が大きく影響する。そのため、担当するあっせん委員によって、手続が異なるだけでなく、結果に大きな幅が出る可能性がある。金融機関は、こうした可能性を想定して、あっせん手続に対応する必要がある。

金融ADRにおける手続は、時効中断、訴訟中止効等の法的効果を有することになる。銀行は、証券・金融商品あっせん相談センター（FINMAC）を金融ADRとしてではなく、自主規制機関加入業者として利用しているが、証券・金融商品あっせん相談センター（FINMAC）のあっせん手続は認証ADRによる手続でもあることから、法的効果は金融ADRの場合と同様である。

10385　弁護士会の紛争解決センターの手続

弁護士会の紛争解決センターは、金融ADRで利用されているのか。金融機関は、弁護士会の紛争解決センターのあっせん手続に対応するにあたり、どのような点に留意する必要があるのか

結　論

金融ADR制度において、弁護士会の紛争解決センターは指定ADR機関が存在しない場合の代替措置（紛争解決措置）として定められている。そして、信用金庫等の指定ADR機関が存在しない業態において、弁護士会の紛争解決センターが金融ADRとして利用されている。

金融機関が弁護士会の紛争解決センターのあっせん手続に対応する場合、金融ADRとしての利用であれば、基本的に、指定ADR機関に対する場合と同様、手続

応諾、資料等提出、結果尊重が求められる。また、金融ADRとして利用された場合でなくとも、金融庁の監督指針において、金融機関は手続に適切に協力することが求められている。

解　説

◆金融ADR制度と弁護士会の紛争解決センター　弁護士会の紛争解決センター（以下「紛争解決センター」という）は、平成29年5月現在、金融ADR機関としての指定を受けたものは存在しない。ただし、紛争解決センターは、指定ADR機関が存在しない場合において金融機関が対応すべき紛争解決措置の一つとされており（銀行法12条の3第1項2号、同法施行規則13条の8第2項2号、金商法37条の7第1項各号ロ、金商業等府令115条の2第2項2号）、指定ADR機関が存在しない業態において、金融ADR制度の代替措置として利用されることが想定されている。指定ADR機関が現時点で存在しない業態において、実際に、協同組織金融機関（信用金庫、信用組合、労働金庫、農業協同組合、漁業協同組合等）や一部の第二種金融商品取引業者（たとえば、ファンドの販売業者など）等において、金融ADR制度の代替措置として利用されている。

◆弁護士会の紛争解決センターとは　弁護士会は、地方裁判所の管轄区域（都道府県単位）ごとに設立されており、紛争解決センターは、全国の弁護士会の大半において紛争解決センターが設置・運営されている。名称は、「仲裁センター」「紛争解決センター」などさまざまである。紛争解決センターにおいてあっせん手続が行われており、詳細な手続は弁護士会ごとに異なる可能性があるものの、手続の概要は【10371】で述べたとおりである。

紛争解決センターが対象とする紛争は、金融トラブルに限定されておらず、広く一般の民事上のトラブルに及ぶ。紛争解決センターの手続は、通常、当事者対等を前提としており、手続に応じるかどうか、資料等を提出するかどうか、和解案を受諾するかどうかは、当事者の任意に委ねられている。利用料金は、通常、申立人から、申立手数料や期日手数料、和解成立手数料を徴収している。たとえば、東京弁護士会の紛争解決センターの場合、申立人は、申立時に1万円（税別）の申立手数料、期日1回当り5000円（税別）の期日手数料、和解成立等の場合に解決額に応じた成立手数料を支払うことになる。成立手数料は、たとえば、125万円未満であれば8％、当事者間の負担割合は別途話合い等による。なかには、大阪府の（公益社団法人）民間総合調停センター（旧総合紛争解決センター）のようにADR促進法における認証を取得している紛争解決センターもあり、その紛争解決センターにおける手続において、指定ADR機関の場合と同様に時効中断効・訴訟手続の中止効が生じることになる。

◆金融ADR制度対応として利用される場合　金融ADR制度として紛争解決センターが利用される場合、弁護士会の運営方針として、金融機関は、弁護士会との利用契約によって一定の義務を負うこととされている。まず、手続において当事者対等ルールが修正されており、金融機関側は、基本的に手続応諾義務、資料等提出義務、結果尊重義務が課せられている（紛争解決セ

ンターごとに異なる可能性がある）。これ
らについて、金融機関は、指定 ADR 機関
における場合と同様の義務を負うことにな
る。利用料金に関しても、金融機関側で一
定の費用負担が図られており、一般利用の
場合に比較して、顧客である申立人の負担
が軽減されている。

　もっとも、金融機関が紛争解決センター
を金融 ADR として利用している場合であ
っても、すべての紛争解決センターがその
対象となるものではない。紛争解決センタ
ーは、それぞれが独立した運営となってい
ることから、金融機関は、全国の紛争解決
センターを一括して利用するのではなく、
個別の紛争解決センターと契約を締結して、
その紛争解決センターを金融 ADR として
利用している。

　弁護士会では、テレビ会議システム等を
利用して各地の弁護士会を結び紛争解決手
続を行うなど、新たな試みを開始している。
すでに、単位会のなかには、東京三弁護士
会とテレビ会議システムをつないで、同時
に手続を進行しているところもある（山本
和彦＝井上聡『金融 ADR の法理と実務』
276頁以下〔渡部晃〕）。

◆**金融機関の対応における留意点**　　顧客
が紛争解決センターにあっせん申立を行っ
た場合であっても、相手方となった金融機
関の対応は、基本的に全国銀行協会や証
券・金融商品あっせん相談センター
（FINMAC）におけるものと同じである。
ただし、紛争解決センターは、それぞれの
単位弁護士会ごとの運営になるため、手続
の詳細はそれぞれが異なる可能性がある。
金融機関にあっては、申立がなされた紛争
解決センターに問い合わせるなどして手続

を正確に確認したうえで対応する必要があ
る。

　金融庁の監督指針では、指定 ADR 機関
が存在しない場合であっても、外部の紛争
解決機関の手続への対応について、基本的
に指定 ADR 機関が存在する場合と同様の
着眼点を設けている。そのため、協同組織
金融機関など指定 ADR 機関が存在しない
業態の金融機関が、金融 ADR 制度対応と
して紛争解決センターを利用している場合、
手続への応諾、資料等の提出、結果尊重に
おいて、指定 ADR 機関が存在する場合と
基本的に同様の対応が求められる。

　一方、金融 ADR 制度対応として利用し
ていなければ、当然ながら紛争解決センタ
ーの手続について金融 ADR に関する監督
指針の着眼点は適用されない。しかしなが
ら、金融庁監督指針において、一般論とし
て、金融機関は「苦情等の迅速な解決を図
るべく、外部機関等に対し適切に協力する
態勢を整備しているか」が監督上の着眼点
とされている（主要行監督指針Ⅲ－3－5－
2－2(6)①）。ここでの「外部機関等」には
紛争解決センターも含まれることから、金
融機関は、一般論として、紛争解決センタ
ーの手続に適切に協力することが求められ
ている。

10386　銀行窓販に係る紛争

投資信託や保険商品の銀行窓販において、
顧客が金融 ADR での紛争解決手続を利用
したい場合、どこに申立をすればよいか

結　論

投資信託の銀行窓販において、顧客は、銀行を相手にする場合には全国銀行協会および証券・金融商品あっせん相談センター（FINMAC）の利用が可能であるが、商品を供給した金融商品取引業者を相手とするのであれば、証券・金融商品あっせん相談センター（FINMAC）または当該業者が金融ADRで用意している外部機関を利用することになる。

保険商品の銀行窓販の場合は、顧客は、銀行を相手にするのであれば全国銀行協会を利用し、保険会社を相手にするのであれば各保険協会（生命保険協会、日本損害保険協会、保険オンブズマンまたは少額短期保険協会）を利用することになる。

解　説

◆申立先の選択　銀行は、投資信託や保険商品を窓口販売しており、これについての苦情・紛争については、申立先として複数の指定ADR機関が候補となることから、顧客としては、申立先の機関を選定する必要がある。

顧客は、銀行担当者の説明の不備を理由にするのであれば、投資信託であれ保険商品であれ、銀行を相手として申立を行うことになるから、全国銀行協会に申立を行うことになる。他方、顧客が、商品説明書の内容を争ったり、契約そのものの無効を主張するなど、商品を供給した元の金融商品取引業者や保険会社を相手として申立を行うのであれば、それぞれが金融ADRとして用意している外部機関（証券・金融商品あっせん相談センター（FINMAC）、生命保険協会、日本損害保険協会、保険オンブズマンまたは少額短期保険協会）を利用することになる（主要行監督指針Ⅲ−3−5−3−1−2(1)②ハ参照）。

銀行は、登録金融機関業務として投資信託の窓口販売を行っており、同業務に関して日本証券業協会に特別会員として加盟しており、同協会を通じて証券・金融商品あっせん相談センター（FINMAC）を利用することが可能である。そこで、顧客は、銀行を相手とする場合であっても、同センターに申立を行うことも可能である。なお、同センターは登録金融機関業務に関する指定ADR機関ではないことから、厳密にいえば金融ADR制度とは別枠ではあるものの、同センターは指定ADR機関と同様のサービスを提供しており、実質的には金融ADR制度と同様の運用が行われる。

◆信用金庫等の場合　信用金庫においては、指定ADR機関は存在しておらず、金融ADRの紛争解決措置として各地の弁護士会を利用している。そのため、顧客は、信用金庫を相手として、その窓口販売によって購入した投資信託や保険に関して紛争解決を申し立てる場合には、弁護士会の紛争解決センターまたは証券・金融商品あっせん相談センター（FINMAC）（投資信託であれば）に申立を行うことになる。商品を供給した金融商品取引業者や保険会社を相手とする場合は、申立先は銀行窓販の場合と同様である。

| 10387 | リスク性金融商品に係る紛争 |

金融ADRにおいて、銀行におけるリスク

性金融商品に係る紛争について、どのように争われるのか

結論

銀行におけるリスク性金融商品に係る紛争としては、まず、販売勧誘時の義務違反に起因するものが多い。この場合の顧客の主張として多いのが、①適合性原則違反、②説明義務違反、および③優越的地位の濫用などの主張である。

また、事務処理や売買執行に関する銀行側のミスに起因するものもあるが、これは苦情段階で解決するものが多いと思われる。

解説

◆**トラブル事由**　銀行が販売・取引を行うリスク性金融商品としては、仕組預金、為替デリバティブ取引、投資信託、変額年金保険などがある。これらは、投資金額の元本が確保されないことが通常であるため顧客に損失が生じることがあり、銀行と顧客との間でトラブルとなることも多い。

銀行におけるリスク性金融商品に係る紛争としては、まず、販売勧誘時の義務違反に起因するものが多い。販売勧誘時の義務違反について、顧客は、リスク性金融商品に投資して想定外の損失を被った場合に、当該金融商品への投資適合性を有していなかった、あるいは当該金融商品について適切な説明を受けていなかった、などと主張するケースがある。

また、事務処理や売買執行に関する銀行側のミスに起因するものもある。金融商品は、取引のタイミングによって価格が変動するものが多く、単純な手続ミスによって

も顧客に大きな損害が発生したり、得られたはずの利益を逃すことがある。もっとも、事務処理ミスによって損害が発生したとしても、損害額が僅少であることも多く、金融ADRの紛争解決手続（あっせん手続）で処理されるばかりでなく、苦情段階で解決されることも多い。

以下では、トラブルとなるケースが多い販売勧誘に関するトラブルについて述べる。

◆**販売勧誘に関するトラブル**　顧客の主張として多いのが、①適合性原則違反、②説明義務違反、および③優越的地位の濫用などの主張である。①適合性原則の違反であれば、たとえば、顧客は元本が確保されることを重視しておりリスクの低い金融商品への投資を希望したにもかかわらずリスクの高い金融商品の勧誘を受けたとして、投資目的が当該金融商品の投資適合性を満たさなかったと主張したり、法人顧客が現実に発生した損失額が想定以上に多額であり、当該金融商品から生じる損失を吸収可能な財務基盤を有しておらず、財産状態について投資適合性を満たさなかったと主張することが考えられる。②説明義務の違反であれば、たとえば、現実化したリスクについての説明がなかった、リスクが現実化して発生した損失が予想外に多額だったなどと主張することがある。③優越的地位の濫用であれば、法人顧客が、当該金融商品を購入することが融資の条件だったことから融資を受けるために当該金融商品を購入したと主張する場合がある。

◆**金融機関の対応における留意点**

（1）　適合性原則について、金商法では、「金融商品取引行為について、顧客の知識、経験、財産の状況、及び金融商品取引契約

を締結する目的に照らして」判断すること
とされている（同法40条1号参照）。また、
判例において、適合性の原則から著しく逸
脱した場合に損害賠償責任が生じるとされ
ており、著しい逸脱の有無は、「具体的な
商品特性を踏まえて、これとの相関関係に
おいて、顧客の投資経験、証券取引の知識、
投資意向、財産状態等の諸要素を総合的に
考慮する必要がある」（最判平17.7.14民
集59巻6号1323頁）とされている。つまり、
適合性原則について、法令および判例では、
「具体的な商品特性を踏まえて、これとの
相関関係」において、顧客の①投資経験、
②取引の知識、③投資意向、④財産状態、
等を総合考慮することによって判断されて
いる。この判断は、具体的な商品特性と顧
客の事情との相関関係とされており、顧客
の個別の事情ごとによって結論が異なるこ
とから、銀行は、金融ADRにおいて、そ
の事案における商品特性や顧客の個別事情
を十分に主張する必要がある。そこで、銀
行としては、販売勧誘時における客観的資
料によって、当該金融商品の具体的な商品
特性に加え、①顧客の投資経験は十分だっ
たこと、②顧客の取引知識は当該金融商品
を理解するのに十分だったこと、③顧客の
投資意向に合致していたこと、④顧客の財
産状態は当該金融商品のリスクを十分に吸
収できたこと、等について主張することが
必要である。

　金融ADRでは、あっせん委員からの指
摘として、特に為替デリバティブ取引など
のリスクの高い金融商品に係る紛争など、
適合性原則に関する内容が多い。つまり、
金融ADRでは、当事者間において、適合
性原則に係る主張が主な争点となっている

ことを示している。これは、詳細な事実認
定が想定されていない金融ADRにおいて、
適合性原則に関する事情は、比較的、客観
的資料から判断することが可能であること
が理由であると思われる。

　⑵　説明義務について、その内容や範囲
は一般的に、①金融商品の特性や取引の仕
組み、②金融商品のリスクの具体的内容・
程度、③手数料や経費等の顧客の金銭的負
担に及ぶとされている。また、説明義務の
程度として、当該顧客が具体的に理解する
ことができる程度の説明を行うことが必要
とされている。銀行は、販売担当者が行っ
た実際の説明の内容や範囲、当該顧客が具
体的に理解する程度の説明を行ったことの
主張が必要である。

　ただし、説明義務が争われる事案では、
当事者間で「言った、言わない」の水掛け
論となりうる。金融ADRでは、裁判手続
のように当事者の主張・立証が尽くされる
わけではなく、証人尋問手続も用意されて
おらず、詳細な事実認定を行うことがそも
そも想定されていない。そのため、紛争解
決委員としても、「十分に理解できたか疑
問の余地がある」「理解が必ずしも十分で
あったとはいえない可能性がある」などと、
「疑問の余地」「可能性」として指摘するこ
とがある。銀行としては、販売担当者の実
際の説明内容や顧客の理解内容についての
事実認定が困難であることを想定して、説
明の際の客観的状況を主張することも重要
である。このような事情として、たとえば、
説明時に使用した資料、説明に要した期
間・時間・回数、説明をした場所、説明を
した手段（電話か面談か資料のみか）、説
明時の同席者などが考えられる。

（3）　優越的地位の濫用について、金融ADRにおいて顧客側が主張するケースはままあるものの、あっせん委員が問題点を指摘して和解に至るケースは少ない。これは、多くの銀行において、優越的地位の濫用防止のため、法令または監督指針で求められる態勢が整備されていることが理由であると思われる。ただし、全体の態勢が整備されていたとしても、個別の事案において対応が不十分と評価されることは考えられるところである。銀行においては、個別の事案においても対応にもれがないよう、十分な態勢の構築が望まれる。

| **10388** | 顧客が反社会的勢力に該当した場合 |

金融ADR（全国銀行協会）において、反社会的勢力に該当する顧客との間でのトラブルが解決されるのか

結　論

　銀行は、反社会的勢力に該当する顧客との紛争において、たとえ金融ADRであっても、互譲による和解はするべきではないと考えられる。そのため、銀行は、そうした事案が全国銀行協会に申し立てられたとしても、手続への対応を拒否する、手続の打ち切りを求めるなどの対応をすることとなる。

解　説

◆**反社会的勢力の排除**　銀行は、監督指針において、反社会的勢力との関係を遮断することが求められている（主要行監督指針Ⅲ-3-1-4、中小・地域監督指針Ⅲ-3-1-4。反社会的勢力の排除について、【10620】参照）。これは、銀行が、反社会的勢力との関係をいっさい遮断し、反社会的勢力の活動を援助・助長することを防止することで、反社会的勢力を経済社会から排除することを趣旨としている。

　こうした監督指針の趣旨からすれば、銀行は、反社会的勢力に該当する顧客との間でトラブルが生じたとしても、原則としてそれを解決するために、互譲により一定金額の支払を内容とする和解をするべきではないと考えられる。銀行が和解金の支払に合意することは、まさに反社会的勢力の活動を援助・助長する行為であり、監督指針で求められるいっさいの関係排除に違反することになりかねない。

◆**全国銀行協会の対応**　全国銀行協会において、苦情の申立人またはあっせんの申立人が反社会的勢力に該当する場合、苦情処理手続または紛争解決手続は行わないこととされている（全銀協「苦情処理手続および紛争解決手続等の実施に関する業務規程」8条3項。手続不開始事由）。また、苦情の内容または紛争の内容が、反社会的勢力に該当することを原因として銀行との間の取引を拒絶または解約された事案についても、受け付けないこととされている（同条4項3号。受付拒否事由）。

　このように、全国銀行協会では、当事者の属性または事案の性質に応じ、反社会的勢力が関与した事案について、金融ADR手続は実施しない。

　その他、銀行があっせんによる和解を行わない場合として、あっせん手続に応じないことができる場合（全銀協「苦情処理手

続および紛争解決手続等の実施に関する業務規程」27条）、あっせん手続に応じたとしてもあっせん打切りとなる場合（全銀協「苦情処理手続および紛争解決手続等の実施に関する業務規程」33条）が定められている。

◆**銀行の対応における留意点**　銀行としては、全国銀行協会に苦情の申立またはあっせん申立があって、この申立人が反社会的勢力に該当する場合または反社会的勢力であることを理由として取引を拒絶・解約した事案であれば、その旨を全国銀行協会に説明することが必要である。全国銀行協会では、銀行による説明を受けて、手続不開始事由または受付拒否事由に該当するかどうか判断することになる。

全国銀行協会は、手続不開始事由または受付拒否事由に該当することを理由として、苦情処理・紛争解決を行わない場合、申立人側にもその旨を説明することになると思われる。そのため、銀行としては、申立人である顧客に対し、反社会的勢力に該当することが説明可能な場合に限って、これら事由に基づく手続不開始・受付拒否を全国銀行協会に求めることとなる。

もっとも、ここでの手続不開始事由・受付拒否事由は、顧客が反社会的勢力に該当する（いわゆる、ブラック）といえることが必要であり、該当性が確実でない場合（いわゆる、グレー）には、適用はないとされる可能性がある。

次に、銀行としては、反社会的勢力に関する事案につき、あっせん手続への応諾拒否を求めるとの対応を行うことが考えられる。あっせん手続において、「加入銀行は、あっせん委員会が相当の理由があると認め

た場合」（全銀協「苦情処理手続および紛争解決手続等の実施に関する業務規程」25条2項）は、あっせん手続への応諾拒否が認められることとなり、あっせん手続は開始されない。顧客が反社会的勢力に該当するかどうか断定できないとき（グレー）は、上記手続不開始事由・受付拒否事由は適用ないとしても、この場合は「相当の理由」で判断されることから、グレー事案であっても適用の余地がある。ただし、本条項についても、あっせん委員会は、申立人に対し、銀行が応諾拒否したことの理由を説明することとなると考えられる。そこで、銀行としては、申立人である顧客に対し、反社会的勢力に該当することまたはその可能性があることについて説明可能な場合に限って、本条項に基づく応諾拒否を求めることとなる。

さらに、銀行としては、あっせん手続に応じたうえで、あっせん委員会に対し、あっせんの打ち切りを求めるとの対応を行うことが考えられる。あっせん委員会は、「和解が成立する見込みがないと判断した場合」（全銀協「苦情処理手続および紛争解決手続等の実施に関する業務規程」33条1項3号）にはあっせんを打ち切ることができる。そこで、銀行としては、あっせん委員会に対し、当該紛争事案が反社会的勢力（またはそれに該当する可能性がある者）に関連する事案であって、経営方針として互譲による和解の余地がないことを説明し、あっせんの打ち切りを求めることが考えられる。この場合、「和解が成立する見込み」があるかどうかで判断されることから、ブラック事案に限らず、グレー事案についても適用される余地がある。

この場合、反社会的勢力との間で「和解が成立する見込みがない」（互譲不可である）ことは銀行の経営方針であるから、あっせん委員会からの申立人への説明について、「互譲不可」の理由として、「本件事案に対する銀行の経営方針である」ことを説明すれば足りるのであって、ブラック事案であることを明示する必要はないと考える余地がある。そこで、銀行としても、あっせん委員会に対し、申立人への事情説明に際してそうした方向で対応することを求めることとなろう。

全国銀行協会におけるあっせん手続の期日は、双方当事者が交互にあっせん委員会に口頭で事情説明を行うことで進行される。そのため、銀行としては、事情聴取期日において、あっせん委員会に対し上記の事情を説明することが可能である。また、銀行は、申立人に対し開示しないという前提で、あっせん委員会に対し、上記事情を記載した書面を提出することも考えられる。

10389　為替デリバティブ問題

為替デリバティブ取引とはどのような取引か。また、この取引に関する紛争が、なぜ金融ADRでかつて多く取り上げられていたのか

結　論

為替デリバティブ取引とは、外国通貨で取引を行っている場合に、日本円と当該外国通貨との間の為替の変動による損失を回避するために締結するデリバティブ取引を指すことが一般的であり、銀行と事業者が、市場を通さずに、相対で取引を行うケースが多い。取引の形態は、通貨オプション取引、通貨スワップ取引などがみられる。

かつてのいわゆるリーマンショックや欧州債務危機に端を発する円高の急激な進行を背景に、銀行・証券会社などの金融機関と事業者との間で、すでに契約を締結していた為替デリバティブ取引に関するトラブルが急増した。このトラブルを簡易・迅速に解決する手段として金融ADRが利用された。

解　説

◆為替デリバティブ取引　為替デリバティブ取引とは、外国通貨で取引を行っている場合に、日本円と当該外国通貨との間の為替の変動による損失を回避するために締結するデリバティブ取引を指すことが一般的であり、銀行と事業者が、市場を通さずに、相対で取引を行うケースが多い。取引の形態は、通貨オプション取引、通貨スワップ取引などがみられる。円安となった場合に利益が生じる為替デリバティブ取引であれば、たとえば、代金を外貨で決済している輸入業者が、円安になった場合に生じうる損失をあらかじめ補てんする目的などで、金融機関と取引を行う。

かつて問題となった為替デリバティブ取引は、事業者において、円安局面において利益が発生する一方、円高局面では損失が発生するという内容であった。加えて、円高方向で損失が発生する場合にレバレッジがかかっているために、損失の増加に拍車がかかる内容もあったようである。円高の進行により為替デリバティブ取引を行って

いる多くの事業者において大きな損害が発生し、金融機関との間でトラブルになった。

また、相対で行うデリバティブ取引は、一般的に中途解約が制限されている。事業者が中途解約を希望する場合、解約清算金を支払う義務が生じることになるが、その解約清算金が億単位と多額になるケースもあったようである。為替デリバティブ取引は、5年、10年など長期に及ぶものもあるが、事業者において途中で解約したくても、多額の解約清算金の支払が足かせになって、途中解約が制約されるケースがあったようである。

◆**トラブルの急増**　かつてのいわゆるリーマンショックや欧州債務危機に端を発する円高の急激な進行を背景に、銀行・証券会社などの金融機関と事業者との間で、すでに契約を締結していた為替デリバティブ取引に関するトラブルが急増した。特に、銀行が事業者との間で行っていた取引数が多かったために、平成22年後半から平成23年前半にかけて、為替デリバティブ取引に関する問題が報道で大きく取り上げられた。

金融庁が銀行に対し聞き取り調査を行った結果によれば、平成22年9月末現在において銀行との間でデリバティブ契約を保有する企業数は約1万9000社存在し、平成23年3月11日公表時点において、平成22年1月以降、金融機関に対し苦情を寄せた企業数は約300社であったとのことである（金融庁監督局銀行第一課＝同局銀行第二課「中小企業向け為替デリバティブ取引状況（米ドル／円）に関する調査の結果について（速報値）」（平成23年3月11日））。また、実際に多くの取引において、トラブルに発展した。

銀行業界における為替デリバティブ取引問題の高まりを受けて、平成23年2月10日、自見庄三郎金融担当大臣（当時）は金融ADRで解決するのが適切との認識を示したこともあり（同日付閣議後記者会見）、トラブルを簡易・迅速に解決する手段として、多くの事案が金融ADRに持ち込まれた。全国銀行協会が公表したところによれば（「全国銀行協会紛争解決等業務の実施状況（平成23年度）」）、平成23年度におけるあっせん新規申立の業務分類別件数は、為替デリバティブ取引関係が7割近くを占めていた（【10390】参照）。

為替デリバティブ取引についてのあっせんの傾向として、申立件数が多いことに加え、和解が成立した案件が多い。その背景として、当時、「中小企業者に対する金融の円滑を図るための臨時措置に関する法律」（いわゆる「金融円滑化法」）により、中小企業の倒産を防ぐべしとされる社会情勢であったが、為替デリバティブ取引の問題が大きく報道されて銀行がレピュテーションリスクにさらされているなかで、本業そのものとはいえない金融取引において、銀行が倒産リスクのトリガーを引くわけにはいかないとの考慮が働いていたものと考えられる（石塚智教『金融ADR便利帖』81頁）。

為替デリバティブ問題に対して、全国銀行協会は、平成23年2月、為替デリバティブ取引に関する紛争を専門的に扱うデリバティブ専門小委員会を設置して、同紛争の迅速な処理を図った。同小委員会では、弁護士2名および銀行業務の専門家1名の計3名での構成とされていた。その後、為替デリバティブ問題が収束に向かいあっせん

申立件数が減少したことから、平成25年9月末、デリバティブ専門小委員会は終了した。

リーマンショック（平成20年9月）や欧州債務危機（平成22年）に基づく円高は、平成23年から24年にかけて1ドル80円を切る水準にまで至ったものの、その後はアベノミクス効果もあって為替相場が円安方向に転じ、平成25年には1ドル100円を超える水準となった。近時は為替デリバティブ取引に係る紛争は落ち着きをみせており、同取引の全国銀行協会のあっせん新規申立件数は、平成27年度はわずか15件に減少し、同年度の総申立件数に占める割合は12.1%にすぎなかった（「全国銀行協会紛争解決等業務の実施状況（平成27年度）」）。

| 10390 | 為替デリバティブ取引に係る紛争の解決 |

全国銀行協会では、為替デリバティブ取引に係る紛争について、あっせん委員会はどのような点に着目して解決を図っているか

結　論

　為替デリバティブ取引紛争において、全国銀行協会のあっせん委員会は、まず、①適合性原則との関係において、為替リスクヘッジニーズの把握とその検証の適切性、仕入価格と為替相場の相関分析、財務耐久性の把握とその検証の適切性、長期間継続する契約の場合においてヘッジ効果が契約の終期まで及ぶことの見通し等に着目している。

　また、あっせん委員会は、②説明義務との関係において、銀行側の説明や顧客の理解度に関する一定の心証形成を行ったうえで判断を行っている。

解　説

◆**為替デリバティブ取引に係る紛争**　全国銀行協会では、平成23年度のあっせん申立事例における業務では、デリバティブ業務が749件（69.0％）と圧倒的な割合を占めており、為替デリバティブ取引に関する紛争が非常に多く申し立てられていた。しかし、その後、同取引に関する紛争は減少し、平成27年度は15件（12.1％）となっている。

◆**為替デリバティブ取引に関する和解例**
為替デリバティブ取引紛争においてあっせんが成立した事例では、あっせん委員会が銀行における①適合性原則（ある金融商品がある顧客の投資目的等に適合することを要求する原則）との関係を指摘したものが多い。この点での指摘として、「為替リスクヘッジニーズの把握、仕入価格と為替相場との相関分析、および財務耐久性の検証が十分でなかった」、「ヘッジ対象額およびヘッジ比率の検証が十分でない」などがある。適合性原則との関係においては、為替リスクヘッジニーズの把握とその検証の適切性、仕入価格と為替相場の相関分析、財務耐久性の把握とその検証の適切性、長期間継続する契約の場合においてヘッジ効果が契約の終期まで及ぶことの見通し等が問題とされている。こうした判断を行うための事情として、いわゆる「商流」といわれる「事業の状況」（仕入れ、販売、財務取引環境等）や「市場における競争力」（仕入先や販売先との間での価格決定方法等）

をふまえて銀行が適切に判断したかどうかが重視されているようである。

また、あっせん委員会において、なかには②説明義務との関係について指摘したものもある。この点での指摘として、「事業者（顧客）が銀行担当者による本件契約の説明について十分理解できたものかどうかにつき、疑問の余地がある」、「事業者（顧客）社長の解約清算金の理解が必ずしも十分であったとはいえない可能性がある」などがある。説明義務との関係では、当事者間で「言った、言わない」との水掛け論になりがちであり、詳細な事実認定が想定されていないあっせん手続において、説明の有無、顧客の理解の十分性について詳細な事実認定は困難である。しかし、「疑問の余地がある」「可能性がある」との指摘からは、あっせん委員会においても説明義務に関する一定の心証形成を行っていることが伺われる。

◆金融庁監督指針　金融庁は、いわゆるリーマンショックが発生した平成20年9月以後、デリバティブ取引に関する苦情相談が多数寄せられたことから、平成22年4月、監督指針（主要行監督指針、中小地域向け、金商業者向け）を改正し、デリバティブ取引について、契約の前後においてきめ細かく顧客対応するよう監督行政において確認することを明確化した。新たに定められた着眼点として、①適合性原則に関し、大要、「ヘッジ目的のデリバティブ取引の場合、いわゆる『商流』（事業の状況や市場における競争関係）をふまえて有効なヘッジ手段として機能すること等を確認すること」や、②説明義務に関し、大要、「商品内容やリスクの説明に関しては、過去のデータ

等合理的な前提を踏まえた想定最大損失について、および、顧客が許容できる損失額を超える可能性がある場合にはその旨について、解説書面を交付して説明すること」等がある（主要行監督指針Ⅲ-3-3-1-2(2)①イ）。あっせん委員会における上記指摘は、監督指針におけるかかる着眼点を意識したものと考えられる。

◆金融機関の対応における留意点　金融機関は、①適合性原則に関し、顧客の「商流」について、取引開始時に把握していた事情を資料に基づいて主張する必要がある。その際、為替の変動により業績に影響があるのか、業績への影響がどの程度であると判断（試算）したのか、業績に影響を及ぼすのはどの通貨なのかの事情が重要である。また、輸出入を直接行っているのかどうか（特に仕入れについて）、その場合の決済通貨は何か、どの通貨の影響を受けるのかなども重要である。また、為替デリバティブ取引は、5年、10年など長期に及ぶものもあるが、ヘッジの効果が契約時点だけではなく、契約終期まで継続することの見通しを確認したことの事情も有効である。

次に、②説明義務についても、あっせん手続では正確な事実認定は困難であるものの、あっせん委員会が一定の心証形成を行って判断していることから、金融機関は相応の主張をすることが必要である。具体的には、販売担当者による実際の説明の内容を主張するが、その周辺事情として、説明資料、説明に要した期間・時間・回数、説明をした場所、説明の手段（電話か面談か資料のみか）、同席者などの事情も重要である。

第 **4** 節

守 秘 義 務

<table>
<tr><td>**10391**</td><td>守秘義務の根拠・内容</td></tr>
</table>

守秘義務とは、どのような義務か

結　論

　金融機関は、顧客との取引内容に関する情報や顧客との取引に関して得た顧客の信用にかかわる情報などの顧客情報をみだりに外部にもらすことは許されない。この金融機関の義務を、守秘義務という。

解　説

◆**守秘義務**　　金融機関は、顧客との取引内容に関する情報や顧客との取引に関して得た顧客の信用にかかわる情報などの顧客情報をみだりに外部にもらすことは許されない（最決平19.12.11民集61巻9号3364頁）。この金融機関の義務を、守秘義務という。

　金融機関は、顧客との取引を通じて、顧客の信用情報（資産・負債・返済能力等に関する情報）などを数多く取得する。金融機関が顧客から取得する情報のなかには、身分関係（死亡など）や疾病、勤務先の退

職など、私事にわたる事柄が含まれていることもある。金融機関と取引する顧客は、金融機関がみだりにこれらの顧客情報を外部にもらさないという期待をもち、これを信頼して取引を行っていると考えられ、このような顧客の期待・信頼は、法的保護に値すると考えられる。

　このような見地から、金融機関は、法律上明文の規定はないものの、顧客に対し、上記内容の守秘義務を負っていると考えられている。

　古くから、下級審裁判例においても、金融機関が守秘義務を負っている旨判示するものがあったが（たとえば、大阪地判平4.6.25金法1357号62頁）、上記の最高裁決定は、この点を明確化した。

◆**守秘義務の根拠**　　守秘義務は、道義的義務ではなく法的義務であると考えられるため、金融機関がこれに違反した場合には顧客に対し法的責任を負うという結果をもたらすが、守秘義務自体、法律に明文の規定があるわけではないため、いかなる根拠から守秘義務を導くかにつき、議論がある（浅井弘章『個人情報保護法と金融実務〔第4版〕』230頁参照）。

　学説では、①信義則説、②商慣習説、③

契約説、④法人情報と個人情報とを区別する見解（「個人顧客に対する守秘義務」と「法人顧客に対する守秘義務」とを区別し、前者は人格権（プライバシー権）等を根拠とするものであるのに対し、後者はプライバシー権を根拠とするものではないと解する見解）などがある。

従来の下級審裁判例は、守秘義務の根拠を何に求めるかにつき分かれていたが、前掲最決平19.12.11は、この点について、商慣習または契約に基づく義務であると述べている。

10392 守秘義務の対象

守秘義務の対象になる情報は、どのような情報か

結　論

顧客との取引内容に関する情報や顧客との取引に関して得た顧客の信用にかかわる情報などの顧客情報が守秘義務の対象となる。いわゆる公開情報などは守秘義務の対象にならない。

解　説

◆**対象になる情報**　従来、守秘義務の対象となる情報として、①顧客と銀行の取引内容に関する情報（預金額、貸付債権額など）、②金融機関が業務上知った顧客の資産・年収・売上げなど顧客の財産に関する情報、③金融機関が業務上知った顧客の私的事項に関する情報などがあげられていた。

最決平19.12.11（民集61巻9号3364頁）

は、守秘義務の対象について、「顧客との取引内容に関する情報や顧客との取引に関して得た顧客の信用にかかわる情報などの顧客情報」であると述べている。この最高裁決定によれば、守秘義務の対象は「顧客情報」とされているから、守秘義務の対象となる情報か否かは、当該情報が「顧客情報」といえるか否かによって判断されることになると考えられる。

◆**対象とならない情報**　これに対し、公表されている事項（公開情報）は、守秘義務の対象とはならない。

公開情報の例として、①商業登記制度により公示されている情報（代表者氏名・役員氏名など）、②新聞報道された情報、③会社法や金商法上、公告・公表が義務づけられ公告・公表されている情報などがある。

また、特定の顧客を識別することができないような処理を施した統計情報についても、守秘義務の対象とはならない。

◆**対象か争いのある情報**　顧客と金融機関との取引の有無に関する情報そのものが、守秘義務の対象に含まれるかについては諸説あり、下級審裁判例は分かれている（含まれると解する下級審裁判例として大阪地判平4.6.25金法1357号62頁、含まれるか疑問であるとする下級審裁判例として東京地判平3.3.28金法1295号68頁）。

また、自己査定情報や債務者に対する与信審査に関する情報など評価情報については、「顧客情報」といえるか否かに争いがある。具体的には、金融機関の営業秘密に属する情報については「顧客情報」に当たらず、守秘義務の対象とならないと解する見解もある。

◆**個人情報保護法との関係**　守秘義務の

対象となる情報は、個人に関する情報である限り、基本的に、個人情報保護法上の個人情報に含まれる。また、守秘義務の対象とならない情報のうち、統計情報は、個人情報保護法上の個人情報に当たらないが、それ以外の情報は個人に関する情報である限り、個人情報に含まれると考えられる。

個人情報保護法と守秘義務とは、別個独立した規制・義務であるから、個人情報に関する問題点を検討する際には、同法上の問題点と守秘義務との関係で問題になる点を区別して、それぞれ検討する必要がある。

10393　守秘義務違反の責任

金融機関による外部への情報提供が守秘義務に反しないのはどのような場合か。また、守秘義務違反による金融機関の責任は何か

結　論

守秘義務違反に当たらない場合として、法令の規定に基づき公権が発動されている場合や顧客の明示・黙示の同意がある場合などがある。金融機関が守秘義務に違反した場合、金融機関は、顧客に対し損害賠償責任を負うことになる。

解　説

金融機関は、顧客との取引内容に関する情報や顧客との取引に関して得た顧客の信用にかかわる情報などの顧客情報につき、商慣習上または契約上、当該顧客との関係において守秘義務を負い、その顧客情報をみだりに外部にもらすことは許されない

（最決平19.12.11民集61巻9号3364頁）。

この最高裁決定にかんがみれば、商慣習または契約に照らし、「みだりに外部に漏らした」と評価できない場合には、守秘義務違反とはならないと考えられる。たとえば、金融機関が、正当な業務遂行のために必要がある場合において、必要な範囲内で、顧客情報を提供するときなどは、諸般の事情を総合考慮し「みだりに外部に漏らした」とはいえない場合があると考えられる。

◆**従来の議論**　従来、金融機関による外部への情報提供が守秘義務に違反しないと考えられていたものとして、主に、次のようなものがある。

① 法令の規定に基づき公権が発動された場合……たとえば、裁判所の証拠調べ（民訴法220条、刑事訴訟法128条など）、裁判官の令状に基づく捜査機関の押収・捜査、監督行政庁による調査・検査（銀行法24条・25条など）、税務官庁による検査・捜査（国税通則法74条の2、国税徴収法141条・142条、国税犯則取締法1～3条など）による場合などが、これに当たる。

② 金融機関が自らの利益を守るため、債務を履行しない顧客に対し訴えを提起する場合や、金融機関への非難・抗議に釈明・反論する場合。

③ 顧客の明示・黙示の承諾があった場合……たとえば、全国銀行個人信用情報センターに対する一定の範囲の顧客情報の登録ならびに会員による取引判断のための顧客情報の利用については、顧客から同意文書が差し入れられている。

④ マネーローンダリング防止のため、金融機関は、疑わしい取引につき当局への

届出義務があるが（犯罪収益移転防止法8条）、金融機関がこれに基づき届出を行った場合にも、守秘義務違反の責任を負わない。

⑤　金融機関が民事訴訟において訴訟外の第三者として開示を求められた顧客情報について、当該顧客自身が当該民事訴訟の当事者として開示義務を負う場合に、金融機関が訴訟手続においてその顧客情報を開示したとき（前掲最決平19.12.11）。

◆**守秘義務に違反した場合の責任**　金融機関の守秘義務は、単なる道義的な義務ではなく、法的な義務と考えられており、これに違反し顧客に損害を与えた場合、金融機関は、顧客に対し、損害賠償責任を負うと考えられる。

10394　情報提供義務との関係

金融機関が顧客情報について守秘義務と情報提供義務を同時に負う場合、どちらを優先すべきか

結　論

情報提供義務の根拠・内容等を勘案し、いずれの義務を優先すべきかケース・バイ・ケースで検討する必要があると考えられる。

解　説

◆**情報提供義務の根拠**　金融機関が顧客情報を外部に提供する義務を負うためには、法的根拠が必要である。法的根拠がないに

もかかわらず、金融機関が顧客情報を外部に提供する義務を当然に負うということはない。

実務上重要な根拠として、①法令に基づく場合、②契約に基づく場合、③信義則に基づく場合がある。

①　法令に基づく情報提供義務……取締法規などが金融機関に対し特定の顧客情報を外部に提供するよう義務づけている場合や、法令上の規制を遵守するために金融機関が特定の顧客情報を外部に提供する必要がある場合である。

たとえば、犯罪収益移転防止法8条は、金融機関が収受した財産が犯罪による収益である疑いがある場合等について、所定の事項を行政庁に届け出るよう義務づけている。

②　契約に基づく情報提供義務……金融機関が締結した私法上の契約において、当該金融機関が契約の相手方等に対して特定の顧客情報を提供する義務を負う場合である。

③　信義則に基づく情報提供義務……不法行為規範との関係において、金融機関が、その有する顧客情報を外部に提供する義務を負う場合がある。この類型に属する判例として最判平24.11.27（金法1959号30頁）がある（詳細につき、【30219】参照）。

◆**いずれを優先するか**　守秘義務と情報提供義務の関係が問題となる場面の解決方法としては、論理的には次の六つの方法が考えられる。

①　（なんらかの方法により）守秘義務を消滅させ、情報提供義務の履行を許容する

② （なんらかの方法により）情報提供義務を消滅させ、守秘義務の遵守を許容する

③ 両義務とも存続するとしたうえで、常に情報提供義務を優先させる

④ 両義務とも存続するとしたうえで、常に守秘義務を優先させる解決

⑤ 両義務とも存続するとしたうえで、情報提供義務を優先すべき場合と守秘義務を優先すべき場合とに場合分けをする

⑥ （なんらかの方法により）両義務を消滅させる

　実務上は⑤により、情報提供義務の根拠・内容などを勘案し、いずれの義務を優先すべきかケース・バイ・ケースで対応することになると考えられる（浅井弘章「金融機関における守秘義務と情報提供義務」銀法737号4頁）。

10395　金融機関間の信用照会制度

商手支払人などの信用照会のために他行から「信用調査」の依頼を受けた場合、これに回答することは守秘義務違反となるか。また、誤った回答をした金融機関の責任は何か

結　論

　金融機関間の信用照会は、商慣習に基づくものであり、原則として、守秘義務違反は生じないと考えられている。また、誤った回答をした金融機関は、特に故意がある場合を除き、法的責任を負わないと考えられる。

解　説

◆守秘義務違反の有無　　金融機関が取引先から持ち込まれた手形を割り引く場合、また取引先が商取引の代金として手形・小切手を受領する場合にその依頼によって、さらに金融機関が交換呈示した他店券を引当てに見込払いをする場合には、金融機関は文書等で手形振出（引受）人の取引金融機関に対し当該手形・小切手の決済見込等について照会し、これに対して取引金融機関が回答することが行われている（もっとも、個人情報保護法が全面施行された際、個人を対象とする信用照会は廃止されている）。そして、文書で照会する際に使用される全銀協統一様式の「信用調べ」には、ギブ・アンド・テイクの精神で相互に腹蔵なく情報を交換することが金融機関間の申合せになっている。

　金融機関間の信用照会の内容は詳細なものであり、照会に応じ回答することが金融機関の守秘義務に違反しないかが問題となるが、一般に、商慣習上認められているものとして、金融機関の守秘義務には違反しないと考えられている（東京地判昭31.10.9金法121号3頁）。

◆回答金融機関の責任　　金融機関間の信用照会については、「回答結果に対して責任の追及、秘密の漏洩等のないことを相互に申し合わせた」こととされている。そして、回答金融機関が誤った事実を回答した場合に照会金融機関に対し不法行為責任を負うかについて、回答の結果について法律上の責任を追及されない趣旨のものとしてなされているのが慣例であることを認めている裁判例もある（前掲東京地判昭

31.10.9金法121号3頁、東京地判昭39.4.21金法377号7頁)。

　他方で、回答金融機関が信用照会の制度を利用して故意に誤った事実、たとえば決済不能であるのに決済確実であると回答して照会金融機関に手形割引をさせて、その代り金で自行の債権を回収したような場合には、不法行為による損害賠償責任の可能性がある（金融機関の事案ではないが、東京高判昭48.5.31金商378号2頁。なお、大阪地判平4.6.25金法1357号62頁参照）。

　以上によれば、特に回答金融機関が故意に誤った回答をした場合を除き、誤った回答をした金融機関は、回答結果について法的責任を負わないと考えられる。

10396　グループ会社に対する提供と守秘義務

親子会社や兄弟会社などのグループ会社間でも、守秘義務違反の問題は生ずるか

結　論

　一定の場合には、親子会社・兄弟会社などグループ会社に対する顧客情報の提供は、守秘義務に違反しないと考えられる。

解　説

　金融機関は、顧客との取引内容に関する情報や顧客との取引に関して得た顧客の信用にかかわる情報などの顧客情報をみだりに外部にもらすことは許されない（最決平19.12.11民集61巻9号3364頁）。守秘義務の根拠を何に求めるかについては諸説あるが、上記の最高裁決定は、商慣習または契約に基づく義務であると述べている。

　親子会社や兄弟会社などのグループ会社への顧客情報の提供が守秘義務違反とならないことを根拠づける考え方には、いくつかのものが考えられる。

◆**「外部」の意義**　一つ目は、昨今の金融機関・金融グループを取り巻く社会経済情勢、グループ全体でのリスク管理の必要性、取引慣行の変化等に照らせば、金融機関のグループ会社は、上記の最高裁決定の「外部」に当たらないと解することができるのではないかという考え方である。上記の最高裁決定は、商慣習を根拠に守秘義務を導いているから、契約で明示の定めがある場合を除き、「外部」の意義も商慣習に照らし判断するのが自然であるが、上記の諸点に照らせば、金融機関がグループ会社に対し顧客情報を提供することは、法令・契約で禁止されている場合を除き、「みだりに外部に漏らす」に当たらないと解するのである。

◆**「みだりに」の意義**　二つ目は、金融機関によるグループ会社への顧客情報の提供について正当な事由がある場合には、「みだりに」の要件を欠き、守秘義務違反とはならないという考え方である。どのような要件を満たす場合に、「みだりに」の要件を欠き守秘義務違反とならないかについては、諸説あるが、たとえば、①提供の目的、②提供される情報の内容、③提供先における利用目的などを総合的に考慮して判断することになると考えられる。

◆**実質的観点からの検討**　近時の金融グループでは、グループ一体としての総合金融サービスの提供を強く志向しており、これを実現するためには、親会社・兄弟会社

への顧客情報の提供が不可欠である。また、商慣習に基づく金融機関の守秘義務は、究極的には、顧客の金融機関に対する期待・信頼の法的保護を根拠としているところ、金融機関と取引をする顧客の立場からみても、金融機関のグループ化の進展・グループ一体としての総合金融サービスの提供の拡大に伴い、金融機関とその親子会社・兄弟会社は別法人であるという理解より、金融グループとして一体であるという理解が強くなりつつあるように思われる。

以上の諸点に照らすと、少なくとも一定の場合には、金融機関によるグループ会社に対する顧客情報の提供は守秘義務に違反しないと考えるべきである。

なお、大口信用供与規制（銀行法13条）を遵守するために必要な範囲での顧客情報の授受については、従来、守秘義務が解除されるとされている（木下信行『解説改正銀行法』参照）。

10397 債権譲渡に際しての情報提供と守秘義務

金融機関が有する事業者向け貸付債権を第三者に譲渡する際、貸付債権の譲渡価格を調査することなどを目的に、貸付債権に関する情報を譲受人候補者に提供することは、守秘義務に反するか

結　論

①情報開示の目的、②開示する情報の内容、③借主である事業者に及ぼす影響、④情報の開示先、⑤情報の管理体制などを総合的に考慮し、「みだりに漏らした」とい

えない場合などには、守秘義務に違反しないと考えられる。

解　説

金融機関は、顧客との取引内容に関する情報や顧客との取引に関して得た顧客の信用にかかわる情報などの顧客情報をみだりに外部にもらすことは許されない（最決平19.12.11民集61巻9号3364頁）。

もっとも、守秘義務は、「みだりに外部に漏らすこと」を禁じているにすぎないから、これに当たらない場合には、金融機関は、顧客情報を外部に提供することができる。

金融機関が、債権譲渡を行う際に、債権の実在性の確認や譲渡価格の査定のため、譲受人候補者に顧客情報を提供することは、原則として金融機関の守秘義務に違反しないと解する考え方が一般的であるが、どのような法律構成で守秘義務違反がないという結論を導くかについては、諸説ある（「特集　金融機関の守秘義務」金法1802号8頁以下）。

◆**総合考慮する考え方**　一つ目は、①情報開示の目的、②開示する情報の内容、③借主である事業者に及ぼす影響、④情報の開示先、⑤情報の管理体制などを総合的に考慮し、守秘義務に違反するか否かを判断する考え方がある（全国銀行協会「貸出債権市場における情報開示に関する研究会報告書」平成16年4月）。

◆**黙示の承諾**　二つ目として、借主である事業者は、貸主である金融機関が、自己に対する貸付債権を譲渡する際、必要な範囲において、自己の情報を譲受人候補者に提供することについて、黙示的に承諾して

いると解する考え方である。貸付契約において譲渡禁止特約がなされていない限り、事業者は、貸主である金融機関による貸付債権の譲渡を容認していると考えられることなどを理由とする。

◆権利行使の側面　最後に、特に不良債権のバルクセールなどを念頭に置いて、不良債権の債権譲渡は、「金融機関が自らの利益を守るため、債務を履行しない顧客に対し訴えを提起する場合」などに準じて考えることができると解する考え方がある。

10398	サービサーに対する情報提供と守秘義務

金融機関が有する貸付債権の管理・回収をサービサーに委託するに際し、貸付債権に関する情報をサービサーに提供することは、守秘義務に反するか

結　論

基本的に違反しないと考えられる。

解　説

　債権回収会社（サービサー）は、サービサー法3条の許可を受けた株式会社をいう（同法2条3項）。サービサーが営む「債権管理回収業」とは、①弁護士・弁護士法人以外の者が委託を受けて法律事件に関する法律事務である特定金銭債権の管理・回収を行う営業、または、②他人から譲り受けて訴訟、調停、和解その他の手段によって特定金銭債権の管理・回収を行う営業をいう（同条2項）。

　金融機関がサービサーに対し特定金銭債

権の管理・回収を委託する場合、顧客情報をサービサーに提供することになるが、これが守秘義務に違反するかが問題となる。

　この点について、結論として、原則として金融機関の守秘義務に違反しないと考えるのが一般的であるが、その法律構成については、債権譲渡の場合と同様、諸説ある（【10397】参照）。

　不良債権の管理・回収という側面を強調すれば、「金融機関が自らの利益を守るため、債務を履行しない顧客に対し訴えを提起する場合」などに準じて考えることができると思われる。

10399	弁護士・公認会計士に対する情報提供と守秘義務

複雑な金融取引について、金融機関が専門家から助言を得るために顧客情報を弁護士や公認会計士に提供することは、守秘義務に反するか

結　論

守秘義務に反しないと考えられる。

解　説

　銀行は、顧客との取引内容に関する情報や顧客との取引に関して得た顧客の信用にかかわる情報などの顧客情報につき、商慣習上または契約上、当該顧客との関係において守秘義務を負い、その顧客情報をみだりに外部にもらすことは許されない（最決平19.12.11民集61巻9号3364頁）。

　もっとも、守秘義務は、「みだりに外部に漏らすこと」を禁じているにすぎないか

ら、これに当たらない場合には、金融機関は、顧客情報を外部に提供することができる。

複雑な金融取引について、金融機関が専門家から助言を得るため、顧客情報を弁護士や公認会計士に提供することは、結論として、原則として金融機関の守秘義務に違反しないと解する考え方が一般的であるが、どのような法律構成で守秘義務違反がないという結論を導くかについては、諸説ある。

◆**総合考慮する考え方**　債権譲渡やサービサーへの提供の場合と同様、①情報開示の目的、②開示する情報の内容、③顧客に及ぼす影響、④情報の開示先、⑤情報の管理体制などを総合的に考慮し、守秘義務に違反するか否かを判断する考え方がある。この場合、提供を受ける者が弁護士・公認会計士など法令上、秘密保持義務を負っている者であることなども考えあわせれば、顧客情報を弁護士や公認会計士に提供することは、金融機関の守秘義務に違反しないと考えられる。

◆**正当理由を強調する考え方**　二つ目の考え方として、正当理由を強調する考え方がある。すなわち、前述した最高裁決定に照らせば、商慣習または契約に照らし、「みだりに外部に漏らした」と評価できない場合には、守秘義務違反とはならない。たとえば、金融機関が、正当な業務遂行のために必要がある場合において、必要な範囲内で、顧客情報を提供するときなどは、「みだりに外部に漏らした」とはいえないと考えられる。そして、金融機関が、複雑な金融取引について、専門家から助言を得るため、顧客情報を弁護士や公認会計士に提供することは、通常「正当な業務遂行の

ために必要がある場合」に当たると考えられるから、提供される顧客情報が「必要な範囲内」である限り、かかる提供は金融機関の守秘義務に違反しないと考えられる。

◆**黙示の承諾**　以上のほか、複雑な金融取引について、金融機関が専門家から助言を得るため、顧客情報を弁護士や公認会計士に提供することについて、顧客は黙示に同意していると解することも可能であるように思われる。

| 10400 | 税務署や警察からの照会への対応 |

税務署や警察から預金取引に関する照会・調査を受けた場合、どう対応すべきか

結　論

強制調査（査察）・強制捜査の場合はもちろん、任意調査・任意捜査においても、普遍調査・見込み調査等にあたらない限り、協力しなければならない。

解　説

◆**税務署からの照会・調査**　税務署からの照会（税務調査）には大別して、①租税債権確定のため、各種税法の質問検査権（国税通則法74条の2等）に基づく調査（いわゆる、反面調査）、②滞納処分のための調査（国税徴収法141条）、③租税犯処罰のための犯則調査（国税犯則取締法1条・2条）の三つがあり、①、②は任意調査、③は同法1条調査が任意調査であるが拒絶すれば同法2条調査（強制調査）に切り替わるため、強制調査として対応するのが通

常である。

◆任意調査の場合　任意調査の場合、税務署の質問検査は金融機関の承諾のもとに行われるが、金融機関は正当な理由がなければ拒絶できず、また調査に対し虚偽の回答等により妨害した場合は罰則の適用がある。

このため、預金者の同意なく情報を開示しても守秘義務が免除されると解され、実務上も全面的に調査に協力し、預金元帳や伝票等を提出しているのが通常である。

ただし、この調査はあくまで預金者の租税債権確定等の目的で行うものであるところから、金融機関は、預金元帳の一覧請求のような普遍調査や見込調査にわたる場合は拒絶できる（全銀協昭30.7.21通知「銀行の預貯金等の税務調査について」）。

また、貸出稟議書や経緯記録等の提出が求められることがあるが、これらは金融機関の内部文書にすぎないため、開示対象外であり提出に応ずる必要はない（上記全銀協通知にも、その旨「大蔵省銀行局も国税庁も了解済」と明記してあるが、実際には税務署に徹底されておらず、提出をめぐりトラブルになることも少なくない）。

◆強制調査（いわゆる査察）の場合　国税犯則取締法2条に基づく犯則事件調査のための強制調査の場合、刑事捜査と同様、令状捜査であって、告発を受けて刑事事件となるものであるため、金融機関は調査に全面的に協力する義務があり、調査を拒絶した場合には脱税の共犯や公務執行妨害罪等にも問われかねない。

◆警察からの照会・調査の場合　警察や労働基準監督署などの捜査当局からの照会・調査にも、任意捜査と強制捜査（令状捜査）とがある。

任意捜査については、交付される捜査関係事項照会書（刑事訴訟法197条2項）への不回答に対する罰則はないものの、実務上は任意税務調査と同様に守秘義務が免除されると解されており、預金者の同意を確認することなく捜査に協力しているのが通常である。

また、強制捜査（刑事訴訟法218条1項）は裁判所の捜査令状に基づくもので、金融機関は捜査に全面的に協力する義務があり、捜査を妨害した場合には公務執行妨害罪等に問われかねない。

10401 弁護士会・裁判所等からの照会への対応

弁護士会・裁判所・社会福祉事務所などから、預金取引に関する照会を受けた場合、どのように対応すべきか

結　論

いずれも任意調査であるが、制度の趣旨を尊重し、顧客本人の同意を確認し、回答することが望ましい。

解　説

◆弁護士法に基づく照会　弁護士は、受任している事件について、所属弁護士会に対し、公務所または公私の団体に照会して必要な事項の報告を求めることを申し出ることができる（弁護士法23条の2第1項）。弁護士会は、上記の申出に基づき、公務所または公私の団体に照会して必要な事項の報告を求めることができる（同条2項）。

これを、「弁護士法23条照会」とか「23条照会」と呼んでいる。

従来、公私の団体等は、弁護士法23条照会に回答しなくても罰則等があるわけではないため、あくまで任意調査であると位置づけられていた。

弁護士法23条の2に基づく照会に対する回答と金融機関の守秘義務との関係は、古くから論じられている論点であり、金融機関では、最判昭56.4.14（民集35巻3号620頁）などを根拠に、照会の対象となった本人の同意を確認したうえで、回答することとしているところが多い。

この論点について判示した判例（最判平28.10.18金法2053号33頁）が公刊されており、守秘業務を理由に回答を拒否した金融機関等の不法行為責任が否定されている。

◆**裁判所からの照会**　裁判所は、必要な調査を官庁・公署、外国の官庁・公署、学校、商工会議所、取引所その他の団体に嘱託することができる（民訴法186条、調査嘱託）。また、家庭裁判所は、必要な調査を官庁、公署その他適当であると認める者に嘱託し、または銀行、信託会社、関係人の雇主その他の者に対し関係人の預金、信託財産、収入その他の事項に関して必要な報告を求めることができる（家事事件手続法62条）。

この照会についても、実務上、対象となっている顧客本人の同意を確認し回答することとしている金融機関が少なくない。

◆**社会福祉事務所からの照会**　生活保護法29条は、福祉事務所長などが、保護の決定または実施のために必要があるときは、要保護者またはその扶養義務者の資産および収入の状況について、銀行、信託会社、要保護者もしくはその扶養義務者の雇主その他の関係人に、報告を求めることができるとしている。

この照会の場合、本人の同意書が添付されているのが通常であり、実務上は、これを確認して回答することとしている金融機関が多い。

10402　文書提出命令と守秘義務

金融機関が、民事訴訟外の第三者として、裁判所から文書提出命令を受けた場合、どのように対応すべきか

結　論

文書提出命令の対象となる顧客情報が金融機関の顧客に対する守秘義務の対象となる情報かを確認し、守秘義務の対象となる情報であることが確認できた場合には、必要に応じて、その顧客情報が「職業の秘密」に当たる旨の主張を裁判所で行うか否かなどを検討する。

解　説

◆**文書提出命令**　裁判所は、文書提出命令の申立を理由があると認めるときは、決定で、文書の所持者に対し、その提出を命ずることができる（民訴法223条1項）。裁判所が第三者に対して文書の提出を命じようとする場合には、その第三者を審尋しなければならない（同条2項）。第三者が文書提出命令に従わないときは、裁判所による決定で、20万円以下の過料に処される（同法225条）。

なお、①技術または職業の秘密に関する事項などが記載されている文書や、②もっぱら文書の所持者の利用に供するための文書については、文書の所持者は提出を拒むことができる（民訴法220条）。

◆最高裁決定　金融機関が、民事訴訟外の第三者として、裁判所から文書提出命令を受けた場合、どのように対応すべきかに関しては、最決平19.12.11（民集61巻9号3364頁）が参考になる。

同決定は、「金融機関は、顧客との取引内容に関する情報や顧客との取引に関して得た顧客の信用にかかわる情報などの顧客情報につき、商慣習上または契約上、当該顧客との関係において守秘義務を負い、その顧客情報をみだりに外部に漏らすことは許されない。しかしながら、金融機関が有する上記守秘義務は、上記の根拠に基づき個々の顧客との関係において認められるにすぎないものであるから、金融機関が民事訴訟において訴訟外の第三者として開示を求められた顧客情報について、当該顧客自身が当該民事訴訟の当事者として開示義務を負う場合には、当該顧客は上記顧客情報につき金融機関の守秘義務により保護されるべき正当な利益を有さず、金融機関は、訴訟手続において上記顧客情報を開示しても守秘義務には違反しないというべきである。そうすると、金融機関は、訴訟手続上、顧客に対し守秘義務を負うことを理由として上記顧客情報の開示を拒否することはできず、同情報は、金融機関がこれにつき職業の秘密として保護に値する独自の利益を有する場合は別として、民訴法197条1項3号にいう職業の秘密として保護されない」と述べている。

また、同決定の補足意見では、文書提出命令を受けた金融機関が、裁判所に対し、その顧客情報が「職業の秘密」に当たる旨の主張を行うべき義務がある場合がある旨述べている部分があり、実務にあたっては注意が必要である。

10403　本人以外からの取引状況照会への対応

親や勤務先等本人以外からの取引状況照会に対し留意すべき点は何か。また、電話による照会の場合はどうか

結　論

本人以外の取引状況照会に対しては、守秘義務があるため原則として回答できず、その旨を説明し了承を得る必要がある。また、電話による照会の場合は本人か否かの確認がむずかしいので、届出の電話番号に折り返し電話するなどの慎重な対応を行わなければならない。

解　説

◆親や家族からの照会　預金者の親や配偶者その他家族から預金者の取引状況を照会されることがある。

家族名義の預金の取引状況を照会するには相応の背景が考えられるが、たとえ家族に対しても金融機関には守秘義務があり、預金者が未成年である場合や事故等で入院していて自ら照会できないような特別な場合を除いては、親からの取引状況照会に対し勝手に回答することはできず、その旨を説明して了解を得る必要がある（実際にも、

勝手に回答した結果、預金者本人との間でトラブルになった事例が少なくない）。

◆**預金者の勤務先からの照会**　預金者の勤務先から預金者の取引状況の照会がなされることがある。

　これは、たとえば預金者が勤務先で横領や窃盗等を行った疑いがある場合など犯罪がらみのことが多いと考えられるが、当然ながら金融機関は守秘義務があるため勝手に回答することはできず、その旨を説明して了解を得る必要がある。

　基本的には、勤務先から警察に対して被害届を提出してもらい、犯罪捜査の一環としての照会（【10400】参照）に対応するのが筋であるが、勤務先としても事実を確認し懲戒処分を先行させたい等の理由があり、金融機関に照会することが考えられる。

　金融機関として、勤務先との関係等により回答せざるをえない場合には、少なくとも万一の場合の損害賠償負担等を記載した念書の差入れを受けたうえで回答する等の慎重な取扱いが必要である。

◆**電話による照会**　電話により取引状況の照会を受けることが少なくない。

　しかし、電話の場合は対面の場合と異なり預金者本人であることの確認がむずかしいため、面識があり音声により相手が本人であることが確認できる場合等を除いては、あらためて届出の電話番号宛てに折り返し電話をかけて回答する等、所定の本人確認手続を行ったうえで回答する必要がある。

　本人であることの確認を十分行わず不用意に他人に預金残高を回答した結果、預金を詐取されたり小切手を改ざんされたりするなどの犯罪につながった場合には、回答した金融機関の責任を問われかねないため

十分注意すべきである。

| **10404** | 預金者の共同相続人に対する開示 |

預金者の共同相続人から、被相続人名義の預金口座の残高、取引履歴などの開示を求められた場合、どのように対応すべきか

結　論

　預金口座の残高を回答することは守秘義務に反しないと考えられる。また、取引履歴を回答する点については議論があるが、守秘義務に反しないと解することが可能である。

解　説

◆**預金口座の残高**　共同相続人は、被相続人の金融機関に対する預金債権の残高について法的な利害関係を有しており、金融機関が、共同相続人からの預金口座の残高に関する問合せに回答することは、守秘義務に違反しないと考えられる。

◆**取引履歴**　取引履歴の回答が守秘義務に違反するかについては、これに関連し、共同相続人の1人が金融機関に対し取引履歴の開示を求めることができるかが問題になっている。

　この点、最判平17.5.20（金法1751号43頁）は、預金取引経過明細の開示を受けうる地位は、預金契約の当事者としての地位に由来するものであり、これを可分なものと考えることはできないことを理由に、預金者の共同相続人の1人は、単独で取引履歴の開示を求める権利を有しないと判示し

た高裁判決（東京高判平14.12.4金法1693号86頁）を是認している。

これに対し、最判平21.1.22（民集63巻1号228頁）は、預金者の共同相続人の1人は、他の共同相続人全員の同意がなくても、共同相続人全員に帰属する預金契約上の地位に基づき、被相続人名義の預金口座の取引経過の開示を求める権利を単独で行使することができるとしている。

◆**守秘義務との関係**　　共同相続人の1人が金融機関に対し取引履歴の開示を求めることができるとの見解に立てば、金融機関がこれに応じて取引履歴を開示することは守秘義務違反にはならないと考えられる。

また、共同相続人の1人が金融機関に対し取引履歴の開示を求める権利を有しないとの見解に立った場合、金融機関の自発的判断でこれを開示することが守秘義務違反となるかが問題となる。預金者本人が死亡していることに照らせば、守秘義務違反が認められる可能性は小さいと考えられる。

10405　融資保証人に対する開示

保証人から、主債務者に関する情報の提供を求められた場合、どのように対応すべきか

結　論

主債務者と保証人との関係等に照らし、主債務者の同意を得ることが可能である場合には、主債務者の同意を確認し、保証人に主債務者に関する情報を提供することになる。主債務者の同意が得られない場合には、個別事情を総合的に考慮して、保証人への情報提供の可否を判断する。

解　説

◆**問題の所在**　　保証人付融資取引において、主債務者が貸付金の返済を延滞したため保証人に保証債務の履行を求める場合、金融機関は、保証人に対し、主債務の残高・返済状況に関する情報を提供する。また、主債務者が主債務の返済を滞っていない場合であっても、保証人が、金融機関に対し、主債務者の資産状況や返済状況を問い合わせてくることもある。

中小・地域監督指針では、経営者以外の第三者と根保証契約を締結する場合には、契約締結後、保証人の要請があれば、定期的または必要に応じて随時、被保証債務の残高・返済状況について情報を提供することとしているかといった監督上の着眼点をあげている。特に、金融機関が保証人から延滞状況に陥っていない主債務者の資力や返済状況の照会を受けた場合、主債務者の借入残高や返済状況、資産状況を回答するか否か、回答するとしてどの範囲で回答するか、実務上、悩ましい問題である。

◆**金融庁の考え方**　　この点について、金融庁の考え方は、「保証人に対する情報提供の必要性と守秘義務との関係については、事案に応じ慎重な検討を要しますが、包括根保証の場合には、借入残高・返済状況が保証債務の内容の説明として必要なものであることから、特にその情報提供に関する態勢整備をポイントとしてあげたものです。従って、保証人からの要請があるにも関わらず、保証人に対する情報提供の要否を金融機関の判断に委ねることは不適切である

と考えます」とされている（平16.5.31付金融庁、中小・地域監督指針における「主なパブリックコメントの概要及びコメントに対する考え方」Ⅱ-3-4-1）。

◆**実務上の対応**　主債務者が貸付金の返済を延滞したため、保証人に保証債務の履行を求める場合に、金融機関が保証人に主債務の残高などを提供することは、守秘義務に反しないが、これ以外の場合で、主債務者の同意を得ずに保証人に対し情報提供を行うときには、①保証人が提供を求めている情報の内容、②主債務者と保証人との関係、③主債務者の借入額・返済状況、④保証人が情報提供を求めている理由などを総合的に勘案し、保証人に対する情報提供の必要性が主債務者に対する守秘義務に優越するといえるかを個別に判断するほかないと思われる。

◆**改正民法**　改正民法では、債権者を名宛人として、①主債務の履行状況等について、主債務者から委託を受けて保証をした保証人から請求があったときの情報提供義務（同法458条の2）、②主債務者が期限の利益を喪失したときの個人保証人に対する情報提供義務を定めている（同法458条の3）。同法に基づき、この範囲で回答することは守秘義務に反しないと考える。

10406 守秘義務と個人情報保護との関係

守秘義務と個人情報保護法に基づく義務とは、どのような関係にあるか

結　論

守秘義務と個人情報保護法上の義務とは別個のものであり、法的には両者を明確に区別する必要がある。

解　説

◆**私法と公法**　金融機関は、顧客との取引内容に関する情報や顧客との取引に関して得た顧客の信用にかかわる情報などの顧客情報につき、商慣習上または契約上、当該顧客との関係において守秘義務を負い、その顧客情報をみだりに外部にもらすことは許されない（最決平19.12.11民集61巻9号3364頁）。この守秘義務は顧客に対する金融機関の義務であり、私法上の義務である。

これに対し、個人情報保護法は、いわゆる公法であり、金融機関と顧客との間の私法上の法律関係を規律することを直接の目的とするものではない。

◆**対象となる情報**　守秘義務の対象となる情報は、顧客との取引内容に関する情報や顧客との取引に関して得た顧客の信用にかかわる情報などの「顧客情報」である（前掲最決平19.12.11）。

これに対し、個人情報保護法の対象となる情報は「個人情報」である。守秘義務の対象となる情報は個人情報保護法上の個人情報に含まれることが多いと考えられるが、たとえば、公開情報は守秘義務の対象にはならないが、「個人情報」には含まれるため、個人情報保護法上の義務の対象にはなる。

◆**留意点**　以上のとおり、個人情報保護法と守秘義務とは別個独立した規制である

から、個人情報や顧客情報に関する問題点を検討する際には、個人情報保護法上の問題点と守秘義務上の問題点とを区別して、それぞれ検討する必要がある。

10407 守秘義務と業法上の規制との関係

銀行法などの業法にも顧客情報に関する規制があるが、これと守秘義務とはどのような関係にあるか

結　論

銀行法などの業法上の規制と守秘義務とは、その目的や法的性格を異にしており、両者は別個の義務である。法的には両者を明確に区別する必要がある。

解　説

◆業法上の規制　銀行は、その業務に関して取得した顧客に関する情報の適正な取扱いを確保するための措置を講じなければならない（銀行法12条の2第2項）。

銀行法施行規則は、銀行法の上記規定を受けて、銀行に対し、①個人顧客情報の安全管理等について必要かつ適切な措置を講ずること（銀行法施行規則13条の6の5）、②返済能力情報を、返済能力調査以外の目的に利用しないことを確保するための措置を講ずること（同規則13条の6の6）、および、③個人顧客に関するセンシティブ情報を、必要と認められる目的以外のために利用しないことを確保する措置を講ずること（同規則13条の6の7）を求めている。

また、中小・地域監督指針では、「顧客

等に関する情報の取扱いについて、具体的な取扱い基準を定めた上で研修等により役職員に周知徹底しているか。特に、当該情報の他者への伝達については、コンプライアンス（顧客に対する守秘義務、説明責任）及びレピュテーションの観点から検討を行った上で取扱基準を定めているか」（同指針Ⅱ-3-2-3-2(1)②）などの監督上の着眼点をあげている。

さらに、金融検査マニュアルでは、「顧客保護等管理態勢」の一つとして、「顧客情報管理態勢」をあげ、①内部規程等の策定、②顧客情報管理の実施、③評価・改善活動などについてチェック項目をあげている。

◆守秘義務との関係　銀行法は、銀行の業務の公共性にかんがみ、信用を維持し、預金者等の保護を確保するとともに、金融の円滑を図るため、銀行の業務の健全かつ適切な運営を期し、もって国民経済の健全な発展に資することを目的とする法律であり（同法1条）、同法・同法施行規則に基づく銀行の義務は公法上の義務である。

これに対し、守秘義務は私法上の義務であり、両者はその性質を異にしている。このように銀行法上の義務と守秘義務とは別個独立した規制であるから、顧客情報に関する問題点を検討する際には、同法上の問題点と守秘義務上の問題点とを区別して、それぞれ検討する必要がある。

第5節

個人情報保護

10408 個人情報に関する規制の全体像

金融機関が取り扱う個人情報について、どのような規制を遵守する必要があるか

結 論

個人情報保護法や個人情報保護委員会のガイドラインのほか、①金融分野における個人情報保護に関するガイドラインや、②金融機関が構成員となっている認定個人情報保護団体の個人情報保護指針などを遵守する必要がある。

解 説

◆**個人情報保護法** 金融機関は、通常、個人情報取扱事業者に当たるから（個人情報保護法2条5項）、金融機関が個人情報を取り扱うにあたっては、個人情報保護法に定められた個人情報取扱事業者の義務を遵守する必要がある。

◆**金融分野個人情報保護ガイドライン等** 個人情報保護委員会および金融庁は、個人情報保護法などをふまえ、金融分野における個人情報について保護のための格別の措置が講じられるよう必要な措置を講じ、同分野における事業者が個人情報の適切な取扱いの確保に関して行う活動を支援する具体的な指針として、「金融分野における個人情報保護に関するガイドライン」（以下「金融分野個人情報保護ガイドライン」という）を制定している。金融機関（個人情報取扱事業者）が個人情報を取り扱うにあたっては、これにも留意する必要がある。

金融分野個人情報保護ガイドラインでは、個人情報保護法に規定されていない事項が、努力措置として規定されている場合がある。たとえば、①与信事業における、利用目的についての同意取得、②ダイレクトメールの送付を目的とする個人情報の利用に係る規制などである。

また、個人情報保護委員会および金融庁は、「金融分野における個人情報保護に関するガイドラインの安全管理措置等についての実務指針」（以下「安全管理実務指針」という）を制定している。これは、個人情報保護法・金融分野個人情報保護ガイドラインをふまえ、個人データの安全管理措置・センシティブ情報の取扱いについて定めたものである。安全管理実務指針では、金融機関（個人情報取扱事業者）が取り扱

う個人データに関し、①組織的安全管理措置、②人的安全管理措置、③技術的安全管理措置、④技術的安全管理措置などの内容について、具体的項目を定めている。

◆個人情報保護指針 銀行業界には、全国銀行個人情報保護協議会という認定個人情報保護団体がある。この認定個人情報保護団体の構成員である銀行は、同協議会が制定した個人情報保護指針などにも留意する必要がある。

10409 個人情報等の定義

個人情報とは何か。また、個人情報取扱事業者とは何か

結　論

　個人情報とは、生存する個人に関する情報であって、当該情報に含まれる氏名、生年月日その他の記述等により特定の個人を識別することができるものなどをいう。また、個人情報取扱事業者とは、個人情報データベース等を事業の用に供している者をいう。

　個人情報保護法は、高度情報通信社会の進展に伴い、個人情報の利用が著しく拡大していることにかんがみ、個人情報の適正な取扱いに関し、基本理念や個人情報取扱事業者の遵守すべき義務などを定めることにより、個人情報の有用性に配慮しつつ、個人の権利利益を保護することを目的とする法律である（同法1条）。

解　説

◆個人情報 個人情報とは、生存する個人に関する情報であって、①当該情報に含まれる氏名、生年月日その他の記述等により特定の個人を識別することができるもの、または②個人識別符号を含むものをいう（個人情報保護法2条1項）。情報それ自体によって特定の個人を識別できる場合だけでなく、ある情報と他の情報とを容易に照合することで特定の個人を識別することができる場合も、当該情報は「個人情報」に当たる。

◆個人データ 個人データとは、個人情報データベース等を構成する個人情報をいう（個人情報保護法2条6項）。ここで、「個人情報データベース等」とは、個人情報を含む情報の集合物であって、①特定の個人情報をコンピュータを用いて検索できるように体系的に構成したものや、②個人情報を一定の規則に従って整理することにより特定の個人情報を容易に検索することができるように体系的に構成した情報の集合物であって、目次、索引その他検索を容易にするためのものを有するものを指す（同法2条4項、同法施行令3条）。このような個人情報データベース等の構成要素を、個人データという。

◆個人情報取扱事業者 個人情報保護法は、個人情報取扱事業者に対して適用される。個人情報取扱事業者とは、個人情報データベース等を事業の用に供している者をいう（個人情報保護法2条5項）。金融機関は、通常、個人情報取扱事業者に当たる（独立行政法人等に当たる金融機関は個人情報取扱事業者に当たらない）。

10410 個人識別符号

個人識別符号とは何か

結　論

個人識別符号とは、当該情報単体から特定の個人を識別できるものとして個人情報保護法施行令に定められた符号を意味する。

解　説

◆個人識別符号　個人識別符号は、平成29年5月30日から施行された改正個人情報保護法において新たに設けられた概念である。

個人情報保護法では、個人識別符号として二つの類型を定めており（同法2条2項1号・2号）、これらに該当するものが含まれる情報は、個人情報になる。

まず、第1類型として、DNAを構成する塩基の配列、容貌、虹彩模様、声紋、歩容、手のひら・手の甲の静脈の形状、指紋・掌紋といった身体の特徴のいずれかを電子計算機の用に供するために変換した符号であって特定の個人を識別するに足りるものが、個人識別符号に当たる（個人情報保護法施行令1条1号）。金融機関では静脈の形状等を用いた認証をATM・貸金庫等の本人確認に利用している場合があり、これらが個人識別符号に該当する。

また、第2類型として、パスポート番号（旅券番号）、国民年金の基礎年金番号、運転免許証番号、住民票コード、個人番号（マイナンバー）、国民健康保険等の被保険者証の記号・番号等の符号など公的制度の番号が、個人識別符号に当たる（個人情報保護法施行令1条、同法施行規則3条・4条）。

民間企業が個人顧客に付している番号（CIF番号、民間保険の保険証券の番号など）は、「個人識別符号」には当たらない。

◆指紋情報　指の表面の隆線等で形成された指紋から抽出した特徴情報によって本人を認証することを目的とした装置やソフトウェアにより、本人を認証することができるようにすると、個人識別符号に当たる。

金融機関の場合、サーバルームなどの入退室管理にあたり、従業員の指紋を用いた認証を行っている場合もあると考えられるが、こうした形で指紋情報を用いる場合、指紋情報単独で、個人情報に当たり、従業員情報として適切な管理が必要になる。

◆個人識別符号に当たらない場合　指紋情報、容貌、歩容などを電子データとして取得した場合であっても、それが特定の個人を識別することができる水準にない場合には、個人識別符号に当たらないと考えられる（個人情報保護委員会「個人情報保護法ガイドライン等に関するQ&A」）。

10411 要配慮個人情報

要配慮個人情報とは何か。個人情報と比較してどのような点に配慮が求められているのか

結　論

要配慮個人情報とは、本人に対する不当な差別、偏見その他の不利益が生じないよ

うにその取扱いに特に配慮を要するものと
して個人情報保護法施行令で定める記述等
が含まれる個人情報をいう。金融機関（個
人情報取扱事業者）は原則としてこれを取
得してはならない。

◆**定義**　要配慮個人情報とは、本人の人
種、信条、社会的身分、病歴、犯罪の経歴、
犯罪により害を被った事実その他本人に対
する不当な差別、偏見その他の不利益が生
じないようにその取扱いに特に配慮を要す
るものとして個人情報保護法施行令で定め
る記述等が含まれる個人情報をいう。

　個人情報保護法施行令では、上記各記述
等のほか、①障害があること、②健康診断
等の結果、③保健指導、診療、調剤が行わ
れたこと、④被疑者・被告人として刑事事
件に関する手続が行われたこと、⑤少年等
として少年の保護事件に関する手続が行わ
れたことを定めている。

◆**推知情報**　人種・信条等を推知させる
情報（たとえば、宗教に関する書籍の購買
や貸出に係る情報等）は、要配慮個人情報
に当たらない。

　特定の宗教に関する書籍を購入したとい
う情報だけでは、それが個人的な信条であ
るのか、単に情報の収集や教養を目的とし
たものであるか判断することが困難である
から、こうした情報は「推知情報」にすぎ
ず、要配慮個人情報には当たらない（個人
情報保護委員会「個人情報保護法ガイドラ
イン等に関する Q&A」）。

◆**犯罪被害情報**　要配慮個人情報の一つ
である「犯罪により害を被った事実」とは、
身体的被害、精神的被害、金銭的被害の別

を問わず、犯罪の被害を受けた事実を意味
する。具体的には、刑罰法令に規定される
構成要件に該当しうる行為のうち、刑事手
続が着手されたものにより害を被った事実
がこれが該当する。

　警察から、金融機関に対し、被害者であ
る預金者の氏名・口座番号を特定した捜査
関係事項照会が来状した場合、金融機関は
要配慮個人情報を取得したことになると考
えられる。

◆**要配慮個人情報に係るルール**　個人情
報保護法では、個人情報保護法17条2項各
号に定める場合を除き、本人の同意を得ず
に、要配慮個人情報を取得することが禁止
されている（同法17条2項）。

　また、個人情報保護法23条2項では、オ
プト・アウト制度が定められているが、こ
の対象から、要配慮個人情報が除外されて
いる。

| 10412 | 匿名加工情報 |

匿名加工情報とは何か

　**個人情報を法定の方法で加工し、個人を
識別することができないようにして得られ
る個人に関する情報であって、当該個人情
報を復元して特定の個人を再識別すること
ができないようにしたものをいう。**

◆**意義**　匿名加工情報は、平成29年5月
30日から施行された改正個人情報保護法に

おいて新設された概念である。

匿名加工情報とは、個人情報を法定の方法で加工し、個人を識別することができないようにして得られる個人に関する情報であって、当該個人情報を復元して特定の個人を再識別することができないようにしたものをいう（個人情報保護法2条9項）。

◆**加工方法**　匿名加工情報にするための加工方法は、個人情報の類型に応じて、法定されている。

① まず、生存する個人に関する情報であって、当該情報に含まれる氏名、生年月日その他の記述等により特定の個人を識別することができるもの（他の情報と容易に照合することができ、それにより特定の個人を識別することができることとなるものを含む）に当たるため、「個人情報」に該当することとされる情報の場合には、特定の個人を識別することができないように当該個人情報に含まれる氏名、生年月日その他の記述等を削除する方法（当該一部の記述等を復元することのできる規則性を有しない方法により他の記述等に置き換えることを含む）による（個人情報保護法2条9項1号）。

② 次に、生存する個人に関する情報であって、個人識別符号が含まれることにより、「個人情報」に該当することとされる情報の場合には、個人識別符号の全部を特定の個人を識別することができなくなるように削除すること（当該個人識別符号を復元することのできる規則性を有しない方法により他の記述等に置き換えることを含む）を意味する（個人情報保護法2条9項2号）。この措置を講じたうえで、なお、上記①の個人情報に該当

する場合には、上記①に該当する個人情報としての加工を行う必要がある。

◆**統計情報**　従来、統計情報は「個人情報」に当たらないと解されてきたが、匿名加工情報と統計情報はどのような関係にあるのであろうか。

統計情報は、複数人の情報から共通要素に係る項目を抽出して同じ分類ごとに集計して得られるデータであり、集団の傾向または性質などを数量的に把握するものであり、個人との対応関係が排斥されている限りにおいては、「個人に関する情報」に当たらないと考えられる（個人情報保護委員会「個人情報保護法ガイドライン（匿名加工情報編）」）。

| 10413 | 匿名加工情報への規制 |

匿名加工情報にはどのような規制があるか

結　論

適正な加工、加工方法等情報の安全管理、公表措置などの義務を負う。

解　説

◆**適正な加工**　金融機関（個人情報取扱事業者）は、匿名加工情報（匿名加工情報データベース等を構成するものに限る。以下本設問において同じ）を作成するときは、法定の基準に従い、当該個人情報を加工しなければならない（個人情報保護法36条1項）。

◆**加工方法等情報の安全管理**　また、金融機関（個人情報取扱事業者）は、匿名加

工情報を作成したときは、法定の基準に従い、その作成に用いた個人情報から削除した記述等および個人識別符号ならびに前項の規定により行った加工の方法に関する情報の安全管理のための措置を講じなければならない（個人情報保護法36条2項）。

◆**作成時・第三者提供時の公表・明示**
さらに、金融機関（個人情報取扱事業者）は、匿名加工情報を作成したときは、法定の方法により、当該匿名加工情報に含まれる個人に関する情報の項目を公表しなければならない（個人情報保護法36条3項）。

また、金融機関（個人情報取扱事業者）は、匿名加工情報を作成して当該匿名加工情報を第三者に提供するときは、法定の方法により、あらかじめ、第三者に提供される匿名加工情報に含まれる個人に関する情報の項目およびその提供の方法について公表するとともに、当該第三者に対して、当該提供に係る情報が匿名加工情報である旨を明示しなければならない（個人情報保護法36条4項）。

◆**識別行為の禁止**　　金融機関（個人情報取扱事業者）は、匿名加工情報を作成して自ら当該匿名加工情報を取り扱うにあたっては、当該匿名加工情報の作成に用いられた個人情報に係る本人を識別するために、当該匿名加工情報を他の情報と照合してはならない（個人情報保護法36条5項）。

10414　個人情報保護委員会

個人情報保護委員会とは何か

結　論

個人情報保護委員会は、個人情報保護法に基づき設置され、内閣総理大臣の所轄に属しつつも、独立して職権を行うことができる委員会である。

解　説

個人情報保護委員会は、個人情報保護法に基づき設置され、内閣総理大臣の所轄に属しつつも、独立して職権を行うことができる委員会である（同法59条・62条）。

◆**個人情報保護委員会の所掌事務**　　個人情報保護委員会の所掌事務は次のとおりである。

① 個人情報の保護に関する基本方針の策定および推進に関すること
② 個人情報および匿名加工情報の取扱いに関する監督ならびに苦情の申出についての必要なあっせんおよびその処理を行う事業者への協力に関すること
③ 認定個人情報保護団体に関すること
④ 特定個人情報の取扱いに関する監視または監督ならびに苦情の申出についての必要なあっせんおよびその処理を行う事業者への協力に関すること
⑤ 特定個人情報保護評価に関すること
⑥ 個人情報の保護および適正かつ効果的な活用についての広報および啓発に関すること
⑦ 上記①～⑥に掲げる事務を行うために必要な調査および研究に関すること
⑧ 所掌事務に係る国際協力に関すること
⑨ 法律・命令に基づき委員会に属させられた事務

◆**法令に基づく権限**　　個人情報保護委員

会は、行政機関、個人情報取扱事業者等、個人情報の取扱者に対して、必要な指導・助言や報告徴収・立入検査を行い、個人情報保護法・番号法違反があった場合には勧告・命令等を行うことができる。

また、個人情報保護委員会は、その所掌事務について、法律もしくは政令を実施するため、または法律もしくは政令の特別の委任に基づいて、個人情報保護委員会規則を制定することができる。

10415 個人情報取扱事業者

金融機関単体では5000以下の個人情報しか保有していないが、個人信用情報機関にアクセスすることにより5000超の個人情報が利用可能になっている場合、当該金融機関は個人情報取扱事業者に当たるか

結 論

個人情報取扱事業者に当たると考えられる。

解 説

個人情報取扱事業者とは、個人情報データベース等を事業の用に供している者をいう。改正前の個人情報保護法では、「事業の用に供する個人情報データベース等を構成する個人情報によって識別される特定の個人の数の合計」（以下「個人の数」という）が過去6カ月以内のいずれの日においても5000を超えない者は「個人情報取扱事業者」に当たらないという特例が設けられていたが、平成29年5月30日に施行された

上記改正によりこの特例は廃止された。したがって、設問の金融機関も個人信用情報機関を通じてその情報にアクセスできる個人の数にかかわらず、個人情報取扱事業者に当たる。

10416 個人情報等の具体例

官報や新聞などで公表されている情報は個人情報に当たるか。また、法人取引先の代表者に関する情報は個人情報に当たるか

結 論

官報や新聞などで公表されている個人に関する情報も、個人情報の定義を満たす限り、個人情報に当たる。また、法人取引先の代表者に関する情報も、個人情報の定義を満たす限り、個人情報に当たる。

解 説

◆公開情報　官報や新聞などに掲載され公表された個人に関する情報（以下「公開情報」という）は、だれでも自由に取得することができ、また、だれでも自由にこれを利用できる情報であるため、個人情報保護の必要性に乏しいという見方もありうる。しかし、個人情報保護法は、公開情報も非公開情報も特に区別していない。そのため、公開情報であっても、非公開情報であっても、特定の個人を識別することができる情報であるなど、個人情報の定義（【10409】参照）を満たす限り、個人情報に当たる（個人情報保護法2条1項1号）。

金融機関が取得する公開情報の例として、

登記事項証明書や市販の住宅地図などに記載されている個人情報、電話帳に記載されている個人情報、官報に掲載されている個人破産者の氏名等に関する情報などがある。

◆**法人の代表者情報**　法人取引先の代表者の情報は、「生存する個人に関する情報」であって、「当該情報に含まれる氏名、生年月日その他の記述等により特定の個人を識別することができるもの」（個人情報保護法2条1項1号）であるため、個人情報に当たると考えられる。

取引先企業の担当者名などの情報も同様に個人情報に当たる。

10417　名刺の管理

渉外担当の職員が取得した名刺は、金融機関が取り扱う個人情報に当たるか

結論

渉外担当の職員が業務上取得した名刺は、金融機関が取り扱う個人情報に当たると考えられる。

解説

◆**問題の所在**　金融機関（個人情報取扱事業者）は、個人情報を取り扱うにあたっては、その利用の目的をできる限り特定しなければならない（個人情報保護法15条）。また、金融機関（個人情報取扱事業者）は、あらかじめ本人の同意を得ないで、特定された利用目的の達成に必要な範囲を超えて、個人情報を取り扱ってはならず（同法16条1項）、個人情報を取得した場合は、あら

かじめその利用目的を公表している場合を除き、速やかに、その利用目的を、本人に通知し、または公表しなければならない（同法18条1項）。

これらの個人情報取扱事業者の義務は、当該個人情報取扱事業者が取り扱う個人情報にのみ適用され、当該個人情報取扱事業者以外の者が取り扱う個人情報には適用されないと考えられる。

金融機関（個人情報取扱事業者）の職員が取得した個人情報には、①金融機関が取り扱う個人情報と②金融機関ではなく当該職員個人が取り扱う個人情報の双方が含まれていると考えられるため、両者の区別が問題となる。

◆**取扱いの主体**　金融機関（個人情報取扱事業者）の職員が業務上取得・利用する個人情報は、通常、金融機関が取り扱う個人情報に当たると考えられる。

これに対し、金融機関の職員がもっぱら個人的に取得・利用する個人情報は、金融機関が取り扱う個人情報には当たらないと考えられる。

業務上取得・利用する個人情報かもっぱら個人的に取得・利用する個人情報かの区別は、たとえば①個人情報の取得の状況、②個人情報の利用目的、③個人情報の内容、④個人情報の取得・利用・管理の実態、⑤情報が記録されている機器の管理権限等などの諸般の状況を総合的に勘案して判断する必要があると考えられる。

◆**本問の検討**　渉外担当の職員がその業務上取得した個人情報は、通常、金融機関（個人情報取扱事業者）が取り扱う個人情報になる。たとえば、渉外担当の職員が、業務時間中に金融機関の取引先から取得し

た名刺であれば、金融機関が取り扱う個人情報に当たる。

　これに対し、渉外担当の職員が業務時間外に、金融機関の業務とは無関係に（たとえば個人として加入している地元のサークル等において）取得した名刺であれば、当該職員がこれを金融機関の業務に用いているなどの特段の事情がない限り、当該職員個人が取り扱う個人情報と解すべきである。

10418 個人所有の卒業生名簿の管理

渉外担当の職員が個人的に所有している高校の卒業生名簿は、金融機関が取り扱う個人情報に当たるか

結　論

　職員が卒業生名簿を金融機関の業務に用いているなどの特段の事情がない限り、当該職員個人が取り扱う個人情報と考えるべきである。

解　説

◆**問題の所在**　金融機関（個人情報取扱事業者）は、個人情報を取り扱うにあたっては、その利用の目的をできる限り特定しなければならない（個人情報保護法15条）。また、金融機関（個人情報取扱事業者）は、その取り扱う個人データの漏えい、滅失またはき損の防止その他の個人データの安全管理のために必要かつ適切な措置を講じなければならない（同法20条）。

　これらの個人情報取扱事業者の義務は、当該個人情報取扱事業者が取り扱う個人情報にのみ適用され、当該個人情報取扱事業者以外の者が取り扱う個人情報には適用されない。

　金融機関（個人情報取扱事業者）の職員が取得した個人情報には、①金融機関が取り扱う個人情報と②金融機関ではなく当該職員個人が取り扱う個人情報の双方が含まれていると考えられるため、両者の区別が問題となる。

◆**取扱いの主体**　金融機関（個人情報取扱事業者）の職員が業務上取得・利用する個人情報は、通常、金融機関が取り扱う個人情報に当たると考えられる。

　これに対し、金融機関の職員がもっぱら個人的に取得・利用する個人情報は、金融機関が取り扱う個人情報には当たらないと考えられる。

　業務上取得・利用する個人情報か、もっぱら個人的に取得・利用する個人情報かの区別は、たとえば①個人情報の取得の状況、②個人情報の利用目的、③個人情報の内容、④個人情報の取得・利用・管理の実態、⑤情報が記録されている機器の管理権限等などの諸般の状況を総合的に勘案して判断する必要があると考えられる。

◆**本設問の検討**　渉外担当の職員が個人的に所有している高校の卒業生名簿については、当該職員がこれを金融機関の業務に用いているなどの特段の事情がない限り、当該職員個人が取り扱う個人情報と考えるべきである。

◆**「事業の用に供する」の意義**　なお、個人情報取扱事業者とは、個人情報データベース等を事業の用に供している者をいう（個人情報保護法2条5項）。ここで、「事業の用に供する」とは、ある者が行う事業

に利用する目的で「個人情報データベース等」を役立たせることをいう。

上記の卒業生名簿は、この「事業の用に供する」との関係でも、当該職員がこれを金融機関の業務に用いているなどの特段の事情がない限り、これに当たらないと考えられる。

10419	住宅地図の個人情報該当性

渉外担当が営業用に利用している自動車内に常備している市販の住宅地図の内容は個人情報に当たるか

結　論

住宅地図の記載内容等により特定の個人を識別することができる場合は、個人情報に当たると考えられる。

解　説

◆**個人情報の意義**　　個人情報とは、生存する個人に関する情報であって、①当該情報に含まれる氏名、生年月日その他の記述等により特定の個人を識別することができるもの、または、②個人識別符号を含むものを意味する（個人情報保護法2条1項）。記述等それ自体によって特定の個人を識別できる場合だけでなく、他の情報と容易に照合することができ、それにより特定の個人を識別することができる場合も、当該情報は個人情報に当たる。

◆**住宅地図の個人情報該当性**　　住宅地図の記載内容は、その記載内容等によって特定の個人を識別することができる場合には、

個人情報に当たると考えられる。

また、金融機関が渉外担当に住宅地図を配布している場合には、住宅地図に記載されている個人情報は、金融機関が取り扱う個人情報に当たると考えられる。

◆**個人データの安全管理措置**　　金融機関は、その取り扱う個人データの漏えい、滅失またはき損の防止その他の個人データの安全管理のため、安全管理に係る基本方針・取扱規程等の整備および安全管理措置に係る実施体制の整備等の必要かつ適切な措置を講じなければならない（金融分野個人情報保護ガイドライン8条1項）。

この安全管理措置は、個人データが漏えい、滅失またはき損等をした場合に本人が被る権利利益の侵害の大きさを考慮し、事業の性質、個人データの取扱状況および個人データを記録した媒体の性質等に起因するリスクに応じたものとする必要があり、かつそれで足りる（金融分野個人情報保護ガイドライン8条1項）。

◆**住宅地図の個人情報該当性**　　しかし、改正個人情報保護法では、①不特定かつ多数の者に販売することを目的として発行されたものであって、かつ、その発行が個人情報保護法等に違反しておらず、②不特定かつ多数の者により随時購入することができ、またはできたものであり、かつ、③生存する個人に関する他の情報を加えることなくその本来の用途に供しているものについては、「個人情報データベース等」に当たらないと定めている（個人情報保護法施行令3条）。したがって、これらの要件を満たす住宅地図に記載の個人情報は個人データに当たらない。

ただし、市販の住宅地図等であっても、

金融機関の保有する個人顧客に関する情報が書き込まれている場合には「個人情報データベース等」に該当する可能性がある。

<table>
<tr><td>10420</td><td>金額のみが記載された資料の個人情報該当性</td></tr>
</table>

住宅ローンの残高など金額のみが記載され、氏名等が記載されていないものは個人情報に当たるか

結 論

　個人情報に当たる場合もあるので、慎重な対応が必要であると考えられる。

解 説

◆問題の所在　個人情報とは、生存する個人に関する情報であって、①当該情報に含まれる氏名、生年月日その他の記述等により特定の個人を識別することができるもの、または②個人識別符号を含むものをいう（個人情報保護法2条1項）。記述等それ自体によって特定の個人を識別できる場合だけでなく、他の情報と容易に照合することができ、それにより特定の個人を識別することができる場合も、当該情報は個人情報に当たる。

　個人情報保護法では「特定の個人を識別することができる」か否かについて、だれを基準に判断するかに関して明確な定めを置いていない。このため、金融機関（個人情報取扱事業者）が有する情報と照合すれば特定の個人を識別することができるが、これをしない限り特定の個人を識別することができない場合について、これが個人情報に当たるか否かが問題となる。

　この論点は、こうした情報が漏えいした場合に個人情報の漏えいに当たるかに関連して問題となることが多いから、以下、こうした資料が漏えいした場合を念頭に置いて検討する。

◆学説等の状況　上記の論点に関し、第一の見解として、金融機関を基準に個人情報該当性を判断するという考え方がある。この見解によれば、金融機関が有する情報と照合することにより、特定の個人を識別することができる情報が第三者の認識しうる状態に置かれた場合には、個人情報の漏えいがあったと考えることになる。

　これに対し、第二の見解として、第三者を基準に個人情報該当性を判断するという考え方がある。この見解によれば、第三者は金融機関が有する情報を容易に照合することができないから、こうした情報が第三者の認識しうる状態に置かれたとしても、個人情報の漏えいがあったとはいえないと考えることになる。

◆金融庁の考え方　この点について、金融庁等「金融機関における個人情報保護に関するQ&A」問Ⅱ-2では、「第三者からみて特定の個人を識別することができない情報であれば、それは「個人情報」に当たらないのか。例えば、「住宅ローンの残高など、金額のみが記載され、その他氏名等が記載されていないものは「個人情報」に当たらないのか」という質問に対して、次のとおり回答している。

　「「個人情報」には、他の情報と容易に照合することができ、それにより特定の個人を識別することができるものが含まれますが（問Ⅱ-1参照）、事業者において通常の

業務における一般的な方法で、他の情報と容易に照合が可能であり、それにより特定の個人を識別することが可能であるならば、他の第三者から見て特定の個人を識別することができないとしても、当該情報は「個人情報」に該当するものと考えられます。従って、住宅ローンの残高だけが記載され、その他氏名等が記載されていないものは基本的に「個人情報」に該当しないと思われますが、上記のような場合に該当するならば、「個人情報」に該当することもありますので、ケースバイケースでの判断が必要と考えられます」。

10421 個人情報データベース等

個人情報がコンピュータにランダムに入力されている場合、これは「個人情報データベース等」に当たるか

結 論

コンピュータを用いて検索できるよう体系的に構成されていない限り、「個人情報データベース等」には当たらないと考えられる。

解 説

◆**問題の所在** 個人情報データベース等とは、個人情報を含む情報の集合物であって、①特定の個人情報をコンピュータを用いて検索することができるように体系的に構成したもの、または、②個人情報を一定の規則に従って整理することにより特定の個人情報を容易に検索することができるように体系的に構成した情報の集合物であって、目次、索引その他検索を容易にするためのものを有するものをいう（個人情報保護法2条4項、同法施行令3条）。

コンピュータにランダムに入力された個人情報については、コンピュータの有する検索機能（テキスト検索機能）を利用し特定の個人情報を検索することが可能であるため、こうしたものも個人情報データベース等に該当するのではないかが問題となる。

◆**検討** 個人情報データベース等に該当するか否かの判断のポイントは個人情報を含む情報が体系的に構成されているか否かという点である。

個人情報保護法は、どのような場合に体系的に構成されているといえるかについて明確な定めを置いていないが、たとえば氏名、住所、生年月日など個人情報としての属性に着目して検索ができるよう構成されている場合には「体系的に構成されている」といえると考えられる（金融庁等「金融機関における個人情報保護に関するQ&A」問Ⅱ-5）。

コンピュータにランダムに入力された情報については、通常、上記の意味における体系性を欠いていると考えられるから、たとえコンピュータの検索機能（テキスト検索機能）を利用して特定の個人情報を検索することができるとしても、それだけを理由に「個人情報データベース等」に該当することはないと考えられる。

◆**金融庁の考え方** この点について、前掲「金融機関における個人情報保護に関するQ&A」問Ⅱ-5では、「個人情報が五十音順等に整理されておらず、コンピュータを用いたデータベースにランダムに入力さ

れているが、サーチ機能等で容易に検索が可能な場合には、当該データベースは「個人情報データベース等」に該当するのか」という質問に対して、次のとおり回答している。

「「個人情報データベース等」のうちコンピュータを用いたものとは、特定の個人情報をコンピュータを用いて検索できるように体系的に構成したものをいいます……。検索可能であれば、常に「個人情報データベース等」に該当するわけではありません。例えば、通常のコンピュータであれば、氏名等の文字を手がかりにしてテキスト情報に含まれる個人情報を検索することができますが、それだけでは「個人情報データベース等」には該当しません。個人情報としてのそれぞれの属性（氏名、生年月日等）に着目して検索できるように体系的に構成されている必要があります。なお、コンピュータへの入力がランダムであっても、例えば、表計算ソフトにおいて、氏名の順番はランダムであるものの、列ごとに氏名列、住所列、借入金列というように体系的に構成されており、そのソート機能等を用いて、それらの個人情報を検索できるように再構成することが容易である場合には、「コンピュータを用いて検索できるように体系的に構成したもの」に当たり、「個人情報データベース等」に該当するものと考えられます」。

| 10422 | データベース登録前の契約書 |

申込書等をデータベースに登録して保存している金融機関において、申込書等の書類の形で顧客から提出され、これからデータベースに登録しようとしている情報は「個人データ」に当たるか

結　論

申込書等が氏名等に着目して体系的に整理され保存されている場合でない限り、申込書等自体は「個人データ」に当たらないと考えられる。

解　説

◆**問題の所在**　個人データとは、個人情報データベース等を構成する個人情報をいう（個人情報保護法2条6項）。ここで、「個人情報データベース等」とは、個人情報を含む情報の集合物であって、①特定の個人情報をコンピュータを用いて検索することができるように体系的に構成したもの、または、②個人情報を一定の規則に従って整理することにより特定の個人情報を容易に検索することができるように体系的に構成した情報の集合物であって、目次、索引その他検索を容易にするためのものを有するものをいう（同条4項、同法施行令3条）。

申込書等の内容がデータベースに登録された場合には、当該データベースは「個人情報データベース等」に該当し、このデータベース内に含まれる個人情報は「個人データ」に該当すると考える。

本設問は、以上を前提としたうえで、データベースに登録する前の生の情報が記載された申込書等が個人データに該当するか否かを問うものである。

◆**金融庁の考え方**　この点について、金融庁等「金融機関における個人情報保護に

関する Q&A」問Ⅱ-7では、「契約書等の書類の形で本人から提出され、これからデータベースに登録しようとしている情報は「個人データ」に該当するか」という質問に対し、次のとおり回答している。

　「「個人データ」とは、「個人情報データベース等を構成する個人情報」をいいます……。データベース化されていない個人情報は、たとえ通常データベース管理される性質のもので、かつ、これからデータベース化される予定であったとしても、「個人データ」には当たりません」。

◆データベースへの登録完了後の取扱い
以上の結論は、データベースへの登録が完了した場合であっても異ならない。

　すなわち、データベースに登録した後の申込書等が「個人データ」に該当するか否かについて、上記の Q&A では、「また、記載されている情報がデータベース化され、「個人データ」となったとしても、契約書等の書類そのものは、「個人情報データベース等を構成する」とは言えないため、「個人データ」には該当しません。もっとも、当該契約書等が、ファイリングされるなどして、それ自体「特定の個人情報を容易に検索することができるよう体系的に構成したものであって、目次、索引、符号等により一般的に容易に検索可能な状態に置かれている」と言える場合には、当該契約書等は「個人情報データベース等を構成する」と言え、「個人データ」に該当します」と回答している。

| 10423 | データベースから出力した情報 |

個人情報データベース等から印刷されたり、個人情報データベース等を閲覧しメモしたりして取り出した情報は、「個人データ」に当たるか

結　論

　諸説あるが、個人データに当たる可能性があると考えられる。

解　説

◆問題の所在　個人データとは、個人情報データベース等を構成する個人情報をいう（個人情報保護法2条6項）。ここで、「個人情報データベース等」とは、個人情報を含む情報の集合物であって、①特定の個人情報をコンピュータを用いて検索することができるように体系的に構成したもの、または、②個人情報を一定の規則に従って整理することにより特定の個人情報を容易に検索することができるように体系的に構成した情報の集合物であって、目次、索引その他検索を容易にするためのものを有するものをいう（同条4項、同法施行令3条）。

　個人情報データベース等から印刷されたり、個人情報データベース等を閲覧しメモしたりして取り出した情報は、個人情報データベース等そのものではなく、「個人情報データベース等を構成」していると即断することは困難である。そこで、こうした情報が「個人データ」に当たるか否かが問題となる。

◆金融庁の考え方　この点について、金

融庁等「金融機関における個人情報保護に関する Q&A」問Ⅱ-7では「データベースからたとえば紙にメモするなどして取り出された情報は、「個人データ」に該当するのか。それとも当該メモ自体が容易に検索可能な形で整理されていないのであれば、「個人データ」ではない「個人情報」として扱われるのか」という質問に対し、次のとおり回答している。

「「個人情報データベース等」から紙面に出力されたものやそのコピーは、それ自体が容易に検索可能な形で体系的に整理された一部でなくとも、「個人データ」の「取扱い」の結果であり、個人情報保護法上の様々な規制がかかります。「個人情報データベース等」から紙にメモするなどして取り出された情報についても、同様に「個人データ」と解される可能性があります。なお、その出力されたものやそのコピーが、委託先や第三者に提供された場合は、当該委託先や第三者にとっては、（その出力されたものやコピーが容易に検索可能な形で体系的に整理されない限り）当該情報は「個人データ」には該当しないと考えられます。但し、委託元や第三者提供元にとっては、それらを委託・提供する行為は「個人データ」の「取扱い」であり、個人情報保護法上の様々な規制がかかります」。

また、「紙のメモではなく口頭で第三者に伝えた場合はどうか」という質問に対して、「「個人データ」を口頭で第三者に伝えるという行為も「個人データ」の「取扱い」にあたると解される可能性があります。但し、例えば、金融機関において「個人情報データベース等」を参照しつつ顧客の氏名を店内で呼ぶ場合等、「個人データ」の

内容及び取扱いの具体的内容について社会通念上妥当な範囲であれば、「個人データ」の「漏えい」には当たらないと解されます」と回答している。

10424　個人情報の利用目的

個人情報の利用目的について、どのような規制があり、また、どのような点に留意すべきか

結　論

個人情報保護法・金融分野個人情報保護ガイドラインは、個人情報の利用目的に関し、①利用目的の特定と、②目的外取扱いの禁止などを定めているので、これらに留意する必要がある。

解　説

個人情報保護法は、個人情報の利用目的に関し、①利用目的の特定、②目的外取扱いの禁止などを定めている。

◆**利用目的の特定**　　まず、金融機関（個人情報取扱事業者）は、個人情報を取り扱うにあたっては、その利用の目的をできる限り特定しなければならない（個人情報保護法15条）。金融機関は、「自行の所用の目的で用いる」といった抽象的な記載ではなく、提供する金融商品・サービスを示したうえで、利用目的を特定することが望ましい（金融分野個人情報保護ガイドライン2条1項）。

また、個人情報の利用目的が法令等に基づき限定されている場合（銀行法施行規則

13条の 6 の 6 など）には、その旨を明示することとされている（金融分野個人情報保護ガイドライン 2 条 2 項）。

さらに、金融機関（個人情報取扱事業者）が、与信事業に際し、個人情報を個人信用情報機関に提供する場合には、その旨を、個人情報の利用目的に明示し、これについて本人の同意を得ることとされている（金融分野個人情報保護ガイドライン 2 条 4 項）。

◆**利用目的の変更**　金融機関（個人情報取扱事業者）がいったん利用目的を特定すると、金融機関（個人情報取扱事業者）は、変更前の利用目的と関連性を有すると合理的に認められる範囲内で、利用目的の変更を行うことができる（個人情報保護法15条 2 項）。利用目的を変更した場合、変更された利用目的について本人に通知し、または公表しなければならない（同法18条 3 項）。

◆**目的外利用の禁止**　金融機関（個人情報取扱事業者）は、原則として、利用目的の達成に必要な範囲を超えて個人情報を取り扱うことはできない（個人情報保護法16条 1 項）。もっとも、①あらかじめ本人の同意を得た場合、②法令に基づく場合、③人の生命・身体・財産の保護のために必要がある場合であって、本人の同意を得ることが困難であるとき、④国の機関・地方公共団体またはその委託を受けた者が法令の定める事務を遂行することに対して協力する必要がある場合であって、本人の同意を得ることにより当該事務の遂行に支障を及ぼすおそれがあるときなどは、例外的に、利用目的の達成に必要な範囲を超えて、個人情報を取り扱うことができる（同条 1 項・ 3 項）。

10425　個人情報の取得

個人情報の取得についてどのような規制があり、また、どのような点に留意すべきか

結　論

①不正の手段による取得の禁止、②利用目的の通知・公表・明示、③要配慮個人情報・センシティブ情報の取得の原則禁止などがあり、これらに留意する必要がある。

解　説

金融機関（個人情報取扱事業者）が個人情報を取得する場合における個人情報保護法上の注意点として、①不正の手段による取得の禁止、②利用目的の通知・公表・明示、③要配慮個人情報の取得の原則禁止などがある。

◆**不正取得の禁止**　金融機関（個人情報取扱事業者）は、偽りその他不正の手段により個人情報を取得してはならない（個人情報保護法17条 1 項）。「不正の手段」とは、不適法または適正性を欠く方法・手続を意味する。「不正の手段」に当たるかは、最終的には社会通念に従って判断する。

◆**利用目的の通知・公表・明示**　金融機関（個人情報取扱事業者）は、本人との間で契約を締結することに伴って契約書その他の書面（電磁的方式でつくられる記録を含む）に記載された当該本人の個人情報を取得する場合など、本人から直接書面に記載された当該本人の個人情報を取得する場合は、原則として、あらかじめ、本人に対し、その利用目的を明示しなければならな

い（個人情報保護法18条2項）。ここで、「利用目的を明示する」とは、本人に対して利用目的を明確に示すことを意味する（個人情報保護委員会「個人情報保護法ガイドライン（通則編）」3-2-4）。たとえば、利用目的を明記した書面を本人に手渡すことや示すことなどがこれに当たる。

これに対し、金融機関（個人情報取扱事業者）が「本人から直接書面に記載された当該本人の個人情報を取得する場合」以外の形で個人情報を取得した場合には（本人から口頭で取得した場合や第三者から本人の個人情報を取得した場合など）、あらかじめその利用目的を公表している場合を除き、速やかにその利用目的を本人に通知するか、公表しなければならない（個人情報保護法18条1項）。ここで通知とは直接本人に対して知らしめることをいい、公表とは広く一般に、すなわち不特定多数に対して自己の意思を知らせることをいう（個人情報保護委員会「個人情報保護法ガイドライン（通則編）」2-11）。金融機関（個人情報取扱事業者）は、個人情報の利用目的を公表しているため、個人情報を取得したつど利用目的を通知することはまれであると思われる。

◆**利用目的の通知・公表等の例外**　以上の規定（個人情報保護法18条1〜3項）は、①利用目的を本人に通知・公表することにより本人・第三者の生命・身体・財産その他の権利利益を害するおそれがある場合、②利用目的を本人に通知・公表することにより当該金融機関（個人情報取扱事業者）の権利・正当な利益を害するおそれがある場合、③国の機関・地方公共団体が法令の定める事務を遂行することに対して協力す

る必要がある場合であって、利用目的を本人に通知・公表することにより当該事務の遂行に支障を及ぼすおそれがあるとき、および④取得の状況からみて利用目的が明らかであると認められる場合には、適用されない（同条4項）。

| 10426 | 未成年者からの取得 |

未成年者や成年被後見人から個人データの第三者提供の同意を取得する場合、どのような点に注意すべきか

結　論

　個人情報保護法上の同意については、親権者や法定代理人等から同意を得る必要がある場合がある。

解　説

◆**未成年者と行為能力**　民法では20歳をもって成年とするとしており（民法4条）、これに満たない者を未成年者という。

　未成年者が法律行為をするには、原則として法定代理人の同意を得なければならない（民法5条1項本文）。ただし、単に権利を得、または義務を免れる法律行為については、この限りでない（同項ただし書）。

◆**成年後見制度**　精神上の障害により事理を弁識する能力を欠く常況にある者については、家庭裁判所は、本人、配偶者、四親等内の親族等の請求により、後見開始の審判をすることができる（民法7条）。後見開始の審判を受けた者は成年被後見人とし、これに成年後見人が付される（同法8

条）。成年後見人の同意を得ずに行われた成年被後見人の法律行為は、取り消すことができる（同法9条本文）。ただし、日用品の購入その他日常生活に関する行為については、この限りでない（同条ただし書）。

このほかに、保佐・補助の制度が設けられている（民法11～18条）。

◆**個人情報保護法との関係**　個人情報保護法16条所定の同意（個人情報の目的外利用の同意）および同法23条所定の同意（個人データの第三者提供の同意）などに関し、本人が未成年者、成年被後見人、被保佐人および被補助人であって、個人情報の取扱いに関して同意したことによって生ずる結果について判断できる能力を有していない場合などは、親権者や法定代理人等から同意を得る必要がある（個人情報保護委員会「個人情報保護法ガイドライン（通則編）」2-12）。

したがって、本人が個人情報の取扱いに関して同意したことによって生ずる結果について判断できる能力を有していない場合においては、未成年者の親権者・成年後見人等の法定代理人等から同意を得る必要がある。

どのような場合が上記の場合に当たるかは必ずしも一義的ではないから、実務上は、疑義があるときには、未成年者・成年被後見人等からの同意取得にあたっては、未成年者の親権者・成年後見人等の法定代理人等から同意を得ることが望ましいと考えられる。

10427　個人データ取得時の確認事項

個人データを第三者から取得する場合、どのような点を確認する必要があるか

結　論

提供元の第三者の氏名・名称・代表者の氏名、取得経緯を確認する必要がある。

解　説

◆**確認義務の内容**　金融機関（個人情報取扱事業者）は、第三者から個人データの提供を受けるに際しては、法定の方法により、次に掲げる事項の確認を行わなければならない（個人情報保護法26条1項）。

① 当該第三者の氏名または名称および住所ならびに法人にあっては、その代表者（法人でない団体で代表者または管理人の定めのあるものにあっては、その代表者または管理人）の氏名

② 当該第三者による当該個人データの取得の経緯……取得の経緯とは、取得先の別（顧客としての本人、従業員としての本人、他の個人情報取扱事業者、いわゆる公開情報等）、取得行為の態様（本人から直接取得したか、有償で取得したか、公開情報から取得したか等）などを意味する（個人情報保護委員会「個人情報保護法ガイドライン（確認記録義務編）」3-1-2）。

上記①の確認方法は、当該第三者から申告を受ける方法その他の適切な方法であることが必要である（個人情報保護法施行規則15条1項）。また、上記②の確認方法は、

当該第三者による個人データの取得の経緯を示す契約書その他の書面の提示を受ける方法その他の適切な方法であることが必要である（同条2項）。

個人情報保護委員会「個人情報保護法ガイドライン（確認記録義務編）」では、上記①、②のほか、個人情報保護法の遵守状況（たとえば、利用目的、開示手続、問合せ・苦情の受付窓口の公表など）についても、確認することが望ましいとされている。また、オプト・アクトの方式により取得する場合には、他の確認事項もあり、注意が必要である。

上記の確認を行った場合、法定の方法で、記録（提供記録）を作成する必要がある。

◆**確認義務の適用除外**　金融機関（個人情報取扱事業者）は、第三者から個人データの提供を受ける場合であっても、当該個人データの提供が個人情報保護法23条1項各号（法令に基づく場合など）または5項各号（委託、事業承継、共同利用）のいずれかに該当するときには、上記確認義務は課されない（同法26条1項）。

◆**提供者の義務**　金融機関に個人データを提供する者は、金融機関（個人情報取扱事業者）が個人情報保護法26条1項の規定による確認を行う場合において、当該確認に係る事項を偽ってはならない（同条2項）。

10428	既存顧客からの新規顧客情報の取得

渉外担当者が顧客から聞いた新規個人顧客の資金ニーズの情報をもとに、新規個人顧客を訪問し取引の勧誘を行う場合、どのような点に注意すべきか

結　論

顧客からの個人情報の取得が偽りその他不正な手段による個人情報の取得に当たらないか否かを確認し、また新規個人顧客から苦情を受けないよう注意する必要がある。

解　説

◆**問題の所在**　金融機関（個人情報取扱事業者）は、個人顧客（既存顧客）から、当該既存個人顧客の近所の住人（新規の見込み客）などの資金ニーズ・取引ニーズを入手することがある。たとえば、既存個人顧客Aと立ち話をしていた際、Aから、Aの近所に住むBについて、「最近、Bの保険が満期になり、その満期保険金をどう運用しようかと話していた。Bを訪ねてみてはどうか」という話を聞く場合などである。

このような場合、渉外担当者によるBの個人情報の取得は適法であろうか。また、渉外担当者はBの個人情報を利用しBに勧誘を行うことは個人情報保護法に違反しないかが問題となる。

◆**取得の適法性**　金融機関（個人情報取扱事業者）は、偽りその他不正の手段により個人情報を取得してはならない（個人情報保護法17条1項）。金融機関（個人情報取扱事業者）は、第三者から個人情報を取得するに際しては、不正な手段で個人情報が取得されたことを知り、または容易に知りうることができるにもかかわらず、当該個人情報を取得する場合には、同条に違反すると考えられる（個人情報保護委員会

「個人情報保護法ガイドライン（通則編）3-2-1」）。

本件において、渉外担当者が詐術を用いてBの取引ニーズに関する情報をAから聞き出した場合や、AがBから偽りその他不正の手段によりBの取引ニーズに関する情報を取得したことを知りながらAからこれを聞き出した場合などにおいては、渉外担当者による個人情報の取得は「偽りその他不正の手段による……取得」に当たる可能性が高いと考えられる。

これに対し、こうした事情がないのであれば、渉外担当者による個人情報の取得は適法であると考えられる（個人情報保護委員会「「個人情報の保護に関する法律についてのガイドライン」及び「個人データの漏えい等の事案が発生した場合等の対応について」に関するQ&A」Q3-1）。

◆**利用の適法性**　金融機関（個人情報取扱事業者）は、個人情報を取り扱うにあたっては、その利用の目的をできる限り特定しなければならない（個人情報保護法15条）。金融機関（個人情報取扱事業者）は、個人情報を取得した場合は、あらかじめその利用目的を公表している場合を除き、速やかに、その利用目的を、本人に通知し、または公表しなければならない（同法18条1項）。

金融機関（個人情報取扱事業者）は金融商品の勧誘を行うために個人情報を利用する旨を公表しているのが通常であるから、上記設例において、渉外担当者がAから取得したBの個人情報（Bの取引ニーズに関する情報）を利用することは適法である。

もっとも、既存個人顧客から聞いた情報をもとに新規個人顧客を勧誘するにあたっては、適法性とは別の問題として、勧誘を受けた新規個人顧客から「私の個人情報を誰から聞いて知ったのか」と苦情を受けることのないよう注意をする必要がある。

10429　与信業務における個人情報の取得

住宅ローンなどの与信業務にあたり、融資申込者から個人情報を取得する場合、どのような点に留意すべきか

結　論

不正取得の禁止などの一般的注意点のほかに、①利用目的についての同意取得、②個人信用情報機関への照会・登録についての同意取得に注意する必要がある。

解　説

◆**利用目的についての同意取得**　金融機関（個人情報取扱事業者）が、与信事業に際して、個人情報を取得する場合には、利用目的について本人の同意を得ることとされている（金融分野個人情報保護ガイドライン2条3項・6条2項）。この場合、契約書等における利用目的は、他の契約条項等と明確に分離して記載することとされている（同ガイドライン2条3項）。

また、金融機関（個人情報取扱事業者）は、取引上の優越的な地位を不当に利用し、与信の条件として、与信事業において取得した個人情報を与信業務以外の金融商品のダイレクトメールの発送等に利用することを同意させる行為を行うべきでなく、本人

は当該ダイレクトメールの発送等に係る利用目的を拒否することができる（金融分野個人情報保護ガイドライン2条3項）。

住宅ローンなどの与信業務では、ローン申込者の個人情報を取得する際には、上記の諸点に留意する必要がある。

◆**個人信用情報機関への照会・登録**　金融機関が個人信用情報機関（全国銀行個人信用情報センター）へ照会し、当該ローン申込者の情報を取得する場合がある。金融機関が個人信用情報機関に照会をした場合、その情報が個人信用情報機関に蓄積され、他の金融機関に対しても提供されるが、金融機関は、個人信用情報機関に照会するに先立ち、ローン申込者から、申込書において、個人信用情報機関への照会および照会記録情報の登録につき同意を得ている。また、金融機関は、個人顧客と貸付契約を締結した場合、個人信用情報機関に借入日・借入額などの契約内容を登録している。そして、貸付契約成立後、延滞・保証会社による代位弁済・担保権実行などの事由が発生した場合には、金融機関が、個人信用情報機関にその旨を登録するが、これらについても、貸付契約書において契約者から同意を得ている。

個人信用情報機関に対する個人データの提供について、特に次の3点に注意する必要がある（金融分野個人情報保護ガイドライン11条2項）。

① 個人信用情報機関に対して個人データが提供される場合には、個人信用情報機関を通じて当該機関の会員企業にも情報が提供されることとなるため、個人信用情報機関に個人データを提供する金融機関が本人の同意を取得する。

② 本人からの同意の取得にあたっては、本人が、個人データが個人信用情報機関を通じて当該機関の会員企業にも提供されることを明確に認識したうえで、同意に関する判断を行うことができるようにする。このため、金融機関は同意を得る書面に、金融分野個人情報保護ガイドライン11条1項に定める事項のほか、個人データが当該機関の会員企業にも提供される旨の記載および当該機関の会員企業として個人データを利用する者の表示（会員企業名を常時公表しているインターネットのHPのアドレスを記載する方法も可）を行う。

③ 金融機関は、個人信用情報機関から得た資金需要者の返済能力に関する情報については、当該者の返済能力の調査以外の目的に利用することのないよう、慎重に取り扱う。

10430　同意取得の方法

目的外利用に関する同意・第三者提供に関する同意を取得する場合、本人から口頭で同意を得てその事実を職員が記録し、これを保存する方法によることは可能か

結　論

設問記載の方法は金融分野個人情報保護ガイドライン3条に反すると考えられる。

解　説

◆**個人情報保護法の内容**　金融機関（個人情報取扱事業者）は、あらかじめ本人の

同意を得ないで、個人情報保護法15条の規定により特定された利用目的の達成に必要な範囲を超えて、個人情報を取り扱ってはならない（同法16条1項）。この本人の同意を目的外利用に関する同意という。

また、個人情報取扱事業者は、個人情報保護法23条1項各号に掲げる場合を除くほか、あらかじめ本人の同意を得ないで、個人データを第三者に提供してはならない（同項）。この本人の同意を第三者提供に関する同意という。

◆**金融分野個人情報保護ガイドラインの内容**　金融分野個人情報保護ガイドライン3条では、金融機関は、目的外利用に関する同意および第三者提供に関する同意などを取得する場合には、原則として、書面（電子的方式、磁気的方式、その他人の知覚によっては認識することのできない方式でつくられる記録を含む）によるよう求めている（努力措置）。

金融機関があらかじめ作成された同意書面を用いる場合には、文字の大きさ・文章の表現を変えること等により、個人情報の取扱いに関する条項が他と明確に区別され、本人に理解されることが望ましい（努力措置）。また、あらかじめ作成された同意書面に確認欄を設け本人がチェックを行うこと等、本人の意思が明確に反映できる方法により確認を行うことが望ましい（努力措置）。

◆**金融庁の考え方**　目的外利用に関する同意・第三者提供に関する同意を取得する場合、本人から口頭で同意を得てその事実を金融機関の職員が記録しこれを保存する方法は金融分野個人情報保護ガイドライン3条の要件を満たすであろうか。

この点について、金融庁等「金融機関における個人情報保護に関するQ&A」問V-3では、「電話により同意を得た事実を任意様式に記録し保存する方式でもガイドライン上「書面」による同意を得たと解することができるか」という質問に対し、「電話により同意を得た事実を個人情報取扱事業者が任意様式に記録し保存する方法では、「本人の意思が明確に反映できる方法により確認が可能」とも、「事後的に検証可能」とも言えないため、金融分野個人情報保護ガイドライン……に規定された「書面」による同意には該当しないと考えられます。但し、上記の任意様式に記録する方法で保存したものについて、その後に本人からその内容について署名等で確認を得ている場合等は、「同意に関し、本人の意思が明確に反映できる方法による確認が可能であり、かつ、事後的に検証可能な方法」と言えるため、金融分野個人情報保護ガイドライン……に規定された「書面」による同意に該当すると考えられます」と回答している。

10431　トレーサビリティの確保

個人データを第三者に提供する場合、どのような義務を負うか

結　論

原則として、個人データを第三者に提供した場合、法定の方法で、その記録を作成する必要がある。

	提供年月日	第三者の氏名等	本人の氏名等	個人データの項目	本人の同意
オプト・アウトによる第三者提供	○	○	○	○	
本人の同意による第三者提供		○	○	○	○

解　説

◆**記録作成義務**　金融機関（個人情報取扱事業者）は、個人データを第三者に提供したときは、法定の方法で、当該個人データを提供した年月日、当該第三者の氏名または名称その他の個人情報保護委員会規則で定める事項に関する記録を作成しなければならない（個人情報保護法25条1項）。この記録作成義務は、個人データのトレーサビリティを確保するためである。

　記録すべき事項は、本人の同意による第三者提供かオプト・アウトによる第三者提供かによって異なり（個人情報保護法施行規則13条）、表のとおりである（個人情報保護委員会「個人情報保護法ガイドライン」より）。

　記録の作成方法については、次の設問で解説するが、原則的な記録の作成方法のほか、複数の例外・特例が認められている。

◆**記録作成義務の適用除外**　個人データの提供先が、国、地方公共団体など個人情報保護法2条5項各号所定の者である場合には、金融機関は上記記録を作成する必要はない（同法25条1項）。

　また、当該個人データの提供が個人情報保護法23条1項各号（法令に基づく場合など）に当たる場合にも、金融機関は上記記録を作成する必要はない（同項）。

　さらに、個人情報保護法23条5項各号の

いずれか（外国にある第三者への提供の場合を除く）に該当する場合にも、金融機関は上記記録を作成する必要はない（同条1項）。

◆**解釈による記録作成義務の免除**　個人情報保護委員会「個人情報保護法ガイドライン（確認記録義務編）」によれば、個人情報保護法25条1項に定める法定の適用除外のほか、たとえば、「本人に代わって提供」されると評価できる場合、「提供」に当たらないと評価できる場合などについて、金融機関は上記記録を作成する必要はないと解されている。

◆**記録保存義務**　金融機関（個人情報取扱事業者）は、上記記録を、当該記録を作成した日から、原則として3年間保存しなければならない（個人情報保護法25条2項）。

10432　第三者提供時の記録作成方法

個人データを第三者に提供した場合、どのように記録を作成するか

結　論

　原則として、提供のつど、記録を作成する必要があるが、一括して記録を作成する方法や契約書等の代替手段による方法なども認められている。

◆**記録の媒体**　金融機関（個人情報取扱事業者）は、個人データを第三者に提供したときは、法定の方法で、当該個人データを提供した年月日、当該第三者の氏名または名称その他の個人情報保護委員会規則で定める事項に関する記録を作成しなければならない（個人情報保護法25条1項）。この記録作成義務は、個人データのトレーサビリティを確保するためである。

　この記録は、文書、電磁的記録またはマイクロフィルムを用いて作成する必要がある（個人情報保護法施行規則12条）。

◆**記録作成のタイミング（原則）**　上記記録の作成のタイミングは、原則として、個人データを第三者に提供したつど、速やかに作成する必要がある（個人情報保護法施行規則12条）。

　個人データを授受する前に上記記録を作成することも認められている（個人情報保護委員会「個人情報保護法ガイドライン（確認記録義務編）」4-1-2-1）。また、本人別に記録を単体で作成する方法のほか、対象となる複数の本人の記録を一体として作成することもできる（個人情報保護委員会「個人情報保護法ガイドライン（確認記録義務編）」4-1-2-1）。

◆**記録作成のタイミング（例外）**　第一に、金融機関（個人情報取扱事業者）は、第三者に対して個人データを継続的にもしくは反復して提供したとき、または、当該第三者に対して個人データを継続的にもしくは反復して提供することが確実であると見込まれるときには、上記記録を提供のつどではなく、一括して作成することができ

る（個人情報保護法施行規則12条2項）。ただし、オプト・アウトの方法により第三者提供する場合には、この例外は認められていない。

　第二に、本人に対する物品・役務の提供に関連して当該本人に係る個人データを第三者に提供した場合において、当該提供に関して作成された契約書その他の書面に法定記録事項が記載されているときには、当該書面をもって上記記録にかえることができる（個人情報保護法施行規則12条3項）。

　第三に、受領者が、提供者にかわって、上記記録の全部または一部を作成することができると解されている（個人情報保護委員会「個人情報保護法ガイドライン（確認記録義務編）」4-1-3）。

10433　外国の第三者への提供

外国にある第三者に個人データを提供する場合、どのような点に注意すべきか

結　論

　委託する場合を含め、原則として本人の同意を得る必要があるとされている点に注意が必要である。

解　説

◆**原則**　金融機関（個人情報取扱事業者）は、外国にある第三者に個人データを提供する場合には、個人情報保護法23条1項各号に掲げる場合を除くほか、あらかじめ外国にある第三者への提供を認める旨の本人の同意を得なければならない（同法24

条）。

◆外国にある第三者の意義　外国にある第三者とは、外国の法令に準拠して設立され、外国に住所を有する外国法人などを意味するが、こうした外国法人であっても、それが個人情報取扱事業者に該当する場合には、「外国にある第三者」に当たらないと解されている（個人情報保護委員会「個人情報保護法ガイドライン（外国第三者提供編）」2‐2）。

　たとえば、日本国内に事務所を設置している場合、または、日本国内で事業活動を行っている場合など、日本国内で個人情報データベース等を事業の用に供していると認められるときには、「個人情報取扱事業者」に当たるため、「外国にある第三者」には当たらない。

◆例外　第一に、「個人の権利利益を保護する上で我が国と同等の水準にあると認められる個人情報の保護に関する制度を有している外国として個人情報保護委員会規則で定めるもの」（個人情報保護法24条）が「外国」から除外されている。もっとも、平成29年8月時点において、この指定がなされた国は存在しない。

　第二に、「個人データの取扱いについてこの節の規定により個人情報取扱事業者が講ずべきこととされている措置に相当する措置を継続的に講ずるために必要なものとして個人情報保護委員会規則で定める基準に適合する体制を整備している者」（個人情報保護法24条）が「第三者」から除外されている。

　後者の「個人情報保護委員会規則で定める基準」について、個人情報保護法施行規則11条では次の二つの基準が定められている。

① 個人情報取扱事業者と個人データの提供を受ける者との間で、当該提供を受ける者における当該個人データの取扱いについて、適切かつ合理的な方法により、個人情報保護法第4章第1節の規定の趣旨に沿った措置の実施が確保されていること

② 個人データの提供を受ける者が、個人情報の取扱いに係る国際的な枠組みに基づく認定を受けていること

　これらの例外の要件を満たす場合には、本人の同意を得ることなく、外国にある第三者に対して個人データを提供することが可能である。

10434　ダイレクトメール目的での利用

個人情報を利用し、個人顧客に金融商品のダイレクトメールを発送することは可能か。また、この場合、どのような点に注意すべきか

結　論

　ダイレクトメールを発送することは可能である。顧客からダイレクトメール停止の申出を受けた場合にはこれに応ずる必要がある。

解　説

◆利用目的の規制　金融機関（個人情報取扱事業者）は、個人情報を取り扱うにあたって、その利用の目的をできる限り特定しなければならない（個人情報保護法15条）。

金融機関（個人情報取扱事業者）は、あらかじめ本人の同意を得ないで、上記利用目的の達成に必要な範囲を超えて、個人情報を取り扱ってはならない（個人情報保護法16条1項）。また、金融機関（個人情報取扱事業者）は、個人情報を取得した場合は、あらかじめその利用目的を公表している場合を除き、速やかに、その利用目的を、本人に通知し、または公表しなければならない（同法18条1項）。

◆**自社の商品・サービスのダイレクトメール送付の可否**　　金融機関が策定・公表している個人情報の利用目的には「ダイレクトメールの発送等、金融商品やサービスに関する各種ご提案のため」という項目が含まれているのが通常である。

　金融機関は、こうした利用目的を店頭やWebサイトで公表しているし、本人から直接個人情報を取得する場合にはこれを本人に明示している。したがって、金融機関（個人情報取扱事業者）が個人顧客に自社の金融商品やサービスに関するダイレクトメールを送付することは可能である。

◆**他社の商品・サービスのダイレクトメール送付の可否**　　金融機関（個人情報取扱事業者）が策定・公表している個人情報の利用目的では、「提携会社等の商品やサービスの各種ご提案のため」という項目が記載されているのが通常である。

　したがって、金融機関（個人情報取扱事業者）が顧客に対し、他社（提携会社等）の商品やサービスに関するダイレクトメールを送付することも可能である（金融機関が金融商品以外の商品・サービスに関するダイレクトメールを送付する場合には、誤認リスクの問題などに注意する必要があ

る）。

◆**ダイレクトメールの拒否への対応**　　個人顧客からダイレクトメールの送付を拒否する旨の申出を受けた場合には、これに応じなければならない（全国銀行個人情報保護協議会「個人情報保護指針」、金融分野個人情報保護ガイドライン18条2項参照）。

　また、金融分野個人情報保護ガイドライン2条3項では、与信取引に関し、「事業者は取引上の優越的な地位を不当に利用し、与信の条件として、与信事業において取得した個人情報を当該業務以外の金融商品のダイレクトメールの発送等に利用することを利用目的として同意させる行為を行うべきではなく、本人は当該ダイレクトメールの発送等に係る利用目的を拒否することができる」と定めており、これにも留意する必要がある。

10435　　保険募集業務での利用

預金取引で得た情報を利用し保険商品を勧誘する場合、どのような点に注意すべきか。また、保険販売を通じて得た情報を利用し預金商品を勧誘する場合、どのような点に注意すべきか

結　論

　保険業法に非公開金融情報と非公開保険情報の取扱いに関する規制があるので、これを遵守する必要がある。

解　説

◆**非公開金融情報の意義**　　非公開金融情

報とは、金融機関の役員または使用人が職務上知りえた顧客の預金、為替取引または資金の借入れに関する情報その他の顧客の金融取引または資産に関する公表されていない情報をいう（保険業法施行規則212条2項1号）。

非公開金融情報には、返済能力情報（信用情報機関から提供を受けた情報であって個人である資金需要者の借入金返済能力に関するもの）とセンシティブ情報は含まれない。また、顧客の属性に関する情報（氏名、住所、電話番号、性別、生年月日、職業）は非公開金融情報に含まれないとされている（保険会社監督指針Ⅱ-4-2-6-2）。

◆**非公開金融情報に関する規制**　生命保険募集人である金融機関は、その業務（保険募集に係るものを除く）において取り扱う顧客に関する非公開金融情報が、事前に書面その他の適切な方法により当該顧客の同意を得ることなく保険募集に係る業務に利用されないことを確保するための措置を講ずる必要がある（保険業法施行規則212条2項1号）。ただし、顧客が銀行等生命保険募集制限先に該当するかどうかを確認する業務を行うために非公開金融情報を利用することは認められている（同号）。

損害保険代理店である金融機関についても、上記と同様の規制がある（保険業法施行規則212条の2第2項1号）。

◆**非公開保険情報の意義**　非公開保険情報とは、金融機関の役員または使用人が職務上知りえた顧客の生活、身体または財産その他の事項に関する公表されていない情報で保険募集のために必要なものをいう（保険業法施行規則212条2項1号）。非公

開保険情報には、返済能力情報とセンシティブ情報は含まれない。

顧客の属性に関する情報（氏名、住所、電話番号、性別、生年月日、職業）は非公開保険情報に含まれないとされている（保険会社監督指針Ⅱ-4-2-6-2）。

◆**非公開保険情報に関する規制**　生命保険募集人である金融機関は、その保険募集に係る業務において取り扱う顧客に関する非公開保険情報が、事前に書面その他の適切な方法により当該顧客の同意を得ることなく資金の貸付その他の保険募集に係る業務以外の業務に利用されないことを確保するための措置を講ずる必要がある（保険業法施行規則212条2項1号）。

損害保険代理店である金融機関についても、上記と同様の規制がある（保険業法施行規則212条の2第2項1号）。

◆**監督指針上の規制**　保険会社監督指針Ⅱ-4-2-6-2において、非公開金融情報・非公開保険情報の取扱いに関する監督上の留意点が詳細に規定されており、これに沿った顧客の書面同意が得られた場合に限り、顧客の非公開金融情報を保険募集業務に利用することができ、非公開保険情報を保険募集以外の業務に利用することができる。

| 10436 | 非公開金融・保険情報の利用に関する同意取得上の留意点 |

非公開金融情報や非公開保険情報を利用するための顧客の同意を得るにあたり、どのような点に注意すべきか

保険会社監督指針Ⅱ-4-2-6-2において、非公開金融情報・非公開保険情報の取扱いに関する同意取得上の留意点が詳細に定められているから、これらに沿った顧客の書面同意を得る必要がある。

解　説

◆同意の取得方法　生命保険募集人または損害保険代理店である金融機関は、その業務（保険募集に係るものを除く）において取り扱う顧客に関する非公開金融情報が、事前に書面その他の適切な方法により当該顧客の同意を得ることなく保険募集に係る業務に利用されないことを確保するための措置を講ずる必要がある（保険業法施行規則212条2項1号・212条の2第2項1号）。

非公開金融情報の利用について顧客の同意を取得する際に、①その同意の有効期間およびその撤回の方法、②非公開金融情報を利用する保険募集の方式（対面、郵便等の別）、③利用する非公開金融情報の範囲（定期預金の満期日、預金口座への入出金に係る情報、その他金融資産の運用に係る情報等）を顧客に具体的に明示する必要がある（保険会社監督指針Ⅱ-4-2-6-2）。

また、上記の顧客の事前同意は適切な方法で取得する必要があるが、この「適切な方法」として次のようなものがある。

①　対面の場合……非公開金融情報の保険募集に係る業務への利用について、当該業務に先立って書面による説明を行い、同意を得た旨を記録し、契約申込みまでに書面による同意を得る方法

②　郵便による場合……非公開金融情報の保険募集に係る業務への利用について、当該業務に先立って説明した書面を送付し、保険申込書の送付等保険募集の前に、同意した旨の返信を得る方法

③　電話による場合……非公開金融情報の保険募集に係る業務への利用について、当該業務に先立って口頭による説明を行い、同意を得た旨を記録し、その後速やかに当該利用について説明した書面を送付（電話での同意取得後対面にて顧客と応接する場合には交付でも可）し、契約申込みまでに書面による同意を得る方法

④　インターネット等による場合……非公開金融情報の保険募集に係る業務への利用について、当該業務に先立って電磁的方法による説明を行い、電磁的方法による同意を得る方法

◆非公開保険情報の場合　生命保険募集人または損害保険代理店である金融機関が、非公開保険情報を資金の貸付等の保険募集に係る業務以外の業務に利用する場合において、非公開保険情報の利用に関し顧客の同意を取得する際にも、上記と同様の点に留意する必要がある。

10437　センシティブ情報の取得等

センシティブ情報とは何か。また、センシティブ情報の取得等をする場合は、どのような点に留意すべきか

結　論

金融機関（個人情報取扱事業者）が、セ

ンシティブ情報を取得等することは原則として禁止されているが、**例外的にこれを取得した場合は、目的外利用などをしないよう注意する。**

解　説

◆センシティブ情報の定義　センシティブ情報とは、要配慮個人情報、ならびに、労働組合への加盟、門地、本籍地、保健医療・性生活（これらの情報のうち要配慮個人情報に該当するものを除く）を意味する（金融分野個人情報保護ガイドライン5条1項）。

　従来、政治的見解、信教（宗教・思想・信条）、労働組合への加盟、人種・民族、門地・本籍地、保健医療・性生活、犯罪歴に関する情報がセンシティブ情報と定義されてきたが、個人情報保護法に要配慮個人情報という概念が新設されたことに伴い、金融分野個人情報保護ガイドライン上のセンシティブ情報の概念も上記のとおり変更された。

◆取得等の原則禁止　金融機関（個人情報取扱事業者）は、センシティブ情報について、原則として、取得・利用・第三者提供を行わないこととされている（金融分野個人情報保護ガイドライン5条1項）。

　例外的にセンシティブ情報の取得等が認められる場合として、次の八つがある。①法令等に基づく場合、②人の生命、身体または財産の保護のために必要がある場合、③公衆衛生の向上または児童の健全な育成の推進のため特に必要がある場合、④国の機関もしくは地方公共団体またはその委託を受けた者が法令の定める事務を遂行することに対して協力する必要がある場合、⑤

源泉徴収事務等の遂行上必要な範囲において、政治・宗教等の団体もしくは労働組合への所属もしくは加盟に関する従業員等のセンシティブ情報を取得、利用または第三者提供する場合、⑥相続手続による権利義務の移転等の遂行に必要な限りにおいて、センシティブ情報を取得、利用または第三者提供する場合、⑦保険業その他金融分野の事業の適切な業務運営を確保する必要性から、本人の同意に基づき業務遂行上必要な範囲でセンシティブ情報を取得、利用または第三者提供する場合、⑧センシティブ情報に該当する生体認証情報を本人の同意に基づき、本人確認に用いる場合である（金融分野個人情報保護ガイドライン5条1項）。

　また、センシティブ情報のうち、要配慮個人情報に該当する情報については、個人情報保護法17条2項に基づく規制にも留意する必要がある。

◆留意点　金融機関（個人情報取扱事業者）は、センシティブ情報を上記の例外事由により取得、利用または第三者提供する場合には、各号の事由を逸脱した取得、利用または第三者提供を行うことのないよう、特に慎重に取り扱うよう注意することとされている（金融分野個人情報保護ガイドライン5条2項）。

10438　取引先の病状

融資取引先（法人）の社長が病気で倒れたと聞いたため、詳しい病状を同社の総務部長からヒアリングした。これは**要配慮個人情報・センシティブ情報の取得禁止に違反**

するか

結　論

　具体的な病名を聴取した場合、要配慮個人情報・センシティブ情報に当たると考えられるが、口頭で聴取しただけであれば、要配慮個人情報・センシティブ情報の取得には当たらない。

解　説

◆**要配慮個人情報・センシティブ情報の取得禁止**　金融機関は、要配慮個人情報、ならびに、労働組合への加盟、門地、本籍地、保健医療・性生活（これらの情報のうち要配慮個人情報に該当するものを除く。以下「センシティブ情報」という）について、原則として、これを取得、利用または第三者提供を行わないこととされている（金融分野個人情報保護ガイドライン５条１項）。

　例外的にセンシティブ情報の取得・利用・第三者提供が許容されるのは金融分野個人情報保護ガイドライン５条１項で規定される八つの場合である（【10437】参照）。

　例外的にセンシティブ情報の取得・利用・第三者提供が許容される場合には、上記八つの場合に掲げる事由を逸脱した取得、利用または第三者提供を行うことのないよう、特に慎重に取り扱うこととされている（金融分野個人情報保護ガイドライン５条２項）。

◆**センシティブ情報への該当性**　本設問において、融資取引先の社長の詳しい病状の内容が医師が診断した病名等を含む詳細なものである場合には、「病歴」「保健・医療に関する情報」に当たり、かかる情報はセンシティブ情報に当たると考えられる。

　したがって、金融分野個人情報保護ガイドライン所定の例外事由のいずれかに該当しない限り、金融機関はこのセンシティブ情報を取得することができない。

◆**「取得」該当性**　本設問において、金融機関の職員は総務部長からヒアリングをしたにとどまるため、この段階においてセンシティブ情報を「取得」したといえるか否かが問題となる。

　この点について、要配慮個人情報・センシティブ情報を取得したといえるためには、金融機関の職員が口頭で聴取しただけではこれに当たらず、これを書面に記載するなどしてはじめて「取得」したといえると解されている。

　したがって、金融機関の職員が総務部長からヒアリングをした段階にとどまる場合には、要配慮個人情報・センシティブ情報の取得禁止に抵触しないと考えられる。

10439　センシティブ情報の利用

金融分野個人情報保護ガイドライン５条１項７号に規定する「保険業その他金融分野の事業の適切な業務運営を確保する必要性から、本人の同意に基づき業務遂行上必要な範囲でセンシティブ情報を取得、利用または第三者提供する場合」とは、どのような場合を意味するか

結　論

　①各種法令や社会通念等に照らして適切

な業務運営と判断できること、②本人の同意があること、③業務遂行上必要な範囲内であることの三つを満たす場合を意味する。

解 説

◆センシティブ情報規制の特徴　センシティブ情報とは、要配慮個人情報、ならびに、労働組合への加盟、門地、本籍地、保健医療・性生活（これらの情報のうち要配慮個人情報に該当するものを除く）を意味する。

　これらの情報は、特に慎重な取扱いが求められる個人情報であり、要配慮個人情報については、個人情報保護法上、原則として、その取得が禁止されている（同法17条2項）。

◆センシティブ情報の取得禁止（原則）
金融分野個人情報保護ガイドラインでは、金融機関は、原則として、センシティブ情報の取得、利用または第三者提供を行わないこととされている（同ガイドライン5条1項）。

◆例外事由　金融分野個人情報保護ガイドライン5条1項7号では、「保険業その他金融分野の事業の適切な業務運営を確保する必要性から、本人の同意に基づき業務遂行上必要な範囲でセンシティブ情報を取得、利用又は第三者提供する場合」において、例外的にセンシティブ情報を取得・利用・第三者提供することを許容している。

　この例外事由は、当該取得・利用・第三者提供が①各種法令や社会通念等に照らして「適切な業務運営」と判断できること、②「本人の同意」があること、③「業務遂行上必要な範囲」内であることの3点に分節することができる（金融庁等「金融機関における個人情報保護に関するQ&A」問III-1）。

　たとえば、金融機関が借手の与信判断をするために、借手の健康状態に関する情報を各種法令や社会通念等に照らし適切といえる方法で、かつ与信判断のために必要な範囲内で、借手から同意を得て取得することは上記の要件を満たすと考えられる。

　反対に、借手の与信判断のために本籍地等に関する情報を取得することは、「業務遂行上必要な範囲」内であるとは認められないから、特別な事情がない限り、これを取得することはできないと考えられる。

10440　個人データの管理

個人データの管理について、どのような規制があり、また、どのような点に留意すべきか

結 論

　①個人データのデータ内容の正確性の確保、②個人データの安全管理のための必要・適切な措置、③従業者に対する監督、④委託先に対する監督などの規制があり、これらの点に留意する必要がある。

解 説

　個人情報保護法では、個人データの管理について、四つの定めを置いている。具体的には、①データ内容の正確性の確保（個人情報保護法19条）、②個人データの安全管理のための必要かつ適切な措置（同法20条）、③従業者に対する必要かつ適切な監

督（同法21条）、および④委託先に対する必要かつ適切な監督（同法22条）である。

◆**データ内容の正確性の確保**　金融機関（個人情報取扱事業者）は、利用目的の達成に必要な範囲内において、個人データを正確かつ最新の内容に保つとともに、利用する必要がなくなったときは、当該個人データを遅滞なく消去するよう努めなければならない（個人情報保護法19条）。もっとも、金融機関（個人情報取扱事業者）は、保有する個人データを、一律に最新化する必要はなく、あくまで、それぞれの個人データの利用目的に応じて、その必要な範囲内で正確性・最新性を確保すれば足りる。

◆**安全管理措置**　金融機関（個人情報取扱事業者）は、その取り扱う個人データの漏えい、滅失またはき損の防止その他の個人データの安全管理のために必要かつ適切な措置を講じなければならない（個人情報保護法20条）。安全管理措置の内容については、個人情報保護委員会・金融庁「金融分野における個人情報保護に関するガイドラインの安全管理措置等についての実務指針」（安全管理実務指針）に、具体的に定められている。

◆**従業者に対する監督**　金融機関（個人情報取扱事業者）は、その従業者に個人データを取り扱わせるにあたっては、当該個人データの安全管理が図られるよう、当該従業者に対する必要かつ適切な監督を行わなければならない（個人情報保護法21条）。業務に従事する従業者によるルール違反が常態化していると、結局、個人データの漏えい等が生じてしまうおそれが高いからである。「従業者」とは、金融機関（個人情報取扱事業者）の組織内にあって直接・間接に事業者の指揮監督を受けて事業者の業務に従事している者を意味し、正社員だけでなく、契約社員、嘱託社員、パート社員、アルバイト社員、派遣社員、取締役・執行役・監査役なども含む広い概念である。

◆**委託先に対する監督**　金融機関（個人情報取扱事業者）は、個人データの取扱いを委託する場合は、その取扱いを委託された個人データの安全管理が図られるよう、委託を受けた者に対する必要かつ適切な監督を行わなければならない（個人情報保護法22条）。具体的な監督内容についても、安全管理実務指針などに定められている。

10441　個人データの第三者提供

個人データの第三者提供について、どのような点に留意すべきか

結　論

金融機関（個人情報取扱事業者）が第三者に対して個人データを提供する場合には、原則としてあらかじめ本人の同意を得る必要がある。

解　説

金融機関（個人情報取扱事業者）は、原則として、あらかじめ本人の同意を得ない限り、個人データを第三者に提供することはできない（個人情報保護法23条1項）。換言すれば、金融機関（個人情報取扱事業者）が、第三者に個人データを提供する場合には、原則としてあらかじめ本人の同意を得る必要がある。

◆**本人の事前同意が不要な場合**　もっとも、①法令に基づく場合、②人の生命・身体・財産の保護のために必要がある場合であって、本人の同意を得ることが困難であるとき、③国の機関・地方公共団体またはその委託を受けた者が法令の定める事務を遂行することに対して協力する必要がある場合であって、本人の同意を得ることにより当該事務の遂行に支障を及ぼすおそれがあるときなどは、本人の同意を得ずに、個人データを第三者に提供することができる（個人情報保護法23条1項）。

◆**「第三者」に当たらない場合**　また、①金融機関（個人情報取扱事業者）が利用目的の達成に必要な範囲内において個人データの取扱いを委託する場合、②合併その他の事由による事業の承継に伴って個人データが提供される場合、③個人データを特定の者との間で共同して利用する場合であって、その旨ならびに共同して利用される個人データの項目、共同して利用する者の範囲、利用する者の利用目的および当該個人データの管理について責任を有する者の氏名または名称について、あらかじめ、本人に通知し、または本人が容易に知りうる状態においているとき（これを「個人データの共同利用」という）において、当該個人データの提供を受ける者は「第三者」に当たらない（個人情報保護法23条5項）。

換言すれば、これらの場合、金融機関（個人情報取扱事業者）は、あらかじめ本人の同意を得ることなく、個人データを提供できる。

◆**オプト・アウト**　第三者に提供される個人データについて、本人の求めに応じて当該本人が識別される個人データの第三者

への提供を停止することとしている場合で、一定の事項について、あらかじめ本人に通知し、または本人が容易に知りうる状態に置くとともに、個人情報保護委員会に届け出た場合には、金融機関（個人情報取扱事業者）は、個人データを第三者に提供することができる（個人情報保護法23条2項）。これを、「オプト・アウト制度」という。金融機関（個人情報取扱事業者）は、与信事業に係る個人の返済能力に関する情報を個人信用情報機関に提供する場合には、オプト・アウト制度を用いず、原則どおり本人の同意を得ることとされている（金融分野個人情報保護ガイドライン11条3項）。また、金融機関（個人情報取扱事業者）はセンシティブ情報についてもオプト・アウト制度を用いることができない（個人情報保護法17条2項）。

10442　グループ会社への提供

グループ会社に個人顧客を紹介する場合、どのような点に注意する必要があるか

結　論

グループ会社は原則として「第三者」に当たるから、個人顧客を紹介する（個人データをグループ会社に提供する）に先立ち、個人顧客の同意を得る必要がある。

解　説

◆**金融グループのシナジー効果**　金融機関のコングロマリット化が進展しており、金融グループのなかに銀行、証券会社、保

証会社、クレジットカード会社、ファイナンスリース会社などを抱え、金融グループとして総合的な金融サービスを提供することを志向する金融グループが多い。

金融グループのシナジー効果を発揮するためには顧客紹介が有益である。たとえば、金融機関の取引先（個人事業主）がファイナンスリースに関心を有している場合には、グループのファイナンスリース会社を紹介したり、金融機関の取引先が有価証券投資に関心を有する場合にはグループの証券会社を紹介するなどである（金融機関と証券会社の間の顧客紹介の場合には、別途、金商法上のファイアーウォール規制に注意する必要がある）。

紹介を受けたグループ会社は顧客のニーズに適した金融商品を提案することになる。

◆**顧客紹介と「第三者提供」**　金融機関（個人情報取扱事業者）は、原則として、あらかじめ本人の同意を得ないで、個人データを第三者に提供してはならない（個人情報保護法23条）。金融機関と個人事業主の取引ぶりなどの情報は、通常、個人データに当たると考えられる。

個人情報保護法23条所定の「第三者」とは、個人データを提供しようとする個人情報取扱事業者および当該個人データに係る本人のいずれにも該当しないものをいい、自然人、法人その他の団体を問わないため、グループ会社も「第三者」に当たる。

したがって、金融機関の取引先である個人事業主の取引ぶりなどの個人データをグループ会社に提供することは個人データの第三者提供に当たるから、あらかじめ当該個人事業主から同意を得る必要がある。

◆**特定共同利用を行う場合**　金融グループのなかには、個人情報保護法23条5項3号に基づく共同利用（特定共同利用）を行っているところもある。

この場合、これに従って個人データをグループ会社に提供することは、たとえ本人の同意を得ていない場合であっても、個人情報保護法23条1項に反しない。なぜならば、この場合、グループ会社は「第三者」に当たらないとされているからである（同条5項3号参照）。

◆**実務上の留意点**　たとえ個人顧客のニーズに適合した金融サービスを提供するためであったとしても、個人情報保護法23条に違反する形で個人データを第三者に提供することはできない。顧客のニーズを確認しその同意を得たうえで、グループ会社に紹介する必要がある。

10443　家族への提供

個人顧客に定期預金満期のお知らせのため電話をしたところ、本人が不在で家族が電話に出た。この場合、家族に定期預金満期のお知らせの話をして問題ないか

結　論

家族であっても「第三者」に当たるため、定期預金の満期の話をすることは避けるべきである。

解　説

◆**第三者提供規制**　金融機関（個人情報取扱事業者）は、原則として、あらかじめ本人の同意を得ないで、個人データを第三

者に提供することが禁じられている（個人情報保護法23条１項）。

　個人データの第三者への提供が認められるのは、個人情報保護法23条１項各号所定の場合など例外的な場合に限られる。

　ここで「第三者」とは、「個人データ」を提供しようとする個人情報取扱事業者および当該「個人データ」に係る本人のいずれにも該当しない者をいう。

　家族であっても、原則として「第三者」に該当すると考えられる。もっとも、家族が個人顧客（本人）の法定代理人である場合（たとえば、個人顧客が成年被後見人であり、家族が成年後見人である場合）には、当該家族は「第三者」に当たらないと考えられる。

◆**本問の検討**　　本問において、電話に出た家族が個人顧客の法定代理人である場合などを除き、当該家族は「第三者」に当たると考えられる。

　前述したとおり、個人情報保護法23条１項各号所定の場合などには本人の同意を得ない個人データの第三者提供が許容されているが、本問の事情だけからはこうした例外事由に該当する理由は見当たらない。

　したがって、電話に出た家族に対して、定期預金満期のお知らせの話をするべきではない。

◆**第三者が個人データの内容を知っている場合**　　個人データに該当する顧客の取引内容を、本人の同意を得ずに、その内容を知る家族に伝えた場合、個人データの漏えいとなるであろうか。

　この点について、金融庁等「金融機関における個人情報保護に関するＱ＆Ａ」問Ｖ－２では、「「個人データ」に該当する顧客

の取引内容を本人の同意を得ずに、その内容を知る家族に伝えた場合、「個人データ」の漏えいとなります。但し、明示的な同意がなくとも、例えば、本人が家族を連れて金融機関に融資の申込みをしに来た際に入手した情報を後日当該家族に伝える場合等、状況に照らし本人が実質的に同意していると判断できる場合は、「個人データ」の漏えいとなりません」と回答している。

10444　不動産業者への提供

不動産業者からの紹介で住宅ローンの申込みを受けた個人顧客について、その審査結果を、当該不動産業者に回答してもよいか

結　論

　個人顧客本人の同意を得た場合に限り、審査結果を不動産業者に回答することができる。

解　説

◆**第三者提供規制**　　金融機関（個人情報取扱事業者）は、原則として、あらかじめ本人の同意を得ないで、個人データを第三者に提供することが禁じられている（個人情報保護法第23条１項）。

　個人データの第三者への提供が認められるのは、個人情報保護法23条１項各号所定の場合など例外的な場合に限られる。

　ここで「第三者」とは、「個人データ」を提供しようとする個人情報取扱事業者および当該「個人データ」に係る本人のいずれにも該当しない者をいう。このため、不

動産業者は「第三者」に該当する。

したがって、あらかじめ本人の同意を得ないで、不動産業者に審査結果を回答することは避けるべきである。

◆守秘義務の観点　金融機関は、顧客との取引内容に関する情報や顧客との取引に関して得た顧客の信用にかかわる情報などの顧客情報について、これをみだりに外部にもらすことは許されない（最決平19.12.11民集61巻9号3364頁）。これを守秘義務という。守秘義務を定めた法令は存在しないが、判例上、商慣習または顧客との契約に基づき、金融機関は顧客に対し守秘義務を負っていると考えられている。

金融機関が、個人顧客の同意を得ずに、審査結果を不動産業者に回答することは守秘義務の観点からも好ましくない。

◆本人の同意の必要性　不動産業者からの紹介で住宅ローンの申込みがなされた場合、住宅ローンの申込みにあたり、顧客が作成し金融機関に提出した書面のなかに、「貴行における審査結果について、貴行が標記の不動産業者に対してこれを回答することに同意します」旨の同意文言が記載されていることが少なくない。

このような個人顧客本人の書面による同意がある場合には、審査結果を不動産業者に回答することは、個人情報保護法23条1項および守秘義務との関係で問題がないと考えられる。

なお、金融分野個人情報保護ガイドライン11条1項では、金融機関が本人から第三者提供についての同意を得る際には、原則として、書面によることとし、当該書面における記載を通じて、①個人データを提供する第三者、②提供を受けた第三者における

る利用目的、③第三者に提供される情報の内容を本人に認識させたうえで同意を得ることとされている。不動産業者が個人顧客から個人データの第三者提供の同意を取得するにあたっても、これらに準拠した形で同意を得るよう、不動産業者に求めることが適切であると考えられる。

10445　個人データの委託と共同利用

個人データの委託や共同利用にあたり、どのような点に留意すべきか

結　論

個人データの取扱いを委託する場合には、委託先に対し必要かつ適切な監督を尽くす必要がある。また、共同利用の場合には、法定事項を本人が容易に知りうる状態に置くことなどが必要である。

解　説

◆委託　金融機関（個人情報取扱事業者）は、個人データの取扱いの全部または一部を委託する場合に、その取扱いを委託した個人データの安全管理が図られるよう、委託を受けた者に対して必要かつ適切な監督を行わなければならない（個人情報保護法22条）。ここで、「委託」とは、契約の形態や種類を問わず、金融機関（個人情報取扱事業者）が他の者に個人データの取扱いの全部または一部を行わせることを内容とする契約のいっさいを含む広い概念である（金融分野個人情報保護ガイドライン10条2項）。

また、「必要かつ適切な監督」を行っているといえるためには、①個人データの安全管理のため、委託先における組織体制の整備および安全管理に係る基本方針・取扱規程の策定等の内容を委託先選定の基準に定め、当該基準を定期的に見直すこと、および②委託者の監督・監査・報告徴収に関する権限、委託先における個人データの漏えい・盗用・改ざんおよび目的外利用の禁止、再委託に関する条件および漏えい等が発生した場合の委託先の責任を内容とする安全管理措置を委託契約に盛り込むとともに、定期的に監査を行う等により、定期的または随時に当該委託契約に定める安全管理措置の遵守状況を確認し、当該安全管理措置の見直しを行うことなどが必要である（金融分野個人情報保護ガイドライン10条3項）。

なお、金融機関（個人情報取扱事業者）が、利用目的の達成に必要な範囲内において個人データの取扱いの全部または一部を委託する場合には、委託元による外部委託先への個人データの提供について本人の同意は不要である（個人情報保護法23条5項1号）。この規定により本人の事前同意が不要とされるのは、「利用目的の達成に必要な範囲内において個人データの取扱いの全部または一部を委託する場合」という要件を満たす場合に限られ、外部委託先が個人データの利用目的の達成に必要な範囲を超えて個人データを取り扱っている場合には、原則どおり、委託元から外部委託先への個人データの第三者提供につき、本人の同意が必要である（同条1項）。

◆**共同利用**　個人データを特定の者との間で共同して利用する場合であって、①個人データを特定の者との間で共同して利用する旨、②共同して利用される個人データの項目、③共同して利用する者の範囲、④利用する者の利用目的、および⑤当該個人データの管理について責任を有する者の氏名または名称を、あらかじめ本人に通知するか、または本人が容易に知りうる状態に置いているときには、金融機関（個人情報取扱事業者）は、本人の同意を得ずに個人データを共同して利用することができる（個人情報保護法23条5項3号）。

10446　外部委託管理

個人データの取扱いについて再委託が行われた場合において、再委託先の管理については、委託元（金融機関）はどこまで責任を負うのか

結　論

原則として、再委託が行われた場合、委託元（金融機関）は、委託先の事業者が再委託先の事業者に対して十分な監督を行っているかについて監督を行わなければならない。

解　説

◆**委託先に対する監督**　金融機関（個人情報取扱事業者）は、個人データの取扱いの全部または一部を委託する場合は、その取扱いを委託された個人データの安全管理が図られるよう、委託を受けた者に対する必要かつ適切な監督を行わなければならない（個人情報保護法22条）。

この監督は、個人データが漏えい、滅失またはき損等をした場合に本人が被る権利利益の侵害の大きさを考慮し、事業の性質および個人データの取扱状況等に起因するリスクに応じたものとする必要がある（金融分野個人情報保護ガイドライン10条1項）。

金融機関（個人情報取扱事業者）は、個人データを適正に取り扱っていると認められる者を選定し委託するとともに、取扱いを委託した個人データの安全管理措置が図られるよう、個人データの安全管理のための措置を委託先においても確保しなければならない。

具体的には、金融機関は、①個人データの安全管理のため、委託先における組織体制の整備および安全管理に係る基本方針・取扱規程の策定等の内容を委託先選定の基準に定め、当該基準を定期的に見直すとともに、②委託者の監督・監査・報告徴収に関する権限、委託先における個人データの漏えい・盗用・改ざんおよび目的外利用の禁止、再委託に関する条件および漏えい等が発生した場合の委託先の責任を内容とする安全管理措置を委託契約に盛り込むとともに、定期的に監査を行う等により、定期的または随時に当該委託契約に定める安全管理措置の遵守状況を確認しなければならない（金融分野個人情報保護ガイドライン10条3項）。

◆**再委託の場合**　個人データの取扱いについて再委託が行われた場合には、委託先の事業者が再委託先等の事業者に対して十分な監督を行っているかについて監督を行わなければならない（金融分野個人情報保護ガイドライン10条3項）。

具体的には、委託先が再委託を行おうとする場合には、委託元は委託を行う場合と同様、再委託の相手方、再委託する業務の内容および再委託先の個人データの取扱方法等について、委託先に事前報告または承認を求める、直接または委託先を通じて、定期的に監査を実施する等により、委託先が再委託先に対して金融分野個人情報保護ガイドライン所定の委託先の監督を適切に果たすこと、再委託先が個人情報保護法20条に基づく安全管理措置を講ずることを十分に確認することが望ましい。

10447　防犯カメラの映像の提供の可否

ATM コーナーや営業店の防犯カメラに映っている映像を、本人の同意を得ずに第三者に提供することは、個人情報保護法23条に反しないか

結　論

防犯カメラに映った映像は通常「個人データ」に当たらないため、これを本人の同意を得ずに第三者に提供することは、個人情報保護法23条に反しないと考えられる。ただし、「個人情報」には当たるため、防犯カメラによる映像の取得が「取得の状況からみて利用目的が明らか」であり、その第三者への提供は利用目的の範囲内でなければならない。当該利用目的を超えた利用に当たる場合、同法16条4項各号の要件を満たさなければ違法となる。

◆**個人データの定義**　金融機関（個人情報取扱事業者）は、原則としてあらかじめ本人の同意を得ないで、個人データを第三者に提供することはできない（個人情報保護法23条1項）。そこで、ATMコーナーや営業店の防犯カメラに映った映像が「個人データ」に当たるかが問題となる。

個人データとは個人情報データベース等を構成する個人情報をいう（個人情報保護法2条6項）。そして、「個人情報データベース等」とは、個人情報を含む情報の集合物であって、①特定の個人情報をコンピュータを用いて検索できるように体系的に構成したものや、②個人情報を一定の規則に従って整理することにより特定の個人情報を容易に検索することができるように体系的に構成した情報の集合物であって、目次、索引その他検索を容易にするためのものを有するものを指す（同条4項、個人情報保護法施行令3条）。

そこで、防犯カメラに映った映像が「個人情報」といえるか、また、防犯カメラに映った映像が「個人情報データベース等を構成する」といえるかが、問題となる。

◆**個人情報該当性**　まず、防犯カメラに映った映像も、それによって特定の個人が識別される場合は「個人情報」（個人情報保護法2条1項1号）に当たる。

したがって、原則として個人情報の利用目的を本人に通知または公表しなければならないが、「取得の状況からみて利用目的が明らかであると認められる場合」には、その利用目的を公表等する必要がないとされており（個人情報保護法18条4項4号）、

一般に防犯目的のためにビデオカメラを設置し撮影する場合は、「取得の状況からみて利用目的が明らか」であると認められるものと解される（金融庁等「金融機関における個人情報保護に関するQ&A」問Ⅴ-1）。ただし、特定の個人を識別できる防犯カメラの映像を第三者に提供することがその利用目的の範囲内といえるかどうかは、状況に応じて判断される。

仮に当該情報提供が利用目的を超えた利用に当たるとしても、個人情報保護法16条3項各号に該当する場合には、本人の同意を得ることなく当該映像を第三者に提供することが可能と考えられる。しかし、金融実務上、金融機関が不特定多数の顧客が映り込んだ映像を第三者に提供することは、第三者が捜査機関か、相当の利害関係を有する者でなければ、ないと考えられる。

◆**個人情報データベース等**　防犯カメラに映った映像は、通常、当該映像を記録した日時などによる検索は可能であるが、特定の個人情報を体系的に構成したものではない。したがって、防犯カメラに映った映像は、通常、「個人情報データベース等を構成」しているとはいえないと考えられる。

以上のとおり、防犯カメラに映った映像は通常「個人データ」に当たらないから、これを本人の同意を得ずに第三者に提供することは個人情報保護法23条に反しないと考えられる。

◆**個人データに当たる場合**　なお、防犯カメラに映った映像が、個人データに当たると仮定しても、個人情報保護法23条1項各号の例外事由を満たす場合には、本人の同意を得ずにこれを第三者に提供することができる。

<table>
<tr><td>**10448**</td><td>放置された利用明細書の管理</td></tr>
</table>

CD・ATM を利用した顧客が同コーナーのゴミ箱に放置した利用明細書の安全管理を、金融機関が行う必要があるか

結　論

　CD・ATM コーナーのゴミ箱に捨てられた利用明細書について、金融機関のほうで確実に破棄するよう留意することが望ましい。

解　説

◆利用明細書の法的性格　CD・ATM コーナーには金融機関が設置したゴミ箱が設けられていることがあり、そのなかに、CD・ATM を利用した預金者が利用明細書を捨てることが、多々みられる。利用明細書には、預金口座の口座番号の一部、取引年月日、取引金額、預金残高が記載されているケースもあるが、預金者の氏名は記載されておらず、利用明細書自体では特定の個人を識別することが困難である。

　もっとも、金融機関を基準に考えれば、金融機関は金融機関内のデータベースを利用することによって容易に特定の個人を識別することができるから、利用明細書に記載されている預金者の情報は、金融機関にとっては預金者の「個人情報」に当たると考えられる。

　また、利用明細書に記載されている個人情報は、金融機関のデータベースをもとに作成・印刷された情報であるから、「個人データ」と解される可能性がある（金融庁

等「金融機関における個人情報保護に関する Q&A」問II-7）。

◆ゴミ箱内の情報の帰属　金融機関は、CD・ATM コーナーのゴミ箱に捨てられた利用明細書について、漏えい・滅失・き損が生じないよう安全に管理する義務を負うのであろうか。CD・ATM コーナーに金融機関が設置したゴミ箱内に顧客が捨てた利用明細書が「金融機関の取り扱う個人データ」（個人情報保護法20条）に当たるかが問題となる。

　この点、利用明細書は、CD・ATM 機によって預金者に一度交付されており、その時点で「金融機関の取り扱う個人データ」ではなくなり、「預金者が取り扱う個人データ」になったのであり、その後の利用明細書の管理については、金融機関が安全管理責任を負わず、預金者自身がその責任を負うべきであるという解釈が考えられる。

　これに対し、一度、預金者に交付されたとしても、その後、金融機関が設置したゴミ箱に捨てられた時点で、再度、利用明細書は、預金者の手を離れ、金融機関の管理・支配下に入ったと評価できるから、金融機関が設置したゴミ箱内の個人データは、「金融機関の取り扱う個人データ」という側面をもっているという解釈も成り立ちうる。

　さらに、金融機関の CD・ATM コーナーには多数の人が出入りする点を強調すれば、金融機関が設置したゴミ箱内の個人データは、道路に捨てられたゴミと同様に、「だれのものでもない個人データである」と解するべきであるという解釈も成り立ちうる。

以上のように、CD・ATM コーナーに設置されたゴミ箱内の利用明細書はだれが取り扱う個人データなのかという点について諸説ありうるが、実務上は、安全性の観点から、金融機関に安全管理責任があると解される可能性があることを前提に、①定期的にゴミ箱内の利用明細書を回収する、②ゴミ箱内をあさり利用明細書を取り出そうとしている不審者がいないかを監視する、③蓋付きのゴミ箱にして利用明細書を取り出せないようにする、あるいはシュレッダーを設置するなどの対策を講ずることが望ましい。

10449 クレジットカード情報等の取扱い

金融機関はクレジットカード情報等の取扱いにあたり、どのような点に注意すべきか

結　論

クレジットカード情報等が漏えいした場合、その不正使用などにより2次被害が発生する可能性が高いため、保存期間・保存場所の限定やカード番号の取扱いについて特に注意を払う必要がある。

解　説

◆**厳格管理が必要な理由**　金融機関は、クレジットカード情報（カード番号、有効期限等）を含む個人情報（以下「クレジットカード情報等」という）について、特に厳格な管理を行う必要がある（中小・地域監督指針Ⅱ-3-2-3-1）。

その理由は、クレジットカード情報等が漏えいした場合、不正使用によるなりすまし購入など、2次被害が発生する可能性が高いという特徴を有しているからである。

金融機関の営業店で取り扱う個人情報のうち特に厳格な管理が必要な情報には、①センシティブ情報、②返済能力情報のほか、③クレジットカード情報等があることになる。

◆**厳格管理の内容**　クレジットカード情報等を取り扱う金融機関は、クレジットカード情報等について、少なくとも次の措置を講ずる必要がある（中小・地域監督指針Ⅱ-3-2-3-2(2)③）。

① クレジットカード情報等について、利用目的その他の事情を勘案した適切な保存期間を設定し、保存場所を限定し、保存期間経過後、適切かつ速やかに廃棄すること。

② 業務上必要とする場合を除き、クレジットカード情報等をコンピュータ画面に表示する際には、カード番号をすべて表示させない等の適切な措置を講ずること。

③ 独立した内部監査部門において、クレジットカード情報等を保護するためのルールおよびシステムが有効に機能しているかについて、定期的または随時に内部監査を行うこと。

◆**保存期間の設定**　クレジットカード情報等をどの程度の期間、保存するかは、クレジットカード情報等をどのような目的で利用するかに応じて異なる。実務に支障が生じないよう適切な保存期間を設定することが重要である。

具体的な保存期間の定めとして、たとえば、「お客様との取引が終了するまで」「お客様との取引が終了してから3年が経過す

るまで」などと定めることが考えられる。

◆**カード番号の表示**　カード番号の表示に関しては、従来から、カード番号の一部について＊＊＊などで隠して表示することが多かった。

中小・地域監督指針を遵守する観点から、この徹底が求められる。

| **10450** | 情報漏えいの防止 |

従業者の故意による情報漏えいを防止するためには、どのような点に注意をすべきか

結　論

情報漏えいを可能とする権限（情報の持出し等を可能とする権限）が特定の職員に集中することを未然に防止する必要がある。

解　説

◆**原因別の対応策**　情報漏えいの原因は、故意によるものと過失によるものに二分することができる。

過失による情報漏えいについては、ヒューマンエラーを防止するための事務ルールの見直し、複数の担当者によるダブルチェックなどによって、その発生を抑制することが可能である。

それでは、故意による情報漏えいについては、どのような未然防止策が考えられるであろうか。

この点について、中小・地域監督指針Ⅱ－3－2－3－2(1)③では、「特定職員に集中する権限等の分散や、幅広い権限等を有する職員への管理・けん制の強化を図る等、

顧客等に関する情報を利用した不正行為を防止するための適切な措置を図っているか」という監督上の着眼点をあげており、これを参考にする必要がある。

◆**権限の集中防止**　情報漏えいを可能とする権限が特定の職員に集中している場合、この権限の集中が当該職員の故意による不正行為を誘発する温床となりうる。したがって、こうした職員（幅広い権限を有する職員）が生ずることのないよう、情報の取扱いに関する権限を適切に分散させることが必要である。

◆**権限が集中する職員の管理強化**　業務の性質上または部門の性質上、特定の職員に広範囲の権限が集中することが避けられない場合には、当該職員に対する管理・けん制を強化することが重要である。

また、当該職員に対する職業倫理の強化等を図る観点から、教育・研修を強化することも必要である。

◆**不正行為の隠蔽防止**　不正行為の隠蔽が可能である場合、職員の故意による情報漏えいを誘発しやすい状況にあるといえる。故意による情報漏えいを行った場合には、必ずそれが発覚するよう情報セキュリティ管理体制を強化し、かつそのことを全職員に定期的に周知することにより、職員の故意による情報漏えいへの意欲を削ぐことが重要である。

◆**継続的な業務実態の検証の必要性**　最後に、①継続的な情報セキュリティ管理態勢の充実・強化、②部門間のけん制機能の確保、③特定の職員への権限の集中の有無、④不正行為の隠蔽防止策の有効性等について、定期的に内部監査等を行い、検証を続けることも重要である。

10451 情報漏えい時の対応

個人情報が漏えい・滅失・き損した場合には、どのように対応すべきか

結　論

①監督当局に直ちに報告すること、②2次被害の防止、類似事案の発生回避等の観点から、漏えい事案等の事実関係および再発防止策等を早急に公表すること、③漏えい事案等の対象となった本人に速やかに漏えい事案等の事実関係等の通知を行うことなどを検討する。

解　説

◆**監督当局への報告**　金融機関（個人情報取扱事業者）は、個人情報の漏えい事案等の事故が発生した場合には、監督当局に直ちに報告することとされている（金融分野個人情報保護ガイドライン17条1項）。

◆**漏えい等の事実関係などの公表**　金融機関（個人情報取扱事業者）は、個人情報の漏えい事案等の事故が発生した場合には、2次被害の防止、類似事案の発生回避などの観点から、漏えい事案等の事実関係および再発防止策などを早急に公表することとされている（金融分野個人情報保護ガイドライン17条2項）。監督当局への報告（同条1項）や後述する本人への通知（同条3項）と異なり、公表（同条2項）については、「二次被害の防止、類似事案の発生回避等の観点から」という文言が付加されている。これは、2次被害の防止・類似事案の発生回避などの必要性がない場合には、

公表を行わないことを許容する趣旨であると考えられる。

◆**本人への通知**　金融機関（個人情報取扱事業者）は、個人情報の漏えい事案等の事故が発生した場合には、漏えい事案等の対象となった本人に速やかに漏えい事案等の事実関係などの通知を行うこととされている（金融分野個人情報保護ガイドライン17条3項）。

◆**個人データの漏えい等の場合**　個人情報が漏えい・滅失・き損した場合には、上記の①監督当局への報告、②公表、③本人への通知はいずれも努力措置であると考えられるが、個人データが漏えい・滅失・き損した場合には、これを行う義務があると考えられる（安全管理実務指針2-6-1参照）。

10452 個人データの漏えいの意義

金融機関内において権限のない者が個人データにアクセスした場合、個人データの「漏えい」に当たるか。また、暗号化処理されたUSBを社外で紛失した場合、個人データの「漏えい」に当たるか

結　論

金融機関内において権限のない者（行員）が個人データにアクセスしたとしても、個人データの漏えいに当たらない。

暗号化処理されたUSBを社外で紛失した場合、個人データの漏えいに当たる。

◆**漏えい等の意義**　　金融機関（個人情報取扱事業者）は、その取り扱う個人データの漏えい、滅失またはき損の防止その他の個人データの安全管理のために必要かつ適切な措置を講じなければならない（個人情報保護法20条）。

　ここで、個人データの「漏えい」とは、個人データが外部に流出することを意味する。また、「滅失」とは、個人データの内容が失われることを意味する。さらに「き損」とは、個人データの内容が意図しない形で変更されたり、内容を保ちつつも利用不能な状態となることを意味する（金融庁等「金融機関における個人情報保護に関するQ&A」問Ⅳ-5）。

◆**職員による無権限アクセス**　　金融機関内の無権限者（職員）が、個人データにアクセスした段階では、個人データが金融機関の外部に流出したとはいえない。したがって、この段階では、個人データの「漏えい」には当たらない。もっとも、無権限者が個人データにアクセスできる状況については、安全管理措置上、問題があるから、こうした事態が生じないよう個人データへのアクセス管理を徹底する必要がある。

　これに対して、無権限者が、金融機関の外部の者に対し、個人データの内容を伝えた場合、個人データが外部に流出したといえるため、この時点で個人データの「漏えい」に当たると考えられる（前掲「金融機関における個人情報保護に関するQ&A」問Ⅳ-5）。

◆**暗号化処理と「漏えい」**　　暗号化処理されたUSBを社外で紛失した場合は個人データの漏えいに当たるであろうか。

　前述したとおり、個人データの「漏えい」とは、個人データが外部に流出することを意味する。暗号化処理されたUSBという媒体自体を社外で紛失したとしても、USBの内容自体が社外の人がみられる状態になっていない段階では「漏えい」に当たらないのではないかとの解釈も成り立ちうるように思われる。

　しかしながら、金融庁は、たとえ流出した媒体において暗号化処理がされていたとしても、「個人データ」の「漏えい」に当たると考えている。この点は、暗号化処理ではなく、パスワードが設定されている場合も同様である（前掲「金融機関における個人情報保護に関するQ&A」問Ⅳ-5）。

10453　個人データの滅失の意義

個人データを記録したCD-ROMが破損し個人データが読み取れなくなったが、その内容と同じデータがほかに保管されている場合、個人データの「滅失」に当たるか

結　論

　ほかに同じ内容のデータが保管されている限り、「滅失」に当たらない。

解　説

◆**漏えい等の意義**　　金融機関（個人情報取扱事業者）は、その取り扱う個人データの漏えい、滅失またはき損の防止その他の個人データの安全管理のために必要かつ適切な措置を講じなければならない（個人情

報保護法20条）。

　ここで、個人データの「漏えい」とは、個人データが外部に流出することを意味する。また、「滅失」とは、個人データの内容が失われることを意味する。さらに「き損」とは、個人データの内容が意図しない形で変更されたり、内容を保ちつつも利用不能な状態となることを意味する（金融庁等「金融機関における個人情報保護に関するQ&A」問Ⅳ-5）。

◆**バックアップデータがある場合**　個人データを記録したCD-ROMを破損し個人データが読み取れなくなったとしても、その内容と同じデータが他に保管されている場合には、金融機関が自らの手で復元することができ、当該情報の「内容」は失われていないと考えられる。

　したがって、このような場合には、個人データの「滅失」には当たらない。

　以上のことは、CD-ROMの場合だけでなく、携帯電話、スマートフォン、ノートパソコン等の場合についても同様に当てはまると考えられる（前掲「金融機関における個人情報保護に関するQ&A」問Ⅳ-5）。

◆**バックアップの重要性**　以上のとおり、個人データのバックアップが適切に行われている場合、仮に特定の媒体に記録されている個人データが消失したときでも、個人データの「滅失」には当たらず、当局への報告や本人への通知等を行う必要がないことになるから、定期的に個人データのバックアップをとることが、個人データの安全管理上、重要である。

◆**個人データの所在が確認できない場合**
保有しているはずの個人データの所在が確認できない場合、個人データの「滅失」に

当たるであろうか。

　この場合、個人データの漏えい、滅失、き損が発生していない確証がある場合を除き、その懸念があるといえる。したがって、この場合も「漏えい、滅失、き損」に準じて、当局への報告等の措置を講じることになると考えられる（前掲「金融機関における個人情報保護に関するQ&A」問Ⅳ-5）。

| **10454** | 個人データのき損の意義 |

個人データについて暗号化処理されたUSBの暗証番号を失念して、開封不能となった場合、個人データの「き損」に当たるか

結　論

　個人データが内容を保ちつつも利用不能な状態となったといえる場合には、個人データの「き損」に当たると考えられる。

解　説

◆**漏えい等の意義**　金融機関（個人情報取扱事業者）は、その取り扱う個人データの漏えい、滅失またはき損の防止その他の個人データの安全管理のために必要かつ適切な措置を講じなければならない（個人情報保護法20条）。

　ここで、個人データの「漏えい」とは、個人データが外部に流出することを意味する。また、「滅失」とは、個人データの内容が失われることを意味する。さらに、「き損」とは、個人データの内容が意図しない形で変更されたり、内容を保ちつつも

利用不能な状態となることを意味する（金融庁等「金融機関における個人情報保護に関するQ&A」問IV-5）。

◆**暗証番号の失念**　暗号化処理されたUSBの暗証番号を失念し、当該個人データの内容を金融機関が自らの手で復元できない場合、当該個人データは「内容を保ちつつも利用不能な状態」となったといえる。

したがって、この場合は、個人データの「き損」に当たると考えられる（前掲「金融機関における個人情報保護に関するQ&A」問IV-5）。

以上は、携帯電話、スマートフォン、ノートパソコン等に保管している個人データについても同様に当てはまると考えられる。

◆**バックアップデータがある場合**　暗号化処理されたUSBが開封できなくなったとしても、その内容と同じデータが他に保管されており、こちらについて内容を利用することが可能な状態にある場合には、当該情報を個人情報取扱事業者が自らの手で利用することができると考えられる。このような場合には、個人データの「き損」には当たらないと考えられる。

以上のとおり、個人データのバックアップが適切に行われている場合、仮に特定の媒体に記録されている個人データが利用不能となったときでも、個人データの「き損」には当たらず、当局への報告・対外公表・本人への通知等を行う必要がないことになるから（金融分野個人情報保護ガイドライン17条）、定期的に個人データのバックアップをとり、それが利用可能な状態にあることを確保することが重要である。

10455	報告義務の有無（個人情報の漏えい）

個人情報の漏えい事案等が発生した場合、金融機関は当局に報告する義務があるか

結　論

原則として報告することとされている。

解　説

◆**二つの規制**　金融機関（個人情報取扱事業者）において個人（顧客）情報の漏えい事案等が発生した場合の対応については、個人情報保護法に基づく報告の要否と銀行法に基づく報告の要否について検討する必要がある。

また、金融機関が取り扱う個人情報には、顧客の個人情報のほか、従業者の個人情報や株主の情報があるが、従業者の個人情報については個人情報保護委員会のガイドライン等が適用されると考えられる。

◆**個人情報保護法に基づく報告の要否**
個人情報保護法および金融分野個人情報保護ガイドラインでは、「個人情報」と「個人データ」を分けて、前者については当局への報告の努力義務を課し、後者については当局への報告の義務を課している。

すなわち、金融機関（個人情報取扱事業者）は、個人情報の漏えい事案等の事故が発生した場合には監督当局に直ちに報告することとされている（金融分野ガイドライン17条1項：努力措置）。

これに対し、金融機関（個人情報取扱事業者）は、個人データの漏えい事案等が発生した場合には、①監督当局等への報告、

②本人への通知等、③２次被害の防止・類似事案の発生回避等の観点からの漏えい事案等の事実関係および再発防止策等の早急な公表を実施する必要がある（安全管理実務指針２－６－１：義務規定）。

◆**銀行法に基づく義務**　銀行法および中小・地域監督指針では、「個人データ」について、安全管理実務指針と同じ措置が義務づけられている。

　銀行法および中小・地域監督指針に基づく報告義務は、金融機関を名宛人とするものであり、当該金融機関が個人情報取扱事業者でない場合にも適用される。

◆**雇用管理情報、株主情報の取扱い**　雇用管理情報と株主情報については、金融分野個人情報保護ガイドライン・安全管理実務指針は適用されないと考えられる。雇用管理情報については、従来、厚労省の「雇用管理分野における個人情報保護に関するガイドライン」が適用されていたが、平成29年5月30日以降は、個人情報保護委員会「個人情報保護法ガイドライン」等が適用されると考えられる。

　もっとも、これらの情報の漏えい等が発生し、金融機関の信用を害するおそれがある場合には任意に当局へ報告することが望ましいとされている（金融庁等「金融機関における個人情報保護に関するQ&A」問Ⅳ-6）。

10456　報告義務の有無（軽微事案）

個人情報の漏えい等で、当該情報の量や性質等にかんがみて、漏えい事案等としては軽微と思われるものについて、必ず当局へ

直ちに報告する必要性があるか

結　論

　四半期に１回程度にまとめて報告してもさしつかえない場合があると考える。

解　説

◆**問題の所在**　金融機関の場合、ファクシミリの誤送信や郵便物の誤配をゼロにすることは困難であり、一定数、これが発生することは避けられない。

　こうしたファクシミリの誤送信や郵便物の誤配、メールの誤送信などによる個人情報の漏えい等で、当該情報の量や性質等にかんがみて、漏えい事案等としては軽微と思われるものまで、発生段階で逐一当局へ報告する必要性があるのであろうか。

◆**二つの規制**　金融機関において個人（顧客）情報の漏えい事案等が発生した場合の対応については、個人情報保護法に基づく報告の要否と、銀行法に基づく報告の要否について、検討を行う必要がある。

◆**個人情報保護法に基づく義務**　個人情報保護法および金融分野個人情報保護ガイドラインでは、「個人情報」と「個人データ」を分けて、前者については当局への報告の努力義務を課し、後者については当局への報告の義務を課している。

　すなわち、金融機関（個人情報取扱事業者）は、個人情報の漏えい事案等の事故が発生した場合には、監督当局に直ちに報告することとされている（金融分野個人情報保護ガイドライン17条1項：努力措置）。

　これに対し、金融機関（個人情報取扱事業者）は、個人データの漏えい事案等が発

生した場合には、①監督当局等への報告、②本人への通知等、③2次被害の防止・類似事案の発生回避等の観点からの漏えい事案等の事実関係および再発防止策等の早急な公表を実施する必要がある（安全管理実務指針2-6-1：義務規定）。

◆**銀行法に基づく義務**　銀行法および中小・地域監督指針では、「個人データ」について、安全管理実務指針と同じ措置が義務づけられている。

銀行法および中小・地域監督指針に基づく報告義務は金融機関を名宛人とするものであり、当該金融機関が個人情報取扱事業者でないときでも適用される。

◆**軽微事案の取扱い**　以上のとおり、個人情報の漏えいについては、当局に直ちに報告するよう努めることが求められているが、たとえば、ファクシミリの誤送信、郵便物の誤配、メール誤送信等については、金融機関が、個別の事案ごとに、①漏えい等した情報の量、②センシティブ情報の有無、③2次被害や類似事案の発生の可能性などを検討し直ちに報告を行う必要性が低いと判断したものであれば、業務上の手続の簡素化を図る観点から、四半期に1回程度にまとめて報告してもさしつかえないとされている（金融庁等「金融機関における個人情報保護に関するQ&A」問Ⅳ-11）。また、郵便局員による誤配など金融機関の責めに帰さない事案については、原則として報告不要とされている。

10457　共管の場合と報告義務

クレジットカード事業など金融庁と経済産業省とに関係する場合、個人情報の漏えい事案等が発生した場合は、両方の官庁に漏えいの報告を行う必要があるか

結　論

状況によるが、両方の官庁に漏えいの報告を行う必要がある場合もある。

解　説

◆**従来の主務大臣制**　個人情報保護法は、平成29年5月30日より前、「主務大臣制」を採用しており、主務大臣が個人情報取扱事業者に対する報告の徴収、助言、勧告または命令を行うこととしていた（平成29年5月30日以降は、個人情報保護委員会が一元的に所管している）。

すなわち、個人情報取扱事業者が行う個人情報の取扱いについては、当該個人情報取扱事業者が行う事業を所管する大臣が主務大臣とされていた（旧個人情報保護法36条1項2号）。

そして、複数の主務大臣がある場合、各主務大臣は、個人情報保護法の施行にあたっては、相互に緊密に連絡し、協力しなければならないとされていた（旧個人情報保護法36条3項）。

◆**法令が共管の場合**　金融分野に関する規制法が、金融庁と他省庁の共管になっている場合において、個人情報の漏えい事案等が発生した場合は、どの省庁に報告を行う必要があるのであろうか。

① 金融庁への報告の要否……金融庁への報告の要否について、「金融機関における個人情報保護に関するQ&A」問Ⅳ-15では、「金融分野に関する規制法が、

金融庁と他省庁との共管になっている場合において、当該個人情報が金融分野の事業に関する「個人データ」に当たる場合又は「個人顧客情報（具体的には個人顧客に関する「個人データ」が対象。以下、同じ。）」に当たる場合は、少なくとも金融庁（財務局、地方公共団体）への報告は義務となります。また、当該個人情報が「個人データ」又は「個人顧客情報」にあたらない場合でも、金融分野の事業に関するものであれば、個人情報保護法の体系における努力措置規定に基づき、監査当局へ報告することが求められます（努力義務）」と述べている。

② 共管官庁への報告の要否……上記Q&Aの問Ⅳ-15では、共管官庁への報告の要否について、「共管省庁に対する報告の必要性については、当該規制法及び当該共管省庁の定めるところに従っていただくことになります」と述べている。

◆複数の事業を営む場合 個人情報取扱事業者が金融分野の事業とそれ以外の分野の事業を行っている場合において、金融分野以外の事業に関する個人情報の漏えい事案等が発生したとき、金融庁にその旨の報告する必要があるであろうか。

この点について、前掲「金融機関における個人情報保護に関するQ&A」問Ⅳ-14では、「ガイドライン及び実務指針は、金融分野における個人情報取扱事業者を対象としており、金融分野以外の事業に関する個人情報の漏えい事案等が発生した場合に監査当局に報告するか否かについては、第一義的には、各金融機関においてその必要性をご判断いただくことになります」と述べている。

| 10458 | 提供先による漏えい時の取扱い |

顧客の同意を得て第三者に個人データを提供したところ、当該第三者（提供先）がこれを漏えいした場合、提供元（金融機関）がこれを当局に報告する必要があるか

結　論

提供元（金融機関）は当局への報告の義務を負わないと考えられる。

解　説

◆問題の所在　振込取引に関し、仕向金融機関が、被仕向金融機関に対して、振込依頼人・受取人の個人データを提供した。その後、被仕向金融機関が、当該個人データを漏えいしたが、この場合、仕向金融機関も当該漏えいについてなんらかの責任を負うであろうか。

◆第三者提供先による漏えいについての責任の有無　仕向金融機関による被仕向金融機関に対する振込依頼人に関する情報の提供は、個人データの第三者提供（個人情報保護法23条）であると考えられる。

一般に、個人情報取扱事業者が、本人の同意を得て、第三者に個人データを提供したところ、当該第三者が当該個人データを漏えいした場合、提供元である個人情報取扱事業者は、当該漏えいについて、個人情報保護法上の責任を負うことはないと考えられる（金融庁等「金融機関における個人情報保護に関するQ&A」問Ⅳ-13）。

したがって、被仕向金融機関が仕向金融機関から提供を受けた個人データを漏えい

した場合、仕向金融機関は、当該漏えいについて、個人情報保護法上の責任を負わないと考えられる。換言すれば、仕向金融機関は、漏えいについて当局に報告する義務を負わないと考えられる。

◆**委託の場合との対比**　これに対し、金融機関（個人情報取扱事業者）が、個人情報保護法23条5項1号の規定に基づき、利用目的の達成のために必要な範囲内において個人データの取扱いの全部または一部を委託したところ、当該委託先が、当該個人データを漏えいした場合には、委託元である金融機関も、同法上の責任を負う。換言すれば、委託先が個人情報や個人データを漏えいした場合、委託元である金融機関は、金融分野個人情報保護ガイドライン22条や安全管理実務指針に基づき、当局に対し報告を行う必要があると考えられる（個人情報の漏えいにつき努力措置。前掲「金融機関における個人情報保護に関するQ&A」問Ⅳ-13参照）。

また、この場合、委託元である金融機関が、委託先に対し、「必要かつ適切な監督」（個人情報保護法22条）を尽くしていたか否かが問題となる。委託元である金融機関が、これを尽くしていなかった場合には、個人情報保護法22条に違反することになる。

| **10459** | 公表の要否（インターネット上への流出） |

インターネット上でファイル交換を行うソフトウェアの使用により、個人情報が記載されたワードファイルなどが流出した場合にも、必ず公表する必要があるか

結論

　原則は公表する努力義務を負うことになるが、流出した情報の回収が不可能であり、当該事案の発生を公表することで当該個人情報がさらに検索・共有され、被害が拡大することも予想されるなど、個人の権利利益を保護するため公表しないほうが望ましいと認められるような場合には、公表をする必要はない。

解説

◆**漏えい等の発生時の対応**　金融機関（個人情報取扱事業者）は、個人情報の漏えい・滅失・き損の事案（以下「漏えい事案等」という）が発生した場合には、2次被害の防止、類似事案の発生回避等の観点から、漏えい事案等の事実関係および再発防止策等を早急に公表することとするとされている（金融分野個人情報保護ガイドライン17条2項：努力措置）。

　これに対し、漏えい・滅失・き損した対象が個人データである場合には、安全管理実務指針2-6-1において、「漏えい事案等が発生した場合には、二次被害の防止・類似事案の発生回避等の観点からの漏えい事案等の事実関係及び再発防止策等の早急な公表を実施しなければならない」（義務規定）とされており、金融機関は、原則として、漏えい事案等の事実関係および再発防止策等を公表しなければならない。これは、努力規定ではなく、義務規定である。

◆**個人情報の漏えいに当たるか**　設問の場合、個人情報が記載されたワードファイルなどがインターネット上に流出したのであるから、個人情報を漏えいしたことにな

ると考えられる。

　この場合、金融機関は、原則として公表を行うよう努力する義務を負うことになる（金融分野個人情報保護ガイドライン17条）。

◆公表をするべきか否かの判断基準　個人情報の漏えい事案等が発生した場合、その事実関係等を公表するか否かにあたっては、「二次被害の防止・類似事案の発生回避」等の観点から検討を行う必要がある。

　このような観点から検討した結果、たとえば、①公表することにより、かえって2次被害等が発生・拡大するおそれがある場合や、②漏えいした情報の量・性質等にかんがみて、漏えい事故としては軽微であり、かつ2次被害の防止・類似事案の発生回避等の観点から必要でないことが十分に説明できる場合には、例外的に、当該事案の発生等について公表する必要がない場合もあると考えられる。

　また、安全管理実務指針において公表を義務づけている主旨は、当該データの本人である個人の権利保護のためであって、公表によりかえって2次被害を誘引する場合など、個人の権利利益を保護するため公表しないほうが望ましいと認められるような場合にまで事案の公表を求めているものではないと考えられる（金融庁等「金融機関における個人情報保護に関するQ&A」問Ⅳ-16参照）。

◆本設問の検討　インターネット上でファイル交換を行うソフトウェアの使用により、「個人情報」がインターネット上に流出した場合、回収が不可能であり、当該事案の発生を公表することで、当該個人情報がさらに検索・共有され、被害が拡大することも予想される。

　このように個人の権利利益を保護するため公表しないほうが望ましいと認められるような場合には、公表をする必要はないと考えられる。

10460　公表の要否（手形・小切手の紛失）

個人情報を記載した手形・小切手を紛失した場合、これを公表する必要があるか

結　論

　個人情報の漏えい事故として公表すべきか否かは、2次被害の防止・類似事案の発生回避などの観点から検討を行う必要がある。流通が予定されている情報であっても、公表を要する場合がある。

解　説

◆問題の所在　個人顧客から取立委任を受けた約束手形を営業店に持ち帰る際に、盗難に遭った場合などにおいて、これを「個人情報の漏えい事案」として公表する必要があるであろうか。約束手形は転々流通することを予定しており、必ずしも秘密性の高い情報ではないため、公表の必要性は高くないとも思えるが、以下検討する。

◆漏えい等の発生時の対応　金融機関（個人情報取扱事業者）は、個人情報の漏えい事案等が発生した場合には、2次被害の防止、類似事案の発生回避等の観点から、漏えい事案等の事実関係および再発防止策等を早急に公表することとするとされている（金融分野個人情報保護ガイドライン17条2項：努力措置）。

これに対し、漏えい・滅失・き損した対象が個人データである場合には、安全管理実務指針2-6-1において、「漏えい事案等が発生した場合には、二次被害の防止・類似事案の発生回避等の観点からの漏えい事案等の事実関係及び再発防止策等の早急な公表を実施しなければならない」（義務規定）とされており、金融機関は、原則として、漏えい事案等の事実関係および再発防止策等を公表しなければならない。これは、努力規定ではなく、義務規定である。

◆**個人情報の漏えいに当たるか**　本問の場合、個人情報が記載された約束手形を盗まれたわけであるから、個人情報を漏えいしたことになると考えられる。

　約束手形が特定の個人情報を容易に検索することができるように体系的に整理・保管されていれば、当該約束手形に記載されている情報は「個人データ」に当たると考えられるが、約束手形が上記のように整理・保管される前に盗まれた場合には、当該約束手形に記載されている情報は個人データではなく個人情報であると考えられ、この場合には、金融機関は原則として公表を行うよう努力する義務を負うことになる（金融分野個人情報保護ガイドライン17条）。

◆**公表をするべきか否かの判断基準**　約束手形の盗難事故の事実関係などを公表するか否かにあたっては、「二次被害の防止・類似事案の発生回避」等の観点から検討を行う必要がある。

　このような観点から検討した結果、たとえば、①公表することにより、かえって2次被害等が発生・拡大するおそれがある場合や、②漏えいした情報の量・性質等にかんがみて、漏えい事故としては軽微であり、かつ2次被害の防止・類似事案の発生回避等の観点から必要でないことが十分に説明できる場合には、例外的に、当該事案の発生等について公表する必要がない場合もあると考えられる（金融庁等「金融機関における個人情報保護に関するQ&A」問Ⅳ-18）。

　2次被害防止の必要性等については、当該事案の経緯、漏えいした情報の量・性質等にかんがみて個別に判断する必要があると考えられる。記載されている情報が公知であることは、公表の要否を判断するうえで、一つの考慮要素になると考えられるが、漏えいした個人情報が公知のものであることのみをもって、2次被害防止の必要性が皆無であると即断することは適切でなく、他の事情なども含めて、総合判断をする必要があると考えられる（前掲「金融機関における個人情報保護に関するQ&A」問Ⅳ-18）。

10461　本人への通知の要否

個人情報・個人データの漏えい事案等が発生した場合は、金融機関は本人に通知する必要があるのか

結　論

　本人への通知が困難である場合や本人の権利利益の侵害が軽微である等の場合には、本人への通知を省略しうるケースもあると考えられる。

◆**漏えい等の発生時の対応**　金融機関（個人情報取扱事業者）は、個人情報の漏えい等の事案の事故が発生した場合には、漏えい事案等の対象となった本人に速やかに漏えい事案等の事実関係等の通知を行うこととされている（金融分野個人情報保護ガイドライン17条3項：努力措置）。

これに対し、漏えい・滅失・き損した対象が個人データである場合には、安全管理実務指針2-6-1において、「漏えい事案等が発生した場合には、本人への通知等を実施しなければならない」（義務規定）とされており、金融機関は、原則として、本人に通知等をしなければならない。これは、努力規定ではなく、義務規定である。

◆**公表による代替の可否**　個人データが漏えいした場合に、本人への通知を省略できる場合はないであろうか。

この点について、金融庁等「金融機関における個人情報保護に関するQ&A」問Ⅳ-17において、「「個人データ」の漏えい数が多数であり、本人への通知が困難である場合には、公表によって本人への通知に代替するケースもあるものと思われます」と述べている。

本人への通知が困難である場合のなかにはさまざまな場合が含まれると考えられるが、たとえば、預金者の最新の正確な住所が不明であり、本人への通知が困難である場合なども、これに含まれると解しうる。

◆**本人の権利利益の侵害の程度**　個人データが漏えいした場合において、即時に回収できた場合などにおいても、本人への通知を省略することができないであろうか。

この点について、前掲「金融機関における個人情報保護に関するQ&A」問Ⅳ-17において、「漏えい事案が発生した場合において、高度な暗号化処理等が施されている場合や即時に回収出来た場合等、本人の権利利益が侵害されておらず、今後も権利利益の侵害の可能性がない又は極めて小さい場合等には、本人への通知を省略しうるケースもあるものと思われます」とされている。

個人情報の漏えい等は、業法上の「不祥事件」に該当するのか

漏えい等の生じた経緯、漏えい等した情報の内容等から、銀行法の規定に照らして**個別に判断する**ことになる。

◆**不祥事件の意義**　銀行法上の「不祥事件」とは、銀行等の取締役、執行役、会計参与、監査役もしくは従業員または銀行代理業者もしくはその役員もしくは従業員が、次のいずれかに該当する行為を行ったことをいう（同法施行規則35条7項）。

① 銀行の業務または銀行代理業者の銀行代理業の業務を遂行するに際しての詐欺、横領、背任その他の犯罪行為

② 出資法または導入預金取締法に違反する行為

③ 現金、手形、小切手または有価証券そ

の他有価物の紛失（盗難に遭うことおよび過不足を生じさせることを含む）のうち、業務管理上、重大と認められるもの
④　海外で発生した上記①〜③に掲げる行為またはこれに準ずるもので、発生地の監督当局に報告したもの
⑤　その他銀行の業務または銀行代理業者の銀行代理業の業務の健全かつ適切な運営に支障をきたす行為、またはそのおそれがある行為であって上記①〜④に掲げる行為に準ずるもの

◆**不祥事が発生した場合の対応**　銀行は不祥事件の発生を知った場合には、所定の方法により当局に届け出なければならない（銀行法53条1項8号、同法施行規則35条1項25号）。この届出は不祥事件の発生を知った日から30日以内に行われなければならない（同規則35条8項）。

◆**個人情報の漏えいとの関係**　個人情報の漏えい事故が不祥事件に該当するか否かについては、主として、上記⑤の「その他銀行の業務または銀行代理業者の銀行代理業の業務の健全かつ適切な運営に支障を来す行為」に当たるか否かという観点から問題となる。

この点について、金融庁等「金融機関における個人情報保護に関するQ&A」問Ⅳ-8では、「個人情報の漏えい事案等が「不祥事件」に該当するか否かは、漏えい等の生じた経緯、漏えい等した情報の内容等から、各業法の規定に照らして個別に判断する必要があります」と述べている。

通常の個人情報の漏えい事案等が銀行法上の「不祥事件」に該当することはなく、大規模な個人情報の漏えいの場合やセンシティブ情報の大量漏えいの場合などに限っ

て、これに該当するか否かが問題になると思われる。

<table>
<tr><td>10463</td><td>保有個人データの開示等</td></tr>
</table>

保有個人データの開示等について、どのような点に留意すべきか

結　論

金融機関（個人情報取扱事業者）は、原則として保有個人データの開示の請求を受けたときは、遅滞なく開示しなければならないが、例外的に開示しなくてよい場合が法定されており、これに当たる事情がないかを慎重に検討する。

解　説

◆**保有個人データの開示**　金融機関（個人情報取扱事業者）は、本人から当該本人が識別される保有個人データの開示の請求を受けたときは、原則として本人に対し遅滞なく当該保有個人データを開示しなければならない（個人情報保護法28条2項）。ただし、開示することにより、①本人・第三者の生命・身体・財産その他の権利利益を害するおそれがある場合、②個人情報取扱事業者の業務の適正な実施に著しい支障を及ぼすおそれがある場合、③他の法令に違反することとなる場合には、その全部または一部を開示しないことができる（同項ただし書）。

「遅滞なく」とは、理由のない滞りを生じさせることなく、という意味である。また、与信審査内容等の個人情報取扱事業者

が付加した情報の開示請求を受けた場合や、保有個人データを開示することにより評価・試験等の適正な実施が妨げられる場合などは、「個人情報取扱事業者の業務の適正な実施に著しい支障を及ぼすおそれがある場合」（金融分野個人情報保護ガイドライン13条）に当たり、金融機関（個人情報取扱事業者）は保有個人データを開示する義務を負わない。これに対し、開示すべき個人データの量が多いことだけではこれに当たらない。

金融機関（個人情報取扱事業者）が、開示請求を行った者が識別される保有個人データを有していない場合には、開示請求を行った者に対してその旨を知らせる必要がある（個人情報保護法28条3項）。

◆訂正請求等　　開示の請求以外の場合にも、①当該本人が識別される保有個人データの利用目的の通知を求められた場合（個人情報保護法27条2項）、②保有個人データの内容の訂正・追加・削除の請求を受けた場合（同法29条）、③保有個人データの利用の停止・消去の請求を受けた場合（同法30条1項）、④保有個人データの第三者への提供の停止の請求を受けた場合（同条2項）について、その請求に理由があるときには、金融機関（個人情報取扱事業者）は一定の措置をとらなければならない。

たとえば、個人情報取扱事業者は、本人から、当該本人が識別される保有個人データの内容が事実でないという理由によって当該保有個人データの内容の訂正・追加・削除の請求を受けた場合には、原則として利用目的の達成に必要な範囲内において遅滞なく必要な調査を行い、その結果に基づき、当該保有個人データの内容の訂正等を

行わなければならない（個人情報保護法29条2項）。

| 10464 | 開示請求への対応 |

過去10年分の出入金明細を提出してほしいと依頼されたが、これに応ずる必要はあるか

結　論

開示すべき保有個人データの量が多いことのみでは「当該個人情報取扱事業者の業務の適正な実施に著しい支障を及ぼすおそれがある場合」に該当しないため、他の開示拒否事由がない限り、これに応ずる必要がある。

解　説

◆保有個人データの開示義務　　金融機関（個人情報取扱事業者）は、本人から、当該本人が識別される保有個人データの開示（当該本人が識別される保有個人データが存在しないときにその旨を知らせることを含む）の請求を受けたときは、本人に対し、政令で定める方法により、遅滞なく、当該保有個人データを開示しなければならない（個人情報保護法28条2項）。

ただし、開示することにより、①本人または第三者の生命、身体、財産その他の権利利益を害するおそれがある場合、②当該個人情報取扱事業者の業務の適正な実施に著しい支障を及ぼすおそれがある場合、③他の法令に違反することとなる場合は、その全部または一部を開示しないことができ

る（個人情報保護法28条2項ただし書）。

　個人情報保護法が個人情報取扱事業者の開示義務を規定した趣旨は、個人情報取扱事業者による個人情報の取扱いについて、本人に関与の機会を与えることによって、個人情報取扱事業者による個人情報の取扱いの適切性を確保しようとした点にあると考えられる。

◆**開示拒絶事由**　　上記②の「当該個人情報取扱事業者の業務の適正な実施に著しい支障を及ぼすおそれがある場合」には、たとえば、①与信審査内容等の個人情報取扱事業者が付加した情報の開示請求を受けた場合、②保有個人データを開示することにより評価・試験等の適正な実施が妨げられる場合、③企業秘密が明らかになるおそれがある場合などが含まれる（金融分野個人情報保護ガイドライン13条）。

　これに対し、開示すべき保有個人データの量が多いことのみではこれに該当しないとされている（金融分野個人情報保護ガイドライン13条）。

◆**本問の検討**　　本問では、過去10年分という大量の出入金明細の開示の求めに応じなければならないか、という点が問題となっている。

　過去10年分の出入金明細の分量が多かったとしても、そのことのみでは「当該個人情報取扱事業者の業務の適正な実施に著しい支障を及ぼすおそれがある場合」に当たらず、これを理由として、開示の請求を拒むことはできないと考えられる。

　もっとも、金融機関が、開示の請求を行った者に対し、開示の目的を尋ね、開示の目的を達成するために、必要な時期の出入金明細に限って開示の請求を行うよう促す

ことは可能であると考えられる。

| 10465 | 個人情報保護法違反の影響 |

金融機関が、個人情報保護法に違反した場合、どうなるか

| 結　論 |

　違反の内容次第では、是正勧告、是正命令などが発せられる可能性がある。

| 解　説 |

◆**是正勧告**　　個人情報保護委員会は、金融機関（個人情報取扱事業者）が個人情報保護法16〜18条、20〜22条、23条（4項を除く）、24条、25条、26条（2項を除く）、27条、28条（1項を除く）、29条2項もしくは3項、30条2項、4項もしくは5項、33条2項もしくは36条（6項を除く）などの規定に違反した場合において、個人の権利利益を保護するため必要があると認めるときは、その金融機関（個人情報取扱事業者）に対し、その違反行為の中止その他違反を是正するために必要な措置をとるべき旨を勧告できる（同法42条1項）。これを「是正勧告」という。

　是正勧告の対象となる違反行為は、①利用目的による制限（個人情報保護法16条）、②適正取得（同法17条）、③取得に際しての利用目的の通知等（同法18条）、④安全管理措置（同法20条）、⑤従業者の監督（同法21条）、⑥委託先の監督（同法22条）、⑦第三者提供の制限（同法23条）、⑧外国にある第三者への提供（同法24条）、⑨確

認・記録義務（同法25条・26条）、⑩保有個人データに関する事項の公表等（同法27条）、⑪開示（同法28条）、⑫訂正等（同法29条）、⑬利用停止等（同法30条）、⑭合理的な範囲での手数料の制定（同法30条2項）などに規定されている義務に違反する行為である。

データ内容の正確性の確保（個人情報保護法19条）、理由の説明（同法31条）、個人情報取扱事業者による苦情の処理（同法35条）の規定はいずれも努力義務であるため、これらの規定に違反する行為は是正勧告の対象とはされていない。

◆**是正命令**　個人情報保護委員会は、是正勧告を受けた金融機関（個人情報取扱事業者）が正当な理由がなくその勧告に係る措置をとらなかった場合において、個人の重大な権利利益の侵害が切迫していると認めるときは、その金融機関（個人情報取扱事業者）に対し、その勧告に係る措置をとるべきことを命ずることができる（個人情報保護法42条2項）。これを、「是正命令」という。

金融機関（個人情報取扱事業者）が、是正命令に違反した場合、6カ月以下の懲役または30万円以下の罰金に処される（個人情報保護法84条）。

◆**緊急命令**　また、個人情報保護委員会は、金融機関（個人情報取扱事業者）が個人情報保護法16条・17条・20〜22条、23条1項・24条・36条1項・2項・5項などの規定に違反した場合において、個人の重大な権利利益を害する事実があるため緊急に措置をとる必要があると認めるときは、その金融機関（個人情報取扱事業者）に対し、当該違反行為の中止その他違反を是正する

ために必要な措置をとるべきことを命ずることができる（同法42条3項）。

| 10466 | プライバシーポリシー |

プライバシーポリシーとは何か。また、プライバシーポリシーにはどのような事項を記載すべきか

■ **結　論**

　プライバシーポリシーとは、個人情報保護に関する考え方および方針に関する宣言を意味する。プライバシーポリシーには、関係法令等の遵守、個人情報を目的外に利用しないことなどを盛り込むことが望ましい。

■ **解　説**

◆**プライバシーポリシーの根拠規定**　金融分野個人情報保護ガイドラインでは、個人情報に対する取組方針をあらかじめわかりやすく説明することの重要性にかんがみ、金融機関（個人情報取扱事業者）は、「個人情報保護に関する考え方および方針に関する宣言」を策定し、インターネットのHPへの掲載、または、事務所の窓口等での掲示・備付け等により、公表することとされている（金融分野個人情報保護ガイドライン18条）。これを、「プライバシーポリシー」と呼んでいる。

◆**プライバシーポリシーの内容**　プライバシーポリシーの内容として、①関係法令等の遵守、個人情報を目的外に利用しないこと、および苦情処理に適切に取り組むこ

と等、個人情報保護への取組方針の宣言、②個人情報保護法18条における個人情報の利用目的の通知・公表等の手続についてのわかりやすい説明、③同法27条における開示等の手続等、個人情報の取扱いに関する諸手続についてのわかりやすい説明、④個人情報の取扱いに関する質問および苦情処理の窓口などを定めることが例示されている（金融分野個人情報保護ガイドライン18条1項）。

また、本人の権利利益保護の観点から、事業活動の特性、規模および実態に応じて、①保有個人データについて本人から請求があった場合にはダイレクトメールの発送停止など、自主的に利用停止等に応ずること、②委託の有無、委託する事務の内容を明らかにする等、委託処理の透明化を進めること、③事業者がその事業内容を勘案して顧客の種類ごとに利用目的を限定して示したり、事業者が本人の選択による利用目的の限定に自主的に取り組むなど、本人にとって利用目的がより明確になるようにすること、④個人情報の取得元またはその取得方法（取得源の種類等）を可能な限り具体的に明示することなどの記述を、プライバシーポリシーにできるだけ盛り込むことが望ましいとされている（金融分野個人情報保護ガイドライン18条2項）。

さらに、金融機関（個人情報取扱事業者）が、個人情報保護法32条に基づき、開示等の請求を受け付ける方法を定めた場合には、「プライバシーポリシー」と一体として、HP等に常時掲載等することとされている（金融分野個人情報保護ガイドライン15条1項）。

加えて、金融機関（個人情報取扱事業者）が個人情報保護法27条1項に基づき、保有個人データの利用目的等を本人の知りうる状態に置く方法として、この利用目的等を「プライバシーポリシー」と一体としてHP等に常時掲載等することが考えられる（金融分野個人情報保護ガイドライン12条）。

実際、金融機関（個人情報取扱事業者）が自行のWebサイトなどで公表しているプライバシーポリシーでは、上記の事項を一体として記載・公表しているものが多い。

10467　顧客からの苦情への対応

顧客から金融機関の個人情報の取扱いについて苦情を受けた場合、どのように対応すべきか

結　論

あらかじめ定めた苦情処理手順に従い、適切かつ迅速に苦情処理に努めることが必要であるが、他方で、苦情の形式を借りた不当要求に対しては、毅然とした態度で臨む必要がある。

解　説

◆**法令・金融分野個人情報保護ガイドラインの規定**　個人情報保護法35条では、個人情報取扱事業者に対し、個人情報の取扱いに関する苦情の適切かつ迅速な処理に努めるよう求め（同条1項）、また、この目的を達成するために必要な体制の整備に努めるよう求めている（同条2項）。

また、金融分野ガイドラインは、個人情

報保護法35条2項の「必要な体制の整備」の具体例として、個人情報保護委員会のガイドラインに例示されているもののほか、苦情処理に当たる従業者への十分な教育・研修などを例示している（金融分野個人情報保護ガイドライン16条）。

◆**留意点**　苦情受付窓口の設置にあたっては、上記の各規定の趣旨に照らし、本人の利便性に欠けることのないよう配慮することが望ましい。

　また、営業店においては、苦情処理の受付窓口ではない渉外担当の従業員が顧客から個人情報の取扱いに関する苦情の申出を受けることも少なくないと考えられる。このような場合に備えて、渉外担当の従業員が当該苦情を苦情処理の受付窓口に誘導するなど適切な初動が行えるよう、苦情処理の受付方法・苦情処理手順の概要について、渉外担当の従業員にも周知・徹底しておくことが、「苦情の適切かつ迅速な処理」の観点から重要であると考えられる。

10468　反社会的勢力に関する個人情報①

金融機関が反社会的勢力との取引関係の遮断のために反社会的勢力に関する情報を取得する際、本人にその利用目的を通知・明示する必要があるか

結　論

　本人に利用目的を通知・明示する必要はないと考えられる。

解　説

◆**個人情報該当性**　金融機関が反社会的勢力との取引関係を遮断するためには、反社会的勢力に当たる個人の氏名・生年月日などの反社会的勢力を特定できる具体的な情報を取得する必要がある。

　こうした具体的な情報は、「生存する個人に関する情報」であって、「当該情報に含まれる氏名、生年月日その他の記述等により特定の個人を識別することができるもの」（個人情報保護法2条1項1号）に当たるから、こうした情報も「個人情報」に当たり、その取扱いにあたり個人情報保護法上の規制の適用を受けることになる。

◆**政府の考え方**　金融機関が、反社会的勢力の不当要求に対して毅然と対処し、その被害を防止するためには、金融機関において、自ら業務上取得した反社会的勢力の情報をデータベース化し、反社会的勢力による被害防止のために利用することが重要かつ必要になる。

　他方で、金融機関（個人情報取扱事業者）が反社会的勢力に関する個人情報を取得・利用することが個人情報保護法に違反しないかという点にも注意する必要がある。

　この点について、政府が平成19年6月19日に公表した「企業が反社会的勢力による被害を防止するための指針に関する解説」における整理が参考になる。これは、同日に政府が公表した「企業が反社会的勢力による被害を防止するための指針」の内容を解説したものである。

　以下、「企業が反社会的勢力による被害を防止するための指針に関する解説」を参考に解説する。

◆**利用目的の通知・明示の要否**　金融機関（個人情報取扱事業者）は、個人情報を取得した場合は、あらかじめその利用目的を公表している場合を除き、速やかに、その利用目的を本人に通知し、または公表しなければならない（個人情報保護法18条1項）。また、金融機関（個人情報取扱事業者）が、本人との間で契約を締結することに伴って契約書その他の書面（電磁的記録を含む）に記載された当該本人の個人情報を取得する場合その他本人から直接書面に記載された当該本人の個人情報を取得する場合は、あらかじめ、本人に対し、その利用目的を明示しなければならない（同条2項）。

　もっとも、「利用目的を本人に通知し、又は公表することにより本人又は第三者の生命、身体、財産その他の権利利益を害するおそれがある場合」や「利用目的を本人に通知し、又は公表することにより当該個人情報取扱事業者の権利又は正当な利益を害するおそれがある場合」には上記の利用目的の通知、公表、明示は不要とされている（個人情報保護法18条4項）。

　金融機関が、反社会的勢力の個人情報を取得する場面において、利用目的を本人に通知・公表・明示することにより、金融機関やその従業員等に危害が加えられる、あるいは金融機関に不当要求等がなされる等のおそれがある場合、個人情報保護法18条4項1号（本人または第三者の生命、身体または財産その他の権利利益を害するおそれがある場合）および2号（事業者の正当な権利または利益を害するおそれがある場合）に当たり、本人に利用目的を通知・公表・明示する必要はないと考えられる。

金融機関が反社会的勢力との取引関係の遮断のために反社会的勢力に関する情報を利用することは、個人情報保護法に反しないか

結　論

個人情報保護法に反しないと考えられる。

解　説

◆**反社情報の利用の適法性**　金融機関が公表している個人情報の利用目的は非常に広い。金融機関が反社会的勢力に関する個人情報を利用することは、通常、この利用目的に含まれると考えられる。

　たとえば、来店者が反社会的勢力に当たるため、金融機関が預金口座の開設を拒絶することは、金融機関が公表している利用目的のうち、「犯罪収益移転防止法に基づくご本人さまの確認等や、金融商品やサービスをご利用いただく資格等の確認のため」に当たる。

　また、債務者が反社会的勢力に当たるため、金融機関が銀行取引約定書の反社会的勢力排除条項を根拠に期限の利益を喪失させ、貸付金の回収を行うことは、「お客さまとの契約や法律等に基づく権利の行使や義務の履行のため」に当たる。

　このように、金融機関が反社会的勢力に関する個人情報を利用し、反社会的勢力との取引関係を遮断することは、通常、金融機関が公表している利用目的に含まれ、適法であると考えられる。

◆**個人情報の目的外利用の適法性**　万が一、金融機関が公表している個人情報の利用目的の達成のために必要な範囲内に収まらない場合には、どのように考えたらよいのであろうか。

金融機関は、あらかじめ本人の同意を得ないで、特定された利用目的の達成に必要な範囲を超えて、個人情報を取り扱うことはできないが（個人情報保護法16条1項）、「人の生命、身体又は財産の保護のために必要がある場合であって、本人の同意を得ることが困難であるとき」には、本人の同意を得ないで個人情報を目的外利用することができる（同条3項）。

金融機関が反社会的勢力による被害防止という利用目的のもと、反社会的勢力の個人情報を利用することは、個人情報保護法16条3項2号（人の生命、身体または財産の保護のために必要がある場合であって、本人の同意を得ることが困難であるとき）に該当し、本人の同意がなくとも反社会的勢力の個人情報を利用することができると考えられる。

◆**開示請求への対応**　金融機関が保有する反社会的勢力に関する情報について、本人から保有個人データの開示の請求を受けた場合、金融機関はこれに応ずる必要があるであろうか。

金融機関が反社会的勢力の個人情報について保有していることが明らかになることにより、不当要求等の違法または不当な行為を助長したり、誘発するおそれもある。

このため、反社会的勢力に関する個人情報は、個人情報保護法施行令4条2号（存否が明らかになることにより、違法または不当な行為を助長し、または誘発するおそ

れがあるもの）に該当し、保有個人データから除外されると考えられる（個人情報保護法2条7項）。

したがって、これらの情報については開示等の請求の対象にならないと考えられる。

| 10470 | 個人情報データベース等不正提供罪 |

個人情報データベース等不正提供罪とはどのような犯罪か

結　論

個人情報取扱事業者の役員、従業員等が個人情報データベース等を不正に取り扱った場合に成立する犯罪である。

解　説

◆**構成要件および法定刑**　個人情報取扱事業者（その者が法人（法人でない団体で代表者または管理人の定めのあるものを含む）である場合にあっては、その役員、代表者または管理人）もしくはその従業者またはこれらであった者が、その業務に関して取り扱った個人情報データベース等（その全部または一部を複製し、または加工したものを含む）を自己もしくは第三者の不正な利益を図る目的で提供し、または盗用したときは、1年以下の懲役または50万円以下の罰金に処する（個人情報保護法83条）。

この構成要件および法定刑（罰則）は、平成29年5月30日から施行された改正個人情報保護法において新設されたものである。

◆**故意に盗用した者への罰則**　従来、個人情報取扱事業者の従業員が、故意に、個

人情報取扱事業者が取り扱う個人情報デー タベース等を、不正の利益を図る目的で第 三者に提供したり、盗用した場合であって も、従業員個人に対する刑事罰がなく、従 業員に対する不正行為抑止のためのけん制 に欠けるといわれてきた。

上記罰則の新設は、こうした指摘に対応 したものであると考えられる。

◆**過失による漏えいへの不適用** 従業員 に上記罰則が適用されるためには、従業員 に故意（罪を犯す意思）があるほか、不正 な利益を図る目的が必要である。したがっ て、過失により個人情報データベース等を 外部に漏えいさせてしまったとしても、上 記罰則が適用されるわけではない。

| 10471 | 預金業務上の留意点 |

預金業務において、個人情報保護法等との 関係で留意すべき点は何か

結　論

口座開設時には、利用目的の明示とセン シティブ情報の取得などに留意する必要が ある。また、口座情報の利用・提供時にも、 個人情報保護法等に違反していないかどう かに留意する必要がある。

解　説

◆**口座開設時** 金融機関は、預金口座開 設依頼書において、預金者の氏名・住所・ 電話番号などを取得する。預金口座開設依 頼書に記載された上記の情報は、その情報 自体によって特定の個人を識別することが

できるから、預金者の個人情報に当たる。 そのため、金融機関（個人情報取扱事業 者）は、預金者に対し、利用目的を明示し なければならない（個人情報保護法18条2 項）。

また、金融機関は、犯罪収益移転防止法 に従い、預金取引開始時に、取引時確認の ため、預金者から本人確認書類の提示を受 けることがあり、また、実務では、預金者 の同意を得て、その写しをとることがある。

本人確認書類のなかには、本籍地などの センシティブ情報が記載されているものも ある。犯罪収益移転防止法は本人確認書類 の提示を義務づけているが、前述したとお り、実務では本人確認書類の写しを取得す る場合があるため、センシティブ情報の原 則取得禁止（金融分野個人情報保護ガイド ライン5条1項）との関係をどのように考 えるかが問題となる。

金融分野個人情報保護ガイドライン5条 1項の努力措置を講ずる場合には、たとえ ば、本人確認資料の本籍地の記載を黒塗り して取得するなどの配慮を行うことになる。

◆**口座情報の利用** 金融機関（個人情報 取扱事業者）は、あらかじめ特定し公表し ている利用目的の範囲内において、預金者 の預金口座に関する情報（異動を含む）を 利用することができる。金融機関（個人情 報取扱事業者）が特定し公表している個人 情報の利用目的の記載は、金融機関が営む ことができる業務すべてを含んでいるから、 法令等に別段の定めがある場合を除き、預 金者の預金口座に関する情報（異動を含 む）は、金融機関が営むことができる業務 に利用できる。法令等における別段の定め として、保険業法上の弊害防止措置、セン

シティブ情報の利用規制（金融分野個人情報保護ガイドライン5条：努力措置）などがある。

◆口座情報の第三者提供　　金融機関は、預金業務等において収受した財産が犯罪による収益である疑いがある場合などにおいては、速やかに、一定の事項を当局に届け出なければならない（犯罪収益移転防止法8条1項。疑わしい取引の届出）。疑わしい取引の届出は、法令に基づき、金融機関に届出義務が課せられているものであるから、この届出にあたり、顧客本人の同意を得る必要はない（個人情報保護法23条1項1号。むしろ犯罪収益移転防止法上、金融機関には届出を行うことなどについて秘密保持義務が課せられている）。

10472	為替業務上の留意点

為替業務において、個人情報保護法との関係で留意すべき点は何か

結　論

　為替業務においては、**個人データの第三者提供が発生するから、その適法性が問題となる。**

解　説

◆為替業務における個人情報　　為替業務とは、隔地者間で直接現金を輸送せずに資金を移動する仕組みを利用して、資金を移動することを内容とする依頼を受けてこれを引き受けること、または、これを引き受けて遂行することをいう。

　為替取引の一つである振込取引では、金融機関（仕向金融機関）は、振込依頼人から、振込依頼人の氏名・振込金額など振込取引に関する情報を取得する。これらの情報は、振込依頼人の個人情報に当たる。なぜならば、これらの情報によって特定の個人（振込依頼人）を特定することができるからである。

　また、窓口において振込依頼を受ける場合、金融機関（仕向金融機関）は、振込依頼人から、受取人の氏名や取引金融機関・預金口座などの情報を取得する。これらの情報によって特定の個人を識別できる場合には、これも（受取人の）個人情報に当たる。

◆振込取引と第三者提供　　隔地者間の資金移動を目的とする振込取引では、資金とともに個人データも移動する。具体的には、窓口による振込依頼の場合、振込依頼人は、仕向金融機関に対し、受取人の氏名、取引金融機関・支店名、預金の種目および預金口座番号などを記載した振込依頼書を提出する。仕向金融機関は、この振込依頼書に基づき、被仕向金融機関に対し、振込通知を発する。

　前述したとおり、振込依頼書に記載された振込依頼人および受取人の氏名、取引金融機関・支店名、預金口座番号、振込金額などは、振込依頼人および受取人の個人情報であり、また個人データであると考えられる。

　そこで、仕向金融機関から被仕向金融機関に振込人および受取人の個人データが提供されていることになり、これを、個人情報保護法23条との関係で、どのように整理するかが問題となる。

◆**個人情報保護法23条１項との関係**　振込取引に伴う個人データの提供を「第三者提供」と考えると、仕向金融機関による被仕向金融機関への個人データの提供について、振込依頼人・受取人があらかじめ同意していることが必要となる。そこで、振込依頼人および受取人の同意があるか否かについて、検討する。

　まず、振込依頼人について検討すると、振込規定には、仕向金融機関が振込依頼人の依頼に基づき、被仕向金融機関に対し振込通知を発信する旨の定めが置かれているのが一般的である。したがって、振込依頼人の個人データが被仕向金融機関に提供されることについては、振込依頼人の同意があるものと考えられる。

　次に、受取人の同意の有無について検討すると、受取人は、振込依頼人に振込送金を依頼するため、自己の取引金融機関や口座番号を自ら連絡しているのであるから、振込取引に関し、仕向金融機関と自己の取引金融機関（被仕向金融機関）間で受取人の個人データが授受されることについて、同意していると考えられる。

10473　コールセンター業務上の留意点

コールセンター業務において、個人情報保護法との関係で留意すべき点は何か

結　論

　コールセンターにおいて個人顧客との会話を録音する場合、録音データの利用目的によっては、個人顧客に対し利用目的の明

示が必要となる場合がある。

解　説

◆**利用目的の明示**　金融機関（個人情報取扱事業者）は、本人との間で契約を締結することに伴って契約書その他の書面（電子的方式、磁気的方式その他人の知覚によっては認識することができない方式でつくられる記録を含む）に記載された当該本人の個人情報を取得する場合、その他本人から直接書面に記載された当該本人の個人情報を取得する場合は、あらかじめ本人に対し、その利用目的を明示しなければならない（個人情報保護法18条２項）。

　「書面」による取得のなかには、電磁的方法による取得が含まれるため、コールセンターと個人顧客の間の通話内容を録音する場合（磁気的方式により記録する場合）には、個人情報保護法18条２項に基づき、利用目的の明示が必要になると考えられる。

　利用目的の明示方法としては、①コールセンターで電話を受け付けた際に、自動応答メッセージを流し、電話での会話内容を録音していることや、どのような利用目的で録音データを利用するのかを簡潔に説明する方法、②フリーダイヤルを掲載する媒体（書面やWebサイト）の電話番号を記載している箇所の近くに、上記と同じ内容を記載することなどが考えられる。

◆**利用目的の明示が不要である場合**　個人情報保護法18条４項は、前記原則の例外として、①利用目的を本人に通知し、または公表することにより本人または第三者の生命、身体、財産その他の権利利益を害するおそれがある場合、②利用目的を本人に通知し、または公表することにより当該個

人情報取扱事業者の権利または正当な利益を害するおそれがある場合、③国の機関または地方公共団体が法令の定める事務を遂行することに対して協力する必要がある場合であって、利用目的を本人に通知し、または公表することにより当該事務の遂行に支障を及ぼすおそれがあるとき、④取得の状況からみて利用目的が明らかであると認められる場合には、利用目的の明示を要しない旨を定めている。

◆本問の検討　コールセンターの通話内容を録音したものをどのように利用するかは金融機関によって異なると考えられるが、金融機関による利用が「取得の状況からみて利用目的が明らかであると認められる場合」（個人情報保護法18条4項4号）に当たる範囲内にとどまっているのであれば、利用目的の明示は不要であると考えられる。

10474　融資業務上の留意点

融資業務において、個人情報保護法等との関係で留意すべき点は何か

結　論

　①利用目的の明示・同意の取得、②個人信用情報機関への照会・登録に関する同意取得などに留意する必要がある。

解　説

◆利用目的の明示・同意　金融機関（個人情報取扱事業者）は、本人との間で契約を締結することに伴って契約書その他の書面（電磁的記録等を含む）に記載された当該本人の個人情報を取得する場合など、本人から直接書面等に記載された個人情報を取得する場合には、原則として、あらかじめ本人に対してその利用目的を明示しなければならない（個人情報保護法18条2項）。

　また、金融機関（個人情報取扱事業者）は、与信事業においては、利用目的を明示する書面に確認欄を設けること等により、利用目的について本人の同意を得ることが望ましいこととされている（金融分野個人情報保護ガイドライン6条2項）。この場合、契約書等において、利用目的は他の契約条項等と明確に分離して記載することが望ましく、また、金融機関（個人情報取扱事業者）は、取引上の優越的な地位を不当に利用し、与信の条件として、与信事業において取得した個人情報を当該業務以外の金融商品のダイレクトメールの発送等に利用することを同意させる行為を行うべきでない（金融分野個人情報保護ガイドライン2条3項）。

◆個人信用情報機関への照会・登録の同意
個人信用情報機関の会員である金融機関は、個人顧客から借入申込を受けた際、個人信用情報機関に照会を行い、その結果を与信判断に役立てている。保証会社の保証付ローン契約の場合には、保証会社が照会を行い、金融機関は保証会社から保証諾否の回答だけを受領していることも多い。

　銀行等が個人信用情報機関に照会をした場合、その情報が個人信用情報機関に蓄積され、他の金融機関に対しても提供されるが、金融機関および保証会社は、個人信用情報機関への照会に先立ち、ローン申込者から、申込書において、個人信用情報機関への照会および照会記録情報の登録につき

同意を得ている。

　また、個人信用情報機関の会員である金融機関は、個人顧客と融資契約を締結した場合、個人信用情報機関に借入日・借入額などの契約内容を登録し、融資契約成立後、延滞・保証会社による代位弁済・担保権実行などの事由が発生した場合には、銀行等が個人信用情報機関にその旨を登録するが、これらについても契約者から同意を得ている。

第 6 節

顧客情報管理

10475　業法上の規制

顧客情報の管理について、業法上、どのような規制が設けられているか

結　論

　銀行法では、①個人顧客情報の安全管理措置、②返済能力情報の取扱い、③センシティブ情報の取扱いについて定めを設けている。

解　説

◆体制整備義務　銀行法12条の２第２項は、「銀行は、内閣府令で定めるところにより、その業務に係る重要な事項の顧客への説明、その業務に関して取得した顧客に関する情報の適正な取扱い、その業務を第三者に委託する場合における当該業務の的確な遂行その他の健全かつ適切な運営を確保するための措置を講じなければならない」と定め、銀行等に対し、顧客情報の管理に関する体制整備を行うよう義務づけている。

◆個人顧客情報の安全管理措置等　前記

の規定を受けて、銀行法施行規則13条の６の５では、「銀行は、その取り扱う個人である顧客に関する情報の安全管理、従業者の監督及び当該情報の取扱いを委託する場合にはその委託先の監督について、当該情報の漏えい、滅失又はき損の防止を図るために必要かつ適切な措置を講じなければならない」と定めている。

　銀行法施行規則のこの規定は、個人情報保護法20条の安全管理措置と同等の措置を講ずることを求めるものである。

◆返済能力情報の取扱い　また、銀行法施行規則13条の６の６では、「銀行は、信用情報に関する機関（資金需要者の借入金返済能力に関する情報の収集及び銀行に対する当該情報の提供を行うものをいう。）から提供を受けた情報であつて個人である資金需要者の借入金返済能力に関するものを、資金需要者の返済能力の調査以外の目的のために利用しないことを確保するための措置を講じなければならない」と定めている。

　「金融分野における個人情報保護に関するガイドライン」（以下「金融分野個人情報保護ガイドライン」という）11条２項では、「金融分野における個人情報取扱事業

者は、個人信用情報機関から得た資金需要者の返済能力に関する情報については、当該資金需要者の返済能力の調査以外の目的に使用することのないよう、慎重に取り扱うこととする」と定め、個人信用情報について目的外利用を禁じているが、前記の銀行法施行規則はこれを遵守するための体制整備を銀行等に求めたものである。

◆センシティブ情報の取扱い　銀行法施行規則13条の6の7では、「銀行は、その取り扱う個人である顧客に関する人種、信条、門地、本籍地、保健医療又は犯罪経歴についての情報その他の特別の非公開情報（その業務上知り得た公表されていない情報をいう。）を、適切な業務の運営の確保その他必要と認められる目的以外の目的のために利用しないことを確保するための措置を講じなければならない」と定めている。

特別の非公開情報とはセンシティブ情報と同義である。銀行法施行規則の上記規定は、金融分野個人情報保護ガイドラインのセンシティブ情報の取扱いに関する規制（金融分野個人情報保護ガイドライン5条）に対応し、これを遵守するための体制整備を銀行等に求めたものである。

10476　中小・地域監督指針上の規制

顧客情報管理について、中小・地域監督指針上、どのような規制が設けられているか

結　論

個人情報・法人情報の双方の管理態勢に関する着眼点のほか、それぞれの情報について固有の着眼点をあげている。

解　説

◆顧客情報管理全般　中小・地域監督指針では、「顧客等に関する情報管理態勢」として、個人情報・法人情報に共通する監督上の着眼点として、次の5点をあげている。

① 経営陣は、顧客等に関する情報管理の適切性を確保する必要性および重要性を認識し、適切性を確保するための組織体制の確立（部門間における適切なけん制の確保を含む）、社内規程の策定等、内部管理態勢の整備を図っているか。

② 顧客等に関する情報の取扱いについて、具体的な取扱基準を定めたうえで、研修等により役職員に周知徹底しているか。特に、当該情報の他者への伝達については、コンプライアンス（顧客に対する守秘義務、説明責任）およびレピュテーションの観点から検討を行ったうえで取扱基準を定めているか。

③ 顧客等に関する情報へのアクセス管理の徹底（アクセス権限を付与された本人以外が使用することの防止等）、内部関係者による顧客等に関する情報の持出しの防止に係る対策、外部からの不正アクセスの防御等情報管理システムの堅牢化、店舗の統廃合等を行う際の顧客等に関する情報の漏えい等の防止などの対策を含め、顧客等に関する情報の管理が適切に行われているかを検証できる体制とすること。また、特定職員に集中する権限等の分散や、幅広い権限等を有する職員への管理・けん制の強化を図る等、顧客等に関する情報を利用した不正行為を防止

するための適切な措置を図ること。

④　顧客等に関する情報の漏えい等が発生した場合に、適切に責任部署へ報告され、2次被害等の発生防止の観点から、対象となった顧客等への説明、当局への報告および必要に応じた公表が迅速かつ適切に行われる体制を整備すること。また、情報の漏えい等が発生した原因を分析し、再発防止に向けた対策が講じられているか。さらには、他社における漏えい事故等をふまえ、類似事例の再発防止のために必要な措置の検討を行っているか。

⑤　独立した内部監査部門において、定期的または随時に、顧客等に関する情報管理に係る幅広い業務を対象にした監査を行っているか。また、顧客等に関する情報管理に係る監査に従事する職員の専門性を高めるため、研修の実施等の方策を適切に講じているか。

◆**個人情報管理**　　個人顧客情報については、個人情報保護法・金融分野個人情報保護ガイドラインと同じ内容を、監督上の着眼点としてあげている。

　また、クレジットカード情報等（クレジットカード情報（カード番号、有効期限等）を含む個人情報のこと）について、①利用目的その他の事情を勘案した適切な保存期間を設定し、保存場所を限定し、保存期間経過後適切かつ速やかに廃棄すること、②業務上必要とする場合を除き、クレジットカード情報等をコンピュータ画面に表示する際には、カード番号をすべて表示させない等の適切な措置を講ずること、③独立した内部監査部門において、クレジットカード情報等を保護するためのルールおよびシステムが有効に機能しているかについて、

定期的または随時に内部監査を行うことを求めている。

◆**法人関係情報の管理**　　金融機関は、法人関係情報（金商業等府令1条4項14号）を入手しうる立場であることから、その厳格な管理と、インサイダー取引等の不公正な取引の防止が求められる。

　中小・地域監督指針では、この点に関し、「法人関係情報を利用したインサイダー取引等の不公正な取引の防止」のなかで、次の3点を監督上の着眼点としてあげている。

①　役職員による有価証券の売買その他の取引等に係る社内規則を整備し、必要に応じて見直しを行う等、適切な内部管理態勢を構築すること。

②　役職員によるインサイダー取引等の不公正な取引の防止に向け、職業倫理の強化、関係法令や社内規則の周知徹底等、法令等遵守意識の強化に向けた取組みを行うこと。

③　法人関係情報を入手しうる立場にある銀行の役職員が当該法人関係情報に関連する有価証券の売買その他の取引等を行った際には、報告を義務づける等、不公正な取引を防止するための適切な措置を講ずること。

| 10477 | 金融検査マニュアル上の規制 |

顧客情報管理について、金融検査マニュアル上、どのような規制が設けられているか

結　論

　金融検査マニュアルでは、顧客情報管理

態勢に関し、①顧客情報管理規程などの内部規程等の策定、②システム対応を含めた顧客情報管理の実施について、検査上のチェック項目を設けている。

解　説

◆**内部規程等の策定**　内部規程として策定が求められているものは、①顧客情報管理規程と②顧客情報管理マニュアルである。

このうち、①の顧客情報管理規程は、顧客保護等管理方針にのっとり、顧客情報管理の適切性を確保するための組織体制および顧客情報管理に関するモニタリングの方法を決定し、当該業務についての管理を行うための取決めを定めた内部規程である。

顧客情報管理規程は、リーガル・チェック等を経て、取締役会等の承認を受けたうえで、金融機関内に周知される必要がある。

また、②の顧客情報管理マニュアルは、顧客保護等管理方針および顧客情報管理規程にのっとり、顧客情報管理の方法および遵守すべき手続等を定めた業務細則である。

◆**内部規程の内容**　顧客情報管理規程では、管理を行うための組織体制、権限・役割、方法等を明確に定める必要がある。

また、顧客情報管理マニュアルでは、①管理の対象となる帳票や電子媒体等、②管理の対象となる帳票や電子媒体等に関し、収納する場所、廃棄方法等適切に管理するための方法、③アクセスできる役職者の範囲、④アクセス権の管理方法、⑤顧客情報を外部に持ち出す場合の顧客情報の漏えいを防止するための取扱方法、⑥漏えい事故が発生した場合の対応方法などについて平易に定める必要がある。

◆**顧客情報管理の実施**　顧客情報管理の

実施に関しては、システム対応に関するチェック項目がある点が特徴的である。

具体的には、金融機関が、システム担当部門またはシステム担当者を通じ次のような対応を行っているかについて検証することとしている。

① 顧客情報のプリントアウトやダウンロードについて、適切な方法により、利用目的に応じたデータの内容・量の制限を行っているか。

② 顧客情報へのアクセスについて、職制や資格に応じて必要な範囲内に制限しているか。

③ 顧客の重要情報について、アクセス記録を保有し、検証しているか。

④ 顧客の重要情報へのアクセスについて、管理者と担当者の分離等により相互けん制を図っているか。

⑤ パソコンやホストコンピュータ等に保存された顧客情報データについて、顧客情報データベースへのアクセスにおけるパスワードの設定や認証システムの整備、暗号化等により保護されているか。

⑥ 外部委託先との間における顧客情報のやり取りに関しては、システム上必要な保護措置を講じているか。

10478　顧客情報の外部委託

顧客情報の取扱いを第三者に委託する場合、どのような点に注意する必要があるか

結　論

個人情報保護法上の規制のほか、金融検

査マニュアルの内容などに留意する必要がある。

◆**二つの規制**　顧客情報の取扱いを外部に委託する場合、銀行法上の外部委託に関する規制と個人情報保護法に関する規制（個人情報保護法22条）の二つに注意する必要がある。

　すなわち、銀行法12条の2第2項は、「銀行は、内閣府令で定めるところにより、その業務に係る重要な事項の顧客への説明、その業務に関して取得した顧客に関する情報の適正な取扱い、その業務を第三者に委託する場合における当該業務の的確な遂行その他の健全かつ適切な運営を確保するための措置を講じなければならない」と定め、銀行等に対し外部委託管理態勢を構築するよう求めている。

　銀行等が顧客情報の取扱いを第三者に委託する場合、「業務を第三者に委託」していることに当たる場合があるから、この場合には外部委託に関する法規制の適用を受けることになる（外部委託に関する規制につき【10480】参照）。

◆**外部委託先管理体制**　金融検査マニュアルでは、「外部委託先に対する顧客情報保護の徹底」と題して、次の4点をチェック項目としてあげている。

① 取締役会等は、顧客情報について、委託契約等に基づく外部委託先が取り扱う顧客情報の性質および量等に応じた取扱いルールおよび責任を明確に定めているか。

② 取締役会等は、外部委託先の管理について責任部署を明確にし、当該責任部署に顧客情報管理担当者を置いているか。

③ 取締役会等は、外部委託先の顧客情報管理が定期的に点検される態勢を整備しているか。

④ 取締役会等は、顧客情報保護のための施策が委託先に適切に伝達され、また、委託先の事故等が責任部署に対して迅速かつ正確に報告される態勢を整備しているか。

◆**契約上の措置等**　金融検査マニュアルでは、外部委託先における顧客情報管理のための措置（顧客情報保護措置）として、外部委託契約において、①顧客情報の目的外使用の禁止・守秘義務を課する等の措置、②個人である顧客に関する情報の取扱いを委託する場合には、適切に取り扱われるよう外部委託先に対する適切な監督が行われるための措置を講ずるという点をチェック項目としてあげている。

　また、金融機関と外部委託先との間のデータの授受に関し、「外部委託先との間における顧客情報のやり取りに関しては、システム上必要な保護措置を講じているか」というチェック項目をあげている。

◆**民事上の責任**　顧客情報の取扱いを外部に委託した場合、委託元である金融機関は、外部委託先の行為の結果（漏えい等）について責任を負うのであろうか。

　外部委託先の行為について外部委託先に故意・過失が認められる場合、通常は、金融機関についても故意・過失があるものと評価され、金融機関は、その顧客に対し、債務不履行責任を負うことが多いと考えられる。

金融機関がクラウドを導入する場合、どのような点に注意する必要があるか

結　論

　個人情報保護法や銀行法上の外部委託規制などに留意する必要がある。

解　説

◆個人情報保護法との関係　金融機関の基幹システムにクラウドを導入する場合、個人データの取扱いの全部または一部の委託が生ずる可能性がある。この場合には個人情報保護法上の規制に留意する必要がある。

　すなわち、金融機関（個人情報取扱事業者）は、個人データの取扱いの全部または一部を委託する場合は、その取扱いを委託された個人データの安全管理が図られるよう、委託を受けた者に対する必要かつ適切な監督を行わなければならない（個人情報保護法22条）。

　この監督は、個人データが漏えい、滅失またはき損等をした場合に本人が被る権利利益の侵害の大きさを考慮し、事業の性質および個人データの取扱状況等に起因するリスクに応じたものとする必要がある（金融分野個人情報保護ガイドライン10条1項）。基幹システムに係る委託の場合には、最も厳格なレベルの外部委託先管理が求められると考える。

　金融機関（個人情報取扱事業者）は、個人データを適正に取り扱っていると認めら

れる者を選定し委託するとともに、取扱いを委託した個人データの安全管理措置が図られるよう、個人データの安全管理のための措置を委託先においても確保しなければならない。

　具体的には、金融機関は、①個人データの安全管理のため、委託先における組織体制の整備および安全管理に係る基本方針・取扱規程の策定等の内容を委託先選定の基準に定め、②委託者の監督・監査・報告徴収に関する権限、委託先における個人データの漏えい・盗用・改ざんおよび目的外利用の禁止、再委託に関する条件および漏えい等が発生した場合の委託先の責任を内容とする安全管理措置を委託契約に盛り込むとともに、定期的または随時に当該委託契約に定める安全管理措置の遵守状況を確認する必要がある（金融分野個人情報保護ガイドライン10条3項）。

◆外部委託先規制　銀行法12条の2第2項は、「銀行は、内閣府令で定めるところにより、その業務に係る重要な事項の顧客への説明、その業務に関して取得した顧客に関する情報の適正な取扱い、その業務を第三者に委託する場合における当該業務の的確な遂行その他の健全かつ適切な運営を確保するための措置を講じなければならない」と定め、銀行等に対し外部委託先管理態勢を構築するよう求めている。

　これを受けて、銀行法施行規則13条の6の8は、銀行等は、その業務を第三者に委託する場合には、当該業務の内容に応じ、①当該業務を的確、公正かつ効率的に遂行することができる能力を有する者に委託するための措置、②当該業務の受託者における当該業務の実施状況を、定期的にまたは

必要に応じて確認すること等により、受託者が当該業務を的確に遂行しているかを検証し、必要に応じ改善させる等、受託者に対する必要かつ適切な監督等を行うための措置、③受託者が行う当該業務に係る顧客からの苦情を適切・迅速に処理するために必要な措置、④受託者が当該業務を適切に行うことができない事態が生じた場合には、他の適切な第三者に当該業務を速やかに委託する等、当該業務に係る顧客の保護に支障が生じること等を防止するための措置、⑤銀行の業務の健全かつ適切な運営を確保し、当該業務に係る顧客の保護を図るため必要がある場合には、当該業務の委託に係る契約の変更・解除をする等の必要な措置を講ずるための措置を講じなければならないと定めている。

| 10480 | 銀行代理店における注意点 |

銀行代理店における顧客情報の取扱いに関し、どのような点に注意すべきか

結　論

個人情報保護法上の規制のほか、外部委託規制が銀行代理業者にも適用され銀行代理業者に対し監督義務がある点に注意する必要がある。

解　説

◆銀行代理業の意義　銀行代理業とは、銀行のために、①預金・定期積金等の受入れを内容とする契約の締結の代理・媒介、②資金の貸付・手形の割引を内容とする契約の締結の代理・媒介、③為替取引を内容とする契約の締結の代理・媒介のいずれかを行う営業をいう。

銀行代理業者（銀行代理業再受託者を含む）とは、銀行法52条の36第1項の許可を受けて銀行代理業を営む者をいう。また、所属銀行とは、銀行代理業者の代理・媒介によって、①預金・定期積金等の受入れを内容とする契約、②資金の貸付・手形の割引を内容とする契約、③為替取引を内容とする契約を締結する銀行のことをいう。

◆外部委託規制　銀行法12条の2第2項は、「銀行は、内閣府令で定めるところにより、その業務に係る重要な事項の顧客への説明、その業務に関して取得した顧客に関する情報の適正な取扱い、その業務を第三者に委託する場合における当該業務の的確な遂行その他の健全かつ適切な運営を確保するための措置を講じなければならない」と定め、銀行等に対し外部委託先管理態勢を構築するよう求めている。

これを受けて、銀行法施行規則13条の6の8は、銀行等は、その業務を第三者に委託する場合には、当該業務の内容に応じ、①当該業務を的確、公正かつ効率的に遂行することができる能力を有する者に委託するための措置、②当該業務の受託者における当該業務の実施状況を、定期的にまたは必要に応じて確認すること等により、受託者が当該業務を的確に遂行しているかを検証し、必要に応じ改善させる等、受託者に対する必要かつ適切な監督等を行うための措置、③受託者が行う当該業務に係る顧客からの苦情を適切かつ迅速に処理するために必要な措置、④受託者が当該業務を適切に行うことができない事態が生じた場合に

は、他の適切な第三者に当該業務を速やかに委託する等、当該業務に係る顧客の保護に支障が生じること等を防止するための措置、⑤銀行の業務の健全かつ適切な運営を確保し、当該業務に係る顧客の保護を図るため必要がある場合には、当該業務の委託に係る契約の変更または解除をする等の必要な措置を講ずるための措置を講じなければならないと定めている。

これらの規定は銀行代理業者についても適用され、所属銀行は銀行代理業者について監督義務がある点が重要である（中小・地域監督指針参照）。

◆**個人情報保護法上の規制**　金融機関（個人情報取扱事業者）は、個人データの取扱いの全部または一部を委託する場合は、その取扱いを委託された個人データの安全管理が図られるよう、委託を受けた者に対する必要かつ適切な監督を行わなければならない（個人情報保護法22条）。

この監督は、個人データが漏えい、滅失またはき損等をした場合に本人が被る権利利益の侵害の大きさを考慮し、事業の性質および個人データの取扱状況等に起因するリスクに応じたものとする必要がある（金融分野個人情報保護ガイドライン10条1項）。銀行代理業者が取り扱う個人データは重要な顧客情報であるから、厳格なレベルの外部委託先管理が求められる。

金融機関（個人情報取扱事業者）は、個人データを適正に取り扱っていると認められる者を選定し委託するとともに、取扱いを委託した個人データの安全管理措置が図られるよう、個人データの安全管理のための措置を委託先においても確保しなければならない。

具体的には、金融機関は、①個人データの安全管理のため、委託先における組織体制の整備および安全管理に係る基本方針・取扱規程の策定等の内容を委託先選定の基準に定め、②委託者の監督・監査・報告徴収に関する権限、委託先における個人データの漏えい・盗用・改ざんおよび目的外利用の禁止、再委託に関する条件および漏えい等が発生した場合の委託先の責任を内容とする安全管理措置を委託契約に盛り込むとともに、定期的または随時に当該委託契約に定める安全管理措置の遵守状況を確認するなどしなければならない（金融分野個人情報保護ガイドライン10条3項）。

第7節

独占禁止法、景表法

第1項　独占禁止法

10481　金融実務と独占禁止法

金融実務における独占禁止法の位置づけおよび注意すべき事項は何か

結論

　金融業界における規制緩和の進展により、金融実務における独占禁止法の役割は増大しており、過去の違反事例に照らすと、特に、不当な取引制限（カルテル）、優越的地位の濫用および不当表示の禁止規定に抵触しないよう注意しなければならない。

解説

◆**規制緩和と独占禁止法**　　独占禁止法は、公正取引委員会（以下「公取委」という）により執行・運用され、価格と品質による競争を促すことにより、経済を活性化させ、国民経済を健全に発達させることを目的とし、金融業を含めたすべての産業界に適用される法律である。近年の大幅な規制緩和

の推進に伴い、規制の枠組みが事前規制型から企業の自己責任に基づく自由な事業活動を前提にした事後チェック型に移行した結果、自由かつ公正な競争活動を促進し、これを制限・阻害する事業活動のみを事後的に是正する独占禁止法のもつ役割が金融業においても著しく増大している。そこで、金融業の特徴と過去の違反事例をふまえ、特に以下の分野に注意する必要がある。

◆**不当な取引制限（カルテル）**　　不当な取引制限（カルテル）とは、価格、生産数量、技術、製品仕様、生産設備、ターゲットとする顧客や地域など、本来、各事業者が独自に決定するべき競争手段について競争業者間において合意（申合せ）をすることで、市場における競争を制限することを意味する（独占禁止法2条6項）。価格カルテル等では違反事業者に課徴金（原則最長3年分のカルテル対象商品の売上高の10％、繰り返し違反または主導的事業者に対しては15％、繰り返し違反かつ主導的事業者に対しては20％）を賦課され、悪質重大な事件は刑事告発の対象となる。

金融業は、かつての事前規制の影響から横並び意識が強いといわれているため、競争手段について各社が協調的行為に及ぶことがないよう注意が必要である。過去には、①銀行等が貸出金利の最高率と預金利率を協定した事件（昭22.12.22公取委審決集1巻1頁）、および②学費システムの口座振替の有料化・手数料額を合意した事件（平16.7.27公取委審決集51巻476頁）のほか、③有力都市銀行6行がATM営業時間について話合いを行ったことについて公取委より口頭警告を受けた事案（公取委発表昭53.11.15）、④大手銀行による土曜日ATM利用手数料の有料化について公取委より注意された事案がある（公取委発表平15.3.12）。

◆**不公正な取引方法の改正**　「不公正な取引方法」については、独占禁止法の平成21年改正により、①課徴金を賦課されうる「法定型」の不公正な取引方法と、②課徴金を賦課されない「指定型」の不公正な取引方法の2種類に区分されたことに注意を要する。平成21年改正前は、同法2条9項に規定された「公正な競争を阻害するおそれのある行為」について、公取委が告示を通じて16の具体的な禁止行為を指定し（昭和57年公取委告示第15号「一般指定」。以下「一般指定」という）、一般指定に該当する行為を実施した場合には排除措置命令のみが発せられ、課徴金は賦課されなかった。

しかし、不公正な取引方法のなかでも、競争および事業者に対する悪影響の度合いが強い違反行為に対しては、抑止効果を確保する観点から課徴金を賦課することが適切であるとされた。その結果、平成21年改正では、かつての一般指定のなかから、「共同の取引拒絶」、「再販売価格維持」、「差別対価」、「不当廉売」および「優越的地位の濫用」を、公取委の指定（告示）ではなく、法律（独占禁止法）により（法定型）の「不公正な取引方法」を定めて課徴金の賦課対象とし、それ以外の違反行為は、一般指定に規定するにとどめ、従前どおり課徴金は賦課しないこととされた。

◆**優越的地位の濫用**　金融実務との関係で、この平成21年改正が重要な意味をもつのは、優越的地位の濫用が課徴金賦課の対象となったことである。金融実務において最も問題が生じやすいのが、貸出先に対する「優越的地位の濫用」だからである。

貸出先の中小企業にとって借入れは事業資金調達方法としてきわめて重要なため、銀行から各種の要請を行われると、将来の融資等への影響を懸念して、意思に反する要請であっても応じる可能性がある。また、金融業では、貸出債権保全の必要から、貸出先の事業活動に関与したり、要請を行う機会も多い。

過去に優越的地位の濫用とされた事例には、①いわゆる両建預金の事案（最判昭52.6.20民集31巻4号449頁）、②大手銀行が貸出先に自行の金融商品である金利スワップを購入させた事案（平17.12.26勧告審決・公取委審決集52巻436頁、【10487】参照）、③銀行が貸出先の役員選任に干渉した事案（昭28.11.6勧告審決・公取委審決集5巻61頁、昭32.6.3勧告審決・公取委審決集9巻1頁、【10489】参照）がある。

◆**優越的地位の濫用に対する課徴金**　法定型の優越的地位の濫用に対しては、初回の違反行為から課徴金が賦課されるという

点において、他の法定型の不公正な取引方法よりも違反に対するペナルティがきびしいことに留意する必要がある（他の法定型の不公正な取引方法は初回の違反行為には課徴金が賦課されず、一定の期間内に再度違反行為を行った場合に課徴金が賦課されるにすぎない）。

課徴金は、法定型の優越的地位の濫用（独占禁止法2条9項5号）を「継続してする」場合に、賦課され（同法20条の6）、その額は、優越的地位の濫用行為を受けた相手方との売上額または購入額の1％である。融資取引に基づく優越的地位の濫用にあっては、貸出先に対する売上額とは金利分を指すものと思われる。算定率が1％とカルテルに比べると10分の1であり、低率にみえるものの、優越的地位の濫用は多数の取引先に対して行われやすいこと、また、最長3年間の売上額が基礎とされることを考えると、少なからぬ財務的なリスクを負う可能性があることに留意すべきである。

◆**その他の不公正な取引方法**　優越的地位の濫用以外に、金融実務で注意すべき不公正な取引方法については、公取委作成の「金融機関の業態区分の緩和及び業務範囲の拡大に伴う不公正な取引方法について」（公取委発表平16.12.1）および「金融機関と企業の取引慣行に関する調査報告書」（公取委発表平18.6.21）が参考となる。

◆**不当表示**　かつては、独占禁止法の特別法であり、現在は消費者庁が所管する景表法は、一般消費者に対する過大な景品類の提供や不当な表示について定めており、商品・役務の価格その他の取引条件に関する「有利誤認表示」を禁止している。また、景表法は、公取委の認定を受けたうえで、業界ごとに自主運用基準を決める公正競争規約制度を設けており、銀行業務では全国銀行公正取引協議会により「銀行業における表示に関する公正競争規約」が定められている。

一般消費者は、金融取引の内容やリスクについて十分な知識を有していないことから、金融商品や預金・融資取引については、内容・リスクについて十分かつ明確な表示を行うことが要請される。過去には、正式な法的措置には至らなかったものの、公取委から景表法違反の警告を受けた事例として、外貨定期預金事件（公取委発表平16.5.28）および住宅ローン事件（公取委発表平18.8.8）がある。

10482　特定関係者との間の取引等（銀行法13条の2）

特定関係者とは何か。どのような取引等が禁止されているか

結　論

特定関係者とは、銀行の子会社、主要株主、当該銀行を子会社とする銀行持株会社、当該銀行持株会社の子会社、当該銀行を所属銀行とする銀行代理業者その他の当該銀行と政令で定める特殊の関係のある者をいうが、その範囲は非常に広いことに注意が必要である。銀行と特定関係者またはその顧客との間における一定の取引等が禁止されている。

解　説

◆**銀行法13条の2（特定関係者との間の取**

引等）の概要　銀行は、その特定関係者またはその特定関係者の顧客との間で、次に掲げる取引または行為をしてはならないとされる（銀行法13条の２）。

① 当該特定関係者との間で行う取引で、その条件が当該銀行の取引の通常の条件に照らして当該銀行に不利益を与えるものとして内閣府令で定める行為（同条１号）

② 当該特定関係者との間または当該特定関係者の顧客との間で行う取引または行為のうち前号に掲げるものに準ずる取引または行為で、当該銀行の業務の健全かつ適切な遂行に支障を及ぼすおそれのあるものとして内閣府令で定める取引または行為（同条２号）

上記①の内閣府令で定める行為は銀行法施行規則14条の10、②の内閣府令で定める行為は同規則14条の11第１号から第３号に定められている。

◆趣旨・具体例　銀行法13条の２の定める禁止行為はアームズ・レングス・ルールと呼ばれるもので、特定関係者という「身内であるがゆえに成り立つ取引条件が結果として預金者などの利益を害するのを防止するための措置である」（小山嘉昭『詳解銀行法〔全訂版〕』242頁）。

「具体的な事例としては、グループ会社に優遇した条件で取引または行為を行うことであり、たとえば、貸出、権利や義務の承継、債権放棄、などでグループ会社に特に優遇した条件を与える、などがある」（前掲『詳解銀行法〔全訂版〕』242頁）。銀行法13条の２第１号が禁止する取引等は、特定関係者と銀行との間の取引等で銀行に不利益を与えるものであるのに対し、同条

２号は特定関係者だけでなくその顧客との間の取引も対象とし、また銀行に不利益を与えるものでなくとも銀行の業務の健全かつ適切な遂行に支障を及ぼすおそれがあるものも含まれていること（同法施行規則14条の11第２号）に注意が必要である。後者のうち特定関係者の顧客との取引の例としては、特定関係者である「証券子会社の顧客に異常に有利な条件で親銀行が融資をする」（前掲『詳解銀行法〔全訂版〕』242頁）ことがあげられる。また、銀行に有利な取引も含まれている理由は、「ディシプリンの効いていない仲間うちでの安易な取引ないし、不明朗な取引が結局は回り回って銀行グループ全体の不利益を招く可能性が高いためである」（前掲『詳解銀行法〔全訂版〕』243頁）とされる。

◆特定関係者　特定関係者とは「当該銀行の子会社、当該銀行の銀行主要株主、当該銀行を子会社とする銀行持株会社、当該銀行持株会社の子会社（当該銀行を除く。）、当該銀行を所属銀行とする銀行代理業者その他の当該銀行と政令で定める特殊の関係のある者をいう」（銀行法13条の２カッコ書）と定義され、銀行法施行令４条の２、同法施行規則14条の７に詳細が規定されている。

上記に定義される特定関係者の範囲は非常に広く、「支配力基準、影響力基準の運用で網羅したものであり、具体的には支配力基準、影響力基準による銀行の親法人すなわち銀行持株会社および実質的に銀行支配する会社などはすべてを含む。また、銀行持株会社の子会社、つまり銀行にとっての兄弟会社も含まれる。そして、銀行本体の子会社あるいは関連会社等も支配力基準、

影響力基準によりすべて特定関係者である
と定めている」（前掲『詳解銀行法〔全訂
版〕』243頁）ことに注意が必要である。

◆**例外**　銀行法13条の2の禁止には例外
が定められている。すなわち、「当該取引
又は行為をすることにつき内閣府令で定め
るやむを得ない理由がある場合において、
内閣総理大臣の承認を受けたときは、この
限りでない」（同条ただし書）。

　上記のやむをえない理由がある場合は銀
行法施行規則14条の8各号に定められてい
るが、基本的には銀行の特定関係者が経営
不振等に陥り、銀行による支援が必要な場
合であり、その場合であっても、特定関係
者との間の取引等の承認の申請をし、その
承認を得なければならない（同規則14条の
9）。

| 10483 | 独占禁止法に関係した銀行の業務に係る禁止行為（銀行法13条の3第3・4号） |

銀行法13条の3第3号にいう密接関係者と
は何か。同号ではどのような行為が禁止さ
れているか。また、同条4号に基づく内閣
府令でどのような行為が「顧客の保護に欠
けるおそれがあるもの」として追加的に禁
止されているか

結　論

　銀行と密接な関係を有する者とは銀行法
13条の2の特定関係者と同じく支配力基準、
影響力基準を網羅した非常に広い範囲の銀
行関係者を指す。同法13条の3第3号は銀
行が銀行または当該銀行の特定関係者等と
取引を行うことを条件とした信用の供与等
を禁止し、同条4号に基づき同法施行規則
が優越的地位の濫用等を禁止している。

解　説

◆**概要**　銀行法13条の3は銀行の業務に
係る禁止行為を定めているが、同条1号の
虚偽告知の禁止、同条2号のいわゆる断定
的判断の提供等の禁止以外に、下記の禁止
行為を定めている。

① 　顧客に対し、当該銀行または当該銀行
　の特定関係者その他当該銀行と内閣府令
　で定める密接な関係を有する者の営む業
　務に係る取引を行うことを条件として、
　信用を供与し、または信用の供与を約す
　る行為（同条3号）

② 　顧客の保護に欠けるおそれがあるもの
　として内閣府令で定める行為（同条4
　号）

　銀行法13条の3第3号が禁止する行為は、
銀行やその特定関係者等との取引を行うこ
とを条件として、信用供与（貸出等）を行
うことやその約束をすることであり、信用
供与者という銀行の優越的地位を利用して、
銀行が信用供与先に対して銀行の特定関係
者等との取引を強要することを禁止したも
のである。

◆**銀行法13条の3第4号の内閣府令で定め
る行為**　銀行法施行規則14条の11の3は
以下の行為を禁止している。

① 　顧客に対し、その営む業務の内容およ
　び方法に応じ、顧客の知識、経験、財産
　の状況および取引を行う目的をふまえた
　重要な事項について告げず、または誤解
　させるおそれのあることを告げる行為

② 顧客に対し、不当に、自己の指定する
事業者と取引を行うことを条件として、
信用を供与し、または信用の供与を約す
る行為

③ 顧客に対し、銀行としての取引上の優
越的地位を不当に利用して、取引の条件
または実施について不利益を与える行為
なお、銀行法13条の3第4号（したがっ
て上記同法施行規則14条の11の3で定める
禁止行為）は特定預金等契約の締結の業務
に関して除外されている（同法13条の3カ
ッコ書）が、特定預金等契約の締結の業務
に関する禁止事項として、同法施行規則14
条の11の3各号に掲げる行為が定められて
いること（同規則14条の11の30の2第1
号）から、結果的にこれらの業務について
も同様の行為が禁止されていることになる。

◆**密接関係者とは何か**　「「当該銀行と密
接な関係を有する者」は前条と同じく支配
力基準、影響力基準を網羅した非常に広い
範囲の銀行関係者が規定されている」（小
山嘉昭『詳解銀行法〔全訂版〕』245頁）。

10484　アームズ・レングス・ルール

アームズ・レングス・ルールとは何か。ど
のような取引が同ルール違反となるか。ま
た、どのような取引ならよいのか

結　論

　アームズ・レングス・ルールは、同じ金
融グループに所属する銀行、信託銀行や証
券会社などの間においても、独立当事者間
で行われるものと同様の公平な契約を締結
すべきとするルールである。同ルールは、
金商法だけでなく銀行法にも規定されてい
る。

解　説

◆**概要**　金融グループにおけるアーム
ズ・レングス・ルールは、同じ金融グルー
プに所属する銀行、信託銀行や証券会社な
どの間における取引に関するルールであり、
その名が示すとおり、だれに対しても同じ
手の長さを保つということを意味する。契
約法においては、たとえ親密な関係にある
者の間においても、独立当事者間で行われ
るものと同様の公平な契約を締結すべきと
するルールである。

　同ルールは、金商法だけでなく銀行法に
も規定されている。

◆**金商法における規定**　証券取引に係る
アームズ・レングス・ルールは、旧証券取
引法45条1号を指すものとされていた（関
要＝河本一郎監修『逐条解説証券取引法
〔三訂版〕』605頁等）。金商法においては、
弊害防止措置等のうちの同法44条の3（親
法人等または子法人等が関与する行為の制
限）の1項1号が旧証券取引法45条1号を
そのまま引き継いでおり、同号は「通常の
取引の条件と異なる条件であって取引の公
正を害するおそれのある条件で、当該金融
商品取引業者の親法人等又は子法人等と有
価証券の売買その他の取引又は店頭デリバ
ティブ取引を行うこと」を禁止している。
なお、登録金融機関に関しては金商法44条
の3第2項1号が上記と同様の内容を規定
している。

　旧証券取引法45条1号の立法趣旨として
は、「市場仲介者として顧客との間で公正

な取引を行うことが期待されている証券会社が、親子関係という特殊な関係を持つ会社との間だけで、通常と異なる条件で取引の公正を害するおそれのあるものにより証券取引を行うことは、投資者の保護に欠け、もしくは取引の公正を害し、ひいては証券業の信用を失墜させるおそれがある」(前掲『逐条解説証券取引法〔三訂版〕』605頁等) ことによると解説されている。

金商法44条の3は、その他、親法人等または子法人等が関与する行為を制限しており、同条の立法趣旨は「金融商品取引業者等と他の会社が親子関係等にあることを利用した取引等が行われる場合、市場機能がゆがめられ、資本市場の健全な発展が阻害される等の弊害が生じるおそれがあることから、本条は、こうした弊害を防止するため、経営の独立性・健全性の確保、利益相反の防止、公正な競争の確保等の観点から、親法人等・子法人等が関与する行為の制限を規定するものである」(岸田雅雄『注釈金融商品取引法第2巻』522頁) とされる(【10355】参照)。

◆**銀行法における規定**　「銀行法上のアームズ・レングス・ルール」とは、銀行法13条の2 (特定関係者との間の取引等) の定める禁止規定のことを指す (小山嘉昭『詳解銀行法〔全訂版〕』241頁)。そして、同条の立法趣旨については、「身内であるがゆえに成り立つ取引条件が結果として預金者などの利益を害するのを防止するための措置である」と解説されている (前掲『詳解銀行法〔全訂版〕』242頁)。

銀行法13条の2第1号は「当該特定関係者との間で行う取引で、その条件が当該銀行の取引の通常の条件に照らして当該銀行に不利益を与えるものとして内閣府令で定める取引」を禁止し、上記「内閣府令で定める取引」については、同法施行規則14条の10が「当該銀行が、その営む業務の種類、規模及び信用度等に照らして当該特定関係者と同様であると認められる当該特定関係者以外の者との間で、当該特定関係者との間で行う取引と同種及び同量の取引を同様の状況の下で行った場合に成立することとなる取引の条件と比べて、当該銀行に不利な条件で行われる取引をいう」としている。また、同法13条の2第2号は「当該特定関係者との間又は当該特定関係者の顧客との間で行う取引又は行為のうち前号に掲げるものに準ずる取引又は行為で、当該銀行の業務の健全かつ適切な遂行に支障を及ぼすおそれのあるものとして内閣府令で定める取引又は行為」を禁止し、上記「内閣府令で定める取引」については、同法施行規則14条の11第2号が「当該特定関係者との間で行う取引で、その条件が当該銀行の取引の通常の条件に照らして当該特定関係者に不当に不利益を与えるものと認められるもの」を禁止している。なお、特定関係者の定義については、同法13条の2カッコ書、同法施行令4条の2、同法施行規則14条の7に規定されている (【10482】参照)。

◆**主要行監督指針**　主要行監督指針V-2にアームズ・レングス・ルールに関する記述があり、同ルールが「銀行と銀行グループ内会社等との利益相反取引を通じて銀行経営の健全性が損なわれること等を防止するための規定」であることを述べたうえで、留意事項が記載されている。そして、下記のような取引または行為は銀行法施行規則14条の10または14条の11に該当する可

能性があるとしている。

① 賃料・手数料減免

② 金利減免・金利支払猶予

③ 債権放棄、DES（デット・エクイティ・スワップ）

④ 特定関係者が債務超過である場合等における増資等の引受

| 10485 | 顧客の利益保護のための体制整備（銀行法13条の3の2） |

顧客の利益保護のための体制整備とは何か。具体的にどのような体制を整備する必要があるか

結　論

　顧客の利益保護のための体制整備とは、**顧客の利益が不当に害されることのないよう、内閣府令で定めるところにより、業務に関する情報を適正に管理し、かつ、業務の実施状況を適切に監視するための体制の整備その他必要な措置を講じることをいい、その詳細は銀行法施行規則14条の11の3の3に規定されている。**

解　説

◆**概要**　銀行法13条の3の2は、「銀行は、当該銀行、当該銀行を所属銀行とする銀行代理業者又は当該銀行の親金融機関等若しくは子金融機関等が行う取引に伴い、当該銀行、当該銀行を所属銀行とする銀行代理業者又は当該銀行の子金融機関等が行う業務（銀行業、銀行代理業その他の内閣府令で定める業務に限る。）に係る顧客の

利益が不当に害されることのないよう、内閣府令で定めるところにより、当該業務に関する情報を適正に管理し、かつ、当該業務の実施状況を適切に監視するための体制の整備その他必要な措置を講じなければならない」とする。

　上記カッコ書の「その他の内閣府令で定める業務」は「銀行が営むことができる業務とする」（銀行法施行規則14条の11の3の2）とされるため、およそ銀行が営むことができる業務であれば、銀行の固有業務（同法10条1項各号）のみでなく、付随業務（同条2項）も含まれることになる。

◆**立法趣旨**　銀行法13条の3の2は「利益相反行為を防止する目的をもって平成20年の銀行法改正により金融商品取引法改正（金融商品取引法第36条第2項）と平仄を合わせるかたちで新設された」（小山嘉昭『詳解銀行法〔全訂版〕』248頁）ものである。

　「銀行法は、利益相反行為について行為規制をかけることはせず、銀行に対して内閣府令に基づき、その自己責任において、当該業務に関する情報を適正に管理し、かつ、当該業務の実施状況を適切に監視するための体制の整備その他必要な措置を講ずることを求めている」（前掲『詳解銀行法〔全訂版〕』252頁）。

◆**体制の整備その他必要な措置**　銀行法施行規則14条の11の3の3第1項は以下の措置を講じることを求めている。

① 対象取引を適切な方法により特定するための体制の整備（同項1号）

② 「対象取引を行う部門と当該顧客との取引を行う部門を分離する方法」「対象取引又は当該顧客との取引の条件又は方

法を変更する方法」「対象取引又は当該顧客との取引を中止する方法」「対象取引に伴い、当該顧客の利益が不当に害されるおそれがあることについて、当該顧客に適切に開示する方法」その他の方法により顧客の保護を適正に確保するための体制の整備（同項2号）

③　上記①②に掲げる措置の実施の方針の策定およびその概要の適切な方法による公表（同項3号）

④　記録の保存（同項4号）

なお、体制の整備その他必要な措置については、主要行監督指針V-5がその意義および主な着眼点を定めている。

| 10486 | グループ企業内における顧客情報共有 |

グループ企業内において顧客情報を共有することは可能か。可能な場合、どのような手続をとればよいか

結　論

グループ企業内において顧客情報を共有することは原則として可能であるが、個人情報保護法のほか、銀行法や金商法の禁止行為等に留意が必要である。

解　説

◆**個人情報保護法**　個人情報保護法は個人情報取扱事業者に対し、個人情報の適切な取得（同法17条）、取得に際しての利用目的の通知等（同法18条）、第三者提供の制限（同法23条）などを定めている。金融機関は個人情報取扱事業者に該当し、その

保有する顧客情報は個人情報を含むものと解されることから、グループ企業内で顧客情報を共有するにあたっては、同法に違反することのないよう留意することが必要である。

金融機関が取得した個人情報をグループ企業内で共有することは第三者提供（個人情報保護法23条）に該当するが、第三者提供についてあらかじめ本人の同意を得ておけば第三者提供は可能である（同条1項）。また、一定の要件を満たせば、本人の同意を得ることなく、個人情報を第三者に提供することもできる（同条2項）。上記から、適切な手続等を踏むことにより、グループ企業内において顧客情報を共有することは、個人情報保護法上可能である。

◆**銀行法**　銀行法上顧客情報をグループ企業内で共有することを直接禁止する規定はない。しかしながら、銀行には顧客に対する守秘義務があり、たとえグループ企業であっても、同義務が当然に解除されるわけではない。また、同法13条の3の2は銀行に対して顧客の利益の保護のための体制整備を義務づけており（【10485】参照）、主要行監督指針は利益相反を発生させる可能性のある部門間において、システム上のアクセス制限や物理上の遮断を行う等の部門の分離（情報共有先の制限）を主な着眼点の一つとしていること（主指針V-5-2(2)①）にも注意が必要である。

◆**金商法**　業務の運営の状況が公益に反しまたは投資者の保護に支障を生ずるおそれがあるもの（金商法40条2号）として、金商業等府令123条1項が具体的事項を列記している。これらのうちには金融商品取引業者等と金融商品仲介業務を委託する先

の者との間における一定の情報授受等を禁止するもの（例：同項18号）があることに注意が必要である。ただし、これらの禁止は、顧客の事前の同意がある場合を除くとしている。

弊害防止措置等（金商法44条以下）として、情報の授受が制限されていることにも留意が必要である（【10352】【10353】【10354】【10355】参照）。

10487 融資等の影響力を背景にした取引の要請

貸出先に対して、自行または関連会社の金融商品の購入を要請することは、独占禁止法に抵触するか

結　論

銀行等の金融機関が、取引上の地位を不当に利用して、貸出先に対して、自行または関連会社の金融商品の購入を条件とし、あるいは購入しなかった場合に融資について不利益な取扱いをすることを明示または示唆し、金融商品の購入を余儀なくさせる場合には、いわゆる押付け販売として「優越的地位の濫用」に該当し、独占禁止法（2条9項5号イ）に抵触する（なお、優越的地位の濫用は、銀行法13条の3、同法施行規則14条の11の3第3号にも抵触する場合がある）。

解　説

◆**不公正な取引方法**　【10481】参照。
◆**優越的地位の濫用**　独占禁止法の平成21年改正により不公正な取引方法には、課徴金を賦課されうる「法定型」と課徴金を賦課されない「指定型」の2種類が併存することとなり、優越的地位の濫用にも「法定型」と「指定型」の2種類が存在する。

法定型の優越的地位の濫用とは、いわゆる押付け販売、利益提供要請および不利益条件設定等（独占禁止法2条9項5号イロハ）を指し、指定型の優越的地位の濫用とは、「取引の相手方の役員選任への不当干渉」（昭和57年公取委告示第15号「一般指定」13項）を指す。

なお、法定型の優越的地位の濫用については、平成22年11月30日に公取委より、「優越的地位の濫用に関する独占禁止法上の考え方」（以下「優越的地位の濫用ガイドライン」という）が発表されており、金融実務においても参照されるべきガイドラインである。

◆**融資の影響力と優越的地位**　自己（銀行）の取引上の地位が相手方（貸出先）に優越しているとは、相手方にとって自己との取引の継続が困難になることが事業経営上大きな支障をきたすため、相手方にとって著しく不利益な要請等を行っても、相手方がこれを受け入れざるをえないような場合であり、その判断にあたっては、①相手方の自己に対する取引依存度、②自己の市場における地位、③相手方の取引先変更の可能性、④取引対象商品・役務の需給関係等を総合的に考慮することとされている（優越的地位の濫用ガイドライン2の1および2）。

貸出業務にあっては、貸出先は、いわゆるメインバンクないし主力銀行とされる銀行との取引の継続が困難となれば事業経営上大きな支障をきたすことが多いため、主

力銀行には優越的地位が認められるケースが多いと考えられる。大手銀行金利スワップ押付け販売事件（平17.12.26勧告審決・公取委審決集52巻436頁）では、貸出先が借入れの大部分を当該銀行から受けていたこと（融資依存度）、借入銀行を直ちに変更することや他の方法での資金調達が困難であったこと（取引先変更の困難性）等の事情から貸出先に対する優越的地位を認定している。

◆**押付け販売**　「継続して取引をする相手方（新たに継続して取引しようとする相手方を含む。ロにおいて同じ。）に対して、当該取引に係る商品又は役務以外の商品又は役務を購入させること」（独占禁止法2条9項5号イ）とは、ある取引の対象商品以外の商品等の購入を余儀なくさせることを意味している。したがって、貸出先に金融商品の購入を要請するということは、継続して融資取引をする相手方に融資取引以外の金融商品の購入を要請することにほかならないため、かかる要請が「購入を余儀なくさせていると認められる」（優越的地位の濫用ガイドライン4の1）ことになっていないかどうか細心の注意を払う必要がある。

具体的には、前記の金利スワップ販売事件では、金融商品の購入が融資の条件であることや購入しなければ融資条件で不利な扱いをすることを、①明示した場合および②明示せずとも示唆する場合、たとえば、融資担当者が管理職である上司を帯同したり、融資実行の前日に至るまで、重ねて金融商品の購入を要請したりする場合には、金融商品の購入を余儀なくさせたと評価されている。優越的地位の濫用ガイドライン4の1(1)においても、「取引上の地位が相手方に優越している事業者が、取引の相手方に対し、当該取引に係る商品又は役務以外の商品又は役務の購入を要請する場合であって、当該取引の相手方が、それが事業遂行上必要としない商品若しくは役務であり、又はその購入を希望していないときであったとしても、今後の取引に与える影響を懸念して当該要請を受け入れざるを得ない場合には、正常な商慣習に照らして不当に不利益を与えることとなり、優越的地位の濫用として問題となる」とされている。

◆**注意点**

①　貸出先にとって借入れは事業経営上きわめて重要な資金調達方法であるので、主力銀行以外の銀行でも自行の貸出先に対する地位の優越性が認められる可能性がある。また、優越性が明瞭でない場合であっても、自行や関連会社の金融商品の購入を余儀なくさせることは、一般指定10項の「抱き合わせ販売等」に該当するおそれがあるので注意を要する。

②　貸出先は、金融商品購入の要請を受けた場合、希望しない商品であっても今後の融資への悪影響を懸念して要請に応じることがある。したがって、実務においては貸出先の自由な意思により購入してもらうため、融資と同時期の取扱いを可能な限り避けたり、購入が融資の条件ではないことや購入しなくとも不利な扱いを受けないことを明確に伝える等の必要がある。

10488 他行借入れ禁止と独占禁止法

貸出先に対し他行からの借入れを禁止するなど貸出先の事業活動を拘束することは、独占禁止法に抵触するか

結　論

「排他条件付取引」などの「不公正な取引方法」に該当し、独占禁止法19条に抵触するおそれがある。

解　説

◆**不公正な取引方法**　【10481】参照。

◆**排他条件付取引**　昭和57年公取委告示第15号「一般指定」（以下「一般指定」という）11項は、「不当に、相手方が競争者と取引しないことを条件として当該相手方と取引し、競争者の取引の機会を減少させるおそれがあること」を「排他条件付取引」として禁止している。銀行が、貸出先（相手方）に対し他行（競争者）からの借入れ（取引）を禁止する行為は、この「排他条件付取引」に該当するおそれがある。

不当性の有無は、排他条件を課す銀行が「有力な事業者」（一応の目安として、「流通・取引慣行に関する独占禁止法上の指針」では、取引対象商品役務の市場におけるシェアが10%以上またはその順位が上位3位以内である事業者）であるか、またその取引を通じて他行の取引機会を減少させるなど他行を市場から排除したり、市場への参入困難をもたらしているかなどを考慮して判断されるものではあるが、ひとたび実施すると自行の貸出額を高めることがで

き、広く行われがちな取引であるため、慎重な検討を要する行為である。

◆**貸出先の事業活動の拘束**　借入銀行の限定のほか、①自行から一定額以上継続して借り入れることを義務づけたり、②貸出に際し、自行の他の金融商品や関連会社の商品またはサービスの購入を強制したり、③貸出の条件として預金の創設を要求するなど貸出先の自由な意思に基づかない預金取引を行ったりするなど、貸出先の事業活動や取引の自由を拘束する場合には、一般指定14項の「競争者に対する取引妨害」に該当するおそれがあるほか、一般指定12項の「拘束条件付取引」（①）や同10項の「抱き合わせ販売等」（②、③）に該当するおそれもある。

◆**注意点**　貸出先の事業活動や取引の自由を拘束する場合には、拘束の結果、他行などの競争者と取引することがむずかしくなったり、貸出先が不要な取引を強制されるなどの不利益を被るといった弊害が生じ、「不公正な取引方法」へとつながりやすい。特に、貸出先は、将来の融資等への悪影響を懸念して、希望しない取引条件であったとしても、銀行からの要請を受け入れる傾向があるので、貸出先が異を唱えなかったことを理由として安易に貸出先の事業活動や取引の自由を拘束することのないように十分注意する必要がある。

10489 過度な経営介入と独占禁止法

貸出先に対して過度な経営介入をすることは、独占禁止法に抵触するか

貸出先の役員選任に干渉して経営に介入する場合には、指定型の「優越的地位の濫用」として「不公正な取引方法」に該当し、独占禁止法19条に抵触するおそれがある。また、貸出先にとって不利益な経営計画を貸出条件（融資条件）とすることを通じて過度な経営介入を行うことは、法定型の優越的地位の濫用（同法2条9項5号ハ）に該当するおそれがある。

解　説

◆貸出先の役員選任への干渉　　不公正な取引方法の昭和57年公取委告示第15号「一般指定」（以下「一般指定」という）（【10481】参照）は、第13項において「自己の取引上の地位が相手方に優越していることを利用して、正常な商慣習に照らして不当に、取引の相手方である会社に対し、当該会社の役員…（中略）…の選任についてあらかじめ自己の指示に従わせ、又は自己の承認を受けさせること」を指定型の「優越的地位の濫用」として「不公正な取引方法」としている。なお、指定型の優越的地位の濫用には課徴金は賦課されない。

したがって、銀行が取引上の地位を不当に利用して貸出先の役員選任に干渉することは、「優越的地位の濫用」に該当し、独占禁止法19条に抵触するおそれがある。これに対し、銀行が、貸出先からの要請に基づいて役員を派遣する場合、または貸出債権保全の観点から経営改善支援の一環として貸出先に役員を派遣する場合は、貸出元の銀行による役員派遣それ自体は不当ではないと解されている。

ただし、貸出債権保全を目的とする場合には、役員選任への関与も債権保全に必要な範囲に限られる。この範囲を超えて、貸出先の経営活動の自主性を損なう程度まで役員選任に干渉する場合には、貸出債権保全を目的としていたとしても不当であるとされている。具体的には、個別の事案ごとに判断しなければならないが、経営介入の必要性の有無・程度、干渉した役員の人数・地位（平取締役か代表取締役かなど）、干渉の態様などから判断される。

過去の違反事例としては、①銀行が、貸出先に対する協調融資にあたって、役員選任についてあらかじめ自己の指示に従うべきことおよびその範囲を社長以下常務取締役とすること（昭28.11.6勧告審決・公取委審決集5巻61頁）、②銀行が貸出先に融資するに際し、貸出先の代表取締役会長および代表取締役副社長を一方的に決定し、指示し、かつ全役員の辞表を要求して、役員の人事権を手中に収め、代表取締役社長および同副社長を指示しそれを実行したこと（昭32.6.3勧告審決・公取委審決集9巻1頁）、それぞれが現行一般指定13項に該当する改正前一般指定9項（昭28.9.1公取委告示第11号）に当たるとされた。

◆貸出条件としての債務・人員整理計画等の実行　　貸出先の役員選任を通じてではなく、債務や人員の整理等を貸出条件とすることで経営に関与することは、一般には、貸出債権保全の観点から合理的であり、独占禁止法上の問題を生じさせるものではない。

ただし、独占禁止法2条9項5号ハは、「自己の取引上の地位が相手方に優越していることを利用して、正常な商慣習に照ら

して不当に」「相手方に不利益となるように取引の条件を設定し、若しくは変更し、又は取引を実施すること」も「優越的地位の濫用」と規定している。したがって、貸出先の意思に反して、銀行にとって利益となる事業部門のみ残して他の事業部門を整理させ、貸出先の事業活動の継続を困難にさせるなど、貸出先の経営の自主性を損ない、貸出先に不利益となるような経営計画を貸出条件として過度な経営介入を行う場合には、法定型の「優越的地位の濫用」として同法に抵触するおそれがある。そして、法定型の優越的地位の濫用には課徴金が賦課されることになる。

◆**議決権取得を通じた経営介入**　独占禁止法11条1項は、融資関係等を通じて事業支配力の過度の集中等がもたらされることがないよう、銀行に対して、一般の事業会社に対する議決権保有割合が5％を超えることとなるような場合には、そのような議決権保有を禁止している。

　ただし、独占禁止法11条1項6号に基づく公取委規則1号により、銀行は、合理的な経営改善のための計画に基づき議決権を取得する場合で、会社の債務を消滅させるために行う議決権取得であって、当該議決権取得により相当期間内に貸出先の経営状況が改善されることが見込まれる場合には、あらかじめ同条2項の公取委の認可を受けることにより、1年を超えて、議決権保有割合5％を超える議決権を保有することができる。なお、このような議決権保有は「債務の株式化」と呼ばれ、公正取引委員会の認可の詳細については「独占禁止法11条の規定による銀行又は保険会社の議決権の保有等の認可についての考え方」および「債務の株式化に係る独占禁止法11条の規定によるに認可についての考え方」に示されている。

第2項　景　表　法

<table>
<tr><td>**10490**</td><td>金融実務と景表法</td></tr>
</table>

景表法とは何か。金融実務において景表法に関しどのような点に留意すべきか

結　論

景表法は不当な景品および表示を防止する法律であり、事業者が自己の供給する商品または役務の取引に付随して提供する景品類に関する制限・禁止と商品または役務の内容等に関する不当な表示の禁止を定めている。上記制限・禁止については、詳細が消費者庁の告示等に定められているほか、金融機関においては、全国銀行公正取引協議会の公正競争規約（景品・表示）とともに、登録金融機関業務に関しては日本証券業協会の広告等指針も遵守する必要がある。

解　説

◆総論　景表法（不当景品類及び不当表示防止法）とは、その名のとおり不当な景品および表示を防止する法律であり、その目的は「商品及び役務の取引に関連する不当な景品類及び表示による顧客の誘引を防止するため、一般消費者による自主的かつ合理的な選択を阻害するおそれのある行為の制限及び禁止について定めることにより、一般消費者の利益を保護すること」（同法1条）にある。同法が禁止・制限する行為は、①景品類の制限および禁止（同法4

条）および②不当な表示の禁止（同法5条）であり、これらの制限・禁止に違反する行為に対しては内閣総理大臣（所管大臣は消費者庁長官）は措置命令（行為の禁止等）を発することができる（同法7条）ほか、罰則が科されることもある（同法36条以下）。また、適格消費者団体の禁止請求権等も規定されている（同法30条）。

景表法の名宛人は「事業者」であり、その定義は同法2条1項に規定されているが、金融機関は当然事業者に該当する。

◆景品類の制限および禁止　「景品類」とは、「顧客を誘引するための手段として、その方法が直接的であるか間接的であるかを問わず、くじの方法によるかどうかを問わず、事業者が自己の供給する商品又は役務の取引に付随して相手方に提供する物品、金銭その他の経済上の利益であって、内閣総理大臣が指定するものをいう」（景表法2条3項）。

景品類の提供に関しては、「景品類の価額の最高額若しくは総額、種類若しくは提供の方法その他景品類の提供に関する事項」の制限等（景表法4条）が公正取引委員会もしくは消費者庁の告示等で詳細に定められている。

◆不当な表示の禁止　「表示」とは、「顧客を誘引するための手段として、事業者が自己の供給する商品又は役務の内容又は取引条件その他これらの取引に関する事項について行う広告その他の表示であって、内閣総理大臣が指定するものをいう」（景表

法2条4項)。

　禁止されている不当な表示は以下のとおりである。

① 商品または役務の品質、規格その他の内容について、一般消費者に対し、実際のものよりも著しく優良であると示し、または事実に相違して当該事業者と同種もしくは類似の商品もしくは役務を供給している他の事業者に係るものよりも著しく優良であると示す表示であって、不当に顧客を誘引し、一般消費者による自主的かつ合理的な選択を阻害すると認められるもの（優良誤認表示）（景表法5条1号）

② 商品または役務の価格その他の取引条件について、実際のものまたは当該事業者と同種もしくは類似の商品もしくは役務を供給している他の事業者に係るものよりも取引の相手方に著しく有利であると一般消費者に誤認される表示であって、不当に顧客を誘引し、一般消費者による自主的かつ合理的な選択を阻害すると認められるもの（優利誤認表示）（景表法5条2号）

③ その他内閣総理大臣が指定するもの（景表法5条3号）

◆留意点　金融機関は事業者に該当し、その行うすべての業務に関して景表法が適用になる。景表法が禁止・制限の対象としているのは「事業者が自己の供給する商品又は役務」に係る景品・表示である。よって、預金・貸出や金融商品の販売だけにとどまらず、各種アドバイザリー業務も役務の提供に該当することから、同法の規制対象取引である。

　「顧客を誘引するための手段として」についても、「提供者の主観的意図やその企画の名目のいかんを問わず、客観的に顧客誘引のための手段になっているかどうかによって判断する」（「景品類等の指定の告示の運用基準について（昭和52.4.1事務局長通達第7号）」）とされており、事業者の主観的意図は問題とされていないことに注意が必要である。

　景表法については、消費者庁が告示等を発出しているが、そのHPに「不当景品類及び不当表示防止法ガイドブック」が掲載されているほか、「よくある質問コーナー」に事例ごとの解説（回答）があるので参考にすべきである。また、銀行業に関しては全国銀行公正取引協議会が「銀行業における景品類の提供の制限に関する公正競争規約」（景品規約）および「銀行業における表示に関する公正競争規約」（表示規約）を制定しているので銀行は上記規約も遵守する必要がある（同協議会は各規約に関する照会事例も掲載している）。さらに、日本証券業協会も「広告等に関する指針」（平成28年9月）を定め、同指針の付録Iは景表法をふまえた留意事項を定めていることから、同協会の会員である金融機関は同指針にも留意することが必要である。

10491 景品類の定義と提供の制限

景品類とは何か。どのような制限があるか。

結　論

　景品類とは、顧客を誘引するための手段として、事業者が自己の供給する商品また

は役務の取引に付随して相手方に提供する物品その他の経済上の利益をいうと定義されているが、方法は問わないこと、および経済上の利益も広く解釈されることに注意が必要である。景品類には総付景品（くじなどの懸賞によらず提供される景品）と懸賞により提供される景品とがあり、前者の上限額は原則として取引価額の10分の2（最低金額は200円）、後者の上限額は取引価額の20倍（上限金額は10万円）かつ景品類の総額は当該懸賞に係る取引の予定総額の100分の2以内である。

解　説

◆景品類とは何か　「景品類」の定義については、景表法2条3項が「顧客を誘引するための手段として、その方法が直接的であるか間接的であるかを問わず、くじの方法によるかどうかを問わず、事業者が自己の供給する商品又は役務の取引に付随して相手方に提供する物品、金銭その他の経済上の利益」をいうとし、「不当景品類及び不当表示防止法第二条の規定により景品類及び表示を指定する件（昭37.6.30公正取引委員会告示第3号）」1項が具体的に規定している。そして、ある行為が景品類の提供に該当するための要件については、「景品類等の指定の告示の運用基準について（昭52.4.1事務局長通達第7号）」が、①顧客を誘引するための手段、②事業者、③自己の供給する商品または役務の取引、④取引に付随して、⑤物品、金銭その他の経済上の利益、の5項目に分類して、それぞれ考え方を詳しく示している。

なお、上記告示1項は「正常な商慣習に照らして値引又はアフターサービスと認め

られる経済上の利益及び正常な商慣習に照らして当該取引に係る商品又は役務に附属すると認められる経済上の利益」は「景品類」に含まれないとし、上記運用基準6項が「正常な商慣習に照らして値引と認められる経済上の利益」の具体例等を規定している。たとえば、経済上の利益であっても、下記のものは景品類に該当しない。

① 取引通念上妥当と認められる基準に従い、取引の相手方に対し、支払うべき対価を減額すること
② 取引通念上妥当と認められる基準に従い、取引の相手方に対し、支払った代金について割戻しをすること
③ 取引通念上妥当と認められる基準に従い、ある商品または役務の購入者に対し、同じ対価で、それと同一の商品または役務を付加して提供すること

また、「正常な商慣習に照らしてアフターサービスと認められる経済上の利益」ならびに「正常な商慣習に照らして当該取引に係る商品又は役務に附属すると認められる経済上の利益」の判断基準を上記運用基準7項・8項が定めている。

◆景品類の制限　提供できる景品類の制限については、以下に規定されている。

「懸賞によらないで提供する景品類の提供」（総付景品）については、「一般消費者に対する景品類の提供に関する事項の制限（昭52.3.1公正取引委員会告示第5号）」が規定し、その運用基準については、「「一般消費者に対する景品類の提供に関する事項の制限」の運用基準について（昭52.4.1事務局長通達第6号）」が定められている。上記告示によると、「景品類の提供に係る取引の価額の十分の二の金額（当該金額が

二百円未満の場合にあっては、二百円）の範囲内であって、正常な商慣習に照らして適当と認められる限度を超えてはならない」と規定している。なお、上記運用基準は、「購入者を対象とするが購入額の多少を問わないで景品類を提供する場合」および「購入を条件とせずに、店舗への入店者に対して景品類を提供する場合」の「取引の価額」は、原則として、100円とすると規定していることから、これらの場合の景品類の上限額は200円ということになる。

また、「懸賞による景品類の提供」については、「懸賞による景品類の提供に関する事項の制限」（昭52.3.1公正取引委員会告示第3号）」が規定し、その運用基準については、「「懸賞による景品類の提供に関する事項の制限」の運用基準について（昭52.4.1事務局長通達第4号）」が定められている。上記告示によると、懸賞により提供する景品類の最高額は、懸賞に係る取引の価額の20倍の金額（当該金額が10万円を超える場合にあっては10万円）を超えてはならず、景品類の総額は、当該懸賞に係る取引の予定総額の100分の2を超えてはならないとされている。

| 10492 | 総付景品、懸賞と取引価額の算定基準 |

総付景品、懸賞とは何か。また、景品額および取引価額はどのようにして算出するのか

結 論

懸賞によらず、条件を満たしたすべての顧客を対象として提供される景品が総付景品である。懸賞とは、くじなどの方法によって景品類の提供の相手方または提供する景品類の価額を定めることをいう。景品類の価額および取引価額の算定基準は告示等に詳細に定められているほか、銀行業務に係る商品・役務の取引価額は銀行景品規約、有価証券等については日本証券業協会の広告等指針に個別商品等に応じて具体的な算定基準が記載されているので、それらもあわせて参照する必要がある。

解 説

◆**総付景品と懸賞**　懸賞によらないで提供する景品、すなわち、すべての顧客を対象として提供される景品を総付景品という。ここで懸賞とは、以下に掲げる方法によって景品類の提供の相手方または提供する景品類の価額を定めることをいう（「懸賞による景品類の提供に関する事項の制限（昭52.3.1公正取引委員会告示第3号）」。

① くじその他偶然性を利用して定める方法

② 特定の行為の優劣または正誤によって定める方法

　上記の方法の具体的な例示は「「懸賞による景品類の提供に関する事項の制限」の運用基準（昭52.4.1事務局長通達第4号）」に示されている。

　総付景品とは懸賞によらないで提供する景品であることから、一定の条件を満たした顧客全員に一律に景品類を提供する場合ということになる。もっとも、以下に注意する必要がある。

① 具体的な取引を条件とせず、たとえば来店者すべてに粗品を提供する場合もそ

れが「顧客を誘引するための手段として」であれば総付景品に該当する。そして、この場合は、「購入を条件とせずに、店舗への入店者に対して景品類を提供する場合」としてその「取引の価額」は100円となり、景品類の最高額は200円ということになる。

② 一定の条件を満たした顧客全員に景品類を提供する場合であっても、くじなどにより景品類に差を設ける場合には、懸賞による景品類の提供ということになる。

◆**景品類の価額** 景品類の価額の算定基準は景表法には明記されていないものの、「景品類の価額の算定基準について」（昭53.11.30事務局長通達第9号）に以下のとおり規定されている。

① 景品類と同じものが市販されている場合は、景品類の提供を受ける者が、それを通常購入するときの価格による。

② 景品類と同じものが市販されていない場合は、景品類を提供する者がそれを入手した価格、類似品の市価等を勘案して、景品類の提供を受ける者が、それを通常購入することとしたときの価格を算定し、その価格による。

③ 海外旅行への招待または優待を景品類として提供する場合の価額の算定も上記①②による。

また、消費者庁のHPの「表示対策」中の「よくある質問コーナー（景品関係）」では以下のように解説されている。

① 「景品類の価額は、景品類の提供を受ける者が、それを通常購入するときの価格により算定するとされていることから、景品類の価額は消費税を含んだ金額となります」（Q9のA）

② 「景品類の価額は、景品類の提供を受ける者が、それを通常購入するときの価格により算定するとされていますので、宝くじを提供する場合の景品類の価額は、当該宝くじの販売価格であり、当選金の額を考慮する必要はありません」（Q10のA）

◆**取引価額** 取引価額については、「「一般消費者に対する景品類の提供に関する事項の制限」の運用基準について（昭52.4.1事務局長通達第6号）」により概略以下のとおりとされている。

① 購入者を対象とし、購入額に応じて景品類を提供する場合は、当該購入額を「取引の価額」とする。

② 購入者を対象とするが購入額の多少を問わないで景品類を提供する場合の「取引の価額」は、原則として100円とする。ただし、当該景品類提供の対象商品または役務の取引の価額のうちの最低のものが明らかに100円を下回っていると認められるときは、当該最低のものを「取引の価額」とすることとし、当該景品類提供の対象商品または役務について通常行われる取引の価額のうちの最低のものが100円を超えると認められるときは、当該最低のものを「取引の価額」とすることができる。

③ 購入を条件とせずに、店舗への入店者に対して景品類を提供する場合の「取引の価額」は、原則として、100円とする。ただし、当該店舗において通常行われる取引の価額のうち最低のものが100円を超えると認められるときは、当該最低のものを「取引の価額」とすることができる。

④　「取引の価額」は、景品類の提供者が小売業者またはサービス業者である場合は対象商品または役務の実際の取引価額を、製造業者または卸売業者である場合は景品類提供の実施地域における対象商品または役務の通常の取引価格を基準とする。

　銀行業務に係る商品・役務の取引価額は銀行景品規約、有価証券等については日本証券業協会の広告等指針に具体的な算定基準が記載されているので、それらもあわせて参照する必要がある（【10494】参照）。

10493　不当表示

どのような表示が不当表示に該当するか

結　論

　景表法上の表示は幅広く指定されていることに注意が必要である。**優良誤認表示には、内容について実際のものよりも著しく優良であると一般消費者に示す表示と内容について競争事業者に係るものよりも著しく優良であると消費者に誤認される表示があり、有利誤認表示には、取引条件について実際のものよりも取引の相手方に著しく有利であると一般消費者に誤認される表示と価格や取引条件が競争事業者のものよりも著しく有利であると消費者に誤認される表示がある。その他の表示のなかでは、おとり広告に注意する必要がある。**

解　説

◆**総論**　景表法5条が禁止している不当な表示には、①優良誤認表示（同条1号）、②有利誤認表示（同条2号）、③その他商品・サービスの取引に関する事項について一般消費者に誤認されるおそれがあると認められ、内閣総理大臣が指定するもの（同条3号）がある。

　上記のうち③については、平成29年1月1日現在、六つが指定されているが、金融機関に関係のある事項は、消費者信用の融資費用に関する不当な表示（昭和55年公正取引委員会告示第13号）およびおとり広告に関する表示（平成5年公正取引委員会告示第17号）である。

◆**表示とは何か**　「表示」とは、「顧客を誘引するための手段として、事業者が自己の供給する商品又は役務の内容又は取引条件その他これらの取引に関する事項について行う広告その他の表示であって、内閣総理大臣が指定するものをいう」（景表法2条4項）。

　景表法2条4項に規定する表示の具体例は、「不当景品類及び不当表示防止法第二条の規定により景品類及び表示を指定する件（昭37.6.30公正取引委員会告示第3号）」が以下を指定している。

①　商品、容器または包装による広告その他の表示およびこれらに添付した物による広告その他の表示

②　見本、チラシ、パンフレット、説明書面その他これらに類似する物による広告その他の表示（ダイレクトメール、ファクシミリ等によるものを含む）および口頭による広告その他の表示（電話によるものも含む）

③　ポスター、看板（プラカードおよび建物または電車、自動車等に記載されたも

のを含む）、ネオン・サイン・アドバルーン、その他これらに類似する物による広告および陳列物または実演による広告

④　新聞紙、雑誌その他の出版物、放送（有線電気通信設備または拡声器による放送を含む）、映写、演劇または電光による広告

⑤　情報処理の用に供する機器による広告その他の表示（インターネット、パソコン通信等によるものを含む）

◆優良誤認表示　優良誤認表示とは、商品・サービスの品質、規格その他の内容についての不当表示をいい、品質、規格、その他の内容とは、たとえば以下のものを指す（本講の以下の記述は消費者庁「よくわかる景品表示法と公正競争規約」を参考としている）。

①　品質：原材料、純度、添加物、効能、鮮度、栄養価等

②　規格：国等が定めた規格、等級、基準等

③　その他の内容：原産地、有効期限、製造方法等

　優良誤認表示のなかには、内容について、実際のものよりも著しく優良であると一般消費者に示す表示（例：セーターに「カシミア100％」と表示していたが、実際にはカシミア混用率は90％程度であった）と内容について、競争事業者に係るものよりも著しく優良であると消費者に誤認される表示（例：「この機能はこの携帯電話だけ」と表示していたが、実際には他社の携帯電話にも同じ機能が搭載されていた）がある。

　合理的な根拠がない効果・効能等の表示は、優良誤認表示とみなされるが、消費者庁は表示が優良誤認表示に該当するかどうかを判断するために必要と認めるときは、当該表示をした事業者に対して期間を定めて当該表示の裏付となる合理的な根拠を示す資料の提出を求めることができ、当該期間内に当該事業者が当該資料を提出しない場合には、当該表示を優良誤認表示とみなすことができる（景表法7条2項）。

◆有利誤認表示　有利誤認表示とは、商品・サービスの価格その他の取引条件についての不当表示をいうが、そのなかには、取引条件について、実際のものよりも取引の相手方に著しく有利であると一般消費者に誤認される表示（例：住宅ローンについて、「○月○日までに申し込めば優遇金利」と表示したが、実は、優遇金利は借入時期によって適用が決まるものであった）と価格や取引条件が競争事業者のものよりも著しく有利であると消費者に誤認される表示（例：「無金利ローンで買い物できるのは当社だけ」と表示したが、実は他社でも同じサービスを行っていた）がある。

◆おとり広告　おとり広告に関する表示とは、事業者が自己の供給する商品または役務の取引に顧客を誘引する手段として行う以下のいずれかに該当する表示をいう（平5.4.28公正取引委員会告示第17号）。

①　取引の申出に係る商品または役務について、取引を行うための準備がなされていない場合その他実際には取引に応じることができない場合のその商品または役務についての表示

②　取引の申出に係る商品の供給量が著しく限定されているにもかかわらず、その限定の内容が明瞭に記載されていない場合のその商品または役務についての表示

③　取引の申出に係る商品または役務の供

給期間、供給の相手方または顧客１人当りの供給量が限定されているにもかかわらず、その限定の内容が明瞭に記載されていない場合のその商品または役務についての表示

④　取引の申出に係る商品または役務について、合理的理由がないのに取引の成立を妨げる行為が行われる場合、その他実際には取引する意思がない場合のその商品または役務についての表示

10494　公正競争規約

公正競争規約とは何か。金融機関が留意すべき公正競争規約に何があるか。また、登録金融機関業務において、特に留意すべき事項は何か

結　論

公正競争規約とは、事業者または事業者団体が消費者庁長官および公正取引委員会の認定を受けて、表示または景品類に関する事項について自主的に設定する業界のルールであり、金融業に関しては銀行業においてだけ景品規約と表示規約が定められている。消費者庁によると、公正競争規約を守っていれば通常は景表法に違反することはないとされる。景品規約と表示規約は、銀行の行うすべての業務に適用されることから、登録金融機関業務においてもこれらの規約を遵守する必要がある。

解　説

◆公正競争規約とは何か　公正競争規約

とは、景表法11条の規定により、事業者または事業者団体が、消費者庁長官および公正取引委員会の認定を受けて、表示または景品類に関する事項について自主的に設定する業界のルールである。公正競争規約は、消費者庁長官および公正取引委員会によって認定されたものであることから、通常はこれを守っていれば同法に違反することはないとされる（消費者庁「よくわかる景品表示法と公正競争規約」10〜11頁）。

公正競争規約として認定されるための要件は以下のとおりである。

①　不当な顧客の誘引を防止し、一般消費者による自主的かつ合理的な選択および事業者間の公正な競争を確保するために適切なものであること

②　一般消費者および関連事業者の利益を不当に害するおそれがないこと

③　不当に差別的でないこと

④　公正競争規約に参加し、または公正競争規約から脱退することを不当に制限しないこと

景表法は、公正競争規約を設定できる者について「事業者又は事業者団体」と定めており（同法31条１項）、全国公正取引協議会連合会のHPによると、公正競争規約は104件、そのうち表示に関するもの（表示規約）は67件、景品類の提供に関するもの（景品規約）は37件である。

金融業においては、銀行業においてだけ表示規約と景品規約が定められている。

◆全国銀行公正取引協議会　公正取引協議会とは、消費者庁長官および公正取引委員会により認定された公正競争規約を運用することを目的として設置された団体であり、全国銀行公正取引協議会は「銀行業に

おける景品類の提供の制限に関する公正競争規約」および「銀行業における表示に関する公正競争規約」を円滑かつ適正に運営することを目的（全国銀行公正取引協議会規則1条）として設立された団体であり、同会の事務局は一般社団法人全国銀行協会内にある。

日本証券業協会は公正取引協議会ではなく、同協会が定めている広告等指針は公正競争規約ではない。

◆**銀行景品規約の適用対象業務**　銀行景品規約（【10495】参照）は「銀行業における景品類の提供の制限を実施することにより、不当な顧客の誘引を防止し、一般消費者による自主的かつ合理的な選択及び銀行間の公正な競争を確保することを目的とする」（銀行景品規約1条）。

では、銀行景品規約において「銀行業」とは何かが問題となる。同規約2条1項は、「銀行業」とは、銀行法10条1項（以下略）その他同規約施行規則で定める事業をいうとし、同規則によると「その他施行規則で定める事業」とは、銀行法10条2項および11条（以下略）に定めるものをいう（同規則1条）とされる。

上記に規定される業務のうち、銀行法10条1項は銀行の固有業務（預金、貸出、為替）、同条2項は付随業務であり、同法11条には投資助言業務（同条1号）および登録金融機関業務（同条2号）が含まれている。したがって、銀行景品規約は、銀行が行う業務すべてに適用されると考えてよい。

◆**銀行表示規約の適用対象業務**　銀行表示規約は「銀行業における一般消費者を対象とした金融商品及びサービス等に関する表示に係る事項を定めることにより、不当

な顧客の誘引を防止し、一般消費者による自主的かつ合理的な選択及び銀行間の公正な競争を確保することを目的とする」（銀行表示規約1条）。

では、銀行表示規約において「銀行業」とは何かが問題となるが、銀行景品規約と同じく、銀行表示規約2条1項は、「銀行業」とは、銀行法10条1項（以下略）その他同規約施行規則で定める事業をいうとし、同規則によると「その他施行規則で定める事業」とは、銀行法10条2項および11条（以下略）に定めるものをいう（同規則1条）とされる。

以上から、結局、銀行表示規約も銀行が行う業務すべてに適用されると考えてよい。

10495	銀行景品規約

銀行景品規約にはどのような事項が具体的に定められているか

結 論

銀行景品規約においては銀行業の商品特性や取引の実態に即して、より具体的に、きめ細かい事項が規定されている。また、「改正景品規約に関するQ&A」および「景品規約に関する照会事例」が全国銀行公正取引協議会のHPに掲載されており、実務における判断の際にはこれらを参照する必要がある。

解 説

◆**総論**　銀行景品規約は「銀行業における景品類の提供の制限を実施することによ

り、不当な顧客の誘引を防止し、一般消費者による自主的かつ合理的な選択及び銀行間の公正な競争を確保することを目的」（銀行景品規約1条）として制定された公正競争規約（【10494】参照）であり、銀行業の商品特性や取引の実態に即して、より具体的に、きめ細かい事項が規定されている。

銀行景品規約は規約とその細則を定めた同規約施行規則からなり、さらには「改正景品規約に関するQ&A」および「景品規約に関する照会事例」が全国銀行公正取引協議会のHPに掲載されている。

◆**銀行景品規約における特則**　総付景品類については、「一般消費者に対する景品類の提供に関する事項の制限（昭52.3.1公正取引委員会告示第5号）」の範囲内の景品類とされるが、「ただし、取引価額が確定しない場合にあっては、施行規則で定めるきん少な額の景品類とする」とされ（銀行景品規約3条(2)）、銀行景品規約施行規則2条は以下のとおり規定している。

① 「きん少な額の景品類」とは、次項に規定するもののほか、1回（景品類を提供する回数を基準とする）につき1,500円以内のものをいう（同条1項）

② 宣伝用の物品であって、正常な商慣習に照らして適当なもの（銀行の宣伝用物品としての貯金箱、家計簿、カレンダー、手帳、ポスターをいう）（同条2項）

「「一般消費者に対する景品類の提供に関する事項の制限」の運用基準（昭52.4.1事務局長通達第6号）」によると購入者を対象とするが購入額の多少を問わないで景品類を提供する場合の「取引の価額」は、原則として100円とするとされること、お

よび、景品類の最高額について「景品類の提供に係る取引の価額の十分の二の金額（当該金額が二百円未満の場合にあっては、二百円）の範囲内であって、正常な商慣習に照らして適当と認められる限度」と規定されていることからすると、本来取引価額が確定しない場合には200円が最高額であるとも考えられるが、銀行景品規約上は1500円以内のものや宣伝用の物品であって正常な商慣習に照らして適当なものは許されるということになる。

◆**取引価額**　提供できる景品類の価額の基準となる「取引価額」について、「改正景品規約に関するQ&A」で下記のとおりとされている。

① 定期性預貯金等（金銭・貸付信託、金融債、国債等を含む）：預入（購入）元本金額

② 流動性預貯金等（普通預金、貯蓄預金、給与・年金振込、口座振替等を含む）：平均残高、最終残高、日中残高のいずれかの預金残高

③ 積立型の貯蓄商品（積立定期、純金積立等）：積み立てた金額とするが、約定後については、積立目標金額を定めた場合の当該目標金額等とすることが可能

④ 貸出：支払われた利息金額。ただし、約定後は当初の約定どおり返済される場合の利息金額とすることが可能

⑤ 送金その他の取引：手数料額。ただし、TC、外貨の売買については売買額

金融機関で販売する投資信託の取引価額について、銀行景品規約に規定はないが、日本証券業協会の広告等に関する指針（平成28年9月）において「委託取引以外の取引に係る取引価額は、すべて受渡代金とす

る」（61頁）とされており、通常金融機関は委託取引以外で投資信託を販売することから、取引価額は受渡代金となる（全国銀行公正取引協議会「景品規約に関する照会事例」事例21）。

10496 銀行表示規約

銀行表示規約にはどのような事項が具体的に定められているか。また、銀行取引における表示規制の全体像はどのようなものか

結　論

銀行表示規約は、銀行業の商品特性や取引の実態に即して、より具体的に、きめ細かい事項を規定されており、規約だけでなくその細則を定めた同規約施行規則および運用基準、さらには別表にも留意することが必要である。銀行取引における表示に関しては、金商法、日本証券業協会の広告等に関する指針、銀行法、保険業法の義務づける情報提供、などにも留意しなければならない。

解　説

◆**総論**　銀行表示規約は「銀行業における一般消費者を対象とした金融商品及びサービス等に関する表示に係る事項を定めることにより、不当な顧客の誘引を防止し、一般消費者による自主的かつ合理的な選択及び銀行間の公正な競争を確保することを目的」（銀行表示規約1条）として制定された公正競争規約（【10494】参照）であり、銀行業の商品特性や取引の実態に即して、

より具体的に、きめ細かい事項が規定されている。

銀行表示規約は規約とその細則を定めた施行規則および運用基準からなり、さらには下記の別表も制定されている。

① 期間の定めのある預貯金等の金利を表示する場合の必要表示事項（同別表1）

② 期間の定めのない預貯金等の金利を表示する場合の必要表示事項（同別表2）

③ 証書貸付の金利を表示する場合の必要表示事項（同別表3）

④ 極度貸付の金利を表示する場合の必要表示事項（同別表4）

⑤ 景品類の内容を表示する場合の必要表示事項（同別表5）

⑥ 金利優遇等の内容を表示する場合の必要表示事項（同別表6）

なお、銀行景品規約と同じく、全国銀行公正取引協議会のHPに「表示規約に関する照会事例」が掲載されている。

◆**銀行取引における表示規制の全体像**

金融機関が取り扱う商品や取引は多岐にわたることから、商品等に応じてさまざまな表示（広告等）に関する規制があることに注意が必要である。以下、主なものを概観する。

① 登録金融機関業務には金商法が適用になることから、同法37条の広告等規制に留意することが必要である。また、特定預金等契約（銀行法13条の4）や特定保険契約（保険業法300条の2）などにも金商法37条が準用されることから、元本欠損リスクのある預金や保険の販売においても同法の広告等規制に留意が必要である。

② 景表法の不当表示の禁止（同法5条）

は、銀行が行うすべての業務に適用になることから、不当表示に該当する表示は厳禁である。さらには、銀行表示規約（規則、運用基準等を含む）を遵守することが必要である。

③　日本証券業協会の会員である金融機関は、同協会の制定する広告等に関する指針に留意しなければならない。

④　表示規制ではないが、銀行法は預金者等に対する情報の提供等（同法12条の2）を定め、同法施行規則13条の3がその詳細を規定している。また、金銭債権等と預貯金等との誤認防止（同規則13条の5）のための説明を行うことを義務づけている。

⑤　保険募集等に際しての情報提供（保険業法294条）が義務づけられていることに留意が必要である。

第8節

マネーローンダリング

10497 金融機関とマネーローンダリング対策（犯罪収益移転防止法・外為法）

金融機関が行うべきマネーローンダリング対策の内容はどのようなものか

結　論

犯罪収益移転防止法が定める、特定取引の取引時確認義務、確認記録の作成および保存義務、取引記録の作成および保存義務、疑わしい取引の届出義務、外国為替取引に係る通知義務である。さらに、外国為替及び外国貿易法（外為法）も本人確認を義務づける。

解　説

平成15年施行の本人確認法で法的義務化された銀行の本人確認義務等の内容は、平成19年成立の犯罪収益移転防止法に引き継がれ、同法の平成23年改正、FATFの指摘に対応した平成26年改正により、取引時確認義務等に強化された。

◆取引時確認義務（犯罪収益移転防止法4条）　　金融機関は、顧客等との取引を行

うに際しては、顧客等の本人特定事項（自然人については氏名、住居等および生年月日、法人については名称および本店または主たる事務所の所在地）、取引を行う目的、自然人は職業、法人は事業の内容および事業経営の実質的支配者（自然人）の本人特定事項（以上を「本人特定事項等」という）の確認をしなければならず、さらに、関連取引でなりすましの疑いがある場合等のハイリスク取引の場合には本人特定事項等の確認に加えて200万円を超える財産移転には資産および収入の状況の確認が求められる。

次の確認記録の作成および保存と相まって、事後的な資金移転情報の検索を可能にすることで、金融機関が犯罪収益の隠匿や移転手段に利用されるのを防止するための制度である。

◆確認記録の作成および保存義務（犯罪収益移転防止法6条）　　取引時確認に基づく確認記録を作成し、通常の取引等に係る契約が終了した日から7年間保存しなければならない。

◆取引記録の作成および保存義務（犯罪収益移転防止法7条）　　金融機関は、顧客等との資金移転を伴う取引を行った場合に

は、取引記録を作成し、当該取引または特定受任行為の代理等の行われた日から保存（7年間）をしなければならない。

資金移転を伴う取引情報の検索、調査を事後的に可能にすることで、取引時確認と相まって金融機関が犯罪収益の移転手段に利用されるのを防止するための制度である。

◆**疑わしい取引の届出義務（犯罪収益移転防止法8条）**　金融機関は、特定業務（金融機関においては、金融に関する業務その他の政令で定める業務）において収受した財産が犯罪による収益である疑いがあり、または顧客等が特定業務に関し組織的犯罪処罰法10条の罪もしくは麻薬特例法6条の罪に当たる行為を行っている疑いがあると認められる場合には、速やかに一定の事項を行政庁に届け出なければならない。

この制度は、金融機関から届け出られた情報をマネーローンダリング犯罪およびその前提犯罪の捜査に活用し、その結果、金融機関など特定事業者の業務がマネーローンダリングに利用されることを防止するためのものである。

◆**外国為替取引業者とのコルレス契約締結の際の確認義務（犯罪収益移転防止法9条）**　コルレス契約に基づき行われる国際的為替取引においては、顧客について取引時確認等の措置を行うのは外国所在為替取引業者であるため、金融機関には、コルレス契約締結の際に外国所在為替取引業者が顧客に対して十分なマネーローンダリング対策をとっていることの確認が求められる。

◆**外国為替取引に係る通知義務（犯罪収益移転防止法10条）**　国際的な電信送金を行う際に送金人に関する情報を順次送金先金融機関に通知する義務を金融機関に定め

たものである。

この制度は、国際金融システムを悪用してテロリストが、国境を越えて資金移転を行うことを阻止するために、国際的協力による資金移動の追跡を可能とする制度として、FATF（金融活動作業部会）の特別勧告が各国に求めた措置に対応するものである。

◆**取引時確認等を的確に行うための措置（犯罪収益移転防止法11条）**　金融機関は、取引時確認、取引記録等の保存、疑わしい取引の届出等の措置を的確に行うため、当該取引時確認をした事項に係る情報を最新の内容に保つための措置を講ずるものとするほか、使用人に対する教育訓練の実施、取引時確認等の措置の実施に関する規程の作成、取引時確認等の措置の的確な実施のために必要な監査その他業務を統括管理する者の選任、その他の必要な体制の整備に努めなければならないとされた。

◆**外為法における本人確認**　平成14年の改正によって、従前努力義務とされた送金等に係る顧客等の本人確認を義務化し、あわせてその対象取引を拡大した。

10498　犯罪収益移転危険度調査書

犯罪収益移転危険度調査書とはどのようなものか。また、どのように活用すればよいか

結　論

犯罪収益移転危険度調査書とは、犯罪収益移転防止法に基づき国家公安委員会が毎

年作成して公表する、事業者が行う取引の種別ごとに、危険度等を記載した情報であり、金融機関としては、犯罪収益移転危険度調査書の内容を参考にして、危険度の高い取引にはより注意を払うなどして、顧客管理を適切に実施し、取引がマネーローンダリングに悪用されることを適切に防止することが求められる。

解　説

　国家公安委員会は、FATFの勧告をふまえ、毎年、犯罪による収益の移転に係る手口その他の犯罪による収益の移転の状況に関する調査および分析を行ったうえで、金融機関など特定事業者が行う取引の種別ごとに、当該取引による犯罪による収益の移転の危険性の程度その他の当該調査および分析の結果を記載した犯罪収益移転危険度調査書を作成・公表している（犯罪収益移転防止法3条3項）。

　その内容は、事業者が行う取引の種別ごとに、危険度が高い取引と危険度の低い取引等が分析・評価して記載されており、金融機関の行う取引について、リスクベース・アプローチの観点からの分析がなされている。

　金融機関は、犯罪収益移転危険度調査書の内容を参考にして、危険度の高い取引にはより注意を払うなどして、顧客管理を適切に実施し、取引がマネーローンダリングに悪用されることを適切に防止することが求められる。

　犯罪収益移転危険度調査書を実際に活用するにあたっては、当該金融機関の業務の種類や規模に応じて個別、具体的に参考にすべきである。当該金融機関において取扱いの多い取引のうち危険度の高いとされた取引については、規程類の制定、実施運用や従業員に対する教育訓練の際に特に注意を要する取引として取り扱うなどにより活用すべきである。

　さらに、取引時確認等を的確に行うための措置として、金融機関が、自らが行う取引について調査し、および分析し、ならびに当該取引による犯罪による収益の移転の危険性の程度その他の当該調査および分析の結果を記載し、または記録した書面等を作成し、必要に応じて、見直しを行い、必要な変更を加えることなどの措置も、犯罪収益移転危険度調査書の内容を勘案して講ずべきとされている（犯罪収益移転防止法11条4号、同法施行規則32条1項）。

10499　取引時確認

取引時確認とはどのようなものか

結　論

　金融機関に課せられている、以下の確認をいう。
① 　特定取引を行うに際しての顧客の本人特定事項、取引目的、職業、事業内容および実質的支配者の本人特定事項の確認
② 　なりすましの疑いのある場合の取引など厳格な顧客管理の必要性が特に高いと認められる取引（ハイリスク取引）を行うに際しての顧客等の本人特定事項等および200万円を超える財産の移転を伴う場合の資産収入の状況の確認
③ 　会社の代表者が会社のために特定取引

等を行うなど金融機関との間で現に特定取引等の任にあたっている自然人が会社等顧客と異なるときの、当該顧客等に対する上記①または②についての確認に加えて、その現に特定取引等の任にあたっている自然人の本人特定事項の確認
④ 国や上場企業、人格のない社団または財団との間の特定取引において現に特定取引等の任にあたっている自然人の本人特定事項の確認

解　説

平成23年改正前犯罪収益移転防止法においては、特定事業者である金融機関には、次の確認義務が課せられていた（旧犯罪収益移転防止法4条1項ないし3項）。

(1) 顧客等の本人特定事項（自然人については、氏名、住居等および生年月日、法人については、名称および本店または主たる事務所の所在地）（同法4条1項1号）の確認。

(2) 現に特定取引等の任にあたっている自然人が会社等顧客と異なるときの顧客等に対する本人特定事項の確認に加えて、その自然人に対する本人特定事項の確認。

(3) 国や上場企業、人格のない社団または財団との間の特定取引において現に特定取引等の任にあたっている自然人の本人特定事項の確認。

これに対して、平成23年改正法においては、金融機関による疑わしい取引の届出（犯罪収益移転防止法8条）の判断をより的確に行うことができるようにするため、顧客等の確認事項として本人特定事項に加えて、取引を行う目的等を追加した。

その結果、金融機関は、

① 特定取引を行うに際しての顧客の本人特定事項、取引目的、自然人について職業、法人について事業内容および実質的支配者の本人特定事項の確認を要する（犯罪収益移転防止法4条1項）。

なお、平成26年改正により、法人の実質的支配者は法人ではなく自然人に限定された。

次に、リスクベース・アプローチの観点から、マネーローンダリングの可能性が高いハイリスク取引については、より厳格な顧客管理を行うために、厳格な顧客管理の必要性の特に高い、関連取引においてなりすましている疑いのある場合の取引等や一定の特定取引を行うに際しては、

② 顧客等の本人特定事項等および200万円を超える財産の移転を伴う場合には資産収入の状況の確認（以下「厳格な顧客管理による確認」という）を要する（犯罪収益移転防止法4条2項）。

そして、平成23年改正前法と同様に、

③ 会社の代表者が会社のために特定取引等を行うなど金融機関との間で現に特定取引等の任にあたっている自然人が会社等顧客と異なるときには、当該顧客等に対する上記①または②についての確認に加えて、その現に特定取引等の任にあたっている自然人の本人特定事項の確認を行わなければならない（犯罪収益移転防止法4条4項）。

④ 国や上場企業、人格のない社団または財団との間の特定取引においては、現に特定取引等の任にあたっている自然人の本人特定事項の確認（犯罪収益移転防止法4条5項）が求められている。

以上の①ないし④の確認の総称が「取引

時確認」とされる（犯罪収益移転防止法4条6項)。

10500 法人や代理人による取引の場合の代表者等の本人特定事項の確認

取引の相手方が会社など法人の場合や自然人でも代理人を通じて行う取引における取引時確認において確認すべき事項は何か

結　論

当該法人等の本人特定事項、取引目的、職業、事業内容および実質的支配者の本人特定事項の確認のほか、会社の代表者や代理人等、当該特定取引の任にあたっている自然人についても本人特定事項の確認を要する。

解　説

金融機関は、顧客等について本人特定事項、取引目的、職業、事業内容および実質的支配者の本人特定事項の確認（犯罪収益移転防止法4条1項）または厳格な顧客管理による確認（同条2項）の規定による確認を行う場合において、会社の代表者が当該会社のために当該特定事業者との間で特定取引等を行うときその他の当該金融機関との間で現に特定取引等の任にあたっている自然人が当該顧客等と異なるときには（顧客等が国等の場合（同条5項）を除く）、当該顧客等の上記確認に加え、当該特定取引等の任にあたっている自然人についても、その者の本人特定事項の確認を行わなければならないとされる（同条4項）。

その趣旨は、マネーローンダリング対策のためには、実際の資金移動を事後的にトレースする必要があるため、法人や代理人を通じた取引の場合には実際に取引を担当している自然人の本人特定事項を把握する必要があることにある。実際上も、法人に関しては設立規制が大幅に緩和された状況からすれば、ペーパーカンパニーを悪用したマネーローンダリングが行われたり、代理人による取引も実際の資金移動主体は代理される本人ではなく代理人という事態も十分考えられるので、こうした規定が設けられたものである。

10501 法人顧客の取引担当者の代理権の確認方法

法人顧客の取引担当者が本人特定事項の確認を要する「現に特定取引等の任に当たっている」こと（いわゆる代理権）の確認はどのような方法で行うのか

結　論

株式会社の代表取締役など代表権が記載されている役員であることを登記事項証明書で確認したり、代表権のない役職員である場合には、法人顧客代表者作成の取引申込書に担当者として記載されていることを確認するなどの方法で行うが、法人顧客発行の社員証での確認は認められない。

解　説

顧客等が株式会社など法人の場合には、金融機関との間で現に特定取引等の任にあたっている担当者の本人特定事項の確認を

要する。この場合、その担当者が「現に特定取引等の任に当たっている」こと（いわゆる代理権）の確認方法として、平成26年改正前犯罪収益移転防止法においては、①社員証など株式会社が発行した身分証明書の提示、②役員として登記されていることによることも認めていた。

しかしながら、①の社員証はあくまで身分や所属を証明するものにすぎず、その取引においてその社員が取引を担当する権限を有していることを示すものではないため、担当していない者が取引担当者と偽って取引することを防止できず、②では役員であることは確認できても代表権の確認はできない。

そこで、平成26年改正法施行規則12条4項においては、①は削除され、②は、顧客等を代表する権限を有する役員として登記されていることと改められたため、取引担当者が取引の任にあたっていること（いわゆる代理権）の確認方法は次のとおりとなった。

① 当該取引担当者が、当該法人顧客が作成した委任状、その他の当該代表者等が当該顧客等のために当該特定取引等の任にあたっていることを証する書面を有していること。

② 当該代表者等が、当該顧客等を代表する権限を有する役員として登記されていること。

③ 当該顧客等の本店等もしくは営業所または当該代表者等が所属すると認められる官公署に電話をかけること、その他これに類する方法により当該代表者等が当該顧客等のために当該特定取引等の任にあたっていることが確認できること。

④ ①〜③に掲げるもののほか、金融機関が当該顧客等と当該代表者等との関係を認識していること、その他の理由により当該代表者等が当該顧客等のために当該特定取引等の任にあたっていることが明らかであること。

実務的には、取引に際して、会社の代表者に作成してもらう取引申込書に取引担当者を記載してもらう書式を用意するなどの実際的かつ定型的な方法を工夫すべきであろう。

10502 顧客等が国、上場会社等の場合の取引時の確認事項

取引の相手方が国、地方公共団体、上場会社、人格のない社団または財団等の場合の取引時確認においては何を確認しなければならないか

結 論

当該顧客等の本人特定事項の確認は必要ではなく、現に当該特定取引等の任にあたっている自然人の本人特定事項などの確認を要する。

解 説

◆取引の相手方が国等の場合における取引時確認　取引の相手方が国、地方公共団体、人格のない社団または財団その他政令（犯罪収益移転防止法施行令14条、同法施行規則18条）で定めるものの場合（以下「国等」という）における取引時確認においては、特定事業者である金融機関は、顧

客等について本人特定事項の確認を行う必要はなく、現に当該特定取引の任にあたっている自然人についての本人特定事項、その他の確認を要する（犯罪収益移転防止法4条5項）。

これは、国および地方公共団体は、その実在性には疑いはないものの、それを公的書類で確認することは困難であるため、実際に当該特定取引等の任にあたっている自然人について本人特定事項の確認を行えば足りることとし、上場会社などについても、その実在性には疑問がないため、会社自体については、わざわざ本人特定事項を確認することを要しないとしたものである。

また、人格のない社団または財団等の場合も法人の場合の登記事項証明書等の実在性を裏付ける公的書類がほとんど存在しないため、その確認は困難であることから、やはり現に当該特定取引の任にあたっている自然人について本人特定事項の確認を行えば足りることとしたものである。

◆確認すべき事項

（1）　人格のない社団または財団を除いた国等　　現に当該特定取引等の任にあたっている自然人の本人特定事項の確認を要する。取引目的、事業内容および実質的支配者の本人特定事項の確認は不要である。

（2）　人格のない社団または財団　　現に当該特定取引等の任にあたっている自然人の本人特定事項、取引を行う目的、事業の内容の確認を要する。

10503 法人等の取引担当者の交代

すでに法人およびその取引担当者について

確認ずみである融資先と新たな取引を行う際に取引担当者が交代していた場合には新取引担当者について新たに本人特定事項の確認を行う必要があるか。国、地方公共団体、上場企業、人格なき社団または財団の場合はどうか

結　論

法人およびその取引担当者の両方について取引時確認を行った法人と再度取引する場合には、当該法人についてのみ本人確認を行っていることが確認できれば足り、新たな取引担当者が同一である必要はないので、新たな取引時確認を行う必要はない。国、地方公共団体、上場企業も同様であるが、なりすまし等による取引の防止のため、新たな取引担当者については、当該顧客等の役職員であることの確認は行うべきである。これに対して、人格なき社団または財団の場合は新たな取引担当者について本人特定事項の確認を行わなければならない。

解　説

◆法人の取引担当者の交代　　金融機関による預金の受入れ、金銭の貸付の契約の締結等の特定取引（犯罪収益移転防止法施行令7条1項1号）は、顧客等が法人で自然人（代表者、担当者等）が現に特定取引の任にあたっている場合には、当該顧客等（法人）の本人確認に加え、当該特定取引の任にあたっている自然人についても本人特定事項の確認を行わなければならない（犯罪収益移転防止法4条4項）。しかしながら、「確認済みの顧客等との取引」であ

れば、再度の本人特定事項の確認は不要とされる。

ここでいう、「確認済みの顧客等」とは、法人との取引の場合には、当該法人のみを指し、特定取引の任にあたっている自然人は含まないと解される（犯罪収益移転防止法4条3項、同法施行令13条2項参照）。したがって、法人およびその取引担当者の両方について本人特定事項の確認を行った法人と再度取引する場合には、当該法人について、再度の確認が不要となるために法が定める要件を満たせば足り、新たな取引担当者について新たな確認を行う必要はない。

ただし、なりすまし等が疑われる取引については、原則に返って、再度の本人確認が必要となることから（犯罪収益移転防止法施行令13条2項）、その前提として騙りの有無のチェックのために、新たな取引担当者については、当該顧客の役職員であることの確認は行うべきである。

◆**国、地方公共団体、上場会社等の取引担当者の交代**　顧客等が国、地方公共団体、上場会社など国等の場合は、その実在性が明白なので団体そのものの証明の必要性が乏しいため、団体そのものの本人特定事項の確認は求められず、現に特定取引の任にあたっている自然人についてのみ本人特定事項の確認を行えばよい（みなし顧客等）（犯罪収益移転防止法4条5項）。

「確認済みの顧客等」とは、国等の場合には、金融機関がすでに当該特定取引の任にあたっている自然人の本人特定事項の確認を行い、かつ当該確認について確認記録を保存している場合であると解される（犯罪収益移転防止法4条3項、同法施行令13

条2項参照）。したがって、その取引担当者について本人特定事項の確認を行った国等と再度取引する場合には、新たな取引担当者について本人特定事項の確認を行う必要はない。

ただし、新たな取引担当者については、当該顧客の役職員であることの確認は行うべきであることは法人の取引担当者が交代した場合と同様である。

◆**人格なき社団または財団の取引担当者の交代**　人格なき社団または財団については、団体等に実在性を証明する書類がないため、国等の場合とはその根拠は異なるが、国等と同様に現に特定取引の任にあたっている自然人についてのみ本人特定事項の確認を行えばよいとされる（犯罪収益移転防止法4条5項）。

しかしながら、「確認済みの顧客等」の判断においては、団体等に法人格がないことから、国等の場合と同様に扱うことはできず、新たな取引担当者については本人特定事項の確認を行わなければならない。

| 10504 | 本人特定事項等の確認の対象取引 |

犯罪収益移転防止法による本人特定事項等の確認や外為法による本人確認義務の対象取引は何か

| 結　論 |

犯罪収益移転防止法では、①預金または貯金の受入れを内容とする契約の締結、為替取引その他政令で定める取引、②①以外の取引で、疑わしい取引、③①以外の取引

で、同様の取引の態様と著しく異なる態様で行われる取引が対象取引である。

また、外為法では平成14年の改正によって、従前努力規定であった送金等に係る顧客等の本人確認を義務規定とし、あわせてその対象取引を非居住者預金その他の資本取引を加える等の規定整備が行われている。

■ 解　説 ■

◆犯罪収益移転防止法の規定する対象取引

平成26年改正犯罪収益移転防止法においては、取引時確認を要する特定取引は、次の3種類の取引となった（同法施行令7条1項柱書・3項）。

（1）　対象取引　　電気、ガスまたは水道水の使用料金の支払など犯罪収益移転防止法施行規則4条で定める簡素な顧客管理を行うことが許容される取引を除き、同法施行令7条各号に定める次の取引

①　預金または貯金の受入れを内容とする契約の締結（同施行令7条1項1号イ）

②　定期積金等の受入れを内容とする契約の締結（同施行令7条1項1号ロ）

③　信託に係る契約の締結（同号ハ）

④　後記⑨に規定する以外の信託行為、信託法89条1項に規定する受益者指定権等の行使、信託の受益権の譲渡その他の行為による信託の受益者との間の法律関係の成立（犯罪収益移転防止法施行令7条1項1号ニ）

⑤　保険業法2条1項に規定する保険業を行う者が保険者となる保険契約の締結（犯罪収益移転防止法施行令7条1項1号ホ）

⑥　農協法10条1項10号または水産業協同

組合法11条1項11号・93条1項6号の2もしくは100条の2第1項1号に規定する共済に係る契約の締結（犯罪収益移転防止法施行令7条1項1号へ）

⑦　保険業法2条1項に規定する保険業を行う者が保険者となる保険契約もしくは郵政民営化法等の施行に伴う関係法律の整備等に関する法律2条の規定による廃止前の簡易生命保険法3条に規定する簡易生命保険契約または共済に係る契約に基づく年金、満期保険金、満期返戻金、解約返戻金または満期共済金の支払（勤労者財産形成貯蓄契約等、勤労者財産形成給付金契約、勤労者財産形成基金契約、資産管理運用契約等および資産管理契約に基づくものを除く）（犯罪収益移転防止法施行令7条1項1号ト）

⑧　保険契約または共済に係る契約の当事者の変更（同号チ）

⑨　金商法2条8項1～6号もしくは10号に掲げる行為または同項7～9号に掲げる行為により顧客等に有価証券を取得させる行為を行うことを内容とする契約の締結（犯罪収益移転防止法施行令7条1項1号リ）

⑩　金商法28条3項各号または4項各号に掲げる行為を行うことを内容とする契約の締結（当該契約により金銭の預託を受けない場合を除く）（犯罪収益移転防止法施行令7条1項1号ヌ）

⑪　有価証券の貸借またはその媒介もしくは代理を行うことを内容とする契約の締結（同号ル）

⑫　無尽業法1条に規定する無尽に係る契約の締結（犯罪収益移転防止法施行令7条1項1号ヲ）

⑬ 不動産特定共同事業法2条3項に規定する不動産特定共同事業契約の締結またはその代理もしくは媒介（犯罪収益移転防止法施行令7条1項1号ワ）

⑭ 金銭の貸付または金銭の貸借の媒介（手形の割引、売渡担保その他これらに類する方法によってする金銭の交付または当該方法によってする金銭の授受の媒介を含む）を内容とする契約の締結（同号カ）

⑮ 商品取引所法2条16項に規定する商品市場における取引等（同条15項に規定する商品清算取引を除く）の委託を受けることを内容とする契約の締結（犯罪収益移転防止法施行令7条1項1号ヨ）

⑯ 現金、持参人払式小切手（小切手法37条1項の線引がないものに限る）、自己宛小切手（小切手法37条1項の線引がないものに限る）または無記名の公社債の本券もしくは利札の受払いをする取引（本邦通貨と外国通貨の両替ならびに旅行小切手の販売および買取りを除く）であって、当該取引の金額が200万円（現金の受払いをする取引で為替取引または自己宛小切手の振出を伴うものにあっては、10万円）を超えるもの（犯罪収益移転防止法施行令7条1項1号タ）

⑰ 他の金融機関（犯罪収益移転防止法2条2項1〜15号のものに限る）が行う為替取引（当該他の金融機関が⑱に規定する契約に基づき行うものを除く）のために行う現金の支払を伴わない預金または貯金の払戻しであって、金額が10万円を超えるもの（同法施行令7条1項1号レ）

⑱ ①に掲げる取引を行うことなく為替取引または自己宛小切手の振出を継続的にまたは反復して行うことを内容とする契約の締結（同号ソ）

⑲ 貸金庫の貸与を行うことを内容とする契約の締結（同号ツ）

⑳ 社債、株式等振替法12条1項または44条1項の規定による社債等の振替を行うための口座の開設を行うことを内容とする契約の締結（犯罪収益移転防止法施行令7条1項1号ネ）

㉑ 電子記録債権法7条1項の規定による電子記録を行うことを内容とする契約の締結（犯罪収益移転防止法施行令7条1項1号ナ）

㉒ 保護預りを行うことを内容とする契約の締結（同号ラ）

㉓ 200万円を超える本邦通貨と外国通貨の両替または200万円を超える旅行小切手の販売もしくは買取り（同号ム）

なお、簡素な顧客管理を行うことが許容される取引として犯罪収益移転防止法施行規則で定めるもの（同規則4条参照）は、特定取引から除外される（同法施行令7条1項本文）。

⑵ 対象取引以外の疑わしい取引（【10506】参照）　⑴の取引以外の取引で、取引において収受する財産が犯罪による収益である疑いまたは組織的犯罪処罰法10条の罪もしくは麻薬取締法6条の罪に当たる行為を行っている疑いがあると認められる取引である。

取引時確認の義務が課されない200万円以下の現金の受払いをする取引などの取引でもマネーローンダリング犯罪が疑われる取引を取引確認の対象とすることにより、マネーローンダリング犯罪の検挙等の実効

性を確保するものである。

（3）　同種の取引の態様と著しく異なる態様で行われる取引（【10506】参照）　顧客管理を行ううえで特別の注意を要するものとして犯罪収益移転防止法施行規則5条で定める取引である。

◆**外為法の規定する対象取引**　外為法が定める本人確認を要する主な取引は以下のとおりである。

① 　国外向け送金のほか、居住者である顧客と非居住者との間での送金および送金の受領に係る為替取引（10万円相当超額）を行う場合（外為法18条1項、外国為替令7条の2）

② 　外貨建預金や非居住者預金に係る契約の締結等を行う場合（外為法22条の2第1項、外国為替令11条の5）

③ 　200万円相当額超の両替取引（外為法22条の3、外国為替令11条の6）

10505　敷居値以下に分割された取引に対する取引時確認

敷居値以下に分割されている複数の取引が一つの取引とみなされ、取引時確認の対象となるのはどのような場合か

結　論

　金融機関が、①同一の顧客等との間で、②複数の現金の受払取引等の取引を、③同時にまたは連続して行う場合において、④その複数の取引が1回当りの取引の金額を減少させるために一つの取引を分割したものの全部または一部であることが、一見して明らかなときに、その複数の取引を一つ

の取引とみなした場合に特定取引に当たる場合である。

解　説

◆**平成26年改正犯罪収益移転防止法による規定**　平成26年改正前犯罪収益移転防止法においては、特定取引は一定の種類の取引すべてを対象とせず、一定の金額（敷居値）を超えた多額の取引を対象としていた。そのため、顧客が、1回で取引すれば敷居値を超えて特定取引に当たり、取引時確認を要する場合に、あえて複数の取引に分割して取引時確認を免れるという事態も生じた。この場合、ごく短期間に同種の取引が複数行われた場合には、それら取引全体が実質的に一つの取引と認められなければならない。

　そこで、平成26年改正犯罪収益移転防止法において、新たに、敷居値以下に分割された取引を一定の要件の認められる場合に一の取引とみなして、特定取引に該当する場合に取引時確認を実施することが定められた（同法施行令7条3項）。

◆**一つの取引とみなされる要件**　分割された取引が一の取引とみなされる要件は次のとおりである。

① 　同一の顧客等との間で……同一の取引当事者の意味である。したがって、たとえば、一顧客当りの取引額が200万円相当額以下の外貨両替取引について、複数顧客の取引額を合計すれば200万円超となる場合に、複数の顧客の取引を同一取引担当者が取引する場合であっても、同一顧客との間の取引ではないため、対象とはならない。

② 　複数の現金の受払取引等……金融機関

について対象となりうる取引は、現金等受払取引、預金等払取引、本邦通貨と外国通貨の両替または旅行小切手の販売もしくは買取り、である。

③　同時にまたは連続して行う場合……複数の取引が実質的に一つの取引と評価されるためには、複数の取引が時期的に近接して行われる必要がある。

問題となるのは「連続して」の適用範囲である。

日が異なる場合には連続性はないと一応いいうるとしても、複数の取引が同じ日の午前と午後の2回で行われた場合には、単純に一定の時間的間隔が存在するため連続性なしとは言い切れず、取引の種類、態様、その他の事情から、金融機関の窓口職員の気づきに基づく判断として連続性ありと認める場合もありうる。

④　その複数の取引が1回当りの取引の金額を減少させるために一つの取引を分割したものの全部または一部であることが、一見して明らかなとき……個別の取引が「一つの……取引を分割したものの全部または一部であることが一見して明らかであるもの」に該当するか否かは、各金融機関において、当該取引の態様や各事業者の一般的な知識や経験、商慣行をもとに適宜判断すべきである。

たとえば、

イ　顧客から現金で15万円の振込みを依頼されたため、取引時確認を実施しようとしたところ、顧客が8万円の振込みを2回行うよう依頼を変更した場合における当該2回の取引

ロ　顧客から300万円を外貨に両替するよう依頼されたため、取引時確認を実施しようとしたところ、150万円を2回に分けて両替するよう依頼を変更した場合における当該2回の両替

といった取引が該当すると考えられる。

10506 顧客管理を行ううえで特別の注意を要する取引と取引時確認

取引時確認済顧客であったとしても、再度の取引時確認を要する顧客管理を行ううえで特別の注意を要する取引とは何か

結　論

次のいずれかの取引である。

①　取引において収受する財産が犯罪による収益である疑いまたは犯罪収益等隠匿罪もしくは薬物犯罪収益等隠匿罪に当たる行為を行っている疑いがあると認められる取引

②　同種の取引の態様と著しく異なる態様で行われる取引

解　説

平成26年改正前犯罪収益移転防止法においては、取引時確認を要する取引は、金融機関の特定業務のうち、預金または貯金の受入れを内容とする契約の締結など、継続的取引関係を成立させる取引や一定額以上の多額の一見取引といった特定取引に限られていた。

しかしながら、以上のような特定取引に当たらない取引であっても、取引において収受する財産が犯罪による収益である疑いがある疑わしい取引などマネーローンダリ

ングおよびテロ資金供与の疑いのある場合については、金融機関に疑わしい取引の届出（犯罪収益移転防止法8条）を課すのみでは、顧客管理の観点からは不十分である。そこで、平成26年改正犯罪収益移転防止法により、次の取引は顧客管理を行ううえで特別の注意を要する取引として取引時確認を要するとされた（同法施行令7条1項柱書、同法施行規則5条）。

① 取引において収受する財産が犯罪による収益である疑いまたは組織的犯罪処罰法10条の罪（犯罪収益等隠匿罪）もしくは麻薬および向精神薬取締法等の特例等に関する法律6条の罪（薬物犯罪収益等隠匿罪）に当たる行為を行っている疑いがあると認められる取引……たとえば、顧客Aから求められた預金から引き出した日本円100万円と米ドルの両替の際に、当該口座が振り込め詐欺に利用されている疑いが判明した場合には、対象取引の取引時確認の敷居値は200万円超であるため、対象取引には当たらないが、取引において収受する財産が犯罪による収益である疑いがあるため、Aに対する取引時確認を要する。

② 同種の取引の態様と著しく異なる態様で行われる取引……たとえば、資金繰りに窮し、再三、約定分割弁済について条件変更の申入れを行っていた顧客B社が、合理的な理由なく突然多額の残債務の一括弁済を申し入れてきた場合には、同種の取引の態様と著しく異なる態様で行われる取引に当たり、B社に対する取引時確認を要する。

以上の顧客管理を行ううえで特別の注意を要する取引については、本人特定事項等の取引時確認が不要となる取引時確認済顧客との取引には当たらないため、取引時確認済顧客についても再度の取引時確認を要する。

10507 本人確認書類

本人特定事項の確認は具体的にどのような書類により行うか

結 論

本人特定事項を確認する対象である顧客等が自然人の場合と法人の場合等とで異なる（犯罪収益移転防止法施行規則7条）。

解 説

◆本人特定事項確認対象が自然人の場合

① 運転免許証、運転経歴証明書、在留カード、特別永住者証明書個人番号カード、旅券乗員手帳、身体障害者手帳、精神障害者保健福祉手帳、療育手帳または戦傷病者手帳（当該自然人の氏名、住居および生年月日の記載があるものに限る）

② ①に掲げるもののほか、官公庁から発行され、または発給された書類その他これに類するもので、当該自然人の氏名、住居および生年月日の記載があり、かつ、当該官公庁が当該自然人の写真を貼り付けたもの

③ 国民健康保険、健康保険、船員保険、後期高齢者医療もしくは介護保険の被保険者証、健康保険日雇特例被保険者手帳、国家公務員共済組合もしくは地方公務員共済組合の組合員証または私立学校教職

員共済制度の加入者証（当該自然人の氏
名、住居および生年月日の記載があるも
のに限る）、国民年金手帳、児童扶養手
当証書、特別児童扶養手当証書、母子健
康手帳（当該自然人の氏名、住居および
生年月日の記載があるものに限る）また
は金融機関との間の預金契約等の特定取
引を行うための申込みまたは承諾に係る
書類に顧客等が押印した印鑑に係る印鑑
登録証明書

④ 印鑑登録証明書（③に掲げるものを除
く）、戸籍の謄本もしくは抄本（戸籍の
附票の写しが添付されているものに限
る）、住民票の写しまたは住民票の記載
事項証明書（地方公共団体の長の住民基
本台帳の氏名、住所その他の事項を証す
る書類をいう）

⑤ ①〜④に掲げるもののほか、官公庁か
ら発行され、または発給された書類その
他これに類するもので、当該自然人の氏
名、住居および生年月日の記載があるも
の

◆**本人特定事項確認対象が法人の場合**

① 当該法人の設立の登記に係る登記事項
証明書（当該法人が設立の登記をしてい
ないときは、当該法人を所轄する行政機
関の長の当該法人の名称および本店また
は主たる事務所の所在地を証する書類）
または印鑑登録証明書（当該法人の名称
および本店または主たる事務所の所在地
の記載があるものに限る）

② ①に掲げるもののほか、官公庁から発
行され、または発給された書類その他こ
れに類するもので、当該法人の名称およ
び本店または主たる事務所の所在地の記
載があるもの

◆**本人特定事項確認対象が外国人または外
国法人の場合**

① 犯罪収益移転防止法4条1項に規定す
る「本邦内に住居を有しない外国人」
（本邦に在留するが、その所持する旅券
または乗員手帳の記載によって当該外国
人のその属する国における住居を確認す
ることができないもの）（同法施行令10
条）については旅券または乗員手帳

② 本邦に在留していない外国人および外
国に本店または主たる事務所を有する法
人については、前記自然人および法人の
場合の①または②に定めるもののほか、
日本国政府の承認した外国政府または権
限ある国際機関の発行した書類その他こ
れに類するもので、上記自然人および法
人の場合の①または②に定めるものに準
ずるもの（自然人の場合にあっては、そ
の氏名、住居および生年月日の記載のあ
るものに、法人の場合にあっては、その
名称および本店または主たる事務所の所
在地の記載のあるものに限る）

◆**本人確認書類の有効期限**

・本人確認書類のうち、前記自然人の場合
の①および③、前記外国人の場合の①、
有効期間または有効期限のある上記自然
人の場合の②および⑤、上記法人の場合
の②について……金融機関が提示または
送付を受ける日において有効なものに限
る。

・その他の本人確認書類……金融機関が提
示または送付を受ける日前6カ月以内に
作成されたものに限る。

10508 自然人の本人特定事項の確認の方法

自然人である顧客や代表者等については、金融機関は具体的にどのような方法で本人特定事項の確認を行うことが求められているか

結　論

対面取引の場合は原則として本人確認書類の提示を受ける方法によるが、非対面取引の場合と対面取引でも確認に使用される本人確認書類の種類によっては、当該書類に記載された住所宛てに転送不要郵便物で取引関係文書を送付する方法による。

解　説

◆対面取引

　(1)　自然人のうち次の本人確認書類の場合は、特定取引を行った本人のみが所持または本人に1通しか交付されない書類で、しかも顔写真付きであることからなりすましのチェックなどの場面で証明力が高いと認められるため、金融機関が本人確認書類の提示を受ける方法によれば足りる（犯罪収益移転防止法施行規則6条1項1号イ）。

① 運転免許証等、在留カード、特別永住者証明書個人番号カード、旅券等、身体障害者手帳、精神障害者保健福祉手帳、療育手帳または戦傷病者手帳（当該自然人の氏名、住居および生年月日の記載があるものに限る）

② ①に掲げるもののほか、官公庁から発行され、または発給された書類その他これに類するもので、当該自然人の氏名、住居および生年月日の記載があり、かつ、当該官公庁が当該自然人の顔写真を貼り付けたもので、代表者等による提示の場合ではなく、顧客等本人から提示を受ける場合

　(2)　自然人のうち次の場合は、本人以外の第三者が入手して所持している可能性があるため、その提示を受けるとともに当該本人確認書類に記載されている当該顧客または代表者等の住所に宛てて、預金通帳その他の取引に係る文書（取引関係文書）を書留郵便、簡易書留郵便もしくは引受および配達の記録をする郵便またはこれらに準ずるものにより、その取扱いにおいて転送をしない郵便物またはこれに準ずるもの（転送不要郵便物等）として送付する方法による（犯罪収益移転防止法施行規則6条1項1号ロ）。

① (1)①に掲げるもののほか、官公庁から発行され、または発給された書類その他これに類するもので、当該自然人の氏名、住居および生年月日の記載があり、当該官公庁が当該自然人の顔写真を貼り付け、かつ、1通のみ発行または発給したものについて、代表者等により提示されたもの（顧客等本人から提示を受けない場合）

② 国民健康保険、健康保険、船員保険、後期高齢者医療もしくは介護保険の被保険者証、健康保険日雇特例被保険者手帳、国家公務員共済組合もしくは地方公務員共済組合の組合員証または私立学校教職員共済制度の加入者証（当該自然人の氏名、住居および生年月日の記載があるものに限る）、国民年金手帳（国民年養手当証書、特別児童扶養手当証書、母子健

康手帳（当該自然人の氏名、住居および生年月日の記載があるものに限る）または金融機関との間の預金契約等の特定取引を行うための申込みまたは承諾に係る書類に顧客等が押印した印鑑に係る印鑑登録証明書

③ 印鑑登録証明書（②に掲げるものを除く）、戸籍の謄本もしくは抄本（戸籍の附票の写しが添付されているものに限る）、住民票の写しまたは住民票の記載事項証明書（地方公共団体の長の住民基本台帳の氏名、住所その他の事項を証する書類をいう）

④ ①〜③に掲げるもののほか、官公庁から発行され、または発給された書類その他これに類するもので、当該自然人の氏名、住居および生年月日の記載があるもの

(3) 顔写真のない本人確認書類については【10510】参照。

(4) 当該顧客またはその代表者等から当該顧客等の本人確認書類のうち(2)の提示を受け、かつ、当該本人確認書類以外の本人確認書類もしくは当該顧客等の現在の住居の記載がある公共料金の領収書などの補完書類またはその写しの送付を受けて当該本人確認書類もしくは当該補完書類またはその写し（金融機関が作成した写しを含む）を確認記録の記録に添付（犯罪収益移転防止法施行規則19条1項2号）する方法（同規則6条1項1号ニ）

(5) なお、(2)の転送不要郵便により送付することにかえて、金融機関の役職員が、当該本人確認書類またはその写しに記載されている当該顧客等の住居または本店等に赴いて当該顧客等に取引関係文書を交付す

る方法も認められる（犯罪収益移転防止法施行規則6条4項1号・2号）。

◆非対面取引　メールオーダーやインターネット取引などの非対面取引の場合は、相手方と対面する対面取引と比較して、相手方の人相、風体、風貌等など特徴の確認ができないため、証明対象者と顧客等の同一性の確認情報が必ずしも十分ではない。そこで、本人特定事項の確認方法としては、次のような厳格な方法によることが義務づけられている。

(1) 当該顧客等またはその代表者等から当該顧客等の本人確認書類のうち本問の「対面取引」(1)もしくは(2)に定めるものまたはその写しの送付を受けて当該本人確認書類またはその写し（金融機関が作成した写しを含む）を犯罪収益移転防止法施行規則19条1項2号に掲げる方法により確認記録に添付するとともに、当該本人確認書類またはその写しに記載されている当該顧客等の住居に宛てて、取引関係文書を書留郵便等により、転送不要郵便物等として送付する方法（同規則6条1項1号ホ）

なお、転送不要郵便により送付することにかえて、金融機関の役職員が当該本人確認書類またはその写し、もしくは、補完書類またはその写しに記載されている当該顧客等の住居に赴いて取引関係文書を交付する方法によることもできる（犯罪収益移転防止法施行規則6条4項1号・2号）。

(2) その取扱いにおいて名宛人本人もしくは差出人の指定した名宛人にかわって受け取ることができる者に限り交付する郵便またはこれに準ずるものにより、当該顧客等に対して、取引関係文書を送付する方法（犯罪収益移転防止法施行規則6条1項1

号ヘ）

◆電子署名が行われた特定取引　電子証明書により確認される電子署名が行われた特定取引については、情報の送信を受ける方法により行える（犯罪収益移転防止法施行規則6条1項1号ト・チおよびリ）。

◆口座振替の場合　自然人および法人ともに信託、保険契約、金銭貸借等の特定取引のうち、特定の預金口座における口座振替の方法により決済されるものについては、当該口座が開設されている他の金融機関が当該口座の預金契約を締結する際に本人特定事項の確認を行い、確認記録を保存していることを確認する方法によることも認められる（他の金融機関とあらかじめこの方法を用いることに合意している場合に限る）（犯罪収益移転防止法施行規則13条1項1号）。

10509	法人の本人特定事項の確認方法

法人に対する本人特定事項の確認方法はどのように行うか

結　論

　自然人の場合と同様、対面取引の場合は原則として本人確認書類の提示を受ける方法によるが、非対面取引と対面取引でも確認に使用される本人確認書類の種類によっては、当該書類に記載された住所宛てに転送不要郵便物等で取引関係文書を送付する方法による。

解　説

◆対面取引　次の本人確認書類の場合は、本人確認書類の原本を当該法人の代表者等が金融機関に提示することから、金融機関が本人確認書類の提示を受ける方法によれば足りる（犯罪収益移転防止法施行規則6条1項3号イ）。

① 当該法人の設立の登記に係る登記事項証明書（当該法人が設立の登記をしていないときは、当該法人を所轄する行政機関の長の当該法人の名称および本店または主たる事務所の所在地を証する書類）または印鑑登録証明書（当該法人の名称および本店または主たる事務所の所在地の記載があるものに限る）その他官公庁から発行、発給された書類等で当該法人の名称および本店または主たる事務所の所在地の記載があるもの

② 外国に本店または主たる事務所を有する法人について、日本国政府の承認した外国政府または権限ある国際機関の発行した書類その他これに類するもので、上記①に定めるものに準ずるもの（法人の名称および本店または主たる事務所の所在地の記載があるものに限る）

◆非対面取引

（1）本店等への転送不要郵便物等による送付　本問の「対面取引」①または②の本人確認書類またはその写しの送付の場合は、金融機関が対面して確認できない点で偽造等のリスクが高まるため、その送付を受けるとともに犯罪収益移転防止法施行規則19条1項2号に掲げる方法により確認記録に添付するとともに、当該本人確認書類またはその写しに記載されている当該顧客

等の本店または主たる事務所、支店、または日本に営業所を設けていない外国会社の日本における代表者の住居（本店等）の所在地に宛てて、取引関係文書を書留郵便等により、転送不要郵便物等として送付する方法によることとされる（同規則6条1項3号ロ）。

　(2)　本店等以外の営業所へ送付する方法　当該顧客等の本店等にかえて、当該顧客等の代表者等から当該顧客等の営業所であると認められる場所の記載がある当該顧客等の本人確認書類もしくは補完書類の提示を受け、または当該本人確認書類もしくはその写しもしくは当該補完書類もしくはその写しの送付を受けて当該本人確認書類もしくはその写しもしくは当該補完書類もしくはその写しを確認記録に添付するとともに、当該場所に宛てて取引関係文書を送付する確認方法が認められる（犯罪収益移転防止法施行規則6条3項）。

　(3)　本店等に赴いて交付する方法　転送不要郵便物等により送付することにかえて、金融機関の役職員が当該本人確認書類またはその写し、もしくは、補完書類またはその写しに記載されている当該顧客等の本店等に赴いて取引関係文書を交付する方法によることもできる（犯罪収益移転防止法施行規則6条4項1号・2号）。

　(4)　営業所に赴いて交付する方法　さらに、転送不要郵便物等により送付することにかえて、金融機関の役職員が当該法人の本人確認書類もしくは、補完書類またはその写しに記載されている当該法人の営業所であると認められる場所に赴いて当該法人の代表者等に取引関係文書を交付する方法も認められている（犯罪収益移転防止法

施行規則6条4項3号）。

◆**電子署名が行われた特定取引**　当該法人の代表者等から、商業登記法12条の2第1項および3項の規定に基づき登記官が作成した電子証明書ならびに当該電子証明書により確認される電子署名法2条1項に規定する電子署名が行われた特定取引等に関する情報の送信を受ける方法による（犯罪収益移転防止法施行規則6条1項3号ハ）。

　信託、保険契約、金銭貸借等の特定取引のうち、特定の預金口座における口座振替の方法により決済されるものについては、当該口座が開設されている他の金融機関が当該口座の預金契約を締結する際に本人確認を行い、本人確認記録を保存していることを確認する方法によることも認められている（他の金融機関とあらかじめこの方法を用いることに合意している場合に限る）（犯罪収益移転防止法施行規則13条1項1号）。

| 10510 | 顔写真のない本人確認書類による本人特定事項の確認方法 |

健康保険証や年金手帳など、顔写真のない本人確認書類の提示を受ける場合には本人特定事項の確認はどのような方法により行うべきか

結　論

次のいずれかの方法による。
①　顧客等の住所に宛てて、取引関係文書を転送不要郵便物等として送付する、
②　別の本人確認書類または顧客等の現在

の住居の記載がある納税証明書、公共料金の領収証書等の補完書類提示を受ける、
③ 顔写真のない本人確認書類以外の本人確認書類もしくは補完書類またはこれらの写しの送付を受けて、確認記録に添付する。

犯罪収益移転防止法では、健康保険証や年金手帳などの顔写真のない本人確認書類も本人確認書類として認めているが、なりすましの防止のためのチェックなどの場面において、顔写真のない本人確認書類が、顔写真のある本人確認書類と比較して証明力が劣ることは明白である。他方、我が国においては、自動車運転免許証やパスポートなど顔写真付公的証明書を保有しない、いわゆる証明弱者が少なからず存在する。

そこで、平成26年改正犯罪収益移転防止法においては、引き続き顔写真のない証明書を本人確認書類として認めつつも、顔写真のない証明書を本人確認書類として利用する場合には、2種類の本人確認書類の提示、顧客等の現在の住所の記載のある公共料金の領収書などの補完書類の追加提示または送付あるいは預金通帳などの取引関係文書を本人確認書類に記載されている住所に宛てて転送不要郵便で送付する方法などの追加的な確認措置を金融機関に求めることとした（同法施行規則6条1項1号ロ）。

10511 本人特定事項以外の確認事項の確認方法

本人特定事項以外の取引を行う目的、職業、事業の内容はどのような方法で確認するの

か

結　論

顧客等からの申告を受け、あるいは一定の書類またはその写しを確認する方法により、ハイリスク取引に当たり厳格な顧客管理による確認の場合にも、同様の方法が求められる。

解　説

◆**取引を行う目的の確認方法**　当該顧客等またはその代表者等から申告を受ける方法によるとされる（犯罪収益移転防止法施行規則9条）。申告を受ける方法として具体的には、口頭（面談あるいは電話）で顧客等から聞き取る、ファクシミリを受ける、文書の提出を受ける、あるいは金融機関があらかじめ用意したチェックリストにチェックしてもらうなどの方法が考えられる。

◆**職業または事業の内容の確認方法**

（1）　自然人または人格のない社団もしくは財団である顧客等　　当該顧客等またはその代表者等から申告を受ける方法による（犯罪収益移転防止法施行規則10条）。

申告を受ける具体的方法は、取引を行う目的の確認方法と同様である。

（2）　法人である顧客等（次の(3)に掲げる者を除く）　　当該法人の次に掲げる書類（③の書類および有効期間または有効期限のない④の書類にあっては金融機関が確認する日の前6カ月以内に作成されたものに、有効期間または有効期限のある④の書類については金融機関が確認する日において有効なものに限る）のいずれかまたはその写しを確認する方法による（犯罪収益移転防

止法施行規則10条）。

　なお、確認の方法としては、顧客等や代表者等から書類の提示を受け、あるいは金融機関において書類を入手、閲覧するなどがある。

① 定款（これに相当するものを含む）

② ①に掲げるもののほか、法令の規定により当該法人が作成することとされている書類で、当該法人の事業の内容の記載があるもの

③ 当該法人の設立の登記に係る登記事項証明書（当該法人が設立の登記をしていないときは、当該法人を所轄する行政機関の長の当該法人の事業の内容を証する書類）

④ ③に掲げるもののほか、官公庁から発行され、または発給された書類その他これに類するもので、当該法人の事業の内容の記載があるもの

（3）外国に本店または主たる事務所を有する法人である顧客等　　上記(2)に定めるもののほか、次に掲げる書類のいずれかまたはその写しを確認する方法（犯罪収益移転防止法施行規則10条）

① 外国の法令により当該法人が作成することとされている書類で、当該法人の事業の内容の記載があるもの

② 日本国政府の承認した外国政府または権限ある国際機関の発行した書類その他これに類するもので、当該法人の事業の内容の記載があるもの（有効期間または有効期限のあるものにあっては特定事業者が確認する日において有効なものに、その他のものにあっては特定事業者が確認する日前6カ月以内に作成されたものに限る）

◆**厳格な顧客管理による確認の場合の確認方法**　　取引を行う目的、職業および事業の内容の確認については上記と同様の方法による。

| 10512 | 法人顧客の実質的支配者の定義 |

法人顧客につき取引時確認において必要とされる法人の実質的支配者とは何か

| 結　論 |

　犯罪収益移転防止法上、以下のように定義されている。

(1) **株式会社などの資本多数決法人の場合**……その法人の議決権の総数の4分の1を超える議決権を直接または間接に有していると認められる自然人

(2) (1)以外の資本多数決法人の場合……出資、融資、取引などの関係を通じてその法人の事業活動に支配的な影響力を有すると認められる自然人

(3) 資本多数決法人以外の法人の場合……その法人の事業から生ずる収益またはその事業に係る財産の総額の4分の1を超える収益の配当または財産の分配を受ける権利を有していると認められる自然人、または出資、融資、取引その他の関係を通じてその法人の事業活動に支配的な影響力を有すると認められる自然人

(4) (1)ないし(3)に該当しない法人の場合……その法人を代表し、その業務を執行する自然人である。なお、国等およびその子会社は、自然人とみなされる

◆法人の実質的支配者の本人特定事項の確認

特定取引時に金融機関は、取引の顧客等が法人である場合にあっては、特定取引の実質的利益帰属主体となる可能性のある者を捕捉するため、その事業経営を実質的に支配することが可能となる関係にある者（法人の実質的支配者）の本人特定事項の確認が求められる（犯罪収益移転防止法4条1項4号）。

◆法人の実質的支配者は自然人

平成26年改正前においては、法人の実質的支配者を自然人に限定せず、法人も含むとしていたため、マネーローンダリングを行う自然人が実体のない法人を利用して法人の実質的支配者となることが可能であった。

そこで、平成26年改正において、金融機関は、法人の実質的支配者を自然人までさかのぼって確認することが求められることになった（犯罪収益移転防止法施行規則11条2項）。

◆法人の実質的支配者の概念

当該法人の性質に応じて次のように整理される（犯罪収益移転防止法施行規則11条2項）。なお、当該法人が以下の(1)ないし(3)に該当するかは、法人の性質により客観的に決定されるものであるため、当該法人の申告のみで決定するのではなく、金融機関において判断する必要がある。

(1) 株式会社などの資本多数決法人については、その法人の議決権の総数の4分の1を超える議決権を直接または間接に有していると認められる自然人

ただし、次の場合は除外される。

① その資本多数決法人の事業経営を実質的に支配する意思または能力を有していないことが明らかな場合

この判断は、議決権等を有する者の主観のみをもとに判断されるのではなく、その者の属性やその者と顧客等との関係性等の客観的事情をもふまえたうえで判断する必要がある。

② 他の者がその法人の議決権の総数の2分の1を超える議決権を有している場合

(2) 上記(1)以外の資本多数決法人で、出資、融資、取引その他の関係を通じてその法人の事業活動に支配的な影響力を有すると認められる自然人があるものは、その自然人

(3) 資本多数決法人以外の法人のうち、次の①または②に該当する自然人があるものは、その自然人

① その法人の事業から生ずる収益またはその事業に係る財産の総額の4分の1を超える収益の配当または財産の分配を受ける権利を有していると認められる自然人

ただし、その法人の事業経営を実質的に支配する意思または能力を有していないことが明らかな場合、または法人の事業から生ずる収益またはその事業に係る財産の総額の2分の1を超える収益の配当または財産の分配を受ける権利を有している他の自然人がある場合は除かれる。

② 出資、融資、取引その他の関係を通じてその法人の事業活動に支配的な影響力を有すると認められる自然人

(4) 上記(1)ないし(3)に定める者がない法人の場合は、その法人を代表し、その業務を執行する自然人

なお、実質的支配者の適用にあたっては、

国等およびその子会社は自然人とみなされる（犯罪収益移転防止法施行規則11条4項）。

10513 法人の実質的支配者の確認方法

法人の実質的支配者の該当性に関する事項や実質的支配者の本人特定事項はどのような方法で確認すべきか

結　論

　当該顧客等の代表者等から申告を受ける方法による（犯罪収益移転防止法施行規則11条1項）が、ハイリスク取引の場合は株主名簿などの資料による確認も求められる。

解　説

◆一般の取引の場合　法人の実質的支配者の該当性に関する事項や実質的支配者の本人特定事項の確認は、その法人である顧客等から申告を受ける方法をとれば足り、本人確認書類等の書類による確認（犯罪収益移転防止法施行規則5条・6条）までは求められていない。

　申告を受ける方法として具体的には、口頭（面談あるいは電話）で顧客等から聞き取る、ファクシミリを受ける、文書の提出を受ける、あるいは金融機関があらかじめ用意したチェックリストにチェックしてもらうなどの方法がある。

◆ハイリスク取引の場合　ハイリスク取引に該当し、厳格な顧客管理として行う法人の実質的支配者の本人特定事項の確認方法は、次の法人の区分に応じ、それぞれに定める書類またはその写しを確認し、かつ、

その代表者等から申告を受ける方法による（犯罪収益移転防止法施行規則14条3項）。

　平成26年改正前犯罪収益移転防止法においては、法人の実質的支配者の本人確認書類の確認まで求められていたが、平成26年改正により、顧客等の実質的支配者を自然人にまでさかのぼって確認することとなったため、当該実質的支配者の本人確認書類を顧客等が迅速に入手することは困難を伴うことが想定され、取引実務に甚大な影響を与えることが懸念されることから、本人確認書類の確認は不要とし、次の書類を確認するとともに、当該顧客等の代表者等から申告を受ける方法に変更された。

　(1)　株式会社などの資本多数決法人（犯罪収益移転防止法施行規則11条2項1号および2号）（【10512】参照）については、株主名簿、有価証券報告書（金商法24条1項）その他これらに類する当該法人の議決権の保有状況を示す書類（犯罪収益移転防止法施行規則14条3項1号）

　(2)　上記(1)に掲げる法人以外の法人（犯罪収益移転防止法施行規則11条2項3号および4号）（【10512】参照）は、次に掲げる書類のいずれか（同規則14条3項2号）

① 　当該法人の設立の登記に係る登記事項証明書（当該法人が設立の登記をしていないときは、当該法人を所轄する行政機関の長の当該法人を代表する権限を有している者を証する書類）

② 　①に掲げるもののほか、官公庁から発行され、または発給された書類その他これに類するもので、当該法人を代表する権限を有している者を証するもの

③ 　外国に本店または主たる事務所を有する法人にあっては、①および②に掲げる

もののほか、日本国政府の承認した外国政府または権限ある国際機関の発行した書類その他これに類するもので、当該法人を代表する権限を有している者を証するもの

10514　確認済顧客等との取引

再度の取引の際に本人特定事項等の取引時確認が不要な確認済顧客等との取引と認められるのはどのような場合か

結　論

当該金融機関が、①取引時確認を行っている顧客等との取引であり、②当該取引時確認について確認記録を作成および保存している場合であって、③当該顧客等がすでに取引時確認を行っている顧客等であることを確かめる措置をとった取引であることが要件である。ただし、④なりすまし等が疑われる取引に該当するときは確認済顧客等との取引と認められない。

解　説

◆簡易な取引時確認が認められる要件

金融機関が預金の受入れを内容とする契約等の特定取引を行うに際しては本人特定事項等の取引時確認を要する（犯罪収益移転防止法4条1項）。しかしながら、例外的に「確認済顧客等との取引」については、当該確認は不要である（同条3項）。これは一定の水準の信頼性と正確性が確保されることを条件として同じ方法による取引時確認ではなく簡易の手続ですますことがで

きる趣旨である。

「確認済顧客等との取引」と認められ、本人特定事項等の取引時確認が簡易な方法に軽減されるための要件は以下のとおりである。

◆取引済顧客との取引の場合

取引時確認を行っている顧客等との取引　他の取引の際にすでに本人特定事項等の確認（犯罪収益移転防止法4条1項）または厳格な顧客管理による確認（同条2項）を行っている取引である。

この取引には、次のものも含まれる（犯罪収益移転防止法施行令13条1項）。

① 当該特定事業者が他の特定事業者に委託して行う特定取引（同施行令7条1項1号に定める取引）であって、当該他の特定事業者が他の取引の際にすでに取引時確認を行っている顧客等との間で行うもの

② 当該特定事業者が合併、事業譲渡その他これらに準ずるものにより他の特定事業者の事業を承継した場合における当該他の特定事業者が他の取引の際にすでに取引時確認を行っている顧客等との間で行う取引

◆確認記録を作成・保存している場合

当該取引時確認について確認記録を作成および保存していること（犯罪収益移転防止法施行令13条2項）　犯罪収益移転防止法6条により取引時確認について確認記録を作成および保存している場合である。

◆確認済顧客であることを確認する場合

当該顧客等がすでに取引時確認を行っている顧客等であることを確かめる措置をとった取引（犯罪収益移転防止法施行令13条2項）　具体的には、次の方法によることが

定められている（同法施行規則16条）。

①　次のいずれかにより顧客等（国等である場合にあっては、その代表者等または当該国等）が確認記録に記録されている顧客等と同一であることを確認すること。

　　㋑　預貯金通帳その他の顧客等が確認記録に記録されている顧客等と同一であることを示す書類その他の物の提示または送付を受けること。

　　㋺　顧客等しか知りえない事項その他の顧客等が確認記録に記録されている顧客等と同一であることを示す事項の申告を受けること。

②　①にかかわらず、金融機関は、顧客等または代表者等と面識がある場合その他の顧客等が確認記録に記録されている顧客等と同一であることが明らかな場合は、当該顧客等が確認記録に記録されている顧客等と同一であることを確認したものとすることができる。

③　①または②で当該顧客等が確認記録に記録されている顧客等と同一であることを確認した取引に係る、

　　㋑　口座番号その他の顧客等の確認記録を検索するための事項（確認記録がない場合にあっては、氏名その他の顧客等または取引を特定するに足りる事項）

　　㋺　取引の日付

　　㋩　取引の種類

を記録し、当該記録を当該取引の行われた日から7年間保存する。

◆**確認済顧客等との取引とは認められない場合**　なりすまし等が疑われる取引の除外（犯罪収益移転防止法施行令13条2項、同法施行規則5条）　当該取引の相手方または取引が、次に該当する場合は確認済顧客等との取引とは認められない。

①　当該取引時確認に係る顧客等または代表者等になりすましている疑いがあるもの

②　当該取引時確認が行われた際に当該取引時確認に係る事項を偽っていた疑いがある顧客等（その代表者等が当該事項を偽っていた疑いがある顧客等を含む）

③　疑わしい取引

④　同種の取引態様と著しく異なる態様で行われる取引に該当する場合

　この場合には簡易の手続を認めるだけの一定の水準の信頼性と正確性が確保されている場合ではないからである。①および②については、厳格な顧客管理としての確認【10515】が必要となる。

10515　厳格な顧客管理による確認の内容

厳格な顧客管理を行う必要性が特に高いと認められる取引（ハイリスク取引）に対する確認とは何か

結論

　厳格な顧客管理による確認を要する類型の取引（ハイリスク取引）については、本人特定事項、取引目的、職業、事業内容および実質的支配者の本人特定事項の確認を要し、さらに顧客等が国等の場合を除き200万円を超える財産移転を伴う取引にあっては、資産および収入の状況の確認が要求される。

◆**本人特定事項を確認**　金融機関は、顧客等との間で、後記①ないし④のいずれかに該当する取引を行うに際しては、当該顧客等のうち、自然人については、本人特定事項、取引目的および職業、法人については、本人特定事項、取引目的、事業内容および実質的支配者の本人特定事項の確認を行わなければならない（犯罪収益移転防止法4条2項）。この場合、確認済顧客等との取引の適用はない。

さらに、当該取引の価額が政令で定める200万円を超える財産の移転を伴う場合にあっては、それに追加して疑わしい取引の届出を行うべき場合に該当するかどうかの判断に必要な限度において、上記本人特定事項等の確認とともに資産および収入の状況の確認を行わなければならない。

これは、リスクベース・アプローチの観点から、特に厳格な顧客管理を要する類型の取引（ハイリスク取引）について本人特定事項等の確認を求め、さらに少額でない財産移転を伴う取引にあっては、顧客等の取引に使われている財産の出所を確認するのが適切であることから、資産および収入の状況についても確認を求めているものである。

ただし、顧客等が国等（国、地方公共団体、上場会社、人格のない社団または財団など）の場合には、資産および収入の状況の確認は必要ない（犯罪収益移転防止法4条5項別表）。

◆**ハイリスク取引とは**

①　取引を行う相手方が、その取引に関連する他の取引の際に行われた取引時確認（②において「関連取引時確認」という）に係る顧客等または代表者等になりすましている疑いがある場合における当該取引（犯罪収益移転防止法4条2項1号イ、同法施行令12条1項1号）。

「なりすまし」とは、いわゆる替え玉のことをいう。法の目的は、資金移動の正確なトレースの実効性の確保にあるところ、この場合には、顧客等として把握している者と現実に資金移動を行っている取引の相手方とが一致しないおそれがあるため、本人特定事項の確認が求められている。

②　関連取引時確認が行われた際に当該関連取引時確認に係る事項を偽っていた疑いがある顧客等（その代表者等が当該事項を偽っていた疑いがある顧客等を含む）との取引（犯罪収益移転防止法4条2項1号ロ、同法施行令12条1項2号）。

「偽っていた」とは本人特定事項等を詐称していた場合であり、告げるべき情報を隠匿していたことも含まれる。この場合も資金移動の正確なトレースの実効性の確保の必要性から本人特定事項の確認が求められている。

③　特定取引のうち、犯罪による収益の移転防止に関する制度の整備が十分に行われていないと認められる国または地域として政令で定めるもの（平成29年7月現在、イラン・北朝鮮が指定。以下「特定国等」という）に居住しまたは所在する顧客等との間におけるものその他特定国等に居住しまたは所在する者に対する財産の移転を伴うもの（犯罪収益移転防止法4条2項2号）。

④　外国の重要な公的地位を有する者（外

国 PEPs）との取引（【10517】参照）。

　なお、上記①および②に掲げる取引に際して行う本人特定事項の確認は、すでに行った関連取引の際の確認方法とは異なる方法により行わなければならない。たとえば、偽造した運転免許証を本人確認書類として使用してなりすましが行われている場合に、再度同一の本人確認書類である運転免許証を用いて本人確認しようとしても正確な本人特定事項の確認はできないからである。

10516　顧客等が取引時確認に応じない場合の金融機関の免責

金融機関は、顧客等または代表者等が特定取引等を行う際に取引時確認に応じないときは、当該顧客から特定取引等に係る義務の履行を求められてもこれを拒むことができるか

結　論

　金融機関は、顧客等または代表者等が特定取引等を行う際に取引時確認に応じないときは、当該顧客等または代表者等がこれに応ずるまでの間、当該特定取引等に係る義務の履行を拒むことができる。この場合、金融機関の債務不履行責任は免除される。

解　説

◆債務不履行責任の免除　犯罪収益移転防止法は、金融機関など特定事業者が貸金契約の締結など特定取引を行うに際しては取引時確認を行うことを義務づけている（犯罪収益移転防止法4条1項・2項・4

項・5項）。

　他方、顧客等または代表者等による取引時確認への協力は法的義務とはされていない。

　そのため、顧客等または代表者等が金融機関など特定事業者への取引時確認に協力しない場合に、金融機関が貸金契約の締結など特定取引の履行を行わないことは債務不履行となり、相手方に生じた損害の賠償責任が発生すると解されるおそれがある。

　そこで、犯罪収益移転防止法は、顧客等または代表者等が特定取引等を行う場合に取引時確認に応じないときは、当該顧客等または代表者等がこれに応ずるまでの間、当該特定取引等に係る義務の履行を拒むことができるとして、特定事業者の免責規定を設けた（同法5条）。したがって、当該顧客等または代表者等が取引時確認義務に応ずるまでの間、金融機関は特定取引等の履行を顧客等から求められても債務不履行責任は生じないことになる。

　顧客等または代表者等が取引時確認義務に応ずるまでの間、金融機関が特定取引の履行を顧客等から求められる場合としては、なりすまし等が疑われる取引として厳格な顧客管理を行う取引（犯罪収益移転防止法4条2項1号）などがある。たとえば、コミットメントライン契約を締結し、借入申込みのあった後、資金の交付時に現金の受取りにX銀行に現れた人物が契約締結した顧客Aになりすましている疑いがある場合には、取引時確認に応ずるまでの間、X銀行は資金交付を拒絶しても債務不履行の責めを負わない。

外国の重要な公的地位を有する者等（外国PEPs）との取引

ハイリスク取引とされる外国PEPs（Politically Exposed Persons）とは何か

結　論

　外国の元首など外国政府等において重要な地位を占める者、その者の家族およびそれらの者がその事業経営を実質的に支配することが可能となる関係にある法人である。

解　説

◆平成26年改正犯罪収益移転防止法　外国の高位の政治家など重要な公的地位を有する者は、国際的、社会的信用が高いため、マネーローンダリングが行われたとしても、その発覚は困難である。他方、そのような地位を利用してマネーローンダリングが行われる疑いが存在することも事実である。そこで、平成26年改正において、外国の重要な公的地位を有する者等（外国PEPs）との取引はハイリスク取引として厳格な取引時確認が求められることとなった（犯罪収益移転防止法4条2項3号、同法施行令12条3項）。

◆外国の重要な公的地位を有する者等（外国PEPs）　次のとおりである（犯罪収益移転防止法施行令12条3項、同法施行規則15条）

（1）　外国の元首および外国の政府、中央銀行その他これらに類する機関において重要な地位を占める者として施行規則で定める者ならびにこれらの者であった者

　「その他これらに類する機関において重要な地位を占める者」は次のとおり定める。

①　我が国における内閣総理大臣その他の国務大臣および副大臣に相当する職

②　我が国における衆議院議長、衆議院副議長、参議院議長または参議院副議長に相当する職

③　我が国における最高裁判所の裁判官に相当する職

④　我が国における特命全権大使、特命全権公使、特派大使、政府代表または全権委員に相当する職

⑤　我が国における統合幕僚長、統合幕僚副長、陸上幕僚長、陸上幕僚副長、海上幕僚長、海上幕僚副長、航空幕僚長または航空幕僚副長に相当する職

⑥　中央銀行の役員

⑦　予算について国会の議決を経、または承認を受けなければならない法人の役員

（2）　(1)に掲げる者の家族（配偶者（婚姻の届出をしていないが、事実上婚姻関係と同様の事情にある者を含む）、父母、子および兄弟姉妹ならびにこれらの者以外の配偶者の父母および子をいう）

（3）　法人であって、(1)、(2)に掲げる者がその事業経営を実質的に支配することが可能となる関係にあるもの

◆外国の重要な公的地位を有する者等（外国PEPs）の確認方法　顧客等が外国PEPsであることの確認方法は、商業用データベースを活用して確認する方法のほか、インターネット等の公刊情報を活用して確認する方法、顧客等に申告を求める方法等が考えられる。各金融機関はその事業規模や顧客層をふまえて、各金融機関において

合理的と考えられる方法により確認ができた範囲内において厳格な顧客管理を行うべきである。

取引時確認の確認記録の作成方法と記録事項はどのようなものか

結　論

文書、電磁的記録またはマイクロフィルムにより作成し、本人特定事項については本人確認書類等を確認記録に添付する方法により、犯罪収益移転防止法の定める記録事項を記録しなければならない。

解　説

◆特定取引時、直ちに作成　金融機関が預金受入契約、貸金契約の締結など特定取引についての取引時確認を行った場合には、直ちに、確認記録を作成しなければならない（犯罪収益移転防止法6条1項）。文書、電磁的記録またはマイクロフィルムにより作成し、本人特定事項については本人確認書類等を確認記録に添付する方法による（同法施行規則19条）。

記録事項としては、取引時確認に関する事項、取引時確認のためにとった措置その他の事項を記録しなければならない（犯罪収益移転防止法施行規則20条）。

確認記録の作成の目的は、資金トレースを行うことを可能とすることと本人確認手続が適切であったかを検証できるようにしてその実効性を確保することにある。その

ため、確認対象の本人特定事項等のほか確認を行った者やその方法、確認記録の作成者なども記録事項とされる（犯罪収益移転防止法施行規則20条1項）。

なお、すでに取引時確認を行った事項のうち、①本人特定事項、②代表者等による取引のときの当該代表者等の本人特定事項、③当該代表者等と顧客等との関係および当該代表者等が顧客等のために特定取引等の任にあたっていると認めた理由、④取引を行う目的、⑤顧客等の職業または事業の内容ならびに顧客等が法人である場合にあっては事業の内容の確認を行った方法および書類の名称その他の当該書類を特定するに足りる事項、⑥顧客等（国等を除く）が法人であるときは、実質的支配者の本人特定事項および実質的支配者と顧客等との関係ならびにその確認を行った方法（当該確認に書類を用いた場合には、当該書類の名称その他の当該書類を特定する事項）、⑦顧客等が自己の氏名および名称と異なる名義を取引に用いるときは、当該名義ならびに顧客等が自己の氏名および名称と異なる名義を用いる理由、⑧取引記録等を検索するための口座番号その他の事項、⑨なりすまし等の疑いのある取引の場合で厳格な顧客管理による確認を行ったときは、関連取引時確認に係る確認記録を検索するための当該関連取引時確認を行った日付その他の事項（犯罪収益移転防止法施行規則20条1項14〜18号および20〜23号に掲げる事項）に変更または追加があることを知った場合は、当該変更または追加に係る内容を確認記録に付記しなければならず、すでに確認記録または添付した本人確認書類の写しもしくは添付資料に記録され、または記載された

内容を消去してはならない（同条3項）。

10519 取引記録において記録すべき取引の対象範囲

取引記録として記録すべきものはどのような取引か

結　論

金融機関の特定業務に係る取引が対象となるが、そのうち、財産移転を伴わない取引、その価額が1万円以下の財産移転に係る取引等少額の財産移転取引については除外されている。

解　説

◆**記録対象取引と除外取引**　金融機関は特定業務に係る取引を行った場合には、原則として直ちに、顧客等の本人確認記録を検索するための事項、当該取引の日付、種類、取引に係る財産の価額その他の事項に関する記録を作成し、当該取引の行われた日から7年間保存しなければならない（犯罪収益移転防止法7条）。

この取引記録の作成・保存の目的は、金融機関の業務上の取引が犯罪収益の移転に利用された場合のトレースを可能としておくことにある。

取引記録において記録すべき取引の対象から除外されるのは、取引の価額が少額であるなどのため、金融機関の記録作成の負担に比較して犯罪収益の移転の危険性、可能性が大きくないと考えられる場合である。

主な具体的例は以下のとおりである。
① 財産移転（財産に係る権利の移転およ

び財産の占有の移転をいう）を伴わない取引（犯罪収益移転防止法施行令15条1項1号）
② その価額が1万円以下の財産の財産移転に係る取引（同項2号）
③ 200万円以下の本邦通貨間の両替または200万円以下の本邦通貨と外国通貨の両替もしくは200万円以下の旅行小切手の販売もしくは買取り（同項3号イ）
④ ATMなどの自動預払機その他これに準ずる機械を通じてされる顧客等と他の銀行など特定事業者との間の取引、ただし、為替取引のために当該他の特定事業者が行う現金の支払を伴わない預金または貯金の払戻しを除く（同項4号、同法施行規則22条1項1号）
⑤ 保険契約または共済に係る契約に基づき一定金額の保険料または共済掛金を定期的に収受する取引（同法施行令13条1項4号、同法施行規則22条1項2号）

10520 コルレス契約と確認義務

銀行、信用金庫などの金融機関がコルレス契約を締結する際に相手方である外国所在為替取引業者について確認すべき事項、確認方法は何か

結　論

コルレス契約の相手方である外国所在為替取引業者について、取引時確認等相当措置を的確に行うために必要な基準に適合する体制を整備している等の事項をその外国所在為替取引業者からの申告を受けるなど

の方法で確認しなければならない。

解　説

◆**確認すべき事項**　金融機関が実体を有しない銀行であるシェルバンクとの間でコルレス契約を締結あるいは維持することを明確に禁止しておらず、コルレス先のシェルバンクによる口座の利用を許してはならないということも義務づけていなかった不備に対応するため、FATFの勧告に対応するため平成26年に改正された犯罪収益移転防止法で新たに、金融機関がコルレス契約締結の相手方である外国所在為替取引業者について次の事項を確認することが課せられることとなった（同法9条）。

（1）　当該外国所在為替取引業者が、犯罪収益移転防止法4条（取引時確認等）、同法6条（確認記録の作成義務等）、同法7条（取引記録等の作成義務等）、同法8条（疑わしい取引の届出等）および10条（外国為替取引に係る通知義務）の規定による措置に相当する措置を的確に行うために必要な営業所その他の施設ならびに取引時確認等相当措置の実施を統括管理する者を当該外国所在為替取引業者の所在する国または当該所在する国以外の外国に置き、かつ、取引時確認等相当措置の実施に関し、報告、立入検査および指導等を行う当該外国の機関の適切な監督を受けている状態にあることなどの基準に適合する体制を整備していること。

（2）　当該外国所在為替取引業者が、業として為替取引を行う者であって監督を受けている状態にないものとの間で為替取引を継続的にまたは反復して行うことを内容とする契約を締結していないこと。

◆**コルレス契約締結の際の確認の方法**　その確認の方法は次のいずれかである（犯罪収益移転防止法施行規則28条）。

（1）　その外国所在為替取引業者からの申告を受ける方法

（2）　外国所在為替取引業者もしくは外国の法令上、我が国の金融庁等に相当する外国の機関によりインターネットを利用して公衆の閲覧に供されている当該外国所在為替取引業者に係る情報を閲覧して確認する方法

10521　海外子会社または海外支店を有する金融機関が講ずべき措置

金融機関の海外子会社または海外支店の所在する外国の法令で定める取引時確認等の措置が、我が国の犯罪収益移転防止法、施行令および施行規則の取引時確認等の措置よりも緩やかなときには、どのような措置が求められるか

結　論

　我が国の犯罪収益移転防止法等と整合するような措置、それができないときは金融庁などへの通知が求められる。

解　説

◆**平成28年改正犯罪収益移転防止法**　金融機関の海外子会社または海外支店に対する取引時確認等を的確に行うための措置については、かつて規定が存在しなかった。その不備への対策として、平成26年改正犯罪収益移転防止法において、金融機関に対

し、支配下にある外国所在の子会社を含め、グローバルに整合性のとれた犯罪収益の移転防止に係る体制整備のため、海外子会社または海外支店の所在する外国の法令で定める取引時確認等の措置が、我が国の犯罪収益移転防止法、同法施行令および同法施行規則の取引時確認等の措置の全部または一部が義務づけられていないため緩やかなときには、次のような措置が求められることとなった（同法施行規則32条2項）。

① 当該海外子会社および当該海外支店における犯罪による収益の移転防止に必要な注意を払うとともに、当該外国の法令に違反しない限りにおいて、当該海外子会社および当該海外支店による取引時確認等の措置に準じた措置の実施を確保すること。

② 当該外国において、取引時確認等の措置に準じた措置を講ずることが当該外国の法令により禁止されているため当該措置を講ずることができないときにあっては、その旨を金融庁などに通知すること。

なお、上記①の海外子会社とは、外国において金融に関する業務に相当する業務を営む外国会社の議決権の総数の2分の1を超える議決権を直接もしくは間接に有する場合をいい、その判定は次の割合を合計した割合により行う（犯罪収益移転防止法施行規則32条3項）。

① 金融機関が自己の計算において有する当該外国会社の議決権が当該外国会社の議決権の総数に占める割合

② 金融機関の子法人（金融機関がその議決権の総数の2分の1を超える議決権を自己の計算において有する法人をいう。この場合において、金融機関およびその1もしくは2以上の子法人または当該金融機関の一もしくは二以上の子法人が議決権の総数の2分の1を超える議決権を有する他の法人は、当該金融機関の子法人とみなす）が自己の計算において有する当該外国会社の議決権が当該外国会社の議決権の総数に占める割合

10522 疑わしい取引として届出すべき対象

疑わしい取引として届出すべき対象はどのようなものか

結　論

金融機関が金融に関する業務等において収受した財産が「犯罪による収益」である疑いがあり、または顧客等が「組織的犯罪処罰法10条の罪もしくは麻薬特例法6条の罪に当たる行為」を行っている疑いがあると認められる場合である（犯罪収益移転防止法8条1項）。

解　説

◆**犯罪による収益**　「犯罪による収益」とは、組織的犯罪処罰法2条4項に規定する犯罪収益等または麻薬特例法2条5項に規定する薬物犯罪収益等をいう（犯罪収益移転防止法2条1項）。

(1) 組織的犯罪処罰法2条4項に規定する犯罪収益等

犯罪収益等とは、①犯罪収益、②犯罪収益に由来する財産、または、③これらの財産とこれらの財産以外の財産とが混和した財産をいう。

①の犯罪収益とは、次の財産をいう。

イ　財産上の不正な利益を得る目的で犯した組織的犯罪処罰法別表に掲げる罪の犯罪行為により生じ、もしくは当該犯罪行為により得た財産または当該犯罪行為の報酬として得た財産（犯罪収益移転防止法2条2項1号）。別表に掲げる犯罪行為は多数あるが、殺人、強盗、恐喝、詐欺、貸金業法違反（無登録営業等）、出資法違反（高金利）などの重大な犯罪や暴力団の資金源となるような犯罪が対象となる。

ロ　覚せい剤原料の輸入に係る資金等の提供罪（覚せい剤取締法41条の10）等により提供された資金（同条2項2号）

ハ　外国公務員等に対する不正の利益の供与等の罪（不正競争防止法18条1項・21条2項7号）により供与された資金（同条2項3号）

ニ　2001年（平成13年）の米国同時多発テロ事件を受けて制定された公衆等脅迫目的の犯罪行為のための資金の提供等の処罰に関する法律2条に規定するテロ資金の提供も対象となるため、テロに関連する資金を収受した場合も含まれる（組織的犯罪処罰法2条2項4号）

②の犯罪収益に由来する財産とは、犯罪収益の果実として得た財産、犯罪収益の対価として得た財産、これらの財産の対価として得た財産その他犯罪収益の保有または処分に基づき得た財産をいう（組織的犯罪処罰法2条3項）。

たとえば、犯罪収益の預金利息や運用利益などである。

③のこれらの財産とこれらの財産以外の財産とが混和した財産（混和財産）とは、「犯罪収益」「犯罪収益に由来する財産」とこれらの財産以外の財産が混じり合った財産をいう。

(2)　麻薬特例法2条5項に規定する薬物犯罪収益等

薬物犯罪収益等とは、①薬物犯罪収益、②薬物犯罪収益に由来する財産または③これらの財産とこれらの財産以外の財産とが混和した財産をいう。

①の薬物犯罪収益は、麻薬、覚せい剤などの輸入、譲渡などの薬物犯罪により得た財産もしくは当該犯罪の報酬として得た財産または麻薬の輸入などのために提供した資金である（麻薬特例法2条3項）。

②および③は、薬物犯罪収益を犯罪収益に置き換えれば上記(1)②および③と同様の意味内容である。

◆組織的犯罪処罰法10条の罪に当たる行為
上記(1)の犯罪収益等（テロ資金の提供未遂罪を除く）の取得もしくは処分につき事実を仮装し、または犯罪収益等を隠匿した行為である。

たとえば、Aが詐欺により取得した金を名義人Bの借名預金口座に振り込ませる行為は、あたかもその金がBに帰属する財産であるかのように装ったものであるから、犯罪収益の取得事実を仮装したといえる。

◆麻薬特例法6条の罪に当たる行為　　上記犯罪による収益(2)の薬物犯罪収益等（テロ資金の提供未遂罪を除く）の取得もしくは処分につき事実を仮装し、または薬物犯罪収益等を隠匿した行為である。

③ その取引の態様と当該取引に係る取引時確認の結果その他金融機関が取引時確認の結果に関して有する情報との整合性

いずれも金融機関の職員が、金融業務における一般的な知識と経験に基づき、取引の形態、種類、金額、顧客の属性（職業、事業内容）や資産収入、取引時の事情や状況から客観的、総合的に判断して行うべきものである。また、判断の際には特定の犯罪の存在まで認識している必要はなく、犯罪収益等であると疑わせる程度の犯罪の存在を認識していれば足りる。

「疑わしい」の判断は、個別の事案における総合的判断となるため、一律に回数や金額を決めたりするような画一的、定型的な基準を設けて判断することはできない。

◆犯罪収益移転防止法施行規則の定める方法　次の各号に掲げる取引の区分に応じ、それぞれ当該各号に定める方法とされる（犯罪収益移転防止法施行規則27条）。

① 一見取引……同規則26条に規定する項目に従って当該取引に疑わしい点があるかどうかを確認する方法

② すでに確認記録または取引記録を作成し、および保存している既存顧客等との間で行った取引……当該顧客等の確認記録、当該顧客等に係る取引記録、自らの行った取引の調査、分析等により得た情報その他の当該取引に関する情報を精査し、かつ、上記項目に従って当該取引に疑わしい点があるかどうかを確認する方法

③ ハイリスク取引またはこれ以外のもので犯罪収益移転危険度調査書において犯罪による収益の移転防止に関する制度の

10523　疑わしい取引の判断方法

疑わしい取引における「疑わしい」の判断は、どのような方法で行うべきか

結　論

その取引に係る取引時確認の結果、その取引の態様その他の事情および犯罪収益移転危険度調査書の内容を勘案するとともに金融機関が他の顧客等との間で通常行う特定業務に係る取引の態様との比較などの項目に従って、その取引に疑わしい点があるかどうかを確認するなどの方法により行わなければならない。

解　説

◆「疑わしい」取引の判断方法　金融機関が、取引の際に行う「疑わしい」取引に当たるか否かの判断は、その取引に係る取引時確認の結果、その取引の態様その他の事情および犯罪収益移転危険度調査書の内容を勘案するとともに、犯罪収益移転防止法施行規則の定める項目に従って、その取引に疑わしい点があるかどうかを確認する方法その他の施行規則で定める方法により行わなければならない（同法8条2項）。

◆犯罪収益移転防止法施行規則の定める項目　次の各号に掲げる項目である（犯罪収益移転防止法施行規則26条）。

① その取引の態様と金融機関が他の顧客等との間で通常行う特定業務に係る取引の態様との比較

② その取引の態様と金融機関が当該顧客等との間で行った他の特定業務に係る取

整備の状況から注意を要するとされた国もしくは地域に居住しもしくは所在する顧客等との間で行うもの、その他の犯罪収益移転危険度調査書の内容を勘案して犯罪による収益の移転の危険性の程度が高いと認められるもの……①に定める方法（既存顧客との間で行った取引にあっては、②に定める方法）および顧客等または代表者等に対する質問その他の当該取引に疑わしい点があるかどうかを確認するために必要な調査を行ったうえで、統括管理者またはこれに相当する者に当該取引に疑わしい点があるかどうかを確認させる方法

10524　疑わしい取引の届出事項および届出方法

疑わしい取引の届出事項および届出方法はどのようなものか

結　論

疑わしい取引の届出の対象となる取引が発生した年月日および場所などを文書、電磁的記録媒体またはデータおよび画像化した参考資料をインターネットで行政庁に提出する方法による。

解　説

◆疑わしい取引により届出すべき事項

疑わしい取引の届出すべき事項として法が定めるものは以下のとおりである（犯罪収益移転防止法8条1項、同法施行令16条2項）。

① 疑わしい取引の届出を行う金融機関の名称および所在地

② 疑わしい取引の届出の対象となる取引が発生した年月日および場所

③ 対象取引が発生した業務の内容

④ 対象取引に係る財産の内容

⑤ 特定事業者である金融機関において知りえた対象取引についての本人特定事項等

⑥ 疑わしい取引の届出を行う理由

◆疑わしい取引の届出方法

届出方法としては次の三つがある（犯罪収益移転防止法8条1項、同法施行令16条1項、同法施行規則25条）（書式等は、警察庁 HP から入手できる）。

⑴ 文書による届出

届出書に必要事項を記入のうえ、文書により郵送もしくは持込みにより行政庁に提出する方法である。

⑵ 電磁的記録媒体（電磁的記録に係る記録媒体をいう）による届出

届出作成プログラムで届出書のデータを作成し、印刷した届出書のデータおよび参考資料の写しを電磁的記録媒体に保存したものを電磁的記録媒体提出票とともに郵送もしくは持込みにより行政庁に提出する方法である。

⑶ 電子申請システム（インターネット経由）を利用した届出

届出作成プログラムで届出書のデータを作成し、届出書のデータおよび画像化した参考資料をインターネット経由で行政庁に提出する方法である。

マネーローンダリング対策におけるリスクベース・アプローチとはどのようなものか

結　論

　金融機関のマネーローンダリング対策が不十分な結果生ずる損失やコストを金融機関の経営上のリスクと考え、ハイリスクなケースには、より厳格かつ慎重な対応を行うべく、マネーローンダリングあるいはテロ資金の供与等のリスクを取引の種類、商品内容、取引の態様、顧客の属性等の類型別にリスク評価して当該リスクを適切に管理するためのアプローチである。国家公安委員会が作成する犯罪収益移転危険度調査書の内容もリスクベース・アプローチによっている。

解　説

　金融機関のマネーローンダリング対策が不十分な場合には、その結果としてマネーローンダリングあるいはテロ資金の供与等の組織犯罪による金融サービスの濫用が行われることにより、金融機関には、顧客クレーム対応、捜査機関の捜査への協力、没収、保全処分、訴訟、行政処分、刑事処分等の損失やコストが発生することから、これを金融機関の経営上のリスクと考え、当該リスクを適切に管理するためのアプローチがリスクベース・アプローチである。

◆**リスク評価の分類、整理**　リスクベース・アプローチの観点においては、ハイリスクなケースには、より厳格かつ慎重な対応を行うべく、マネーローンダリングあるいはテロ資金の供与等のリスクを取引の種類、商品内容、取引の態様、顧客の属性等の類型別にリスク評価して対応する。

　以下は、リスク評価の分類、整理の一例である。

　(1)　取引の種類、商品内容

①　為替取引

②　外国為替取引

③　両替

④　オンライン・バンキング

　(2)　取引の態様

①　それまでの取引実績から比較して突然高額な資金移動を伴う取引が開始される場合

②　休眠口座が突然頻繁な入出金を開始する場合

③　顧客の資産、収入に比較して合理的な理由なく金額の大きな取引の場合

④　国連制裁の対象国、マネーローンダリング対策の不十分な国や地域に頻繁に送金する場合

⑤　顧客の事業等から経済的合理性のない国や地域との取引の場合

⑥　非対面のみで行う取引の場合

　(3)　顧客の属性

①　反社会的勢力に当たる顧客

②　口座の不正利用や架空名義、借名、名義貸し等に関与したことのある顧客

③　住所が遠隔地にあるにもかかわらず合理的な理由なく口座を開設して取引する顧客

④　合理的な理由なく多数の口座を有する顧客

⑤　口座を開設し、広範な裁量権限のもと顧客にかわって資金の入出金を行う公認

会計士、弁護士等

⑥　その実体や実質的支配者が不明な法人（ペーパーカンパニーなど）

◆リスクの高い取引への管理対応　リスクベース・アプローチの観点においては、基本的に、リスク評価上、リスクの高いファクター（取引種類、態様や取引属性など）に関する取引については、マネーローンダリング対策上次のような対応を行うべきである。

①　本人確認にあたって、追加の本人確認書類を徴求するなど、より厳格かつ慎重な手続を行う。

②　疑わしい取引に当たるかについて、追加情報を収集して慎重にその判断を行う。

③　顧客の状況や事業の目的、内容、その後の取引態様などの情報を収集して継続的に注意して対応する。

◆犯罪収益移転危険度調査書　国家公安委員会が毎年作成して公表する犯罪収益移転危険度調査書は、危険度の高い取引と低い取引を分析しており、リスクベース・アプローチを具体化した内容となっている（【10498】参照）。

10526　取引時確認等を的確に行うために必要な措置

取引時確認、取引記録等の保存、疑わしい取引の届出等の措置を的確に行うため、金融機関には、どのような措置が求められるのか

結　論

当該取引時確認をした事項に係る情報を

最新の内容に保つための措置を講ずるものとするほか、使用人に対する教育訓練の実施などの必要な措置が求められる。

解　説

◆使用人に対する教育訓練の実施　取引時確認、取引記録等の保存、疑わしい取引の届出等の措置を的確に行うことができるようにするため、FATFの勧告を受け改正された犯罪収益移転防止法は、金融機関に対して、取引時確認をした事項に係る情報を最新の内容に保つための措置を講ずるものとするほか、次のとおり、必要な措置を義務づけた（同法11条）。

⑴　情報を最新の内容に保つための措置　具体的には、たとえば、取引時確認において確認している本人特定事項等に変更があった場合に、顧客等が金融機関にその変更の事実を届け出る旨を約款に盛り込む措置を講ずるなどである。

なお、「最新の内容に保つための措置」については、その方法に特段の限定がないため、他の特定事業者から最新の情報の提供を受ける方法や、自ら顧客等から報告を受ける方法のいずれをとることもできる。

⑵　使用人に対する教育訓練の実施

⑶　取引時確認等の措置の実施に関する規程の作成

⑷　取引時確認等の的確な措置の実施のために必要な監査その他の業務を統括管理する者の選任

⑸　その他犯罪収益移転危険度調査書の内容を勘案して講ずべきものとして犯罪収益移転防止法施行規則32条1項で定める措置

その内容は、金融機関が、自らが行う取

引について調査し、および分析し、ならびに当該取引による犯罪による収益の移転の危険性の程度その他の当該調査および分析の結果を記載し、または記録した書面等を作成し、必要に応じて、見直しを行い、必要な変更を加えることなどである。

10527 一元的管理態勢

マネーローンダリング等防止のために、金融機関にはどのような管理態勢が求められているか

結　論

金融機関の業務に関して、テロ資金供与やマネーローンダリング等の組織犯罪等に利用されることを防止するため、「取引時確認」や「疑わしい取引の届出」を的確に行うための法務問題に関する一元的な管理態勢が整備され、機能することが求められている。

解　説

◆一元的な管理態勢整備について　コンプライアンス統括部署は、「取引時確認」や「疑わしい取引」の検出を含め、従業員が発見した組織的犯罪による金融サービスの濫用に関連する事案についての適切な態勢を整備する必要がある。

具体的には、各業務部署・営業店等において管理職レベルのテロ資金供与およびマネーローンダリング対策のコンプライアンス担当者を配置し、コンプライアンス統括部署は、コンプライアンス担当者等を経由

してマネーローンダリング等に関する情報を収集し、一元的に管理し、分析、検討し、その結果に基づき適時・適切な措置・方策を講じる必要がある。

さらに、コンプライアンス統括部署は、顧客管理方法についてのマニュアル等の作成や従業員に対する周知を行うとともに、従業員がその適切な運用が可能となるように、適切かつ継続的な研修を行うことが求められる。

なお、公的地位等の顧客属性に照らした顧客管理については【10528】参照。

◆コルレス契約について　一元的管理態勢整備にあたっては、コルレス契約の締結・継続を適切に判断する態勢が整備されているかの点にも留意する必要がある。

コルレス契約締結・継続にあたっては、コルレス先とのテロ資金供与やマネーローンダリングの防止に関する責任分担について文書化する等して明確にするとともに、コルレス先（コルレス口座保有先だけではなく、SWIFTKEY交換先も含む）を適正に評価する必要があるが、コルレス先の顧客基盤、業務内容、現地における監督体制、架空銀行（いわゆるシェルバンク）でないこと、および架空銀行との取引を行っていないこと等をアンケート等により確認して、評価することとなる。

また評価後、コルレス契約締結・継続または、その遮断を判断していくが、一元的管理態勢の観点からは、評価基準承認や評価基準とコルレス先の該否確認などコンプライアンス統括部署による一定の関与が期待される。

◆適切な従業員採用方針および顧客受入方針　さらに、一元的管理態勢整備にあた

っては、適切な従業員採用方針および顧客受入方針を有しているかといった点も留意する必要がある。

適切な従業員採用方針については、従来従業員採用に関する方針を定めている金融機関が多いことも事実であるが、金融機関職員がマネーローンダリング等に関与した場合、その方法がきわめて巧緻なものとなるおそれがあり、また、従業員が関与した場合の金融機関が被るリスクの大きさも勘案する必要がある。したがって、採用方針については、研修体制、報告・管理体制等と一体かつ一連のものとして検討すべきである。

適切な顧客受入方針に関しては、取引時確認資料を提出しない、経済制裁等対象先であるといった拒否事由が法令に基づく一部の例外を除き、金融機関の業務の公共性等の観点から、窓口実務上、普通預金の預入れなど取引内容によっては、顧客の受入れを拒否することが困難な業務関係も考えられる。

しかしながら、振り込め詐欺等の口座に利用されるなど金融サービスの濫用を防ぐべき金融機関として、たとえば、遠方顧客の口座開設、寡少な金額での口座開設などの場合における口座開設目的聴取などの対応手法をあらかじめ定めて牽制を働かせることなども考えられよう。

10528 顧客属性に応じた顧客管理

マネーローンダリング等防止のために、金融機関には、どのような顧客管理が求められるのか

結論

金融機関の業務に関連してテロ資金供与やマネーローンダリング等に利用されることを防止するため、また、「疑わしい取引の届出」を的確に行うためにも、国籍、公的地位等の顧客属性や顧客属性に照らした取引態様を考慮した顧客管理が求められる。

解説

◆**疑わしい取引の届出**　犯罪収益移転防止法により、金融機関は「疑わしい取引の届出」を的確に行うことが求められている。この「疑わしい取引の届出」を行うにあたっては、顧客の属性（国籍、公的地位、顧客が行っている事業等）、取引時の状況その他金融機関の保有している当該取引に係る具体的な情報（外為取引と国内取引との別、顧客属性に照らした取引金額・回数等の取引態様）を総合的に勘案する等、適切な検討・判断が行われる態勢が整備されている必要がある。

◆**属性に応じた顧客管理**　顧客の属性、取引時の状況等の情報に応じて顧客管理を行うためには、顧客の属性把握が必要となる。顧客の属性に関し、まず、属性自体に着目し、マネーローンダリング等のリスクが高いと評価される場合がある（FATFが公表するマネーローンダリング対策に非協力的な国の国籍保有者、公的地位が高い等）。一方、一般の給与生活者ではありえない多額の資金移動など、顧客の属性に照らして取引態様（取引内容、金額、回数等）が通例とは思えない「疑わしい取引」を検知するために顧客の属性に着目する場合がある。

属性に応じた顧客管理にあたっては、法令で求められている本人特定事項や、金融機関が標準的に取得するその他の顧客情報に加えて、追加的な顧客情報を取得・利用することが有効である。追加的顧客情報の例としては、口座開設・取引目的、事業・職業詳細、想定される取引内容・金額、住所変更記録、取引資金出所、国籍、活動基盤がある国・地域等があげられる。

新規の口座開設やその他の取引の開始時には、得られた属性等の顧客情報に基づき、一定のリスクが高い顧客や取引については、審査基準を強化することが考えられる。また、法定の本人確認書類に加えて、追加的な本人確認資料を徴求し、より慎重な取引時確認を行うことも考えられる。

このほか、既存取引先については、顧客・取引のリスクに応じて必要があれば、たとえば、一定期間ごと、住所変更時、長期間口座の異動がない等の一定の契機に応じ追加的顧客情報を取得することが考えられる。

◆**FATF による対日審査**　平成20年10月に開催された FATF（金融活動作業部会 Financial Action Task Force：マネーローンダリング対策における国際協調を推進するための多国間枠組み。G 7 を含む37カ国・地域、2 国際機関がメンバー）全体会合において、日本のマネーローンダリング対策に係る対日審査が行われた。

当該報告書は、国内金融機関の顧客管理措置についても言及し、これを受けて平成23年および平成26年の犯罪収益移転防止法改正が行われたが、今後、さらなる対日審査の結果によっては、我が国において顧客管理措置のいっそうの強化が求められるこ

とも考えられる。

| 10529 | 金融機関として必要な措置と態勢の整備 |

マネーローンダリングおよびテロ資金供与への対策として取引時確認、取引記録等の保存、疑わしい取引の届出等を的確に行うため、金融機関に求められる態勢の整備と必要な措置は何か

結　論

　取引時確認、取引記録等の保存、疑わしい取引の届出等を的確に行うことにより金融機関の業務や取引がマネーローンダリングおよびテロ資金供与等に利用されることを防止するための必要な措置と的確な態勢の整備とが求められている。

解　説

取引時確認、取引記録等の保存、疑わしい取引の届出等を的確に行うために金融機関として必要な措置および整備すべき態勢が金融庁のガイドラインおよび監督指針に次のとおり定められている。

◆**取引時確認の完了前に顧客等と行う取引に関する措置**　取引時確認の完了前に顧客等と行う取引については、取引時確認が完了するまでの間に当該取引がマネーローンダリング等に利用されるリスクがあることをふまえ、たとえば、取引の全部または一部に対し通常の取引以上の制限を課したり、顧客等に関する情報を記録したりするなどして、十分に注意を払うことが必要である。

◆特定取引に当たらない取引に関する措置
金額が敷居値を若干下回るなどのため形式的・外見的に特定取引に当たらない取引についても、当該取引がマネーローンダリング等に利用されるおそれがあることから、十分に注意すべきである。たとえば、同日に敷居値をわずかに下回る取引が数回行われるような場合には、複数の取引を一つの取引とみなして特定取引に該当させるような措置とする態勢などである。

◆非対面取引に関する措置　非対面取引については、当該取引の顧客等がなりすまし・偽り等を行っているおそれがあることをふまえ、たとえば、もう一種類の本人確認書類や本人確認書類以外の書類等を確認することで、顧客等と取引の相手方の同一性判断に慎重を期するなどして、十分に注意を払う必要がある。

◆対面取引に関する措置　対面取引についても、犯罪収益移転防止法においては、たとえば取引時確認に写真が貼付されていない本人確認書類を用いて行うことも認められているものの、FATFからは顔写真のない本人確認書類については、顧客の住所に宛てて転送不要郵便により取引関係文書を送付するなどの2次的確認措置を行うべきと指摘されていることをふまえて、取引の顧客等がなりすまし・偽り等を行っているリスクに十分注意を払うべきである。

◆顧客等の継続的なモニタリング　すでに確認した取引時確認事項について、顧客等がこれを偽っている（たとえば、マネーローンダリング等が目的の取引であるにもかかわらず、本来の目的を秘して別の取引目的を申告することは、取引目的の偽りに該当しうる）などの疑いがあるかどうかを

的確に判断するため、当該顧客等について、最新の内容に保たれた取引時確認事項を活用し、取引の状況を的確に把握するなどして、十分に注意を払うことが必要である。

◆海外営業拠点における業務の態勢の整備
FATF勧告等に基づく国際的なテロ資金供与およびマネーローンダリング対策を実効性あるものとするためには、国内のみならず、海外営業拠点における業務についても、これらの対策につき適切な対応を行うための態勢を整備することが求められている。

① 海外営業拠点においても、適用される現地の法令等に違反しない限度において、国内におけるのと同水準で、テロ資金供与およびマネーローンダリング対策を適切に行うよう努めなければならない。特に、FATF勧告を適用していないまたは適用が不十分である国・地域に所在する海外営業拠点においても、国内におけるのと同水準の態勢の整備が求められることに留意する必要がある（【10521】参照）。

② 現地のテロ資金供与およびマネーローンダリング対策のために求められる義務の基準が、国内よりも高い基準である場合、海外営業拠点は現地のより高い基準に即した対応を行うよう努めるべきである。

③ 適用される現地の法令等で禁止されているため、海外営業拠点が国内におけるのと同水準の適切なテロ資金供与およびマネーローンダリング対策を講じることができない場合には、当該国・地域、テロ資金供与およびマネーローンダリング対策を講じることができない具体的な理

由、テロ資金供与およびマネーローンダリングに利用されることを防止するための代替措置をとっている場合には、その内容に関する事項を速やかに金融庁または本店所在地を管轄する財務局に情報提供するよう努めなければならない。

FATCA 対応

10530 FATCA の意義

FATCA（外国口座税務コンプライアンス法）とは何か

結 論

　FATCA（外国口座税務コンプライアンス法）とは、米国人による米国外の口座を利用した租税回避を阻止するため、金融機関（米国外の金融機関など）に、顧客口座の本人確認や報告義務を課す米国の連邦税法である。

解 説

◆FATCA の意義　　FATCA は Foreign Account Tax Compliance Act（外国口座税務コンプライアンス法）という法令の名称の頭文字をとった略称であり、「ファトカ」と読むことが多い。

　FATCA は、2010年（平成22年）3月18日に米連邦議会で成立した2010年追加雇用対策法（The Hiring Incentives to Restore Employment Act。略称「HIRE 法」）5章の501条に規定されている諸条項などを指

す。このように、FATCA は米国の連邦法であり、日本の法令ではない。

◆欧州金融機関による脱税幇助問題
2008年、ヨーロッパに本拠を有する大手金融機関による脱税幇助問題が発覚した。この大手金融機関は、2000年から2007年にかけて米国に行員を出張させ、米国人に米国外の口座を利用した脱税を勧誘した。この大手金融機関は米国との司法取引に応じ7億8000万ドルの罰金を支払い、2009年2月に刑事訴訟は収束した。

　その後、米国の内国歳入庁（Internal Revenue Service。IRS）は当該大手金融機関を被告として同金融機関が保有する米国人口座5万2000人分の情報開示を求める民事訴訟を提起し、2009年8月、大手金融機関が4450人の米国人顧客情報を開示する内容の和解を行った。

◆富裕層の租税回避行為を防止　　米上院の小委員会（Permanent Subcommittee on Investigations）が2008年7月に公表した調査結果報告書（Staff Report-Tax Haven Banks and U.S. Tax Compliance）によれば、米国外の口座を利用した脱税により米国政府は毎年1000億ドルの損失を被っていると推定されている。

これらをふまえ、2009年5月、米大統領と財務長官は、米国外の口座を利用した富裕層の脱税を助長している税制の抜本的な対策を行うことを表明し、この具体化として、2009年10月にFATCAが米連邦議会に提出された（生田ひろみほか『FATCAここがききたかったQ&A55』参照）。

◆**米税務当局が米国人の国外口座を把握**　FATCAは、米国人（米連邦税法上の専門用語であり国籍等を問わない）による米国外の口座を利用した租税回避を阻止するため、米国人が所有する米国外の金融口座を、米国の税務当局が全面的に把握することを目的としている。

◆**OECD「共通報告基準」の導入**　OECDは、米国のFATCA導入をきっかけに税務当局間で非居住者の口座情報を提供し合う自動的情報交換に関する国際基準の策定に着手、2014年（平成26年）に「共通報告基準」の開始が決まった。これを受けて、日本では平成27年度税制改正で報告手続が整備され、金融機関が報告した金融口座情報の交換制度が平成30年からスタートする（【10546】参照）。

10531　FATCA の目的と概要

FATCAはどのような目的のために制定されたか。その仕組みの概要はどのようなものか

結　論

　FATCA（外国口座税務コンプライアンス法）の目的は米国人による米国外の口座を利用した租税回避を阻止することにあり、同法はこの目的を実現するため、米国外の金融機関に顧客口座の本人確認や報告義務を課している。

解　説

◆**FATCA の目的**　FATCAは、米国人（米連邦税法上の専門用語であり国籍等を問わない）による米国外の口座を利用した租税回避を阻止するため、金融機関に、顧客の金融口座の本人確認や報告義務を課す米連邦税法である。

　FATCAの目的は、米国人（特に富裕層）による米国外の金融機関の口座を利用した租税回避行為等を防止し、公正な税負担を実現する点にある。

◆**FATCA の仕組み**　FATCAによれば、外国金融機関（Foreign Financial Institution。以下略称の「FFI」という）に対する源泉徴収の対象となる支払が行われる場合、その支払に関する源泉徴収義務者は、原則としてその支払金額の30％に相当する金額を当該支払から控除および源泉徴収しなければならない（米国の内国歳入法1471条(a)）。

　この源泉徴収を避けるためには、原則として、支払先であるFFIが少なくとも次の六つの義務を負うことを約する外国金融機関契約（FFI契約）を米当局との間で締結し、それが効力を有していることが必要である（米国の内国歳入法1471条(b)）。

① FFIが保持するすべての口座の各所有者について、米国口座（United States Accounts）を特定するために必要な情報をFFIが取得すること（「米国口座」の定義は【10532】参照）。

② 米国口座の特定に関して米財務省が定める検証および本人確認手続にFFIが従うこと。

③ FFIが米国口座を保有している場合、1年に一度、当該米国口座に関する一定の情報を米当局に報告すること。

④ FFIが本人確認のできない口座所有者またはFFI契約を締結していない他のFFIへ行うパススルーペイメント（源泉徴収の対象となる支払）等に関し、30％に相当する金額の控除および源泉徴収を行うこと。

⑤ 米財務省による、FFIが保有する米国口座に関する追加情報の提供の要求に応じること。

⑥ 外国法により、FFIが保有する米国口座に関し上記の報告が妨げられる場合には、①当該米国口座の各所有者から当該外国法の正当かつ有効な権利放棄の同意を取得するよう努めること、または⑪合理的な期間内に各所有者から上記の権利放棄が得られないときには当該口座を閉鎖すること。

10532 日本の金融機関への影響

米国の法律であるFATCAがなぜ日本の金融機関に影響を与えるか

結　論

　FATCA（外国口座税務コンプライアンス法）は米国人による米国外の金融口座を利用した租税回避行為の阻止を実現するため、FFI（外国金融機関）に多くの義務を課し、重要な役割を担わせることを企図しているためである。

解　説

◆**問題の所在**　FATCAは米国の連邦法であり日本法ではない。こうした外国法がなぜ日本の金融機関に影響を与えるのであろうか。

◆**FATCAの特徴**　FATCAは米国の連邦法であり、米国外の金融機関が同法に基づいて本人確認義務や報告義務を当然に負うわけではない。その理由は米国外の金融機関に同法が直接には適用されないためである。

　それでは、FATCAはどのような仕組みで、米国外の金融機関に本人確認義務や報告義務を課すこととしているのであろうか。

　FATCAは、原則として米国外の金融機関に対する支払に重い源泉徴収義務を設ける旨を定めたうえで、これを回避するための方策として、米国外の金融機関（FFI）が米当局との間で外国金融機関契約（FFI契約）を締結するという方法などを用意し、全世界の金融機関を対象に、外国金融機関契約（FFI契約）の締結を求めた。

　そして、FATCAは、米国人（米連邦税法上の専門用語であり国籍等を問わない）による米国外の金融口座を利用した租税回避行為の阻止を実現するため、FFI契約などを通じて、FFI（外国金融機関）に多くの義務を課し、さまざまな役割に携わることを求めた。

　しかし、米国法の域外一律適用は、国によっては国内法規制に抵触する懸念があった。たとえば、日本の場合、FFIが本人確認のできない口座所有者または要件を満た

さない他のFFIに対する支払の30％を源泉徴収するといったFATCAの規定は、日本の国内法に根拠がないために、金融機関が訴訟リスクにさらされるおそれがあった。そこで、米当局は、各国と交渉を重ね、各国の法規制に適合する内容での政府間協定の締結を国別に進め、2013年（平成25年）6月11日、日米間で「国際的な税務コンプライアンスの向上及びFATCA実施の円滑化のための米国財務省と日本当局の間の相互協力及び理解に関する声明」が公表された。この合意声明を受けて日本の当局は、全国銀行協会など金融業界団体に対して会員金融機関のFATCA遵守を要請する文書を発出した。この結果、日本の金融機関は、FFI契約や非協力米国口座への30％源泉徴収を免除される一方、以下の対応を進めることになった。

① 金融機関内のFATCA対応責任者の任命や社内規定など体制構築……責任者は、FFIとしてFATCA遵守を確保するためにFATCAコンプライアンス・プログラムを策定、運用し、定期的に検証しなければならない。あわせて原則として3年ごとにIRS（米国内国歳入庁）に対して、適切にFATCAの義務履行が遵守されていることを宣誓する必要がある。

② IRSへのFFI登録……登録しない場合、当該金融機関が受け取る米国源泉所得等について、30％の懲罰的源泉徴収を受けることになる。

③ FATCAの適用開始後の新規口座については、米国口座であるか否かの確認（デューデリジェンス手続）と、当該顧客から必要書類徴求の実施……米国口座とは、個人であれば米国市民、米国永住権者、一定の米国居住者等、法人であれば米国上場企業およびその関連会社以外の米国法人等が所有する金融口座をいう。

④ 既存顧客の確認手続……FATCAの適用開始前からの既存顧客の口座については、米国内の出生地を示す「米国示唆情報」の有無を確認する。また、残高が100万ドルを超える個人口座（「高額口座」）に関しては情報精査も必要。米国口座であることが確認された場合には、③と同様に、必要書類を入手する。

⑤ 該当する口座情報のIRSへの報告……日本のFFIは、③と④によって検出された米国口座等に関して、口座保有者の氏名、住所、納税者番号、口座番号、口座残高等をIRSに毎年報告する。

米当局は当初、2014年（平成26年）の年初からFATCAを施行する予定であったが、各国金融機関におけるシステム対応等の問題から適用が6カ月間延期されることになった。日本については平成25年12月16日に日米当局間で合意した追加的声明が公表され、FATCAの全面施行は、平成26年7月1日からとなった。

日本の金融機関もその例外ではなく、日本の金融機関に対する支払への重い源泉徴収が行われることを回避するため、米当局との間でFFI契約を締結するなど（みなし遵守FFIになる等の選択肢を含む）の対応を行っている（みなし遵守FFIについては【10538】参照）。

◆金融機関の事務負担　FATCAでは、全世界の金融機関に米当局の求める本人確認手続の実施と報告義務の履行を求めている。

米国外の金融機関が保有する金融口座の数は膨大であり、これについて米当局が求める本人確認手続を行う事務負担は大きい。

◆**金融グループに対する規制**　日本の金融機関は、そのグループ内に銀行、証券会社を有することが少なくない。このような場合、グループ全体としてFATCA対応を行う必要があり、この点でも金融グループの負担が重い。

FATCAが金融グループベース（拡大関連者グループベース）での対応を求める理由は、金融グループがグループ内で1社に米国投資を集中させ、ほかのグループ会社がFATCAの規制を回避することを防止するためである。

10533　外国金融機関の意義

どのような金融機関がFATCA（外国口座税務コンプライアンス法）の適用を受けるか

結　論

外国金融機関（Foreign Financial Institution。以下「FFI」という）が適用対象である。FFIとは外国事業体である金融機関を意味し、米連邦税法上の専門用語である。FFIは、懲罰的源泉徴収の対象となる「（FATCAへの）不参加」、米当局への報告義務を負う「参加FFI」、一定の要件を満たすことで米当局への報告義務を免除された「みなし遵守FFI」に分けられる。

解　説

◆**外国金融機関の意義**　FFIとは、外国事業体である金融機関を意味する（米国の内国歳入法1471条(d)(4)）。米財務省が別途定める場合を除き、米国属領の法律に基づいて組織された金融機関はこれに含まれない（同条(d)(4)）。

ここで、外国事業体とは米国人（United States Person）ではない事業体を意味する（米国の内国歳入法1473条(5)参照）。

また、金融機関とは、米財務省が別途定める場合を除き、次のいずれかに該当する事業体を意味する（米国の内国歳入法1473条(d)(5)）。

① 銀行業または同様の事業の通常の事業活動において、預金を受け入れる事業体
② 事業の重要な一部として、他人の口座のため金融資産を保有する事業体
③ 証券、パートナーシップ持分、コモディティもしくはこれら証券、パートナーシップ持分、コモディティに対する権利（先物もしくは先渡し取引またはオプション取引を含む）の投資、再投資またはトレーディングを主たる業務とする（あるいは主たる業務としている旨表明している）事業体

金融機関の定義について米財務省が別段の定めをすることができるとされているため、米財務省が制定する内国歳入法の施行規則の内容を確認することが重要である。たとえば、FATCAの施行規則上に定められている外国金融機関として、特定の保険会社などがある。

このほかに、二国間協力の枠組みに基づく二国間協定の内容も重要である。

◆**具体例**　日本において、上記①の「銀行業または同様の事業の通常の事業活動において、預金を受け入れる事業体」に当たるものとして、銀行、信用金庫、信用組合、労働金庫、農業協同組合、漁業協同組合、水産加工業協同組合などがある。

また、日本において、上記②の「事業の重要な一部として、他人の口座のため金融資産を保有する事業体」に当たるものとして、証券会社、信託銀行などがある。

さらに、日本において、上記③の「証券、パートナーシップ持分、コモディティもしくはこれら証券、パートナーシップ持分、コモディティに対する権利（先物もしくは先渡し取引またはオプション取引を含む）の投資、再投資またはトレーディングを主たる業務とする（あるいは主たる業務としている旨表明している）事業体」として、各種ファンドなどがある。

◆**FFI の種類**　平成25年6月11日に公表された「国際的な税務コンプライアンスの向上及び FATCA 実施の円滑化のための米国財務省と日本当局の間の相互協力及び理解に関する声明」の定義によると、FFI は、大きく FATCA への「不参加（外国）金融機関（FFI）」と「参加（外国）金融機関（FFI）」に分けられ、日本国内金融機関はすべて後者に含まれる。さらに日本国内金融機関は、「報告日本国内金融機関」と「不報告日本国内金融機関」に分けられる。「報告日本国内金融機関」は、①新規・既存口座が米国口座であるか否かの確認（デューデリジェンス手続）と、当該顧客からの必要書類の徴求、②該当する口座情報の IRS への年次報告等の義務を負う（【10532】参照）。IRS に FFI 登録を行わ

ない「不参加 FFI」は、当該金融機関が受け取る米国源泉所得等について、30％の懲罰的源泉徴収の対象になる。

「不報告日本国内金融機関」には、政府機関、日本銀行等の「適用外受益者」ならびに、「みなし遵守金融機関」がある（米国の内国歳入法1471条）。前記声明の付属書Ⅱによると、①地域顧客基盤を有する小規模金融機関、②集団的投資ビークル等が、IRS の認定を受けたみなし遵守金融機関として、不参加金融機関のようなペナルティや、報告日本国内金融機関のような IRS への米国口座等情報の報告義務を免除されている。

| 10534 | 金融口座の意義 |

FATCA（外国口座税務コンプライアンス法）の対象となる金融口座とは何か

| 結　論 |

　金融口座とは、金融機関が保有する預金口座、金融機関が保有するカストディ口座などを意味し、米連邦税法上の専門用語である。

| 解　説 |

◆**金融口座の意義**　金融口座（Financial Account）とは、米財務省が別途定める場合を除き、金融機関に関し、次のいずれかを意味する（米国の内国歳入法1471条(d)(2)）。

① 金融機関が保有する預金口座（Depository Account）

② 金融機関が保有するカストディ口座（Custodial Account）

③ 金融機関に対する資本持分または債権持分（既存の証券市場で日常的に取引されるものを除く）

日本において上記①の「金融機関が保有する預金口座」に当たるものとして、銀行の普通預金口座、定期預金口座などがある。

金融口座の定義について米財務省が別段の定めをすることができるとされているため、米財務省が制定する内国歳入法の施行規則の内容を確認することが重要である。

たとえば、FATCA の施行規則上に定められている金融口座として、特定の保険契約（キャッシュバリューを有する保険・年金契約）などがある。一定の保険会社がFATCA（外国口座税務コンプライアンス法）上のFFI（外国金融機関）に当たり、同法の施行規則所定の保険契約が金融口座に当たるから、日本の保険会社のなかにはFATCA 対応が必要なところがあることになる。

◆**金融口座の概念の重要性**　FATCA に参加するFFI は、FFI 契約や二国間合意に基づき、金融口座の保有者について本人確認手続を実施したり米当局に報告を行ったりする義務を負う。したがって、金融機関が顧客等との間で締結する契約のうち、どれが金融口座に該当し、どれがこれに該当しないかを適切に判定することがきわめて重要である。

平成25年6月11日に公表された「国際的な税務コンプライアンスの向上及びFATCA 実施の円滑化のための米国財務省と日本当局の間の相互協力及び理解に関す

る声明」（以下「日米当局声明」という）は口座保有者について、以下のように定義している。

口座を維持する金融機関により、金融口座の保有者として掲げられた、または特定された者をいう。金融機関以外の者であって、他者の受益・勘定のため、代理人、カストディアン、名義人、署名者、投資顧問、または仲介者として金融口座を保有する者は、この声明において、口座を保有しているとは扱われず、当該他者が口座を保有していると扱われる。ちなみに、ここでいう「金融機関」には、米国の準州において組織・設立された金融機関は含まれない。

キャッシュバリュー保険契約または年金保険契約の場合の口座保有者とは、キャッシュバリューを入手する、または、受益者を変更することができる資格をもつ者をいう。これに対してキャッシュバリューを入手する、また、受益者を変更することができる者がいない場合の口座保有者とは、契約において所有者とされている者、および、契約条件において支払を受ける資格を授けられている者をいう。キャッシュバリュー保険契約または年金保険契約の満期においては、契約上支払を受ける資格を有する者が、口座保有者と扱われる。

一方、日米当局声明の付属書Ⅱによって、日本で開設され、日本国内金融機関で維持されている以下のカテゴリーの口座は、金融口座としては扱われないことが定められた。

① 勤労者財産形成促進法に基づき制度化された勤労者財産形成年金貯蓄契約、勤労者財産形成住宅貯蓄契約および勤労者財産形成貯蓄契約

② 勤労者財産形成給付金保険、勤労者財産形成給付金信託、勤労者財産形成基金保険および勤労者財産形成基金信託

③ 金商法施行令１条の３の３第５号に従い、日本で制度化された従業員持株会または役員持株会

④ 金商法施行令１条の３の３第６号に従い、日本で制度化された取引先持株会

⑤ 租税特別措置法29条の２または29条の３に基づく適格従業員ストックオプション制度または適格役員ストックオプション制度上の口座または商品

⑥ 租税特別措置法37条の14第５項１号に定める個人貯蓄口座（「ISA 口座」）

⑦ 従業員退職給付信託

⑧ 委託者が破綻した場合の返還資金を確保するために、委託者の自己財産から資金を分別するために法律に基づき設定が義務づけられている信託

⑨ 従業員持株信託

⑩ 従業員持株会信託（「ESOP 信託」）

⑪ 振替法に基づく特別口座

⑫ 企業年金保険、拠出型企業年金保険、団体養老保険、団体終身保険

10535 米国口座の意義

FATCA の対象となる「米国口座」とは何か

結 論

米国口座とは、一以上の特定米国人または一つ以上の特定米国人所有非米国事業体が所有する金融口座を意味し、米連邦税法上の専門用語である。

解 説

◆**米国口座の意義**　米国口座とは、一以上の特定米国人（Specified United States Person）または一以上の特定米国人が支配者となっている非米国事業体（United States Owned Foreign Entity）が所有する金融口座をいう（米国の内国歳入法1471条 (d)⑴(A)）。

◆**特定米国人の意義**　ここで、特定米国人とは米連邦税法上の概念であり、米財務省が別途定める場合を除き、米国人（米連邦税法上の専門用語であり国籍等を問わない）のうち、次の者を除いたものを意味する（米国の内国歳入法1473条(3)）。

① その株式が既存の証券取引所で定常的に取引されている法人

② 拡大関連者グループのメンバーで、その株式が既存の証券取引所で定常的に取引されている法人

③ 個人退職年金プラン等

④ 米政府または米政府に完全に所有されている機関・組織

⑤ 諸州、ワシントンD.C.、米国属領、これらの行政部門、または前述したものの一つもしくは複数に完全に所有されている機関・組織

⑥ 銀行

⑦ 不動産投資信託

⑧ 適格投資会社

⑨ 共同信託基金　など

◆**特定米国人が支配する非米国事業体の意義**　また、特定米国人所有非米国事業体とは、一つまたは複数の特定米国人が支配者となっている外国事業体をいう（米国の

内国歳入法1471条 (d)⑶参照）。

　ここで、「支配者」とは、事業体（法人もしくは信託などの法的取決め）の支配を行う自然人をいい、信託の場合、委託者、受託者、保管人、受益者または受益者団体等、実効的な支配を行う者を指す。

　また、非米国事業体とは、米国人（United States Person）ではない事業体を意味する（米国の内国歳入法1473条⑸参照）。

◆**米国口座の概念の重要性**　　米国口座という用語はFATCA（外国口座税務コンプライアンス法）の重要なキーワードの一つである。なぜならば、同法は、FFI（外国金融機関）、ならびにIRS（米国内国歳入庁）に登録し、FFI要件の必要事項を実施している邦銀等のFATCA参加金融機関に対して米国口座を特定するために本人確認手続を行うことを求め、また米国口座に関する一定の情報を米当局に報告するよう求めているなど、米国口座という概念を中核としてFATCAプログラム参加金融機関の義務を規定しているからである。

10536　米国人の意義

FATCA の対象となる「米国人」とは何か

結　論

　FATCA（外国口座税務コンプライアンス法）上の「米国人」は米連邦税法上の専門用語であり、国籍を問わず、米国居住者を含む概念である。

解　説

◆**米国人の意義**　　FATCA（外国口座税務コンプライアンス法）上の「米国人（United States Person）」は米連邦税法上の専門用語であり、米国市民、合法的永住権（グリーンカード）保有者、米国居住者（一般に、183日以上米国に滞在する者。前2年に米国に滞在していた者は、前年の日数の3分の1に相当する日数と前々年の日数の6分の1に相当する日数も考慮される）、米国で組織されたパートナーシップ・法人および米国財団・信託を意味する（生田ひろみほか『FATCAここがききたかったQ&A55』205頁）。

　以上のとおり、「米国人」のなかには、米国居住者が含まれており、日本国籍を有する者であったとしても、「米国居住者」に当たる場合には「米国人」に当たることになる。同様に、他国の国籍を有する者であったとしても、「米国居住者」に当たる場合には「米国人」に当たることになる。

◆**米国人という概念の重要性**　　米国人という用語はFATCAの最も重要なキーワードの一つである。その理由は次のとおりである。

　すなわち、FATCAは、FFI（外国金融機関）等に対して米国口座を特定するために本人確認手続を行うことを求め、また米国口座に関する一定の情報を米当局に報告するよう求めているわけであるが、米国口座とは、一以上の特定米国人または一つ以上の米国人所有外国事業体が所有する金融口座を意味する（米国の内国歳入法1471条(d)⑴(A)）。この特定米国人と米国人所有外国事業体の定義は「米国人」という概念

を前提に組み立てられており、米国口座を特定するためには、まず口座保有者が米国人に当たるか否かの検討が必要になるのである。

◆米国人の可能性を示唆する情報

FATCAの施行規則では「米国人の可能性を示唆する情報」という概念を設けており、口座保有者についてこれらの情報がある場合には、FFIならびにIRS（米国内国歳入庁）に登録、FFI要件の必要事項を実施している邦銀等のFATCA参加金融機関は口座保有者に連絡をとり、追加情報を入手する必要がある。

具体的には、①米国市民権保持者、②出生地が米国、③米国住所（居住地・連絡先・私書箱）、④米国にある口座への資金移動の指図または米国住所からの定期的な送金指示、⑤気付住所・郵便物保管、⑥米国住所を有する者への代理権または署名権の付与などが米国人の可能性を示唆する情報である。

10537　FFI 契約

FFI 契約とはどのような契約か

結　論

FFI契約とは米国の内国歳入法1471条(b)に規定されている外国金融機関（FFI）と米当局との間の契約を意味する。

解　説

◆FFI契約の意義　FFI（外国金融機関）契約とは米国の内国歳入法1471条(b)に規

定されているFFI（外国金融機関）と米当局との間の契約を意味する。

米国の内国歳入法1471条(b)によれば、FFI契約の内容（FFIが同意すべき事項）は次のとおりである。

① FFIが保有するすべての口座の各所有者について、米国口座を特定するために必要な情報を取得すること。

② 米国口座の特定に関して米財務省が定める検証および本人確認手続に従うこと。

③ FFIが米国口座を保有している場合、1年に一度、当該米国口座に関する一定の情報を米当局に報告すること。

④ FFIが本人確認のできない口座所有者またはFFI契約を締結していない他のFFIへ行うパススルーペイメント（源泉徴収の対象となる支払）等に関し、30％に相当する金額の控除および源泉徴収を行うこと。

⑤ 米財務省による、FFIが保有する米国口座に関する追加情報の提供の要求に応じること。

⑥ 外国法により、FFIが保有する米国口座に関し上記の報告が妨げられる場合には、④当該米国口座の各所有者から当該外国法の正当かつ有効な権利放棄の同意を取得するよう努めること、または回合理的な期間内に各所有者から上記の権利放棄が得られないときには当該口座を閉鎖すること。

◆FFI契約締結の効果　FFIに対する源泉徴収の対象となる支払が行われる場合、その支払に関する源泉徴収義務者は、原則として、その支払金額の30％に相当する金額を当該支払から控除および源泉徴収しなければならない（米国の内国歳入法1471条

(a))。

　ところが、支払先であるFFIがFFI契約を締結し、それが効力を有している場合には、上記の控除および源泉徴収を免れることができる（米国の内国歳入法1471条(b)）。これがFFI契約の最も重要な効果である。

◆日米共同声明　しかし、米国法の域外一律適用は、国によっては国内法規制に抵触する懸念があった。たとえば、日本の場合、FFIが本人確認のできない口座所有者または要件を満たさない他のFFIに対する支払の30％を源泉徴収するFATCA（外国口座税務コンプライアンス法）の規定は、日本の国内法に根拠がないために、金融機関が訴訟リスクにさらされるおそれがあった。そこで、米当局は、各国と交渉を重ね、各国の法規制に適合する内容での政府間合意を国別に行い、平成25年6月11日、日米間で「国際的な税務コンプライアンスの向上及びFATCA実施の円滑化のための米国財務省と日本当局の間の相互協力及び理解に関する声明」が合意された。この合意を受けて日本の当局は、全国銀行協会など金融業界団体に対して会員金融機関のFATCA遵守を要請する文書を発出した。この結果、日本の金融機関は、FFI契約や非協力米国口座への30％源泉徴収を免除される一方、以下の対応を進めることになった。

① 金融機関内のFATCA対応責任者の任命や社内規定など体制構築……責任者は、FFIとしてFATCA遵守を確保するためにFATCAコンプライアンス・プログラムを策定、運用し、定期的に検証しなければならない。あわせて原則として3年ごとにIRS（米国内国歳入庁）に対して、適切にFATCAの義務履行が遵守されていることを宣誓する必要がある。

② IRSへのFFI登録……登録しない場合、当該金融機関が受け取る米国源泉所得等について、30％の懲罰的源泉徴収を受けることになる。

③ FATCAの適用開始後の新規口座については、米国口座であるか否かの確認（デューデリジェンス手続）と、当該顧客から必要書類徴求の実施……米国口座とは、個人であれば米国市民、米国永住権者、一定の米国居住者等、法人であれば米国上場企業およびその関連会社以外の米国法人等が所有する金融口座をいう。

④ 既存顧客の確認手続……FATCAの適用開始前からの既存顧客の口座については、米国内の出生地を示す「米国示唆情報」の有無を確認する。また、残高が100万ドルを超える個人口座（「高額口座」）に関しては情報精査も必要。米国口座であることが確認された場合には、③と同様に、必要書類を入手する。

⑤ 該当する口座情報のIRSへの報告……日本のFFIは、③と④によって検出された米国口座等に関して、口座保有者の氏名、住所、納税者番号、口座番号、口座残高等をIRSに毎年報告する。

10538 みなし遵守FFI

みなし遵守FFIとはどのような制度か

結　論

　FFI 契約を締結しなくても、FATCA
所定の要件を満たしているとみなされた外
国金融機関は、当該外国金融機関への支払
に対する源泉徴収および控除を適用しない
こととする制度を意味する。

解　説

◆**FATCA の規定**　　FATCA（外国口座
税務コンプライアンス法）では「特定の場
合において要件を満たしているものとみな
される外国金融機関」と題して、「以下の
場合には、外国金融機関は、米国財務省に
より本サブセクションの要件を満たしてい
るものとして取り扱われる」という定めを
置いている（米国の内国歳入法1471条(b)
(2)）。

　具体的には、「以下の場合」として、次
の二つが規定されている。
①　当該外国金融機関が㋑米国口座を保有
　しないようにするために米財務省が規定
　する手続を遵守し、かつ㋺他の外国金融
　機関が当該外国金融機関に所有する口座
　に関し、米財務省が規定する他の要件を
　充足する場合、
　または、
②　当該外国金融機関が、本セクションの
　目的達成のために、本セクションの適用
　は不要であると米財務省が判断した種類
　の外国金融機関の一つである場合
以上の制度を「みなし遵守 FFI」制度と
呼んでいる。

◆**みなし遵守 FFI の類型**　　FATCA の
施行規則では、みなし遵守 FFI を「登録
型」と「認証型」などに分類し、それぞれ

のなかがさらにいくつかに細分されている。
　具体的には、登録型のみなし遵守FFIは、
地域 FFI（銀行のみが利用可能）、集団的
投資ビークルなどに細分されている。また、
認証型のみなし遵守FFIは、低額口座
のみを取り扱う FFI などに細分されてい
る。

◆**不報告日本国内金融機関**　　平成25年6
月11日に公表された「国際的な税務コンプ
ライアンスの向上及び FATCA 実施の円
滑化のための米国財務省と日本当局の間の
相互協力及び理解に関する声明」（以下
「日米当局声明」という）の定義によると、
FFI は、大きく FATCA への「不参加金
融機関」と「参加金融機関」に分けられ、
日本国内金融機関はすべて後者に含まれる。
さらに日本国内金融機関は、「報告日本国
内金融機関」と「不報告日本国内金融機
関」に分けられる。日本におけるみなし遵
守 FFI は、この不報告日本国内金融機関
に含まれる。日米当局声明の付属書Ⅱによ
る、みなし遵守 FFI のカテゴリーと要件
は以下のとおりである。

◆**地域顧客基盤を有する小規模金融機関**
①　日本の法令に基づく許認可を受けてお
　り、かつ、金融機関として規制を受けて
　いる。
②　日本国外に固定的な事業所をもたない。
③　日本国外において顧客または口座保有
　者を勧誘してはならない。
④　日本の法律上、居住者が保有する金融
　口座に関して、情報の報告もしくは源泉
　徴収を実施するために、マネーローンダ
　リング対策上のデューデリジェンス要件
　を満たすために居住者である口座保有者
　を特定することが義務づけられている。

⑤ 当該金融機関が維持している金融口座の98%以上（価値ベース）が、前暦年の末日時点において、日本の居住者（事業体である居住者を含む）によって保有されていなければならない。

⑥ FATCA不参加金融機関に金融口座を提供することを防止し、かつ「特定米国人（金融口座開設時には日本の居住者であったが、その後それに該当しなくなった米国人を含む）または支配者が日本の居住者に該当しない米国居住者もしくは米国市民である受動的NFFE（非金融外国事業体）のために金融口座を開設もしくは維持しているかどうか監視するため」の方針と手続を策定しなければならない。

⑦ ⑥の方針と手続においては、日本の居住者に該当しない特定米国人または支配者が日本の居住者に該当しない米国居住者もしくは米国市民である受動的NFFEが保有する金融口座が特定された場合には、報告日本国内金融機関と同様に、その金融口座を報告するか、またはその金融口座を閉鎖しなければならないことを定めなければならない。

⑧ 日本の居住者に該当しない個人によって保有されている既存口座、または事業体によって保有されている既存口座のレビューを実施し、米国口座または不参加金融機関保有口座を特定し、その金融口座を報告するか、当該金融口座を閉鎖しなければならない。

⑨ 当該金融機関の各関連事業体は日本において設立または組織されたものでなければならない。

⑩ 特定米国人に該当しかつ日本の居住者

である個人に対して、金融口座の開設または維持にあたって差別的に取り扱う方針や実務運用があってはならない。

◆**集団的投資ビークル**　日本で設立され、集団的投資ビークルとして規制を受けている投資事業体。

みなし遵守FFI（地域FFI等）となることを選択すると、FATCA施行後の事務負担が軽減されることなどのメリットがある半面、海外での業務展開などに制約がある。

10539 新規個人顧客の口座確認手続

新規個人顧客の口座開設時には、FATCA上、どのような確認手続が必要か

結　論

通常の犯罪収益移転防止法に基づく取引時確認に加え、申込顧客が特定米国人であるか否かを確認する。確認方法は、日米当局声明に基づく「自己宣誓方式」と、米財務省規則に基づく「最終規則方式」に分かれ、各金融機関はどちらかを選択している。

解　説

◆**特定米国人であるかどうかを確認**　個人顧客の新規口座開設時には、犯罪収益移転防止法に基づく取引時確認が行われているが、平成26年7月1日のFATCA適用開始後は、従来の取引時確認に加えて、口座が米国口座であるか、すなわち顧客が特定米国人【10535】参照）であるかの確認が必要になった。なお、特定米国人は米国

市民に限らず米国永住権保有者および一定の米国居住者を含む概念であり、「日本国籍を保有していても、駐在員など米国に居住しているような場合には特定外国人に該当することに留意が必要である」（KPMGジャパンFATCA検討チーム「連載：早わかりFATCA実務対応3」週刊金融財政事情2014年4月21日号）。

FATCA上の口座確認手続には「自己宣誓方式」と「最終規則方式」の2種類があり、金融機関はいずれかを選択し実施することになる。なお、自己宣誓方式によることを選択した後に最終規則方式に変更することは可能だが、その逆は認められていないことに留意する必要がある。

◆**自己宣誓方式**　自己宣誓方式は、口座開設時にすべての顧客から、平成25年6月に公表された「国際的な税務コンプライアンスの向上及びFATCA実施の円滑化のための米国財務省と日本当局の間の相互協力及び理解に関する声明」（以下「日米当局声明」という）に規定されている、「口座保有者が、税務上の米国市民または米国居住者のいずれにも該当しない旨の自己宣誓（IRSフォームW-8等）」を取得する。

自己宣誓により、口座保有者が税務上の米国居住者（特定米国人）であることが証明された場合や、特定米国人ではないとの宣誓にもかかわらず、その妥当性に疑念がある場合には、追加手続が必要になる。特定米国人である旨を宣誓した顧客からは、米国納税者番号が記載されたIRSフォームW-9を取得したうえで、IRS（米国内国歳入庁）に対する情報開示に関する同意書を取得する。もし、同意を得られない場合には、口座開設を謝絶しなければならな

い。一方、特定米国人ではないとの宣誓にもかかわらず、本人確認資料に後述する米国示唆情報が検出されるなど、宣誓内容の妥当性を確認できない場合には、IRS所定の申告書類に加えて米国発行以外のパスポートや米国籍喪失証明書などの一定の追加書類を求めて、非米国人であることを確認する。その結果、顧客が特定米国人に該当することが明らかになった場合、顧客に再度宣誓内容の説明を行い、「特定外国人に該当する旨の宣誓を受ける必要あると考えられる」（前掲「連載：早わかりFATCA実務対応3」週刊金融財政事情2014年4月21日号）。

以上の確認手続は、口座開設時だけではなく、後日、顧客情報が追加・変更（たとえば、顧客の転勤により、米国への住所変更が届けられた場合）された際にも必要である。

◆**最終規則方式**　最終規則方式は、2014年（平成26年）6月30日に米財務省とIRSが公表した内国歳入法1471～1474条のFATCA関連最終規則に基づく口座確認手続である。口座開設申込書や本人確認書類の内容に、特定米国人であることを示唆する「米国示唆情報」が含まれていないかを、金融機関が確認する。日米当局声明の付属書Ⅰには、米国示唆情報（United States Indicia）として、下記の情報が示されている。

① 口座保有者が米国市民または米国居住者であることを示す識別情報。

② 米国内の出生地を明白に示す情報。

③ 米国における現在の郵送先住所または自宅住所（米国郵便私書箱を含む）。

④ 現在の米国電話番号。

⑤　米国で維持されている口座への資金移動の自動送金指図。

⑥　米国に住所を有する者に対する、現に有効な委任状または署名権限の付与。あるいは、

⑦　「気付」または「局留め」の住所のうち、報告日本国内金融機関が口座保有者に関して記録上有する唯一の住所であるもの。低額口座（残高５万ドル以下の預金口座等）である既存個人口座の場合には、米国外の「気付」の住所または「局留め」の住所は米国示唆情報としては扱われない。

確認の結果、米国示唆情報が検出されなければFATCA上の口座確認手続は終了する。一方、電話番号が米国であるなどのように、一つでも米国示唆情報が検出された場合には、自己宣誓方式の場合と同様に、IRS所定の申告書類に加えて日本政府発行のパスポートなど一定の書類の提示を受けて、特定米国人ではないことの証明を受ける。その結果、特定米国人と判断されると、IRSフォームW-9に名前、住所、納税者番号等を記載してもらう。特定米国人の口座は米国口座として、金融機関はその口座残高等の情報をIRSに報告する必要が生じるので、日本の個人情報保護法に基づき、情報開示の同意書をあわせて取得する。米当局への情報開示について同意を得られない場合には、原則として口座開設を謝絶しなければならない。

10540　新規法人顧客の確認手続

新規法人顧客の口座開設時にはどのような確認手続が必要なのか

結　論

まず「公開情報等による確認」と「自己宣誓による確認」によって、特定米国人か否か、外国金融機関か否か、適用外受益者か否かを確認する。いずれでもない法人顧客のうち、法人の実質的支配者が特定米国人である受動的NFFEについて、口座情報をIRS（米国内国歳入庁）に報告する旨に関して顧客から同意を取得する。

解　説

◆**特定外国人かどうかの確認**　法人顧客の確認手続も個人顧客の確認手続（【10539】参照）と同様に「最終規則方式」と「自己宣誓方式」を選べるが、「犯罪収益移転防止法に基づく顧客確認に依拠できる要素が多い」（KPMGジャパンFATCA検討チーム「連載：早わかりFATCA実務対応５」週刊金融財政事情2014年５月19日号）ことから、自己宣誓方式を選ぶケースが一般的とされている。

まず顧客が特定米国人か否かを確認する。法人における特定米国人とは、米国で設立された法人、パートナーシップ等であるが、上場企業、米国の政府や州に完全に所有されている機関・組織、銀行、不動産投資信託、適格投資会社、共同信託基金等は含まれない（【10535】参照）。

個人顧客の確認プロセスと同様に、まず犯罪収益移転防止法に基づいて顧客から徴求した本人確認資料によって、当該顧客が特定外国人に該当するかどうかを確認する。すなわち、定款や登記事項証明書等にに記

載された本社所在地、設立地、住所等から、米国で設立された法人であることが確認された場合、顧客からIRS（米国内国歳入庁）所定の自己宣誓書（IRSフォームW-9等）と、IRSへの情報開示についての同意書を取得する。

◆**外国金融機関かどうかの確認**　前項手続によって特定米国人ではないことが確認された顧客について、次に米国以外の外国金融機関（FFI）であるかどうかを、公表情報や本人確認資料等によって確認する。この場合、FFIの定義は、FATCA固有のものであることに留意する必要がある（FFIの意義については【10533】参照）。FFIであることが特定できた場合には、IRSのサイトで公表されているリスト等によってこのFFIがどのような形でFATCAの枠組みに参加しているか否かを確認する。もし当該FFIのFATCA上のステータスが確認できなかった場合、参加金融機関であるかの確認は、顧客から自己宣誓書を徴求する。参加外国金融機関の場合には、IRSに登録した際に付与されるグローバル金融仲介機関識別番号の申告を受け、IRSのリストと照合する方法が考えられる（前掲「連載：早わかりFATCA実務対応5」週刊金融財政事情2014年5月19日号）。

この確認の結果、当該顧客が「不参加金融機関」であることが判明した場合には、特定米国人顧客への対応と同様に、IRSについての情報開示に関する同意書を取得する。同意書を得られない場合には、原則として口座開設を謝絶する。

◆**適用外受益者かどうかの確認**　顧客が特定米国人でもFFIでもないことが確認されたあとは、FATCAの「適用外受益者」か否かを確認する。平成25年6月に公表された「国際的な税務コンプライアンスの向上及びFATCA実施の円滑化のための米国財務省と日本当局の間の相互協力及び理解に関する声明」の付属書Ⅱは、「日本の政府機関」「中央銀行」「国際機関」「公的機関」「年金基金」を適用外受益者として列挙している。

◆**受動的NFFEかどうかを確認する**　上記3項のいずれにも該当しない、すなわち金融機関ではない外国事業体（Non-Financial Foreign Entity：NFFE）については、さらに「能動的NFFE」か「受動的NFFE」に区分する。能動的NFFEとは、

・上場会社およびその関連会社
・前年度総所得の50％未満が受動的所得（配当、利息等）であり、かつ、保有資産の50％未満が受動的所得を生み出す資産である事業体

等のことである。「犯罪収益移転防止法に基づく本人確認の一環で収集した情報（たとえば業種等の事業の内容）」によって当該顧客が明らかに受動的収益の獲得を目的とした受動的NFFEではないことが合理的に確認できれば、これを能動的NFFEと区分してよいと解釈され、確認作業は完了する（KPMGジャパンFATCA検討チーム「連載：早わかりFATCA実務対応6」週刊金融財政事情2014年5月26日号）。

この段階で明らかに能動的NFFEに該当すると判断できなかった顧客からは、自己宣誓書を取得し、本人確認資料によって能動的NFFEである旨の宣誓の妥当性を確認する。

一方、受動的NFFEであるとの申告が

あった場合には、実質的支配者に特定米国人がいるかどうかの申告を受け、取得済本人確認資料によって、その妥当性を確認する。受動的 NFFE に該当する事業体としては、「一般的には、不動産や動産（航空機、船舶等）を保有する投資ビークル、富裕層や企業オーナーの資産管理会社等がイメージされる」（KPMG ジャパン FATCA 検討チーム「連載：早わかり FATCA 実務対応10」週刊金融財政事情2014年 6 月23日号）。実質的支配者に特定米国人がいなければ確認作業は完了する。

実質的支配者に特定米国人がいる受動的 NFFE は報告対象となるため、IRS への情報開示について同意書を取得するとともに、実質的支配者から自己宣誓書（IRS フォーム W-9 など）および IRS への情報開示についての同意書をあわせて取得する。このような追加書類徴求や同意を得られない場合は、原則口座開設を謝絶する。

10541 犯罪収益移転防止法との共通点と相違点

FATCA の本人確認手続と犯罪収益移転防止法の取引時確認手続はどのような点で共通し、どのような点で異なるか

結 論

FATCA（外国口座税務コンプライアンス法）の本人確認手続は金融口座の分類を行うことを目的とする手続である。これに対し、犯罪収益移転防止法の取引時確認手続は顧客の本人特定事項の正確性を確認し、顧客から取引目的等の申告を受けることな

どを内容とする手続である。

解 説

◆**目的の相違**　犯罪収益移転防止法は、犯罪による収益の移転防止を図り、テロリズムに対する資金供与の防止に関する国際条約等の的確な実施を確保し、もって国民生活の安全と平穏を確保し経済活動の健全な発展に寄与することを目的として（同法 1 条）、金融機関などに適切な顧客管理を義務づける法律である。

具体的には、犯罪収益移転防止法は、金融機関などに対し、①法定の方法によりその顧客等について取引時確認を行うこと、②取引時確認を行った場合には確認記録を作成し、取引終了日等から 7 年間保存すること、③特定の業務に係る取引を行った場合には取引記録を作成し、取引日等から 7 年間これを保存すること、④疑わしい取引の届出を行うことなどを求めている。

これに対し、FATCA（外国口座税務コンプライアンス法）は、米国人（米連邦税法上の専門用語であり国籍等を問わない）による米国外の口座を利用した租税回避を阻止するため、金融機関に、顧客の金融口座の本人確認や報告義務を課す米連邦税法である。同法の目的は、米国人（特に富裕層）による米国外の金融機関の口座を利用した租税回避行為等を防止し、公正な税負担を実現する点にある。

◆**規制の形式の違い**　犯罪収益移転防止法は日本の法律である。

これに対し、平成25年 6 月に公表された「国際的な税務コンプライアンスの向上及び FATCA 実施のための米国財務省と日本当局の間の相互協定及び理解に関する声

明」によると、日本の金融機関のFATCA対応については、日本の行政当局（金融庁および国税庁）が発出した各関係金融業界団体宛ての「要請文」に従う形で、金融口座の本人確認手続などを実施している。

◆**適用対象の違い**　犯罪収益移転防止法は、同法所定の特定事業者を名宛人とし、同法所定の特定取引等の場合に、取引時確認等を行うことを求めている。

これに対し、FATCAおよび日本の行政当局が発出した「要請文」は、FFI（外国金融機関）を名宛人として、金融口座についてFATCA等の所定の方法で米国人口座に当たるか否かを判断するために必要な書類の入手等を求めるものである。

◆**本人確認の意義の違い**　FATCAの本人確認手続は、金融口座の分類を行うことを目的とする手続である。

これに対し、犯罪収益移転防止法の取引時確認手続は、顧客の本人特定事項の正確性を確認し、顧客から取引目的等の申告を受けることなどを内容とする手続である。

◆**本人確認手続の違い**　FATCAの金融口座確認手続は、新規と既存、さらに個人と法人の4区分について異なる対応が必要となるが、基本的に犯罪収益移転防止法の取引時確認（【10499】参照）に立脚した手続であり、その「取引時確認のなかで当該口座が米国口座であることを示唆する情報（米国示唆情報）」が検出されるなど、一定の場合にFATCA固有の追加的な確認手続を行う（KPMGジャパンFATCA検討チーム「連載：早わかりFATCA実務対応2」週刊金融財政事情2014年4月14日号）実務プロセスとなる。

10542　FATCA年次報告と個人情報保護法

FATCAに基づく年次報告を行うことは個人情報保護法に反しないか

結　論

口座保有者の同意が得られている限り、個人情報保護法に反しない。

解　説

◆**個人情報保護法の適用の有無**　個人情報保護法は、個人情報を取り扱う事業者の遵守すべき義務を定めることにより、個人情報の有用性に配慮しつつ個人の権利利益を保護することを目的とする法律である。この「個人情報を取り扱う事業者」を「個人情報取扱事業者」といい、「個人」のことを「本人」という。

年次報告の対象は米国口座であり、米国口座の所有者のなかには外国人（日本国籍を有しない者）が含まれる可能性がある。このような外国人（米国人）も個人情報保護法の「本人」に含まれ、個人情報保護法による保護を享受できるか。

個人情報保護法上の「本人」とは「個人情報によって識別される特定の個人」を意味し、その定義上、その国籍が日本国籍か否かを問題にしていない。したがって、外国人も個人情報保護法の「本人」に含まれ、外国人も個人情報保護法上の保護を享受できると考えられる。

◆**外国政府に対する個人データの提供への適用**　FATCAに基づく年次報告は、日本の金融機関が米政府に対して行うもので

あり、米政府は日本国外に所在し、日本の個人情報保護法の適用を受けないと考えられる。このような特徴を有する米政府への年次報告に個人情報保護法が適用されるかが問題となる。

個人情報保護法は個人情報取扱事業者の義務を定める法律であり、日本において事業活動を行う場合には、日本企業（日本法に基づいて設立された企業）であっても、外国企業（外国法に基づいて設立された企業）であっても、同法が適用される。

この「日本における事業活動」には、個人情報取扱事業者が日本国内にいる第三者に個人データを提供する場合も、日本国外にいる第三者に個人データを提供する場合も含まれると考えられる。

したがって、個人情報取扱事業者である日本の金融機関が、外国にいる第三者（米当局）に対して個人データを提供する場合にも個人情報保護法が適用される。同法23条1項は、「個人情報取扱事業者は、……あらかじめ本人の同意を得ないで、個人データを第三者に提供してはならない」と定めているが、前記の場合にもこの義務を遵守する必要がある。

◆**個人情報保護法違反の有無**　外国金融機関（FFI）が、年次報告に際し、米当局に顧客情報を提供することは個人情報保護法に反しないか。

この点について口座所有者の事前の同意が得られる場合には個人情報保護法に違反しないと考えられる。

10543	日米租税条約に基づく情報交換

日米租税条約26条に基づく情報交換はどのように行われるか

結　論

租税条約等実施特例法、国税庁の事務運営指針に基づき行われる。

解　説

◆**日米租税条約26条の内容**　日米租税条約26条1項は、「両締約国の権限ある当局は、この条約の規定又は両締約国が課するすべての種類の租税に関する両締約国の法令（当該法令に基づく課税がこの条約の規定に反しない場合に限る）の規定の実施に関連する情報を交換する。情報の交換は、第1条1の規定による制限を受けない。一方の締約国の権限のある当局から特に要請があった場合には、他方の締約国の権限ある当局は、文書（帳簿書類、計算書、記録その他の書類を含む）の原本の写しに認証を付した形式で、この条に基づく情報の交換を行う」と定めている。

◆**租税条約等実施特例法**　日米租税条約に関連する日本の国内法として、租税条約等実施特例法（正式名称は、租税条約等の実施に伴う所得税法、法人税法及び地方税法の特例等に関する法律）がある。

租税条約等実施特例法8条の2は、「財務大臣は、相手国等の租税に関する法令を執行する当局（以下この条において「相手国等税務当局」という）に対し、当該相手国等との間の租税条約等に定めるところに

より、その職務の遂行に資すると認められる租税に関する情報の提供を行うことができる」と定め、同法9条は、「国税庁、国税局又は税務署の当該職員は、租税条約等の規定に基づき当該租税条約等の相手国等から当該相手国等の租税に関する調査（当該相手国等の刑事事件の捜査その他当該相手国等の租税に関する法令を執行する当局が行う犯則事件の調査を除く）に必要な情報の提供の要請があった場合には、前条の規定により当該情報の提供を行うために、当該要請において特定された者に質問し、又はその者の事業に関する帳簿書類……その他の物件を検査」することができると定めている。

◆国税庁の事務運営指針 日米租税条約26条に基づく情報交換は、上記の法律のほか、国税庁長官「租税条約等に基づく相手国等との情報交換手続について（事務運営指針）」に基づいて行われる。

日本の行政当局が情報交換の要請を受けた後の具体的な手続の流れ（概要）は次のとおりである。

① 租税条約等実施特例法8条の2上の情報不提供事由の有無の検討（行政当局内の手続）

② 租税条約等上の情報不提供事由の有無の検討（行政当局内の手続）

③ 質問検査権の不行使事由の有無の検討（行政当局内の手続）

④ 情報提供要請の回付（行政当局内の手続）

⑤ 情報収集担当者の指名（行政当局内の手続）

⑥ 情報収集の手続の開始（銀行への照会）

10544 グループ会社

FATCA対応は拡大関連者グループベースで行う必要があるが、拡大関連者グループとは何か

結　論

共通の親会社が少なくとも1社以上の会社の議決権株式の50%超かつ総価値の50%超を有することなどの要件を満たすグループを意味する。

解　説

◆拡大関連者グループの意義 FATCAにおいては、次の要件を満たす場合に拡大関連者グループとなる（米国の内国歳入法1471条 (e)(2)）。

① 共通の親会社が少なくとも1社以上の会社の議決権株式の50%超かつ総価値の50%超を有すること

② 共通の親会社以外のグループ内の各会社が、グループ内のほかの会社により、議決権株式の50%超かつ総価値の50%超を直接あるいは間接保有されていること

たとえば、AホールディングスはB銀行とC証券の完全親会社であり、またC証券はD銀行の株式の30%を保有していると仮定する。この場合、Aホールディングスに50%超の株式を保有されているBとCはAホールディングスを親会社とする拡大関連者グループに当たるが、Dはこれに当たらない。

◆グループとしてのFATCA対応 金融グループがグループとしてFATCA対

応を行うに際し、顧客情報（個人データ）をグループ内で共有する必要がある場合、これを行うことは可能であろうか。

この点について、特に個人情報保護法との関係が問題となるが、顧客情報（個人データ）をグループ内で共有する方法としては、①委託制度、②個人データの共同利用制度、③オプト・アウト制度などがある。それぞれの制度の概要は次のとおりである。

① 個人情報取扱事業者である銀行が、その利用目的の達成に必要な範囲内において個人データの取扱いの全部または一部を外部に委託する場合、本人の事前同意を得る必要はない（個人情報保護法23条5項1号）。これを「個人データの委託制度」という。

② 個人情報保護法23条5項3号は、個人データを特定の者との間で共同して利用する場合であって、㋑その旨、㋺共同して利用される個人データの項目、㋩共同して利用する者の範囲、㋥利用する者の利用目的および㋭当該個人データの管理について責任を有する者の氏名または名称について、あらかじめ、本人に通知し、または本人が容易に知りうる状態に置いているときは、これらの共同利用者の間で、本人の同意を得ずに個人データの授受を行うことを認めている。この制度を「個人データの共同利用制度」という。

③ 個人情報取扱事業者である金融機関は、第三者に提供される個人データについて、本人の求めに応じて当該本人が識別される個人データの第三者への提供を停止することとしている場合であって、一定の事項を、あらかじめ本人が容易に知りうる状態等に置いているときは、本人の同意を得ずに個人データを第三者に提供することができる（個人情報保護法23条2項）。この制度を、「オプト・アウト」という。本人が容易に知りうる状態等に置く必要のある事項は、㋑第三者への提供を利用目的とすること、㋺第三者に提供される個人データの項目、㋩第三者への提供の方法、㋥本人の求めに応じて当該本人が識別される個人データの第三者への提供を停止すること、㋭本人の求めを受け付ける方法の5点である。

10545 為替業務上の注意点

為替業務との関係で、FATCA対応上、どのような点に注意すべきか

結 論

米国人の可能性を示唆する情報を取得した場合には追加情報を取得する必要がある点に注意が必要である。

解 説

◆米国人の可能性を示唆する情報

FATCAの施行規則では「米国人の可能性を示唆する情報」という概念を設けており、これらの情報がある場合には、FFI（外国金融機関）は口座保有者に連絡をとり、追加情報を入手する必要がある。

具体的には、①米国市民権保持者、②出生地が米国、③米国住所（居住地・連絡先・私書箱）、④米国にある口座への資金移動の指図または米国住所からの定期的な送金指示、⑤気付住所・郵便物保管、⑥米

国住所を有する者への代理権または署名権の付与などが米国人の可能性を示唆する情報である。

◆為替業務上の留意点　　為替業務のうち、外国送金業務においては、特に上記④の米国にある口座への資金移動の指図または米国住所からの定期的な送金指示に注意する必要がある。

こうした要件を満たす口座保有者がいる場合には、FFIはその口座保有者に連絡をとり、米国人口座に当たるか否かを判断するために必要な追加情報を入手する必要がある。

こうした追加情報の入手を容易にするよう、また口座保有者とのトラブルを未然に防止する観点から、外国送金業務に関する規定（銀行と顧客の権利義務関係を定めたもの）を改定し、顧客の追加情報提供義務を明確化することも一案であろう。

また、上記の場合、必ず口座保有者に連絡をとり追加情報を入手するよう行内の事務規程を改定することも必要である。

◆受取人が有する金融口座　　また、外国送金の受取人とされている者が、仕向銀行においても預金口座を開設している場合があると思われるが、この場合、外国送金取引の受付を通じて、当該受取人が米国に居住していることが発覚することもありうる。これが上記③の米国住所（居住地・連絡先・私書箱）に当たるかという点も問題になりうるであろう。

◆グローバルな金融サービス　　大手金融機関においては、海外転勤者やその家族を対象に、グローバルな金融サービス（海外転勤者でも、預金の残高確認・振込取引などがインターネットバンキングとして利用できるサービス）を可能としている金融機関もある。

このようなグローバルな金融サービスの利用者が米国転勤者である場合、当該利用者名義の預金口座等が金融口座に該当することになるおそれがあるため、注意が必要である。

| 10546 | 共通報告基準（CRS）に基づく自動的情報交換 |

各国の税務当局間で実施が開始された共通報告基準（CRS）に基づく自動的情報交換とはどういう制度か

結　論

外国の金融機関等を利用した国際的な脱税および租税回避に対処するため、OECDが策定した共通報告基準に基づき、非居住者の金融口座情報を税務当局間で自動的に交換する制度のこと。日本国内に所在する金融機関等は、平成30年以後、毎年特定の非居住者の金融口座情報を国税当局に報告し、報告された金融口座情報は、租税条約等の情報交換規定に基づき、各国税務当局と自動的に交換される。

解　説

◆制度開始の経緯　　米国で2010年（平成22年）にFATCA（外国口座税務コンプライアンス法）が成立したのを契機に、OECDは、税務当局間で非居住者の口座情報を提供し合う自動的情報交換に関する国際基準の策定に着手、2014年1月、OECD租税委員会が「共通報告基準（CRS:

Common Reporting Standard）」を承認、同年11月の G20首脳会議で共通報告基準と自動的情報交換の開始が約束された。2017年2月末日現在、100カ国・地域が、2018年までに、共通報告基準に従った自動的情報交換を開始することを表明している。

日本においては、平成27年度税制改正において、この共通報告基準に従った自動的情報交換を実施する観点から、非居住者に係る金融口座情報の自動的交換のための報告制度を整備することとされ、平成29年から金融機関による対象口座の特定手続を行い、平成30年に平成29年分の報告を金融機関から受け、租税条約等に基づき、共通報告基準に従った税務当局間の自動的情報交換を開始することになった。

◆**共通報告基準の概要**　「共通報告基準」とは、自動的情報交換の対象となる非居住者の口座の特定方法や情報の範囲等を各国で共通化する国際基準である。これを利用することにより、金融機関の事務負担を軽減しながら、金融資産の情報を各国税務当局間で効率的に交換し、外国の金融機関の口座を通じた国際的な脱税や租税回避に対処することを目的としている。

具体的には、各国の税務当局は、それぞれ自国に所在する金融機関から非居住者（個人・法人等）に係る金融口座情報を報告させ、非居住者の各居住地国の税務当局に対して年1回まとめて互いに提供する。

① 　金融口座情報を報告する義務を負う金融機関
　・銀行等の預金機関
　・生命保険会社等の特定保険会社
　・証券会社等の保管機関
　・信託等の投資事業体

② 　報告対象口座
　・普通預金口座等の預金口座
　・キャッシュバリュー保険契約・年金保険契約
　・証券口座等の保管口座および信託受益権等の投資持分

③ 　報告対象口座情報
　・口座保有者の氏名・住所
　・口座保有者の納税者番号
　・口座残高
　・利子・配当等の年間受取総額等

平成29年2月末日現在、日本を含む100以上の国・地域が平成29年または30年からこの共通報告基準に従った情報交換を開始することを表明している。なお、日本の税務当局に対しては、平成30年以降、外国に開設された日本の居住者の金融口座情報が提供される。

◆**共通報告基準とFATCAの相違点**　共通報告基準は OECD が策定したもので、共通報告基準に基づく自動的情報交換を実施するため、各国の国内法においてその実施に必要となる規定の整備が必要になる。日本は平成27年度税制改正で非居住者に係る金融口座情報の自動的交換のための報告制度を整備することとされ、租税条約等の実施に伴う所得税法、法人税法及び地方税法の特例等に関する法律など国内法令を改正することにより対応している。

一方、FATCA は米国の国内法であり、日本においては、国内法の改正による対応は行わず、平成25年6月に公表された「国際的な税務コンプライアンスの向上及び FATCA 実施の円滑化のための米国財務省と日本当局の間の相互協力及び理解に関する声明」をふまえて金融庁が金融業界団体

宛てに発出した要請文に国内金融機関が応える形で対応している。つまり、共通報告基準については、日本の国内法、FATCAについては米国の国内法に従い、金融機関は金融口座情報の報告を行う。

また、共通報告基準は国際基準で、FATCAは米国の国内法ということから、たとえば、共通報告基準上の報告対象金融口座は、非居住者・外国法人が保有する金融口座とされるのに対して、FATCA上の報告対象金融口座は、米国人（米国市民・米国居住者・米国法人等）が保有する米国外金融口座とされるなどの違いがある。

<table>
<tr><td>10547</td><td>共通報告基準に基づく報告手続</td></tr>
</table>

金融機関はどのような手続で非居住者に係る金融口座情報を報告するのか

結　論

金融機関は、共通報告基準に定められた手続に従って、新規開設口座については金融機関が口座開設者からの届出とその確認等によって居住地国を特定し、既存の口座については金融機関が口座保有者の住所等の記録から居住地国を特定することにより、報告すべき口座を選別し、特定した金融口座情報を国税庁に報告する。

解　説

◆新規特定取引の場合

(1) 報告金融機関等に対する新規届出書の提出　個人や法人等が、共通報告基準に基づく報告を義務づけられた報告金融機

関等と行う口座開設等の取引（以下「特定取引」という）のうち、平成29年1月1日以後に行う特定取引（以下「新規特定取引」という）については、新規特定取引を行う者は氏名または名称、住所または本店もしくは主たる事務所の所在地、居住地国、外国の納税者番号等（日本のマイナンバーは対象外）を記載した届出書を、当該報告金融機関等の長に提出しなければならない（租税条約等の実施に伴う所得税法、法人税法及び地方税法の特例等に関する法律（以下「実特法」という）10条の5第1項前段）。

(2) 新規届出書記載事項の確認　報告金融機関等は、新規特定取引を行う者から提出または提示を受けた書類、たとえば犯罪収益移転防止法の規定により取引時確認の際に提出または提示を受ける本人確認書類（運転免許証やパスポート等）の範囲内で、新規届出書の記載事項（氏名、住所、居住地国、外国の納税者番号等）の確認を行う必要がある（実特法10条の5第1項後段、同法施行規則16条の2第3項）。

(3) 報告金融機関等による所轄税務署長に対する報告事項の提供　(1)の届出書を受けた報告金融機関等は、その年の12月31日において、当該報告金融機関等との間でその営業所等を通じて特定取引を行った者が報告対象となる契約を締結している場合には、その契約ごとに特定対象者の氏名または名称、住所または本店もしくは主たる事務所の所在地、居住地国、外国の納税者番号等および当該契約に係る資産の価額、当該資産の運用、保有または譲渡による収入金額等を、その年の翌年4月30日までに、当該報告金融機関等の本店等の所在地の所

轄税務署長に提供しなければならない（実特法10条の6第1項）。

◆**既存特定取引の場合**

（1）　報告金融機関等による特定対象者の住所等所在地国の特定手続　報告金融機関等は、当該報告金融機関等との間でその営業所等を通じて既存特定取引を行った者が平成28年12月31日において当該特定取引に係る契約を締結している場合、保有している情報に基づき、平成30年12月31日（注）までに、特定対象者の住所等所在地国と認められる国または地域を特定しなければならない（実特法10条の5第2項）。

> （注）　平成28年12月31日における特定取引契約資産額が1億円を超える場合は、平成29年12月31日までに特定しなければならない。

　具体的な確認方法は、取引金額が1億円未満の個人既存低額特定取引契約者の場合には、まずデータベースを検索し、住所を示す情報があれば住所等所在地国が特定され、住所を示す情報はないものの、郵便物の宛先の所在地を示す情報があれば、保有する書類（個人番号カードや運転免許証等）で住所を示す情報がないかを確認する。それでも特定できなければ取引契約者に、居住地国等を記載した届出書の提出を求める。また、はじめから保有書類を確認し、特定できた場合には、データベース検索による確認を行う必要はない。

　特定手続を実施した結果、住所等所在地国と認められる国または地域が報告対象国外であることを示す所在地国情報のみがあった場合でも、所在地国と認められる国または地域を特定する必要がある。一方、複数の住所等所在地国と認められる国または地域を示す所在地国情報があった場合は、当該複数国の所在地国と認められる国または地域をすべて特定する必要がある。

　一方、取引金額が1億円超の個人既存高額特定取引契約者の場合、データベースの検索、保有する書類の確認に加えて、「特定業務担当者」から聴取によって住所等所在地国を特定する。特定業務担当者とは、「報告金融機関の役員、職員、その他の従業者のうち、当該報告金融機関との間で特定取引に係る契約を締結している者の需要に応じて、その者に対して継続的に特定取引に関する助言または金融商品もしくは金融サービスに関し、照会もしくは相談に応じ、情報を提供し、もしくは勧誘する行為に関する業務を担当する者」をいう。国税庁の「非居住者に係る金融口座情報の自動的交換のための報告制度（FAQ）」（平成28年7月、平成29年3月改訂）は、「職員が継続的に金融サービスに関し勧誘する行為を担当していれば、特定業務担当者に該当します」と例示している。

　一方、報告金融機関は、平成28年12月31日における法人既存特定取引契約者の締結している契約に係る特定取引に係る特定取引契約資産額が2500万円以下である場合には、平成29年1月1日以後の年の12月31日における当該特定取引契約資産額が2500万円を超えることとなるまでの間は、当該法人既存特定取引契約者および当該法人既存特定取引契約者に係る実質的支配者の住所等所在地国と認められる国または地域の特定を要しない。なお、平成29年1月1日以後の年の12月31日において当該特定取引に係る特定取引契約資産額が2500万円を超えることとなった場合には、その超えること

となった日の属する年の翌年12月31日まで
に、法人既存特定取引契約者に係る所定の
特定手続を実施する必要がある。

　また、平成28年12月31日以前に金融機関
等と口座開設等の取引を行った者も、任意
で新規届出書に記載すべき事項および当該
既存特定取引に関する一定の事項を記載し
た届出書（以下「任意届出書」という）を
提出することが可能であり、金融機関が確
認のため、任意届出書の提出を求める場合
もある。任意届出書を提出する者は、報告
金融機関等に対し、居住地国確認書類を提
示しなければならない。

　(2)　報告金融機関等による所轄税務署長
に対する報告事項の提供

　上記、新規特定取引の場合の(2)と同様の
報告を行う。

預金業務にかかわる
コンプライアンス

第1項　預合い・見せ金

| 10548 | 預合い・見せ金 |

預合い・見せ金とは何か。金融機関にとって何が問題なのか

結　論

　預合い・見せ金ともに株式の仮装払込みのことである。仮装払込みに関与した金融機関の役職員に刑事罰が科されるとともに、募集設立の場合には、金融機関にも保管証明書発行責任が生じる。

解　説

◆**預合い・見せ金**　「預合い」とは、発起人・取締役らが払込取扱金融機関と通謀して資金を借り入れ、これを株式の払込金・出資金に充当し、他方、これを会社の預金にするとともに、借入金が返済されるまではその預金（払込・出資金）を引き出さないことを約束することをいう。「見せ金」とは、発起人・取締役らが払込取扱金融機関以外の第三者から借り入れた資金で株式払込みを行い、会社成立後または新株発行後にこれを引き出して借入れの返済を行うことをいう。

　見せ金による払込みの場合は、預合いと異なり、形式的にみれば金銭の移動による現実の払込みがある。しかし、払込金が借入れの返済にあてられることから、実質的には払込みがあったとはいえない。最判昭38.12.6（民　集17巻12号1633頁）も、「当初から真実の株式の払込として会社資金を確保する意図なく、一時的の借入金を以て単に払込の外形を整え、株式会社成立の手続後直ちに右払込金を払い戻してこれを借入先に返済した場合は、有効な株式払込がなされたものとはいえない」と述べている。そして、仮装払込みかどうかの判断基準として、①会社成立後、払込金を引き出して借入金を返済するまでの期間の長短、②払戻金が会社資金として運用された事実の有無、③借入金の返済が会社の資金関係に及ぼす影響の有無などを示している。

　預合いと見せ金の相違は、預合いは仮装

払込みについて発起人・取締役らと払込取扱金融機関の役職員との間に通謀ないし事情を知っているという関係があるが、見せ金は発起人・取締役らの一方的な仮装払込行為ということである。

◆**刑事上の責任**

（1）　預合罪・応預合罪　　会社法965条に規定されている預合罪について最決昭36．3．28（刑集15巻3号590頁）は、「預合いとは、商法486条1項（編注：会社法960条1項1〜7号）に掲げる者が、株金の払込を仮装するために、株金払込を取扱う機関の役職員らと通謀してなす仮装行為をいう」とし、会社法965条後段に規定されている応預合罪について最決昭35．6．21（刑集14巻8号981頁）は「株金払込取扱機関の役職員が商法486条1項（編注：会社法960条1項1〜7号）に掲げる者と通謀して株金の払込を仮装する行為をいう」としている。したがって、発起人・取締役と払込取扱金融機関の役職員との間に、仮装払込みに関する通謀があれば、預合罪・応預合罪が成立する。

なお、「通謀」について東京高判昭54．2．20（高刑32巻1号13頁）は「当事者双方が株金の払込を仮装する行為であることを認識してその行為の実現に協力する意思を通じ合うこと」と述べている。これからすれば、金融機関の役職員が積極的に通謀に関与したり、または預合罪に該当する行為の認識がなくても、応預合罪が成立する可能性がある。

（2）　公正証書原本不実記載罪　　有効な株式払込みがないにもかかわらず、残高証明書ないし保管証明書を発行して、それを添付して会社設立登記や増資登記申請を行い、商業登記簿の原本にその旨の登記をさせたときは、発起人や取締役に公正証書原本不実記載罪（刑法157条1項）が成立し、金融機関の役職員も共犯として処罰される。

◆**払込金保管証明制度**　　会社法施行前の商法では、発起設立、募集設立とも会社設立の際には、銀行または信託会社など払込取扱金融機関が設立登記前に発起人または株式申込人から金銭出資の払込みがなされたことを証明する、払込金保管証明制度が採用されていた（平成17年改正前商法189条）。しかし、発起人のみが出資者である発起設立の場合は、出資者自身が出資された財産の保管に携われることから、特段の保護措置を設ける必要がない。そこで会社法は、払込取扱金融機関を利用する必要はあるものの、金融機関による払込保管証明を不要とし、残高証明書で足りることにした。これに対して、募集設立の場合は、株式払込人の保護のため、これまでどおり払込金保管証明の制度が維持されている（会社法64条）。なお、新株発行の場合には、払込金保管証明制度はとられていない。

仮装払込みについて通謀の有無にかかわらず、仮装払込みであることを払込取扱金融機関が知り、または知らなかったことについて重過失がある場合は、払込取扱金融機関は保管証明書発行責任を負担しなければならない（会社法64条2項）。すなわち、払込取扱金融機関は、会社に対して保管証明に係る金額の会社財産が増加するような実質的かつ有効な金銭の支払をしなければならない。

10549 従業員持株のための融資と預合い

会社が増資にあたり、自社の株式を従業員にもたせるために従業員に貸し付ける資金を融資してほしい、という申出を受けた場合に応じてよいか

結　論

その申出が真実であり、従業員に返済資力が十分あるものであれば、刑事上の責任は生じないと考えられるが、慎重に取り扱うべきである。

解　説

募集設立の場合における仮装払込取扱いをした金融機関の責任は、保管証明発行責任（会社法64条）による民事上の責任と、会社法965条の応預合罪という刑事上の責任が問題となる（【10548】参照）。

もっとも、新株発行の場合には、払込金保管証明制度はとられていないので、不法行為責任の成否を別にすれば、金融機関に民事上の責任は生じない。本問の事例では、会社が増資登記完了後直ちに金融機関にその借入金を返済したような場合に、仮装払込みに関連して、前記の刑事上の責任を生ずるかどうか微妙な問題が生ずることになる。

会社法965条の預合罪・応預合罪による刑事上の責任についてであるが、この場合についても、会社側による仮装払込みを基礎として、これに金融機関役職員の通謀があることを要するとするのが従来の判例であり、従業員が新株を引き受けないのであ
れば格別、従業員が真実に新株を引き受けて、新株払込金を会社から借り入れ、その借入金の返済が確実であれば、仮装払込みに該当しないとみられるから、本件は刑事上の預合罪・応預合罪の責任にも関係がないと考えられる。

なお、これに類似した事例として最判昭42.12.14（刑集21巻10号1369頁）がある。会社が払込取扱銀行からの借入金によって会社従業員や会社代表者に対する債務をまず弁済し、返済を受けた者が真実に払込みの意思をもってその返済金を使用して株金の払込みをした事例であり、株式引受人の会社に対する債権が真実に存在し、また会社にこれを弁済する資力が認められる場合には、資本充実の原則に反するものではなく、したがって仮装払込行為とはならないから、預合罪および応預合罪に当たらないと判示している。

以上のように、本問の申出が真実で、従業員の返済に特段の懸念がなければ、金融機関がその申出に応じても刑事上の責任が生ずることはないと考えられるが、その申出の真実性を確認することが困難である場合には、刑事上の責任が発生するおそれもあるから、このような申出に対しては慎重に処理すべきである。

10550 増資による既存借入金の返済

会社が増資資金により払込株主からの既存借入金を返済することを知りつつ、増資払込手続の取扱いをすることに問題はないか

結　論

　増資が仮装払込行為とならないのであれ
ば、取り扱うことに問題はない。

解　説

　財務内容を改善するために増資を行い、
増資資金により既存借入金を返済すること
は経済行為として行われており、そのこと
自体が違法ということにはならない。

　しかし、増資が仮装払込行為であれば違
法となるから、それを知りつつ増資払込手
続を取り扱うことは、預合罪・応預合罪
（会社法965条）が成立する。そして、商業
登記簿の原本に不実の登記をさせると、公
正証書原本不実記載罪（刑法157条1項）
の共犯となる。さらに、商業登記に基づく
電子認証制度により登記がなされたときは、
電磁的記録不正作出及び供用罪の共犯とな
る（同法161条の2第2項）。

　たとえば、会社再建のためにスポンサー
から増資払込みを受ける場合などは、増資
資金が既存借入金の返済に使用されること
を増資払込取扱金融機関が知っていても問
題はない。しかし、既存借入金なるものが
実体のないものであるなど増資が仮装払込
みとなるときは、増資払込手続を取り扱う
ことは許されない。

第2項　そ　の　他

10551　導入預金

導入預金とは何か

結　論

　導入預金とは、預金者等が特別の金銭上の利益を得る目的で、特定の第三者と通じ、第三者に融資または債務保証をすることを条件に作成され、当該融資または債務保証の担保とされない預金であり、「預金等に係る不当契約の取締に関する法律」により禁止されている。

解　説

◆具体的ケース　　甲銀行から融資または債務保証を得たいと考えている乙には、甲銀行から融資・債務保証を得るだけの資力・信用がない。そこで乙は、知人丙に「裏利息を払うからだれか甲銀行に預金してくれる人を探してほしい。あなたにも謝礼する」と頼み込んだ。丙はその知人丁にこの話をもちかけたところ、丁はこれに応じてもよいということになった。そこで、乙・丙・丁が甲銀行を訪ね、丁が預金を作成するとともに、その預金を担保差入れすることなく、甲銀行が乙に担保なしで融資または債務保証をすることを約束し、これを実行に移した。乙は約束に従い、丙（これを導入屋という）に謝礼金を支払うとともに丁に裏利息を支払った。

　これが、導入預金の典型的パターンである。

◆導入預金はなぜ禁止されるのか　　導入預金は一般に、次のような問題を有するといわれる。

①　上記の例で乙は、資力・信用力がないにもかかわらず、甲銀行から担保なしで借入れや債務保証を得たが、多くの場合、早晩乙は破綻し、大なり小なり取引先等に損害を被らせることになる。

②　とりわけ、乙が破綻した場合、甲銀行が損害を被ることは明白で、このような預金が積み重なると、甲銀行の経営はきわめて不安定なものとなる。

③　丁が乙から受け取る裏利息は不当な利得と考えられる。また、丙が乙から受け取る謝礼金も不当な利得と考えられる。

④　多くの場合、導入預金にまつわり、詐欺・横領・恐喝等の犯罪が生じやすい。

　このような弊害を除去すべく、昭和32年に預金等に係る不当契約の取締に関する法律（以下「導入預金取締法」という）が制定され、その2条1項で「金融機関に預金等をする者は、当該預金等に関し、特別の金銭上の利益を得る目的で、特定の第三者と通じ、当該金融機関を相手方として、当該預金等に係る債権を担保として提供することなく、当該金融機関がその者の指定する特定の第三者に対し資金の融通をし、又は当該第三者のために債務の保証をすべき旨を約してはならない」と定め、預金者丁と銀行甲との不当契約を取り締まるととも

に、同条2項で導入預金の媒介者丙と銀行甲との不当契約を取り締まっている。

また、金融機関については、「金融機関は、預金等をし、又はその媒介をする者で前条第1項又は第2項に規定する目的を有するものを相手方として、当該預金等に係る債権を担保とすることなく、これらの規定に規定する旨を約してはならない」（導入預金取締法3条）と規定している。したがって、導入預金に加担しないためには、預金を条件とする融資の際には、当該預金を担保にとることが必要である。

なお、導入預金が法律に違反し、当事者が刑事上の制裁を受けることがあるとしても、私法上の効力までも否定されるものではないと解されている。

<table>
<tr><td>10552</td><td>他行との預金金利変更に関する情報交換</td></tr>
</table>

他行との間で預金金利の変更について情報交換することは、独占禁止法上、問題はないか

結　論

他行との間で預金金利の変更に関する情報交換を行うことは、独占禁止法の趣旨に反し問題となるので、厳に慎まなければならない。

解　説

金利や手数料等について、各金融機関間で意思の連絡をすると、独占禁止法3条「不当な取引制限の禁止」に違反する。金利の変更も同様である。それでは、他行がどのように金利を決めようとしているかの情報を収集したり、ひいては、金融機関同士でこの種の情報を交換し合うのは合法なのだろうか。これが、情報交換の違法性の限界の問題である。

一口にいえば、情報交換に基づいて各金融機関が金利を決定したり、変更したりすれば違法であるが、情報交換が金利等の決定に因果関係をもつものでなければ合法である。そこで、たとえば、自行が決定しようとしている金利の率を、各金融機関が集まって情報交換するのは違法とみられやすいが、過去における各金融機関の金利を収集し、自行の金利を決定する際の資料にするのは合法性が高い。

また、一般的な経済情勢や景気の見通しなどについて話し合うのは合法であるが、各金融機関において本来は秘密に属する情報を互いに交換し合うのは、いかにも不自然であり、カルテルをしているのではないかという疑いをもたれやすい。また、金利の決定権限をもつ各金融機関の担当者が集まり、金利の今後の見通しなどについて話し合い、その後各金融機関の金利が同一の率になったような場合は、違法性が推認される可能性が高い。

要するに、預金金利の変更についての情報交換が、意思の連絡とみられれば違法性が出てくるのが原則である。その意味で、本問のような情報交換は避けるべきである。

<table>
<tr><td>10553</td><td>職員の証書偽造と金融機関の責任</td></tr>
</table>

職員が偽造した定期預金証書が詐欺の手段に使われた場合に、金融機関は責任を負う

結　論

金融機関の得意先係が、定期預金係の事務員に盗み出させた用紙を使用して、定期預金証書を偽造し、偽造者と通謀した名義人がこの証書を利用してほかから金員を詐取したときは、金融機関は、被害者が被った損害を賠償する義務がある。

解　説

本件に関連する事案としては、被害者から損害賠償請求を受けた信用金庫が、①定期預金証書の作成権限は支店長または次席にあって、得意先係や定期預金係にはないから、定期預金証書の偽造を、金庫の事業の執行についてなされたものとはいえないこと、②被害者には定期預金譲渡質入禁止約款を無視し、また、詐取者が持参した書類が金融機関の発行する例のないものであることを看過した重大な過失があること等を主張したが、いずれも認められなかったものがある（東京高判昭41.4.14金法442号10頁）。

もっとも、本件の預金証書作成行為が事業の執行についてなされたものであるとしても、偽造の預金証書を信頼して融資するのは、融資した者の危険負担においてすることであるから、そのために損害を被ったとしても、使用者たる金融機関に損害賠償の請求をするのは筋違いともいえる。

しかし、多額の預金を受け入れたことを証する偽造の預金証書を交付するのは、資力に関する偽造の証明書を発行するのと同じ効果があるわけで、金融機関の職員が詐欺の手段に使用されることを承知のうえで預金証書の偽造をした以上、使用者たる金融機関が民法715条による使用者の責任を問われてもやむをえないと考えられる。

10554　虚偽の預金残高証明書の作成

顧客の依頼により、事実と異なる残高証明書を作成することに問題はないか

結　論

第三者に損害が発生した場合、金融機関に損害賠償責任が生ずる場合がある。

解　説

残高証明書は事実の証明であり、証明事実に誤りがあれば、損害賠償責任を問われる可能性があることは当然である。金融機関が第三者に誤解を生ぜしめる内容の残高証明書を作成し、その結果第三者に損害が発生した事案について、金融機関の過失を認定し不法行為を理由とする損害賠償責任を認めている（大阪高判平12.6.8金法1589号50頁）。

この判決によれば、一部の取引についてのみの残高証明書の発行依頼があったときには、取引の一部であることを表示すべきであるし、預金に質権が設定されている場合や、差押えがなされている場合には、その旨を記載しなければ、同様の問題が生じる可能性がある。

10555 滞納処分回避のための借名預金

顧客が国税滞納処分による差押えを免れるため、他人名義で預金作成することを知りつつ受け入れることに問題はないか

結論

国税滞納処分による差押えを免れる目的で他人名義預金を受け入れることは、犯罪収益移転防止法違反および**滞納処分免脱罪**を構成するので絶対に応じてはならない。

解説

◆犯罪収益移転防止法　金融機関の窓口で個人から預金口座の開設の申込みがあった場合、金融機関は公的証明書により本人特定事項（顧客が自然人である場合は当該自然人の氏名、住居および生年月日、顧客が法人である場合は当該法人の名称および本店または主たる事務所の所在地）を確認しなければならない（犯罪収益移転防止法4条1項）。顧客が本人特定事項を偽ることは禁止されており（同条6項）、本人特定事項を隠蔽する目的をもって本人特定事項を偽った場合には処罰される（同法27条）。したがって、他人名義預金の受入れは犯罪収益移転防止法に違反することになる。

なお、行政当局は、金融機関が犯罪収益移転防止法に違反しているときは是正命令を発することができ（同法18条）、是正命令に違反した者は処罰されるとともに（同法25条）、金融機関に対しても罰金が科される（同法27条）。

◆滞納処分免脱罪　納税者が滞納処分の執行を免れる目的でその財産を隠蔽したときは、滞納処分免脱罪として処罰される（国税徴収法187条1項）。

「隠蔽」とは、財産についての仮装売買、仮装贈与、財産の隠匿等により、徴収職員による財産の発見を困難にさせる行為をいう。情を知って納税者の財産隠蔽の相手方となった者も処罰されるので（国税徴収法187条3項）、国税滞納処分による差押えを免れる目的であることを知って他人名義預金を受け入れた金融機関職員も処罰されることになる。

なお、隠蔽行為の時期は、納税義務の確定後であれば、滞納処分の執行を受ける前か後かを問わない。

10556 不公正な取引方法の禁止

独占禁止法は「優越的地位の濫用」をどのように規制しているのか

結論

不公正な取引方法に対しては、公正取引委員会による排除命令が行われるとともに、課徴金制度の適用を受ける。また、法令違反行為として、金融庁から業務改善命令を受ける可能性がある。

解説

不公正取引として公正取引委員会は、「共同の取引拒絶」「抱き合わせ販売等」「排他条件付取引」「優越的地位の濫用」など15の行為類型を一般指定している（昭

57．6．18公正取引委員会告示第15号）。これは、公正な競争を阻害するおそれのある行為として、独占禁止法2条9項に基づき指定している類型である。

平成21年6月3日に成立した改正独占禁止法（平成22年1月1日施行）により、「排除型私的独占」「不当廉売、差別対価、共同の取引拒絶、再販売価格の拘束」「優越的地位の濫用」の三類型が新たに課徴金（優越的地位の濫用の場合、違反行為に係る取引額の1％）の対象行為となった。

金融機関は一般的に、取引先に対し優越的地位にあるとみられている。したがって、取引において合理性・相当性を欠く取引条件を求めることは、優越的地位の濫用になる可能性が高い。特に、ローンパワーを背景に、弱い立場にある借入人に不当な要求を行うことは許されない。過去の事例としては、経営介入が問題となった興銀事件（昭28.11.6勧告審決）、三菱銀行事件（昭32.6.3勧告審決）がある。

また、金利スワップを購入することが融資を行うことの条件である旨または金利スワップを購入しなければ融資に関して不利な取扱いをする旨を明示または示唆することにより、金利スワップの購入を要請・余儀なくさせた三井住友銀行事件（平17.12.26勧告審決）がある。

金融庁では、この問題をふまえ、平成18年1月5日、①金融機関が融資等を通じ取引先に影響力を及ぼしうる立場となりやすいことをふまえ、取引等の適切性が確保されているか、②特に、当該機関に対し融資等に関連して寄せられている相談・苦情について、上記①の観点から、迅速かつ十分な分析・検討・改善が行われているかの2点について、預金等取扱金融機関に対し要請（「取引等の適切性確保への取組みについて」）するとともに、三井住友銀行に対し、平成18年4月27日、業務の一部停止命令および業務改善命令を発出した。

優越的地位の濫用に対しては、課徴金制度の適用に加え、公正取引委員会は排除措置を命ずることになる。また、取引の相手方から差止め請求や損害賠償請求が行われたり、さらに銀行法（13条の3第4号、同法施行規則14条の11の3第3号）違反にも当たるため、金融庁から業務改善命令等がなされることも考えられる。

なお、平成22年11月30日、公正取引委員会は、「優越的地位の濫用に関する独占禁止法上の考え方」を公表した。

貸出業務にかかわる
コンプライアンス

第1項　浮貸し等

10557　浮貸し

金融機関の役職員が取引先から預かった金員を金融機関の勘定を通じないで貸し付けると、刑事責任を問われることになるか

結論

本問の場合、その役職員には、業務上横領罪、または浮貸しの罪が成立し、いずれにしろ刑事責任を免れない。

解説

◆**業務上横領罪の成否**　取引先から、金融機関の役職員として金員の預入れを受けた場合、その金員はその役職員にとって、自己の占有する他人（金融機関）の物、ということになる。したがって、その金員を不法領得の意思をもって、あたかも自己の金員のように自己の名義と計算をもって貸し付けた場合には、刑法253条の業務上横領罪が成立する。

ただし、貸出先が信用悪化のため、正規の手続を通じては融資が不可能である場合、役職員が当該金融機関からいったん自己名義で資金を借り入れ、さらに役職員個人からその取引先への貸付という形態をとって資金を流用した場合、形式的には役職員個人による金融機関からの借入行為が介在するため、業務上横領行為は存在しないことになると思われる。また、正式の借入手続はとられていないものの、非公式の金融機関宛ての借用書や念書などが差し入れられている場合にも、業務上横領の成立は疑問がある。

なお、業務上横領罪が成立する場合には、以下に述べる浮貸しの罪は明文をもってその成立が排除されている（出資法8条4項）。

◆**浮貸しの成否**　本問の場合には、業務上横領罪が成立しないとしても、出資法3条にいういわゆる浮貸しとして刑事罰の対象となる。

出資法3条は、浮貸しの要件として、①金融機関の役員、職員その他の従業員が、②その地位を利用し、③自己または当該金

融機関以外の第三者の利益を図るため、④金銭の貸付、金銭消費貸借契約の媒介、債務の保証をなすことをあげており、これらを禁止している。金融機関の役職員等の不正行為により、金融機関の信用が失墜することを防止している。

本問の場合、金融機関の勘定を通じた貸付でない以上、「その地位を利用し」てなされたことに加え、「自己または第三者の利益を図る」目的（たとえば、正規の手続上不可能な貸付を事実上実行するなど）から出た行為といってよいと思われる。したがって、役職員の行為は同条に該当し、その役職員は、3年以下の懲役もしくは300万円以下の罰金、またはその併科（出資法8条3項）という刑事罰を受けることとなる。

なお、出資法の立法趣旨からして、浮貸し成立のためには、金融機関に損害を生じたことは必要ではなく、同法所定の行為がなされれば浮貸しが成立すると解される。

10558　金融機関役職員の自己資金による貸付

金融機関の役職員が取引先からの融資の申込みに対して自己の金銭を融資することも浮貸しとなるのか

結　論

本問のような行為も、浮貸しに当たる。また、場合によっては背任罪が成立する可能性もあり、いずれにしろその役職員は刑事責任を問われることになる。

解　説

◆**刑事罰の対象**　　出資法3条のいわゆる浮貸しの立法趣旨は、金融機関の役職員が、その地位を利用して不正行為を行うことにより私腹を肥やし、ひいては金融機関の信用失墜を招くのを防止することにある。したがって、取引先から金融機関に対して融資の申込みがあった場合には、その役職員が自己の金銭を貸し付けたとしても、金融機関の信用失墜のおそれに変わりはなく、浮貸しとして刑事罰の対象となる。

具体的に考えてみても、役職員個人による貸付の目的は、信用状態の劣悪な取引先に資金を融通するか、または本来当該取引先の信用状態は健全であっても、役職員が自己の利益を図る目的で個人資金を高利で貸し付けるかあるいはその両方と考えるほかない。後者の場合はもちろん、前者の場合でも本来金融機関の正規手続で実行困難な行為を不正に事実上実行しようとする目的から出たものであり、いずれにしろ金融機関の信用を害する危険において、金融機関の資金を流用して不正に貸付を実行する場合と同様である。

もっとも後者の場合、その役職員が貸付の権限を有する場合、本来正規の手続を介しても取引先の信用状態には問題がないにもかかわらず、自己資金の貸付により利益を得る目的で融資の取扱いを行わなかったのであるから、刑法247条の背任罪が成立する可能性が高く、その場合、出資法8条4項により浮貸しの成立は排除されることになる。

◆**債務保証等も禁止**　　なお、出資法3条は、金銭の貸付ばかりでなく金銭の貸借の

媒介、債務の保証も禁止しており、役職員が自己資金の貸付をするかわりに、第三者からの借入れについて保証する場合も同様に処罰の対象となる。

　要するに金融機関の役職員がその地位を利用して、かつ金融機関の勘定によらずに取引先に金銭の貸付等を行うことは、浮貸しあるいは刑法上の背任罪として刑事罰の対象となるのである。

| 10559 | 親密金融機関への融資紹介 |

金融機関の役職員が親密金融機関に融資先を紹介することも浮貸しとなるのか。リベートをもらって行う場合はどうか

結　論

　金銭消費貸借の媒介にすぎない場合でも、リベートをもらうなど自己または第三者の利益を図る目的をもって行われた場合には、浮貸しが成立し、刑事罰の対象となる。

解　説

◆**金銭消費貸借の媒介**　出資法３条は、いわゆる浮貸しとして、①金融機関の役職員が、②その地位を利用して、③自己または第三者の利益を図るため、④金銭の貸付、金銭の貸借の媒介、債務保証等の行為を禁止している。したがって、リベートを受け取ることなどを目的として、金銭消費貸借の媒介を行った場合には、刑事罰の対象となる（同法８条３項）。

◆**親密金融機関への紹介**　金融機関においては、融資の申込みを行った取引先が与信基準を満たさない場合には、親密金融機関などに紹介して金銭消費貸借を媒介することがありうる。そこで、このような場合に、浮貸しに該当するか否かが問題となるが、以下の２点から浮貸しは成立しない。

① 　このような場合は、業法で認められた金融機関の業務の遂行として金銭消費貸借の媒介を行っているのであり、役職員がその地位を利用して個人的に媒介を行うものではない。

② 　したがって、当該金銭消費貸借の媒介に携わった役職員にも自己または第三者の利益を図る目的はない。

　言い換えれば、たとえ形式上金融機関による紹介であっても、その役職員が紹介先の金融機関からリベートを受け取るなどしている場合には、浮貸しに該当することになると思われる。また、金銭的対価がなくとも、その行為が金融機関における地位の保全を目的としている場合なども、浮貸しに該当することになる。

　なお、金銭消費貸借の媒介行為は、貸付や債務保証といった行為と異なり、事実行為であり、その法的効果の帰属の観点から判断することができないことに加え、稟議等の金融機関内手続を経て行われるわけでもないため、それが金融機関の業務の遂行であるか否かを判断することは困難である。

　したがって、無用の不正行為の疑いを生じさせないためにも、役職員個人において媒介を行うことは極力慎むべきである。

第2項　公序良俗・権利の濫用等

10560	風俗営業等に対する融資

資金使途が風俗営業等である場合に、融資を行った金融機関が責任を負うことがあるか

結　論

違法な風俗営業に融資した場合には、公序良俗違反として融資が無効とされるだけでなく、売春防止法違反や刑法等の犯罪の幇助犯に問われることがあるため、注意が必要である。

解　説

◆公序良俗違反の融資　　事業内容、資金使途の確認は、融資の基本である。

高い公共性を求められる金融機関は、違法な資金使途に対する融資はもちろん、公序良俗に反する行為にも加担するべきではない。

公序良俗に反する融資は無効（民法90条）であるばかりか、不法原因給付（同法708条）として返済を求めることができなくなるおそれがある。

公序良俗とは、時代背景や社会情勢等をふまえて推移する「健全な社会的規範」であり、「世間から不適切と評価されないか」との観点から個別に検討する必要がある。

◆違法な風俗営業に対する融資　　風俗営業法（風俗営業等の規制及び業務の適正化

等に関する法律）は、バー、キャバレー、ナイトクラブ、パチンコ屋、麻雀屋など一定の営業を「風俗営業」と定義し、風俗営業を営むには所轄公安委員会の許可を要するものとしたうえで、営業時間・営業区域その他の詳細な規制を課しており、無許可営業や規制違反の場合の罰則を定めている。

したがって、風俗営業に融資する場合には、違法な営業を行っていないか十分に確認する必要がある。

違法な風俗営業の内容が「売春行為」を含むものであることを知りつつ融資した場合には、売春防止法の資金提供罪（売春防止法13条）に該当するため、決して行ってはならない（実際に関西の信用金庫の支店長が逮捕された実例がある）。同法のように直接資金提供自体が犯罪とされていなくても、刑法等の犯罪の実行を容易ならしめることを知りつつ資金を提供した場合、当該犯罪の幇助犯として処罰される可能性がある。

◆風俗営業に対する融資の際の留意事項
風俗営業に対して融資する場合には、適法に営業されていることを確認することはもちろん、①当社が今後も風俗営業法やその他の各種行政法規（児童ポルノ禁止法、青少年保護条例等）に抵触しないような内部管理体制を整えていると評価できるかどうか、②取引地位等から、仮に当社が法令に抵触した場合に融資した金融機関が被るレピュテーショナルリスクがどの程度かなどをふまえて、個別に決せられるべきものと

考えられる。

10561 建築基準法に違反する物件への融資

建築基準法に違反した物件に対する融資にはどう対応すべきか

結　論

　金融機関の公共性の見地から、融資により違法建築を助長することは許されず、取上げにあたっては慎重な検討が必要であるが、事後になって違法が判明した場合などやむをえない場合は個別事情を勘案して対処方針を決定すべきである。

解　説

◆**基本的考え方**　建築基準法は、用途地域を区分し、用途地域に応じた建ぺい率や容積率などを定め、地方公共団体による建築確認手続等を通じて、健全な住環境を形成することを目的としている。

　高い公共性・社会性を求められる金融機関としても、こうした行政法規に違反する物件に融資することで不健全な住環境を再生産することを助長することが許されないことは当然であり、案件の取上げにあたっては慎重な対応が必要である。

　しかし、一方で強制調査権のない金融機関としては調査に限界があることから、以下のような場合まで融資を禁じられるとするのは行き過ぎである。

① 金融機関が事前に十分な注意を尽くして申込案件の審査に努めても、違法建築であることが認識できなかった場合

② 審査終了後に設計変更になった場合

③ 中古物件につき、重要事項説明書等で違反が確認できない場合

　特に、実際に法令違反が発覚するのは、融資の分割実行の途中であることが多く、その場合に一律に追加融資の停止ないし既存融資の回収を求めることは社会経済上も大きな問題を惹起するため、個別事情を勘案して対処方針を決すべきである。

◆**個別事情の判断要因**　個別事情を判断する際に、以下のような事情がある場合に漫然と融資を続行することはコンプライアンス上問題があり、レピュテーショナルリスクも高いため、金融機関として融資ストップ等も含めた強硬な対応が必要である。

① 法令違反の程度と違反の内容……違反の程度（建ぺい率や容積率との乖離幅、用途地域との整合性等）はどうか。また、違反の内容が悪質ではないか。

② 行政当局の指導・近隣からのクレーム……建築確認を行った行政当局から是正指導等がなされていないか。また、近隣からクレームが発生したりしていないか。

　一方、こうした事情がない場合は、融資を継続することにコンプライアンス上の問題はないものと考えられ、逆に、融資を明示ないし黙示で約している場合、合理的な理由もなく安易に融資をストップすることは、融資約束違反の問題を生じさせかねないことにも注意する必要がある。

10562 節税スキーム・重加算税支払に対する融資

取引先から節税スキームに対し融資申入れがあった場合にはどう対応すべきか。また、

脱税を行った企業から重加算税支払のための融資はどうか

結　論

節税スキームに対する融資は、もっぱら税の繰延べのみをねらったものでなく、事業目的の合理性等が説明できる必要がある。また、重加算税の支払資金の融資は脱税の程度や改善状況をふまえて判断する必要がある。

解　説

脱税・租税回避行為に対する融資と、脱税（法令違反）を行った企業に対する融資とは、考え方が違うことに注意する必要がある。

◆**脱税・租税回避行為に対する融資**　「偽りその他不正の行為」により、法人税・所得税等を免れる、いわゆる脱税・租税回避行為に対する融資は、脱税幇助に当たる可能性がある。

しかし、事業遂行上合理的な目的・計画に基づき、かつ税法上許容された行為を行った結果、その効果として税負担が軽減するにすぎない場合は、これに該当しない。

リース取引（法人税法施行令131条の2）や一時払養老保険（法人税基本通達9-3-4）など税法上の取扱いが明定されている商品に対する融資は、それがもっぱら税の繰延べのみをねらったものでなく、資金運用その他事業遂行上合理的な目的・計画に基づく場合は問題ないが、一部の経営コンサルタントや税理士などが提案する個別の節税スキームについては、内容が千差万別であり、金融機関としては租税回避行為に加担することにならないようスキームをよく見極める必要がある。

その際、上記のとおり、①事業遂行の目的・計画が合理的に説明できること、②取引先が顧問税理士に照会して税法上問題ないことを確認していることが必要であり、②の結果に疑義がある場合は、銀行においても主計部門や自行の顧問税理士にも照会して確認しておくべきである。

◆**脱税を行った企業からの重加算税支払に対する融資**　脱税行為の結果として国庫に納付する重加算税等は、脱税等の違法行為を新たに行うための資金でないため、こうした資金使途自体が公共性に反するとはいえない。

ただし、法令違反を行った企業に対する貸出については、業績面への影響など与信判断上の考慮をするのは当然ながら、レピュテーショナルリスクの観点もふまえ、以下の諸点を総合的に判断して行う必要がある。

①　脱税の程度（違反行為の社会的影響度、悪質度、処罰の重さはどうか）

②　違反行為への組織的関与（一部役職員の個人的違法行為か、より組織的な行為か）

③　改善状況（再発防止に向けての社内体制整備に努めているか）

10563　病院・学校向け融資に係る担保処分

病院や学校向け融資の担保となっている病棟・校舎等を担保処分する場合、コンプライアンス上どのような点に留意すべきか

結　論

　担保権の実行は、正当な権利行使である限り公序良俗違反や権利の濫用に当たらない。

　ただし、病院や学校はその公共的な性格から社会的影響度が大きいため、権利行使にあたっては、審査部門等とも十分協議のうえ、慎重に判断し対処する必要がある。

解　説

◆**基本的考え方**　病院や学校に対して融資を有する金融機関が、その債権を回収するため、法律に基づき担保権を実行することは、正当な権利行使であり、公序良俗違反や権利の濫用に当たらない。

　ただし、病院や学校は公共的な性格をもち、医療活動や教育活動を停止することになると社会的影響度も大きいため、担保権を実行した場合のレピュテーショナルリスクも考慮し、審査部門等とも十分協議のうえ、慎重に判断し対処する必要がある。

◆**具体的判断基準**　具体的な判断にあたっては、次の点を総合的に勘案のうえ、抵当権実行が合理的でありかつ影響が限定的と判断しうる場合には、正当な権利行使として許容されるものと考えられる（なお、②については、そもそも当初与信に際し担保設定する際に、あらかじめ検討をしておくことが重要である）。

①　抵当権実行の合理性……病院や学校の再建可能性または他の病院・学校による事業承継可能性を検討したうえで、抵当権実行以外に合理的な代替策がないことを確認してから行うべきである。

②　抵当権実行の影響度……病院の規模や診療内容を勘案したとき、抵当権実行の結果生じる社会的影響が限定的と判断できる場合に行うべきである。

　診療内容につき勘案すべきは、たとえば以下のような点である。

イ　通院のみか、入院患者がいるか。

ロ　入院患者がいる場合、近隣に転院することが可能な他の病院があるか。

ハ　他の病院で行っていないような特殊な診療を行っているか。

　学校の場合も、同様に以下のような点から、その教育内容を検討する必要がある。

イ　小学校・中学校・高校・大学・専門学校のいずれなのか。

ロ　近隣に転校可能な他の学校があるか。

ハ　他の学校で行っていないような特殊な教育を行っているか。

10564　信用保証協会保証付融資による旧債振替

信用保証協会保証付融資により、いわゆる「旧債振替」として信用保証協会による代位弁済が否認されるのは、どういう場合か

結　論

　金融機関が、信用保証協会の承諾なく、保証付融資の実行代り金をつなぎのプロパー融資の回収金に充当するなどの「旧債振替」を行った場合で、融資が延滞した場合等には信用保証協会による代位弁済の否認事由となる。

解　説

◆**旧債振替の禁止**　各地の信用保証協会

は、中小企業者の信用を補完し金融の円滑化を図ることを目的として設立されている（信用保証協会法１条）ため、信用保証協会保証付融資（いわゆる、マル保融資）は、中小企業者の行う事業の振興に必要な事業資金であることが大前提であり、投機的資金が対象外なのはもちろん、金融機関の既存債権回収を目的とするものも対象ではない。したがって、信用保証協会が金融機関と締結する約定書例３条において、金融機関が信用保証協会保証付融資の実行代り金によりプロパー債権を消滅させること（旧債振替）は、制度の根幹を揺るがす重大な義務違反として禁じられており、約定書例11条において、旧債振替禁止規定に違反した場合には保証免責できる旨が定められている。

旧債振替の具体的事例としては、不渡手形の買戻資金への充当、つなぎ融資の返済金への充当、代理貸付の返済金への充当、貸越残の返済金への充当の場合などがある。

対象となるプロパー融資について、弁済期が到来しているか否かを問わない。

◆**例外規定**　旧債振替は禁止されているが、約定書例３条には、「保証協会が旧債振替において特別の事情があると認め、金融機関に対し承諾書を交付したときは、この限りでない」として例外を認めている。

したがって、金融機関が旧債振替が中小企業者の利益にも資すると判断した場合には、事前に信用保証協会に相談して、承諾を得れば行うことができるが、この承諾は要式行為とされており、あらかじめ承諾書が発行されるか、信用保証書上にその旨の記載があることが必要である。

◆**免責の範囲**　旧債振替があった場合、

免責されるのは信用保証協会保証付融資全額か（全部免責）旧債振替相当額か（一部免責）、については見解が分かれる。

判例は一部免責説をとりつつ、一部旧債振替の結果信用保証制度の趣旨・目的が達成できない特段の事情がある場合は全部免責ができる（最判平９.10.31民集51巻９号4004頁）としているが、必ずしも統一的な解釈指針が存在していなかった。そこで、平成19年８月、全国信用保証協会連合会は、新たな解釈指針を公表し、過失責任主義の明確化を図った（同年10月から適用）。

10565　相殺権の濫用

いわゆる「狙い打ち相殺」や「駆け込み割引による相殺」などは相殺権の濫用とされるが、どういうことか

結　論

金融機関は相殺権を有するが、債権回収の観点で合理性のない「狙い打ち相殺」や「駆け込み割引による相殺」などは「相殺権の濫用」として相殺の法的効果が認められず、損害賠償義務が生じる可能性がある。

解　説

◆**相殺権の濫用**　権利の濫用（民法１条３項）とは、「外形上権利の行使のように見えるが、具体的な場合に即して見たときに、権利の社会性に反し、権利の行使として是認することのできない行為」をいう。

金融機関が、融資先の自行預金を相殺充当することで債権回収を行うこと（相殺

権）は、法的にも社会的にも是認されているが、債権の回収に支障がない限り債務者や第三者の利益を損なわないように配慮すべきであり、これに反する場合には「相殺権の濫用」として相殺の法的効果が認められず、損害賠償義務が生じる可能性があるので、慎重に取り扱う必要がある。

◆**狙い打ち相殺**　「狙い打ち相殺」とは、金融機関の融資先から、第三者から差押えを受けた預金と差押えを受けていない預金を受け入れている場合、差押えを受けていない預金を相殺できるにもかかわらず、あえて差押えを受けた預金と当行の貸出金を相殺し、差押えを受けていない預金を債務者に払い戻す行為をいう。これは差押債権者の差押えを空振りさせる行為であり、相殺権の濫用とされる可能性が高いので、注意する必要がある。

◆**駆け込み割引**　「駆け込み割引」とは、乙振出の約束手形を有する甲が、乙の倒産後に乙の預金のある金融機関に手形を持ち込み、同預金との相殺を期待して割引を依頼し、金融機関もそうした事情を知りながら手形割引に応ずることをいう。この結果、本来一般債権者にすぎない甲が事実上乙の預金から優先的に回収できることになり、相殺権の濫用とされる可能性が高いので、注意する必要がある。

◆**担保付債権と被差押預金の相殺**　「相殺権の濫用」とされるのは、金融機関の債権回収上合理性のない行為である場合である。預金が差押えを受けた場合、債権が不動産や有価証券担保付きであったとしても、担保権行使を選ぶか預金相殺を選ぶかは原則として金融機関の自由であり、担保が優良手形や上場株式、公社債などで行使がそ

の確実性や容易性において預金相殺と同視できるような特殊な場合を除いては、相殺権の濫用とはならないとされている。

第3項　そ　の　他

10566　他行との話合いによる貸出金利決定

他行と話し合って貸出金利を統一することは、独占禁止法に抵触するか。顧客からの要請に基づく場合はどうか

結　論

　金融機関の間で話し合って金利を引き上げたり、金利の決定方法を統一したりすることは、公正な競争を阻害することになるので、独占禁止法に違反することになるが、そのことが顧客の利益になる場合など、自己の取引上の地位を不当に利用した場合でなければ違法にはならない。

解　説

◆**「不当な取引制限」の禁止**　独占禁止法は、公正かつ自由な競争を促進して、一般消費者の利益を確保するとともに、国民経済の民主的で健全な発展を図ることを目的としている。

　この目的を実現するため独占禁止法は、「私的独占」「不当な取引制限」「不公正な取引方法」を禁止している（同法3条・19条）。

　このうち「不当な取引制限」とは、①事業者が他の事業者と共同して、相互にその事業活動を拘束し、または遂行することにより、②公共の利益に反して、③一定の取引分野における競争を実質的に制限するこ

とをいい（独占禁止法2条6項）、価格カルテル、数量カルテル、入札談合等が該当する。

　本問のように、話合いで金利や金利の決定方法を定めることは、たとえそれが制裁規定を欠く紳士協定であっても、不当な取引制限に該当する。

◆**顧客からの要請による場合**　経営不振先の経営改善支援のため、取引先からの要請に基づき他行とも話し合って、貸出金利の引下げを一定期間実施することがあるが、このように経営再建時において取引先からの要請に基づく場合や、顧客の利益になる場合など、自己の取引上の地位を不当に利用した場合でなければ違法にはならない。

　なお、たとえ顧客からの要請によるものとはいえ、それが特定の顧客の利益にはなるものの、一定の取引分野における競争の実質的制限につながり、結果として消費者の利益や国民経済の健全な発展を阻害するような場合には、独占禁止法に抵触することになるので、留意する必要がある。

10567　歩積・両建預金の自粛

歩積・両建預金の自粛とは何か

結　論

　歩積・両建預金とは、金融機関が優越的地位を利用して、貸出先から貸出に関連し

て受け入れる預金であり、独占禁止法や利息制限法に抵触することになる。

解　説

◆**歩積・両建預金**　歩積・両建預金とは、金融機関が優越的地位を利用して、貸出先から貸出に関連して受け入れる預金である。

歩積預金とは、金融機関が手形割引において割引代り金の一部を預金として受け入れ、払出しを拘束している預金である。両建預金とは、金融機関が貸付と同時にその資金の一部を預金として受け入れ、その支払を拘束している預金である。

歩積・両建預金は、貸出先が預入れする、貸出金利より低い金利である預金のため、貸出金の実質金利を引き上げることとなり、利息制限法の制限利率違反（同法1条）の問題が生じることもある。また、貸出先はその分だけ資金を使用できないことになるため、独占禁止法19条で禁止されている「不公正な取引方法」に該当するとされている。

加えて、平成17年10月の銀行法改正（平成18年4月施行）により、銀行業務に係る禁止行為が新たに規定（同法13条の3）されたが、その行為類型の一つとして、「顧客に対し、銀行としての取引上の優越的地位を不当に利用して、取引の条件又は実施について不利益を与える行為」が定められたことから、当該規定にも抵触することになる。

◆**歩積・両建預金規制の変遷**　大蔵省により歩積・両建預金の規制が初めて打ち出されたのは、昭和26年3月の銀行局長通達であり、銀行もこれに応え自粛が始まったが、本格的な自粛措置通達は昭和39年6月

を待たなければならなかった。これが歩積・両建預金自粛措置の第1ラウンドと呼ばれているものである。

昭和41年11月の第2ラウンド、昭和44年9月の第3ラウンド、昭和51年11月の新ラウンドにより自粛内容が強化され、また昭和54年7月にはそれまでに何回も発せられた通達等をまとめた、いわゆる「整理統合通達」によって自粛基準や取扱いを明確にし、自粛のいっそうの徹底が図られた。

昭和50年代後半から始まった金融自由化により、金融機関が優越的な地位を利用して貸出の条件として預金を強要すること等は困難な環境になったこと、また、いわゆるスプレッド貸出にみられるような実質金利に基づく取引慣行が定着しつつあったこと、および、公正取引委員会実施の毎年の拘束性預金に関するアンケート調査結果においても着実に拘束性預金比率の改善が図られていたこと、さらに、金融機関の歩積・両建預金に関する事務負担が大きくなっていたこと等を背景に、昭和57年9月および昭和61年12月の二度にわたり、金融機関の自己責任体制の強化および事務処理の簡素化・合理化が図られた。

その後、金融自由化がいっそう進展したことに伴い、大蔵省は平成元年6月の通達で、昭和54年7月の「整理統合通達」を廃止することにより、従来の一律規制を廃し、あわせて金融機関の自己責任による管理に委ねることにした。ただし、当局が歩積・両建預金を含む不公正取引についての指導を廃止したわけではなく、金融庁の中小・地域監督指針（Ⅱ-3-1-6-2）にも、過当な歩積・両建預金を受け入れないための措置を講じるよう明記されている（主要行

監督指針Ⅲ－3－1－6－2も同旨）。

このように、金融機関は自らの責任において自主管理ルールをつくりあげ、これを運営することが要請されることになったのである。

10568　金利の制限違反

出資法の制限を超える高利の場合、どのような責任が生ずるか

結　論

「出資の受入れ、預り金及び金利等の取締りに関する法律」（以下「出資法」という）は、貸金業者の取締りを主眼とし、あわせて一定利率を超える高利に対して刑事罰を科している。出資法では、出資金の受入れの制限、預り金の禁止、浮貸しの禁止、媒介手数料の制限を規定するほか、高金利に対する処罰規定が設けられており、この規定に抵触する場合には金融機関またはその役職員が刑事責任を追及される。

解　説

◆出資法の趣旨　出資法は、制限利率を著しく超えた暴利の契約について、これを刑事罰の対象とすることにより、暴利契約の発生を防止することを目的とするものである。

◆規制の内容　「金銭の貸付けを行う者が、年109.5％（2月29日を含む1年については年109.8％とし、1日当たりについては0.3％とする。）を超える割合による利息（債務の不履行について予定される賠償額を含む。以下同じ。）の契約をし」、またはこれを超える割合による利息を受領したとき、または金銭の貸付を業として行う者が「年20％を超える割合による利息の契約をし」、またはこれを超える割合による利息を受領したときは、5年以下の懲役もしくは1000万円以下の罰金が科され、またはこれらが併科される（出資法5条1項・2項）。

したがって、金融機関のように、業として金銭の貸付を営んでいる者は、年20％の利息に係る契約を締結するだけで、出資法違反としての刑事責任を追及されることになる。ここで注意を要するのは、金銭の貸付を行う者がその貸付に関して受ける金銭は、礼金、割引料、手数料、調査料その他いかなる名義をもってするを問わず、利息とみなされ、上記の罰則の適用を受けることになる点である（出資法5条の4第4項）。

なお、①契約の締結または債務の弁済費用の一部および②金銭の貸付および弁済に用いるために交付されたカードの再発行手数料等については、利息から除外される。

◆罰則の適用を受ける者　金融機関の代表者、代理人、使用人その他の従業員が、金融機関の業務または財産に関して高利に係る契約をし、またはその高利を受領したときは、行為者のみならず、法人である金融機関自体も罰金刑が科されることになる（出資法9条1項）。

◆利息制限法による規制　出資法以外に金利を規制する法律として利息制限法がある。利息制限法は、金銭を目的とする消費貸借上の利息が以下の利率により計算した金額を超えるときはその超過部分を無効と

元本が10万円未満の場合	年20%
元本が10万円以上 100万円未満の場合	年18%
元本が100万円以上の場合	年15%

するものである（利息制限法1条）。

また、利息制限法には罰則規定はなく、金銭消費貸借自体を無効とするものではない。

なお、利息制限法の改正により、業として貸付を行う場合、以下のような取扱いになる。

① 同一債務者に複数の貸付が存在するときには、当該業者からの既存の貸付残高と新たな貸付元本額との合計額に応じて上限金利が定まる（利息制限法5条）。

② 上限金利を計算するにあたり、借主が保証業者に支払う保証料を含めて計算する（利息制限法8条）。

利息＋保証料≦上限金利　有効

利息＋保証料＞上限金利　超過部分が無効

このほか、金利を規制する法律として「臨時金利調整法」があり、同法に基づく告示（「金融機関の金利の最高限度に関する件」）において、返済期限1年以上または1件の金額100万円以下の貸付および手形の割引を除き、貸出金利の最高限度は年15％と規定されているが、罰則規定はなく、私法上の効力にも影響しないと解されている。

10569　融資予約の責任

金融機関が融資証明書発行後に融資を謝絶した場合、賠償責任を負うか

結　論

金融機関が口約束したり融資証明書を発行したような場合、その態様・内容によっては融資契約が成立し融資義務が発生する。融資契約成立後に融資を拒絶すれば債務不履行による損害賠償責任を負うことになる。また、融資契約が成立していない場合でも、取引先が融資の実行を確実なものと信じる合理的な理由がある場合、金融機関の融資拒絶は信義則違反として損害賠償責任を問われる可能性がある。

解　説

◆金銭消費貸借契約の成立　融資契約は金銭の消費貸借であり、消費貸借の成立には、当事者の合意のほか、金銭の授受という要物性が必要とされる（民法587条）。したがって、消費貸借の要物性を厳格に解する場合には、融資証明書発行段階では消費貸借契約の成立は認められないことになる。

他方、消費貸借契約が成立していない場合でも、融資証明書の発行等により、取引先が融資の実行を確実なものとして信じる合理的な理由がある場合には、金融機関は信義則上または融資約束という契約の履行義務を有すると考えられる。消費貸借契約が成立していない段階における金融機関の融資約束違反に伴う不法行為責任を認めた判例としては、以下の事案がある。

（判決要旨）

「金銭の授受がなく消費貸借契約が成立したといえない段階においてであっても、融資金額、弁済期、借入期間、利率、担保

の目的物及び担保権の種類並びに保証人等の貸出条件について具体的な合意に達し、銀行がこれらの貸出条件に基づく融資をする旨を記載した融資証明書を発行して融資する旨の明確な約束をした場合において、融資の約束が破棄されるときには、企業が損害を被ることになる等の事情を銀行が知り、または知りうべきであるにもかかわらず、一方的に融資の約束を破棄したときには、かかる行為を取引上是認するに足る正当な事由がない限り、銀行は不法行為責任を負うものと解すべきである」（東京高判平6.2.1金法1390号32頁）。

◆**貸手責任（レンダーライアビリティ）**

「貸手責任」とは、融資の交渉から管理回収に至る過程で、貸手に対して提起される可能性のあるあらゆる請求に基づく責任を指すものとされているが、特別の責任規定があるわけではなく、米国の裁判事例の積重ねのなかから構築された概念であり、我が国でも金融機関の貸手責任を認める判例が散見される。

貸手責任の一類型として、融資約束がある。すなわち、金融機関が取引先に融資の期待を抱かせながら、正当な理由もなく融資を実行しなかった場合には、消費貸借上の契約が成立していない場合でも、金融機関側に不法行為による損害賠償責任（民法709条）を問うことができるとする考え方である。

したがって、融資応諾の意思表示をなすべき時期を十分見極め、取引先に必要以上に融資期待を抱かせることのないよう言動には十分注意する必要がある。

10570 保証人に対する説明義務

保証人に対して説明すべき内容は何か

結　論

保証契約時には、単なる保証意思の確認だけではなく、保証の法的効果やリスク等について十分に説明するとともに、保証人の立場および財産の状況、主債務者や他の保証人との関係等をふまえ、当該保証契約を締結する客観的合理的理由を説明することが必要である。また、経営に実質的に関与していない第三者と根保証契約を締結する場合には、保証人の要請があれば、債務者の借入残高・返済状況について情報提供することが必要である。

解　説

◆**保証契約時の説明**　保証契約時には、保証意思の確認はもとより、実際に保証債務を履行する事態に至った場合に、保証人が具体的にどのような責任を履行することになるのかを理解・納得してもらわなければならない。そのため、保証契約の内容にとどまらず、保証の法的効果やリスクについて、最悪のシナリオすなわち実際に保証債務を履行せざるをえない事態を想定した説明を行うことが必要である。また、必要に応じ、保証人から説明を受けた旨の確認を行うことも必要である（中小・地域監督指針Ⅱ-3-2-1-2(2)①ハ、主要行監督指針Ⅲ-3-3-1-2(2)①ハ）。

また、保証人の立場（経営者、経営に実質的に関与していない第三者等）および財

産の状況、主債務者や他の保証人との関係等をふまえ、当該保証人との間で保証契約を締結する客観的合理的理由を説明することが必要である。特に、経営に実質的に関与していない第三者に保証を求める場合には、「経営者以外の第三者の個人連帯保証を求めないことを原則とする融資慣行を確立」するとの観点に照らし、必要に応じ、「信用保証協会における第三者保証人徴求の原則禁止について」における考え方にも留意しつつ、特に慎重な対応が必要である（中小・地域監督指針Ⅱ－3－2－1－2(2)②ハ、主要行監督指針Ⅲ－3－3－1－2(2)②ハ）。例外的に、経営に実質的に関与していない第三者と個人連帯保証契約を締結する場合には、当該契約は契約者本人による自発的な意思に基づく申出によるものであって、金融機関から要求したものでないことが確保されている必要がある（中小・地域監督指針Ⅱ－9－2(1)、主要行監督指針Ⅲ－7－2(1)）。

さらに、経営に実質的に関与していない保証人は、債務者への融資状況を知りうる立場にないことから、当該保証人から要請があれば、定期的または必要に応じて随時、被保証債務の残高・返済状況について情報を提供することが必要である（中小・地域監督指針Ⅱ－3－2－1－2(2)①ト、主要行監督指針Ⅲ－3－3－1－2(2)①ト）。

また、連帯保証契約については、補充性（主たる債務者が債務を履行しない場合に、初めてその債務を履行すればよいという性質）や分別の利益（複数の保証人が存在する場合、各保証人は債務額を全保証人に均分した部分（負担部分）についてのみ保証すれば足りるという性質）がないことなど、

通常の保証契約とは異なる性質を有することを、相手方の知識・経験等に応じて説明することが必要である（中小・地域監督指針Ⅱ－3－2－1－2(2)①ホ、主要行監督指針Ⅲ－3－3－1－2(2)①ホ）。

◆**個人保証制度の見直し**　保証制度は、さまざまな経済取引において利用されているが、保証契約の内容について法律上特段の制限が設けられていないため、特に保証金額や保証期間に制限がない包括根保証については、保証人にとって責任が過大になりがちであり、保証人保護の必要性が指摘されていた。そこで、過去の判例法理をふまえ、個人の根保証契約において、保証期間や保証金額に制限を設ける（包括根保証契約を無効とする）ことなどを内容とする「民法の一部を改正する法律」が平成16年11月に成立し、平成17年4月から施行された。

改正法の主な内容は以下のとおりである。
① 保証契約は、書面（電磁的記録によって作成されたものを含む）で行わなければ無効となる。
② 限度額のない貸金等根保証契約は無効となる。
③ 貸金等根保証契約において保証期間を定める場合は、契約日から5年を超えたものは無効となる。また、保証期間を定めない場合は、契約日から3年後の日が保証期日となる。
④ 貸金等根保証契約においては、一定の事由（㋑主債務者または保証人の財産に強制執行または担保権の実行の手続の開始があったとき、㋺主債務者または保証人が破産手続開始の決定を受けたとき、㋩主債務者または保証人が死亡したと

き）が生じた場合には、保証期日前であっても主債務の元本が確定する。

◆**「経営者保証に関するガイドライン」の制定**　平成25年12月、経営者保証に関するガイドライン研究会（全国銀行協会・日本商工会議所が事務局）が「経営者保証に関するガイドライン」を公表し、平成26年2月1日からその適用が開始されている。

このガイドラインでは、①経営者保証に依存しない融資のいっそうの促進、②経営者保証の契約時の対応、③既存保証契約の適切な見直し、④保証債務履行時の課題への対応（保証人の手元に残す資産の範囲、保証債務の弁済計画、保証債務の免除など）といった内容が定められている。

本ガイドラインは法的拘束力はないものの、主たる債務者・保証人・金融機関が自発的にこれを尊重し遵守することが期待されており、金融庁の監督指針においてもその旨が明記されている（中小・地域監督指針Ⅱ-10、主要行監督指針Ⅲ-9）。

10571　融資更改の謝絶

長期間継続してきた融資の更改を謝絶する場合、どのような点に留意すべきか

結論

これまでの取引関係や、顧客の知識、経験および財産の状況に応じ、可能な範囲で、謝絶の理由等について説明することが必要である。

解説

◆**監督指針における着眼点**　監督指針において、顧客の要望を謝絶し貸付契約に至らない場合の着眼点として、以下の事項が示されている（中小・地域監督指針Ⅱ-3-2-1-2(6)②、主要行監督指針Ⅲ-3-3-1-2(6)②）。

「これまでの取引関係や、顧客の知識、経験、財産の状況および取引を行う目的に応じ、可能な範囲で、謝絶の理由等についても説明する態勢が整備されているか。

・たとえば、長期的な取引関係を継続してきた顧客に係る手形貸付について更なる更改を謝絶する場合、信義則の観点から顧客の理解と納得が得られるよう、原則として時間的余裕をもって説明することとしているか。

・たとえば、信用保証協会の保証付き融資について、営業上の判断に即した本来の説明を的確に行うことなく、平成19年10月より「責任共有制度」が導入されたことを口実として融資を謝絶するといった不適切な対応を行っていないか」

◆**融資謝絶時の基本的対応**　いかなる理由であれ、顧客の要望に応えられない場合には、謝絶理由を説明する最大限の努力が必要であり、くれぐれも金融検査や金融検査マニュアル等を口実とするなど不適切な説明を行わないよう留意する必要がある。特に、長期的な取引関係を継続してきた顧客に対して融資を謝絶する場合には、信義則の観点から十分な謝絶理由を顧客の理解と納得が得られるよう、時間的余裕をもって早めに説明することが大切である。また、謝絶の理由のみならず、再び取引が可能に

なるよう、必要に応じて財務面等のアドバ
イスを行うことも必要である。

証券業務等にかかわる コンプライアンス

第1項　インサイダー取引

10572　インサイダー取引

インサイダー取引とはどのようなものか。刑事責任を問われることがあるか

結　論

　インサイダー取引とは、上場会社に関して、投資家の投資判断に影響を及ぼすような重要な未公開情報を知りながら、その情報が公表される前に当該上場会社が発行する有価証券の売買その他の取引、有価証券に係るデリバティブ取引または一定範囲のクレジット・デリバティブ取引を行うことをいい、上場会社の内部情報（「重要事実」）に関するインサイダー取引と、外部情報（「公開買付け等事実」）に関するインサイダー取引とに分かれる。インサイダー取引を行った者は、5年以下の懲役もしくは500万円以下の罰金に処され、またはこれらを併科される。法人の両罰規定もあり、5億円以下の罰金刑が科せられる。

解　説

◆**インサイダー取引とは**　インサイダー取引とは、上場会社の内部関係者など、上場会社に関する未公開情報を入手しやすい立場にいる者が、投資家の投資判断に影響を及ぼすような重要な未公開情報を知った場合に、その情報が公表される前に当該上場会社が発行する株式等の有価証券の売買その他の取引または有価証券に係るデリバティブ取引を行うことをいう。なお、金商法のもとでは、一定範囲のクレジット・デリバティブ取引、たとえば社債を参照資産とするクレジット・デリバティブ取引もインサイダー取引に含まれるようになった。

　インサイダー取引は、①上場会社の内部情報に関するものと、②外部情報に関するものとに分かれる。①は、上場会社の役職員や大株主、取引銀行などが、取締役会による他社との合併の決定、業務に多大な損害を与える災害の発生、決算予想値の大幅な変動などの上場会社の内部にある情報（「重要事実」という）が公表される前に、

重要事実を知って当該上場会社の有価証券の取引等を行うものである。②は、上場会社（X社）の発行する上場株式等について他社（Y社）が公開買付けなどを行おうとする場合に、Y社の役職員や大株主、取引銀行などが、公開買付け等が行われるという情報やいったん公表された公開買付け等が中止されるという上場会社の外部にある情報（「公開買付け等事実」という）が公表される前に、公開買付け等事実を知ってX社の有価証券の取引等を行うものである。

◆**インサイダー取引規制の目的**　金商法でそのようなインサイダー取引が禁じられているのは、一般の投資家が知らないような上場会社に関する特別な情報を知っている者がその情報を用いて当該会社の株式等の売買等その他の取引を行った場合、

① その一部の者だけが市場を通じて不当に利益を得たり、損失を回避したりすることができる

② その半面、このような上場会社に関する特別な情報を知らない一般の多くの投資家が利益を逸したり、損失を被ったりする

③ その結果、一般の投資家が市場の公正性・健全性への信頼を失って投資に消極的になり、市場の発展が阻害されるおそれがある

といった弊害が生ずるからである。

したがって、株式等の売買その他の取引により利益を得たかどうか、あるいは重要事実や公開買付け等事実の入手と利益の間に因果関係があったかどうかということにはいっさい関係なく、情報を知りつつ売買等を行うこと自体が処罰の対象となる。

◆**インサイダー取引規制違反事件の調査および罰則**　インサイダー取引規制に違反する事件がある場合、その調査にあたるのは証券取引等監視委員会である（金商法210条）。同委員会の職員は嫌疑者等に任意出頭を求めて質問したり、証券会社等の公私の団体に任意の報告を求めたりすることができるのみならず、裁判所の許可を得て強制調査をすることができる（同法211条）。そして、同委員会は犯則の心証を得たときは、検察に事件を告発することになっている（同法226条）。なお、証券取引等監視委員会は、上記の調査・検査の結果必要と認めるときは、証券取引の公正を確保するために行うべき行政処分その他の措置について内閣総理大臣および金融庁長官に対して勧告することができる（金融庁設置法20条1項）。しかし、自ら行政処分を行う権限は与えられておらず、米国のSEC（証券取引委員会）に比べると、その権限は限られたものになっている。

上述のような調査・告発を経て、刑事裁判においてインサイダー取引規制違反行為を行ったと認定された個人は、刑事罰の対象となる。刑事罰は、5年以下の懲役もしくは500万円以下の罰金またはその併科となっている（金商法197条の2第13号）。また、そのようなインサイダー取引規制違反の行為が、当該個人が所属する法人の業務または財産に関してなされた場合には、違反行為を行った個人のみならず、その個人が所属する法人に対しても5億円以下の罰金が科されることとなる（同法207条1項2号：両罰規定）。

また、平成16年6月の旧証券取引法の改正によって、平成17年4月より課徴金制度

が導入され、インサイダー取引については、上記の刑事罰が科せられるか否かにかかわらず、課徴金の要件に当たる事実が行政審判の場で十分に立証された場合には、課徴金が課せられる（金商法175条）。この際の課徴金額は、インサイダー取引として行われた有価証券売買等（重要事実または公開買付け等事実の公表前6カ月以内のものに限る）の数量に、実際の取引価格と重要事実または公開買付け等事実が公表された後の市場価格との差額を乗じたものとされる。課徴金額の算出には、実際の取引価格と重要事実または公開買付け等事実が公表された後2週間の最安値（売付け等の場合）または最高値（買付け等の場合）との差額が用いられることとなる。

◆**平成25年改正**　さらに、平成25年の法改正により、インサイダー取引規制の実効性を高めるために、情報伝達・取引推奨行為に対する規制が導入されるとともに、エンフォースメント措置として、新たに氏名等の公表措置が可能となった。

すなわち、従前においては、インサイダー取引規制は、株式等の有価証券の売買その他の取引または有価証券に係るデリバティブ取引を禁止するものであり、重要事実等を他人に漏えいする行為自体は、インサイダー取引の教唆または幇助に該当しうるものを除き、独立の規制対象ではなかった。しかし、証券市場の公正性・健全性に対する投資家の信頼を失わせる行為であることから、上場会社等の重要事実を職務等に関し知った会社関係者が、「他人」に対し、「重要事実の公表前に売買等をさせることにより他人に利益を得させ、又は他人の損失を回避させる目的」をもって情報伝達・取引推奨を行うことを規制対象とした（金商法167条の2）。

また、インサイダー取引規制に対しては、エンフォースメントの手段として課徴金および刑事罰が存在したものの、違反行為が繰り返されるような場合に、将来の取引相手となり得る証券会社や投資家等に対して注意喚起し、違反抑止を図る観点から、公益または投資者保護のため必要であると認めるときには、氏名等の公表が可能となった（金商法192条の2）。なお、同条の定める氏名等の公表措置の対象となる行為は、インサイダー取引規制違反に限られるものではない。

10573　重要事実の定義

どのような情報が上場会社の内部情報に関するインサイダー取引規制の重要事実とされているのか

結　論

上場会社の内部情報に関するインサイダー取引規制の対象となる「重要事実」とは、投資者の投資判断に影響を及ぼすと考えられる事実のことで、(ア)上場会社等、および(イ)当該上場会社等の子会社について、それぞれ、①決定に係る重要事実、②発生に係る重要事実、③業績の変動、④その他の重要事実に大別される。

解　説

◆**重要事実の意味・種類**　上場会社の内部情報に関するインサイダー取引規制の対

象となる「重要事実」とは、投資者の投資判断に影響を及ぼすと考えられる事実のことで、金商法で、(ｱ)上場会社等、および(ｲ)当該上場会社等の子会社について、それぞれ次の四つに大別されている。

① 会社の意思決定に係る事実で、会社の業務、運営、または財産に関するもの（決定に係る重要事実：上場会社等につき金商法166条2項1号、その子会社につき同項5号）。

② 会社の意思にかかわりなく発生する事実で、会社の業務、運営、または財産に関するもの（発生に係る重要事実：上場会社等につき金商法166条2項2号、その子会社につき同項6号）。

③ 会社の決算情報または業績予想に関する事実（業績の変動：上場会社等につき金商法166条2項3号、その子会社につき同項7号）。

④ その他会社の運営、業務、または財産に関する事実で、投資者の投資判断に著しい影響を及ぼすもの（その他の重要事実：上場会社等につき金商法166条2項4号、その子会社につき同項8号（いわゆる「バスケット条項」））。

なお、上記①および②のうち投資者の投資判断に及ぼす影響が軽微なものとして「有価証券の取引等の規制に関する内閣府令」（以下「府令」という）に定められている基準（以下「軽微基準」という）に該当するものは規制対象から除かれる。逆に③については、特に重要なものとして府令で定める基準に該当するもののみが規制対象となる。

◆**決定に係る重要事実**　決定に係る重要事実とは、「上場会社等又は当該上場会

等の子会社の業務執行を決定する機関が、会社の業務、運営、または財産に関するものとして法令に定められた事項を行うことについての決定をしたこと」または「当該機関が当該決定（公表されたものに限る）に係る事項を行わないことを決定したこと」をいい、その具体的な内容は、(ｱ)上場会社等については法166条2項1号および金商法施行令28条に、(ｲ)当該上場会社等の子会社については金商法166条2項5号および同法施行令29条に規定されている。また、重要事実から除外されるべき「機関決定に係る重要事実」を定める軽微基準は、(ｱ)上場会社等については府令49条に、(ｲ)当該上場会社等の子会社については府令52条にそれぞれ規定されている。

ここで、「上場会社等又は当該上場会社等の子会社の業務執行を決定する機関」とは、会社法上決定権限を有する取締役会だけではなく、当該会社において実質的に個々の事項を決定する権限のある機関のことをいう。

なお、企業の組織再編に関して、インサイダー取引規制が中立的ではないという意見があったことから、平成24年9月12日の法改正によって、インサイダー取引規制の対象に、「合併若しくは分割による承継（合併又は分割により承継させ、又は承継すること）」が含められる（金商法166条1項柱書）とともに、①合併、分割または事業譲渡（以下「合併等」という）により特定有価証券等が承継される場合であって、当該特定有価証券等の帳簿価額が、当該合併等により承継される資産の帳簿価額の合計額の100分の20未満であるとき（同法166条6項8号、有価証券の取引等の規制に関

する内閣府令58条の2)、および、②合併等の契約(新設分割にあっては、新設分割計画)の内容の決定についての取締役会の決議が業務等に関する重要事実を知る前にされた場合において、当該決議に基づいて当該合併等により当該上場会社等の特定有価証券等を承継させ、または承継するとき(同法166条6項9号)、③新設分割(他の会社と共同してするものを除く)により新設分割設立会社に特定有価証券等を承継させる場合(同法166条6項10号)、④合併等または株式交換に際して当該合併等または株式交換の当事者である上場会社等が自己株式である特定有価証券等を交付し、または交付を受ける場合(同法166条6項11号)は、インサイダー取引の危険性が低いことから、インサイダー取引規制の適用の対象外とされた。

◆発生に係る重要事実　発生に係る重要事実とは、会社の意思にかかわりなく発生する事実で、会社の業務、運営、または財産に関するものとして、(ア)上場会社等については金商法166条2項2号および同法施行令28条の2に、(イ)当該上場会社等の子会社については同法166条2項6号および同法施行令29条の2にそれぞれ定められた具体的事実をいう。また、重要事実から除外されるべき「発生した事実に係る重要事実」を定める軽微基準は、(ア)上場会社等については府令50条に、(イ)上場会社等の子会社については府令53条にそれぞれ規定されている。

◆業績の変動　業績の変動に関する重要事実とは、上場会社等または当該上場会社等の子会社(上場されている子会社などに限る)の売上高、経常利益または純利益について、公表がされた直近の予想値(当該予想値がない場合は、公表がされた前事業年度の実績値)に比較して当該上場会社等または子会社が新たに算出した予想値または当事業年度の決算において、下記のいずれかに該当する差異が生じたことをいう((ア)上場会社等について金商法166条2項3号および府令51条、(イ)当該上場会社等の子会社について金商法166条2項7号および府令55条2項)。

① 　売上高……10%以上の変動

② 　経常利益……30%以上の変動

　かつ、当該変動額が純資産額または資本金の額のいずれか多いほうの5%以上である場合

③ 　純利益……30%以上の変動

　かつ、当該変動額が純資産額または資本金の額のいずれか多いほうの2.5%以上である場合

◆その他の重要事実　その他の重要事実とは、当該上場会社等または当該上場会社等の子会社の運営、業務または財産に関する重要な事実であって投資者の投資判断に著しい影響を及ぼすものをいう((ア)上場会社等について金商法166条2項4号、(イ)当該上場会社等の子会社について同法166条2項8号)。この条項はきわめて包括的な条項で、具体的にどのような事実が該当するのか判断がむずかしく、一般に「バスケット条項」と呼ばれている。なお、決定に係る重要事実、発生に係る重要事実、業績の変動のカテゴリーには含まれるものの、軽微基準によって重要事実に該当しないとされた事実が、同条項によって重要事実とされることはない。

<table>
<tr><td>10574</td><td>社債、クレジット・デリバティブとインサイダー取引</td></tr>
</table>

社債やクレジット・デリバティブもインサイダー取引規制の対象か。その場合の重要事実は何か

結　論

社債やクレジット・デリバティブもインサイダー取引規制の対象である。ただし、対象となる重要事実は、いわゆるデフォルト関係情報に限られる。

解　説

◆インサイダー取引規制対象取引　金商法は、特定有価証券等に係るデリバティブ取引をインサイダー取引規制（【10572】以下参照）の対象取引としたが（同法166条1項）、いわゆるクレジット・デリバティブ取引（同法2条21項5号イ、同条22項6号イ）も同法の定義するデリバティブ取引に該当する（同条20項）ことから、特定有価証券等に係るクレジット・デリバティブ取引も、インサイダー取引規制の対象取引になる。

ちなみに、特定有価証券等には社債券や優先出資証券が含まれている（金商法163条1項、同法施行令27条の3）。

◆社債、クレジット・デリバティブ取引に関する重要事実とは何か　旧証券取引法においても社債等の取引はインサイダー取引規制の対象ではあったが、対象となる重要事実について限定がされており、社債等取引に関しては、いわゆるデフォルト関係

情報に基づき行うものに規制対象が限られていた（会社関係者等の特定有価証券等の取引規制に関する内閣府令5条）。金商法においても、社債等のインサイダー取引に関しては同様の規制になっており、クレジット・デリバティブ取引においても同じ考え方に基づき規制されている（金商法166条6項6号、有価証券の取引等の規制に関する内閣府令58条）。

社債等における重要事実であるデフォルト関係情報とは、以下を指す。

① 「解散（合併による解散を除く）」（金商法166条2項1号ワ）

② 「破産手続開始、再生手続開始又は更生手続開始の申立て」（同法施行令28条8号）

③ 「債権者その他の当該上場会社等以外の者による破産手続開始の申立て等」（同法施行令28条の2第5号）

④ 「不渡り等」（同法施行令28条の2第6号）

⑤ 上場投資法人等の業務執行を決定する機関による「金銭の分配」の決定（同法166条2項9号ヘ）

⑥ 上場投資法人等の業務執行を決定する機関による「破産手続開始又は再生手続開始の申立て」の決定（同法施行令29条の2の2第5号）

⑦ 上場投資法人等についての「債権者その他の当該上場会社等（同法163条1項に規定する上場投資法人等に限る）以外の者による破産手続開始又は再生手続開始の申立て」（同法施行令29条の2の3第4号）

⑧ 上場投資法人等についての「不渡り等」（同法施行令29条の2の3第5号）

◆**例外** もっとも、すべてのクレジット・デリバティブ取引がインサイダー取引規制の対象となるわけではない。

クレジット・デリバティブ取引が参照する「法人の信用状態」の対象となる「法人」（会社）は、上場会社等に限られる（金商法166条1項）。なお、海外の金融商品取引所に上場されている証券等の発行者であっても「上場会社等」に該当することに注意が必要である（同法施行令27条の2第3～5号）。

また、社債等を参照資産とするクレジット・デリバティブ取引が規制の対象であり、ローンのみを参照資産とするものは対象外である。ただし、「実質的に社債等を参照資産とするクレジット・デリバティブ取引と認められる場合には、インサイダー取引規制の対象となる点に、留意が必要」（金商法制パブコメ回答569頁5番）である。

◆**関連する禁止行為** 禁止行為（金商法38条8号）の一つとして、有価証券の発行者の法人関係情報を提供して有価証券の売買その他の取引または有価証券に係るデリバティブ取引を勧誘する行為が禁止されており（金商業等府令117条1項14号）、ここでいう法人関係情報はデフォルト関係情報に限られないことに注意が必要である。すなわち、法人関係情報とは、「法第163条第1項に規定する上場会社等の運営、業務又は財産に関する公表されていない重要な情報であって顧客の投資判断に影響を及ぼすと認められるもの並びに法第27条の2第1項に規定する公開買付け、これに準ずる株券等の買集め及び法第27条の22の2第1項に規定する公開買付けの実施又は中止の決定に係る公表されていない情報をいう」と

されている（金商業等府令1条4項14号）。

10575 規制の対象となる者

上場会社の内部情報に関するインサイダー取引規制の対象となるのはどのような者か。重要事実の伝達を受けた者は、すべてインサイダー取引規制の対象となるのか

結　論

上場会社の内部情報に関するインサイダー取引規制の対象となる者は、上場会社等の会社関係者および会社関係者から重要事実の伝達を受けた情報受領者である。第2次情報受領者、すなわち情報受領者から情報の伝達を受けた者はインサイダー取引規制の対象外である。しかし、具体的なケースによっては、規制対象外の第2次情報受領者か、規制対象の情報受領者かの区別が困難なことがある。

解　説

◆**規制の対象となる者** 上場会社の内部情報に関するインサイダー取引規制の対象となる者は、上場会社等（以下「会社」という）の「会社関係者」および会社関係者から重要事実の伝達を受けた「情報受領者」である。さらに会社関係者は、「内部者」と「準内部者」とに分けられる（金商法166条1項）。

◆**会社関係者**

① 内部者……内部者には、㋑会社の役員、代理人、使用人その他の従業員（以下「役員等」という。なお、会社の役員等

には当該上場会社等だけでなく、その親会社または子会社の役員等も含まれる）と、㋺株主、普通出資者または社員（以下「株主等」という）とがある。

また、上場会社等の投資主等についても、株主等と同様にインサイダー取引規制の対象となる（金商法166条1項2号の2）。

㋑　役員等については、その者の職務に関し重要事実を知ったときにインサイダー取引規制の対象になる（金商法166条1項1号）。ここで、「その者の職務に関し知ったとき」とは、職務行為自体から知った場合のほか、職務と密接に関連する行為によって知った場合を含むものと考えられている。「職務行為」とは、その者の地位に応じた任務として取り扱うべきいっさいの職務をいい、そのなかで具体的に担当している職務に限られない。

㋺　株主等については、帳簿閲覧権の行使に関し重要事実を知ったときにインサイダー取引規制の対象になる（金商法166条1項2号）。上場会社等の投資主等については、投資法人に対する帳簿閲覧権の行使に関し重要事実を知ったときにインサイダー取引規制の対象となる（同法166条1項2号の2）。

② 準内部者

㋑　法令に基づいて上場会社等に対して許可・認可・免許・調査・検査等の権限を有する者は、その権限行使に関して重要事実を知ったときは、インサイダー取引規制の対象になる（金商法166条1項3号）。

㋺　上場会社等と契約を締結している者

が、その契約の締結または履行に関して重要事実を知ったときは、インサイダー取引規制の対象になる（金商法166条1項4号）。ここで、「上場会社等と契約を締結している者」とは、取引銀行（融資契約）、引受証券会社（引受契約）、公認会計士・弁護士（顧問契約）等が考えられており、実際に融資先の不渡情報が公表される前に同社の株式を売却して、銀行の役員等や銀行自体に罰金刑が科されたケースもある。

㋩　①㋺の帳簿閲覧権の行使に関して、あるいは②㋺の契約の締結または履行に関して重要事実を知った法人において、直接に重要事実を知った役員等から職務に関連してその重要事実の伝達を受けるなどした者も、インサイダー取引規制の対象になる（金商法166条1項5号）。

③　元会社関係者……①、②に該当する会社関係者は、会社関係者でなくなった後も1年以内に限り引き続き「会社関係者」としてインサイダー取引規制の対象になる（金商法166条1項本文）。これは、会社関係者でなくなれば直ちに株券等を売買してもよいというのでは、インサイダー取引規制の実効性が阻害されるからである。

◆情報受領者　　情報受領者、すなわち会社関係者（会社関係者でなくなった後1年以内の者を含む）から重要事実の伝達を受けた者も、インサイダー取引規制の対象となる（金商法166条3項）。ここで、「伝達を受ける」とは、会社関係者から直接情報を受領する場合に限定されている。したが

って、会社関係者から情報を受領した者（情報受領者）からさらに情報の伝達を受けた者（第2次情報受領者）は、インサイダー取引規制の対象にはならないものとされている。

◆**情報受領者と第2次情報受領者の区別**

しかし、具体的なケースによっては、規制対象外の第2次情報受領者か、規制対象の情報受領者かの区別は困難なことがある。たとえば、Xが会社関係者から秘書経由で重要事実を聞いた場合などは、形式的には他の者を介在させて伝達を受けているものの、実質的にはXが情報受領者であると認定される可能性がある。また、稟議の必要上から銀行員Aの知った融資先の重要事実が、銀行員Bから同Cへと伝達されていった場合において、Bが、職務に関してではなく、Aとの個人的な友誼からその重要事実を知ったのであれば、Bは情報受領者、Cは第2次情報受領者となる。ただし、重要事実伝達の事情・様態等がどのようなものであれば「職務に関してではない」といえるのか、必ずしも明確ではない。

| 10576 | 公開買付け等事実に関するインサイダー取引規制 |

公開買付け等事実に関するインサイダー取引規制とはどのようなものか

結　論

上場会社の発行する株券等の公開買付け等の実施または中止に関する事実（「公開買付け等事実」）は、投資者の投資判断に影響を与える可能性が大きい。そこで、公

開買付け等事実を入手しやすい立場にある公開買付者等関係者および情報受領者は、入手したまたは伝達を受けた公開買付け等事実が公表されるまで、公開買付け等の対象となっている上場会社の株券等を取引することが禁じられる。

解　説

◆**公開買付け等および公開買付け等事実とは**　「公開買付け等」には、「公開買付け」と「買集め行為」とが含まれる（金商法167条1項）。「公開買付け」とは、上場会社（X社）を支配する目的で、他者（Y社）がX社発行の株券や新株予約権証券、新株予約権付社債券などを一定割合、市場外取引で、または市場内および市場外取引の組合せで取得しようとする場合にY社がとらなければならない方法で、投資者に一定範囲の情報を開示するとともに、X社の株主に買付けに応ずるかどうかについての熟慮期間を与えることを目的とする（同法27条の2）。また、X社自身が会社法156条に基づき上場されている自己株式を市場外で取得しようとする場合にも、「公開買付け」によることが要求される（同法27条の22の2）。一方、「買集め行為」とは、Y社がX社の総株主等の議決権の5％以上を支配する目的でX社の株券等を買い集めるような行為である（金商法施行令31条）。

「公開買付け等事実」とは、①「公開買付け等の実施に関する事実」（公開買付け等を行おうとする者が実施についての決定をしたこと）、または②「公開買付け等の中止に関する事実」（いったん実施が公表された公開買付け等の中止を決定したこと）をいう（金商法167条2項）。

◆規制の理由　公開買付け等事実は、投資者の投資判断に影響を及ぼす可能性が大きい。そこで、未公表の公開買付け等事実を知って証券取引その他の取引を行うことも、重要事実を知って証券取引その他の取引を行う場合と同様、弊害をもたらすものである。

しかし、Y社がX社の株式等の公開買付け等を行おうとする場合、公開買付け等事実はX社の「重要事実」とはならず、Y社の役職員などもX社の「会社関係者」には該当しない。したがって、重要事実に関するインサイダー取引について定める金商法166条では十分に規制することができない。そこで、金商法167条で、公開買付け等事実に関するインサイダー取引を規制している。

◆規制の内容　金商法167条の規制の対象となる者は、「公開買付者等関係者」および情報受領者である。「公開買付者等」とは、他社の発行する上場等株券等（株券、新株予約権証券、新株予約権付社債券などで上場されているもの、または店頭売買有価証券もしくは取扱有価証券に該当するもの）の公開買付け等をする者（上述の例ではY社）、および、自ら発行する上場株券等（株券で上場されているものまたは店頭売買有価証券に該当するもの）の公開買付けをする者（上記の例ではX社）を意味する。「公開買付者等関係者」には公開買付者等の役職員・大株主・取引銀行などが含まれ、その範囲は同法166条1項の「会社関係者」とほぼパラレルである（同法167条1項）。従来、被買付会社およびその役員等は公開買付者等の契約締結者等（同項4号）に当たる場合にのみ、公開買付者

等関係者に当たったが、平成25年法改正により「公開買付け等に係る上場等株券等の発行者（その役員等を含む）」が公開買付者等関係者に含まれることとなった。情報受領者とは、公開買付者等関係者から公開買付け等事実の伝達を受けた者をいう（同条3項）。なお、公開買付者等自身は、同法167条の規制の対象とはならない。

金商法167条で禁止される行為は、公開買付け等の事実が公表される前の株券等（上述の例でいうと、X社の発行する株券、新株予約権および新株予約権付社債券などの特定株券等と、特定株券等に係るオプション証券などの関連株券等が含まれる）の取引である。ただし、公開買付け等の実施に関する事実については買付けその他の有償の譲受けに、公開買付け等の中止に関する事実については売付けその他の有償の譲渡に、禁止行為が限定されている（同法167条1項）。

なお、平成25年法改正により、①公開買付者等関係者から公開買付け等の実施に関する事実の伝達を受けた者が公開買付けを行う場合であって、公開買付届出書等により氏名等の情報を周知したとき（金商法167条5項8号）、および、②公開買付け等の実施に関する事実を知った日または伝達を受けた日から6カ月が経過した場合（同項9号）は、インサイダー取引規制の対象外となった。

| 10577 | インサイダー取引の未然防止と情報管理体制 |

インサイダー取引を未然に防止するためにどのような点に留意した情報管理体制が必

要か

結　論

インサイダー取引を未然に防止するための情報管理としては、①社内にある取引先重要情報（金商法166条および167条の定める重要事実のみならず重要事実となる可能性のある情報を含む）を業務上必要のない部署・関係者に伝達・漏えいしないように厳格な情報管理を行うこと、②組織的には、純投資部署など取引先重要情報を伝達してはならない部署を法人取引関係部署から分離し、情報遮断を図ること、③政策投資の決定等にあたっては、取引先重要情報の有無を確認すること、などがポイントとなり、このために必要な情報管理体制を構築する必要がある。

解　説

◆未然防止体制の必要性　一度インサイダー取引が発覚すれば、その行為者（法人の業務・財産に関連して行われた取引であればその法人も含む）が処罰されるにとどまらず、当該事件を引き起こした上場会社等は社会から情報管理体制が不十分であるとの非難を受け、当該上場会社等の信用は大いに失墜する。

したがって、上場会社等にはインサイダー取引を誘発しないような未然防止体制の構築が強く求められている。特に、金融機関の場合には、融資業務等の取引関係を通じ上場企業等のインサイダー情報を取得しやすい環境にあることから、より強固な未然防止への取組みが必要とされている。

◆取引先重要情報の厳格な管理　取引先重要情報の管理については、管理責任者を定めるとともに、取得した取引先重要情報の管理に必要な管理票を定めたり、一般情報との隔離手段などの具体的な管理方法を定める必要がある。また、当該取引先重要情報の伝達の要否および伝達方法、さらに管理する範囲を定めることにより、業務上必要のない部署・関係者に伝達・漏えいしないような管理体制を構築する必要がある。

なお、全国銀行協会の定めた「内部者取引の未然防止についてのガイドライン」においては、部店長を管理責任者とし、部店長が取得報告を受け、必要な管理を指示することとしている。

◆チャイニーズ・ウォールの構築　インサイダー取引を未然に防止するためには、純投資部署（上場会社等との取引関係に関係なく自己のために特定有価証券等投資を行う部署）など取引先重要情報を伝達してはならない部署に対する伝達禁止のルールを定めるとともに、当該部署と取引先重要情報を扱う法人取引関係部署との間に情報隔壁（チャイニーズ・ウォール）を構築し、取引先重要情報に関して情報遮断を図る必要があるとされている。前述のガイドラインでも、この点につき、組織上の分離を図ることが明記されている。

情報遮断をどのレベルまで行わなければならないかとの明確な基準はないが、組織的な分離とともに、リスクに応じて、さらに物理的・情報セキュリティ上の障壁を設置する等の対応が必要となると考えられている。

◆政策投資にあたっての留意事項　純投資に関しては、純投資部署と法人取引関係部署との間でチャイニーズ・ウォールを構

築することで対応することとなるが、上場会社等との取引関係に基づき特定有価証券等への投資を行う政策投資部署の場合は、取引先重要情報を扱う法人取引関係部署内にあることから、政策投資においてインサイダー取引が発生しないように、投資の決定等にあたっては取引先重要情報の有無をつど確認し、取引先重要情報が存在する場合には売買を行わないようにしなければならない。

なお、法令で認められた場合で、取引先重要情報を知りつつ売買を行う場合には、取引先重要情報の内容と当該情報を知りつつ売買を行う理由を確認し、その旨を書類上に明記する旨が前述のガイドラインで示されている。

10578 インサイダー取引の未然防止と教育・研修

インサイダー取引を未然に防止するためにどのような教育・研修活動が必要か

結　論

インサイダー取引の未然防止のために求められる内部管理体制には、厳格な取引先重要情報管理とともに、法令等遵守意識の向上をねらいとする教育・研修体制や人事管理体制が含まれる。

したがって、教育・研修においては、インサイダー取引に係る基礎的な知識、取引先重要情報の管理ルール、自己のために行う売買等のルール等に加え、法令等遵守の観点からインサイダー取引の犯罪性を強調する等、違法行為の抑止策にも踏み込んだ

内容にも触れる必要がある点に留意する。

解　説

◆**インサイダー取引事件を引き起こす原因**
インサイダー取引事件を引き起こした証券会社等に対する業務改善命令においては、情報管理体制における不備とともに、法令等遵守に関する研修や人事管理面を含めた内部管理体制の不備が事件を引き起こした原因として指摘されている。

このため、金融機関には、法令等遵守意識の向上を図るため、役職員個々人に対し、知識の習得にとどまらず、法令等遵守意識を十分浸透させるための教育・研修、さらに人事管理や社内規則の充実等も含め、内部管理体制全体として実効性をあげることが強く求められている。

◆**教育・研修に関し留意すべき事項**　このため、インサイダー取引の未然防止を目的とした教育・研修においては、インサイダー取引に関する基礎的な知識、社内における未然防止策の具体的な内容（取引先重要情報管理ルール、自己のために行う売買等ルール等）に加え、法令等遵守の観点から違法行為の抑止策にも踏み込んだ内容とする必要がある。

違法行為の抑止策に踏み込んだ研修内容としては、たとえば、実際に発生した事案を参考にして作成した事例を取り上げ、インサイダー取引は刑事罰を受ける犯罪であることを強調したり、証券取引所や証券取引等監視委員会等における事後的な売買審査により必ず発覚することを強調したりすることなどが考えられる。

また、教育・研修後には、受講者の理解度・定着度を確認するために確認テストを

行うことも有効である。さらに、教育・研修にあわせて、厳正な情報管理を行うこと、インサイダー取引を行わないこと、自分に適用される売買等ルールを遵守することなどを内容とした誓約書を徴求することにより、インサイダー取引の未然防止に係る法令等遵守の意識の徹底を図る方法も考えられる。

| 10579 | 内部者登録カード |

内部者登録カードとは何か。どのような者が内部者に該当するか

結　論

　内部者登録カードとは、日本証券業協会の規則に基づき、インサイダー取引の未然防止を図る目的で、同協会の協会員が整備することとなっているカードである。内部者に該当する者は上場会社等やその親会社等の役員、これらでなくなった後1年以内の者、上場会社等の役員の配偶者および同居者、上場会社等の使用人その他の従業者のうち上場会社等に係る重要事実を知りうる可能性の高い部署に所属する者などである。

解　説

◆**総論**　内部者登録カードとは、日本証券業協会「協会員の投資勧誘、顧客管理等に関する規則」（以下「規則」という）15条に基づき、インサイダー取引の未然防止を図る目的で、同協会の協会員が整備することとなっているカードである。内部者登録カードには、上場会社の内部者に該当する顧客を記録し、証券会社ではこのカードを用いて、同カードに記録された顧客が当該上場会社の発行する株式の発注をした場合に、当該顧客が当該上場会社に関する内部情報をもっていないかを確認することにより、インサイダー取引の防止を図ることになる。

◆**内部者**　内部者に該当する者の主な者は以下のとおりである（詳細は規則15条1項各号）。

①　上場会社等の役員等

②　上場会社等の親会社または主な子会社の役員等

③　①②に掲げる者でなくなった後1年以内の者

④　①に掲げる者の配偶者および同居者

⑤　上場会社等または上場投資法人等の資産運用会社の使用人その他の従業者のうち執行役員（上場投資法人等の執行役員を除く）その他役員に準ずる役職にある者

⑥　上場会社等または上場投資法人等の資産運用会社の使用人その他の従業者のうち重要事実を知りうる可能性の高い部署に所属する者

⑦　上場会社等の親会社もしくは主な子会社または主な特定関係法人の使用人その他の従業者のうち執行役員その他役員に準ずる役職にある者

⑧　上場会社等の親会社もしくは主な子会社または主な特定関係法人の使用人その他の従業者のうち重要事実を知りうる可能性の高い部署に所属する者（⑦を除く）

⑨　上場会社等の親会社もしくは主な子会

社または主な特定関係法人

⑩　上場会社等の大株主

　上記⑥、⑧において「重要事実を知りうる可能性の高い部署」とは、たとえば、経理部、財務部、経営企画部、社長室などである（日本証券業協会「内部者登録カードの整備等に関するQ&A（改訂2版）」問9）。

◆内部者登録カードの記載事項　以下のとおりである（規則15条2項）。

①　氏名または名称

②　住所または所在地および連絡先

③　生年月日（顧客が自然人の場合）

④　会社名、役職名および所属部署

⑤　上場会社等の役員等に該当することとなる上場会社等の名称および銘柄コード

◆J-IRISSについて　J-IRISS（ジェイ・アイリス）は、"Japan-Insider Registration & Identification Support System"の略であり、証券会社、上場会社、全国証券取引所、行政当局などを含め幅広い市場関係者が検討し、構築されたシステムで、日本証券業協会が事業主体となっている（平成21年5月25日より稼働）。

　証券会社は内部者登録カードの整備を行うにあたり、顧客が上場会社の内部者に該当することを把握するための補完手段としてJ-IRISSを利用し、内部者登録カードの精度向上を図っている。証券会社は売買のつどではなく、定期的（日本証券業協会の規則で最低年1回の照合が義務づけられている）に自社の顧客データをJ-IRISSに照合し、照合によって自社顧客内の上場会社内部者を把握し、内部者登録カードの整備を行うこととされる（同協会HP「FAQ（よくある質問）4-3」）。

第2項　ファイアーウォール

10580	銀行・証券間のファイアーウォール

銀行と証券子会社との間のファイアーウォール規制の内容はどうなっているか

結　論

銀行と証券会社との間のファイアーウォール規制は、平成21年施行の改正金商法等により大幅に緩和され、役員の兼職規制の撤廃とともに、顧客の非公開情報の受領・提供は、内部管理目的であれば原則顧客の同意は不要とされ、それ以外の場合は、個人は本人の事前同意を条件とするが、法人は顧客から不同意の申出があった場合にのみ制限されることとなった。

このほかの、アームズ・レングス・ルール等の弊害防止措置はほぼそのまま維持されている。

解　説

◆**ファイアーウォール規制とは**　ファイアーウォール規制は、一般には弊害防止の観点から、銀行とその親子関係にある証券会社を組織的に分離し、役職員の兼業を禁止したり、顧客情報の授受を規制したりして、交流を規制することをいう。このほか、前述の点を含めた弊害防止措置一般を指して使用される場合もある。

我が国では、平成5年、業態別子会社方式による銀行・証券間の相互参入が認めら

れて以降、利益相反や優越的地位濫用防止等の観点から、銀行と証券子会社間での役職員の兼職と顧客の非公開情報の受領・提供を原則禁止としてきた。

しかし、平成21年施行の改正金商法等（以下「改正法」という）により、証券会社、銀行等に利益相反管理体制の整備を義務づけることを条件に、役職員の兼職規制を撤廃するとともに、顧客に関する非公開情報の受領・提供の制限が緩和された。

そして、金商業等府令および金商業者監督指針も平成26年に改正が行われ、さらに規制が緩和された。

なお、前述以外の弊害防止措置はほぼそのまま維持された。

◆**顧客に関する非公開情報の受領・提供**

① 内部管理（・運営）目的の情報……法令等遵守、リスク管理、内部監査、財務・経理・税務等の内部管理に関する業務を行うために必要な情報を受領・提供する場合は、従来金融庁宛ての適用除外の申請・承認が必要であったが、改正法では、内部管理目的の業務を行う部署から非公開情報が漏洩しない措置が的確に講じられていることを前提として、顧客の同意なく受領・提供が行えることとなった。なお、従前必要とされていた適用除外の申請・承認は不要となった（金商業等府令153条1項7号）。さらに、平成26年の金商業等府令の改正により、内部の管理に関する業務の全部または一部を行うために必要な情報のみならず、子法

人等の経営管理に関する業務、有価証券の売買、デリバティブ取引その他の取引に係る決済およびこれに関連する業務といった運営に関する業務の全部または一部を行うために必要な情報の受領・提供も可能となった（金商業等府令153条3項7号・8号）。

② 個人顧客に関する非公開情報……従来どおり、顧客に関する非公開情報を受領・提供したり、それを利用して勧誘したりする場合には、顧客の事前の書面による同意が必要である（金商業等府令153条1項7号・8号）。

③ 法人顧客に関する非公開情報……改正法のもとでは、法人顧客に非公開情報の提供の停止を求める機会を適切に提供している場合には、顧客から提供の停止を求められるまでは、顧客の同意がなくとも情報の受領・提供は可能となった（金商業等府令153条2項）。

なお、ここでいう非公開情報は、発行者である会社の運営、業務もしくは財産に関する公表されていない重要な情報であって顧客の投資判断に影響を及ぼすと認められるもの、または職務上知りえた顧客の有価証券の売買等に係る注文の動向その他の特別の情報と、幅広いものとなっている点に留意する必要がある。

◆**その他の弊害防止措置** 銀行と証券子会社との間に係る弊害防止措置としては、このほかにも、禁止行為として以下の主なものが定められており、これを遵守する必要がある。

① アームズ・レングス・ルール（【10484】参照）
・通常の取引条件と異なる条件であって取引の公正を害するおそれのある条件で、証券子会社が親法人等と有価証券の売買等を行うこと（金商法44条の3第1項1号）
・通常の取引条件と著しく異なる条件で、証券子会社が親法人等と資産の売買その他の取引（以下「取引」という）を行うこと（金商業等府令153条1項1号）

なお、通常の取引については「著しく異な」らなければ問題ないが、有価証券の売買については「異なる」条件であれば問題となるため、より厳しいルールとなっている点に留意する必要がある。

② 証券子会社と証券取引を行うことを条件として親法人等が顧客に信用を供与したり、有利な条件で取引を行ったりしていることを知りながら、当該顧客と証券取引を行うこと（金商法44条の3第1項2号、金商業等府令153条1項2号）

③ 証券子会社が有価証券の引受をする際に、発行代り金が当該有価証券の発行者の親法人等に対する借入金の債務弁済にあてられることを知りながら、顧客に開示することなく当該有価証券を売却すること（金商業等府令153条1項3号）

④ 証券子会社が親法人等が発行する有価証券の主幹事会社となること（金商業等府令153条1項4号）、ただし、例外あり。

⑤ 証券子会社が有価証券を引き受けてから6カ月以内に、親法人等がその顧客に当該有価証券の買入代金の信用供与をしていることを知りながら、当該有価証券を売却すること（金商業等府令153条1項5号）

⑥ 特定の場合を除き、証券子会社が有価

証券を引き受けてから6カ月以内に、親法人等に当該有価証券を売却すること（金商業等府令153条1項6号）

⑦　誤認防止……証券子会社が親銀行等と共同訪問する際に、親銀行等と別法人であることの開示をせず、同一の法人であると顧客を誤認させるような行為を行うこと（金商業等府令153条1項11号）

10581　証券子会社との共同店舗

証券子会社との共同店舗に関し、留意すべき点は何か

結　論

顧客に関する非公開情報の授受と誤認防止に特に留意する必要がある。

解　説

◆**共同店舗の規制緩和**　銀行と証券子会社との共同店舗については、以前は入り口やロビーを分ける等の物理的な分離が義務づけられていたが、平成14年9月に規制が緩和されて、適切な誤認防止措置がとられていれば店舗の共用が可能となった。

これを受けて最近では、銀行・信託・証券が同一フロアでカウンターを並べるような融合型共同店舗も登場しており、顧客は住宅ローンと不動産や資金運用と相続等、従来では不可能であったような総合金融サービスをワンストップで受けることが可能となった。

その一方で、共通の執務室を使うようなケースも出てくるため、銀行・証券子会社

双方で顧客の非公開情報の管理に従来以上に気を配る必要がある（非公開情報の共有については【10580】参照）。

たとえば、顧客対応窓口の明確な分離は当然のことながら、机上にある顧客記入書類などを証券子会社の社員にみられないようにすることや、顧客との会話を聞かれないようにすることなど、不注意により顧客の非公開情報を伝達したことにならないように気をつける必要がある。

また、ロビーでの顧客応対時などでの誤認防止についても考えておく必要がある。たとえば、どの窓口に行ってよいか迷っている顧客を、証券子会社の窓口に案内して自ら応対してしまうなど、顧客への親切のつもりが顧客に誤認を与える行為となりかねないので注意が必要である。

10582　証券子会社との共同訪問

銀行員と証券子会社社員とが顧客に対し、共同訪問・共同提案することは可能か。その場合に留意すべき点は何か

結　論

銀行員が当該銀行の証券子会社社員と顧客を共同訪問することを直接禁止する金商法の規定はないが、弊害防止措置等に注意が必要である。また、共同訪問して証券子会社社員を顧客に紹介するだけにとどまらず、共同提案や商品説明も銀行員が行う場合には、登録金融機関業務としてそれらの行為を行うとの位置づけになり、当該銀行員は外務員としての登録をすることが必要

である。

解　説

◆**総論**　　銀行員が当該銀行の証券子会社社員と顧客を共同訪問することを直接禁止する金商法の規定はないが、弊害防止措置等（同法44条以下）に注意することが必要である。

　共同提案を行う場合は当然として、共同訪問することが勧誘とみなされる場合（勧誘の定義については【10272】参照）には、銀行員の行う行為は金融商品仲介業務と考えられることから、当該行為は登録金融機関業務として行う必要がある。また、勧誘・提案する取引が金商法64条1項に掲げる行為に該当する場合には、当該銀行員について外務員としての登録が必要である。

◆**留意点1（手続）**　　共同訪問が勧誘に該当しない場合（単なる紹介とみなされる場合）には、共同訪問は金融商品仲介業務として行っているという位置づけにならないことから、登録金融機関業務に該当しない。また、その場合、銀行員について外務員登録も不要である。

　もっとも、共同提案する場合は論外として、共同訪問する場合に勧誘に該当しないとみなしてよいかについては、慎重な対応が必要であろう。具体的には、訪問時には証券子会社社員を紹介（名刺交換等）するにとどめることや証券子会社社員が金融商品の説明を行う場には同席しないなどの配慮が必要である（【10266】参照）。

　勧誘に該当しない場合であっても、後述の弊害防止措置等に留意が必要である。

◆**留意点2（弊害防止措置等）**　　弊害防止措置等（【10352】【10353】【10354】

【10355】参照）について、特に下記に留意する必要がある。

① 非公開情報の授受の禁止（金商業等府令153条1項7号）（非公開情報の定義については【10357】参照）

② 優越的地位の濫用の防止（金商業等府令153条1項10号）

③ 親銀行とは別法人であることの開示義務（金商業等府令153条1項11号）

④ アームズ・レングス・ルール（金商法44条の3第1項1号）（【10484】参照）

⑤ 信用供与を利用した抱き合わせ行為の禁止（同項2号）

⑥ 利益相反に関する開示（金商業等府令153条1項3号）

10583　利益相反管理態勢

利益相反管理とは何か。利益相反管理態勢を構築するためには、どのような点に留意しなければならないか

結　論

　利益相反管理において重要なことは弊害ある利益相反行為を防止することである。そのためには、利益相反が発生しうる状態を認識（＝識別）し、弊害を除去するための対応策を実施（＝管理）する必要がある。

　具体的には、利益相反が生じやすい取引類型を抽出・特定し、チャイニーズ・ウォールの構築等、発生しうる弊害を防止する措置・体制を整備したうえで、取引の中止・取引方法の変更も含め、当該類型に該当する取引を行う態勢を構築する必要があ

る。

　また、このような利益相反管理の方針を策定のうえその概要を公表する点、利益相反管理はグループベースで行わなければならない点、取引の特定や措置の管理に関する記録を保存しなければならない点、管理態勢が有効に機能しているかを定期的に検証する必要がある点にも留意する必要がある。

解　説

◆**利益相反とは**　「利益相反」という言葉はさまざまな局面・意味で用いられ、これを一義的に定義することは困難である。また、利益相反が問題とされるのは、委任契約（例：アドバイザリー契約）における「受任者（例：アドバイザー）」など、信認義務を負う法律関係にある場合が典型的な局面であるが、敵対的買収の双方に融資取引がある場合の対応のように顧客保護等あるいはレピュテーショナルリスクの観点から問題とされることもあれば、複雑・複数の業務を営むことに対する「弊害防止措置」として求められるものまで、実に多様なものがあり、一律に論ずることは不可能である。

　利益相反の分類としては、金融機関グループと顧客との間で生ずるもの、顧客とその他の顧客との間で生ずるものなどが考えられる。

◆**取引類型に応じた対応のポイント**　平成21年から施行された改正金商法および改正銀行法においては「顧客の利益を不当に害することのない」態勢の整備が義務づけられた（金商法36条2項、金商業等府令70条の4、銀行法13条の3の2、同法施行規則14条の11の3の3）が、立法経緯から、この規定は利益相反管理態勢の整備を意味するものと解されている。

　利益相反管理態勢を構築するにあたっては、前述の事情から、まず利益相反が生じやすい取引類型を抽出・特定し、その取引類型に応じて弊害を防止する措置を手当てする（＝必要な管理を行う）必要がある。弊害を防止する手段としては、チャイニーズ・ウォール（情報隔壁）構築等による部門間の情報共有の制限、顧客宛ての情報開示および同意取得、取引価格・条件の公正性検証等が考えられるが、利益相反関係が先鋭化した場合には一方の取引を中止する対応や取引の内容・方法を変更することも必要となる。

　また、これらの管理においては、利益相反となりうる行為（＝管理の対象となる行為）の抽出および具体的な対応をどの部署がどのような権限・責任においてどのようなルール・手段に基づいて行うかを社内規則において具体的に定めるとともに、取引の特定に関する記録やその措置に関する記録の保持が法令上の義務となっている点にも留意する必要がある。なお、取引類型によっては、業務部門による対応にとどまらず、専門の管理部署あるいは審議機関を設ける等の対応が必要となることも考えられる。

　また、利益相反を一元的に管理・統括する責任者（管理・統括部署）の設置や管理態勢が有効に機能しているかを検証することが求められており、責任者（管理・統括部署）が中心となりグループ全体の整備を進めるとともに、利益相反管理に必要な情報を集約のうえ適切なモニタリング態勢を

構築する必要がある点にも留意する必要が
ある。

このほか、研修・教育等を通じ、役職員
および子金融機関等における利益相反管理
に係る意識の向上や社内規則の徹底を図る
必要がある点についても留意しなければな
らない。

◆利益相反管理方針の策定・公表　　金商
業者監督指針では、以上述べた取引類型に
応じた利益相反管理に加え、金融機関とし
ての利益相反管理方針の策定を義務づける
とともにその概要をわかりやすく公表する
ことが求められており、その対応も必要と
なる。

なお、実務的には、利益相反管理に係る
方針策定にとどまらず、利益相反管理の基
本的事項を規定した利益相反管理規程を策
定するとともに、取引ごとに管理方法を具
体的に定めた事務規程等の社内規則の整備
も必要であろう。

その他のコンプライアンス

第 1 項　他　業　禁　止

10584	不動産紹介

顧客に不動産を紹介する場合、どのような点に留意すべきか

結　　論

　金融機関の職員が顧客から宅地建物の売買等の相談を受けた場合、宅地建物取引業には宅地建物取引業法（以下「宅建業法という」）が適用されることから、当該顧客に宅地建物取引業者を紹介する等、宅建業法に違反することのないよう慎重に対応すべきである。

解　　説

◆**宅建業法の趣旨**　　宅地建物の購入者等の利益の保護と宅地建物の流通の円滑化とを図るために、宅建業法が制定されている。宅建業法は、宅地建物取引業を営む者について免許制とし、その事業に対し必要な規制を行っている。

◆**宅建業の内容**　　「宅地」とは建物の敷地に供せられる土地をいい（宅建業法2条1号）、現に建物の敷地に供せられている土地に限らず、広く建物の敷地に供する目的で取引の対象とされた土地を含む。「建物」には建物の一部を含む。

　宅建業とは、宅地もしくは建物の売買もしくは交換または宅地もしくは建物の売買、交換もしくは貸借の代理もしくは媒介をする行為で業として行うものをいう（宅建業法2条2号）。「業として行う」とは、宅地建物の取引を社会通念上事業の遂行とみることができる程度に行う状態をいう。

　宅建業の免許を受けない者は、宅建業を営んではならず（宅建業法12条1項）、また、宅建業を営む旨の表示をし、または宅建業を営む目的をもって広告をしてはならない（同条2項）。これらに違反した場合には、3年以下の懲役もしくは300万円以下の罰金に処せられ、または併科される（同法79条）。

　なお、信託業務を兼営する金融機関については、宅建業法上の免許制は適用されな

い（同法77条4項、同法施行令9条1項）。

◆不動産を紹介する場合の留意点　銀行は、銀行法の業務範囲規制上、不動産業務を取り扱うことができず（銀行法12条）、これに違反した場合は不利益処分や制裁が課される。金融機関の職員が自ら不動産を紹介する行為は、たとえ相談を受けた顧客等から直接報酬を得る等の直接的な営利目的がなかったとしても、金融機関の業務の一部として行う以上、実質的に報酬を受けるのと同じだと評価されかねない。職員自ら仲介行為を行った場合は、宅地建物取引の無免許営業となるおそれがある。万一、その行為の結果、顧客らに損害が発生した場合は、その賠償責任は当該行職員のみならず金融機関にも及ぶ可能性がある。

　したがって、職員は顧客に宅地建物取引業者を紹介すべきである。

10585　税務相談

顧客からの依頼に基づく税務相談は税理士法に違反しないか

結　論

　税理士または税理士法人でない者は、税理士法上に別段の定めがある場合を除くほかは、税務相談等の税理士業務を行ってはならない（同法52条）。顧客からの具体的または個別的な税務相談に応ずることは同法に違反し、違反すると2年以下の懲役または100万円以下の罰金に処せられる。

解　説

◆税理士法の趣旨　国は申告納税制度を採用しているが、租税法令は複雑かつ細分化され、しかも毎年のようにその内容が変遷するから、税務の専門家である税理士の協力がなければ正確な申告をすることは困難である。また税理士でない者が顧客から相談を受けた場合に納税者に誤った回答をすれば、申告納税制度は維持できない。したがって、税理士法は、他人の求めに応じ、租税に関し、税務代理、税務書類の作成および税務相談を業として行うことを税理士業務と定め（同法2条1項）、「税理士または税理士法人でない者は、この法律に別段の定めがある場合を除くほか、税理士業務を行ってはならない」（同法52条）と規定し、税務相談等の税理士業務を税理士に独占させている。

◆税務相談　税理士業務においての「業とする」とは税務相談等を反復継続して行い、または反復継続して行う意思をもって行うことをいい、営利目的の有無や有償・無償の別は問わない。したがって、税理士でない者が税務相談等の事務を行う場合、営業の一環か否か、相談料をもらうか否かを問わず、税理士業務に当たるので、税理士法違反と評価される。

　税務に関する相談に対して税理士でない金融機関の職員が応答した場合、税理士法に違反するかどうかは当該税務に関する相談および応答の内容による。税理士法にいう「税務相談」とは、税務官公署に対する申告等、主張もしくは陳述または申告書等の作成に関し、租税の課税標準等の計算に関する事項について相談に応ずることをい

う（同法２条１項３号）。「相談に応ずる」とは、具体的な質問に対して答弁し、指示し、または意見を表明することをいう。したがって、具体的または個別的な相談が税務相談に当たり、一般的な税法の解説や、抽象的で仮定の事例に引き直して計算する等の行為は、税理士法で禁止されている税務相談には当たらない。

◆**税理士の紹介**　金融機関の業務において税金に関する相談を受けることも少なくなく、一般的かつ抽象的な事案に引き直して回答・アドバイスすることは大切である。しかし、租税法令が複雑かつ細分化され、日々新たに変遷している今日では、金融機関の職員が誤った回答をする危険性があり、そのアドバイスにも限界がある。違反すると２年以下の懲役または100万円以下の罰金に処せられる（税理士法59条１項４号）ので、顧客から具体的かつ個別的相談を受けた場合は、税理士に相談させるようにするべきである。

10586　法律相談

顧客からの依頼に基づく法律相談は弁護士法に違反しないか

結　論

弁護士または弁護士法人でない者が、金融機関の業務の一環として報酬を得る目的で一般の法律事件の相談を行うと弁護士法に違反し、これに違反した場合は２年以下の懲役または300万円以下の罰金に処せられる。

解　説

◆**弁護士法の趣旨**　金融機関の職員が顧客からの依頼で法律相談を行った場合、弁護士法への抵触が問題となる。すなわち「弁護士又は弁護士法人でない者は、報酬を得る目的で訴訟事件、非訟事件……その他一般の法律事件に関して鑑定、代理、仲裁若しくは和解その他の法律事務を取り扱い、又はこれらの周旋をすることを業とすることができない」（同法72条）。ここでいう「一般の法律事件（に関する）一般の法律事務」（以下「一般の法律事務」という）について、最高裁判所は「弁護士は、基本的人権の擁護と社会正義の実現を使命とし、ひろく法律事務を行うことをその職務とする」「そのために弁護士法には厳格な資格要件が設けられ、かつ、その職務の誠実適正な遂行のため必要な規律に服すべきものとされるなど、諸般の措置が講じられている」として（最判昭46.7.14刑集25巻５号690頁）、広義に判断している。

また、金融機関の業務の一環として法律相談を実施する場合、「業として」当該業務を行っていると判断される可能性が高い。

◆**法律相談**　法律相談は「一般の法律事務」の一つであるが、金融機関の職員は、顧客から債権回収や相続・遺言等について相談を受けることも少なくない。金融機関の職員が顧客に対して一般的な法律知識や手続等を示唆するならばともかく、具体的・個別的な権利義務関係に立ち入って解決方法等を指導・回答すると「一般の法律事務」に該当し、弁護士法に抵触する可能性がある。その際、顧客に対して法律相談に応じた相談料を徴求することはもちろん、

相談料として受領しなくとも、金融機関の業務の一環として行う以上、実質的に「報酬を得る目的」と同様の結果となる可能性が高い。

　弁護士または弁護士法人でない者が報酬を得る目的で「一般の法律事務」を業として取り扱った場合、2年以下の懲役または300万円以下の罰金に処せられる（弁護士法77条）。

◆**弁護士の紹介**　金融機関の職員は、研修等で相当の法律知識を有している場合が多いが、誤った指導をすることによって顧客に取返しのつかない損害を与える可能性がある。判例が、弁護士が扱う「一般の法律事務」を広く解釈している以上、顧客から法律相談を受けた場合、具体的または個別的な指導をすべきではない。このような場合には、弁護士に相談をするようアドバイスするのが妥当な処理である。

10587　ビジネスマッチング業務、コンサルティング業務

金融庁監督指針により「その他の付随業務」として認められているビジネスマッチング業務、コンサルティング業務とはどのような内容か。また、実施するにあたり、コンプライアンス上留意すべき点は何か

結　論

　取引先が株式公開等を行う際にアドバイスを行ったり、勧誘行為を伴わない形で証券会社に取引先を紹介すること等の業務を行い、手数料を受け取ることが可能である。

また、ファイナンシャルプランナーなどによる資産運用相談でも手数料を徴求できる。固有業務と切り離してこれらの業務を行う場合も「その他の銀行業に付随する業務」（銀行法10条2項）に該当する。他方、金融機関の優越的地位の濫用として独占禁止法上問題となる行為の発生防止等、法令等の厳格な遵守に向けた態勢整備が図られていること等が留意されるべきである。

解　説

◆**ビジネスマッチング業務およびコンサルティング業務**　主要行監督指針V-3-2および中小・地域監督指針III-4-2によって、金融機関が、従前から固有業務と一体となって実施することが認められてきたビジネスマッチング業務、コンサルティング業務等につき、取引先企業に対する経営相談・支援機能の強化の観点から、固有業務と切り離してこれらの業務を行う場合も「その他の銀行業に付随する業務」（銀行法10条2項）に該当することが明確化されている。

◆**具体例**　M&Aに関する業務、事務受託業務および金融機関が取引先企業に対し株式公開等に向けたアドバイスを行い、または引受金融商品取引業者に対し株式公開等が可能な取引先企業を紹介する業務も「その他の銀行業に付随する業務」に含まれる。また、勧誘行為をせず単に顧客を金融商品取引業者に対し紹介する業務や、個人の財産形成に関する相談に応じる業務（FP業務）および算定割当量の取得もしくは譲渡に関する契約の締結の媒介を行う業務、算定割当量に関する取引のコンサルティング業務も同様に、「その他の銀行業

に付随する業務」に含まれる。

◆**コンプライアンス**　他方、顧客保護や法令遵守の観点から、以下の点について態勢整備が図られている必要があることに留意が求められている。

①　優越的地位の濫用として独占禁止法上問題となる行為の発生防止等、法令の厳正な遵守に向けた態勢整備が行われていること

　なお、FP業務の実施にあたっては、金商法に規定する投資助言業務に該当しない等の厳正な遵守に向けた態勢整備が行われていること

②　提供される商品やサービスの内容、対価等契約内容が書面等により明示されていること

③　顧客の情報管理について、目的外使用も含め具体的な取扱基準が定められ、それらの行員等に対する周知徹底について検証態勢が整備されていること（主要行監督指針Ⅲ-3-3-3-2、中小・地域監督指針Ⅱ-3-2-3-2参照）

第2項　職場環境の確保

| 10588 | 労働時間等 |

労働時間・休憩等職場環境の維持に係る労働基準法等の遵守にあたり留意すべき点は何か

結　論

　我が国においては、職場における労働者の労働時間、休憩、休日、休暇等は、労働基準法の最低基準を満たす形で、使用者と労働者が労働契約により具体的に定めていくシステムとなっている。そして就業規則には、始業・終業時刻および休憩時間、休日、休暇、交代制勤務の場合の就業時転換に関する事項を労働基準法上必ず記載しなければならないので、就業規則の規定が労働基準法の最低基準をクリアしているかどうか確認する必要がある。なお、労働者の個別の同意があったとしても、労働基準法上の最低基準をクリアしない場合は、労働契約のその部分は無効となり、使用者には労働基準法違反として罰則が適用されることになるので注意が必要である。

解　説

◆職場における労働者の労働時間規制

労働基準法は、原則として、①法定労働時間については、1日8時間、1週間40時間を上限とし（同法32条）、②休憩については、労働時間が6時間を超える場合には45分、8時間を超える場合は1時間与えること（同法34条）、③休日については、毎週1回または4週間で4日以上の付与（同法35条）を義務づけている。

　また、就業規則には、始業・終業時刻および休憩時間、休日、休暇、交代制勤務の場合の就業時転換に関する事項を労働基準法上必ず記載しなければならないが（同法89条1号）、勤務時間管理の必要性から、実務上は出退勤、遅刻、早退、欠勤等に関する取扱いも就業規則によって規定することが望ましい。

◆労働時間規制の適用除外者
労働基準法41条は、管理監督者には労働時間規制の適用を除外しているが、管理監督者に該当するかどうかは、たとえば課長といった名称から一義的に判断されるわけではなく、労務管理上、経営者と一体的な立場にあり、一定の裁量的権限と責任を有し、勤務時間についてもある程度自由裁量を有し、賃金等の待遇面で管理職手当等の優遇措置がとられているかを基準に判断される。

　すなわち、単に管理職手当が付与されているからといって、当然に管理監督者と認められるわけではなく、あくまでも経営者と一体的な立場にあるかどうかを中心に、これらの基準をすべて満たしているかどうかによって判断されるので注意が必要である。

◆時間外労働、休日労働
労働基準法上の時間外労働、休日労働を行う場合には、①労使協定（いわゆる労働基準法36条に基

づく「36協定」）が締結されていること、②36協定を労働基準監督署長に届け出ること、③就業規則に時間外労働、休日労働についての規定が置かれていること、④時間外労働については2割5分以上、休日労働については3割5分以上の割増賃金を支払うことが要件とされている。

管理監督者以外に対して、実際には法定労働時間を超える時間外労働を行っているにもかかわらず、割増賃金を支払わなかったり（いわゆる「サービス残業」の問題）、職場において割増賃金の支払額の上限を設け、その上限額を超える割増賃金が発生しているにもかかわらず、差額について支払わないという独自のルールを定めたりすることは、たとえ個別の労働者の同意があったとしても労働基準法違反となる。

なお、変形労働時間制やフレックスタイム制でも時間外労働時間の要件は変わらないが、時間外労働の算定については、変形労働時間制の時間外労働は日、週および変形期間を各単位として所定労働時間を超えるかどうかにより算定し、フレックスタイム制の場合は、清算期間の総労働時間のうち法定労働時間の総枠（週法定労働時間×清算期間の日数÷7日）を超える時間が時間外労働となる。

◆**休憩時間**　休憩時間は自由に利用できることが原則であるが、私生活上の自由時間とは異なるため、職場の規律保持上必要な制限を加えることは、休憩時間の目的を損なわない限りさしつかえない。たとえば、休憩時間の外出を許可制としても、事業所内において自由に休息できる場合には必ずしも労働基準法34条違反になるわけではない。

ただし、このような制限は、作業の能率の低下を生じさせることを防止するためや、企業の施設に支障を及ぼしたりする場合など、必要最小限とすべきである。これに対して、休憩時間中に電話の応対や接客をさせることは、たとえ当番制でも待機時間や手待時間となり、休憩時間ではなく労働時間とされる余地があるので注意が必要である。なお、休憩時間は、事業所単位で一斉に付与されることが原則であるが、金融業には一斉付与の例外が認められている。

10589　労働契約法

労働契約法とは、どのような法律か

結　論

労働契約法とは、労働者の就業形態、就業意識の多様化が進み、労働者ごとに個別に労働条件が決定・変更される場合が増え、個別労働関係紛争も増加傾向にあることから、一つの法体系として、労働契約の成立、変更、終了等に関する基本的なルールを定めたものである。

解　説

◆**総論**　労働契約法は、労働契約の基本的な理念および労働契約に共通する原則や、判例法理に沿った労働契約の内容の決定および変更に関する民事的なルール等を一つの法体系としてまとめたものである。これまでも、労働基準法や民法についての裁判所の判断により判例法理も確立されてきたが、これら判例法理や確立された慣行を、

労働契約法は明文化している。

◆労働契約の締結・変更　労働契約法は、労働契約が労働者と使用者の双方が対等の立場で合意することにより成立し、変更できるという、契約の一般原則を定めている（同法3条1項）。

また、労働契約法は、使用者に対して、労働者に提示する労働条件および労働契約の内容について、労働者の理解を深めるようにする義務を規定するとともに、労働者と使用者が労働契約の内容についてできる限り書面により確認することを要求している（同法4条）。

就業規則の変更による労働条件の変更についても、使用者が一方的に就業規則を変更して労働者に不利益な労働条件の変更を行うことはできず、就業規則変更についての周知を行い、就業規則の変更が、労働者の受ける不利益の程度、労働条件の変更の必要性、変更後の就業規則の内容の相当性、労働組合等との交渉の状況その他の事情に照らして合理的なものでなければ、就業規則変更による労働条件の変更はできないとしている（労働契約法10条）。

さらに、使用者の労働者に対する安全配慮義務は、民法の規定では明示されていなかったが、労働契約法では使用者が労働者の安全への配慮を行うべきことを明示している（同法5条）。

◆懲戒権、解雇権の制限の明文化　労働契約法は、これまでも労働基準法や判例法理上認められてきた懲戒権濫用、解雇権濫用の法理を明文化し、懲戒、解雇は、客観的に合理的な理由を欠き、社会通念上相当であると認められない場合は、懲戒権、解雇権の濫用として無効である旨を定めてい

る（同法15条・16条）。

◆期間の定めのある労働契約　労働契約法は、期間の定めのある労働契約については、やむをえない事由がある場合でなければ、契約期間満了前に労働者を解雇することができない旨を定めている（同法17条1項）。

また、契約期間を短縮することにより上記制限を潜脱することを防止するため、労働契約法は、使用者が必要以上に短い期間を定めることにより、労働契約を反復して更新することのないように配慮しなければならない旨を規定している（同法17条2項）。

ただし、労働契約の期間は、個別具体的な事案に応じて判断されるものであることから、労働契約法は、契約期間を特定の長さ以上の期間とすることまでは求めていない。

◆平成24年改正　平成24年改正により、労働契約法は①無期労働契約への転換、②「雇止め法理」の法定化、および③不合理な労働条件の禁止を新たに創設した。その詳細については【10592】を参照。

10590　労働者派遣法

派遣会社から派遣労働者を受け入れるにあたり留意すべき点は何か

結　論

派遣労働者を受け入れるにあたって、派遣先は、派遣期間の制限の遵守、派遣労働者への雇用契約の申込義務および派遣労働者の雇用の努力義務を負うこと、苦情の適

切な処理を行うことが必要となる。

　また、派遣先は、適正な就業環境の確保、派遣先責任者の選任、派遣先管理台帳の作成等が必要となる。

解　説

◆**労働者派遣事業とは**　労働者派遣事業とは、「自己の雇用する労働者を、当該雇用関係の下に、かつ、他人の指揮命令を受けて、当該他人のために労働に従事させること」を業として行うことをいう（労働者派遣事業の適正な運営の確保及び派遣労働者の保護等に関する法律（以下「労働者派遣法」という）2条1号・3号）。

　労働者派遣事業における法律関係においては、派遣元と派遣労働者間では雇用関係が生じ、派遣先と派遣労働者間では指揮命令関係が生じるとともに、派遣元と派遣先間では労働者派遣契約が締結されることになる。

　金融機関では、窓口業務、渉外業務、一般事務等さまざまな業務で労働者派遣が活用されており、派遣労働者に対する適切な対応が必要となる。

◆**労働者派遣事業で行える事業**　労働者派遣法は、昭和60年の制定以来、労働者派遣の対象業務を26業務（専門26業務）に限定列挙する方式（ポジティブ・リスト方式）を採用した後、平成11年の改正によって、派遣禁止業務以外の業務については原則として労働者派遣を自由化する方式（ネガティブ・リスト方式）を採用し、平成15年改正により、それまで派遣禁止業務とされていた物の製造業務についても労働者を派遣できるようになったことで、労働者派遣可能な範囲が拡大した。

　そして、平成27年改正により、ネガティブ・リスト方式採用後も維持されていた専門26業務（後述するように専門26業務以外の業務については派遣可能期間が限定されていた）とその他の業務についての区別を撤廃し、派遣禁止業務（労働者派遣法4条1項各号、同法施行令2条1項各号）以外の業務については、労働者派遣可能となった。

◆**派遣受入期間**　上記のとおり、専門26業務が廃止されたことに伴い、派遣可能期間についても大きな見直しが行われた。労働者派遣法は、派遣先事業所単位と労働者個人単位の2種類の規制を設けた。まず派遣先事業所単位の規制として、派遣先は、原則として、事業所その他派遣就業の場所ごとの業務について、派遣元事業主から3年を超える期間継続して労働者派遣の役務の提供を受けてはならず（同法40条の2第1項・2項）、同期間を延長するには、事業所の過半数労働組合等からの意見を聴取する必要があり、そこで異議が述べられた場合には、対応方針等を説明する必要がある（同条3〜5項）。派遣先は、派遣可能期間を延長したときは、速やかに、派遣元に対し、派遣可能期間に抵触することとなる最初の日を通知しなければならない（同条7項）。次に労働者個人単位の規制として、派遣元は、派遣先の事業所その他派遣就業の場所における組織単位ごとの業務について、3年を超える期間継続して同一の派遣労働者に係る労働者派遣を行ってはならず、派遣先も事業所単位での派遣可能期間が延長された場合に同一の組織単位ごとの業務について3年を超える期間継続して役務の提供を受けてはならない（同法40条

の3）。

　なお、改正法の施行日である平成27年9月30日時点ですでに締結されている労働者派遣契約に基づき行われる労働者派遣については旧法の例による（労働者派遣法附則7条・9条）。

◆**派遣先が講じなければならない措置**

　派遣先は、その基本的な責務として、労働者派遣契約の定めに反することのないように適切な措置を講じなければならない（労働者派遣法39条）。

　また、派遣先は、派遣労働者から派遣就業に関し苦情の申出を受けたときは、当該苦情の内容を当該派遣元事業主に通知するとともに、当該派遣元事業主との密接な連携のもとに、誠意をもって遅滞なく適切かつ迅速な処理を図らなければならない（労働者派遣法40条1項）。

　さらに、派遣先は、派遣労働者に対して、派遣元からの求めに応じ、派遣労働者が同種の業務に従事する直接雇用労働者の業務の遂行に必要な能力を付与するための教育訓練を実施するよう配慮しなければならない（労働者派遣法40条2項）。また、直接雇用労働者に利用の機会が与えられる一定の福利厚生施設についての利用機会を与えるように配慮しなければならず（同条3項）、また、当該福利厚生施設以外の一定の診療所等の施設についても、利用に関する便宜の供与等必要な措置を講ずるように努めなければならない（同条4項）。

　派遣先は、賃金の適切な決定のため、派遣元の求めに応じ、派遣労働者が従事する業務と同種の業務に従事する直接雇用労働者の賃金水準に関する情報または当該業務に従事する労働者の募集に係る事項の提供

等の措置を講ずるように配慮しなければならない（労働者派遣法40条5項）ほか、派遣元の求めに応じ、派遣労働者が従事する業務と同種の業務に従事する直接雇用労働者に関する情報、当該派遣労働者の業務の遂行の状況その他の情報であって当該措置に必要なものを提供する等必要な協力をするように努めなければならない（同条6項）。

　その他、派遣先は、派遣就業に関して派遣先管理台帳を作成し、これを3年間保存する義務を負う（労働者派遣法42条）ほか、派遣先責任者を選任する必要がある（同法41条）。

◆**直接雇用に向けての義務**　派遣先は、派遣先の事業所その他派遣就業の場所における組織単位ごとの同一の業務について継続して1年以上の期間、同一の特定有期雇用派遣労働者（有期雇用派遣労働者であって派遣先の事業所その他派遣就業の場所における同一の組織単位の業務について継続して1年以上の期間当該労働者派遣に係る労働に従事する見込みがあるものであって、当該労働者派遣の終了後も継続して就業することを希望しているもの）から役務の提供を受けた場合、引き続き当該同一の業務に従事させるために労働者を雇い入れようとするときは、当該特定有期雇用派遣労働者を遅滞なく雇い入れるように努めなければならない（労働者派遣法40条の4）。

　また、派遣先は、同一の事業所その他派遣就業の場所において1年以上の期間継続して同一の派遣労働者による役務の提供を受けている場合、当該事業所その他派遣就業の場所において通常の労働者の募集を行うときは、当該募集に係る事項を当該派遣労働者に周知しなければならず（労働者派

遺法40条の5第1項）、同一の組織単位の業務について継続して3年間派遣労働に従事する見込みがある特定有期雇用派遣労働者については、派遣可能期間の制限のない場合を除き、労働者の募集を行う際に、当該募集に係る事項を当該特定有期雇用派遣労働者に周知しなければならない（同条2項）。

◆**直接雇用申込みみなし制度**　派遣先が、労働者派遣の禁止業務に従事させた場合、無許可の事業主から労働者派遣を受け入れた場合、期間制限に違反して労働者派遣を受け入れた場合、あるいは、いわゆる偽装請負の場合（労働者派遣法等の規定の適用を免れる目的で、請負その他労働者派遣以外の名目で契約を締結し、必要な事項を定めずに労働者派遣の役務の提供を受ける場合）には、その時点において、派遣先から派遣労働者に対し、同一の労働条件にて直接雇用の申込みを行ったものとみなされる（同法40条の6）。ただし、派遣先が、違法派遣に当たることを知らず、かつ、知らなかったことにつき過失がなかったときは、この限りでない。

| **10591** | パート・契約社員への対応 |

パート・契約社員に対する規制への対応にあたって留意すべき点は何か

結　論

　正社員に比して労働時間が短いパートや契約社員も、労働者であることに変わりはなく、「短時間労働者の雇用管理の改善等に関する法律」（以下「パートタイム労働法」という）による保護のほか、労働基準法、労働安全衛生法、男女雇用機会均等法、労働者災害補償保険法等、労働者を保護するさまざまな法律が適用されるので注意が必要である。ただし、パートや契約社員は、正社員のような長期雇用システムを前提とする社内キャリアの形成が予定されているわけではないので、労働基準法等における強行規定に違反しない限りで、正社員とは異なる個別具体的な労働条件を規定することができる。

解　説

◆**パート・契約社員の意義について**　パートの意義は、一般的には「短時間労働者」であり、その所定労働時間については、正社員の所定労働時間よりも少なく設定する必要がある。一方、契約社員の意義については、個々の会社によって、実務上その就労形態はさまざまであり一義的な意義はない。

　たとえば、一口に契約社員といっても、単に所定労働時間が正社員に比して短い労働者を契約社員と呼ぶパートと同様の場合や、所定労働時間は正社員と同様でも雇用期間の定めがある期間雇用者と同様の形態、最近では在宅勤務型を導入するための雇用形態や専門的能力を有する者（専門労働者）の雇用形態を指す場合がある。また、派遣労働者であっても所定労働時間が正社員に比して短い労働者をパートと呼ぶ場合があるので、それぞれの形態に応じて対応する必要がある。

　金融機関では、窓口業務やロビー案内から金融事務や労務事務等に至るまで、幅広

くパート・契約社員が雇用されており、これら労働者の雇用管理の必要性は高い。

パート・契約社員も、労働者として労働基準法、労働安全衛生法、男女雇用機会均等法、労働者災害補償保険法、労働条件によっては雇用保険法等の適用があるため、合理的で正当な理由がない限りむやみに解雇できず、解雇する場合には正当な手続を経る必要があり、雇用期間の定めのないパート・契約社員の場合は、本人から請求があれば育児・介護休業をさせることも義務づけられている。

有期労働契約を締結する際の留意点については、【10592】を参照。

◆正社員との処遇の正当な差は認められる

パート・契約社員は、このように労働者として労働基準法等による保護を受けるが、長期雇用システム下にあり経営柔軟策（①賃金の変動、②労働時間の変動、③労働力配置の変動、④労働条件・雇用管理自体の変動）の対象となる正社員とは異なるので、家庭生活や学業などの業務以外の他の目的との調和を配慮し、正社員とは異なる個別具体的な労働条件を決定することは認められる。したがって、定期昇給を定めず、賞与や退職金などの賃金面の待遇において正社員と差をつけることは認められるし、慶弔休暇やリフレッシュ休暇などの特別休暇は法律で義務づけられた休暇ではないので、パート・契約社員には付与しないとしても問題はない。

なお、年次有給休暇については、労働基準法に従って付与されることになるが、週所定労働時間が30時間未満の者であって、①週所定労働日数が４日以下の者、または②週以外の期間で所定労働日数が定められ

ている場合、年間の所定労働日数が216日以下の者は、年次有給休暇の比例付与が認められている。

労務管理手法上、正社員とパート・契約社員との区別が曖昧なものとなると、パート・契約社員といえども契約の解消場面などにおいて、正社員に準じた取扱いがなされるべきと解釈されることになりかねない。パートについては、職務の内容が当該事業所に雇用される通常の労働者と同一の短時間労働者であって、当該事業所における慣行その他の事情からみて、当該事業主との雇用関係が終了するまでの全期間において、その職務の内容および配置が当該通常の労働者の職務の内容および配置の変更の範囲と同一の範囲で変更されると見込まれるもの（「通常の労働者と同視すべき短時間労働者」）については、短時間労働者であることを理由として、賃金の決定、教育訓練の実施、福利厚生施設の利用その他の待遇について、差別的取扱いをしてはならないことが明文で規定されている（パートタイム労働法９条）。そこで、パート・契約社員を雇用する場合の実務上のポイントとしては、後でトラブルが起こることを避けるため、当初の雇用契約においてパート・契約社員として雇用することの目的や個別具体的な労働条件を明確にするとともに、就業規則においても正社員との処遇の違いを明確にすることが重要である。また、契約の更新時には、毎回必ず事前に面接を行い、当事者間で契約を更新するか否か確認したうえで、更新するとした場合には、次期の期間雇用の目的を明確にしたうえで新たに雇用契約書を作成すべきである。これは、「更新なき限り、原則として契約期間満了

時に契約は終了する」という点を、毎回当事者間で確認し、黙示の契約更新の主張を防ぐ点に主眼がある。

なお、平成16年1月1日より適用された有期労働契約の締結、更新および雇止めに関する基準（厚生労働省告示第357号。平成20年3月1日、平成25年4月1日改定）により、使用者は、期間の定めのある労働契約を更新しないこととしようとする場合には、少なくとも当該契約の期間の満了する日の30日前までに、その予告をしなければならず、この場合、労働者が更新しないこととする理由について証明書を請求したときは、使用者は遅滞なくこれを交付しなければならず、また更新されなかった場合に、労働者が更新しなかった理由について証明書を請求したときは、使用者は遅滞なく交付しなければならないとされているので、注意が必要である。

◆**パート・契約社員と就業規則**　パート・契約社員を含めて常時10人以上の労働者を使用している事業所では、事業所単位で、労働者すべてに適用される就業規則を作成して届け出る義務を負っている（労働基準法89条）。事業所がこのような義務を負う場合において、就業規則の適用対象を正社員のみとし、かつパート・契約社員用の就業規則を作成しないことは、就業規則が適用されない社員が生ずることとなり、労働基準法89条違反となるので注意が必要である。

また、会社がパート・契約社員との間で、賞与・退職金の有無その他の労働条件に関し、正社員の就業規則で定める基準を下回る条件を契約により取り決めていたとしても、パート・契約社員に適用される就業規則が存在しない場合は、強行法規である労働基準法93条および労働契約法12条により、その取決めは無効となり、労働条件について正社員の就業規則が適用されるという形式的な解釈が生ずる余地もあるので（なお、形式上はこのようにいえるとしても、雇用形態などに差があり、労働基準法は本来その就業規則の適用対象者として予定していない者に対してまで拡張適用を認めたものではないと解されている）、このような場合は、できれば正社員とは別個にパート・契約社員用の就業規則を設けておくことが望ましい。

◆**専門労働者を契約社員として雇用する場合**　最近、契約社員と呼ばれる形態のなかで増加しているのが、システムエンジニアのような専門労働者の契約社員制度の導入である。会社の外部から専門労働者の契約社員を採用する場合は、新規の労働契約締結の方法でよいのはいうまでもないが、問題は、これまで正社員として雇用してきた者を、経営上の問題により、専門労働者型の契約社員とする場合である。この場合、雇用形態の切替えにあたり、労働者の個別的同意が必要であり、労働者が反対した場合は、正社員としての労働契約解消が整理解雇の要件を満たしているかが問題となり、整理解雇が有効であれば、希望する労働者を契約社員として雇用することになる。この場合は、新たな労働契約書を必ず作成し、労働者の有する具体的な専門能力を特定し、雇用の目的、個別的な労働条件をできるだけ具体的に記載しておくことが重要である。

なお、平成16年1月1日の労働基準法の改正では、専門労働者の契約期間について5年以内の期間雇用を認めた。期間を定め

なかった場合、専門労働者はいつでも退職し、競業他社に就職することになるので、会社としては雇用期間を定めたほうが、専門労働者を契約期間中は社内に確保し、その専門能力を活用するという意味でメリットがあるだろう。

◆**パート・契約社員の待遇**　パートタイム労働法は、短時間労働者の待遇と正社員の待遇との相違が職務の内容等に照らして不合理なものであってはならない旨定めており（同法8条）、労働契約法は、有期労働契約の労働条件と無期労働契約の労働条件の相違が職務の内容等に照らして不合理なものであってはならない旨定めている（同法20条）。

10592　有期労働契約（有期雇用契約）の留意点

有期労働契約（有期雇用契約）を締結・更新する際に留意すべき点は何か

結　論

　有期労働契約（有期雇用契約）の締結にあたっては、原則として3年を超える期間を契約期間とすることはできず、また、必要以上に短い期間を定めることにより、その有期労働契約を反復して更新することのないよう配慮しなければならない。有期労働契約の更新にあたっては、無期労働契約への転換、雇止めの制限に留意する必要がある。

解　説

◆**有期労働契約（有期雇用契約）**　有期

労働契約（有期雇用契約）とは、労働者および使用者との間で行われる期間の定めのある労働契約と定義される（労働契約法17条1項）。非正規と呼ばれる契約社員、パート、アルバイト、嘱託などの雇用形態にかかわらず、「期間の定めのある労働契約」であれば、労働契約法の定める有期労働契約として、同法の規制の対象となる。一般的には、有期雇用契約と呼ばれることがあるが、法律上は有期労働契約である。

　以下においては、金融機関が「期間の定めのある労働契約」を締結・更新するにあたって留意すべき点について説明する。

◆**締結にあたり留意すべき点**　有期労働契約の契約期間の上限については、労働条件の最低条件を定める労働基準法に定めがあり、一定の事業の完了に必要な期間を定めるもののほかは、原則として3年を超える期間としてはならず、例外として、専門的な知識、技術または経験（以下「専門的知識等」という）であって高度のものとして厚生労働大臣が定める基準に該当する専門的知識等を有する労働者（当該高度の専門的知識等を必要とする業務に就く者に限る）との間の労働契約、および、満60歳以上の労働者との間の労働契約については、5年を上限とすることが可能である（労働基準法14条1項）。

　労働基準法14条1項は強行法規であり、当該上限よりも長い期間の有期労働契約が締結された場合には、契約期間は当該上限の期間に改められることとなる（平15.10.22付基発第1022001号）。

　一方、契約期間の下限について労働基準法上具体的な制限は設けられていないものの、使用者は、有期労働契約について、そ

の有期労働契約により労働者を使用する目的に照らして、必要以上に短い期間を定めることにより、その有期労働契約を反復して更新することのないよう配慮しなければならないとされる（労働契約法17条2項）。

有期雇用契約を締結する場合には、期間の定めについて労働者に対して書面の交付により明示することが必要であり（労働基準法15条1項、同法施行規則5条）、書面を交付しなかった場合には罰則がある（同法120条1項）。もっとも、書面を交付しなかったからといって、この一事をもって期間の定めについて合意の効力が否定されるものではない。

◆**更新にあたり留意すべき点**　平成25年4月1日以降に締結された二以上の有期労働契約（平成25年3月31日以前の日を契約期間の初日とする有期労働契約については除外される）の契約期間を通算した期間（「通算契約期間」）が5年を超える場合、労働者は、使用者に対し、現に締結している有期労働契約の契約期間の満了日までの間に、当該満了日の翌日から労務が提供される無期労働契約の締結の申込みをすることで、無期労働契約への転換を行うことが可能である（労働契約法18条1項、同法附則2項）。

ただし、有期労働契約の満了日とその次の有期労働契約の契約期間の初日との間に6カ月以上の空白期間（直前に終了する有期労働契約（空白期間を挟まずにさらに先行する有期労働契約がある場合には、その契約期間も含む）の契約期間が1年に満たない場合には、当該契約期間に2分の1を乗じて得られる月数（1月未満の端数があれば繰り上げた月数））がある場合には、

空白期間の直前に終了した有期労働契約の契約期間は通算契約期間に含まれない（労働契約法18条2項）。

以上の無期労働契約への転換については、特別法による例外があり、金融機関に関するものとしては「専門的知識等を有する有期雇用労働者等に関する特別措置法」が存在する。

◆**雇止めの制限**　①過去に反復して更新されたことがあるものであって、その契約期間の満了時に当該有期労働契約を更新しないことにより当該有期労働契約を終了させることが、無期労働契約を締結している労働者に解雇の意思表示をすることにより当該無期労働契約を終了させることと社会通念上同視できると認められるか、あるいは、当該労働者において当該有期労働契約の契約期間の満了時に当該有期労働契約が更新されるものと期待することについて合理的な理由があるものであると認められる場合であって、②契約期間が満了する日までの間に労働者が当該有期労働契約の更新の申込みをしたまたは当該契約期間の満了後遅滞なく有期労働契約の締結の申込みをし、かつ、③使用者が当該申込みを拒絶することが、客観的に合理的な理由を欠き、社会通念上相当であると認められないときは、使用者は、従前の有期労働契約の内容である労働条件と同一の労働条件で当該申込みを承諾したものとみなされ、有期労働契約の更新が認められる（労働契約法19条）。

これは、従前において判例（最判昭61.12.4判時1221号134頁［日立メディコ事件］）上認められてきた「雇止めの法理」を明文化したものである。

10593　外国人労働者

外国人を雇用する場合に留意すべき点は何か

結　論

外国人を雇用する場合、雇用時に在留カード等により氏名、在留資格、在留期間等の確認をし、厚生労働大臣に届け出る必要がある。また、「外国人労働者の雇用管理の改善等に関して事業主が適切に対処するための指針」に定められた措置を講ずるべきである。

解　説

◆**雇用時の確認義務**　　出入国管理及び難民認定法（以下「入管法」という）は、外国人が日本に在留して職業活動に従事するために、一定の在留資格を取得することを要求する（入管法2条の2）。

在留資格は活動に伴う資格（入管法別表第1の1～5）と身分または地位に基づく資格（同法別表第2）とに大別され、前者については当該特定種類の活動に係る就労のみが認められるのに対し、後者（永住者、日本人の配偶者等、永住者の配偶者等、定住者）については就労できる仕事に制限はない（同法2条の2第2項）。

また、在留資格が活動に伴う資格であっても、資格外活動の許可を得た場合には当該許可に基づき、仕事に就労することが可能となる（入管法19条2項）。典型的には、外国人留学生等はこの許可を得てアルバイトを行うこととなる。

そして、雇用対策法は、事業主に対して、新たに外国人を雇い入れた場合またはその雇用する外国人が離職した場合には、在留カード等の同法施行規則11条に定める書面を確認することにより、当該外国人の氏名、在留資格、在留期間等について確認し、当該事項を厚生労働大臣に届け出ることを義務として課す（同法28条1項、同法施行規則10条・11条）。また、入管法上、就労資格（芸術、宗教、報道、技能実習を除く）、または、留学の在留資格を有する外国人の受入れを開始または終了した場合の届出義務が存在するが、努力義務である（入管法19条の17）。

就労資格のない外国人を雇用した場合、事業主には罰則が科される（入管法73条の2第1項）。

◆**外国人の雇用管理**　　雇用対策法8条は、「事業主は、外国人が我が国の雇用慣行に関する知識及び求職活動に必要な雇用に関する情報を十分に有していないこと等にかんがみ、その雇用する外国人がその有する能力を有効に発揮できるよう、職業に適応することを容易にするための措置の実施その他の雇用管理の改善に努めるとともに、その雇用する外国人が解雇（自己の責めに帰すべき理由によるものを除く。）その他の厚生労働省令で定める理由により離職する場合において、当該外国人が再就職を希望するときは、求人の開拓その他当該外国人の再就職の援助に関し必要な措置を講ずるように努めなければならない」と定めており、事業主が講ずべき必要な措置の具体的な内容として、「外国人労働者の雇用管理の改善等に関して事業主が適切に対処するための指針」（平成19年厚生労働省告示

第276号）が定められており、同指針の内容に従った措置を講ずるべきである。

　労働契約法、労働基準法、労働安全衛生法、最低賃金法等については当然に外国人にも適用される。そして、労働基準法3条は、使用者は、労働者の国籍を理由として、賃金、労働時間その他の労働条件について、差別的取扱いをしてはならないと定めており、外国人を雇用する場合に、外国人であることのみを理由として賃金等について他の従業員と異なる取扱いをしてはならないのは当然である。

10594　男女雇用機会均等法

男女雇用機会均等法の遵守にあたり注意すべき点は何か

結　論

　男女雇用機会均等法は、労働者の募集および採用、配置等の労務管理において、性別による差別的取扱いを禁止するとともに、婚姻、妊娠、出産等を理由として女性労働者に対し不利益な取扱いをすることを禁止している。また、事業主に対し、妊娠、出産、産前産後休業を取得したこと等により女性労働者の就業環境が害されることのないようにするための雇用管理上必要な措置、および、職場におけるセクシャルハラスメントについて雇用上必要な措置を講ずるよう定めている。

解　説

◆**直接差別**　　男女雇用機会均等法におい

ては、労働者の募集および採用、配置（業務の配分および権限の付与を含む）、昇進、降格、教育訓練、福利厚生、職種および雇用形態、退職勧奨、定年、解雇ならびに労働契約の更新において、男女双方について性別による差別的取扱い（直接差別）を禁止している。禁止される具体的な差別取扱いの態様については「労働者に対する性別を理由とする差別の禁止等に関する規定に定める事項に関し、事業主が適切に対処するための指針」（以下「指針」という）に規定されているが、具体例としては以下のものがある。

①　募集・採用……一定の職種について、募集または採用対象を男女いずれかのみとすることや、男女別の採用予定人数を設定して、これを明示して募集すること。

②　配置……営業職、秘書業務、企画立案業務を内容とする職務等の配置にあたり、その対象を男女いずれかのみとすることや、女性労働者についてのみ、婚姻・年齢または子供の有無を理由として企画立案業務を内容とする職務への配置対象から排除すること。

③　昇進・降格……女性労働者についてのみ、役職への昇進の機会を与えないこと、一定の役職までしか昇進できないものとすることや、一定の役職の廃止にあたり、その役職にあった男性労働者については同格の役職に配置転換をするが、女性労働者については降格させること。

④　教育訓練……接遇訓練を行うにあたって、その対象を女性労働者のみとすることや、男性労働者については全員を教育訓練の対象とするが、女性労働者については希望者のみを対象とすること。

⑤　福利厚生……女性労働者についてのみ、婚姻を理由として社宅の貸与の対象から排除すること。

⑥　職種の変更……「総合職」から「一般職」への変更について、制度上は男女双方を対象とするが、男性労働者については職種変更を認めない運用を行うことや、女性労働者についてのみ、子供を有していることを理由として「一般職」から「総合職」への職種の変更から排除すること。

⑦　雇用形態の変更……パートタイム労働者から正社員への雇用形態の変更のための試験について、その受験資格を男女のいずれかに対してのみ与えること。

⑧　退職の勧奨・解雇……女性労働者に対してのみ、経営合理化のための早期退職制度の利用を働きかけることや、経営合理化に際し、既婚の女性労働者のみを解雇対象とすること。

なお、募集・採用・昇進・職種の変更・雇用形態の変更に関し、男女の機会均等および待遇確保の支障となっている事情を改善することを目的とする措置（ポジティブ・アクション）として、女性労働者を有利に取り扱うことは指針の例外として許されている。たとえば、女性労働者が男性労働者に比べ相当少ない雇用管理区分における募集・採用にあたり、女性を優先して採用することは認められる。また、芸術・芸能分野の表現の真実性の要請がある場合、守衛・警備等防犯上の要請がある場合、風俗、風習等の相違により男女いずれかが能力を発揮しがたい海外勤務が必要な場合などにおいて、募集・採用・配置・昇進にあたり性別により異なる取扱いを行うことが認められている。

◆**間接差別**　男女雇用機会均等法では、直接的な性別による差別に加え、性別以外の事由を要件とする措置であっても、他の性の構成員と比較して一方の性の構成員に相当程度の不利益を与えるものを合理的な理由なく構ずることを禁止している。同法施行規則では、①労働者の募集・採用にあたり身長・体重または体力を要件とすること、②コース別雇用管理における総合職の募集・採用にあたり、転居を伴う転勤に応じることができることを要件とすること、③労働者の昇進にあたり転勤の経験があることを要件とすること、の三つの措置について、合理的な理由がない場合を間接差別として禁止しており、合理的な理由がないと認められる例を指針で示している。

◆**婚姻・妊娠・出産等を理由とする不利益取扱いの禁止**　男女雇用機会均等法では、婚姻、妊娠、出産等を理由として女性労働者を不利益に取り扱うことを禁止しており、妊娠中および産後1年以内の解雇は、事業者側で当該解雇が妊娠・出産等を理由とするものではないことを証明しない限り無効とされる。婚姻、妊娠、産前産後休業を取得したことを理由とする解雇や不利益取扱いはもちろんのこと、母性健康管理措置、母性保護措置等を理由とする解雇や不利益取扱いも禁止している。

◆**妊娠、出産等を理由とする弊害の防止措置**　男女雇用機会均等法の平成28年改正により、事業主は、上記の婚姻、妊娠、出産等を理由とする不利益取扱いの禁止に加え、妊娠、出産、産前産後休業を取得したこと等により女性労働者の就業環境が害されることのないよう、その防止措置として、

女性労働者からの相談に応じ、適切に対応するために必要な体制の整備その他の雇用管理上必要な措置を講じなければならなくなった。

◆セクシャルハラスメントに対する措置

事業主は、職場におけるセクシャルハラスメントを防止するために、セクシャルハラスメントに関する方針を明確化し、その周知・啓発を行い、労働者からの相談に対し適切に対応できるよう相談窓口を設ける必要がある。そして、セクシャルハラスメントの相談があった場合には事実確認を迅速・正確に行い行為者、被害者に対しプライバシー保護を含め適正な措置を講じなければならない（【10596】参照）。セクシャルハラスメントに関する相談をしたこと等による、不利益取扱いを行うことは禁止されている。

10595　女性活躍推進法

女性活躍推進法の遵守にあたり注意すべき点は何か

結　論

　女性活躍推進法は、常時雇用する労働者の数が301人以上の民間事業主に対して、自社の女性の活躍に関する状況把握・課題分析、状況把握・課題分析をふまえた行動計画の策定・社内周知・公表、都道府県労働局への届出、女性の活躍に関する情報の公表を義務づけている。

解　説

◆女性活躍推進法　「女性の職業生活における活躍の推進に関する法律」（以下「女性活躍推進法」という）は、「近年、自らの意思によって職業生活を営み、又は営もうとする女性がその個性と能力を十分に発揮して職業生活において活躍すること（以下「女性の職業生活における活躍」という。）が一層重要となっていることに鑑み、男女共同参画社会基本法（平成11年法律第78号）の基本理念にのっとり、女性の職業生活における活躍の推進について、その基本原則を定め、並びに国、地方公共団体及び事業主の責務を明らかにするとともに、基本方針及び事業主の行動計画の策定、女性の職業生活における活躍を推進するための支援措置等について定めることにより、女性の職業生活における活躍を迅速かつ重点的に推進し、もって男女の人権が尊重され、かつ、急速な少子高齢化の進展、国民の需要の多様化その他の社会経済情勢の変化に対応できる豊かで活力ある社会を実現すること」を目的として平成27年8月28日に制定され、平成28年4月1日に施行された。男女雇用機会均等法（その内容については、【10594】を参照されたい）が雇用の各局面における男女の均等な機会を法的に保障する点にある一方、女性活躍推進法は、国、地方公共団体、事業主の果たすべき役割を明らかにし、事業主に対して行動計画の策定・実施等を義務づけるものである。

　女性活躍推進法は、常時雇用する労働者（女性活躍推進法に関して、厚生労働省が公表する「状況把握、情報公表、認定基準等における解釈事項について」によれば、

雇用契約の形態を問わず、①期間の定めなく雇用されている者、②一定の期間を定めて雇用されている者であって、過去1年以上の期間について引き続き雇用されている者または雇入れの時から1年以上引き続き雇用されると見込まれる者のことをいい、正規労働者に限られるものではない）の数が301人以上の民間事業主に対して、自社の女性の活躍に関する状況把握・課題分析、状況把握・課題分析をふまえた行動計画の策定・社内周知・公表、都道府県労働局への届出、女性の活躍に関する情報の公表を義務づけている（同法8条1項）。

以下においては、その概要について説明する。

◆自社の女性の活躍に関する状況把握、課題分析　事業者が直近の事業年度におけるその事業における女性の職業生活における活躍に関する状況に関し把握すべき事項としては、採用した労働者に占める女性労働者の割合、雇用する労働者の男女の平均継続勤務年数の差異、労働者1人当りの各月ごとの時間外労働および休日労働の合計時間数等の労働時間の状況、管理職に占める女性労働者の割合が必ず把握すべき事項とされ、雇用区分ごとの男女別の採用における競争倍率、雇用区分ごとの女性労働者の割合、育児休業取得率等の21項目は、必要に応じて把握すべきものとされる（女性の職業生活における活躍の推進に関する法律に基づく一般事業主行動計画等に関する省令（以下「女性活躍推進省令」という）2条）。

また、課題分析の手法および後述する行動計画の策定のために、「一般事業主行動計画策定入力支援ツール」が厚生労働省から公表されている。

◆状況把握、課題分析をふまえた行動計画の策定、社内周知、公表　策定した行動計画については、労働者への周知・外部への公表が必要となる（女性活躍推進法8条4項・5項）。

周知の方法としては、事業所のみやすい場所へ掲示すること、書面を労働者へ交付することまたは電子メールを利用して労働者へ送信することその他の適切な方法によるものとされ（女性活躍推進省令3条）、また、外部への公表は、インターネットの利用その他の適切な方法によるものとされている（同省令4条）。

◆都道府県労働局への届出　行動計画を策定し、また、これを変更した場合には、都道府県労働局長（実際には労働基準監督署）に届け出なければならない（女性活躍推進法8条1項）。

◆女性の活躍に関する情報の公表　常時雇用する労働者の数が301人以上の事業主は、厚生労働省令で定めるところにより、職業生活を営み、または営もうとする女性の職業選択に資するよう、その事業における女性の職業生活における活躍に関する情報を定期的に公表しなければならない（女性活躍推進法16条1項）。

もっとも、女性活躍推進省令19条1項は、同項各号所定の事項のうち、一般事業主が適切と認めるものを公表しなければならないと定めていることから、公表すべき事項については各事業主の判断に委ねられている。

また、公表の頻度については、おおむね1年に1回以上とされている（女性活躍推進省令19条3項）。

◆**行動計画の実施**　行動計画の実施および同計画に定められた目標の達成については事業主に努力義務が課されている（女性活躍推進法8条6項）。

10596　セクシャルハラスメント

職場におけるセクシャルハラスメントに対し、どのように対応すべきか

結　論

　事業主は、セクシャルハラスメントについて雇用管理上必要な措置をとらなければならない。また事業主は、セクシャルハラスメントに関して、普段から社内での研修等を行い、事業主の方針の明確化およびその周知に努めるとともに、相談・苦情を処理する制度等を設置しておく必要がある。また、セクシャルハラスメントが明らかになった場合は、加害者に対して直接指導し、人事上の措置をとるなど、迅速かつ適切に対応しなければならない。

解　説

◆**セクシャルハラスメントとは**　セクシャルハラスメントとは、一般的には、相手方の望まない性的な言動による嫌がらせとされ、職場におけるセクシャルハラスメントには、①性的な言動に対する対応により、当該女性（男性）労働者が労働上の不利益を受ける「対価型」と、②性的な言動により当該女性（男性）労働者の職場環境が害される「環境型」の二つのタイプがあるとされている。

◆**事業主のセクシャルハラスメント防止のためにとるべき措置**　そして、事業主である企業には、職場におけるセクシャルハラスメントについて雇用上必要な措置をとる義務がある（男女雇用機会均等法11条）。事業主がセクシャルハラスメントの防止対策を何もとっていないときには、男女雇用機会均等法11条違反として、厚生労働大臣ないし都道府県労働局雇用均等室長から、報告を求められたり、助言、指導、勧告を受けることがあり、場合によっては調停申立、企業名公表もありうる。

　また、企業がセクシャルハラスメント問題を放置すれば当該企業に対する社会的信用を失墜させ、使用者責任（民法715条）を追及されるなど自らリスクを高める結果にもなりかねない。さらに、雇用契約上の付随義務としての配慮義務を果たしていないとされ、債務不履行責任を問われる可能性もある。

◆**事業主がとるべき対応**　男女雇用機会均等法11条2項の規定に基づき、厚生労働省は、「事業主が職場における性的な言動に起因する問題に関して雇用管理上講ずべき措置についての指針」（平成18年厚生労働省告示第615号）を示している。

　事業主は、職場でのセクシャルハラスメントを防止するため雇用管理上必要な措置をとる義務があるので、この指針に沿って、①事業主の方針等の明確化およびその周知、啓発、②相談に応じ、適切に対応するために必要な体制の整備、③職場におけるセクシャルハラスメントに係る事後の迅速かつ適切な対応等を行う必要がある。具体的には、社内報やパンフレットで、セクシャルハラスメントについて労働者の啓発に努め

るとともに、服務規程や就業規則にセクシャルハラスメントについての条項を設け、研修や講習を行うことが必要である。

そして、相談窓口の設置など、社内的にセクシャルハラスメントに関する苦情処理制度を設け、人事部門や弁護士・カウンセラーなどの専門家との連携や社内マニュアルを確立しておき、セクシャルハラスメントを受けたと感じた労働者の相談・苦情を受け付ける体制を整えておく必要がある。加えて、①関係者のプライバシー保護のため必要な措置を講ずるとともにその旨労働者に周知すること、②労働者がセクシャルハラスメントについて相談したり事実関係の調査をしたこと等を理由に不利益な措置を行ってはならないことを定め、その旨労働者に周知、啓発することも要求されている。

なお、これらの規定は、いわゆる正規労働者のみならず、パート労働者、契約社員等事業主が雇用する労働者すべてを対象としている。派遣労働者については、派遣先事業主も「事業主」とみなされてその適用を受けることに注意が必要である。

職場におけるセクシャルハラスメントが発生した場合、相談を受けた上司は雇用管理の一環として問題の解決に努めなければならない。事実関係を確認するためには両者から事情を聴取する必要があるが、たとえば相談を受けた上司が一方当事者と親しい場合など、公平なヒアリングがなされなかったと後日問題となる場合もある。そのため、当初の段階では相談を受けた上司が話を聞くとしても、その後は当事者と職場における直接の関係がない人事部担当者や専門家が対応するなど、中立的な第三者による事情聴取が望ましい。また、事実関係がはっきりしないうちから当事者を対決させると事態の収拾が困難になるため、まずは個別に、客観的事実を中心に当事者の話を聞くことが重要である。

なお、被害者の相談・苦情の内容は、関係者以外にもれないように注意する必要があり、事業主としては、守秘義務を尽くしつつ、どのように加害者と名指しされた者と接触をしていくのか、事前に被害者の了解をとりながら対処していく必要がある。

一方、この段階ではセクシャルハラスメントかどうかは明らかでない場合が多いので、加害者と名指しされた者からの事情聴取や配置転換をする場合には、その者の名誉をき損することがないよう配慮すべきである。そして、加害者と名指しされた者には、電話・手紙を含めて被害者と接触しないよう注意し、場合によっては配置転換を行い、両者の接触が継続しないようにすべきである。

この場合、被害者の配置転換を行うことは、被害者が被害を申告したことによって不本意な配置転換を迫られたと被害感情を募らせることもあるので注意が必要である。

事情聴取の結果、セクシャルハラスメントの事実が確認された場合には、加害者に対して、直接指導するほか、就業規則の規定などに従った厳重な処分がなされるべきである。また、事業主は、被害者に対して、事業主として加害者にどのような処分を行ったかを報告するとともに、事業者として必要があれば、被害を慰藉する措置をとるなど、被害者の理解を得るよう努め、今後、同じような事件が起こらないよう、改善措

置を講ずる必要がある。

◆紛争になった場合に備えて　なお、セクシャルハラスメント事件においては、両者の言い分が180度異なり、担当者が頭を抱えることも珍しくはない。事業主としては、後日、被害者または加害者から、事業主としてとった措置が不当であると追及された場合などに備え、客観的資料および記録を保管・保存しておく必要がある。

10597　LGBT

LGBTとは何か。LGBTの方に対し、どのように対応すべきか

結　論

　LGBTとは、レズビアン、ゲイ、バイセクシャル、トランスジェンダーとされる人物の総称である。契約自由の原則から、金融機関にはいかなる者にいかなるサービスを提供するかの自由が認められるため、直ちに金融機関が、同性カップルを夫婦と同然に取り扱ったり、戸籍上の性別と異なる性別に応じたサービスを提供したりする義務を負うものではない。

解　説

◆LGBTとは　LGBTとは、Lesbian（レズビアン）、Gay（ゲイ）、Bisexual（バイセクシャル）、Transgender（トランスジェンダー）の頭文字をとって並べられた言葉であり、レズビアン（女性同性愛者）、ゲイ（男性同性愛者）、バイセクシャル（両性愛者）、トランスジェンダー（生物学的

な性別と自己の認識する性別との間に不一致を感じる者）とされる人物の総称である。

　LGBTのなかでも、レズ、ゲイ、バイセクシャルは性的指向に関する概念である一方、トランスジェンダーは性に関する自己認識に関する概念であることから、両者は性格を異にする。

　Sexual Minority（セクシャル・マイノリティ）という概念とほぼ同義に用いられることもあるが、LGBTはAsexual（エイセクシャル。他の者に対して性的な魅力を感じない者）を含んでいないとして、両者は別概念であると整理されることもある（LGBT支援法律家ネットワーク出版プロジェクト編著『セクシュアル・マイノリティQ&A』14頁）。

　このように、LGBTという概念では、性的指向と性自認に関するセクシャリティに関する問題点を把握しきれないことから、近時SOGI（Sexual Orientation Gender Identity）という概念が用いられることもある（前掲『セクシュアル・マイノリティQ&A』17頁）。

　労務管理において性的指向や性自認が直接問題となることは多くないが、以下に取り上げるような点が留意点としてあげられる。

◆レズ、ゲイ、および、バイセクシャルの従業員の取扱い　レズ、ゲイ、および、バイセクシャルの従業員との関係で問題となりうるのが、たとえば、扶養手当、家族手当の支給等において、同性カップルを夫婦、家族と同様に取り扱う義務があるか否かである。

　労働契約も契約である以上、契約自由の原則から、金融機関にはいかなる者にいか

なるサービスを提供するかの自由が認められること、日本において同性間の婚姻は制度上認められていないことから、現状、金融機関に法律上、同性カップルを夫婦と同様に扱うべき義務があるとまではいえないと解される。

もっとも、金融機関から、事実上夫婦同然の生活を送っている同性カップルについて夫婦と同様のサービスを提供することは自由である。

また、レズ、ゲイ、バイセクシャルである従業員が、レズ、ゲイ、バイセクシャルであることのみを理由として不当に差別的に取り扱われるようなことがあってはならないのは当然である。

◆**トランスジェンダーの従業員の取扱い**

トランスジェンダーの従業員との関係で問題となりうるのが、戸籍上男性または女性の従業員に限定して適用される事項を戸籍上性別が異なるトランスジェンダーの従業員に対しても同様に適用される必要があるか否かである。

この点についても、契約自由の原則から、事業者である金融機関にはいかなる者にいかなるサービスを提供するかの自由が認められるため、トランスジェンダーであるからといって、直ちに金融機関がトランスジェンダーの自認する性別に応じた取扱いを行う義務を負うものではない。

以上のほか、トランスジェンダーの従業員については、戸籍上の性別と異なるトイレの使用を求められることもありうる。金融機関には管理者として一定の裁量が認められるため、直ちに使用を許可する義務があるとまではいえないと思料されるが、金融機関に負担のない範囲内で、利用を許可する方向で運用することが望ましいと思料する。

もっともこれによりトランスジェンダーであることが他の従業員に知られるおそれがある場合には、トランスジェンダーである従業員と相談しながら慎重に対応すべきである。

男女雇用機会均等法11条2項に基づき告示された「事業主が職場における性的な言動に起因する問題に関して雇用管理上講ずべき措置についての指針」は平成28年8月2日に改正され、平成29年1月1日より施行されたところ、その2⑴において、「被害を受けた者（以下「被害者」という。）の性的指向又は性自認にかかわらず、当該者に対する職場におけるセクシャルハラスメントも、本指針の対象となる」ことを明示した。事業主である金融機関においては、LGBTであることを理由に従業員がセクシャルハラスメントを受けることがないよう適切な措置をとる必要がある。

10598 パワーハラスメント

職場におけるパワーハラスメントに対し、どのように対応すべきか

結論

近年、職場におけるパワーハラスメントの増加が社会的にも注目を集めている。平成24年1月30日には、厚生労働省より「職場のいじめ・嫌がらせ問題に関する円卓会議ワーキンググループ報告」（以下「WG報告」という）が公表され、続いて同年3

月15日には、同省より「職場のパワーハラスメントの予防・解決に向けた提言」が公表された。

　金融機関は、職場でのパワーハラスメント防止のため、WG報告等を参考にしながら効果的な対策を講ずる必要がある。

解　説

◆**パワーハラスメントとは何か**　パワーハラスメントという言葉は従来よりマスメディア上などで頻繁に使用されてきたが、これまで確立した定義は存在しなかった。しかしWG報告において、パワーハラスメントは以下のように定義された。

　職場のパワーハラスメントとは、同じ職場で働く者に対して、職務上の地位や人間関係などの職場内の優位性を背景に、業務の適正な範囲を超えて、精神的・身体的苦痛を与えるまたは職場環境を悪化させる行為をいう。

　通常、パワーハラスメントは上司や部下など、職務上の地位の上下関係に基づく行為のみを指すと考えられがちである。しかしWG報告においては、先輩・後輩間や同僚間、さらには部下から上司に対する行為であってもパワーハラスメントに該当しうるとされている。

◆**パワーハラスメントに該当する行為**
WG報告は、職場のパワーハラスメントに該当する行為の類型として以下の六つをあげている。

① 　暴行・傷害（身体的な攻撃）

② 　脅迫・名誉棄損・侮辱・ひどい暴言（精神的な攻撃）

③ 　隔離・仲間外し・無視（人間関係からの切り離し）

④ 　業務上明らかに不要なことや遂行不可能なことの強制、仕事の妨害（過大な要求）

⑤ 　業務上の合理性なく、能力や経験とかけ離れた程度の低い仕事を命じることや仕事を与えないこと（過小な要求）

⑥ 　私的なことに過度に立ち入ること（個の侵害）

　多くの職場において、以上のようなパワーハラスメントが現実に生じている。

　特に上記②の侮辱やひどい暴言などは、行為者本人としては適正な業務指導の範囲内と誤認し無自覚に行っているケースも多い。逆に、パワーハラスメントに該当することをおそれて適正な業務指導でも控えてしまうケースもよくみられる。金融機関は、研修等の方法により、何がパワーハラスメントに該当するのかを従業員に対し正確に伝える必要がある。

◆**パワーハラスメントに関連した裁判例**
近時、裁判例のなかにもパワーハラスメントという語が使用されるようになっている。

　名古屋高判平19.10.31（判タ1294号80頁）は、上司の部下に対する、「主任失格」「おまえなんか、いてもいなくても同じだ」などと感情的に叱責した行為や、複数回にわたって結婚指輪を外すよう命じた行為について、「何ら合理的理由のない、単なる厳しい指導の範疇を超えた、いわゆるパワー・ハラスメントとも評価されるもの」と判示した。

◆**金融機関に求められる措置**　金融機関には、職場のパワーハラスメントの発生を予防し、また発生した場合には適切に解決することが求められる。

　WG報告では、すでに対策に取り組んで

いる企業の取組みの例として、以下のもの
をあげている。

① トップのメッセージ

組織のトップが、職場のパワーハラスメ
ントはなくすべきであることを明確に示す。

② ルールを決める

就業規則に関係規定を設ける、労使協定
を締結する。

③ 実態を把握する

従業員アンケートを実施する。

④ 教育する

研修を実施する。

⑤ 周知する

組織の方針や取組みについて周知・啓発
を実施する。

⑥ 相談や解決の場を設置する

企業内外に相談窓口を設置する、職場の
対応責任者を決める、産業カウンセラー等
の外部専門家と連携する。

⑦ 再発を防止する

行為者に対する再発防止研修を行う。

また、予防・解決に向けた提言において
も、企業や労働組合、そして一人ひとりが
それぞれの立場から、パワーハラスメント
をなくしていくために取り組むことが求め
られている。金融機関は、これらを参考に
パワーハラスメント防止のために自らの職
場の状況に即した有効な対策を講ずること
が必要である。

職場のパワーハラスメントは、被害者に
深刻な精神的ダメージを与えるのみでなく、
金融機関にとっても、人材の喪失や職場に
おける士気の低下などを招き、生産性の悪
化につながる。また、安全配慮義務違反や
使用者責任などを根拠に損害賠償請求訴訟
を提起されるおそれもあることから、金融

機関としてパワーハラスメントの防止と発
生時の対応に真摯に取り組まなければなら
ない。

| 10599 | 名ばかり管理職 |

労働基準法の労働時間、休憩および休日に
関する規定の適用が除外される管理監督者
についてどのように考えればよいか

結　論

労働基準法上の管理監督者に該当するか
どうかについては、行政解釈において、資
格および職位の名称にとらわれることなく、
職務内容、責任と権限、勤務態様に着目す
る必要があり、賃金等の待遇面についても
留意しつつ、総合的に判断することとして
いる。近時、管理監督者の実態がないにも
かかわらず管理監督者として取り扱われ、
残業手当等の支払のないまま長時間労働を
強いられる、いわゆる「名ばかり管理職」
が問題となっており、民事裁判において残
業手当の支払が認められた例もあるため注
意が必要である。金融機関については、管
理監督者の範囲について別途通達が出され
ており（昭52．2．28付基発第104号の2お
よび昭52．2．28付基発第105号）、これに従
う必要がある。

解　説

◆**管理監督者の範囲**　　労働基準法41条2
号に定めるいわゆる管理監督者については、
同法上の労働時間、休憩および休日に関す
る規制が適用されない。この管理監督者の

範囲について、行政通達は、経営者と一体的な立場にあるものであって、労働時間、休憩および休日に関する規制の枠を超えて活動することが要請されざるをえない重要な職務と責任を有し、現実の勤務態様も、労働時間等の規制になじまないような立場にあるかを、職務内容、責任と権限、勤務態様および賃金等の待遇をふまえ、総合的に判断することとしている（昭22．9．13付基発第17号、昭63．3．14付基発第150号）。

したがって、管理職にあるからといって直ちに管理監督者として取り扱われるわけではなく、具体的には、経営方針の決定に参画しまたは労務管理上の指揮命令権限を有しているか、自己の勤務時間についてある程度の裁量を有する地位にあるか、職務の重要性に見合う役職手当等が支給されているかなどを総合考慮のうえ決定される。

◆**行政通達**　　金融機関の場合、管理監督者の範囲については行政解釈例規が出されており、都市銀行等の場合は、①取締役等役員を兼務する者、②支店長、事務所長等事業場の長、③本部の部長等で経営者に直属する組織の長、④本部の課またはこれに準ずる組織の長、⑤大規模の支店または事務所の部、課等の長で①〜④の者と銀行内において同格以上に位置づけられている者、⑥①〜④と銀行内において同格以上に位置づけられている者であって、①〜③の者および⑤のうち①〜③の者と同格以上の位置づけをされている者を補佐し、かつその職務の全部もしくは相当部分を代行もしくは代決する権限を有する者（次長、副部長等）、⑦①〜④と銀行内において同格以上に位置づけられている者であって、経営上の重要事項に関する企画立案等の業務を担

当する者（スタッフ）が管理監督者に該当するとされている（昭52．2．28付基発第104号の2）。なお、この基準を適用する職位がないときには、各職位の権限、責任、資格等により判定される。

都市銀行等以外の金融機関の場合には、出先機関を統括する中央機構の長と出先機関における組織の長に分けて、それぞれ管理監督者の範囲が定められている（昭52．2．28付基発第105号）。

◆**裁判例**　　管理監督者の地位にない労働者を管理監督者として扱った場合に、後日未払いの時間外手当等の請求を求められた場合にはこれに応じなければならない。近時、ファストフード店の店長に対し裁量権や待遇の面からみて管理監督者には該当しないとして、会社側に対し未払いの残業手当と慰謝料の支給を認めた裁判例がある（東京地判平20．1．28判時1998号149頁。類似の裁判例として、東京地判平23．7．26労判1037号59頁、東京高判平23.12.20労判1044号84頁がある）。金融機関の事例では、銀行の調査役補について、①通常の就業時間に拘束されて出退勤の自由がないこと、②部下の人事およびその考課に関与しておらず、銀行の機密事項に関与した機会はなく、担保管理業務の具体的内容について上司の手足となって部下を育成・指導してきたにすぎず、経営者と一体となって銀行経営を左右する仕事にはまったく携わってないことなどを認定し、かかる調査役補は管理監督者に該当しないとした裁判例がある（静岡地判昭53．3．28判時901号112頁）。また、外国銀行のインターネットバンキング部門のバイス・プレジデントについて、部下に当たる職員がおらず、部下に対する労

務管理上の決定等についての裁量権が皆無であったと認められることから、当該社員が労働時間管理を受けていなかったことおよび報酬が相当に高額であったことを考慮しても、管理監督者に当たると認めることは困難であるとされた裁判例もある（東京地判平23.12.27労判1044号5頁）。

10600 偽装請負

請負契約により受け入れた労働者を自行の指揮命令下で労働させることに問題はあるか

結　論

　請負契約により受け入れた労働者を自行の指揮命令下で労働させることは偽装請負に当たり、労働者を派遣した企業のみならず、このような労働者の受入先も労働者派遣法に違反する場合がある。

解　説

◆偽装請負とは　　労働者派遣事業とは、派遣元事業主が自己の雇用する労働者を、派遣先の指揮命令を受けて、当該派遣先のために労働に従事させることを業として行うことをいい、「労働者派遣事業の適正な運営の確保及び派遣労働者の保護等に関する法律」（以下「労働者派遣法」という）により規律される。

　これに対して、請負とは、仕事の完成を目的とするものであり、請負者と注文主の間に指揮命令関係を生じないものである（民法632条）。

　このように、労働者派遣と請負の違いは注文主と労働者（請負者）との間に指揮命令関係があるか否かにより判断されるものであるところ、形式的には請負の形をとっていたとしても、実態として、労働者（請負者）が受入先の企業の指揮命令に服している場合を「偽装請負」という。

　労働者派遣か請負かの区別は形式的にではなく、実態に即してなされるべきとされており、両者の区別については、旧労働省（現厚生労働省）の告示（労働省昭61.4.17告示第37号）が出されている。

◆偽装請負の問題点　　労働者派遣と請負とでは、労働者の安全衛生の確保や労働時間管理等に関して、雇用主である派遣元事業主・請負事業者や派遣先・注文主が負うべき責任が異なる。偽装請負は、労働者を保護するため厳しい制限のもとで労働者の派遣を認める労働者派遣法の趣旨を潜脱するものであり、労働者の保護に欠けるという問題がある。

　また、偽装請負が労働者派遣に該当する場合には、派遣元が労働者派遣事業主として許可または届出をしていない場合には、労働者派遣法に違反することになり、刑事罰が科される（労働者派遣法59条2号・60条1号）。たとえ派遣元が労働者派遣事業主としての許可または届出を行っていた場合であっても、労働者派遣法において定められている派遣元事業主としての責任を果たしていない場合には、労働者派遣法違反となる。

　受入先も労働者派遣事業主としての許可または届出をしていない派遣元から労働者を受け入れていた場合には、派遣元事業主以外の労働者派遣事業を行う事業主からの

労働者派遣の受入れの禁止（労働者派遣法24条の２）に抵触し、また、労働者派遣法において定められている派遣先の義務（同法39〜43条）を果たしていないものとして同法に違反することになる。

したがって、労働者の受入れが偽装請負に該当する場合には、契約内容の見直しや労働者派遣への切替え等を行わなければならない。

なお、派遣先が、労働者派遣法の義務を免れる目的で、偽装請負を行っていた場合には、偽装請負開始の時点で、派遣先が派遣労働者に対して、直接雇用の申込みを行ったものとみなされるが、偽装請負に該当することを知らず、かつ、知らなかったことにつき過失がなかったときは、この限りでない（同法40条の６第１項５号）。

10601　出向

出向とは何か。職員を出向させる際に何に留意すべきか

結　論

出向とは、労働者が自己の雇用先の企業に在籍したまま、他の企業の従業員ないし役員となって相当長期間にわたって当該他企業の業務に従事することをいう。

解　説

◆**出向とは**　　出向とは、労働者が自己の雇用先の企業に在籍したまま、他の企業の従業員ないし役員となって相当長期間にわたって当該他企業の業務に従事することを

いう（菅野和夫『労働法〔第11版〕』690頁）。

出向と似た概念として転籍があるが、転籍は従来の雇用先の企業との労働契約関係を終了させる点で、元の雇用先との労働契約関係が維持される出向とは区別される。また、その他の似た概念として配転があげられることがあるが、配転は同一企業内での人事異動であり、企業間での人事異動である出向とは異なる。

◆**出向の要件**　　出向は、企業間の人事異動であることから、労務の提供の相手方が変更されることとなるため、就業規則・労働協約上の規定あるいは採用時における同意等の明示の根拠がない限りは、出向命令権が労働契約の一部となっていると解することは困難であると一般に解されている（前掲『労働法〔第11版〕』691頁）。

また、仮に就業規則・労働協約上の規定あるいは入社時の同意等を根拠として出向を命じたとしても、その有効性が別途問題となりうる。労働契約法14条は、「使用者が労働者に出向を命ずることができる場合において、当該出向の命令が、その必要性、対象労働者の選定に係る事情その他の事情に照らして、その権利を濫用したものと認められる場合には、当該命令は、無効とする」と定めており、権利濫用により出向命令が無効となりうることを明文で認めている。

◆**出向中の労働関係**　　出向中であっても、労働者と元の勤務先との間の労働関係は継続する。

元の勤務先を甲企業、出向先の企業を乙企業とした場合、労働者から甲企業に対する労務提供が停止する（乙企業に対して労務が提供される）こと、および、労働者が

乙企業の指揮命令を受けることについて争いはない。

　まず、甲企業の就業規則が労働者に適用されるかについては、労務提供が停止している以上、この点を前提とする条項が甲・労働者間に適用されないと解される一方、その他の労務提供に関しない条項については基本的に適用されるものと解されている。他面において、乙企業の指揮命令を受けながら労務提供が行われることから、安全配慮義務などの労働契約上の義務は乙企業が負うこととなる。

　比較的多く問題となるのが労働基準法、労働安全衛生法、労働者災害補償保険法上の義務を甲企業・乙企業のいずれが負担するかであるが、労働安全衛生法上の事業者としての責任は現実に労務の提供を受けている乙企業が原則として負担することとなるが、その他については出向の目的や、甲企業・乙企業間の契約の内容、出向労働者の労働の実態等の実質にかんがみ、個別に判断する必要がある。労働災害補償保険法上の事業主も原則として指揮命令を行い労働者を使用する乙企業ということになる（昭35.11.2付基発第932号）。労働基準法上の各規定については、個別の事項について実質的権限を有する者が責任を負うものと解される（前掲『労働法〔第11版〕』695頁）。

10602　定年

改正高年齢者雇用安定法とは何か。何が企業に義務づけられたのか

結　論

　平成24年改正により、事業主は、定年の引上げ、継続雇用制度の導入、定年の定めの廃止のいずれかの高年齢者雇用確保措置を講じなければならなくなった。

解　説

◆平成24年高年齢者雇用安定法改正　少子高齢化による労働力の低下が進行し、全員参加型社会の実現の一環として高年齢者の就労促進の要請が高まりつつあるなかで、昭和61年に制定された高年齢者等の雇用の安定等に関する法律（以下「高年齢者雇用安定法」という）が平成24年8月29日に改正され、平成25年4月1日に施行された。

　以下においては、高年齢者雇用安定法の平成24年改正の概要について説明する。

◆高年齢者雇用安定法の概要　高年齢者雇用安定法8条は、「事業主がその雇用する労働者の定年の定めをする場合には、当該定年は、60歳を下回ることができない」と定めており、同条は強行法規であることから、事業主は60歳未満の定年を定めれば、当該定めは無効となり、定年の定めがないこととなる。

　平成24年改正前においては、60歳以上65歳未満の定年の定めをしている事業主は、①当該定年の引上げ、②現に雇用している高年齢者が希望するときは、当該高年齢者をその定年後も引き続いて雇用する制度（以下「継続雇用制度」という）の導入、③当該定年の定めの廃止のいずれかの措置を講じなければならないものとされていた。もっとも、事業場に、労働者の過半数で組織する労働組合がある場合においてはその

労働組合、労働者の過半数で組織する労働組合がない場合においては労働者の過半数を代表する者との書面による協定により、継続雇用制度の対象となる高年齢者に係る基準を定め、当該基準に基づく制度を導入したときは、継続雇用制度の導入措置を講じたものとみなされていた（平成24年改正前高年齢者雇用安定法9条2項）ため、事業場の労使協定によって定められた基準によって、雇用されていた高年齢者が継続雇用を希望しても、同基準を満たしていないことを理由として、継続雇用を行わないことが可能となっていた。

そこで、平成24年改正によって、平成24年改正前高年齢者雇用安定法9条2項を削除し、事業主としては、定年の引上げ、継続雇用制度の導入、定年の定めの廃止のいずれかの高年齢者雇用確保措置を講じなければならなくなり、金融機関においても同様の対応が求められる。そして、継続雇用制度には、事業主が、特殊関係事業主（当該事業主の経営を実質的に支配することが可能となる関係にある事業主その他の当該事業主と特殊の関係のある事業主として厚生労働省令で定める事業主）との間で、当該事業主の雇用する高年齢者であってその定年後に雇用されることを希望するものをその定年後に当該特殊関係事業主が引き続いて雇用することを約する契約を締結し、当該契約に基づき当該高年齢者の雇用を確保する制度も含まれる（高年齢者雇用安定法9条2項）。

継続雇用後の賃金その他の処遇については労使間の協議等に委ねられ、したがって、同一の処遇が必ずしも求められるものではない。

事業主が高年齢者雇用確保措置を講じない場合、厚生労働大臣は、必要な指導および助言をすることができる。なお、当該事業主が高年齢者雇用確保措置を講じないときには勧告を行うことができる。平成24年改正後は、さらに当該事業主が勧告に従わなければ、厚生労働大臣は、その旨を公表することができることとなった（高年齢者雇用安定法10条）。

なお、改正前に、事業場の労使協定によって継続雇用制度の対象となる高年齢者に係る基準を定め、当該基準に基づく制度を導入していた事業主については、平成37年3月31日まで当該制度が有効であるとしたうえで、老齢厚生年金（報酬比例部分）の受給開始年齢に到達した以降の者については同制度の基準に基づく処理を行うことができる（高年齢者雇用安定法附則3項）。

10603 裁判員制度

裁判員制度の実施に伴い、金融機関に求められる対応にはどのようなものがあるか

結 論

法律上、役職員が裁判員としての業務に必要な休暇を取得することが認められており、また、裁判員として仕事を休んだことを理由に企業が解雇などの不利益な扱いをすることが禁止されている。有給休暇とすることは法律上の要請ではないものの、裁判員が裁判員裁判にストレスなく参加できるようにするために、就業規則で裁判員となるための特別な有給休暇の制度を創設す

るなどの配慮をすることが望ましい。その他、役職員が裁判員になったことを公開したり、事件について尋ねたりすることも禁止されているので、金融機関としてそのようなことのないよう対応することが求められる。

解　説

◆裁判員制度とは　裁判員制度は、国民のなかから選ばれる裁判員が刑事裁判に参加し、有罪無罪の別および有罪とした場合の量刑を判断する制度であり、司法改革制度の一環として導入されたものである（平成21年5月21日より実施）。

その対象となる事件は、①死刑または無期の懲役もしくは禁錮に当たる罪に係る事件、②短期1年以上の懲役もしくは禁錮に当たる罪であって、故意の犯罪行為により被害者を死亡させた罪に係る事件のいずれかに該当する第一審の重大事件に限られる。

裁判員裁判では原則として裁判官3名、裁判員6名の合計9名で合議体が形成され、多数決により評決を行う。

裁判員の選任手続として、まず、20歳以上の有権者のなかから1年ごとにくじで裁判員候補者が選ばれ、名簿に登載される（裁判員候補者となった者には各地方裁判所から裁判員候補者になった旨の書面による通知が行われる）。次に、そのなかから、事件ごとに、くじで裁判員候補者が選定され呼出状が送られる。呼出状を受け取った候補者は、呼出状に従って、指定された日時に裁判所に出頭する。裁判所では、裁判員候補者のなかから、裁判員（および必要に応じて補充裁判員）を任命する。

なお、裁判員の資格は「衆議院議員の選挙権を有する者」である（裁判員の参加する刑事裁判に関する法律（以下「裁判員法」という）13条）ところ、平成27年の公職選挙法改正（平成28年6月19日施行）により、年齢満18年以上の者は衆議院議員の選挙権を有することとなった（同法9条1項）。もっとも、同法附則10条1項は、年齢満18年以上満20年未満の者については、当分の間、裁判員法15条1項各号に掲げる者（裁判員としての就業禁止に該当する者）とみなして、同法の規定を適用する旨規定していることから、当分の間、年齢満18年以上満20年未満の者が裁判員として選任されることはない。

以上の手続の結果として、1年間で裁判員または補充裁判員として選任される確率は、約5000人に1人といわれている。

選任された裁判員は、公判審理に立ち会った後、評議に臨むことになる。裁判員裁判は必ず公判前整理手続を経て、またできるだけ連日的に開廷することとされているので、多くは3日から5日以内に終結すると予定されている。

◆金融機関に求められる対応　金融機関の役職員も、20歳以上の有権者であれば裁判員に選任される可能性がある。裁判員制度は、司法に対する国民の理解の増進とその信頼の向上を目的として導入されたものであるから、金融機関には、役職員が裁判員制度に参加しやすい職場環境をつくり、裁判員制度の実施に協力することが求められているといえる。

具体的には、以下の点に注意すべきである。

裁判員候補者は、「その従事する事業における重要な用務であって自らが処理しな

ければ著しい損害が生じるおそれがある」
場合には、裁判員となることについて辞退
することが認められている。当該事由の該
当性は、裁判所が、①裁判員として職務に
従事する期間、②事業所の規模、③担当職
務の代替性、④予定される仕事の日時を変
更できる可能性等から総合的に判断して決
するとされている。

　金融機関は、上記のような場合には辞退
が認められることをふまえ、役職員に対し
選任手続への不出頭を強要したり、選任手
続において虚偽事実を記載させたり陳述さ
せたりすることのないよう注意する必要が
ある。

　裁判員が、裁判員としての業務に必要な
休みをとることは法律で認められてい
る（労働基準法7条、平17.9.30付基発第
0930006号）。また、裁判員として仕事を休
んだことを理由に、解雇などの不利益な扱
いをすることは法律により禁止されている
（裁判員法100条）。したがって、金融機関
は、役職員が裁判員に選任されたことを理
由に休暇の取得を申請してきた場合はこれ
を拒んではならないし、休暇を取得したこ
とをもって解雇等の不利益を与えてはなら
ない。

　なお、上記のとおり、裁判員の仕事に必
要な休暇を取得することと不利益取扱いの
禁止については法律で定められているが、
裁判員に選任されたことを理由に取得する
休暇が有給休暇扱いになることまでは法律
では定められていないものの、日当が支給
される（裁判員法11条、同法規則7条）。

　その他、裁判員となった役職員の名前や
住所など、裁判員がだれであるのかを特定
するような情報を公開することや、裁判員

となった役職員から事件について尋ねるこ
とは裁判員法で禁じられているが、役職員
から裁判員になったことを知らされること
まで禁じられているわけではない。

　役職員が裁判員となる場面における金融
機関の対応は、そのまま刑事裁判に対する
「国民の理解の増進とその信頼の向上」（裁
判員法1条）を目的とする裁判員制度に対
する金融機関の取組方としてとらえられる
ので、企業の社会的責任（CSR）ないしコ
ンプライアンス体制として位置づけること
も必要となってくる。

10604　育児休業

育児休業制度とは何か。男性従業員にも認
める必要があるか

結　論

　育児休業とは、1歳6カ月に達するまで
の子について申し出ることにより取得する
ことが法律上認められた制度である。法律
上、育児休業の申出を行う主体を女性に限
定する規定は存在しないこと、労働基準法
65条に規定する産前産後休業と育児休業は
異なることから、男性従業員も育児休業を
取得することが可能であり、申出があれば
男性従業員にもこれを認める必要がある。

解　説

◆**育児休業とは**　　労働者は、その養育す
る1歳に満たない子について、その事業主
に申し出ることにより、育児休業をするこ
とができ、期間を定めて雇用される者にあ

っては、当該事業主に引き続き雇用された期間が1年以上であり、かつ、その養育する子が1歳6カ月に達する日までに、労働契約（労働契約が更新される場合にあっては、更新後のもの）が満了することが明らかでない場合に、当該申出をすることができる（育児休業、介護休業等育児又は家族介護を行う労働者の福祉に関する法律（以下「法」という）5条1項）。

さらに、1歳以上1歳6カ月に達するまでの子についても、当該子について、当該労働者またはその配偶者が、当該子の1歳到達日において育児休業をしており、かつ、当該子の1歳到達日後の期間について休業することが雇用の継続のために特に必要と認められる場合として育児休業法施行規則4条の2第1項で定める場合に該当する場合には、育児休業を延長して申出することができる（法5条3項）。

この育児休業を取得する権利は、法律上認められる労働者の権利であり、すべての事業主は、労働者（日々雇用される者を除く）からの育児休業申出があったときは、原則として当該育児休業申出を拒むことができない（法5条2項）。ただし、雇用されて1年に満たない者、育児休業申出があった日から起算して1年（法5条3項に基づく1歳以上の子についての申出にあっては6カ月）以内に雇用関係が終了することが明らかな労働者および1週間の所定労働日数が2日以下の労働者については、事業主と当該労働者が雇用される事業所の労働者の過半数で組織する労働組合があるときはその労働組合、その事業所の労働者の過半数で組織する労働組合がないときはその労働者の過半数を代表する者との書面によ

る協定で、育児休業をすることができないものとして定められた場合には、育児休業を取得することができないこととされている（法6条1項）。

育児休業中の賃金は、労働契約に委ねられており、特段の合意がない限り、無給となる。もっとも、育児休業期間中においては、育児休業給付金が支給されうる（雇用保険法61条の4）。

一方、育児休暇とは、法律上の概念ではなく、企業において就業規則等により認められるものであり、その内容はもっぱら事業主と労働者との間の労働契約により定まる点で、育児休業とは異なるものである。

◆男性従業員の育児休業　法は、育児休業の申出を行う主体を労働者と定義するのみであり、特に女性に限定する規定は存在しないこと、労働基準法65条に規定する産前産後休業と育児休業は異なることから、男性従業員も育児休業を取得することが可能である。

法9条の2は、平成21年改正によって新設された規定で、労働者である父母がともに育児休業を取得する場合には、当該子が1歳2カ月になるまでの間、育児休業を取得することを可能とするものである（厚生労働省が、「パパ・ママ育休プラス」と名付けた制度である）。同規定は、男性の育児休業の取得率が非常に低水準であったこと、男性が子育てや家事にかかわらない結果、女性に子育てや家事の負荷がかかりすぎていることが、女性の継続就業を困難にし、少子化の原因にもなっているという問題意識等を背景として創設された規定であり、男性従業員による育児休業の取得を法が後押しするものである。

第 3 項　そ　の　他

10605　接待・贈答

顧客等との接待・贈答にあたり、留意すべき点は何か

結　論

　日本では慣行上、一般に、接待・贈答が広く行われているが、社会常識を超えた顧客等からの接待・贈答は情実取引の温床になり、場合によっては犯罪につながるおそれがあるので、接待・贈答に関しての社内ルールをつくったり、接待を受ける場合には必ず上司やコンプライアンス部門に報告するなど、未然にこれを防止するよう注意が必要である。

解　説

◆**社会常識の範囲を超える接待・贈答の申出があった場合**　接待・贈答の慣行は、日本の社会生活に定着しており、それなりの意義があることは事実であるが、昨今の金融機関を取り巻くさまざまな情勢などにかんがみても、顧客や取引先等との接し方や従来の取引慣行については、常に見直していくことが求められていると考えなければならない。

　接待・贈答は、日本において慣行上、一般に認められており、たとえば中元、歳暮等の社交辞令の範囲内であれば犯罪や問題にならない。しかし、社交辞令や社会常識を超えるようなものは許されず、常に思慮分別をわきまえた適切な判断が必要である。

　社会的常識の範囲を超えるような贈答の申出があった場合は、現実的には先方との取引を継続していかなければならないので、その関係を損なわないよう配慮しつつ、先方の申出を丁重に辞退すべきである。

◆**犯罪とのつながり**　顧客や取引先等からの度を超えた接待・贈答は、情実取引の温床になり、場合によっては犯罪につながるおそれがあるので、これを未然に防止しなければならない。

　たとえば、貸出の実行にあたり、支店長や融資担当者等が取引先からお礼として過大な金品を受け取ったりすることは、贈収賄により貸出を実行したとして、会社法上の贈収賄罪（会社法967条）に該当するおそれがある。さらにその後、その貸出先が倒産して融資が回収不能となった場合には、特別背任罪（同法960条）が成立するおそれもある。実際に犯罪となるのは極端なケースだとしても、金融機関の役職員としては、高い倫理観に基づいた節度ある行動をとるように心がけなければならない。

　公務員（いわゆる「みなし公務員」も含む）に対する接待・贈答については、金額の多寡や形態にかかわらず、刑法上の贈賄罪（刑法198条）を構成する可能性があるので、特に厳格な対応が必要である（【10606】参照）。

　また、外国公務員に対する贈賄行為についても、OECD「国際商取引における外国

公務員に対する贈賄の防止に関する条約」（外国公務員贈賄防止条約）に基づき、外国公務員に賄賂の申込みや供与を行った場合には、不正競争防止法で処罰の対象とされている。同法は、平成17年１月１日施行の改正法により、罰則の適用範囲について国民の国外犯も処罰することとしているので、日本国内で贈賄行為を行った場合に加え、日本国外で贈賄行為を行った日本人についても処罰対象となることに注意する。

さらに、海外展開を行う金融機関の役職員においては、外国の反贈収賄法制（米国の海外腐敗行為防止法およびイギリスの贈収賄禁止法など）の域外適用にも注意すべきである。

◆**社内ルールづくりと上司への報告の徹底**
接待・贈答について、法律上の明文の規定に触れることがないように注意をすることは当然であるが、たとえ法に触れなくとも、社会常識の観点から回避すべき行為も多い。そこで接待・贈答についての基準や社内ルールをつくり各金融機関ではこれを役職員に対して、周知徹底することが必要である。また、取引先から宴席の誘いや贈答の申出を受けた場合には、事前に上司や社内のコンプライアンス部門に報告し、その許可を得てからこれに参加するようにすべきである。担当者のみの独自の判断でこれを受けることは禁物である。

◆**プライベートな関係での接待**　なお、取引先から、業務上ではなくプライベートな関係での接待を受けることは、取引先に付け入る隙を与えることになるので、絶対にこれに応じてはならない。取引先とは公の立場を保ちきちんと付き合う必要がある。

10606	国家公務員倫理法・倫理規程

国家公務員倫理法・倫理規程の内容は何か。留意すべき点は何か

結　論

国家公務員倫理法は、国家公務員の職務に係る倫理の確保のため、職員の倫理原則を定めた法律であり、平成12年４月１日から全面施行されている。国家公務員倫理規程は、この倫理原則に基づいて具体的に、①国家公務員の行動ルール、②贈与等が行われた場合の報告ルールを定めている。民間企業等は、自らが国家公務員倫理法・倫理規程における利害関係者に該当するか否かを認識しつつ、国家公務員が禁止されている行為の相手方となることがないよう留意しなければならない。

解　説

◆**国家公務員倫理法とは**　　国家公務員倫理法とは、国家公務員の職務に係る倫理の保持のため、議員立法により全党一致で可決された法律である。同法では、職員の倫理原則として、①国民に対する不当な差別的取扱いの禁止と公正な職務の遂行、②職務や地位の私的利益への利用禁止、③国民の疑惑や不信を招くような行為の禁止を定めている。

各職員はそれぞれの地位に応じて、事業者等から贈与等を受けた場合は報告義務を負う。たとえば、本省審議官級以上の職員は贈与等・株取引・所得報告書、本省課長補佐以上の職員は１件5000円を超えるもの

につき贈与等報告書を提出しなければならない。指定職以上の職員により提出された報告書は、学識経験者4人および人事官1人によって構成される国家公務員倫理審査会によって審査されることになり、倫理違反者に対する懲戒処分の承認等や、職員を懲戒手続に付し処分を公表することについても、この国家公務員倫理審査会の所掌事務とされる。また、一般職員も含む対象職員に対しては、倫理監督官が指導・助言を行うと定められている。

◆**国家公務員倫理規程とは**　国家公務員倫理規程は、公務員との関係で「利害関係者」となる者の範囲を定め、公務員と利害関係者との間で禁止される行為等について、具体的に規定している。

この場合の利害関係者とは、職員の現在の職務において、所掌事務の対象となっている相手方のうち、①許認可、②補助金、③立入検査、④不利益処分、⑤行政指導、⑥契約締結等に関係する事業者等をいう。なお、公務員にとっては、過去3年間就いていた官職の利害関係者も、現在の利害関係者とみなされるので注意が必要である。

公務員とこのような利害関係者の間では、金銭・物品・不動産の贈与（餞別、祝儀、香典または供花なども含む）、金銭の貸付、物品・不動産の無償貸付、役務の無償提供、未公開株式の譲受け、供応接待等を行ってはならない。また、ゴルフ、マージャン、旅行（公務のための旅行を除く）は、公務員が自分の分を負担する場合でも利害関係者と一緒に行ってはならない。

これに対し、公務員が利害関係者との間で行う飲食については、平成17年4月の国家公務員倫理規程改正により、自分の飲食費用を公務員が自ら負担する場合等には、昼夜を問わず利害関係者とともに飲食をすることができるとされている（改正前は、夜間に行われる飲食は特定の場合を除き倫理監督官の許可が必要とされていた）。ただし、公務員の飲食に要する費用が1万円を超える場合は、倫理監督官へ事前に（やむをえない場合は事後に）届け出ることが必要である。

なお、公務員との私的な関係、すなわち事業者等以外で、親族関係や幼なじみ等職員としての身分にかかわらない関係においては、禁止行為はない。

◆**民間企業の側が留意すべき点**　国家公務員倫理法の施行当初は、その解釈や運用に誤解や過度の反応がみられ、民間企業関係者と公務員との間に意思疎通の齟齬をきたすケースもあったが、倫理規程における行動ルールでは、禁止行為においても例外的に許される場合を例示する等、行政が円滑に運営されるよう、民間企業関係者との意見交換等への配慮もしている。たとえば、一般配布の宣伝用物品・記念品の贈与、職務で訪問時に使用される物品の提供、職務で訪問時に利用される自動車の提供、職務上の会議その他の会合でのコーヒーや茶菓の提供等は、国家公務員倫理規程でも許される行為としている。

一方、公務員に対する、社会通念を超えた過度の供応接待、財産上の利益の供与、いわゆる「つけ回し」は、公務員と利害関係者との間に限らず、利害関係者に該当しない事業者等との間でも公務員がこれを受けることが禁止されているが、これは当然のことといえる。

民間企業関係者としては、公務員に対し

て、ルールを逸脱した供応等を行わないよう十分に留意しなければならない。

10607 苦情・トラブル

顧客からの苦情・トラブルへの対応につき、金融検査マニュアルはなぜコンプライアンス上の問題と結びつけているのか

結　論

　顧客からの苦情・トラブルは、金融機関側の説明不足や不適切な営業活動に起因することが多く、また発生した苦情・トラブルに適切に対応するような態勢を整備しているかということは、金融機関が法令等を遵守する態勢を整えているかどうか、すなわちコンプライアンス環境整備の実践状況を確認するための指標となりうる。そのため、金融検査マニュアルは、顧客からの苦情・トラブル対応の態勢の整備について、顧客保護等管理態勢のチェック項目の一つとするとともに、法令等遵守態勢のチェック項目に、顧客サポート等管理責任者との適切な連携がなされていることをあげ、苦情・トラブルへの対応をコンプライアンス上の問題と位置づけている。したがって、金融機関は、苦情・トラブル対応の態勢を整備することが望ましい。

解　説

◆**金融検査マニュアルがコンプライアンス上の問題とする理由**　平成19年2月に全面改訂された際に、金融検査マニュアルでは、顧客保護の重要性が認識されてきたこ

とを反映し、新たに法令等遵守態勢から独立した「顧客保護等管理態勢の確認検査用チェックリスト」が設けられた。同チェックリストは、チェック項目の一つとして、顧客からの苦情・トラブルに限定せず、顧客の相談・苦情等への対処を「顧客サポート等」と定義し、その適切性および十分性が確保されているかをあげている。

　そして、法令等遵守態勢のチェックリストでは、コンプライアンス統括部門等と顧客サポート等管理責任者との適切な連携が求められている。顧客からの苦情・トラブルは、説明不足や不適切な営業活動に起因する場合が多く、このような苦情・トラブルが発生しないようにコンプライアンスの徹底が図られているか、その実践状況をチェックするうえで重要な項目である。さらに、これらが発生したときにいかに適切に対応するかということも、コンプライアンスの重要な要素となる。

◆**苦情・トラブルへの具体的対応**　苦情・トラブルを未然に防止するためには、十分な商品知識や業務知識の習得に努め、顧客に対して常にわかりやすい説明を心がけなければならない。

　そして、万一苦情・トラブルが発生してしまった場合には、その対応にあたっては、顧客の言い分を謙虚な態度でよく聞き、誠実に対応しなければならない。

　しかし、これらの苦情やトラブルを早期に解決することを考えるあまり、一時逃れの説明をしたり、顧客が要求するがままに詫び状を出したり、安易に和解金を支払ったりすることは、後にトラブルが法的紛争にまで発展した場合や、なんらかの形で社会に公表された場合に不利な影響を及ぼし

かねないので回避すべきである。早期の解決は重要なことではあるが、早期に解決することだけを考えるのは誤りである。

苦情のなかには、苦情常習者（クレーマー）からの言いがかり的なもので、金融機関側にはなんら非がない場合もあり、このような場合には毅然とした対応をしなければならない。また、金融機関の些細な事務的なミスに対して総会屋や暴力団等、いわゆる反社会的勢力が介入して不当な要求をしてくることがある。このような場合、先方のいうことをよく聞くことは当然であるが、不当な要求に対しては、やはり毅然とした態度で臨まなければならない。反社会的勢力への対応については、平成23年10月までに全国で相次いで施行された暴力団排除条例に反しないかについても、考慮する必要がある。

なお、金融検査マニュアルのチェック項目では、顧客からの苦情相談等への対応として求められる態勢が、①内部規程等の策定、②顧客サポート等の実施、および③評価改善活動として具体的に定められている。

◆**上司や本部への報告**　苦情・トラブルは些細なことでも1人で抱え込まないで、直ちに上司に報告・相談することが必要である。初期対応が遅れたり誤ったりすると、取り返しのつかない事態に至る場合もあるからである。この点において、金融機関側にはなんら非がないと思われる、いわゆるクレーマーや反社会的勢力からの言いがかり的な苦情であっても、これらの者から苦情があったことについては上司や本部に報告する必要がある。こちら側に非がないという担当者の判断に誤りがある可能性もあるからである。

また、支店で発生した苦情・トラブルについては、定められたルールに基づいて本部に報告しなければならない。報告することによって、支店のミスが本部に対して明らかになるとしても、これを隠蔽するようなことは厳に慎まなければならない。支店において苦情やトラブルが発生した場合、支店のコンプライアンス担当者は、支店内のコンプライアンスの徹底をチェックすべきである。そして、これらに対する適切な再発防止策を自ら中心となって講じていく必要がある。

10608　障害者雇用促進法

改正障害者雇用促進法の概要および趣旨は何か

結　論

障害者雇用促進法は平成25年の改正により、①障害者に対する差別の禁止、合理的配慮の提供義務、苦情処理・紛争解決の援助の仕組みを定めるとともに、②障害者法定雇用率の算定の基礎の見直しを行った。②について、事業主は、平成25年改正により、一定の精神障害者を分子に加えて算定することが認められ、さらに、平成30年4月1日以降においては、身体障害者・知的障害者に精神障害者を加えた「対象障害者」を算定基礎として法定雇用率が定められることとなる。

解　説

◆**はじめに**　障害者の雇用の促進等に関

する法律（以下「障害者雇用促進法」という）は平成25年6月13日に大きく改正され、平成28年4月1日より段階的に施行されている。

以下においては、障害者雇用促進法について、平成25年改正の概要について説明する。

◆**平成25年改正の概要**　障害者雇用促進法は、①障害者に対する差別の禁止、合理的配慮の提供義務、苦情処理・紛争解決の援助の仕組みを定めるとともに、②障害者法定雇用率の算定の基礎の見直しを行ったものと整理される。

まず、①についてであるが、「障害者の権利に関する条約」批准のために、障害者雇用促進法は、雇用の場での障害者に対する差別的取扱いの禁止および合理的配慮の提供義務を定めるとともに、事業者による自主的な苦情解決を図るよう努力義務を課すのみならず、一定の場合には都道府県労働局長による助言、指導もしくは勧告または紛争調整委員会による調停が行われる形で紛争解決の援助の仕組みを設けた（同法74条の4〜74条の7）。差別的取扱いの禁止および合理的配慮の提供義務については、【10609】【10610】を参照されたい。

次に②についてであるが、すべての事業主は、法定雇用率（障害者雇用促進法施行令9条によれば、現在の法定雇用率は2.0％である）以上の身体障害者または知的障害者を雇用しなければならなかった（障害者雇用促進法43条）ところ、平成25年改正により、これに加えて一定の精神障害者も分子に加えて算定することを認めた（同法71条1項）。ここで、知的障害者とは、障害者のうち、身体障害がある者であって

同法別表に掲げる障害があるものをいい、知的障害者とは、障害者のうち、知的障害がある者であって児童相談所、知的障害者更生相談所、精神保健福祉センター、精神保健指定医または障害者職業センターにより知的障害があると判定された者をいい、精神障害者とは、障害者のうち、精神障害がある者であって、①精神障害者保健福祉手帳の交付を受けている者か②統合失調症、そううつ病（そう病およびうつ病を含む）またはてんかんにかかっている者であり、かつ、症状が安定し、就労が可能な状態にあるものをいう（同法2条2号・4号・6号）。

さらに、平成30年4月1日以降においては、身体障害者・知的障害者に精神障害者を加えて「対象障害者」と定義したうえで、対象障害者を算定基礎として法定雇用率が定められることとなる。雇用する労働者数に法定雇用率を乗じた場合に1人未満の端数が生じる場合、端数が切り捨てられる（障害者雇用促進法43条1項）ことから、50人以上の常時雇用する労働者がいない場合には、1人も障害者を雇う必要がないこととなる。激変緩和のための暫定措置として、平成30年4月1日からの5年間は、身体障害者・知的障害者を算定基礎として計算した率と身体障害者・知的障害者・精神障害者を算定基礎として計算した率との間で政令により定める率を法定雇用率とし、平成35年4月1日から対象障害者を算定基礎として計算した率を法定雇用率とすることとなる。

常時雇用する労働者が50人以上の事業主は、毎年1回、身体障害者または知的障害者である労働者の雇用に関する状況を厚生

労働大臣に報告しなければならず（障害者雇用促進法43条7項）、これを怠った場合には罰則がある（同法86条1号）。また、厚生労働大臣は、雇用率未達成の事業主に対して雇入計画の作成を命じることができ、この計画が実施されない場合には勧告を行うことが可能であり（同法46条）、さらに当該勧告に従わない事業主についてはその旨を公表することができる（同法47条）。

以上のほか、障害者雇用促進法は、障害者を「身体障害、知的障害、精神障害（発達障害を含む。第6号において同じ。）その他の心身の機能の障害（以下「障害」と総称する。）があるため、長期にわたり、職業生活に相当の制限を受け、又は職業生活を営むことが著しく困難な者」と定義した（同法2条1項）。同定義規定の意義については、【10609】を参照されたい。

また、障害者雇用を促進するため、障害者雇用調整金および障害者雇用納付金制度が存在する（障害者雇用促進法第3章第2節）。

金融機関としては、障害者雇用促進法の定める法定雇用率に従った障害者の雇用を進めることが期待されている。

| 10609 | 障害者の定義および「不当な差別的取扱い」 |

障害者の定義および「不当な差別的取扱い」とは何か

結　論

障害者とは身体障害、知的障害、精神障害その他の心身の機能の障害があるため、長期にわたり、職業生活に相当の制限を受け、または職業生活を営むことが著しく困難な者と定義される。不当な差別的取扱いとは、障害者であることを理由とする直接差別である。

解　説

◆**障害者の定義**　障害者の雇用の促進等に関する法律（以下「障害者雇用促進法」という）は、障害者を「身体障害、知的障害、精神障害（発達障害を含む。第6号において同じ。）その他の心身の機能の障害（以下「障害」と総称する。）があるため、長期にわたり、職業生活に相当の制限を受け、又は職業生活を営むことが著しく困難な者」と定義する（同法2条1項）。

平成25年改正により、精神障害について発達障害を含むことが明示されたほか、また、身体障害、知的障害、精神障害のみならず、「その他の心身の機能の障害」により、長期にわたり、職業生活に相当の制限を受け、または職業生活を営むことが著しく困難な者についても、障害者に当たることが明示された。後者の改正の主眼は、障害の原因および障害の種類について限定せずに、障害者の要件である障害についてはその原因および種類のいかんを問わない点にある（平27.6.16職発0616第1号）。したがって、「心身の機能の障害」とは、あらゆる心身の機能の障害を意味し、内部障害や難病に起因する障害を原因とする者についても、障害者に当たりうる。

精神障害者保健福祉手帳や各種障害者手帳の交付は、障害者の要件とはならない。

◆**不当な差別的取扱いの禁止**　障害者雇用促進法は、不当な差別的取扱いを禁止し

ており、事業主は、労働者の募集および採用について、障害者に対して、障害者でない者と均等な機会を与えなければならず（同法34条）、また、賃金の決定、教育訓練の実施、福利厚生施設の利用その他の待遇について、労働者が障害者であることを理由として、障害者でない者と不当な差別的取扱いをしてはならない（同法35条）としている。

障害者雇用促進法36条1項・2項に基づき、差別の禁止に関する指針として、障害者に対する差別の禁止に関する規定に定める事項に関し、事業主が適切に対処するための指針（平成27年厚生労働省告示第116号）が定められた。同指針には、不当な差別的取扱いの禁止の基本的な考え方や、募集・採用、賃金、配置、昇進、降格、教育訓練などの各項目において、いかなる処遇が不当な差別的取扱いの禁止に当たるかについての考え方が示されている。

同指針によれば、障害者雇用促進法が禁止する不当な差別的取扱いとは、障害者であることを理由とする直接差別を指す。

そして、積極的差別是正措置として、障害者でない者と比較して障害者を有利に取り扱うこと、合理的配慮を提供し、労働能力等を適正に評価した結果として障害者でない者と異なる取扱いをすること、合理的配慮に係る措置を講ずること（その結果として、障害者でない者と異なる取扱いとなること）、障害者専用の求人の採用選考または採用後において、仕事をするうえでの能力および適性の判断、合理的配慮の提供のためなど、雇用管理上必要な範囲で、プライバシーに配慮しつつ、障害者に障害の状況等を確認することについては、障害者

であることを理由とする差別には当たらない。

10610 障害者雇用促進法に定める「合理的配慮の提供」

障害者雇用促進法に定める「合理的配慮の提供」とは何か

結　論

「合理的配慮の提供」とは、過重な負担を及ぼすこととなるときを除き、事業主が、労働者の募集および採用にあたり障害者からの申出により当該障害者の障害の特性に配慮した必要な措置を講じ、また、その雇用する障害者である労働者の障害の特性に配慮した職務の円滑な遂行に必要な施設の整備、援助を行う者の配置その他の必要な措置を講ずること、ならびに、これらの措置を講ずるにあたっては、障害者の意向を十分に尊重しなければならず、当該措置に関し、その雇用する障害者である労働者からの相談に応じ、適切に対応するために必要な体制の整備その他の雇用管理上必要な措置を講ずることである。

解　説

◆合理的配慮の提供の概要　「障害者の雇用の促進等に関する法律」（以下「障害者雇用促進法」という）は、募集・採用過程および職場における合理的配慮の提供義務を定めており、事業主は、労働者の募集および採用について、障害者と障害者でない者との均等な機会の確保の支障となっている事情を改善するため、労働者の募集お

よび採用にあたり障害者からの申出により当該障害者の障害の特性に配慮した必要な措置を講じなければならず（同法36条の２）、また、障害者である労働者について、障害者でない労働者との均等な待遇の確保または障害者である労働者の有する能力の有効な発揮の支障となっている事情を改善するため、その雇用する障害者である労働者の障害の特性に配慮した職務の円滑な遂行に必要な施設の整備、援助を行う者の配置その他の必要な措置を講じなければならない（同法36条の３）。ただし、いずれについても、事業主に対して過重な負担を及ぼすこととなるときは、この限りでないとされている（同法36条の２ただし書・36条の３ただし書）。

さらに、事業主は、上記の措置を講ずるにあたっては、障害者の意向を十分に尊重しなければならず、当該措置に関し、その雇用する障害者である労働者からの相談に応じ、適切に対応するために必要な体制の整備その他の雇用管理上必要な措置を講じなければならない（同法36条の４）。

障害者雇用促進法36条の５第１項に基づき、上記措置に関して、その適切かつ有効な実施を図るために必要な指針（均等な機会の確保等に関する指針）として、「雇用の分野における障害者と障害者でない者との均等な機会若しくは待遇の確保又は障害者である労働者の有する能力の有効な発揮の支障となっている事情を改善するために事業主が講ずべき措置に関する指針」（平成27年厚生労働省告示第117号）が定められた。

同指針には、合理的配慮の提供に関して、趣旨、基本的な考え方、合理的配慮の手続、合理的配慮の内容、過重な負担についての判断枠組み、相談体制の整備等の指針が示されており、別表には、多くの事業主が対応できると考えられる措置の具体例が示されている。

◆**その他**　合理的配慮の提供については、障害を理由とする差別の解消の推進に関する法律８条２項にも定められているが、同法上の合理的配慮の提供については努力義務であることが明示されている一方、障害者雇用促進法上の合理的配慮の提供については努力義務とはされていない点で異なる。

10611　法令に基づく各種責任者・管理者の設置

労働安全衛生法、消防法、道路交通法等各種法令により設置が求められる、各種責任者・管理者にはどのようなものがあるか

結　論

コンプライアンスは、体制として実現しなくてはならない。法律のなかには、組織的コンプライアンス態勢の面で、各種責任者・管理者を置くことを義務づけるものがある。その場合、設置すること自体がコンプライアンスの対象になるが、コンプライアンスを実効性のあるものにするためには、各種責任者・管理者の選任・監督、懲戒まで含めた体制づくりが必要になる。

解　説

労働安全衛生法は第３章で「安全衛生管理体制」として、総括安全衛生管理者、安全管理者、衛生管理者の選任、配置を義務

づけている。

消防法は、学校、病院、工場など、多数の者が出入りし勤務したりする施設の管理について権原を有する者は、政令で定める資格を有する者のうちから防火管理者を定め、防火管理上必要な業務を行わせなければならないとする（同法8条）。

道路交通法は、第4章「運転者及び使用者の義務」第3節「使用者の義務」として、自動車の使用者は、内閣府令で定める台数以上の自動車の使用の本拠ごとに、内閣府令で定める要件を備える者のうちから、安全運転管理者を選任しなければならないとしている（同法74条の3）。

また、個人情報保護法の20条は、「個人情報取扱事業者は、その取り扱う個人データの漏えい、滅失又はき損の防止その他の個人データの安全管理のために必要かつ適切な措置を講じなければならない」と規定する。この安全管理のために必要かつ適切な措置の一内容として、金融機関を所管する金融庁が公表する「金融分野における個人情報保護に関するガイドライン」においては、個人データの管理責任者の設置が求められている（同ガイドライン10条6項）。一方、「個人情報の保護に関する法律についての経済産業分野を対象とするガイドライン」（平28.12.28厚生労働省・経済産業省告示第2号）においては、個人情報保護管理者（いわゆる、チーフ・プライバシー・オフィサー（CPO）の設置が望まれる手法としてあげられている。

このように、各種責任者・管理者は、法律によって選任、配置が義務づけられる場合と、これが望ましいとされる場合とがある。以上とは別に、金融検査マニュアル上、

法分野を問わず、取締役会等がその責任で設置し、適切な人材確保を求められるのが、コンプライアンス部門の責任者たるコンプライアンス・オフィサーである。

コンプライアンス態勢は、法務の一元管理体制の構築が重要なファクターになるが、これはコンプライアンス担当取締役—コンプライアンス統括部門—各業務部門および営業店等のコンプライアンス担当者を中心とする体制である。一方、コンプライアンス・オフィサーは、このラインから外れた独立した役職にすることが望ましい。その地位は、一元管理体制のトップに位置するコンプライアンス担当取締役と同等以上でなくてはならない。また、コンプライアンス・オフィサーの機能は、法令遵守状況の確認が中心になると考えられ、法令遵守状況の確認には、コンプライアンス・プログラムの進捗状況や達成状況のフォローアップ等も含まれる。さらに、法令に違反した場合の制裁（懲罰）規定の整備・運用状況をチェックする役割をも担う。

コンプライアンスは法令等の遵守であり、当たり前のことを、態勢を整えてなおかつマネジメントプロセスに組み込んで行おうというだけのことである。だが、コンプライアンスを実践し、点検する担当者は、往々にして社内で煙たがられる存在になりやすい。そこで金融検査マニュアルは、わざわざ「営業推進部門等を過度に重視するのではなく、……法令等遵守……を重視する具体的方策を実施」し、「これらの業務に従事する職員につき、業績評価・人事考課上、……適切な評価を与え」ているか（金融検査マニュアル経営管理（ガバナンス態勢）—基本的要素—の確認検査用チェ

ックリストⅠ.3.⑥）、さらに「プログラムの実施状況を業績評価や人事考課等に衡平に反映する態勢を整備しているか」といったチェック項目を掲げている（同チェックリストⅠ.2.⑤）。

経営陣がいかにコンプライアンスの重要性・必要性を強調したところで、それだけでは単なるお題目で終わってしまうおそれがある。人事・労務面の最も基本的なところから変えて形に表していかないとコンプライアンスの実はあがらないであろう。

法令で選任、配置が義務づけられる、あるいは望ましいとされる各種責任者は、コンプライアンス・オフィサーのもとで、コンプライアンス体制のなかで位置づけられるべきであろう。

10612 従業員の個人番号取得と管理

個人番号とは何か。従業員からの取得および管理における留意事項は何か

結　論

個人番号とは、住民票コードを変換して得られる番号であって、当該住民票コードが記載された住民票に係る者を識別するために指定されるものをいう。従業員の個人番号を取得するにあたっては、本人確認措置をとる必要があるほか、利用目的を本人に通知するか、または公表する必要がある。個人番号の管理にあたっては個人情報保護委員会が定める「特定個人情報の適正な取扱いに関するガイドライン（事業者編）」「（別冊）金融業務における特定個人情報の

適正な取扱いに関するガイドライン」「「特定個人情報の適正な取扱いに関するガイドライン（事業者編）」及び「（別冊）金融業務における特定個人情報の適正な取扱いに関するガイドライン」に関するQ&A」に沿った管理が期待される。

解　説

◆**個人番号とは**　　個人番号とは、マイナンバー法2条5項の定める「個人番号」、すなわち、住民票コードを変換して得られる番号であって、当該住民票コードが記載された住民票に係る者を識別するために指定されるものをいう。

◆**取得時の留意事項**　　マイナンバー法上、個人番号関係事務実施者（同法2条13号）は、個人番号利用事務等を処理するために必要があるときは、本人または他の個人番号利用事務等実施者に対し個人番号の提供を求めることができる（同法14条1項）。もっとも、同法19条各号のいずれかに該当して特定個人情報の提供を受けることができる場合を除き、他人（自己と同一の世帯に属する者以外の者）に対し、個人番号の提供を求めてはならない（同法15条）。

事業者においては、従業員やその扶養家族の個人番号を取得し、給与所得の源泉徴収票や社会保険の被保険者資格取得届などに記載して、行政機関等に提出する必要があるところ、これはマイナンバー法19条2号の定める「個人番号関係事務実施者が個人番号関係事務を処理するために必要な限度で特定個人情報を提供するとき」に該当し、従業員に対して、個人番号の提供を求めることができることとなる。

個人番号を取得するに際しては、本人確

認措置をとる必要があるほか（マイナンバー法16条）、利用目的を本人に通知するか、または公表する必要がある（同法30条３項、個人情報保護法18条１項）。

　従業員が個人番号の提供を拒絶した場合に事業者としてどのように対応するかが問題となりうるが、従業員には個人番号を提供すべき法的義務までが課されてはいないことから、事業者としては、個人番号が給与所得の源泉徴収票や社会保険の被保険者資格取得届などに記載するために必要である旨説明し、説得するほかない（内閣官房が公表する「マイナンバー社会保障・税番号制度」のよくある質問（FAQ）のA４-２-５）。また、このような問題の対応策として、従業員に対して、個人番号の提供を促すために、個人番号の提供に関する定めを就業規則で定めることが考えられる。

◆**管理における留意事項**　マイナンバー法においては、個人番号を利用することができる範囲について、社会保障、税および災害対策に関する特定の事務に限定している（同法９条）。

　また、個人情報保護法においては本人の同意があれば個人情報の第三者提供が認められる一方、個人番号については、マイナンバー法19条各号所定の場合を除いて、原則として第三者提供が禁止されている。

　個人番号を含む特定個人情報については、個人情報保護委員会が「特定個人情報の適正な取扱いに関するガイドライン（事業者編）」を定めており、また、金融機関向けに、「（別冊）金融業務における特定個人情報の適正な取扱いに関するガイドライン」を定めており、また「「特定個人情報の適正な取扱いに関するガイドライン（事業者編）」及び「（別冊）金融業務における特定個人情報の適正な取扱いに関するガイドライン」に関するQ&A」を公表しており、これらのガイドライン等に沿った管理が行われることが期待されている。

10613　ストレスチェック

ストレスチェックとは何か

結　論

　ストレスチェックとは、平成26年労働安全衛生法改正により、近時増加する労働者のメンタルヘルス不調の未然防止を図るために、事業者に対して義務づけられる、従業員の心理的な負担の程度を把握するための検査、面接指導の実施等である。

解　説

◆**ストレスチェック制度の創設**　平成26年に改正された労働安全衛生法は、近時増加する労働者のメンタルヘルス不調の未然防止を図るために、事業者に対して、ストレスチェック制度実施義務を課した。ストレスチェック制度に関する労働安全衛生法66条の10については、平成27年12月１日より施行された。なお、同法附則４条により、当分の間は、常時50人以上の労働者を使用する事業場についての事業主以外については努力義務にとどめている。

　以下においては、ストレスチェック制度の概要について説明する。

◆**ストレスチェックの実施**　事業者は、１年以内ごとに１回、定期に、医師等によ

る、職場における当該労働者の心理的な負担の原因に関する項目、当該労働者の心理的な負担による心身の自覚症状に関する項目、職場における他の労働者による当該労働者への支援に関する項目について、心理的な負担の程度を把握するための検査（ストレスチェック）を行わなければならない（労働安全衛生法66条の10第1項、労働安全衛生規則52条の9・52条の10）。

　事業者は、上記の検査を受けた労働者に対し、同検査の結果が、当該検査を行った医師等から遅滞なく通知されるようにしなければならず、また、医師等は、あらかじめ当該検査を受けた労働者の書面または電磁的記録による同意を得ないで、検査の結果を事業者に提供してはならない（労働安全衛生法66条の10第2項、労働安全衛生規則52条の12・52条の13）。

◆**面接指導の実施**　　事業者は、検査の結果の通知を受けた労働者であって、心理的な負担の程度が心理的な負担の程度が高い者であって面接指導を受ける必要があると当該検査を行った医師等が認めたものが、医師による面接指導を受けることを希望する旨を申し出たときは、当該申出をした労働者に対し、遅滞なく、医師による面接指導を行わなければならない。この場合において、事業者は、労働者が当該申出をしたことを理由として、当該労働者に対し、不利益な取扱いをしてはならない（労働安全衛生法66条の10第3項、労働安全衛生規則52条の15・52条の16）。

◆**検査結果の分析**　　事業者は、検査を行った場合、当該検査を行った医師等に、当該検査の結果を当該事業場の当該部署に所属する労働者の集団その他の一定規模の集団ごとに集計させ、その結果について分析するとともに、その分析の結果を勘案し必要があると認めるときは、当該集団の労働者の実情を考慮して、当該集団の労働者の心理的な負担を軽減するための適切な措置を講ずるよう努めなければならない（労働安全衛生規則52条の14）。

◆**労働者の健康保持に必要な措置の実施**
事業者は、面接指導が行われた後、遅滞なく面接指導の結果に基づき、当該労働者の健康を保持するために必要な措置について、医師の意見を聴かなければならず（労働安全衛生法66条の10第5項、労働安全衛生規則52条の19）、事業者は、当該医師の意見を勘案し、その必要があると認めるときは、当該労働者の実情を考慮して、就業場所の変更、作業の転換、労働時間の短縮、深夜業の回数の減少等の措置を講ずるほか、当該医師の意見の衛生委員会もしくは安全衛生委員会または労働時間等設定改善委員会への報告その他の適切な措置を講じなければならない（労働安全衛生法66条の10第6項）。

利用者保護

10614 顧客サポート等管理とは

金融検査マニュアルにおいて、「顧客サポート等管理」に関する態勢整備が求められているが、「顧客サポート等管理」とは何か

結 論

　顧客から寄せられた相談・苦情等に適切に対応するとともに、顧客の相談・苦情等を商品・サービスなどの改善に生かしていくことは、金融機関として求められる顧客の保護・利便性向上のみならず、金融機関が顧客の支持・信頼を得るためにも、重要な取組みである。

　相談・苦情等への対処が適切になされることを確保する取組みのことを「顧客サポート等管理」という。

解 説

◆**顧客サポート等管理とは**　金融検査マニュアルでは、「顧客サポート等」とは、「顧客の相談・苦情等の対処」とされている（金融検査マニュアル顧客保護等管理態勢の確認検査用チェックリストⅠ. 1.②(i)）。

　その対象となる「相談・苦情等」とは、「顧客からの問い合わせ、相談、要望、苦情及び紛争」とされており（同チェックリストⅠ検証ポイント）、いわゆる苦情・クレームのみを対象とするものではない。

　「金融検査マニュアルに関するよくあるご質問（FAQ）5-3」においても、「旧マニュアルにおいては、苦情処理としておりましたが、「苦情」という整理では、①現場において「苦情」の概念を狭く捉えてしまうケース、②「苦情」の概念を現場で判断することは難しく、本部に伝えるべきものが伝わっていないケース、③「苦情」には当たらないものの、経営改善のために経営陣に伝えるべき情報があってもそれが活かされていないケース、等が見られたところでした。その結果として、早期の改善策実施により解決できたはずの問題が放置されているという事案が見られていました」とされている。

　このように、平成19年2月の金融検査マニュアル改訂前において、「苦情等処理」とされていたものが、「顧客サポート等」として整理されている。

顧客からの相談・要望等を含めた、いわゆる顧客の声を広くその対象とし、それへ適切に対応することおよびそれを改善に生かしていくことが「顧客サポート等管理」ということになる。

◆顧客サポート等管理として求められる態勢整備　顧客の声を生かして商品・サービスの改善につなげていく取組みは、本来的に、金融機関が有すべき機能であり、その方法・態勢は各金融機関の特性により異なることはあっても、平成19年2月の金融検査マニュアル改訂前から、各金融機関ですでに取り組まれていたと考えられる。

金融検査マニュアルは、方針・内部規程・マニュアル等の諸規程や組織体制の整備（【10615】【10616】参照）、および、相談・苦情等への適切な対応（【10617】参照）などを求めている。金融機関は、これらの点をふまえた態勢整備を行うことにより、顧客サポート等管理に関する対応態勢を堅確なものとすることが可能となり、また、その態勢の対外的な説明力を確保することができるものと考えられる。

10615	顧客サポート等管理のための組織内規程の整備

「顧客サポート等管理」を適切に行っていくためには、金融機関内においてどのような規程類を整備する必要があるか。また、金融検査マニュアルで求められる「顧客サポート・マニュアル」にはどのような内容を定めればよいか

結　論

「顧客保護等管理方針」において、顧客の相談・苦情等の対処の適切性および十分性の確保に関する管理方針を定める必要がある。また、「顧客サポート等管理規程」を策定し、顧客サポート等管理のための組織体制等を定める必要がある。さらに、相談・苦情等への対処、記録の作成・保管等の顧客サポート等に関する具体的な手続を「顧客サポート・マニュアル」として定める必要がある。

解　説

◆顧客保護等管理方針　金融検査マニュアルは、顧客保護等管理について、「顧客保護等管理方針」を定め、顧客サポート等管理をはじめとする、顧客保護等管理の各分野に関する管理方針を定め、周知すべきとしている。顧客サポート等管理に関しては、顧客の相談・苦情等の対処の適切性および十分性の確保に関する管理方針を、「顧客保護等管理方針」に定める必要がある。

◆顧客サポート等管理規程　「顧客保護等管理方針」にのっとり、顧客サポート等管理を行うための組織体制、権限・役割等といった基本的な事項を、「顧客サポート等管理規程」として適切に規定する必要がある。顧客サポート等管理の基本的な事項を定めるものであり、取締役会等の承認を経ておく必要がある。

なお、規程の内容については、特に、以下の点について、明確に規定するべきこととされているので留意を要する（金融検査マニュアル顧客保護等管理態勢の確認検査

用チェックリストⅡ.2.(1)②)。

① 顧客サポート等のための組織体制（顧客サポート等担当部門または顧客サポート等担当者の設置の有無、その権限と役割等を含む）に関する取決め

② 顧客サポート等を行う者が遵守すべき手続に関する取決め

③ 障がい者等についても障がいのない者と同様のサービスを提供できるような配慮に関する取決め

④ 金融分野における裁判外紛争解決制度（金融ADR制度）による苦情処理・紛争解決に関する取決め

⑤ 顧客サポート等の状況のモニタリングに関する取決め

⑥ 反社会的勢力による相談・苦情等を装った圧力に関する取決め

⑦ 顧客サポート等のために必要な情報の共有に関する取決め

⑧ 取締役会等に対する報告に関する取決め

⑨ コンプライアンス統括部門との間の連携・情報伝達に関する取決め

◆顧客サポート・マニュアル　顧客サポート等に関する具体的な手続を網羅し平易に規定した「顧客サポート・マニュアル」を定める必要がある。

具体的には、相談・苦情等を受け付けた際の対応方法、受け付けた相談・苦情等の報告・管理ルールなどは、このマニュアルに定めることになる。

なお、金融検査マニュアルにおいては、記載事項として、以下の点が例示されているので、留意する必要がある（金融検査マニュアル顧客保護等管理態勢の確認検査用チェックリストⅡ.2.(1)③)。

① 相談・苦情等の記録の作成および保管に関する手続

② 相談・苦情等に対する内容の確認の手続（相談・苦情等の受付、相談・苦情等の内容の確認の手続）

③ 相談・苦情等への対処の手続（相談・苦情等に関し顧客の納得を得るための対応、相談・苦情等の解決に向けた進捗管理、長期未済案件の発生防止および相談・苦情等が紛争となった場合の手続等）

④ 金融ADR制度による苦情処理・紛争解決に関する手続

⑤ 相談・苦情等についての情報を関連する部門に伝達するための手続

⑥ 反社会的勢力による相談・苦情等を装った圧力に関する連絡先および手続

⑦ 法令等違反行為が疑われる場面の典型例および法令等違反行為が疑われる場合の担当部門の連絡先（コンプライアンス統括部門等）

⑧ 振り込め詐欺等の犯罪の被害や口座の不正利用が疑われる相談・苦情等に対する対処の手続

◆規程体系　「顧客サポート等管理規程」や「顧客サポート・マニュアル」は必ずしも、独立して策定する必要はない。記載すべき事項がもれなく記載されていれば、形式にとらわれることなく、各金融機関の規程体系のありさまに応じて、策定すればよい。関連する規程をまとめたり、既存の規程に追加するなどすることも認められよう。

わかりやすく規定され、周知が図られることが重要である。また、これらの規程は定期的または必要に応じて随時、その遵守状況やモニタリング結果等をふまえて見直

す必要がある点にも留意する。

10616 顧客サポート等管理のための組織体制

「顧客サポート等管理」を適切に行っていくためには、どのような組織体制を整備する必要があるか

結　論

　顧客サポート等を管理する各金融機関内の責任者として「顧客サポート等管理責任者」を設置する必要がある。なお、顧客サポート等を統括する管理部署については、必ずしも独立した専門部署の設置が求められているわけではないが、各金融機関の業務特性・規模に応じた組織体制を構築する必要がある。

解　説

◆顧客サポート等管理責任者　　金融検査マニュアルにおいては、顧客サポート等に係る情報を集約し、相談・苦情等に対する進捗状況および処理指示を一元的に管理する管理者として「顧客サポート等管理責任者」の設置が求められている。「顧客サポート等管理責任者」は相談・苦情等についてその対応状況を含めて一元管理を行うとともに、相談・苦情等の分析に基づいて改善取組みを行う態勢を整備し、その活動全体をモニタリングする役割を担う。また、「顧客サポート等管理責任者」は顧客サポート等管理の実施状況を取締役会等へ報告する必要がある。

◆顧客サポート等に係る管理部署　　金融

検査マニュアルにおいては、顧客サポート等に係る管理部門や管理担当者の設置については言及されておらず、必ずしも、独立した顧客サポート等管理部署を設置しなければならないというものではない。

　ただし、各金融機関の業務特性・規模に応じて管理部署の設置を含めた組織体制を構築する必要があり、管理部門や管理担当者の設置が明記されていないから設置は不要であると短絡的にとらえるべきではないであろう。このことは、体制整備の方法が当該金融機関の裁量に任されているというだけのことであり、顧客説明管理を補完する顧客サポート等管理についても管理部門や管理担当者を設置することを積極的に検討すべきであろう。

　なお、金融機関には、顧客サポート等管理に近い機能を有する部署として、次のような部署が設けられていることが一般的であろう。

・苦情処理対応を主眼としたいわゆる「お客様相談室」のような部署
・苦情処理対応の適切性確保を主眼とするコンプライアンス統括部署
・対顧客取引を統括し商品・サービスの向上を担う営業企画・推進部署

　顧客サポート等管理の専門の管理部署を設置しない場合には、上記のような関連する部署を軸に、けん制機能に留意したうえで、体制を整備することも認められよう。

　結局、どのような組織体制とするかは、各金融機関が業務特性・規模等に応じて工夫すべきものであるが、どのような方法をとるにしても、顧客サポート等管理責任者のもと、相談・苦情等に適切に対応し関係するセクションが連携して、顧客の声を商

品・サービスの向上につなげていく
PDCAサイクルを有効に機能させること
ができる仕組みを構築する必要がある。

◆**相談窓口**　顧客からの相談・苦情等は、
営業店等などの通常の顧客対応窓口で、必
要に応じてコンプライアンス統括セクショ
ンなどの関連部署と連携して対応がなされ
る。しかし、相談・苦情等は、商品・サー
ビス等の改善のための活動の起点となるも
のであり、幅広く顧客の声を吸収する仕組
みが重要である。金融検査マニュアルでは、
インターネット上の窓口、アンケート、匿
名の意見を投書できる意見箱等のチャネル
を設置すること等が例示されている（金融
検査マニュアル顧客保護等管理態勢の確認
検査用チェックリストⅡ. 2 .(2)②(ⅰ)）。

　このような観点からは、「コールセンタ
ー」は重要である。「コールセンター」は
支店等以外で顧客の声に生で接することが
できる部署であり、的確に相談・苦情等に
対応できるよう、担当者等の配置・研修等
に留意する必要がある。

　また、保険募集（窓販）を行っている場
合には、保険引受を行う保険会社と窓販を
行う金融機関との間で役割分担を明確化し
つつ、連携して対応できる体制が求められ
ることに留意する必要がある。

10617　相談・苦情等への対応と
　　　　管理

顧客から寄せられる相談・苦情等に対応す
る場合、どのような点に留意すればよいか。
また、相談・苦情等を受けた場合には、ど
のように管理する必要があるのか

結　論

　顧客からの相談・苦情等を受けた場合に
は、相談・苦情等の内容を整理・記録化す
るなどして、当該顧客に対して適切に対応
するとともに、顧客サポートの管理部署等
の関係部署に報告するなど、金融機関内で
の連携を図る必要がある。また、相談・苦
情等の内容を一元的に管理する必要がある。

解　説

◆**相談・苦情等への対応の留意点**　相
談・苦情等を受け付けた場合、クレームや
紛争に進展させないためにも、初期対応が
重要である。可能な限り、顧客の理解と納
得が得られるように対処していくことが原
則的な対応であることはいうまでもない。
その際、以下の点に留意して対応する必要
がある。

① 相談・苦情等の内容を整理し、これを
　顧客に説明する。相談・苦情等の内容を
　整理する際には、顧客が、意見を述べて
　いるのか、要望を述べているのか、権利
　義務関係を主張しているのかを明らかに
　してその内容を特定する必要がある。

② 相談・苦情等を基礎づける資料に何が
　あるかを整理する。

③ 相談・苦情等を聴取する場合は、2人
　以上で対応をするとともに、相談・苦情
　等の内容の記録化に努める。

④ 金融機関において、相談・苦情等に対
　してなんらかの回答、行動を要すること
　になる場合で、時間を要する場合には、
　その旨を伝える。

⑤ 初期の段階で、何かを約束したり、期
　待させたりする言動をしない。

⑥　説明をすべき場合なのか、理解を得るべき場合なのかを見極める。

　特に、①相談・苦情等の内容を整理することは、顧客の理解を得られる程度の説明を行うために特に重要であり、また、今後の対応を決めるうえでも必要な行為である。

　ただし、法令で禁じられる損失補てんを行ってはならないことはもとより、合理的理由（特に法的な理由）なく、顧客からの不当な要求にみだりに応じることは行ってはならない。

　また、相手方が反社会的勢力である場合には、通常の相談・苦情等と明確に区別して、平成23年10月までに全国で相次いで施行された暴力団排除条例の内容をもふまえて、断固たる対応をとらなければならない。また、この場合には、コンプライアンス統括部署等の専門部署や警察・弁護士等の外部専門家とも、必要に応じて連携して対応する必要がある。

◆**相談・苦情等の管理**　　相談・苦情等は、その対処の適切性や十分性が確保されているかどうかをモニタリングする必要があるなど、顧客サポート等管理責任者は、その内容・対応状況を一元的に管理しなければならず、相談・苦情等を受け付けた部署等は、顧客サポート等の管理部署ほか、関係部署へ迅速に報告しなければならない。これらの報告内容は、記録簿等により記録・保存され、顧客サポート等管理責任者はこれを一元的に管理しなければならない。

　また、顧客サポート等管理責任者は、発生した相談・苦情等の解決に向けた対応が適切になされているかの点についても、進捗管理を一元的に行うことが求められている。

　このほか、顧客の声を改善に向け組織的に生かしていくためにも、相談・苦情等をもれなく管理する必要がある。

　公表されている「金融検査指摘事例集」においても「顧客サポート等管理責任者は、本部への報告対象を役席者が対応した苦情に限定しており、相談や要望といった申出を報告対象としていない。また、相談・苦情等の一元管理及び発生原因の分析も行っていない。このため、適切な改善が行われておらず、苦情が依然として多数発生している事例」（同事例集（平成19検査事務年度）Ⅲ．ⅱ．【顧客サポート等管理態勢】ⅱ．(1)）、「顧客サポート等管理責任者は、相談・苦情等の報告について、営業店における相談・苦情等記録システムへの入力状況に漏れがないかをモニタリングしていないことから、営業店において同システムへの入力漏れが多数認められる事例」（同事例集(3)）が指摘されており、これらの点にも留意する必要がある。

◆**もれのない報告**　　ところで、報告者自身がマイナス評価を受けかねない苦情等については、ともすれば報告が滞りがちとなりやすい。

　苦情等の意図的な未報告や、事態が深刻化した時点でようやく報告された場合などは、適切な対処が困難となる。

　また、違法な損失補てんや利益供与などの不適切な解決が秘密裏に行われるおそれがある。このほか、自力で適切に解決できたとしても、苦情等が内部管理態勢の不備に起因しているとすれば、報告もれは組織として改善の機会を失してしまい、同種事案が再発するおそれもあるといった問題も指摘されるところであり、正しく報告され

るような施策を講ずる点にも留意を要する。

相談・苦情等に係る報告が網羅的に行われるためには、苦情の定義や報告基準を明確化するとともに、顧客サポート・マニュアル等に規定するなどして、周知徹底を図る必要がある。加えて、報告しやすい環境づくりや、報告しなければならない風土づくりに留意する必要がある。

10618 相談・苦情等の分析と改善への取組み

相談・苦情等については、原因分析および改善の実施が必要とされているが、具体的には、どのようにする必要があるか

結　論

相談・苦情等は発生原因を把握し、分析し、改善を図らなければならない。特に、繰り返し生じている相談・苦情等には留意する必要がある。

解　説

◆**相談・苦情等の原因分析**　相談・苦情等は、たとえば、クレーム処理として単に対処を適切に行うことにのみ留意するのではなく、商品・サービス等の改善にいかに役立てていくかが重要である。そのためには、まず、受け付けた相談・苦情等の原因分析がしっかりと行われなければならない。商品・サービスの企画部署や、内容に応じて、コンプライアンス統括部署や顧客サポート等の管理部署が連携してその分析を行い、商品・サービスの改善につなげていくことがポイントである。

また、繰り返し発生している苦情等がある場合には、態勢面に問題がないかといった観点からの分析も重要となる。

◆**改善の実施**　相談・苦情等がもれなく関連部署に報告され、顧客サポート等管理責任者の一元的な管理のもとで、関係する部署が連携して分析を行い、それを、商品・サービス等の改善につなげることにより、顧客サポート等管理のPDCAサイクルが機能する。

すなわち、相談・苦情等を受け付ける体制や対応ルールを整備し（P）、適切な対処を行い（D）、関連部署は報告を受けたうえで原因分析を行い（C）、商品・サービス等の改善につなげる（A）というサイクルである。

顧客サポート等管理責任者は、このサイクルが有効に機能するようモニタリングし、必要に応じて改善を行っていく立場にある。

◆**モニタリング**　言い換えれば、相談・苦情等を受け付けた際の対処が適切か、放置されている案件はないか、報告はもれなく行われているか、原因分析は十分か、改善は滞りなく行われているかといった視点で、それぞれのプロセスが有効に機能しているかを、顧客サポート等管理責任者はモニタリングするということである。顧客サポート等管理全体のPDCAサイクルを有効に機能させるために、各プロセスについても、PDCAサイクルにより有効性を高めていく必要があるわけである。

顧客サポート等管理責任者は、このような顧客サポート等管理全体の活動状況を、適時にコンプライアンス統括部署や内部監査部署に報告する必要がある。

また、定期的にまたは必要に応じて取締

役会等へ報告する必要がある。特に、経営に重大な影響を与えるまたは顧客の利益が著しく阻害される案件については速やかに報告し、経営の指示・承認を得ることが求められている。顧客サポート等管理を経営の重要な一課題として認識し、金融機関全体でPDCAサイクルを高めていくことが重要である。

10619 フィデューシャリー・デューティー

フィデューシャリー・デューティーとはどのようなことか

結　論

　現在議論されているフィデューシャリー・デューティーとは、顧客本位の業務運営を実現するために顧客の資産投資に関与する各金融事業者が果たすべき役割をいう。そして、各金融機関の役割を実現させるための監督手法として、金融審議会「市場ワーキング・グループ」における議論の結果として、プリンシプルベースのアプローチを用いることが有効であるとされたため、各金融事業者は、今般、確定・公表された「顧客本位の業務運営に関する原則」（プリンシプル）に基づき、これについての対応方針を決定する必要がある。

解　説

◆**フィデューシャリー・デューティーとは**
一般的な意味でのフィデューシャリー・デューティーとは、他者の信認を得て、一定の任務を遂行すべき者が負っている幅広いさまざまな役割・責任の総称のことをいい、受託者責任と呼ばれることもある。

◆**「顧客本位の業務運営に関する原則」によるフィデューシャリー・デューティーの具体化**　金融庁は、平成28事務年度の金融行政方針（平成28年10月公表）において、金融機関等による「顧客本位の業務運営」としてのフィデューシャリー・デューティーの確立と定着のための取組みを進めていくこととしている。

　また、金融審議会「市場ワーキング・グループ」報告書（平成28年12月22日公表）においては、顧客本位の業務運営を確立するための手法として、従来型のルールベースでの対応を重ねるのではなく、プリンシプルベースのアプローチが有効であるとされ、これを受け、平成29年1月19日に、「顧客本位の業務運営に関する原則（案）」がパブリック・コメントに付され、同年3月30日に、「顧客本位の業務運営に関する原則」として確定・公表された。なお、ここでいうプリンシプルとは、法令等個別ルールの基礎にあり、各金融機関等が業務を行う際、また当局が行政を行うにあたって、尊重すべき主要な行動規範・行動原則をいう（平成20年4月18日「金融サービス業におけるプリンシプルについて」）。

◆**「顧客本位の業務運営に関する原則」の内容**　顧客本位の業務運営に関する原則では、以下の7原則があげられている。

　(1)　原則1（顧客本位の業務運営に係る方針の策定・公表等）　金融事業者は、顧客本位の業務運営を実現するための明確な方針を策定・公表するとともに、当該方針に係る取組状況を定期的に公表すべきである。当該方針は、より良い業務運営を実

現するため、定期的に見直されるべきである。

（2）原則2（顧客の最善の利益の追求）
金融事業者は、高度の専門性と職業倫理を保持し、顧客に対して誠実・公正に業務を行い、顧客の最善の利益を図るべきである。金融事業者は、こうした業務運営が企業文化として定着するよう努めるべきである。

（3）原則3（利益相反の適切な管理）
金融事業者は、取引における顧客との利益相反の可能性について正確に把握し、利益相反の可能性がある場合には、当該利益相反を適切に管理すべきである。金融事業者は、そのための具体的な対応方針をあらかじめ策定すべきである。

（4）原則4（手数料等の明確化）　金融事業者は、名目を問わず、顧客が負担する手数料その他の費用の詳細を、当該手数料等がどのようなサービスの対価に関するものかを含め、顧客が理解できるよう情報提供すべきである。

（5）原則5（重要な情報のわかりやすい提供）　金融事業者は、顧客との情報の非対称性があることをふまえ、上記原則4に示された事項のほか、金融商品・サービスの販売・推奨等に係る重要な事項を顧客が理解できるようわかりやすく提供すべきである。

（6）原則6（顧客にわかりやすいサービスの提供）　金融事業者は、顧客の資産状況、取引経験、知識および取引目的・ニーズを把握し、当該顧客にふさわしい金融商品・サービスの組成、販売・推奨等を行うべきである。

（7）原則7（従業員に対する適切な動機づけの枠組み等）　金融事業者は、顧客の最善の利益を追求するための行動、顧客の公正な取扱い、利益相反の適切な管理等を促進するよう設定された報酬・業績評価体系、従業員研修その他の動機づけの枠組みや適切なガバナンス体制を整備すべきである。

金融事業者が、本原則を採択する場合には、原則1に従って、顧客本位の業務運営を実現するための明確な方針の策定・公表、取組状況の定期的公表、当該方針の定期的な見直しが求められる。また、当該方針には、原則2〜7に示されている内容について、実施する場合にはその対応方針を、実施しない場合にはその理由や代替策をわかりやすい表現で盛り込むことが求められる。

◆今後の動き　金融事業者は、確定・公表された「顧客本位の業務運営に関する原則」に基づき、今後、これについての対応方針を決定する必要がある。

反社会的勢力への対応

10620	企業が反社会的勢力による被害を防止するための指針

金融機関は「企業が反社会的勢力による被害を防止するための指針」に基づいてどのような態勢と対応をとるべきか

■ 結 論

　組織としての対応、外部専門機関との連携、取引を含めたいっさいの関係遮断、有事における民事・刑事の法的対応、裏取引や資金提供の禁止という基本原則に基づいて、平素からの対応と実際に不当要求が行われた場合の有事の対応を行う、といった五つの基本原則を念頭に対応を行う必要がある。

■ 解 説

◆企業に関係遮断求める　　平成19年6月19日の犯罪対策閣僚会議幹事会申合せにより取りまとめられた「企業が反社会的勢力による被害を防止するための指針」（以下「政府指針」という）は、具体的方策と対応を示しつつ企業に反社会的勢力との関係

遮断を求めている。そこで、金融機関においても政府指針に従った態勢と対応が必要である。

◆組織としての対応　　反社会的勢力による不当要求への対応は、担当者や担当部署だけに任せきりにしないで組織全体として対応する。そのために平素から金融機関のトップは、金融機関の倫理規定、行動規範等に明文の根拠を設けるなどの社内態勢の整備を行い、従業員の安全確保、外部の専門機関と密接な連携等の強化を行う。

　反社会的勢力による不当要求が発生した場合の対応を統括する部署を整備し、反社会的勢力に関する情報を一元的に管理、蓄積し、反社会的勢力との関係遮断の取組みの支援を行う。

◆外部専門機関との連携　　反社会的勢力による不当要求に備えて、平素から警察、暴力団追放運動推進センター、弁護士等の外部専門機関と密接に連携し、信頼関係を構築しておく。

　実際に不当要求がなされた場合には、積極的に外部専門機関に相談するとともに、暴力団追放運動推進センター等が示している不当要求対応要領等に従って対応する。

◆取引を含めたいっさいの関係遮断　　反

社会的勢力とは、取引関係を含めて、いっさいの関係を遮断する。そのため、相手方が反社会的勢力であるかどうかについて、常に通常必要と思われる注意を払うとともに、取引後に相手方が反社会的勢力であることが判明した場合には、速やかに関係を解消する。そこで、契約書や取引約款に暴力団排除条項を導入するとともに、可能な範囲内で自社株の取引状況を確認する。

　取引先の審査や株主の属性判断等を行うことにより、反社会的勢力による被害を防止するため、反社会的勢力の情報を集約したデータベースを構築する。

◆**有事における民事・刑事の法的対応**
反社会的勢力による不当要求は拒絶する。実際に不当要求がなされた場合には、担当者任せにせず組織全体で対応する。その際には、あらゆる民事的な対抗手段を講ずるとともに、刑事事件化の検討も行う。

◆**裏取引や資金提供の禁止**　　反社会的勢力による不当要求が、事業活動上の不祥事や行員の不祥事を理由とする場合であっても、事案を隠蔽するための裏取引は行わない。

　この場合は、速やかに事実関係を調査し、反社会的勢力の指摘が虚偽であると判明した場合には、その旨を理由として不当要求を拒絶する。また、真実であると判明した場合でも、不当要求自体は拒絶し、不祥事案の問題については、別途、当該事実関係の適切な開示や再発防止策の徹底等により対応する。

　反社会的勢力への資金提供は、反社会的勢力に資金を提供したという弱みにつけこまれた不当要求につながり、被害のさらなる拡大を招くことになるため行わない。

◆**内部統制システムと反社会的勢力による被害防止との関係**　　反社会的勢力による被害の防止は、業務の適正を確保するために必要な法令等遵守・リスク管理事項として、内部統制システムに明確に位置づけることが必要である。

| 10621 | 監督指針に記載されている反社会的勢力への対応 |

金融機関は「主要行監督指針」「中小・地域監督指針」に基づいて反社会的勢力による被害の防止のため、どのような態勢と対応をとるべきか

結　論

　経営管理（ガバナンス）および業務の適切性（法令等遵守）において政府指針の内容をふまえた態勢整備が求められている。特に、業務の適切性においては、入口段階、中間管理段階、出口段階の3段階における、反社会的勢力との取引を防止するための態勢整備を行うべきことが規定されている。

解　説

◆**不祥事受けて改正**　　主要行監督指針、中小・地域監督指針については、平成20年3月に反社会的勢力による被害の防止に関する改正が施行された。この改正の契機は、反社会的勢力との不適切な関係を継続していた金融機関が違法な行為に至り行政処分を受けた事件をふまえてその再発防止を図る必要があること、平成19年6月19日の犯罪対策閣僚会議幹事会申合せにより取りまとめられた「企業が反社会的勢力による被

害を防止するための指針」（以下「政府指針」という）が具体的方策と対応を示しつつ企業に反社会的勢力との関係遮断を求めたことによる。その後、平成25年に発覚した提携ローン（4者型）における反社会的勢力との取引に関する問題をふまえて、平成26年6月4日に監督指針の大幅な改正が行われた。

◆経営管理（ガバナンス）　まず、代表取締役は、政府指針の内容をふまえて取締役会で決定された基本方針を行内外に宣言しなければならない。

次に、取締役会は、政府指針をふまえた基本方針を決定し、それを実現するための体制を整備するとともに、定期的にその有効性を検証するなど、法令等遵守・リスク管理事項として、反社会的勢力による被害の防止を内部統制システムに明確に位置づけなければならない。

◆業務の適切性（法令等遵守）、反社会的勢力による被害の防止

（1）意義　反社会的勢力の社会からの排除は、企業にとって社会的責任を果たす観点から必要かつ重要なことであるが、特に公共性を有し、経済的に重要な機能を営む金融機関においては、金融機関自身や役職員のみならず、顧客等のさまざまなステークホルダーが被害を受けることを防止するため、反社会的勢力を金融取引から排除していくことが求められる。

そこで、政府指針の趣旨をふまえ、平素より、反社会的勢力との関係遮断に向けた態勢整備に取り組む必要がある。

その基本原則は、組織としての対応、外部専門機関との連携、取引を含めたいっさいの関係遮断、有事における民事・刑事の法的対応、裏取引や資金提供の禁止である。

（2）主な着眼点　反社会的勢力とはいっさいの関係をもたず、反社会的勢力であることを知らずに関係を有してしまった場合には、相手方が反社会的勢力であると判明した時点で可能な限り速やかに関係を解消するための態勢整備および反社会的勢力による不当要求に適切に対応するための態勢整備の検証については、個々の取引状況等を考慮しつつ、たとえば以下のような点に留意することとする。

①　組織としての対応……反社会的勢力との関係の遮断に組織的に対応する必要性・重要性をふまえ、担当者や担当部署だけに任せることなく取締役等の経営陣が適切に関与し、組織として対応することとしているか。また、銀行単体のみならず、グループ一体となって、反社会的勢力の排除に取り組むこととしているか。さらに、グループ外の他社（信販会社等）との提携による金融サービスの提供などの取引を行う場合においても、反社会的勢力の排除に取り組むこととしているか。

②　反社会的勢力対応部署による一元的な管理態勢の構築……反社会的勢力との関係を遮断するための対応を総括する部署（以下「反社会的勢力対応部署」という）を整備し、反社会的勢力による被害を防止するための一元的な管理態勢が構築され、機能しているか。

特に、一元的な管理態勢の構築にあたっては、以下の点に十分留意しているか。

㋑　反社会的勢力対応部署において、反社会的勢力に関する情報を積極的に収

集・分析するとともに、当該情報を一元的に管理したデータベースを構築し、適切に更新（情報の追加、削除、変更等）する体制となっているか。また、当該情報の収集・分析等に際しては、グループ内で情報の共有に努め、業界団体等から提供された情報を積極的に活用しているか。さらに、当該情報を取引先の審査や当該金融機関における株主の属性判断等を行う際に、適切に活用する体制となっているか。

ロ　反社会的勢力対応部署において、対応マニュアルの整備や継続的な研修活動、警察・暴力追放運動推進センター・弁護士等の外部専門機関との平素からの緊密な連携体制の構築を行うなど、反社会的勢力との関係を遮断するための取組みの実効性を確保する体制となっているか。特に、平素より警察とのパイプを強化し、組織的な連絡体制と問題発生時の協力体制を構築することにより、脅迫・暴力行為の危険性が高く緊急を要する場合には直ちに警察に通報する体制となっているか。

ハ　反社会的勢力との取引が判明した場合および反社会的勢力による不当要求がなされた場合等において、当該情報を反社会的勢力対応部署へ迅速かつ適切に報告・相談する体制となっているか。また、反社会的勢力対応部署は、当該情報を迅速かつ適切に経営陣に対し報告する体制となっているか。さらに、反社会的勢力対応部署において実際に反社会的勢力に対応する担当者の安全を確保し担当部署を支援する体制となっているか。

③　適切な事前審査の実施……反社会的勢力との取引を未然に防止するため、反社会的勢力に関する情報等を活用した適切な事前審査を実施するとともに、契約書や取引約款への暴力団排除条項の導入を徹底するなど、反社会的勢力が取引先となることを防止しているか。

提携ローン（4者型）については、暴力団排除条項の導入を徹底のうえ、金融機関が自ら事前審査を実施する体制を整備し、かつ、提携先の信販会社における暴力団排除条項の導入状況や反社会的勢力に関するデータベースの整備状況等を検証する態勢となっているか。

なお、提携ローン（4者型）とは、加盟店を通じて顧客からの申込みを受けた信販会社が審査・承諾し、信販会社による保証を条件に金融機関が当該顧客に対して資金を貸し付けるローンをいうものである。

④　適切な事後検証の実施……反社会的勢力との関係遮断を徹底する観点から、既存の債権や契約の適切な事後検証を行うための態勢が整備されているか。

⑤　反社会的勢力との取引解消に向けた取組み

イ　反社会的勢力との取引が判明した旨の情報が反社会的勢力対応部署を経由して迅速かつ適切に取締役等の経営陣に報告され、経営陣の適切な指示・関与のもと対応を行うこととしているか。

ロ　平素から警察・暴力追放運動推進センター・弁護士等の外部専門機関と緊密に連携しつつ、預金保険機構による特定回収困難債権の買取制度の積極的な活用を検討するとともに、当該制度

の対象とならないグループ内の会社等においては株式会社整理回収機構のサービサー機能を活用する等して、反社会的勢力との取引の解消を推進しているか。

（ハ）　事後検証の実施等により、取引開始後に取引の相手方が反社会的勢力であると判明した場合には、可能な限り回収を図るなど、反社会的勢力への利益供与にならないよう配意しているか。

（ニ）　いかなる理由であれ、反社会的勢力であることが判明した場合には、資金提供や不適切・異例な取引を行わない態勢を整備しているか。

⑥　反社会的勢力による不当要求への対処

（イ）　反社会的勢力により不当要求がなされた旨の情報が反社会的勢力対応部署を経由して迅速かつ適切に取締役等の経営陣に報告され、経営陣の適切な指示・関与のもと対応を行うこととしているか。

（ロ）　反社会的勢力からの不当要求があった場合には積極的に警察・暴力追放運動推進センター・弁護士等の外部専門機関に相談するとともに、暴力追放運動推進センター等が示している不当要求対応要領等をふまえた対応を行うこととしているか。特に、脅迫・暴力行為の危険性が高く緊急を要する場合には直ちに警察に通報を行うこととしているか。

（ハ）　反社会的勢力からの不当要求に対しては、あらゆる民事上の法的対抗手段を講ずるとともに、積極的に被害届を提出するなど、刑事事件化も躊躇しない対応を行うこととしているか。

（ニ）　反社会的勢力からの不当要求が、事業活動上の不祥事や役職員の不祥事を理由とする場合には、反社会的勢力対応部署の要請を受けて、不祥事案を担当する部署が速やかに事実関係を調査することとしているか。

⑦　株主情報の管理……定期的に自社株の取引状況や株主の属性情報等を確認するなど、株主情報の管理を適切に行っているか。

（3）　監督手法・対応　　検査結果や不祥事件等届出書等により、反社会的勢力との関係を遮断するための態勢に問題があると認められる場合には、報告を求められたり、業務改善命令、業務一部停止命令等が検討されることになる。

10622　反社会的勢力との対峙

反社会的勢力とは何か。どのような姿勢で臨むべきか

結　論

　反社会的勢力からの不当要求は、その場しのぎや、後の嫌がらせ等を懸念して要求に応じてしまうと、結局、傷口を広げることになるから、裏取引や資金提供はいっさい行ってはならない。また、不当要求を受けた段階で、組織的に対応して毅然と要求を拒否し、かつ、有事においては、弁護士や警察等の外部専門機関との連携や相談を行い、民事、刑事の法的対応を躊躇することなく実行することが必要である。

◆反社会的勢力とは　　反社会的勢力とは、暴力・威力と詐欺的手法を駆使して経済的利益を追求する集団または個人である。反社会的勢力として認識するに際しては、暴力団、暴力団関係企業、総会屋、社会運動標榜ゴロ、政治活動標榜ゴロ、特殊知能暴力集団等といった属性要件に着目するとともに、暴力的な要求行為、法的な責任を超えた不当な要求といった行為要件にも着目することが重要である。これらは、たとえ暴力団でなくとも、暴力団と同等にみるべき反社会的存在であり、実際、暴力団と連携して企業等に対して不当要求行為を行うなど、暴力団とのつながりを有するものも多い。重要なことは、これらの者の反社会性は、属性のみではなく、その行為自体も含めて判断すべきであることである。したがって、たとえば、暴力団に属していなければ反社会性は低いとか、政治団体として届けている右翼団体はえせ右翼ではないなどというのは誤った認識である。

◆反社会的勢力に対する姿勢の基本　　反社会的勢力からの不当要求は、毅然として拒絶するべきである。反社会的勢力の要求行為は、要求を断られた場合には後で嫌がらせすることをちらつかせるなど執拗であるが、その対応を行う企業等の担当者が、対応が面倒なあまり、あるいは不安感から、最初の要求に応じてしまえば、反社会的勢力の思うつぼである。なぜなら、反社会的勢力は何度となく要求を繰り返し、そのつど要求金額も大きくなっていくからである。彼らがつけ込もうとするのは、「反社会的勢力との不明朗な関係を継続しているとい

うスキャンダルが表に出てしまえば、企業のイメージが大きく失墜する」という企業人の消極的な防衛意識である。反社会的勢力との関係が長くなればなるほど、企業の経済的損失も大きくなるばかりか、ますます関係を遮断するのが困難となる。したがって、最初から毅然として要求を拒絶することが重要である。

　また、対応を個人任せにせず組織的に行うことが重要である。１人で対応することは絶対に避け、複数で対応し、相手のペースに巻き込まれることのないよう冷静さを保持するとともに、相手の言動を記録し、後日、弁護士や警察に相談する際の資料として残しておく必要がある。

◆弁護士、警察との連携　　反社会的勢力から不当要求があった場合は、弁護士や警察に相談することが望ましい。民事介入暴力問題を専門としている弁護士は、仮処分命令の発出など民事の面から的確なアドバイスができる。警察（暴力団対策部門）においては、その要求行為が犯罪であれば直ちに捜査を行い、検挙する。さらには、暴力団員による不当な行為の防止等に関する法律を活用し、不当な行為を中止させるなど、必要なアドバイスが得られる。

10623　暴力団員の定義と暴力団対策法の内容

いわゆる「暴力団員」とは何か。暴力団対策法とはどのような内容の法律か

結　論

「暴力団員」については、暴力団対策法

に定義が存する。暴力団対策法により、指定暴力団員が暴力的要求行為を行った場合は、公安委員会が指定暴力団員に対して中止命令等の行政命令を課することができるため、暴力団員の不当要求行為などがあった場合には、まず警察に相談すべきである。

■ 解 説 ■

◆「**暴力団員**」**とは**　「暴力団員」とは、暴力団の構成員のことであるが、「暴力団」については、暴力団員による不当な行為の防止等に関する法律（以下「暴力団対策法」という）2条2号において、「その団体の構成員……が集団的に又は常習的に暴力的不法行為等を行うことを助長するおそれがある団体」と定義されている。

　暴力団の一般的な特徴として、以下の点があげられる。

① 犯罪助長性が高い……その構成員に占める犯罪経歴保有者の割合が非常に高い。

② 対立抗争常習性が高い……組織の「威力」を保持し、経済的な地盤となる縄張りを維持・拡大するため、絶えず他の暴力団との抗争を起こし、市民生活に危険と不安を与えている。

③ 金のためなら手段・方法を選ばない……日常的に、脅迫、恐喝や覚せい剤の密売、賭博、ノミ行為、みかじめ料（用心棒）徴収等により、資金を得ている。また、近年は、一般市民の民事関係や企業の経済活動に不当に介入する資金獲得活動（民事介入暴力）を行っている。

　暴力団においては、親分（組長）・子分（組員）の上下関係（擬似的親子関係）は絶対的なものとされ、組長の命令であれば善悪を問わず、絶対的にこれに従うものと

されている。

　このような暴力団員は、組長に上納金を納めるため、常に資金を稼ぐ対象やつけ込むネタ（スキャンダルなど）を必死になって探している。そして、資金を稼ぐためには法律に違反することは躊躇しないが、その一方では、警察に逮捕され有罪判決を受け長期間拘禁されることを何よりもおそれている。

◆**暴力団対策法とは**　暴力団対策法は、刑法など既存の法律では取締りや対処が困難であった暴力団員の資金獲得活動等に対して、一般市民の被害発生を防止するための必要な措置を可能にするために平成3年に成立した法律で、平成20年の改正等を経て、平成24年10月30日に新たな改正法が施行された。平成24年の改正では、暴力団との関係を断とうとする企業などをねらった襲撃事件が相次いだことを受けて、襲撃に関与したと判断された暴力団を新たに「特定」暴力団に指定し、規制強化が行われた。

　その主な仕組みは、都道府県公安委員会が、暴力団のうち、暴力団員が生計の維持、財産の形成または事業の遂行のための資金を得るために暴力団の威力を利用することを容認することを実質上の目的とする団体であって、犯罪経歴を保有する暴力団員が一定割合を占め、首領の統制のもとに階層的に構成された団体を「指定暴力団」に指定する（暴力団対策法3条）。さらに、暴力団（指定暴力団を除く）の全部または大部分が指定暴力団である場合、当該暴力団は指定暴力団の連合体（いわゆる「指定広域暴力団」）として指定する（同法4条）。さらに、上記の平成24年の改正により、「警戒区域」（暴力行為により人の生命また

は身体に重大な危害が加えられることを防止するため特に警戒を要する区域）と定められた区域内においては、対立抗争に係る指定暴力団等を特定抗争指定暴力団等として指定し（同法15条の2）、また、指定暴力団の構成員等が凶器を使用して人の生命または身体に重大な危害を加える方法による暴力行為を反復継続するおそれがある場合、当該指定暴力団等を特定危険指定暴力団等として指定する（同法30条の8）。

禁止される一定の行為は平成24年の改正を受けて暴力団対策法9条（暴力的要求行為）で27類型が定められており、指定暴力団の威力を示して（組の名前を名乗る、組の肩書の入った名刺をみせる、組のバッジや代紋をことさらに示すなど）行う、人の弱みにつけ込み金品等を要求する、賛助金等を要求する、不当な下請け等を要求する、縄張りにおける用心棒代等を要求する、不当な債務免除を要求する、不当な貸付を要求するなどの行為である。これらの暴力的不法行為に対しては、都道府県公安委員会が当該指定暴力団員に対し中止命令または再発防止命令を課することができ、この命令の違反に対しては罰則が適用される。

そして、平成24年の改正を受けて、指定暴力団のうち特に危険な組織を「特定」暴力団に指定することとなり、たとえば、対立抗争で住民に危険を及ぼすおそれのある暴力団は「特定抗争指定暴力団」とし、対立組織の組員の関係先をうろつくなどしただけで逮捕できる直罰規定が設けられ、また、あいさつ料などを拒んだ事業者などへの報復を繰り返すおそれのある暴力団を「特定危険指定暴力団」とし、所属組員が不当な暴力的要求行為をしただけで、上記の中止命令を出さずに即座に逮捕できることとなった（暴力団対策法46条）。

こうした暴力団対策の効果と事件検挙の影響で暴力団の資金獲得活動は年々むずかしくなっており、平成28年12月末時点の構成員数は約1万8000人と、初めて2万人を下回った（警察庁組織犯罪対策部「平成28年における組織犯罪の情勢」）。

また、平成27年8月末に六代目山口組から離脱した直系組長らにより神戸山口組が結成され、平成28年4月に暴力団対策法の規定に基づき指定暴力団の指定を受けた。平成28年7月現在、全国で、六代目山口組、稲川会、住吉会など22団体が指定暴力団に指定されている。

10624 反社会的勢力・共生者の意味内容とその排除の必要性

「反社会的勢力」や「共生者」とはどのような者を指すか。このような者について、取引等からの排除が求められる理由は何か

結　論

「反社会的勢力」とは、暴力、威力と詐欺的手法を駆使して経済的利益を追求する集団または個人をいう。また、「共生者」とは、暴力団に資金を提供し、または暴力団から提供を受けた資金を運用した利益を暴力団に還元するなどして、暴力団の資金獲得活動に協力し、または関与する個人やグループをいう。

反社会的勢力との関係が継続する場合には、その関係遮断を求める社会的要請に反

するだけでなく、①反社会的勢力から不当要求を受けるリスク、②条例違反リスク、③契約解除リスク、④監督官庁から指導等を受けるリスク、⑤レピュテーショナルリスク等の種々のリスクが生じる可能性があり、速やかに取引等からの排除を図る必要がある。

■ 解 説

◆**反社会的勢力等の定義**　平成19年6月19日、「企業が反社会的勢力による被害を防止するための指針について」（以下「政府指針」という）が発表された。この政府指針では、「暴力、威力と詐欺的手法を駆使して経済的利益を追求する集団又は個人である「反社会的勢力」をとらえるに際しては、暴力団、暴力団関係企業、総会屋、社会運動標ぼうゴロ、政治活動標ぼうゴロ、特殊知能暴力集団等といった属性要件に着目するとともに、暴力的な要求行為、法的な責任を超えた不当な要求といった行為要件にも着目することが重要」とされている。

なお、暴力団関係企業以外にも、暴力団に資金を提供し、または暴力団から提供を受けた資金を運用した利益を暴力団に還元するなどして、暴力団の資金獲得活動に協力し、または関与する個人やグループ（共生者という）の存在が公正な法秩序と健全な市場にとって重大な脅威となると指摘されており（「平成19年版警察白書」）、この共生者も反社会的勢力の一類型として整理されている。

◆**取引等からの排除が求められる理由**
政府指針でも述べられているとおり、反社会的勢力の排除は、企業がその社会的責任を果たすうえで必要かつ重要なことであり、反社会的勢力に対して屈することなく法律に則して対応することや、反社会的勢力に対して資金提供を行わないことは、企業コンプライアンスそのものであるといえる。また、反社会的勢力と関係をもった場合のリスクにかんがみると、これらとの関係遮断は企業防衛の観点からも必要不可欠な要請であると考えられており、このような点からも取引等からの排除が求められる。

なお、反社会的勢力と関係をもった場合のリスクとしては、以下のようなリスクが考えられる。

① 不当要求等のリスク……政府指針においても、反社会的勢力が、企業で働く従業員を標的として不当要求を行ったり、企業そのものを乗っ取ろうとしたりするなど、最終的には、従業員や株主を含めた企業自身に多大な被害を生じさせると指摘されている。実際にも、反社会的勢力との関係をもち、不当要求等に応じてしまった結果、企業に重大な損害が生じる例は多く、最終的に倒産に至る例もある。

② 条例違反リスク……現在すべての都道府県において暴力団排除条例が制定されており、暴力団員等に対する利益供与については禁止され、これに違反する場合には、勧告や場合によっては公表の対象となる。

③ 契約解除リスク……政府指針以降、反社会的勢力との関係遮断の取組みの一環として、取引の相手方が反社会的勢力に該当する場合には契約を解除すること等が可能となる暴力団排除条項（以下「暴排条項」という）を契約書に導入する企

業が増えている。金融機関においても、通常は、預金規定や、融資契約書等には、暴排条項を導入している。

そして、反社会的勢力と社会的に非難される関係にある者も反社会的勢力とみなされ、解除事由となる暴排条項が一般的であるが、そうすると、仮に暴力団等の反社会的勢力との関係を継続している場合には、そのことのみをもって当該企業も反社会的勢力であるとみなされて、各種契約を解除されるリスクを有することになる。

④ 監督官庁等からの指導等のリスク……金融庁においては、平成20年3月および平成26年6月に「主要行等向けの総合的な監督指針」や「中小・地域金融機関向けの総合的な監督指針」を改正し、これに基づき金融機関に対して反社会的勢力との関係遮断に係る態勢整備状況について検査監督を実施し、取組みが不十分な金融機関に対しては業務改善命令を発出する等の厳しい処分を行っている。このように、反社会的勢力との関係遮断が不十分な場合には、監督官庁から指導等を受けるリスクも存在する。

⑤ レピュテーショナルリスク……反社会的勢力と関係があるということが明らかになると、現在の反社会的勢力排除の流れからすれば、企業イメージが大きく損なわれ、取引先や役職員が離脱する等して、経営に重大な影響を与えるリスクも存在する。

10625 民事介入暴力への対応

金融機関が民事介入暴力の被害を受けたと

きは、どのように対応すればよいか

結 論

暴力に屈することなく、不当な要求行為は断固として拒否するという毅然とした姿勢を貫き、組織的な対応をするとともに、事案に応じて民事・刑事の法的対応をとることも躊躇しないことが重要である。

解 説

◆**民事介入暴力とは** 民事介入暴力は、暴力や組織の威力を背景に民事上の権利や一方の当事者、関係者の形をとって民事問題に介入し、不当な利益を得ようとするものであり、暴力団またはその周辺者によって行われることが多い。

その形態はさまざまであるが、主なものには、以下のような類型がある。

① 株主権の行使をちらつかせるなどして会社等に利益を要求するもの（総会屋）

② 金融機関に対し、業務上の些細なミスやスキャンダルなどをネタに、返済能力も意思もないのに融資を強要するもの

③ 企業倒産に絡み、債権者やその代理人の形をとり、合法、違法さまざまな手段を駆使して倒産整理を行い、不当な利益を得るもの（整理屋）

④ 交通事故等の示談に介入するもの（示談屋）

⑤ 暴力的手段により、債権を取り立てたり、正当な債権者の取立を断念させたりするもの（取立屋等）

⑥ 手形に絡むもの（パクリ屋・サルベージ屋）

⑦ 賃貸家屋を占有し、家主からの立退き

要求に対し、立退き料を要求するもの（占有屋）

◆**基本的留意事項**

① 「不当な要求には絶対に応じない」という断固とした方針を固め、それを金融機関内に徹底して、まず企業としての明確な意思を統一すること……要求を断ったことに対する報復をおそれ、あるいは対応のわずらわしさから逃れるため、「多少の金で解決できれば」といった気持ちで安易に不当な要求に応ずれば、将来にわたって腐れ縁となるばかりでなく、その噂が彼らの仲間に広がり、結果的に対応する相手がどんどん広がっていくことにもなる。

② 組織的な対応をすること……この種の事案の処理業務は担当者任せになりがちであり、このため担当者は孤立感、悲愴感に陥って１人で悩み、あるいは追いつめられて独断で判断し、大きなミスや事故につながる場合があるので、普段から、上席者（経営を含む）と担当者による検討会を開催するなど、組織的な体制を確立し、直接の担当者に自分のバックには金融機関が組織をあげて支援してくれるという自信をもたせることが肝要である。

③ 積極的に法的手続を利用すること……報復をおそれたり、「企業イメージが悪くなる」などとしてこれらの不法行為を黙認、妥協することこそ相手のつけ目であり、その行為を助長させる結果となる。

一方、相手は、その言動とは裏腹に、刑事事件として検挙されることをおそれているものである。したがって、相手の脅しに屈することなく、冷静に対応し、交渉の過程で、脅迫、暴行、恐喝、業務妨害等の違法行為がある場合は直ちに警察に被害申告することが重要である。

また、こうした行為に対しては、業務妨害行為の差止め等を内容とする仮処分等民事手続の活用が有効である場合が多いことから、警察や弁護士との連携を図りつつ、法的措置をとるという毅然とした対応が必要である。

◆**対応上の留意事項** 相手方は、担当者の不用意な言動に因縁をつけることが多いので、具体的な対応を行うにあたっては、以下の点に留意すること。

① あらかじめ、相手方の人員、時間を制限し、面談予定時間を過ぎても帰らないときは、明確に退去要求をする。

② 面談は必ず複数で、相手より多い人数で対応する。

③ 勇気をもって毅然とした態度を堅持し、金銭的解決や第三者を使っての解決は絶対に避ける。

④ 相手の氏名、所属団体、所在および電話番号を確認するとともに、メモ（場合によっては録音）などを活用して、相手の言動を正確に記録する。

⑤ 「検討します」「考えておきます」など相手に期待をさせる発言をせず、十分な調査をしないままに、謝ったり、わび状などを書いたりしない。

10626 ３段階の対応

金融庁の監督指針においては、入口、事後検証（中間管理）、出口の３段階での対応を求めているが、その理由および具体的内

容は何か

結　論

　監督指針において３段階での対応が求められている理由は、各段階に応じた適切な対応をとることで、反社会的勢力との関係遮断の実効性を確保するためであり、金融機関においては、監督指針に示されている各段階における措置をふまえて反社会的勢力との関係遮断のための態勢整備を整えることが必要である。

解　説

◆３段階での対応　金融庁が策定している監督指針における「反社会的勢力による被害の防止」は次のとおりの構成となっており（【10621】参照）、組織全体としての内部管理態勢が構築されていることを前提に、入口、中間管理、出口の３段階において、とられるべき対応が示されている。

【総論】
①　組織としての対応
②　反社会的勢力対応部署による一元的な管理態勢の構築
【入口】
③　適切な事前審査の実施
【中間管理】
④　適切な事後検証の実施
【出口】
⑤　反社会的勢力との取引解消に向けた取組み
⑥　反社会的勢力による不当要求への対処
　このように３段階での対応が求められているのは、各段階に応じた適切な対応をとることで、金融機関における反社会的勢力

との関係遮断の実効性を確保するためであるが、その具体的理由および方法は、それぞれ以下のとおりである。

◆入口段階──適切な事前審査の実施
反社会的勢力と取引関係にいったん入ってしまうと、これを速やかに解消することは容易なことではない。したがって、反社会的勢力との関係遮断を図るためには、適切な事前審査（反社チェック）を実施し、取引に入る前の段階で未然に防止する措置が最も実効性が高いといえ、監督指針においても、そのような認識を前提に以下のような措置をとることが求められている。

　具体的には、①反社会的勢力に関する情報等を活用した適切な事前審査の実施、②契約書や取引約款への暴力団排除条項の導入の徹底、という点が、入口段階における反社会的勢力との取引未然防止のための取組みとして示されている。

◆中間管理──適切な事後検証の実施
監督指針においては、反社会的勢力との関係遮断のための中間管理段階での措置として、「反社会的勢力との関係遮断を徹底する観点から、既存の債権や契約の適切な事後検証を行うための態勢が整備されているか」という着眼点が示されている。

　これは、取引開始後に属性が変化して反社会的勢力となる者が存する可能性もあり、また、日々の情報の蓄積により増強されたデータベースによって、事前審査時に検出できなかった反社会的勢力を把握できる場合もあると考えられることから、関係遮断の徹底のためには、適切な事後検証を行うための態勢が整備されている必要があるという理由に基づくものである。

　したがって、金融機関においては、一定

期間ごとに、取引先について自己の有する反社会的勢力データベースと照合するという取組みを行うことが必要である。

◆出口──反社会的勢力との取引解消に向けた取組み　反社会的勢力との取引が判明した場合には、その取引の解消に向けた対応がとられる必要があるが、まずは反社会的勢力対応部署を経由して迅速かつ適切に経営陣に報告され、経営陣が適切に指示・関与することが必要となる。

監督指針においては、実際の取引解消のための方策としては、預金保険機構による特定回収困難債権買取制度の活用（【11216】参照）や、当該制度の対象とならないグループ内の会社等に関しては、株式会社整理回収機構（RCC）のサービサー機能を活用するといった措置が示されている。

また、「可能な限り回収を図るなど、反社会的勢力への利益供与にならないよう配意」が必要であるとともに、「いかなる理由であれ、反社会的勢力であることが判明した場合には、資金提供や不適切・異例な取引を行わない態勢を整備しているか」とされており、取引解消に向けた対応において留意が必要である。

10627　反社会的勢力の情報の収集

反社会的勢力の情報は、どのように収集したらいいか。グレー情報の収集の必要性はどのような点か

結　論

反社会的勢力の情報収集の方法には警察からの情報提供、新聞・雑誌やインターネット等の各種媒体から取得する方法がある。グレー情報の収集は、個別の対応の場面でリスクを総合的に判断する際の重要な情報として必要である。

解　説

◆情報収集の重要性　いったん取引を開始した後、反社会的勢力に属することが判明した場合、取引を解消するには相応の費用と時間を要することから、そもそも反社会的勢力との取引を行わないことが重要である。特に取引を行う場面では契約自由の原則に従い、原則として拒絶することが認められる点が重要である。そのため、日々反社会的勢力該当性に関する情報を広く収集し、常にその情報に接することが重要である。

取引解消の場面では、暴力団排除条項（以下「暴排条項」という）に基づいていったん成立している契約を解約するという法的手続が必要となり、相手方が争う場合には暴排条項に該当することの証明を要することになるが、客観性の高い警察からの情報提供を受けることが原則で、警察からの情報提供を得られず、その他の情報による場合には、確実に証明可能な情報に基づく必要がある。なお、情報は日々変わりうるものであることから、常に新しい情報の入手を心がける必要がある。また、反社会的勢力該当性の判断に結びつく情報には濃淡があって、個々の情報だけでは該当性の判断への結びつきが希薄であるが、それらの情報に基づいて総合的に判断を行うという場合も多いと思われ、その場合には判断のプロセスも重要になる。どこから入手し

た、いつの時点の情報かを明らかにしたうえで、判断のプロセスを検証できるような体制を整備しておくことも重要である。

◆証拠収集の方法

(1) 警察からの情報提供　警察から正式に提供を受けた情報は、最も客観性が担保された情報の一つと考えることができる。警察庁からは暴力団情報の部外への情報提供について通達が出されている（平成25年12月19日に最新の改正）ので、この通達を前提とする必要がある。警察情報では暴力団員と認定されていたものの、所属していた組に脱退届が提出されていたことを重視し、暴力団員であることを基礎づける事情を認めるに足りる証拠はないとした裁判例もある（宮崎地判平23.10.3判タ1368号77頁（公刊物未登載）では、暴力団組織やその関係者と強く結びついていたものと推認されると判断されている）ことから、個別の場面では、警察情報の根拠となる事情やその他の資料（新聞、雑誌等）も可能な限り確認する対応が望まれる。

(2) 新聞・雑誌やインターネットの情報の他の情報

① 入札参加資格停止情報……国土交通省や地方公共団体では、入札参加資格の停止措置がなされた業者名やその理由を公表しており、その理由中で反社会的勢力との関係について言及されていることがある。

② 興信所の調査報告書……興信所を利用して身辺調査を行うというケースもある。たとえば札幌高判平22.6.25（公刊物未登載）は、日本中央競馬会が個人馬主登録の申請に対し、申請者には暴力団関係者との交際が認められ、競馬の公正を害

すると認めるに足りる相当な理由があるとして申請を拒否した処分の違法性が争点となった事案であるが、興信所の調査を一資料として判断がなされている。

(3) 不当要求情報管理機関の利用　各業界団体では、不当要求に関する情報をデータベースに収集し、かつそのデータベースに基づく情報を共有する仕組みが整備されてきており、その利用の重要度が高まっている。

(4) 行為要件に関する情報の収集　反社会的勢力に属することを理由とする取引の解消に関する条項では、属性要件の他、属性にかかわらず一定の行為を行ったという行為要件を定める場合がある。このような行為要件については、まさに行為を証明する必要があり、録音や録画のほか、担当者の詳細な報告書が有効である。

◆グレー情報の収集の必要性　グレー情報は、反社会的勢力に関する判断に資する情報であって、警察から得られた情報等客観性が担保されているとはいえない情報である。

個々の情報では反社会的勢力に属するとか、反社会的活動に該当するとかの判断をするには根拠が希薄であるから、多数の情報を積み重ねて総合的に判断することになる。特に取引解消の場面では、立証の場面を想定して確度の高い情報に基づく必要があり、できるだけたくさんの情報を集めることが必要となる。

| 10628 | 反社会的勢力の情報の共有化と個人情報保護法 |

反社会的勢力の情報をグループ間や他社と

共有することができるか。個人情報保護法との関係等、法的に問題となることはないか

結　論

　個人情報保護法との関係では、反社会的勢力と疑うに足りる合理的な理由がある者に関する情報であれば、本人の同意を得ることなく、グループ間や他社と共有することができると考えられる。ただし、当該情報を共有する者の間では、情報管理に関するルールを取り決めた覚書等を締結することが望ましい。

　また、情報提供元との間で、提供された情報を開示しない旨合意しているような場合には、当該情報提供元との間の守秘義務の問題が生じることのないよう留意が必要である。

解　説

◆**問題点**　金融庁の策定する「主要行等向けの総合的な監督指針」を含む事業者向けの監督指針においては、反社情報の収集・分析等に際しては、グループ内で情報の共有に努め、業界団体等から提供された情報を積極的に活用することが求められている。

　しかしながら、反社会的勢力の情報（以下「反社情報」という）をグループ内で、あるいはグループ外の他社と共有する場合には、個人情報保護法や金融機関が取引先等に負っている守秘義務との関係が問題となる。

◆**個人情報保護法との関係**　反社情報を共有するにあたっては、個人情報保護法上、当該個人に関する情報の第三者提供の問題が生じうる。この点、反社情報は、「人の生命、身体または財産の保護のために必要がある場合であって、本人の同意を得ることが困難であるとき」（同法23条1項2号）に該当し、本人の同意がなくても第三者提供を行うことができると解されている（平成19年6月19日犯罪対策閣僚会議幹事会申合せ「企業が反社会的勢力による被害を防止するための指針に関する解説」）。

◆**共有化できる反社情報について**　一般に、反社情報には、相手方が反社に該当すると断定できるだけの根拠のある情報（ブラック情報）のほかに、反社の疑いがある情報（グレー情報）が存在し、またその疑いの濃淡も一様ではない。

　ブラック情報については、個人情報保護法上、これを本人の同意なく第三者提供できることに特段の問題はないと考えられる。また、グレー情報についても、人の証言やそれを疎明する資料があるなど、反社会的勢力と疑うに足りる合理的な理由があるものについては、本人の同意がなくても第三者提供を行うことができると解される（「金融分野における個人情報保護に関するガイドライン」の改正案についてのご意見等及び意見等に対する考え方27）。

◆**他社との共有における留意点**　反社情報はその守秘性がきわめて高く、これを漏えいした場合には、当該情報の主体である反社会的勢力との間でトラブルとなる危険性がきわめて高いため、その管理には細心の注意を払い、共有することによる漏えいリスクを可能な限り低減させなければならない。

　そのため、他者との情報共有にあたって

は、情報の管理等に関するルールを取り決めた秘密保持契約や覚書等を締結すべきである。具体的には、情報共有を行う目的、共有する情報の種類・範囲（グレー情報や属性情報を含むのか等）、情報共有の方法、情報共有先における情報管理（目的外利用の禁止、情報管理体制）、漏えい時の対応等について規定しておくことが考えられる。

◆**守秘義務との関係**　個人情報保護法の問題とは別に、反社情報の提供元との間における守秘義務については、別途の留意が必要である。すなわち、情報提供元との間で提供された情報を開示しない旨合意しているような場合には、これをグループ会社や第三者と共有することがかかる合意違反に当たるおそれがある。したがって、そのような守秘義務の対象となる情報については、合意された守秘義務の範囲等について確認し、違反を生じさせることのないように留意する必要がある。

10629　反社会的勢力データベースの更新

反社会的勢力データベースについて、金融庁監督指針で更新が求められているのはどのような理由に基づくか。どのように更新したらいいか

結　論

　反社会的勢力データベースを適切に更新しなければ、これを用いたスクリーニングが形骸化し、実効性を欠くとともに、反社会的勢力でない者が取引から排除される結果となりうるため、反社会的勢力データベ

ースの更新が求められている。

　更新については、各金融機関に一律の方法が定められているわけではないが、グループ内での情報の共有に努め、業界団体等から提供された情報を自社データベースに取り込むとともに情報の適切な更新に努めるべきである。反社会的勢力でないことが判明したときは、データベースから反社会的勢力の情報を削除すべきであり、その疑いがある場合には、その程度に応じて情報を保存し、具体的事案が生じたときには、その他の情報も参考に、どのように対応するか検討するのが望ましい。

解　説

◆**金融機関の反社会的勢力データベース**
平成19年6月19日付犯罪対策閣僚会議幹事会申合せ「企業が反社会的勢力による被害を防止するための指針」（政府指針）を受け、あらゆる企業・業界が反社会的勢力データベース（以下「データベース」という）の構築が求められるようになり、特に金融機関においては、金融庁の監督指針も策定されており、データベースがより精緻なものへと強化されている。

　金融機関においては、本データベースに該当すれば、新規取引の拒絶、あるいは既存取引の解約・解除が行われることとなる。

◆**データベースの更新が求められる理由**
反社会的勢力に関する新たな情報が随時追加・変更されなければ、データベースを用いたスクリーニングが形骸化し、実効性を欠くこととなる。

　加えて、データベースに該当すれば、新規取引の拒絶、あるいは既存取引の解約・解除が行われることとなるため、反社会的

勢力ではない第三者がデータベースに登録されてしまう場合には、業界の取引から一律に排除されるという甚大な不利益を被る可能性がある。

したがって、データベースには新たな情報の追加や変更をするだけではなく、既存情報の削除も含めた更新が求められている。

◆反社会的勢力データベースの更新方法
データベースの更新方法については、金融機関に共通の方法が監督指針等で定められているわけではない。もっとも、反社会的勢力に関する情報を積極的に収集・分析することは求められており、具体的には、日常業務に従事するなかで得られる反社会的勢力に関する情報や新聞報道、警察や暴力団追放運動推進センターからの提供等複数のソースから得られる情報を集めたうえで、継続的にその正確性・信頼性を検証することが求められている。このようにして得た情報についてグループ会社間で共有するなどして、データベースを更新することが考えられる。

◆削除について　上記のとおり、データベースの更新においては、新たな情報を追加・変更することにとどまらず、情報の適切な更新に努め、反社会的勢力でないと判明した場合には、既存情報を削除することも必要である。一定期間情報の追加や変更がない場合には削除することも考えられるが、時間で区切って削除してしまうと、データベースによる適切なスクリーニングをすることができなくなる。

したがって、削除は「本人死亡」や警察等からの確認がとれた場合のみにとどめ、反社会的勢力の疑いがある場合には、削除するのではなく、その程度に応じて疑念先あるいは要注意先として情報を保存し、具体的事案が発生した場合にはその他の情報・資料も参考に、どのように対応するか検討するのが望ましい。

10630　警察情報の活用

暴力団員等反社会的勢力の情報について、警察からはどのような場合に提供が受けられるか。警察情報の活用にあたってはどのような点に留意する必要があるか

結　論

暴力団による危害を防止し、その他社会から暴力団を排除するという暴力団対策の本来の目的から必要な場合にその必要な範囲で提供が受けられるが、具体的には警察庁通達で言及されている事項が参考となる。また警察情報は、適切に管理するとともに、提供された目的に照らし必要かつ相当な場合に限り、対内的および対外的に用いるよう留意すべきである。

解　説

◆警察庁通達　平成25年12月19日付の警察庁刑事局組織犯罪対策部長の各地方機関の長および各都道府県警察の長宛通達（警察庁丙組企分発第35号、丙組暴発第13号）では、暴力団等排除のための部外への情報提供の対応に関する考え方が示されている。

基本的な考え方として次の諸点が示されている。

（1）　暴力団情報の提供については、警察が厳格に管理する責任を負っているとの認

識のもとで、提供の是非について警察の組織的な判断を行うべきであること

（2）提供に際しては、情報の正確性を担保するため、必要な補充調査を実施するなどの対応を求めていること

（3）提供する情報の内容および情報提供の正当性について、警察が立証する責任を負っていることを自覚すること

（4）情報提供の正当性について十分な検討を行うべきこと

（5）このように、全体として慎重な対応が求められており、暴力団員等の個人情報の提供については、相手方が行政機関以外の者である場合には、当該情報が暴力団排除等の公益目的の達成のために必要であり、かつ警察からの情報提供によらなければ当該目的を達成することが困難な場合に行うこととされている。

一定の場合には積極的な情報提供の推進が指摘されている。一例として、暴力団犯罪の被害者の被害回復訴訟において組長等の使用者責任を追及する場合や、暴力団事務所撤去訴訟等暴力団を実質的な相手方とする訴訟を支援する場合があげられている。

◆**情報提供の基準**

（1）提供の必要性

① 条例上の義務履行の支援に資する場合その他法令の規定に基づく場合……事業者が、取引等の相手方が暴力団員、暴力団準構成員、元暴力団員、共生者、暴力団員と社会的に非難されるべき関係を有する者等でないことを確認するなど条例上の義務を履行するために必要と認められる場合

② 暴力団による犯罪、暴力的要求行為等による被害の防止または回復に資する場

合

③ 暴力団の組織の維持または拡大への打撃に資する場合

に、それぞれの場合に必要な範囲の情報を提供するものとされている。

（2）適正な情報管理　情報提供は、相手方が、提供に係る情報の悪用や目的外利用を防止するための仕組みを確立している場合、提供に係る情報を他の目的に利用しない旨の誓約書を提出している場合、その他情報を適正に管理することができると認められる場合に行うこととされる。

（3）提供する暴力団情報の範囲　上記(1)の①〜③それぞれ必要な範囲で提供することになるが、②および③の場合には、次の順番に慎重な検討をすべきことが指摘されている。

① まず、暴力団の活動の実態についての情報の提供のように個人情報以外の情報の提供によって足りる場合は、その情報を提供する。

② 次いで、暴力団員等該当性情報の提供。相談等に係る者の暴力団員等への該当性に関する情報の提供を検討する。

③ さらに、住所、生年月日、連絡先その他の暴力団員等該当性情報以外の個人情報を提供する。前科・前歴情報は、そのまま提供することなく、被害者等の安全確保のために特に必要があると認められる場合に限り、過去に起こした犯罪の態様等の情報を提供する。また顔写真の交付は行わないこととされる。

以上のほか、提供する暴力団情報の内容に係る留意点、情報提供の方式および暴力団情報の提供に係る記録の整備等についても子細に指摘されている。

得られた警察情報は、適切に管理するとともに、提供された目的に照らし必要かつ相当な場合に限り対内的および対外的に用いるよう留意すべきである。

10631 反社会的勢力との取引拒絶の可否

相手方が反社会的勢力であることを理由に、取引を謝絶することができるか

結　論

　新たに取引を開始するにあたって、取引の相手方が反社会的勢力であることが判明した場合には、新規取引を謝絶すべきである。また、取引を開始した後であっても暴力団排除条項の適用を検討し、これに基づき、可能な限り速やかに取引関係を終了させることが必要である。

解　説

◆**反社会的勢力排除の要請**　　反社会的勢力への対応に関しては、平成19年の犯罪対策閣僚会議幹事会において「企業が反社会的勢力による被害を防止するための指針」が定められたことを契機として、反社会的勢力を社会から排除していく機運が高まってきた。

　金融庁においても、平成20年に各金融機関向けの監督指針を改正し、「断固たる態度で反社会的勢力との関係を遮断し排除していくことが、金融機関に対する公共の信頼を維持し、金融機関の業務の適切性及び健全性の確保のために不可欠であること」を明記するに至った。

◆**新規取引の謝絶**　　上記政府指針や金融庁の監督指針をふまえて、各金融機関は、取引開始時において、顧客が反社会的勢力でないことの表明・確約を求めており、その表明・確約がない限り、取引を謝絶するという取組みを行っている。この点、相手方が反社会的勢力でない場合でも、金融機関に対して預金契約の承諾を義務づける法令の根拠はなく、契約自由の原則に基づき、預金契約の承諾義務はないと解されている（東京地判平26.12.16金法2011号108頁）。

　なお、金融機関は、マネーローンダリング等の法令や公序良俗に違反する行為をしようとする者によって、預金口座が不正の温床となることを防止するため、顧客が口座を開設しようとする際、取引時確認の実施（犯罪収益移転防止法4条）、および「疑わしい取引」を認知した場合の届出義務が課せられている（同法8条）。

◆**口座開設後の解除措置**　　全国銀行協会は、平成21年9月に、預金取引等からの反社会的勢力の排除を図るべく、「普通預金規定・当座勘定規定・貸金庫規定に盛り込む暴力団排除条項の参考例」を取りまとめた。また、平成23年6月に融資取引および当座勘定取引における暴力団排除条項（以下「暴排条項」という）の参考例の一部改正が公表されている。

　これらの参考例をもとに、大半の金融機関においては暴排条項が導入されており、反社会的勢力との関係遮断という社会的要請に応えるべく、各金融機関においては、暴排条項の適用による普通預金取引をはじめとした取引解消が進められつつあり、取引解消の手順、警察および弁護士との連携手法等のさまざまなノウハウも積み上げら

れ、迅速な対応および処理がなされている。

10632 融資約束後に暴力団関係者と判明した場合

融資の申込みがあったので、資産、収入等の資料を徴求したところ特に融資に支障があるとは思えなかったので「多分融資できると思います」と口頭で融資の約束をしたところ、後から融資申込者が暴力団関係者であることが判明した場合にはどうすればよいか

結　論

　直ちに融資の拒絶を行う。その際の拒絶の理由は「総合的判断の結果」とする。

解　説

◆**融資先からの暴力団排除の必要性**　暴力団等の反社会的勢力は、犯罪による収益の取得やそのための手段として企業の経営支配を行うのが常である。したがって、暴力団等の反社会的勢力に対する金融機関の融資は、その融資金が犯罪資金や他の健全な企業の経営支配の資金として利用されるおそれがある。

　さらに、いったん融資取引が開始されれば、追加融資の申込みなどにより継続的な取引関係が生ずるため、関係遮断が困難になるし、融資額が増大したうえで延滞が開始した場合には融資金の回収も困難となることも十分考えられる。

　そこで、金融機関としては、暴力団等の反社会的勢力に対する融資は行わないようにしなければならない。

◆**政府指針**　平成19年6月19日の犯罪対策閣僚会議幹事会申合せにより取りまとめられた「企業が反社会的勢力による被害を防止するための指針」（以下「政府指針」という）は、反社会的勢力とは取引関係を含めて、いっさいの関係をもたないこと、そのために、相手方が反社会的勢力であるかどうかについて常に通常必要と思われる注意を払うこと、取引後に相手方が反社会的勢力であることが判明した場合には速やかに関係を解消することが求められている。

　公共性を有する金融機関としては、かかる政府指針の要請からしても、融資という資金提供となりうる場面において、暴力団等の反社会的勢力との取引は拒絶しなければならない。

◆**本ケースにおける融資拒絶の法的根拠**
本ケースにおける融資拒絶の法的根拠は、契約自由の原則（承諾の自由）である。

　銀行取引の重要性と銀行実務の慣例に照らし、金融機関から取引先への融資証明書の交付、取引先から金融機関への金銭消費貸借契約書・担保差入証・登記用委任状等なんらかの書面の提出等の文書による外形的行為がない限り、口頭のみによる融資合意は否定される（塩崎勤ほか編『新・裁判実務体系29銀行関係訴訟法』100頁）。

　したがって、本ケースは、融資申込みがなされたが、金融機関としてはいまだ承諾を行ってない段階であるから、契約自由の原則の承諾の自由に基づいて拒絶すべきである。

◆**融資拒絶の具体的対応**　承諾の自由からすれば、拒絶の理由を融資申込者に行うべき義務はないと考えられるが、その理由を説明するのであれば、「当金融機関の総

合的判断の結果」とすべきである。重要なことは金融機関に融資の諾否の決定権があり、それに基づき確定的な融資拒絶の意思を相手方に伝えることであるから、あえて「反社会的勢力であるから融資取引を拒絶する」との理由を伝える必要はないであろう。

融資拒絶の意思を申込者に伝えるにあたっては、担当者任せにせず、支店全体および本部所管部署とも連携のうえ組織的に準備して対応し、トラブル発生の場合に直ちに駆けつけてもらえるように警察への事前の連絡も行っておくべきである。

面談のうえ、金融機関側が融資拒絶の意思を伝えたにもかかわらず、さらに電話で融資を要請されたり、再度の面談を求められたような場合には、申込者に対して書面で融資拒絶の意思を通知すべきである。

10633 無担保融資の要求への対処法

些細なミスを理由に無担保融資を要求された場合、どのように対処すればよいか

結　論

① 毅然として断るべきである。
② 金融機関のミスを理由に無担保融資を強要する行為は、強要罪（刑法223条）や恐喝罪（同法249条）のほか、暴力的要求行為（暴力団対策法9条）に該当する可能性があり、その要求行為が続けばその中止を求めて仮処分手続も可能であるから、民事、刑事の対応をとることを躊躇することなく、早期に警察や弁護士に相談することが肝要である。

解　説

◆**企業対象暴力**　金融機関も人の集団であり、いかに管理機能を充実しチェック体制を強化しても、事務処理上の些細なミスや法令または監督官庁の行政指導に違反する行為、あるいは役員の個人的スキャンダルという不祥事は発生する。

特に、暴力団や会社ゴロ、企業ゴロ、総会屋といわれる者は、このような会社の不祥事に対して常に目を光らせ、特別の嗅覚をもって「事件」を嗅ぎつけ、「損害を受けた」「公表されてもいいのか」などと脅して金銭の要求や融資を強要してくる。これを「企業対象暴力」という。

◆**ミス（不祥事）に対する適切な処置**
過去には十分に調査をしないままに、金融機関の対外的な信用を重んずるあまり、社内基準に反して融資をしてしまったため、逆にその融資自体をネタに「上司に知らせるぞ」と脅され、追加融資を要求され、大きな被害を受けたケースがあった。

仮に相手の指摘する「ミス」が真実であり、金融機関側になんらかの責任があったとしても、相手の言動に屈して不当な条件での融資に応ずる必要はなく、金融機関としては事実関係を明確に調査し、ミスを是正し、あるいは法律ないし行政指導に従って措置をとれば足りる。

また、特定の担当者任せをすることなく、組織として統一的に対応することが肝要である。

その対応こそが、金融機関としての真価が試されるときである。

◆**法的手続**　融資の申出を拒否した後も、

街宣行為を行ったり、拒絶しているにもかかわらず面談を求めて金融機関に押しかけてきたりするようであれば、街宣行為禁止の仮処分、金融機関への立入禁止・面談強要禁止の仮処分等の民事手続で、相手方の違法行為を中止させることができるし、ケースによっては暴力団対策法の中止命令の発令、また、威力業務妨害、偽計業務妨害、信用き損罪等の刑事告訴も考えられるので、弁護士や警察に相談して最善の方策を選択すべきである。

10634 えせ同和行為への対応

えせ同和行為とは何か。金融機関がえせ同和行為の被害を受けたときはどのように対応すればよいか

結　論

えせ同和行為とは、同和問題を口実に企業や官公署などに、不当な利益や義務のないことを求める行為をいう。えせ同和行為に対しては民事介入暴力と同様、法的手段を含めて毅然たる態度で臨むべきである。

解　説

えせ同和行為は、部落差別をなくすという本来の目標達成を阻害する点からも放置できない問題であり、民事介入暴力の一形態でもある。したがって、対応の基本は、民事介入暴力と同じであり（【10625】参照）、また、積極的に民事上の対応、刑事手続および暴力団員による不当な行為の防止等に関する法律（以下「暴力団対策法」

という）に基づく行政的規制の手続という法的措置をとることも重要である。

◆**えせ同和行為の被害**　えせ同和行為の要求の種類や被害としては、図書等物品購入の強要がおしなべて多いほか金融機関に対しては、融資、寄付金・賛助金・示談金の強要が多いとされる。

◆**民事上の対応**　民事上の対応として効果があり、よく用いられるものには次のようなものがある。

① 仮処分の申立……えせ同和行為者が限度を超えた交渉態度をとる場合等に、早期にえせ同和行為をやめさせる場合に用いる。たとえば、会社事業所内等で長時間、大声をあげるなどして業務に支障を生じさせるようなときには立入禁止仮処分、なんら会う必要がないのに面会を強要する場合には面会強要禁止仮処分、限度を超えた執拗な電話をする者に対しては架電禁止仮処分等の裁判所の命令により、えせ同和行為を止めさせることができる。

② 債務不存在確認訴訟の提起……法律上なんら支払義務もないのに金銭の支払を要求するえせ同和行為者に対しては、訴訟を提起し、債務が存在しないことを法律上明確にさせる。

③ 損害賠償請求訴訟の提起……えせ同和行為による精神的苦痛に対して慰謝料を請求することで、将来再びえせ同和行為をすることのないように警告する。

◆**刑事手続および暴力団対策法による行政的規制の手続**

① えせ同和行為の程度によっては、刑法を適用する場合がある。個々具体的な状況によって適用条文は異なるが、過去の

例では、恐喝、強要、脅迫、名誉毀損、暴行、傷害、暴力行為等処罰に関する法律違反、住居侵入（不退去罪）等の罪名を適用したものがある。

② えせ同和行為者が暴力団対策法の「指定暴力団」に指定されている暴力団に属する暴力団員である場合には、刑事事件として成り立たない事案であっても、「中止命令」や「再発防止命令」によりその行為をやめさせることができることもある。

◆**警察、弁護士に対する早期の届出、相談**

民事、刑事いずれの法的措置についても、早い段階での警察への被害申告や弁護士への相談が肝要である。そのためには、後日の法的手続における証拠化のため、普段から具体的な事案に臨んでの相手方の氏名、所属団体等の正確な把握や相手方の言動の記録について対応要領を徹底しておく必要がある。

<table>
<tr><td>10635</td><td>図書・物品購入の強要への対処法</td></tr>
</table>

政治団体や同和団体を名乗る者から書籍や物品の購入を強要された場合、どう対処すればよいか

結　論

　購入の必要がないときは、その旨明確な意思表示を行うとともに、不当な要求が続く場合は、法的手段をとるために相手方の不当要求行為の状況を証拠化することが有効である。

　いずれにせよ、政府指針に従って、不当

要求行為に対しては、組織として毅然とした対応をもって関係遮断を図ることが重要である。

解　説

◆**明確な意思表示と法的手段**　図書や物品の購入を勧誘された場合、だれでも購入する自由、断る自由を有しているのであるから、企業および個人として必要がなければ、明確に「いりません」と断ればよい。相手がだれであれ、一般の図書や物品の扱いとなんら変わりはない。断りの意思表示を曖昧にすると誤解や議論のもとになるので注意を要する。

　金融機関あるいはその役員が明確に購入拒否の意思表示をしているにもかかわらず、相手方が執拗に電話をかけてきたり、支店に押しかけて大声をあげたりする営業妨害行為などの不当要求行為に出るときは、断固として抗議して法的手段をとることを警告すべきである。このような場合に考えられる法的手段としては、民事的には損害賠償請求訴訟（民法709条）、架電禁止・面談強要禁止の仮処分があり、刑事的には強要罪（刑法223条）、不退去罪（同法130条）、暴行罪（同法208条）、業務妨害罪（同法233条・234条）などの犯罪になることもある。強要行為が続くときは、その態様を詳細にメモするほか、写真撮影、録音等の方法で証拠化して法的手段をとる際に備えておくことが肝要である。

◆**一方的に物品の送付を受けた場合の対応**

相手が勝手に図書等の物品を送りつけてきて代金を要求したとしても、相手との間に売買の合意はないため、売買契約は成立しておらず代金支払義務も生じない。送付文

に「何月何日までに返事または返送がなければ承諾したものとみなす」旨の文言があっても無効であるが、図書等に書込みなどすると代金支払義務が生ずることがあるので注意を要する。また、物品を送り返す義務はなく、送付者が取りに来るまで自己財産の保管義務と同様の注意義務を尽くせばよいが、相手方につけ込ませないためには、購入する意思のないことを内容証明付郵便等で回答するとともに、送付された図書等は配達証明付郵便等で返送する手段も考えられる。

◆**参考判例**　本問に関連して、政治専門雑誌の広告掲載の申込みを受けた企業が拒絶の意思表示をしなかったとして、雑誌発行会社が広告掲載料の支払を求めた裁判で、東京簡判平10.5.21（金法1520号38頁）は、過去10年以上にわたって広告掲載契約を行ってきたとしても、商法509条によるみなし承諾は成立しないとして、雑誌発行会社の請求を棄却した。

10636　警察当局との連携

警察当局との連携をどのように図っていけばよいか

結　論

　警察では、企業対象暴力についての企業からの相談には直ちに対応する体制をとっているほか、金融機関の債権回収を妨害する犯罪については、金融機関に対する連絡担当者を明確にし、専従体制で対応しているので、金融機関としては、問題事案があれば直ちに警察に相談し、必要に応じて告訴・告発を行うべきである。

解　説

◆**企業対象暴力に対する警察の対応**　警察では、暴力団等反社会的勢力が企業に対して行う不当要求行為（企業対象暴力）について、企業が信用・名誉を守ろうとするばかりに暴力に屈しやすく、その結果、反社会的勢力が企業から大きな資金を得ているという実態をふまえ、取締りを徹底している。企業に対しては、不当要求に対する具体的な対応方法を教示し、さらに反社会的勢力の暴力の対象となるおそれのある者に対しては、必要な保護対策を講じているところである。したがって、まず警察に相談することが重要である。

　また、各職場の責任者に都道府県公安委員会が行う「不当要求防止責任者講習」を受講させ、不当要求に対する対応要領を習得させておくことも有意義である。

◆**金融・不良債権問題に対する警察の対応**　住専問題に端を発したいわゆる金融不良債権問題については、警察庁は、平成8年に警察庁次長を長とする「金融・不良債権関連事犯対策室」を設置し、都道府県警察に対し、金融・不良債権関連事犯に係る事件検挙および体制の整備に積極的に取り組むよう指示しており、都道府県警察においては特別の体制を整備し、捜査を強力に推進している。

　このうえで、債権回収過程における暴力団等反社会的勢力による債権回収妨害を排除するため、平成9年10月以後、警察庁、大蔵省（当時）および全国銀行協会連合会等との申合せにより、警察と銀行との連携

システムが実施されている。

これは、全国の都道府県警察本部に銀行との連絡窓口となる連絡担当者を置き、銀行が債権回収過程において犯罪や暴力団等の関与等を認知した場合には、都市銀行・信託銀行については、警察庁の金融・不良債権関連事犯対策室に連絡し（警察庁では必要に応じて関係都道府県警察の連絡担当者等に通報）、地方銀行および第二地方銀行については、その事案に係る物件の所在地を管轄する都道府県警察の連絡担当者に連絡し、都道府県警察において、適宜、捜査等を行うというものである。

警察では、このシステムに基づきこれまで数多くの相談を受理しており、適宜、刑事事件として検挙してきたほか、検挙に至らない場合であっても、妨害に対する民事上の法的措置を助言するなどしており、これによって妨害行為が排除され、金融機関の回収が進んだ例もある。

◆**金融機関の社会的責務**　犯罪収益移転防止法では、8条において、銀行などの金融機関に対し、特定業務（金融に関する業務その他の政令で定める業務）において収受した財産が犯罪による収益である疑いがあり、または顧客等が特定業務に関し組織的犯罪処罰法10条の罪もしくは麻薬特例法6条の罪に当たる行為を行っている疑いがあると認められる場合には、速やかに一定の事項を行政庁に届け出る義務を課している。このように、金融機関は、組織犯罪に対して毅然とした姿勢をとることが求められているわけであり、取引において相手方が反社会的勢力であることを知った場合は、取引が反社会的勢力の利するところとならないよう注意を払うべきであるとともに、

なんらかの犯罪性を認知した場合には、警察に相談し、届け出る社会的責務があるといえよう。

◆**情報提供に関する警察庁通達**　暴力団排除条例（暴排条例）が全国に制定され、これらの暴排条例においては、元暴力団員（5年規定）や密接交際者等について排除対象とするものがみられるところであるが、全国銀行協会が平成23年6月2日に公表した「融資取引および当座勘定取引における暴力団排除条項参考例の一部改正」においては、これらの者についても暴力団排除条項（暴排条項）の属性要件とすることが示され、各金融機関においてもこれに沿って対応を進めている。

かような状況のなか、金融機関が、新規取引を謝絶したり、暴排条項に基づいて取引解消を行うなど反社会的勢力との関係遮断を進めるうえにおいて、警察情報を必要とする場面は、質量とも増えているといえる。その一方、暴力団は共生者等を通じ、経済取引に深く介入して資金獲得を図るなど、その組織、活動の実態を多様化、不透明化させている。

このような情勢の変化に的確に対応すべく、平成25年12月19日付で「暴力団排除等のための外部への情報提供について」（平成25年通達）が公表されている。警察情報を得るに際しては、平成25年通達に対応した形で各金融機関において体制整備を行う必要がある。

10637　暴力団排除条項

暴力団排除条項とは何か。これを導入する

場合にはどのように規定したらよいか

結　論

　暴力団排除条項とは、取引当事者間の法律関係を規定する契約書、規約、取引約款等の条項であって、暴力団等の反社会的勢力が当該取引の相手方となることを拒絶し（取引参入阻止）、あるいは取引開始後に相手方が暴力団等の反社会的勢力であることを認知した場合に契約の解除等取引の終了事由により、相手方を当該取引から排除すること（取引関係からの排除）を規定した条項をいい、暴排条項ともいわれる。

　全国銀行協会は、平成20年11月25日、「銀行取引約定書に盛り込む場合の暴力団排除条項の参考例」を策定・公表した後、平成21年9月24日「普通預金規定、当座勘定規程および貸金庫規定に盛り込む暴力団排除条項の参考例」を公表した。さらに、反社会的勢力が共生者等を利用しつつ不正に融資等を受けることにより資金獲得活動を行っているという実態に、より適切かつ有効に対処し、反社会的勢力の属性要件を明確にすべく、「融資取引および当座勘定取引における暴力団排除条項参考例の一部改正」を平成23年6月2日に策定・公表した。

解　説

◆**暴力団排除条項の必要性**　　暴力団等の反社会的勢力の金融取引への介入に対する法的な排除対策は、契約締結時において契約自由の原則をもって対処するのが効果的である。

　金融取引の契約締結時には、契約自由の

原則を根拠として契約締結を拒絶できる。

　契約を締結して金融取引関係が生じた後に相手方の属性が暴力団などの反社会的勢力であることが判明した場合には、あらかじめ暴力団排除条項を約定しておかなければ、法的にはその排除は困難である。そこで、暴力団排除条項を規定する必要性がある。

◆**暴力団排除条項の効果、機能**

　（1）取引参入の予防・抑止　　金融取引約款、約定書等に暴力団排除条項が規定されていれば、暴力団等の反社会的勢力が金融機関と金融取引を開始しようとする際に、取引を思いとどまることがあるため、取引参入の予防、抑止効果が認められる。

　（2）取引からの排除交渉における排除の理由　　取引契約を締結して金融取引関係が生じた後に相手方の属性が暴力団などの反社会的勢力であることが判明した場合には、まずは取引からの排除の交渉を行うこととなる。この場合、相手方に任意に取引を解消することを求める際には、暴力団排除条項の存在が金融機関側の排除を求める根拠となる。さらに、そのことから、相手方が任意に取引を解消しなければ法的手続により排除を行うことを背景として金融機関は強い立場で交渉にあたることができる効果と機能が期待できる。

　（3）裁判規範性　　取引からの排除のために法的手続を行う場合には、暴力団排除条項は裁判規範として機能する。

　（4）コンプライアンス宣言機能　　企業等が契約書等に暴力団排除条項を導入することで、当該企業の明確な反社会的勢力排除宣言となり、当該企業におけるコンプライアンスの進んだ取組みとして、社会的評

価を得られるという効果が期待できる。

◆**暴力団排除条項の規定対象**

（1）属性要件　取引の相手方の「暴力団、暴力団員、暴力団関係者、暴力団関係団体その他反社会的勢力」などの属性を排除の規定対象として規定するのが基本である。

（2）行為要件　近時の暴力団等の反社会的勢力の組織と活動の不透明化、潜在化に伴い、(1)のような属性を対象とする規定のみでは暴力団排除条項の機能を十分発揮することはできない。そこで、「暴力的言辞」等の属性に附随する行為類型をも規定対象とすることが必要とされる。

◆**暴力団排除条項の形態**

（1）解除条項　取引契約の解除条項である。預金取引などに適用される。

（2）期限の利益喪失条項　金融機関が相手方に有する貸金などの取引についての取引排除規定である。

（3）表明・確約条項　取引開始の時期において、相手方が暴力団等の反社会的勢力でないことの表明・確約をさせることにより、取引参入の際の予防、抑止効果を高めることができる。

（4）情報提供条項　取引先が暴力団等の反社会的勢力との密接な取引や株式取得された等の事実が発生した場合にはその情報を金融機関に提供させる義務を課することにより暴力団排除の実効性を確保するための規定である。

10638　元暴力団員との取引

元暴力団員について、更生しているとの主張がなされている場合でも、新規取引を謝絶すべきか。既存取引の解消にあたっては、どのような点に留意したらよいか

結　論

元暴力団員については、脱退後5年を経過しているか否かが一つの基準となるが、真実脱退しているか否かについては、慎重に確認する必要があり、本人の申告からしても脱退から5年経過していない場合には、新規取引については、脱退の裏付のみならず、更生状況や新規取引の内容等もふまえて慎重に検討する必要がある。既存取引の解消にあたっては、法的に解消可能かという点もふまえて検討する必要がある。

解　説

◆**暴力団員5年要件**　平成23年6月に全国銀行協会が公表した銀行取引約定書および当座勘定規定の参考例においては、「暴力団員でなくなったときから5年を経過しない者」が排除対象とされており、この参考例をふまえて、各金融機関でも同様の条項を入れていることが多い。

そして、融資取引や当座勘定取引のみならず、同条項を導入していない普通預金取引においても、過去暴力団員であるとの情報がある者については新規取引を謝絶する例がある。上記条項の規定をふまえ、5年以内に暴力団員であるとの情報がある者に限って謝絶している事例もあれば、新規取引に際する契約自由の原則に基づき、特に年数にかかわらずに謝絶を検討する金融機関もある。

◆**口座開設の可否**　新規取引については、

融資取引であっても預金取引であっても、契約をするか否かは原則として契約当事者の自由であり（契約自由の原則）、元暴力団員であることを一つの判断要素として契約を拒絶することも可能である。

このように、契約をしないという判断もありうるが、近時は暴力団からの離脱・更生に向けた各種の取組みが検討課題とされており、実際にも暴力団員を組織から離脱させ、更生させることは暴力団の弱体化につながることから、かかる取組みに協力することは公益目的に資するものといえる。かかる公益目的等にかんがみ、暴力団から真に脱退し、更生が認められる者については、預金取引に応じるという判断も考えられる。

ただし、脱退を偽装している可能性もある以上、実際に取引に応じるか否かは慎重に判断する必要がある。なお、暴力団社会復帰対策協議会長自らが、離脱して間もない就労した元組員を伴い、住民票を取り、各就労先事業所の取引先金融機関（都市銀行・地方銀行・信用金庫）各支店に赴き、就労事実を証明、給与振込用の預金口座開設を申し込み、口座の開設を果たしている事例等が報告されている（暴力団離脱指導講師　中林喜代司「この１年の金融機関の反社対応を振り返る」銀行法務21第790号14頁以下）が、一つの参考となろう。

◆**既存取引の解消**　元暴力団員との既存取引の解消にあたっては、法的に解消が認められるか否かを検討することが必要となる。暴力団排除条項に元暴力団の規定があるかについては当然のことながら、同条項が存在する場合でも、元暴力団員であったことおよび現状において、暴力団員やその準構成員あるいは共生者と社会的に非難されるべき関係にあるかどうかについて証明できるかどうかも重要な要素となる。その証明のためには、警察の協力を得ることができるかどうかが重要である。

この点、暴力団排除条項に基づいて取引の解消を行う場合、事前に警察に対して照会を行い、同条項に該当する旨の回答を得ることが一般的であるところ、警察から元暴力団員であることの回答を得ることは実際上困難であることには留意が必要である。すなわち、警察からの情報提供に関する通達（平成25年12月19日付警察庁丙組企分発第35号、丙組暴発第13号警察庁刑事局組織犯罪対策部長通達「暴力団排除等のための部外への情報提供について」）においては、元暴力団員の情報提供に関し、「現に自らの意思で反社会的団体である暴力団に所属している構成員の場合と異なり、元暴力団員については、暴力団との関係を断ち切って更生しようとしている者もいることから、過去に暴力団員であったことが法律上の欠格要件となっている場合や、現状が暴力団準構成員、共生者、暴力団員と社会的に非難されるべき関係にある者、総会屋及び社会運動等標ぼうゴロとみなすことができる場合は格別、過去に暴力団に所属していたという事実だけをもって情報提供をしないこと」とされている。

なお、仮に暴力団排除条項に基づいて取引解消が可能であるとしても、前述のとおり、真に脱退し、更生していると確認できる者については解消を留保するという判断もありうるが、そのような場合でも、契約時点で暴力団員であり、暴力団員ではないと虚偽の表明確約を行いながら契約締結に

至っている事案等も想定されるため、諸般の事情を総合的に判断して慎重に判断する必要がある。

10639 新規取引の際の留意点

反社会的勢力との取引を行わないようにするための新規取引の際の留意点は何か

結　論

　まず、法人にせよ個人にせよ相手方の本人確認を行い、自社が保有するデータベースとの照合を含め、取引の相手方に関する属性情報を収集する。そのうえで相手方の属性や素性に反社会的勢力であるとの疑義がある場合には警察への照会等の詳しい調査を行う。その結果、相手方の属性、素性が暴力団等の反社会的勢力、あるいはその支配下、影響下にあると認められた場合には直ちに新規取引を拒絶する。

解　説

◆**相手方の本人確認**　金融取引の契約締結時には、契約自由の原則を根拠として契約締結を拒絶できる。そこで、新規取引の際には相手方の属性、素性の把握が重要となる。

　まずは、相手方の本人確認を行う。犯罪収益移転防止法による確認すべき本人特定事項は、法人の場合は名称および本店または主たる事務所の所在地、個人の場合は氏名、住居および生年月日である（なお、累次の同法の改正により、法人の場合は取引の目的、事業内容、主要株主等の氏名・住所・実質的支配者、個人の場合は、取引の目的・職業が確認すべき事項として追加となっている）。その際、取引の相手方になりすましたり（いわゆる替え玉）、あるいは本人特定事項を偽ること（いわゆる詐称）の有無のチェックを行う。

◆**相手方の情報の収集**　次に、相手方の属性、素性の調査のために情報収集を行う必要がある。その際には、自社が保有する反社会的勢力に関するデータベースへの照合も行うことが重要である。

　(1)　法人の場合の情報収集

①　取引申込書……特に融資取引についての新規取引申込みにあたり、相手方の業態、営業内容、収支概算、財産状況、取引先、株主、役員の経歴等の情報開示をさせることにより、調査の手がかりを得るものである。

②　登記事項証明書……役員の確認や上記①の開示事項との矛盾点や整合性のチェックを行うものである。

③　決算書、財務諸表……相手方の業態、営業内容、収支概算、財産状況、取引先、株主等と虚偽申告の有無のチェック

④　その他……相手方の属性の判定が困難であったり、反社会的勢力と疑われたりする場合には、相手方に対してさらに追加情報の提供を求めるべきである。

　(2)　個人の場合の情報収集

①　取引申込書……特に融資取引についての新規取引申込みにあたり、相手方の職業、家計収支概算、財産状況、家族状況等の情報開示をさせることにより、調査の手がかりを得るものである。

②　住民票……居住や生活の状況、家族状況等を調査する手がかりとなる。

③　収入・所得証明書……相手方の職業、家計収支概算、財産状況等と虚偽申告の有無のチェックを行うものである。

④　その他……相手方の属性の判定が困難であったり、反社会的勢力と疑われる場合には、相手方に対してさらに追加情報の提供を求めるべきである。

◆**疑義ある相手方の詳しい調査**　調査の結果、相手方の属性、素性が暴力団などの反社会的勢力、あるいはその支配下、影響下にあるとの疑いが生じた場合には、さらに、警察への照会などによりその判断の正確性を確保するための措置をとるべきである。

具体的には、警察からの情報提供に関する通達に基づき（平成25年12月19日付警察庁丙組企分発第35号、丙組暴発第13号警察庁刑事局組織犯罪対策部長通達「暴力団排除等のための部外情報提供について」）、適正な情報提供管理態勢等の各要件が充足されることを前提に、警察からの情報提供がなされうることから、新規取引の際の重要な情報源となりうる。

◆**暴力団排除条項の活用**　さらに、暴力団などの反社会的勢力、あるいはその支配下、影響下にある者との新規取引を阻止するためには、以上のような新規取引申込時の対応のみでなく、平素からの備えとして、各種取引契約書中に暴力団排除条項を盛り込むとともに、表明・確約条項により、新規取引において相手方が暴力団等の反社会的勢力でないことの表明・確約をもさせることにより、取引参入の際の予防、抑止効果を図ることも肝要である。

10640　反社会的勢力の疑いがある先との取引の取扱い

反社会的勢力との疑いがある取引について、取引を拒絶すべきか。また既存取引について、反社会的勢力との疑いが生じた場合、どのように対応したらよいか

結　論

取引開始前において、取引の相手方が反社会的勢力である旨の疑いがある場合は、資料・情報を収集・分析し、その疑いが強い場合には、契約自由の原則に基づいて取引を謝絶すべきである。

既存取引の解消にあたっては、警察への情報提供依頼を含め、資料・情報を収集・分析し、暴力団排除条項の適用可能性について十分に検討することが必要である。

解　説

◆**取引開始前の段階で反社会的勢力該当性が疑われる場合**　取引開始前の段階で、相手方が反社会的勢力である疑いや懸念がある場合、当該相手方に関する資料・情報を収集したうえで分析・検討し、その疑わしさや懸念について判断する必要があり、反社会的勢力に該当する可能性が高い場合には、取引関係に入ることを謝絶すべきである。

取引謝絶をした場合に、相手方からその理由について説明を求められたとしても、金融機関における総合的判断に基づくとのみ説明し、反社会的勢力の疑いがあると判断したなどという理由を伝えるべきではない。

（1）　契約自由の原則　　取引先との取引関係に入る前においては契約自由の原則が働き、原則として金融機関は当該取引先と取引関係に入るか否かについて、自己の裁量に基づいて判断することができる。

この点、裁判例においても、相手方が反社会的勢力ではない事案ですら、預金契約の承諾を義務づける法令の根拠はなく、契約自由の原則に基づき、銀行には預金口座開設の申込みを承諾する義務はないと判断されている（東京地判平26.12.16金法2011号108頁。【10631】参照）。

（2）　取引関係に入るか否かの判断　　入口段階で取引関係に入るか否かの判断にあたっては、反社会的勢力であることを疑わせる根拠となる資料・情報に基づき、その内容を十分に精査することが必要である。

具体的な根拠資料等の検証が不十分であると、相手方から取引謝絶が合理的理由のない差別によるものであるなどの理由で争われるリスクや、レピュテーショナルリスクが存在するからである。

◆取引開始後に反社会的勢力該当性が疑われる場合

（1）　暴力団排除条項の適用　　近時は、各都道府県における暴力団排除条例や金融庁の策定する監督指針の規定により、ほぼすべての金融機関が暴力団排除条項（以下「暴排条項」という）を導入している状況にあるところ、既存取引先が、暴排条項における属性要件または行為要件に該当する場合には、当該条項に基づき契約解除を実行することが可能である。

しかしながら、暴排条項に基づいて契約解除を行う場合には、仮に相手方が当該解除の可否について争う場合には、金融機関側において解除事由の存在を証明していくことが必要となることは念頭に置いておく必要がある。仮にかかる証明が不十分とされる場合には、解除は認められないばかりか、合理的理由のない取引解消により損害を被ったとして、損害賠償請求を受けるリスクも相応に存在することは留意しなければならない。

（2）　反社会的勢力該当性が疑われる場合の対応　　既存取引先が反社会的勢力であることが疑われる場合には、反社会的勢力対応部署にて、当該取引先に関する情報を収集・分析し、可能な限り精度の高い情報を、迅速かつ適切に経営陣に報告することが肝要である。

なお、情報収集にあたっては、所轄警察に対する情報提供依頼を行うことが必須である（具体的にいかなる場合に警察から情報提供を受けることができるかについては、【10630】参照）。

① 反社会的勢力該当性の十分な証拠が存在する場合……警察の該当性情報を含め、反社会的勢力であることの十分な証拠が存在することが確認できる場合には、業務の適切性の観点から、原則として速やかに取引解消のための措置を講じるべきである。

融資取引先について反社会的勢力該当性が認められる場合でも、業務の適切性に加え、財務の健全性などの観点（たとえば債権回収の極大化、反社会的勢力に利益を与えないこと、安全確保などの観点）も十分に考慮し、直ちには暴排条項を適用して期限の利益を喪失させないことも経営判断として認められる余地はあると考えられる（【10643】参照）。

② 反社会的勢力該当性の十分な証拠が得られない場合……反社会的勢力であることの証拠が十分でない場合であっても、その疑いが残る場合には、継続的に当該取引先の取引動向等を注視すべきであり、反社会的勢力であると認定できるだけの証拠がそろった段階で、すぐに取引解消に踏み切ることできるように備えておくことが肝要である。

また、期間の定めのある継続取引の場合には、契約期間満了時に更新を拒絶することで取引解消を行ったり、契約自由の原則に基づいて新規取引を謝絶するなどして取引関係の縮小に努めていくことも考えられる。

| 10641 | 反社会的勢力の預金口座解約の実務上の留意点 |

反社会的勢力の預金口座の解約について、実務上どのように行い、どのような点に留意する必要があるか。強制解約と合意解約のメリット・デメリットは何か

結　論

反社会的勢力に該当する取引先の預金口座解約にあたっては、まず暴力団排除条項（以下「暴排条項」という）を用いた強制解約の可否について検討する。強制解約は、反社会的勢力の排除を金融機関主導で進め、相手方との接触を回避することができる一方で、相手方との間で法的紛争やクレームとなるリスクがあり、実行にあたっては、暴排条項の適用根拠について立証できるだけの証拠が存するかの確認がまず重要とな

る。そのうえで、解約通知の発送、解約日の決定、解約代り金の支払について、相手方の属性や預金の利用形態、預金残高の有無・金額に応じて、適切な措置を講じる必要がある。

他方、反社会的勢力の疑いがあるが暴排条項を適用するだけの情報が存しない取引先の預金口座を解約しようとする場合には、解約にあたって相手方の同意を要する合意解約の方法を検討しなければならない。合意解約のためには、必然的に相手方との接触を要することとなるため安全体制の構築や時間を要する等のデメリットがある。

解　説

◆預金口座の解約における実務上の対応

（1）解約の方法に関する検討　反社会的勢力に該当する取引先の預金口座の解約にあたっては、まず、暴排条項を適用した強制解約の可否について検討する。なお、預金口座開設時点では預金規定に暴排条項が整備されておらず、その後暴排条項を導入した場合でも、暴排条項の遡及適用は可能と考えられている（福岡高判平28.10.4金法2052号90頁。【10642】参照）。

暴排条項の適用による強制解約については、預金者が反社会的勢力であることを証拠に基づき認定できることが必要である。属性要件の立証方法として、最も確実性が高い方法は警察への照会である。ただ、仮に警察からの情報が得られなくとも、都道府県暴力追放運動推進センターからの情報提供や、新聞記事、雑誌記事、インターネット等から資料・情報を収集し、複数の証拠に照らして立証を検討すべきである。なお、このような取引先の属性に加えて、行

為要件もあわせて考慮することにより、暴排条項を適用できる場合もあることから、取引時、面談時および通話時の記録（言動の特徴・脅迫的な言動・身体的な特徴など詳細に記録化したもの）等も重要な資料となる。

上記のような検討によっても暴排条項の適用がむずかしいと考えられる場合には、解約にあたって相手方の同意を要する合意解約を検討しなければならない。

(2) 解約通知の発送　上記のような暴排条項の適用可能性についての検討をふまえて、暴排条項の適用が可能であると判断する場合には、相手方に対して解約通知を発送する。

その方法としては、解約通知の内容や相手方への到達の事実を事後的に立証可能にするため、配達証明付内容証明郵便によるべきである。不在等の理由により、相手方が内容証明郵便の受取りをしない、または受取りを拒否する場合に備えて、同内容の通知を特定記録郵便で同時に発送する工夫をすることも多い。

(3) 解約日の決定　解約通知において、一定の期日を解約日として指定することとなるが、いつを解約日とするかについては慎重に検討する必要がある。

特に預金口座が引落口座として利用されている場合においては、通知が届いた日に直ちに効力を発生させると、トラブルになる可能性も高く、解約通知の送付から解約日までの間に一定期間を設けるのが通常である。

(4) 解約代り金の支払　預金口座を解約する際に口座残高が存在する場合は、解約代り金の支払が必要である。その方法としては、①本人と面談して支払う、②口座名義人の他の預金口座へ送金する、③現金書留で送付するといった方法が考えられる。

上記のうち、②については他の金融機関を巻き込むこととなるだけで、反社会的勢力の排除という目的に沿わないことから、基本的には①または③の方法によるべき場合が多い。

この点、③預金残高の現金書留での送付については、返還債務に係る弁済方法としては、債務の本旨に従った現実の提供とはいえないため、当該方法によることについて本人の同意が必要と考えられる。したがって、一方的に現金書留を送付するだけでは、仮に受け取られなかった場合における法務局に対する弁済供託（民法494条）が受理されないおそれがある。そこで、実務上の対応としては、解約通知書に「解約代り金が存する場合には、相手方の異議がなければ現金書留で送る」旨を記載しておき、一定期間中までに異議がないことを確認したうえで、現金書留で発送するという対応をとることが多い。

なお、現金書留による場合は、補償額の上限が1通につき50万円であることに留意が必要である。

◆**強制解約と合意解約のメリット・デメリット**　強制解約のメリットは、相手方との接触の機会を最小限とし、金融機関側の主導で解約ができる点にある。一方、デメリットとしては、相手方との間で法的紛争やクレームとなるリスクがあることである。

他方で、合意解約のメリットは、暴排条項の適用が争われることが予想される場合やトラブルの招来について不安がある場合に、相手方との話合いが奏功すれば、これ

らのリスクを回避できる点である。しかしながら、デメリットとしては、相手方との接触の際の役職員の身体の危険、また、その危険リスク回避のための安全体制整備の負担があげられる。また解約時期を預金者と調整する必要があるため、相手方次第では解約に時間を要する場合がある。

　いずれにしても、預金口座の解約にあたっては、警察や弁護士等の外部専門家と十分に連携して取り組む必要がある。

10642　暴力団排除条項導入と約款の効力

暴力団排除条項導入前に開始した取引について、約款を変更し、暴力団排除条項を適用することができるか

結　論

　預金取引については、暴力団排除条項（以下「暴排条項」という）導入前に開始した取引についても、預金者の同意なく預金規定に暴排条項を導入し、同規定を適用することで解約することは可能である。一方で、融資取引については、債務者の同意なく銀行取引約定書を改定して暴排条項を導入することは困難と考えられる。

解　説

◆**問題の所在**　いわゆる「約款」に暴排条項を導入した場合、導入後に締結された契約について同条項の効力が及ぶことは問題ないとして、導入前に締結された契約についてまで同条項を適用することができるのか。約款変更については、一般に顧客の同意を得ずに行われることから、このように顧客の同意がないにもかかわらず、顧客が変更後の約款に拘束されるのかが問題となる。

◆**預金取引**　預金契約については、定型の取引約款によりその契約関係を規律する必要性が高く、必要に応じて合理的な範囲において変更されることも契約上当然に予定されているといえる。

　そして、暴排条項を既存の預金契約にも適用しなければ、その目的を達成することは困難である一方で、暴排条項が遡及適用されたとしても、そのことによる不利益は限定的で、かつ、預金者が暴力団等から脱退することによって不利益を回避できることなどを総合考慮すれば、既存顧客との個別の合意がなくとも、既存の契約に変更の効力を及ぼすことができると解するのが相当である（福岡高判平28.10.4金法2052号90頁）。

　このことは、普通預金に限らず、定期預金や当座預金でも同様であるといえ、普通預金規定、定期預金規定および当座預金規定、いずれに暴排条項を導入した場合であっても、既存顧客との個別の合意がなくとも、既存の契約に変更の効力を及ぼすことができると解される。

◆**融資取引**　現在実施されている融資取引の基本約定を定めている銀行取引約定書が、いわゆる定型約款に該当するかどうかについては、いまのところ定説がないようであるが、定型約款に該当するかどうかにかかわらず、債務者の同意なくして既存の融資取引に関する銀行取引約定書に暴排条項を導入し（具体的には、暴排条項に該当する場合には期限の利益を喪失するという

条項となろう）、その条項のみを根拠に、既存の融資取引について期限の利益を喪失させることは法律上むずかしいと考えられる。

期限の利益を喪失させる条項は、当該融資取引の基本的な取引条件であり、債務者との合意なくして一方的に変更できる合理性に乏しいと考えられるからである。

したがって、既存の融資取引に暴排条項を導入しようとする場合には、あらためて、債務者から暴排条項を導入する旨の同意書の提出を受けることが必要である。

10643 反社会的勢力との融資取引の解消上の留意点

反社会的勢力との融資取引の解消（期限の利益喪失）について、どのような基準で行うべきか。約定弁済の継続が認められるのはどのような場合か

結　論

債務者との融資取引につき暴力団排除条項（以下「暴排条項」という）を適用して取引解消を図ることが法的に可能な場合であっても、債権回収の極大化（財務の健全性）や反社会的勢力に手残り利益を残さないという観点から、暴排条項を適用せず約定弁済を受け続けること、あるいは直ちには適用せずタイミングを見計らって暴排条項の適用を行うことが許容される場合がありうる。このようなプランニングを行うにあたっては、形式的類型的な基準により判断することは困難であり、後記の各着眼点を検討したうえで、個々の事案ごとに専門

家の意見もふまえ検討する必要がある。

解　説

◆**融資取引の解消にあたって検討すべき観点**　金融機関において、融資を実行した後に、債務者が反社会的勢力に該当することが明らかになった場合に、暴排条項を適用して当該融資金についての期限の利益を喪失させて回収を図ることが法的に可能であるとしても、どのような計画（プラン）に基づいて取引解消を図るべきかという点が問題となる。

銀行法は、金融機関に対し、業務の適切性と財務の健全性を求めているところ（同法1条）、業務の適切性の観点からは、反社会的勢力の排除が要請され、財務の健全性の観点からは、回収可能性の確保が要請される。個々の事案においては、これらの観点を総合的に考慮していく必要がある。

基本的には、業務の適切性の観点が重視され、反社会的勢力の排除に向けての動きが要請されることになるが、債務者が約定弁済を継続している状況で、債務者が反社会的勢力であることを理由として期限の利益を喪失させることは、かえって金融機関に回収不能による経済的損失を招くとともに、反社会的勢力に事実上の回収不能による利益を与える結果となるのではないかという問題がある。

反社会的勢力との関係解消を含むリスク管理態勢の整備は一種の経営判断事項であり、暴排条項を適用して取引解消を図ることが法的に可能な場合であっても、債権回収の極大化（財務の健全性）や反社会的勢力に手残り利益を残さないという観点からすれば、暴排条項を適用せず約定弁済を受

け続けること、あるいは直ちには適用せず、タイミングを見計らって暴排条項の適用を行うことが、金融機関の取締役の善管注意義務に反せず、経営判断（裁量の範囲）として認められる場合がありうる。

このような財務の健全性の観点などを考慮した結果、例外的に期限の利益の喪失時期を遅らせることが許容されるかどうか、遅らせるとしてどのようにモニタリングを実施し、効率的な回収措置を含め、どのように取引解消に向けたプランニングをするのかという点を検討する必要がある。

◆**プランニングにあたっての着眼点**　金融機関としては、どのように取引解消に向けたプランニングをするのかという点が課題となるが、その際に考慮に入れるべき着眼点としては以下のようなものが考えられる（鈴木仁史「反社会的勢力との融資取引の解消(2)―期限の利益喪失についての着眼点」金法1990号98頁参照）。

① 債務者に関する着眼点
 イ 属性の内容および濃淡（危険性の程度）
 ロ 行為要件の有無および内容
 ハ 犯罪行為、行政からの許認可取消等
 ニ 事業の内容・今後の事業継続の可能性等

② 回収可能性に関する着眼点
 イ 融資の審査時の状況、融資の内容
 ロ 融資の約定弁済の内容
 ハ 今後の約定弁済による回収見込額（将来の約定弁済の継続可能性）
 ニ 担保および担保以外の資産の状況
 ホ 期限の利益喪失による回収見込額
 ヘ 他の期限の利益喪失事由の有無および内容等

③ その他の着眼点
 イ 関係する取引の有無およびその内容
 ロ 他の債権者の状況
 ハ レピュテーショナルリスク
 ニ 社会的影響（利害関係人への影響）
 ホ 安全確保のリスク（期限の利益を喪失した場合に想定されるリアクションの程度）等

◆**個々の事案ごとの検討の必要性**　融資実行後に暴排条項を適用して取引解消を図るためのプランニングを行うにあたっては、個々の事案ごとに前述の着眼点を含む事情を総合的に考慮する必要があり、このプランニングに際しては、弁護士など専門家の意見をふまえるべきである。

一般論としては、債務者の属性が暴力団組長や幹部であるといった事実、暴力的要求行為を行っているという事実、担保権を実行した場合の回収を十分に見込むことができるという事実、融資金が反社会的活動を助長するような資金使途に利用されているという事実、債務者が刑事事件を起こして報道されている事実等は、直ちに期限の利益を喪失させて担保実行等による債権回収を図るべきであるという方向へ作用する。

反対に、債務者が暴力団そのものではなく反社会性が薄いといった事実、融資金が反社会的活動を助長するような資金使途に利用されていないという事実、担保が不十分であり、直ちに期限の利益を喪失させることにより、債権の全部または一部が回収不可能になりそうだという事実、約定弁済を継続した場合の完済までの期間が短いという事実等は、直ちに期限の利益を喪失させるのではなく、モニタリングを行いつつ、一定期間、約定弁済を受けることが許容さ

れる方向へ作用する。ただし、仮に直ちに期限の利益を喪失させないことが許容されるケースであっても、債務者の属性、反社会的活動、回収可能性、約定弁済の状況等について、引き続きモニタリングを行っていく必要がある。

10644 信用保証契約と反社会的勢力

金融機関と信用保証協会との間で保証契約が締結された後に、債務者が暴力団等の反社会的勢力であることが判明した場合に、信用保証協会が金融機関に対し錯誤無効を主張している事案につき、信用保証協会に代位弁済を求めることができるか

結 論

本問の事例につき、平成28年1月12日に最高裁判所の判決が4件言い渡されたところ、いずれも「「主債務者が反社会的勢力でないこと」という信用保証協会の動機は、それが明示又は黙示に表示されていたとしても、当事者の意思解釈上、これが各保証契約の内容となっていたとは認められず、保証協会の各保証契約の意思表示に要素の錯誤はない」と判示し、信用保証協会の錯誤無効の主張を排斥した。

一方で、金融機関側に調査義務違反が認められると、信用保証協会による保証免責の主張が認められることも明らかにされたので、留意が必要である。金融機関が保証免責を免れるためには、融資実行に先立ち、主債務者の反社会的勢力該当性について調査を尽くす必要がある。

解 説

◆**最高裁判決の事案の内容** 今回の事案では、一つの銀行と三つの信用金庫（最判平28.1.12金法2035号6頁）が、各地域の信用保証協会と争っていた。いずれも、保証契約が締結された後に、主債務者が暴力団等の反社会的勢力であることが判明した場合に、信用保証協会は要素の錯誤（民法95条）を理由として保証契約を無効にできるかどうかが争点となっていた。

最高裁判所判決の判旨のポイントは以下のとおりであり、いずれの判決も結論として信用保証協会の錯誤無効の主張を排斥した。

(1) 要素の錯誤の意義　意思表示における動機の錯誤が、法律行為の要素に錯誤があるものとしてその無効をきたすためには、その動機が相手方に表示されて法律行為の内容となり、もし錯誤がなかったならば、表意者がその意思表示をしなかったであろうと認められる場合であることを要する。そして、動機は、たとえそれが表示されても、当事者の意思解釈上、それが法律行為の内容とされたものと認められない限り、表意者の意思表示に要素の錯誤はないと解するのが相当である（最判昭37.12.25集民63号953頁、最判平元.9.14金法1249号22頁）。

(2) 保証契約と反社会的勢力　保証契約は、主債務者がその債務を履行しない場合に、保証人が保証債務を履行することを内容とするものであり、主債務者がだれであるかは同契約の内容である保証債務の一要素となるものであるが、主債務者が反社会的勢力でないことはその主債務者の関す

る事情の一つであって、これが当然に同契約の内容となっているということはできない。

(3) 約定書、各保証契約等の定め　金融機関は融資を、信用保証協会は信用保証を行うことをそれぞれ業とする法人であるから、主債務者が反社会的勢力であることを事後的に判明する場合が生じうることを想定でき、その場合に信用保証協会が保証債務を履行しないこととするのであれば、その旨をあらかじめ定めるなどの対応をとることも可能であった。それにもかかわらず、約定書と題する信用保証に関する基本契約および各保証契約等に、その場合の取扱いについての定めが置かれていないことからすると、主債務者が反社会的勢力でないということについては、この点に誤認があったということが事後的に判明した場合に、各保証契約の効力を否定することまでを金融機関および保証協会の双方が前提としていたとはいえない。

(4) 社会的責任の見地からの検討　保証契約が締結され融資が実行された後に初めて主債務者が反社会的勢力であることが判明した場合には、すでに主債務者が融資金を取得している以上、社会的責任の見地から、債権者と保証人において、できる限り上記融資金相当額の回収に努めて、反社会的勢力との関係の解消を図るべきであるとはいえても、両者間の保証契約について、主債務者が反社会的勢力でないということが、その契約の前提または内容になっているとして当然にその効力が否定されるべきものともいえない。

(5) 信用保証協会の意思表示に要素の錯誤はない　そうすると、主債務者が反社

会的勢力でないことという信用保証協会の動機は、それが明示または黙示に表示されていたとしても、当事者の意思解釈上、これが本件各保証契約の内容となっていたとは認められず、信用保証協会の各保証契約の意思表示に要素の錯誤はないというべきである。

◆**原審への差戻し**　一方で、最高裁判決は、以下のように判示し、保証免責の主張がなされていた3判決につき、反社会的勢力該当性の調査の点につき審理を尽くさせるため、本件を原審に差し戻した（東京高判平28.4.14金法2042号12頁）。

(1) 調査の義務　主債務者が反社会的勢力でないことそれ自体が金融機関と信用保証協会との間の保証契約の内容にならないとしても、金融機関および信用保証協会は、約定書と題する信用保証に関する基本契約上の付随義務として、個々の保証契約を締結して融資を実行するのに先立ち、相互に主債務者が反社会的勢力であるか否かについて、その時点において一般的に行われている調査方法等にかんがみて相当と認められる調査をすべき義務を負うべきである。そして、金融機関がこの義務に違反して、その結果、反社会的勢力を主債務者とする融資について保証契約が締結された場合には、基本契約に定める免責条項にいう金融機関が「保証契約に違反したとき」に当たると解するのが相当である。

(2) 調査と免責　本件についてこれをみると、各貸付の主債務者は反社会的勢力であるところ、金融機関が上記の調査義務に違反して、その結果、各保証契約が締結されたといえる場合には、信用保証協会は上記免責条項により各保証契約に基づく保

証債務の履行の責めを免れるというべきである。そして、その免責の範囲は、上記の点についての信用保証協会の調査状況等も勘案して定められるのが相当である。

◆**対応**　以上のとおり、信用保証協会による錯誤無効の主張については排斥されたが、一方で、金融機関側に調査義務違反が認められると、信用保証協会による保証免責の主張が認められることになるため、留意が必要である。

　金融機関側が保証免責を免れるためにも、個々の保証契約を締結して融資を実行するのに先立ち、主債務者が反社会的勢力であるか否かについて、その時点において一般的に行われている調査方法等から相当と認められる調査を尽くす必要がある。

10645　反社会的勢力の生活口座の解約

預金者が反社会的勢力と判明した場合、いわゆる「生活口座」であっても解約をすることができるか

結　論

　代替性のない生活口座に該当するか否かを検討し、仮に該当するとしても、そのことのみをもって解約の可否を判断するのではなく、必要性の程度、当該預金契約の相手方の属性・活動実態、その反社会性の濃淡、当該口座の利用状況（代替性のない生活口座としての利用と合わせて暴力団の活動資金の管理口座として併用されているケースもありうる）等をふまえて、判断することが望ましい。

解　説

◆**「生活口座」とは**　いわゆる「生活口座」について、明確な定義が存在するものではないが、平成20年3月26日に金融庁が公表した、監督指針改正に係るパブリック・コメントに対する回答（「コメントの概要及びコメントに対する考え方（反社会的勢力による被害の防止関連）」）No.30、31では、「例えば、口座の利用が個人の日常生活に必要な範囲である等、反社会的勢力を不当に利するものではないと合理的に判断される場合まで、一律に排除を求める趣旨ではありません」とされており、「口座の利用が個人の日常生活に必要な範囲であり、反社会的勢力を不当に利するものでない口座」をもって「生活口座」ととらえるという考え方はある。

◆**生活口座の解約**　「生活口座」については、上記のパブリック・コメントに対する回答もふまえ、解約の対象としないという判断もありうるが、預金口座については、生活口座と認められる利用とそうではない利用が混在する場合もあり、また、そもそも生活口座の評価がむずかしい場合もあるため、判断に苦慮する事案も多数存する。

　なお、いつ反社会的勢力の活動に利用されるかわからないという点等を重視し解約を行うことも考えられるが、その前提として、法的に「生活口座」の解約は有効と整理できるのかが問題となる。

　この点、「生活口座」のなかでも、「代替性のない生活口座」について言及した裁判例も登場している。

◆**代替性のない生活口座に関する裁判例**
福岡高判平28.10.4（金法2052号90頁）は、

「本件各口座については、控訴人らが社会生活を送る上で不可欠な代替性のない生活口座であるといった事情は認められず、本件各条項に基づき控訴人らとの本件各預金契約を解約することが、信義則違反ないし権利濫用に当たるとはいえない」と判示している。

この判決では、結論として本件各口座が「代替性のない生活口座」であるとは認められないので本件各預金契約を解約することが、信義則違反ないし権利濫用に当たるとはいえないと判示しているにすぎないため、「代替性のない生活口座」に該当するとして、どのような場合に解約が制限されるのかは明らかではない。

また、他の裁判例では、預金口座が反社会的勢力の活動以外の目的で利用されていたとしても、反社会的勢力の活動の利用に容易に転用できること、預金口座の利用目的にかかわらず反社会的勢力との取引を断絶する必要性が高いこと、反社会的勢力に属する者が預金口座等を利用できなくなり、事実上不利益を被るとしてもその不利益は電気や水道等のいわゆるライフラインが使用できなくなるような場合に比べて大きいとはいえないこと、暴力団員等は自己の意思に基づき反社会的勢力から離脱することによってその不利益を回避することができるため、その不利益は限定的であること等を理由に、預金口座の利用目的がどのようなものであるかにかかわらず、解約は制限されないと判示しているものもあり（東京地判平28．5．18金法2050号77頁）、「代替性のない生活口座」の解約の可否について、現時点で定まった判例が存在するものではない。

◆**代替性のない生活口座の取扱い**　上記福岡高裁判決からしても、そもそも何をもって「代替性がない」と判断するのかは明らかではなく、実際に「代替性のない生活口座」に該当するか否かは、慎重な検討を要する。

また、仮に「代替性のない生活口座」に該当するとしても、預金名義人の属性や口座の利用状況等は事案ごとにさまざまであるため、そのことのみをもって解約の可否を判断するのではなく、必要性の程度、当該預金契約の相手方の属性・活動実態、反社会性の濃淡、当該口座の利用状況等をふまえて判断することが望ましい。

たとえば、県民共済の掛金引落口座については、代替性がないという評価ができるとしても、共済契約自体に暴力団排除条項が存在して適用可能な場合には、使用を認める必要性はない。また、代替性のない生活口座としての利用と合わせて暴力団の活動資金の管理口座として併用されているケースもありうるが、このような場合には、誓約書を取得して代替性のない生活口座の口座利用のみ認めて、他の利用を認めないといった方策もありうるところである。

いずれにせよ、「代替性のない生活口座」については、上記の諸事情を勘案し、個別事案ごとに検討することになろう。

第 16 節

金 融 行 政

第 1 項 　 監 督 行 政

<table>
<tr><td>10646</td><td>金融庁、財務局と証券取
引等監視委員会の役割</td></tr>
</table>

金融庁、財務局と証券取引等監視委員会の
役割の違いは何か

結　論

　金融庁は、金融制度に関する企画・立案
を行うほか、金融機関や金融商品取引業者
など所管する者に対する検査・監督その他
を行う。証券取引等監視委員会は、そのう
ち委任を受けた事務（登録金融機関・金融
商品取引業者に対する検査、課徴金調査、
開示検査、犯則事件調査など）を行う。財
務局は、財務省の出先機関として、金融庁
長官・証券取引等監視委員会の委任を受け
て、地方において検査・監督などを行う。

解　説

　金融庁は、金融機能の安定確保、預金
者・投資者等の保護、金融の円滑を図るこ
とを任務とする（金融庁設置法3条）。具

体的には、銀行などの預金取扱金融機関、
金融商品取引業者、保険業を行う者、金融
商品仲介業者、金融商品市場を開設する者、
認可金融商品取引業協会、公益法人金融商
品取引業協会および認定投資者保護団体等
に関する免許、登録、認可、承認等を行い、
これらに対する監督・検査を行うほか、金
融制度に関する企画・立案を行う（同法4
条）。

　証券取引等監視委員会は、金商法その他
の法令の定めに従い、検査・調査、報告聴
取・資料提出、質問・意見の徴取の権限に
基づき、金融商品取引業者および登録金融
機関に対する検査、課徴金調査、開示検査、
犯則事件調査などの事務を処理することを
その任務とする（金融庁設置法8条）。証
券取引等監視委員会は、委員長および委員
の3名で構成され、独立して職権を行使す
るものとされる。また、これらの事務を処
理させるため、事務局が設置されている
（同法19条）。検査などで発見された事実を
通じて必要と認めるときは、内閣総理大臣
および金融庁長官に対し行政処分の勧告を

行うほか、必要があると認められるときは、法規制の見直し等の施策について、建議を行うことができる（同法20条・21条）。

　財務局は、財務省の総合的な出先機関として、地域において財政や国有財産などに関する施策を実施する（財務省設置法13条）。また、金融庁長官の委任を受けて、地方における金融機関等の検査・監督等の仕事を行うほか、証券取引等監視委員会の所掌事務を専門に担当する証券取引等監視官（証券取引等監視部門）が各財務局に設置され、取引審査、証券検査、課徴金調査、開示検査のほか、証券取引等監視委員会の指揮のもとで犯則事件調査等を行っている。財務局は、北海道財務局、東北財務局、関東財務局、北陸財務局、東海財務局、近畿財務局、中国財務局、四国財務局、九州財務局および福岡財務支局に分かれており、それぞれ所轄が定められている。

　なお、上記の権限は、内閣総理大臣から金融庁長官に包括的に委任され、さらに金融商品取引業者に対する検査等の一部の権限が証券取引等監視委員会に委任されているという関係にある。銀行等に対しては金融庁検査局（または財務局）が検査を行い、金融庁監督局（または財務局）が監督上の処分等を行う。一方、金融商品取引業者等に対しては、証券取引等監視委員会（または財務局）が検査、調査を行った結果行われる勧告を通じ、金融庁（または財務局）が監督上の処分等を行う構造となっている。

10647　検査と監督の役割

検査と監督との役割の違いは何か

結　論

　検査は、金融庁や証券取引等監視委員会の検査官が、金融機関に出向き、金融機関の業務や財産の状況の問題点を指摘し、これらに対する金融機関の認識を確認することをいう。監督は、金融庁監督局が、検査で把握された事実関係に加え、報告や資料の提出・ヒアリングなどを通じて金融機関の業務の状況を常時把握するとともに、確認した事実を前提に、監督上の処分などを行うことをいう。

解　説

　金融庁の検査は、金融機関の業務の健全性および適切性の確保のため、立入検査の手法を中心に活用しつつ、各金融機関の法令等遵守態勢、各種リスク管理態勢等を検証し、その問題点を指摘し、金融機関の認識を確認するとともに、監督局に対しその結果を通知することが主たる役割である。証券取引等監視委員会の検査は、公益または投資者保護を図るため、金融商品取引業者などの業務または財産の状況等を検証することにより、経営管理および業務運営の状況等を的確に把握し、検査対象先に問題点を通知するとともに、必要に応じて内閣総理大臣（金融庁長官）に対する適切な措置、施策を求め、または監督局へ必要な情報を提供する等の措置を講ずることが主たる役割である。これらの検査は、検査官が

実際に金融機関や金融商品取引業者の事業所に出向き検査を行うことから、オンサイト・モニタリングとも呼ばれている。

金融庁の監督は、検査局が把握した事実関係に加え、金融機関に対して定期的・継続的に経営に関する報告を求める等により、金融機関の業務の状況を常に詳細に把握するとともに、金融機関から徴求した各種情報の蓄積および分析を迅速かつ効率的に行い、経営の健全性の確保等に向けた自主的な取組みを早期に促していくことがその主たる役割である。具体的には、ヒアリングや資料の提出を通じ、必要と認めるときに、免許・登録等の取消、業務の一部または全部の停止命令、取締役の解任命令、業務改善命令、報告聴取命令、行政指導などを行う。監督は、金融機関や金融商品取引業者の事業所に実際に出向くことなく行われることから、オフサイト・モニタリングとも呼ばれる。

金融庁では、このようなオンサイト・モニタリングとオフサイト・モニタリングが一体となったモニタリングを実施することによる、効果的・効率的な検査・監督の実現に向けた取組みが行われている。

10648 金融庁からの立入検査、報告や資料の提出の応諾義務

金融庁や証券取引等監視委員会から立入検査、報告や資料の提出を求められた場合、断ることができるか

結　論

業務に関する報告・資料徴取命令、立入検査における質問および報告・資料徴求などを拒むことは刑事罰に処せられる可能性がある。ただし、役職員のプライバシーに関する個人所有物については、閲覧を求めないこととされている。

解　説

銀行法および金商法上、金融庁や証券取引等監視委員会が行う金融機関への検査や報告・資料徴取命令は任意処分であるが、報告資料徴取命令に対する不提出、検査官の質問に対する不答弁、検査拒否については、刑事罰が規定されている（銀行法63条2号・3号、金商法198条の6第10号・11号。1年以下の懲役または300万円以下の罰金）。したがって、報告・資料徴取命令等を拒んだ場合、これらが業務に関するものである限りは、刑事罰に処せられることとなる。

ただし、役職員のプライバシーに関する個人所有物など、業務に係る物件以外の物件について、検査官は閲覧を求めないこととされ、業務に係る物件か、それ以外の物件かの判断が困難な場合は、相手方の承諾を得たうえで、その判断に必要な限度で確認を行い、判断するものとされている（金融検査に関する基本指針II-3-2(6)ロ）。

また、実地調査の実施にあたっては、対象とする施設等に置かれているすべての業務に係る物件のなかから、検査に必要な原資料等を適宜抽出したうえで、閲覧を求めることとされており（金融検査に関する基本指針II-3-2(6)ニ）、実地調査の対象と

する施設外の物件については、閲覧の対象とはなっていない。ただし、重要な資料を執務室以外の部分に移動する等の行為は、検査忌避や検査妨害として行為者が刑事罰に処せられた例があるため、注意が必要である（【10649】参照）。

また、諸外国では、金融機関と弁護士との間の通信や意見書などにつき、秘匿特権が法令上認められている場合もあるが、日本においては、このような法令上の特例は明文上存在していないため、特に外国銀行支店では検査忌避との関係に留意する必要がある。

なお、検査官においても、資料等の徴求にあたっては、金融機関の既存資料や監督部局が金融機関から徴求した資料の活用に努め、新規資料は真に必要なものに限定するよう配慮することとされている（「金融検査マニュアル」3頁）。

10649 金融庁や証券取引等監視委員会から立入検査、報告、資料の提出を求められた場合の留意点

金融庁や証券取引等監視委員会から、金融機関が立入検査、報告、資料の提出を求められた場合、気をつけるべきことは何か

結論

金融機関への報告・資料徴取命令に対する不提出、虚偽の報告・資料の提出、検査官の質問に対する不答弁・虚偽答弁、検査拒否、検査妨害または検査忌避には刑事罰（1年以下の懲役または300万円以下の罰

金）が科せられることに注意が必要である。

解説

◆**金融庁の検査、報告・資料徴取命令**
金融庁による立入検査、報告・資料の提出はあくまで任意調査として行われるが、報告・資料徴取命令に対する不提出、虚偽の報告・資料の提出、検査官の質問に対する不答弁・虚偽答弁、検査拒否、検査妨害または検査忌避を行った場合、当該行為者は、1年以下の懲役または300万円以下の罰金に処せられることに注意が必要である（銀行法63条2号・3号）。

◆**証券取引等監視委員会の検査、報告・資料徴取命令**　証券取引等監視委員会による検査も、あくまで任意調査として行われるが、検査を拒み、妨げ、または忌避した場合、報告・資料聴取命令については、報告もしくは資料の提出をせず、または虚偽の報告もしくは資料の提出をした場合には刑事罰（1年以下の懲役もしくは300万円以下の罰金またはこれの併科）に処せられる（金商法198条の6第10号・11号）。

◆**問題となった事例**　過去に問題となった事例には、①仮名取引の疑いがあると認識したうえで、それが発覚しないようにするため、口裏合せの依頼を行った事例、②提出を要請された書面において営業活動の一部を意図的に記載しなかった事例、③重要な資料を執務室以外の部分に移動し、書類保管場所についてそうした場所は存在しない旨の答弁を行った事例、④議事録の削除・重要資料の改ざんの事例、⑤文書の裁断・破棄、重要書類の海外発送などの隠蔽工作の事例などがある。

なお、立入中における保存文書の廃棄等

検査対応上留意すべき行為について疑問がある場合は、主任検査官に確認を行うことができることとされている（金融検査に関する基本指針Ⅱ-3-2(9)へ）。かかる問題の発生を防ぐためには、役職員に検査期間中の文書やデータの廃棄を行わないよう周知徹底しておくことが望ましい。

10650　行政処分

金融機関に対する行政処分にはどのようなものがあり、それぞれどのようなものか

結　論

銀行法上は、改善計画の提出、変更、業務の全部または一部の停止、財産の供託、役員の解任、免許取消などがある。登録金融機関については、これらに加え、業務の方法の変更、業務改善命令、登録の取消、6カ月以内の業務停止、役員の解任などが金商法上定められている。

解　説

◆**銀行に対する行政処分**　内閣総理大臣から委任を受けた金融長官（銀行法59条1項）は、銀行の業務もしくは財産または銀行およびその子会社等の財産の状況に照らして、当該銀行の業務の健全かつ適切な運営を確保するために必要があると認めるときは、当該銀行に対し、以下の処分を命ずることができる（同法26条）。

① 当該銀行の経営の健全性を確保するための改善計画の提出

② 提出された改善計画の変更

③ その必要の限度において、期限付きで当該銀行の業務の全部もしくは一部の停止

④ 当該銀行の財産の供託その他監督上必要な措置

また、内閣総理大臣は、銀行が法令、定款もしくは法令に基づく内閣総理大臣の処分に違反したときまたは公益を害する行為をしたときは、当該銀行に対し、以下の処分を命ずることができる（銀行法27条）。

⑤ その業務の全部もしくは一部の停止

⑥ 取締役、執行役、会計参与もしくは監査役の解任

⑦ 免許（銀行法4条1項）の取消

◆**登録金融機関に対する行政処分**　内閣総理大臣は、登録金融機関の業務の運営に関し、公益または投資者保護のため必要かつ適当であると認めるときは、その必要の限度において、当該登録金融機関に対し、以下の処分を命ずることができる（金商法51条の2）。

① 業務の方法の変更

② その他業務の運営の改善に必要な措置をとるべきこと

また、内閣総理大臣は、登録金融機関が次の各号のいずれかに該当する場合においては、以下の処分を命ずることができる（金商法52条1項）。

③ 登録の取消

④ 6カ月以内の期間を定めた業務の全部もしくは一部の停止

このほか、⑤登録金融機関の役員が一定の要件に該当した場合には、当該役員の解任、⑥営業所もしくは事務所の所在地を確知できないとき、または登録金融機関を代表する役員の所在を確知できないときには、

30日の公告を経て、登録を取り消すことができる（金商法52条2項・4項）。

　なお、金融庁公表の「金融上の行政処分について」によれば、行政処分の決定にあたっては、①当該行為の重大性・悪質性、②当該行為の背景となった経営管理態勢および業務運営態勢の適切性、③軽減事由を検証し、具体的な処分内容を決定することとしている。

　①の当該行為の重大性・悪質性の考慮要素としては、公益侵害の程度、利用者被害の程度、行為自体の悪質性、当該行為が行われた期間や反復性、故意性の有無、組織性の有無、隠蔽の有無、反社会的勢力との関与の有無があげられている。また、③の軽減事由としては、行政による対応に先行して、金融機関自身が自主的に利用者保護のために所要の対応に取り組んでいることが軽減事由となるとされている。特に、金融機関が、行政当局と共有されたプリンシプルに基づき、自主的な対応を的確に行っている場合は、軽減事由として考慮するとされている。

　上記の諸要素を勘案のうえ、①改善に向けた取組みを金融機関の自主性に委ねることが適当かどうか、②改善に相当の取組みを要し、一定期間業務改善に専念・集中させる必要があるか、③業務を継続させることが適当かどうか、等の点について検討を行い、最終的な行政処分の内容が決定されることとなる。

第2項 検査行政

検査マニュアル、監督指針とは何か。これらに書いてあることに従わなければならないのか

結論

「金融検査マニュアル」および「金融商品取引業者等検査マニュアル」は、検査官の手引書であり、一般的に法的拘束力はない。また、主要行監督指針、中小・地域監督指針、金商業者監督指針も、監督職員向けの手引書であり、一般的に法的拘束力はない。

解説

◆**検査マニュアル**　銀行等の金融機関には主として金融検査マニュアルが適用されるが、登録金融機関が営む登録金融機関業務に関しては、金融商品取引業者等検査マニュアルが適用される。これらの検査マニュアルは、いずれも検査官の手引書にすぎず、一般的に法的拘束力はないとされている。

金融検査マニュアルは、検査官が、預金等受入金融機関を検査する際に用いる手引書として位置づけられるものであり、また、本マニュアルの各チェック項目の水準の達成が金融機関に直ちに義務づけられるものではなく、適用にあたっては、金融機関の規模や特性を十分にふまえ、機械的・画一的な運用に陥らないよう配慮する必要があるとされている。

このように検査マニュアルは、検査官の手引書にすぎず、一般的に法的拘束力はないが、「各金融機関においては、金融検査マニュアルを参照しつつ、自己責任原則に基づき、経営陣のリーダーシップの下、創意・工夫を十分に生かし、それぞれの規模・特性に応じた方針、内部規程等を作成し、金融機関の業務の健全性と適切性の確保を図ることが期待されます」（金融検査マニュアルに関するよくあるご質問（FAQ）1-1）としており、事実上、金融検査マニュアルを一つの参考として、自主的に金融機関の内部管理態勢を構築・整備していくことが期待されている。

◆**監督指針**　金融機関に適用される監督指針には、主要行監督指針、中小・地域監督指針および登録金融機関業務については金商業者監督指針がある。これらの監督指針は、監督事務を担当している行政部内の職員向けの手引書という位置づけであり、それ自体に法的拘束力はない。

金融庁担当課室においては、監督指針に基づき監督事務を実施するものとされ、その際、本監督指針が、金融機関の自主的な努力を尊重しつつ、その業務の健全かつ適切な運営を確保することを目的とするものであることにかんがみ、本監督指針の運用にあたっては、各金融機関の個別の状況等を十分ふまえ、機械的・画一的な取扱いと

ならないよう配慮するものとされている。

このように、監督指針についても一般的に法的拘束力はないが、監督指針は、法令の解釈の指針として用いられている側面があり、法令違反か否かを判断するための基準を事実上示すものともなっているため、金融機関の業務の運営にあたっては参照することが欠かせないものとなっている。

◆検査・監督のあり方の見直し　金融庁では、環境変化をふまえた検査・監督のあり方の見直しが進められ、平成28年8月に設置された「金融モニタリング有識者会議」が議論を重ね、平成29年3月17日には「金融モニタリング有識者会議報告書―検査・監督改革への方向と課題―」を公表した。同報告書では、金融行政の究極的な目標は持続的な成長と安定的な資産形成を通じた国民の厚生の増大にあるとされ、さらに今後の目指すべき方向として、次の3点が提言されている。すなわち、①金融行政の究極的な目標との整合性を確保すること、②「形式・過去・部分」から「実質・未来・全体」へと視点を広げること、③「最低基準の充足状態の確認」にとどまらず、「ベスト・プラクティスに向けた対話」や、「持続的な健全性を確保するための動的な監督」に検査・監督の重点を拡大すること、である。

同報告書では、こうした三つの方向性を実現するための課題として、検査・監督手法の見直しや検査マニュアル・監督指針の抜本的見直しにも踏み込んでおり、検査・監督の手法や検査マニュアル・監督指針などの面で取り組むべき点が示されていることから、今後、金融庁において具体的な取り組みが進められていくものと考えられ、

その動向を注視していく必要がある。

| 10652 | 監督指針の適用関係 |

主要行、地方銀行、第二地方銀行、外国銀行支店、長期信用銀行、信託銀行、登録金融機関、信用金庫、信用協同組合、労働金庫に対しては、それぞれどの監督指針が適用となるか

結　論

主要行等、外国銀行支店、長期信用銀行および信託銀行には、主要行監督指針が適用され、地方銀行、第二地方銀行、信用金庫、信用協同組合、労働金庫には中小・地域監督指針が適用される。また、登録金融機関には、金商業者監督指針、信託兼営銀行には信託会社監督指針の適用もある。

解　説

◆主要行監督指針　主要行監督指針における主要行等とは、いわゆる主要行および新生銀行、あおぞら銀行、シティバンク銀行、ゆうちょ銀行を指す。主要行監督指針は、これらの主要行等に加えて、外国銀行支店、信託銀行を対象とするほか、銀行業への新規参入の取扱い（免許付与、主要株主認可）などについても取り扱っている（主要行監督指針Ⅰ-5-1(2)）。なお、信託兼営銀行における信託勘定に係る業務については、別途、信託会社監督指針によることとなる。これらの金融機関のうち、登録金融機関業務を営む金融機関については、その登録金融機関業務に関し、金商業者監

督指針によることとなる。

◆中小・地域監督指針　中小・地域金融機関とは、地方銀行、第二地方銀行、信用金庫および信用（協同）組合を指す。中小・地域監督指針においては、これらの中小・地域金融機関に加えて、労働金庫についても規定している。また、個別項目において言及している場合を含め、その業務や活動範囲（海外に営業拠点を有する場合など）、リスク管理体制の状況に応じて必要がある場合には、適宜主要行監督指針を参照し、これに準じることとなる（中小・地域監督指針Ⅰ-3-4-2）。これらの金融機関のうち、登録金融機関業務を営む金融機関については、その登録金融機関業務に関し、金商業者監督指針によることとなる。

◆金融コングロマリット監督指針　金融コングロマリットは、金融持株会社グループ、事実上の持株会社グループ、金融機関親会社グループ、外国持株会社等グループに分類されるが、金融コングロマリットを構成する金融機関（銀行（長期信用銀行を含む）、保険会社（少額短期保険業者を含む）、金融商品取引業者（第一種金融商品取引業（有価証券関連業に限る）を行う者に限る））に対しては、上記二つの監督指針のほかに、金融コングロマリット監督指針の対象となり、経営管理会社またはグループ内の金融機関等の両方に対して同監督指針が適用されることとなる。

なお、金融コングロマリット監督指針の対象は銀行持株会社に限定されておらず、同指針の監督上の着眼点等は必ずしも銀行持株会社の特性を十分考慮したものとはなっていないものもあること等から、銀行持株会社特有の留意事項等については、主要

行監督指針Ⅳ（銀行持株会社）および中小・地域監督指針Ⅲ-4-11（銀行持株会社）において補足して規定している（主要行監督指針Ⅰ-5-2-2、中小・地域監督指針Ⅰ-3-5-2）。

10653　検査マニュアルの適用関係

主要行、地方銀行、第二地方銀行、外国銀行支店、長期信用銀行、信託銀行、登録金融機関、信用金庫、信用協同組合、労働金庫に対しては、それぞれどの検査マニュアルが適用となるか

結　論

　主要行、地方銀行、第二地方銀行、外国銀行支店、長期信用銀行、信託銀行、登録金融機関、信用金庫、信用協同組合、労働金庫に対しては、いずれも金融検査マニュアル（預金等受入金融機関に係る検査マニュアルおよび金融検査マニュアル別冊〔中小企業融資編〕。以下、本項目において同じ）が適用となる。また、これらの金融機関のうち、登録金融機関については、金融商品取引業者等検査マニュアルの対象となる。

解　説

◆検査官の手引　平成11年に検査官の手引として導入された金融検査マニュアルは、すべての預金等受入金融機関、すなわち、銀行、信用金庫、信用金庫連合会、信用協同組合、信用協同組合連合会、労働金庫、労働金庫連合会、農業協同組合、農業協同

組合連合会、漁業協同組合、漁業協同組合
連合会、水産加工業協同組合、水産加工業
協同組合連合会、農林中央金庫、これらの
金融機関の海外拠点（海外支店、現地法人
および駐在員事務所等。ただし、本マニュ
アルの対象として検査を行うかどうかは、
現地法制を含む法令等をふまえて実態に応
じて判断する）、外国銀行の在日支店を対
象としている。

　また、金融商品取引業者（第一種金融商
品取引業、第二種金融商品取引業、投資助
言・代理業、投資運用業）、登録金融機関
および投資法人については、金融商品取引
業者等検査マニュアルも適用される。なお、
金融商品取引業者等検査マニュアルにおい
ては、登録金融機関について独自の章を設
けておらず、登録金融機関についての適用
は適宜読み替えるものとされている。

　なお、信託銀行をはじめとする、信託兼
営金融機関については、上記に加えて、信
託検査マニュアル（金融検査マニュアル別
編〔信託業務編〕）が適用される。

　このほか、預貯金等受入系統金融機関お
よびその海外拠点については、農林水産省
の預貯金等受入系統金融機関に係る検査マ
ニュアルおよび系統金融検査マニュアル別
冊〔農林漁業者・中小企業融資編〕が適用
される。

◆**抜本的見直しへ**　　金融庁は環境変化を
ふまえた検査・監督のあり方の見直しを進
めている（【10651】参照）。その一環とし
て、平成29年8月現在、金融庁検査官の検
査指針としてだけでなく金融機関の業務運
営指針ともみなされていた金融検査マニュ
アルの廃止や監督指針への統合など抜本的
な見直しが検討されている。

10654　評定制度

評定制度（預金等受入金融機関に係る検査
評定制度）とは何か

結　論

　預金等受入金融機関に係る検査評定制度
は、検査結果を A ～ D の 4 段階に評価し、
その結果を選択的行政対応に結びつけ、検
査周期、検査範囲および検査深度を判断す
るための一つの要素として活用する制度を
いう。

解　説

◆**選択的な行政対応を促進**　　検査評定制
度とは、金融機関の検査の際、金融検査マ
ニュアルに基づき検証した検査結果を段階
評価することにより、金融機関の自主的・
持続的な経営改善に向けての取組みや検査
官と金融機関との双方向の議論を促す制度
を指し、評定結果を選択的な行政対応に結
びつけ検査の効率化等を図るとともに、金
融行政の透明性等を向上させることを目的
とする。選択的な行政対応とは、検査結果
の評定結果を①検査周期、②検査範囲およ
び③検査深度を判断するための一つの要素
として積極的に活用することを意味する。

①　検査周期については、主要行以外の金
　融機関につき、各種要素に加え評定結果
　も勘案し、各業態の平均的な検査周期を
　中心として濃淡をつけることが予定され
　ており、たとえば、C 評価以下の評定項
　目の数が少ない場合には検査周期を長く
　する一つの要素として考慮し、反対に C

評価以下の評定項目の数が多い場合には検査周期を短くする一つの要素として考慮する等の対応が想定されている。

② 検査範囲については、前回検査で経営陣等による態勢の整備・確立状況がPDCAサイクル全体として有効に機能し、主体的に内部管理態勢の構築が行われているなどとして高い評価を受け、その後も問題が認められない項目については、検査対象としないなどの対応が考えられる。

③ 検査深度については、前回検査で経営陣等による態勢の整備・確立状況がPDCAサイクル全体として有効に機能し、主体的に内部管理態勢の構築が行われているなどとして高い評価を受け、その後も問題が認められない項目については、検査を簡素化する等、評定結果を検査深度にも反映させることを検討することとされている。たとえば、前回検査で自己査定に関連する内部管理態勢について高い評価が得られた場合には、次回検査における自己査定の検証における抽出率を引き下げる、あるいは検証日数を減少させるなどの対応が考えられる。

なお、平成19年3月30日付金融庁検査局「金融検査評定制度に関するQ&A」において、管理態勢ごとに評定制度の考え方が明らかにされている。

また、平成25年6月の制度の一部改正によって、①債務者の経営改善・事業再生等の支援にあたり、外部専門家等との連携について、主体的かつ積極的に取り組んでいることや、②顧客の経営改善、事業再生、育成・成長につながる新規融資（特に中小・零細企業等向け融資）を促進するため

に、積極的な工夫・取組みを行っていることが、プラスの考慮要素とされた。

10655 ベターレギュレーション、プリンシプルベースとルールベースの監督

ベターレギュレーション、プリンシプルベース・ルールベースの監督とは何か

結　論

ベターレギュレーションとは、よりよい規制環境を実現するための金融規制の質的な向上を指す。また、ルールベースの監督とは、詳細なルールを設定し、それを個別事例に適用していく監督手法を指し、プリンシプルベースの監督とは、いくつかの主要な原則を示し、それに沿った金融機関の自主的な取組みを促す監督手法を指す。

解　説

◆**金融規制の質的向上**　金融庁は、「ベターレギュレーション」をよりよい規制環境を実現するための金融規制の質的な向上と定義し、これを大きな課題として位置づけている。ベターレギュレーションでは、以下の4本の柱のもとでさまざまな取組みが行われている。

① 第一の柱：「ルールベースの監督とプリンシプルベースの監督との最適な組合せ」……詳細なルールを設定し、それを個別事例に適用していくという「ルールベースの監督」と、いくつかの主要な原則を示し、それに沿った金融機関の自主的な取組みを促す「プリンシプルベース

の監督」との最適な形での組合せによって、金融規制の全体としての実効性を確保することとしている。なお、平成20年4月18日に、金融庁は「金融サービス業におけるプリンシプル」を公表し、14の原則に従い監督を行っていくことを明らかにした。

② 第二の柱：「優先課題への効果的対応」（リスクフォーカス、フォワードルッキングなアプローチ）……金融システムに内在するリスクをできるだけ早く認識し、そのような重要課題への対応のために行政資源を効果的に投入していくというアプローチ。

③ 第三の柱：「金融機関の自助努力尊重と金融機関へのインセンティブの重視」……金融セクターをめぐる局面の変化で金融機関の自助努力の重要性が増していることをふまえた、インセンティブ重視・自助努力尊重という方向性を織り込んだ金融規制の枠組みの充実。

④ 第四の柱：「行政対応の透明性・予測可能性の向上」……検査監督上の着眼点などを定めた検査マニュアルや監督指針、各事務年度の検査方針、監督方針の公表、行政処分の基準の公表、ノーアクションレター制度の改善、ルールの解釈等についてのQ&Aの掲載など。

なお、金融庁は平成27事務年度以降、金融行政方針を公表し、金融行政が何を目指すか明確にするとともに、その実現に向けて、いかなる方針で金融行政を行っていくかを明らかにしている。平成28事務年度金融行政方針においては、平成28年8月設置の「金融モニタリング有識者会議」において、以下のような新しい検査・監督の基本

的な考え方や手法について議論・整備のうえ、取りまとめ、浸透を図っていくとともに、国際的にも発信していくこととされている。

① 形式から実質へ……規制の形式的な遵守（ミニマム・スタンダード）のチェックより、実質的に良質な金融サービスの提供（ベスト・プラクティス）に重点を置いたモニタリングが重要ではないか。

② 過去から将来へ……過去の一時点の健全性の確保より、将来に向けたビジネスモデルの持続可能性等に重点を置いたモニタリングが重要ではないか。

③ 部分から全体へ……特定の個別問題への対応に集中するより、真に重要な問題への対応ができているか等に重点を置いたモニタリングが重要ではないか。

10656 金融モニタリング基本方針・金融行政方針

金融庁が定める「金融モニタリング基本方針」「金融行政方針」とはどのようなものか

結　論

「金融モニタリング基本方針」とは、平成25年および平成26年に金融庁検査局・監督局が協働し、オンサイト・モニタリングとオフサイト・モニタリングの双方について取りまとめたものである。「金融行政方針」とは、金融行政が何を目指すかを明確にするとともに、その実現に向け、当該事務年度においていかなる方針で金融行政を行っていくかを明確化し公表したものであ

り、平成27年に初めて策定・公表された。

解　説

◆金融モニタリング基本方針　「金融モニタリング基本方針」とは、金融庁検査局・監督局が協働し、金融機関、金融システムについて深度ある実態把握を実施するため、平成25年に、両局が協働して行う、オンサイト・モニタリング（検査官が金融機関への立入りを伴って実態を把握する手法）とオフサイト・モニタリング（任意のヒアリングや提出書類の分析を通じて実態を把握する手法）の双方について取りまとめたものである。

　平成25年の「金融モニタリング基本方針」では、金融モニタリング手法の見直しと課題として、以下の点があげられた。
① 金融機関の将来にわたる収益構造の分析
② 融資審査における事業性の重視
③ 小口の資産査定に関する金融機関の判断の尊重
④ 金融機関における「コンプラ（法令等遵守）疲れ」への対応
⑤ 内部監査等の重視
⑥ 海外の監督当局等との連携強化
⑦ 情報収集態勢の充実
⑧ 地域経済についての知見の拡充
⑨ 検査官の専門性向上（人材育成）
⑩ 金融機関の負担軽減と対話の充実
⑪ 震災復興への対応

　平成26年度の「金融モニタリング基本方針」には、監督局・検査局との間の業務の継続的・効果的な連携のため、「監督方針」も統合され、以下の点が重点施策とされた。
① 顧客ニーズに応える経営
② 事業性評価に基づく融資等
③ 資産運用の高度化
④ マクロ・プルーデンス
⑤ 統合的リスク管理
⑥ ビジネスモデルの持続可能性と経営管理
⑦ 顧客の信頼・安心感の確保等
⑧ 東日本大震災からの復興の加速化
⑨ 公的金融と民間記入

◆金融行政方針　「金融行政方針」とは、金融行政が何を目指すかを明確にするとともに、その実現に向け、当該事務年度においていかなる方針で金融行政を行っていくかを明確化し公表したものである。その進捗や実績については年次で評価し、翌事務年度に「金融レポート」として公表するとともに、その評価を当該翌事務年度の「金融行政方針」に反映することとされている（PDCA（Plan ⇒ Do ⇒ Check ⇒ Action の4段階を繰り返すことによって業務の継続的な改善を促す手法）の実施）。

　「金融モニタリング基本方針」が検査・監督の方針が中心だったところ、「金融行政方針」は資本市場行政も含む金融行政全般を盛り込んだものとされる。

　平成27年度の「金融行政方針」では、以下の点が重点施策とされた。
① 活力ある資本市場と安定的な資産形成の実現、市場の公正性・透明性の確保
② 金融仲介機能の十分な発揮と健全な金融システムの確保
③ 顧客の信頼・安心感の確保
④ IT技術の進展による金融業・市場の変革への戦略的な対応
⑤ 国際的な課題への戦略的な対応

　平成28年度の「金融行政方針」では、上

記の重点施策が維持されるとともに、以下のとおり、金融当局・金融行政運営の変革についても言及されている。

① 検査・監督のあり方の見直し

② 良質な金融商品・サービス提供に向けての競争実現（市場メカニズムの発揮）

③ 金融庁自体を環境変化に遅れることなく不断に自己改革する組織に変革（ガバナンスの改善）

なお、金融庁は、モニタリングの基本的な考え方や手法等について外部の有識者を交えて議論するために「金融モニタリング有識者会議」を設置し、同会議は、平成29年3月に議論の結果を「金融モニタリング有識者会議報告書」として取りまとめた。

同報告書では、検査・監督における重点項目を機動的に修正し、金融機関その他のステークホルダーとの間で熟度に応じた対話の材料を提供していくために、ディスカッション・ペーパー、事務連絡、また、事務年度ごとの重点課題を示す「金融行政方針」等の文書を組み合わせ、検査マニュアル等の文書に加えて活用することが望ましいと提言している。

不 祥 事 件

10657　金融機関における「不祥事件」

金融機関における不祥事件とは、どういったものを指すか。法令等で定めはあるか

結　論

　金融機関の場合、法令で「不祥事件」について明確に定義されている。したがって、事案が発生した場合、その定義に当てはまるか否かを判断しなければならない。また、「不祥事件」は一定期間内に監督当局に届けなければならない。なお、「不祥事件」の定義については業態により若干異なっており、当該法令にのっとって対応しなくてはならない。

解　説

　金融機関における「不祥事件」は、金融機関ごと（銀行・信用金庫・信用組合・労働金庫等）に法令で明確に定義されている。

　たとえば、銀行に関しては、銀行法施行規則35条7項において、不祥事件は「銀行等の取締役、執行役、会計参与（会計参与が法人であるときは、その職務を行うべき社員を含む）、監査役若しくは従業員又は銀行代理業者若しくはその役員（役員が法人であるときは、その職務を行うべき者を含む）若しくは従業員」による以下のいずれかに該当する行為と定義されている。

① 銀行の業務または銀行代理業者の銀行代理業の業務を遂行するに際しての詐欺、横領、背任その他の犯罪行為

② 出資法または導入預金取締法（昭和32年法律第136号）に違反する行為

③ 現金、手形、小切手または有価証券その他有価物の紛失（盗難に遭うことおよび過不足を生じさせることを含む。以下この号において同じ）のうち、銀行の業務または銀行代理業者の銀行代理業の業務の特性、規模、その他の事情を勘案し、これらの業務の管理上重大な紛失と認められるもの

④ 海外で発生した前3号に掲げる行為またはこれに準ずるもので、発生地の監督当局に報告したもの

⑤ その他銀行の業務または銀行代理業者の銀行代理業の業務の健全かつ適切な運営に支障をきたす行為またはそのおそれがある行為であって前各号に掲げる行為に準ずるもの

信用金庫、信用組合、労働金庫等協同組織金融機関においても、それぞれ別途同様の定めがあるが、その内容は若干異なっている。詳細については、信用金庫法87条1項6号、同法施行規則100条1項27号・5項・6項に、協同組合による金融事業に関する法7条の2第1項、同法施行規則111条1項19号・2項4号・6項にそれぞれ同様の規定がなされている。

労働金庫における不祥事件に関しては、労働金庫法91条1項6号、同法施行規則83条1項23号・2項4号・6項・7項にそれぞれ同様の規定がある。

なお、銀行法施行規則35条7項5号（信用金庫、信用組合、労働金庫等協同組織金融機関にも同様の規定がある）は、「その他銀行の業務又は銀行代理業者の銀行代理業の業務の健全かつ適切な運営に支障を来す行為又はそのおそれがある行為であって前各号に掲げる行為に準ずるもの」と記載されており、同項1〜4号とはその内容が若干異なっている。それは、具体的にどういった場合が不祥事件に該当するかがより具体的に記載されていない点にある。そのため金融機関としては、同項1〜4号に該当しないと判断される事案については、同項5号に該当しないかを検討するとともに、自金融機関として同項5号に該当する場合についてその判断基準（考え方）を明確にしておくことも必要であろう。

また、「不祥事件」届出とは別の観点から、刑事罰に該当するか否かの検討をあわせて行う必要がある。

10658　「不祥事件」に係る届出

法令上の「不祥事件」が発生した場合、監督当局に「不祥事件」に係る届出を行うこととなるが、注意点は何か

結　論

金融機関は、法令により「不祥事件」の事実を知った日から30日以内にその内容や対応について内閣総理大臣（監督当局：金融庁、実務上は各地の財務局（福岡財務支局、沖縄総合事務局を含む。以下同じ））に届け出ることが義務づけられている。したがって、自金融機関において「不祥事件」が発生した場合には、法令に定められた期間内に知りうる範囲で報告を行う必要がある。

解　説

金融機関において法令でいう「不祥事件」が発生した場合には、30日以内に監督当局に届出をする必要がある。

届出を行う内容としては、「事案の概要」「経緯」「発生原因」「対応策」「処分」等が考えられる。

たとえば、中小・地域監督指針Ⅱ-3-1-1においても不祥事件等が発覚した場合には、以下の点を確認することとなっている。

① 本部等の事務部門、内部監査部門への迅速な報告およびコンプライアンス規定等にのっとった取締役会等への報告。

② 刑罰法令に抵触しているおそれのある事実については、警察等関係機関等への

通知。

③ 事件とは独立した部署（内部監査部等）での事件の調査・解明の実施。

また、監督当局の着眼点として、以下の点が記載されている。

① 当該事件への役員の関与はないか、組織的な関与はないか。

② 当該事件の内容が銀行の経営等に与える影響はどうか。

③ 内部けん制機能が適切に発揮されているか。

④ 改善策の策定や自浄機能は十分か。

⑤ 当該事件の発覚後の対応は適切か。

こうしたものを参考として、実務上、報告書に記載する場合に留意する点として、以下が考えられる。

① 経営陣の関与の有無についての記載。

② 不祥事件の事実関係の確認を行う。ただし、不祥事件の届出期間（30日以内）内に十分な調査を行うことができなかった場合は、判明している事実のみ届出書に記載し、追加報告書提出に際して、届出期間（30日以内）後に判明した事実等を記載する。

③ 対応策については、届出期間内に策定した対策（通達の出状等）があれば、そのエビデンスを添付する。また、届出期間後実施された対策については追加報告時にそのエビデンスを追加届出書に添付する。

④ 警察等関係機関への通報等についても、可能な限り記載する。

⑤ 被害者が顧客の場合、顧客の意向、被害への補償等についても可能な限り記載する。

⑥ 調査内容について、客観性を確保でき

る態勢となっている旨の記載。

なお、提出にあたっては金融機関内手続（取締役会への報告、担当役員等の決裁）をふまえ、十分余裕をもって届出スケジュールを策定する必要がある。また、対応策について、いわゆる「P→D→C→A」サイクルを意識することも必要である。

また、発生した不祥事件に役員の関与がある（疑われる）場合は、金融機関内手続（調査プロセス）から該当役員を関与させない等客観性を確保する必要がある。

10659 「不祥事件」に係る法令

法令上の「不祥事件」が発生した場合、銀行法等業法以外にどういった法令に注意しなければならないか

結　論

銀行法施行規則35条7項1号に記載されている犯罪行為（詐欺、横領、背任）等刑法のみならず各種法令がある。また、不祥事件の発生に伴い、民法が定める不法行為による損害賠償を求められる場合がある。

具体的な法律としては、「刑法」「会社法」「民法」「出資法」等がある。

解　説

金融機関において不祥事件が発生した場合、その多くは刑事罰を伴うケースが多い。金融機関として警察等のように強制力のある調査を行うことはできないため、可能な限りの調査を行うとともに、その証拠を保全し、警察等関係機関と十分に協議を行う

必要がある。

　どの刑事罰等に該当するかは、最終的に警察等関係機関の捜査結果によるが、金融機関としても「不祥事件」が発生した場合、どういった刑事罰に該当するのかを知っておくことは行内調査を行っていくうえで重要である。

　以下、どのような刑事罰があり、どういった場合に該当するのか主なものについて解説する。

① 刑法155条（公文書偽変造罪）……融資申込み時に必要な運転免許証等の偽造に金融機関職員が関与する場合等に、公文書偽造罪（の共犯）として、適用される可能性がある。

② 刑法158条（偽造公文書等行使・電磁的記録併用罪）……金融機関職員が偽造公文書等を偽造されたと知りつつ原本として取り扱った場合に適用される可能性がある。

③ 刑法159条（私文書偽変造罪）……預金の払戻請求書や融資申込書、諸契約書や約定書を金融機関職員が偽造、改ざんした場合等に適用される。

④ 刑法163条の2第1項（支払用カード電磁的記録不正作出罪）……金融機関職員によるキャッシュカードやクレジットカードの不正な発行や発行しようとした行為が該当する。

⑤ 刑法235条（窃盗罪）……「窃盗」とは、他人が占有する財物を、占有者の意思に反して自己または第三者の占有に移転させることをいう。

⑥ 刑法246条（詐欺罪）……詐欺罪における「財物」は、財産的価値を有する物を指す。不動産をはじめ、金員借用書や

登記済証、約束手形、保険証券等も財物に当たる。「財産上の不法の利益」を得るというのは、債権を取得したり、債務免除、債務の履行期を延期させるなどがある。

⑦ 刑法246条の2（電子計算機使用詐欺罪）……銀行のオンラインを悪用した不正行為に適用される場合がある。

⑧ 刑法252条（横領罪）……ここでいう「占有」とは、財物を事実上支配すること（支配する意思をもって財物を手にもっている、目の届く所や自宅など支配できる場所に置いておくなど）をいう。

　「他人が占有する」他人の財物を盗んだ場合は、窃盗罪が適用される。

⑨ 刑法253条（業務上横領罪）……金融機関の渉外担当者が顧客から定期預金等作成のために預かった現金を着服した場合や内部事務役職者が金庫内の現金を着服する行為が該当する。

⑩ 会社法960条（取締役等の特別背任罪）（刑法247条（背任罪））……会社法960条（特別背任罪）は、会社の取締役、監査役等が「自己若しくは第三者の利益を図り又は株式会社に損害を加える目的で、その任務に背く行為をし、当該株式会社に財産上の損害を加えたときは、10年以下の懲役若しくは1000万円以下の罰金に処し、又はこれを併科する」として、刑法247条の背任罪（5年以下の懲役または50万円以下の罰金）より厳しくなっている。

　また、民法では709条（不法行為）、715条（使用者等の責任）により、不祥事件を原因として、顧客より損害賠償を求められる場合もある。

内部通報制度

10660　内部通報制度の意義

内部通報制度とは何か。なぜ企業等、特に金融機関にとって、内部通報制度は重要なのか

結　論

　内部通報制度とは、企業その他の組織内部における通報対応の仕組みである。より具体的には、企業等の組織内部から不正行為等に関する通報を受け付ける受付窓口を設置して、当該窓口への通報を可能とすることによって、不正行為等の早期発見・是正・再発防止を行う仕組みということができる。企業にとって内部通報は、不正行為等に関する情報の端緒を把握する手段として重要な意味をもっており、不正行為等の予防・発見・調査に大きな意義を発揮する。特に、高い公共性を有するサービスを提供する金融機関は、より高いレベルのコンプライアンスの実践を要求されるため、内部通報制度が果たす機能もより重要となる。

解　説

◆内部通報制度とは　「内部通報制度」という用語は、公益通報者保護法に登場する単語ではないものの、消費者庁が平成28年12月9日に改正・公表した内部通報ガイドラインでは、表題にも加わっており、企業等の組織内部における通報対応の仕組みを表す重要な概念である。

　内部通報制度を定義すれば、「企業等の組織内部から不正行為等に関する通報を受け付ける受付窓口を設置して、当該窓口への通報を可能とすることによって、不正行為等の早期発見・是正・再発防止を行う仕組み」ということができる。

◆コンプライアンスと内部通報制度　内部通報ガイドラインは、内部通報制度の意義、特に企業等のコンプライアンス経営との関係について、次のように述べている（内部通報ガイドラインⅠ.1.）。

　「公益通報者保護法を踏まえ、事業者が実効性のある内部通報制度を整備・運用することは、組織の自浄作用の向上やコンプライアンス経営の推進に寄与し、消費者、取引先、従業員、株主・投資家、債権者、地域社会等を始めとするステークホルダー

からの信頼獲得に資する等、企業価値の向上や事業者の持続的発展にもつながるものである。

また、内部通報制度を積極的に活用したリスク管理等を通じて、事業者が高品質で安全・安心な製品・サービスを提供していくことは、企業の社会的責任を果たし、社会経済全体の利益を確保する上でも重要な意義を有する」。

上記のとおり、内部通報制度が、企業等の自浄作用の向上やコンプライアンス経営の推進に寄与することができる理由は、実効性ある内部通報制度を整備・運用することが、不正行為等の予防や早期発見、充実した調査を可能とするためである。たとえば、米国公認不正検査士協会（Association of Certified Fraud Examiners）による「職業上の不正と濫用に関する国民への報告書（Report to the Nations on Occupational Fraud and Abuse）」2016年度版では、不正発見の手段として最も多いとされているのが「通報」であり、その割合は39.1％に及んでいる（日本語版20〜21頁）。

◆**銀行等金融機関にとっての内部通報制度**

銀行等金融機関にとって、実効性ある内部通報制度を整備・運用する必要性はきわめて高い。銀行は、高い公共性を有し、銀行法による認可を得て金融サービス業務を行う存在である。顧客からの高度の信頼が重要な銀行にとって、コンプライアンスの実践はきわめて重要な経営課題であるため、上記のような意義と機能を有する内部通報制度の整備・運用に真摯に取り組み、不正行為等の早期発見や充実した調査を可能とすることは必須である。

◆**コーポレートガバナンスと内部通報制度**

以上に加え、近時内部通報制度は、コーポレートガバナンスとの関係でも重要な意義を有するとして注目を集めている。コーポレートガバナンス・コード原則2-5は、内部通報に係る適切な体制整備を行うべきであり、取締役会がかかる体制整備を実現する責務を負う旨を明らかにしており、補充原則2-5①は、「上場会社は、内部通報に係る体制整備の一環として、経営陣から独立した窓口の設置（たとえば、社外取締役と監査役による合議体を窓口とする等）を行うべきであり、また、情報提供者の秘匿と不利益取扱の禁止に関する規律を整備すべきである」と規定している。

このように経営陣から独立性を有する内部通報制度を整備することによって、経営陣が関与する重大な不正行為等についての通報の受付・調査・是正が可能となるため、経営陣による不正の監視というコーポレートガバナンスにおける重要な機能を担うことが期待されている。

10661　内部通報の意義

内部通報とは何か。内部告発とは何が異なるのか

結　論

「内部通報」とは、企業等の組織の内部者が、当該組織の不正行為等を、当該組織に対して明らかにすることを意味する。「内部告発」も同じく組織の内部者が当該組織の不正行為等を明らかにする行為であ

るが、当該組織以外に対する行為である点で異なっている。

解　説

◆**内部通報の定義**　「内部通報」の定義については、企業等の組織の内部者が、当該組織の不正行為等を、当該組織に対して明らかにすること、ということができる。

まず、1点目の特徴は、企業等の組織の「内部」からの通報である、という点である。事実関係や事情をなんらかの形で知り、または知りうる内部者による行為であるという点が、内部通報の価値を高めることになる。

特徴の2点目は、通報の対象事実が、当該組織等の不正行為等である、という点である。この点、公益通報者保護法における「公益通報」の対象事実が、犯罪行為または最終的に刑罰につながる法律違反行為に限定されているのとは異なり、一般に、内部通報については、法律違反行為にすら限定せず、社内規程違反その他の不正行為等も広く含むものと考えられている。内部通報ガイドラインも、通報対象となる事項の範囲については、「法令違反のほか、内部規程違反等」を含むよう、幅広く設定することが適当であると定めている（内部通報ガイドラインⅡ.1.(1)）。

特徴の3点目は、だれに対する通報行為かという点である。内部通報の相手方は、「当該組織」である。これは、後述する「内部告発」が「当該組織以外」に対する行為であるのと異なる点である。当該組織からみると、自らの組織内の不正行為等の問題について、事情をよく知る内部者が、組織内で情報を提供してきてくれるのが内部通報であるため、コンプライアンス経営における不正発見の端緒として、非常に重要な機能を担うことになる。

最後の特徴が「通報」、すなわち、一定の事実を他人に知らせることである。この点、たとえ情報提供行為が「A氏のこのような行為がコンプライアンス違反に該当するのか相談したい」などと、"相談"の形式をとったとしても、一定の具体的事実関係を示して行われる行為であれば、やはり「通報」に該当することになる（消費者庁は、公益通報者保護法における「通報」の意義について、以上と同様の解釈を示している（消費者庁消費者制度課編『逐条解説公益通報者保護法』68頁））。

◆**内部告発の定義**　これに対して、「内部告発」の定義については、企業等の組織の内部者が、当該組織の不正行為等を、当該組織以外に対して明らかにすること、と定義することができる。

内部告発も、企業等の不正行為等を明らかにするという観点で、きわめて重要な意義を有する行為である。米国を代表する大企業の一つであったエンロン社の巨額会計不正事件を明らかにしたのも内部告発であり、これを一つの契機として、内部告発者を保護し、内部告発者に対する不利益な取扱いに対し刑事罰まで定めた企業会計改革法（Sarbanes-Oxley Act of 2002、サーベンス・オクスリー法）が制定された。日本でもこの時期、三菱自動車工業のリコール隠しや雪印食品の牛肉産地偽装が内部告発によって明らかにされ、経営幹部の刑事事件にまで至るなど、内部告発の重要性が認識され、平成16年の公益通報者保護法制定へとつながっていった経緯がある。

◆**組織にとって内部通報が「宝」である理由**　内部通報も内部告発も、企業等の組織の側からみると、自らの内部における不正行為等の事実関係について具体的な情報を把握する機会につながる重要な局面である。特に内部通報は、内部者が組織外に告発するのではなく、組織自身に対し、不正行為等の具体的事実関係を指摘するものであり、企業等にとって、不正行為等の早期発見や充実した調査のためにも大きな意義を有する「宝」である。内部通報について、「密告文化」や「監視社会」の表れとして否定的な印象を有する企業や経営者・上司もまだ少なからず存在すると思われるが、企業コンプライアンスを推進していく観点では、内部通報をより積極的に受け付け、活用していく姿勢が求められているといえる。

10662	「通常ライン」とコンプライアンスの重要性

内部通報が少なく、通報があっても人間関係上の不満が大半である。不正行為等のリスク情報についての内部通報を促すためには、内部通報制度を構築するだけで足りるのか

結　論

　内部通報により組織内部における不正行為等のリスク情報をより多く受領するためには、単に通報窓口を設置し、窓口で受領した情報に基づく調査等を行う内部通報制度を充実させるだけでは十分ではない。内部通報は、内部通報制度における窓口のみ

ならず、役員・管理職・上司に対してなされる場合も考えられる。そのため、このような「通常ライン」に対する通報についても適切な対応ができるように、通報窓口のみならず、全社一丸となってコンプライアンス・プログラムに真摯に取り組むことが、結果としてリスク情報についての内部通報の促進につながると考えられる。

解　説

◆**内部通報制度と通常ライン**　実効性ある内部通報制度を整備・運用するために、現在設けられている社内外の通報窓口を拡充したり、通報がなされた場合の受付・調査の対応について取扱いを整理したりすることは、不正行為等のリスク情報に関する内部通報の促進のために有意義であることはいうまでもない。

　しかしながら、その一方で、役員・管理職・上司等に対してなされる通報も、内部通報に該当しうるということは、時に見逃されがちな事実である。すなわち、通報をする従業員の立場からすると、通報受付窓口ではなく、代表取締役社長やその他の取締役に対して不正行為等の事実を告げることもあるだろうし、自らの上司や、上司の上司に対して行うこともあるはずである。また、社外取締役や監査役に対し、経営陣や事業部門の不正行為等を通報することもあるだろう。これらも、企業等の組織にとってみれば、内部者からの、不正行為等に関する通報であることに変わりはなく、これも内部通報にほかならないのである。これら役員や上司になされる通報を「通常ライン」への内部通報と呼び、通常ラインへの内部通報への対応と、通報窓口への内部

通報への対応を行う内部通報制度とをあわせて「内部通報システム」と呼ぶことがある（中原健夫ほか『これからの内部通報システム』15頁参照）。企業等の組織にとっては、内部通報システムとして、通常ラインと内部通報制度のいずれをも意識して、内部通報により重要なリスク情報を受け取ることができるように取り組むことが重要である。

◆**内部通報を促すための取組み**　内部通報の件数が少ない、あるいは、通報がなされても、人事上の不平や人間関係の悩みが大半で、不正行為等のリスク情報がなかなか提供されてこない、という悩みをもつ組織は決して少なくない。そのような組織で多くみられるのが、内部通報をすることにより、組織から裏切り者とみられるのではないか、不利益な取扱いを受けるのではないか、という不安である。

かかる不安を取り除くために、内部通報制度に関する仕組み、規程や運用を改善し、充実させることが有意義であるのは当然であるが、同時に、通常ラインにおいて通報を受け付ける役員、管理職、上司まで含め、内部通報を重要なものと考え、決して通報を理由とする不利益な取扱いを行わない旨の明白なメッセージを発信し続けることが、きわめて重要である。このような取組みがあってはじめて、従業員がリスク情報についての内部通報を行うことが期待できるのである。

| 10663 | 内部通報制度における経営トップの責務 |

内部通報を促すために、経営トップは、どのような役割を果たすべきか

結　論

コンプライアンスの取組みのためには、経営トップ自らが、コンプライアンスの重要性と、企業等の組織における具体的な取組みの意義や内容について、明確なメッセージを発信することが求められるが、内部通報についても同じである。経営トップは、自ら、他の経営幹部と全従業員に対し、内部通報の意義・重要性と、通報をしたことを理由とする不利益な取扱いは決して許さないとのメッセージを、明確かつ継続的に発信する必要がある。

解　説

◆**"Tone from the Top"**　多くの企業等において、内部通報制度は整備されていても、利用件数が少ない、あるいは、利用されてもその内容が、人事労務上の問題や人間関係の悩みばかりで、不正行為等の重大なリスク情報についての通報がほとんどない、という問題意識が存在する。このような状況において、リスク情報に関する内部通報を促すために不可欠な取組みが、経営トップによる継続的なメッセージの発信である。

このことは、まさに、コンプライアンスの取組みにおいて「Tone from the Top」すなわち、経営トップにおける理解と継続的な情報発信がきわめて重要とされているのと、まったく同じ理由となる。他の役員も管理職も、また、一般従業員も、経営トップが本気でコンプライアンスに取り組もうとしているのか、それとも建前上コンプ

ライアンスは重要であると口だけ・形だけ
の取組みにすぎないのかを敏感に感じ取る。
内部通報についても、経営トップが本気で
この制度を重要なものと考えているのか、
それとも内心では「告げ口」「密告」「監視
社会」といった否定的なイメージをもって
いるのか、従業員は敏感に感じ取り、この
点について少しでも不安があれば、内部通
報をしようとはなかなか思わないだろう。

◆**具体的なメッセージの内容**　経営トッ
プが内部通報の意義と重要性について十分
理解したのであれば、それを、他の経営幹
部やすべての従業員に対し、明確かつ継続
的に発信していく必要がある。それによっ
てはじめて、経営トップの考え方が浸透し、
内部通報を促すことができるからである。

発信すべき具体的メッセージの内容につ
いては、内部通報ガイドラインが例示する
次の6項目を参考にすべきである（内部通
報ガイドラインⅠ.2.）。

① コンプライアンス経営推進における内
部通報制度の意義・重要性
② 内部通報制度を活用した適切な通報は、
リスクの早期発見や企業価値の向上に資
する正当な職務行為であること
③ 内部規程や公益通報者保護法の要件を
満たす適切な通報を行った者に対する不
利益な取扱いは決して許されないこと
④ 通報に関する秘密保持を徹底するべき
こと
⑤ 利益追求と企業倫理が衝突した場合に
は企業倫理を優先するべきこと
⑥ 上記の事項は企業の発展・存亡をも左
右しうること

公益通報者保護法とはどのような法律か

結　論

公益通報者保護法は、労働者が公益通報
をしたことを理由とする解雇その他不利益
な取扱いを禁じ、また、公益通報に関し事
業者および行政機関がとるべき措置を定め
ることにより、公益通報者の保護を図る法
律である。同法は、平成16年に成立し、平
成18年に施行された。

解　説

◆**公益通報者保護法成立に至る背景**　米
国では、2000年代初頭、エンロン事件、ワ
ールドコム事件等の大型の企業不祥事が内
部告発によって明らかとなったことを契機
として、内部告発者保護の重要性が強く認
識され、内部告発者保護の規定を含む企業
会計改革法（Sarbanes-Oxley Act of 2002、
サーベンス・オクスリー法）が制定された
（【10661】参照）。日本でもこの時期、三菱
自動車工業のリコール隠しや雪印食品の牛
肉産地偽装等の事件を契機に内部告発者の
保護が議論されるようになった。そして、
勤務する企業のヤミカルテル行為を公正取
引委員会や新聞社等に内部告発をした従業
員を30年近くの長期間にわたり昇格させず
また不当な異動を命じたとして損害賠償責
任を認めたトナミ運輸事件（富山地判平
17.2.23判時1889号16頁。その後控訴審で
和解）の提訴などが社会の注目を集めるな
どした後の平成16年、公益通報者保護法が

成立した。

◆公益通報者の保護　公益通報者保護法のポイントは、同法の定める保護要件（【10666】参照）を満たして公益通報をした労働者について、公益通報をしたことを理由とする解雇の無効、その他の不利益な取扱いを禁止する旨を定めている点である。

ここで「公益通報」とは、労働者が、不正の目的でなく、労務提供先等について、法の定める「通報対象事実」（【10665】参照）が生じまたは生じようとする旨を、法の定める通報先（【10666】参照）に通報することを意味する。労働者には公務員を含む。

したがって、労働契約法16条の定めのみではどのような通報をだれに対して行えば解雇等の不利益な取扱いを受けないかは必ずしも明確ではないが、公益通報者保護法の保護要件を満たす場合には、公益通報をしたことを理由とする解雇等が無効であることが明らかとなる。

◆企業等がとるべき措置　公益通報者保護法は、公益通報を受けた企業等の義務については、公益通報に対して企業等がとった是正措置等を公益通報者に遅滞なく通知する努力義務を定めるが（同法9条）、内部通報制度等、企業等が備えるべき通報対応の仕組みについて特段の定めを置いていない。これについては、会社法に基づく取締役会等の職責としての内部統制システム構築の一環として、内部通報システムを構築する義務があると考えられる。

そして、内閣府国民生活局は、平成17年、「公益通報者保護法に関する民間事業者向けガイドライン」を公表し、企業等がとるべき措置についての指針を示していた。消費者庁は、平成28年12月、このガイドラインを大幅に改定した内部通報ガイドラインを公表し、企業等に対し、きわめて具体的かつ詳細に、取組みのポイントを示している（【10668】以下参照）。企業等は、この内部通報ガイドラインを参考に、それぞれが必要とする取組みに注力することが求められている。

10665	公益通報者保護法における通報対象事実

公益通報者保護法が通報の対象とする「通報対象事実」とはどのような概念か

結　論

公益通報者保護法は、通報の対象とする「通報対象事実」について、犯罪行為と最終的に刑罰につながる法令に違反する行為としており、具体的には、同法の別表に定める刑法、食品衛生法、金商法、個人情報保護法等の法律と、その他政令で定める法律に違反する行為と定めている。

解　説

◆通報対象事実とは　公益通報者保護法が保護の対象とする公益通報は、労働者が、不正の目的でなく、労務提供先等について、法の定める「通報対象事実」が生じまたは生じようとする旨を、法の定める通報先に通報することを意味する（【10664】【10666】参照）。

この通報対象事実の定義について、公益通報者保護法2条3項は、次のいずれかの事実をいうものと定めている。

① 国民の生命、身体、財産その他の利益の保護にかかわる法律として別表に掲げるものに規定する罪の犯罪行為の事実

② 別表に掲げる法律の規定に基づく処分に違反することが①の事実となる場合における当該処分の理由とされている事実等

そして、公益通報者保護法の別表は、これを受けて、次のとおり七つの具体的法律と、その他政令による一定の法律を定めている。

゜ 刑法
ゝ 食品衛生法
ゞ 金融商品取引法
ゟ 農林物資の規格化等に関する法律
゠ 大気汚染防止法
ァ 廃棄物の処理及び清掃に関する法律
ア 個人情報の保護に関する法律
ィ 前各号に掲げるもののほか、個人の生命又は身体の保護、消費者の利益の擁護、環境の保全、公正な競争の確保その他の国民の生命、身体、財産その他の利益の保護にかかわる法律として政令で定めるもの

◆**政令で定める法律**　公益通報者保護法の別表八（上記ィ）を受けて政令で定められている法律は多数あるが、銀行等金融機関の業務に関連する可能性があるものとしては、たとえば、次のような法律があげられる。

銀行法、貸金業法、保険業法、農協法、信用金庫法、中小企業等協同組合法、信託法、信託業法、投信法、出資法、外為法、資金決済法、資産流動化法、会社法、消費者契約法、独占禁止法、労働基準法、労働組合法、民再法、破産法、会更法、犯罪収

益移転防止法、組織的犯罪処罰法。

◆**刑罰法規に限定された趣旨**　公益通報者保護法が通報対象事実を最終的に刑罰によって実効性が担保されている規定に違反する行為に限定した趣旨については、刑罰によって実効性が担保されていない規定は、構成要件が不明確であったり、当該規定の違反行為に刑罰を科すべきとの社会的コンセンサスがない、軽微な違反行為と考えられたりするからと考えられている（消費者庁消費者制度課編『逐条解説公益通報者保護法』77頁）。

10666	公益通報者保護法が定める通報先・保護要件

公益通報者保護法が定める公益通報の通報先と、通報先ごとの保護要件はどのようなものか

結　論

公益通報者保護法3条1～3号は、3種類の通報先ごとに、異なる保護要件を定めている。

① 労務提供先等（内部通報）……通報対象事実が生じ、または生じようとしていると思料する場合（1号）

② 処分・勧告権限を有する行政機関（行政機関通報）……通報対象事実が生じ、または生じようとしていると信ずるに足りる相当の理由がある場合（真実相当性）（2号）

③ 事業者外部（通報対象事実の発生または被害の拡大防止に必要と認められる者。外部通報）……上記真実相当性に加え、

一定の要件を満たす場合（3号）

解　説

◆**3種類の通報先と保護要件**　公益通報者保護法3条は、3種類の通報先、すなわち、①通報者が労務を提供する当該企業等、②処分・勧告権限を有する監督官庁等の行政機関、そして、③通報対象事実の発生や被害の拡大防止に必要と認められる外部者について、それぞれ異なる保護要件を定めている。以下に説明するとおり、保護要件は、①→②→③の順に加重されている。

◆**内部通報（1号通報）**　労務提供先すなわち勤務先企業等に対する内部通報の場合には、通報対象事実が生じ、または生じようとしていると思料することが保護要件となっている。思料すれば足り、2号・3号が要求する「信ずるに足りる相当の理由」（真実相当性）を要求していない。

　また、1号通報の通報先には、労務提供先があらかじめ定めた者も含むとされているので（公益通報者保護法2条1項）、企業等が法律事務所や民間専門機関等を外部窓口として定めた場合や、子会社が親会社の通報窓口を内部窓口として定めた場合も、1号通報の通報先となる。

◆**行政機関通報（2号通報）**　1号の内部通報と異なり、企業等の外部への公益通報は、真実でない通報等によって企業等や被通報者の利益が不当に害される可能性もあるため、2号の行政機関通報については、通報対象事実が生じ、または生じようとしていると信ずるに足りる相当の理由、すなわち真実相当性を要求している。一方、権限ある行政機関に対する通報は、3号のその他の外部通報先への通報とは異なり、法

の適正な執行のために当然に予定されるものであるため、外部通報のような加重要件は必要とされていない。

　銀行等の金融機関の場合、たとえば金融庁や検察・警察が、典型的な行政機関通報先となる。

◆**外部通報（3号通報）**　3号は、その者に対し通報対象事実を通報することがその発生またはこれによる被害の拡大防止に必要と認められる外部者への公益通報についての保護要件を定める。

　3号の外部通報は、行政機関通報で要求された真実相当性に加え、次のような加重的保護要件を要求している。

　まずは、内部・行政機関通報による対応が期待できない事情がある次の四つの場合である。

イ　内部・行政機関通報をすれば解雇その他不利益な取扱いを受けると信ずるに足りる相当の理由がある場合

ロ　内部通報をすれば証拠隠滅・偽造・変造のおそれがあると信ずるに足りる相当の理由がある場合

ハ　労務提供先から内部・行政機関通報をしないことを正当な理由なく要求された場合

ニ　書面により内部通報をした日から20日を経過しても、労務提供先等から調査を行う旨の通知がない場合または当該労務提供先等が正当な理由がなくて調査を行わない場合

　最後の五つ目は、緊急性が高い次の場面である。

ホ　個人の生命・身体に危害が発生しまたは発生の急迫した危険があると信ずるに足りる相当の理由がある場合

外部通報の通報先としては、消費者団体、マスメディア、労働組合等が考えられる。

10667　不利益な取扱いの禁止

公益通報者保護法が禁止する公益通報者に対する不利益な取扱いとは、具体的にはどのようなものか

結　論

公益通報者保護法は、以下のとおり、公益通報者に対する、公益通報をしたことを理由とする不利益な取扱いの無効や禁止を定めている。

① 解雇の無効（同法3条）、降格、減給その他不利益な取扱いの禁止（同法5条1項）

② 派遣労働者である公益通報者に対する労働者派遣契約解除の無効（同法4条）、派遣労働者の交代を求めることその他不利益な取扱いの禁止（同法5条2項）

不利益な取扱いには、法が明示する解雇、降格、減給等のみならず、不利益な配転や昇進・昇格・給与等の人事上・経済的処遇上の取扱いや、仕事を回さない、雑務をさせる、情報の意図的漏えい、無視等の精神・生活上の取扱いなど、あらゆる不利益な取扱いを含む。

解　説

◆不利益な取扱いを禁ずることの意義

公益通報者保護法の主たる目的が公益通報者を保護することにある以上、公益通報者が公益通報をしたことを理由になされる解雇を無効とし、またその他の不利益な取扱いを禁止することは、この法律の中核をなす。実際、11カ条から構成される同法のうち、3～5条が、これに関する条文となっている。

禁止される不利益な取扱いは、解雇、降格、減給等の懲戒処分のみに限られず、以下のとおり、人事権や業務命令権に基づく行為や、事実上の行為も含まれる（消費者庁消費者制度課編『逐条解説公益通報者保護法』126頁参照）。

① 従業員の地位の得喪に関する不利益な取扱い（退職願の提出の強要、労働契約の更新拒否、本採用・再採用の拒否等）

② 人事上の不利益な取扱い（不利益な配転・出向・転籍等の命令、昇進・昇格における不利益な取扱い等）

③ 経済待遇上の不利益な取扱い（基本給・諸手当・一時金・退職金等における不利益な取扱い、損害賠償請求等）

④ 精神上生活上の不利益な取扱い（仕事を回さない、雑務をさせる、会社行事に参加させない、個人情報・秘密の意図的な漏えい等）

◆公益通報者保護法による解雇の無効と解雇権濫用の法理

公益通報者保護法は、公益通報をしたことを理由とする解雇の無効を定める（同法3条）。この点、解雇の無効については、判例により、解雇が客観的に合理的な理由を欠き、社会通念上相当であると認められない場合には、権利濫用として無効になるとする「解雇権濫用の法理」が確立しており、労働契約法16条も同法理の内容を明文化している。したがって、公益通報者保護法の上記規定によって、公益通報という公益に関連する通報行為は、

解雇の「合理的な理由」には当たらないことが明確となり、労働者は保護されている。

なお、上記の反対解釈により公益通報者保護法の保護要件に該当しない通報については労働契約法16条が適用されないと解釈されるべきではないので、公益通報者保護法6条2項は、確認的に、同法の保護要件に該当しない通報についても、労働契約法16条が適用されうることを明らかにしている。出向および懲戒に関する同法14条および15条についても同様である（公益通報者保護法6条3項）。

◆**派遣労働者の場合**　公益通報者保護法は、派遣労働者が、派遣先において生じ、または生じようとする通報対象事実について、同法3条の規定に基づいて、当該派遣先への内部通報、監督官庁への行政機関通報、その他への外部通報を行う場合についても保護の対象としている。このような場合に、かかる公益通報をしたことを理由として、当該派遣先が行う労働者派遣契約の解除は無効とされ（同法4条）、また、派遣元に対する派遣労働者の交代の要求その他の不利益な取扱いも禁止されている（同法5条2項）。

10668　内部通報ガイドラインの概要

内部通報ガイドラインの概要は、どのようなものか

結　論

　消費者庁は、平成28年12月9日、平成17年に公表していた民間事業者向けガイドラインを大幅に改正した内部通報ガイドラインを公表した。

　内部通報ガイドラインは、公益通報者保護法をふまえて、事業者のコンプライアンス経営への取組強化の観点から、事業者が自主的に取り組むことが推奨される事項を具体化・明確化し、従業員等からの不正行為等の早期発見・未然防止に資する通報を適切に取り扱うための指針を示している。

解　説

◆**公益通報者保護法施行後の動き**　公益通報者保護法は、施行後5年をメドとして、施行状況についての検討結果に基づいて必要な措置を講ずるものとされていたが（同法附則2条）、施行後5年の平成23年の時点では、改正等はなされなかった。

　その後、消費者庁は、公益通報者保護法施行後の状況について実態調査を行った（平成24年および平成28年実態調査）。また、平成27年から、「公益通報者保護制度の実効性の向上に関する検討会」を開催し、実効性ある内部通報制度の整備・運用に向けた検討を重ねた。平成28年には、同検討会のもとにワーキング・グループが設置され、同法の改正に関する具体的論点について審議が行われた。

　消費者庁は、これらの結果を、平成28年12月、最終報告書として公表し、既存のガイドラインの改正や周知と、民間事業者に対するインセンティブとしての内部通報制度に関する認証制度や公共調達での評価の導入等の実現を促した。また、公益通報者保護法の改正に向けては、国民各層による議論の喚起と、さらなる検討や関係各団体からの意見集約等の必要性を指摘している。

このような流れのなかで、消費者庁は、同じく平成28年12月、民間事業者向けのガイドラインを改正し、内部通報ガイドラインを公表したものである。

◆企業等の取組みの具体的指針　改正された内部通報ガイドラインは、上記検討会での有識者の指摘をふまえ、以下の四つの視点に基づいて策定されている。

①　経営者に係る視点（経営幹部が果たすべき役割の明確化等）

②　通報者に係る視点（通報に係る秘密保持の徹底等）

③　中小事業者に係る視点（グループ会社・取引先等、関係事業者全体における実効性の向上等）

④　国民・消費者に係る視点（社内調査・是正措置の実効性の向上等）

改正前の民間事業者向けガイドラインと比べ、項目数は2.5倍、文字数4.5倍、頁数6.5倍と、きわめて詳細かつ具体的に改正された。

◆内部通報ガイドラインの位置づけ　内部通報ガイドラインはあくまでガイドラインであるので、強制力はないものの、その詳細な内容は、いわば先進的な取組みに従事する企業等のベスト・プラクティスを紹介する性格のものとなっている。

内部通報ガイドラインの内容を検討する際は、各項目の文末に注目すべきである。「～必要」「～重要」「～してはならない」という項目、「～適当」という項目、「～望ましい」「～努めることが必要・適当」という項目、そして「～考えられる」という項目があるので、この順に対応の必要性・重要性が高いと考えるべきである。

上述のとおり、消費者庁において公益通報者保護法の改正に向けた検討が続いていることをふまえると、企業等としては、内部通報ガイドラインの内容を十分に検討し、対応すべき項目には対応し、対応の必要がないと考える項目にはその根拠を整理しておくことが重要である。同ガイドラインが要求する第三者による評価（同ガイドラインⅣ.2.）への対応という意味もあるだろう。

10669　内部通報窓口

金融機関において、どのような内部通報窓口を整備することが望ましいか。また、窓口の利用対象者はどのようにするのが望ましいか

結　論

事業者の外部、労働組合、グループ企業共通の一元的な窓口、経営幹部から独立性を有する通報窓口などを設置することが考えられる。また、従業員（契約社員、パートタイマー、アルバイト、派遣社員等を含む）のほか、役員、子会社・取引先の従業員、退職者等を利用対象者とすることが考えられる。

解　説

◆外部窓口および独立した通報ルート

通報窓口の設置については、内部通報ガイドラインⅡ.1.(1)において、内部窓口に加え、法律事務所や民間の専門機関等への委託（中小企業の場合には、何社かが共同で委託することも考えられる）等による外

部窓口を設置すること、グループ企業共通の一元的な窓口、事業者団体や同業者組合等の関係事業者共通の窓口を設置することが適当であるとされている。外部窓口について、利用者は、内部窓口に比してより公正中立な対応が期待できると考えることがあり、また、外部窓口が弁護士等の法律上の守秘義務を負う者の場合には、匿名性の維持等の情報管理にもより信頼が置けると考えることも想定され、外部窓口の設置は、内部通報制度の利用促進のためきわめて重要といえる。

また、内部通報ガイドラインⅡ.1.(2)では、社外取締役や監査役等の経営幹部から独立性を有する者に対する通報ルートの確保にも触れており（かかる内容は、上場会社等に適用されるコーポレートガバナンス・コードでも言及されている）、このような仕組みの整備も必要となろう。なお、当該通報ルートを利用した通報でなくとも、内部通報の内容については、秘密保持や情報共有の内容・範囲に配慮しつつ、コンプライアンス経営確保の観点から社外取締役や監査役等と共有する体制とすることが考えられる。

◆**通報窓口の利用者**　さらに、内部通報ガイドラインは、通報窓口の利用者について、従業員（契約社員、パートタイマー、アルバイト、派遣社員等を含む）のほか、役員、子会社・取引先の従業員、退職者等に幅広く設定することが適当であるとしている。

通報窓口の利用者の範囲については、消費者庁「公益通報者保護制度の実効性の向上に関する検討会」「最終報告書」においても、現在の公益通報者保護法が公益通報者としての保護対象を「労働者」に限っている点につき、法改正によって、退職者、役員等、取引先事業者についても保護対象とすることが議論されている。

◆**金融機関における対応**　金融機関においては、法律事務所を外部窓口として設置している例が多く、また、特に上場している金融機関においては、社外取締役や監査役等の経営幹部から独立性を有する者に対する通報ルートを確保している例も多いと考える。他方、通報窓口の利用者の範囲については、役員、子会社・取引先の従業員、退職者等が含まれていないケースもあると考えられ、内部通報ガイドラインに沿った取組みが望まれる。

| 10670 | 内部通報制度とグループ会社の役職員 |

グループ会社の役職員も内部通報制度の利用対象者として含めるべきか

結　論

会社法はグループ会社ベースでの内部統制システムの構築を求めており、また、グループ会社で生じた不正行為がグループ全体の業績や風評に影響を与えた例も多く、グループ会社の役職員が利用できる外部窓口として、親会社に共通の通報窓口を設置することが適切である。親会社は、グループ会社での窓口の運用について確認、支援が必要であるほか、海外のグループ会社にも利用範囲を拡大する場合、海外固有の規制の遵守も必要である。

解　説

◆グループ会社ベースでの通報窓口の設置

会社法ではグループ会社ベースでの内部統制システムの構築が求められており（同法362条4項6号等）、また、グループ会社で生じた不正行為が、親会社を含むグループ全体の業績や風評に多大な影響を与えた例も数多くあり、親会社において、グループ会社全体に潜む不正行為を早期に発見する必要性は高い。

そのため、グループ会社を有する金融機関グループにおいても、グループ会社の実情を十分にふまえたうえで、グループ会社の役職員が外部窓口として利用できる通報窓口を設置することが適切である。内部通報ガイドラインにおいても、通報窓口の拡充の一例として、グループ企業共通の一元的な窓口を設置することに努めることが適当である旨が述べられ、また、通報窓口の利用者の範囲についても、子会社の従業員にもその範囲を拡充することが適当であるとされている（内部通報ガイドラインⅡ.1.(1)）。このようにグループ会社ベースでの通報窓口を設けた場合、親会社においてグループ企業における内部通報制度の整備・運用状況を定期的に確認・評価し、必要に応じて助言・支援をすること、また、当該グループ会社において通報者等が解雇その他不利益な取扱いを受けないよう必要な措置を講ずること等が求められる。

なお、グループ会社ベースでの通報窓口を設ける場合でも、グループ会社全体の役職員が利用できる一元的な窓口に加えて、グループ会社ごとの通報窓口を設けることは、通報窓口の拡充の観点からは望ましい措置であると考える。

◆グループ会社の範囲

グループ会社として、どのような範囲の会社の役職員を利用対象者とするかは一律に正解があるわけではないが、親会社の完全子会社や親会社が直接・間接に発行済株式の過半数を有する会社は通常その対象となると考えられる。内部通報ガイドラインのパブリック・コメント（平成28年12月9日付「「公益通報者保護法を踏まえた内部通報制度の整備・運用に関する民間事業者向けガイドライン」（案）に関する御意見募集の結果について」No.34、37等）において、この点について「各事業者のウェブサイト等において「グループ会社一覧」、「関係会社一覧」等として掲げられているものが該当するものと考えられる」としている点も参考となる。

◆運用上の留意点

なお、グローバルに事業展開する金融機関において、海外のグループ会社に利用拡大した場合には、海外の法令等との関係で固有の問題が生じることがある点に留意を要する。たとえば、情報の種類によって国外への情報移転を制限している海外の法令等が存在する場合（たとえば、中国においては国家秘密と判断される情報は許可なく国外に持ち出すことが禁止されている）、当該法令に沿った対応が必要となり、また、EU加盟国のように個人情報の域外移転について一定の制限が課されていることもある。

また、グループ会社をカバーする通報窓口を設置した場合、当該窓口にグループ会社における不正行為の通報が行われた際、調査等の主体・方法をどうするかが問題となる。通常の通報には、親会社の関与・指示のもと、当該グループ会社の内部通報担

当部署が調査等の対応を行うこととなると考えられるが、当該通報がグループ会社の経営トップや幹部が関与するものや重大なものであれば、当該グループ会社における公正な調査が期待できないケースもありうるため、親会社が調査したり、外部専門家に調査を委ねたりといった対応が必要となることもある。

10671 内部通報制度と取引先・業務委託先の役職員

取引先・業務委託先の役職員も内部通報制度の利用対象者として含めるべきか

結　論

取引先や業務委託先との取引において、金融機関の役職員が不正行為等に及ぶこともあり、取引先の役職員が利用できる外部窓口としての通報窓口を設置することも考えられる。取引先の役職員を通報窓口の利用対象者とした場合、取引先窓口の運用について金融機関による確認、支援が必要であるほか、取引先において調査が必要となった場合に備えて、契約上の手当も必要となる。

解　説

◆取引先従業員による通報窓口の利用について　内部通報ガイドラインⅡ.1.(1)においては、サプライチェーン（消費者庁は「消費者に至るまでの一連の流通プロセス」と定義している）等におけるコンプライアンス経営推進の観点から、取引先を含めた内部通報制度の整備に努めることが適

当である旨を述べ、また、通報窓口の利用者の範囲についても、取引先の従業員にもその範囲を拡充することが適当とされている。

◆金融機関における検討　金融機関の業務においても、取引先や業務委託先との取引において、役職員が不正行為等に及ぶことがあり（たとえば、融資先との癒着に伴って不正融資が行われる例や外部委託先からリベートやキックバックを受け取る例が考えられる）、取引先の役職員を内部通報制度の利用対象者に含めることが考えられる。

ただし、金融機関の対顧客取引は融資、為替、預金取引等を含めれば膨大な数に及び、経営効率化の観点からの業務委託先の数も相当数に及ぶため、通報窓口の利用対象に「取引先」を加えるか、加えるとしてどのような範囲を対象とするかについては、個別に考慮することとなろう。一律に正解があるわけではないが、通報対象事実の範囲（金融機関およびそのグループ会社等における不正行為のみを対象とするか、取引先における不正行為等まで通報対象とするか）や、自社グループ、他の金融機関グループで過去に生じた不正行為等の実例をふまえてその範囲を検討することが妥当と考える。

◆運用上の留意点　取引先の役職員を利用対象に含めた通報窓口を設けた場合、金融機関において、取引先における内部通報制度の整備・運用状況を定期的に確認・評価し、必要に応じて助言・支援すること、また、当該取引先において通報者等が解雇その他不利益な取扱いを受けないよう措置を講じること等が必要となる。また、通報

内容によっては取引先における調査が必要となることが考えられる。当該取引先の担当部署に調査等の対応を要請することが原則と考えられるが、通報内容が、取引先の経営トップや幹部が関与するものや重大なものである場合や、当該取引先における情報管理や調査の公正性が十分でないと考えられる場合には、金融機関自身が取引先への調査を行うことも想定される。このような調査を、実効性をもって行うためには、取引先との契約において不正行為等の調査に関する協力義務や金融機関の監査権限を定めるとともに、取引先においても内部規程等の整備が必要となる。

10672　経営幹部から独立した通報ルート

経営幹部から独立した通報ルートを設けるべきか

結　論

　経営トップや幹部による不正行為等は企業に重大な影響を与える一方、早期に是正することがむずかしいことがあり、独立性を有する社外取締役、監査役等による経営トップへのけん制として、経営幹部から独立した通報ルートを確保する重要性は高い。実効性確保の観点から、社外取締役や監査役等が通報を受けた場合には、必要な人員や予算が確保できるよう手当することが必要となる。

解　説

◆**独立した通報ルートの重要性**　経営ト

ップや幹部による不正行為等は、企業に重大な影響を与える一方、それに気がついた役職員がいたとしても、経営トップや幹部に対する配慮等により自浄機能の作用が困難となることがあり、また、経営層自身が、役職員に対して隠蔽を指示または承認することも考えられる。

　このようなケースでは、独立性を有する社外取締役、監査役等による経営トップへのけん制が「最後の砦」として機能することが求められ、上場会社等に適用されるコーポレートガバナンス・コード（補充原則2－5①）においても、「上場会社は、内部通報に係る体制整備の一環として、経営陣から独立した窓口の設置（たとえば、社外取締役と監査役による合議体を窓口とする等）を行うべき」とされ、また、内部通報ガイドラインⅡ．1．(2)においても、「例えば、社外取締役や監査役等への通報ルート等、経営幹部からも独立性を有する通報受付・調査是正の仕組みを整備することが適当である」とされている。

◆**金融機関における独立した通報ルートの必要性**　金融検査事例においても、小規模な信用金庫または信用組合において、経営トップの暴走を通常の業務ラインで食い止めることができなかった事例として、「不祥事件の事故者の親族に対する事故補てん金の融資について、理事長が、資金使途の偽装や（審査委員会）委員の持ち回り決裁による承認を指示している中、審査委員会は、理事長の指示であることをもって、返済能力や資金使途の確認が不十分なまま承認しており、代表理事に対する牽制機能が発揮されていない」とされた事例が存在し（金融検査結果事例集（平成27年6月）

カッコ内は筆者による）、かかる事態に歯止めをかける必要がある。なお、その他にも信用漁業協同組合連合会において、不祥事件の発生を認識していたにもかかわらず、役員が不祥事件を隠蔽し、当局への届出を怠ったほか、理事会によるけん制機能が働いていないとして業務改善命令が行われた事案（平成26年4月）も存在する。

経営トップや幹部から独立性を有する通報ルートを設ける場合、具体的には、独立性を有する社外取締役や監査役等に対して郵便・電子メール等で通報できる仕組みを導入することとなる。

ただし、社外取締役や監査役等は、通報を受け付けても独自に調査を行う人員や予算等のリソースを十分に有しないことが想定され、実効性確保の観点からは、内部規程等において、社外取締役や監査役等が必要と判断した場合は、必要な人員や予算等の確保や会社費用で弁護士、会計士等の専門家を利用することを可能としておくことが考えられる。また、社外取締役や監査役等が実効的に調査を行うためには、法律事務所等の外部窓口の緊密な連携が重要と考えられるため、両者の連携についても内部規程等であらかじめ定めておくことが有用であろう。

10673 内部通報制度における利益相反関係の排除

内部通報制度においてどのような利益相反に留意すべきか

結論

内部通報制度においては、利益相反の排除の観点から、内部通報への対応業務を行う者が、自らが関係する通報事案についての調査・是正措置に関与してはならない。また、通報の外部窓口の設置についても、中立性・公正性に疑義が生じるおそれや利益相反が生じるおそれがないよう、委託先の選定に留意が必要である。

解説

◆**調査・是正措置における利益相反関係の排除**　内部通報ガイドラインII.1.(3)は、利益相反関係の排除のため、内部通報の「受付担当者」「調査担当者」「その他通報対応に従事する者」および「被通報者（その者が法令違反等を行った、行っている又は行おうとしていると通報された者）」が、自らが関係する通報事案について、調査・是正措置に関与してはならないとしている。

これらの者が、自らが関係する事案に関する調査・是正措置に関与することは、利益相反のおそれにより公正な制度運営が期待されないほか、情報管理や通報者保護の観点でも問題となろう。金融機関において通報窓口での調査・是正措置に主として関与するのは、監査部門やコンプライアンス部門等が多く、利益相反のおそれが生じる場面は限定的と考えられるが、担当者の選定には一定の配慮を要する。

◆**外部窓口における利益相反関係の排除**　また、内部通報ガイドラインは、通報の外部窓口の設置について、「中立性・公正性に疑義が生じるおそれ又は利益相反が生じ

るおそれがある法律事務所や民間の専門機関等の起用は避けることが必要である」としている。

　この点について、顧問弁護士が外部窓口を務めることが適切か否か、との論点が存在する。内部通報ガイドラインのパブリック・コメント（平成28年12月9日付「「公益通報者保護法を踏まえた内部通報制度の整備・運用に関する民間事業者向けガイドライン」（案）に関する御意見募集の結果について」No.58、61、62等）では、「特に顧問弁護士について一律に言及しているものではない」とされているものの、内部通報ガイドラインと同時に公表された資料（新旧対照表「改正の趣旨等」）では、「顧問弁護士を公益通報の窓口とすることは利益相反の観点から問題も指摘される」との見解が記載されるなど、顧問弁護士が外部窓口を務めることへの一定の問題意識がうかがえる。

　顧問弁護士を外部窓口に起用することについては、顧問弁護士自身が企業の相談を受け、または代理人等として関与している案件につき通報を受けるおそれが否定できないこと（このような場合の通報対応を当該弁護士が行うべきでないことに異論はないであろう）、経営トップや幹部が関与するような重大な不正行為等については、経営陣と関係の深い顧問弁護士が中立・公正な調査を徹底できるかに疑義があること等が指摘される。一方で、顧問弁護士は企業の組織や業務に十分な知識を有し実効性の高い調査が期待できる面があること、顧問弁護士業務のあり方も訴訟等の代理人業務を中心とするものからコンプライアンス体制の助言等を中心とするものまでさまざま

であること、消費者庁の調査（平成28年度実態調査）においても外部窓口を顧問弁護士が務めている例が最も多い（49.2%）現状が存在すること等からすれば、顧問弁護士への外部窓口業務の委託そのものが不適切といえるかについては、今後の実務の推移を見守る必要があると考える。

◆**金融機関における対応**　　もっとも、金融機関においては従来から複数の法律事務所を利用している例が多いことにかんがみれば、内部通報ガイドラインが求める利益相反関係の排除の趣旨を尊重し、顧問弁護士に加えて別の法律事務所も外部窓口として確保しておくことが望ましいであろう。

| 10674 | 内部通報制度における匿名通報 |

匿名の通報を受け付ける必要があるか。また、匿名通報で、通報者と連絡もとれない場合はどうすればよいか。どこまで調査をすればよいのか

結　論

　個人情報保護の徹底を図るとともに通報対応の実効性を確保するため、匿名の通報も受け付けることが必要である。その際、匿名の通報であっても、通報者と通報窓口担当者が双方向で情報伝達を行いうる仕組みを導入することが望ましい。

解　説

◆**匿名通報への対応の必要性**　　内部通報ガイドラインでは、匿名通報を受け付けることの必要性が指摘されている（内部通報

ガイドラインⅢ.1.(3))。匿名通報は、通報者の心理的負担のハードルを下げることで不正行為等の通報をより容易にする効果が期待できるため、これを可能とする制度設計が適切である。消費者庁の消費者庁の平成28年度実態調査（「平成28年度民間事業者における内部通報制度の実態調査」）においても、匿名通報を「受け付けている」「通報内容によっては受け付けている」とする事業者がほぼ9割（88.8％）に及ぶとの結果が示され、匿名通報を受け付ける事業者が多い。

匿名通報の受付により無責任・不確実な情報が大量に寄せられることになるのではないか、との懸念も指摘されるものの、たとえば、匿名の通報はインターネット窓口を通じては受け付けない仕組みとすることも考えられ（平成28年12月9日付「「公益通報者保護法を踏まえた内部通報制度の整備・運用に関する民間事業者向けガイドライン」（案）に関する御意見募集の結果について」No.145）、また、通報内容やその後のやり取りにより、通報の信憑性や目的の適切性を判断していくことで対応可能と考える。

◆**双方向の情報伝達**　内部通報ガイドラインは、匿名通報であっても、通報者と通報窓口担当者が双方向で情報伝達を行いうる仕組みを導入することが望ましい旨を述べている（同ガイドラインⅢ.1.(3)）。匿名通報であっても、個人の電話や個人アドレスの電子メールにて匿名のやり取りを行うことは可能であり、そのような対応がとられるべきである。また、外部窓口に対しては顕名で通報相談を行うものの、事業者側には通報者の情報は伝えず、通報内容だ

けを伝達して調査・是正措置を行うといった対応も、双方向の情報伝達の仕組みと評価できると考える。

◆**匿名通報への対応**　ただし、匿名通報であることに伴う調査・是正措置の限界はおのずから存在する。特に、匿名通報であることにより通報者と連絡がとれない場合、窓口においては通報を受けた範囲の情報で可能な調査の必要性を検討し、対応方針を決定せざるをえない。内部通報ガイドラインにおいても、通報受領の通知、通報内容に関する今後の対応方針等の通知（内部通報ガイドラインⅡ.2.）、調査結果および是正措置の結果の通知（内部通報ガイドラインⅡ.3.(2)）において、「匿名による通知であるため通報者への通知が困難である場合その他やむを得ない理由がある場合はこの限りでない」として、その例外を認めている。また、通報者と連絡がとれる場合でも、通報者の匿名性を厳に尊重するためには、調査の手段・方法が限定されることも考えられる（たとえば、きわめて少人数の部署の不正行為等に関する通報で、調査を行うことによって、事実上通報者の匿名性の維持がむずかしいケースなどが考えられる）。このような場合、窓口担当者は、匿名受付の範囲で可能な対応を検討し、それを十分に通報者に説明したうえ、了解を得て調査を進めることが必要となる。

| 10675 | 内部通報制度に関する内部規程 |

内部通報制度に関する内部規程にはどのような事項を盛り込むべきか

結　論

　内部規程に通報対応の仕組みについて規定し、特に通報者に対する解雇その他不利益な取扱いの禁止および通報者の匿名性の確保の徹底に係る事項については、十分に明記することが必要である。

解　説

◆**内部通報ガイドラインの定め**　内部通報ガイドラインにおいては、以下の３点につき、内部規程への記載に言及されている。

① 「経営幹部の役割を内部規程等において明文化すること」が「適当である」（内部通報ガイドラインⅡ.１.(1)）

② 「内部規程に通報対応の仕組みについて規定し、特に、通報者に対する解雇その他不利益な取扱いの禁止及び通報者の匿名性の確保の徹底に係る事項については、十分に明記すること」が「必要である」（内部通報ガイドラインⅡ.１.(1)）

③ 「従業員等は、担当部署による調査に誠実に協力しなければならないこと、調査を妨害する行為はしてはならないこと等を、内部規程に明記すること」が「必要である」（内部通報ガイドラインⅡ.３.(1)）

◆**具体的な規程の内容**　①に関しては、内部通報制度の責任者を経営幹部とすることと関連した記載であり、内部規程において、経営幹部（代表取締役ら経営トップを含む経営陣を意味する）が内部通報制度の責任者である旨を明記するとともに、その責務につき記載することとなろう。

　②に関しては、内部規程に「通報対応の仕組み」についての明記が求められている。

その意義は広いが、たとえば、「公益通報者保護制度の実効性の向上に関する検討会」第４回で示された「内部通報制度に関するモデル内部規程（案）」においては、「通報処理体制」の章を設け、「相談窓口及び通報窓口」「相談者及び通報者」「通報対象行為」「情報共有の範囲」「利益相反関係の排除」等の条項が定められ、「通報の処理」の章には、「通報の方法」「通報受付における配慮」「通報受領の通知」「通報内容の検討」「調査」「調査における配慮」「協力義務」「進捗状況の通知」「調査結果」「是正措置」「社内処分」「是正結果の通知」「フォローアップ」等の条項が定められ、また、「関係者の責務」の章には「通報者の保護」「通報者等の秘密及び個人情報等の保護」「相談又は通報を受けた者の責務」等の条項を定めていることが参考となる。また、②においては、「通報者に対する解雇その他の不利益な取扱いの禁止及び通報者の匿名性の確保の徹底に係る事項」について「特に」「十分な明記」が求められているが、この点について、消費者庁は「不利益な取り扱いの禁止については、想定される不利益な取り扱いの具体的内容（配転、降格、減給等）を規定する、違反者に対する措置を明確に規定するなどの対応」がなされていれば「十分な明記」に当たりうるとの考えを示していることが参考となる（平成28年12月９日付「「公益通報者保護法を踏まえた内部通報制度の整備・運用に関する民間事業者向けガイドライン」（案）に関する御意見募集の結果について」（以下「パブコメ結果」という）No.49）。

　③については、調査担当者が各部署に対し、通報に係る事実関係の調査に際して協

力を求めることができること、各部署において、通報に係る事実関係の調査に協力を求められた場合、調査担当者に協力しなければならないこと、を規程に明記することが考えられる。なお、就業規則に同旨の記載がなされていることをもって、内部規程に明記されていることと整理することも可能と考えられる（パブコメ結果No.90）。

10676 内部通報制度の環境整備

内部通報制度に関して、通報者が安心して通報ができる環境を整備するために、どのようなことに留意しなければならないか

結　論

　経営トップがメッセージを継続的に発信すること、従業員の意見等を反映すること、他の事業者の優良事例を参考にすること、敷居が低く利用しやすい環境を整備すること、内部通報制度の運用実績の概要を従業員に開示することなどにより、実効性の高い仕組みを構築することが必要である。

解　説

◆**内部通報の環境整備**　　内部通報制度の仕組みを整備したとしても、通報者がその利用に不安をもったり、「利用しても何も変わらないであろう」との印象をもたれていたりすれば、制度は十分に機能しない。通報者が安心して利用できる環境を整備することが重要である。

◆**経営トップのメッセージ**　　まず、経営トップが内部通報制度の意義・重要性を訴えかけるメッセージを継続的に発信し続けることが重要である。内部通報ガイドラインI.2.において、経営トップが発信すべきメッセージに関する事項について例示がなされており（例示内容には、通報者への不利益な取扱いの禁止、通報に関する秘密保持等が含まれる）、年頭の挨拶、入社式等の式典や従業員の集合研修等、経営トップが従業員に直接語りかける機会において、これらのメッセージに継続的に言及することが必要であろう（【10663】参照）。

◆**従業員アンケート**　　また、内部通報制度への従業員の意見を反映する取組みとして、役職員へのアンケート実施も考えられる（内部通報制度に特化したものではなく、コンプライアンス全般に関するアンケートを行い、そのなかに内部通報制度に関する質問事項を盛り込むことも考えられる）。アンケートは従業員の本音を引き出すため、匿名で行われることが望ましく、内部通報ガイドラインにおいても、外部窓口の運用状況に関する従業員への匿名のアンケート等が定期的に行われることが望ましい旨が記載されている（内部通報ガイドラインⅢ.1.(2)）。

　他の事業者の優良事例について情報収集することも有用である。内部通報制度に関する業務を多く扱う弁護士や民間の専門機関等を通じた情報収集が考えられるほか、他の企業等の法務・コンプライアンス部門と直接交流することによる情報収集・意見交換を行うことが考えられる。

◆**利用者が安心できる通報窓口**　　内部通報ガイドラインは、経営上のリスク情報が早期に幅広く寄せられるようにするため、通報窓口の運用にあたり、敷居が低く、利

用しやすい環境を整備することが必要であるとしている（内部通報ガイドラインⅡ．1．(4)）。各社に創意工夫が求められる点であるが、たとえば、

・内部通報窓口に男性、女性それぞれの担当者を配置する
・担当者の人となりや連絡先を公開し、利用者の信頼を得ることに努める
・就業時間外でも通報できるよう、最大限配慮する

等の対応が考えられる（平成28年12月9日付「「公益通報者保護法を踏まえた内部通報制度の整備・運用に関する民間事業者向けガイドライン」（案）に関する御意見募集の結果について」No.69、72）。

　さらに、内部通報ガイドラインは、内部通報制度の運用実績の概要を、個人情報保護等に配慮しつつ従業員に開示することにより、制度の実効性に対する信頼を高めることが必要であると述べている（内部通報ガイドラインⅡ．1．(4)）。内部通報制度における通報件数や対応結果を、個人が特定されないように抽象化して開示することにより、役職員がより安心して内部通報制度を利用できる環境をつくることが考えられる。

<table>
<tr><td>**10677**</td><td>内部通報制度の周知</td></tr>
</table>

内部通報制度を周知させるために、どのような方策が有効か

結　論

社内通達、社内報、電子メール、社内電

子掲示板、携帯用カード等での広報の実施、定期的な研修の実施、説明会の開催等により、経営幹部およびすべての従業員に対し、十分かつ継続的に周知・研修することが必要である。

解　説

◆**周知の重要性**　内部通報制度を整備しても利用対象者がその存在や役割を知らなければ、通報窓口が利用されることはない。考えられるさまざまな方法を使って通報窓口の存在や役割を継続的に周知することが必要となる。

　内部通報ガイドラインにおいても、「社内通達、社内報、電子メール、社内電子掲示板、携帯用カード等での広報の実施、定期的な研修の実施、説明会の開催等により、経営幹部及び全ての従業員に対し、十分かつ継続的に周知・研修することが必要である」旨が述べられている（内部通報ガイドラインⅡ．1．(4)）。

◆**周知のための具体的方策**　周知にあたっては、利用者の安心を促すため、通報窓口に相談した場合にはどのように対応してもらえるのか、また、自身が通報した旨が職場内にもれないようにどのような対応がなされるのか、実際に通報窓口が利用された実績はどの程度あり、その際はどのような対応がなされたのか、通報したことによって不利益な取扱いがなされることがないよう、どのような措置がとられているのか、といった事項について、できるだけ具体的に周知することに努めるべきである。

　また、周知のあり方を考える際、経営トップからのメッセージはきわめて重要である。内部通報ガイドラインにおいても、経

営トップが内部通報制度の意義・重要性等について継続的にメッセージを発信することが求められているが（内部通報ガイドラインⅠ.2.）、経営トップ自らが内部通報制度の利用を促し、内部通報制度を利用することはリスク発見や企業価値の向上につながる正当な職務行為であること、適切な通報を行った者に対する不利益な取扱いは決して許されないこと、通報に関する秘密保持は徹底すべきことなどのメッセージを発信し続けることにより、利用者への周知・安心を確保すべきである（【10663】参照）。

内部通報制度の理解を促す研修も重要である。内部通報制度の運用にあたり、経営トップを含む経営幹部および役員（経営幹部から独立性を有する通報ルートを担う社外役員も含む）、通報窓口の実務を担う部署の担当役職員に対する研修に加えて、通常ラインの上司となりうるすべての管理職や部下をもつ従業員のほか、利用者となりうる従業員に対して研修を行う必要がある。上記のいずれの類型に該当するかにより、研修のポイントは異なりうるため、階層ごとに研修が行われることが望ましいといえる。

10678　内部通報の対応手順

通報窓口が利用された場合、その後の通報対応について具体的にどのような手順で進めればよいか

結　論

基本的には、通報の受付→通報者への質問→客観的な証拠の収集・保全→調査協力者へのヒアリング→（客観的な証拠の収集→）被通報者へのヒアリングといった流れで調査をすることが考えられる。調査終了後は、是正措置を講じたり、社内処分を行うなど適切に対応すべきであり、通報者や調査協力者に対する不利益な取扱いがなされていないか、また、是正措置が十分に機能しているかなどについてフォローアップをすべきである。

解　説

◆**通報の受付**　通報を受け付けた場合、通報者と連絡をとることができる場合には、通報を受け付けた旨を通報者に対して通知すべきである（【10679】参照）。

◆**通報者への質問等**　次に、通報者に連絡できる場合には、通報者に対して、事実関係や客観的な証拠（文書、メール、メモ等の資料。以下同じ）の有無等について質問をし、事実関係の概要や通報者が問題視している行為等について把握するとともに、客観的な証拠の有無やその内容および当該資料の入手方法について確認すべきである。そのうえで、内部通報ガイドラインⅡ.2.が指摘するように、調査が必要であるか否かについて、「公正、公平かつ誠実に検討し、今後の対応について、通報者に通知するよう努めることが必要」である（【10679】参照）。

◆**調査計画の策定**　通報内容を検討した結果、調査が必要であると判断した場合には、調査担当者の選定、被通報者の特定、

調査協力者の特定、客観的な証拠の収集方法と範囲、調査スケジュールなど、調査全体の計画を策定すべきである。

◆**客観的な証拠の収集と保全**　証拠には大きく分けて客観的な証拠と人の供述証拠がある。人の記憶は、薄れゆくものであり、また、意図的に事実を隠したり、事実と異なることを述べる可能性もあるため、供述証拠は誤りが混入するおそれが高い。そこで、より正確な事実関係を把握するためには、調査協力者や被通報者に対するヒアリングに先立って、可能な限り、客観的な証拠を収集することが必要である。

客観的な証拠を収集するにあたっては、その証拠の保全をすることが必要である。物的証拠であれば、その証拠があった場所やあった時期、その証拠を獲得した時期などについて記録を残すべきであるし、メールなどの事実関係がわかる証拠については、サーバのバックアップをとるなどして証拠の保全をすべきである（【10682】参照）。

◆**調査協力者へのヒアリング**　次に、あらかじめ収集した客観的な証拠を分析したうえで、通報事案に関する事実関係を把握していて、かつ、不正行為等に関与しているとされる者以外の第三者に対し、調査の協力を求め、ヒアリングをすべきである。また、当該第三者によるヒアリングをふまえて、新たな客観的な証拠が存在する場合には、必要な限りで調査をすべきである（【10683】参照）。

◆**被通報者へのヒアリング**　以上の流れをふまえて、基本的には、調査の最終段階で被通報者に対するヒアリングを実施すべきである。仮に、被通報者が真実不正行為等に関与していた場合には、被通報者に対

するヒアリングを先行して行うと、客観的な証拠を破棄したり隠滅してしまうおそれや、他の不正行為等の関与者と口裏合わせをしたり、調査協力者となりうる者に対して調査に協力をしないように圧力をかけてしまうおそれがあるからである（【10683】参照）。

◆**是正措置・処分・報告**　調査の結果、法令違反等が明らかになった場合には、速やかに是正措置および再発防止策を講じるとともに、必要に応じ関係者の社内処分を行う等、適切に対応することが必要である。また、さらに必要があれば、関係行政機関への報告等を行うことが必要である。

◆**通報者等に係るフォローアップ**　通報者や調査協力者に対し、通報調査協力を行ったことを理由とした解雇その他不利益な取扱いが行われていないか等を確認する等、通報者等の保護に係る十分なフォローアップを行うことが必要である。その結果、解雇その他不利益な取扱いが認められる場合には、経営幹部が責任をもって救済・回復するための適切な措置を講じることが必要である（【10687】参照）。

◆**是正措置に係るフォローアップ**　是正措置等の終了後、法令違反等が再発していないか、是正措置および再発防止策が十分に機能しているかを確認するとともに、必要に応じ、通報対応の仕組みを改善することや、新たな是正措置および再発防止策を講じることが必要である（【10687】参照）。

| 10679 | 内部通報の受付業務における手順・留意点 |

通報を受け付けたらまず何をすべきか。通

報者に対して質問をするときはどのような
点に留意しなければならないか

結　論

　まずは通報者に対して内部通報を受け付けた旨を通知すべきである。通報者に質問をする際には、会社にとって今後の社内調査の要否や進め方を判断することの必要性を説明して協力を仰ぐという姿勢を示すとともに、通報者を保護するという会社の方針についてもあらためて説明することが重要である。

解　説

◆通報受領の通知　内部通報ガイドラインⅡ.2.は、書面や電子メール等、通報者が通報の到達を確認できない方法によって通報がなされた場合においては、「速やかに通報者に対し、通報を受領した旨を通知することが望ましい」とするため、まず、通報を受けて受け付けた旨の通知をすることとなる。ただし、通報者が通知を望まない場合、匿名による通知であるため通報者への通知が困難である場合やほかにやむをえない理由がある場合は、通知しなくてよい。

◆通報内容の確認　通報者は、心理的にも大変な思いをして通報をしてきているため、通報を受け付けた段階で、通報対象事実や客観的な証拠が整理されている通報は、ほとんどないであろう。そのため、まずはしっかりと通報内容の理解に努め、通報者が何を伝えたいのか、通報者に対して何を確認すべきなのかについて、十分に検討をすることが必要である。

◆通報者に対する質問　通報対象事実に関して、今後の社内調査が必要であるかどうかを検討したり、今後の進め方について検討をする際には、通報者から情報を取得することが必要不可欠である。そのため、通報者と連絡がとれる場合には、通報者から、通報内容に関して不明な点や、通報内容の裏付となる客観的な証拠の有無や入手方法について、できる限り詳細な確認を行う必要がある。

　もっとも、通報者にとっては、通報をすること自体が一つの大きなハードルであるが、通報後に調査に協力をし続けることも、一つの大きなハードルであり、勇気と根気が必要なものである。

　また、通報者に対して質問をすると、詳細な質問を受けて通報したことの重圧を実感して今後の協力に躊躇してしまったり、詳細な回答を行えば行うほど、通報者が特定されてしまうと懸念してしまったりして、今後の調査への協力が鈍くなることもある。

　そのため、通報者に対して詳細な質問を行う際は、まず、会社にとって今後の社内調査の要否や進め方を判断することの必要性を説明して協力を仰ぐという姿勢を示すことが重要であるし、通報対応全般を通じて、通報者を保護するという会社の方針についてもあらためて説明することが重要である。

　通報者から多くの事実を引き出そうとするあまり、通報者を不安にさせてしまっては、本末転倒である。通報者からの継続的な協力を得るように配慮することも、実効性のある内部通報制度のためには必要であり、通報者の継続的な協力を得ることができなくなったということで、かえって、真

相の解明ができなくなり、そのことが内部通報制度に対する信頼を低下させるという事態に陥らないように注意が必要である。

◆通報内容の検討・通知　　通報を受け付けた場合、内部通報ガイドラインⅡ.2が指摘するように、調査が必要であるか否かについて、公正、公平かつ誠実に検討し、今後の対応について、通報者に通知するよう努めることが必要である。

10680　内部通報における秘密保持

内部通報の受付業務・調査業務を通じて、通報者の秘密等について、具体的にどのような点に注意する必要があるか

結　論

情報共有が許される範囲を必要最小限に限定すること、通報者の特定につながりうる情報は通報者の明示の同意がない限り、情報共有が許される範囲外には開示しないこと、通報者の同意を取得する際には、開示する目的・範囲、氏名等を開示することによって生じうる不利益について明確に説明することなどが必要である。

解　説

◆秘密保持のための措置　　通報者の所属・氏名等が職場内にもれることは、それ自体が通報者に対する重大な不利益になり、ひいては通報を理由とするさらなる不利益な取扱いにもつながるおそれがある。また、通報者の所属・氏名等が職場内にもれることは内部通報制度への信頼性を損ない、経営上のリスクに係る情報の把握が遅延する等の事態を招くおそれがある。

そのため内部通報ガイドライン、Ⅲ.1⑴は、以下のような措置を講じ、通報に係る秘密保持の徹底を図ることが重要であるとしている。

① 情報共有が許される範囲を必要最小限に限定する

② 通報者の所属・氏名等や当該事案が通報を端緒とするものであること等、通報者の特定につながりうる情報は、通報者の書面や電子メール等による明示の同意がない限り、情報共有が許される範囲外には開示しない

③ 通報者の同意を取得する際には、開示する目的・範囲、氏名等を開示することによって生じうる不利益について明確に説明する

④ 何人も通報者を探索してはならないことを明確にする

⑤ これらのことを、経営幹部およびすべての従業員に周知徹底する

◆通報者の特定につながりうる情報を伝達する場合の措置　　もっとも、実効的な調査・是正措置を行うために、経営幹部や調査協力者等に対して通報者の特定につながりうる情報を伝達することが真に不可欠である場合もある。このような場合には、内部通報ガイドラインⅢ.1⑴は、通報者からの②の同意を取得することに加えて、以下の措置等の措置を講じることが必要であるとする。

⑥ 伝達する範囲を必要最小限に限定する

⑦ 伝達する相手にはあらかじめ秘密保持を誓約させる

⑧ 当該情報の漏えいは懲戒処分等の対象

となる旨の注意喚起をする

◆「必要最小限」の範囲の具体的な考え方

①や⑥でいうところの「必要最小限」の範囲を考えるにあたっては、情報の種類、情報のレベル、共有範囲の三つの視点から考えることが有用である。まず、情報の種類をたとえば以下の4種類に分けることが考えられる。

(1) 通報者から得られる情報

(2) (1)以外の調査により得られる情報

(3) 不正行為等に関する情報

(4) 是正措置・再発防止策に関する情報

さらに、それぞれの種類について、情報のレベルをたとえば以下の3段階に分けることが考えられる。

Ⅰ 通報者等の氏名・所属・連絡先

Ⅱ 通報内容・調査結果の詳細

Ⅲ 通報内容・調査結果の概要

さらに、通報対応に関与する役職員の種類としては、以下のとおり考えられる。

A 受付担当者

B 受付担当者の上司

C 調査担当者

D 調査担当者の上司

E 是正措置・再発防止策の検討に関与する者やその上司

F 経営トップ

G 社外取締役や監査役

H それ以外の役員

(1)、(2)の情報のうちⅠレベルの情報については、通報を理由とした不利益な取扱いが行われないようにするために、共有範囲はAおよびBに限定し、安易にそれ以外の役職員に伝えるべきではない。また、(1)、(2)、(3)の情報のうちⅡレベルの情報については、通報者の氏名等が推測されかねない

ため、通報を理由とした不利益な取扱いが行われないようにするために、共有範囲はできる限りA、B、C、Dに限定し、安易にそれ以外の役職員に伝えるべきではない。F、G、Hに伝えるのは、(1)、(2)、(3)の情報のうちⅢレベルの情報と(4)の情報にとどめるべきであると考えられる。

そして、こういった情報共有の範囲を内部規程等においても明らかにすべきである。

◆同意の取得

通報者の同意を得られない限り、あらかじめ定めた共有範囲以外に情報を開示すべきではない。通報者からの同意を取得する際には、書面による同意をとるべきであるところ、あらかじめ一定のひな型を用意することが考えられる。もっとも、内部通報ガイドラインⅢ.1(1)が指摘するように、「開示する目的・範囲、氏名等を開示することによって生じうる不利益について明確に説明する」ことが必要であるため、同意を得るつど、同意書の内容は適宜修正すべきであろう。

なお、通報に係る情報を共有する役職員からは、当該通報事案ごとに秘密保持誓約書を取得すべきであろう。

10681	内部通報の受付業務における秘密保持と記録の作成・保管

通報の受付業務において、通報に係る秘密を保持するために、どのような点に留意しなければならないか。また、通報受付業務に関する記録の作成・保管については、どのような点に留意しなければならないか

通報を受け付ける際には、通報者の秘密を守るために専用回線を設ける等の措置を適切に講じたり、匿名通報も受け付ける仕組みとすることが必要である。通報者の質疑応答メモについては、内容を通報者にも確認してもらうとともに、通報事案に係る記録・資料を閲覧することが可能な者を必要最小限に限定したり、関係者の固有名詞を仮称表記にする等の措置を講じることで通報者の秘密保持を徹底することが必要である。

解　説

◆**受付方法**　　通報者としては、通報をしたことによって自己に不利益な取扱いがされてしまうのでないかという点について非常に気にしている。そのため、通報者が、通報者を特定しうる情報の秘密が守られないおそれがあるのではないかと不安になってしまうと、通報そのものを躊躇させてしまうことになる。

通報の受付方法としては、電話、ファクシミリ、電子メール、Webサイト等、さまざまな手段が考えられるが、通報者の秘密を守るということを徹底するために内部通報ガイドラインⅢ.1.⑶が指摘するように、専用回線を設ける、勤務時間外に個室や事業所外で面談する等の措置を適切に講じ、通報者の秘密を守ることが必要である。

◆**匿名通報の受付と実効性の確保**　　通報者としては、通報者を特定しうる情報の秘密が守られないおそれがあるのではないかと不安になってしまうと、通報そのものを躊躇させてしまうことになるため、通報は、内部通報ガイドラインⅢ.1.⑶が指摘するように、実名だけではなく匿名でも受け付ける必要がある。匿名での通報も受け付けることで、個人情報保護の徹底を図るとともに通報対応の実効性を確保することにつながるのである。

なお、その際、内部通報ガイドラインⅢ.1.⑶が指摘するように、匿名の通報であっても、通報者と通報窓口担当者が双方向で情報伝達を行いうる仕組みを導入することが望ましい。たとえば、内部窓口に加え、外部窓口も設置することで、金融機関との関係では匿名性を確保しつつ、継続的に通報者に対して調査の協力を求めることができるといえよう。

◆**記録の作成**　　内部通報は、書面やメールでなされることも多い。書面やメールで内部通報がなされた場合は、通報者に対する質疑応答も書面やメールでやり取りがなされることが多く、そのような場合には、通報者からの回答についてもその書面やメールを保存すればよいため、通報の経緯や回答内容も含めて、正確な記録を残すことができる。

他方で、電話や面談によって内部通報がなされることもあり、通報者との質疑応答が電話や面談で行われる場合もある。そのような場合には、通報の経緯や回答内容も含めて、正確な記録を残すという観点から、たとえば、通報者との会話の内容を録音したり、電話や面談の際に詳細な質疑応答メモを作成し、そのメモの内容を通報者にも確認してもらうことが考えられる。なお、通報者との会話を録音する場合には、あらかじめ通報者の承諾を得ておくべきである。

◆**情報管理の具体的措置**　では、具体的にどのような措置を講じて秘密保持を徹底すればよいか。この点について、内部通報ガイドラインⅢ．1．(3)では、以下のような措置を講じ、個人情報保護の徹底を図ることが必要であるとしている。

① 通報事案に係る記録・資料を閲覧することが可能な者を必要最小限に限定する

② 通報事案に係る記録・資料は施錠管理する

③ 関係者の固有名詞を仮称表記にする

　なお、通報に係る情報を電磁的に管理している場合には、さらに、以下のような情報セキュリティ上の対策を講じ、個人情報保護の徹底を図ることが望ましいとしている（内部通報ガイドラインⅢ．1．(3)）。

④ 当該情報を閲覧することが可能な者を必要最小限に限定する

⑤ 操作・閲覧履歴を記録する

◆**通報者本人による情報管理**　通報窓口において上記の措置を講じたとしても、通報者本人からの情報流出によって通報者が特定されることもある。そこで、このような事態を防止するため、内部通報ガイドラインⅢ．1．(3)は、自身が通報者であること等に係る情報管理の重要性を、通報者本人にも十分に理解させることが望ましいとしている。

10682　内部通報の内容に関する客観的な証拠の収集と証拠保全

客観的な証拠の収集をする際、どのような点に留意しなければならないか

結　論

　客観的な証拠の収集については、基本的には、限定的に考えるのではなく、可能な限り網羅的に行うことが必要であるが、通報対象事実の重大性、通報対象事実の確からしさ、調査にかけることのできる期間、客観的な証拠と被通報者との関係などに応じて判断することが必要であり、ある程度メリハリをつけて収集をすることが必要である。また、可能な限り早期に、パソコンのデータのバックアップをとるなどの証拠保全の作業に着手すべきである。

解　説

◆**客観的な証拠の例と重要性**　通報内容を検討し、調査の必要性があると判断した場合には、基本的には、まず、通報内容に関する客観的な証拠を収集して調査を行うべきである。客観的な証拠としては、たとえば、帳票、伝票、貸出稟議書、契約書、会議議事録、会議配布資料、業務日報、勤務表、社内外のメールなどがあげられる。

　客観的な証拠と対比される証拠としては、人の供述証拠がある。人の記憶は、薄れゆくものであり、意図せずに客観的な事実と異なる供述をしてしまうこともあるし、また、通報関係者が意図的に事実を隠したり、事実と異なることを述べる可能性もある。そのため、供述証拠は、客観的な証拠に比べて、誤りが混入するおそれが高い。他方で、客観的な証拠は、基本的に、その資料が作成された当時の客観的な事実関係を読み取ることが可能となるものであり、供述証拠に比べ、証拠としての価値が高いといえる。

そのため、通報対象事実に関する具体的な事実関係を明らかにし、真相を解明するという観点からは、客観的な証拠の収集については、基本的には、限定的に考えるのではなく、可能な限り網羅的に行うことが必要であろう。

◆**収集すべき範囲**　しかし、真相解明に有益な客観的な証拠であっても、通報対象事実と関連性が認められるからといってすべてを調査の対象としてしまうと、調査に多大な時間と労力がかかり、また、通報に関する情報が漏えいしてしまうおそれが高まり、かえって通報対象事実に関する真相解明から遠のき、また、通報者が保護されないという事態を生じさせかねない。また、被通報者にもプライバシーなどの正当な利益はあり、通報対象事実に関連するからといって、過度に客観的な証拠を収集しようとすると、被通報者の正当な利益を侵害することになってしまう懸念もある。

したがって、どの範囲で客観的な証拠を収集するかは、通報対象事実の重大性、通報対象事実の確からしさ、調査にかけることのできる期間、客観的な証拠と被通報者との関係などに応じて判断することが必要であり、ある程度メリハリをつけて収集をすることが必要である。

◆**証拠の保全の必要性**　金融機関における業務の多くは、パソコンを利用した業務であるため、金融機関から従業員に貸与したパソコンには多くの情報が残されており、このなかには通報対象事実に関する証拠となりうるものも含まれている可能性がある。調査協力者や被通報者から提供を受けたパソコンについては、ハードディスクやサーバのデータのバックアップをすることが必要である。特に、データをすでに消去している可能性がある場合や、通報対象事実の重要性に応じて、デジタルフォレンジックの専門家に依頼するなどして、削除されたデータなども含めて完全にコピー・復元をして、証拠の保全を図ることも検討すべきである。

◆**証拠保全の時期**　証拠の保全をするにあたっては、可能な限り早期に着手すべきである。不正行為等に関係する証拠は、被通報者や不正行為等の関与者が調査の開始を知ったかどうかにかかわらず、これらの者によって意図的に隠滅される可能性が高く、さらにこれらの者が調査の開始を知った場合にはなおさらである。調査を開始したことで、被通報者や不正行為等の関与者が調査に気づく可能性は高まっているため、これらの者が気づく前に証拠の保全を図る必要がある。

なお、不正行為等に関係する証拠は、通常の業務にとっては不必要な資料であることも多く、意図的でなくとも、廃棄されてしまう可能性が高い。また、関係当局（金融庁や司法機関等）による検査や捜査があった場合に、証拠が廃棄されている場合に、関係当局から証拠隠滅であると疑われてしまう可能性もある。このような観点からも早期に証拠の保全を図るべきである。

10683　内部通報の調査協力者・被通報者へのヒアリング

調査協力者や被通報者に対してヒアリングをする際、どのような点に留意しなければならないか

ヒアリングに先立ち、客観的証拠を十分に分析し、可能な限り客観的証拠から認定できる事実を特定しておく必要がある。調査協力者に対するヒアリングは、必要最小限の範囲にとどめ、重要な人物（事案の詳細をより知る人物）を先行してヒアリングすべきである。ヒアリングは、短期間に集中して、かつ、1人のヒアリングは1回で終了できるよう必要な事項をすべて聞き取るようにすることが重要であり、なるべく具体的な供述を引き出すべきである。なお、相手方にも確認をしてもらうなどして、正確な記録を残すべきである。

解　説

◆事前の客観的証拠の分析等　　調査協力者や被通報者に対するヒアリングを行う前に、それまでに収集した客観的証拠を十分に分析し、可能な限り客観的証拠から認定できる事実を特定しておく必要がある。分析した結果は時系列やメモなどにまとめ、客観的証拠からだけでは明らかでない事項などとまとめ、ヒアリングの対象者に対して聞くべき事項をあらかじめ整理しておく必要がある。

◆調査協力者に対するヒアリングの範囲
【10682】でも述べたのと同様、通報者対象に関連していると思われる人物をすべてヒアリングすると、調査に多大な時間と労力がかかり、また、通報に関する情報が漏えいしてしまうおそれが高まる。したがって、どの範囲で調査協力者へのヒアリングを実施するかは、通報対象事実の重大性、通報対象事実の確からしさ、調査にかけること

のできる期間、調査協力者と被通報者との関係などに応じて判断することが必要であり、必要最小限の範囲にとどめ、重要な人物（事案の詳細をより知る人物）を先行してヒアリングすべきである。

◆ヒアリングの時期・回数　　調査協力者に対してヒアリングを実施することによって、被通報者や不正行為等の関与者に対して、不正行為等に関する調査が行われているという情報が漏えいするリスクが生じる。また、特に被通報者にヒアリングを実施した場合、仮に2回目以降を実施するとなると、その間に証拠隠滅や不正行為等の関与者との間で口裏合わせをすることができてしまう。そのため、ヒアリングは、短期間に集中して、かつ、1人のヒアリングは1回で終了できるよう必要な事項をすべて聞き取るようにすることが重要である。

◆ヒアリング時の留意点　　供述の信用性を吟味するためにも、基本的には誘導尋問（尋問者の望む供述を暗示するような尋問）を避け、オープンな質問を心がけるべきである。また、ヒアリングの対象者が供述している内容が、当該対象者が直接経験した事実を語っているのか、伝聞あるいは推測に基づく事実を語っているのかを峻別し、基本的には前者に基づいた供述を得ることを心がけるべきである。また、質問は具体的に行い、なるべく具体的な供述を引き出すべきであり、逆に自ら体験した事実であるにもかかわらず具体的な供述がなされない場合には、供述内容に何かしらの虚偽や矛盾が含まれている可能性があるといえる。

◆ヒアリングの記録　　ヒアリングの正確性を担保し、正確な事実認定をするとともに、後日の紛争を回避するために、ヒアリ

ングの際には、相手方の同意を得たうえで、会話の内容を録音すべきである。仮に相手方が録音に応じない場合には、録音の趣旨を伝えたうえで、正確な記録を残すことが相手方のためでもあることを説明して理解を求めるべきであるが、それでもなお応じられないという場合には、録音に応じられない理由を聞き出し、その理由も含めて記録として残しておくべきである。

そして、ヒアリングが終了したら、詳細なヒアリングメモを作成し、そのメモの内容を相手方にも確認させ、誤りがないとして署名を求めるべきである。

10684　内部通報の調査業務における秘密保持

通報事案の調査時において、通報者や調査協力者に係る秘密を保持するためには、それぞれどのような点に留意しなければならないか

結　論

通報者等の特定につながりうる情報については、真に必要不可欠ではない限り、調査担当者にも情報共有を行わないようにする等、通報者等が特定されないよう、調査の方法に十分に配慮することが必要である。

また、調査の端緒が通報であることを関係者に認識させないよう、たとえば、定期監査と合わせて調査を行うこと、抜き打ちの監査を装うこと等の工夫を講じることが必要である。

解　説

◆**調査実施時における秘密保持**　【10680】で述べたとおり、通報者の所属・氏名等が職場内にもれることは、それ自体が通報者に対する重大な不利益になり、ひいては通報を理由とするさらなる不利益な取扱いにもつながるおそれがあるため、情報共有が許される範囲を必要最小限に限定する必要がある。また、内部通報ガイドラインⅢ.1.(4)は、調査実施時の秘密保持に関して、通報者等の特定につながりうる情報（通報者の所属・氏名等、通報者しか知りえない情報、調査が通報を端緒とするものであること等）については、真に必要不可欠ではない限り、調査担当者にも情報共有を行わないようにする等、通報者等が特定されないよう、調査の方法に十分に配慮することが必要であるとしている。

◆**具体的な措置**　たとえば、通報受付担当者が、通報事案以外の事案については調査をしないという仕組みの場合、通報受付担当者が調査を開始すると、それだけで内部通報がなされたことが把握されてしまう。そのため、通報者等が特定されることを困難にするため、調査の端緒が通報であることを関係者に認識させないよう、内部通報ガイドラインⅢ.1.(4)は、たとえば、以下のような工夫を講じることが必要であるとしている。

① 定期監査と合わせて調査を行う
② 抜き打ちの監査を装う
③ 該当部署以外の部署にもダミーの調査を行う
④ 核心部分ではなく周辺部分から調査を開始する

⑤　組織内のコンプライアンスの状況に関する匿名のアンケートを、すべての従業員を対象に定期的に行う

◆**誓約書の取得**　調査協力者や被通報者に対するヒアリングの際に、事案の性質上、やむをえず、通報者の特定につながりうる情報を伝達しなければならない場合もある。これによって通報者に対して不利益な取扱いがなされるおそれがあることから、【10680】でも述べたとおり、通報者から通報者の特定につながりうる情報を第三者に伝達することについて明示の同意を取得するとともに、調査協力者や被通報者からも、ヒアリング対象者に伝達した情報について第三者に対して漏えいしないことや通報者に対する不利益な取扱いは行わないことについて、誓約書を取得するべきである。

10685　内部通報制度における調査・是正措置の体制整備

調査・是正措置にあたって、どのような体制を整備しなければならないか

■　結　論

　調査・是正措置の実効性を確保するため、担当部署には社内における調査権限と独立性を付与するとともに、必要な人員・予算等を与えることが必要である。また、必要な能力・適性を有する担当者を配置するとともに、十分な教育・研修を行うことが必要である。さらに、従業員等は、担当部署による調査に誠実に協力しなければならないこと等を、内部規程に明記することが必要である。

■　解　説

◆**調査・是正措置のための体制整備**　内部通報ガイドラインⅡ.3.(1)は、調査・是正措置の実効性を確保するため、担当部署には社内における調査権限と独立性を付与するとともに、必要な人員・予算等を与えることが必要であるとする。

◆**担当者の配置・育成等**　これまで述べてきたとおり、不正行為等の調査には一定のノウハウがあるため、これらの点について一定の教育を受けている者が調査にあたるのが望ましく、特に秘密を保持するためにいかなる点に留意をするべきかを十分に教育を受けている者が調査にあたることが望ましい。そのため、実効性の高い内部通報制度を運用するためには、通報者対応、調査、事実認定、是正措置、再発防止、適正手続の確保、情報管理、周知啓発等に係る担当者の誠実・公正な取組みと知識・スキルの向上が重要である。そこで、内部通報ガイドラインⅡ.3.(1)は、必要な能力・適性を有する担当者を配置するとともに、十分な教育・研修を行うことが必要であるとしている。特に受付担当者や調査担当者については、ケーススタディを中心として、具体的な事案において、いかなる点に留意しながら、どのような対応をとるべきかを研修しておくことが望ましい。

　また、受付担当業務や調査担当業務は、センシティブな問題について、きわめて慎重な対応を求められる業務であり、各業務の担当者にとっての心理的負担も大きい業務である。そのため、内部通報ガイドラインⅡ.3.(1)が指摘するように、内部通報制度の運営を支える担当者の意欲・士気を

発揚する人事考課を行う等、コンプライアンス経営推進に対する担当者の貢献を、積極的に評価することが適当である。

◆調査への協力等　内部通報に関する調査は、警察や検察官などによる強制捜査ではなく、あくまでも任意での捜査にとどまる。そのため、調査・是正措置の実効性を確保するためには、調査協力者や被通報者も含めて、社内調査に協力をしてもらうことが必要不可欠となる。そのため、内部通報ガイドラインII.3.(1)が指摘するように、従業員等は、担当部署による調査に誠実に協力しなければならないこと、調査を妨害する行為はしてはならないこと等を、内部規程に明記することが必要である。

◆第三者による検証・点検等　なお、内部通報ガイドラインII.3.(1)は、通報対応の状況について、中立・公正な第三者等による検証・点検等を行い、調査・是正措置の実効性を確保することが望ましいとしている（【10688】参照）。

10686　内部通報の調査・是正措置の通知

調査の進捗や結果、是正措置について、通報者に通知するべきか

結　論

　通報者に対して、調査中は調査の進捗状況について可能な範囲で通知するよう、また、調査後は調査結果について通知するよう、それぞれ努めることが必要である。また、通報者に対して、是正措置完了後は是正結果について通知するよう努めることが

必要である。

解　説

◆調査に係る通知　通報者からの通報を受けて、調査を行っているにもかかわらず、通報者に対してなんら連絡を行わないと、通報者としては、本当に調査を行ってくれているのかと、不安を覚えたり、不信感を抱いたりする可能性がある。そのような不安や不信感は、内部告発が行われる可能性を高めるため、企業等として望ましいものではない。そのため、内部通報制度に対する信頼を高めるためにも、内部通報ガイドラインII.3.(2)が指摘するように、調査中であっても、調査の進捗状況について、可能な範囲で通報者に対して通知するよう努めることが必要である。また、調査を終了したにもかかわらず、通報者に対してなんら連絡を行わない場合についても、同様のことがいえるため、内部通報制度に対する信頼を損なわないためにも、内部通報ガイドラインII.3.(2)が指摘するように、調査終了後は可及的速やかに、調査結果について、通報者に対して通知するよう努めることが必要である。なお、これらの通知を行う際は、すべての情報を通知しなければならないわけではなく、内部通報ガイドラインII.3.(2)が指摘するように、被通報者や調査協力者等の信用、名誉およびプライバシー等に配慮するという観点からも、要約した内容を通知することが考えられる。この点、これらの通知を行った際に、通報者の納得が得られない場合もあるが、通報された事案に応じて適切と考えられる調査を行うことが重要であって、通報者の納得が得られるまで調査を行わなければならな

いわけではない。もっとも、通報者の発言に新たな事実関係が含まれている場合には、その内容次第ではあらためて調査を行うことも考えられるので、留意する必要がある。

◆**是正措置に係る通知**　通報者からの通報を受けて、調査を行った結果、不正行為等が発見され、その是正措置や再発防止策を講じたにもかかわらず、通報者に対してなんら説明を行わないと、通報者としては、不正行為等が発見されたにもかかわらずそれを是正したり、再発防止策を講じたりしないのかと、不満を抱いたり、憤りを感じたりする可能性がある。そのような不満や憤りは、内部告発が行われる可能性を高めるため、企業等として望ましいものではない。そのため、内部通報制度に対する信頼を損なわないためにも、内部通報ガイドラインⅡ.3.(2)が指摘するように、是正措置の完了後は速やかに、是正結果について、通報者に対して通知するよう努めることが必要であるし、また、再発防止策についても、通報者に対して通知するよう努めることが考えられる。なお、この通知を行う際は、すべての情報を通知しなければならないわけではなく、内部通報ガイドラインⅡ.3.(2)が指摘するように、被通報者や調査協力者等の信用、名誉およびプライバシー等に配慮するという観点からも、要約した内容を通知することが考えられる。

10687　**内部通報者へのフォローアップ**

内部通報を行った通報者等に対して、どのようなフォローアップをすべきか。また、是正措置等の終了後、どのようなフォローアップをすべきか

結　論

通報者等に対し、通報等を行ったことを理由とした解雇その他不利益な取扱いが行われていないか等を確認する等、通報者等の保護に係る十分なフォローアップを行うことが必要である。また、是正措置等の終了後、法令違反等が再発していないか、是正措置および再発防止策が十分に機能しているかを確認するとともに、必要に応じ、通報対応の仕組みを改善することや、新たな是正措置および再発防止策を講じることが必要である。

解　説

◆**通報者等に係るフォローアップ**　通報を行ったことを理由とする不利益な取扱いが行われた場合には、企業等の内部規程に違反するのみならず、公益通報者保護法の違反にもなりうる。また、通報された事案に関して調査協力を行ったことを理由とする不利益な取扱いが許されるとすれば、だれも通報された事案に関して調査協力を行わなくなってしまう。そのため、内部通報制度の実効性を高めるためには、たとえば、通報された事案に関する調査終了後、一定期間が経過した時点で、内部通報ガイドラインⅣ.1.が指摘するように、通報者や調査協力者に対して通報や調査協力を理由とする不利益な取扱いが行われているか否かを確認すべきである。そして、通報者や調査協力者に対して通報や調査協力を理由とする不利益な取扱いが行われていることが確認された場合には、そのような被害を

回復するとともに、内部通報制度に対する信頼をき損しないためにも、同ガイドラインⅣ.1.が指摘するように、経営幹部が責任をもって救済・回復するための適切な措置を講じることが必要である。なお、通報者や調査協力者から通報や調査協力を理由とする不利益な取扱いを受けているという自主的な申告を受けた場合には、そのような事実があるか否かを調査し、そのような事実が認められた場合には、同様に経営幹部が責任をもって救済・回復するための適切な措置を講じるべきである。

◆**是正措置に係るフォローアップ**　企業等としては、内部通報をきっかけとしたものか否かを問わず、法令違反等が発見された場合には、それを是正するとともに、同様の法令違反等が再発しないための措置（再発防止策）を講じることになる。しかし、いったん法令違反等が是正され、再発防止策が講じられたからといって、同様の法令違反等が再発しないとは言い切れない。そのため、コンプライアンス経営を推進させるためには、たとえば、是正措置等の終了後、一定期間が経過した時点で、内部通報ガイドラインⅣ.1.が指摘するように、法令違反等が再発していないか、是正措置および再発防止策が十分に機能しているかを確認すべきである。そして、法令違反等が再発していることが確認された場合には、同ガイドラインⅣ.1.が指摘するように、新たな是正措置や再発防止策を講じることが必要である。なお、内部通報をきっかけとして発見された法令違反等が再発していることが確認された場合には、通報された事案であるために是正措置等が不十分であった可能性もあるため、そうであったなら

ば、内部通報ガイドラインⅣ.1.が指摘するように、通報対応の仕組みを改善することも必要である。

10688 内部通報制度におけるモニタリング

内部通報制度について、モニタリングを行う必要があるか

結　論

たとえば、整備・運用の状況・実績、周知・研修の効果、従業員等の制度への信頼度、今後の課題等について、内部監査や中立・公正な第三者等を活用した客観的な評価・点検を定期的に実施し、その結果をふまえ、経営幹部の責任のもとで、内部通報制度を継続的に改善していくというモニタリングを行うことが必要である。

解　説

◆**モニタリングの必要性**　内部通報制度は、通報窓口を設置するだけの取組みではない。通報窓口を設置したにもかかわらず、通報窓口が利用されていないとすれば、その原因としては、たとえば、通報窓口が周知されていない、通報窓口が信頼されていない、通報窓口を利用した場合にどうなるのかがわからない等、さまざまなものが考えられる。もっとも、実際のところ、何が原因で通報窓口が利用されていないのかは、内部通報制度に関するモニタリングを行ってみなければ正確に把握することはできないため、内部通報制度の実効性を高めるためにも、モニタリングを行う必要がある。

◆**モニタリング項目**　　内部通報制度に関するモニタリングを行う目的は、内部通報制度の実効性を確認するというものであるから、内部通報ガイドラインⅣ.2.が指摘するように、整備・運用の状況・実績をモニタリングの対象としなければ意味がない。また、内部通報制度は、利用者に周知・信頼されていなければ利用されないものであるから、内部通報ガイドラインⅣ.2.が指摘するように、周知・研修の効果、従業員等の制度への信頼度についてもモニタリングの対象としなければ意味がない。さらに、内部通報ガイドラインが策定・公表された以上、基本的には内部通報ガイドラインに沿って内部通報制度の整備・運用を行うことが重要であるが、必ずしもそうなっていない部分もあると思われるため、内部通報ガイドラインⅣ.2.が指摘するように、内部通報ガイドラインに準拠していない事項がある場合にはその理由についてもモニタリングの対象とすることが考えられる。そして、これらのモニタリングを通じて内部通報制度に関する課題を把握することが可能となるため、内部通報ガイドラインⅣ.2.が指摘するように、今後の課題についてもモニタリングの対象とすることが考えられる。

◆**モニタリングの主体・方法**　　内部通報制度のモニタリングは、整備・運用に関する担当部門が行うと、十分なモニタリングとならない可能性があるため、当該部門以外が行う必要がある。たとえば、企業自身によるモニタリングであれば、内部通報ガイドラインⅣ.2.が指摘するように、内部監査部門が内部通報制度について監査対象とすることが考えられるし、企業以外による

モニタリングであれば、内部通報ガイドラインⅣ.2.が指摘するように、中立・公正な第三者等を活用することが考えられる。なお、中立・公正な第三者等とは、たとえば、弁護士や民間の専門機関等が考えられるが、内部通報制度に関する認証制度が創設された場合には当該制度の認証機関も考えられる。いずれにせよ、モニタリングを行った場合には、内部通報ガイドラインⅣ.2.が指摘するように、その結果を生かして、経営幹部の責任のもとで、内部通報制度を継続的に改善していくことが必要である。

10689　不正行為等に気づいた場合

不正行為等に気づいた場合、どのようにすべきか。自分の直属の上司や経営陣による不正行為等が行われていることを把握した場合、どこに相談すべきか

結　論

　不正行為等に気づいた場合、それを放置せず、自分の直属の上司、その上司の上司や経営陣に対して不正行為の存在を伝えるべきであるし、内部通報制度の窓口を利用して不正行為等の存在を伝えることも考えられる。また、自分の直属の上司や経営陣による不正行為等が行われていることを把握した場合には、それらの者に対して伝えても是正されない場合もあるため、内部通報制度の窓口を利用したり、重大な事案であれば、社外取締役や監査役等に対して相談したりすることも考えられる。

解　説

◆不正行為等の放置は厳禁　不正行為等に気づいたにもかかわらず、それを放置した場合には、不正行為等に気づいた場合に企業等に対する通報義務を課しているか否かにかかわらず、後日、不正行為等を認識していながら、その是正に向けて行動しなかったことを問題とされる（たとえば、懲戒処分の対象とされる）可能性がある。また、企業等としては、不正行為等に気づいたならば、企業等に対して伝えてもらい、自ら是正したいと考えており、経営トップがその旨のメッセージを発信しているはずである。そのため、不正行為等に気づいた場合に、それを放置しないという姿勢が重要であり、自分の直属の上司、その上司の上司や経営陣に対して不正行為等の存在を伝えるべきである。また、不正行為等に気づいた場合に、内部通報制度の窓口を利用して不正行為等の存在を伝えることも考えられる。

◆直属の上司や経営陣による不正行為等
不正行為等に気づいたとしても、その不正行為等を行っているのが自分の直属の上司である場合や経営陣である場合には、それらの者に不正行為等に気づいた旨を伝えたとしても、是正されないこともあるだろうし、また、そのようなことを伝えたら不利益な取扱いを受けるのではないかという不安を覚えることもあるだろう。だからといって、不正行為等を放置してはならないことに変わりはない。そのため、自分の直属の上司、その上司の上司や経営陣に対して不正行為等の存在を伝えることを躊躇するような場面こそ、内部通報制度の窓口を利用すべきである。その際、だれが通報窓口を利用したのかが判明してしまうことに不安を覚えるのであれば、多くの企業で設置されている内部通報制度の窓口のうちの外部窓口（法律事務所や民間の専門業者に設置されている窓口）を利用すべきである。外部窓口であれば、通報者が同意しない限り、企業に対してだれが外部窓口を利用したのかという情報を伝えないため、そのような不安も解消されると思われる。

もっとも、経営陣が関与するような不正行為等、なかでも経営トップが関与するような不正行為等については、内部通報制度の窓口を利用しても、適切に調査できず、不正行為等が是正されないのではないかと考えることがあるかもしれない。そのような事案であっても、不正行為等を放置してはならないため、たとえば、職責上、経営陣の不正行為等であっても見逃すことができない立場にある社外取締役や監査役等に対して通報することも考えられる。

10690　不正行為等の自主申告

自分が不正行為等に関与していた場合にはどのようにすべきか

結　論

　自分が不正行為等に関与していた場合であっても、それを隠し続けるのではなく、自分の直属の上司、その上司の上司や経営陣に対して不正行為等に関与していた旨を自主申告すべきであるし、内部通報制度の窓口を利用して自主申告することも考えら

れる。他方で、企業等としては、不正行為等を早期に発見するため、このような自主申告が行われやすい環境を整備することが考えられる。

解　説

◆不正行為等に関与する者からの自主申告

【10689】で述べた「不正行為等の放置は厳禁」という趣旨は、他人の不正行為等に気づいた場合のみならず、自分が不正行為等に関与していた場合にも当てはまる。すなわち、不正行為等に関与していたにもかかわらず、それを隠し続けた場合には、後日、不正行為等に関与し、かつ、それを隠し続けたことが問題とされる（たとえば、重大な懲戒処分の対象とされる）。また、企業等としては、不正行為等に気づいたならば、企業等に対して伝えてもらい、自ら是正したいと考えており、経営トップがその旨のメッセージを発信しているはずであって、そのメッセージは不正行為等に関与していた者に対しても向けられている。そのため、自分が不正行為等に関与していた場合であっても、それを隠し続けないという姿勢が重要であり、自分の直属の上司、その上司の上司や経営陣に対して不正行為等に関与していた旨を自主申告すべきであるし、内部通報制度の窓口を利用して自主申告することも考えられる。

◆自主申告が行われやすい環境の整備

もっとも、自主申告をして不正行為等が発覚すれば、企業等から重大な懲戒処分の対象とされたり損害賠償請求を受けたりする可能性があるため、そう簡単に自主申告が行われるようにはならない。他方で、企業等にとって企業内に潜む不正行為を発見する

ための最も簡便な手法は、不正行為等に関与していた者からの自主申告であるといっても過言ではない。そのため、企業等としては、不正行為等を早期に発見するため、このような自主申告が行われやすい環境を整備することが考えられる。具体的には、たとえば、内部通報ガイドラインⅢ.3.が指摘するように、不正行為等に関与した者が、自主申告により、不正行為等の早期発見・解決に協力した場合には、その状況に応じて、その者に対する懲戒処分等を減免することができる仕組みを整備することも考えられる。もっとも、この仕組みは、自主申告しさえすれば常に懲戒処分等を減免されるような設計としてしまうと、企業等秩序の維持という観点から不適切な場合も多いと考えられるため、不正行為等の早期発見と企業等秩序の維持というバランスを考慮して設計されるべきである。なお、自主申告せずに隠し続けた場合には、不正行為等の頻度や回数、被害の程度等を考慮して、懲戒処分等を加重することとして、それを回避するために、自主申告を促すことも考えられる。

また、内部通報ガイドラインⅢ.3.が指摘するように、自主申告のみならず、不正行為等に関する調査に協力したことも、その状況に応じて、その者に対する懲戒処分等を減免することができる仕組みも整備することが考えられる。この場合も、不正行為等に関する調査に協力しなかった場合には、調査非協力の程度、隠蔽の有無・内容等を考慮して、懲戒処分等を加重することとして、それを回避するために、調査協力を促すことも考えられる。

自分の直属の上司の行為がなんらかの不正行為等に該当していると思われるが、推測にすぎない場合やどの法令に違反するかわからない場合にはどうすべきか

結　論

推測にすぎなかったり、どの法令に違反するかわからなかったりする場合でも、自分の直属の上司の行為がなんらかの不正行為等に該当していると思われるならば、それを放置せず、その上司の上司や経営陣に対して、自分の直属の上司の行為について相談すべきであるし、内部通報制度の窓口を利用して相談することも考えられる。

解　説

◆通報と相談は紙一重　【10661】のとおり、通報とは、一定の事実を他人に知らせることと解されている（消費者庁消費者制度課編『逐条解説公益通報者保護法』68頁参照）。そのため、通報である旨を明示的に伝えなくても、自分の上司、その上司の上司や経営陣に対して、不正行為等やその疑いのある行為が存在するという事実を知らせる行為は、通報に該当すると考えられるし、内部通報制度の窓口に対して、不正行為等やその疑いのある行為が存在するという事実を知らせる行為も、通報に該当すると考えられる。すなわち、通報とは、非常に広い行為を意味すると理解すべきであり、相談であるから通報ではないというような安易な理解をすべきではなく、むしろ、

相談であっても通報と変わりがないと考えておくべきである。なお、一定の事実を知らせることなく、どのような行為が法令や社内規程に違反するのかを質問するような場合は、一般的に通報には該当しないと考えられるが、コンプライアンス経営の推進という観点からは、通報と相談を区別する必要はないと考えられる。

◆相談の重要性　実際のところ、不正行為等に気づいた者がいたとしても、不正行為等に該当すると明確に判断できている場合は少なく、むしろ、不正行為等かもしれないという程度の認識を抱いている場合が多いと思われる。それにもかかわらず、不正行為等に該当する案件に限定して通報を受け付け、不正行為等かもしれないという程度の認識を抱いている者から通報や相談を受け付けないとしてしまうと、企業等の内部に潜む不正行為等の早期発見につながらない。そのため、前述のとおり通報と相談が紙一重であることもふまえ、厳密に通報であるか否かを区別せず、広く相談についても受け付けることが重要である。したがって、推測にすぎなかったり、どの法令に違反するかわからなかったりする場合でも、自分の直属の上司の行為がなんらかの不正行為等に該当していると思われるならば、それを放置せず、その上司の上司や経営陣に対して自分の直属の上司の行為について相談すべきであるし、内部通報制度の窓口を利用して相談することも考えられる。

◆相談を理由とする不利益な取扱いの禁止前述のとおり、通報と相談は紙一重であるため、通報を理由とする不利益な取扱いを行わないことを徹底するためには、相談を理由とする不利益な取扱いも行わないこと

を徹底する必要がある。

10692 不利益な取扱いを受けた場合

内部通報をしたことを理由として不利益な取扱いを受けた場合、どのように対応すればよいか

結論

内部通報をしたことを理由として不利益な取扱いを受けた場合には、その不利益な取扱いを行った者以外の上司、その上司の上司や経営陣に対して、または、内部通報制度の窓口に対して、内部通報をしたことを理由として不利益な取扱いを受けた旨を通報すべきである。

解説

◆**内部通報をしたことを理由とする不利益な取扱いの禁止**　一般的に、内部通報をしたことを理由とする不利益な取扱いを行うことは、不正な目的で行われた場合を除き、社内規程等において禁止している。この点、公益通報者保護法においても、公益通報者がその労務提供先に対して行う公益通報（要するに内部通報を意味する）は、不正な目的で行われた場合を除き、通報対象事実が生じ、またはまさに生じようとしていると思料する場合であれば、当該公益通報をしたことを理由として不利益な取扱いを行ってはならないと定めている（同法3条1号・5条ほか参照。【10667】参照）。つまり、内部通報をしたことを理由として不利益な取扱いを受けた場合には、基本的

には公益通報者保護法や社内規程等に違反する取扱いを受けたことになるため、その不正行為等について、自分の上司、その上司の上司や経営陣に対して、または、内部通報制度の窓口に対して、内部通報をしたことを理由として不利益な取扱いを受けた旨を通報すべきである。

◆**不利益な取扱いを受けた旨の通報を受け付けた場合の対応**　内部通報制度の窓口を利用したことを理由として不利益な取扱いが行われたとすれば、内部通報制度に対する信頼は崩壊しかねないため、非常に重大な不正行為であるし、また、上司や経営陣に対して通報や相談をしたことを理由として不利益な取扱いが行われたとすれば、コンプライアンス経営を揺るがしかねない非常に重大な不正行為であると考えられる。そのため、不利益な取扱いを受けた旨の通報を受け付けた場合には、通報された内容の不利益な取扱いが本当に行われているか否かを確認するのみならず、そのような事実が確認できた場合には、なぜ、そのような不利益な取扱いが行われたのかという原因を徹底的に調査することが必要である。なお、直接的な原因としては、情報管理の不備や不利益な取扱いを行った者の意識の低さ等を指摘できることが多いと思われるが、社内規程等の不備や研修の不足等の体制面の原因を指摘できることも多いと思われる。このような原因に関する調査も行ったうえで、その原因を除去するための再発防止策を講じるとともに、不利益な取扱いを行った者について適切な懲戒処分等を科すことが必要である。

部下から、不正行為等に関して相談を受けた場合、どのようにすればよいか

結論

部下から、不正行為等に関して相談を受けた場合、それを放置することなく、自ら解決できる問題であれば自ら解決すべきであるし、また、自ら解決できない問題であれば、その内容に応じて適切な部署に対して報告したうえで連携して解決を図ったり、内部通報制度の窓口を利用したりすべきである。

解説

◆不正行為等の放置や隠蔽は厳禁　部下から不正行為等に関して報告を受けたにもかかわらず、それを放置したり隠蔽したりした場合には、不正行為等に関して企業等に対する通報義務を課しているか否かにかかわらず、後日、上司の立場にあり、不正行為等を認識していながら、その是正に向けて行動しなかったことを問題とされる（たとえば、懲戒処分の対象とされる）可能性がきわめて高い。また、企業等としては、不正行為等に気づいたならば、企業等に対して伝えてもらい、自ら是正したいと考えており、経営トップがその旨のメッセージを発信しているはずである。そのため、部下から不正行為等に関して報告を受けた場合に、それを放置したり隠蔽したりしないという姿勢が重要であり、自分の部署における不正行為等のように自ら解決できる問題であれば自ら解決すべきである。また、自分の部署における不正行為等であるか否かを問わず、自ら解決できない問題であれば、部下から報告を受けた不正行為等の内容に応じて適切な部署に対して報告したうえで連携して解決を図ることも考えられるし、部下から報告を受けた上司の立場として、内部通報制度の窓口を利用することも考えられる。

◆放置したり隠蔽したりした場合のリスク
部下から不正行為等に関して報告を受けたにもかかわらず、それを放置したり隠蔽したりした場合には、前述のとおり、たとえば、懲戒処分の対象とされるばかりではなく、企業等にとって次のようなリスクが生じることになる。すなわち、部下が上司に対して不正行為等に関して報告することは、その内容次第では、公益通報者保護法3条1号に定める労務提供先に対する公益通報に該当することになる（消費者庁消費者制度課編『逐条解説公益通報者保護法』62頁参照）。そして、当該通報に該当するにもかかわらず、上司がそれを放置したり隠蔽したりした場合には、同条3号に定める保護要件イまたはロを満たす可能性を高めることになるし、部下からの報告が書面等によるものであり、かつ、報告を受けた時点から放置や隠蔽によって20日を経過した場合には、同号に定める保護要件ニを満たす可能性がきわめて高い。そうなれば、公益通報者保護法との関係でも、部下が消費者団体やマスコミ等に対して内部告発を行ったとしても、同法による保護を受けられる結果となる。したがって、部下から不正行為等に関して報告を受けたにもかかわらず、それを放置したり隠蔽したりする上司の言

動は、企業等にとって内部告発されるリスクを高めることになると考えられる。このような観点からも、上司が部下からの不正行為に関する報告を放置したり隠蔽したりしてはならないということは、理解できるはずである。

10694　不正行為等の調査協力

不正行為等の調査に協力を求められた場合、どのようにすべきか

結　論

　企業等から不正行為等の調査に協力を求められた場合には、これに応じなければならず、正当な理由なく応じなければ、社内規程等に違反する可能性がきわめて高いと考えられる。もっとも、不正行為等の調査に協力して真実を伝えることによって、たとえば、不正行為等に関与した者から不利益な取扱いを受ける可能性が懸念される場合には、その懸念を伝えて、調査協力を理由とする不利益な取扱いが行われないよう企業等に配慮してもらうことが考えられる。

解　説

◆不正行為等の調査協力は役職員の義務

内部通報を契機とした調査であるか否かにかかわらず、不正行為等の調査に協力することは、明示的であるか否かは別として、就業規則等を含む社内規程等において企業等における役職員の義務として定められている場合が多い。この点、内部通報ガイドラインⅡ.3.(1)が、従業員等は、担当部署による調査に誠実に協力しなければならないこと、調査を妨害する行為をしてはならないこと等を、内部規程に明記することが必要であると指摘していることからも（【10685】参照）、就業規則を含む社内規程等において、不正行為等の調査協力義務を明記する企業等が増えるものと思われる。したがって、企業等から不正行為等の調査に協力を求められた場合、これに応じなければならず、調査を妨害すれば当然に社内規程等に違反するし、正当な理由なく調査に応じなければ、社内規程等に違反する可能性がきわめて高いと考えられる。

◆調査協力を理由とする不利益な取扱いの禁止

他方で、不正行為等の調査協力を求める企業等としては、不正行為等の調査に協力してくれた役職員を保護する必要が生じることになる。すなわち、内部通報ガイドラインⅢ.2.が指摘するように、企業等としては、通報者に対して通報を理由とする不利益な取扱いが行われないようにするのと同様に、調査協力者に対して調査協力を理由とする不利益な取扱いが行われないようにしなければならない。そのため、不正行為等の調査に協力する役職員としては、真実を伝えることによって、たとえば、不正行為等に関与した者から不利益な取扱い（たとえば、報復的な嫌がらせ等）を受ける可能性が懸念される場合には、その懸念を伝えて、調査協力を理由とする不利益な取扱いが行われないよう企業等に配慮してもらうことが考えられる。

　なお、調査協力を理由とする不利益な取扱いが行われないようにするためには、企業等としては、内部通報ガイドラインⅢ.1.(4)が指摘するとおり、できる限り

調査協力者の特定につながりうる情報（調査協力者の所属・氏名等）の共有範囲を必要最小限として、調査協力を理由とする不利益な取扱いを行う可能性のある役職員にとってだれが調査に協力したのかがわからない状況をつくりだすことが重要である（【10684】参照）。他方で、企業等が情報管理に努めたとしても、不正行為等の調査に協力した役職員側が情報管理に努めなければ、調査協力を理由とする不利益な取扱いを行う可能性のある役職員にとってだれが調査に協力したのかがわかってしまう可能性がある。そのため、不正行為等の調査に協力した役職員側としても、自身が調査協力者であること等に係る情報管理が重要であることを理解すべきである。

| 10695 | 不正行為等の被通報者の対応 |

自ら関与した不正行為等についてヒアリング等を求められた場合、どのようにすべきか

結　論

　企業等から自ら関与した不正行為等についてヒアリング等を求められた場合であっても、これに応じなければならず、これに応じなければ、それ自体が社内規程等に違反する可能性がきわめて高いと考えられる。また、自ら関与した不正行為等について、ヒアリング等に応じて真実を伝えた場合と、ヒアリング等を拒否したりヒアリング等において虚偽の供述をしたりした場合を比べれば、後者が前者よりも懲戒処分等が重く

なることを理解すべきである。

解　説

◆不正行為等の調査協力は役職員の義務

内部通報を契機とした調査であるか否かにかかわらず、不正行為等の調査に協力することは、明示的であるか否かは別として、就業規則等を含む社内規程等において企業等における役職員の義務として定められている場合が多い。この点、内部通報ガイドラインⅡ.3.(1)が、従業員等は、担当部署による調査に誠実に協力しなければならないこと、調査を妨害する行為をしてはならないこと等を、内部規程に明記することが必要であると指摘していることからも（【10685】参照）、就業規則を含む社内規程等において、不正行為等の調査協力義務を明記する企業等が増えるものと思われる。したがって、企業等から自ら関与した不正行為等についてヒアリング等を求められた場合であっても、これに応じなければならず、これに応じなければ、それ自体が社内規程等に違反する可能性がきわめて高いと考えられる。

◆調査に協力した場合と調査に協力しなかった場合の違い　　前述のとおり、不正行為等の調査協力が義務であるとしても、自ら不正行為等に関与した者にとっては、すでに不正行為等に関与しており、懲戒処分等を受ける可能性が高い状況にあるため、単に調査協力義務があるというだけでは自らの不正行為等の調査に協力しようという動機づけとなりづらい側面があることは否定できない。とはいえ、自らの不正行為等の調査に協力した場合と調査に協力しなかった場合を比べたときに、どのような事案

であっても懲戒処分等の程度になんら変わりがないという結果になるのかというと、決してそうではない。自ら関与した不正行為等について、ヒアリング等に応じて真実を伝えた場合と、ヒアリング等を拒否したりヒアリング等において虚偽の供述をしたりした場合を比べれば、後者のケースでは、調査非協力や調査妨害という事情が加わるため、前者のケースよりも懲戒処分等が重くなることは、理解できるはずである。そのため、不正行為等の内容に照らして相当な懲戒処分等よりも、さらに重い懲戒処分等を受けることを避けるためにも、企業等から自ら関与した不正行為等についてヒアリング等を求められた場合であっても、これに応じるべきである。

　なお、【10690】の解説で述べたとおり、内部通報ガイドラインⅢ.3.が指摘するように、不正行為等に関与した者が、自主申告により、不正行為等の早期発見・解決に協力した場合には、その状況に応じて、その者に対する懲戒処分等を減免することができる仕組みを整備している企業等もある。自主申告という事情は、そのような仕組みを整備しているか否かにかかわらず、懲戒処分等の決定において考慮される事情になるとは思われるが、そのような仕組みを明示的に整備している企業等であれば、自ら不正行為等に関与した者にとって、企業等からヒアリング等を求められるよりも前に、自主申告により不正行為等に関与した旨を報告しようという動機づけになる可能性があると考えられる。

第5章

金融機関の危機管理態勢と業務継続マネジメント

金融機関に求められる業務継続管理

金融庁、日本銀行等は、業務継続についてどのような方針・ガイドラインを示しているのか

結 論

　金融庁は金融検査マニュアル、および主要行監督指針、ならびに中小・地域監督指針において、銀行等の預金等受入金融機関に対する業務継続管理体制の検査における着眼点を定めている。

　日本銀行は「業務継続体制の実効性確保に向けた確認項目と具体的な取組事例」を公表し、各金融機関において、業務継続計画の実効性を高めていくことを促している。また、業務継続体制の整備状況やバックアップ・コンピュータセンターに関するアンケートを実施し、その結果を公開している。

　全国銀行協会は、「震災対応にかかる業務継続計画（BCP）に関するガイドラインについて（概要）」「新型インフルエンザ対策に係る業務継続（BCP）に関する基本的考え方」を公開し、銀行界全体としての業務継続体制の整備、向上を図っている。

　公益財団法人金融情報システムセンター（以下「FISC」という）は、「金融機関等におけるコンティンジェンシープラン策定のための手引書」を、公開している。

　これらの方針・ガイドライン等は、内外の環境変化に応じ、適宜、見直しが図られている。金融機関においては、これらの団体が発行する業務継続管理体制にかかわる文書等によって定期的に自社の態勢を点検することが求められている。

解 説

　金融庁は平成23年に実施したシステムリスクの総点検の結果を受け、平成24年5月に金融検査マニュアル、および、関連する監督指針の改正を実施している。改正において、業務継続管理体制について大幅な見直しが実施された。主な見直し内容は以下のとおりである。

① 経営陣の役割の明確化

② システム障害等、災害以外の緊急事態の想定

③ 他の金融機関の事例や中央防災会議等の検討結果等による想定シナリオの見直し

④ 共同センター等の外部委託先等と合同での全社レベルでの訓練

　また、平成27年には、サイバー攻撃を想定したコンティンジェンシープランの整備と業界横断的な演習への参加等が追加されている。

　日本銀行は「業務継続体制の実効性確保に向けた確認項目と具体的な取組事例」を平成20年に公表後、平成27年に第3版を公表している。この間、新型インフルエンザへの対応、東日本大震災の経験、日本銀行と各金融機関の議論等をふまえ、その内容が改訂されている。業務継続管理体制における論点に対し、各金融機関における具体的な取組事例を取りまとめており、業務継続管理体制の実効性向上に向けた具体的な施策検討の参考となる。また、「業務継続体制の整備状況のアンケート調査」が定期的に実施されており、業態ごとの経年での業務継続管理体制の高度化状況を知ること

ができる。

全国銀行協会では、「震災対応にかかる業務継続計画（BCP）に関するガイドライン」「新型インフルエンザ対策に係る業務継続（BCP）に関する基本的考え方」の整備に加え、平成22年度より、業界横断訓練を実施している。平成25年度からは実動訓練に、平成26年度からは休日参集訓練に取り組むなど、実効性向上のための訓練の高度化を図っている。これらの訓練の参加を通じ、自行の業務継続管理体制の整備・強化を図る機会とすることができる。

FISCの「金融機関等におけるコンティンジェンシープラン策定のための手引書」は平成6年1月に初版が発刊されて以降、金融機関等がコンティンジェンシープラン策定、見直しを行う際の具体的な手引きとして活用されている。平成24年5月の監督指針の改訂においては、「コンティンジェンシープランの策定に当たっては、その内容について客観的な水準が判断できるもの（例えば「金融機関等におけるコンティンジェンシープラン（緊急時対応計画）策定のための手引書」）を根拠としているか」という条項が追加されている。

これらの方針・ガイドライン等は、規制動向、システム障害、災害等の内外の環境変化に応じ、適宜、見直しが図られるものである。各金融機関においては、内外の環境変化を自ら察知し、業務継続管理体制の高度化に取り組むとともに、これらの団体が発行する業務継続管理体制にかかわる文書等によって定期的に自社の態勢を点検することが求められている。

10697 大地震による影響と金融機関に求められる対応

南海トラフ地震、首都直下地震はどのような被害が想定され、金融機関ではそれに対し、どのような対応が求められているか

結 論

南海トラフ地震は、南海トラフ沿いの東海、東南海、南海地震が同時に発生する大規模な地震として、想定されている。強い揺れと津波により、その被害は広域かつ甚大なものになると予想されている。

首都直下地震は、首都地域におけるマグニチュード（以下「M」という）7クラスの地震として想定されている。首都地域は政治経済の中枢機能が集積し、人口や建築物が密集していることから、被害は甚大なものとなると予想されている。

被災時において、金融決済を担うシステム基盤は高い耐障害性と冗長性を備えており、全体としての資金決済が滞る可能性は小さいと考えられる。しかしながら、金融機関の個別の被災状況によっては、預金の払出し等が滞るなど、社会的な影響が生じることが懸念される。

金融機関においては、あらかじめ想定した被災シナリオに定められた事項以外の想定外の事態にも備え、柔軟に対応できる組織づくりが重要となる。

解 説

南海トラフ地震は、中央防災会議の「南海トラフ地震防災対策推進基本計画」（平成26年3月）によると、南海トラフ沿いの

東海、東南海、南海地震が同時に発生する大規模な地震として、想定されている。その特徴は、①広域にわたる強い揺れと津波、②津波の到達時間がきわめて短い地域が存在、③時間差をおいて複数の巨大地震が発生する可能性にあり、その被害は広域かつ甚大となることが想定されている。

首都直下地震は、閣議決定された「首都直下地震緊急対策推進基本計画」（平成27年3月）によると、過去の地震の発生状況から、首都地域におけるM7クラスの地震を対象としている。しかし、M8クラスの地震についても、中長期的に対応が必要な地震として想定されている。首都地域は、さまざまな政治経済の中枢機能が集積し、大手企業の本社機能も集中しており、人口や建築物が密集していることから、他の地域での被害よりも、人的・物的被害や経済被害は甚大なものとなると予想されている。首都直下地震への対策は平成17年に策定された中央防災会議の「首都直下地震対策大綱」に沿って進められてきたが、平成23年の東日本大震災の被害を受け、平成25年に首都直下地震の被害想定はよりきびしいものに改められた。

金融決済機能への影響については、中央防災会議の「首都直下地震の被害想定と対策について」（平成25年12月）によると、日本銀行金融ネットワークシステムや全国銀行データ通信システム等の決済システム基盤は、高い耐障害性と遠隔地のバックアップセンターの保有等の冗長性を備えており、決済機能が滞る可能性は小さいと考えられる。

しかしながら、金融機関の個別の被災状況によっては、拠点被災、システム障害、物流機能の喪失、および、要員参集不可等により、預金の払出し等が一時的に滞る懸念がある。

多くの金融機関では、「営業時間中に本店所在地において震度7の地震発生」等のあらかじめ想定された被災シナリオに沿って対策を検討しているが、実際の被災状況や被害、その状況で求められる対応を事前に予測することは困難である。たとえば、東日本大震災では、避難先の最寄りの金融機関での預金払戻しや、行方不明となった預金者の家族等からの払出請求に応じるなど通常の業務とは異なる対応が求められた。被災への対応は、多くの人にとって初めての経験であり、組織が混乱するケースがほとんどである。刻々と状況が変わるなか、平時の決裁権限の遵守やルールのみで対応することはむずかしい。そのため、各階層における意思決定者および判断基準と、一定の条件下での権限移譲のあり方の検討、さらに被災時の意思決定に対する関係者の習熟を図り、想定外の事態にも柔軟に対応できる組織づくりが重要となる。

10698 銀行の社会的責任

被災時に銀行が果たすべき社会的責任とは何か。また、その実現のためにはどのような点に配慮する必要があるのか

結 論

全国銀行協会は、「震災対応にかかる業務継続計画（BCP）に関するガイドラインについて（概要）」（平成24年3月）の

「震災 BCP 策定の前提となる考え方」で、銀行として提供すべき重要業務を次のように示している。

「重要業務とは、銀行が社会機能維持者としての使命を果たすために、最低限継続することが求められる業務である。これには以下の5つが考えられる。

① 現金供給（預貯金等の払戻）

② 資金の決済（振込、送金（外国送金等を含む）、口座振替、手形・小切手の取立）

③ 資金の融通（円貨・外貨）

④ 証券の決済（有価証券の振替決済）

⑤ 金融事業者間取引（資金繰り（円貨・外貨））

各行は、自行の業務内容、当該業務の規模および業務停止時の内外への影響を勘案のうえ、自行における重要業務を特定することが望ましい」

解 説

財務局・財務事務所と日本銀行は、地震や台風などの災害で大きな被害が発生した際、災害救助法の適用地域等の被災者に対して、「金融上の措置」を講ずるよう金融機関等に要請することとしている。その内容は災害の種類に応じて異なるが、たとえば、銀行・信用金庫・信用組合等への要請は、通帳等を紛失した場合でも被災状況等をふまえた確認方法で預金者を確認して払戻しに応ずる、届出の印鑑がない場合に拇印で応ずる、今回の災害で支払ができない手形・小切手の不渡報告への掲載および取引停止処分に対する配慮、休日営業または平常時間外の営業への配慮、窓口営業ができない場合に現金自動預払機等で預金の払

戻しを行う等であり、全国銀行協会のガイドラインはこれらを包含したものとなっている。

金融機関では、被災時においてもこれらの重要業務の提供を維持するため、建物、機材、バックアップ電源、複数の移動手段・通信手段、要員の確保等が必要となる。とはいえ、実際の災害規模や被害は事前にはわからないため、政府や地方自治体の被害想定やハザードマップ等を参考として、自行の拠点、事務センター、手形交換所に対する災害発生時の被害を想定し、準備することが求められる。

特に重要業務を提供するうえで要となる拠点、事務センター、データセンター、手形交換所等については、同時に被災することが想定されないバックアップ手段をあらかじめ検討し、被災時にも業務を継続できるように設計しておく必要がある。また、被災時には緊急車両・優先車両以外は通行禁止となる道路が設定される等のルールが定められている地域がある。現金や現物の輸送は外部への委託や共同化を図っているケースもあるため、被災時の輸送手段について業務委託先との事前の認識合わせも必要となる。これらを準備したうえで、定期的な訓練によって重要業務の継続的な提供の実行性を確保し続けることが求められる。

このような重要業務の提供継続のための業務設計においても、事務リスクやマネーローンダリング、不正出金、顧客情報漏えいに対する予防策を必ず組み込むように配慮したい。たとえば、オフラインで払戻しを行う手続は多くの金融機関で制定されているが、本人確認や残高確認の方法、払戻しの記録や共有方法が十分ではない場合に

は、実際の残高以上の出金が繰り返されてしまうなど、災害に乗じた不正や詐欺の事例は少なくない。対策としては、業務設計や訓練実施時に監査・検査部門を巻き込み、事務リスクや不正防止の観点からアドバイスを求めることが有効である。

なお、被災時に現場の業務負担を減らすため検査や臨店等を中止することが金融庁のガイドラインに記載されている。一方でこれらの部門の要員は仕事柄、事務手続に精通していることが多いので、被災時のリソースとしての即戦力ともなりうる。不正防止の専門家の関与は、事故防止や内部不正の発生に対するけん制効果も期待できるので積極的な活用も一案である。

10699 被災が企業に及ぼす影響

震災は企業の資金繰り、バランスシートにどのような影響を及ぼすのか

結 論

　大規模災害は、建物や機械のき損、従業員の死傷等の被害をもたらす。その被害の程度によっては、業務の継続を困難とし、事業を中断させてしまう。一般企業においては、事業が中断されることによる損失がバランスシートに大きく影響を及ぼす。一方、金融機関においては、事業が中断されることによる損失ではなく、貸出（融資）先である顧客企業の被災によって貸出金債権がき損された結果生じる、貸倒引当金の繰入増加が損失となってバランスシートに大きく影響を及ぼす。

　このため、顧客企業の事業継続計画、特にキャッシュフロー対策をサポートすることは、企業に必要なだけでなく、金融機関にも大切なことである。

解 説

　震災が発生すると、産業の基盤である社会インフラが損なわれ、サプライチェーンが寸断される。企業の保有する建物や機械等が被害を受け、従業員には死傷者が生じる。工場では生産が停止し、店舗は営業ができなくなり、事業が中断されてしまう。

　一般企業の場合には、被災によって中核となる事業が中断されることによる損失の発生が企業の損益に大きな影響を及ぼす。たとえば、製造業で工場が被災して操業が休止すれば、復旧するまで出荷が止まる。収入が減少または一時停止する一方で、給与や調達先等への支払は継続しなければならない。これは資金繰り（キャッシュフロー）の悪化に直結する。実際に東日本大震災でも、キャッシュフローの停滞による資金不足が倒産の原因となった。また、被害の復旧や代替拠点の立上げ等のため、臨時的な資金も必要となる。

　一方、預金の利息は事業の中断による影響を受けないため、店舗の営業中断のような事業の中断による損失は大きくならない。かわりに、取引先（融資先）である顧客企業が被災することで貸出金債権がき損され、その対応のために発生する貸倒引当金の繰入増加が、損失となって金融機関のバランスシートに大きく影響を及ぼす。実際に東日本大震災での金融機関の損失の状況をみると、固定資産関連の損失も当然に発生しているが、損失の大半は顧客企業の被災に

よる貸出金債権がき損された結果の貸倒引当金の繰入増加によるものとなっていた。

つまり被災しても取引先（融資先）の企業が業務を継続でき、返済を続けられることは、融資元である金融機関の事業継続においての重要な前提条件であると考えられる。言い換えれば、金融機関と取引先（融資先）は相互依存の関係にある。ところが、中小企業庁による「中小企業白書（2016年版）」によると、中小企業における事業継続計画（BCP）策定率は15%にとどまる。自然災害の頻発等でBCP策定が進められている大企業と比べるとその取組みは遅れているといわざるをえない。

金融機関は従前から日本銀行の指導のもとで業務継続体制の強化を積極的に進めてきている。また、業務継続対策を進めている金融機関もあるものの、それはあくまでも金融機関内部向けの対策であって、取引先（融資先）の業務継続計画の策定支援などではない。しかしながら、両者の関係を考えると、取引先（融資先）の業務継続計画（BCP）策定、特にキャッシュフロー対策のサポートは、金融機関における震災発生時の損失対策として非常に重要といえる。

なお、中小企業庁では、日本の企業の99.7%を占める中小企業へのBCPの普及促進を目的として、「中小企業BCP策定運用指針」を公開している。指針には、中小企業の特性や実状に基づいたBCPの策定および継続的な運用の具体的方法が説明されているため、参考にされたい。

10700 従業員の安全に対する管理者の責任

災害時に業務命令により従業員を会社に残留させたり、出勤させるべきか

結　論

災害時においては従業員の安全確保が最優先されるべきである。ただし、通勤経路、自支店および周辺環境における安全確認がとれ、かつメールやWeb会議システム等による業務執行の代替措置がない場合等、支店に出社する以外に選択肢がない場合は、業務継続の観点から従業員に対して残留、出社命令をせざるをえない状況もありうる。災害時における残留や出社に係る業務命令の発動根拠を明確にするため、あらかじめ労使間で合意し就業規則において明記するとよい。また、実際に業務命令として残留や出社命令を行う際は、災害時という異常な状況を考慮し、従業員への伝達方法や勤務体制等を十分配慮する必要がある。

解　説

◆労使間合意および就業規則への明記

社会・経済の基盤を担う金融機関においては、「たとえ大規模な災害が発生した場合であっても、社会的使命を果たすために、従業員に対する残留や出社命令を行う場合がある」ことを事前に労使間で同意し、就業規則にも明記し全従業員へ周知することで、災害時における業務命令に対する無用な反発や混乱を避け、円滑に業務を継続できる可能性が高まる。また、「災害時に業務を行った場合」「自宅待機した場合」の

処遇についても、あらかじめ労使間で合意しておくことが望ましい。

◆残留や出勤命令時の従業員に対する配慮

やむをえず残留や出勤指示を行う場合は、社内規定上可能であることを根拠に一方的な業務命令として押しつけるのではなく、従業員の災害発生時における混乱や不安に十分配慮する必要がある。たとえば、「安全確保が十分にできないのであれば無理に出社する必要はない」「困難な状況ではあるが、可能な範囲で金融機関としての社会的使命を果たす協力をしてほしい」等、従業員に対する配慮や思いやりのある表現、依頼方法、トーンで行うことが重要である。

◆災害時勤務体制の考慮 災害時においては、「出社可能な人員の減少」「仕事量の増加」「時間的制約」等の事態が同時に発生し、従業員への精神的・肉体的負担が過大になる傾向がある。また、「異常事態対応への過度な責任感や使命感」「被災者に対し、自身が被害を受けなかったことへの罪悪感」「被災による喪失感の埋め合わせ」等の理由から、無意識的に過度に業務に没頭してしまう従業員がいる可能性もある。管理者は各従業員の勤務時間を正確に把握し、交代制を敷く等特定従業員に過度な負担がかからないように考慮する必要がある。

10701 有事の帰宅判断

災害時にはなぜ、帰宅判断が必要なのか。また、従業員を帰宅させないほうがよいと考えられるのはどのようなケースか

結　論

災害発生直後における従業員への安全配慮義務を誠実に果たすため、支店の管理者は「帰宅」「自支店内待機」「近隣広域避難所等への避難」等から、従業員の安全に十分、配慮した選択をとらなければならない。

たとえば、災害発生直後の社内外の状況を総合的に判断し、帰宅による危険性が高い場合は、従業員を帰宅させるのではなく、安全が確認されるまでの間、「自支店内待機」等を指示するべきである。一方で、自支店の被災状況等から「自拠点待機」の危険性が高いと判断された場合は、「帰宅」や「近隣広域避難所への避難」等を指示することが考えられる。

解　説

「帰宅判断」を適切に行うためには災害発生直後の社内外の状況を総合的に考慮する必要がある。また、従業員の安全確保ができたことを前提として、「業務継続の観点」も考慮されるべきである。

◆災害発生直後に考慮すべき社外の状況

災害発生直後に考慮すべき社外の状況として、①二次災害発生状況、②道路・公共交通機関の被害状況、③天候等が考えられる。

① 二次災害発生の状況……災害によりダメージを受けていた高層建築物、橋梁、道路等の倒壊、津波やがけ崩れ等は、最初の災害から一定時間経過後に発生する二次的な災害によって引き起こされることも多いため、状況を見極めるまで不用意な移動は避けるべきである。

② 道路・公共交通機関の状況……帰宅経路内の主要道路等の物理的破損状況や交

通規制等により、想定していた経路を使用できない場合や長時間野外にとどまらざるをえなくなるリスクがある。

③ 天候・気候……災害発生直後は、公共交通機関での移動が制限される可能性があり、帰宅を選択する場合は、徒歩が唯一の手段となることが考えられる。その場合、雨天であれば、災害で脆くなった地盤、崖、道路、建造物等の崩落や視界不良による転倒、雨に濡れることによる体温低下等が考えられる。また、夏場の高温による熱中症・脱水症状や、冬場の低温による低体温症等の危険性も高い。

◆**災害発生直後に考慮すべき社内の状況**

災害直後に考慮すべき社内の状況としては、「①自支店の施設・建屋被害状況」「②緊急物資備蓄状況」「③帰宅困難者の発生状況」等が考えられる。

① 自支店の施設・建屋被害状況……建屋の倒壊の可能性が高い場合や、可燃性ガス・液体のもれ等が発生していることが明らかな場合には、当該支店にとどまることは安全ではない。

② 緊急物資備蓄状況……食料・水・毛布などの緊急備蓄品が十分備蓄されていない、災害の影響によって保管庫が倒壊し確保できないことも想定される。仮に自支店の施設や建屋が安全であっても、一時待機のために十分な物資がなく緊急支援物資供給の見込みがない場合は、「帰宅」や「近隣広域避難所へ避難」を検討すべきである。

③ 帰宅困難者の発生状況……仮に社外の安全確認がとれた場合であっても、遠方からの出勤者であれば徒歩による帰宅が困難である。一定距離以上（たとえば

20km以上）の従業員は、「原則的に、道路・公共交通機関復旧までの間を帰宅困難者として自支店内で待機させるよう」なルールを策定している企業も多く、特に出退勤において公共交通機関への依存度が高い傾向がある都市部においては基準としていることが多い。

◆**業務継続に必要な要員の検討**　従業員の安全や精神衛生面が十分に確保できた後、業務継続の観点から一定人数を交代で支店内に残留させ、本店との連絡や支店業務への対応にあたることも検討すべきである。

最後に、災害発生時の帰宅判断を行ううえで、社外の状況に関する情報を迅速、かつ正確に入手することは重要であるが、さまざまな情報が錯綜することが予想される。そのような環境下においても、冷静かつ合理的な判断を行えるよう、帰宅判断に関する項目、基準、判断者等、事前に決められる要素は可能な限り決定しておき、有事に備えることが重要である。

10702　自宅待機

従業員を新型インフルエンザ等のパンデミックによる影響が懸念される状況で出勤させることはできるか

結　論

　新型インフルエンザ等のパンデミックによる影響が懸念される状況下においても、従業員自身が発症していない場合は一般的に通常どおり出勤させることができると考えられる。ただし、「**本人が発症していな**

いのであれば、無条件に出勤させる」という画一的な対応をとるのではなく、感染の拡大状況、感染力、ウイルスや病原体等の毒性、職務上の必要性等を総合的に判断し、従業員の安全確保と業務継続のバランスを考慮した対応をとるべきである。

なお、自宅待機指示を行った場合は、基本的に公休扱いではなく休業手当支給の対象となるが、通常の賃金支払を行う企業もある。

解　説

新型インフルエンザ等のパンデミックによる影響が懸念される状況下での勤務について、「従業員本人が発症したケース」「従業員本人は発症していないケース」に分類し整理した。

◆従業員本人が発症したケース

① 自らの意思で欠勤する場合……欠勤扱いもしくは本人の意思に基づき有給休暇扱いとする。

② 発症した状態で出勤意思のある従業員に対して、会社が自宅待機を指示する場合……労働者の体調が万全ではなく通常どおりの労務を提供できないような状況であれば、そもそも賃金支払義務は生じないと考えられるが、実務上は「労務提供が完全に行えないかどうかの判断」を会社が独自に行うのは困難であるため、自宅待機指示を出し休業手当を支給する。

もっとも、本人の出勤意思に反して休ませる場合であっても、保健所より感染発症者本人を外出させないよう協力要請があった場合などは、「使用者の責めに帰すべき事由による休業」には該当しないため、休業手当は支払う必要はないと考えられる。

③ 発症後回復直後に出勤意思のある従業員に対して、会社が自宅待機を指示する場合……感染拡大防止の観点から、おおむね解熱後2日程度もしくは発熱から7日程度の期間は外出自粛および自宅待機を指示し、休業手当を支給する。

なお、②および③の場合において、基本的にインフルエンザに感染した労働者を休業させる行為は、当該労働者および他の労働者への安全配慮義務の履行という観点から正当化されるものであり、会社には原則として故意・過失等はないため、休業手当支給が妥当であると考えられるが、従業員への配慮や関係維持の観点から、通常どおり賃金を支払う企業もある。

◆従業員本人は発症していないケース

④ 家族・同居人等に発症者が発生したため、当該従業員に対して会社が自宅待機を指示する場合……予防的措置となり、「使用者の責に帰すべき事由」に該当するため、自宅待機指示を出し休業手当を支給する。なお、この場合においては、従業員本人は発症しておらず、通常どおり業務実行可能であるため、従業員の立場からすれば「通常どおり出勤・労働を行い賃金支払を受けたい」と考えるかもしれない。このようなケースにおいては、通常どおりの賃金支払を行う企業もある。

従業員との不要な論争や信頼関係悪化を避けるためにも、新型インフルエンザ等のパンデミックが発生した場合の取扱いは、労使間で納得のいく議論を重ね、就業規則あるいは雇用契約書において明記したうえであらかじめ全従業員に周知することが望ましい。

BCP 訓練は、どのような内容で行えばよいか。訓練に適したテーマやシナリオとは、どのようなものか

結　論

　BCP 訓練におけるテーマやシナリオ等の内容は、訓練の目的設定によって異なるが、典型的手法としては、ウォークスルー（BCP、担当者間での文書読合せ）やワークショップ等に代表される「机上訓練」や、安否確認・緊急連絡・参集・避難等特定テーマごとの単体訓練やシナリオに基づきロールプレーイングを行う「実動訓練」等の方法がある。いずれの手法をとる場合においても、テーマやシナリオは、参加者がよりリアリティをもって訓練に参加できるよう、震災や風水害など、我が国において実際に甚大な影響を及ぼしてきた事象を取り入れるとよい。

解　説

◆**訓練目的の設定**　　BCP 訓練を実施するうえで重要な点は、適切かつ明確な目的を設定し、訓練を通じてこれらの目的を阻害しうる課題を明らかにすることである。訓練の目的は、たとえば「BCP に関する各従業員の役割や行動手順等に関する知識の周知および維持を行う」「震災や風水害等特定リスク事象への対応力を高める」「経営陣や本部部門長レベルの有事における意思決定力を高める」等、各社の BCP 習熟度や想定されるリスク等に応じて設定

することが考えられる。

◆**訓練シナリオの事例**　　どのような訓練を実施する場合においても、日本国内で BCP 訓練を行う場合のシナリオとしては、参加者が違和感なく訓練に集中でき、かつ発生頻度や影響度が高い事象として「地震」を選択する事例が多い。「首都直下地震」「南海トラフ地震」「活断層型地震」等、内閣府防災課等の公的機関が公開している情報などを活用しながら、具体的な被害状況およびそれによる自社・自拠点への影響を想定し、初動対応・事業復旧・収束といった段階ごとに、各従業員の役割、実施事項や対応手順の確認等が考えられる。

◆**訓練実施上の注意点**　　BCP 訓練を実施するうえで注意が必要な点は、「形式的な訓練」とならないようにすることである。特に、BCP 導入から一定期間が経過した企業においては、「毎年、同じような内容の訓練を作業的に淡々とこなす」といったように、BCP 訓練が形骸化している事例が多く見受けられる。また、経営トップや上司の前で失敗しないことに気をとられすぎ、「自分たちがこなすことができるシナリオ」ばかりで訓練を行うという事例もみられる。訓練の効果を高めるために、告知なしのブラインド訓練や取引先との訓練を導入している事例もある。

　業務継続力の維持・向上のためには、場合によっては失敗を伴う可能性を伴う高度な訓練シナリオを試す必要があり、仮に BCP 訓練において期待どおりの行動ができなかった場合においても、訓練参加者を責めるのではなく「訓練から浮かび上がった課題を合理的に分析し改善に生かす」といった、経営トップの姿勢が不可欠である。

BCM 監査のチェックポイント

内部監査では業務継続計画（BCP）の適合性、適切性、および有効性についてどのようなポイントをチェックすればよいのか

結　論

　BCM（事業継続マネジメント）内部監査における主なチェックポイントとして、「自社が策定した BCM に関する文書整備や運用等の取組が監査基準に照らして適合しているか（適合性）」「現在の BCM が、最新の内部・外部環境の変化を反映し実態を伴っているか（適切性）」「文書化された手順等によって、自社が目標とする業務継続を達成できるか（有効性）」等が考えられる。BCM 内部監査では、これらの観点を独立・公平・客観的に評価する必要がある。

解　説

◆BCM 内部監査活動の例　　一般的な

BCM 内部監査の流れとしては、「監査準備（監査実施可能性確認、被監査部門への一次通知、関連文書レビュー、監査計画作成、監査チーム設定と作業割当て等）」「監査実施（監査証跡収集および検証、被監査部門へのインタビュー、監査所見作成、監査講評会実施等）」「監査報告書作成および経営陣への配布」「修正・是正事項へのフォローアップ」である。

　特に、監査計画を策定する際は、一度の内部監査ですべての取組みの検討・評価は困難であることから、重要業務、リスクア

セスメント結果、過去の BCM 内部監査における重大修正・是正事項等をふまえて監査資源を重点的に分配する等の工夫が必要である。

◆BCM内部監査上のチェックポイント

BCM 監査における具体的な確認観点として、「①適合性」「②適切性」「③有効性」等が考えられる。それぞれの確認観点におけるチェックポイントは以下のとおりである。

① 適合性
　・業務継続を支援するための方針、戦略、体制、システム、仕組み、プロセス、手順等は、金融庁、日本銀行、一般社団法人全国銀行協会、公益財団法人金融情報システムセンター等が求める業務継続管理体制の要求事項を満たしているか。　等

② 適切性
　・BCM にて定められている各手順がすべての重要業務を網羅しているか。
　・業務継続方針、戦略、手順等が、組織の優先順位や業務復旧における目的を反映しているか。
　・業務の中断・阻害を引き起こす事象が発生した場合にも、自社が目標とする水準で業務継続を行うために質的・量的に十分な人員が割かれているか。
　・緊急体制組織図、緊急連絡網、ビジネスインパクト分析、リスクアセスメント等、業務継続にかかわるすべての文書類は最新化され、実態を伴っているか。　等

③ 有効性
　・業務継続に係る手順等が関連する従業員に周知・伝達され、それらの従業員

が自らの役割や責任を理解しているか。

・想定される業務の中断・阻害を引き起こす事象に対する適切な演習、訓練等が行われ、それらの事象に対する対応力や意識が高く保たれているか。また、これらの演習訓練によって特定された改善策が取り込まれているか。

・BCMにより改善された業務プロセス阻害回数や停止時間の低下、利用者からのクレーム減少等定量的・定性的なパフォーマンスの改善がみられるか。等

◆BCM内部監査結果の経営陣への報告

BCM内部監査から得られた重大な発見事項、修正・是正事項と対応の方向性、フォローアップ計画等は各部門を担当する経営者に報告され、確実に改善が図られるようにすることが重要である。

10705　事業（業務）継続マネジメントの目的

なぜ事業（業務）継続マネジメント（BCM）を行う必要があるのか

結　論

近年、日本国内だけでなく世界の各地で大地震や洪水等の自然災害、感染症、テロ等が多発している。そのような災害等が発生した場合、企業の経営リソースが影響を受け、業務が停止する可能性がある。仮に金融機関の業務が停止した場合、現金供給、資金決済、保険金支払等の社会インフラ機能が停止し、一般社会に大きな影響を与えることになる。これらの機能を担う金融機関には、災害等が発生した場合にも、影響を最小限にとどめ、1日でも早く復旧することが求められる。それを実現するために必要な活動がBCMであり、金融機関として業務継続体制の強化は非常に重要な要素である。

解　説

まずBCMとBCPの違いとそれぞれの定義について解説する。

① BCP（Business Continuity Plan）……一般的には「事業継続計画」と訳され、大地震等の自然災害、感染症の蔓延、テロ等の事件、大事故、サプライチェーン（供給網）の途絶、突発的な経営環境の変化など不測の事態が発生しても、重要な事業（業務）を中断させない、または中断しても可能な限り短い期間で復旧させるための方針、体制、手順等を示した計画のことである。金融機関や政府系機関などライフラインを担う企業や省庁では、「業務継続計画」といい、自らの存続だけでなく社会的責任の継続にフォーカスしている。

具体的には、バックアップシステムの整備、業務拠点の複線化、代替物流手段の確保等の対策を実施する。

② BCM（Business Continuity Management）……一般的には「事業継続マネジメント」、金融機関では「業務継続マネジメント」と訳され、BCPの見直しや改善を継続的に行うPDCAサイクルのことを指す。具体的には、社内体制や外部環境の変化に伴うBCP関連文書の見直しや、教育研修・訓練を実施し発見された改善項目や方針変更等を行い、

BCPの形骸化を防止する取組みのことをいう。

金融機関は現金供給、手形・小切手の交換、資金決済、保険金の支払などの重要な社会インフラ機能を担っており、災害時にもこれらの業務を継続し社会的責任を果たすことが求められている。金融機関の業務が停止すると、地域経済・日本経済に深刻な影響を与えるといっても過言ではなく、災害等で混乱している社会にさらなる混乱を与えることになるため、BCM活動による事前準備は金融機関に欠かせない取組事項である。

災害等が発生した際に、具体的に考えられる影響は主に以下のような事例が想定される。

- ㋑ 本支店の建物、人員、電力、通信、交通網などが被害を受け、現金供給、手形・小切手の交換、資金決済、保険金支払等の業務遂行に影響や遅延が生じる
- ㋺ 被災した口座開設者がキャッシュカードを紛失して口座から現金が引き出せなくなることにより、問合せ架電や窓口への訪問が増加する
- ㋩ システムが停止し、手作業で業務を行う必要が発生する
- ㋥ 取引先企業（特に融資先企業）が被災し、廃業や資金不足が発生する
- ㋭ 保険会社の場合は保険金の支払が増加する（被災後一定期間を経て増加）

上記以外にも想定外の事象が発生することも考えられる。

想定される事象への対応準備を行うだけでなく、想定外の事象が発生することも想定した従業員一人ひとりのBCMに対する

理解と、訓練等による対応力向上が求められる。場合によっては、「BCPは担当者だけが理解しており従業員まで周知されていない」「策定されたBCPが更新されておらず活用できない」「定められた内容が実務と合っていない」、というような事象がしばしば発生している。自行で定められたBCPの内容がどのようなもので、自らの業務は災害等の発生時にどのような影響を受けるのか、またどのように対応するのかを理解し、実態と合っていない部分は積極的に更新するなど、BCM活動を専門部門の責任にするのではなく、一人ひとりが自らの業務としてとらえることが重要である。

10706 業務継続マネジメントのグローバルスタンダード

業務継続マネジメントに関連するグローバルスタンダード（ISO22301）はどのような内容となっているか

結　論

「ISO22301：2012　社会セキュリティ―事業継続マネジメントシステム―要求事項」は2012年5月15日に発効された事業継続マネジメントシステム（BCMS）の国際規格であり、第三者認証の規格として利用されている。金融機関においては、業務継続計画（BCP）および関連する取組みを継続的に改善していくための有効な指針・評価基準として活用することが想定される。

解　説

ISO22301はBCMSの国際規格として、

企業・組織の事業の中断・阻害を引き起こすインシデントを明らかにし、その影響を最小限に抑え、持続可能な事業プロセスを管理することを目的としている。

ISO22301の要求事項は10の条項で構成されている。

金融機関においては金融情報システムセンター（FISC）の「金融機関等におけるコンティンジェンシープラン策定のための手引書」などをもとに、すでにBCPが策定されていることが多い。しかし、東日本大震災以降、BCPの定期的な教育や演習の実施といった継続的な取組みの重要性があらためて認識されている。金融機関においては、ISO22301で定めているPDCAモデルを活用し、BCPの策定にとどまらず、継続的な改善を行っていくことが求められる。また、業務外部委託先の業務継続への取組みを評価する基準として、ISO22301を活用することも想定される。

| 10707 | 業務継続計画の策定プロセス |

業務継続計画（BCP）はどのように策定されるものか

結　論

BCPの策定方法はさまざまな考え方があるが、経済産業省が公開している「事業継続計画策定ガイドライン」によると以下のプロセスで策定することが記載されている。金融機関においても同様のプロセスで策定されることが一般的である。

ステップ1：ビジネスインパクト分析

条項	項　目	概　要
0	序文（Introduction）	BCMSの重要要素やPDCAモデル、ISO22301の構成要素に関する説明
1	適用範囲（Scope）	ISO22301の趣旨と適用可能な組織に関する説明
2	引用規格（Normative reference）	引用される文章（規格）に関する説明
3	用語および定義（Terms and Definitions）	業務活動、監査、業務継続など55項目の用語の定義に関する説明
4	組織の状況（Context of the organization）	業務継続に影響を及ぼす内部・外部要因など、組織の置かれる環境の理解に関する説明
5	リーダーシップ（Leadership）	BCMSに関与する組織のトップマネジメントに関する要求事項の説明
6	計画（Planning）	BCMS全体の方針や目的、それに対する活動計画に関する説明
7	支援（Support）	効果的なBCMSの確立に必要な力量・訓練・啓蒙・経験・コミュニケーション・文書化と、それらの維持に関する説明
8	運用（Operation）	BCMSを実現するためのプロセスの策定・指示、ビジネスインパクト分析・リスクアセスメント・BCPの策定および、策定後の演習などに関する説明
9	パフォーマンス評価（Performance evaluation）	BCMSの運用状況や、適切な維持管理に関する評価、内部監査、マネジメントレビューについての説明
10	改善（Improvement）	BCSMの不適合の特定と是正措置、BCMSの継続的改善に関する説明

ステップ２：リスク分析
ステップ３：発動基準の明確化
ステップ４：BCP策定

金融機関では「ステップ１：ビジネスインパクト分析」において、社会インフラ機能を担う「重要な業務」を特定することが重要であり、一般の事業会社と異なり自社の利益よりも社会的責任を果たすことに重点が置かれることになる。

解　説

◆ステップ１：ビジネスインパクト分析

ビジネスインパクト分析とは、事業継続にあたってのボトルネック（事業継続のために欠かすことのできない業務・経営リソース等）を特定することである。

金融機関におけるビジネスインパクト分析は主に、「重要業務の特定（業務継続・復旧の優先順位づけ）」→「ボトルネックの特定」→「目標復旧時間の設定」という大きく三つのプロセスで実施される。

① 重要業務の特定（業務継続・復旧の優先順位づけ）……金融機関がBCPを策定するうえで最も重要な点は、社会インフラ機能を維持するために最低限継続することが求められる業務（重要業務）を特定することである。

全国銀行協会は、「震災対応にかかる業務継続計画（BCP）に関するガイドラインについて（概要）」（平成24年３月）のなかの「震災BCP策定の前提となる考え方」で、銀行として提供すべき重要業務として次のように解説している。

「重要業務とは、銀行が社会機能維持者としての使命を果たすために、最低限継続することが求められる業務である。これに

は以下の５つが考えられる。
① 現金供給（預貯金等の払戻）
② 資金の決済（振込、送金（外国送金等を含む）、口座振替、手形・小切手の取立）
③ 資金の融通（円貨・外貨）
④ 証券の決済（有価証券の振替決済）
⑤ 金融事業者間取引（資金繰り（円貨・外貨））

各行は、自行の業務内容、当該業務の規模および業務停止時の内外への影響を勘案のうえ、自行における重要業務を特定することが望ましい」

② ボトルネックの特定……特定した重要業務を継続するために必要な経営リソースを洗い出し、当該リソースが喪失した場合の影響を特定する。たとえば、特定の人員に依存している業務、情報システムの停止、業務を遂行する特定の拠点等があげられる。

③ 目標復旧時間の設定……目標復旧時間とは特定した業務を復旧・再開させる目標時間である。特定された経営リソースがどの程度まで中断可能か、言い換えると、何時間中断すると社会的に影響が発生するかを分析し定めるものである。仮に現状の状態で被災した場合に、目標復旧時間内に業務を復旧することがむずかしい場合には、代替手段を検討する、システムや拠点を二重化する、等の対策を講じることが必要となる。

◆ステップ２：リスク分析

ビジネスインパクト分析の結果をふまえ、重要業務を目標復旧時間内に復旧させるうえで障害となる事象を特定し、発生可能性と影響度を評価することがリスク分析である。具体的

には、「震災発生後に被災や交通手段の寸断により、窓口業務を行う人員が出社できない」「システムのサーバ倒壊やネットワークの寸断により、行内システムやATMが使用不可となる」等に基づき、リスク分析の結果、リスク対策とその優先順位を検討する。

◆ステップ3：発動基準の明確化　事業・業務への影響度と目標復旧時間を明らかにした後、組織としての対応レベルに従った発動基準を定めることが必要である。地震に関しては震度5強以上で自動発動とするといった自動発動基準を設定しているケースも多くみられる。

◆ステップ4：BCP策定　ステップ1～3をふまえ、その内容に応じたBCPを策定する。BCPの策定には、文書を策定し明文化することも重要であるが、ボトルネックに対するリスク対策を実行し、目標復旧時間内に復旧できる体制を災害前に整備しておくことが重要である。そのために必要な投資額の予算化や、具体的な活動計画を策定し優先順位をつけて対応していくことが成功のポイントとなる。

金融機関の窓口においては、自行のBCP文書や対策を理解し、実際の災害発生時に自らがどのように行動すればよいのかを把握しておくことが求められる。

10708　ビジネスインパクト分析の実施方法

リスク事象が発生した際に、優先する業務（重要業務）を事前に選定するために、ビジネスインパクト分析により自社（自行）の業務を評価する必要があるが、どのような基準で評価すればよいのか

結　論

金融機関においては、危機発生後、「顧客や自社要員等の安全確保」「社会経済基盤の維持」「被災者への支援」の三つの観点から、停止時の影響（インパクト）を分析し、重要業務を選定することが望ましい。

解　説

社会基盤である金融機関において、危機発生時の重要業務を選定するためには、以下の三つの観点から、停止時の業務影響（ビジネスインパクト）を分析し、重要業務を選定することが望ましい。

① 　顧客や自社要員等の安全確保

② 　社会経済基盤の維持

③ 　被災者への支援

① 　「顧客や自社要員等の安全確保」に関する重要業務……危機発生直後には、顧客や自社要員等の生命の安全確保が最優先となる。安全確保のための業務例として以下があげられる。

・顧客や自社要員等の避難とその誘導

・負傷者の救援・救護

・自社要員等の安否確認

・緊急用食料・備品の配布

これらの業務は危機発生直後から遅滞なく実施される必要があるため、具体的な危機事例に応じた業務を想定することが求められる。想定される危機については、金融庁の主要行監督指針（平成28年3月）に、自然災害（地震、風水害、異常気象、伝染病等）、テロ・戦争（国外において遭遇する場合を含む）などの事例があげられてい

るため、評価の参考とすることができる。

② 「社会経済基盤の維持」に関する重要業務……金融庁は主要行監督指針（平成28年3月）において現地の災害実情、資金の需要状況等に応じ、以下の4点の措置が適切に運用されることを要請しており、金融機関の重要業務として検討する必要がある。

・災害関係の融資に関する措置
・預金の払戻しおよび中途解約に関する措置
・手形交換、休日営業に関する措置
・営業停止等における対応に関する措置

あわせて日本銀行も各地の災害発生時ごとに「災害時における金融上の特別措置」にて金融機関に要請する措置を通達しており、重要業務を定める際の参考とすることができる。

なお、日本銀行は上記措置において「営業停止等の措置を講じた営業店舗名等、及び継続して現金自動預払機等を稼働させる営業店舗名等を、速やかにポスターの店頭掲示等の手段を用いて告示すると共に、その旨を新聞やインターネットのホームページに掲載し、顧客に周知徹底すること」を金融機関に要請している。しかし日本銀行の「業務継続体制の整備状況に関するアンケート（2014年9月）調査結果」において「広報、ホームページ運営」を重要業務と定めている金融機関は34％と、他の重要業務と比較して低い割合となっている。金融機関は金融庁・日本銀行に求められる措置が自社（自行）の重要業務に含まれているかを再評価する必要がある。

③ 「被災者への支援」に関する重要業務……危機発生後、被災者向けに優遇金利

の住宅ローンなどを取り扱う金融機関も多い。熊本地震では住宅金融支援機構・大手都市銀行のみではなく、地元の銀行などでも被災者向け住宅ローンやリフォームローンの取扱いを発表した。これらの支援策を実施するにあたっては、通常業務に加えて罹災証明の確認などの特殊な業務が必要となる場合もある。危機発生時に実施する支援および、その関連業務についてあらかじめ評価しておくことが求められる。

| 10709 | 業務継続計画（BCP）策定における目標設定 |

目標復旧時間（RTO）とはどんな概念か。また、金融機関の場合、どのように目標値を定めればよいのか

結　論

目標復旧時間とは、重要業務が中断した時点から暫定復旧させる時点までの目標時間を指す。業務継続に向けた対策をどこまで実施するかは議論となることが多い。業務ごとに目標復旧時間を定めることで、複数の選択肢のなかでいずれの対策を選定するべきかを判断することができる。

解　説

重要業務が中断した時点から暫定復旧させる時点までの目標時間を目標復旧時間という。バックアップシステムの構築など、業務継続に係る対策は高額な投資を要するものもあり、社会の重要基盤である金融機関においてはどこまでの対策を行うかは議

論となることが多い。重要業務それぞれにおいて、目標とすべき復旧時間（4時間以内、当日中、3日以内等）を定め、定めた目標が達成できるよう投資を選別することが肝要となる。

なお、日本銀行の「業務継続体制の整備状況に関するアンケート（2014年9月）調査結果」では、最優先で復旧する重要業務の目標復旧時間について、7割弱の金融機関において「4時間以内」、2割弱の金融機関において「当日中」と回答している。

目標復旧時間は、「①関連業務の目標復旧時間の確認」「②営業時間外に危機が発生した場合の想定」の2点を留意しながら設定するとよい。

① 関連業務の目標復旧時間の確認……重要業務が目標復旧時間内に暫定復旧するためには、関連業務がより短い時間で復旧していなければならない場合があることに留意する必要がある。たとえば、「現金支払業務」を復旧するためには、「店舗の被災状況確認」「不足要員の手当」「現金の警送」「マニュアル・帳票類の準備」等が終了している必要がある。つまり、「現金支払業務」の目標復旧時間を4時間以内と設定すると、「店舗の被災状況確認」は数十分で完了しておくことが求められる。このように重要業務を目標時間内に復旧させるためには、関連する業務をいつまでに復旧する必要があるかを洗い出し、確認しておくことが重要である。関連業務の復旧に要する時間によっては、最初に定めた重要業務の目標復旧時間を見直す必要がある。

② 営業時間外に危機が発生した場合の想定……営業時間内に危機が発生した場合には、要員が即座に復旧作業等を開始対応できるが、営業時間外に危機が発生した場合には、通常の復旧作業時間に加えて要員が現場に駆け付けるまでの時間等が必要となる。この場合、駆け付けるまでの所要時間を含んだ目標復旧時間を設定する必要がある。

10710 業務継続計画（BCP）の発動

金融機関の業務継続計画（BCP）はどのような場合に、だれが発動すればよいのか

結　論

「BCPの発動基準」については、「BCPの発動」がどのような状態（緊急対策本部設置など）を示すのかを定義すること、社内の認識を統一することが重要となる。また、「BCP発動権限者」は「BCP発動」の定義に合わせて検討することが望ましい。

解　説

① BCP発動の定義……「BCPの発動」という用語はBCPの策定において一般的に使用される用語であるが、その定義は、たとえば「危機発生時に自社（自行）への影響調査を開始した状態」を示すのか、「自社（自行）への被害を受けて緊急対策本部を設置した状態」を示すのか、社内で明確にされていないことがある。また、「BCPの発動」の定義が社内で統一されず、部門のBCPごとに異なってしまっている金融機関もある。このような金融機関においては、「BCPを

発動しました」という宣言が復旧作業において混乱拡大を招くこととなる可能性が高い。

そのため、「BCPの発動基準」を決定する前に、どの状態を「BCPの発動」と呼ぶのか明確に定義する必要がある。たとえば、「被災状況の調査を開始した状態」を「BCPの発動」とすれば、発動の基準は震度6弱の地震や新型インフルエンザ蔓延の発生といった原因事象で設定することとなる。しかし、「重要業務の継続が危ぶまれ緊急対策本部を設置した状態」を「BCPの発動」とすれば、発動の基準は、震度6弱の地震や新型インフルエンザの発生といった原因事象ではなく、地震によって支店が損壊する、支店要員の30%以上が出勤できなくなるなどの結果事象で設定することとなる。

なお、「BCPの発動」を宣言しても想起される状態にばらつきが出ることから、そもそも「BCPの発動」という用語を使用しない金融機関もある。その場合、「BCPの発動」に準ずる定義を「被災状況調査の開始」「緊急対策本部の設置」「現金手払いの開始」といった対応策の名称で宣言することも一案である。

② BCP発動権限者……BCP発動権限者は「BCPの発動」の定義と合わせて検討することが望ましい。たとえば、「被災状況調査の開始」を「BCPの発動」と定義した場合は、リスク管理部門の部門長がBCP発動権限者となる可能性がある。また、「緊急対策本部の設置」を「BCPの発動」や「非優先業務の継続を断念したとき」などと定義するのであれば、それらの意思決定者をBCP発動と

定義した場合には、役員がBCP発動権限者となる可能性がある。

10711 安否確認、非常時の連絡体制

金融機関の安否確認、非常時の連絡体制はどのような点に留意し実効性を向上させればよいか

結　論

安否確認の実効性を向上させるため、安否確認システム未回答者へのフォローアップ体制の確立、事態収束までの継続的な安否確認の実施に留意する。また、非常時の連絡体制の実効性向上にあたっては本部─支店間の双方向での連絡手段の複線化に留意する。

解　説

◆**安否確認の実効性向上**　日本銀行の「業務継続体制の整備状況に関するアンケート（2014年9月）調査結果」において、「安否確認システムによる連絡訓練」は93%の金融機関が実施ずみと回答しており、多くの金融機関で安否確認システムが導入ずみであることがうかがえる。今後、安否確認の実効性を向上させるためには「①安否確認システム未回答者へのフォローアップ体制の確立」「②事態収束までの継続的な安否確認の実施」に留意する必要がある。

① 安否確認システム未回答者へのフォローアップ体制の確立……従来は職場・部門ごとに作成した緊急連絡網を用いて連絡を順番に回すことで安否確認を行うこ

とが一般的であったが、個人情報への配慮等もあり安否確認システムを用いた安否確認が一般的になっている。従来型の緊急連絡網を用いた安否確認では、連絡のとれない従業員が発生すれば近くに住んでいる者が直接確認しに行く等のフォローアップが行われた。安否確認システムを用いて安否確認を行うことで短時間・簡易に安否確認を行うことができるが、安否確認システム導入によって、安否未回答者へのフォローアップ体制・手順が未整備となっている金融機関もある。安否未回答者については、従来と同様に所属している各部門でフォローアップを行う体制・手順とすることも考えられる。

② 事態収束までの継続的な安否確認の実施……東日本大震災や熊本地震では、本震発生後も余震や津波による被害が相次いで発生した。安否確認システムによる安否確認は、一度「無事」と回答すると、その後は回答が求められない仕様となっていることも多いが、「無事」との回答後に被災する場合もある。余震や津波が続く場合、事態が収束するまでは継続的に安否確認を実施する必要がある。

◆**非常時の連絡体制の実効性向上**　日本銀行の「業務継続体制の整備状況に関するアンケート（2014年9月）調査結果」において、99％の金融機関が「非常時の連絡体制を整備済」と回答している。今後は実効性を向上するため、本部─支店間の双方向で連絡手段を複線化することに留意する。

① 本部から支店への連絡手段の複線化……緊急時には本部から支店に対し、各種の決定事項・対応方針などの情報を緊密にやり取りする必要がある。緊急時の混乱あるいは通信回線の不具合等により、連絡がついたりつかなかったりするなかでは、連絡もれや誤認が発生するおそれがある。対策として本部に各支店の連絡担当を設置する、重要な事項は複数の経路・手段（電話、メール等）で連絡するなどの方法が考えられる。

② 支店から本部への連絡手段の複線化……緊急時には支店から本部へ被害状況の報告や対応依頼等がなされるが、支店から一斉に上がってくる問合せや情報に対し、本部は1対多の関係で対応しなければならない。システムトラブルが発生した際に多数の支店から問合せが殺到し、問合せ対応に忙殺されて本来の原因究明・復旧活動が遅延する事態に陥った金融機関の事例もある。原因究明ができていなければ復旧見込み等も伝えられないため、照会受付業務を縮小して、イントラネットの緊急時専用連絡掲示板等での情報発信業務をしっかりと行うなどの方法が考えられる。また、事前に各連絡手段の利用優先順位（メールが利用不可の場合にのみ電話利用を許可するなど）を決定しておくことも、情報の集中を防ぐための有効な対策と考えられる。

10712　災害時におけるメディアの役割と限界

災害時に各種メディアが果たす役割とは何か。また、それぞれのメディアにはどのような限界があるのか

結　論

　災害時に活用できるメディアはラジオ・テレビが代表的だが、近年ではソーシャルメディアを含むインターネットからの情報取得は有効な手段である。災害時にメディアが果たす役割は、被災地向けと非被災地向けで異なる。被災地向けには、電気・ガス・水道等の社会インフラや避難所情報等の生活情報や余震や津波の発生予報等の被害拡大を防ぐための情報の提供である。非被災地向けには、被災地の被害の状況を伝え、救援物資の提供や支援を行うための情報提供である。ただし、メディア側が伝える情報とほしい情報のずれが発生するケースは少なくない。平時から、いざという時にどのメディアからどのような情報を取得できるのかを整理し、各種メディアをニーズによって使い分ける工夫が重要である。

解　説

◆各種メディアの特徴　　災害時に活用できるメディアの種類と特徴は表に示したとおりである。

◆メディアが果たす役割

① 　被災地向け……被災地向けには、電気・ガス・水道等の社会インフラや避難所情報等の生活情報や余震や津波の発生予報等の被害拡大を防ぐための安全情報の提供である。

　生活情報や個々の安否情報はマスメディアでは伝えきれないケースも多いため、小回りの利く地域FMラジオや地方新聞社・地域新聞社、ツイッターやフェイスブック等のソーシャルメディアが果たすべき役割も大きい。

種　類	特　徴
テレビ	速報性に優れ、被害の全体像を把握可能。情報を不特定多数に一斉に伝えることも可能であり最も有効な情報収集ツールの一つである。
ラジオ	停電中でも携帯ラジオによる情報取得が可能。地域FMラジオ等では地域における生活情報や安否情報を把握することもできる。
新聞	速報性は劣るが、整理された正確な情報を把握することが可能。地方紙では地域の安否情報や生活情報も取得可能。
Webサイト	国や地方公共団体のwebサイトでは被害状況や社会インフラの稼働状況等が把握でき、企業のwebサイトからは当該企業の被災情報などが把握できるため有効な情報収集手段。ただし一方的な情報発信にとどまり、情報を自主的に取得しにいかなければならない点が欠点である。
ソーシャルメディア	ツイッターやフェイスブック等のソーシャルメディアでは個別の安否情報や生活情報を取得することは可能であるが、デマ情報が拡散されるケースも多々あるため注意が必要である。
インターネットニュース	テレビやラジオがない状況であっても、近年では同レベルの情報がインターネットのニュースサイトから取得可能である。ソーシャルメディア同様にデマ情報が紛れている場合もあるため注意は必要だが、記載されている情報ソースを見極めることで正確な情報取得が可能となる有効なツールである。

② 　非被災地向け……非被災地向けには、被災地の被害の状況を伝え、救援物資の提供や支援を行うための情報提供である。この点において、マスメディアの果たす役割は大きい。

◆メディアの限界

① メディア自身の被災……東日本大震災では、東北地方のブロック紙や印刷工場の被災等によりメディア自身が被災して情報発信が一時的に困難になるなど、災害に対する脆弱性があらわになる事例がみられた。平時より、複数の情報ソースを洗い出しておくことが重要である。

② ほしい情報とメディア提供情報のずれ……被災地で最も必要とされる情報は生活に関する情報や安否情報であるが、マスメディアは被災情報や被災者のインタビューを提供するなど、ほしい情報と提供される情報のずれが生じるケースが散見された。生活情報や安否情報はマスメディアでは限界があるため、地域FMラジオや国・地方公共団体のWebサイト、ニュースサイト、ツイッターなどのソーシャルメディアを活用することが有用である。

③ 情報の正確性……東日本大震災では、ネット系のメディア上で真偽が確かでない情報が流れ、風評被害が発生する事例もみられた。特にソーシャルメディアを通じて拡散される情報や匿名掲示板で拡散される情報には注意が必要である。重要な点は、一つの情報に惑わされず、複数の情報から多面的に判断することである。

そのためにも、各種メディアの特性（強み・弱み）を十分把握したうえで、状況に応じてこれらを使い分ける工夫や、平時からどこにどのような情報が提供されるかを整理しておくことが重要である。

10713 被災時の広報業務

被災時の広報業務はどのような点に気をつければよいか

結論

広報を大きく分類すると「社外向け」と「社内向け」に分けられる。昨今ではソーシャルメディア等の浸透により、企業が発信する情報がより広範囲に伝わるため、広報業務の重要性は高まっているといえる。平成28年に発生した熊本地震においても、自社の被災状況や復旧状況を定期的にニュースリリースで発信している企業もあったが、災害等により被災した際に、「どのような情報を、いつ、だれに、どのような方法で伝えるのか」を事前に定め、ひな型等を用意しておくことが望ましい。

また、社内の従業員やその家族に対して、情報発信していくことも重要である。被災時は情報が錯綜し混乱状態になるため、公式な情報発信を社内に対しても実施していくことが重要であり、対策本部における広報担当の果たす役割は大きい。

解説

◆**広報とは** 一般財団法人経済広報センターによると、広報は「企業や国、NPO、学校などの組織が、その事業の活動や方針を、広く社会に伝え、共感を得ようとする行為」と定義されており、単なる情報発信ではなく、ステークホルダーに対して、意図をもって情報発信し理解を得るための活動であるといえる。

被災時においては、自社の被災状況や対応方針、復旧情報等の取引先や顧客がほしい情報を自発的に発信することで、問合せの削減や安心感・信頼感を与えることが広報の果たす役割であるといえる。

◆社外向けの広報に関する留意点　昨今ではソーシャルメディア等の浸透により、企業が発信する情報がより広範囲に伝わるため、広報業務の重要性は高まっているといえる。

言い方を換えると、「注目度が高まっている」ととらえることもでき、被災時に発信する情報を被災前からしっかりと想定し、準備しておく必要がある。これは企業広報としての対応だけでなく、金融機関の窓口においても「被災時に窓口等でどのような案内をするか」という観点でも準備しておくことが重要である。

平成28年に発生した熊本地震においても、自社の被災状況や復旧状況を定期的にニュースリリースで発信している企業もあったが、災害等により被災した際に発信する情報を事前に定め、ひな型等を用意しておくことが望ましい。具体的には、同じ言い回しをする固定部分（挨拶文、項目、フォーマット等）を準備しておき、被災後に変動部分（実際の被害状況等）を埋めて提示することでスピーディーな対応が可能となる。

被災後に対外的に発信する情報としては以下のようなものが想定される。

① 自社の被災状況・業務影響・営業状況
② 自社の業務や窓口、サービスの復旧目処
③ 被災者に対するお見舞い文
④ 緊急時特設ダイヤルの案内

また、上記のような情報は1回限りの発信ではなく、定期的に更新のうえ発信していくことが重要である。

◆社内向けの広報に関する留意点　広報の果たす役割でもう一つ重要な点は、社内の従業員やその家族に対する情報発信である。被災時は情報が錯綜し混乱状態になるため、公式な情報発信を社内に対して実施していくことで、従業員等に対する安心感を与え、落ち着いた対応を促すことが重要である。

具体的には以下のような情報を発信することが想定される。

① 経営トップからのメッセージ
② 災害等に対する会社としての対応姿勢・方針（生命・安全を最優先で行動すること等）
③ 出社要否の案内
④ 勤務中に発生した場合の帰宅指示
⑤ 会社の状況（被災状況・復旧状況等）
⑥ 対外的な案内方法（対マスコミへの対応方法、取引先への案内方法等）
⑦ 義えん金・救援物資の募集

このような情報や対応方針は事前にBCP文書・マニュアルで定めておき、再度被災後にあらためて発信していくことが望ましい。

◆まとめ　対内外問わず、事前に可能な限り準備しておくことが重要であり、これは業務負担を前倒しにして被災時のリソースを確保しようとする考え方である。「どのような情報を、いつ、だれに、どのような方法で伝えるのか」を想定し、平時から準備しておくことが重要なポイントである。

危機発生時に必要な情報発信

金融機関として、危機発生時に社内外含めどのような情報発信が必要となるのか

■ 結　論

　危機発生時、特に大震災等が発生した場合には社会が混乱し、さまざまな真偽不明の情報が流れるケースもあり、金融機関としては正確かつ迅速な情報発信が非常に重要となる。

　情報発信は、社外だけでなく社内に対しても実施する必要がある。

　社外に対しては、「自行の被災状況や営業可否に関する情報を正確かつ迅速に発信すること」、社内に対しては、「被災状況、今後の業務継続方針、帰宅・出社の指示等を全役職員に迅速に指示すること」が重要である。いずれの場合においても、通信の輻輳（ふくそう）や情報システムの障害等により平時に使用している情報発信手段が利用できない可能性もあるため、複数の手段を準備しておくことが望ましい。

■ 解　説

◆**社内への情報発信内容**　社内へ情報発信する内容としては、主に以下の情報が考えられる。これらの情報は、全役職員に迅速に伝達し、情報不足による混乱が生じないように留意する必要がある。

① 対策本部の立上げ、BCP 発動の連絡
② 初動対応に関する指示
③ 自社の被災状況
④ 帰宅・出社指示

⑤ 業務体制に関する指示
⑥ 問合せ窓口に関する指示
⑦ 経営層からのメッセージ

　また、役職員だけでなく、その家族も考慮した情報発信を行うことが重要である。

◆**社外への情報発信内容**　社外へ情報発信する内容としては、主に以下の情報が考えられる。これらの情報は被災後、正確かつ迅速に発信することができるように事前に以下のようなテンプレートを準備しておくことが望ましい。

① 店舗・ATM 等の営業状況
② 自社の被災状況・復旧状況
③ お見舞文
④ 問合せ先（フリーダイヤルの電話番号・メールアドレス等）
⑤ 被災者向けのお知らせ
⑥ 震災特別対応に関する FAQ

　また、個別に重要な取引先等と連絡を取り合い、双方の被災状況や今後の業務継続方針を確認することも重要である。事前に金融庁、財務局、財務事務所、日本銀行その他重要な取引先と、緊急時の連絡方法を定めておくことが望ましい。

◆**情報発信の手段**　特に、震災発生後は通信の輻輳や情報システムの障害等により平時に使用している情報発信手段が利用できない可能性もあるため、複数の手段を準備しておくことが望ましい。時間帯や状況に応じて使い分けることが重要である。主な情報発信手段は以下のとおりである。

① 社内への情報発信手段……業務時間中は、「社内メール」「イントラネットの掲示板」「構内放送」等が有効な手段である。

　業務時間外は、「インターネット経由

の電子メール」「携帯電話」「安否確認システム」等が有効であり、近年では「ツイッター、フェイスブック、LINE 等のソーシャルメディア」を活用している企業も増えている。

② 社外への情報発信手段……社外への情報発信で最も有効に活用できる手段は「自社 web サイト」である。それ以外にも「ポスター等による店頭掲示」「テレビ・新聞・ラジオ等のメディア」「フリーダイヤルの開設」「避難所等への掲示」が考えられる。社外への情報発信手段として、「ツイッター、フェイスブック等のソーシャルメディア」を活用することは有効である。

10715　金融機関の新型インフルエンザ等のパンデミック対策

新型インフルエンザ等のパンデミックに備えて、金融機関はどのような事前対策を行う必要があるか

結　論

　新型インフルエンザ等のパンデミックを想定し、自行における重要業務や、それを支えるために必要なリソースを整理したうえで、業務継続計画を策定しておく必要がある。

解　説

　新型インフルエンザ等のパンデミックに迅速かつ適切に対応するためには、発生段階（海外発生期、国内発生・感染期、小康

期等）に応じた行動計画や対応手順を事前に策定しておく必要がある。

　銀行業務における重要業務には、①現金供給（預貯金等の払戻し）、②資金の決済（振込、送金（外国送金等を含む）、口座振替、手形・小切手の取立）、③資金の融通（円貨・外貨）、④証券の決済（有価証券の振替決済）、⑤金融事業者間取引（資金繰り（円貨・外貨））などがあげられる。発生段階（海外発生期、国内発生・感染期、小康期等）ごとの社会環境、預金者のニーズ等を分析し、業務の重要度や優先順位を明確にし、どの程度のサービスレベル（操業度）を維持するのかを決定する必要がある。

　たとえば、海外発生期においては、国内では各業務にそれほど大きな影響はないと考えられるが、国内発生・感染期には外出が控えられインターネット通販による物品購入が活発となることが予想されている。この段階においては、ATM 等による現金支払よりも振込等の資金決済業務が活用される可能性が高い。

　このように発生状況に応じて自行に求められる重要業務を選定することをビジネスインパクト分析という。継続する重要業務を明らかにした後、当該重要業務のサービスレベル（通常の何％維持する必要があるか）を定め、当該レベルを維持するために必要な経営資源（リソース）を明確にする。基本的なリソースとしてあげられるのは、本支店の建物、当座の資金、人員、電力、通信、交通網、システム、取引先・業務委託先等である。このうち、新型インフルエンザ等のパンデミック時に最も影響を受け、逼迫する可能性があるリソースは委託先企

業を含めた「人員」と考えられる。

感染力も毒性も強い新型インフルエンザは、急速に感染が拡大し、被害が広範囲にわたる（＝パンデミック）おそれがある。だれか1人でも感染すると、集団感染や濃厚接触による罹患疑いのため、周囲の者が一斉に1〜2週間程度の出社見合わせを余儀なくされ、重要業務に必要な人員を確保できなくなるおそれがある。

このような事態を防ぐためには、体調管理や手洗い・うがい・咳エチケットの励行、他の従業員との間隔の拡大、スプリットチームによる交代勤務等の感染拡大防止策や、重要業務を遂行するためのスキルやノウハウの共有・移転による、代替要員の育成などを行うことで、重要業務を遂行できる「人員」の枯渇を防ぐべきである。

また、このような施策の実施を委託先にも要請することが望ましい。委託先の「人員」が自行の業務継続にとって必要不可欠なリソースであることを認識してもらい、自行と同等の感染予防や感染拡大防止策を講じさせることによって、業務継続体制を確保することが肝要である。

10716 従業員の新型インフルエンザ等の感染管理

新型インフルエンザ発生時の従業員の感染管理はどのような点に気をつけて行えばよいのか

結　論

重要業務を担う要員を確保するため、自組織内での感染予防・拡大防止策を実施す

るとともに、出退勤および自宅待機の際のルールを決めておく必要がある。

解　説

◆**自組織内での蔓延や組織外への拡散を防ぐ**　従業員の感染・発症が確認された場合、組織内での封じ込め、および組織外への拡散防止に努めなければならない。組織内での封じ込めを行うためには、罹患者を他の従業員から物理的に隔離（2m以上等）したり、消毒、不要不急の会議やイベントの中止等を行う必要がある。また、従業員およびその家族に感染が確認された場合は、潜伏期間も考慮して1〜2週間の自宅待機を指示しなければならない。このような措置を通して感染の範囲を最小限にとどめ、重要業務の継続に必要な人員を最低限確保することが重要である。

一方、組織外への感染拡大を防ぐためには、一部店舗の閉鎖や窓口業務等の縮小、顧客先への訪問や対面会議、研修・採用等の中止を検討する必要がある。さらに、このような措置を実施する旨をwebサイト等で公表することにより、顧客や取引先の理解を得なければならない。理解を得やすくするためには、日頃から自社のパンデミック発生時の管理態勢や対応方針を周知することが重要となる。

◆**出退勤に関するルールを決めておく**
ある従業員に異状が確認された場合は、感染者本人に対し医師の指示に従って自宅待機するよう指示し、完治後には速やかに通常の勤務に復帰させる必要がある。

また、感染者の近くで勤務していた濃厚接触者も自宅待機をさせる必要があるが、感染者やその周りにいた従業員が一斉に自

宅待機になれば、業務を長期間縮小・停止せざるをえない事態となる。金融機関は社会機能の維持にかかわる事業者として必要最小限の事業を継続することを求められるため、重要な業務を維持するために必要な要員を確保することも考慮に入れなければならない。

要員を確保するための施策例としては、あらかじめ重要業務を担う従業員をリストアップして、その従業員への感染防止策を実施するとともに、スプリットチームを組み、シフト制による勤務とし、同時感染や集団感染を防ぐことがあげられる。その他、重要業務を遂行するためのスキルやノウハウの共有、手順書の整備、訓練の実施等、欠員によるサービスレベルの低下を防ぐための対策を平時から実施することが求められる。

◆自宅待機の際のルールを決めておく

従業員本人は罹患していないが、その家族の感染や濃厚接触によって自宅待機となる場合でも、在宅での勤務ルールを決めておけばある程度の業務継続が可能となる。実施する業務の内容や勤務時間、勤務先とのコミュニケーション手段やそのタイミング等を明確にしておくことで、可能な範囲で通常業務に近いパフォーマンスが維持できると考えられる。

特に、勤務先とのコミュニケーション手段は複数検討しておくことが望ましい。電話やメールだけでなく、社外からもアクセス可能なグループウェアやソーシャルメディア、スマートフォンのアプリケーションなど、円滑なコミュニケーションを図るためのツールを有事の際に限定して利用を認めるのも一案である。また、通常の業務と

同様に、在宅勤務時でも日次の業務報告を行うことになると想定されるが、その際には必ず自身および家族の罹患状況や体調を報告させて健康状態を把握し、出社可否を判断できるようにしなければならない。

10717 災害による情報システムへの影響と求められる対応

災害により、想定される情報システムへの影響はどのようなものか。また、これらの事象に対し、金融機関はどのような対応が求められるか

結 論

情報システムの稼働には、社会インフラ、建物設備、データ、運用要員等が必要となる。社会インフラについては、東日本大震災において、電力不足による計画停電下でのデータセンターの電力確保が課題となり、その自家発電装置のための燃料調達の必要が生じた。

建物設備については、東日本大震災では地震等の揺れにより停止となったデータセンターはみられなかったが、津波に対する立地上のリスクの再評価が必要であることが浮き彫りとなった。特に南海トラフ地震では、巨大津波が複数の地域にわたり発生することが想定されていることに注意が必要である。

被災による情報システム停止対策は、あらかじめ想定した被災シナリオに沿った対策にとどまらず、業務継続のために最低限、目指すべき業務水準を明らかにし、そのた

めに必要となる経営資源確保を重層的に検討することが望ましい。

解　説

被災による情報システムの停止対策は、あらかじめ想定した被災シナリオに沿った対策にとどまらず、業務継続のために最低限、目指すべき業務水準を明らかにし、そのために必要となる経営資源（リソース）確保を重層的に検討することが望ましい。

そのために情報システムの稼働を停止させないためには、稼働に必要なリソースを洗い出し、被災に対する予防措置とそれぞれのリソースが損なわれたときの代替措置をあらかじめ検証する必要がある。一般的に情報システムの稼働には、電力や通信といった社会インフラ、建物設備、データ、運用要員等が必要となる。

このうち、社会インフラについては、東日本大震災において、津波等により、複数の発電所が停止する事態となり、電力不足による輪番制の計画停電の実施によって、電力消費の大きいデータセンターの稼働が課題となった。データセンターでは一般的に自家発電装置を備えているが、緊急輸送等への燃料の優先供給が実施されたことにより、自家発電装置のための燃料調達が滞る事態となった。電力供給については、首都直下地震では中央防災会議の「首都直下地震の被害想定と対策（最終報告）――人的・物的被害（定量的な被害）」によると、被災直後にはピーク電力需要に対する供給割合は51％となり、被災1週間は同等の水準にとどまるとされている。南海トラフ地震では広範囲に被災が同時多発することが想定されているため、広い地域で長期間にわたり、電力供給が不安定となることが懸念されている。

建物設備については、一般的にデータセンターは高い耐震性を備えているため、東日本大震災で地震等の揺れにより停止となったデータセンターはみられなかった。ただし、津波による建物設備への被害は甚大であったことから、津波に対するデータセンターの立地上のリスクは、あらためて再評価が必要である。特に南海トラフ地震では、「南海トラフ地震防災対策推進基本計画」によると、最大規模として、津波高10m以上の巨大津波が13都県にわたり発生することが想定されているため、津波想定地域と自社のデータセンターの配置について再評価することが望ましい。

データセンターのバックアップは、同時被災の可能性が小さく、電力供給が重複していない場所への設置を検討する必要がある。また、自家発電装置を継続的に稼働させなければいけない事態に備え、燃料調達先の冗長化を検討する必要がある。

データのバックアップについては、どの時点に復旧することが必要かを明確にしたうえ、取得、保管、復旧方法を検討する必要がある。情報システムの運行に必要な要員確保が困難となる可能性があることから、被災時には他拠点や在宅でのオペレーションを可能とすることも検討の余地がある。

10718　サイバー犯罪の種類

サイバー犯罪の種類や傾向、目的はどのようなものか

結　論

　金融機関を取り巻くサイバー犯罪は、従来の個人による愉快犯から、国境を越えたプロの犯罪者集団による犯行が中心となり、その手口はますます巧妙化している。

　そうしたなか、金融機関が特に注意すべきサイバー犯罪は、①インターネットバンキングでの不正送金、②標的型攻撃による機密情報等の漏えい、③DDoS攻撃によるサービスの停止、④ランサムウェアによる身代金要求である。

解　説

◆インターネットバンキングでの不正送金

金融機関を取り巻く代表的なサイバー犯罪として、インターネットバンキングに係る不正送金があげられる。警察庁が発表した資料（「平成28年中におけるサイバー空間をめぐる脅威の情勢等について」）によると、平成28年においては、発生件数が1291件、被害額が約16億8700万円となっている。平成27年と比較すると、発生件数は約200件減少しており、被害額は約13億8600万円減少している。これは、法人口座で被害が大きく減少したこと、信用金庫等における被害額が減少したことによるものである。平成27年度は信用金庫の被害額が急増したため、平成28年度にかけて、信用金庫のセキュリティ対策が進んだことが想定される。一方、個人顧客は、顧客の利用環境や金融機関側におけるセキュリティ対策が不十分なことが考えられ、今後も被害が増え続けるおそれがある。

　インターネットバンキングにおける不正送金の手口として、フィッシングサイト型とマルウェア型の二つが存在する。前者は、金融機関を装ったWebサイト（フィッシングサイト）に、顧客のIDやパスワード等を入力させることで、顧客の認証情報を盗取するものである。容易にフィッシングサイトを作成するツール等も出回っており、被害は後を絶たない。後者は、顧客が、金融機関を装ったメールに添付されたマルウェア付ファイルを開封する、またはマルウェアが埋め込まれたWebサイトにアクセスする等により、顧客のPCにマルウェアが侵入し、遠隔から操作や監視が可能となることで、認証情報が盗取されるものである。また、感染したPCがインターネットバンキングで送金しようとした際、正常に処理が完了したように表示されるものの、送金先情報等の書換を行い、不正送金を行う、MITB攻撃（マンインザブラウザ攻撃）と呼ばれる高度な手口も存在する。

◆標的型攻撃による機密情報等の漏えい

金融機関に対し行われる代表的な攻撃として、外部の犯罪者による、顧客情報等の機密情報の盗取があげられる。主な手口は、標的型攻撃メール等をきっかけに、従業員のPCをマルウェアに感染させることで、金融機関の情報システムを遠隔操作し、データを盗取するものである。標的型攻撃メールは、ソーシャルメディア等で収集した情報を基に、送信者や本文が実在する取引先等に偽装されている。そのため、一瞥しただけでは不正なメールであると判別することが非常にむずかしい。

◆DDoS攻撃によるサービスの停止
金融機関に行われる攻撃の一つとして、犯罪者集団が、社会的混乱や対象企業の信用失墜等を目的に、インターネットバンキング

等のWebサイトにアクセスしても、顧客が当該サービスを利用できないようにするものがあげられる。主な手口は、複数のコンピュータから、Webサーバ等に大量のデータを送信することで、当該サーバをダウンさせる、DDoS攻撃（Distributed Denial of Service attack）と呼ばれるものである。近年では、インターネットにつながった監視カメラ等が犯罪者に乗っ取られ、所有者の気づかないうちに、DDoS攻撃の加害者となっているケースも発生している。なお、単にサービス停止を目的とするのではなく、次項のランサムウェアと同様、攻撃停止と引き換えに金銭を要求するケースも存在する。

◆**ランサムウェアによる身代金要求**　ランサムウェアとは、感染すると、保存されたデータを使用できなくしたのち、暗号化等を解除するパスワードと引き換えに、身代金を要求する目的で使用される不正プログラムのことである。ランサムウェアが仕込まれた添付ファイルの開封により、感染するケースが多い。ランサムウェアを販売するWebサイトが出現する等、技術的ハードルも低く、ビットコイン等の仮想通貨による身代金支払を求めることで、足もつきづらいことから、今後も被害が拡大することが懸念されている。

10719　サイバー犯罪への対策

サイバー犯罪への対策にはどのようなものがあるか

結　論

顧客をねらった攻撃に対しては、顧客に注意喚起を行うだけではなく、金融機関側においてもフィッシングサイトの検知・閉鎖依頼や、安全に取引できるセキュリティ対策の実装等を行うことが必要である。また、金融機関をねらった攻撃に対しては、ネットワークに侵入されることを前提とした、「多層防御」の考え方に基づくセキュリティ対策が必要である。

解　説

◆**インターネットバンキングでの不正送金に対する対策**　フィッシングサイトへの対策においては、すでに多くの金融機関が実施しているよう、顧客が正規のWebサイトやメールであることを認識できる対策（メールの電子署名等）を実施し、顧客に周知することが必要である。ただし、顧客側に注意喚起を行うだけではなく、金融機関側でフィッシングサイトを検知し、フィッシングサイトのテイクダウン（閉鎖）をプロバイダーに依頼することやJPCERT/CC等にその協力を依頼することも、顧客保護の観点から重要である。

また、顧客PCへのマルウェア感染への対策においても、フィッシング詐欺と同様、顧客側に対策を委ねるのは限界がある。そのため、金融機関側においても、ログイン時におけるワンタイムパスワードや取引時におけるトランザクション認証の導入等が進んでいる。トランザクション認証とは、取引情報を入力した端末（以下「取引端末」という）とは別の端末等に、金融機関側が実行する取引情報や当該取引を認証す

るための使い捨てパスワードを送信し、当該パスワードを取引端末上で入力しないと取引が実行されないようにするものである。送金先が偽装されても、トランザクション認証時に顧客が気づくことができるため、有効な対策となる。

◆**標的型攻撃に対する対策**　標的型攻撃に代表されるサイバー攻撃には、多層防御の考え方に基づくセキュリティ対策が重要である。多層防御とは、従来より表現されていた入口対策（ネットワークに侵入させない）に加え、内部対策（侵入されても機密情報に到達させない）や出口対策（機密情報の漏えい等、被害を最小限に防ぐ）から構成される。サイバー攻撃を受けることを前提に、多段階の対策で防御するという考え方である。なお、狭義では技術面からの対策のみを指す場合もあるが、金融庁の定義においては、人・組織の観点やプロセスの観点等、運用面における対策も含まれている。

たとえば、人・組織の観点からはCSIRT（Computer Security Incident Response Team、シーサート）の整備およびスキル向上が重要である。CSIRTとは、災害発生時に指揮をとる災害対策本部と同様、セキュリティインシデント発生時に対応の指揮をとる組織である。セキュリティインシデント発生時には、組織横断的な対応を行う必要がある。そのため、情報システム部門や広報部門、法務部門等のメンバーからなるCSIRTを組成することで、迅速かつ一貫性のある対応を行うことができる。いうまでもなく、CSIRTのスキルアップを目的とした教育や訓練を実施することも重要である。

また、プロセスの観点からは、コンティンジェンシープランの整備が重要である。サイバー攻撃を想定したコンティンジェンシープランにおいては、組織外への広報対応や被害の拡散防止、ログの調査・保全（フォレンジック）等をどのように実施するか、検討する必要がある。

◆**DDoS攻撃に対する対策**　DDoS攻撃は特性上、事前の予防は困難なため、攻撃されてもサービスが停止しないよう、サーバ側および回線側の二つの観点から対策を実施する必要がある。サーバ側においては、外部からのリクエストを複数台のサーバに振り分ける負荷分散装置の設置や、Webサーバへの攻撃を遮断するWAF（Web Application Firewall）の設置等があげられる。回線側においては、契約している回線帯域の増強等が考えられるが、一組織では限界がある。そのため、DDoS攻撃を検知した際は、インターネットのサービスプロバイダーに対し、攻撃の遮断を依頼することも効果的である。

◆**ランサムウェアに対する対策**　ランサムウェア対しては、バックアップの取得が最も確実な対策である。ただし、ランサムウェアはネットワークを介して拡大するため、バックアップそのものも暗号化されかねない。そのため、業務等の重要度に応じ、ネットワークから完全に切り離された状態（テープ等の媒体）でバックアップを保管することも必要である。なお、身代金の支払に応じたとしてもデータが元の状態に戻るとは限らず、継続的な攻撃対象となるおそれもある。

10720 リモートワーク

被災時に在宅勤務を行えるよう準備を整え
たいが、セキュリティ面での不安はないか

結　論

　リモートアクセスツールによる在宅勤務
は、大手銀行や外国銀行・外国証券におい
て導入が進んでおり、今後もよりいっそう
の導入が見込まれる。ツール自体にセキュ
リティ上の懸念は少ないが、利用者側のセ
キュリティ対策には注意が必要である。

解　説

　在宅勤務のメリットとして、余震等によ
り出勤中に被災する危険性や、新型感染症
発生時に従業員間における感染拡大の危険
性等がないことがあげられる。また、平時
から導入することで、子育てや介護を抱え
る従業員の負担軽減等につながる可能性も
ある。

　在宅勤務の形態として、電話やメール等
を用いた連絡・意思決定等を行うもの、リ
モートアクセスツール等を利用した業務オ
ペレーションを行うものの二つに分けるこ
とができる。前者は、休日等に経営層によ
る事業継続上の意思決定等を行うといった
シーンに向いているが、実施できることが
限定的である。そのため、業務オペレーシ
ョンレベルで業務継続を行うためには、リ
モートアクセスツール等による、社内シス
テムにアクセスできる環境を整備する必要
がある。なお、日本銀行の「業務継続体制
の整備状況に関するアンケート（2014年9

月）調査結果」によると、外国銀行・外国
証券の約90％が、BCP対策として、リモ
ートアクセス端末等を整備している。また、
大手銀行においても、リモートアクセスに
よる在宅勤務制度を取り入れ始めており、
他の金融機関においてもリモートアクセス
ツールの導入が進んでいくことが予想され
る。

　一方、リモートアクセスツールによる在
宅勤務において懸念されるのは、情報漏え
い等のセキュリティインシデントである。
特に留意すべき点は、利用者側のセキュリ
ティ対策である。留意すべきセキュリティ
対策として、①利用端末のセキュリティ対
策、②利用場所の制限、③端末紛失時の対
策の3点があげられる。

①　利用端末のセキュリティ対策……金融
　機関が支給する端末だけではなく、従業
　員の私物端末によるリモートアクセスを
　許可する場合、組織が支給する端末と同
　等以上のセキュリティ対策が実装されて
　いることを担保しなければならない。そ
　のため、セキュリティポリシーが遵守さ
　れた端末のみがリモートアクセスを利用
　できるよう、ポリシーを遵守しているこ
　とを証明するエビデンスを提出させる
　（ウイルス対策ソフトの定義ファイルが
　最新化されていることなど）ほか、ツー
　ルを用いて端末のセキュリティ対策状況
　を点検するといった方法も考えられ
　る。

②　利用場所の制限……リモートアクセス
　ツールを利用できる場所は、自宅や出張
　先のホテルなど、他者から覗き見されず、
　端末の盗難等のリスクが低い場所に限定
　すべきである。ただし、利用場所を技術

的に制限することは不可能なため、従業員のモラルに依存せざるをえない。そのため、リモートアクセスを利用する際の遵守事項を、セキュリティポリシーに記載するほか、ルールに違反した際の処分等に関しても、周知徹底することが必要である。

③ 端末紛失時の対策……万が一端末が紛失した際においても、可能な限り情報漏えいが起きない仕組みを構築することが必要である。私物端末においては、端末自体に業務上の情報が保存されない仕組みにすること等が考えられる。また、支給端末の場合は、遠隔地から端末をロックできるようにする、保存された情報を消去できるようにするといった仕組みが考えられる。

10721 クラウドとBCP

クラウドコンピューティング利用における事業継続上の留意点はどのようなものがあるか

結 論

クラウドコンピューティングを活用するメリットとして、**運用コストの削減**や、**遠隔地で運用を行うことによる事業継続性の向上**等があげられる。ただし、クラウドコンピューティングが停止するリスクや、回線途絶により当該クラウドコンピューティングにアクセスできなくなるリスクも存在する。そのため、利用者側においても、業務の重要度に応じ、バックアップの取得や、

回線の二重化等の対応が必要である。

解 説

クラウドコンピューティング（以下「クラウド」という）とは、①外部事業者が提供、管理するサーバ上で情報システムを運用し、②インターネットや専用線を介して当該情報システムを利用する形態である。なお、自社が所有、管理するサーバにおいて情報システムを運用する形態は、オンプレミスと呼ばれる。

クラウドにおいては、サーバを物理的な単位で契約するのではなく、使用時間や使用量（データ転送量等）等に基づいた課金体系になっている。そのため、サーバの購入費用等の初期投資が発生せず、情報システムの利用者が増減した場合においても、処理能力を柔軟に増減させることができ、コスト削減が期待できる。また、自組織から遠隔地に位置するデータセンターにて運用されるクラウドを利用することで、同時被災を防ぐことができ、事業継続性の向上も期待できる。

一方、クラウドを利用する場合において、事業継続の観点から留意すべきリスクも存在する。

◆**クラウドが停止するリスク** 一般的に、クラウドを運用しているデータセンターは、建屋の免震化や非常用電源の確保等のファシリティ対策が強固に行われているほか、データセンター内部の電源やネットワーク等も二重化されている。そのため、稼働率99.999％（年間の停止時間は約5分15秒）といった、非常に高い可用性がうたわれているケースが多い。しかし、想定外の自然災害やテロ、事故等により、施設や設備に

損害や障害が発生した場合、また、停電が長時間続き、追加の燃料が確保できなかった場合等は、クラウドが停止してしまうおそれがある。

また、法執行機関により、クラウド事業者のサーバが差し押えられ、自社のクラウド利用に影響が発生するおそれがある。実例として、2009年に、米国のある事業者が運営するデータセンターのサーバが差し押えられ、クラウドが停止した結果、捜査対象と関係ない利用者も当該クラウドが利用できなくなるという事態が発生した。日本においても同様の事態が発生するおそれもあるが、刑事訴訟法の改正により、捜査対象となるデータをコピーすることで証拠とできる制度が加わり、必ずしもデータが保存された物理的端末（コンピュータやサーバ等）を押収する必要がなくなった。そのため、クラウド事業者がデータ消去等により、隠蔽を行う懸念がない限り、日本国内においては、同様の事態が発生する可能性は低いといえる。

このようなクラウドサービスが停止するリスクに対しては、契約前の段階において、事前にクラウド事業者を評価することが有効である。評価項目の例としては、事業者の信頼性（経営状況、過去のインシデント発生状況等）、クラウドが運用されるデータセンターのファシリティ整備状況（立地や建屋の堅牢性、非常用電源の設置状況等）、障害や災害発生時を想定した訓練の実施状況（内容や頻度等）等があげられる。また、運用段階においては、業務の重要度に応じ、情報システムおよびデータのバックアップを、利用者側において実施することが必要である。

◆**データセンターと自組織間の回線が途絶するリスク**　クラウドを運用しているデータセンターと自組織間の回線が、自然災害や障害等により、寸断された場合、当該データセンターおよび自組織が正常に稼働していたとしても、クラウドが利用できなくなるおそれがある。

回線が途絶するリスクに対しては、データセンターと自組織間を結ぶ回線の種類（専用線、VPN等）や業務の重要度、コスト等をふまえたうえで、回線の冗長化を検討する必要がある。なお、クラウドの利用有無にかかわらず、回線が途絶することを想定し、非常用の通信手段（衛星携帯電話、MCA無線、回線キャリアが異なる複数のモバイルルータ等）もあわせて用意しておくことは、事業継続上有効な対策である。

第 **6** 章

取引の相手方等

個人に対する確認

10722 取引時確認の必要性

取引時確認は、なぜ行うのか

結 論

金融機関には法令上本人確認義務が課せられており、トラブル防止や与信管理の観点からも本人確認は必要だからである。

従来犯罪収益移転防止法に基づく顧客等の確認には「本人確認」を行ってきたが、同法の改正（平成25年4月1日施行）により、本人確認にかえて「取引時確認」を行うこととされた。そのため、金融機関は犯罪収益移転防止法に基づき、法令上の取引時確認義務を負っている。金融機関は、口座開設など顧客との継続的取引を開始する場合および1回に200万円を超える現金等の取引（現金振込等の為替取引は10万円を超える取引）を行う場合等には、取引時確認を行わなければならない。顧客が確認に応じない場合は、取引をすることができず、また取引を拒むことができる。

その後改正された犯罪収益移転防止法（平成28年10月1日施行）は、顔写真のない本人確認書類に係る本人確認方法の改正、敷居値以下に分割された取引に対する取引時確認の実施、外国PEPsとの取引の際の厳格な取引時確認の実施、法人の実質的支配者に関する規定の改正、取引担当者の代理権等の確認方法の改正など取引時確認の対象や方法を強化している。

また、トラブル防止や与信管理の観点からも本人確認は必要である。契約が有効に成立する前提として、契約の相手方が「本人」（または本人に有効な権限を授権された正当な代理人）であることが必要である。そのため、契約の相手方が本人であるかどうかを確認することは必須である。特に、与信取引の場合、本人確認を怠ると債権回収に著しく支障をきたすことがあるから、念入りな本人確認が必要である。また、投資信託や外貨預金、デリバティブ預金等、リスク性金融商品の取引時には、適合性の原則の観点からも顧客の本人確認が重要である。

解 説

◆なぜ本人確認をしなければならないのか

契約の相手方が本人または正当な権限を有する代理人（以下「本人等」という）でな

い場合は、当該契約の効力は本人に対して効力を生じないのが原則（民法113条）である。本人確認が不十分なままに契約関係に入ることは、契約の効力がだれに帰属するのかが判然としない状態を生み出すこととなるから、後日紛争を生じさせる原因となる。特に、本人の信用力を取引における重要な要素とする与信取引においては、取引の相手方が本人等ではなかったという事態は絶対に避けなければならない（本人の投資能力・経験等、適合性を確認しなければならないリスク性金融商品販売においても、本人確認が重要であることはいうまでもない）。本人確認においては、後日の紛争を回避するという観点から、取引の相手方が本当に本人なのかという点のみならず、当該者が取引を行う能力、権限があるのか、そのような能力や権限があるとして、当該取引を行うに足りる知識・経験等を有しているかどうかという点にも踏み込んで確認をしておく必要がある。

　また、金融機関は、犯罪収益移転防止法により一定の場合に取引時確認を行うべきことが義務づけられており、万一、疑しい取引に該当するときは法令上の義務として当局に届出する義務があることに留意しなければならない。

◆**犯罪収益移転防止法**　犯罪収益移転防止法とは、銀行等の金融機関が一定の取引を行う場合に、顧客の取引時確認事項等を確認しなければならないことを定めた法律である。同法により、金融機関は、①普通預金口座の開設や定期預金の作成等の継続的な取引を開始する場合、②1回に200万円を超える現金等の取引をする場合等には、ハイリスク取引の確認事項として、顧客の

本人特定事項（個人であれば、氏名、住居、生年月日）や取引を行う目的に加え、資産および収入の状況の確認が義務づけられている（同法4条1項）。本法により金融機関に課せられた取引時確認義務に反した場合、是正命令の対象になり（同法18条）、罰則も科せられることがある（同法25条以下）。相手方が確認に応じない場合、金融機関は取引をしてはならず、また確認に応じないことを理由に相手方がこれに応じるまで取引に係る義務の履行を拒むことができる（同法5条）。

　従来、金融機関における本人確認は、マネーローンダリング（犯罪等違法に収受した資金を、金融機関を利用して、その出所や真の所有者をわからなくする行為）防止の観点から、大蔵省（当時、現在の財務省、金融庁）の通達や連絡文書を受けて、全銀協ガイドラインに従って行われていたが、テロ資金等の捕捉も目的として、その方法や資料を明確に定めるため、平成15年1月6日に施行された本人確認法により金融機関における本人確認が法制化され、金融機関に対し法律上の本人確認義務が課せられた。その後、本人確認法は、複数の改正が行われ規制が強化されたが、平成20年3月に本人確認法および組織的犯罪処罰法を置き換える形で、金融機関、ファイナンス・リース業者、クレジットカード業者、宅地建物取引業者、貴金属等取引業者等に対し、本人確認を義務づける犯罪収益移転防止法が施行された。その後、同法は平成23年4月に改正され、それに伴い関連政令と省令が再整備された。

　さらに犯罪収益移転防止法は平成26年11月に改正され、マネーローンダリング対策

がいっそう強化されている。

10723 取引時確認の方法（個人）

個人取引先の取引時確認をするにはどうしたらよいか

結　論

　預金口座の開設等、初見客の場合は公的書類（運転免許証、パスポート等）の提示を求める等、犯罪収益移転防止法に定められた取引時確認手続を行う。与信取引においては、同法上の取引時確認に加え、債権保全上の観点からの本人確認を行うべきである。この場合、与信の申込みを行う「本人」との面接による意思確認が大前提であり、約定書や印鑑届等の必要書類作成にあたっては、本人の印鑑登録証明書の提出を受け、実印の押印および本人自署を依頼する。

解　説

◆取引時確認

　(1)　取引時確認　　金融機関において取引時確認が必要となる個人との特定取引には、預貯金口座の開設や1回に200万円を超える大口現金取引などの対象取引、疑わしい取引や同種の取引の態様と著しく異なる態様で行われる取引などの特別の注意を要する取引があり、本人特定事項（氏名、住居、生年月日）、取引を行う目的、職業を確認しなければならない（犯罪収益移転防止法4条1項各号、同法施行令7条1項、同法施行規則5条）。さらに、ハイリスク

取引（なりすましの疑いがある取引または本人特定事項を偽っていた疑いがある顧客との取引、特定国等に居住・所在している顧客との取引、外国PEPsとの取引）の場合は、通常の特定取引と同様の確認事項に加え、その取引が200万円を超える財産の移転を伴うものである場合には「資産及び収入の状況」の確認を行い、本人特定事項についても厳格な方法により確認を行わなければならない（同法4条2項各号、同法施行令12条、同法施行規則14条）。

　通常の特定取引における本人確認書類による本人特定事項の確認は、対面取引においては、①運転免許証等の顔写真付証明書の提示を受ける方法、②健康保険証や印鑑証明書等の提示を受けたうえで、顧客の住居宛てに転送不要郵便物等により取引に係る文書を送付するか、追加の本人確認書類または納税証明書・公共料金領収書等の補完書類の提示を受ける方法、③戸籍謄本・住民票の写しその他顔写真のない官公庁発行書類等の提示を受けたうえで、住居宛てに転送不要郵便物等により取引に係る文書を送付する方法によらなければならない（犯罪収益移転防止法施行規則6条・7条）。平成28年10月1日施行の改正犯罪収益移転防止法施行規則により、②の場合の本人確認書類の提示を受けた際の確認の方法が厳格化された。インターネットや郵送による非対面取引においては、本人確認書類の原本または写しの送付を受けたうえで、顧客の住居宛てに転送不要郵便物等により取引に係る文書を送付する方法によらなければならないが、なりすまし・偽り等を行っているおそれがあることをふまえ、たとえば、もう1種類の本人確認書類や本人確認書類

以外の書類等を確認することで、顧客等と取引の相手方の同一性判断に慎重を期するなどして十分に注意を払う必要がある（平成24年10月金融庁「犯罪収益移転防止法に関する留意事項について」）。

その他、本人限定郵便による本人特定事項の確認や電子署名による本人特定事項の確認方法がある。

（2）取引担当者の本人確認　顧客と異なる者が特定取引等の任にあたっている場合は、当該自然人（代表者等）についても、本人特定事項の確認が必要である。その前提として、代表者等が、同居の親族または法定代理人であること、委任状を有していること、電話により顧客のために取引の任にあたっていることが確認できること、または、金融機関が両者の関係を認識していることその他の理由により顧客のために特定取引等の任にあたっていると認められることが明らかであることが必要である（犯罪収益移転防止法施行規則12条）。

（3）取引時確認ずみの確認　通常の特定取引においては、すでに取引時確認を行っており、かつ、確認記録を保存している場合には、同一人物であることを示す書類等の提示または送付を受ける、または、本人しか知りえない事項等の申告を受けることにより記録された顧客と同一であることを確認するか、もしくは、面識があるなど同一人物であることが明らかな場合は、あらためて取引時確認を行う必要はない（犯罪収益移転防止法4条3項、同法施行令13条2項、同法施行規則16条）。従来、犯罪移転収益防止法施行前に、本人確認の方法に準じて顧客を特定するに足りる事項の確認を行い、かつ、本人確認記録の作成・保存の方法に準じて当該顧客に関する記録を作成・保存している場合には、本人確認ずみの顧客であることの確認、記録を行うことで、本人確認ずみの顧客との取引として扱うことができた。平成23年4月の同法改正により確認事項の追加等が行われたことに伴い、たとえば、本人確認ずみであることの確認に加えて、本人特定事項以外の確認事項の確認を行えばよいとされた。

なお、ハイリスク取引を行う場合は、ハイリスク取引に際して行う取引時確認が必要である。

（4）記録の作成・保存　金融機関が取引時確認を行った場合、直ちに本人特定事項等や取引時確認資料の種類・番号等を記録した書面を作成し、顧客との取引継続中はもちろん、取引終了後も7年間保存しなければならない（犯罪収益移転防止法6条、同法施行規則19条ないし21条）。また、特定業務に係る取引を行った場合は、取引記録等を作成し、取引日から7年間保存しなければならない（同法7条、同法施行規則23条ないし24条）。

（5）罰則　金融機関が取引時確認義務および取引時確認記録作成義務に違反した場合は、金融庁は是正命令を出すことができ（犯罪収益移転防止法18条）、この命令に違反した場合は刑事罰（2年以下の懲役もしくは300万円以下の罰金、または併科）が科せられることがある（同法25条）。また、顧客が本人特定事項を隠蔽する目的で本人特定事項を偽った場合には1年以下の懲役もしくは100万円以下の罰金に処せられ、または併科されることがある（同法27条）。

◆**金融機関の免責規定**　金融機関は、顧

客または代表者等が特定取引等を行う際に取引時確認に応じないときは、当該顧客または代表者等がこれに応じるまでの間、当該特定取引等に係る義務の履行を拒むことができる（犯罪収益移転防止法5条）。

◆**貸出取引における本人確認の基本**　以上は犯罪収益移転防止法上の取引時確認であるが、与信取引においては、これに加え債権保全上の観点からの確認（本人の意思確認ないし属性確認）を行うべきである（特に、保証や担保提供を受ける場合は注意が必要である）。この場合の本人の確認とは、具体的には、取引に際して徴求する約定書、印鑑届などの必要書類の署名が、本人の意思に基づき本人によってなされたかどうかということである。約定書や印鑑届等の必要書類作成にあたっては、本人の印鑑登録証明書の提出を受け、実印の押印および本人自署を依頼する。

◆**外国人に対する本人確認方法**　外国人に対する本人確認は、従来、主に「外国人登録証明書」「外国人登録原票の写し」「外国人登録原票の記載事項証明書」が本人確認書として使用されてきたが、出入国管理及び難民認定法等の改正に伴い、これらにかわり「在留カード」「特別永住者証明書」が本人確認書となった（ただし、経過措置として、一定の条件を満たした場合、一定の期間に限り、「外国人登録証明書」が「在留カード」または「特別永住者証明書」とみなされ、引き続き有効な本人確認書となる。法務省入国管理局HP http://www.immi-moj.go.jp/newimmiact_1/index.html/ を参照）。

本人確認書の受入れの際は、単に記載された氏名、住居地、生年月日のみを確認す

るのではなく、その有効期限、失効の有無を確認することが望ましい。なお、「在留カード」や「特別永住者証明書」には、「番号」（在留カード番号または特別永住者証明書番号）が記載されており、法務省入国管理局HPで当該「番号」を入力することにより、本人確認書が失効していないかどうかを確認することができる。

◆**本人確認資料として利用される印鑑登録証明書**　印鑑登録証明書は、ある印影が先に本人の印鑑として届出のものと同一であることの官公署の証明であり、一般個人の印鑑登録証明については市区（東京都の場合）町村長が行い、一定の様式によってなされる。

一般に印鑑登録証明書の交付は、本人または代理人による交付申請書とともに印鑑登録証を提示することによってなされ、本人または代理人以外には印鑑証明書が発行されることは考えにくい。そこで、印鑑登録証明書を所持している人は、本人または代理人である可能性が高いとはいいうるが、さりとて必ずしも所持人が本人であるかどうかは疑わしいと考え、印鑑登録証明書以外の公的証明書等で本人確認をするべきであろう。

本人以外の者が書類を持参し、本人が金融機関に来ない場合には、印鑑登録証明書のみでは書類が本人により作成されたとはいえないから、自宅・営業所を訪問し、直接本人の意思を確認するか、訪問・面接ができないときは、郵便により本人の意思を証する書状を入手するなどし、本人の意思を確認しておく必要がある。

印鑑登録証明書および実印を持参した人物が本人ではなかった場合、その契約は赤

の他人によるものであるから原則として本人に効果は帰属しないが、民法110条の表見代理が成立する可能性はある。

もっとも、金融機関においては、本人確認について高度の注意義務が課せられていると考えておくべきである。取引の相手方が金融機関の場合、単に印鑑登録証明書および実印を所持した事実のみでは表見代理の成立を認めないとする裁判例も少なからず存在する（京都地判平8.3.18金商1003号35頁、東京地判平18.9.5公刊物未登載、東京地判平6.11.28金法1441号38頁、東京地判昭63.3.30金法1215号34頁）からである。したがって、実印と印鑑証明書を持参していることだけをもって安易に本人であると信じるのではなく、常に疑いの目をもって本人確認にあたるべきである。

妻が、金融機関に対し、夫の代理人と称して各種取引の申込みを行うことがあるが、妻は夫婦が共同生活を営むうえで必要な日常家事に関する債務の連帯責任を負うにすぎない（民法761条）。妻による夫名義の銀行取引も、上記「日常家事」に属する場合はありえないではないが、その取引が日常家事に属するかどうかは、「単にその法律行為をした夫婦の共同生活の内部的な事情やその行為の個別的な目的のみを重視して判断すべきでなく、さらに客観的に、その法律行為の種類、性質等をも充分に考慮して判断すべき」（最判昭44.12.18民集23巻12号2476頁）ものであり、その判断は容易ではない。特に、融資などの与信取引は、「日常家事」といえるか相当に疑わしいととらえるべきであり、妻による夫名義の融資申込みがあった場合は、別途、夫との直接面接により融資申込みの意思を確認しな

ければ申込みの効力が生じない可能性があり、直接面談が不可能なことに合理的な理由がある場合でも、夫に対して電話や書状による意思確認を行うべきである。

なお、与信取引における本人確認は、マネーローンダリング等の防止のためだけに行われるものではないが、初見客等が第三者の保有資産を担保として与信取引の申込みをしてくる場合などにおいては、当該顧客には問題がなくとも担保を提供する第三者にマネーローンダリング上の問題があることが考えられ、事情を調査する必要があるものと考えられる。

10724　行為能力の確認

取引先の行為能力の確認はどうするか

結　論

個人との銀行取引において、相手方が行為能力を有していることの確認は重要である。制限行為能力者の行った行為は、場合により取り消されることがあるからである。未成年者については住民票等に記載された生年月日で容易に確認できるが、成年被後見人、被保佐人、被補助人については成年後見登記制度に基づく登記事項証明書で確認するほかない。特に、保佐および補助については、本人が単独でできる行為を確認しておく必要がある。

解　説

◆行為能力と銀行取引　銀行取引の相手方には、行為能力および権利能力が備わっ

ていなければならない。行為能力とは法律行為を単独で完全に行うことができる能力をいい、権利能力とは権利を取得したり義務を負ったりすることができる資格ないし能力をいう。

個人の場合には、出生と同時に権利能力を有し（民法3条）、死亡と同時にこれを失う。また行為能力は、制限行為能力者を除くすべての自然人に与えられる。これに対して法人は、活動目的の範囲内で権利能力が認められ、法令および定款の定める範囲内で行為能力を有する。

平成12年4月1日から「成年後見制度」がスタートし、それ以前の「禁治産」は「後見」制度に、「準禁治産」は「保佐」制度に改められ、これ以外に、軽度の老人性認知症等にも対応できるよう「補助」制度が新設された。また、これらの「法定後見制度」のほかに「任意後見制度」が設けられ、急速に進行する高齢化社会にもマッチした対応が図られている。

相手方の善意・悪意にかかわりなく、本人が意思無能力者であればその法律行為は無効となり（改正民法3条の2）、制限行為能力者であれば取り消されることがある。取り消された行為は初めから無効とされる（民法121条）、無効な行為に基づく債務の履行として給付を受けた者は相手方を原状に復させる義務を負うが（改正民法121条の2第1項）、行為の時に意思能力を有しなかった者や制限行為能力者は、その行為により現に利益を受けている限度で返還の義務を負うものとされている（改正民法121条の2第3項、現行民法121条ただし書）。

貸出取引の場合、相手方が制限行為能力

者のために法律行為が取り消された場合、すでに融資された金銭については本人が現に利益を受けている限度で返還すればよいので、金融機関としては融資金額全部の返還を求めることは困難となる。他方で、人口構成の高齢化に伴い、金融機関と高齢者との取引機会も増大している。したがって、意思能力に疑問のある高齢者等との取引への対応は、より重要となってきたといえる（【10743】参照）。

◆**成年後見制度** 高齢化社会の到来への対応、知的障害者や精神障害者の福祉の充実の観点から、判断能力が不十分で意思能力に疑問のある成年者（認知症高齢者、知的・精神的障害者等）を保護し柔軟かつ弾力的に利用しやすい制度として、平成12年4月1日、新しい成年後見制度が施行された。

その結果、従来の禁治産・準禁治産制度は廃止されて、法定後見制度としての後見・保佐・補助の制度に改められ（民法の改正）、それとは別に、任意後見制度が創設された（任意後見契約に関する法律の制定）。また、従前の戸籍への記載にかえて成年後見登記制度が設けられた（後見登記等に関する法律の制定）。個人の貸出先が、後見・保佐・補助の審判を受けた場合や任意後見制度を利用した場合に、当該個人の法律行為がどのような制限を受けるかについては、十分認識しておく必要がある。

平成12年改正の民法においては、制限行為能力者として、未成年者、成年被後見人、被保佐人、民法17条1項の審判（補助人の同意を要する旨の審判）を受けた被補助人をあげ（民法20条1項）、それぞれにつき、法律行為の制限規定を設けている（後見・

保佐・補助の制度など法定後見制度については【10725】【10746】【10747】【10748】を、任意後見制度については【10727】参照）。

◆**制限行為能力者の確認方法**　民法の規定する制限行為能力者のうち、未成年者は20歳未満の者であり（民法4条）、その法律行為については原則として法定代理人の同意を要するものとされ、その同意を得ないでなされた行為は取り消すことができる（同法5条）。未成年であるかどうかについては、住民票、印鑑登録証明書、運転免許証、パスポート等に記載された生年月日で確認する。

成年被後見人とは、精神上の障害により判断能力を欠く「常況」にある者であって家庭裁判所の後見開始の審判を受けた者をいい（民法7条）、法定代理人である成年後見人が選任される（同法8条）。成年被後見人の法律行為は取り消すことができるが、日用品の購入等日常生活に関する行為は取消権の対象外とされている（同法9条）。この「後見」の制度は従前の禁治産の制度を改めたものである。

被保佐人とは、精神上の障害により判断能力が著しく不十分な者（ただし後見を要する程度の者を除く）であって家庭裁判所の保佐開始の審判を受けた者をいい（民法11条）、保佐人が選任される（同法12条）。被保佐人は、同法13条1項各号に掲げる行為（借財や保証など）をなすときは保佐人の同意を要し、その同意を得ずに行った行為は取り消すことができる（同法13条4項）。「保佐」の制度は従前の準禁治産の制度にかわるものであるが、準禁治産の対象とされていた浪費者は対象外となった。

被補助人とは、精神上の障害により判断能力が不十分な者（ただし後見・保佐を要する程度には至らない者）であって家庭裁判所の補助開始の審判を受けた者をいい（民法15条1項）、補助人が選任される（同法16条）。裁判所は、審判により、「特定の法律行為」につき補助人へ代理権や同意権を付与し、同意権の対象行為につき被補助人が同意を得ずに行った行為は取り消すことができる（同法17条1項・4項）。「補助」の制度は平成12年4月1日の法改正で新しく創設されたものである。

後見・保佐・補助の制度においては、禁治産・準禁治産のような戸籍への記載制度は廃止され、後見登記等に関する法律に基づく成年後見登記制度が設けられた。登記ファイルには、後見・保佐・補助の種別、成年被後見人・被保佐人・被補助人の氏名・住所・生年月日、成年後見人等の氏名・住所等、代理権等の範囲などが登記され、登記内容については「登記事項証明書」（登記されていないことの証明（いわゆる「ないこと証明」）を含む）が発行される。ただし、その交付を請求できる者は、本人、成年後見人・保佐人・補助人、本人の配偶者や4親等内の親族など、その範囲が限られており、金融機関等取引先が直接請求することはできない。したがって、金融機関としては交付を請求できる者を通じて登記事項証明書（「ないこと証明」を含む）を入手し、後見登記等の内容を確認することとなる。この場合、仮に「ないこと証明」の提示があったとしても、直接本人と面談して行為能力を確認するという原則は守るべきである。特にリスク性商品の取引や与信取引の場合には慎重な確認が必要

である。

このほか、本人が任意後見契約を締結している場合であって、任意後見監督人が選任されて任意後見契約が発効した旨の届出後には、任意後見契約の内容を登記事項証明書によって確認し、委任事務のなかに借入れに関する事項が含まれているときには、任意後見人を代理人として取引をする必要がある。

10725 成年後見制度

成年後見制度とはいかなるものか

結　論

未成年者を除く制限行為能力者に対する法定後見制度として、判断能力の程度等本人の事情に応じ、「後見」「保佐」「補助」の3種の制度がある。

解　説

◆**成年後見制度の意義**　急速に進む高齢化社会への対応、知的・精神的障害者の福祉の充実の観点から、従前の未成年者を除く制限行為能力者の保護の理念と、本人の自己決定を尊重し残存能力を活用して、障害者も家庭や地域で通常の生活を営める社会をつくるという理念（ノーマライゼーション）との調和を目的として、平成12年4月1日から、成年後見制度がスタートした。同制度は、従前の禁治産・準禁治産制度にかわるものとしての「法定後見制度」および新設の「任意後見制度」からなっている。そして法定後見制度は、①禁治産制度を改

正した「後見」の制度、②準禁治産制度を改正した「保佐」の制度、③新設の「補助」の制度の3種で構成されている。

後見、保佐、補助の制度ならびに任意後見制度の公示方法としては、後見登記等に関する法律に基づく成年後見登記制度が採用され、従前の禁治産・準禁治産に係る戸籍への記載は廃止された。

◆**後見制度（任意後見制度を除く）**　「後見」（ここでは、成年後見を意味し、未成年後見は別項で説明する）は、精神上の障害により判断能力（事理を弁識する能力）を欠く常況にある者を保護する制度である。当該者について、本人、配偶者、4親等内の親族、未成年後見人、未成年後見監督人、保佐人、保佐監督人、補助人、補助監督人、検察官の請求に基づき、家庭裁判所により後見開始の審判がなされる（民法7条。なお、老人福祉法、知的障害者福祉法または精神保健及び精神障害者福祉に関する法律の規定に基づき市町村長が請求することもある）。この審判を受けた者は成年被後見人となり、成年被後見人の財産に関する法律行為の法定代理人として成年後見人が家庭裁判所から選任される（民法8条・843条）。

成年被後見人の行為については、本人または成年後見人により取り消すことができるが、本人意思の尊重の観点から、日用品の購入その他日常生活に関する行為については、取消権の対象から除かれている（民法9条）。成年後見制度は、旧来の禁治産制度のかわりとなるものであるが、この点については、旧禁治産と異なっている。

成年被後見人が、行為能力を回復したときは、制限行為能力者としておくことは不

当であるから、本人、配偶者、4親等内の親族、未成年後見人、未成年後見監督人、成年後見人、成年後見監督人または検察官の請求に基づき、家庭裁判所により後見開始審判の取消がなされる（民法10条）。

◆ **「保佐」の制度**　「保佐」は、精神上の障害により判断能力が著しく不十分な者（後見を要する程度の者を除く）を保護する制度である。当該者について、本人、配偶者、4親等内の親族、後見人、後見監督人、補助人、補助監督人、検察官の請求に基づき、家庭裁判所により保佐開始の審判がなされる（民法11条。なお、老人福祉法、知的障害者福祉法または精神保健及び精神障害者福祉に関する法律の規定に基づき市町村長が請求することもある）。この審判を受けた者は「被保佐人」となり、「保佐人」が裁判所から選任される（民法12条・876条の2）。なお、保佐制度は平成12年以前の準禁治産制度にかわるものであるが、準禁治産制度の対象であった浪費者は保佐制度の対象からは除かれている。

保佐人には、民法13条1項各号に掲げる被保佐人の行為（借財や保証、不動産等の処分等）について、同意権が付与される。なお、同項各号に定める行為のほか裁判所の審判により保佐人の同意を要する行為を定めることもできる（同条2項本文）。同意権の対象とされる行為について被保佐人が保佐人の同意を得ずに行った行為は、本人または保佐人により取り消すことができる（同条4項）。また、特定の法律行為について、本人の同意を得たうえで、審判により、保佐人に対し代理権が付与されることがある（同法876条の4第1項・2項）。

なお、保佐開始の審判後、預金先金融機関に対しその旨の届出をしない間に、保佐人の同意を得ずに被保佐人が行った預金払戻しにつき、普通預金規定による免責約款の有効性を認め、被保佐人からの預金払戻しの取消を認めなかった裁判例がある（東京高判平22.12.8金法1949号115頁。【10771】参照）。

◆ **「補助」の制度**　「補助」は、精神上の障害により判断能力が不十分な者を保護する制度である。当該者について、本人、配偶者、4親等内の親族、後見人、後見監督人、保佐人、保佐監督人または検察官の請求に基づき、家庭裁判所により補助開始の審判がなされる（民法15条1項。なお、老人福祉法、知的障害者福祉法または精神保健及び精神障害者福祉に関する法律の規定に基づき市町村長が請求することもある）。ただし、本人以外の請求の場合には、本制度を利用するについての本人の同意が必要である（民法15条2項）。この審判により本人は「被補助人」となり、「補助人」が裁判所から選任される（同法16条・876条の7）。

この審判と同時に、補助人に特定の法律行為についての同意権（場合によって代理権も）が付与される（民法17条1項・876条の9第1項・2項）。補助人の同意が必要な行為であって、その同意またはこれにかわる許可を得ないで行った被補助人の行為は、本人または補助人により取り消すことができる（同法17条4項）。

成年後見登記制度とはいかなるものか

結　論

成年後見登記制度とは、法定後見制度に関する事項と任意後見契約に係る事項との登記が登記ファイルに記録され、その内容が登記事項証明書を通じて確認できるものである。制限行為能力者との取引の法的安全性を確保する手段として、有効である。

解　説

◆成年後見登記制度の概要　平成12年4月に成年後見制度がスタートしたことに伴い、後見登記等に関する法律（以下「後見登記法」という）が施行され、後見、保佐、補助という民法が規定する法定後見制度に関する登記と、任意後見契約法に規定する任意後見契約の登記からなる「成年後見登記制度」が設けられた。また、これと同時に、従来の禁治産・準禁治産に係る戸籍への記載は廃止された。

法定後見制度に係る登記は、嘱託または申請により、磁気ディスクによる後見登記等ファイルに、以下のような事項を記録することにより行われる（後見登記法4条）。
・後見・保佐・補助の種別、開始の審判をした裁判所、審判の事件の表示および確定年月日
・成年被後見人・被保佐人・被補助人の氏名、出生年月日、住所および本籍、外国人の場合国籍
・成年後見人・保佐人・補助人の氏名また

は名称および住所
・成年後見監督人・保佐監督人・補助監督人が選任されたときは、その氏名または名称および住所
・保佐人・補助人の同意を得ることを要する行為が定められたときは、その行為
・保佐人・補助人に代理権が付与されたときは、その代理権の範囲
・複数の成年後見人・保佐人・補助人または複数の成年後見監督人・保佐監督人・補助監督人が、共同でまたは事務を分掌して、その権限を行使すべきことが定められたときは、その定め
・後見・保佐・補助が終了したときは、その事由および年月日
・家事事件手続法127条1項の規定（同項が準用される同条5項ならびに135条および144条の場合も含む）により成年後見人・保佐人・補助人または成年後見監督人・保佐監督人・補助監督人の職務を停止する審判前の保全処分がされたときは、その旨
・前号の規定により成年後見人・保佐人・補助人または成年後見監督人・保佐監督人・補助監督人の職務代行者を選任する審判前の保全処分がなされたときは、その氏名または名称および住所
・登記番号

また、任意後見契約（【10727】【10764】参照）の登記内容は、以下のとおりである（後見登記法5条）。
・任意後見契約に係る公正証書を作成した公証人の氏名・所属ならびにその証書番号および作成年月日
・任意後見契約の委任者（後見を受ける本人）の氏名、出生年月日、住所および本

籍（外国人の場合は国籍）
- 任意後見受任者または任意後見人の氏名または名称および住所
- 任意後見受任者または任意後見人の代理権の範囲
- 複数の任意後見人が共同して代理権を行使すべきことを定めたときは、その定め
- 任意後見監督人が選任されたときは、その氏名または名称および住所ならびにその選任の審判の確定の年月日（複数の任意後見監督人が選任されたときは、その権限行使の内容）
- 任意後見契約終了時には、その事由および年月日
- 家事事件手続法225条により準用される同127条１項により任意後見人または任意後見監督人の職務を停止する審判前の保全処分がされたときは、その旨
- 前号の規定により任意後見監督人の職務代行者を選任する審判前の保全処分がなされたときは、その氏名または名称および住所
- 登記番号

　これらの登記記録については、後見登記等ファイルに記録された事項を証明した書面（登記事項証明書）が、請求により交付されるが（後見登記法10条）、交付の請求ができる者は、本人、配偶者、４親等内の親族、成年後見人、成年後見監督人、保佐人、保佐監督人、補助人、補助監督人、任意後見受任者、任意後見人、任意後見監督人などに限られる。登記ファイルに記録がないときは、その旨の証明（いわゆる「ないこと証明」）が交付される。

　旧制度による禁治産者・準禁治産者については、新制度における後見・保佐の制度

がそれぞれ適用され（ただし、旧制度における浪費者（旧民法11条）を理由とする準禁治産者は被保佐人の範囲から除外されているため、浪費者として準禁治産者であった者は引き続き準禁治産者として扱われる）、申請によって後見登記へ移記される（同法附則２条）。

◆**成年後見登記制度の活用**　　成年後見登記の内容は、前記のように登記事項証明書の交付を受けることで把握できるが、金融機関等の制限行為能力者の取引先が自ら交付請求をすることはできない。したがって、交付請求権者を通じて登記事項証明書を入手し、その内容を確認することとなる。登記事項証明書で代理権を確認し、成年後見人等や任意後見監督人が選任された後の任意後見人を代理人として取引を行えば、制限行為能力者との取引の法的な安全性は確保できる。

　しかし、登記ファイルに記録がない旨の証明（ないこと証明）を入手したときに、それをもって取引先の意思能力ありと判断することはリスクが大きい。成年後見制度を利用していないため制限行為能力者ではないが、そもそも自分の行為の結果を判断することのできる能力（意思能力）を欠く者が存在するからである。あくまでも本人と面談して、直接、意思能力を確認すべきである。特にリスク性商品の取引や与信取引においては、慎重な確認が必要である。

10727 任意後見制度

任意後見制度とはいかなるものか

結　論

　任意後見制度とは、将来精神的障害により判断能力が不足する場合に備えて、当事者が任意に後見に係る契約を締結し、任意後見委任者が、自分の生活、療養看護および財産管理を任意後見受任者に委託しておき、現実にその必要が生じた場合に、家庭裁判所が任意後見監督人を選任したうえで、任意後見受任者が任意後見人として活動するという仕組みである。任意後見人は、法定（成年）後見人と異なり、被後見人が行った法律行為に対する取消権がなく、任意後見契約（公正証書）において定められている範囲内でしか代理権を有しないので注意が必要である。

解　説

◆任意後見制度の意義　任意後見制度は、平成12年4月施行の任意後見契約法に基づき新たに制定された仕組みであり、民法の任意代理の委任契約に新類型を追加するものである。特に、現実となった高齢化社会の到来のもと、判断能力に不安を抱える高齢者等がかかわる法律行為を保護し安定化させる制度として、活用されている。

　この制度は、精神的障害により判断能力が不足することとなった場合に備えて、当事者が任意に後見に係る委任契約（任意後見契約）を締結し、任意後見委任者が、自分の生活、療養看護および財産の管理を任意後見受任者に委託しておき、現実にその必要が生じた場合に、家庭裁判所が「任意後見監督人」を選任したうえで、任意後見受任者が「任意後見人」として活動するという仕組みである。

◆任意後見制度の概要　任意後見制度を利用するには、まず、本人（任意後見委任者）が、将来判断能力が不十分となった場合における自己の生活、療養看護、財産管理等の事務の全部または一部を委託し、その委託事務について代理権を付与する旨の「任意後見契約」を「任意後見受任者」との間で、公正証書により締結する。この契約には、家庭裁判所が「任意後見監督人」を選任した時から契約の効力が発生する旨の定めが必要である（任意後見契約法2条1号）。なお、移行型の任意後見契約・財産管理契約については【10767】を参照されたい。

　前記の任意後見契約が登記されている場合、本人に精神上の障害により事理を弁識する能力が不十分な状況にあるとき（法定後見制度の「補助」の要件に相当する程度）には、原則として、家庭裁判所が、本人、配偶者、4親等内の親族または任意後見受任者の申立により、「任意後見監督人」を選任する。申立が本人以外の者による場合には、本人が意思表示できない場合を除いて本人の同意を要する（任意後見契約法4条1項本文・3項）。なお、本人が未成年であったり、本人がすでに成年被後見人・被保佐人・被補助人であってそれを継続することが本人の利益のために特に必要であると認められる場合、任意後見受任者が本人に対して訴訟をした者およびその配偶者ならびに直系血族であるときや不正な行為、不行跡等があり後見人の任務に適しない場合には、任意後見監督人となることはできない（同法4条1項ただし書）。

　任意後見監督人が選任されると、任意後見受任者は「任意後見人」として本人のた

め代理権を有することとなる（ただし、その代理権の範囲は、任意後見契約に定められた事務の範囲に限られる）。任意後見人は、委託された事務を行うにあたっては、本人の意思を尊重し、かつ、その心身の状態および生活の状況に配慮しなければならない（任意後見契約法6条）。

任意後見監督人は、任意後見人の事務を監督し、不適任と認めるときは解任の申立を行い、法定後見開始の必要性があるときは法定後見開始の申立を行う（任意後見契約法7条・8条・10条）。

なお、家庭裁判所が法定後見開始の審判をしたときは、任意後見と法定後見が並存することはないので任意後見契約は終了する（任意後見契約法10条3項）。

◆**任意後見に関する登記**　任意後見契約は公正証書によることは前述のとおりであるが、公正証書作成時に、公証人の嘱託に基づき任意後見契約締結の登記が行われる（公証人法57条の3第1項）。任意後見契約締結の登記がなされている場合は、本人のために特に必要があると認められる場合に限って法定後見開始の審判がなされる（任意後見契約法10条1項）。これは、本人の意思をできるだけ尊重しようとする趣旨からであると思われる。家庭裁判所が任意後見監督人を選任したときには、申請または家庭裁判所書記官の嘱託に基づき変更登記が行われる（家事事件手続法116条1号、後見登記等に関する法律5条）。

10728　代理人との取引

代理人と取引を行う場合、どのようなことに注意すべきか

結　論

代理人と取引を行う場合は、必ず本人作成の委任状や代理人に関する届出（継続取引の場合）を受け、本人の代理権授与の意思、代理権の範囲、および当該取引が代理権の範囲内の行為かどうかを確認したうえで取引を行う。本人の意思確認が書類だけでは不十分であると考えられる場合は、電話や書状、訪問等により、直接本人に照会を行うべきである。なお、代理権の確認は、従前、法令上の義務ではなかったが、犯罪収益移転防止法およびその政省令の改正に伴い、平成25年4月より法令上の義務とされているので注意が必要である。

解　説

◆**代理制度**　代理とは、本人にかわって別の人間が意思表示を行うことにより法律行為（契約等）を行い、その効果が本人に帰属する制度をいう。

代理には、本人の意思により一定の法律行為を行う権限を与えられた任意代理（民法99条）と、未成年者を代理する親権者（同法824条）や成年被後見人を代理する成年後見人（同法859条）等、法律により代理人を置くべきことが定められており一定の要件を備えた者が代理人とされる法定代理がある（なお、使者は、代理人と異なり自らの判断で法律行為をする権限は与えられておらず、本人から命じられたことを命じられたとおりに実行するだけである。いわば本人の手足にすぎず、代理人とは区別される）。

銀行取引では、本人と取引をするのが大原則であるが、任意代理人による取引がしたいというニーズがないではなく、そのようなニーズに応え例外的に代理取引を行うこともある。また、成年被後見人など行為能力が法律上制限されている者との取引や裁判所の選任するものが代理人に選任された場合は、法定代理人により取引を行わざるをえない。

いずれの場合にせよ、代理人が正当に行った取引の効果は、法律上本人に帰属するが、代理人として行為した者がまったくの無権限であったり、権限外の行為をした場合には、"原則として"その取引の効果は本人には帰属せず、当該者に帰属することになる（"例外"については、後述）。

◆代理人取引における留意点

(1) 任意代理人は、本人の依頼を受けて代理人となるが（法定代理については、【10725】および【10745】【10746】【10747】【10748】等参照）、本人の任意代理人に対する代理権授与は、書面によらずとも（口頭でも）有効である。もっとも、代理権授与は、本人により委任状が作成されることが一般的である。本人から金融機関に対し代理人取引の申出がある場合は、委任状（原則、本人の署名・実印による押印があるもの。なお、当該実印の印影を確認するため本人の印鑑証明書を添付してもらう）原本の提出に加え、継続取引の場合は顧客本人から任意代理人に関する届出を受け入れ、本人の意思および代理権の範囲を確認したうえで取引を行う。本人の意思確認が書類だけでは不十分であると考えられる場合は、電話や書状、訪問等により、本人への照会を行うべきである。任意代理人の印

鑑や住所が変更になった場合など任意代理人に関し届出の変更を要する場合は、必ず本人から届出を受ける。なお、代理権授与は委任状等で確認できるものの、代理権の範囲が特に定められていない場合、当該代理権の範囲は、財産の現状を維持・保存する行為（保存行為）、代理の目的である物または権利の性質を変えない範囲で利用・収益する行為（利用行為）もしくは物の使用価値や交換価値を増加させる行為（改良行為）となる（民法103条）。

(2) 法定代理人との取引を行う場合、法定代理権を証する資料により代理権の存否について確認を行う。法定代理権を証する資料とは、たとえば、①成年後見人の場合は、法務局の登記事項証明書または裁判所の審判書（確定証明書付き）、②親権者の場合は、戸籍謄本、住民票や健康保険証その他の続柄が確認できるもの、③裁判所が選任した法定代理人の場合は、裁判所の審判書である。

(3) 代理人が代理行為を行う場合には、相手方が法律効果の帰属先を誤認しないようにするため、本人のためにすることを示して行為を行うのが民法の原則である（顕名主義：民法99条）。しかし、商行為に基づく代理の場合は、手形・小切手行為を除き、かかる表示がなくとも本人に効果が帰属するものとされている（商法504条）。

なお、代理人取引においても、犯罪収益移転防止法により、金融機関には代理人について、本人確認義務が課せられている（【10723】参照）ので、代理人に対し、①顧客等と一定の関係（同居の親族または法定代理人）であること、②当該顧客等が作成した委任状等を有していること、③当該

顧客等に電話をかけること、その他これに類する方法により当該代表者等が当該顧客等のために当該特定取引等の任にあたっていることが確認できること、④特定事業者が顧客等と代表者等との関係を認識しているなどの理由により顧客等のために取引の任にあたっていることが明らかであること、のいずれかにより代理人についての本人確認をしなければならない（同法施行規則12条4項）。

◆**復代理**　復代理とは、代理人がさらに代理人を選任し本人を代理させることである。こうして選任された本人の代理人を復代理人という。任意代理人は、本人の許諾を得たときまたはやむをえない事情があるときに限り、自らのかわりに本人のため代理権を行使する復代理人を選任することができる（民法104条）が、法定代理人は、任意代理人と異なり、常に自己の責任で復代理人を選任することができる（同法106条、改正民法105条）。

復代理人は代理人から選任されるが、あくまで本人の代理人である。代理人の代理人ではないことに注意すべきである（復代理人は本人の名において代理行為を行う。民法107条1項、改正民法106条1項）。また、代理人が復代理人を選任しても代理人自らの代理権は失われない。復代理人の代理権は代理人の代理権を基礎としており、復代理人の代理権の範囲は代理人の代理権の範囲にとどまり、代理人の代理権が消滅すると復代理人の地位も終了する。

◆**代理権の消滅**　代理権は、本人の死亡、代理人の死亡、または代理人の破産手続開始決定もしくは後見開始の審判により消滅する（民法111条1項1号・2号）。

任意代理権の場合は、契約（委任契約等）が終了したときにも代理権は消滅する（民法111条2項）。なお、法定代理の場合には代理権の消滅事由につき特段の規定が設けられている場合があるので注意が必要である。平成28年10月13日施行の「成年後見の事務の円滑化を図るための民法及び家事事件手続法の一部を改正する法律」により、成年被後見人が死亡した後も、成年後見人は、死後事務として、当該事務を行う必要があり、成年被後見人の相続人が相続財産を管理できる状態に至っておらず、かつ、相続人の意思に反することが明らかな場合でないときには、①個々の相続財産の保存に必要な行為、②弁済期が到来した債務の弁済、③相続財産全体の保存に必要な行為（たとえば、債務を弁済するための預貯金の払戻し）を行うことができ、③については家庭裁判所の許可を要する（同法873条の2各号）。

◆**無権代理と表見代理**　取引の相手方が取引に係る正当な代理権を有していなかった場合、すなわち無権代理行為であった場合、本人が無権代理行為を追認しない限り、本人に対してその効力を生じないのが原則である（民法113条1項）。

例外的に、代理権授与の表示による表見代理（民法109条本文）、権限踰越による表見代理（同法110条）または代理権消滅後の表見代理（同法112条本文）の成立が認められる場合は、本人に対して契約の効力が帰属する場合もある（ただし、いずれの場合も金融機関が善意無過失でなければならない）。

もっとも、金融取引のプロである金融機関の役職員としては、本人と代理人との関

係に不審な点があるなど正当な代理行為であるかどうか疑わしい事情が垣間見える場合は、不審な点が払拭されるまで確認する努力をすべきである。

◆**代理権に関する法令上の確認義務**　金融機関等が代理人と取引を行う場合、従前、法令上代理権の確認は義務づけられていなかったが、犯罪収益移転防止法およびその政省令の改正により、代理人について、①顧客等と一定の関係（同居の親族または法定代理人）であること、②当該顧客等が作成した委任状等を有していること、③当該顧客等に電話をかけること、その他これに類する方法により当該代表者等が当該顧客等のために当該特定取引等の任にあたっていることが確認できること、④特定事業者が顧客等と代表者等との関係を認識しているなどの理由により、顧客等のために取引の任にあたっていることが明らかであること、のいずれかの方法により代理権の有無を確認することが義務づけられた（以上の方法は、顧客等が自然人である場合。犯罪収益移転防止法施行規則12条4項1号）。

10729	署名の代理

いわゆる署名の代理は許されるか

結　論

　代理人が自己の名を示さず、本人の名だけを示して行為をすることは、手形行為については普通に行われているが、一般取引においてもそうすることについて権限が与えられている場合には、有効と認められる。

解　説

◆**顕名主義**　代理人の意思表示が直接に本人について効力を生ずるには、代理人が正当な代理権を有し、かつ、その代理権の範囲内で、本人のためにすることを示して意思表示をしなければならない（民法99条1項）。この「本人のためにすることを示す」行為を顕名という。もっとも、商行為の代理については、本人と代理人との間に代理関係が存在する限り、代理人が本人のためにすることを示さず、また相手方がこれを知らないときでも、本人に対してその効力を生ずる（商法504条）。顕名は、一般に、「甲代理人乙」のように明示的に記載される。しかし、明示されなくても、すべての事情から判断してその趣旨が明らかにされていればよいとされている（於保不二雄編『注釈民法(4)』21頁〔浜上則雄〕）。

◆**手形行為における署名の代理**　商法では顕名主義はとられていないが、手形行為については顕名主義がとられている（手形法8条、小切手法11条）。判例は、手形行為につき代理方式の1種として、代理人が自署または記名捺印することなく、直接に本人名義で手形行為をする、いわゆる署名の代理を認めている（大判大4.9.15民録21輯1465頁等多数）。

　署名の代理と類似する観念に署名の代行がある。これは、本人の指図に従い、単に事実上の行為をするにとどまり、本人の機関として行動するものである点で代理とは異なる性質のものである。

◆**一般取引の署名代理**　署名の代理は、手形行為については普通に行われており、判例も確立しているが、一般の取引におい

ても、特にそうすることまでの権限が与えられている場合には有効な代理の方法として認められる。

民法は、代理について顕名を要求しているが、代理人と本人とが異なる人間であることを示すことまでは代理の要件としては必要でないと考えられる（長崎控判大10.11.19新聞2877号15頁）。親権者が未成年者のために未成年者の名だけを示して取引する行為も、正常な代理権者が代理してなしたものと推定すべきである（大判大９.６.５民録26輯812頁）とし、顕名の手段として有効と解している（前掲『注釈民法(4)』21頁）。

なお、代理人が自分の名を示さず、日常取引で常に本人、たとえば妻の氏名だけを示して行為をしているような事情があるとき、すなわち、本人の名を単なる符牒として用い、実際は代理人自身の行為であるという場合には、代理の問題は生じない（大判大10.７.13民録27輯1318頁、前掲『注釈民法(4)』22頁）。

第2節

法人に対する確認

10730 取引時確認の方法（法人）

法人取引先の取引時確認をするにはどうしたらよいか

結　論

① 預金口座の開設等、犯罪収益移転防止法に定められた特定取引等をする場合には、同法に定められた取引時確認を行う。

② 法人の取引時確認に際しては、当該法人の実質的支配者について常に自然人までさかのぼって特定し、その自然人の本人特定事項を確認する必要がある。

③ 法人取引先の場合、代表者等の取引担当者の本人確認書類および取引権限を証する書類の提示も必要である。この際、当該法人の社員証は取引権限を証する書類としては扱えないので、注意を要する。

解　説

◆**取引時確認**　金融機関が、普通預金口座の開設や定期預金の作成等の継続的な取引を開始する場合や、1回に200万円を超える現金等の取引（現金振込等の為替取引では10万円を超える取引）をする場合をはじめとする、犯罪収益移転防止法において定められた特定取引等（特定取引およびハイリスク取引を指す）を行う際には、金融機関は、顧客に対して取引時確認を行う必要がある（同法4条、同法施行令7条・12条。特定取引およびハイリスク取引の具体的な類型については、【10722】参照）。

◆**取引時確認における確認事項**　法人取引先に対する取引時確認事項は、特定取引の場合には①本人特定事項（法人の名称および本店または主たる事務所の所在地）、②取引担当者の本人特定事項および取引権限、③取引目的、④事業内容、⑤実質的支配者の本人特定事項である（犯罪収益移転防止法4条1項各号・4項）。ハイリスク取引で、200万円を超える財産の移転を伴う場合には、①～⑤に加えて⑥資産および収入の状況の確認が必要となる（同法4条2項）。

◆**実質的支配者**　従前は、法人取引先について常に自然人までさかのぼった実質的支配者の確認を行う必要はなかったが、平成28年10月1日施行の改正犯罪収益移転防止法により、法人取引先については常に自然人までさかのぼった実質的支配者の本人

特定事項の確認が必要となった（同法施行規則11条2項各号）。これにより、法人について実質的支配者が存在しないという事態は想定されなくなった。なお、この場合において、国、地方公共団体、上場会社等は自然人とみなされ、実質的支配者となりうる（同規則11条4項）。実質的支配者の特定プロセスについては、【10731】を参照されたい。

◆**確認の方法**　以下では、対面取引における取引時確認の方法について述べる。

(1)　法人の本人特定事項　取引担当者から登記事項証明書、印鑑登録証明書等の本人確認書類の提示を受けることにより、確認を行う（犯罪収益移転防止法施行規則6条3号イ・7条2号）。

(2)　取引担当者の本人特定事項および取引権限　取引担当者の本人特定事項の確認は、個人取引先の本人特定事項の確認の際と同様の方法による（【10722】【10723】参照）。

取引権限の確認は、委任状等を確認することにより行う（犯罪収益移転防止法施行規則12条4項各号）。なお、従来は当該法人の社員証や、役員として登記されていることの確認によって取引担当者の取引権限を確認することが可能であったが、平成28年10月1日施行の改正犯罪収益移転防止法のもとでは、取引権限の確認に当該法人の社員証を使用することができなくなり、また、登記についても代表権のある役員として登記されている場合に限って取引権限の確認に使用できることとされたので、注意を要する（同規則12条4項2号イおよびロ参照）。

(3)　取引目的　取引担当者から申告を受ける方法による（犯罪収益移転防止法施行規則9条）。

(4)　事業内容　定款、登記事項証明書等を確認する方法による（犯罪収益移転防止法施行規則10条2号）。

(5)　実質的支配者　取引担当者から申告を受ける方法により行う（犯罪収益移転防止法施行規則11条1項）。ただし、ハイリスク取引については、実質的支配者の本人特定事項の申告に加えて、資本多数決法人の場合には株主名簿、有価証券報告書といった法人の議決権保有状況を示す書類の確認が、資本多数決法人以外の法人の場合には、登記事項証明書、官公署発行書類等で、法人の代表権限を証する書類の確認が必要となる（同規則14条）。

なお、確認記録を作成する関係上、実質的支配者の本人特定事項のみならず、実質的支配者と顧客の関係（実質的支配者が犯罪収益移転防止法施行規則12条4項各号のいずれに該当するのか）についても申告を受ける必要がある（同規則20条1項18号）。

(6)　資産および収入の状況　法人の場合、貸借対照表、損益計算書等の書類を確認する方法による（犯罪収益移転防止法施行規則14条4項2号）。

◆**確認記録**　取引時確認を行った場合には、直ちに確認記録を作成し、所定の期間保存しなければならない（犯罪収益移転防止法6条）。

◆**貸出取引における本人確認の基本**　以上は犯罪収益移転防止法上の取引時確認についてであるが、貸出取引においては、債権保全の観点からの確認（広い意味での意思確認ないし属性確認）を行うべきである。貸出取引開始にあたっての確認の基本につ

いては個人取引先に対する確認（【10723】）を参照されたい。

　法人取引先の場合、法人の代表機関を相手として取引を行う。したがって、約定書や印鑑届等の必要書類への署名にあたっては、法人名とともに代表機関の資格・氏名を記載させる（個人と同様、原則として実印の押捺を求める）。法人の代表者の行為は、会社法をはじめとする各種の法律に、種々の規定や制約事項があるので、十分注意して取引を行う必要がある。また、履歴事項証明書には直近約3年のデータしか記載されないので（商業登記規則30条1項2号）、社名、代表者、住所等の変更があり、疑義の生じたときは、閉鎖事項証明書、定款等を必要に応じて徴求し、役員や株主の関係等も含めて納得のいくまで確認すべきである。また、直接事業所を訪問する等により、営業実態があることの調査を行うことも必要である。

10731　法人の実質的支配者の確認

法人取引先の取引時確認をするにあたって、その実質的支配者はどのように特定するのか

結　論

　実質的支配者の特定プロセスは、当該法人が資本多数決法人か否かにより異なる。確認の方法は、ハイリスク取引を除き、取引担当者の申告による。ただし、実質的支配者の存在確認が困難であるとの申告を受けた場合であっても、それを安易に鵜呑みにするのではなく、金融機関においても必要な説明を求め、その説明の合理性を吟味すべきである。

解　説

◆**実質的支配者の特定の必要性**　金融機関が、法人取引先と普通預金口座の開設等、犯罪収益移転防止法において定められた特定取引等（特定取引およびハイリスク取引を指す）を行う際には、金融機関は、顧客に対して取引時確認を行う必要がある（同法4条、同法施行令7条・12条。特定取引およびハイリスク取引の具体的な類型については、【10722】参照）。そして、その取引時確認の確認事項の一つとして、法人の実質的支配者の本人特定事項がある（同法4条1項4号）。

　従前は、法人取引先について常に自然人までさかのぼった実質的支配者の確認を行う必要はなかったが、平成28年10月1日施行の改正犯罪収益移転防止法のもとでは、法人取引先については常に自然人までさかのぼった実質的支配者の本人特定事項の確認が必要となった（同法施行規則11条2項各号）。これにより、法人について実質的支配者が存在しない、という事態は想定されなくなった。なお、この場合において、国、地方公共団体、上場会社等は自然人とみなされ、実質的支配者となりうる（同規則11条4項）。

◆**実質的支配者の特定プロセス**　実質的支配者の特定プロセスは、当該法人が資本多数決法人（株式会社、特例有限会社、投資法人等）である場合と資本多数決法人以外の法人（一般社団法人、一般財団法人、医療法人、宗教法人、持分会社等）である

場合で異なる（犯罪収益移転防止法施行規則11条2項）。

(1) 資本多数決法人の場合

① 当該法人の議決権の総数の4分の1を超える議決権を直接または間接に有している自然人がある場合（当該法人の事業経営を実質的に支配する意思もしくは能力がないことが明らかな場合または他の自然人が議決権の総数の2分の1を超える議決権を直接もしくは間接に有している場合を除く）における当該自然人（ある自然人が、当該法人の議決権の総数の4分の1または2分の1を超える議決権を有するかどうかの判定については、同規則11条3項参照）

② ①に該当する者がいない場合であって、出資、融資、取引その他の関係を通じて当該法人の事業活動に支配的な影響力を有していると認められる自然人があるときにおける当該自然人

③ ①、②いずれにも該当しないと認められる場合における当該法人を代表し、その業務を執行する自然人

(2) 資本多数決法人以外の法人の場合

① 当該法人の事業から生ずる収益もしくは当該事業に係る財産の総額の4分の1を超える収益の配当もしくは財産の分配を受ける権利を有していると認められる自然人がある場合（当該法人の事業経営を実質的に支配する意思もしくは能力を有していないことが明らかな場合または当該法人の事業から生ずる収益もしくは当該事業に係る財産の総額の2分の1を超える収益の配当もしくは財産の分配を受ける権利を有している他の自然人がある場合を除く）における当該自然人

② 出資、融資取引その他の関係を通じて当該法人の事業活動に支配的な影響力を有すると認められる自然人がある場合における当該自然人

③ ①、②いずれにも該当しないと認められる場合における当該法人を代表し、その業務を執行する自然人

◆**実質的支配者の確認方法**　法人の実質的支配者の確認は、取引担当者からの申告により行う（犯罪収益移転防止法施行規則11条1項）。しかし、取引担当者から、実質的支配者の存在の確認が困難である旨の申告がなされる場合がありうる。このような場合は、実質的支配者の存在の確認が困難である理由について説明を求め、それがやむをえないものであると認められるときは、当該法人を代表し、その業務を執行する者を実質的支配者として申告することを認めてよい（犯罪収益移転防止法の一部を改正する法律の施行に伴う関係政令の整備等に関する政令案に係る平成27年9月18日公表のパブリックコメント参照）。ただし、実質的支配者の存在確認が困難であるとの申告を安易に鵜呑みにするのではなく、金融機関においても必要な説明を求め、その説明の合理性を吟味すべきである。

なお、ハイリスク取引については、実質的支配者の本人特定事項の申告に加えて、資本多数決法人の場合には株主名簿、有価証券報告書といった法人の議決権保有状況を示す書類の確認が、資本多数決法人以外の法人の場合には、登記事項証明書、官公署発行書類等で、法人の代表権限を証する書類の確認が必要となる（犯罪収益移転防止法施行規則14条）。

10732 商業登記の見方

商業登記はどのようにみるか

結　論

　商業登記には、会社の商号・本店・目的、取締役の氏名など一定の法定事項が記載されている。会社との取引にあたっては、登記事項証明書によって、会社の存在、住所、目的、代表者、支配人の選任の有無、会社の目的の範囲内の行為か否かなどを確認する。

解　説

◆**商業登記の意義**　商業登記とは、商人に関する一定の法定事項を商業登記簿に記載することによって行う登記をいう。すなわち、商業登記の主な目的は株式会社その他の商人の発生、変動、消滅など一定の重要な事項を公示し、もって、商人と取引をしたり、利害関係を有する第三者の利益を保護しようとするものである。この点で、物権の変動、得喪の第三者対抗要件である不動産登記とは異なる。

　商業登記簿には、①商号登記簿、②未成年者登記簿、③後見人登記簿、④支配人登記簿、⑤株式会社登記簿、⑥合名会社登記簿、⑦合資会社登記簿、⑧合同会社登記簿、⑨外国会社登記簿、の9種類がある（商業登記法6条）。

　なお、会社以外の法人についても登記がなされ、法人登記といわれるが、登記事項は商業登記とはかなり異なっている。

◆**登記事項**　登記事項は法定されており、

①商号や支配人など商人一般に関するもの、②未成年者や後見人のように個人商人に関するもの、③会社の設立や合併など会社に関するものがある。また、㋑必ず登記しなければならないもの（絶対的登記事項）と、㋺登記するか否かが当事者の裁量に任されているもの（任意的登記事項または相対的登記事項）とがある。任意的登記事項の例としては、個人商人の商号や会社の支配人の登記があげられる。なお、任意的登記事項でも、いったん登記すれば、その変更・消滅は必ず登記しなければならない（会社法909条）。

　登記事項の多くは絶対的登記事項であるが、そのうち、株式会社の絶対的登記事項は次のとおりである（会社法911条3項）。

① 　目的
② 　商号
③ 　本店および支店の所在場所
④ 　株式会社の存続期間または解散の事由についての定款の定めがあるときは、その定め
⑤ 　資本金の額
⑥ 　発行可能株式総数
⑦ 　発行する株式の内容（種類株式発行会社にあっては、発行可能種類株式総数および発行する各種類の株式の内容）
⑧ 　単元株式数についての定款の定めがあるときは、その単元株式数
⑨ 　発行済株式の総数ならびにその種類および種類ごとの数
⑩ 　株券発行会社であるときは、その旨
⑪ 　株主名簿管理人を置いたときは、その氏名または名称および住所ならびに営業所
⑫ 　新株予約権を発行したときは、次に掲

げる事項

㋑　新株予約権の数

㋺　会社法236条１項１～４号までに掲げる事項（新株予約権の目的である株式の数またはその数の算定方法、当該予約権の行使に際して出資される財産の価額またはその算定方法、当該予約権を行使できる期間など）

㋩　上記㋺に掲げる事項のほか、新株予約権の行使の条件を定めたときは、その条件

㋥　会社法236条１項７号（新株予約権取得に係る条件を付した場合のその内容など）ならびに同法238条１項２号・３号（新株予約権を引き受ける者の募集に係る事項）に掲げる事項

⑬　取締役（監査等委員会設置会社の取締役を除く）の氏名

⑭　代表取締役の氏名および住所（指名委員会等設置会社である場合を除く）

⑮　取締役会設置会社であるときは、その旨

⑯　会計参与設置会社であるときは、その旨ならびに会計参与の氏名または名称および会社法378条１項の場所（会計参与による計算書類等の備置き場所）

⑰　監査役設置会社（監査役の監査の範囲を会計に関するものに限定する旨の定款の定めがある株式会社を含む）であるときは、その旨および次に掲げる事項

㋑　監査範囲を会計に関するものに限定する定款に定めがあるとき、その旨

㋺　監査役の氏名

⑱　監査役会設置会社であるときは、その旨および監査役のうち社外監査役であるものについて社外監査役である旨

⑲　会計監査人設置会社であるときは、その旨および会計監査人の氏名または名称

⑳　会社法346条４項の規定により選任された一時会計監査人の職務を行うべき者を置いたときは、その氏名または名称

㉑　会社法373条１項の規定による特別取締役による議決の定めがあるときは、次に掲げる事項

㋑　会社法373条１項の規定による特別取締役による議決の定めがある旨

㋺　特別取締役の氏名

㋩　取締役のうち社外取締役であるものについて、社外取締役である旨

㉒　監査等委員会設置会社であるときは、その旨および次に掲げる事項

㋑　監査等委員である取締役およびそれ以外の取締役の氏名

㋺　取締役のうち社外取締役であるものについて、社外取締役である旨

㋩　会社法399条の13第６項の規定による重要な業務執行の決定の取締役への委任についての定款の定めがあるときは、その旨

㉓　指名委員会等設置会社であるときは、その旨および次に掲げる事項

㋑　取締役のうち社外取締役であるものについて、社外取締役である旨

㋺　各委員会の委員および執行役の氏名

㋩　代表執行役の氏名および住所

㉔　会社法426条１項の規定による取締役、会計参与、監査役、執行役または会計監査人の責任の免除についての定款の定めがあるときは、その定め

㉕　会社法427条１項の規定による非業務執行取締役等が負う責任の限度に関する契約の締結についての定款の定めがある

ときは、その定め

㉖　会社法440条3項の規定による措置（貸借対照表に関する情報を電磁的方法により提供すること）をとることとするときは、同条1項に規定する貸借対照表の内容である情報について不特定多数の者がその提供を受けるために必要な事項であって法務省令で定めるもの

㉗　会社法939条1項の規定による公告方法についての定款の定めがあるときは、その定め

㉘　前記㉗の定款の定めが電子公告を公告方法とする旨のものであるときは、次に掲げる事項

　　イ　電子公告により公告すべき内容である情報について不特定多数の者がその提供を受けるために必要な事項であって法務省令で定めるもの

　　ロ　会社法939条3項後段の規定による定款の定めがあるときは、その定め

㉙　前記㉗の定款の定めがないときは、会社法939条4項の規定により官報に掲載する方法を公告方法とする旨

◆登記の効力

（1）　一般的な効力——公示力　登記の一般的な効力については、会社法908条1項で次のように定められている。

「この法律の規定により登記すべき事項は、登記の後でなければ、これをもって善意の第三者に対抗することができない。登記の後であっても、第三者が正当な事由によってその登記があることを知らなかったときは、同様とする」

前段の第一の効力は、登記すべき事項は、登記の後でなければ、その事項を善意の第三者に対抗することはできないことである。

これは消極的公示力といわれる。

この場合に対抗するとは、登記すべき事項が存在していることを主張することであり、通説によれば、善意の第三者に過失があるかどうかは問わないとされている。

この効力に関して注意すべきは、登記事項がまだ記載されていなくとも第三者のほうから、その事実の存在を主張することはさしつかえない（判例・通説）ことである。つまり、登記すべき事項が登記されていない場合、その会社の取引先である第三者としては、取引時にその事項について善意であった場合は、その事項の存在を肯定してもよいし、否定してもよいわけである。

後段の第二の効力は、登記すべき事項を登記した後は、第三者も当然その事実を知ったものとされ（悪意擬制）、正当な事由によってこれを知らなかった第三者以外の者に対してこれを対抗することができることである（最判昭49.3.22民集28巻2号368頁参照）。これは積極的公示力といわれるものである。ここにいう正当の事由とは、たとえば災害による交通途絶や登記簿の喪失などで登記をみようとしてもみられない客観的事情がある場合をいい、個人の病気や長期の海外出張のような主観的事情は含まれない。

（2）　特別な効力　登記には、前述の一般的な効力のほかに、特定の場合について、特別な効力として創設的効力が認められている。

たとえば、株式会社は、その設立の登記によって成立する（会社法49条・579条）。その結果、設立中の会社に生じた法律関係が設立後の会社に帰属する。設立登記は、設立を公示するのみならず、設立の効力を

発生させる創設的効力をもつ。

（3）　不実登記の効力　　会社法は、取引の安全を保護するため、故意または過失により不実の事項を登記した者は、その事項の不実なることをもって善意の第三者に対抗することはできない旨定めている（同法908条2項）。よって、たとえば、無効の総会決議によって選任された者が会社の代表取締役として不実の登記をした場合には、会社およびその不実登記の申請に承諾を与えた者は、善意の第三者に対して責任を負わねばならない（最判昭47.6.15民集26巻5号984頁参照）。

◆登記簿謄本、抄本、証明書、資格証明書
登記簿の原本は、会社の本店所在地を管轄する登記所にある。

登記簿に記録されている事項については、だれでも、手数料を納付して「登記事項証明書」の交付を請求することができる（商業登記法10条）。また、必要に応じて、登記簿に記録されている事項の概要を記録した書面（登記事項概要書）の交付を請求することもできる（同法11条）。旧商業登記法では、登記簿の閲覧請求が認められていたが、現在は登記簿のコンピュータ処理化が進められたことに伴い、登記事項証明書の交付に改められた。ただし、登記簿の附属書類については、利害関係者による閲覧請求が認められている（同法11条の2）。

旧法における「謄本」「抄本」の用語は現行商業登記法では廃され、登記事項証明書、登記事項概要書の交付に改められているが、実務上は謄本・抄本の呼称が残っている（なお、厳密には登記簿謄抄本とは、登記所のコンピュータ化に伴って閉鎖された登記簿など、コンピュータで管理されていない登記簿について、謄本（全部を謄写したもの）または抄本（一部だけを謄写したもの）として交付する証明書のことをいう）。ただし、登記事項概要書は「証明書」とされていない点で、従前の「抄本」とは異なることに留意すべきである。

また、旧商業登記法11条1項に規定されていた、「登記事項に変更のないこと」「ある事項の登記がないこと」の証明に係る規定が現行法では削除され、「登記事項証明書」の交付に一本化されたので（商業登記法10条1項）、いわゆる資格証明もこれで代替されることとなった。従来の資格証明は、一般的に共同代表の定めの有無を証明する手段として用いられていたが、会社法では共同代表の定めが廃止されたので、その意義は薄れている。

◆取引の開始と商業登記　　会社と銀行取引を開始する場合、諸事項を確認するため商業登記簿の登記事項証明書（いわゆる謄本）の提出を求める。

主な確認事項は、その会社の存在、目的、代表者（委員会等設置会社の場合の代表執行役を含む）等である。取引の開始に際して登記事項証明書を利用するときの主な問題点をあげる。

（1）　本店が登記上の所在場所と異なる場合　　取引を開始する会社の本店（本社）が、登記上の所在場所と異なる場所にある場合がある。本店を移転して登記がそのままになっていたり、旧商法規定の類似商号等に抵触し、登記が受理されなかったりしたためなどのケースである。この場合、そのままで貸付を行ったりすると、後日、債務否認等問題を生ずるおそれがある。

そこで、取引を開始するにあたっては、

登記簿の所在場所を真実の所在場所に符合させるため、変更登記を依頼すべきである。やむをえず符合しないまま取引に応ずる場合には、実態面からみて同一性のあることを確認のうえ、登記上の所在地とは別の場所を会社の所在地として取引すること、その取引により金融機関に損害が発生したときはその責めを負うことを表明した、会社の念書を提出させる。

（2）支店との取引　会社の支店と取引する場合、その支店について支店登記がなされ（支店所在地における登記事項は、会社の商号、本店の所在場所、当該支店の所在場所の登記のみである（会社法930条2項））、かつ、本店の登記簿において支店長につき支配人の登記がなされていれば（同法918条）、登記の記載に従って、その者を相手方として、その会社と取引することができる。なお、これまで支店における登記事項とされていた支配人登記が、本店における登記に吸収されたため、支店における登記の効力に関する旧商法13条は平成17年の改正により廃止された。

本店の登記簿において支配人登記がなされていなくても、登記以外の書類によって支店長の権限等が確認できれば、前述に準じた扱いも可能であるが、この場合は、代表者の委任状（代理人届）を求めたうえで取引すべきである。

（3）外国会社　外国会社（外国の法令に準拠して設立された会社）が日本国内で継続して取引を行うためには、日本における代表者を定め、営業所を設けていない場合はその住所地において、営業所を設けた場合は、この営業所の所在地において登記を要する（会社法817条1項・933条1項）。

そして、登記をするまでは外国会社は日本において取引を継続してすることはできないとされている（同法818条1項。なお【10793】および【10835】も参照のこと）。

10733　共同代表取締役の1人との取引

共同代表取締役の1人と銀行取引はできるか

結論

会社法では、共同代表取締役制度は廃止された。同法のもとでは、代表取締役の代表権に加えた内部的制限は善意の第三者に対抗できないとされており、事実上の共同代表者の1人と取引をしても、この規定または表見代表取締役の規定の類推適用によって取引が有効と認められる可能性はあるが、共同代表制を採用している会社には相応の事情があると考えられるため、共同代表制を採用していることを認識した場合は共同代表全員との取引とすべきである。

解説

◆**共同代表取締役制度の廃止**　平成17年に改正される前の商法の規定においては、株式会社は取締役会の決議により、数人の代表取締役を定め、かつ、これらの者が共同して会社を代表すべき旨を定めることができ（旧商法261条2項）、この共同代表の定めは登記事項とされていた（同法188条2項9号）。

しかし共同代表取締役制度は、実際に登記がなされていることはまれであり、また

判例においても、共同代表取締役について、表見代表取締役の規定を類推適用することが可能であると解されていたので（最判昭42．4．28民集21巻3号796頁）、共同代表取締役の制度が実効的に運用されるケースは少ないと考えられ、その必要性・実効性には疑義が呈せられていた。

そこで、会社法では、端的にこの制度を廃止することとされた。

◆**共同代表取締役の1人との取引**　会社法のもとでは、共同代表取締役は、制度として廃止され、代表取締役の代表権について加えた内部的制限は、善意の第三者に対抗できないとされているが（会社法349条5項）、会社内の権限分担上、事実上の共同代表制をとっている会社も存在しうる。そのような会社との取引において、そのうちの1人と取引をした場合には、会社法349条5項の規定や、前出判例のように表見代表取締役の規定（旧商法262条、会社法354条）が類推適用される可能性があるが、共同代表制を採用していることについては、それなりの事情や理由があるものと考えられるため、金融機関において共同代表制を採用していることを認識した場合には、共同代表全員を相手に取引をすべきであろう。

10734　利益相反行為

どのような場合に利益相反行為となるか

結　論

いわゆる利益相反行為とは、具体的場合に応じて決定されるべきものであるが、一般的には、法人と理事、あるいは会社と取締役ないし社員の自己取引、あるいは未成年の子と親権者との取引のように、本人と代理人または代表者とが、法律行為の両当事者として対立する場合だけでなく、未成年者と第三者間の行為等においても、広く本人または法人のためには不利益で、逆に代理人または代表者のために利益である行為をいう。しかし、実際には何が利益相反行為かについては、その標準を定めることはむずかしく、その範囲は必ずしも明確ではない。

解　説

◆**利益相反行為**　民法108条は、代理について代理人は忠実義務を負うけれども、本人の利益と自分の利益とが衝突するときには、自分のためを考えやすいものであり、また自分の利益を犠牲にせよと命ずるのは無理を強いるものであるという理由に基づき、自己契約・双方代理を禁止したものとされており、この原則の適用として、あるいは一般法と特別法との関係として、親権者や後見人、または理事や取締役等、法定代理人または法人の代表者等の代理権または代表権を制限したものとされている（於保不二雄編『注釈民法(4)』76頁〔椿寿夫〕）。

これらの行為については特別代理人等の選任、または取締役会設置会社においては取締役会の承認を必要とし、違反行為は無権代理または無効とされる。改正民法では代理人の自己契約・双方代理は無権代理とされ（同法108条1項）、自己契約・双方代理に該当しない利益相反行為も無権代理とされている（同条2項）。

◆**親権の制限**　親権を行う父または母とその子と利益が相反する行為については、親権を行う者はその子のために特別代理人を選任することを家庭裁判所に請求しなければならない（民法826条1項）。親権を行う者が数人の子に対して親権を行う場合において、その1人と他の子の利益が相反する行為については、その一方のために特別代理人選任を家庭裁判所に請求しなければならない（同条2項）。後見人の場合（成年後見人と成年被後見人の場合を含む）も同様であるが、後見監督人がある場合はその必要はない（同法860条）。また、保佐人またはその代表する者と被保佐人との利益相反行為の場合は、保佐人は同意権を有せず、臨時保佐人の選任を家庭裁判所に請求しなければならず、当該行為については、臨時保佐人の同意を得て取引を行わなければならない（同法876条の2第3項）。ただし、保佐監督人がある場合には保佐監督人が被保佐人を代表し、または被保佐人の行為に同意を与える（同法876条の3第2項）。補助人と被補助人の場合もこれに準ずる（同法876条の7第3項）。

判例に現れた利益相反行為の具体的事例としては、次のようなものがある。

① 親権者が子を代理して、子の他人に対して有する代金債権を放棄し、その者の親権者に対する債権を免除させる行為（大判大10.8.10民録27輯1476頁）。

② 親権者自身が借入れをするにあたり、未成年の子を代理して子を連帯債務者とし、その担保として未成年の子を代理して子の不動産に抵当権を設定する行為（大判大3.9.28民録20輯690頁）。

③ 親権者が第三者に対し債務を負担するにあたり、未成年者をして連帯債務を負担させる行為（大判昭8.10.24新聞344号9頁）。

④ 親権者が自己の債務を子に転嫁するため、子を代理して債務者とする更改契約（大判大4.7.28刑録21輯1170頁）。

⑤ 親権者が未成年者を代理して、親権者の有する第三者に対する債務を保証または連帯保証する行為（大判昭11.8.7民集15巻19号1630頁）。

⑥ 親権者が未成年者を代理して、親権者の第三者に対する債務を引き受ける行為（東京控訴院判昭9.7.7新聞3736号9頁）。

⑦ なお、所有権移転登記または抵当権設定登記の申請については、判例は利益相反行為の場合、特別代理人によらなければならないとするが、法務省先例は親権者でもよく、この場合は売買契約、抵当権設定契約等が特別代理人によりなされたことを証する書面を添付することを要するとしている（法務省昭32.4.13民三第379号民事局第三課長事務代理回答）。

一方で、利益相反行為に当たらないとされた事例には次のようなものがある。

① 親権者が子を代理して未成年者自身の名義で第三者に債務を負担して、その債務を担保するため、子所有の不動産に抵当権を設定する行為（最判昭37.10.2民集16巻10号2059頁ほか）。

② 未成年の子とともに受取人白地の約束手形を共同相続した親権者が、自己と共同所持人の関係にあるその子を代理して、手形を受取人空欄のまま、第三者に譲渡する行為（最判昭33.12.11民集12巻16号3313頁）。

実務上は実質関係をそれほど深く調査することは困難な場合が多く、また民法826条の「利益が相反する行為」とは、親権者と未成年者が法律行為の両当事者として対立する場合だけでなく、広く親権者のために利益であって、子のためには不利益な行為を指すものとするのが通説であるから、そのような状況では親権者の法定代理権および同意権は制限されるものとして、親権者をして家庭裁判所に申立をさせ、家庭裁判所が選任した特別代理人の代理または同意を得て、未成年者を連帯債務者とすべきである。

◆**法人代表権の制限**　法人と理事との利益相反行為については、理事の代表権は制限され、この場合は社団法人においては社員総会、財団法人においては理事会の承認を受ける必要がある（一般社団財団法人法84条・197条）。また、会社法でも、取締役ないし社員のいわゆる自己取引が制限されており、この場合、株主総会または取締役会ないし他の社員の過半数の承認を必要とする（会社法356条・365条・595条）。このほか、中小企業等協同組合法38条においても理事の自己契約が制限されており、農業協同組合の理事（農協法35条の2第2項）などについても、同様の制限が加えられている。なお、学校法人や医療法人、社会福祉法人の場合は、所轄庁に請求して特別代理人を選任する必要がある。

自己取引とは、取締役が自己または第三者のために会社と取引をなすこと（直接取引）および会社が取締役の債務を保証し、その他取締役以外の者との間において会社と取締役との利益相反する取引をなすこと（間接取引）をいう（会社法356条1項2号・3号・595条1項）。

会社が取締役と直接取引する場合ではなくて、会社が取締役の債務を保証するなど、第三者と取引することによって取締役と利益相反するに至るような、いわゆる間接取引については制定当初の商法には定めがなく、商法上のいわゆる自己取引に該当するかどうかについて議論があったが、最高裁判決は「自己取引に該当するが、会社は相手方に対し取締役会の承認を受けなかったことのほか、相手方の悪意を主張立証しなければ無効を主張し得ない」（最判昭45．4．23民集24巻4号364頁）とし、さらに昭和56年商法改正によって、間接取引が自己取引に含まれることについて明文の規定が設けられた（旧商法265条1項後段）。この趣旨は、そのまま現行会社法に継承されている（会社法356条1項3号・595条1項2号）。なお、ここで「会社」とは、会社法に規定する株式会社および持分会社をいう。

10735　特別代理人選任手続

特別代理人の選任手続はどうすればよいか

結　論

利害関係人の申立により、裁判所（法人によっては監督官庁）が選任する。

解　説

◆**特別代理人の意義**　特別代理人とは、本人と代理人、または法人と法人代表者との間において利益の相反する事項のあると

きに、裁判所によって選任される法定代理人のことをいう。

◆**親権者とその子との間および親権に服する子相互間の利益相反行為（親権の制限）の場合（民法826条）**　特別代理人の選任申立は、子の住所地を管轄する家庭裁判所にする（家事事件手続法別表第一65項・167条）。申立人は一般に親権者に限られ、家庭裁判所が職権をもって特別代理人を選任することはできない。

ところで、だれを特別代理人に選任するかは家庭裁判所が定めるが、実際には申立人が推薦する候補者のなかから選任するのが普通で、一般には親族、知人が多い。

また、親権者と利益が相反する子が複数いるときは、特別代理人は各人に選任すべきか、それとも1人で足りるかは案件の内容により異なることもあるので、実務上留意すべきである。たとえば、未成年者数名と親権者の遺産分割協議をするときは、未成年者ごとに特別代理人を選任すべきである。これに対し、未成年者数名と親権者の共有物件全体について、親権者を債務者とする（根）抵当権設定登記をするときは、1名の特別代理人の選任で足りる（ただし、法務局によっては未成年者ごとに特別代理人を選任することを要求しているところもあるが、登記申請の却下まではしていないようである）。したがって、複雑な案件によっては、できれば申立をする家庭裁判所へあらかじめ事前に相談をしたほうがよいと思われる。

申立は、書面で、申立の趣旨および理由を記載して行う（家事事件手続法49条）。家庭裁判所が申立を受理したときは、家庭裁判所は事件関係人の出頭を求め（同法51条）、必要があるときは参与員を立ち会わせ、またはその意見を聞いて（同法40条）審判を行い、特別代理人を選任したときは審判書を作成し、その謄本を申立人および特別代理人の双方に交付する。

なお、（根）抵当権設定登記申請のとき、添付書類として審判書を利用する場合は、家庭裁判所が作成した日から3カ月を経過していてもよいとされていたが（法務省昭31.12.14民三第1367号民事局第三課長事務代理回答）、平成17年の改正不登法施行前のものなので、管轄の法務局に事前に相談をしたほうがよい。

特別代理人選任の審判では、関係者の出頭を繰り返し求められることもあり、決定まで1カ月～1カ月半程度の時間を要している。融資等の準備に際しては、このような所要日数を考慮しておくことが望ましい。

なお、成年後見人と成年被後見人との間の利益相反行為の場合も、これに準ずる（民法860条）。

◆**法人と理事の利益相反行為の場合**　旧民法57条においては、法人と理事との利益相反の場合は、理事は代表権を認められないので、ほかに代表権を行使する理事がいる場合はその理事が法人を代表して法律行為を行うが、その理事のいない場合は特別代理人を選任することを要するとされていた。しかしながら、平成20年12月1日に施行された一般社団財団法人法において、法人と理事との利益相反について、社団法人においては社員総会、財団法人においては理事会の承認を受けなければならない（同法84条・197条）ものとされた。旧民法57条の規定を準用していた法人においては、理事または代表役員は代表権を失い、特別

代理人を選任してこの代理人が法人を代表することとされた（学校法人につき、私立学校法40条の5）。なお、近年、旧民法57条を準用していた法人につき、特別代理人選任手続を廃止する動きがある。たとえば、医療法人は平成28年の改正において、社会福祉法人については平成29年の改正において、特別代理人制度が廃止され、理事の利益相反行為については、一般社団法人と同様に理事会の承認を要するものとされている（医療法46条の6の4、社会福祉法45条の16第4項、一般社団財団法人法84条）。

なお、宗教法人の場合は、規則で定めるところにより仮代表役員を選ばなければならないとされている（宗教法人法21条）。

◆**その他の場合**　これらの場合以外では、特別代理人の選任が民訴法で規定されている。訴訟遂行において法定代理人がいないか、法定代理人が代理権を行うことができない場合、訴訟当事者の権利保全を図る意味で、未成年者または成年被後見人に対する訴訟行為に係る特別代理人（民訴法35条）、証拠保全手続における特別代理人（同法236条）、遺産に対する執行の場合の特別代理人（民執法41条2項・3項）の制度が定められている。これらの場合は、申立によって裁判所が選任する。

最近は、代表者が死亡し、後任者が選任されることがない会社の所有する物件に対する、仮差押えや（根）抵当権に基づく物上代位による賃料差押えをするときにも、特別代理人選任の申立が利用されている（民執法20条、民保法7条による民訴法の規定の準用）。

10736　法人と役員との利益相反行為

法人と役員との利益相反行為に該当する場合にはどうするか

結　論

法人と役員との取引が利益相反行為に該当するときは、株式会社であれば株主総会または取締役会の承認、持分会社であれば他の社員の過半数の承認を得る必要がある。また、その他の法人についても、各根拠法で利益相反行為を規制しているから注意しなければならない（たとえば、学校法人や医療法人等の場合は特別代理人の選任を要する）。

解　説

◆**会社と取締役との取引関係**　貸出取引上、利益相反行為が多く問題になるのは、会社法356条（旧商法265条）の場合である。すなわち会社法356条は、①取締役が自己または第三者のために株式会社の事業の部類に属する取引（競業取引）をしようとするとき、②取締役が自己または第三者のために株式会社と取引をしようとするとき、③株式会社が取締役の債務を保証することその他取締役以外の者との間において株式会社と当該取締役との利益が相反する取引をしようとするときは、株主総会において当該取引について重要な事実を開示し、その承認を得なければならないと規定し（同条1項）、株主総会の承認を受けた場合の前記②の取引については、民法108条の規定（自己契約・双方代理の禁止）を適用し

ない旨を定めている（会社法356条2項）。これは、取締役が自ら会社を代表するときはもちろん、他の取締役が会社を代表するときにおいても、容易に結託するなどの行為によって会社にとって不利益な取引をなすおそれがあるところから、株主総会の承認によってこれを防ぎ、もしこの規定に違反して取締役が会社と取引をしたときは無権代理行為に準じ、追認のない限り無効となるとするものである。また、会社と取締役との直接取引はもちろん、取締役個人の債務を会社が保証したり、債務引受をする場合のような会社の利益が害されるおそれのあるときは、間接的な取引であっても同条の適用がある。

貸出取引において問題になるのは、間接取引の場合がほとんどである。そして、この株主総会の承認は事前に限らず事後でもよいとされているが、承認は個々の取引に対してなされることが原則で、包括的承認は許されていない。ただし、関連会社間の取引のように反復継続して同種の取引がなされる場合については、株主総会が取引の種類・数量・金額・期間等を特定して包括的に承認を与えてもよいとされている。

なお、平成17年に改正される前の商法の規定においては、承認機関が「取締役会」とされていたが、会社法においては取締役会が必置の機関ではなくなったため、株主総会の承認（普通決議）によることとされ、取締役会設置会社の場合に限り「取締役会」の承認で足りるものとしている（会社法365条）。

したがって、金融機関取引が利益相反行為に該当する場合、取引会社が取締役会設置会社であるかどうかを確認し、非設置会社（特例有限会社を含む）であれば、株主総会の承認を得ていることを記載した議事録の写しを徴求する必要がある。

また、持分会社（合名会社、合資会社、合同会社）における業務を執行する社員は、自己または第三者のために持分会社と取引しようとするとき、および持分会社が業務を執行する社員の債務を保証することその他社員でない者との間において持分会社と当該社員との利益が相反する取引をしようとするときは、当該取引について当該社員以外の社員の過半数の承認を得る必要がある。ただし、定款に別段の定めがあれば、それに従う（会社法595条）。

◆**法人と理事との取引関係**　その他の法人についても、それぞれの根拠法で利益相反行為を規制している。たとえば、法人と理事との利益相反行為について、社団法人においては社員総会、財団法人および医療法人においては理事会の承認を得なければならない（一般社団財団法人法84条・197条、医療法46条の6の4）。また、学校法人においては、特別代理人の選任（私立学校法40条の5）を求め（所轄庁へ選任を申請）、その特別代理人と取引を行う。ただし、代表権を有する理事が複数いる場合は、寄附行為により代表権の制限の有無を確認のうえで、利害関係のない理事を相手に取引を行えばよく、特別代理人の選任は不要である。

◆**手形取引と会社法356条**　会社法356条（旧商法265条）にいう取締役と会社との間の取引のなかに、手形行為が含まれるかどうかについては、手形行為自体は、取引の手段たる行為として債務の履行的性質を有するにすぎないから、利益相反の関係はな

いとする学説もあり、種々議論はあるが、判例は一貫して適用肯定説をとっている。

すなわち、判例は、原則として自己取引に該当するものとし、会社が取締役会の承認を受けないで取締役に手形を振り出した場合において、「その手形が第三者に裏書譲渡されたときは、会社は、その第三者に対しては、当該手形の振出につき取締役会の承認を受けなかつたことのほか、……その第三者の悪意（悪意のほか重過失を含む趣旨と考える）をも主張し、立証するのでなければ、その振出の無効を主張して手形上の責任を免れえない」（最判昭46.10.13民集25巻7号900頁）としており、手形取引についての第三者保護の立場を明確にしている。

◆**実務上の処理**　会社と取締役との利益相反行為に該当する取引を行った場合、仮に株主総会や取締役会の承認等がなくても、そのことにつき金融機関が善意であれば、会社は金融機関に無効であることを主張できないとする（相対的無効説）のが通説・判例であるので、金融機関は保護されることになる。したがって、すべての場合について、株主総会や取締役会等の議事録により、承認があったことを確認する必要はないであろうが、取締役個人の債務の会社の保証や債務引受は、当該会社と金融機関とが相対で行うものであるから、金融機関が自己取引により振出または裏書された手形を第三者として善意で取得する取引と比べて、より金融機関に悪意・重過失ありと判断される懸念があるので、実務上は株主総会や取締役会等の承認があることを確認しておくべきである。

10737	本店が登記簿上の場所と異なる場合

会社の実際の本店が登記簿上の場所と異なる場合にはどうするか

結　論

① 実際の本店が登記簿上の場所と異なる理由を確認し、もし本店の移転登記が未了であるならば、実際の場所を本店の所在地とする変更登記を速やかに行ってもらい、変更登記後の登記事項証明書を添付して「本店移転届」の提出を求める。

② やむをえず符合しないまま取引を行う場合は、実態面からみて同一性のあることを確認のうえ、当社が便宜登記簿上の本店とは別の場所を当社の住所として取引をすること、かつ、その取引により金融機関に損害が生じても当社がその責めを負う旨の「念書」の提出を求める。

解　説

◆**理由の確認**　実際の本店の場所が登記簿上の本店の場所と異なる理由としては、①本店が移転されたのに変更登記がされていない場合、②旧商法19条（会社法制定に伴い廃止）に抵触した結果、類似商号等のため実際の場所での登記ができず、当初から別の場所を本店の所在地として登記している場合、③実際の場所で不渡を出したため、他の場所で同一名の会社を設立した場合（反対に登記簿上の場所で不渡を出したため実際の場所で同一の業務を始めた場合）、④実際の場所を営業所として利用している場合等が考えられる。

したがって、まず、このような不一致が生じていることの事実とその理由をただす必要がある。

◆**会社の成立と法的実在性**　会社の住所は本店の所在地にある（会社法4条）。会社は本店の所在地で設立の登記をすることにより成立する（同法49条・579条）。すなわち、会社の法的実在性は本店の所在地での設立登記によって生ずるもので、営業上の肩書地が登記簿上の本店所在地と異なっていても、当該会社の実在性が左右され、その存在が否認されるべきいわれはない（最判昭36.1.24民集15巻1号76頁）。つまり、会社が本店移転の登記をしないときでも、会社の法人格は消滅せず、会社はその移転の事実を善意の第三者に対抗できないだけである（同法908条）。

したがって、登記簿上の本店所在地と実際の場所が異なっても、定款、税務申告書等の資料、実地調査等により実質的に同一のものであることが認められれば、会社の存在を否定できない。しかし、本店の所在地は登記事項であり（会社法911条3項3号・912条3号）、金融機関が登記簿上と実際とが異なることを知った以上は、速やかに実体と登記とを一致させるべく変更登記を求めるべきである。

◆**取引上の注意**　本店を移転したが、変更登記が未了の場合は、速やかに変更登記手続を求める。最小行政区画内の変更ならば、取締役会設置会社では取締役会の決定事項であるが、区画外への変更は定款の変更が必要であるから、株主総会の決議を要する。変更登記手続中の取引開始にあたっては、これらの決議をした取締役会・株主総会の議事録（写し）を求める。

変更登記後、その登記事項証明書を添付して「本店移転届」の提出を求める。

旧商法19条・20条による類似商号等のため実際の場所での登記ができなかった場合は、定款（写し）、税務申告書（写し）等の資料の提出を求めるほか、実地調査等により、名称のみならず同名の会社の実在等実態面について調査し、実際の場所での会社と登記簿上の会社とが同一のものであることを確認したうえで、商業登記法29条に則した変更登記を求める。

同一性は確認できたが、やむをえず実際の本店が登記簿上の場所と符合しないまま取引を行う場合は、住所変更登記のできない理由およびその取引により金融機関に損害が生じても当社がその責を負う旨を明記した「念書」の提出を求める。なお、その念書の本店の肩書地には登記簿上の場所を記載し、あわせて登記事項証明書・印鑑登録証明書等の確認書類の提出を受ける。

同一性が確認できなければ、架空会社のおそれもあるから、取引は差し控える。

実際の場所が営業所にすぎないならば、「営業所届」の提出を求める。

10738　代表者の通称の使用

法人の代表者が通称を使用する場合には、どのような注意をすればよいか

結　論

基本的には、個人の通称名取引の場合の注意と同様に考えてよいが、登記が代表者の本名でなされている場合は、債権保全上

危険があるので、原則として回避すべきである。

解　説

◆**法人代表者の通称名使用の効果**　個人と通称により取引する場合、どういう名称による取引であろうと、それが本人の意思に基づいてなされたものである限り、取引の効果は本人に帰属する。

　本問は、法人甲の代表者Ａが本名ＡにかえてＢを使うケースであるが、この場合も、その法人甲の意思（すなわち、代表者Ａの意思）で、代表者の本名にかえて通称を使用するのである限り、取引の効果が法人に帰属することは個人の通称と変わりはない。

◆**代表者の登記が通称によりなされている場合**　法人の代表者名は登記事項であり、登記しなければ善意の第三者に対抗できない（会社法908条１項、商法９条１項、一般社団財団法人法299条１項等）。代表者は法人の業務に関するいっさいの裁判上・裁判外の行為をなすことができ、代表者の権限を制限しても、法人は善意の第三者に対抗できない（会社法349条５項、一般社団財団法人法77条５項）。金融機関は、特に法人との取引開始時に、代表者名で締結する契約や取引の効果がその法人に及ぶことを確認する等のため、登記事項証明書で代表者名をチェックしている（【10787】参照）が、法人の代表者が通称を使用する場合、この確認が不十分となる。

　商業登記、法人登記において法人の代表者の氏名、住所を登記する場合、本名かどうか、現に住んでいる住所に間違いないかということは、商業登記の効力により取引

の相手方の保護を図るため、現在では登記所で通称か否かのチェックがされている。たとえば、株式会社の設立（合併・組織変更による設立を除く）の登記および株式会社の代表取締役の就任（再任を除く）による変更登記の申請の際には、当該代表取締役が就任を承諾したことを証する書面や取締役会議事録の印鑑につき市区町村の作成した証明書を添付しなければならない（商業登記規則61条４項）とされている。

　しかし、過去においてすでに代表者名が通称により登記されているケースがあり、その場合は、代表者が通称を使うことは法人の意思に基づくものであるといえ、かつ、登記簿上でも公示されているので、その法人に関する限り、代表者名の通称を本名と考えて取引してもさしつかえないであろう。

　したがって、貸出取引を、登記されている通称で行っても、その者が実在している限り、まず危険はないといえよう。しかしながら、できるだけ実名で取引すべきである。その場合、代表者については個人の印鑑証明などによって確認する。なお、本名による代表者への変更登記を促すことも必要である。もしも通称で取引するときには、約定書上に「通称何某こと本名」などと通称と本名との併記を求めるとともに、法人から、本名による署名のある「通称名使用届」および当該通称使用による代表者の行為はすべて法人が責を負う旨の「念書」の提出を求める。

◆**登記が本名でなされている場合**　代表者の登記が本名でなされていて、取引を通称名で行うのは、前述とは違って、かなり危険である。すなわち、代表者の通称名使用が法人の意思によるものかどうか、その

取引の効果が代表者の行為として法人に帰属するかどうか、登記されている場合と異なり、はっきりしないからである。また、法人が取引の効果について争ってきた場合、金融機関がこの点の立証をしなければならないが、その通称が社会的にかなり知られた通称でもない限り、それはむずかしいと思われる。したがって、この場合は、取引は慎重に行う必要があり、原則として応ずるべきではない。やむなく取引に応ずるときは、通称使用の理由を聞き出すとともに、取締役会の承認をとる等慎重に対処する。その場合の念書は前述の念書に準ずる。

10739　代表者の更迭

取引先（株式会社）の代表者が更迭されたときはどのように処理するか

結　論

通常の代表者変更と同様、会社の人格に影響はないから、新代表者の選任手続や代表者変更登記を確認し、銀行取引上の代表者変更手続を行って、新代表者と取引を継続することになる。

しかし実務的には、代表者更迭の原因や背景事情を慎重に調査する必要があり、事情によってはその後の取引に注意が必要である。

解　説

◆**代表者変更手続**　更迭の場合でも、法律的には代表者変更の一態様にほかならないから、当該貸出先（株式会社）の商業登記簿の登記事項証明書を求めて新代表取締役の選任を確認する。この場合、突然の任期中の辞任、解任の場合などは、株主総会議事録（写し）、取締役会議事録（写し）等の提出も求めてその経過を確認しておく。なお、上記の資料のほかに、新代表取締役の印鑑登録証明書等を添付した「代表者変更届」の提出を受け、銀行取引の継続に支障のないよう留意すべきことは、通常の代表者変更の場合と異ならない。

代表取締役の更迭は、辞任による場合も株主総会の解任決議による場合も、通常は直ちに取締役会で後任の代表取締役が選任され、それ以後は新代表取締役名で会社の行為がなされることとなるので、商業登記簿の登記事項証明書によって代表者変更の年月日とその登記の年月日を確認しておく。

◆**１人だけの代表取締役の辞任・解任**
１人しかいない代表取締役が辞任した場合には、新代表取締役が就任するまでは旧代表取締役が代表取締役の職務を遂行する権利義務がある（会社法351条１項）とされているから、やむをえない場合は、旧代表取締役との間で一時的に取引しても有効である。ただし、それは、①代表取締役を辞任しても取締役としての資格を有しているとき、②取締役を辞任したことにより代表取締役としての資格も同時に喪失した場合で、代表取締役の員数のほか法律または定款に定める取締役の員数も欠けることになったときに限定される。１人しかいない代表取締役が解任されている場合に、いつまでも新代表取締役が選任されないときは、裁判所による仮代表取締役の選任を求める（同法351条２項。【10787】参照）。

◆**旧代表取締役名義で行われた取引**　新

代表取締役が選任された後、あるいは旧代表取締役が解任された後に旧代表取締役の名でなされた行為は無効であるが、上記変更の事実が登記されるまでは、会社はその無効をもって善意の第三者に対抗することができない（会社法908条1項）。第三者がその登記事実を正当の事由によって知らなかった場合にも、その第三者に対して無効を主張できないものとされている。しかし、金融機関がこの善意の第三者たりうるかについては不安があるので、そのような行為や手形・小切手の振出などは、新代表取締役からの追認が得られない限り、有効な行為として扱うことには危険がある。

◆**実務上の注意点**　経営者一族内での経営移譲や古参役員、実力者役員への経営権移譲であれば普通にあることで、特に心配するほどのことはないが、任期中の辞任・解任など突然の代表者更迭となると、金融機関取引上の信用に影響するなんらかの背景事情が必ずあるはずであるから、新代表取締役その他の会社関係者に詳細な説明を求めるとともに、必要に応じて同業者や業界にも情報を求め、極力その真相を確認しておく。代表取締役の更迭の原因としては、社内の経営権争奪や派閥に絡む経営紛争、親会社や大口取引先の経営介入、更迭された旧代表取締役の重大な事業上の失敗や背任行為等の社内不祥事件、金融トラブル等がもとでの第三者による経営権の奪取などがみられ、また、これらの事由が交錯して存在することも多く、いずれも取引金融機関にとって看過できない事態である。

特に社内の経営紛争による代表取締役更迭の場合など、必ずしも新代表取締役選任によっては落着せず、更迭された旧代表取締役が解任決議や新取締役選任決議の無効確認訴訟を提起し、新代表取締役の職務執行停止・職務代行者選任の仮処分（民保法23条2項）を申請するなど抗争が続き、会社の事業にとっての重大なマイナス要因となることもある。また、金融トラブル等がもとで第三者により経営権が奪取されたような場合も事業継続が困難となることが多いので、引き続き注意を怠れない。

更迭された旧代表取締役の事業上の失敗や放漫経営、背任、横領行為等の社内不祥事件は、しばしば秘匿されがちで、社長更迭などで明るみに出たときは、会社の資金繰りを悪化させていることもあるので、新代表取締役からの融資依頼に対しては、使途、事業計画や経理内容を念入りに確認すべきであろう。

なお、更迭された旧代表取締役の個人保証や個人所有物件に担保権が設定されていた場合、解約申出があっても当然にこれに応ずることはない。ただし、個人保証については、主要行監督指針Ⅲ-10、中小・地域監督指針Ⅱ-10「経営者以外の第三者の個人連帯保証を求めないことを原則とする融資慣行の確立等」に係る平成23年7月14日公表のパブリック・コメントによれば、「先代経営者は基本的に本監督指針における経営者には含まれない」とされていることもあり、個人保証を存続させるべき案件かどうか慎重に検討すべきである。個人保証、物上保証を存続させるとしても、旧代表取締役に対して経営責任の面を重視して（物上）保証を受けている場合、退任後に発生した会社の債務まで担保し続けることは必ずしも適当でない場合もあり、後日のトラブル発生の原因ともなりかねないので、

辞任・解任後の取扱いについて明確にして
おくべきである。すなわち、引き続きその
責任を求めるか、旧代表取締役の人的・物
的保証を解除して新代表取締役の保証・物
上保証を求めるか、両者あるいは会社の意
思をも確認して、その要否を定める必要が
ある（経営者保証ガイドライン6項（2）
参照）。なお、会社の経営者等に対する包
括根保証契約は平成16年の民法改正により、
その行使ならびに効力に制限が加えられる
こととなったので、注意を要する。

個人との取引

10740 架空名義での預金取引

架空名義での預金取引を行うことができるか。また、通称名ではどうか

結　論

　犯罪収益移転防止法により、金融機関には顧客の取引時確認を行う義務があるので、架空名義での預金を開設することはできない。既存の口座について、万一、架空名義預金であることが判明した場合は、預金者の認定およびリスクの高い取引として取引時確認を慎重に行って、名義を変更させたうえ、以後の取引をしなければならない。預金規定に預金取引停止・口座解約規定があり、架空名義預金が判明した場合、その手続も検討する。また、実名での取引が原則であるが、通称名が広く知られている等の合理的な理由があるときには、通称名での取引をすることもできる。その場合、取引時確認記録には通称名および通称名での取引を行う理由を記載しなければならない。

解　説

◆架空名義預金開設の可否　　金融機関には、犯罪収益移転防止法に基づく取引時確認義務があり、預金取引を開始するにあたっては、本人特定事項を確認しなければならない（同法4条）。本人特定事項とは、個人の場合は、住居・氏名・生年月日、法人の場合は、本店（または主たる事務所）の所在地・名称であったところ、平成25年4月1日から同法が改正施行され、本人特定事項に加え顧客管理事項として取引目的、個人の場合は職業、法人の場合は事業内容と実質的支配者が追加された（同法4条）。したがって、実在しない氏名や名称での預金口座を開設することはできない。

◆匿名・架空名義預金が発覚した場合

　(1)　預金者の認定　　既存の口座について、万一、架空名義預金であることが判明した場合は、慎重に預金者の認定および犯罪収益移転防止法上の取引時確認を行い、預金者の名義に変更させたうえ、その者と以後の取引を行わなければならない。このような場合、金融機関にとってだれが真の預金者か確知できない状況となる一方で、単に通帳・届出印の所持人に支払っただけ

では金融機関は免責されないおそれが生ずる。

(2) 強制執行を受けた場合　差押債権として「債務者BがAの名義で預け入れている預金」と表示されていれば有効である。なお、単に「債務者Bの預金」とあり、架空名義の表示がないと、真実Bの預金であっても、差押命令なり転付命令は無効であるとする裁判例があるが（名古屋高判昭28．3．19高民集6巻2号68頁）、これに反する見解もある。

(3) 正当な権利者が確知できない場合　架空名義預金について、夫と妻との間で双方が権利者であると主張して争う場合等には、金融機関としては証書（通帳）および届出印鑑の所持者、口座開設の経緯、従来の取引状況等から判断して処理すべきであるが、正当な権利者の判断が困難な場合には、当事者から提起される訴訟の結果を待って正当な権利者に支払うという方法をとらざるをえないこともある。

(4) 相続　架空名義預金の預入者が死亡し、相続人からその旨の申出があったときは、証書（通帳）を提示させて、預入れ時の預金者、預入時期、書換継続の状況などについて質問のうえ、被相続人が正当な権利者であると判定できてから相続手続をとる。

◆取引時確認等

(1) 再度の取引時確認　架空名義預金であることが判明した場合、前記のように預金者の認定を行うほか、犯罪収益移転防止法に基づき、預金者の取引時確認を行わなければならない。金融機関は、原則として、いったん取引時確認を行えば、以後の取引にあたっては取引時確認ずみの顧客で

あることを確認すればよいが、顧客が本人特定事項を偽っていた、または取引相手が口座名義人になりすましている疑いが生じた場合は、取引にあたって、あらためて本人確認を行う必要があるからである（同法4条2項、同法施行令12条1項）。

(2) 預金取引停止・口座解約　架空名義預金であり、さらに犯罪等に利用されていることが判明した場合、預金者が認定できたか否かにかかわらず、預金取引規定において、「公序良俗に反した利用がされた場合またはそのおそれがあると認められる場合は取引の停止や口座解約をすることができる」と定められていれば、その手続も検討する。ただし、預金残高がある場合の金員の返却は、正当な払戻権限のある者に行う必要があるので、慎重に対応すべきである。

◆通称名での預金取引の可否　金融機関は、犯罪収益移転防止法による取引時確認を実施した氏名・名称での取引を行うことが原則であり、通称名での取引は避けるべきであるが、通称名が広く知られている等の合理的な理由があるときには、やむをえず通称名での取引を行うこともできる。その場合でも、もちろん実際の氏名で同法における取引時確認を行うことが必要であり、確認記録には、通称名、および通称名での取引を行う理由も記載しなければならない（同法施行規則20条1項20号）。

なお、架空名義での貸出取引については【10782】を参照されたい。

実在の第三者名義預金については、どのようなことに注意すべきか

結　論

　金融機関には、犯罪収益移転防止法に基づく取引時確認を行う義務があるので、実在の第三者名義預金を受け入れることはできない。万一、既存の口座について実在の第三者名義の預金であることが判明した場合には、預金者の認定に慎重を期し、真の預金者の名義に変更させたうえで、真の預金者を相手として取引を行う。さらに、真の預金者に対し、同法に基づく取引時確認を行わなければならない。

解　説

◆預金者はだれか

　(1)　金融機関は、犯罪収益移転防止法に基づく取引時確認を行う義務があるので、実在の第三者名義預金を受け入れることはできない。

　(2)　既存の口座について、万一、名義人と実際の預金者が異なることが判明した場合には、金融機関にとってだれが真の預金者か確知できない状況となる一方で、単に通帳・届出印の所持人に支払っただけでは金融機関は免責されないおそれが生ずる。そこで、こうした実在の第三者名義預金について、真の預金者はだれかが問題となる。

　ところで、実在の第三者名義預金といわれるものには、次のようなケースがあると考えられる。第一は、出えん者と預金名義人とは同一人であるが預入行為者が異なる場合、第二は、預入行為者と預金名義人とは同一人であるが出えん者が異なる場合、第三は、出えん者と預入行為者とは同一人であるが預金名義人が異なる場合、第四は、出えん者、預入行為者、預金名義人のいずれも異なる場合である。このうち、第三の場合については、出えん者＝預入行為者が預金名義人に贈与する趣旨で預金名義人のために預金の預入れを行うなど特段の事情がない限り、単に名義のみを借りた借名預金にすぎないから、真の預金者は出えん者＝預入行為者であることに異論は少ないであろう。問題は、その他のケース、すなわち出えん者と預入行為者が異なるケースである。

　(3)　出えん者と預入行為者とが異なる預金について、出えん者と預入行為者とのいずれを真の預金者と考えるべきかについては、かつて無記名定期預金の預金者の認定をめぐって大いに議論がなされたが、通常、客観説、主観説、折衷説の三つに大別されている。客観説は、自己の預金とする意思で自ら出えんをした者が預金者であるとし、主観説は、預入行為者が特に他人のために預金をする旨を明らかにしていない限り、預入行為者が預金者であるとし、折衷説は、原則として客観説によるが、預入行為者が預入れ時に自己が預金者であると表示したときには、預入行為者が預金者になるとするものである。

　最高裁は、まず無記名定期預金について客観説をとることを明らかにし（最判昭32.12.19民集11巻13号2278頁）、次いで実在の他人名義預金についても同様に客観説をとった（前記(2)の第二または第三のケー

スについて最判昭50.1.30民集29巻1号1頁、前記(2)の第二のケースについて最判昭52.8.9民集31巻4号742頁、最判昭53.2.28金法855号27頁、最判昭57.3.30金法992号40頁)。この判例理論はすでに確立したものとして、一般的に、金融機関は、出えん者を真の預金者として取り扱っていた。

◆**客観説の限界**

(1) しかしながら、客観説は、もともと無記名定期預金という例外的な契約で預金者を認定するために展開された理論であり、これには、出えん者という金融機関のあずかり知らぬところで預金の帰属が決定する等の問題点があり、批判も多かった。また平成15年1月、金融機関に本人確認法に基づく本人確認が義務づけられたことにより、金融機関は預金名義人の実在性確認とともに、預金名義人と取引相手(来店者)との同一性を確認することとなったから、預金名義人と預金行為者とが異なる可能性はほとんどなくなったといえる。かかる状況では、かつて、無記名定期預金や匿名預金、実在の第三者名義での預金口座が比較的容易に開設されていた頃に確立された客観説はその役割を終え、預金名義、預入行為を無視または軽視して、金銭の出えん者が預金者であるとする根拠はないか、あるいは乏しいとし、主観説を主張する立場も近時有力である。

(2) 特に、普通預金においては、いったん口座を開設した後、入出金取引が行われるために出えん者を判断することは困難であり、これについても客観説をとることができるかについて、明確に示した判例はなかった。

こうしたなか、平成15年に2件の普通預金の帰属に関する判例が相次いで出された。1件は損害保険代理店の保険料専用口座に係るもので、同預金の口座の預金債権は保険会社ではなく代理店に帰属する(最判平15.2.21民集57巻2号95頁)。もう1件は、弁護士の預り金口座の預金の帰属が問題となった事案において、当該預金に係る預金債権は弁護士に帰属すると判示した(最判平15.6.12民集57巻6号563頁)。

この2件の最高裁判例の解釈として、客観説ではなく主観説ないし一般の契約法理によって預金者を認定したとする見解と、客観説を修正または再編成することにより従来の最高裁判例を統一的に理解することができるとする見解に大別されている状況である。

◆**実務上の取扱い** 　既存の口座について実在の第三者名義の預金であることが判明した場合、金融機関は、出えん者はだれか、口座を開設した者はだれか、その経緯はどうなっているか、その後口座を管理していた者はだれか等の事情を聞いて、だれが真の預金者であるかを判断し、その者と取引を行うこととなる。しかし、金融機関にとってだれが預金者であるかを判断することはむずかしく、当事者間で争いがある場合に、いずれか一方を相手として取引を行うと、預金者ではない者に対して支払をするリスクがある。このような場合、当事者間での裁判、または金融機関を被告とした裁判での預金債権の帰属確認を待って支払に応じざるをえないこともあろう。

真の預金者が判明した場合、その者について、犯罪収益移転防止法に基づきリスクの高い取引として取引時確認を行ってから、

取引を行うこととなる。

なお、第三者名義での貸出取引については【10783】を参照されたい。

10742 制限行為能力者との取引

制限行為能力者と取引を行う場合、どのようなことに注意すべきか

結　論

顧客が成年被後見人の場合は必ず成年後見人と取引を行う。保佐人と補助人については、登記事項証明書により同意権・代理権の範囲を確認のうえ、取引を行う。また、任意後見人の場合も代理権の範囲を登記事項証明書により確認する。未成年者の場合は、普通預金取引については、特段の事情のない限り、親権者の同意書等の提出を受けないのが一般的である。

解　説

◆**成年後見制度**　平成12年4月1日から、民法改正等により成年後見制度が導入された。この制度は、従来の禁治産・準禁治産の制度を抜本的に改正した法定後見制度と新たに設けられた任意後見制度とからなっている。法定後見制度は家庭裁判所が補助人・保佐人・成年後見人を選任するが、任意後見制度は本人があらかじめ任意後見契約により任意後見人を選任しておき、家庭裁判所によって任意後見監督人が選任されてからその効力が発生するものである。補助人・保佐人・成年後見人・任意後見監督人はいずれも、本人、配偶者や4親等内の親族等の申立によって選任される。また、従前の戸籍への記載にかえて、新たに成年後見登記制度が創設された。

◆**法定後見制度**

（1）成年後見の制度　精神上の障害により、意思能力のない状態を普通の状態とする者を対象とする（時々は意思能力を回復することがあっても、だいたいにおいて意思能力がないことを普通の状態とする者を含む）。成年後見人は、法定代理人として、財産管理および身上監護に関するすべての法律行為を成年被後見人にかわって行うことができる（民法7～9条）。

（2）保佐の制度　保佐の制度は、従来の準禁治産の制度にかわるものとして設けられた制度である。ただし、従来の準禁治産では対象となっていた浪費者は除かれており、精神上の障害により、意思能力はあるが法律行為の利害得失の判断能力に欠ける者（従来の心神耗弱者に相当）が対象である。保佐人は、法定（民法13条1項）の事項については当然に同意権を有し、その他の法律行為についても、同意権を有することがある。銀行取引は、法定の同意権の対象と考えられる。また、代理権が付与されることもあるが、その範囲は、個々のケースによって異なる（同法11条・12条・876条の4）。

（3）補助の制度　補助の制度は、従来保護の対象となっていなかった軽度の精神上の障害により判断能力が不十分な者を保護するために新設されたものである。補助の場合、補助人への同意権の付与およびその範囲については、個々のケースにより異なる。また、代理権が付与されることもあるが、その範囲も、個々のケースによって

異なる。なお、本人の意思尊重の観点から、補助人の申立にあたっては、本人の同意が必要である（民法16条・17条・876条の 9 ）。

◆単独行為　　成年被後見人のなした行為、被保佐人が単独でなした保佐人の同意を要する行為および被補助人が単独でなした補助人の同意を要する法律行為は、日用品の購入その他日常生活に関する行為を除き、これを取り消すことができる（民法 9 条・13条 4 項・17条 4 項）。

◆任意後見制度　　任意後見制度は、任意後見契約法により定められている。本人が判断能力を有している間に、精神上の障害により判断能力が不十分な状況になった場合の自己の生活、療養看護および財産の管理に関する事務の全部または一部について任意後見人に代理権を付与する任意後見契約を締結し、その後家庭裁判所により任意後見監督人が選任された時点で契約の効力が発生する。任意後見契約は、公証人の作成する公正証書によらなければならない。法定後見と異なり、代理権の範囲が個々のケースにより異なる可能性があるため、登記事項証明書によりその内容を確認する。

◆成年後見登記制度　　従来の禁治産・準禁治産制度では、宣告がなされた旨が本人の戸籍に記載されることとなっていたため、利用を妨げる要因の一つとなっていた。そこで、改正によって成年後見登記制度が創設され、成年後見制度に関する記載は、この制度に基づいて登記されることとなった。登記された内容については、登記事項証明書により確認できる。ただし、発行の申請ができる者は、本人および配偶者や 4 親等内の親族等に限られている。補助・保佐・成年後見では、開始の審判がなされると、法定後見の登記が行われる。任意後見では、任意後見契約の公正証書が作成されると、任意後見契約の内容が登記され、さらに家庭裁判所において任意後見監督人選任の審判がなされると、任意後見監督人選任の登記が行われる（後見登記等に関する法律 4 条・ 5 条）。

◆禁治産・準禁治産からの移行　　従来の禁治産者は成年被後見人とみなされ、成年後見制度が適用される。戸籍の記載は、申請により成年後見登記に移記される。準禁治産者は、心神耗弱を原因とする者は被保佐人とみなされ、保佐制度の適用を受ける。戸籍の記載も、申請により成年後見登記に移記される（いずれも、申請により移記される点に注意）。ただし、浪費を原因とする準禁治産者は、成年後見被保佐人の対象としていないが、引き続き従来の規定が適用されるため、従来どおり戸籍による確認が必要となる。

◆制限行為能力者との取引

（1）　成年後見制度の利用者　　成年後見制度の利用者との取引の開始または既存の取引先が制度を利用することとなった場合は、その旨の届出を受ける。同意権や代理権の有無とその範囲を成年後見の登記事項証明書等で確認する。補助または保佐の場合、同意権の対象となる取引については、本人と補助人または保佐人の双方を相手とする。代理権の対象となる取引（法定後見のすべて、補助・保佐・任意後見では対象となる取引のとき）は、必ず代理人を相手とする。

（2）　未成年者との取引　　未成年者が財産上の法律行為をするには、法定代理人の同意が必要とされ、同意なき場合は取消の

対象となり（民法5条1項・2項）、また未成年者の財産は、法定代理人である親権者が管理し、かつ、その財産に関する法律行為は親権者が未成年者を代理して行うこととなっている（同法824条）。

したがって、法定代理人である親権者と取引を行うこととなるが、親権は父母が健在で婚姻中であるときは、父母が共同して行うこととなっているから（民法818条）、取引名義は「何某親権者父何某、母何某」となり、取引のときには両名の請求印をも徴求することとなる（同法825条・818条）。

犯罪収益移転防止法の関係では、成年後見人等が代理権を有しているか、同意権を有しているかを登記事項証明書で確認のうえ、代理権を有している場合は制限行為能力者の取引時確認と代理権を有している成年後見人等の本人特定事項を確認、同意権を有している場合は制限行為能力者と同意権を有している保佐人等の両者の取引時確認が必要となる。

10743　高齢者との取引

高齢者と取引を行う場合、どのようなことに注意すべきか

結論

高齢者と預金取引を行う場合は、外見上明らかに意思能力が乏しいと思われる場合を除き、その者を直接取引の相手方として取引する限り、後日の立証のため取引の証拠を十分に残しておくことに留意すれば、格別の法律上の問題を惹起することは少な

いと考えられる。問題は、預金者本人が意思表示を行うことが困難である場合に、その近親者が預金者からの代理権限授与がないにもかかわらず預金の払戻しの請求をしてきたなどの場合であり、資金使途等具体的事情に応じて慎重な対応を図る必要がある。また、当座勘定取引については、単なる金銭消費寄託契約にとどまらず、手形・小切手の支払委託関係も存するので、他の預金取引とは別の配慮が必要である。

高齢者と貸出取引を行う場合は、本人が、後見・保佐・補助の審判を受けているときは、それら法定後見制度の手続に則して取引するが、それ以外の場合には、必要に応じ同居の親族等の立会いを求めるなど、通常取引以上の注意を払うべきである。「任意後見制度」は高齢者取引の安定化に有用なものなので、積極的に活用すべきであろう。

解説

◆**意思能力・行為能力**　民法は、被補助人・被保佐人・被後見人および未成年者を、法律行為を行う行為能力を制限される制限行為能力者と定め、被補助人・被保佐人の場合は同意の対象となる法律行為について、被後見人の場合はすべての法律行為について、単独で行った場合は日用品の購入その他日常生活に関する行為を除き、取り消すことができるとしている。しかし、未成年者を除く制限行為能力者については、家庭裁判所の成年後見開始の審判等をもってはじめて定められるため、制限行為能力者ではないが、自分の行為の結果を判断することのできる能力（意思能力）を欠く者が存在することとなる。意思能力を欠

く者の行った法律行為は無効であり（改正民法3条の2）、こうした、制限行為能力者ではないが意思能力を欠く者、あるいは意思能力に乏しい者との取引をどのように取り扱えばよいかが、ここでの問題である。

　高齢者が必ずしも意思能力に不安があるとはいえないが、一般的には意思決定に際し、本人の主観的意思とは別に、客観的にみてその内容、動機、相手方等につき合理性を欠く傾向がある。高齢者の意思能力は、一時的に高揚することにより回復することがあっても、徐々に減退していくものであるから、取引にあたっては、本人の意思能力の有無および現在の精神状態についてしっかりと確認しておくことが重要である。取引時点で本人の意思能力が欠けていたことが立証されると、たとえ金融機関がそのことに気づかず、また必要書類の形式が整っていたとしても、その取引は無効とされる危険性がある。

　なお、高齢者との取引全般については、関沢正彦監修『高齢者との金融取引Q&A』も参考にされたい。

◆高齢者との預金取引　預金の預入れ・払戻しに来た者が外見上明らかに意思能力が乏しいと思われる場合は申出に応じないのが普通であり、後日のトラブル回避の観点からも、申出を謝絶するのが適切な対応と考えられる。

◆取引時において外見上は意思能力があると思われた場合　一方、外見上は意思能力が乏しいとは思われなかったため預金の預入れ・払戻しに応じたところ、後日になってその者が当時意思能力を欠いていたとして、その預金の預入・払戻行為が問題に

なった場合はどうであろうか。

　まず、その者が当時意思能力を欠いていたことについては、その者の側（意思能力を回復した本人、その後に制限行為能力者となった場合の成年後見人等）で立証する必要があるので、金融機関はその者が当時意思能力を欠いた状態であったことを証する書類の提出を求めることができると考えられる。そして、万一、その者が当時意思能力を欠いた状態であったことが判明した場合であっても、現実にその者から預金の原資の出えんを受け（受入れ）、またはその者に預金相当額の金銭の交付を行っている限り（払戻し）、受け取った預金の原資は不当利得として本人（意思能力を回復した場合および補助人・保佐人の同意がある場合）または成年後見人（成年後見の審判を受けた場合。補助人・保佐人・任意後見人が代理権を有する場合はそれらの者）に対して返還し、交付した預金相当額の金銭については、その者に対する同額の不当利得返還請求権と弁済によって消滅しなかった預金債務とを相殺すれば足りることとなろう。したがって金融機関としては、預金の入金票・払戻請求書に本人の自署・捺印を受けて後日の立証に備えておく限り、格別の法律上の問題を惹起することは少ないと考えられる。

　もっとも、現実にしばしば発生するケースは、前記のように意思能力を欠く者の行為が正面から問題となるケースよりも、老人性認知症の老人が現実には預入・払戻行為をなしたにもかかわらず、後日これを忘れてそれらの行為をした覚えがないと申し出てくるケースであろう。この場合にも、入金票や払戻請求書等により取引内容を説

明のうえ本人を納得させるか、もしくは本人の家族等に連絡して説得してもらうことにより、格別の法律問題は生じないのが普通である。

◆**意思能力の乏しい者の預金の払戻しを本人以外の者が請求してきた場合**　預金者が病気で入院し、意思表示ができなくなった場合に、その近親者から入院費用等にあてるため、その預金の払戻請求がなされることがある。法律上は、成年後見制度を利用してもらい、成年後見人等から払戻請求をさせるのが無難であるが、費用・時間がかかるため、利用しないことも多い。

このような場合、金融機関としては対応に苦慮する場面が生じうるが、①金融機関の職員が医者と面談して病状を確認する、②医者の診断書の提出を受ける、③病院から家族への請求の内容を医者に確認する、④病院から家族への請求書を確認する、⑤支払は病院に対する振込により、現金支払は避ける、⑥推定相続人から念書の提出を受けるなどのチェックポイントを置き、個別事案に応じてこれらのうちから押さえるべきポイントを取捨選択して、払戻しに応じる（あるいは回避する）といった対応が現実的であろう。

なお、日常の生活費にあてるための配偶者からの払戻請求については、民法761条の日常の家事に関する法律行為についての夫婦の代理権の規定を根拠に、弾力的に対応することも考えられる。

なお、特別養護老人ホームの職員などに代理権を付与した委任状による取引については【10766】を参照されたい。

◆**当座勘定取引先が制限行為能力者となった場合の注意事項**　当座勘定取引先が意思能力を喪失した場合であっても、意思能力を喪失する以前に振り出した手形・小切手については、そのまま決済してさしつかえない。

当座勘定取引先が意思能力を喪失した後に交換呈示された手形・小切手について、配偶者等から契約不履行を理由に不渡返却をしてほしい等の申出を受ける場合がありうるが、金融機関としては対応に苦慮することとなる。法律上は、本人からの支払委託は継続しており、本人からの申出がない以上決済するという対応もありえないではないが、金融機関は手形・小切手の支払事務について善管注意義務を負っており、配偶者等から申出の事情を十分聴取したうえ、理由のある申出であれば、申出どおり不渡返却するのが現実的対応であると考えられる。

当座勘定取引先が意思能力を喪失した場合、当座勘定規定上は金融機関側から当座勘定取引の強制解約を行うことは可能であると考えられるが、トラブル回避の観点からは、ほかになんらかの客観的事情がない限り、単に意思能力を喪失したという理由のみをもって解約することを回避するのが通常の対応であろう。なお、強制解約にあたっては解約通知が本人に到達することが必要であり、意思能力を欠いた者は意思表示の受領能力もないと解されるから、あえて強制解約を行う場合には、成年後見人等を相手方とする必要がある。

なお、意思能力を喪失した後の手形の振出行為は無効と解されているので、取扱いには注意を要する。

◆**高齢者との貸出取引**　意思能力に懸念のある相手とやむをえず貸出取引を行う際

は、本人が後見、保佐、補助の審判を受けている場合には、成年後見人の代理人取引あるいは保佐人・補助人の同意のもとでの本人取引または代理権の範囲内での保佐人・補助人との代理取引を行う（【10746】【10747】【10748】参照）。意思能力のない者とした法律行為は本来無効であり、金融機関の取引先としての適格性を欠く。

◆**介添人の同意・立会い**　相手との取引の内容によっては、同居の親族等に取引の場に立ち会ってもらうことは、取引内容を本人に理解させ、手続に助力を求めるうえで有益である。ただし、取引内容の説明や署名の代筆などは、必ず金融機関の職員の面前で行わせる。この場合、金融機関の職員は複数で対応することが望ましく、また金融機関の職員自身が代筆をしてはならない。同居の親族等が代筆したときは、その旨を付記してもらうか、その者から確認書を提出してもらう。老人ホーム等、介護施設の入所者との取引にあたっては、本人の意思に基づいて事務職員に代理させる旨の委任状および同居の親族等の同意書（確認書）を提出してもらう。加えて、根抵当権設定登記をするときは、必要により司法書士あるいは弁護士から相手の担保提供について意思確認を直接してもらうことが必要である。

その取引につき後刻クレームをつけそうな人物（相続人や遺贈の受贈者等）から、あらかじめ同意を取り付けておく。その際、取引時点での本人の意思が正常であった旨の医師の証明があればベターである。

なお、視覚・聴覚や身体機能の障害のため銀行取引における事務手続等を単独で行うことが困難な場合の代筆等の対応につい

ては、【10778】を参照されたい。

◆**成年後見制度の利用**　高齢者は、たとえ取引開始当初は正常な判断能力を有していても、長期間にわたる取引の途中で判断能力が衰え意思能力を欠く状況に陥ることが懸念される。したがって、高齢者との貸出取引においては任意後見制度を含めた成年後見制度を活用し、取引の安定化を図るべきであろう（【10727】【10764】参照）。

10744　連名による預金取引

2人以上の者から連名の預金口座開設の申出があった場合、どうすればよいか

結　論

連名預金の受入れは極力回避するが、やむをえない場合は後記趣旨の念書を徴するなど慎重な取扱いが望ましい。

解　説

◆**連名預金**　預金は1人の名義でするのが普通であるが、まれには複数名義ですることがある（分配の割合が未決定のまま受領した区画整理補償金など）。

2人以上の者が連名で一つの預金口座を有することは、金融機関に対して預金債権をこれら当事者が共有しているということである。

民法は、多数当事者間の債権関係はそれが可分債権である限り原則として分割債権になるとして、別段の定めのないときは平等の割合になるとしているので、当事者各人は単独でその持分を金融機関に請求する

権利がある（民法427条）。ただし、特に分割しない約束であるといって、当事者の1人が単独で全額の払戻しを請求してくる場合がある（同法428条）。また、預金の資金出えんの原因関係から当然に預金は合有関係にあるとして、分割債権関係が認められない場合もある。

このように連名の預金口座でありながら各自から単独で払戻請求を受けることは、他方との間で紛争が発生するおそれがあるし、おそらく連名にした目的にも反するであろう。金融機関がこのような紛争の当事者となりかねない連名預金の受入れは極力回避するなど慎重な取扱いが望ましい。

◆口座開設の場合の注意　しかし、諸般の事情から口座開設の申出を受ける場合には、印鑑届は連名で各自のものを差し出させるのはもちろん（当然ながら、犯罪収益移転防止法上の取引時確認が各自につき必要である）、当事者間に協定書のようなものがあればこれを確認するとともに、特に連名預金の当事者全員から次の内容の念書を徴求すべきである。①預金払戻請求書には必ず全当事者が連署捺印すること、②この形式が整っていれば、いずれか単独で証書（通帳）と請求書を提出した場合でも払戻しに応じるものとし、この支払に対し各自は異議を申し立てないこと、③どのような事情が起こっても、各自およびその承継人は預金の分割請求その他単独による請求はしないこと、④金融機関がその都合により、連名預金を当事者の1人が全額につき処分権限あるものとみなして相殺その他の処理をされても、各自はなんら異議を申し立てないこと。以上を特約させ、その写しを当事者各自に渡しておく必要がある。

①〜③は、この場合の法律関係が普通の債権共有とは異なって、あたかも任意組合財産の「共有」（民法668条）のように、分割請求の不許（同法676条2項）、持分権処分の不対抗（同条1項）等の特色を有する、いわゆる「合有」である旨を預金者に明確に認識させるためである。もっとも判例は、容易にこの合有関係を認めない（詳細は我妻榮『物権法』318頁）。

◆連名預金の差押え・相殺・相続の場合
連名預金当事者各自の債権者がこの預金上の持分を差し押えた場合は、将来これら当事者間で分割が決まって分割債権となったときの各人の預金の上に差押えの効力が及ぶと考えられるが、差押え・転付の時点では預金を分割できないことの特約をもって対抗すべきである。もっとも、連名預金を連名者間の組合契約に基づく組合財産であって、各連名者は組合員として預金を合有するものであると解するときは、組合員の持分が組合契約により譲渡可能とされている場合でなければ、差押えも不可能と考えられる（鈴木忠一＝三ケ月章編『注解民事執行法(4)』695頁〔塩崎勤〕）。

最判昭62.12.17（金法1189号27頁）の事案では、スーパー会社Xとその店舗建物所有者A社との連名預金について、A社の債権者YがA社の預金持分として2分の1を差し押えてきたケースにおいて、判決は、この預金はA社が建物を完成しXがこれを賃借した場合の予約証拠金であるからX・Aの合有であって、Yの差押えは無効であるとした。

金融機関が連名預金の当事者のいずれかに債権を有し預金と相殺する場合は、前掲の念書④の趣旨で相殺は可能としても、一

応民法の規定により各自平等に持分を有するものとして、その範囲内で取り扱うのが妥当である。

連名預金当事者間の持分の譲受けは金融機関に対抗できないし、その相続人もこのような条件付預金を相続したものであるから、やはり分割請求はできない。

連名預金への担保権設定にあたっては、もちろん連名でその全額について担保差入れをさせる必要がある。

なお、連名による貸出取引については【10784】を参照されたい。

10745　未成年者との取引

未成年者と取引する場合にはどのような注意をすればよいか

結　論

原則として、法定代理人の代理または同意を要する。ただし、普通預金取引については、特段の事情のない限り、親権者の同意書等の提出を受けないのが一般的である。

解　説

◆**未成年者と行為能力**　未成年者とは20歳未満の者をいい（民法4条）、制限行為能力者とされており、原則として、単独で、確定的に完全・有効な法律行為をすることはできない。したがって、意思能力を有する未成年者でも法定代理人の同意を得ずに財産上の法律行為をした場合には、その行為は取り消すことができる（同法5条）。金融機関が未成年者を相手方として取引し

た場合、通常の契約と同様に一応効力を生ずるが、いつ相手方から取り消されるかもしれない危険があるので、このような不安定な取引は実務上好ましくない。取り消された場合は、その未成年者は「現に利益を受けている限度において、返還の義務を負う」（同法121条、改正民法121条の2第3項）のみである。

他方、未成年者でも意思能力を有する限り、特定の場合には、例外として法定代理人の同意を得ずに単独で完全・有効な行為をすることができる。その主なものは、①単に権利を得たり義務を免れたりする行為（民法5条1項ただし書）、②法定代理人が許可した財産の処分行為（同法5条3項）、③法定代理人が許可した営業に関する行為（同法6条）、④法定代理人の許可を得て行った持分会社の無限責任社員たる資格に基づく行為（会社法584条）等であり、また未成年者が婚姻をしたときは成年に達したものとみなされる（民法753条）。

未成年者が営業を行うときはその旨の登記をしなければならず（商法5条）、その場合の登記事項は以下のようになっている（商業登記法35条1項）。

① 未成年者の氏名、出生年月日および住所
② 許可された営業の種類
③ 当該営業に係る営業所

これらの登記申請は未成年者本人が行うが（商業登記法36条1項）、その際には法定代理人の許可を得たことを証する書面を添付しなければならない（同法37条1項）。未成年者の営業に係る登記は、商業登記簿のうちの未成年者登記簿になされる。

意思能力を有しない未成年者（幼児な

ど）は、仮に同意を得ても自ら法律行為をすることはできず、法定代理人にかわって行為をしてもらうより仕方がない（大判大4.12.13民録21輯2068頁）。

◆**法定代理人** 法定代理人は、第1次的に親権者である。すなわち、成年に達しない子は父母の親権に服するが、養子のときは養親の親権に服する。親権者は、子の監護教育の権利義務を有し（民法820条）、子の財産管理権と財産に係る法律行為の代表権を有する（同法824条）。

親権は、父母の婚姻中は父母が共同して行使しなければならないが、父母の一方の死亡、離婚、嫡出でない子の場合等、父母の一方が親権を行使することができない場合のみ単独親権とされている（民法818条）。父母の意見が一致しないにもかかわらず、一方が他方の意思を無視して勝手に単独または共同名義で親権を行使し、未成年の子を代理したり、同意を与えたりしても、その親権行使は無効とされるが、表見代理と同趣旨で、共同親権者の一方が共同名義で専断的にした代理または同意は相手方（金融機関）が善意である限り、過失があっても有効とされる（同法825条）。

親権者がないか、親権者が管理権を有しないときは、未成年後見人がこれにあたる（民法838条）。すなわち、未成年後見人は未成年者にかわって親権を行い（同法867条）、財産管理権、代表権を有する（同法859条）。管理権を有する最後の親権者は、遺言で、未成年後見人を指定できるが（同法839条）、未成年後見人となるべき者がないときは、家庭裁判所が利害関係人等の請求によって後見人を選任する（同法840条）。また、未成年後見人を指定できる者は、遺言で、家庭裁判所は必要に応じて、未成年後見監督人を選任することができる（同法848条）。

法定代理人は、未成年者が意思能力を有する場合は同意を与え、または未成年者にかわり未成年者の名で法律行為をし、未成年者が意思能力を有しない場合は未成年者にかわり、未成年者の名で法律行為をする（民法824条、前掲大判大4.12.13）。法定代理人の代理または同意は、親権者または後見人とその子の利益が相反する行為については制限され、親権者等はその子のために特別代理人の選任を家庭裁判所に請求しなければならないものとされるので（同法826条・860条）、注意を要する（利益相反行為については【10734】参照）。

◆**未成年者との単独取引** 未成年者との単独取引はいつでも取り消される可能性があるが、未成年者が成年に達したとき、また成年に達する前でも、法定代理人に対して1カ月以上の期間内にその取り消しうるべき取引を追認するか否かを確答すべき旨の催告を行うことができる。催告を受けた当事者は、その期間内に追認の諾否を確答しなければならず、確答がないときは追認したものとみなされる（民法20条）。未成年者との単独取引に連帯保証人を徴求していても、主債務が取り消されたときは保証債務も消滅する。ただし、連帯保証人が主債務の取消原因を知っている場合は、独立に債務を負担したものと推定される（同法449条）。また、制限能力者の債務の保証人は、制限能力者の行為を取り消すことはできない（大判昭20.5.21民集24巻1号9頁）。

なお、普通預金取引に際しては、特段の事情のない限り、相手方が明らかに未成年

であるとわかっている場合でも金融機関は取引に応じているが、これは、①金融機関が債務者の側に立つので、取消によって損害を生ずる危険性は少ない、②未成年者について、法定代理人が目的を定めて処分を許した財産は本人が自由に処分しうるので（民法5条3項）、小遣い、学費などをもって未成年者が預金取引を行うについて、特に問題を生じない等の理由によるものである。

ただし、未成年者との普通預金取引も犯罪収益移転防止法上の取引時確認義務があるので注意が必要である。

◆**親権者の代理権濫用**　親権者が子を代理する権限を濫用して法律行為をした場合、その行為の相手方がその濫用の事実を知りまたは知りえたときは、民法93条ただし書の規定を類推適用して、その行為の効力は子に及ばないと解される（最判昭42.4.20民集21巻3号697頁）。どのような場合が権利の濫用に当たるかについては、「親権者に子を代理する権限を授与した法の趣旨に著しく反すると認められる特段の事情がある場合」とされ、子の利益を無視して自己または第三者の利益を図ることのみを目的としたようなケースがあげられる。ただし、これについては、親権者が子を代理して、子の所有する不動産を第三者の債務の担保に供した事案において、その行為が子自身に経済的利益をもたらすものではないことをもって直ちに第三者の利益のみを図る親権者の権利濫用とは即断できないとした判例もある（最判平4.12.10民集46巻9号2727頁）。

犯罪収益移転防止法の関係では、未成年者が法定代理人の同意を得て取引をする場合、未成年者について取引時確認が必要となり、法定代理人が未成年者を代理する場合は、未成年者の取引時確認および法定代理人の本人特定事項の確認が必要となる。

なお、親権者の一方が来店して未成年者の口座を開設する場合は、未成年者の取引時確認と来店した親権者の本人特定事項の確認が必要となる。

平成28年6月19日施行の改正公職選挙法により、選挙権年齢が18歳以上に引き下げられた。一方、法制審議会は、すでに民法上の成年年齢を18歳以上に引き下げることを答申している。

10746　成年被後見人との取引

後見開始の審判を受けた者と取引する場合にはどのような注意をすべきか

結論

成年被後見人自身の法律行為は、本人または成年後見人によって取り消すことができる。したがって、成年被後見人との取引は、法定代理人である成年後見人と行うことが必要である。取引先が成年被後見人であるかどうかは、成年後見登記制度に基づく登記内容を、交付請求権者を通じ登記事項証明書を入手して確認する。

解説

◆**成年被後見人とは**　平成12年4月、制限能力者（従前の無能力者。平成17年4月施行の改正民法により制限行為能力者に改称）に対する新しい成年後見制度がスター

トしたことに伴い、民法の一部が改正され、それまでの禁治産制度にかわって「後見」の制度が設けられた。

後見の対象となる制限行為能力者は、「精神上の障害により事理を弁識する能力を欠く常況にある者」、すなわち精神上の障害により常に判断能力を欠く「常況」にある者で、家庭裁判所は、このような者について、本人、配偶者、4親等内の親族、未成年後見人、未成年後見監督人、保佐人、保佐監督人、補助人、補助監督人または検察官の請求により、「後見開始の審判」をすることができる（民法7条）。

後見開始の審判を受けた制限行為能力者は「成年被後見人」となり、法定代理人として「成年後見人」が選任される（民法8条）。

成年被後見人自身が行った法律行為は、本人または成年後見人によって取り消すことができるが、日用品の購入その他日常生活に関する行為については、禁治産制度と異なり、取消権の対象から除外されている（民法9条）。

成年後見人は、成年被後見人の生活、療養看護および財産の管理に関する事務を行うにあたって、成年被後見人の意思を尊重し、かつ、その心身の状態および生活の状況に配慮すべきものとされ（民法858条）、成年被後見人の財産管理権およびその財産に関する法律行為の代表権を有する（同法859条）。成年後見人の選任に際しては、被後見人の心身状態ならびに生活や財産の状況、成年後見人となる者の職業および経歴ならびに被後見人との間の利害関係の有無などを勘案する必要があり（同法843条4項）、被後見人に対して訴訟をした者およびその配偶者ならびに直系血族等は、成年後見人となることができない（同法847条）。

家庭裁判所は、必要と認めるときは「成年後見監督人」を選任できるが（民法849条）、後見人の配偶者、直系血族および兄弟姉妹は、後見監督人となることができない（同法850条）。

成年後見人は複数を選任することもでき、また法人を後見人とすることもできる（民法843条3項・4項）。

◆**成年被後見人との取引における留意事項**
成年被後見人は、認知症、知的障害、精神障害等の常況にあり、判断能力や意思能力を欠く者なので、金融機関との取引については、常に法定代理人である成年後見人を相手として行う必要がある。ただし日常生活に関する行為は取消権の対象とされていないため、電気・ガス・水道料等の支払に必要な範囲の預貯金の払戻しなどは日常生活に関する行為に該当するが、多額の預金の払戻しや借財・保証・担保の提供等の取引はこれに該当せず、当然に取消権の対象となる。

成年被後見人の行為が取り消されると、それは初めから無効な行為となるので、取り消されるまでの間はその取引がきわめて不安定な状態に置かれる。民法は、このような場合の取引の相手方への救済措置として、相手方に次のような催告権を認めている。

① 相手方は、成年被後見人が行為能力者になった後1カ月以上の期間内に、当該取り消すことができる行為を追認するかどうか確答すべき旨の催告を行うことができ、もし当該成年被後見人がその期間内に確答しないときは、その行為を追認

したものとみなすことができる（民法20条1項）。

② 成年被後見人が行為能力者とならない場合においては、法定代理人に対して①と同様の催告ができる（民法20条2項）。

成年被後見人と成年後見人との間の利益相反行為については、未成年者の場合と同様に、特別代理人の選任を家庭裁判所に請求するものとされるが（民法860条による826条の準用）、成年後見監督人が選任されている場合は、後見監督人が成年被後見人の利益を代表することとなる（同法851条4号）。

後見監督人が選任されている場合、成年後見人が被後見人にかわって営業もしくは借財、保証、不動産等重要な財産に関する権利の得喪を目的とする行為、訴訟等をするときは、後見監督人の同意が必要とされ（民法864条）、金融機関取引においては注意を要する。

なお、成年後見人が、成年被後見人にかわって、その居住用の建物またはその敷地について、売却、賃貸、賃貸借の解除または抵当権の設定などの処分をするときは、家庭裁判所の許可を要するものとされている（民法859条の3）。

平成28年10月13日施行の「成年後見の事務の円滑化を図るための民法及び家事事件手続法の一部を改正する法律」により、成年被後見人が死亡した後も、成年後見人は、死後事務として、当該事務を行う必要があり、成年被後見人の相続人が相続財産を管理できる状態に至っておらず、かつ、相続人の意思に反することが明らかな場合でないときには、①個々の相続財産の保存に必要な行為、②弁済期が到来した債務の弁済、③相続財産全体の保存に必要な行為（たとえば、債務を弁済するための預貯金の払戻し）を行うことができ、③については家庭裁判所の許可を要する（民法873条の2各号）。

取引先が成年被後見人であるかどうかの確認は、後見登記等に関する法律に基づき登記された成年後見登記によって行う。この登記内容は「登記事項証明書」の交付を受けることで確認できるが、交付請求のできる者は、本人、成年後見人、配偶者、4親等内の親族などに限られているので、金融機関はそれらの者を通じて登記事項証明書を入手することとなる。この場合、登記がされていないことの証明書（いわゆる「ないこと証明」）も発行される。

犯罪収益移転防止法の関係では、成年被後見人の取引時確認と成年後見人の本人特定事項の確認が必要となる。

10747　被保佐人との取引

保佐開始の審判を受けた者と取引する場合にはどのような注意をすべきか

結　論

被保佐人自身の法律行為は、民法13条1項所定の行為につき保佐人の同意が必要とされ、その同意がない行為は取り消すことができる。また、特定の法律行為につき保佐人に代理権が付与されている場合もある。したがって、被保佐人との取引は保佐人の同意を得て行い、代理権が付与されている場合には保佐人を代理人として行う。取引

先が被保佐人であるかどうかは、成年後見登記制度に基づく登記内容を、交付請求権者を通じ登記事項証明書を入手して確認する。

◆被保佐人とは　「保佐」の制度は平成12年4月にスタートした新しい成年後見制度の一部で、従前の準禁治産制度にかわるものである。

保佐の対象となる制限行為能力者は、「精神上の障害により事理を弁識する能力が著しく不十分である者」、すなわち精神上の障害により判断能力が著しく不十分な者であるが、後見を要する程度の者は除かれる。家庭裁判所は、このような制限行為能力者について、本人、配偶者、4親等内の親族、後見人、後見監督人、補助人、補助監督人または検察官の請求により、「保佐開始の審判」をすることができる（民法11条）。

補佐開始の審判を受けた者は「被保佐人」となり、「保佐人」が選任される（民法12条）。保佐人には、民法13条1項各号に掲げる被保佐人の行為について同意権が付与されるが、日用品の購入その他日常生活に関する行為については、被保佐人の単独行為が認められる（同法13条1項ただし書）。保佐人の同意を要する行為の主なものは、借財や保証、不動産等の重要財産の権利得喪に関する行為、訴訟、相続の承認・放棄、遺産分割、新築・改築・増築、長期賃貸借契約等である。

保佐人の同意権の対象行為であって被保佐人がその同意を得ないでなした行為については、本人または保佐人による取消権の行使が認められている（民法13条4項）。

保佐人は、保佐の事務を行うにあたり、被保佐人の意思を尊重し、かつ、その心身の状態および生活の状況に配慮しなければならないが（民法876条の5第1項）、後見人の場合のような財産管理権や包括的代理権は有しない。ただし、本人（被保佐人）、配偶者、4親等内の親族、保佐人、保佐監督人などの請求に基づき、家庭裁判所の審判により、被保佐人のために、特定の法律行為について代理権を付与することができる（同法876条の4第1項）。ただし、本人以外の者の請求による場合には本人の同意を要する（同法876条の4第2項）。

保佐人の選任に際しては、保佐人となるべき者の職業および経歴ならびに被保佐人との間の利害関係の有無などを勘案する必要があり、被保佐人に対して訴訟をした者およびその配偶者ならびに直系血族等は、保佐人となることができない（民法876条の2による843条4項・847条の準用）。

家庭裁判所は、必要と認めるときは「保佐監督人」を選任できる（民法876条の3第1項）が、保佐人の配偶者、直系血族および兄弟姉妹は保佐監督人となることができない。

保佐人は複数を選任することができ、法人を保佐人とすることも可能である。

なお、準禁治産との主な相違点は、浪費者は対象とされなくなったこと、保佐人に取消権が認められ、かつ、代理権の付与が可能となったことなどである。

◆被保佐人との取引における留意事項
被保佐人の法律行為については、民法13条1項各号に掲げるものについて保佐人に同意権が付与されており、金融機関との融資

取引や保証、担保提供などは、その対象となる。また、特定の法律行為については、保佐人に代理権が付されている場合もある。したがって、被保佐人との取引は保佐人の同意を得て行うことが必要であり、代理権付与の審判がなされている場合には、保佐人を代理人として取引しなければならない（同法876条の４）。

被保佐人が保佐人の同意権対象行為を同意なしで行った場合、その行為は本人または保佐人により取消が可能である。取り消された法律行為は初めから無効となり、本人は現に利益を受けている範囲内で返還の義務を負う（民法121条、改正民法121条の２第３項）。したがって、金融機関との融資取引においても、金融機関が融資金の全額を回収することは困難な場合がある。

なお、保佐開始の審判後、預金先金融機関に対しその旨を届出をしない間に、保佐人の同意を得ずに被保佐人が行った預金払戻しにつき、普通預金規定による免責約款の有効性を認め、被保佐人からの預金払戻しの取消を認めなかった裁判例がある（東京高判平22.12.8金法1949号115頁。【10771】参照）。

被保佐人自身がなした行為で取消の対象となる取引の相手方は、被保佐人が能力者となった後１カ月以上の期間内に当該行為を追認するかどうか確答すべき旨を本人に催告することができ、本人がその期間内に確答しないときには当該行為は追認したものとみなされる（民法20条１項）。また、被保佐人が能力者とならない場合でも、保佐人に対して前記と同様の催告ができ、確答がなければ追認があったものとみなされる（同条２項）。さらに、相手方は被保佐

人に対して１カ月以上の期間内に保佐人の同意を得て当該行為を追認するよう催告することもできるが、その期間内に被保佐人が保佐人の同意を得た通知を発しないときは、当該行為を取り消したものとみなされる（同条４項）。ただし、被保佐人が相手方に対して自分が能力者であることを信じさせるために詐術を用いたときは、当該行為は取り消すことができない（同法21条）。

被保佐人と保佐人との利益相反行為については、保佐監督人が選任されている場合には監督人が保佐人の権限を行使し、選任されていない場合には、本人、保佐人その他利害関係人の請求により臨時保佐人が選任され、保佐人の権限を行使する（民法876条の２）。

また、保佐人が被保佐人にかわって、その居住用の不動産について、売却、賃貸、賃貸借の解除または抵当権の設定などの処分を行うときは、家庭裁判所の許可を要するものとされているので注意を要する（民法876条の５第２項による859条の３の準用）。

取引先が被保佐人であるかどうかは、後見登記等に関する法律に基づき登記された成年後見登記により確認する。この登記内容は、登記事項証明書の交付を受けることにより把握できるが、金融機関等取引の相手方には交付請求権がないので、本人、保佐人、配偶者、４親等内の親族など交付請求のできる者を通じて当該証明書を入手することとなる。ただし、準禁治産制度のもとで浪費者として準禁治産の宣告を受けていた者や、昭和54年改正前の聾者、唖者、盲者を理由とする準禁治産者については、引き続き旧法が適用され成年後見登記の対

象外なので、必要に応じ戸籍により確認する。

犯罪収益移転防止法の関係では、保佐人が同意権を有する場合は被保佐人と保佐人の両者の取引時確認、保佐人が代理権を有する場合は被保佐人の取引時確認と保佐人の本人特定事項の確認が必要となる。

10748 被補助人との取引

補助開始の審判を受けた者と取引する場合にはどのような注意をすべきか

結　論

補助の制度に基づき、特定の法律行為につき補助人の同意を要する旨の審判を受けた被補助人が、当該特定行為を単独で行った場合、その法律行為は取り消すことができる。また、審判により、特定の法律行為につき補助人に代理権が付与されている場合も同様である。したがって、被補助人の法律行為で補助人の同意権や代理権が付与されているものについては、補助人の同意を取り付けまたは補助人を代理人として取引する必要がある。取引先が被補助人であるかどうかや、同意権や代理権の対象となる特定の法律行為の内容がどうなっているかは、成年後見登記制度に基づく登記内容を、交付請求権者を通じ登記事項証明書を入手して確認する。

解　説

◆**被補助人とは**　平成12年４月にスタートした新しい成年後見制度の一環として、

「補助」の制度が新設された。

補助の対象となる制限行為能力者は、「精神上の障害により事理を弁識する能力が不十分である者」、すなわち認知症、知的障害、精神障害等により判断能力が不十分な者であるが、後見や保佐を要する程度の者は除かれる。家庭裁判所は、このような制限行為能力者について、本人、配偶者、４親等内の親族、後見人、後見監督人、保佐人、保佐監督人または検察官の請求により、「補助開始の審判」をすることができる（民法15条１項）。ただし、本人以外の者の請求による場合には本人の同意が必要である（同条２項）。

補助開始の審判を受けた者は「被補助人」となり、「補助人」が選任される（同法16条）。

補助開始の審判と同時に、被補助人のする特定の法律行為について補助人の同意を要することの審判（民法17条１項）と、被補助人のために特定の法律行為につき補助人に代理権を付与する旨の審判（同法876条の９第１項）が行われる。これらの審判についても、本人の同意が必要である（同法17条２項・876条の９第２項）。同意権の対象となる行為は、民法13条１項に定める行為の一部に限られる（同法17条１項ただし書）。

補助人の同意が必要な行為であって被補助人が単独で行ったものについては、本人または補助人による取消権の行使が認められる（民法17条４項）。

補助人は複数の選任も可能であり、法人を補助人とすることもできるが、補助人となるべき者の職業および経歴ならびに被補助人との利害関係の有無などを勘案する必

要があり、被補助人に対して訴訟をした者およびその配偶者ならびに直系血族等は、補助人となることができない（民法876条の7第2項による843条4項・847条の準用）。

家庭裁判所は、必要があると認めるときは「補助監督人」を選任することができる（同法876条の8第1項）。

◆被補助人との取引における留意事項

被補助人の特定の法律行為については、補助人の同意権や代理権が付与されており、当該法律行為について、被補助人が補助人の同意を得ずに、または補助人を代理人とせずに行った場合には、本人または補助人による取消権の行使が認められている。金融機関との融資取引や保証、担保の提供などは、通常、特定の法律行為として指定されている。したがって、被補助人との取引は補助人の同意を得て行い、代理権が付与されている行為については、補助人を代理人として取引しなければならない。

高齢者との長期の融資取引等においては、実務上、信頼できる者を代理人とすることも多いが、その場合、本人が意思能力を喪失した後も当該代理権を存続させることを本人が希望する場合がある。本人が行為能力のあるときに付与された代理権は本人の意思能力喪失後も有効であると解するのが通説であるが、その際には任意後見制度の利用を勧めるか、本人の認知症等の症状が軽度な場合には補助の制度を利用して補助人を選任してもらうことが望ましい（高齢者取引については【10743】も参照）。

被補助人が単独でなした行為で取消権の対象となる取引に係る相手方には、当該行為の追認催告ができることについては、被保佐人の場合と同様である（民法20条4項。

【10747】参照）。

被補助人と補助人との間の利益相反行為についても、被保佐人の場合と同様、補助監督人または臨時補助人が補助人の権限を行使する（民法876条の7第3項）。

また、補助監督人が被補助人にかわって、その居住用の不動産について売却や担保提供等の処分を行うときは、家庭裁判所の許可が必要であり、注意を要する（民法876条の8第2項による859条の3の準用）。

取引先が被補助人であるかどうか、補助人の同意を要する行為、補助人に代理権が付与されている場合の代理権の範囲等がどうなっているかについては、後見登記等に関する法律に基づき登記された成年後見登記により確認する。登記内容は登記事項証明書の交付を受けることで把握できるが、金融機関等取引の相手方には交付請求権がないので、本人、補助人、配偶者、4親等内の親族など交付請求のできる者を通じて、当該証明書を入手する。

犯罪収益移転防止法の関係では、補助人が同意権を有する場合は被補助人と補助人両者の取引時確認、代理権を有する場合は被補助人の取引時確認と補助人の本人特定事項の確認が必要となる。

| 10749 | 成年後見人からの多額の払戻請求 |

成年後見人から多額の払戻請求があった場合、どのように対応すればよいか、また成年後見人が複数選任されている場合、どのように対応すればよいか

結　論

　成年後見人の善管注意義務について疑問がないかを、資金使途（成年被後見人のためにやむをえない出金であるか）、家庭裁判所あるいは成年後見監督人がいる場合は成年後見監督人に事前に相談したかなどについて確認する。疑問があれば、家庭裁判所あるいは成年後見監督人に連絡することも検討する。

　成年後見人が複数選任されている場合、窓口に来店した成年後見人に預金の払戻しについての単独の代理権があるときであっても、他の成年後見人の意向を確認することが適切な場合がある。追加選任された第三者後見人が財産管理を分掌し、取引口座の一時停止を要請されることもあるので、金融機関において必要書類の整理など迅速な対応が必要である。

解　説

◆成年後見人の善管注意義務と不正事案

成年後見人の財産管理の目的は、成年被後見人本人の生活、療養看護の資金の確保と適切な支出であり、成年後見人は本人に対し善管注意義務を負っている（民法869条・644条）。成年後見制度に関する課題として、親族後見人による横領事案の発生、さらには弁護士・司法書士等の専門職後見人による横領事案の発生など、不正行為案件に対する対応があげられており、成年後見制度の利用の促進に関する法律に基づき内閣府に設置された成年後見制度促進委員会においても、不正事案の防止策が議論されている。

　家庭裁判所において、成年被後見人の資産状況（たとえば一定額の流動資産を有する場合）に応じて後見制度支援信託の利用を勧める取扱いがされている。親族後見人がその利用を希望しない場合は、後見監督人が選任されるという運用も広まってきている。また、成年後見制度促進委員会においても、成年後見関連事業者である金融機関が法務省、最高裁判所等とも連携して、不正事案を予防するために、後見制度支援信託と並立または代替するものとして、預金の払戻しに後見監督人の関与を可能とする仕組みを導入するなど積極的な対応をとることが期待されている。これは、後見人が本人にかわって民法13条1項各号に掲げる行為をするときは、後見監督人の同意が必要であり（同法864条本文）、同意なき行為は取消の対象となる（同法120条1項）が、「元本の領収」に関しては同意の対象から除外されているので（同法864条ただし書・13条1項1号）、元本の領収である預金の払戻しについて、後見監督人の関与を関係者の同意により工夫する必要があるからである。たとえば、成年後見人と成年後見監督人の両者の届出印をもって預金の払戻しを可能とするような取扱いをする金融機関も現れている。

◆成年後見監督人、家庭裁判所による監督

後見監督人は、成年後見人に対し後見の事務の報告もしくは財産の目録の提出を求め、または後見の事務もしくは被後見人の財産の状況を調査することができる（民法863条1項）。そして、成年後見監督人は、成年後見人の事務の監督を行い（同法851条1号）、「急迫の事情がある場合に、必要な処分をすること」ができる（同条3号）ので、成年後見監督人等の権限として、金融

機関に口座凍結を依頼することもありうる。

家庭裁判所は、後見監督人、被後見人もしくはその親族その他の利害関係人の請求によりまたは職権で、被後見人の財産の管理その他後見の事務について必要な処分を命ずることができる（民法863条2項）。したがって、家庭裁判所の権限として、金融機関に口座凍結を要請することも可能である。

◆**成年後見人からの多額の払戻請求**　成年後見人がその善管注意義務の範囲で職務を行うにあたって、多額の預金の払戻しが必要であるか疑問な場合もある。金融機関として、包括的代理権を有する成年後見人からの払戻請求につき、その代理権行使に善管注意義務違反があるか否かまで確認すべき法的義務が当然にあるとはいえないが、近時の成年後見人による不正事案の発生や金融機関の役割に対する期待もあり、資金使途を確認したり、家庭裁判所や成年後見監督人に事前に相談したかを確認するなどの対応が考えられる。

それでも成年後見人に払い戻すことに不安を感じた場合には、家庭裁判所や成年後見監督人に連絡して、その監督権限の行使に委ねるのも一つの方法である。

◆**複数の成年後見人**　成年後見人が複数選任されているときは、原則として、それぞれの成年後見人が単独でその権限を行使する。成年後見人が数人あるときは、家庭裁判所は、職権で、数人の成年後見人が、共同してまたは事務を分掌して、その権限を行使すべきことを定めることができる（民法859条の2第1項。登記については【10726】参照）ので、その場合は、共同して権限を行使し、あるいは職務分掌に従っ

て、たとえば財産管理を分掌する成年後見人が金融機関との取引において、権限を行使する。共同行使や職務分掌の定めがない場合に、払戻請求に来店した成年後見人に他の成年後見人に事前に相談しているかを確認したり、高額な払戻事案においては他の成年後見人に連絡することも一つの方法である。

なお、成年後見人の追加選任（民法843条3項）の審判は、即時抗告の対象（家事事件手続法123条1項各号）とされておらず「確定」の問題が生じないので、追加選任された成年後見人から緊急の口座凍結を依頼された場合には、審判書の提出をもってその権限を確認することが可能である。

| 10750 | 成年後見人へのキャッシュカード発行 |

成年後見人からキャッシュカードを発行してほしいという申出があった場合、どのように対応すればよいか

結　論

成年後見人が就任した場合でも、預金の帰属は成年被後見人のままであり、成年後見人は法定代理人に当たる。したがって、成年後見人にキャッシュカードを発行する場合は、代理人カードになる。金融機関においては、成年後見人からその事務負担の軽減のためにもキャッシュカードの発行を求められることがあるので、各金融機関における代理人カード発行のポリシーに即して対応することが望ましい。

◆成年被後見人等に発行されていたキャッシュカード

成年後見人等就任の届出があった場合には、成年被後見人等に発行されていたキャッシュカードは無効とし回収するのが一般である。キャッシュカード利用に関する約款では、キャッシュカードの利用は本人に限定し、第三者に譲渡・貸与等を行うことを禁止し、暗証番号を第三者に知られたりしないようにすることを求めているのが通常である。成年後見人は、本人の財産に対し包括的管理権を有し代理権を有することや（民法859条1項）、審判により保佐人・補助人に預貯金に対する金融機関等との取引の代理権が付与されること（同法876条の4第1項・876条の9第1項）を根拠に、成年後見人等に本人のキャッシュカードと暗証番号の引き継ぎを認めるべきとの見解もあるが、キャッシュカードのような非対面取引において、本人の利用と成年後見人等の利用を区別することはむずかしく、金融機関が預金者本人に貸与していたキャッシュカードを成年後見制度下において無効とする取扱いはやむをえないものと考える。成年後見人等との間でキャッシュカードの利用を認めるか否かは、後記の代理人カードの取扱いにより解決することが可能である。

なお、内閣府に設置された成年後見制度利用促進委員会において、成年後見に偏った現状から、保佐・補助の活用が検討されている。保佐・補助事案においては、被保佐人・被補助人本人に日常的な小口現金の引出しのためにキャッシュカードを利用したいという要望があり、金融機関においても今後の課題である。

◆成年後見人等に対するキャッシュカード（代理人カード）の発行

成年後見人等にキャッシュカードを発行する金融機関は増加してきているが、これを発行しないという金融機関も少なくないとして、改善を求める声もある。全国銀行協会は平成23年2月17日付で「成年後見制度に係る銀行実務上の対応の見直しについて」を会員銀行宛てに発出し、キャッシュカードの発行についての改善検討を提案している。

キャッシュカード取引は、店頭における対面取引とは異なるリスクは存するものの、代理人カードとしてのシステム対応に支障がないのであれば、各金融機関における代理人カード発行のポリシーに即して取扱いを行うことを検討することが望ましい。

10751　成年後見人とのインターネット取引

成年後見人からインターネット取引の申出があった場合、どのように対応すればよいか

結　論

成年後見人との間でインターネット取引を認めるかどうかは、預金者本人以外の者にIDやパスワードの使用を許容すること、すなわちインターネット取引における代理人取引をどのように位置づけるかという問題があり、インターネット取引におけるリスクとベネフィットをどのように考えるのか、システム対応も含めて各金融機関における検討課題である。

解　説

◆成年被後見人等と行っていたインターネット取引　成年被後見人等が行っていたインターネット取引を、そのまま成年後見人等に引き継ぐことができるかという点については、本来本人だけが利用できるIDやパスワードを本人以外が使用することは予定していないところであるうえ、本人による取引か代理人による取引かを区別することもむずかしいので（また、本人は日常生活に関する行為は行える（民法9条ただし書）との議論もあろうが、店頭取引であっても日常生活か否かの区別はむずかしいので）、成年後見等開始の届けにより、インターネット取引を終了する取扱いが一般的であると思われる。この点は、キャッシュカード取引と同じである（【10750】参照）。

◆成年後見人等との間のインターネット取引　成年後見人等との間で新たにインターネット取引を認めるか否かは、現状、各金融機関のポリシーによる。

　成年後見人（あるいは金融機関との預金取引について代理権を付与された保佐人・補助人）が選任されても、預金はあくまで成年被後見人等のものであり、成年後見人等は預金者の法定代理人の地位にある。したがって、システム対応の問題以外に、成年後見人等との間のインターネット取引の法的問題を議論するにあたっては、まず、インターネット取引において、代理人取引をどのように位置づけるか、また、約款上どのように対応するかを整理する必要がある。さらに、インターネット取引には、ウイルスメールの送付によるID、パスワード等の流出、ハッキングなどを介した遠隔操作によるなりすまし被害など店頭取引やキャッシュカード取引にみられない特有のリスクがある。一方で、高齢化社会における成年後見制度の利用促進という趨勢のなかで、成年後見人等が自宅・事務所などで成年被後見人等の預金からの振込・送金を行うことができるという利便性に着目した利用環境の改善要請があり、金融機関としてどこまで対応可能か、検討課題である。

| 10752 | 成年後見人の就任予定者からの払戻請求 |

成年後見人の就任予定者から払戻請求があった場合、どのように対応すればよいか

結　論

　成年後見人に就任していない以上、法定代理人ではなく、預金払戻しの権限を有しないので、原則としてそのまま払戻しに応じることはできない。必要に応じて審判前の保全処分を申し立ててもらい財産管理者を選任してもらうのが適切である。しかし、真にやむをえない場合に、必要性、緊急性、資金使途の明確性と支払方法の確実性、リスクおよび念書の徴求などの手段の可否を考慮して、柔軟な対応を行うことも検討すべきである。

解　説

◆成年後見人の法定代理権　成年後見人等は、成年後見開始・保佐開始・補助開始の審判（保佐人および補助人については預金取引についての代理権付与の審判を要する）が確定することによって、成年被後見

人等の法定代理人となり（成年後見人につき民法859条1項、保佐人につき同法876条の4第1項、補助人につき同法876条の9第1項）、預金払戻しの代理権限を有することになる。したがって、成年後見人に就任予定というだけでは、いまだ法定代理人ではないし、精神上の障害により事理を弁識する能力を欠く常況にある（同法7条）のであれば、成年後見人就任予定者がいったん任意代理人となる方法もむずかしいので、やはり払戻しに応じることはできない。むろん、無権限者である者が代理人となった行為につき、成年後見人に就任した後に当該行為につき追認を拒絶して取消権を行使することが信義則に反するとされる場合もあるが（最判平6.9.13民集48巻6号1263頁）、必ず成年後見開始の審判がされるとの保証もなく、また、成年後見開始の申立前の事案であれば、より先行きは不透明であるので、原則払戻しに応じない扱いになる。

◆**保全処分としての財産管理者の選任**
成年後見等開始の審判前にも、保全処分として、申立または職権により、必要な場合は、財産管理者を選任することができる（家事事件手続法126条1項・134条1項・143条1項）。選任された財産管理者は、民法103条所定の保存行為と改良行為の権限を有するので、預金の払戻しおよび入院費等の支払をすることができる（なお、処分行為はできないが、権限外行為について家庭裁判所の許可を得て行うことができる（家事事件手続法126条8項・134条6項・143条6項））。成年後見開始の審判前の保全処分として財産管理者を選任する要件は、「成年被後見人となるべき者の生活、療養

看護または財産の管理のため必要があるとき」であるので、成年後見人の就任予定者からの払戻請求に必要性を感じるのであれば、保全処分の申立を勧めるのも一つの方法である。ただし、成年後見開始の申立がなされていない場合には保全処分は利用できない。

◆**便宜払いの可否**　成年後見開始の審判や、保全処分による財産管理者の選任の手続を待てないほど緊急な事態において、便宜的な取扱いは可能であるか。成年被後見人となるべき預金者が緊急に入院あるいは老人福祉施設に入居するなどし、その支払が差し迫っているが、成年後見開始の申立に必要な資料が直ちに整う状況ではないなどの事態も考えられなくはない。そのような場合に、一律に預金払戻しを謝絶することも、かえってトラブルに発展する可能性がある。特に支払先が明確な場合には預金払戻謝絶につき預金者側の納得を得ることがむずかしいことも考えられる。金融機関としては、有効な払戻しにならないリスクも十分に考慮したうえで、なお、柔軟な取扱いを許容できる場合がないか検討することも考えられる。たとえば、成年後見人就任予定者や他の親族などの関係者から可能な限り事情を聴取し、可能であれば預金者本人とも面談し、医師の診断書の確認あるいは入居先からの聞き取りなど、必要性や緊急性を十分に確認したうえで記録化し、支払方法として病院や老人福祉施設の口座への振込など確実な手段を採用することができ、将来紛議が生じた場合の損害補てん念書を成年後見人就任予定者や親族関係者から徴求するなど、個別事案において、便宜払いを検討すべき場合もある。

10753 取引先が制限行為能力者であることが判明した場合

取引先が制限行為能力者であることが判明した場合、どのように対応すべきか

結論

　取引先に成年後見等が開始されていた場合には、本人または成年後見人等に直ちに必要事項の届出を行うよう要請し、その後の取扱いを確認協議する必要がある。成年後見等の開始後届出（発覚）前の取引（特に預金の払戻し）については、約款により届出義務が生じた後の届出前の制限行為能力者による行為のなかに取消権の対象となる行為があったとしても金融機関が免責される旨を成年後見人等に説明し、後日の紛議を予防しておく必要がある。

　未成年者が、成人であるとして取引を行っていることは、取引時確認の際の本人特定事項として生年月日が確認されているのであれば、本人確認書類の偽造等でもない限り通常考えにくい。そのような詐術があった場合には未成年者はその行為の取消権を行使することはできない（民法21条）。未成年者との取引については、【10745】を参照されたい。

解説

◆制限行為能力者　　制限行為能力者とは、1人で確定的に有効な法律行為をする能力が十分でない者をいう。未成年者、成年被後見人（「精神上の障害により事理を弁識する能力を欠く常況にある者」）、被保佐人（「精神上の障害により事理を弁識する能力が著しく不十分である者」）、被補助人（「精神上の障害により事理を弁識する能力が不十分である者」）がこれに当たる（ただし、被補助人については、補助人に代理権のみを付与する審判が行われた場合は、被補助人は、補助人の同意にかかわりなく、自由に法律行為をすることができ、制限行為能力者とはならない）。

◆成年後見等開始の届出義務と免責　　取引先に、成年後見・保佐・補助が開始された場合は、直ちに取引店にその旨および必要事項の届出を行ってもらうことになる。届出義務および金融機関の免責について取引約款等に記載されているのが通常である。

　届出前に制限行為能力者が行った取引行為のうち、日用品の購入その他日常生活に関する行為は取消権の対象とならない（民法9条ただし書・13条1項ただし書・17条1項ただし書）。一方、これを超える行為は、取消権の対象となる（補助については同法17条1項の審判がある場合に限る）が、取引約款により届出義務違反がある場合には約款で定める免責条項により金融機関は免責されるとの裁判例がある（【10771】参照）。しかし、後日紛議の可能性があるので、たとえば、預金払戻しのようなものは、日常生活に関する行為となるのか否かを、成年後見開始後届出（発覚）前の行為1件ごとに成年後見人等との間で確認し、書面に残しておくことが望ましい。成年後見人等が日常生活に関する行為でないと主張したり、疑念があるとして留保するようなものについては、約款により免責される旨を説明しておくなど、後日の紛議に備えておく必要がある。

◆**日常生活に関する行為**　成年後見等の届出後も、成年被後見人等の日常生活に関する行為については、成年後見人等の同意なく行うことができる（民法9条ただし書・13条1項ただし書・17条1項ただし書）。ただし、金融機関としては、預金の払戻しが日常生活に関する行為の範囲かどうか判別できないため、成年被後見人等からの単独の払戻請求に応じるのはむずかしい。したがって、成年被後見人等からの払戻請求には応じず、すでに交付したキャッシュカードも回収（回収できない場合でも使用不能措置をとる）するのが通常である。

　ただし、この場合にも、残高を少額とする日常生活用の専用口座を設定し、成年後見人等の事前の包括的な同意を得て、成年被後見人等が当該口座の払戻しを行うことができないかなどの運用提案が成年後見実務に携わる側から出されており、金融機関によって対応可能であれば、成年後見人等と協議のうえで取扱いを定める必要がある。同様に、元本の領収である預金の払戻しに同意権のある保佐（民法13条1項1号）あるいは預金の払戻しに同意権を付与された補助（同法17条1項）の場合に、保佐人・補助人の事前の包括的同意を前提にして、被保佐人・被補助人の専用口座における預金取引を可能とする運用提案もなされているので、金融機関によって対応可能であれば、保佐人等と協議のうえで取扱いを定める必要がある。

| 10754 | 成年被後見人の居住用不動産の処分 |

成年被後見人の居住用不動産を処分する場合、どのような点に注意すべきか

結　論

　成年後見人は、成年被後見人にかわって、その居住の用に供する建物またはその敷地について、売却、賃貸、賃貸借の解除または抵当権の設定その他これらに準ずる処分をするには、家庭裁判所の許可を得なければならない。許可の審理においては、処分の必要性、本人の生活、身上監護状況、本人の意向、処分の条件の相当性等について確認・検討がなされる。

解　説

◆**居住用不動産**　民法859条の3は、「成年後見人は、成年被後見人に代わって、その居住の用に供する建物又はその敷地について、売却、賃貸、賃貸借の解除又は抵当権の設定その他これらに準ずる処分をするには、家庭裁判所の許可を得なければならない」と定める（不動産処分の代理権を付与されている保佐人について同法876条の5第2項、同じく補助人について同法876条の10第2項）。家庭裁判所の許可を得ない処分は無効である。これは、居住環境の変化が成年被後見人の心身および生活に大きな影響を与えるものであることにかんがみ、居住用不動産の処分について、本人の心情面への特段の配慮が求められるとの考えによる。ここで、「居住の用に供する建物又はその敷地」というのは、現に居住している不動産だけでなく、現在は居住していないが過去に生活の本拠としていたものや、将来、本人の住居として利用する予定の不動産（たとえば建築前の更地など）も

含まれると解されている。

◆処分行為　本人の居住用不動産を売却する場合だけでなく、賃貸や抵当権を設定する行為も家庭裁判所の許可を要する処分行為である。したがって、施設等に入所している成年被後見人がかつて居住していた不動産を有効活用のために賃貸する行為も家庭裁判所の許可が必要である。さらに、賃貸借の解除も家庭裁判所の許可を要する行為であるので、たとえば、借家からの立ち退きについても家庭裁判所の許可を要する（賃貸人としての解除は居住用不動産の返還を受ける立場であるので、許可は不要である）。

成年後見人から成年被後見人の所有不動産に担保を設定したうえでの借入要請がある場合には、居住用不動産については家庭裁判所の許可を要するほか、融資取引等の注意点は【10755】を、成年被後見人と成年後見人との利益相反取引については【10756】を参照されたい。

◆処分の必要性、本人の生活、身上監護状況、本人の意向、処分の条件の相当性等
単に処分の必要性だけが要件とされているのではなく、「本人の生活、身上監護状況、本人の意向」などが考慮要素とされている。したがって、現在居住していない不動産が高く売れるとか、管理費等がかかるのを回避できるとかなどの経済的合理性だけで許可されるものではない。当該不動産に対する本人の思い入れなど精神的な価値も十分に考慮されなければならない。売却以外に賃貸などの方法がないかも検討される。また、売却の条件としても、複数の不動産業者からの見積り、価格査定書など適正な価格を証明する資料を家庭裁判所に提出する。

売買契約も家庭裁判所の許可を得ないと有効とならないので、停止条件付きにするなどの方法を買主等と合意しておく必要がある。

10755 成年被後見人を相手方とする融資取引や保証取引の注意点

成年被後見人を相手方とする融資取引や保証取引ではどのような点に注意すべきか

結論

成年被後見人が借入れを行うことまたは保証をすることについて、十分な合理性があるかを検討する必要があるので、成年後見人に対し、家庭裁判所または成年後見監督人がいる場合は成年後見監督人に事前に相談しているかどうかなども確認し、また推定相続人その他の親族関係者の意向も確認のうえで慎重に取り組むべきである。

解説

◆成年後見人の善管注意義務　成年被後見人の自宅建設のための融資取引、遊休地にアパートを建設して賃貸する予定の場合のアパート建設資金の融資取引あるいは経営する会社の借入れのための連帯保証取引、担保提供取引などを、成年後見人が検討するケースも考えられる。これらの取引は成年被後見人にとって相当な負担となりうるものであるから、成年後見人は、はたして成年被後見人の利益になるのか、借入れの返済能力（自宅建設のためであれば成年被後見人等に、会社の事業のためであれば当

該会社に）はあるのか、金額・期間その他の条件に照らして成年被後見人の将来の生活、療養看護などに支障を生じさせるようなものでないか、推定相続人その他の親族関係者の意向はどうかなどを慎重に判断すべき善管注意義務を負っている。なお、成年被後見人の居住用不動産に担保を設定する際には家庭裁判所の許可を要する（民法859条の3。【10754】参照）。また、成年被後見人が所有する土地が居住用不動産であり、その上に借地権あるいは使用借権を設定してその子や孫が住宅を建築する場合も同様である。

そして、成年後見監督人がいる場合は、成年後見人が成年被後見人にかわって行う借財や保証取引には、成年後見監督人の同意を要する（民法864条・13条1項2号）。なお、成年後見人と成年被後見人との間で利益相反取引となるような場合は、成年後見監督にあるいは特別代理人が成年被後見人を代理して取引を行う（【10756】参照）。

◆**金融機関としての判断**　金融機関としては、成年後見人が善管注意義務を尽くしていない取引に関与した場合、過失があれば共同不法行為責任を問われたり（民法719条・709条）、代理権限の濫用として融資契約や保証契約の無効を主張される（同法93条ただし書類推適用）可能性があるので、返済能力や担保が十分であるかどうかという通常の与信判断にとどまらず、成年後見人から背景事情を十分に聴取し、家庭裁判所や成年後見監督人に事前に相談しているかどうか、およびその結果はどうか、推定相続人や他の親族関係者の意向はどうかなど、慎重に確認すべきである。成年後見監督人が選任されている場合、成年後見

人が行う借財・保証は成年後見監督人の同意を要するので、成年後見監督人の意向を直接確認することも検討されてよい。

10756　被後見人と後見人との利益相反取引

被後見人と後見人との利益相反取引にはどのように対応すべきか

結　論

　被後見人と後見人との利益相反取引は、後見監督人がいる場合には、後見監督人がこれを行い、後見監督人がいない場合は、後見人の請求により家庭裁判所が選任した特別代理人が行わなければならない。したがって、たとえば、取引の相手方となる金融機関は、成年後見人と成年被後見人との利益が相反する取引をする場合は、成年後見監督人がいないときは、成年後見人、成年被後見人またはその親族などの利害関係人に対し特別代理人の選任請求を行うよう促すべきである。

解　説

◆**後見監督人と特別代理人**　被後見人と後見人との利益相反取引については、後見監督人がいる場合には、後見監督人が被後見人を代理して行う（民法851条4号）。後見監督人がいない場合は、親権者と未成年者との利益相反取引における特別代理人制度の規定（同法826条）を準用し、後見人は特別代理人の選任を家庭裁判所に請求しなければならない（同法860条）。被後見人や利害関係人も特別代理人を請求できると

考えてよい（同法843条2項類推適用）。特別代理人が選任されないまま後見人が被後見人を代理して行った利益相反行為は、無権代理であり、追認がされない限り有効とならない。なお、後見監督人は善管注意義務を負い（同法852条・644条）、特別代理人も善管注意義務を負う（家事事件手続法124条、民法644条参照）。未成年者の特別代理人に選任された弁護士の善管注意義務違反を肯定した裁判例がある（広島高岡山支判平23.8.25判時2146号53頁）。

したがって、被後見人と後見人との利益相反取引においては、後見監督人がいる場合には、後見監督人を代理人として取引を行い、後見監督人がいない場合には、後見人、被後見人、親族などの利害関係人に特別代理人の請求を促すべきである。

◆**利益相反取引** 利益相反取引の判断基準は、外形的形式的に判断される（最判昭37.10.2民集16巻10号2059頁）。たとえば、成年後見人の債務につき成年被後見人が連帯債務者や保証人となる行為、成年後見人の債務につき成年被後見人の所有不動産に担保権を設定する行為、成年後見人の債務につき成年被後見人が第三者弁済する行為、成年後見人が保証している第三者の債務につき成年被後見人が保証人となる行為などは利益相反取引となる。

なお、外形的形式的には利益相反とならないが、実質的な利益相反が疑われる行為は、成年後見人による本人に対する善管注意義務違反を構成する可能性があり、そのような取引に関与することは共同不法行為（民法719条・709条）や代理権限濫用による行為の無効（同法93条ただし書類推適用）の主張を招きかねない。融資取引およ

び保証取引については、【10755】を参照されたい。

10757 「成年後見制度に関する届出書」への署名・捺印

「成年後見制度に関する届出書」への署名・捺印は必ず本人に求めなければならないか

結 論

「成年後見制度に関する届出書」に本人の署名・捺印を要求するか否かは、各金融機関の定めるところによるが、本人と口座名義人が同一であることを本人確認書類等で確認できる場合には、署名・捺印がまったくできない本人についてはこれを省略する取扱いとすることも考えられる。

解 説

◆**成年後見人等の代理権** 成年後見人は、成年被後見人の財産に対し包括的な財産管理権と代理権を有する（民法859条1項）。

保佐人・補助人は、審判により代理権が付与されることにより、被保佐人・被補助人の特定の法律行為に対し代理権を有する（民法876条の4第1項・876条の9第1項）。本人以外の者による代理権付与の請求の場合は、本人の同意を要する（同法876条の4第2項・876条の9第2項）。

以上の成年後見人等の代理権は、法定代理であり、登記事項証明書により確認可能である（【10726】参照）。

成年後見人について、現に特定取引等の任にあたっている自然人としての本人特定

事項の確認が必要な場合には、運転免許証などの本人確認書類の提示を求めることによって確認がなされる。成年後見人等の本人確認方法については【10758】を、登記事項証明書の受入れについては【10759】を参照されたい。

◆**成年被後見人等の署名・捺印を要求する意味**　預金開設時に、犯罪収益移転防止法に基づく取引時確認または同法施行前の本人確認法に基づく本人確認等がなされている限り、成年後見等が開始されたことによって、あらためて預金者の取引時確認を行う必要はない。しかし、既存口座において、本人確認がなされていないこともある。そして、いずれの場合にせよ、預金名義人と真の預金者とが異なることは時にみられる（第三者名義の預金取引について【10741】参照）。そのため、成年後見制度が開始された場合の既存口座に関する届出または新規口座の開設に際し、犯罪収益移転防止法上の取引時確認の一環として成年被後見人等の本人確認書類の提示を受ける場合を含めて、成年被後見人等の預金の通帳と届出印、そして成年被後見人等の署名を確認するとの慎重な取扱いがされることも理由がなくはない。

平成21年10月8日の日本弁護士連合会「「成年後見制度に関する取扱いについてのアンケート」集計結果、分析と考察」によれば、成年後見制度に関する届出書に成年被後見人等の署名や取引印の押印を要するとしている金融機関もあり、特に保佐・補助類型の場合に多いとされている。

これに対しては、従前から取扱いの改善要請があり、登記事項証明書をもって本人確認書類とすべきであり、それ以上の手続は過剰な要求であるとか、保佐・補助であっても家庭裁判所の審判によって代理権を付与されている場合には、同審判手続において被保佐人・被補助人になろうとする者の同意が確認されているので、あらためて被保佐人や被補助人の同意を確認する必要はないとの意見が出されている。

全国銀行協会は、登記事項証明書は成年被後見人等の氏名、住居および生年月日の記載があるものに該当するので、これをもって本人確認書類（ただし、犯罪収益移転防止法施行規則7条1号ホの書類であるので、取引に係る文書を転送不要郵便等として送付する必要がある）として取り扱うことができるとしている。前述した預金の帰属の問題があり、通帳・届出印の確認をどの程度徹底すべきかとの問題があるが、自署・押印がまったくできない本人についてはその署名・捺印を省略する取扱いも考えられる。

| 10758 | 成年後見人等の本人確認方法 |

「成年後見制度に関する届出書」では後見人等の実印の捺印を求めているが、必ず実印である必要はあるか

結　論

成年後見人等の代理権限の確認および同一性確認のために、「成年後見制度に関する届出書」に成年後見人等の実印と印鑑登録証明書の提出を求める取扱いを行うこともある。ただし、成年後見人等が選任され就任したことについては登記により公示さ

れているので、犯罪収益移転防止法が定める取引時確認が必要な場合でも、同法所定の本人確認書類の提示・提出のみを受けることにより、成年後見人等の実印と印鑑登録証明書の提出までは要しないとの取扱いも考えられる。

解　説

◆成年後見人等の代理権限の確認　成年後見人は、成年被後見人の財産に対し包括的な財産管理権と代理権を有する（民法859条1項）。

保佐人・補助人は、審判により代理権が付与されることにより、被保佐人・被補助人の特定の財産に対し代理権を有する（民法876条の4第1項・876条の9第1項）。

成年後見人等に選任され就任したことは、登記により公示されるので登記事項証明書により確認可能である。成年後見人等の地位は、成年被後見人等の死亡（ただし、成年後見人の死後事務を除く）、成年後見人等選任の取消、辞任許可、または解任の審判により消滅するので、登記事項証明書はできるだけ新しいものが望ましく、実務的には3カ月以内に発行されたものを要求している。登記事項証明書の原本提出の要否については、【10759】を参照されたい。

◆同一性確認および本人確認　成年後見人等の権限を証明する資料である後見登記に係る登記事項証明書には、成年後見人等の住所が記載されているので、成年後見人等との同一性を確認するため、実印の持参と印鑑証明書（住所が弁護士である成年後見人等の法律事務所の所在地である場合は所属弁護士会発行の印鑑証明書）の提出を求める場合がある。ただし、同一性を確認

する方法は実印の持参と印鑑証明書の提出による方法以外もありうるところであり、犯罪収益移転防止法上の現に特定取引等の任にあたっている自然人（同法4条4項）の本人特定事項の確認のための本人確認書類としては、成年後見人等の運転免許証などの提示を求めることで足りるとされているように（同法施行規則7条1号イ）、取扱いに改善の意見もあり、全国銀行協会は平成23年2月17日付で「成年後見制度に係る銀行実務上の対応の見直しについて」を会員銀行宛てに発出し、改善検討を提案している。全国銀行協会が制定した成年後見届出書（参考例）においても、注意書きとして、「後見人等が家庭裁判所に選任され、就任したことについては登記により公示されることから、実印および印鑑登録証明書による代理人としての意思確認は改めて行わず、後見人等から、本届出書、成年後見登記に関する登記事項証明書および犯収法が定める本人確認書類の提示・提出によるのみを受けることとしているケースも考えられます」と記載されている。

10759　登記事項証明書の受入れ

「成年後見制度に関する届出書」を受ける際に、登記事項証明書は原本に限られるか

結　論

原本確認は必ず必要であるが、原本提示、写しの保管、原本還付の取扱いも可能である。

解　説

◆**登記事項証明書**　　後見登記等に関する法律（以下「後見登記法」という）により、法定後見制度に関する登記および任意後見制度に関する登記による公示制度が設けられている。法定後見制度に係る登記には、①後見等開始の審判をした裁判所、審判の事件の表示および確定年月日、②成年被後見人等の氏名・生年月日、住所等、③成年後見人等の氏名・名称および住所、④成年後見監督人等が選任されたときはその氏名・名称および住所、⑤保佐人・補助人の同意を要する行為の定めや代理権付与の定めがあるときはその行為や範囲などが記録される。そして、登記記録について、登記事項証明書が発行されるが、交付の請求ができる者は、本人、配偶者、4親等内の親族、成年後見人等、成年後見監督人等などに限られている（後見登記法10条）（以上、詳細は【10726】参照）。

　したがって、登記事項証明書は、成年後見人等の権限を証する重要な書類である。

◆**登記事項証明書の原本確認**　　後見登記に係る登記事項証明書は、成年後見人等の権限を証明する資料でもあり、また、成年被後見人の本人特定事項（氏名、住所、生年月日）が記載された本人確認書類（犯罪収益移転防止法施行規則7条1項1号ホ）に相当する。代理権限を確認する重要な書類であるので、必ず原本を確認する。したがって、登記事項証明書の原本の提出を受けるか、少なくとも原本の提示を受け、確認のうえ写しをとり、原本を還付する取扱いを行っている。また、登記事項証明書の記載はあくまで発行時点の登記情報であり、

その後に変更が生じている可能性も否定できないので、発行後一定期間、たとえば3カ月以内のものの提示を受けるのが一般的である。

　登記事項証明書原本の提出を要するとの取扱いをする金融機関もあるようであるが、法的根拠もなく成年後見人等の負担になるとの意見もあり、全国銀行協会は平成23年2月17日付で「成年後見制度に係る銀行実務上の対応の見直しについて」を会員銀行宛てに発出し、必ずしも原本自体を金融機関で保管しなくてもよいと考えられる旨改善検討を行っている。

10760　後見開始の審判と口座名義の取扱い

後見開始の審判を受けた預金者の口座名義は直ちに「肩書付本人名義」へ変更すべきか

結　論

　口座名義を変更しないままでも店頭取引の際に成年後見制度の利用者であることが確認できる仕組み等が導入されているのであれば、成年後見人等と協議のうえで口座名義を変更しないことも検討すべきである。

解　説

◆**肩書付本人名義への変更**　　一般に、代理人が本人から権限を授与されて継続的に銀行取引を行うために本人名義の預金口座開設を行う場合、当該代理人が本人のために行う取引であることを明確にするために、口座名義を肩書付本人名義（「○○代理人

△△」）とすることは必ずしも不合理なこととはいえない。

　後見開始の審判がなされた場合、成年後見人は、本人（被後見人）の財産につき包括的な管理権限を取得し（民法859条１項）、この権限に基づき、本人の預金口座を管理することになるから、このことを明確にするために、口座名義を肩書付本人名義（「○○成年後見人△△」）へ変更することは考えられる対応である。平成21年10月８日の日本弁護士連合会「「成年後見制度に関する取扱いについてのアンケート」集計結果、分析と考察」によれば、後見開始等の審判を受けた旨の届出があった場合、預金者の口座名義を直ちに肩書付本人名義へ変更している金融機関が一定数存在している。

◆**本人名義を維持したいとの要請**　　他方で、成年後見等の場合においては、口座名義が「肩書付本人名義」に変更されると、預金通帳や金融機関からの郵便物に成年後見制度の利用の事実が知れてしまうことがあると考えるため、プライバシー保護の見地から本人名義が望ましいという意見がある。また、年金や賃料等の振込を受けている口座の場合、名義を変更されると年金や賃料等が従前どおりに受けられない可能性があるともいわれている。実際、上記アンケート結果によれば、過半数以上の金融機関では、口座名義変更はなされていないとのことである。

　全国銀行協会は平成23年２月17日付で「成年後見制度に係る銀行実務上の対応の見直しについて」を会員銀行宛てに発出し、今後のシステム更改等の機会をとらえて検討することが考えられるとしている。

　口座名義を変更しないままでも店頭取引の際に成年後見制度の利用者であることが確認できる仕組み等が導入されているのであれば、成年後見人等と協議のうえで口座名義を変更しないことも検討すべきである。

| 10761 | 成年後見人による被後見人名義の口座開設 |

成年後見人による被後見人名義の口座開設の申出があった場合、取引時確認手続はどのようにすべきか

結　論

　成年被後見人の本人特定事項を本人確認書類により行うとともに、職業、取引の目的など確認し、成年後見人について、現に特定取引等の任にあたる自然人としての本人特定事項を本人確認書類により行う必要がある。

解　説

◆**成年被後見人に対する確認**　　成年被後見人について、本人特定事項の確認のために本人確認書類の原本の提示を受けるとともに、職業、取引の目的などを確認する必要がある。従来よく使用された顔写真の貼付のない健康保険証、国民年金手帳などの本人確認書類の提示を受けた際の確認の方法が、平成28年10月１日施行の改正犯罪収益移転防止法により強化され、追加で取引に係る文書を転送不要郵便物等として送付する、または提示を受けた本人確認書類以外の本人確認書類または補完書類の提示を受ける、または提示を受けた本人確認書類

以外の本人確認書類または補完書類の送付を受ける方法を要することとなった。運転免許証、運転経歴証明書、在留カード、特別永住者証明書、マイナンバーカード、旅券、その他官公庁発行書類等で氏名、住居、生年月日の記載があり、顔写真が貼付されているものについては、これらの原本の提示を受けるだけでよく、追加の確認は不要である。

後見登記に係る登記事項証明書は、犯罪収益移転防止法上の本人特定事項となる成年被後見人等の氏名、住所、生年月日の記載があるので、犯罪収益移転防止法施行規則7条1項1号ホの本人確認書類に相当し、その提示を受けたうえで記載された住所宛てに取引に係る文書を書留郵便等により転送不要郵便物等として送付することによって、本人特定事項の確認を行うこともできる。

なお、家庭裁判所は、成年後見人がその事務を行うにあたって必要があると認めるときは、成年後見人の申立に基づき、成年被後見人に宛てた郵便物等の配達（転送）の嘱託の審判をするとともに、信書の送達の事業を行う者に対して成年被後見人宛郵便物を成年後見人の住所・事務所に転送すべき旨を嘱託することができる（民法860条の2第1項。保佐・補助には郵便転送嘱託制度はない）。したがって、郵便転送の嘱託がなされていれば、成年被後見人宛ての転送不要郵便物等も、成年後見人の住所・事務所に転送される。

◆成年後見人に対する確認　成年後見人についても、「現に特定取引等の任に当たっている自然人」（犯罪収益移転防止法4条4項）として、本人特定事項を本人確認書類により行う必要がある。顔写真の貼付のない健康保険証、国民年金手帳などの本人確認書類の提示を受けた際の確認の方法が、平成28年10月1日施行の改正犯罪収益移転防止法により強化され、追加で取引に係る文書を転送不要郵便物等として送付する、または提示を受けた本人確認書類以外の本人確認書類または補完書類の提示を受ける、または提示を受けた本人確認書類以外の本人確認書類または補完書類の送付を受ける方法を要することとなったこと、および、運転免許証、運転経歴証明書、在留カード、特別永住者証明書、マイナンバーカード、旅券、その他官公庁発行書類等で氏名、住居、生年月日の記載があり、顔写真が貼付されているものについては、これらの原本の提示を受けるだけでよく、追加の確認は不要であることは上述のとおりである。

なお、後見登記に係る登記事項証明書は、犯罪収益移転防止法上の本人特定事項となる生年月日の記載がないため、犯罪収益移転防止法施行規則7条1項1号ホの本人確認書類には該当しない。

同一性確認および本人確認のため、本人確認書類のほか、実印の持参と印鑑証明書の提出を求める金融機関もあるが、犯罪収益移転防止法上の要請を満たせば足りるとして、取扱いに改善を求める意見もある（【10758】参照）。

10762 成年後見監督人、保佐監督人、補助監督人への対応

成年後見監督人、保佐監督人、補助監督人

が選任された場合にはどのような注意をすべきか

結　論

　成年後見監督人、保佐監督人、補助監督人は、成年後見人、保佐人、補助人の事務を監督する機関であり、家庭裁判所が必要と認めたときに選任される。金融機関取引においては、通常は成年後見人等の同意権や代理権に留意すればよいが、成年後見人等の事務状況に問題があったり、取引内容が利益相反行為に抵触したりするような場合には、これら監督人と連携して適切に対応する必要がある。

解　説

◆法定後見制度における監督人　成年の制限行為能力者に対する法定後見制度としては、後見、保佐、補助の三つの類型が定められている。これらの類型においては、対象となる制限行為能力者としての「成年被後見人」「被保佐人」「被補助人」、それらの者の保護者としての「成年後見人」「保佐人」「補助人」のほか、保護者を監督する者として「成年後見監督人」「保佐監督人」「補助監督人」が置かれている。各監督人は、家庭裁判所が必要ありと認めたときに選任される。

◆成年後見監督人　成年後見監督人は、成年被後見人、その親族もしくは成年後見人の請求により、または職権で、家庭裁判所が必要と認めるときに選任される（民法849条）。ただし、成年後見人の配偶者、直系血族および兄弟姉妹は、成年後見監督人となることができない（同法850条）。また、

成年被後見人に対して訴訟をした者およびその配偶者ならびに直系血族も、成年後見監督人となることができない（同法852条による847条の準用）。

　成年後見監督人の職務は、①成年後見人の事務を監督すること、②成年後見人が欠けた場合に遅滞なくその選任を家庭裁判所に請求すること、③急迫の事情がある場合に必要な処分をすること、④成年後見人と成年被後見人との利益が相反する行為について成年被後見人を代表することである（民法851条）。

　成年後見監督人は、成年後見人に対していつでも、後見事務の報告や財産目録の提出を求め、またはそれらを調査することができる（民法863条1項）。

　成年後見人が、成年被後見人にかわって、営業もしくは借財、保証、不動産等重要財産に関する権利の得喪を目的とする行為、訴訟行為などをするときは、成年後見監督人が選任されていれば、その同意が必要とされている（民法864条）。この同意がない行為については、成年被後見人または成年後見人がこれを取り消すことができる（同法865条1項）。

　また、成年後見監督人が成年被後見人にかわって、その居住用不動産につき売却、賃貸、抵当権の設定等の処分をするには、家庭裁判所の許可が必要である（民法852条による859条の3の準用）。

◆保佐監督人　保佐監督人は、被保佐人、その親族もしくは保佐人の請求により、または職権で、家庭裁判所が必要と認めるときに選任される（民法876条の3第1項）。ただし、保佐人の配偶者、直系血族および兄弟姉妹、被保佐人に対して訴訟をした者

およびその配偶者ならびに直系血族は、保佐監督人となることができない（同法876条の３第２項による850条の準用）。

保佐監督人の職務は、成年後見監督人の場合と同様、保佐人の事務の監督、保佐人が欠けた場合の裁判所への選任請求、急迫時の対応処分、保佐人と被保佐人との間の利益相反行為における被保佐人の代表または被保佐人の行う当該行為への同意である（民法876条の３第２項による851条の準用）。

保佐監督人が被保佐人にかわって、その居住用不動産につき売却や抵当権の設定等の処分をするには、家庭裁判所の許可を要する（民法876条の３第２項による859条の３の準用）。

◆補助監督人　　補助監督人は、被補助人、その親族もしくは補助人の請求により、または職権で、家庭裁判所が必要と認めるときに選任される（民法876条の８第１項）。ただし、補助人の配偶者、直系血族および兄弟姉妹、被補助人に対して訴訟をした者およびその配偶者ならびに直系血族は、補助監督人となることができない（同法876条の８第２項による850条の準用）。

補助監督人の職務は、補助人の事務の監督、補助人が欠けた場合の裁判所への選任請求、急迫時の対応処分、補助人と被補助人との間の利益相反行為における被補助人の代表または被補助人の行う当該行為への同意である（民法876条の８第２項による851条の準用）。

また、補助監督人が被補助人にかわって、その居住用不動産につき売却や抵当権の設定等の処分をするには、家庭裁判所の許可が必要である（民法876条の８第２項による859条の３の準用）。

◆成年後見監督人等が選任されている場合の留意事項　　成年後見監督人、保佐監督人、補助監督人（以下「成年後見監督人等」という）の選任の有無は、後見登記等に関する法律に基づく登記内容を登記事項証明書で確認する。

これら成年後見監督人等の主要な職務は、成年後見人、保佐人、補助人（以下「成年後見人等」という）の行う事務の監督、および成年後見人等と制限行為能力者との間の利益相反行為において制限行為能力者を代表することである。

制限行為能力者との金融機関取引においては、通常は、成年後見人等の同意権、代理権に留意して行えばよいが、成年後見人等の事務状況に問題があると認められる場合（たとえば複数の成年後見人等がおり、それらの者の間に意見対立がある場合等）や、制限行為能力者所有の不動産を成年後見人等への融資の担保に供する場合など金融機関取引が利益相反行為に抵触するようなときには、成年後見監督人等と連携して適切な対応をとることが必要である。特に、成年後見人には成年被後見人の財産管理権や代理権が包括的に付与されているが、成年後見監督人には適時に後見事務の報告を求め、管理財産状況を調査する権限が与えられている（民法863条１項）。また、成年後見人が成年被後見人にかわって、借財や保証、重要財産の権利の得喪に関する行為等を行うときは、成年後見監督人が選任されていればその同意が必要であり（同法864条）、この規定に違反した行為は取り消すことができる（同法865条１項）ので、金融機関取引においては注意を要する。

また、成年後見監督人等が制限行為能力者にかわって、その居住用資産を売却したり抵当権を設定する場合には、家庭裁判所の許可が必要とされている。

なお、成年後見人からの多額の払戻請求については【10749】、成年被後見人の居住用不動産の処分については【10754】、成年被後見人を相手方とする融資取引や保証取引の注意点については【10755】、被後見人と後見人との利益相反取引については【10756】を参照されたい。

| 10763 | 旧来の禁治産者・準禁治産者との取引 |

旧来の禁治産者・準禁治産者と取引する場合にはどのような注意をすべきか。旧来の禁治産・準禁治産の戸籍上の記載はどうなるか

結　論

旧来の禁治産者および準禁治産者のうち、心神耗弱を理由とする者については、それぞれ成年後見制度における後見・保佐の審判を受けている者とみなされるので、それに準じて取引することになるが、後見登記への移記は当事者等の申請を待って行われるので、事実確認においては戸籍にもあたる必要がある。準禁治産者のうち、浪費者ならびに昭和54年以前の聾者、唖者、盲者を理由とする者については、引き続き旧法が適用されるので、その確認には戸籍を調査することとなる。

解　説

◆旧来の禁治産者・準禁治産者の取扱い

平成12年３月31日以前の、旧来の民法の規定による禁治産者および心神耗弱を理由とする準禁治産者については、それぞれ新制度の後見、保佐の審判を受けている者とみなされる（平成11年民法改正法附則３条１項）。しかし、これらの禁治産・準禁治産に係る戸籍の記載事項が自動的に後見登記に移記されるのではなく、当事者などの申請を待って移記される（後見登記等に関する法律附則２条１項・２項）。

また、心神耗弱（判断能力が不完全）以外の準禁治産者については、そのまま戸籍に残される。すなわち、浪費者（前後の思慮なく財産を消費する者）として準禁治産宣告を受けた者については、浪費者が成年後見制度の対象外とされた結果、後見登記には記録されないので、戸籍事項証明書等による確認が必要となる。このほか、昭和54年民法改正以前の聾者、唖者、盲者を理由とする準禁治産者については引き続き旧法が適用されるので、その確認のためには戸籍にあたることになる。

◆禁治産者・準禁治産者との取引
改正前の禁治産者および心神耗弱を理由とする準禁治産者は、新しい成年後見制度の後見・保佐の審判を受けている者とみなされるので、それに準じて取引することになる。ただし、後見登記については、当事者等が申請しなければ移記されないので、事実確認のためには戸籍にもあたる必要がある。

また、浪費者ならびに聾者、唖者、盲者を理由とする準禁治産者については、後見登記制度の対象ではないので、戸籍でその

事実を確認する。

犯罪収益移転防止法の関係では、禁治産者については禁治産者の取引時確認、後見人については本人特定事項の確認が必要となり、準禁治産者については準禁治産者と保佐人の両者の取引時確認が必要となる。

10764 任意後見契約者との取引

任意後見契約を締結している者と取引する場合にはどのような注意をすべきか

結　論

任意後見契約を締結している者との取引においては、当該契約の内容を成年後見登記に基づく登記事項証明書で確認する。ただし、任意後見契約は家庭裁判所から任意後見監督人の選任を受けない限り発効しないので、それまでは通常の本人取引を行い、契約の発効後は、代理権の範囲内で任意後見人を代理人として取引する。高齢者等との取引の安定化のためには、金融機関としても任意後見制度の活用を勧めるべきであろう。

解　説

◆**任意後見契約内容の確認**　任意後見契約は、成年後見登記制度に基づき後見登記されているので、その登記事項証明書を入手することにより、当該契約の内容を確認することができる。ただし、本人の取引先である金融機関が直接、証明書の交付を請求することはできないので、本人（任意後見委任者）や配偶者、任意後見受任者等を通じて入手する。

任意後見契約の登記内容は、任意後見委任者の氏名・住所・出生年月日等、任意後見受任者の氏名・住所ならびに代理権の範囲、当該契約（公正証書で作成される）に係る公証人の氏名等であり【10726】参照）、すでに任意後見が開始されていれば、家庭裁判所が選任した任意後見監督人の氏名等とともに、任意後見受任者が任意後見人として登記されている。

任意後見契約それ自体は、任意後見委任者（本人）が将来の自分の生活、療養看護および財産の管理をあらかじめ任意後見受任者に委託しておくもので、現実にその必要が生じ、裁判所から任意後見監督人が選任されない限りは、契約の効力は発生しない。したがって任意後見受任者の代理権も発生せず、それまでの間は通常の一般的取引が行われることとなる。

任意後見契約により任意後見人の代理権が効力を生じた後は、金融機関との借財等の取引行為が代理権に含まれていることを確認のうえ、任意後見人を代理人として取引することとなる。

任意後見契約の終了、すなわち任意後見人の代理権の消滅は、登記をしなければ善意の第三者に対抗できないものとされており（任意後見契約法11条）、取引の相手方である金融機関としては、登記事項証明書により任意後見人の代理権を確認しておけば、当該取引から不測の損害を被る危険性はないと考えられる。

◆**任意後見制度の活用**　任意後見制度は、現状は判断能力を有している高齢者や病人が将来、判断能力欠如の状況となることに備えて事前に後見人を指名しておき、自ら

の生活や療養看護、財産管理の安定化を図るものであり、取引の相手方としての金融機関にとっても、取引の安全性を確保できるので望ましい制度といえる。したがって、金融機関としては積極的にこの制度の利用を勧めるべきであろう。ただし、未成年者、家庭裁判所で罷免された法定代理人・保佐人・補助人、破産者、行方不明者、本人に対して訴訟をした者およびその配偶者ならびに直系血族、不正・著しい不行跡・その他任意後見人の任務に適しない事由がある者は任意後見受任者となれないので、注意が必要である（任意後見契約法4条1項3号）。

また、本人がすでに成年被後見人、被保佐人、被補助人である場合、当該本人に係る後見・保佐・補助を継続するほうが本人の利益のために特に必要であると認められるときは、裁判所は任意後見監督人を選任しないものとされている（任意後見契約法4条1項2号）が、そうでないときには任意後見監督人が選任され、後見・保佐・補助開始の審判は取り消される（同条2項）。ただし、任意後見契約が登記されている場合であっても、裁判所は、本人の利益のために特に必要と認めるときに限り、後見・保佐・補助開始の審判をすることができ、任意後見監督人が選任された後であっても、本人が後見・保佐・補助開始の審判を受けたときは、任意後見契約は終了する（同法10条）。このように、任意後見と法定後見とが並存することはない仕組みとなっている。

犯罪収益移転防止法の関係では、任意後見委託者本人の取引時確認、任意後見人の本人特定事項の確認が必要となる。

10765 任意後見人を名乗る者からの取引の申出

任意後見人を名乗る者からの取引の申出があった場合にどのように対応すべきか

結　論

任意後見登記事項証明書の提出を求め、任意後見監督人選任の事実を確かめたうえで、代理権目録記載の代理権の範囲を確認し、その範囲で取引を行う。

解　説

◆**任意後見人の代理権の発生**　任意後見制度は、任意後見契約法に基づく任意代理の特別制度であり、公正証書による任意後見契約の締結と、公証人嘱託の任意後見契約の登記を行い、本人の判断能力が不十分となった場合に、本人、任意後見受任者等の申立により家庭裁判所が任意後見監督人を選任することによって、契約の効力が発生して、任意後見人に契約で定めた委任事項につき代理権が生じる仕組みである。そして、申請または家庭裁判所書記官の嘱託により任意後見監督人選任の変更登記が行われる（【10727】参照）。したがって、任意後見人と名乗る者から取引の申出があった場合には、その代理権発生の有無と範囲を、任意後見登記事項証明書によって確認すべきである。

◆**任意後見人の代理権の範囲**　任意後見人の代理権の範囲は、任意後見登記事項証明書に添付される代理権目録に記載されている。したがって、金融機関としては、申出のあった取引が代理権目録に記載されて

いるかを確認することになる。代理権目録において、委任事項が包括的に記載され、代理権の範囲が一義的に明確でない場合もあり、この場合には、代理権目録の文言解釈、取引の内容その他の事情を総合的に勘案して、申出のあった取引が代理権の範囲に含まれているかを慎重に判断すべきである。

なお、任意後見人が複数選任されている場合において、複数の任意後見人が共同して代理権を行使する旨の登記がなされている場合には、各任意後見人は単独で代理権を行使することはできない。

◆**本人との取引** 任意後見の場合、任意後見契約の効力が発生しても、任意後見人に本人の行為に対する同意権や取消権がなく、本人は通常どおり預金取引等をできることになる（本人は「制限行為能力者」とならない）。もっとも、任意後見が開始するのは、本人の判断能力が不十分になった場合であるから、この場合でも慎重を期して、本人のキャッシュカードを回収し、窓口での取引を制限する扱いが少なくなく、この点については改善の要望が出されている。

なお、移行型任意後見契約については、【10767】を参照されたい。

10766 任意の代理人取引

任意の代理人取引とは何か

結論

任意の代理人取引とは、通常は、民法上

の委任契約となる財産管理契約により、受任者に委任者本人の財産の管理の代理権を付与して代理人と相手方（金融機関）との間で行われる取引である。契約書が作成されずに委任状により取引が行われることもよくみられる。法定代理人である成年後見制度と対比される。

解説

◆**任意の代理人取引の種類** 任意の代理人取引は、民法上の委任契約となる財産管理契約により、受任者に委任者である本人の財産の管理の代理権を付与して、代理人と相手方（金融機関）との間で行われる取引である。公正証書による移行型任意後見契約とセットになった財産管理契約や日常生活自立支援事業のような定型化、制度化されたものから、家族、親族による代理人取引にみられるように契約書を作成せずに、取引先（金融機関）からの求めで委任状を作成して代理権を発生または確認するようなものまでさまざまなものが含まれる。移行型任意後見契約については【10767】を、日常生活自立支援事業については【10768】を参照されたい。

◆**委任状取引** 金融取引においては、本人の意思確認は重要であり、特に自然人との取引においては、委任状の提出があっても本人の意思を極力確認すべきである。ただし、大量かつ継続的に行われている窓口における預金払戻取引などにおいては、原則、通帳と届出印の押捺のある払戻請求書によって本人確認が行われており、特に委任状なども使用されずに、たとえば、配偶者などによる払戻請求は、金額や態様にもよるが、権限に疑うところがないとして許

容されることが少なくない。預金者の家族、親族あるいは知人その他第三者から委任状の提出を受けて、預金の払戻しや解約の請求を受けた場合に、金融機関所定の代理届などの書類の提出を求めるか否かを含め、どのような方法でどの程度の権限の確認を行うかは各金融機関の事務ルールに沿って行われる。昨今、高齢者など判断能力が低下した預金者が身近な人物に預金の管理を委ねるニーズのある一方、不正行為が介在するリスクも存するので、委任した経緯や資金使途などの具体的事情の聴取、本人への訪問や架電による意思確認などの必要性がないかなど慎重に対処すべき場合もある。なお、委任が認められない場合の便宜払いの一例として、成年後見人就任予定者からの払戻請求について、【10752】を参照されたい。

◆**養護老人ホームなど入所施設等に対する代理権付与**　養護老人ホームなど入所施設やその関係者などから委任状の提出を受けて、あるいは財産管理契約書の提示も受けて、本人の預金の払戻しや解約の請求を受けるようなケースがある。本人に判断能力があるのであれば、このような財産管理契約の締結も有効であるが、すでに施設に入所するような状況にあることから、本人が希望した契約であるか否かを含め契約時の判断能力に不安を感じるところもあるうえ、このような財産管理契約は入所契約と利益相反の面もなくはないこと、契約後の判断能力の低下も考えられること、第三者の監督下にないことが多いことなどから、対応がむずかしいところがある。

　金融機関が、代理人からの委任状による預金の払戻請求に際して、本人が脳梗塞に罹患していることを認識し、担当者においてクリニックに入院中の本人と面談して意思確認をした際に本人が頷いたことを確認したものの、担当医師に確認を行わずに、預金の大半に相当する合計745万円の払戻しをしたことについて、代理人の善管注意義務違反との共同不法行為責任を肯定した裁判例がある（神戸地尼崎支判平26．5．21金商1446号44頁）。

　したがって、入所施設等に対する委任状により預金の払戻請求を受けた際には、金額、資金使途、振込先などを確認したうえで、必要に応じて本人、近親者などの意思確認および医師などへの確認を慎重に行うべきである。

10767　財産管理契約

財産管理契約とは何か

結　論

　財産管理契約は、民法上の委任契約であり、受任者に預金の管理等の代理権を付与するものであるが、公正証書により、財産管理契約を先行させた移行型任意後見契約がよく利用されている。

解　説

◆**本人の判断能力**　財産管理契約は、民法上の委任契約（民法643条）として受任者である財産管理人に預金等の管理の代理権を付与するものであり、当然のことながら、委任者である本人に契約締結のための意思能力が必要である（改正民法3条の

２）ので、本人に判断能力があることが前提である。任意の契約であるので、財産管理契約の内容は当事者が自由に定めることができるが、契約締結の判断能力はあるものの、現時点および近い将来の財産管理に不安を感じる高齢者等が委任者である本人となる場合が多く想定されるので、多額の財産の管理や複雑な内容の契約であれば、本人の判断能力もそれだけ高いものが要求される可能性がある。

　成年後見、保佐、補助などの法定後見制度のように家庭裁判所が監督する仕組みではなく、財産管理人の資格にも制限はない。社会福祉協議会等が行っている日常生活自立支援事業における日常金銭管理サービスなども財産管理契約の一つである（【10768】参照）。なお、家庭裁判所が、保佐人、補助人に代理権を付与する際には、被保佐人となる者、被補助人となる者の同意が要件であるので（民法876条の４第２項・876条の９第２項）、保佐や補助の対象となる本人には代理権を付与する能力（ただしこれは家事事件手続法における手続能力）が肯定されるとして、同様の判断能力を有する本人に任意の財産管理契約を締結する判断能力があると解する余地もあるが、特に「精神上の障害により事理を弁識する能力が著しく不十分である者」（同法11条）を対象とする保佐制度を利用すべき者について、家庭裁判所の監督下にある法定の制度があるにもかかわらず、あえて任意の財産管理契約を利用することは適切でないとされることもありうる。

　財産管理契約の継続中に本人が判断能力を喪失した場合に、受任者の代理権が消滅するか否かは、財産管理契約の解釈の問題

である。しかし、後述する移行型任意後見契約の場合は家庭裁判所に任意後見監督人の選任を求めて任意後見に移行すべきであり、また単独の財産管理契約の場合においても法定後見制度に移行させるべきであり、受任者の代理権が継続すると解釈される場合は限定的でないかと考えられる。

◆**移行型任意後見契約**　　任意後見契約を利用する者の多くは、任意後見契約とあわせて任意後見契約時に将来任意後見人となるべき者との間で財産関係に関する委任契約を公正証書により締結する、いわゆる移行型任意後見契約を利用することが多い。近時、このような契約において、①委任者が受任者に包括的な代理権を授与し、委任者の預金通帳等のいっさいを預けた結果、受任者がその預金通帳等をほしいままに利用して委任者の財産を自己のために費消してしまう、②委任者の事理弁識能力が低下し受任者が任意後見監督人の選任の申立をすべき状態であるにもかかわらず、それをしないままになっているなどの問題点が指摘されている。

　そこで、平成21年７月に日本弁護士連合会が発表した「任意後見制度に関する改善提言」においては、①に関しては、任意後見契約とあわせて任意後見監督人選任前の財産管理等に関する委任契約を締結する場合、受任者が民法13条１項に定める行為（日常生活に必要な範囲の行為を除く）を行う場合は、その行為を行うことについて、そのつど、個別的に本人の承認を得なければならない、との規定を任意後見契約法に設けるべき、②に関しては、受任者は、本人の事理弁識能力が不十分となったときは、家庭裁判所に対し、任意後見監督人の選任

申立を行わなければならない、との規定を任意後見契約法に設けるべきなどの提言がなされている。また、同提言においては、受任者が、任意後見監督人の選任請求を怠っているときは、市町村長が、適切に市町村長による法定後見申立の権限を行使すべきとの提言もなされている。

財産関係に関する委任契約が公正証書により締結されている場合、すでに本人の意思確認等は十分に行われているとして、さらなる詳細な確認等は受任者の反発を招くことも想定されるが、受任者による払戻しの金額や頻度等に不審な点が認められる場合等は、金融機関としては、本人または受任者に使途を確認したり、必要に応じて本人に対し、直接取引状況を知らせる照会状を発送するなど慎重に対応をする必要がある。

10768 日常生活自立支援事業（地域福祉権利擁護事業）

日常生活自立支援事業（地域福祉権利擁護事業）とは何か

結　論

日常生活自立支援事業とは、都道府県・指定都市社会福祉協議会を実施主体とし、認知症高齢者、知的障害者、精神障害者等のうち判断能力が不十分な人を対象にして、利用者が地域において自立した生活が送れるよう、利用者との契約に基づき、福祉サービスの利用援助等を行うものであり、書類等預りサービスとして、預貯金通帳や届出印を預り貸金庫等に保管することや、日常的金銭管理サービスとして、生活支援員が利用者を代行または代理して、各種利用料の支払、預金の払戻し、預金の解約、預金の預入れの手続等の利用者の日常生活費の管理を行うことも含まれている。

解　説

◆日常生活自立支援事業とは　日常生活自立支援事業は、福祉制度を措置から契約へと転換させる社会福祉基礎構造改革に伴って始まった事業であり、当初、地域福祉権利擁護事業とされたのが、平成19年4月に日常生活自立支援事業と名称変更された。利用者と社会福祉協議会（もしくは委託を受けた福祉公社、NPO法人）との間で福祉サービスの利用に関する契約が締結され、利用者が利用料を支払い、社会福祉協議会等の専門員の指示を受けた生活支援員から訪問サービスなどの福祉サービスを受けることを内容としている。契約内容は、契約審査会で審査される。利用者は、判断能力不十分ではあるが契約内容の判断能力はある者であり、判断能力が著しく低下した場合には契約は終了せざるをえない。日常生活自立支援事業による福祉サービスのなかには、書類等の預りサービスとして、預貯金の通帳・印鑑などの保管や、日常的金銭管理サービスとして、預金の管理・払戻権限などの日常生活費の管理が含まれており、金融機関とも密接にかかわる事業である。なお、本人に多額の預貯金があるときは日常生活費のみを取り扱う専用口座（最高50万円を目安）を設けることとして、生活支援員の取り扱う金銭を制限している。日常的金銭管理サービスを契約で定める場合、生活支援員が本人に同行して援助を行うも

のから生活支援員に代理権を付与するものまである。

◆**預金の管理**　社会福祉協議会等で利用者の預金通帳や届出印などを預かり、貸金庫で保管するサービスが提供される場合がある（書類等預りサービス）。さらに、社会福祉協議会等の生活支援員は、利用者から預金の払戻し等の手続を依頼されることがあるが、預金者に同行してサポートするレベルのものであれば、金融機関は預金者との間の取引を行うものであって、生活支援員は代理人ではなくその権限の確認上の問題はない。生活支援員が単独で預金の払戻しをする場合には、預金者から代理権を付与されていると解釈されるが、窓口において代理人届・委任状の提出を含めてどのように権限の確認を行うかは金融機関が定める預金者の代理人に対する払戻事務の手続に沿って行われる（【10770】参照）。

10769　日常生活自立支援事業（地域福祉権利擁護事業）制度利用者との取引

日常生活自立支援事業（地域福祉権利擁護事業）制度利用者との取引の場合、どのような点に注意すべきか

結　論

　日常生活自立支援事業による福祉サービスの利用に係る契約や支援計画書の内容を確認し、取引に係る預金通帳を社会福祉協議会等が預かって利用者本人が保管しないことが予定されているものか、預金の払戻しについて生活支援員等に代理権を付与する内容となっているか、契約終了原因は何かなどを確認する必要があるので、契約書や支援計画書などの写しの提出を求める。委任状や代理人届の提出を受ける場合、預金者の自署・届出印と社会福祉協議会等の法人印があるものを取り扱う。

　預金者本人が単独でまたは生活支援員等以外のものを同行して来店し、日常生活自立支援事業の利用者であることを失念したかのような言動をとった場合の対応や、不自然な高額振込取引が行われないかを注意するためにも、社会福祉協議会等と連絡体制がとれるようにしておくことが望ましい。

解　説

◆**生活支援員等との代理人取引**　日常生活自立支援事業による福祉サービスの利用に係る契約において、日常的金銭管理サービスについて定めがあることが多い。この場合は金融機関との関係において、生活支援員等が代理人取引を行うこととなっているか、利用者である預金者が預金通帳等を社会福祉協議会等に保管委託をして預金者が単独で取引を行うことを予定していないものであるかなどが問題となる。そこで、金融機関としては、福祉サービス利用に係る契約や支援計画の内容を確認し、取引に係る預金通帳を社会福祉協議会等が預かって利用者本人が保管しないことが予定されているものか、預金の払戻しについて生活支援員等に代理権を付与する内容となっているか、契約終了原因は何かなどを確認する必要があるので、契約書や支援計画書などの写しの提出を求めることが適切である。

　日常生活自立支援事業に基づく日常的金銭管理サービスにおいては、日常生活に要

する生活費等にあてるため、生活支援員等が、利用者を代理して預金の払戻しが行われる場合がある。この事業は、日常生活の支援を目的としたものなので、生活支援員が利用者にかわって行う取引も日常生活や生活に必要な福祉サービスの利用に必要な資金の手当などに限定される。したがって、生活支援員等が利用者を代理して取引を行うことを申し出てきた場合には、生活支援員等が行う取引の範囲をどの範囲に限定するについて事前に明確化しておく必要がある。たとえば、1回の払戻金額の制限や振込先口座の限定などがあるので、金融機関としてシステム上対応可能か否かも含めて確認する必要がある。委任状や代理人届は預金者の自署・届出印と社会福祉協議会等の法人印があるものを取り扱う。なお、預金の払戻しや解約については、【10770】も参照されたい。

◆**利用者本人との取引**　日常生活自立支援事業による福祉サービスに係る契約は、民法上の委任契約（民法643条）であり、社会福祉協議会等の生活支援員等が行う日常的金銭管理サービスの提供にあたって、預金の払戻し等の代理権を有する場合であっても、本人の行為能力などに制限はなく、法定後見制度のような、成年後見人等の同意なく行った行為の取消権の発生などの問題は生じない。したがって、日常生活自立支援事業の利用者は、判断能力は不十分であるが、事業利用に係る契約内容を判断する能力はある者とされており、日常生活自立支援事業に係る契約の締結後に意思能力を喪失していない限り（なお、この場合、同契約の終了原因となるのが通常であるので、成年後見制度に移行すべきである）、

法的には本人自らが預金の預入れ・払戻し等の取引を行うことは可能である。これを防ぐために預金通帳や届出印を社会福祉協議会等に保管するサービスを提供している場合には、預金者本人が単独で取引を行うことは生じないはずであるので、預金者本人が単独で来店するような場合には、判断能力が一段と低下している可能性もあり、社会福祉協議会等へ連絡するなど、慎重に対応すべき場面も生じうる。

生活支援員等が利用者に同行して預金の払戻しを請求するような場合、利用者に意思能力があることを前提にすれば、不審な事情がない限り、通常の預金の払戻手続と変わるところはないが、日常生活自立支援事業の利用を金融機関が認識していた場合には、生活費等の払戻しを超える高額の取引には注意を要するので、資金使途の確認など慎重に取り扱うケースも生じる。

預金者が生活支援員等以外の第三者を同行して通帳の再発行を含め預金の払戻しや解約の請求を行ってきたときには、不審な事情があると考えられるケースが多いと思われるので、本人の判断能力や意思確認を慎重に行うとともに、社会福祉協議会等に連絡して、福祉サービスの利用に係る契約が継続されて預金通帳等を保管しているかなどを確認する必要がある。

したがって、日常生活自立支援事業の利用者との取引においては、社会福祉協議会等との連絡体制をとっておくことが、その後の問題解決を容易にすることにつながる。

10770 生活支援員からの払戻請求等

生活支援員からの払戻請求や預金口座の解約の申出を受けた場合、どのように対応すべきか

結　論

　日常生活自立支援事業による福祉サービスの利用に係る契約や支援計画において、生活支援員にいかなる代理権を付与することとなっているかを確認したうえで、その範囲内であることが確認できれば、委任状や代理人届、生活支援員の本人確認など、金融機関における代理人取引の事務ルールに沿って対応する。委任状や代理人届には預金者の自署・届出印と社会福祉協議会等の法人印があるものを取り扱う。通常、現金出金は生活費等にあてる小口の払戻しが予定されているので、小口とはいえない金額の現金払戻しや預金口座を解約して現金で出金するような取引には慎重に対応し、社会福祉協議会等への連絡を行うことも検討すべきである。

解　説

◆**日常的金銭管理**　日常生活自立支援事業は、判断能力が不十分な者に対し、福祉サービスの利用に係る契約の内容については判断できる能力を有することを前提に、任意の財産管理契約として、社会福祉協議会等と利用者との間で締結される利用契約に基づき、福祉サービスの利用援助、書類等の預りサービス、日常的金銭管理サービスを提供する事業である。社会福祉協議会等に置かれた専門員が利用者の実態把握および事業対象であることの確認や支援計画の作成・契約締結等の業務を行い、生活支援員が専門員の指示を受けて、具体的な援助を提供する。

　利用契約において、日常的金銭管理サービスを定め、社会福祉協議会等の生活支援員が利用者の生活費等にあてる小口の出金につき、預金の払戻し等の代理権を付与されることがある。契約の受任者である社会福祉協議会等は、「書類等の預りサービス」として利用者からの委託で預金通帳や届出印を預かって貸金庫などで保管し、利用者本人が勝手に引出しをできないようにしたうえで、「日常的金銭管理サービス」として、支援計画に沿って必要が生じるつど、生活支援員に通帳と届出印を渡し、生活支援員が銀行窓口で小口の預金払戻し等を行い、定められた手順に従って利用者に生活費として渡すほか、必要な支払を行うサービスを提供している。大きな金額・財産の管理はこのサービスの対象外であり、それが必要となったときは、成年後見制度を利用することになる。日常生活自立支援事業については【10768】を参照されたい。

◆**取引上の留意点**　生活支援員が利用者のために行う預金払戻しは、利用者の生活費等にあてる小口の出金であり、その範囲と払戻しにあたっての確認方法について、事前に協議しておくことが望ましい（【10769】参照）。個別の払戻しにあたっては、代理人届・委任状の取扱い（預金者の自署と社会福祉協議会等の法人印があるもの）、来店した生活支援員の本人確認方法をどうするかなど、金融機関の代理人取引のルールや、事前に社会福祉協議会等や生

第3節　個人との取引　**1065**

活支援員との間で取り決めた方法に従うことになる。

　小口といえない現金の出金や預金の解約による現金の出金については、日常的金銭管理サービスの範疇を超えることも考えられるため、念のため、社会福祉協議会等（生活支援員に指示をする立場の専門員など）への連絡なども検討すべきである。

10771　成年後見制度の導入と取引約定

成年後見制度の導入に伴い、銀行取引約定書の見直しはどのように行うべきか

結　論

　成年後見制度に係る補助人等の氏名や同意権・代理権の範囲等を事前に金融機関に届け出てもらうことで、将来の取引上のトラブルを未然に防ぐよう、各金融機関において約款・契約書等の所定の見直しを行うべきである。

解　説

◆**成年後見制度に係る全銀協通達**　全国銀行協会は、平成11年12月20日付で「新しい成年後見制度に係る銀行実務上の対応について」（平成11年全事会第31号）を発出している。この通達においては、各金融機関が新制度へ対応するにあたり参考となる事項として、約款、契約書等への手当、届出書の様式および制度利用者への周知徹底について取りまとめられている。

　このうち約款、契約書等への手当面については、継続的取引の場合を前提に、本人のプライバシー保護にも十分配慮しつつ、補助人等の代理権者・同意権者の氏名や代理権・同意権の範囲等を事前に金融機関へ届け出てもらうことを基本にして、各金融機関において契約条項等の検討を行い、必要に応じ届出に関する条項を定めて、新制度の取扱いを明確にしておくべきものとしており、約款等の手当を行う場合の参考例が示されている。その要旨は次のとおりである。

① 補助・保佐・後見が開始された場合には、直ちに成年後見人等の氏名その他必要な事項を書面によって届け出ること
② 任意後見制度に係る任意後見人の氏名等についても同様に届け出ること
③ すでに補助等の審判がなされている場合も直ちに届け出ること
④ 届出事項の取消・変更等が生じた場合も、その内容を直ちに届け出ること
⑤ ①〜④の届出前に生じた損害については金融機関が免責されること

　ただし、この免責規定（約款）の法的効果については、成年後見等の届出前に生じた損害について金融機関は損害を負わない旨の条項が成年後見人等の取消権を定める民法の強行規定に違反するため、無効な約定とならないか疑問視する考え方がある。そうしたなか、保佐開始の審判を受けたが、その届出を金融機関に行わないで預金の払戻しを受け、その後、審判開始後の払戻しを取り消しのうえ、あらためて取消額と同額の預金の払戻しを求めた事案が現れた。

　第一審判決（横浜地判平22.7.22金法1949号118頁）は、免責規定の法的効果を認めなかったが、その控訴審判決（東京高判 平22.12.8金法1949号115頁）は、免責

規定の効力を認める判断をした。

　本件は最高裁に上告ないし上告受理申立がなされたが、最高裁は上告棄却および上告を受理しない旨の決定（最判平23.7.8金法1949号115頁参照）をした。本決定により、免責規定の効力を認める判断が確定している。

　なお、債権法改正に伴い新たに「定型約款」の規定が設けられることとなったが、銀行取引約定書については、定型約款に該当しないものと考えられている（【30016】参照）。

10772 成年後見人の死後委任事務

成年後見人の死後委任事務とは何か

結　論

　「成年後見の事務の円滑化を図るための民法及び家事事件手続法の一部を改正する法律」により、成年後見人は、成年被後見人の死後、必要があるときは、成年被後見人の相続人の意思に反することが明らかなときを除き、相続人が相続財産を管理することができるに至るまで、①相続財産に属する特定の財産の保存に必要な行為、②弁済期が到来している相続財産に属する債務の弁済、③その死体の火葬または埋葬に関する契約の締結その他相続財産の保存に必要な行為を行うことができることが明文化された。

解　説

◆**死後事務**　成年後見制度は、成年被後見人の判断能力の補完を趣旨とする制度であるから、成年被後見人の死亡により成年後見は当然終了し（後見登記に関する法律8条1項、民法653条）、成年後見人は、原則として、法定代理権等の権限を喪失する。しかし、成年被後見人の死亡後においても、相続人による引き継ぎが円滑にできない場合や本人に身寄りがいない場合等、成年後見人が賃料、公共料金、入院費、介護サービスの利用料、葬儀費用等の支払等の事務（死後事務）を行わざるをえない場合が存在する。これらの事務に関しては、従前、応急善処義務（民法874条・654条）の規定があるだけであり、「急迫の事情」がない場合には、事務管理法理（同法697～702条）において対応していた（なお、成年後見人によるものではないが、最判平4.9.22金法1358号55頁は、死後委任契約に基づき入院費や葬儀費等の支払が可能である旨判示する）。しかし、事務管理法理のみでは成年後見人の権限が曖昧であり、金融機関も本人の死亡後は成年後見人に対する預貯金の払戻しを認めることはなかった。このため、実務上は、本人が危篤状況になった段階で、葬儀費用等を想定してあらかじめ一定額を引き出しておくことが行われていたが、本人の死後も成年後見人に一定の権限が認められることを法律上明確にすべきとの声が強まっていた。

◆**改正法**　以上のような背景をふまえ、「成年後見の事務の円滑化を図るための民法及び家事事件手続法の一部を改正する法律」（平成28年4月6日成立）においては、民法873条の2が新設され、成年後見人は、成年被後見人の死後、必要があるときは、成年被後見人の相続人の意思に反すること

が明らかなときを除き、相続人が相続財産を管理することができるに至るまで、①相続財産に属する特定の財産の保存に必要な行為（同条１号）、②弁済期が到来している相続財産に属する債務の弁済（同条２号）、③その死体の火葬または埋葬に関する契約の締結その他相続財産の保存に必要な行為（同条３号）を行うことができるとした。③の行為については、相続財産の保存に必要な行為であるか否かが必ずしも明確でなく、相続人に与える影響が大きいことから、家庭裁判所の許可が必要とされている。たとえば、成年被後見人が死亡した後、弁済期が到来した債務の弁済や葬儀費用等の支払のために預貯金口座から払戻しを受ける行為は、民法873条の２第３号に該当すると考えられることから、金融機関としては、成年後見人が家庭裁判所の許可を得ていることを確認のうえ、預貯金の払戻しを行うことになる。

なお、死後事務の規定が設けられたのは、成年後見人に限られ、保佐人や補助人については規定がない。これは、保佐人や補助人は、被保佐人や被補助人の財産について包括的な管理権を有しておらず、特定の法律行為について同意権、取消権または代理権を付与されているにすぎないため、仮に保佐人や補助人に死後事務に関する権限を付与すると、被保佐人や被補助人の生前よりもかえって強い権限をもつことにもなりかねず、必ずしも相当ではないと考えられたためである（盛山正仁「成年後見の事務の円滑化を図るための民法及び家事事件手続法の一部を改正する法律の解説」NBL1078号10頁）。したがって、保佐人や補助人の死後事務については、上述の従来どおりの解釈で対応せざるをえない。

10773 市町村長による緊急事務管理

市町村長による緊急事務管理とは何か

結　論

市町村長による緊急事務管理とは、市町村長が成年後見等開始の申立を行うとともに、「本人の財産に対する急迫の危害を免れさせるため」、一時的に本人の財産の管理を行うものである。具体的には、本人の通帳、証書等の一時的な保管のほか、本人の財産を保全するために金融機関に対し、預金の支払停止を求めること等が考えられる。

解　説

◆**成年後見等開始の市町村長申立**　高齢化社会の進展に伴い、市町村長による成年後見等の申立案件は着実に増えてきており、平成12年度に23件（約0.5％）であったものが平成28年度は年間6466件（約18.8％）となっている（最高裁判所 Web サイト参照）。市町村長は、成年後見等の審判を申し立てることができるが（老人福祉法32条、知的障害者福祉法28条、精神保健及び精神障害者福祉に関する法律51条の11の２）、特に高齢者（65歳以上）については、高齢者虐待の防止、高齢者の養護者に対する支援等に関する法律９条２項、27条２項により、養護者による高齢者虐待の保護が図られるよう、あるいは財産上の不当取引による高齢者の被害防止のため、適切に老人福

祉法32条の審判の請求をすることが義務づけられている。

◆市町村長による緊急事務管理　このほか、市町村長は、緊急に本人を保護する必要があるときは、審判前の保全処分として財産管理者の選任（家事事件手続法126条1項等）、さらに後見命令（【10774】）・保佐命令（【10775】）・補助命令（【10776】）を申し立てるほか（同条2項等）、緊急事務管理（民法698条）により本人の財産を管理することが考えられる。緊急事務管理とは、「本人の身体、名誉又は財産に対する急迫の危害を免れさせるため」に事務管理を行う場合であり、管理者は通常の場合の事務管理に比べて責任を負う注意義務の程度が軽減され、悪意または重大な過失がある場合のみ損害賠償責任を負う（同法698条の反対解釈として「急迫の危害」がなければ管理者は善管注意義務を負う）。

市町村長による緊急事務管理として具体的に想定される行為としては、各地方公共団体が作成する市町村長による成年後見等開始の申立のためのマニュアル等では、本人の通帳、証書等の一時的な保管があげられているほか（ただし、「細部にわたる規定がなく本人、相続人又は法定代理人が管理するまで継続しなければならないなど、運用上様々な困難が想定されることから慎重な取り扱いが望まれます」とされている）、本人の財産を保全するために金融機関に対し、預金の支払停止を求めること等も考えられる。後者のような場合、金融機関としては、まずは審判前の保全処分（家事事件手続法126条等）の申立を促すことになると考えられるが、市町村長からの聞き取り等により、必要性（無権限者による

払戻しを懸念すべき事情など）、緊急性（保全処分の効力が生じるのを待っていては本人の財産の保全が図られない事情）が十分確認できる場合には、支払停止に応じることも検討すべきである。

| **10774** | 成年後見開始審判前の保全処分 |

成年後見開始審判前の保全処分としての財産管理者の選任と後見命令とは何か

結論

家庭裁判所は、審判前の保全処分として、成年被後見人となるべき者の生活、療養看護または財産の管理のため必要があるときは、申立によりまたは職権で、財産管理者を選任することができる。選任された財産管理者は、民法103条所定の保存行為と改良行為の権限を有し、処分行為等権限外行為については家庭裁判所の許可を得て行うことができる。

家庭裁判所は、審判前の保全処分として、成年被後見人となるべき者の財産の保全のため特に必要があるときは、成年被後見人となるべき者の財産上の行為について、財産管理者の後見を受けることを命ずることができる。後見命令の審判により、財産管理者および本人は、本人のした財産上の行為（ただし、民法9条ただし書の日用品の購入等を除く）を取り消すことができる。

解説

◆財産管理者の選任　成年後見開始審判の申立を行う場合、鑑定が必要である（家

事事件手続法119条1項）、適任の成年後見人候補者が見つからない等の理由で、後見開始審判の申立から審判が効力を生じるまでに時間がかかる場合もある。そこで、この間、本人の財産が減少しないよう、家庭裁判所は、審判前の保全処分として、成年被後見人となるべき者の生活、療養看護または財産の管理のため必要があるときは、申立によりまたは職権で、財産管理者を選任することができる（同法126条1項。ただし、最近は、本案の審判が出るまでの時間が短縮されているため、保全審判の必要がなく保全処分の申立を取り下げるよう求められることもある）。即時抗告は認められない（同法110条2項・1項1号）。

選任された財産管理者は、民法103条所定の保存行為と改良行為の権限を有し、処分行為等権限外行為については家庭裁判所の許可を得て行うことができる（家事事件手続法126条8項）。なお、財産管理者の権限は後見等開始の審判の種類（成年後見、保佐、補助）を問わず、共通である。

たとえば、普通預金または期限到来ずみの定期預金の払戻しや預金残高の開示を求める行為等は、保存行為あるいは保存行為に準じる行為と解されるから、財産管理者の権限に含まれると解される。期限が未到来の定期預金の払戻しについては、本来は払戻しできないはずの定期預金を払い戻すという点で単なる預金の現金化を越えるものと考えられることから、裁判所の許可を求めるか、裁判所の許可が不要かどうか確認をとることが望ましい。

財産管理者の選任が預金規定上の届出の対象に含まれると解釈することは困難であるように思われるが、財産管理者から同人の権限に含まれる行為についての求めがあった場合には、金融機関としては、財産管理者の本人確認書類および財産管理者選任の審判書等を確認のうえ、これに応じることになる。

◆**後見命令**　財産管理者が選任されたとしても、本人の財産処分権はなんら影響を受けない。そこで、後見開始の審判の申立があった場合、家庭裁判所は、審判前の保全処分として、成年被後見人となるべき者の財産の保全のため特に必要があるときは、成年被後見人となるべき者の財産上の行為について、財産管理者の後見を受けることを命ずることができる（家事事件手続法126条2項）。後見命令の審判に対しては即時抗告をすることができる（同法110条2項）。

後見命令の審判については、本人の陳述を聴取することが原則とされているが（家事事件手続法107条本文）、その陳述を聴く手続を経ることにより保全処分の目的を達することができない事情があるとき（同法107条ただし書）および心身の障害により陳述を聴くことができないとき（同法126条3項）には、その手続を経ないことも可能である。

後見命令の審判があったときは、財産管理者および本人は、本人のした財産上の行為（ただし、民法9条ただし書の日用品の購入等を除く）を取り消すことができる（家事事件手続法126条7項）。

後見命令の審判の効力が生じたときは、その旨が登記される（後見登記等に関する法律4条2項）。したがって、登記事項証明書により、後見命令の審判の効力が生じているか否かを確認することができる。

なお、後見命令の審判の効力が生じた場合、預金規定の趣旨からすれば、届出義務を肯定すべきと思われるが、預金規定上届出が義務づけられている「家庭裁判所の審判により、補助・保佐・後見が開始された場合（とき）」の文言に含まれると解釈できるか否かは明確ではない。

10775 保佐開始審判前の保全処分

保佐開始審判前の保全処分としての財産管理者の選任と保佐命令とは何か

結論

家庭裁判所は、審判前の保全処分として、被保佐人となるべき者の生活、療養看護または財産の管理のため必要があるときは、申立によりまたは職権で、財産管理者を選任することができる。選任された財産管理者は、民法103条所定の保存行為と改良行為の権限を有し、処分行為等権限外行為については家庭裁判所の許可を得て行うことができる。

家庭裁判所は、審判前の保全処分として、被保佐人となるべき者の財産の保全のため特に必要があるときは、被保佐人となるべき者の財産上の行為について、財産管理者の保佐を受けることを命ずることができる。保佐命令の審判があったときは、財産管理者および本人は、財産管理者の同意を得ないでした民法13条1項に定める行為を取り消すことができる。

解説

◆**財産管理者の選任**　保佐開始審判の申立を行う場合、鑑定が必要である（家事事件手続法133条・119条1項）、適任の保佐人の候補者が見つからない等の理由で、保佐開始審判の申立から審判が効力を生じるまでに時間がかかる場合もある。そこで、この間、本人の財産が減少しないよう、家庭裁判所は、審判前の保全処分として、被保佐人となるべき者の生活、療養看護または財産の管理のため必要があるときは、申立によりまたは職権で、財産管理者を選任することができる（同法134条1項。ただし、最近は、本案の審判が出るまでの時間が短縮されているため、保全審判の必要がなく保全処分の申立を取り下げるよう求められることもある）。即時抗告は認められない（同法110条2項・1項1号）。

選任された財産管理者は、民法103条所定の保存行為と改良行為の権限を有し、処分行為等権限外行為については家庭裁判所の許可を得て行うことができる（家事事件手続法134条6項）。なお、財産管理者の権限は後見等開始の審判の種類（成年後見、保佐、補助）を問わず、共通である。

たとえば、普通預金または期限到来ずみの定期預金の払戻しや預金残高の開示を求める行為等は、保存行為あるいは保存行為に準じる行為と解されるから、財産管理者の権限に含まれると解される。期限が未到来の定期預金の払戻しについては、本来は払戻しできないはずの定期預金を払い戻すという点で単なる預金の現金化を越えるものと考えられることから、裁判所の許可を求めるか、裁判所の許可が不要かどうか確

認をとることが望ましい。

財産管理者の選任が預金規定上の届出の対象に含まれると解釈することは困難であるように思われるが、財産管理者から同人の権限に含まれる行為についての求めがあった場合には、金融機関としては、財産管理者の本人確認書類および財産管理者選任の審判書等を確認のうえ、これに応じることになる。

◆**保佐命令**　財産管理者が選任されたとしても、本人の財産処分権はなんら影響を受けない。そこで、保佐開始の審判の申立があった場合、家庭裁判所は、審判前の保全処分として、被保佐人となるべき者の財産の保全のため特に必要があるときは、被保佐人となるべき者の財産上の行為について、財産管理者の保佐を受けることを命ずることができる（家事事件手続法134条2項）。保佐命令の審判に対しては即時抗告をすることができる（同法110条2項）。保佐命令の審判については、本人の陳述を聴取することが原則とされているが（同法107条本文）、その陳述を聴く手続を経ることにより保全処分の目的を達することができない事情があるときには、その手続を経ないことも可能である（同法107条ただし書）。

保佐命令の審判があったときは、財産管理者および本人は、財産管理者の同意を得ないでした民法13条1項に定める行為を取り消すことができる（家事事件手続法134条5項）。

保佐命令の審判の効力が生じたときは、その旨が登記される（後見登記等に関する法律4条2項）。したがって、登記事項証明書により、保佐命令の審判の効力が生じ

ているか否かを確認することができる。

なお、保佐命令の審判の効力が生じた場合、預金規定の趣旨からすれば、届出義務を肯定すべきと思われるが、預金規定上届出が義務づけられている「家庭裁判所の審判により、補助・保佐・後見が開始された場合（とき）」の文言に含まれると解釈できるか否かは明確ではない。

10776　補助開始審判前の保全処分

補助開始審判前の保全処分としての財産管理者の選任と補助命令とは何か

結　論

家庭裁判所は、審判前の保全処分として、被補助人となるべき者の生活、療養看護または財産の管理のため必要があるときは、申立によりまたは職権で、財産管理者を選任することができる。選任された財産管理者は、民法103条所定の保存行為と改良行為の権限を有し、処分行為等権限外行為については家庭裁判所の許可を得て行うことができる。

家庭裁判所は、審判前の保全処分として、被補助人となるべき者の財産の保全のため特に必要があるときは、被補助人となるべき者の財産上の行為について、財産管理者の補助を受けることを命ずることができる。補助命令の審判があったときは、財産管理者および本人は、補助開始審判の申立の際にあわせて申し立てられた同意権付与の申立で求めた行為につき、取り消すことができる。

解　説

◆財産管理者の選任　補助開始審判の申立を行う場合、成年後見や保佐の場合と異なり、鑑定は必要とされていない（家事事件手続法119条1項・133条参照）。これは、補助の場合、同意権または代理権による保護の範囲も特定の法律行為に限定され、このような保護を受けるにあたっては、本人の関与（本人自身による請求または審判に対する同意）が保護措置として保障されていることから、利用する本人の利便性も考慮して厳格な手続によらずに審理を進めることが望ましいと考えられたためである（小林昭彦＝原司『平成11年民法一部改正法等の解説』134頁）。とはいえ、適任の補助人の候補者が見つからない等の理由で、補助開始審判の申立から審判が効力を生じるまでに時間がかかる場合もある。そこで、この間、本人の財産が減少しないよう、家庭裁判所は、審判前の保全処分として、被補助人となるべき者の生活、療養看護または財産の管理のため必要があるときは、申立によりまたは職権で、財産管理者を選任することができる（同法143条1項。ただし、最近は、本案の審判が出るまでの時間が短縮されているため、保全審判の必要がなく保全処分の申立を取り下げるよう求められることもある）。即時抗告は認められない（同法110条2項・1項1号）。

選任された財産管理者は、民法103条所定の保存行為と改良行為の権限を有し、処分行為等権限外行為については家庭裁判所の許可を得て行うことができる（家事事件手続法143条6項）。なお、財産管理者の権限は後見等開始の審判の種類（成年後見、

保佐、補助）を問わず、共通である。

たとえば、普通預金または期限到来ずみの定期預金の払戻しや預金残高の開示を求める行為等は、保存行為あるいは保存行為に準じる行為と解されるから、財産管理者の権限に含まれると解される。期限が未到来の定期預金の払戻しについては、本来は払戻しできないはずの定期預金を払い戻すという点で単なる預金の現金化を越えるものと考えられることから、裁判所の許可を求めるか、裁判所の許可が不要かどうか確認をとることが望ましい。

財産管理者の選任が預金規定上の届出の対象に含まれると解釈することは困難であるように思われるが、財産管理者から同人の権限に含まれる行為についての求めがあった場合には、金融機関としては、財産管理者の本人確認書類および財産管理者選任の審判書等を確認のうえ、これに応じることになる。

◆補助命令　財産管理者が選任されたとしても、本人の財産処分権はなんら影響を受けない。そこで、補助開始の審判の申立があった場合、家庭裁判所は、審判前の保全処分として、被補助人となるべき者の財産の保全のため特に必要があるときは、被補助人となるべき者の財産上の行為について、財産管理者の補助を受けることを命ずることができる（家事事件手続法143条2項）。補助命令の審判に対しては即時抗告をすることができる（同法110条2項）。

補助命令の審判については、本人の陳述を聴取することが原則とされているが（家事事件手続法107条本文）、その陳述を聴く手続を経ることにより保全処分の目的を達することができない事情があるときには、

その手続を経ないことも可能である（同法107条ただし書）。

補助命令の審判があったときは、財産管理者および本人は、補助開始審判の申立の際にあわせて申し立てられた同意権付与の申立で求めた行為につき、取り消すことができる（家事事件手続法143条5項）。

補助命令の審判の効力が生じたときは、その旨が登記される（後見登記等に関する法律4条2項）。したがって、登記事項証明書により、補助命令の審判の効力が生じているか否かを確認することができる。

なお、補助命令の審判の効力が生じた場合、預金規定の趣旨からすれば、届出義務を肯定すべきと思われるが、預金規定上届出が義務づけられている「家庭裁判所の審判により、補助・保佐・後見が開始された場合（とき）」の文言に含まれると解釈できるか否かは明確ではない。

10777　複数成年後見人

複数の成年後見人が選任されているときにどのようなことに留意すべきか

■ 結 論

複数の成年後見人が選任されている場合、登記事項証明書により、共同行使や職務分掌の定めがあるかを確認することができる。共同行使や職務分掌の定めがある場合は、その定めに従った権限行使であるか否かを確認する必要がある。共同行使や職務分掌の定めがない場合にも、他の成年後見人に事前に相談しているかを確認したり、高額

な払戻事案においては他の成年後見人に連絡することも一つの方法である。

■ 解 説

◆**複数成年後見人の選任**　家庭裁判所は、後見開始の審判をするときは職権で成年後見人を選任し（民法843条1項、家事事件手続法別表第一3項）、選任時から複数の成年後見人を選任することができる。また、すでに成年後見人が選任されている場合においても、家庭裁判所は必要があると認めるときは、成年後見人等からの請求または職権でさらに成年後見人を選任することができる（民法843条3項、家事事件手続法別表第一3項）。

選任された各成年後見人は直接後見事務を遂行する点で、後見事務を監督する後見監督人（民法849条）や後見事務もしくは成年被後見人の財産状況を調査する調査人（家事事件手続法124条1項）とは異なる。実務的には、親族1人では負担が重いが複数の親族で分担し合うことにより後見事務を行う場合や親族後見人に適格性がないわけではないがその財産管理面にやや不安があり、かといって後見監督人による間接的な監視・監督でも十分でないという場合に、親族後見人と専門職後見人が選任される場合などがある。

成年後見人が複数選任されているときは、原則として、各成年後見人が単独でその権限を行使する。しかし、各成年後見人が単独で権限行使を行うとすると、権限行使に矛盾や抵触等が生じる可能性もある。そこで、成年後見人が数人あるときは、家庭裁判所は、職権で、数人の成年後見人が、共同してまたは事務を分掌して、その権限を

行使すべきことを定めることができる（民法859条の2第1項）。共同行使の定めをしたときは各後見人が一致してでなければ有効に法律行為をすることはできず、事務の分掌の定めをしたときは、その範囲内でしか有効に法律行為をすることはできない。ただし、共同行使や職務分掌の定めがなされた場合も意思表示の受領は単独で行うことができる（同法859条の2第3項）。なお、数人の成年後見人が、共同してまたは事務を分掌して、その権限を行使すべきことが定められたときは、その定めは後見登記等ファイルに記録されることによって登記される（【10726】も参照）。

◆**取引上の留意点**　たとえば、払戻請求のために成年後見人が来店した場合、登記事項証明書により、共同行使や職務分掌の定めがあるかを確認することができる。共同行使や職務分掌の定めがある場合にはその定めに従った権限行使であるか否かを確認する必要がある。共同行使や職務分掌の定めがない場合にも、来店した成年後見人に対し、他の成年後見人に事前に相談しているかを確認したり、高額な払戻事案においては他の成年後見人に連絡することも一つの方法である。

10778　病人との取引

病人と取引する場合にはどのような注意をすればよいか

結　論

　病人が制限行為能力者である場合は、法定後見制度（後見・保佐・補助）の手続に従って取引する。それ以外の者で、判断能力や日常の行動に支障のない病人については一般の取引と区別して取り扱う必要はないが、判断能力や日常の行動に支障がある病人については、代理人との取引とすべきである。この場合は、代理権限の授与に際し、本人に意思能力があることが前提となるが、任意後見制度を活用することが望ましい。

解　説

◆**病人との取引パターン**　判断能力に異常がなく、日常の行動に支障のない病人であれば、金融機関との取引においては、特に病人として一般の取引と区別して扱う必要はない。したがって、金融機関取引上注意を要する病人としては、判断能力に欠ける者など、病人自身で直接取引に携われない者に限定される。

◆**病人が制限能力者の場合**　病人が成年被後見人（民法8条）、被保佐人（同法12条）、被補助人（同法16条）に該当する場合は、後で取引を取り消されることのないようにするため、後見登記に係る登記事項証明書で確認し、成年被後見人であれば成年後見人を代理人として、被保佐人・被補助人であれば保佐人もしくは補助人の同意書を徴して取引する。

◆**病人の代理人との取引**　前記の制限行為能力者に該当しないが、判断能力や日常の行動に支障がある病人については、代理人による取引とすべきであろう。この場合、代理権限の授与は本人の意思能力があることを前提に行われなければならず、表見代理の成立要件（民法109条・110条・112条）を満たしていることに気を配るべきである。

任意後見制度を利用し、任意後見受任者（任意後見人）を代理人として取引することも有用である。

◆**全盲者との取引**　全盲者との取引の場合はどうであろうか。昭和54年の改正により「盲者」は旧民法の準禁治産者から削除され、行為能力の点では問題としなくてよいことになった。しかし、これはあくまで法律上の問題であり、事実上の行為能力はまた別の問題である。契約書が読めないため、契約書の各条項をすべて読み聞かせ、相手の了解を取り付ける必要がある。署名捺印できないということであれば、だれかが代行せざるをえない。このような場合には、しかるべき第三者の立会いを求め、あるいは代行者を定めて行為を代行してもらうことになるが、代行権限の有無をめぐる後日の紛議を避けるため、社会通念上当然に代行すべき立場にあると認められる者（配偶者や同居親族等）をこれにあてるほか、代理人契約を結んだ代理人と取引を行うべきであろう。

なお、金融庁は、視覚障がい者団体からの要請を受け、平成22年8月26日に各金融機関に対し、「視覚障がい者に配慮した取組みの積極的な推進について（要請）」を発出のうえ、平成23年4月15日に「主要行監督指針」および「中小・地域監督指針」を改正し、複数の行員の立会いによる視覚障がい者への代筆および代読の規定化ならびに円滑な実施を求めた。さらに、平成25年6月に障害者差別解消法が成立し（平成28年4月1日施行）、金融庁は、平成28年2月12日に金融庁所管事業分野における障害を理由とする差別の解消の推進に関する対応指針を発出のうえ、同年9月9日に上記監督指針を改正した。

視覚障がい者に関する規定は以下のとおりである。

「視覚障がい者から要請がある場合は、複数の金融機関職員が代読内容を確認し、その確認した記録を残す」

預金取引においては、「自筆困難者の意思表示の内容を記録に残す」「親族や同行者が代筆した場合は、金融機関の職員が複数で代筆内容を確認し、確認した事実を記録に残す」「銀行の職員が代筆した場合は、複数の職員が確認したうえで、その確認をしたという事実を記録として残す」。

融資取引においては、「推定相続人や第三者保証提供者など返済義務を承継する可能性のある者（以下「同行推定相続人等」という）に代筆を依頼した場合、当該依頼を受けた者による代筆を可能とする」「自筆困難者の意思表示の内容を記録に残す」「同行推定相続人等が代筆した場合は、銀行の職員が複数で代筆内容を確認し、確認した事実を記録として残す」「同行推定相続人等以外の者による代筆を認める場合、複数の職員が立ち会い確認したうえで、その確認をしたという事実を記録として残す」。

以上の監督指針に従って、金融機関として取扱方法・内容を規定として定める必要がある。

10779　外国人との取引

外国人と取引する場合にはどのような注意をすればよいか

---

① 　在留カード、永住者証明書または外国人登録証明書、マイナンバーカード等により身元を確認する。

② 　外国人の権利については、制限・禁止される場合がある。

③ 　制限行為能力者かどうかは、日本法によって判断すればよい。

④ 　取引については、原則として日本法に準拠することになるが、契約条項でこれを明確に定めておくことが望ましい。相続については、その者の本国法によることになっているので注意を要する。

⑤ 　貸出取引における担保は、預金、有価証券等、換価しやすいものが望ましい。

解　説

◆**外国人の身元確認**　　外国人とは、日本の国籍をもたない自然人をいう。

外国人（観光のため通過、上陸等の場合は除外される）は、外国人登録法により居住する市区町村の外国人登録原票に登録し、その登録証明書を常に携行しなければならないことになっていたため、外国人の身元は、外国人登録証明書の提示により確認することになっていた。

しかし、「出入国管理及び難民認定法及び日本国との平和条約に基づき日本の国籍を離脱した者等の出入国管理に関する特例法の一部を改正する等の法律」が、平成24年7月9日に施行されたことにより、外国人登録法は廃止され、新たな在留管理制度の導入に伴い外国人登録制度は廃止されることになった。

新たな在留管理制度の導入に伴い、外国人登録証明書は廃止となり、対象となる外国人には在留カードが発行され、特別永住者については特別永住者証明書が交付されることになったため、平成24年7月9日から外国人の身元の確認は、在留カードまたは特別永住者証明書の提示により行うことになった。

なお、すでに発行ずみの外国人登録証明書は在留資格により一定期間、在留カードもしくは永住者証明書とみなされる。

また、新たな在留管理制度とともに外国人住民に係る住民基本台帳制度が導入され、「住民基本台帳法の一部を改正する法律」も平成24年7月9日に施行されており、外国人住民についても日本国籍を有する者と同様に、住民票の写しまたは記載事項証明書の交付を受けることが可能となり、従来の外国人登録原票の写しまたは記載事項証明書にかえて、住民票の写し等を本人確認書類として用いることができるようになった。

印鑑を使うときには、印鑑登録証明書を徴求する（外国人登録をしている外国人は、印鑑登録も可能である）が、サインによる場合には領事館等のサイン証明書を徴求すればよい。

犯罪収益移転防止法上の取引時確認については、在留カード、特別永住者証明書および住民票等により、日本人と同様な方法で行うが、イラン、北朝鮮に居住・所在する者や外国人 PEPs との取引については、リスクの高い取引として取り扱うことになる（同法4条2項、同法施行令12条2項・3項）。

◆**行為能力の確認──制限行為能力者かどうか**　　我が国における外国人の権利能力

については、民法３条２項で基本的にこれを認められているが、他の法令または条約で禁止されている権利もある。

法の適用関係に関しては、法適用通則法において、各種の規定が置かれている。

制限行為能力者かどうかについては、結論としては、日本法によって考えればよいが、基本的には次のように考えることになる。

① 成年、未成年については、その者の本国法による（法適用通則法４条１項）。ただし、日本においてした法律行為については、本国法によれば未成年であっても日本法によれば成年であるときは、行為能力者である（同条２項）として、取引の安全を保護している。

② 成年被後見人、被保佐人および被補助人について、外国における宣告は、日本国内で当然に効力を有するものではないと考えられる（江川英文『国際私法』162頁）が、反対説もある。日本の裁判所は、日本法により審判をすることができ（法適用通則法５条）、その審判を待ってはじめて、日本国内でも行為能力が制限されると解される。

◆**準拠法**　法適用通則法では、契約についての準拠法は、当事者の意思に従い（同法７条）、そのいずれの国の法律によるかを定めてよく、当事者の意思がはっきりしないときは、行為地法によるとしている（同法８条１項）。

したがって、契約で準拠法について別段の定めをしなくてもよいようにみえるが、当事者の意思がはっきりしないときに法適用通則法８条１項の規定が直ちに適用できるかについては問題もあるので、契約のな

かで、準拠法を日本法とすべきことを、はっきり定めておくほうが望ましい。「この約定に基づく諸取引については、日本国の法令を適用することに合意します」という趣旨の条文を加えればよい。

この準拠法に関しては、次の点に注意したい。

① 相続については、本国法によることとされている（法適用通則法36条）ので、取引先の死亡の際は慎重に行う。ただし、米国、英国などの国際私法によると、相続の準拠法は相続財産の所在地法とされている。

② そのほか、適用法令については、法適用通則法７〜23条に規定がある。たとえば、不動産の権利については、物件の所在地法によることとされている（同法13条）。

③ 裁判管轄も日本としておくことは当然であるが、取引約款や取引基本約定書に印刷されている場合には、特別に注意する必要はない。

④ 約定書正本は日本文によるべきである。また、日本文の各種約定書を徴求する場合、契約文言中わかりにくい字句があれば契約に先立ち、その内容を説明し、紛争の発生を未然に防止すべきである。

◆**貸出取引の際の担保徴求**　貸出取引の際の担保の徴求については、外国人の場合、行方不明となると追及が非常にむずかしいので、次のようなことに注意すべきである。

① 預金、有価証券等換価しやすいものを徴求する。不動産は、債務者が行方不明のとき等に換価が困難であるので、第２次的に考えたほうがよい。特に担保物件が外国にあるものは、その国の法律によ

ることになるので、担保管理上も処分上も問題が多く、担保権設定は避けるべきである。

② なお、担保の目的物件が有効に取得されたものであるかどうか、主務大臣の認可等を確認することが必要である。また、不動産については、主務大臣の認可が必要な取得の場合には、登記にはそれを証する書類が要求されるので、登記に際して認可の有無が確認されているはずであるが、登記には公信力がないので、別途認可を確認すべきである。

③ 日本居住の外国人と行う保証契約における保証債務の発生・消滅はいずれも、当事者による準拠法の選択がなければ、日本法によることになる（法適用通則法8条）。また、消滅時効の準拠法についても、その債権自体の準拠法（日本法）によると解されており、日本法の定めるところに従い、保証人に対して責任を追及することができる。ただし、できるだけ信用のある日本人に保証人となってもらうか、または担保を提供してもらうようにすることが望ましい。

④ 担保徴求方式は、できれば仮登記担保を抵当権と併用するとよい。被担保債権の履行遅滞が生じた場合、仮登記担保契約の債権者は債務者または物上保証人に対して、その土地または建物の所有権移転および引渡しを求めることができる利点があるからである。

ただし、目的不動産に対して競売手続がされたときは、仮登記担保契約の債権者は目的不動産の所有権を取得することはできず、強制競売等の配当手続で優先弁済を受けることとなる。

<table>
<tr><td>10780</td><td>通称・雅号による取引</td></tr>
</table>

通称・雅号による取引ではどのような注意をすればよいか

結　論

通称・雅号と本人との間のつながりを確認しておくことが必要である。

解　説

◆**意義**　金融機関が顧客から、顧客自身の公簿上の正式な名称でなく、通称・雅号によって取引をしたい旨の申出を受けることがある。

通称は世間一般に通用する呼称であるし、また雅号は文人、学者、画家などが本名とは別につける名称であって、公簿上の氏名と同じく、あるいはかえってより以上に本人を表示するのに適する場合もある。特に商人は公簿上の名称以外を用いることも多く、またその名称を用いるほうが取引上便利である場合が少なくない（商人については商号という）。

ところで、通称・雅号による取引は、具体的には取引関係書類（約定書、担保差入証、手形等）の通称・雅号による署名の問題としてとらえられる。

◆**判例・学説**　判例は、手形における署名について通称・雅号によることを有効と認めている。たとえば、判例は、「手形行為ヲ為スモノカ其手形ニ記載スル氏名又ハ商号ハ必ス公簿上ノモノニ限ルヘキ理由ナケレハ氏名若クハ商号ノ形体ヲ具フルモノニシテ本人ノ慣用ニヨリ知人又ハ隣佑間其

称呼ナルコトヲ知了セル場合ニハ所謂通称ハ勿論雅号ト雖モ亦手形方式上ノ氏名若クハ商号タルニ妨ナキモノトス」（大判明39.10.4民録12輯1203頁）としている。学説も「署名又ハ記名に用いる氏名又は商号は必ずしも公簿上のものに限らず、苟も当事者の表示を明瞭ならしむるものならば足りる」（松本烝治『手形法』47頁）として、通称・雅号による署名の有効性を認めている。厳格な方式を要求される手形ではあるが、その署名は要するに行為者の同一性を確認するための方法であるから、署名者本人を特定するに足りるものであれば十分とされるのである。

　このことは、一般の取引についても同様と考えられる。すなわち、一般の取引においても、約定書類の署名は行為者の同一性を確認する手段であることに変わりはない。したがって、行為者本人を特定するに足りる名称であれば、公簿上の名称に限らず通称・雅号であってもさしつかえない。ただし、税務や登記・登録手続が絡む場合は、スムーズに手続が進行しない懸念もある。したがって、抵当権設定などは公簿上の名称で取引してもらうべきである。

◆確認方法　　以上のように、通称・雅号による取引は有効であるが、金融機関としては、このような取引は公簿上の氏名による取引に比べて安全とはいえない。通称・雅号は、それを公証する形式的資料は皆無であって、本人の慣用によって知人、取引関係者に本人の名称として広く知られているという事実上のものであるから、通称・雅号と認めて取引を行うことは、印鑑登録証明の方法もなく、偽造等の不正行為の入り込む余地が多いといわなければならない。

通称・雅号による取引にあたっては、その名称が真の意味の通称・雅号であるかどうかの確認を怠ってはならない。本人の公簿上の名称による署名を併記し、またはその旨の念書を徴するなどして、本人の通称・雅号である旨の保証を得ることが必要である（なお、以上はすべて犯罪収益移転防止法に基づき、取引時確認を行うことが前提である。加えて、同法では、「当該名義ならびに顧客等が自己の氏名および名称と異なる名称を用いる理由」を「確認記録」に記録することが要求されている（同法施行規則20条1項20号））。

10781　商号による取引

商号のある取引先との取引にはどのような注意をすればよいか

結　論

　商号が登記されている場合は、商号を使用する個人につき登記事項証明書と印鑑登録証明書とを徴し、商号、営業所、本人の住所および氏名を確認のうえ取引する。

　商号が登記されていない場合は、商号使用について公証するものがないので、個人としての一般的確認手続をとったうえで、その個人から商号を付した取引名義を届出させて、関連を明確にして取引する。住所と営業所とが別である場合は、営業所について訪問などにより実際に確かめる必要もある。

解　説

◆商号　商号とは、「丸山商店」「加藤産業株式会社」などのように、商人が営業上に自己を表示する名称のことである。文字で表現され、かつ発音できる名称であれば何でもよいわけであるが、若干の制限がある。

商号の登記は、その商号が他人のすでに登記した商号と同一であり、かつその営業所の所在場所が当該他人の商号の登記に係る営業所の所在場所と同一であるときは、することができない（商業登記法27条）。ただし、平成18年5月1日の会社法施行と同時に、同一市町村内において同一の営業目的を有する他人と同一または類似の商号使用を規制する商法の規定が廃止され、会社法においても同規定は導入されなかった。そのため、住所が少しでも異なれば、すでに存在する会社とまったく同一商号・同一事業目的の会社であっても設立・登記ができるようになったので、取引等における相手方会社の確認・特定には慎重な対応が必要である。また、不正の目的をもって他人の営業と誤認させるような商号を使ってはならない。会社はその商号中に必ず「株式会社」というように会社の種類を入れなければならないし、反対に、会社以外の商人は商号中に「会社」の文字を入れてはならない（会社法6〜8条）。これに違反した者には罰則がある（同法978条）。

◆取引上の注意点　会社は必ず商号を登記しなければならないが（会社法49条・579条・911条3項・912条・913条）、個人商人は自由である。

個人商人が商号を登記した場合は、商業登記簿に商号、営業の種類、営業所、商号使用者の氏名および住所が登載されるので（商業登記法28条）、登記事項証明書により確認できる。商号を登記していない場合は、公証するものがないので、あたかも通称名を使用する個人の取引と同様であるから、商号使用の実情について調べ、商号使用者個人の特定に支障のないよう注意する必要がある（なお、以上はすべて犯罪収益移転防止法に基づき、取引時確認を行うことが前提である）。

10782　架空名義での貸出取引

架空名義の貸出取引をしてもよいか

結　論

架空名義の貸出取引には応じてはならない。

解　説

◆架空名義の取引　架空名義の取引とは、取引当事者が自己を秘匿する目的で、架空名義を使用して行う取引のことである。本名以外の名義を使用するということでは、通称、雅号、ペンネーム等による取引と同じようであるが、通称、雅号、ペンネーム等が慣用名として本人を表示するため有効に使われるのに対し、架空名義は本人を秘匿する意図で使われる点が根本的に異なる。

◆架空名義取引の注意点　貸付取引については、取引申込人がその人本人であることの確認を行わなければならないことに注意する。

貸付取引が有効に成立するためには、取引申込人が実在し、本人に権利能力と意思能力があり、行為が適法であることが必要である。

架空名義での取引申込みは、申込人がなんらかの脱法行為を目的とする場合も多く、事故があったときは貸付取引そのものが無効となるおそれがあり、また金融機関が脱法行為の幇助に加担することにもなるので、このような取引には応じてはならない。

平成15年1月施行の本人確認法では、テロ資金の供与防止や組織的犯罪行為に係る資金のマネーローンダリング防止のため、顧客の本人確認や取引記録の作成・保存などを金融機関に求めており、架空名義取引は厳格に排除されるべきものとなった。なお、平成20年3月より本人確認法を置き換える形で、犯罪収益移転防止法（平成25年4月1日一部改正施行）が施行されている。

既存の貸出につき、後日、万一、架空名義であることが判明した場合は、貸出実行時やその後の債権管理等に関する事実関係の調査・確認を至急行い、直ちに本人名義に変更するか、融資を回収する措置をとるべきである。なお、担保（保証も含む）がある場合は、その有効性についても疑義が生ずる可能性も大きく、注意しておく必要がある。

なお、架空名義での預金取引については【10740】を参照されたい。

10783 第三者名義での貸出取引

第三者名義で貸出取引をしてもよいか

結　論

取引申込人が第三者の名義を勝手に使用している場合は、架空名義の場合と同様、取引に応ずるべきではない。

解　説

◆**第三者名義にする理由**　第三者名義取引の理由としては、①第三者のために自分が代理人または使者となる場合、②自分の営業のために第三者の承諾を得てその名義を借用する場合（名板貸）、③預金を贈与する等の目的でその相手の名義を使用する場合、④自分のために第三者の名義を勝手に使用する場合が考えられる。

◆**実務上の注意点**　第三者名義で取引の申込みを受けたときは、その理由が何であるかを確かめて対処することが必要である。

申込人が名義人の代理人である場合は、代理人の取引行為の効果は直接本人に及ぶわけであるが、申込人の代理権限を確認のうえ取引することが必要である。

申込人が名義人の使者である場合は、代理人と異なり、本人の意思を伝達したり表示したりする補助者としての機能しか有していないので、直接、本人について意思を確認したうえ、本人との取引として処理すべきである。

第三者の商号などを使用する取引においては、名義貸人は名義借人と連帯して、名義貸人を営業主と誤認した相手方に対し、責任を負うことになっている（商法14条）が、金融機関としては、このような誤認のないように、初めに本人確認を十分行ったうえ、名義貸借関係にとらわれることなく、申込人を本人として取引しなければならな

い。

　自分のために第三者の名義を勝手に使用する場合は、広義の架空名義取引に該当するものであり、当初からその事実が明白であれば取引に応じてはならない（【10782】参照）。

　以上の各例は、口座開設時に犯罪収益移転防止法に基づく取引時確認が行われていても、確認方法の種類により絶対的な確認が困難なこともある。仮に、金融機関で事実関係を知らず取引申込人を名義人本人として取り扱った場合、その後の預金の管理・支払について一般の預金以上の注意を払う必要はないが、ひとたび紛失・盗難などの異例事態が生じたときには、真正の権利者の認定に慎重を期さなければならなくなる。

　融資取引にあたっては、原則的にこのような変則的取引は回避すべきであり、特に、④のような場合は、取引に応ずべきではない。②のような名板貸や名義貸しの場合も、やむをえずこれに応ずるときには、名義人および借入人の連署による念書を徴求し、後日、名義人による債務否認の余地を封ずるなど、事前に対抗手段を講じておくことが必要である。

　既存の貸出につき、後日、万一、第三者名義であることが判明した場合は、貸出実行時やその後の債権管理等に関する事実関係の調査・確認を至急行い、直ちに名義変更を行ったり、場合によっては債権保全・回収を検討したりすべきである。担保（保証も含む）がある場合は、その有効性についても疑義が生ずる可能性も大きく、注意しておく必要がある。

◆**判例の態度**　一般に、他人名義で契約が締結された場合、名義貸与者と相手方との間で有効な契約が成立するか否かについては議論があるが、名義貸与者は、虚偽の外観作出についての表見責任は免れないと解されている（東京地判昭57.3.16判時1061号53頁ほか）。

　しかし、契約の相手方において名義貸しであることを知っていた場合には、相手方を特に保護する必要性や合理性がないので、民法93条ただし書の類推適用により、名義人の契約上の責任を認めるべきではないとする見解が有力であり、それに従う判例もある。

　参考としてあげれば、金融機関が住宅ローンの貸付を行う際、借受人が単に名義を貸したにすぎないことを知っていたときは、消費貸借契約上の貸主として保護を受けるに値せず、民法93条ただし書の類推適用により、借受人に対し貸付金の返済を求めることは許されない（最判平7.7.7金法1436号31頁）。同最判の法理を確認した最近の裁判例としては、横浜地川崎支判平26.11.26（判時2266号95頁）がある。

　なお、第三者名義での預金取引については【10741】を参照されたい。

10784　連名による貸出取引

連名で貸出取引をする場合にはどのような注意をすればよいか

―――――――――――――――――

結　論

　複数の者に対する連名の貸付にあたっては、連帯債務者として約定書に全員連署さ

せ、印鑑等により全員の印章を届出させる必要がある。

解　説

◆**貸付取引**　2名以上が連名で貸付を受けるのは、共同で事業を経営していて、その事業のため資金が必要となった場合とか、隣接する商店数軒が店先にアーケードなどを設けるについて、各店の負担部分を一括して借入申込みが行われた場合などであろう。

　2名以上の債務者に連名で貸し付ける場合、特別な意思表示がなければ、各債務者は平等の割合で債務を負担することとなるので（民法427条）、各人に単独で貸し付けたのと同じく、各人の資力によっては全額の回収に支障を生ずることも考えられ不安である。

　そこで、連帯債務にしておけば（商行為による債務の場合は商法511条1項により当然に連帯債務となる）、各人が独立して全額の債務を負担し、金融機関は1人に対してのみ全額を請求することもできるし、全員に対して同時に全額を請求することも、また順次に全額または一部を請求することもできるので（現行民法432条、改正民法436条）、実質的に各人が相互に他の者の債務を保証したのと同様の関係になり、債権保全上有利になる。一方、欠点として、現行民法では次のような点があげられていた。①1人に対する時効の中断は、請求の場合を除き、他の債務者に効力が及ばない、②1人に対して債務を免除すれば、その負担部分について他の債務者も債務を免れる、③債権を譲渡する場合は、全員に対する通知、承諾により対抗要件を備える

必要がある、④貸付後に1人に対し契約条件を変更しても、他の債務者に影響がないなどの問題があり、金融機関は常に債務者全員を相手として交渉しなければならず、貸金管理上かなり厄介な面がある。

　一方、民法改正により、連帯債務に関する絶対的効力の規定が縮減され、原則として相対的効力とする旨改められた（改正民法441条）。その結果、①の問題は、現行民法432条が削除され、請求についても相対的効力を原則とされるのでより担保的効力が弱められることになり、別段の意思表示による定めが必要である（改正民法441条ただし書）。②については、現行民法437条が削除され、相対的効力とされることによって問題は解消した。

　民法改正後もいくつかの問題は残るため、煩雑さを避ける趣旨で、取引状況によっては、1人を主債務者とし、他を連帯保証人として貸付を行うのも一つの方法であろう。

　連帯債務の貸付取引にあたっては、債務者全員に職員の面前で約定書に全員連署捺印させる。各人の印鑑登録証明書の提出を求め、それぞれの借入意思を確認する。

　手形貸付の場合は、共同振出人として手形の振出人欄に連署させるが、この署名は手形本体に行わせるべきで、補箋を使用させてはならない。貸付金の交付に際しては、方法を指定させて、授受を明確にしたうえで実行する。

　重畳的債務引受があった場合は、特別の事情がない限り、原債務者と債務の引受人との間に連帯債務関係が生ずる（改正民法470条1項。最判昭41.12.20民集20巻10号2139頁）。

　なお、連名による預金取引については

【10744】を参照されたい。

10785　復権した破産者との取引

復権した破産者と取引する場合にはどのような注意をすればよいか

結　論

　破産者だった者が復権した場合には、公法上・私法上の権利が回復する。ただ、再生計画認可決定の確定による復権者は、再生計画に従って今後再生債権を弁済していかなければならないので、その計画内容を十分検討する必要がある。

解　説

◆**破産者の復権**　破産法上の復権とは、破産者が破産手続開始決定によって制限を受けている公法上および私法上の権利ないし資格について、それを一般的に回復させることをいう。破産法自体は、破産者から公私の資格を奪うことの直接的な規定を置いておらず、破産に懲戒的効果をもたらすことはしていないが、他の法律によって、破産手続開始決定を受けたことが資格の喪失や欠格事由として定められている。これらの資格剥奪や制限は、破産手続中だけのものではなく、破産終結後も存続するので、破産者をこれらの制限から解放して復活させるための制度が破産法のなかに定められている。

　復権には当然復権と申立による復権とがある。当然復権は、①免責許可の決定が確定したとき（破産法255条1項1号）、②破産債権者の同意による破産手続廃止の決定が確定したとき（同条1項2号）、③再生計画認可の決定が確定したとき（同条1項3号）、④破産者が破産手続開始決定後、詐欺破産の罪につき有罪の確定判決を受けることなく10年を経過したとき（同条1項4号）には、破産者はなんらの手続を要せず、法律上当然に復権が認められる。しかし、免責取消決定、再生計画取消決定が確定したときは、復権は効力を失う（同法255条3項）ので注意が必要である。

　申立による復権は、当然復権を得られなかった破産者が弁済その他の方法により破産債権者に対する債務の全部につきその責任を免れた場合に限り、破産者の申立により、破産裁判所が復権を決定するものであり、この決定の確定によって復権する（破産法256条1項）。

◆**復権者との取引**　破産した場合、その後に破産者が復権しても、信用が回復するまで貸出取引を控えるのが一般的である。復権者のうち、破産債権を弁済や免除により完全に消滅させてしまったか、あるいは、破産手続開始決定後10年も経過している場合、金融機関からみて、それなりの信用回復者とみることができる。しかし、再生計画認可による復権者は、その再生計画に従って債権を弁済していかねばならないので、その計画内容等を十分検討し、信用度を判断する必要がある。

　また、復権が免責許可の決定が確定したことによるときは、租税等の請求権や破産者が悪意で加えた不法行為に基づく損害賠償請求権等については免責されないため（破産法255条1項・253条1項）、返済能力を審査する場合は免責されない請求権の弁

済状況について確認する必要がある。

　なお、破産手続開始決定によって破産者たる旨が本人の戸籍簿に記載されるわけではないので、破産者に復権があったかどうかは、本人から復権の決定書の写しの提出を受けるか、官報公告により確認することになる。

10786　障害者差別解消法

障害者差別解消法とはどのような法律か。顧客との取引においてどのような点に留意すべきか

結　論

　障害者差別解消法は、障害者に対する不当な差別的取扱いおよび合理的配慮の不提供を差別と規定し、行政機関等および事業者に対し、差別の解消に向けた具体的取組みを求めている。金融庁は、金融庁所管事業分野における障害を理由とする差別の解消の推進に関する対応指針（以下「金融庁対応指針」という）を定め、不当な差別的取扱いについての考え方や、合理的配慮の提供についての考え方を示しているので、金融機関において、同法および金融庁対応指針への十分な理解と、体制整備、従業員に対する研修・啓発が必要である。

解　説

◆障害者差別解消法と金融庁対応指針

平成28年4月1日から施行された障害者差別解消法は、障害を理由とする差別について、「不当な差別的取扱いの禁止」と「合理的配慮の提供」の二つに整理している。前者は、国・地方公共団体等だけでなく民間事業者においても法的義務であり（同法7条1項・8条2項）、後者は、国・地方公共団体等においては法的義務である（同法7条2項）が、民間事業者においては努力義務とされている（同法8条2項）。同法11条1項に基づき、金融庁対応指針など事業分野別の対応指針が定められている。

　なお、同法にいう障害者とは、障害者基本法2条1号に規定する障害者であり、いわゆる障害者手帳の所持者に限られない。

◆不当な差別的取扱い

法は、障害者に対して、正当な理由なく、障害を理由として、財・サービスや各種機会の提供を拒否するまたは提供にあたって場所・時間帯などを制限すること、障害者でない者に対しては付さない条件をつけることなどにより、障害者の権利利益を侵害することを禁止している。正当な理由に相当するのは、客観的に正当な目的のもとに行われたものであり、その目的に照らしてやむをえないといえる場合である。個別の事案ごとに、障害者、事業者、第三者の権利利益（例：安全の確保、財産の保全、事業の目的・内容・機能の維持、損害の発生の防止等）の観点にかんがみ、具体的場面や状況に応じて総合的・客観的に判断することが必要である。事業者は、正当な理由があると判断した場合には、障害者にその理由を説明するものとし、理解を得るよう努めることが望ましい。

◆合理的配慮

事業者は、障害者から現に社会的障壁の除去を必要としている旨の意思の表明があった場合において、その実施に伴う負担が過重でないときは、障害者

の権利利益を侵害することとならないよう、当該障害者の性別、年齢および障害の状態に応じて、社会的障壁の除去の実施について必要かつ合理的な配慮をするよう努めなければならない。過重な負担については、事務・事業への影響の程度、実現可能性の程度、費用・負担の程度、事務・事業規模、財政・財務状況等を考慮し、具体的場面や状況に応じて総合的・客観的に判断することが必要である。事業者は、過重な負担に当たると判断した場合は、障害者にその理由を説明するものとし、理解を得るよう努めることが望ましい。

金融庁対応指針は、合理的配慮の具体例として、①意思疎通の配慮の具体例、②物理的環境への配慮の具体例、③ルール・慣行の柔軟な変更の具体例に大別して整理している。

◆**相談体制の整備**　既存の顧客相談窓口等の活用を含めた障害者等（障害者および家族その他の関係者）からの相談に的確に対応するための相談窓口の整備と、相談窓口等に関する情報の周知、相談時における配慮としての対面以外の多様な手段の用意が望ましい。必要な研修を受けた人員の配置も望ましい。

◆**従業員に対する研修・啓発**　従業員に対する継続的な研修の実施や、啓発マニュアルの配布を通じて、障害者差別解消法の趣旨の普及を図るとともに、障害に関する理解の促進を図ることが重要である。研修等の企画にあたっては、既存の外部研修等の活用や接遇に関連する資格の取得の奨励等を含め、従業員が障害者に対する適切な対応を習得できる効果的なものとするよう検討することが望ましい。

第4節

法人との取引

10787 株式会社との取引

株式会社と取引するにはどのような注意をすればよいか

結 論

① 株式会社は、本店所在地において設立の登記をすることによって成立する。

② 株式会社は、目的の範囲内においてのみ行為できるわけであるが、保証行為・担保提供行為には注意を要する。

③ 株式会社の代表者は、原則として代表取締役である。

④ 取引中における代表取締役の変更等については、変更の事実を知らない限り、届出のあったことを基準として処理すればよい。

⑤ 「会社・取締役間の利益相反取引」および「重要な財産の処分・多額の借財」については、株主総会または取締役会の承認の有無を確かめる。

⑥ 届出された代理人の代理権は、代表取締役の交代があっても消滅しない。

⑦ 支店等との取引に際しては、支店長が登記されている支配人であるときは、その支店長名義で取引を行ってもよいが、それ以外のときは、代表取締役名義で取引を行い、支店長等は代理人とする。

解 説

株式会社は物的会社と呼ばれ、社員（株主であって、従業員ではない）は、会社債務に対する責任は負わず、会社債務は会社財産をもって弁済されるにすぎない。そこで、会社財産の維持・保全が重要であるため、この点に厳格な法律的規制が加えられている。

◆**会社の成立──設立の登記**　株式会社および持分会社は、本店所在地において、設立の登記をすることによって成立する（会社法49条・579条）。登記がない限り、会社という法人は存在しない。したがって、会社との取引にあたっては、商業登記簿の登記事項証明書の提出を求めて、法人格の有無などを確認する。なお、会社設立登記前の会社は、いわゆる設立中の会社であるため、その代表者と取引をするには、発起人代表の権限を発起人会議事録等の会社設立関係書類によって確認し、発起人代表の委任関係を十分調査すべきである。発起人

代表が定められていない場合には、発起人全員は民法上の組合関係にあるともみられているので、発起人全員の承認をとるようにする（設立中の会社との取引の際の注意点は【10788】参照）。

◆**目的の範囲**　民法34条は、「法人は、法令の規定に従い、定款その他の基本約款で定められた目的の範囲内において、権利を有し、義務を負う」と定める。同条は、株式会社にも適用があるものとされている（同法33条2項参照）。

判例は、平成18年改正前の民法43条に関し、同条が株式会社にも類推適用され、定款所定の目的の範囲外の行為については無効となるとしていた（大判明36.1.29民録9輯102頁）。しかし他方で、判例は、定款に記載された目的自体に包含されない行為であっても、目的遂行に必要な行為は目的の範囲に含まれるとし、さらに、目的遂行に必要か否かは定款の記載自体から観察して客観的抽象的に判断すべきであると判示していた（最判昭27.2.15民集6巻2号77頁）。

したがって、株式会社の行為が目的の範囲外であるとして無効と判断されるおそれは基本的にはないものと考えてよい。

◆**代表者──代表取締役・代表執行役**

(1)　代表取締役等の機能　株式会社の取締役は、株式会社を代表する。ただし、定款あるいは定款の定めに基づく取締役の互選または株主総会の決議、もしくは取締役会設置会社における取締役会の選定により代表取締役を定めた場合は、当該代表取締役が会社を代表し、会社の業務に関するいっさいの裁判上または裁判外の行為をする権限を有する。この権限に加えた制限は、善意の第三者には対抗できない（会社法349条）。

また、株式会社が代表取締役以外の取締役に社長・副社長その他会社を代表する権限を有すると認められる名称を付した場合には、当該取締役がした行為について、善意の第三者に対しその責任を負う（表見代表取締役：会社法354条）。

ただし、指名委員会等設置会社に該当する場合は、取締役会の決議をもって選任された代表執行役が、会社を代表する（会社法420条1項・3項）。

(2)　代表取締役等の死亡　代表取締役または代表執行役が死亡した場合、後任の代表取締役等の確認をし、その後任の代表取締役等と取引をすることになるが、後任がなかなか決まらないときは、裁判所による仮代表取締役等の選任（会社法351条2項・420条3項・401条3項）を求めて取引をするとか、または後任が決まるまで取引を中止する等慎重に対処する。

(3)　代表取締役等の変更　代表取締役等の変更があった場合、その変更が届け出られていなくても、代表取締役等の変更が登記されていれば、取引先は旧代表取締役等名義の取引について責任を負わないこともあると考えなくてはならない（会社法908条1項）。よって、変更登記の日付以後に旧代表取締役等との取引があった場合には、早急に新代表者からの追認を得るようにする。また、代表取締役等の変更の登記がなされていなくても、銀行は、その取引上、代表者の変更といった重要な事項については知っていてしかるべきであり、登記がないことにより保護されるべき善意の第三者には当たらないとされる場合もあろう

（【10739】参照）。よって、代表取締役等の変更があったことを知った場合には、取締役会等の議事録（写し）で確認し、直ちに変更届の提出を求めて、新代表取締役等名義にて取引をする。

（4）会社・取締役等間の利益相反取引

会社と取締役・執行役との間の取引とか、取締役等が第三者を代表または代理して会社と行う取引、あるいは会社に取締役等の負担する債務の保証をさせる等会社と取締役等との利益が相反する取引については、株主総会（取締役会設置会社においては取締役会）の承認を必要とする（会社法356条・365条・419条2項）。

ここにいう取引には、会社に不利益である取引がすべて含まれる。銀行取引で実際に問題となるのは、保証・担保提供行為等、間接取引の場合が多い。

取締役会の承認なくしてなされた取引の効力について、判例は、いわゆる相対的無効の考え方に立っている。すなわち、「取締役と会社との間に直接成立すべき利益相反する取引にあつては、会社は、当該取締役に対して、取締役会の承認を受けなかつたことを理由として、その行為の無効を主張し得ることは、前述のとおり当然であるが、会社以外の第三者と取締役が会社を代表して自己のためにした取引については、取引の安全の見地より、善意の第三者を保護する必要があるから、会社は、その取引について取締役会の承認を受けなかつたことのほか、相手方である第三者が悪意……であることを主張し、立証して始めて、その無効をその相手方である第三者に主張し得る」（最判昭43.12.25民集22巻13号3511頁）としている。したがって、金融機関は、

多くの場合、善意の相手方（第三者）として保護されるものと思われるが、金融機関に重過失があった場合は悪意と同視されるおそれもあるから、実務上は、取締役会の承認のあることを確認するため、その議事録（写し）の提出を求めるべきである。

なお、この会社法356条は、代表取締役についてのみの規定ではなく、取締役についての規定であることに注意すべきである。たとえば、A社の取締役がB社の代表取締役を兼ねている場合に、B社の債務をA社の代理人として保証する場合も、ここでの取引に該当する。

手形行為についても旧商法265条（すなわち「会社法356条」）の適用はあるとするのが判例である（最判昭46.10.13民集25巻7号900頁）。

（5）重要な財産の処分・多額の借財

株式会社が「重要な財産の処分」をしたり「多額の借財」をなすには、指名委員会等設置会社を除く取締役会設置会社においては、取締役会の決議を必要とする（会社法362条4項1号・2号）。取締役会設置会社でない場合は、定款に別の定めがある場合を除き、取締役の過半数による決定による（同法348条2項）。これは、代表取締役の不適切な業務執行をチェックするため取締役会の代表取締役等に対する監視機能を強化し、会社の利益を守るという見地から定められたものである。この場合、前者の財産の処分には、物的担保や債権質の設定が含まれ、後者の借財には、保証、保証予約、ファイナンスリース契約、デリバティブ取引等も含まれるとされる。

問題は「重要な」や「多額」の判断基準であるが、この点について、裁判例は、前

者につき、「当該財産の価額、その会社の総資産に占める割合、当該財産の保有目的、処分行為の態様及び会社における従来の取扱い等の事情を総合的に考慮して判断すべきもの」としたうえで、資本金1億6700万円、総資産47億8640万円あまりの会社において、帳簿価額7800万円の株式（総資産の約1.6％）の処分が、これに当たるとしている（最判平6.1.20民集48巻1号1頁）。また、後者につき、出資金100万円、年間売上高2200万円あまりの有限会社につきなされた600万円の借入金がこれに当たるとし（東京高判昭62.7.20金法1182号44頁）、資本金約129億円、総資産約1937億円、負債約1328億円、経常利益年間約40億円の株式会社が、全額出資して設立された関連の株式会社において銀行取引約定を締結するに際し、限度額10億円として締結した（締結時点では当該会社の持株は1.7％に減少していた）保証予約が、同じくこれに当たる（東京地判平9.3.17金法1479号57頁）としたケースがある。特に、後者のケースにおいては、銀行が当該会社に対して、取締役会の承認を経ていないことを容易に知りえたにもかかわらず、確認をとることなく、また社内の取締役会規定の存否（当該ケースでは1件5億円以上の債務保証が取締役会の要決議事項とされていた）についても確認しなかったのは、銀行の過失であるとして、保証予約を無効としている。

よって、実務上は、上記裁判例を参考に、当該「借入れ」や「保証」「担保設定」等につき無効を主張されることのないよう、融資をなし、また保証・担保を得るに際しては、取締役会議事録（写し）・取締役会規則等の提示を求める等のチェックが必要

であるといえよう。

指名委員会等設置会社の場合には、業務執行の決定権限は原則として取締役会にあるが、取締役会の決議によって、業務執行の決定を執行役に委任できるものとされている（会社法416条1項1号柱書・4項）。執行役に委任できる事項の範囲は、指名委員会等設置会社でない取締役会設置会社の場合よりも広く、「重要な財産の処分」や「多額の借財」に当たる場合も執行役への委任が可能である。したがって、実務上は、取締役会議事録（写し）・取締役会規則等の提示を求め、行為の権限が執行役に委任されているか否か、取締役会の決議事項とされている場合には取締役会の承認があるかといった点について、チェックが必要となる。

◆代理人 預金口座開設時や貸出取引時の約定書等の署名は、代表取締役・代表執行役によるべきであるが、預金の払戻しや手形の振出等は経理部長等の署名によることも多い。そのためには、代表取締役等から代理人として届出をしてもらう必要がある。本来、経理部長、経理課長等は特定の範囲で法律上当然に代理権を有する者であるが（会社法14条）、銀行取引のうえでは、届出によって代理権を確認する。代理人は、代表取締役等がかわってもその代理権には影響はない。

◆支店等との取引

（1）支店長の登記の有無 支店長が本店の登記簿において支配人登記されている場合以外は、約定書等は代表取締役等の署名によるのが望ましい。

支配人は、会社法では代表取締役等にかわって、営業に関するいっさいの裁判上お

および裁判外の行為をなす権限があり（会社法11条）、この選任は登記事項である（同法918条）。したがって、支配人登記のされている支店長と取引するときは、代理人届なくして支店長名義で取引をしてもよい。しかし、登記されていないときは、表見支配人ということで救われうる余地はあるにせよ（同法13条）、代理人届なしで支店長名義で取引するのは危険である。よって、この場合には、代表取締役等の署名による約定書等の提出を求めたうえ、支店長をその代理人として取引すべきである。

　（2）　営業所等との取引　　営業所、出張所と取引する場合、客観的に独立の営業所と認められるに足りる実体があれば、名義のいかんを問わず、取引上、支店と判断され、所長名義で取引を行った場合でも、会社法13条の規定により表見支配人として、金融機関が救われることもある。しかし、実務上は、営業所、出張所との取引は、本社の代表取締役等名義で約定書等の提出を求め、営業所・出張所については営業所届とともに、その長について代理人としての届出を受けるべきである。

10788　設立中の会社との取引

設立中の会社と取引するにはどのような注意をすればよいか

結　論

　発起人が、設立中の会社のために行った行為については、一定の範囲で成立後の会社に帰属する可能性があるが、その範囲は必ずしも明確ではないことから、成立後の会社に帰属するかどうかにつき疑義が生じうる設立中の会社に関する取引は、発起人自身を相手方として行うことが望ましい。

解　説

◆**設立中の会社**　　株式会社は設立の登記によって成立する（会社法49条）。会社の設立手続は定款の作成に始まり、一連の手続を経て設立登記によって完了する。この設立の過程において、設立される会社の前身たる設立中の会社（いわば、会社の胎児）が存在するものと一般に考えられている。そして、この設立中の会社は発起人が定款を作成し、各発起人が1株以上の株式を引き受けた時に成立するものと解されている。この設立中の会社は法人格を有しないが、執行機関として発起人が存在し、また会社成立後の株主および株主総会に相当する株式引受人および創立総会が存在し、社団としての実体を備えていることを根拠として（発起人が1人の場合については、「潜在的社団」であるとする説明がある）いわゆる権利能力なき社団に該当すると考えられている。そして、会社の設立を目的とする取引の主体となりうるとされる。

◆**設立を目的とする取引行為**　　設立を目的とする取引は、会社という社団の形成設立自体を直接の目的とする行為のみに限定される。したがって、定款の作成、株式の募集、株式申込証・目論見書の作成、設立事務所の賃借などは含まれるが、開業準備（会社成立後）のための工場敷地買入れ、営業店舗の借受け・購入あるいは機械の注文などいわゆる開業準備行為は、変態設立事項の一つとして定款に記載された財産引

受（会社法28条2号）を除いて、設立中の会社の機関である発起人の権限外の行為であり、発起人がそれを行っても成立後の会社に帰属しない（最判昭38.12.24民集17巻12号1744頁）。

◆**設立費用**　執行機関である発起人の会社の設立を目的とする行為により、設立中の会社が負担した債務は、設立費用として定款に記載し（変態設立事項。会社法28条4号）、原則として裁判所の選任した検査役の調査を受けたうえ、創立総会の承認（募集設立の場合）を経た限度において、成立した会社に帰属し、これを超える額については、発起人自身の個人債務になるにすぎないと一般に解されている。ただし、判例は、設立費用のうち法定要件充足額の分は会社の債務となり、発起人はその分について第三者に対し債務を負わないとしている（大判昭2.7.4民集6巻9号428頁）。

なお、定款認証の手数料、株式払込取扱機関に支払われる取扱手数料および変態設立事項の調査を行う検査役の報酬は、設立登記にかかる登録免許税とともに、上記の手続を経ることなく、成立した会社に帰属させることができる（会社法28条4号カッコ書、同法施行規則5条）。

◆**実務上の処理**　上述のように、設立中の会社のために発起人の行った行為のうち、成立後の会社に帰属する範囲については、会社法上の制限があり、その範囲は必ずしも明確ではない。とりわけ、設立中の会社のためにする融資取引に関しては、財産引受に該当するか疑義があるだけでなく、会社の設立手続にそれほど時間がかからないため、設立中の会社のために、融資取引を行う必要性も乏しい。したがって、設立中

の会社に関する融資取引、その他の成立後の会社に帰属するかどうかにつき疑義が生じうる設立中の会社に関する取引については、発起人個人を取引の相手方として位置づけることが望ましい。

10789　特例有限会社との取引

特例有限会社と取引するにはどのような注意をすればよいか

結　論

会社法においては、有限会社は株式会社に吸収され、同一の類型として扱われることとなり、有限会社法は廃止された。しかし、会社法施行時に存在する有限会社は「特例有限会社」として存続する。特例有限会社との取引は株式会社に準ずるが、次の点で異なる。

① 取締役は原則として各自会社を代表する権限をもつが、代表取締役を定めることも可能であり、その場合には株式会社と同じような扱いとなる。会社法では取締役会を設置しない会社も認められており、これは旧有限会社の機能を受け継いだものである。

② 取締役・会社間の利益相反取引については、株主総会において承認を受けることを要する。

③ 特別清算は適用されない。

解　説

会社法の制定に伴い、従前の有限会社法は廃止され、有限会社は株式会社の類型に

吸収された。

会社法においては、株式会社の設立時には、定款で「設立に際して出資される財産の価額又はその最低額」を定めることとされているが（会社法27条4号）、その額につき制限は設けられていない。したがって、資本金を1円として会社を設立することも可能となった。この結果、有限会社を株式会社と別制度で存続させる意義が薄れたため、株式会社に吸収されたものである。ただし、同法施行日に存在する有限会社は、同法上の株式会社として引き続き存続するものとして扱われ（会社法整備法2条）、かつ、有限会社という商号を継続使用できることとされた（以下「特例有限会社」という。会社法整備法3条）。

特例有限会社には会社法の特則が定められているが（会社法整備法3～46条）、この特則に定めのない事項については、会社法施行後は、特例有限会社といえども株式会社として扱われるため、株式会社としての法規制に服する。

なお、旧有限会社は、会社法施行後に定款変更により株式会社という商号に変更できるが（会社法整備法45条）、この商号変更後は、特例有限会社としての特別の適用はなくなる。

したがって、会社法施行後も特例有限会社との取引は存続するが、特例有限会社との取引では以下の点を除いては、株式会社の扱いに準じてさしつかえない（【10787】参照）。

なお、特例有限会社に対する特則で経過措置が定められている場合には、旧有限会社法における「社員」は「株主」と、「社員総会」は「株主総会」と、「社員名簿」は「株主名簿」と読み替えるものとされている（会社法整備法44条）。

◆**取締役** 特例有限会社の取締役は会社法の規制に服するが、会社法では取締役会が設置されていない株式会社の取締役の権限を、次のとおりとしている。

・原則として、各取締役が株式会社の業務を執行し代表権を有する（会社法348条1項・349条1項）。なお、定款の定めに基づく取締役の互選または株主総会の決議によって、取締役のなかから代表取締役を定めることもできる（同法349条3項）。

・取締役が2名以上いる場合は、定款に別の定めがある場合を除き、業務執行の意思決定は取締役の過半数をもって行う（会社法348条2項）。

取締役の員数については、取締役会を設置せず有限会社に準じた機関設計を採用した株式会社においては、最低1名の取締役を置けばよいとされている（会社法326条1項）。

取締役の任期については、原則として選任後2年以内に終了する事業年度のうち最終のものに関する定時総会の終結時までとされているが（会社法332条1項）、特例有限会社についてはこの規定が適用されない（会社法整備法18条）。

◆**利益相反取引** 特例有限会社と取締役との利益が相反する取引については、株主総会の承認が必要である（会社法356条1項）。

◆**特別清算の適用除外** 特例有限会社については、会社法の特別清算（会社法510条以下）の適用はない（会社法整備法35条）。

10790 合名会社との取引

合名会社と取引するにはどのような注意を
すればよいか

結　論

① 合名会社は、本店所在地において設立
の登記をすることによって成立する。

② 目的の範囲の解釈については株式会社
と同様に考えてよいが、実務としては、
保証・担保提供行為等については、原則
として総社員の同意を求めるべきである。

③ 社員は全員無限責任社員であり、各自
代表権および業務執行権を有するのが原
則である。ただし、定款または社員の互
選をもって、特定の社員を代表社員とす
ることができる。これらの事項は、すべ
て登記事項であるので、この登記の有無
に注意する。

④ 利益相反取引については、他の社員の
過半数の同意が必要であるので、それを
証する書面の提出を求める。

⑤ 取引中の代表社員の変更、届出された
代理人の代理権、支店等との取引につい
ては、株式会社における扱いと同様であ
る。

解　説

（1）　合名会社とは　　合名会社は、合資
会社とともに人的会社と呼ばれ、会社法の
もとでは、これに合同会社（新設された会
社類型）を加えた「持分会社」の一類型と
されている（会社法575条1項）。合名会社
は、社員が会社債務に対する責任を負うと

ころに特質があり、したがって、社員は無
限責任社員である。この旨は定款に記載さ
れていなければならない（同法576条2項）。
業務の執行は、定款に別途の定めがない限
り、社員全員が行うことができ（同法590
条1項）、日常業務については社員単独で
も行うことができるが（同条3項）、定款
で業務を執行する社員を特に定めることも
できる（同法591条1項）。

内部組織的にみた場合、社員の個性が強
く（これに対して株式会社の社員である株
主の場合は、株式を譲渡することにより、
次々と人が入れ替わることもできる）、民
法上の組合的な色彩が強いが、旧商法68条
が規定していた民法の組合に関する規定の
準用は廃止された。

（2）　合名会社の成立　　合名会社の場合
も、本店所在地において設立の登記をなす
ことにより成立する（会社法579条）。なお、
その設立に際しては株式会社とは異なり、
発起人というような制度はなく、1人以上
の社員たらんとする者が定款を作成し、設
立登記をするだけでよい（同法575条・579
条・912条）。社員が1人となったときに会
社が解散となる旧商法94条4号は廃止され
た。

（3）　目的の範囲　　実際に問題となるの
は、株式会社におけると同様に、保証・担
保提供等の場合であり、その際の考え方も、
合名会社であるからといって特に変える必
要はない。

しかし、実務としては、合名会社に保
証・担保提供等をしてもらうときには、原
則として総社員の同意を取り付けるほうが
望ましい。理由は、合名会社は組合的色彩
が強いこと、および各社員の財産が会社の

債務の引当てとなっているからである。

(4) 社員とその代表権　合名会社の社員は全員、無限責任社員である。無限責任社員は、会社の債務について、会社の財産をもってその全額を完済できないとき、および会社の財産に対する強制執行が功を奏しなかったとき、会社債権者に対し直接に連帯無限の責任を負担する（会社法580条1項）。したがって会社債権者は、会社の財産のみならず、社員の財産をも追求できる。このため、合名会社との取引で社員を連帯保証人とすることは一見実益がないようにみえるが、会社法580条1項各号の場合に限定されず、直ちに連帯保証人の責任を追求することができるという点で、有益である。

社員は、原則として、各自会社を代表する権利および業務を執行する権利を有する（会社法590条・599条）。なお、日常の業務を除いて意思決定は社員の過半数で行う（同法590条2項・3項）。ただし、定款または定款の定めによる社員の互選によって、特定の社員を代表社員とすることもできる（同法599条1項・3項）。これは、登記による公示を要するとされている（同法912条6号）。したがって取引にあたっては、登記事項証明書・定款等によりこの点を確認しなければならない。複数の社員のうちの1人を代表者として取引する場合には、登記事項証明書によって、代表社員の登記がないことを確認する必要がある。

(5) 利益相反取引　業務を執行する社員と会社との間の利益相反取引については、定款に別段の定めがある場合を除いて、他の社員の過半数の承認が必要であることのほかは（会社法595条）、株式会社について述べたことと変わらない。徴求書類は、定款と承認を証する書面である。なお、合名会社には、社員総会という法定の機関はない。

(6) その他　取引中の代表社員の変更、届出された代理人の代理権、支店等との取引については、株式会社における扱いと同様である（【10787】参照）。ただし、支配人の選任、解任は原則として総社員の過半数ですることが原則である（会社法591条2項）。

なお、唯一の代表社員が死亡した場合に他の社員の代表権は当然には復活しないと解されるので、実務上は、後任代表社員を定款の変更または総社員の互選によって選任し、新任代表社員とその後の取引を行うべきである。

なお、合名会社の組織変更は、総社員の同意をもって合資会社にすることができるほか（会社法638条1項）、物的会社である株式会社への変更も認められている（同法2条26号ロ）。

<table>
<tr><td>**10791**</td><td>合資会社との取引</td></tr>
</table>

合資会社と取引するにはどのような注意をすればよいか

結　論

　合資会社との取引は合名会社の扱いとほぼ同じである（【10790】参照）。ただし、合資会社には有限責任社員がおり、これは代表権および業務執行権を有しないことがあるので注意を要する。

合資会社は、会社法のもとでは持分会社の一類型とされ（同法575条1項）、無限責任社員と有限責任社員とで構成されている（同法576条3項）。合資会社の有限責任社員は、全額出資原則がなく、未履行の出資の価額が残存している場合には、当該未履行の出資の価額を限度として、会社債権者に対し直接に同法580条1項の弁済責任を負う（同法580条2項）。

旧商法では、合資会社の業務執行権および代表権は無限責任社員が有することになっていた（同法156条）。ところが会社法では、定款の定めがある場合を除き社員全員が業務執行権を有し（会社法590条1項）、業務執行権を有する社員が複数いる場合は、各自、代表権を有するのが原則である（同法599条1項・2項）。なお、業務を執行する社員のなかから合資会社を代表する社員を定めることができる（同条3項）。つまり、会社法は旧商法と異なり、合資会社の有限責任社員にも業務執行権を認めている。ただし、従前の合資会社については、有限責任社員に関し業務執行を行わない旨の定款の定めがあるものとみなされ（会社法整備法70条4項）、有限責任社員に業務執行権を与えるには定款の変更手続が必要となる。したがって、合資会社と取引をするに際しては、定款や登記簿を確認し、業務執行権を有する者がだれなのかを調査すべきである。

無限責任社員については、合名会社との取引に準ずる（【10790】参照）。

10792　合同会社との取引

合同会社と取引をするにはどのような注意をすればよいか

結　論

合同会社は、会社法の制定に伴い、持分会社の一類型として新たに創設されたものであり、社員全員が有限責任社員で構成される。

その定款は、会社運営の規律に関する基本文書としての性格を有し、業務執行者の規定や経営に関する意思決定方法の規定等を自由に決めることができるので、取引に際しては、定款の内容を検証する必要がある。ただし取引は、基本的には株式会社の場合に準じて対応すればよい。

解　説

会社法の制定に伴い、新しい会社類型として「合同会社」が創設された（同法2条1号）。合同会社は、持分会社の一類型と位置づけられ（同法575条1項）、全社員が有限責任社員で構成される（同法576条1項5号・4項）。

合同会社は、社員の有限責任が確保される一方で、会社の内部関係については組合的規律（原則として全員一致で定款の変更その他会社のあり方が決定され、社員自らが会社の業務執行にあたるという規律）が適用されるという点に特色がある。なお、合同会社には法人格が与えられている（会社法3条）。

合同会社の各社員は、定款に定められた

出資の価額を限度として会社に対して出資を行う義務を負うのみであり（会社法580条2項）、また、全額出資原則があるため（同法578条）、出資を履行している限り、会社の債務について債権者に対し直接弁済する責任はない。これは、株式会社の株主が引受価額の限度で責任を負うのと同様の責任である（同法104条）。

合同会社の定款には、社員の氏名・住所、出資の価額、社員全員が有限責任社員である旨を記載し（会社法576条1項・4項）、社員になろうとする者全員の署名または記名・捺印を要する（同法575条）。さらに定款には、法により定款の定めがなければ効力を生じない事項やその他の事項で法に違反しないものを記載することができ（同法577条）、定款に会社運営の規律に関する基本文書としての性格をもたせている。これを定款自治という。なお、定款自治は持分会社に共通する概念である。

定款自治が認められていることは、次のような効果をもたらす。

まず、会社の経営につき、定款の定めるところによって一部の社員を業務執行者と定めることが可能となる（会社法590条・591条）。経営に関する意思決定の方法（定款に定めがなければ社員の過半数による。同法590条2項）や業務執行の内容・方法についても、自由に定款で規定することができる。

次に、利益・損失の分配を出資割合と切り離して自由に決めることができ（会社法622条）、人的貢献度合いを加味して決定することも可能である。

また、社員の投下資本の回収方法についても自由に定款で定めることができる。た

とえば、退社事由については定款で自由に定めることができ（会社法606条2項・607条2項）、持分の譲渡についても原則は他の社員全員の承認を要するとされながら（同法585条1項）、その制限方法を定款で自由に定めることができる（同条4項）。

合同会社との取引は、原則として株式会社の場合と同様に考えてさしつかえない。ただし、定款の内容は事前に検証し、特に業務執行者の定めの有無を確認する必要がある。この定めがない場合には、借入れや担保提供等については社員の過半数の承認が必要となる。

10793 外国会社との取引

外国会社と取引するにはどのような注意をすればよいか

結　論

① 必ず商業登記簿の登記事項証明書の提出を求める。
② 代表者は、登記されている日本における代表者である。取引に印鑑を使う場合は、印鑑登録証明書の提出を求める。
③ 外国会社の権利能力は、わが国にある同じ種類の会社と同様であるが、外国人が享有することのできない権利、法律または条約で享有が禁止されている権利を享有することはできない。そのほか、外国会社の日本国内における権利の取得、投資、事業活動等に関する規制は外国人に対する規制と同様である。
④ 自己取引については、法に特に規定は

ない。

⑤　そのほか、銀行取引に関する準拠法、担保取得の際の注意点等は、外国人の扱いと同様に考えてよい。

解　説

◆**外国会社の意義**　外国会社は、外国の法令に準拠して設立された法人その他の外国の団体であって、会社と同種のものまたは会社に類似するものをいう（会社法2条2号）。外国会社が日本において継続的取引を行うためには、日本における代表者を定め（同法817条1項）、所定の登記を経なければならない（同法933〜936条）。

なお、外国会社以外の外国法人は例が少ないが（民法35条）、外国の相互保険会社、度量衡万国中央局が該当する。

◆**外国会社の登記**　外国会社が、前記の登記を完了するまでは、日本国内で取引を継続して行うことはできない。この規定に違反して取引をした者は、相手方に対し、外国会社と連帯して、当該取引によって生じた債務を弁済する責任を負う（会社法818条）。

外国会社が、会社法817条1項の規定により初めて代表者を定めたときは、3週間以内に次に従い登記をしなければならない。

①　日本における営業所を設けていない場合には、日本における代表者（日本に住所を有するものに限る）の住所地での登記

②　日本における営業所を設けた場合には、その営業所の所在地での登記（以上、会社法933条1項）

この登記においては、日本における同種の会社または最も類似する会社の種類に従い、会社の目的、商号、本店および支店の所在場所、資本金の額、取締役氏名、代表取締役の氏名・住所など、会社法911条3項（株式会社の場合）・912条（合名会社の場合）・913条（合資会社の場合）・914条（合同会社の場合）に掲げる事項を登記するほか、外国会社の設立の準拠法、日本における代表者の氏名・住所なども登記を要する（同法933条2項）。したがって、当座取引および与信取引に際しては、必ず登記事項証明書を求めて、上記の諸点を確認する必要がある。

◆**擬似外国会社**　会社法821条が規定する擬似外国会社とは、日本に本店を置き、または日本において事業を行うことを主たる目的とする外国会社である。擬似外国会社であると認定されると、日本において取引を継続的に行うことができなくなり、これに違反して取引を行った者は、相手方に対し、その会社と連帯して債務を弁済する責任を負う。ただし、この規定は、単に日本法を潜脱する目的で外国法により会社を設立することを防ぐためのものであり、外国会社のわが国への投資や事業進出を妨げる趣旨ではない。なお、「事業」の場所の認定については、取引場所、仕入先、顧客、資金調達場所、役員会の要素のいずれかが外国であれば、事業の場所を外国と認定してさしつかえないとされている。また、資産流動化等で利用される外国SPC（特定目的会社）については、擬似外国会社に該当する場合であっても、①特定の当事者間において、取得する資産の範囲、コマーシャル・ペーパーの発行の総額、金利に関する事項（金利スワップ契約を含む）、発行手続等を定めた基本契約を締結し、その後

の資産の取得やコマーシャル・ペーパーの発行等を当該基本契約の履行の一環として行う、あるいは、②同時に複数のオリジネータ等と基本契約を締結するなどの方法により、当該外国SPCがいわゆるプログラム形式で継続的に資産を取得し、融資を受け、またはコマーシャル・ペーパーを発行することは、日本において継続した取引をしていることにはならず、さしつかえないとされている（法務省平18.3.31民商第782号通達）。

◆**代表者**　外国会社は、登記された代表者が代表する。この代表者のうち1人以上は、日本に住所を有する者でなければならず、その日本における業務に関するいっさいの裁判上または裁判外の行為をする権限をもち、その代表権に加えた制限は善意の第三者に対抗できない（会社法817条）。

　この外国会社の代表者の代表権の範囲については、日本における支店の営業に関すると、外国にある本店・支店の営業に関するとを問わず、会社の営業全体について及ぶと解されている（大判明38.2.15民録11輯175頁）が、実務上は、当該取引が外国における営業に関するものである場合は、本国における代表者の意思確認を行うのが妥当であろう。

　取引に印鑑を使うときには印鑑登録証明書の提出を求める。もっとも、印鑑登録証明書は、法務局に印鑑が届けられていれば求めることができるが、外国会社の日本における代表者が外国人であるときは署名により登記等が可能であるので、必ずしも印鑑登録がなされない。したがって、その場合は、外国人登録証明書（在留カード）および大公使館・領事館発行のサイン証明書により代表者の同一性を確認する。

◆**外国会社の権利能力**　外国会社は、日本に成立する同種のものと同一の私権を享有する。ただし、外国人が享有できない権利および法律または条約で享有を禁止されている権利は享有することはできない（民法35条2項）。現在のところ条約による禁止・制限はないが、法令による制限としては、主なものに、①鉱業権、租鉱権（鉱業法17条・87条）、②日本船舶の所有権（船舶法1条）、航空機の所有権（航空法4条）、航空運送事業を営む権利（同法126〜129条・131条の2）、③船舶譲渡・貸渡しの許可（海上運送法44条の3）、④土地所有権（外国人土地法1条）、⑤一定の持株会社の禁止（独占禁止法9条）、放送事業の禁止（電波法5条）等がある。

　そのほか、外国会社の日本国内における権利の取得、投資、事業活動等に関する法の規制は、外国人に対するものと同様である。なお、対外的取引については、外為法等、法令上の制限の有無にも注意を要する（「外国人との取引」については【10779】、「外国法人との取引」については【10835】参照）。

◆**自己取引**　外国会社の自己取引ないし利益相反的な取引については、特別の規制はなく、取扱いはむずかしいが、民法108条の適用ありと考えて処理すればよいであろう。

◆**その他**　そのほか、銀行取引に関する準拠法、担保徴求の際の注意点等は、「外国人との取引」の場合の取扱いと同様に考えてよい。

10794 相互会社との取引

相互会社と取引するにはどのような注意を
すればよいか

結 論

① 相互会社は、保険業法22条以下の規定
により、保険業を営むことを目的として
設立される会社であって、主たる事務所
の所在地において設立の登記をすること
によって成立する。

② 相互会社については、取締役等の機関
をはじめ、その特質から若干の特則があ
るほかは、株式会社についての規定が大
幅に準用されているので、取引に際して
の扱いは株式会社と同様に考えてよい。

解 説

◆**相互会社の特質** 相互会社とは、保険
業を行うことを目的として、保険業法22条
以下の規定に従って設立される保険契約者
を社員とする社団であって（同法2条5
項・18条）、主たる事務所の所在地におい
て設立の登記をすることによって成立する
（同法30条の13第1項）。なお、相互会社の
設立に必要な社員の数は100人以上とされ
ている（同法30条の6第2項）。その目的
とするところは、社員相互の保険を行うこ
とにある。

法は、相互「会社」という名称を与えて
いるが、会社法上の会社の一種ではない。
しかし、相互会社の社員も、会社に対して
保険料を限度とする有限責任を負うにとど
まること（保険業法31条）、多数のしかも

常時変動する社員より構成され、その事業
の管理は社員とは別の者に委ねられること
などから、法は、株式会社に関する多くの
規定を相互会社に読み替えたり、準用した
りしている（同法21条・23条4項・24条2
項・30条の8第6項・30条の10第6項・30
条の14等）。

◆**取引上の取扱い** 代表者、自己取引等
は株式会社に準ずる。なお、相互会社の意
思決定機関は社員総会（株式会社の株主総
会に当たる）であるが（保険業法37条）、
定款により、それにかわる機関として社員
総代会が置かれているのが一般である（同
法42条）。

10795 持株会社との取引

持株会社と取引するにはどのような注意を
すればよいか

結 論

持株会社には、自ら事業を行いつつ子会
社等を統括する役割も果たす「事業兼営持
株会社」と、自らは事業を行わずにもっぱ
ら子会社等の経営を統括することを目的と
した「純粋持株会社」がある。持株会社の
会社形態は主として株式会社であるから、
持株会社との取引にあたっても、株式会社
等との取引の注意点を確認する必要がある。
ただし、特に純粋持株会社の資産は子会社
等の株式が主であり、その収入は子会社等
に関する配当収入・金利収入・キャピタル
ゲインが主であるから、回収確保の面では、
子会社等の経営状況に注意する必要がある。

解　説

◆持株会社の意義　　持株会社とは、独占禁止法において、子会社の株式の取得価額の合計額がその親会社である持株会社自身の総資産の額の50％を超える割合となっている会社とされているが（同法9条4項1号）、形式的には、単に他社の株式を所有する会社を指す。一方、経営支配の面からみれば、持株会社とは、いくつもの子会社を傘下にして、グループ全体の経営を統括する役割を担っている会社をいう。

◆純粋持株会社と事業兼営持株会社　　独占禁止法においては、自ら事業を行いつつ、子会社等を統括する役割も果たす事業兼営持株会社は、以前より認められていたが、同法の平成9年改正後は、自ら事業を行わず、もっぱら子会社等の経営を統括する純粋持株会社も（事業支配力が過度に集中しない限り）認められるに至った。

　もっとも、純粋持株会社であれ事業兼営持株会社であれ、その会社形態は通常、会社法上の株式会社であって（銀行を子会社にもつ銀行持株会社や保険会社を子会社にもつ保険持株会社は株式会社形態にすることが義務づけられている）、「持株会社」という独自の会社形態が認められたわけではない。したがって、持株会社との取引においては、株式会社や特例有限会社などの持株会社の会社形態に応じた通常の取引の注意点を確認する必要がある。

　たとえば、株式会社において、「多額の借財」は借入側の取締役会の決議事項であり（会社法362条4項2号）、その取締役会の決議なしに行われる多額の融資は瑕疵を帯びる。そのため、融資に先立って、その持株会社の取締役会の融資承認決議を記載した取締役会議事録のコピーや取締役会規則の提示を求め、必要な授権がなされているかを確認する必要がある。

◆持株会社との取引　　融資先としては、子会社よりも、多くの子会社の株式等の資産を有する親会社である持株会社のほうが通常安全である。もっとも、持株会社、特に純粋持株会社は、資産としては子会社等の株式が主であり、持株会社の収入は子会社等に関する配当収入・金利収入・キャピタルゲインが主であるから、回収確保の面では、持株会社だけではなくその子会社等の経営状態にも注意すべきである。また、持株会社は子会社等の債務の保証や保証予約をしている場合もあるから、その面でも、子会社等の経営状況を確認したほうがよい。ただし、企業グループ全体としての事業内容の開示状況は十分とはいえないので、融資にあたっては、開示された情報に限定せずに独自に使用目的や経営状況等を調査することが必要である。

10796　休眠会社との取引

休眠会社と取引するにはどのような注意をすればよいか

結　論

　会社法は、株式会社が登記事項につき、その後の登記を行わないときは、最後の登記後12年を経過すると、一定の手続のもとに解散したものとみなされ、解散登記がされることとしている。

解散したものとみなされた場合、当該会社は会社法上、清算会社と同じ扱いとなり、清算手続の結了までの間存続するが、その権利能力は清算の目的の範囲内に限定される。休眠会社との取引にあたっては、当該取引が清算の目的の範囲内であるか否かにつき、十分注意をする必要がある。

解　説

◆**立法の趣旨**　会社は設立登記をすることにより法人格を取得する（会社法49条・579条）。そして、たとえば、株式会社の設立登記事項には、会社の目的、商号、資本金の額、本店および支店の所在場所、公告方法等法定の諸事項があり（同法911条3項）、また設立登記事項に変更を生じた場合には、その変更登記をしなければならない（同法915条）。

ところが、中小規模の株式会社にあっては個人企業の色彩が強いため、会社に関する登記事項を、営業をしているにもかかわらず、長期間変更登記をしないままにしているとか、さらには営業を廃止して会社の実体が消滅しているにもかかわらず、解散登記もせず、長期間休眠状態にある会社が少なくなく、債権者の保護に欠ける面があった。そこで、昭和49年の商法一部改正の際、これら休眠会社を登記簿上整理するための規定が設けられた（旧商法406条ノ3）。この規定は会社法にも受継され、同法472条に株式会社の休眠会社のみなし解散規定が設けられている。

◆**休眠会社**　休眠会社とは、最後の登記後12年（商法の旧規定では5年とされていたが改められた）を経過した株式会社である。なお、会社が活動しているとみられる登記は、この登記のなかに含まれるので、裁判所その他の官庁の嘱託登記もこれに含まれる。

◆**休眠会社の整理手続**　休眠会社の整理手続は、法務大臣が公告し官報に掲載される。この公告には、最後の登記後12年を経過した株式会社は本店の所在地を管轄する登記所にいまだ営業を廃止していない旨の届出をなすべきことが明記される。公告の日から2カ月以内にまだ営業を廃止していない旨の届出をしないときは、その会社はその届出期間満了の時に解散したとみなされ（会社法472条1項）、登記官は職権で解散登記をなすことになる（商業登記法72条）。

そして、登記所は、この公告があったときは、当該休眠会社に対し、公告があった旨の通知をしなければならないとされている（会社法472条2項）。この通知は登記簿の本店に発信すれば足りる。なお、この通知が本店移転のために到達しなくても公告後2カ月内に届出をしなければ解散の登記をされる。

もっとも、休眠会社として解散したものとみなされる会社も、その後3年以内に限り、株主総会の特別決議によって会社の継続をすることができることになっている（会社法473条・309条2項11号）。

◆**休眠会社との取引**　解散の登記がなされた場合、当該会社は会社法上、清算会社と同じ扱いとなる。清算会社は、清算手続の結了までの間は存続するものの、その権利能力は清算の目的の範囲内に限定される（同法476条）。このため、清算中の会社に対して融資の実行や担保・保証の徴求をすることは、清算会社の目的の範囲外の行為とされるおそれがあるため、注意を要する。

清算中の会社は、通常、解散の登記はあるが清算決了の登記がない会社であり（同法926条・929条1項）、これは登記事項証明書で確認できる。

仮に、解散したとみなされ、清算会社となっている会社に対して融資を実行したり、担保・保証を徴求する場合には、当該会社に対して直ちに会社の継続の手続をとらせ（会社法473条・309条2項11号）、継続の登記を具備させるとともに、株主総会において取締役の選任、取締役会において代表取締役の選任をさせ、その旨の登記も具備させるべきである。

10797 清算法人との取引

清算法人と取引を行う場合、どのような注意をすればよいか

結　論

① 清算法人（清算株式会社および清算持分会社）と取引をする場合、登記簿謄本により、当該法人の解散の登記がなされていること、および清算結了の登記がなされていないことを確認する。
② 清算法人の代表権は、清算人（代表清算人がいる場合は代表清算人）が有する。清算人ないし代表清算人については、登記簿謄本によって確認する。
③ 当該取引が清算の目的の範囲内にあることを確認する。
④ 利益相反行為については、株式会社においては、株主総会の普通決議（清算人会設置会社にあっては、清算人会決議）

による承認があることを株主総会議事録（または清算人会議事録）によって確認する。持分会社においては社員（当該清算人が社員である場合にあっては、当該清算人以外の社員）の過半数の承認があることを確認する。

解　説

◆**清算法人**　会社が解散した場合等には、法人格の消滅前に、会社の現務を結了し、債権を取り立て、債権者に対して債務を弁済し、株主（持分会社にあっては社員）に対して残余財産を分配するという、法定の清算手続を行わなければならず（会社法475条・644条）、当該手続を行うために存続する主体が清算法人である。

会社が解散したときは、2週間以内に、その本店の所在地において、解散の登記をしなければならない（会社法926条）。また、清算が結了したときは、株式会社においては決算報告が株主総会で承認された日から、持分会社においては清算に係る計算が社員に承認された日等から2週間以内に、その本店の所在地において、清算結了の登記をしなければならない（同法929条）。

◆**代表者**　株式会社の場合、清算株式会社は営業を行わないので、取締役はその地位を失い、清算人が清算株式会社を代表する（会社法483条1項本文）。清算人になるのは、定款に定める者がある場合および株式総会決議で選任された者がある場合を除き、清算株式会社の取締役である（同法478条1項）。持分会社の場合においても清算人を1人または2人以上選任する必要があり（同法646条）、定款で定める者、社員（業務を執行する社員を定款で定めた場合

にはその社員）の過半数の同意で定める者がある場合を除き、業務を執行する社員が清算人となる（同法647条1項）。

清算人は、各自、清算株式会社を代表し（会社法483条2項）、ほかに代表清算人を定めた場合には、代表清算人のみが株式会社を代表する（同条1項ただし書）。

清算人会設置会社においては、清算人会は、清算人のなかから代表清算人を選定しなければならない（会社法489条3項）。株式会社の取締役が引き続いて清算人になった場合には、従前の代表取締役が当然に代表清算人となる（同法483条4項）。清算人および代表清算人の就任・解任は、法定登記事項である（同法928条1項・3項・4項）。

持分会社の場合、清算人は、各自、清算持分会社を代表し（会社法655条1項本文・2項）、ほかに代表清算人を定めた場合には、代表清算人のみが持分会社を代表する（同法655条1項ただし書）。清算人および代表清算人の就任・解任は、法定登記事項である（同法928条2～4項）。

◆**清算法人の業務**　清算株式会社の清算業務の執行方法は、清算人会設置の有無で異なる。なお、監査役会設置会社では、清算人会の設置が必要的となる（会社法477条3項）。清算人会非設置会社では、原則として各清算人が清算会社の業務を執行し（同法482条1項）、前述のように対外的には清算株式会社を代表する（同項）。業務の決定は、定款に特別の定めがある場合を除き、清算人の過半数をもって行われる（同条2項）。他方、清算人会設置会社においては、清算人会が選定する代表清算人が清算株式会社を代表し（同法489条3項・

483条1項）、業務の執行は、代表清算人、代表清算人以外の業務執行清算人が行う（同法487条7項）。清算人会の役割は、清算人設置会社の業務の執行の決定をするとともに、清算人の職務執行を監督することである（同法489条2項）。なお、清算人会は、業務執行の決定を特定の清算人に委任することができるが、重要財産の処分および譲受け、多額の借財等の重要な業務執行の決定については、委任することができない。

清算持分会社においても、清算人が清算持分会社の清算業務を執行し、清算人が2人以上ある場合には、定款で別段の定めがある場合を除き、清算人の過半数をもって決定される（会社法650条1項・2項）。

◆**目的の範囲**　清算法人の権利能力は清算の目的の範囲内に縮減する（会社法476条・645条）。そのため、清算法人は営業取引をする権利能力を有せず、清算人が目的の範囲外の行為をしたときは、効果は会社に帰属しない。

したがって、清算法人との取引においては、当該取引が清算の目的の範囲内にあることを確認する必要がある。

◆**利益相反行為**　清算株式会社と清算人との利益相反行為については、清算人設置会社においては清算人会の承認（会社法489条8項・365条1項・356条）が、清算人非設置会社においては、株主総会の普通決議による承認（同法482条4項・356条）が必要となるので、これらを確認できる書面（清算人会議事録や株主総会議事録）により確認する。

清算持分会社と清算人との利益相反行為については、社員（当該清算人が社員であ

る場合にあっては、当該清算人以外の社員）の過半数の承認（会社法651条2項・595条）が必要となるので、これらを確認できる書面により確認する。

10798 地方公共団体との取引

地方公共団体と銀行取引を行う場合、どのような注意をすればよいか

結　論

① 地方公共団体との預金取引は、会計管理者を相手方として行う。
② 融資取引に係る契約は地方公共団体の長と締結するが、融資金は会計管理者に交付する。
③ 地方公共団体の借入れには、一時借入金と地方債と称する長期借入金とがあり、いずれも予算において議決されていることを確認する。
④ 地方公共団体は、原則として法人の債務を保証することはできない。

解　説

◆**地方公共団体の種類**　地方公共団体には大きく分けて普通地方公共団体と特別地方公共団体の2種類があり、後者はさらに特別区、地方公共団体の組合および財産区に分かれる（地方自治法1条の3）。ここでは、普通地方公共団体を例に説明する。
◆**地方公共団体の代表・執行機関**　普通地方公共団体は、それぞれ独立した法人格を有し（地方自治法2条1項）、その執行機関として、都道府県には知事、市町村に

は市町村長が置かれる（同法139条）。知事・市町村長は、その普通地方公共団体の長として、その地方公共団体を統轄し、これを代表する（同法147条）。ただし、会計事務の執行に関しては、知事・市町村長は、地方公共団体の職員（一般職）のうちから、会計管理者1人を置き（同法168条）、会計事務をつかさどらせる（同法170条1項）ものとされ、知事・市町村長は、これを監督する権限を有する（同法149条5号）にとどまる。この点、従来は、都道府県には出納長を、市町村には収入役という特別職を置くこととされていたが、平成18年の地方自治法改正（平成19年4月1日施行）により、特別職としての出納長・収入役が廃止され、一般職のなかから会計管理者が置かれることとなった。

会計管理者の行う会計事務としては、現金の出納および保管、小切手の振出、有価証券の出納および保管、現金および財産の記録管理、支出負担行為に関する確認等が例示されている（地方自治法170条1項・2項）。

◆**預金取引**　地方自治法により地方公共団体の会計事務について上記のように定められているところから、預金取引の相手方として、知事・市町村長とすべきか、会計管理者とすべきかが問題となる。

地方自治法が上記のような制度を設けている趣旨は、地方公共団体の収支に関する内部けん制度として、職務上独立した権限を有する会計機関を設け、会計事務の適正な執行を確保することにあり、また法律上、現金の出納および保管、小切手の振出等が例示列挙されている。判例では、地方公共団体の現金の出納事務は地方公共

団体の収入役の専権に属し、地方公共団体の長においては収入および支出を命令し、会計を監督する権限を有するものの現金を出納する権限を有しないとしたもの（最判昭34.7.14民集13巻7号960頁、同昭37.2.6民集16巻2号195頁）がある。また下級審裁判例には、市町村収入役は、市町村の出納その他の会計事務について、独立の執行権を有し当該事務執行においては市町村の代表権も有するものと解さなければならないとしたうえ、市町村収入役は、いったん市町村長の命令により収納した歳計現金につき、銀行その他の金融機関との間においてこれを預入れまたは払い戻すことはその保管事務の範囲に属し、市町村の支出にわたることがない以上、市町村長の命令を要するものではないとしたもの（甲府地判昭29.12.9下民集5巻12号2000頁）がある。したがって、預金取引の相手方は、会計管理者とすべきであり、知事・市町村長から直接支払請求を受けても、これに応じてはならないと解される。

なお、知事・市町村長は、会計管理者にその事務の一部を出納員または出納員以外の会計職員に再委任させることができるが、この場合においては告示が必要である（地方自治法171条4項）。

預金口座名義については、従来から、①地方公共団体の長（以下「長」という）名義、②会計管理者名義、③地方公共団体名義とするなどの考え方があるが、③が総務省の考え方とされる。預金債権は、地方公共団体に帰属し、その執行（預入れ、払戻し等）権限が会計管理者にあるという関係からすれば、③のように口座名義は地方公共団体とし、その会計執行機関ないし預金取引権限者として会計管理者を記載するのが自然と考えられる。もっとも、②の方法でも実際上の問題はなかろう。印鑑等は、会計管理者の印鑑を届け出てもらう。

◆融資取引　地方公共団体の借入方法には、一時借入金と地方債との2種の方法がある。一時借入金とは、歳出予算内の支出のための一時的借入れであって、その会計年度（出納閉鎖日は翌年度の5月31日）の歳入をもって償還しなければならない（地方自治法235条の3第1項・3項・235条の5）。これに対して地方債とは、一会計年度を越えて行われる長期借入金であり、別に地方財政法等により起債することが認められている（同法230条1項、地方財政法5条以下）。地方債としての借入れの形式には、金融機関と金銭消費貸借契約を締結して証書貸付の方法により行う借入れと、証券を発行して金融機関等が引き受ける方法とがある（地方財政法5条の5）。

一時借入金も地方債も、予算のなかに含めて議会で議決されていることが必要である。すなわち、一時借入金についてはその借入最高限度額を（地方自治法235条の3第2項）、地方債については起債の目的、限度額、方法、利率および償還の方法を予算で定めなければならないとされている（同法230条2項）。なお、起債について、従来は総務大臣または都道府県知事の許可を要したが、現在は原則として、協議制となり（地方財政法5条の3）、一定の地方公共団体に限り許可を要するものとなっている（同法5条の4）。

融資取引に係る融資契約の締結は、預金取引とは異なり、長の権限に属するものと解される（一時借入金については地方自治

法235の3第1項）。よって、長の名義で行い、契約書等は長またはその委任を受けた者が記名押印しなければならない（同法234条5項）。判例でも、約束手形の振出は地方公共団体の長の権限に属する（最判昭41.6.21民集20巻5号1078頁）とし、金銭消費貸借契約の締結は収入役の権限に属しないとされている（最判昭44.6.24民集23巻7号1121頁）。ただし、融資金は会計管理者に交付する（前掲最判昭34.7.14は、収入役が融資金を受領したことの立証がないことを理由に消費貸借の成立を否定している）。実際上は会計管理者の管理する預金口座に入金されることになる。

したがって、地方公共団体と融資取引を行うに際しては、当該借入れについての長の権限の有無、資金使途等を予算書、予算に関する説明書、執行手続（計画）書の写し等により確認する。一時借入金については、予算で認められた最高限度内であることを確認する。起債については、総務大臣または都道府県知事の許可の要否を確認のうえ、許可を要する場合は許可書、それ以外の場合は協議・同意書の写し等の提出を求める。

村長が村の名において行った権限外の行為に関し、長自身が他よりの借入金を現実に受領した場合は、民法110条所定の権限外行為を行った場合に該当するとして、同条の類推適用を認めるのが相当としつつ、村の現金の出納事務は収入役の専権に属し、長においては現金を出納する権限を有しなかったことは法令の規定上明らかであるとして、相手方が村長が金員を受領する権限があると信じたことに正当事由があるといえないとした事例（前掲最判昭34.7.14）

や、市長が権限を越えて振り出した手形の取得者が、市長に確認しただけで市議会の議決の有無などについて調査しなかった事案において、手形金の支払が認められなかった（損害賠償請求できるが過失相殺の対象となる）事例（前掲最判昭41.6.21）等がある（過失が否定された事例として前掲最判昭44.6.24）ので注意を要する。

◆**保証行為**　地方公共団体は、個人の債務の保証については特に法律上禁止されていないが、法人の債務については、原則として保証することはできない（法人に対する政府の財政援助の制限に関する法律3条）。一方、いわゆる第三セクターの法人等の債務について、損失補償を行うことが少なくない。保証契約と損失補償契約は、法律上別個の契約類型であり、最高裁判決においても、損失補償契約について、法人に対する政府の財政援助の制限に関する法律3条の規定の類推適用によって直ちに違法、無効となるものではないとしている（最判平23.10.27金法1937号100頁）。しかし、同判決は、「損失補償契約の適法性及び有効性は、地方自治法232条の2の規定の趣旨等に鑑み、当該契約の締結に係る公益上の必要性に関する当該地方公共団体の執行機関の判断にその裁量権の範囲の逸脱又はその濫用があったか否かによって決せられるべきものと解するのが相当である」として、一定の場合に損失補償契約が違法、無効となりうるとの判断をしているため、注意が必要である（なお、地方公共団体の行う損失補償の問題（第三セクターとの取引）については、【10799】参照）。法律上地方公共団体が保証を行うことができる法人として、地方道路公社、土地開発公社が

ある（【10832】参照）。

◆**財政健全化法**　自治体財政の悪化問題に対応するため、地方公共団体の財政の健全化に関する法律が施行された（平成21年4月）。同法により、地方公共団体は、健全化判断比率を公表し、早期健全化基準以上の場合には財政健全化計画を、財政再生基準以上の場合には財政再生計画を定めなければならない。財政再生計画を定めた地方公共団体（財政再生団体）には、地方債の起債制限等がある。

10799	第三セクターとの取引

第三セクターとの取引ではどのような注意をすればよいか

結　論

① 第三セクターとは、一般に地方公共団体が出資または出えんしている法人、および地方公共団体が損失補償等の財政援助を行っている法人、その他地方公共団体がその経営に実質的に主導的な立場を確保していると認められる法人をいう。

② これらの法人との取引は、各法人の根拠法や定款等各法人の性質に応じて行うが、融資取引等にあたっては、出資する地方公共団体との関係、事業、取引の内容、地方公共団体財政への影響等を慎重に検討する必要がある。

解　説

◆**第三セクターとは**　いわゆる第三セクターとは、法律上の定義があるわけではな

いが、一般に国や地方公共団体が経営する公企業を第一セクター、民間企業を第二セクターと呼ぶのに対し、これらと異なり官民の共同出資による企業を第三セクターと呼んでいる。総務省内に設置された債務調整等に関する調査研究会「第三セクター、地方公社及び公営企業の抜本的改革の推進に関する報告書」（平成20年12月5日）では、地方公共団体が25％以上を出資または出えんしている法人および地方公共団体が損失補償等の財政援助を行っている法人、その他地方公共団体がその経営に実質的に主導的な立場を確保していると認められる法人を、また、総務省の「第三セクター等の経営健全化等に関する指針」（平成26年8月5日）では、地方公共団体が出資または出えんを行っている一般社団法人および一般財団法人（公益社団法人および公益財団法人を含む）ならびに会社法法人を、第三セクターと定義している（なお、これに地方公社等を加えて「第三セクター等」と称されることも多い。公社については、【10832】参照）。本問では、おおむね上記定義に当てはまる法人を第三セクターと想定して解説する。

上述の定義によれば、第三セクターに分類される法人は、会社法に基づく株式会社等、一般社団財団法人法に基づく社団・財団法人、その他特別法に基づく法人であり、これらの法人との取引は、各法人の法律上の性格、特徴に応じて行えばよい。

ただし、第三セクター特有の問題点があるので、以下に述べる。

◆**第三セクター法人の問題点**　近時、地方公共団体や地方公共団体が出資、損失補償等を行うなど実質的に主導的立場を確保

しているとみられる第三セクターの業績悪化、破綻が相次ぎ、その抜本的改革が急務となっていたため、総務省は、平成21年6月23日に、「第三セクター等の抜本的改革等に関する指針」を策定し、平成21年度から平成25年度末までの間、第三セクターの抜本的改革を集中的に推進した。総務省は、抜本的改革について、全国的に相当の成果をあげたとし、平成25年度末でこれを一区切りとしたが、依然として、地方公共団体に対し、第三セクターの抜本的改革を含めた経営健全化を要請している。したがって、第三セクターと融資取引その他の与信取引を行う場合は、地方公共団体の出資や関与に安易に依拠することなく、その行う事業、取引の目的、資金使途、債権保全等を十分慎重に検討する必要がある。第三セクターの破綻時には、その公共性や自治体財政に与える影響等から、金融機関が民間企業破綻時とは異なる負担を強いられることもある点に留意が必要である。

◆**保証・損失補償**　第三セクターは、当該法人自身の事業、財務基盤や資産が十分でなく、融資取引の検討にあたっては、実際上地方公共団体の関与という要素が大きい。しかし、地方公共団体は、会社その他の法人の債務について保証することができない（法人に対する政府の財政援助の制限に関する法律3条）。例外として総務大臣の指定する法人の債務は保証できることとされているが、指定制度は利用されていない。

そこで、第三セクターや地方公社への融資にあたっては、当該法人に出資等を行い実質的に主導的立場にある自治体と損失補償契約を締結することが多い。損失補償契約とは、一般に、主債務の存在を前提とせず、契約の相手方に実際に損失が生じたことを条件に初めて責任が生ずるものであって、民法の保証契約とはその内容および効果を異にするものであり（損失補償一般については【30416】【30417】参照）、最高裁判決においても、損失補償契約について、同条の規定の類推適用によって直ちに違法、無効となるものではないとされている（最判平23.10.27金法1937号100頁）。しかし、同判決は、「損失補償契約の適法性及び有効性は、地方自治法232条の2の規定の趣旨等に鑑み、当該契約の締結に係る公益上の必要性に関する当該地方公共団体の執行機関の判断にその裁量権の範囲の逸脱又はその濫用があったか否かによって決せられるべきものと解するのが相当である」として、一定の場合に損失補償契約が違法、無効となりうるとの判断をしているため、注意を要する。

前掲「第三セクター等の経営健全化等に関する指針」においても、地方公共団体が損失補償を行う場合を、他の方策による公的支援では対応困難であるなど、真に必要やむをえない場合として想定しており、損失補償契約をする場合には、その特別な理由・必要性、第三セクターにおける対象債務の返済見通しと確実性、対象債務を地方公共団体が負うことになった際の影響等を議会・住民に明らかにし、その理解を得ることを求めている（同指針第2の4（2）参照）。

なお、平成21年4月に施行された地方公共団体の財政の健全化に関する法律は、地方公共団体の財政の健全性を図る指標として、「将来負担比率」の概念を導入し、第

三セクターについての損失補償も地方公共団体の実質的な負債として認識するものとしている。

以上より第三セクター法人の債務について地方公共団体と損失補償契約を締結するに際しては、形式面（文言）において、保証契約と極端に類似するものになっていないか、実質面において、自治体が損失補償を選択せざるをえない理由や、対象事業、資金使途、取引内容等が公共性にかなうものであるか、手続面において、議会の承認を得ているか等を十分に確認、検討すべきである（地方自治法214条）。

10800 一般社団法人・一般財団法人との取引

一般社団法人・一般財団法人と取引するにはどのような注意をすればよいか

結　論

① 一般社団法人・一般財団法人は、従来の民法に基づく法人制度と異なり、主務官庁の許可を要せず、設立の登記をすることによって成立する。したがって、この法人と取引するには登記事項証明書を取得して確認する。

② 一般社団法人・一般財団法人の「目的の範囲」については、定款および登記事項証明書により確認する。その目的の範囲の解釈については、営利法人と比較して厳格に考える必要がある。

③ 一般社団法人には理事会設置一般社団法人と理事会非設置一般社団法人とがある。前者では代表理事の選任が必要であ

り、代表理事が一般社団法人を代表するが、重要な業務執行は理事会の決議が必要である。後者では、各理事は原則として一般社団法人を代表するが代表理事等を定めたときは代表理事が一般社団法人を代表する。したがって、これらを定款および登記事項証明書で確認する。一般財団法人は、理事会設置一般社団法人に準ずるが、ほかに評議員会が存することに留意する。

④ 利益相反取引については、理事会設置一般社団法人および一般財団法人では、理事会の承認決議、理事会非設置一般社団法人では、社員総会の承認決議が必要である。

解　説

◆**非営利法人制度**　　非営利法人について、従来は民法に規定されていたが、公益法人制度の改革により、現在は、平成20年12月１日施行の一般社団財団法人法により規定されている。従来の民法上の法人を設立するには主務官庁の許可を要した（許可主義）のに対し、一般社団法人・一般財団法人は所定の手続を行って設立登記を行うことにより成立する（準則主義）。また、法人の機関についても、適正なガバナンス確保の観点から、会社法に準じた規律が導入されている。改正前の民法に基づいて設立された社団法人・財団法人は、平成20年12月１日から平成25年11月30日までの移行期間中は、改正前の民法上の法人として存続するものとされていた（特例民法法人と呼ばれた）が、特例民法法人は、上記移行期間の間に、公益認定を受けて公益社団法人・公益財団法人となるか（一般社団財団

法人等整備法44条）、認可を受けて一般社団法人・一般財団法人となることができ（同法45条）、移行期間中に上記の認定・認可を受けなかった特例民法法人は、申請中のものを除き、移行期間満了日に解散したものとみなされる（同法46条1項）。

◆**一般社団法人の機関と代表者**　一般社団法人は、根本規則として定款を作成し（一般社団財団法人法10条）、設立の登記をすることによって成立する（同法22条）。社員総会および理事が必置機関であり（同法35条・60条1項）、定款で理事会、監事または会計監査人を置くことができる（同法60条2項）。一般社団法人の基本的事項の意思決定機関は社員総会である（同法35条）。

理事会設置一般社団法人では、代表理事の選任が必要であり（一般社団財団法人法90条3項）、代表理事が法人を代表する（同法77条4項）。多額の借財その他の重要な業務執行の決定は、理事会の決議事項であり、代表理事に委任することはできない（同法90条4項）。

理事会非設置一般社団法人の業務の執行は、定款に別段の定めがある場合を除き、各理事によってなされ（一般社団財団法人法76条1項）、理事が複数ある場合には、理事の過半数をもって決定される（同条2項）。代表理事等代表者を定めたときは、その代表理事等が法人を代表する（同法77条1項・2項）。

◆**一般財団法人の機関と代表者**　一般財団法人も、定款（従来の「寄附行為」の語は廃された）を作成し（一般社団財団法人法152条）、設立の登記をすることによって成立する（同法163条）。評議員、評議員会、理事、理事会および監事が必置機関であり（同法170条1項）、定款で会計監査人を置くことができる（同条2項）。一般財団法人の基本的事項の意思決定機関は評議員会であり、法律および定款で定めた事項に限り決定する。業務執行の決定および業務執行は、理事会設置一般社団法人と同様である（同法197条）。

◆**目的の範囲**　法人は、法令の規定に従い、定款等で定められた目的の範囲内において、権利を有し、義務を負う（民法34条）。この規定は、一般社団財団法人法施行後も法人に関する通則として残されている。この規定の解釈には議論があるが、法人の権利能力を制限するものと解するのが従来の通説である。権利能力の制限と解すると、「目的の範囲」外の法律行為は無効ということになる。

この「目的の範囲」について、営利法人においては、判例でも非常に緩く解され（最判昭45.6.24民集24巻6号625頁）、目的の範囲による権利能力の制限は実際上の意味を失っていると評価されている。これに対して、非営利法人については、法人の公益性や公的な性格から、目的の範囲について営利法人に比して厳格に解すべきものとされてきた。判例においても、税理士会の政治献金のための費用の徴収について目的の範囲外とした（最判平8.3.19民集50巻3号615頁）ほか、金融取引では、いわゆる員外貸付に関して、目的の範囲外として無効としたものがある（最判昭41.4.26民集20巻4号849頁、最判昭44.7.4民集23巻8号1347頁）。もっとも、法人制度の改革により、非営利法人のうち公益性の高い法人は、公益法人認定法により公益法人

となるなど、非営利法人は多様化しており、目的の範囲も各法人の特性に応じて解釈されるべきものとなろう。

「目的の範囲」の問題は、実際上は、代表権の制限や権限濫用、さらに取引の適切性等の問題とも密接に関連するものであるから、実務上の取扱いとしては、取引にあたって慎重に検討する必要がある。

◆利益相反行為　理事が、利益相反行為、すなわち、自己または第三者のために一般社団法人・一般財団法人と取引すること（自己取引・直接取引）、一般社団法人・一般財団法人が理事の債務を保証することその他理事以外の者との間において一般社団法人・一般財団法人と当該理事との利益が相反する行為を行うには、理事会非設置一般社団法人にあっては社員総会、理事会設置会社・一般財団法人にあっては理事会に当該取引の重要な事実を開示して承認を受けなければならない（一般社団財団法人法84条1項・92条・197条）。改正前民法における従来の規律と異なることに留意が必要である。

◆取引にあたっての確認・留意事項　一般社団法人・一般財団法人の概要は以上のとおりであるから、一般社団法人・一般財団法人と取引を行うにあたっては、定款、登記事項証明書、代表理事の印鑑登録証明書を求め、上記事項を確認する。取引内容によっては、社員総会、理事会、評議員会の議事録の写しやこれらに準じた確認書を求める必要がある。目的の範囲や代表権の問題に関しては、円預金取引ではあまり問題にならないと考えられるが、融資取引、外貨・デリバティブ取引、運用取引等では、慎重な検討と確認が必要であろう。

10801 公益社団法人・公益財団法人との取引

公益社団法人・公益財団法人と取引するにはどのような注意をすればよいか

結　論

① 公益社団法人・公益財団法人とは、公益目的事業を行う一般社団法人または一般財団法人のうち、公益法人認定法により、行政庁の公益認定を受けた法人をいう。

② 公益社団法人・公益財団法人との取引は、おおむね理事会設置一般社団法人、一般財団法人との取引に準じて考えればよい。ただし、一般社団法人・一般財団法人に比べて、単に営利を目的としないだけではなく、より公益性の高い法人であることに留意すべきである。

解　説

◆公益社団法人・公益財団法人とは　公益社団法人・公益財団法人（以下「公益法人」という）の制度は、公益法人制度改革により、従来の民法上の法人にかわり、一般社団法人・一般財団法人とともに、新たに創設された法人制度である。すなわち、平成18年改正前民法のもとにおいては、非営利団体で法人格を取得できるのは、特別法に定めがある場合を除き、すべて民法上の法人として、公益に関する社団・財団（主務官庁の許可を要する）に限られていた。しかし、それでは、非営利法人が法人格を取得することが困難であるため、公益性を要求しない一般社団法人・一般財団法

人の制度を創設するとともに、従来の公益法人に相当する公益目的事業を行う法人については、一般社団法人・一般財団法人が、公益法人認定法に基づき、行政庁から公益認定を受けることにより（新しい）公益社団法人・公益財団法人となることができることとなった（同法は、一般社団財団法人法とともに平成20年12月1日施行）。公益認定の基準は、公益法人認定法5条に詳細に定められている。公益法人になると、税制上の優遇措置等を受けられる半面、行政庁の監督が厳格になる。

◆**公益法人の特徴**　公益法人は、その名称中に「公益社団法人」「公益財団法人」の文字を用いなければならず、その他の法人は、それらの文字を用いることはできない（公益法人認定法9条）。

　公益社団法人は、理事会設置一般社団法人でなければならない（公益法人認定法5条14号ハ）。したがって、公益社団法人の機関は、理事会設置一般社団法人と同じである。また、公益財団法人は、一般財団法人が公益認定を受けたものであり、特に異なる点はない。

◆**民法上の法人**　平成18年改正前民法に基づいて設立されていた既存の社団法人・財団法人は、一般社団財団法人法の施行により、当然に一般社団法人・一般財団法人となる（同法施行日から5年以内に、公益法人の認定申請をして、公益法人となるか、（公益法人とはならずに）認可申請して一般社団法人・一般財団法人となるかを選択しなければならず（一般社団財団法人等整備法44条・45条）、当該期間内に認定または認可を受けなかった場合には、認可申請中のものを除き、当該期間満了日に解散し

たものとみなされる（同法46条1項））。

◆**公益法人との取引**　公益社団法人・公益財団法人は、それぞれ理事会設置一般社団法人・一般財団法人の一種であるから、これらとの取引に準じて取り扱う（【10800】参照）。ただし、融資取引等においては、公益性、公共性の高さにかんがみ、目的の範囲、代表権の範囲、取引の適切性等について一般法人に比してより慎重な検討を行う必要がある。

10802　NPO法人との取引

NPO法人と取引する場合、どのような注意をすればよいか

結　論

① NPO法人とは、特定非営利活動促進法に基づき、所轄庁から認証を受け、いわゆるボランティア活動等の特定非営利活動を行うことを目的とする法人で、設立の登記をすることによって成立する。

② NPO法人の代表者は各理事であるが、定款をもって代表理事（理事長）を定めることができる。

③ よって、NPO法人との取引にあたっては、登記事項証明書、定款の写し、代表者の印鑑登録証明書等の提出を求め、法人の存在と代表者、代表権の確認を行う。

解　説

◆**NPO法人とは**　NPO法人（特定非営利活動法人）とは、特定非営利活動促進法

（平成12年施行。以下「NPO法」という）に基づき、所轄庁から認証を受け（NPO法10条）、いわゆるボランティア活動等の特定非営利活動を行うことを目的とする法人で、設立の登記をすることによって成立する（同法13条1項）。認証を受けるには、特定非営利活動を行うことを主目的とし、営利を目的としないこと、宗教活動や政治活動等を主目的としないこと、暴力団等の統制下にある団体でないこと、10人以上の社員を有すること等が要件となっている（同法2条・12条）。特定非営利活動としては、保健・医療・福祉の増進、社会教育推進、災害救援活動、消費者保護活動等、20の分野が限定列挙されている（同法2条別表）。非営利であるから、社員に利益の配当を行うことはできない。

定款には、目的、名称、特定非営利活動の種類および活動に係る事業の種類、社員、役員、会議、資産に関する事項、その他の事業を行う場合にはその種類その他の事業に関する事項等を記載しなければならない（NPO法11条）。目的、名称、事業、代表者、資産総額等は登記事項である（組合等登記令2条2項）。

NPO法人には、3人以上の理事と1人以上の監事を置かなければならない（NPO法15条）。NPO法人の業務は、定款に特別の定めのないときは、理事の過半数をもって決する（同法17条）。理事はNPO法人の業務についてNPO法人を代表するが、定款をもって代表権を制限することができる（同法16条）。NPO法人と理事との利益が相反する事項について理事は代表権を有せず、所轄庁から特別代理人を選任してもらわなければならない（同法17条の4）。

もっとも、他に代表権を有する（代表権を制限されていない）理事であって、利益相反関係にない理事がいるときは、その者と取引すればよいと解される。

NPO法人が解散した場合の残余財産は、合併や破産による場合を除き、所轄庁への清算結了の届出時において、定款所定の者に帰属するが、定款に定めがないときは、清算人は所轄庁の認証を得て国または地方公共団体に譲渡することができ、最終的に処分されない財産は国庫に帰属する（NPO法32条）。

◆**NPO法人との取引**　NPO法人と取引を行うにはまず、登記事項証明書によりNPO法人として設立されている事実、目的、事業内容、代表権を有する者、代表権の範囲または制限に関する定め等を確認する。また、定款の写しならびに理事会および社員総会の議事録の写しによって役員、代表理事の有無、代表権の制限、特定非営利活動以外の事業の有無、種類等を確認する。上記のとおり、理事はNPO法人を代表するが、代表理事を定めている（他の理事の代表権を制限している）ときは、代表理事を取引の相手方とする。この場合、代表理事の印鑑証明書も求める。代表者の定めがないときは、理事の1人を相手として、理事会または社員総会の承認のもとに取引を行う。なお、平成24年4月施行の改正法により、「代表権の範囲又は制限に関する定めがあるときは、その定め」が登記事項とされ（組合等登記令2条2項6号）、代表権の範囲または制限について、第三者に対抗することが可能となったため、代表権の確認には注意を要する。

◆**NPO法人との融資取引等**　NPO法人

との円預金取引は、代表権の確認ができれば、特に問題はないと考えられる。他方、融資取引等については、非営利法人一般に共通の問題であるが、特に「特定非営利活動」を行うことを目的として、所轄庁の認証により、設立が認められた法人であることにかんがみ、慎重に検討することが必要である。

　なお、内閣府が平成15年3月に「NPO法の運用方針」を策定（同年12月に改定）し、その後のNPO法の改正による所轄庁の変更に伴い、現在では、各地方公共団体で、内閣府の運用方針を参考にした運用方針が策定されている。これらの運用方針のなかで、特定非営利活動以外の事業の規模については、主たる目的性および非営利性の法定要件への適合性についての判断基準が公表されており、「その他事業」の許容される範囲が主目的である特定非営利活動に係る事業に支障をきたさない限度にとどまることが強調されている点に注意を要する。

10803　医療法人との取引

医療法人と取引するにはどのような注意をすればよいか

結　論

① 医療法人は、医療法により設立される法人であって、都道府県知事の認可を受け、主たる事務所の所在地で登記することにより成立する。

② 医療法人の代表権は理事長が有する。

③ 理事の自己取引・利益相反取引については、理事会の承認を受けなければならない。

④ 取引に際しては、登記事項証明書、代表者の印鑑登録証明書のほか、定款または寄附行為などにより、代表権の制限の有無・資金使途が目的の範囲内かどうか等を確認する。

解　説

◆**医療法人の設立**　医療法人は、病院、医師もしくは歯科医師が常時勤務する診療所、または介護老人保健施設を開設しようとする社団または財団で、医療法に基づき（同法39条）、都道府県知事の認可を受け（同法44条）、主たる事務所の所在地において設立の登記をすることによって成立する（同法46条1項）。

◆**医療法人の代表者・機関**　設立当初の役員は、定款（社団法人）または寄附行為（財団法人）をもって、役員として理事3人以上、監事1人以上を定めなければならないが、都道府県知事の認可を受けた場合は、理事の数は1人または2人でもよいとされている（医療法44条4項・46条の2第1項・46条の5第1項）。理事のうち1人は理事長とし、原則として医師または歯科医師である理事のうちから理事会で選出する（同法46条の6第1項・46条の7第1項3号）。ただし、都道府県の知事の認可を受けた場合は、医師または歯科医師でない理事のうちから選出することができる（同法46条の6第1項）。また、理事が1人の場合は、当該理事が理事長とみなされる（同条2項）。こうして選任された理事長が医療法人を代表し、業務に関するいっさい

の裁判上または裁判外の行為をする権限を有する（同法46条の6の2第1項）。代表権に加えた制限は、善意の第三者に対抗することができない（同条2項）。医療法人において理事会は必要的常設機関であり（同法46条の2）、すべての理事で理事会が組織される（同法46条の7第1項）。医療法人の業務執行の決定は、理事会において理事の過半数により決し（同条2項1号・46条の7の2第1項、一般社団財団法人法95条1項）、多額の借財その他の重要な業務執行を理事に委任することはできない（医療法46条の7第3項）。なお、理事長が欠員となった場合には、当該者が理事としての地位を有する限り、新たに選出された理事長が就任するまで、従前の理事長がなお権利義務を有する（同法46条の6の2第3項・46条の5の3第1項）

　社員総会は、医療法に定める事項および定款で定めた事項について決議をすることができる（同法46条の3第1項）。財団である医療法人は、評議員会が必ず置かれ、理事長は、予算、借入金（当該会計年度内の収入をもって償還する一時の借入金を除く）および重要な資産の処分、その他医療法人の業務に関する重要事項で寄附行為をもって定めるもの等については、評議員会の意見を聴かなければならない（同法46条の4の5）。また、寄附行為をもってこれらの事項を評議員会の議決を要するものとすることもできる（同条2項）。

　よって、取引に際しては、登記事項証明書、印鑑登録証明書のほか、定款・寄附行為の写し、理事会・評議員会の議事録の写し等により、医療法人の代表者、代表権の範囲、定款・寄附行為所定の手続の履行等

を確認する必要がある。

◆**利益相反行為**　医療法人と理事長との利益が相反する行為については、理事会において当該取引について重要な事項を開示し、その承認を受けなければならない（医療法46条の6の4、一般社団財団法人法84条1項）。

◆**その他**　医療法人は、自主的にその運営基盤の強化を図るとともに、提供する医療の質の向上および運営の透明性の確保を図り、その地域の医療の重要な担い手としての役割を積極的に果たすように努めなければならないとされている（医療法40条の2）。また、剰余金の配当を禁止し（同法54条）、非営利性を明確にしている。したがって、目的の範囲についても、平成18年改正前民法の法人や一般社団法人・一般財団法人等における目的の範囲の議論を参考に慎重に検討する必要がある。

　なお、医療法人のうち、法定の要件に該当するものとして、都道府県知事等の認定を受けたものは、病院等の業務に支障のない限り、定款または寄附行為に定めるところにより、その収益を病院等の経営にあてることを目的として、厚生労働大臣が定める収益業務を行うことができる（医療法42条の2。この医療法人を社会医療法人という）。

10804　学校法人との取引

学校法人と取引するにはどのような注意をすればよいか

結　論

① 学校法人は、私立学校法に基づき設立される法人で、所轄庁の認可を受け、設立の登記をすることによって成立する。

② 代表者は理事長であり、登記事項証明書および寄附行為で確認する。

③ 借入れ、保証、担保提供行為等は評議員会の決議を必要とする場合が多いので、注意を要する。

④ 利益相反行為に当たる場合は、所轄庁から選任された特別代理人を相手として取引を行う。

解　説

◆**学校法人の設立**　学校法人は、所轄庁の認可を得て、設立の登記をすることによって成立する（私立学校法30条・31条・33条）。所轄庁は、大学および高等専門学校ならびにこれらを設置する学校法人等は文部科学大臣、その他は都道府県知事である（同法4条）。なお、学校法人は、専修学校や各種学校も設置することができる（同法64条2項）。

◆**学校法人の寄附行為・代表者・機関等**
学校法人の根本規則は、寄附行為である（私立学校法30条）。学校法人には役員として、理事5人以上および監事2人以上を置かなければならない。理事のうち1人は、寄附行為の定めるところにより理事長となる（同法35条）。理事長は学校法人を代表し、その業務を総理する（同法37条1項）。代表権の範囲・制限に関する定めがあるときは登記される（組合等登記令2条2項6号）。学校法人には理事会と評議員会が置かれる（私立学校法36条・41条）。理事会

は学校法人の業務を決し、理事の職務の執行を監督する（同法36条）。理事長は、予算、借入金（当該会計年度内の収入をもって償還する一時の借入金を除く）および重要な資産の処分（担保提供等も含まれる）、その他学校法人の業務に関する重要事項で寄附行為をもって定めるもの等については、あらかじめ評議員会の意見を聴かなければならない。また、寄附行為をもってこれらの事項を評議員会の議決を要するものとすることもできる（同法42条）。実際には、寄附行為で評議員会の議決を要するものと定めている学校法人が多い。

◆**目的の範囲**　学校法人における「目的」の範囲は、基本的に非営利法人一般の目的の範囲の議論が参考になるが、非営利法人のなかでも学校を経営し、教育事業を行う法人であるという点に留意する必要がある。

なお、学校法人は、その設置する私立学校の教育に支障のない限り、その収益を私立学校の経営にあてるため、収益を目的とする事業を行うことができる（私立学校法26条1項）。その場合には、当該事業を寄附行為に記載しなければならない（同法30条1項9号）。なお、この行うことのできる収益事業の種類は、所轄庁が公告するが、文部科学省の告示（平成20年文部科学省告示第141号）によれば、投機的なもの、風俗営業等は禁じられている。

◆**利益相反行為**　学校法人と理事との利益が相反する事項については、理事は代表権を有しない。この場合、所轄庁である文部科学大臣または都道府県知事から特別代理人の選任を受けなければならない（私立学校法40条の5）。

◆**取引を行うにあたっての確認、留意事項**

学校法人には以上のような特徴があるので、取引にあたっては、登記事項証明書、寄附行為の写し、理事長の印鑑登録証明書を求め、具体的取引が寄附行為等でどのように定められているかを確認する。それに応じて、理事会、評議員会の議事録の写し、またはそれらについての確認書等を求める。場合によっては、目的との関連性や認められる事業であること等の説明や確認を求めることも必要になろう。借入れや保証、担保提供行為については、前述のとおり、評議員会の議決を要することとなっている学校法人が多いことに注意を要する。

学校法人の理事長が寄附行為所定の手続を履践しないでした借入れについて、改正前私立学校法49条の規定により、理事の代表権に加えた制限は善意の第三者に対抗することができないという平成18年改正前民法54条の規定を準用して有効とした原審判断を是認した判例がある（最判昭58.6.21金法1043号92頁）が、金融機関としては、慎重な対応が必要である。

10805 社会福祉法人との取引

社会福祉法人と取引をするにはどのような注意をすればよいか

結 論

社会福祉法人は社会福祉法の規定により設立される法人で、設立にあたっては定款を作成し、所轄庁の認可を受け、主たる事務所の所在地で設立登記することが必要である。

社会福祉法人には6人以上の理事が置かれ、すべての理事で理事会が組織される。理事会で選定される理事長が代表権を有するが、代表権に加えた制限は、善意の第三者に対抗することができない。

業務の目的は他の非営利法人と同じく厳格に解釈されるが、一定の基準により公益事業や収益事業を行うことができる。社会福祉法人との取引にあたっては、登記事項証明書によってその成立と存在を確認するとともに、定款、理事の印鑑登録証明書、理事会・評議員会の議事録写し等を必要に応じて徴求し、代表権の有無や重要事項の議決の有無の確認をする必要がある。

理事の自己取引・利益相反取引については、理事会の承認を受けなければならない。

解 説

◆**社会福祉法人の設立** 社会福祉法人とは、救護施設、更生施設、養護施設等の経営を行う事業等の社会福祉事業を行うことを目的として、社会福祉法の規定により設立される法人である（同法22条）。社会福祉法人の設立にあたっては、定款を作成して、所轄庁（原則として都道府県知事、一部は市長、指定都市の長または厚生労働大臣）の認可を受け、主たる事務所の所在地において設立の登記をすることによって成立する（同法30～32条・34条）。なお、社会福祉法人以外の者は、その名称中に社会福祉法人またはこれに紛らわしい文字を用いてはならない（同法23条）。したがって、社会福祉法人との取引に際しては、まず登記事項証明書によって、その成立と存在とを確認する必要がある。

◆**代表権の有無**　社会福祉法人には、6人以上の理事と2人以上の監事を置かなければならず（社会福祉法44条3項）、これらの者は評議員会の決議によって選任される（同法43条）。理事会は必要的常設機関であり（同法36条）、すべての理事で理事会が組織される（同法45条の13第1項）。理事会で選定される理事長が代表権を有するが（同条3項・45条の17第1項）、代表権に加えた制限は、善意の第三者に対抗することができない（同条2項）。社会福祉法人の業務執行の決定は、理事会において理事の過半数により決し（同法45条の13第2項1号・45条の14第4項）、多額の借財その他の重要な業務執行を理事に委任することはできない（同法45条の13第4項）。

　以上からして、社会福祉法人との取引に際しては、登記事項証明書、定款、理事の印鑑登録証明書および理事会・評議員会の議事録写し等を入手し、代表権の有無やその制限、重要事項の内容と議決の有無を確認し、取引の有効性を確認する必要がある。また通常、社会福祉法人の基本財産を処分したり担保提供したりする場合は、定款で所轄庁の承認が必要とされているので、その承認書写しの提出を受ける必要がある。

　社会福祉法人は、本来の事業のほかに経営する社会福祉事業に支障がない限り、公益事業や収益事業を行うことができる。その場合は、当該事業を定款に定めなければならない（社会福祉法31条1項11号・12号）。ただし、収益事業による収益は社会福祉事業または公益事業の経営にあてる必要があり、これらの会計は社会福祉事業に関する会計から区分し、特別の会計として経理しなければならない（同法26条）。し

たがって、融資取引に際しては、その資金使途が目的の範囲内にあることの確認が必要である。

◆**理事と利益相反行為**　理事が自己または第三者のために社会福祉法人と取引（自己取引）をしようとするとき、社会福祉法人が理事の債務を保証することその他理事以外の者との間において社会福祉法人と当該理事との利益が相反する取引（利益相反取引）をしようとするときは、理事会において、当該取引につき重要な事実を開示し、その承認を受けなければならない（社会福祉法45条の16第4項、一般社団財団法人法第84条）。

10806　宗教法人との取引

宗教法人と取引するにはどのような注意をすればよいか

結　論

① 宗教法人は、宗教法人法の規定に基づき、規則を作成し、その規則について所轄庁（都道府県知事もしくは文部科学大臣）の認証を受け、主たる事務所の所在地において設立の登記がなされることにより成立する。

② 宗教法人には3人以上の責任役員が置かれ、そのうちの1人が代表役員となり代表権を有する。登記されるのは代表役員だけである。

③ 宗教法人が借入れまたは保証をしたり、不動産または重要な財産を処分あるいは担保に提供したりする場合には、代表役

員単独ではできず、責任役員会の決議および信者その他の利害関係人に対する公告手続が必要である。

④ 取引に際しては登記事項証明書、規則、代表役員の印鑑登録証明書、責任役員会議事録（写し）、公告の事実確認の資料等の提出を求める。

⑤ 宗教法人の目的の範囲は規則で定められる。本来の目的のほかに、公益事業および宗教法人の目的に反しない限度で公益事業以外の事業を行うことができるが、目的の範囲を確認したうえで取引する必要がある。

解　説

◆**宗教法人の設立**　宗教法人は、宗教法人法により法人となった宗教団体で（同法4条）、規則（定款や寄附行為に当たるもの）を作成し、所轄庁（主たる事務所の所在地の都道府県知事。他の都道府県内にある宗教法人を包括する宗教法人等の場合は文部科学大臣）の認証を受け（同法5条・12条）、主たる事務所の所在地において設立登記をすることによって成立する（同法15条）。

◆**代表者**　宗教法人には3人以上の責任役員が置かれ、そのうちの1人が代表役員となる。代表役員は、規則に別段の定めがなければ、責任役員の互選によって選任され、代表役員は宗教法人の代表権を有し、事務を総理する（宗教法人法18条）。代表役員だけが登記される（同法52条2項6号）。

なお、代表役員または責任役員が死亡その他の事由により欠けた場合において、速やかにその後任者を選任できないとき、または病気その他の事由により3カ月以上その職務を行うことができないときは、規則の定めるところにより代務者が選任されなければならない（宗教法人法20条）。

宗教法人の事務の決定は、規則に別段の定めがなければ責任役員の定数の過半数で決する（宗教法人法18条4項・19条）。

◆**目的の範囲**　宗教法人の目的の範囲は規則で定められるが、営利法人の場合に比べて狭く解釈されているので注意を要する。なお、宗教法人は、本来の目的（宗教活動）のほかにも、公益事業および宗教法人の目的に反しない限りで公益事業以外の事業を行うことができる（宗教法人法6条）。その場合、当該事業の種類および管理運営に関する事項を規則に記載しなければならない（同法12条1項7号）。

◆**借入れ・保証・財産処分等**　借入れ（当該会計年度内の収入で償還する一時の借入れを除く）や保証のほか不動産または財産目録に掲げる宝物を処分し、または担保に提供する等の行為は代表役員単独ではできない。その場合は、規則の定めによる手続によるか、規則に定めがないときは責任役員定員の過半数の同意（宗教法人法19条）を必要とするほか、その行為の少なくとも1カ月前に、信者その他の利害関係人に対しその行為の要旨を示して公告手続をしなければならない（同法23条）。宗教法人の境内建物もしくは境内地（同法3条）である不動産または財産目録に掲げる宝物について、これに反して行われた行為は原則として無効となる（同法24条）。

よって、与信取引やこれに伴う担保・保証取引等を行うにあたっては、規則の提出を求め、当該取引の資金使途が規則に定められた事業の目的の範囲内のものであるこ

と、責任役員会の議事録（写し）等により
責任役員会の承認決議のあること、公告を
要する場合は、公告証明書、公告現場の写
真、公告文（写し）等により公告がなされ
ていること等をそれぞれ確認する必要があ
る。

◆**利益相反行為**　　代表役員は、宗教法人
と利益が相反する事項については代表権を
有しない。その場合には、規則で定めると
ころにより、仮代表役員を選任してもらう
（宗教法人法21条1項）必要がある。仮代
表役員を相手とする場合には、仮代表役員
の選任を確認できる資料およびその仮代表
役員の印鑑登録証明書の提出を求める。

10807　農事組合法人との取引

農事組合法人と取引するにはどのような注
意をすればよいか

結　論

① 　農事組合法人が営むことのできる事業
　の範囲は法律上限定されているため、株
　式会社の場合における目的の範囲よりも
　厳格に解すべきである。
② 　農事組合法人では、各理事がそれぞれ
　代表権を有する。なお、代表理事を定め
　た場合であっても、他の理事は農事組合
　法人の代表権を失わないので、注意を要
　する。
③ 　取引に際しては、登記事項証明書、定
　款、規約、業務の決定に関する議事録、
　法人代表者の印鑑登録証明書などを徴求
　し、取引の正当性等を確認すべきである。

解　説

◆**設立**　　農事組合法人は、農協法に基づ
き設立される法人で（同法72条の6）、主
たる事務所の所在地において設立の登記を
することによって成立する（同法73条3
項・63条1項）。農事組合法人の設立には、
3人以上の農民（自ら農業を営み、または
これに従事する個人をいう。同法2条2
項）が発起人となることが必要である（同
法72条の32第1項）。農民が農事組合法人
を設立するメリットは、課税上の特例を受
けられる点にあるといえる（同法72条の7）。

◆**目的および行うことのできる事業**　　農
事組合法人制度の目的は、組合員の農業生
産についての協業を図ることにより、その
共同の利益を増進することである（農協法
72条の4）。農事組合法人が行うことので
きる事業は、①農業に係る共同施設の設置
または農作業の共同化に関する事業、②農
業の経営（農業に関連する農産物の加工や
農業とあわせて行う林業の経営を含む）、
③①②の事業に付帯する事業に限られる
（同法72条の10第1項）。なお、組合員に出
資をさせない農事組合法人は、上記②の事
業を行うことができない（同2項）。農事
組合法人の行う事業は、登記事項である
（組合等登記令2条2項1号）とともに、
定款記載事項である（農協法72条の16第1
項1号・28条1項1号）。

　農事組合法人の営むことのできる事業の
範囲については、上述のとおり法定されて
おり、また、事業の範囲に制限のない株式
会社へ組織変更を行うことが認められてい
ること（農協法73条の2以下）からすると、
農事組合法人の事業の範囲については、株

式会社の場合よりも厳格に、定款所定のものに限定されると解すべきである。

◆**代表者**　農事組合法人は、役員として、理事を設置する（農協法72条の17第1項）。理事は、組合員から選任される（同条4項）。役員として監事も設置可能であるが、こちらは任意である（同条2項）。なお、定款のほかに、総会、業務執行、役員などに関する定めについて規約が設けられる場合があり、役員は、定款・規約に定められるところにより選任される（同条3項）。

　理事が複数いる場合、農事組合法人の業務は、原則として理事の過半数で決せられ（農協法72条の18）、各理事は、農事組合法人のすべての業務について、農事組合法人を代表する（同法72条の19本文）。このため、選任されたすべての理事の氏名および住所が、登記事項となる（組合等登記令2条2項4号）。なお、代表理事を選任し、定款等により代表権者を代表理事に限定することで、他の理事に法律により与えられた代表権を制限することができるが（農協法72条の19ただし書）、この制限は、善意の第三者には対抗することができない（同法72条の20）。

◆**利益相反取引**　理事と農事組合法人との利益が相反する事項については、当該理事は代表権を有さないため、この場合には総会の決議により選任された特別代理人と取引を行う（農協法72条の23）。なお、当該事項につき農事組合法人との利益が相反しない別の理事があるときは、その者を相手とすれば足りると解される。

◆**農事組合法人との取引の際の注意点**
取引に際しては、農事組合法人の上記のような特徴をふまえつつ、当該取引が農事組合法人の営むことのできる事業の範囲内であるか否か、取引担当者の取引権限の有無その他取引の正当性に関する事項を確認するため、登記事項証明書、定款、規約、業務の決定に関する議事録、法人代表者の印鑑登録証明書などを徴求すべきである。

10808　投資法人との取引

投資法人と取引する場合、どのような注意をすればよいか

結　論

　投資法人と取引する場合、登記事項証明書、規約、印鑑登録証明書等の確認を行う必要がある。また、当該取引が投資法人の資産運用に関連するものであれば、金融庁のHP等で、登録投資法人の登録の有無を確認する。さらに、役員会の決議が必要とされる事項については、その議事録を確認する必要もある。

解　説

◆**投資法人とは**　投資法人とは、資産を主として特定資産に対する投資として運用することを目的として、投信法に基づき設立された社団のことをいう（同法2条12項）。「特定資産」には、有価証券のみならず、不動産等も含まれる（同条1項、同法施行令3条）。

　投資法人は、株式会社と異なり、規約の定めに従って運用資産を保有して収益を分配するビークルにすぎないことから、資産の運用以外の行為を営業としてすることが

できず（投信法63条1項）、本店以外の営業所を設けることや使用人を雇用することもできない（同条2項）。

◆**投資法人の社員**　投資法人の社員は、投資主であるところ（投信法2条16項）、投資主の責任はその有する投資口の引受価額を限度とされる（同法77条1項）。また、投資主の権利は、その有する投資口につき、金銭の分配を受ける権利、残余財産の分配を受ける権利、投資主総会における議決権である（同条2項）。

◆**投資法人の機関**　投資法人は、①1人または2人以上の執行役員、②執行役員の員数に一を加えた数以上の監督役員、③役員会、④会計監査人を設置しなければならず（投信法95条）、会社法上の会社のように柔軟な機関設計は認められていない。

執行役員は、投資法人の業務を執行し、投資法人を代表する（投信法109条1項）。執行役員の権限に加えた制限は第三者に対抗できない（同条5項、会社法349条5項）。また、執行役員が重要な職務を執行しようとするときは、すべての執行役員と監督役員で構成する役員会（投信法112条）の承認を得る必要がある（同法109条2項）。同項では、会社法362条4項のように「多額の借財」等は列挙されていないが、「その他の重要な職務」と規定されていることから、「多額の借財」等について役員会の承認が不要となるわけでは必ずしもないことに注意を要する。

◆**投資法人の業務**　投資法人が資産の運用行為を行うためには内閣総理大臣の登録を受けなければならず（投信法187条）、この登録を受けた投資法人は、「登録投資法人」と投信法上定義される（同法2条13項）。登録投資法人は、登録投資法人簿に登録され、公衆の縦覧に供される（同法189条3項）。

登録投資法人の業務範囲は、投信法193条1項において、規約に定める資産運用の対象および方針に従い、特定資産について、同項各号において列挙されている有価証券の取得または譲渡や、不動産の取得または譲渡等の取引と規定されている。このように業務範囲に制限があるものの、同項6号・同法施行令116条により、特定資産に関しては、基本的に、広くあらゆる取引を行うことができるものとされている。ただ、投資法人が、特定資産に関して、①宅地の造成または建物の建築を自ら行うことに係る取引、②商品の生産、製造、加工等を自ら行うことに係る取引、および③再生可能エネルギー発電設備の製造、設置等を自ら行うことに係る取引を行うことは、投資ビークルである投資法人に過大なリスクを負わせないために、行うことができないとされている。

他方、特定資産以外の資産については、投信法193条2項では、規約に定める資産運用の対象および方針に従い、その取得または譲渡その他の取引を行うことができるものとされており、特段の制限はない。

◆**投資法人との取引**　投資法人と取引を行う際には、まず、登記事項証明書により、当該投資法人の目的、商号、執行役員の氏名等の確認を行うとともに、当該取引が投資法人の資産運用に関連するものであれば、金融庁のHP等で、登録投資法人の登録の有無を確認する。また、規約の提出を求め、そこに記載されている資産運用の対象および方針や、借入金および投資法人債発行の

限度額等（投信法67条、同法施行規則105条）の確認、執行役員の印鑑登録証明書の確認等を行う必要がある。また役員会の決議が必要とされる事項については、その議事録を確認する必要もある。

10809 投資事業有限責任組合との取引

投資事業有限責任組合と取引を行う場合に、どのような点に注意をすればよいか

結 論

投資事業有限責任組合との取引においては、組合契約書、登記簿謄本によって、当該取引が当該組合の事業の範囲内であること、および業務執行者が当該組合の無限責任組合員であることを確認し、さらに、無限責任組合員が複数いる場合は、業務執行の意思決定の適法性を、会議の議事録等によって確認することが必要となる。また、投資事業有限責任組合との取引に際して、取引の相手方としての信用の基礎は、組合財産と無限責任組合員の財産にあることにも留意する必要がある。

解 説

◆**投資事業有限責任組合とは**　投資事業有限責任組合とは、投資事業有限責任組合契約によって成立する無限責任組合員および有限責任組合員からなる組合である（投資事業有限責任組合契約に関する法律（以下「有責法」という）2条2項）。

投資事業有限責任組合は、民法上の組合を基礎として制度設計されたものであるこ

とから、民法上の組合と同様、組合自体に法人格はなく、組合財産は組合員に合有的に帰属するものと考えられる。また、投資事業有限責任組合は、投資事業有限責任組合契約を締結することにより成立するが、投資事業有限責任組合契約は、各当事者が出資を行い、共同で、有責法3条1項各号に掲げる事業の全部または一部を営むことを約することにより、効力を生ずるものとされている（同項）。そして、投資事業有限責任組合の事業の範囲は、当該組合契約により規定され、その範囲を逸脱した行為は、無権代理行為として原則無効となる（民法113条1項。ただし、有責法7条4項）。

◆**投資事業有限責任組合の業務の執行**

投資事業有限責任組合の業務の執行は、無限責任組合員が行うものとされる（有責法7条1項）。ここでの業務の執行は、組合のすべての業務執行を指すものであって、各種の法律行為を行うことも含むものとされている（経済産業省経済産業政策局産業組織課編『投資事業有限責任組合契約に関する法律【逐条解説】』47頁）。そして、無限責任組合員は、総組合員を代理して、業務執行を行うことができるが（同法7条の2）、実務上は、無限責任組合員は、総組合員の名を記載せず、「○○投資事業有限責任組合 無限責任組合員 甲」といった名で投資事業有限責任組合の法律行為を行う。

無限責任組合員が複数いる場合は、その組合の業務の執行は、無限責任組合員の過半数をもって決せられる（有責法7条2項）。ただし、組合の常務については、その終了前に他の無限責任組合員が異議を述べない限り、各無限責任組合員が単独で行うことができる（同条3項）。「組合の常

務」とは、組合において日常反復して行われるような軽微な業務を指すものとされている。

◆**投資事業有限責任組合の組合員の組合債務に関する責任**　投資事業有限責任組合の無限責任組合員は、組合債務全額について無限責任を負い、無限責任組合員が複数いる場合には、各無限責任組合員が、組合の債務全額について、無限連帯責任を負担することとされている（有責法9条1項）。

　一方、投資事業有限責任組合の有限責任組合員は、その出資の価額を限度として組合の債務を弁済する責任を負う（有責法9条2項）。ただし、有限責任組合員に組合の業務を執行する権限を有する組合員であると誤認させるような行為があった場合には、当該有限責任組合員は、その誤認に基づき組合と取引をした者に対しては、無限責任組合員と同様、組合債務全額について無限連帯責任を負担する（同条3項）。

◆**取引上の注意**　投資事業有限責任組合との取引に際して、当該取引が当該組合の事業の範囲内であることおよび業務執行者が当該組合の無限責任組合員であることを確認することを要するが、投資事業有限責任組合の事業、名称、無限責任組合員の氏名・名称は登記される（有責法17条）。それゆえ、投資事業有限責任組合との取引に際しては、当該組合に対して、組合契約書のほか登記簿謄本の提出を求め、それらによって、当該取引が当該組合の事業の範囲内であること、および業務執行者が当該組合の無限責任組合員であることを確認すべきである。

　さらに、上記のとおり、無限責任組合員が複数いる場合は、その投資事業有限責任

組合の業務の執行は、無限責任組合員の過半数をもって決せられるため、当該業務執行の意思決定が適法になされていることを、当該意思決定に係る会議の議事録等によって確認することも必要となる。

　また、投資事業有限責任組合との取引に際して、取引の相手方としての信用の基礎は、組合財産と無限責任組合員の財産にあることにも留意する必要がある。

| 10810 | 中小企業等協同組合との取引 |

中小企業等協同組合と取引するにはどのような注意をすればよいか

■ 結　論

① 中小企業等協同組合は、中小企業等協同組合法に基づき、行政庁の認可を受けて設立される法人であって、主たる事務所の所在地において設立の登記をすることにより成立する。

② 目的の範囲については、営利法人よりやや厳格に解して対処する。

③ 代表者は代表理事であり、他の理事は代表権を有しない。代表理事および理事会については、おおむね株式会社の場合に準じて考えればよい。なお、一定の範囲で組合を代表できる参事および会計主任が置かれている場合には、預金取引等はこれらの者と行ってもさしつかえない。

④ 取引に際しては、定款、登記事項証明書、代表理事の印鑑登録証明書のほか、必要に応じて理事会や総会の議事録（写し）、規約等の提出を求める。

⑤ 理事と組合との自己契約・利益相反取引については、理事会の承認が必要である。

解　説

◆中小企業等協同組合の設立と特徴　中小企業等協同組合は、中小規模の商業、工業、鉱業、運送業、サービス業その他の事業を行う者、勤労者その他の者が相互扶助の精神に基づき協同して事業を行うための法人であり、行政庁の設立認可を得て、主たる事務所の所在地において設立の登記をすることにより成立する（中小企業等協同組合法1条・4条・27条の2・30条）。所轄行政庁は、事業の所管大臣、都道府県知事など、組合の種別や事業内容により異なる（同法111条）。

中小企業等協同組合には、事業協同組合、事業協同小組合、信用協同組合、協同組合連合会、企業組合がある（中小企業等協同組合法3条）。

◆目的の範囲　判例は、非営利法人の目的の範囲についても次第に緩やかに解する傾向にあり、学説もこれに賛成するものが多いが、営利法人である会社と同一の線までには至っていない。

よって、実務としては、概して小規模の事業者である組合員の事業を助成することを目的としている協同組合の特殊性を考慮したうえで、定款所定の事業の遂行のため必要かどうかを判断すべきである。

実際には、組合員への貸与、組合員のためにするその借入れおよび組合員の債務の保証等が、組合の行う事業として定款に記載されている例が多いので、この点の確認を怠ってはならない。なお、定款の細則的なものとして規約が定められていることがあるので（中小企業等協同組合法34条）、定款のほか規約もチェックする必要がある。

◆代表者──代表理事　中小企業等協同組合における代表者等の機関は、ほぼ株式会社における機関に準じて考えてよい。役員としては理事3人以上、監事1人以上を置く（中小企業等協同組合法35条1項・2項）。組合の業務の執行は理事会で決し（同法36条の5第3項）、理事会の決議をもって選定された代表理事が組合を代表し、それに制限を加えても善意の第三者には対抗できない（同法36条の8第2項・3項）。なお、従来あった共同代表の規定は、会社法制定に伴い廃止された。代表理事の氏名・住所は登記事項である（同法84条2項7号）ので、登記事項証明書で確認する。なお、代表理事以外の理事および監事は登記されない。

◆参事、会計主任　理事会によって、参事、会計主任を選任することができる（中小企業等協同組合法44条1項）。

参事は、会社法における支配人と同様の立場にある者で、組合の事業に関するいっさいの裁判上または裁判外の行為を行う権限を有する（中小企業等協同組合法44条2項、会社法11条1項）。また参事の代理権に加えた制限は、善意の第三者に対抗できない（中小企業等協同組合法44条2項、会社法11条3項）。なお、参事は登記事項である（中小企業等協同組合法88条）。会計主任の権限について法は何の規定も設けていないが、会計事務の担当者である。

預金取引は参事、会計主任と行ってもよい。与信取引も参事と行うことは可能であるが、実務としては代表理事を相手として

取引すべきであろう。

◆自己契約・利益相反取引　理事（代表理事に限られない）は、自己または第三者のために組合と取引をしようとするとき、組合が理事の債務を保証すること、その他理事以外の者との間において組合と当該理事との利益が相反する取引をしようとするときは、理事会において、当該取引について重要な事実を開示し、その承認を得なければならない（中小企業等協同組合法38条）。

◆総会・総代会　組合は、定款の定めるところにより、毎事業年度に1回総会を招集しなければならない（中小企業等協同組合法46条）。定款の変更、規約等の設定・変更・廃止、毎事業年度の収支予算および事業計画の設定・変更等は総会の決議によらなければならず（同法51条1項）、特に定款の変更、組合の解散または合併、事業の全部譲渡等は、特別多数（総組合員の半数以上の出席、議決権の3分の2以上の賛成）による議決が必要である（同法53条）。

　組合員の総数が200人を超える組合（企業組合を除く）は、定款の定めに従って、総会にかわる総代会を設けることができる（中小企業等協同組合法55条1項）。総代会は、原則として総会の決議事項の決議を行うことができるが、総代の選挙は行うことができず、また、組合の解散または合併、事業の全部譲渡については、総会の議決が必要である（同条6項・7項・3項・53条）。

10811　農業協同組合との取引

農業協同組合と取引するにはどのような注意をすればよいか

結　論

① 農業協同組合は、農協法に基づき設立される法人で、中小企業等協同組合法に基づく協同組合に近い性格を有する。組合の目的の範囲は、会社の場合よりは厳格に解釈して、定款所定の事業に制限されるものとして扱うべきであろう。

② 組合は、役員として、理事および監事を置く。代表権を有するのは、理事会の決議をもって選任された代表理事である。また、定款の定めるところにより経営管理委員会を置くことができる。

③ 理事会は（経営管理委員を置いた場合は経営管理委員会の決定するところに従い）、組合の業務執行を決し、理事の職務の執行を監督する。

④ 組合との自己契約・利益相反取引は理事会（経営管理委員を置いた場合は経営管理委員会）の承認を要する。

⑤ 取引に際しては、定款、規約、理事会、経営管理委員会の決議録（写し）、登記事項証明書、代表理事の印鑑登録証明書等を求めて借入れの正当性等を確認する。

解　説

◆設立　農業協同組合は、農協法に基づき設立される法人であって（同法4条）、行政庁（農林水産大臣・内閣総理大臣、都道府県知事）の設立認可を受けて（同法59条・60条・98条1項・2項）、主たる事務所の所在地において設立の登記をすることにより成立する（同法63条1項）。

◆代表者　組合は、役員として、理事

（定数 5 人以上）および監事（定数 2 人以上）を置く（農協法30条 1 項・2 項）。定款のほか、総会、業務執行、役員等に関する定めについて規約が設けられる場合があり、役員は、定款・規約に定めるところにより選挙・選任される（同法28条 1 項10号・2 項・29条・30条 4 項・10項）。

組合の業務の執行は、理事会が（経営管理委員を置いた場合は経営管理委員会が決定するところに従い）決し（農協法32条）、理事会（経営管理委員を置いた場合は経営管理委員会）の決議をもって選任された代表理事が代表権を行使する（同法35条の 3 ）。理事会は、理事の職務の執行を監督する（同法32条 3 項）。なお、従前の共同代表の規定は会社法制定に伴い廃止された。

代表理事の氏名・住所は登記事項である（農協法 9 条、組合等登記令 2 条）。監事および代表理事以外の理事は登記事項ではない。

理事会の決議により選任された参事および会計主任により業務が行われることがある（農協法42条 1 項・2 項）。

なお、参事は、会社法の支配人の規定が準用されており、組合の事業に関するいっさいの裁判上・裁判外の行為をなす権限を有する（農協法42条 3 項、会社法11条 1 項）。また、参事の代理権に加えた制限は善意の第三者には対抗できない（農協法42条 3 項、会社法11条 3 項）。参事については、表見支配人の規定も準用される（農協法42条 3 項、会社法13条）。参事の氏名・住所は登記事項である（組合等登記令 6 条 1 項）。

◆**経営管理委員会**　組合は、定款の定めるところにより、役員として、理事および監事のほか、経営管理委員（定数 5 人以上）を置くことができる（農協法30条の 2 。その場合の理事の定数は 3 人以上）。経営管理委員を置く組合は、経営管理委員会を置かなければならない（同法34条 1 項）。経営管理委員会は、法定事項のほか組合の業務の基本方針の決定、重要な財産の取得および処分その他の定款で定める組合の業務執行に関する重要事項を決定する（同法34条 3 項）。

◆**自己契約・利益相反取引**　理事と組合との自己契約・利益相反取引については、理事会（経営管理委員を置いた場合は経営管理委員会）の承認を受けた場合に限り、行うことができる（農協法35条の 2 第 2 項）。

◆**その他**　農業協同組合は、以前は民法法人的な性格を有するものであったが、平成 4 年の改正以後は株式会社的な性格を有するものとなっている。その意味において、中小企業等協同組合法に基づく協同組合に近いといえる。ただし、農業協同組合はその行う事業によってその組合員および会員のために最大の奉仕をすることを目的とし、営利を目的としてその事業を行ってはならないとされている（農協法 7 条）。したがって、組合の目的の範囲は、会社の場合よりは厳格に解釈して、定款所定の事業に制限されるものとして扱うべきであろう。

なお、農協法に基づく法人として、農業協同組合（主として個々の農民を組合員とする）のほかに農業協同組合連合会（主として組合を会員とする）および農事組合法人（主として農民、組合を組合員とする）がある（同法12条・72条の 6 ）。前二者が総称して組合と称され（同法 4 条）、組合員のためにする農業の経営および技術の向

上に関する指導、組合員の事業または生活に必要な資金の貸付、物資の供給、組合員の貯金または定期積金の受入れ、共同利用施設の設置等の事業（同法10条）を行うことを目的としている。なお、信用事業・共済事業を行う組合については、別に詳細な規定がある（同法11条以下）。これに対して、後者の農事組合法人は組合員の農業生産についての協業を図ることにより共同の利益を増進することを目的とするものであり（同法72条の4）、課税上の特例を受けるものとなっている（同法72条の7）。

◆**取引上の留意点**　農業協同組合は以上のような特徴を有するので、取引に際しては、定款、規約、理事会、経営管理委員会の決議録（写し）、登記事項証明書、代表理事の印鑑登録証明書等を求めて借入れの正当性等を確認する。

10812　消費生活協同組合との取引

消費生活協同組合と取引するにはどのような注意をすればよいか

結　論

① 消費生活協同組合は、消費生活協同組合法の規定に基づき、行政庁の認可を受けて設立される法人で主たる事務所の所在地において設立の登記をすることによって成立する。
② 組合は代表理事が代表する。
③ 組合の目的範囲については定款所定の事業を厳格に解釈する。
④ 理事と組合との自己契約、利益相反取

引を行うには理事会の承認を要する。

解　説

◆**目的**　消費生活協同組合は、一定の地域または職域の者が、物資の供給、協同施設の設置などを通じて生活の向上を期することを目的とする協同組合である（消費生活協同組合法1条・2条・10条）。なお、消費生活協同組合法は平成19年に大幅な改正が行われている。

◆**設立**　消費生活協同組合は、消費生活協同組合法に基づき設立される法人であって（同法4条）、行政庁（厚生労働大臣、都道府県知事）の設立認可を受けて（同法57条・58条・97条）、主たる事務所の所在地において、設立の登記をすることによって成立する（同法61条）。

◆**代表者・機関**　組合は、役員として、理事（定数5人以上）および監事（定数2人以上）を置く（消費生活協同組合法27条）。役員は、定款の定めるところにより総会（設立当時は創立総会）において選挙・選任される（同法28条1項・9項）。

　組合は、理事会を置かなければならず、組合の業務執行は、理事会が決定する（同法30条の4）。理事会は、理事のなかから組合を代表する理事（代表理事）を選定する。代表理事は、組合の業務に関するいっさいの裁判上または裁判外の行為をする権限を有する（同法30条の9）。代表権を有する者の氏名、住所は登記事項である（同法74条2項5号）。

　毎事業年度に1回、総会を招集しなければならない（消費生活協同組合法34条）。総会は定款の変更、規約の設定・変更および廃止、組合の解散および合併、毎事業年

度の事業計画の設定および変更、その他定款で定める事項等の重要事項の議決を行う（同法40条1項）。特に、定款の変更、組合の解散および合併、事業の全部譲渡等については、特別多数（総組合員の半数以上の出席、議決権の3分の2以上の賛成）による議決を要する（同法42条）。なお、改正前の消費生活協同組合法では、借入金額の最高限度が総会の決議事項とされていたが、改正法では削除された。

なお、500人以上の組合員を有する組合は、定款の定めるところにより、総会にかわる総代会（総代は組合員のうちから選出される）を設けることができる。総代会は総会にかわり、組合の重要事項について議決を行う（消費生活協同組合法47条）。

◆**目的の範囲**　　組合は、その行う事業によって、その組合員に最大の奉仕をすることを目的とし、営利を目的としてその事業を行ってはならない（最大奉仕の原則）とされている（消費生活協同組合法9条）。もっとも判例は、非営利法人の各種の協同組合の目的の範囲についても、次第に広く解釈する傾向にある（最判昭45.7.2民集24巻7号731頁）。しかし、実務上は、当該借入行為が組合にとって定款所定の事業遂行のために必要な行為かどうかを厳格に解釈し、借入金の使途等を確認すべきである。

また、組合の事業執行に関し、運営上重要な事項は、定款で定めなければならない事項を除いて、規約で定めることができる（消費生活協同組合法26条・26条の2）こととなっているので、定款の細則として規約等が定められているときは、その内容も確認する。

◆**自己契約・利益相反取引**　　理事が自己または第三者のために組合と取引をしようとするとき、組合が理事の債務を保証することその他理事以外の者との間において組合と当該理事との利益が相反する取引をしようとするときは、理事会において当該取引の重要事実を開示し、その承認を受けなければならない（消費生活協同組合法31条の2）。

◆**取引上の留意点**　　消費生活協同組合は以上のような特徴を有するので、取引にあたっては、登記事項証明書、定款、規約、理事会、総会または総代会議事録の写し等の提出を受けて、代表権の有無、範囲等を確認する。

10813　水産業協同組合との取引

水産業協同組合と取引するにはどのような注意をすればよいか

結　論

① 水産業協同組合は、水産業協同組合法の規定に基づき、行政庁の認可を受け設立される法人であって、主たる事務所の所在地において設立の登記をすることにより成立する。

② 水産業協同組合のうち、漁業協同組合については、代表機関は代表理事であり、理事会の決議によって参事および会計主任を選任することができる。参事は、会社法の支配人の規定が準用される。

③ 毎事業年度内の借入金の最高限度額が総会の議決事項であること、漁業権またはこれに関する物権の設定等には総会の

特別議決が必要であること、理事と組合
との契約については理事会の承認が必要
であること等に留意する。

解　説

◆水産業協同組合とは　水産業協同組合
は、水産業協同組合法に基づいて設立され
る法人で（同法5条）、漁業協同組合、漁
業生産組合および漁業協同組合連合会、水
産加工業協同組合および水産加工業協同組
合連合会ならびに共済水産業協同組合連合
会がある（同法2条）。組合の種類によっ
て、組織、機関、代表者等の規定が異なる
が、ここでは、このうち漁業協同組合につ
いて解説する。

◆設立　漁業協同組合は、行政庁（原則
として都道府県知事または農林水産大臣。
貯金の受入れ等を行う場合は農林水産大臣
および内閣総理大臣。水産業協同組合法
127条）の認可を受け、主たる事務所の所
在地において設立の登記をすることにより
成立する（同法63条・64条・67条）。

◆代表者・機関等　組合は、役員として、
理事（定数5人以上）および監事（定数2
人以上）を置き（水産業協同組合法34条）、
すべての理事で構成する理事会を置かな
ければならない（同法36条）。理事会は、組
合の業務執行を決し、理事の職務の遂行を
監督し（同条3項）、代表理事を定める
（同法39条の3第1項）。代表理事は組合の
業務に関するいっさいの裁判上または裁判
外の権限を有する（同法39条の3第2項）。
代表権を有する者の氏名、住所は登記事項
である（同法101条2項7号）。なお、組合
は役員として、理事、監事のほか、経営管
理委員（定数5人以上）を置くことができ

る（同法34条の2）。経営管理委員で構成
する経営管理委員会は、理事会にかわり、
代表理事の選定等を行う（同法39条の3第
1項）。

なお、改正前の水産業協同組合法（改正
前民法の代表権および代表権制限に関する
規定が準用されていた）下のものであるが、
漁業協同組合の理事の代表権の制限に関す
る判例がある（最判昭60.11.29民集39巻7
号1760頁）。

組合は、参事および会計主任を選任し、
その業務を行わせることができる（水産業
協同組合法45条1項）。参事については、
会社法の支配人の規定が準用される（同法
45条3項）。参事は登記事項である（同法
105条）。

毎事業年度に1回総会を招集し（水産
協同組合法47条の2）、定款の変更、規約、
資源管理規程等の設定等、毎事業年度内に
おける借入金の最高限度、漁業権またはこ
れに関する物権の設定等、漁業権行使規則
等の制定等について議決を行う（同法48
条）。特に定款の変更、漁業権またはこれ
に関する物権の設定等、漁業権行使規則等
の制定等については、特別多数（原則とし
て、総組合員の半数以上出席、議決権の3
分の2以上の賛成）による議決を要する
（同法50条）。なお、組合員が200人を超え
る組合は、定款の定めるところにより、総
会にかわる総代会を設けることができ、そ
の場合は総代会が総会にかわり重要事項を
議決する（同法52条）。

これらの事項は、定款で定めなければな
らない事項を除いて、規約で定めることが
できる（水産業協同組合法32条・33条）。

◆目的の範囲　組合は、その行う事業に

よってその組合員または会員のために直接の奉仕をすることを目的とするとされている（水産業協同組合法4条）が、組合の権利能力については、他の類似の協同組合や非営利法人を参考に考えればよい。

◆**自己契約**　理事は、理事会または経営管理委員会の承認を受けた場合に限り、組合と契約する（自己契約）ことができる（水産業協同組合法39条の2第2項）。なお、理事の債務を組合が保証する場合等間接取引については、法律上の規定はないが、実務上は同様の取扱いをすべきであろう。

◆**取引上の留意点**　漁業協同組合は以上のような特徴を有するので、漁業協同組合との取引にあたっては、登記事項証明書のほか、定款、規約、総会、理事会、経営管理委員会等の議事録の写し等の提供を求めて確認する必要がある。融資取引では、特に毎事業年度内における借入金の最高限度が総会の議決事項になっていることに注意する。

10814　労働組合との取引

労働組合と取引するにはどのような注意をすればよいか

結　論

① 労働組合法の規定に適合する旨の労働委員会の証明を受けた労働組合は、その主たる事務所の所在地において登記することによって、法人となることができる。

② 法人である労働組合の代表は「代表者」である。

③ 取引に際しては、登記事項証明書、組合規約、総会議事録、代表者の印鑑登録証明等の提出を求めて、代表権の有無等を確認する。

解　説

◆**労働組合の法的性格**　労働組合法上の「労働組合」とは、労働者が主体となって自主的に労働条件の維持改善、その他経済的地位の向上を図ることを主たる目的として組織する団体、またはその連合団体をいう（同法2条）。労働組合も法人となることができるが、実際には、法人格のある組合は少なく、多くの労働組合は法人格を有していないとされている（法人格のない労働組合との取引については、【10826】参照）。

◆**法人である労働組合**　労働組合法の規定に適合する旨の労働委員会の証明を受けた労働組合は、その主たる事務所の所在地において登記することによって、法人となることができる（同法11条1項）。労働組合の根本規則は「規約」である（同法5条2項）。

法人である労働組合には、1人以上の代表者が置かれ（代表者の氏名、住所は登記事項である。労働組合法11条2項・同法施行令3条4号）、複数の代表者がいる場合、労働組合の事務は原則として代表者の過半数で決める（労働組合法12条）。

代表者は、法人である労働組合のすべての事務について労働組合を代表する。ただし、規約の規定に反することはできず、また、総会の決議に従わなければならない（労働組合法12条の2）。法人である労働組合が代表者の債務を保証することその他代表者以外の者との間において法人である労

働組合と利益が相反する事項については、代表者は代表権を有せず、裁判所の選任する特別代理人と取引を行わなければならない（同法12条の5）。もっとも、他に利益の相反しない代表者がいる場合には、その代表者と取引すればよいと解される。

◆**法人である労働組合との取引上の留意点**
法人である労働組合は以上のような特徴を有するので、登記事項証明書のほか、規約、総会議事録の写し等により、代表者、代表権の有無等を確認する。融資については、資金使途について労働組合の目的と関連性を有するものであることの確認も必要であろう。

10815　健康保険組合との取引

健康保険組合と取引するにはどのような注意をすればよいか

結　論

① 健康保険組合は、一定規模以上の事業所に使用されている一般従業員を対象とする医療保険事業を行っている公法人である。

② 登記はされないが、都道府県知事名義の資格証明書および印鑑証明書が発行されるので、これにより理事長の代表権限等を確認する。

③ 借入行為については法令による制限があるから、貸出取引にあたっては、法令や組合規約等の所定の手続の遵守を確認する。たとえば、理事会決議や組合会決議の会議録（写し）、監督官庁の認可書

（写し）等の提出を求める。

解　説

◆**健康保険の意義**　国の社会保険制度の一つに医療保険があり、健康保険とは、広義では国民健康保険法、船員保険法、国家公務員・地方公務員等の各種共済組合法による医療保険も含むが、狭義では健康保険法による医療保険をいう。健康保険法による医療保険（健康保険）の被保険者の範囲は同法に定められているが（同法31条以下）、一般民間企業の従業員のほとんどはその範囲内に含まれており、そのうち一定規模以上の事業所における健康保険は、各事業所の事業主および被保険者によって組織される各健康保険組合が管掌し（組合管掌健康保険。同法6条）、それによってカバーされない被保険者については、全国健康保険協会が管掌することになっている（全国健康保険協会管掌健康保険。同法5条）。

健康保険組合とは、この組合管掌健康保険の保険者として、本来政府が行うべき医療保険事業を代行する公的機関であり、組合員たる被保険者の業務外（業務上の災害については政府管掌の労災保険が適用される）の事由による疾病等に対して保険給付（組合員およびその被扶養者の疾病・負傷・死亡・分娩に対し療養の給付および療養費・埋葬料・出産費等の給付）を行う（健康保険法52条以下）。その保険料は事業主と被保険者が半分ずつ負担することになっている（同法161条）。

◆**健康保険組合の組織・運営等**　健康保険組合は、一定数（健康保険法施行令では700人、二以上の事業主が共同して組合を

設立する場合には合算で3000人）以上の被保険者を使用する事業主が任意に設立する場合がほとんどであり（厚生労働大臣の命令による強制設立の場合もある）、事業主が組合員資格のある被用者の半数以上の同意を得て組合規約をつくり、厚生労働大臣の認可を受けることによって成立する（健康保険法 8 〜15条）。そしていったん設立されると、その事業所の被保険者は当然その組合員となる（同法17条）。

　健康保険組合は、法人格を有し（健康保険法 9 条）、法人格を有しない民法上の組合（同法667条）とは異なる。また、公法人であるため登記はされないが、都道府県庁の健康保険組合台帳に記載され、その台帳は利害関係者はだれでも閲覧できることになっている。健康保険組合の代表者は理事長であるが（健康保険法22条 1 項）、その氏名等もこの台帳に記載され、（法令上の明文はないが）その資格証明および印鑑証明（届出の事項および印鑑に相違ない旨の証明）も都道府県で行政サービスとして発行している。

　組合には議決機関として組合会（事業主および組合員により選定される組合会議員によって構成される）が置かれ、予算・決算・予算以外の義務負担・重要財産処分・組合債等やその他重要事項について議決権を有する（健康保険法18〜20条）。また、役員として理事および監事が置かれ（同法21条 1 項・ 2 項・ 4 項）、組合の事務は規約に別段の定めがある場合を除き理事の過半数をもって決する（同法22条 2 項）。また、理事長は理事のなかから選挙される（同法21条 3 項）。

◆**貸出取引上の注意点**　　健康保険組合は、

実際には賃金水準の高い大企業に設立されている場合が多いため、保険料収入も多く、財政的に余裕のあるものが多いが、健康保険組合は、公法人であるといっても、その資金使途が健康保険組合の目的の範囲内であれば、私法人と同様借入能力がないわけではない。たとえば、保険料収入と健康保険医療機関等への診療報酬支払に齟齬が生じたり、保養施設を建設したりする場合に、借入需要が生ずることは考えられる。健康保険組合は、支払上現金に不足を生じたときは、一時借入金を利用することができるが、当該会計年度内に返還しなければならない（健康保険法施行令21条）。また組合債（長期借入れ）にはこのほか厚生労働大臣の認可も要する（同施行令22条）。さらに、重要な財産の処分についても厚生労働大臣の認可を要する（同施行令23条）。

　ただ、実際には厚生労働省は、組合債については民間銀行等からの借入れはいっさい認めない方針のようであり、一時借入金についてもきびしい行政指導を行っているのが現状のようであるから、組合からそのような借入れの打診があった場合には、まず、監督官庁と十分協議するよう求めるべきである。そして、貸出実行にあたっては、理事会決議のほか、組合会決議を要するものはその会議録（写し）等により（さらに認可を要するものは認可書（写し）により）確認すべきであり、担保権の設定についても同様である。

　なお、第三者の債務のための保証・担保提供は一般に組合の目的の範囲内とは考えがたいから求めるべきでない。

10816 監査法人との取引

監査法人と取引するにはどのような注意を
すればよいか

結 論

監査法人は、公認会計士法に基づく法人
であって、主たる事務所の所在地において
設立の登記をすることによって成立する。

監査法人には無限責任監査法人と有限責
任監査法人とがある。

監査法人との取引にあたっては、登記事
項証明書および定款の写し等の提供を求め、
監査法人の種類、代表者およびその権限、
社員、責任等を確認する必要がある。

解 説

◆**監査法人の設立** 監査法人制度は、公
認会計士の独立性の維持向上と組織的監査
の推進を図り、それによって公認会計士監
査体制を万全にする目的で、昭和41年の公
認会計士法の改正により設けられたもので
ある。従来監査法人の設立には、行政庁の
認可が必要であったが、現在は認可を要せ
ず、行政庁には事後届出で足りる。

監査法人は、公認会計士法に基づき、公
認会計士等により設立される法人であり
（同法34条の2の2）、主たる事務所の所在
地において設立の登記をすることによって
成立する（同法34条の9）。監査法人が成
立したときは2週間以内に登記事項証明書
および定款の写しを添えて内閣総理大臣に
その旨を届け出なければならない（同法34
条の9の2）。監査法人の根本規則は定款

である（同法34条の7）。

監査法人には、無限責任監査法人と有限
責任監査法人とがある（公認会計士法34条
の7第4項・5項）。有限責任監査法人は、
その名称中に「有限責任」の文字を使用し
なければならない（同法34条の3第2項、
同法施行規則18条）。

監査法人の社員は、公認会計士および公
認会計士以外の者で登録を受けた者（以下
「特定社員」という）により構成されるが、
公認会計士が100分の75以上の割合でなけ
ればならない（公認会計士法34条の4、同
法施行規則19条）。

◆**監査法人の代表者・機関・責任等の概
要** 監査法人は、財務書類の監査・証明
をすること（公認会計士法2条1項）およ
び財務書類の調製・調査・財務相談をする
こと等（同条2項）を業とする（同法34条
の5）。前者の業務については、公認会計
士である社員が各自監査法人を代表し、後
者の業務については、すべての社員が各自
監査法人を代表するが、各業務について監
査法人を代表すべき社員を定めることがで
きる。監査法人の代表社員は、監査法人の
業務（特定社員については前者の業務を除
く）に関するいっさいの裁判上または裁判
外の行為をする権限を有する（同法34条の
10の3）。代表者および社員は登記事項で
ある（組合等登記令2条2項）。

監査法人の各社員は、監査法人の財産で
その債務を完済できないときは、各社員が
連帯して弁済する責任を負う（公認会計士
法34条の10の6第1項）。ただし、有限責
任監査法人の社員は、出資額を限度として
有限責任監査法人の債務の弁済責任を負う
にとどまる（同条7項）。

監査法人の社員が、自己または第三者のために監査法人と取引をしようとするとき、監査法人が社員の債務を保証することその他社員以外の者との間において監査法人と当該社員との利益が相反する取引をしようとするときは、定款に別段の定めがある場合を除き、当該社員以外の社員の過半数の承認を受けなければならない（公認会計士法34条の22第1項、会社法595条）。

◆**監査法人との取引上の留意点**　現在の監査法人制度は、上記のような特徴があり、おおむね会社法の持分会社に類した構成となっている。したがって、監査法人との取引にあたっては、登記事項証明書および定款の写し等の提供を求め、監査法人の種類、代表者およびその権限、社員、責任等を確認する必要がある。

10817　弁護士法人との取引

弁護士法人と取引するにはどのような注意をすればよいか

結　論

　弁護士法人とは、弁護士法に基づいて設立される弁護士業務等を行う特別法人である。融資取引に際しては、登記事項証明書や定款の写しによって設立の実体を確認し、代表社員を相手に法人取引を行う。通常は、業務執行社員の過半数の同意を得て取引に応ずるが、融資の資金使途、返済財源については十分検証する。

解　説

◆**弁護士法人の定義**　弁護士法人とは、平成13年の弁護士法改正により創設された、弁護士業務等を行うことを目的とする法人であり、一般社団財団法人法による法人ではなく、弁護士法に基づき設立される特別法人である。

　弁護士法人の社員は、日本弁護士連合会に備えた弁護士名簿に登録を受けた弁護士でなければならない（弁護士法30条の4第1項）。社員の数は1人でもよい。

　法人設立にあたっては、まず定款を定め、公証人の認証を受ける。定款には、目的、名称、法律事務所の所在地、所属弁護士会、社員の氏名・住所・所属弁護士会、社員の出資に関する事項、業務の執行に関する事項を記載する（弁護士法30条の8）。弁護士法人は登記をしなければならず（同法30条の7第1項）、主たる法律事務所の所在地において設立の登記をすることにより成立する（同法30条の9）。

　登記事項は目的および業務、名称（必ず「弁護士法人」の文字を用いる）、事務所の所在場所、代表権を有する者（代表社員）の氏名・住所・資格、それ以外の社員の氏名・住所等である（組合等登記令2条2項）。弁護士法人が成立したときは、その日から2週間以内に登記事項証明書および定款の写しを添えて、その旨を所属弁護士会および日本弁護士連合会に届け出る必要がある（弁護士法30条の10）。

　弁護士法人の業務範囲については、一定の制限が設けられており（弁護士法30条の5）、その範囲外の行為の効力は、対内的にも対外的にも無効と解されている。

弁護士法人の社員は、定款で別段の定めをする場合を除き、すべての者が、業務を執行する権利を有し、義務を負う（弁護士法30条の12）。

弁護士法人の業務執行権を有する社員は各自法人を代表するが、定款または総社員の同意によって特に代表社員を定めることもできる（弁護士法30条の13）。

弁護士法人の財産をもってその債務を完済することができないときは、各社員は連帯してその債務を弁済する義務を負う（弁護士法30条の15第1項）。業務を執行する社員が自己または第三者のために弁護士法人と取引しようとするとき、弁護士法人が業務を執行する社員の債務を保証することその他社員でない者との間で弁護士法人と当該社員との利益が相反する取引をしようとするときは、定款に別段の定めがある場合を除き、当該社員以外の社員の過半数の承認を受けなければならない（同法30条の30第1項、会社法595条）。

◆**取引上の留意事項**　弁護士法人との取引は、その代表社員を相手に行う。その際に、登記事項証明書や定款の写しで、法人としての実体と代表権の有無を確認する。弁護士法人の代表社員は、各自が当該弁護士法人の業務に関するいっさいの裁判上または裁判外の行為をする権限を有するが（弁護士法30条の13第3項）、通常は、業務執行社員の過半数の同意を得て取引に応ずる。融資取引に際しては、融資の資金使途、返済財源については十分検証する。

<table>
<tr><td>10818</td><td>法律事務所との取引</td></tr>
</table>

法律事務所との取引ではどのような注意をすればよいか

結　論

① 弁護士の事務所を法律事務所という。法人化していない法律事務所は、単独の弁護士が経営する事務所と複数の弁護士による共同経営の事務所がある。

② 共同経営の法律事務所は民法上の組合として取り扱えばよいが、実際上は、代表する弁護士個人との取引の場合も多い。

解　説

◆**法律事務所**　弁護士の事務所を法律事務所という（弁護士法20条1項）。法律事務所は、その弁護士の所属する弁護士会の地域内に設け、所属弁護士会および日本弁護士連合会に届け出なければならない（同法20条2項・21条）。従来法律事務所には法人格がなく、その経営は単独の弁護士による個人経営または複数の弁護士による共同経営に限られていたところ、平成13年の弁護士法改正により弁護士法人の制度（【10817】参照）が創設された。しかし、現状では、なお、多くの法律事務所は法人化していない。

◆**法律事務所の経営**　法人化していない法律事務所の経営形態は、大別すると、単独の弁護士が経営者となり、当該弁護士のみで、または1人もしくは複数の弁護士（勤務弁護士）を雇用して弁護士職務（弁護士法3条）を行う形態（以下「単独経

営」という）と、複数の弁護士が共同経営者となり、複数の弁護士を雇用して弁護士職務を行う形態（以下「共同経営」という）とがある。共同経営において共同経営者である弁護士を、一般にパートナー弁護士と呼ぶことが多い。

◆**法律事務所との取引**　単独経営の法律事務所との取引の相手方は、当該法律事務所を経営する弁護士個人であり、預金取引も融資取引等も一般の個人取引と変わるところはない。ただし、預金取引においては、弁護士が受任した事件に関し依頼者から資金を預かり、弁護士個人の口座とは別に預金口座を作成することがあり、その預金の帰属について争いになることがあるので注意を要する（弁護士のいわゆる預り金口座の問題については【10899】参照）。なお、弁護士であるかどうかは、会員証、所属弁護士会の証明書などのほか、日本弁護士連合会HPでも検索できる。

共同経営の法律事務所における共同経営者の関係は、一般に民法上の組合と解されている。しかし、金融機関との取引は、実際には、共同経営者中の代表弁護士が個人として取引する場合が多いと考えられる。この場合は、単独経営の場合と同じである。

共同経営の法律事務所において、法律事務所を取引主体として取引を行う場合は、一般の民法上の組合との取引（【10828】参照）に準じて考えればよい。すなわち、パートナー弁護士のうちから業務執行を行う弁護士1名を代表者として、その弁護士に当該法律事務所の業務執行を行う権限が付与されていることを示す契約等の写しの提供を受けて取引を行う。債権債務の帰属は組合の規定に準じて考えることになる。融

資取引を行うときは、必要に応じ、パートナー弁護士のうちから代表あるいは主要な弁護士に連帯保証や担保提供をしてもらうことが考えられる。

なお、預金取引における預り金口座は、共同経営の法律事務所であっても個々の弁護士が作成する場合も多いと思われる。なお、弁護士に関連した特有の取引として、民事訴訟手続や民事保全手続における担保提供の方法としての支払保証委託契約（民訴規29条、民保規2条等）があるが、これについては【50205】参照。

10819　税理士法人との取引

税理士法人と取引するにはどのような注意をすればよいか

結　論

税理士法人とは、税理士法に基づき設立される税理士業務を組織的に行う特別法人である。融資取引に際しては、登記事項証明書や定款写しによって設立の実体を確認し、代表社員を相手に法人取引を行う。ただし、社員が1人になったときは法人が解散される可能性があり、個人融資に切り替えるなどの対応が必要となる。

解　説

◆**税理士法人とは**　税理士法人は、平成13年の税理士法改正により創設された、税理士業務を組織的に行うことを目的とする法人で、税理士法によって認められた特別法人である。

税理士は、2人以上の税理士が共同して、税理士法人を設立することができる（税理士法48条の2）。社員が1人となり6カ月を経過したときは、法人は解散する（同法48条の18第2項）。

◆税理士法人の設立　税理士法人を設立するには、2人以上の税理士が共同して定款を作成し、公証人の認証を受ける（税理士法48条の8第1項・2項）。定款には目的、名称（必ず「税理士法人」の文字を用いる）、事務所の所在地、社員の氏名・住所、社員の出資に関する事項、業務の執行に関する事項等を記載する（同条3項）。税理士法人は、その主たる事務所の所在地において設立の登記をすることで成立する（同法48条の9）。また、成立の日から2週間以内に、その旨を事務所の所在地を含む地域に設立されている税理士会を経由して、日本税理士会連合会に届け出なければならない（同法48条の10第1項）。

◆税理士法人の代表者等　業務を執行する社員は各自税理士法人を代表するが、定款または定款の定めに基づく社員の互選によって、業務を執行する社員のなかから税理士法人を代表する社員を定めることができる。代表社員は、税理士法人の業務に関するいっさいの裁判上または裁判外の行為をすることができる（税理士法48条の21第1項、会社法599条）。なお、代表者および社員の氏名、住所は登記事項である（組合等登記令2条2項）。

社員は、税理士法人の財産をもって税理士法人の債務を完済できない場合には、各自連帯して弁済する責任を負う（税理士法48条の21第1項、会社法580条1項）。

社員が自己または第三者のために税理士法人と取引をしようとするとき、税理士法人が社員の債務を保証すること、その他社員以外の者との間において税理士法人と当該社員との利益が相反する取引をしようとするときは、定款に別段の定めがある場合を除き、当該社員以外の過半数の承認を受けなければならない（税理士法48条の21第1項、会社法595条）。

◆取引上の留意事項　税理士法人との融資取引における留意事項は、弁護士法人の場合とおおむね同様である（【10817】参照）。登記事項証明書と定款の写しで、法人の実体と業務の内容、代表権等を確認する。ただし、社員が1人となったときは法人の解散が考えられるので、取引先を税理士個人に切り替えるなどの対応が必要となる。税理士法人は営利目的の法人ではないので、融資取引ではその資金使途や返済財源の検証を入念に行う。

10820　税理士事務所との取引

税理士事務所との取引ではどのような注意をすればよいか

結　論

　税理士は、開業税理士、補助税理士または税理士法人の社員税理士のいずれかとして登録され、税理士事務所を設けるのは開業税理士である。税理士事務所と取引する場合は、事務所を設置する開業税理士と行う。

解　説

◆**税理士と税理士事務所**　　税理士の資格を有する者が税理士になるには、開業税理士、補助税理士または社員税理士のいずれかとして日本税理士会連合会の有する税理士名簿に登録する（税理士法18条、同法施行規則8条）。補助税理士とは、他の税理士または税理士法人の補助者として税理士業務に従事する者をいい（税理士法2条3項、同法施行規則8条2号）、社員税理士とは税理士法人の社員たる税理士である。補助税理士は、従来、税理士登録しているにもかかわらず、他の税理士事務所に勤務して業務を行っていた税理士（「勤務税理士」などと呼ばれていた）の立場を明確にしたものである（平成13年税理士法改正）。

　開業税理士は、自ら税理士業務を行うための事務所を設けなければならず（1人1事務所）、その事務所は税理士事務所と称する（税理士法40条1項・2項）。なお、この名称に関する規定は義務規定とまではされておらず、この規定以前から会計事務所等と称していた事務所はその名称をそのまま使用していることもある。なお、税理士法人については、【10819】参照。

◆**税理士事務所との取引**　　税理士の制度は上記のようになっているので、税理士事務所との取引としては、当該税理士事務所を設ける開業税理士個人と取引を行うことになる。税理士登録の確認は、日本税理士会連合会の発行する税理士証票の提示を受ける（日本税理士会連合会のHPで検索することも可能）。

10821　司法書士法人との取引

司法書士法人と取引するにはどのような注意をすればよいか

結　論

　司法書士法人とは、司法書士業務を組織的に行うために、司法書士法によって設立が認められた特別法人である。融資取引に際しては、設立登記の登記事項証明書や定款写しにより法人としての実体と代表権等を確認する。通常は代表社員と法人取引を行うが、社員が1人となった場合には法人が解散される可能性があり、社員との個人融資へ切り替えるなどの対応が必要である。融資取引は、その資金使途や返済財源の検証を十分行うべきである。

解　説

◆**司法書士法人とは**　　司法書士法人とは、平成14年の司法書士法改正によって創設された、司法書士業務を組織的に行うことを目的とする法人で、同法によって認められた特別法人である。

◆**司法書士法人の設立**　　司法書士法人は、社員になろうとする2人以上の司法書士が共同して定款を定め（司法書士法32条1項）、その主たる事務所の所在地において設立の登記をすることにより成立する（同法33条）。ただし、社員が1人となり6カ月を経過したときは、法人は解散する（同法44条2項）。

◆**司法書士法人の代表者等**　　社員は司法書士に限られ（司法書士法28条1項）、原

則として全社員が業務執行権を有し（同法36条1項）、各自司法書士法人を代表する。ただし、定款または総社員の同意をもって、代表社員を定めることができる（同法37条1項）。なお、代表者および社員の氏名、住所、代表権の範囲または制限に関する定めは登記事項である（組合等登記令2条2項）。

　司法書士法人の財産をもって司法書士法人の債務を完済できない場合には、各社員は、連帯して弁済する責任を負う（司法書士法38条）。

　社員が自己または第三者のために司法書士法人と取引をしようとするとき、司法書士法人が社員の債務を保証することその他社員でない者との間において司法書士法人と当該社員との利益が相反する取引をしようとするときは、定款に別段の定めがある場合を除き、当該社員以外の過半数の承認を受けなければならない（司法書士法46条2項、会社法595条）。

◆**取引上の留意事項**　司法書士法人との融資取引における留意事項は、税理士法人の場合とおおむね同様である（【10819】参照）。登記事項証明書と定款の写しで、法人の実体と業務の内容や代表権等を確認する。1人法人は認められないので、社員が1人となるときは司法書士個人の取引へ切り替えるなどの対応が必要である。司法書士法人は営利目的の法人ではないので、融資取引の際はその資金使途や返済財源の検証を十分に行うべきである。

10822　地方公営企業との取引

地方公営企業と取引するにはどのような注意をすればよいか

結　論

① 　地方公営企業とは、地方公共団体が経営する水道・電気・ガス・自動車運送等の企業であり、地方公営企業法の適用がある。

② 　代表者は事業ごとに置かれる管理者（管理者が置かれていないときは当該地方公共団体の長）である。管理者は地方公共団体の場合と異なり、出納の権限もあわせもつ。

③ 　地方公営企業の建設、改良等に要する資金にあてるため起こす地方債（企業債といわれる）は、地方公共団体が起債し、地方公営企業では起債しない。

④ 　管理者は、予算内の支出をするため、一時の借入れをすることができる。その償還は、当該事業年度内に行うのを原則とするが、例外的に借り換えることも認められている。

解　説

◆**地方公営企業の意義**　地方公営企業とは、地方公共団体が自ら管理し独立採算的に経営する企業のうち、水道事業（簡易水道事業を除く）、工業用水道事業、軌道事業、自動車運送事業、鉄道事業、電気事業、ガス事業等を行うものである。これらの特定の事業については、地方公営企業法の適用を受ける（同法2条）。同法は、その組

織、財務等について経営の根本基準を定めている。また、病院事業については同法の一部が適用される。さらに、地方公共団体は同法施行令で定める基準に従って、条例等によって、その経営する企業に同法の全部または一部を適用することができる。

地方公営企業は、それ自体では法人格を有しておらず、あくまでも地方公共団体の組織の一部をなすものであって、本来、一般の行政庁と同様の性質をもつものであるが、組織、会計等をできるだけ独立的に取り扱い、その合理的・能率的な運営ができるよう図られている。

地方公営企業はこのような組織であるため、地方公共団体による種々の制約があり、その代表者である管理者の業務執行権にも制約が多い。

◆**管理者**　地方公営企業には、その業務を執行させるため、地方公共団体の長の指揮監督のもとに、原則として事業ごとに管理者が置かれている（地方公営企業法7条）。管理者は、地方公共団体の長が任命する（同法7条の2第1項）。したがって、管理者であること、および使用印鑑の確認資料は、地方公共団体の長の発行する資格証明書および印鑑登録証明書である。

管理者を置かないときは、地方公共団体の長が管理者の権限を行う（地方公営企業法8条2項）。管理者は、法令に特別の定めがある場合や一定の事項（予算の調製、議会の議決を要する事件についての議案の提出、決算を監査委員の審査および議会の認定に付すこと等）を除いて地方公営企業の業務の執行に関し、当該地方公共団体を代表する権限および出納その他の会計事務を行う権限を有する（同条1項・9条・27

条）。したがって、基本的には、預金取引、貸出取引を問わず管理者を相手として契約の締結、貸付金の交付を行えばよい。なお、実際の会計事務を行うため、管理者により任命された企業出納員（必置）および現金取扱員（任意）が置かれる（同法28条）。

◆**地方公営企業の借入れ**

（1）地方債　地方公共団体が地方公営企業の建設・改良等に要する資金にあてるために起こす地方債（企業債）は、地方公共団体が起債し、地方公営企業では起債しない。

（2）一時借入金　管理者は、予算内の支出をするため一時の借入れをすることが認められている（地方公営企業法29条1項）。この一時借入金についても、地方公共団体の場合と同様に、予算において借入最高限度額（借換え分の借入金も含まれる）を定めることとされている（同法施行令17条1項6号）ので、貸出にあたっては予算書（写し）、予算に関する説明書（写し）、執行手続（計画）（写し）等の提出を求めて、確認を行う。

この一時借入金は、原則として当該事業年度（地方公共団体の会計年度による。地方公営企業法19条）内に償還することとされているが、資金不足のために償還できない場合は、償還できない金額を限度として、かつ1年以内に償還することを条件として借り換えることも認められている。ただし、借入金をもってこれを償還するようなことをしてはならない（同法29条2項・3項）。

なお、地方公共団体の財政の健全化に関する法律（平成21年4月施行）により、地方公共団体は、地方公営企業の資金不足比率が経営健全化基準以上である場合は、経

営健全化計画を定め、早期の健全化を図ることが求められる（地方公営企業法22条以下）。

10823　マンション管理組合との取引

マンション管理組合と取引するにはどのような注意をすればよいか

結　論

マンション等の管理組合が法人格を有するものか否かを確認する。法人格を有する場合はマンション管理組合自身が取引の主体となりうるが、法人格を有しない場合は、権利能力なき社団に該当するか否かを検討する。

解　説

◆**マンション等の管理組合**　マンション等の区分所有建物（いわゆる「マンション」に限られない）の区分所有者は、全員で建物ならびにその敷地および附属施設の管理を行うための団体を構成する（区分所有法3条）。この団体を一般に管理組合というが、管理組合は、区分所有者および議決権の各4分の3以上の多数による集会の決議で法人となる旨、その名称、事務所を定め、主たる事務所の所在地で登記をすることによって法人となることができ、これを管理組合法人という（同法47条）。したがって、マンション等の管理組合には、法人格を有するものと有しないものがあることになる。

なお、いわゆる団地については、全員で、その団地内の土地、附属施設および専有部分のある建物の管理を行うための団体を構成し、一般の区分所有建物の規定が準用される。法人化した場合、団地管理組合法人という（区分所有法65条以下）。

◆**管理組合法人**　管理組合法人はその名称中に「管理組合法人」という文字を用いなければならず、管理組合法人以外が「管理組合法人」という文字を用いることはできない（区分所有法47条2項・48条）。

管理組合法人の事務は、保存行為を除き、集会の決議によって行うのが原則であるが、一定の事項を除いて、規約で特に定めたときは理事その他の役員が決するものとすることができる（区分所有法52条）。一般に、理事が複数いる場合には、かかる規定に基づいて、管理組合法人の業務執行に関する意思決定を理事会で行う旨の規約が定められていることが多い。そして、この場合、当該理事会における当該事項の表決数に関して規約に別段の定めがない場合には、理事の過半数で決せられることになる（同法49条2項）。

管理組合法人の業務執行に関しては、理事が管理組合法人を代表するものとされるが（区分所有法49条3項）、規約もしくは集会の決議によって、管理組合法人を代表すべき理事を定め、もしくは数人の理事が共同して管理組合法人を代表すべきことを定め、または規約の定めに基づき理事の互選によって管理組合法人を代表すべき理事を定めることができる（同条5項）。そして、管理組合法人の理事、代表理事、共同代表理事の代表権に対して、規約・集会決議等によって制限を加えても、当該制限は善意の第三者に対抗することはできない

（同法49条の2）。なお、共同代表の定めは登記事項とされている（組合等登記令2条2項6号）。

管理組合法人には監事が置かれ、管理組合法人の財産状況や理事の業務の執行を監査する（区分所有法50条）。管理組合法人と理事の利益とが相反する事項については、監事が管理組合法人を代表する（同法51条）。

管理組合法人の財産をもってその債務を完済することができないときは、区分所有者は、原則としてその所有する専有部分の床面積の割合で、分割無限責任を負う（区分所有法53条）。

◆**管理組合法人との取引**　管理組合法人は以上のような法人であるので、管理組合法人と取引を行うに際しては、登記事項証明書、規約の写し、集会議事録の写し、印鑑登録証明書等の提出を求め、管理組合法人であること、代表者、代表権の制限、および当該取引を行うことが承認されていることの確認を行う。融資取引等については特に規約を確認し、規約で定められたとおり集会決議等がなされているかを確認する必要がある。管理組合法人の債務については、上記のとおり、各区分所有者は床面積に応じて無限責任を負うが、実際に個々の区分所有者の責任を追及することは容易ではないので、物的担保や理事あるいは有力な区分所有者の連帯保証を取得すること等を検討すべきである。

◆**法人格のない管理組合**　管理組合は、区分所有建物が存在すれば、区分所有者を構成員として法律上当然に成立する団体である。区分所有者が2人しかいないものから100人以上の大規模なものまでさまざまであり、その法的性格も、法人化したもの

を除き、民法上の組合に該当するものやいわゆる権利能力なき社団に該当するものなどがある。

◆**法人格のない管理組合との取引**　法人格を有しない管理組合であっても、法人と同様の実体を備えた団体性の強いものは、「権利能力なき社団」として独立の取引主体となりうる（【10826】参照）。管理組合が「権利能力なき社団」といえるためには、団体としての組織を備え、多数決の原則が行われ、区分所有者（構成員）の変更にもかかわらず管理組合（団体）が存続し、代表の方法、集会の運営、財産の管理等、団体としての主要な事項が確定していなければならない。

法人格を有しない管理組合には当然登記がないから、管理組合の規約により、上記の点を確認したうえ、具体的に代表者、代表者の権限、当該取引についての決議等に係る集会の議事録の写し等の提出を求めて確認する。印鑑証明書は、代表者個人の印鑑登録証明書の提出を求める。

特に融資取引を行うには、規約の定めや集会決議の有無等をよく確認する必要がある。実務上は、物的担保や理事あるいは有力な区分所有者の連帯保証を取得すること等を検討すべきである。

◆**管理者**　法人ではない管理組合は、管理者を置くことができる（区分所有法3条・47条11項）。すなわち、区分所有者は、共用部分や区分所有者の共有する敷地および附属施設に関し、その保存、集会決議の実行その他の行為を行わせるため、規約に別段の定めがない限り、集会の決議によって管理者を選任することができる（同法25条）。管理者は、その職務に関して各区分

所有者を代理する（同法26条）。

　管理組合が、マンション管理業者を管理者として、修繕積立金等を管理させることがある。この場合、マンション管理業者には、財産の分別管理義務がある（マンションの管理の適正化の推進に関する法律76条）。たとえば、修繕積立金等が金銭の場合、マンション管理業者は、原則として、管理組合またはその管理者を名義人とする預金口座で管理し、その印鑑、預貯金の引出用のカード等を保管してはならないとされている（同法施行規則87条）。

| 10824 | 地縁団体との取引①
――預金取引 |

町内会等地縁団体と預金取引をする場合、どのような注意をすればよいか

結　論

　法人格を取得している地縁団体と預金取引を行う場合には、市町村長の発行する地縁団体の告示事項の証明書（台帳の写し）または認可地縁団体印鑑登録証明書の提出を受け、本人確認をしたうえで、その代表者を相手方として取引を行う。また、法人格を取得していない地縁団体と預金取引を行う場合には、その団体が権利能力なき社団、民法上の組合または単なる任意団体のどれに該当するかを確認のうえ、【10826】【10827】【10828】に述べるところに従い取引を行う。

解　説

◆**地縁団体**　自治会、町内会といった地

縁団体はその多くが法人と同様のルールで運営されているにもかかわらず、これまでは法人格を取得する道が開かれておらず、いわゆる権利能力なき社団として位置づけられていた。しかし、平成３年４月２日に地方自治法が改正・施行され、市町村長の認可を受けることにより地縁団体も法人格を取得することが可能となった（同法260条の２第１項）。

◆**法人格を取得した地縁団体との預金取引**

法人格を取得した地縁団体と預金取引を行う場合、その代表者を取引の相手方とする。

　ところで、市町村長が地縁団体を認可した場合、代表者の氏名および住所等一定の事項を告示するとともに、これらを記載した台帳を作成することになっており（地方自治法260条の２第10項、同法施行規則19条１項１号・21条２項。なお、法人登記簿に登記されることはない）、だれでも市町村長に対し告示事項に関する証明書を請求することができることとされ（同法260条の２第12項、同法施行規則21条１項）、この証明書の交付の請求をしたときは、末尾に原本と相違ない旨が記載された台帳の写しが交付されることになっている（同法施行規則21条２項）。また、認可された地縁団体の代表者は１人のみである（同法260条の５）。したがって、この証明書（台帳の写し）により地縁団体の代表者を確認することができる。

　一方、認可された地縁団体は市町村に印鑑を登録することが可能であり、また、印鑑登録を受ける資格を有する者は認可された地縁団体の代表者等に限られているので、市町村長から交付される認可地縁団体印鑑登録証明書によっても代表者の確認が可能

である。

◆法人格未取得の地縁団体との預金取引

前述したように、地縁団体は法人格を取得していない場合でもその多くは法人と同様のルールで運営されており、いわゆる権利能力なき社団と位置づけられている。しかし、必ずしもそのすべてが権利能力なき社団としての要件を備えているとは限らず、なかには、民法上の組合あるいは単なる任意団体とみなされるものもあると考えられる。したがって、法人格未取得の地縁団体と預金取引を行う場合には、その団体の性格を確認したうえで、【10826】【10827】【10828】に述べるところに従って取引を行う。

10825 地縁団体との取引②──貸出取引

町内会等地縁団体と貸出取引するにはどのような注意をすればよいか

結　論

　その地縁団体が法人格を有するもの（認可地縁団体）か有しないものかを確認する。法人格を有する場合は地縁団体自身が取引の主体となりうるが、法人格を有しない場合は権利能力なき社団との取引に準じて取引を行う。

解　説

◆地縁団体が法人格を有する場合

　(1)　地縁団体の認可　　自治会、町内会等の地縁団体は、一般に法人格を有していないが、平成3年4月2日に施行された地方自治法の改正により、地縁団体についても、一定の要件のもとで、法人格が付与されることとなった。すなわち、地縁団体（町または字の区域その他市町村内の一定の区域に住所を有する者の地縁に基づいて形成された団体）であっても、「地域的な共同活動のための不動産又は不動産に関する権利等を保有するため市町村長の認可を受けたときは、その規約に定める目的の範囲内において、権利を有し、義務を負う」（同法260条の2第1項）とされ、市町村の認可を受けた地縁団体は、法人格を与えられるとともに、不動産の所有権等の登記名義人となることができることとなった。

　市町村長の認可（法人化）の要件は、上記の地縁団体のうち、①その区域の住民相互の連絡、環境の整備、集会施設の維持管理等良好な地域社会の維持および形成に資する地域的な共同活動を行うことを目的とし、現にその活動を行っていると認められること、②その区域が、住民にとって客観的に明らかなものとして定められていること、③その区域に住所を有するすべての個人が構成員となることができ、その相当数の者が現に構成員となっていること、④目的、名称、区域、主たる事務所の所在地、構成員の資格に関する事項、代表者に関する事項、会議に関する事項、資産に関する事項等について規約が定められていることである（地方自治法260条の2第2項・3項）。

　市町村長は、地縁団体の法人化を認可したときは、名称、規約に定める目的、区域、主たる事務所、代表者の氏名および住所、裁判所による代表者の職務執行の停止の有無ならびに職務代行者の選任の有無、代理

人の有無、規約に解散事由を定めたときは
その事由、認可年月日等を告示するととも
に、これらを記載した台帳を作成すること
になっている（地方自治法260条の2第10
項、同法施行規則19条1項1号・21条2項）。

（2）　代表権限の確認　　市町村の認可を
受けた地縁団体は、1人の代表者を置かな
ければならない（地方自治法260条の5）。
代表者は認可地縁団体のすべての事務につ
いて認可地縁団体を代表する。ただし、規
約の規定に反することはできず、また総会
の決議に従わなければならない（同法260
条の6）。また、法人登記簿に登記される
ことはない。

したがって、貸出取引に際しては、市町
村が告示する事項を記載した地縁団体台帳
の写し（告示事項に関する証明書）の提出
を求めて、認可地縁団体の代表者の氏名、
住所、権限等を確認する。また、認可地縁
団体は市町村に代表印を登録することがで
きるので、代表者の印鑑登録証明書提出も
求める。

さらに、規約（写し）により、代表権の
制限あるいは借入行為について総会の承認
を要する等の特別の定めがないかを確認し、
もし総会の承認を要する場合は総会議事録
（写し）の提出を求めて、その借入行為が
有効なことを確認する。

担保設定・保証行為等において地縁団体
とその代表者との利益相反する取引につい
ては、裁判所による特別代理人の選任を要
する（地方自治法260条の10）。

◆**地縁団体が法人格を有しない場合**　　法
人格を有しない地縁団体であっても法人と
同様の実体を備えた団体性の強いものは、
「権利能力なき社団」（【10826】参照）とし

て独立の取引主体となりうる。

しかし、権利能力なき社団の代表者につ
いては登記がないので、規約（写し）を求
めて、その選任方法、代表権の制限の有無
あるいは借入行為について総会の承認を要
する等の特別の定めがないかを確認し、も
し総会の承認を要する場合は、総会議事録
（写し）の提出を求めて、その借入行為が
有効なことを確認する。

印鑑登録証明書は、代表者個人のものを
求めて本人確認の一資料とする。

権利能力なき社団はその財産の範囲にお
いてしか責任を負わないので、実務上は、
代表者および団体の有力者の連帯保証や物
的担保の提供を求めるべきである。

なお、地縁団体が実質的に共同活動のた
めの不動産または不動産に関する権利等を
保有する場合であっても、不動産登記上権
利主体となることができないことに注意を
要する。

10826	権利能力なき社団との取引

権利能力なき社団と取引するにはどのよう
な注意をすればよいか

―――――――――――――――

結　論

①　**権利能力なき社団とは、社団としての
実体を備えながら、法人設立の手続をと
らないため、あるいは法律の定める要件
を満たさないために法人格を有しない人
の集まり（社団）をいい、構成員とは別
の独立した取引主体となりうる。**

②　**権利能力なき社団との取引は、権利能**

力なき社団と認められるかどうかを検討し、規約、総会議事録等により、代表者、代表権の範囲等を確認して行う。

解　説

◆**権利能力なき社団とは**　人が集まって形成する団体にはさまざまなものがあるが、そのなかには、社団としての実質を備えながら、法人設立の手続をとらないため、あるいは法律の定める要件を満たさないために法人格を有しない団体がある。これを「権利能力（法人格）なき社団」という。そして、権利能力なき社団については、性質上可能な限り、社団法人に関する規定が類推適用されるべきであると解されている。従来、非営利法人は民法に基づき設立されたが、公益目的を有するものに限られ、かつ主務官庁の許可を要する許可主義がとられていたため、特別の法律ある場合を除き、特に公益目的でも営利目的でもない社団が法人格を取得することは困難であった。しかし、平成14年に中間法人法が、さらに同法も吸収する形で、平成20年に一般社団財団法人法が施行され、一定の要件を満たせば法人を設立できる（準則主義）こととなった（【10800】参照）。

最判昭39.10.15（民集18巻8号1671頁）によれば、権利能力なき社団といいうるためには、団体としての組織を備え、多数決の原理が行われ、構成員の変更にもかかわらず団体そのものが存続し、その組織によって、代表の方法、総会の運営、財産の管理など団体としての主要な要件が確定している必要があるとされている。

◆**権利能力なき社団との取引**　権利能力なき社団は性質上、可能な限り社団法人に関する規定が類推適用されるべきであり、その所有する財産は、構成員に総有的に帰属し（構成員は使用収益権を有するが、持分はなく、分割請求もできない）、個々の構成員に帰属するものではないとされている。そうはいっても、法人登記がなく、また所有財産帰属の公示が不明確（特に、不動産について、権利能力なき社団名義での登記ができない）であることなど、法人に比べて確認のむずかしい点が多いことに留意する必要がある。

取引にあたっては、規約、総会議事録等の写しの提供を求め、社団の目的、内部手続、代表者、代表権の制限の有無・内容等を確認する。印鑑証明については、代表者個人の印鑑登録証明書の提出を受ける。

預金取引については、法人の場合とほぼ同様に取り扱ってよい。預金債権は、社団に総有的に帰属するのであるから、払戻請求権は代表者または代表者から委任を受け代理権を有する者のみが行使することができ、個々の構成員が払戻しを請求することはできない。

借入れ等の債務も、社団に総有的に帰属し、社団の総有する財産の範囲においてしか責任を負わず、構成員個人に対して責任を問うことはできない（最判昭48.10.9民集27巻9号1129頁）。したがって、融資取引においては、代表者および社団の有力者の連帯保証や物的担保の提供を求めるべきである。不動産の登記名義が第三者の場合、判例上、当該不動産に対して強制執行する際に、当該不動産が社団の総有に属することを確認する旨の債権者と社団および登記名義人との間の確定判決を要し（最判平22.6.29民集64巻4号1235頁）、また、当

該不動産に対して仮差押命令の申立をする際にも、確定判決は不要であるものの、当該不動産が社団の総有に属する事実を証する書面を要することになるため（最判平23．2．9民集65巻2号665頁）、物的担保の提供を受けるときはその物件の所有権の帰属を明確にすべく、確認書等を求めるべきである。

10827 権利能力なき社団とは認められない団体との取引

「……会　代表○○○○」等、権利能力なき社団とは認められない団体との取引を行う場合は、どのような注意をすればよいか

結　論

① 預金取引については、従来このような名義での取引が行われており、受け入れることもやむをえないが、預金の帰属をめぐる紛争に巻き込まれる可能性があることに留意すべきである。

② 融資取引は回避すべきである。

解　説

法人格を有さず、権利能力なき社団とも認められない団体を広く一般に任意団体と呼ぶが、任意団体にも民法上の組合と解されるものから、一時的な団体や個人に屋号等を付しただけのようなものまでさまざまなものがあり、一概には論じられない。ここでは便宜上、一般に任意団体と呼ばれるもののうち、民法上の組合と解されないものを（狭義の）「任意団体」と呼んでおく。

任意団体は、規約、組合契約等が存在しないことが多く、組織体制が不明確な単なる人の集まりであって、本来、独立の取引主体とは考えにくい。しかし、「……会代表○○○○」等の名義での預金取引は従来行われており、その社会的ニーズも小さくない。そこで、このような預金取引申込みも受け入れざるをえない。この場合、預金債権の帰属を考えると、団体に独立性がない以上、構成員の共有となるか、代表される個人に帰属すると考えることになろう。たとえば一時的な親睦会のような場合には、資金の出えん者は構成員であり、その資金は出えん者のために利用されるべきものであるが、法律的には代表者個人が構成員から預かった資金を個人として預金していると解すべき場合も多いであろう。ただし、預金の帰属は、実際上どのような形で争われるか（金融機関との関係か、債権者との関係か、「預金者」であると主張する者同士か）によっても異なるため、一概に決めることは困難であり、任意団体名義の預金をめぐる紛争に巻き込まれるリスクを有することに留意は必要である。

もっとも、「代表者」には、原則として払戻請求その他日常の預金取引に関する権限があると解される。

預金取引でも当座預金取引は極力回避すべきであり、やむをえず受け入れるときは、代表者の権限、団体の規約、会則等を確認のうえ行うべきである。

任意団体との融資取引は回避すべきである。債務者および責任財産が明確ではないからである。必要な場合は、代表者個人を借入人とし、有力な構成員を連帯保証人に求めるなどの対応を検討すべきである。

10828　民法上の組合との取引

民法上の組合と取引するにはどのような注意をすればよいか

結　論

① 民法上の組合は、組合員となる者数人が出資して共同事業を営むことを契約することによって成立するが、法人格はない。

② 組合との取引では、あらかじめ決められた業務執行者に代表してもらって取引を行う。その際は、組合契約書とともに、委任関係を示す組合員全員の署名ある書面または総会の議事録（いずれも全員の印鑑登録証明書添付）による確認が必要である。

③ 組合員全員の共有名義の財産の担保取得は全員との間で設定契約を締結しなければならない。

④ 原則として業務執行者および有力な組合員を連帯保証人とする。

解　説

◆**民法上の組合の意義**　民法上の組合は、組合員となる数人の各当事者が出資して共同事業を営むことを契約することによって成立する団体であるが（同法667条1項）、比較的小規模で、その法的団体性は弱い。したがって、社団のように法人格を付与するに適した団体とはいえず、法制上もこの民法上の組合には法人格を与えていない。この点、特別法によって法人格が付与され、団体としての性格も異なる特別法上の組合

（中小企業等協同組合法による各種の協同組合等）と区別される。

なお、商法に匿名組合という制度がある。これは、当事者の一方（匿名組合員）が、相手方（営業者）の営業のために出資をなし、営業者はその営業より生ずる利益を匿名組合員に分配することを約する契約により効果を生ずるものであって（同法535条）、民法上の組合とは異なる（【10829】参照）。

◆**組合の業務の執行**　組合の業務の執行は組合員の過半数の決議で行うが（民法670条1項）、組合契約によりあらかじめ業務執行者を定めて、その者が組合員全員を代表して取引を行うこともできる（同条2項）。そこで、組合と取引をするには、この業務執行者を決めてもらって、その者と取引を行えばよい。

この執行者の権限を確認するには、組合契約のほかに、全員の委任を証する全員の署名ある書面、または総会の議事録（いずれも全員の印鑑登録証明書添付のこと）によることが必要である。

なお、組合内部の業務執行に関しては上記のような規定が改正前の民法に置かれていたものの、対外的権限については明文規定がなかったことから、平成29年成立の民法改正により、上記のような組合内部の業務執行に関する規律を参考にして、組合員の代理に関する規定が新設された（改正民法670条の2）。

◆**担保の取得、取引上の注意**

（1）担保の取得　組合の財産は組合員全員の共有であるが（民法668条）、普通の共有と異なり組合員は持分を自由に処分できず、また清算前に財産の分割請求をすることもできない（同法676条）。不動産は、

代表者個人名義で登記されることもあるが、全員の共有の登記をするのが原則である。組合の財産の処分は、本来、業務執行として、組合契約で定められたところに従い、業務執行者が行うことができるが、共有名義の組合の財産を担保に取得するには、全員との間で設定契約を行う必要がある。

なお、組合の債務については、各組合員は個人財産による分割・無限責任を負い、債権者は、組合員の損失分担割合を知らない限り各組合員の個人財産に対して等しい割合で権利行使ができる（民法675条）。この点は、権利能力なき社団より債権者に有利であるといえる。組合が共同事業体でその構成員が会社である場合、共同事業体がその事業のために負担した債務は、構成員である会社にとって自らの商行為により負担した債務というべきものであるから、各構成員は、商法511条１項により連帯債務を負う（最判平10.4.14民集52巻３号813頁）。

（2）取引上の注意　組合は法人格がなく、その団体性は弱く、債権保全面での問題が生じやすいので、貸出取引にあたっては、業務執行者および有力組合員を連帯保証人とする必要がある。

なお、前記の方法によれないとき、たとえば全員の委任を証する署名文書（授権の確認書）の提出を得られないときは、業務執行者個人との取引として取り扱う。この場合も他の有力な組合員等に連帯保証を求めるべきであろう。

商法上の匿名組合と取引するにはどのような注意をすればよいか

結論

① 匿名組合は、当事者の一方（匿名組合員）が相手方（営業者）の営業のために出資をなし、その営業より生ずる利益を匿名組合員に分配することを約する契約により成立するもので、法人格はない。

② 匿名組合は実質的には出資者の匿名組合員と営業者との共同企業形態であるが、組合員の出資は営業者の財産に帰属し、組合員は対外的責任を負わないので、組合との貸出取引は営業者との取引として扱い、組合員その他の有力者を連帯保証人に求める等保全面の注意を要する。

解説

◆匿名組合の意義と対内関係　匿名組合は、商法上の組合で、当事者の一方が相手方の営業のために出資をし、相手方はその営業から生ずる利益を分配することを約する契約により成立する（同法535条）。この出資を行う者を匿名組合員といい、相手方である営業を行う者を営業者という。匿名組合員は商人・非商人を問わないが、営業者は常に商人でなければならない。

匿名組合は、特別の契約により資本と労力の結合を目的とする点で合資会社に類似する共同企業形態であるが、企業自体は営業者の単独事業であり、法人格はない。

匿名組合員の出資は金銭その他の財産出

資に限り、労務または信用であることはできない（商法536条2項）。そして、匿名組合員の出資は営業者の財産に帰属し（同条1項）、民法上の組合（【10828】参照）のように組合員の共同事業（同法667条）や組合財産の共有（同法668条）といった観念はない。

匿名組合員は、営業者に対し、その営業から生ずる利益の分配請求権を有する（商法535条）が、出資額を限度として損失分担義務を負い、出資が損失により減少したときは、これをてん補した後でなければ利益の分配を請求できない（同法538条）。また、匿名組合員は、業務執行・代表権をもたず（同法536条3項）、業務監視権を有するのみである（同法539条）。

なお、匿名組合は、契約の一般的終了原因のほか、当事者の一方的解除、法定事由により終了する（商法540条・541条）。

◆**匿名組合の対外関係**　外部に対しては、商人である営業者だけの営業が存し、営業者のみが第三者に権利義務を有するのであって、匿名組合員は合資会社の有限責任社員と異なり、営業者の行為について第三者に対して直接の責任を負わない（商法536条4項）。ただし、匿名組合員がその氏もしくは氏名を営業者の商号中に用い、またはその商号を営業者の商号として用いることを許諾したときは、その使用以後に生じた債務については、例外的に営業者と連帯して責任を負う（同法537条）。

◆**取引上の注意**　匿名組合は法人格をもたず、匿名組合員は原則として対外的責任を負わないので、貸出取引は、営業者との取引を行うこととなる。その際には、営業者の印鑑登録証明書、組合契約書（写し）等の確認書類の提出を求めるとともに、組合員その他の有力者を連帯保証人に求める等、保全面には注意を要する。

10830　土地改良区との取引

土地改良区と取引する場合、どのような注意をすればよいか

結　論

① 土地改良区とは、土地改良法に基づき、土地改良事業の施行を目的として、都道府県知事の認可によって成立する法人である。
② 土地改良区との取引は、代表権の制限のない理事を相手方として行うが、重要事項は、総会または総代会の決議を要することに留意する。

解　説

◆**土地改良区とは**　土地改良区とは、一定の地域の土地改良事業の施行を目的とし、土地改良法の規定により設立される法人であって（同法5条1項・13条）、その設立には都道府県知事の認可を要し、認可によって成立する（同法5条・10条1項・2項）。土地改良区が成立したときは、都道府県知事は遅滞なく公告をしなければならず、公告が対抗要件となる（同法10条3項・4項）。土地改良区の根本規則は定款であり、名称・認可番号、地区、事業、役員に関する事項等を記載する（同法16条）。総会、役員に関する事項（定款の必要的記載事項を除く）は規約で定めることができ

る（同法17条）。

◆**土地改良区の代表者・機関等**　土地改良区には役員として理事（定数5人以上）、監事（定数2人以上）が置かれ、定款の定めるところにより、原則として総会で選出される。役員の就任・退任は都道府県知事に届出を要し、知事は届出があったときは遅滞なく公告し、この公告があるまで役員の代表権をもって第三者に対抗することができない（土地改良法18条）。

理事は、定款の定めるところにより、土地改良区を代表するが、総会の決議に従わなければならない。土地改良区の事務は原則として理事の過半数で決する（土地改良法19条）。理事の代表権に加えた制限は、善意の第三者に対抗することができない（同法19条の2）。

理事は、毎事業年度に1回総会を招集しなければならない（土地改良法25条1項）。定款の変更、規約等の設定・変更等、起債または借入金の借入れ、借入れの方法、利率、償還の方法、収支予算等は総会の決議事項である（同法30条1項）。なお、組合員数が200人を超える土地改良区は、定款により総代会を設けることができ、総会にかわり重要事項を決議する（同法23条）。

土地改良区は、その事業を行うために必要がある場合は区債を起こし、または借入金の借入れをすることができる。国または国の出資する金融機関は、区債を引き受け、または借入金を貸し付けることができる（土地改良法40条）。

◆**取引上の留意点**　土地改良区には以上のような特徴があるので、土地改良区と取引を行う場合は、公告、代表者の資格証明書、定款、規約、理事会・総会・総代会の

議事録またはその写しの提供を受け、代表者、代表権の制限、総会の決議の有無内容等を確認する必要がある。

10831　土地区画整理組合との取引

土地区画整理組合と取引を行う場合、どのような注意をすればよいか

結　論

① 土地区画整理組合とは、土地区画整理事業を施行するため、土地区画整理法に基づき、都道府県知事の認可によって成立する法人である。

② 土地区画整理組合との取引は代表権の制限のない理事を相手方として行うが、重要事項は総会または総代会の決議を要することに留意する。

解　説

◆**土地区画整理組合とは**　土地区画整理組合とは、都市計画区域内の土地について公共施設の設備・改善および宅地の利用の増進を目的とする土地区画整理事業を施行するため、土地区画整理法の規定により設立される法人であって（同法3条2項・14条・22条）、その設立には都道府県知事の認可を要し、認可によって成立する（同法14条・21条5項）。土地区画整理組合が成立したときは、都道府県知事は遅滞なく公告をしなければならず、公告が対抗要件となる（同法21条3項・4項・7項）。土地区画整理組合の根本規則は定款であり、名称、施行地区、事業の範囲、役員、総会に

関する事項等を記載する（同法15条）。

◆土地区画整理組合の代表者・機関等
土地区画整理組合には役員として理事（定数5人以上）、監事（定数2人以上）が置かれ、定款の定めるところにより、原則として組合員のうちから総会で選出される（土地区画整理法27条）。理事は、定款の定めるところにより、土地区画整理組合の業務を執行し、土地区画整理組合を代表する（同法28条1項）。組合の業務は原則として理事の過半数で決する（同条2項）。理事の代表権に加えた制限は、善意の第三者に対抗することができない（同法28条の2）。

理事は、毎事業年度に1回総会を招集しなければならない（土地区画整理法32条）。定款の変更、事業計画の決定・変更、借入金の借入れ、借入れの方法、利率、償還の方法、収支予算等は総会の決議事項である（同法31条）。なお、組合員数が100人を超える土地区画整理組合は、定款により総代会を設けることができ、総会にかわり重要事項を決議する（同法36条）。

土地区画整理組合は、その事業を行うために必要がある場合は、借入金を借り入れることができる（土地区画整理法43条）。

◆取引上の留意点　土地区画整理組合には以上のような特徴があるので、土地区画整理組合と取引を行う場合は、公告、代表者の資格証明書、定款、理事会・総会・総代会の議事録またはその写しの提供を受け、代表者、代表権の制限、総会等の決議の有無内容等を確認する必要がある。

10832　公社との取引

公社と取引を行う場合、どのような注意をすればよいか

結　論

各公社の設立根拠となる法令、登記、定款等を確認し、当該法人の目的、事業内容、代表者・代表権限、その他固有の制限・手続等を確認する。

解　説

◆公社とは　公社とは、特別法に基づき、国、地方公共団体により設立される法人である（公益法人とは異なる）が、民営化等により、現在は地方公共団体が設立する地方公社のみとなっている。現存する代表的な公社は、地方住宅供給公社、地方道路公社および土地開発公社であるので、以下、これらの公社について述べる。

◆地方住宅供給公社　地方住宅供給公社は、地方住宅供給公社法に基づき、地方公共団体が単独または他の地方公共団体と共同して、基本財産の額の2分の1以上を出資し、議会の議決を経て、定款等を作成して国土交通大臣の認可を受け、設立の登記をすることによって成立する法人である（同法2条・4条・9条・10条・43条）。役員として理事長、理事および監事が置かれ（同法11条）、理事長が地方住宅供給公社を代表する（同法12条1項）。地方住宅供給公社と理事長との利益が相反するときは、監事が地方住宅供給公社を代表する（同法17条）。

◆**地方道路公社**　地方道路公社は、地方道路公社法に基づき、地方公共団体が単独または他の地方公共団体と共同して、基本財産の額の2分の1以上を出資し、議会の議決を経て、定款等を作成して国土交通大臣の認可を受け、設立の登記をすることによって成立する法人である（同法2条・4条・9条・10条・41条）。役員として理事長、副理事長（定款で置かないこともできる）、理事および監事が置かれ（同法11条）、理事長および副理事長が地方道路公社を代表する（同法12条1項2項）。地方道路公社と理事長または副理事長との利益が相反するときは、監事が地方道路公社を代表する（同法17条）。

◆**土地開発公社**　土地開発公社は、公有地の拡大の推進に関する法律に基づき、地方公共団体が単独または他の地方公共団体と共同して、基本財産の額の2分の1以上を出資し、議会の議決を経て、定款を定め、総務大臣および国土交通大臣または都道府県知事の認可を受け、設立の登記をすることによって成立する法人である（同法10条・11条・13条・15条）。役員として理事および監事が置かれ（同法16条1項）、理事が土地開発公社を代表する（同条5項）。理事が数人ある場合において、定款に別段の定めがないときは、土地開発公社の事務は、理事の過半数で決する（同条4項）。土地開発公社と理事との利益が相反するときは、監事が土地開発公社を代表する（同法16条）。

◆**地方公社の問題点**　地方公社のなかには業績のきびしいところが少なくなく、いわゆる第三セクターの法人とともに、地方自治体の財政を圧迫するものとして問題視

されている。したがって、地方公社との融資取引等与信取引を行う際には、第三セクター法人と同様、地方公共団体の出資する法人であるということを過大視することなく、対象となる事業、取引内容、資金使途、回収可能性等を十分慎重に検討する必要がある。

◆**保証・損失補償**　地方公社の財務基盤が弱く、十分な物的担保がない場合など、出資する地方公共団体の財政支援を考慮しなければならない場合がある（実際上、地方公社の大部分が地方公共団体の保証または損失補償を受けている）。ただし、地方公共団体は、原則として法人の債務の保証を行うことができない（法人に対する政府の財政援助の制限に関する法律3条）が、地方道路公社および土地開発公社の債務については保証契約をすることが認められている（地方道路公社法28条、公有地の拡大の推進に関する法律25条）。損失補償契約についての留意点は、【10799】【30417】参照。

◆**取引上の留意点**　地方公社との取引にあたっては、根拠法、登記事項証明書、定款、資格証明書、印鑑登録証明書、議会の議決、主務大臣の認可書等を調査し、法人の存在、代表者、代表権の範囲・制限等を確認する。

　融資取引等与信取引を行う際には、事業や取引の内容、資金使途等が目的、予算の範囲内であることなどの確認も必要となる。また、地方公社の債務について、地方公共団体と保証契約や損失補償契約を締結するときは、地方公共団体において、議会の議決を経ていることの確認も必要となる。

　なお、運用取引については、地方公社の

余裕金の運用は、国債、地方債および預金等に限られている（地方住宅供給公社法34条、地方道路公社法31条、公有地の拡大の推進に関する法律18条7項）。

10833 独立行政法人との取引

独立行政法人との取引においてはどのような注意をすればよいか

結　論

① 独立行政法人とは、独立行政法人通則法（平成13年1月施行）および個別法に基づき、国により設立された法人である。
② 独立行政法人の代表者はその長であり、具体的名称は個別法で定められる。
③ 独立行政法人の借入れ、担保提供、運用等には、法律上厳格な制限がある。

解　説

◆**独立行政法人とは**　独立行政法人とは、中央省庁等改革の柱として行政改革会議で提言され、平成10年の中央省庁等改革基本法で制度化された法人であり、国における独立行政法人と地方における地方独立行政法人とがある。ここでは国における独立行政法人について解説する。地方独立行政法人については【10834】参照。

◆**国における独立行政法人**　独立行政法人とは、公共上の見地から確実に実施されることが必要な事務および事業であって、国が自ら主体となって直接に実施する必要のないもののうち、民間の主体に委ねた場合には必ずしも実施されないおそれのある

ものや独占して行わせることが必要であるものを効率的かつ効果的に行わせることを目的として、独立行政法人通則法および個別法に基づき設立された法人をいう（同法2条1項・6条）。その各独立行政法人の名称、目的等も個別法で定められる（同法4条・5条）。

◆**独立行政法人の設立**　独立行政法人は、主務大臣が独立行政法人の長と監事になるべき者を指名し、設立委員を命じて設立事務を行い、設立の登記をすることによって成立する（独立行政法人通則法14条・15条・17条）。

◆**独立行政法人の機関**　独立行政法人には役員として、法人の長1人と監事が置かれる。長の名称や定数、他の役員については個別法で定める（独立行政法人通則法18条）。法人の長は、独立行政法人を代表する（同法19条1項）。代表者の氏名等は登記事項であり、他の役員に一定の範囲で代表権を与えたときはその範囲等も登記される（独立行政法人等登記令2条2項）。独立行政法人と法人の長その他の代表権を有する役員との利益相反事項については、監事が独立行政法人を代表する（独立行政法人通則法24条）。

◆**独立行政法人の業務運営**　主務大臣は独立行政法人に対して業務運営に関する中期目標を定めて指示し（独立行政法人通則法29条）、独立行政法人はこれに基づき中期計画を作成し、主務大臣の認可を受けなければならない（同法30条）。中期計画においては、短期借入金の限度額、重要な財産の譲渡、担保提供の計画等も定められる。

◆**独立行政法人の資金調達と運用**　独立行政法人は、原則として中期計画に定めら

れた限度内で短期借入れを行うことしかできず、その借入金は当該事業年度内に償還しなければならない。借換えにも制限がある。また、長期借入れおよび債券の発行は、個別法において規定された場合に限り認められる（独立行政法人通則法45条）。

一方、余裕金の運用は、公共債、預金等安全確実なものに限られる（独立行政法人通則法47条）。また、重要財産の譲渡や担保提供には、中期計画に従ってなされる場合を除き、主務大臣の認可が必要である（同法48条）。

なお、国が独立行政法人の債務の保証を行うには、法人に対する政府の財政援助の制限に関する法律3条の例外として個別法の規定が必要である。

◆**独立行政法人との取引上の留意点**　独立行政法人には以上のような特徴があるので、取引を行うに際しては、独立行政法人通則法および個別法、登記事項証明書、中期計画等を確認し、法人の長を相手方として取引を行う。特に、借入れや担保提供、運用には上記のような厳格な制限があるので注意を要する。

10834 地方独立行政法人との取引

地方独立行政法人との取引においてはどのような注意をすればよいか

結　論

① 地方独立行政法人とは、地方独立行政法人法に基づき、地方公共団体により設立された法人である。

② 地方独立行政法人の代表者は原則として理事長である。

③ 地方独立行政法人の借入れ、担保提供、運用等には、法律上厳格な制限がある。

解　説

◆**地方独立行政法人とは**　独立行政法人制度は、国における中央省庁等改革の柱として創設されたが、その後、地方レベルにおいてもこれにならって地方独立行政法人制度が創設された。国の独立行政法人については、【10833】参照。

地方独立行政法人とは、住民、地域社会・経済における公共上の見地から確実に実施されることが必要な事務および事業であって、地方公共団体が自ら主体となって直接に実施する必要のないもののうち、民間の主体に委ねた場合には必ずしも実施されないおそれのあるものを効率的かつ効果的に行わせることを目的として、地方独立行政法人法に基づき設立された法人をいい（同法2条1項・5条）、その名称中に地方独立行政法人の文字を用いなければならない（同法4条）。

◆**地方独立行政法人の設立**　地方独立行政法人は、地方公共団体がその基本財産の2分の1以上を出資し、議会の議決を経て定款を定め、総務大臣または都道府県知事の認可を受け、設立の登記をすることによって成立する（地方独立行政法人法6条・7条・9条）。

◆**地方独立行政法人の機関**　地方独立行政法人には役員として、原則として理事長1人、副理事長、理事および監事が置かれる（地方独立行政法人法12条）。理事長、副理事長は、地方独立行政法人を代表する

（同法13条 1 項・ 2 項）。地方独立行政法人と理事長または副理事長との利益が相反する事項については、監事が地方独立行政法人を代表する（同法18条）。代表者の氏名等は登記事項である（組合等登記令 2 条 2 項）。

◆**独立行政法人の業務運営**　地方独立行政法人を設立した地方公共団体（設立団体）の長は、当該法人に対し、業務運営に関する中期目標を定めて指示し（地方独立行政法人法25条）、当該法人はこれに基づき中期計画を作成し、設立団体の長の認可を受けなければならない（同法26条）。中期計画においては、短期借入金の限度額、重要な財産の譲渡、担保提供の計画等も定められる。

◆**地方独立行政法人の資金調達と運用**
地方独立行政法人は、原則として中期計画に定められた限度内で短期借入れを行うことしかできず、その借入金は当該事業年度内に償還しなければならない。借換えにも制限がある。また、長期借入れおよび債券の発行は、設立団体からの長期借入金以外はできない（地方独立行政法人法41条）。

一方、余裕金の運用は、公共債、預金等安全確実なものに限られる（地方独立行政法人法43条）。また、重要財産の譲渡や担保提供には設立団体の長の認可が必要であり、その認可を行うには評価委員会の意見を聴取するとともに、議会の議決が必要である（中期計画に定めがある場合でも同様である。同法44条）。

◆**地方独立行政法人との取引上の留意点**
地方独立行政法人には以上のような特徴があるので、取引を行うに際しては、地方独立行政法人法、登記事項証明書、中期計画

等、設立団体の長の認可、議会の議決、評価委員会の意見等を確認し、法人の長を相手方として取引を行う。特に、借入れや担保提供、運用には上記のような厳格な制限があるので注意を要する。

10835　外国法人との取引

外国法人と取引するにはどのような注意をすればよいか

結　論

① 　外国法人は、外国の法律に準拠して設立された法人であり、日本法人（日本に住所をもち日本の法律に準拠して設立された法人）以外の法人である。これには、外国会社と外国会社以外の外国法人とがあるが、外国会社以外の外国法人は例が少ない。

② 　取引にあたっては、外国法人登記簿または商業登記簿の登記事項証明書、定款（寄附行為）等により、外国法人の種類、日本における代表者の住所、氏名、事務所（営業所）等を確認するほか、印鑑登録証明書または署名（サイン）証明書等の提出を求める。また、法令上の制限の有無にも注意する。

③ 　取引の成立、効力につき、準拠法を明確にしておくべきである。

解　説

◆**外国法人の認許**　外国法人は、日本の法律によって法人格（権利能力）を与えられているものではないから、日本において

当然に権利能力を認められるとは限らない。しかし、民法は、国際的取引の必要から、外国法人が日本で法人として活動するために、一定の範囲で権利能力（法人格）を有しうるものとしている。これを外国法人の認許という。同法によって認許される外国法人は、国、国の行政区画および外国会社ならびに特に法律・条約で認許された外国法人（例：外国の相互保険会社、国際度量衡局（1875年メートル条約））である（同法35条）。このうち、外国会社の例が多い。

外国会社が日本において継続的に取引を行おうとする場合には、日本における代表者を定め（会社法817条1項）、所定の登記をしなければならない（同法933～936条）。なお、日本に本店を置き、または日本において事業を行うことを主たる目的とする外国会社（擬似外国会社）は、日本において取引を継続することができない（同法821条1項）。このほか、外国会社については会社法に詳細な規定が設けられている（同法817条以下）。

なお、認許された外国法人は、原則として日本の同種の法人と同一の権利能力を有するが、外国人が享有しえない権利（日本船舶・航空機の所有権、鉱業権・租鉱権等）もあり、また、法律・条約で制限されることもある（民法35条2項）。

◆**外国法人の登記**　外国会社以外の外国法人が初めて日本に事務所を設けたり、あるいは外国会社が日本で取引を継続して行う場合は、所定の期間内に登記を要する（民法37条1項、会社法933～936条）。

登記がすむまでは、外国会社以外の外国法人の場合は、第三者はその法人の成立を否認することができ（民法37条5項）、外国会社の場合は、日本国内で取引を継続してすることはできない（会社法818条1項）。

◆**取引上の注意**　取引に際しては、外国法人の定款（寄附行為）、商業登記簿の登記事項証明書等の提出を求めて、外国法人の種類、日本における代表者の住所、氏名、事務所（営業所）等を確認し、印鑑登録証明書（サインによる登記の場合は外国人登録証明書および大公使館・領事館発行の署名証明書）の提出を求めて、代表者の同一性を確認する。

また、取引の成立、効力につき、いずれの国の法律によるか（準拠法）を明確にしておくべきである。この点、法適用通則法は、当事者が当該法律行為の当時に選択した地の法によることを原則とし、当事者の選択がないときは当該法律行為の当時において当該法律行為に最も密接な関係がある地の法による（同法7条・8条）とするが、実務上は、日本法を準拠法とすることを明示し、かつ裁判管轄も所轄の日本の裁判所とすることを合意しておくべきである。

なお、約定書は日本文のものを使用するほうがよい。

担保取得に際しては、外国人との取引の場合と同様、不動産についてはその設定・管理・処分の際、手続が煩雑になることもあるので預金・有価証券等換価性の高いものを取得するのが望ましい。

なお、外為法等法令上の制限の有無にも注意する（「外国人」との取引については【10779】、「外国会社」との取引については【10793】参照）。

10836 支店、出張所、支社との取引

支店、出張所、支社との取引ではどのような注意をすればよいか

結　論

原則として、本社の代表取締役等代表者から、支店長、出張所長、支社長等を代理人とする旨の委任状（代理人届）の提出を受け、権限を確認したうえで、取引をすべきである。

解　説

支店、出張所、支社等の営業所は本社と同一の法人格に属するものであるので、支店等営業所との取引であっても、その会社（法人）と取引することに変わりはない。したがって、支店等営業所との取引においては、会社の代表取締役等代表者名義で行ってもよいし、支店等営業所の主任者（支店長、出張所長、支社長等）を代理人として取引を行ってもよい。

しかし、支店等営業所の主任者がどのような取引について権限を有しているかは明らかではない（権限外の行為は、原則として会社にその効果が帰属しない）から、実務上は、融資取引の場合は、本社の代表取締役等代表者から銀行取引約定書等基本約定書と「代理人届」等の提出を受けて、代理権の有無およびその範囲を確認したうえで（あわせて使用する印鑑の届けも受ける）取引を行う。

なお、支店等営業所の主任者が支配人として登記されている場合、支配人は、会社にかわってその事業に関するいっさいの裁判上または裁判外の行為をする権限を有するから（会社法11条1項）、個別の委任、代理権の付与は必要なく、登記事項証明書で支配人登記を確認すればよいが、会社によって支配人の権限に制限が設けられている場合もあるから、実務上は、代理人届の提出を受けて、権限の範囲を明確にしておくことが望ましい。

本社取引で代表取締役等代表者との間で約定している事項（銀行取引約定書など）はすべて支店等営業所との取引にも適用されるので、支店等営業所との取引にあたり、あらためて同じ約定を締結する必要はない。また、融資先会社を債務者として根抵当権の設定を受けていれば、支店等営業所との取引に係る債権についても、本社取引同様、その根抵当権で担保される。

一般に支店長、支社長等支店等営業所の事業の主任者であることを示す名称を付した使用人は、その営業所等の事業に関するいっさいの裁判外の行為をする権限を有するものとみなされ、実際には権限を有していなくても、相手方が善意で重過失がなければ、相手方は保護される（表見支配人。会社法13条）。

しかし、相手方が金融機関の場合は、一般より高い注意義務があるとされる可能性があるので、上記のとおり、代理人届の提出を受けるなど、慎重な取扱いをすべきである。

10837 支配人との取引

支配人との取引ではどのような注意をすれ

ばよいか

　支配人として登記されているかどうかを商業登記簿の登記事項証明書により確認し、登記されていればそのまま支配人名義で取引をしてもよい。支配人の同一性の確認は印鑑登録証明書により行う。登記されていないときは会社の代表者から当該支配人を代理人として届け出てもらったうえで取引に応じる。

◆**支配人**　会社における支配人は、会社にかわって、特定の営業所の事業に関するいっさいの裁判上および裁判外の行為をなす代理権（包括的代理権）を与えられた会社の使用人である（会社法10条・11条1項）。会社における支配人は代表機関により選任される（取締役会設置会社では取締役会の決議を要する。同法362条4項3号）。支配人が選任されると、会社は本店の所在地においてその旨を登記しなければならない（同法918条）。

　平成17年に改正される前の商法の規定においては、支配人は支店における登記事項とされていたが、会社法では本店での登記に吸収された。

　支配人の代理権は営業に関して行われる以上、営業の目的たる行為のみならず営業のためにする行為も含まれるので、貸出取引も当然その権限に属するものと考えられ、支配人との貸出取引の効果は当該会社自体に帰属する。

◆**支配人の確認と取引方法**　ある者が支配人であるかどうかは、支配人として代理権を与えられたかどうかで決まるのであり、その名称（支店長、支社長、営業所長等）によって決まるものではない。実務上支配人の確認は、商業登記簿の登記事項証明書および印鑑登録証明書で行う。登記されている支配人との取引はそのまま支配人名義で取引をしてもさしつかえない。

　登記されていなくても支配人として選任されている場合もあるが、このような支配人との取引は、万一の場合には表見支配人（会社法13条）ということで救われる（金融機関が善意で重過失がなければ、取引上支配人と同一権限（裁判上の行為を除く）があるものとみなされる）余地はあるにせよ、代表者からの代理人届なしで支配人名義で取引をすることは危険である。したがって、この場合には代表者から当該支配人を代理人として届け出てもらったうえで取引を行うべきである。

　支配人でなくても、支店長、出張所長、支社長等営業所の主任者たる名称を付された者と取引を行う場合も同様である（【10836】参照）。

◆**共同支配人の規定の廃止**　支配人の代理権はきわめて範囲が広いので、その代理権の濫用を防止し、支配人相互間のけん制により、より適正な代理権の行使を確保するため、旧商法39条では、商人（会社）は、数人の支配人が共同して代理権を行使すべき旨を定めることができるとされていたが、会社法ではこの規定が廃止されている。共同代表の規定の廃止と同旨と考えられる。

部長、課長等と取引する場合にはどのような注意をすればよいか

結 論

部長、課長等が支配人として登記されていれば、支配人の代理権の行使として、その名義で取引をしてよい。支配人としての登記がされていないときは、会社の代表者より銀行取引についての「代理人届」の提出を受けたうえで取引を行う。

解 説

◆**会社の使用人** 会社の使用人とは、契約により特定の会社に従属して継続的にその事業活動を補助する者をいう。使用人は会社との間に従属関係があることを要するから、自ら独立の商人として従属関係に立たない代理商、会社の取締役等機関構成員、商人の親権者等法定代理人などは使用人ではない。なお、代理権を有する使用人は、会社との間の雇用契約等のほか、代理権授与契約を要する。

会社法は、会社の使用人につき、代理権を基礎として3種類に分けて規定している。

① 支配人……会社の事業全般にわたる包括的かつ画一的代理権（事業に関するいっさいの裁判上・裁判外の権限）を有する者（会社法10条・11条）。

② ある種類または特定の事項の委任を受けた使用人……事業に関するある種類または特定の事項（例：販売、仕入れ、出納等）についての代理権のみを有する者

（会社法14条1項）。会社においては一般に部長・課長・係長・主任などがこれに該当しうるが、その名称のいかんを問わない。

③ 物品販売等を目的とする店舗の使用人……物品販売を目的とする店舗の使用人は、具体的な代理権の有無を問わず、善意の第三者に対し、その店舗にある物品の販売に関する権限を有するものとみなされている（会社法15条）。

◆**取引上の注意** 会社との取引にあたっては、正当な代表権をもっている者か、または正当な代理権をもっている者を取引の相手方とすればよいから、部長、課長等もこれらの権限をもっている限り、会社との取引における相手方となりうる。しかし、部長、課長などの地位にある者がいかなる権限を有するかは各企業の組織構成の仕方によりまちまちである。したがって、まず商業登記簿の登記事項証明書により資格またはその権限を確かめなければならない。それらの者が登記されている支配人である場合は、そのまま支配人名義で取引をしてさしつかえない。それらの者が支配人として登記されていない場合は、本社の代表取締役等代表者から銀行取引約定書等基本約定書（資格証明書、印鑑登録証明書を添付）の提出を受けるとともに、部長、課長等を代理人とする旨の「代理人届」の提出を受けたうえで取引を行うべきである。その際、代理人の「使用印鑑届」も提出してもらう。

なお、会社法は、部長・課長・係長・主任など事業に関する部分的代理権を有する使用人は、会社から委任を受けたある種類または特定の事項に関するいっさいの裁判

外の行為をなす権限を有し、これに制限を加えても善意の第三者に対抗できない（同法14条2項）としている。そして、代理権に属する行為か否かは外形的、客観的に判断すべきであるとされているが、金融機関が部長、課長等を相手に貸出取引を行う場合は、このような表見法理による救済を期待するのではなく、本社の代表取締役等代表者よりだれをどのような取引の代理人とするのかを明記した「代理人届」の提出を受けたうえで取引を行うべきである。

10839 表見代表取締役との取引

表見代表取締役とは何か。表見代表取締役と取引した場合どうなるか

結論

代表取締役以外の取締役に社長、副社長等株式会社を代表する権限を有するものと一般に考えられる名称を付した場合、当該取締役のした行為について、善意の取引の相手方に対し、株式会社がその責任を負うこととして、取引の相手方を保護し取引の安全を確保する制度である。

しかし、表見代表取締役はあくまで正当な権限を有しないのであるから、金融機関としては、この制度に頼ることなく、登記事項証明書等により代表権の有無、範囲等を確認して取引しなければならない。

解説

表見代表取締役とは、株式会社が、代表取締役以外の取締役に社長、副社長その他株式会社を代表する権限を有するものと認められる名称を付した場合、当該取締役のした行為について、善意の取引の相手方に対し、株式会社がその責任を負うこととして、取引の相手方を保護し取引の安全を確保する制度である（会社法354条、なお表見代表執行役につき同法421条）。なお、旧商法では、代表する権限を有するものと認められる名称の例示として、専務取締役、常務取締役もあげられていたが、会社法では削除されている。類推適用の可否について議論はあるが、会社の種類その他具体的事情によることとなろう。

取引の相手方は、当該取締役が代表権を有しないことについて善意でなければならない。無過失でなくてもよいが（最判昭41.11.10民集20巻9号1771頁）、重過失は悪意と同視される（最判昭52.10.14民集31巻6号825頁）。

表見代表取締役の制度も、表見代理等と同様、本来権限のない者の行為であって、本人である会社にその行為の法的効果が帰属することがないのが原則であり、取引の安全、取引の相手方保護のための例外を定めたものにすぎない。代表取締役の氏名・住所は登記事項であり（会社法911条3項14号）、登記事項証明書で確認できるのであり、また、一般に金融機関においては、取引にあたっての注意義務が高いとされていることから、金融機関の取引実務においては、安易に表見代表取締役の制度による救済を期待して、肩書や役職のみを信頼して取引を行うようなことがあってはならない。登記が真実ではなかったとき、代表取締役であった者の代表権がなくなったことについて届出がなく知らなかったときなど

の特異なケースにおける最後の手段として、他の救済制度（たとえば同法908条）とともに主張すべきものである。

10840 JVとの取引

建設業の共同企業体（JV）と取引するにはどのような注意をすればよいか

結論

JVとは、複数の建設業者が、一つの建設工事を受注、施工することを目的として形成する事業組織体のことをいい、民法上の組合に該当するとされる。

したがって、原則として民法上の組合との取引と同様の注意をすればよい。

すなわち、あらかじめJV協定書で決められた代表者に代表してもらって取引を行い、その際は、JV協定書とともに、つどの取引に係る委任関係を示すJV構成員全員の記名押印ある書面またはJV構成員全員による運営委員会の議事録（いずれも全構成員の印鑑証明書添付）による確認が必要である。

また、JV構成員の共有名義の財産の担保提供は全構成員との間で締結しなければならない。

解説

◆**JVの意義** JVは、Joint Venture（ジョイント・ベンチャー）の略語で、共同企業体や合弁事業の一般的通称として使われているが、ここでは建設業の共同企業体を指すこととして解説する。JVとは、建設業者が単独で受注および施工を行う通常の場合とは異なり、二つ以上の建設業者が、一つの建設工事を受注し施工する目的をもって結成する事業組織体のことをいい、民法上の組合の例としてあげられる。一般に、工事の施工に関し、効率よく発注者および監督官庁等と折衝するため、代表者を設けている。

◆**民法上の組合** 民法上の組合とは、民法の規定に従い、組合員となる各当事者が、出資をして共同の事業を営むことを契約することによって成立する団体であって（同法667条1項）、法人格はない。

民法上の組合に関する規定は大部分が任意規定であり、またその契約内容もさまざまである。さらに目的、規模、存続期間、運営方法等にもかなりの幅がある。しかし、一般的には、法的団体性は弱く、構成員全員またはその代理人によって行動し、財産は組合に属さず、構成員である組合員の共有に属する（同法668条）。不動産は代表者の単独名義で登記することもあるが、組合員全員の共有登記とするのが原則である。

民法上の組合の財産は、このように組合員の共有とされるが、普通の共有と異なり組合員はこの共有財産につき、持分を自由に処分することはできず、かつ、清算前に分割請求することもできない（同法676条）。

裁判例では、JVの工事請負代金債権は全構成員に不可分的に帰属するとされた（大阪地判昭59.6.29金法1100号90頁）。したがって、個々の構成員は、自分の持分割合に相当する一部分であっても、単独で取り立てることはできない（改正民法676条2項参照）。

なお、民法上の組合の債務については、

各組合員に損失分担割合に応じ、固有財産を引当てとする分割・無限責任を負わせており、債権者は組合員の損失分担割合を知らない限り、各組合員の固有財産に対し、等しい割合で権利を行使することができる（同法675条、改正民法675条2項）。また、共同事業体の構成員が会社である場合、共同事業体がその事業のために負担した債務は、構成員である会社にとって自らの商行為により負担した債務というべきものであるから、各構成員は、商法511条1項により連帯債務を負う（最判平10.4.14民集52巻3号813頁）。

◆**取引の相手方**　民法上の組合においては、業務の執行は組合員の過半数の決議で行うことになっているが（同法670条1項）、組合契約により組合員中の1人または数人に業務の執行を委託することもできる（同条2項）。したがって、同法上の組合と取引をする際には、業務執行者を定めてもらい、その者を取引の相手方とするのがよい。なお、平成29年の民法改正では、対内的な業務執行（改正民法670条）と、対外的な組合代理（同法670条の2）を分けて規定しているが、これは従来からの理解を明文化したものにすぎない。

取引が目的の範囲内であることや業務執行者の権限を確認するには、組合契約書、組合員全員の委任があったことを証する組合員全員の署名のある書面、または総会の議事録に全員の印鑑証明書を添付して提出してもらい、確認する必要がある。

また、組合財産の処分は、本来業務執行として、組合契約に定められたところに従い、業務執行者が行うことができる。そのため、共有名義の組合財産に担保権を設定するには全員との間で担保設定契約を行わなければならない。

これらの点に関し、一般にJVの場合は、組合員は構成員、業務執行者は代表者、総会は運営委員会と呼称される。また、組合契約書に相当するものとしてJV協定書等が提出されることになろう。

◆**取引上の注意点**　JVは、民法上の組合で法人格がなく、法的団体性が弱い。このため債権保全面での問題が生じやすいことから、貸出取引にあたっては、代表者や主たる構成員を連帯保証人とすることが望ましい。

また、JVの構成員全員の委任があったことを証する書面の提出を受けられないなど、代表者の権限を確認することができないときは、代表者個社との取引として取り扱わざるをえない。この場合も貸出取引であれば、他の主たるJV構成員を連帯保証人に求めるなどして取引することが望ましい。

10841　SPCとの取引

特定目的会社と取引するにはどのような注意をすればよいか

結　論

特定目的会社とは、資産流動化法に基づき、資産の流動化のみを目的として設立される社団のことをいうが、その機関や社員の権利義務等について、同法では随所で会社法の規定を準用している。

したがって、原則として会社法上の会社

との取引と同様の注意をすればよいが、資産流動化法には、会社法と異なった規定も置かれているため、この点には注意を要する。

　原則として取締役（代表取締役がいる場合は代表取締役）を相手方として取引を行い、その際は、商業登記簿謄本（履歴事項全部証明書）とともに、印鑑登録証明書の提出を受けて確認する。

　また、特定目的会社は、資産の流動化に関する基本的な事項を定めた資産流動化計画を添えて、あらかじめ内閣総理大臣に届け出ることにより業務を行うことができるが、特定目的会社が行う資金の借入れは、この資金流動化計画で所定の事項が定められたものに限られる。したがって、特定目的会社への貸出にあたっては、資産流動化計画の提出を受けるなどして、それに反した取引ではないことを確認する必要がある。

解　説

◆SPCの意義　　SPCは、一般に諸外国を含むさまざまな資産流動化スキームに用いられる「Special Purpose Company（特別目的会社）」の略称として使われており、設立準拠法は国内外にわたっている。ここでは、そのうち、資産流動化法に基づいて設立される特定目的会社（TMKともいう）について解説する。特定目的会社とは、同法に基づき、資産の流動化のみを目的として設立される営利社団法人である。特定目的会社は、資産対応証券の発行や特定目的借入れ等によって得られる資金で資産を取得し、これらの資産（特定資産）の管理および処分によって得られる資金で、資産対応証券や特定目的借入れ等に係る出資または債務について、残余財産の分配または債務の履行を行うものである。

◆資産流動化法　　平成8年に始まったいわゆる日本版ビッグバン構想の実現、バブル経済の崩壊とともに顕在化した金融システム危機を背景に、平成10年6月、本邦初の一般的な資産流動化・証券化に関する法として特定目的会社による特定資産の流動化に関する法律（SPC法）が成立した。これが平成12年5月に、集団投資スキームに関する法整備の一環として、特定目的会社に関する規制緩和と資産流動化業務の利便性の向上を図るために改正され、名称も資産流動化法と変更された。同法は、特定目的会社または特定目的信託を用いて、不動産や指名債権その他の資産の流動化を行う制度を確立し、資産の流動化が適正に行われることを確保するとともに、資産の流動化の一環として発行される各種証券の購入者等の保護を目指すものである。また、SPC法に比べ、特定目的会社設立に係る措置・資産流動化計画が簡素化され、借入制限の緩和もなされるなど、使い勝手にも配慮がなされている。

◆特定目的会社における業務内容の制限
資産流動化法は、特定目的会社について会社法上の会社の規定を準用しつつも、その業務については、投資家の保護等の観点から、次のような制限を付している。

① 業務開始の届出……資産の流動化に係る業務を行うときは、あらかじめ内閣総理大臣に届け出なければならず、この届出（業務開始届出）を行う際は、商号、営業所の名称および所在地、役員の氏名等を記載した届出書に、定款、資産流動化計画等の書類を添付しなければならな

い（資産流動化法4条）。

② 特定資産の管理および処分の委託……特定資産（信託の受益権を除く）の管理および処分に係る業務については、不動産、指名債権、電子記録債権などについての例外規定はあるものの、原則信託会社等に信託しなければならない（同法200条）。

③ 他業の禁止……資産流動化計画に従って営む資産流動化に係る業務およびその付帯業務に限定され、他業務との兼営は禁止されている（同法195条）。

④ 資産の処分等の制限……特定目的会社の投資家にとっては特定資産が唯一の証券の裏付であることから、投資家の意思に反して利益を損なうことのないよう、投資家が納得している資産流動化計画に定められている場合以外は、特定資産の貸付、譲渡、交換または担保提供を行うことができない（同法213条）。

⑤ 借入れの制限……資産流動化計画で所定の事項が定められたものおよび法が特に定めたものを除き、資金の借入れを行うことができない（同法210条・211条）。本来特定目的会社は、資産対応証券を発行することにより資金を調達し資産の管理および処分をするスキームであるから、借入れは本来の趣旨からいえば必要なく、また、投資家保護の観点から特定社債を有する者以外の債権者は極力いないほうが望ましいといったことがその理由としてあげられる。

⑥ 資産の取得等の制限……組合・匿名組合、株式会社等の出資持分や株式等について、一定の場合に取得が制限されている（同法212条）。

◆**取引の相手方** 特定目的会社においては、1人または複数の取締役を置かなければならず（資産流動化法67条1項1号）、取締役が業務を執行し（同法78条1項）、会社を代表する機関となる。取締役が2人以上いる場合には、特定目的会社の業務は、定款に別段の定めがある場合を除き、取締役の過半数をもって決定する（同条2項）。取締役が複数いる場合でも、原則として、各取締役が単独で会社を代表するが、定款または社員総会の決議によって会社を代表する取締役を定めることができる（同法79条）。したがって、特定目的会社と取引をする際には、取締役（代表取締役がいる場合は代表取締役）を取引の相手方とすればよい。

取引の相手方たる取締役については、商業登記簿謄本（履歴事項全部証明書）とともに、印鑑登録証明書による確認が必要である。

◆**取引上の注意点** 特定目的会社は、資産流動化法上、その特定資産の担保提供や借入れに制限が付されており、資産流動化計画に所定の事項が定められている場合以外にはこれらの行為ができない。したがって、これらの取引を特定目的会社と行うときには、資産流動化計画の写しか、少なくとも同計画に基づく取引であることを証する書面の提出を受け、資産流動化計画に基づく取引であることを確認しておく必要がある。

10842　LLPとの取引

有限責任事業組合（LLP）と取引するには

どのような注意をすればよいか

LLPとは、共同で営利を目的とする事業を営むための有限責任事業組合契約によって成立する組合のことをいい、有限責任事業組合契約に関する法律（以下「有限責任事業組合法」という）にその根拠を有するものである。組合員の人格から独立した法人格はもたない。

したがって、民法上の組合との取引と同様の注意を払えばよい部分もあるが、全組合員が業務執行権を有するといった相違点もあり注意を要する。

組合員（組合員が法人の場合は当該組合員の職務執行者）を相手方として取引を行い、その際は、登記簿謄本（履歴事項全部証明書）とともに、印鑑登録証明書の提出を受けて確認する。

ただし、LLPの業務執行の決定は、原則総組合員の同意によらなければならず、特に重要財産の処分および譲受けや多額の借財に関しては、原則として組合契約においても当該同意を要しない旨を定めることができないので、貸出や担保権設定にあたって、総組合員の同意があることを確認する必要がある。

解　説

◆**LLPの意義**　有限責任事業組合とは、共同で営利を目的とする事業を営むための有限責任事業組合契約によって成立する組合のことをいい、有限責任事業組合法にその根拠を有するもので、一般にLLP（Limited Liability Partnership）と呼ばれる。組合員の人格から独立した法人格はもたない。構成員全員が有限責任で、出資者が自ら経営を行うので損益配分や権限などの組織内部の取決めが自由にでき、構成員課税が適用されるといった特徴を有する。また、民法上の組合と異なり、1年以内の事業年度があり（有限責任事業組合法4条4項）、組合員がLLPの業務として行う行為は商行為となる（同法10条）。具体的には企業同士の連携（共同での研究開発や生産・物流・販売等）での活用などがある。

◆**取引の相手方**　法人、個人いずれもLLPの構成員となることができるが、法人が構成員となるためには職務執行者を置かなければならない（有限責任事業組合法19条）。ただし、民法上の組合や権利能力なき社団が組合員になることはできない。

LLPの業務執行を決定するには、総組合員の同意によらなければならないが、重要財産の処分および譲受けや多額の借財以外の事項の決定については、組合契約書において総組合員の同意を要しない（たとえば、過半数により決定する）旨の定めをすることができる（有限責任事業組合法12条）。組合員は、この総組合員の同意による決定に基づき、LLPの業務を執行する権利を有し、義務を負う。したがって、LLPにおいては組合員全員が業務執行者である。なお、組合員のLLPの業務を執行する権利に加えた制限は、善意の第三者に対抗することができない（同法13条）。

これらのことから、まず、LLPとの取引においては、組合員（組合員が法人の場合は当該組合員の職務執行者）を相手方として取引を行う。その際には、LLPには法人格がないものの債権者保護の観点から

商業登記がなされるので、登記簿謄本（履歴事項全部証明書）および印鑑登録証明書により、組合の事業内容や名称・所在場所、組合員および職務執行者（組合員が法人の場合）の氏名・名称や住所、組合の存続期間（ただし、特に制限はなく延長も可能）など所要の事項を確認する。

次に、貸出を行ったり、担保提供を受けたりする場合には、それが多額の借財や重要財産の処分に当たらないかを確認する必要がある。原則として、総組合員の同意を確認できる内部の議事録の写し、または他の組合員全員の記名押印のある同意書、決定書の提出を求め、内部手続が行われているかを確認する必要がある。

多額の借財については、他の借入金とあわせてもLLPの純資産額を下回る金額の借入れであれば、組合契約書において総組合員の同意を要しないこととできる。また、重要財産の処分については、財産の価額がLLPの純資産額（純資産額が20億円を上回る場合は20億円）を下回ることその他法定の条件を満たせば、組合契約書において総組合員の同意を要しないこととできる（有限責任事業組合法12条2項、同法施行規則5条）。したがって、貸出取引、担保設定取引に際し、その旨の説明がLLPからあった場合には、組合契約書の写しの提供を受けて、総組合員の同意免除の内部手続が行われているかを確認する必要がある。

◆**取引上の注意点**　民法上の組合とは異なり、全組合員が業務執行権を有し、これに対する制限は善意の第三者に対抗することができないが、実務では、特に借入れや担保設定など総組合員の同意を要する取引である蓋然性が高いものについては、議事

録の写し等の提出を受け、総組合員の同意を確認しておくという対応が安全であろう。

また、LLPには法人格がないので、LLP名義での不動産登記ができない。LLPの不動産であることを表示したい場合は、組合員全員の共有名義で登記し、あわせて共有物分割禁止の登記を行う。

10843　限定責任信託との取引

限定責任信託と取引するにはどのような注意をすればよいか

結論

限定責任信託との取引の相手方は信託の受託者であるから、まず受託者の属性に注意し、限定責任信託の登記により信託の目的等を確認する。責任財産が当該信託財産に限定され、相殺も当該信託財産に限定される。

解説

◆**限定責任信託との取引**　限定責任信託とは、受託者が信託に関して負担する債務について信託財産に属する財産のみをもって履行責任を負う信託である（信託法2条12項）。

信託の受託者は信託事務処理として取引をすることがある。この場合、受託者と取引する債権者は、信託財産と受託者の固有財産との双方を責任財産として強制執行することができるのが原則である（信託法21条1項）。しかし、限定責任信託の場合は、受託者の固有の財産に対して強制執行でき

ないため（同法217条）、信託財産の信用力のみを引当てとして取引を行うことになる（【20942】参照）。

◆取引の開始と限定責任信託の登記　限定責任信託の受託者には特段の資格制限がないため、個人の場合もあれば法人の場合もある。そのため、取引に際しては受託者の本人確認や行為能力の確認、商業登記や定款などの通常の取引の相手方に対する確認をする必要があるが、それに加えて、限定責任信託についての確認をすることになる。

まず、限定責任信託の登記を確認する。登記事項は次のとおりである（信託法232条）。

① 限定責任信託の目的
② 限定責任信託の名称
③ 受託者の氏名または名称および住所
④ 限定責任信託の事務処理地
⑤ 信託財産管理者または信託財産法人管理人が選任されたときは、その氏名または名称および住所
⑥ 信託の終了についての信託行為の定め
⑦ 会計監査人設置信託（受益証券発行限定責任信託で会計監査人を置くもの）であるときは、その旨および会計監査人の氏名または名称

◆信託目的の範囲　限定責任信託の登記によって信託目的を確認することができる。信託の受託者は、信託財産に属する財産の管理または処分およびその他の信託の目的の達成のために必要な行為をする権限を有する（信託法26条）。もっとも、受託者が信託目的に反して権限外の行為をした場合でも、受託者が信託財産に効果を帰属させる意思をもってした行為は有効に成立する

のが原則である。ただし、そのような権限外行為を一定の条件のもとで信託の受益者は取り消すことができる（同法27条）。

その条件とは、取引の相手方が、①信託財産のためになされることを知って（取引対象の信託財産が登記・登録できる場合はこの条件は不要）、かつ②受託者の権限外の取引であることを知って（もしくは重過失によって知らずに）、取引を行ったことである。限定責任信託の場合は、取引の相手方に限定責任信託の受託者である旨を示して取引をしなければ、相手方に責任財産が限定されることを主張できない（信託法219条）ため、②の条件を満たしているかが問題となる。信託目的にどの程度具体的な記載がされているかによるが、個別の取引が受託者の権限外であることが明らかでなければ、重過失とはならないであろう。

◆相殺の制限　限定責任信託との取引の弁済金を相殺によって回収する場合にも、信託法の相殺の制限が適用されることに注意を要する。

① 相殺できる場合……自働債権と受働債権とが双方とも同じ限定責任信託に対するものである場合には通常の相殺が可能である。
② 相殺できない場合……自働債権が限定責任信託に対する債権で、受働債権が受託者の固有の取引または他の信託の取引である場合は相殺できない（信託法22条3項）。

信託法には第三者保護のための規定があり、たとえば同法22条3項には「当該固有財産に属する債権が信託財産に属するものでないことを知らず、かつ、知らなかったことにつき過失がなかった場合は、この限

りでない」と定めているが、受託者が銀行取引で限定責任信託に属する債権を有する場合にはその旨を明示して取引するであろうから、通常の取引ではこれらが適用される場面は限定される。

電子取引（非対面取引）

10844 金融機関における電子取引

金融機関における電子取引（インターネット取引）にはどのようなものがあるか

結　論

　金融機関における電子取引は、一般に「インターネットバンキング」などと呼ばれており、入出金明細照会、振込、振替、新規口座開設や投資信託の購入など、窓口やATMと同等のサービスが利用可能となっている。非対面で取引が行われるため、利用者保護の観点から、複数の暗証番号を使用するなどのセキュリティ対策が講じられている。個人向けと法人向けでは、利用可能なサービスや認証方法に異なる点がある。

解　説

◆**金融機関における電子取引**　　金融機関における電子取引は、一般に「インターネットバンキング」や「ダイレクトバンキング」、「オンラインバンキング」などと呼ばれている。電子取引を利用するためには、金融機関に利用申込みを行い、電子取引に必要なID、暗証番号などの交付を受けなければならない。電子取引は非対面で行われるため、異常取引の検知が困難となるなどのリスクがある。そのため、金融機関には、取引実行の認証に複数の暗証番号や電子証明書を利用するなど、セキュリティ対策を十分に講じるとともに、利用者への情報発信や知識啓発が求められている（主要行監督指針Ⅲ-3-8、中小・地域監督指針Ⅱ-3-5）。具体的な対応として、暗証番号の変更や振込上限金額の設定など、利用者自身がセキュリティレベルを設定できるサービスが提供されている。また、利用者からの操作方法に関する質問やシステム障害時の照会に対応するため、電話やインターネットメールなどによる相談窓口が設置されている。

◆**電子取引のメリット**　　電子取引は、インターネット環境があれば窓口やATMに足を運ぶことなく利用でき、利用可能時間が窓口やATMより長いため、利用者にとって利便性が高い。一方、金融機関にとっては、ペーパーレスで取引を行うことができ、窓口係員の応対が不要といったメリットがあるため、窓口におけるサービスより

手数料が低く設定される場合もある。個人と法人では口座管理方法などが異なるため、個人向けと法人向けでサービス内容や認証方法に異なる点がある。

◆個人向けサービス　入出金明細照会などの情報提供サービスや、振込や振替などの決済サービスが提供されており、住宅ローンの繰上げ返済、新規口座開設や住所変更などの手続も可能な場合がある。また、投資信託や外貨預金などのリスク性商品についても取扱可能だが、目論見書や商品説明書などを所定の手続に基づき交付し、利用者が商品内容やリスクについて、十分に理解できるような手段を講じる必要がある。セキュリティについては、たとえば、暗証番号をサービスのリスク度合いに応じて複数組み合わせたり、可変的な暗証番号を採用したりなどするとともに、当該セキュリティ方法の効果の評価や検証を適宜行うことが重要である。

◆法人向けサービス　振込、入出金明細照会など個人向けにも提供されるサービスに加え、多数の振込を一括して依頼できる総合振込や給与振込など、法人向け業務特有のサービスが提供されている。利用者は、社内の複数担当者が同一口座を管理し、担当者の権限によって操作内容が異なる場合があるため、振込や振替のデータを作成する者や、それらのデータを承認する者など、担当者や管理者別に権限を設定できるサービスもある。セキュリティについても、ID・暗証番号による認証方法のみならず、電子証明書を用いた認証方法を採用している場合もある。

10845	電子取引開始時における本人確認の方法

電子取引を開始するときにおける本人確認の方法は何か

結　論

　非対面で電子取引を開始する場合の本人確認は、公的証明書の現物または写しの送付を受け、当該公的証明書に記載された顧客の住所に宛てて、通帳その他の当該顧客等または代表者等との取引に係る文書（以下「取引関係文書」という）を書留郵便により送付する方法、または、電子証明書を利用する方法により行う。

解　説

　対面取引によると電子取引によるとにかかわらず、金融機関は、犯罪収益移転防止法が定める特定取引を行う際には、顧客の本人確認をする必要がある。しかし、電子取引は非対面取引であり、顧客の風貌等の特徴を直接確認できないため、対面取引と比較して証明書による証明対象者と顧客の同一性を確認するための情報が十分でない。そこで、同法は、かかる非対面取引における本人確認の方法として、①本人確認書類の現物または写しの送付を受けて、当該本人確認書類を本人確認記録に添付するとともに、当該証明資料に記載されている当該顧客の住所に宛てて、取引関係文書を書留郵便もしくはその取扱いにおいて引受および配達の記録をする郵便等により、転送不要郵便物等として送付する方法、②その取扱いにおいて名宛人本人もしくは差出人の

指定した名宛人にかわって受け取ることができる者に限り交付する郵便等（いわゆる「本人限定受取郵便」）により取引関係文書を送付する方法、または③電子署名法に規定する認定を受けた者が発行し、かつ、その認定に係る業務の用に供する電子証明書および当該電子証明書により確認される電子署名が行われた特定取引に関する情報の送信を受ける方法などを定めている（犯罪収益移転防止法施行規則6条1項1号ハ・ニ・ホ、同項3号ロ・ハ）。

上記①の方法による場合、「本人確認書類の写しの送付」として、ファクシミリによる送信で受けたり、当該写しに係る画像ファイルをインターネット、電子メール経由で受けたりすることは可能と解される（犯罪収益移転防止制度研究会『逐条解説犯罪収益移転防止法』91頁）。また、取引関係文書の送付にかえて、金融機関の役職員が本人確認書類に記載されている顧客の住所に赴いて交付することも可能とされている（犯罪収益移転防止法施行規則6条4項）。

なお、本人確認書類や電子署名が行われた特定取引に関する情報は、本人確認記録の添付資料とすることが定められていることから、取引終了日から7年間保存しなければならない点に留意が必要である（犯罪収益移転防止法6条2項、同法施行規則16条）。

10846 個別の電子取引における本人確認の方法・留意事項

個別の電子取引における本人確認の方法お

よび留意事項（与信・受信取引との差異、ID／パスワードの効果）は何か

結 論

取引受付時の本人確認としては、IDおよびパスワード等のほか、取引の内容に応じた個別のパスワードを要求したり、電子証明書を用いたりする等、所要の措置を講じる必要がある。ID・パスワード等の管理は利用者において厳格に行うべきこと、また不正利用もしくはそのおそれがある場合の利用者が行うべき手続について、取引約款にて規定しておくべきである。なお、パスワードが一定回数以上誤って入力された場合にはサービスを中止する等の手当を施すことが望ましい。

解 説

与信・受信取引における本人確認は、具体的には、取引に際して徴求する約定書、印鑑届などの必要書類の署名が、本人の意思に基づき本人によってなされたかどうかである。たとえば、貸出取引においては、犯罪収益移転防止法上の本人確認に加え、債権保全上の観点からの本人確認（広い意味での意思確認ないし属性確認）を行うべきである（特に、保証や担保提供を受ける場合は注意が必要である）ように、取引の相手方となる本人との面談による意思確認、本人による必要書類の署名が本人確認の原則的な対応である。

一方で、電子取引においては、非対面であるため、インターネットを利用した各種サービスの提供に際して、取引を依頼する者が契約者本人であるかをいかにして確認

するかが肝要となる。本人確認は、サービスを提供するサイトにアクセスがなされた時点で行われるのが通常であり、これに加えて、資金移動や各種取引内容照会等、個々の取引の受付時にも行われる場合もある。よって、かかるサービスにおける本人確認として、あらかじめ金融機関に登録されたIDおよびパスワード・暗証番号のほか、取引の内容に応じて個別のパスワードを要求したり、電子証明書を用いたりする等、所要の措置を講じる必要がある。

本人確認手段として金融機関がどの程度まで求めるかについては、リスクを勘案しつつリスク所管部署とも協議する等して判断すべきである。ID、パスワード等による本人確認が実施されたとしても、インターネットバンキングは非対面取引であることから、実際に契約者本人が利用しているかは金融機関にはわからないため、「あらかじめ金融機関に登録されたIDおよびパスワード・暗証番号等が使用され、金融機関が所定の本人確認手続を行った上で取り扱った場合には、契約者本人による取引とみなし、金融機関は免責される」旨を取引約款に規定しておく必要がある。一方で、利用者に対して、IDおよびパスワード等について、漏えいを防ぐために管理を十分に行うよう、また、これらについて不正使用された場合もしくはそのおそれがある場合は、直ちに金融機関宛てに変更・再発行等の依頼をするよう、取引約款にて義務づけておくべきである。

また、かかる業務の安全性・信頼性を確保するためには、パスワード等が一定回数以上誤って入力された場合には、該当IDに対するサービスを中止する等の手当を施

しておくことが望ましい。

| 10847 | 私法ルールの特則 |

金融機関が行う電子取引において、特に考慮すべき私法規範は何か

結　論

民法等の一般法規のほか、「電子消費者契約及び電子承諾通知に関する民法の特例に関する法律」、「電子署名及び認証業務に関する法律」、「電子商取引及び情報財取引等に関する準則」などがある。

解　説

◆**電子取引と法の適用**　電子取引も「取引」である以上、私人間で当該取引を行う場合には、私法が適用される。そのため、私法の一般原則を定めた民法や、民法の特別法である商法等が当然に適用される。もっとも、民法その他の私法を電子取引にもそのまま適用すると消費者保護に欠け、円滑な電子取引が困難となるといった事態が起きることがある。そこで、特別法の制定により、電子取引の円滑化が図られている。

◆**電子消費者契約法**　民法上、意思表示を行った者に重大な過失がある場合には錯誤無効を主張できないこととされているが（同法95条ただし書）、消費者保護の観点から、「電子消費者契約及び電子承諾通知に関する民法の特例に関する法律」（以下「電子消費者契約法」という）により、電子消費者契約において消費者が行った申込

み・承諾の意思表示に一定の錯誤があった場合には、民法95条ただし書は適用されないとしている（電子消費者契約法3条）。

なお、改正民法では錯誤の効果が無効から取消へ改められ（同法95条）、意思表示を行った者に重大な過失がある場合には、原則、意思表示の取消をすることはできないとされており（同法95条3項）、これに伴い、電子消費者契約法3条についても改正が見込まれる。

また、民法上、隔地者間の契約は、承諾の通知が発せられたときに効力を生じるとされているが（同法526条。発信主義）、電子消費者契約法により、例外として、隔地者間の契約につき電子承諾通知が発せられる場合においては、民法526条を適用せずに到達主義を採用することとしている（電子消費者契約法4条）。なお、改正民法でも、発信主義を定める民法526条1項は削除され、到達主義を定める改正民法97条に従うこととされる。このように、電子消費者契約における意思表示の有効性の判断要素や意思表示の効力発生時期に関し民法の特則が定められている。

◆**電子署名及び認証業務に関する法律**
民訴法上、私文書の真正な成立に関してはいわゆる二段の推定の理論が採用されているところ、電子署名の場合にも文書の真正な成立が推定されるという効果を与えられるよう、「電子署名及び認証業務に関する法律」は、電子署名に関し、電磁的記録の真正な成立の推定、特定認証業務に関する認定の制度その他必要な事項を定めることにより、電子署名の円滑な利用の確保による情報の電磁的方式による流通および情報処理の促進を図っている。

◆**電子商取引及び情報財取引等に関する準則**　法令そのものではないが、経済産業省の「電子商取引及び情報財取引等に関する準則」が、電子商取引等に関するさまざまな法的問題点について、民法をはじめとする関係法令がどのように適用されるかを明らかにし、取引当事者の予見可能性を高め、取引の円滑化に資することを目的として策定されている。

10848 アカウントアグリゲーションサービス取扱の留意点

いわゆるアカウントアグリゲーションサービスの取扱において、特に留意すべき規範があるか

結　論

アカウントアグリゲーションサービスの取扱いに際しては、同サービスの実施において留意すべき点を示した全国銀行協会の発信文書（全銀協平13.10.22「アカウントアグリゲーションサービスに関する基本的な考え方」）、および、個人情報保護法（平成15年5月成立。平成27年9月改正法成立。平成29年5月30日全面施行）に留意する必要がある。

解　説

◆**アカウントアグリゲーションサービスとは**　アカウントアグリゲーションサービスとは、複数の金融機関等を利用している顧客の、各金融機関におけるそれぞれの口座情報等を収集し、インターネットブラウ

ザやアプリケーション等で一つの画面等に集約・統合して表示するサービスのことである。顧客は、同サービスを利用することで、各金融機関のそれぞれのオンラインサービス等にアクセスすることなく、各金融機関との取引について一覧することができる。

◆**全銀協発信文書**　全国銀行協会は、平成13年10月に、アカウントアグリゲーションサービスを提供するにあたって留意する必要がある点をまとめている（全銀協平13.10.22「アカウントアグリゲーションサービスに関する基本的な考え方」）。同文書発信の趣旨の一つは、個人情報保護法が法案段階であった当時において、現在ほど個人情報保護制度が充実していなかったことから、一定の基準を示すことであったと考えられる。

同文書によれば、同サービスの提供にあたっては、①サービス利用者に予想外のリスクを発生させないためのセキュリティ対応、②利用者に対する、サービス内容・利用に伴うリスク・個人情報の取扱いについての十分な説明、③（金融取引に介在する場合には）利用者が締結している金融機関との契約内容および銀行法などの関連する金融法令の遵守、などに留意する必要がある。

また、同文書においては、銀行自身が業としてサービス提供者となる場合には、銀行法上、どこまでの範囲の情報を取り扱ってよいかが課題となると指摘されている。この点については、提供するサービスの内容ごとの判断によらざるをえないが、その際には、金融監督庁（当時）内の「金融サービスの電子取引等と監督行政に関する研究会」が平成12年4月に公表した報告書「金融サービスの電子取引の進展と監督行政」において、「銀行の固有業務ないし付随業務として行いうる業務に関する情報サイトの運営は、付随業務に該当するものと解される」という検討結果が示されていることが参考になろう。

◆**個人情報保護法**　アカウントアグリゲーションサービスにおいては、サービス提供者が管理するシステム上に、利用者の口座情報等が蓄積されることになるから、前掲全銀協文書においても指摘されているとおり、利用者の個人情報の保護が問題となり、個人情報保護法についても留意する必要がある。同法にかんがみれば、同サービス提供者は、個人情報の利用目的を特定したうえで（同法15条）、利用者に対して、個人情報の利用目的を明示する必要があるし（同法18条2項）、当該個人情報の漏えい・滅失・き損の防止その他の個人データの安全管理のために必要かつ適切な措置を講じなければならない（同法20条）。

また、個人情報保護法は消費者庁が所管しているものの、事業者の監督については、個人情報保護委員会および事業分野ごとの各所管庁（サービス提供者が金融機関であれば金融庁）が行っているので、サービス提供者は、個人情報保護委員会および各所管庁が定めるガイドライン等にも留意する必要がある。

10849　電子取引の約款

金融機関が行う電子取引における取引約款においては、対面取引約款と比べ、どのよ

うな約定が必要か

結　論

　約款は現実に交付することが望ましいが、インターネットにおける Web サイト上の同意クリックにより、約款の開示および利用者がこれに拘束されることの意思表示を行わせることも可能である。約款内に変更方法の定めをおけば、同方法により約款を変更することができるが、実務的には、告知の徹底に努め、さらに利用者の同意クリック等により変更後の約款に従う旨の意思表示を行わせるべきである。免責規定についても、他の規定に比して、わかりやすい説明が必要になると思われる。

　なお、契約の成立時期については電子消費者契約法が到達主義を採用しているから、金融機関側からの承諾通知を省略する場合には、約款において到達主義を排除する旨の定めが必要になる。

解　説

◆**約款の交付・表示**　　約款が利用者との電子商取引上の契約に組み入れられるためには、①約款があらかじめ利用者に対して適切に開示されていること、および②当該 Web サイトの表記や構成および取引申込みの仕組みに照らして利用者が約款の条件に従って取引を行う意思をもって事業者に対して取引を申し入れたと認定できること、が必要である。したがって、電子取引であっても、第一義的には、取引約款は利用者による申込みの際に交付することが望ましい。

　しかし、取引の申込みが Web サイト上で完結し、約款を交付する機会がない場合は、「取引約款の内容を理解した上で申し込む」ことを端末上で表示させ、相手方が承諾したことをクリック等の方法で示させることにより（いわゆる「同意クリック」）、①②を満たすことが考えられる。経済産業省の「電子商取引及び情報財取引等に関する準則」は、取引の申込画面にわかりやすく約款表示画面へのリンクを設置するなどしていれば、同意クリックを要求しなくとも①②を認めうるとするが、実務上は、同意クリックを求めるべきであろう。

　また、消費者契約法 3 条 1 項が、事業者に対して消費者との契約が「明確かつ平易なもの」となるように配慮する努力義務を課していることや、紙面での約款交付に比してインターネット上では利用者が約款を読むことに煩わしさを感じがちなことにかんがみれば、単に約款を記載するだけではなく、Web サイト中に約款中の重要事項をわかりやすく説明するページを設けることが望ましい。

◆**約款の変更**　　約款は契約内容の一部であり、契約自由の原則に照らせば、約款の変更方法の合意もまた公序良俗や信義則に反しない限り有効であるから、約款においてその変更方法を定めておけば（以下「変更条項」という）、これに従って変更できると考えられる。たとえば、店頭およびインターネット上で変更を告知し、相当期間経過後にその変更の効力が発生するという変更方法を定めておくことが考えられる。

　また、改正民法によれば、定型取引（ある特定の者が不特定多数の者を相手方として行う取引であって、その内容の全部または一部が画一的であることがその双方にと

って合理的なもの）において、契約の内容とすることを目的として特定の者により準備された条項の総体を定型約款という（同法548条の２）。金融機関が行う電子取引における取引約款のうち、多くはこの要件を満たすと考えられる。同法では、定型約款は、変更が利用者の一般の利益に適合するか、または、契約をした目的に反せず、かつ、変更の必要性、変更後の内容の相当性、定型約款の変更をすることがある旨の定めの有無およびその内容その他の変更に係る事情に照らして合理的なものであるときには、所定の手続により、金融機関は個別に利用者と合意をすることなく、契約の内容を変更することができるとされている（同法548条の４）。

　もっとも、判例（最判平15.4.8民集57巻４号337頁）は、預金者が暗証番号を同車両のナンバー下４桁に設定していたところ、車両もろとも通帳を盗まれて預金を引き出されるという被害を受けた事案につき、通帳と暗証番号により払戻しを受けられることを預金規定等に明示して預金者に告知することを怠っていたとして、銀行を免責しなかった。さらに、経済産業省「電子商取引及び情報財取引等に関する準則」は、変更後の約款が契約内容の一部となるためには、利用者に対して約款の変更箇所をわかりやすく告知したうえで、利用条件の変更に対する利用者側の同意を得ることが必要と定めている。したがって、金融機関においては、変更条項を定めておくだけでなく、利用者へのメールの送信により変更の告知を徹底することや、変更後最初の取引において変更を告知し、これに同意する旨の同意クリックを要求することも考えられ

よう。

◆**免責規定**　電子商取引に特有の免責規定としては、金融機関の責めによらない通信障害等によるトラブルの発生や、利用者があらかじめ登録したIDおよび各種暗証番号により本人確認を行った場合に金融機関は責任を負わない等の内容が考えられる。しかしながら、消費者契約法の規制および改正民法の定型約款の規定（同法548条の２、548条の３、548条の４）を勘案すれば、裁判上もかかる免責規定が認められるとは限らない。

　この点、前掲最判平15.4.8に照らせば、免責規定は利用者にわかりやすく明示しなくてはならない。さらに、判例（最判平5.7.19判タ842号117頁）は、免責規定の有効性について、事件が発生した当時に銀行が採用していた支払システムの安全性を判断材料としているから、免責規定が明示されていても、金融機関が構築したシステムの安全性が十分でなければ、なお免責されない可能性が残る。

　なお、インターネットバンキングにおける不正取引は偽造盗難カード預金者保護法の適用対象外であるが、同法成立時の付帯決議は「インターネット・バンキングに係る犯罪等については、速やかに、その実態の把握に努め、その防止策及び預貯金等の保護のあり方を検討し必要な措置を講じること」としており、この付帯決議を受けて免責の対象外とした金融機関も多いと思われる。

◆**契約の成立時期**　電子商取引は、対面取引に比していつ契約が成立したか不明確なため、トラブル回避のために契約の成立時点を明確にしておく必要性が高い。電子

消費者契約法 4 条は、隔地者間契約の成立に関する発信主義の原則（民法526条）を修正し、承諾通知が到達した時に契約が成立したとする到達主義を採用している（改正民法でも発信主義の原則を定める民法526条が削除され、到達主義の原則を定める改正民法97条に従うこととされる）。具体的には、事業者側が電子メールで承諾通知を発信する場合は申込者のメールサーバ中のメールボックスに読取り可能な状態で記録された時点、Web サイト上で完結させる場合には申込者のモニター画面上に承諾通知が表示された時点で契約が成立することになる。

　もっとも、電子消費者契約法 4 条は任意規定とされているので、約款によりこれを修正できる。たとえば、取引に関する依頼（申込みの意思表示）を事業者側が受信した場合には契約が成立し、事業者側からの承諾通知を発出しないことにすることも可能であるが、内容が利用者に不当に不利にならないように注意すべきである。なお、振込等で預金残高が不足しており契約を実行できない場合には、残高不足を契約の解除条件とすることが考えられ、これを約款等に明示する必要がある。

10850　電子取引における準拠法

海外居住者と電子取引を行う場合の準拠法、裁判管轄はどうなるか

結　論

　準拠法・裁判管轄は当事者の合意による

ため、契約書や約款上にて日本法・日本の裁判所を指定しておけば、日本法に基づき、日本の裁判所で争うことが可能となる。

　ただし、対個人との契約（消費者契約）の場合には、消費者保護の観点から、消費者の常居所地法の適用や当該地の裁判所の管轄が認められることもあるため、留意が必要である。

解　説

◆**法律行為の成立・効力の準拠法**　法律行為の成立および効力は、当事者が当該法律行為当時に選択した地の法による（法適用通則法 7 条）。よって、当事者間で事前に準拠法の合意をすれば、その合意に従うことになる。

　かかる選択がない場合には、当該法律行為に最も密接な関係がある地の法（以下「最密接関係地法」という）による（法適用通則法 8 条 1 項）。もっとも、電子取引は隔地間での取引であると想定され、行為地が明確ではないが、特徴的給付（金銭給付とは逆の固有の給付。たとえば、売買契約であれば、あるモノを買った買主は金銭を支払うが、その対価として売主がモノを給付することを特徴的な給付という）を当事者の一方のみが行う場合、当該給付を行う当事者の常居所地法が最密接関係地法と推定される（法適用通則法 8 条 2 項）。よって、預金取引（消費寄託契約）においては、受寄者たる金融機関の所在地の法が適用され、貸付取引（金銭消費貸借契約）の場合には、貸主たる金融機関の所在地の法が適用されると考えられる。

　なお、保証取引（保証契約）については、保証人（顧客）が特徴的給付を行うことに

なるため、保証人の常居所地法の適用が認められる可能性があるため、留意が必要である。

◆**消費者契約の特例**　消費者（個人。営業性個人を除く）と事業者との契約については、事業者と比べて弱い立場にある消費者を保護する観点から、例外が設けられている。準拠法が消費者の常居所地法以外の法と合意されていたとしても、消費者が常居所地法の強行規定を適用すべき意思を事業者に表示した場合、当該消費者契約の成立および効力に関する規定については、指定された準拠法に加えて、消費者の常居所地法中の強行規定が重ねて適用されることになる（法適用通則法11条1項）。また、準拠法の合意がない場合、前述の法適用通則法7条・8条の規定にかかわらず、当該消費者契約の成立および効力は、消費者の常居所地法による（同法11条2項）。

金融機関は当然事業者であり、個人（消費者）を相手方とする預金・貸付取引においてはかかる例外規定が適用されることに留意が必要である。

◆**裁判管轄について**　第一審の裁判管轄については当事者の合意にて定めることができ、当該合意は、その内容を記録した電磁的記録によることも可能である（民訴法11条3項）。よって、電子取引における、裁判管轄の合意も有効である。国際取引における裁判管轄の定めについても同様である（同法3条の7）。よって、裁判管轄を日本の裁判所と指定しておけば、日本の裁判所の国際裁判管轄が認められ、日本の裁判所で争うことが可能となる。

ただし、準拠法と同様に、消費者保護の観点から、事業者が消費者を被告として提訴する場合は、消費者が日本の裁判所での裁判に応じる（応訴する）場合は別として、消費者が住所を有する国の裁判所にしか裁判管轄は認められない（民訴法3条の4第3項。一方、消費者が事業者を提訴する場合、訴え提起時または契約締結時の消費者の住所が日本にあれば、日本の裁判所宛提起が可能。同条1項）。したがって、たとえば国外にいる債務者に対し、貸金返還請求訴訟を提起する場合は、債務者の居住国の裁判所宛てに訴えを提起しなければならなくなる。

もっとも、消費者契約であっても、締結時に消費者が日本に住所を有しており、日本の裁判所を裁判管轄として合意していた場合、事業者が、日本の裁判所に訴えを提起することも可能である（民訴法3条の7第5項）。よって、日本に住所を有する個人（消費者）と契約を締結する場合、契約書上にて、日本の裁判所を裁判管轄（少なくとも、非専属的管轄裁判所）として合意し、日本での訴訟提起を可能とするよう手当しておくことがきわめて重要である。

10851　いわゆる「なりすまし取引」の法的な考え方

インターネットバンキングにおける「なりすまし取引」について、法的にはどのように考えればよいか

結　論

いわゆる「なりすまし取引」については、継続的なインターネットバンキングにおける受信取引においては、取引約款等で本人

確認の方法について事前に合意があるため、セキュリティレベルが通常合理的に期待しうる安全性よりも相当程度低くない限り、有効であり、当該取引の効果は本人に帰属すると考えられる。ただし、金融機関としては、継続的にセキュリティの安全性を一定程度確保すること、顧客への注意喚起を行う等の対応に配慮することが必要であると考えられる。

解　説

◆なりすましによる意思表示の本人への効果帰属　　他人（無権限者）が本人の名をかたって電子商取引を行うことを「なりすまし取引」という。インターネットバンキングにおいて、なりすまし取引が行われた場合、なりすまされた本人が当該取引について、責任を負うかどうかということが問題となる。

　この点、経済産業省の「電子商取引及び情報財取引等に関する準則」によれば、本人確認方式について事前の合意の有無によって場合分けがなされている。

　通常のインターネットバンキングでは、取引約款等において、本人確認方式が記載されており、事前に合意がなされたうえで取引が行われている。この場合には、当該事前に合意された本人確認方式により、本人と認証され、振込等の資金移動取引が行われれば、たとえ第三者によるなりすまし取引であっても、効果は本人に帰属し、金融機関は免責されるといいうる。

◆取引約款の効力について　　ただし、事前の合意の根拠となる取引約款の効力について、最高裁は、キャッシュカードによる現金自動支払機での出金の事案に関して、

「銀行の設置した現金自動支払機を利用して預金者以外の者が預金の払戻しを受けたとしても、銀行が預金者に交付していた真正なキャッシュカードが使用され、正しい番号が入力されていた場合には、銀行による暗証番号の管理が不十分であったなど特段の事情がない限り、銀行は、現金自動支払機によりキャッシュカードと暗証番号を確認して預金の払戻しをした場合には責任を負わない旨の免責約款により免責されるものと解するのが相当である」（最判平5．7．19判タ842号117頁）としている。最高裁はこの判決のなかで、「被上告人（銀行）が当時採用していた現金自動支払機による支払システムが免責約款の効力を否定しなければならないほど安全性を欠くものということはできず」と言及している。さらに、インターネットバンキングにおける無権限者の資金移動に関する東京高判平18．7．13（金法1785号45頁）においても、システムの構築および運営について、銀行の注意義務違反の有無が検討されている。

　よって、今後インターネットバンキングにおけるなりすまし事案においては、当該時点でのセキュリティシステムの安全性の程度も考慮し、取引約款の効力が判断されるものと考えられる。また、この場合のセキュリティシステムとしては、顧客情報の管理方法等にも留意する必要があると思われる。

　一方、全国銀行協会では、偽造盗難カード預金者保護法の趣旨をふまえ、個人顧客のインターネットバンキングによる預金等の不正払戻しへの対応について、銀行に過失がない場合でも顧客に過失がなければ、一定の要件を満たすものには、当該被

害を補償する申合せを行った（全銀協平20．2．19「預金等の不正な払戻しへの対応について」）。

◆**実務上の留意点**　なりすまし取引については、犯罪手口の巧妙化等に伴い、不正利用のリスクを完全に払拭することはできない。したがって、リスクを極小化する一方、顧客の利便性を確保しながら、顧客保護の徹底を図るため、取引の特性等に応じて、電子証明書やICカード、可変式パスワードによる認証方法を利用する等、セキュリティ対策を十分に講じる必要がある（主要行監督指針III－3－8、中小・地域監督指針II－3－5）。そのためには、継続的に業務を取り巻くリスク環境を意識しつつ、対策の策定・実施、検証、評価、見直しを実施することが重要であると考える。

　また、顧客に対しても、暗証番号等個人情報の漏えいの危険性や、類推されやすい暗証番号の使用の危険性等に関する注意喚起を行う等、継続的に情報提供や啓発活動を行うことも重要である。

10852　電子取引における本人への効果帰属の立証方法

金融機関が行う電子取引において、顧客本人への効果帰属が争われた場合の立証方法にはどのようなものがあるか

結　論

　電子署名により本人認証がされていれば、本人の押印による場合の文書の真正な成立の推定と同様の効果を得ることができ、立証は比較的容易となる。一方、ID・パスワードによる本人認証方法では推定効を享受できないから、立証に困難が伴い、免責約款を援用する局面が多くなると思われる。特に与信取引を行う場合には、他の手段による補完を講じることを検討すべきである。

解　説

◆**電子署名による真正な成立の推定**　民訴法228条4項は、私文書に本人または代理人の署名または押印がある場合に、文書の真正な成立について推定効を与える。また判例（最判昭39．5．12民集18巻4号597頁）は、私文書作成名義人の印影が当該名義人の印章と一致している事実を立証すれば、当該印影が本人の意思で押されたことを事実上推定する。したがって、契約書上の印影について、印鑑証明書や金融機関への印鑑届等で本人の印章との一致を立証できれば（判例に基づく事実上の推定）、本人の押印があることになるから、契約書の真正な成立（すなわち本人による契約）が推定される（同項による法律上の推定。この二つの推定を合わせて「二段の推定」と呼ぶ）。結果として、名義人の側に「自分の意思による押印ではない」ことを反証する負担を負わせることができる。

　電子署名を本人認証の手段として用いる場合も、民訴法228条4項同様、電磁的記録について本人による電子署名がされている場合には、真正な成立についての推定効を与える（電子署名及び認証業務に関する法律3条）。押印に関する一段目の推定に相当する判例法理は存在しないが、「本人の（意思による）電子署名」であることは、秘密鍵が厳重に管理されるべきものであることを前提に、本人の秘密鍵と対になる公

開鍵による復号という事実を証明してくれる電子証明書の提出により立証できるという説が有力である。したがって、立証にあたり比較的強力な手段を与えられているといえる。

◆**ID・パスワードによる場合の立証方法**

一方、IDとパスワードによる本人認証については、相手方に電子署名のような推定効を享受させる法律上の規定がない。顧客本人のIDとパスワードが入力されたことの立証は当然のこととして、パスワードを複数回誤入力していないこと、利用者に対してID・パスワードを厳重に管理するよう注意していたことなどの間接事実の積上げにより、本人による取引であることの立証を行う必要がある。しかし、これらの立証手段は訴訟上さほど洗練されたものではなく、またずさんなパスワード管理が行われがちなことにかんがみれば、立証に不安が残ることに留意すべきである。

もっとも、受信取引においては、当該取引の存在・有効性を積極的に立証しなくとも、金融機関の負担債務が免責されれば十分である。その観点からは、最終的には、【10851】のとおり、免責約款に頼ることになる面が大きい。

◆**与信取引をID・パスワードにより行う場合の問題点**　一方、与信取引において名義人が自身への効果帰属を争う行動に出た場合（なりすましによる借入れの主張など）、免責を主張すればよい受信取引に比して、金融機関は積極的に取引の存在・有効性を立証しなければならないことから、リスクは格段に大きい。

実務上は、当初締結する基本約定で、「顧客本人のID・パスワードで取引を行っ

た取引は、有効な取引とみなす」といった「みなし規定」をおくことになろうが、たとえば名義人にまったく帰責性がない取引まで、発生した債務を本約定で名義人に負担させることが可能か疑問が残る。よって、上述のように立証上不安を抱えるID・パスワードによる本人認証しか行われていなければ、押印がある書面による取引に比べ、債権保全に失敗する可能性は高いといわざるをえないであろう。

したがって、ローン契約やでんさいの割引などの与信取引を電子的手段により行う場合には、ID・パスワードだけではなく、電子署名、ICカード、指紋認証の利用や架電による本人確認を組み合わせ、本人認証の精度を高める方策をとることが肝要である。

10853　決済取引における無因性

決済取引における無因性とは何か。無因性を確保するために、契約上どのような手当をする必要があるか

結　論

無因性とは、売買契約等の原因契約の有効・無効が振込等の決済行為に影響を及ぼさないというものであり、判例上も通常の銀行取引において認めている考え方である。しかし、金融機関の提供するサービスが複雑・多様化すると、金融機関が原因行為に関与しているとみなされる可能性も否定できないため、確認の意味で取引約款等に規定しておくことが望ましい。

解　説

◆**「無因性」の意義**　　金融機関が電子市場等において決済機能を付与する場合の「無因性」とは、物品の売買契約、役務の提供契約等の原因行為の有効・無効が振込等の決済行為に影響を及ぼさないことをいう。

この点、判例は、誤振込の事案において、振込依頼人から被仕向銀行の受取人の普通預金口座に振込があったときは、両者の間に振込の原因となる法律関係が存在するか否かにかかわらず、受取人と被仕向銀行との間に振込金額相当の普通預金契約が成立するとされ、資金移動取引とその原因関係を無因とすると判断している（最判平8．4．26民集50巻5号1267頁、以下「平成8年判例」という）。

したがって、通常の銀行取引において金融機関が決済機能として振込サービスを提供しているなどの場合は、特段の手当がなくても無因性は確保されていると考えられる。

◆**契約上の手当の必要性**　　平成8年判例は、資金移動取引を無因とする判断の理由の一つとして、振込は銀行間の送金手続を通して安全、安価、迅速に資金移動する手段であって、その仲介銀行はその原因となる法律関係等に関知しない仕組みとなっていることをあげている。しかし、銀行が提供するサービスが複雑化、多様化していくと、銀行が原因行為に関与しているとみなされる場合も想定される。また、受取人の普通預金口座への振込を依頼した振込依頼人と受取人の間に振込の原因となる法律関係が存在しない場合において、受取人が当該振込に係る預金の払戻しをすることについ

て、著しく正義に反するような特段の事情がある場合には権利の濫用に当たるとして、資金移動取引の無因性を前提としつつも受取人の権利行使を制限する旨の判断を示す判例も現れている（最判平20.10.10民集62巻9号2361頁）。したがって、取引約款等には、金融機関が原因取引についていっさい関知せず、原因取引にかかわるいっさいの事柄について金融機関が責任を負わない旨を明示的・確認的に規定しておくことが望ましいといえる。

また、金融機関が行う決済手段には振込によるもののほか、デビットカードのように債権譲渡構成をとる決済手段もある。デビットカードによる決済においては、カード利用者がカード発行金融機関に弁済を委託する。一方で、加盟店は加盟店金融機関に対して代金債権等を譲渡し、加盟店金融機関が当該代金債権等の弁済の受領をカード発行金融機関に委任する。そして、同一の代金債務等につき弁済の委託と弁済の受領の委任を同時に引き受けたカード発行金融機関が利用者の預金口座から代金相当額を引き落とすことで決済を完了する。平成8年判例は債権譲渡構成をとる決済手段について直接判断を示したものではないが、別異の理論が妥当するとの根拠も乏しいことから、この場合においても平成8年判例の理論が妥当するとの前提に立ち、契約や取引約款に原因取引にいっさい関知しない旨の確認的規定を設けることが望ましい。

10854	決済取引における誤認防止策

決済取引のため、金融機関が他社運営のサ

イトのリンクを張る場合に、誤認防止策を
講ずる必要性とその方策とは何か

　金融機関が他社の運営するサイトにリンクを張る場合は、利用者が真の取引相手を誤認して取引してしまうことを避けるため、利用者が現在アクセスしている先を正しく認識できるように配慮した画面構成とする必要がある。

解　説

◆**誤認防止策の必要性**　現実の店舗を通じた取引であれば、利用者が取引相手を誤認して取引する懸念はないが、電子取引においては取引の当事者が直接対面することがないため、利用者が取引相手を誤認して取引してしまう可能性がある。特に、金融機関が他社の運営するサイトにリンクを張る場合や、決済手続のために他社運営のサイトから金融機関の画面に遷移する場合等には、利用者が取引相手を誤認する可能性が高いので、利用者が現在アクセスしている先を正しく認識できる環境を整備する必要がある。

　また、利用者にとっては、画面上で提供される情報が取引の相手方を認識するうえで重要な判断材料になるため、画面上で提供される情報に不足がないこと、および利用者にとって誤解を招くおそれのある表現がないことに十分配慮した画面構成とする必要がある。

◆**誤認防止策の具体例**　画面構成等における具体例は以下のとおりである。

① 　リンクを張った画面上に、「リンクが

あります」等適宜の表示を付すことにより、他社のサイトにリンクしていることを明確にする。また、他社の運営するサイトから金融機関のサイトへ移行する場合は、リンク先が金融機関のサイトであることを利用者が認識しやすいよう、「金融機関のサイトへ移行する」との注意喚起画面を表示し、リンク先のサイトには、金融機関名（サービス名称を含む）を明示する。

② 　画面が小さく見にくい携帯電話等の一定の端末機器からの利用を許容する場合は、取引が確定する前に、利用者自身による内容の確認を必要とする画面に遷移するなど、利用者が取引相手を確実に認識できるような画面構成とする。

③ 　取引相手だけでなく、提供されるサービスの内容についても利用者が誤認することのないよう、申込みの際に取引約款を交付するだけでなく、取引を行うつど、画面上からも容易に参照できるようにしておくことが望ましい。その場合も、利用者にとって読みやすい画面構成となるよう配慮すべきである。

10855　電子取引における規制法

金融機関が行う電子取引において留意すべき規制法にはどのようなものがあるか

　銀行取引をインターネットなどの電子取引において行う場合であっても、景表法上の不当表示の規制や、特定商取引法上の誇

大広告の禁止規制などに服するため、サービス内容や取引条件についての表示を行う場合には、十分に留意する必要がある。

解　説

◆景表法上の規制　景表法2条4項に規定する、同法の規制の対象となる「表示」にはインターネット等の情報処理の用に供する機器による広告も含まれる。すなわち、金融機関がインターネットのWebサイト上で行う、提供する商品・サービスの内容または取引条件についての表示も同法の規制の対象となる。

そして、景表法5条は、事業者に対し、自己の供給する商品または役務の取引について、いわゆる不当表示をすることを禁止している。たとえば、十分な根拠がないにもかかわらず、他の金融機関より優れた商品・サービスであることを記載したり、取引優遇の条件を明示せずに、あたかもなんらの条件もなく優遇が受けられるような表示をすることが、「一般消費者に誤認される表示」（同条2号）として、禁止行為の対象となるおそれがあるため、注意が必要である。

なお、平成14年6月に、当時の景表法を所管していた公正取引委員会は、消費者向け電子商取引の健全な発展と消費者取引の適正化を図るとの観点から、消費者向け電子商取引における表示についての同法上の問題点を整理し、事業者に求められる表示上の留意事項を示した「消費者向け電子商取引における表示についての景品表示法上の問題点と留意事項」を公表しており、平成21年9月から同法を所管している消費者庁も、これをふまえた法運用を行うことと

していることから、当該留意事項についても適宜参照する必要があろう。また、銀行については、全国銀行公正取引協議会が「銀行業における表示に関する公正競争規約」を公表しているので、これにのっとった広告表示となっているかについても留意が必要である。

◆特定商取引上の規制　インターネット上で商品の販売・サービスの提供を行う事業者は、特定商取引法の広告規制に従って、①取引条件等の一定事項の表示をしなければならず（特定商取引法11条）、②いわゆる誇大広告が禁止される（同法12条）、ほか、③承諾をしていない者に対する電子メール広告の提供が禁止されている（同法12条の3）。

なお、電子メール広告の提供については、特定商取引法のほか、特定電子メールの送信の適正化等に関する法律（以下「特定電子メール法」という）においても規制されている。すなわち、特定電子メール法においては、電子メールの送信をする者（営利を目的とする団体および営業を営む場合における個人に限る）が自己または他人の営業につき広告または宣伝を行うための手段として送信をする電子メール（以下「特定電子メール」という）については、送信者は、その送信をすることに同意する旨の通知をした者等一定の者以外の者に対し、送信をしてはならないとされている。また、送信者は、氏名または名称、住所、苦情等を受け付けることのできる電話番号、電子メールアドレスまたはURL、受信拒否の通知を受けるための電子メールアドレスまたはURL等を表示しなければならず、受信拒否の通知を受けたときは、その通知に

示された意思に反して、特定電子メールの送信をしてはならないとされている。さらに、特定電子メールの送信をするように求めがあったことまたは送信をすることに同意があったことを証する記録については、一定期間保存しなければならないとされている（同法3条）。

10856 電子取引における説明義務、書面交付義務

金商法上、電子取引における説明義務、書面交付義務についてどう考えられているか

結　論

　顧客が操作するパソコンの画面上に表示される説明事項を読み、その内容を理解したうえで画面上の同意ボタンをクリックする等の方法で、顧客が理解した旨を確認することにより、説明を行ったものとすることは可能である。ただし、その非対面性にかんがみ、重要事項をわかりやすく示したり、顧客が真に理解しているかについて再度の確認を求める画面構成とするなど、より慎重な対応が必要と考えられる。契約締結前書面等の書面交付については、顧客の承諾があれば、書面そのものの現実の交付、ファクシミリによる交付などの方法以外に、書面の交付にかえて、法令の定める方法により、電磁的方法により提供することができるものとされている。

解　説

◆**電子取引における金商法上の説明義務**
「金融商品取引業者向けの総合的な監督指針」によれば、「インターネットを通じた説明の方法」として、金商業等府令117条1項1号に規定する「当該顧客に理解されるために必要な方法及び程度による説明」につき、「金融商品取引をインターネットを通じて行う場合においては、顧客がその操作する電子計算機上に表示される説明事項を読み、その内容を理解した上で画面上のボタンをクリックする等の方法で、顧客が理解した旨を確認することにより、当該説明を行ったものと考えられる」とし、インターネット取引における実務上の確認方法を例示している。

　しかし、上記の方法はあくまで例示にすぎず、インターネット取引などの非対面取引において、説明義務を十分に履行したといえるためには、顧客と直接対面することがないという非対面取引の特性をふまえて、金融商品に係る説明事項について顧客が十分に理解しているかをより慎重に確認する必要があろう。

　具体的には、①顧客が契約締結前交付書面の内容を十分に読んだことを確認すること、②顧客からの照会に対し適切に対応する態勢を整備すること、および③照会頻度の多い質問について「Q&A」をインターネット上に掲載しておくなど、非対面取引であることにかんがみた対応を検討する必要があると考えられる。

◆**電子取引における金商法上の書面交付義務**　金融商品取引業者等は、顧客の承諾があれば、契約締結前交付書面、契約締結時交付書面、および取引残高報告書等の交付書面については、書面そのものの現実の交付、ファクシミリによる交付などの方法以外に、書面の交付にかえて、電磁的方法

により提供することができる（金商法34条
の2第4項・37条の3第2項・37条の4第
2項）。

　電磁的方法による提供は、法令の定める
方法によることを要する。

　法令の定める方法とは、具体的には以下
のとおりである。

① 　電子メール等で交付書面を送信する方
　　法

② 　顧客に、金融商品取引業者等のインタ
　　ーネットサイト等から、交付書面をダウ
　　ンロードさせる方法

③ 　金融商品取引業者等が設置する顧客専
　　用のインターネットのページ等において
　　交付書面を閲覧させる方法

　なお、いずれの場合も、交付書面に記載
すべき事項を顧客がプリントアウトできる
ものでなければならないとされている（金
商業等府令56条2項1号）。

NISA

10857　NISAの概要

NISA（ニーサ）とはどのようなものか

結　論

　NISAとは、個人の資産形成を支援するために平成26年1月から導入された、少額投資非課税制度（個人投資家のための税制優遇制度）のことである。平成27年度税制改正により、同制度に一部変更が加えられ、平成28年1月から非課税投資枠が100万円から120万円に増額される等となった。さらに、平成29年度税制改正により、平成30年1月から投資対象商品を一定の投資信託に限定し、非課税投資枠を年間40万円、非課税保存期間を20年間とする「つみたてNISA」が導入され、現行NISAを選択して適用可能となった（口座開設は平成29年10月1日から受付開始）。

解　説

◆**総論**　NISAとは、平成26年1月から導入された、少額投資非課税制度（個人投資家のための税制優遇制度）のことである。

　NISAでは、専用の口座をつくることで、毎年120万円（平成27年以前分は100万円）までの投資元本から得られる収益が5年間（最大600万円）にわたって非課税となる。英国のISA（Individual Savings Account）を参考に構想されたことから、日本版ISAと呼ばれていたが、日本証券業協会、全国銀行協会等が統一呼称としてNISAという愛称で呼ぶことを決定した。

　この制度の適用を受けることができるのは、口座を開設する年の1月1日時点で満20歳以上である日本の居住者等である（なお、ジュニアNISAについては【10862】参照）。NISAの適用を受けるためには、専用の口座を開設する必要があり、その口座は税務署による非課税適用の確認が必要である。

◆**NISAの特徴**　NISAは毎年の投資元本120万円（制度開始当時は100万円）を上限としてその投資から得られる収益を5年間にわたって非課税にする制度である。

　NISAの特徴として、①対象となる金融商品が上場株式等比較的リスクが高い金融商品に限られていること、②NISA口座の年間利用限度額（非課税枠）は120万円（平成27年以前分は100万円）とされており、

同口座で買い付けた金融商品をある年の途中で売却しても、その年の非課税枠は復活しないこと、③ NISA 口座で発生した損失は、特定口座や一般口座で保有する他の上場株式等の売買益や配当金との損益通算はできないこと、等があげられる。

◆**NISA制度に関する制度開始後の改正点**
平成27年度税制改正により、平成28年1月から NISA の制度が一部変更された。主な改正点は以下のとおりである。

① 投資枠が増額されたこと（100万円から120万円へ増額）

② 口座を開設する金融機関の変更が可能となったこと（1年単位で変更可能となった）

③ ジュニア NISA が平成28年1月から開始されたこと

④ マイナンバー法施行に伴い必要書類が一部変更となったこと

◆**つみたて NISA** さらに、平成29年度税制改正により、平成30年1月から投資対象商品を一定の投資信託に限定し、非課税投資枠を年間40万円、非課税保存期間を20年間とする「つみたて NISA」が導入され、現行 NISA を選択して適用可能となった（口座開設は平成29年10月1日から受付開始）。

投資対象商品は、信託期間が無期限または20年以上、分配頻度が毎月でないこと、ヘッジ目的の場合等を除き、デリバティブ取引を行っていないことのほか、金融庁告示で定める要件を満たしていることとされ、投資方法は契約に基づく定期かつ継続的な方法による買付に限定されている（【10863】参照）。

| 10858 | NISA の特徴 |

顧客にとっての NISA のメリット・デメリットは何か。また、どのような者が NISA 口座を開設できるか

結　論

NISA の最大のメリットは、毎年120万円までの投資元本から得られる収益が5年間にわたって非課税になることである。デメリットは投資した資産を途中で売却することはできるが非課税枠の再利用はできないこと、損失が発生しても他の口座における利益と損益通算できないこと、等である。NISA 口座を開設できる者は、居住者または日本国内に恒久的施設を有する者（いずれも個人に限る）であり、口座を開設する年の1月1日時点で20歳以上である者である。

解　説

◆**NISAのメリット・デメリット** NISAの最大のメリットは、毎年120万円までの投資元本から得られる収益（値上り益、利息・配当収入等）が5年間にわたって非課税になることである。また、毎年120万円（平成27年分までは100万円）の非課税枠が与えられることから、5年間で最大600万円までの投資元本について非課税となる。

一方、デメリットであるが、NISA 導入当時の制度を前提とした場合は以下のとおりであった。

① NISA の非課税投資可能上限額は毎年100万円であることから、分配金等の再

投資によりこの上限額を超えてしまうと、超過分は課税口座に移管しなければならない。

② 投資した資産を途中で売却することはできるが、非課税枠の再利用はできない。

③ 特定口座では損失を最大3年間繰り延べ、ほかの利益と損益通算できるが、NISAでは損益通算できない。

④ 勘定設定期間ごとに1口座しかつくれず、1回の勘定設定期間（当初4年間）においては、NISA口座を開設した金融機関を変更することはできない。

⑤ NISA口座開設者は20歳以上の個人に限定される。

当初の制度設計の上記デメリットをふまえ、以下の改正が行われた。

㋑ 上記①につき、非課税投資可能上限額が120万円に引き上げられた。

㋺ 上記④につき、1年ごとに金融機関の変更ができることとなった。

㋩ 上記⑤につき、ジュニアNISAが導入された。

◆**NISA口座を開設できる者** NISA口座を開設できる者（個人に限る）は、居住者である。ただし、非居住者であっても日本国内に恒久的施設を有する者は開設できる（租税特別措置法37条の14第1項）。

居住者とは国内に「住所」を有し、または、現在まで引き続き1年以上「居所」を有する個人である（所得税法2条）。「住所」は、「個人の生活の本拠」をいい、「生活の本拠」かどうかは「客観的事実によって判定する」ことになる（所得税基本通達2-1）。また、恒久的施設とは以下の概念である（同条1項8の4号）。

(1) 支店、出張所、事業所、事務所、工場、倉庫業者の倉庫、鉱山・採石場等天然資源を採取する場所。ただし、資産を購入したり、保管したりする用途のみに使われる場所は含まない。

(2) 建設、据付け、組立て等の建設作業等のための役務の提供で、1年を超えて行うもの。

(3) 非居住者のためにその事業に関し契約を結ぶ権限のある者で、常にその権限を行使する者や在庫商品を保有しその出入庫管理を代理で行う者、あるいは注文を受けるための代理人等。

NISA口座を開設するには、開設する年の1月1日時点で20歳である必要がある（ジュニアNISAについては【10862】参照）（租税特別措置法37条の14第5項1号）。したがって、たとえば、平成30年1月1日に19歳であった者は、平成30年にはNISA口座を開設することができず、平成31年1月1日以降に口座を開設することになる。

10859　NISAの対象商品

NISAの対象となる商品はどのようなものか。また、どのような商品がNISAに適しているか

結　論

NISAの対象となる金融商品は、株式投資信託、国内・海外上場株式等であり、対象とならない商品としては非上場株式、預貯金、債券、公社債投資信託などがある。NISAに適した商品としては、株式投資信

託や積立型の商品が考えられる。平成29年度税制改正により、平成30年1月1日から、投資対象を一定の投資信託に限定したつみたてNISAが導入されることになった（【10863】参照）。

解　説

◆NISAの対象となる商品　　NISAの対象となる金融商品は、株式投資信託、国内・海外上場株式、国内・海外ETF、ETN（上場投資証券）、国内・海外REIT、新株予約権付社債（ワラント債）である。

　一方、対象とならない金融商品は、非上場株式、預貯金、債券、公社債投資信託、MMF・MRF、eワラント、上場株価指数先物、FX（外国為替証拠金取引）、金・プラチナなどである。

　もっとも、実際にNISA口座で購入することのできる金融商品は、金融機関によって異なることに注意する必要がある。また、金融機関の他の口座（特定口座、一般口座）にすでに預けている株式等をNISA口座に移すことができないことにも留意が必要である。

◆NISAに適した金融商品・投資方針
　NISAは個人の資産形成を支援するために導入された制度であること、毎年の非課税投資枠が120万円に制限されていること、口座内で保有している金融商品を売却しても非課税投資枠が復活しないこと、等から中長期で保有することが基本となる金融商品（例：投資信託）がNISAに適していると考えられる。また、短期で売買するのではなく、中長期的に積み立てるタイプの投資方針に適した制度であるといえる。

　一方、NISAに適していない金融商品・投資方針の例としては、以下が考えられる。

① 分配金等を再投資する場合には、新しい投資とみなされ、非課税投資枠を使うことになる。よって、高分配金が期待される金融商品を購入し、分配金を再投資することを考えるのであれば、NISAを利用する際には非課税投資枠に注意する必要がある。

② 短期間で売買を繰り返し、売却益をねらう投資方針は、金融商品を売却しても非課税投資枠が復活しないことから、NISAには適していないといえる。

③ 他の口座と損益通算ができないことから、他の口座で保有する金融商品もあわせた資産ポートフォリオ戦略は立てにくいといえる。

④ 中長期での資産形成ニーズの低い者（例：高齢者）に適した制度とは必ずしもいえないことから、勧誘時には注意する必要がある。

⑤ NISAの対象商品は比較的リスクの高い商品が多く、安全志向の投資家・投資方針に適しているとはいえない可能性がある。

　なお、金融庁はHPで、「NISAの使い方」として、下記の例を示している。

（1）値上り益を享受したい　　「NISA口座で購入した金融商品（株式や投資信託など）の配当金、譲渡益等が非課税となるというメリットを活かし、比較的高い値上がり利益の期待できる商品をNISA口座で運用する例を見てみましょう。値上がり益が期待できる分、リスクも高くなることには注意が必要です」

（2）リスクを抑えながら、預貯金のかわりに使いたい　　「投資初心者の方や、で

きるだけリスクを抑えながら投資を行いたい方には、バランス型投資信託が選択肢として挙げられます。少額からコツコツ積み立てるなら、あらかじめ、時期と金額を定めて投資する投信積立がおすすめです」

◆**つみたて NISA**　平成29年度税制改正により、平成30年1月1日から、投資対象を一定の投資信託に限定したつみたてNISAが導入されることになった（【10863】参照）。

10860	NISA 口座開設の際の留意点

NISA 口座開設の手続はどのようにすればよいか。また、口座開設の申込みがあった際、どのような点に留意すべきか

結　論

　NISA 口座開設のためには、NISA 口座取扱い金融機関に対し、基準日（原則として平成25年1月1日）時点での住所を証する書面等を添えて、申込みをする必要がある。金融機関には、顧客の告知事項について事実と相違ないかを確認する義務があることに注意しなければならない。

解　説

◆**口座開設手続**　NISA 口座開設のためには、NISA 口座取扱い金融機関に対し、基準日（原則として平成25年1月1日。租税特別措置法37条の14第5項3号（ただし、平成29年10月1日施行の同法では同項6号））時点での住所を証する書面等を添えて、申込みをする必要がある（ただし、平

成30年以後の勘定設定期間について非課税口座開設の申込みを行う場合には、「基準日における国内の住所を証する書類」を提出する必要はないとされている（「NISA（少額投資非課税制度）の手続に関するQ&A」Q9））。申込みに際しては、所定の書式による非課税適用申請書と、非課税口座開設届出書が必要である。

　口座開設のために顧客から提出いただく書類は以下の四つになる。

① 　非課税適用確認書
② 　非課税口座開設届出書
③ 　基準日時点における国内の住所が記載された住民票の写し等（租税特別措置法37条の14第6項、同法施行令25条の13第14項）
④ 　住民票の写し、個人番号カードその他の財務省令で定める書類のうちいずれか（租税特別措置法37条の14第7項、同法施行令25条の13第16項）

　上記のうち①と②は法令で定められた項目を記載する書面を顧客にお渡しして記載していただくことになる。③については、基準日時点の住民票の写し等を顧客にとってもらい、それを添える必要がある。基準日は、原則として平成25年1月1日とされるが、同日において国内に住所を有しない者にあっては、平成25年1月1日以降、最初に国内に住所等を有することとなった日とされる（租税特別措置法施行令25条の13第12項）。基準日はこのように固定的に定められているので、その後に転居等があった場合などには、消除された住民票の写し等が必要になるので注意が必要である。

　上記のうち④についてであるが、個人番号カード（有効なものに限る）はそれだけ

でよいが、住民票の写し等は個人番号の記載のあるものに限るほか、個人番号通知カードの場合には住所等確認書類もあわせて必要なこと（【10870】参照）に注意が必要である（租税特別措置法施行規則18条の15の3第15項による同規則18条の12第3項・4項の準用）。

◆**口座開設申込みを受けた際の留意事項**

NISA口座を開設しようとする者は、必要書類を添えて金商業者等に対して非課税適用確認書の交付申請書を提出し、その氏名、生年月日、住所および個人番号を告知し、当該告知した事項について確認を受けなければならない（租税特別措置法37条の14第6項・7項）。そして、金商業者等は、上記告知事項と異なる氏名等が記載されている申請書を受理してはならないとされていることに注意しなければならない。

NISA口座の開設のためには、開設をしようとする者が税務署長から交付を受けた非課税適用確認書を添付して、口座を開設しようとする金商業者等に非課税口座開設届出書を提出することになる（租税特別措置法37条の14第5項1号）。

◆**高齢者とNISA口座開設**　　金融商品の勧誘・販売は個別の投資家の属性に合わせて行う必要がある（金商法40条1号）が、NISAは高齢者のニーズ（投資目的）に合致しない可能性もあることから注意が必要である。

もちろん、高齢者といってもその属性はさまざまであり、一律にNISAが高齢者の投資目的に沿わないわけではない。しかしながら、一般的には、若い現役世代と比べると、高齢者は子育ても終わり、住宅ローンも完済するなど、将来におけるまとまっ

た資金使途があまりないことも多く、将来の大きな出費に備えて計画的な資産形成をするニーズが比較的小さい場合が想定される。その半面、高齢者は定年退職し、収入は年金だけに限られ、より豊かな生活を送るためには貯蓄の取崩しだけではなく、補完的安定的な収入源が必要とのニーズをもつ場合もある。そのようなニーズを有する高齢者にとって、中長期での資産形成を支援するための制度であるNISAはその投資目的に合わない可能性がある。

もし、高齢者の顧客が、老後の生活資金確保、特に年金収入を補うために分配型の金融商品を望んでいる場合、分配金の再投資は非課税口座の追加買付と解釈されるので、多額の分配金が予想される投資信託については非課税枠の管理がむずかしくなることが予想される。また、短期的な値上り益を追求し、譲渡益を補完的な収入源とするのであれば、損益通算ができないNISAでの取引は適していないとも考えられる。

10861　金融機関とNISA

銀行等の金融機関でNISA口座を開設することができるか。また、金融機関として注意すべきことは何か

結　論

登録金融機関業務を行う金融機関でNISA口座を開設することは可能であるが、証券会社と比較して取り扱える金融商品が限られていることに注意が必要である。

◆金融機関でNISA口座開設は可能か

NISA口座を取り扱える業者の範囲は以下のとおり（租税特別措置法37条の14第5項1号）であり、登録金融機関業務を行う金融機関でNISA口座を開設することは可能である。

① 第一種金融商品取引業者
② 登録金融機関
③ 投資信託委託会社

◆金融機関で開設されたNISAで取り扱える金融商品

NISAの投資対象商品は上場株式等となっている（【10859】参照）。証券会社は上場株式等のすべてを取り扱うことが可能であるが、金融機関は株式やETFを取り扱うことができず、基本的に株式投資信託を取り扱うことになる。このように、証券会社と比較して金融機関が取り扱える金融商品に制限があることに注意が必要である。

　また、NISA口座取引の対象となる金融商品には比較的リスクが高いものが多いことにも注意しなければならない。たとえば、国債等の債券や公社債投資信託はNISAの対象外である。

◆NISA口座開設時の留意事項

日本証券業協会は「NISA及びジュニアNISAの口座開設及び勧誘並びに販売時等における留意事項について（ガイドライン）」を平成25年6月6日制定し（平成27年10月23日最終改正）、下記のように述べている。

　「金融機関等では、NISA及びジュニアNISAの導入趣旨及び目的を踏まえつつ、個人投資家の生活設計やマネープランを考慮のうえ、NISA及びジュニアNISAの利用の提案や金融商品の提供、勧誘及び販売を行うべきである。なお、NISA及びジュニアNISAの導入は、投資経験の浅い層や投資経験がない層（特にジュニアNISAについては若年層）に対して、金融リテラシーの向上を促し、金融機関等にとって将来のコアとなる顧客へと育てていく貴重な機会といえる。そこで、こうした層がNISA及びジュニアNISAを利用するに当たって、投資に関する基本的な知識や考え方について、何らかの機会・ツールを通じて、平易に分かりやすく伝える努力をすべきである」

　同ガイドラインにはNISAの主な制度上の留意事項として、以下が記載されている。金融機関はNISA口座開設の勧誘に際しては、下記事項（ガイドラインからの抜粋）に注意が必要である。

① NISA口座は同一年において一人一口座（一金融機関等）しか開設できないこと（金融機関等を変更した場合を除く。）

　金融機関等は、NISA口座開設の勧誘の際、又は遅くとも申込みの受付時点までのいずれかの機会に、①NISA口座は同一年において一人一口座（一金融機関等）しか開設できないこと（金融機関等を変更した場合を除く）、また、異なる金融機関等にNISA口座内の上場株式等の移管ができないこと、②自社で取扱い、又は取扱うことができる金融商品の種類（上場株式、上場投資信託、不動産投資信託、公募株式投資信託など）について、それぞれNISAの利用者に必要に応じて、誤解を与えることのないよう正確に、分かりやすく説明を行う必要がある。

② NISA口座での損失は税務上ないもの

とされること

　金融機関等は、NISA 口座内の上場株式等の譲渡損失は他の課税口座における配当所得及び譲渡所得等との通算ができないことを NISA の利用者に説明を行う必要があり、個人の属性やニーズ、投資知識を踏まえた適切な金融商品の勧誘・提供等を行う必要がある。

③　非課税投資枠（年間120 万円）が設定され、NISA 口座で一度売却するとその非課税投資枠の再利用はできないこと

　NISA の利用者にとって、短期間に金融商品の買換え（乗換え）を行う又は分配金再投資型の公募株式投資信託につき高い頻度で分配金の支払いを受けるといった投資手法等は NISA を十分に利用できない場合があることから、金融機関等は、NISA の制度設計・趣旨を踏まえた投資の紹介・提案や適切な金融商品の勧誘・提供等を行う必要がある。とりわけ、投資信託において支払われる分配金のうち元本払戻金（特別分配金）は非課税であり、NISA によるメリットを享受できるものではないことから、投資信託の勧誘及び販売時には適切に説明を行う必要がある。

④　配当等は NISA 口座を開設する金融機関等経由で交付されないものは非課税とならないこと

　金融機関等は、NISA 口座において保有する上場株式等に係る配当等のうち、NISA 口座を開設する金融機関等経由で交付されないものについては非課税の適用は受けられないことを、NISA の利用者に説明を行う必要がある。

10862　ジュニア NISA

ジュニア NISA とは何か。取扱いの際の留意点は何か

結　論

　ジュニア NISA とは、平成28年度から始まった未成年者を対象とした少額投資非課税制度である。未成年者を対象に、年間80万円の非課税投資枠が設定され、株式・投資信託等の配当・譲渡益等が非課税対象となる。NISA と共通点もあるが、多くの相違点もある。金融機関としては、日本証券業協会のガイドラインの留意事項等に留意しながら取り扱う必要がある。

解　説

◆**ジュニア NISA とは何か**　　平成28年1月から未成年者の NISA 口座開設が可能となった。ジュニア NISA も NISA と同じく個人のための少額非課税制度である（租税特別措置法37条の14の 2）。NISA との異同は後述のとおりである。

◆**NISA と同じ点**　　NISA と同じ点はおおむね以下のとおりである。

①　口座を開設できるのは日本国内の居住者または国内に恒久的施設を有する非居住者である個人に限られている。

②　口座内上場株式等に係る収益が非課税となる。

③　対象となる金融資産は上場株式等である（【10859】参照）。

④　非課税期間は最高 5 年間である。

⑤　他の口座内における取引との損益通算

ができない。

⑥　口座内の金融商品を売却しても非課税枠は復活しない。

⑦　他の口座からの金融商品の移管はできない。

◆**NISAと異なる点**　NISAと異なる点はおおむね以下のとおりである。

①　子供の将来に向けた資産運用のための制度である。

②　日本に住む0～19歳の未成年者が口座開設できる（口座開設の年の1月1日時点で20歳未満の者またはその年中に出生した者）。

③　投資上限額は、最大で毎年80万円（5年間で最大400万円）とされる。

④　その年の3月31日において18歳である年の前年12月31日までの払出制限が課される。

⑤　20歳以降は自動的にNISA口座が開設される。

⑥　子にかわって親権者等が代理で資産運用することができる。

⑦　金融機関等の変更ができない（口座を廃止すれば可能）。

⑧　口座開設の手続・必要書類はおおむねNISAと同じであるが、届出書等は未成年者口座開設届出書、未成年者非課税適用確認書等と呼ばれる。

◆**取扱いの際の留意点**　日本証券業協会は「NISA及びジュニアNISAの口座開設及び勧誘並びに販売時等における留意事項について（ガイドライン）」を平成25年6月6日制定した（平成27年10月23日最終改正）。同ガイドラインにはジュニアNISAの主な制度上の留意事項として、以下が記載されている。

①　未成年者本人が成人するまでの資産形成を担保するために親権者等が代理して運用を行うこと（ガイドライン1）

②　その年の3月31日において18歳である年の前年12月31日までの払出制限が課されること（ガイドライン1・3(6)）

③　金融機関等の変更ができないこと（ガイドライン1・3(1)）

④　ジュニアNISA口座は1人1口座（1金融機関等）しか開設できないこと（ガイドライン3(1)）

⑤　自社で取り扱い、または取り扱うことができる金融商品の種類について、ジュニアNISAの利用者に説明を行うこと（ガイドライン3(1)）

⑥　ジュニアNISA口座での損失は税務上ないものとされること（ガイドライン3(2)）

⑦　非課税投資枠（年間80万円）が設定され、ジュニアNISA口座で一度売却するとその非課税投資枠の再利用はできないこと（ガイドライン3(3)）

⑧　配当等はジュニアNISA口座を開設する金融機関等経由で交付されないものは非課税とならないこと（ガイドライン3(4)）

⑨　ジュニアNISA口座の運用管理者は、口座開設者本人の法定代理人または法定代理人から明確な書面による委任を受けた本人の二親等以内の者に限定されること（ガイドライン3(5)）

⑩　本人が20歳になったときに運用管理者が親権者等の法定代理人であった場合には、金融機関等は、原則として、本人からの運用指図を受ける必要があること（ガイドライン3(5)）

⑪　ジュニア NISA 口座から契約不履行等事由による払出しがあった場合は、ジュニア NISA 口座が廃止され、過去に非課税で支払われた配当等や過去に非課税とされた譲渡益については非課税の取扱いがなかったものとみなされて、払出し時に課税されること（ガイドライン 3(6)）

⑫　ジュニア NISA 口座からの払出しは本人または本人の法定代理人に限り行うことができること（ガイドライン 3(7)）

⑬　本人が成人になるまでのジュニア NISA 口座からの払出しは、原則として本人の同意が必要であるほか、払出しは本人名義口座への振替・振込等による必要があること（ガイドライン 3(8)）

⑭　金融機関等は、払出制限が解除された時期に、本人に対して、払出制限が解除された旨を通知すること（ガイドライン 3(9)）

⑮　法定代理人による払出し時に、払出しを行った資金が口座開設者本人に帰属することを金融機関等が確認すること、および、払出しを行った資金を口座開設者本人以外の者が費消した場合には、事実関係に基づき、贈与税等の課税上の問題が生じうる旨の説明が必要であること（ガイドライン 3(10)）

⑯　本人がジュニア NISA 口座における取引の注文を行う場合には、金融機関等は法定代理人から、取引に関しての同意を求める必要があること（ガイドライン 3(11)）。

⑰　ジュニア NISA 口座開設の手続等は、原則として、本人の法定代理人が本人を代理して行うこと、祖父母や親権者等が資金を拠出する場合には当該資金が本人に贈与ずみの資金であり、祖父母や親権者等に帰属するものではないことを確認すること、法定代理人もしくは運用管理者が親権者以外の者である場合には当該者から、本人以外に帰属する資金以外の資金によって投資が行われないことを確認する書類等の提出を求めること（ガイドライン 3(12)）

⑱　本人が一定の年齢（15歳）に達した後には、本人に対してジュニア NISA 口座に係る取引残高を通知すること、本人に対して払出制限が解除された旨を通知する際に、改めて本人に対してジュニア NISA 口座に係る取引残高を通知する必要があること（ガイドライン 3(13)）

金融機関は上記ガイドラインの留意点に注意してジュニア NISA 口座開設および金融商品の勧誘を行わなければならない。なお、金融庁は「ジュニア NISA の基礎知識」中で下記のとおり述べている。

「制度上では、（株式投資信託等の）投資商品をジュニア NISA で購入することが可能ですが、口座開設者本人である未成年者が保有することや、払出し制限があることを踏まえると、「分かりやすい投資商品」や「リスクを抑えた商品」、「分配頻度の低い投資信託」などを検討してみてはいかがでしょうか」

10863　つみたて NISA

つみたて NISA とは何か。つみたて NISA 導入の背景や NISA と異なる点は何か

結　論

　つみたて NISA とは、年間40万円を上限として非課税口座に設定した累積投資勘定に受け入れた ETF（上場投資信託）や公募株式投資信託の売買益や分配金が、その受け入れた年から最長20年間非課税となる制度のことをいう。積立による長期投資を強く後押ししていく観点から、平成29年度税制改正において創設され、平成30年1月から開始される。

解　説

◆つみたて NISA とは何か　　つみたてNISA は、平成29年度税制改正において創設された非課税累積投資契約に係る少額投資非課税制度の愛称で、証券会社や銀行、郵便局などの金融機関で、非課税口座を開設して、その口座内に設定する累積投資勘定において上場 ETF や公募株式投資信託を購入すると、本来20％課税される分配金や売買益等が、非課税となる制度のことをいう。購入できる金額は年間40万円まで、購入方法は累積投資契約に基づく買付けに限られており、非課税期間は20年間である。当初は「積立 NISA」との表記も用いられていたが、日本証券業協会により、今後は、証券会社や銀行などの金融機関等では、上記制度の名称として「つみたて NISA」の表記を用いた広報・営業活動等を行うことが発表された。なお、「非課税累積投資契約」については、平成29年10月1日に施行された租税特別措置法（以下「新租特法」という）37条の14第5項4号で、「累積投資勘定」については、同項5号で、それぞれ定義規定が設けられている。

　つみたて NISA に関して参考となる資料としては、「つみたて NISA に関するQ&A（平成29年7月25日初版）」（日本証券業協会）、「つみたて NISA について（平成29年6月）」（金融庁）等がある。

◆つみたて NISA 導入の背景　　平成28年12月8日付で与党が公表した平成29年度税制改正大綱8頁では、つみたて NISA 導入の背景について、次のように述べられている。

　「現行の NISA が積立型の投資に利用しにくいことを踏まえ、家計の安定的な資産形成を支援する観点から、少額からの積立・分散投資を促進するための積立 NISAを新たに創設する。創設に当たっては、投資初心者でも理解できるよう、複数の銘柄の有価証券等に対して分散投資を行うなどの要件を満たし、特定の銘柄等によるリスクの集中の回避が図られた投資信託に商品を限定するとともに、実践的な投資教育をあわせて推進することが重要である。また、非課税投資の期間が長期にわたることも踏まえ、制度の適正な利用について定期的な点検ができる体制の構築を前提とする。

　また、前述の個人所得課税改革において、老後の生活など各種のリスクに備える自助努力を支援する公平な制度に向けた検討を行う中で、NISA 全体に係る整理を行う。こうした方針に沿って、制度の簡素化や税制によって政策的に支援すべき対象の明確化の観点から、複数の制度が並立するNISA の仕組みについて、少額からの積立・分散投資に適した制度への一本化を検討する」

◆NISA と異なる点　　通常の NISA と異なる点はおおむね以下のとおりである。

① 勘定設定期間について、NISA の場合は、平成26〜29年、平成30〜35年であるのに対し、つみたて NISA の場合は、平成30〜49年である。

② 非課税期間について、NISA の場合は買い付けた年から5年間であるのに対し、つみたて NISA の場合は、買い付けた時から20年間である。

③ 年間非課税投資枠について、NISA の場合は年間120万円であるのに対し、つみたて NISA の場合は年間40万円である。

④ 対象商品について、NISA の場合は、上場株式、ETF、上場 REIT、ETN、公募株式投資信託等であるのに対し、つみたて NISA の場合は、ETF、公募株式投資信託のうち長期の積立・分散投資に適したものである。平成29年8月30日付で、金融庁から、つみたて NISA 対象商品として事前相談のあったもののうち、法令上の要件を満たしている商品が発表され、ETF については6本、公募株式投資信託については114本の合計120本が法令上の要件を満たしていることが確認された。これらの商品は、投資信託委託会社等から内閣総理大臣に対して「対象商品届出書」の提出を待って、正式につみたて NISA の対象商品となる予定である。

⑤ NISA の場合、非課税期間終了時において口座内の金融商品を非課税管理勘定に移管すること（ロールオーバー）が認められているが、つみたて NISA の場合、認められていない。

◆**留意事項**　つみたて NISA に関する留意事項としては、次の点があげられる。

① つみたて NISA 勘定（累積投資勘定）での買付けは、事前に金融機関等との間で締結した累積投資契約に基づき、対象銘柄を指定したうえで、「1か月に1回」など定期的に一定金額の買付けを行う方法に限られている（新租特法37条の14第5項4号）。

② 同一年中は、通常の NISA 勘定とつみたて NISA 勘定の両方を設定することはできない。

③ 顧客が金融機関等の口座（特定口座、一般口座）に預けている ETF や公募株式投資信託をつみたて NISA 勘定に移すことはできない。つみたて NISA 勘定に ETF や公募株式投資信託を受け入れるためには、つみたて NISA 勘定を設定した日以降、累積投資契約に基づいて新たな資金で購入する必要がある（新租特法37条の14第5項4号参照）。

④ 累積投資契約の対象が ETF である場合には、売買手数料の上限は顧客の受益権の1.25％以下、口座管理料はゼロ、最低取引単価は1000円以下としなければならない。他方、当該契約の対象が公募株式投資信託である場合は、販売手数料、口座管理料、解約手数料はいずれもゼロである（新租特法37条の14第5項4号、同法施行令25条の13第13項、内閣府告示540号「租税特別措置法施行令第25条の13第13項に基づき内閣総理大臣が財務大臣と協議して定める要件等を定める件」2条1号ロ(1)〜(3)・2号ロ(1)〜(3)）。

⑤ ロールオーバー、すなわち NISA 勘定からつみたて NISA 勘定への移管、およびつみたて NISA 勘定から他のつみたて NISA 勘定への移管、ならびにつみたて NISA 勘定から NISA 勘定への移管は認

められていない。

⑥　金融機関等は、顧客がつみたて NISA
勘定を設けた日から10年を経過した日
（10年後以降は、5年を経過した日ごと
の日）における顧客の所在地を、その日
から1年の間に確認しなければならない
（新租特法37条の14第5項4号、同法施
行令25条の13第14項・15項）。

第 7 節

マイナンバー

10864　マイナンバー制度の概要

マイナンバー制度とは何か。金融機関はマイナンバー制度によりどのような影響を受けているか

結　論

　マイナンバー制度は、個人に対してマイナンバーを指定し、個人を識別する番号として利用することによって行政事務の効率化を図る制度である。マイナンバー制度の導入により、金融機関は、顧客のマイナンバーを取り扱うことになった。

解　説

◆**マイナンバー制度**　マイナンバー制度（社会保障・税番号制度）とは、個人に対して12桁のマイナンバー（個人番号。マイナンバー法2条5項）を指定することによって、複数の行政機関間における番号を介した情報連携を可能とする制度である。個人に付されたマイナンバーは、漏えいによる不正利用のおそれがある等の例外的な場合を除き変更されず（同法7条2項参照）、本人を識別する番号として生涯にわたり利用されることになる。

　平成28年1月よりマイナンバーの利用が開始され、税・社会保障・災害対策の各分野における行政事務においてマイナンバーが利用されている。また、平成26年に成立した改正法により、預貯金口座への付番（【10881】参照）による預金情報の効率利用、医療等分野における利用の拡充（予防接種の接種履歴の連携など）等に利用範囲が拡大されることが予定されているほか、今後は、戸籍事務、旅券事務、在外邦人の情報管理業務、証券分野等における公共性の高い業務へと利用範囲を拡大することが検討されている。

◆**マイナンバー制度と金融機関**　金融機関を含む民間事業者は、個人番号関係事務実施者（【10865】参照）として、たとえば以下のような個人番号関係事務（【10865】参照）においてマイナンバーを取り扱っている。

① 従業員等のマイナンバーを給与所得の源泉徴収票に記載し、税務署に提出する。
② 従業員等のマイナンバーを健康保険・厚生年金保険被保険者資格取得届に記載し、ハローワークに提出する。

③　報酬等の支払先となる弁護士、産業医、個人事業主などのマイナンバーを「報酬、……等の支払調書」に記載し、税務署に提出する。

金融機関は、以上のような通常の民間事業者としてのマイナンバーの取扱いに加えて、金融商品取引に関して顧客の法定調書を作成する義務があることから、マル優・マル特適用の預金や特定口座などを有する顧客のマイナンバーを取り扱う（【10868】参照）。また、預貯金付番の開始後は、普通預金口座を開設している顧客のマイナンバーを取り扱うことになる（【10881】参照）。

一般の民間事業者は、従業員等や報酬等の支払先といった企業の内部構成員ないし関係先のマイナンバーのみを取り扱うのに対し、金融機関によるマイナンバーの取扱いの範囲は、不特定多数の顧客を含む幅広いものとなることから、マイナンバーの悪用や漏えいが発生した場合に顧客の信頼を損なうおそれが大きい。そこで、そのような事態が発生しないようにするための態勢整備が求められることになる。

10865　マイナンバー法における基本概念

マイナンバー法の基本概念として理解しておくべきものにはどのようなものがあるか

結　論

「個人番号関係事務」「特定個人情報」「個人情報保護委員会」などがある。

解　説

◆**個人番号関係事務**　マイナンバーを利用する事務には、個人番号利用事務（マイナンバー法2条10項）と個人番号関係事務（同条11項）の2種類がある。

個人番号利用事務とは、行政機関、地方公共団体等の個人番号利用事務実施者（マイナンバー法2条12項）が主体となって、保有する個人情報の効率的な検索、管理を目的としてマイナンバーを利用する事務のことである。個人番号利用事務の主体となるのは、ほとんどの場合行政機関であり、民間事業者が個人番号利用事務を行うのは、健康保険組合等が法令に基づいて行う場合、行政機関等から個人番号利用事務の委託を受けた場合などの特殊な場合に限られる。

これに対し、個人番号関係事務とは、個人番号利用事務に関して行われる他人のマイナンバーを必要な限度で利用して行う事務をいい（マイナンバー法2条11項）、その実施主体となる民間事業者およびその委託先を個人番号関係事務実施者という（同条13項）。金融機関を含む民間事業者による特定個人情報の取扱いのほとんどは個人番号関係事務であり、金融機関が顧客の金融商品取引に関してマイナンバーが記載された法定書類を作成することなど、金融機関が行うマイナンバーの取扱いは、もっぱら個人番号関係事務に該当する。

◆**特定個人情報**　マイナンバーをその内容に含む個人情報を「特定個人情報」という（マイナンバー法2条8項）。

生存する個人のマイナンバーは、マイナンバー法により取得、利用等の制限を受ける一方、個人情報にも該当する（個人情報

保護法2条2項2号、同法施行令1条6号）ことから、マイナンバー法に定めのない事項については、一般法である個人情報保護法のルールに従うことになる。

◆**個人情報保護委員会**　マイナンバー制度の導入に伴い、マイナンバーの取扱いに関する指導・助言等を所管事務とする行政機関として、平成26年1月に特定個人情報保護委員会が設置された。その後、同委員会を改組する形で平成28年1月に個人情報保護委員会が設置され、現在は、マイナンバーに限ることなく、個人情報の取扱いに関する監視・監督を行う機関となっている。

個人情報保護委員会は、民間事業者によるマイナンバーの取扱いにおける解釈上の疑問点を解消するため、以下のガイドライン等を公表している。

① 「特定個人情報の適正な取扱いに関するガイドライン（事業者編）」
② 「（別冊）金融業務における特定個人情報の適正な取扱いに関するガイドライン」
③ 「「特定個人情報の適正な取扱いに関するガイドライン（事業者編）」及び「（別冊）金融業務における特定個人情報の適正な取扱いに関するガイドライン」に関するQ&A」

| 10866 | 外国人、外国在住の日本人のマイナンバー |

外国人や外国在住の日本人にもマイナンバーが指定されるのか

結　論

マイナンバーの指定対象者は、住民票を有する者である。外国人であっても住民票を有していれば個人番号が指定される。他方、外国在住で住民票を有しない日本人にはマイナンバーが指定されない。

解　説

◆**個人番号が指定される対象者**　マイナンバーは、住民基本台帳に記録されている者（住民票を有する者）に付される住民票コードを変換して指定される番号である（マイナンバー法2条5項）ことから、日本国内の市区町村に住民登録がなされている、すなわち住民票を有する者であれば、国籍の有無や実際の生活の本拠とは無関係に指定の対象者となる。

実際のマイナンバーの指定および通知手続は、以下のとおりである。

① マイナンバー法の施行日である平成27年10月5日時点で市区町村の住民基本台帳に記録されている者については、同日をもって一斉にマイナンバーが指定され、同年中に通知カードにより本人に通知された（同法附則3条1項）。
② 同日以後に出生、入国等により住民登録がなされた者については、出生届、転入届等の受理時点（住民票コードが記載された時点）でマイナンバーが指定され、本人に対して通知カードにより通知される（マイナンバー法7条1項）。

◆**外国人の場合**　以上のとおり、マイナンバーは、日本国籍の有無にかかわらず、住民基本台帳への記録によって指定されるものであるから、日本国籍を有しない外国人であっても、住民登録がなされていればマイナンバー指定の対象者となる。具体的には、住民登録がなされている中長期在留

者（在留カード交付対象者）、特別永住者などに対してマイナンバーが指定されるが、短期滞在者等については、住民登録の対象外であり、マイナンバーが指定されない。

そこで、金融機関は、マイナンバーの提供を受ける必要があるときは、外国人の顧客に対してもマイナンバーの提供を求めることになる。

◆**外国在住の日本人の場合**　外国在住の日本人については、マイナンバー法の施行日である平成27年10月5日以後に日本において住民票を有していた時期があるかどうかで取扱いが異なることとなる。

まず、施行日以後に住民票を有したことがない場合は、再入国により日本において住民登録を行った時点で新たにマイナンバーが指定されることになる（マイナンバー法7条1項）が、それまでの間はマイナンバーがない状態となる。

他方、施行日以後に住民票を有していた時期がある場合は、施行日または住民票を作成した時にマイナンバーが指定されており、再入国により再び住民票を有することとなった後は、以前に指定されたマイナンバーと同じ番号を引き続き利用することになる。

10867　法人番号

法人について指定される番号はあるか

結　論

13桁の法人番号が法人等に指定されており、税分野での利用のほか、民間利用も可能とされている。

解　説

◆**法人番号の指定**　個人について指定されたマイナンバーとは別に、法人についても、13桁の法人番号が指定されている。

法人番号の指定対象となるものは、以下の4種類である（マイナンバー法39条1項）。これら以外の任意団体等でも、一定の要件を満たす場合には、国税庁長官に届出を行うことにより、法人番号の指定を受けることができる（同条2項）。

① 　国の機関（省庁など）
② 　地方公共団体
③ 　法令の規定により設立登記をした法人（設立登記法人。会社、一般社団法人・財団法人など）
④ 　上記以外の法人または人格のない社団等であって、国税に関する法律に規定する届出書（給与支払事務所開設届出、消費税課税事業者届出など）を提出することとされているもの（法人税・消費税の申告納税義務または給与等に係る所得税の源泉徴収義務を有する団体）

株式会社など、会社法等の規定により設立の登記をした法人（設立登記法人）の法人番号は、商業登記法に基づく「会社法人等番号（12桁）」の前に1桁の検査用数字を付した番号となる。

法人番号は、国税庁のWebサイト「法人番号公表サイト」（http://www.houjin-bangou.nta.go.jp/）において、①商号または名称、②本店または主たる事務の所在地とともに公表されており、法人番号をもとに商号や本店所在地を検索したり、商号

をもとに法人番号を検索したりすることができる。また、電子データ形式でのダウンロードや、ウェブAPI機能の提供も行われている。

◆**法人番号の利用場面**　法人番号は、マイナンバーとは異なり、収集、保管、利用、提供に制限がなく、銀行を含む民間事業者による自由な利用が可能とされている。

民間において法人を識別する番号として法人番号が普及し、顧客IDとして利用されるようになっていけば、民間事業者間の取引における事務の効率化に寄与することも期待される。

10868	金融機関が個人顧客にマイナンバーの提供を求める取引

金融機関が個人の顧客に対してマイナンバーの提供を求める必要がある取引には、どのようなものがあるか

結　論

金融機関は、顧客によるマイナンバーの告知、金融機関による告知事項の確認、法定調書の作成等が発生する取引について、顧客のマイナンバーの提供を求める必要がある。具体的には、マル優・マル特、特定口座の開設などがある。

解　説

◆**金融機関がマイナンバーの提供を求める根拠**　金融機関は、個人顧客に関する法定調書を作成して税務署に提出する義務が生じる取引を顧客と行う際は、法定調書に顧客のマイナンバーを記載するために個人顧客のマイナンバーを取得する必要がある。

また、そのような取引の開始にあたっては、税法により、個人顧客はマイナンバーが記載された申告・届出書類を提出する義務および氏名、住所および個人番号の告知を行う義務を負い、金融機関も確認書類による告知事項の確認および帳簿への記載を行う義務を負うことになる。

そこで、金融機関は、新規の個人顧客との間で上記の義務が生じる取引を開始する際に、マイナンバーの提供を求める必要がある。

なお、顧客が告知義務を負う取引のうち、平成27年1月1日（マイナンバーを告知事項とする税法改正の施行日）より前に当時の税法に従ってマイナンバー以外の事項についての告知を受けた既存顧客との取引については、3年間の猶予規定により、法定調書における個人顧客のマイナンバーの記載を要しないこととされている。そこで、金融機関としては、既存顧客のマイナンバーについては、顧客の個々の事情にも配慮しつつ、猶予期間である3年間の満了までに順次提供を求めていくことになる。

以上に述べたようなマイナンバーの取得、告知等が発生する取引としては、たとえば以下のようなものがある。

◆**マル優・マル特**　マル優・マル特（障害者等の少額預金および少額公債の利子所得等の非課税制度）を利用しようとする個人顧客は、預入開始にあたり、マイナンバーが記載された非課税貯蓄申告書を金融機関を経由して税務署長に提出するとともに、

金融機関に確認書類を提示してマイナンバー等を告知する義務を負う（所得税法10条3項・5項、租税特別措置法4条2項）。また、金融機関は、告知事項を確認書類により確認し、証印を押印する義務を負う（所得税法施行令41条の3第1項）。

◆**特定口座の開設**　投資信託に関する取引等を行おうとする個人顧客が税法上の所得計算等の特例の適用を受けるために特定口座の開設を申し込む際は、マイナンバーが記載された特定口座開設届出書を金融機関に提出し、マイナンバー等を告知する義務を負う（租税特別措置法37条の11の3第3項1号・4項）。また、金融機関は、告知事項を確認書類により確認する義務を負う（同法施行令25条の10の3第3項）。

◆**特定公社債取引、譲渡性預金の譲渡**
特定公社債の利払が発生する取引や譲渡性預金の譲渡等を行おうとする個人顧客についても、所得税法に基づくマイナンバー等の告知義務が課されている（同法224条1項前段・224条の2前段、同法施行規則81条の17第1項）。金融機関に告知事項の確認義務が課されている点も同様である（所得税法224条1項後段・224条の2後段、同法施行規則81条の17第3項）。

◆**財形住宅・財形年金**　財形住宅貯蓄・財形年金貯蓄（勤労者財産形成非課税住宅貯蓄または同年金貯蓄）を利用しようとする個人顧客は、預入開始にあたり、マイナンバーが記載された財産形成非課税住宅貯蓄申告書または財産形成非課税年金貯蓄申告書を勤務先を経由して金融機関に提出する義務を負う。

なお、財形住宅貯蓄・財形年金貯蓄の場合は、マル優・マル特のような金融機関に対する告知義務や金融機関による告知事項の確認義務を定める規定がなく、またマイナンバー法上の本人確認についても勤務先が個人番号関係事務実施者として実施ずみであることから、金融機関がこれらの確認事務を行う必要はない。

◆**国外送金**　以上で説明したもののほか、国外送金取引との関係でも、告知書の提出や本人口座の開設に関して個人顧客にマイナンバーの提供を求めることになる（【10880】参照）。

10869	金融機関が法人顧客に法人番号の告知を求める取引

金融機関が法人顧客に対して法人番号の告知を求める必要がある取引には、どのようなものがあるか

結　論

　法人顧客については、利子の支払調書の作成事務が発生する公社債取引および預金取引について、法人番号の告知と支払調書の作成が発生する。

解　説

◆**法人番号の告知義務**　個人顧客との取引においてマイナンバーの告知義務が課されているのと同様に、法人顧客が法人番号の告知義務を負う取引もある。

　すなわち、利子等の支払を受ける法人顧客は、支払の確定する日までに、確定のつど、本人確認書類を提示し、法人番号等の

告知事項を金融機関に告知する義務を負うとされている（所得税法224条1項、同法施行令336条1項）。

金融機関との間の取引のうちこのような告知義務が課されているものとしては、投資信託、公社債の取引、定期預金取引、国外送金などがあげられる。

これに対し、当座預金、普通預金については、告知義務がなく、また金融機関による支払調書作成の対象外とされていることから、法人番号の取扱いは発生しない。

◆**告知の際の確認**　法人番号の告知を受けるに際しては、マイナンバー法において本人確認を行う義務は定められていないが、所得税法において銀行に告知事項の確認義務が課されている（同法224条1項後段）。

法人番号を有する法人の確認書類は、次のいずれかとなる。

① 6カ月以内に交付・送付された法人番号通知書（法人番号が指定された際に国税庁が指定対象の法人に宛てて送付する書類）（所得税法施行令337条2項2号、同法施行規則81条の6第3項1号イ）

② 法人番号通知書（①以外）および法人確認書類（設立登記事項証明書など。所得税法施行規則81条の6第3項1号ロ・4項）

③ 6カ月以内に作成された法人番号印刷書類（国税庁Webサイトの印刷書類）および法人確認書類（所得税法施行規則81条の6第3項1号ハ・2号）

10870　通知カード、個人番号カード

通知カード、個人番号カードはそれぞれどのようなものか。これらを顧客の本人確認に用いることはできるか

結　論

通知カードはマイナンバーを本人に通知するための紙製のカードであり、個人番号カードは、本人の申請に基づいて発行される顔写真入りのプラスチックカードである。

通知カードは顧客の本人確認に利用できないが、個人番号カードは犯罪収益移転防止法に基づく取引時確認を含む顧客の本人確認に利用することができる。

解　説

◆**通知カード**　通知カードは、市区町村が個人番号を通知するために本人に宛てて郵送される紙製のカードである。

通知カードには、いわゆる基本4情報（氏名、住所、生年月日、性別）およびマイナンバーが記載されている。もっとも、通知カードは、もっぱらマイナンバーの通知を目的として発行される書類であり、広く利用されると意図せずにマイナンバーの収集が行われる可能性があることから、一般的な本人確認の手続で使用することは適当ではないとされており、犯罪収益移転防止法に基づく取引時確認においても確認書類の対象外とされている。

◆**個人番号カード**　個人番号カードは、通知カードの記載事項に加えて顔写真が掲載されたICチップ付きのカードである。通知カードとともに送付される交付申請書を市区町村に提出するなどにより、発行の申請を行った者に対し発行される。

従前公的身分証として発行されていた住

民基本台帳カードにかわる写真付公的身分証として活用されることが期待されている。

◆**個人番号カードの利用場面**　個人番号カードの利用場面の第一は、個人顧客が金融機関にマイナンバーを提供する際の本人確認書類としての利用である（【10873】参照）。マイナンバーを提供する際の本人確認では、マイナンバーの確認（番号確認）および本人であることの確認（身元確認）が必要となる（【10873】参照）が、個人番号カードを提示することにより、番号確認および身元確認を一つの確認書類で行うことができる（マイナンバー法16条）。

個人番号カードの利用場面の第二は、犯罪収益移転防止法に基づく取引時確認など、マイナンバーとは無関係の一般的な本人確認の手続における写真付公的身分証としての利用である。

個人番号カードの券面には、氏名、住所、生年月日、性別、顔写真が掲載されていることから、個人番号カードを広く公的身分証として利用することができる。ただし、個人番号カードの裏面には個人番号が記載されているため、かかる個人番号を安易にコピー等で取得しないように注意する必要がある。犯罪収益移転防止法に基づく取引時確認を行った際に確認記録として記録する本人確認書類を特定するに足りる事項（同法施行規則20条1項11号）についても、マイナンバー以外の事項（たとえば発行者や有効期間）を記録する必要がある。

個人番号カードの利用場面の第三は、個人番号カードに搭載されたICチップの利用である。

ICチップには、「署名用電子証明書」と「利用者証明用電子証明書」という公的個人認証サービスに用いる2種類の電子証明書が標準的に搭載されており、前者はe-Taxによる確定申告などの電子文書の送信、後者はマイナポータルやコンビニ交付の利用時などに本人であることを証明するための手段として使用されている。金融機関などの民間事業者による使用も可能とされており、今後利用場面が拡大していくことが想定される。

また、ICチップの空き容量を活用して、市区町村が地域住民の利便性の向上のための独自利用を行えることとされている（マイナンバー法18条1号）ほか、市区町村以外の地方公共団体、行政機関、民間事業者等においても、個人番号カードのICチップの空き容量を利用して、政令で定めるところにより、付加的なサービスを行うことが予定されている（同条2号）。たとえば、公立図書館の利用者カードとしての利用や、国家公務員の身分証明機能（入退館管理）の利用が想定される。

| 10871 | マイナンバー取得上の留意点 |

マイナンバーを取得する場合、どのような点に留意すべきか

結　論

個人番号関係事務を処理する必要がない場合には個人番号の提供を求めてはならないことから、提供を求める場面や時期に留意すべきである。また、誤取得によりマイナンバーを取得することのないように留意する必要もある。

解　説

◆提供の求めの制限　個人番号関係事務とは無関係の場面において、他人に対してマイナンバーの提供を求めることは禁止されているため（マイナンバー法15条）、そのような場面で個人顧客のマイナンバーの提供を求めないように留意する必要がある。

たとえば、住宅ローンの貸付など個人番号関係事務が発生しない取引のみを行う個人顧客に対してマイナンバーの提供を求めてはならない。

また、提供の求めの制限が定められていることとの関係で、提供を求める時期についても留意が必要となる。

まず、個人番号関係事務と無関係なマイナンバー取得を行わないという観点からは、個人番号関係事務が発生した時点で個人番号の提供を求めることが原則となる。たとえば、特定口座に係る所得計算等に伴う特定口座年間取引報告書の作成事務の場合は、特定口座開設届出書を提出する時点で個人番号を告知する義務を顧客が負うことになるため、その時点で提供を求めることが必要と解される（「（別冊）金融業務における特定個人情報の適正な取扱いに関するガイドライン」10頁）。

他方、個人番号関係事務の処理までに個人番号の収集が間に合わない等の事態が発生することも想定されることから、本人との法律関係等に基づき、個人番号関係事務の発生が予想される場合には、契約を締結した時点等の当該事務の発生が予想できた時点で個人番号の提供を求めることも可能であると解されている（「特定個人情報の適正な取扱いに関するガイドライン（事業者編）」24頁）。ただし、契約内容等から個人番号関係事務が明らかに発生しないと認められる場合には、個人番号の提供を求めてはならないと考えられている（同ガイドライン24頁）ことから、そのような場合に該当するかを個別に検討する必要がある。

◆誤取得の可能性と問題点　金融機関を含む民間事業者は、個人番号関係事務を処理する必要がある場合など一定の場合に限ってマイナンバーの収集または保管を行うことが許されている（マイナンバー法20条）。それゆえ、個人番号カードやマイナンバーの記載のある住民票の写し等が個人番号関係事務とは無関係に身分証明書として使用された場合など、個人番号関係事務を行う必要がない場面においてマイナンバーを誤って取得して保管した場合には、収集制限および保管制限（同条）に違反する可能性がある。

そこで、マイナンバーの誤取得を未然に防止するため、マイナンバーが記載された書類の送付を受ける必要のない場面では、マイナンバーが記載された書類を送付しないよう顧客に案内することが望ましい。

また、そのような案内の実施にもかかわらず発生した誤取得については、誤取得を認識した後、対象となる個人番号が記載された書類を廃棄し、または復元できない程度にマスキングするなど、速やかに違法な保管状態を解消する措置を講じる必要がある。

10872　利用目的の特定

金融機関は、顧客のマイナンバーを利用す

る目的を特定する必要があるか

結 論

金融機関は、顧客のマイナンバーの利用目的を「金融商品取引に関する法定書類作成事務」などと特定し、顧客に通知、公表、明示する等の対応を行う必要がある。

解 説

◆**利用目的の特定**　生存する個人のマイナンバーは個人情報に該当する（個人情報保護法２条２項２号、同法施行令１条６号）ことから、マイナンバーを含まない個人情報と同様に、その利用目的をできる限り特定しなければならない（個人情報保護法15条１項）。

利用目的の特定の程度としては、個人番号を提供する本人が、自らの個人番号がどのような目的で利用されるのかを一般的かつ合理的に予想できる程度に、具体的に特定する必要があるとされている（「特定個人情報の適正な取扱いに関するガイドライン（事業者編）」14頁）。銀行の顧客のマイナンバーの利用目的については、「金融商品取引に関する法定書類作成事務」「国外送金等取引に関する法定書類作成事務」などと特定することが考えられる。利用目的は、利用する可能性のある事務の範囲を知らせるために通知または公表されるものであることから、まったく実施する予定のない事務を利用目的として記載することはできないが、民間事業者と従業員等の間で実施が予想される個人番号関係事務についてであれば、あらかじめ複数の事務を利用目的として特定して、本人への通知または公

表を行うこともできる（「「特定個人情報の適正な取扱いに関するガイドライン（事業者編）」及び「（別冊）金融業務における特定個人情報の適正な取扱いに関するガイドライン」に関するQ&A」１-３）ため、想定されるすべての法定書類作成事務等を利用目的として特定することが考えられる。

なお、マイナンバーの利用範囲は、マイナンバー法９条３項により個人番号関係事務の範囲内に限定されていることから、特定する利用目的も個人番号関係事務の範囲内とする必要がある。

◆**利用目的の通知または公表**　また、特定個人情報の収集にあたっては、あらかじめその利用目的を通知または公表する必要がある（個人情報保護法18条１項）。また、本人から直接書面に記載された個人情報を取得する場合は、あらかじめ本人に対し、利用目的を明示する必要がある（同条２項）。具体的には、マイナンバーを含まない個人情報の取得の際と同様に、利用目的を記載した書面を提示等することが考えられる。

◆**利用目的の変更、利用目的を超える利用**　以上のとおり、マイナンバーは特定したうえで顧客に通知等を行った利用目的の範囲内で利用するのが原則であるが、例外として、変更した利用目的を本人に対して通知または公表することによって、当初の利用目的と関連性を有すると合理的に認められる範囲内で変更することが認められている（個人情報保護法15条２項・18条３項）。たとえば、預貯金口座への付番（【10881】参照）開始前に金融機関が取得ずみのマイナンバーについて、マイナンバー取得時の利用目的として預貯金口座付番に関する事務

を追加し、預貯金口座の税務調査等の際の名寄せなどに利用できるようにすることが考えられる。

また、激甚災害（「激甚災害に対処するための特別の財政援助等に関する法律」2条1項）に規定する激甚災害が発生したとき等に、発生前に締結した預金契約や保険契約に基づく預金の払戻しや保険金の支払を行うために必要な限度で個人番号を利用することができるとされている（マイナンバー法9条4項。【10874】参照）。具体的には、通帳や保険証書を災害により紛失した顧客について、金融機関がマイナンバーを利用して検索を行ったうえで預貯金や保険金等を支払うことが想定されている。

10873　本人確認

マイナンバーを取得する際、マイナンバー法に基づく本人確認措置として、どのような対応を行う必要があるか

結　論

本人からマイナンバーの提供を受けるときには、マイナンバー法で定められた方法による番号確認と身元確認を行う必要がある。具体的な方法としては、①対面・書面の送付（郵送など）、②オンライン、③電話のいずれかの方法を選択することになる。

解　説

◆**本人確認措置の枠組み**　マイナンバーを取得する場合、取得の対象となるマイナンバーが正しいものであることの確認（番

号確認）と、本人がマイナンバーの正しい持ち主であることの確認（身元確認）が必要となる。その方法としては、①個人番号カードの確認（番号確認と身元確認）、②通知カードによるマイナンバーの確認（番号確認）と運転免許証などの身元確認書類の確認（身元確認）、③マイナンバーの記載された住民票の写しなどによるマイナンバーの確認（番号確認）と運転免許証などの身元確認書類の確認（身元確認）といった方法が定められている（マイナンバー法16条）。

◆**本人確認措置の内容**　本人確認措置の具体的な方法としては、大きく分けて、①対面・書面の送付（郵送など）、②オンライン、③電話の三つに分類されている。実務上は、①または②の方法を場面に応じて選択することが多い。

番号確認と身元確認の確認書類は、法令で詳細にその内容が定まっていることから、実務対応を検討する際には各書類の内容を把握する必要がある。たとえば、番号確認の書類としては、個人番号カード、通知カード、個人番号が記載された住民票の写しまたは住民票記載事項証明書などがあげられ、身元確認の書類としては、個人番号カード、運転免許証、運転経歴証明書、旅券、身体障害者手帳、精神障害者保健福祉手帳、療育手帳、在留カード、特別永住者証明書などがあげられている。

対面の場合は本人からの書類提示、書類の送付の場合は確認書類の写し等の送付により番号確認と身元確認を行うこととなる。オンラインの場合は、大きく分けて、公的個人認証による方法や書類のコピーのイメージデータを送信等する方法が認められて

いる。

◆本人確認措置の記録　本人確認の実施に関する記録の作成については、法令上の具体的な手続が定められていないことから、金融機関がそれぞれの自主的な判断によって本人確認措置の実施に関する記録の作成等を検討することとなる。なお、本人確認書類の写しの保存については、「番号法上の本人確認の措置を実施するに当たり、個人番号カード等の本人確認書類のコピーを保管する法令上の義務はありませんが、本人確認の記録を残すためにコピーを保管することはできます。なお、コピーを保管する場合には、安全管理措置を適切に講ずる必要があります」との考え方が示されている（「「特定個人情報の適正な取扱いに関するガイドライン（事業者編）」及び「（別冊）金融業務における特定個人情報の適正な取扱いに関するガイドライン」に関するQ&A」6-2）。そのため、本人確認書類のコピーを保管する対応を採用する場合には、必要な安全管理措置を講じることをあわせて検討すべきである。

10874　激甚災害等の場合の利用

激甚災害等が発生した場合において、マイナンバーはどのように利用することができるか

結　論

　金融機関は、大震災が発生した場合などの特殊なケースにおいて、個人番号関係事務（支払調書の作成事務など）を取り扱う目的で保有している顧客のマイナンバーについて、顧客に対する金銭の支払を行うことを目的として、顧客の預金情報等の検索のために利用することができる。

解　説

◆利用制限（原則）と目的外利用（例外）
金融機関は、原則として、本人に対して通知または公表した利用目的の範囲内でのみマイナンバーを利用することができる。もっとも、例外的な取扱いとして、金融機関は、大震災が発生した場合などの特殊なケースにおいて、個人番号関係事務（支払調書の作成事務など）を取り扱う目的で保有している顧客のマイナンバーについて、顧客に対する金銭の支払を行うことを目的として、顧客の預金情報等の検索のために利用することができる（マイナンバー法9条4項。以下かかる場合におけるマイナンバーの利用を「激甚災害等利用」という）。

◆具体的な場面　まず、マイナンバー法9条4項は、「あらかじめ締結した契約に基づく金銭の支払を行うために必要な限度」で個人番号を利用できるものとする。したがって、金融機関は、顧客との間であらかじめ締結している契約に基づく金銭の支払を行う場合に限って激甚災害等利用ができる。この「あらかじめ締結した契約」の範囲としては、預金や生命保険について一般的に締結されている契約が対象となるものとされており、激甚災害等利用のために新たな契約を締結することが必要となるわけではない。

　次に、マイナンバー法9条4項は、「激甚災害が発生したときその他これに準ずる場合として政令で定めるとき」において激

甚災害等利用ができるものとする。具体的には、①「激甚災害に対処するための特別の財政援助等に関する法律（昭和37年法律第150号）」2条1項に規定する激甚災害が発生した場合、②他の法律によって一定の区域への立入りを制限され、もしくは禁止され、または当該区域からの退去を命ぜられた場合が「激甚災害が発生したときその他これに準ずる場合」の対象となる。

◆激甚災害等利用に関する実務上の留意点

激甚災害等利用は、マイナンバー法の規定に基づき当初特定した利用目的を超えたマイナンバーの利用を認めるものであるため、「激甚災害等が発生した場合に金銭の支払を行う事務」を利用目的として特定して顧客に通知または公表を行う必要はない。また、（激甚災害等が発生していない場合において、）激甚災害等利用を利用目的として特定し、個人番号の提供を受けることはできないものとされている（以上につき、「「特定個人情報の適正な取扱いに関するガイドライン（事業者編）」及び「（別冊）金融業務における特定個人情報の適正な取扱いに関するガイドライン」に関するQ&A」16-3）。そのため、金融機関としては、激甚災害等が発生していない場合において、激甚災害等利用を利用目的としてマイナンバーを取得することのないように、利用目的の記載も含め、社内規程等を整備する必要がある。

次に、激甚災害等が発生した場合、金融機関は、あらかじめ締結している契約に基づく金銭の支払を目的として、個人番号関係事務を取り扱うために、すでに保有している顧客のマイナンバーを利用することができる。そのため、金融機関としては、適

切なアクセス制御の設定も含め、すでに保有しているマイナンバーを激甚災害等利用において取り扱うことを想定した社内規程等のルールを整備することが必要となる。なお、預金情報等の検索を実施した結果、最終的に預金等の支払に至らない可能性があるとしても、預金等の支払の可否を確認するためにマイナンバーを利用することは許されるものと解されている。

また、金融機関は、激甚災害等が発生した場合、激甚災害等利用を行うために本人からマイナンバーの提供を受けることができる。この場合、新たにマイナンバーの提供を求めるに際しては、激甚災害等利用のための本人確認措置を講じることが求められる。ここで、激甚災害等利用に係る本人確認措置については、写真付きの身元確認書類による確認にその方法が限定されるなど、マイナンバー法に基づく通常の本人確認措置と異なる取扱いが定められていることには留意すべきである。

10875 特定個人情報の提供

マイナンバーを含んだ特定個人情報を第三者に提供することが許されるのはどのような場合か

結　論

マイナンバー法に基づく特定個人情報の提供は、同法19条各号において限定的に規定されている場合にのみ許される。

◆第三者への提供の原則禁止　マイナンバー法における特定個人情報は、マイナンバーをその内容に含む個人情報をいうところ（同法2条8項）、同法では、「何人も、次の各号のいずれかに該当する場合を除き、特定個人情報の提供をしてはならない」として、原則として特定個人情報の第三者への提供を禁止している（同法19条柱書）。

◆第三者への提供が例外的に許されるケース　第三者への提供の原則禁止の例外として、マイナンバー法19条各号は、以下のケースにおいてマイナンバーの第三者への提供を例外的に許容している。

- 個人番号利用事務実施者からの提供（1号）
- 個人番号関係事務実施者からの提供（2号）
- 本人または代理人からの提供（3号）
- 地方公共団体情報システム機構からの提供（4号）
- 委託、合併に伴う提供（5号）
- 住民基本台帳法上の本人確認情報等（6号）
- 情報提供ネットワークシステムを通じた提供（7号）
- 条例事務に関する提供（8号）
- 地方税法に基づく国税連携および地方税連携（9号）
- 地方公共団体の機関間（10号）
- 株式等振替制度を活用した個人番号の提供（11号）
- 個人情報保護委員会への提供（12号）
- 各議院審査等その他公益上の理由があるときの提供（13号）
- 人の生命、身体または財産の保護のために必要がある場合における提供（14号）
- 個人情報保護委員会規則で定める提供（15号）

◆公益上の理由があるときに関する留意点
実務上、金融機関としては、公益上の理由があるとき（マイナンバー法19条13号）の提供に該当するかどうかが問題になるケースにおいて顧客のマイナンバーの提供を外部から求められた場合、マイナンバー法19条13号に基づく提供が可能なケースに該当するかどうかを個別に判断して提供の可否を判断することが求められる。

　たとえば、訴訟手続に関連して、同号は、「訴訟手続その他の裁判所における手続」を特定個人情報の提供を可能とする事由として定めている。かかる事由については、具体的には、民事訴訟法に基づく調査嘱託、送付嘱託、文書等の提出命令、証拠保全などが典型的に該当するケースであると解されている。そのため、金融機関としては、訴訟手続に関連してマイナンバーの記載された書類等の提出を求められた場合には、これらの事由に該当するケースであるかどうかを判断するなど、提出の可否を個別に検討することが求められる。

　また、弁護士法23条の2に基づく弁護士会照会については、その照会の公益性からすれば、照会に対する特定個人情報の提供が認められるようにも思われるものの、マイナンバー法における考え方としては、弁護士会照会は提供を可能とする事由には該当しないものと解されている。そのため、かかる考え方をふまえた場合、金融機関としては、照会元たる弁護士会に対してマイナンバーが記載された書類をそのまま提出

することができないこととなる。そこで、このようなケースにおける実務対応としては、金融機関は、弁護士会照会に応じる必要性等を勘案したうえで、弁護士会照会に応じる場合には、マイナンバーのマスキングを行う等の対応を検討することになると思われる。

10876 安全管理措置

マイナンバーに関しては、どのような安全管理措置を講じることが求められているか

結　論

「組織的安全管理措置」「人的安全管理措置」「技術的安全管理措置」および「物理的安全管理措置」という安全管理措置の分類を把握したうえで、基本方針や取扱規程等を策定して安全管理措置を実施できる体制を構築することが求められる。

解　説

◆**安全管理措置を講じる義務**　金融機関は、マイナンバーが第三者に漏えい、滅失またはき損することを防ぐため、マイナンバーの保管にあたっては、漏えい、滅失またはき損の防止その他マイナンバーの適切な管理のために必要な措置（安全管理措置）を講じなければならない（マイナンバー法12条）。そして、金融機関が安全管理措置を講じるにあたっては、①マイナンバーを取り扱う事務の範囲、②特定個人情報等の範囲および、③特定個人情報等を取り扱う事務に従事する担当者を明確にするこ

とが必要とされている（「特定個人情報の適正な取扱いに関するガイドライン（事業者編）」49頁）。特に、③の担当者については「個人番号の取得から廃棄までの事務に従事する全ての者」が該当するものとされているところ（「「特定個人情報の適正な取扱いに関するガイドライン（事業者編）」及び「（別冊）金融業務における特定個人情報の適正な取扱いに関するガイドライン」に関するQ&A」10-2）、実務上は、担当者ごとに取り扱う事務が多岐にわたる可能性があることから、個別具体的な事情をふまえた検討が必要となる。

◆**基本方針および取扱規程等の策定**　また、安全管理措置は、その内容に応じて、「組織的安全管理措置」「人的安全管理措置」「技術的安全管理措置」および「物理的安全管理措置」の四つに分類されることから、それぞれの措置の内容を考慮した不足のない措置を講じることが必要となる（なお、それぞれの措置の具体的な内容については、「特定個人情報の適正な取扱いに関するガイドライン（事業者編）」に具体的な手法が例示されているので、その内容もあわせて参照されたい）。そのため、金融機関としては、これらの安全管理措置で求められる内容を把握したうえで、特定個人情報等の適正な取扱いの確保について組織として取り組むために基本方針を策定し、特定個人情報等の具体的な取扱いを定める取扱規程等を策定することが求められる（同ガイドライン50頁および51頁）。

具体的な取扱規程等の作成にあたっては、①取得、②利用、③保存、④提供、⑤削除・廃棄の段階ごとに、取扱方法、責任

者・事務取扱担当者およびその任務等について ルールを定めることが重要となる。たとえば、支払調書等を作成する事務の場合、「顧客から提出された書類等を取りまとめる方法」「情報システムへのマイナンバーを含むデータ入力方法」「支払調書等の行政機関等への提出方法」「支払調書等の控え等の廃棄・削除方法」などの事務フローに即して手続を明確にしておくことが重要となるものと考えられる（「特定個人情報の適正な取扱いに関するガイドライン（事業者編）」51頁参照）。

| 10877 | マイナンバーの取扱いの委託 |

マイナンバーの取扱いを第三者に委託する場合の留意点はどのようなものか

結　論

外部業者などの第三者にマイナンバーの取扱いを委託する場合は、マイナンバー法に基づき金融機関が自ら果たすべき安全管理措置と同等の措置が講じられるよう、委託先に対し、必要かつ適切な監督を行うことに留意することが求められる。

解　説

◆**委託先における安全管理措置**　マイナンバーの取扱いを第三者に委託する場合、その委託において取り扱う特定個人情報の安全管理が図られるよう、委託先に対する必要かつ適切な監督を行うことが必要である（マイナンバー法11条）。そのため、マイナンバーの取扱いを委託する金融機関は、

委託先について、「番号法に基づき委託者自らが果たすべき安全管理措置と同等の措置が講じられるよう必要かつ適切な監督を行わなければならない」ものとされる（「特定個人情報の適正な取扱いに関するガイドライン（事業者編）」（以下「事業者ガイドライン」という）18頁）。

マイナンバーの取扱いを委託した場合における「必要かつ適切な監督」には、「①委託先の適切な選定、②委託先に安全管理措置を遵守させるために必要な契約の締結、③委託先における特定個人情報の取扱状況の把握」が含まれる（事業者ガイドライン19頁）。

◆**委託先の選定**　委託先の選定について、委託者は、「委託先において、マイナンバー法に基づき委託者自らが果たすべき安全管理措置と同等の措置が講じられるか否か」をあらかじめ確認するものとされており、具体的な確認事項として、委託先の設備、技術水準、従業者に対する監督・教育の状況、その他委託先の経営環境等が例としてあげられている（事業者ガイドライン19頁）。そこで、金融機関としては、委託契約の締結に先立って、このような要素を参考に、委託先としての適切性を判断するための必要な情報を委託先の候補者に求めることになる。

◆**委託契約の締結**　第三者にマイナンバーの取扱いを委託するにあたって締結する委託契約に盛り込む必要のある規定としては、事業者ガイドラインにおいて、秘密保持義務、事業所内からの特定個人情報の持出しの禁止、特定個人情報の目的外利用の禁止、再委託における条件、漏えい事案等が発生した場合の委託先の責任、委託契約

終了後の特定個人情報の返却または廃棄義務、従業者に対する監督・教育、契約内容の遵守状況についての報告義務といった内容が例示されている（同ガイドライン19頁以下）。そのため、金融機関は、新規の委託契約には上記の条項を規定することを検討し、既存の委託契約については、上記の条項が規定されているかどうかを確認することが求められる。特に廃棄関係については、廃棄証明書等の提出義務を規定すべきとされていることから（同ガイドライン56頁）、新規の委託契約の締結や既存の委託契約の見直しを検討する際には留意が必要である。たとえば、「委託元の指示があるときは、委託先は、委託元に対して、廃棄または削除したことの証明報告書等を交付する」といった内容の条項を設ける必要がある。

◆**委託先における特定個人情報の取扱状況の把握について**　委託中の取扱状況の把握については、委託している期中の確認となることから、定期的または必要に応じて委託先から報告を受ける等の方法によって取扱状況を把握することが一つの対応となる。実務上は、委託先との間で、取扱状況の把握に関する認識を共有化するために、あらかじめ報告書の様式を定めておくことも有益である。

◆**委託先においてマイナンバーの漏えい等が発生した場合**　委託先においてマイナンバーの漏えい等が発生した場合については、「「委託を受けた者」を適切に監督するために必要な措置を講じず、または、必要かつ十分な監督義務を果たすための具体的な対応をとらなかった結果、特定個人情報の漏えい等が発生した場合、番号法違反と

判断される可能性がある」とされている（事業者ガイドライン18頁）。この場合、個人情報保護委員会の命令の対象になる可能性が生じることから（マイナンバー法34条）、金融機関としては、漏えい等が発生することを未然に防止するため、委託先に対する必要かつ適切な監督を実質的かつ実効性のある形で適切に行うことにも留意すべきである。

| 10878 | 特定個人情報の保管 |

マイナンバーを含んだ特定個人情報は、どのような場合に保管できるか

結　論

特定個人情報の保管が許容されるのは、個人番号関係事務を処理するために必要な限度に限られており、①個人番号関係事務を処理する必要がなくなった場合で、かつ、②所管法令において定められている保存期間を経過した場合には、特定個人情報を廃棄または削除することが必要となる。

解　説

◆**特定個人情報の保管制限**　本人から提供を受けた個人番号の利用が可能となるのは、個人番号関係事務を行うために必要な限度に限られており（マイナンバー法9条3項）、特定個人情報の保管が許容されるのも、個人番号関係事務を処理するために必要な限度に限られる（同法20条）。そのため、金融機関は、不要となった特定個人情報をできるだけ速やかに廃棄または削除

しなければならない。具体的には、特定個人情報の廃棄または削除が必要となるのは、①個人番号関係事務を処理する必要がなくなった場合で、かつ、②所管法令において定められている保存期間を経過した場合とされている（「特定個人情報の適正な取扱いに関するガイドライン（事業者編）」30頁）。

◆個人番号関係事務を処理する必要がなくなったかどうかの判断基準　廃棄または削除が必要となるための一つ目の要件は、「個人番号関係事務を処理する必要がなくなった」ことであり、個人番号関係事務を処理する必要がある限りは、特定個人情報を継続的に保管することができる。たとえば、顧客との継続的な契約（基本契約など）が締結され、関連して、「特定口座、非課税口座等、毎年取引報告書の提出が義務付けられている場合には、顧客から提供を受けた個人番号を取引報告書作成事務のために翌年度以降も継続的に利用する必要があることから、特定個人情報を継続的に保管できると解される」との考え方が示されている（「（別冊）金融業務における特定個人情報の適正な取扱いに関するガイドライン」（以下「金融業務ガイドライン」という）16頁）。かかる考え方は、直接には取引報告書に関するものであるが、顧客との間で継続的な契約が締結されている場合に一般化しうるものである。そこで、金融機関としては、かかる考え方の趣旨をふまえ、継続的な契約が締結されている場合には、マイナンバーを利用する必要性が認められることを確認したうえで、特定個人情報の保管を継続することも選択肢にできるものと考えられる。

◆所管法令による保存期間の定めがある場合　廃棄または削除が必要となるための二つ目の要件は、「所管法令において定められている保存期間を経過した」ことである。たとえば、特定口座を開設した際に顧客から提出を受ける特定口座開設届出書は、当該届出書に係る特定口座につき特定口座廃止届出書等の提出があった日の属する年の翌年から5年間保存しなければならず、金融機関は、この期間中はマイナンバーが記載された状態で当該届出書を保管することが求められるものと解される（金融業務ガイドライン16頁）。また、かかる書類以外にも、いわゆるマル優やマル特に関する書類、財形住宅や財形年金に関する書類など、番号記載書類を保存する法令上の保存期間が定められているケースもあることから、金融機関としては、自らが取り扱う特定個人情報に関する法令上の保存期間の有無を把握して対応することが必要となる。

◆支払調書の控えについて　実務上の取扱いが多い番号記載書類として、支払調書の取扱いも論点となる。ここで、支払調書の控えには保存義務は課されていないものの、支払調書を正しく作成して提出したかを確認するために支払調書の控えを保管することは、個人番号関係事務の一環として認められるものとされ、また、支払調書の控えを保管する期間については、税務における更正決定等の期間制限にかんがみて「最長でも7年が限度」との考え方が示されている（「「特定個人情報の適正な取扱いに関するガイドライン（事業者編）」及び「（別冊）金融業務における特定個人情報の適正な取扱いに関するガイドライン」に関するQ&A」6-4-2）。かかる考え方は、

「最長でも７年」は支払調書の控えを保管することが「できる」ことを示すにとどまり、金融機関に対し、支払調書の控えを必ず７年間保管することを求めるものではない。そのため、金融機関としては、マイナンバーが記載された支払調書の控えの保管の要否や（保管する場合における）保管期間の長さについて、保管の実務上の必要性や安全管理措置のコスト等を考慮して個別に検討することとなる。

| 10879 | 特定個人情報の廃棄 |

マイナンバーを含んだ特定個人情報を廃棄する際の留意点はどのようなものか

結　論

特定個人情報の廃棄または削除が確実に行われるようにするための保管体制を整備したうえで、復元できないような手段を用いて廃棄または削除を行う必要がある。また、廃棄または削除を実施した場合、その記録を作成する必要もある。

解　説

◆**廃棄および削除が確実に行われるようにするための保管体制の整備**　まず、マイナンバー法によって義務づけられる廃棄および削除を民間事業者がもれなく行うことができるようにするため、マイナンバーが記載された書類や個人番号のデータについては、廃棄および削除が確実に行われることを前提とした保管体制を構築することが求められる。また、マイナンバーを取り扱

う情報システムに関しても、保存期間経過後におけるマイナンバーの廃棄または削除を前提とした情報システムを構築することが望ましいものとされている（「特定個人情報の適正な取扱いに関するガイドライン（事業者編）」（以下「事業者ガイドライン」という）30頁および31頁）。

◆**廃棄または削除が必要となった個人番号の廃棄または削除作業を行う時期**　次に、金融機関は、マイナンバーの廃棄または削除が必要となった場合、できるだけ速やかに廃棄または削除を行うことが求められる。この点に関し、廃棄または削除が必要となったマイナンバーの廃棄または削除に関する作業を行う時期については、「「特定個人情報の適正な取扱いに関するガイドライン（事業者編）」及び「（別冊）金融業務における特定個人情報の適正な取扱いに関するガイドライン」に関するQ&A」（以下「Q&A」という）6-5において、「毎年度末に廃棄を行う等、個人番号及び特定個人情報の保有に係る安全性及び事務の効率性等を勘案し、事業者において判断してください」との考え方が示されている。そのため、かかる考え方を参考にして、毎年度末に廃棄または削除作業を行う方法など、各金融機関においてそれぞれの事情を考慮したうえで廃棄または削除の作業を行う時期についてのルールを策定することになる。

◆**書類の廃棄方法**　特定個人情報が記載された書類等を廃棄する場合、焼却または溶解等の復元不可能な手段を採用することとされている（事業者ガイドライン56頁）。また、あわせて、Q&A15-3において、「復元不可能な程度に細断可能なシュレッダーの利用又は個人番号部分を復元できな

い程度にマスキングすること等」の手段も認められるとの考え方が示されている。金融機関としては、以上の考え方をふまえたうえで、復元が不可能かどうかを自らの責任で検証したうえで書類等の廃棄方法を決定する必要がある。

◆**機器および電子媒体等の廃棄方法**　特定個人情報が記載された機器および電子媒体等を廃棄する場合、専用のデータ削除ソフトウェアの利用または物理的な破壊等により、復元不可能な手段を採用することとされている（事業者ガイドライン56頁）。また、特定個人情報が保存されたファイル中の特定個人情報を削除する場合も、容易に復元できない手段を採用するものとされている（同ガイドライン56頁）。この容易に復元できない手段の具体例としては、Q&A15-2において、「データ復元用の専用ソフトウェア、プログラム、装置等を用いなければ復元できない場合には、容易に復元できない方法と考えられます」との考え方が示されていることから、金融機関は、このような観点をふまえた具体的な手段を検討する必要がある。

◆**廃棄および削除記録の作成および保存**
マイナンバーを廃棄または削除した場合には、物理的安全管理措置の一内容として、廃棄または削除した記録を保存することとされている（事業者ガイドライン56頁）。そのため、金融機関としては、廃棄または削除の記録に関するフォーマット等を検討することとなる。なお、この場合、廃棄または削除の記録そのものにマイナンバーを保管しないように留意する必要がある。

10880　国外送金とマイナンバー

国外送金等におけるマイナンバーの取扱いはどのようなものか

結　論

金融機関は、「内国税の適正な課税の確保を図るための国外送金等に係る調書の提出等に関する法律」（以下「国調法」という）に基づく告知書および国外送金等調書に関連して、マイナンバーを取り扱うことが必要となる。また、同告知書の提出義務の免除要件に関連する「本人口座」との関係においても、マイナンバーを取り扱う場面が発生する。

解　説

◆**国調法とマイナンバーとの関係**　まず、金融機関は、国外送金または国外からの送金等の受領（以下「国外送金等」という）が行われた場合、国調法に基づき、顧客から一定事項が記載された告知書（以下「告知書」という）の提出を受けたうえで、国外送金等調書を所轄税務署長に提出する必要がある（国調法3条1項および4条1項）。かかる告知書および国外送金調書等の記載事項に関し、マイナンバー法の整備法（以下「整備法」という）によってマイナンバーが追加されたことから、マイナンバー制度の開始に伴い、金融機関は、告知書および国外送金等調書にマイナンバーを記載することが求められる。なお、100万以下の国外送金等については、国外送金等調書の提出は不要である（国調法施行令8

条1項）。

◆「本人口座」の取扱い　国調法においては、同法で求められる所定の確認を実施したうえで顧客が本人名義で開設した口座（同法2条6号。以下「本人口座」という）から国外送金等を実施する場合、告知書の提出が免除される（同法3条1項柱書参照）。

かかる本人口座に関しても、整備法により、その確認事項の項目にマイナンバーが追加されたことから、金融機関としては、告知書および国外送金等調書に関する対応に加え、新たに開設する国外送金等が可能な口座に関し、本人口座の要件を充足するための手続として、顧客のマイナンバーを収集することが求められる。

そのため、金融機関としては、自社のサービスについて、本人口座として取り扱う口座の範囲を把握したうえで、必要となるマイナンバーの収集対応を実施することとなる。

◆100万以下の国外送金等とマイナンバーの収集　前述のとおり、100万以下の国外送金等に関しては、国外送金等調書の提出が不要となることから、かかるケースにおいて、マイナンバーを収集することができるかどうかが問題となる。この点に関しては、「（国外送金の）送金金額が同法の定める一定の金額以下の場合に支払調書の提出は不要となっていますが、個人番号が記載された告知書の提出については、送金金額による提出省略基準はありません。支払調書の提出が不要となる場合、個人番号が記載された告知書の提供を受けることは提供制限に違反しますか」との質問に対し、「国外送金等調書法の規定に従って個人番号が記載された告知書の提供を受けること

も個人番号関係事務に該当します。したがって、支払調書の提出が不要となる場合であっても、番号法第19条第3号の規定により、国外送金等調書法の規定に従って個人番号が記載された告知書の提供を受けることができます」との回答が示されている（「「特定個人情報の適正な取扱いに関するガイドライン（事業者編）」及び「（別冊）金融業務における特定個人情報の適正な取扱いに関するガイドライン」に関するQ&A」17-7）。そのため、金融機関としては、かかる考え方に従い、国外送金等調書の提出を要しない100万以下の国外送金等においても、告知書の提供に伴って顧客のマイナンバーを収集することができるものと解される。

◆事務の範囲および事務取扱担当者の明確化　国外送金等とマイナンバーに関する事務の範囲および事務取扱担当者の明確化については、「国外送金等調書の作成・提出に係る事務処理については、外国為替業務に係るシステム処理の一環として行われていますが、その中で個人番号関係事務を限定し、個人番号を取り扱う従業者を限定する必要がありますか」との質問に対し、「個人番号関係事務に関連する一連の業務の中で、個人番号関係事務と他の事務を区別し、個人番号関係事務実施者を限定する必要はありません」との回答が示されている（同Q&A19-1）。そのため、金融機関としては、外国為替業務においてマイナンバーの取扱いが生じることを前提として必要な安全管理措置を実施すれば足り、社内規程等において、外国為替業務の一部を切り出して国外送金等とマイナンバーに関する事務の範囲および事務取扱担当者を別個

に明確化することまでは必須ではないと考えられる。

10881 預貯金口座への紐付け

マイナンバーを預貯金口座に紐付けるとはどのようなことか

結　論

ペイオフに係る債権額の把握、国税等に係る預貯金者情報の管理に関して金融機関に求められる義務への対応として、マイナンバーを預貯金口座と紐付けて管理することが必要となる。

解　説

　平成28年1月にスタートしたマイナンバー制度においては、金融機関がマイナンバーを利用することができる個人番号関係事務の範囲を支払調書その他の法定調書の作成事務等に限定しており、金融機関が実際にマイナンバーを取り扱う事務の範囲もこれらの事務に限られることとなる。

　もっとも、マイナンバー法の改正法（以下「改正法」という）が平成27年に成立し、金融機関が預貯金に関係してマイナンバーを取り扱うことが個人番号関係事務として新たに追加されている。具体的には、まず、預金保険機構等が行う金融機関破綻時の預金保険制度等（いわゆるペイオフに関する制度）における債権額の把握に関する事務においてマイナンバーを利用できるものとする事務が追加されている（改正後のマイナンバー法9条3項ならびに別表第1の55

の2および56の2）。この改正は、預金保険制度に関連して、金融機関がマイナンバーによって預貯金口座の名寄せ等を行うことを目的とするものであり、預貯金者にマイナンバーの告知義務を課すものではないものの、平成30年1月1日の改正法施行後は、金融機関は、これらの事務に関連してマイナンバーを収集して顧客の預貯金口座に紐付ける対応を実施することとなる。

　次に、国税通則法および地方税法に関連して、金融機関が預貯金者等の情報をマイナンバーによって検索できる状態で管理しなければならないとする義務が設けられている（改正法附則14条および17条参照）。そのため、金融機関としては、国税通則法等の義務に対応する観点からも、預貯金者等の情報の管理システムの見直しなど、改正法施行後に必要な対応を実施することが求められることから、この意味でもマイナンバーを預貯金口座に紐付けることも必要となる。

　以上の預貯金口座へのマイナンバーの紐付けが進むことにより、金融機関の実務としては顧客のマイナンバーを日常的に取り扱うことになるため、日々の業務に関する事項として、その取扱いには留意しておくべきであろう。

　なお、改正法が施行される前に、すでにマイナンバーを別の取引の関係で取得している顧客については、マイナンバーを取得した際に特定した利用目的を変更する形で対応をすることを検討していくことになると予想される。

第 **7** 章

預　　　金

入　　金

第1項　預金の成立

| 10882 | 窓口入金における預金成立時期 |

窓口で現金を受け入れた場合の預金成立時期はいつか

結　論

　窓口係員が現金を受け取り、これを計算し終わった時に預金契約は成立する。

　改正民法では預金契約は諾成契約とされているが、金融機関による預金返還義務の発生時期は同法施行後も現金の計算終了時と解される。

解　説

◆**預金契約の性質**　預金契約は金銭の消費寄託契約であって、要物契約であるとされている（現行民法666条１項・587条）。したがって、預金契約が成立するためには、金銭あるいはそれと実質的に同等の価値を有するものが金融機関に交付されなければならない。これは、現行民法666条１項（消費委託）が準用する消費貸借に関する規定において「当事者の一方が種類、品等及び数量の同じ物をもって返還をすることを約して相手方から金銭その他の物を受け取ることによって、その効力を生ずる」（同法587条）と規定されているため、将来預金をするという金融機関と取引先との合意だけでは預金契約は成立しないからである。

◆**窓口一寸事件**　本事案は、預金者が金融機関の窓口で現金を差し出して預金の申込みをしたところ、金融機関の窓口係員は預金者の申出を認識してうなずいて応諾の意思表示をしたものの、ペンをとって他の仕事をしていたので、現金には手を触れず、そのまま仕事を続けている間に、２人連れの者がきて１人が預金者の足を踏み預金者の注意をそらせ、他の１人がカウンター上の現金を盗取して逃げ去ったというものである。

　大阪控判大12.3.5では、単に窓口内に差し出されただけでまだ行職員が金員点検等相当の手続を終了しない前にあっては、

預金として消費寄託の成立しないのはもちろんであるが、いやしくも預金の申出をして窓口内に金員を差し出し、行職員がこれを認識して首肯応諾した以上は、その差し出した現金について暗黙の意思表示により一種の寄託関係が成立し、銀行に保管義務が発生するとした。

ところが、大判大12.11.20（新聞2226号4頁）は、原審判決のいう一種の寄託契約とははたして何を意味するのか漫然としてこれを確知できず、あるいは消費寄託ではない単純寄託の意味であろうが、消費寄託を申し出た預金者に単純寄託をなす意思表示があったことを認めた理由はどこにあるか、また消費寄託たると単純寄託たるとを問わず目的物件の引渡しがなければ成立しないのに、原審ではいかなる見解のもとに引渡しがあったと認めたのかわからないとして破棄差戻しした。

なお、学説では原審判決を支持するものが多く、行職員が金銭を計算し終わった時点で預金は成立するが、金銭が交付されてから計算するまでは単純寄託が成立するとする（田中誠二『新版銀行取引法』75頁、我妻榮編『銀行取引判例百選』48頁〔河本一郎〕、契約法大系刊行委員会編『契約法大系Ⅴ』38頁〔中馬義直〕、加藤一郎ほか編『銀行取引法講座(上)』119頁〔小橋一郎〕等）。

したがって、本事案のようなケースでは、預金契約は成立しないが、預金の申出者と金融機関との間に単純寄託が成立し、その結果、金融機関が保管義務違反を問われるおそれがないとは必ずしもいえないので注意を要する。

◆**改正民法における取扱い**　改正民法において寄託は要物契約ではなく諾成契約として定められており（同法657条）、消費寄託契約である預金契約も当事者の合意により成立する。もっとも、金融機関の預金返還義務が発生するためには、預金者から金融機関への金員の預入れが必要であることは現行民法と変わらないから、本事案のようなケースでは改正民法施行後も現金の計算終了時に預金返還義務が発生すると解される。

| 10883 | 集金による入金と預金成立時期 |

行職員が集金により入金代り金を受領した場合の預金成立時期はいつか

結　論

預金契約がいずれの時期に成立するかは、集金者に預金契約締結の権限があるか否かという具体的な事実関係をもとに決せられる。集金を行った行職員に故意・過失がある場合は、金融機関は使用者責任を問われる可能性が高い。

解　説

◆**成立時期を論ずる実益**

（1）　集金を行った行職員が強盗に遭う等、行職員の故意・過失以外の理由によって入金代り金を紛失した場合、①行職員が入金代り金を受領した時点で預金が成立するとする裁判例（東京高判昭46.12.7金法648号24頁）と、②金融機関内部において所定の計算手続が完了した時点で預金が成立するとする裁判例（大阪高判昭37.12.18金法

332号18頁）がある。預金契約成立時期によって、その入金代り金の紛失の危険負担を銀行・預金者のいずれが負うかが異なってくるため、成立時期を論ずる法律的な実益がある。

(2) 一方、集金を行った行職員において受領した入金代り金を金融機関に引き渡せないことにつき、故意・過失がある場合（たとえば、集金を行った行職員が入金代り金を着服した場合、あるいは行職員が不注意で現金を紛失してしまった場合）、預金者は金融機関に対し、使用者責任（民法715条）を追及することができる。使用者責任については、責任成立の要件である「事業の執行について」が判例によって拡大され、被用者の職務執行行為そのものから発生した損害のみならず、被用者の行為の外形から観察してあたかも被用者の職務の範囲内の行為に属するものとみられる場合をも包含するとされている。使用者責任は、不法行為責任の一種であるため、預金者側に過失がある場合には過失相殺が問題になりうるが、行職員の集金行為につき預金者側の過失は通常考えられず、預金者は金融機関に対し、行職員が受領した入金代り金全額を損害として請求できる場合が多いと思われる。したがって、行職員に故意・過失がある場合、預金の成立時期を論ずる実質的な意味はないと思われる。

◆**実務** 預金契約がいずれの時期に成立するかは、集金者に預金契約締結の権限があるか否かについて具体的な事実関係をもとに個別に決していくしかないと解されるものの、行職員が集金を行った時点ではいまだ金融機関の勘定に入金されていないという点を考慮すれば、現行民法下では、預金契約の要物契約性から、基本的には金融機関内部において所定の手続が終了した時点で預金契約が成立するものと解される（改正民法では預金契約は諾成契約とされている（同法657条）が、金融機関の預金返還義務の発生時期は同法施行後も同様に解される）。なお、実務上は、金融機関が保険をかけることにより金融機関の危険負担軽減が可能であり、かつ有効な方法と思われる。

10884 ATMによる入金と預金成立時期

ATMによる預入れの場合の預金成立時期はいつか

結　論

預金者がATMの所定のボックスに現金を投入した時ではなく、ATMが現金を計算し終わった時点で預金が成立する。

解　説

◆**金融機関窓口における預金成立時期**
金融機関窓口において現金が差し出された場合の預金成立時期については、窓口一寸事件（大判大12.11.20新聞2226号4頁）をめぐって大いに争われた。窓口一寸事件というのは、預金者が現金を窓口に差し出して預金の申込みをしたところ、行職員がこれに対し現金には手を触れず首肯し、そのまま他の仕事を続けている間にカウンター上の現金を第三者に持ち去られたという事件である。

原審判決（大阪控判大12.3.5）では、

この場合預金契約は成立しないが一種の寄託関係が成立しているとして金融機関の保管責任を認めた。これに対し大審院判決（前掲大判大12.11.20）は、一種の寄託関係とは何を意味するのか明確でなく、また預金者が消費寄託の申込みをしたのに他の寄託関係が成立するのはなぜか、さらに何をもって現金の引渡し（占有移転）があったとするのか明確でないとして原審判決を破棄した。

しかし、学説では、窓口入金の場合、行職員が現金を計算し終わった時点で預金は成立するが、現金引渡しより計算終了までの間は単純寄託関係が成立し、金融機関は保管義務を負担するとする（【10882】参照）。

◆**現金に関する事故**　ATMによる入金の場合にも前記の窓口入金の場合の考え方が当てはまる。したがって、預金者がATMの預入ボタンを押した時が預金契約の申込み、預金者がATMの現金投入ボックスに現金を投入した時が現金の引渡し（占有移転）、ATMが現金を計算し終わって数量表示し、顧客が確認した時が預金契約成立の時点と解される。預金者が確認ボタンを押すのは預金契約成立後の確認にすぎない。ATMが現金の一部を返却する場合があるが、この場合には返却された金額については預金契約は成立せず、かつ単純寄託も成立していないと解される。これは窓口で預金者に一部現金を返却した場合と同じである。したがって、この現金を第三者が盗取した場合、金融機関は責任を負担しないと解される。

なお、ATMの故障により預金者が投入した現金が正確に計算されず、現金がATMの所定のボックスにとどまっているような場合には、現金の占有は金融機関に移転したままであるから金融機関は責任を負担すると解される。

◆**改正民法における取扱い**　改正民法において預金契約は要物契約ではなく諾成契約として定められているが（同法657条）、金融機関の預金返還義務が発生するためには、預金者から金融機関への金員の預入れが必要であることは現行民法と変わらないから、改正民法施行後も預金返還義務の発生時期は上記と同様に解される。

10885 受入証券の預金成立時期

受入証券類の預金成立時期はいつか

結　論

証券類には自店で支払う当店券と他店で支払われる他店券があるが、当店券入金による預金契約の成立時期ならびに他店券入金による預金契約の成立時期ともに、金融機関が当該当店券または他店券の取立を終了した時点、すなわち、それらの決済を確認した時点であり、当店券入金の場合は入金当日中、また、他店券入金の場合は不渡返還時期の経過後には成立すると考えられる。

解　説

◆**当店券入金の場合の預金成立時期**　この点については、金融機関が当店券の取立を終了した時点で成立するとするもの（東京高判昭62.3.23金法1163号28頁。以下「停止条件説」という）と、入金当日中に

入金人に対し不渡通知がなされることを解除条件として、入金時点で直ちに成立するとするもの（大阪高判昭42.1.30金法468号28頁。以下「解除条件説」という）の2説に分かれるが、学説上は、停止条件説が通説である。したがって、当店券入金の場合は金融機関が当店券の取立を終了した時点、すなわち、その決済を確認した時点で預金契約が成立するものと解される。

◆**他店券入金の場合の預金成立時期**　この点については、他店券の受入れを取立委任ととらえ、その取立の完了を停止条件として預金契約が成立するとするもの（一般的に取立委任説と呼ばれる。最判昭46.7.1判タ269号195頁）と、不渡返還を解除条件として入金の時点で直ちに成立するとするもの（一般的に譲渡説と呼ばれる。東京地判昭27.10.30判タ25号61頁、東京地判昭33.2.19判タ82号51頁）の2説に分かれるが、取立委任説が通説および多数判例である。したがって、他店券入金の場合も当店券入金の場合と同様に銀行が他店券の取立を完了した時点で預金契約が成立するものと解される。

◆**金融実務上の取扱い**　金融機関の預金規定は、預金成立時期については触れておらず、受入店で取り立て、不渡返還時限の経過後その決済を確認したうえでなければ支払資金としないこととし、金融機関はその決済確認を、当店券入金の場合は入金当日中、また、他店券入金の場合は不渡返還時限経過後に行うものとしている（当座勘定規定ひな型2条）。したがって、通説に従えば、当店券入金の場合は入金当日中に、また、他店券入金の場合は不渡返還時限経過後に預金契約が成立することになる。

| 10886 | 受入証券類の不渡による入金取消 |

当座勘定に受け入れた証券類が不渡となった場合、どうすればよいか

結　論

証券類とは、手形・小切手などのことをいう。

当座勘定に受け入れた証券類が不渡となったときは、直ちにその旨を預金者に通知し、金融機関内で不渡届出の要否を確認のうえ、当座勘定元帳からの引落記帳および不渡関係手続をとる。不渡証券類は、預金者に返却する。また、第三者が証券類による振込を当座勘定にした場合には、不渡証券類は振込をした第三者に返却する。その第三者が当座取引店の店頭で振込をした場合には、預金者を通じて不渡証券類を返却することもできる。

なお証券類が不渡になった場合、あらかじめ書面によって権利保全の依頼があったものに限りその手続をとる。

解　説

本処理は全国銀行協会作成の当座勘定規定ひな型5条で明示されている。

◆**不渡の通知義務**　当座勘定に受け入れた証券類は金融機関に取立委任されたものであるため、金融機関には民法645条後段の、受任者の委任終了後の報告義務があると解される。したがって、当該証券類が不渡となったときは、金融機関は直ちにその旨を預金者に通知しなければならない。

このことから当座勘定規定上も、受け入

れた証券類が不渡になったときは、その旨を直ちに預金者に通知することとしている（当座勘定規定ひな型5条1項）。

◆**引落記帳**　受け入れた証券類が不渡となった場合、預金として成立しないので（【10885】参照）、金融機関は取引先の特別の承諾等を要せず、当座勘定元帳から引落記帳することができる（当座勘定規定ひな型5条1項）。ただし、その引落記帳は、不渡が確認できる時点（当店券の場合は入金当日中、また、他店券の場合は不渡返還時限経過後）で直ちに行う。その時点から遅れて、当座勘定からの不渡金額の引落記帳を行った場合、その引落記帳が信義則に反する無効なものであるとされるおそれがあるからである（大阪高判昭42.1.30金法468号28頁参照）。

◆**不渡証券類の返却**　不渡証券類は、その不渡証券類を受け入れた店舗にて返却することとしている（当座勘定規定ひな型5条1項）。

また、第三者が当座勘定に証券類による振込をした場合、不渡証券類は振込をした第三者に返却することとしている（当座勘定規定ひな型5条1項ただし書では、第三者が当座取引店の店頭で証券類による振込をした場合、不渡証券類は、預金者を通じて、第三者に返却することもできるとしているが、実務上は振込人に返却するほうが、振込人と金融機関との関係では問題は少ないと思われる）。

なお、証券類が不渡になった場合、あらかじめ書面によって権利保全の依頼があったものに限り、その手続をとることにしている（当座勘定規定ひな型5条2項）。

10887　振込と預金成立時期

振込による預金成立時期はいつか

結　論

振込入金は、被仕向金融機関が受取人の口座に入金記帳した時点で受取人の預金となる。したがって、入金記帳後に受取人の口座への差押えがあった場合には、受取人の預金として取り扱い、入金記帳後に仕向金融機関から組戻しの依頼を受けた場合には、受取人の承諾を得てから取り扱う。

解　説

振込手続中いつの時点で預金が成立するかについては種々の考え方があるが、被仕向金融機関が受取人の口座に入金記帳した時点とするのが通説である。

そもそも振込契約は、振込依頼人が仕向金融機関に対して、被仕向金融機関にある受取人名義の預金口座に振込金を入金することを内容とした事務を委託する委任契約であるとするのが判例・通説である。この考え方によれば、振込依頼人・仕向金融機関間、仕向金融機関・被仕向金融機関間のそれぞれに、上記の事務を行うことを内容とする委任関係が生じるが、上記委任関係は、被仕向金融機関が受取人の口座に入金記帳した時点で終了したといえる。また、被仕向金融機関と受取人間の預金契約上の関係では、各種預金規定上で振込入金については、口座に入金記帳した以後でなければ、それを支払資金とはしない旨の規定が置かれている。したがって、入金記帳時点

をもって預金が成立すると考えられる。

振込による預金の成立時点は、振込手続中に受取人の口座に差押えがなされたり、仕向金融機関から組戻しの依頼を受けた場合などに問題となるが、預金の成立時点を受取人の口座への入金記帳時点と考えると、入金記帳後に受取人の口座への差押えがあった場合には、受取人の預金として取り扱い、入金記帳後に仕向銀行から組戻しの依頼を受けた場合には、受取人の承諾を得てから取り扱う。

なお、先日付振込と預金の成立時点については、【10892】を参照されたい。

10888 振り込め詐欺による預金の成立

振り込め詐欺による口座への入金は預金として成立するか

結　論

振込先口座に入金された時点で、振込先口座名義人または振り込め詐欺加害者の預金として成立する。

解　説

最判平8.4.26（民集50巻5号1267頁）は、誤振込の事案について、振込依頼人と受取人との間の振込の原因となる法律関係の存否にかかわらず、受取人と被仕向金融機関との間に預金契約が成立するとしている。振り込め詐欺による振込の場合も、振込が振込依頼人の真意に基づかないものであることは誤振込と同じであることから、振込代り金が振込先口座に入金された時点

で、預金として成立すると考えられる。もっとも預金者がだれであるかについての裁判所の判断は分かれており、東京地判平17.3.29（金法1760号40頁）は口座名義人を預金者として認定している一方、東京地判平17.3.30（金法1741号41頁）は、振り込め詐欺加害者を預金者として認定している。

上記のとおり、振り込め詐欺による振込入金によって、預金は振込先口座名義人または振り込め詐欺加害者のものとして成立することになるが、前掲東京地判平17.3.29などの判例は、振り込め詐欺被害者による、振込先口座名義人や振り込め詐欺加害者に対する不当利得返還請求権を被保全債権とする債権者代位権（民法423条）に基づく、振込先口座の預金債権の払戻請求を認めた。

なお、平成20年6月より施行された振り込め詐欺救済法により、振り込め詐欺、ヤミ金など振込を利用した犯罪行為において振込先となった預金口座については、金融機関が取引停止措置を行い、預金保険機構が60日以上の期間を定めた公告を行ったうえで、当該預金口座の預金債権を消滅させ、消滅した預金債権相当額を原資として金融機関が被害者に分配するための制度が構築された。現在の金融機関における振り込め詐欺への対処は、上記の方法が原則となっている（【11215】参照）。

10889 振込の誤入金と預金の成立

振込の誤入金で預金は成立するか

結　論

被仕向金融機関のミスに起因する誤入金により振込依頼人（以下「依頼人」という）の依頼とは異なる者の預金口座に振込金が入金記帳されても、その者は預金債権を取得しない。ただし、依頼人が錯誤により本来入金するべきではない口座に入金依頼し、依頼どおりに入金記帳された場合には、受取人は預金債権を取得する。

解　説

◆**振込の法的性質**　振込は、依頼人から振込依頼を受けた仕向金融機関が、依頼人の指定した受取人の取引金融機関（被仕向金融機関）に対して、その受取人の預金口座に一定金額を入金することを委託し、この委託を受けた被仕向金融機関が、その受取人の預金口座にその金額を入金する為替取引をいうが、その法的性質は、委任契約であるとするのが判例・通説である。また、この振込取引の当事者には、依頼人、仕向金融機関、被仕向金融機関、受取人の４者が存在し、当事者間の法律関係としては、主に、①依頼人と仕向金融機関との関係、②仕向金融機関と被仕向金融機関との関係、③被仕向金融機関と受取人との関係が論じられるが、それぞれの関係は次のように考えられている。

① 依頼人と仕向金融機関との関係……振込契約（委任契約）の委任者と受任者の関係にある。

② 仕向金融機関と被仕向金融機関との関係……仕向金融機関と被仕向金融機関との間の為替取引契約（委任契約）の委任者と受任者の関係にある。

③ 被仕向金融機関と受取人との関係……各種預金規定におけるように、振込金を預金として受け入れる旨のあらかじめの包括的な預金契約（委任契約と消費寄託契約）の複合的契約の当事者関係にある。

振込の誤入金による預金の成否については、誤入金の原因が被仕向金融機関のミスに起因する場合（たとえば、入金口座相違）と、振込依頼人の錯誤に起因する場合とで総論が異なるため、以下、場合分けして検討する。

◆**被仕向金融機関のミスに起因する誤入金による預金成立の可否**　まず、被仕向金融機関が正当な受取人以外の別人の預金口座に誤って振込金を入金した場合については、仕向金融機関の指定した受取口座に入金すべきところを、被仕向金融機関が単なるミスにより入金してしまったわけであるから、これを振込による入金ということはできず、したがって、誤入金先は預金債権を取得しないと考えられる。

なお、この場合、預金は成立しないので、被仕向金融機関は誤入金先への入金を一方的に取り消すことが可能であるが、実務ではクレーム防止のため誤入金先の了承をとることとしている場合が多い。

◆**依頼人の錯誤による誤入金の場合**　それでは、依頼人が、間違えて本来入金すべき口座とは別の口座を受取口座として指定してしまい、仕向金融機関・被仕向金融機関がこれに従って処理した場合はどうだろうか。依頼どおりに入金記帳され、振込により預金債務が成立するために、受取人と依頼人との間で正当な原因関係まで要するかが問題となる。

この点、最高裁は、依頼人から受取人の

金融機関の普通預金口座に振込があったときは、依頼人と受取人との間に振込の原因となる法律関係が存在するか否かにかかわらず、受取人と金融機関との間に振込金額相当の普通預金契約が成立し、受取人が金融機関に対してその金額相当の普通預金債権を取得するものと解するのが相当であると判示した（最判平8.4.26民集50巻5号1267頁）。したがって、実務上は、依頼人の錯誤による誤入金の場合には、振込が依頼どおり処理されている以上、受取人は預金債権を取得するものとして取り扱う。したがって、受取人口座への入金記帳後に依頼人から組戻依頼があった場合には、受取人の承諾を待ってから取り扱うこととし、また、当該預金に差押えがあった場合、その差押えは有効に成立したものとして取り扱う。

10890　振込の取消通知

振込の取消通知を受けた場合はどう取り扱うか

結　論

被仕向金融機関は振込による入金記帳を取り消して、資金を仕向金融機関に返送する必要がある。

解　説

◆**振込の取消制度**　振込の取消制度とは、振込の仕向金融機関が重複発信など誤って発信した振込通知について、被仕向金融機関が、預金口座の入金記帳を取り消して資

金返還に応じるという取扱いである。

この取扱いは、内国為替取扱規則に基づいて、我が国内国為替制度の加盟金融機関間、すなわち全国ほとんどの金融機関間で統一的に取り扱われているもので、預金者との関係についても、当座勘定規定や普通預金規定等に手当がなされたうえ、平成7年10月から実施されている（全銀協平7.4.14付通達平7通業第8号）。

制度の概要は次のとおりである。

(1)　取消の対象　取消の対象となるのは、仕向金融機関の錯誤によって生じた振込通知の①重複発信、②受信金融機関名・店名相違、③通信種目コード相違、④金額相違、⑤取扱日相違の各場合である。なお、上記以外の誤り、たとえば受取人相違や振込依頼人の錯誤による誤りの場合には、訂正の取扱いをする。

(2)　取消の実務　取消の具体的な取扱いは振込種別により異なるが、一般の電信振込の場合には次のように取り扱われる。

仕向金融機関の取消依頼電文の発信は誤ったもとの為替通知の発信日の翌営業日まで認められ、被仕向金融機関はその受信日の翌営業日までに資金返還することが必要である。もし、その受信時点ですでに振込金が預金口座から払い戻された等により、残高（当座貸越を含む支払可能残高）が取り消すべき金額に満たないときは、被仕向金融機関はその旨を回答する。

(3)　預金者との関係　該当する預金規定には、誤振込金の受入れに伴う入金記帳を受取人のつどの承諾がなくても取り消すことができるよう、振込金の受入れに関する条項（普通預金規定ひな型3条（振込金の受入れ）など）に、次の趣旨の規定が追

加されている。「この預金口座への振込について、振込通知の発信金融機関から重複発信等の誤発信による取消通知があった場合には、振込金の入金記帳を取消します」

なお、このような約款上の手当はなされているが、実際の運用にあたっては、取消について受取人に連絡をして取り扱うほうが無難であることはいうまでもない。

◆取扱い上の留意点

（1）残高不足の場合　被仕向金融機関が取消依頼を受けた時点で、すでに振込入金記帳のうえ預金者に現金で払い戻した後であったなどにより、預金残高が取消金額に満たないという場合が生じる。その場合、被仕向金融機関は預金残高のみを取り消して返金するという一部取消の取扱いについては、本制度では行わないものとされているので注意が必要である。すでに交換手形や口座振替を引き落として残高不足を生じるときも同様である。要するに、取消依頼電文を受信した時の支払可能残高が取消金額に足りるか否かをもって判断するということである。ただし、残高が取消金額に満たない場合でも、契約されている当座貸越を使うことにより、貸越極度内で全額の取消が可能というときは、本件取消の対象とされており、この支払可能残高には当座貸越の枠空き分が含まれることに注意する。

（2）組戻しと取消　振込依頼人からの「組戻し」依頼については取消の対象にならない。組戻しとは、振込依頼人から、一度取り組んだ為替取引について、撤回の申出を受けた際に金融機関がとる手続であり、混同しないように厳正な注意が必要である。

取消の制度は、万一の場合には受取人との問題解決など、最終的には誤った仕向金融機関が責任を負うことが円滑な取扱いの前提になっているものといえよう。

| 10891 | 預金取引解約後の振込 |

預金取引解約後に当該口座宛てに振込依頼があった場合、どうすればよいか

結　論

振込金を仕向金融機関に返却することとし、どのような場合にも受取人に支払うことは避けるべきである。なお、仕向金融機関に対して照会をする必要はない。

解　説

◆仕向金融機関と被仕向金融機関との関係
振込取引においては、仕向金融機関と被仕向金融機関との間には為替取引契約（委任契約）が締結されており、この両金融機関の関係は、委任契約における委任者と受任者の関係にある。したがって、被仕向金融機関は受任者として、仕向金融機関に対して善良なる管理者の注意をもって振込事務を処理する義務を負う。そして、この被仕向金融機関の義務の内容は、仕向金融機関から受け取った振込通知等の受取人欄に記載されている受取人の預金口座に振込金を入金することである。

◆依頼人と被仕向金融機関との関係　振込取引においては、依頼人と被仕向金融機関との間にはなんらの契約も存在しない。したがって、被仕向金融機関は依頼人に対しては債務不履行責任を負うことはなく、

ただ、その故意・過失により依頼人に損害を与えたときに不法行為責任を負うだけである。

◆**本問のケースにおける被仕向金融機関の対応**　振込通知等の受取人欄に記載されている受取人の預金口座が存在せず、振込金を入金できない場合の被仕向金融機関の取扱いについては、内国為替取扱規則では、「入金不能分の取扱い」として次のとおり定めている。

「名義人相違、取引なしなどのため、入金不能の場合は、直ちに「ツウシン」内訳項目「ショウカイ」によって仕向店に照会のうえ、仕向店から組戻依頼または電文の取消、訂正依頼によって処理する。ただし、入金不能のうち取引解約後などで返却理由の明確なものについては、仕向店への照会を省略のうえ返却理由を明記し、返却してもさしつかえない。この場合、返却する資金付替電文の「備考」欄に照会省略分である旨をできるだけ記入する」

この規則のただし書は、取引解約後の預金口座に宛てて振込があった場合には、仕向金融機関や依頼人の振込指図上の誤りはないということが明らかであるため設けられたものである。したがって、本問のケースでは、被仕向金融機関は仕向金融機関への照会を省略し、直ちに返却理由を明記して振込金を仕向金融機関に返却してさしつかえない。

なお、本件類似のケースで振込金をいったん別段預金にプールし受取人の払戻請求に応じて現払いした事案において、被仕向金融機関には依頼人に照会のうえ手続を行うべき善管注意義務があるとして、その義務違反を認めた判例があるが（東京地判昭

41．4．27金法445号8頁）、すでに述べたように、依頼人と被仕向金融機関との間にはなんらの契約も存在しないので、被仕向金融機関には依頼人に照会をする義務はまったくない。したがって、逆に照会をすることは被仕向金融機関の自由と解されるが、実務上は避けるべきである。というのは、依頼人に照会したところ、振込資金を受取人に支払ってほしいとの申出があったため、その申出どおり取り扱ったが、後日、その申出の事実の有無をめぐり問題が生じ、その結果、仕向金融機関に対して債務不履行責任を、または、依頼人に対して不法行為責任を負うようなことにでもなると困るからである。

10892　先日付振込による預金成立時期

先日付振込による預金成立時期はいつか

結　論

先日付振込においては、振込指定日前に振込記帳がなされても、振込指定日の営業開始時点において預金が成立する。

解　説

◆**先日付振込**　先日付振込は、振込事務量の平準化を図る目的で、仕向金融機関は被仕向金融機関宛てに、振込指定日前に振込通知を発信しておき、被仕向金融機関は振込指定日に受取人口座へ入金処理する手続である。

仕向金融機関が振込通知を発信できるのは、振込指定日の5営業日前から、前営業

日までの各営業日である。先日付振込の通知を受けた被仕向金融機関では、①電文（「振込（先日付）」）を振込指定日まで自金融機関センターに留めておいて振込指定日に被仕向店に配信する方法と、②振込指定日前でも電文を受信すると直ちに被仕向店に配信し、振込指定日まで被仕向店で入金管理させる方法がある。

先日付振込の組戻しは、振込指定日前日までは無条件で行えるが、振込指定日当日においては、一般の振込と同様、被仕向店における受取人口座への入金処理が終了していると、受取人の承諾がない限り組戻しはできない。

◆**先日付振込による預金の成立**　一般の振込による預金の成立時期は、通説的見解によれば、各種預金規定の現状からみて受取人口座へ入金記帳された時点であるとされている（加藤一郎ほか編『銀行取引法講座(上)』124頁〔小橋一郎〕、鈴木禄弥＝竹内昭夫編『金融取引法大系(2)』59頁〔近藤弘二〕、契約法大系刊行委員会編『契約法大系Ⅴ』41頁〔中馬義直〕等）。ところで、先日付振込においては振込通知が振込指定日前に被仕向金融機関に到達しているので、被仕向店において先日付処理をしているときは振込指定日前日の営業時限終了後、振込指定日の営業開始時前には振込記帳がなされている。この場合には振込指定日の営業開始時に預金は成立する。

◆**大阪地判昭55.9.30(金法944号35頁)の事案**　本件は、先日付振込において振込依頼人が振込指定日前日に組戻しの申出をなし、仕向店が被仕向店に組戻依頼電文を発信したが、被仕向店では振込指定日前に振込指定日付で当座勘定元帳に入金記帳が

されるよう手配ずみであり、取り消すことが事務処理の都合上困難であったため組戻しの処理をせず、振込指定日に入金と出金があったような記帳をしたというケースを含む事案である。原告（受取人の破産管財人）は、入金処理がされた以上その時点で受取人の預金債権が発生しており、それ以後は仕向店や振込依頼人の依頼のみによって組戻しをすることはできない旨主張した。判決では、振込の法的性質には触れず、振込の意思表示が発効する振込指定日前にその意思表示の撤回を内容とする組戻しの意思表示が被仕向店に到達しているかどうかを問題とし、到達していた場合には振込の意思表示は効力を生ぜず預金債権は不成立であり、到達していなかった場合には預金債権は成立していると解されるとした。そして組戻しの意思表示が到達していた場合には、当座勘定元帳は有価証券のように文言証券性を有するものではないから、真実入金がないのに入金記帳がなされても、それによって預金債権が成立することはないとした。

10893　盗取金による預金についての被害者による返還請求の可否

金銭を盗まれた被害者は、盗人が盗取金を預金として預け入れた金融機関に対して、盗取金額の返還請求をすることができるか

結　論

流通に置かれている金銭が盗取された場合、盗取された金銭の所有権は盗人に移転

しており、被害者は、事情を知らずに盗人から預金として盗取金の預入れを受けた金融機関に対して、民法193条に基づく回復請求をすることができず、また、不法原因給付であるとして金融機関に対して不当利得の返還請求をすることもできない。

解　説

◆流通に置かれている金銭

(1)　青森地判昭32.11.28（下民集8巻11号2211頁）の事案の概要は次のとおり。A銀行が現金の輸送中にこれをBに盗取され、Bはこの現金をY1銀行、Y2銀行、Y3銀行等に預金した。この現金輸送については、X保険会社がA銀行と保険契約を結んでいたので、Xは保険金を支払い、A銀行に代位した（平成20年法律第57号による改正前の商法662条）。そこで、XはY1らに対し、本件預金となった現金は盗品であるから民法193条の適用があるとして盗品である現金の返還を求めるとともに、予備的に、本件預金は盗品による預金であるため不法原因給付（同法708条）であってBは預金の返還を請求できないからY1らは不当利得をしたとして、預金と同額の不当利得の返還を求めた。

判決では、「通貨は、その流通手段としての特殊性に鑑み、通貨として流通に置かれる限りその占有の移転は常に所有権の移転を伴うものと解すべきであり、特段の事情（通貨としてではなく物としての個性を帯有したまま占有の移転がなされたような場合）のない以上、通貨については本来民法192条乃至194条の適用はない」旨、さらに、「預金契約に基く給付が不法の原因のための給付であるというためには預金者が

贓金（ぞうきん、盗取金のこと）を預入れたとの一事を以てしては足らず、相手方銀行の側に於てもそれが贓金であることを諒知しながら受領した場合」のように預金契約自体が公序良俗に違反するために無効と解しうる場合でなければならない旨を示してXの請求を棄却した。

(2)　最判昭39.1.24（判時365号26頁）の事案においても、「金銭は、特別の場合を除いては、物としての個性を有せず、単なる価値そのものと考えるべきであり、価値は金銭の所在に随伴するものであるから、金銭の所有権者は、特段の事情のないかぎり、その占有者と一致すると解すべきであり、また金銭を現実に支配して占有する者は、それをいかなる理由によって取得したか、またその占有を正当づける権利を有するか否かに拘わりなく、価値の帰属者即ち金銭の所有者とみるべきものである」としている。

10894	行職員が友人から預かった金員の紛失

行職員が友人から預金のため預かった金員を途中で紛失した場合の金融機関の責任はどうか

結　論

個人的に金員を預かった限りでは、原則として預金契約は成立せず金融機関は責任を負わないが、その行職員が業務上の行為として金員を預かった場合は、金融機関の責任となる。

解　説

　まず、この行職員を単に友人として考える（すなわち個人的に預かったにすぎない）か、業務上の外務員として考えるかで結論に大きな差異がある。

◆**個人的に預かった場合**　預金は成立せず、金員の寄託関係も友人同士である両者の間にのみ成立し、金融機関はこの時点では当事者とならない。すなわち、友人の委任により金員を預かった行職員が、その友人の代理人として金融機関との間に預金契約を結ぶ立場にあると考えられる。したがって、紛失の責任は金員を預かった行職員個人のみが負うこととなる。

◆**業務上の行為として預かった場合**　この場合は、預金契約がいつ成立するのか、成立しない場合には金融機関が使用者責任（民法715条）を負うのかどうかが問題となる。

　一般に、行職員が集金して取引先から現金を預かったときは、預金が成立する前でも、その現金自体について寄託関係が成立したものといえる。したがって、集金者の過失でその現金を紛失した場合や、集金者が集金した現金を着服したような場合など、集金を行った行職員の故意・過失によって取引先が損害を被った場合には、金融機関は民法715条（使用者責任）により、損害賠償の責任を負うことになる。

　十分に身辺に気をつけていたにもかかわらず、集金の途中で強盗に襲われたというように、集金者に過失のない場合は別として、集金者に過失がある以上、金融機関は使用者責任を負うと解さざるをえない。

◆**預金契約の成立**　ところで、店頭入金の場合には、一般の行職員でも預金者から預金の申出を受け、金員を受理してこれを所定の手続に従って確認した時に預金契約は成立すると考えられる（なお改正民法では預金契約は諾成契約とされているが（現行民法657条）、金融機関の預金返還義務の発生時期は同法施行後も同様に解される）。しかし、店舗外の集金の場合は、集金者の権限や預金証書の発行、通帳への証印の有無等具体的事情を勘案する必要があり、一般的に結論を出すことは困難である。

　裁判例には、集金した現金を金融機関に持ち帰り、所定の手続に従って記帳されることが預金成立の要件であるとしているもの（大阪高判昭37.12.18金法332号18頁・338号4頁）と、預金の受入れの職務権限がある金融機関の職員が預金とする趣旨で金員を受領した時に預金契約が成立するとするもの（東京地判昭45.5.30金法592号35頁、東京高判昭46.12.7金法648号24頁）とがある。

　結局、預金は消費寄託契約であり、預金債権の成立につき債権者・債務者による意思の合致および現金の授受が必要なので、集金者の権限の有無、内容、行為など、具体的なケースに応じて判断せざるをえない。

10895　貸付係行職員が預かった金員の紛失

貸付係である行職員が預金のため預かった金員を途中で紛失した場合の金融機関の責任はどうか

結　論

　預金契約締結の権限のないことが明白な貸付係行職員が金員を預かった場合、この行職員は金融機関の代理人ではないと考えられるから、①預金契約は正規の預入手続があるまでは成立しない。②単純寄託契約も金融機関との間では成立しない。③金融機関は民法715条の使用者責任を負担する。

解　説

◆**預金契約の成否**　金融機関の店舗外で行職員が預金の預入れのための金員を預かった場合に、その時点で金融機関と顧客の間に預金契約が成立するのであれば、金融機関は預金の払戻債務を負担することになる。金員を預かった時点で預金契約が成立するか否かについては、その行職員が預金契約締結の権限を金融機関より与えられていた場合には当然預金は成立するが、預金契約締結の権限を与えられていなかったときは、表見代理が成立する場合を除いて預金契約は成立しない。金員を預かった時点での預金契約の成立を否定した裁判例として、相互銀行の外務員が特利を付する約束で金員を預かって自ら消費した場合に預金契約の成立を否定した例（東京地判昭34．4．20金法208号2頁）、信用金庫の外務員で支店長代理の職にある者が預金者から金員を預かった場合において、「一般に銀行取引上定期預金が成立するためには……預り主たる当該金融機関がその組織上予定せられた手続にしたがって現実に受け入れることを要する」として預金の成立を否定した例（大阪高判昭37.12.18金法332号18頁・同338号4頁）等がある。一方、信用金庫の職員が定期預金とする趣旨で顧客から金員を受領した以上、これをもって直ちに定期預金契約が成立するとする例（東京地判昭45．5．30金法592号35頁）、信用組合の預金課長が出先で預金として受領した金員を流用しても預金は成立するとする例（東京地判昭42.11.25金法502号32頁）もあるが、これらはいずれも預金受入れの権限を与えられた職員がなした行為である。

◆**単純寄託の成否**　行職員が金員を預かった時点で金融機関と顧客の間に単純寄託が成立するのであれば金融機関は寄託物の返還債務を負担することになるが、預金受入れの権限も集金の権限もない職員が金員を預かっても、顧客と金融機関との間で単純寄託契約は成立しない。これは、単純寄託は預金受入行為あるいは集金行為の権限を与えられているときにはじめて成立するからである。

◆**使用者責任の成否**　前掲東京地判昭34．4．20および大阪高判昭37.12.18はいずれも金融機関の使用者責任を認めている。これは、その外務員の集金行為は業務執行行為そのものに該当しないが、行為の外形から判断して業務執行という外観をもたらすためである。貸付係行職員が預金のための金銭を預かるのは外観上業務執行に該当しないとの考えもありうるが、貸付係であっても金融機関の職員である以上、預金の取次は外観上業務執行に該当すると考えられるので、金融機関は民法715条の使用者責任を負うと解すべきであろう（本問は、東京地判昭33．5．8金法176号6頁と類似した事案である）。

第2項 預金の帰属

10896 犯罪収益移転防止法と預金者の認定

取引時確認をして作成した預金は、預金名義人の預金か

結　論

犯罪収益移転防止法が取引時確認を要求する「顧客」とは、預金名義人ではなく、直接利益の真の帰属者をいうと解されており、必ずしも、預金名義人の取引時確認をすることによって、預金名義人が預金の帰属者であると認定できるわけではない。

解　説

◆犯罪収益移転防止法上の取引時確認の対象となる「顧客」と預金の帰属者としての「預金者」　犯罪収益移転防止法において取引時確認を行うべき対象とされている「顧客」とは、直接利益の真の帰属者をいうと解されており、その判断は、取引を行うに際して取引上の意思決定を行っているのはだれであるか、取引の利益（計算）がだれに帰属するかの総合判断によって決定されるべきものとされている（犯罪収益移転防止制度研究会編『逐条解説犯罪収益移転防止法』68頁）。たとえば、子供名義の口座開設の申込みがその両親からなされ、実際の口座管理もその両親が行っているような場合には、実体経済的にみて本人確認をすべき「顧客」はその両親であり、名義

人である子供の本人確認は必要ない（原田一寿「本人確認制度および取引記録保存制度に関するQ&A」金法1653号13頁のQ7）。一方、預金取引においてだれが「預金者」であるかという点については、判例は自らの資金により自らの預金とする意思をもって預金をした者（他人を代理人、使者または履行補助者等として預金をした者を含む）、すなわち出えん者を預金者と認める立場をとっており（いわゆる客観説、最判昭57.3.30金法992号38頁等）、この観点からみた場合でも、預金名義人が預金者であるとは限らない。

犯罪収益移転防止法の「顧客」の解釈と預金者の認定における客観説の表現には若干の相違もあるものの、両者の内容は事実上ほぼ重なっていると考えられる。そして、そうだとすると、犯罪収益移転防止法上の取引時確認を行った相手方（顧客）は、特段の事情のない限り、判例のいう預金者（出えん者）といえる。換言すれば、犯罪収益移転防止法は、出えん者としての「預金者」の取引時確認を要求していると考えられる。

以上のとおり、犯罪収益移転防止法に基づく取引時確認は、名義人が「預金者」であることを確認するものではなく、また、窓口への来店者や預金の名義人の本人確認を行ったとしても、それだけをもって本人確認義務を果たしているとは必ずしもいうことはできない。

◆実務上の留意点　上記からすると、預

金作成にあたっては、金融機関として可能な限り預金原資や預金の利用目的等を聴取することによって、預金者を明らかにしておくべきである。しかしながら、実際の実務においては、取引開始時には知りえなかった事情が取引開始後に明らかとなり、当初の認定を再検討する必要が生じることもありうるであろう。そのような場合、預金者の認定の観点からは、相手方から預金取引に関する資料の提示を受けること等によって、預金取引の相手方としての「預金者」がだれであるかの確認をあらためて行うことになるが、犯罪収益移転防止法の観点からは、具体的事案に応じて、すでに行った取引時確認において、なりすましや確認事項の偽りが疑われる場合（同法4条2項）として、再度の本人確認の義務が生じる可能性（この場合、当該義務を履行するまで取引を停止する必要がある）、あるいは、そこまでの判断に至らなくとも、疑わしい取引の届出（同法8条）を行う必要が生ずる可能性があることに注意する必要がある。

10897　保険代理店名義の預金

保険会社代理店名義の預金は、保険会社に帰属するか、それとも保険代理店に帰属するか

結　論

　保険契約者から収受した保険料のみを保管するため、金融機関に「A損害保険代理店B」名義の普通預金口座を開設したが、AがBに対して普通預金契約締結の代理権を授与しておらず、Bが同口座の通帳・届出印を保管し、Bのみが同口座からの払戻事務を行っていたという事実関係のもとにおいては、同口座の預金債権は、代理店Bに帰属する。

解　説

◆**最高裁判決**　保険代理店名義の保険料専用口座による保険料管理は、保険募集の取締に関する法律（旧募取法）12条および同法施行規則5条・6条を淵源としていたものであるが、旧募取法が廃止された後も、平成8年の大蔵省の通達や、金融庁の事務ガイドラインおよび監督指針でその規定が大要継承され、一般的な保険料管理方法として運用されてきた。しかし、その預金債権の帰属については争いがあり、下級審において、保険会社帰属とするもの（東京地判昭63.3.29金法1220号30頁や札幌高判平11.7.15金商1167号9頁等）、保険代理店帰属とするもの（千葉地判平8.3.26金法1456号44頁等）とに判断が分かれていた。

　その後、最高裁において、代理店Bが、保険契約者から収受した保険料のみを保管するため、金融機関に「A損害保険代理店B」名義の普通預金口座を開設したが、AがBに対して普通預金契約締結の代理権を授与しておらず、Bが同口座の通帳・届出印を保管し、Bのみが同口座からの払戻事務を行っていたという事実関係のもとにおいては、同口座の預金債権は、Bに帰属する旨の判決が出された（最判平15.2.21民集57巻2号95頁）。一種の事例判決ではあるが、従来の争いに最高裁として一定の判断を示し、決着をつけたといえ

る。

◆**実務の留意点**　前掲最判平15.2.21に
おいては、①預金契約の締結をしたのが代
理店である、②保険会社が代理店に普通預
金契約締結の代理権を付与していた形跡が
ない、③本件口座の通帳および届出印を保
管し、入金および払戻しを行っていたのが
代理店のみである、という事実認定のもと
では、預金債権が代理店に帰属するとの判
断がなされた。

　前掲最判平15.2.21により、損害保険代
理店名義の口座は、預金や貸出の実務にお
いて、同判例の基礎となる事実と異なる事
情のない限り、代理店を取引相手とすれば
足りる。すなわち、①口座開設時における
本人確認は代理店に関して行い（代理店が
法人の場合、取引担当者個人の本人確認を
含む）、②保険会社から直接払戻請求をさ
れたとしてもこれに応じることはできず、
③代理店に対する債権を自働債権として相
殺することもでき、④代理店に対する差押
えがなされた場合は、かかる預金も対象と
して取り扱わなければならないということ
である。

　なお、前掲最判平15.2.21をふまえた保
険会社の保険料管理方法の変更、すなわち
代理店に預金契約自体の代理権限を与える
というような取扱いがなされるようになる
と、同判決に従った判断をすることができ
なくなることも考えられるので、留意が必
要である。

10898　マンション管理組合の預金

①マンションの区分所有者が拠出した管理
費や修繕積立金を原資とするマンション管
理組合名義の預金債権は、だれに帰属する
か。②マンション管理組合から委託を受け
た管理会社名義または集金代行会社名義の
預金債権はだれに帰属するか

結　論

　(1)　マンション管理組合名義の預金債権
については、①当該管理組合が法人格を有
している場合には管理組合法人に帰属する。
②当該管理組合が法人格を有していない場
合、㋑権利能力なき社団に該当するときは、
管理組合を構成する区分所有者に総有的に
帰属する。㋺権利能力なき社団に該当しな
い場合には民法上の組合と解することにな
ろうが、その場合、区分所有者に合有的に
帰属する。

　(2)　マンション管理組合から委託を受け
たマンション管理会社や集金代行会社名義
の預金債権について、当該マンション管理
会社や集金代行会社に帰属するのではない
とする高裁の事例裁判例がある。ただし、
個別事案での預金債権の帰属先の認定にあ
たっては、同事例裁判例の結論だけにとら
われることなく、事案に応じ判断するより
ほかないであろう。

解　説

◆**マンション管理組合とは**　マンション
等の区分所有建物において、区分所有者全
員の共有に属する建物の部分（たとえば、
廊下や階段室等）、敷地および付属施設
（たとえば、エレベーターやガス・水道の
配管等。以下「共用部分等」という）につ
いては、区分所有者全員で共同して管理す

る必要が生ずる。そこで、共有部分等の管理を行うために、区分所有者全員で「団体」を構成するものとされ（区分所有法3条）、マンションの購入者たる区分所有者は必ず「団体」の構成員となる。そして、この「団体」を一般に管理組合という。

管理組合が管理に要する費用は管理組合が支出するが、費用の最終的な負担者は管理組合の構成員たる各区分所有者となる（区分所有法19条）。そして、管理に要する費用は、一般的に共用部分等の日常の維持管理に要する費用としての管理費と将来修繕を実施するための費用としての修繕積立金とに分類され、区分所有者が管理組合に毎月支払うこととされている。

◆管理組合名義の預金口座　管理組合名義の預金債権の帰属については、当該管理組合の法的性格により異なる。

まず、管理組合は、集会の決議を行って、「○○管理組合法人」などとして登記されると、法人化される（区分所有法47条）。この場合、預金債権は管理組合法人に帰属する。

次に、法人格のない管理組合であっても、権利能力なき社団としての性格を有するとき、すなわち、団体としての組織を備え、多数決の原理が行われ、構成員の変更にもかかわらず団体そのものが存続し、代表の方法、総会の運営、財産の管理、その他団体としての主要な点が確立している場合には（マンション管理組合の場合には、この場合が多いと思われる）、預金債権は構成員たる区分所有者に総有的に帰属する。

一方、法人格のない管理組合で権利能力なき社団に当たらない場合には民法上の組合と解することになろうが、その場合、預金債権は構成員たる区分所有者に合有的に帰属する。

◆管理会社名義の預金　すでに述べたとおり、本来は共用部分等の管理は区分所有者が共同して行うべきであるが、ノウハウ等の点から、現実には管理会社に管理を委託している場合が多い。また、集金代行会社に管理費・修繕積立金の収納を行わせているケースもある。

そして、管理会社または集金代行会社の行う管理費・修繕積立金の出納事務の方式については、マンションの管理の適正化の推進に関する法律施行規則87条で管理会社または集金代行会社名義の口座で行う収納代行方式も認められている。

それでは、収納代行方式における管理費・修繕積立金を原資とした管理会社名義の預金債権は、だれに帰属することになるのだろうか。

この点につき、東京高判平12.12.14（金法1621号33頁）は、管理費・修繕積立金を原資とした管理会社名義の普通預金および定期預金につき、①各預金行為は管理組合の預金として行ったものであること、②当該預金口座には他のマンションの管理費などや、管理会社固有の資金が入金されることはいっさいなかったこと、③管理会社は、自己の決算書上に当該預金を記載したり、預り金として負債の記載をしたりすることを、公認会計士の指摘を受けてやめていること、④管理会社は、他の預金につき管理組合名義への変更を求められた場合には、管理組合の財産であるとの考えに基づいてこれに応じていること、といった事実関係を前提として、当該預金の預金者は管理組合であるとしている。

この判決は、最高裁の上告不受理決定により確定したため、最高裁の実体的な判断は示されなかった。本論点に係る最高裁の判断が待たれるところである。実務上の対応としては、事案に応じてそのつど判断するよりほかないであろう。

| 10899 | 弁護士の預り金 |

弁護士が依頼者から受領した預り金を原資とする預金はだれに帰属するか

依頼者から委任を受けた弁護士が、委任者からその事務処理費用にあてるために交付を受けた金銭を管理するために自己名義で開設し通帳や届出印も自身で管理している普通預金口座に係る預金債権は、弁護士に帰属する。

◆最高裁判決　依頼者から委任を受けた弁護士が当該依頼者から受領した預り金を原資とする弁護士名義の預金債権の帰属については、争いがあるところであるが、最高裁判決（最判平15.6.12民集57巻6号563頁）によって、債務整理事務の委任を受けた弁護士が、委任者からその事務処理費用にあてるために交付を受けた金銭を管理するために自己名義で開設した普通預金口座に係る預金債権は、弁護士に帰属すると判示された。これは、弁護士が、依頼者の債務整理事務のため自己名義の普通預金口座を開設し、預金通帳および届出印を管理し入出金を行っていたところ、国が、当該依頼者に対する消費税の滞納処分のため、当該預金を差し押えたという事案である。

この判決では、債務整理事務の委任を受けた弁護士が、その事務の費用として委任者からあらかじめ交付を受けた金銭は前払費用に当たり、前払費用は、交付の時に委任者の支配を離れ、受任者がその責任と判断に基づいて支配管理し、委任契約の趣旨に従って用いるものとして受任者に帰属すると解せられ、かかる資金をもって自己の名義で開設し管理していた口座に属する預金債権は、その後に入金されたものを含めて、弁護士に帰属するものであるとされたものである。

なお、預金債権が弁護士に帰属するとしても、弁護士の固有財産かどうかは別論である。前掲最判平15.6.12には、依頼者と弁護士との間の契約を、解釈により場合によっては、信託契約や委任と信託の混合契約ととらえる余地もあるとする補足意見が付されており、信託法の規定が適用されれば、弁護士の固有財産ではないということになる。

◆実務対応　前掲最判平15.6.12および補足意見は上記のとおりであるところ、預金債権の帰属先の問題として同判決の判例解説にて指摘されるポイントとなる事実関係のうち一部は金融機関が必ずしも認知・把握するに容易なものとまではいえないこと、弁護士の固有財産性に関する問題についても、依頼者と弁護士との間の契約内容に関するもので同様にあずかり知りうるものではないことから、特段の事情がなければ、実務上は弁護士に帰属する。弁護士の固有財産としての預金債権として、弁護士

預り金の口座に関して、次のようにすると
よい（ただし、破産管財人等の名義の預金
については、破産財団等に属するものであ
り、本件取扱いの対象ではない）。

(1) 口座開設　口座開設時の本人確認
は、弁護士本人について行う。

(2) 払戻請求　預り金口座の預金債権
は弁護士に帰属すると思われるので、弁護
士の依頼者（以下「依頼者」という）から
直接払戻請求があっても、これには応じら
れない。弁護士からの払戻請求は当然に応
じる必要がある。

(3) 相殺　依頼者に対して有する債権
をもって相殺をすることはできない。一方、
弁護士に対して債権を有する場合、債権回
収極大化の観点から、相殺を検討すること
も一法といえよう。

(4) 差押え　弁護士に対して債権を有
する債権者からの差押えがあれば、原則と
して有効な差押えとして対応することにな
ろう。依頼者に対して債権を有する債権者
から弁護士名義の預金口座への差押えが認
められるかは不明であるが、仮にそのよう
な差押えがあれば、裁判所に問合せを行う
等、慎重な対応が求められる。

| 10900 | 公共工事前払金保証専用口座 |

公共工事の前払金保証とは何か。またその
専用口座とはどのようなものか

結　論

　公共工事の前払金保証とは、国等の公共
工事に係る工事代金の前払金に関して保証
事業会社が行う保証である。前払金は、請
負人名義の前払金専用の預金口座に預金さ
れる。

解　説

　公共工事の前払金保証とは、国または地
方公共団体その他の公共団体が公共工事を
発注するにあたって請負人に対して工事代
金の一定割合を前払金として支払う場合に、
公共工事の前払金保証事業に関する法律5
条の規定による登録を受けた保証事業会社
が行う保証である。前払金の支払は、請負
人が工事資金を調達できずに公共工事の遂
行に支障が生じるのを防ぐことを目的とし
て行われるものであり、保証事業会社の保
証を付すことが前払金の支払の要件とされ
ている。

　保証事業会社は、請負人が前払金を適正
に公共工事に使用しているかどうかについ
て厳正な監査を行わなければならないとさ
れており（公共工事の前払金保証事業に関
する法律27条）、保証事業会社の保証約款
において、前払金は、保証事業会社があら
かじめ契約した金融機関に、請負人名義の
前払金専用の別口普通預金口座として預け
入れなければならないとされる。また、前
払金はその資金使途により払戻手続等が定
められており、専用口座からの払戻しに際
しては、通常の預金払戻しと異なり、請負
人が当該口座のある金融機関に対し払戻請
求書のほか適正な資金使途に関する資料を
提出し、金融機関がそれらを確認のうえ払
戻しをすることとされている。

10901 公共工事前払金

公共工事の前払金を原資とする請負人名義の別口専用口座の預金は、請負人の固有財産か

結　論

公共工事の前払金保証制度のもとで国等から請負人名義の前払金専用口座に入金されている前払金を原資とする預金は、国等を委託者兼受益者、請負人を受託者とする信託の信託財産であり、請負人の固有財産ではないと解される。もっとも、信託終了後に関しては別途の考慮が必要である。

なお、この預金の受入金融機関にとっては、たとえば請負人につき破産手続開始決定があった場合等において請負人に対する貸付債権等の破産債権と上記預金とを相殺できるか、という論点が特に重要であるが、事態の推移の先後関係の確認を含め、事案に即した慎重な検討が必要である。

解　説

◆**前払金保証制度**　公共工事の前払金保証制度は、国または地方公共団体が公共工事を発注する場合に、請負人に支払われる前払金につき、公共工事の前払金保証事業に関する法律5条の規定による登録を受けた保証事業会社が、請負人から保証料を受け取って保証する制度である。この前払金の支払は、請負人が工事資金を調達できずに公共工事の遂行に支障が生じるのを防ぐことを目的として行われるものであり、保証事業会社の保証を付すことが前払金の支払の要件とされている。

前払金は、請負人名義の前払金専用口座に預金される。前払金はその資金使途により払戻手続等が定められており、専用口座からの払戻しに際しては、通常の預金払戻しと異なり、請負人が当該口座のある金融機関に対し払戻請求書のほか適正な資金使途に関する資料を提出し、金融機関がそれらを確認のうえ払戻しをすることとされている（【10900】参照）。

◆**信託財産性**　この前払金専用口座の預金につき、最判平14.1.17（民集56巻1号20頁）は、「本件前払金が本件預金口座に振り込まれた時点で、愛知県とA建設との間で、愛知県を委託者、A建設を受託者、本件前払金を信託財産とし、これを当該工事の必要経費の支払に充てることを目的とした信託が成立したと解するのが相当であ」るとしたうえで、「信託の受益者は委託者である愛知県であるというべきである」とし、また、「本件預金は、A建設の一般財産から分別管理され、特定性をもって保管されており、これにつき登記、登録の方法がないから、委託者である愛知県は、第三者に対して、本件預金が信託財産であることを対抗できるのであって（信託法3条1項参照）、信託が終了して同法63条の法定信託が成立した場合も同様であるから、信託財産である本件預金はA建設の破産財団に組み入れられることはないということができる（同法16条参照）」としている（なお本事案は現在の信託法が平成19年9月30日に施行される前の旧信託法が適用される事案である）。

◆**信託終了後における相殺の可否**　この預金の受入金融機関にとっては、たとえば

請負人につき破産手続開始決定があった場合において請負人に対する貸付債権等の破産債権と上記預金とを相殺することができるか、という論点が特に重要であるが、前掲最判平14.1.17はこの点について判示するものではない。このような場合、請負契約の解除等によって上記信託は終了するのが通常と解されるものの（信託法163条1号）、清算結了まで信託はなお存続するものとみなされる（同176条）。そして、前払金専用口座の預金のうち、清算過程において請負人（破産財団）に帰属することとなった分に関しては、破産法71条1項1号により破産開始決定後に生じた破産財団の預金とは相殺することができないから、その帰属することとなる時期により結論が変わってくる。

　上記のような場合における相殺の可否については、事案に即した下級審裁判例が複数あるが（福岡高判平21.4.10金法1906号104頁、名古屋高金沢支判平21.7.22金法1892号45頁）、いずれにせよ、事案に応じて慎重な検討が必要である。

　一方、上記以外の残余財産（前払金専用口座の預金の残金）については、信託の委託者たる国または地方公共団体に帰属することと考えられるため、請負人に対する貸付債権等と相殺することはできない。

第3項　共　通　事　項

10902　線引小切手による口座開設

線引小切手によって口座を開設することができるか

結　論

銀行は自己の取引先または他の銀行からのみ線引小切手を取得することができ、銀行はこれらの者以外の者のために線引小切手の取立をすることができない（小切手法38条3項）。開設したばかりの口座について、その預金者は「自己の取引先」には該当しないと考えられているため、開設を依頼した者が小切手の正当な所持人ではなく、銀行が取立に応じた結果正当な所持人が損害を被った場合には、銀行はその正当な所持人に対して損害賠償責任を負う（同条5項）点に留意し、慎重に取り扱うべきである。かかる申出は、開設を依頼した者が真の権利者であるとの確証を得ている場合を除き、原則として謝絶すべきである。

解　説

小切手法38条3項によれば、銀行は自己の取引先または他の銀行からのみ線引小切手を取得することができ、銀行はこれらの者以外の者のために線引小切手の取立をすることができない。これは、小切手の盗難、紛失等の事故が生じた場合に、その小切手の支払を受けた者が判明していれば、そこからさかのぼって盗人あるいは拾得者等をつきとめることができるから、損害賠償請求あるいは不当利得返還請求が容易になることをねらったものである。ここでいう「自己の取引先」とは、銀行が継続して取引をしており、その取引を通じて相手方の住所、氏名等の実態が判明している先をいう。したがって、通常、本問のように線引小切手により口座を開設した場合は素性が判明しないケースが多く、原則として、「自己の取引先」に対する支払とは認められないことから、慎重に取り扱うべきである。なお、すでに形式的に取引がある場合であっても、次のような口座に、開設後直ちに線引小切手を入金する場合には、「自己の取引先」とはいえないとされるおそれがある。

① 一見の来店客が若干の金銭をもって口座を開設した場合
② 睡眠口座しかなく、現在の状況のわからない客が新たに口座を開設した場合
③ 普段少額の取引（数百円、数千円等）しかない客が、出所の確認できない多額の線引小切手をもって新たに口座を開設する場合
④ 銀行が時折什器、備品等を購入する程度で、自店に金融取引のない業者が口座を開設した場合

これに対し、たとえば僚店において活発な取引をしている等で実態が判明している先が、自店で初めて取引をする場合に線引小切手によって口座開設する場合などは、

「自己の取引先」に当たるといえよう。

10903　代金取立の取引

代金取立を依頼するために預金取引を始める場合、どのようなことに注意すべきか

結　論

線引小切手の取扱いに注意すべきである。

解　説

　代金取立業務は、手形・小切手等の取立委任を受けることを内容とする業務であるが、取立依頼を受けた手形・小切手等が事故小切手であったなどの理由による実際上のトラブルに巻き込まれるのを避けるため、通常は取引先以外からの取立依頼には応じないこととしている。しかし、代金取立を機に取引先獲得を図るなどの営業的見地から、例外的に未取引先からの代金取立依頼に応ずる場合がある。通常、このような場合は、あらかじめ取立依頼の際に預金口座を開設させるか、あるいは取立代り金入金の際に預金の新規口座を開くという方法がとられる。

　このような取扱いをする場合に最も注意を要するのは、線引小切手の取立依頼を受けた場合である（手形については、法律上線引の制度がないので、問題とならない）。すなわち、小切手法38条３項には「銀行ハ此等ノ者（編注：自己の取引先または他の銀行）以外ノ者ノ為ニ線引小切手ノ取立ヲ為スコトヲ得ズ」との規定があり、この取引先の意義については、銀行と継続的な取引関係によりその住所、氏名等の実態が判明している者をいい、前述のような取立代り金をもって新規預金口座を開設する者はもちろん、取立依頼直前に預金口座を開いたような場合は、この取引先には含まれないとするのが通説である。

　しかも、小切手法38条については銀行の無過失責任を規定したものという見解が強く、したがって、取立銀行が同条に違反して取立を了し預金の支払を行った後においても、その取立小切手が事故小切手であることが判明したような場合には、取立銀行のこの条項違反による損害賠償責任を追及される可能性があるので、慎重に取り扱わなければならない。

　万一、前述のように取引先でない者から線引小切手を受け入れてしまった場合には、取立代り金の支払にあたって、取立依頼人の本人確認および（入手経路のトレースなどにより）その小切手の正当所持人であることの確認を確実に行う必要がある。

10904　誤った入金証明をした持出銀行の責任および入金証明が効力をもつ場合の範囲

誤った入金証明をした持出銀行はどのような責任を負うか。また、どのような場合まで入金証明の効力があるといえるか

結　論

　入金証明の法的効果をどうとらえるかについては諸説あるが、誤った入金証明をした持出銀行に損害賠償責任を認めた裁判例

がある。

　また、入金証明文言ではカバーされないようなケースにおいても便宜的に使われているのが実情のようであるが、このような場合にまで入金証明が効力をもつかにつき画一的な見解はない。支払銀行としては、このような場合には「入金者は正当な権利者であるから決済してもらいたい」旨の持出銀行の回答を確保したうえで支払に応ずるのが望ましいと考えられる。

解　説

◆**入金証明**　　小切手は大部分が持参人払式であるが、記名式、指図式のものも認められている。そして記名式または指図式小切手の取立を銀行に委任する場合には取立委任裏書が必要となる。このため、裏書欠缺等により適法な裏書がなされていない裏書不備の小切手を受け入れ、交換に回しても、支払を受けることができない。ところが、いちいち裏書の補完を求めていたのでは手間もかかり、時間的余裕のないこともある。

　そこで、入金証明というものがなされることがある。入金証明とは、取立委任を受けた持出銀行が上記のような裏書不備の記名式・指図式小切手の裏面に「この小切手は名宛人口座に入金されたものであることを証明します」という文言を記載して持出銀行の押切印を押捺し、交換に持ち出したものをいう（東京・施行細則20条）。記名式小切手は裏書が不備であれば不渡となるところ、入金証明があれば支払銀行は裏書の不備にかかわらず支払うのが慣行となっている。

　しかし、入金証明があるからといって裏書の不備が治癒されるわけではない。この入金証明を信じて支払銀行が支払ったところ、入金者が無権利者であった場合、入金証明を信頼して支払ったとしても、支払銀行は小切手法35条による免責は主張できず、当座勘定契約上小切手の振出人に対して善管注意義務を負っている支払銀行は、振出人に対し損害賠償責任を負うことになる。入金証明は銀行間の取決めであって、振出人に対して裏書の不備を治癒させるほどの効力は認められないからである。そこで、支払銀行の被った損害を入金証明を出した持出銀行に請求していくことができるかどうかが問題となるわけである。

◆**入金証明の法的効果**　　まず、①持出銀行は道義的責任こそあれ、法的責任は負わないとする消極説（高橋勝好「入金証明の性質と効力」金法84号20頁）がある。その理由は、㋑入金証明の有無にかかわらず、支払銀行は裏書に疑義があれば不渡できること、㋺入金証明は小切手の無益的記載事項にすぎず、それを信じて支払っても小切手法35条の調査義務を免れるわけではないこと、㋩正式の裏書にかわる異例かつ便宜的処理である以上、その効力を積極的に解する理由も妥当性もないという点に求められる。

　これに対し、持出銀行に責任を認める説がある。そのなかには、②入金証明は不法行為責任であると構成する説（加藤一郎＝吉原省三編『銀行取引〔第4版〕』293頁は、故意または過失のある持出銀行の責任を肯定していることからして、その旨明言はしていないが、入金証明に不法行為責任を認める立場と考えられる。また、東京地判昭35.2.1（金法236号6頁）は、誤って入

金証明をした銀行に不法行為責任を認めている）と、③入金証明を損害担保契約と構成するもの（鈴木竹雄編『当座預金』113頁、大原栄一「金融法務100講㉖入金証明の効力」金法689号53頁）がある。いずれの説によっても、支払銀行はその損害の賠償を持出銀行に請求しうることになるが、②の説の場合には、持出銀行の故意または過失を支払銀行において立証する必要があるし、過失相殺の問題も生じうる。

◆**入金証明が効力をもつ場合の範囲**　入金証明は、記名式または指図式小切手の名宛人の裏書に不備がある場合のほか、名宛人の前者の裏書に不備がある場合や名宛人の表示が完全ではないような場合にまで便宜的に用いられることがある。このような場合についても入金証明が効力をもつかに関し、画一的な見解はない。よって、支払銀行としては、「入金者は正当な権利者であるから決済してもらいたい」旨の持出銀行の回答を得たうえで支払に応ずるのが望ましい。

10905　通帳の誤返却

預金通帳を誤って他人に渡した場合はどうすればよいか

結　論

　早期回収の努力をするが、それが困難な場合は元帳に記入、あるいは本支店宛てに手配し、誤払いの防止に留意する。

解　説

　預金取引が消費寄託である限り、銀行は受寄者としての注意義務がある。通帳は有価証券ではないが証拠証券である以上、誤って他人に渡した場合には、極力早期回収に努め、真正なる預金者に交付することが望ましい。

　通帳の取得者が判明しない場合、あるいは返戻が得られない場合等は、次のような注意が必要である。

①　とりあえず元帳にその旨を記入して、誤払い、二重払い等のないように、または通帳の再発行時に注意を払うように備える。

②　自行本支店に、誤返却された通帳に基づく預金の支払をしないよう連絡する。各金融機関とも電子計算機を導入し、オンライン・リアルタイム・システムを採用しているので、要注意情報をインプットし、注意を喚起しなければならない。特に、副印鑑制度を利用している場合は、通帳に押捺された印鑑の複製による預金支払等のおそれがあるため、速やかにインプットすることが必要である。

③　預金者に通帳を再発行する場合には、事務処理を明確にするため、旧口座を閉鎖解約し、残高などを新口座に移管しておく方法が望ましい。

　なお、悪意の通帳所持人が預金の支払を求めるときは、通常、住所変更、名義変更、改印等の届けが出されることが多いから、当該預金についてのこれらの取扱いには特に慎重な配慮が必要である。

10906　誤入金の訂正手続

口座相違による誤入金を訂正する場合、預金者から支払請求書や小切手を徴求する必要があるか

結　論

支払請求書や小切手を徴求する必要はない。

解　説

◆**入金記帳・通知以前の措置**　残念ながら、金融機関においては口座相違による誤入金が時々みられる。この場合は、たとえばAに入金すべき金をBの口座に入金してしまったわけであるから、Bの口座の誤入金分を訂正し、当該金額を引き落とさなければならないが、この場合、Bから支払請求書（普通預金の場合）または小切手（当座預金の場合）をとらなければならないかどうかという問題である。

この点については、誤入金分を預金者（前述のB）の普通預金通帳または当座勘定入金帳などにまだ記入しておらず、入金通知も行っていない場合、つまり誤入金が金融機関内部の処理にとどまっている場合は問題はない。金融機関が誤入金に気づいた時に、直ちに元帳訂正など必要な措置をとればよいわけで、支払請求書や小切手の徴求はなんら必要ない。

◆**入金記帳・通知ずみ後の措置**　これに対し、預金者（前述のB）に対し誤入金と気づかずに入金通知を行ったり、預金者の普通預金通帳や当座勘定入金帳（元帳写し）に記帳ずみであったりした場合はどうか。この場合は、預金者は、金融機関のミスによって本来受けるべきでないものについて入金を受けているわけであり、金融機関がこの誤りに気づいてその入金を取り消したところで、相手方たる預金者の権利義務にはなんら変動を生じないので、本来金融機関は相手方の承諾を得ないで、一方的に取り消すことも可能であるといえる。ただ実際上は、預金者との取引関係を円滑に進める建前と、トラブルを避ける意味からいって、即刻事情を説明して入金取消の通知を行い、あわせて通帳または入金帳・当座元帳写しなどの提出を求め、その了解のもとに訂正記帳を行うべきである。この場合、前述のように本来口座相違による入金は法律上の効力を生じていないので、訂正にあたっては、普通預金支払請求書や小切手の徴求は必要ない。

なお、誤入金の入金取消の処理の前に誤入金分を払い戻してしまった場合には、金融機関は誤入金先に対して不当利得返還請求をなしうる（民法703条・704条）が、誤入金先が払戻後当該金額を費消し、その後無資力となった場合には返還請求は事実上困難となるので、速やかに入金取消の対応をとるなど、注意を要する。

第4項 各 種 預 金

普通預金口座の開設依頼を受けた場合、金融機関はこれに応じなければならないか

結 論

普通預金も、預金契約の法的性格は消費寄託であり、契約自由の原則に従って、金融機関は、預金受入れないし口座開設の法的義務を負ってはいない。

しかし、商慣習や金融機関の公共性の観点からは、受入れを拒否するには合理的な相当の理由が必要とされる。

具体的には、申込者の口座開設の意図が預金をその約定の本旨に従って利用することでない場合には、これを拒否できると考えられる。また、申込者が、犯罪収益移転防止法に基づく本人確認に応じないときは、口座開設を拒否することができる。

なお、犯罪収益口座の懸念がある場合や、申込人が反社会的勢力に当たるとの情報がある場合は、口座開設の拒否を検討すべきである。

解 説

◆**普通預金の法的性格** 普通預金も他の預金と同様消費寄託で、要物契約（現行民法666条1項・587条）であり、預金についての当事者の合意と金銭の授受（改正民法下では諾成契約（同法657条・666条1項）

であり、預金についての当事者の合意）によって成立する。すなわち、契約自由の原則に従って、金融機関は預金受入れないし口座開設の法的義務を負ってはいない。しかし、金融機関は、商慣習の観点からは、不特定多数を相手に預金受入れの意思を表明しており、また、公共性にかんがみ、経済効率的な理由のみで受入れを拒否することはできず、拒否するには、合理的かつ相当の理由が必要とされる。

具体的には、申込者の口座開設ないしは預金預入れの意図が預金をその約定の本旨に従って利用することでなく、金融機関に対する嫌がらせをすることにある場合、たとえば、1円預金など、正当な理由なく同一名義の口座をきわめて小口に作成することによって、金融機関に負担をかけることを主な目的としているような場合は、これを拒否できると考えられる。

◆**本人確認と口座開設** 金融機関は、顧客等との間で預金契約の締結等の取引を行うに際しては、運転免許証の提示を受ける等の方法により、その本人特定事項（自然人の顧客等については氏名、住居および生年月日、法人の顧客等については名称および本店または主たる事務所の所在地）を確認しなければならないが（犯罪収益移転防止法4条）、顧客等が本人確認に応じないときは申出の取引に係る義務の履行を拒むことができる（同法5条）。

◆**犯罪収益口座と口座開設** 詐欺による資金の受取りや不正金融業者の返済資金受

取りに利用される口座（いわゆる「犯罪収益口座」）の懸念がある場合、たとえば、自宅と勤務先の住所地を考えると取引申出の支店が通勤経路から離れている、また私設私書箱と疑われる（繁華街の）住所である等、口座開設を行う妥当性がない、または不審点がある場合は、新たな犯罪収益口座の開設や口座売買のおそれを未然に防止する観点から、口座開設の拒絶を検討すべきである。

また、申込人につき、反社会的勢力に当たるとの情報がある場合も同様である。

10908 マイナス金利への対応（入金拒否）

マイナス金利下において、金融機関は、普通預金口座の開設後、預金者からの当該普通預金に係る預入れを拒むことはできるか

結　論

金融機関は、預金者との間において、預入れの拒絶に係る別段の合意を行わない限り、普通預金口座の開設後は、当該普通預金に係る預入れを拒むことはできない。

解　説

◆**マイナス金利**　日本銀行は、平成28年1月28日、29日の金融政策決定会合において、金融機関が有する日本銀行当座預金の残高の一部に－0.1％のいわゆるマイナス金利を導入することを決定した。これを受け、変動金利を参照する金利指標がマイナスとなるケースが現れ、金融機関におい

て、資金運用場面、および資金調達場面等においてマイナス金利が適用されうるのか、いわゆるマイナス金利の問題が現実化した。本問は、上記のような金利市場の情勢下において、普通預金の金利のプラスを維持する金融機関が、普通預金に係る金利コストを緩和するべく、既存の普通預金に係る預金者からの追加の預金の預入れを拒絶することができるかという問題である。

◆**預金約款（規定）**　各金融機関は、多数の預金者との間に大量に発生する預金取引を安全・円滑・迅速に処理するため、定型的に定めた預金約款（規定）を設けており、普通預金に係る法律関係は、預金約款（規定）によって規律される。各金融機関の預金約款（規定）は、おおむね同一化しており、預金をしようとする者は、どの金融機関を選択しても、ほぼ同一の取引条件で普通預金契約を締結することになる。一般に、普通預金に係る預金約款（規定）は、預金の預入れおよび払戻しなどの方法を定めているが、反復する預入れまたは払戻しを想定した規定となっている。

◆**普通預金契約の性質**　そのため、普通預金契約は、いったん契約を締結して口座を開設すると、以後、預金者がいつでも自由に預入れおよび払戻しをすることができる継続的取引契約であり、口座に入金が行われるたびにその額についての消費寄託契約（民法666条）が成立し、その結果発生した預金債権は、当該口座の既存の預金債権と合算され、1個の預金債権として扱われることになる（最決平28.12.19金法2058号6頁）と解されている。

◆**預入拒絶の可否**　したがって、普通預金の預金者はいつでも自由に預入れができ

るのであるから、金融機関は、普通預金に係る預金者との間において、預金の預入れの拒絶に係る個別の合意を行わない限り、追加の預金の預入れを拒絶することはできない。

10909 マイナス金利への対応（利息等請求の可否）

金融機関は、預金利息をマイナスに設定し、預金者からマイナス金利相当額を利息として請求することができるか。また、マイナス金利相当額を、利息ではなく、預金受入手数料として請求することはできるか

結　論

預金規定（約款）に、金融機関が預金者からマイナス金利相当額の利息または預金受入手数料を請求できる旨の規定が定められていない場合、金融機関は、預金者との個別合意なくして、預金者からマイナス金利相当額の利息または預金受入手数料を請求することはできないと考えられる。

預金規定を改定し、金融機関が預金者からマイナス金利相当額の利息または預金受入手数料を請求できる旨の規定を設けた場合、改定後に成立する預金契約との関係においては、マイナス金利相当額の利息または預金受入手数料を請求することは可能と考えられるが、改定前から存在する預金契約との関係においては、当該利息または預金受入手数料を請求することはむずかしいと考えられる。

解　説

◆マイナス金利の利息請求

（1）**預金利息の性質**　一般に預金契約は、民法上の消費寄託契約であると解されているところ、消費寄託契約については、消費貸借契約に関する規定が準用されており（同法666条1項）、法的には消費貸借契約と同じように取り扱われる。そして、消費貸借契約において、「利息」は、元本利用の対価と解されている。そのため、民事法上、預金契約における「利息」は、消費貸借におけるそれと同様に解され、金銭利用の対価として、金融機関が預金者に対して支払うもので、預金者から金融機関に対して支払うものではないと解される。

また、預金規定においても、一般に、金融機関が預金者に対して支払うものとして定められており、預金者から金融機関に対して支払うことは予定されていない。

したがって、預金当事者の合理的な意思解釈によれば、預金利息をマイナスに設定し、預金者からマイナス金利相当額を請求することはできないと考えられる。

（2）**個別の合意**　もっとも、金融機関が、預金者と個別に合意したうえで、マイナス金利相当額を預金利息として請求することは、それが「利息」としての法的性質を有するかどうかは別として、契約自由の原則が妥当し、可能と解される。

（3）**預金規定の改定**　上述のとおり、既存の預金約款については、預金者が金融機関に対して、利息を支払うことは予定されていない。もっとも、金融機関は、預金規定を改定し、金融機関が預金者からマイナス金利相当額を請求することができる旨

の規定を設けることで、改定後に締結された預金契約との関係においては、預金者に対して、改定後の預金規定に基づき、マイナス金利相当額を請求することは可能と考えられる。この場合、実務的には、預金しようとする者に対し、当該規定を明示のうえ、マイナス金利相当額を請求する可能性があることについて説明するのが望ましい。

他方、当該改定は、既存の預金契約との関係においては、不利益な変更となるため、その改定の効力が既存の預金契約にまで及ぶかが問題となる。

この点に関し、預金規定に追加された暴力団排除条項の効力が既存の預金契約に及ぶかが争われた事案において、福岡高判平28.10.4（金法2052号90頁）は、①当該条項の目的の正当性、②当該条項の必要性、③当該目的達成手段の相当性、④預金者の不利益の程度等を総合衡量し、これを肯定した。

また、改正民法548条の4第1項2号によると、①定型約款の変更が、契約の目的に反せず、かつ、②変更の必要性、変更後の内容の相当性等に照らし、変更の合理性が認められる場合に、定型約款変更の効力を既存契約に及ぼすことを認めている。

マイナス金利相当額の利息の請求を認める改定は、上記裁判例との関係においては、①当該条項の目的の正当性や②当該条項の必要性を、上記改正民法の規定との関係においては、②変更の必要性、変更内容の相当性を説得的に論証することは容易ではないと考えられるため、民法改正の前後を問わず、本改定の効力を既存の預金契約に及ぼすことはむずかしいと解される。

◆**預金受入手数料の請求**　前述のとおり、預金契約は消費寄託契約と解されているため、明示または黙示の特約により、預金受入手数料を請求することは可能と考えられる（民法665条・648条）。

もっとも、預金規定に、預金受入手数料を請求することができる旨の規定が設けられていない場合、預金者と個別に合意する、または預金規定を改定してその旨の規定を設けなければ、預金者からマイナス金利相当額を預金受入手数料として請求することはできない。

預金規定を改定し、当該規定を設ける場合、上記マイナス金利の利息請求と同様、改定後に成立する預金契約との関係においては、マイナス金利相当額の預金受入手数料を請求することは可能と考えられるが、その変更の効力を既存の預金契約に及ぼすことはむずかしいと解される。

10910　総合口座

総合口座とはどのようなものか

結　論

総合口座は、普通預金、定期預金、および当座貸越等の各取引をリンクさせた複合商品である。定期預金を担保として一定額（さらに国債等を担保とする貸付が行われる場合はこれとは別に一定額）の範囲内で、普通預金残高を超えて、普通預金の払出しと同様の手続で融資（自動融資）が受けられる。また、貸越金の残高がある場合に、当該普通預金口座に入金された預金は、貸越金残高に達するまで、自動的に貸越金の

返済（自動返済）に充当されるというものである。

━━━ 解　説 ━━━

◆総合口座の一般的取扱条件

（1）対象　総合口座の取引対象は実名の個人に限られ、法人・任意団体はもとより、架空名義や未成年者などは対象としていない。これは、家計性預金口座として各種の機能サービスを付与しようとする総合口座の特性に起因する制約である。なお、口座開設時の本人確認義務については【10722】【10723】を参照されたい。

（2）定期預金の範囲　期間1年・2年および期日指定定期預金が主体で、自動継続式（利息受取型・利息元加型）が原則である。なお、預入最低金額（たとえば1万円以上）が設定されていることが一般的である。

（3）国債等の範囲　保護預り兼振替決済口座取引がある長期・中期利付国債、地方債、政府保証債、割引国債が対象で、取引単位は当該国債等の最低券面額の整数倍である。

（4）貸越極度　定期預金を担保とする場合は、担保定期預金合計額の一定割合（90％の場合が多い）で一定額まで（200万円が限度の場合が多い）である。国債等を担保とする場合は、定期預金担保とは別枠で、額面金額にそれぞれの債券に応じて定められた担保掛け目（割引国債はたとえば60％、その他はたとえば80％）を乗じた額の合計額か一定額（200万円の場合が多い）のいずれか少ないほうが極度額となる。

（5）貸越利率　定期預金を担保とする場合は、担保定期預金の約定利率に一定の利率（たとえば0.5％）を加えた利率で、国債等を担保とする場合は、債券の種類にかかわらず一定の利率であることが一般的である。通常、国債等を担保とした場合のほうが高貸越利率である。

（6）貸越利息の徴求方法・時期　貸越利息は最終残高法で計算する。通常、毎年2月と8月の銀行所定の日に計算し、普通預金から引き落とすか、当座貸越残高に組み入れる。また、定期預金の全額解約や国債等の償還等で、定期預金および国債等のいずれの残高もゼロになるときは、貸越金の担保がなくなるため、その時点で発生している貸越利息を徴求する。ただし、債権管理上、定期預金または国債等のいずれか一方の残高がゼロになった場合に、そのなくなった担保種類に対応する貸越利息をその時点で徴求することも可能である。

◆総合口座の法律構成

総合口座取引契約は、普通預金契約、定期預金契約、国債等の保護預り兼振替決済口座取引契約、定期預金および国債等に対する担保権設定の予約、当座貸越契約などの各種の契約から成立している。基本契約は普通預金契約であるから、総合口座の開設には普通預金口座の開設が必須条件となるが、口座開設時に定期預金と国債等の保護預り兼振替決済口座取引を同時に開始する必要はなく、いずれか一方の取引でもよい。また、総合口座は前記の各契約を特約で組み合わせ、一つの取引単位として利用するものであるから、特約が解約されれば各々独立した取引となる。ただし、当座貸越は、貸出・返済がすべて普通預金を通じて行われ、独立した取引ができないため、総合口座取引契約が解約されれば自動的に取引は終了する。

総合口座用として預入れされた定期預金に対しては、当座貸越の担保として質権（総合口座取引規定上は担保定期預金の追加預入れを考慮して、いわば停止条件付きの質権設定契約）が設定されることとなる。この場合、総合口座通帳の定期預金・担保明細欄への記帳・交付で担保差入れの意思表示があったものとして取り扱い、第三者対抗要件としての確定日付をとることはないので、質権の効力が問題となりうるが、第三者には貸越金との相殺で対抗できること、差押え等があった場合にはその分が極度額の減額となり、貸越超過部分は弁済期が到来して預金者に対しても相殺で対抗できることから、実務上、特に支障は生じない。

国債等に対する担保権については、その性質が質権か譲渡担保かについて総合口座取引規定において明確にされていない。また第三者対抗要件について、振替決済口座取引の場合には振替口座への記録を要する。債務不履行等に伴う貸越金との清算方法については、定期預金との清算は相殺あるいは払戻充当の方法による。

担保国債等との清算は、任意処分あるいは代物弁済により債権を回収することとなる。

10911 総合口座開設時の留意点

総合口座開設時にはどのような点に留意すべきか

結　論

① 総合口座の取引先は実在する個人で成

年者に限ること。原則として未成年者の口座開設は取り扱わない。法人、○○旅行会など任意団体の口座開設も不可。

② 同一人につき1口座であること。

③ 一般に、貸越極度額は担保定期預金の90％の範囲内で、かつ最高200万円までであること。

④ 担保定期は普通預金と同一名義であること。既存の定期預金をセットするときは、定期預金証書・通帳の提出を受け、かつ提出された担保差入証に押捺された印影と定期預金の届出印を注意を尽くして照合したうえ取り扱うこと。

⑤ 総合口座取引規定の内容をよく顧客に説明すること。規定を通帳に印刷せず、別紙規定書方式とする場合には、別紙規定を通帳とともに必ず預金者に交付すること。

⑥ 犯罪収益移転防止法に基づく本人確認を厳格に行うこと（【10722】【10723】参照）。

解　説

◆**総合口座取引の性質**　総合口座取引とは、普通預金に定期預金等を担保（第三者対抗要件を備えていない質権）とする当座貸越取引を組み合わせたもので、普通預金の残高が不足する場合には、その不足額について自動的に当座貸越を行って普通預金に入金し、また貸越金の残高がある場合に普通預金に入金された金額は自動的に貸越金の返済に充当することを基本的仕組みとした取引である。

この商品は、昭和47年8月から金融機関が一斉に取扱いを開始したものであるが、①定期預金に流動性が加わった、顧客に有利な貯蓄手段である、②簡便な手続で回転

信用を受けることができる、③自動振替等の残高不足に伴う煩瑣な問題が解消し普通預金の決済機能が充実するなどの諸機能が顧客ニーズにマッチした結果、現在では銀行の個人向けの主力商品となっている。

◆**口座開設時の留意点**

(1) 総合口座は、本来個人の家計性取引のための預金商品であり、貸越を許容する商品でもあることから、取引対象は原則として実在する個人で成年者に限られる。したがって、法人や任意団体など個人以外の取引や、架空名義の取引、未成年者との取引は行わない。

(2) 総合口座については当座貸越金額に最高限度額を設けているが、これは1預金者単位で妥当と判断される金額によって定めているものである。それを、同一人が2口座も3口座も開設した場合には、この最高限度額の定めが有名無実のものとなってしまうこととなる。したがって、同一人については1口座に限る扱いとしている。

(3) 一般に、総合口座の定期預金に質権が設定されるのは223万円（貸越極度200万円／90%≒223万円）までであって、それを超える定期預金については担保となっていないこと、および223万円以下であっても、空担保部分については解約が可能であることを預金者に周知し、担保定期預金の上限額を超える場合には、将来の解約も考慮して、1本の定期預金とせず、複数口に分けて受け入れる配慮が必要である。

なお、1口の定期預金の一部解約は理論上は可能であり（「預金は可分債権である」＝民法427条）、現実に貸越を利用していない、あるいは空担保部分がある場合には、預金者を拘束する理由もないことから、預金者の要請があれば一部解約を行うべきである。

(4) 定期預金の名義は、普通預金の名義と同一でなければならない。総合口座は、個人の家計取引における決済機能の便利性を追求したマス商品であり、その手続面においても極端に単純化されている。したがって、このような口座に第三者名義の定期預金を受け入れると、第三者による担保差入れの手続が必要となり、対抗要件の具備手続などを含め複雑な手続が必要となるからである。

(5) 総合口座の払戻しにあたって、仮に払戻しを行う者が無権限者であった場合でも（払戻権限の有無につき不審を抱くべき特段の事情がない限り）、金融機関が相当の注意義務を尽くして払戻しを行った場合は、総合口座規定の免責約款または民法478条の債権の準占有者への弁済の規定により免責されることから（当座貸越を伴う総合口座の払戻しにつき最判昭63.10.13金法1205号87頁は民法478条の類推適用を認めた）、特に不審な点がない限り犯罪収益移転防止法に基づく本人確認を超えて取引の相手方の本人確認を行う必要はない。

また、既存の定期預金を担保として新たに総合口座を開設する場合であっても、（払戻権限の有無につき不審を抱くべき特段の事情がない限り）定期預金証書・通帳の提出を受け、かつ提出された担保差入証に押捺された印影と定期預金の届出印とを相当の注意を尽くして照合のうえ取り扱った場合は、総合口座規定の免責約款または同条の類推適用を受けることができるので（最判昭53.5.1金法861号33頁、最判昭57.4.2金法995号67頁）、それ以上に定期

預金の預金者と総合口座の開設の申出人の同一性の確認を行う必要はない。

なお、この場合において、定期預金の通帳の提出を求めることなく、総合口座の開設に応じたケースで、印影の近似性の程度等を問題とすることなく、金融機関として通常要求されるべき注意義務を尽くしていないとされた事例（福岡高判平5.10.27金法1376号28頁）のあることに留意すべきである。

| 10912 | 普通預金の預入れと預金契約 |

普通預金は預入れのつど別個独立に契約が成立するのか

結　論

普通預金は、1個の継続的・包括的な預金契約が基礎にあり、預入れ・払戻しのつど一つの預金債権の増減になるものと解すべきである。

解　説

預金契約の性質について現行民法には明文の規定がなかったが、改正民法では消費寄託に関する条項において、預金または貯金に係る契約により金銭を寄託した場合について消費貸借の規定を準用し、受寄者は寄託物をいつでも返還できることとする等の規定を新設しており（同法666条3項）、預金契約の性質が金融機関を受寄者とする金銭の消費寄託であることが明確になった。

この見地に立てば、次のように解される。

証書方式の定期預金のように預入れのつど預金証書が作成される場合は、その証書作成のつど、個々に預金が成立するとみて問題はないと思われるが、普通預金のように預入れ・払戻しが頻繁な預金の場合は、これと同様に考えてよいかどうか疑問が残る。理論上、普通預金の場合には次の二つの見解が成り立つ。

① 預入れのつど、個々に預金契約が独立して成立し、それが払戻しにより個々に独立して決済される（金融機関が付利する利息は別）。

② 個々の預金の預入れ・払戻しの基礎に一種の基本的預金契約関係が存在する。そして、預入れと払戻しのつど、この一つの預金債権が増減するものとする。したがって、複数口の預入れがあっても、払戻しの場合は、どの預金を返還するかという弁済充当の問題は起こらず、民法488条ないし491条の規定の適用の余地はない。

この二つの見解のうち、②の見解のほうが実務に即した直截簡明な考え方であり、このように解するほうが妥当と思われる。また残高がゼロになっても通帳を金融機関に返却することを要しない点等を勘案すると合理性がある。普通預金について更改を考えることは、それを適当とする特殊な事情が存しない限り、妥当ではないだろう。

この点について、最決平28.12.19（民集70巻8号2121頁）は、「普通預金契約及び通常貯金契約は、一旦契約を締結して口座を開設すると、以後預金者がいつでも自由に預入れや払戻しをすることができる継続的取引契約であり、口座に入金が行われるたびにその額についての消費寄託契約が成立するが、その結果発生した預貯金債権は、

口座の既存の預貯金債権と合算され、1個の預貯金債権として扱われるものである。また、普通預金契約及び通常貯金契約は預貯金残高が零になっても存続し、その後に入金が行われれば入金額相当の預貯金債権が発生する。このように、普通預金債権及び通常貯金債権は、いずれも、1個の債権として同一性を保持しながら、常にその残高が変動し得るものである」と判示し、②の見解をとっている。

普通預金に他店券が入金された場合や振込入金がされた場合も、取立委任契約や振込入金の受入契約があることを除けば、まったく同じである。すなわち、取立や振込の完了によって預金が成立するが、その成立後は現金による入金分と区別されることはない。

10913 普通預金から当座預金への振替

当座預金の残高不足に対し、普通預金からの振替入金は違法か

結　論

普通預金通帳および払戻請求書の提出なしに、当座預金に振替入金することは、臨時金利調整法に違反するものとみられる（【11182】参照）。

解　説

当座預金は無利息であるため、支払手形の決済資金を当座預金に入金するかわりに普通預金に入金しておいて、手形が回ってくるたびに、必要金額を当座預金に振り替

える取引先がある。この場合、そのつど、普通預金通帳と払戻請求書を金融機関に提出して振替を依頼するのであれば、なんら違法ではない。

しかしながら、当座預金の手形決済資金が不足する場合には、通帳・払戻請求書を提出せず金融機関において自動的に不足額の振替を行い、また逆に当座預金が一定金額以上になる場合には自動的に普通預金に振り替える、いわゆる自動振替の取扱いは、間接的に当座預金に対して利息をつける結果となるので、臨時金利調整法に基づく大蔵省告示による当座預金無利息の規定に違反するとみられるから、避けるべきであると解されている。

なお、近年、企業がグループ全体の資金を一元的に管理し、グループの資金を効率的に運用するためのキャッシュマネジメントシステム（CMS）を各銀行が提供しているが、当該システムにおいても臨時金利調整法に違反することのないよう留意する必要がある。

10914 貯蓄預金の特徴

貯蓄預金はどのような特徴をもっているか

結　論

貯蓄預金は、平成4年6月22日から取扱開始され、その後順次商品内容の改定がなされてきたものである。預金者はいつでも払戻請求をすることができるほか、残高および金利環境によっては普通預金より高金利が期待できるのが特徴である。

解　説

◆貯蓄預金の商品性　主要行監督指針に定められている貯蓄預金の商品性は以下のとおりである。なお、下記以外の商品性については、各金融機関の裁量に委ねられている。

① 受入対象を個人のみとする。

② 給与振込、年金振込、配当金・分配金等の自動受取口座に指定することができない。

③ 公共料金等の口座振替、自動送金等の取扱いができない。

④ 総合口座の取扱いができない。

◆利率の決定方法等　利率の決定方法等については各金融機関の裁量に委ねられているが、所定の基準残高を設けたうえで、金利環境によっては、最終残高が基準残高以上の日は最終残高に応じて設定された普通預金より高い利率が適用され、最終残高が基準残高未満の日は普通預金の利率が適用されるとする場合がある。

10915　期日指定定期預金

期日指定定期預金はどのような特徴をもっているか

結　論

　期日指定定期預金は、郵便貯金（現「ゆうちょ銀行」）における定額貯金に対応するものとして、昭和56年6月1日から全国銀行で一斉に取扱開始された。当初は規制金利商品であったが、平成5年6月21日の定期預金金利完全自由化により自由金利商品となった。この預金は一般的に据置期間1年、最長預入期限3年、期日を指定して解約することができる定期預金をいう。

解　説

◆対象は個人に限定　取扱開始当初は、個人預金を優遇し一般預金者のニーズに応えるため対象が個人の少額貯蓄非課税預金（マル優）に限定されていたが、昭和63年4月1日以降は、マル優以外の個人預金も対象となっている。これは、マル優制度の改組でその適用が高齢者等のごく一部に限定され（その後、さらに、マル優の適用対象は障害者等に限定。【11190】参照）、マル優専用預金とすると大多数の個人預金が対象外となるための措置といわれている。なお、マル優専用という制限がなくなったことで、理論上は法人に対する販売も可能であるが、どの金融機関も取り扱っていないようである。

◆据置期間1年、最長預入期限3年の預金で、据置期間経過後最長預入期限までの間の任意の日を満期日として指定　期日指定定期預金は、据置期間を過ぎるといつでも払い戻すことができる。ただし、払い戻す場合は、その1カ月以上前にその旨金融機関に通知（期日指定、満期日の指定）しなければならないとされている。この「通知」あるいは「期日指定」「満期日の指定」の法的性格については、契約の要素である満期日を決める一種の法律行為とみる「予約完結権の行使」とする考え方と、通知預金と同様「請求の予告」すなわち払戻方法に関する特約にすぎないとする考え方とがありうるが、いずれの考え方をとるかによ

って実務上の差異が生ずるか、という点については検討を要しよう。なお、据置期間経過後であれば期日指定なき払戻しであっても、中途解約利率ではなく、約定利率が適用されるのが一般的である。

◆預入元本方式　この預金の利子の計算期間は預入日から解約日の前日まで（ただし、最長預入期限内）の期間とされており、この間は利息が元本に組み入れられないので元本は変動せず、利息は元本の払戻し時に当該元本と一緒に支払われる（いわゆる預入元本方式）。したがって、マル優枠を有効に活用できるという利点がある。

◆元本の一部支払が可能　据置期間を経過すると、1万円以上であれば元本の一部について払い戻すことができる。定期預金は金銭債権なので可分債権であり、預入途中での元本の分割が可能なわけである。この預金では、この考え方が当初から導入されている。

◆利息は1年複利計算方式で計算される
利率は、預入日から払戻（解約）日までの期間に応じた利率が預入日にさかのぼって全期間にわたって適用される。なお、課税扱いの場合の利子税は、払戻し（解約）時に徴収される。

10916	スーパー定期の特徴

スーパー定期はどのような特徴をもっているか

結　論

スーパー定期は平成3年11月5日から取扱開始された自由金利定期預金である。最低預入金額300万円でスタートしたが、平成5年6月21日にこの制限が撤廃された。その特徴は、預入期間、適用金利など金融機関により幅があるものの、小口の定期預金の基本的な商品となっているといえる。

解　説

◆預入期間　当初、大蔵省銀行局通達により最長預入期間は5年と定められていたが、この制限は平成7年9月に撤廃され、各金融機関が自由に定めることができることとなった。一方、最低預入期間については1カ月とされることが多いようである。満期日の設定については、預入日から各金融機関所定の預入期間の応答日を満期日とする定型方式と、預入日の1カ月後の応答日の翌日から各金融機関所定の最長預入期間の応答日の前日までの間の定型方式の満期日以外の日で預入者が指定する日を満期日とする期日指定方式を取り扱う金融機関が多いようである。

◆適用金利　臨時金利調整法の適用外である。適用する標準的な金利が期間別に店頭に表示される。

◆金利の決定　原則店頭表示の金利を適用するが、顧客との個別相対交渉により適用金利を決定することもできる。

◆中間利払い　中間利払いの実施は各金融機関の裁量に委ねられているが、期間2年以上の単利式について、一定の期間ごとに実施するとしている金融機関が多いようである。

◆対象　個人および法人。ただし、複利式は個人専用の商品とする金融機関が多いようである。

◆**期限前解約利率および期日後利率**　大蔵省銀行局通達により、預入れ後１カ月を経過するまでに解約が行われる場合には、適用利率は解約日における普通預金利率以下とすることとされていたが、同通達は平成10年６月に廃止され、各金融機関が自由に定めることができるようになった。期日後利率は、普通預金利率である。

◆**マル優の取扱い**　取扱可能である（現在、マル優の適用対象は障害者等に限定。【11190】参照）。

◆**総合口座の取扱い**　取扱可能である。

10917 大口定期の特徴

大口定期はどのような特徴をもっているか

結　論

　大口定期は昭和60年10月から取扱開始された自由金利定期預金である。一般的に最低預入金額が1000万円以上のものをいい、その特徴は大口の円貨運用手段として一般的に利用される定期預金である。

解　説

◆**預入期間**　当初、大蔵省銀行局通達により最長預入期間は５年と定められていたが、この制限は平成７年９月に撤廃され、各金融機関が自由に定めることができることとなった。一方、最低預入期間については、１カ月とされることが多いようである。満期日の設定については、預入日から各金融機関所定の預入期間の応当日を満期日とする定型方式と、預入日の１カ月後の応当日の翌日から各金融機関所定の最長預入期間の応当日の前日までの間の定型方式の満期日以外の日で預入者が指定する日を満期日とする期日指定方式を取り扱う金融機関が多いようである。

◆**適用金利**　臨時金利調整法の適用外である。適用する標準的な金利が期間別に店頭に表示される。

◆**金利の決定**　原則店頭表示の金利を適用するが、顧客との個別相対交渉により適用金利を決定することもできる。

◆**中間利払い**　中間利払いの実施は各金融機関の裁量に委ねられているが、期間２年以上のものについて、一定の期間ごとに実施するとしている金融機関が多いようである。

◆**販売対象**　個人および法人。

◆**期限前解約利率および期日後利率**　大蔵省銀行局通達により、預入れ後１カ月を経過するまでに解約が行われる場合には、適用利率は解約日における普通預金利率以下とすることとされていたが、同通達は平成10年６月に廃止され、各金融機関が自由に定めることができるようになった。期日後利率は、普通預金利率である。

◆**総合口座の取扱い**　取扱可能である。

10918 変動金利定期預金の特徴

変動金利定期預金にはどのような特徴があるか

結　論

　変動金利定期預金は、平成５年10月18日

から取扱いが開始された。その特徴は指標および利率設定方法をあらかじめ設定し、これにより預入期間の適用金利が変動するものである。

解　説

◆**利率の適用方法**　スーパー定期、大口定期等の固定金利定期預金と異なり、預入れ時には満期日までの利率は確定しない。利率は基準となる指標および一定の利率設定方法により設定し、この指標および利率設定方法については、預入日から満期日まで変更しないこと、利率設定方法と金利に関する情報は適切に提供すべきこととされている。

利率設定の具体的方法としては、たとえば、利率は預入日から満期日の前日までの間に到来する預入日の6カ月ごとの応当日に変更され、変更後の利率は、その日を預入日としその6カ月後の応当日を満期日とするスーパー定期の店頭表示利率に、この変動金利定期預金の預入日から満期日までの期間に応じた所定の利率を加える方式により算定するといった方法がとられている。

◆**預入期間**　大蔵省銀行局長通達により、最長預入期間は3年と定められていたが、この制限は、平成10年4月に撤廃され、各金融機関が自由に定めることができるようになった。

一方、最低預入期間については、固定金利定期預金と同様、1カ月とされることが多いようである。

◆**期限前解約**　大蔵省銀行局長通達により、預入れ後1カ月を経過するまでに中途解約が行われる場合には、適用利率は解約日における普通預金利率以下とすることと

されていたが、同通達は平成10年6月に廃止され、各金融機関が自由に定めることができるようになった。

10919　異種預金間の書換と同一性の維持

異種定期預金間の書換では、預金の同一性は維持されるか

結　論

定期預金を定期預金で書き換えた場合は新旧預金の同一性は維持される（除く増額書換）。定期預金を定期預金以外の預金（当座預金、普通預金、貯蓄預金等）に振り替えた場合については、同一性は維持されないという考え方がある。

解　説

書換によって同一性が維持されるかどうかは、定期預金を担保にとっているときに決定的に重要になる。同一性が維持されない場合には、書換後の定期預金が担保の対象外になるからである。

定期預金の書換には、さまざまな場合がある。

① 　元加書換
② 　元金（利払）書換
③ 　減額書換
④ 　増額書換
⑤ 　分割書換
⑥ 　併合書換
⑦ 　他の預金への振替による書換

定期預金の書換の法的性質を考えると、増額書換および他の預金への振替による書

換以外の場合については、同一性を認める
のが当事者の意思に合致すると考えてさし
つかえない（期間、利率の変更があっても
同様である）。

　増額書換の場合は、従前の定期預金の継
続分は書換後の預金の一部をなすにすぎな
いから同一性は認められない、という考え
方がある。また、定期預金を定期預金以外
の預金（当座預金、普通預金、貯蓄預金
等）に振り替えた場合も、別種の預金債権
とみるべきであり同一性は維持されないと
する考え方があり、実務上は同一性がない
ものとして取り扱ったほうが無難ではある。

| 10920 | 振り替えた場合の預金の同一性 |

定期預金を解約し普通預金に振り替えた場
合に預金の同一性は維持されるか

結　論

　定期預金を解約し、その資金を普通預金
に振り替えた場合には、定期預金債権は消
滅し、既存の普通預金残高と合算された普
通預金債権が成立する。このように預金債
権の金額や性質が変わるため、預金の同一
性は維持されない。

解　説

　定期預金債権は、預け入れた金額を満期
日に払い戻すよう請求できるという債権で
あり、満期日までは原則として払戻しを請
求することができない。
　改正民法662条1項においては、原則と
して定期預金（期限の定めのある消費寄

託）でも、預金者（寄託者）はいつでも返
還請求ができる。
　一方、普通預金債権は、預入れや払戻し
が自由にできる要求払いの債権であり、反
復する預入れ等によりその金額は刻々と増
減する。口座に入金が行われると、そのつ
ど、入金により発生した預金債権が口座の
既存の預金債権と合算され、1個の預金債
権として扱われることになるが（最決平
28.12.19民集70巻8号2121頁等）（【10912】
参照）、これは入金の原資が定期預金の解
約金であるときも同様であり、当該資金が
普通預金口座に入金された時点で、普通預
金口座の既存の残高と合算された普通預金
債権が成立する。
　よって、定期預金を解約し、その資金を
普通預金に振り替えた場合には、定期預金
の解約により定期預金債権は消滅している
うえに、成立した普通預金債権は上記のと
おり元の定期預金債権とは金額も性質も異
なる別の預金債権であるから、預金の同一
性は維持されないと考えられる（【10919】
参照）。
　このため、たとえば、定期預金を担保に
とっているときに、その定期預金を解約し
て普通預金に振り替えてしまうと、担保設
定契約上に明確な特約でもない限りは、普
通預金には担保権が及ばないことになる。
よって、預金者から振替の要請があったり、
定期預金が満期を迎えたりしたときには、
振替を断り、あるいは同一性を維持できる
定期預金での書換を行うなどして、担保権
が失われないように留意する必要がある。

10921　財形貯蓄

財形貯蓄制度の取扱い上の注意点（受入れ・解約・退職・死亡・差押え）は何か

結　論

　財形貯蓄は、勤労者の財産づくりを促進し、生活の安定を図ることを目的として制定された勤労者財産形成促進法（以下「財形法」という）に基づく貯蓄で、事業主および金融機関が協力するとともに、老後の年金目的や住宅取得目的の貯蓄に関しては国の援助（利子の非課税措置）が講じられているところに特色がある。財形貯蓄そのものの取扱要件は財形法に、非課税措置については租税特別措置法に細かく規定されており、金融機関は、事業主と協力してこの要件に従って受入れから支払に至るまで管理することが必要となる。また、非課税措置については、要件違反が生じた場合は、課税・追徴となる場合があるので、特に注意を要する。

解　説

◆**受入れ時の注意点**　財形貯蓄には、積み立てた貯蓄の払出し（資金使途）に制限のない一般財形、老後の資産づくりを目的とした財形年金、住宅取得を目的とした財形住宅の3種類があるが、それぞれ財形法で契約要件、すなわち、①対象者は財形法で定める勤労者であり、財形年金・財形住宅はそれぞれ1人1契約であること、②財形年金、財形住宅の契約締結時の年齢は満55歳未満であること（一般財形の契約締結

時の年齢制限は平成3年4月より廃止された）、③事業主が賃金控除および払込代行を行うこと、④それぞれの貯蓄の種類に応じ一定期間以上定期的に積み立てること等が定められている。これらの要件の遵守は事業主の協力が不可欠であるが、金融機関としても要件に従って口座開設、受入れを行うこととなる。特に、勤労者の範囲、自営業者や家内労働者は勤労者に該当しないこと、また、預入れ等は事業主が給与・賞与から天引きし払い込むこととされているから、勤労者が直接窓口で預入れするといった行為は認められないこと等に十分配慮する必要がある。

　財形年金・財形住宅については利子に対する非課税措置が講じられているところ、所定の申告書等の徴求が必要であり、また、非課税の限度が財形年金・財形住宅合わせて元利金550万円までである点にも注意を要する。

　なお、財形貯蓄契約自体は勤労者と金融機関の個別の貯蓄契約であるが、事業主が財形貯蓄制度を導入し、労使間で賃金控除（天引き）の協定が締結され、勤労者が事業主に対して天引依頼書を提出、事業主が金融機関に事務処理に関する取扱依頼を提出するといった事前の手続が完了してはじめて金融機関と勤労者間での貯蓄契約の締結が可能となる。

◆**解約時の注意点**　一般財形の解約は一般の預金に準じて取り扱うが、財形年金・財形住宅は、財形法で目的外の払出しが禁止されている。目的外払出しは、重度障害による場合等、財形法で特に認められている場合を除き、払出し時の利子が課税扱いとなるとともに、最長5年間にわたり非課

税扱いで支払った利子に対して追徴課税が適用される。

　また、財形住宅では、住宅取得のための頭金等の支払のため一部払出しが認められているが、一部払出し後の残金の支払時期を含めその要件が財形法で定められており、違反した場合は追徴課税の対象となる。

　なお、財形年金の場合、年金は、預金者が積み立てた原資を当初契約に基づいて金融機関で分割し、預金者の指定する預金口座に入金する方法で支払われるから、預金者は当該預金口座の払戻手続に従って払い出すこととなる。

◆**退職等の場合の注意点**　退職等の場合に注意すべきは、勤労者としての身分を前提に税制面での特典を受けている財形年金・財形住宅の取扱いである。

　(1)　退職　　退職、業務執行権をもつ役員への昇格等により勤労者に該当しないことになる場合、一定期間経過時点で非課税措置は打ち切られる（租税特別措置法施行令2条の12第1項1号・2号・2条の31）。また、退職等に伴い目的外払出しをすれば追徴課税対象となる。

　ただし、財形年金については、積立段階終了後は退職しているのが一般的であるから、積立段階終了後の退職の場合は引き続き非課税の適用を受けられる。また、財形年金・財形住宅とも、転職の場合には、2年以内に所定の手続を行えば引き続き非課税の適用を受けられる。

　(2)　死亡　　死亡により、その時点で非課税措置は打ち切られるとともに財形貯蓄としての性格はなくなる。このため、一般の相続手続に従って取り扱うこととなる。この場合、支払う利子は、死亡日の属する利子計算期間から課税扱いとなる。また、死亡による払出しは適格な払出しとされるため、追徴課税は適用されない。

　(3)　差押え　　財形貯蓄に対する差押えについては、一般の預金等に対する差押えと同様に管理し、取り扱うこととなる。差押えにより勤労者の身分を喪失するわけではないから、差押えの事実だけでは課税関係に変動は生じないが、差押えに伴って払出しを行えば、目的外払出しとなり、払出し時の利子が課税扱いとなるとともに追徴課税の対象となる。

10922　通知預金

通知預金はどのような特徴をもっているか

結　論

　通知預金には、いわゆる据置期間というものがあり、また、預金者は、払戻し希望日の最低2日以上前に払戻しの通知（連絡）を金融機関にする必要がある。

解　説

　一般に通知預金は、一定額以上の金額を、据置期間以上の期間預け入れ、その払戻しには一定の予告期間を置いて預金者が金融機関に催告することを条件とする要求払預金であり、法律的には期限の定めのない据置期間のある金銭消費寄託契約による預金と解される。

　据置期間は7日間であることが多く、また、予告期間は2日間であることが多い（払戻しのためには予告期間を置いた通知

が必要であることから通知預金と呼ばれる）。

普通預金よりも若干有利な金利が適用されることもあり、近い将来使いみちが決まっているお金を短期的に運用したいときなどに利用される。据置期間内に解約した場合には普通預金並みの利率となることがある。

10923 定期預金の期間

定期預金の期間に対する規制として、最短期間および最長期間はあるか

結　論

最長期間、最短期間ともに現在では規制はない。ただし、最短期間の設定については、「準備預金制度に関する法律」に定める区分に留意する必要がある。

解　説

◆定期預金の預入期間に関する規制　定期預金の預入期間に関する規制は、かつては大蔵省の預金通達（預金、貯金および定期積金の商品性およびその取扱いについて）が詳細に定めていたが、その後の自由化によって順次規制が緩和され、現在では期間に関する制限は廃止されている。したがって、最長期間および最短期間に関する法令上の規制はいずれも存在しない。

◆準備預金制度における「定期性預金」の最短期間　顧客に提供する商品としての定期預金の期間に最短期間の規制が存在しないことは上記のとおりであるが、準備預

金制度における「定期性預金」の定義には、最短期間の概念があることに留意が必要である。

準備預金制度とは、日本銀行が行う金融政策の手段の一つであり、一定の金融機関に対して、その受け入れている預金の一定比率（準備率）以上の金額を日本銀行に預け入れることを義務づける制度である。準備預金制度について規定する「準備預金制度に関する法律」では、日本銀行は預金については、「定期性預金」および「その他の預金」の別に、準備率を設定することができるとされているところ、同法上、この「定期性預金」とは「払戻しについて期限の定めがある預金で、その払戻期限が当該預金に係る契約を締結した日から起算して一月を経過した日以後に到来するもの（以下略）」をいうと定められている。したがって、1カ月未満の期間の定期預金を商品として提供する場合、当該定期預金は、準備預金制度上は「定期性預金」には該当せず、「その他の預金」に含まれることに留意する必要がある。

なお、現在日本銀行が定めている預金についての準備率は、日本銀行の Web サイトから確認することができる。

◆監督指針における留意点　上記の点は、監督指針においても留意点として示されている。具体的には、主要行監督指針 II－3－4(1)②および中小・地域監督指針 III－4－3－2(1)において、預金等の取扱いに関して留意すべき事項として、「定期預金の預入期間については、『準備預金制度に関する法律』に定める区分（払出しについて期限の定めのある預金で、その払戻期限が当該預金を締結した日から起算して1か

月を経過した日以後に到来するもの）との整合性が保たれているか」とされており、留意が必要である。

10924　譲渡性預金

譲渡性預金とは何か。その取扱い上の留意点は何か

結　論

　譲渡性預金とは、期限の定めがある預金で、譲渡禁止特約のない預金である。譲渡の方法については、譲渡通知書に譲渡人の届出印による記名・押印ならびに譲受人の記名・押印を受けたうえ確定日付を付し、これを遅滞なく証書とともに証書発行店に提出することによって行われる。

解　説

◆**譲渡性預金の特徴**　　譲渡性預金は、①短期金融市場の発達に寄与すること、②市場実勢を反映した金利の譲渡性預金が発行されることで金利の自由化が進み、金融効率化の推進が期待できることをねらいに、昭和54年5月16日から取扱いが開始された。

　概要は次のとおりである。

① 名称……譲渡性預金。一般にはNCD（Negotiable Certificates of Deposit）と呼ばれている。

② 譲渡性……指名債権譲渡方式による。この方式は、指図式または持参人払式に比較して流通性において若干制約があるが、現民法下での導入を前提にこの方式がとられた。譲渡は利息とともに行うこ

とができ、元利金の一部譲渡はできない。

③ 発行単位……大蔵省銀行局通達により、発行単位券面1枚当り5000万円以上と定められていたが、同通達は平成10年6月に廃止され、各金融機関が自由に定めることができるようになった。

④ 預入期間……大蔵省銀行局通達により、2週間以上5年以内の期日指定方式と定められていたが、同通達は平成10年6月に廃止され、各金融機関が自由に定めることができるようになった。

⑤ 発行方法……性格上、均一条件で不特定多数を対象とする公募発行は行わず、個別の交渉により発行条件を決める相対発行による。

⑥ 利率……臨時金利調整法の適用外であり、各金融機関が自由に定めることができる。

⑦ 中間利払い……大蔵省銀行局通達により、期間2年のものについて1年を経過した日に中間利払いを行うと定められていたが、この制限は平成7年9月に撤廃され、各金融機関が自由に定めることができるようになった。中間利払いを行う場合、譲渡できることおよび期日前解約ができないこと（後記⑧）から、約定利率と中間利払利率は同一とされている。

⑧ 期日前解約および買取償却……この預金の流通市場の健全性維持のため、期日前解約・買取償却は行えない。

⑨ 流通取扱い……主要行監督指針および中小・地域監督指針において、預金等の取扱いに関して留意すべき事項として、「自己の発行した譲渡性預金の売買を行っていないか」「譲渡性預金発行の媒介等を行っていないか」とされており、留

意が必要である。

⑩　預金保険……この預金は預金保険の対象外である。

◆取扱い上の注意点　譲渡性預金の取扱い上注意を要する点は譲渡の取扱いである。譲渡通知書が、確定日付を付されたうえ預金証書とともに提出された場合は、譲渡通知書の記載事項等や確定日付を確認し、さらに差押え、質権設定等、金融機関として譲渡に異議をとどめる事情がないかどうかを十分に確認したうえ、譲渡通知書の受理日欄に受理日および受理時刻を記入する。そして、押切印等により金融機関の確認印を押印することになる。

なお、確認印を押印し譲渡通知書で指定された者に証書を返却した後は、それまで譲渡人に対して有していた抗弁権は譲受人に対して主張できなくなると解されるので、金融機関として譲渡に異議をとどめる必要がある場合には、証書裏面に異議をとどめる文言を明確に記し、確認印を押印する必要がある。

10925　外貨預金と円預金との相違点

外貨預金と円預金との相違点は何か

結　論

外貨預金には、我が国の金融機関が居住者または非居住者から受け入れる米ドル、スイス・フランなどの外国通貨建預金（国内外貨預金）と、我が国の居住者が外国の金融機関に預け入れる外貨預金（海外外貨預金）の2種類があるが、この両外貨預金

と円預金との共通の相違点には、次のようなものがある。

①　外為法の規制を受けること

②　当座預金の利率の最高限度に規制がないこと

③　為替相場変動の影響を受けること

④　預金保険の対象外であること

解　説

◆外為法の規制　外貨預金は、外為法上、平時自由の扱いになっているが、有事の場合には許可を受ける義務が課される（外為法21条）ところに、円預金との最大の相違点がある。

◆当座預金の利率の規制　円建の当座預金には、利率の最高限度について規制があり無利息とされているが、外貨建の当座預金にはこのような規制はない（大蔵省昭23.1.10告示第4号）。

◆為替相場変動の影響　外貨預金を預け入れるとき、預金者が円を払って外貨を取得し、それを預け入れ、払出しのときに払い出した外貨を円に替えるとすれば、預金者は為替相場変動の影響を受けることになる。すなわち、預入れ時の為替相場より払出し時の為替相場が円高・外貨安になっていれば、預金者は為替差損を被る。

円預金には、このような為替リスクがなく、この点も大きな相違点の一つである。

◆預金保険の対象外　外貨預金は預金保険の対象外であるが、円預金は譲渡性預金等一部の例外を除き、預金保険の対象である。

10926 外貨預金の金利と臨時金利調整法との関係

外貨預金の金利と臨時金利調整法の関係はどうなっているか

結　論

外貨預金には、臨時金利調整法に基づく規制は課されていない。

解　説

臨時金利調整法に基づく昭和23年1月10日付大蔵省告示第4号において、金融機関の預金、貸付などの利率の最高限度を定めさせることができるとしているが、預金に関しては、現在、以下のとおり、当座預金の利率のみがその規制の対象となっている。

同告示第1条本文は、「銀行、信用金庫、労働金庫、信用協同組合、農業協同組合、農業協同組合連合会及び水産業協同組合の当座預金又は当座貯金（……外国通貨建ての預金及び貯金を除く）の利率の最高限度」を、「無利息」としている。この条文から明らかなように、当座預金であっても、外貨建のものに関しては、利率の最高限度に関する規制を受けないものとされている。

以上のことから、外貨預金には、臨時金利調整法に基づく規制は課されていないということができる。

10927 外貨預金と為替予約の取扱い

外貨預金の預入れ、払戻しのための為替予

結　論

外貨預金の預入れ、払戻しのための為替予約は、外為法上、なんらの規制もなく自由に行うことができる。なお、その為替予約により発生する為替差益の税制上の取扱いは、外貨投資口座などの外貨預金と為替予約があらかじめセットされた商品の場合は源泉分離課税の対象とされるが、その他の場合は雑所得とされ、源泉分離課税ではなく、総合課税の対象となる。

解　説

◆**外貨預金の為替リスクの回避方法**　外貨預金は、円預金と異なり、為替相場の変動リスクを負う。この為替リスクを回避する方法としては、インパクトローンなどの債務とマリーさせる方法や、為替予約を締結する方法がある。外貨預金の為替予約については、現在、預入れのための直物予約と払戻し時のため先物予約を同時に締結するスワップ予約が一般的に利用されている。

なお、為替予約については、昭和59年3月まで、外為法上「実需原則」というものがあり、実需に基づく予約でなければ締結できないことになっていたが、外為管理省令の改正により「実需原則」は撤廃され、同年4月以降、外為法上は為替予約を自由に締結できることになった。

◆**外貨投資口座の為替差益課税**　実需原則撤廃後、金融機関は証券会社の中期国債ファンドへの対抗商品として、「外貨投資口座」を開発し、発売した。これは、スイス・フラン建の外貨預金で、スワップ予約

がつけられたものであるが、最低預入金額が3万スイス・フラン（当時約300万円）と小口でありながら、税引後利回りはマル優対象外の3カ月物円定期預金より高く、また預入れ後1カ月経てばいつでも解約可能という商品特性をもっていたため、個人向けマス商品として爆発的な売れ行きとなった。

この税引後利回りが高くなる理由は、当時のスイス・フラン金利が1％程度と低いのに対し、先物相場はプレミアムとなっていたため、元利円価に対する税率が低くなることからきている。つまり、当時の税制では、利息のみが源泉分離課税対象であり、為替差益については源泉分離課税対象でなく、雑所得とされ、雑所得金額が年間20万円以下のときは確定申告不要となっているため、実質非課税の扱いとなっていたことが、税引後高利回りとなる理由であった。

しかし、その後、外貨投資口座は、税制の改正による為替差益への源泉分離課税の実施、スイス・フラン金利の高騰などにより、その商品特性を失い、現在ではほとんど取り扱われていない。

なお、外貨投資口座などの外貨預金と為替予約があらかじめセットされた商品以外の外貨預金の預入れ、払戻しのための為替予約により発生する為替差益については、従来どおり源泉分離課税の対象となっておらず、総合課税の対象となることに留意が必要である。

10928 外貨預金と外為法上の規制

外貨預金に関して外為法上の規制はあるか

結　論

居住者または非居住者が本邦の金融機関に預け入れる国内外貨預金、居住者の海外預金は、外為法上、有事の場合を除き自由化されている。

解　説

◆**国内外貨預金**　昭和55年12月の改正外為法施行により、居住者および非居住者の国内外貨預金はほぼ全面的に自由化された。その後、昭和59年4月の実需原則撤廃により、外貨預金の預入れ・払戻し時の予約も自由にできるようになり、その後、平成10年4月施行の改正外為法による外国為替公認銀行制度の廃止により、現在では国内外貨預金については金融機関が業として扱うものであれば、金額、期間、目的等に制限はない。ただし、一定の非居住者との間の預金契約については、平成28年12月現在、有事規制が発動されており（大蔵省平10.3.30告示第99号）、許可が必要となっている。

なお、たとえば、外貨預金口座・非居住者預金口座の開設、200万円相当額超の外貨預金・非居住者預金の現金等の受払いをする行為は「資本取引に係る契約等締結行為」として外為法に基づく本人確認が必要（同法22条の2）となる（本人確認ずみの顧客等との間の行為の場合の例外あり）。

◆**居住者の海外預金**　居住者の海外預金

は、平成10年4月より有事の場合を除き原則自由化された。

10929 非居住者と居住者の円預金における相違点

非居住者の円預金は居住者の円預金とどう違うか

結　論

　本邦金融機関に預けられている非居住者の円預金の民法上の法律的性格は、居住者の円預金と異なるところはない。しかし、外為法、税法、臨時金利調整法上の取扱いに異なるところがある。

解　説

◆**民法上の法律的性格**　非居住者の円預金、居住者の円預金の双方とも、民法上の法律的性格はまったく異なるところはない。すなわち、双方とも民法666条1項の消費寄託契約であり、要物契約である。

◆**預金者の国籍と居住性**　居住者円預金の預金者は、一般に日本人である居住者であるが、外国人である居住者という場合もある。非居住者円預金とは、国籍のいかんを問わず、非居住者と認められた者が預金者である円預金であり、預金者が本邦国籍をもつ者である場合もある。

◆**非居住者円預金の貸借記**　非居住者間の貸借記は原則として自由であるが、非居住者と居住者との間での円預金の貸借記は、外為法上許可を受ける必要がある場合（同法21条）には許可を受けた後でなければ貸借記できない。また、許可等を得ることと

は別に、月末残高が1億円相当額超の場合、「海外預金の残高に関する報告書」を居住者サイドから提出しなければならない（外国為替の取引等の報告に関する省令）。

◆**臨時金利調整法に基づく規制の例外**

円建の当座預金には、利率の最高限度について規制があり、無利息とされている（大蔵省昭23.1.10告示第4号）。当該規制は、非居住者の円建当座預金にも適用される。ただし、「外国政府、外国中央銀行及び国際機関」のいわゆる「中銀性」非居住者円預金勘定の当座預金の利率については、当該規制の適用対象外となっており、金融機関の判断で自由に付利できる。

◆**税法上の取扱い**　預金者が非居住者であるところから、原則として所得税および復興特別所得税の15.315％は利子課税されるが、住民税の5％は課税されない。

　また、預金者の居住国との間で我が国が租税条約を締結している場合は、所定の手続をとることにより、条約に定められている軽減税率の適用を受けることができる。

　なお、中銀性預金の金利については、所定の手続をとるか、または国際条約により免税扱いとされる。

10930 デリバティブ内在預金

デリバティブ内在預金とはどのようなものか

結　論

　デリバティブ内在預金という語は、オプション取引、スワップ取引などのデリバテ

ィブ（金融派生商品）取引が組み込まれた預金の総称として用いられることが多い。仕組預金とも呼ばれる。その商品性は取扱金融機関により異なるが、一般に、金利、通貨の価格、株価等の指標に連動して、その運用額等が増減する商品であることが特徴である。一般的な預金と比較して高金利などのメリットが期待できる可能性がある一方、顧客が中途解約を行った場合や、連動する指標の状況によっては元本欠損が生ずるおそれがある商品もあり、投資性の強い「特定預金等」として、契約締結の際には金商法上の行為規制が準用される（銀行法13条の4）。

解　説

◆**デリバティブ内在預金の特徴**　一般にデリバティブ取引とは、債券や株式、預貯金等の原資産の将来の価格を取引（先物）したり、キャッシュフローを交換（スワップ）したり、それらに条件をつけたりする（オプション）取引のことをいうが、一定条件下における運用利回り等の向上を目的としてこのデリバティブ取引が組み込まれた預金（預金と別にデリバティブ取引を行うのではなく、あくまでもデリバティブ取引が預金契約に内在するもの）を総称してデリバティブ内在預金ということが多い。仕組預金とも呼ばれる。取扱金融機関によりその呼称や商品性はさまざまであるが、たとえば償還日等の基準日時点での日経平均、株価、為替レート等の指標の動向によって運用利回り等が変動するタイプのデリバティブ内在預金があげられる。預金金利が米ドル為替相場に連動（米ドル高・円安に推移した場合、それに伴って預金金利が

上昇）するという条件に基づき運用されるデリバティブ内在預金の場合、期中の為替相場が米ドル高・円安に推移した場合には高い運用利回りを得ることができる一方、期中の為替相場が米ドル安・円高に推移した場合には、運用利回りが低下することとなる。また、多くの場合、顧客が中途解約をすることは原則としてできず、やむをえず中途解約を行う場合には金融機関に対して損害金を支払わなくてはならないとされている。

◆**デリバティブ内在預金と特定預金等契約**
デリバティブ内在預金はあくまでデリバティブ取引が内在する「預金」であり、「預金」と別の取引として「デリバティブ取引」（金商法2条20項に規定されている市場デリバティブ取引、店頭デリバティブ取引または外国市場デリバティブ取引を指す）を行うものではないため、その契約の締結等にあたって、金商法が直接適用されるものではない。

しかしながら、デリバティブ内在預金は金融機関が取り扱う預金のうち投資性の強い預金、すなわち「特定預金等」（「金利、通貨の価格、金融商品市場における相場その他の指標に係る変動によりその元本について損失が生ずるおそれがある預金又は定期積金として内閣府令で定めるもの」）に該当するため、横断的な規制の観点から、金商法上の行為規制が準用されている（銀行法13条の4）。

準用される金商法上の行為規制の主なものとしては、「適合性の原則」「契約締結前および契約締結時の書面交付義務」「広告等の規制」等がある。

◆**金販法、銀行法等**　また、金商法の準

用のほか、金販法の適用があるうえ、そも
そも、銀行法12条の２第１項、同法施行規
則13条の３（特に１項５号）の適用がある
ことにも留意する必要がある。なお、複雑
なデリバティブ内在預金の勧誘・受入れに
関し、金融庁の監督指針上、注意喚起文書
の配布に係る留意事項、勧誘に係る留意事
項（合理的根拠適合性・勧誘開始基準）、
リスク説明に関する留意事項について記載
されている（主要行監督指針Ⅲ－３－３－２－
２－(3)－③等）。

10931　預金と適合性の原則

預金について適合性の原則が問題となるの
はどのような場合か

結　論

　複雑かつリスクの高い一定の預金商品に
ついて、金融機関が、顧客の取引意向や取
引経験等を十分に把握せず、商品に関する
理解力の乏しい顧客に対し十分な説明を行
わず積極的に勧めて購入させ、結果として
当該顧客に損失が発生したような場合等に
は、金融機関について適合性の原則の違反
が問題となる。

解　説

　金融取引に関する適合性の原則とは、狭
義には、一定の顧客に対してはいかなる説
明を尽くしても一定の商品の販売・勧誘を
行ってはならないというルールであり、ま
た、広義には、顧客の知識・経験、財産力、
投資目的等に照らして適合した商品の販

売・勧誘を行わなければならないというル
ールである。適合性の原則のもと、自己責
任原則の妥当する自由競争市場での取引耐
性のない顧客は、一定の商品については取
引をすることができないという形で保護さ
れることになる。

◆**業規制としての適合性の原則**　　金商法
40条１号は金融商品取引に関する業者の行
為規範としての適合性の原則を規定し、こ
れは銀行法13条の４により特定預金等に関
する取引について準用されている。すなわ
ち、銀行等が顧客に一定の預金商品を販
売・勧誘するにあたっては、顧客の意向と
実情に適合しない商品を不適当に勧めては
ならない。したがって、たとえば、安全な
資産運用を望む顧客に対して損失発生の危
険性の高い商品を勧めたり、理解力の乏し
い顧客に対して複雑難解な仕組みの商品を
勧めたり、資力の乏しい顧客に対して多額
の取引を勧めたりすると、適合性の原則の
違反となる可能性がある。かかる行為規範
は、銀行等が金融取引の専門家であること
から課せられている業者に対する規制であ
る。

◆**民事責任と適合性の原則**　　金融取引に
おいて適合性の原則の違反が問題となる事
案においては、業規制としての適合性の原
則の考え方を民事責任秩序に組み入れ、こ
れを取引にあたっての説明義務または信義
則上の義務の問題としてとらえ、取引耐性
のない顧客に対し不適当な勧誘を行ったこ
とを理由として証券会社等の損害賠償責任
が争われる場合が多い。そして、最判平
17.7.14（民　集59巻６号1323頁）で　は、
「証券会社の担当者が、顧客の意向と実情
に反して、明らかに過大な危険を伴う取引

を積極的に勧誘するなど、適合性の原則から著しく逸脱した証券取引の勧誘をしてこれを行わせたときは、当該行為は不法行為法上も違法となると解するのが相当である」と判示した（ただし、結論としては、証券会社の不法行為の成立を否定）。

　前掲最判平17.7.14は、少なくとも狭義の適合性原則違反となる勧誘行為等については不法行為が成立しうることを、一般論として認めたものと解される。従来、適合性の原則の違反が問題となった裁判例は複雑かつ高リスクな証券取引に関するものであり、預金取引に関するものは特に見当たらない。しかし、たとえば、複雑な仕組預金等については、その主な取引内容、仕組みまたはリスクについて顧客が十分に理解することが困難な場合も考えられる。したがって、このような預金商品について、銀行の顧客に対する取引勧誘等が狭義の適合性原則から著しく逸脱する態様で行われた場合には、不法行為法上も違法となるという判断枠組が該当すると考えられる。

　また、前掲最判平17.7.14を受けて平成18年6月に金販法が改正され（平成19年9月30日施行）、同法における説明義務を尽くしたかどうかを判断するにあたっての解釈基準として、広義の適合性原則の考え方が取り入れられた（同法3条2項）。したがって、銀行等の金融商品販売業者等は、預金商品等の販売に際して、顧客に対し、広義の適合性原則に照らして適切な説明を行っていない場合にも、同法に従った損害賠償責任を負うことになる（同法5条・6条）。

◆**留意点**　前掲最判平17.7.14は、狭義の適合性原則違反の有無を判断するにあた

って、「具体的な商品特性」と、「顧客の投資経験、証券取引の知識、投資意向、財産状態等の諸要素」を相関的かつ総合的に考慮している。したがって、狭義・広義を問わず、適合性の原則の観点からは、特に複雑かつリスクの高い預金商品の勧誘を行う場合や、取引経験の浅い顧客を相手方とするような場合には、顧客の取引意向等を慎重に確認し、また、顧客が当該商品の仕組みやリスクを的確に認識できるよう十分な説明を行うことが重要であると考えられる。

10932　決済用預金

決済用預金とはどのようなものか

結　論

　決済用預金とは、
・利息が付されていないこと（無利息）
・預金者がいつでも払戻請求できること（要求払い）
・為替取引などの資金決済取引に用いることができること
という、預金保険法に規定されている三つの要件をすべて満たしている預金（当座預金、利息のつかない普通預金など）のことで、その残高にかかわらず、対象金融機関の破綻時にも預金保険制度で全額保護される預金のことである。

解　説

◆**預金保険制度において保護される預金の範囲**　決済用預金（預金保険法51条の2）とは、預金保険法の対象金融機関（日

本国内に本店のある銀行、信用金庫、信用組合等が預金等を受け入れることにより預金保険機構と対象金融機関および預金者等との間に当然に預金保険の法律関係が成立する）の破綻時に、預金保険制度で全額保護される対象となる預金のことである。一般に「決済用預金」という預金種類を設けているわけではなく、以下の三つの要件を満たす預金であれば、「当座預金」「普通預金（無利息型）」など、どんな名称であっても決済用預金として全額保護の対象となる（外貨預金、譲渡性預金等を除く）。

なお、定期預金や利息付きの普通預金等（一般預金等）は、預金者1人当り1金融機関ごとに合算され、元本1000万円までとその利息等が保護されるが、それを超える部分は、預金保険では保護されず、破綻した対象金融機関の残余財産の状況に応じて支払われるため、一部支払われない可能性がある。また、外貨預金、譲渡性預金等は預金保険制度で定められる保護の対象外となる。

銀行は預金者等の保護のため、預金者等に対して、預金等のうち預金保険金の支払対象となるものを明示する等の情報提供を行わなければならない（銀行法12条の2、同法施行規則13条の3）。

◆決済用預金の要件

① 利息が付されていないこと（無利息）……決済用預金は無利息でなければならない。決済用預金の要件を満たす無利息の普通預金に入金しているが、有利息の普通預金に預けていたときの利息に相当する額を別の名目で預金者に提供するという約束をした場合、たとえ利息という形でなくても、金品の提供を行えば利息

とみなされ、決済用預金の要件を満たさないとされる可能性がある。

② 預金者がいつでも払戻請求できること（要求払い）……定期預金等の満期日が定まっている預金や、当事者間の契約等により決められた日まで引き出すことができない定期性の預金と異なり、預金の性質として、預金者がいつでも払戻しを請求することができる預金でなければならない。具体的には普通預金、当座預金等があげられる。

③ 為替取引などの資金決済取引に用いることができること……資金決済取引に用いられる預金とは、具体的には、①振込、送金等の為替取引、②手形・小切手等について手形交換所における提示に基づき行われる取引、③金融機関が自己宛てに振り出した小切手に係る取引、に用いることができる種類の預金でなければならない（預金保険法69条の2第1項、同法施行令14条の8）。

| 10933 | 別段預金 |

別段預金はどのような性質をもっているか

| 結　論 |

別段預金は、普通預金等とは異なり、金融取引により生じた未決済・未整理の一時的保管金その他預り金的性質をもっている。

| 解　説 |

◆別段預金とは　　別段預金とは、預金や為替等の金融業務を行うにあたって生じた

未決済または未整理の預り金や保管金を一時的に処理するために便宜上設けられる預金種目である。他の勘定科目や預金種目で取り扱うことが適当でない場合に、金融機関の事務処理上の便宜のために利用される。

　通常は、資金の種別、内容別に適宜口座が設けられ、預金通帳や預金証書が発行されることは少なく、また利息も特約がない限り付されない。

　別段預金が利用される場面としては、たとえば、当座取引先が取引停止処分を受けて金融機関が当座預金を解約するときがあり、このとき解約残金は別段預金に振り替えられる。振り替えられた資金は、かつての当座取引先が受領するまでの預り金のようなものである。また、金融機関は、株式払込事務委託契約に基づき株式の払込金を受け入れるが、この払込金の受け皿として利用されるのが別段預金である。この払込金は、設立登記完了時または新株発行の払込期日まで、払込人に属する資産でもなく会社財産とみなすこともできない資金として、別段預金にて保管される。その他、普通預金等の流動性預金が差し押えられたときに差押相当分を別段預金で別途保管する場面等があげられる。

　このように、別段預金は、預金という名称を使用しているが一時預り金・保管金的性格が強く、その性質は、個々の預り金・保管金ごとに異なっていて一律にとらえることはできないといえる。

第5項　当座勘定

<table>
<tr><td>10934</td><td>共同代表制度を利用して いた会社との取引</td></tr>
</table>

かつて共同代表制度を利用していた会社との当座取引について、どのようなことに留意すべきか

結　論

「共同代表の定め」の当社内における位置づけを確認したうえで、慎重に取り扱うべきである。

解　説

◆共同代表制度の廃止　　共同代表制度については、かつては株式会社（旧商法261条2項）、有限会社（旧有限会社法27条3項）、合名会社（旧商法77条1項）、合資会社（旧商法147条による旧同法77条の準用）についてそれぞれ規定があったが、平成17年に成立した会社法により、これらの制度は廃止されることになった。

　共同代表制度の廃止により、登記事項としても廃止され、既存の共同代表の定めは、代表者の代表権に対する内部的な制限として取り扱われることになったと考えられる。したがって、たとえば、「共同代表制度を利用していた当社であるが、会社法施行後も引き続き、各代表取締役は単独で当社を代表することができないものと当社内の規則等においては定められている」などというようなことを十分に知りつつ、単独の代表取締役と取引した相手方は、保護されないおそれがある。

◆取引上の留意点　　会社法施行前に共同代表制度を利用していた会社と取引をしている場合については、当該会社における「共同代表の定め」が、会社法施行後において当該会社内でどのように位置づけられているかということを確認し、当該確認内容に応じて対応することが必要である。

　ただし、たとえば次のようなケースでは、共同代表の定めの当社内における位置づけについて上記のようにあらためて確認する必要はないと考えられる。

① 　共同代表取締役全員により、たとえば経理部長などが当座取引における代理人として選任されており、この経理部長と当座取引をしているようなケース

② 　共同代表取締役の1人に、他の共同代表取締役が、当座取引を含む特定の事項に関する代表権の行使を個別的に委任しており、その委任を受けた代表取締役と当座取引をしているようなケース

<table>
<tr><td>10935</td><td>払戻しへの条件付与</td></tr>
</table>

「法人との預金取引において、複数の者の記名押印またはサインがないと支払えないようにしてほしい」「取引内容や金額に応じて払戻しの権限を変えたい」との要請がある場合はどうすればよいか

結　論

　応じることは可能であるが、大量な預金取引における画一性にかんがみ、過度な負担とならないような条件を付すことが考えられる。

解　説

　内部統制・内部管理上の都合により、当該法人の取引を実際に行う役職員の権限に制限を課すことは、一定の規模を有する法人であれば当然に行われており、とりわけ預金取引は類型的に役職員の権限に制限を課す必要性が高いといえ、本問のようなニーズがあることは否めない。

　しかし、かかる役職員の権限の制限を、当該法人の内部の問題にとどまらず、外部の取引相手である金融機関にも協力を求め、さらには当該制限に違反した権限行使を金融機関の負担とすることを求められた場合、金融機関としては慎重な判断が必要である。

　なお、過去には共同代表取締役制度が存在し、この制度を採用した会社では、複数の代表取締役が共同しなければ代表権を行使することができず、これに違反した取引は原則的に無効とされていたが、廃止されている。

　相対の合意として、金融機関が本問の要請に応じることは法的には可能であるが、応じなければならない義務はなく、大量な預金取引における画一性にかんがみれば、一般には過度な負担となるため謝絶することが多いであろう。

　都合により本問の要請に応じる場合にも、それぞれの取引印の届出を受けるにあたり、キャッシュカードを発行しないことや、僚店では取引しないことなど、金融機関にとって過度な負担とならないような条件を付すことが考えられる。

　なお、本問の要請を謝絶する場合は、顧客に対して説明を尽くす観点もさながら、紛争を避ける観点からも、要請に係る取扱いをしないことを明確にしておくことが望ましい。

10936　手形用紙の交付枚数

金融機関は当座取引先の要望どおりに手形用紙の交付をしてもよいか

結　論

　原則として交付してよいが、客観的にみて必要枚数以上の交付請求を受けたときは慎重に取り扱うべきである。

解　説

◆**当座勘定規定ひな型の規定**　昭和49年4月16日に当時の全国銀行協会連合会で制定された当座勘定規定ひな型では、「小切手用紙、手形用紙の請求があった場合には、必要と認められる枚数を実費で交付します」（同規定ひな型8条4項）という規定を設けている。

　手形法では、手形に使用する用紙について特に規定していない。しかし、①現在流通している手形はすべて金融機関を支払場所とする手形である、②金融機関での手形決済はすべて当座勘定を通して行われる、③当座勘定取引では手形用紙は必ず金融機関が交付する用紙に限られているという現

状から、現実に流通する手形を振り出すときには、必ず金融機関と当座勘定取引を開始して、手形用紙の交付を受けなければできない仕組みとなっている。

◆**当座勘定規定ひな型の条項の意義**　当座取引先から手形用紙の交付請求を受けたときに、要望どおりの枚数を交付してよいかというのが本問の趣旨であるが、前掲の条文の意義は、「取引先にとって客観的に必要と認められる範囲の枚数については金融機関は交付するが、そうでない場合についてはこれを謝絶することができる」とするものと解される。なぜなら、前述のとおり、実際に手形用紙を交付するのは金融機関だけなので、手形の用紙には事実上、なんらかの「信用力」が与えられていると考えるのが通念であるから、客観的に必要な枚数以上の手形用紙が交付され、万一それが信用不良者に流用されて不渡になるような事態が発生することは、信用取引上きわめて好ましくなく、また融通手形や決済する見込みのない手形の濫発が予想される場合には、信用取引純化という手形の建前にも背くからである。

また、手形用紙の交付にあたっては、用紙の実費相当額を請求でき、これを支払わない場合には交付を拒絶することができることは、前掲条文のとおりである。

なお、いわゆる当座開設屋が金融機関から多数の手形用紙の交付を受け、これを他に売却した場合、金融機関が当座取引先が当座開設屋であることを知りあるいは重大な過失によって知らなかったときは、金融機関は手形所持人に対し損害賠償責任を負うことがある（東京地判昭49．8．8金法749号36頁）ので注意を要する。

10937　手形用法の内容

手形用法とはどのようなものか

結　論

手形用法は、当座取引先に対し、手形用紙の使用方法を守ってもらうためのものであり、当座勘定取引契約の内容の一部をなすものである。

解　説

◆**手形用法の内容**

（1）**手形用紙の取扱い**　手形用紙を他人に譲渡したり、他の当座勘定に使用することを禁じ、紛失、盗難等の事故があったときは、所定の用紙により直ちに届出をするよう義務づけ、また手形用紙の交付手続について、届出印による請求を求め、手形用紙が他に流用されないように定めている。

（2）**手形の振出方法**　①記名捺印には届出印を使用すること、②自署による取引の場合は自署すること、③手形要件（手形法1条・75条）を明確に記入すること、④改ざん防止のため、消しにくい筆記用具を使用すること、⑤振出日・受取人の記載をできるだけすること、⑥為替手形を振り出すときは支払人が金融機関と当座取引があることをできるだけ確かめること等を決めている。

（3）**手形金額の記載方法**　①金額は所定の金額欄に記入すること、②アラビア数字で記入するときは、チェックライターを使用し、金額の頭には「¥」を、その終わりには※、★などの終止符号を印字するこ

と、③文字による複記はしないこととし、また金額を文字で記入するときは、壱、弐、参、拾など改ざんしにくい文字を使用し、金額の頭には「金」、その終わりには「円」と記入することを決めている。

（4）訂正方法　　①金額訂正はしないこと、②金額以外の事項を訂正するときは、訂正箇所に届出印を捺印すること、③自署による取引の場合は、姓だけを書き訂正印にかえることを決めている。

◆当座勘定規定との関係

（1）手形用紙について　　当座勘定規定および手形用法には、①約束手形を振り出す場合には所定の用紙を使うこと、②為替手形を引き受ける場合には、その手形用紙は預金業務を営む金融機関の交付したものに限ること、③これらの用紙以外の手形は支払をしないこと、④手形用紙は必要枚数を実費で交付すること、⑤手形用紙を失った場合、直ちに書面による届出を受け、その届出前に生じた損害の責任は負わないこと、⑥手形に使用された用紙を相当の注意をもって所定の交付用紙と認めて取り扱ったうえは、用紙の模造、流用等があってもそのために生じた損害の責任は負わないこと、⑦取引終了後は未使用の手形用紙を直ちに返却すること等が定められている。

（2）手形の振出・支払について　　当座勘定規定には、①約束手形の振出、為替手形の引受をする場合には、手形要件をできる限り記載すること、②確定日払の手形で振出日の記載のない手形や、受取人の記載のない手形が呈示されたときは、連絡なく支払うことができるものとし、この取扱いによって生じた損害は責任を負わないこと、③手形の受入れ、支払は複記のいかんにか

わらず、金額欄記載の金額により取り扱うこと、④取引に使用する印鑑または署名鑑を届け出ること等が定められている。

（3）手形用法の遵守　　同規定のほか、手形用法に従うものとして、手形用法に違反したため生じた損害については責任を負わないものとしている。

◆注意事項　　手形用法は、当座勘定規定を補完するものとして、当座勘定規定とともに金融機関と取引先との当座勘定取引契約の一部をなすものであり、取引先に用法を守ってもらうことによって、手形の偽造等により取引先が被る損害を極力防ぐとともに、金融機関も手形の取扱い、処理がしやすいよう両者の利益が考えられているものである。

手形用法のなかには、取引先への要望事項もあるが、ほとんどは規定どおりに従ってもらうものであり、取引先が違反した場合には、その責任は取引先が負担することになるが、半面、金融機関も用法に違反した手形を取り扱うことのないように、相当の注意を払うことが必要であり、万一、用法違反のものを発見した場合には、取引先に連絡し、了解のもとに同規定に沿ってその処理を決め、取り扱うようにすべきである。

10938　小切手用法の内容

小切手用法とはどのようなものか（個人当座を含めて）

結　論

　小切手用法は、当座取引先に対し、小切手用紙の使用方法を守ってもらうためのものであり、当座勘定取引契約の内容の一部をなすものである。

解　説

◆小切手用法の内容

　(1)　小切手用紙の取扱い　　小切手用紙を他人に譲渡したり、他の当座勘定に使用したりすることを禁じ、紛失、盗難等の事故があったときは、所定の用紙により直ちに届出をするように義務づけ、小切手用紙の請求は届出印による所定用紙によるものとし、小切手用紙が他に流用されないように定めている。

　(2)　小切手の振出方法　　①当座勘定残高を確認し振り出すこと、②先日付の小切手も呈示があれば支払うから了知すべきこと、③記名捺印には届出印を使用すること、④自署による取引（個人当座は自署による取引）の場合は自署すること、⑤小切手要件（小切手法1条）を明確にすること、⑥消しにくい筆記用具を使用することを定めている。

　(3)　小切手金額の記載方法　　①金額は所定の金額欄に記入すること、②アラビア数字を用いるときはチェックライターを使用し、金額の頭には「￥」を、その終わりには※、★などの終止符号を印字すること、③文字による複記はしないこととし、また金額を文字で記入するときは、壱、弐、参、拾など改ざんしにくい文字を使用し、金額の頭には「金」、その終わりには「円」と記入することを決めている。

　(4)　訂正方法　　①金額訂正はしないこと、②金額以外の事項を訂正するときは、訂正箇所に届出印を押捺すること、③自署による取引の場合は、姓だけを書き訂正印にかえることを決めている。

◆当座勘定規定との関係

　(1)　小切手用紙について　　当座勘定規定および小切手用法には、①小切手を振り出す場合には、所定の用紙を使うこと、②所定の用紙以外の小切手は支払をしないこと、③小切手用紙は必要枚数を実費で交付すること、④小切手用紙を失った場合は直ちに書面による届出を受け、届出前に生じた損害の責任は負わないこと、⑤小切手に使用された用紙を相当の注意をもって所定の交付用紙と認めて取り扱ったうえは、用紙の模造、流用等があってもそのために生じた損害の責任を負わないこと、⑥取引終了後は未使用の小切手用紙を直ちに返却すること等が定められている。

　(2)　小切手の振出・支払について　　当座勘定規定には、①小切手を振り出す場合には小切手要件をできる限り記載すること、②振出日の記載のないものが呈示されたときは、連絡なく支払うことができるものとし、この取扱いによって生じた損害は責任を負わないこと、③小切手の受入れ、支払は複記のいかんにかかわらず、金額欄記載の金額により取り扱うこと、④取引に使用する印鑑または署名鑑を届け出ること（個人当座は必ず自署によるものとし、代理人により取引する場合は、本人から代理人の氏名とその自署した署名鑑を届け出ること）等が定められている。

　(3)　小切手用法の遵守　　当座勘定規定のほか、小切手用法に従うものとして、小

切手用法に違反したために生じた損害については責任を負わないものとしている。

◆**注意事項**　小切手用法は、当座勘定規定を補完するものとして、同規定とともに金融機関と取引先との当座勘定取引契約の一部をなすものであり、取引先に用法を守ってもらうことによって、小切手の偽造等により取引先が被る損害を極力防ぐとともに、金融機関も小切手の取扱い、処理がしやすいように両者の利益が考えられているものである。

小切手用法のなかには、取引先への要望事項もあるが、ほとんどは規定どおりに従ってもらうものであり、取引先が違反した場合には、その責任は取引先が負担することになるが、半面、金融機関も用法に違反した小切手を取り扱うことのないように、相当の注意を払うことが必要であり、万一、用法違反のものを発見した場合には、取引先に連絡し、了解のもとに当座勘定規定に沿ってその処理を決め、取り扱うようにすべきである。

10939	約束手形入金人の裏判

振出人以外の取引先から自店払いの約束手形の入金依頼を受けた場合、入金人の裏判は裏書欄と受取欄のどちらにすべきか

結　論

入金人の裏判は受取欄に徴求する。ただし、裏書欄に押しても間違いではない。

解　説

線引制度の適用のない約束手形においても、呈示者が自店の取引先でないときは、店頭払いをしないのが実務慣行となっているが、本問のような自店取引先による約束手形の入金は場合によってはありうる。

この場合、手形を持参した取引先は支払のための呈示をしていることとなるため、手形法77条1項・39条1項により、支払人は支払をなすにあたって、所持人に対して手形に受取りを証する記載をしてこれを交付すべきことを請求できる。したがって、金融機関は手形の受取欄にその入金人の裏判を求めることになる。

この場合の裏判は、支払事実を明らかにして後日の証拠とするためといえる。

ところで、この入金手形がもし他店払いであった場合には、すべて裏書欄に入金人の裏書を求めている。これは入金人から取立委任裏書を受けてその他店へ金融機関が取立をし、その手形の支払金で預金を成立させる仕組みをとっているためである（小切手受入れの場合に、受入れの際預金が成立し、小切手は金融機関が取得するという考え方もあるが、手形の場合には、経済的機能からみて取立後預金が成立すると考えるべきであろう）。

したがって、本問の場合も、その手形を金融機関が取り立てて、取引先口座へ入金すると考えれば、裏書欄への裏書を求めることになるが、むしろ自店払手形の場合には、その支店としてはその手形の支払に重点を置き（取立という考え方ではなく）、受取欄への裏判を求める取扱いが多く行われているといってよいであろう。

10940 現金受取り・当座入金前の預金不足による支払拒絶

取引先担当者が取引先より当座預金入金のための現金を受け取った後、金融機関へ入金する前に、その取引先振出の小切手が店頭呈示されたが、預金不足の理由で支払拒絶した場合、金融機関の責任はどうか

結　論

　金融機関内部の預入手続が終了するまではその取引先の振り出した小切手を不渡にしても、特別の懈怠がない限り金融機関に過失ありとはいえず、債務不履行責任は生じない。

解　説

　預金契約は金銭の消費寄託であるが、この寄託関係は「当事者の一方が相手のために保管をすることを約してある物を受け取ることによって、その効力を生ずる」（民法657条）から、すでにできている当座預金口座への預金の預入れについても、預金契約の成立についての意思の合致に加えて、預金者と金融機関との間で現実に金銭の受渡しがなされた時に、はじめて預金が成立したものとみなければならない。ところで、金融機関の取引先担当者が取引先から預金のための金銭を受け取った場合について考えてみよう。この場合には、取引先担当者が、預金の勧誘、金銭の受領にとどまらず、預金契約の締結という法律行為についての代理権も授与されているかどうかが問題となる。

　この点につき、ある裁判例（大阪高判昭37.12.18金法332号18頁）は、金融機関の外務係員が預金のため取引先から預かった金を他に浮貸しした事件につき、外務係員は預金授受の使者であって、取引先の預金の申込みを金融機関に伝え、できた預金証書を客に持参するなどの事実行為をなすにすぎず、その金融機関のために預金契約締結についての代理権のある者とみることはできないから、取引先から金銭を受領しても預金契約の成立は認めることができない（もっとも、この場合でもその金融機関の民法715条1項による使用者責任は免れないと判示している）としている。

　他の裁判例（東京地判昭45.5.30金法592号35頁）によれば、預金の受入れをする職務権限を与えられている金融機関の職員が、定期預金とする趣旨で観客から金員を受領した以上、金融機関内部の事務手続がどのように定められていたにせよ、集金時点で預金は成立するとしている。

　ところで、本問に立ち返って、もし取引先担当者が取引先から現金を受領しても、預金はまだ成立しないという説に従えば、預金不足を理由に小切手の支払を拒絶してもこの点では問題がないが、預金が成立するという説をとった場合はどうであろうか。この場合は、取引先担当者が一方において預金としての金銭を受領していながら、他方において金融機関店舗ではそれを知らなかったために、呈示された取引先振出小切手を支払拒絶したことになり、理論的には金融機関は預金を受けていながら、かねて支払委託を受けていた小切手の支払を断ったため、形式上、委任義務の不履行を生ずることになる。しかし、この場合に取引先

担当者が預金を店舗に持ち帰って手続をするのに通常必要な時間が経過する以前であれば、金融機関の支払拒絶は、支払の際に支払資金が別にあることを知らなかったことに起因するものであり、またそれを知らなかったことについても過失として責められるべきものがなく、債務不履行責任は生じないといってよいであろう。

もちろん、この場合に、事務上の観点からみれば、小切手の振出人は金融機関と継続的な取引のある当座契約先のことでもあるから、残高不足のゆえをもって直ちに小切手の持参人に支払を断ることなく、連絡がとれるものならば一応その当座取引先に資金不足の旨を通知して、そのうえではじめて支払を拒絶するのが妥当であり、また現在、実務上はどの金融機関でもそのように処理していることと思われる。

なお、改正民法によると、寄託契約は、当事者間の合意によって成立する諾成契約に改められるが（同法657条）、改正後においても、取引先担当者が契約締結の職務権限を有しているか否かで集金時点での預金契約の成否が決するため、上記の論点には特段の影響はないものと考える。

10941 入金帳の誤記

当座預金入金帳の誤記と預金債務の有無はどうか

結　論

入金帳に誤記入しても、その記載どおりの預金が成立するわけではない。

解　説

◆預金契約の要物性　金融機関が預金者に対して預金債務があるか否かは、真実預金がされたかどうかによるもので、どのように当座預金入金帳に記載されていようと、それが誤記ということであれば、預金債務は生ずるものではない。消費寄託契約たる預金契約の要物性からいって、預金者より現実に交付を受けた金額についてのみ預金契約が成立すると解される。ただし、当座預金入金額をめぐって争いが発生した場合には、当座預金入金帳の記載は有力な証拠となるため、金融機関は現実に交付された金額を他の手段で立証しなければならず、かつ、その立証は困難さを伴うことが多いことを覚悟しなければならない。

◆当座預金入金帳の二重記帳について争われた事例　当座預金入金帳の誤記による預金者と金融機関との争いについて、次の裁判例がある（東京高判昭29.11.12下民集5巻11号1866頁）。

A金融機関の出納係受付Bは、当座取引先Cの入金を受け付け、現金9万円の入金のみと思って入金帳に9万円と記載し、収納済印を押捺して収入元方に回付したが、そのほかに4693円の小切手があることがわかったので、Bは先の9万円の入金伝票を廃棄し、9万4693円として入金手続をしたのであるが、その際先の9万円と記載された入金帳の控え分の収納済印を消印することを忘れた。これに対してCは当日9万4693円のほかに9万円の入金をしたと主張したため訴訟になったのであるが、東京高裁では、金融機関の業務の組織的取扱いとA金融機関の預金取扱いに関する金融機

関の業務の実体からして、行員の不正取得および帳簿記載の過誤はないと認められるとして、Ａ金融機関に勝訴の判決を与えている。

　この判決においては、金融機関が勝訴したが、今日の当座預金への入金の件数がきわめて多いことを考えた場合には、入金帳に記載された額と異なる現実に入金された金額を立証するのは相当の費用、時間、労力を要することになろう。

　また、入金帳に誤記入後訂正前に預金が払い戻された場合には、金融機関は当該預金者に対して誤記入相当額につき不当利得返還請求をしていく必要があるが、その預金者がその後無資力になった場合には、金融機関は損害を被ることとなる点も注意を要する。

　なお、改正民法によると、寄託契約は、当事者間の合意によって成立する諾成契約に改められるが（同法657条）、改正後においても、実際に現実に入金された金額と、入金額との金額に差があった場合、前者の金額において申込みがなされ、その金額で消費寄託契約が成立する点に変わりはない。ただし、この場合でも、入金帳の金額と異なる実際に入金された金額を、金融機関が立証するのは相当の費用、時間、労力を有することとなる点にも変わりはない。

第2節

預金の払戻し・解約

第1項　共　通　事　項

印鑑照合に際して払うべき注意義務はどの
程度で足りるか

結　論

　印鑑照合に際して払うべき注意義務は、
当座勘定規定・普通預金規定等の免責約款
にいう「相当の注意」にほかならないが、
その注意義務の程度は「金融機関の照合事
務担当者に対して社会通念上一般に期待さ
れている業務上相当の注意」の程度である。

解　説

◆**印鑑照合の意義**　　預金債権は指名債権
であるので、その払戻しにあたっては、払
戻請求をしている者が預金者かどうか確認
のうえ支払うのが建前となる。しかし、金
融機関の窓口における大量の預金支払事務
を迅速・円滑に進めるためには、そのよう
なことはむずかしい。そこで、免責約款に

より、払戻しに際しては、払戻請求書とと
もに通帳を呈示してもらい、金融機関の調
査義務を、いわゆる印鑑照合という、請求
書上の印影と印鑑（届出印）との照合義務
に限定しているのである。

　なお、届出印にいわゆる使用印を使用し
ている場合は、請求書上に実印が押捺され、
それを確認できたときであっても、印鑑照
合をしたことにはならないとされている
（最判昭58．4．7民集37巻3号219頁。本事
案は届出に使用された実印との照合、免責
を特に定めていないケースである）。

◆**相当の注意**　　印鑑照合によって金融機
関が免責されるためには「相当の注意」を
もって照合しなければならない。この「相
当の注意」は、当座勘定規定および普通預
金規定等で明記されている。

　判例は、「相当の注意」とは、金融機関
の照合事務担当者に対して社会通念上一般
に期待されている業務上相当の注意として
いる。したがって、この印鑑照合事務に習
熟している行職員がこのような相当の注意
を払って熟視するならば肉眼で発見しうる

ような印影の相違が看過されて偽造手形の支払がなされたときは、金融機関側に過失の責任があるとしている（最判昭46.6.10民集25巻4号492頁）。免責約款は、この注意義務を尽くすことが前提であり、免責約款によって注意義務が軽減されるわけではない。また、注意義務が社会通念上一般に期待されているところに相応するものでなければならないとされる以上、現に行われている預金業務の実態（時にみられる、いわゆる記憶による印鑑照合）がそのまま是認されるものではないことに留意する必要がある。

◆**印鑑照合の方法**　前掲最判昭46.6.10においては印鑑照合の方法としては、いわゆる平面照合、すなわち、印鑑届の印鑑と払戻請求書の印影とを平面に並べて比較照合する方法をとれば十分であり、両者を重ね合わせて照合したり、拡大鏡等により照合するというような厳密な方法をとるまでの必要はないとされている。

しかし近年、裁判例において、本人確認法（平成14年法律第32号。その後、金融機関等による顧客等の本人確認等及び預金口座等の不正な利用の防止に関する法律に改正され、さらに平成20年3月1日には犯罪収益移転防止法（平成19年法律第22号）に改正された）による本人確認を来店者に対して実施することを約していたとして、正当な印鑑照合を経たうえでの払戻しの効力が否定された事例がある（大阪高判平20.2.28判時2008号94頁）。本人確認の目的は、金融機関の顧客管理体制の整備を促進することで捜査機関によるテロ資金や犯罪収益等の追跡のための情報を確保し、金融機関がテロ資金供与やマネーローンダリング等に利用されることを防ぐことにあるのであるから、本人確認の不備を理由として払戻しの効力まで否定することが妥当であるか、疑問がある。

この点、全銀協平20.2.19「預金等の不正な払戻しへの対応について」をふまえ、各銀行は預金規定等を改訂しており、有効な払戻しと認められた場合であっても、個人の顧客が盗難された通帳（いわゆる盗難通帳）により不正に行われた払出被害については、補償をすることとされている。このような取組みがなされている以上、払戻しの効力を否定する要素として本人確認の要素まで取り込んでいく必要は薄いといえよう。

なお、福岡高判平26.12.18（金法2024号88頁）は、無権利者が真正な預金通帳と届出印により払戻請求をし、金融機関がこれに応じた事案において、第一審を覆し、払戻しの効力を肯定している。本判決では、「なお、犯罪による収益の移転防止に関する法律及び同法施行令上の金融機関の取引時確認義務の規定は、債権の準占有者に対する弁済の効力の有無を規律する民法478条とは趣旨・目的を異にし、それが直ちに同条適用上の弁済者の注意義務を構成するものとはいえない」と述べ、犯罪収益移転防止法の本人確認義務が直接弁済の有効性に影響を及ぼすものではないとしており、これは本問のこの見解に親和性があるといえる。

10943　サイン照合の注意義務

サイン取引において、サイン照合に際して

払うべき注意義務はどの程度で足りるか

結　論

　サイン照合に際して払うべき注意義務は、印鑑照合の場合と同様に「相当の注意」にほかならないが、その程度については「通常一般人よりもやや高いが、筆跡鑑定の専門家等よりは低い」という程度である。

解　説

◆**サイン照合の意義**　署名照合について、総合口座取引規定、普通預金規定等の免責約款は、印鑑照合等として規定し、払戻しの際の、払戻請求書等に使用された署名についての金融機関の調査義務を、届出の署名との照合義務に限定している。印章使用の慣習のない欧米では、サインが書面上の意思表示の印（あかし）として使用されてきた。一方、我が国ではサインを使用する慣習がなかったため、サインをしても、その時々で形状が異なることが多く、本人の意思を確認する印としてのサインの照合はむずかしい。特に多量の預金支払事務を迅速・円滑に進めることを要求される預金取引において、筆跡照合の専門家ではない行職員が預金者以外の第三者による署名か否かを見分けるには困難な面がある。このようなことから金融機関に要求されるサイン照合における注意義務の程度について判例は「その程度については、通常一般人よりもやや高いが、筆跡鑑定の専門家等よりは低い」（東京高判昭44.11.28金法569号25頁）としている。

◆**サイン照合の留意点**　一般的に、筆跡の照合には、署名全体の観察のほか、種々

の角度から照合が必要だといわれている。

① 　署名の特徴……字配り、筆勢、筆圧、筆順、字体、字画等にみられる特徴を、届出の署名鑑および払戻請求書等の署名について、それぞれ比較し、その特徴について相違がないかを照合する。

② 　署名に表れる特徴について、それが書くたびに変わるかどうかはその人の性格にもよるが、その特徴のどこかに恒常的部分がある。

◆**実務上の注意**　金融機関の実務としては、まず相対的筆圧および字体の特徴が同一であるかに留意し、さらに偽署名かどうかのポイントとなるといわれる筆勢に注意をする。届出の署名鑑と払戻請求書等の署名とを照合し、字画線の同じ個所に同じような筆圧が加わり、字画線の構成が同じで、筆勢がよければまず同一人の署名である可能性が高く、相当の注意をもって照合し、相違ないものと認めたといえよう。

　また、字体によっては筆跡だけでなくたとえば「萩原」と「荻原」、「板倉」と「坂倉」、「裕二」と「祐二」といった一見して見誤りやすい字のような場合にも注意が必要である。

| 10944 | 偽造印章による払戻しと金融機関の責任 |

偽造印章による預金の払戻しに応じた場合、金融機関は責任を負うか

結　論

　事故届が出ておらず、また、あやしむべき特段の事情がない限り、相当の注意を払

って印鑑照合をした結果、支払請求書の印影が届出の印鑑に一致していると認めて取り扱った場合は、偽造印章によるものであっても金融機関は免責される。

解　説

◆払戻しの免責　偽造印章による預金の払戻請求に応じた場合の金融機関の免責についての考え方は、払戻しについての一般的な免責の考え方と同様である。

そこで、民法478条（債権の準占有者に対する弁済）の規定する、善意・無過失という要件が必要となる。まず「善意」という要件から、印鑑、通帳（証書）について事故届が出されていないことが必要である。また、払戻しの請求をしてきた者にあやしむべき特段の事情がないことも必要である。

問題は、無過失という要件との関連で、印鑑照合の注意義務の程度である。

◆印鑑照合の注意義務　印鑑照合に際して払うべき注意義務については、【10942】で説明したとおりであり、「相当の注意」をもって照合した結果、同一であるとして扱ったときは、金融機関は免責されるわけである。

偽造印鑑についてもこの注意義務の程度で足り、特に注意義務が加重されるとは考えられず、約款でも「それらの書類につき、偽造、変造、その他事故があっても、……当行は責任を負いません」と記載されている（普通預金規定等）。偽造手形の支払に関する判例によれば、まず印鑑照合の方法については、特段の事情がない限り、「折り重ねによる照合や拡大鏡等による照合をするまでの必要はなく」「肉眼による平面照合の方法をもってすれば足りる」とされ

ている。また、印鑑照合事務に習熟している銀行員が「相当の注意を払つて熟視するならば肉眼をもつても発見しうるような印影の相違が看過されたときは、銀行側に過失の責任がある」とされている（最判昭46．6．10民集25巻4号492頁）。したがって、印鑑照合の方法としては、平面照合で足りるが、十分慎重に行うことが必要とされているわけである。

なお、本人確認の不備を理由として、正当な照合を経たうえでの払戻しの効力が否定された裁判例（大阪高判平20．2．28判時2008号94頁）および犯罪収益移転防止法上の金融機関の取引時確認義務の規定は、債権の準占有者に対する弁済の効力の有無を規律する民法478条とは趣旨・目的を異にし、それが直ちに同条適用上の弁済の注意義務を構成するものとはいえないとして、本人確認を絶対視せず、払戻しの効力を肯定した裁判例（福岡高判平26.12.18金法2024号88頁）については【10942】参照。

10945　印鑑取引と署名の照合

印鑑取引による普通預金払戻請求書の署名の照合は必要か

結　論

印鑑取引による普通預金の払戻請求書の署名については、照合義務はないと考えられる。

解　説

◆免責約款　金融機関は印鑑取引による

預金の払戻しに際しては、預金者の確認方法として、通帳と払戻請求書の提出を受け、払戻請求書の印影を届出されている印鑑と照合するとしているところが一般的である。当時の全国銀行協会連合会が昭和45年3月に発表した普通預金規定ひな型では、この点につき次のように定めている。「払戻請求書、諸届その他の書類に使用された印影（または署名・暗証）を、届出の印鑑（または署名鑑・暗証）と相当の注意をもって照合し、相違ないものと認めて取扱いましたうえは、それらの書類につき偽造、変造その他の事故があってもそのために生じた損害については、当行は責任を負いません」

これは、印鑑取引では印影と印鑑との照合のみを行い、署名取引では、署名と署名鑑の照合のみを行う趣旨である。また、それぞれの届出も印鑑票、署名鑑票によって行われている。

裁判例においても、印鑑による取引では、「署名よりもむしろ印鑑を重視するわが国の一般的慣習の存するところから」印影だけを印鑑と照合すれば銀行は免責される旨判示した高裁判決もある（福岡高判昭33.3.29下民集9巻543頁）。

また総合口座取引において、印鑑の届出にかえて署名または暗証の届出をした場合を除いて、筆跡照合の義務はないとする判例もある（東京地判昭57.11.24金法1048号50頁）。以上のとおり、印鑑による取引では、特段の事情がない限り、印影だけを印鑑と照合すれば免責されると考えられる（最判昭46.6.10民集25巻4号492頁、【10944】参照）。

ただ、たとえば「印鑑または署名鑑と照合して支払ったときは免責される」というような免責約款の書き方をした場合、署名にも照合義務があるとみられるおそれがあるので注意を要する（鈴木竹雄『当座預金』20頁）。

なお、本人確認の不備を理由として、正当な照合を経たうえでの払戻しの効力が否定された裁判例（大阪高判平20.2.28判時2008号94頁）および犯罪収益移転防止法上の金融機関の取引時確認義務の規定は、債権の準占有者に対する弁済の効力の有無を規律する民法478条とは趣旨・目的を異にし、それが直ちに同条適用上の弁済の注意義務を構成するものとはいえないとして、本人確認を絶対視せず、払戻しの効力を肯定した裁判例（福岡高判平26.12.18金法2024号88頁）については【10942】参照。

◆**実務の処理**　先に述べたように、一般的には署名について契約上の照合義務はないと考えられ、筆跡の照合を行うこと自体、今日の預金取引が使者・代理人との取引が一般化している実態に即さない面もあるが、実務としては、たとえば、甲野次郎名義の通帳と印章を盗んだ者が、払い出すにあたって甲野二郎と記載していたとすると、印影と印鑑とが合ってはいても特段の事情があるとして過失ありとされる可能性が考えられるので、一般的な善良な管理者の注意義務の一部として、署名についてもできるだけ照合のうえ、事故防止に努めるべき義務があることも考えられる。

| **10946** | 図柄による届出印 |

文字列だけでなく図柄を含めた印を預金取

引に使用する印鑑として届けたいとの申出に応じるべきか

結　論

本人のものと推定されがたい図柄等の印鑑は避けるべきである。もし応じなければならない必要性があるのであれば、①払戻請求書などに押印された印影と届出印鑑が同一と判断されるときには、払戻しに応じざるをえないこと、②印鑑照合に時間を要する可能性があること等の了解を得ることを条件に取り扱うこととすべきであろう。

解　説

◆**印鑑届の意味**　預金業務にあっては、不特定多数の人々を対象としているから、ある預金についてだれが本当の預金者であるかわからないことが多い。このため、金融機関は預金規定のなかで、通帳または証書と届出印鑑の二つを持参・呈示した者を預金者として取り扱うといった免責条項を盛り込んでおり、その者から預金の払戻請求があったときは債権の準占有者弁済が成立すると考えられる。すなわち、印鑑届は単に「私がこの印鑑を使用する」という届のみではなく、「私以外の者がこの印鑑を使用したときでも、私が責任を負担する」という意味をもつことになるのである。

また、文書に本人の印鑑が押印されている場合は、かかる文書は真正に成立したものと推定される（民訴法228条4項）。文書上の印影が本人等の印章によるとの事実が証明されると、それによって本人等の意思に基づく押印が事実上推定され、さらに文書の真正が民訴法228条4項により推定される。

◆**届出印**　届出を受ける印鑑は、原則として預金者が自己の取引印鑑として使用する意思があれば、必ずしも実印に限ることはない。認印や三文判といったものでもよい。ただし、印鑑は上記のとおり、本人の同一性とともに、預金払戻しを受ける権限のあるなしを識別する手段として重要なものである。よって、本人のものと推定されがたい図柄等の印鑑は避けるべきである。もし応じなければならない必要性があるのであれば、①払戻請求書などに押印された印影と届出印鑑が同一と判断されるときには、払戻しに応じざるをえないこと、②印鑑照合に時間を要する可能性があること等の了解を得ることを条件に取り扱うこととすべきであろう。なお、地方公共団体のなかには、「図柄が含まれている印鑑」は登録できないところもあり、金融機関としてもそれに準じた取扱いを検討すべきである。

10947　他行ATM（コンビニ含む）での支払

他行ATM（コンビニ含む）の支払はどういう仕組みになっているか

結　論

今日では各金融機関においてキャッシュカードおよびATMが普及し、BANCS（BANks Cash Service：都銀キャッシュサービス）やMICS（Multi Integrated Cash Service：全国キャッシュサービス）といったオンライン接続システムを通して提携金融機関における相互乗入れが多くなされて

いる。

◆**BANCS**　　BANCS とは都銀間の相互
乗入れに係るシステムである。都銀が各々
構築していたオンラインシステムを統合し、
昭和59年1月、都銀10行で開始した、相互
に利用可能なキャッシュサービスまたはそ
のオンライン接続システムを指す。平成2
年2月、地銀間のオンラインシステムと接
続し、都銀・地銀間のCD・ATM相互利
用が可能となり、その後第二地銀、信託、
信金、信組などにも接続が広がり、預金者
の利便性が向上している。

◆**MICS**　　MICS は民間金融機関各業態
（都銀、地銀、信託、長期信用銀行（当時）、
商工中金、第二地銀協加盟行、信金、信組、
労金、農協、信漁連）のCD・ATMのオ
ンライン提携を中継するネットワークシ
ステムとして、平成2年2月に稼働が始
まった。都銀間の相互乗入れシステムであ
るBANCS や、地銀のACS、信託のSOCS
など業態ごとのシステムをつないでいる
のがMICSであり、これによりMICS加
盟金融機関が発行するキャッシュカード
の保有者は、全国の加盟金融機関のCD・
ATMを利用して現金の引出し、残高照会
などができるようになっている。

◆**仕組み**　　他行ATMでの支払にあたっ
ては、まず前提として預金口座のある金融
機関と当該ATMの金融機関がなんらかの
形で提携していなければそもそも利用でき
ない。提携がある場合の他行ATMでの支
払の仕組みは次のようなものとなる。まず
他行ATMにキャッシュカードを挿入し、
預金の支払操作を行うと、ATMは中継装
置を通すなどして、預金口座がある金融機
関のホストコンピュータに支払操作の内容
を送信する。送信を受けたホストコンピュ
ータは暗証番号や取引内容を確認し、暗証
番号が合っていることや、支払額が支払可
能な範囲の金額であることを確認して、
支払を許可する旨ATMに返信するととも
に、支払金額を預金口座から引き落とす。
ATMは支払を要求された金額を支払い、
キャッシュカードを返却し、利用内容を記
した明細を発行する。ATMによっては、
他行口座からの払戻しの場合に自行口座か
らの払戻しのときとは異なる制限（支払金
額の上限や利用可能時間など。また、自行
ATMに比べ利用手数料が高いことも多
い）を設けている場合もある。

| 10948 | 暗証番号の意義と金融機関の注意義務 |

CD・ATM取引における暗証の意義と金
融機関の注意義務はどうか

　CD・ATM取引における暗証番号は、
キャッシュカードを使用する取引先と届出
を受けた金融機関が暗証番号の秘密保持に
万全の努力をしなければならない。特に、
金融機関の過失により取引先の暗証番号が
外部に漏えいし、取引先が損害を被った場
合は、金融機関に損害賠償責任が生ずる場
合もあるので、暗証番号の照会、変更の申
出に対しては、印鑑と同様に、厳正に本人
を確認して取り扱う。

1298　第7章　預　　金

解　説

　キャッシュカードに使用する暗証番号は、キャッシュカードを使用する取引先と届出を受けた金融機関の共同で権利者以外にはもれないように厳正に管理しなければならない。

　キャッシュカードの暗証番号が取引先以外の無権利者に漏えいし、CD・ATM等からキャッシュカードにより預金が払い戻され、取引先に損害が発生するケースとして次のようなものが考えられる。

（1）金融機関に暗証番号管理の責任を問われる場合

① 暗証番号を忘れたので教えてほしいといわれ、本人確認を厳正にせず、無権利者に教えたケース

② キャッシュカード発行、取引先との受渡しの過程で無権利者に暗証番号が漏えいしたケース

③ 金融機関内部の暗証番号管理の帳票保管がずさんなため外部に漏えいしたケース等

　これらのケースのように、金融機関の暗証番号管理の過失により発生した取引先の損害について、金融機関は、暗証番号の秘密保持義務違反として損害賠償の責任を免れられないおそれがある。

（2）取引先に暗証番号管理の責任が問題となる場合

① キャッシュカードと一緒に暗証番号を知りうるメモ（生年月日、電話番号、同一数字の連続番号等第三者が推量で知りうるものも含む）等を紛失（または盗難等）し、金融機関に紛失届出前に預金が引き出されたケース

② 警察等を装い悪意の第三者から暗証番号の照会があり、簡単に信じて取引先が教えたケース等

　従来、これらのケースでは、金融機関はキャッシュカード利用規定の免責約款ないし債権の準占有者に対する弁済（民法478条）および表見代理の理論（同法109条以下）等によって免責されうると解されてきた。CD・ATMによる場合、無権利者による請求であっても、所定のカードを持参し正しい機械操作が行われ暗証照合が一致すれば、金融機関のコンピュータシステムは支払に応じてしまうからである。しかし、平成18年2月10日に偽造盗難カード預金者保護法が施行され、従来であれば金融機関の払戻しが有効であるとされる場合であっても、払戻しが無効とされる場合が立法により定められるところとなった。すなわち、偽造カードによる払出しは原則無効であり（預金者に故意または重大な過失がある場合に限り有効となり、金融機関は免責される）、また、盗難カードによる払出しは、預金者に悪意または重大な過失がない限り、有効な払出しであっても、金融機関に補てんの義務がある（預金者に過失（重大な過失を除く）がある場合は75％、ない場合は100％の補償）とされたのである（盗難キャッシュカードによる払戻しについては【11002】、偽造キャッシュカードによる払戻しについては【11003】、不正払戻しの被害者への対応については【11009】参照）。なお、顧客の重過失および過失の判断基準については、全銀協平17.10.6「偽造・盗難キャッシュカードに関する預金者保護の申合せ」を参照いただきたい。

　これによれば、①のケースでは、取引先

の過失があるものとなり、被害額の75％の補償に応ずることが必要になると思われる。また、②のケースでは、取引先に重過失があるものとして、補てんに応ずる必要はないものと思われる。

なお、金融機関の責任なのか取引先の責任なのか不明で払い戻されるケースも発生しようが、この場合でも、偽造盗難カード預金者保護法による補てん義務を金融機関が負担することはいうまでもない。

金融機関としても、従来以上に、キャッシュカードの暗証番号の不可視帳票による届出、第三者が推量で知りうる暗証番号（生年月日、電話番号、同一数字の連続番号等）の使用の回避依頼、キャッシュカード磁気ストライプ部分に暗証番号をもたせない等のシステム配慮が必要である。取引先には、キャッシュカードのご案内等に「行職員や警察が暗証番号の照会をすることはありません」等、暗証番号管理の重要性を認識してもらうと同時に、キャッシュカード保管には取引先自らの責任で管理するよう依頼するなどの取組みを強化する必要がある。

10949 窓口営業時間外および休日のCD・ATM取引

窓口営業時間外および休日のCD・ATM取引にはどのような法律問題があるか

結 論

窓口営業時間外および休日のCD・ATM取引で発生する法律問題は、①稼働不能時における問題、②窓口営業時間内とのサービスの差異の問題等があるが、これらすべて取引先（預金者等）と取り交わす契約（「CD・ATM利用規定」および「キャッシュカード利用規定」「預金規定」等）に網羅すべきであり、取引先とのクレーム防止に努めるべきである。

解 説

窓口営業時間外および休日のCD・ATM取引については、取引先と契約を取り交わした「CD・ATM利用規定」「キャッシュカード利用規定」等が基本的な意味をもつ。

それらの規定には窓口営業時間外および休日のCD・ATM取引に関して、次の事項が明示されているのが一般的である（規定の一部は預金規定に含まれる）。

① CD・ATMの利用できる日と時間帯の告知
② 利用時間帯における事故届等の受付
③ 無人稼働時における取引規定
④ CD・ATMに故障等が発生したときの対応
⑤ 休日稼働した場合に休日に起算して支払処理などの付利に関する規定

CD・ATM利用規定は、窓口営業時間外および休日稼働取引について窓口営業時間内の取引とは別の一種のサービスとして位置づけており、この限りにおいて、たとえば、支払現金が全部出払い、現金準備不足で払戻不能となっても、金融機関側の預金債務不履行とはならないと解釈されている。

また、キャッシュカード利用規定にCD・ATMが故障した場合は「窓口営業時間内に限り窓口でも取り扱う」旨定めており、

この解釈は「窓口営業時間外に停電や故障等でCD・ATMによる取扱いができないときは、当日の預金払戻しは受けられないことをあらかじめ取引先に通告したもの」といえる。

10950 オンライン故障と普通預金の払戻し

オンライン故障の場合、残高未確認のまま普通預金の払戻しに応じることがあるのはなぜか

結論

オンラインの障害が発生した場合は、預金残高をチェックすることができないので、一定金額以下の支払は、預金通帳の残高によって払戻しに応じざるをえない場合があるからである。

解説

オンラインの故障は、センターに事故が発生した場合と個別オンライン店に事故が発生した場合とがありうるが、いずれの場合にも顧客については、その預金残高を確認することができない。

そこで、いちいち取引店に対し電話等で残高を照会し確認したうえで支払に応じていたのではとうてい大量取引を短時間で処理することはできない。

したがって、オンラインの障害が発生した場合、一定金額以下の支払については照会を省略し、残高未確認のまま払戻しに応じざるをえないこともありうるが、結果残高以上に払い戻してしまうおそれがあるので、注意が必要である。

10951 番号札の意義と法的性質

預金払戻しの際の番号札を紛失し、これを拾得した者が預金の支払を受けた場合、金融機関は責任を負うか

結論

金融機関に悪意または過失がない限り免責される。

解説

◆**番号札の意義**　実務では預金払戻しの際、払戻しの請求をした者に番号札を渡し、払戻金を支払うときに番号札と引き換えに支払う方法をとるのが普通である。これにより金融機関側はいちいち当初の請求者の顔を覚えている必要がなくなり、他方顧客側でも番号札を所持していれば払戻金が他の者に支払われるおそれがなく、また番号札を返還するだけで支払を受けることができ、払戻手続を迅速・円滑に行うことが可能となる。

この番号札の法律的性質は、駅、劇場等における携帯品預り証等と同じく、請求者の同一性に関する調査義務を免除する免責証券であると考えられている。

◆**番号札による免責の要件**　ところで、免責証券の所持人は弁済を受ける資格がある者と認められ、所持人に対してなした給付により債務者は善意・無過失であれば債務を免れる。また、所持人が真の権利者でないことが明らかなときは、債務者は履行

を拒否して証券を所持しない真の権利者に弁済をなしうるが、債務者は所持人が真正な権利者であるかどうか調査する義務はないとされている。

したがって、番号札を拾得した者に金融機関が支払った場合の損失は、金融機関に悪意または過失（たとえば、番号札を落とした旨の届出があるのに支払ったとか、番号札を渡した相手が顔見知りの顧客であるのに漫然と他の者に支払った）がない限り、顧客が負担すべきものと考えられる。

◆**実務上の注意**　番号札を利用する場合、無過失を必要とする要件をより確実に満たし、また、本件のような事故の発生を阻止するうえで、支払に際して、相手方に請求金額をいってもらうことが有益であると考えられるので、励行すべきである。

10952　全店払預金

全店払普通預金と金融機関の責任との関係はどうか

結　論

預金手続をした支店（以下「取引店」という）以外の支店で、普通預金通帳と真正な届出印を所持する者に対して預金の支払をした場合にも、特段の事情がない限り、債権の準占有者に対する弁済の規定（民法478条）または預金規定の免責約款の適用はある。

解　説

オンラインシステムの普及により、普通預金は全店払いが一般化しており、預金者は取引店以外の支店でも自由に預金の支払を受けることができる。預金の支払を受ける方法は、普通預金通帳と届出印とにより支払を受ける方法と、カードによりCDまたはATMで支払を受ける方法がある。

この場合、預金者が全店払いであることを認識のうえ預金取引を開始するのであるから、取引店以外の支店における預金の支払にも、預金店における支払と同様に債権の準占有者に対する弁済の規定（民法478条）または預金規定の免責約款の適用があると考えられる。これに関連して、預金通帳と届出印とによる預金の支払の場合には、印鑑照合をするために通帳の末尾に届出印が押捺されていて（これを副印鑑制度という）、そのために通帳を手にした第三者が容易にその届出印を知ることができることになり、それだけ危険が増加するので、金融機関の注意義務も加重されるのではないかという問題がある。

この点について東京地判昭52.6.6（判時875号65頁）は、「通帳の末尾には届出印が押捺されることおよびそのために預金通帳を手にした第三者が容易にその届出印を知ることができるようになりそのため預金通帳を手にした第三者により本人に無断で払戻請求をされる危険が増したことが認められ、これによって、通帳および届出印を保管する預金者に一層の保管上の注意が要求されることになるが、預金権利者またはその代理人以外の者が通帳と届出印を同時に手中にするということは通常稀というべきであるから、オンラインの場合であるからといって、払戻手続の際の被告（編注：銀行）の注意義務が特に加重されるべきも

のとは解せられない。とすれば、他に特段の事情がない本件においては、被告（編注：銀行）は一般の銀行預金払戻にあたり要請される程度の注意義務を尽せば足り」るとしている。さらに、取引店以外の支店における預金の払戻し時の筆跡照合義務についても、支店の相違のみを理由に、金融機関に対し印鑑照合以外に筆跡の照合等をすべき義務はないとする判例もある（名古屋地判平4．3．18判タ791号190頁）。もっとも、払戻請求をする者の挙動のなかに、わざわざ他店を選んで払戻請求をした節がみられるような場合等には、金融機関の注意義務が加重される可能性はあり、この場合には、取引店へ確認する等の配慮が必要となろう。また、本人確認の不備を理由として、正当な照合を経たうえでの払戻しの効力が否定された裁判例（大阪高判平20．2．28判時2008号94頁）および犯罪収益移転防止法上の金融機関の取引時確認義務の規定は、債権の準占有者に対する弁済の効力の有無を規律する民法478条とは趣旨・目的を異にし、それが直ちに同条適用上の弁済の注意義務を構成するものとはいえないとして、本人確認を絶対視せず、払戻しの効力を肯定した裁判例（福岡高判平26.12.18金法2024号88頁）については【10942】参照。

なお、盗難通帳による預金の払戻請求が多発していることを受け、平成15年9月、全国銀行協会は副印鑑制度の廃止を申し合わせている。

| 10953 | 共有預金の管理 |

共有の預金で一方が通帳を、他方が印章を保管している場合にはどのような注意をすべきか

結　論

金融機関が共有の預金であると承知している場合は、払戻しのつど常に所定の払戻請求書に届出印を押捺させ、これに通帳を添えて提出した場合に限り、支払に応ずべきである。

解　説

◆**通帳または印章いずれか一方のみの所持人に対する預金の払戻し**　預金通帳の所持人に対して、届出印鑑の押捺してある払戻請求書に基づいて払い戻せば、たとえその所持人が真実の預金者でなかったとしても金融機関は免責される。このことは民法478条に規定する債権の準占有者に対する弁済の効果として、あるいは預金約款の免責規定の効果として、さらには商慣習を理由として従来認められているところである。

さらに、通帳および届出印鑑のいずれか一方しか所持していない者に対する払戻しであっても、免責される場合のあることは判例上も認められ（大判昭16.6.20民集20巻14号921頁、神戸地判昭26.2.9下民集2巻2号170頁、福岡高判昭42.2.27民集21巻10号2622頁）、学説上も支持されているが、この場合単に通帳あるいは届出印鑑のいずれか一方を所持している事実を信頼したというだけでなく、それ以外の事実も

付加されている。したがって、金融機関に悪意または過失がある場合には、払戻しを無効と認めざるをえないのは当然である。

◆**共有の預金の管理**　共有の預金とは1個の預金について2人以上が権利を有する預金であるが、単一人名義である限りそのままでは合有と異なり人のつながりがなく、各自が独立した権利をもち、他人とは関係なく自由にその持分の処分もでき、いつでも分割の請求ができるものである（民法249条以下）。本件の場合、通帳と届出印鑑とを分離して管理することの意図は、各自は独自の立場をもつけれども、団体としての統制を設け、勝手な払戻し、分割を禁じている場合と考えられる。したがって、通帳または印章の一方のみの所持者に対する預金の払戻しは、金融機関に対する注意義務を加重するものとして処置すべきである。

◆**一方からの払戻請求の場合の注意**　通帳のみ所持している者から印鑑紛失あるいは改印の届出があった場合は、印鑑所持人への照会が必要である。また印鑑の偽造・盗用の危険にも留意しなければならない。届出印鑑のみの所持人からは通帳喪失・再発行の申出が考えられるが、通帳所持人と目される者へ照会のうえ、異議のないことを確認する必要がある。

10954　便宜払いの注意点

便宜払いをする場合にはどのような注意をすべきか

結　論

便宜払いについても、債権の準占有者に対する支払として有効な弁済とされうるが、過失が認定されやすい。したがって、便宜払いを行う場合は慎重に行わなければならない。

解　説

◆**便宜払いと金融機関の免責**　便宜払いといわれるものには、通帳（証書）の提出のない支払、届出の印章のない支払、その両者のない支払というように、払戻しに際して踏むべき正規の手続の一部または全部を欠くが、後日に補完することを条件に取り扱う支払、または、金融機関の内部規定に定められた手続を一部省略して取引先の便宜を図った取扱いによる支払がある。

便宜払いについての金融機関の免責理論は、一般の正規の支払と同様に、民法478条の債権の準占有者に対する弁済、および免責約款、商慣習である（【10955】参照）。便宜払いと金融機関の免責についての判例として、預金名義人に対する証書・印鑑なしの便宜払いをもって真実の預金者に対抗できるとされた東京高判平3.3.20（金法1287号26頁）がある。

この事例は、当座勘定取引先Aの依頼で当日支手決済のため、証書・印鑑なしの便宜払いによるA名義通知預金の解約、当座振替の手続をしたB（銀行）に対し、Aの代表取締役Cの依頼でこの通知預金の出えん者となり、この証書、印鑑とも所有していたDがその払戻しを請求したものであり、名義人が真実の預金者と誤信したことに無理がなく、名義人であるAの

不渡、倒産の事態を回避するために緊急の必要性があり、後日正規の手続を追完することを条件に行ったものであり、また出えん者Dは、名義人が真実の預金者であるがごとく外観を作出するにつき協力・加担したとみられることから、銀行の誤信は過失とまではいえない等を理由に、このような状況下でなされた銀行の便宜払いの事案において、預金者の認定に関する客観説と、民法478条の従来の判例理論に同法94条2項による出えん者の帰責性の考慮を加えて銀行の免責が認められている。

◆**便宜払いと善意・無過失**　便宜払いの依頼をしてくる者は、印章、通帳の一部または全部を所持していない。このような者が債権の準占有者（債権者らしい外観を呈している者）に該当しうるかどうかについては、反対説もあるが、肯定する説が有力である。

そこで、問題は、民法478条（債権の準占有者に対する弁済）の規定する、善意・無過失という要件となる。

多くの判例では、便宜払いという特別な取扱いをする以上、それに相応する注意義務が加重されると考えており、正規の取扱いのときには免責される事例でも、便宜払いであるため過失ありとされ、免責されないことが多い。便宜払いでは、金融機関が正規の取扱いよりも慎重な配慮のもとに事務処理をして、なお預金者でないことを見抜けなかったときにはじめて無過失として免責されるといえよう。

預金通帳を呈示しない無権限者の請求に対して金融機関のした預金の払戻しに過失がなかったとされた事例として、最判昭42.12.21（民集21巻10号2613頁）がある。

この事例は、会社の普通預金払戻しに際し、通帳の呈示はなかったが、払戻請求書に押捺された会社代表者印が届出印影と一致し、かつ払戻請求者が会社代表者を補助して会社設立に従事し、設立後は会社取締役として金融機関に出入りしていたというものである。

◆**実務上の注意**　以上のように、便宜払いでは、金融機関の注意義務が加重されると考えられるので、便宜払いは次のような場合に限るべきである。

すなわち、①優良な取引先で、身元が明らかであり、係員も面識がある場合、②電話により依頼されて支払うことが恒常的な場合、③会社等の使用人、代理人に対して行うときは、あらかじめ会社の代表者（または経理部長などの出納責任者）から便宜払いを依頼されているか、それが確認できる場合等である。

いずれにせよ、証書・印章なし、またはいずれか一方のみの場合を含めても便宜払いが有効な弁済となるかどうかについて争われた判例では、金融機関に過失ありとして敗れている例が多いことから、便宜扱いは、取引先との確固たる信頼関係と、確実な本人確認を前提とする処理であり、その取扱いには常に金融機関の危険負担が伴うことを十分考慮しておく必要があろう。

なお、改正民法478条は、「債権の準占有者」から、「受領権者以外の者であって取引上の社会通念に照らして受領権者としての外観を有するもの」へと変更をしているが、これは従来の判例・学説の立場を敷衍したものであるうえ、善意無過失要件については維持されていることから、実務上弁済が有効となる範囲に直ちに影響する

ものではないと考えられる。この点、法制審議会において、ATMの設置管理について過失の有無が問題となった判例（最判平15.4.8民集57巻4号337頁）をふまえ、ATMの設置管理といった弁済者の主観にこだわらない場合をも包含する概念として、善意無過失にかわり「正当な理由」という文言を規定することも議論されたが、現在の善意無過失という概念でもこのような場合も判断要素となること、「正当な理由」では債権者の帰責事由といった現行法にはない要件をも判断要素となる懸念があることから、結論としては現行法の善意無過失要件が維持された。

10955 本人以外の者への払戻し ①

男性名義の預金を女性が払戻請求にきた場合はどのように対応するか

結　論

その預金に関して、通帳紛失届などの事故届がなされていることがなく、さらに来店した女性に特段のあやしむべき事情のない限り、その来店者に預金を払い戻してさしつかえない。

解　説

◆本人以外の者に対する払戻し　男性名義の預金を女性に払い戻したり、逆に女性名義の預金を男性に払い戻したりすることは、通常の実務においてよく行われていることであるが、この場合、払戻しの相手が預金者本人ではないことは明らかであり、

預金者の使者または代理人と考えるほかはない。だとすると、そのつど預金者本人に照会し、その来店者の資格を確認したうえで払戻しに応じなくてはならないかが問題となろう。

◆払戻しの免責根拠──債権の準占有者・免責約款・商慣習　金融機関が預金払戻しの免責を受ける法的な根拠としては、民法における債権の準占有者に対する弁済の規定（同法478条）、免責約款および免責約款と表裏をなす商慣習がある。

債権の準占有者に対する弁済とは、いかにも債権者らしくみえる者から払戻しの請求を受け、その者を債権者と信じて（すなわち、善意で）、債務を弁済した場合、そう信じたことに過失がない限り、その者が債権者でなかったとしても、債権者に対する有効な弁済とされるということである。

債権の準占有者に対する弁済の規定は、準占有者が債権者本人であると称している場合のみ適用があるのか、あるいは代理人であると称している場合にも適用があるのかという点が問題になる。判例は、古くは債権者本人に限るとしていたが、後に代理人にも適用があるとした（最判昭37.8.21民集16巻9号1809頁）。したがって、男性名義の預金を女性が払戻請求した場合にも適用されることになる。

次に、免責約款というのは預金約款に設けられている特約で、払戻請求書の印影（または署名）をあらかじめ届けられている印鑑（または署名鑑）と相当の注意をもって照合し、相違ないと認めて払戻しに応じた場合、払い戻した相手方が預金者でなかったとしても金融機関は責任を免れるというものである。これについては、通帳の

名義が女性であるのに男性が払戻請求にきており、また払戻請求書に押印された印影が届出印と相違するため再三印を押し直させ、一致の確認後、払戻しに応じたような場合でも金融機関に過失があったとは認められないとされた事例もある（最判昭42．4．15金法477号33頁）。

商慣習はこの免責約款と表裏をなすもので、同じ内容のものである。

免責約款、商慣習による免責も、銀行の善意・無過失を要件とすると解されている。

◆**善意・無過失免責の要件**　以上のように、金融機関の払戻しが免責されるためには、どの根拠によっても善意・無過失が要件となっている。

そこで、本問のようなケースでは「善意」の要件を満たすため、まず印鑑、通帳等についての事故届が出ていないことが第一に必要となる。

次に「無過失」であるために、本人に問い合わせるなどの方法により、来店者の資格、権限を確認する必要はないかどうかである。この点については、高額の定期預金の中途解約であるとか、来店者が異様にそわそわしている等あやしむべき特段の事情のない限り、その確認を省略しても、過失とはならないと考えられる。その根拠は、多数の預金者を相手に、窓口での預金の受払事務を速やかに、かつスムーズに行うためには、実務の処理を単純化・定型化することが要請され、そのため、支払に際しての金融機関の調査義務を印鑑照合に限っている免責約款が合理的なものであるということに求められよう。また、このような取扱いは、金融機関の実務上すでに商慣習となっているともみられるのである。なお、

本人確認の不備を理由として、正当な照合を経たうえでの払戻しの効力が否定された裁判例（大阪高判平20．2．28判時2008号94頁）および犯罪収益移転防止法上の金融機関の取引時確認義務の規定は、債権の準占有者に対する弁済の効力の有無を規律する民法478条とは趣旨・目的を異にし、それが直ちに同条適用上の弁済の注意義務を構成するものとはいえないとして、本人確認を絶対視せず、払戻しの効力を肯定した裁判例（福岡高判平26．12．18金法2024号88頁）については【10942】参照。

◆**判例**　銀行預金の例ではないが、大阪地判昭63．2．24（判時1281号118頁）の事案では、郵便貯金の契約者X1（母）からX1およびX2（X1の子）の貯金合計約1700万円の解約を依頼された貴金属商社員が郵便局に解約に訪れた際、X1名義貯金は11通中9通、X2名義貯金は13通中10通につき、委任状における払戻請求委任者欄の印影が届出印と相違していたというケースにおいて、郵便局員が受任者である商社員の言を信じ当該商社に対し電話で確認したのみで電話に出た女子職員をX1と誤認して全額を払い戻した場合には、払戻しは無効であるとしている。

10956	本人以外の者への払戻し②

老人ホームの職員が入居者の預金の払戻請求にきた場合はどうするか

結　論

預金名義人の意思を確認したうえで払戻

しに応じる必要がある。仮に預金名義人の意思を確認することが困難であった場合であったとしても、金額・資金使途・申出経緯などを考慮して、慎重に対応する必要がある。

解　説

　老人ホームの職員が入居者名義の預金の払戻請求にきた場合、来店者が預金名義人ではないことが明らかであることから、原則、預金名義人の意思確認を行えない限りは、払戻しに応じるべきではない。

　問題となるのは、往々にして、そのような場面においては、預金名義人が来店できていないことからして、預金名義人が病に伏せていたり、高齢である等の事情により、預金名義人に対する意思確認が困難であったり、もしくは預金名義人の意思能力が乏しくなっていることが強く推察されるような事情が存在することである。

　しかしながら、上記のような事情が存在するようなケースであっても、当然ながら、老人ホーム職員による払戻請求が預金名義人の意思に反していたり、そもそも預金名義人が意思無能力であった場合には、その払戻行為は無効となることから、預金名義人の意思確認ができない限り、もしくは成年後見等の制度利用がなされていることを確認できない限りは、原則どおり払戻しには応じられないことになろう。

　しかしながら、たとえば入院費や手術費等の支払、または日常的な生活費等の工面を理由とする払戻しが請求されている場合には、払戻しが無効となるリスクを甘受してでも払戻しに応じる判断を迫られることも想定されるが、そのような場合であって

も、老人ホーム職員が払戻資金を盗用するリスクを防ぐ観点からも、支払先のエビデンスの徴求や、払戻しと同時に店頭で支払先への振込手続を受け付ける対応を求めたり、老人ホームから損害担保念書の差入れを受ける等の手当を行っておくことも検討すべきであると考えられる。

　なお、意思能力なき預金者の入院費等の払戻しについて、詳しくは【10974】を参照されたい。

10957　弁済供託の手続

弁済供託はどのような手続によって行うか

結　論

　預金の取扱店を管轄する供託所に供託書正副2通および供託金を提出して行う。供託原因が存しない場合、管轄違いの供託、債務の一部の供託は、たとえ供託が受理されても原則として無効である。

解　説

◆**弁済供託の供託原因**　　民法494条は、①債権者が弁済の受領を拒んだこと（受領拒否）、②債権者が弁済を受領することができないこと（受領不能）、③弁済者の過失なくして債権者を確知することができないこと（債権者不確知）の三つの場合を規定している。さらに判例から導かれるものとして、④債権者があらかじめ弁済の受領をしないことが明らかである場合も実務上供託が受理される。このうち、預金につき弁済供託が行われるのはその大部分が債権

者不確知を理由とする場合である。

債権者不確知の要件として、「債権者を確知できないこと」「債権者を確知できないことに過失がないこと」の二つが必要である。

① 債権者を確知できないこと……契約締結時には特定人に帰属が確定していた債権が、その後の事情により弁済者において債権者を確知できない場合である。たとえば、預金者が死亡し相続が開始されたが、その相続人がだれであるか不明の場合、預金の譲渡通知が送達された場合などである。

② 債権者を確知できないことに過失がないこと……弁済者が取引上一般的に負担する「善良なる管理者の注意義務」を尽くしても、債権者がだれであるか確知することができない場合である。

◆供託の手続

(1) 管轄供託　民法495条1項は「供託は、債務の履行地の供託所にしなければならない」と規定する。金融機関の預金は取立債権であるから、預金の取扱店の存する地区を管轄する供託所で行う。管轄違いの供託は、供託官が誤って受理しても無効である。ただし、弁済供託の場合は、被供託者が還付請求をして供託金を受理したとき、または供託受諾をしたときは、その供託は当初から有効な供託があったものとして取り扱われる。

(2) 供託書および添付書類　供託書は供託所に常備されている。供託書を、資格証明、代理権限を証する書面とともに提出する。

(3) 供託金　現金、日銀小切手または供託金の受入れを取り扱っている金融機関

の自己宛小切手に限定されている。

(4) 供託金額　債務の全額の供託を要し、一部の供託は原則として無効である。したがって、預金利息がある場合にはあわせて供託すべきである。

なお、改正民法494条（供託）は、現行民法494条の規律を基本的に維持している。すなわち、上記(1)(2)(3)の要件を規定し、(4)については触れていないものの実務上の取扱いは不変と考えられる。ただし、(1)については従来判例上求められていた弁済の提供の要件を明文化していること、(3)については過失の主張立証責任を債権者側に転換している点が異なる。

10958　閉店直前の多額の払戻請求

閉店直前に多額の普通預金払戻しを請求してきた場合、金融機関は遅滞責任を負うか

結　論

金融機関が通常の業務に支障のない程度において現金を保有して営業することは合理性があり、普通預金者が突然それを超える多額の現金払戻しを請求してきた場合には、信義則上、金融機関の預金の払戻しに必要な時間の猶予が認められるべきであり、直ちに履行遅滞にはならない。

解　説

◆問題の所在　金銭債務の場合は持参債務が原則であるが、預金の場合は、債権者たる預金者が債務者たる金融機関にきて払戻しを求める、いわゆる取立債務とする慣

習が成立しているといえる。また、普通預金は期限の定めのない要求払いの預金であるので、預金者が金融機関の営業時間内に金融機関にきて預金の払戻請求をすれば、金融機関は直ちにこれに応ずる義務を負っている。

預金は消費寄託契約であって、期限の定めのない消費寄託契約においては寄託者は予告期間を置くことなく、いつでも返還の請求ができる（民法666条2項）。これは、期限の定めのない消費貸借においては貸主は相当の期間を定めて返還の催告をしなければならない（同法591条1項）のと大きな相違である。

ところで、金融機関は、預金の払戻しをするための現金は、通常の業務に支障のない程度の額しか保有していないのが一般であるから、突然この保有額を超える多額の現金払戻しを要求された場合、直ちに支払をすることができない（このような場合、金融機関振出の小切手で預金の払戻しをすることが多いが、あくまで現金払戻しを請求されたときのことである）。このような請求を受けた場合、その支店はその立地環境に応じて現金の準備をする。すなわち、本店に近い所在地の支店であれば本店から現金を取り寄せるし、また近くの同じ金融機関の二、三の支店から取り寄せることもある。このような場合であっても、現金を集めるのに数時間かかるし、支店が交通の不便な場所にある場合（このような支店は現金を多めに保有しているのが普通であるが、払戻額が多額であると不足することもある）に、払戻請求の時刻によっては翌日にならないと現金を準備できないこともある。そこで、預金実務においては、大口預金者に対して、多額の現金払戻しの場合には、前もって通知してくれるようにとの依頼をしている。

では、多額の普通預金の現金払戻しを請求されて、金融機関が直ちに応ずることができなかった場合、金融機関の履行遅滞の責任が発生するであろうか。金融機関の預金払戻債務は金銭の支払債務であるが、民法419条3項によれば、その遅滞については債務者は不可抗力を主張することはできないことになっている。したがって、これをそのまま適用すれば金融機関は履行遅滞とならざるをえないが、金融機関の預金取引の実態を考慮する必要がある。そこで、この点を考えてみると、金融機関の営業は、大きくとらえると、預金を受け入れ、それを運用して、その運用益で預金利息その他諸経費等をまかなうことにより成り立つので、金融機関が預金の払戻しをするための現金は通常の業務に支障のない程度において保有し、他の資金を運用に回すことは合理的な理由があるものと認められる。

したがって、預金者から突然多額の現金払戻しを請求された場合には、信義則上、金融機関の預金払戻しに必要な時間の猶予が認められるべきであり、直ちには履行遅滞にはならないものと考えられる。どの程度の時間が猶予されるかはケースによって異なるものと考えられる。

◆**裁判例の見解**　山形地裁米沢支判昭55.1.16（判時967号110頁）は、平常2000万円程度の現金を保有していれば業務に支障はない支店において、その日は3500万円程度の現金を保有して営業をしていたところ、午後2時30分頃（閉店30分前）に7000万円全額の現金払戻しを請求され、その現

金を調達するのに３時間30分程度かかり、預金者の要望する午後５時までに払戻請求に応じられなかったというケースにおいて、「普通預金においては、預金者は何時にても払戻しを請求することができるものの、信義則上、銀行が預金の払戻しに必要な時間の猶予を認めるべきである」とし、金融機関が通常の業務に支障のない程度において現金を保有することは合理的な理由があり、払戻請求者が預金をする際に、金融機関の担当者から多額の現金払戻しをするときには前日に連絡してほしい旨述べられていたのに、金融機関の閉店30分前に7000万円の現金払いを請求している事情からすれば、金融機関が午後５時までに払戻請求に応じられないとしても、金融機関には履行遅滞の責任はないと判示している。

10959 預金がないのに支払った場合

金融機関が預金債務がないのに債務があると誤信して支払った場合、不当利得返還請求はできるか

結　論

金融機関は、特段の事情のない限り不当利得の返還請求をすることができるものと考えられる。

解　説

◆**返還請求の可否**　不当利得の成立要件は、①他人の財産または労務によって利益を受けたこと、②そのために損失を及ぼしたこと、③受けた利益と損失の間に因果関係があること、④利益を保留するにつき法律上の原因がないことである。この場合の不当利得の受益者に対して返還請求できる範囲は、善意の受益者に対しては現存利益であり（民法703条）、悪意の受益者には受けた利益に利息を付し、なお損害があればそれも請求しうる（同法704条）。善意・悪意は、自己がその利益を保持することについて法律上の原因があるかどうかを知っているか否かにより区別される。

金融機関が預金債務がないのに債務があると誤信して支払った場合には、多くの場合、前記各成立要件が充足され、過払い先に対し不当利得の返還を請求することができる。

◆**争われた事例**　金融機関が過払い先に不当利得の返還を請求したところ、当該過払い先は善意の受益者であり、しかも現存利益はないという理由で返還請求が認められなかった事例（福岡地判昭53.4.21金法881号50頁）があったが、不当利得の現存利益については、不当利得返還請求権の消滅を主張する者に立証責任があるとし、不当利得をした者が利得に法律上の原因がないことを認識した後の利益の消滅は、返還義務の範囲を減少させないとしている（最判平3.11.19民集45巻8号1209頁）。この事例は、ＹがＸ（金融機関）に約束手形の取立を依頼し、Ｘが確認ミスから手形が決済されたと思いＹに払い戻したが、実は不渡になっていたことがわかり、ＸがＹに払戻金の返還を請求したところ、Ｙは、Ｙに手形の取立を依頼したＡに交付してしまい現存利益がないとして拒絶し争ったものであるが、最高裁は、Ｙが主張・立証責任を負うＡへの払戻金の交付の事実を

認定せず、仮にこの事実を認めたとしても、Yは A に対して不当利得返還請求ができ、Aの倒産によって不当利得返還請求権の価値が喪失したとしても、XがYに払戻金の返還を請求した時点では現存利益があったとして、払戻金全額について現存利益を認め支払銀行の不当利得返還請求を認容したものである。

不当利得返還請求に関しては、民法707条による制限がある。つまり、相手方たる債権者が誤信の結果債権証書を滅失もしくは損傷し、担保を放棄し、または時効によって債権を失った場合には、債権者を保護するため、弁済者（銀行）に返還請求権を認めないことにしている。これに関して参考となる事例に、最判昭53.11.2（金法882号43頁）がある。これは、当座勘定取引を解約したにもかかわらず金融機関の錯誤により手形の支払をしてしまい、後日支払銀行から支払先に対して不当利得の返還請求をしたものである。本件では、支払先が支払銀行に対し手形を引き渡したことをもって、結果的に同法707条にいう「証書の滅失・損傷」に当たらないとして、支払金融機関の不当利得の返還請求を認めている。また、同法705条の非債弁済（債務の不存在を知ってした弁済）との関連でも、金融機関が預金を過払いしてしまった場合、金融機関が債務の不存在を知らなかったときは、そのことにつき過失があっても、債務がないのに弁済した者がその当時債務のないことを知っていれば返還請求権を認めないという同法705条の狭義の非債弁済には当たらず、不当利得返還請求権が成立するとした事例がある（大阪高判昭44.11.28金法570号22頁）。

なお、過払いをして不当利得の返還請求は認められたが、他方、金融機関の誤ってなした過払いについて不法行為責任が認定された事例として、東京高判昭53.2.22（金法857号33頁）がある。この事例は、甲が乙に金を貸し、丙が保証人となっていたケースで、乙はその弁済のため甲に小切手を振出・交付し、甲はこれを取立のため金融機関の預金口座に入金したところ、金融機関の行職員が小切手を資金化したものと誤信して甲に預金の払戻しをした。そこで甲は、小切手が決済されたものと信じて保証人丙に保証のため振出・交付を受けた約束手形と保証約定書を返却し、丙がこれを廃棄したという事実である。判決は、甲が払戻しを受けた預金相当額につき金融機関に対して不当利得が成立するとしたが、他方、甲の保証人に対する証書返却行為のような保証債務を免除する行為がいったんなされたことからすれば、甲が保証人に対してその責任を追及することは困難であり、そして、この事態をもって甲に損害が発生したものと認定して、金融機関に過失による不法行為の損害賠償責任を認め、不当利得返還請求額と損害賠償請求額との差額を限度として金融機関の請求を認容している。

10960 払戻拒否と不法行為責任

預金の払戻しを拒否した場合、金融機関の不法行為責任は成立するか

結 論

預金払戻請求を拒絶した場合において、

不法行為の成立要件である「権利侵害」の行為が預金契約に基づく金銭債務の不履行という事実についてのみ存するときは、不法行為責任は成立しない。

解　説

◆払戻拒否と不法行為の成否　預金の法律的性質は金銭の消費寄託契約であり、金融機関は預金者に対し契約で定めた元利金の支払債務を負っている。したがって、弁済期の到来している預金について預金者が払戻しを請求してきた場合に、金融機関が支払を拒むと、特別の事情がない限り履行遅滞となり、債務不履行による損害賠償責任を生ずる。この場合に、さらに金融機関に不法行為による損害賠償責任も生ずるであろうか。

債務不履行も不法行為もともに違法行為であって、損害賠償請求権の発生原因とされる。債務不履行と不法行為とはその要件、効果を異にするのであるが、一つの事実が両者の要件を充足する場合、両請求権が競合するかどうかについては争いがあり、判例・通説は競合するとの説である。

そこで両者の成立要件であるが、履行遅滞による損害賠償請求権の成立要件は、①履行の可能なこと、②履行期を徒過したこと、③債務者の責に帰すべき事由に基づくこと、④履行しないことが違法なこと、⑤損害が発生すること（金銭債務の場合は、債権者は損害の発生を立証することなく法定利率もしくは約定利率による遅延損害金を請求しうる）である。また、不法行為による損害賠償請求権の成立要件は、①故意または過失による行為に基づくこと、②他人の権利または利益を違法に害すること

（権利侵害ないし違法性）、③責任能力があること、④損害の発生があることである。

◆判例　　　問題は、預金の払戻拒否が上記の成立要件との関係でどうなるかであるが、たとえば払戻拒否の理由が請求者が正当な権利者かどうかわからないという事情に基づく場合には、判決でその者が預金者と認定されれば、履行遅滞による損害賠償（遅延損害金）を支払わなければならないものと考えられる。それでは、このような場合にさらに不法行為責任も発生するかどうかであるが、次の裁判例が参考になる。

「不法行為の成立要件である「権利侵害」の行為が、契約関係の範囲内に包含され、ただ契約上の義務の不履行という事実についてのみ存する場合には、債務不履行責任のみが成立するにとどまり、不法行為責任は成立しないものとするのを相当とする。いい換えれば、債務の不履行は、それが債権の侵害となるということ以外の意味で、契約関係に包摂されない何らかの権利侵害ないし公序良俗違反として違法性を具備する特段の事情がある場合に、はじめて不法行為責任との競合を来たすものと解すべきである」（札幌高判昭43.10.15金法530号20頁）。

つまり、単なる金銭債務の不履行は不法行為とはならないが、預金者に打撃を与える目的で合理的な理由がないのに預金の払戻しを拒絶したようなときは、不法行為も成立しうるということである。したがって金融機関としては、正当な理由がないのに預金の払戻しを拒絶することのないよう留意する必要がある。

なお、大阪高判平26.3.20（金法2026号83頁）は、銀行（被告）が預金者の相続人

たる払戻権者（原告）に対して、相続分の払戻しを認めなかった事案（なお、本事案は、預貯金が遺産分割の対象となるとした最決平28.12.19（金法2058号6頁）の前であり、預貯金は相続により相続人に当然に分割されるとの裁判実務が確立していた時点であることに留意が必要である）において、「銀行が払戻を拒むことができないことを十分認識しながら、後日の紛争回避という名目で共同相続人の同意の確認を求めることは、正当な根拠を見出すことができない専ら金融機関側の自己都合であって明らかに行き過ぎである」旨述べ、銀行に払戻権者に対する不法行為責任を認め、弁護士費用として7万円を認容している。この裁判例については、不法行為責任の要件として、契約上の債権侵害を超えた権利侵害を求める上記札幌高判等の従来の裁判例の傾向との整合性において疑問はあるものの、いずれにせよ、この裁判例からしても、金融機関としては、払戻しを認めない場合の正当な理由を合理的に説明できるようにしておく必要があるといえる。

◆**債務不履行との差異**　なお、金銭債務の不履行による損害賠償の場合は、債権者は損害の発生を立証する必要がないかわりに、損害額は法定利率あるいは約定遅延損害金に限られる（民法419条1項・2項）のに対し、不法行為による損害賠償の場合は債権者は損害の発生を立証しなければならず、そしてその損害額は遅延損害金に限定されない。

10961 預金者以外からの支払差止依頼

預金者以外の者から預金の支払差止依頼を受けた場合にはどうするか

結　論

支払差止依頼の理由にもよるが、正当な理由なき預金の支払拒絶は金融機関に債務不履行責任が成立するので、差止依頼に応ずるべきではない。

解　説

◆**一方的な支払差止請求**　預金の法律的性質は金銭の消費寄託契約であり、金融機関は預金者に対し契約で定めた元利金の支払債務を負担している。したがって、弁済期の到来している預金について預金者が払戻しを請求してきた場合に、正当な理由がなく支払を拒絶すると履行遅滞となり、債務不履行による損害賠償責任を生ずる（民法412条・415条）。そして、支払を拒絶することについての「正当理由」の挙証責任は金融機関にある。

ところで、預金者以外から預金の支払差止依頼があったとしても、それは一方的なものであり、支払差止めを請求する正当な権限があるか否かは金融機関には判断できない。また、預金者以外からの一方的な支払差止請求が、金融機関が預金者に対して支払を拒絶する「正当理由」になるとはいえないであろう。したがって、支払差止依頼があったからといって、安易に応ずるべきではない。むしろ、なんら合理的理由のない、預金者以外からの一方的な支払差止

請求については、支払差止依頼人に対して法的措置をとらない限り預金者へ支払う旨を伝えるべきである。

◆**預金の帰属を理由とする場合**　一方で、実在の他人名義の預金がなされた場合にその預金者がだれであるかを認定するのは、はなはだ困難である。預金者の特定につき判例は、特別の事情のない限り、現に自らの出えんにより金融機関に対し本人自ら、または使者、代理人、機関等を通じて預金契約をした者が預金者であるとしている（無記名式定期預金につき最判昭32.12.19民集11巻13号2278頁、記名式定期預金につき最判昭57.3.30金法992号38頁）。しかし、これらの判例は普通預金や当座預金に関するものではないことに留意が必要である。流動性預金の預金者については、出えん者ではなく、実際の預金口座開設の契約を締結した本人であるという説も有力であり、それに沿うような判例も存在する（最判平15.6.12民集57巻6号563頁、最判平15.2.21民集57巻2号95頁）。

いずれにせよ、債権の準占有者に対する弁済法理の適用を受けるためには、善意・無過失が要件とされている（最判昭37.8.21民集16巻9号1809頁）。そこで、預金の帰属を理由として支払差止依頼があったにもかかわらず預金者に支払った場合、金融機関に二重払いが生ずることが懸念される。

この場合、金融機関は対応に苦慮することになるが、支払差止依頼人の申出内容にまったく合理性のない場合は別にして、いったん支払差止依頼に応じたうえ、債権者不確知を理由に弁済供託（民法494条）するか、訴訟の過程で解決したほうが安全で

ある。

| 10962 | 通帳と印章の持参人と解約処理 |

通帳（証書）と印章の持参人を正当権利者として解約処理してよいか

結　論

持参人が預金者自身でないと思われるときは、預金者から解約の権限を付与されているかを十分調査する必要がある。

解　説

普通預金の解約・払戻し、定期預金の解約・払戻しの場合には「預金債務の支払＝弁済」とみることができるから、預金通帳（証書）記載の免責約款や民法478条の債権の準占有者（改正民法478条の「取引上の社会通念に照らして受領権者としての外観を有するもの」）に対する弁済として、金融機関のなした通帳（証書）と印章の持参人に対する支払が保護されるかどうかの問題となる。この点、近時の盗難通帳による不正払戻しの増加に伴い、仮に真正な通帳（証書）と印章が持参されたとしても、明らかに持参人が無権限であると疑うべき事情があったにもかかわらず、金融機関がその注意義務を怠ったと認められるときは、金融機関の過失を認め免責を否定する事例も散見されることに留意しなくてはならない。

また、当座勘定取引契約の合意による解約の場合には、単なる預金の支払の問題ではないから、免責約款や債権の準占有者に

対する弁済規定の保護を受けることはできず、一般の法律行為の表見代理の規定（民法109条・110条・112条）の適用を受けられるかどうかが問題となる。すなわち入金帳、小切手帳等と取引印鑑の持参人を常に解約権限のある者とみて処理しても、持参人が取引先本人でなかった場合、金融機関は表見代理の規定によって本人に解約の効果を帰せしめることができるかという問題なのである。当座取引は普通預金のように不特定多数の者と取引するわけではなく、取引開始にあたって一応の調査をし、商業登記簿謄本や印鑑証明等を提出してもらっているのであるから、解約にあたっても、①本人の意思を確認すること、②代理人の場合は代理権限を確認すること、③その他不審な事情がないこと等が必要である。

いずれにしても、それらの持参人と解約の合意をするに際して、金融機関がその者に解約の権限ありと信ずるについて過失があると認められるときは、換言すれば、本人に連絡するなどの権限確認について注意義務を怠ったと認められるときは、金融機関は本人に解約の効果を主張することはできなくなる可能性もあることから注意しなければならない。

10963 無記名預金の支払

無記名預金の預金者と称する者が、店頭に預金証書のみを持参して支払を求めた場合、どのように対処すればよいか

結　論

届出印がない理由、預入経緯・預入原資などを聴取し、申出人が真の預金者であることを慎重に調査・確認のうえでなければ支払に応じてはならない。

解　説

無記名預金とは、取引に使用する印鑑のみの届出を受け、住所・氏名の届出を受けない預金をいう。平成10年3月に大蔵省が制度廃止を決定し、同年4月1日以降、新規預入は認められていない。

本問のとおり、既存分の無記名預金について、預金者と称する者が、店頭に預金証書のみを持参して支払を求めた場合には、そもそも無記名預金制度自体が異例のものであるとの認識をもったうえで、届出印がない理由、預入経緯・預入原資などを聴取し、申出人が真の預金者であることを慎重に調査・確認する必要がある。

そして、このように、申出人が真の預金者であることを納得がいくまで調査・確認を行ったうえで支払に応じたのであれば、仮にたとえ申出人が真の預金者でなかったとしても、当該支払は有効と解されることになろう。

なお支払に応じる際には、後日のトラブル防止の観点から、別途、損害担保等の念書を徴求するほか、本人確認資料等による申出人の連絡先の把握も行っておく必要があると考えられる。

10964 預金者の代理人による解約申出

外遊した預金者の代理人と称し、第三者が預金証書および届出印鑑を押捺した委任状を持参し解約を申し出た場合、どのように対処すればよいか

結　論

委任状を調査するほか、当該第三者から事情を聴取したり、場合によっては預金者本人へのコンタクトを試みたりする等、慎重に調査することが必要である。

解　説

金融機関の店頭に預金証書および届出印鑑を押捺した預金者の委任状を持参して、預金者でない第三者から預金解約の申出があった場合、書類の形式としては預金の解約払戻しに必要な条件を具備しているから、一見、金融機関が払戻しに応じてもさしつかえないように思われる。しかし、金融機関の窓口担当者としては慎重でなければならない。

最も重要な問題は、これがはたして預金者の真意に出たものであるかどうかの確認にあり、その確認は本件のように預金者が外遊しているような場合には非常に困難である。しかし、書類がいかに形式的に整っていたとしても、それが預金者の真意に基づくものでなかったとしたら、理論上は、金融機関のなした預金の解約払戻しの行為は無権利者に対する支払として無効となり、後日正当な預金者から請求を受けると金融機関は二重に支払をしなければならないおそれがある。

実際上、預金者の近親者や使用人等が、預金者の預金証書や印鑑を盗用して不正に預金の引出しを図ったような事例がしばしば起こっており、本人外遊といったような場合にはその機会もまた多いものと思わなければならない。

もちろん、金融機関はこのような場合に備えて、預金約款上で、預金払戻請求書に使用の印影を「届出の印鑑と相当の注意をもって照合し、相違ないものと認めて取り扱いましたうえは、偽造、変造その他の事故があっても、そのために生じた損害については、当金融機関は責任を負わない」旨の特約を定めているのが普通である。

しかし、このような免責約款が効力をもつためには、金融機関が善意・無過失であったこと、つまり取扱い上、善良な管理者として十分な注意を払っていたことを要するとするのが通説である。たとえば、申出人が無権利または無権限であることを知りながら支払ったとか、あるいは相当の注意をすれば知りえたような場合、または証書や印鑑の盗難届が出ていたにもかかわらず失念して支払った場合、正規の払戻手続に従っていなかったような場合などは、いずれも免責されないおそれがあることはいうまでもない。

特に、期限前の解約を求めるようなときには金融機関としてはまだ支払義務のないことをあえてすることにもなるから、いっそうの注意が必要である。したがって、窓口担当者としては、まず申出預金に関する事故届の有無を十分調査し、委任状が本人の筆跡であり預金解約を委任する意思が委任状に明らかであるような場合は別として、

委任状には単に記名捺印があるのみである
とか、あるいは委任事項欄が白地であるよ
うな場合には、できる限り外遊中の本人自
身に問い合わせ、外遊中の本人自身には直
接問えないとしても、持参人と本人との続
柄や資金の使途等につき問いただし、本人
の家族に電話するか、本人からきた書状な
どの確認資料があればみせてもらうなどし
て、解約が本人の意思に基づくことの確信
を得てからでなければ取り扱うべきではな
い。この際、身元や信用の確かな人に保証
人に立ってもらうことも一つの方法である
と思われる。

たとえ金融機関が無権利者に支払ったこ
とについて法律または取引約款上の免責を
受けえたとしても、これによって事実上預
金者に損害をかけ、預金者との間に紛糾を
生じたのでは、金融機関としてはマイナス
といわざるをえない。

なお、この場合であっても、取引担当者
として、代理人の本人確認を厳格に行う必
要があることはいうまでもない。

10965 普通預金の強制解約の可否

普通預金の強制解約はできないか

結 論

やむをえない事由があるときは強制解約
できる。

解 説

当座勘定規定には「この取引は、当事者
の一方の都合でいつでも解約することがで

きます」という趣旨の条項が設けられてい
る。金融機関は、この約定を利用して、取
引振りのよくない得意先との当座勘定取引
を一方的に打ち切ることができる。

従前は、普通預金の約款にはこのような
「強制解約」に関する定めはなく、また、
ただ金融機関が預金を受け入れればよいだ
けのことであるから、強制解約の必要性は
実際上乏しいと考えられていた。

しかし、今日では、預金口座が犯罪等好
ましからざる目的に使用される例も増え、
公序良俗等の観点から、金融機関側から取
引を打ち切りたいと考えるケースも増加し
てきた。

このため、約款を改め、①この預金口座
の名義人が存在しないことが明らかになっ
たときまたは預金口座の名義人の意思によ
らず開設されたことが明らかになったとき、
②この預金の預金者が、預金、預金契約上
の地位その他この取引に係るいっさいの権
利および通帳を譲渡、質入れその他第三者
の権利設定、または第三者に利用させたと
き、③この預金が法令や公序良俗に反する
行為に利用され、またはそのおそれがある
と認められるとき、④この預金の預金者が
反社会的勢力であることが認められるとき
などに、金融機関は預金取引を停止したり、
または預金者に通知して預金口座を解約し
たりすることができるとしており、このよ
うな条項がある場合には、これらに該当す
ると、金融機関側から預金口座を解約する
ことも可能である。

なお、振り込め詐欺救済法は、「金融機
関は、当該金融機関の預金口座等について、
捜査機関等から当該預金口座等の不正な利
用に関する情報の提供があることその他の

事情を勘案して犯罪利用預金口座等である疑いがあると認めるときは、当該預金口座等に係る取引の停止等の措置を適切に講ずるものとする」(同法3条1項)とし、かかる規定上の解約権を適切に行使することを金融機関に求めている。

それでは、このような条項がない場合はどうであろうか。

普通預金は民法の典型契約であり、その性質は消費寄託であるとされている。消費寄託には消費貸借の規定が準用され(民法666条1項)、消費貸借について、借主はいつでも返還することができると規定されている(同法591条2項)。したがって、金融機関としては、いつでも寄託された金銭を返還して取引を打ち切ることができるといえよう。なお、預金者が受領を拒否したときには供託をするという手もある(同法494条)。

しかしながら、金融機関の公共性や、普通預金契約が継続的契約であること、普通預金には口座振替等の準委任契約が付随しているのが通常であること等を勘案すると、準委任契約の解約に関する規律と同様に(民法651条2項参照)、「やむを得ない事由」がないのに、預金者にとって不利な時期に普通預金契約を解約した場合には、金融機関は預金者に対して損害賠償責任を負うと考えられる。したがって、「やむを得ない事由」があるといえることが必要となる。

なお、定期預金契約は期限の定めのある消費寄託契約であり、「やむを得ない事由」がなければ期限前に返還をすることができないとされている(民法663条2項)。また、当座預金契約は委任契約と消費寄託契約の混合契約の性質を有しており、やむをえない事由がなければ預金者の不利な時期に解約することができないと解される。よって、これらの預金契約についても、解約にあたっては「やむを得ない事由」の存否が問題となるが、上記の普通預金契約に関する考え方は、定期預金契約、当座預金契約にも妥当すると考えられる。

また、取引を解約しても、すぐその足で新規口座を開設されたのでは結局同じことの繰り返しであるから、その顧客が窓口に預金をしに現れたとき、それを拒否することができるかどうかも考えなくてはならない。

金融機関が店舗を建設し窓口を開けているのは、ホテルの広告、求人広告などと同性質の「申込みの誘引」で、契約の申込みではない。

顧客が窓口に現れて預金を依頼するのは、預金契約の申込みであって、これを金融機関が応諾して、はじめて預金契約が成立する。金融機関には客の申込みに応じなければならないという義務はない。

以上は、もっぱら一般私法上の観点から問題を考察したものであるが、預金業務の公共性およびそれを営むことを免許されている金融機関の公共的使命を考えるときは、格別の事情がない限り、預金の受入れを拒絶したり一方的に預金の解約をしたりすることは妥当でないと解すべきであろう。

10966 反社会的勢力と預金の解約

金融機関は、預金者が反社会的勢力であることを理由として、普通預金契約を解約す

ることができるか

結　論

　金融機関は、預金者が反社会的勢力であ
ることを理由として、普通預金契約を解約
することができる。

解　説

◆**暴力団排除条項による契約解除**　政府
の「企業が反社会的勢力による被害を防止
するための指針」（平成19年6月19日犯罪
対策閣僚会議幹事会申合せ）を受けて、平
成19年7月24日、全国銀行協会は、「反社
会的勢力との融資取引等について、反社
会的勢力との取引であることが判明した場合
等には、契約解除を可能とする対応につい
て、規定の整備等を含め検討に着手する」
ことを申し合わせるとともに（全銀協申合
せ「反社会的勢力排除に向けた取組み強化
について」）、平成20年11月25日、暴力団排
除条項に関する参考例を制定し、会員行に
通知している。

　現在では、各金融機関の各種預金規定に
は、預金者に暴力団等の反社会的勢力に属
しないことを表明保証させたうえで、その
表明保証に反したことが判明した場合等に
は、預金契約を解約することができる旨の
条項（暴力団排除条項）が置かれているの
が通常である。したがって、暴力団排除条
項が適用できる場合には、これによって預
金契約を解約することが可能である。

　なお、預金規定に暴力団排除条項を追加
する前から預金契約がある場合、個別の合
意なく暴力団排除条項を遡及適用できるか
が問題になるが、いわゆる約款変更は合理

的な範囲において認められており、暴力団
排除条項の必要性、相当性等にかんがみ、
合理的な範囲内にあるものとして遡及適用
できるものと考えられる（福岡高判平
28.10.4金法2052号90頁）。

◆**具体的な解約の方法**　金融機関は、預
金者に対し、預金契約を解約する旨の意思
表示をする必要がある。通常は、内容証明
等によって相手方に解約通知書を送付し、
預入れされていた金員の受領を催告する。
金員の引渡方法については、相手方が指定
する口座への振込、店頭での引渡し、現金
書留での送付、供託等、相手方の反応等に
応じて適宜の方法をとる。

　解約通知書中に解約の根拠となる規定等
の条項や解約の理由を明示してもよいが、
これらを明示しなければ解約の効力が生じ
ないというわけではない。したがって、解
約通知書には、「諸般の事情により、貴殿
との○○預金契約を解約いたします。」等
と記載すれば足りる。通知を受領した預金
者からの問合せに対しても、解約の理由を
明示する必要はない。

　なお、暴力団排除条項による解約である
ことを明示すると、ことさらに相手方を刺
激し業務妨害行為等を誘発したり、相手方
がその属性について争い強硬に解約の無効
を主張したりする場合があるので注意が必
要である。このような事態が想定される場
合には、上記のとおり解約理由を明示しな
いか、解約に際して代理人弁護士を利用す
る、突発的な事態に対応できるよう管轄警
察署と事前に打合せをしておくなど、入念
な準備をしておく必要がある。

10967 納税準備預金の払出し

納税準備預金・納税貯蓄組合預金の払出手続はどうなっているか

結 論

納税準備預金は、原則として預金者自身または同居親族が直接納付する税金に限り支払が認められるものであり、納税外支払は認められない。しかし、金融機関がやむをえない事由と認めたときには、税外支払として支払うことができる。

納税貯蓄組合預金については、納税以外の目的で払い戻すことに制限がなく自由である。

解 説

◆納税のための支払 納税のための支払に関しては、取引先に関係官庁から発行されている納付書または納税告知書を持参させ、まず当該税金が納税準備預金の支払の対象になる税金であるか否かの確認を行う。納税準備預金から納付することのできる租税は、徴収義務者および特別徴収義務者の徴収する租税を除くすべての国税および地方税である。すなわち、所得者が収入のうちから源泉徴求され、また消費税のように消費者等が直接納付するものではない租税については、所得者、消費者自身がこの預金を利用することはできない。

しかし、徴収義務者や特別徴収義務者がこの預金を利用することはさしつかえない。

通常、金融機関は歳入代理店になっているので、国税に関しては自店で取り扱うのは当然であるが、地方税においては自店で取り扱うことができないものもあるので、このような場合には「納税用」と表示した自己宛小切手を作成交付し、現金払いは避けなければならない。

◆納税外支払 納税準備預金は、原則として預金者自身または同居親族が直接納付する税金に限り支払が認められるものであり、納税外支払は認められない。しかし、金融機関がやむをえない事由と認めたときには、税外支払として支払うことができる。

納税貯蓄組合預金については、納税以外の目的で払い戻すことに制限がなく自由である。

ただし、本来、納税準備預金・納税貯蓄組合預金は、ともに税金の納付を容易に行わせるために創設された預金であり、支払が納税に限定されるために利率および利子非課税の特典が存するのであるから、税外支払が行われた場合には、特典がなくなるのは当然である。すなわち、一度税外支払が行われた場合、その支払の属する利息計算期間については、普通預金利率を適用するとともに、利子に対して課税されることとなる。ただし、納税貯蓄組合預金は、当該利子計算期間中の納税外払戻しが10万円以下であれば、預金利率は下がるが、利子に課税されることはない（納税貯蓄組合法8条）。

10968 定期預金の中途解約と金融機関の注意義務

定期預金の中途解約と金融機関の注意義務との関係はどうか

結　論

定期預金の中途解約による払戻しの申出があった場合には、相当の注意義務をもって当該申出者が正当な権利者であることの確認をする必要がある。中途解約の場合にも民法478条や免責約款の適用はあるが、この場合の注意義務の程度は、満期日が到来した定期預金払戻しの場合よりも加重されるので、注意を要する。

解　説

定期預金については、金融機関が債務者として期限の利益を有しており（民法136条）、法律的には、預金者から中途解約の申出があっても、金融機関は期限の利益を主張して、これを拒絶することができる。

定期預金の中途解約による払戻しにも民法478条や免責約款の適用はあるが、満期日到来後における払戻しに比べ、金融機関の注意義務の程度は加重されるものと考えられている。これは、①満期日に払い戻す場合には、金融機関は支払義務を負っているが、期日前に払い戻す場合は支払義務を負っているわけではなく、中途解約に応ずるか否かは金融機関の判断に委ねられていることと、②預金者が万一、盗難事故にあった場合でも満期日までは払い戻されないとの安心感をもっているであろうことから、預金者を保護するためである。

したがって、中途解約に応じようとする場合は、少なくとも次により、中途解約の申出者が真の権利者であることを確認する必要がある（最判昭54.9.25金法912号34頁参照）。

① 中途解約の理由が納得できるものであ

ること

② 定期預金証書または通帳および払戻請求書の提出を受けるとともに、証書または払戻請求書に記載された預金者の住所・氏名およびこれに押捺された印影が、届出のものと合致していること

③ 事故届の有無の確認

④ そのほか特に不審な点がないこと

つまり、担当者が納得いくまで確認することが必要である。ふに落ちない点があれば、さらに突っ込んで確認すべきである。

次の判例（最判昭41.10.4民集20巻8号1565頁）は、この点に関し参考となる事案である。

すなわち、XはY銀行に1年物定期預金50万円をしていたが、Xの妻と称するAがY銀行に現れ、その払戻しを求めた。しかし、Y銀行は支払期日が未到来であり、印章が届出印と違っていたので払戻しを拒絶したところ、Aはその印章がXのものであることを証明する旨の印鑑証明書をもって再び来店したが、届出印は紛失したわけではなくX本人がもっているとのことだったので、Y銀行は再び払戻しを拒絶し、預金係長をX方におもむかせAの申立の事情を確かめさせたところ、Aが玄関に出て応対し先に来店したときと同じことを述べたので、預金係長は預金証書にX本人の署名捺印をしてもらって来店するようAに依頼した。その後Aが届出印の押捺された定期預金証書を持参して三たび来店したが、Y銀行ではなお慎重を期して証書の受取欄にX本人の署名を求めたところ、後日Aが来店し、その記載個所にXの住所・氏名の記載された定期預金証書を呈示して払戻しを求めた。そこでY銀行は、

定期預金印鑑票にあるXの署名とも照合のうえ似ているので、AはXの妻であり間違いのないものと判断して中途解約の手続をとり、払戻しに応じた。ところがAは、実際にはXの妻の姉であって同居していた者であり、Xに無断でその定期預金証書を持ち出し、X名義を冒用して印鑑証明書の交付を受け、さらにXの届出印章を盗用したうえXの署名を冒書して、Y銀行から払戻しを受けたものであることが判明した。

以上の事実について、最高裁は、①債権者の**代理人と称して債権を行使する者**も民法478条にいう債権の準占有者に当たる、②定期預金契約の締結に際し、当該預金の期限前払戻しの場合における弁済の具体的内容が契約当事者の合意により確定されているときは、**期限前の払戻し**であっても同条の適用を受けることを明らかにしたうえで、Y銀行にはその払戻しにつき善意・無過失であることを認めて、Y銀行のなした払戻しを有効と判断した原審判決を支持した。

ただし、本人確認の不備を理由として、正当な照合を経たうえでの普通預金の払戻しの効力が否定された裁判例（大阪高判平20.2.28判時2008号94頁）がある。これについては【10942】参照。

これに対し、真正な預金通帳および真正な届出印が押印された払戻請求書を用いて預金払戻請求が行われた場合、当該払戻請求をした者が正当な権原者でないと疑うべき特段の事情が認められない限り、当該払戻しは民法478条所定の債権の準占有者に対する弁済としてその効力を有するとしたうえ、本件払戻しが他店で行われ、これま

で本件口座について当該他店において窓口出金の手続がされたことがなかったこと、当該他店において、払戻請求をした者が当該口座の払戻請求権者として認識されていたものではなかったこと、払戻金額が高額であること等が、いずれも払戻請求をした者が正当な権原者でないことを疑うべき特段の事情とはならないとして、普通預金の払戻しの効力が肯定された裁判例（福岡高判平26.12.18金法2024号88頁）もある。

最後に、近時、実務においては定期預金の中途解約が半ば一般的・常識的になってきていることをふまえ、定期預金の中途解約と普通預金の払戻しにおける注意義務に差異はないとの判断もされている裁判例も散見されてはいる。しかしながら、上記の判例（最判昭54.9.25）の判断基準が覆されるまでには至っていないと考えられることからも、結論のとおりの対応とすることが肝要であろう。

10969 中途解約に代えての預担貸

中途解約に代えて預金担保貸付をする場合には、どのような注意をすべきか

結 論

中途解約の場合と比して、預金担保手形貸付の場合には、預金者の認定、担保差入権限の確認をさらに十分にする必要がある（【11035】参照）。なお、中途解約に代えてする預金担保貸付にも民法478条が類推適用され、また預金契約上の免責約款が適用され、真実の預金者に対抗することができ

る場合もある。

解　説

　預金者のニーズによっては、預金の範囲
内で中途解約に代えて預金担保貸付が行わ
れることがある。この場合、預金証書と印
鑑とを呈示して申し出る者が本当の預金者
であればなんらむずかしく考える必要もな
く、また事実相当量の取扱い中ほとんど事
故の例をみない。

　注意を要するのは、このような申出をす
る者が真実の預金者本人でなくその代理人、
使者もしくはなんらかの関係ありと自称す
る第三者である場合、さらに加えて証書の
紛失、改印、あるいは名義書換などを伴う
場合である。

　そこで、まず定期預金担保貸付と定期預
金の中途解約（払戻し）とは法律的に別物
であることを認識する必要がある。定期預
金の払戻しについては、それが期日前のも
のであっても、預金規定の「この証書（通
帳）、諸届その他の書類に使用された印影
を、届出の印鑑と相当の注意をもって照合
し、相違ないと認めて取扱いましたうえは、
それらの書類につき偽造、変造その他の事
故があっても、そのために生じた損害につ
いては、当行は責任を負いません」との特
約の適用があるとされているので、たとえ
預金者以外の者に支払ったとしてもその保
護を受けることになり、また、この特約に
よらなくても、預金証書の呈示を受け、届
出印を押捺してもらってその支払をすれば
債権の準占有者に対する弁済として保護さ
れることになる（民法478条）。これに対し
て、預金担保貸付の場合は、たとえ実質的
には預金の中途解約と変わらないとしても、

金融機関としては義務なき行為をするので
あるから、民法478条や免責約款がそのま
ま適用されるとは限らない。第三者（代理
人）が預金者の真意に基づいて担保差入れ
するものであるかどうかを慎重に確認する
ことが必要である。

　そこで次に、中途解約に代えてなされた
定期預金担保貸付につき、上記の確認を怠
ったために銀行が負けたケースを示してお
こう。すなわち、入院中の定期預金者の妻
の姉が勝手に預金証書を持ち出し、偽造の
印鑑について印鑑証明を受け、これによっ
て銀行に対して届出印の改印をしたうえ、
預金者の妻と偽って預金担保貸付を受けた
事案について、「それだけで同人を右定期
預金の期限前払戻につき権限あるものとし、
同人の言葉の真偽調査に意を用いず、預金
者の意思を確かめるなんらかの方途を講ず
ることなく、同人の払戻請求に対し、これ
に応ずるに代え同人との間に右定期預金を
担保とする貸付契約を締結したとしても同
人をその権限あるものと信ずるについて銀
行に過失がないものとはいい難い」旨を示
し、預金者の真意によらず権限のない者を
相手として取引をしたものであるとされ、
表見代理（民法109条・110条・112条）の
成立が認められず、銀行は無担保貸付をし
たのと同様の結果となってしまったのであ
る（東京高判昭38.4.16民集20巻8号1583
頁）。

　しかしその後、最判昭48.3.27（民集27
巻2号376頁）は、金融機関が無記名定期
預金と相殺する予定で貸付をなし、後に相
殺を実行した場合には、民法478条の類推
適用、または預金契約上の免責約款によっ
て、真実の預金者に対抗することができる

と判示した（この判決では明示されなかっ
たため、この場合に、金融機関が相殺の有
効を主張するためには、相殺時まで善意・
無過失であることを要すると解する説と、
預金時および貸付時に善意・無過失であれ
ば足りると解する説があったが、その後、
最判昭59．2．23（民集38巻3号445頁）は
貸付時説をとることを明らかにした）。こ
の判例の理論は、通常の定期預金の中途解
約に代えてする預金担保貸付の場合の相殺
にも適用されるものと考えられる。

　ただし、本人確認の不備を理由として、
正当な照合を経たうえでの普通預金の払
戻しの効力が否定された裁判例（大阪高
判平20．2．28判時2008号94頁）については
【10942】参照。

　これに対し、真正な預金通帳および真正
な届出印が押印された払戻請求書を用いて
預金払戻請求が行われた場合、当該払戻請
求をした者が正当な権限者でないと疑うべ
き特段の事情が認められない限り、当該払
戻しは民法478条所定の債権の準占有者に
対する弁済としてその効力を有するとした
うえ、本件払戻しが他店で行われ、これま
で本件口座について当該他店において窓口
出金の手続がされたことがなかったこと、
当該他店において、払戻請求をした者が当
該口座の払戻請求権者として認識されてい
たものではなかったこと、払戻金額が高額
であること等が、いずれも払戻請求をした
者が正当な権原者でないことを疑うべき特
段の事情とはならないとして、普通預金の
払戻しの効力が肯定された裁判例（福岡高
判平26.12.18金法2024号88頁）もある。

総合口座における貸越の場合の金融機関の
注意義務はどの程度か

結　論

　**総合口座における貸越の場合の金融機関
の注意義務は、普通預金の払戻しの場合と
おおむね同程度と解してよい。**

解　説

　総合口座取引は、普通預金と定期預金と
これを担保とする当座貸越の結合したもの
であって、総合口座における貸越は預金担
保の自動融資で普通預金の払戻しと同じ手
続で行われる点において（総合口座取引規
定ひな型6条）、一般の預金担保貸付とは
手続的に異なる。

　総合口座の当座貸越に関する判例として、
東京地判昭52．6．6（判時875号65頁）は、
女性名義の預金について男性に払い戻した
場合において、払戻しに関する免責約款に
より銀行が正規の手続により払い戻した以
上免責されるとし、オンラインによる全店
払いであるからといって特に注意義務が加
重されるものではないとしている。また、
福岡地判昭57．3．25（判タ476号134頁）で
は、取引店以外での全店払いによる払戻限
度額を超過した払戻しをした場合でも、限
度額を超えるというだけで、払戻請求者が
正当な権利者かどうかの確認義務が特に発
生するわけではないとしている。東京地判
昭57.11.24（金法1048号50頁）では、貸越
限度額いっぱいの払戻しがなされた場合で

も、特段の事情のない限り払戻請求書の筆跡照合の義務はないとしている。以上3件の裁判例では総合口座における貸越を預金の払戻しとして法律構成している。

東京高判昭60.7.19（判時1162号32頁）の事案は、X（女性）がY金融機関K支店で総合口座に300万円の定期預金を有していたが、満期の4日前に男性が通帳と届出印をもってS支店に現れ定期預金の解約を申し出た。S支店職員が定期預金の解約は取引店であるK支店でなければできない旨伝えると、男性は貸越限度額いっぱいの払戻しを請求しこれを受け取った。Xはその翌日事故届をK支店に提出した。第一審判決（静岡地判昭57.5.24金商808号12頁）は、①女性名義預金を男性に払い戻したこと、②解約申出理由が明確でないこと、③K支店とS支店は近距離にあるのにK支店に行かなかったこと等を理由に、Y金融機関に過失ありとした。控訴審判決では、総合口座貸越の場合の注意義務は普通預金の払戻しの場合とおおむね同程度でよいとして、Y金融機関には過失はないとした。

そして、上記東京高判は、最高裁判所においても是認された（最判昭63.10.13金法1205号87頁）。

ただし、本人確認の不備を理由として、正当な照合を経たうえでの普通預金の払戻しの効力が否定された裁判例（大阪高判平20.2.28判時2008号94頁）については【10942】参照。

これに対し、真正な預金通帳および真正な届出印が押印された払戻請求書を用いて預金払戻請求が行われた場合、当該払戻請求をした者が正当な権限者でないと疑うべき特段の事情が認められない限り、当該払戻しは民法478条所定の債権の準占有者に対する弁済としてその効力を有するとしたうえ、本件払戻しが他店で行われ、これまで本件口座について当該他店において窓口出金の手続がされたことがなかったこと、当該他店において、払戻請求をした者が当該口座の払戻請求権者として認識されていたものではなかったこと、払戻金額が高額であること等が、いずれも払戻請求をした者が正当な権原者でないことを疑うべき特段の事情とはならないとして、普通預金の払戻しの効力が肯定された裁判例（福岡高判平26.12.18金法2024号88頁）もある。

10971 外貨定期預金の期限前解約の取扱い

外貨定期預金の期限前解約をする場合はどのように取り扱うか

結論

国内の円定期預金の期限前解約の場合と同様、預入期間に応じて外貨普通預金利率を付すこともあるが、「約定期間利息－期限までの残存期間借入利息」で利息を算出することもあるため、逆金利となることもある。

期日の先物予約付外貨預金の場合は、予約のキャンセルに伴うペナルティを徴収することもある。

解説

◆金融機関は外貨預金を市場で運用　今日では外貨定期預金も珍しいものではなく、

円定期預金の場合と同様、中途解約時には外貨普通預金金利を付することもあるが、原則として中途解約を認めないことも多い。また金融機関によっては、外貨預金で受け入れた外貨を東京ドル・コール市場や東京外為市場、あるいはユーロ市場などへ放出し、市場で運用しているため、期日まで受入金融機関の手元には外貨がないこともある。

この場合、顧客が外貨預金の期限前解約を申し入れてきた場合にも、金融機関はカバー取引であるこの市場での対他行取引をキャンセルできない。したがって、金融機関は顧客に支払うべき外貨を市場から別途調達しなければならない。調達方法は、東京ドル・コール等の借入れによるか、外為市場でのスワップ取引によるかは別として、調達コストがかかる。

たとえば、元金100万米ドル、6カ月定期で年率3％のものを、預け入れてから3カ月後に中途解約する場合、残りの3カ月分の借入れコストがかかることになるが、これが年率6％とすれば、「中途解約利息＝約定期間利息（＄1,000,000×3％×6／12カ月＝＄15,000）－残存期間借入利息（＄1,000,000×6％×3／12カ月＝＄15,000）」となり、利息金額はゼロとなる。

◆予約のキャンセルに伴うペナルティ

期日の先物予約がついた外貨定期預金の中途解約の場合も、金融機関は対顧客買予約のカバー取引を外為市場で他行と売予約をしているので、簡単にこれに応じるわけにはいかない。中途解約ということは期日の予約実行不能ということであるから、その時点で市場で期日の反対取引、つまり買予約を行い、相殺しなければならない。この反対取引により為替差損が発生した場合、すなわち外貨を高く買って安く売った場合には、ペナルティとして顧客に負担してもらわねばならない場合もある。

なお、円定期預金の中途解約と同様、相当の注意義務をもって当該申出者が正当な権利者であることの確認をする必要があり、本人確認の不備を理由として、正当な照合を経たうえでの普通預金の払戻しの効力が否定された裁判例（大阪高判平20.2.28判時2008号94頁）については【10942】参照。

これに対し、真正な預金通帳および真正な届出印が押印された払戻請求書を用いて預金払戻請求が行われた場合、当該払戻請求をした者が正当な権限者でないと疑うべき特段の事情が認められない限り、当該払戻しは民法478条所定の債権の準占有者に対する弁済としてその効力を有するとしたうえ、本件払戻しが他店で行われ、これまで本件口座について当該他店において窓口出金の手続がされたことがなかったこと、当該他店において、払戻請求をした者が当該口座の払戻請求権者として認識されていたものではなかったこと、払戻金額が高額であること等が、いずれも払戻請求をした者が正当な権原者でないことを疑うべき特段の事情とはならないとして、普通預金の払戻しの効力が肯定された裁判例（福岡高判平26.12.18金法2024号88頁）もある。

| 10972 | 口座振替の法的性格 |

口座振替の法的性格は何か。金融機関の義務は何か

結　論

　取扱金融機関と口座振替依頼人（納入義務者）との関係は、預金契約の締結を前提とした「預金口座振替依頼書」に基づく各種料金等の支払の委託を内容とする委任契約であり、取扱金融機関と収納権利者との関係も、基本的には「預金口座振替に関する契約」の締結を前提として、当該料金等の収納事務を委託することを内容とする委任関係であると考えられる。そして、納入義務者と収納権利者との間には、あらかじめ金融機関を受託者として、口座振替の方法によって各種料金等の支払を行うことに関する合意が成立しているとみることができる。したがって、取扱金融機関は受任者として善良なる管理者の注意義務をもって、各種料金の引落しならびに収納事務を処理しなければならない。

解　説

　口座振替とは、通常、金融機関が納入義務者の預金口座から収納権利者の預金口座へ一定の金額を移すことによって、納入義務者が収納権利者に対して負担していた債務につき弁済の効果を生ぜしめるという、金融機関・納入義務者・収納権利者三者間における法律関係をいうのであるが、必ずしも引落口座から受入口座への資金の移動という形で行われるものに限定されてはいない。

◆**金融機関と納入義務者との関係**　電気料、ガス料、電話料、水道料、NHK受信料、国税、地方税、社会保険料等の納入について、納入義務者は金融機関に対して「預金口座振替依頼書」を提出し、納入義

務者が支払うべき一定の債務を特定の預金から口座振替により支払う取扱いをしてもらいたい旨の依頼をする。この場合、納入義務者と金融機関との間に預金契約が締結されていることが前提であるが、前提となる預金が当座預金、普通預金、納税準備預金のいずれであっても、口座振替の依頼によって支払の委託を内容とする委任契約が付加されることに変わりはない。

◆**金融機関と収納権利者との関係**　基本的には収納権利者は金融機関との間で、「預金口座振替に関する契約」を締結して、当該料金等の収納事務を委託するものとされている。ところが実際には、収納権利者がこのような委任契約を金融機関との間に締結していない場合がある。

　しかし、収納権利者が預金口座を金融機関に有している限り、他から振替があれば預金口座に受け入れることとなっているから、預金契約があれば、特にこのような委任契約を結ばなくとも、その預金口座に振り替える義務を納入義務者に対して負うことになる。

　収納権利者との間に委任契約もなく、その預金口座もないときは、金融機関は納入義務者との間の委託契約に基づいて、たとえば国税の場合には、日本銀行本支店、歳入代理店等に納入する義務を負うのみである。

◆**納入義務者と収納権利者との関係**　金融機関は原則として納入義務者・収納権利者双方からの委任に基づいて口座振替の事務を処理するのであるが、さらにその前提として納入義務者と収納権利者との間にも、口座振替の方法によって支払を行うことに関する合意がなされている。

◆**金融機関の義務**　金融機関は納入義務者、収納権利者の双方に対し、受任者としての善管注意義務を負うことになる。したがって、もし金融機関が故意または過失により、本来なすべき口座振替を行わなかったり、過誤による口座振替を行ったりした場合には、納入義務者または収納権利者は銀行に対してこれに基づく責任を追及することができる。しかし、納入義務者・収納権利者相互間においては、金融機関の取扱いに起因する責任を追及することはできない。

　もっとも、金融機関と収納権利者との間に上述の委任契約がなく、預金口座もない場合には、金融機関は原則として、収納権利者に対して責任を負わないと考えられる。

10973　口座振替の残高不足

口座振替の際に残高が不足していた場合、預金者に断りなしに振替不能として返却することができるか

結　論

　預金残高がなくて振替不能の場合、金融機関は預金者になんら連絡通知をすることなく、収納者に対して徴収不能の旨を通知し、収納者が直接集金する。

解　説

◆**収納者との関係**　口座振替を取り扱う場合、まず収納者と金融機関との間で基本契約を締結する。それぞれの収納者について料金の取扱方法が法律や条例で決まっ

ているため、統一的な契約の締結は困難であるが、契約の主な内容は、振替日、預金者の預金口座に支払金がなかった場合の措置、手数料などである。

　このうち、口座振替を行うべき預金口座の残高が不足しているため、振替不能となったときの処理についてであるが、金融機関は多量の口座振替を一定日の短時間内に処理しなければならないのであるから、いちいち預金者に連絡のうえ入金を督促し、入金があるのを待って振替手続を行うことは事実上不可能である。したがって、収納者との契約においても、この点に関しては、預金残高が不足して振替不能の場合、金融機関は預金者になんら連絡通知をすることなく、収納者に対しては徴収不能の通知を行う旨の合意がなされているのが普通である。

◆**預金者との関係**　一方、金融機関は、個々の預金者から口座振替の方法による各種料金等の支払についての依頼書を提出してもらい、支払の依頼を受ける。通常の普通預金の払戻しの場合には通帳と払戻請求書、また当座預金の払戻しの場合は小切手を提出してもらうが、この場合は通帳と払戻請求書または小切手なしに収納者からの請求書に基づいて預金を払い出すことを約定している。そして預金者との関係においても、預金不足により振替不能の場合、金融機関が預金者にその旨連絡する義務はいっさい負っていない。

　このように金融機関は収納者側および預金者側と別々に契約を締結するわけで、収納者と預金者とは口座振替の取扱いにおいて直接の関係には立たない。つまり金融機関が預金者の依頼に基づいて預金者の普

通預金から収納者の口座に振替を行うことが、結果的に料金債務の弁済となるわけである。

もっとも、預金者はあらかじめ収納者に対し、料金の支払について口座振替を利用することを届け出ておかなければならないが、料金の一部支払は認められていないので、金融機関としても請求金額について全額の引落しができない場合は、すべて振替不能として返却しなければならない。

なお、普通預金規定ひな型の5(4)では、「同日に数件の支払いをする場合に、その総額が預金残高をこえるときは、そのいずれを支払うかは当行の任意とします」と定めており、複数件の口座振替が同日に行われる際の一部支払に関する取扱いを明らかにしている。

| 10974 | 意思能力なき預金者の入院費等払戻し |

預金者に意思能力がないときは、預金払戻し等の取引に応じてはならないか

結　論

預金払戻し等の取引は、本人に意思能力がないときは有効に取引を行うことができないため、従前本人からかわりに取引を頼まれていた者であるというような事情がない限り、有効な取引を行うことはできない。しかし、入院費等緊急で本人のために払戻しが必要な場合には、状況により払戻しに応ずることも考えられる。

解　説

預金払戻しは、通常、預金者本人がその意思に基づき行うが、代理人と取引ができないというわけではない。したがって、夫名義の預金を妻が払戻請求することや、家族の口座を1人がまとめて管理するというようなこともあり、恒常的に払戻しを行っていることが確認できるような場合には、預金者本人以外からの払戻請求でも受け付けることが考えられる。

しかし、そもそも来店者と預金者との関係が不明、または来店者に払戻権限があるかどうかわからないようなときには、まずは預金者本人の意思を確認する。たとえ来店者が本人の親族でも、勝手に取引を行えば、不正な払戻請求となってしまうからである。

そして、確認の結果、預金者本人に払戻しの意思がない場合や、来店者に払戻権限がない場合は、もちろん預金払戻しに応ずることはできない。また、預金者本人には意思能力（行為の結果を予想し、その結果を望むかどうか判断する能力）がないことが判明した場合も、来店者が預金者の意思能力がなくなる前に預金者から取引を頼まれていた者であると確認できるような事情がない限り、有効に払戻し等の預金取引を行うことができないため、原則として預金払戻しに応ずることはできない。

したがって、来店者が、恒常的に預金者本人のために預金払戻しを行っている顧客ではない場合、①本人が来店できない理由を確認する、②本人の意思を確認する、または本人の意思確認ができない理由を確認する、といったことが必要である。

そのような確認を行えば、おのずと来店者の申出内容が真実ではないことも判明し、預金払戻しにおいて金融機関に過失が発生することも防ぐことができる。

なお、そのような預金者本人に意思能力がない場合には、一義的には成年後見制度の利用を促すことになるが、入院費等、緊急やむをえず本人のために資金が必要なことがありうる。このようなケースで預金払戻しに応じたとしても、その後、預金者の意思能力が回復したときに、かかる払戻しが無効であると主張される可能性は小さいと思われる。万一預金者から預金払戻しが無効であると主張されたとしても、金融機関は、預金者のために必要な事務（＝預金払戻し）をかわりに行ったものであるとして、それにかかった費用（＝払戻金額）を預金者に償還請求することができると考えられる。これを「事務管理」という（民法697条・702条）。もちろん、金融機関が預金者に「事務管理」を主張するためには、金融機関としてきちんと事情を把握したうえで対応したものでなければならない。実際には、入院費に使われていないような場合常に免責されるとは限らない。そこで、なぜいま申出金額が必要なのかについて、エビデンスの提出を求める等によりきちんと事情を把握することが必要であり、また、事情を把握したうえで預金払戻しを行う場合でも、他への流用を防ぐため、極力振込扱いとすべきである。

10975 財産管理者への支払

後見開始の審判前の保全処分として家庭裁判所により選任された財産管理者から、本人の預金について払戻請求があった場合、これに応じてよいか

結 論

預金の払戻請求について家庭裁判所の許可がある場合を除いて、財産管理者からの払戻請求に応じることはできない。

解 説

財産管理者は、預金者本人ではないので、本人の預金について払戻しを請求するためには、そのための権限を有していることが必要である。

そこで、財産管理者の権限が問題となる。財産管理者とは、後見開始の審判（民法7条）の申立があった場合において、家庭裁判所が必要な保全処分として選任した財産の管理者であって、不在者の財産管理人と同様の権限を有すると規定されている（家事事件手続法126条）。具体的には、財産管理者は、保存行為（民法103条1号）および物または権利の性質を変えない範囲における利用・改良行為（同条2号）のみをする権限を有し、処分行為など、これらを超える行為をするためには、家庭裁判所の許可が必要である。

そして、預金の払戻しを請求することは、処分行為または、（預金債権から費消されやすい現金に換えるという点で）権利の性質を変える改良行為ということができ、いずれにしても、財産管理者がすることができる保存行為や利用・改良行為を超えるものと考えられている。

したがって、原則として、財産管理者は

預金の払戻しを請求する権限を有しておらず、預金の払戻請求をするためには家庭裁判所の許可を得ている必要がある。

よって、金融機関としては、財産管理者から、本人の預金について払戻請求があった場合、別途、預金の払戻請求について家庭裁判所の許可があるかを確認し、許可がある場合に限り預金を払い戻すことができるということになる。

10976　成年後見人へのキャッシュカード発行

預金者の成年後見人から、キャッシュカードの発行依頼を受けた場合、これに応じてよいか

結　論

法的にキャッシュカードの発行が制限されるものではないので、基本的には応じてよいが、悪用の危険があるような場合には、実務上慎重な対応を行うのが望ましい。

解　説

◆成年後見人の財産管理権　成年後見人には、成年被後見人を保護するために、成年被後見人の財産を管理する権限が与えられている（民法859条1項）。すなわち、成年後見人は基本的に、成年被後見人の有する財産の全部について全面的な代理権を有し、財産管理の目的の範囲内で、処分行為を含むいっさいの事実上および法律上の行為をすることができる。よって、成年後見人には成年被後見人の預金の管理や払戻しの権限も認められるので、成年後見人に対

してキャッシュカードを発行することは、法令等に違反するものではない。

◆キャッシュカードのメリット・デメリット　成年後見人に対してキャッシュカードを発行すれば、預金取引の利便性が向上し、当該成年後見人が後見事務をより円滑に行うことができると考えられる。

しかし一方で、キャッシュカードは、カードと暗証番号さえあれば、ほとんどなんの制約もなく容易に預金の引出しや振込等ができてしまうため、成年後見人が悪意をもって所持・利用すると、保護されるべき成年被後見人の預金が不正に引き出される可能性は否定できない。そして、残念ながら、現実に成年後見人がその地位を利用して成年被後見人の財産を着服する事件は少なからず発生しているのである。また、キャッシュカードには盗難・紛失のおそれもあり、成年後見人のみでなく、第三者に不正利用される可能性も考えられる。

◆金融実務　成年後見人へのキャッシュカード発行については、基本的には応じてよいと考えられるものの、以上のようなキャッシュカードの不正利用の危険もふまえて、実務上は、成年後見人へのキャッシュカードの発行を認めていない金融機関も少なくない。キャッシュカードがなければ金融機関の窓口での取引とならざるをえないので、そこで成年後見人本人であることを確認のうえ取引を行うことができるし、受付の時点で多額の取引や異例な取引など、後見事務としての適切性が疑わしい取引が発見されれば、それを未然に防止することも期待できる。また、もし後日トラブルになった場合には、その解決のために取引の記録を確認することもできる。

キャッシュカード発行のほかにも、金融機関によっては、成年後見人のインターネットバンキングの利用を禁止したり、取引店以外の支店での取引を禁止したりすることがあるが、これらも同様の理由からと考えられる。

10977 口座振替の終了・解約

口座振替の終了・解約はいつ行われるか

結 論

　口座振替は、預金者と金融機関、預金者と収納機関、および金融機関と収納機関、それぞれの間における三つの契約のいずれかの契約が終了し、または解約されれば、終了する。

解 説

　口座振替は、預金者（商品・サービス等の購入者・利用者）と金融機関との間で口座振替契約、預金者（商品・サービス等の購入者・利用者）と収納機関（商品・サービス等の販売者・提供者。ただし、収納代行会社のこともある）との間で口座振替による代金等の支払に関する契約、および金融機関と収納機関との間で口座振替に関するデータ・資金の授受に関する契約が、それぞれ結ばれることによって成り立っている。

　そのうえで、実際の口座振替の流れは（代金等後払いの場合）、預金者が商品を購入しまたはサービスの提供を受けた後、収納機関または収納代行会社が対象となる預金口座・預金名義人・金額等のデータを金融機関に送り、金融機関が指定の日に預金者の口座から資金を引き落として収納機関または収納代行会社に資金を送る手順となる。もちろん、口座残高が不足する場合は口座振替は行われない。

　上記のそれぞれの契約が結ばれる順番は問わないが、三つとも結ばれていないと口座振替をすることはできない。したがって、それらの契約がない、または契約が終了しもしくは解約された場合も、口座振替をすることはできない。

　しかし残念ながら、預金者から金融機関に対して口座振替契約の解約申出があったにもかかわらず、金融機関の口座振替設定解除もれ等の事務過誤から、誤って口座引落しをしてしまうことがある。

　このような場合、金融機関は、預金者の依頼によらない口座引落しをしてしまったのであるから、預金者との関係では、引落相当額の預金復元または返還をしなければならない。他方、収納機関に対して誤って送付した資金の返却を求めることになる。

　本来、収納機関が金融機関に送付したデータも間違っていたのであるが、実際には、このようなケースでは、預金者と収納機関または収納代行会社との間で、代金等の支払のもととなる商品の購入やサービスの提供等に関してトラブルになっていることが多く、収納機関としては正当な収納であるとして資金返却に容易に応じないことがある。収納機関からの資金返却がなければ、金融機関は口座振替相当額の支出を強いられたままとなってしまう。したがって、かかるリスクを防ぐためにも、口座振替契約の解約申出の事務処理が適切になされるこ

とが必要である。

10978 債権回収のための口座振替拒絶

債権回収のための口座振替拒絶を行えるのは、どのような場合か

結　論

債権回収のために必要として預金払戻しを停止し、その結果口座振替も拒絶するためには、債務者と預金者が同一で、かつ、債務者が銀行に対して負担する債務について、期限が到来している、または期限の利益を喪失していることが必要である。

解　説

債務者の営業状況が思わしくないとき、債権回収のために預金払戻しを停止することが多い。しかし、口座が公序良俗に反する利用をされている等の、預金取引規定における取引停止・解約事由に該当しなければ、本来、預金取引そのものを停止することはできない。それにもかかわらず金融機関が預金口座の支払を停止することができるのは、金融機関が債務者に対して貸付債権等の債権を有し、反対に債務者に対して預金等の債務を負担していれば、両者を対当額で相殺することができるからである。すでに相殺を実行したまたは今後相殺を行う結果、口座には払戻しに応ずる残高がないのである。

なぜ、すでに相殺を実行した場合だけではなく、今後相殺を行う結果、口座に払戻しに応ずる残高がないと考えることができ

るかというと、民法上、相殺の効果が「相殺適状」の時点で生ずるものとされるからである。相殺は相手方に対して相殺の意思表示が到達することによって効果が生ずることとなるが、効果発生時点は意思表示の到達時点ではなく、「相殺適状」に達した時点にさかのぼるのである。

このため、債権回収が必要な場合、金融機関は、相殺を実行していない、すなわち、現に相殺の意思表示が相手方に到達していない段階でも、今後相殺を行う結果、すでに口座には払戻しに応ずる残高がないと考え、相殺の対象となる預金口座の支払を停止したり口座振替を拒絶したりするなどの措置をとることができるのである。

しかしながら、預金口座の支払を停止したり口座振替を拒絶したりするなどの措置は、債権回収のために便宜的に行うものであり、預金取引または口座振替契約そのものがなくなっているわけではないことに注意が必要である。したがって、これらの措置をとる前提として「債務者＝預金者」であること、「相殺適状」に達していることを確認することが必要である。

「債務者＝預金者」であるかどうかでは、たとえば、法人に対する貸金債権の弁済期が到来したことをもって、当該法人の代表者個人の預金口座の支払を停止することはできず（もちろん、当該代表者が法人の保証人である場合は、保証債権の弁済期到来をもって代表者個人の預金口座を停止することはできる）、また、「相殺適状」に達しているかどうかでは、金融機関が有する債権の弁済期が到来していること、または期限の利益が喪失していることのいずれかが必要である。

なお、預金口座の支払を停止したり口座振替を拒絶したりするなどの措置をとる口座に誤振込による資金が入金されているときはどうなるだろうか。誤振込によっても預金債権が成立するが、金融機関が誤振込と知った後に行った相殺は無効と判断された判決もあるため（名古屋高判平17.3.17金法1745号34頁）、明らかに誤振込とわかっている場合（たとえば、債務者と商取引のある振込依頼人が債務者に頼まれて別口座に振り込もうとしたのに間違えてしまったなどではない）、金額の多寡や緊急度によって、預金口座の支払を停止したり口座振替を拒絶したりするなどの措置の対象としないこともある。

10979 預金の緊急拘束

債務者の業況悪化時において、期限の利益を喪失させる前に、債務者による預金の払戻しを拒絶することは可能か

結 論

債権保全を必要とする相当の事由（期限の利益の喪失事由）が存在している状況でない限り、債務不履行責任を問われる可能性がないとはいえない。

解 説

債務者の業況が悪化しているものの、期限の利益を喪失させて回収に走るまでではない、あるいはその判断がつかない場合に、預金の払戻しを暫定的に禁止することがあり、一般に預金の緊急拘束と呼ばれる。緊急拘束自体は実務上しばしば行われていると考えられるものの、その法的根拠は必ずしもはっきりしない場合がある。以下、緊急拘束のタイミングごとに詳述する。なお、いずれの場合においても、そもそも債務者と払戻禁止について合意しているような場合は、合意の内容にもよるが、原則として払戻しを禁止しうると考えられる。

（1）すでに期限の利益を喪失している場合　この場合は、預金はいつでも相殺できる状況にあり、相殺の意思表示をしていないとしても、預金の払戻しを禁止することに法的な問題は少ないと考えられる。この点、実際に相殺の意思表示をして相殺実行・回収しない限り、払戻しを禁止する十分な法的根拠は乏しいとの考え方等もありうるが、仮に払戻請求訴訟になったとしても、口頭弁論終結時までに相殺実行すればよく、事実上は払戻しを禁止してさしつかえないと考えられる。

（2）期限の利益喪失事由が生じているが、期限の利益喪失の通知前の場合　金融機関としてはいつでも期限の利益の喪失を通知し、相殺適状にして相殺することができることをふまえれば、基本的には、上記(1)と同じ考え方が当てはまるものと考えられる。

（3）期限の利益喪失事由が生じているといえるか不明確な時点　把握している事情からは債権保全上の必要性が認められるが、付加的な事情があれば債権保全上の必要性がなくなる可能性があるような場合、債務者に付加的な事情の有無について説明を求め、それがあると確認できるまでの間は、払戻禁止を認めてよいとする考え方等もありうる（亀井洋一「期限の利益喪失前

の預金拘束の適法性」銀法711号38頁）が、訴訟になれば結局、「払戻禁止の時点で把握していた事情で期限の利益喪失事由が生じていたといえるかどうか」という事実認定の問題に帰着するようにも思われる。

　この点、民法上の信義則などの一般原則に基づき、双務契約において相手方が債務を履行できなくなるとの懸念を生じさせる客観的、合理的な事情があれば、先履行義務者は履行を拒めるという「不安の抗弁」という概念が判例（最判昭37.12.13判タ140号127頁等）で言及されることがあるが、双務契約の概念がそのまま銀行の貸出契約に当てはまるとは限らないし、結局は上記の客観的、合理的な事情が存在することと「債権保全を必要とする相当の事由」が存在することは同じことであり、「不安の抗弁」をもって直ちに払戻禁止が許容されるわけではないと考えられる。

　以上のとおり、払戻しの禁止が違法でないといえるためには、原則として債権保全を必要とする相当の事由、期限の利益喪失事由が存在する必要があり、預金の払戻しを拒む際には、その時点で把握する事情に基づいて客観的、合理的にそれらが存在するといえるかを慎重に判断する必要がある。

第2項　当座勘定

<table>
<tr><td>10980</td><td>手形・小切手の支払時の
注意義務</td></tr>
</table>

手形・小切手の支払に際して、金融機関は取引先に対してどのような注意義務を負うか

結論

　金融機関は当座勘定取引契約に基づく「善良なる管理者の注意義務」を負担している。

解説

◆**当座勘定取引契約の法的性質**　金融機関が当座勘定取引先との間で締結する当座勘定取引契約の法的性質は委任契約と消費寄託契約の混合契約と解されている。

　委任契約の受任者は、委任者に対して善良なる管理者の注意義務を負うものとされている（民法644条）。

◆**善良なる管理者の注意義務（民法644条）**　善良なる管理者の注意義務とは、その人の属する職業、社会的な地位に一般的に要求される注意義務をいう。したがって、行職員は、手形・小切手の支払に際し、行職員として社会通念上一般に期待される業務上相当の注意をもって確認を行わなければならない。

◆**手形・小切手の支払に際する注意義務の範囲**　裁判例（福岡高判昭33．3．29下民集9巻3号542頁）によると次のとおりである。

　(1)　手形・小切手用紙が金融機関交付のものであること　　約束手形および小切手用紙が自分の店舗発行のものであること、為替手形用紙が金融機関発行のものであることを確認する。

　(2)　手形・小切手の要件に不備がないこと　　統一用紙には必要的記載事項の多くが事前に印刷されており、また、手形・小切手の振出日や受取人の白地については当座勘定規定に特約があるので、確認事項は限られている。

　(3)　手形・小切手に偽造・変造等がないこと　　当座勘定規定ひな型16条1項は偽造・変造の手形・小切手の支払の免責を定めている。しかし、判例（最判昭46.6.10民集25巻4号492頁）は、免責約款があっても、金融機関が必要な注意義務を尽くして照合にあたるべきことを前提として免責約款を援用できるにすぎないとする。したがって、印鑑照合を確実に行うとともに、金額の改ざん、振出年月日の記載等に異常がないかどうかを確認しておくことが必要である。

　(4)　盗難届または紛失届が提出されていないこと　　盗難届や紛失届は、その手形・小切手の支払委託の取消の意味も含んでいると考えられるので、これらの届があるにもかかわらず支払ったときは、注意義務違反となる。

10981 引受日が当座取引開始前の日付の為替手形の呈示

当座取引開始前の日付で引き受けられた為替手形が呈示された場合にはどのように対応するか

結　論

　為替手形の引受日のいかんにかかわらず、手形法上有効に成立している場合には支払うべきである。

解　説

　小切手・約束手形については当座勘定契約を締結しなければ用紙の交付を受けられないので、当座勘定契約以前の振出はありえない。しかし、為替手形にあっては、引受人の取引金融機関（支払金融機関）の交付用紙を使用できないことが多く、このような場合には、支払金融機関以外の手形用紙であっても、金融機関交付のものであればさしつかえないことになっている。したがって、取引先である引受人が引受時に当座取引がなくても引受をすることは可能である。

　そして、手形にあっては、当座勘定規定ひな型7条に、小切手契約と並列して、「手形が**呈示期間内**に支払のため呈示された場合には、当座勘定から支払います」と約定がなされており、当座取引の開始日と為替手形の引受日はなんら関係がないと解すべきである。

10982 残高不足と小切手の一部現払い

当座小切手の店頭現払いの請求があり、当座預金の残高が不足する場合、一部支払をすることができるか。小切手所持人が不足額を口座に振り込み、後に全額請求した場合はどうか

結　論

① 　小切手の一部支払は、小切手法上認められていることであるが、当座勘定規定により、預金残高のいかんにかかわらず、一部支払は行わないことが約定されているので、行ってはならない。
② 　小切手所持人が、不足額を口座に振り込み、小切手額面額を請求した場合には、支払ってもさしつかえない。

解　説

◆小切手の一部支払　　小切手の一部支払に関して、小切手法34条には、支払人である金融機関の一部支払に対し、小切手所持人は拒否することができないとされている。ただし、その場合、小切手は、所持人の残債権に対する遡求権行使のために徴求できないが、小切手面に一部支払をなしたことを記載し、また支払金額に対する受領書を徴求できることになっている。

　しかし、金融機関は、一部支払に対する事務の煩雑さと、危険を避けるために、当座勘定規定ひな型に一部支払を行わないことを約定しているのである（同規定ひな型9条2項）。
◆第三者の入金　　当座預金の入金は、取

引先自身によってなされるばかりでなく、取引先以外の者による振込によっても行われる。

その結果、当座預金の残高不足が解消されれば、小切手額面額を支払ってもさしつかえない。

10983 債権回収のための当座預金の別段預金への振替

債権回収にあてるため当座預金を別段預金に振り替え、呈示された取引先振出の小切手を支払わなかった場合、金融機関に債務不履行責任が生ずるか

結　論

金融機関には債務不履行責任は生じないものと考えられる。

解　説

従来、当座勘定取引の継続中に、当座預金と貸付金を相殺することができるかどうかについては、見解が分かれていた。肯定するものは、当座預金も他の預金と同様、消費寄託であり、しかも期限の定めのないものであるから、相殺の受働債権とすることができるとする。これに対し否定するものは、当座預金は、委任事務処理のため手形・小切手の支払資金として受け入れたものであって、金融機関が一方的に自己の負う委任事務処理の範囲を減縮することになる当座預金を受働債権とする相殺は許されないとする。後説によれば、当座預金と貸付金を相殺するには、当座勘定取引を終了させる必要があり、また当座勘定取引の継

続中に、債権の回収を確保するために当座預金を別段預金に振り替えて、取引先の振り出した小切手の決済に支障をきたすような取扱いも許されないことになるものと考えられる。

この点、最高裁判所は、取引先が金融機関に対する債務を履行しなければならない場合には銀行取引約定により、金融機関は、取引先の金融機関に対する預金と貸付金等を相殺し、または預金を貸付金の返還に充当することができ、かつ、このことは当座預金についても異ならないことを前提に、このような状況下においては、金融機関が貸付金債権の回収を保全する処置として、取引先の当座預金残高を別段預金口座に振り替え、呈示された取引先振出の小切手を、預金不足の理由により支払わなかったとしても、金融機関には債務不履行の責任は生じないとした（最判昭57.11.4金法1021号75頁）。したがって本問の場合でも、金融機関が債務不履行責任を負うことはないものと考えられる。

10984 統一手形用紙・統一小切手用紙を使用しない手形・小切手

統一手形用紙・統一小切手用紙を使用しない手形・小切手が呈示された場合は、どのように対応するか

結　論

金融機関は支払を拒絶して第2号不渡事由「手形用紙相違」により不渡返還する。ただし、当座取引先が支払を求めるときは、

所定の手続のうえ小切手と引き換えに支払を行うことは可能である。

解　説

◆統一手形用紙・統一小切手用紙制度

統一手形用紙・統一小切手用紙を使用しない手形・小切手も、手形法・小切手法上は有効である。しかし、全国銀行協会連合会（現全国銀行協会）は、昭和40年12月1日に統一手形用紙制度を採用し、銀行取引のない者が金融機関を支払場所とする手形を振り出すことができないようにして、信用取引の純化を図った。また、小切手についても同様に制度が設けられた。制度の概要は次のとおりである。

(1)　金融機関は自店の当座勘定取引先に対してのみ、統一手形用紙・統一小切手用紙を交付する（当座勘定規定ひな型8条1項）。

(2)　金融機関が交付した用紙による約束手形・小切手でなければその支払をしない。また、為替手形については、預金業務を営む金融機関が交付した手形用紙でなければその交付をしない（当座勘定規定ひな型8条2項・3項）。

◆違反の措置

前述のとおり、金融機関は統一手形用紙・統一小切手用紙以外の手形・小切手が呈示されても権限がないので、支払を拒絶しなければならない。手形交換により支払呈示された場合は、「約定用紙相違」（第2号不渡事由：東京・施行細則77条）により不渡返還することになる。しかし、当座取引先が支払を求めた場合には、その手形・小切手の支払委託を確認のうえ小切手引き換えにより支払うことは可能である。

| 10985 | 金額の複記が不一致の手形・小切手の支払 |

手形・小切手を支払う場合、金額の複記があり、それが異なっていたときはどうするか

結　論

所定の金額欄記載の金額により、支払を行う。

解　説

◆手形法・小切手法の規定

手形法・小切手法は、文字と数字で記載されている場合に両者で金額に差異があるときは、文字をもって記載した金額を手形・小切手金額とし、文字または数字で重複して記載されている場合で金額に差異があるときは、最小金額を手形・小切手金額とすると規定している（手形法6条・77条2項、小切手法9条）。

この規定は、誤記により手形・小切手金額が不確定だという理由で手形・小切手が無効となることを防ぐためであり、強行規定である。

判例（最判昭61.7.10民集40巻5号925頁）においても、約束手形の金額欄に「金壱百円」と、その上部に「￥1,000,000.―」と書かれた手形につき「壱百円」という記載は手形法6条にいう「文字」に当たるとしたうえで、同条により本件手形金額は100円と解すべきであると判示している。

◆当座勘定規定の特約

銀行取引においては、当座勘定規定ひな型6条は「手形、小切手を受入れまたは支払う場合には、複

記のいかんにかかわらず、所定の金額欄記載の金額によって取扱います」と規定している。そこで、金融機関は金額欄記載の金額により支払を行えばよいのである。

なお、この規定は、金融機関と当座取引先との間の手形・小切手の受払事務処理に関する特約であり、手形法・小切手法の規定を排除する趣旨ではない。したがって、手形・小切手の所持人が、金融機関を通じて支払を受ける場合は金額欄記載の金額となるが、銀行取引外では、法律の規定に従った記載金額を請求できるのである。

10986 手形の店頭現払い

手形の店頭現払いは、なぜしないか

結論

手形の店頭現払いは、手形法上も当座勘定規定上も可能である。しかし、店頭呈示の手形所持人と最終被裏書人との同一性の確認が困難なため、回避している。

解説

◆**小切手との相違**　小切手は商業規模の拡大とともに、現金による支払の危険、煩瑣を避けるために、現金にかわる支払の手段として発達したものであり、金融機関に対する支払委託証券であるのに対し、手形は本来信用賦与のための手段であり、その支払人は約束手形の場合には振出人、為替手形の場合は引受人であり、金融機関は当座勘定規定の付随的取決めにより、本人にかわって支払っているにすぎない。

◆**支払銀行の注意義務**

⑴　手形法40条3項・77条1項3号は、手形の支払人は、「裏書ノ連続ノ整否ヲ調査スル義務アルモ裏書人ノ署名ヲ調査スル義務ナシ」と規定し、金融機関に悪意・重過失がない限り、裏書の連続している手形所持人に支払えば金融機関は免責される。しかし、手形所持人と最終被裏書人が同一であることについては、裏書の連続の形式的資格の効力が及ばないから、相当の注意をもって調査しなければならない。この結果、金融機関は同一性確認のため、証明資料の提出を要求したり、調査に時間をかけることになるが、同一性の確認は困難であることから、かえって手形所持人に迷惑をかけることにもなる。そこで、手形所持人の取引金融機関に入金し、手形交換により支払呈示するよう誘導しているのである。

⑵　しかし、当座取引先との関係では、手形の店頭現払いを拒否できる法的根拠はなく、当座勘定規定ひな型7条も、店頭呈示か交換呈示かを区別することなく、呈示期間内に手形が支払のため呈示された場合には、当座勘定から支払う旨を規定しており、店頭呈示手形についても支払委託を受けているのである。

手形所持人の取引金融機関がない場合、または手形交換による支払呈示の時間的余裕がない場合等で、どうしても現払いの申出がある場合には、当座取引先に連絡して、その意向に従って処理すべきである。金融機関の手形の支払は、かかる当座取引先の委託に基づくものであるから、その指示に従って処理すれば金融機関に責任は生じない。

当座小切手を現払いする場合には、どのような注意をすべきか

結　論

小切手は、真正なる振出を経たものであり、かつ小切手要件を満足している場合に、正当な所持人に対してのみ支払うことができるものである。真正なる振出を経たものでなかったり、小切手要件を満足していないにもかかわらず、単純に当座預金に支払資金があるからといって漫然と支払った場合には、金融機関に過失ありとして、免責されない場合があるので注意を要する。

解　説

◆**真正なる振出**　小切手を支払う場合には、まず真正なる振出人により振り出されたものであるかを確かめなければならないが、そのための最も重要なことは届出の署名または印影の照合である。

◆**正当なる所持人**　手形の支払に関しては、満期において支払をなす者は悪意または重大な過失のない限りその責任を免れるものとされている（手形法40条3項）。小切手法にはこのような規定はないが、小切手についても同様に解すべきであるとされている。しかし、金融機関が悪意または重大な過失による責任を免れるためには、少なくとも事故届その他積極的に所持人の権限に疑念を抱かせるような材料がないことを確認すべきである。店頭の現払いは交換呈示と異なり、小切手の正当なる所持人の

確認が必要であり、そのためには、当該小切手に対する盗難・紛失等の事故届が振出人により提出されていないかどうかを確認することを要する。なぜなら、事故届の提出は、金融機関に対する支払委託取消の法律効果が含まれていると解釈されているからである。

なお、このような事故届による支払委託の取消は、呈示期間経過後でなければ効力を生じない（小切手法32条）とされているが、支払人である金融機関が支払請求を拒絶しても所持人に対する支払義務違反にはならない（【10996】参照）。

◆**小切手法による規制**

（1）　小切手は要式証券であるから、小切手法1条・2条の小切手要件を具備していなければ小切手の効力がないので、要件の記載に注意する。

（2）　小切手には、盗難・紛失等の場合、権利のない所持人への支払を防止するために一般線引・特定線引（小切手法37条）の制度がある。一般線引にあっては支払人において金融機関または支払人の取引先に対し、また特定線引にあっては支払人において被指定金融機関に対してのみ、または被指定金融機関が支払人の場合には、自己の取引先に対してのみ支払うことができる（同法38条）のであって、支払先が限定されるので注意する。

（3）　小切手には記名式・指図式・指図禁止記名式・持参人払式（小切手法5条）などの区分があり、記名式・指図式のものは裏書により、指図禁止の記名式小切手は民法の指名債権譲渡の方式と効力をもってのみ権利が移転されるので、それぞれの方式による裏書の連続、その他の譲渡上の要件

を充足しているか否かに注意を要する。また、持参人払式小切手は引渡しによって小切手上の権利が移転する。

(4) 小切手は一覧払い（小切手法28条）であるので、先日付の小切手でも、また小切手呈示期間経過後でも、支払委託の取消がない限り、支払ってさしつかえない（同法32条）が、呈示期間経過後6カ月をもって所持人の支払人に対する遡求権は時効により消滅する（同法51条）ので、振出日に注意する。

10988 先日付小切手の呈示

先日付小切手が呈示された場合、支払ってよいか

結　論

小切手法上有効な支払呈示であり、金融機関は支払わなければならない。

解　説

◆**先日付小切手**　　先日付小切手とは、実際に小切手を振り出した日よりも後の日を振出日として記載した小切手をいう。先日付小切手が振り出される理由としては、実際の振出時には支払資金がないが、将来のある時点以降には入金の見込みがある場合に、その一定時以降の日を振出日として記載しておき、記載した振出日に支払呈示させるようなことにある。

しかし、小切手は現金の支払にかわる機能を果たすものとして必ず一覧払いのものとされており（小切手法28条）、小切手記載の振出日以降でなければ支払呈示できないとすると、信用証券化し小切手の一覧払性に反することになる。そこで小切手法は、先日付であっても直ちに支払のための呈示をすることができ、呈示の日に支払うべきものと定めている（同条2項）。

◆**先日付小切手の支払**　　先日付小切手の支払呈示が振出日付前にあっても、その呈示は有効な呈示であるから、当座勘定に残高があればそのまま支払えばよく、残高が不足していれば「資金不足」を理由に不渡返還しなければならない。なお、実務上は、残高不足の場合には振出人から「依頼返却」を受ける場合が見受けられる。

10989 裏判のある線引小切手の現払い

振出人の裏判のある線引小切手の呈示に対し、現払いに応じてよいか

結　論

小切手法の定めるところにより、自己の取引先または金融機関以外への支払は行ってはならないのが原則であるが、当座勘定規定の特約により支払ってもさしつかえない。

解　説

◆**線引小切手**　　小切手には無権利者への支払を防止する意味において一般線引および特定線引の制度（小切手法37条）がある。

一般線引にあっては、支払人である金融機関は金融機関または自己の取引先に対してのみ、特定線引にあっては、被指定金融

機関または被指定金融機関が自己の場合には取引先に対してのみ、支払うことができる（小切手法38条1項・2項）とされる。さらには、いったん記載された線引に対し「線引又ハ被指定銀行ノ名称ノ抹消ハ之ヲ為サザルモノト看做ス」（同法37条5項）とされ、線引小切手に対してはきわめて強い制約がある。

◆**線引の効力の排除の必要性**　金融機関から小切手用紙の交付を受けた当座取引先が、紛失に備えて直ちに線引を施すことが広く行われている。しかし、小切手を直ちに現金化するためには線引の効力を排除する必要がある。そこで、実務上、線引の効力の排除のため、振出人が線引小切手の裏面に届出印を押す（裏判）という慣行が生じたのである。

◆**線引小切手支払に関する特約**　線引小切手の効力排除に関しては、支払人（金融機関）と振出人との合意により、当該小切手を持参したものに対し、支払をなすべき旨の特約が成立したときには、その当事者間（金融機関と振出人）において一般線引の効力は排除される（最判昭29.10.29金法56号26頁）という判例があり、これをもって振出人の裏判は「当事者間の合意」として有効解されており、当座勘定規定に線引小切手に振出人の裏判のある場合の支払について特約条項を設けている。

当座勘定規定には「線引小切手が呈示された場合、その裏面に届出印の押なつ（または届出の署名）があるときは、その持参人に支払うことができる」と規定されている。

しかし、この支払は第三者に対抗しえないことはいうまでもなく、第三者からこの

ような支払につき損害賠償の請求を受けたときは支払人（金融機関）は支払わなければならない。この第三者の損害賠償を振出人の計算に帰せしめるため、同規定に「前項の取扱いをしたため、小切手法第38条第5項の規定による損害が生じても、当行はその責任を負いません。また、当行が第三者にその損害を賠償した場合には、振出人に求償できるものとします」という特約条項を設けている。

このように、実務的取扱いから、当座勘定規定に前述のような線引小切手の支払に対する特約条項を設け、支払いうることとされている。

なお、この特約は、小切手法38条の注意義務を否定するものではない。

10990　自己取引手形

自己取引手形の支払はさしつかえないか

結　論

原則としてさしつかえない。ただし、当座取引先から取締役会承認不存在を理由として不渡返還の申出があったときは、第2号不渡事由により返還する。

解　説

◆**自己取引**　株式会社の取締役と会社との間の取引（会社法356条1項2号・365条1項）、持分会社の業務を執行する社員と会社の取引（同法595条）等を自己取引というが、このような自己取引においては、それぞれ定められた条項に違反した行為は

無効とされる（判例・通説）。

もっとも、最高裁判所は、会社がその取引の無効を取引の相手方である第三者に主張するには、その取引について取締役会の承認を受けなかったこと、相手方である第三者が悪意であること（その旨を知っていること）を主張立証しなければならないものとする（最判昭43.12.25民集22巻13号3511頁）。

さらに、会社がその取締役に対して手形を振り出す行為は、利益相反取引（自己取引）に当たり、取締役会の承認を要するとしたうえ、裏書譲渡を受けた第三者に対しては、その手形の振出につき取締役会の承認を受けなかったことのほか、手形が当該取締役に振り出されたものであり、その振出につき取締役会の承認がなかったことについて第三者が悪意であったことを主張、立証しなければ会社は第三者に無効を主張できないとしている（最判昭46.10.13民集25巻7号900頁）（相対的無効説）。ただし、悪意には重過失ある場合を含むという説が多い。

◆**当座勘定規定の特約**　　当座勘定規定では、自己取引手形であっても取締役会の承認等の調査を行うことなく支払をすることができ、その取扱いによる損害について金融機関は責任を負わない旨の特約をしている。当座勘定からの手形の支払は、当座取引先と金融機関の間の支払委託契約に基づく受任義務であるが、相対的無効説を前提とすれば、確認的規定ということができる。

なお、同条は、「取締役会の承認、社員総会の認許その他これに類する手続を必要とする場合」とされており、従来の商法、

有限会社法の規律に相当する会社法による規律も含まれると考えられる。

◆**不渡返還の申出を受けた場合**　　上記解釈により、当座取引先から、取締役会の承認がないことを理由に不渡返還の申出を受けたときは、「形式不備」「裏書不備」（0号不渡事由）とすることはできず、「取締役会承認等不存在」（2号不渡事由）を理由に不渡返還する（東京・施行細則77条参照）。この場合には、不渡届の提出が必要であり、手形交換所に異議申立提供金を提供しなければ不渡処分になることに注意しなければならない。

| **10991** | 複数の手形・小切手の呈示と資金不足 |

複数の手形・小切手が呈示されたが、そのすべてを支払うことができない場合はどうしたらよいか

結　論

いずれの手形・小切手を支払うかは金融機関の任意である。ただし、当座取引先からいわゆる「指名決済」として優先決済する手形・小切手の指示があれば、それが不合理でない限りこれに従うべきである。

解　説

◆**支払の範囲に関する特約**　　当座勘定規定は「同日に数通の手形、小切手等の支払をする場合にその総額が当座勘定の支払資金をこえるときは、そのいずれを支払うかは当行の任意とします」という特約を定めている。

本来、どの手形・小切手を支払うかは当座取引先の指示に従うべきであるが、大量の支払事務を短時間で処理することが要請される金融機関に対し、いちいち取引先の指示を求めることは困難であり、また取引先と連絡がとれないこともありうるからである。いわゆる「指名決済」として優先決済する手形・小切手の指示があった場合について、取引先からそうした指示があったとしても、金融機関がそれを承諾した場合は格別として、そうでない限り金融機関としてはその指示に拘束されることなく、諸般の事情を考慮して合理的な選択を任意に行うことができるとした裁判例（大阪地判昭62.7.16金法1211号40頁）がある。もっとも、当座取引先から「指名決済」として優先決済する手形の指示があれば、それが不合理でない限りこれに従うべきである、とするのが通説的見解である。

なお、手形・小切手所持人は支払金融機関に対して単に支払を受けるべき地位または資格を有するにとどまり、手形の支払を強制すべき権利を有するものではない（大判昭6.7.20民集10巻9号561頁）から、支払金融機関が当座取引先の指示に反して手形・小切手を不渡にしても、そのことは当座取引先に対する関係で債務不履行となりうるにとどまり、手形・小切手所持人に対する関係で債務不履行とならないことはもちろん、特段の事情のない限り不法行為とならない（大阪高判昭62.7.31金法1166号25頁）。

◆**一部支払に関する特約**　手形金・小切手金の一部支払につき、手形法・小切手法は「手形・小切手の所持人は一部支払を拒むことができない」ことを規定している（手形法39条2項・77条1項3号、小切手法34条2項）。そして、一部支払をする者は、その支払があった旨を手形上・小切手上に記載すること、および受取証書の交付を請求することができることを規定している（手形法39条3項・77条1項3号、小切手法34条3項）。しかし、短時間で大量の手形・小切手の支払事務処理を行う金融機関にとってこの取扱いは相当な負担であり、特に手形交換により支払呈示された場合、一部の支払は手形交換制度上不可能である。そこで当座勘定規定は、一部支払をしないことを特約として定めている。

10992　過振りを認める場合

過振りを認める場合には、どのような注意をすべきか

結　論

① 当座勘定契約に、全国銀行協会ひな型の過振り条項がある場合は、過振りを認めるかどうかは、その取引先の資力、入金されている他店券の決済見込みを考慮して決定すればよい。

② 当座勘定契約に、このような過振り条項のない場合は、上記の判断のほか、立替金の返済、他店券の譲渡担保差入れなどについての約定書を事前に徴したうえで過振りを行うべきである。

解　説

◆**過振りの意義**　過振りとは、金融機関が、呈示された手形・小切手等の金額が当

座勘定の支払資金（現金入金額および他店券入金額のうち確定した額に、当座貸越契約がある場合は、貸越極度を加えたもの）を超える場合に、例外的に、支払資金を超えて手形・小切手等を支払うことをいう。過振りには、当座勘定の支払資金を超えて手形・小切手を支払う赤残過振りと当座勘定に受け入れた他店券の取立が未了であるが、この他店券の決済を見込んで支払を行う他手過振りがある。

〔参考〕当座勘定規定（ひな型）

第11条（過振り）

① 第9条の第1項にかかわらず、当行の裁量により支払資金をこえて手形、小切手等の支払をした場合には、当行からの請求がありしだい直ちにその不足金を支払ってください。

② 前項の不足金に対する損害金の割合は年　　％（年365日の日割計算）とし、当行所定の方法によって計算します。

③ 第1項により当行が支払をした後に当座勘定に受入れまたは振込まれた資金は、同項の不足金に充当します。

④ 第1項による不足金、および第2項による損害金の支払がない場合には、当行は諸預り金その他の債務と、その期限のいかんにかかわらず、いつでも差引計算することができます。

⑤ 第1項による不足金がある場合には、本人から当座勘定に受入れまたは振込まれている証券類は、その不足金の担保として譲り受けたものとします。

◆**当座勘定規定と過振りの条項**　過振りの法的性質、引当てとしている未確定他店券に対する金融機関の権利等については、従来いろいろな説があり、不明確であったが、当座勘定規定ひな型の過振り条項の文例では、これらの点につき、明確に規定し、過振りをした場合の金融機関の債権保全の確実化を図った。

この条項のポイントは次の2点である。

1項は、金融機関の裁量により過振りを認めうること、その場合、取引先はその支払超過分について直ちに償還する義務があることの約定である。従来、過振りについては、委任事務処理説と事務管理説とがあったが、この約定を設けておくと、契約によって委任された事務の処理とみられることになる。

5項は、本人から受け入れ、または振り込まれている証券を、不足金の譲渡担保として譲り受けることを定めている。他店券入金について、取立委任説を前提として、他手過振りの場合に、その他店券により債権保全するための規定である。

当座勘定規定にこのような過振り条項が設けられている場合は、過振りの際の法的関係が明確化されているので、過振りを認める場合、取引先の資力、見返り他店券の決済の見込み等を判断して行えばよい。

過振り後に受け入れた他店券については、過振りによる債権の担保として、金融機関が小切手上の権利の譲渡を受けたものと解するのが相当であるとする最高裁の判例がある（最判昭44.4.24金法549号22頁）。しかし、実務としては、この過振り後に受け入れた他店券については、前述の過振り条項でも規定していないので、必ず、担保差入証を徴し、担保として取得したことを明確にしておくべきである。

10993　当座預金のわずかな不足と過振りの義務

当座勘定の支払資金の不足がわずかな場合には、金融機関は必ず過振りの措置をとら

なければならないか

結　論

金融機関には過振りを行う義務はない。

解　説

◆過振りの意義　　過振りとは、金融機関が、呈示された手形・小切手等の金額が当座勘定の支払資金（現金入金額および他店券入金額のうち確定した額に、当座貸越契約がある場合は、貸越極度を加えたもの）を超える場合に、例外的に支払資金を超えて手形・小切手等を支払うことをいう。過振りには、当座勘定の支払資金を超えて手形・小切手を支払う赤残過振りと、当座勘定に受け入れた他店券の取立が未了であるが、この他店券の決済を見込んで支払を行う他手過振りとがある。

　金融機関は、呈示された手形・小切手の金額が当座勘定の支払資金を超える場合には、その支払義務を負わない（当座勘定規定ひな型9条1項）。しかし、金融機関が直ちに資金不足を理由に支払拒絶すると、取引先の信用を傷つけることにもなる。そこで、取引先の便宜を図るために、回収に懸念がない場合に限り、一時的に超過分を立て替えて手形・小切手の支払をすることがある。

◆過振りの法的性質

　(1)　過振りには、取引先の依頼による場合と、支払資金があると思って支払ったところ結果的に過振りとなった場合とがある。前者の場合は取引先の委託に基づくことは明らかである。後者の場合は事務管理と解する説（東京地判昭34.11.6金法227号6

頁）と、委任事務処理と解する説とがあるが、委任事務処理説が多数説である。委任事務処理説は、過振りは金融機関と取引先との継続的な取引関係に基づいていること、商行為の受任者は委任の本旨に反しない範囲内において委任を受けていない行為をなすことができる（商法505条）ことを根拠にする。

　(2)　当座勘定規定ひな型11条1項は、「当行の裁量により支払資金をこえて手形、小切手等の支払をした場合には、当行からの請求がありしだい直ちにその不足金を支払」うべき旨を定めており、委任事務処理説の立場であることを明らかにしている。

◆実務上の留意点　　金融機関には過振りを行う義務はない。そして過振りは実質的には一時的な貸出である。したがって、信用の確実な先に限って行うべきであり、担保余力や万一の場合に備えて相殺可能預金の有無の調査を行っておくことが必要である。

| 10994 | 支払済手形・小切手の返還 |

支払済手形・小切手は返還してさしつかえないか

結　論

　支払済手形については小切手と引き換えに返還してもさしつかえないが、小切手については支払の「証」であるので原則として返還すべきでない。

◆**支払済手形**　金融機関は手形が呈示期間内に支払呈示されれば、支払を行う（当座勘定規定ひな型7条1項）が、支払済手形は小切手にかわる支払の「証」として、また伝票として保管するのが通例である。しかし、本来手形は小切手と異なり支払委託を金融機関に対して行う指図証でないのであるから、取引先から小切手と引き換えに支払済手形の返還請求があった場合には、返却してもさしつかえない。

　手形を返還するにあたっては、後日問題が発生した場合に備えて、その手形が小切手と引き換えられた証拠として、支払済手形の要件・交換呈示の経路等の明細を小切手裏面に記入しておく必要がある。

◆**支払済小切手**　小切手は本来、当座預金の支払委託の指図証であり、支払の「証」であるので返還すべきでない。欧米においては、支払済手形・小切手をマイクロフィルムに映写し、支払の証拠資料として残した後返却するのが一般化しているが、日本においてはマイクロフィルムの証拠力について確固たるものがないので、返却を行わないのが通例である。とはいえ、これは、あくまでも後日の紛争に対する証拠書類にほかならず、信用できる取引先に限り、紛争を避けうる方法がとれれば返却してもさしつかえない。

　特に前述のように欧米では支払済手形・小切手の返却が通例であることから、外国（系）商社等から会計監査の必要上返却を求められた場合には、次のように万全を期して返却すべきである。

　（1）　支払済小切手返却依頼書の徴求

「当社と貴行との当座取引において、当社が貴行に支払の委託をし、支払済みとなった小切手につき……（必要の事由）……で当社で保管したいので返却をお願いします。なお貴行において後日当該小切手が必要となった場合には直ちに提出するとともに、当該小切手返却による一切の責任は、貴行に帰責事由のない限り、当社で負います」

　（2）　小切手に対し店頭現払いの場合には支払済なる印を、交換払いのときは交換支払の印を押捺し、かつペイド打抜きを行ったうえで、受取書と引き換えに取引先へ支払済小切手を返却する。

<table>
<tr><td>10995</td><td>受取人と推定される記載のある持参人払小切手</td></tr>
</table>

持参人払いの当座小切手の余白に受取人と推定される者の記載がある場合は、どのように取り扱うか

結　論

　持参人払いの文言が抹消されていない限り、記名持参人払式小切手とみなされるから、持参人払いの小切手と同様に取り扱ってさしつかえない。

解　説

　現行の金融機関制定の当座小切手は、多くの場合「上記金額を持参人殿にお支払下さい」という文言が印刷されている。この持参人という文言を抹消することなく、受取人の氏名が余白に記名されてあった場合には、仮に振出人に記名式とする意思があったとしても、小切手の外観主義により、

これは「○○殿または持参人へお支払下さい」という趣旨の記名持参人払式小切手とみなされる。この記名持参人払式小切手は、持参人払式小切手とみなされるから（小切手法5条2項）、結局、小切手の持参人払いの性質はなんら変わるものでない。

よって、持参人払いの小切手と同様に取り扱ってさしつかえないが、振出人が記名式とするつもりながら「持参人」文言の抹消を忘れたという可能性もありうるので、実務上は、念のため振出人への照会を行う等の対応をとることが望ましいと考えられる。

氏名が「持参人」払いの文言の近くではなく、小切手の端余白に記入してある場合には、これは小切手振出人において同時に数通の小切手を振り出す場合に見受けられるように、交付先の識別のための覚書的なものが多いので、受取人が記載されているというよりは、むしろ単純な持参人払いと解すべきである。

なお、小切手面に印刷された持参人の文言が抹消され、かつ受取人氏名が記入されている場合には記名式小切手（小切手法5条1項1号）となり、記名者または記名者の裏書によって小切手を譲渡（同法14条）された者にのみ支払いうることとなるので注意を要する。

10996 小切手の事故届

小切手の事故届は、呈示期間経過後でなければ効力が発生しないか

結　論

小切手法上は呈示期間経過後でなければ効力は発生しない。しかし、実務上は、効力が発生しないとはいえ、事故届が出されている以上支払うべきではない。

解　説

◆**小切手法との関連**　当座取引先から提出される事故届は、小切手の紛失・盗難などの事故の通知に加え、支払委託の取消の意思表示も含んでいる。

そして、このような小切手の支払委託の取消は「呈示期間経過後ニ於テノミ其ノ効力ヲ生ズ」（小切手法32条1項）とされている。これは、支払呈示期間中に小切手を呈示すれば支払を受けられることを確保して、呈示期間内の流通や呈示を促進させる趣旨であり、強行規定なので、振出人と支払人たる金融機関との間でこれに反する特約を締結しても無効である。よって、法律上、支払人たる金融機関は呈示期間内に呈示された小切手であれば、事故届が提出されていても支払うことは可能であって、その支払の結果を当座取引先に帰することができる。

◆**支払の拒絶**　ところが実務上は、呈示期間内に事故届が出されている小切手が支払呈示された場合にも、支払人たる金融機関は支払を拒絶している。その理由としては、以下のとおりである。

① 支払人たる金融機関は当座取引先から当座勘定規定に基づき支払委託を受けているが、事故の発生によって当座取引先がその支払委託を取り消しているのだから、それに応じるのは不合理ではない。

② 支払人たる金融機関は小切手所持人に対し、契約上も実質上もなんらの義務も負っていないので、小切手の支払を拒絶しても、小切手所持人に対して損害賠償責任を負うことはない（東京地判昭51．2．28金法789号35頁、大阪高判昭62．7．31金法1166号25頁）。

③ 支払人たる金融機関は通常、小切手所持人が善意取得者なのか判断できない。

10997 預手の事故届

自己宛小切手（預手）の発行依頼人から事故届が提出された場合にはどのように対応すべきか

結　論

所持人が正当権利者であることが確認できれば支払ってもよいが、不明の場合は支払拒絶をする。

解　説

◆預手とは　預手とは、金融機関が自ら振出人として振り出した小切手をいい、銀行振出小切手、自己宛小切手とも呼ばれる。預手の小切手上の債務者は金融機関であるので、その信用は高く、大口の取引に際し、現金にかわるものとして広く利用されている。

◆預手の性質　預手の法律関係は、一般的な当座小切手のように振出人と金融機関との支払委託の関係ではなく、金融機関と発行依頼人との小切手の売買であると解され、発行代り金が留保された別段預金につ

いては、金融機関の所有に属すると考えられている。したがって、預手の事故届には小切手法32条の支払委託の取消の効果も小切手外における支払委託の取消の効果もないとするのが裁判例（東京高判昭42．8．30高民集20巻4号352頁）であり、金融機関が預手の呈示を受けた場合、支払うか否かは振出人である金融機関の任意となる。

◆発行依頼人から預手の事故届がなされた後、当該預手が呈示された場合の対応
上記のとおり預手は金融機関を振出人とする小切手であるが、一般的な小切手とその効力について違いはない。呈示期間内に所持人から呈示がなされた場合、発行依頼人から紛失等を理由に預手の事故届がなされた後でも、無権利者に支払わないように金融機関の注意義務が加重されるだけであって、預手の所持人が預手の正当権利者（呈示期間内に悪意・重過失なく取得した者（善意取得者）、または、善意取得者からの譲受人）と判断できる場合、金融機関は支払を行わなければならない。また、呈示期間経過後に事故届のなされた預手について呈示があった場合、所持人が正当権利者であれば所持人には利得償還請求権があるので金融機関は支払を行わなければならない（所持人が正当権利者でなければ支払は行わない）。

10998 「○○殿限り」と記載されている記名式小切手

記名式小切手の受取人名の後に「○○殿限り」と記載されている場合は、どのように取り扱うか

結　論

指名債権の譲渡に関する方式に従い、かつその効力をもってのみ譲渡することができる、指図禁止小切手として取り扱う。

解　説

小切手の流通方式としては、①記名式または指図式、②指図禁止式、③持参人払式の3方式がある（小切手法5条1項）。

このうち、記名式小切手、指図式小切手は裏書によって譲渡することができ（小切手法14条1項）、裏書の連続した小切手の所持人は適法な所持人とみなされ（同法19条）、また持参人払式小切手は小切手の交付だけで譲渡でき、小切手所持人は適法な所持人とみなされる。そして、これらの所持人は、小切手上の債務者を害することを知って小切手を取得したのでない限り、前者に対する人的抗弁を対抗されない（同法22条）。

ところが、記名式小切手に、「〇〇殿限り」とか、「指図禁止」等の記載がなされると、その小切手は指図禁止小切手となる。指図禁止小切手は裏書によって譲渡することはできず、ただ、小切手債権を、指名債権譲渡に関する方式に従い、かつその効力をもってのみ譲渡することができる（小切手法14条2項、民法467条・468条）。そして、指図禁止小切手の所持人には資格授与的効力も人的抗弁切断の効力も与えられない。指図禁止小切手の判別方法や効力、実務上の取扱いについて、詳しくは【10999】を参照されたい。

なお、小切手用紙には指図文句が印刷されているが、これを抹消しないまま「〇〇殿限り」や「裏書禁止」等の指図禁止文句を記入したとき、この小切手は有効なのか、また、有効とすれば指図式なのか、指図禁止式なのかが問題となる。これについて、①小切手自体が矛盾を含むものとして無効となるとする説、②小切手自体が無効となるのが原則であるが、指図文句の抹消を振出人か所持人に委託したと認められるときは、小切手および指図禁止文句は有効となるとする説、③小切手自体は有効だが、指図文句が抹消されない以上、これと矛盾する指図禁止文句は無効となるとする説、④小切手自体も指図禁止文句も優先するとする説があるが、最高裁判例は④説をとる（最判昭53.4.24金法860号32頁、最判昭56.10.1金法985号41頁）。

10999　指図禁止手形の取扱い

指図禁止手形の取扱いにはどのような注意をすべきか

結　論

第一に、指図禁止文句を見落とさないよう入念な精査をすることが必要である。

第二に、割引依頼に対しては、原則として応じない。

第三に、当座実務においては、受取人から直接支払呈示された場合は、振出人から支払委託の取消その他なんらかの申出がなされていない限り、支払ってよい。しかし、譲受人から支払呈示された場合には、まず振出人に連絡するよう努力し、連絡がつかないときは基本的に「譲渡方式不備」の事

由で不渡とすべきと考えられる。

◆**指図禁止手形**　　指図禁止手形の振出人の意図は、大別して二つある。一つは受取人に対する自己の正当な抗弁権を確保しようとする意図であり、他の一つは手形関係人（主として支払人たる金融機関）をトラブルに巻き込んで金銭的利益をせしめようとする意図である。いずれの場合も、指図禁止の趣旨が曖昧に表現されていたり、指図禁止の物理的表示が不鮮明であったりして、手形を一見しただけでは指図禁止の表示が明白でないことがあり、これらの手形を、指図禁止手形と判別して的確に処理することは、きわめて困難である。

◆**指図禁止手形の判別**　　指図禁止手形の判別には慎重を要するのであるが、指図禁止手形と認められる要件として三つあげられている。

第一に、文言から指図禁止の趣旨が明らかであることが必要である。「指図禁止」「裏書禁止」等の記載は指図禁止文句として適法とされているが、このほかに「○○殿限り」という記載も適法とされている（最判昭56.10.1金法985号41頁、【10998】参照）。また、統一手形用紙の指図文句を抹消していなくても、指図禁止文句の記載があれば指図禁止手形となる（最判昭53.4.24金法860号32頁、【10998】参照）。

しかし、「預手形」とか「担保手形」という記載は、指図禁止文句としては不十分であるほか（大隅健一郎＝河本一郎『手形法・小切手法』146頁）、「銀行割引担保に使用出来ざるものなり」という記載も不適法であるとされている（札幌地裁小樽支判

昭34.5.11判時198号37頁）。また振出人が裏書欄全部を2本の朱線で抹消しても、指図禁止手形とはならないとされている（東京地判昭46.3.26判時636号82頁）。

第二に、指図禁止文句が振出人によって記載されたことが、手形面上明瞭でなければならない。したがって、振出人が第一裏書欄内に、指図禁止文句を記載しただけでは不適法であるが（大判昭10.11.28新聞3922号17頁）、指図禁止文句の後に振出人が押印している場合には、記載場所が裏書欄であっても適法である（横浜地判昭42.2.15金法477号37頁、東京高判昭42.7.25金法487号33頁）。手形の表面に指図禁止文句が記載されている場合は、通常、振出人によって記載されたものとみなされる。

第三に、指図禁止文句の記載が物理的に明瞭でなければならない。銀行実務では、短時間に大量の手形を処理するが、そこにつけこんで、よからぬ意図のもとにわざと不明瞭な指図禁止文句を記載する者もいるので注意が必要である。

たとえば手形振出人欄に振出人の社名と代表者名が2行にわたって記載されており、その行間に、「裏書禁止」と記載されているのであるが、1字の大きさが約3ミリメートル四方で幅15ミリメートルにわたって記載され、かつ「書禁止」の3文字は代表者印と重なって不明瞭であるというケースにおいては、注意してみれば肉眼で判別できること等から指図禁止の効力が肯定されている（最判昭53.4.24金法860号32頁）。

◆**指図禁止手形の効力**　　手形法11条2項によれば、手形の振出人が、手形に「指図禁止」の文字またはこれと同一の意義を有

する文言を記載したときは、手形を裏書によって譲渡することは禁止されるが、手形債権を指名債権の譲渡に関する方式（民法467条2項）に従い、かつ、指名債権譲渡の効力をもって譲渡することができる。ただし、指図禁止手形の場合に適用される指名債権譲渡の方式および効力は、ある程度修正されている。

すなわち、譲渡にあたっては当事者の合意のほかに手形の交付が要件とされ（大阪高判昭55.12.2金法948号40頁・通説によれば、指図禁止手形も手形である以上、譲渡の意思表示のほかに手形の交付が権利移転の要件であるとされる。また、指図禁止手形になされた裏書は、裏書としての効力はないものの、譲渡の意思表示としての効力は認められるとされる）、譲渡を債務者以外の第三者に対抗するためには、手形の交付を受けてそれを所持していれば、債務者への通知または債務者の承諾は不要である（前掲大阪高判昭55.12.2）。また、譲渡を債務者に対抗するため、債務者への通知または債務者の承諾が必要であるが、記名式裏書のある指図禁止手形の支払呈示に債務者への通知としての効力を認める下級審判決がある（前掲大阪高判昭55.12.2）。

次に、譲渡の効果であるが、指名債権譲渡の効力しかないから、通常の手形の裏書譲渡に認められている担保的効力（手形法15条）、資格授与的効力（同法16条）、人的抗弁切断の効力（同法17条）等は認められない。

その結果、まず担保的効力がないから、指図禁止手形が不渡となっても、裏書人に遡求することはできない。

また、資格授与的効力がないから、指図

禁止手形が支払呈示された場合、金融機関が善意・無重過失で裏書の連続した所持人に対し支払をしても、金融機関は免責されないし、譲渡人が正当な権利者でなかった場合、譲受人は手形上の権利を善意取得しない。

さらに、人的抗弁切断の効力がないから、譲受人が善意であっても、振出人の有する抗弁権はそのまますべての譲受人に対抗される。

◆指図禁止手形と金融実務　　指図禁止手形の所持人から割引依頼があっても、原則として応じるべきではない。振出人が受取人に対する人的抗弁を確保するために指図禁止にしたのであれば、当該手形について振出人が支払人たる金融機関に対し、支払委託の取消を行う可能性が考えられるからである。

指図禁止手形が交換呈示されたときには、場合によって取扱いは異なる。まず、受取人の取立委任裏書により交換呈示されている場合は、振出人から事前に支払委託の取消がなされていない限り、支払に応じてよい。なお、この取立委任裏書は、権利を移転するものではないことから、指図禁止手形であっても認められる。受取人から手形債権を譲り受けた者の取立委任裏書により交換呈示された場合には、注意が必要である。この場合、譲渡の対抗要件が具備されているのかや、資格授与的効力が認められないなかで譲受人が無権利者であった場合に、金融機関は免責されるのかが問題となる。よって、振出人に照会のうえ支払に応じることが望ましく、振出人に連絡がつかなければ「譲渡方式不備」として不渡処理を行うべきである。

11000 実印による振出

実印によって振り出された手形・小切手を支払った場合、金融機関は責任を負うか

結　論

当座取引において金融機関に届け出られた印鑑が実印でないときは、たとえ実印の押捺された手形・小切手が支払呈示されても金融機関は支払ってはならない。

解　説

本問については、最判昭58.4.7（民集37巻3号219頁）が、当座勘定取引契約において日常的な手形・小切手の取引は取引印のみで行う趣旨であったときは、金融機関が、たとえ実印が押捺されているとはいえ、取引印が押捺されていない偽造に係る手形・小切手の支払をしたことは債務不履行であるとしているので、この判旨に従うべきである。

この事案は、X社がY金融機関において当座取引を開設するにあたって、当座勘定取引用として取引印を届け出ていたにもかかわらず、当該届出印ではなくX社の実印が押捺された偽造手形・小切手の支払を行ったY金融機関に対し、X社が債務不履行による損害賠償の請求をしたものである。第一審判決（大阪地判昭54.7.27民集37巻3号238頁）は、X社名義で振り出された約束手形・小切手に押捺されたのが届出印でなく実印であっても、Y金融機関行員が真正に振り出されたものであると信じ、X社に照会しないで支払ったことに過失はないとしてX社の請求を棄却した。第二審判決（大阪高判昭55.10.23民集37巻3号246頁）および最高裁は、反対に、押捺された印影が取引印でない以上、それがたとえ実印であったとしてもY金融機関は支払をなすべきではないから、それらの偽造手形・小切手の支払をしたことは、当座取引上の債務不履行に当たり、支払に際してX社の支払委託の意思を照会していない以上過失があるとしてY金融機関の責任を認めた。

実印は、通常重要な取引に用いられ、その保管には取引印以上の注意が払われることが多いことから、真正の推定が働きやすい可能性はある。しかし、届出印と相違しているのであれば、当座勘定規定ひな型16条1項の免責が受けられず、判例のように金融機関の責任が認められるおそれがあるので、このような手形・小切手が呈示された場合には、手形・小切手の振出人に連絡し、届出印の押印を受けるか、正当な手形・小切手との差替えにより支払う。ただし、振出人と連絡がつかない場合等、上記の対応を実施できない場合には「印鑑相違」（第2号不渡事由）により不渡返還すべきである。

11001 当座勘定取引の解約

当座勘定取引を解約する場合にはどのような注意をすべきか

結　論

合意による解約の場合以外は、必ず解約

通知をしなければならない。手形用紙、小切手用紙の回収も怠ってはならない。

解　説

　当座勘定取引の解約には、取引先と金融機関との合意による場合と、金融機関が一方的に解約する場合とがあり、前者の場合には未使用の小切手用紙または手形用紙を回収し、未決済の小切手または手形の呈示を待って（あるいは同額を決済充当のために別途保留して）解約すればよいわけで、問題はなく、また、なるべくこの方法によることが実務として望ましい。

　ところが、後者の場合には取扱いはやや複雑になる。すなわち、当座勘定取引については、取引先あるいは金融機関のいずれか一方の都合でいつでも解約できる旨の条項（当座勘定規定ひな型23条1項）があるのが普通である。金融機関はこの条項によって解約権を行使するが、金融機関による解約権の行使は、取引先に及ぼす影響が大きく、当該解除権行使には相当事由の存在を要するとされている（大阪高判昭56.3.31公刊物未登載）。また、この場合、解約の意思表示が必要であり、通常、内容証明郵便で通知する。そして解約の効果は、後述する取引先が手形交換所の取引停止処分を受けた場合を除き、この通知が取引先に到達した時に発生する。したがって、実際の解約は、解約通知が先方に到達した時まで待って手続をなすべきで、もしその前に解約してその直後に回ってきた小切手を「取引なし」というような理由で不渡にしたりすると、金融機関は取引先に対して損害賠償責任を負うおそれがあることに注意しなければならない。なお、当座勘定規定

23条2項ではみなし送達が規定されているので、仮に解約通知が取引先に到達しなかった場合でも、金融機関は解約通知が到達したとみなして解約することが可能である。

　取引先が手形交換所の取引停止処分を受けた場合には手形交換所の交換規則により直ちに当座勘定取引を解約しなければならないが、このような場合には、取引先が行方をくらましていることも多いので、当座勘定規定23条3項では、「手形交換所の取引停止処分を受けたために、当行が解約する場合には、到達のいかんにかかわらず、その通知を発信した時に解約されたものとします」として、発信時に解約の効力が生ずることを定めている。

　なお、当座勘定取引の解約にあたっては、金融機関は、未使用の手形用紙、小切手用紙が悪用されることのないよう、それらの回収に努めなければならない。当座勘定規定24条2項においては、取引先は未使用手形・小切手用紙の返却義務を負うことが規定されているので、金融機関は取引先に対する返却請求権に基づき、取引先に書面または口頭で返却を催告する等の対応をとる。しかし半面、故意に第三者の権利を害するなどの特段の事情がない限り未使用手形・小切手用紙の回収義務を金融機関が負っているわけではないので、未使用手形・小切手用紙を回収しなかった場合でも、未使用手形・小切手用紙が悪用されたことによって、第三者の受けた損害を賠償する責任はないとされている（最判昭59.9.21金法1076号28頁）。

第3項　預金者の保護

11002 盗難キャッシュカードによる払戻し

盗難キャッシュカードによる払戻しで金融機関はどのような責任を負うか

結　論

偽造盗難カード預金者保護法に基づき、盗難キャッシュカードによる不正払戻しにより顧客が被った損害については、金融機関が善意・無過失であることを前提に、預貯金者に故意または重過失がある場合は全額預貯金者が負担し（金融機関の負担はなし）、預貯金者に軽過失がある場合は金融機関が4分の3に相当する金額を補てんし、預貯金者に故意や過失がない場合は金融機関が全額を負担することになる。

解　説

◆偽造盗難カード預金者保護法の概要

偽造あるいは盗難キャッシュカードによる預金の不正引出事件が多発し社会問題化したことを受け、預金者保護のため議員立法により偽造盗難カード預金者保護法が平成17年8月に可決・成立し、平成18年2月10日より施行されている。

偽造盗難カード預金者保護法のうち、盗難キャッシュカードによる不正払戻しに関する金融機関の損失補てんに関連する内容は以下のとおりである。

（1）　対象は、金融機関が発行した個人のキャッシュカードによる被害に限られる（偽造盗難カード預金者保護法2条）。

（2）　顧客が金融機関に対して損失の補てんを求めるには、金融機関が払戻し不正が行われたことについて善意・無過失であることを前提に、以下の要件を満たすことが前提となる（偽造盗難カード預金者保護法5条1項）。

①　預貯金者がイ速やかに金融機関に通知し、ロ金融機関の求めに応じて、遅滞なく盗取が行われるに至った事情その他の当該盗取に関する状況について十分な説明を行い、ハ金融機関に対し、捜査機関へ当該盗取に係る届出を提出していることを申し出たこと。

（3）　上記の要件を満たした場合、金融機関が行う損失補てんの内容は以下のとおり（偽造盗難カード預金者保護法5条2項）。

①　預貯金者に故意・過失のいずれもない場合は、払戻金額（ただし金融機関への通知前30日以内のもの。以下同じ）の全額を金融機関が補てんする。

②　預貯金者に過失（軽過失）がある場合は、払戻金額の4分の3を金融機関が補てんする（この場合、預貯金者に過失があることの立証責任は金融機関側にある）。

③　預貯金者に故意または重過失がある場合は、金融機関による補てんは行わない（この場合も、預貯金者に故意または重過失があることの立証責任は金融機関側にある）。

なお、全国銀行協会は、同法に基づき「カード規定試案」を改正し、平成17年10月6日付で公表しており、かかる改正内容は、各金融機関のカード規定に取り入れられている。

◆顧客の過失の例　上記のとおり、盗難キャッシュカードによる被害については、顧客側の故意・重過失・過失の有無および金融機関側の立証の程度によって、金融機関の損失補てんの割合が変わることになる。

顧客側の過失の例としては、以下のようなものがあげられる（平成17年10月6日付全銀協「偽造・盗難キャッシュカードに関する預金者保護の申し合わせ」による）。

・金融機関が顧客に対して生年月日等の類推されやすい暗証番号から別の暗証番号に変更するよう個別、具体的に複数回にわたって働きかけたにもかかわらず、依然として生年月日等の安易に類推されやすい暗証番号のままであり、かつ、キャッシュカードと暗証番号を推測させる書類（免許証、健康保険証、パスポート等）を一緒に携行、保管していた場合

・暗証を容易に第三者が認知できるような形でメモなどに記入し、かつ、キャッシュカードとともに携行・保管していた場合

◆ATMシステムのセキュリティ対策

偽造盗難カード預金者保護法では、偽造・盗難キャッシュカードによる預貯金者の不正払戻しを未然に防止するため、金融機関に対して、ATMシステム等の安全性の確保、他人に容易に推測される暗証番号が使用されないような措置の実施その他の未然防止措置を講ずることを求めている（偽造盗難カード預金者保護法9条1項）。

これを受け、金融庁の監督指針（主要行監督指針Ⅲ-3-7-2、中小・地域監督指針Ⅱ-3-4-2ほか）においても、必要な情報システムの整備を講ずること、および顧客に対する情報提供、啓発および知識の普及を金融機関の責務としており、具体的には、キャッシュカードやATMシステムについて、そのセキュリティ・レベルを一定のレベルに維持するための体制・技術両面での検討および対策が求められているほか、キャッシュカード利用に伴うさまざまなリスクについて、顧客に対して十分に説明する態勢を整備することが求められている。

したがって、盗難キャッシュカードによる不正払戻しにおいて金融機関が無過失であるためには、ATMシステム等のセキュリティ面についても整備を行う必要があることに留意すべきである（なお、偽造キャッシュカードによる払戻しにつき【11003】参照）。

11003	偽造キャッシュカードによる払戻し

偽造キャッシュカードによる払戻しで金融機関はどのような責任を負うか

結　論

偽造キャッシュカードによる払戻しにおいては、本人の故意による場合または当該払戻しについて金融機関が善意・無過失であってかつ本人に重大な過失があることを金融機関側が証明した場合を除き、有効な払戻しとはならず、全額補償しなければな

らない。

　近年、偽造あるいは盗難キャッシュカードによる預金の不正引出事件が多数発生し、社会問題となっている。かかる状況下、預金者保護のため議員立法により偽造盗難カード預金者保護法が平成17年8月3日成立し、平成18年2月10日付で施行された（なお、同法でいう預貯金者とは個人を対象にしている）。

　かつてのキャッシュカード規定（全銀協ひな型）においては、「カードの電磁的記録によって、支払機または振込機の操作の際に使用されたカードを当行が交付したものとして処理し、入力された暗証と届出の暗証との一致を確認して預金の払戻しをしたうえは、カードまたは暗証につき偽造、変造、盗用その他の事故があっても、そのために生じた損害については、当行および提携行は責任を負いません」という免責条項が設けられており、偽造カードによる不正な払戻しがあったとしても、原則として当該払戻しは有効なものとして扱われ、預金者に対する補償はなされなかった。同規定には公平を失するという意見もあり、平成6年4月には、カード偽造の場合において、カードおよび暗証の管理について預金者に帰責事由のないときは、銀行は免責を主張しないことがある旨の条項を新設したが、この場合も、帰責事由のないことの立証責任は預金者側にあるとして、不明な場合には補償がなされなかったことも多かったことから、規定上の手当ではなく、立法的な解決が求められたものである。

　偽造盗難カード預金者保護法では、払い戻した金融機関が無権限者による払戻しについて善意・無過失であることを前提に、預貯金者に故意または重過失が認められる場合を除き、偽造キャッシュカードを用いてなされた払戻しは無効となる（同法3条・4条）旨規定しており、同法制定後のカード規定（全銀協試案）においては、「偽造カード等による払戻し等」について、「偽造または変造カードによる払戻しについては、本人の故意による場合または当該払戻しについて当行が善意かつ無過失であって本人に重大な過失があることを当行が証明した場合を除き、その効力を生じないものとします。この場合、本人は、当行所定の書類を提出し、カードおよび暗証の管理状況、被害状況、警察への通知状況等について当行の調査に協力するものとします」としている。重大な過失としては、カードに暗証番号を記載していた場合などが考えられる。このような重大な過失がない限り、本人が調査に協力すれば、当該不正な払戻しは無効とされ、全額が補償される。

　なお、盗難カードを用いた不正な払戻しについても改定がなされ、偽造カードの場合とは若干異なるが、預貯金者本人に過失がなく、速やかに通知等をしていれば、原則として補償がなされることとなっている（【11002】参照）。

| 11004 | 詐取されたキャッシュカードによる払戻し |

詐取されたキャッシュカードによる払戻しで金融機関は補てん義務を負うか

結　論

　原則として、金融機関が補てん義務を負うことはないと考えられるが、事案によっては、金融機関に補てん義務があることに留意する必要がある。

解　説

◆詐取されたカードをめぐる裁判例　偽造盗難カード預金者保護法は、偽造カード等と盗難カード等が使われた払戻しについて金融機関の補てん義務を認めている（同法4条・5条）。ここでいう偽造カード等の定義については、まず、真正カード等を「預貯金等契約に基づき預貯金者に交付された預貯金の引出用のカード又は預貯金通帳（金銭の借入れをするための機能をあわせ有するものを含む。以下「カード等」という）」（同法2条3項）と定義したうえで、偽造カード等については、「真正カード等以外のカード等その他これに類似するものをいう」（同条4項）とし、盗難カード等とは、「盗取された真正カード等をいう」（同条5項）としている。

　このように、預貯金者に交付されたカード等は真正カード等とし、真正カード等以外が偽造カード等として区別したうえで、真正カード等のうち盗取されたものが盗難カード等となるため、詐取されたキャッシュカードは、偽造盗難カード預金者保護法の保護の対象外と、一般には考えられる。

　この定義規定に関連して、盗難被害にあった顧客が当該事実を申告してカードの再発行を申請した事例において、再発行されたカードの郵送中、不正に郵便局に局留めにされたうえ、顧客の夫になりすました第

三者が郵便局員を欺罔して当該再発行カードを詐取し、これを利用して預金の払戻しを受けた場合の銀行の補てん義務が争われた事案がある（大阪地判平20.4.17判時2006号87頁）。

　裁判所は、当該再発行カードにつき、偽造盗難カード預金者保護法2条4項が真正カード等に該当しないものは偽造カード等と規定しているところ、本件では、顧客に対する交付がない以上は真正カード等に該当せず、したがって、偽造カード等であると認定したうえ、他の要件の該当性も認めて金融機関の補てん義務があるとした。

◆顧客自身が詐取された場合の取扱い
前掲大阪地判平20.4.17では、前述のとおり、カード等の交付を受けていなかったことをもって、真正カード等に該当しない偽造カード等であるとしている。そのため、カード等の交付を受けた顧客自身がカード等を詐取された場合は、同判決の射程の範囲外であると考えられ、偽造カード等に該当する可能性は低いものと思われる。また、顧客が詐取されたカード等が盗難カード等に該当するかについては、盗難カード等の定義に用いられている「盗取」という用語から、交付罪の一つである詐欺（刑法246条）のケースでは盗難カード等に当てはまらないように思われる。

　ただし、詐欺の実行行為である欺罔行為は、相手方の交付行為に向けられる必要があるところ、具体的な場面においては、欺罔行為が交付行為に向けられたものであるか判断が分かれるものもあると思われる。そのため、金融機関として、顧客からの「騙し取られた」との申告については、事実関係を十分に確認して、偽造盗難カード

預金者保護法の適用があるケースなのかを吟味する必要があるものと思われる。

<table>
<tr><td>11005</td><td>インターネットバンキングによる預金等の不正な払戻し（顧客が個人の場合）</td></tr>
</table>

個人の顧客（預金者）について、インターネットバンキングによる預金等の不正な払戻しが発生した場合、金融機関はどのような責任を負うか

結　論

顧客に過失がないときは、金融機関が無過失の場合でも原則として被害額を全額補償しなければならないが、顧客に過失がある場合には、被害状況等を勘案し、個別対応とする。

解　説

◆**全国銀行協会による申合せ**　インターネットバンキングは、いまや重要な社会インフラの一つとなっているが、その一方、インターネットバンキングを利用した犯罪も多発しており、その手口もますます高度化・巧妙化している。

もっとも、インターネットバンキングを利用した不正送金等の犯罪により顧客に損害が生じた場合は、被害者が個人顧客であっても「偽造カード等及び盗難カード等を用いて行われる不正な機械式預貯金払戻し等からの預貯金者の保護等に関する法律」（いわゆる「預金者保護法」）による保護の対象とはされていない。そこで、顧客保護

の観点から、被害補償の要否および範囲が問題となる。

この点、全国銀行協会からは、数次にわたり、インターネットバンキングによる預金等の不正な払戻しについて、銀行および顧客がとるべき対策や被害補償の考え方等に関する申合せ等が発出されている（①平成20年2月19日付「預金等の不正な払戻しへの対応について」、②平成25年11月14日付「インターネット・バンキングに係る預金等の不正な払戻しへの対応について」、③平成28年6月14日付「インターネット・バンキングにおける預金等の不正な払戻しについて」等）。

これらの「申合せ」によれば、インターネットバンキングによる預金等の不正な払戻しについて、銀行は、個人の顧客（預金者）に過失がないときは、銀行に過失がない場合であっても、原則として被害額を全額補償することとされている。

これに対し、顧客に過失（重過失を含む）が認められる場合は、補償基準については各行の個別対応に任せることとされている。その理由として、前掲①の（別紙3）においては、「インターネットの技術やその世界における犯罪手口は日々高度化しており、そうした中で、各行が提供するサービスは、そのセキュリティ対策を含め一様ではないことから、重過失・過失の類型や、それに応じた補償割合を定型的に作成することは困難である。したがって、補償を行う際には、被害に遭ったお客さまの態様やその状況等を加味して判断する」との説明がなされている。

◆**顧客が補償を受けられる条件**　なお、顧客が補償を受けるためには、前提として、

金融機関に対し、被害内容を速やかに通知していること、金融機関に対して十分に事情説明をしていること、捜査当局への被害事実等の事情説明（捜査への真摯な協力）が必要とされている。また、「金融機関への通知が被害発生日の30日後まで行われなかった場合、親族等による払戻の場合、虚偽の説明を行った場合、戦争・暴動等の社会秩序の混乱に乗じてなされた場合」は、顧客が無過失であっても、補償を行わないものとされている（前掲①）。

なお、顧客に過失が認められる場合の「個別対応」に関し、補償減額または補償せずの取扱いとなりうる事例については、以下のようなケースがあげられる（前掲③）。

イ　銀行が複数回にわたり、個別的・具体的に注意喚起していたにもかかわらず、注意喚起された手口によりだまされて、ID・パスワード等を入力してしまった場合

ロ　警察や銀行等を騙る者に対し、安易にID・パスワード等を回答してしまった、または安易に乱数表（暗証カード）を渡してしまった場合。そのほか、正当な理由もなく、ID・パスワード等を他人に教えてしまった場合

ハ　顧客がID・パスワード等を手帳等にメモしていたり、携帯電話等の情報端末等に保存したりしており、顧客の不注意により当該手帳や携帯電話等が盗難に遭うなどすることにより、当該情報が盗取された場合

ニ　以下のような事実があるにもかかわらず、取引先の銀行への通報を怠っていた間に犯行が行われた場合

　　ⓐ　上記イ〜ハの事例にあるようなケースに該当すること

　　ⓑ　通帳記帳やインターネットバンキングサービスへのログインなどにより、身に覚えのない預金残高の変動があることを認識していたこと

　　ⓒ　顧客のパソコン等がウイルス感染するなどにより、インターネットバンキングで不正な払戻しが行われる可能性を認識していたこと

また、銀行は、被害額の全部または一部を補償した場合には、「犯罪利用預金口座等に係る資金による被害回復分配金の支払等に関する法律」（いわゆる「振り込め詐欺救済法」）にいう「振込利用犯罪行為」により「被害を受けた者」（同法第8条第1項）として、同法の定める手続により被害回復分配金の支払を受ける権利を有すると考えられる。

◆**金融機関に求められる対応**　なお、当然のことながら、金融機関側にも、インターネットを利用した不正払出し被害を防止するための対策が求められている。すなわち、全国銀行協会発出の前掲各文書等によれば、ワンタイムパスワードの採用、顧客のパソコンのウイルス感染状況を検知するソフトの導入と場合により取引を遮断する対処、顧客に対するセキュリティ対策ソフトの無償配布、トランザクション認証の導入等のセキュリティ対策事例を複数組み合わせて講じていくことが必要であるとされている。

<table>
<tr><td>**11006**</td><td>インターネットバンキングによる預金等の不正な払戻し（顧客が法人の場合）</td></tr>
</table>

法人顧客（預金者）について、インターネットバンキングによる預金等の不正な払戻しが発生した場合、金融機関はどのような責任を負うか

結　論

　法人顧客の被害補償については、個別の金融機関の経営判断として検討するものとされている。

解　説

◆**全国銀行協会による申合せ**　インターネットバンキングを利用した不正送金等の犯罪により損害を被った顧客は、偽造盗難カード預金者保護法による保護の対象とはならない。また、同法は、そもそも個人の顧客のみを保護の対象としており、法人顧客に対して同法の趣旨を及ぼすことは、当然にはできないものと解される。

　もっとも、インターネットバンキングを利用した犯罪の手口は高度化・巧妙化しており、個人に比べてセキュリティ対策への対応度が高いと考えられる法人にも被害が拡大している現状にかんがみれば、前記犯罪により損害を被った法人についても一定の保護が必要と思われる。また、法人顧客における被害は、個人顧客に比して被害額が一般に多額にのぼる傾向があり、被害補償の要否および範囲をどう考えるべきかが問題となる。

　この点、全国銀行協会は、複数回にわたり、法人向けインターネットバンキングによる預金等の不正な払戻しについて、被害補償の考え方に関する申合せ等を発出している（①平成26年5月15日付「法人向けインターネット・バンキングに係る預金等の不正な払戻しへの対応について」、②平成26年7月17日付「法人向けインターネット・バンキングにおける預金等の不正な払戻しに関する補償の考え方について」等）。

　これらの「申合せ」においては、銀行および法人顧客が一般的に要求されるセキュリティ対策を実施しているにもかかわらず、前記犯罪の被害に遭う可能性があるという昨今の状況にかんがみ、銀行自身に法的責任がないと考えられる場合であっても、「継続的なサービスの提供や銀行の経営戦略等の観点から合理性があるとして」法人顧客に生じた被害を補償するとの判断もありうるものとし、「法人のお客さまの被害に対する補償を個別行の経営判断として検討するものとする」とされている（前掲②）。

◆**個人顧客との違い**　もっとも、前記のとおり、一般に法人顧客によるセキュリティ対策等への対応力は、個人顧客に比べれば相対的に高いと考えられることから、前記各申合せにおいては、サービスの提供者である銀行のみならず、サービスの利用者である法人顧客に対してもセキュリティ対策を講じることを求めており、具体的には、㋑銀行が導入しているセキュリティ対策（電子証明書のセキュリティ強化策、認証方法の強化策等）の着実な実施、㋺パソコンにインストールされている各種ソフトウェアを最新の状態に更新すること、㋩メーカーのサポート期限が経過した基本ソフト

等を使用しないこと、㈢パソコンにセキュリティ対策ソフトを導入するとともに、最新の状態に更新したうえで稼動させること、㋭インターネットバンキングに係るパスワードを定期的に変更すること、㋬銀行が指定した正規の手順以外で電子証明書を利用しないこと、をあげ、以下のようなケースでは、銀行はそれぞれの事情を個別に勘案したうえで、補償を減額する、または補償をしない取扱いとすることが考えられるとしている（前掲②）。

(1) 顧客が以下の対応を実施していないケース

・上記㋑～㋬のセキュリティ対策の導入

・身に覚えのない残高変動や不正取引が発生した場合の、一定期間内の銀行への通報

・不正取引が発生した場合の、一定期間内の警察への通報

・不正取引が発生した場合の、銀行による調査および警察による捜査への協力

(2) 顧客に過失があると考えられる以下のような事象が認められたケース

・正当な理由なく、他人にID・パスワード等を回答してしまった、あるいは、安易に乱数表やトークン等を渡してしまった場合

・パソコンや携帯電話等が盗難に遭った場合において、ID・パスワード等をパソコンや携帯電話等に保存していた場合

・銀行が注意喚起しているにもかかわらず、注意喚起された方法で、メール型のフィッシングにだまされる等、不用意にID・パスワード等を入力してしまった場合

(3) その他、以下のような事例に相当するケース

・会社関係者の犯行であることが判明した場合

・その他、上記2.の場合と同程度の注意義務違反が認められた場合

また、前掲②の申合せにおいては、法人顧客の属性やセキュリティ対策への対応力等に応じて、補償の対象先や上限等を個別に決定することも考えられるとされている。

なお、銀行が被害額の全部または一部を補償した場合には、振り込め詐欺救済法8条1項に基づき、被害回復分配金の支払を受ける権利を有すると考えられることは、個人の顧客が被害に遭った場合と同様である。

また、銀行側にも、インターネットを利用した不正払出し被害を防止するための対策が求められている（平成28年6月14日付全国銀行協会発出に係る「インターネット・バンキングにおける預金等の不正な払戻しについて」。【11005】参照）。

11007 口座の不正利用等防止

預金者が口座を不正に利用している疑いがある場合、どのような対応をとればよいか

結　論

　預金者が口座を詐欺、恐喝、出資法違反等の犯罪の手段として不正に利用している疑いがある場合は、疑わしい取引として金融庁に届け出る必要がある。また、必要に応じて当該口座取引の停止（凍結）または解約を行う。

解　説

◆**組織犯罪等への対応**　　近時、ヤミ金融業者等が預金口座を不正に利用し違法な取引を行ったり、架空の請求書を送りつけ金融機関の預金口座に振込を請求したりするなど、預金口座を利用した「振り込め詐欺」が大きな問題となっている。公共性を有し、地域経済において重要な機能を有する金融機関が、ヤミ金融等の組織犯罪等に関与し、あるいは利用されることはあってはならないことであり、金融機関には万全のコンプライアンス態勢の整備が求められている。具体的には、犯罪収益移転防止法に基づく本人確認および「疑わしい取引」の届出に関する内部管理態勢を構築するほか、振り込め詐欺救済法もしくは預金規定に基づき、不正利用口座に係る取引停止等の措置を迅速かつ適切に実施するための態勢整備が求められている。

◆**犯罪収益移転防止法の制定**　　マネーローンダリング規制による組織犯罪撲滅への対応として、組織的犯罪処罰法が平成12年2月から施行され、同法に基づき、金融機関には「疑わしい取引」について金融庁に届け出る義務を課せられていた（旧組織的犯罪処罰法54条）。また、平成15年1月からは、本人確認法が施行され、顧客等の本人確認・取引記録の作成・保存義務が求められることとなった（旧本人確認法3条・4条）。さらに、平成16年12月には本人確認法が改正され（「金融機関等による顧客等の本人確認等及び預金口座等の不正な利用の防止等に関する法律」に改称）、預金通帳等を譲り受ける行為等について罰則が設けられることとなった（旧本人確認法16

条の2）。

　以上のような経緯を経て、金融機関には本人確認義務および「疑わしい取引」の届出義務ならびに預金口座の不正防止対策が求められることとなったが、平成19年には本人確認および「疑わしい取引」の届出の義務対象者を金融機関以外にも広げること等を定めた犯罪収益移転防止法が制定され、平成20年3月1日より全面的に施行された。以降、平成23年、26年に大きな改正がなされ現在に至っている。

　平成28年10月1日より施行された現行の犯罪収益移転防止法のもとでは、金融機関等の特定事業者は、疑わしい取引に該当する取引を行うに際しては、統括管理者の承認に基づき行うよう、態勢を整備することが求められている（同法11条・同法施行規則32条）。また、すでに確認を行っている顧客であっても、当該取引が疑わしい取引に該当するおそれがある場合には、あらためて取引時確認を行うことが義務づけられている（同法4条3項、同法施行令13条2項）。

◆**振り込め詐欺救済法の制定**　　前述のとおり、振り込め詐欺による被害者が後を絶たず、増加傾向にあることは大きな社会問題となっていた。そのため、振り込め詐欺の被害者の救済を図る目的で、振り込め詐欺救済法が平成19年12月に公布され、平成20年6月21日より施行されている。

　この法律は、振り込め詐欺等の被害者に対する被害回復分配金の支払手続等を定めており、具体的には、金融機関が振り込め詐欺等の犯罪に利用された疑いのある預金口座等の取引を停止（凍結）し、一定の手続により当該預金（債権）を消滅させたう

えで、被害回復分配金として被害者に支払うこと等が定められている。この場合、振込先口座に残っている預金を上限として支払われることとなるため、被害全額を国や金融機関が補てんするものではないが、被害者の財産的被害の迅速的な回復に資するものである。なお、金融機関にとっては、従来は預金規定に基づいて行っていた口座の取引停止等の措置が、法的に求められることとなった点において、重要な意義を有する（振り込め詐欺救済法については【11010】参照）。

◆**口座の不正利用等の防止対策**　以上のとおり、犯罪収益の移転を防止することは金融機関に課せられた責務であることを認識し、口座の不正利用等を防止するため、以下のような対策を講ずることが求められる。

① 適切な取引時確認および速やかな「疑わしい取引」の届出実施等を含め、犯罪収益移転防止に向けた態勢を整備すること

② 取引時確認によって得られた情報の信憑性・妥当性に疑いが生じた場合等には、取引時確認の再確認を実施すること

③ 預金の支払、口座開設等にあたって、必要に応じて、取引時確認の実施や口座の利用目的等を確認を行うことにより、当該口座が不正利用されていないかを管理する態勢を整備すること

④ 預金規定や振り込め詐欺救済法に定める預金取引停止・口座解約等の措置を迅速かつ適切に講ずる態勢を整備すること

⑤ 盗難通帳・偽造印鑑等による預金の不正払戻しを防止するため、窓口での預金の支払等にあたって、必要に応じ取引時確認を実施すること

⑥ ATMシステムのセキュリティ・レベルの向上等、必要な情報システムの整備を講ずること

11008　警察からの凍結口座名義人情報の提供

警察からの凍結口座名義人情報の提供があった場合、どのような対応をとればよいか

結　論

平成20年12月より、振り込め詐欺に利用された口座名義人の情報を警察庁において集約しリスト化した後、全国銀行協会を通じて金融機関に提供することで、悪用される懸念のある口座が新規に開設されることを防止する取組みが開始された。金融機関は、口座開設依頼人について凍結口座名義人リストとの突合を実施し、合致した場合は、口座の開設を謝絶もしくは早期に口座凍結措置を行う必要がある。

解　説

◆**目的**　振り込め詐欺は、預金口座やATMなどの金融機関が提供するサービスを悪用する手口であり、預金口座の新規開設時に本人確認を実施することや口座の利用目的等を確認することは、口座の不正利用等防止を図る観点から、金融機関にとっての重要な責務といえる。また、振り込め詐欺救済法の施行を受け、口座の不正利用に関する情報を速やかに受け付ける体制を整備するとともに、情報等を活用して預金取引停止等の措置を迅速かつ適切に講ずる

態勢を整備することが求められている。

　かかる状況下において、平成20年12月より、振り込め詐欺に利用された口座名義人の情報を警察庁において集約してリスト化し、全国銀行協会（以下「全銀協」という）を通じて金融機関に提供することにより、悪用される懸念のある口座が新規開設されることを防止する取組みが開始された。

◆**スキームの概要**

　(1)　凍結口座名義人リストの作成

・警察署より金融機関に対して口座凍結依頼書に基づき口座凍結依頼がなされる。

・口座凍結依頼を受けた金融機関は、口座を凍結するとともに、口座凍結依頼書にカナ氏名、漢字氏名、生年月日、住所等を記入し、警察署に返送する。

・警察庁では、各警察署から集約された凍結口座名義人情報をリスト化し、全銀協等の業界団体（当面は全銀協のみ）に毎月配布する。

　(2)　凍結口座名義人リストに基づく口座開設依頼人の突合

・全銀協では、傘下の金融機関に対して、月2回、凍結口座名義人リストを配布する。

・各金融機関では、口座開設に来店した顧客に対して、本人確認資料と本リストを突合し、リストに合致した場合には、口座開設を謝絶または口座開設後早期に凍結（取引停止）し、警察に通報する（なお、初回のリスト突合は平成21年1月5日から実施された）。

◆**運用上の留意点**

①　本スキームは、金融機関の社会的責任の観点から捜査協力の一環として可能な限り対応するという位置づけのものである。

②　本リストに掲載される口座凍結名義人の対象は（屋号付個人を含む）個人であり、法人は対象外である。なお、本リストには、以下の情報が記載される。

　ｲ　通番、リスト追加年月日

　ﾛ　性別、カナ氏名、漢字氏名、生年月日、住所

　ﾊ　警察からの凍結依頼日、凍結依頼を行った警察署

③　警察からの口座凍結依頼に基づかずに、金融機関が利用停止等の措置を行った口座について、口座名義人情報を所轄の警察署に報告することは金融機関の任意である。

④　本リストの有効期限は1年間であり、期限経過後はリストから削除されるとともに、「凍結口座名義人削除リスト」として各金融機関に送付される。なお、リストから削除された後に、削除されたデータをもとに口座開設を謝絶することは、金融機関の責任で行うこととなる。

⑤　リストとの突合時期は、必ずしも店頭でのリアルタイムである必要はなく、日次・週次でもよいが、極力早いタイミングで突合するように努めるものとする。なお、突合する項目は、リスト記載項目のうち「カナ氏名、漢字氏名、生年月日、住所」である。

⑥　既存口座を、凍結口座名義人リストと突合のうえ口座凍結等の措置を行うことは金融機関の任意である。

| 11009 | 不正払戻しの被害者への対応 |

盗難通帳による預金の不正払戻し被害にあ

った預金者から補てんを求められた金融機関はこれに応じる義務があるか

結　論

預金者に過失がなければ原則として金融機関がその被害（当該払戻しの額およびこれに係る手数料・利息に相当する金額）を全額補てんする義務を負う。

解　説

◆盗難通帳被害に対する全銀協自主ルールの概要　平成18年２月の偽造盗難カード預金者保護法の施行により、偽造キャッシュカード被害はほぼすべて補償され、盗難キャッシュカード被害についても７割近くが補償されているが、同法の対象とされていない盗難通帳被害については、印鑑照合における金融機関側の過失の有無をもとに補償の是非を判断することなどから、補償率は２割程度と他の被害と比較して低い割合にとどまっていた。

この点に関して、前記偽造盗難カード預金者保護法附則３条では、「この法律の実施状況等を勘案し、預貯金者の一層の保護を図る観点から、この法律の施行後２年を目途として検討が加えられ、必要があると認められるときは、その結果に基づいて所要の措置が講ぜられるものとする」とされ、また、衆参両院における付帯決議では、盗難通帳およびインターネットバンキング犯罪による預金の不正払戻し被害につき、その防止策および預金者保護のあり方を検討し必要な保護を講ずることが政府、金融機関その他の関係者に対して求められていた。

全国銀行協会では、偽造盗難カード預金

者保護法の付帯決議等をふまえ、平成20年２月、銀行界の自主的な取組みとして、「預金等の不正な払戻しへの対応について」との申合せを行い、被害者に対して同法の趣旨をふまえた対応を行うこととし、各行においては、この趣旨を預金規定に反映させた。

その骨子は、盗難通帳やインターネットバンキングについて、偽造盗難カード預金者保護法と同様に銀行が無過失であっても補償対象とすることであり、個人を補償の対象とすること、「金融機関への速やかな通知」「金融機関への十分な説明」「捜査当局への盗取の届出」を補償の要件とすることも偽造盗難カード預金者保護法と同様である。

これらの要件が満たされた場合には、銀行に過失がない場合においても補償を行うこととしている。ただし、銀行への通知が当該不正払戻しから30日後までに行われなかった場合や、配偶者等の親族による払戻しの場合などは、原則として補償の対象外となるといった点は、盗難キャッシュカードの場合と同様である。

◆盗難通帳被害に関する補償の内容　補償割合は、①預金者に過失がない場合は100％、②銀行が善意・無過失であって、預金者に過失があることを銀行が証明した場合は75％、③銀行が善意・無過失であって、預金者に重過失があることを銀行が証明した場合には０％（補償の対象外）である。

全国銀行協会の申合せにおいては、預金者の過失となりうる場合の例示として、①通帳を他人の目につきやすい場所に放置するなど、第三者に容易に奪われる状態に置

いた場合、②届出印の印影が押印された払戻請求書、諸届を通帳とともに保管していた場合、③印章を通帳とともに保管していた場合、④その他預金者に①〜③の場合と同程度の注意義務違反があると認められる場合をあげ、75％の補償割合としている。

この「保管」とは、たとえば印章と通帳をタンスの同じ棚に保管している場合などを想定しており、したがって、金融機関を訪問する際に、印章と通帳を同じカバンに入れているような「携行」については、過失とはならないと解されている。

預金者の重過失となりうる場合とは、「故意」と同視しうる程度に注意義務に著しく違反する場合であり、①他人に通帳を渡した場合、②他人に記入・押印ずみの払戻請求書、諸届を渡した場合、③その他預金者に①および②の場合と同程度の著しい注意義務違反があると認められる場合を例示して、補償の対象外としている。

ただし、盗難キャッシュカードの場合と同様、病人が介護ヘルパーなどに対して渡した場合など、やむをえない事情がある場合にはこの限りではないことも明記している。

なお、これらの事例は、社会通念上も適切なものと考えられるものの、あくまで過失や重過失に「なりうる」場合であり、盗難キャッシュカードの場合と同様、形式的に該当の有無を判断するのではなく、被害者の個別の事情をよく聴き取りながら判断していくべきものとされている。

◆盗難通帳による不正払戻し被害補償の法的な位置づけ　盗難通帳による不正払戻し被害補償の法的な位置づけに関しては、盗難キャッシュカードの場合の補てん請求権が偽造盗難カード預金者保護法に基づき発生する法定的権利であるのと異なり、当事者間の約款に基づく特約、すなわち約款上の補てん請求権であると解される（【11002】【11003】参照）。

11010　振り込め詐欺救済法

振り込め詐欺救済法はどのような法律か

結論

振り込め詐欺救済法は、振り込め詐欺等の被害者に対し、犯罪利用預金口座等に残存している資金を原資とする被害回復分配金の支払手続等を定めた法律であり、平成20年6月21日に施行された。その手続は、①金融機関による預金口座の取引停止、②預金債権の消滅手続、③被害回復分配金の支払手続の三つから構成される。

解説

◆制定理由　振り込め詐欺等の被害により銀行等の預金口座に滞留している資金は、本来被害者に迅速に返還されるべきであるが、1件当りの分配金額が少額であり訴訟コストに見合わないこと、口座の名義人が犯罪関係者等であるため居所等が確認できないこと等から、手がつけられずに凍結されたままになっているという実情があった。そこで、振り込め詐欺等の被害者に対して、振り込め詐欺等により金融機関の預金口座に残存している金銭を原資とする被害回復分配金を支払うことにより、振り込め詐欺等の被害者が被った財産的被害を迅速に回

復することを目的として、振り込め詐欺救済法が平成19年12月に可決成立し、平成20年6月21日より施行された。

◆**概要**　振り込め詐欺救済法は、振り込め詐欺被害者等の財産的被害を迅速に回復するため、預金保険機構を活用した簡易・迅速な手続と配分方法を定めており、その手続は大きく以下の三つに区分される。

① 預金口座等に係る取引の停止等の措置（振り込め詐欺救済法第2章）

・金融機関は、捜査機関等からの情報提供などを勘案し、犯罪利用預金口座等である疑いがあると認められる預金口座等に対して、取引の停止等の措置を実施。

・金融機関は、他の金融機関に資金移転目的で利用された疑いがある預金口座等があると認められる場合には、資金移転先の金融機関に対して必要な情報を提供。

② 預金等に係る債権の消滅手続（同法第3章）

・金融機関は、犯罪利用預金口座等であると疑うに足りる相当な理由がある預金口座を犯罪利用預金口座等として認定。また、資金移転目的利用口座につき、資金移転先の金融機関に対して所定の事項を通知。

・認定した犯罪利用預金口座等に係る預金等債権につき、預金保険機構のHP上で、消滅手続のための公告（失権公告）を実施。

・公告期間（公告の翌日から60日間）満了により預金等債権は消滅。預金保険機構は、対象預金等債権が消滅した旨の公告を実施。

③ 被害回復分配金の支払手続（同法第4章）

・金融機関は、預金保険機構のHP上で、被害回復分配金の支払手続開始のための公告（公告期間は30日以上（ただし、法施行当初は公告実施の翌日から60日間））を実施。その間、被害者からの支払申請を受付。

・公告期間満了後、遅滞なく、支払申請者が支払該当者に該当するかを決定。

・支払該当者決定後、支払額の決定、決定書の作成・送付などを経て、遅滞なく、支払該当者決定を受けた者に分配金を支払う。

なお、初回（平成20年7月16日）に失権公告が実施された債権について、被害回復分配金の支払が実施されたのは、同年12月17日以降であった。

◆**主な特徴**　振り込め詐欺救済法の特徴としては、以下のような点があげられる。

① 振り込め詐欺救済法は、振り込め詐欺被害者の財産的被害を救済することが目的であり、保険制度とは異なり、被害額全額をてん補するものではない。つまり、預金口座等から振込金の一部が引き出されている場合、被害回復分配金は、被害者の振込額に応じて一部減額されることになり、口座の残高が1000円未満の場合には、分配金の支払は行われない（消滅手続が行われた後、預金保険機構に納付される）こととなる。

② 一方、被害者は、被害額の全額についててん補または賠償がされた場合、支払対象者から除外され、被害額の一部について別途てん補または賠償がされた場合、その部分については被害額から控除され

る。

③　また、被害者が分配金支払申請期間内に申請を行わなかった場合、同法に基づく分配金の支払を受けることはできない。この場合、被害者は、犯人に対して民事上の請求（不当利得返還請求）等を行うことにより被害の回復を図ることになる。

11011　振り込め詐欺救済法にいう「捜査機関等」

振り込め詐欺救済法3条1項にいう「捜査機関等」にはどのようなものが含まれるか

結　論

「捜査機関等」中の「等」とは、捜査機関以外で、振り込め詐欺等の被害者の迅速な被害回復にあたる者を指し、具体的には弁護士会、金融庁および消費生活センターなどの公的機関や、振り込め詐欺等の被害者代理人となる資格を有する弁護士および認定司法書士が含まれると解される。

解　説

◆**「捜査機関等」の範囲**　　振り込め詐欺救済法は、金融機関に対し、当該金融機関の預金口座等について、「捜査機関等」から当該預金口座等の不正な利用に関する情報の提供があること、その他の事情を勘案して犯罪利用預金口座等である疑いがあると認めるときは、当該預金口座等に係る取引の停止等の措置を適切に講ずるよう求めている（同法3条1項）。しかし、ここでの「捜査機関等」のなかに、捜査機関以外の何が含まれるかは明確でなかったものと

思われる。

このようななか、東京地判平23.6.1（判タ1375号158頁）では、金融機関が弁護士からの要請を受けて、顧客の口座について取引停止措置を講じた事例において、「捜査機関等」の「等」とは、捜査機関以外で振り込め詐欺等の被害者の迅速な被害回復にあたる者を指すものと定義したうえ、具体的には、弁護士会、金融庁および消費生活センターなどの公的機関だけではなく、振り込め詐欺等の被害者代理人となる資格を有する弁護士および認定司法書士も含まれるものとした。全国銀行協会の「犯罪利用預金口座等に係る資金による被害回復分配金の支払等に係る事務取扱手続」では、銀行振込を利用した犯罪行為の被害者代理人である弁護士から、被害者が振り込んだ犯罪利用預金口座に関して、日本弁護士連合会制定の「振り込め詐欺等不正請求口座情報提供及び要請書」（以下「統一書式」という）を用いた情報提供を会員銀行において受けた場合には、当該情報提供が実在の弁護士からのものであることを確認でき次第、可及的速やかに当該預金口座等の取引停止の措置を講ずるとするとしていたところ、かかる事務取扱手続に沿った判断といえる。

◆**実務上の留意点**　　前掲東京地判平23.6.1は、振り込め詐欺救済法3条1項にいう「捜査機関等」の範囲を一定程度明確化したうえ、さらに、「当該金融機関の預金口座等について、捜査機関等から当該預金口座等の不正な利用に関する情報の提供がある」場合、「金融機関において、提供された当該情報自体から明らかに犯罪利用預金口座等でないと認められるとか、本

件口座が犯罪利用預金口座等でないことを知っていたなどの特段の事情のない限り、提供された情報に相当の理由があるかどうかを別途調査することなく犯罪利用預金口座等である疑いがあると認めて、当該預金口座等に係る取引停止等の措置を適切に講ずることができるものと解される」とも判示して、弁護士名で統一書式を用いた当該預金口座等の不正な利用に関する情報の提供がある場合、当該弁護士が実在することを確認すれば、「特段の事情」のない限り、犯罪利用預金口座等である疑いがあると認めて、当該預金口座等に係る取引停止等の措置を適切に講ずることができるとした。

ただし、「特段の事情」は事案ごとによって違うものと思われる。この事例では、弁護士は詐欺を行っていると判断した証拠資料を金融機関に対して提出しており、金融機関は当該資料に基づき判断しているものと思われることからすれば、弁護士や認定司法書士からの要請や情報提供について、その内容や証拠資料についての精査が欠かせないことに注意を要するものと思われる。

| 11012 | 振り込め詐欺救済法にいう振込利用犯罪行為 |

振り込め詐欺救済法2条3項に規定する「振込利用犯罪行為」とは、どのようなものを指すのか

結　論

「振込利用犯罪行為」とは、詐欺その他の人の財産を害する罪の犯罪行為であって、財産を得る方法としてその被害を受けた者からの預金口座等へ振込みが利用されたものをいい、必ずしも刑法上の財産犯には限られないものと解される。

解　説

◆**振り込め詐欺救済法の構造**　振り込め詐欺救済法における「振込利用犯罪行為」とは、詐欺その他の人の財産を害する罪の犯罪行為であって、財産を得る方法としてその被害を受けた者からの預金口座や貯金口座（以下「預金口座等」という）への振込が利用されたものとされている（同法2条3項）。そして、「犯罪利用預金口座等」とは、①振込利用犯罪行為において、財産を得る方法としてその被害を受けた者からの預金口座等への振込の振込先となった預金口座等（同条4項1号）、および、②もっぱらその振込先となった預金口座等に係る資金を移転する目的で利用された預金口座等であって、当該預金口座等に係る資金が同号の振込に係る資金と実質的に同じであると認められるもの（同項2号）とされている。

金融機関は、顧客の預金口座等について、捜査機関等から当該預金口座等の不正な利用に関する情報の提供があることその他の事情を勘案して「犯罪利用預金口座等」である疑いがあると認めるとき、当該預金口座等に係る取引の停止等の措置を適切に講ずる必要がある（振り込め詐欺救済法3条1項）。

これらの規定により、金融機関は、「振込利用犯罪行為」の振込先預金口座等となった「犯罪利用預金口座等」との疑いがある場合、取引の停止等の措置を適切に講じることが求められるため、「振込利用犯罪

行為」がどのような犯罪行為を指すのかということが重要になる。

◆振込利用犯罪行為について　「振込利用犯罪行為」とは、前述のとおり、振込が利用される、詐欺その他の人の財産を害する罪の犯罪行為をいうが、東京地判平23．3．25（金法1944号116頁）では、未公開株を無登録販売した金商法違反行為も「振込利用犯罪行為」に該当するとしており、条文上明示されている詐欺（刑法246条）のように、必ずしも刑法上の財産犯に限られないものと解されている。

当該判決自体は事例判決であると考えられるが、無登録販売のような金商法上の業規制（金商法29条）も「人の財産を害する」犯罪行為であるとしていることにかんがみれば、同じく投資者保護等を理由に金商法192条１項の緊急差止命令の対象となっている無届募集（同法４条）も、振込が利用された場合「振込利用犯罪行為」に該当する可能性があるものと考えられる。また、金融庁や捜査当局などによると、詐欺や恐喝（刑法249条）のほか、出資法の預り金（同法２条）や高金利（同法５条）に関する規制違反も該当するとされている。

11013　預金口座等に係る取引の停止等の措置

振り込め詐欺救済法による預金口座等に係る取引の停止等の措置により、金融機関にはどのような対応が求められるか

■結　論

振り込め詐欺救済法では、捜査機関等からの情報提供などを勘案し、犯罪利用預金口座等である疑いがあると認められる預金口座等に対して、取引の停止等の措置を実施することが求められる。金融機関においては、従来、預金規定に基づいて行っていた口座の取引停止等の措置が法的に求められることとなったため、コンプライアンスの観点から、同措置を迅速かつ適切に実施する必要がある。

■解　説

◆預金口座等に係る取引の停止等の措置の概要　振り込め詐欺救済法では、同法が適用される犯罪行為（振込利用犯罪行為）を、「詐欺その他の人の財産を害する罪の犯罪行為であって、財産を得る方法としてその被害を受けた者からの預金口座等への振込みが利用されたものをいう」（同法２条３項）と定義し、具体的にはオレオレ詐欺や架空請求等の振り込め詐欺のほか、インターネット・オークション等を利用した詐欺、いわゆるヤミ金融など、人の財産を害する犯罪行為全般のうち預金口座等への振込が利用されたものを対象としている（【11012】参照）。

さらに振り込め詐欺救済法は、金融機関に対して、かかる振込利用犯罪行為において振込先となった預金口座等もしくは資金の移転目的で利用された預金口座等（犯罪利用預金口座等）について、「犯罪利用預金口座等である疑いがあると認められるときは、当該預金口座等に係る取引の停止等の措置を適切に講ずる」ことを求めている（同法３条）。具体的には、以下の四つのケースに該当する場合、金融機関は当該預金口座等について取引の停止等の措置を実施

することになる。

① 捜査機関等から、当該預金口座等が犯罪利用預金口座等として使用している旨、書面または電話等により通報された場合

② 当該預金口座等について被害申出人から犯罪利用預金口座等である旨の申出があり、当該被害申出人から当該預金口座等への振込が行われたことを確認できるとともに、他の取引の状況、口座名義人との連絡状況等から犯罪利用預金口座等であると判断でき、直ちに取引の停止等の措置を講ずる必要がある場合

③ 当該預金口座等が犯罪利用預金口座等であるとの疑いがある旨、または当該預金口座等が振込利用犯罪行為に利用される可能性がある旨の情報提供があった場合（たとえば、第三者から銀行に対して犯罪利用預金口座等である疑いがある預金口座等に関する情報提供があった場合）において、以下のイ～ハの連絡・確認を行った場合

　　イ 当該預金口座等の名義人の届出電話番号へ連絡を行い、名義人本人から口座を貸与・売却した、紛失した、口座開設の覚えがないとの連絡がとれた場合

　　ロ 当該預金口座等の名義人の届出電話番号へ複数回・異なる時間帯に連絡を実施したが、連絡がとれなかった場合

　　ハ 一定期間内に通常の生活口座取引と異なる入出金または過去の履歴と比較すると異常な入出金が発生している場合

④ 本人確認書類の偽造・変造が発覚した場合

　なお、取引の停止等の措置を実施した場合、金融機関は、速やかに当該預金口座等の名義人に対して、簡易書留等により書面を送付する必要がある。

　また、金融機関は当該預金口座等に係る資金を移転する目的で利用された疑いがある他の金融機関の預金口座等があると認めるときは、当該他の金融機関に対して必要な情報を提供する必要がある（振り込め詐欺救済法3条2項）。

◆取引の停止等の措置に伴う金融機関の対応　金融機関では、振り込め詐欺救済法施行前から、預金規定に、以下の事項に該当した場合には預金取引を停止し、または預金者に連絡することにより預金口座を解約することができる旨を規定し、口座の取引停止等の措置を実施していた。

① 預金口座の名義人が存在しないことが明らかになった場合または預金口座人の意思によらず開設されたことが明らかになった場合

② 預金者が預金、預金契約上の地位その他預金取引に係るいっさいの権利および通帳を、譲渡、質入れその他第三者の権利を設定すること、または第三者に利用させた場合

③ この預金が法令や公序良俗に反する行為に利用され、またはそのおそれがあると認められる場合

　振り込め詐欺救済法が求めている取引の停止等の措置は、預金規定に基づく預金取引の停止措置と同一であり、同法施行に伴い新たな事務負担が生じたものではない。しかしながら、主要行監督指針、中小・地域監督指針にもあるように、「従来、預金規定に基づいて行っていた口座の取引停止等の措置が法的に求められることになった

点において、適切な口座管理の観点から、極めて重要な意義を有する」といえる。

したがって、金融機関としては、不正利用口座に係る取引の停止等の措置を、事務手続の問題ではなくコンプライアンスの問題として位置づけ、迅速かつ適切に実施するための態勢整備が求められることになる点に留意すべきである。具体的には、被害にあった顧客からの届出等、口座の不正利用に関する情報を速やかに受け付ける体制を整備するとともに、預金取引停止・口座解約等の措置を迅速かつ適切に講ずる態勢を整備する必要がある（口座の不正利用等防止につき【11007】参照）。

11014　預金等に係る債権の消滅手続

振り込め詐欺救済法による預金等に係る債権の消滅手続において、金融機関にはどのような対応が求められるか

結　論

振り込め詐欺救済法では、金融機関は、預金口座等が犯罪に利用されたと疑うに足りる相当な理由があると認めるときは、預金保険機構に対し、預金等債権の消滅手続の開始に係る公告を求め、預金保険機構のHP上で60日間以上の公告期間をもって「預金等債権の消滅のための公告」を実施することになる。

公告期間中に当該預金口座等の名義人等から金融機関への権利行使の届出等が行われた場合には預金等に係る債権の消滅手続は終了する。権利行使の届出等がなく公告

期間が満了した場合、預金等債権は消滅し、金融機関には分配金の支払義務が生ずることになる。

解　説

◆預金等に係る債権の消滅手続の概要

振り込め詐欺救済法では、金融機関は、当該金融機関の預金口座等について、犯罪利用預金口座等であると疑うに足りる相当な理由があると認めるときは、速やかに、預金保険機構に対し、当該預金口座等に係る預金等に係る債権について、主務省令で定める書類を添えて、当該債権の消滅手続の開始に係る公告（失権公告）をすることを求めなければならないとされる（振り込め詐欺救済法4条1項。「犯罪利用預金口座等」につき【11013】参照）。

（1）犯罪利用預金口座等の認定　預金口座等の取引停止等の措置については「疑いがあると認められるとき」に実施されるのに対し、消滅手続については「疑うに足りる相当な理由があると認めるとき」となっており、「相当な理由」があることを認定理由として求められていることに留意する必要がある。具体的には、次に掲げる事由その他の事情を勘案して判断することになる。

① 捜査機関等から当該預金口座等の不正な利用に関する情報の提供があったこと
② 捜査機関等からの情報等に基づいて当該預金口座等に係る振込利用犯罪行為による被害の状況について行った調査の結果
③ 金融機関が有する資料等により知ることのできる当該預金口座等の名義人の住所への連絡その他の方法による当該名義

人の所在その他の状況について行った調査の結果

④　当該預金口座等に係る取引の状況

（2）　消滅手続の開始に係る公告依頼等
金融機関は、犯罪利用預金口座と認定した口座に係る預金等債権について、預金保険機構に対し、以下の書類を添付して、当該債権の消滅手続の開始に係る公告（失権公告）を求めることとなる。

①　当該預金口座等に係る金融機関名・支店名・預金種目・口座番号

②　対象預金口座に係る名義人の氏名または名称

③　対象預金等債権の額（口座残高）

④　権利行使の届出等にかかる期間

⑤　権利行使の届出等の方法

⑥　消滅公告を希望する年月日

なお、当該預金口座等について預金等の払戻しを求める訴えが提起されている場合または当該預金等に係る債権について強制執行等が行われている場合、ならびに口座名義人について民再法による再生手続開始の決定等があった場合等には、債権の消滅手続は実施されない。

（3）　預金保険機構による消滅公告（失権公告）の実施　　金融機関から失権公告依頼があった場合、預金保険機構は遅滞なく、同機構が定める方法により、同機構のHP上で公告（失権公告）を実施することになる（振り込め詐欺救済法5条1項）。公告期間は60日以上とされており（同条2項）、この期間内に当該預金口座等に係る名義人その他の対象預金等債権に係る債権者による当該対象預金等債権についての金融機関への権利行使の届出または払戻しの訴えの提起もしくは強制執行等（権利行使の届出

等）があった場合、あるいは対象預金口座等が犯罪利用預金口座等でないことが明らかになった場合には、金融機関はその旨を預金保険機構に通知しなければならず、預金等債権の消滅手続は終了する（同法6条）。

（4）　預金等に係る債権の消滅　　公告期間の満了までに前記の権利行使の届出等がなく、あるいは、犯罪利用預金口座等でないことが明らかになった場合の通知がないときは、当該預金等債権は消滅し、預金保険機構はその旨を公告することになる（振り込め詐欺救済法7条）。

なお、口座名義人の債権が消滅した旨の公告は、当該債権に対する権利行使届出期間（60日間）が終了して直ちに実施できるわけでなく、届出期間が終了して10営業日後に実施されることに留意する。

預金等債権の消滅により、金融機関は、分配金の支払義務が生ずることとなる。

11015　被害回復分配金の支払手続

振り込め詐欺救済法による被害回復分配金の支払手続において、金融機関にはどのような対応が求められるか

結　論

振り込め詐欺救済法では、金融機関は、対象預金等債権が消滅した場合、預金保険機構の定める手続により分配公告を実施するとともに、被害回復分配金に係る支払申請期間内に、被害分配回復金の支払を受けようとする者から、申請書を受理する。支払申請期間が経過した後、支払該当者を決

定し、被害回復分配金の支払を実施する。

解　説

　振り込め詐欺救済法では、金融機関は、当該預金等債権が消滅した場合、消滅預金等債権に相当する額の金銭を原資として、対象被害者に被害回復分配金を支払うことになる（振り込め詐欺救済法8条1項。「預金等に係る債権の消滅手続」につき【11014】参照）。

◆被害回復分配金の支払が受けられない場合　消滅預金等債権の額が1000円未満であるときは、被害分配金の支払は行われず、当該消滅等債権に相当する額を預金保険機構に納付することになる（振り込め詐欺救済法8条3項・19条1号）。

　また、損害相当額全額についててん補または賠償がされた者、もしくは犯罪行為を実行した者や犯罪行為に関連して不正に利益を受けた者等、被害回復分配金の支払を受けることが社会通念上適切でない者に対しては被害回復分配金は支払われない（振り込め詐欺救済法9条）。

◆被害回復分配金の支払手続　対象預金等債権が消滅した場合、消滅預金等債権について、預金保険機構の定める手続により、同機構に対して分配公告の求めを行う。ただし、すべての対象被害者（一般承継人を含む）が明らかであり、対象被害者全員から被害分配金の支払を求める旨の申出があった場合、金融機関は分配公告の求めを行わず、その旨を預金保険機構に通知する（振り込め詐欺救済法10条）。預金保険機構は、分配公告の求めを受けた場合は、遅滞なく「消滅預金等債権の額」「支払申請期間」「被害回復分配金の支払の申請方法」

等を公告する（同法11条1項）。

　なお、自金融機関が仕向金融機関である場合において、振込依頼人から被害を受けた旨の連絡を受けた場合には、被仕向金融機関に連絡するとともに、当該振込依頼人に対して、被仕向金融機関に被害を申し出るように促す。また、自金融機関が被仕向金融機関（犯罪利用預金口座等が開設された金融機関）の場合、被害申出人のうち被害資金の返還を受けたい旨の申出があった者に対して、個別に通知する（振り込め詐欺救済法11条4項）。

◆被害回復分配金の支払の申請等　金融機関は、被害回復分配金に係る支払申請期間（公告があった日の翌日から起算して30日以上。ただし、本制度の周知が進むまでの間、当面60日間とする）内に、被害回復分配金の支払を受けようとする者から申請書を受理する。ただし、消滅公告の期間内に申請書を受理ずみである場合は、あらためて申請書を受理する必要はない。申請方法には、被仕向金融機関の店頭受付のほか、郵送による方法（受理日は消印の日付）および仕向金融機関を経由する方法（受理日は仕向金融機関における受理日）が認められる（振り込め詐欺救済法12条）。

◆支払該当者決定・決定書の送付・決定表の作成等　支払申請期間が経過したときは、金融機関は、申請書その他の資料に基づき、申請人が被害回復分配金を受けることができる者に該当するか否かの決定を行う。その際、犯罪被害額を認定することになる。犯罪被害額の認定にあたっては、犯罪利用預金口座等への振込額その他の事情を勘案する（振り込め詐欺救済法13条）。

　支払該当者決定を行った場合は、決定書

を当該申請人に送付する。この場合、支払が行われない申請人に対しても、支払を行わない旨を決定の結果として記載のうえ、送付する必要がある（振り込め詐欺救済法14条）。

　金融機関は、支払該当者決定をした場合は、決定表を作成し、本店等に備え置くほか、申請人等からの閲覧請求を受け付ける（振り込め詐欺救済法15条）。

◆被害回復分配金の支払の実施等　　金融機関は、支払該当者決定をした場合は、遅滞なく、当該支払該当者決定を受けた者に対し、被害回復分配金の支払を行う。支払方法は、申請書に記載された預金口座等への振込による。ただし、やむをえない場合は、店頭での現金払い等によることができる（振り込め詐欺救済法16条1項）。

　支払該当者に対する被害回復分配金の額は以下の方法で決定される（振り込め詐欺救済法16条2項）。

・総被害額が消滅預金等債権の額を超える場合には、次の計算式により、個々の支払該当者に対する被害回復分配金の額を決定する（1円未満の端数は切り捨て）。
　被害回復分配金の額＝消滅預金等債権の額×（当該支払該当者決定を受けた者の犯罪被害額÷総被害額）

・総被害額が消滅預金等債権を超えない場合は、当該支払該当者決定を受けた者の犯罪被害額を、その者に係る被害回復分配金の額とする。

　なお、支払被害回復分配金の額については、決定表に記載のうえ、預金保険機構に通知する。

◆被害回復分配金の支払手続の終了等
金融機関は、支払該当者決定を受けた者の

すべてに対して被害回復分配金を支払った場合、その他振り込め詐欺救済法18条1項に該当する場合は、預金保険機構に対して、被害回復分配金の支払手続の終了に係る公告の求めを行う。

預金の管理

11016 普通預金通帳の残高誤記

普通預金通帳の差引残高を誤記した場合、金融機関の責任はどうか

結論

普通預金通帳の残高が誤記されても、それによって金融機関の真実の預金債務の残高には影響はない。ただし、そのことにより損害を受けた者がある場合には、相当因果関係の範囲で損害賠償義務を負う可能性がある。

解説

◆**普通預金通帳の性格**　普通預金通帳は、普通預金の受入れ・払戻しの証拠となる証拠証券であって、手形・小切手のように証券の作成によって権利が発生する設権証券ではない。したがって、普通預金通帳に入金・支払の記帳を行う際に、誤って記帳し、真実の残高と違う残高が通帳の上に記入されていたとしても、当事者である金融機関と普通預金者との間の権利義務には何の影響もない。

すなわち、実際に入金・支払が行われた金額を正確に加減して得た実際の残高についてだけ金融機関は預金払戻義務を負担する（ただし、単なる残高の差引相違の場合であっても、あるいは現実に入金がないのに入金があったように記帳をしてしまった場合でも、残高差引のミスであること、実際には入金がなかったことを金融機関側で立証できなくてはならない）。

◆**第三者との関係**　普通預金通帳は有価証券ではなく、また預金を第三者に譲渡・質入れすることは普通預金規定によって禁止されている。しかし、預金者がこの通帳を預金残高証明のかわりに使用したり（もっとも、残高証明がわりになるかどうかは問題がある）、あるいは第三者に対し自己の資力を証明するために提示したりすることを金融機関が知っており、あるいは予想される場合には、その第三者に対し損害賠償責任を負う可能性がある。

なお、類似の判例については【10941】を参照されたい。

11017　通帳を預かる場合

普通預金通帳を預かる場合、どのようなことに注意すべきか

結論

好ましいことではないので、**通帳は預からないことを原則とする**。

通帳を預かることにより預金を拘束しているとみなされるおそれもあり、注意が必要である。

解説

◆**普通預金通帳の位置づけ**　普通預金通帳は定期預金証書、通知預金証書などと同様、預金の存否の証拠となる重要な書類である。すなわち、金融機関が預金者との受払いのつど、これらの受払金額とともに預金残高を記入し取引の結果を明らかにし、債務の存在を証明する証拠書類である。

一方、金融機関は不特定多数の取引先を相手にしているため、預金者、口座を特定する必要性からも、窓口で受払いを行う場合にはそのつど、通帳の提出を要求することとなる。

特に、払戻しにあたっては、普通預金規定に、「この預金を払い戻すときは、当行所定の払戻請求書に届出の印章により記名押印して通帳とともに提出してください」という旨を規定し、預金者本人からの請求であることを確認する重要な書類として位置づけている。

◆**実務上の留意点**　普通預金通帳は、以上に述べたような性格のものであるから、預金者から預かるべきものではなく、預金者にもっていてもらわなければならないものである。窓口において預金者と親しくなると、受払いのつどいちいち通帳を持参するのがめんどうであるから預かってほしいと申し出られることもあるが、理由をよく説明して、貸金庫があればそれを利用してもらうなどして、極力避けるようにしなければならない。

手続の必要性などから一時的に預からなければならないときは、内部規程に従って厳正な取扱い・管理を行い、極力早期に返却すべきである。

11018　通帳等の紛失届の受理

預金通帳等の紛失届を受理した場合はどのように処理するか

結論

預金は指名債権、すなわち債権者が特定している債権であるから、その権利行使には本来通帳・証書の存在を要件としないものである。したがって、紛失した場合、手形や小切手のように、法律上これを無効とする公示催告、除権決定という方法がない。実務の取扱いは、もっぱら「どのようにして預金者本人からの届出であることを確認するか」がポイントになる。

解説

◆**紛失から再発行までの手続**　通常の手続は次のようになる。

① 速やかにオンライン上の支払停止措置

をとる。

② 届出印により紛失届の提出を受ける。本人確認資料等で本人確認をする。

正式な支払停止の手続をとる（「紛失情報」の登録、印鑑届への必要事項の記入等）。

③ 一定期間支払を停止する。

④ 届出の住所宛てに照会状（照会内容に相違ない旨の回答書との兼用様式としていることもある）を郵送する。

⑤ 一定期間経過してなお発見されないときは、再発行に応ずる。

⑥ 再発行に際しては、先に郵送した照会状の提示を求め、再発行通帳（証書）受取証（通常、この受取証には旧通帳（証書）が無効であること、後日発見したときは直ちに提出すること、後日事故や紛議が生じたときには責任を負う旨の念書文言を記載する）の提出を受ける。

なお、証書の場合には、通常証書の再発行は行わず、期日以後に元利金受取証に保証人をつけるなどして払戻しに応ずる場合も多いようである。

また、現金支払をなるべく避け、継続して定期預金を作成する、本人名義の普通預金に入金してもらうなどの配慮も適切な対応といえる。

⑦ 通帳（証書）には再発行の旨表示する。

なお、紛失通帳使用による誤払防止のため、システム上の手当をすることが望ましい。

◆**本人確認** 預金通帳（証書）は有価証券ではなく証拠証券にすぎないことから、除権決定などの法律的な手続をとることなく再発行できるが、問題は預金者本人からの届出であることをいかに確認するかである。

無権利者に対する再発行は預金者に対抗することができず、また、金融機関が善意・無過失で免責されることはよほどの事情がない限り無理である。したがって、届出印による書類の受理、本人確認ができる資料の提示による本人確認など、本人確認には万全を期することが必要である。一定期間支払を停止するのも、申出人が預金者本人であることを確認する期間であり（真の預金者がいれば現れるかもしれない）、届出の住所宛てに照会状を郵送する取扱いも申出人が届出住所に住んでいることを確認する本人確認の一環である。

◆**便宜扱い** 通常の取扱いは前述のとおりであるが、真の預金者本人への再発行・支払であれば、それは有効な取扱いといえることから、預金者本人であることの確認がいろいろな資料などによって確実にできるときは、内部規程に従って、再発行・支払までの期間を適宜短縮する、照会状の郵送を省略するなどの取扱いを行うことはさしつかえない。

◆**注意事項** 通帳等の紛失届と住所変更届を同時に受理したときは特に危険が伴いやすい。この場合、原則として照会状を新旧両住所に郵送し、配達不能として通常返送される旧住所分についても、後日の証として関係書類とともに保管しておくなどの取扱いが必要である。

また、通帳等の紛失と印章の紛失を同時に受理したときは、預金支払時の二つの基本的な要件がなくなった状況であり、金融機関としての注意義務も重く、預金者確認の各種の調査を行う必要性は、一方を紛失した場合よりもさらに大きくなることから、紛失の事情を十分に確認のうえ、通常の紛

失、改印手続に準ずるほか、より慎重な取扱いが必要である。

11019 改印届の受理

改印届を受理した場合はどのように処理するか

結　論

改印する理由としては、印章喪失、代表者変更、印章摩滅などいろいろな場合があるが、それぞれの場合に応じ多少その取扱いも異なる。

解　説

◆印章喪失以外の理由による改印届　これは、預金者の単純な都合などの場合に、旧印章と新印章をともに持参して改印をする方法で、比較的安全である。この場合も、なるべく直接預金者の意思に基づくものであるかどうかを確かめるとともに、通帳なり証書の提出を求める等、後日に問題を惹起せしめないよう慎重に取り扱うことが必要である。

新規の預金の際2人が来行し、そのうちの1人である甲の名義で預金し、甲の印章が届け出られたが、通帳ができあがる寸前に、他の1人である乙から届出印を乙の印章と交換するよう申出があり、係員がうっかりその申出どおり取り扱ったところ、後日乙が甲の通帳を盗み、かつ乙の印章で預金を払い戻してしまったため、甲から金融機関の責任を追及されたというような事例もある。改印にあたっては、なぜ改印する

のかという理由をよく確かめることが肝要となるわけである。

なお、当座預金の場合において法人の代表者変更等の理由で改印したとき、すでに発行ずみの小切手・手形があると改印後に回ってくる小切手・手形の支払が実務上問題になるので、当座預金の場合の改印届については、末尾に「振出日が上記日付以前の小切手・手形については、旧代表者名ならびに旧印章のままお支払い願います」というような文言を念のために書いてもらうのも一方法であろう。

通帳と旧印章の持参人を相手として改印手続をしたときは、免責約款の適用があり、新印章による払戻しの場合にも免責される。ただし、この場合も、改印の時点と払戻しの時点といずれも金融機関が善意・無過失でなければならない。

◆印章喪失による改印届　印章喪失による改印届については、新印章による改印届を徴求するほか、本人からの届出であることに特に注意する必要がある。この場合における金融機関の処置として次のような方法が考えられる。

(1)　実印による改印届　改印届は原則として本人の実印によって行い、印鑑証明書の提出を受ける。必要に応じて保証人を立ててもらう。

(2)　証書、通帳の提示　証書、通帳は本人確認の有力な手がかりである。

(3)　改印の照会　まず改印届を受けると、支払停止の手続（「喪失情報」の登録、印鑑届など関係帳票に「注意メモ」を添付する等の措置）をとるとともに、本人からの申出であることを確認するため改印の照会状を本人の住所に宛てて発送し、その回

答書の持参を求める。そして、金融機関によって対応は分かれるようであるが、この回答を得てから一定期間を経た後、支払に応ずるようにするのが普通の取扱いである。

(4) 住所相違等　照会状を発送したところが住所相違で返送されたり、あるいは住所変更届とともに改印届が提出されたような場合には、さらに本人より印鑑証明書の提出を受けたり、新旧両住所に対して照会したり、また同じ金融機関の取引先の人を保証人に立ててもらう等慎重な方法を講ずる必要がある。

(5) 便宜扱い　喪失による改印の場合でも、十分本人であることを確認できる場合、印鑑証明書を持参し、その他の書類等により本人と認められる場合、保証人が確実で十分信用できる場合などは便宜即時払戻しに応ずることもあるが、印鑑証明書を盗用した事例などもあるので、慎重な対応が必要である。

11020　各種変更届の受理

各種変更届を受理した場合はどのようなことに注意して取り扱うか

結　論

変更届は種類も多く、その性質も多様であるが、基本的には次の事項に注意して慎重、かつ迅速・適切に取り扱うことが必要である。

① 預金者本人からの届出であることを確認する。これは、無権利者が預金詐取の手段の一つとして、変更届を悪用するこ

とを防ぐためである。

② 書面により届出を受ける。これは、届出内容の正確性・記録性を重視しているためで、預金規定にも「届出事項に変更があったときは、直ちに書面で当店に届け出てください」と定めてある。

③ 届出内容に応じて、変更の事実を証する資料の提出を受けて、変更の事実を確認する。

解　説

種類が多いので、いくつかの場合を例にとって考えてみる。

◆**住所変更**　変更届のほか、住所移転による場合の確認資料として、預金者が個人の場合は住民票の抄本または記載事項証明書等を、法人の場合は商業登記簿抄本等を提出してもらう。ただし、当座勘定取引以外の預金のみの預金者については、上記の確認資料の提出を受けないのが一般的な扱いである。住居表示変更による場合も基本的には住所移転の場合に準じて取り扱うが、法律による変更であり、市町村発行の「住居表示新旧対照表」または「住居表示変更通知書」により変更が確認できる場合には、変更届の提出を受けることなく処理しても特に問題は起こらないと思われる。

◆**代表者変更**　変更届とともに商業登記簿抄本等の提出を受け、変更の事実を確認して処理する。法人格のない団体の代表者変更等、商業登記簿抄本等の提出が受けられない場合には、代表者変更の機関決定の議事録の提出を受けるか、または新旧代表者連名で届出を受けるなどして処理する。

◆**預金名義の変更**　個人の婚姻、法人の社名変更のように預金者が変更しない場合

と、個人の相続、法人の合併のように預金者が変更する場合に分けられる。

① 預金者が変更しない場合……変更届と変更の事実を証する資料として、個人の場合は戸籍抄本、戸籍記載事項証明書、法人の場合は商業登記簿謄本等（商業登記のない法人については、名称変更の機関決定の議事録）の提出を受け処理する。

② 預金者が変更する場合……変更理由により取扱方法が大きく異なるので、本書の次の項を参照されたい。

・相続：第7章第5節　預金者の死亡と相続
・転付命令：第7章第4節　預金への差押え・転付
・譲渡：第7章第3節　預金の管理

11021　旧代表者の押印のない代表者変更届

旧代表者の押印のない代表者変更届があった場合にはどうするか

結　論

新代表者の登記簿抄本および印鑑証明書を徴求のうえ、受理してさしつかえない。

解　説

◆旧代表者の押印なしでの代表者変更手続
法人の代表者の変更があった場合、金融機関は旧代表者の死亡による場合を除き、新旧代表者が連署した代表者変更届の提出を受けるのが通常である。

代表者変更届に旧代表者の押印がない場合の多くは、法人に内紛等があって代表者の変更が強行されたり、旧代表者を除いて代表者変更決議が行われたような場合である。しかし、そのような場合でも、代表者変更決議が法律や定款等に抵触しない限り、その決議は有効なものであるから、金融機関としては新代表者の代表権限が確認できれば、旧代表者の押印の有無にかかわらず代表者変更届を受理してさしつかえないし、受理しないで旧代表者を代表者として取引するときは、その取引の効力が争われるおそれがある。

旧代表者の押印がない代表者変更届をやむをえず受理する場合は、通常、次のような取扱いが行われているようである。

① 代表権限確認資料として、新代表者の登記簿抄本・登記事項証明書および印鑑証明書の提出を受ける。

② 新代表者より「代表者変更届の前後にかかわらず旧代表者名義で振り出された小切手・手形等が呈示された場合は、当社の債務として支払ってもらってさしつかえない」旨の念書を提出してもらう。

③ 変更届受理後、旧代表者名義の小切手・手形等を現実に支払った場合は、新代表者振出の小切手と差し替えておく。

◆新代表者の商業登記の公信力　しかしながら、新代表者の権限の確認として、前記①～③の手続をとったからといって問題が生じないというものではない。本問において問題となるのは、新代表者の選任手続に瑕疵があって選任が無効である場合に、それが新代表者によってなされた金融機関取引にどのような影響を及ぼすかである。商業登記には、一定の場合には公信力が認められるから（会社法908条2項参照）、代表者の選任行為が無効であっても、善意の

取引の相手方が救済されることはある。し
かし、代表者の選任行為が無効であって、
「新代表者」と称する者に代表権がない場
合には、代表権のない「新代表者」から、
念書等の差入れを受けても、そこでなされ
た法律行為や意思表示等の効果が会社に帰
属することにはならないのが原則である。

　もっとも、そうであるからといって、こ
のような手続をとることがまったく無意味
とはいえないであろう。他の取引の相手方
保護規定や一般条項によって保護される可
能性もありうるし、会社や関係者への責任
追及（不法行為による損害賠償請求等）を
行う際等に利用できることも考えられるか
らである。

| 11022 | 預金証書の再発行と喪失
証書所持人との関係 |

念書によって喪失預金証書（通帳）の再発
行をした場合、預金者と金融機関と喪失証
書（通帳）所持人との間の法律関係はどう
なるか

結　論

　預金証書を喪失しても預金者は権利を失
わず、その証書を第三者が取得しても預金
債権は移転しない。

解　説

◆**預金証書喪失の際の手続**　預金者が金
融機関から預金の払戻しを受けるために
は、金融機関の預金取引規定により預金証
書（通帳）を提出して届出印鑑により払戻
しの請求をしなければならない。したがっ
て、万一盗難、火災、紛失等により預金証
書（通帳）を失うと預金の払戻請求ができ
ず、困ることになる。このような場合、顧
客から申出があると、金融機関ではまず本
人に届出印鑑による預金証書（通帳）の喪
失届の提出を受け、ある程度の期間を置い
て、探してもその証書（通帳）が発見され
ない場合には、下のような念書を差し入れ
てもらい、証書（通帳）の再発行をし、ま
た場合によっては預金の払戻しを行ってい
る。

◆**第三者が喪失証書を入手したとき**　と
ころで、このような措置をとった場合に、

一、…………
　上記預金証書（通帳）喪失の旨、　年　月　日付で届け出ていますが、今もって発見いたしません
ので、貴行帳簿により　年　月　日現在高で新規証書（通帳）の交付を受け正に受け取りました。
　ついては旧証書（通帳）は今後無効であることはもちろん、発見次第必ず返却いたします。なお、
この預金のことで後日どのような事故が生じても、貴行の責に帰すべき事由によるものでない限り、
すべて私どもで引き受け貴行にはいっさい迷惑はかけません。
　　　年　月　日
　　　　　　　　　　　　　　　　　　住所
　　　　　　　　　　　　　　　　　　　　　　　　　　　　預け主　　　　　印
　　　　　　　　　　　　　　　　　　住所
　　　　　　　　　　　　　　　　　　　　　　　　　　　　保証人　　　　　印
　　　　株式会社　　　銀行御中

問題の証書（通帳）が焼失や水没等で物理的に滅失しているときには問題はないが、盗難や紛失などのため、第三者の手に入ったような場合はどうなるであろうか。

金融機関の預金債権は「指名債権」（預金者がだれか特定している債権）であって、預金証書（通帳も同じ）は、その証拠となる証拠証券にすぎない。

この点で、権利そのものがそれぞれの証書のうえに表章されていて、権利を行使するときには必ず証券を交付しなければならない手形、小切手、株券、社債などの有価証券とは大いに異なる。

手形、小切手、株券などを喪失したときには、公示催告─除権決定という手続によって、証券と権利とを切り離し、証券を無効とする手続があるが、預金証書の場合にはそのような規定はない。

また、手形、小切手、株券などの有価証券には、「善意取得」といって、無権利者から「善意・無重過失」で証券を譲り受けた者は権利を取得することができると規定されているが（手形法16条・77条1項1号、小切手法21条、会社法131条、商法519条）、預金証書は有価証券ではないから、このような規定は適用されない。

したがって、第三者が喪失した預金証書を入手したとしても、法律上は金融機関に対してはなんら権利を主張することはできない。

11023　法人成りと預金の移行

個人取引先が会社を設立した場合、個人から会社への預金取引の移行はどのように扱うべきか

結　論

解約─新規預入れの手続をとるのが最も簡便であるが、債権譲渡による名義変更手続をとることも可能である。

解　説

◆**問題の所在**　個人で経営している商店や工場を会社組織に切り替え、従来の取引をこれに移すということは、銀行取引上でもまま起こることであるが、この場合、まず基本的には従来の個人取引先と新設された会社との間に、銀行取引に関する従来の債権債務を包括的に承継する旨の契約がなければならない。そしてこれは、金融機関に対する関係では、新会社への預金債権等の譲渡および新会社による借入金債務等の引受ということになるから、いずれにせよ金融機関の承諾がいることになる。

金融機関としては、これらの権利義務いっさいの新会社による承継、ならびにすでに振出ずみの個人名義支払手形・小切手や旧名義による振込金等の処理について、新旧取引先の連署による包括的な取引承継の依頼書を提出してもらう必要がある。なお、個々の取引については以下のとおりである。

◆**口座の新契約**　預金関係では、このような場合には、内部手続からいえば、個人の預金取引口座を解約して現金を支払い、その後、開設した会社名義の新規口座に預入れを受けるのが最も簡明な方法である。この際、旧口座については通帳や解約届、未使用小切手等の提出を受け、新口座については契約書、取引印鑑届および新会社に

関する登記簿謄本、代表者の印鑑証明書などを提出してもらうべきことは通常の場合と変わりがない。当座取引の場合は、すでに振り出している手形・小切手の一覧表とともに、その取扱方法について新旧口座名義人より念書を提出してもらう。

◆**旧預金口座の継続使用**　取引先によっては当座、普通預金等の旧口座を引き継いで従来の当座小切手帳や預金通帳をそのまま使用したいと申し出ることがあり、また定期預金などの場合は利息等の関係で個人から会社へ移すための中途解約を不利とするものがある。このような場合は、前記の包括的な承継依頼書のほかに、それぞれの預金についての新旧取引人連署の名義変更届を新取引先の取引印鑑届とともに提出してもらい、これに基づいて関係帳簿や通帳・証書等の口座名を変更することになる。当座取引に関しては、すでに振り出している手形・小切手の一覧表とともに、その取扱方法について新旧口座名義人より念書を提出してもらう。

　この手続は、法律的には個人から会社への預金債権譲渡である。

　預金は一般的には譲渡・質入れは禁止されているが、金融機関が特別に承諾すればもちろん債権譲渡は有効に行われる。なお、この場合には、第三者に対して債権譲渡を対抗するために、前に説明した包括的な取引承継依頼書に「預金債権譲渡承認」の表示を行ったうえ、確定日付を受けておくことが望ましい。

11024　会社の合併

会社が合併した場合はどのように取り扱うか

結　論

① 合併届の提出を受け、会社法上適法な手続を経た合併であることを確認のうえ、名義変更、改印等の手続を行う。
② 合併の事実は、商業登記簿謄本等で確認する。

解　説

◆**合併による権利義務の承継**　会社の合併は、一つの会社が他の会社を吸収する「吸収合併」と、二つ以上の会社が新会社を設立する「新設合併」があるが、いずれの場合も、消滅する会社のすべての権利義務は、包括的に新設・存続会社に承継されることとなる（会社法750条1項・752条1項・754条1項・756条1項）。

　したがって、消滅会社の預金は、そのままでも当然に存続会社・新設会社の預金となるが、合併により商号が存続会社・新設会社の商号に変更になる（存続会社も合併にあわせて商号を変更することが多い。存続会社が消滅会社の商号に変更する場合もある）ので、事務管理上の観点から、その事実を確認のうえ、名義変更等の手続を行うことが必要である。

◆**合併の効力と登記前の扱い**　合併の効力は、吸収合併の場合は、合併契約で定められた「効力発生日」に、新設合併の場合は新設会社成立の日（設立登記の日）に生

ずる（会社法750条1項・752条1項・754条1項・756条1項）。この点、吸収合併の場合、従来は合併登記時に合併の効力が生ずるものとされていたため、合併期日から、合併の効力が生ずる登記までの間の取引をどうするかという問題があったが、会社法では、従来の「合併期日」に相当する「効力発生日」に合併の効力が生ずることとされたので、この問題は解消された。もっとも、今度は、効力発生日から登記がなされるまでの間、消滅会社が登記上はなお存続し、消滅会社の代表取締役が代表権を有するような外観を呈している状態が生ずることになる。そこで会社法は、この間の法律関係を明確にするため、合併の効力発生日以降登記までの間は、消滅会社は第三者の善意悪意を問わず、消滅（解散）したことを対抗できないこととしている（同法750条2項・752条2項）。

したがって、吸収合併においては、効力発生日以降はすべて存続会社と取引を行うことで問題はない。登記完了後速やかに商業登記簿謄本または登記事項証明書の提出を受けて確認する。新設合併においては、新会社設立登記日を確認して登記日以降、新設会社と取引を行う。

なお、実務上は、合併前後の取引の法律関係や取扱いを明確にするため、消滅会社および存続会社または新設会社から、名義の変更、消滅会社が振り出した手形・小切手の取扱い、消滅会社宛ての振込の取扱いなどについて、依頼書・念書等を提出してもらうことが望ましい。

◆**当座取引の取扱い** 　消滅会社の当座取引については、会社合併により原則として終了すべきであるとの説もあるが、自然人の死亡の場合と異なり、存続会社に権利義務が承継されるものと考え、実務上は名義変更により対応しているケースが多いようである。

この場合、消滅会社が振り出した、あるいは引き受けた小切手・手形については、当然新設・存続会社がその支払を負担することとなるが、合併前振出の新会社名の小切手・手形の支払、合併後振出の旧会社名の小切手・手形の支払などには注意が必要であり、合併時未決済の小切手・手形の明細の届出を受けておくことが望ましい。

11025　会社の組織変更

会社が組織変更した場合はどのように取り扱うか

結　論

組織変更届ならびに組織変更の事実を確認し、事務の取扱いを明確にするため、以下のような資料・書類の提出を受け、組織変更に伴う必要な変更処理（名義の変更、改印等）の手続を行う。

① 　（組織変更登記完了前）組織変更計画書写し・総株主または総社員の同意書写し等

② 　（組織変更登記完了後）商業登記簿謄本・印鑑証明書等

③ 　事務取扱いに関する念書

解　説

◆**組織変更とは** 　会社の組織変更とは、会社が法人としての同一性を保持したまま、

別の類型の会社に変わることであり、株式会社と持分会社（合名会社・合資会社・合同会社）間において認められている（会社法743条・744条・746条）。なお、合名会社・合資会社・合同会社間での変更は、持分会社の種類の変更（同法638条）であって、組織変更ではない。

◆組織変更手続の概略　組織変更手続の概略は以下のとおりである。

① 法定事項を定めた組織変更計画を作成する（会社法743条・744条・746条）。

② 株式会社の場合には、組織変更計画を事前に開示し、株主、会社債権者の閲覧に供する（同法775条）。

③ 組織変更計画で定めた効力発生日の前日までに組織変更計画について総株主の同意（株式会社から持分会社への変更）または総社員の同意（持分会社から株式会社への変更）を取得する（同法776条1項・781条1項）。なお後者については、持分会社の定款でこれと異なる定めをすることができる。

④ 会社債権者保護手続を行う（同法779条・781条2項）。

⑤ 組織変更計画に定められた効力発生日に組織変更の効力が生じる（同法745条・747条）。

⑥ 組織変更の登記（組織変更前の会社の解散と組織変更後会社の設立の登記）を行う（同法920条）。

◆組織変更の確認資料　組織変更の申出を受けたときは、組織変更届および組織変更の事実を確認できる資料の提出を受ける。商業登記簿の謄本または登記事項証明書および印鑑証明書等の提出を受けて確認する。申出が組織変更登記完了前になされたとき

は、①組織変更計画書の写しおよび組織変更計画についての総株主または総社員の同意書の写しの提出を受け、登記完了後、②商業登記簿の謄本または登記事項証明書および印鑑証明書等の提出を受ける。申出が組織変更の登記完了後になされたときは、②のみでよい。なお、組織変更の効力が生ずるのは、上記のとおり、組織変更計画に定めた「効力発生日」である。

◆事務取扱いに関する念書　組織変更後の支払で問題となるのは、旧名義で振出または引受ずみの小切手・手形の支払である。

支払呈示のあったつど、取引先に連絡して引落しの同意を得て行うのでは事務が煩雑であり、手違いによるトラブルも懸念されることから、あらかじめ未決済の小切手・手形の明細を記載した念書の提出を受け、新名義の口座からの引落し依頼を受けておくことが得策である。

11026 会社分割

会社の分割の場合、預金をどのように取り扱うか

結　論

会社分割届出書、商業登記簿謄本、分割計画書・分割契約書等の提出を受け、当該預金の帰属、手形・小切手や付随取引の取扱いについて、明確にしてもらったうえで処理を行う。

解　説

◆会社分割制度　会社分割とは、株式会

社または合同会社が、その事業に関して有する権利義務の全部または一部を、既存の会社または新たに設立する会社に承継させることをいう（会社法757条以下）。企業や事業のリストラクチャリングを合理的に行うことができるように平成12年の商法改正において導入された制度であり、会社法により若干の制度の変更がなされた。会社分割には、会社（分割会社）の事業に関して有する権利義務の全部または一部を既存の会社（吸収分割承継会社）に承継させる吸収分割と、新たに設立する会社（新設分割設立会社）に承継させる新設分割がある。

◆会社分割の手続と効力　会社分割の手続はおおむね、①吸収分割契約の締結（吸収分割の場合）・新設分割計画の作成（新設分割の場合）、②事前の開示、③株主総会による承認決議、④債権者保護手続、⑤登記（吸収分割においては分割会社と承継会社について変更登記、新設分割においては分割会社について変更登記・新設会社について設立登記）、⑥事後の開示という手順で行われる。分割の効力は、吸収分割においては分割契約で定めた効力発生日、新設分割においては新設会社の成立日（設立登記の日）に生ずる。

　会社分割は、会社がその事業に関して有する権利義務関係を一括して移転する組織法的行為であることから、合併に類似している。しかし、合併においては、消滅会社の債権債務全部が存続会社に包括的に承継されるのに対して、会社分割においては、分割会社の債権債務がどのように吸収分割承継会社、新設分割設立会社に承継されるか、反対にどの債権債務が分割会社に残るかは、吸収分割契約、新設分割計画によっ

て決定される。

◆預金取引の取扱い　預金取引についても、基本的には合併の場合に準じて取り扱うことになるが、上記のとおり、合併と異なり、預金債権が、分割会社または新設会社・承継会社のいずれに属することとなるのかを確認することが重要である。

　具体的には、会社分割届出書、会社分割に伴う商号変更、代表者変更、改印届書等の提出を受け、確認資料として、商業登記簿謄本または登記事項証明書（登記完了前は承認総会の議事録の写し）、分割契約書・分割計画書の謄抄本または写し、代表者の印鑑証明書等の提出を受ける。会社分割届出書においては、分割会社および新設会社・吸収会社の連署のうえ、個々の預金債権（口座）の帰属、手形・小切手の取扱い、口座振替等付随取引の取扱いについて明確に記載してもらうべきである。

　なお、預金取引以外に与信取引等がある場合には、融資担当者と十分連携して処理すべきであることはいうまでもない。

| 11027 | 会社の口座から役員個人の口座への小切手による振替 |

株式会社役員から会社の小切手を持参して会社の口座から自分の口座へ振り替えるよう依頼があった場合、応じてさしつかえないか

結　論

　特に疑念を抱かせるような事情がない限りさしつかえない。

解　説

◆**手形行為と利益相反取引制限**　手形・小切手行為に会社法の利益相反取引制限の規定（会社法356条1項2号・365条1項）の適用があるかどうかは、争いのあるところであるが、判例は手形行為に同条（旧商法265条）の適用があるとしているので（最判昭38.3.14民集17巻2号335頁、最判昭46.10.13民集25巻7号900頁）、小切手の場合にどう処理するかが問題となる。

◆**小切手の振出と利益相反取引制限**　手形の振出について、手形の振出によって原因関係とは別個の手形債務を負担することを理由に会社法の利益相反取引制限の規定の適用を認めるとすると、会社が取締役に対し小切手を振り出した場合も、会社は振出人として取締役に対し償還債務を負担することになるから、小切手の振出についても同規定の適用があることになりそうである。しかし、小切手の振出について、利益相反取引制限の規定の適用はないとする説も有力である。

◆**役員が持参した小切手の取扱い**　持参人払式小切手（実際上大部分の小切手が持参人払式であろう）の場合は、だれが所持人であってもよいのであり、取締役に対して振り出されたものとは限らないから、小切手振出に利益相反取引制限規定の適用があるとしても、それに該当するか否か判断はできず、実際上もこの点をまったく問題にすることなく取り扱われてきたと思われる。記名式小切手については、小切手面において自己取引であることが示されているので、利益相反取引制限規定の適用があるとすれば、手形と同様に考えることになる。

しかし、利益相反取引制限規定の適用があるとしても、同規定違反の効果について相対的無効説が判例であること、当座勘定規定ひな型19条では、取締役会等の承認を要する場合でも、その有無について調査を行うことなく支払をすることができるとしていること（【10990】参照）からすれば、金融機関が悪意（または重過失）でない限り、会社から小切手の振出の無効を主張して、当座勘定からの支払について金融機関の責任を追及されることはなく、特に疑わしい事情がない限り、取締役会等の承認の有無を詮索する必要はないと考えられる。なお当座勘定規定ひな型19条は、「手形行為」となっているが、小切手行為も含まれると解される。

また、会社が取締役宛てに振り出した記名式小切手が交換呈示された場合も取締役会等の承認がないことを理由に0号事由として不渡にすることはできず、会社から取締役会等の承認を得ていないとの申出があった場合は、「取締役会承認等不存在」を事由として、2号不渡届を手形交換所に提出する必要がある。

11028　電話による振替の依頼

電話で普通預金から当座預金に振り替えるよう依頼された場合はどうするか

結　論

事故発生の懸念があり、危険度が高いので、原則としては応じるべきではない。しかし、取引上やむをえない場合には、依頼

が預金者の真意であることを十分確認した
うえで実行し、速やかに通帳・払戻請求書
の提出を受ける。

解　説

◆**電話による振替の問題点**　同一取引先
の普通預金には残高があるが当座預金には
たまたま残高がなく、そこへ小切手の持参
人が現払いの要求をしてくる、あるいは交
換小切手が呈示されるということはよくあ
ることである。そして、取引先に電話で入
金を請求したら、普通預金から当座預金に
振り替えて小切手を決済してほしいという
返答があった場合、金融機関としては、取
引先の意思が確認できれば、取引先の要望
どおり普通預金から当座預金に振り替えて
小切手を決済することがある。

　この方法は、小切手を決済する段階にお
いては、正規の手続どおり当座預金をもっ
て小切手を決済するのであるから問題はな
い。しかし、普通預金から当座預金に振り
替える段階においてはあくまでもきわめて
異例な取扱いであって、取引先との間に預
金の振替についての証拠書類がまったく残
らないから、取引先との間でいざこざが起
きる可能性がある。伝票も、普通預金払戻
請求書のかわりに仮伝票を使用せざるをえ
ず、内部的事故も起こりやすい。

◆**実務上の留意点**　以上の問題点をふま
え、普通預金から当座預金に振り替えて小
切手を決済するように電話で依頼されたと
きは、金融機関にとって事故が発生したと
きの危険性を十分に考慮して、次の諸点を
実行しなければならない。

①　まず取引先が信頼のおける相手でなけ
　れば便宜扱いはしないこと（このような

取扱いをしばしば求められるときには、
インターネットバンキング等の利用を勧
めるべきである）。

②　先方より電話がかかってきたような場
　合には、できれば金融機関からもう一度
　届出されている電話番号にかけ直して取
　引先の意思を確かめること。

③　個人取引先の場合、先方が本人でなく
　使用人や家族である場合には極力このよ
　うな便宜扱いを避けること。法人取引先
　の場合、先方が預金取引における権限者
　であることを確認できない場合には、極
　力このような便宜扱いを避けること。

④　小切手決済後は速やかに取引先より普
　通預金払戻請求書を求めておくこと。

11029 未決済の他店券の振替

入金した他店券が未決済のうちに他の預金
に振り替えることはできるか

結　論

　できる。ただし、未決済他店券であるも
のとして処理することを失念し、未決済で
あるにもかかわらず支払ってしまい、その
他店券が不渡となった場合には問題となる
ので、慎重な対応が必要である。

解　説

◆**どのような場合に起こるか**　本問の事
例が発生するケースは、たとえば、①売上
収入の小切手を当座預金に入金し、即日通
知預金へ振替依頼があったとき、②普通預
金に小切手が入金されたが、当日付で定期

預金作成の依頼があり、交換決済前に定期預金に振替を行うとき、③普通預金に入金し、当座預金に振り替えるときなどである。いずれにしてもきわめてまれなケースであり、優良取引先からの依頼でなければ、応諾してはならない。

◆**他店券入金**　他店券による預金の受入れの法律的解釈については、他店券の譲渡契約と解除条件付準消費寄託契約の混合契約であり、他店券の受入れと同時に預金契約が成立し、他店券が不渡の場合に当初にさかのぼって預金が取り消されるとする説（譲渡説）もあるが、判例は、取立委任とその取立完了を停止条件とする預金契約である（取立委任説）としている（最判昭46.7.1金法622号27頁）。取立委任説によれば、他店券受入れによる預金成立時期は、金融機関がその他店券の取立を完了した時であり、したがって、取立完了前においては、金融機関には当該他店券に見合う金額を支払う義務はない。

◆**他の預金への振替**　取立委任説に基づいて考察すると、入金された他店券を未決済のうちに他の預金に振り替えることは、当初の契約では他店券を入金してその取立完了とともに、たとえば当座預金が成立するという内容であったものを変更して、他店券の取立完了とともに他の種類の預金（たとえば普通預金）が成立するという契約に変更するものという説が考えられる。

　他店券が決済されるまでは預金は成立しないのであるから、このような振替をしたために、他店券が不渡となった場合にも金融機関が特別不利益を被ることはない。

　実務上は、振替の際に未決済他店券であるものとして処理することを失念しないようにしなければならない。これを失念すると、誤って未決済であるにもかかわらず支払ってしまい、その他店券が不渡となった場合には金融機関が損害を被ることがあるので注意が必要である。

11030　残高証明書発行上の注意

預金の残高証明書発行にあたって注意すべき点は何か

結　論

　発行請求者が預金者本人であることを確認の後、証明日の最終残高により発行する。

解　説

◆**発行請求者の確認**　預金の残高証明書を発行する場合にまず注意しなければならないことは、発行を請求する者が預金者本人であるかどうかということである。金融機関は預金の秘密を守るべき義務があるので、発行請求者の確認を行わず、第三者に対して残高証明書を交付してしまうと、後日問題となる。したがって、通常、預金の残高証明書を発行する場合には、取引印鑑を押印した「残高証明依頼書」を提出してもらっている。

◆**他店券預入分の取扱い**　次に、他店券で預け入れられている預金の残高証明をどうするかという問題がある。厳密にいうと、預金を停止条件付債権と解した場合は、まだ債権として成立していないので、残高証明をするのはおかしいのではないかとも考えられるが、現実には他店券預入分を含め

た元帳残高で残高証明書が発行されている例が多い。ただし、後日紛議を生ずる場合があるので、残高証明をなすべき預金残高中に、未決済の他店券による預入分があるときは、その旨の付記をしたほうがよい。

◆**残高の確定と証明日付**　預金残高を誤記入しないことも当然である。預金残高を誤記入することにより、これを信頼した第三者に対し金融機関が損害賠償義務を負担することがある。営業時間中にその日現在の残高証明書の発行を請求される場合があるが、当日の最終残高により発行すべきことはいうまでもない。しかしながら、CD・ATMでの取引時間の拡大、インターネットバンキング等での預金取引等を考えれば、金融機関の窓口営業時間終了後も預金の引出しができることから、当日中に当日の最終残高を確定させ、当日の最終残高により発行することがむずかしくなってきている。これをふまえたとき、預金残高を誤記入しないためにも、当日残での発行は、原則行わず、前日以前の残高で発行すべきである。

11031　福祉事務所からの照会

福祉事務所長から預金の残高等の照会を受けた場合、これに回答してよいか

結　論

　預金者の同意書が添付されていれば回答してよい。同意書が添付されていなければ、福祉事務所に同意書の有無につき確認したり預金者に回答可否を確認したりして、預金者の同意を確認し、回答することが望ましい。

解　説

◆**福祉事務所とは**　福祉事務所とは、社会福祉六法（生活保護法、児童福祉法、母子及び父子並びに寡婦福祉法、老人福祉法、身体障害者福祉法、知的障害者福祉法）に定める援護、育成または更生に関する事務を行う行政機関である。

◆**福祉事務所長から預金の残高等の照会を受けた場合の対応**　生活保護法は、福祉事務所長が、保護の決定または実施等のために必要があると認めるときは、要保護者もしくは被保護者であった者またはこれらの者の扶養義務者の資産および収入の状況につき、銀行等に、報告を求めることができる旨規定している（生活保護法29条1項）。この規定に基づき、福祉事務所長から金融機関に対して、生活保護の決定にあたって生活保護申請者の預金残高等の照会がなされる場合がある。

　照会に際して、生活保護申請者（預金者）の同意書（預金残高等を福祉事務所長に回答してかまわない旨が記載されたもの）が添付されている場合とされていない場合がある。同意書が添付されている場合には回答は可能である。

　同意書が添付されていない場合はどうか。照会に回答することが、預金者に対する守秘義務違反とならないか、預金者本人の同意を得ない保有個人データの第三者提供（個人情報保護法23条1項柱書）とならないか等が懸念される。そこで、預金者本人の同意がないため回答できない、といった対応も考えられる。

しかしながら、生活保護の決定または実施のための照会であり、回答することが預金者の利益になる面もあることを考えると、福祉事務所に同意書の有無につき確認したり預金者に回答可否を確認したりして、預金者の同意を確認し、回答することが望ましい。

11032　元利金代理受領と譲渡・質入禁止特約

定期預金者が、質権設定をするかわりに元利金代理受領の委任状を作成して、証書とともに第三者に交付することにより、約款の譲渡・質入禁止の条項は空文とならないか

結　論

このような事実があっても、金融機関としては譲渡・質入禁止約款を設けた目的は十分達せられていると考えられる。

解　説

◆譲渡・質入禁止約款の目的　金融機関の預金は例外なく「譲渡・質入れを禁止する」という約款を設けている。この約款の目的は、次の二つの点にあると考えられる。

（1）　預金者変更によって生ずるわずらわしさを避ける。金融機関の預金は指名債権ではあるが、もしも譲渡・質入れが禁止されておらず、頻繁に譲渡・質入れが行われたとすると、金融機関は譲受人・質権者については、その身元を確認する手数が必要になり、事務が煩雑になる。また、譲渡・質入れに関するトラブルの巻き添えになる

懸念もある。

（2）　債権保全に問題を生ずる。金融機関が預金者に対して貸出を行っている場合に、債務者の定期預金は事実上最も有力な債権回収の財源である。担保にとっている場合はもとより、とっていない場合でも相殺権の行使により債権回収が行えるからである。譲渡禁止の特約がなければ、債務者が定期預金を譲渡し、確定日付のある証書によって通知してきた場合には、金融機関は預金に差押えを受けた場合とまったく同様の対抗策しか考えられない。しかし、譲渡禁止の特約をしておけば、少なくとも譲受人に対しては何の対策もしなくてよい。なお、譲渡禁止特約とその法的効果については【11043】参照。

◆取立委任の趣旨　本問のように、代理受領の委任状と証書を交付すれば、事実上、これを受け取った第三者は期日に定期預金の支払を受けることができ、債権譲渡と同様の効果を収めることができる。

しかし、金融機関側からしてみると、このようなことが行われても、①支払時に預金者に真意を確認するだけの手数で足りる、②預金者に対して対抗できる事実は、取立受任者に対してもちろん対抗できるという2点から、特に大きな不都合は感じられない。すなわち、当初の譲渡・質入禁止の目的は、十分達せられていると考えてよい。

11033　過失による小切手支払拒絶と金融機関の責任

金融機関職員の過失により小切手を支払拒絶とした場合、金融機関は責任を負うか

結　論

支払拒絶によって当座取引先が受けた損害について、金融機関の予見可能な範囲において賠償する責任を負う。

解　説

◆当座勘定取引契約における銀行の義務

当座勘定取引の本質は、「取引先は金融機関に資金を預入れし、金融機関は取引先が振り出した小切手・約束手形、引き受けた為替手形が支払のために呈示された場合には、当初約定した条件（たとえば用紙の特定）を満たしており、支払資金がある限り、これを支払う」という点にある。

すなわち、一定の条件と支払資金がある限り、当座取引先が振り出した小切手の支払をすることは、当座勘定取引契約のうえで、金融機関が当座取引先に対して負担する委任契約上の義務である。

したがって、金融機関職員の過失によって、支払をすべき小切手を支払拒絶とした場合には、単なる金銭債務の不履行ではなく、委任契約上の債務不履行になり、当座取引先がそれによって受けた損害を賠償する責任を負担する（現行民法415条、改正民法415条）。

◆損害賠償の範囲

金融機関が負担する損害賠償の範囲は、「金融機関の過失によって通常生ずべき損害」と「特別の事情によって生じた損害で、契約の当事者である金融機関と当座取引先とが予見し、または予見することができるもの」（現行民法416条、改正民法416条）である。

ただし、当座取引先にも過失があるときには、損害賠償額を算定するに際して、裁判所でその点が斟酌されることになろう（現行民法418条、改正民法418条）。

◆実例

裁判例に現れた実例を二つほどあげておこう。

（1）　Ｘが「荘R.C. Tsong」という署名で振り出した小切手が支払銀行に呈示されたが、支払銀行の署名鑑見出しは「Tsong Nal Chung」となっていたため、小切手は「取引なし」で不渡返還された。そこでＸは、信用と名誉を著しく失墜させられて精神的苦痛を被ったとして謝罪広告を要求して訴えを起こした。

判決では、支払銀行が、支払拒絶が誤りであったことを発見すると直ちにＸに謝罪するとともに、小切手所持人にこの旨を説明して、その了解のもとに、取引停止処分を受けないですむような処置をとったため、損害は軽微であるとして請求棄却となった（東京地判昭36. 3.29金法276号5頁）。

（2）　Ｘは、Ｙ銀行がＸ振出の約束手形を不渡返還するにあたり、その不渡事由を「取引なし」とし、「和議法による保全処分中」としなかったために、取引停止処分を受けたとして、Ｙ銀行に対し、債務不履行による損害賠償請求をした。

判決では、Ｙ銀行は適法に当座勘定取引を解除したものであるので、「取引なし」の不渡事由で手形を不渡返還したとしても、そのことをもってＹ銀行に債務不履行の責任があるとはいえないとして請求棄却となった（神戸地判昭55. 8.22金法943号41頁）。

11034　不渡小切手を決済ずみと回答した支払銀行の責任

持出銀行の照会に対して支払銀行が不渡小切手を誤って交換決済ずみと回答した場合、回答銀行は責任を負うか

結　論

　回答銀行に故意・過失があれば、不法行為責任を負う。

解　説

◆支払銀行の回答義務と責任　小切手不渡の事実は、交換日の翌日に判明することであるから、それ以前に持出銀行が支払銀行に対して小切手が不渡となったか交換決済ずみとなったかを照会しても、支払銀行はその照会に答える義務はない。

　しかし、支払銀行がその照会に対して誤って回答をし、実は不渡小切手であったのに交換決済がすんだ旨を持出銀行に告げた結果、持出銀行が支払銀行の回答を信じて小切手による預金の払戻しをし、損害を受けることがある。

　支払銀行は回答の義務がないといっても、回答する以上は真実に即した回答をすべきであり、金融機関間で不渡の有無を照会し、これによって事務を処理することは、金融機関相互間の信頼関係によるものであるから、支払銀行としては、そのような信頼に応ずるだけの注意を払うべきであるともいえる。

　そして、持出銀行がこのような照会をする場合は、小切手による預金先から、預金の払戻しを迫られているというような事情のあることは、支払銀行としても、同じ銀行業を営むものとして推知することができるはずであるから、支払銀行が誤って回答をした結果、持出銀行が小切手による預金の払戻しをしたとすれば、その間には相当因果関係がある。

　したがって、このような場合には、支払銀行に故意がある場合はもちろん、金融機関として尽くすべき注意を尽くさないで過失により誤った回答をした場合にも、持出銀行に対して不法行為による責任を負うこととなろう。

◆信用照会　金融機関間で手形・小切手の決済見込み照会する、いわゆる信用照会は広く行われているが、これは取引先の信用状況についての照会であって、本問のように、交換に持ち出されて支払銀行が受け入れ、不渡となった手形について誤った回答をした場合は、通常の信用照会とは異なる。

11035　代理人の期日前払戻し・担保差入れ

代理人による預金の期日前払戻しおよび担保差入れの際、金融機関は権限調査義務を負うか

結　論

　預金者の代理人と称する者の預金の期日前払戻しには民法478条の適用があり、担保差入れについては同条の類推適用または表見代理の適用がある。

◆**期日前払戻し**　債権は権利者に弁済しなくては消滅しない。しかし、権利者ではなくても真正な権利者と認められる外観を呈している者に対して、債務者が真正な債権者であると信じて弁済したときは、その弁済を有効なものとして二重払いをしなくてもよいことが規定されている。債権の準占有者に対する弁済である（現行民法478条）。なお、改正民法478条は、「受領権者としての外観を有するもの」との文言に変更しているが、実質的には現行民法478条の規定を維持したものと考えられる。

　預金払戻しの場合、金融機関は払戻しの相手方が無権利者であることを知らず、かつ知らないことに過失がないときにはじめて債権の準占有者に対する弁済により保護されることになる。また、判例（最判昭37.8.21民集16巻9号1809頁）は、債権者の代理人と称して債権を行使する者も現行民法478条の債権の準占有者に当たるとしている。

◆**担保差入れ**　預金担保貸付に現行民法478条の類推適用があることは判例上も確定している（最判昭48.3.27民集27巻2号376頁、最判昭59.2.23民集38巻3号445頁）。昭和59年判決は、信用金庫が記名式定期預金につき、真の預金者Ａと異なるＢを預金者として認定してＢに貸付をした後、貸付債権を自働債権とし、預金債権を受働債権として相殺をした事案である。最高裁は同条の類推適用により相殺を有効とした。次に、預金者から委任されて信用金庫に定期預金の預入手続をした者が、預金証書と印鑑を保管中に、預金者に無断で当該定期預金を利用して当該信用金庫から預金担保貸付を受けた事案につき、下級審裁判例（東京地判昭59.10.19金法1106号53頁）は、自称代理人に担保差入権限ありと信じるに正当な事由があると認め、預金担保差入契約を有効と認めた。

　無権代理人を相手として預金担保貸付を行った金融機関は、債権の準占有者に対する弁済の規定でも、表見代理の規定によっても回収が可能であるが、裁判例では、債権の準占有者に対する弁済の規定により処理されることが圧倒的である。これは、表見代理の場合は基本代理権の存在が必要とされるが、債権の準占有者に対する弁済の場合は債権者の帰責事由の有無を問わないことから、要件が緩やかなほうを選択していることにあると思われる。

11036　自動継続定期預金の満期日が休日の場合

自動継続定期預金の満期日が休日の場合はどのように取り扱うか

結　論

休日を継続日として書換継続する。

解　説

◆**継続の契約**　自動継続定期預金は、満期日までに預金者から別段の申出がない限り、満期日に、その元利合計額（または元金額）をもって、従来と同一の預入期間の預金として自動的に継続される。通常の定期預金においては、預金の継続はそのつど当事者間の契約によって行われる（この契

約を仮に継続契約と呼ぶ）。これに対し、自動継続定期預金においては、満期日までに預金者から特に申出がない限り、当然に—あらためて継続契約を締結することなしに—継続の効果を生ずる。

◆通常の定期預金の継続　ところで、通常の定期預金の場合に、満期日が休日であると、その当日に継続契約を締結することはできない。しかし、その支払期日に効力を生ずべき継続契約をあらかじめ（たとえば期日の前日に）締結することはできると解すべきである。休日には取引をしないことになっているというだけであって、その日に効力を生ずべき契約をあらかじめ締結することは、法律上も事実上も、なんら支障がないからである。休日の日付で証書を発行することはできないのではないかとの疑問に対しては、証書の発行日付としては実際に継続契約を締結した日を記載し、そのほかに—たとえば預入期間開始日として—この契約が効力を生ずべき日を記載することとすれば問題ないであろう。むしろ、一般に支払期日前に継続契約を締結した場合における証書上の日付の記載の方法としては、そのほうが正しいと考えられる。

◆自動継続定期預金の継続　自動継続定期預金の場合は、約款により満期日までに預金者から特に申出のない限り書換継続するとの継続契約が締結されているから、満期日が休日であっても、その日をこの契約の効力発生日（継続日）とすることは、当然に可能と解すべきである。そして、自動継続の約定をした当事者の意思としては、継続前の預入期間と継続後のそれとの間に1日の空白も生じないように、つまり預金者にとって最も有利な態様において、継続

が行われることを欲したものと考えられる。その当事者の意思に沿うためには、常に満期日を—それがたまたま休日に当たっていても—継続日とするのが妥当と考えられる。

したがって、満期日までに継続停止の手続を行っていない限り、満期日である休日の翌営業日に解約することは、中途解約（満期日前解約）になるものと考えられる。

11037 定期預金（積金）の分割、併合、名義変更等

定期預金（積金）の分割、併合、名義変更等の法律的性質はどのようなものか

結　論

旧定期預金（積金）と同一性を維持するか、更改となるかは当事者の意思にかかっているが、当事者の意思が明確でないときは同一性を維持するものと解すべきである。

解　説

定期預金（積金）分割、併合、名義変更等の法律的性質については、その金融機関と契約者との間の変更契約の内容にかかってくる。そして、この取扱いは各金融機関によってまちまちである。名義変更についてはどの金融機関でも認めているようであるが、分割、併合等についてはまったくこれを認めず、定期預金（積金）契約者が強いてこれを望めば解約をしている金融機関もあるし、法律的に問題があるのならば別として、契約当事者の意思でどうにでもなる事項であるから、できる限り顧客の要望に応えようという金融機関もある。

◆**分割、併合**　併合の実益は実務上はまずないといってよい。しかし、分割については従来、契約額100万円のものを２口に分割してその１口を他人に譲渡するというような必要性から、実務上行われることがある。

　定期積金契約は単なる消費寄託ではないから、定期預金のように明瞭な分割債務ではない。したがって、定期積金の分割が新旧債務の間に同一性を維持するかどうかは、定期預金の分割が同一性を維持するように当然のことではない。やはり前述の契約額の変更と同様、当事者の意思にかかるものと考えなければならない。たとえば、100万円の定期積金を50万円のもの２口に分割するときは、「分割申込書」のなかに新旧債務は同一性を保つものと明示されておれば、分割された定期積金は当初の100万円のもの１口と同一性を維持するのであるから、もし同一性を欲するならば当事者の意思を表示しておかなければならない。

◆**名義変更**　多くの金融機関では名義変更を契約の地位の譲渡として構成し、新旧債務は同一性を保つものとして考えているようである。しかしながら名義変更の場合にも、当事者の意思によって更改契約として新旧債務の同一性を失わせることができるのであるから、「名義変更願」のなかには当事者の意思を明白に表示しておく必要がある。

◆**定期積金の契約額の変更**　金融機関と契約者との間で満期における給付額を変更する契約をすれば、従来の定期積金契約は、当事者の意思に従って、同一性を維持し、あるいは更改される。

　たとえば、当初の契約額が100万円であったものを50万円に減額する契約をしたとする。当事者が新旧給付債務の同一性を欲する場合には、金融機関の負担する給付義務は当初の100万円から50万円に減額されるだけで同一性を維持し、当事者が更改を欲するならば金融機関の負担する給付義務も更改によって同一性を失う。そして、契約額の増額の場合には過去の掛込不足は掛込遅延と同様に扱えばよいし、契約額の減額の場合の掛込超過分は先掛と同様に扱えばよい。

　いずれにしても、新旧契約に同一性を維持させるか否かは当事者の意思にかかっているのであるから、金融機関は、その希望するところによって、契約変更申込書にはっきり同一性についての意思を表示しておかなければならない。

◆**当事者の意思が不明の場合**　以上のような各場合に、当事者の意思が不明のときは、金融機関の給付義務は変更契約の前後で同一性を保つであろうか。

　この点については、たとえば定期預金（積金）が担保に差し入れられている場合等は、当事者に特別の意思表示のない限り、同一性を保たせる意思を有するものと推測できるし、またこのような事情がないときにも、やはり同一性を維持するものと考えるのが意思に合致するのであろう。しかし、この点については学説も判例も確定しているわけではないから、契約変更によって同一性が失われると解されるおそれがあるときは、はっきり同一性を維持する旨意思表示しておかなければならない。

11038 預金の移管

預金の移管に際してはどのようなことに注意するか

結　論

預金の契約者が、転勤・転居などの住所変更を伴う理由で、自行の他店舗所在地へ移ることがある。この場合、法律上特に問題はなく、自行所定の手続に従って行えばよい。

解　説

◆移管店（旧店）における取扱い　移管店では、まず預金証書とともに、預金移管請求書を提出してもらう。この移管請求書が住所変更届を兼ねている場合には、新旧住所の記載をし、記名押印をしてもらう。この際、移管証書引換証（通常、移管請求書の一部を構成している）を預金者に交付するのが普通である。なお、被移管店の所在地を預金者に十分に説明しておく。

金融機関内部の手続としては、移管請求書・預金証書の契約金・払込数・預金残高・印鑑などを元帳・申込書と照合確認して、預金移管報告書を作成する。

次いで起票・記帳・検印ということになるが、預金証書元帳などに「何年何月何日何支店へ移管」の旨、明瞭に記載しておくことが大切である。

移管報告書は、預金証書、申込書（印鑑届兼用）、集金票などとともに、被移管店（新店）へ送付する。

なお、移管請求書は別途に綴って保管する。また、為替事務との関係で給付補てん備金の計算は当然必要である。

◆被移管店（新店）における取扱い　新店では、移管報告書により元帳に口座をつくり移管残高を記入するが、移管店名の記入は、当然必要である（申込書、集金票、預金証書にも移管の旨記入）。

移管報告書は別途に保管し、元帳・申込書は新規契約に準じた事務処理を行う。

預金者の新住所に対しては、移管証書引換証持参のうえ、預金証書を受け取りに来店してもらうよう案内を出すか、直ちに預金証書を届けるなどの手続をとることが必要である。

11039 簡裁で金融機関職員が訴訟代理人となる場合の注意

簡易裁判所関係の預金関係事件で、金融機関職員が訴訟代理人となる場合はどのようなことに注意するか

結　論

委任状にはあらかじめ和解に関する事項を含めておく。また、必要に応じ顧問弁護士と相談のうえ答弁書を作成しておくべきである。

解　説

◆簡易裁判所での訴訟　裁判所法33条によると、訴訟の目的価額が140万円を超えない請求（ただし行政事件訴訟に係る請求を除く）は、簡易裁判所が第一審として扱うことを決めている。したがって、たとえ

ば100万円の預金払戻し・返還請求といったような預金関係事件は、簡易裁判所で、まず取り扱うことになるわけである。そのほかに、預金関係事件で簡易裁判所がかかわるものとしては、金融機関を相手方とする和解または調停などが考えられるが、いきなりそのような事件が出てくることは少なく、通常は、預金関係事件としては、金融機関を相手とする払戻請求訴訟が大半と思われるので、この場合、事件内容そのものの解決策はともかく、一般的にはどのように取り扱ったらよいかを述べる。

◆**訴訟代理人**　まず注意すべき点は、一般職員を訴訟代理人として選任できるということである。地方裁判所以上の事件は、弁護士以外は代理人になれないが（民訴法54条1項）、簡易裁判所では、許可を得て金融機関職員でも代理人になれる（同条1項ただし書）。この場合には金融機関職員を代理人とする代理人許可申請書および委任状各1通を裁判所に提出することを要する。

委任状の内容としては、「原告××より被告銀行に対する××簡易裁判所平成×年××号預金払戻請求事件につき民事訴訟法第55条第2項所定の事項を含むいっさいの訴訟行為」というように、和解に関する事項をあらかじめ含めておいたほうが、後日和解が必要となったときにいちいち委任状を出す必要がなくて、便利である。

◆**答弁書の作成**　次に注意すべき点は、答弁書の作成である。

地方裁判所に係る事件においては、口頭弁論はあらかじめ書面をもって準備することになっているが（民訴法161条1項）、簡易裁判所の場合はその必要がないことになっている（同法276条。ただし、相手方が準備をしなければ陳述できないと認められる事項は書面準備を要する）。しかし実際上は、準備書面として、主張ないし抗弁すべき事項を盛り込んだ答弁書を作成提出しておき、口頭弁論当日出頭した職員が「答弁書記載のとおり」と回答すれば、別に苦労しなくてもすむわけである。

この答弁書は、金融機関においては一応顧問弁護士などと相談のうえ作成することが望ましい。

なお、答弁書は裁判所用と相手方用の2通を作成する必要がある。

◆**訴訟手続**　以上のような形で、金融機関職員が出頭のうえ訴訟手続が進められることになるが、訴訟手続中に和解・調停の申立が行われることもある。和解・調停が成立せず、簡易裁判所の判決が出た場合、それに対して控訴が行われれば、第二審である地方裁判所に移行し、通常どおり弁護士などが訴訟代理人となって、事件を遂行することになる。

11040　給料の銀行振込と労基法

給料を銀行振込とすることと労働基準法との関係はどうか

結　論

給料の銀行振込は、労働協約で規定している場合、労働者の同意により行われる場合であれば労働基準法違反のおそれはない。

◆**労働基準法24条**　労働基準法24条は、「賃金は、通貨で、直接労働者に、その全額を支払わなければならない」と規定しているが、「法令若しくは労働協約に別段の定めがある場合」あるいは「厚生労働省令で定める賃金について確実な支払の方法で厚生労働省令で定めるものによる場合」は例外が許容される。そして、同法施行規則7条の2第1項は、使用者は労働者の同意を得た場合には、賃金の支払について、「当該労働者が指定する銀行その他の金融機関に対する当該労働者の預金又は貯金への振込み」によることができると規定し、給料の銀行振込を明文で認めている。なお、「労働者の同意」は、労働者の意思に基づくものである限りその形式は問わないとされている（昭63.1.1基発1号）。

また、証券会社の一定の要件を満たす預り金に該当する証券総合口座への払込みによる賃金の支払についても、平成10年9月10日から可能となった。

◆**振込の方法による賃金支払手続**　手続の概略を述べると次のとおりである。

① 書面による個々の労働者の申出または同意により開始し、その書面には一定の事項を記載すること。

② 事業場に労働者の過半数で組織する労働組合がある場合は労働組合と、労働者の過半数で組織する労働組合がない場合は労働者の過半数を代表する者と書面による協定を締結すること。

③ 使用者は所定の賃金支払日に賃金の支払に関する計算書を交付すること。

④ 振込がされた賃金は、所定の賃金支払

日の午前10時頃までに払出しまたは払戻しが可能になっていること。

⑤ 取扱金融機関は、金融機関または証券会社の所在状況等からして1行、1社に限定せず複数とする等労働者の便宜に十分配慮して定めること。

⑥ 証券会社の証券総合口座への払込みの場合には、当該証券会社の口座が「MRF」により運用される証券総合口座であることを確認すること。

11041　社内預金の保全措置

社内預金の保全措置とはどのような制度か

社内預金の保全措置とは、企業倒産により、預金の凍結、返還不能などの事態をなくすため、すなわち社内預金を保護するための制度である。

◆**社内預金保全制度の法律上の整備**　かつて、社内預金は会更法において共益債権としての請求ができることが認められていた（同法130条）ほかは、なんら特別の保護はなされていなかった。このため、企業倒産に伴い社内預金の凍結、返還不能という事態が発生するに及んで、社内預金者の保護を目的とした労働基準法施行規則の改正（昭41.3.23）が行われた。

しかし、これでは不十分であったので、企業倒産の場合の賃金・退職金の支払と社内預金の返還の確保に関する措置を盛り込

んだ「賃金の支払の確保等に関する法律」が立法され（昭和51年法律第34号）、社内預金の保全措置については、昭和52年4月1日から施行された。

◆**社内預金の保全措置**　賃金の支払の確保等に関する法律により事業主は、毎年3月31日現在の社内預金全額につき、同日後1年間を通ずる保全措置を講じなければならなくなった。

その保全措置は、次のいずれか一つ、または二つ以上の組合せによる。

① 金融機関等との保証契約の締結……金融機関または厚生労働大臣が指定する公益法人が保証人となり、社内預金の預金者である労働者は、事業主が社内預金を返還しない場合は、保証人に対し請求できるという方式

② 信託会社との信託契約の締結……委託者を事業主、受益者を預金者たる労働者、受託者を信託会社（信託銀行を含む）とする信託契約を締結し、信託会社に財産を信託し、社内預金の返還ができなくなった場合には、信託会社はこの信託財産から受益者に返還するという方式

③ 質権または抵当権の設定……社内預金返還請求権を担保するため、事業主または第三者の財産上に質権または抵当権を設定する方式

④ 預金保全委員会の設置……労使で構成する委員会を設置し、社内預金の返還が困難になると予想される場合は預金者が事前に返還を受けられるようにする方式

| 11042 | 社内預金の保全措置と会社倒産 |

社内預金の保全措置をした会社が倒産し、支払を請求された場合はどうするか

結　論

「社内預金保全のための保証に関する約定書」または「社内預金保全のための質権設定に関する約定書」に基づき、労働者の代理人から保証債務履行請求または質権実行による金銭の交付請求を受けたときは、手続の定めに従って労働者の代理人に支払わなければならない。ただし、いずれの場合も各労働者から個々に請求されることなく、代理人によってまとめて請求される。

解　説

◆**支払手続**　代理人は請求に際して、使用者が作成し各労働者が承認した個人別被保証額（質権の場合は被担保額）証明書ならびに使用者が押印した総被保証額（総被担保額）証明書に署名押印のうえ金融機関に提出する（労働者名簿不要扱いの保証約定書の場合は各労働者の元利金総額承諾書およびその総額証明書）。

支払請求に対し金融機関の支払う金額は、①労働者名簿添付の保証または質権設定の場合は、保証（担保）極度額の範囲内の金額で作成提出された総被保証額（総被担保額）証明書に記載された金額を交付するが、②労働者名簿不要分の保証については、前記総額証明書記載の金額に約定書で定めた保証割合を乗じた金額と極度額のいずれか少ない金額を代理人に交付する。なお、厚

生労働省通達では、労働者代理人が払戻しを受けた金銭については金融機関から現金を受領することなく、各労働者の指定する預金口座へそれぞれ振り込むことが望ましいとされている。したがって、労働者代理人から上記取扱いを依頼されたときは通常の振込手続を行う。

◆**労働者の権利と会社の担保差入れ**　労働者が質権の優先弁済を受ける権利は、会社（使用者）が破産した場合においても別除権を有し、破産手続によらず実行できるとされており（破産法65条）、その他、民再法、会更法適用の場合もほぼ同様にその保全が図られている。また更生手続開始の決定があった後でも、被担保債権が共益債権とみなされる社内預金であるから（会更法130条5項・132条）、いつでも実行できる。これに対し更生手続開始決定前の通常の質権は更生担保権となり（同法2条10項）、更生手続によらなければならない（同法50条・47条）。このため金融機関の保証によって、保証に対する担保として会社（使用者）が金融機関に対し預金を担保に提供するより、直接労働者に担保差入れするのが通例であろう。

　もっとも、金融機関が会社（使用者）に対し有する他の債権と社内預金に関する保証を共通して担保させる目的で預金担保の提供を受ける場合もあるが、この場合には本約定書のほかに、包括根担保文言のある預金担保差入証を別途差し入れてもらっておくことが必要である。

11043	預金譲渡取扱い上の留意点

預金譲渡の取扱いにあたって留意すべき点は何か

結　論

① 　預金譲渡の承諾を求められた場合には、その申出が預金者本人からのものであること、また当該預金者に対する反対債権などがないことを十分確認したうえで譲渡を承諾する。

② 　預金の譲渡の通知を受理した場合には、その通知が預金者本人からの真正な通知であるかを確認するため、必ず預金者本人に事実確認を行う。また送付された通知書に確定日付がない場合には、後日第三者との間に二重譲渡による紛議等を生じないよう、あらためて①の承諾形式をとり、これに確定日付をとっておくべきである。

解　説

◆**譲渡禁止特約とその法的効果**　金融機関は、譲渡性預金を除きすべての預金規定に譲渡禁止特約をつけている。これは、①金融機関の預金取引は不特定多数との取引であり、これを自由に譲渡できるようにすると、譲渡意思の確認、通帳・証書の処理など事務が煩雑になり、かつ事務の安全性・確実性を損ないかねないこと、②金融機関が預金者に対して反対債権をもっている場合に債権保全に支障が生ずるおそれがあることなどの理由からであるといわれている。

ところで、譲渡禁止特約は、預金者と金融機関との間の特約であることから、これを第三者に対しても主張できるのかが問題となりうる。

この点について、現行民法466条2項は、譲渡禁止特約は、善意の第三者に対抗できないとしている。

他方で、判例（最判昭48.7.19民集27巻7号823頁）では、「重大な過失は悪意と同様に取扱うべき」とされ、「譲渡禁止の特約の存在を知らずに債権を譲り受けた場合であっても、これにつき譲受人に重大な過失があるときは、悪意の譲受人と同様、譲渡によってその債権を取得しえないものと解するのを相当とする」とされている。また、同判例は、預金債権に譲渡禁止特約が付されていることは、「少なくとも銀行取引につき経験のある者にとっては周知の事柄に属するというべき」と述べている。

これらのことからすると、預金債権の譲渡について、譲受人（となろうとしている第三者）の悪意または重大な過失が認定されることが事実上多く、金融機関が譲渡を承諾しない限り、預金債権の譲渡の効力は生じないと考えてよいであろう。

なお、改正民法466条の5第1項では、預金債権に付された譲渡禁止特約について、「譲渡制限の意思表示がされたことを知り、又は重大な過失によって知らなかった譲受人その他の第三者に対抗することができる」としており、上記判例のもとでの金融機関の実務に、特段の影響はないものと考えられる。

◆譲渡承諾を求められた場合の取扱い

預金の譲渡について「承諾を求められた場合」の取扱い上のポイントは次のとおりである。

① 申出人が預金者本人であることを確認する。

② 次に、その預金者に対する反対債権の有無、相殺の可能性などを十分確認する。

③ 以上の確認終了後、譲渡を承諾する場合には、譲渡人・譲受人両者の連署押印のある「預金債権譲渡承諾依頼書」の提出を受ける。

④ この依頼書には金融機関が承諾文言を付記し、これに確定日付を得ておく。また、譲受人からは新印鑑届の提出を受け、譲渡人の預金通帳・証書の名義を譲受人に変更する。

◆譲渡通知を受理した場合の取扱い　預金の譲渡について「通知を受理した場合」の取扱い上のポイントは次のとおりである。

① その通知が預金者本人からのものであることを確認し、あわせて預金者本人に事実確認を行う。

② 次に、「承諾を求められた場合」と同様、反対債権などの確認を行う。

③ 承諾する場合には、譲受人から新印鑑届の提出を受ける。なお、承諾しない場合には、譲渡人および譲受人双方に対し譲渡を拒否する旨通知する（この通知は、後日のため内容証明・配達証明付郵便としておくのが望ましい）。

④ 送付された通知書に確定日付がない場合には、後日第三者との間に二重譲渡による紛議の生ずるおそれがあるので、前述の「承諾を求められた場合」と同様の手続をとるのがベターであろう。

預金に対して差押えが予想されるので、それを免れたいとして預金債権を譲渡したいとの申出があったが、応じても問題はないか

結　論

　預金者から、預金債権を譲渡したいと申出があった場合、金融機関の債権保全上懸念がなく、その預金に事故届が提出されていない場合は承諾してもさしつかえない。しかしながら、本問のように差押えが予想されるので、それを免れたいとして申出があった場合には、その申出を断るべきである。

解　説

　預金規定には譲渡禁止特約があるが、金融機関が譲渡承諾を行えば譲渡は有効となる。

　この譲渡承諾を行うか否かは金融機関の自由な判断に任せられているので、通常の譲渡の場合は、申出人が真正な預金者でありこの預金に事故届が提出されていないこと、かつ預金者（譲渡人）に対して貸金等反対債権がなく相殺する必要がないことを確認する。そして、聴取した譲渡申出事由を総合的に検討し、承諾を拒否することに合理的な理由がない場合は、承諾してもさしつかえない。

　しかし、本問のように譲渡申出事由が「将来予想される差押えに対する回避手段」である場合、将来金融機関が紛議に巻き込まれ、共謀責任を追及される可能性がある。さらには、強制執行妨害目的財産損壊等罪（刑法96条の2第1号……強制執行を妨害する目的で、強制執行を受け、もしくは受けるべき財産を隠匿し、損壊し、もしくはその譲渡を仮装し、または債務の負担を仮装する行為をした者）の共犯者として刑事罰を受けることも考えられるので、承諾を拒否すべきである。

11045 預金の二重譲渡

預金の二重譲渡の場合の譲受人相互間の優劣は、どのような基準で決まるか

結　論

　確定日付のある証書による通知または承諾の先後によって決まる。確定日付そのものの先後ではなく、確定日付のある証書が債務者に到達した日時または確定日付のある債務者の承諾の日時の先後によって決まる点に注意しなくてはならない。譲渡性預金などを除けば預金には譲渡禁止特約が付されているから、預金債権の譲渡の場合には、確定日付のある承諾による対抗要件の具備が実際には問題となるが、承諾の場合には通知と異なり到達の先後が問題とはならず、どちらが先に承諾書に確定日付をとったかにより決まることになるであろう。

解　説

◆債権譲渡の第三者対抗要件　債権譲渡の第三者に対する対抗要件は確定日付のある証書をもってする通知または承諾である

（現行民法467条2項、改正民法467条2項）。ここにいう確定日付のある証書による通知または承諾は、通知行為または承諾行為について確定日付のある証書を必要とするという意味である。

そこでさらに、債権の二重譲渡がされた場合に、通知に付された確定日付の先後によってその優劣が決まる（この考え方を「確定日付説」という）のか、確定日付のある通知の債務者への到達の先後により優劣が決まる（この考え方を「到達時説」という）のかが問題となり、判例（最判昭49.3.7民集28巻2号174頁）は到達時説に立つことを明らかにした。したがって、たとえば内容証明郵便の日付が後のものであっても、速達郵便などにより債権譲渡通知が先に債務者に到達すれば、そのほうが優先することになる。もとより、その先後関係は日単位ではなく、時間単位で判断されるわけである。

◆同時到達の場合　では、このような確定日付のある債権譲渡通知が同時に債務者に到達し、あるいはどちらが先に到達したか不明の場合には、その優劣はどのようになるのであろうか。債権譲渡の通知は往々にして短期間に集中する例が多いため、このようなケースが問題になることが案外多い。この点につき判例（最判昭55.1.11民集34巻1号42頁）は、「指名債権が二重に譲渡され、確定日付のある各譲渡通知が同時に債務者に到達したときは、各譲受人は、債務者に対しそれぞれの譲受債権全額の弁済を請求することができ、譲受人の1人から弁済の請求を受けた債務者は、他の譲受人に対する弁済その他の債務消滅事由が存在しない限り弁済の責を免れることができ

ない」としている。

さらに、別の判例（最判平5.3.30民集47巻4号3334頁）は、同一の債権について差押通知と確定日付のある譲渡通知との第三債務者への到達の先後関係が不明である場合、差押債権者と債権譲受人とは、互いに自己が優先的地位にあると主張することができず、両者は同順位であり、第三債務者が債権額に相当する金員を供託した場合において、被差押債権額と譲受債権額との合計額が供託金額を超過するときは、差押債権者と債権譲受人は、被差押債権額と譲受債権額に応じて供託金額を案分した額の供託金還付請求権をそれぞれ分割取得するとしている。

本判決では、事案との関係で言及はされていないが、この見解から、二つの債権譲渡が競合し、各譲渡通知の到達の先後が不明の場合についても、債権譲受人相互間では、互いに相手方に対して自己が優先的地位にあると主張することができず、両者が同順位となると解される結果、譲受人はそれぞれ全額を債務者に請求することができ、債務者は一方の譲受人に対して全額を弁済すれば、他方の譲受人に対しても免責されると考えることができる。

実務上は、債権譲渡の各通知が同時に到達した場合には、差押えではないので、執行供託は認められないし、供託実務の取扱いによれば、「債権者不確知」を原因とする供託ができないとの見解もあり、各譲受人の合意による払戻請求を受けて案分して支払うか、従来の判例（最判昭55.1.11）に従って、その一方に全額支払をすることになろう。

なお、譲渡通知の到達が債務者の過失な

くして先後不明である場合には、「債権者不確知供託に関する最高裁判決について」（法務省平5.5.18民四第3841号民事局第四課長通知）に基づき、債権者不確知供託によるべきであろう。

◆**承諾の場合の問題**　以上は債権譲渡の通知がなされた場合についての記述であり、判例も同様のケースである。そこで、債権譲渡の対抗要件が承諾により具備された場合についても考えておく必要がある。預金のように譲渡禁止特約のある債権の譲渡においては、承諾による対抗要件の具備が問題となりうるからである。この点については前掲最判昭49.3.7が「譲受人相互の間の優劣は、通知又は承諾に付された確定日附の先後によって定めるべきではなく、確定日附のある通知が債務者に到達した日時又は確定日附のある債務者の承諾の日時の先後によつて決すべきであ」るとしている点が参考になる。承諾は、いわゆる観念の通知に当たり、譲受人または譲渡人に対する到達を論ずる必要はあるが、二重譲渡における対抗問題を判断するにあたり、この判例が債務者の認識を基準にしている以上、承諾においては承諾をする時点においてこの問題はクリアされているのであるから、結局は承諾書に確定日付をとった時点の先後によって優劣が決められていることになると考えるべきであろう。

11046　譲渡禁止特約の効果

預金の譲渡禁止特約にはどのような法律的効果があるか

結　論

現行民法では、譲渡禁止特約付債権について、その特約を知って譲り受けたり、その特約を知らなくてもそのことに重大な過失がある場合には、債権譲渡の効力が生じず、債権を取得することができない。

改正民法では、譲渡禁止特約付債権であっても譲渡の効力は生じ、その特約を知って譲り受けたり、その特約を知らなくてもそのことに重大な過失がある場合には、債務者は履行を拒むことができるにとどまる。ただし、改正民法の場合も、銀行預金に譲渡禁止の特約が付されている場合には、その特約を知って譲り受けたり、その特約を知らなくてもそのことに重大な過失がある譲受人その他の第三者に対しては、債権譲渡の効力は生じない。

銀行預金の譲渡禁止特約の存在は少なくとも銀行取引の経験のある者には周知の事実であるというのが判例であるため、譲渡禁止特約が付されている銀行預金の取扱いについては、現行民法と改正民法では変わらないと考えられる。

解　説

◆**譲渡禁止特約の効力**　現行民法では、債権は一般に譲渡性を有する（民法466条1項本文）が、①債権の性質が譲渡を許さないもの、②法律上譲渡を禁止されているもの、③譲渡禁止特約が付されているものには譲渡性がないとされている。ただし、このことを貫くと取引の安全が害されるため、非譲渡性を絶対的なものとはせず、民法466条2項ただし書は、善意の譲受人に対しては譲渡性のないことを主張できない

ものとしている。また、譲受人に重大な過失がある場合にも、最判昭48.7.19（民集27巻7号823頁）は、「重大な過失は悪意と同様に取り扱うべきものであるから、譲渡禁止特約の存在を知らずに債権を譲り受けた場合であつても、これにつき譲受人に重大な過失があるときは、悪意の譲受人と同様、譲渡によつてその債権を取得しえない」としている。

改正民法では、債権が一般に譲渡性を有する（同法466条1項）という点は現行民法と同じであるが、譲渡禁止特約がついているものであっても、債権譲渡の効力は有する（同法466条2項）。ただし、譲渡禁止特約について悪意、または重大な過失がある譲受人その他の第三者に対しては、債務者は、その債務の履行を拒むことができ、かつ、譲渡人に対する弁済その他の債務を消滅させる事由をもってその第三者に対抗することができる（同法466条3項）。

◆**銀行預金の譲渡禁止特約**　銀行預金には、譲渡性預金などを除き、金融機関と預金者との間で譲渡禁止の特約がなされている。

現行民法の場合、銀行預金の譲渡禁止特約に違反した場合の効力は、すでに述べたとおり無効であり、銀行は、譲渡禁止特約について悪意、または重大な過失がある譲受人に対して無効を主張できる。

改正民法の場合、譲渡禁止特約に違反した場合の債権譲渡の効力はすでに述べたとおり原則として有効であるが、預貯金債権について譲渡禁止特約がなされた場合は、譲渡禁止特約について悪意、または重大な過失がある譲受人その他の第三者との関係では譲渡が無効になるとされている（同民法466条の5）。

前掲最判昭48.7.19は、銀行預金に譲渡禁止特約がついていることは「ひろく知られているところであって、このことは少なくとも銀行取引につき経験のある者にとっては周知の事柄に属する」としていることから、現行民法でも改正民法でも、ほとんどの場合、銀行は、銀行預金の譲渡の無効を主張できると考えられる。

◆**いったんなされた譲渡禁止特約の解除**
譲渡禁止特約付債権も、特約を解除して有効に譲渡することは当然可能である。この場合は債務者（預金の場合は金融機関）の一方的意思表示で足り、必ずしも契約当事者双方の合意解除による必要はない。しかも債務者の承諾は、譲渡禁止特約の解除の意味のほか、債権譲渡の対抗要件としても承諾（現行民法467条・468条、改正民法467条・468条）を兼ねて行いうる（最判昭28.5.29民集7巻5号608頁）。また、譲渡禁止特約付債権を悪意で譲り受けても、後に債務者が承諾すれば債権譲渡は譲渡の時にさかのぼって有効となり、しかも債権譲渡の時にした確定日付のある譲渡通知はそのまま有効で、承諾の時に再び確定日付は必要でなく、承諾後に生じた第三者にも債権譲渡を対抗できるとするのが判例（最判昭52.3.17民集31巻2号308頁）である。

◆**預金に対する差押・転付命令**　現行民法では、譲渡禁止特約付債権の差押・転付命令について、民法466条2項の規定の適用が問題となるが、最判昭45.4.10（民集24巻4号240頁）は、同条2項は譲渡の場合の規定で、差押えの場合には適用されず、差押債権者の善意・悪意を問わず差押・転付命令によって移転するものとしている。

私人間の特約によって差押禁止物をつくる結果を認めるのは妥当でないという考え方に基づくものである。

改正民法では、前掲最判昭45.4.10の判例法理を466条の4で明文化しており、預貯金債権の場合も同様であることが466条の5第2項で定められている。

11047　預金譲渡の一方的通知がされた場合

預金債権を譲渡する旨の内容証明郵便が送達された場合はどうするか

結　論

預金債権者から一方的に確定日付のある証書（内容証明郵便等）による債権譲渡通知がなされても、金融機関が承諾しない限り、ほとんどの場合において、金融機関は預金債権の譲渡禁止特約をもって、譲渡の無効を債権者および第三者に対抗できる。

また、その預金債権者に譲渡の事実等を確認し、金融機関の反対債権、事故設定等債権保全に支障がなければ、配達証明付内容証明郵便による承諾通知を債権者に送付し、承諾することもできる。

解　説

◆譲渡通知の法的効果と譲渡禁止特約との関係　債権の譲渡性からみると、債権は原則として譲渡することができる（民法466条1項）。また、指名債権譲渡の対抗要件は債権者（譲渡人）から債務者（金融機関）に譲渡の旨を通知するか、債務者が譲渡を承諾しなければ、債務者および第三者に対抗することはできないとされ、この通知および承諾は確定日付のある証書（内容証明郵便等）をもってしなければ第三者に対抗できないとしている（同法467条2項）。

債権譲渡の旨を内容証明郵便で送達されたことは、譲渡人から確定日付のある証書で通知がなされたことになるから、この債権譲渡について譲渡人は債務者および債務者以外の第三者に対抗できることになる。

しかし、債務者（金融機関）側からみると、銀行預金の場合、譲渡性預金を除く預金規定には、「この預金は当行の承諾なしに譲渡することはできません」という、債権譲渡の反対の意思を表す譲渡禁止特約がつけられている。この特約は、金融機関の預金取引は不特定多数の顧客と取引するため、自由な預金の譲渡を認めてしまうと真の預金者を確認する手続が煩雑となり、確実な事務処理ができなくなるという理由から設けられたものである。ただし、この特約があっても金融機関は債権譲渡にかかわる善意の第三者に対抗できないとされている（民法466条2項ただし書）。

ここで譲受人が善意の第三者に該当するかどうかが問題となるが、銀行預金に譲渡禁止特約が付されていることは、広く一般に知られていることである。また、譲受人は預金証書等を譲渡人から受け取り当然この特約を知りうることから、悪意（譲渡禁止の特約を知っている）または重過失があると解され、善意の第三者に該当しないという考え方が一般的である。したがってほとんどの場合、銀行預金の譲渡は、金融機関が承諾しない限りその譲渡は有効とならない。

改正民法でも、債権は原則として譲渡す

ることができる（改正民法466条1項）。また、債務者対抗要件、第三者対抗要件は現行民法と同様である（同法467条）。

改正民法では、譲渡禁止特約がつけられている債権の譲渡であっても、譲渡の効力は有効であるが（同法466条2項）、預貯金債権に譲渡禁止特約がつけられている場合は、特約について悪意または重過失がある譲受人その他の第三者に対抗することができ、譲渡の効力は無効となる（同法466条の5）。銀行預金に譲渡禁止特約が付されていることが広く一般に知られていることからすると、ほとんどの場合、金融機関が承諾しない限り銀行預金の譲渡は無効であり、現行民法の扱いと同様になると考えられる。

◆**実務上の取扱い**　実務上、金融機関が承諾を拒絶する場合には、「銀行預金には譲渡禁止特約があるので承諾できない」旨の回答書を譲渡人と譲受人に配達証明付内容証明郵便で送付しておく。また、承諾する場合には、預金者本人に債権譲渡の事実を確認し、金融機関の反対債権、事故設定等、債権保全上支障がなければ、債権譲渡承諾書を譲渡人に配達証明付内容証明郵便で送付し、譲受人からは預金証書等の提出を受け、金融機関所定の名義変更手続をしておくべきである。

11048　預金に対する質権承諾依頼

預金に対して質権設定の承諾依頼を受けた場合、どのように対応するか

結　論

金融機関に承諾義務はない。金融機関がもつ反対債権の有無を十分確認したうえで、承諾可否を判断する。

解　説

◆**預金の質入禁止特約**　金融機関は通常、預金規定において預金の質入れを禁止している。これは自由な質入れを許容すると、金融機関がもっている反対債権の回収に支障をきたす場合があることや、金融機関が想定外のトラブルに巻き込まれる危険性があることをふまえ、特約として定めているものである。

預金規定の特約の存在については、質権者が善意であった場合のみ、質権設定が有効であるとされる。ただし、同様に預金規定に禁止の特約がある預金譲渡について、譲渡禁止の特約の存在は少なくとも銀行取引の経験のある者にとっては周知の事実であるとして、善意であったと認められなかった判例（最判昭48.7.19民集27巻7号823頁）があることから、質入禁止の特約についても同様に、特約の存在は通常の銀行取引をしている者にとっては周知の事実であるとされるものと考えられる。

したがって、預金に質権を設定する際には、この預金規定（特約）を解除するために、金融機関の承諾が必要である。

◆**承諾依頼への対応方法**　金融機関が質権者から預金への質権設定の承諾依頼を受けた場合、それは特約の個別解除依頼を意図するものであるから、金融機関に承諾する義務はない。承諾する場合は、反対債権の有無を十分に確認する。もし反対債権が

ある場合は、異議をとどめて承諾するということもできる（民法468条１項）。

なお、改正民法では、異議をとどめない承諾による抗弁の切断の規定は廃止されている。

◆**承諾の手続**　質入れを承諾する場合は、通常、質権設定者と質権者の連署による質権設定承諾依頼書の提出を受け、質権設定承諾書を発行する。設定承諾依頼書を２通受け入れ、うち１通に承諾奥書をすることもある。

自動継続扱いの定期預金について質権の設定承諾をする場合は、継続後の預金についても質権を設定するか否かについてあらかじめ合意し、継続時の利息部分の扱いについてもあらかじめ合意しておく。

なお、判例では、新旧の定期預金の書換の際に預金が実際に払戻しされるようなことがなく、同一性が認められる場合は、新定期預金についてあらためて質権設定手続がなされなくても当然に質権の効力は及ぶとされているが（最判昭40.10.7民集19巻7号1705頁）、実務上はあらかじめ明確に合意しておくことが通常の取扱いであるようである。

11049　他行預金の質権取得と第三債務者の承諾

他行預金に質権を取得するについて第三債務者がする承諾はどのような意味をもつか。第三者に対する効力はどうか

結　論

銀行預金は、預金規定において譲渡・質

入禁止特約がされているため、この特約を解除する趣旨から金融機関の承諾を得る必要があるが、さらに質権者が質権を第三債務者に主張するためには、第三債務者に対し質入れの事実を通知しまたは承諾を得る必要があり、またこれを第三者に対抗するためには、確定日付のある証書による通知または承諾が必要となる。他行預金の質入れにおいて当該金融機関の承諾を徴するのは、質権者がこれらの効果を享受しうるようにするためであるが、質入れを第三者に対抗する意味での承諾は、具体的な質権設定に関し、質権者を特定して質権設定と同時またはその後になされるものでなければならないとする判例もあるので、実務上は注意が必要である。

解　説

◆**第三債務者たる金融機関の承諾の意味**

他行預金に質権を取得する場合には第三債務者たる金融機関の承諾を徴することになるが、これには法律上二つの意味がある。一つは預金債権に付されている譲渡・質入禁止特約の解除としての意味であり、二つには、質権設定の対抗要件（民法364条）としての意味である。この両者の効力を一つの承諾によって兼ねることができることは判例上（最判昭28.5.29民集7巻5号608頁）明らかであるが、それぞれの場合にどのような内容のものが要求されるかは、検討の必要がある。

◆**譲渡・質入禁止特約解除の意味での承諾**

債権は当事者間の特約で譲渡・質入れを禁止することができ、銀行預金には一般的にこの譲渡・質入禁止特約がされている。しかし、この特約を解除することも可能であ

り、他行預金の質入れを受けるについて金融機関の承諾を徴するのはこの点に意味があることになる。この場合の承諾は、金融機関の一方的意思表示で足りて、預金者との合意による必要はない。また、具体的な譲渡や質入れと無関係に、つまり譲渡・質入れ以前において、譲受人や質権者を特定しないままなされた承諾が上記の意味で有効であることは問題がない。

◆対抗要件としての承諾　債権質においては民法467条の規定が適用される（同法364条）。したがって、第三債務者たる金融機関の承諾を徴することは、質権者が当該金融機関に質入れの事実を主張するための対抗要件となるし、承諾書に確定日付を徴することは、質権を第三者に対して主張するための対抗要件となる。この意味の承諾は、いわゆる観念の通知であって、当該債権質入れの事実についての債務者の認識が表明されていることが必要であり、かつ、それで十分であって、債務者の意思とは関係がないものとされている。

　そこで、この場合の承諾は、前の譲渡禁止特約との関連での承諾と異なり、質権設定前のものであっても足りるのか、さらに質権者を特定しなくてもよいのかということが問題となる。この点について、東京高判　昭55.12.17（民　集37巻5号845頁）は「指名債権質の設定につき第三債務者がする承諾は、具体的な質権設定に関して、質権者を特定して質権設定と同時にまたはその後になされるものでなければ、第三者に対して効力を有しない」としており、上告審である最判昭58.6.30（民集37巻5号835頁）も、「指名債権に対する質権設定を第三者に対抗しうる要件としての第三債務

者に対する通知又はその承諾は、具体的に特定された者に対する質権設定についてされることを要する」としている。金融機関の実務上は、質権者を特定して承諾を求めるという堅確な処理が必要であるということができよう。

預金への差押え・転付

第1項　共通事項

11050　差押命令の支払禁止効力の発生時点

差押命令等による支払禁止の効力はいつの時点で発生するか

結　論

差押命令等が第三債務者に送達された時点で支払禁止の効力は発生する。

解　説

（1）　第三債務者に対する支払禁止の効力をもつものとしては、仮差押命令、差押命令、滞納処分による差押えがあるが、これらはいずれも第三債務者に送達された時点でその効力が生じる（民執法145条4項、民保法50条5項、国税徴収法62条3項）。債務者への送達の有無については、その効力発生には影響を及ぼさない。

ここでいう「送達された時点」とは、第三債務者である金融機関の受付者に手渡しされたまさにその瞬間であって、送達さ

れたその封筒を開封した時点や、差押えの実務担当者へ連絡された時点ではないと考えられている。したがって、支払禁止の効力が発生してから、実際に差押担当者に連絡がなされ、支払停止の措置がとられるまでの間に時間のずれが生じる。この間に差押えの効力が生じている預金が支払われてしまった場合に、金融機関はいわゆる二重支払の責任を負わなければならないのであろうか。

一般には、預金の支払担当者が、差押え等の効力が生じている事実を知らず、前述のような時間のずれもわずかである場合で、預金の支払が、金融機関にとってやむをえない事情にあったと認められるような場合は、金融機関は免責を受けることができるであろう。

差押命令等が、実際に差押え等の対象となった預金の存する店舗ではなく、他の支店や本店に送達されることがある。この場合も、効力の発生は、他の支店や本店に送達された時点である。ただし、ここでも速やかに預金の存する店舗に連絡をとる等し

ていれば、同様に、免責されると考えられる。

いずれにしろ、できる限り早く支払停止の措置をとるように努めるべきであるのはいうまでもない。

（2）　なお、差押命令等とその預金に対する譲渡通知が重ねて送られてくることや、差押えとは別の債権者からの転付命令が重ねて送られてくることなど、その送達の先後関係が問題になる場合もあり、効力発生時点である送達日時は正確に記録しておくべきであろう。

| 11051 | 差押債務者の住所と届出の住所の相違 |

差押命令の債務者の住所と届出の住所が異なる場合はどうしたらよいか

結　論

① 　住所の相違が些細なものであり、差押命令記載の全体から、差押命令の債務者と預金者が同一であるとだいたい推測できる場合は、直ちに無効な差押命令とすることはできない。
② 　差押命令が有効か無効か疑問がある微妙なケースは、とりあえず支払停止の措置をとっておく。

解　説

（1）　差押えは債務者の預金債権を差し押えるものであるから、差押命令の債務者と預金者の同一性が認められないほどの相違の場合には、その差押命令は無効なものといわざるをえない。

ただし、裁判所は、債権者の申立により、債務者と預金者の同一性の調査・審査などを行うことなく差押命令を発する。

したがって、差押命令の有効・無効の判断はあまり形式的・杓子定規に行うべきではなく、差押命令の記載全体から、債務者と預金者が同一であることをほぼ推測でき、預金者へ問い合わせれば、同一性が明らかとなるような場合は、有効な差押えとして取り扱っておいたほうがよいであろう。

（2）　しかしながら、差押命令が有効か無効か疑問となる微妙なケースもある。このような場合には、次のいずれかの措置をとることがよいだろう。

① 　差押債権者もしくは執行裁判所に対し、「債務者と預金者の同一性が確認できない」旨陳述するなどして、更正決定の申立を促す。
② 　預金者に連絡をとり、預金者が差押債務者であることの確認・了解を得る（ただし、この場合には素直に同一性等を認めない場合もあり、原則①の方法を優先すべきであろう）。

なお、これらの場合、差押命令の送達を受けた時点でとりあえず、支払停止の措置はとっておくべきと考えられる。更正決定等により、後日になって差押命令の債務者と預金者が同一であることが明らかとなった場合でも、その差押命令は、当初送達された時にさかのぼって有効となる（効力が生じる）からである（大判昭15.6.28民集19巻13号1045頁）。

11052 本人名義以外の預金に対する本名での差押え

本人名義以外の預金に対し本名で差押えを受けた場合はどうしたらよいか

結　論

金融機関は、裁判所の債権差押命令どおりに処理すればよい。

解　説

◆**預金者の認定**　犯罪収益移転防止法により、金融機関は新規預金口座を作成するときは公的書類による本人確認義務が課せられているので、架空名義の預金や借名預金の作成をすることはできない。しかしながら、預金者の認定につき判例（最判昭48．3．27民　集27巻2号376頁、最　判　昭52．8．9民集31巻4号742頁）は、「自らの出捐により自己の預金とする意思をもって、本人自らまたは代理人、使者等を通じて預金契約を締結した者」を預金者とする客観説の立場をとっているので、預金名義人＝真の預金者とはいえない。

◆**預金者Aを債務者とする差押命令**　預金者Aを債務者とする預金の差押命令が送達されたときは、客観説の立場では、A名義預金の真の預金者がAとは限らないし、それ以外にもAが真の権利者である預金が存在する可能性があるが、金融機関にはわからない。したがって、この場合は差押命令どおりにA名義の預金だけに差押えの効力が及ぶものとして取り扱えばよいと考えられる。古い下級審裁判例（名古屋高判昭28．3．19高民集6巻2号68頁）は、債務者の本名だけを表示した債権差押命令は、通称を用いた預金債権については差押命令の効力が及ばないとしている。

また、東京地方裁判所民事執行センターは、債務名義の債務者がAの場合、B名義預金がAの責任財産であることを高度の蓋然性をもって立証したときに限り、B名義預金の差押えを認めている。この場合は差押債権目録に「債務者（○○名義のものも含む）が第三債務者（○○支店扱い）に対し有する下記の預金債権」などと記載する。

◆**債務者と預金名義の両方が表示されている差押命令**　債務名義の債務者が「BことA」と表示され、差押命令の差押債権目録に「A」「B」と記載されている場合は、金融機関はA名義預金、B名義預金に差押命令の効力が及ぶものとして処理しなければならない。このように預金名義を単に列記しても、「口座番号の若い順による」といった特定がなされているので、これにより順序づけが可能であるので問題ないと考えられている。東京地方裁判所民事執行センターは、債権差押命令の記載は、当事者目録には「BことA」と表示し、差押債権目録には「債務者が第三債務者（○○支店扱い）に対しA名義で有する下記の預金債権」などと表示する取扱いをしている。

なお、金融機関が差押命令により支払う場合でも、他人の預金を支払った場合には、債権の準占有者に対する弁済として有効になるのかという問題が生じる（広島高判昭34．3．11金法219号5頁参照）。

11053　差押命令と預金の特定の程度

預金に対する差押命令において、預金はどの程度特定されなければならないか

結　論

第三債務者である金融機関が、債権差押命令が送達された時点で、速やかに、かつ、確実に差し押えられた預金を峻別できる程度に特定されていなければならない。具体的には、預金者の住所・氏名、預金の取扱店舗（支店）、預金の種類・額が特定されている必要がある。ただし、預金の種類・額の特定については、例外的に、先行する差押え等の有無、口座番号等によって複数の預金債権に順位づけをすることが認められている。なお、預金債権の取扱店舗（支店）をいっさい限定していない差押命令は、差押債権の特定を欠き無効である。

解　説

◆**差押債権の特定**　債権差押命令は、債務者に対し差押債権の取立その他の処分を禁止するとともに、第三債務者に対し差押債権の債務者への弁済を禁止することを内容とする。債権差押えを申し立てる場合には、「差押債権の種類及び額その他の債権を特定するに足りる事項」を明らかにしなければならないとされる（民執規133条2項）。

◆**特定の程度**　判例は、債権差押命令の効力が、差押命令が第三債務者に送達された時点で直ちに生じ、差押えの競合の有無についてもその時点が基準となることもふ

まえたうえで、民執規133条2項の定める差押債権の特定とは、「債権差押命令の送達を受けた第三債務者において、直ちにとはいえないまでも、差押えの効力が前記送達の時点で生ずることにそぐわない事態とならない程度に速やかに、かつ、確実に、差し押さえられた債権を峻別することができるものでなければならない」とする（最決平23. 9 .20民集65巻6号2710頁）。

一方で、無形の財産である他人の債権を差し押えようとする者が、その債権の具体的内容を把握することは困難であることが多い。特に金融機関は、預金債権の内容に係る問合せを受けても、守秘義務を理由に応じないことから、預金債権を差し押えようとする債権者は、預金債権の内容を詳細に知ることはできない。したがって、特定可能な内容で網羅的に表示するしかないこととなるため、執行実務では、預金債権の差押命令申立の場合には、先行する差押え等の有無、預金の種類（円貨建か外貨建か、普通預金、定期預金等の種類）、口座番号の順序による順位づけをすることで、概括的に差押債権を表示することが許容されている。しかし、この場合、取扱店舗となる支店を特定することが必要とされる。

この点、債権者が預金債権の取扱店舗（支店）をいっさい限定せずに（全店を対象として）、「複数の店舗に預金債権があるときは、支店番号の若い順序による」という順位づけをして、差押命令を申し立てた事案で、前掲最決平23. 9 .20は、このような申立は、差押債権の特定を欠き不適法というべきであると判示した。本決定は、順位づけの対象が全店ではなく、一部の支店に限られた場合については言及していない

が、少なくとも支店をいっさい限定せず、全店を対象とするような差押命令は無効ということになる。

なお、判例は、差押命令送達時に現存する預金のみならず、送達後1年が経過するまでに入金された部分（将来預金）について、入金時期の早いものからという順位づけを行った差押命令についても、差押債権の「特定」を欠き不適法というべきであるとしている（最決平24.7.24金法1961号94頁）。

また、判例は、「複数の店舗に預金債権があるときは、預金債権額合計の最も大きな店舗の預金債権を対象とする。なお、預金債権額合計の最も大きな店舗が複数あるときは、そのうち支店番号の最も若い店舗の預金債権を対象とする」という差押命令についても、差押債権の「特定」を欠き不適法であるとしている（最決平25.1.17金法1966号10頁）。

◆**不特定の場合**　　差押債権が特定されていない場合は、差押命令の申立は不適法として却下される。仮に差押命令が発令されても無効である。この場合、差押債権の不特定を理由とする差押命令の無効は、取立訴訟等において、被告となる第三債務者が抗弁として主張立証する。

11054　権利能力なき社団の代表者名義の預金

「甲PTA会長乙」名義の預金を乙個人の債権者が差押えできるか

結　論

甲PTAが権利能力なき社団の実体を備えているときは、差し押えることはできない。

解　説

PTAは、一定の組織を有する団体であるが、その性格上法人であることは少なく、一般にはいわゆる権利能力なき社団であることが多いであろう。

権利能力なき社団であるとすれば、PTAが自ら財産を保有することは法律的に不可能であるかのようにみえる。しかし、このような権利能力なき社団も、社会的に実在し、社会的活動をし、他の法主体と関係を結び、したがってまた、自らの財産を有することは現実の問題として否定しえないところである。民訴法29条は「法人でない社団又は財団で代表者又は管理人の定めがあるものは、その名において訴え、又は訴えられることができる」と規定し、人格なき社団に訴訟上当事者能力を与えている。このことから逆に、権利能力なき社団、財団も私法上、法律関係の主体となり、財産権を取得しうるものとする考え方が導かれ、判例のうえでも順次その思想が積み重ねられつつある。

それでは、どのような団体が権利能力なき社団として認められるかといえば、規約のうえで意思決定機関、執行機関が定められ、かつ財産管理方法が決められていること、この規約に対応する意思決定機関、執行機関が現実に存在し、財産管理が規約どおりなされていること等が必要である。

甲PTA会長乙名義の預金も、乙個人の

預金とは区別された甲PTAそのものの預金であると考えられるから、乙個人の債権者が差し押えることはできないはずであり、通常は、執行裁判所は債権差押命令および転付命令を発することはないと考えられる。

しかし、執行裁判所にこの関係が明白にされないなどの事情によって、乙個人の債権者の差押えが許されることもあると考えられる。こういう場合、金融機関としては、この差押えの事実をPTAに連絡し（債権差押命令は会長たる乙には送達されるが）、その指示を求めることにより善良なる管理者の注意義務を果たしたといえるであろう。

PTAとしては、この差押えに対しては―転付命令の送達によって執行が終了しない限り―民執法38条により第三者異議を主張し、その執行の排除を求めうるものと解する。もっとも、転付命令が確定すれば、第三者異議の方法では争いえず、PTAは別に差押債権者に対する不当利得ないし不法行為を原因としてその損失の回復を図るべきである。

以上は人格なき社団とその代表者という考え方であるが、PTAないしPTAを構成する全員が会長乙に信託によって財産を取得せしめているものと考えても、結論は同様である。すなわち、この場合PTAの財産は乙のものとなり、乙はPTAのためという一定の目的のためにこれを管理処分することとなるが、この信託財産に対しては受託者（乙）の債権者は強制執行をすることができず、もし万一強制執行がなされれば、受託者または受益者は民執法38条により異議を主張しうるのである（信託法23条5項）。

連名預金の1人を債務者とし、その債権者が差押・転付命令をかけてきた場合、どのように処理したらよいか

結　論

連名預金の法律的性質は、合有関係と分割債権関係とがあるが、合有関係の場合は差押えおよび転付命令は無効である。分割債権関係の場合にも預金の払戻しは連名でのみなしうるという特約があるから、転付債権者の単独請求に対しては払戻しに応じるべきではない。

解　説

◆問題の所在　金融機関は、法律関係の錯綜を避け事務処理の単一明確化を図るため、努めて単独名義の預金としたいわけで、積極的に共同名義のいわゆる連名預金の取扱いを行うことはもちろんない。しかし、実務上顧客の申出により連名預金の扱いをせざるをえない場合がまれには生ずる。そして、それは普通預金にとどまらず、定期預金、通知預金などにもその例をみる。このような連名預金に対し、本問のような事態が生じたとき、どのような観点に立って事務処理を行うべきか、その場合の注意事項を以下で述べる。もっとも、連名預金をする際、預入れ後の諸般の事態を想定して明確な特約がなされていれば、それを前提に処理を行うべきである。

◆連名預金の性質　本問につきまず考えなければならない点は、連名預金の性質で

ある。債権の共同帰属については一般に共有、合有、総有の三つの態様が論じられているが、民法はその264条において、数人で所有権以外の財産権を有する場合、法令に別段の定めがなければ共有規定を準用するとして、債権につき共有（準共有）を認めているのみで、いわゆる合有、総有については別段の規定を設けていない。そこで、連名預金のように債権の共同帰属がある場合、その法律関係をめぐって解釈上疑義が生じやすい。

◆**合有とみる場合**　本問の場合に、その預金債権が合有債権であれば、本件差押・転付命令は無効といわざるをえない。というのは、合有では持分の処分は認められず、差押えも共同名義人1人を相手にしたのではその適格を欠くものであるからである。したがって、合有債権と認められる限り金融機関は転付債権者に預金を払う必要はない。この場合は、転付債権者はその債権者代位権に基づき、名義人に代位して、たとえば民法上の組合であれば組合からの脱退（同法678条）または組合の解散（同法683条）を請求し、その名義人の払戻しを受くべき持分について満足を受けることになろう。

しかし、このように預金債権が合有と認められるには、名義人間に民法上の組合のような関係が必要だと思われるので、そのような内部関係がない場合は、連名預金だからといって、合有を無条件に主張することは許されないと解される。のみならず、たとえ名義人間に組合のような内部関係が存在するとしても、預金者が当該預金債権の合有を金融機関や善意の第三者に主張するには、金融機関との間になんらかの特約

がなされていなければならないとみるべきである。

◆**準共有とみる場合**　もし、組合のような内部関係の存在がなく、仮にあったとしても、その関係が金融機関との間になんら示されていないときは、その連名預金は準共有とみるのが妥当である。そうだとすれば、合有と違って共有持分の処分は認められるわけだから、その預金に対する差押・転付命令も共有持分に対する差押え・転付として有効というべきであり、転付債権者は金融機関に対して債権者としての地位にあるものと認められる。

もっとも、そう解する場合にも、金融機関はその預金を転付額だけ当該債権者に直ちに支払うべきであるかというと、そうではない。預金約款には通常「この預金を払い戻すときは、所定の払戻請求書に届出の印章により記名押印してこの通帳とともに提出してください」という趣旨の規定が置かれていて、連名預金の場合には払戻請求書に名義人全員が記名捺印してはじめて支払に応じているのが実情である。したがって、連名預金の払戻しは名義人全員が共同してのみ可能であり、金融機関は転付債権者の単独の払戻請求には応ずべきでないと解される。他の共同名義人の協力が得られない場合は、転付債権者はまずその預金の分割を行ったうえ、預金の払戻しを請求するほかない（民法256条・258条）。分割協議書または分割を認める判決の謄本でも提出されれば、金融機関は預金の払戻しを行ってよい。

◆**分割債権とみる見解**　これに対し、連名預金を準共有ではなく分割債権（民法427条）とみる見解があることは一考しな

ければならない。ただ、連名預金に対する前述のような取扱いからすると、これを単純に分割債権とみて、差押・転付命令があった場合、当該債権者からの単独の支払請求に対して、直ちに支払うべきであると考えることは疑問であり、少なくとも共同してのみ権利を行使しうる特殊な債権の準共有状態にあるものと解するのが妥当である。

11056 差押預金種類の特定

「定期預金、普通預金、当座預金の順に債権額に満つるまで」という場合、貯蓄預金と通知預金に差押えの効力が及ぶか

結 論

差押命令等において、差し押えるべき預金の種類を具体的に限定して特定している場合は、限定された以外の預金種類である貯蓄預金や通知預金には、差押命令等の効力は及ばない。

解 説

預金に対する差押命令の場合、その差し押えるべき預金が特定されていなければならない（民執規133条2項、【11053】参照）。このため、本問のような表現で預金の種類の特定がなされる場合がある。このように、「○○預金、○○預金の順に、請求債権額に満つるまで」といった表現であっても、預金の種類に関しては特定があったものと解されている。

金融機関の預金には、当座預金、普通預金、定期預金、納税準備預金など種々さまざまなものがある。これら各々は別個・独立した預金種類であるから、差押命令等において、預金の種類を具体的に限定している場合には、差押命令等の効力は、その限定された預金種類にのみ及び、それ以外の預金種類までは及ばないと解してよかろう。

貯蓄預金は普通預金と、通知預金は定期預金等とその性質において類似する部分もあるが、これらの預金が同一の種類の預金であるとはいえず、それぞれ別個の種類の預金債権と考えられる。したがって、差押命令等において、差し押えるべき預金の種類がたとえば定期預金、普通預金、当座預金に限定されている場合、貯蓄預金や通知預金にはその効力は及ばないと考えられる。裁判例においても、定期預金と表示した債権差押・転付命令が、定期積金債権に対する差押えとしては無効としたものがある（大阪地判昭45.2.10金法580号22頁）。

なお、差押債権者は、債務者がどの種類の預金を有しているか正確には知らないことが通常であるから、最近の実務においては、貯蓄預金・通知預金も含めたあらゆる預金種類を表示しておき、差し押える順番の指定によって、（先行の差押えの有無、預金種類、同種の預金については、弁済期・口座番号等々）差し押える預金を特定するべく工夫されることが多いようである。

11057 被差押債権が存在しなかった場合

債権の差押・転付命令がなされたところ被差押債権が存在しなかった場合、差押え・転付の効力はどうか

この場合、差押・転付命令は無効である。

　債権の差押・転付命令が第三債務者たる金融機関に送達されたところ、被差押債権（たとえば債務者名義の当座預金債権）が存在しなかった場合は、差押・転付命令は実質上無効であり、その効力が発生していないのであるから、これを債務者名義の他の種類の預金、たとえば定期預金に流用して、差押え・転付の効力を生ぜしめてはならない。

　すなわち債権の差押えは、差し押えるべき債権の種類、数額を明らかにしなければならない（民執規133条2項）し、転付命令の本質的内容は目的債権をその券面額において執行債権にかえて債権者に転付する命令であり、転付命令が第三債務者に送達されたときにこれによって債務者から支払のあったものとみなされるものであり、その効力も転付命令が確定した場合に、「転付命令に係る金銭債権が存する限り」その送達時に名目金額での弁済効が生ずるのであるから（民執法160条）、目的債権が存在しなかった場合は、これを他に流用することは不適法なのである。

　また、差押・転付命令における差し押えるべき債権の表示が明確でない場合には、差し押えるべき預金は特定されないこととなり（【11053】参照）、このような命令は不適法といわなければならないから、これをもって債務者名義のいかなる種類の預金に対しても差押え・転付の効力は生じない。

11058 商手割引直後の当該預金の差押え

商手割引直後に当該預金に差押命令または転付命令を受けた場合、後日徴収の割引料はとれるか

　金融機関は割引料債権と預金とを相殺することができる。

　商手の集中処理制度とは、従来各営業店が個別的に行っていた商手割引の計算、取立、入金事務を手形センターに集中させ、一括処理する制度である。

　この方式によるときは、割引実行時にひとまず手形金額を全額依頼人の口座へ入金し、その後所定の時期に割引料を計算し、別に依頼人より徴求した念書等に基づき、割引料その他の費用を簡易な振替方法により口座から引き落とすこととなる。

　したがって、依頼人の信用状態によっては、いまだ割引料を徴求しない間に、他の債権者より当該預金に差押命令または転付命令を受けるという事態も当然ありうるわけである。

　割引により入金した金額のなかには、割引料に相当する金額も含まれているわけであるが、この部分を含めて入金された金額は、全額依頼人に帰しているわけであるから、差押えまたは転付の効力はその全額に及ぶ。そして、通常の場合、当座勘定規定や「割引料に関する念書」に基づいてなされている割引料の自動引落しは、依頼人に

かわってなす払戻充当の形をとっているから、預金自体に処分の禁止または差押命令、転付命令を受けた場合は、このような方法によって割引料を徴求することはできない。

したがってこの場合には、別の預金または入金によって回収を図ることも考えられるが、もしこのような預金または入金による回収の見込みがない場合は、相殺によるほかはない。割引料の性格をいかに解するにしろ、金融機関が手形の割引をしたことによって割引料債権を取得し、その債権の発生と同時に相殺適状にあることは疑問がないから、割引銀行は、差押・転付命令を受けた時期のいかんにかかわらず、常に相殺によって割引料を回収することができる。

| 11059 | 差押えに対する不服申立と金融機関の処置 |

差押命令に対する不服申立はどのような方法でするか。この申立があった場合、金融機関はどう対処するか

結　論

預金に対する差押命令についての不服の申立も、強制執行の一般原則により、執行抗告、執行異議、請求異議の訴え、第三者異議の訴えなどが認められるが、その執行を停止するためには、法定の執行停止文書が必要である。

この執行が停止された旨の通知を受けたときは、その差押えによる取立権は行使することができないことになる。

解　説

預金に対する差押えは、債権執行という強制執行の方法としてなされるものであるから、強制執行の一般の原則により、執行抗告（民執法10条・145条5項）、執行異議（同法11条）のほか、請求異議の訴え（同法35条）、第三者異議の訴え（同法38条）などの方法が認められている。

ただし、これらのいずれの方法も、その申立が裁判所で受理されたからといって、直ちに執行停止の効力が認められるわけではない。そのため、預金の差押命令についても、執行停止の効力の生ずるまでは、たとえ以上のような不服の申立があっても、差押命令による取立権はそれによって失われるわけではない。ただ、転付命令は、その命令の確定によって効力が生ずることになっている（民執法159条5項）ため、執行抗告があると、その抗告が取下げ、却下などにより効力を失わない限り、転付命令による効力は生じないことになる。

差押命令に対する不服の申立により執行停止の効力が生ずるのは、裁判所に法定の執行停止文書が提出された場合に限られることになっている（民執法39条）。

そこで、各不服の申立により裁判所から執行停止決定や取消決定があってはじめて、その差押命令による取立権の行使ができなくなるわけである。

ただ、第三債務者である金融機関は、裁判所でそのような決定がなされたかはわからないので、執行停止の効力が生じた旨裁判所から金融機関に通知書が送達される（民執規136条2項）までの間に、そのことを知らずにした差押債権者の取立権による

支払は、債権の準占有者に対する弁済（民法478条）として有効な弁済と認められるであろう（【11064】参照）。

もちろん、この不服の申立により執行処分の取消があった場合（民執法40条1項）にも、裁判所からその旨通知がある（民執規136条3項）ので、この場合も取立権が消滅することはいうまでもない。

金融機関に対して執行停止の効力を生じた旨の通知があった場合は、たとえ差押命令が債務者に送達されてから1週間を経過しても（民執法155条）、差押債権者に取立権は認められていないことが明らかであるから、預金者はもちろん、以後差押債権者から請求があっても預金の支払はすることができない。

なお、この執行停止の通知があった預金のその後の取扱いについては、差押命令に対する不服の申立（執行抗告、執行異議など）に基づき、その後差押命令の取消決定が出るか、申立の取下げ、却下、訴えの敗訴などにより不服申立が認められなかったことが確定してから、預金者・差押債権者のいずれかに支払うこととなる。

11060 仮差押えに係る執行取消

預金仮差押命令の送達後に執行取消決定の送達を受けた場合、金融機関はどう対処するか

結　論

決定が金融機関に送達された場合には、速やかに該当預金の支払差止措置等、仮差押命令の送達によって講じた措置を解除する必要がある。

解　説

◆**仮差押命令の執行取消**　仮差押命令の執行取消とは、すでにされた仮差押命令執行の効果あるいはこれによって現れている状態を排除し、債務者をその拘束から解放することをいう。たとえば、仮差押命令に解放金の定めがあるときに、債務者が解放金を供託して執行取消を申し立てた場合には、執行裁判所は執行取消決定を行い（民保法51条1項）、裁判所書記官が取消決定正本を第三債務者に送付して執行取消手続を行う（民保規41条2項、民執規136条3項）。執行取消決定は即時に効力を生ずるものとされている。

◆**具体的対処方法**　前述のとおり、執行取消決定は即時に効力を生ずることから、決定が金融機関に送達された場合には、速やかに該当預金の支払差止措置等、仮差押命令の送達によって講じた措置を解除する必要がある。

具体的には、まず送達した執行取消決定の記載内容（事件番号、債権者、債務者等）が元の仮差押命令と合致することを確認しなければならない。そのうえで、該当の預金口座について、他の仮差押え・差押えや滞納処分等がないことを確認する。差押え等が競合している場合には、その一方の仮差押えの執行が取り消されたとしても、当然他方の差押え等の効力が及んでいるから、この場合には支払停止措置等を解除してはならない。これらの確認を経たうえで、特に問題がなければ、支払停止措置等を解除することとなる。

なお、東京地裁では、債権者が仮差押命令を取り下げた場合には、実務上執行取消決定は明示的には行われず、第三債務者に対する通知（「この通知により、……仮差押の効力は失効しました」との文言が記載される）が行われるが、この通知書が送達された場合も、執行取消決定が送達した場合と同様の対応を行うことでよい。

| 11061 | 差押命令の更正決定がされる場合 |

どのような場合に預金差押命令の更正決定がなされるか

結　論

差押命令の裁判書中に計算違い、誤記その他これらに類する明白な誤りがあるときは、裁判所は申立または職権でいつでも更正決定ができる（民訴法257条・122条）。

解　説

差押命令の裁判書の誤りには、その記載が申立書の記載と違っている場合と、申立書の記載自体に誤りがあり、そのために裁判書も誤って記載されている場合とがあるが、いずれにしろ、その文詞自体の前後より推究し、もしくはその事件において従来現れた証拠資料と対照してその誤りを知りうる場合でなければならない。差押命令に計算違い、誤記その他これらに類する明白な誤りがあることを当事者が発見したときは、裁判所に対して更正決定の申立をすればよく、裁判所が発見した場合は、職権で更正決定がなされる。しかし、第三債務者は更正決定の申立をすることはできない。

更正決定は差押命令の原本および正本に付記することによって行うのが原則であるが、すでに正本を当事者、第三債務者に送達した後でその回収が困難であれば、別に更正決定の正本をつくって、当事者、第三債務者に送達される。更正決定により不利益を受ける者は、これに対して即時抗告を申し立てることができる。

更正決定が確定すると、当初の差押命令は更正決定と一体となって最初から更正どおり差押えがなされたことになるから、その効力は当初にまで遡及するのが原則であるが、個々の具体的事件においては遡及する時期が異なる場合もあるであろう。

たとえば、「山田一郎」名義の預金に対しAの申立により「山田二郎」名義として差押命令が発せられ、その後にBの申立により「山田一郎」名義で差押・転付命令がなされ、さらにその後にAの差押えにつき、差押命令の「山田二郎」が裁判書の記載から明らかに誤記であるとして「山田一郎」と更正決定がなされ、金融機関に更正決定が到達した場合は、この更正決定が確定したときには、Aがなした差押えは更正決定と一体となって、当初より更正どおりに差押えがなされたと考えるべきであるから、金融機関は「山田一郎」名義の預金に対しA、B両者の差押えが競合した（Bからの転付命令は無効＝民執法159条3項）として、供託をして事情届（同法156条3項）をしなければならない。

また金額「1000万円」の定期預金に対して、「1000万円」として差押えがあった後、発せられた転付命令には「100万円」と記載され、さらに後にこの転付命令に対し、

金額「1000万円」と更正決定がなされた場合に、転付命令に基づく預金支払のときに、転付以後の利息については、当初の転付命令が金融機関に到達した日より支払わなければならない。これは、更正決定の効力は、当初の転付命令と一体となって最初から更正どおり転付命令がなされたことになるからである。

他方で、たとえば甲銀行の支店が東京に数カ所あり、日本橋支店と記載すべきところを銀座支店と記載した差押命令が後に更正された場合には、その更正決定の正本が第三債務者に送達された時に差押命令の効力が生ずると解すべきであろう。

裁判書の更正を許した裁判例としては、①金額表示の計数上の明白な誤謬、②算数上明白な利息金額の違算、③当事者、第三債務者の住所・氏名に明白な誤りがあった場合、④債権の表示を「別紙目録記載」としながら「別紙目録」の添付を忘れた場合等がある。裁判例には、第三債務者株式会社甲銀行日本橋支店と表示すべきを株式会社乙銀行日比谷支店と表示したのは明白な誤謬であるとして更正決定をした（東京高決昭34.5.26金法212号4頁）例もあるが、このような更正決定の可否は論議の存するところである。

11062 差押債権者の取立への対応

差押債権者の取立に応じる場合、提出を求める書類、確認事項は何か

結 論

執行裁判所発行の差押送達通知書または差押送達証明書、印鑑証明書等差押債権者の確認資料の提出を求め、差押えが競合していないこと、執行停止や執行取消の通知がないこと、差押債権者に取立権が生じていること、取立申出人は差押債権者本人またはその代理人であることを確認する。

解 説

（1）差押えが競合していると、金融機関は供託しなければならない（民執法156条2項）ので、差押えが競合していないかどうか確認する必要がある。

（2）差押命令について、執行停止や執行取消があると、差押債権者は取立が認められない。これらについては裁判所が第三債務者に通知するので、金融機関はこうした通知書が送達されていないか確認する。ただし、送達されていない場合も、預金者等から執行抗告を行ったといった旨の連絡を受けている場合には、裁判所に照会してみるといった配慮が望ましい。

（3）差押債権者が取立権をもつことになるのは、差押命令が差押債務者に送達されてから1週間経過後である（民執法155条1項）。通常、金融機関には、差押債務者へいつ送達されたかはわからないので、この送達日を客観的に確認するためには、裁判所発行の送達通知書または送達証明書の提出を求める必要がある。

なお、取立権とは、預金者にかわって取り立てる権利であるから、定期預金の満期日前等での支払を強制するものではない。

（4）取立に応じるには、相手方が差押債

権者本人またはその代理人であることを確認する必要がある。そのため、次のような書類の提出を求める。

① 差押債権者の印鑑証明書
② 差押債権者が法人の場合は代表者資格証明書
③ 代理人からの取立に応じる場合は、委任状、代理人の印鑑証明書・代表者資格証明書（代理人が法人の場合）

（5）　以上の書類の提出を受け、確認すべき事項の確認がすんで支払ったときには、差押債権者から領収書を発行してもらう。

（6）　なお、転付された預金の支払手続は【11072】を参照されたい。

11063　支払届の提出

差押預金を支払った場合における支払届の提出手続はどうすればよいか

結　論

実務上、執行裁判所より差押命令とともに「支払届」の用紙が送付される場合があるが、その場合、差押預金を支払ったときは、これに所定の事項を記入して、執行裁判所に送付する。

解　説

（1）　支払届は、法律でその提出が義務づけられているものではないが、実務上、提出が求められることがあるものである。東京地方裁判所民事執行センターでは、第三債務者に支払届の提出という負担をかけるわりには必ずしも機能していないとの理由により、現在は特に提出を求めていない。支払届の用紙は、執行裁判所より差押命令が送達される際に、同時に送付される。この用紙は、差押命令の事件番号、当事者名（差押債権者名、債務者名）、支払った金額、その日時等を記入する様式となっているのが通常である。

差押預金を支払った場合には、送付された用紙にこれらの各事項を記入して、裁判所に送付すればよい。

（2）　差押えは、差し押えられた預金を差押債権者に支払った時点で強制執行は終了する。これにより、以後、その預金に対して別の差押命令や配当要求などの送達を受けても、これらはその効力が生じない。差押債権者は、第三債務者から執行債権および執行費用の全部または一部の支払を受けたときは、その限度で請求債権の弁済があったとみなされる（民執法155条2項）ので、直ちに、その旨を執行裁判所に届け出なければならない（同条3項）。このように、取立届は、支払届と異なり、その提出が法律上義務づけられている。

11064　無効な差押命令に基づく支払と金融機関の責任

無効な預金差押命令に基づいて支払をした金融機関はどのような責任を負うか

結　論

無効な預金差押命令に基づいて差押債権者に支払をした金融機関は、預金者から払戻請求があった場合には基本的にその請求に応じなければならないが、債権の準占有

者に対する弁済を主張して請求を拒むことができる場合もある。

債権差押命令が無効とされる原因には種々のものがあるが、預金の場合についてみると、次のような原因が考えられる。

まず、差押えの対象となる預金債権が十分に特定されていない場合である。どの程度の特定を必要とするかについては別講（【11053】参照）に譲るが、特定を欠く場合には差押えの効力を生じない。

次に、差押命令のうえでは預金債権を特定するに足るだけの表示がされていても、それに該当する預金債権が実在しない場合である。特に重要な点は、差押債務者（差押命令のうえでは預金者）とされている者と実在する預金債権の債権者との同一性である。

なお、転付命令の場合、民執法では、転付命令送達の翌日から1週間は債務者の執行抗告が許されるとされている（民執法159条4項）。したがって、債務者が執行抗告を申し立て転付命令が取り消されると、金融機関がそれ以前に転付債権者に対し預金を払い戻している場合でも、債権者に対する有効な弁済とされないことがある。差押命令についての執行抗告がなく、払戻時点で差押債権者の取立権が生じていた場合は（同法155条1項）、差押債権者に対する支払として免責されるが、実務上、このような事態を避けるため債務者は差押命令についても執行抗告を申し立て、差押命令の執行停止を得ていることが多いであろう。

差押命令が無効の場合には、転付命令も無効となる。債権の準占有者に対する弁済（民法478条）として免責される余地はあるが、そのような差押えまたは転付命令に従って支払をしないよう注意すべきことはもとよりである。

債権の準占有者とは、弁済者からみて取引通念に照らし真実債権（あるいはその取立権）を有するものと判断するに足りる外観を備える者をいい、その者に対して善意・無過失でした弁済は有効とされる。たとえば、差押債務者の名義で（あるいはその者が平常使用している名義で）預金されている場合には、たとえ真実の預金者は差押債務者以外の者であったとしても、その転付命令（または取立行為）に従ってした支払は有効とされよう。

なお、改正民法では、「債権の準占有者」は、「受領権者」「以外の者であって取引上の社会通念に照らして受領権者としての外観を有するもの」となっている。そして、受領権者とは、債権者および法令の規定または当事者の意思表示によって、弁済を受領する権限を付与された第三者をいうとされている（同法478条）。これは、「債権の準占有者」という文言がわかりにくいため、判例等をふまえて実質的な意味を明確化したものである。したがって、改正民法施行後も弁済が有効とされる場合の相手方については、上記のように考えることでよい。

差押命令は有効であるとしても、転付命令がその要件を欠くため効力を有しない場合もある。

なお、預金については譲渡禁止の特約が付されているのが通常であるが、判例（最判 昭45.4.10民 集24巻4号240頁）は、預金債権についての譲渡禁止の特約について、

転付債権者が悪意であっても転付命令は有効であるとしている。したがって、金融機関としては転付債権者の善意、悪意を調査する必要はない。

11065 預金差押えと利息

預金債権に対する差押えの効力は利息に及ぶか

結　論

差押え時にすでに発生している利息には預金債権に対する差押えの効力は及ばないが、差押え時以後発生する利息には当該差押えの効力が及ぶ。

解　説

預金債権に対する差押えの効力がその預金の利息にも及ぶか否かについては、①預金差押え前すでに発生した利息と、②預金差押え後発生する利息の二つに分けて検討する必要がある。

①預金差押え前に発生していた利息は、元本債権とは別個の債権であるから、元本債権より独立性を有し、それと分離して譲渡されまた弁済されうるのである。したがって、預金元本債権に対する差押えの効力は当然には利息債権に及ぶものではない（大判大5．3．8民録22輯537頁）。もっとも、この利息債権を差し押えるには、申立書に「既経過分の利息」などと特定して、記載する必要がある。

②については、前記判例も元本債権に対する差押えの効力が及ぶとし（なお、大判

大7．3．8新聞1401号27頁、同大10.11.15民録27輯1959頁各参照）、学説も同様に解しているようである。差押え後に発生する利息は元本債権たる預金の従たる権利であるから、預金に対する差押えの効力が利息に及ぶことは当然である。ただし、金融機関から支払を受けられるのは請求債権額の範囲に制限される（民執法155条1項ただし書）。

ところで、差押え後に発せられる転付命令には、実際問題として差押えの効力発生（送達）時期から転付命令の効力発生（送達）時期までの利息が記載されていないことが多い。差押債権者としても利息の計算が煩瑣であり、また元本だけとれればよいとの考えもあるためか、利息につき転付命令の申立をしないからであろう。この場合は、転付命令によって元本についての差押えの効力が失われる結果、差押え後転付命令までの利息に対する差押えの効力が失われるとする見解（法務省昭27．4．10民事甲第451号民事局長通達）によれば、もとの預金者に支払ってさしつかえないことになる。しかし、差押えの効力は当然には消滅しないとする見解（鈴木忠一＝三ケ月章編『注解民事執行法(4)』602頁〔稲葉威雄〕）によれば、請求債権の一部転付の場合には、残余の差押えの効力は存続し、この間の利息は差押債権者として取り立てうることになる。実際には、後者の見解をふまえ、転付元利金の支払に際して、転付債権者の受領書に他に請求しない旨の記載を受けたうえで、原預金者に支払うなどの配慮をして取り扱うことが望ましい。

11066　差押命令が他の支店へ送達された場合

同一金融機関の他の店舗へ差押命令が送達されたにもかかわらず、それを知らずに取引店が預金者へ支払った場合、金融機関は、差押債権者に対して支払義務を負うか

結　論

金融機関において遅滞なく該当店舗に連絡した時点で、取引店がすでに預金者へ支払っていたような場合には、金融機関は、差押債権者に対して支払義務を負わないものと考えられる。

解　説

◆**差押命令の送達場所**　預金債権に対する差押命令（仮差押命令を含む）が、当該預金取引のない他の支店または本店に送達されたために、その差押えの事実を知らずに預金の引出しや手形の決済に応じてしまうことがある。この場合において差押債権者が取立に現れ、または転付命令を得たときは、預金を二重に支払わなければならないのであろうか。

金銭債権の差押命令には、第三債務者（本件でいえば金融機関）に対する支払禁止効と、債務者（本件でいえば預金債権者）に対する債権の取立その他の処分の禁止効とがあり（民執法145条1項）、この差押命令は職権で第三債務者および債務者に送達されるが（同条3項）、差押えの効力は第三債務者に差押命令が送達された時に生ずる（同条4項）。仮差押えの場合は、債務者に対する命令を省略し、第三債務者

に対する支払禁止命令のみを掲げる点に相違があるのみで、手続上他の点ではほとんど変わりがない（民保法50条。【11050】参照）。

金融機関のように第三債務者が法人である場合、これに対する送達はその代表者を名宛人としてなされるが（民訴法37条・102条）、送達場所は民訴法103条により多数ありうる。すなわち、同条は、送達名宛人たる代表者自身の住所、居所、営業所または事務所のほか、法人の営業所または事務所が送達場所となる旨を定めている。この点、裁判所の実務では、金融機関に対する送達をその営業所（本店および支店）に対してする取扱いが確立しており、預金債権に対する差押命令の債権者は、後記のような問題の生ずることを避けるために、その預金のある営業所を送達場所として申立書に記載し、裁判所に提出することとされている。当事者目録にもこれを併記する場合が多い。

◆**取引店以外の場所への送達**　もっとも、差押債権者において預金がどの営業所にあるか調査できないまま金融機関を第三債務者とする差押命令の申立をし、債権差押命令が発令されることもあるようであるし、そうでなくても、送達場所を記載しなかったり誤記したりして意外な場所に送達されることがある（場合によっては、甲支店の預金を乙支店の預金と表示して差押命令が出され、乙支店に送達される事例もあるが、この場合には更正決定が送達されるまではそもそも甲支店の預金に対する差押えの効力が生じていない）。

このような場合でも、預金債権が特定できる程度に表示されていれば、これがどの

送達場所に送達されても差押えの効力は生ずるから、内部的に差押命令の担当者への交付が遅延したために誤って預金の引出しや手形の決済に応じてしまったときでも、金融機関は民法481条に従うことになる。すなわち、金融機関に差押命令が送達された後、取引店に連絡がいくまでの間に取引店にて預金者に対して支払ってしまった場合には、その後、取立に現れた、または転付命令を得た債権者および適法に配当要求をした債権者に対し、金融機関は、原則としてその債権者が満足を受けうべき限度で二重に支払う義務を負うことになる。

◆**取引店への速やかな連絡**　もっとも、預金のない営業所（本店または支店）に送達されたために内部的な連絡や差押命令の回送に時間を費やし、その間に預金の引出しや手形の決済をしてしまった場合には、それが連絡や回送に必要と認められる日時内のものであるときは、金融機関は二重弁済の責任を負わないものと考えられる。このような場合、預金者に対する支払は、債権の準占有者（改正民法においては受領権者としての外観を有する者）に対する善意・無過失の弁済と評価しうるからである（【11064】参照）。

　送達を受けた金融機関としては、送達された営業所に預金がなくても、差押命令中の預金債権の表示によって預金の存することが明らかな、またはその存すると推測される範囲の営業所に対し、速やかに連絡または回送の措置をとるべきことを忘れてはならない（【11053】参照）。

11067	複数店の順序付差押え

複数支店にまたがる順序を付した差押えがあった場合の留意点は何か

結　論

　明らかに差押債権の特定を欠くと判断される差押え以外は、有効な差押えとして支払停止の措置を行う。列挙された支店間で遅滞なく連絡をとりあい、迅速に預金の調査・支払停止の措置をとる。

解　説

◆**差押債権の特定**　預金債権を差し押えるにあたっては、差押命令申立の際、差し押えるべき預金債権の種類および額その他債権を特定するに足る事項を記載しなければならない（民執規133条2項）。そして、金融機関の営業実態等を勘案、預金のある店舗の特定が必要であると解されている。

◆**預金のある店舗の特定**　店舗の特定においては、近年「複数の店舗に預金債権があるときは、支店番号の若い順序による」等として（以下「全店一括順位付け方式」という）、預金取扱店舗を一つに特定せずに差押命令申立をする例が散見されるようになった。特に平成23年1月以降、全店一括順位付け方式による差押命令申立を却下した執行裁判所に対する抗告審が東京高等裁判所に相次いで継続し、肯定説と否定説に結論が二分される状況となっていたところ、そのような状況下においては、最決平23.9.20（民集65巻6号2710頁）は、全店一括順位付け方式について、最高裁として

初めて判断を示した。

　具体的には、民執規133条2項における差押債権の特定とは、「債権差押命令の送達を受けた第三債務者において、直ちにとはいえないまでも、差押えの効力が上記送達の時点で生ずることにそぐわない事態とならない程度に速やかに、かつ、確実に、差し押さえられた債権を識別することができるものでなければならない」と解するのが相当とし、全店一括順位付け方式による店舗の特定は、「第三債務者において、先順位の店舗の預貯金債権の全てについて、その存否及び先行の差押え又は仮差押えの有無、定期預金、普通預金等の種別、差押命令送達時点での残高等を調査して、差押えの効力が生ずる預貯金債権の総額を把握する作業が完了しない限り、後順位の店舗の預貯金債権に差押えの効力が生ずるか否かが判明しないのであるから」、上記の程度に速やかにかつ確実に差し押えられた債権を識別することができないものとして、全店一括順位付け方式による申立を不適法とした。

　本最高裁決定により全店預金の差押え問題は基本的には決着したものと考えられる。その後、「複数の店舗に預金債権があるときは、預金債権額合計の最も大きな店舗の預金債権を対象とする。なお、預金債権額合計の最も大きな店舗が複数あるときは、そのうちの支店番号の最も若い店舗の預金債権を対象とする」とした申立（いわゆる預金額最大店舗指定方式）について、これを認容する決定が出たが（東京高決平23.10.26金法1941号151頁）、第三債務者たる金融機関が現在有するコンピュータシステムによって、差し押えられた預金債権を

迅速かつ確実に識別できるのか疑問が指摘され、東京高決平24.10.24（金法1959号109頁）は、預金債権特定のために要する作業負担・時間、各口座の預金残高の変化等を考慮し、同方式による差押債権の表示は不適法と判示している。

　他方で、差押命令等に列挙する店舗の数がいくつまでであれば特定がなされているといえるかについては、「3店舗を列挙する程度であれば差押債権が特定されていると解するのが相当である」とした裁判例（東京高決平8.9.25金法1479号54頁）や6ないし12の支店についての差押命令申立を行ったケースで、差押債権の特定性を否定した裁判例（東京高決平14.9.12判時1808号77頁）等が存在し、いまだ明確に判示されたものはない。なお、東京地方裁判所民事執行センターの運用においては「全本支店ないし複数店舗を列挙して順序を付したような申立ては、その店舗数の多少を問わず、差押債権の特定を欠くものとして認めない取扱い」を行っている（金法1767号27頁）。

　以上をふまえると、全店一括順位付け方式以外の「複数の支店にまたがる順序を付した差押え」については、一応有効なものとして取り扱うべきである。こうした差押えは、「複数の支店」のいずれか、または本店に送達されるのが通例であろう。さらに預金の取扱店舗以外の店舗に差押命令等が送達された場合も、その店舗に送達された時点で差押えの効力が生じるとされている。

◆**金融機関の対応**　預金取扱支店間の連絡に従って、本問のような差押命令等の送達を受けた場合には、列挙された複数の支

店いずれに対しても速やかに連絡をとり、各支店において預金存否の調査を行うほか、各支店で連絡をとりあい、差し押えられた預金の特定・支払停止の措置をとる。こうした場合、最初に差押命令等の送達を受けてから、すべての支店で支払停止の措置をとるまでかなりの時間が経過し、その間該当の預金が引き出されてしまうこともありうる。しかしながら、各店舗間において遅滞なく迅速に連絡をとりあっており、時間の経過が連絡・事務処理のために必要最小限のものであれば、第三債務者たる金融機関は二重払いの責任を負わないと考えられる。

| 11068 | 預金店舗が特定されない差押命令 |

預金店舗が特定されない差押命令は有効か

結　論

　預金店舗がまったく特定されない債権差押えの申立や「複数の店舗に預金債権があるときは、支店番号の若い順序による」等とした（以下「全店一括順位付け方式」という）債権差押えの申立は、差押債権の特定が不十分であるため、無効と考えられる。もっとも、預金店舗がどの程度まで特定されていれば、差押債権の特定として足り、差押命令の申立が有効と認められるのかという点については、必ずしも明確な基準はない。そのため、預金店舗の表示を欠くなど明らかに預金店舗の特定がない場合には、執行裁判所に照会したうえで対応するものとし、他方で、いくつかの支店が順序づき

で列挙されているような場合には、有効なものとして取り扱うのが無難である。

解　説

◆**預金店舗の特定**　債権差押命令の申立においては、差し押えるべき債権の種類および額その他の債権を特定するに足りる事項を明らかにする必要があり（民執規133条2項）、銀行等の金融機関を第三債務者として預金債権を差し押えようとする場合には、通常、預金店舗の特定を要する。この点、債権者の調査能力には限界があり、必ずしも預金店舗が判明しているとは限らないことから、これを特定しない、複数の支店を列挙した預金債権の差押命令の申立が行われることがある。このような差押命令の申立において、預金店舗がどの程度特定されていれば足りるのかが問題となる。

◆**特定に関する裁判例**　預金店舗の特定については、最決平23.9.20（民集65巻6号2710頁）が、「複数の店舗に預金債権があるときは、支店番号の若い順による」等として（以下「全店一括順位付け方式」という）、預金取扱店舗を一つに特定せずに差押命令申立について、最高裁として初めて判断を示した。当該最高裁決定は、差押債権の特定には、「債権差押命令の送達を受けた第三債務者において、直ちにとはいえないまでも、差押えの効力が上記送達の時点で生ずることにそぐわない事態とならない程度に速やかに、かつ、確実に、差し押さえられた債権を識別することができるものでなければならない」としたうえで、全店一括順位付け方式による店舗の特定は、「第三債務者において、先順位の店舗の預貯金債権の全てについて、その存否及び先

行の差押え又は仮差押えの有無、定期預金、普通預金等の種別、差押命令送達時点での残高等を調査して、差押えの効力が生ずる預貯金債権の総額を把握する作業が完了しない限り、後順位の店舗の預貯金債権に差押えの効力が生ずるか否かが判明しないのであるから」、上記の程度に速やかに、かつ確実に差し押えられた債権を識別することができないとして、全店一括順位付け方式による申立を不適法としたのである。

このように、当該最高裁決定により全店預金の差押え問題は基本的には決着したものと考えられる。その後、「複数の店舗に預金債権があるときは、預金債権額合計の最も大きな店舗の預金債権を対象とする。なお、預金債権額合計の最も大きな店舗が複数あるときは、そのうちの支店番号の最も若い店舗の預金債権を対象とする」とした申立について、これを認容する決定が出されたが（東京高決平23.10.26金法1941号151頁）、第三債務者たる金融機関が現在有するコンピュータシステムによって、差し押えられた預金債権を迅速かつ確実に識別できるのか疑問が指摘され、東京高決平24.10.24（金法1959号109頁）は、同方式による差押債権の表示は不適法と判示している。

その他、預金店舗の特定に関する裁判例としては、同一銀行の3支店について順序を付し、各支店の預金債権の合計で定額に満つるまでとの特定方法による預金債権差押えは、当日中の処理が可能であり、第三債務者である銀行に過度の負担をかけるものとはいえないので、同記載により差押債権が特定されているとするもの（東京高決平8.9.25金法1479号54頁）や、都市銀行5行の千代田区内の全支店である6ないし12の支店について、順序を付してなされた差押命令が申し立てられたケースで、差押債権の特定性を否定するもの等が存在する（東京高決平14.9.12判時1808号77頁）。裁判所の判断は、差押債権者の調査負担と差押えを受けた銀行等の金融機関の事務処理負担との比較衡量を基礎に置いている。差押命令の申立に際し列挙する預金店舗の数がどの程度なら差押債権が特定されているといえるかは、今後の金融機関側の預金管理体制などにより、変遷する可能性がある。

◆**実務上の留意点**　上記判例からすると、預金店舗の表示を欠く、または、順序を付さないで預金店舗を列挙する差押命令の申立は、不適法のため却下されると考えられる。列挙される預金店舗の数がどの程度まで許されるかについては、具体的な基準が示されているわけではないが、三つを認め、六つ以上を認めなかった前掲東京高決（平8.9.25、平14.9.12）の存在が参考になる。したがって、差押命令が送達されてきたとき、預金店舗の表示がなく、あるいは順序が付されていないような場合、または、不当に多くの預金店舗が列挙されているような場合には、執行裁判所に照会したほうがよい。相応の数の複数店舗を順序付きで列挙した差押命令が送達された場合は、有効な差押えとして対応する。

11069　差押えが競合した場合の対処法

一つの預金について差押えが競合した場合にはどのように対応すべきか

結　論

差押えが競合した場合は、銀行等の第三債務者は、必ず供託をし、その事情届をしなければならない。なお、差押命令送達後に滞納処分による差押えがあった場合も同様に必ず供託しなければならないが、滞納処分に基づく差押えの後に差押命令が送達された場合には、供託することは義務ではない。

解　説

◆差押えの競合　債権に対する差押えの競合は、民執法で明文で認められている（民執法149条）。したがって、すでに差押え中の預金に対し他の債権者からさらに差押えがあった場合、後の差押えも有効である。なお、差押えについてはその前後による優先権はない。

たとえば、100万円の預金につき50万円と60万円の差押命令が発せられた場合、「債権の一部が差し押さえられ……た場合において、その残余の部分を超えて差押命令が発せられたとき」（民執法149条前段）に当たるから、各差押えの効力は、100万円全体に及ぶことになる。

また、すでに100万円全部が差し押えられている場合に、その後30万円が差し押えられたときも、後の差押えの効力は、100万円全体に及ぶことになる（民執法149条後段）。

そして、差押債権者は、債務者に対して差押命令が送達された日から1週間が経過したときは、取立権を有するところ（民執法155条1項）、差押競合になるときは、第三債務者は被差押債権の全額を債務履行地

の供託所へ供託しなければならない（同法156条2項・3項）。この供託義務に反して1人の債権者に支払をしたときは、二重弁済の危険を負うことがあるので、十分な注意が必要である。

もっとも、被差押債権の弁済期が未到来の間は、第三債務者は期限の利益を奪われる理由はないので、供託の必要はないと解されている。

◆差押競合の場合の転付命令　転付命令は、先行の差押・転付命令の存否を調査しないで発令する建前であるから、複数の差押命令や転付命令が送達される事態が生じうる。

この点、転付命令は、それが有効に確定すれば命令送達時に債権移転の効力を生じ、差押債権者の債権と執行費用は、その時点で、券面額で弁済されたものとみなされる（民執法160条）ところ、転付命令送達前に他の差押えがあり、転付債権者との間で差押えの競合が生ずる場合には、他の債権者の平等配当の利益を害さないため、転付命令は効力を生じないものとされている（同法159条3項）。

なお、差押競合により転付命令が無効となるときは、差押競合の状態が残ることとなるので、供託義務があることに注意すべきである。

◆差押命令と滞納処分との競合　1個の預金について、裁判所からの差押えと滞納処分による差押えとが競合した場合につき分説すれば、次のとおりである。なお、各差押金額の合計額が預金の金額以内であるとか、滞納処分による差押えより前に送達された転付命令が確定したなどの場合には、競合とはならない。

（1）　仮差押命令と滞納処分　　滞納処分の執行は、仮差押えによっては妨げられない（国税徴収法140条）。したがって、金融機関は差押税務署の請求により預金を支払ってよい。なお、供託することもでき（滞調法20条の9第1項・36条の12第1項）、供託した場合には、供託書正本を添付して、差押税務署に対してその旨の事情届を提出する。

（2）　差押命令送達後に滞納処分による差押通知があった場合　　金融機関は預金の全額を供託しなければならない（滞調法36条の6第1項）。その供託書正本と事情届は、差押裁判所に提出する（滞納処分と強制執行等との手続の調整に関する規則43条）。

（3）　滞納処分による差押通知の後に差押命令が送達された場合　　金融機関は、差押税務署に支払うこともできる（国税徴収法8条）し、供託することもできる（滞調法20条の6第1項）。供託した場合は、供託書正本と事情届を差押税務署に提出する。

11070　一部差押えが重複した場合

預金について一部差押えが重複してなされたときは、どのような措置をとるべきか

結　論

複数の差押債権者が差し押えた債権の金額の合計額が預金の総額より多い場合は、差押えが競合するものとして、金融機関は、被差押債権の全額を供託しなければならず、後に転付命令が送達されたとしても、転付命令は効力を有しない。

解　説

◆**差押えの競合**　　差押えの競合とは、①債権の全部が複数の債権者から差し押えられる場合か、②債権の一部が差し押えられた場合において、その残余の部分を超えて差押命令が発せられるとき、および、③債権の全部が差し押えられた場合において、その債権の一部について差押命令が発せられるときをいう（民執法149条参照）。たとえば、額面200万円の預金があって、これに対し甲債権者から100万円、乙債権者から同じく100万円の差押えがあった場合は、②には当たらないから、預金について一部差押えが重複してなされたとしても各差押えは、別個の手続として進行し、民執法上は、差押えが競合したことにはならない。他方でこの例で、甲・乙両債権者の差押債権額がいずれも150万円である場合は、まさに②のケースに当たるから、差押えが一部競合したことになる（同法149条前段）。その場合、各差押えの効力は、その債権の全部に及ぶことになるから、結果として、債権全額について競合することになる。

◆**差押えの競合の場合の供託義務、差押えが競合した場合**　　金融機関をはじめとして第三債務者は、被差押債権の全額を、債務履行地の供託所へ供託しなければならない（民執法156条2項・3項）。

◆**差押競合の場合の転付命令**　　差押えの競合が生じた後の転付命令は、「転付命令に係る金銭債権」について他の差押えがあることになるので、差押債権者が転付命令を得てもいずれも効力を生じない（民執法159条3項）。なお、同項によれば「転付命

令が第三債務者に送達される時までに」、他の差押えがされた場合に転付が無効とされているので、200万円の預金に対し乙が150万円の差押えをした段階で、甲が150万円の「差押・転付命令」を得た場合には、この命令の送達時には乙の150万円の差押えがあるのみで、残り50万円については差押えがないので、この部分の転付は有効ではないかとの疑問が生ずるかもしれないが、転付命令は差押命令を前提とするものであるから、たとえ甲が差押・転付命令を送達してきたとしても、200万円全額について差押競合があり、転付の効力の生ずる余地はない。

11071　差押えと供託金額

預金債権に対する差押えと供託すべき金額の範囲との関係はどうか

結　論

(1)　元本債権については、差押えが競合した場合（義務供託）は差押預金の全額を供託する。

ただし、次の場合は権利供託となる。

①　1個の差押え・仮差押え
②　仮差押えのみの競合
③　税債権による差押え後の民執法による差押え・仮差押え

もっとも、税債権の差押えのみの場合は、たとえ差押えが競合していても、執行供託としての供託は認められていない。

権利供託の場合は、差押金額だけ供託することも、差押預金の全額を供託すること

もできる。

(2)　利息債権を独立した差押え対象としていない場合、差押えの効力は元本に差押えのあった日以降の利息分についてのみ差押えの効力が及び、元本とあわせて供託することができる（【11065】参照）。また、差押日以前の既発生分の利息も権利供託として供託することができる。なお、日付を異にして、2個以上の差押えがあり、義務供託する場合は、後の差押日以降に発生した分だけでなく前の差押え以降、後の差押えまでに発生した分についても義務供託の対象となるとされている。

解　説

◆**差押えによる供託**　差押えによる供託については、権利供託と義務供託がある。

権利供託は、差押命令、差押通知を受けた第三債務者が、供託するか否か自由に選択できるので、法律上は差押えに係る債権の全額に相当する金銭を供託することができるとされているが、差押金額相当額だけ供託することもできる。その点、権利供託の場合には、供託すべき金額が問題になることはないであろう（民執法156条1項、民保法50条5項、滞調法20条の6第1項・20条の9第1項）。

◆**義務供託となる場合**　問題は義務供託の場合である。義務供託となる主な場合は次の二つである。

① 　裁判所の差押・仮差押命令が競合する場合（民執法156条2項、民保法50条5項）
② 　裁判所の差押命令のあった後、滞納処分による差押通知のあった場合（滞調法36条の6第1項）

これらの場合は、いずれも差押えが競合することにより、差押えの効力は差押預金の全額に及ぶものとされている（民執法149条、滞調法36条の4）ので、供託すべき金額は、競合の生じている限り、その全額でなければならなくなる。

◆**利息についての供託**　以上は、預金の元金についての問題であるが、その利息については少し複雑となる。

まず、100万円の預金について、次の2個の差押命令があった事例によって検討してみる。

① 11月5日　　債権者Aの差押え80万円
② 12月3日　　債権者Bの差押え60万円

この場合、11月4日以前の利息についてはA・Bの差押えの効力は及ばないので、差押えの競合がなく、供託義務は生じない。供託するとすれば権利供託となる。

次に、12月3日以後の利息は、12月3日にA・Bの差押えの競合が生じ、A・Bの差押えの効力はともに100万円全額に及ぶことになるから、すべて義務供託となる。

そこで、11月5日から12月2日までの利息であるが、たとえBの差押えと競合することにより、Aの80万円の差押えの効力が100万円全額に及ぶことになっても、この間の分はAの差押えのみであるから、本来は権利供託とみるべきかもしれない。

ただ、11月5日以後の利息は、期間的には12月2日までの分と、3日より後の分と区別できるとしても、1個の利息債権であるということもいえる。1個の債権について差押えの競合するときは、差押えの効力はその全額に及ぶことになっているから、そのことを考えると、11月5日以後の分は全額義務供託になるともいえる。

そこで、法務省の見解は、11月5日から12月2日までの80万円に対する利息、12月3日以降の100万円に対する利息については義務供託とし、ただ12月3日からの分についてだけ供託してきたときでも、義務供託として受理してもよいとしており、11月4日以前の利息を含めて供託申請があった場合は、権利供託分も含まれることになるので、混合供託として、供託通知書（預金者宛てのもの）の添付が必要としている。

ただ、これは供託申請の取扱いについての法務省の回答（法務省昭56．2．13民四第842号民事局長回答。金法961号4頁以下参照）であって、差押競合による各債権者への配当原資をどのように考えるかについては、まだ裁判例はないようである。

11072　転付債権者への支払手続

転付された預金の支払はどのようになされるか

結論

転付命令送達時に差押えの競合を生じていないこと、および転付命令の確定したことを十分確認する。支払に際しては、転付命令の確定証明書のほか、印鑑証明書等債権者の確認資料等の提出を受け、記名式預金小切手により支払う。

解説

◆**転付命令の効力**　転付命令は、命令が債務者に送達されてから1週間以内に執行抗告がないか（民執法159条4項・10条2

項）、執行抗告があっても取下げや却下が確定すると、その効力が確定し、その確定により第三債務者への送達時点にさかのぼって効力が生じ、差押債権は券面額で転付債権者に移転する。そして、転付債権者の請求債権は消滅して弁済を受けたことになり、強制執行は終了する（同法160条）。

ただし、転付命令の効力が発生するには、転付命令が第三債務者に送達された時までに、当該預金について他の債権者からの差押え・仮差押えの執行または配当要求のないことが必要である（民執法159条3項）。転付命令の送達された日時より後に他の差押えが送達され、また配当要求が裁判所になされていても、後日に転付命令が確定したときには、後からなされた差押えや配当要求は効力を生じない。

◆**転付債権者への支払手続**　転付債権者への支払に際しては、これらの確認が重要で、転付命令送達前に他の債権者からの差押命令等を受理していないことをあらためて確認し、また転付命令の確定したことを確認するため、裁判所の発行する確定証明書の提出を受ける。その他の支払手続は差押命令の場合と同様である。

転付債権者からは次の書類の提出を求めることになる。

① 転付命令の確定証明書
② 債権者の印鑑証明書
③ 債権者が法人の場合は代表者資格証明書
④ 代理人に支払う場合には、委任状、代理人の印鑑証明書、資格証明書（法人の場合）
⑤ 領収書（代理人の場合はその領収書）
支払方法は、記名式預手によるのが通常

である。預金期日未到来の場合には支払期日以降に支払えばよい。預金利息は、既発生の利息も転付する旨の記載のない限り、転付命令の到達時をもって分かち計算し、到達後の利息を転付債権者に支払い、到達前の利息は預金者に別途支払うことになる。

なお、債権者からの提出書類に関し、あらかじめ金融機関が印鑑証明書が必要である旨要求したにもかかわらず、これを持参提出せず、他に真実の権利者本人であることを確認できる資料がなかったために金融機関が直ちに支払請求に応じなかったとしても、なんら違法ではないとする下級審裁判例がある（名古屋地判昭55.3.12金法931号34頁）。

11073　転付命令の確定の効力

転付命令が確定した場合、その効力はいつ生じるのか。それが確定したことの確認はどのような方法で行うのか

結　論

① 転付命令が確定すると、その転付命令が第三債務者に送達された時点に遡及してその効力が生じる。
② 転付命令が確定したことについては、差押債権者から執行裁判所の発行する確定証明書の提出を受けて確認する。

解　説

◆**転付命令の確定**　転付命令は確定しなければその効力を生じない（民執法159条5項）が、確定した場合においては、差押

債権者の債権および執行費用は、転付命令に係る金銭債権が存する限り、その券面額で、転付命令が第三債務者に送達された時に弁済されたものとみなされる（同法160条）。

では、どのような場合に転付命令は確定するのであろうか。

転付命令に対しては、債務者は転付命令の送達を受けてから1週間以内であれば執行抗告をすることができ、この執行抗告の裁判があるまでは転付命令は確定しない。また、転付命令が第三債務者に送達される以前に別の債権者からの差押え・配当要求等が送達されると、転付命令はその効力を生じない。

すなわち、転付命令は、第三債務者に、同一の預金に別の差押え・仮差押え・配当要求が送達されておらず、債務者が、1週間以内に執行抗告をしないと確定する（民執法159条3項・4項・5項、10条）。

◆**転付命令確定の確認方法**　ところが、このような事情は、通常は第三債務者にはわからないものである。したがって、転付命令が確定しているか否かを確認するためには、差押債権者から、執行裁判所が発行する確定証明書の提出を受ける必要がある。

11074　会更法の保全処分と転付命令

保全処分を受けた更生会社の預金について転付命令があった場合、どのように処理するか

結　論

会社に対する一般的財産処分禁止の保全命令であるときは、通常の場合に転付命令を受けたときと同一の取扱いをすればよい。金融機関に対する預金の支払禁止の保全命令であるときは、転付命令は無効となる。

解　説

◆**会更法の保全処分**　更生手続開始の申立があった場合において、裁判所では、その開始決定をするまでの間に会社財産が散逸するのを防ぐために、利害関係人の申立によりまたは職権で、開始前会社の業務および財産に関し、開始前会社の財産の処分の禁止の仮処分その他の必要な処分を命ずることができることになっている（会更法28条）。そこで、もし会社に対し銀行預金の払戻しを受けてはならないという保全処分が命ぜられ、かつ、その保全処分が第三者である金融機関に対してもその効力を及ぼしうるとするならば、預金に対し他の債権者から差押・転付命令があった場合、会更法による保全処分と強制執行の競合について問題を生ずることとなろう。

◆**一般的財産処分禁止の保全命令との関係**
しかし、会更法28条による保全処分命令は、一般に会社に対して債権の取立等会社財産の処分となる一定の行為を禁止するのが通例であり、このように会社に対してなされる保全処分命令は、金融機関に対しては効力を及ぼさないから、預金に対し差押えおよび転付命令があったときは、通常の差押えおよび転付命令があった場合と同様に処理すれば足りるわけである。

次に、会社が金融機関に対し保全処分命

令があったことを理由に、支払差止めを依頼してくる場合があるが、このような依頼を受けていたときはどうであろうか。金融機関は取引先の依頼に基づいて小切手等の支払をなしているので、支払差止めの依頼があれば通常の支払ができなくなるが、この保全処分命令は、包括的禁止命令（会更法25条）と異なり、会社の債権者に対し会社財産についての強制執行を妨げるものではないと解すべきであり、そのような判例もあるので（最判昭37．3．23民集16巻3号607頁）、このような場合には、金融機関は転付債権者の請求に対してその預金の支払をするほかないものと考えられる。

◆**預金支払禁止の保全命令との関係**　ところが、まれには金融機関を第三債務者として預金の払戻しを禁止する保全命令が出されることがある。このような保全処分は預金に対する仮差押えあるいは仮処分と同じ効力があるから、転付命令は無効となる（民執法159条3項）。

11075　転付命令と破産手続開始の決定

差押・転付命令は破産手続開始の決定によりどうなるか。また、その命令を取り消す利益はあるか

結　論

　転付命令の確定前に、預金者について破産手続開始の決定があると、その差押命令はその効力を失い、転付命令は効力を生じないことになるので、破産管財人からの請求によって払戻しすべきで、転付債権者に対しては払い戻してはならない。

　なお、差押命令の効力は、法律上特段の手続を要せず失われるので、破産管財人はこの差押命令や転付命令に対し執行抗告する必要はなく、執行抗告をすることにより命令の取消を裁判所に求める利益はないとされているが、破産管財人が執行裁判所に上申することで債権執行手続を取り消す取扱いもされているようである。

解　説

◆**差押・転付命令の効力**　差押命令は、たとえその命令に対して差押債務者から執行抗告や執行異議の申立があっても、その差押裁判所に執行停止文書の提出がない限り、その効力が失われるものではない（民執法39条）。差押申立の取下げや執行抗告などによる執行停止決定の提出があると、その旨裁判所から第三債務者である金融機関にも通知される（民執規136条）ので、その通知がない限り金融機関は預金に対する差押命令が差押債務者に送達された日（同規則134条）から1週間経過していることを確認して、差押債権者に差押預金の払戻しをすればよいことになる（民執法155条1項）。

　これに対して転付命令は、その命令が差押債務者に対して送達されて1週間経過しただけではその効力は発生しない。効力の発生には、その命令の確定が要件となっている（民執法159条5項）。

　とすると、差押債務者が預金の差押・転付命令に異議のあるときは、まず転付命令の効力が生じないよう1週間以内に執行抗告の抗告状を原裁判所に提出しておく（民執法10条2項・159条4項）とともに、差

押命令に対しては、この執行抗告により執行の停止決定を受け（同法10条6項）、それにより預金の払戻し前に執行停止の通知を第三債務者である金融機関に対してしてもらう必要がある。

◆破産手続開始の効果　一方、破産法は、破産手続開始の決定があった場合には、それまでになされた破産財団に属する財産に対する差押えなどの強制執行の効力は、破産財団に対して効力を失うことを定めている（破産法42条2項）。破産者の預金は、差押命令によって差押債権者に支払われるまで、または転付命令の確定することによって差押債権者に弁済されたものとみなされるまでは、たとえ差押命令や転付命令が出ていても、それは破産者の財産であり、破産財団に属することになる。

そこで、差押命令や転付命令が出た後でも差押債権者への払戻しまたは転付命令確定前に、この破産手続開始の決定があると、差押命令の効力が失われ、転付命令も当然それによって失効することになる。

この二つの関係から、差押命令による払戻し前であり、転付命令の確定前に、預金者に対し破産手続開始の決定の出たとき、破産管財人としてはまずその差押命令ならびに転付命令について執行抗告をし、差押債権者への払戻しを禁止し、転付命令の確定を防止しておくべきかということが問題になる。

その点、裁判例（東京高決昭56.5.6金法979号54頁）は、破産手続開始の決定（破産宣告）により差押命令の効力は当然に失われるので、執行抗告の必要はなく、その必要性のない以上、差押命令の取消を求める執行抗告をすべき利益もないから、

執行抗告はできないものとみるべきであるとしている。一方、第三債務者の立場にも配慮して、権利関係を明確にするなどの観点から、破産開始決定後、破産管財人が執行裁判所に強制執行取消上申書を提出し、債権執行を取り消す取扱いを認めた判例もある（東京高決平21.1.8金法1868号59頁）。

◆金融機関の払戻実務　金融機関としては、差押預金の預金者が破産手続開始の決定を受けたときは、以後は差押債権者にいっさい払戻しすべきでなく、破産管財人の請求によってのみ払い戻さなければならない。この場合、差押裁判所からは何の通知もないから、金融機関としては、破産管財人から破産手続開始の決定の事実を確認して払い戻す以外にないであろう。

転付命令については、その命令が破産手続開始の決定前に確定している場合には、すでに破産財団に属さない預金であるから（民執法160条）、その後破産手続開始の決定があっても、転付命令の効力は失われず、転付債権者に支払う必要があるが、確定前に破産手続開始の決定があると、転付命令の効力が失われるので、転付債権者に支払うことはできないことになる。

なお、転付命令の確定の確認は、裁判所の確定証明書により行うことになろうが、この確定証明書は、確定前に破産手続開始の決定があった場合（転付命令の失効）でも、執行裁判所でそのことを知らないと、失効にかかわらず発行される可能性があるから注意を要する。この場合は、たとえ確定証明書があっても、転付命令の効力は生じていないので、預金者に対して破産手続開始の決定のあった場合は、その決定の日と確定の日の前後によって、だれに払い戻

すのかを判断する以外にない。

11076 被相続人名義預金に対する相続人の債権者からの差押え

被相続人名義の預金に対し相続人の債権者から差押えがなされたときは、どのように対処するか

結　論

その相続人の法定相続分については、差押えの効力が生ずるものとして取り扱い、払戻しを停止する。残余の預金については、差押債務者たる相続人を含む全相続人から念書を徴求したうえで払い戻すとよい。

解　説

◆**相続預金の帰属**　　預金者が死亡したとき、預金は各相続人の法定相続分に従って当然に分割相続されるのか、あるいは各相続人の合有になるのかについては、問題がある。すなわち、民法898条は、相続人が数人あるときは相続財産はその共有に属するものとしているが、この共有が同法249条以下に規定されている共有であるのか、あるいは合有であるのかについて争いがある。合有説は学説のとるところであるが、判例は共有説をとっている（最判昭29.4.8民集8巻4号819頁）。

合有説をとれば、各相続人は相続財産全体の上に持分を有するにすぎず、各個の相続財産の上には持分をもたず、したがって個々の相続財産の上の持分を自由に処分することができない。そして、相続財産が可分債権であっても、法定相続分に従って当然に各相続人に分割帰属することはない。

これに対し、共有説をとれば、各相続人は個々の相続財産の上に持分を有し、自由にこれを処分することができ、かつ相続財産が可分債権であれば、法定相続分に従って各相続人に当然に分割帰属する。

◆**差押えの効力**　　そこで、共有説をとれば、相続人の債権者の差押えは、預金名義は被相続人のものであっても分割相続された相続人の預金に対する差押えとしての効力を有する。合有説によれば、相続財産全体の一部たる預金の上の持分に対する差押えということになろう。

◆**実務の取扱い**　　実務の取扱いとしては、共有説の考え方を基礎として執行債務者たる相続人の相続分について差押えの効力が及ぶものとして取り扱い、残余の預金については、相続人の念書を徴求して払戻しをすれば争いを避けるためにはなおよい。

なお、差押え後に遺産分割協議をして当該預金全部を他の相続人に相続させるものとしても、このような分割協議は差押債権者には対抗できない（民法909条）。

なお、最決平28.12.19（金法2058号6頁）は、共同相続された普通預金債権等は相続開始と同時に当然に相続分に応じて分割されることはない（したがって遺産分割の対象となる）、と判断した。今後は、同決定に従い、実務上の取扱いが変わる可能性があるため、注意されたい。

11077 不渡他店券の差押え

入金された他店券で不渡となったものに対

し差押えがなされた場合は、どのように対処するか

結　論

　入金された他店券が不渡となり、金融機関がこれを預金者に返却するために保管しているとき、この他店券に対し民事執行による差押えがなされたときは、金融機関はこの他店券を執行官に引き渡すことを拒否することができる。また、不渡他店券に対し滞納処分による差押えがなされたときも、金融機関は徴収職員に対しこの他店券を引き渡すことを拒否することができるが、期限を限って引渡命令を受けたときは、徴収職員に他店券を引き渡さなければならない。

解　説

◆他店券入金　他店券による入金の場合の法律的性質については説が分かれている。

　譲渡説は、金融機関は入金にあたり当該他店券の譲渡を受けるのであって、他店券の入金と同時に預金契約が成立するものとしている（東京地判昭27.10.30金法22号14頁）。

　取立委任説は、他店券の入金によって金融機関は小切手を取り立てるべき旨の取立委任と、取立による入金があったときはその入金額をもって消費寄託をする旨の停止条件付消費寄託契約がなされるものとする（東京地判昭43.12.21金法535号31頁、大阪地判昭34.2.22金法210号3頁）。

　また、諾成的消費寄託説によれば、他店券の入金によって諾成的消費寄託が成立し、他店券は預金者の預ける債務の履行として金融機関に譲渡されたものであるとする

（我妻榮『債権各論〔中巻二〕』733、738頁）。

　このなかで、取立委任説が通説であるといえよう。したがって、金融機関は入金された他店券については取立委任を受けているのみであるから、もし他店券が不渡となったときはこれを預金者に返還しなければならない。

◆差押えとの関係　このような状態において民事執行による差押えがなされたときには、金融機関はその他店券を執行官に引き渡すことを拒否し、差押えの執行を拒否することができる。すなわち、手形その他裏書をもって移転することができる証券の差押えも、動産として執行官がその証券を占有してこれをなすこととなっているので（民執法122条・123条）、他店券の差押えについては執行官がこれを占有しなければならない。

　ところで、差押えは、差押物件を第三者が占有している場合には、第三者が物の提出を拒まない場合に限って可能である（民執法124条）。ここでいう占有というのは、民法上の占有とは異なり、刑法でいう所持に近いものである。すなわち、差押物件が外見上直接支配に属しているものとみられるような状態があればよいのであって、このような状態が継続しているかどうか、あるいは占有者が占有の意思をもっているかどうかなどということは問題外である。

　したがって、金融機関が不渡他店券を預金者に返還するつもりで保管している場合にも、この他店券は金融機関の占有下にあるのであって、金融機関はこの他店券を執行官に引き渡すことを拒否し差押えを阻止することができるのである。もっとも、執行官の要請に従い他店券を執行官に引き渡

して差押えに応じたとしても、金融機関は預金者に対し損害賠償義務を負担することはないであろう。

◆**滞納処分による差押え**　滞納処分による差押えがなされた場合にも、国税徴収法58条1項によれば、滞納者の動産または有価証券でその親族その他の特殊関係者以外の第三者が占有しているものは、その第三者が引渡しを拒むときは差し押えることができないとされており、金融機関は他店券の引渡しを拒否して差押えを拒むことができる。

このようなときには、滞納者が他に換価が容易であり、かつその滞納に係る国税の全額を徴収することができる財産を有しないと認められるときに限り、税務署長は滞納者の動産または有価証券を占有する第三者に対し、期限を指定して当該動産または有価証券を徴収職員に引き渡すべきことを書面によって命ずることができる。第三者がこの引渡命令に応じてその動産もしくは有価証券を徴収職員に引き渡したとき、または引渡命令を受けた第三者が指定された期限までに徴収職員にその引渡しをしないときは、徴収職員はその動産または有価証券を差し押えることができることとなっている（国税徴収法58条2項・3項）。

◆**他手過振りの場合**　問題となるのは、他店券の取立委任を受けている間に金融機関が見込払いをしたときである。すなわち、他手過振りと呼んでいるが、他店券の決済が行われていないうちに他店券によって入金された金額の支払に応ずる場合である。

この場合の法律関係については、他店券について譲渡担保権が設定されたものとする説、隠れた質入裏書がなされたものとする説、あるいは単に取立委任がなされているにすぎないとする説などがあるが、第三者との関係においては、他店券にいかなる種類の裏書がなされているかによって金融機関の権利関係を確定するほかないであろう。すなわち、取立委任裏書がなされている場合には、金融機関は取立委任裏書の被裏書人として、あるいは隠れた取立委任裏書がなされている場合には、譲渡裏書の被裏書人として、権利を行使することができるものと解される。

なお、当座勘定規定ひな型の11条5項は、過振りによる不足金があるときは、譲渡担保として金融機関が取得したことになる旨を定めている。

| 11078 | 取立のため預かっている他店券の差押え |

取立のため預かっている他店券に対し差押えがなされた場合は、どのように対処するか

■ **結　論**

取立のために預かっている他店券に対し民事執行による差押えがなされたときは、金融機関はこの他店券を執行官に引き渡すことを拒否することができる。また、他店券に対し滞納処分による差押えがなされたときも、金融機関はいったんは徴収職員に引き渡すことを拒否することができるが、期限を限ってその引渡命令が出されたときは、これを徴収職員に引き渡さなければならない。

解　説

◆**他店券の取立**　　他店券の取立にあたっては、通常は取立委任裏書がなされるのであるが、隠れた取立委任裏書、すなわち形式的には譲渡裏書がなされる場合もある。

　取立委任裏書がなされた場合には、金融機関は取立依頼人の代理人として、他店券上の権利を行使することができるのであって、金融機関は他店券より生ずるいっさいの権利を行使することができるのであるが、通常の譲渡裏書の場合と異なり権利移転の効力（手形法14条1項、小切手法17条1項）、抗弁切断の効力（手形法17条、小切手法22条）、善意取得（手形法16条2項、小切手法21条）などは認められず、また、金融機関はこの他店券をさらに取立委任裏書することはできるが、通常の譲渡裏書をすることはできない。

　隠れた取立委任裏書がなされた場合には、通説によれば、手形または小切手から生ずるいっさいの権利は被裏書人たる金融機関に移転するので、金融機関は取立依頼人の代理人としてではなく、自己の名において他店券上の権利を行使することができる。ただし、通常の譲渡裏書の場合と異なり、被裏書人たる金融機関は裏書人のために手形・小切手の取立をなすにすぎないから、その取立について独自の経済的利益を有しないとされており、人的抗弁の切断（手形法17条、小切手法22条）や善意取得（手形法16条2項、小切手法21条）などは認められないものとされている。

◆**差押えとの関係**　　このように、取立のために預かっている他店券に対し差押えがなされたときに、金融機関は他店券を執行官に対して引き渡すことを拒否し、差押えの執行を阻止することができることは【11077】に述べたとおりである。

第2項　各種預金への差押え

11079	定期預金への差押・転付命令

定期預金に差押命令、転付命令を受けた場合、どのように処置すべきか

結　論

① 差し押えられた預金の特定に注意する。

② 差押命令の効力として差押債権者は取立権を取得するが、支払にあたっては、差押命令の債務者への送達後1週間を経過していることおよび他に差押えの競合がないことを確認する。

③ 転付命令は、確定すれば、第三債務者（金融機関）への送達の時以後の利息も転付債権者へ移転したこととなるので、払戻しにあたっては転付命令が確定していることを確認する。

④ 差押命令の送達があれば転付命令が確定するまで供託をすることができる。また、転付命令の送達前に他の差押命令または配当要求書の送達を受けているときは供託をしなければならない。

⑤ 無記名定期預金の場合は預金者の認定に注意する。

解　説

◆被差押債権の特定　まず、債権の差押えについては、差し押えるべき債権が特定されていることを要するから、差押命令の「差押債権目録」の表示が、被差押債権を

特定するに足るか否かを確認する。

定期預金の場合、通常、預金者氏名、預金金額、預金番号、預入日、満期日などにより被差押債権を特定する。

もっとも、預金番号や預入日、満期日等は差押債権者にはわからないことが多く、このような場合には差押債権目録に「債務者の第三債務者に対して有する預金のうち、定期預金、通知預金、普通預金の順で、かつ同一種類の預金については預入日の古い順に、頭書の金額に満つるまで」というような表示が行われることが多く、これでも預金は特定される。

◆差押命令の効力・取立権　民執法では、処分禁止効のほかに、差押命令の効力として、差押債権者に直接の取立権を認めている（民執法155条）。この場合、次の点に留意することが必要である。

① この取立権は、差押命令が債務者へ送達された日から1週間経過後に生ずるものであるので（民執法155条1項）、取立による支払にあたっては、送達証明書（通知書）により、裁判所から差押債権者に対し通知される債務者への送達の日（民執規134条）に注意しなければならない。

② 上記の期間は債務者に不服の機会を与えるためであるから、支払にあたっては、執行停止が出ていないことを確認すべきである（民執規136条2項）。

③ 執行債権50万円で100万円の預金債権を差し押えることができるが（民執法

146条1項）、支払を求められるのは50万円および執行費用止まりである（同法155条1項ただし書）から、執行債権および執行費用の額を確認する。

④　支払前に、同じ預金について、他の差押・仮差押命令があり、差押えが競合したときは、その預金を供託しなければならず（民執法156条2項）、1人の差押債権者へ支払っても免責されない。なお、差押命令の競合とは、複数の差押額の合算額が差し押えられた預金の額を超えることである（同法149条・156条2項）。

なお、取立権とは、預金者にかわって取り立てる権能であるから、金融機関は預金者に対して有していた抗弁を主張できるのであって、預金の期日前の支払を強制されるものではない。

◆**転付命令**　転付命令が確定すると、転付命令が金融機関に送達された時点にさかのぼって、預金は転付債権者へ移転する（民執法159条・160条）。したがって、その送達後、確定前に他の差押命令、仮差押命令が競合しても、結果的に他の差押え、仮差押えは債務者のものでない預金を差し押えたこととなるので無効である。他方、転付命令送達前に他の差押・仮差押命令の送達があって、転付債権者の差押命令と競合するときは、転付の効力は生じない（同法159条3項）。

転付命令が確定するとは、転付命令が債務者に送達されて1週間内に執行抗告がない場合、または執行抗告があってもそれが却下、取下げなどによってその効力が失われた場合のことであるが、この確定の有無は、通常執行裁判所の確定証明書により確認する。

なお、預金の単なる譲渡の場合には、預金には譲渡禁止の特約があり、預金の譲受人がこれを知っているときは、民法466条2項により、その譲渡は無効である（改正民法466条3項では、債務者は、譲受人による預金払戻し請求を拒絶できる）。古い判例は、転付命令についても、転付債権者がこの特約のあることを知っていたかどうかによって、転付命令の効力を決めようとしていた（大判大4.4.1民録21輯422頁）。しかし、最判昭45.4.10（民集24巻4号240頁）は、転付債権者が特約を知っていても転付は有効であり、転付命令には同条2項の適用ないし類推適用はないとし、現在の実務はこの判例に従っている。

確定した転付命令の効力は、差押命令送達時に債権の譲渡がされた場合に準じて考えられるので、期日前に転付された定期預金でも期日前に支払に応ずる必要はない。また、利息については、既発生の利息も差押え・転付の対象とする旨が明記されている場合のほかは、通常、転付命令送達時以前の利息はもとの預金者へ、それ以後の利息は転付債権者へ支払うべきものである。

転付債権者への支払にあたっては、次の書類を徴求すべきである（取立に応じる場合も、①、③は同様に考えられる）。

①　転付債権者の印鑑登録証明書とその印章による受取証
②　転付命令の確定証明書（債務者への命令送達日の証明書および抗告期間内に執行抗告がないことの証明書でも可）
③　代理人については、代理権を証する委任状、①に準じた受取証

なお、取立、転付に応じて支払をするときは、できるだけ債権者に預金証書の引渡

しを受けさせて（民執法148条）、提出させる。

◆**供託**　仮差押命令や差押命令が一つなされただけでも供託が許される（権利供託。民執法156条１項、民保法50条５項）。供託の範囲については、50万円の債権で100万円の定期預金が差し押えられたときでも、100万円の供託ができる。供託が許される期間は、差押命令の送達後、転付命令の確定までである。

　他方、差押えや仮差押えが競合し（上記の例で別に50万円を超える仮差押命令、差押命令が送達され）、または配当要求があったときは、供託をしなければならない（義務供託）。供託すべき金額は、上記の例では、差押え等の競合によるときは100万円、配当要求があったときは50万円ということになる（民執法156条２項、民保法50条５項）。この供託義務に反して１人の債権者に弁済しても、執行手続上、その弁済を主張しえず、供託義務は存続することとなり、金融機関は二重弁済の責任を負うこととなるので、注意が必要である。

11080	当座預金への差押・転付命令

当座預金に差押命令、転付命令を受けた場合、どのように処理するか

結　論

　当座預金への差押命令、転付命令も有効として処理する。

解　説

◆当座預金への差押・転付命令の有効性

当座預金の性質については、消費寄託と委任契約（小切手契約）の混合契約であるとする説が有力であり、小切手契約は金融機関が預金者に交付する小切手によってのみ預金を引き出すことができるものであるから、この面で当座預金には譲渡性がなく、転付は許されないという考え方もありうるが、一方、当座預金の差押えおよび転付命令につき、東京地判昭９.12.６（評論24巻民訴78頁）は、①当座預金も金銭消費寄託の一種であり、②小切手契約は異例の場合まで拘束するものではないと認めるべきであり、当座預金に対する差押えおよび転付命令は有効であるとしている。

　学説には、この裁判例を支持するものと、当座預金契約には交互計算契約が含まれているから当座預金については契約が解除されるまでは預金の返還請求権は生じず、期間の中途においては差押えをなしえないとする説と、仮に当座預金を前述のように消費寄託と委任契約の混合契約とみた場合でも、預金者が預金の存在に基づき小切手を振り出したのにもかかわらず、その後差押えがあったため小切手が支払われず不測の損害を被ることがあるとすれば、小切手を安心して受け取りえず、小切手の流通を害するから、差押えを認めるべきでないとする考え方もあり、明確な結論が得られない。

　しかし、当座預金契約は消費寄託と委任契約との混合契約であるという見方が有力であり、また当座預金に対する差押えおよび転付命令は可能とする説も多く、さらに実際上も金融機関では多くの場合これを有

効として取り扱っている実情などを考慮し、実務としては預金者の承諾を得て取り扱うことが万全であるが、万一預金者と連絡がとれないなどといった場合は、差押えおよび転付命令を有効と解し、これに応じてさしつかえないと考えられる。

なお、当座預金について差押えがあった場合でも、差押命令送達時の残高についてのみ差押えの効力（処分禁止効、取立権）が及ぶものであるから、その後当座取引を継続することはさしつかえなく、差押命令送達時以後に入金した預金については、差押えの効力は及ばない。また、当座預金のように移動の激しいものについては、預金者の了解を得て、差押えを受けた残高を別段預金に移して管理することも必要と考えられる。

◆**差押命令送達日と同日の交換呈示手形がある場合にいずれを優先すべきか**　　交換持帰手形によって、当座預金残高の減少する時期あるいは当座取引先に対して請求権を取得する時期をいつとみるかによって説が分かれるが、交換手形の引落しを優先する見解が有力で、これは、交換所に呈示された時を基準として、持帰銀行は持出銀行に対して呈示を受けた時点において呈示手形の支払債務を負担するが、同時に当座取引先に対してこの債務弁済のための資金請求権を取得することになると説く（小西勝「金融法務100講　為替・手形交換24」金法689号49頁）。この見解によれば、同日に差押えを受けても、資金請求権と当座預金債務との相殺によって交換呈示手形の引落しが差押えに優先することになる。

もっとも、元帳記帳時点を基準として優先を判別する場合でも、現在は、センター

処理によって夜間に手形の引落しが行われていることが多く、この場合には同様に交換手形の引落しが優先するものとして取り扱うことになろう。

差押えを優先させる場合は当座取引先に不渡発生の事態も生じうるが、それは取引先側の事由により障害を生じたものであるから、金融機関は当然には相殺権を行使する義務を負わず、差押えを理由に不渡としても責任を問われることはないと解されている（吉原省三『銀行取引法の諸問題〔第一集〕』59頁）。しかし、実務的には取引先の不渡発生回避もまた重要であり、本件問題の所在を十分認識して優先の判断を行うべきであり、差押えを優先させる場合には別途資金の提供を求めるなど事実上の紛議を生じないような慎重な対処が必要である。

| **11081** | 差押命令送達後の振込代り金と差押えの効力 |

普通預金に対して差押えを受けた場合、差押命令送達後に入金となった振込代り金に対しても差押えの効力が及ぶか

結　論

差押えの効力は、差押命令が送達された時点に現に存在する預金に対して及ぶのであるから、振込代り金が差押命令送達後に預金として成立したときは、これに対しては差押えの効力は及ばない。

解　説

◆**差押えの効力の及ぶ範囲**　　債権差押えである預金に対する差押えの効力は、差押

命令が第三債務者に送達されたその時点の預金債権に対して及ぶことから、振込代り金が、差押命令送達時点で預金として成立しているか否かで、差押えの効力が及ぶか否かが決まることとなる。

したがって、ここでのポイントは、振込代り金が預金として成立する時期はいつなのかということとなる。

◆**振込金の預金としての成立時期**　振込金の預金としての成立時期については、

①　仕向銀行からの振込通知が、被仕向金融機関に到着した時

②　仕向銀行からの振込通知を、被仕向金融機関の為替担当者などが確認した時

③　振込金額を、受取人の預金口座元帳に入金記帳した時

④　受取人に対して振込入金通知を行った時

といった考え方がある。

一般的には、被仕向金融機関が、仕向金融機関からの振込通知を受け取り、受取人の預金とすることを確認し、受取人口座へ入金記帳した時点をもって、預金の成立時期として取り扱われている。

◆**実務上の判断**　ただし、差押命令の送達時と、振込代り金の入金記帳時が非常に接近している場合は問題である。

結局、振込入金処理が実際にはどのような手順で行われ、差押命令はそのうちのどの段階・時点で送達されたかによってケース・バイ・ケースで判断せざるをえない。

◆**将来預金**　なお、普通預金債権のうち、差押命令送達後１年が経過するまでの入金によって生ずることとなる部分（将来預金）を差押債権として表示した債権差押命令の申立が、差押債権の特定を欠き、不適

法であるとする近時の判例がある（最決平24.7.24金法1961号94頁）。

| 11082 | 当座預金の差押えと交換持帰手形の引落し |

交換持帰手形の引落し前に、当座預金に対する差押えを受けた場合はどうするか

結　論

　交換払確定時に定説がないため、画一的処理は困難であるので、実務上は時機に応じ慎重に取り扱う必要がある。

解　説

◆**手形交換終了時**　手形交換所への呈示は法律上支払呈示の効力を有するものであるから、手形交換が終了すれば、個々の手形・小切手の支払も終わったことになる。ところで、手形交換の終了時については、これを、①交換所における決算確定時、②交換尻払込時限経過時、③当座勘定引落し時、④不渡返還時限経過時とする諸説があるし、さらに、差押時点が営業開始後であれば、当日の交換持帰手形の手形交換における立替払求償権と顧客の当座預金を相殺することにより差押債権者に対抗できるとしつつ、しかし必ずしもそうすることは支払金融機関にとって義務ではないとする見解もある（西原寛一ほか「当座預金の差押をめぐって—手形交換の決済終了時と差押の効力」金法273号14頁）。この見解によれば、たとえば東京のように、集中交換方式の導入、ロッカー投入方法等の採用により、すべての手形・小切手が受入当日の夜間に

持ち出され、交換当日の朝、支払金融機関により受領される場合には、事実上交換手形を優先的に引き落とすことがほとんど可能となり、実務の処理はきわめて容易になろうが、この見解が受け入れられるとは限らない。

◆**交換尻払込時限が妥当か**　一般論としては、交換終了時はあらかじめ客観的に明確に定まっていることが望ましい。

交換決算確定時では日によって時点が異なってくるので納得性に乏しく、不渡返還時限経過時も不渡という一部の例外的事象の不発生をもって一般の手形交換の終了時と解することは妥当でない。また、当座勘定引落し時も集団的な手形交換の終了時として妥当ではあるまい。結局、日本銀行本支店、交換所幹事銀行等における交換尻振替時限（東京の場合は午後１時）をもって適当とすべきであるものと考えられる。

◆**実務上の留意点**　しかし、定説がない以上、支払金融機関としては、差押えとの競合に伴う関係者間のトラブルに巻き込まれることは避けるべきであり、できれば、預金者および差押債権者の話合いに基づいて処理するよう取り計らったり、一応差押えを有効なものとして、支払資金の不足額を預金者から提供させる等、時機に応じた処置をとるよう努め、慎重な取扱いをすることが望ましい。

11083　積立定期預金への差押え

積立定期預金に対する差押えの効力はどこまで及ぶか

結　論

差押命令が金融機関に送達された時点における積立額およびそれ以後の利息に対して生ずる。

解　説

◆**積立定期預金の種類**　積立定期預金には一般に確定日払式のものと目標式のものがあり、確定日払式の積立定期預金とは、ある確定日（預入期限）まで何回か預入れを繰り返しその合計額および利息が満期に払戻しされるという方式のものである。目標式の積立定期預金とは、当初一定の目標金額を定め、その目標金額に達するまで何回かにわたって預入れがなされるという方式のものである。

◆**差押えの効力の及ぶ範囲**　目標式の積立定期預金においては、預入れの当初、一定の目標金額が立てられるが、これは定期積金における満期給付金のように条件付債権ではなく、積立定期預金を始めるにあたって一応の積立目標額を定めたにすぎないものであるから、積立期間の途中において差押えがなされた場合にも、この目標金額について差押えの効力が及ぶということはなく、その時点の積立額についてのみ差押えの効力が及ぶ。

また、確定日払式の積立定期預金においては、満期の日が確定しているが、これは満期日まで何回か預入れを繰り返すことによって満期日までの積立額およびその利息を受領するというものであって、期間の途中において差押えがなされた場合、満期日における最終的な積立額について差押えの効力が及ぶということはない。

したがって、積立定期預金に対して差押えがなされたときには、目標式の場合にも確定日払式の場合にも、差押命令が金融機関に送達された時点における積立額およびこれに対するそれ以後の利息についてのみ差押えの効力が及ぶものと解される。

◆**実務上の留意点**　実務上は、差押命令受理後も当該積立定期預金口座に引き続き積み立てることも可能であるが、差押受理時の積立額と受理後の積立額を明確に区分し、利息計算も実施しやすくしておくことが望ましい。

11084　自動継続定期預金への差押え

自動継続定期預金に対して差押えを受けた後、期日までに差押債権者から払戻請求がない場合、自動継続処理は停止すべきか

結　論

期日までに差押債権者から払戻請求があれば期日に払い戻せばよいが、期日までに払戻請求がない場合は、自動継続するべきである。

解　説

◆**自動継続特約の法的性質**　自動継続特約の法的性質については、①自動継続の取りやめの申出をしないことをもって、継続申込みをしているとみなす特約であり、通常の定期預金の継続と同様に預金者の処分行為であるという考え方と、②弁済期の定めという契約の本質的な要素に関する特約であって債権の属性として差押債権者に対

抗できるという考え方がある。東京地判平2.6.22（判タ743号140頁）は①の見解に立ち、差押え後に自動継続しても差押債権者に対抗できないとし、銀行実務も差押え後は書換継続を停止するというのが旧来の対応であったが、差押え後、期日までに差押債権者から払戻請求のない場合に自動継続処理を行わないとすると、特に取立権の伴わない仮差押えの場合は預金者に不利となることや、短期の自動継続の場合に取立が遅れた間の定期預金利息を請求されたときに処理が困る等の問題が指摘されていた。

その後、最判平13.3.16（金法1613号74頁）は、仮差押えの事案において、「自動継続定期預金における自動継続特約は、預金者から満期日における払戻請求がなされない限り、当事者の何らの行為を要せずに、満期日において払い戻すべき元金又は元利金について、前回と同一の預入期間、定期預金として継続させることを内容とするものであり、預入期間に関する合意として、当初の定期預金契約の一部を構成するものである。したがって、自動継続定期預金について仮差押えの執行がされても、同特約に基づく自動継続の効果が妨げられることはない」との判断を示した。この最高裁判決からは、自動継続の合意により、当初の預金契約の期限が自動的に延長されるのか、それとも定期預金の書換が自動的にされるのかははっきりしないが、いずれにしても「自動継続の特約は、預入期間に関する合意として、当初の定期預金契約の一部を構成する」という考え方は明確にしているので、自動継続の特約は自動継続定期預金における本質的な構成要素と考えるべきである。

◆**自動継続処理** したがって、期日まで
に差押債権者から払戻請求があれば期日に
払い戻せばよいが、期日までに払戻請求の
ないときは、上記最高裁判決によれば、自
動継続定期預金に差押えがされたことのみ
では自動継続を停止する理由とならず、他
に継続拒絶を正当化する事由が存在しない
限り自動継続するべきである。なお、自動
継続後も定期預金債権の同一性は維持され
ているから、自動継続定期預金に対する差
押えの効力は継続後の自動継続定期預金に
及ぶ。

　また、自動継続の特約が自動継続定期預
金における本質的な構成要素とすれば、差
押え後に差押債務者である預金者からの申
出により非継続に変更することはむしろ差
押えの処分禁止効に抵触する行為となり、
変更申出に応じることはできないものと考
えられる。

11085　定期積金への差押え

定期積金に差押命令が発せられたときの効
力はどうか

結　論

　満期における給付金について債権差押え
の効力が生ずるほか、中途解約の場合には
解約返戻金について債権差押えの効力が生
ずる。また、払込中止のまま満期日まで据
え置かれた場合は、満期日における返戻金
について債権差押えの効力が生ずる。

解　説

◆**定期積金の法律的性質** 定期積金の法
律的性質については、諾成、片務、有償の
契約とされている。すなわち、積金契約者
が一定期間定期的に一定額の掛金を払い込
むことを条件として、満期に金融機関が積
金契約者に一定金額の給付を約する契約で
ある。したがって、積金契約者が一定期間
に一定金額の払込みをなすことは満期にお
いて満期給付金を受領するための条件であ
って、この掛金は消費寄託であると解され
ている。

　かつては定期積金契約を双務契約と解し、
積金契約者が一定期日ごとに一定金額の払
込みをなすことは、満期において満期給付
金を受領するための義務の履行であるとす
る考え方もあったが、現在では片務契約と
解されている。

◆**差押えの効力の及ぶ範囲** そこで、こ
のような定期積金の契約給付金に対し差押
えがあったときには、満期における給付金
について差押えの効力が生ずる。すなわち、
契約額100万円の定期積金契約において30
万円だけ払い込んだ時点において差押えが
なされたときには、差押えの効力は満期に
おける100万円の給付金について生ずるの
である。そして、もし積金契約者が以後の
払込みをなさず、満期まで払込中止のまま
経過したような場合には、すでに払い込ん
だ30万円について差押えの効力が生ずる。
また、積金契約者が満期前に中途解約した
ような場合には、中途解約による返戻金に
ついて差押えの効力が生ずるものとされて
いる（村岡二郎『預金』361頁）。

◆**転付命令との関係** しかし、定期積金

における満期給付金は条件付債権であると解されるから、このようなものに対して転付命令を発することはできない。すなわち、転付命令が有効であるためには目的債権が券面額を有していなければならない（民執法159条1項）が、定期積金は契約期間の途中においては、満期まで一定期間ごとに一定金額の払込みがなされることによって、はじめて満期給付金の額が確定するのであって、それまでは券面額を有しないこととなり、転付命令を発することはできないと解されている。したがって、定期積金に対する転付命令は、中途解約により掛込金の返還請求権が具体的に確定した場合、あるいは満期まで払込みが継続されて満期給付金が確定した場合に限って、転付命令が可能ということになる（前掲『預金』386頁参照）。

11086　総合口座への差押え

総合口座に対して差押えを受けた場合、どのようなことに注意するか

結　論

　総合口座に組み込まれた普通預金に対する差押えは、一般の場合と同様に取り扱ってよい。

　定期預金が差し押えられた場合は、その定期預金全額を除外して、残りの定期預金により新貸越極度額を計算し直す。貸越残高が新極度額を超えるときは、超過額の返済または追加担保定期の差入れを求め、また相殺を検討する。

　公共債総合口座の担保国債等に対する差押えの場合には、通常は担保権により対抗することになろうが、新極度額の計算等は同様の取扱いによる。

解　説

◆**総合口座への差押えと留意点**　総合口座は、普通預金取引、定期預金取引および定期預金を担保とする当座貸越取引を1冊の通帳に組み合わせたもので、普通預金の払戻請求に対して残高が不足するときに、自動的に不足額を当座貸越の方法により融資して、代り金を普通預金に入金し、その払戻請求に応じられるようにしている点に特質がある。

　したがって、総合口座に関してなされる差押えは、これを構成する普通預金または定期預金について行われるべきものであり、「総合口座預金」への差押えは、本来、特定を欠くものともいえよう。したがって、総合口座預金として差押債権が表示されている場合に、普通預金と定期預金の残高を合計した額が差押債権額を超えるときは、特定を欠くものとして取り扱わざるをえまいが（【11053】参照）、逆に、差押債権額のほうが両預金残高の合計額より大きいときは、合理的に解釈して差押えの効力が及ぶものとして取り扱うことが無難であろう。もっとも、このような表示の差押えは実際にはあまり例をみないようである。

　総合口座に組み込まれた普通預金に差押えを受けても、その預金残高があれば差押えの効力が及び、一般の普通預金に対する差押えの実務となんら異なることはない。

　これに対し、定期預金に差押えを受けた場合には、総合口座の特質に照らし、次の

点に注意を要する。

(1) 定期預金には当座貸越の担保として質権が設定されるが、数口ある場合には、利率の低い順、かつ同率のものは預入日または継続日の早い順に担保となる（総合口座取引規定ひな型7条2項2号）。

そして、担保となっている定期預金に差押えがあった場合には、差し押さえられた定期預金の全額を除外して、残りの定期預金について新貸越極度額を計算し直すことが特約されている（総合口座取引規定ひな型7条3項）。

実務上は、差押えに係る定期預金の支払停止、継続停止措置のほか、自行の総合口座システム所定の総合口座組入定期預金からの解除措置をとることが必要で、差押え後の新たな貸越を発生させないよう注意しなければならない。

(2) このことは、たとえばA定期60万円、B定期40万円の2口があり、現在貸越金50万円のときに、A定期に対し差押債権額30万円の差押えを受理した場合には、A定期の全額60万円を除外して、残ったB定期40万円について、新貸越極度額を計算し直すことになる。この結果、新貸越極度額は40万円の90％の36万円となり、現在貸越金50万円との差額14万円は極度超過となって直ちに返済を受けるか、新たに担保に足る定期預金の差入れを求めることになる。もし、これらの提供のないときは、相殺により回収する（総合口座取引規定ひな型14条）。したがって、差押えの陳述にあたっては、貸越金のある場合には、反対債権のある旨、また相殺できる地位にある旨など反対債権のある場合の陳述の留意点をふまえて回答しておくことが必要である

（【11096】参照）。

◆**公共債総合口座の場合**　公共債総合口座は、一般の総合口座に国債等公共債の保護預り取引とその公共債を担保とした当座貸越取引を付加したもので、昭和60年6月から取扱いが開始されている。

公共債総合口座の法的性質には寄託契約（民法657条）が含まれ、その債券の保護預り方式は、特に顧客より申出のない限り混蔵保管の方式によることとしている。混蔵保管とは、顧客の承諾のもとに顧客が購入し寄託した債券を、他の顧客から受寄した同銘柄の債券と区別することなく混合して保管するという方法により行われ、顧客は寄託物の返還請求権と物権的権利である共有（または準共有）持分権を取得することになる。

この共有持分権の担保取得は、約定ではいずれかを明示していないが、質権または譲渡担保と考えられている。すなわち、無記名の公共債は動産とみなされるから（民法86条3項）、質権の場合には、金融機関が受寄しているものを簡易の引渡し（同法182条2項）を受けることによって担保権を取得し（同法344条）、継続占有が第三者対抗要件となる（同法352条）。譲渡担保の場合であれば、引渡しが第三者対抗要件となるから（同法178条）、いずれの場合であっても第三者に対抗できることになる。

総合口座取引規定ひな型7条3項は、貸越金の担保となっている国債等について（仮）差押えがあった場合には、（仮）差押えに係る国債等の全額を除外して、残余を当座貸越の担保とし、新極度額を計算し直すこと等を規定しており、担保定期預金の

差押えの場合と同様の取扱いによることとしている。

特定保管されている公共債の差押えは、動産執行の方法により行われ、執行官が目的物を差し押えることによって開始するが（民執法122条1項）、その対象物を占有する第三者（金融機関）が提出を拒めば執行することはできず（同法124条）、金融機関としては保護預り物について善管注意義務を負うことから、顧客の同意のない限り任意提出するわけにはいかない。金融機関が提出を拒むときは、債権者は寄託物の返還請求権に対する差押えができ、この場合は、その取立のため執行官への引渡しを請求することができる（同法163条1項）。この場合、金融機関が提出を拒めば取立訴訟も認められることから、金融機関は提出しても善管注意義務に反することにはならないものと解される。もっとも、金融機関は、担保権による対抗が可能であるから、執行官への引渡しに応じるとしても、その被担保債権の全額を回収した後の残余についてとなろう。

混蔵保管の場合の共有持分権に対する差押えは、その他の財産権に対する強制執行（民執法167条）によることになるが、実際には日本銀行への再寄託による第三債務者の特定や換価等に問題があり利用には適しないものと解されている（鈴木正和「国債窓販における担保と差押え」金法1020号4頁）。したがって、寄託物の返還請求権の差押え（同法163条）によることになろうが、この場合の取扱いは前述のとおりである。

特定保管、混蔵保管の保管形態のいかんを問わず、寄託物に対して差押えのあった場合には、金融機関はその事実を遅滞なく取引先に対して通知しなければならない（改正民法660条1項、現行民法660条）。また、法令上差押えに応じざるをえない場合でも、極力、顧客の来店を求めて預り証の回収や同意書の提出を受けるなどしたうえ処理することが望ましい。

11087 期日指定定期預金への差押え

期日指定定期預金に対する差押えと満期日指定との関係はどうか

結論

差押債権者および転付債権者は、取立権発生後または転付命令確定後に差押えまたは転付に係る部分の預金につき、預金規定に従い期日を指定して預金を取立または支払請求することができる。仮差押債権者は、保全を目的とするものであり、期日を指定することはできない。預金者は、仮差押え、差押え、転付に係る部分の預金につき、期日指定をすることができなくなる。

解説

期日指定定期預金は、最長預入期限を3年とし、預入日から起算して1年目の応当日から最長預入期限までの任意の日を満期日として指定することのできる預金である。預金者は、指定したい満期日の1カ月前までに満期日指定の通知を必要とすること、満期日の指定がなければ最長預入期限が満期日となることなどの特徴がある。

そこで、この預金に対して差押えがあっ

た場合に、満期日指定の関係がどうなるのかという点が問題となる。

期日指定の法的性質については、払戻請求の予告であって、履行の請求（民法412条3項）や履行の催告（同法591条1項）と同種の準法律行為としての意思の通知であるとする考え方（吉原省三「期日指定定期預金の法律問題」金法969号6頁）が示されている。このほか、予約完結の意思表示であると解する説もある。

払戻請求の予告と解すると、払戻請求できる実体法上の権利を有する者が期日指定をすることができ、預金者は差押え等により、その権利を失えば予告することもできなくなる関係となる。差押えの種類別に、この考え方に立って期日指定の関係を述べてみよう。

◆**転付命令の場合**　預金は、転付命令が確定することにより金融機関へのその送達時にさかのぼって転付債権者のものとなる。したがって、その後は、転付債権者のみが期日指定して払戻しを請求することができ、一方、預金者は期日指定をすることができなくなる。

◆**差押命令の場合**　差押命令の場合には、差押命令が差押債務者に送達された日から1週間を経過して、差押債権者に取立権が生じると、差押債権者は取立のための前提となる権利または付随した権利として期日指定することができる。預金者は、差押命令によって取立その他の処分を禁じられるから、払戻請求のほか、その前提となる期日指定もすることができなくなる。

◆**仮差押命令の場合**　仮差押えの場合には、仮差押債権者は取立権がないことから、期日を指定することもできない。一方、預金者も預金の取立その他の処分を禁止されることから（処分禁止効）、期日指定をすることができない。ただ、実際上の便宜を考慮して、仮差押えの取下げを予定した預金者からの期日指定を便宜受理するとしても、指定期日までに仮差押えが解除されなければ、その指定は失効し仮差押債権者に対抗することはできない。

◆**滞納処分による差押えの場合**　滞納処分による差押えは、差押えにより預金の取立権を生じるから（国税徴収法67条1項）、滞納処分庁が期日指定をすることができ、これに対し預金者は期日指定することができなくなる。

◆**差押えの競合の場合**　差押えが競合すると金融機関は供託義務を負い、差押債権者は預金を取り立てることができない。ただし、差押債権者は供託請求をすることができ、その前提として期日指定もできるものと解される。複数の期日指定が差押債権者よりあれば、早く指定された期日によることになろう。

11088　金融機関に預託されている公共工事前払金の差押え

工事請負者名義で金融機関に預託されていた公共工事前払金が第三者により差し押えられた場合、どのように処置するか

結論

公共工事前払金の法的性質については、種々議論があるが、最高裁判例では、公共工事の発注者を委託者、工事請負者を受託

者、当該前払金を信託財産とし、これを当該工事の必要経費の支払にあてることを目的とした信託契約が成立しているとの考え方が示されている。したがって、現状はこの判例を拠り所に、公共工事前払金の預金を、工事請負者の一般預金としてではなく、公共工事発注者の信託財産として、取り扱うべきであろう。

◆公共工事前払金とは　「公共工事の前払金保証事業に関する法律」によると、同法により認められた建設業保証会社が保証することによって、公共工事の発注者がその工事の前払金を、その工事の請負者の指定する金融機関に預託する。この場合、工事請負者と保証会社との間には保証委託に関する契約がなされ、保証会社と公共工事発注者との間には保証に関する契約がなされ、保証会社と請負者の指定する金融機関との間には公共工事の前払金預託事務取扱いに関する契約がなされているものと解される。

さらに、金融機関が請負者より公共工事の前払金を受け入れたとき、または発注者から直接預託金の振込を受けたときは、1件ごとに請負者名義の別口普通預金口座を設けてここに受け入れ、元帳および通帳に「公共工事前払金」の表示をしておくべきものとされている。

そして、この預託金の払出しについては保証会社の事前の承認を要する場合もあり、その他の場合でも、預託金の使途の照査、払出しに必要な証憑書類の確認等、厳格な取扱いが定められている。

◆公共工事前払金の法的性質　公共工事

前払金の法的性質については、いろいろな考え方があるが、工事請負者が破産した際に公共工事前払金の帰属が争われた事案で、最高裁の示した判断が参考になる（最判平14.1.17民集56巻1号20頁）。この判例では、公共工事前払金に関しては、公共工事の発注者を委託者、工事請負者を受託者、当該前払金を信託財産とし、これを当該工事の必要経費の支払にあてることを目的とした信託契約が成立している旨の考え方が示された。いわゆる事例判決と考えられるが、最高裁判所の判断として、実務上、判断の拠り所としてさしつかえないと思われる。

したがって、公共工事前払金の預金については、工事請負者の一般預金としてではなく、公共工事発注者の信託財産として取り扱い、差押命令に対してもその旨陳述する等すべきと考えられる。

11089　外貨預金への差押え

外貨預金に差押命令、転付命令を受けた場合、どのように処置すべきか

円預金との優先順位については、原則として差押債権目録の記載に従って形式的に処理すべきである。また適用すべき為替相場については、先物為替予約がある場合は予約相場で換算し、為替予約がない場合は電信買相場（TTB）を適用する。

解 説

◆円預金と外貨預金への差押えの順序
差押命令が金融機関に送達された場合、第三債務者である金融機関としては、差押債権目録の記載どおりに形式的に処理すべきであることから、差押債権目録に外貨預金を劣後させる記載がなければ、原則として円預金と同様に（口座番号の若い順等の優先順位に従って）外貨預金も処理することになる。

なお、外貨預金を劣後させる記載がない場合、差押債権者にしてみれば、自己の債権回収が満足されれば目的は達せられるのであるから、あえて為替変動リスクを伴う外貨預金を優先させる必要はないとの考えに立って、円預金を優先させる処理方法は考えられる。

◆外貨預金の為替相場
外貨預金の円換算額の確定の問題、つまり適用すべき為替相場の問題に関しては、被差押外貨預金について先物為替予約が締結されているときには、先物為替予約付外貨預金が差し押えられたものとして、その予約相場で換算した円の額で処理すればよく、これは転付命令についても同様であると考えられる（ただし、先物為替予約のある外貨預金について、約定により差押命令が発送されたときに為替予約が当然に失効することになっている場合、為替予約が締結されていない下記のような対応となる）。

一方、先物為替予約が締結されていないときは、金融機関に差押命令が送達された時点における電信買相場（TTB）を適用して処理すべきであるが、外貨預金を円転して支払う場合には、支払時の電信買相場

が適用されるので、その間の為替リスクは、差押債権者が負担するものと解される。

11090　別段預金の差押え

別段預金に差押命令、転付命令を受けた場合、どのように処置すべきか

結 論

別段預金は、本来の預金種目で取り扱うことが適当でないような種々雑多の資金を一時的に留保する勘定であるが、差押えの効力が及ぶものは、差押債務者が金融機関に対して預り金として返還請求権を有するものに限られる。

解 説

◆別段預金の性格
別段預金は、金融機関の業務に伴って生じる未決済、未整理の資金を一時的に留保する勘定であり、本来の預金種目で取り扱うことが適当でないような種々雑多のものが含まれる勘定である。

その内容は、①事務委託に伴う受入金（株式払込金、配当金支払基金、公社債基金、不渡異議申立預託金など）、②一時的預り金（当座預金解約残金）、相殺後預金元利金、振込不能金など、③担保手形取立代り金、④自己宛小切手（預手）の支払資金、などに大別される。

◆差押えの効力が及ぶ対象
別段預金のうち、差押えの効力が及ぶものは、基本的には差押債務者が金融機関に対して預り金として返還請求権を有するものに限られる。

一般的には、前記①は原則としてその委

託目的を終了した残余金に対する限りでは差押えの効力が及び、同②についても差押えの効力が及ぶものと解される。

　同③の担保手形取立代り金について、東京高判昭37.9.20（金法320号2頁）は、取立代り金は担保手形と同様に金融機関（担保権者）に信託譲渡された金員であり、その代り金を貸付金等に充当して余剰があるときは別として、金融機関は債務者に対して返還義務を負わないものであるから、債務者が「別段預金の返還請求権を有することを前提とした差押債権者の別段預金に対する差押は、その効力を生ずるに由がない」とした。つまり、担保手形取立代り金は、担保手形の代替物であり譲渡担保の効力が及ぶことから、貸付金回収後、余剰が生じている場合を除き、差押えの効力は及ばない。

　同④の自己宛小切手（預手）の支払資金については、自己宛小切手の発行依頼人と発行金融機関との間の法律関係は売買説が有力であり、別段預金に保管される支払資金は発行依頼人である差押債務者が預り金として返還請求権を有するものではなく、差押えの効力は及ばないものと考えらえる。

11091　差押えと配当要求の競合

預金差押えに続いて配当要求を受けた場合、金融機関としてはどう対処すべきか

結　論

　預金についての債権差押命令の送達を受けた後、金融機関が、配当要求があった旨を記載した文書の送達を受けたときは、差し押えられた預金相当額について、供託しなければならない。

解　説

◆**配当要求の意義**　配当要求とは、執行力のある債務名義の正本を有する債権者等が、他の債権者によりすでに開始している債権執行手続において、自己への配当を求める制度であり、これにより、別途債権の差押えをせずとも配当を受けることが可能となる。もっとも、差押えが重複した場合と異なり、先行する債権執行手続が取下げ等により配当に至らず終了した場合には、配当要求債権者は手続の続行を求めることはできない。

◆**配当要求の資格**　債権執行手続において配当要求をすることができる債権者は、執行力ある債務名義の正本を有する債権者および文書により先取特権を有することを証明した債権者に限られる。

◆**配当要求の効果等**　配当要求の効力は、配当要求書が、執行裁判所に提出された時に生ずる。差押えの効力は、差押命令が第三債務者に送達された時に生ずるものとされているが（民執法145条4項）、配当要求については、第三債務者に対して配当要求の効力が発生する旨の定めがなく、申立時に効力が発生するものと解されている。これにより、別途債権の差押えをせずとも配当を受けることが可能となる。

　もっとも、配当要求は、差押債権者が差し押えた債権に対して配当を求めて参加するものであるから、二重差押えの場合と異なり（民執法149条）、配当要求の効果も差押えの範囲にとどまり、配当要求により被

差押債権が拡張されることはない。なお、別途差押えの競合が生じ、被差押債権の全額に差押えの効力が拡張されたときは、結果的に債権の全額について差押えのされている基本事件に配当要求をした場合と異なるところがないから、このような場合には、配当要求の効力は差押債権の全額に及ぶものと解される。

差押え後に配当要求があると、第三債務者は、差押えに係る債権を供託する義務を負う（民執法156条2項）。配当要求の場合は、差押債権について必ず競合が生ずるから、供託義務を負うことになる。

◆**金融機関の対応**　預金についての債権差押命令の送達を受けた後、金融機関が、配当要求があった旨を記載した文書の送達を受けたときは、差し押えられた預金相当額について、供託しなければならない。

なお、配当要求があった旨の書面が金融機関に対して送達される前に配当要求が発生することから、金融機関としては、配当要求の効力発生の事実を知らずに預金者の払戻請求に応じてしまうことがありうるが、第三債務者たる金融機関としては、他に執行の競合が生じていない限り、差押債権者の取立に応じざるをえないのであって、他に競合債権者があるかどうかを執行裁判所に照会して確認する等の調査義務を負うものではなく、その支払は有効と解される（法曹会編『民事執行の実務─座談会』340頁以下）。また、すでに権利供託ないし義務供託をした後に、配当要求があった場合、供託書には配当要求についての記載はないが、このような供託も有効であり、訂正の手続などは不要と解される。

11092　差押預金への交付要求

預金に対して差押えに続いて交付要求を受けた場合、どう対処すべきか

結　論

先行する差押えがされている預金に対して交付要求を受けた場合、第三債務者である金融機関は先行する差押えの効力が及ぶ範囲で預金を供託し、差押命令を発令している執行裁判所に事情届を提出する。

解　説

◆**「交付要求」とは**　滞納者の財産について、滞納に係る国税債権以外の債権により先行して預金に差押えが行われている場合は、新たに差押えの手続を行うことはせずに、「交付要求」の手続により当該差押手続に参加して滞納国税に対する交付を請求することができる。

その効果は先行する差押金額の範囲でのみ有効であり、複数の差押えがあった場合のように差押えの範囲が拡大（差押金額が加算）されず、先行する差押えが取消や解除された場合には交付要求も効力を失う。

交付要求は先行する差押えを行っている執行機関（強制執行の場合は執行裁判所）に対して交付要求書を提出することで行われ、第三債務者である金融機関と滞納者にも交付要求書により通知される（国税徴収法82条）。交付要求は第三債務者が供託を行うか、差押債権者からの取立訴訟の訴状が送達されるまでに行われる。先行する差押えと交付要求に対する支払は、強制執行

による差押えの場合は滞納処分と強制執行等との手続の調整に関する法律（滞調法）により調整されることになる。本制度は民事執行における配当要求と類似する制度である。

◆交付要求を受けた金融機関の対応　差押えのある預金に対し、追加で交付要求を受けた場合の対応は当初差押えの効力の及ぶ範囲で競合が生じるため、当初の差押え時の元本と差押日以降の利息について供託義務が生じる。供託を行った金融機関は供託書正本を添付して事情届を執行裁判所に提出する（民執法156条3項）。

　先行する差押えが預金残高に対する一部差押えである場合、たとえば普通預金100万円に対して80万円のみが差し押えられ、この後で交付要求がなされると、この80万円と差押日以降この元本に発生する利息に対して供託義務が生じることになる。複数の差押えが競合する場合のように差押金額は加算されないので注意を要する。

11093　給与振込と差押え

給与が振り込まれた普通預金口座に対する差押えの効力は、口座残高全体に及ぶか

結　論

　第三債務者である金融機関としては、預金の原資について独自の判断を挟むことなく、差押えの効力が口座残高全体に及ぶものとして処理を行うべきであろう。なお、差押債務者は、差押禁止債権の範囲変更の申立（民執法153条）により、救済される

と解されている。

解　説

◆差押えの効力　債権執行においては、社会政策的配慮から、給与・年金・生活保護費など債務者の生活保障的要素の強い債権に関しては、民執法その他の法律により、差押えが禁止されている（民執法152条、国民年金法24条、生活保護法58条等）。給与については、支払期に受ける給付の4分の3に相当する部分または政令で定める額である33万円のうち、少ない額が差押禁止となっている（民執法152条1項2号、同法施行令2条1項1号）。これら差押禁止債権に係る金員は、一般的には預金口座に振り込む方法により債務者に給付されることが多いが、差押禁止債権に係る金員であっても、預金口座に振り込まれた場合は預金債権に転化し一般財産となり、一般財産となった預金債権は差押禁止の属性を承継しないとするのが判例の立場である（最判平10.2.10金法1535号64頁）。上記判例は、差押禁止債権を受働債権とする相殺禁止（民法510条）をめぐる事案であるところ、金融機関が貸出金と預金との相殺を検討する場面において、預金の原資が差押禁止債権と明白に紐付きであり一般財産化していないと評価できる場合には上記判例の射程が及ばない可能性があるとの見解はある（たしかに、個別具体的な状況次第では、信義則・権利濫用の法理から相殺が許されないと解されるリスクは否定できないものと考えられる）が、とりわけ迅速かつ画一的な処理が要求される預金の差押えの場面においては、第三債務者にすぎない金融機関が、預金の原資を細かく分析・検討した

うえで独自に判断するというような負担（さらにいえば、当該判断が誤っていた場合の責任）を負わされることは妥当ではなかろう。裁判所の執行実務においても、預金口座の原資の全額が給料であったとしても、その全額を差し押えることが可能との運用がされている（東京地方裁判所民事執行センター実務研究会『民事執行の実務〔第3版〕債権執行編(上)』192頁）。

　したがって、金融機関としては、給与が振り込まれた普通預金口座に対する差押えの効力は、口座残高全体に及ぶものとして処理を行うべきであろう。

　ちなみに、将来預金の差押えは差押債権の特定を欠くとした最高裁決定（最決平24.7.24金法1961号94頁）の田原睦夫裁判官の補足意見中においては「将来預金の差押えを肯定すると、差押後にその普通預金口座に差押禁止債権に係る金員が振り込まれた場合にも差押えの効力が及ぶこととなって、法が差押禁止債権として定めた趣旨に反する結果が生ずるとともに、債務者がその解除を求めるには、差押禁止債権の範囲変更の申立て（民事執行法153条）をなさねばならないなど、債務者に過大な負担を強いることになる」とされており、とりわけ将来預金の差押えでもない本問のような場合には、差押禁止債権にかかる金員が振り込まれた普通預金口座に対する差押えの効力は口座残高全体に及ぶという前提に立っているものと考えられる。

◆**差押債務者の救済**　　なお、かかる場合、債務者を救済する明示的な条項はなく解釈に委ねられているが、一般的には差押禁止債権の範囲変更の申立（民執法153条）により、債務者は救済されると解されている（東京高決平22.4.19金法1904号119頁等）。これは、民執法の立案担当者が想定していた救済方法であるが、差押禁止債権が預金債権に変わった以上、形式的には全額の差押えが可能となることから、全額の差押命令自体は適法であるものの、債務者が差押禁止債権の範囲変更の申立をしてその預金口座に係る債権の原資が差押禁止債権であることを証明すれば、差押命令の全部または一部が取り消されるとする考え方であり、実務上も利用されている方法である（前掲『民事執行の実務〔第3版〕債権執行編(上)』194頁）。

第3項　陳述の催告

11094	陳述の催告への対応

差し押えられた預金につき陳述の催告を金融機関が受けた場合、どのように対処すべきか

結　論

差押命令を受領した日の翌日から起算して2週間以内に債権認否の陳述をしなければ、損害賠償義務を負担することがある。この陳述は明確な表現をしなければならない。

解　説

◆陳述の催告の概要　民執法では、債権の差押えについて、執行裁判所では、その対象となる債権の存否の調査あるいは債務者、第三債務者などの審尋は行わないで、差押・仮差押命令を発することになっているので、債権者は、第三債務者に対し差押命令の送達があってから2週間以内に、当該債権に関して次の事項を書面で陳述させることを裁判所に申請できることとなっている（民執法147条2項、民執規135条1項）。かかる規定は、仮差押えについても準用されている（民保法50条5項）。

① 　債権の存否、種類、額
② 　弁済意思の有無、弁済の範囲、弁済しない理由
③ 　債権につきほかに優先する権利を有する者があるときは、その者の表示、権利の種類、優先する範囲
④ 　債権につきすでに送達された差押命令または仮差押命令の有無、その事件の表示、債権者の表示、送達の年月日、差押え・仮差押えの範囲
⑤ 　債権に対する滞納処分（その例による処分を含む）による差押えの有無、差押えをした徴収職員、徴税吏員その他の滞納処分を執行する権限を有する者の属する庁その他の事務所の名称および所在、債権差押通知書の送達の年月日、差押えの範囲

催告書は通常、差押命令に添付されており、この催告について第三債務者である金融機関は、これを受領した日の翌日から起算して2週間以内（1日に受領したときは15日まで）に執行裁判所に書面をもって回答することを要する。回答は配達証明郵便によるか、直接裁判所に持参して受付印をもらい、回答の有無とその日付を判然としておく必要がある。なお、回答書の名義は、通常は支店長名で支障なく取り扱われている。

次に、催告に対して、第三債務者である金融機関が故意または過失によりこの回答を怠り、または回答期限を徒過したり、あるいは不実の回答をした場合は、これによって生じた損害については、賠償の責任を負うことになるから注意を要する（民執法147条2項、仮差押えについては民保法50条5項で準用）。特に回答書の記載に関し

ては、たとえば債権を認めるのかどうか、その限度はいくらか、あるいは支払の意思があるのかどうか、その限度はいくらかなどの諸点について判然とした記載をなすことが肝要で、はっきりしないような回答を行うのは後日紛議のもとである。

なお、執行裁判所以外の者（たとえば差押債権者）の直接照会については、回答する必要がない。

◆**具体的な陳述要領**　通常の場合の陳述書の記載は、送達時点で差押えの効力の及んだ預金があれば、「債権の存否」を「あ・る」とし、「債権の種類および額」は預金種類別に差押えの効力の及んだ預金の額を記載（種類別の合計額でさしつかえない）する。「弁済の意思」は回答時の金融機関の認識により記載する。「その範囲・理由」は、その差押えに対して差押金額全額を支払える場合は、弁済する範囲としてその全額を記入し、また弁済意思のない場合にはその理由を記載することになる。

次に、問題のあるような個別のケースについて述べる。

(1)　被差押債権は存在するが貸出金がある場合　相殺によって差押債権者に対抗できることは判例で確定しているので、相殺する場合には、弁済しない理由として、貸付債権の存在を示したうえ差押預金と相殺の予定であるとか、いつでも相殺できる地位にある旨を回答する。陳述の効力につき、判例（最判昭55．5．12金法931号31頁）は第三債務者が、仮差押裁判所にした陳述において、「被差押債権の存在を認めて支払の意思を表明し、将来において相殺する意思がある旨を表明しなかったとしても、これによって債務の承認あるいは抗弁権の

喪失というような実体上の効果を生ずることがな」いとして、弁済の意思ありとした場合にも、相殺権を放棄したことにはならず、後日の相殺を有効と認めている。しかし、実務上は多少なりとも相殺の可能性が残る場合には、将来相殺することもあり、その場合は弁済しないというように陳述しておくことが望ましい（【11096】参照）。

(2)　預金の特定を欠く場合　差押債務者の預金はあるが、差押命令によって金融機関が預金の特定をできないということも起こりうる。この場合には、「差押債権の存否」を「な・い」とし、または「あ・る」とも「な・い」ともしないで、「本件差押えは差押債権の特定を欠くものと認められます」というように陳述しておくことになろう。

(3)　被差押債権が存在し差押えが競合している場合　差押えが競合した場合には、差押預金全額を供託しなければならず（民執法156条2項、仮差押えについては民保法50条5項で準用）、陳述書様式の六「他の差押」欄に、他の差押えにつき執行裁判所、事件番号、債権者の住所氏名、差押送達年月日、金額等所定事項を記載のうえ、「弁済しない理由」として、「後記六の理由による」とか、「後記六の差押えと競合しているので支払期日が到来した後供託する」というように陳述しておいて、支払期日が到来した後に供託（義務供託）することになる。

(4)　すでに債権譲渡通知を受理している場合　単に内容証明郵便による債権譲渡通知を受理しているのみでは、預金の譲渡禁止の特約につき譲受人の善意、悪意が銀行としてわからず、金融機関は債権者不確

知としての民法494条による弁済供託と民執法156条1項（仮差押えについては民保法50条5項で準用）による権利供託との混合供託により、支払期日が到来した後、供託するのが無難であろう。この場合の陳述は、「弁済の意思はない」としたうえで、「すでに債権譲渡通知を受理しているがその有効性につき確認できないので供託の予定である」というように記載することになろう。

(5) すでに転付命令を受理しているが確定を確認できていない場合　　転付命令の送達後に他の差押命令を受理した場合には、先着の転付命令の確定していることが確認できたときは、陳述は、差押債権はないとして回答することになるが、その確定の確認ができていないようなときには、先着の差押・転付命令が送達されていることを記載（陳述書様式の六）のうえ、弁済しない理由として「後記六の理由による。ただし転付命令の確定は未確認」の旨を記載して回答することになろう。

11095　差し押えるべき預金の特定の仕方

差押債権目録の記載が「下記預金債権のうち、下記に記載する順序に従い、頭書金額に満つるまで。……数種の預金があるときは次の順序による。(1)定期預金(2)定期積金(3)通知預金(4)貯蓄預金……。同種の預金が数口あるときは、口座番号の若い順序による」という表現の（仮）差押命令が送達されたとき、「差し押えるべき債権が不特定」という陳述をすることができるか

結　論

差押債権目録の記載が「下記預金債権のうち、下記に記載する順序に従い、頭書金額に満つるまで。……数種の預金があるときは次の順序による。(1)定期預金(2)定期積金(3)通知預金(4)貯蓄預金……。同種の預金が数口あるときは、口座番号の若い順序による」という表現の場合、通常は差し押えるべき預金を特定することができるはずであり、債権不特定という陳述をすることはできない。差押債権目録の記載が上記の表現とは異なり、差し押えるべき預金が特定できない場合には、「差し押えるべき債権が不特定」という陳述をすることができる。

解　説

◆**差押債権の特定**　　差押命令は、差し押えるべき債権の種類および数額を特定しなければならないものとされている（民執規133条2項）ところから、差し押えるべき預金はどの程度特定すればよいのかということがしばしば問題になる（【11053】参照）。

この点につき、差押債権者には差押債務者の預金の明細までわからないことが多いので、差押命令には差し押えるべき預金を特定するためのいろいろな工夫がなされていたが、平成10年12月18日付全銀協通達において、自動的に差し押えるべき預金を特定できるよう、表記のように「下記預金債権のうち、下記に記載する順序に従い、頭書金額に満つるまで。……数種の預金があるときは次の順序による。(1)定期預金(2)定期積金(3)通知預金(4)貯蓄預金……。同種の預金が数口あるときは、口座番号の若い順序による」という表現を用いたひな型が示

され、全国銀行協会から最高裁に対しては、このひな型をふまえた対応の依頼が行われた。この結果、現在では裁判所実務もこのひな型に沿った運営がなされており、上記のような表現の差押債権目録によって差押えがなされることが多くなっている。

◆**具体的な陳述の判断**　差押命令の差押債権目録において差し押えるべき債権として、「下記預金債権のうち、下記に記載する順序に従い、頭書金額に満つるまで。……数種の預金があるときは次の順序による。(1)定期預金(2)定期積金(3)通知預金(4)貯蓄預金……。同種の預金が数口あるときは、口座番号の若い順序による」というような表現がなされているのであれば、たとえば、差押債権者の債権額が100万円であって、定期預金が50万円ずつ3口合計150万円あり、貯蓄預金が60万円ある場合であっても、定期預金の口座番号の若いほうから2口分が差し押えられたと判断できるので、差し押えるべき預金としては特定されることとなる。しかし、なんらかの事情でこのひな型に依拠しない差押債権目録が送達され、差し押えるべき預金が特定できない場合（たとえば、「同種の預金が数口あるときは、預入日の古い順序による」という表現の仮差押命令が送達され、同じ日に複数の定期預金口座が作成されているような場合が考えられる）には、差し押えるべき債権が不特定であるという陳述をすることができる。

11096　陳述による相殺の制限

第三債務者の陳述の催告に対して、「支払う意思がある」と陳述した場合、その回答に拘束されて相殺が制限されるか

結　論

判例は、後日事情が変わり、相殺することになっても、陳述は事実の報告であり、相殺権を失わず、また信義則違反でもないとする。ただし、損害賠償責任を負担することになる場合もありうるので、実務上は反対債権の存在を示すなど慎重な取扱いが望ましい。

解　説

◆**問題の所在**　民執法では、第三債務者に対する陳述の催告に対し、第三債務者が故意または過失により陳述をしなかったとき、または不実の陳述をしたときは、これによって生じた損害を賠償しなければならないことを定めている（民執法147条2項）。かかる規定は、仮差押えについても準用されている（民保法50条5項）。

陳述の催告により第三債務者が陳述を求められるのは、次の事項である（民執規135条1項）。

① 差押えに係る債権の存否、ならびにその債権が存在するときは、その種類および額
② 弁済の意思の有無、および弁済する範囲または弁済しない理由
③ その債権について差押債権者に優先する権利を有する者があるときは、その者の表示ならびにその権利の種類および優先する範囲
④ その債権に対する他の債権者の差押えまたは仮差押えの執行の有無、ならびにこれらの執行がなされているときは、そ

の差押命令または仮差押命令の事件の表示、債権者の表示および送達の年月日ならびにこれらの執行がなされた範囲
⑤ 債権に対する滞納処分（その例による処分を含む）による差押えの有無、差押えをした徴収職員、徴税吏員その他の滞納処分を執行する権限を有する者の属する庁その他の事務所の名称および所在、債権差押通知書の送達の年月日、差押えの範囲

この催告書は通常、仮差押命令や差押命令に添付して第三債務者に送達され、第三債務者は執行裁判所に書面をもって回答することを要する（民執規135条2項）。

そこで、金融機関がこの陳述の回答において前記①は差押債権の存在を認め、かつ②については「支払う意思がある」と回答した場合には、この回答に拘束を受け、後日相殺することにつき制限を受けることにならないかというのが本問である。

◆**判例の動向**　従来判例・学説は、理由は同一ではないものの、この場合に相殺権を失うことはないとしており、昭和55年の最高裁判決では、第三債務者が裁判所に対してする陳述は事実の報告たる性質を有するにすぎないとしたうえで、「陳述において、第三債務者が被差押債権の存在を認めて支払の意思を表明し、将来において相殺する意思がある旨を表明しなかったとしても、これによって債務の承認あるいは抗弁権の喪失というような実体上の効果を生ずることがなく、その後、第三債務者において当該債権につき、これを受働債権として相殺に供すること又は時効により消滅したこと等を主張することを妨げるものではない」と判示している（最判昭55.5.12金法931号31頁）。また、最高裁は、第三債務者が仮差押えの際に「支払う意思がある」と回答し、その後、差押・転付命令のなされた後にした相殺について、仮差押債権者の、相殺は信義則違反で無効、仮に有効としても陳述命令に対する回答を怠った過失があるとの主張も排斥している（最判昭56.11.13金法989号47頁）。これらの判決はいずれも旧民訴法609条についてのものであるが、本判決の解釈は民執法147条のもとでも同様に維持されると解される。

しかし、裁判例（東京地判昭55.1.28金法932号32頁）には、旧民訴法609条2項に基づく損害賠償義務の有無の争われた事案につき「第三債務者が被差押債権についてこれと相殺できる反対債権を有し、かつ、反対債権をもって他日相殺することが具体的に確定ないし予定されている場合であれば、第三債務者は被差押債権については反対債権があり相殺するので支払の意思がない旨の陳述をなすべき義務がある」とし、また「これと異なり、第三債務者が相殺に供しうる反対債権を有するが、まだ具体的に相殺の予定がない場合であれば、単に被差押債権を支払う意思がある旨を陳述し、反対債権の存在について説明しなかったとしても、それは不完全な陳述にはあたらないものと解すべきである」とするものもあることに注意すべきである。

◆**実務**　陳述の催告に対する回答は、執行裁判所に対する事実の報告であり、差押債権者に対する意思の陳述ではないから、相殺権の放棄というような実体上の効果を生ずるものではなく、またその後の相殺は信義則に反する行為ではないとされるものの、民執法147条2項に当たる場合に損害

賠償義務を負うのは前述のとおりであり、金融機関としては、紛議防止のためにも上記東京地裁判決の趣旨をふまえて慎重に取り扱うべきであろう。

したがって、弁済意思ありとの陳述後に急激に差押債務者の信用が悪化し、後日、相殺せざるをえないという場合も起こりえようが、単に前記最高裁判決を根拠とするということでなく、陳述の回答にあたっては、相殺の見込みをよく検討し、相殺を予定する場合であればその旨を陳述すべきであり、また未定の場合であっても反対債権の存在を記載のうえ、相殺することを検討中とか、相殺するかもしれないとかと記載するなど、差押債権者の立場をも配慮して陳述することを考えるべきであろう。

11097　再陳述の方法および責任

裁判所に対してなした陳述が誤っていたため陳述し直す場合にはどうしたらよいか。また、この再陳述を怠った場合には責任を負うか

結　論

① 　再陳述には特定の方式はない。
② 　再陳述を怠ると、これと相当因果関係のある損害について損害賠償責任を負うことがある。

解　説

◆**再陳述を怠った場合の責任**　　裁判所に対して行った陳述が誤っていたことが後日判明した場合には、民執法147条、民保法

50条5項による陳述をやり直さなくてはならない。

再陳述を怠ったときは、金融機関は損害賠償責任を負わねばならないことがある（民執法147条2項。なお、再陳述前に、すでに当初の誤った陳述に起因して差押債権者に損害が生じていた場合には、再陳述を行ったとしても賠償責任が免責されるわけではないため、再陳述の必要が認められる場合には、迅速に実施すべきと思われる）。本条による責任は特別の法定責任とは言いがたいから、責任の範囲は、一般の不法行為法による責任の範囲と同様、陳述義務不履行と相当因果関係のある損害に限られる。

たとえば、被差押債権が存在するのに不存在の陳述をした場合、仮に債権者が、債権がないなら取り立てたり転付命令を得たりしても無駄だと考えて、差押えを取り消し、その後になって他の債権者が預金債権について取り立てたり、あるいは転付命令を得て執行を終わり、債務者には他の財産がなく、結局債権者の満足を得られなかったりすれば、損害があったといえるであろう。逆に、存在しない債権を存在すると陳述したことによって、差押債権者が転付命令の申立（民執法159条）や取立訴訟の提起（同法157条）等の無駄な手続に要した費用等が損害となるであろう。

◆**再陳述の方式**　　なお、再陳述にあたっては、様式が法定されているわけではないので、どのような方式によって陳述してもさしつかえない。

ただ、東京地裁の実務の取扱いでは、第三債務者からの陳述書の内容を、裁判所は積極的に差押債権者に通知してはいない。したがって、金融機関が陳述し直す場合に

は、差押債権者にも、陳述書と同一の内容
の通知をしておかないと陳述し直した意味
がなくなるであろうから、注意を要する。

第4項　滞納処分による差押え

11098　滞納処分による差押え

滞納処分による預金の差押えはどのように
なされるか

結　論

　滞納処分による預金の差押えは、徴収職
員が、金融機関に対しては預金の払戻しを
禁じ、滞納者に対しては預金の払戻請求を
禁ずる差押通知書の送達によってなされる。
そして、徴収職員は預金の取立をすること
ができる。

解　説

◆滞納処分による差押えの効力　　まず、
預金債権の差押えは、第三債務者である金
融機関に対する債権差押通知書の送達によ
って行われ（国税徴収法62条1項）、滞納
者には差押調書の謄本が交付される（同法
54条）。差押えの効力は、債権差押通知書
が第三債務者に送達された時に生ずる（同
法62条3項）。

　差押えは、原則として債権の全額につい
て行われるが、銀行預金のように第三債務
者の資力が確実と認められるときは、滞納
税金に見合う金額にとどめられる（国税徴
収法63条）。しかし、預金債権の差押え後
の利息については差押えの効力が及ぶとさ
れている（同法52条2項ただし書）。
◆徴収職員による取立　　差し押えた債権

については、徴収職員はその取立をするこ
とができる（国税徴収法67条1項）。滞納
処分による債権の差押えは、別に処分を要
することなく、当然に取立権を含むもので
あり、民執法上の差押命令に準じて考える
ことができる（ただし、民執法上の差押命
令においては、差押債権者は、債務者に対
して差押命令が送達された日から1週間を
経過しないと取立ができない（民執法155
条1項）のに対し、滞納処分による債権差
押の場合にはこのような制限はない）。し
かし、滞納処分では、転付命令については
第三債務者の資力のいかんによっては国や
地方公共団体が不測の損害を受けるおそれ
があるので、制度として認められていない。
◆罰則など　　滞納者がもつ預金債権の調
査のために、徴収職員は金融機関に対し質
問および検査権限をもつ（国税徴収法141
条3号）。この質問に対し答弁をせず、ま
たは偽りの陳述をした者には罰則が適用さ
れる（同法188条1号）。帳簿書類の検査を
拒み、妨げ、忌避しあるいは偽りの記載を
した帳簿等を呈示した者も同様である（同
条2号）。

11099　滞納処分による差押えと第三者保護

滞納処分による差押手続において、利害関
係人の権利はどのように保護されているか

結　論

滞納処分による差押手続において、利害関係人の利益保護手続としては、差押財産の選択にあたっての第三者の利益保護、第三者の差押換えの請求、第三者占有動産の差押制限、捜索手続の制限等の手段が講じられている。

解　説

納税滞納者の財産につき滞納処分を執行するにあたっては、これに利害関係を有する第三者の権利をできる限り尊重すべきであるから、この観点からその差押えの段階において次のような措置がとられている。

◆差押財産の選択および差押えの通知

徴収職員は、滞納者の財産を差し押えるにあたっては、滞納処分の執行に支障がない限り、その財産につき第三者が有する権利を害さないよう、差押財産の選択をするように努めなければならないことが明文化され、やむをえず第三者の利害関係を有する財産を差し押えたときには、その第三者にその旨を通知することとされている（国税徴収法49条・55条）。

◆第三者の権利の目的となっている財産の差押換え

質権、抵当権、先取特権（税金に優先し、または抵当権もしくは質権と同一順位のものに限る）、留置権、賃借権その他第三者の権利の目的となっている財産が差し押えられた場合において、滞納者が他に換価の容易な財産で第三者の権利の目的となっていないものを有しており、かつ、その財産によってその滞納者の税金を徴収できるときには、その第三者は、税務署長その他の滞納処分の執行機関に対し、

その財産の公売公告の日までにその差押換えを請求することができることが法律上の権利として認められている。

この請求が認められ、そして差押換えされたときには問題ないが、その請求が認められなかったときには、その認められない通知を受けた日から起算して7日を経過した日までに新たに差し押えるべきことを請求した財産の換価を再度申し立てることができる。この申立があると、その財産が換価の著しく困難なものであり、または真に第三者の権利の目的となっているものであるときを除いて、これを差し押え、かつ、換価に付した後でなければ、当初の差押え中の財産の換価をすることができない。

また、この申立があった日から2カ月以内にその新たに差押えを請求した財産を差し押え、かつ、換価に付さないときは、当初の差押えをしている第三者の権利の目的となっている財産の差押えを解除しなければならない（もちろん、法令の規定によりその請求した財産につき滞納処分を執行することができない場合は除かれる）こととして、第三者の権利の保護が図られている（国税徴収法50条）。

◆第三者が占有する動産等の差押手続

滞納者の動産または有価証券でその親族その他の特殊関係者以外の第三者が占有しているもの（たとえば、金融機関が質権に基づき占有している株券等をいう）は、国税徴収法では、その第三者が引渡しを拒むときは差押えをすることができないこととなっている。そして、第三者がその引渡しを拒むときは、滞納者がほかに換価が容易であり、かつ、その滞納税金を徴収することができる財産を有しないと認められるとき

に限って、税務署長は、第三者に対しその動産または有価証券を徴収職員に引渡しをすべきことを期限を指定して命じ、第三者がその期限が経過しても引渡しをしないときは、その動産または有価証券の差押えをすることができるとされている（国税徴収法58条）。

◆**捜索手続の制限**　国税徴収法142条では、滞納処分のための捜索については、①滞納者の財産を所持する第三者がその引渡しをしないとき、または、②滞納者の親族その他の特殊関係者が滞納者の財産を所持すると認めるに足りる相当の理由がある場合においてその引渡しをしないときに限定されており、滞納者の有する担保受領証その他の資料により、金融機関において滞納者の財産を占有していることが明らかである場合であって、その財産の引渡しを拒んだときに限り捜索することができることとなっている。

11100　徴収職員の取立

滞納処分による差押えがあった場合に、徴収職員の取立に応じるに際して、徴求する書類、留意点は何か

結　論

　滞納処分による差押えにおいて、差押預金は特定されているか、預金の満期日・弁済期日は到来しているか、競合はないか等を確認し、徴収職員の職員証等の提示を求めたうえ、領収書を徴求して取立に応じる。

解　説

◆**一般的な留意点**　滞納処分による差押えがあった場合において、その預金が特定されているかといった点等、その滞納処分による差押えが有効か否かを確認すべきことは、民事執行による差押え（差押え、仮差押え、転付命令）の場合と同じである。

　また、差押預金が定期預金のように満期日の定めのあるものの場合に、その満期日が到来する以前に取立をしにきても、これに応じる義務がない点も、民事執行による差押えの場合と同様である。滞納処分による差押えであるからといって、金融機関の期限の利益が直ちに失われるわけではないからである。

　なお、滞納処分による差押えの場合には、差押通知書上で履行期限を定めるのが通常である。したがって、取立に応じるに際しては、この履行期限が到来していることも確認する。

◆**徴求する書類**　滞納処分による差押えの場合、取立ができるのは、当然のことながら、正当な権限をもった徴収職員のみである。したがって金融機関としては、取立に応じるに際して、その相手方がこうした職員であるか、その資格を確認する必要がある。このため、必要に応じて、職員証等の提示を求めるべきである。

◆**預金利息の取扱いに注意**　滞納処分による差押えがあった場合、差押預金の利息については、差押え後の利息に効力が及ぶ点は、民事執行による差押えの場合と同様である。ただし、滞納処分による差押えの場合は、差押え前の利息も差し押えることが多く、しかも、別個の差押通知を発する

のではなく、預金の元金を差し押えるための差押通知書のなかに、差押え前の利息も差し押える旨記載する方法がとられることが多い。

したがって、取立に応じるに際し、利息はどの範囲のものを徴収職員に支払うべきであるか、あらためて差押通知書の記載に注意しなければならない。

11101 誤認による滞納処分と金融機関の責任

税務署が滞納者のものと誤認して第三者名義の預金を滞納処分により差し押え、金融機関がそれを税務署に支払った場合、金融機関は責任を負うか

結　論

金融機関が無過失で滞納処分を有効と信じたときは、免責される。

解　説

◆第三者名義預金の滞納処分による差押え
税務署といえども、滞納者のものでないものは差押えできないことはいうまでもない。しかし、預金には通称名義等預金者本人の氏名をそのまま使用していない預金もあるので、なかには預金の実質的帰属者を知るのに、その名義のみには頼りえないものがある。特に同族会社の役員名義のものについては、実質的帰属が会社であることも往々にしてある。そこで税務署としては、調査により滞納者の預金と認定したときは、その名義のいかんにかかわらず差押えをすることとなる。

◆金融機関の免責　しかし実際には、この認定が税務署の一方的認定によるところから、真の預金者が別に出現することもありうる。もしその差押預金を税務署に支払った後、真の預金者から支払請求があった場合、金融機関として免責を主張できるかが問題である。この点について、無効な取立命令（民執法が制定される前の旧民訴法では、取立命令によってはじめて取立権が認められる制度だったが、現在の民執法155条では、差押えの効力として取立権が認められている）を得た者に対する弁済を債権の準占有者に対する弁済と認めた判例（大判大2．4．12民録19輯224頁、大判昭12.10.18民集16巻21号1525頁）があり、学説もこれに賛成している。また、山口地判昭32．1．30（金法138号12頁）は、第三者名義の預金を滞納者に帰属するものと誤認して差押えをした場合に、これに基づいて税務署長に対してした預金の支払を、債権の準占有者に対する弁済として有効と認めている。

◆金融機関が免責されるための注意点
ただし、準占有者への弁済について注意を要するのは、金融機関が善意（真の預金者がほかにあることを知らない）であり、無過失でなければならないことである。善意を要することは、民法の規定（民法478条）上明らかであり、判例も差押え・転付のあった場合につき「転付債権者が真の権利者でないことを知ってなした弁済は無効である」（大判昭15.5．29金融判例総覧㊥338頁）としている。

また、無過失の点についても、従来無過失が要求されるとする見解が通説・判例（大判昭3．3．10金融判例総覧㊥333頁等）

となっていたが、平成16年の民法の改正により、無過失が要求されることが明記された。したがって、その預金が、届出の住所、預入れの事情等から滞納者の預金でないことが明白であり、金融機関も当然知りうべきときは、たとえ差押債権者への弁済でも免責されない。この場合は、一応税務署へ事情を説明し、差押えの解除をしてもらうべきである。それでも解除のない場合は、税務署の認定に対し正式に異議を申し立てて争うべきである。しかし、たとえ他に真の預金者があるとして争っている場合でも、現実に差押えがなされている以上は、他人への支払はすべきでない（支払をしてしまうと、差押えが正当なものであった場合に、金融機関が二重払いのリスクを負うことになるからである）。

裁判例（広島高判昭34．3．11金法219号5頁）は、A名義の預金をBのものとして税務署が差し押え、取立に応じた場合につき、金融機関が名義人や滞納者に連絡し調査するなどの措置をとらなかったのは、注意義務を欠き過失があるとしており、注意を要する。

11102 仮差押えと滞納処分による差押えの競合

預金に対する仮差押えと滞納処分による差押えとが競合した場合には、どうしたらよいか

結　論

滞納処分による差押えに基づく徴収職員の取立に応じてもよいし、差し押えられた預金の全額を供託してもよい。これは仮差押えと滞納処分による差押えのいずれが先着であっても同様である。

解　説

預金に対する仮差押えの後に、同一の預金に対して滞納処分による差押えがなされることも、逆に、預金に対する滞納処分による差押えの後に同一の預金に対して仮差押えがなされることもある。このように仮差押えと滞納処分による差押えが競合した場合に第三債務者である金融機関がとるべき措置は、いずれが先着であっても同じであり、次のとおりである。

◆**供託する**　第三債務者は、仮差押えと滞納処分による差押えが競合したときは、その預金の全額を供託所に供託することができる（権利供託。滞調法20条の9・36条の12・20条の6）。この供託をした場合には、その事情を徴収職員に届け出なければならない（同法20条の6第2項）。この届出を行うと、徴収職員のほうから仮差押えの執行裁判所に通知される（同法20条の6第3項）。

◆**取立に応じる**　なお、この供託ができる場合でも、これを行わず、滞納処分による差押えがなされた預金について、これに基づく徴収職員の取立に応じてもよい。この場合、取立に応じた後の残余金がある場合、この部分については、なお供託（権利供託）が可能である。

11103 差押えと滞納処分による差押えとの競合

預金に対する差押えと滞納処分による差押

えとが競合した場合、どのような措置をとるべきか

───────────────

① 差押えが先着の場合は、その預金全額について供託しなければならない。
② 滞納処分による差押えが先着の場合は、差し押えられた預金の全額を供託してもよいし、滞納処分による差押えに基づく徴収職員の取立に応じてもよい。

民事執行上の差押えと滞納処分による差押えが競合した場合は、どちらが先着であるかによってその取扱いが異なる。

◆民事執行上の差押えが先着の場合　第三債務者である金融機関は、差押命令がなされている預金に対して滞納処分による差押えがなされ競合したときは、その預金全額を供託しなければならない（義務供託。滞調法36条の6）。この供託をしたときは、供託した旨の事情届を差押えの執行裁判所に提出しなければならない（同法36条の6第2項）。

◆滞納処分による差押えが先着の場合
この場合、第三債務者である金融機関は、その預金の全額を供託することができる（滞調法20条の6）。この供託をしたときは、その事情を徴収職員に届け出なければならない（同法20条の6第2項）。

なお、この供託ができる場合でも、これを行わず、滞納処分による差押えがなされた預金について、これに基づく徴収職員の取立に応じてもよい。

◆滞納処分による差押えと転付命令との競合　滞納処分による差押えがなされている預金について、後に転付命令が送達された場合、その転付命令は効力が生じない。

一方、転付命令が先着の場合は、その転付命令が確定すると、滞納処分による差押えはその効力を生じないことになる。したがって、転付命令が確定したことを確認した後、転付債権者に支払うべきである。

預金者の死亡と相続

11104 相続人の範囲と順位・相続分

相続人の範囲とその順位および相続分はどうなっているか

結　論

① 第一順位は子、第二順位は直系尊属、第三順位は兄弟姉妹となっているが、同時に配偶者は常に相続人となる。

② 相続分については民法900条以下を参照のこと。

解　説

◆**相続人の範囲と順位**　預金者が死亡したときは、預金は相続人によって相続され、預金の処理はすべて相続手続にのっとって処理すべきことになる。そこでまず、相続人はだれか、各相続人の相続分はいくらかということを知らなければならない。

第一順位は子である。子には、養子や認知した子が含まれるほか、胎児も生きて生まれることを条件に相続人となる。子がすでに死亡していたり、欠格や廃除（【11139】参照）によって相続権を失ったときは、その者の子（被相続人の直系卑属に限る）が代襲相続する。

第二順位は直系尊属で、第一順位の子がいないときに相続人となる。直系尊属のうちでは、親等の近い者が優先する（父母→祖父母の順）。

第三順位は兄弟姉妹で、第一順位および第二順位の相続人がいないときに相続人となる。兄弟姉妹には子と同様の代襲相続の制度があるが、一代限りである点が子と異なる。

配偶者は上に述べた相続人と同順位で常に相続人となる。配偶者は法律上の夫婦でなければならない。

以上は民法886〜895条に詳しい規定がある。

◆**共同相続人の相続分**　相続人が複数のときは共同相続となり、各相続人の相続の割合すなわち相続分が問題となる。民法は、遺言によって相続分が指定（または第三者に相続分の指定が委託）されていれば、遺留分に反しない限りこれによることとし（民法902条）、それがないときは、次のように定める（法定相続分。同法900条）。

①子と配偶者が相続人のときは子が2分の1、配偶者が2分の1、②直系尊属と配

偶者が相続人のときは直系尊属が3分の1、配偶者が3分の2、③兄弟姉妹と配偶者が相続人のときは兄弟姉妹が4分の1、配偶者が4分の3と、このように分けたうえ、子や直系尊属や兄弟姉妹が複数いるときは各人の相続分は相等しいものとされる。なお、父母の一方のみを同じくする兄弟姉妹の相続分は、父母を同じくする兄弟姉妹の相続分の2分の1となる。

なお、相続人としての順位は相続権の有無を定める基準であり、相続分は相続権があることを前提として、同順位の相続人が複数あるときの、つまり共同相続における取り分の大小を決める基準である。

11105 預金者死亡の措置

預金者が死亡したことを金融機関が知った場合、まず何をすべきか

結　論

金融機関が預金者の死亡を知った場合は、マニュアル等に従い、コンピュータに預金者死亡の旨を登録して支払を停止するなど、金融機関の不注意によって預金が支払われたり、または引き出されたりしないように必要な措置を直ちにとる。

解　説

◆**預金と共同相続**　預金は預金者の金融機関に対する金銭債権であり、預金者が死亡すれば相続人が相続するが、共同相続における金銭債権の相続人への帰属態様については学説上、当然分割説、不可分債権説、

合有債権説、準共有債権説の対立があり、一方、判例は、近時、従来の当然分割説を変更し、相続開始と同時に各相続人に預金債権が分割帰属することはなく、遺産分割の対象となるとした（最決平28.12.19民集70巻8号2121頁）。実務においては、遺言がある場合は別として、遺産分割前に相続人の一部から預金の払戻しを求められた場合でも、これに応じるべきではなく、相続人全員の同意に基づき、相続人全員に一括して払い戻す取扱いをするべきである（【11106】参照）。

◆**預金者死亡の事実を知った場合の対応**
ところで金融機関は毎日多数の顧客と預金取引を行っており、金融機関が預金者が死亡したことを知らないで支払う場合もありうるが（この支払は有効である。【11106】参照）、金融機関が預金者の死亡をなんらかの方法で知った場合は、第一段階として、金融機関の不注意による預金の払戻しを防止する措置をとる必要がある。そのためにマニュアル等に従い、①死亡した預金者との取引内容（預金種目・金額等）の確認、②コンピュータへの預金者死亡の登録によって、取扱店だけでなく全店での支払停止、③関係帳簿への預金者死亡の旨の記載等の手続を行う。これに続く手続として、死亡の事実の確認、遺族からの届出の受理（死亡届）、相続人の調査・確認等がある。

なお、被相続人名義の預金口座への振込がなされた場合（【11112】参照）や、被相続人の生前振出小切手等の支払呈示（【20091】参照）にも注意する。

預金者が死亡したとき、預金の払戻しはどうすればよいか

結　論

遺産分割協議前であれば相続人全員の同意のもとに、また分割協議成立後であれば遺産分割協議書の内容に従い、払い戻す。なお、【11135】【11144】を参照。

解　説

◆**相続の開始**　相続は死亡により始まり、相続人は相続開始の時から一身専属的なものを除き被相続人に属したすべての権利義務を引き継ぎ（民法896条以下）、これにより遺産は相続人全員の共有となる。従来の判例によれば、預金のような可分債権の場合は、相続開始と同時に共同相続人が法定相続分に従い分割して承継するとされていた（最判昭29.4.8民集8巻4号819頁）が、近時、最高裁は、従来の判例の考え方を変更し、共同相続された普通預金債権、通常貯金債権および定期貯金債権について、「相続開始と同時に当然に相続分に応じて分割されることはなく、遺産分割の対象となるものと解するのが相当である」とした（最決平28.12.19民集70巻8号2121頁）。また、共同相続された定期預金債権および定期積金債権についても、相続開始と同時に当然に分割されることはないと判示された（最判平29.4.6金法2064号6頁）。

従来の判例のもとでは、各相続人は自己の持分につき任意に払戻請求ができること

をふまえ、金融機関は、相続をめぐる争いに巻き込まれる事実上のリスクを避ける目的で、遺産分割協議前の請求に対し相続人全員の同意を求めて払い戻すことを原則的な対応としつつも、共同相続人の一部からの法定相続分に対応する払戻請求があった場合には特別の事情がない限り応じることとする取扱いが一般化しつつあったといえる。

しかしながら、新しい判例の考え方をふまえると、遺産分割協議前に相続人の一部からの請求に応じることは、遺産分割の対象である相続預金を一部の相続人のみに払い戻すことを意味し、それは他の共同相続人の権利を侵害することにほかならず、二重払いのリスクを負うこととなる。新たな考え方のもとでは、もはや法定相続分に対応する分割払戻請求に応じる根拠を欠き、あくまで共同相続人全員の同意を得たうえで払い戻すことが必要になるものと考えられる。

なお、遺産分割協議成立後であれば、協議内容に従って支払うこととなる。

相続預金の払戻しの手続においては、当該預金払戻しにより、その相続預金の権利者の利益を侵害することにならないか（もし侵害すれば金融機関は二重払いのリスクを負う）を、どのようにして確認するかがポイントであり、このことを念頭に置いて下記のような確認手続を行う。

◆**相続預金払戻時の確認事項**

（1）　預金者死亡の事実確認　被相続人本人の戸籍謄本あるいは除籍謄本により確認する。

（2）　相続人の確認　戸籍謄本により確認するが、必要に応じて転籍前の謄本、分

籍前の謄本等も徴求して確認する。

(3) 遺言の有無　相続人等に遺言の有無を確認する。遺言の有無は第三者には容易に判明しない事柄であるから、特に疑わしい事情がない限り口頭で確認する程度でかまわない（【11110】参照）。その結果、遺言があることが判明したら、原本を提示してもらい（金融機関が自分で原本から写しをとり、返却する）、その内容、遺言執行者の有無を確認する。遺言執行者がいれば、相続人は自分で権利行使できなくなるからである（【11124】参照）。

(4) 遺産分割協議の有無　遺産分割協議は共同相続人等だけで行う場合と当事者間ではまとまらず家庭裁判所で行う場合（審判・調停）とがあるが、この分割協議の成立の有無を確認し、成立していれば、分割協議書や審判書謄本等の提示を受けて内容を確認する。

(5) 当事者全員の連署　以上のような確認手続後、相続関係者全員（相続人、受遺者、遺言執行者等）の連署により、その意思を確認してから支払に応ずるのが実務の慣行となっている。

◆**その他**　預金者死亡の事実を金融機関が知らずに払い戻していても、その知らないことにつき金融機関に不注意がなければ、所定の手続どおり払い戻している限り預金規定の免責約款により、または債権の準占有者への弁済（現行民法478条）として有効である。

また、改正民法では「債権の準占有者」という文言が「受領権者（債権者及び法令の規定又は当事者の意思表示によって弁済を受領する権限を付与された第三者をいう）以外の者であって取引上の社会通念に照らして受領権者としての外観を有するもの」に改められているが（同法478条）、現在と同様の解釈が引き続き維持されると考えられる。

11107　法定相続情報証明制度

法定相続情報証明制度とは何か

結　論

相続が開始した場合において、その相続人または当該相続人の地位を相続により承継した者は、登記所（法務局等）の登記官に対し、法定相続情報を記載した書面の保管および当該書面の写しに登記官が認証文を付記したものの交付の申出をすることができるという制度である。

解　説

◆**制度の概要**　相続人が金融機関などに対して相続手続をしようとする場合、これまで、金融機関ごとに戸籍などの書類を提出する必要があったが、不動産登記規則の改正（以下「改正不動産登記規則」という）により、平成29年5月29日から新しく始まった法定相続情報証明制度では、相続に起因する登記その他の手続のために必要があるとき、相続人が登記所（法務局等）の登記官に法定相続情報を記載した書面（以下「法定相続情報一覧図」という）の保管および法定相続情報一覧図の写しに登記官が認証文を付記したものの交付の申出をすることができるようになった。この結果、交付された認証文付法定相続情報一覧

図の写しにより、相続人は、金融機関ごとに戸籍などを提出することなく、相続手続を行うことができるようになることが予想される。

◆法定相続情報　法定相続情報は、①被相続人の氏名、生年月日、最後の住所および死亡の年月日と、②相続開始時における同順位の相続人の氏名、生年月日および被相続人との続柄から構成される（改正不登規247条1項）。

◆申出書と提出書類　申出人は、①申出人の氏名、住所、連絡先および被相続人との続柄、②代理人によって申出するときは、代理人の氏名、住所および連絡先ならびに代理人が法人であるときはその代表者、③利用目的、④交付を求める認証文付の法定相続情報一覧図の通数、④被相続人に不動産があるときには、不動産の所在事項または不動産番号、⑥申出の年月日、⑦送付の方法により法定相続情報一覧図の交付と必要書類の返却を求めるときには、その旨および送付先の住所を記載した申出書を提出することとなる（改正不登規247条2項）。

申出書には、必要書類として、①法定相続情報一覧図（法定相続情報と作成年月日を記載したもの。申出人またはその代理人の署名ないし記名押印が必要）、②被相続人の出生時からの戸籍および除籍謄本または全部事項証明書、③被相続人の最後の住所を称する書面、④相続人の戸籍または全部事項証明書、⑤申出人が相続人の地位を承継した者であるときは、そのことを証する書面、⑥申出書に記載されている申出人の氏名および住所と同一の氏名および住所が記載されている市町村長等の公務員が職務上作成した証明書、⑦（代理人による申

出の場合）委任状を添付する必要がある（改正不登規247条3項）。また、法定相続情報一覧図に相続人の住所を記載したときには、申出書にその住所を証する書面を添付しなければならない（同規則247条4項）。

なお、申出は、代理人によってすることもできるが、代理人になることができる者は、法定代理人のほか、委任による場合には親族または戸籍法10条の2第3項に掲げる弁護士等（各士業法に基づき設立される法人を含む）に限られている（改正不登規247条2項）。

◆法定相続情報一覧図の写しの交付　登記官は、申出人から提出された書面によって法定相続情報の内容を確認し、その内容と法定相続情報一覧図に記載された内容とが合致していることを確認したときは、法定相続情報一覧図の写しを交付することとなる（改正不登規247条5項前段）。この場合、登記官は、登記所に保管された法定相続情報一覧図の写しである旨の認証文を付したうえで、作成年月日および職氏名を記載し、職印を押印する（同規則247条5項後段）。

◆申出先登記所　法定相続情報一覧図の保管等を申し出る登記所は、①被相続人の本籍地、②被相続人の最後の住所地、③申出人の住所地、④被相続人名義の不動産の所在地のいずれかを管轄する登記所とされている（改正不登規247条1項）。

このように複数の登記所が認められているのは、申出人の利便性も考慮されているとされる（平成29.4.17法務省民二第292号）。

◆留意点　法定相続情報一覧図によって、法定相続情報の内容については確認するこ

とができるが、戸籍などの謄本以外の書類から判明する情報まで盛り込まれたものではない。そのため、金融機関としては、当該確認によって相続手続に必要な情報のすべてを得られるものではない以上、遺言や遺産分割、相続放棄の有無などについては、従来どおり確認する必要がある。

また、法定相続情報証明制度は、相続登記が未了のまま放置されている不動産の相続登記を促進するために導入された制度であり（前掲法務省民二第292号参照）、必ずしも、金融機関における相続手続のために設けられた制度ではない。そのため、金融機関が法定相続情報一覧図の写しに基づき相続人による相続手続を認めるかは任意とされているようなので、金融機関によって「相続手続において相続人に提供を求める書類」が異なることも考えられる（宮崎文康「相続登記の促進に向けた新たな取組み―法定相続情報証明制度」金法2061号7頁）。

なお、その他の留意点についての詳細は【11108】参照。

11108　金融機関が法定相続情報一覧図の写しを利用する際の留意点

金融機関において法定相続情報一覧図の写しを利用するにあたっては、どのような点に留意する必要があるか

結　論

　相続人やその代理人から提出された書面が、法定相続情報一覧図の写しであることを正しく認識したうえで、その内容のみで

なく、それに記載されない被相続人の死亡後の相続人の異動等についても、十分に確認する必要がある。

解　説

◆法定相続情報一覧図の写しの形式　法定相続情報一覧図の写しは、相続人やその代理人が作成した法定相続情報一覧図がスキャナで読み取られ、印刷されたものである（【11369】参照）。そして、法定相続情報一覧図については、記載例が法務局等から案内されているものの、その形式は限定されておらず（【11362】参照）、相続人等が自由に作成することが認められている。そのため、相続手続にあたり、金融機関には相続人等からさまざまな形式の法定相続情報一覧図の写しが提出されることになり、なかには一見した限りでは法定相続情報一覧図の写しなのかが判断しづらい書面があることも想定される。金融機関においてはこの点に留意し、書面の上下に付されるべき法定相続情報番号や認証文の有無などをもって、提出された書面が法定相続情報一覧図の写しなのかを正しく判断する必要がある。

◆法定相続情報一覧図の写しを信頼した金融機関の免責　法定相続情報一覧図の写しは、登記所が被相続人の死亡時点での戸籍から判明する限りの相続人を証明するものであり、真実の相続人を確定・証明するものではない。また、登記官の過誤等により、法定相続情報一覧図の写しの記載内容が誤っている可能性もないとはいえない。このような法定相続情報一覧図の写しを金融機関が信頼して相続預金を払い戻したが、実際にはほかに相続人がいたというような

場合に、金融機関の免責が問題となる。

　この点、法定相続情報一覧図の写しは、戸除籍謄抄本の束のかわりとして利用されるものであり、かつ、その作成にあたっては、長年の相続登記の事件処理を通じて相続および戸籍関係法令についての専門的な知見を有する登記官が内容を確認しているため（【11361】参照）、戸籍の確認もれ等に起因する記載内容の誤りが生じることは通常考えにくい。よって、実務においては、金融機関が法定相続情報一覧図の写しを信頼して相続預金を払い戻した以上は、ほかに本来の受領権者たる相続人がいたとしても、個別具体的に判断されるものではあるが当該払戻しは受領権者としての外観を有する者に対する弁済として有効（民法478条）と考えられる。

◆**相続人の異動**　法定相続情報一覧図の写しは、被相続人の死亡時点の戸籍の記載に基づく相続人の情報を表すものであって、相続放棄、相続人の死亡による数次相続の発生といった被相続人の死亡後の相続人の異動は記載されない（【11363】参照）。よって、金融機関は相続手続にあたり、法定相続情報一覧図の写しを信頼することができるとはいえ、それに記載されない死亡後の相続人の異動については別途確認を行い、遺産分割協議や相続手続の当事者に相違がないようにしなければならない。実務上は、法定相続情報一覧図の写しに加えて、相続放棄申述受理証明書や死亡した相続人に係る法定相続情報一覧図の写し等の提出を受けて、相続人の範囲を確認することになる。

◆**相続人の同一性の確認**　法定相続情報一覧図の写しにおいては、相続人については、その氏名、生年月日および被相続人との続柄は必ず記載されるものの、相続人の住所は申出人の任意で法定相続情報一覧図に記載される事項であるため、記載されないこともある（【11362】参照）。相続手続にあたり、遺産分割協議や相続手続の当事者が相続人本人なのかを金融機関が確認するためには、基本的には、法定相続情報一覧図の写しに記載された氏名および生年月日と、印鑑証明書等に記載された氏名および生年月日との同一性を確認することで足りると思われるものの、仮に、住所の同一性までの確認を必要とするのであれば、法定相続情報一覧図の写しとは別に、ある程度の親族関係も記載された住民票等の提出を受けるといった対応も考えられる。

◆**法定相続情報一覧図の写しの有効期限等**
被相続人の死亡後、相続人等が法定相続情報証明制度を利用できる期間に制限はなく、また、交付される法定相続情報一覧図の写しに法定の有効期限もない。そのため、相続人等が金融機関に対し、被相続人の死亡日や法定相続情報一覧図の写しの交付日から相当の期間が経過した後に法定相続情報一覧図の写しを提出して相続手続を申し出ることがありうるが、その場合、相続人の死亡等によって、法定相続情報一覧図の写しに記載された相続人に異動が生じている可能性は高くなる。よって、相続手続にあたっては、被相続人の死亡から金融機関に法定相続情報一覧図の写しが提出されるまでの期間が長いほど、相続人の異動の有無や本人の確認を慎重に行うべきである。また、相続人の異動発生を完全に回避できるわけではないが、各金融機関において実務上、提出を受ける法定相続情報一覧図の写しはその交付日から一定期間内のもののみ

許容するなど、一定の制限を設けるといった対応も考えられる。

11109 預金解約後における取引経過開示義務

預金契約の解約後の相続人に対して、金融機関は取引経過を開示する義務を負うか

結　論

　高裁判決には、預金契約の終了後は、預金契約締結中と同内容の取引経過開示義務を負い続けると解することはできないとして、預金契約の解約後の相続人に対する銀行の取引経過開示義務を否定するものがある。もっとも、金融機関の実務としては、開示が法的義務でないとしても、できる限りこれに協力し、開示請求の内容が包括的で負担が重い場合には依頼内容を絞ってもらうよう求めるなど、ケース・バイ・ケースの対応を心がけるべきであろう。

解　説

◆**問題の所在**　預金者あるいは預金者の共同相続人の１人から取引経過の開示請求を受けた場合における金融機関の開示義務の問題は、長きにわたって議論されてきたところであるが、最高裁によって金融機関の開示義務が肯定されることにより、決着がつけられた（最一小判平21.1.22民集63巻１号228頁）。

　最高裁が開示義務を肯定した事案は、開示請求の対象となった預金が相続預金として銀行に残っていたというものである。では、預金者が生前に当該預金契約を解約し、

相続が開始した時点においては、すでに預金取引自体が存在しなかったというケースにおいても、相続人から開示請求を受けた金融機関は、開示に応じるべき義務を負うのであろうか。それがここでの問題である。

◆**裁判所の考え方**　この問題を扱った裁判例は、一審と二審とで考え方を異にしている。

　原審である東京地判平22.9.16（金法1924号119頁）は、銀行の預金取引経過開示義務を肯定した平成21年最高裁判決を引用したうえで、その理は預金契約の解約の前後で異なるものではなく、委任事務の処理状況を正確に把握し、銀行の事務処理の適切さを判断するために預金者が銀行から報告を受ける必要性は預金契約の解約後も生じうるのであって、特に元預金者に相続が開始した場合は他に方法がないことから、銀行の取引開示義務は預金契約の解約後もなお残存するとした。もっとも、解約後も無期限に開示義務が存続するとした場合の銀行の負担が著しく大きい半面、取引経過の開示の必要性は時間の経過に伴い徐々に減少することから、開示義務の存続期間を合理的な期間内に限るのが相当であるとし、預金債権の消滅時効期間を参考に、開示義務は預金解約の日から５年間存続すると結論づけた。

　これに対し、控訴審である東京高判平23.8.3（金法1935号118頁）は、委任契約や準委任契約の終了後、受任者は遅滞なく経過および結果を報告すべき義務があるにとどまり、いつまでも過去の委任事務の処理状況の報告を求められるわけではないことから（民法645条・656条）、預金契約においても、銀行は元預金者に対して、従

前の取引経過および解約の結果報告を完了した後も、過去の預金契約について、預金契約締結中と同様の取引経過開示義務を負い続けると解することはできないとした。

また、銀行の取引経過開示義務は信義則上の義務であるとの主張に対しても、開示の必要性につき、共同相続人間の紛争解決や混乱防止といった利益は、本来、預金契約から離れた共同相続人という立場における利益であって、銀行の事務処理の適否を判断するためといった預金契約上有する利益とは性質を異にするとし、預金契約終了後の開示の負担につき、届出印や暗証番号、住所等による本人確認が困難であること、契約に基づく免責手段がないこと、開示に要する費用の負担を求める預金者が存在しないことから、預金契約継続中の開示と比較して銀行の負担は明らかに重く、信義則に基づいて負担する義務としては過大であるとしている。

◆**実務上の留意点**　預金者からであれ預金者の相続人からであれ、取引経過開示請求を受けた場合に、それがオンライン元帳上に存在する預金である場合と、すでに解約されコンピュータシステム上に存在せず、取引経過を調査するためには手作業でマイクロフィルム等を検索するほかない場合とでは、金融機関の事務負担は大きく異なる。第一審が判示するように開示義務を負うのは解約後5年を経過するまでであるとしても、具体的に調査に着手しないことには解約時期すら判然としないことを考えても、金融機関にとって預金取引解約後の開示は法的義務ではないとされることの意義は小さくない。

とはいえ、任意に共同相続人の1人から

の開示請求に応じることが他の相続人に対する守秘義務違反を構成するわけでもない以上、実務的には、法的義務でないから開示要請に応じないというスタンスではなく、できる限り協力し、開示を求める理由が明確でなかったり開示請求の内容が包括的で負担が重い場合には、これを明確化させたりポイントを絞った依頼内容に誘導するなど、ケース・バイ・ケースで適切な対応ができるよう努めるべきであろう。

11110　遺言の確認

相続預金を払い戻すに際して、金融機関は遺言の有無を確認しなければならないか

結　論

　一応は相続人に対して問い合わせるべきであるが、遺言の有無は厳密には確認しえないので、相続人に対する遺言の照会依頼、遺言がない旨の確認書の徴求などの手段を講じたうえであれば、後から遺言の存在が判明したとしても、民法478条による保護が期待できるであろう。

解　説

◆**遺言の二種**　預金債権は相続開始と同時に法定相続人の相続分に応じて分割されるとするのが従来の判例であったが（最判昭29.4.8民集8巻4号819頁）、近時、最高裁は、相続開始と同時に各相続人に預金債権が当然に分割帰属することはなく、遺産分割の対象になるとした（最決平28.12.19民集70巻8号2121頁）。従来の金

融機関の実務でも、事実上、相続をめぐる争いに巻き込まれることを避けるために、相続預金を払い戻す際には、法定相続人全員の同意を要求するか、遺産分割協議の成立を待つのが一般であったといえるが、新判例をふまえた場合は、金融機関の二重払いリスク回避の観点から、このような対応がよりいっそう徹底される必要があると考えられる（【11106】参照）。

この場合、さらに遺言の有無をも探る必要があるか。日本における遺言は、家業を継ぐ相続人への相続分を増やすとか、妻と兄弟とが相続人のとき妻に全部を贈るとか、法定相続分の変更を定めるのが主であるが、相続人以外の者を受遺者としての本来の遺贈を内容とする遺言ももちろんある。いずれにせよ、我が国でも遺言の存在するケースが増加しているのは間違いないところである。

相続人全員の同意書を徴する実務の場合、相続分変更の遺言が後から出てきても——有利な相続分の遺言のあるのを知らずに同意書の押印をした相続人にとっては問題は残るが——要するに割合の変更であって、押印している以上、そのことから金融機関を巻き込んで新しい係争が生ずることは少ないと思われる。

しかし、相続人以外の者を受遺者とする遺言が後から出てくると、それではまかなえないわけである。

さらに、遺言があって遺言執行者が決まっていると、民法1013条から相続人による預金払戻請求ができなくなると考えざるをえないであろう。

◆**遺言書の捜索**　こうしたことから、一応は遺言書の有無を確認しなければならな

いが、遺言は金融機関として独自に捜索のしようがないから、厳密にいえば確認は不可能である。金融機関としては相続人に質問する（遺言がない旨の確認書を提出してもらう）等の手段を講じたうえは民法478条の保護を期待するしかない。

なお、遺言執行者の存在を知らなくても民法478条で救われることは、判例がある（最判昭43.12.20判時546号66頁）。

◆**日公連の遺言検索システム**　日本公証人連合会（日公連）は、公証制度百年記念事業の一環で、昭和64年1月から、国民へのサービスとして、全国の公証役場等で作成された「公正証書遺言」について、各公証人から報告させ、日公連のコンピュータに一括登録し、各公証役場からの遺言公正証書の存否の照会に応じている（平成15年1月までに、すでに約76万件を超える数の公正証書遺言が登録ずみ）。この制度は、せっかく公正証書による遺言書を作成したのに、紛失あるいは隠匿、破棄されたりして遺言者の意思どおりの財産の処分が行われない結果を防ぐために考えられた制度である。これにより、被相続人が公正証書遺言を残しているか否かについては、近くの公証役場を通じて日公連に問い合わせれば、公正証書遺言があるか、どこの公証役場で作成されたかなどが直ちに判明する。また、もし、公正証書遺言が作成されていれば、利害関係人はその作成した公証役場に赴いて遺言公正証書の閲覧または謄本を請求できる。これが、日公連が提供している「遺言検索システム」である。

公正証書遺言の存否の照会、閲覧あるいは謄本の請求ができるのは、利害関係人に限られる。遺言者本人が生存中は、利害関

係人は本人のみであり、推定相続人であっても利害関係人とはならない。本人が死亡した場合は、原則として法定相続人が利害関係人である。そのほかには、遺言により遺贈を受けた受遺者あるいは遺言執行者などが利害関係人と考えられる。ただし、法定相続人以外の利害関係人（遺言執行者、相続人以外の受遺者等）については、遺言公正証書の内容をみなければ真に利害関係があるかどうか不明であることから、作成した公証役場の公証人にその事情を説明して相談する必要がある。

本人が死亡した場合に公正証書遺言の存否の照会、遺言公正証書の閲覧または謄本を請求するためには、利害関係人は、本人の死亡を証する書面（死亡届が記載された戸籍謄本等）、本人と請求者との相続関係を証する戸籍謄本および請求者自身の身分証明書（運転免許証、印鑑証明書と実印等）を持参して、公証役場に赴き、提出する必要がある。公正証書遺言の存否の照会はどこの公証役場からでもできるが、閲覧や謄本の請求は当該遺言公正証書を作成した公証役場でなければできないことになっている。

なお、自筆証書遺言は本検索システムの対象外であるが、秘密証書遺言については、いつどこの役場で作成されたかは、この検索システムで判明する。しかし、遺言書そのものは公証役場で保存されてはいないので、その遺言書が見つからない限り、遺言の内容が不明であることは、自筆証書遺言と変わりはない。

このように公正証書遺言についてはその存否の検索等が可能であるが、金融機関がこの検索システムを直接利用することはで

きないにしても、一部の相続人が遺言の存在を主張するような場合等においては、相続人にこの検索システムの利用を依頼することは有益であろう。

11111 遺産分割協議の成否の確認

法定相続分による相続預金の支払にあたって、金融機関は遺産分割協議の成否をどこまで確認することを要するか

結　論

近時、最高裁は、従来の判例の考え方を変更し、共同相続された預金債権は、相続開始と同時に当然に相続分に応じて分割されることはなく、遺産分割の対象となるとした（最決平28.12.19民集70巻8号2121頁。【11135】参照）。これにより、金融機関は、遺産分割協議前に法定相続分による預金の分割払戻しに応じることは困難となり、共同相続人全員の同意を得たうえでの払戻しが必須となったものと考えられる。したがって、遺産分割協議前の法定相続分による相続預金の支払を前提としたかかる問題を論じる実益はなくなったものといえる。

解　説

従来の判例によれば、預金のような可分債権の場合は、相続開始と同時に共同相続人が法定相続分に従い分割して承継するとされていた（最判昭29.4.8民集8巻4号819頁）が、最決平28.12.19は、従来の判例の考え方を変更し、共同相続された普通預金債権、通常貯金債権および定期貯金債

権について、「相続開始と同時に当然に相続分に応じて分割されることはなく、遺産分割の対象となるものと解するのが相当である」とした。また、共同相続された定期預金債権および定期積金債権についても、相続開始と同時に当然に分割されることはないと判示された（最判平29.4.6金法2064号6頁）。

したがって、これまで金融機関が遺産分割前に法定相続分による預金の支払を行う際に論点となっていた、遺産分割協議前であることを確認する方法・程度については、もはやその前提を欠き、論じる実益がなくなったものといえる。

11112 受取人死亡後の口座への振込金

預金者が死亡した後に振り込まれた振込金の処理はどうすべきか

結　論

実務上は、振込依頼人の意向を確認してから、指定口座に入金処理するほうが無難である。

解　説

◆**普通預金と相続**　普通預金規定ひな型3⑴は、第三者からの口座振込があった場合は、銀行はそれを普通預金として受け入れる旨の規定を置いている。普通預金の性質は民法666条の消費寄託契約であり、いったん成立するといつでも、何回でも、またいくらでも入出金でき、残高がゼロになっても解約しない限り口座は存続し、預金者が死亡しても当然解約にはならない。また、普通預金契約は一身専属的ではないから、相続人は、残高があれば預金債権とともに預金者としての地位も相続する。

このように普通預金は、相続に関係なく存続し、以後、普通預金規定は銀行と相続人間に適用される。

◆**普通預金への振込**　振込は、依頼人から振込依頼を受けた仕向金融機関が依頼人の指定した受取人の取引金融機関（被仕向金融機関）に対して当該受取人の預金口座に一定金額を入金することを委託し、この委託を受けた被仕向金融機関が受取人の預金口座にその金額を入金する為替取引である。

振込依頼人と被仕向金融機関、また被仕向金融機関と受取人との間には、振込契約上は直接の法律関係はないが、前述のように普通預金に振込があったときは、振込金を預金に入金する旨の約款があるから、原則として被仕向金融機関はこれを預金として受け入れる義務があり、入金を失念したりして受取人が損害を被れば、預金契約上の債務不履行責任を負うことになる。

この被仕向金融機関と受取人（預金者）との関係は、預金者が死亡しても相続人に承継されるから、約款上、金融機関は相続に関係なく振込金を普通預金に入金してかまわない。ただ、相続が開始した以上、指定された受取人名義の口座は残っていても、その実質は相続人のものになっているから、依頼どおりに入金した場合に後日振込依頼人と相続人間で紛争が生ずる可能性もあり、また、仕向金融機関に対する善管注意義務（仕向金融機関と被仕向金融機関との関係は委任契約であり、被仕向金融機

関は仕向金融機関に対し受任者としての善管注意義務を負担する）との関係からも、仕向金融機関経由で依頼人の意思を確認し、その指示に従って処理するのが無難である。

◆**当座預金の場合**　当座勘定規定（個人当座用）ひな型４条も、第三者からの振込金を預金として受け入れる旨を規定している。ただ、当座勘定取引は、その委任契約としての性質から、取引先の死亡により終了し（【11129】参照）、同時に当座預金も解約されるのが現在の実務である。したがって、当座預金への振込があったときは、「該当口座なし」として返却することも考えられるが、被仕向金融機関の負う善管注意義務の観点からも、仕向金融機関に照会し、振込人の意思を確認し、その指示に従い処理するのが無難である。

◆**その他**　普通預金・当座預金のいずれでも、金融機関が相続の事実を知らない間に振込がなされ、その指示に従って入金処理した場合は特に問題はない。

なお、配当金等その振込金の性質からみて相続財産に帰属すると推定される場合でも、相続発生の事実を知っている場合には、上述のように振込依頼人の意思を確認するのが無難である。

| **11113** | 相続人の依頼による受取人死亡後の口座への振込金 |

被相続人が賃貸物件の大家であり家賃振込先が被相続人名義の普通預金口座となっていた場合、相続人の一部からの依頼によって、預金者が死亡した後も当該口座への家賃の入金を続けてよいか

結　論

原則として入金を続けてよいが、できるだけ多くの相続人の同意を得、仕向金融機関を通じて振込依頼人の意思を確認したうえでの措置とするのが無難である。

解　説

◆**相続預金への振込**　金融機関が預金者の死亡を知った場合は、直ちに預金口座の入出金をストップさせる措置をとるのが通常である。これは、入出金をストップしておくことによって、相続手続前に預金が支払われてしまうのを防ぐほか、振込等があった場合に自動的に口座に入金されてしまうのを防ぐためである。

もっとも、被相続人の死亡により被相続人が有していた預金者としての地位は相続人が承継しており、普通預金約款には振込があれば受け入れる旨の定めがあることから、相続発生後であっても被相続人名義の普通預金口座に振込があった場合は、これを当該口座に入金することは引き続き可能と考えられる（【11112】参照）。

◆**相続人の一部からの振込金の受入れ要請**　実際上も、本問のように、被相続人名義の口座が家賃等の入金先として指定されているような場合には、相続人全員で相続手続をしたり遺産分割協議をしたりするのには時間を要することから、当面の間家賃の振込入金を続けてほしいと、相続人（の一部）から要請されることもあろう。そのような場合には、原則として家賃の当該口座への受入れを続けてよいであろう。

もっとも、遺言により賃貸物件が第三者に遺贈されていたり特定の相続人に相続させることとなっていたりすると、家賃の入金を続けていた結果、預金をめぐる利害関係が複雑化し相続をめぐるトラブルに発展することもありうる。また、賃借人が大家の死亡を知ったなら、別の方法で、あるいは別の者に支払をしようとすることも考えられなくはない。

したがって、実務上は、できるだけ多くの相続人の同意を得たり、仕向金融機関を通して振込依頼人の意思を確認したりしたうえで、入金を行うのが無難であろう。

なお、相続口座からの払戻しについては、相続開始後に受け入れた振込金等も含め、相続人全員の合意を得るか遺産分割協議の成立を待って行うのが原則となるので（参考：最決平28.12.19金法2058号6頁）、念のためそうした説明まで相続人らに行ったほうが後日のトラブル防止には資するであろう。

11114 総合口座と相続

総合口座の取引先が死亡した場合の取扱いはどうすべきか

結　論

① 貸越がなければ、預金等につき通常の相続手続をとる。
② 貸越があれば、総合口座取引規定に基づく差引計算により、貸越金を回収するのが通例である。
③ いずれの場合でも、相続手続が終了す

るまでは新たな貸越は中止すべきである。そのためのオンライン登録等を直ちに行う。また、貸越取引を解約するかはケース・バイ・ケースである。

解　説

◆**総合口座と相続**　総合口座取引は普通預金・定期預金・公共債の保護預りと定期預金・公共債担保の当座貸越をセットにした商品である（総合口座一般については【10910】【10911】参照）。取引先が死亡したときは当座貸越の有無により手続に差異が生ずる。

◆**貸越がない場合**　普通預金、定期預金および保護預り中の公共債について通常の相続手続を行えばよい（保護預りについては【20794】以下参照）。ただ、このままでは金融機関は相続人に対し引き続き貸越義務を負担することになってしまうが、総合口座取引規定には、相続の開始があったときは、金融機関はいつでも貸越を中止または貸越取引を解約できる旨の規定がある。一部の相続人や無権限者の貸越利用によるトラブル等を回避するためには相続手続が終了するまで少なくとも貸越を中止すべきであり、その旨を直ちに相続人に通知すべきである。なお、貸越取引を解約するかどうかはケース・バイ・ケースで判断する。

いずれにせよ、直ちにコンピュータには取引先死亡を登録して、無権限者等による利用をストップしなければならない。

◆**貸越がある場合**　貸越金も相続債務であるから、相続人が法定相続分に応じてその債務を分割承継するので各相続人に弁済請求できるが（判例）、総合口座取引規定上は、取引先の相続開始を貸越元利金の即

時支払事由として、当然に弁済期日が到来するものとし、この場合には定期預金等と差引計算等ができることになっているから、この手続により回収するのが通例である。したがって、この差引計算等を行った後の預金等について相続手続を行えばよい。以後の貸越取引について中止または解約すべきなのは貸越がない場合と同様である。なお、取引先の死亡により総合口座取引が当然に終了するものではない。

◆**その他**　相続人全員から別途資金による貸越金返済の申出がなされた場合は、それが真意である限り、受け入れてもさしつかえないであろう。一部相続人からの別途資金による弁済の場合は、自己の相続分を超える部分は代位弁済であることに注意する。また、金融機関が相続開始を知らないうちに所定の手続を経て貸越が発生しても、金融機関が無過失であれば免責されると考えてよい。

そのほか、金融機関が相続開始を知ったときの一般的な取扱いについては【11105】を参照されたい。

11115　有名人である預金者の死亡

預金者が有名人である場合、その死亡を知らずに預金を払い戻した金融機関の責任はどうか

結　論

預金者の死亡が公知の事実である場合には免責されない。

解　説

◆**死亡の事実を知っている場合**　預金者が死亡した場合には、預金債権は相続人に移転しているのであるから、金融機関が預金者死亡の事実を知っている限り、預金の払戻しを請求する者が真実の預金権利者であることを調査してから支払わなければ、たとえ証書と印章を持参した者に支払っても金融機関は善意というわけにはいかず、免責を受けることができない。

このように、金融機関が預金者の死亡の事実を知っていた場合（たとえば、相続人から死亡の通知を受けた場合とか、有名人のため死亡の通知がなくても新聞報道等によりその事実を知っている場合）には、真実の預金権利者を確認する努力をしなければならない。

◆**死亡を知らなかった場合**　預金者の死亡を知らなかったことについて金融機関が善意・無過失の場合には、証書と印章の持参人に支払えば、仮に真実の預金権利者でなくとも債権の準占有者に対する弁済（民法478条。改正民法では「受領権者としての外観を有する者に対する弁済」）や、預金規定・カード規定の免責約款による保護を受け、金融機関は免責される。

しかし、預金者が有名人で、その死亡が新聞やテレビ・ラジオで報道され死亡が公知の事実のような場合、事件や事故で預金者が死亡したことを金融機関が当然に知りえたような場合、あるいは担当者は知っていたが、その旨を預金係員に連絡するのを怠っていたような場合には、金融機関がその死亡を知らなかったことに過失があったものと認定され、預金の支払は無効とされ

る可能性がある。すなわち、通常人であればその死亡を知っていたであろうと推測される場合はもちろん、消費寄託の受寄者として善良な管理者の注意を払っていれば当然死亡の事実を知りえたであろうと思われる場合にも、金融機関に過失があったと考えられるからである。

11116　死亡外国人の預金

外国人が死亡した場合、相続預金はどう取り扱うべきか

結　論

　まず、準拠法を調べ、その準拠法に基づいて相続人がだれであるかを確認する。領事館等の発行する「死亡証明書」等の提出を受け、状況に応じて損害担保文言記載の念書（保証人も）を徴求し、相続人に払い戻す。相続関係書類をもって相続人の確定ができない場合には、「債権者不確知」（民法494条）の理由をもって法務局に弁済供託する。

解　説

◆**準拠法の調査**　法適用通則法36条によると、「相続は、被相続人の本国法による」と定められており、また同法37条1項によると、「遺言の成立及び効力は、その成立の当時における遺言者の本国法による」とされている。したがって、外国人の預金者が死亡した場合には、その相続人の確定等は当該死亡外国人の本国法の定めるところによるので、在留カードまたは特別永住者証明書（在留カードまたは特別永住者証明書とみなされる期間における外国人登録証明書）等でその本国を確認する。そして、その相続人と称する者から払戻請求を受けた場合には、まず準拠法を調べ、その準拠法に基づいて相続人がだれであるかを確認する。

◆**相続人への払戻手続**　死亡外国人が国籍を有する国の在日公館等（大・公使館、領事館等）に照会し、その取扱方法（相続人、その順位、日本の戸籍謄本に当たるものがあるか等）について確認するとともに、領事館等が発行する「死亡証明書」「相続に関する証明書」等関係書類の提出を受け、相続人を確認のうえ払戻しに応ずる。相続人が日本に在留しているときは、「在留カード」または「特別永住者証明書」等を提出してもらい、本人確認をする。この場合、「万一この相続について紛議を生じた場合は、私どもにおいてすべて解決し、貴行には迷惑・損害をかけない」旨の念書もあわせて提出を受けるとともに、有力な保証人を徴求することが望ましい。

　なお、この方法は、準拠法の調査、準拠法のもとでの相続分・相続人の範囲、提出を受けた相続関係書類が真実なものであるかの確認等、金融機関側に複雑な事務が課せられるだけでなく、確認事務そのものもきわめて困難な手続であり、さらに後日遺言が発見されたり、ほかの相続人が現れたりすることもありうる等、危険負担も大きいので慎重な取扱いを要する。

◆**弁済供託の方法**　死亡した預金者の相続人と称する者から重複して払戻請求があり、相続人の確定ができない等の場合には、法務局への弁済供託の方法を検討する。

外国人の場合には、準拠法がわかったとしても外国法をつぶさに調査研究するのに限界があり、また日本人のような身分関係を公証する戸籍等がないことが多く、そのために相続人がだれであるかを正確に確認することはきわめて困難である。したがって、提出を受けた相続関係書類をもってしても相続人の確定ができない場合には、「債権者（相続人）不確知」（民法494条）の理由で法務局（所轄供託所）に弁済供託する。

なお、東京法務局管内供託課長会同決議昭37.11.7（法務省昭38.2.4民事甲第351号認可）によると、法定相続が開始したときは、なんらの調査をすることなく法定相続の開始自体をもって「債権者不確知」とみてさしつかえないとしている。被相続人が外国人である場合には、日本人の場合と比較して準拠法の問題、相続人・受遺者の調査の問題等がはるかに複雑困難であるので、外国人の死亡の事実のみをもって「債権者不確知」として供託することになんら問題はないとする考えもある（堀内仁＝松本崇編『取引先の死亡と相続』369頁）。

とはいえ、金融実務としては、まず相続人と称する者から相続関係書類の提出を受け、一応準拠法等により相続人を調査確認し、相続人の確定が困難な場合に弁済供託にもっていくのが一般的であろう。場合によっては、訴訟を利用して、その判決に従い弁済する方法もある。

11117　韓国人が死亡した場合の預金の相続

韓国籍を有する預金者が死亡した場合、相続預金はどのように取り扱うべきか

結　論

死亡した預金者が韓国籍である場合には、預金の相続手続は、韓国法に準拠して処理されるのが原則であるが、遺言がある場合には、日本法が準拠法となる場合がある。韓国の戸籍制度は2008年1月に廃止され、かわって家族関係登録制度が施行されており、家族関係証明書等の登録事項別証明書は、韓国総領事館で交付を申請することができる。もっとも、領事館だけを頼りに、すべての手続を完了させようとすることには無理があり、弁護士や司法書士等の専門家やインターネット上に紹介されている韓国人向けの支援サービス団体に相談して手続を進めてもらうのが現実的であろうと考えられる。なお、あわせて【11116】を参照されたい。

解　説

◆**韓国人の相続における準拠法**　相続は被相続人の本国法によるものとされている（法適用通則法36条）。したがって、死亡した預金者が韓国籍である場合には、韓国の国際私法49条1項により、被相続人の本国地である韓国法に準拠して処理されるべきこととなるのが原則である。もっとも、法適用通則法41条本文が「当事者の本国法によるべき場合において、その国の法に従えば日本法によるべきときは、日本法によ

る」として反致を認めているところ、韓国の国際私法49条2項は、遺言において指定するとき、「指定当時の被相続人の常居所がある国の法」が準拠法になるとしている。この場合、被相続人が死亡時までその国に常居所を維持していることが条件となるため、①遺言による日本法の指定と②日本に常居所の維持がある場合には、日本法が適用されることとなる。また、遺言の成立および効力は、その成立の当時における本国法によるとされている（法適用通則法37条）。したがって、遺言の有無・内容などにより、預金者の本国法である韓国法が適用されるか、日本法が適用されるかを判断することとなる。

◆韓国民法における相続に関する定め

韓国の民法における相続に関する定めは、法定相続人の範囲、相続順位、相続分、代襲相続、相続放棄、遺言、遺留分などにわたり、日本の民法における相続に関する定めと基本的に類似している。もっとも、相続順位において、日本の場合、①子、②直系尊属、③兄弟姉妹であって、配偶者は常に相続人となり、①②③と同順位であるのに対し、韓国では、①から③（ただし韓国法では①は直系卑属）のほか、④4親等以内の傍系血族も相続人となり、また、配偶者は①②と同順位で、①②がいないときは単独相続人となる、といった違いがある。また、相続分にあっても、配偶者と子が相続人である場合、日本では、配偶者が2分の1で、子が残り2分の1を頭数で割るのに対し、韓国では、配偶者の相続分は子の5割増しとなるといった違いがある（たとえば、配偶者と2人の子で1400万円の預金を相続する場合、日本では配偶者が700万円、子がそれぞれ350万円受け取るのに対し、韓国では配偶者が600万円、子がそれぞれ400万円受け取ることになる）。

◆韓国における戸籍制度の廃止　韓国法の調査により、韓国民法のもとにおける法定相続人の範囲や法定相続分が判明したとしても、実際にだれが当該預金者の相続人であるのかがわからなければ、相続預金の支払手続を行うことはできない。したがって、韓国領事館を通じて、相続人の範囲を証明できる書類の提出を求めることが必要になる。

なお、韓国においては、従来、身分関係の発生・変動に関する登録制度として、日本とほぼ同様の戸籍制度が採用されていた。しかし、2005年の韓国民法改正による戸主制度の廃止に伴い、戸籍制度も廃止されることになり、戸籍法にかわる身分関係の登録法として、「家族関係の登録等に関する法律」が2008年1月1日より施行されている。

これは、従来の戸籍謄本には、発給を求める本人の人的記載事項だけでなく、戸主を中心とした同一戸籍内の家族構成員全員の人的事項が記載されていたため、個人情報の保護の観点で問題となったことによる。新制度のもとにおいては、1人ずつ家族関係登録簿が別個に編成され、目的ごとに5種類の登録事項別証明書（基本証明書、家族関係証明書、婚姻関係証明書、入養関係証明書、親養子入養関係証明書）が発行されている。

加えて、2007年12月31日時点で戸籍に掲載されている者は、戸籍の記載に基づいて家族関係登録簿が自動的に作成されるが、同時期までに死亡、国籍喪失、失踪等で除

籍された者については、家族関係登録簿が作成されない。したがって、相続人に相続人の範囲を証明できる書類の提出を求める場合には、預金者の死亡の事実を確認できる基本証明書、父母、養父母、配偶者、子の姓名や生年月日等のわかる家族関係証明書のほか、従前の除籍謄本を用意してもらうよう伝えることが肝要となる。

◆**実務上の留意点**　家族関係証明書等の登録事項別証明書は、東京、大阪、福岡にある韓国総領事館で交付を申請することができる。

　もっとも、前述のように、韓国法に基づき相続人の範囲を確定するためには、現在の家族関係証明書を取り寄せてもらうだけでは不十分であり、あわせて除籍謄本なども用意してもらわなければならない。しかもそれらの証明書類に従って預金の相続手続を進めるためには、すべて日本語に翻訳してもらうことが実務上は必要となる。

　したがって、韓国籍の預金者が死亡した場合に、滞りなく預金の相続手続を行おうとするならば、相続人が領事館だけを頼りにして、すべてを完了させようとすることには、実際には相当な無理があり、弁護士等の専門家や、インターネット上に紹介されている各種の支援サービス団体に相談して手続を進めてもらうのが現実的な対応ではないかと考えられよう。

11118	朝鮮人が死亡した場合の預金の相続

北朝鮮国籍を有する預金者が死亡した場合、相続預金はどのように取り扱うべきか

結　論

　死亡した預金者が北朝鮮国籍である場合、日本に最終住所地のあった朝鮮人の預金の相続については、日本法が適用されることになる。しかし、証明書類上の国籍が「朝鮮」であっても韓国と判断される場合があることや、北朝鮮に日本の戸籍に準じる身分関係を正確に登録する制度が存在するかは不明であり、かつ、国交が樹立されていないことから、権限ある機関の発行する証明書類の提出を受けるには困難を伴うと考えられるため、相続預金の多寡などに応じてケース・バイ・ケースの対応が求められよう。なお、あわせて【11116】を参照されたい。

解　説

◆**朝鮮人の相続における準拠法**　相続は被相続人の本国法によるものとされている（法適用通則法36条）。他方、法適用通則法41条本文が反致を認めているところ（【11117】参照）、北朝鮮の法律では、「不動産相続には相続財産の所在する国の法を適用し、動産相続には被相続人の本国法を適用する。但し、外国に住所を有する共和国公民の動産相続には、被相続人が最後に住所を有していた国の法を適用する」（北朝鮮：対外民事関係法45条）とされているため、結局、日本で生活を営んでいた朝鮮人の預金の相続については、日本法が適用されることになる。なお、北朝鮮は未承認国であるが、この点は相続預金との関係で特に問題にはならない。

◆**朝鮮人の相続実務における特殊性**　平成24年7月9日の外国人登録法の廃止およ

び外国人住民票制度の施行（住民基本台帳法の改正）に伴い、従来、外国人の在留管理や本人確認等に用いられていた外国人登録原票は、外国人住民票にとってかわられることとなった。外国人登録原票やその機能を継承した外国人住民票には、当然ながら当該外国人の国籍を示す欄が設けられているが、問題は、国籍欄が「韓国」である場合には韓国国籍を示すのに対し、「朝鮮」と記載されている場合には朝鮮半島地域の出身者を指すにすぎず、北朝鮮国籍を示すとは限らないとされていることである。これは在日韓国人・朝鮮人が敗戦前に朝鮮半島から渡ってきた人々またはその子孫であるという歴史的経緯によるものであり、しかもその大部分が北緯38度線以南に属する地域からの出身者またはその子孫であるともいわれている。そのため、被相続人の本国法を韓国法・北朝鮮法のいずれに決定するかについても、外国人住民票の国籍欄の記載だけでなく、「国籍の属する国における住所又は居所」「出生地」（ただし、外国人住民票には記載されない）や当事者の帰属意識、親族との親疎関係などを斟酌すべきとされている。

さらに、相続手続を行うに際しては、日本でいえば戸籍謄本のような被相続人との身分関係を証明する文書が必要となるが、北朝鮮にはそのような制度があるのかどうか確かではなく（1997年に「公民登録法」が制定されたとされているが詳細は明らかでない）、また、日本との間で国交が樹立されていないため、本国政府の権限ある機関の発給する証明書を取得することはできない状況にある。

◆実務上の留意点　以上のように、被相続人の国籍が朝鮮である場合には、確たる法的根拠や証明書類をもって相続人の範囲を確定したうえで、相続預金の処理にたどり着くことはきわめて困難が伴うことが予想される。

したがって、相続預金の額が少額の場合には、ある程度の相続人の調査を行ったうえで念書対応を行うとか、被相続人が不動産を保有していた場合には、司法書士による不動産所有権の登記名義変更手続に合わせて預金相続の手続も行うといったケース・バイ・ケースの対応をとるべきであると考えられる。あるいは、債権者不確知による供託も検討せざるをえない場合もあろう。

11119　中国国籍預金者の相続

中国国籍の預金者が死亡した場合、相続預金はどう取り扱うべきか

結　論

準拠法は、法適用通則法36条によれば中国の相続法となるが、被相続人の死亡当時の常居所地または住所地が日本国内であれば、日本の民法となる。中国には日本同様の戸籍制度はなく戸籍謄本によって相続関係を確認することはできないので、中国大使館発行の死亡証明書、公証書などの提出を受けて準拠法に基づいて相続人の範囲等の確認を行い払い戻す。なお、あわせて【11116】を参照されたい。

◆**中国籍の相続における準拠法**　　準拠法を検討すると、法適用通則法36条は、「相続は、被相続人の本国法による」と定めているため、中国法が適用されることになる。もっとも、同法41条本文は、「当事者の本国法によるべき場合において、その国の法に従えば日本法によるべきときは、日本法による」として反致を認めているところ、中国の渉外民事関係法律適用法（2011年4月から施行）31条は、法定相続は、被相続人死亡時の常居所地の法律を適用し、不動産の法定相続は不動産所在地の法律を適用する旨定めている。そのため、預金の相続については、被相続人の常居所地が日本であれば、反致によって日本の民法に沿って処理されることになる。

　なお、渉外民事関係法律適用法施行前に発生した相続については、中国承継法36条が、「中国公民が中華人民共和国外にある遺産を相続し、あるいは中華人民共和国内にある外国人の遺産を相続するときは、動産は被相続人の住所地の法律を適用し、外国人が中華人民共和国内にある遺産を相続し、あるいは中華人民共和国外にある中国公民の遺産を相続する時は、動産は被相続人の住所地の法律を適用し、不動産は不動産所在地の法律を適用する」と定めている。そのため、被相続人の住所地が日本であれば、反致によって日本の民法が適用されることになる。

◆**相続関係の証明書類**　　中国には統一的な戸籍の制度が存在せず、戸籍謄本による相続関係の調査・確認ができないが、中国国籍者については、以下のような書類の提出を受けて相続関係の事実確認を行うことができよう。

① 　被相続人死亡の事実に関する証明書……中国大使館が発行する死亡証明書。
② 　相続人であることの証明書……公安部・公安局が発行した戸口簿、身分証、出生証明書、婚姻証明書、親族関係証明書等を公証処において認証した公証書。公証書には、父母の氏名、本人の生年月日、続柄、出生地等の情報や本人が日本の配偶者と婚姻するまで独身であったこと、ほかに婚外子がいない旨の記載がなされる。

11120　台湾国籍の預金者の相続

台湾国籍の預金者が死亡した場合、相続預金はどう取り扱うべきか

結　論

　台湾法が準拠法となるので、台湾の民法に基づいて相続人の範囲を確認する必要がある。相続人の確認においては、台湾には戸籍制度があるので、戸籍謄本によって確認することが可能である。なお、あわせて【11116】を参照されたい。

解　説

◆**台湾国籍の相続における準拠法**　　準拠法を検討すると、法適用通則法36条は「相続は、被相続人の本国法による」と定めているため、台湾法が適用されることになる。同法41条本文は、「当事者の本国法によるべき場合において、その国の法に従えば日

本法によるべきときは、日本法による」として反致を認めているが、台湾の渉外民事法律適用法58条は、相続は被相続人の死亡の当時の本国法による旨規定しているため、反致も成立しない。したがって、相続預金の処理にあたっては、台湾の相続法に従う必要がある。なお、台湾は未承認国であるが、この点は準拠法として適用するにあたって特に問題とされていない（参考：京都地判昭31．7．7判時80号11頁、最判平6．3．8民集48巻3号835頁）。

台湾の民法（中華民国民法）にも、法定相続人、法定相続分、代襲相続、相続放棄、遺産言など日本の民法同様の制度が定められているものの、具体的制度内容については、たとえば法定相続人の順位や法定相続分だけをとっても以下のような違いがある。

① 相続人の順位……直系卑属、父母、兄弟姉妹、祖父母の順となる。

② 相続分……同一順位者が数名ある場合は均等に相続するが、法に別段の定めがある場合はこれと異なる場合がある。配偶者の相続分は、直系卑属と共同相続するときは均等となり、父母、兄弟姉妹と共同相続するときは遺産の2分の1である。祖父母と共同相続する場合は遺産の3分の2、ほかに相続人がいない場合は遺産の全部となる。

したがって、たとえば配偶者が子2人と共同相続するというケースでは、相続分はそれぞれ3分の1となる（日本法では配偶者が2分の1、子が4分の1ずつ）。

◆相続関係の確認　台湾には戸籍制度があり、管轄地の所政事務所（日本の市役所に相当するもの）において戸籍簿が編製されているので、戸籍謄本の提出を受けることにより相続関係を確認する途がある。

台湾の戸籍謄本は、本人または利害関係人でなければ直接に所政事務所に交付を請求することができないが、日本にいる相続人が本国の戸籍謄本を取り寄せる方法もある。相続人が台北駐日経済文化代表処（実質的に台湾の大使館、領事館の役割を営む機関である）に出頭のうえ授権書に署名押印し、台湾在住の代理人を通じて取得した戸籍について、あらためて台北駐日経済文化代表処に提出して認証を受けるといった方法であるが、詳細については、台北駐日経済文化代表処に問い合わせるとよいであろう。

11121　米国国籍の預金者の相続

米国国籍の預金者が死亡した場合、相続預金はどう取り扱うべきか

結　論

法適用通則法36条および同法38条3項によれば、被相続人の本国米国のいずれかの州法の法律に従うこととなるが、米国各州では一般に動産（預金）の相続について被相続人死亡時の住所地の法によるとしているので、反致により日本法が適用される場合がある。米国には戸籍制度がなく戸籍謄本による相続人の確認はできないため、出生証明書、婚姻証明、死亡証明書その他の書類の提出を受けて確認する。なお、あわせて【11116】を参照されたい。

◆**準拠法の検討**　法適用通則法に基づいて準拠法を検討すると、相続については、被相続人の本国法が準拠法となる（法適用通則法36条）。ところが、米国には相続に関する統一的法律がなく、各州が異なる法を有するため、いずれの州の法律が被相続人の本国法となるのかが問題となる。こうした地域的不統一法国に関する本国法の決定基準は、同法38条3項に定められており、①まず、その国の規則に従い指定される法がある場合はその法が適用され、②そのような規則がない場合は、当事者に最も密接な関係がある地域の法が適用される。ここでいう「規則」に相当するものは米国には存在しないという考え方が現在の通説・判例であるため（横浜地判平10.5.29判タ1002号249頁）、当事者に最も密接な関係のある地域（州）の法律をもって被相続人の本国法とすることになろう。

　もっとも、法適用通則法41条本文は、「当事者の本国法によるべき場合において、その国の法に従えば日本法によるべきときは、日本法による」として反致を認めているところ、米国各州では一般に、動産（預金）については被相続人の死亡時の住所地の法が適用され、不動産については不動産の所在地の法が適用されるという相続分割主義の立場が採用されている。そのため、密接関係地域がいずれであるにせよ、在日米国人の国内の預金相続では、反致によって日本の民法が適用されるケースも多いであろう。

◆**相続関係書類**　米国には日本の戸籍制度のような国家が国民すべての家族関係や身分の異動を管理する制度はない。そのため、相続関係の確認は、戸籍謄本によることはできず、州政府発行の出生証明書、婚姻証明書、死亡証明書等により行うことになろう。もっとも、出生証明書等は、出生等の事実の発生した地でなされる断片的な証明にすぎず、これらを相互に結びつける証明資料は存在しない。そのため、上記のような公的な書面の提出を受けても、相続人が全員であることの証明は日本の戸籍のようにはできないという制度上の限界がある。この点を補う対応として、相続人全員において、ほかに相続人は存在しない旨の公証人（Notary Public）の認証を得た宣誓供述書が作成されることがある。金融機関としては、このようにもともと制度的限界があることをふまえつつ、なるべく公的書類を提出してもらって事実確認を行い、上記供述書の提出を受けたうえで払い戻すか判断することになろう。

11122　死亡した在外邦人の預金

在外日本人が死亡し、日本内地の金融機関に同人の預金がある場合どう取り扱うべきか

結　論

　日本民法の規定に従い、預金は相続され、通常の預金相続と変わるところはない。

解　説

◆**在外日本人の相続の準拠法は**　法適用通則法36条は、「相続は、被相続人の本国

法による」と規定しており、相続人の範囲・順位、法定相続分等の問題は、相続財産が何であってもすべて被相続人の本国法によって規律される。このために、被相続人がいかなる国に居住していても、被相続人が日本人である限り、相続の準拠法は、被相続人の本国法である日本の民法となる。被相続人が二重国籍者であっても同様である（法適用通則法38条1項ただし書）。したがって、在外日本人である預金者の相続でも、通常の預金相続と同じ手続をとればよいことになる。

◆外為法上の問題はないか　　平成10年4月1日より施行された新外為法は、旧外為法（外国為替及び外国貿易管理法）における許可や事前届出を必要とした規制をきわめて例外的なもの（新外為法25条3項・27条1項・3項等）に限定し、それ以外のものはすべて撤廃した。これにより、新外為法では、特別な状況が発生した場合になんらかの規制策を講ずる有事規制（同法16条・21条・23条等）と取引結果の事後的な報告という規制がかなり広範囲でなされることになった。居住者（同法6条1項5号）と非居住者（同条1項6号）間の預金取引は同法20条1号の資本取引に該当するが、同法では、資本取引については主務大臣の許可は不要となったので、有事規制がなされない限りは自由に行えることになった。ただ、居住者・非居住者間の資本取引は大蔵大臣の許可が必要とされていた旧外為法のもとでも、国内の外国為替公認銀行が預金業務として受け入れる場合は、平時は許可なく自由に預金ができ、また、払戻しもできたので（旧外為法21条1項1号）、新外為法によっても非居住者との預金や信託取引に実質的に大きな変化はないと考えてよい。

また、新外為法では、外為業務の自由化により為銀主義が廃止されたことから、旧外為法下のように外為公認店舗・非公認店舗による取扱いの違いもなくなった。

このように新外為法のもとでは、居住者である国内金融機関は非居住者との預金取引等の資本取引が原則自由にできることになったので、在外日本人が死亡し、相続人が居住者、非居住者いずれであっても、外為法上の特別な制約は存在しないといってもよい。

◆相続手続はどうなるか　　在外日本人が外為法上居住者なのか非居住者なのかは相続においては関係なく、まず相続人全員が居住者の場合には通常の預金相続手続となる。次に、全員が非居住者であっても、新外為法上は、非居住者との預金や信託取引を規制されることは原則としてないので、この場合でも通常の相続手続となる。さらに、共同相続人が居住者と非居住者とからなる場合であっても同じである。

結局、在外日本人が日本国内金融機関に預金を残して死亡しても、通常の預金相続手続と同様に処理すればよいことになる。具体的には【11106】を参照のこと。なお、金融機関がその在外日本人の死亡の事実を知らずに預金通帳と届出印による払戻しを行った場合には、債権の準占有者への弁済（【10962】参照）として有効な弁済となるケースが大半であろう。

◆参考：居住者・非居住者について　　居住者と非居住者の定義については新旧外為法間で変化はない。なお、外国にある本邦人は、下記①〜②に掲げる者を非居住者と

みなし、その他の者については、その住所または居所が本邦（新外為法6条1項1号）内にあるものと考えられるので、これを居住者とみなしている。なお、在外公館勤務者は、下記に該当する場合でも居住者となる。

① 外国にある事務所に勤務する目的で出国し外国に滞在する者
② 2年以上外国に滞在する目的で出国し外国に滞在する者
③ ①または②に掲げる者のほか、本邦出国後外国に2年以上滞在するに至った者
④ ①～③に掲げる者で、事務連絡、休暇等のため一時帰国し、その滞在期間が6カ月未満の者

11123 死亡者に家族に内密の預金がある場合

父が家族に内密で定期預金をしていたが死亡し、預金証書および届出印鑑の所在がわからないという申出を受けた場合、金融機関はどう対応したらよいか

結　論

① 相続人を確認し、これを相手に相続の手続をする。
② 可及的に証書と印鑑を探し出すよう依頼する。

解　説

◆**処理の原則**　いかに家族に内密で預金をしたといっても、被相続人が預金者であった以上は、その預金は相続財産であり、相続人がこれを承継する。実務処理としては、まず当該預金の払戻しを一時停止し、関係帳簿にその旨を記載して、証書の所持人にうっかり支払ってしまうことのないように注意する（【11105】参照）。次いで相続人の範囲を調査し、相続人に対して預金証書と届出印鑑を探し出すよう依頼する。そして、可及的に証書と印鑑を発見させたうえで、相続手続に従って預金を処理する（【11106】参照）。

◆**証書等が発見されない場合**　どうしても証書や印鑑の所在がわからない場合は、どうしたらよいであろうか。たとえば後日、相続人に払戻しをしてしまった後に、定期預金証書と届出印章を持参した者が「これは本人から譲渡を受けていたものであるから自分のものである」と主張し、払戻しを請求するのではないかという心配があるわけである。

しかし、預金証書は有価証券ではないし、また、預金証書には必ず無断質入・譲渡禁止の文言が記載されており、さらに金融機関の承諾のもとに民法所定の指名債権譲渡の方式がとられていない限り、債権譲渡等は金融機関には対抗できないから（民法467条・364条）、このような場合には、定期預金証書、印鑑の所在不明を特に問題にする理論上の必要はない。預金相続手続を適切に行えば十分である。

もっとも、家族に内密で預金をしたということはなんらかの事情があったと推測され、そのため、後日、相続をめぐる争いの起こるおそれも大きいと考えられる。そこで、実務上は、預金者ははたして父本人であったか、相続人の範囲は間違いないか、遺言書はないか等について慎重な配慮を加えることが望まれ、便宜的な方法で処理す

ることのないように心がけるべきである。

　死亡者が自己名義ではなく、家族の一員の名義等により内密の預金をしていた場合は、さらに複雑なケースとなりうる。

　このようなケースでは、預金債権帰属に関する客観説の観点に立ちながら、預金された経緯等を明らかにしていくしかないが、最終的には、訴訟という解決手段を利用せざるをえないケースも考えられよう。

11124 遺言執行者の存在と相続預金払戻し

遺言執行者が存在することを知らないで相続人に対してなされた預金払戻しの効力はどうか

結　論

　遺言あるいは遺言執行者選任の有無について相続人に尋ねてみる等の調査をしたうえのことであれば免責される。

解　説

◆**遺言執行者について**　遺言執行者とは、文字どおり相続財産の管理その他遺言の執行に必要ないっさいの行為をする者であって（民法1012条１項）、遺言によって指名される（あるいは遺言によって指定を委託された第三者が指定する）場合（同法1006条１項・２項）と、遺言には定めがないが（あるいは定めがあるが、遺言執行者が現存しないため）、利害関係人の請求により家庭裁判所が選任する場合とがある（同法1010条）。

　遺言執行者は、先に述べたように、相続財産の管理その他遺言の執行に必要ないっさいの行為をする権利義務を有する一方で、相続人は、遺言執行者がある場合には、相続財産の処分その他遺言の執行を妨げるべき行為はすることができない（民法1013条）。つまり、相続財産の管理処分権は遺言執行者に専属してしまう。したがって、当該預金が遺言執行の目的財産でない場合を除き、相続預金の払戻しは、この遺言執行者に対してなされなければならず、相続人に払い戻すことができなくなるから注意を要する。

◆**遺言執行者の存在を知らない場合**　しかし、金融機関が相続預金につき遺言のあることを知らなかったため、あるいは遺言執行者からなんら通知がなかったために遺言執行者の存在に気がつかず、相続預金を相続人に対して払い戻してしまうという場合もあろう。一般論からすれば、このような場合には、所定の相続手続に従って相続人に対して預金を払い戻していれば、遺言があるらしいことが推認されるなどの特別の事情がない限り、債権の準占有者に対する弁済（民法478条）によって免責される。

　もっとも、遺言の有無につき金融機関がなんらの調査もしないことが過失に当たるとするならば若干問題が生じてくるが、この点につき東京高判昭43．５．28（金法515号26頁）は、「預金者の相続人から預金の払戻を請求した場合、銀行側としては当該預金の払戻を請求した相続人が正当な相続人であることを確認するほか、特段の事情のない限り預金者である被相続人の遺言の有無については、払戻の請求をした相続人に対して一応確かめれば足り、それ以上特別の調査をする義務はなく、これをしない

でも払戻について過失があるということはできない」として、遺言執行者の存在を知らずに相続人に預金を払い戻した銀行を免責し、その理由として、我が国では遺言をするという事例が例外であること、多数の預金を扱う銀行としては遺言の有無の調査をしきれないこと、遺言執行者は自ら銀行にその旨を通知するのが信義則上妥当であること等をあげている。

さらに最判昭43.12.20（判時546号66頁）も、民法1013条が適用される場合においても、同法478条の適用が排除されないことを認めている。

ただし、最近では遺言を作成するケースが増加してきて、昭和43年当時に比べると遺言があるのが例外とも言い切れないようになっており、したがって遺言の有無の確認は金融機関が善意・無過失であるためには不可欠の要素となってきていると考えたほうが無難であろう。とはいえ、金融機関が独自に遺言の有無等につき、完全に調査することは実際のところ不可能であり、また、遺言の有無や遺言執行者の存在は公示されるものではなく、第三者にとりきわめて不利な状況であるから、判旨のように金融機関としては、預金の払戻請求をしてきた相続人に遺言の有無を確認し、特に不審な点がなければそれ以上の調査義務はないといえよう（【11110】参照）。

なお、実務上は、払戻請求書等に相続人から「遺言なし」と表示してもらい、そこに届出印を捺印してもらっておけば無難であるが、いずれにせよ、確認の事実はきちんと記録しておかなければならない。

11125 遺言執行者の就任拒絶

相続預金につき、遺言執行者が就任を拒絶している場合には、相続人に対して預金を払い戻してよいか

結　論

遺言において遺言執行者に指定された者の就任拒絶の意思が明確かどうかを確認し、明確であることが確認できた場合は、家庭裁判所において新たに遺言執行者の選任がされていないかどうかを確認する。選任されていない場合は、当該遺言内容から遺言執行者を要するか否かを検討し、必要と判断される場合は相続人その他利害関係による選任手続を待って、選任された遺言執行者を相手として手続を行う。遺言執行者を必ずしも必要としないと判断される場合は、遺言執行者の選任を待つことなく相続人または受遺者を相手に手続を行えばよいこととなろう。

解　説

◆遺言執行者に指名された者の就職意思

遺言において遺言執行者に指定された者がその就職を承諾するか否かは、その自由な判断に任されており、承諾すべき義務があるわけではない。この場合の承諾・拒絶の意思表示は民法上なんらの方式も要求されていないので、書面でも口頭でもよいが、いずれにしても、明確かつ速やかに行われることが期待されるものである。

しかしながら、承諾する意思であるか拒絶する意思であるか、相続人に対し必ずし

も明確に伝えられないケースもある。たとえば、遺言執行者に指定された者が任務に就くことを渋り、事実上、就職を拒絶しているようにみえるような例が考えられる。こうした状況で、相続手続の見込みが立たないことを理由に、遺言執行者を排除して相続人間で手続を進めたいという申出を相続人から受けた場合には、どのように対応すべきか。

◆催告権の行使状況の確認　遺言執行者に指名された者の就職の意思が不明の場合は、民法上、相続人その他の利害関係人から、相当の期間を定めて、その期間内に就職を承諾するかどうかを確答すべき旨の催告をすることができ、その期間内に相続人に対して確答がない場合は、就職を承諾したものとみなされる（民法1008条）。したがって、拒絶の意思表示が明確になされないうちは、たとえ、事実上、就職を拒否するような態度をとっていたとしても、催告権の行使の結果を待って判断する必要がある。催告権が行使され、期間内に確答がなく承諾したとみなされた場合には、当該遺言執行者を相手に手続を行うべきことになるからである。金融機関としては、相続人から、催告書の送付・回答状況等、必要な情報・資料の提供を受けて、慎重に検討する必要がある。なお、承諾したとみなされた遺言執行者は、直ちにその任務を行わなければならず（同法1007条）、遺言執行者がその任務を懈怠したときは、利害関係人が家庭裁判所に請求することにより解任されることになる（同法1019条）。

◆就職を承諾しない場合　他方、遺言執行者に指名された者から就職を承諾しない旨の明確な意思表示があった場合は、遺言執行者が不在ということになるが、この場合、利害関係人の請求によって、家庭裁判所が遺言執行者を選任することができる（民法1010条）。これにより、すでに、新たに遺言執行者が選任されているのであれば、その者を相手に手続を行うこととなる。こうした選任手続が行われていない場合で、遺言の内容からして、遺言執行の必要性が認められるときは、選任手続を待って、選任された遺言執行者を相手に手続を行うべきこととなろう。遺言そのものに遺言執行の余地がなく、遺言執行者の選任が不要と考えられるケースでは、そのまま相続人または受遺者を相手に手続を行うことも許されよう。

| 11126 | 遺言執行者からの預金の照会 |

遺言執行者（相続人でない）と称する者から、相続預金の有無や取引明細について照会を受けた場合、どのように対応するか

結　論

遺言執行の職務遂行上の必要性が明確に示されない限り、開示を控えるのが無難な対応といえる。

解　説

◆最判平21.1.22をふまえての検討　相続人の1人からの預金取引経過の開示請求に関する最判平21.1.22（民集63巻1号228頁）は、預金契約上の地位が共同相続人全員に帰属（準共有）しているものとし、この契約上の地位に基づく取引経過の開示

請求権の行使は保存行為であるから、共同相続人単独で行使しうるものとしている。これをふまえると、相続人でない遺言執行者は、預金契約上の地位を承継することはないから、この点からは、取引経過の開示請求権を認められないと解するのが整合的である。

◆**遺言執行者の職務権限との関係**　民法1012条1項において、遺言執行者の遺言の執行に必要ないっさいの行為に、開示請求を含む相続財産調査が含まれているという考えのもとでは、遺言執行者からの開示請求が可能とも考えられるが、一般に、遺言執行者が遺言を執行するうえで遺言者の預金の取引経過等を把握する必要があるとは考えにくい。取引明細等の開示が遺言執行に真に必要と客観的に判断されるような場合を除き、原則として開示を控えるのが無難であろう。

◆**遺言執行者の代理権との関係**　また、民法1015条により、遺言執行者が相続人の代理人であるとされていることから、この代理権を広範にとらえ、相続人の代理人として開示請求権を行使する旨を主張する遺言執行者も想定されるが、本条文が、本来相続人が有している開示請求権を相続人にかわって代理行使するまでの権限を当然に遺言執行者に授与していると考えるのは早計に失するようにも思われる。

◆**開示に応じるには**　金融機関としては、各相続人から直接開示請求をしてもらえれば足りるのであって、どうしても遺言執行者として開示を求めるということであれば、相続人から具体的に相続財産調査に関連して開示請求手続の委任を受けさせ、受任者として開示請求させるのが無難な対応というべきであろう。

| 11127 | 遺言執行者としての信託銀行 |

遺言執行者として信託銀行が選任されている場合、同行の署名はどのようにしてもらうか

結　論

信託銀行の担当店に連絡・相談のうえ依頼する。

解　説

◆**信託銀行と遺言執行業務**　被相続人（遺言者）が遺言を行う場合に、被相続人の意思が確実に実現されるように、遺言の執行を公平な第三者に委嘱することが認められているが（民法1006条）、この第三者を遺言執行者という。

信託銀行の遺言執行業務は、信託銀行が遺言執行者として、効力の発生した遺言の内容を実現するための諸手続を行う業務である。この業務は、兼営法1条1項4号が根拠規定であり、また同号は「財産に関する遺言の執行」と定めているので、信託銀行の執行しうる遺言の内容は財産に関する事項に限定され、非嫡出子の認知等の財産に関しない事項の執行はできない。なお、この業務は、信託銀行が遺言によって遺言執行者に指定され、遺言者の死亡後、遺言執行者に就職することによって直ちに開始される（民法1007条）。

遺言執行者としての信託銀行が、遺産の管理処分等、財産上の事項について遺言の

内容を実現するために必要ないっさいの行為をなす権限を有するのは、個人が遺言執行者となる場合と同じである（民法1012条1項）。

なお、信託銀行が遺言執行を引き受ける場合の遺言は原則として公正証書遺言（この場合、遺言の作成には公証人や弁護士に関与してもらうので、遺言の内容・方式の適法性はきわめて高い）とし、また、同時に遺言書の保管も引き受け、その保管に関する約定のなかで死亡通知人を定めるのが通常である。

◆**遺言執行者への就職**　死亡通知人から遺言者死亡の通知を受けた信託銀行は、相続人等への遺言の存在・遺言執行者指定の事実の案内、遺言対象財産の現状把握、相続人・受遺者の異動等の把握の作業に直ちに取りかかり、これらの調査により現状を確認・検討して遺言執行者に就職する場合は、相続人・受遺者に対しその旨を通知する。この通知には公正証書遺言謄本の写しを添付し、その内容を明らかにする。こうして正式に遺言執行者に就職すれば、直ちに民法所定の必要な手続を履践することになる。

◆**遺言執行者としての信託銀行の署名**
信託銀行が遺言執行を行う過程で遺産内容把握のために、遺言者の預金等につき銀行等の債務者に対し残高照会をすることがあるし、必要に応じて信託銀行から預金のある銀行等に対し遺言執行者就職の旨を通知する場合もある。また、上記のように、必ず相続人には遺言書の写しを添えて遺言執行者就職の事実を通知しているから、相続人に確認すれば執行業務を担当する信託銀行の支店や担当者は判明する。したがって、

遺言執行者としての信託銀行の署名が必要となった場合には、その旨を当該信託銀行の担当店に連絡して依頼すれば、その手続が遺言執行権限の範囲内のものであり、また署名することに問題がない限り、信託銀行は単独であるいは受遺者と連名でその署名（実際は記名・捺印）に応じている。

この場合には、支配人名および支配人印で記名・捺印を行い、これに支配人の印鑑証明書と資格証明書を添付するのが一般的な取扱いである。ただし、支配人登記していない場合には、支店長名で行うことになる。

なお、最近の例として、遺族の強い要請に基づき、家庭裁判所の審判により信託銀行が遺言執行者に選任されたケースがある。この場合は審判書によりその資格を確認することになる。

| 11128 | 預金と遺贈 |

預金の受遺者に対する支払手続はどのようにするか

結　論

　特定遺贈の場合には、相続人全員または遺言執行者の同意を得て払い戻す。包括遺贈の場合は、相続人全員の同意または遺産分割協議の内容に従い払い戻す。

解　説

◆**特定遺贈と包括遺贈**　遺贈は、遺言による被相続人から第三者に対する無償の財産的利益の供与であるが、この遺贈を受け

る者が受遺者である。特定の相続財産（たとえば何町何番地の土地）を特定の者（相続人でもよい）に遺贈する場合が「特定遺贈」である。一方、「遺産の3分の1は○○に遺贈する」というように、遺贈の目的の範囲を、遺産全体に対する割合で定めてなされる遺贈を「包括遺贈」という（民法964条）。包括遺贈の受遺者（包括受遺者）は、相続人と同一の権利義務を有するから（同法990条）、あたかも相続人のごとく遺産分割協議に参加する。なお、遺言は遺言者の死亡の時からその効力を生ずるから（同法985条）、原則として遺贈の効果もその時に生ずる。

◆**預金と特定遺贈**　預金が特定遺贈されると、受遺者は遺言者の死亡と同時にまた直接に目的財産を取得する。このように特定遺贈には「物権的効力」が生ずるとするのが通説・判例であるが、遺贈による権利移転については第三者対抗要件が必要である。たとえば、銀行預金が特定遺贈された場合、遺贈義務者（遺言執行者あるいは相続人）から銀行（第三債務者）に対して遺贈による債権移転の通知がなされ、または銀行が承諾しなければ、受遺者は遺贈による預金債権の取得を銀行に対抗できない（最判昭49.4.26民集28巻3号540頁）。受遺者が通知しても駄目である。

したがって、特定遺贈を受けた受遺者から相続預金の払戻請求を受けた場合は、まず遺言書の原本で特定遺贈の事実を確認する（受遺者等に断り原本のコピーをとって返却すればよい）。そして、遺言執行者がいる場合には、その者から金融機関に対して受遺者への預金名義変更の請求をしてもらい、受遺者名義に変更した後で払戻しに応じればよい。受遺者が遺言執行者から預金証書などをもらって直接払戻請求をすることも考えられるが、この場合金融機関としては、遺言執行者から同意書を徴求のうえ払戻しすべきである。

また、遺言執行者がいない場合には、相続人全員から同意書を提出してもらい、受遺者に支払うことになる。

なお、遺贈が遺留分を侵害していないかが問題となるが、金融機関が遺留分侵害の事実を確認することは実際のところ不可能であり、また、これは遺留分を侵害された者が受遺者に対し減殺請求（民法1031条）して解決すべき問題でもあり、金融機関としてはこの問題を考慮する必要はない。

◆**預金と包括遺贈**　包括遺贈では、包括受遺者は相続人として取り扱われるから、その者を相続人の1人として預金の払戻手続を行う（【11106】参照）。したがって、遺産分割協議前であれば、受遺者を含めた相続人全員の合意のもとに、分割協議後であれば協議の内容に従って支払えばよい。

◆**その他**　特定遺産を特定相続人に「相続させる」旨の遺言に関し最高裁の考え方が示されているが（最判平3.4.19金法1290号4頁）、預金につきこのような遺言がなされた場合の取扱いについては、【11141】を参照のこと。なお、遺言については、【11146】を参照されたい。

11129　当座勘定取引先の死亡

当座勘定取引先が死亡した場合、当座勘定取引はどうなるか

取引先の死亡により当座取引は終了する。取引が終了するので、未使用の小切手・手形用紙があればこれらを回収する。

解　説

◆委任契約と取引先の死亡　当座勘定取引は当座取引先の振出または引受した手形・小切手の支払事務を金融機関が行うものであり、その法的性格は小切手・手形の支払を目的とする委任契約（正確には事務の委任であり準委任）である。また、その決済のために取引先から提供される資金については、これを当座預金契約によるものとする説（多数説）と委任契約に基づく委任事務処理費用の前払いとする説とに分かれる。しかし、どちらの考え方でもそのなかに委任（準委任）契約が含まれていることから、取引先の死亡により委任契約は終了して（民法653条1号）、後は事実上の解約手続を残すだけである（通常は当座預金も同時に解約され、その残高は別段預金に留保される）というのが一般的な考え方であり、金融機関の実務もこの考え方により処理されている。

解約手続としては、当座勘定取引契約の終了を確認させるため、相続人を相手方とし、合意解約と同様の手続をとり、未使用手形用紙・小切手用紙を回収することになる。

◆取引の一身専属性　現代の経済活動のなかで、手形・小切手は支払手段としてきわめて重要な機能を発揮している。また、当座取引では取引先に自由に小切手や手形を振り出させる結果、金融機関は取引先に一種の信用を与えることになる。そして、万一取引先が振り出した手形や小切手を決済せずに不渡にすると、当座取引を開設した金融機関の信用を傷つけるだけでなく、手形・小切手制度の健全性・流通性を損なうことにもなりかねない。

したがって、当座勘定開設の申込みを受けた金融機関としては、取引先の信用調査を十分に行ってから口座開設の判断をなすべきであり、当座勘定開設に際し確実な調査をしないで信用不十分な取引先に当座勘定を開設した金融機関は、当該取引先が手形や小切手を乱発したりして第三者に損害を与えた場合等には、第三者から損害賠償責任を問われることもありうる。

このように当座勘定取引は取引先の信用を基礎とする継続的取引であり、それゆえに一身専属的な取引であって、取引先の死亡とともに取引は終了するという取扱いは決して不当なものではない。したがって、相続人が当座取引を希望する場合には、金融機関と新たな契約を結ばなければならないし、また相続の対象となるのは取引終了時の当座預金残高だけである。

11130　小切手振出人の死亡

小切手振出人が死亡した場合、支払委託の効力は消滅するか

結　論

振出人が死亡しても、振り出された小切手の支払委託の効力は消滅しない。

◆**小切手法の規定**　【11129】において取引先の死亡により当座勘定取引は終了すると解説したが、これに伴い、支払委託の効力も一応は消滅するように考えられる。また、当座勘定規定ひな型24条1項は、当座取引が終了した場合、その終了前に振り出された小切手や約束手形等であっても、銀行は支払義務を負わない旨を定めるから、死亡による取引終了の場合でも同条により銀行は支払義務を負わなくてもよいことになる。

　一方、小切手法33条は、振出後の振出人死亡は小切手の効力に影響を及ぼさないとしており、通説によれば、同条は個々の振出ずみの小切手の支払委託の効力は消滅しないことを定めた趣旨とされ、振出人の死亡後も支払銀行は支払権限を失うことはなく、その支払につき相続人の計算に帰属させることができる。この立場では、当座勘定規定ひな型24条1項は銀行が支払義務を負わないことを定めたにすぎず、銀行の支払権限の放棄や支払委託の効力の消滅までも定めたものではないと考えられる。つまり、死亡による当座勘定取引の終了と支払委託の効力の消滅との関係は論理必然ではないといえよう。したがって、理論的には銀行は支払ってもよく、また支払わなくてもどちらでもよいことになる。

◆**実務上の取扱い**　当座取引先が死亡しても振り出された小切手に係る支払委託の効力は消滅しないが、銀行は、約款により取引終了後は支払義務を負わないし、また取引終了後の支払には免責約款が働かず注意義務が加重されるから、死亡した取引先振出の小切手が交換呈示されたときは、「振出人等の死亡」により不渡にするのが原則であろう（不渡届は不要。【20124】参照）。ただ、継続的な取引が終了した場合には必ずその事後処理が必要であるし、またあまりに機械的な処理は委任終了時の応急処理義務（民法654条）の観点からも好ましくない。そこで、相続人の意向を打診し、相続人から特に支払依頼があれば、相続人全員から損害担保文言を記載した依頼書を提出してもらい、便宜払いに応ずるのが現実的である。もっとも、ケースによっては一部の相続人だけの依頼により便宜払いに応じざるをえない場合もありうるが、その場合でも、できるだけ多くの相続人の署名・捺印を求めるべきである。なお、取引先死亡の通知を受けない間に相続人が被相続人の印鑑を使用して小切手を振り出し、銀行が善意でなした支払は有効である。振出人死亡後に交換呈示された手形の取扱いは【20091】を参照されたい。

11131　代表者死亡と当座取引

代表者が死亡した場合、当座取引上どのようなことに注意するか

結　論

　代理人届出の有無、他の代表者の有無等によって事務処理が異なるので注意する。

解　説

◆**代理人が選任されている場合**　そのまま代理人と取引してさしつかえない。法人

の代表者が選任した代理人はその代表者の個人的な代理人ではなくあくまでも法人の代理人であり、その代表者が代表者たる地位を喪失しても（取締役の辞任、死亡等）、法人の代理人たる地位には影響ないからである。実務上は、新代表者から追認を受けておくのが無難である。なお、商行為の委任による代理権は本人の死亡によっては消滅しない（商法506条）。

◆代理人は選任されていないが、別に代表権者がいる場合　代表者が生前に振り出している手形・小切手が呈示された場合には、代表者が死亡しても法人格が消滅するわけでもなく、また旧代表者名義で行った行為がさかのぼって無効となることもないので、その手形・小切手を決済したとしても有効であるが、実務上は、事後的な処理として新代表者の追認を得るのが望ましい。

代表者が死亡した時から、その会社の行為はもう1人の代表者名義でなければすることができなくなる。したがって代表者変更届の提出を求め（登記簿謄・抄本による確認を要する）、その者と取引を継続すればよい。

◆代表者名で取引をしており、ほかに代表者もいない場合　1日も早く必要な機関決定を経ることにより、新代表者を選任したうえで届出をしてもらい、その者と取引を行うのが筋である。株式会社の場合、取締役会設置会社であれば取締役会の決議による（会社法362条2項）。取締役会非設置会社（特例有限会社を含む）においてほかに取締役が存在しなければ株主総会の決議による（同法329条）。ほかに取締役が存在しても代表権がない場合は、定款、定款の定めに基づく取締役の互選、または株主総会の決議によることになる（同法349条3項）。死亡した代表者名義で手形・小切手の振出を行わせることは危険である。新代表者以外のだれを相手にしても、その行為は無権代理行為であり、法律上は後日の新代表からの追認がない限り無効だからである。

新代表者選任が早急になされず、裁判所による仮代表取締役等の選任（会社法346条・351条）もなされていない場合、金融機関の危険負担においてどのような便宜的処理を認めるかは、業務上の判断の問題である。たとえば危険が少ないと判断すれば、残存の役員（代表権はないが）あるいは実力者の同意と依頼により（必ず書面によること）、しかるべき者を仮に銀行取引における代表者の職務代行者としてその者と取引し、新代表者が選任されたときにあらためて追認を受けるようにすることもありうる。

| 11132 | 預金者死亡と口座振替 |

預金者死亡後の口座振替はどのように取り扱うべきか

結　論

相続人の同意を得て便宜払いするか、新たに相続人と口座振替契約を結ぶのが原則である。

解　説

◆口座振替と依頼人の死亡　公共料金、家賃、学校等の教育費、日常品の購入代金

の支払等、各種支払の手続の合理化・省力化のために銀行口座振替が広く利用されているが、その実態は、預金者とサービス提供者間の継続的な取引関係から生ずる支払、1回的な取引による支払または分割支払等金銭債務の履行方法としての利用であり、口座振替は一定期間継続して利用されるのが通常である。口座振替は、預金者からみれば実質的には預金の払戻しであるから（口座振替により、預金者が払戻しを受けた金銭を自分で支払先の口座に振り込む手続が省略できる）、相続開始後相続手続が終了するまでの間に自動的に支払うことは、預金払戻しに係る便宜払いの一つとなる。

口座振替では、依頼人（債務者）は金融機関に対し口座振替依頼書を提出し、受取人（債権者）に対する金銭債務の支払を口座振替によって行うことを委託する。これは民法656条の事務の委託に該当し、依頼人と金融機関との間には準委任関係が成立する。委任契約（準委任を含む）は委任者の死亡により消滅するが（同法653条1号）、その理由としては当事者間の個人的信頼関係があげられている。しかし、金融機関への口座振替依頼は、金融機関の行う定型的な業務を利用するだけであり、金融機関への個人的信頼関係は重視されていないとも考えられる。

また、民法653条1号は任意規定であり、当事者死亡による委任終了に例外を認めるのが一般的であり、依頼人の意思としても、振り替えるべき債務が存在する限りは口座振替は継続させるという趣旨（つまり同条を排除する意思）と推定できるので、依頼人の死亡により直ちに終了・解約すると必ずしも考える必要はなく、死亡後も必要最小限度内でそのまま振替しても、正当な取扱いと認められよう。依頼人死亡時の預金残高から相続債務を支払っても債権・債務が同額減少するだけで、クレームがつくことも少ないと考えられる。

もっとも、この取扱いにおいては、相続債務だけでなく、口座振替の対象外である相続人の固有債務まで支払われる危険性を伴う。相続債務か否かの判別は銀行にとり非常に至難なことである。したがって実務としては、相続人と新たに口座振替契約を結び直して処理することを原則とすべきであるが、事情によっては、相続人全員による依頼書を提出してもらい、引き続き相続預金からの口座振替を継続することも考えられる。なお、相続発生直後の一定期間（たとえば1カ月）については、特に相続債務でないことが明らかなものを除いては、口座振替処理を行っても問題はないだろうが、この取扱いは短期間に限定すべきである。たとえばその対象として公共料金の引落しがあげられる。これに関連して、税金の支払に関する自動振替を委任した預金者の死亡後、銀行がその預金から税金を引き落とした場合であっても、委任者の死亡後は引落しをしない旨の特約があるなどの特別な事情がない限り、当該引落しは有効であるとする裁判例（東京地判平10. 6 .12金法1541号73頁）がある。

◆債務の弁済方法としての振替　被相続人への貸出金の弁済が口座からの自動引落しによりなされている場合も問題となる。これも前述のような口座振替と同様に準委任であるが、金銭消費貸借契約の一部（金銭債務の履行方法）とも考えられる。このように人的な信頼関係が希薄であり、また

他の契約関係の一部として一定の事務が委任されているときは、当事者の死亡により委任関係は終了しないとするのが判例・通説であることを考えると、相続預金に残高がある限り相続債務の弁済金引落しは問題ないものと考えられ、また債務不履行による高率の損害金適用、減少した預金額だけ債務も減少すること等を考えると、相続人の利益に反するとはいえまい。ただし実務上は、相続人（可及的に全員）の依頼書を徴求して自動引落しを継続するのが、事実上のクレームを防ぐために無難である。

11133　マル専当座取引先の死亡と生前振出手形の決済

マル専当座取引先が死亡し、生前振出手形の決済を依頼されたときはどうするか

結　論

　相続人から相続人全員の署名捺印による依頼書の提出を受けたうえ決済する。依頼書には、決済により生ずる損害は相続人が引き受ける旨の損害担保文言を記載してもらう。なお、相続人から特に決済の依頼を受けていない場合には、「本人死亡」または「本人死亡により解約ずみ」の事由で支払を拒絶する。

解　説

◆問題点　マル専当座取引の場合であっても、一般の当座取引と基本的には異なるところがない。すなわち、【11129】で説明したように、当座取引先の死亡によって当座勘定契約は終了し、手形の支払委託が一

応消滅することとなり、その預金残高については相続が開始する。ただし、生前振出の小切手の支払委託の効力については【11130】で述べられているところ、手形法に小切手法33条のような規定がないから、生前振出の手形の場合には支払うことができなくなるとの見解も一部にある（大西武士「支店の法務スタディ—手形専用当座取引先の死亡」金法579号14頁）が、通説は小切手の場合と同様と解しており支払うこともできると考えられる。

　ただ当座勘定規定（専用約束手形口用）ひな型21条1項では、取引終了前に振り出された手形・小切手につき支払義務を負わない旨明記しているので、取引終了後にあえて支払った場合、免責約款が適用されないおそれがある。

　もっとも、マル専当座勘定の場合、一般の当座勘定と異なり、「割賦販売通知書」記載のとおり一括して振り出すこととなるので、偽造の可能性も小さく、また、手形金額も少額で支払っても問題の生ずる余地のない場合は、民法654条（委任終了後の善処義務）などの規定により支払うことも考えられるが、原則として一般の当座勘定の場合と同様に取り扱うべきである。

◆実務処理　当座勘定規定（専用約束手形口用）ひな型21条1項との絡みもあり、相続人より特に決済してほしい旨の申出がない限り、「本人死亡」または「本人死亡により解約ずみ」の事由で支払を拒絶することになる。ただし、相続人に連絡し、その意思を尊重して処理すべきであろう。

　なお、この場合には、相続人（可及的に全員の連署）の意思を明らかにした文書を徴求して、後日の紛議に備えておくのがよ

い。特に支払うというときは、損害担保文言を付加し、仮に事故手形であっても免責を確実にしておく必要がある。また、勘定処理の面からは、当座取引を解約しておき、呈示された手形は別段預金で決済するのが本筋であろう。

11134 相続の放棄や限定承認があった場合

相続の放棄や限定承認があった場合、預金はどのように払い戻すか

結論

① 相続の放棄であれば、その事実を確認のうえ、放棄した相続人を除外して相続預金を払い戻す。
② 限定承認であれば、家庭裁判所の選任した相続財産管理人に相続預金を払い戻す。

解説

◆**相続の単純承認・限定承認・放棄**　相続人は相続の開始があったことを知った時から3カ月以内に、相続を承認するか（単純承認）、条件付きで承認するか（限定承認）、あるいは放棄（相続の放棄）するかを決めなければならない。その期間黙っていれば単純承認したことになり、また相続財産の処分行為をしたときなども単純承認したことになる。この単純承認が通常の相続の方式であって、相続人は無限に被相続人の権利義務を承継する（民法915条・920条・921条）。

◆**限定承認の場合**　限定承認とは、相続したプラス財産の範囲内で被相続人の債務や遺贈を弁済するという条件で相続することで、共同相続人全員でしなければならない（民法922条以下）。プラス財産とマイナス財産とのどちらが多いか不明の場合に用いられる。限定承認する旨の申述を家庭裁判所に行い、家庭裁判所によってこれが認められると、共同相続にあっては同時に相続財産管理人が選ばれる。これは必ず相続人のなかから指名される。この管理人は、相続財産の管理および債務の弁済に必要ないっさいの行為をする（同法936条）。

実務上は、限定承認があったこと、だれが相続財産管理人であるかを、限定承認の申述受理証明書および家庭裁判所の審判書によって確認のうえ、管理人に対して相続預金を払い戻す。

◆**相続の放棄**　相続の放棄とは、相続人たる者がはじめから相続人でなかったことにするための制度で、マイナス財産が多かったり、プラス財産を他の者に相続をさせたかったりするときに用いられる。各相続人が個別に自由意思に基づき相続放棄できるが、家庭裁判所に申し出ることが必要である（民法938条以下）。

相続の放棄があると放棄者はその相続に関して初めから相続人でなかったものとみなされるから（同法939条）、実務上は、家庭裁判所の申述受理証明書によって確認のうえ、その者を除外して通常の相続預金の処理をする。相続の放棄は代襲相続の原因にはならないこと（同法887条2項・3項・889条2項）、また、たとえば、子1人の場合に子が相続の放棄をすると第二順位の者が相続人になること（同法889条1項）に注意すべきである。

◆**事実上の相続放棄**　ところで実際には、相続によって得た権利を放棄する場合に上記のような正式の手続をとらないことが多い。これも相続の放棄と呼ばれているが、これは民法の定める法律上の相続放棄ではなく、事実上の相続放棄にすぎず、このような放棄者も依然相続人であるから、この場合には、放棄者の意思を確認することを忘れてはならない。したがって、このような放棄者にも遺産分割に参加してもらうべきである。

11135　共同相続人の一部からの法定相続分払戻請求

共同相続人の一部から法定相続分に従った預金の払戻請求がなされた場合、どのように対応すべきか

結　論

遺産分割協議書または相続人全員の合意を証する書面を提出してもらい、その内容と、共同相続人の一部が払戻しを求める内容が一致することを確認できた場合に限り払戻しに応ずるべきである。

解　説

◆**従来の判例・実務**　共同相続された預金債権について、従来の判例は、預金債権が可分債権であることを前提に、「法律上当然分割され各共同相続人がその相続分に応じて権利を承継するもの」とし（最判昭29．4．8民集8巻4号819頁）、他の共同相続人とは「共有関係に立つものではない」（最判平16．4．20金法1711号32頁）として

いた。これにより、各共同相続人は、相続開始と同時に、法定相続分に応じた預金債権を承継し、金融機関に対し、それぞれ単独で法定相続分に従った預金の払戻しを求めることができることとされ、金融機関がこれを拒絶した場合、不法行為責任を負う場合もある（大阪高判平26．3．20金法2026号83頁）ものともされていた。

そのため、従来は、共同相続人の一部から法定相続分に従った預金の払戻請求がなされた場合、金融機関では、原則として相続人全員の同意や遺産分割協議書の提出を依頼することとしながらも、かかる依頼が拒絶され、なお法定相続分に従った預金払戻しの請求があった場合、その請求に応ずることとしていたのが、実務の大勢であった。

◆**平成28年判例**　これに対し、近時の判例（最決平28．12．19民集70巻8号2121頁、以下「平成28年判例」という）は、銀行の普通預金債権、ゆうちょ銀行の通常貯金および定期貯金債権について、「相続開始と同時に当然に相続分に応じて分割されることはなく、遺産分割の対象となるものと解するのが相当」とし、これと異なる内容の従来の判例は変更すべきものとした。

◆**平成28年判例を受けた実務対応**　この平成28年判例によれば、相続による預金債権の帰属は、法定相続分によって定められるものではなく、遺産分割によって定められることとなる。

そのため、仮に、金融機関が、相続人全員の意思を確認しないまま、相続人の一部の者の請求に応じ、当該相続人の法定相続分に相当する普通預金を払い戻した後に、この預金の全部を他の相続人に承継させる

との内容の遺産分割が成立し、これに基づき他の相続人から預金の全額の払戻しを求められた場合、平成28年判例の論旨に従えば、金融機関は、これを正当な払戻しとして扱うほかはなく、払戻しを行った預金の全額について二重の支払を強いられることとなる。

したがって、平成28年判例に従えば、金融機関は、遺産分割（または相続人全員の合意）の前に、相続人の一部から当該相続人の法定相続分に相当する預金の払戻しを請求された場合には、払戻しを行う預金の全額についての二重払いのリスクを許容しうる場合でない限り、これに応ずるべきではなく、遺産分割協議書または相続人全員の合意を証する書面を確認し、請求の内容がこれと一致する場合にのみ払戻しを行うべきものと考えられる。

なお、平成28年判例は、定期預金の相続に関しては特に判断を示してはいなかったが、平成28年判例の後、共同相続された信用金庫の定期預金債権および定期積金債権についても、相続開始と同時に当然分割されることはないという最高裁の判断が示された（最判平29．4．6金法2064号6頁）。このことからすれば、ゆうちょ銀行以外の金融機関の定期預金についても、定期貯金と同様に共同相続人の一部による払戻しが認められないものと解され、普通預金と同様、金融機関は、遺産分割等によるものでない限り、相続人の一部からの法定相続分の払戻請求に応ずるべきでないと考えられる。

11136 共同相続人の1人からの口座解約請求

共同相続人の1人からの口座解約請求がなされた場合は、どのように対応すべきか

結　論

共同相続の対象となった預金口座に係る預金契約上の地位および預金債権につき、解約の申出をしている相続人が単独で承継したことを確認することができる場合には、その請求に応じてさしつかえない。そうでない場合は、預金契約上の地位および預金債権は、共同相続人による準共有となるため、解約請求に応じるべきではない。

解　説

◆**預金口座が特定の相続人に承継される場合**　預金者の死亡によって、共同相続が生じた場合、複数の法定相続人のうちの特定の者が遺言や遺産分割協議により単独で特定の預金口座に係る預金契約上の地位および預金債権を承継することはありうるため、このように預金口座を承継した特定の相続人からの申出により口座解約の請求があった場合には、これに応じることに問題はない。

特定の相続人が預金契約上の地位や預金債権を承継したことを確認する手段としては、有効な遺言書、すべての共同相続人が参加した遺産分割協議書、遺産分割調停調書、遺産分割審判調書、遺産分割訴訟の確定判決などが考えられる。

◆**預金口座の共同相続人全員による（準）共有**　預金口座を特定の相続人が承継す

る内容の遺言や遺産分割協議がない場合、預金契約上の地位は、すべての共同相続人の（準）共有状態になっているものと解される（最判平21．1．22民集63巻1号228頁（以下「平成21年判例」という）は、共同相続人全員に預金契約上の地位が帰属するため、単独での取引経過開示請求が認められるとする。また、最決平28.12.19民集70巻8号2121頁、最判平29．4．6金法2064号6頁は、預金債権について、相続開始と同時に当然に相続分に応じて分割されることはないとしている）。

平成21年判例は、被相続人の預金口座に係る預金契約上の地位が共同相続人による（準）共有状態にあることを前提に、取引経過開示請求を、共有物の保存行為（民法252条ただし書）に関する各共有者の単独の権利行使として認めたものと解されるが、口座解約請求は、共有物の変更・処分行為（同法251条）と解されるため、共同相続人全員の同意を得て応じるべきものと考えられる。

これに反して金融機関が払戻しに応じた場合、準占有者に対する弁済（民法478条）による救済は困難と考えられ、二重払いのリスクを負うことになるものと考えられる。

11137　親権者からの相続預金払戻請求

預金者が死亡し、その配偶者であるＡと未成年の子Ｂが共同相続人であるとき、ＡがＢの親権者として特別代理人の選任手続をとらないまま、相続預金の払戻請求を行った場合、金融機関は払戻しに応じても

よいか

結　論

遺産分割が未了である場合、預金全額を手続依頼者であるＡ名義の口座に振り込むか、あるいはＡに現金で交付する方法による払戻請求があったときには、当該払戻しに応じてもよい。遺産分割が終了している場合、未成年の子のために選任された特別代理人が遺産分割協議書または相続手続依頼書に署名押印していることを確認したうえであれば、Ａに対して、遺産分割の結果Ｂに帰属した預金も含めて払戻しを行ってもよい。

解　説

◆遺産分割前の払戻請求　親権者は、未成年の子の財産に関する代理権および管理権を有しているが（民法824条）、親権者と子の利益が相反する行為（利益相反行為）については、代理権を行使することができない。この場合、親権者は、子のための「特別代理人」の選任を家庭裁判所に対し請求しなければならない（同法826条）。そこで、親権者が、未成年の子が共同相続した預金の払戻しを求める行為が、子と親権者の利益相反行為に該当するか否かが問題となる。

利益相反行為に該当する行為かどうかは、その行為の客観的性質から判断される（最判昭49．7．22裁判集民事112号389頁）。共同相続した預金を払い戻す行為は、預金を相続人に対し配分する行為ではなく、単に現金に換えるか、あるいは相続財産を管理するための口座に振り込むなどして相続財

産の保管方法を変更する行為にとどまる。このように、客観的性質上相続人間で利益が相反する状況を生じさせるものではない以上、親権者が、家庭裁判所に対し特別代理人の選任を求める必要はない。金融機関としては、相続手続依頼書において、親権者自身の署名押印と、子の法定代理人としての親権者の署名押印があることを確認できた場合には払戻しに応じることにさしつかえはない。

◆**遺産分割前の名義変更請求**　本問と類似した場面であるが、相続預金の名義を共同相続人の1人（たとえば相続手続依頼者であるA）の名義に変更するよう請求された場合には、注意が必要である。このような名義書換は、現金での払戻し等と異なり、それ自体が実質的な遺産分割協議に該当すると考えられる余地があるため、未成年の子Bの特別代理人による署名押印があることを確認したうえでなければ、払戻しに応じることもできないと考えるべきである。

◆**遺産分割後の払戻請求**　遺産分割は、相続人間で遺産の分け方を定めるものであり、その客観的性質上、相続人相互の利害が対立する行為である（最判昭49.7.22裁判集民事112号389頁）。したがって、親権者と未成年の子の間で遺産分割を行うためには、子の特別代理人を選任することが必要である。金融機関としては、特別代理人の選任に関する審判書謄本を徴求し、その記載内容を確認したうえで、遺産分割協議書に特別代理人が署名押印していることを確認したうえで払戻しに応じることになる。このような場合、金融機関は、相続手続依頼者であるAに対して、遺産分割の結果

Bに帰属した預金も含めて払戻しを行ってもよい。

なお、金融機関が、相続人全員の署名押印がある相続手続依頼書を徴求し、実質的に遺産分割協議が行われたものとして取り扱うこともあると思われるが、その場合も、同じく未成年の子の特別代理人による署名押印があることを確認するべきである。

11138　被相続人の非嫡出子からの払戻請求

被相続人の非嫡出子から預金の払戻請求がなされた場合、どのように対応するべきか

結　論

①平成13年7月より前に相続が開始した案件における非嫡出子の法定相続分は「嫡出子の2分の1」として払戻しに対応し、②平成25年9月5日以降に相続が開始した案件における非嫡出子の法定相続分は「嫡出子と同じ割合」として払戻しに対応する。

③平成13年7月以降平成25年9月4日までに相続が開始した案件については、平成25年9月4日までに遺産分割が終了し法律関係が確定したものを除き、非嫡出子の法定相続分を「嫡出子と同じ割合」として払戻しに対応する。

解　説

◆**旧民法900条4号ただし書**　嫡出子とは、法律上の婚姻関係にある男女を父母として生まれた子供のことをいい、非嫡出子とは、法律上の婚姻関係にない男女を父母として生まれた子供のことをいう。

非嫡出子の父は、認知をすることによって非嫡出子との間に法律上の父子関係を成立させることができ（民法779条）、認知された非嫡出子は、その父の法定相続人となる地位を取得する。旧来、非嫡出子の法定相続分は、旧民法900条4号ただし書により、「嫡出子の相続分の2分の1」とされてきた。

被相続人との血縁関係において差がない嫡出子と非嫡出子の相続分を区別して取り扱うことについては、法のもとの平等（憲法14条）に反するという批判もあったが、法律婚の尊重という立法趣旨にのっとり、裁判実務や金融機関の実務においては長らく合憲と考えられてきた。

◆平成25年最高裁決定と改正民法の適用関係　最決平25.9.4（民集67巻6号1320頁）は、民法900条4号ただし書について、遅くとも平成13年7月当時において法のもとの平等を定める憲法14条に違反していたとの決定をし、さらに、この違憲判断は、平成13年7月から同決定までの間に開始された他の相続に関する遺産分割審判、遺産分割協議等によって確定的なものとなった法律関係に影響を及ぼすものではない、と判示した。

これを受け、平成25年12月には、違憲部分（民法900条4号ただし書）を削除した改正民法が新たに施行された。同法は、最高裁判所による決定がされた日の翌日である平成25年9月5日以後に開始した相続について適用するものとされた（同法附則2項）。

以上の規律を整理すると、①平成13年7月より前に相続が開始した案件における非嫡出子の法定相続分は「嫡出子の2分の1」として取り扱うべきであり、②平成25年9月5日以降に相続が開始した案件における非嫡出子の法定相続分は「嫡出子と同じ割合」として取り扱うべきであるということになる。

また、③平成13年7月以降平成25年9月4日までに相続が開始した案件については、平成25年9月4日までに遺産分割が終了し法律関係が確定したものを除き、非嫡出子の法定相続分を「嫡出子と同じ割合」として取り扱うべきであるということになる。

なお、どのような場合が「確定的なものとなった法律関係」に当たるのかという点については、法務省の解説は、可分債権について相続人全員が相続分による払戻しを完了した場合、遺産分割審判が確定した場合、遺産分割協議が成立した場合等を例としてあげている。

◆金融機関の対応　最決平28.12.19（民集70巻8号2121頁）は、預貯金は「相続開始と同時に当然に相続分に応じて分割されることはなく、遺産分割の対象となる」と判示した。

金融機関としても、今後は、法定相続分による当然分割を前提とした相続預金の払戻しに応じることはなくなるであろう。したがって、金融機関は、基本的には遺産分割の結果に従って預金の払戻しに応じればよいため、上述した①～③の適用関係についてもそれほど厳密な整理が求められることはなくなるものと思われる。

| 11139 | 相続人が欠格、廃除された場合 |

相続人に欠格者、廃除者がいる場合、預金

払戻しにどのような注意をすればよいか

結　論

① **欠格または廃除の事実を確認する必要がある。**
② **代襲相続の適用があるから相続人の範囲に注意する。**

解　説

◆**欠格**　相続人について次のような事由があるときは、当然に欠格し、相続することができなくなる（民法891条）。

① 故意に被相続人または相続について先順位もしくは同順位にある者を死亡するに至らせ、または至らせようとしたために刑に処せられた者
② 被相続人の殺害されたことを知って、これを告発せず、または告訴しなかった者（ただし、その者に是非の弁別がないとき、または殺害者が自己の配偶者もしくは直系血族であったときはこの限りではない）
③ 詐欺または強迫によって、被相続人が相続に関する遺言をし、これを取り消し、またはこれを変更することを妨げた者
④ 詐欺または強迫によって、被相続人に相続に関する遺言をさせ、これを取り消させ、またはこれを変更させた者
⑤ 相続に関する被相続人の遺言書を偽造し、変造し、破棄しまたは隠匿した者

◆**廃除**　また、上記の欠格事由ほどではないが、被相続人に対する虐待、侮辱、非行といった好ましからざる一定の事由がある場合に、もし被相続人が欲するならば推定相続人の権利を剥奪することができる。

これを推定相続人の廃除という（民法892条以下）。廃除は被相続人の遺言によってもこれをなすことができる（同法893条）。もっとも、廃除は家庭裁判所の審判を必要とし、審判が確定すれば当該推定相続人の相続権がなくなる（同法892条）。ただし、被相続人はいつでも推定相続人の廃除の取消を家庭裁判所に請求できる（同法894条）。

なお、推定相続人とは将来相続人となれる有資格者のことであり、いま、ある人が死亡した場合に当然にその法定相続人となる者を指す。

◆**払戻し上の注意**　これらの場合、金融機関がそのことを知らずに欠格者または廃除された者に相続人として預金を支払っても、債権の準占有者に対する弁済として支払が有効となることが多いであろうが、欠格者または廃除者であることを知っているときは支払ってはならないし、相続人が欠格者であること、または廃除者であることを告げて他の相続人から預金の払戻請求があったときは、上記①の場合は判決書、その他の場合はそのことを証明する審判書、遺言書その他の明白な文書によって確認しなければならない。

なお、欠格者、廃除者に子があるときは、その者が代襲相続するから（民法887条2項・3項・889条2項）、相続人の範囲については注意が必要であり、遺産分割協議にこれら代襲者が加わっているか確認しなければならない。

11140 相続人の不存在

相続人のいない預金はどう取り扱うべきか

結　論

① 相続財産は法人となるが、管理人が選任されていないときは、金融機関は利害関係人として管理人の選任を家庭裁判所に請求することができる。

② 預金は管理人に対し払戻しをする。その際、家庭裁判所の許可を確認したうえで行うのが安全である。

解　説

◆**相続人不存在**　相続が開始すれば、相続財産は相続人に承継されることになるが、相続人の有無が不明のときは、一方で相続財産を管理・清算しつつ、他方で相続人を捜索することが必要となる。民法は、これらの手続を「相続人の不存在」として、951条以下に規定している。相続人不存在とは、相続は開始したが相続人がいるかいないか判明しない場合であり、初めから相続人のいないことが明らかである場合、および相続人はいたが全員が相続欠格、廃除、相続放棄などの理由で相続権を有しなくなった結果相続人がいない状態となった場合も含まれる。なお、遺言者には相続人はいないが相続財産全部の包括受遺者がいる場合は、民法951条にいう「相続人のあることが明らかでないとき」には当たらないというのが判例（最判平9.9.12民集51巻8号3887頁）である。

相続人不存在のときは相続財産は法人とされ、家庭裁判所は利害関係人または検察官の請求によって相続財産の管理人を選任し、またその公告をしなければならない。公告後2カ月経ってもなお相続人が現れないときは、管理人によって相続財産の清算がなされ、また特別縁故者があればその者に分与がなされた後、残余は国庫に帰属する（民法951～959条）。

なお、預金者の相続人が不存在であるときは、金融機関は利害関係人として相続財産管理人の選任を家庭裁判所に請求することができる。

◆**払戻手続**　相続財産管理人については、不在者の財産管理人の権限に関する規定が準用され（民法953条・27～29条）、保存行為または管理の目的たる物・権利の性質を変えない範囲内での利用行為もしくは改良行為をなしうるにすぎず、その範囲を超える行為を必要とするときには家庭裁判所の許可を必要とする（同法28条・103条）。

そこで、預金債権の取立を管理人が家庭裁判所の許可なしになしうるかが問題となるが、この点の解釈は必ずしも明確でない。定期預金を書き換えたり普通預金を定期預金に振り替えたりすることは許可なしになしうると解してよい。また、相続債権者への弁済や管理費用を支弁するため預金の払戻しを受けることも同様である。

しかし、預金が財産管理についての最も安全確実な方法であることを考えると、預金の払戻しを受ける行為が一般的に管理人の権限に属すると断定することは疑問である。仮に管理人の権限を超える場合であっても表見代理（民法110条）の法理により払戻しが有効とされる余地があるかもしれないが、金融機関としてはできる限り家庭

裁判所の許可を確認したうえで払戻しをするのが安全な取扱いといえよう。

11141 「預金を○○に相続させる」という遺言の意義

「預金を○○に相続させる」という遺言がある場合に、指定を受けた相続人から預金払戻請求がなされたらどのように対応すればよいか

結　論

　口座がはっきり特定できれば、払い戻してよい。

解　説

◆**従来の扱いとその意味**　金融機関の実務では、預金債権は、相続人により法定相続人が相続分に応ずる持分を有する共有（厳密には合有）債権になるとみて、遺産分割協議の成立を待つのが一般であり、もし「相続人の1人にその預金を相続させる」旨の遺言があっても、法定相続人全員の同意を要求するのが従来の実務であった（全銀協昭61.6.6回業第5号）。

　そして、相続人以外の者への指名債権の特定遺贈に関して債権譲渡の対抗要件を必要とした最判昭49.4.26（民集28巻3号540頁）と、遺産分割協議により法定相続分を超えて相続された分について対抗要件を必要とするとの最判昭48.11.22（金法708号31頁）からは、同意書の徴求はこの意味での対抗要件としての通知を要求したものと理屈づけることもできた。

◆**最判平3.4.19による変更**　しかし、

最判平3.4.19（民集45巻4号477頁）は、それまでの下級審裁判例が遺言の「相続させる」という文言は、その後の遺産分割協議を前提にするとしていたのを改め、特定の遺産を特定の相続人に単独で相続により承継させるという遺産分割の方法を定める趣旨で、そういう分割がなされたのと同様の遺産の承継関係を生ぜしめるから、その遺産については、死亡時に直ちに相続承継の効果を生ずる（協議も審判も経る必要はない）と判示した。

　結局、第三者に対する預金口座の特定遺贈と同様になったわけであるが、これは相続人の1人に対する遺贈の場合の、法定相続分を超える部分についての前記対抗要件の議論を改めるものではない。

　しかし、通知の役目をする同意書の徴求は債務者（金融機関）の承諾にかえてもよいのであるから（倉田卓次『遺言・公証』65頁）、この判例が出た以上、金融機関側としては同意書なしに払戻しに応じてよいであろう。

　ただ、口座特定には注意が肝要である。これについては【11151】を参照されたい。

11142 相続させる遺言と遺言執行者

「預金をAに相続させる」（Aは法定相続人の1人）という遺言がある場合に、遺言執行者Bから被相続人名義の預金の払戻請求がなされたらどのように対応すればよいか

「相続させる」旨の遺言により、被相続人の死亡の時に当該預金は特定の相続人Aに承継されていると解されるので、遺言執行者Bがあらためて遺言の執行をする余地はないともいえる。しかしながら、あえて遺言執行者を指名した被相続人の意思などをかんがみれば、実務的には、相続人Aと遺言執行者Bとともに相続手続を行う（またはAの同意を得たうえでBに支払う）のが望ましい。

解　説

◆**相続させる旨の遺言**　「相続させる」旨の遺言は、原則として、「遺産分割方法の指定」と解すべきであり、また、特定の遺産を特定の相続人に「相続させる」旨の遺言があった場合、特段の事情のない限り、なんらの行為を要せずして、当該遺産は被相続人の死亡の時に直ちに指定された相続人に承継される、とするのが判例である（最判平3．4．19民集45巻4号477頁）。したがって、本問の場合、被相続人名義の預金は被相続人の死亡（遺言の効力発生）の時に直ちにAに承継されたこととなる。

◆**遺言執行者の権限**　遺言執行者は、相続財産の管理やその他遺言の執行に必要ないっさいの行為をする権利義務を有するとされる（民法1012条1項）。とはいっても、遺言執行者が遺産に関する全権限を当然に有するということではなく、あくまでもその管理・処分権は遺言執行に必要な範囲に限られる。

本問の場合、「相続させる」旨の遺言により、なんらの行為を要せずして当該預金はAに承継されているのだから、Aが直接、払戻しや名義書換の手続をとればよいのであり、遺言執行者としてBが指名されていたとしても、あらためて遺言の執行をする余地はないともいえる。

実際、不動産を「相続させる」旨の遺言の場合に、被相続人の死亡とともに当該不動産の所有権を取得した相続人は「単独でその旨の所有権移転登記手続をすることができ、遺言執行者は遺言の執行として右の登記手続をする義務を負うものではない」とした判例もある（最判平7．1．24判時1523号81頁）。

したがって、相続預金の払戻しや名義書換の手続は、Bという遺言執行者がいても、指定された相続人であるAのみと行うことも可能と考えられる。

しかしながら、あえて遺言執行者を指名した被相続人の意思などをかんがみれば、実務上は、Aに遺言執行者Bとともに相続手続をしてもらうか、Aの同意を得たうえでBとの間で手続を行うのが望ましいといえよう。

11143　相続させる遺言と相続人の死亡

遺言で「相続させる」と指定された相続人がすでに死亡していた場合に、どのように対処すればよいか

原則として、相続させると指定された相続人が遺言者より先に死亡したことにより当該遺言はその部分に関し効力を失い、そ

の結果、当該相続人に相続させるとされた財産について、法定相続の対象として扱うべきである。

◆**相続させる旨の遺言の法的性質**　特定の相続財産を特定の相続人に相続させる旨の遺言の法的性質は、最判平3.4.19（民集45巻4号477頁）により、遺贈とすべき特段の事情がなければ当該相続財産を当該相続人をして単独に相続させる遺産分割方法が指定されたものと解すべきであり、その場合には、特段の事情がない限り、なんらの行為を要せずに当該相続財産は被相続人死亡時に直ちに相続により承継されるとされた。

◆**代襲相続肯定説と代襲相続否定説**　遺言の法的性質が遺贈であれば、当該遺言で相続させると指定された相続人が遺言者より先に死亡した場合には、民法994条1項により、当該遺言は効力を生じないこととなる。しかしながら他方で、相続させる旨の遺言のように遺言が遺産分割方法の指定である場合に同様の事態が起きたときの当該遺言の効力については、民法に明文の規定がなく、死亡した相続人の直系卑属が代襲相続すると考えるべきなのか、遺贈の場合と同様にその部分に関し効力がなくなり、その結果、死亡した相続人に相続させるとされた相続財産については法定相続の対象と考えるべきことになるのか、という問題が生ずる。

この点につき、過去の下級審裁判例では、代襲相続を否定するものが多数あり（東京家審平3.11.5家月44巻8号23頁、札幌高決昭61.3.17判タ616号148頁、東京

地判平6.7.13金商983号44頁、東京地判平10.7.17金商1056号21頁、東京高判平11.5.18金商1068号37頁）、登記先例（法務省昭61.6.30民三第3411号回答）も代襲相続否定説にのっとった解釈を示していたが、東京高判平18.6.29判時1949号34頁が代襲相続を肯定して以降、代襲相続肯定説を支持する見解が増加し、両説が対立していた。

◆**最高裁の判断**　被相続人の相続財産の全部を相続させる旨の遺言において指定された相続人が被相続人の死亡前に死亡したケースにおいて、当該遺言の効力につき他の相続人が争い、自らの法定相続分に相当する持分を取得したと主張して、指定相続人の代襲者である子らに対し、被相続人が持分を有していた不動産につき、自らの法定相続分に相当する持分等を有することの確認を求めた事案で、最判平23.2.22（民集65巻2号699頁）は、次のように述べて、代襲相続を否定する立場を明らかにした。

「被相続人の遺産の承継に関する遺言をする者は、一般に、各推定相続人との関係においては、その者と各推定相続人との身分関係及び生活関係、各推定相続人の現在及び将来の生活状況及び資産その他の遺産についての特定の推定相続人の関わりあいの有無、程度等諸般の事情を考慮して遺言をするものである。このことは、遺産を特定の推定相続人に単独で相続させる旨の遺産分割の方法を指定し、当該遺産が遺言者の死亡の時に直ちに相続により当該推定相続人に承継される効力を有する「相続させる」旨の遺言がされる場合であっても異なるものではなく、このような「相続させる」旨の遺言をした遺言者は、通常、遺言

時における特定の推定相続人に当該遺産を取得させる意思を有するにとどまるものと解される。したがって、上記のような「相続させる」旨の遺言は、当該遺言により遺産を相続させるものとされた推定相続人が遺言者の死亡以前に死亡した場合には、当該「相続させる」旨の遺言に係る条項と遺言書の他の記載との関係、遺言書作成当時の事情および遺言者の置かれていた状況などから、遺言者が、上記の場合には、当該推定相続人の代襲者その他の者に遺産を相続させる旨の意思を有していたとみるべき特段の事情のない限り、その効力を生ずることはないと解するのが相当である」

◆**実務上の留意点**　　上記最高裁判決により、両説の対立に関して解釈の統一が図られたことから、実務においても、こうした事案では、原則として、遺言において相続させると指定された相続人が遺言者より先に死亡したことにより当該遺言はその部分に関し効力を失い、その結果、当該相続人に相続させるとされた相続財産について、法定相続の対象として扱うべきこととなろう。

もっとも、上記判決は、遺言者の通常の意思は遺言時における特定の推定相続人に対する承継意思があるにとどまるはずであるという合理的意思解釈を論拠としており、当該推定相続人の代襲者に遺産を承継させる意思を推知させる内容が認められるような場合にまで遺言の解釈による代襲相続の余地を否定しているものではない。実務では、なお、遺言の具体的な文言につき慎重に確認することが求められる。

11144　遺産分割の方法

遺産分割にはどのような方法があるか

結　論

遺産分割は、指定分割、協議分割、審判分割の3種類に分かれる。

解　説

◆**遺産分割とは**　　共同相続のときは遺産は共同相続人の共有となるが、この段階ではまだ遺産全体につき相続分による持分を有するだけで、具体的にどの相続財産をだれが取得するかは未定である。そこで、このような状態を解消し、相続分に応じて個々の相続財産の具体的な所有者を定める手続が遺産分割である。ただし、一部の金銭債権や金銭債務（たとえば借入金）などの可分債権・債務とされるものについては、法定相続分により当然に共同相続人の数だけ分割されて各共同相続人が承継するという判例の考えに従えば、これらの債権や債務は、相続発生と同時に一定割合（＝法定相続分。【11104】参照）で各共同相続人が分割して当然に承継するので、遺産分割の対象には原則としてならないことになる。また、特定遺贈された預金や不動産についても同様である（【11141】参照）。なお、金銭債権のうち預金債権に関しては、近時の判例（最決平28.12.19金法2058号6頁）により、遺産分割の対象となるものとされている。

◆**遺産分割の方法**　　民法は、分割の実行方法を指定分割、協議分割、審判分割（調

停分割）の３通りとする（民法907条）。な
お、遺産分割の基準は同法906条に規定し
ている。

　（1）指定分割　　これは、被相続人が遺
言により分割方法を指定し、または相続人
以外の第三者に分割方法の指定を委託した
場合（民法908条）に、それに従ってなさ
れる遺産分割である。分割方法の指定は、
厳密には法定相続分の範囲内で遺産分配の
方法を定めることであるが、実際には相続
分の指定（同法902条）を含む場合が多い
とされる。

　（2）協議分割　　共同相続人全員の協議
による分割で、被相続人の分割禁止遺言が
ない限り、いつでも分割協議をすることが
できる（民法907条１項）。協議分割の場合
には共同相続人全員の参加が必要であり、
また、包括受遺者および相続分の譲受人も
参加する。協議は相続人全員の合同協議が
原則であるが、１人が原案を作成し、持回
りにより全員の同意を得てもよい。協議分
割の結果を書面化したのが遺産分割協議書
であり、相続人全員が署名・捺印（実印が
通常）する。なお、相続人中に未成年者と
その親権者がいるときの分割協議は利益相
反行為となり、未成年者のための特別代理
人の選任が必要である（【11145】参照）。

　（3）審判分割　　分割協議が成立しない
場合またはできない場合の方法であり、相
続人はだれでも分割審判の申立ができ、審
判手続は家事事件手続法（平成25年１月１
日施行）に従ってなされる。家庭裁判所は、
相続人および遺産を構成する財産を確定し
たうえで、民法906条の基準に従って分割
を行う。家庭裁判所は、分割の審判に先立
って調停による分割（調停分割）を試みる。

調停または審判が成立すれば、調停調書ま
たは審判書が作成される。なお、遺産債務
は分割審判の対象外とするのが裁判実務と
いえる。

◆**分割と相続分との関係**　　相続人全員の
自由な意思に基づく限りは法定相続分に従
う必要はなく、したがって、共同相続人間
に協議が調えば、遺産はどのようにでも分
割することができる。つまり、遺産分割に
おける相続人の自由意思は、被相続人の意
思である遺言にも（ただし、民法908条の
分割禁止に注意。なお、【11146】【11150】
参照）、また民法の意思（法定相続分）に
も優先する。ただし、遺産債務の自由な引
受は遺産債権者には対抗できず、また審判
分割の場合は法定相続分での分割が原則で
ある。

11145　相続と利益相反行為

親と未成年の子とが共同相続人の場合、親
は遺産分割協議につき親権を行使できるか

結　論

　原則として利益相反行為となって親権を
行使できない。この場合には、未成年者の
ための特別代理人の選任が必要となる。

解　説

◆**親子間の利益相反行為**　　親と未成年の
子との間の利益相反行為についての民法
826条の定めは、親・未成年の子間（同条
１項）または複数の未成年の子間（同条２
項）で互いにその利益が衝突するような行

為を行う場合には、親に親権の公平な行使を期待することができないとの理由で、親の代理権および同意権を制限して家庭裁判所の選任した特別代理人にこれらの権利を行使させ、未成年の子の利益を保護する制度である。ここでの利益相反行為とは、親にとって利益で子にとって不利益な行為、または親権に服する子の一方にとって利益であって他方にとって不利益な行為であり、たとえば親がその財産を子に単純に贈与するときのように、親と子との利益が相反しても、親にとっては不利益であるが子にとってはなんら不利益とならない場合は該当しない。利益相反行為に該当するにもかかわらず親が特別代理人の選任を待たずに子を代理して行った行為は無権代理行為であり、本人が成年に達した後に追認するか、または後日選任された特別代理人の追認がない限り無効である。

なお、親が管理権喪失の宣告（民法835条）を受けている場合あるいは養親がいる場合（同法818条2項）等では親は管理権を行使できないから、このような親との間では利益相反行為とはならない。

◆**相続と利益相反行為**　　相続でも民法826条の適用がある。たとえば、親と未成年の子とが共同相続人の場合、子の相続放棄は親の相続分を増加させるから利益相反関係が成立する（最判昭53.2.24民集32巻1号98頁）。さらに、親と未成年の子との間における遺産分割協議も利益相反行為に該当するというのが裁判例（大阪高決昭41.7.1判タ210号252頁）・学説である。なお、共同相続人である未成年の子とその親との間の遺産分割協議によってする相続登記の申請書には、遺産の全部を未成年の

子に帰属させる場合でも、遺産分割協議書とともに特別代理人選任を証する書面を添付しなければならないとする判決もある。また、親が数人の未成年の子を代理して行う遺産分割協議も、やはり利益相反行為に該当する（最判昭48.4.24判時704号50頁）。

◆**特別代理人選任**　　特別代理人の選任は家事事件手続法および家事事件手続規則に従って行われるが、親と未成年者の親族その他の利害関係人が申請権者になる。特別代理人は特定の行為について個別的に選任され、その権限は家庭裁判所の選任に関する審判の趣旨によって定まる。その内容は審判書の謄本により確認できるので、実務上は必ずこの謄本を提出してもらい確認することになる。

11146　遺言の方式と効力

遺言にはどのような方式があり、どのような効力があるか

結　論

遺言には普通方式および特別方式がある。遺言の効力は遺言の解釈の問題である。

解　説

◆**遺言の要式性**　　遺言をするには民法の定める方式に従わなければならず（民法960条）、この方式に違反した遺言は無効である。このように方式を重視するのは、遺言が効力を生ずる時には表意者は生存していないから、表意者の真意を明確にしておくためである。ただ、あまりに厳格な方式

を要求すると、遺言が利用されなくなったり、些細な方式違反のために無効となったりと、かえって問題である。そこで解釈論として、判例・学説ともに方式の規定を緩やかに解することで表意者の真意を生かそうとしているが、ただどの程度まで緩和するかは大変にむずかしい問題である。遺言は単独で行うべきで、共同遺言は禁止される。遺言は法定事項に限り可能であることに注意する。

◆**方式の種類**　遺言方式は大別して普通方式および特別方式があり（民法967条）、普通方式による遺言は数種に分けられるが、一般的なものは自筆証書遺言および公正証書遺言である。なお、死亡の危急に迫った場合等の特別方式による遺言は、遺言者が普通方式により遺言をすることができるようになった時から6カ月生存すると、その効力を失う（同法983条）。

〔遺言の方式〕（カッコ内は民法）
【普通方式】
├ 自筆証書遺言（968条）
├ 公正証書遺言（969条）
└ 秘密証書遺言（970条）
【特別方式】
├ 危急時遺言┬死亡危急時遺言（976条）
│　　　　　└船舶遭難者遺言（979条）
└ 隔絶地遺言┬伝染病隔離者遺言（977条）
　　　　　　└在船者遺言（978条）

◆**自筆証書遺言**　自筆証書遺言は、遺言者が遺言書の全文、日付（作成年月日がなければ無効）、氏名を自署（パソコンやタイプライターでは無効）し、これに押印（拇印等の指印でも可）することによって成立する（民法968条1項）。この方法は手続が簡単であり費用もかからないが、遺言書の滅失、偽造、変造のおそれがあり、検認が必要である。

◆**公正証書遺言**　公正証書遺言は、2人以上の証人の立会いを得て公証人が関与して作成される遺言であり、公証人が出張して病床でも作成できるし、遺言者が署名不能の場合は公証人がその旨を付記して署名にかえることもできる（民法969条）。この方法は遺言の存在や内容が明確であり、検認も不要だが、存在や内容を秘密にできないし、また手続が複雑で費用もかかる。

◆**遺言の効力**　遺言が具体的にどのような効力を生ずるかは、遺言を解釈し、遺言者の真意を確定することによって決定される。遺言が法定事項からはずれると解釈されると無効となる。遺言の成立時期は遺言書作成の時であるが、効力発生時期は原則として死亡の時である（民法985条1項）。なお、特定遺贈では遺言者の死亡により当然に遺贈目的財産は受遺者に移転し（物権的効力）、また特定の遺産を特定の者に「相続させる」趣旨の遺言は原則として遺産分割方法の指定であり、物権的効力が生ずるとするのが判例である（【11141】参照）。また、遺言に反する分割協議も、身分関係と相続人以外の第三者への遺贈を除き、有効である（【11150】参照）。

◆**遺言の撤回**　遺言者は、遺言の方式によりいつでも遺言の撤回・変更ができ（民法1022条）、複数の遺言がある場合等は後から作成されたものが優先する（同法1023条）。したがって、いま手元にある遺言が本当に有効かどうかは保障の限りではない。

◆**検認について**　家庭裁判所における遺言書の検認は、その偽造・変造を防ぐことが目的であり、遺言内容の真否・有効無効を判定する手続ではないことに注意する。

11147　検認制度と遺言①

検認ずみである場合には、遺言の有効性が家庭裁判所により確認されたものとして相続預金を支払ってよいか

結　論

家庭裁判所による遺言書の検認手続は、遺言書の有効性を確定する手続ではない。したがって、検認によって遺言の有効性が家庭裁判所により確認されたことにはならない。

解　説

◆**遺言について**　遺言は、遺言者の最終意思を表示するものであり、その意思を正確に死後伝えるための行為である。遺言には、普通方式遺言と特別方式遺言があり、普通方式による遺言は、自筆証書遺言、公正証書遺言、秘密証書遺言に分けられる。特別方式は、危急時遺言と隔絶地遺言とに分けられるが、特別方式の場合、遺言者が普通の方式によって遺言をすることができるようになった時から6カ月間生存するときは、その効力を失う（民法967条・983条）。

◆**検認制度の意義**　遺言書の検認制度（民法1004条1項）は、遺言者の遺言の内容を実現するため、民法において「遺言の執行」という表題のもとに、主として遺言執行者の存在を念頭に置いて規定されたものである。

民法1004条は、遺言執行手続の準備手続の一環としての遺言書の検認・開封を規定しているが、遺言書の存在は遺言に利害関係をもつ者に大きく影響するところがあり、相続財産の帰属に決定的影響をもつことが多い。したがって、遺言が存在する場合は、遺言者の最終意思を確認し、遺言の内容を確実に保持するとともに、利害関係人にその内容を周知させることが必要である。そこで、利害関係人に対し遺言の存在とその内容を知らせるとともに、遺言書の形状、加除訂正の状態、日付、署名など検認の日現在における遺言書の内容を明確にして遺言書の偽造・変造を防止するための手続として、家庭裁判所による遺言書の検認制度が設けられたものである。検認の実質は、遺言書の現状を確認する証拠保全手続であり、検認の対象となるのは、公正証書による遺言を除くすべての遺言である（同条2項）。

家庭裁判所による検認手続は、遺言の有効・無効を判断しない。そのため、遺言としての形式に不備がないという点も含め、遺言の有効性について不審な点等があれば相続人等は別途その有効性につき裁判で争うことができる。したがって、実務上は、家庭裁判所の検認を受けた遺言書であっても、後日、その有効性につき紛争が生じるリスクがあることに注意すべきである。

◆**検認の申立手続**　遺言書（公正証書遺言を除く）が存在する場合は、相続の開始を知った後、遅滞なく遺言書を家庭裁判所に提出して、その検認を請求しなくてはならない。検認の申立人は、遺言書の保管者または遺言書を発見した相続人であり、申立先は、相続を開始した地を管轄する家庭裁判所である（家事事件手続法209条1項）。申立書には、「遺言者の出生時から死亡時までのすべての戸籍（除籍、改製原戸籍）

謄本」、「相続人全員の戸籍謄本」、「遺言者の子（及び代襲者）が死亡している場合は、その子（及びその代襲者）の出生時から死亡時までのすべての戸籍（除籍、改製原戸籍）謄本」等の書類を添付する必要がある。そのほか具体的な手続は、申立する家庭裁判所に相談・確認しながら行うことでよい。

遺言書は、申立人が家庭裁判所へ遺言書を提出し、検認期日に出席した相続人またはその代理人の立会いのもと、封筒を開封し検認がされる。

仮に、検認手続を行うべき相続人等が家庭裁判所への申立を怠り遺言を執行すれば、5万円以下の過料に処せられる（民法1005条）。

◆**実務上の留意点**

① 遺言書検認手続の法的意義は前述のとおりであり、家庭裁判所の検認がなされても、それによって当該遺言の有効性が確定することはない。したがって、検認ずみの遺言書を無条件に法的効力のあるものとして取り扱うべきではない。

② 自筆証書遺言は、最も簡単に本人により作成できる遺言であり、その性質ゆえに、偽造、変造の危険や文意が不明である可能性も高く、その効力につき争いになることもありうる。また、前記のとおり、検認は遺言の有効性を示すものではない。したがって、検認のある遺言書の提示により、相続預金の払戻しを求められた場合には、まず、自筆証明遺言としての形式（民法968条）に不備がないか確認する必要があるうえ、遺言書の内容に不審な点はないか、内容は明確か、利害関係人より異論がないか等を確認するのがよく、不審な点があるときには、遺言書内容に異論はないことについて相続人全員より署名・捺印を得る、または相続人と連絡をとり遺言書の内容に異論はない旨の確認をするのが遺言の有効性について生ずる争いに巻き込まれるリスクを避けるためには肝要であろう。遺言執行者がいない場合は、特に注意が必要である。

③ 遺言執行者から検認済証明書が添付された遺言書の提示があり、相続預金の払戻請求がなされた場合には、まず遺言執行者であることを確認し、特に遺言書の有効性につき疑うべき事情がない限り、払戻しに応じることになる。なお、遺言執行者が存在する場合は、個別の相続人からの払戻請求には応じないのが原則である。

11148　検認制度と遺言②

家庭裁判所の検認のない遺言書に基づいて、相続預金を支払うことは可能か

結　論

家庭裁判所の検認のない遺言書に基づいて相続預金を支払うことは避けるべきである。

解　説

◆**検認制度の意義**　民法1004条は、公正証書遺言を除く遺言について家庭裁判所の検認を受けることを義務づけている（検認制度の意義については【11147】参照）。

◆**実務上の留意点**　家庭裁判所の検認済

証明書を受ける利点は、遺言の存在を相続人や受遺者が認識していること、および遺言書の偽造・変造等が防止されていることを確認でき、速やかに遺言執行にあたれることである。金融機関の実務では、相続預金の払出請求において、遺言書に添付される検認済証明書を確認することが原則である。

ところで、民法1005条は、相続人等が検認手続を経ずに遺言執行した場合、金銭罰を科しているが、家庭裁判所の検認を経たとの一事をもって、当該遺言書が真正に成立したとの推定を受けるわけではないので、検認手続を経ない遺言執行も不可能ではない。たとえば、「本遺言書は検認を経ていないが、本書面に署名捺印した利害関係人は全員、遺言書の内容に何ら異存はなく、遺言書記載のとおりに受遺者に対して相続預金を支払うよう依頼する。この支払いについて何らかの紛議が生じても、利害関係人全員で解決するものとし、金融機関にはいっさい迷惑・損害をかけない」といった内容の手続依頼書の提出を受けて払戻手続をすることは考えられる対応である（なお、この場合の署名捺印は、遺言執行者（存在する場合）、受遺者およびすべての共同相続人によるのが望ましい）。ただし、この手続を採用するときは、相続に関し利害関係人においてなんらかの紛議が生じていないか等を事前に確認のうえ、預金額等をふまえて慎重に判断すべきものであり、役席者および関連部門ともよく相談し、必要な金融機関の内部手続を経て処理すべきである。

11149 遺言の効力発生時期

預金者が重体で意識もなく回復の見込みもない場合に、妻から預金者の遺言に基づく自己に対する支払請求を受けたときは、応じてよいか

結　論

遺言は、遺言者の死亡時からその効力を生ずるものであるから、預金者の生存中には遺言に基づく預金支払請求に応じてはならない。

解　説

◆遺言の効力発生時期　遺言は、遺言者の最終意思を表示するものであり、その意思を正確に死後伝えるため、遺言者は、いつでも遺言の方式に従って、その遺言の全部または一部を撤回することができる（民法1022条）。その効力は、遺言書の作成時点ではなく、遺言者の死亡の時から生じる（同法985条）。

◆効力の発生していない遺言に基づく預金支払と金融機関の責任　遺言は遺言者の死亡によりはじめてその効力が生ずるものであり（民法985条1項）、遺言者はいつでもすでにした遺言を取り消すことができ（同法1022条）、遺言者の死亡以前に受遺者が死亡したときには遺贈の効力は生じない（同法994条1項）のであるから、遺言者の生存中は、遺贈を定めた遺言によってなんらの法律関係も発生しないのであって、受遺者とされた者は、なんらの権利も取得するものではない（最判昭31.10.4民集10

巻10号1229頁)。

したがって、遺言書が適正な手続により作成されていても、遺言者が生存していれば、当該遺言の効力は発生しない。預金者が生存している以上は、預金は生存している預金者の意思に基づき払い戻すべきであるから、預金者が重体で意識もなく回復の見込みもない場合に、妻から預金者の遺言に基づく支払請求を受けたとしても、金融機関はこれに応じるべきではない。

◆**推定相続人からの緊急を要する預金支払請求**　このように、遺言は、遺言者の死亡時からその効力を生ずるものであるから、預金者の生存中は遺言に基づく預金支払請求に応じるべきではない。

しかし、場合によっては、緊急を要する費用や入院費など預金者本人のため資金が必要で、推定相続人がやむをえず遺言書を頼りに預金支払請求をすることも考えうる。

効力のない遺言書に基づく預金支払請求に応じることはできないが、当該預金支払請求の目的が、緊急かつ預金者本人にとって真に必要・有益であるということが確認できるのであれば、二重払いのリスクを完全には払拭できないことを勘案のうえ、入院費など必要な費用について、金融機関において預金者の入院先へ直接振込する等の方法により、便宜的に支払に応じるということも判断としてはありうるところであろう（【10974】参照）。

| 11150 | 遺言と異なる遺産分割協議 |

遺言と異なる内容の遺産分割協議に基づく

相続預金は、どのように払い戻すか

結　論

遺産分割を禁止する遺言が存在することがわかっている場合および、遺言において遺産分割方法の指定に遺言執行者の指定も伴っているような場合以外は払戻ししてよいが、念のための一札をとっておくとよい。

解　説

◆**遺産分割協議による遺言内容の変更**
遺言による遺産処分中、相続人以外の第三者への遺贈などにおいては、相続人はその義務者となるのであって、それについての協議などありえないが、遺言内容が相続分の変更や遺産分割方法の指定などで関係者が相続人に限られる場合は、協議内容が遺言に抵触しても、協議として有効に成立している限り、遺言に優先するというのが判例・通説である。「長男にやる」という遺言のある土地を次男の取り分とする協議を、遺言に反するからとその効力を否定してみても、いったん遺言どおりにした後、長男から次男に所有権移転することができる以上、否定しても空しいからである。「相続させる」の遺産分割方法指定効を認めた最判平3.4.19（民集45巻4号477頁）は、遺産分割協議なしに遺贈同様の権利移転が生ずるとしたが、指定された相続人も加わっての遺産分割協議にその相続人の同意を得てその遺産をあらためて協議の対象とすることは許されよう。

窓口としては、遺言の存在を知る知らぬにかかわらず、相続人全員による有効な分割協議書とみれば、それに従ってよい理屈

であるが、遺言の有無につき一応の照会（【11110】参照）はすべきである。

◆異なる内容の遺言のあることがわかっているときの取扱い　相続人全員の総意とみられる遺産分割協議書が提出されたが、金融機関側にはそれと抵触する内容の遺言が存在していることがわかった（上記の照会などで）場合はどうか。

前述のとおり、相続人以外の第三者への遺贈がある場合に、協議の余地はないのはいうまでもない。

民法908条に規定する遺産分割を禁止する旨の遺言が存在する場合は、死後最長5年間は遺産分割をしてもその効力がないから、預金についても、遺産分割協議に基づく払戻しには応ずるべきでない。

また、遺産分割方法の指定に遺言執行者の指定を伴っている場合については、遺言者の意思は、これに反する共同相続人等による遺産分割を許さず、遺産分割の実行およびそれに伴う諸手続のすべてを遺言執行者に委託したものと解すべき場合が多いと考えられる。判例にも、遺産分割の方法の指定として、特定の財産をあげて分配を具体的に指示し、かつ、遺言執行者を指定した遺言につき、これを相続分の指定を伴う遺産分割方法の指定であるとし、遺言執行者は指定された遺産分割方法に従った遺産分割の実行の委託を受けたものとして、これに反する共同相続人の協議による遺産分割は許されないとしたものがある（東京地判平元.2.27金法1234号39頁）。したがって、このような遺言の場合は、遺言執行者を相手に処理するのが妥当といえよう。

それ以外の場合には遺言に反する分割もかまわないわけであるが、たとえば、相続税全体の支払にあてるよう遺言されている預金を1人に帰属させて相続税には不動産を換金してあてることに相続人全員の合意が成立している場合の、その1人からの預金払戻請求などなら、念のため「遺言には反するが全員の合意が成立している」旨の全員の署名押印ある一札を徴求するのが妥当であろう。

| 11151 | 遺言で預金の承継者が定められた場合 |

遺言により預金の承継者が定められた場合に、相続預金はどのように払い戻すか

結　論

遺言により預金の承継者が定められているという場合でも、遺言書の形式、承継者の立場、遺言執行者の有無等によってどのように手続すべきであるかはさまざまである。また、遺言書の記載振りからみて、自行の預金が対象になっているかどうか明確でない場合には、相続人全員の連署を求めるべきである。

解　説

一口に遺言によって預金の承継者が定められる場合といっても、いろいろなケースがある。遺言の種類という観点でいえば、それが公正証書遺言である場合もあれば自筆証書遺言の場合もある。また、法定相続人のうちの1人に対して預金を承継させると記載されている場合もあれば、法定相続人でない者に対して預金を承継させると記載されている場合もある。さらに、遺言執

行者が選任されている場合とされていない場合とがある。

◆**公正証書遺言と自筆証書遺言**　公正証書遺言と自筆証書遺言とで遺言の効力に差異はない。しかしながら、前者が公証人役場に原本が保管され、しかも証人の立会いのもと、遺言者が口述したことを公証人が書面にまとめるというものであって、内容も文体もはっきりしているのに対し、後者は、遺言者が思ったままに作成するものなので、内容が曖昧であったりすることも往々にしてあり、後日相続人間の紛争を招く場合も少なくない。したがって、自筆証書遺言の場合には、検認手続がなされているからといって安心せず、できるだけ多くの相続人の連署をもらうなど、公正証書遺言の場合よりも慎重な対応をとる必要があろう。

◆**法定相続人への承継と相続人以外の者への承継**　相続人の1人に対して預金を承継させる場合には、いわゆる「相続させる」遺言として、当該遺産を当該相続人に対して単独で承継させる遺産分割方法の指定であり、なんらの行為を要せずに被相続人の死亡の時に直ちに承継されると解するのが判例である（最判平3.4.19民集45巻4号477頁）。したがって、遺言により預金を承継するとされた相続人の署名だけで支払に応ずることが可能である。

これに対し、法定相続人以外の者に承継させる場合のことを狭義の遺贈という。この場合には、遺贈義務者（相続人）の債務者（金融機関）に対する通知または債務者（金融機関）の承諾がなければ、受遺者は遺贈による取得を債務者に対抗できないという判例があり（最判昭49.4.26民集28巻

3号540頁）、また、相続人とのトラブル回避の観点からも、遺贈義務者である相続人らの署名を求めるのが無難である。

◆**遺言執行者の選任の有無**　遺言執行者が選任されている場合のうち、たとえば、預金を換価したうちいくらかを相続人のうちだれに、残りをだれに、といった遺言執行手続を要するものは必ず遺言執行者の署名を受けるようにする。これに対して、自行の預金をだれが承継するか明確になっていて、遺言執行の必要がないと考えられる場合には、理論的には遺言執行者の署名は必ずしも必要ではないともいえるが、トラブル回避の観点からは、当該預金を承継することになった相続人の署名のほか、極力、遺言執行者の署名を得ておくことが望ましいといえる。

◆**遺言書で預金の扱いが明確でない場合**
遺言書の記載振りから判断して、自行の預金が承継の対象になっているかどうか明確でない場合もある。そのような場合には、遺言書が存在しない場合と同様に、相続人全員の署名を取得するようにすべきである。

| 11152 | 遺言に関し確認すべき書面 |

遺言により相続預金を払い戻す場合、遺言に関するどのような書面（原本または正本もしくは謄本）を確認すれば足りるか

| 結　論 |

公正証書遺言の場合には正本・認証謄本により、自筆証書遺言の場合には原本により確認する。後者では検認手続の有無も確

認する必要がある。

解　説

◆**公正証書遺言の場合**　遺言者の署名押印のある公正証書遺言の「原本」は必ず公証役場に保管されており、遺言者や遺言執行者が所持しているのは「正本」あるいは「（認証）謄本」である。この場合、遺言者の表示は記名ないし署名コピーになるが、正本あるいは謄本であることにつき、「原本に基づき作成した」旨の公証人の署名押印のある認証文が付される。

　金融機関に示すことができるのは正本または謄本のいずれかである。遺言執行のうえで効力に違いはなく、正本ないし謄本であることを公証人の署名押印により確認できれば、原本でないことにこだわる必要はない。

　登記手続が各所で必要なため正本も謄本もその現物は登記所に提出されてしまい、金融機関へはそのコピーしか提出できなかったというような場合も考えられる。これは信用性の問題であるから、遺言内容がそのような登記手続を要求するものであることが確認でき、また、持参者が弁護士である遺言執行者とか、故人の妻であって前々から窓口での応接者と面識がある場合とか、本来の正本ないし謄本で確認するのと大差ないという確信がもてるのであればコピーで応じてよい場合もあろう。

◆**自筆証書遺言の場合**　自筆証書遺言の場合には、原本の提示を求める。原本には「家庭裁判所の検認」があるはずである（民法1004条1項）。遺言の法的な効力はこの検認がなくても変わらないとされる（大判大4.1.16民録21輯8頁）が、窓口とし

ては信憑性の観点からも、検認がなされていることを確認すべきであろう。

◆**その他の遺言の場合**　危急時遺言などその他の類型でも、原則として「原本」を要求すべきである。検認のほか、遺言の日から20日以内に「家庭裁判所の確認」（民法976条4項）の手続を経ていることを確認すべきであろう。

11153　相続財産管理人からの預金照会と払戻請求

相続財産管理人から、相続預金の預金照会があった場合、応じてよいか。また、定期預金解約などの払戻請求を受けた場合は応じてよいか

結　論

　相続財産管理人から、相続預金の預金照会があった場合には、家庭裁判所からの審判書を確認のうえ、照会に応じてよい。また、定期預金解約などの払戻請求を受けた場合には、「家庭裁判所の支払許可書」または相続財産管理人選任の審判を行った家庭裁判所に直接確認のうえ払戻しに応じてよい。

解　説

◆**相続財産管理人とは**　相続財産管理人とは、財産を相続する人の存否が明らかでない場合（相続人が相続放棄をして結果的に相続人がいなくなった場合も含む）、被相続人の財産を管理・保全する人をいう。被相続人の債権者など利害関係者や検察官の申立により、家庭裁判所が選任すること

とされている。主な職務は債権の処理や債務の弁済、破産申立をするなどして、財産の清算をすることである。特別な資格は必要ないが、被相続人との利害関係の有無などを考慮し、最も適任と認められる人が選ばれ、弁護士や司法書士が務めることもある。

◆**相続財産管理人の権限**　相続財産管理人は、保存・利用・改良する行為、すなわち管理行為を行う権限を有するが（民法953条・28条・103条）、それを越える行為については家庭裁判所の許可が必要であり、許可なしになされた行為は無権代理行為となる（同法113条）。

◆**預金照会への実務対応**　相続財産管理人が相続預金の預金照会を行うことは、財産の清算をするという目的の前提として被相続人の財産状況を把握するためのものであり、管理行為としてその権限の範囲内とされていることであるから、相続預金の預金照会を受けた金融機関は、当該照会を行ってきた者がたしかに家庭裁判所によって被相続人の相続財産管理人として選任されていることを確認できる審判書の謄本を徴求することによって、当該照会に応じてよい。

◆**定期預金解約などの払戻請求への実務対応**　他方、相続財産管理人が定期預金解約などの払戻請求を行うことは、相続預金の預金照会とは異なり、相続財産管理人の権限の範囲内である管理行為に該当するか否か明確とはなっていない。そのため、実務上は、相続財産管理人であることを相続財産管理人選任の審判書の謄本の提出を受けたうえで、「家庭裁判所の支払許可書」等の確認をしたり、審判書に記載のある家庭裁判所に連絡し、払戻請求を行うことが相続財産管理人の権限の範囲内であるのか確認をしたりするといった対応をしたうえで確認ができた場合には払戻請求に応じてよいであろう。

11154　死因贈与執行者からの預金照会と払戻請求

贈与者が選任した死因贈与執行者から預金照会があった場合、応じてよいか。また、払戻請求を受けた場合、どのように応じればよいか

結　論

死因贈与執行の職務遂行上の必要性が明確に示されない限り、預金照会に応じることに慎重であるべきであり、また、払戻請求についても、死因贈与執行者に対してではなく受贈者に対して直接払い戻すのが無難な対応といえる。

解　説

◆**死因贈与執行者の職務権限と預金照会**

死因贈与執行者の職務権限につき、遺言執行者の職務権限について規定した民法1012条（「遺言執行者は、相続財産の管理その他遺言の執行に必要な一切の行為をする権利義務を有する」）が準用されるか否かについては、東京地判平19.3.27（判時1980号98頁）は、これを肯定している。仮に準用されるとした場合でも死因贈与執行者が具体的にいかなる権限を有するかは残された問題となっているところ、死因贈与執行者の死因贈与の執行に必要ないっさいの行

為に、開示請求を含む贈与対象財産調査が含まれているか否かは明確となっていない。このため、死因贈与執行者からの預金照会が可能という考え方もありうるものの、一般に、死因贈与執行者が死因贈与を執行するうえで贈与者の預金の取引経過等を把握する必要があるとは考えにくいことから、取引明細等の開示が死因贈与執行者に真に必要と客観的に判断されるような場合を除き、原則として開示を控えるのが無難であろう。この点、遺言執行者からの預金照会については、【11126】を参照されたい。

◆**死因贈与執行者の職務権限と預金払戻請求**　上記のとおり、死因贈与執行者の職務権限につき、民法1012条の準用の余地があるとしても、預金照会の場合と同様、死因贈与執行者の死因贈与の執行に必要ないっさいの行為に、預金払戻請求も含まれているか否かは明確となっていない。そのため、死因贈与執行者について預金払戻権限があるか否かは解釈上明確となっておらず、また、受贈者に対して直接払戻請求に応ずれば足りるという点も勘案すれば、死因贈与執行者からの預金払戻請求に応じることには慎重な対応が必要と思われる。この点、遺言執行者の預金払戻権限に関する議論も参考になるだろう。

◆**実務上の対応**　金融機関としては、死因贈与契約の受贈者からの直接の預金照会や預金払戻請求に応じればよいのであるから、死因贈与執行者を名乗る者からの預金照会や払戻請求に安易に応じるべきではない。この点から、死因贈与執行の職務遂行上の必要性が明確に示されない限り、預金照会に応じることに慎重であるべきであり、また、払戻請求についても、死因贈与執行

者に対してではなく受贈者に対して直接払い戻すのが無難な対応といえよう。

| 11155 | 被相続人の成年後見人から相続預金の払戻請求 |

金融機関が被相続人の成年後見人から相続預金の払戻請求を受けた場合、どのように対応すべきか

結　論

成年後見人が、相続預金の払戻しについて家庭裁判所の許可を得たことを示す審判書の謄本を提出して払戻しを請求するものであれば、金融機関は、審判書の記載内容に従った払戻しを行うべきである。ただし、金融機関において、成年後見人への預金払戻しについて成年被後見人の相続人が反対の意思を明示していることを認識していた場合にはこの限りではない。

解　説

◆**成年後見人の死後事務**　成年後見人の代理権は、生存している成年被後見人を代理するものであり、成年被後見人の死亡により代理権は消滅する（民法111条1項1号）。そのため、成年被後見人が死亡した瞬間に、成年後見人は成年被後見人に係るすべての代理権限を失うこととなるのが原則である。

しかし、成年被後見人が相続人となる親族と疎遠になっている場合などもあり、成年被後見人の死後に発生する事務の処理については、少なくとも相続人に引き継ぐことができるまでの間は、成年後見人が関与

することが必要となる。そこで、民法では、成年被後見人の死後も成年後見人が行うことができる事務（死後事務）を具体的に定め、その範囲において、成年被後見人の死後「相続人が相続財産を管理することができるに至るまで」の間、成年後見人の権限が存続することを認めている（民法873条の２）。

◆成年後見人に対する相続預金の払戻しに応ずるべき場合　民法上、成年後見人が行いうる死後事務としては、①「相続財産に属する特定の財産の保存に必要な行為」（民法873条の２第１号）や②「相続財産に属する債務の弁済」（同条２号）のほか、②家庭裁判所の許可を受けたうえで、成年被後見人の「死体の火葬又は埋葬に関する契約の締結」および「その他相続財産の保存に必要な行為」を行うことが規定されており（同条３号）、相続預金の払戻しは、この家庭裁判所の許可を得て行う「その他相続財産の保存に必要な行為」に含まれるものと解される。

したがって、金融機関が成年後見人から死亡した成年被後見人の預金の払戻しを請求された場合、家庭裁判所の許可を得たことを確認したうえでこれに応ずるべきこととなる。

この家庭裁判所の許可は審判書により示されることから、金融機関としては、成年後見人に対し審判書謄本の提示を求めたうえで、その審判書に記載された許可の内容に従って預金の払戻しを行うこととなる。なお、この払戻しに際しては、金融機関は、審判書に記載された許可の内容に従って対応すれば足り、払い戻された預金の資金使途を調査するなど、成年後見人の求める行為が、「相続財産の保存に必要な行為」に該当するか実質的な調査を行う必要はないと考えられる。

◆相続預金の払戻しを行うべきでない場合　ただし、成年後見人の死後事務は、「成年被後見人の相続人の意思に反することが明らかなとき」には行いえないこととされている（民法873条の２柱書）。そのため、成年後見人による審判書を提示した預金の払戻請求に先立ち、金融機関が成年被後見人の相続人から成年後見人の払戻請求に応じないよう求められていた場合には、成年後見人の払戻請求に応ずるべきでないこととなる。

◆相続預金の払戻しに注意を要する場合　また、審判書には特に有効期限はないため、成年後見人による預金払戻請求時に提示された審判書が発行されてから何年経過していたものであっても、金融機関としてはその請求に応じて預金を払い戻すことができるものと考えられる。ただ、金融機関が提示を受けた審判書が、発行日からあまりに時間が経過したものであった場合には、すでに、「相続人が相続財産を管理することができる」状態となっており、成年後見人が死後事務を行うことができない状態となっていることも考えられる。そのため、このような場合には、金融機関は、成年後見人に対し審判書発行日から期間が経過している理由を確認したり、審判書を発行した家庭裁判所に問合せを行ったりするなどして、成年後見人に預金を払い戻すことに問題ないか確認することが望ましい。

11156 相続人の１人が行方不明の場合

相続人の１人が行方不明となっている場合には、相続預金の支払はどのように行うべきか

結　論

行方不明者のために不在者財産管理人が選任されている場合には、他の相続人と財産管理人に対して支払うのがよいが、そのような財産管理人が選任されていない場合には支払に応ずるべきではない。

解　説

預金者が死亡し、相続人を相手に相続預金を支払う場合には、相続人全員の連署による受取書を徴求したうえで、あるいは、相続人全員による遺産分割協議書により預金の承継者として指定された相続人に対して支払うのが原則である。ところが、相続人のなかに行方不明者がいる場合、あるいは行方不明とまではいかないまでも、どうしても連絡がつかない相続人がいる場合に、どのように相続預金を支払うかは問題となるところである。

◆**不在者財産管理人が選任されている場合**
行方不明となった相続人のために不在者財産管理人（民法25条）が選任されている場合には、相続人と当該不在者財産管理人との連署による受取書を徴求し、あるいは、相続人と当該不在者財産管理人により行われた遺産分割協議書に基づいて、相続預金の支払手続を行うことができる。もっとも、後者の場合には、あわせて家庭裁判所の許

可を得ていることを確認すべきである。なぜなら、不在者の資産を預金から現金に変えるだけであれば保存行為（同法103条１号）の範疇に収まるが、遺産分割協議に加わることは管理・処分行為として、不在者財産管理人単独ではなしえない（同法28条）と解される余地があるからである。

◆**不在者財産管理人が選任されていない場合**　不在者財産管理人が選任されず、行方不明者を除いた相続人だけで相続預金の支払を受けたいとの要請を受けた場合には、相続預金のうち行方不明者以外の相続人の法定相続分に相当する部分であっても払戻しに応ずるべきではない。

この点、判例（最決平28.12.19民集70巻８号2121頁）によれば、普通預金債権について「相続開始と同時に当然に相続分に応じて分割されることはなく、遺産分割の対象となるものと解するのが相当」とされており、定期預金債権についてもこれと同様と考えられる（【11135】参照）。そのため、相続人の法定相続分に応じて預金を払い戻した後に、相続人全員による遺産分割協議がなされ、預金について法定相続分とは異なる割合により承継されることとなった場合、金融機関はこれに応じた預金の払戻しを求められることとなり二重払いのリスクが生ずることとなる。

したがって、預金の相続人の１人が行方不明である場合、金融機関としては、相続預金全額についての二重払いのリスクを許容しうるものでない限り、預金の払戻しを求める相続人に対し、行方不明者について不在者財産管理人を選任することや、場合によっては失踪宣告の請求をすることを促し、相続人またはこれにかわる者の全員の

同意を得たうえで払戻しに応ずるべきと考えられる。

11157 預金者死亡による葬式費用支払

預金者死亡により葬式費用を便宜支払する場合、どのような注意をすればよいか

結　論

葬式費用にあてるためであっても、相続人全員の同意がない限り、一部の相続人の請求による相続預金の便宜支払は金融機関にとって二重払いのリスクがあるため、請求書等で金額を確認し、できるだけ多くの相続人から念書を徴求したうえで、業者に直接振り込む形とするなど、慎重な対応を要する。

解　説

◆**基本的な考え方**　預金者が死亡した場合に、その葬式費用に充当するため預金の一部支払を要請されることがある。この場合、相続人その他の者が立て替えて支払い、遺産分割の後でその負担方法を解決することが望ましく、原則としてその線で交渉すべきである。しかしながら、実際問題としては、まとまったお金は預金になっているのが普通であり、一方、相続には相当複雑な手続を要するため、分割協議は後の問題としてとりあえず葬式費用を支払ってもらいたいと強く要請されることもあろう。

このような葬式費用の支払については、民法の先取特権の規定に葬式費用が明記されている（民法306条3号・309条）ところ

から支払ってもよいとする見解もあるようであるが、間接的にはともかく、預金からの葬式費用の便宜立替支払を直接に認める根拠にはならない。

この点、預金債権のような可分債権は相続開始と同時に当然に相続分に応じて分割承継されるという従前の判例理論（最判昭29.4.8民集8巻4号819頁ほか）のもとでは、支払請求をする相続人の法定相続分の範囲内で支払うという判断もありえたところである。

しかしながら、最高裁は、相続預金について、「相続開始と同時に当然に相続分に応じて分割されることはなく、遺産分割の対象となるものと解するのが相当である」とする決定を行い（最決平28.12.19民集70巻8号2121頁）、従前の判例理論を変更するに至った。この新判例のもとでは、遺産分割完了前に一部の相続人に対して相続預金（の一部）を支払った場合、相続人全員が同意していない限り、支払金額の全額につき金融機関に二重払いのリスクが生じることとなる。

◆**実務上の対応**　では、実際にこのような支払請求が相続人の一部からなされた場合には、どのように対応すべきであろうか。

一つの方法としては、審判前の保全処分としての仮分割の仮処分（家事事件手続法200条2項）等の利用を促すことが考えられる（参考：上記最決の大谷剛彦裁判官らの補足意見）。しかしながら、遺産分割の審判事件が本案として係属していることが前提であるし、手続にはある程度の費用も時間も要することから、現実的な対応とはいえない場合もあろう。

このような制度を利用しないのであれば、

金融機関は二重払いのリスクを認識したうえで、相続人にとっての相続預金の一部払いの必要性、緊急性等をふまえて、便宜支払に応じるかどうかの判断をせざるをえない。そして、あえて支払に応じるのであれば、支払請求をしてきた者が相続人であることの確認を十分に行うことは当然として、葬式費用の請求書等の提出を受けて金額を確認し、できるだけ多くの相続人から損害担保文言付きの念書を徴求し、直接業者へ振り込む形での支払とするなど、慎重な対応をとる必要があろう。

11158 相続人を完全には特定できない状態での相続預金の払戻請求

支払金額が少額であることなどを理由として、相続人を完全には特定できない状態で相続預金の払戻請求に応ずることができるか。また、その場合どのような点に注意すべきか

結 論

相続人が特定されかつ相続人全員の同意がない限りは、金融機関は相続預金の払戻請求に応ずるべきではない。ただし、特別の事情により集められる限りの資料を確認しても相続人を完全には特定できない場合で、支払金額が少額である場合などリスクが限定されている場合には、金融機関の判断により相続人と確認できる者に相続預金の払戻しを行うことも考えられる。もっとも、この場合、金融機関は払戻金額の全額について二重払いのリスクを負うこととな

るため、その点をふまえても、なお払戻しに応ずることが合理的と考えられる場合に限り、払戻請求に応ずるものとすべきである。

解 説

◆**相続預金に関する近時の判例** 共同相続された普通預金債権について、近時の判例（最決平28.12.19民集70巻8号2121頁）は、「相続開始と同時に当然に相続分に応じて分割されることはなく、遺産分割の対象となるものと解するのが相当」とする（なお、定期預金債権については上記判決の判断の対象とはなっていなかったが、上記最高裁決定の後、共同相続された定期預金および定期積金債権についても、相続開始と同時に当然分割されることはないという最高裁の判断が示されたため、同様に解するべきものと考えられる【11135】参照）。そのため、遺言書等のない限り、相続預金の帰属は相続人全員による遺産分割により決せられることになり、相続預金について相続人より払戻請求を受けた場合、金融機関は、戸籍謄本等により相続人を特定したうえで、当該払戻請求が当該相続人全員による遺産分割協議または相続人全員の同意に基づくものであることを確認できない限り、預金の払戻しに応ずることができないこととなる。

◆**払戻しに応ずる場合のリスク** もっとも、被相続人が戸籍制度の整備されていない外国籍の者であるような場合、取得可能な相続関係書類を集められる限り集めても相続人を完全には特定できない場合もありうる。そのような場合、金融機関としては、相続人を特定できないことを理由に払戻し

を拒絶し、その後相手方から提起される預金払戻請求訴訟の結果に従って預金の払戻しを行うこととすることも考えられる。

しかし、このような対応をとった場合、顧客の利便を害するだけでなく、相続人が訴訟手続に至らなければ預金者が不明のままの預金がいつまでも残ることにもなる。また、相続人から訴訟提起を受けた場合には、金融機関内部での対応の検討や訴訟追行において相応の手間や費用が生ずる。

そこで、金融機関が相続人を完全には特定できない場合であっても、預金の額が少額であり、払戻しの結果金融機関が預金の二重払いを強いられた場合の損失額（最大で払い戻した預金の全額が想定される）が、払戻しを拒絶したことにより訴訟提起を受けた場合等に必要となる手間や費用に相当する金額を下回るような場合には、当該金融機関は、可能な限りの調査に基づき認識するに至った相続人を全相続人であるとして、その全員から同意を得て、預金の払戻しに応ずることも考えられる。

なお、金融機関が、相続人を特定できない状態で相続預金の払戻しに応ずる場合、払戻しを求める相続人から、預金の払戻しについて他の相続人との間に紛争が生じた場合には自己の責任で処理することとし、金融機関に迷惑をかけないといった趣旨の念書を取得することが想定される。この念書を取得することは、払戻しを請求する者に事実と異なる申告をさせないようにする心理的な効果を期待しうるものではあるが、念書を提出した相続人以外の相続人に対しなんらの効力を有しない。そのため、このような書面を取得したとしても、二重払いのリスクをなんら軽減させるものではない

ことには注意が必要である。

11159 架空・他人名義預金者の死亡

架空名義預金または他人名義預金の預金者が死亡したときはどうするか

結　論

可能な限りの方法で、払戻請求者が真実の預金者の相続人か否かを調査しなければならない。

解　説

◆**問題点**　架空名義預金や他人名義預金の預金者が死亡した場合でも、金融機関が預金者の死亡を知らない場合は、証書と印章の持参人に支払えば特に過失がない限り金融機関は免責される。しかし、相続人から預金者死亡の届出があったり、金融機関がなんらかの理由で真実の預金者が死亡した事実を知っていたりすると、実務上悩ましい問題に直面することになる。

問題となるのは預金権利者の確定である。このような預金の預金者がだれであるかを確定するのははなはだ困難であり、預金者は、自己の預金とする意思をもって出えんし、通帳、印章を保管して実質的に預金を支配しうる者とする客観説と、預入れの当時のいきさつから金融機関との間に黙示の意思表示によって預金契約をなした者とする主観説やその中間の折衷説とが対立している。客観説をとれば、預金者は実質的に決まるのであるから金融機関にはいっさい不明であるが、主観説・折衷説をとると、

預金者は金融機関との取引のいきさつから外観的に決まるのであるから、金融機関にもある程度はっきりしているわけである。

判例上は客観説が主流を占めているから（最判昭48．3．27民集27巻2号376頁ほか）、実務上は、できる限り事実調査して死亡者が真実の預金者であることが確認できた場合のみ、その相続人に対して支払をなすべきであろう。

◆**実務処理**　このような預金者の死亡届が出た場合の実務上の手続はどうすればよいか。必要な手続を列記すると次のようになる。

① 相続人と称する者が証書および印章を所持しているかどうかを確認し、所持していない場合には可及的に証書等を見つけてもらうようにする。

② 相続人より預入れ当時から死亡までの事情を聞き、被相続人が金融機関に預入れしたときの情況を確認するとともに、金融機関内部でも伝票・帳簿記録・窓口者の記憶などをふまえた多様な手段を通じて調査する。場合によっては、預金者の住所を訪問して申立事項を確認する。

③ 預金の支払を可能であれば期限後相当期間停止して、他に預金の支払請求をする者がないかどうかを確かめる。

④ さらに疑念がある場合は、相続人以外で有力な保証人を徴求することも検討する。

以上のように、このような預金の預金者の認定は困難なケースが多いのであるが、金融機関が最善の努力を払って預金者と思われる者を確認したうえで支払をなしたと認められた場合には、債権の準占有者に対する弁済（民法478条。改正民法478条においては受領権者としての外観を有する者に対する弁済）として免責されよう。なお、どうしても確認がとれない場合には、相続人から裁判を提起されてもやむをえないであろう。また、確認の方法やその結果は、きちんと記録しておかなければならない。

11160	遺留分を侵害する遺言による預金相続

遺留分を侵害することが明白である内容の遺言書に基づき、相続預金の支払請求を受けた場合はどうするか

結　論

遺留分を侵害する遺言であっても無効とはならないため、金融機関は、遺言に基づいて相続預金を支払うことができる。

解　説

◆**相続財産の遺留分とは**　遺留分とは、法律上、一定範囲の相続人に必ず留保されなければならないとされる、被相続人の財産の一定の割合のことである。被相続人からみれば遺言の自由に加えられた制限であり、相続人からみれば最低限の相続権を確保する権利だといえる。

具体的な遺留分の割合は、直系尊属のみが相続人である場合には、被相続人の財産の3分の1、それ以外の場合には、被相続人の財産の2分の1である。また、兄弟姉妹には、遺留分はない（民法1028条）。

◆**遺留分減殺請求権**　被相続人が生前に行った贈与や遺贈等の遺言による財産処分のために、遺留分権利者である相続人の受

ける相続財産の価額が遺留分に満たなくなる場合がある。その場合、遺留分権利者およびその承継人は、遺留分を保全するのに必要な限度で、遺贈や生前贈与の減殺を請求することができる。これを遺留分減殺請求権という（民法1031条）。

遺留分減殺請求は、受贈者や受遺者に対する意思表示によってこれを行えばよく、裁判上の請求をする必要はない（最判昭41．7．14民集20巻6号1183頁）。

◆遺留分を侵害する遺言　預金について、遺言によって遺留分を侵害する遺贈等がなされている場合、その遺言に従った手続をとってよいかが問題となる。この点については、（遺言者は）遺留分に関する規定に違反することができない、とされるものの（民法964条ただし書）、遺留分減殺請求権を認めた民法の趣旨からして、遺留分を侵害する内容の遺言であっても当然に無効となるわけではないと解されている（参考：最判昭25．4．28民集4巻4号152頁）。

遺留分を侵害された相続人が遺留分減殺請求権を行使するかどうかは、当該相続人の自由である。その意思表示の相手方も金融機関等ではなく、遺贈等を受けた者である。

したがって、金融機関は、遺言書の内容が遺留分を侵害することが明白であったとしても、その遺言書に従って、名義書換や払戻しの手続を行うことができる。遺留分権利者に対して、遺留分減殺請求権を行使するかどうかの確認なども、原則として行う必要はない。

11161　相続預金の支払と遺留分減殺通知

遺留分減殺通知の受領後、相続人から遺言書に基づく相続預金の払戻請求を受けた場合はどうするか

結　論

遺留分を侵害する遺言も有効であって、金融機関としては、当該遺言に基づいて相続預金の支払を行ってさしつかえない。

解　説

◆遺留分とは　遺留分とは、一定範囲の相続人のために留保される遺産の一定割合のことをいい、相続人の立場からは、被相続人の生前処分または遺言によっても奪われることのない保障された部分ということができる（民法1028条）。

遺留分権利者は、兄弟姉妹を除く法定相続人、すなわち、直系卑属（子またはその代襲相続人）、直系尊属および配偶者である。また、遺留分の割合は、直系尊属のみが相続人である場合は被相続人の財産の3分の1、それ以外の場合は被相続人の財産の2分の1である。この割合に個々の相続人の法定相続分を掛け合わせたものが各相続人が有する個別的遺留分となる。

◆遺留分を侵害する遺言の効力　被相続人が遺言を行うことによって、ある相続人が現実に相続しうる財産が遺留分額に達しない状態になることを、遺留分が侵害されたと表現する。

遺留分を侵害された相続人は、遺留分を保全するに必要な限度で、遺贈の減殺を請

求することができる（民法1031条）。遺留分減殺請求権を行使するには相手方に対する意思表示で足り、訴訟手続による必要はない（最判昭41．7．14民集20巻6号1183頁）。

　遺留分を侵害する遺言も、それ自体は違法でも無効でもなく、遺言としての要件を満たしていれば完全に有効である。そのような遺言に不満を有する相続人が、遺留分権利者として、相手方に対して減殺請求することができるというだけのことである。現実に、配偶者と子を有する被相続人が「配偶者にすべての財産を相続させる」旨の遺言を行うことは珍しいことではないが、このような遺言はまさに子の遺留分を侵害したものであり、有効ではあるが、遺留分減殺請求の対象となる。

◆**金融機関の対応**　このように、遺留分というのは、特定の遺産に対する権利ではなく、相続財産の総体に対する価額的な割合であって、遺留分減殺請求はあくまで遺留分権利者が相手方に対して行うべきものである。したがって、「その遺言は私の遺留分を侵害している」旨の通知を受けたとしても、金融機関としては、遺留分権利者に対して上記のような説明を行って理解を求め、遺言書に従って相続預金の払戻手続を進めるようにすべきである。

第 6 節

預金取引先の法的整理

11162　清算会社との当座取引の可否

清算中の会社と当座取引をすることができるか

結　論

清算会社にとって清算事務の遂行のために必要でないことが明らかな場合のほか、取引に応じてさしつかえない。

解　説

◆**会社の清算手続**　会社の法人格は、合併の場合を除き、解散によって直ちに消滅せず、会社は清算の手続に入り、その結了によって消滅する。清算中の会社も従前の会社と同一の法人格を有するが、ただその権利能力および行為能力の範囲が清算の目的の範囲内に制限されることになる。清算の目的は会社の現務を結了し、債権を取り立て、債務を弁済して残余財産を株主に分配することに存し、当座取引もこのような事務処理上必要な限りにおいて行うことができるが、もはや事業を続行することはできない。

◆**清算会社との当座取引**　当座取引は、手形・小切手の支払の委託を目的とする契約であって、小切手は支払手段であり、債務の弁済のために小切手の振出が必要となることは一般に予想されるから、当座取引も清算会社の権利能力の範囲内である。したがって、清算中の会社から当座取引をしたい旨の申出があった場合には、原則として応じてさしつかえない。

ただし、実務上は、清算会社の能力の範囲内であるかどうか、すなわちその取引が事業を継続するためのものではなく、清算事務を遂行するためのものであるかどうかを確かめるのが万全の措置である。既存の当座預金口座を利用した手形・小切手取引ならまだしも、たとえば当座預金口座を新たに開設するといった申出は、事業活動を行うことを推測させるものであり、慎重な対応が必要となろう。

11163　元清算人からの払戻請求

会社の解散、清算（通常）結了後、元の清算人から預金の払戻請求を受けた場合、ど

のような注意をすべきか

<hr>

結　論

正規の手続としては、清算結了の登記を抹消し、会社登記の回復を確認してから支払をなすべきであるが、便法として清算人の元の資格を確認するだけで払い戻すこともある。

解　説

◆**清算の結了**　会社の清算人は清算事務が結了したときはその計算につき、株式会社および特例有限会社にあっては株主総会の承認、合名会社、合資会社および合同会社にあっては各社員の承認を得たことを証する書面を添付して、清算結了の登記を申請しなければならない（会社法507条3項・667条1項・929条）。

そして、この清算結了の登記がなされたことによって、会社は対外的にも対内的にも完全にその法人格を消滅したことになる。

ただ、会社の帳簿ならびにその営業および清算に関する重要書類は本店の所在地において清算結了の登記をした後も、10年間は保存しなければならない（会社法432条2項・508条1項・672条）。

その重要書類の保存者は、株式会社および特例有限会社にあっては、清算人その他の利害関係人の請求によって、裁判所がこれを選任する（会社法508条2項）。

◆**残存預金の払戻し**　清算結了登記をした後に、金融機関に会社の預金が残存していることが判明した場合どうしたらよいかが問題になる。

前述のとおり清算結了の登記をすると、

会社は対外的にも対内的にも消滅するから、清算人も当然その資格を喪失し、たとえ元清算人であっても預金の受領権はないのではないかという疑問が生ずる。

しかし、残余財産があると清算結了登記をしても会社の人格はいまだ消滅していない（大判大5.3.17民録22輯364頁、大判大8.12.12民録25輯2291頁）し、従来の清算人はなおその任にあるものと解すべきであるから、先になした清算結了の登記は法律上許されないものとしてこれを抹消することを要する。

したがって、元の清算人が銀行預金の払戻しを受けるためには、正規の手続としては、すでに閉鎖された会社登記簿に基づいて回復登記をしたうえ、その登記簿の抄本とその登記所において証明した印鑑証明書とを預金払戻しの際に提出して払戻しを受けるようにすべきである。

◆**便宜払い**　ところで、実際問題としては、預金が少額であり登記料にも足りないのに上記の手続を進めることは無理な場合もある。そのようなときは、元の清算人の責任はいまだ残っているのであるから、その責任において受領されるため、会社の閉鎖登記簿によって、会社の住所、商号および清算人の住所、氏名の記載ある登記簿抄本の交付を受け、かつ清算人個人の住所地の市区町村長の証明した印鑑証明書を添付させ、さらに預金受領についてのいっさいの責任を負う旨の念書を徴したうえで、通帳と払戻請求書によって支払うようにするのも一つの便法であろう。

11164 取引先の破産手続開始

預金取引先につき破産手続が開始した場合、預金取引はどうするか

結　論

　預金取引先が破産手続に入った場合には、破産者が有していた預金の管理処分権はすべて破産管財人によって行使されることになるので、金融機関は破産者にこれを支払うことはできず、破産管財人に対してのみ支払うべきことになる。

解　説

◆破産手続開始決定後の取引　破産手続開始決定が出されると、破産者の有していた財産は破産財団となり（破産法34条1項）、その管理および処分は開始決定と同時に裁判所から選任された破産管財人に専属することになる（同法78条1項）。
◆預金の払戻し等　預金取引先が破産手続に入った場合には、預金者（破産者）は預金の管理処分権を剥奪され、破産管財人に専属することになるから、預金者は金融機関に対して預金の払戻しを請求することはできず、金融機関も破産管財人に対してのみ支払うようにしなければならない。
　破産者の預金について破産管財人から払戻請求を受けたときは、商業登記簿謄本または裁判所の決定書写し等により、破産手続開始決定が出されている事実および破産管財人を確認したうえで、払戻しに応ずる。
　また、預金に口座振替等がセットされているような場合、破産手続開始決定は委任契約の終了事由とされているため（民法653条2号）、いったんは委任された事務処理を中止し、そのうえで破産管財人の指示を仰ぐといった手続をとることが必要となろう。

11165 相続財産の破産手続開始

相続財産について破産手続開始決定がなされた場合、相続預金についてはどのように処理したらよいか

結　論

　相続財産について破産手続が開始された場合、金融機関は相続人や受遺者に対して相続預金を払い戻すことはできず、破産管財人に対してのみ支払うべきことになる。

解　説

◆相続財産の破産手続　相続財産の破産とは、被相続人に破産原因がある場合に、相続財産を破産財団として相続債権者と受遺者のみに配当を行う破産手続をいう。相続人の固有財産とは分離して相続財産に限定した破産手続が行われるため、相続人自身の固有財産を保護するとともに、破産財団を形成する相続財産を相続人自身の債権者から守る機能がある。
　相続財産については、相続債権者、受遺者のほか、相続人、相続財産の管理人または遺言執行者も破産手続開始の申立をすることができる（破産法224条1項）。裁判所は、相続財産が債務超過であるとき、すなわち、相続財産をもって相続債権者および

受遺者に対する債務を完済することができないと認めるときは、相続財産について破産手続開始の決定をする（同法223条）。

なお、破産手続開始決定後に破産者について相続が開始したときは、その相続財産について当然に破産手続が続行される（破産法227条）。他方、破産手続開始の申立後開始決定前に、債務者について相続が開始したときは、破産手続は当然には続行せず、裁判所は、相続債権者、受遺者、相続人、相続財産の管理人または遺言執行者の申立によって、その破産手続を続行する旨の決定をすることができる（同法226条1項）。

◆**他の手続との関係**　相続財産について破産手続開始決定がなされても、これとは別に限定承認（民法922条以下）や財産分離（同法941条以下）を行うことは可能である。ただし、破産手続中に限定承認や財産分離の手続を進行させることは無益であるため、破産手続開始決定の取消もしくは破産手続廃止の決定が確定し、または破産手続終結の決定があるまでは、限定承認や財産分離の手続は中止される（破産法228条）。

実際には、相続債権者から相続人の固有財産を守るためには限定承認の制度を利用する場合が多く、相続財産破産の制度はあまり利用されているとはいえないのが実情である。

◆**相続財産について破産手続が開始された場合の預金の払戻し**　相続財産について破産手続開始決定がなされると、相続財産の管理および処分は、裁判所が選任する破産管財人に専属することとなる。そのため、相続人や受遺者は相続預金の払戻しを金融機関に対して請求することはできないし、

金融機関も、破産管財人に対してのみ、支払うようにしなければならない。

破産管財人から払戻請求を受けたときは、裁判所の決定書写しなどにより、破産手続開始決定があった事実および破産管財人を確認したうえで応ずるのは、【11164】の場合と同様である。

| 11166 | 破産管財人名義の預金の取扱い |

破産管財人が管財実務を行うために、破産管財人の名義で預け入れた預金については、どのように取り扱うことが必要か

結　論

従来、金融機関には、破産管財人名義の預金口座からの払戻しに際してつど裁判所の許可を確認することが求められていたが、破産法の改正によって、それらの義務は撤廃され、破産管財人名義の預金だからといって特別な確認を行うことは不要となった。

解　説

◆**従来の実務**　破産手続開始の決定がなされると、破産者が有していたいっさいの財産は破産財団を形成し、その管理処分権は破産管財人に専属する。破産管財人は、破産手続開始の決定後直ちに破産財団に属する財産の管理に着手し、現金等の高価品の保管については、第1回の債権者集会において決定された金融機関に「破産者○○破産管財人弁護士○○○○」という名義で寄託する。破産管財人が高価品の寄託として預入れした預金の払戻しを請求するには、

破産管財人は裁判所の許可等を得なければならなかった（旧破産法206条1項）。ただし、破産管財人が裁判所の許可等を得ないで預金の払戻請求をした場合であっても、金融機関が善意・無過失のときは、預金の払戻しは有効であった（同条2項）。そのため、金融機関の窓口においては、破産管財人の本人確認は行うとしても、払戻しについての裁判所の許可の有無までを確認することはまずなかった。

ところが、自己破産の急増に伴い、破産管財業務に経験の乏しい弁護士が破産事件を取り扱い、不心得な弁護士が破産財団の寄託金を横領する事件が発生したため、最高裁から全国銀行協会に対して、破産管財人名義の預金を払い戻す際には、裁判所の許可等を確認してほしい旨の依頼状が出された（最高裁昭60.1.28民三第146号）。これを受けて全国銀行協会より傘下の金融機関に対して破産管財人名義の預金口座の取扱いに関する通達が発出された（昭60.1.29全事3号）。

これ以降、破産管財人名義で開設された預金を払い戻す場合には、つど裁判所の許可書の写しの提出を受けるという実務が行われることになったが、金融機関としての事務負担が重いうえ、確認を誤ると二重払いを強いられることとなり、裁判所の破産管財人に対する監視義務の一部を金融機関に負わせるものであるとの批判も少なくなかった。

◆**破産法改正後の実務**　平成16年の破産法の全面改正（平成16年法律第75号）により、高価品の保管方法を裁判所が定めるとする旧破産法192条が廃止され、これと表裏一体をなす旧破産法206条も廃止された。

これにより、従来の実務においては、「破産者○○破産管財人弁護士○○○○」という名義の預金口座からの支払を行う場合には、寄託金返還についての裁判所の許可書の写しの提出を受けることが必要であったが、今後の実務においては不要となった。したがって、犯罪収益移転防止法に基づき口座開設時に必要となる確認（破産手続開始決定が出されていること、相手方が裁判所により選任された破産管財人であること等）を行ったうえ「破産者○○破産管財人弁護士○○○○」という名義で口座開設を行った後は、当該預金口座からの払戻しに応ずる際には、通常の預金取引と同様、預金通帳の提示と届出印との印鑑照合を行えば足りることとなった。

11167　取引先の民事再生手続開始

預金取引先につき民事再生手続が開始した場合、預金取引はどうするか

結論

取引先が民事再生手続に入っても、原則として従来の債務者を相手に預金取引を行えば足りるが、保全管理人や管財人が選任された場合には、預金取引の相手方をこれらに変更することが必要となる。

解説

◆**民事再生手続と取引の相手方**　民事再生手続においては、申立や開始決定によっても、債務者は業務遂行権および財産管理処分権を失わないのが原則であるが（民再

法38条)、監督命令が出された場合には、裁判所の指定する一定の行為については監督委員の同意が必要となり（同法54条）、保全管理命令または管理命令が出された場合には、業務遂行権・財産管理処分権は保全管理人または管財人に専属し、再生債務者はこれらの権利を剥奪されることになる（同法81条・66条）。

したがって、取引先について民事再生手続が申し立てられ、あるいは開始決定が出されても、監督委員や保全管理人（開始決定後であれば管財人）が選任されていない場合（これを「DIP型」という）には、再生債務者を引き続き取引の相手方とすれば足りる。監督委員が選任されている場合（これを「後見型」という）においても、取引の相手方は再生債務者であるが、監督委員の同意を要する取引を行うについては、同意の有無を書面で確認することが必要である。しかし、保全管理人や管財人が選任されている場合（これを「管理型」という）には、決定書写しや商業登記簿謄本で確認のうえ、これらを取引の相手方としなければならない。

◆**民事再生手続と預金取引**　DIP型の場合はもちろん、後見型の場合であっても、一般の預金取引が監督委員の同意を要する取引に指定されることはまず考えられないため、預金取引先について民事再生手続が開始しても特段の手続をとる必要はなく、従来どおり預金取引を継続すれば足りる。

しかし、管理型の民事再生手続の場合には、商業登記簿謄本または裁判所の決定書写しにより、保全管理人または管財人を確認し、代表者変更手続を行ったうえ、これらを相手として預金取引を行うことが必要

となる。

なお、開始決定後に交換呈示された手形・小切手については、民事再生手続開始決定を理由に0号不渡事由により返還する。

11168　取引先の会社更生手続開始

預金取引先につき会社更生手続が開始した場合、預金取引はどうするか

結　論

更生手続が開始されると、選任された更生管財人が会社の経営および財産の管理処分にあたるので、開始決定後の預金取引はすべて管財人と行う。預金の払戻しについての裁判所の許可は不要である。

解　説

◆**会社更生手続開始決定の効果**　裁判所が更生手続の開始決定をすると、それ以後は更生手続によらなければ、会社は預金の払戻しを受けるなど債権・債務を消滅させる行為をしてはならないことになる（会更法47条1項）とともに、更生計画遂行のために選任された管財人が会社の経営および財産の管理処分にあたることになる（同法72条1項）。したがって、開始決定後、金融機関は会社に対し預金の支払を行うことはできず、もし支払をしたときは、更生手続の関係において弁済の効力を生じない。

◆**預金の払戻し**

(1)　金融機関が開始決定を知らないで（善意で）会社に支払ったときは、その支払の効力を主張することができる（会更法

57条1項）。ただし、善意かどうかについては、更生手続開始の公告前であれば善意と推定され、公告後のときは悪意と推定される（同法59条）。

（2）　金融機関が更生手続開始の事実を知って会社に支払った場合でも、支払われた金が管財人に引き渡されているときは、その範囲で金融機関は支払の効力を主張することができる（会更法57条2項）。

◆更生管財人との取引

（1）　開始決定後の預金取引はすべて管財人と行う。管財人から預金取引名義変更届を徴求し、管財人名義に変更のうえ「○○株式会社管財人○○」の名において行う。この場合、管財人を確認する資料として、管財人の印鑑証明書、商業登記簿謄本を徴求する。

管財人が複数選任されている場合は、原則として共同行為によることになるが、裁判所の許可を得れば分掌することができる（会更法69条1項）。

（2）　管財人は、必要があるときはその職務を行わせるため、裁判所の許可を得て、自己の責任で管財人代理を選任することができる（会更法70条）。管財人代理の権限は管財人と同一である。管財人代理選任は公告事項ではないので、裁判所の許可書の写しを徴求して確認する。

（3）　管財人の行為については、裁判所の許可を要しないことを原則とするが、裁判所は一定の行為についてあらかじめ裁判所の許可にかからしめることを定めることができる（会更法72条2項）。預金の払戻しに関しては、会更法72条2項1号の会社「財産の処分」が問題となる。同項1号の会社「財産の処分」の意味は、常務に属さ

ない財産の処分をいうのであって、会社経営に通常必要な行為は含まない。したがって、預金の払戻しについて、裁判所の許可は不要であると解されている。

11169　取引先の特別清算開始

預金取引先につき特別清算が開始された場合、預金取引の相手方はだれか

結　論

預金取引は代表清算人を相手に行う。

解　説

◆**特別清算**　解散後清算中の株式会社について、清算の遂行に著しい支障をきたすべき事情、または債務超過の疑いがある場合に、裁判所の命令により開始され、かつ、その監督のもとに行われる特別の清算手続である（会社法510条以下）。

特別清算が開始されても、裁判所が新たに特別の機関を設けることはなく、通常清算における清算人がそのまま特別清算における清算人（「特別清算人」という）となる。したがって、特別清算人も清算中の会社における清算事務の執行機関であることは、通常清算における清算人と同じである。また、清算中の会社を代表し清算事務処理を行うのは代表権を有する代表清算人である（会社法483条）。そこで、預金取引は代表清算人を相手に行うことになる。

裁判所は、清算会社に対する監督権に基づき、清算人を任免することができる（会社法524条）。清算人の選任・解任は登記事

項とされているので（同法928条）、代表清算人の確認は、商業登記簿により行うことができる。

<table>
<tr><td>11170</td><td>預金者の倒産と債権者への支払</td></tr>
</table>

預金者が倒産したため、その債権者が金融機関にきて騒いでいる場合、金融機関は支払に応じてよいか

結　論

① 倒産したとしても、預金は預金者に支払うべきであり、その債権者が直接金融機関に預金の払戻請求をすることはできない。債権者委員会の代表者などが預金者から通帳・印鑑などを取り上げて払戻しを請求することもあるが、預金者本人の意思を確認して取り扱われなければならない。

② ただし、会社更生・破産等の申立がなされ、更生手続開始決定・破産手続開始決定等が行われると、管財人等に管理処分の権限が移るから、預金者へ払戻しをすることができなくなる。

解　説

◆法的手続による支払　預金者が倒産した場合に、預金者の債権者等がその預金により債権の回収を図ろうとすることは当然であるが、それは差押命令、転付命令等による手続を踏んで権利の行使をすべきであって、直接金融機関に預金の払戻しを請求することができないのはいうまでもない。債権者がどのように主張しようと、預金は

預金者に支払うべきであり、預金者でない債権者に直接払戻しをした場合は、預金の支払としては無効である。

◆法的手続によらない支払上の注意　しかし、時には債権者が集まり、債権者委員会などをつくって整理にあたり、預金者から通帳や印鑑などを取り上げて代表者が預金の払戻しを請求してくることもある。この場合はたとえ預金者の委任状をもち代理人としてきた場合であっても、このような事態では後日何かと紛争の生ずるおそれもあるから、預金者の真意を確かめ、慎重に処理すべきである。

しかし、預金者に会社更生手続の開始決定、破産手続の開始決定等がなされると、預金者は自ら預金をどうすることもできなくなり、管財人等がかわって預金の管理処分を行うことになるから、払戻しは預金者でなく管財人に対して行わなければならない。したがって、預金者が倒産した場合は、それらの手続が開始されていないかについて注意しておく必要がある。

なお、倒産に際しては、債権者その他から預金者の預金残高の照会を受けることもあるが、預金者に対する守秘義務から回答すべきでない。必要があれば預金者から証明願を徴して証明すべきである。

<table>
<tr><td>11171</td><td>私的整理の債権者委員会代表者からの払戻請求</td></tr>
</table>

預金取引先につき私的整理手続が開始し、債権者委員会の代表と称する者から預金の払戻しを依頼された場合、応じてもよいか

　債権者委員会の代表者は、当然に預金者の預金払戻請求権について代理権を有するわけではないので、金融機関は払戻しの請求に応じてはならない。

解　説

◆債権者委員会の代表者の権限

　(1)　私的整理手続に入っても、預金者は自己の財産を管理・処分する権限を失わないし、また、債権者委員会の代表者は、当然に預金者の代理人として財産の管理・処分権を有するものではない。したがって、金融機関は、債権者委員会の代表者から申出があっても、払戻権限も預金の受領権限もないのであるから応じてはならない。

　また、債権者委員会の代表者と名乗っている以上、たとえ通帳（証書）・届出印章を持参していたとしても、債権の準占有者（民法478条。受領権者としての外観を有する者（改正民法478条））とはいえない。

　(2)　債権者委員会の代表者が、通帳（証書）と届出印章を持参し、預金者本人を装って払戻しを受けることがある。この場合金融機関は、債権者委員会の代表者に支払ったとしても、過失がない限り債権の準占有者に対する弁済（民法478条。受領権者としての外観を有する者に対する弁済（改正民法478条））、受取証書の持参人に対する弁済（同法480条。改正民法においては同条削除）として保護される。

◆委任状・通帳（証書）・印章提出の場合

私的整理の場合、預金者の届出印章や通帳（証書）を債権者委員会が強制的に取り上げることが多く、預金者の意思に関係なく、委任状を勝手に作成したり、預金払戻請求をしたりすることがある。したがって、委任状や通帳（証書）・届出印章を持参したからといって、その権限ありと即断するのは危険である。

◆対策　

金融機関としては預金者本人に払戻請求をさせるようにしなければならない。預金者が立会いのうえで代理権を確認し債権者委員会の代表者が行うという形式や、直接預金者の意思を確認するなど慎重に対処すべきである。

11172　破産のおそれある会社の預金と質権承認

破産のおそれある会社の預金について第三者の質権を承認するよう要望があったが、金融機関として二重払いを強いられる危険はないか

結　論

　金融機関が預金者や質権者と通謀しない限り危険はない。

解　説

◆預金の質権承認と破産法上の否認　

破産のおそれのある預金者がその預金に対する第三者の質権を承認するよう金融機関に依頼してきたとき、金融機関はこの依頼に応じても危険はないものであろうか。

　質権を承認した後、破産法の規定によりこの質権設定行為が否認されたとしても、金融機関がまだ預金を質権者に払い戻す前であれば、質権のない預金を自行の預金者に対して負担している状態に復元するのみ

で、金融機関が損害を被ることはありえない。

　ところで、質権設定行為が否認される前に質権者から質権実行による預金払戻しの請求があったときは、金融機関は質権が否認されるおそれがあることを理由にしては預金払戻しを拒否することはできない。したがって、金融機関は質権者に対して預金の払戻しをしなければならないわけであるが、こうして預金を払い戻してしまった後に、質権が否認されたとき、金融機関は預金の二重払いの責任を負担しなければならないとすればはなはだ危険である。

　まず、金融機関が質権承認当時に、預金者の破産原因について善意であったときは、金融機関は二重払いを強制されることは考えにくい。否認権の趣旨が、破産財団を復元させるのが本来の目的であって、この目的に必要な範囲に否認権行使の効果を限定し、いたずらに既成の法律関係を混乱させてまでいっさいの行為を当初に引き戻すものでない以上、質権設定行為が否認されても、質権者が払戻しを受けた預金を破産財団に返還すれば足り、質権自体を当初から無効として第三債務者（金融機関）に預金の二重払いを強制することは、否認権制度の趣旨を超えるもので適当でないからである。

　次に、金融機関が質権承認当時、預金者の破産原因を知っていたときはどうであろうか。

　この場合も、金融機関が預金者の破産原因を知っていた程度ではやはり二重払いは強制されないと考えられる。しかし、単に知っていたという程度を超えて、預金者や質権者と通謀して預金を質権者に支払うた

めに質権の設定および承認という手段をとったようなときは、金融機関も責任を免れない場合がありうると考えられるので、注意しなければならない。

11173　保全命令と手形交換

会社更生・民事再生手続等において裁判所から保全命令が出された場合、手形交換の取扱いについてはどのように注意すべきか

結　論

　弁済禁止の保全処分が出されたことを理由に、支払委託の取消を受けた場合には、その後に交換呈示される手形や小切手は、０号不渡事由で返還しなければならない。

解　説

◆**法的整理手続と保全命令**　　法的整理手続の申立がなされ、裁判所が開始決定を出すまでには一定の期間を要するが、その間なんらの手立てがなされないまま放置されるとすると、一部債権者による強引な取立・弁済、資産処分、担保設定等が行われ、再生の見込みのあるものも立て直すことができなくなるおそれがある。そこで、各法的整理手続には、それぞれ保全処分が設けられている。なお、清算型手続にも保全処分はあるが、会社更生手続や民事再生手続といった再建型手続において保全処分はより有効にその機能を発揮する。

　代表的な保全処分として、弁済禁止の保全処分、財産処分禁止の保全処分、借財禁止の保全処分があるが、預金取引との関係

で重要なのは、このうち弁済禁止の保全処分である。

◆**保全命令と当座預金取引** 弁済禁止の保全処分は、たとえば、「申立会社は、従業員との雇用契約により生じた債務および債務総額が10万円以下の債務を除き、平成21年３月31日までの原因に基づいて生じたいっさいの債務を弁済してはならない」といった形で発令される。

弁済禁止の保全処分は会社に対して出される命令であって、直接債権者や第三者に対して出される命令ではない。したがって、金融機関としては、取引先から保全処分決定書の提示を受けて（コピーやファクシミリ）、はじめて保全処分が発せられたことを知ることになる。

当座勘定取引については、弁済禁止の保全処分が出されたことを理由に、支払委託の取消を受けることにより、その後に交換呈示される手形や小切手は、０号不渡事由で返還すべきことになる。弁済禁止の保全処分を知る前に行った手形や小切手の決済は有効であるが、その後に誤って決済した場合には、会社との間で委任事務処理における善管注意義務違反の問題を生ずるので、十分に注意しなければならない。

なお、単なる普通預金や定期預金の預金者本人への払戻し（小切手を用いた預金者本人への当座預金の払戻しも同様）は、保全処分の禁止する第三者への弁済には該当しないので、これに応じてなんらさしつかえない。

第 7 節

預金の利子

11174　預金金利の自由化

預金金利の自由化はどのように進められたか

結　論

　金融自由化の進展のなかで、自由金利商品である譲渡性預金の創設、大口の定期預金から順次自由化され、平成 5 年 6 月にはすべての定期預金の金利が自由化された。さらに平成 6 年10月には、当座預金を除く流動性預金の金利が自由化され、これにより預金金利の自由化は完了した。

解　説

◆**預金金利の規制**　預金金利は契約によって決まる約定金利であるが、金融機関ごとに預金者との契約により自由に金利を決めることは、過当競争をあおり金融秩序を乱し金融の円滑化を阻害するのみでなく、金融機関自体の健全性を損なうおそれがあるため、昭和22年12月、臨時金利調整法（昭和22年法律第181号）が制定された。同法 2 条 1 項で「内閣総理大臣及び財務大臣

は、当分の間、経済一般の状況に照らし必要があると認めるときは、日本銀行政策委員会をして、金融機関の金利の最高限度を定めさせることができる」と規定しており、これに基づく金利の最高限度に関する告示によって、各種の金利が決定されていた。

◆**日本銀行のガイドライン**　昭和45年 4 月以後、金利規制方式の簡素化と金利表示の年利建移行が実施されたのに伴い、日本銀行による預金細目金利がガイドラインとして公表され、金利体系の混乱を避けるため、このガイドラインによる最高限度の利率が実効利率として採用されていた。預金金利の自由化により平成 6 年10月17日以後「日銀ガイドライン」は廃止され、各金融機関の任意により決められるようになった。

11175　利率改定時の利息計算

利率改定の場合に預金利息はどのように計算するか

結　論

　期間の定めがある定期預金（ただし、変

昭和54年5月	譲渡性預金（CD）の創設
60年4月	市場金利連動型預金（MMC）の創設
60年10月	大口（10億円以上）の定期預金の金利自由化〈以後、最低預入金額は段階的に引き下げられ、平成20年12月現在1000万円〉
平成元年6月	市場金利連動型定期預金（小口MMC）の創設
元年10月	1000万円以上の定期預金の金利自由化
3年11月	スーパー定期（1000万円未満の自由金利型定期預金）の創設
4年6月	規制金利定期預金（期日指定定期を除く）の新規受入れ廃止 貯蓄預金の創設
5年6月	定期預金の金利自由化完了
5年10月	変動金利定期預金の導入定期預金の最長預入期間延長（3年→4年）
6年10月	流動性預金の金利自由化定期預金の最長預入期間延長（4年→5年）
7年10月	固定金利定期預金の最長期間（5年）の撤廃 預金の商品内容に関する情報の提供ルールの策定

動金利型を除く）以外は、変動のつど日割計算で算出する。

解　説

◆預金金利は自由化　平成6年10月16日以前は、臨時金利調整法に基づき、預金細目金利がいわゆる「日銀ガイドライン」として公表され、このガイドラインによる最高限度の利率が実効利率として採用されて

いた。しかし、平成6年10月17日以後、預金金利の完全自由化により同ガイドラインは廃止され、各金融機関の任意により決められるようになった。

◆預金金利の決定方法　各金融機関は任意に市場金利をにらみながら決めることができる。

　一般的に各金融機関は、普通預金、通知預金、納税準備預金などの利率改定については、本部の所轄部からの通知に従って、改定時期と適用利率とを顧客に適用する取扱いとしている。具体的には、預入日から新利率の実施前日までの期間については旧利率、実施日からの預入期間には新利率を適用し、分かち計算で付利する取扱いをしている。

◆定期預金　変動金利定期預金以外の定期預金の約定期間中の利息は、預入日当日適用されている利率による。その間に金利の改定があっても、改定実施日前に受け入れたものは満期日までは旧利率により、新利率は、改定実施日以後に新規契約したものに適用される。旧利率の定期預金の満期日が到来し、書換継続をするときは書換日に適用されている利率が適用される。

　なお、変動金利定期預金は預入日からあらかじめ顧客との間で合意した一定期間（たとえば、3カ月とか6カ月）ごとに適用金利を変更する取扱いとなっている。

11176 通知預金の確定払戻日以後の利息計算

通知によって確定した払戻しをなすべき日以後の通知預金の利息は、普通預金利率で

計算するのか

結　論

通知預金規定により、通知預金約定利率で計算する。

解　説

◆**通知預金規定による処理**　通知預金規定の多くでは、預入日から解約日の前日までの期間について店頭に表示する毎日の通知預金利率により計算することとしている。

通知預金は、預金約款によると、据置期間として最低7日間は預け入れておくこと、払出請求はその予告を実行日の2日前までにしなければならないことの二つの条件がつけられている預金である。

払出請求の予告の意義については、それまで期限が未確定だった通知預金の払出日が予告によって確定すると考えることができる。そして、通知預金の約定利率は、預り日から通知により確定した払出（予定）日までの預り期間について適用されることになる。したがって、なんらかの理由で確定された払出日には払戻しの請求をせず、それより何日か後で払戻しを受けたという場合には、確定された払出日の翌日から現実に払戻しを受けた日までの間は、いわゆる期日後の期間となる。

定期預金や定期積金の例によると、期日後の期間に対しては約定利率によらず普通預金の利率を適用している。利率の約定を、確定している支払期日までの期間に適用すべき利率と考えれば、通知預金についても期日後の期間に対しては約定利率を適用すべきではないという考え方もある。

この考え方に対して、通知預金は普通預金と同様に本来は要求払預金であるが、払出予告という停止条件がつけられているため、確定された払出日というものはないとする考え方がある。この立場においては、期日後の期間ということは通知預金にはないから、現実に預金者が払戻しを受ける日までの期間を通じ、計算するという考えである。

なお、据置期間中に解約する場合の利息は、預入日から解約日の前日までの日数について解約日における普通預金の利率によって計算すると通知預金規定ひな型で定めている。

11177　通知預金を他店券受入れした場合の付利期間

通知預金を他店券で受け入れた場合、その付利日はいつか

結　論

受け入れた証券類が決済された日が預入日となり、預入日から付利する。

解　説

通知預金規定の多くでは「小切手その他の証券類を受入れたときは、その証券類が決済された日を預入日とします」とし、その点を明らかにしている。したがって、他店券により通知預金を受け入れた場合には、通常、翌日の手形交換で決済されるから、その決済日から付利される。翌日が休日の場合には、休日明けの手形交換日から付利される。

11178　期日指定定期預金の利息

期日指定定期預金の利息はどのように計算するか

結　論

　預入日から満期日の前日までの期間について、1年複利で計算される。

解　説

◆**利息計算方式**　通常の定期預金は単利で計算を行うが、期日指定定期預金については、次のような計算方法がとられる。

① 　預入日から満期日の前日までを計算期間として、1年複利計算を行う。

② 　利率は、預入れ時における預金利率が満期日まで保証される固定金利制である。

③ 　中途解約をする場合は、各金融機関で定める中途解約レートによる。ただし、満期日前であっても据置期間（通常1年）経過後であれば、預入れ時の約定利率を適用するとしている金融機関もある。

④ 　通常、付利単位を1円とし、1年を365日とする日割計算による。

◆**預入元本方式**　期日指定定期預金は、昭和56年当時、少額貯蓄非課税制度（マル優）専用の商品として、各金融機関でいっせいに取扱いが開始された。期日指定定期預金では、マル優の限度管理を預入れ時から解約時まで当初の預入元本額により行う預入元本方式を採用することが認められたため、当初の預入元本から生じる利息を非課税のまま1年複利で運用していくことができた。

　利息の計算方法が複利であるにもかかわらず、解約日まで利息が元本に組み入れられることがないため、期日指定定期預金の取扱いは、マル優の非課税枠を実質的に広げる効果があったのである。

　しかしながら、マル優は、制度改正により、昭和63年4月1日よりその対象が高齢者等に限定されることとなったため、期日指定定期預金はマル優専用商品ではなくなり、課税扱いの期日指定定期預金も扱われるようになった（その後、さらに、マル優の適用対象は障害者等に限定された。【11190】参照）。

　課税扱いのものでも利息計算は非課税分と同じであり、また、源泉徴収は、利払い時に所定の税率により行われる。

11179　閏年と利息計算

閏年における1日分の預金の利息は、どのように計算されるのか

結　論

　通常、閏年であれ平年であれ、1年を365日とする日割りにより計算されている。

解　説

　金利を年利によって定めた場合、平年（365日）であっても、閏年（366日）であっても、1年間の利息額は元本に年利を乗じた額となるのであり、1年に満たない端数部分については、日割計算を行うというのが原則である（参考：大判明38.12.19民録11輯1790頁）。

しかしこの方法では、1日分の利息額を考えた場合、その日が平年に属するか閏年に属するかによってその金額に差が生じることとなる。また、預入日から解約日までの間に、閏日または閏年のある期間が含まれている場合、1年を365日として計算すべき部分と366日として計算すべき部分をどのように分けるかについては、さまざまな考え方がありうる。

実際には金融機関では、普通預金や定期預金の利息の計算方法について、各種預金規定や商品説明書に「1年を365日とする日割り計算を行う」といった特約を置いている場合がほとんどである（外貨預金などでは1年を360日とする場合もある）。こうした特約を置けば、ある日、ある期間が平年に属するか閏年に属するかにかかわりなく、常に1年を365日とする日割りにより利息を計算することで足りるのである。

11180 相殺と定期預金の利息計算

金融機関の貸金と相殺した場合、定期預金利息はどのように計算するか

結　論

金融機関が、満期日未到来の定期預金を貸金と相殺する場合、通常、約定利率を適用し、預入日から相殺実行日の前日までの期間について日割りにより計算する。

金融機関が、満期日到来ずみの定期預金を貸金と相殺する場合、満期日前日までの期間については約定利率を適用し、満期日から相殺実行日の前日までの期間については普通預金なみの利率を適用する。

金融機関に保険事故が発生したときに、預金者が満期未到来の定期預金と借入金を相殺する場合、通常、預入日から相殺通知が金融機関に到着した日の前日までの期間について、約定利率を適用する。

解　説

◆**金融機関による満期日未到来の定期預金の相殺**　大判昭9．9．15（民集13巻21号1839頁）によれば、金融機関において一方的に相殺する場合には、満期日までの約定利息をつけなければならないとされている。しかし、銀行取引約定書例7条3項では、こうした場合、利息計算期間を相殺の実行日までとし、金融機関所定の利率で支払うことを定めている。そして、かつては、金融機関が満期日未到来の定期預金と貸金とを相殺する場合、この約定に基づき、所定の利率として定期預金の中途解約利率を適用していた（金法395号10頁）。

しかし、金融機関による満期日未到来の定期預金と貸金との相殺は、金融機関が債権回収のため預金に対する期限の利益を放棄して一方的に行うものであるから、現在では、定期預金の約定利率を適用して、預入日から相殺実行日の前日までの期間について日割計算による付利がなされている例が多い。

◆**金融機関による満期日到来ずみの定期預金の相殺**　金融機関が満期日到来ずみの定期預金を貸金と相殺する場合、預入日から満期日前日までの期間については約定利率を付するが、満期日から解約日（相殺実行日）の前日までの期間については普通預金利率を適用する、という定期預金の約定

に従って計算することとなる。

したがって、満期日の前日までと満期日以後とに区分して、その利息を算出することとなる。なお、自動継続扱いの定期預金については、当然ながら、継続後の新たな条件に従って、上記「金融機関による満期日未到来の定期預金の相殺」の記載に従った取扱いを行うこととなる。

◆**預金者による相殺** 金融機関に預金保険法の定める保険事故が発生し、預金者が金融機関からの借入金等を有している場合には、預金者は、定期預金等の債権と借入金等の債務とを相殺することができる。

具体的には関係する預金規定や借入約定に従って行うこととなるが、多くの金融機関では、定期預金規定に「保険事故発生時における預金者からの相殺」に関する規定を置いている。

そして、定期預金規定では、保険事故発生時における預金者からの相殺については、定期預金の満期日が未到来であっても、当該相殺額について期限が到来したものとして、相殺できる旨定めていることが多い。すなわち、金融機関は当該定期預金について期限の利益を主張しないのである。

この場合の定期預金の利息の計算については、その期間を相殺通知が金融機関に到達した日の前日までとして、利率は約定利率を適用することとしている。

11181 中間払利息と満期後利息

定期預金の中間払利息および定期預金の満期後利息は、どのように計算するか

結 論

中間払利息は、期間が2年以上の定期預金の場合に、通常、預入日の1年ごとの応当日を中間利払日とし、預入日（または前回中間利払日）から中間利払日前日までの日数、および約定利率の70%の利率を用いて、1年を365日とする日割りにより計算される。

満期後利息は、満期日から解約日または書換継続日の前日までの日数、および解約日または書換継続日に適用されている普通預金の利率を用いて、1年を365日とする日割りにより計算される。

解 説

◆**期間が2年以上の定期預金の中間利払い**
期間が2年以上の定期預金の場合、利息のすべてが満期日に支払われるのではなく、通常、一部の利息の中間払いが行われる。

利息の中間払いは、通常、預入日の1年ごとの応当日（以下「中間利払日」という）に行われる。そして、満期日には、満期払利息として、約定利息から中間払利息の合計額を差し引いた残額が支払われる。

中間払利息の利率は約定利率よりも低い利率（通常、約定利率×70%）となっており、中間払利息は、預入日（または前回中間利払日）から中間利払日前日までの期間について、1年を365日とする日割計算により算出される。

◆**中間払利息の支払方法** 中間払利息の支払方法については、各金融機関とも、その定期預金規定や商品説明書によって支払方法を定めているが、預金者の指定する預金口座に振替入金することによって支払う

のが一般的である。ただし、預入期間２年の定期預金の場合は、預入日の１年後の応当日の中間払利息により、満期日を同一とする定期預金を作成することができる場合もある。

なお、中間払利息に対する利子課税は、中間利払日が税法上の利子の支払時期に当たるから、源泉徴収を要する。

◆中間利払いのある定期預金の期日前解約が行われた場合　定期預金の期日前解約については、各金融機関とも、預入日より期日前解約日の前日までの期間に応じて期日前解約利率（中途解約利率）を定めており、通常、これは約定利率より低い利率となっている。これは、中間利払いのある定期預金であっても、例外ではない。このため、中間払利息が支払われた後に期日前解約が行われる場合、すでに支払われている中間払利息の合計額と期日前解約利息との差額を精算する必要が生じる。

もし、預入日から期日前解約日の前日までの期間について所定の期日前解約利率によって計算した利息額が中間払利息の合計額より少ないときは、その差額を預金者から徴収することになる。逆の場合には、その差額を解約の際に支払う。

◆定期預金の満期後利息の計算方法　定期預金が満期日の経過後に解約または書換継続された場合の利息は、満期日から解約日または書換継続日の前日までの日数および解約日または書換継続日に適用されている普通預金の利率により計算される。

この満期日以後の利息については、各金融機関とも定期預金規定に明記している。

それでは、満期日が休日に当たっており、解約日または書換継続日がその翌営業日と

なった場合にはどうするか。この場合にも、満期日から翌営業日の前日分の利息については、解約日または書換継続日の普通預金利率によって計算のうえ支払うこととされている。

| 11182 | 自動振替契約と臨時金利調整法 |

当座預金と普通預金の自動振替契約は臨時金利調整法違反となるか

結　論

自動振替契約が無効とされることはないが、臨時金利調整法違反となると解されている。

解　説

◆自動振替契約とは　当座預金と普通預金との自動振替契約とは、当座預金の残高が多くなると自動的に普通預金口座に移し、反対に当座預金残高が不足をきたすと普通預金口座から振り替える契約をいう。

当座預金には利息がつかないから、預金で金利をかせぐためには、余剰の資金はいつも利息のつく普通預金に入れておき、小切手の支払などで当座預金の資金が必要なときは普通預金から引き出して当座預金に入金することになるが、そのためには払出しと入金の手数をかけなければならない。

これでは預金者にとってもまた金融機関にとってもはなはだ煩わしいので、この手数を省くために自動振替契約によって処理をすることが考えられる。

自動振替契約の実際の事務処理の方法は

いろいろ考えられる。単に当座預金の残高を決めて、それ以上残高があるときは普通預金に振り替え、それ以下のときは決められた残高に達するまで普通預金から振り替えるという振替契約をしておき、実際に当座預金から普通預金に振り替えるときも普通預金から当座預金に振り替えるときも、小切手や払戻請求書のかわりに金融機関で作成した振替伝票で処理する方法や、小切手や払戻請求書のかわりにとりあえず仮伝票で処理し、後になって小切手、払戻請求書と差し替える方法等が考えられる。

このような自動振替契約は、民事上は無効とされる理由はないともいえるが、臨時金利調整法との関係で同法違反となるものと解されている。

◆**臨時金利調整法違反となる根拠**　臨時金利調整法2条1項では、「内閣総理大臣及び財務大臣は、当分の間、経済一般の状況に照らし必要があると認めるときは、日本銀行政策委員会をして、金融機関の金利の最高限度を定めさせることができる」と規定されており、この規定に基づき「金融機関の金利の最高限度に関する件」（昭和23年大蔵省告示第4号、最終改正平成15年金融庁・財務省告示第4号）によって当座預金は無利息とする旨定められている（【11196】参照）。

したがって、普通預金との自動振替制度は、当座預金に対して利息を付するのと同様の結果となるから同法違反となるというものである。

11183 利子課税の仕組み

利子課税の仕組みはどのようになっているか

結　論

法人や個人の預貯金および公社債の利子などに係る所得に対しては、一部の例外を除いて税法で課税されている。

解　説

◆**利子課税の全体的な仕組み**　利子所得に対する所得税の課税制度は、貯蓄の種類、受取人の個人・法人の別または居住者・非居住者の別、あるいは内国法人・外国法人の別など受取人の属性、各種の特別措置の適用の有無などによって、課税の態様が異なっている。

また、利子所得については、非課税制度の適用があるものを除き、その支払を受ける際に所定の税率により所得税および住民税（地方税）が源泉徴収（特別徴収）される。以下では、主に預金にかかる利子課税の仕組みについて解説する。

◆**一律源泉分離課税制度**　従来、個人の受け取る利子等に対する所得税は、確定申告による総合課税と貯蓄者の選択による源泉分離課税（いわゆる源泉分離選択課税制度）のいずれかの方法により課税されており、さらに、普通預金等の利子には、確定申告不要制度が設けられていたが、昭和63年4月1日以後は、これらの制度にかわり、新たに、マル優などの非課税制度の適用分を除き、すべて20.315％（所得税および復

興特別所得税15.315％、地方税５％）の税率による源泉徴収だけで課税関係が完結する源泉分離課税制度が適用されている。なお、平成25年１月１日から平成49年12月31日までの間に支払を受ける利子等については、所得税15％とともに復興特別所得税0.315％が源泉徴収されることになっている。

また、定期積金の納付補てん金、外貨建預貯金の為替差益（あらかじめ定められた利率により換算して支払うもの）などの金融類似商品の収益なども、利子等と同様に、20.315％（所得税および復興特別所得税15.315％、地方税５％）の税率による源泉分離課税が適用されている。

これらは、源泉徴収だけで課税関係が終了する（【11184】参照）。

◆法人に関する利子課税　　法人の受け取る利子に対する課税については、平成28年１月１日以降に支払われる預金利息から地方税の特別徴収は行われなくなったため支払を受ける際に、個人の源泉分離課税と同じ税率15.315％（所得税15％、復興特別所得税0.315％）により源泉徴収され、法人税の確定申告によって精算される。また、法人が受け取る金融類似商品の収益についても、利子所得と同様に取り扱われる。

なお、金融機関等が法人の預金等および金融類似商品について利子等の支払をしたときは、金融機関等は、その利子等について支払調書を作成して、税務署に提出しなければならない。この支払調書を作成するために必要な受取人の住所、名称については、その受取人に対して、所得税法上、住所、名称の告知義務（無記名公社債の場合には受領告知書の提出義務）を課している。

◆各種の非課税制度　　利子所得の非課税制度の改正により、高齢者（65歳以上）を対象とする少額貯蓄非課税制度は、平成15年１月１日以後、預入れが中止となり、平成18年１月１日以後廃止されている。現在、少額貯蓄非課税制度は、障害者、寡婦年金受給者などに限定して適用され、次のようになる。

障害者や遺族年金を受けることができる妻である人などを対象とした障害者等の少額貯蓄非課税制度（マル優）、障害者等の少額公債非課税制度（マル特）があり、非課税限度額は、各350万円、合計700万円である（障害者等の郵便貯金非課税制度は郵政民営化後の平成19年10月１日以後、廃止され、民営化前の預入分を除き「マル優」の取扱いによることとなった）。

また、勤労者財産形成促進法による貯蓄の優遇措置で、財形年金貯蓄（勤労者財産形成年金貯蓄）、財形住宅貯蓄（勤労者財産形成住宅貯蓄）制度では、両者を合算して、550万円まで非課税扱いが受けられる。

さらに、納税準備預金および納税貯蓄組合預金については優遇措置が講じられており、それらの利子は非課税とされている。

11184　源泉分離課税の仕組み

源泉分離課税の仕組みと対象はどのようになっているか

結　論

利子所得に対する課税関係を他の年間所得と分離して税を徴収する方法で、利子の

支払の際に所定の税率により源泉徴収されると、その徴収により利子についての課税は終了する制度である。

解　説

◆源泉分離課税の仕組みと効果　所得税は、1年間に生じたすべての所得を総合して、これから基礎控除等の諸控除分を差し引き、その残額に超過累進税率を適用して税額を求めて課税する、すなわち総合課税が基本である。

これに対し源泉分離課税は、利子所得を他の所得と切り離して、その支払の際に一定の税率による源泉徴収を通じて所得税および住民税を納付することによって課税関係を完了させる制度であり、これは個人の受け取る利子等のみに適用される。したがって、この制度は総合課税の原則に対する特例といえるものであり、後日、確定申告をして税の精算をする必要がないが、他方、源泉徴収税額の還付請求もできない。また、本人確認のための公的書類の提示や申告書の提出などの手続はいっさい不要である（犯罪収益移転防止法に基づく本人確認とは別）。さらに、支払調書の提出が免除されているので、受取利子額等は税務署に通知されない。これは住民税についても同様である。

◆個人が受け取る預貯金等の利子等が対象
源泉分離課税は、個人が受け取る利子等のうち、障害者等のマル優、財形住宅貯蓄や財形年金貯蓄など非課税制度の適用を受けるものを除く、すべての利子所得および金融類似商品の収益について適用される。預金については、各種の定期預金をはじめ、通知預金、普通預金、自由金利商品などの利子、勤務先預金の利子、また金融類似商品は、定期積金、抵当証券、金投資口座、外貨預金などの収益、利益、差益などが対象となる。

なお、この源泉分離課税は、法人および人格なき社団・財団が支払を受ける利子等には適用されない。利子等の支払時に源泉徴収はなされるが、これらの法人等については確定申告が必要となる（【11185】参照）。

◆税率は所得税と住民税とを合わせて20.315%　源泉分離課税の税率は所得税および復興特別所得税（国税）が15.315%、住民税（地方税）が5%の合計20.315%である。非居住者には住民税は課税されないので、所得税および復興特別所得税15.315%のみである。

なお、平成16年1月から適用されていた国内公募株式投資信託についての軽減税率は平成25年12月31日をもって廃止されている。

◆割引債の償還差益は所得税のみの分離課税　割引方式で発行される割引債の償還差益に対しては、源泉分離課税が適用され、税率は特定の割引債を除き所得税および復興特別所得税のみの18.378%で、住民税は適用されない。なお、割引債は支払期日に額面金額で償還されるが、源泉徴収の時期は発行時であり、いわば、所得税の前払いとなっている。

11185　法人の受取利子への課税

法人の受取利子に対する課税はどのように取り扱われるか

結　論

　内国法人の預金・公共債などに対する利子について源泉徴収をしたうえ、これらの利子所得を含めた各事業年度のすべての法人所得について確定申告を行うことにより税額を調整されている。

解　説

◆法人税と利子課税の仕組み　株式会社などの法人は、法人税法および地方税法に基づき各事業年度における所得の額および税額を計算のうえ、法人税（国税）、法人住民税（地方税）を申告・納付する。

　他方、法人が受け取る利子所得については、その利子の支払を受ける際に、一定の税率により所得税および住民税が課税され、金融機関等により源泉徴収される。この税額の納付はいわば法人税の前払いであり、法人税の申告の際に、納付すべき法人税額から控除され、あるいは還付されるなどにより精算される。このように法人の利子所得は法人税法等における総合課税であるといえる。これは法人住民税についても同様である。

　なお、法人格をもたない「人格なき社団・財団」は税法上では法人とみなされるので、すべて法人と同様に取り扱われる。

　また、所得税法別表第一に掲げる地方公共団体、商工会議所、日本放送協会、弁護士会、信用保証協会などの公共法人等は非課税である。

　法人の受け取る利子等に対する源泉徴収税率は平成28年1月1日以降に支払われる預金利息から地方税の特別徴収は行われなくなったため、所得税および復興特別所得税（国税）15.315％のみである。

◆名称等の告知および支払調書の提出が必要　利子等の支払を受ける法人は、その利子の支払の確定する日までに、その確定のつど、金融機関等に対して法人の登記事項証明書等の確認書類を提示して、住所および名称を告知しなければならない。ただし、普通預金など流動性預金については、このような告知は不要である。

　他方、この告知を受けた金融機関等は、告知のあった事項を提示を受けた確認書類により確認し、確認書類の名称および確認した日付を帳簿に記載しておかなければならない。

　また、金融機関等が法人の預金等および金融類似商品について利子等の支払をしたときは、支払調書を作成して所轄税務署に提出しなければならない。支払調書の記載事項は利子を受け取る法人の住所・名称、利子額などであるが、その住所・名称は預金者から告知されたものによる。

◆外国法人の取扱い　国内に本店または主たる事務所を有する法人を「内国法人」といい、内国法人以外の法人を「外国法人」という。この国内に恒久的施設を有する外国法人の利子課税の取扱いは基本的には内国法人と同様である。すなわち総合課税の扱いとなり、告知、確認の義務、支払調書の提出が適用される。ただ、外国法人には地方税は課税されないので、課税は国税の所得税および復興特別所得税15.315％の税率により源泉徴収される。

11186 源泉徴収適用外の金融機関

源泉徴収の適用を受けない金融機関の範囲はどのようになっているか

結　論

租税特別措置法および租税特別措置法施行令により、受取利息について源泉徴収が適用されない金融機関が定められている。

解　説

◆**金融機関等の受ける利子所得の特例**
金融機関等が受け取る利子所得は、租税特別措置法（8条）および同法施行令（2条の37・3条の3）により課税されない。その金融機関は下記のとおりである。

銀行、信用金庫、労働金庫、信用協同組合、農業協同組合、農業協同組合連合会、漁業協同組合、漁業協同組合連合会、水産加工業協同組合、水産加工業協同組合連合会、株式会社商工組合中央金庫、生命保険会社、損害保険会社、信託会社、農林中央金庫、信用金庫連合会、労働金庫連合会、共済水産業協同組合連合会、信用協同組合連合会および株式会社日本政策投資銀行。

11187 支払調書の提出

支払調書はどのような利子について提出されるか

結　論

法人課税の国税分で預金利息（普通預金・貯蓄預金・納税預金を除く）、金融類似商品の収益、公社債の利子などが該当する。

解　説

◆**支払調書の役割**　利子等の支払調書は利子等の支払をする者が利子等の明細を記載して税務署に提出するものであり、税務署では課税の対象となる預金等の利子所得で法人税の申告をすべきものがはたして正確に申告されているかどうかを調査・チェックするための資料となるものである。住民税については利子等の支払調書の制度がないので、支払調書の提出は不要である。

◆**対象となる利子等の範囲**　支払調書は、法人が受け取る預貯金（定期預金、通知預金、別段預金）、公社債の利子、合同運用信託、公社債投資信託の収益の分配および金融類似商品（定期積金、外貨建預金など）の収益がその提出対象とされる。普通預金等の利子、金融機関相互間の預金の利子などは除かれる。源泉徴収により当該利子所得について課税関係が完結する個人の源泉分離課税については適用されない。

◆**作成基準は1回の支払ごと**　支払調書の作成方法には、利子の受取人別に年中分を名寄せのうえ、その合計額で作成する方法（本則による方法）と、同一人に対する1回の支払ごとに作成して1カ月ごとにまとめて提出する特例による方法とがある。そのいずれかを銀行等ごとに選択することになっているが、銀行等は名寄せ事務負担等を軽減するため特例による方法を採用し

ている。この場合、1回の支払金額が所定の金額以下であるときは、支払調書の提出を要しないという足切りの取扱いがある。すなわち、利子計算期間が1年以上の場合には、1回の支払額が1万円（利子計算期間が6カ月以上1年未満は5000円、同6カ月未満は2500円）以下に該当するときは、支払調書の提出を要しない。

支払調書の提出は、利子の支払をした日を基準として1カ月分をまとめて、その翌月末日までに銀行等の所轄税務署に提出する。ただし、預金等の支払期日が到来したまま年末日現在で未払いの場合には、期間中利子について支払調書を作成し、翌年1月末日までに提出しなければならない。

この取扱いは、所得税が暦年主義によるとともに課税標準の計算にあたって所得確定日を基準としている結果であり、年末日現在で未払い分でも預金者にとっては所得の確定している利子については、その年の所得として確定申告に含めなければならない。なお、翌年以後実際に支払った場合には、期日後利子だけがその年の所得となり、支払調書もその期日後利子についてのみ作成し、提出しなければならない。

11188 公社債利子課税の仕組み

公社債の利子課税の仕組みはどのようになっているか

結　論

基本的には預金の場合と同じであるが、無記名公社債、登録債など特殊な取扱いに注意する。

解　説

◆**特徴**　公社債の利子課税の基本は預金の場合と同じであるが、公社債が無記名式である場合には、利子の支払が本来の支払者（発行機関）以外の金融機関等で行われることなど特別の仕組みをもっているため、特別な取扱いが定められている。

また、利子の支払および課税上の取扱いは多くの金融機関等が関与するので、各金融団体において必要な申合せをして取扱いの円滑を期している。

◆**無記名公社債**　無記名公社債の利子の支払を受けるときは、社債権者が利札を債券から切り離して、金融機関（元利金支払場所、または取引銀行。以下「支払の取扱者」という）に提出する。個人が受け取る場合は源泉分離課税が適用され、20.315%の源泉徴収によって課税関係は完結する。法人の場合は総合課税が適用されるため、法人は、その住所、名称等を記載した受領に関する告知書の提出、確認書類の提示、また金融機関は、住所、名称の確認、支払調書の提出の制度が適用される。この場合、複雑な事務処理を円滑に実施するため、①告知書の徴求、保管等の手続は支払の取扱者が行うこと、②支払調書は、支払の取扱者が債券の発行者にかわって作成し、所轄税務署に提出することとされている。なお、源泉徴収税額（20.315%）の納付は、所得税は代表受託銀行（事業債の場合）が所轄税務署に、また住民税は支払の取扱者がその所在地の都道府県の税務事務所に対して行うことになる。

◆**登録公社債**　登録債は、現物債として

所有せず、所定の登録機関に登録しておく
もので、その利金の支払を受けるときは、
登録機関から支払期日のつど送付される利
金領収書をあらかじめ指定した金融機関に
提示、または他の金融機関に取立を委任し
て行う。登録債は元来無記名の債券である
が、登録によって事実上記名債券となるの
で、利子課税の取扱いは、①預金等と同様
に取り扱われること、また、②告知、本人
確認、支払調書などの取扱いは支払の取扱
者でなく、指定支払場所が行うことなど、
無記名の現物債とは異なる取扱いが適用さ
れる。

**◆公共法人等が所有する公社債の利子非課
税には特別の手続が必要**　　公共法人等の
受け取る利子は原則として所得税は非課税
であるが、公社債の利子について非課税の
適用を受けるためには、その公社債につい
て保護預りをし、または登録を行ったうえ、
所轄税務署に対して非課税申告書を提出し
なければならない。また、非課税の範囲に
ついても、利子計算期間のうち公共法人等
が連続して所有していた期間に対応する利
子に限られる。

11189　利子等に係る住民税

利子等に係る住民税とはどのようなものか

結　論

　利子等に係る住民税は支払利子等の支払
時に源泉特別徴収の方法により５％課税さ
れている。

解　説

◆住民税の利子割の創設　　従来、利子に
対する住民税は、所得税が総合課税扱いと
された利子のみが課税対象とされていたが、
所得税において15％の税率による一律分離
課税が適用されることとの関連から、住民
税においては、都道府県がその利子等の支
払時に特別徴収の方法によって他の所得と
分離して課税する仕組みの利子割の制度が
創設され、昭和63年４月１日から実施され
ていた。

◆利子等に対して５％の課税　　都道府県
民税（住民税、利子割）の課税対象は、障
害者等の少額貯蓄・公債の非課税および財
形住宅貯蓄や財形年金貯蓄の非課税扱いの
ものを除く預貯金等の利子等および金融類
似商品の収益である。公共法人等および金
融機関が受け取る一定の利子等は非課税と
される。

　この利子割による納税義務者は、従来都
道府県内に所在する利子等の支払をする金
融機関の営業所を通じて利子等の支払を受
ける個人（居住者）および法人（内国法
人）等であり、非居住者および外国法人は
除かれていた。しかし、平成28年１月より、
平成28年１月１日以降に支払を受けるべき
利子等に係る利子割の納税義務者について、
利子等の支払を受ける法人を除外し、利子
等の支払を受ける個人に限定されている。

　特別徴収義務者は、都道府県が条例によ
り指定する都道府県内に所在する金融機関
である。

　住民税（利子割）の税率は５％であり、
実務上は、源泉（特別）徴収義務者である
金融機関が利子等の支払をする際に、所得

税および復興特別所得税（国税）15.315％
との合計20.315％の税率により源泉徴収し、
５％相当分の税額を徴収した日の属する月
の翌月10日までに都道府県に納入すること
となる。

なお、地方税に関しては、支払調書の制
度がないので、住民税についての支払調書
の提出は不要である。

◆**法人に係る利子割の廃止**　　個人に係る
利子割については還付等の制度はなく、課
税関係は特別徴収により終了するので、い
わば住民税における源泉分離課税といえる。
他方、法人等に係る利子割については、平
成28年１月からの廃止に伴い、都道府県民
税法人税割の申告の際に控除または還付等
によって精算される従来の制度も廃止され
た。

◆**都道府県等の取扱い**　　住民税の利子割
の制度は、都道府県民税にのみあり、市区
町村民税にはないが、都道府県は納入され
た利子割の一部を利子割交付金として市区
町村に対して交付することとなっている。

| 11190 | 障害者等のマル優制度 |

障害者等の少額貯蓄非課税制度とはどのよ
うなものか

結　論

日本に住所を有する障害者、寡婦年金受
給者など、１人が多種類多店舗で非課税の
恩典（350万円）が受けられる制度である。

解　説

◆**非課税制度の改組**　　昭和38年から国民
一般に適用されていた少額貯蓄非課税制度
（通称「マル優」）は、昭和63年４月１日か
ら高齢者等の少額貯蓄非課税制度（以下
「高齢者等のマル優制度」という）に改組
され、実施されていた。この高齢者等のマ
ル優制度も、制度改正により平成15年１月
１日より預入れが中止され、平成18年１月
１日から廃止された。現在では、マル優制
度の対象者は、障害者、寡婦年金受給者な
どに限定されている。

この制度の仕組みは、障害者等の資格の
ある者が最初に預金等をする日までに非課
税貯蓄申告書を金融機関を経由して預金者
の住居地の所轄の税務署に提出し、預金等
の預入れのつど、金融機関に非課税貯蓄申
込書を提出して預入れした場合は、非課税
限度額の範囲内で、その預金等の利子等に
ついては非課税扱いが受けられるというも
のである。

◆**この制度を利用できる者**　　この制度の
適用を受けられる者は、国内に住所を有す
る個人で、障害者で障害者手帳の交付を受
けている者、国民年金法による遺族基礎年
金を受けることができる妻である者、同法
による寡婦年金を受けることができる者お
よびこれらに準ずる者として政令で定める
者に限られる（所得税法10条１項）。なお、
適用資格は国内に住所を有することが要件
であるので、外国籍の者でも日本国内に
住所があれば適用を受けられるが、日本
人でも外国にいる者は適用を受けられな
い。

◆**非課税貯蓄の範囲**　　この制度の対象と

なる貯蓄は、①預貯金、②合同運用信託（貸付信託、金銭信託）、③有価証券（国債、地方債、金融債（割引債を除く）、政府保証債、一般事業債、公社債投資信託、公募会社債等運用投資信託（一定の要件を満たすものに限る）等）の３種類である。預貯金には勤務先預金も含まれるが、納税準備預金は除かれる（【11183】参照）。

　また、この制度の取扱いができる機関は、前記の貯蓄の種類に応じて、銀行、信託会社、信用金庫、信用金庫連合会、労働金庫、労働金庫連合会、信用協同組合、信用協同組合連合会、農林中央金庫、株式会社商工組合中央金庫、農業協同組合、農業協同組合連合会、漁業協同組合、漁業協同組合連合会、水産加工業協同組合、水産加工業協同組合連合会などの金融機関、証券会社（第一種金融商品取引等を行う者）、生命保険会社、損害保険会社および勤務先預金の受入機関（事業所等）等である。

◆**非課税貯蓄の限度額**　この制度によって非課税扱いが受けられる限度額は１人当り元本350万円である。この非課税枠の利用については、預貯金、合同運用信託、有価証券のうち２種類以上の貯蓄を選択することができ、金融機関等の店舗も２カ所以上で非課税貯蓄をすることができる仕組みになっている。したがって、マル優制度を利用することができる者は、貯蓄の種類や金融機関の取扱商品等に応じて非課税枠を分割し、有効に利用することができる。

11191　非課税扱いの手続

非課税扱いを受けるためにはどのような手続が必要か

結　論

　非課税制度の適用を受けようとする者は、最初の預入日までに銀行等の店舗に対して非課税貯蓄申告書を提出する必要がある。また、原則として預入れのつど非課税貯蓄申込書を提出する必要がある。

解　説

◆**手続のあらまし**　障害者等のマル優制度の適用を受けるための手続は、まず、非課税貯蓄についての税務署への申告手続と、預貯金等の預入れにあたっての金融機関の店舗への非課税申込みの手続、その際の本人確認の手続が基本となる。さらに、金融機関の店舗ではその店舗に設定された非課税限度額（店舗限度額）の管理があり、また税務署では、店舗限度額の合計額が非課税限度額を超えていないかどうかの限度額管理等がある。

◆**税務署への申告**　この制度の適用を受けようとするときは、貯蓄者は、まず最初に、非課税扱いの預貯金等をする日までに、金融機関の店舗等を経由して住所地の所轄税務署長に非課税貯蓄申告書を提出しなければならない。この申告書には、貯蓄者の住所・氏名、生年月日、障害者等の事実、貯蓄の種類、当該店舗での非課税限度額などが記載される。したがって、この申告書の提出は、非課税貯蓄の利用について税務署にいわば登録するという性格をもち、また金融機関に対する登録という意味ももっている。

◆**本人確認の手続**　貯蓄者は、前記の申

告書の提出に際し、金融機関の店舗に住民票の写し、障害者手帳等の確認書類を提示して、障害者等の事実を告知しなければならない。金融機関は、提示された確認書類により、住所・氏名、生年月日、障害者等の事実が真実であることを確認し、当該申告書に確認した旨の確認印を押捺し、その確認書類の名称を付記する。受理した申告書は、その翌月10日までに所轄税務署に提出する。

◆**金融機関への申込み**　貯蓄者は、非課税扱いを受けたい旨の意思表示として、預貯金等の預入れのつど金融機関の店舗に対して非課税貯蓄申込書を提出しなければならない。ただし、普通預金、積立定期預金、通帳式定期預金など一定の貯蓄については最高限度額方式が認められており、最初に提出する申込書に当該口座に係る最高限度額を記載しておけば、その限度額に達するまでは預入れのつど申込書を提出する必要はない。また、自動継続定期預金については、銀行等による申込書の代理作成が認められている。

なお、この申込書の提出の際には、申告書の場合と同様、確認書類の提示が必要である。

◆**限度額の変更、住所・氏名の異動等の場合の手続**　非課税貯蓄申告書に記載された事項について異動があった場合、または最高限度額を変更しようとする場合などには、異動申告書、限度額変更申告書、死亡届出書または廃止申込書にそれぞれ必要事項を記載して、非課税貯蓄申告書を提出した店舗等を経由して所轄税務署長に提出しなければならない。

障害者等の少額公債非課税制度とはどのようなものか

結　論

租税特別措置法により、障害者等のマル優制度とは別枠で公債対象に設けられた非課税制度である。

解　説

◆**制度の概要**　昭和45年に国債の個人消化の促進を目的として創設された少額国債非課税制度は、昭和52年に地方債が対象に加えられて少額公債非課税制度として実施された。その後、マル優制度と同様、昭和63年4月から高齢者等の少額公債非課税制度に改組され取り扱われてきた。制度改正で平成15年1月1日から高齢者（65歳以上）の預入れが中止され、平成18年1月1日から廃止されたため、この制度の適用を受けられる者は、障害者等に該当する者に限られることとなった。この制度は、障害者等が購入する公債について1人当り350万円を限度としてその利子を非課税とするものであり、租税特別措置法により障害者等のマル優制度とは別枠で非課税扱いが受けられるものであって、マル特または特別マル優とも呼ばれている。

◆**対象となる公債の範囲等**　この制度の適用を受けられる者の範囲は、障害者等のマル優制度と同じである【11190】参照）。

対象となる公債は、国債および地方債で、いずれも利付債に限られ、割引債は対象と

されない。また、地方債は公募地方債に限られ、縁故地方債は対象とされない。

◆**取扱いのできる機関**　この制度の取扱機関は、公債を販売している証券会社、銀行等の金融機関である。

◆**非課税扱いの手続および要件**　この制度の適用を受けるための手続は、基本的には障害者等のマル優制度に準じて取り扱われる。すなわち、公債の購入の際に、その金融機関の店舗を経由して所轄の税務署長に特別非課税貯蓄申告書を提出し、また購入のつど特別非課税貯蓄申込書を金融機関の店舗に提出する。これらの申告書等の提出にあたっては、本人確認のための公的書類および障害者等の事実に該当することを証明できる所定の書類を提示することが必要である。

非課税扱いを受けるためには、購入した公債について保管の委託をするか、または登録を受けていることが要件となっているので、公債の購入と同時に、購入した金融機関に保管の委託すなわち保護預りをするか、またはその金融機関を通じて登録機関（国債は日本銀行）に登録をすることが必要である。

また、この制度においては、その公債の利子の各計算期間を通じて非課税の適用が受けられる。その公債が利子の計算期間の中途で購入された場合には、保管の委託等の要件および店舗限度額の範囲内等の要件を満たしていれば、その購入の日の属する利子計算期間に対応する利子についても非課税の適用を受けることができる。

| 11193 | 財形貯蓄と利子課税 |

財形貯蓄に係る利子は非課税となるか

結　論

財形貯蓄のうち、財形年金貯蓄と財形住宅貯蓄の両者を合わせて元本550万円までについて非課税の適用が受けられる。

解　説

◆**財形貯蓄と税制**　財形法6条に基づき、財形貯蓄制度には、一般財形貯蓄（昭和47年1月実施）、財形年金貯蓄（昭和57年10月実施）、財形住宅貯蓄（昭和63年4月実施）の三つの貯蓄がある。昭和63年度から実施された貯蓄税制では、貯蓄全般が原則課税（20％の分離課税）に変更されたが、財形年金貯蓄と財形住宅貯蓄については、明確な目的貯蓄であり、非課税管理が事業主によって厳密にできることなどの理由により、利子非課税の優遇措置が設けられている。

この二つの財形貯蓄は勤労者のみに付与された政策的な非課税貯蓄制度である。

なお、平成25年1月1日から一般財形貯蓄では平成49年12月31日まで復興特別所得税の課税により20.315％の源泉分離課税が課せられている。

◆**適用を受ける限度額**　非課税の財形年金貯蓄、財形住宅貯蓄は、それぞれ1人1契約が条件で、限度額の範囲は1人が同時に1契約ずつ、同一貯蓄取扱機関でも異種貯蓄取扱機関でも、両者合わせて元本550万円までについて非課税の適用を受けるこ

とができる（財形法6条、租税特別措置法4条の2・4条の3）。

適用対象となるものは勤労者財産形成年金（住宅）貯蓄契約に基づき年齢55歳未満の勤労者が勤務先を通じて預入れ等をした預貯金、合同運用信託、有価証券、生命保険の保険料、生命共済の共済掛金、損害保険の保険料などであり、この非課税限度額は、預貯金等が元利合計で550万円、保険等が払込保険料累計で550万円である。

◆**適用を受けるための手続**　非課税の申込みは、いずれも最初の預入れ等をする日までに「財産形成非課税年金（住宅）貯蓄申告書」を勤務先および金融機関の営業所等を経由して税務署長に提出するとともに、原則として預入れ等のつど「財産形成非課税年金（住宅）貯蓄申込書」を勤務先等を通じて金融機関の営業所等に提出しなければならない。ここでいう勤務先とは「給与所得者の扶養控除等申告書」を提出している勤務先（事業主）をいう。これは、二以上の勤務先から賃金を得ていてもいずれか一方（扶養控除等申告書の提出勤務先→主たる給与の支払先）のみで非課税の手続ができる意味で、非課税管理を厳格にするためである。

11194　納税準備預金等の利子の非課税

納税準備預金等の利子は非課税となるか

結　論

　納税準備預金および納税貯蓄組合預金は、租税の納付を目的として預入れを受け、租税納付のために払出しをする預金で、納税目的の払出しについては非課税扱いである。

解　説

◆**納税準備預金の優遇措置**　納税準備預金は、貯蓄の増強を図り、あわせて納税の促進を図ることを目的として昭和24年4月に制度化されたものである。このため、①その利子は非課税扱い（租税特別措置法5条）、②預金利率は普通預金などの要求払預金よりも高い利率を適用、③預金通帳には印紙税を課さないという優遇措置が講じられている。

◆**取扱いの条件**　この預金は、法人、個人を問わず納税を目的とする者であればだれでも行うことができる。払出目的に制限がある点を除けば、事務手続は普通預金と同じである。

　この預金の払出しは、預金者または同居の親族が国税、地方税（徴収義務者、特別徴収義務者の徴収する租税を除く）を納付する場合に限られる。申告所得税、法人税、相続税、都道府県民税（利子割を除く）、市区町村民税、固定資産税などがこれに該当する。ただし、災害その他の事由で金融機関がやむをえないと認めたときは、租税納付以外の目的で払出しができる。

◆**納税外の払出しは課税扱い**　租税納付以外の目的で払出しがあった場合には、その払出しのあった日の属する利子計算期間の利子は課税扱いとなる。また、その利子については普通預金の利率が適用される。

◆**納税貯蓄組合預金の優遇措置等**　納税貯蓄組合預金は、納税貯蓄組合法（昭和26年4月施行）の規定に基づいて取り扱われる預金で、その目的や性格は納税準備預金

と同様であり、したがって、その優遇措置も納税準備預金の場合と同じである。

　納税貯蓄組合とは、個人または法人が一定の地域、職域または勤務先を単位として任意に組織した組合で、組合員の納税資金の貯蓄のあっせんその他の貯蓄に関する事務を行うことを目的とするもので、その規約が税務署長および地方公共団体の長に届け出られたものをいう。納税貯蓄組合預金は納税貯蓄組合の組合員が納税資金の貯蓄のためにその組合を通じて預金をするもので、この預金を取り扱う金融機関は納税準備預金勘定のなかにその区分を明らかにしておくものとされている。また、組合員別に口座を管理しなければならないので、組合員１人につき１口座を開設するとともに、預金通帳には、その預金が納税貯蓄組合預金である旨を表示することになっている。

　この預金の利子は、納税貯蓄組合法８条により非課税とされている。ただし、納税外の払出しがあった場合には、その払出日の属する利子計算期間の預金利子の適用利率は普通預金の利率となり、また同期間中の納税外払出しの額が10万円を超えるときはその利子は課税扱いとされる。納税外払出しがあってもその額が10万円を超えない限り非課税とされる点において、納税準備預金の場合と異なる。

| 11195 | 預金債務不履行時の損害金（法定利率） |

金融機関が預金債務の支払を拒んだ場合、金融機関が預金者に対しどのような責任を負うこととなるか

結　論

　弁済期の到来している預金について預金者の払戻請求を拒んだ場合、金融機関は履行遅滞となり、債務不履行による損害賠償責任を負う。預金債権は金銭債権であり、特約のない限り、法定利率（銀行の場合年６％）による損害を賠償することとなる。

解　説

◆**預金契約の性質と債務不履行責任**　預金契約の法的性質は消費寄託契約であるとされており、返済時期を定めているとき（定期預金等）はその時期（満期日）に、また返済時期を定めていないとき（普通預金等）はいつでも、それぞれ預金者はその返済（払戻し）を請求することができる（民法666条２項）。預金は取立債務であり（高松高判平８.１.23判時1561号43頁）、預金者の払戻請求を拒んだ場合、預金者が弁済期の到来（定期預金等の場合は満期日（民法412条１項）、普通預金等の場合は払戻請求をした時（同条３項））した預金について金融機関に払戻しを請求した時から金融機関は履行遅滞となり、債務不履行による損害賠償責任を負うこととなる。預金者は損害の証明をする必要がなく（同法419条２項）、また金融機関は不可抗力をもって抗弁とすることができない（同条３項）。したがって、たとえば金融機関に過失なく預金者の確認ができないような場合であっても、金融機関は弁済供託をしない限り、履行遅滞責任を免れない。

◆**履行遅滞の損害金**　預金債権は金銭債権であり、履行遅滞によって生ずる損害金の額は、特約で遅延損害金の定めを置いて

いればそれによることになるが、そうでなければ法定利率によることとなる（民法419条1項）。ここでいう法定利率とは、商行為によって生じた債務（たとえば契約当事者の一方または双方が商人の場合）は、商事法定利率である年6％が適用され（商法514条）、そうでない場合は民事法定利率である年5％が適用される（民法404条）。したがって、銀行の預金の場合は商行為によって生じた債務として年6％で計算されるが、信用金庫や信用組合などは商法上の商人ではない（最判昭63.10.18民集42巻8号575頁、最判昭48.10.5金法705号45頁）ことから、他の契約当事者である預金者が商人である場合は商行為によって生じた債務として年6％、商人以外の場合は民事法定利率である年5％で計算されることとなる（最判平18.6.23金法1789号22頁）。

◆**預金の払戻拒絶による不法行為の成立**
相続預金の払戻しをめぐる裁判例のなかには、金融機関が法律上預金の払戻請求を拒むことができないことを十分認識していながら合理的な理由なく払戻しを拒絶した場合に、預金債権に対する権利侵害や訴訟費用・弁護士費用等の財産上の損害を与えたものとして、単なる債務不履行の域を超えて不法行為が成立すると判示したものもある（大阪高判平26.3.20金法2026号83頁）。この場合、精神的苦痛の慰謝や弁護士費用の請求まで認められる可能性もある。

この種の個別事案における結論については、最決平28.12.19（金法2058号6頁）が、相続預金の当然分割を否定したことによる影響を受ける可能性があるものの、一般論として預金の払戻拒絶に不法行為が成立する可能性を示した点については、なお留意

が必要である。

◆**債権法改正**　改正民法では、民事法定利率と商事法定利率とを区分し、前者を5％、後者を6％として利率を固定していたが、その区分をなくし、利率を変動制に移行するものとしている（同法404条）。

11196	当座預金利率がゼロの理由

当座預金の利率はなぜゼロなのか

結　論

臨時金利調整法に基づく告示により「当座預金の金利は無利息」となる旨定められているため。つまり利息を付すことが法令上禁止されているからである。

解　説

◆**預金金利の自由化と当座預金**　金融機関の金利に関しては、臨時金利調整法（昭和22年法律第181号）2条1項で「内閣総理大臣及び財務大臣は、当分の間、経済一般の状況に照らし必要があると認めるときは、日本銀行政策委員会をして、金融機関の金利の最高限度を定めさせることができる」と規定しており、これに基づき定められた「金融機関の金利の最高限度に関する件」（昭和23年大蔵省告示第4号）により規制がなされていたが、金利自由化の進展に伴い、順次改正され、預金金利は自由化された（【11174】参照）。

しかし、当座預金に関しては、当該告示において、「当座預金又は当座貯金……の利率の最高限度　無利息」と規定されてい

る。したがって、国内の円建の当座預金については、現在も利息を付すことが禁じられている。

◆**預金保険法上の扱い**　当座預金は、手形・小切手の支払事務を金融機関に委託する目的で開設する当座勘定において、これら手形等の支払資金として受け入れられるものである。平成15年4月にペイオフが解禁されたが、例外的に全額が預金保険により保護される「決済用預金」とは、預金保険法（昭和46年法律第34号）51条の2第1項により①決済サービスの提供②要求払い③無利息の3要件を満たすべきものであると規定されており（【10932】参照）、当座預金を含む決済用預金については一律に無利息となることが求められている。したがって、仮に当座預金に利息を付することとすると、前記告示による禁止に加えて、現行の預金保険法では預金保険による全額保護の対象外となることとなる。

第 8 節

預 金 の 時 効

11197　預金の消滅時効期間

預金の消滅時効期間は金融機関の業態により異なるか

結　論

消滅時効期間は、一般の民事債権は10年（民法167条1項）、商行為による商事債権は5年（商法522条）とされている。金融機関の業態により消滅時効期間は相違しており、銀行は5年、信用金庫、信用組合は原則10年である。

解　説

◆**銀行は商事債権の消滅時効**　銀行は、銀行法4条の2に定める株式会社であるから、一般消費者のような商人（商法4条）でない者から預け入れられたものでも、商事債権として消滅時効期間は5年であると解されている（同法502条8号・522条）。

◆**信用金庫などは民事債権の消滅時効**
信用金庫、信用組合は、信用金庫法、中小企業等協同組合法により設立された非営利法人である。営業として預金取引をしてい

るのではないから、信用金庫、信用組合などが行う預金の受払業務は、預金者が商人でない場合には民事債権となり、10年で時効にかかるとされている。預金者が商人である場合や営業として預金取引をしたときのみ「商行為」となり、商事債権として5年の時効が適用される。

◆**実務上の留意点**　商事債権と民事債権とでは、消滅時効期間が5年と10年と相違することに注意すべきである。また、金融機関の実務においては、消滅時効期間を経過したからといって直ちに時効を援用するわけではない（【11198】参照）。

◆**債権法改正**　改正民法においては、債権者が権利を行使することができることを知った時から5年間行使しないとき、権利を行使することができる時から10年間行使しないとき、債権は時効によって消滅するとされている（改正民法166条1項）。さらに、商事債権の時効期間を5年間と定めている商法522条も削除されることとなり、時効期間は商事債権、民事債権において統一される。

11198 預金の消滅時効の援用

金融機関は預金の消滅時効を援用することができるか。援用できるとした場合には、どのようなことに注意すべきか

結　論

預金債権についても消滅時効制度は適用され、金融機関がこれを援用することも認められる。ただし、実務上は、顧客の手元に証書や通帳があるのにオンライン元帳等から、該当する預金が見当たらず、十分な調査を尽くしてもなお原因が判明しないような場合に限って時効を援用すべきである。

解　説

◆預金債権と時効の援用　預金債権について消滅時効が適用されるかどうかについては、理論的にこれを排斥する特段の理由がなく、また、支払ずみであるのに長期間の経過によって証拠が散逸し、その立証が困難になる場合もありうることから、預金についても適用されるとするのが判例（大判昭10．2．19民集14巻2号137頁）・通説である。

しかし、金融機関の実務においては、時効期間が経過したからといって直ちに時効を主張することはなく、オンライン元帳等から預金残高があることが確認できる場合には、時効を援用することなく支払に応じるのが通常である。これは、時効を援用することが金融機関に対する信頼感を損ない、営業政策上も悪影響を及ぼすと考えられるためであって、特別の法的根拠があっての

ことではない。

実際に金融機関が消滅時効を援用するのは、預金者やその相続人等が預金通帳や証書を所持し支払を求めているものの、当該預金についてオンライン元帳に記載がなく、おそらく支払ずみであると推測できるが、伝票や喪失関係書類等の保存期間の経過により、金融機関から支払ずみの事実を明らかにすることのできる証拠が存在しないといった場合である。このような場合にやむをえず時効の援用を行って支払を拒絶しても、信義則違反や権利の濫用とされることはないものと考えられる（大阪高判平6．7．7金法1418号64頁）。

ちなみに、銀行による消滅時効の援用が信義則違反・権利の濫用とされた事案としては、銀行員が無断で定期預金を解約・横領したため書換手続がなされないまま長期間を経過し、しかも、不正を働いた元行員との訴訟が解決すれば払戻しができると発言しておきながら、預金者から訴訟が提起されると消滅時効を援用したというきわめて異例なケース（東京高判昭58．2．28金法1036号49頁）が存在する程度である。

◆実務上の留意点　預金者が預金通帳・証書を所持しているのにオンライン元帳に残高がないというケースにも、いろいろな原因が考えられる。たとえば、①正当に支払ったにもかかわらず、通帳等への記帳・表示がもれてしまった場合、②通帳等の喪失届を受け、再発行のうえ支払ったが、喪失前の通帳等による請求を受けた場合、③貸出先や保証人の預金と相殺を実行した後、通帳等を回収できていなかった場合等である。

このような古い通帳・証書により支払請

求を受け、オンライン元帳上に存在しないような場合には、まずは喪失届等の記録や喪失関係書類、便宜扱いの控帳、相殺を含む過去の記録等により、可能な限りの調査を行う必要がある。それでもなお、帳票類の保存期間を経過し、あるいは保存されているはずのものが保存されていないため、支払ずみであるかどうか不明な場合には、消滅時効の援用を検討することもやむをえないであろう。

11199 自動継続定期預金の消滅時効の起算点

自動継続定期預金の消滅時効はいつの時点から進行を開始するか

結　論

　自動継続定期預金の消滅時効の起算点については、従来、初回の満期日であるとする説と預金者が解約申入れをした後に到来する満期日であるとする説が対立していたが、最高裁は後者を採用したため、解約申入れがない限り時効は進行せず、金融機関は時効を援用することが困難となった。

解　説

◆**問題の所在**　　自動継続定期預金とは、満期日までに預金者から継続停止の申出がない限り、前回と同一期間の定期預金が作成されるという特約のついた定期預金である。

　金融機関は預入れから長期間が経過したからといって消滅時効を援用することはない。これは一般の定期であろうと自動継続定期であろうと同様である。しかし、オンライン元帳上預金が存在しないのに、顧客の手元に残っている古い預金証書や通帳により請求を受けた場合（盗難・紛失に伴う預金証書の再発行後に出てきた旧証書や貸金債権や保証債権で相殺した定期預金の証書等が考えられる）には、金融機関における証拠の保管にも限界があるため、時効を援用せざるをえない場合もある。ところが、自動継続定期預金は、満期日までに継続停止の申出がないと新たな定期預金契約として継続されるという性質があるため、自動的に満期日（起算点）が繰り下がり、その結果、消滅時効を援用できないということになってしまうのではないか、それがここでの問題である。

◆**対立する二つの考え方**　　本件については、従来から、次の二つの考え方が対立していた。

① 初回の満期日を起算点とする説……この説は、預金者は、一方的な意思表示により継続の停止を申し出ることができ、それによって次の満期日以後に預金の払戻しを受けることができるのであるから、初回満期日の到来により、消滅時効の進行を妨げる法律上の障害はなくなっているとする。また、預金者からの払戻請求がないと時効が起算されないと解したのでは、自動継続定期預金は永久に時効にかからない債権となり、時効の利益をあらかじめ放棄することはできないとする民法146条の趣旨にも反すると主張する。

② 預金者が解約申入れをした後に最初に到来する満期日を起算点とする説……この説は、預金者が自動継続停止の申入れをせず、満期が到来するたびに新たな満

期が設けられる結果、新たな満期の到来まで払戻しの請求をすることができないことは法律上の障害に当たるとする。また、民法146条の趣旨は債権者が債務者の窮状に乗じてあらかじめ消滅時効の利益を放棄させることの著しい不都合を回避するためのものであるから、金融機関を債務者とする預金債権の場合には該当しないとする。また、金融機関が最終的な整理措置を講じることができないのが不都合だというのならば、特約により継続できる回数を制限すればよいと主張する。

◆判例の立場　下級審裁判例は、①に立つもの（東京地判昭54.4.12金法903号43頁、大阪高判平15.3.18金法1740号33頁、千葉地判平16.7.22金商1198号5頁）と②に立つもの（大阪高判平14.11.12金法1740号33頁、東京高判平17.1.19金法1736号57頁）とに分かれていたが、最高裁は②の立場を採用することを明らかにし（最判平19.4.24民集61巻3号1073頁、最判平19.6.7金法1818号75頁）、この問題に決着をつけた。

◆実務上の留意点　自動継続定期預金は継続停止の申出がない限り消滅時効にかからないとする最高裁判決が出されたことによって、金融機関は物置やタンスのなかから出てきた何十年も昔の古い自動継続定期預金証書（通帳）による払戻請求を一斉に受けることになるのではないかと危惧されたこともあったが、実際にはそのような混乱は起きていないようである。

実務対応としては、預金規定の自動継続特約に回数制限を設け、最後の自動更新により作成された定期預金の満期日を時効の

起算点として管理することが考えられる。

なお、債権法改正による時効完成期間とその起算点への影響は、【30804】を参照。

11200	通知預金の時効の進行時期

通知預金の時効はいつから進行を開始するか

結　論

通知預金の消滅時効は、据置期間（7日間）を経過した日より進行すると考えられる。

解　説

通知預金は、払戻しについて、預入れの日から7日間以上据え置くことと、解約するときは2日前までに予告をしなければならないという条件のついた預金であるが、その性質は、定期預金のように支払期限を定めたものではなく、いつでも解約の申入れができる支払期限のない要求払預金として位置づけられている。

通説・判例は、期限の定めがない債権については、債権者は契約が成立した時から解約の申入れまたは請求の通知をすることができ、いわばいつでも債権を行使することができる状態にあるといえるので、債権成立の後「所定の猶予期間」または「相当の期間」（民法591条1項）を経過した時から、消滅時効は進行を開始すると解している（我妻榮『新訂民法總則』486頁、大判大3.3.12民録20輯152頁）。

したがって、通知預金の場合には、支払

期日ではないが、一応払戻しが制限されている据置期間を経過した日（預入日から起算して8日目）から預金債権者は払戻しを受けることができるのであるから、時効は据置期間満了の日から進行すると解することができる（中馬義直「各種預金の消滅時効の起算点と時効期間および時効の中断事由」手形研究475号48頁）。

なお、債権法改正による時効完成期間とその起算点への影響は、【30804】を参照。

| 11201 | 普通預金の時効の進行時期 |

普通預金の時効はいつから進行を開始するか

結　論

普通預金においては、預金者は、預入後いつでも払戻しを請求しうるので、預入れと同時に時効期間が進行を開始すると解されている。

解　説

◆**普通預金の法的性質**　普通預金は、返還の時期の定めのない消費寄託契約（民法666条）である。普通預金は、1個の継続的・包括的な預金契約が基礎にあり、預入れ・払戻しのつど、一つの預金債権が増減するものと解される。

◆**普通預金の消滅時効進行開始時期および時効完成時期**　普通預金は、口座を開設すれば、預入れ・払戻しがいつでも自由にできる要求払預金である。普通預金においては、預金者は、預入後いつでも払戻しを

請求しうるのであるから、預入れと同時に時効期間が進行を開始すると解されている（我妻榮『債権各論中巻二』743頁）。つまり、消滅時効の進行開始時期である「権利を行使することができる時」（民法166条1項）は、普通預金では預入時であるということになる。

普通預金においては預入れ・払戻しが反復継続されるが、消滅時効は最後の預入れまたは払戻しの時から所定の期間（5年または10年）が経過することによって完成することになる（西原寛一『金融法』118頁）。

なお、普通預金の利息を金融機関の帳簿上で元本に組み入れた旨記入しても、これを預金者に通知しなければ時効中断（預金債務の承認）には当たらないとされる（【11203】参照）。また、債権法改正による時効完成期間とその起算点への影響は、【30804】を参照。

| 11202 | 当座預金の時効の進行時期 |

当座預金の時効はいつから進行を開始するか

結　論

当座預金債権の消滅時効は、当座勘定契約の終了時から進行を開始すると解されている。ただし、預入時を消滅時効の起算点とする説もある。

解　説

◆**当座預金の法的性質**　当座勘定取引契約は、取引先が手形・小切手の支払事務を

金融機関に委託するために締結される。当座勘定取引においては、金融機関は支払資金を受け入れ、取引先が振り出す手形・小切手が呈示されると、それらを支払う。その支払資金として受け入れられた預金が当座預金である。当座勘定取引は、金融機関が手形・小切手の支払委託を受け、その支払資金として資金を預かるものであり、委任契約と消費寄託契約の混合契約であると一般的に解されている。

◆**当座預金の消滅時効進行開始時期**　当座預金は、手形・小切手の支払資金であり、手形金・小切手金の償還義務を担保するものであって、当座勘定契約の存続する限り、預金者はみだりにその払戻しを請求することができないから、当座預金の消滅時効は契約終了の時から起算されると解される（大判昭10．2．19民集14巻2号137頁）。

　一方、当座勘定契約が終了した際の預金残高については契約終了時から消滅時効が進行するとしつつ、当座勘定契約の存続中は、預金者はいつでも、小切手により、または直接現金で、払戻しを請求しうるのだから、消滅時効は債権成立時（預入時）から進行するという説もある（我妻榮『債権各論中巻二』739頁、『新訂民法總則』488頁）。

　なお、債権法改正による時効完成期間とその起算点への影響は、【30804】を参照。

11203	普通預金の決算利息元加と時効中断効

普通預金における決算利息元加は時効中断の効力をもつか

結　論

　決算利息元加を預金元帳に記入しただけでは時効は中断されない。

解　説

　普通預金の決算にあたり、決算利息を金融機関内の帳簿（普通預金元帳）に記入して元本組入れの手続をとった場合、預金債務の承認と認められるかどうかが、ここでの問題点である。

◆**時効中断措置としての承認**　通説・判例は、「承認」が時効中断事由となるためには、債務者が相手方の権利を内心において認識しているだけでは足らず、その認識を外部へ表示することが必要であり、さらにその表示が権利者に対してなされることが必要であるとしている。

　そこで本問についても、金融機関がその備付けの帳簿に利息を記入して元本に組み入れた旨を記入しても、これを預金者に通知しなければ承認とはならないとするのが判例であり（大判大5．10.13民録22輯1886頁）、通説もこれを認めている。

　これに対し、金融機関の帳簿のように経理のうえで負債であることを明らかにし、債務の存在を客観的に確認できるものについては、承認としての効力を認めてよいのではないかとの反対説もある（我妻榮『新訂民法總則』472頁）。

◆**実務上の取扱い**　一般に金融機関は、信用保持および顧客に与える影響を考慮して、なんらかの事情でオンライン元帳上該当する預金が見当たらない等の特別の事情がない限り、預金の払戻請求に対し時効を援用して支払を拒むことはない。また、そ

のことは時効の完成した預金を金融機関内部の手続として雑益に組み入れたとしても同様である（【11198】【11206】参照）。したがって、本問の結論が実務に影響を与えるところはさほどないと考えられる。

なお、債権法改正による時効障害制度の改正については、【30758】を参照。

11204 第三者による差押えと預金の時効中断効

第三者が預金に対して差押えを行った場合に、当該預金債権の消滅時効を中断させる効果はあるか

結 論

反対説はあるものの、債権に対する差押え（仮差押えを含む。以下、同じ）は、第三債務者に対する被差押債権の消滅時効を中断しないとするのが判例である。したがって、第三者から預金の差押えを受けた場合でも、当該預金の消滅時効は中断しないと考えるべきであろう。

解 説

◆問題の所在　民法147条2号は、「差押え、仮差押え又は仮処分」を時効中断事由としている。時効中断に関する規定の仕方からすると、差押えを行った債権者の有する債権（請求債権あるいは被保全債権）の時効が中断されることは明らかであるが、さらに、差し押えられた債権（被差押債権）の時効まで同時に中断されることになるのかどうかは必ずしも明らかではない。預金に対する差押えに即していうと、預金に対する差押えにより、差押債権者が預金者に対して有する債権の消滅時効だけでなく、同時に、預金債権の消滅時効も中断するかどうかということが問題になる（なお、債権法改正による時効障害制度の改正については、【30758】を参照）。

◆旧来の判例と反対説　大審院時代の判例は、国が国税徴収法に基づいて滞納者が有する債権を差し押えた事案において、債権者が債務者の第三債務者に対する債権を差し押えた場合に、その差押えが当該債権についての時効中断事由とならないことは民法の規定から明白であるとして、被差押債権に対する時効中断効を否定した（大判大10.1.26民録27輯108頁）。

これに対して反対説は、差押えにより債務者の第三債務者への権利行使が妨げられる状態にあるときは、権利のうえに眠っていると評価することはできないこと等を理由に、民法147条2号を拡張ないし類推して時効中断に効力を認めるべきであるとし（我妻榮『新訂 民法總則』468頁ほか）、これを支持する下級審判決も出されていた（横浜地川崎支判昭54.3.15民集35巻7号1211頁）。

◆最近の裁判例　この問題について最近の裁判例は、①債権差押えによって行使された債権は、あくまで差押債権者の差押債務者に対する請求債権であって、差押債務者の第三債務者に対する被差押債権について権利行使がされたことになるわけではなく、差押えによって被差押債権が客観的に行使されたと同視できる事実状態が現出されたということはできない、②差押債権者が被差押債権の時効を中断するためには、債権者代位権により被差押債権の支払請求

をするなど、時効中断の措置をとることができる等の理由で、差押えによる被差押債権の消滅時効の中断効を否定し（東京地判平15.12.16金商1183号36頁）、控訴審もこれを支持している（東京高判平16.6.23金商1195号6頁）。

いまだ最高裁判決は出されていないものの、このような状況からすると、預金に対して第三者から差押えを受けた場合でも、当該預金自体の消滅時効は中断しないと考えるべきであろう。

11205 定期積金の消滅時効の起算点

定期積金の時効の起算点はいつか

結　論

定期積金の時効の起算点は満期日であり、例外的に掛金の払込みの遅延により満期日が延長された場合には、延長後の満期日となる。

解　説

◆**定期積金とは**　　定期積金は、契約額（給付契約金）を決めて、一定の契約期間内に一定の掛金を定期的に払い込み、あらかじめ定められた満期日に給付契約金の支払を受ける取引で、銀行法上、銀行の基本業務の一つとされている（銀行法10条1項1号）。その法的性質については定説はないが、一般的に次のように説かれている。

① 定期積金は申込書の受理によってその契約が成立する諾成契約である（預金は一般に消費寄託契約であり、要物契約で

あると解されている）。

② 定期積金は、積金者が約定どおり掛金を払い込んだ場合に給付契約金（掛金総額と、預金利息に当たる給付補てん金の合計額）の支払義務を金融機関が負うこととなる有償契約である。

③ 定期積金は、金融機関側から掛金の払込みを請求することができない片務契約である。

◆**掛金の払込みが当初約定どおりなされなかった場合**

① 掛金の払込みが遅延したとき……積金規定により満期日を遅延期間の日数だけ延長するか、遅延掛金に対して遅延日数分の遅延利息を積金者が金融機関に支払うこととされている。

② 満期日までに掛金総額の払込みがなされなかったとき……積金規定により、各々の払込みがなされた日から満期日前日までの期間について掛金ごとに解約日現在の普通預金利率によって計算し、満期日以降、掛金合計額とともに支払うこととされている。

◆**消滅時効の起算点**　　以上のとおり、定期積金の満期日は、掛金の払込みが遅延した場合は当初約定満期日とは相違する（繰り下げられる）こととなるため、消滅時効の起算点は原則として当初の満期日であり、例外的に掛金払込みの遅延があったときは繰下げ後の満期日となる（なお、消滅時効の起算点への債権法改正による影響は、【30804】を参照）。

11206 時効完成後の預金の支払

消滅時効期間を経過した預金を支払う場合に留意すべきことは何か

結論

消滅時効期間を経過したからといって預金を支払うのに特に留意しなければならないことはない。もっとも、雑益勘定に編入された預金を支払う場合には、雑益編入明細票の記載内容等と提示された預金証書・通帳等の一致の確認やマネーローンダリング防止のための本人確認を厳格に行うなどの措置を講じることが一般的である。なお、「民間公益活動を促進するための休眠預金等に係る資金の活用に関する法律」（以下「休眠預金活用法」という）施行後は、休眠預金として預金保険機構に移管されるケースが発生する。

解説

金融機関の実務においては、オンライン元帳上に預金が存在している以上、5年の預金の消滅時効期間が経過したからといって時効を援用して支払を拒むことはない。したがって、時効期間を経過した預金に対して特別注意を払うこともなく、店頭での支払請求に応じる場合にも通常の預金の支払と同様の手続をとる以外のことを行わないのが一般的である。

もっとも、時効期間の経過とは別の観点で、満期日（定期預金の場合）や最終異動日（普通預金や当座預金の場合）から10年間まったく移動のないまま経過した預金に

ついては、雑益勘定に編入するという手続が行われる。

雑益勘定に編入された預金について支払の請求を受けた場合には、該当する預金口座が記載されている編入済明細票等を点検して、そこに記載された内容等と提示された預金通帳や預金証書の内容の一致を確認するほか、届出印による印鑑照合だけでなく、マネーローンダリング防止のために本人確認資料の提示を求めるなど、通常の支払の場合以上に厳格な本人確認手続をとるなど、各金融機関において手続が定められているのが一般的である。

平成28年12月2日、休眠預金活用法が成立し、同月9日に公布された。同法は、長い間、引出しや預入れなどの取引がない「眠っている預金」を民間公益活動の財源にあてるための法制度を整備するものである。

金融機関は、まず、そのような眠っている預金、具体的には「最終異動日等から10年を経過した」預金を、休眠預金等として預金保険機構に移管することが求められる（休眠預金活用法2条6項）。預金保険機構への移管後は、預金者等が有する休眠預金等に係る債権は消滅することになるため（同法7条1項）、金融機関がこれらの預金の払戻しを行う余地はなくなる。この場合、休眠預金等の預金者であった者は、預金保険機構に対し、預金等の元本および利子に相当する金額の「休眠預金等代替金」の支払を請求することができるとされている（同条2項）。金融機関が預金保険機構から委託を受けている場合には、かかる支払業務をかわって行うことになる（同条4項）（【11207】【11208】参照）。

「睡眠預金」とはどのようなものか。また、休眠預金活用法上の「休眠預金等」とはどのようなものか

結　論

　「睡眠預金」とは、最終取引日以降、払出可能の状態であるにもかかわらず長期間異動のない銀行預金のことであり、全国銀行協会の通達によって定められた概念である。

　「休眠預金等」とは、預金等であって当該預金等に係る最終異動日等から10年を経過したもののことであり、民間公益活動を促進するための休眠預金等に係る資金の活用に関する法律（以下「休眠預金活用法」という）によって新たに創設された概念である。

解　説

◆**睡眠預金／休眠預金等とは**　　睡眠預金とは、最終取引日（流動性預金および自動継続定期預金以外の定期性預金であれば最終取引日、また自動継続定期預金であれば初回満期日）以降、払出可能の状態であるにもかかわらず長期間異動のない銀行預金のことをいう（全国銀行協会の通達「睡眠預金に係る預金者に対する通知および利益金処理等の取扱い」）。金融機関は、睡眠預金を一定の条件に従って一定の時期に収益計上することになっている。

　他方、休眠預金等とは、「預金等であって、当該預金等に係る最終異動日等から10年を経過したもの」をいう（休眠預金活用法2条6項）。同法施行の後、金融機関は、休眠預金等を一定の条件に従って一定の時期に預金保険機構に移管することになる。

　「預金等」には、一般預金等（預金保険法51条1項）、決済用預金、一般貯金等、決済用貯金等が含まれる（同法2条6項）。また、「最終異動日等」には、最終の取引日（たとえば、引出し、預入れ、振込の受入れ、払出し、口座振替、手形または小切手の呈示による預金等に係る債権の支払請求、預貯金通帳の記帳、繰越、残高照会、契約内容または顧客情報の変更等があった日）や最後の満期日等が該当する。

　以上のとおり、睡眠預金は利益金処理の対象となる銀行預金を指し、休眠預金等は預金保険機構への移管の対象となる預貯金を指すものであるが、いずれも長期間異動のない預金を指すことを意図して定義されたものであり、概念としては重なるものと考えてよいであろう。現在、これらの定義に該当する預金は、年間約1000億円程度発生しているといわれている。

◆**睡眠預金についての利益金処理等の取扱い**　　睡眠預金の取扱いについて、全国銀行協会の通達は、次のとおり定めている。

① 　最終取引日以降10年を経過した残高1万円以上の睡眠預金については、最終取引日から10年を経過した日の6カ月後の応当日までに、各預金者の届出住所宛てに郵送による通知を行うものとする。

② 　郵送による通知が返送された睡眠預金および通知不要先のうち預金者が確認できなかった睡眠預金については、その通知または確認手続を行った日から2カ月を経過した日の属する銀行決算期に、利

益金として計上するものとする。

③　最終取引日以降10年を経過した残高1万円未満のすべての睡眠預金については、最終取引日から10年を経過した日の6カ月後の応当日の属する銀行決算期までに、利益金として計上するものとする。

◆**休眠預金等の移管・管理**　平成28年12月2日、休眠預金活用法が成立し、同月9日に公布された。同法は、①「金融機関」が休眠預金等の資金を預金保険機構に移管し、②「預金保険機構」が当該資金を指定活用団体（内閣総理大臣が指定する団体）に交付したうえで、③「指定活用団体」が資金分配団体ないし民間のNPO法人等を選定し助成・貸付を行うという仕組みにより、休眠預金等を民間公益活動の財源として活用する体制を実現するものである。休眠預金等の移管に関する手続の概要は次のとおりである。

①　金融機関は、最終異動日等から9年を経過した預金等がある場合、最終異動日等から10年6カ月を経過する日までに、預金者に対し口座番号、預金額その他所定の事項の通知を発しなければならない（休眠預金活用法3条2項）。

②　さらに金融機関は、当該預金等に係る最終異動日等、休眠預金移管金の納期限その他所定の事項を公告しなければならない（同条1項）。なお、「通知」の対象となる休眠預金等は、1万円以上の残高があるものに限定されている一方、「公告」の対象となる休眠預金等にはそのような限定はない。

③　金融機関が通知・公告を果たしたことを前提に、休眠預金等は、金融機関から預金保険機構に移管される。そして、預金保険機構に対し「休眠預金移管金」が納付されたとき預金者等が有する休眠預金に係る債権は消滅する（同法7条1項）。

④　休眠預金等の預金者であった者は、預金保険機構に対し、預金等の元本および利子に相当する金額の「休眠預金等代替金」の支払を請求することができる（同条2項）。預金保険機構から委託を受けた金融機関は、かかる支払業務をかわって行う（同条4項）。

なお、休眠預金活用法の適用は過去にさかのぼらないため、法施行日においてすでに最終異動日等から10年を経過している預金等については、従来どおり、睡眠預金に関する利益金処理の取扱いに従うことでよい。

11208　睡眠預金と時効の関係／休眠預金等と時効の関係

睡眠預金と消滅時効とはどのような関係にあるか。また、民間公益活動を促進するための休眠預金等に係る資金の活用に関する法律（以下「休眠預金活用法」という）上の「休眠預金等」と消滅時効とはどのような関係にあるか

結　論

「睡眠預金」は全国銀行協会の通達に従って利益金処理の対象とする銀行預金を指し、「休眠預金等」は預金保険機構への移管の対象となる預貯金を指すものであるが、どちらも消滅時効制度とは直接の関係はない。睡眠預金については、消滅時効が完成していると考えられるが、預金者から払戻

請求があれば、金融機関は消滅時効を援用することなく払戻しに応じるのが一般的である。休眠預金等については、預金保険機構に移管された時点で預金債権が消滅するため、金融機関が消滅時効を援用する余地はない。

解　説

◆**睡眠預金／休眠預金等と消滅時効**　銀行預金は、商事債権の一つとして商法上の消滅時効が適用されるため、5年間権利行使がなかった場合には時効消滅する（商法522条）。また信用金庫の預金は、一般の民事債権の一つとして民法上の消滅時効が適用されるため、10年間権利行使がなかった場合には時効消滅する（民法167条1項）（債権法改正につき、【11197】参照）。消滅時効は、永続した事実状態の保護や証明困難の救済、権利の不行使に対する制裁といった趣旨に基づく民事法上の制度である。

　このような時効制度とは別に、銀行預金は、最終取引日以降、払出可能の状態であるにもかかわらず長期間（最終取引日以降10年）異動がなかった場合、全国銀行協会の通達に従って利益金処理の対象とされる。また、休眠預金活用法の施行後は、預貯金は、当該預貯金に係る最終異動日等から10年を経過した場合、同法に従って預金保険機構への移管処理が行われることになる（【11207】参照）。前者は、単に会計処理の取扱いを定めるものであり、後者も、公益活動促進のための公的制度として資金の移管を求めるものにすぎないため、どちらも消滅時効制度とは直接の関係はない。

　睡眠預金は、最終取引日から10年を経過しているので（【11207】参照）、銀行であっても信用金庫・信用組合であってもすでに消滅時効は完成していると考えられる。ただし、金融機関は原則として預金についての消滅時効を援用することはないため（【11198】参照）、睡眠預金の預金者から払戻請求を受けた場合には、金融機関は払戻しに応じる。

◆**睡眠預金の払戻し**　金融機関は、全国銀行協会通達のルールに従って、睡眠預金を一定の基準に基づき収益計上する（【11207】参照）。そのような事情もあり、睡眠預金は通常、ATMでは引き出せない状態となっている。睡眠預金の預金者は、通帳やキャッシュカードと届出印鑑、本人確認資料等があれば金融機関窓口で預金の解約・払戻しの手続ができる。ただし、長期間にわたって放置されたものであるので、通帳もキャッシュカードも手元にないという場合もかなりあり、預金者・金融機関の双方において手続が煩雑になることも多いと思われる。

◆**休眠預金活用法施行後の対応**　休眠預金活用法が施行された後、金融機関は、休眠預金等を一定の条件に従って一定の時期に預金保険機構に移管することになる。休眠預金等が預金保険機構に移管された時点で預金債権は消滅するため（休眠預金活用法7条1項）、金融機関が消滅時効を援用する余地はなくなるものと思われる（【11207】参照）。

預　金　保　険

11209　預金保険機構

預金保険機構とは、どのような団体か

結　論

　預金保険機構は、預金保険法に基づき、昭和46年7月に設立された認可法人である。預金保険機構にはその機関として、理事長、理事、監事および運営委員会が設けられる。預金保険機構の主な業務は、①保険事故に備え金融機関から預金保険料を徴収すること、②保険事故が発生した金融機関の預金等を預金保険制度の範囲内で保護すること（保険金支払方式や資金援助方式）、③その他に大別できる。

解　説

◆**設立**　預金保険機構（以下「機構」という）は、預金保険法に基づき、政府、日本銀行、預金保険制度の対象金融機関の共同出資により、昭和46年7月に設立された認可法人である。

◆**機関**　機構には、その機関として、理事長1人、理事4人以内、監事1人が置か

れる（預金保険法24条）。これら役員は、衆参両議院の同意を得て内閣総理大臣が任命する（同法26条1項）。また、機構には、運営委員会が置かれる（同法14条）。同委員会は、委員8人以内ならびに理事長および理事によって構成され（同法16条1項）、機構の運営や業務に関する重要事項の議決を行う（同法15条）。

◆**預金保険料徴収**　機構は、預金保険制度の対象金融機関から預金保険料を徴収する（預金保険法50条1項）。預金保険料は、預金保険制度の対象預金等の残高（営業日平残）に預金保険料率を乗じて算出する（同法51条1項・51条の2第1項）。預金保険料率の決定・変更は、決済用預金とそれ以外の預金等（以下「一般預金等」という）のそれぞれについて運営委員会の議決および金融庁長官と財務大臣の認可を得て行われる（同法51条4項・51条の2第2項・139条1項）。

◆**保険金支払方式と資金援助方式**　機構は、預金保険制度の対象金融機関に保険事故が発生した場合には、保護の範囲内の対象預金等の保護を行う（定額保護）。保護の方法には、保険金支払方式と資金援助方式とがある。

◆**その他**　また、機構には、保護の範囲内の対象預金等の保護という業務に加え、以下のような業務がある。

① 預金等債権の買取業務……機構は、一般預金等の元本1000万円を超える部分や外貨預金等について、預金者の請求に基づいて買取りを行うことができる（預金保険法70条以下）。

② 金融整理管財人または金融整理管財人代理の業務……金融庁長官が、当該金融機関に債務超過等の要因があると認めて、「金融整理管財人による業務及び財産の管理を命ずる処分」（管命処分）を行った際（預金保険法74条1項・2項・139条1項）、機構は、金融整理管財人または金融整理管財人代理として選任され、その業務を行うことができる（同法78条2項）。

③ 承継銀行の経営管理業務……機構は、金融整理管財人の管理下にある金融機関（以下「被管理金融機関」という）の業務を引き継ぎ、当該引き継いだ業務を暫定的に維持継続するため、承継銀行を設立することができる。この場合、機構は発起人となり、これを子会社として設立するための出資を行う（預金保険法92条1項）。また、機構は、承継銀行の経営管理を行う（同法94条）。そのほか、機構は、整理回収業務につき他の銀行（以下「協定銀行」という）と「協定」を締結することができる（同法附則7条1項・8条）が、金融庁長官の指示がある場合には、協定銀行（ただし、機構の子会社に限る）との間で、被管理金融機関の業務を引き継がせ、当該業務を暫定的に維持継続させることを目的とする協定（以下「承継機能協定」という）を締結する（同法附則15条の2第1項・2項、同法139条1項）。承継機能協定を締結した協定銀行についても、承継銀行と同様、機構が経営管理を行う（同法附則15条の2第3項、同法94条）。

④ 金融危機への対応のための業務……内閣総理大臣が「金融危機対応措置を講じなければ、我が国又は対象金融機関が業務を行っている地域の信用秩序の維持に極めて重大な支障が生ずるおそれがある」と認め、金融危機対応会議の議を経て、金融危機対応措置（「資本増強（機構による自己資本充実のための株式引受け等）」（預金保険法102条1項1号）、「保険金支払コストを考慮しないで行う資金援助」（同項2号）、または「特別危機管理（機構による株式の取得および保険金支払コストを考慮しないで行う資金援助）」（同項3号））を講ずる必要がある旨の認定をした場合には、機構は、当該金融危機対応措置に係る業務を行う。

⑤ 金融システムの安定を図るための金融機関等の資産および負債の秩序ある処理に係る業務（金融機関等の秩序ある処理）……内閣総理大臣は、後述の措置を講じなければ我が国の金融市場その他の金融システムの著しい混乱が生ずるおそれがあると認めるときは、金融危機対応会議の議を経て、当該措置を講ずる必要がある旨の認定を行うことができる（預金保険法126条の2第1項）。機構は、こうした措置の必要性が認められた金融機関等を「特別監視」下に置く。対象金融機関等が債務超過でない場合には、特別監視に加え、機構による流動性の供給や

資本の増強によって、システム上重要な債務の確実な履行を図る措置が可能である（「特定第一号措置」、同項1号・同法126条の3第1項）。他方、金融機関等が債務超過の場合、機構は、対象金融機関等の経営権を掌握するとともに、対象金融機関等のシステム上重要な債務・業務を特定救済金融機関等に迅速に移し、当該特定救済金融機関等へ特定資金援助を行う等の措置によって、当該債務の確実な履行や業務の継続を図る（「特定第二号措置」、同法126条の2第1項2号・126条の28第1項）。なお、ここでの「金融機関等」は、預金取扱金融機関のみならず、保険会社、有価証券関連業を行う第一種金融商品取引業者、金融持株会社などを含む（同法126条の2第2項）。

⑥　振り込め詐欺等被害者救済手続に係る業務……機構は、振り込め詐欺等の犯罪に利用された預金口座等に関し、金融機関からの要請を受けて、対象預金等債権の消滅手続が開始された旨等の公告（振り込め詐欺救済法5条1項）、対象預金等債権が消滅した旨の公告（同法7条後段）、消滅預金等債権について被害回復分配金の支払手続が開始された旨等の公告（同法11条1項）、および被害回復分配金の支払手続が終了した旨の公告（同法18条2項）等を行っている。

⑦　金融機関の特定回収困難債権の買取業務……機構は、金融機関の財務内容の健全性の確保を通じて信用秩序の維持に資するため、金融機関が保有する貸付債権等のうち、金融機関が回収のために通常行うべき必要な措置をとることが困難となるおそれがある特段の事情があるもの

（特定回収困難債権）の買取りを行うことができる（預金保険法101条の2第1項）。

11210　預金保険制度の保護範囲

預金保険の保護範囲はどのように定められているか

結　論

　銀行、信用金庫、信用組合、労働金庫など預金保険制度の対象となる金融機関に、預金保険法が定める保険事故が発生した場合、①決済用預金および特定決済債務については全額、②一般預金等については預金元本（同一一金融機関に複数の預金がある場合はすべて合算）1000万円までとこれに対応する破綻日までの利息等を限度として、預金保険制度による保護を受ける（以下、預金保険制度により保険金の支払の対象となる預金等を「付保預金」という）。ただし、外貨預金や譲渡性預金など、預金保険制度による保護の対象外とされる預金等もある。また、他人（仮設人を含む）名義の預金等や導入預金等も、保護の対象外である。

解　説

◆**保険関係の成立**　預金保険法の定める「金融機関」が、同法の定める「預金等」の債務を負うと、自動的に、預金者ごとに一定の金額の範囲内において、預金保険機構（以下「機構」という）・当該金融機関・預金者等の間に当該預金等の払戻しに

ついての保険関係が成立する（同法49条1項）。この結果、金融機関に「保険事故」が発生したとき、一定範囲内の預金等は、預金保険による保護を受ける。

◆**対象金融機関**　預金保険法が規定する「金融機関」とは、日本国内に本店を有する、①銀行、②長期信用銀行、③信用金庫、④信用組合、⑤労働金庫、⑥信金中央金庫、⑦全国信用協同組合連合会、⑧労働金庫連合会、⑨商工組合中央金庫である（同法2条1項）。

◆**預金保険の保護範囲**　預金保険による保護の対象となるのは、①一般預金等、②決済用預金、③特定決済債務である。なお、預金保険法が規定する「預金等」とは、①預金、②定期積金、③掛金（銀行法2条4項）、④元本補てん契約のある金銭信託、⑤金融債（保護預り専用商品に限る）であるが（預金保険法2条2項）、このうち付保預金となりうるのは、これらから外貨預金その他政令で定められたものを除いたものである（同法51条1項）。

◆**一般預金等**　一般預金等については、預金者ごとに、当該預金者が破綻金融機関（保険事故（後述）のあった金融機関）に対して有するすべての一般預金等を合算し、元本1000万円までとこれに対応する破綻日までの利息等を限度として、預金保険制度による保護を受ける（預金保険法54条1項）。

なお、一般預金等のうち元本1000万円を超える部分とこれに対応する破綻日までの利息等は、預金保険の対象ではない債権と同様に、破綻金融機関の残資産から債権額に応じて弁済される。

◆**決済用預金**　決済用預金とは、無利息、要求払い、決済サービス（たとえば為替取

引）に利用できることという3要件を満たす預金（ただし、外貨預金や譲渡性預金など政令で定める預金を除く）のことで（預金保険法51条の2第1項）、これについては全額が保護される（同法54条の2第1項）。

◆**特定決済債務**　特定決済債務とは、為替取引その他の金融機関が行う資金決済に係る取引に関し金融機関が負担する債務であって、かつ、決済用預金の払戻しを行う場合に消滅するもの以外のものをいい、これについても、資金決済の保護を図る目的のため、全額が保護される（預金保険法69条の2）。

◆**保険事故**　預金保険の発動の原因となる事由（保険事故）には、①金融機関の預金等の払戻しの停止（第一種保険事故）、②金融機関の営業免許の取消、破産手続開始の決定、解散の決議（第二種保険事故）、という二つの類型がある（預金保険法49条2項）。

◆**名寄せ**　以上のとおり、預金保険が保護する付保預金の限度額は、決済用預金および特定決済債務は全額、一般預金等は預金者等につき元本1000万円までとこれに対応する破綻日までの利息等である。機構は、預金者等に対して速やかに付保預金の支払を行うため、保険事故後、直ちに破綻金融機関から預金者等に係るデータの提出を求め、預金者等が破綻金融機関に有するすべての一般預金等を、預金者ごとに合算する作業（「名寄せ」という）を行う（預金保険法55条の2）。

保険事故発生時に、上記名寄せを円滑に行うため、金融機関には平時から預金データを整備すること等が義務づけられている（預金保険法55条の2第4項）。

◆**預金保険と類似の制度等**　預金保険制度の対象金融機関ではない農林中央金庫、農業協同組合や漁業協同組合等の貯金等は、預金保険制度と類似の制度である「農水産業協同組合貯金保険制度」により保護を受ける。また、証券会社に対する預け金等は「日本投資者保護基金制度」により、生命保険会社および損害保険会社との保険契約については「生命保険契約者保護制度」「損害保険契約者保護制度」により、それぞれ保護を受ける。

11211	預金保険制度における預金の保護の方法

預金の保護の方法には、どのようなものがあるか

結　論

　預金保険制度において、付保預金の保護の方法には、預金保険機構（以下「機構」という）が破綻金融機関の預金者等に保険金を支払う方法（保険金支払方式）と、事業譲渡等によって破綻金融機関の付保預金を引き継ぐ救済金融機関等に資金援助を行う方法（資金援助方式）とがある。

解　説

◆**保険金支払方式**　保険金支払方式とは、機構が、預金者の請求に基づいて、保険事故発生日の保護の範囲内の預金等の額を、保険金として支払う方法である。機構は、破綻金融機関の預金口座の名寄せ等を行い準備を整えるとともに、保険金の支払期間、支払場所、支払方法、支払取扱時間等を決定する（預金保険法53条1項・57条1項、同法施行令8条）。

　保険金の支払方法には、預金者等に直接支払う方法のほか、破綻金融機関以外の金融機関に預金として預け入れ、これを預金者等に譲渡する方法（預金設定方式）がある（預金保険法53条3項）。

　ただし、担保権が設定されている預金等については、当該担保権に係る被担保債権が消滅するまで保険金の支払が保留されることがある（預金保険法58条2項）。

◆**資金援助方式**　資金援助方式とは、破綻金融機関から救済金融機関に付保預金を事業譲渡等の方法で引き継いで保護し、機構は付保預金を引き継いだ救済金融機関の承継に係るコストについて資金援助を実施する方式である。

　この方式による場合、保険金支払方式とは異なって、破綻金融機関の事業は清算されることなく救済金融機関に引き継がれることになる。また、預金者等は、事業譲渡までの期間は破綻金融機関から直接に、事業譲渡後は救済金融機関から、それぞれ付保預金の払戻しを受けることができる（詳細は【11212】参照）。

　資金援助を実施する際には、資金援助に要すると見込まれる費用と、保険金の支払を行うときに要すると見込まれる費用（保険金支払コスト）を考慮のうえ、機構資産の効率的利用（費用最小化）に配慮しなければならないとされている（預金保険法64条1項・2項）。

◆**保護の方式の決定**　第一種保険事故（預金払戻しの停止等）が発生した場合、機構は、保険事故発生後1カ月以内（ただし、1カ月以内で延長することができる）

に、保険金支払方式による保護を行うか否かを決定する（預金保険法53条1項ただし書・56条1項・2項）。この場合、保護に要する費用を最小化し、金融機関の破綻に伴う混乱や地域経済への波及を最小限にする観点から、保険金支払方式よりも資金援助方式が優先される（平成11年12月の金融審議会の答申において、破綻処理コストがより小さいと見込まれる資金援助方式の適用を優先すべきとの方針が示されている）。

他方、第二種保険事故（金融機関の営業免許の取消等）が発生した場合、破綻金融機関の金融機能が消滅するため、当然に保険金支払方式による保護となる（預金保険法53条1項本文）。

11212 資金援助方式による保護

資金援助方式による保護は、どのようにして行われるか

結　論

資金援助方式による場合、破綻金融機関の付保預金は事業譲渡等（合併、事業譲渡、株式の取得等）の結果、他の健全な金融機関（救済金融機関）に承継されることによって保護される。破綻後、事業譲渡等までは、破綻金融機関は、預金保険機構（以下「機構」という）から貸付を受けることにより、預金者に対して、付保預金を払い戻すことができる。

ただし、担保権が設定されている預金等については、当該担保権に係る被担保債権が消滅するまで払戻しが保留されることがある。

解　説

◆資金援助方式による場合の預金等の払戻手続

(1) 破綻後、事業譲渡等以前の預金等の払戻し　金融機関の破綻後、機構は、営業再開までの間に名寄せを行い、付保預金の範囲を特定する（詳細は【11210】参照）。また、機構は、破綻金融機関に対して付保預金の払戻資金の貸付を行う（預金保険法127条・69条の3）。これにより、付保預金であれば、営業再開後直ちに払戻しが可能となる（金融機関等の更生手続の特例等に関する法律473条）。

(2) 救済金融機関への事業譲渡等以後の預金等の払戻し　破綻金融機関から救済金融機関への事業譲渡等により、付保預金が救済金融機関に承継されるので、事業譲渡等以後、預金者は、当該救済金融機関から付保預金の払戻しを受けることになる。機構は、この事業譲渡等を援助するため、救済金融機関に対し、金銭の贈与等の資金援助を行う（預金保険法59条）。

(3) 預金保険制度により保護されない預金等の取扱い　債務の一部が保護されない場合、保険事故を起こした破綻金融機関は民事再生手続等の法的倒産手続に入るため、預金保険制度により保護されない預金等については、当該破綻金融機関の窓口で払い戻すことはできない。これらの預金等の預金者等は、預金等債権の買取り、破綻金融機関の法的倒産手続に基づく配当ないし弁済（詳細は【11213】参照）、または借入金等債務との相殺（詳細は【11214】参照）により回収することができる。

11213 預金等債権の買取り（概算払い）

預金等債権の買取りとは、どのような制度か

結　論

預金等債権の買取りとは、破綻金融機関に係る民事再生手続等の倒産手続に基づく配当ないし弁済がなされる前の早期に、預金等の流動性の確保を図るために、預金保険機構（以下「機構」という）が預金者等の請求に基づき、預金保険制度で保護される預金等のうち決済用預金以外の預金等で元本1000万円を超える部分および外貨預金ならびにこれらの利息等を買い取る制度をいう。機構は、預金者等から買い取った預金等債権について、破綻金融機関から配当ないし弁済として回収した額が買取額と買取りに要した費用の合計額を上回るときは、超過額を預金者等に追加的に支払う。

解　説

◆預金等債権の買取り　保険事故が生じた場合、外貨預金や、預金保険制度で保護される限度額を超える部分の預金等債権については、破綻金融機関に係る民事再生手続等の倒産手続に基づき配当ないし弁済が行われるが、機構は、これらのうち一定の要件を満たす預金等債権を買い取ることができる（預金保険法70条1項）。預金等債権の買取りは、破綻金融機関に係る倒産手続に基づく配当ないし弁済前の早期に、預金者等に対して金融機関の破綻による損失の分担を求めつつ、預金等の流動性を確保

するための制度である。

機構は、預金等債権の額に、機構がそのつど定める一定の率（概算払率）を乗じて計算した金額（概算払額）を、買取りを請求した預金者等に支払う（概算払い）ことにより、預金等債権を買い取ることができる（預金保険法70条3項）。また、機構は、買い取った預金等債権につき、破綻金融機関から配当ないし弁済として回収した額が概算払額と機構が預金等債権の買取りに要した費用の合計額を超えるときは、超過額を預金者等に追加的に支払う（精算払い）（同法70条2項ただし書）。

◆預金等債権の買取対象　預金等債権の買取りの対象は、一般預金等の元本1000万円を超える部分および外貨預金の元本ならびにこれらの利息等（ただし、担保権が設定されている預金等は除く）である。

◆預金等債権の買取りの実施の決定　預金等債権の買取りを行うか否かおよび概算払率をいくらと算定するかは、機構が運営委員会の議決を経て決定する。概算払率について金融庁長官と財務大臣の認可を得た場合には、機構は、買取期間、買取場所、概算払額の支払方法、買取取扱時間等を決定し、概算払率とともに官報等に公告する（預金保険法72条1項、同法施行令18条）。精算払いを行う場合にも、機構は、支払額、支払期間、支払方法等を決定し、官報等に公告する（同法72条4項、同法施行令20条）。

◆預金等債権の買取りを請求しなかった場合　機構に対して、預金等債権の買取りを請求するか否かは、預金者等の自由である。預金等債権の買取りの請求や相殺（後述）を行わなかった預金者等は、破綻金融機関に係る倒産手続に基づいて配当ないし

弁済を受けることになるが、この場合、機構は、預金者等の権利の実現の確保・倒産手続の円滑な進行確保の観点から、預金者等を代理して、倒産手続における届出や倒産手続に属するいっさいの行為を行う（金融機関等の更生手続の特例等に関する法律392条1項・395条・463条1項・466条・504条1項・507条等）（預金者等からの相殺については【11214】参照）。

11214 保険事故発生時における預金者等からの相殺

金融機関が破綻した場合、預金者等は、当該預金等と借入金等と相殺することができるか

結　論

　金融機関が破綻した場合、預金者等は、預金保険制度で保護される付保預金か、保護されないそれ以外の預金等かにかかわりなく、当該預金等について借入金等の債務と対当額で相殺することができる。

解　説

◆相殺とは　　相殺とは、対立する債権・債務を一方的な意思表示をもって、対当額で双方を消滅させる民法上の法律行為である（同法505条1項）。

　金融機関取引の場合、金融機関側と預金者側の双方が、融資金と預金という債権・債務を有していることから、法律上相殺権の行使が可能な状態（以下「相殺適状」という）に達すれば、一方的に相殺をすることができる（民法上の相殺権）。相殺する

側の債権を自働債権、相殺される側の債権を受働債権という。

◆金融機関が破綻した場合の預金者等からの相殺　　金融機関が破綻した場合の預金者等からの相殺に関して、一般的には金融機関と預金者の間の「預金規定」の「保険事故発生時における預金者等からの相殺」という条項において、保険事故発生によって相殺する場合に限り定期預金の払戻期限が到来することや、相殺の手続等が定められ、「融資取引約定書」等のなかにも、相殺適状の要件や相殺権行使の手続等が定められている。相殺権の行使については、このような「預金規定」や「融資取引約定」に基づいて事務処理をすることになる。なお、各金融機関は破綻時に備え、預金者等からの相殺に係る処理手順等を整備することになっている。

◆相殺権行使についての留意点　　金融機関が破綻した場合の相殺については、一般的に次の点で平時における金融機関の相殺実務とは異なった事務処理を行うことになる。

① 　預金者は、満期前の定期預金や、担保に差し入れた預金であっても相殺ができる……通常、「預金規定」等により、このような場合でも預金者等からの相殺が可能なよう手当がされている。

② 　預金者から相殺が可能な期間は、倒産手続によって制限されている……民事再生手続の場合には、相殺を行うことができるのは債権届出期間内に限られる。また、預金等債権の買取り（【11213】）を行った後は、当該預金等については相殺できない。

◆預金者等からの相殺の効果　　預金者等

は、預金保険制度で保護される付保預金か、保護されないそれ以外の預金等かにかかわりなく、預金等を借入金等（保証債務を含む）との間で相殺することができる。

　破綻金融機関からの相殺については、当該金融機関が選択した破綻処理の種類によるが、裁判所の監督下で相殺権の行使が著しく制限される場合がある。たとえば、金融機関が破綻処理として民事再生手続を選択した場合、再生債務者である破綻金融機関は、相殺することが再生債権者の一般の利益に適合するときに限り、裁判所の許可を得て、その相殺をすることができる（民再法85条の2）。

11215 振り込め詐欺等被害者救済手続に係る業務

振り込め詐欺等被害者救済手続に係る業務として、預金保険機構はいかなる業務を行っているか

結　論

　預金保険機構は、振り込め詐欺等被害者救済手続に係る業務として、振り込め詐欺救済法26条に基づいて、被害回復分配金の支払手続等に係る公告業務を実施している。具体的には、①対象預金等債権の消滅手続が開始された旨等の公告、②対象預金等債権が消滅した旨の公告、③消滅預金等債権について被害回復分配金の支払手続が開始された旨等の公告、および④被害回復分配金の支払手続が終了した旨の公告等である。

解　説

◆**振り込め詐欺等被害者救済手続の概要**

振り込め詐欺等の犯罪に預金口座等（預金口座または貯金口座）が利用された場合、捜査機関等から情報提供を受け、犯罪利用預金口座等である疑いがあると認めた金融機関は、当該預金口座等に係る取引停止等の措置を講ずるが（振り込め詐欺救済法3条）、それとともに、預金保険機構（以下「機構」という）に対し、当該預金口座等に係る預金等債権の消滅（失権）手続のための公告を要請する（同法4条）。要請を受けた機構は、失権のための公告を実施し（同法5条）、一定期間内に届出等が行われない場合は、当該預金口座等に係る預金等債権が消滅する（同法7条）。

　預金等債権の消滅後、金融機関の要請を受けた機構が分配金支払のための公告を実施（振り込め詐欺救済法11条）すると、当該預金口座等に係る振込利用犯罪行為によって被害を被った被害者からの支払申請が可能となり、被害者は対象預金口座等に係る金融機関に支払申請を行う（同法12条）。

　支払申請を受けた金融機関は、申請者が被害回復分配金の支払を受けることができる者に該当するか否かの決定をし、また、犯罪被害額を確定させ（振り込め詐欺救済法13条）、遅滞なく支払を実施することになる（同法16条）。

◆**目的**　預金口座等への振込を利用して行われた詐欺等の犯罪行為により被害を受けた者に対する被害回復分配金の支払等のため、預金等に係る債権の消滅手続および被害回復分配金の支払手続等を定め、もって当該犯罪行為により被害を受けた者の財

産的被害の迅速な回復等に資することを目的とする（振り込め詐欺救済法1条）。

◆**対象口座等（犯罪利用預金口座等）**

振り込め詐欺等被害者救済手続の対象になるのは、振込利用犯罪行為（振り込め詐欺救済法2条3項）において、①振込の振込先となった預金口座等（同条4項1号）、または、②もっぱらこの預金口座等に係る資金を移転する目的で利用された預金口座等であって、当該預金口座等に係る資金が振込に係る資金と実質的に同じであると認められるもの（同項2号）である。

◆**機構による主な業務**

(1) 対象預金等債権の消滅手続が開始された旨等の公告　機構は、金融機関の求めに応じて、金融機関が犯罪利用預金口座等であると疑うに足りる相当な理由があると認めるときに、当該預金口座等に係る預金等債権を消滅（失権）させるための手続が開始された旨等の公告を実施する（振り込め詐欺救済法5条1項）。この公告では、口座名義人が権利行使の届出等を行うために60日以上の期間を設け（同条2項）、当該期間内に届出等が行われない場合には、預金等債権は消滅（失権）する（同法7条前段。以下「消滅預金等債権」という）。

(2) 対象預金等債権が消滅した旨の公告　機構は、対象預金等債権が消滅した場合には、その旨を公告する（振り込め詐欺救済法7条後段）。

(3) 消滅預金等債権について被害回復分配金の支払手続が開始された旨等の公告　機構は、金融機関の求めに応じて、消滅預金等債権について、被害者への被害回復分配金を支払うための手続が開始された旨等の公告を実施する（振り込め詐欺救

済法11条1項）。この公告では、被害者が支払申請を行うために30日以上の期間を設けている（同条2項）。

(4) 被害回復分配金の支払手続が終了した旨の公告　機構は、金融機関の求めに応じて、被害回復分配金の支払手続が終了した旨の公告を実施する（振り込め詐欺救済法18条2項）。

なお、公告は、インターネットを利用して公衆の閲覧に供する方法でしなければならないとされている（振り込め詐欺救済法27条）。

◆**支払の実施**　金融機関は、支払申請期間経過後、申請人が被害回復分配金の支払を受けることができる者であるか否かの決定等所定の手続を経て、被害回復分配金の支払を行う（振り込め詐欺救済法16条1項）。

11216	特定回収困難債権の買取り

特定回収困難債権の買取りは、どのように行われるのか

結　論

　預金保険機構は、金融機関の財務内容の健全性の確保を通じて信用秩序の維持に資する観点から、金融機関が保有する特定回収困難債権を買い取ることができる（注）。特定回収困難債権の買取りに際しては、法令上適正な手続を経ることが求められており、金融機関からの買取申込みがあった債権に関し、当該買取申込債権の特定回収困難債権該当性や買取価格について、第三者から意見を聴いたうえで、運営委員会の議

決を経て行うこととなる。

> （注）　特定回収困難債権に係る買取り・回収業務は、整理回収機構に委任することができるとされている（預金保険法附則15条の5第1項・2項）。

解　説

◆**特定回収困難債権買取制度の概要**　特定回収困難債権とは、「金融機関が保有する貸付債権等のうち、金融機関が回収のために通常行うべき必要な措置をとることが困難となるおそれがある特段の事情があるもの」（預金保険法101条の2第1項）であり、具体的な類型として、①「当該貸付債権の債務者または保証人が暴力団員であって当該貸付債権に係る契約が遵守されないおそれがあること」、②「当該貸付債権に係る担保不動産につきその競売への参加を阻害する要因となる行為が行われることが見込まれること」の二つが預金保険法101条の2第1項において例示されている。前者は、債務者等の属性に着目する「属性要件」と呼ばれる類型であり、後者は、債務者等の行為等に着目する「行為要件」と呼ばれる類型である。預金保険機構（以下「機構」という）は、当該各類型に従い、ガイドラインによって「属性要件」と「行為要件」の内容を具体化し、そのいずれかに該当すれば、金融機関が保有する債権を買い取ることとしている。

◆**属性要件**　属性要件とは、債務者または保証人が当該要件に該当すれば、その事実をもって特定回収困難債権に該当すると考えられる要件であり、具体的には債務者または保証人が以下の要件に該当する債権は、属性要件に該当する債権である。

① 暴力団

② 暴力団員

③ 暴力団員でなくなった時から5年を経過しない者

④ 暴力団準構成員

⑤ 暴力団関係企業

⑥ 総会屋等、社会運動等標ぼうゴロまたは特殊知能暴力集団等

⑦ 暴力団員等（①～⑥に掲げる者をいう。以下同じ）と次に掲げる関係を有する者

 イ 暴力団員等が経営を支配していると認められる関係を有すること

 ロ 暴力団員等が経営に実質的に関与していると認められる関係を有すること

 ハ 自己、自社もしくは第三者の不正の利益を図る目的または第三者に損害を加える目的をもってするなど、不当に暴力団員等を利用していると認められる関係を有すること

 ニ 暴力団員等に対して資金等を提供し、または便宜を供与するなどの関与をしていると認められる関係を有すること

 ホ 役員または経営に実質的に関与している者が暴力団員等と社会的に非難されるべき関係を有すること

⑧ その他上記①～⑥に準ずる者

◆**行為要件**　行為要件とは、競売妨害や暴力等の回収妨害行為などをとらえて特定回収困難債権に該当するか否かを判断するものであり、具体的には以下の要件に該当する行為を債務者もしくは保証人またはその委託を受けた者等が行った債権は、行為要件に該当する債権である。

① 暴力的な要求行為

② 法的な責任を超えた不当な要求行為

③ 取引に関して、脅迫的な言動をし、または暴力を用いる行為

④　風説を流布し、偽計を用いまたは威力を用いて貸出先の信用を毀損し、または貸出先の業務を妨害する行為

⑤　その他上記①〜④に準ずる行為

◆**特定回収困難債権の買取手続**　特定回収困難債権の買取手続は以下のとおり。

①　機構が、金融機関からの債権の買取りの申込みを受付（注）。金融機関は、申込みに際して、当該債権が特定回収困難債権に該当するかどうかに係る資料および買取価格を算定するための資料を添付。

②　機構理事長が、買取審査委員会に特定回収困難債権としての買取りの適否および買取価格を諮問し、同委員会で審議を実施（平成23年金融庁・財務省告示第2号）。

③　②の結果をふまえて、機構の運営委員会で議決を行い、買取りの可否を決定（預金保険法101条の2第3項）。

④　③の結果を金融庁長官および財務大臣へ報告（預金保険法101条の2第4項・139条1項）。

⑤　機構は、整理回収機構に買取りを委託し、整理回収機構は、金融機関との間で資産買取契約を締結。

（注）　機構においては、特定回収困難債権該当性等に関する金融機関の判断に資するため、特定回収困難債権買取担当部署に相談窓口を設け、随時買取りに係る一般的事項・個別事案の相談に応じている。

第 **8** 章

投資信託の窓販等

総　　　論

11217　投資信託の意義

投資信託とはどういうものか

結　論

投資信託とは、資産運用の専門家が投資者にかわって有価証券等に投資し、その成果を投資者に分配する信託の一種であり、投資信託の受益証券は、有価証券の一つである。

解　説

投資信託は、投資者が資産運用のために利用する信託の一種で、受益証券は、金融商品の一つである。

◆信託の定義　信託法2条において信託とは、「特定の者が一定の目的（専らその者の利益を図る目的を除く。（以下略））に従い財産の管理又は処分及びその他の当該目的の達成のために必要な行為をすべきものとすることをいう」と定義されている。具体的には、①委託者が受託者に対して一定の目的を示して財産権を移転し、②受託者は示された一定の目的に従って委託者本人または他の第三者である受益者のために財産の管理・処分を行う仕組みなどが該当する。その信託の一種である投資信託は、次のように定義されている。

◆投信法上の定義　投信法2条3項において投資信託とは、投信法に基づき設定された「委託者指図型投資信託及び委託者非指図型投資信託をいう」と定義されている。委託者指図型投資信託は、信託財産を委託者の指図に基づいて運用する信託であり、委託者非指図型投資信託は、受託者が委託者の指図に基づかずに運用する信託である。同法1条によれば、いずれも「投資者以外の者が投資者の資金を主として有価証券等に対する投資として集合して運用し、その成果を投資者に分配する」仕組みとされている。

◆金商法上の定義　金商法2条において投資信託の受益証券は、有価証券の一つとして定義されており、その受益証券に表示される権利は有価証券とみなされている。同法2条において有価証券は金融商品の一つと定義されているため、投資信託の受益証券は金融商品の一つでもある。

◆投資信託の要件　投信法上の定義によれば、投資信託の要件は、①投資者以外の

者（専門家）が運用する、②主として有価証券等に投資する、③資金を集合して運用し、その成果を投資者に分配する、④同法に基づき設定される信託という4点である。

11218　投資信託の特徴

投資信託と他の金融商品の違いは何か

結　論

投資信託は、少ない資金で有価証券等に投資することが可能であり、多くの有価証券等に分散投資することができ、運用の専門家が投資者にかわって運用を行い、かつその運用で得た成果を投資者に分配する金融商品でありこれらすべての仕組みを有する信託である点で、他の金融商品と異なる。

解　説

◆**委託者指図型投資信託の定義**　投信法2条において委託者指図型投資信託とは、「信託財産を委託者の指図（政令で定める者に指図に係る権限の全部又は一部を委託する場合における当該政令で定める者の指図を含む。）に基づいて主として有価証券、不動産その他の資産で投資を容易にすることが必要であるものとして政令で定めるもの（以下「特定資産」という。）に対する投資として運用することを目的とする信託であつて、この法律に基づき設定され、かつ、その受益権を分割して複数の者に取得させることを目的とするもの」と定義されている。すなわち、運用の専門家（委託者）が受託者に指図を行うことで、信託財産を主として有価証券や不動産等に投資し運用する信託であり、投資者は一つの受益権を分割した権利を投資額に応じた単位（口）数だけ取得する。各投資者が取得した受益権は、取得した口数には違いがあっても、権利としては同一のものをもつため、権利に対する義務の履行において公平に扱う必要がある。

◆**委託者非指図型投資信託の定義**　投信法2条において委託者非指図型投資信託とは、「一個の信託約款に基づいて、受託者が複数の委託者との間に締結する信託契約により受け入れた金銭を、合同して、委託者の指図に基づかず主として特定資産に対する投資として運用（政令で定める者に運用に係る権限の一部を委託する場合における当該政令で定める者による運用を含む。）することを目的とする信託」と定義されている。すなわち、運用の専門家（受託者）が委託者（投資者）の指図を受けることなく、信託財産を主として特定資産に投資し運用する信託（ただし、主として有価証券に投資し運用するものは除く）であり、投資者は同一の内容の受益権を投資額に応じた単位（口）数だけ取得する。各受益権は同一の内容であるため、受益権の権利に対する義務の履行において公平に扱う必要がある。

◆**投資信託制度**　投信法1条によれば、同法は「投資者以外の者が投資者の資金を主として有価証券等に対する投資として集合して運用し、その成果を投資者に分配する制度を確立」すること等を目的とする。複数の投資者の金銭を集合して（一つの信託財産にして）運用するため、各投資者は少額で投資信託を購入することができ、一

方で各投資者の投資した金銭は少額であっても信託財産は巨額となり、多くの有価証券等に分散投資することでリスクを分散させることができる。各投資者が取得する受益権は同一の内容であるため、運用の成果も受益権の一単位（1口）に対し均等に分配される。

◆**受益権の定義**　信託法2条7項において受益権とは、「信託行為に基づいて受託者が受益者に対し負う債務であって信託財産に属する財産の引渡しその他の信託財産に係る給付をすべきものに係る債権（以下「受益債権」という。）及びこれを確保するためにこの法律の規定に基づいて受託者その他の者に対し一定の行為を求めることができる権利」と定義されている。ここで受益権とは、金銭を受け取る権利（金銭債権）に限定されておらず、投資信託も同法上の信託の一種であることから、投資信託の受益権も解約代金や分配金を受け取る権利に限定されず、たとえば信託財産に関する情報を得る権利等も含まれる。

◆**投資信託の運用成果**　投資信託においては、運用の専門家が信託財産を有価証券等に投資し運用することから、投資者が得る運用の成果（ここではリスクとリターン）は、投資した有価証券等から生じる損益（売買損益や配当等収益）だけでなく、運用の専門家の運用力（運用スキル）によっても変化する。また、投資信託にかかる費用（申込手数料や信託報酬等）は運用成果（リターン）の減少要因となる。投資信託への投資に際しては、投資者にこれらの変化・減少要因を理解してもらう必要がある。

第2節

投資信託の窓販

11219 投資信託の窓販

投資信託の「窓販」とはどういうことか

結　論

「窓販」とは窓口販売の意味で、銀行等の金融機関の窓口で投資信託の販売を取り扱うことを「投資信託の銀行窓販」と呼ぶ。

解　説

◆**平成10年12月窓販解禁**　旧証券取引法65条では、銀行等の金融機関が証券業を営むことを禁止していたが、平成10年の改正によって、適用除外証券の規定に、国債等に加えて、証券投資信託受益証券、外国証券投資信託受益証券、証券投資法人投資証券が定められた。これによって、銀行等の金融機関の窓口で投資信託の販売が可能となった。

◆**登録金融機関**　金商法33条1項により、銀行、協同組織金融機関等による有価証券関連業は禁止されている。ただし、同条2項の例外規定により、内閣総理大臣の登録を受けることによって（同法33条の2）、

「登録金融機関」として、有価証券の種類に応じて一定の範囲で有価証券関連業を行うことができる（同法33条2項）。投資信託委託会社と契約を締結し、投資信託受益証券の取扱いを行う証券会社を「指定証券会社」と呼び、「登録金融機関」を「指定登録金融機関」と呼ぶ。

◆**銀行法等の規定**　投資信託の販売について銀行法では11条2号で、（預金等の受入れ、資金の貸付または手形の割引、為替取引の）業務の遂行を妨げない限度において、金商法33条2項に掲げる有価証券または取引について、同項各号に定める行為を行う業務を営むことができる旨を規定し、銀行で投資信託の販売業務が行えることを明記している。また、その他の金融機関については、信用金庫および信用金庫連合会については信用金庫法（53条6項2号）で、信用協同組合および信用協同組合連合会については中小企業等協同組合法（9条の8第7項2号・9条の9第6項3号）で、農業協同組合および農業協同組合連合会については農協法（10条7項2号）などにおいて、それぞれ明記している。

◆**郵政民営化法の規定**　郵政民営化法においては、民営化前に日本郵政公社が行っ

ていた業務と同様の性格を有する業務については、引き続き民営化後の承継会社が行うことができるよう措置することとされ、証券投資信託の取扱いに係る業務の内容については「郵便貯金銀行及び郵便保険会社に係る移行期間中の業務の制限等に関する命令」に委任され、具体的には同命令2条2項において、受益証券の募集の取扱い（1号）および買取り（2号）が規定されている。

◆**日本証券業協会特別会員**　登録金融機関は日本証券業協会に特別会員として加入することができ、協会が定める規則等を遵守する。

11220　金融商品仲介業

金融商品仲介業とは何か

結　論

金融商品仲介業とは、証券会社などの委託を受けて、有価証券の売買の媒介や募集等の取扱いを業として行うことをいう。

解　説

◆**金融商品仲介業**　金融商品仲介業（金商法2条11項）を業として行う行為は、金融商品取引業に該当する行為であり、本来であれば金融商品取引業者として登録を行わなければできない行為である（同法29条）。銀行等はこの登録をせずに金融商品仲介業者として登録を行うことにより、金融商品仲介業として行うことができる（同法66条）。

金融商品仲介業は、第一種金融商品取引業者、投資運用業者または登録金融機関の委託を受けて、これらのために以下を行う業務である。

① 　有価証券の売買の媒介
② 　取引所金融商品市場等における有価証券の売買または市場デリバティブ取引（外国市場デリバティブ取引を含む）の委託の媒介等
③ 　有価証券の募集・売出し・私募・特定投資家向け売付け勧誘等の取扱い
④ 　投資顧問契約・投資一任契約の締結の媒介

◆**金融商品仲介業者に係る制限**　仲介業務であっても、投資者保護の観点から一定の規制がかけられている。具体的には、委託を受けて行う金融商品仲介行為以外の金融商品取引行為を委託者である顧客を相手として行うことはできず（金商法66条の12）、金融商品仲介業者は、金融商品仲介業に関して、顧客から金銭・有価証券の預託を受け、また密接な関係のある者に預託をさせることはできない（同法66条の13）。

◆**行為規制**　そのほか、金融商品仲介業者も直接顧客と接することから、金融商品取引業者と同様、顧客に対する誠実義務（金商法66条の7）、標識の掲示（同法66条の8）、名義貸しの禁止（同法66条の9）、広告等の規制（同法66条の10）等が適用される。

一方、金融商品仲介業者は、金融商品取引業者、登録金融機関などの所属金融商品取引業者等と投資者の間に立ち、金融商品取引業者などのために募集の取扱い等を行うなどの事実行為のみを行うものであることから、委託する金融商品取引業者等に一

定の責任を負わせることにより、一般の金融商品取引業よりは参入が容易になっており、登録要件も金融商品取引業者に比べると緩和されている（金商法66条の2）。

◆**所属金融商品取引業者等の賠償責任**
委託をする所属金融商品取引業者等は、金融商品仲介業者による法令違反を防止するための措置をとらなければならない。仲介業者が顧客に損害を与えたときは、金融商品取引業者等は、その仲介業者への委託につき相当の注意を払い、かつ仲介業者が行う金融商品仲介行為について顧客に与えた損害の発生の防止に努めていなければ責任を負う（金商法66条の24）。

11221　投資信託の販売資格要件

登録金融機関の役職員が投資信託を販売するための資格要件は何か

結　論

投資信託の募集または販売の勧誘を行う場合には、原則として日本証券業協会が実施する外務員資格試験に合格し、外務員の登録を受けなければならない。

解　説

◆**外務員とは**　　外務員とは、勧誘員、販売員、外交員その他名称のいかんを問わず、金融商品取引業者等（販売会社）の役員または使用人のうち、販売会社のために、有価証券の募集の取扱い等、有価証券の売買もしくはその媒介等、またはデリバティブ取引の申込みの勧誘等を行う者である（金

商法64条1項）。

◆**外務員登録が必要な者**　　営業所外で外務員の職務を行う者に加え、店内業務（店頭業務を含む）に従事する役員または使用人のうち、主に次の業務のいずれかの業務を行う者は、外務員登録が必要となる（金商業者監督指針Ⅳ-4-3）。

・勧誘を目的とした金融商品取引等の内容説明
・金融商品取引等の勧誘
・注文の受注
・勧誘を目的とした情報の提供等（バックオフィス業務に関することおよび顧客の依頼に基づく客観的情報の提供を除く）
・金商法64条1項1号または2号に掲げる行為を行う者

◆**外務員の種類**　　日本証券業協会では、銀行等の登録金融機関である特別会員外務員の資格を「特別会員一種外務員」「特別会員二種外務員」「特別会員四種外務員」の3種類に区分している。特別会員一種外務員は登録金融機関の外務員が行える外務行為のすべてを行うことができるとし、特別会員二種外務員はデリバティブ取引等を除く当該外務行為、特別会員四種外務員は特定金融商品取引業務に係る当該外務行為に限り行うことができる。

登録金融機関における外務員には試験に合格する等の必要要件が定められている（日本証券業協会自主規制規則「協会員の外務員の資格、登録等に関する規則」2条・4条）。

◆**特別会員一種外務員**　　登録金融機関業務に係る外務員の職務すべて（特定店頭デリバティブ取引等、登録金融機関金融商品仲介行為および金商法33条の2第1号に掲

げる行為に係るものを除く）を行うことができる者である。必要要件は試験規則による一種外務員資格試験または特別会員一種外務員資格試験に合格することである。

◆特別会員二種外務員　登録金融機関の登録金融機関業務に係る外務員の職務のうち国債、地方債、株式、投資信託および外国投資信託の受益証券などに係る外務員の職務（金商法33条2項1号・2号・3号ロおよび4号イに掲げる業務（有価証券関連デリバティブ取引等および選択権付債券売買取引に係る業務を除く）ならびに同項6号に定める行為に係る外務員の職務）を行うことができる者である。必要要件は、試験規則による二種外務員資格試験または特別会員二種外務員資格試験に合格すること、または日本証券業協会の新任外務員課程研修を修了することである。

◆特別会員四種外務員　投資信託受益証券および投資法人の投資証券の売買、募集の取扱い等に係る外務員の職務（金商法33条の8第2項に規定する特定金融商品取引業務に係る外務員の職務）を行うことができる者である。必要要件は、試験規則による一種外務員資格試験、二種外務員資格試験、特別会員一種外務員資格試験、特別会員二種外務員資格試験もしくは特別会員四種外務員資格試験に合格すること、または日本証券業協会の新任外務員課程研修を修了することである。

◆外務員資格更新研修　銀行等登録金融機関である特別会員は、登録を受けている外務員に、その登録を受けた日（外務員登録日）を基準として5年目ごとの日の属する月の初日から1年以内に、外務員が保有する資格にかかわらず、外務員の職位に応じ、外務員資格更新研修を受講させなければならない（日本証券業協会自主規制規則「協会員の外務員の資格、登録等に関する規則」18条1項）。

外務員の登録を受けていない者について、新たに外務員の登録を受けたときは、外務員登録日後180日以内に、区分に応じて受講させなければならない（日本証券業協会自主規制規則「協会員の外務員の資格、登録等に関する規則」18条2項）。

11222　**社内管理体制、内部管理責任者等の設置**

投資信託を販売するにあたってどのような社内管理体制が必要となるか

■結　論

投資信託を販売する場合は、会社の内部管理や法令等を遵守する責任体制として、会社全体に責任を有する「内部管理統括責任者」、各営業単位（支店等）に「営業責任者」と「内部管理責任者」を配置しなければならない。

■解　説

◆「協会員の内部管理責任者等に関する規則」　日本証券業協会では、「協会員の内部管理責任者等に関する規則」（以下「内部管理責任者等規則」という）を定めている。この規則によって、会員および特別会員は、「内部管理統括責任者」を定め、「営業責任者」「内部管理責任者」を配置することが義務づけられている（同規則2条・10条・13条）。そして、毎年7月末日現在

における「営業責任者」「内部管理責任者」の配置の状況を、遅滞なく日本証券業協会へ報告しなければならない（同規則16条）。

◆**「内部管理統括責任者」**　特別会員の内部管理統括責任者は登録金融機関業務の内部管理を担当する役員でなければならず、その氏名等を日本証券業協会が備える内部管理統括責任者登録簿に登録することとなっている（内部管理責任者等規則2条・3条）。「内部管理統括責任者」は、内部管理部門の役員または部長もしくは室長等の責任者に、「内部管理統括補助責任者」として自己の職務を分担させることができる（同規則6条、「協会員の内部管理責任者等に関する規則」に関する細則（以下「内部管理責任者等細則」という）3条）。

主な役割は、法令等を遵守する営業姿勢を徹底させ、営業活動、顧客管理が適正に行われるよう、内部管理体制の整備に努め、「営業責任者」「内部管理責任者」の指導、監督を行うことである。また、行政官庁や日本証券業協会その他の自主規制機関と適切に連絡、調整を行うほか、重大な事案が生じた場合には速やかにその内容を日本証券業協会の特別会員代表者に報告する等の役割がある（内部管理責任者等規則4条）。

◆**「営業責任者」「内部管理責任者」**　両責任者とも営業単位ごとに配置し、日本証券業協会が実施する資格試験の合格者である必要がある（内部管理責任者等規則10条・11条・13条・14条）。

各営業単位とは、特別会員の投資信託販売においては、投資信託の窓口販売業務を行う独立した部、室、課または支店（営業所や事務所）である（内部管理責任者等細則4条）。

「営業責任者」は営業単位の長が任命され、所属する役職員に対し法令諸規則等を遵守する営業姿勢を徹底させ、指導、監督しなければならない（内部管理責任者等規則10条・12条）。特別会員の場合は「営業責任者」の配置に特例がある。営業責任者に任命しようとする者が、資格要件を満たしていない場合、日本証券業協会が特別に認めたときは、6カ月間に限って、資格要件を満たした営業単位の管理職を任命することができる（内部管理責任者等細則5条）。

「内部管理責任者」は営業単位の内部管理業務に従事する責任者として、営業活動を常時監査するなど適切な内部管理をしなければならない（内部管理責任者等規則15条1項）。

両責任者ともに営業活動や顧客管理に関して重大な事案が生じた場合には、速やかにその内容を「内部管理統括責任者」に報告し、その指示を受けることと定められている（内部管理責任者等規則12条2項・15条2項）。

11223　投資信託販売会社の登録

投資信託販売を営む場合は、登録が必要か

結　論

銀行等の金融機関が投資信託販売を行う場合は、金商法上の登録金融機関の登録を受ける。

解　説

◆**「金融商品取引業者」の登録**　「金融

商品取引業」は、内閣総理大臣（金商法194条の7第1項によって、内閣総理大臣は、権限を金融庁長官に委任することができ、また、同条6項によって、金融庁長官は、財務局長または財務支局長に委任することができる）の登録を受けた「金融商品取引業者」でなければ行うことができない（同法29条）。ただし、銀行等の金融機関は、投資信託の募集の取扱いその他一部の行為（同法33条2項に定める行為）については、内閣総理大臣の登録を受けて行うことができる（同法33条の2）。

登録を受けようとする金融機関は、主に次に掲げる事項を記載した登録申請書を内閣総理大臣に提出しなければならない（金商法33条の3第1項）。

① 商号または名称
② 資本金の額、基金の総額または出資の総額
③ 役員の氏名または名称
④ 会計参与設置会社にあっては、会計参与の氏名または名称
⑤ 一定の有価証券について、電子募集取扱業務を行う場合にあっては、その旨
⑥ 本店その他の営業所または事務所の名称および所在地
⑦ 他に事業を行っているときは、その事業の種類
⑧ その他内閣府令で定める事項

◆**登録が拒否される場合** 登録の申請がなされた場合、登録を拒否される場合を除くほかは、金融機関登録簿に登録申請書の記載事項、登録年月日および登録番号が登録され、金融機関登録簿は公衆の縦覧に供される（金商法33条の4）。

登録申請者が次に該当する場合等は、登録が拒否される（金商法33条の5第1項）。

① 登録金融機関の登録を取り消され、その取消の日から5年を経過しない者または、金商法に相当する外国の法令の規定により当該外国において受けている同種類の登録を取り消され、その取消の日から5年を経過しない者
② 金商法その他の法律やこれらの法律に相当する外国の法令に違反し、罰金の刑（これに相当する外国の法令に基づく刑を含む）に処せられ、その刑の執行を終わり、またはその刑の執行を受けることがなくなった日から5年を経過しない者
③ 登録金融機関業務を適確に遂行するに足りる人的構成を有しない者
④ 認可金融商品取引業協会または認定金融商品取引業協会に加入しない者で、その定款その他規則に準ずる社内規則を作成していないか、または当該社内規則を遵守するための体制を整備していないもの
⑤ 登録金融機関業務を適確に遂行するための必要な体制が整備されていると認められない者

11224 投資信託販売の業務

投資信託販売に関する業務にはどのようなものがあるか

結 論

投資信託販売に関する業務とは、受益証券の募集の取扱い等、収益金・償還金・解約金の支払、運用報告書の交付等を含む。

◆**投資信託販売に係る業務**　投資信託販売に際しては、具体的に次の業務が含まれる。

・受益証券の募集の取扱いおよび私募の取扱い
・受益者に対する収益分配金再投資
・受益者に対する受益証券の買取り
・受益者に対する一部解約金、収益分配金および償還金の支払
・受益者に対する運用報告書の交付
・その他上記の業務に付随する業務

◆**「登録金融機関業務」**　金商法では、投資信託の受益証券および投資法人の投資証券は2条1項10号および11号において「有価証券」として定められる。その募集の取扱いや私募の取扱いは、同法が定める「金融商品取引業」（同法2条8項）のうちの「第一種金融商品取引業」に当たるが、銀行等の金融機関は同法33条の2に定める内閣総理大臣の登録を受けることで行うことができる。ただし、売出しの取扱いおよび特定投資家向け売付け勧誘等の取扱いは行うことができない（同法33条2項2号）。

◆**金商法35条1項の付随業務**　金商法35条1項の付随業務は、金融商品取引業者（第一種金融商品取引業者または投資運用業者に限る）に対して適用されるものであり、登録金融機関に対しては適用されていないため、登録金融機関が同法35条1項に列挙されている付随業務を行うことができるかどうかは、関係する各業法において定める規定による。

たとえば、銀行は、金商法35条1項5号の「投資信託委託会社の投資信託受益証券に係る収益金、償還金・解約金の支払に係る業務の代理」に相当する行為について、保険業法施行規則52条の4第2号のような明文規定が銀行法にないことから、金銭出納事務等（銀行法10条2項9号）または「その他の銀行業に付随する業務」（同条2項柱書）に該当するものについて行っている。同様に銀行は、金商法35条1項7号の「累積投資契約の締結（金商業等府令66条で定める以下のすべてに該当するものに限る）」に相当する行為や同項「有価証券に関連する情報の提供・助言（投資助言行為を除く）」に相当する行為を、「その他の銀行業に付随する業務」（同条2項柱書）に該当するものについて行っている（後者の相当する行為で「個人の財産形成に関する相談に応ずる業務」に該当するものについては、当該業務として行っている）。これらを含め銀行に認められている「その他の付随業務」の取扱いに際しては、金融庁「主要行監督指針」V-3に照らして判断する。

・当該有価証券の種類および買付けのための預り金の充当方法を定めていること
・累積投資預り金と他の預り金とを区分して経理することを定めていること
・顧客が買い付けた有価証券につき回記号および番号が特定されたときに、当該顧客が単独で当該有価証券の所有権を有することが確定することを定めていること
・預託を受けた有価証券が他の有価証券と分別して管理するものであること
・顧客から申出があったときには解約するものであること

なお、投資信託は、昭和26年に証券投資信託法が整備されて以来、証券会社で販売

され、平成10年の証券取引法65条の改正によって、金融機関における証券業務の禁止適用除外行為として、投資信託または外国投資信託の受益証券および投資法人の投資証券、投資法人債券、外国投資証券の取扱いが追加された。それ以前には、投資信託委託会社が金融機関の店舗を借りて行う「間貸し」と呼ばれる販売方式がとられていたが、この改正によって、銀行等の金融機関本体による投資信託の「窓口販売業務」いわゆる「窓販」が認められた。

11225 投資信託販売会社におけるフィデューシャリー・デューティー

投資信託販売会社のフィデューシャリー・デューティーとは何か

結　論

投資信託販売会社が、顧客の信任に応えるべき一定の任務を遂行する者として負うべき幅広いさまざまな役割・責任と考えられる。

解　説

◆フィデューシャリー・デューティー
フィデューシャリー・デューティーとは、もともとは英米法上の概念である。英米法上、明確な定義が確立されているものではないが、他人の信頼を受けて権限等を託される者について、信認関係があれば発生する義務であり、契約関係に基づき発生するものではないとされている。金融庁が発表した「平成27事務年度金融行政方針」（金

融行政方針）では、フィデューシャリー・デューティーについて、他者の信任に応えるべく一定の任務を遂行する者が負うべき幅広いさまざまな役割・責任の総称としている（金融行政方針4頁注4）。

◆投資信託の販売会社のフィデューシャリー・デューティー　金融行政方針では、投資信託等の商品開発、販売、運用、資産管理それぞれに携わる金融機関等が、真に顧客のために行動しているかを検証し、この分野における民間の自主的な取組みを支援することでフィデューシャリー・デューティーの徹底を図るとして、フィデューシャリー・デューティーの浸透・実践が明記された。そして、販売会社に対して促す取組みの例として、顧客本位の販売商品の選定、顧客本位の経営姿勢と整合的な業績評価、商品のリスク特性や各種手数料の透明性の向上、これらを通じた顧客との間の利益相反や情報の非対称性の排除等をあげている。金融行政方針におけるフィデューシャリー・デューティーは、販売会社に対していかなる具体的な義務を負わせるものであるかは必ずしも明確ではないが、法的義務とは別に、より広く顧客本位の役割を推進することを促しているものと考えられる（梅澤拓「「フィデューシャリー・デューティー」をめぐる議論と金融機関の今後の課題」金法2033号37頁参照）。販売会社において、顧客本位の役割を推進することを明確化するものとしては、たとえば、商品選定における顧客の要望の取込み、顧客に対するわかりやすい説明の強化、顧客との利益相反や情報の非対称性の排除の管理等を、社内体勢の整備において取り込むこと等が考えられる（前掲「「フィデューシャリー・

デューティー」をめぐる議論と金融機関の
今後の課題」金法2033号38頁）。

第 3 節

投資信託の種類

11226 投資信託の種類

投資信託にはどのような種類のものがある
か

結 論

　投資信託には、仕組みの違いによって
「投資信託」と「投資法人」とがあり、「投
資信託」は「委託者指図型投資信託」と
「委託者非指図型投資信託」とに分かれる。
さらに「委託者指図型」は、募集方法の違
い、追加設定の可否、途中解約の可否など
によってタイプが分かれている。

解 説

◆**仕組みの違い**　「投資信託及び投資法
人に関する法律」という法律名にみられる
とおり、いわゆる投資信託には「投資信
託」と「投資法人」とが存在する（【11227】
参照）。一般に「投資信託」は「信託契約
型」または「契約型」、「投資法人」は「会
社型」と呼ばれており、「投資信託」には、
「委託者指図型投資信託」と「委託者非指
図型投資信託」がある（投信法 2 条 3 項）

（【11228】参照）。

◆**募集方法の違い**　新たに発行される受
益証券の取得の申込みの勧誘のうち、多数
の者を相手方として行う場合を「公募」と
称し（投信法 2 条 8 項）、特定の者のみを
相手方として行う場合を「私募」と称して
いる。

　さらに私募には「適格機関投資家私募」
と「特定投資家私募」と「一般投資家私
募」とがあり、「適格機関投資家私募」は
一般に「プロ私募」と呼ばれている（投信
法 2 条 9 項・10 項）（【11229】参照）。

◆**追加設定の可否**　「委託者指図型投資
信託」（契約型）には当初設定後も追加設
定を行うタイプと当初設定後は追加設定を
行わないタイプとがある。一般に前者を
「追加型」、後者を「単位型」と呼んでいる
が、「追加型」については所得税法上「オ
ープン型」と称されている（所得税法 2
条 1 項14号）。また「単位型」は、一般に
「ユニット型」とも呼ばれている。

◆**途中解約の可否**　契約型投資信託が発
行する受益証券（会社型では会社型投資信
託が発行する投資証券）を信託財産（会社
型では会社の財産）が純資産価額で解約ま
たは買戻しに応ずるタイプと応じないタイ

プがある。応じるタイプを「オープン・エンド型」と呼び、応じないタイプを「クローズド・エンド型」と呼ぶ。

「クローズド・エンド型」の場合、投資家の換金性をもたせるために、発行証券を取引所に上場することが多く、発行証券は取引所における市場価格で売買される。

世界の投信の主流は「オープン・エンド型」であり、日本では不動産投資法人（J-REIT（ジェイリート）と呼ばれている）が「クローズド・エンド型」である。

◆**投資対象の違い**　委託者指図型投資信託のうち主として有価証券に対する投資として運用することを目的とするものを「証券投資信託」と称し（投信法2条4項）、そのうち、株式または出資に対する投資として運用せず、公社債で運用するものは、税法上「公社債投資信託」と定義されている（所得税法2条1項15号）。

11227　契約型と会社型

投資信託の形態には「投資信託」（契約型）と「投資法人」（会社型）とがある。両者の違いは何か

結　論

「投資信託」は、委託者と受託者との投資信託契約に基づいて設定された「信託」であり、「投資法人」は、資産を運用することを目的として設立された「社団」である。一般に投資信託を契約型投資信託と、投資法人を会社型投資信託と呼ぶ。

解　説

◆**「投資信託」（契約型）**　委託者と受託者との間で締結される投資信託契約に基づいて設定されることから、一般に「信託契約型」または「契約型（投資信託）」と呼ばれている。

◆**「投資法人」（会社型）**　平成10年の投信法改正によって我が国に導入された。投資法人とは、「資産を主として特定資産に対する投資として運用することを目的として、この法律に基づき設立された社団」であり、資産の運用以外の行為は営業として行えない法人である（同法2条12項・63条1項）。投資法人は、投資証券（投資口を表示する証券）と投資法人債（投資法人を債務者とする金銭債権であって、同法の定めに従い償還されるもの）を発行することができる。投資証券を取得した投資者（投資主）は、収益の分配を受ける権利だけでなく、投資法人の投資主総会（株式会社における株主総会に当たる）での議決権も有し、また投資法人債は株式会社でいえば社債に相当するものであるため、投資法人は一般に契約型投資信託に対比して「会社型投資信託」と呼ばれている。ただし、契約型投資信託が信託契約に基づく信託であるのに対して、投資法人は信託契約に基づく信託ではなく社団であるので、法律上は投資信託には該当しない（同法では、投資信託と投資法人は異なるものとして規定されている）。

◆**投資主総会**　投資法人においては、株式会社における株主総会に当たる投資主総会が行われる（投信法89条）。投資者は投資主（株式会社における株主）として議決

権を有する。投資家が運営に対し発言できる場があるという点が契約型投資信託との大きな相違点である。

11228 委託者指図型と委託者非指図型

契約型投資信託には、「委託者指図型」と「委託者非指図型」とがある。両者の違いは何か

結　論

委託者が運用の指図を行うのが「委託者指図型」であり、委託者は運用の指図を行わず、受託者自身が運用を行うのが「委託者非指図型」である。

解　説

◆ **「委託者指図型投資信託」とは**　信託財産を委託者の指図に基づいて特定資産に対する投資として運用することを目的とする信託であって、その受益権を分割して複数の者に取得させることを目的とするものである（投信法2条1項）。委託者は投資信託委託会社であり、受託者は信託会社等である。両者間で信託契約が締結され、信託契約に基づいて受益権が発生する。その受益権は均等に分割され受益証券をもって表示され、受益証券を取得した投資家が受益者となる。このように委託者指図型投資信託は、信託契約をもとに委託者（投資信託委託会社）、受託者（信託会社等）、受益者（投資者）の三者によって成り立っている。この場合において委託者は一つの金融商品取引業者、受託者は一つの信託会社等

でなければならない（同法3条）。

◆ **「委託者非指図型投資信託」とは**　1個の信託約款に基づいて、受託者が、複数の委託者との間に締結する信託契約により受け入れた金銭を、合同して、委託者の指図に基づかず主として特定資産に対する投資として運用することを目的とする信託である（投信法2条2項）。委託者指図型とは異なり、委託者は投資者（兼受益者）自身である。

委託者非指図型の投資対象は「主として有価証券に対する投資として運用することを目的とする投資信託契約を締結してはならない」と定められており、証券投資信託以外の投資信託しか存在しない（投信法48条）。ただし、日本の投資信託の大勢は「委託者指図型」である。

11229 公募と私募

「公募」投資信託と「私募」投資信託との基準の違いは何か

結　論

50人以上を相手方として募集する場合を「公募」といい、50人未満の特定または少人数を相手方として取得申込みの勧誘を行う場合を「私募」という。

解　説

◆ **「公募」とは**　投信法上の定義は、「新たに発行される受益証券の取得の申込みの勧誘（これに類するものとして内閣府令で定めるものを含む。（以下略））」のうち、

多数の者を相手方として行う場合として政令で定める場合に該当するもの」である（投信法2条8項）。ここでいう多数の者とは、50人以上（一定の要件を満たす適格機関投資家は人数の計算から除外できる）の者である（同法施行令7条）。

◆**「私募」とは**　平成10年の法律改正によってはじめて「私募」投資信託が我が国に導入された。一定の限られた投資者を対象とするのが「私募」である。「公募」の定義からすれば、49人以下の者に向けて新たに発行される受益証券の取得の申込みの勧誘を行う場合である。また、委託者指図型投資信託は受益権を複数の者に分割して取得させるものであるので、2人以上から49人までの者、または適格機関投資家もしくは特定投資家のみを相手方として取得申込みの勧誘を行うものが「私募」となる。

「私募」のうち、適格機関投資家のみを相手方として行う場合を「適格機関投資家私募」、特定投資家のみを相手方として取得申込みの勧誘を行う場合を「特定投資家私募」、両者を合わせて「適格機関投資家私募等」といい、適格機関投資家私募等以外の場合を「一般投資家私募」と称する（投信法2条9項・10項）。一般に適格機関投資家向け私募は「プロ私募」と呼ばれ、一般投資家私募は「少人数私募」と呼ばれている（適格機関投資家とは、金商法2条3項1号および金商法定義府令10条に定められた銀行、保険会社等の金融機関などであり、特定投資家とは、同法2条31項に規定する適格機関投資家、国、日本銀行などである）。

「私募」投信は、「公募」投信に比べて投資者が特定または少人数で、「プロ私募」

に至っては投資者の投資知識レベルが高いと考えられることなどから、ディスクロージャー面や運用制限面での規制が緩やかである。

| 11230 | 投資信託の投資対象① |

投資信託は何を投資対象とするか

結　論

投資信託（委託者指図型および委託者非指図型）の投資対象は、有価証券、デリバティブ取引のほか不動産やその賃借権などである。証券投資信託の場合は主として有価証券が投資対象となる。

解　説

投資信託の投資対象は、平成12年の投信法改正によって、それまでの「主として（証券取引法上の）有価証券」から、「主として有価証券、不動産その他の資産で、投資を容易にすることが必要であるものとして政令で定めるもの（特定資産）」に拡大した。

◆**「特定資産」**　投信法施行令3条に定める「特定資産」の範囲は、次のとおりである。

① 有価証券
② デリバティブ取引に係る権利
③ 不動産
④ 不動産の賃借権
⑤ 地上権
⑥ 約束手形
⑦ 金銭債権

⑧　匿名組合出資持分

⑨　商品

⑩　商品投資等取引に係る権利

⑪　再生可能エネルギー発電設備

⑫　公共施設等運営権

◆証券投資信託の投資対象　委託者指図型投資信託のうち主として有価証券に対する投資として運用するものを「証券投資信託」という（投信法2条4項）。「主として」とは、投資信託財産の総額の2分の1を超える額をいう（同法施行令6条）。

平成12年の投信法改正までの投資信託はすべてこの「証券投資信託」であった。平成29年5月時点においても「委託者指図型投資信託」のほとんどは「証券投資信託」であり、証券投資信託以外の投資信託は非常に少ない状況にある。

なお、委託者非指図型投資信託においては、主として有価証券に対する投資として運用することを目的とする投資信託契約を締結してはならないと規定されており、証券投資信託以外の投資信託のみとなる。また、投資法人についてはそのような規定はなく、証券投資法人と証券以外の投資法人（不動産投資法人がこれに該当する）とがある。

11231　投資信託の投資対象②

「株式投資信託」と「公社債投資信託」との違いは何か

結　論

所得税法上、証券投資信託のうち、投資

信託約款上、株式または出資への投資ができるように規定されていないものが「公社債投資信託」であり、公社債投資信託以外の証券投資信託が「株式投資信託」である。

解　説

◆所得税法上の規定　所得税法上では、「証券投資信託のうち、その信託財産を公社債に対する投資として運用することを目的とするもので、株式……又は出資に対する投資として運用しないもの」を公社債投資信託と定義している（同法2条1項15号）。同法上では、株式投資信託は定義されておらず、公社債投資信託以外の証券投資信託を一般に株式投資信託と呼んでいる。公社債投資信託の収益の分配に係る所得は利子所得に、公社債投資信託以外の投資信託の収益の分配に係る所得は配当所得に分類される（同法23条・24条）。

◆公社債を中心に組み入れる株式投資信託　ファンドの運用方針が主として公社債に投資するファンドであっても所得税法上株式投資信託に該当するものがある。これは、公社債投資信託では1万円超の基準価額で設定することができないため、信託約款の規定上株式に投資することを可能とし、株式投資信託の形態をとることで、日々変動する基準価額で設定・解約を行うことを可能としているのである。

11232　複雑な投資信託

複雑な投資信託とは何か

　デリバティブ取引またはこれらと同様の効果を有する方法により償還または利金の条件を定め組成された仕組債で運用することにより、当該仕組債と同様の商品性または同様の効果を有する投資信託をいう。

解　説

◆複雑な投資信託の定義　投資信託協会は、平成23年2月17日に自主規制規則「店頭デリバティブ取引に類する複雑な投資信託に関する規則」を制定し、そのなかで「店頭デリバティブ取引に類する複雑な投資信託」を「金融商品取引法第2条第20項に規定するデリバティブ取引もしくは商品先物取引法第2条第15項に規定する商品デリバティブ取引またはこれらと同様の効果を有する方法により償還または利金の条件を定め組成された債券のうち、次のいずれかに掲げる（国債等を除く）仕組債で運用することにより当該仕組債と同様の商品性を有することとなる投資信託またはこれと同様の効果を有することとなる投資信託をいう」と定義した（店頭デリバティブ取引に類する複雑な投資信託に関する規則2条）。この「店頭デリバティブ取引に類する複雑な投資信託」を、一般的に略して「複雑な投資信託」と呼んでいる。

① 償還価格が額面の額を下回る可能性のあるものまたは自動的にデリバティブ取引の権利行使が行われること等により、他の有価証券で償還される条件があるもの

② 発行時に利金が確定しておらず、償還金が払込通貨と同じ通貨で支払われない

もの

③ 発行時に利金が確定しておらず、利金が払込通貨と同じ通貨で支払われないもの

④ 条件により利金がゼロまたはきわめてそれに近い水準になるもの

　（②～④は金利の変動率を金利指標の変動率に一致させるよう設計されたものを除く）

　また、日本証券業協会は、平成23年4月1日から自主規制規則「協会員の投資勧誘、顧客管理等に関する規則」を改正施行し、そのなかで「店頭デリバティブ取引に類する複雑な投資信託」を「店頭デリバティブ取引に類する複雑な仕組債で運用することにより当該仕組債と同様の商品性を有することとなる投資信託またはこれと同様の効果を有することとなる投資信託をいう」と定義した。具体的な例としては、条件付元本確保型投資信託が例示されている。日本証券業協会の当該自主規制規則では、要件として金融商品取引法上の店頭デリバティブ取引に限定されているが、商品先物と同様の効果等を有する仕組債で運用される投資信託も可能であることから、投資信託の販売勧誘に際しては投資信託協会の定義等も留意しておく必要がある。

◆複雑な投資信託の取得勧誘　日本証券業協会は、協会員に対し、平成23年4月1日から、複雑な投資信託の取扱いにおいて次のことを販売会社に義務づけた（協会員の投資勧誘、顧客管理等に関する規則）。

・協会員は、個人顧客に対し、複雑な投資信託に係る販売の勧誘（当該販売の勧誘の要請をしていない顧客に対し、訪問または電話により行うものならびに当該

販売の勧誘の要請をしていない顧客に対し、協会員の本店または営業所等において行うものに限る）を行うにあたっては、販売ごとに勧誘開始基準を定め、当該基準に適合した者でなければ、当該販売の勧誘を行ってはならない（協会員の投資勧誘、顧客管理等に関する規則5条の2）。

・協会員は、顧客と複雑な投資信託の販売契約を締結しようとするときは、あらかじめ注意喚起文書（次に掲げる事項を明瞭かつ正確に表示する）を交付しなければならない。ただし、締結前1年以内に当該顧客に対し同種の内容の有価証券等の販売に係る注意喚起文書を交付している場合および当該顧客が目論見書の交付を受けないことについて同意している場合はこの限りでない（注意喚起文書を交付日から1年以内に同種の内容の有価証券等の販売契約の締結を行った場合も同様）（協会員の投資勧誘、顧客管理等に関する規則6条の2第1項・2項・4項）。

  ④　不招請勧誘規制の適用がある場合にあっては、その旨
  ⑤　リスクに関する注意喚起
  ⑥　指定紛争解決機関による苦情処理および紛争解決の枠組みの利用が可能である旨およびその連絡先
  ⑤　指定紛争解決機関（指定紛争解決機関を除く）または特定非営利活動法人証券・金融商品あっせん相談センターによる苦情処理等の枠組みの利用が可能である旨およびその連絡先（指定紛争解決機関が存在しない場合に限る）

・協会員は、顧客と複雑な投資信託の販売

契約を締結しようとするときは、あらかじめ、顧客の知識、経験、財産の状況および契約を締結する目的に照らして当該顧客に理解されるために必要な方法および程度による上記④～⑤の説明を行わなければならない（協会員の投資勧誘、顧客管理等に関する規則6条の2第3項）。

・協会員は、顧客と複雑な投資信託の販売契約を締結しようとするときは、当該顧客が次に掲げる事項を理解し、当該顧客の判断と責任において買付けを行う旨の確認を得るため、当該顧客から確認書を徴求するものとする（協会員の投資勧誘、顧客管理等に関する規則8条3項）。

  ④　重要な事項の内容
  ⑤　契約により想定される損失額（中途売却した場合の売却額（試算額）を含む）をふまえ、当該顧客が許容できる損失額および当該損失額が当該顧客の経営または財務もしくは資産の状況に与える影響に照らして、取引できる契約内容であること。
  ⑥　勧誘した複雑な投資信託の販売に応じなくとも、そのことを理由に今後の融資取引になんらかの影響を与えるものではないこと（当該顧客（個人を除く）と融資取引を行っている場合に限る）。

11233　投資信託の収益分配金

投資信託の収益分配金とは何か

投資信託の収益分配金とは、普通分配金と特別分配金を合わせたものをいう。

◆**普通分配金と収益分配金**　投資信託における分配金には、普通分配金と特別分配金がある。特別分配金は、元本の払戻しに相当するものとして、非課税となる。

　普通分配金とは、収益からの分配であり、特別分配金は、元本（収益調整金）からの分配である。この点、普通分配金と特別分配金の区分は、個別受益者ごとに決せられる点に留意が必要である。

　すなわち、投資信託における分配金は、まず、投資信託財産の「収益」や「元本（収益調整金）」等を原資に信託銀行から販売会社に対して送金されるが、この時点では、普通分配金か特別分配金かの区別はなされていない。その後、販売会社において、受益者ごとの平均取得価額（個別元本）で区分し、個別元本を上回る部分からの分配金を普通分配金、個別元本を下回る部分を特別分配金という。

◆**販売会社の留意点**　上記のとおり、投資信託においては、受益者のファンドの購入価額によっては、分配金の一部または全部が、実質的には元本の一部払戻しに相当する場合がある。特に受益者の投資信託への投資経験が少ない場合には、この性質を理解していない場合があると思われるため、収益分配金の性質につき十分な説明をすることが重要である。

11234　毎月分配型投資信託

毎月分配型投資信託の販売時の注意点は何か

将来の分配金が保証されているものではないこと、分配金が収益を超えて支払われる場合があることおよび一部または全部が元本の一部払戻しに相当する場合があることを交付目論見書の記載内容に沿って説明する。

◆**交付目論見書の追加的記載事項**　投資信託協会は、金融庁の「「平成22事務年度金融商品取引業者等向け監督方針」の改定について」を受け、毎月分配型等の目論見書への記載に関する留意点を、自主規制規則「交付目論見書の作成に関する規則」上で、「追加的記載事項」と明記（「ファンドの目的・特色」や「投資リスク」として記載することも可）して当該情報の内容等を届出書の記載に従い記載することを義務づけた（交付目論見書の作成に関する規則4条1項6号・2項）。

・毎月分配型投資信託および隔月分配型投資信託（決算頻度が毎月および隔月のもの）は、次に掲げる内容を細則に定める記載方法により、交付目論見書に記載しなければならない。

　㋑　分配金は投資信託の純資産から支払われる旨

　㋺　分配金が収益を超えて支払われる場

合がある旨

㈥　分配金の一部または全部が元本の一部払戻しに相当する場合がある旨

　なお、同協会は、平成24年に自主規制規則「投資信託及び投資法人に係る運用報告書等に関する規則」を改正し、運用報告書上に、特別分配金という用語を「元本払戻金（特別分配金）」と表示し、公募追加型株式投資信託については分配原資の内訳を記載することを義務づけた。また、目論見書の作成においても「元本払戻金（特別分配金）」と表示する等を義務づけた。

◆**毎月分配型投資信託のメリット・デメリット**　日本証券業協会では、HP上で、メリットとして、投資信託を売却せずに、運用を続けながら、その運用成果を毎月こまめに受け取ることができる点を、デメリットとして、毎月の分配金には税金が課されるため、控除される税金の分だけ再投資額が少なくなり、投資の効率が悪くなる点をあげている。

◆**販売における留意点**　金融庁は、平成24事務年度金融商品取引業者等向け監督方針において、重点的に検証する点として、「(i)海外の株式・債券を対象としたファンドや通貨選択型ファンド、毎月分配型ファンドなどの投資信託の販売に当たって、各々の商品特性・リスク特性に応じた適切な説明が行われているか、……(iii)投資信託の販売や解約に際し、損益や販売・解約に当たっての手数料、信託報酬をはじめとする費用、元本払戻しに分配金の一部又は全部が相当する場合があること等、顧客の投資判断に影響を及ぼす重要な事項について適切な説明が行われているか、特に、投資信託の乗換えにあたっては、これらの説明

を丁寧に行い、顧客にとって不必要な乗換えとならないよう留意しているか」と記載する等、販売会社に毎月分配型の商品性およびリスク特性を十分に説明することを求めてきた。販売会社は、最新の規定内容を確認し、顧客が毎月分配型の商品性・リスク特性を理解できるよう、わかりやすい説明を行うことが重要である。

| 11235 | 国内投資信託と外国投資信託 |

「国内投資信託」と「外国投資信託」ではどのような違いがあるか

結　論

　日本の法律すなわち、投信法に基づいて設定されるのが国内投資信託であり、外国投資信託とは、外国の法律に基づいて設定される投資信託である。

解　説

◆**外国投資信託とは**　外国において外国の法令に基づいて設定された信託で、投資信託に類するものをいう（投信法2条24項）。「外国籍投資信託」とも呼ばれている。

◆**外国証券の取引に関する規則**　外国投資信託の販売を取り扱う会社は日本証券業協会自主規制規則「外国証券の取引に関する規則」に従わなくてはならない。

　顧客から外国証券の取引の注文を受ける場合は、顧客に外国証券取引口座約款を交付し、顧客からこの約款に基づく取引口座の設定を申し込む旨の申込書の提出を受ける形で、外国証券の取引に関する契約を締

結しなければならない。そして顧客から口座設定の申込書の提出があった場合、その申込みを承諾したときは、口座を設定し、その旨を顧客に通知しなければならない（外国証券の取引に関する規則３条）。

◆**対象証券**　協会員が顧客（適格機関投資家を除く）に対して勧誘を行うことにより販売等ができる外国投資信託証券は、次の要件を満たしており、投資者保護上問題がないことを協会員が確認したものでなければならない（外国証券の取引に関する規則15条）。

① 外国投資信託証券に係る制度について法令が整備されていること。
② 外国投資信託証券に係る開示について法令等が整備されていること。
③ 外国投資信託証券の発行者を監督する監督官庁またはそれに準ずる機関が存在していること。
④ 外国投資信託証券の購入代金、売却代金、果実等について送受金が可能であること。

さらに公募の場合、「選別基準」が定められており、それに適合しているものでなければならない。

◆**外国投資信託受益証券、外国投資証券の選別基準**　外国投資信託受益証券、外国投資証券の選別基準の主な事項は次のとおりである。

・外国投資信託の純資産（外国投資証券の場合は外国投資法人が保持する純資産）が１億円以上のものであること。
・管理会社（受益証券の発行者（外国投資証券の場合は運用会社））の純資産が5000万円以上であること。
・銀行または信託会社に、資産の保管に係

る業務を委託したものであること。
・代行協会員が国内に設置されているものであること（外国証券の取引に関する規則16条・17条）。

投資信託の運営と手続

11236 契約型投資信託の仕組み

「契約型投資信託」はどのような仕組みで運営されているか

結　論

委託者（信託財産の運用などを担う投資信託委託会社）、受託者（信託財産の管理などを担う信託銀行等）、受益者（投資者）の三者で成り立っている。さらに販売会社として証券会社、銀行、信用金庫等が、また、証券保管振替機構等が実質的な構成主体となって運営されている。

解　説

契約型投資信託には委託者指図型と委託者非指図型とがあるが、ここでは委託者指図型の仕組みについて述べる。

◆**運営主体**　「契約型投資信託」は、委託者である投資信託委託会社、受託者である信託銀行等、販売会社である証券会社、銀行、信用金庫等および投資信託受益権の帰属先を記載する振替口座簿を管理する証券保管振替機構と口座管理機関（通常は販売会社が兼務）で運営されている。それぞれの主な役割は次のとおりである。

◆**委託者（投資信託委託会社）の主な役割**
・信託契約に基づいて、受託者に対して運用の指図を行う
・投資信託約款の届出（投信法4条）
・受益証券の発行（投信法2条7項）（【11239】参照）
・有価証券届出書の提出、目論見書の作成（金商法5条・13条）
・運用報告書の作成・交付（投信法14条）（【11281】参照）

◆**受託者（信託銀行）の主な役割**
・信託財産の保管、管理
・信託財産の計算

◆**販売会社（証券会社、銀行、信用金庫等）の主な役割**　販売会社は、投資信託委託会社との間で募集・販売等に関する契約等を締結し、募集の取扱い、解約実行請求の受付など主に次のような業務を行う。
・受益証券の募集の取扱いおよび私募の取扱い
・解約金、収益分配金、償還金の支払の取扱い
・収益分配金の再投資
・所得税および地方税の源泉徴収

・目論見書の交付

・取引残高報告書等の作成、交付

◆証券保管振替機構および口座管理機関の役割　証券保管振替機構と口座管理機関（通常は販売会社が兼務）は、振替法に基づき、証券保管振替機構は販売会社ごとの受益権口数を、口座管理機関は受益者ごとの受益権口数を、各々振替口座簿に記載・抹消等を行い、受益権の帰属先を管理する（振替法66条）。証券保管振替機構が取り扱う受益権を「振替投資信託受益権」といい（同法121条の２）、一般に略して「振替受益権」と呼んでいる。

◆運営当事者が破綻した場合　投資信託委託会社が万一破綻したとしても、信託財産は信託銀行等に信託され管理・保管されているため、投資信託委託会社の固有財産とは関係ない財産となり、投資信託委託会社に対する一般債権者の債権は及ばない。

信託銀行等が破綻したとしても、信託財産は固有財産と分別して管理することが義務づけられており、分別して管理されている信託財産について、信託銀行等固有の財産の債権者や別の信託財産の債権者は強制執行または競売を行うことができない（信託法23条・34条）。

販売会社においても顧客から保護預りした受益証券等を会社固有財産と分別して保管することが義務づけられているので（金商法43条の２）、受益証券等は守られることとなる。

証券保管振替機構や口座管理機関は、基本的に振替口座簿への記録・抹消等を行うのみであり、受益証券等を保管したり信託財産に対する金銭債権をもつものではないため、破綻したとしても信託財産の保全に

は影響しない。

したがって投資信託は、投資信託委託会社、信託銀行、販売会社、証券保管振替機構等のいずれかが万一破綻してしまったとしても、信託財産は保全され、受益者は保護される仕組みとなっている。

11237　投資信託約款

「投資信託約款」とは何か

結　論

委託者と受託者との間で締結する信託契約の内容が書かれており、ファンドに関する重要基本事項が定められた文書である。

解　説

◆「投資信託約款」届出義務　投資信託委託会社は、投資信託契約に係る投資信託約款の内容を内閣総理大臣（実務上は金融庁長官）に届け出なければならない（投信法４条１項）。

◆「投資信託約款」の記載内容　「投資信託約款」には次の事項を記載しなければならない（投信法４条２項）。

・委託者および受託者の商号または名称

・受益者に関する事項

・委託者および受託者としての業務に関する事項

・信託の元本の額に関する事項

・受益証券に関する事項

・信託の元本および収益の管理および運用に関する事項（投資の対象とする資産の種類を含む）

・投資信託財産の評価の方法、基準および基準日に関する事項
・信託の元本の償還および収益の分配に関する事項
・信託契約期間、その延長および信託契約期間中の解約に関する事項
・信託の計算期間に関する事項
・受託者および委託者の受ける信託報酬その他の手数料の計算方法ならびにその支払の方法および時期に関する事項
・公募、適格機関投資家私募、特定投資家私募または一般投資家私募の別
・受託者が信託に必要な資金の借入れをする場合においては、当該借入金の限度額に関する事項
・委託者が運用の指図に係る権限を委託する場合においては、当該委託者がその運用の指図に係る権限を委託する者の商号または名称および所在の場所
・上記の場合における委託に係る費用
・投資信託約款の変更に関する事項
・委託者における公告の方法
・その他内閣府令で定める事項

◆**「投資信託約款」交付義務**　投資信託委託会社は、投資信託約款の内容を記載した書面を、取得しようとする顧客に対して交付しなければならない。ただし、目論見書に投資信託約款の内容が記載されている場合などはその限りではない（投信法5条）ため、目論見書に約款の全文が掲載されていることが多い。

11238　投資信託約款の変更

投資信託約款の変更とはどのように行われ

るか

結　論

　投資信託約款の変更は、変更の内容が重大であった場合、書面による決議を行い、議決権を行使できる受益者の議決権の3分の2以上の多数の同意をもって決議を行う。

解　説

◆**投資信託約款を変更する場合**　投資信託委託会社は、投資信託約款を変更しようとする場合は、あらかじめその旨および内容を内閣総理大臣（投信法225条によって内閣総理大臣は権限を金融庁長官に委任することができ、また、同条6項によって金融庁長官は財務局長または財務支局長に委任することができる）に届け出なければならない（同法16条）。

◆**投資信託約款の重大な内容の変更**　投資信託約款の変更で、その変更の内容が重大なものであると定められた事項は、投信法施行規則29条に定められている。主なものは次の事項の変更であって、商品としての同一性を失わせることとなるものである。
・委託者および受託者の商号または名称
・受益者に関する事項
・受益証券に関する事項
・信託の元本および収益の管理および運用に関する事項（投資の対象とする資産の種類を含む）
・投資信託財産の評価の方法、基準および基準日に関する事項
・信託の元本の償還および収益の分配に関する事項
・信託契約期間、その延長および信託契約

期間中の解約に関する事項
・信託の計算期間に関する事項
・受託者および委託者の受ける信託報酬その他の手数料の計算方法ならびにその支払の方法および時期に関する事項
・受託者が信託に必要な資金の借入れをする場合においては、当該借入金の限度額に関する事項
・委託者が運用の指図に係る権限を委託する場合においては、当該委託者がその運用の指図に係る権限を委託する者の商号または名称および所在の場所
・上記の場合における委託に係る費用
・投信法施行規則7条各号に掲げる事項

　投資信託契約の解約をしようとするとき、すなわち繰上げ償還を行おうとする場合も、重大な約款変更と同様の手続が必要となる（投信法19条・20条）。また、併合（受託者を同一とする二以上の投資信託の信託財産を一の新たな信託財産とすること）する場合も、重大な約款変更と同様の手続が必要となる（同法16条2号）。

◆**書面決議**　約款の重大な変更を行う場合には、知れている受益者に通知を発し、書面による決議（書面決議）を行わなければならない。書面決議は、決議の2週間前までに約款変更等の内容および理由を知れている受益者に通知しなければならない。書面決議は、議決権を行使できる受益者の3分の2以上の多数の同意をもって決議が行われる（投信法17条8項）。知れている受益者が議決権を行使しないときは、その受益者は書面決議に賛成するものとみなす規定を設けることができる（同法17条7項）。書面による決議において反対した受益者は、受託者に対して、自己の有する受益権を公正な価格で受益権に係る投資信託財産をもって買い取ることを請求することができる（同法18条1項。同請求ができない場合につき、同条2項）。

　なお、平成19年の投信法改正以前の旧投信法に基づき設定された投資信託の約款変更については、旧投信法の規定に基づく約款変更手続を要す。

11239　振替決済制度

振替決済制度における投資信託受益証券はどのように取り扱われるか

結　論

　投資信託受益証券は電子化され、原則として発行されない。券面を持ち込まれた場合にも振替口座簿へ受益権を移行する。

解　説

◆**振替決済制度の開始**　振替決済制度は、「証券決済制度等の改革による証券市場の整備のための関係法律の整備等に関する法律」が成立したことにより、「社債等の振替に関する法律」が平成15年に施行され、まず、日本銀行が運営していた国債振替決済制度を、同法に基づく新しい国債振替決済制度に移行することから始まった。

◆**投資信託振替制度**　投資信託振替制度は、投資信託の受益証券をペーパーレス化して、受益権の発生や消滅、移転をコンピュータシステム上の口座（振替口座簿）の記録により行うもので、平成19年1月に制度開始（上場投資信託（ETF）振替制度は、

平成20年1月4日に制度開始）され、投資信託受益権は、原則として振替法の規定の適用を受け、受益証券は発行されないこととされた（同法121条）。

これにより、同日以後に設定される投資信託受益権は振替機関（証券保管振替機構）および口座管理機関（銀行等の金融機関）の振替口座簿に記載または記録されることとなった。

制度開始後は、受益証券に表されていた受益権は振替機関の振替口座簿に振替投資信託受益権（一般には「振替受益権」という）として移行され、受益証券は廃券となった。

振替制度によるメリットとして次のことがあげられる。

① 受益証券の発行・認証に係る事務コストを削減することができる。

② 受益証券の発行に際して課せられる印紙税が不要になる。

③ 運搬・保管に係るコスト、現物の受益証券が存在することに伴うさまざまな事務・管理コストを削減することができる。

④ 紛失・盗難・偽造等のリスクがなくなる。

⑤ 設定や解約、償還、振替等について、標準化された、より安全・効率的な決済スキームが確立される。

◆受益証券を所有している場合　受益者本人が所有している制度移行前に発行された受益証券については、まず、振替機関の振替口座簿へ受益権を移行しなければ換金手続ができない。

◆受益証券が発行される場合　振替制度に移行した投資信託の設定、一部解約などは振替機関での振替口座簿への記載・抹消

手続で決済され、受益証券の発行、決済は不要となったが、以下のような事例が生じた場合には例外的に受益証券が発行されることがある。

① 個別移行時の新券発行……本券に添付されている収益分配金交付票（クーポン）の決済期数が古く、未到来期数を含めた新券面を発行し適正な受益証券として振替機関へ申請する場合

② 受益証券の紛失・盗難……受益者本人から所有していた受益証券を紛失した、あるいは盗難された旨の申出があり、公示催告による除権判決を受け、当該受益権を表章した受益証券を発行する場合

③ 受益者本人から所有していた受益証券の毀損、分割依頼があり、受益証券を再発行する場合

11240 口座管理機関の業務

振替決済制度における口座管理機関の業務は何か

結　論

投資信託振替制度における口座管理機関は、投資者のために口座を開設し、振替口座簿を備え投資信託受益権を記録、管理する。

解　説

◆口座管理機関の定義　投資信託振替制度における「口座管理機関」とは、他の者のために口座の開設をする者をいい、投資信託受益権を記録、管理する「振替口座

簿」を備えることが振替法により義務づけられている。なお、口座管理機関は、あらかじめ証券保管振替機構または他の口座管理機関に投資信託受益権の振替を行うための口座を開設する必要がある。

口座管理機関となることができる者の範囲は、証券会社、銀行、保険会社、農業協同組合、信用協同組合、信用金庫、労働金庫等となっており（振替法44条1項、「口座管理機関に関する命令」2条）、投資信託の販売会社となっている銀行は口座管理機関を兼ねている。

◆**投資信託受益権の記録等**　証券保管振替機構が取り扱う投資信託受益権は、振替法上の振替社債の一つに該当し、振替社債についての権利の帰属は、振替口座簿の記載または記録により定めるものとなっている（同法2条1項8号・66条）。

口座管理機関は、投資者との間で必要な契約（振替口座管理規程など）を締結し、当該契約に基づき投資者からの要請により振替口座簿の記載・記録や抹消等を行う。

口座管理機関の業務の概要については、証券保管振替機構が「投資信託振替制度口座管理機関の業務の概要」などにおいて定めており、同機構の定めに従って業務を運営する。

| 11241 | 決算による収益分配金の取扱い |

決算による収益分配金はどのように取り扱われるか

結　論

登録金融機関である銀行は、決算時の収益分配金の支払に係る業務を、銀行法上の付随業務として行う。決算による収益分配金は、信託銀行から販売会社に交付され、販売会社から収益分配金を受け取る権利をもつ受益者に対して、原則として決算日から5営業日までに支払われる。

解　説

◆**収益分配金支払に係る業務**　銀行は、「投資信託の受益証券に係る収益金、償還金または解約金の支払に係る業務の代理」（金商法35条1項5号）に相当する行為を、付随業務（銀行法10条2項）として、行うことができる（【11224】参照）。

◆**権利付きは決算前日の約定分まで**　決算による収益分配金は、決算日の前営業日までに約定した受益者が受け取ることとなる（ただし、主な投資対象が外国有価証券である場合などで取得申込日と約定日とが異なる場合、たとえば取得申込日の翌日が約定日である場合は、決算日前々営業日までの取得申込分が権利付きとなる）。

◆**支払日は原則決算日から5営業日まで**　投資信託約款には、収益分配金、償還金および一部解約金の支払時期、支払方法および支払場所に関する事項が記載されている（投信法施行規則8条）。通常「収益分配金は、毎計算期間終了後1カ月以内の委託者の指定する日」と記載されているが、投資信託協会の規則にある「投資信託委託会社会員は、販売会社に対し、投資信託に係る分配金又は償還金の顧客への支払いを、原則として当該投資信託の決算日又は償還日

（……当該決算日等が休業日の場合は、翌営業日とする。）から起算して5営業日までの間に支払いを開始することを遵守するよう求めるものとする」旨の定め（正会員の業務運営等に関する規則10条）に従って分配金の支払が行われている。

収益分配金の時効については、改正民法によれば支払開始日から10年間（または受益者が権利行使できることを知った時から5年間）受益者から支払の請求がない場合は時効となると思われる（同法166条1項）。一方、投信約款においては、支払開始日から5年間支払の請求がない場合は時効となる旨を定めている場合が通例と思われることから、今後これらについても再整理がなされる可能性がある。

| 11242 | 追加型株式投資信託の決算による収益分配金の課税 |

追加型株式投資信託の決算による収益分配金は、どのように課税されるか

結　論

収益分配金は、受益者の個別元本に応じて「普通分配金」と「元本払戻金（特別分配金）」とに区分され、「普通分配金」が課税対象となる。

解　説

◆**個別元本に応じた課税**　追加型（オープン型）株式投資信託の場合、受益者ごとの個別元本と決算日の分配落ち後の基準価額（分配金の額だけ値下りした基準価額）

とを比較して、後者が前者と同額または上回る場合には全額が「普通分配金」となり、下回る場合は、分配金の範囲内で下回る部分に相当する金額を「元本払戻金（特別分配金）」、残余の金額が「普通分配金」として区分される。

◆**税法上の「元本払戻金（特別分配金）」の定義**　「元本払戻金（特別分配金）」は、「オープン型の証券投資信託の収益の分配のうち、信託財産の元本の払戻しに相当する部分」として課税されない（所得税法9条1項11号、同法施行令27条）。したがって、「普通分配金」部分のみが課税対象となる。

◆**個別元本の調整**　「元本払戻金（特別分配金）」の支払を受けた受益者については、分配金発生時にその個別元本から元本払戻金（特別分配金）を控除した額がその後の個別元本となる。

◆**公募株式投資信託の課税**　従来、公募株式投資信託の収益分配金は、配当所得の区分でありながら租税特別措置法によって軽減税率（所得税7％、地方税3％）が適用されていたが、平成15年度の税制改正によって、軽減税率の適用は除外され、その後の厳しい経済状況等から軽減税率の適用期限は平成25年12月31日まで延長されていたが、平成26年1月1日以降は所得税15％、地方税5％が適用されている。なお、公募株式投資信託の収益分配金については、確定申告不要の特例の対象となっている（租税特別措置法8条の5）。

◆**公社債投資信託の課税**　公社債投資信託の収益分配金は利子所得扱いであり、所得税15％、地方税5％の源泉徴収のみで課税関係がすべて終了する源泉分離課税とな

っている。

◆復興特別所得税　販売会社に開設する「特定口座（源泉徴収あり）」で国内投資信託の収益分配金を受け取る場合には、販売会社から交付される日が平成25年1月1日以後のものについて、所得税額に対し2.1％の復興特別所得税が加算される。また、その他の場合には、決算日が平成25年1月1日以後のものから同税が加算される。外国投資信託の配当に対しては、記名式の場合は基準日が、無記名式の場合は現地保管機関等が受領した日が、各々平成25年1月1日以後のものから同税が課税される。同税は、平成25年1月1日から25年間課税・加算される。なお、同税は、特別分配金には加算されない。

◆損益通算　平成21年以後、申告分離課税を選択した場合には、収益分配金は上場株式等の譲渡損失ならびに公募株式投資信託の譲渡損失および解約・償還差損失との間で損益通算が可能となっている。また、平成22年以後は、特定口座（源泉徴収あり）内に収益分配金を受け入れ、同様に損益通算することが可能となった（発行済株式の3％以上を保有する大口個人株主は除く）。

◆留意事項　有価証券に対する税制は最近は毎年なんらかの変更が行われており、顧客への適用や説明、文書等への記載に際しては、必ず最新の税制を確認する必要がある。

11243　一般コースと自動継続投資コース

分配金の受取りに係る「一般コース」と「自動継続投資コース」との違いは何か

結　論

決算による収益分配金の受取方法の違いによって、「一般コース」と「自動継続投資コース」とがあり、「自動継続投資コース」は、「累積投資契約」に基づいて再投資が行われる。

解　説

契約型投資信託では、収益分配金の受取方法によって、「一般コース」「自動継続投資コース」が設けられている。ファンドによっては、どちらか一方のコースのみ設定されているものもある。併設されている場合は、投資者はどちらか一方を選択して申し込む。

◆一般コース　収益分配時に分配金を受け取るコースである。ただし、支払われた分配金を顧客が指定した預金口座へ自動的に振り込むなどの手続がとられることもある。

◆自動継続投資コース　分配金を自動的に再投資するコースである。再投資は顧客と販売会社との「累積投資契約」に基づき販売会社において税引き後無手数料で行われる。

◆累積投資契約　自動継続投資コースは、顧客と販売会社との間で「累積投資契約」を締結し、それに基づいて行われる。「累積投資契約の締結」とは、第一種金融商品取引業者または投資運用業者の業務に付随する業務として定められた行為（金商法35条1項7号）であり、銀行は銀行法上の付随業務（銀行法10条2項）として行ってい

る。「累積投資契約」とは、顧客から金銭を預かり、当該金銭を対価としてあらかじめ定めた期日において当該顧客に有価証券を継続的に売り付ける契約のことをいう（金商法35条1項7号）。

累積投資契約の締結は、内閣府令（金商業等府令66条）で定める以下の要件を満たす場合に限って行うことができる（金商法35条）。

・当該有価証券の種類および買付けのための預り金の充当方法を定めていること
・累積投資預り金と他の預り金とを区分して経理することを定めていること
・顧客が買い付けた有価証券につき回記号および番号が特定されたときに、当該顧客が単独で当該有価証券の所有権を有することが確定することを定めていること
・預託を受けた有価証券が他の有価証券と分別して管理されるものであること
・顧客から申出があったときには解約するものであること

11244 解約請求と買取請求

契約型投資信託の換金の方法には「解約請求」と「買取請求」とがある。どのような違いがあるか

結論

「解約請求」は、受益者が投資信託委託会社へ投資信託契約の一部解約の実行を請求する換金方法である。一方「買取請求」は、受益者が販売会社へ受益証券の買取りを請求（販売会社へ受益証券を譲渡）する

換金方法である。

解説

◆**解約請求**　受益者が販売会社を通じ、投資信託委託会社に対して投資信託契約の一部解約の実行を請求する方法である。この場合における販売会社が当該請求を受け付ける行為は、第一種金融商品取引業者の場合には付随業務の一つである「投資信託の受益証券に係る収益金、償還金または解約金の支払に係る業務の代理」（金商法35条1項5号）として、解約請求受付事務を行うものと解されているようであり、登録金融機関である銀行の場合には、銀行法上の付随業務（同法10条2項）に該当するものとして行われている。

◆**買取請求**　受益者が販売会社に対して受益証券の買取りを請求、すなわち、受益証券を販売会社へ譲渡する。そして買い取った販売会社が受益者となって、委託会社に対して信託契約の一部解約を請求する。

11245 解約請求と買取請求の課税

「解約請求」「買取請求」による換金差益にはどのように課税されるのか

結論

株式投資信託の「買取請求」による譲渡（売却）益には譲渡所得課税が適用されることから、現状は両者に実質的な課税上の違いはない。「解約請求」による解約益は譲渡所得とみなされ、「買取請求」による譲渡（売却）益同様、譲渡所得課税が適用

される。

◆**株式投資信託の「買取請求」の課税**

株式投資信託の譲渡益すなわち「買取請求」による差益には譲渡所得課税が適用される。税率は、20.315%（所得税及び復興特別所得税15.315%、住民税5％）、申告分離であるが、特定口座（源泉徴収あり）であれば源泉徴収で課税関係は終了する。

　従来公募投資信託受益証券の譲渡には所得税が課せられていなかった（税相当額の特別控除が差し引かれていたため、投資家の手取額は解約請求による換金と同様であった）。平成15年度の税制改正で、公募株式投資信託受益証券の譲渡、すなわち買取請求による換金差益は譲渡所得として課税されるようになり、買取差益、差損ともに上場株式等の譲渡損と損益通算できることとなった。

◆**公募株式投資信託の「解約請求」の課税**

解約請求による解約益は、償還差益とともに、平成21年からは譲渡所得とみなされている。「買取請求」による譲渡益同様、税率は20.315%（所得税及び復興特別所得税15.315%、住民税5％）で申告分離であるが、特定口座（源泉徴収あり）であれば源泉徴収で課税関係は終了する。

　解約損については譲渡損とみなし、確定申告した場合は上場株式等の譲渡益と損益通算できることとなっていたが、平成21年からは解約益についても譲渡所得とみなされ、確定申告によって、上場株式等の譲渡損や公募株式投資信託の譲渡損・解約差損と損益通算が可能となった。なお、平成22年以後は、特定口座内で損益通算が可能と

なった。

◆**解約請求と買取請求の課税の比較**　以上のように、個人における課税関係において「買取請求」と「解約請求」との差は、現状は実質的にはない状況にある。

◆**3年間の損失繰延べ**　平成16年度の税制改正より、公募株式投資信託の解約損ならびに譲渡損について、3年間の損失の繰延べが可能となった。

◆**公社債投資信託の課税**　「解約請求」による差益は利子所得として、所得税および復興特別所得税15.315%、地方税5％の源泉分離課税である。「買取請求」による差益は譲渡所得である。従来非課税であったが、金融所得課税の一体化により、平成28年1月1日以後は、申告分離課税の対象となった。

◆**復興特別所得税**　販売会社に開設する「特定口座（源泉徴収あり）」で国内投資信託の解約金を受け取る場合には、受渡日が平成25年1月1日以後のものについて、所得税額に対し2.1%の復興特別所得税が加算されている。また、その他の場合には、国内投資信託の解約日が平成25年1月1日以後のものから同税が加算されている。なお、販売会社における買取りの場合も譲渡益に対し同様の課税となっている。外国投資信託の解約金や譲渡代金に対しては、記名式の場合は基準日が、無記名式の場合は現地保管機関等が受領した日が、各々平成25年1月1日以後のものから同税が課税されている。同税は、平成25年1月1日から25年間課税・加算されている。

◆**留意事項**　有価証券に対する税制は最近は毎年なんらかの変更が行われており、顧客への適用や説明、文書等への記載に際

しては、必ず最新の税制を確認する必要がある。

11246 償還金の取扱いと課税

償還金はどのように取り扱われるか

結　論

登録金融機関である銀行は、償還金の支払に係る業務を、銀行法上の付随業務として行い、受益者に対して、原則として償還日から5営業日までに支払われる。

解　説

単位型投資信託は有期限であり、信託期間の終了とともに償還される。追加型投資信託は無期限のものと有期限のものとがあり、有期限のものは信託期間の終了とともに償還される。

◆支払日は原則償還日から5営業日まで
投資信託約款には、収益分配金、償還金および一部解約金の支払時期、支払方法および支払場所に関する事項が記載されている（投信法施行規則8条）。通常、「償還金は、信託終了後1カ月以内の委託者の指定する日」と記載されているが、投資信託協会規則にある「投資信託委託会社会員は、販売会社に対し、投資信託に係る分配金又は償還金の顧客への支払いを、原則として当該投資信託の決算日又は償還日（……当該決算日等が休業日の場合は、翌営業日とする。）から起算して5営業日までの間に支払いを開始することを遵守するよう求めるものとする」旨の定めに従って償還金の支払が行われている。

償還金の時効については、改正民法によれば支払開始日から10年間（または受益者が権利行使できることを知った時から5年間）受益者から支払の請求がない場合は時効となると思われる（同法166条1項）。一方、投資信託約款においては、支払開始日から10年間支払の請求がない場合は時効となる旨を定めている場合が通例と思われることから、今後これらについても再整理がなされる可能性がある。

◆繰上げ償還　単位型、追加型ともに、ファンドの残存口数が投資信託約款で定めた口数よりも下回った場合などは、信託約款に基づき、受託者と合意のうえで信託期間の途中でも償還することがある。これを繰上げ償還と呼ぶ。

投資信託委託会社は、投資信託契約の解約をしようとするとき、すなわち繰上げ償還の場合は、原則として重大な約款変更と同様の手続が必要となる（投信法20条・17条、同法施行規則29条）。

◆償還延長　信託期間は信託約款変更により延長することがあるが、その変更が商品としての同一性を失わせることとなる場合は、投資信託約款の重大な内容の変更に伴う手続が必要となる（投信法17条、同法施行規則29条）。

◆課税　償還によって発生する差損益の課税は、解約請求によって発生する差損益と同様の取扱いである。

投資信託販売の基本原則等

11247 投資信託販売行為の基本原則

投資信託販売行為の基本原則となるものは何か

■ 結　論

　投資信託販売行為の基本原則となるものは、IOSCO（証券監督者国際機構）の 7 項目の証券業務に関する行為規範原則である。

■ 解　説

　1990年11月に、証券監督者国際機構（IOSCO：International Organization of Securities Commissions and Similar Agencies）のサンチアゴ総会において、7 項目の証券業務に関する行為規範原則が採択された。行為規範とは、「顧客利益の保護および市場の健全性の目的をもって金融サービスを提供する者の活動を規制する諸原則」である。

　IOSCO が国際的なレベルでの行為規則を明らかにした背景には、1970年代以後の世界の金融・資本市場の国際化がある。規制対象となる仲介者の活動の国際化、国境を越えた投資の増加などの問題に直面していた。そこで、市場および業者の健全性を確保し、投資者の信頼感を増進させるためには、業者の国際的なレベルでの行為規範の形成が重要であるとの認識に基づき、次の内容の行為規範が作成された。

① 　誠実・公平……会社は、その営業にあたっては、顧客の最大の利益および市場の健全性を図るべく、誠実かつ公平に行動しなければならない。

　この原則は錯誤を回避する義務および欺瞞行為または欺瞞表現を回避する義務を含む。

② 　注意……会社は、その営業にあたっては、顧客の最大の利益および市場の健全性を図るべく、相当の技術、配慮および注意をもって行動しなければならない。

　この原則は最良執行義務を含む。

③ 　能力……会社は、その営業の適切な遂行のために必要な人的資源および手続を整備しなければならない。

　この原則は、会社がその使用人および販売代理人をこれらの原則に従わせるための規則および内部手続（従業員の取引規則を含む）を整備し、効果的に実施する義務を

含む。

④ 顧客に関する情報……会社は、提供するサービスに関連して、顧客の資産状況、投資経験および投資目的を把握するよう努めなければならない。

この原則は「顧客を知る義務」を含む。

この原則は会社がいかなる適合性原則を満たすためにも必要な要素である。

⑤ 顧客に対する情報……会社は、顧客との取引に関する具体的な情報を十分に開示しなければならない。

この原則は会社の以下の義務を含む。

・顧客が示された投資判断の可否を決定するために必要な情報（リスクに関する事実等）を獲得し、提供する義務

・顧客のためおよび顧客と行われた取引に関して適時かつ正確に報告をする義務

⑥ 利益相反……会社は、利益相反を回避すべく努力しなければならない。利益相反が回避できない場合にはすべての顧客の公平な取扱いを確保しなければならない。

この原則は、利益相反が対応可能なものであることを示している。顧客の公平な取扱いを確保するための適切な対応は、ディスクロージャー、機密に関する内部規制またはその他の適当な方法等によって達成できる。

⑦ 遵守……会社は、顧客の最大の利益および市場の健全性を図るため、その営業活動に適用されるすべての規則を遵守しなければならない。

11248 適合性の原則

投資信託は、どのような顧客にも販売してよいか

結　論

投資信託の販売は、「適合性の原則」に沿って行われなければならない。

解　説

◆金商法、日本証券業協会規則の規定

金商法では「顧客の知識、経験、財産の状況及び金融商品取引契約を締結する目的に照らして不適当と認められる勧誘を行つて投資者の保護に欠けることとなつており、又は欠けることとなるおそれがあること」のないように業務を営まなければならない旨、すなわち「適合性の原則」が明記されている（同法40条）。

日本証券業協会自主規制規則である「協会員の投資勧誘、顧客管理等に関する規則」の３条２項においても、「協会員は、顧客の投資経験、投資目的、資力等を十分に把握し、顧客の意向と実情に適合した投資勧誘を行うよう努めなければならない」と定めている。

◆適合性の原則の意義　「適合性の原則」とは、広義には「業者が利用者の知識・経験、財産力、投資目的に適合した形で勧誘（あるいは販売）を行わなければならないというルール」、狭義には「ある特定の利用者に対してはどんなに説明を尽くしても一定の商品の販売・勧誘を行ってはならない」というルールであるといわれる（平成

11年7月の金融審議会第一部会「中間整理（第一次）」）。

たとえば、金融商品取引について高度な知識・経験を有しない顧客に対して複雑な商品を勧誘することや、顧客の資産状況に照らして過当な取引を勧誘することなど、個々の顧客の属性に見合わず、当該顧客の保護に支障を生ずるおそれがあるような勧誘を行うことを禁止するものである。

11249　適合性の原則の違反

どのような場合が適合性原則違反に該当するか

結　論

適合性原則違反は、適合の要件、説明義務の履行等総合的に判断される。

解　説

◆**適合の要件**　適合しているかどうかの要件は、「顧客の知識」「経験」「財産の状況」および「金融商品取引契約を締結する目的」である。顧客に適合した勧誘を行うためには、これらの顧客の状況を把握することが必要となる。

◆**説明義務との関係**　金商業等府令では、「禁止行為」として、契約締結前交付書面、上場有価証券等書面、目論見書および契約変更書面の交付に関し、リスク情報等についてあらかじめ顧客の知識、経験、財産の状況および契約締結の目的に照らして当該顧客に理解されるために必要な方法および程度によって説明をすることなく契約を締結する行為が定められている（同府令117条）。後述する金販法にも共通するが、契約締結前交付書面を交付する際には、顧客に適合した説明義務を果たさなければならないことが明記されている。

また、金商法上の「適合性の原則」と、金販法上の価格変動リスク、信用リスク、権利行使・契約解除期間の制限といった重要事項に関する「説明義務」とは、相互補完的、重層的に適用されるものであり、たとえば、顧客が標準的な知識や経験を欠くために金販法上の一般的な説明義務を尽くしてもなお十分にリスクを理解できない場合は、適合性の原則に従い投資勧誘を行うべきではないと考えられる。

◆**違反例**　「適合性の原則」は、有価証券販売上の大原則ともいえるものであり、投資信託販売に関する訴訟においては、顧客に適合した投資勧誘であったかどうか、つまり、適合性の原則に沿った投資勧誘が行われていたかどうかが問われることが多い。

たとえば、顧客に投資経験がないことを知りながら、その点に注意を払わず、また、顧客の投資意向をよく確認しないまま、顧客が預金金利に不満をもっているという程度の認識だけで勧誘を行うことは、違法性を問われる可能性がある。

あるいは、顧客が職業上、高い理解力を備えていたり、豊富な資産を保有していたとしても、それを偏重し、投資意向等を軽視すれば適合性原則違反に当たる可能性がある。

たとえ、有価証券取引につき相当程度の経験を有し、過去の損失から投資信託に元本割れの危険性があるとの認識も十分に有

していたとしても、経験年数の割には知識が浅く、安全志向の投資傾向を有している場合に、リスクの高い投資信託を勧める行為は、適合性の原則に反する可能性がある。

顧客の適合性を判断するにあたっては、一般的、抽象的なリスクのみを考慮するのではなく、具体的な商品特性をふまえて、これとの相関関係において、顧客の投資経験、投資商品の取引の知識、投資意向、財産状態等の諸要素を総合的に考慮する必要がある。

11250 合理的根拠適合性

合理的根拠適合性とは何か

結論

投資者へ販売する商品としての適否を事前に検証することをいう。販売会社は、新たな投資信託の販売に際しては、事前に一定の顧客にとって投資対象となる合理性があることを確認する必要がある。

解説

◆**合理的根拠適合性の定義**　合理的根拠適合性とは、勧誘しようとする有価証券等が少なくとも一定の顧客にとって投資対象としての合理性を有するものであることを求める考え方であり、一定の顧客とは、顧客属性や金融資産の状況、投資経験、リスク許容度等を勘案して、合理的な根拠に基づき投資を行う対象顧客の範囲が想定できることを指していることに留意が必要となる。

一定の顧客にとって投資対象としての合理性がある有価証券等であることを確認することは、言い換えれば販売者が当該有価証券等について十分に理解していなければならないということになり、たとえば、事前検証の結果、ある一定の顧客のみへの販売が想定された有価証券等については、その検証結果が一定の社内ルールに基づいて関連部署間で共有され、対象顧客の範囲の周知や必要に応じて勧誘開始基準を設ける、十分な社員教育を実施する等、適切な投資勧誘が行われるよう留意する必要がある。

◆**販売上の留意点**　日本証券業協会は、合理的根拠適合性を具現化するものとして、自主規制規則「協会員の投資勧誘、顧客管理等に関する規則」において「協会員は、当該協会員にとって新たな有価証券等の販売を行うに当たっては、当該有価証券等の特性やリスクを十分に把握し、当該有価証券等に適合する顧客が想定できないものは、販売してはならない」としている（同規則3条3項）。販売会社は、新たな投資信託の販売に際しては、事前に一定の顧客にとって投資対象となりうる合理性があることを確認し販売する必要がある。

11251 顧客カードの意義

顧客の状況はいかにして把握するか

結論

顧客カードの作成により把握することが義務づけられている。

◆ **「顧客カード」整備義務**　「適合性の原則」遵守の具体的行為として日本証券業協会の自主規制規則では、適切な勧誘行為について「協会員は、顧客の投資経験、投資目的、資力等を十分に把握し、顧客の意向と実情に適合した投資勧誘を行うよう努めなければならない」（日本証券業協会自主規制規則「協会員の投資勧誘、顧客管理等に関する規則」3条2項）と定め、顧客の実情を把握するための「顧客カード」の整備等を義務づけている（同規則5条1項）。

◆ **「顧客カード」記載事項**　「顧客カード」の記載事項として次の10点を掲げ、顧客カード等により知り得た秘密を他にもらしてはならないことを定めている（日本証券業協会自主規制規則「協会員の投資勧誘、顧客管理等に関する規則」5条1項・2項）。

① 氏名または名称
② 住所または所在地および連絡先
③ 生年月日
④ 職業
⑤ 投資目的
⑥ 資産の状況
⑦ 投資経験の有無
⑧ 取引の種類
⑨ 顧客となった動機
⑩ その他各協会員において必要と認める事項

　さらに、その顧客カード等により知り得た投資資金の額その他の事項に照らして、過当な数量の取引等の勧誘を行うことを禁止している（日本証券業協会自主規制規則「協会員の従業員に関する規則」7条5項）。

◆ **管理態勢**　金商業者監督指針では、

「金商法第40条の規定に基づき、顧客の知識、経験、財産の状況、投資目的やリスク管理判断能力等に応じた取引内容や取引条件に留意し、顧客属性等に則した適正な投資勧誘の履行を確保する必要がある」とし、顧客の属性等および取引実態を的確に把握しうる顧客管理態勢を確立することを求めている。

11252　説明重要事項

投資信託の説明重要事項とは何か

結　論

　金販法に定める元本欠損に関する重要事項を説明しなければならない。

解　説

◆ **金販法に定める重要事項**　金融商品販売業者等に対し、金融商品の販売が行われるまでの間に顧客に対して重要事項の説明を行うことを義務づけている（金販法3条1項）。

① マーケットリスク……当該金融商品の販売について金利、通貨の価格、金融商品市場における相場その他の指標に係る変動を直接の原因として元本欠損が生ずるおそれがあるときはその旨、当該指標および当該指標に係る変動を直接の原因として元本欠損が生ずるおそれを生じさせる当該金融商品の販売に係る取引の仕組みのうちの重要な部分

② クレジットリスク……当該金融商品の販売について当該金融商品の販売を行う

者その他の者の業務または財産の状況の変化を直接の原因として元本欠損が生ずるおそれがあるときはその旨、当該者および当該者の業務または財産の状況の変化を直接の原因として元本欠損が生ずるおそれを生じさせる当該金融商品の販売に係る取引の仕組みのうちの重要な部分

③　その他の元本欠損のリスク……前に掲げるもののほか、当該金融商品の販売について顧客の判断に影響を及ぼすこととなる重要なものとして政令で定める事由（平成29年5月時点、定められていない）を直接の原因として元本欠損が生ずるおそれがあるときはその旨、当該事由および当該事由を直接の原因として元本欠損が生ずるおそれを生じさせる当該金融商品の販売に係る取引の仕組みのうちの重要な部分

④　権利行使の制限……当該金融商品の販売の対象である権利を行使することができる期間の制限または当該金融商品の販売に係る契約の解除をすることができる期間の制限があるときはその旨

　さらに、上記①～③のリスクによって、当初元本を上回る損失が生ずるおそれがある場合、説明義務を負う。

　そして、説明にあたっては、顧客の知識、経験、財産の状況および当該金融商品の販売に係る契約を締結する目的に照らして、当該顧客に理解されるために必要な方法および程度によるものでなければならない（金販法3条2項）。

◆説明義務　金商法36条では「金融商品取引業者等並びにその役員及び使用人は、顧客に対して誠実かつ公正に、その業務を遂行しなければならない」と、顧客に対す

る誠実公正義務を定めている。

　この誠実公正義務からは、具体的義務として説明義務が生ずる。説明義務とは、顧客に投資勧誘や販売を行うにあたり十分な情報提供を行い、商品の内容等を明確に説明する義務である。

　投資の判断は最終的に投資家自身が下さなければならない。自己責任は金融商品取引における基本原則である。日本証券業協会規則においても「顧客に対し、投資は投資者自身の判断と責任において行うべきものであることを理解させるものとする」（日本証券業協会自主規制規則「協会員の投資勧誘、顧客管理等に関する規則」4条）と明示し、自己責任原則の徹底を求めている。しかしながら、投資家が自己の責任において判断を下すには、投資商品についての情報とその十分な理解が必要であり、換言すれば自己責任原則の確立には、商品内容について投資家の十分な理解を得るための情報提供が必要不可欠である。

11253　説明重要事項の具体例

投資信託に係る金販法上の重要事項は具体的にどのように説明すればよいか

結　論

基準価額の変動要因等について説明する。

解　説

◆説明の内容　日本証券業協会および投資信託協会では、「金融商品販売法に基づく説明義務に関するガイドライン」にて、

投資信託の販売における説明について、一般的な大多数の顧客にとって重要事項を理解できる程度の説明を行うものとして、その具体的説明事例を以下のとおりに示している。なお、実際の説明においては、説明対象となる投資信託の個々の商品性やリスク等をふまえて適切に行う必要があり、以下の説明事例では足りない場合もありうることに注意する。

◆**具体的な説明の参考事例──主な投資対象が国内株式であるもの**

・この投資信託は、主に国内株式を投資対象としています。組み入れた株式の値動き等により基準価額が上下しますので、これにより投資元本を割り込むことがあります。また、組み入れた株式の発行者の経営・財務状況の変化およびそれらに関する外部評価の変化等により、投資元本を割り込むことがあります。

・この投資信託は、主に国内株式を投資対象としています。組み入れた株式の株価の下落や、それらの株式の発行者の信用状況の悪化等の影響による基準価額の下落により、損失を被ることがあります。

◆**具体的な説明の参考事例──主な投資対象が円建公社債であり、かつ、外貨建資産または株式・出資等に投資しないもの**

・この投資信託は、主に円建の公社債を投資対象としています。この投資信託の基準価額は、金利の変動等による組入債券の値動きにより上下しますので、これにより投資元本を割り込むことがあります。また、組み入れた債券の発行者の経営・財務状況の変化およびそれらに関する外部評価の変化等により、投資元本を割り込むことがあります。

・この投資信託は、主に円建公社債を投資対象としています。組み入れた債券の値下りや、それらの債券の発行者の信用状況の悪化等の影響による基準価額の下落により、損失を被ることがあります。

◆**具体的な説明の参考事例──主な投資対象が株式・一般債にわたっており、かつ、円建・外貨建の両方にわたっているもの**

・この投資信託は、主に国内外の株式や債券を投資対象としています。この投資信託の基準価額は、組み入れた株式や債券の値動き、為替相場の変動等の影響により上下しますので、これにより投資元本を割り込むことがあります。また、組み入れた株式や債券の発行者の経営・財務状況の変化およびそれらに関する外部評価の変化等により、投資元本を割り込むことがあります。

・この投資信託は、主に国内外の株式や債券を投資対象としています。組み入れた株式や債券の値下り（外貨建証券については、通貨価格の変動の影響も受けます）、それらの発行者の信用状況の悪化等の影響による基準価額の下落により、損失を被ることがあります。

投資信託協会のガイドラインにおいては以下の事項も示されている。

◆**外貨建の受益証券の取扱い等**

① 外貨建の受益証券……外貨建の受益証券については、上記の事項に加え、基準価額が外貨建で算出されることにより顧客の投資元本を割り込むことがあるため、為替変動リスクを説明すべきものと考えられる。

② 第三者の業務または信用の状況の変化を直接の原因として元本欠損が生ずるお

それがある受益証券……上記以外の第三者の業務または信用の状況の変化を原因として元本欠損が生ずるおそれがある証券については、上記の事項に加え、当該第三者の信用リスクについて説明すべきものと考えられる。

③ 権利行使期間または解約の時期に制限のある受益証券……権利行使期間または解約の時期に制限のある受益証券については、上記の事項に加え、権利行使期間または解約時期の制限を説明すべきものと考えられる。

11254 説明重要事項の説明時期

説明重要事項の説明時期はいつか

結 論

「金融商品の販売が行われるまでの間」に重要事項の説明を行うことと定められており、「約定までの間」と解される。

解 説

◆**説明の時期等の基本的な考え方**　説明の時期について、日本証券業協会のガイドラインでは、以下のように示している。

金販法においては「金融商品の販売が行われるまでの間」に重要事項の説明を行うこととされているが、受益証券の募集等の場合、「金融商品の販売が行われるまでの間」とは「約定までの間」と解することが適当である。したがって、証券会社等は、受益証券の募集にあたり、約定までに顧客に重要事項の説明を行うべきものと考えら

れる。なお、証券会社等は、一般的な大多数の顧客にとって重要事項を理解できる程度の説明を行うことが求められていることに留意する必要がある。

◆**具体的な留意事項**　上記のとおり、受益証券の募集等にあたり約定までに顧客に重要事項の説明を行うべきであるが、「一般的な大多数の顧客にとって重要事項を理解できる程度の説明を行う」という観点から、説明の時期については、次の事項に留意する必要がある。

① 顧客に対して重要事項の説明を行った後、当該顧客が当該説明に係る受益証券の募集等を継続して行い、重要事項の認識が持続していると考えられる場合には、必ずしも、当該種類の募集等が行われるつど、重要事項の説明を行う必要はないものと考えられる。ただし、当該顧客から要求があった場合には、当該顧客に重要事項の説明を行うべきものと考えられる。なお、「同種の募集等」とは顧客に説明すべき重要事項の内容が同一である受益証券の募集等をいう。

② 周知度の低い、またはその仕組みが複雑・高度と思われる受益証券の募集等については、慎重に取り扱うことが望ましいと考えられる。

◆**説明の方法の基本的な考え方**　説明の方法については、以下のように示されている。

金販法では、重要事項の説明について、具体的な説明の方法は規定していない。したがって、重要事項の説明は、口頭、書面またはその他の方法により行うことが可能である。

ただし、証券会社等は、説明の方法を問

わず、一般的な大多数の顧客にとって重要事項を理解できる程度の説明を行うことが求められている。

◆**具体的な留意事項**　「一般的な大多数の顧客にとって重要事項を理解できる程度の説明を行う」という点を考慮すると、説明の方法については、以下の点に留意する必要がある。

① 周知度の低い、またはその仕組みが複雑・高度と思われる受益証券については、より丁寧な説明を行う等、当該受益証券の商品性に応じた説明を行うように配慮すべきものと考えられる。

② 書面によって重要事項の説明を行う場合には、わかりにくい表現は避け、また、記載が目立ちにくくならぬよう、配慮すべきものと考えられる。

11255　説明不要の場合

顧客が説明不要の意思表示をしても説明義務は課せられるか

結　論

　顧客が金販法上の重要事項について説明を要しない旨の意思の表明があった場合などは、当該説明義務の適用は除外される（ただし、販売会社としての説明義務そのものがなくなるものではない）。

解　説

◆**基本的な考え方**　金販法においては、顧客が金融商品の販売等に関する専門的知識および経験を有する者として政令で定める者（以下「特定顧客」という）である場合には、同法に基づく重要事項の説明は要しないこととされている。また、顧客が特定顧客以外の者であっても、当該顧客から重要事項について説明を要しない旨の意思の表明があった場合には、同法に基づく重要事項の説明は要しないこととされている。

　なお、金販法においては、意思の表明の方法は規定されていないことから、顧客の意思表明は、口頭、書面またはその他の方法により行うことが可能である。

　金販法においては、顧客が説明不要の意思表明を行ったことに係る確認は求められていない。したがって、確認を行うか否か、または、確認を行う場合にいかに行うか等は、各社が自主的に判断することとなる。しかし、顧客が説明不要の意思表明を行ったことに係る確認を行った事跡について、後日第三者にその事実を提示できるような証跡を当事者として担保する必要があると考えられる。

◆**説明義務の適用除外**　金販法では、説明義務について、次の場合は適用を除外することとしている（同法3条7項）。

・顧客が、金融商品販売業者等または金商法2条31項に規定する特定投資家である場合（金販法3条7項1号および同法施行令10条）

・重要事項について説明を要しない旨の顧客の意思の表明があった場合（金販法3条7項2号）

　説明不要な場合について、投資信託委託会社の「金融商品販売法に基づく説明義務に関するガイドライン」では、以下のように示している。

　説明不要の意思表明の取扱いに係る留意

事項は、以下のとおりである。

① 顧客の意思表明は、当該顧客が当該受益証券のリスクを理解したうえで行うことが肝要と考えられる。したがって、これまで同種の受益証券について当該顧客に説明を行ったことがなく、当該顧客が当該種類の受益証券の取引の経験も有しないといった場合には、重要事項の説明を行う等の措置を講じることが望ましいと考えられる。

② 周知度の低い、またはその仕組みが複雑・高度と思われる受益証券に係る説明不要の意思表明は、慎重に取り扱うことが望ましいと考えられる。

③ 意思表明の対象となる受益証券の範囲を明確にすべきものと考えられる。

④ いったん顧客から説明不要の意思表明が行われた後に、当該顧客から重要事項の説明を求められた場合は、必ずしも説明不要の意思が撤回されたものと解する必要はないが、重要事項の説明は行うべきものと考えられる。

◆**その他取引形態ごとの留意事項** 投資信託委託会社の「金融商品販売法に基づく説明義務に関するガイドライン」では、取引形態ごとに留意すべき事項を示している。

◆**非対面取引** インターネット取引、ATM取引、アンサー・システム取引等の非対面取引における重要事項の説明については、以下の事例を参考に、各々の取引形態に即した対応をとるよう留意する必要がある。

(1) インターネット取引 インターネット取引における説明方法としては、たとえば以下のようなものが考えられる。

① 口座開設時に、口頭、書面またはその他の方法により重要事項の説明を行ったうえで取引を開始する。

② HPの画面上に重要事項の表示を行う。

(2) ATM取引 ATM取引における説明方法としては、たとえば以下のようなものが考えられる。

・口座開設時等に、口頭、書面またはその他の方法により重要事項の説明を行ったうえで取引を開始する。

(3) アンサー・システム取引 アンサー・システム取引における説明方法としては、たとえば以下のようなものが考えられる。

① 口座開設時等に、口頭、書面またはその他の方法により重要事項の説明を行ったうえで取引を開始する。

② 自動音声システムにより、重要事項の説明を行う。

(注) 上記に加え、顧客からの問合せ等に対応するため、問合せ窓口を設置し、口座開設時等に連絡先を通知するといった方法を併用することも考えられる。

◆**法人顧客との取引** 顧客が法人である場合には、重要事項の説明を代表取締役または権限を付与された代理人（財務担当部・課長等）に行うこととなると考えられる。また、説明不要である旨の意思の表明もこれらの者から受ける必要があると考えられる。

説明不要の意思表明が行われた場合、その意思表明は法人の行った意思表明として、代表取締役や権限を付与された代理人の交代の影響を受けるものではないと考えられる。

◆**総合取引の契約に基づく取引** 総合取引の契約については、当初の契約締結時に、

以後の定時・定型の取引履行についても合意されているものと考えられる。したがって、当初の契約締結前に行う重要事項の説明のほかに、以後の定時・定型の買付けに際して重要事項の説明を行うことは不要であると考えられる。ただし、契約内容を変更する際には、説明を行う必要があると考えられる。

| 11256 | その他説明における留意事項 |

インターネットにより販売する場合の説明において注意するべき点で、対面の場合と違うことはあるか

結　論

インターネットの場合も、説明義務についての考え方は同様である。

解　説

◆インターネットを通じた説明の方法

インターネットにより販売する場合における説明については、対面に比して軽減されることはなく、顧客の理解を得られる説明を果たさなければならない。

金商業等府令117条1項1号に規定する「当該顧客に理解されるために必要な方法及び程度による説明」について、金融商品取引をインターネットを通じて行う場合においては、顧客がその操作する電子計算機の画面上に表示される説明事項を読み、その内容を理解したうえで画面上のボタンをクリックする等の方法で、顧客が理解した旨を確認することにより、当該説明を行っ

たものと考えられる（金商業者監督指針III-2-3-4-(1)-④）。

◆その他説明等における留意点

金融商品取引のなかには相当程度の専門知識が要求されるものがあるが、一般顧客は必ずしも専門知識や経験等が十分ではないと考えられることから、金融商品取引業者が判断材料となる情報を正確かつ公平に顧客等へ開示するなど、説明責任が履行される必要がある。したがって、顧客に対する説明等においては、以下の点に留意するものとする。なお、「説明等」には、セミナー等の開催により顧客を集め、実質的に勧誘を行うような場合の当該セミナー等における説明も含まれることに留意する必要がある（金商業者監督指針III-2-3-4）。

① 適合性原則をふまえた説明態勢の整備……契約締結前交付書面の交付の際等において、顧客の知識、経験、財産の状況および取引の目的に照らして当該顧客に理解されるために必要な方法および程度を適切に選択し、適合性原則をふまえた適切な説明がなされる態勢が整備されているか。

② 適切な商品・サービス説明等の実施

　イ 取引を行うメリットのみを強調し、取引による損失の発生やリスク等のデメリットの説明が不足していないか。

　ロ セールストーク等に虚偽や断定的な判断の表示となるようなものはないか。

　ハ 商品や取引を説明する際の説明内容は客観的なものか、恣意的、主観的なものになっていないか。

　ニ 商品や取引の内容（基本的な商品性およびリスクの内容、種類や変動要因等）を十分理解させるように説明して

いるか。特に、契約締結前交付書面に係る記載順に関する規定の趣旨等をふまえ、顧客判断に影響を及ぼす重要な事項を先に説明するなど、顧客が理解をする意欲を失わないよう努めているか。

㋭ 当該金融商品取引に関して誤解を与える説明をしていないか。特に、金融商品取引業者等によって元本が保証されているとの誤解を与えるおそれのある説明をしていないか。また、デリバティブ取引等について、相場の変動等により追証（顧客が預託する保証金の総額が必要額より不足した場合に追加しなくてはならない保証金をいう）が発生するおそれがあるにもかかわらず、そのおそれが著しく少ないまたは追証の額が実際の商品性に比して著しく小さいとの誤解を与えるおそれのある説明をしていないか。

㋬ 市場動向の急変や市場に重大なインパクトを与える事象の発生が、投資信託の基準価額に重大な影響を与えた場合において、顧客に対して適時適切な情報提供に努め、顧客の投資判断をきめ細かくサポートしているか。また、投資信託委託会社は、市場動向の急変時や市場に重大なインパクトを与える事象の発生時において、運用状況等についてのレポート等を速やかに作成し、販売した金融商品取引業者に提供しているか。

㋷ 第三者が作成した相場予測等を記載した資料（新聞記事、アナリストレポート等を含む）を用いて勧誘を行う場合において、当該相場予測等の内容が偏ったもののみを恣意的に利用していないか。

㋠ その他、顧客に不当な負担となる、あるいは経済合理性に欠ける商品や取引の勧誘、または投資判断の重要な事項の説明不足はないか。

③ 約定内容等の説明……金融商品取引の約定後に、約定内容（約定日時、約定金額または約定数値等）について顧客から提示要請があった場合に、契約締結時の書面交付等により、当該情報を顧客に対して適切に提示しているか。

11257　預金誤認防止

預金誤認防止のための説明事項とは何か

結　論

預金誤認防止のために、日本証券業協会の自主規制規則や銀行法施行規則の定めた説明事項である。預金等でないこと、預金保険の対象ではないこと等がある。

解　説

◆**預金誤認防止**　説明義務についての具体的な規定としては、日本証券業協会の自主規制規則が、特別会員（銀行等の登録金融機関）について、預金等との誤認防止を図るために十分に説明することを定め、説明事項として次の6項目を掲げている（日本証券業協会自主規制規則「協会員の投資勧誘、顧客管理等に関する規則」10条2項）。

① 預金等ではないこと

② 預金保険法53条に規定する保険金の支払対象とはならないこと

③ 金商法79条の21に規定する投資者保護基金による同法79条の56の規定に基づく一般顧客に対する支払の対象でないこと

④ 元本の返済が保証されていないこと

⑤ 契約の主体

⑥ その他預金等との誤認防止に関し参考となると認められる事項

そして、営業所または事務所において有価証券を取り扱う場合には、特定の窓口において取り扱うとともに、上記①から③の事項を顧客の目につきやすいように当該窓口に掲示しなければならない。

なお、銀行法上にも説明義務規定が明文化されており、同法施行規則において、銀行が投資信託等を販売するにあたって「業務の方法に応じ、顧客の知識、経験、財産の状況および取引を行う目的を踏まえ、顧客に対し、書面の交付その他の適切な方法により、預金等との誤認を防止するための説明を行わなければならない」（同規則13条の5第1項）と定め、顧客が元本保証の商品であると誤認することを防止するために、必要説明事項として次の事項を掲げている（同規則13条の5第2項）。

① 預金等ではないこと

② 預金保険法53条に規定する保険金の支払の対象とはならないこと

③ 元本の返済が保証されていないこと

④ 契約の主体

⑤ その他預金等との誤認防止に関し参考となる事項

そして、日本証券業協会自主規制規則の上記記載と同様に、銀行法施行規則13条の5第3項においても、銀行は、その営業所において、投資信託受益証券を取り扱う場合には、特定の窓口において取り扱うとともに、上記①から③までに掲げる事項を顧客の目につきやすいように当該窓口に掲示しなければならないことを規定し義務づけている。

11258 乗換え勧誘

乗換え勧誘とはどのような勧誘か

結　論

乗換え勧誘とは、顧客が保有している投資信託の解約等と他の投資信託の取得等とをあわせて行うことを勧誘する行為である。

解　説

◆**乗換え勧誘時の説明**　長期保有を基本とし商品性も多岐にわたる投資信託において、十分な説明もないままに乗換えが行われることを防止するために、平成14年2月に、投資信託の乗換え時の勧誘にあたり、重要事項を説明することを義務づけることが政令に明文化された（現在は金商法40条2号、金商業等府令123条1項9号）。日本証券業協会および投資信託協会からは「受益証券等の乗換え勧誘時の説明義務に関するガイドライン」が示されている。

同ガイドラインは、対象となる乗換えの勧誘行為、説明の内容、説明義務の履行に係る社内管理体制などについて示し、各金融機関における社内管理体制の整備を促している。それらの内容は、以下のとおり。

◆**対象となる乗換えの勧誘等**　乗換えの

勧誘行為は、顧客が現在保有している受益証券等の解約もしくは投資口の払戻しまたは売付け（以下単に「解約」という）を行い、あわせて他の受益証券等の募集を行うことを当該顧客に勧誘する行為を指している。したがって、「解約」と「募集」をセットで（乗換えの）勧誘をする行為が該当する。

なお、実際の「解約」と「募集」の約定が同時に行われたかどうかによって判断されるものではない。

◆**「乗換え勧誘」の具体例**　「乗換え勧誘」に該当する事例として、次のような場合があげられる。

① 当初は、新規の資金で投資信託の買付けを勧めていたが、顧客が買付資金を手当できないということなので、現在保有している投資信託を売却して買い付けることを勧めた場合

② 営業員が電話、訪問などで売り・買いをセットで勧誘し、実際の買付けおよび売付けはインターネットで発注し、取引する場合

③ 売り・買いをセットで勧誘しているが、買い付ける投資信託の買付資金がいったんMRF、MMF等の規制対象外となっている投資信託を経由して充当される場合

④ 顧客から資金運用に関する相談をもちかけられ、相談に応じるなかで投資信託の売り・買いをセットで勧誘した場合

⑤ 売り・買いをセットで勧誘しているが、当該投資信託の買い代金は他の商品の売り代金（あるいは別途の資金）で充当している場合（あるいは、売り代金がいったん顧客に返金されて、買い代金として再度入金される場合）

一方、「乗換え勧誘」に該当しない事例としては、次のような場合があげられる（以下の事例につき、投資信託協会では、実際の顧客への勧誘状況によっては乗換え勧誘に該当する場合もありうるとして留意することを求めている）。

① 当初は、新規の資金で投資信託の買付けを勧め、その結果顧客が投資信託を買い付けて受渡しが終了した後、顧客より資金が必要であることを相談され、別の投資信託の売却を勧めた場合

② 新規の資金で投資信託の買付けを勧誘し、顧客がそれに応じて、約定が成立した場合で、その受渡日（払込日）までの間に顧客の判断で（営業員からは売付けの勧誘をすることなしに）当該投資信託の買付代金に充当するために別の投資信託を売却した場合

③ 明らかに営業員からの勧誘がなく、顧客から銘柄指定により乗り換える旨の指示があった場合

11259　**乗換え勧誘の説明内容**

投資信託の乗換えを勧誘する際は具体的にどのように説明すればよいか

結　論

投資信託の乗換えを勧誘する際は、解約する投資信託と購入する投資信託との商品性、顧客のニーズ等を勘案し、投資判断に影響を及ぼすと考えられるそれぞれの重要な事項について説明を行わなければならな

い。

◆**乗換え勧誘時の説明の内容等**　日本証券業協会と投資信託協会の「受益証券等の乗換え勧誘時の説明義務に関するガイドライン」では、乗換えを勧誘するに際し、顧客に対して当該乗換えに係る「解約する受益証券等」と「募集する受益証券等」との商品性、顧客のニーズ等を勘案し、投資判断に影響を及ぼすと考えられるそれぞれの重要な事項について説明を行う必要があると記載している。

　なお、説明にあたっては、目論見書の記載をもとに行う等、客観的な説明を行うよう留意する。同ガイドラインにおいては、以下の各例が示されている。

◆**乗換えの勧誘に際して説明すべき重要な事項の例**

① ファンドの形態および状況
　㋑ ファンドの名称
　㋺ 建通貨（外貨建の場合のみ）
　㋩ ファンドの性格（投資の基本方針、投資対象、分配方針、クローズド期間、信託報酬、投資リスク）
② 解約する受益証券等の状況（直近の解約価額、個別元本、解約にかかる費用・概算損益）
③ 乗換えにかかる費用
　㋑ 解約手数料または募集手数料
　㋺ 解約する受益証券等にあっては、解約に係る課税関係
　㋩ その他の費用

　なお、同ガイドラインでは、セレクトファンド等の受益証券等およびいわゆるブル・ベア型受益証券等においては、追加的

な注意を示している点を留意する。

◆**乗換え勧誘時に説明する重要な事項の具体例**　同ガイドラインでは、個々の投資信託の商品性等に応じて説明することになるとしながらも、具体例として次のような説明内容が示されている。

① 内国投信間の乗換えの例

説明事項	解約する投信の説明内容	取得する投信の説明内容
ファンドの名称	国内公社債オープンファンドです。	国内株式オープンファンドです。
内国投信・外国投信の別	－	－
建通貨	－	－
ファンドの性格	我が国の中期公社債を主要投資対象とし、安定した収益の確保を目標とします。毎決算時（年4回）に、基準価額水準、市況動向等を勘案して収益分配を行う方針です。	中長期的な観点から、我が国の株式市場全体（東証株価指数）の動きを上回る投資成果の獲得を目指します。我が国の証券取引所上場株式および店頭登録株式を主要投資対象とします。毎決算時（年1回）に、基準価額水準、市況動向等を勘案して収益分配を行う方針です。
解約する投資信託等の状況	個別元本が○○○円、直近の解約価額が○○○円ですから、解約手数料と源泉徴収税を差し引くと概算で○円の収益が見込まれます。	－

解約手数料または取得手数料	（解約手数料がある場合）解約手数料が解約申込日の基準価額の○％かかります。	償還乗換えによる取得の場合ですから、取得手数料をいただきません。
解約に係る課税関係	個別元本と基準価額の差額に対して、20％の源泉徴収税が課税されます。	－
その他の費用	解約申込日の翌営業日の基準価額の○％が信託財産留保額としてかかります。	－

② 外国投信間の乗換えの例

説明事項	売り付ける投信の説明内容	取得する投信の説明内容
ファンドの名称	米国公社債オープンファンドです。	ヨーロッパ株式ファンドです。
内国投信・外国投信の別	－	－
建通貨	米ドル建です。	ユーロ建です。
ファンドの性格	主に、米国の格付機関から高格付を取得している（S&P社からA格以上の格付を取得している等）米国債券に投資することにより、元本の維持および安定した金利収益を得ることを目的とします。毎月、収益分配を行う方針です。	元本の長期的な増加を目標とします。主に、ヨーロッパの企業の株式またはヨーロッパの証券取引所に上場している株式に投資します。毎決算時（年1回）に、収益分配を行う方針です。当初2年間はクローズド期間となっていますので、原則として換金できません。

解約する投資信託等の状況	直近の買戻価格で計算すると、約○ドル（約○円）の収益となります。	－
解約手数料または取得手数料	売却の際に（買取り）手数料はかかりません。	取得代金が500万円までは、3％の手数料がかかります。
解約に係る課税関係	売却の際には課税されません。	－
その他の費用	－	－

11260 乗換え勧誘の説明記録等

乗換え勧誘の説明の記録はどのように行えばよいか

結 論

説明義務の履行を確保するため、各社の実情に応じた社内管理体制を構築する必要がある。

解 説

◆説明義務の履行に係る社内管理体制

投資信託協会の「受益証券等の乗換え勧誘時の説明義務に関するガイドライン」では、説明義務の履行を確保するため、各社の実情に応じた社内管理体制を構築する必要があるとし、具体例として、次の体制を規定している。

① 乗換えに係る社内記録の作成・保存を行い、モニタリングを行う体制

② 顧客から顧客の意思を確認するための

書面（確認書）を受け入れ、モニタリングを行う体制

◆**社内記録の作成・作成手段についての例**

（1）記録する内容の例

① 乗換えの勧誘、非勧誘の別（取引が成立したものについて、乗換え勧誘の有無が客観的に判別できるものとする）

② 乗換えの勧誘の際の説明の実績……取引が成立したものについて、たとえば、次のような事項を記録する。

　　㋑ 乗換えの勧誘の際に説明した内容

　　㋺ 乗換えを勧誘した理由

　　㋩ 説明時の状況（顧客の反応、顧客から説明を要しない旨の意思表明があった場合にはその事実等）

（2）記録の作成方法・手段の例　記録の作成方法・手段として次のようなものが考えられる。

① 乗換えの勧誘、非勧誘の別について注文伝票等に記録する方法

② 書面により説明した場合には当該書面を記録とし、保存する方法

③ 口頭で説明した場合には、その説明事項について書面に記述する、またはパソコン等に入力する、あるいは説明内容を録音することにより記録する方法

11261　アフターケア

投資信託の販売後は何が重要か

結　論

投資信託の販売後の丁寧な顧客管理（アフターケア）が投資者との信頼関係確保のためには不可欠であり、この観点からの顧客目線に立った適切な顧客管理が必要となる。

解　説

◆**アフターケアの必要性**　金融庁は「平成25事務年度金商業者監督方針」において、次のとおり販売会社が適切なアフターケアを行うことを求めている。

・商品販売後の丁寧な顧客管理

　金融機関と投資者との関係は、商品を販売してしまえば終わるというものではなく、商品の販売後の丁寧な顧客管理（アフターケア）も、投資者との信頼関係の確保のためには不可欠である。とりわけ、投資商品の価格変動に影響を及ぼす市場動向や発行体の信用力の変化等について、顧客へ適時・的確にわかりやすい情報を提供し、投資者の理解を深め、投資判断をきめ細かくサポートしていくこと等も重要である。なかでも、高齢の顧客については、短期間に投資判断能力が変化する場合もあり、顧客の立場に立ってこまめに相談に乗るなど、特に丁寧なフォローアップが不可欠である。こうした観点から、顧客目線に立った適切な顧客管理が行われるよう促す。

◆**投資信託購入後の投資者の判断**　投資者における投資信託の損益は、税金を考慮しなければ、中途解約（または償還）時の基準価額に受け取った（基準価額の算定単位口数当りの）分配金合計額を加算した額から、購入時の基準価額に（当該基準価額の算定単位口数に対する支払）申込手数料を加算（ほかに費用等がある場合はそれも加算）した額を差し引いた差額となる。

　投資者は、単位型投資信託の場合には中

途解約を行うことができない（特別解約を除く）が、追加型投資信託の場合は中途解約を行うことが可能である。よって、投資者は、追加型投資信託を継続保有するか中途解約するか、そのタイミングを自ら判断し実行することで、自己の損益をある程度調整することが可能となっている。このように、投資者は、投資信託の購入時に投資判断を行うだけでなく、購入後も継続保有と中途解約の判断を行うことである程度の損益の調整が可能であるため、販売会社は、投資者がこれらの判断を適切に行うことができるよう、投資信託の販売後も適切な情報還元などを行うことが顧客からの信頼確保のためにも必要となる。

投資信託販売の禁止行為

11262 断定的判断の提供等の禁止

断定的判断の提供とはどのような行為か

結　論

　投資信託の基準価額の騰落などについて断定的な判断を提供する等の行為であり、金商法上の禁止行為である。

解　説

◆**金商法の定め**　　金融商品取引業者等またはその役員もしくは使用人は、顧客に対して、不確実な事項について断定的判断を提供し、または確実であると誤解させるおそれのあることを告げて金融商品取引契約の締結の勧誘をする行為をしてはならない（金商法38条2号）。

◆**金販法の定め**　　金融商品取引業者等は、金融商品の販売等を業として行おうとするときは、当該金融商品の販売等に係る金融商品の販売が行われるまでの間に、顧客に対し、当該金融商品の販売に係る事項について、不確実な事項について断定的判断を提供し、または確実であると誤解させるお

それのあることを告げる行為（断定的判断の提供等）を行ってはならない（金販法4条）。

◆**自己責任原則**　　断定的判断の提供等による勧誘を禁止する理由は、投資家の自己責任の原則にある。すなわち、断定的判断の提供は、投資家の判断を不当にゆがめ、投資家の自己責任を妨げることになる。金販法4条は、このような場合において、投資家の業者に対する損害賠償請求を容易にするために規定された。

　断定的判断の提供は、結果的に実際の価額の変動と同様であったか否かとは関係なく禁止される。

◆**断定的判断の提供等の例**　　たとえば、基準価額が変動する投資信託の価額について「必ず価額が上昇する」「必ず下落する」と説明することは断定的判断の提供である（市況についての説明も同様である）。あるいは、過去の運用実績があたかも将来にわたっても確実であるかのような表示も断定的な判断の提供等に該当する。また、基準価額の騰落に限らず、市況の予測について、「回復する」などと断言することも断定的な判断の提供に該当しよう。

　積極的な情報の提供ではなく、顧客の質

問に対する返答であっても、たとえば、顧客から「大丈夫ですか？」と問われた際、「大丈夫です」と返答した場合も、断定的判断の提供に該当すると考えられる。

<table>
<tr><td>11263</td><td>虚偽告知等その他の禁止行為</td></tr>
</table>

どのような行為が禁止されているか

結　論

法律上、断定的判断の提供のほか、虚偽告知、虚偽表示等についても禁止されている。

解　説

◆虚偽告知の禁止　金融商品取引業者等またはその役員もしくは使用人は、金融商品取引契約の締結またはその勧誘に関して、顧客に対し虚偽のことを告げる行為をしてはならない（虚偽告知の禁止。金商法38条1号）。

また、虚偽告知の禁止以外にも、具体的には、その他投資者の保護に欠け、もしくは取引の公正を害し、または金融商品取引業者の信用を失墜させるものとして定める以下の行為が禁止されている（金商業等府令117条）（主なものを以下では記載）。

◆契約締結前交付書面等の交付に際しての適合性原則違反　契約締結前交付書面、上場有価証券等書面、目論見書、契約変更書面の交付に際し、あらかじめ、顧客に対して、金融商品取引契約の概要、顧客が支払うべき対価（手数料）など、市場リスク、元本欠損のおそれその他の事項について顧客の知識、経験、財産の状況および金融商品取引契約を締結する目的に照らして当該顧客に理解されるために必要な方法および程度による説明をすることなく金融商品取引契約を締結する行為。

◆虚偽表示の禁止　金融商品取引契約の締結またはその勧誘に関して、虚偽の表示をし、または重要な事項につき誤解を生ぜしめる表示をする行為。

◆特別の利益の提供の禁止　金融商品取引契約につき、顧客もしくはその指定した者に対し、特別の利益の提供を約し、または顧客もしくは第三者に対し特別の利益を提供する行為（第三者をして特別の利益の提供を約させ、またはこれを提供させる行為を含む）。

◆偽計・暴行脅迫の禁止　金融商品取引契約の締結または解約に関し、偽計を用い、または暴行もしくは脅迫をする行為。

◆不当遅延行為の禁止　金融商品取引契約に基づく金融商品取引行為を行うことその他の当該金融商品取引契約に基づく債務の全部または一部の履行を拒否し、または不当に遅延させる行為。

◆その他

・金融商品取引契約に基づく顧客の計算に属する金銭、有価証券その他の財産または委託証拠金その他の保証金を虚偽の相場を利用することその他不正の手段により取得する行為

・金融商品取引契約の締結または解約に関し、顧客に迷惑を覚えさせるような時間に電話または訪問により勧誘する行為

・あらかじめ顧客の同意を得ずに、当該顧客の計算により有価証券の売買その他の取引またはデリバティブ取引等をする行

為

・個人である金融商品取引業者または金融商品取引業者等の役員（役員が法人であるときは、その職務を行うべき社員を含む）もしくは使用人が、自己の職務上の地位を利用して、顧客の有価証券の売買その他の取引等に係る注文の動向その他職務上知りえた特別の情報に基づいて、またはもっぱら投機的利益の追求を目的として有価証券の売買その他の取引等をする行為

◆**不招請勧誘の禁止等**　　なお、一部の店頭デリバティブ取引の勧誘においては、次の行為が禁止されている。

金融商品取引契約の締結の勧誘の要請をしていない顧客に対し、訪問しまたは電話をかけて、金融商品取引契約の締結の勧誘をする行為（不招請勧誘の禁止。金商法38条4号、同法施行令16条の4第1項）。

金融商品取引契約の締結につき、その勧誘に先立って、顧客に対し、その勧誘を受ける意思の有無を確認することをしないで勧誘をする行為（勧誘を受ける意思の有無の未確認の禁止。金商法38条5号、同法施行令16条の4第2項）。

金融商品取引契約の締結の勧誘を受けた顧客が当該金融商品取引契約を締結しない旨の意思（当該勧誘を引き続き受けることを希望しない旨の意思を含む）を表示したにもかかわらず、当該勧誘を継続する行為（再勧誘の禁止。金商法38条6号、同法施行令16条の4第2項）。

11264　日本証券業協会規則上の禁止行為

投資信託の販売にあたって日本証券業協会規則上禁止されている行為は何か

結　論

禁止行為は、金商法上の規定のほか、日本証券業協会規則においても定められており、過当取引勧誘、顧客との損益の共有などについて禁止することが定められている。

解　説

日本証券業協会は協会員に対して従業員が行うことのないようにしなければならない行為を掲げている。投資信託販売にかかわる主な禁止行為は次のとおりである（日本証券業協会自主規制規則「協会員の従業員に関する規則」7条）。

◆**過当取引勧誘**　　顧客カード等により知りえた投資資金の額その他の事項に照らし、過当な数量の投資信託受益証券等の取引等の勧誘を行うこと（同規則7条5号）。

◆**顧客との損益の共有**　　投資信託受益証券等の取引等について、顧客と損益とをともにすることを約束して勧誘しまたは実行すること（同規則7条6号）。

◆**名義貸し**　　顧客の投資信託受益証券等の取引等またはその名義書換について自己もしくはその親族その他自己と特別の関係のある者の名義または住所を使用させること（同規則7条8号）。

◆**仮名取引の受託**　　顧客から投資信託受益証券等の取引等の注文を受ける場合において、仮名取引であること（注：本人以外

の名義を使用していること）を知りながら注文を受けること（同規則7条9号）。

◆**名義借り**　自己の投資信託受益証券等の取引等について顧客の名義または住所を使用すること（同規則7条10号）。

◆**金銭、有価証券の受渡しの遅延**　顧客から所属協会員に交付するために預託された金銭、投資信託受益証券等、または協会員から顧客に交付するために預託された金銭、投資信託受益証券等を遅滞なく、相手方に引き渡さないこと（同規則7条12号）。

◆**書類の受渡しの遅延**　所属協会員から顧客に交付するために預託された業務に関する書類（特別会員にあっては、登録金融機関業務に係るものに限る）を遅滞なく、顧客に交付しないこと（同規則7条13号）。

◆**金銭、有価証券等の貸借**　投資信託受益証券等の取引等に関して顧客と金銭、投資信託受益証券等の貸借を行うこと（同規則7条14号）。

◆**秘密漏えい**　職務上知りえた秘密（特別会員にあっては、登録金融機関業務に係るものに限る）を漏えいすること（同規則7条15号）。

◆**無審査の広告、景品類の提供**　広告審査担当者の審査を受けずに、従業員限りで広告等の表示または景品類の提供を行うこと（同規則7条17号）。

◆**特別の便宜の提供による勧誘**　顧客に対して、融資、保証等の特別の便宜を提供することを約束して登録金融機関業務に係る取引または当該取引を勧誘すること（同規則7条18号）。

◆**乗換え勧誘時の重要事項の説明**　投資信託受益証券等の乗換えを勧誘するに際し、顧客に対して、当該乗換えに関する重要な事項について説明を行わないこと（同規則7条24号）。

◆**反社会的勢力の排除**　投資信託受益証券等の取引等において、顧客が、定款の施行に関する規則15条に規定する反社会的勢力であることを知りながら、契約の締結をすること。ただし、金融商品取引および金融商品市場から反社会的勢力を排除するときを除く（同規則7条27号）。

11265　日本証券業協会規則上の不適切行為

不適切行為とはどのような行為か

■ 結　論

不適切行為とは、未確認のまま受注を行うことなどをいう。

■ 解　説

日本証券業協会自主規制規則「協会員の従業員に関する規則」において協会員に対して従業員が次の不適切行為を行うことのないように指導、監督することを要求している（同規則8条）。

◆**未確認受注**　銘柄、価格、数量、指値または成行きの区別等顧客の注文（特別会員にあっては登録金融機関業務に係る顧客の注文に限る）内容について確認を行わないまま注文を執行すること（同規則8条1号）。

原則として、顧客の個別の取引ごとの同意を得ないで、売買の別、銘柄、数または価額のいずれかを一任する契約の締結は禁止される。

◆**誤認させる勧誘**　投資信託受益証券等の性格または取引の条件について、顧客を誤認させるような勧誘をすること（同規則8条2号）。

　基準価額等の騰貴もしくは下落することについて、顧客を誤認させるような勧誘をすること（同条3号）。

◆**事務処理の誤り**　顧客の注文の執行において、過失により事務処理を誤ること（同規則8条4号）。

11266　その他の留意事項（代筆禁止）

書類等の代筆は認められるか

結　論

　認められない。書類等は原則として本人の自筆であることが必要である。

解　説

◆**自己責任原則**　投資信託の取引に伴う損益はすべて投資家に帰属する。したがって、顧客の判断・責任において行われるものでなければならない。取引に要する書類は本人の自書であることが原則である。

　販売会社としては、適合性の原則、説明義務を果たすことの証左として、自筆による書類を徴収することが重要である。

◆**例外**　ただし、顧客に取引判断の意思・能力がありながら、書類自書が困難な合理的理由（身体の障害等）がある場合は、例外的に代筆による取引が認められる。その場合は、原則として同席の家族による代筆とし、家族による代筆の理由等の略記を

加えたうえで受け付ける必要がある。

11267　損失補てん

損失補てんとはどのような行為か

結　論

　損失補てんとは、顧客の有価証券の取引につき損失が生じた場合などに、財産上の利益を提供することを申し込んだり、約束したり、実際に提供するなどの行為である。

解　説

　「損失補てんの禁止」は、事前の損失保証の禁止にとどまらず、損失が生じた後の補てんについても禁止されている。

◆**損失補てんの禁止**　損失補てんとは、顧客の有価証券の取引につき損失が生じたり、または利益があらかじめ定めた額より少なかった場合に、財産上の利益を提供することを申し込んだり、約束したり、あるいは実際に提供したりすることである。損失補てんは、投資家の自己責任原則のもとでの投資判断をゆがめ、また、金融商品取引業者等の証券仲介者としての中立性、公正性を損なうことになり、投資者の金融商品市場に対する信頼を失うことになりかねない。

　(1)　事前の損失補てん、利益追加の申込み、約束　有価証券の売買その他の取引につき顧客に損失が生ずることとなり、またはあらかじめ定めた額の利益が生じないこととなった場合に金融商品取引業者等がその全部または一部を補てんし、または補

足するためにその顧客に財産上の利益を提供する旨をその顧客に申込みもしくは約束する行為（金商法39条1項1号）。

（2）事後の損失補てん、利益追加の申込み、約束　有価証券の売買その他の取引について生じた顧客の損失の全部もしくは一部を補てんし、または利益に追加するため財産上の利益を提供する旨をその顧客に申込みまたは約束をする行為（金商法39条1項2号）。

（3）事後の補てんの実行、利益追加　有価証券の売買その他の取引について生じた顧客の損失の全部もしくは一部を補てんし、またはこれらについて生じた顧客の利益に追加するため、その顧客に財産上の利益を提供する行為（金商法39条1項3号）。

◆**顧客からの損失補てん要求の禁止**　損失補てんは、金融商品取引業者等だけではなく、顧客が要求することも禁止されている。顧客が金融商品取引業者等または第三者との間で、損失補てん等を約束させることなどについて、禁止行為として定めている（金商法39条2項1～3号）。

◆**損失補てんの具体例**

（1）事前の損失補てん、利益追加の申込み、約束　これから行おうとする金融商品取引について、「損失が出たら埋めます」「○％以上の利益となるよう責任をもって対応します」などと約束したり申し込む行為。

（2）事後の損失補てん、利益追加の申込み、約束　取引の結果、損失が発生したり一定の利益を下回った場合、「損失はこちらで埋めます」などと約束したり申し込む行為。

（3）事後の補てんの実行、利益追加

取引の結果、損失が発生したり一定の利益を下回った場合、実際に損失を補てんしたり、利益の追加を実行する行為。

11268　証券事故

証券事故が起こった場合はどのように対処するか

結　論

金融商品取引業者等の過失によって顧客が損失を被った場合には損害賠償責任による補てんを行う。この行為は金商法上の損失補てんの禁止の適用除外となる。その場合、あらかじめ日本証券業協会を通じて財務局長等から証券事故の確認を受けることとなる。

解　説

金融商品取引業者等は、その役職員が過失によって事務手続を誤った場合などは、顧客が被った損害を賠償する責任がある。この場合の賠償行為は、形のうえでは「損失補てん」となるが、損害賠償責任による行為として例外的に認められている。ただしその場合、補てん行為が「証券事故」に起因するものであることをあらかじめ内閣総理大臣（金商法194条の7第1項により、金融庁長官に権限が委任される）の確認を受けなければならない（同法39条3～5項）。なお、確認申請を要しない証券事故もある（【11269】参照）。

◆**証券事故の処理**　「証券事故」とは、次に掲げる行為のいずれかによって顧客に

損失が発生することをいう（金商業等府令118条）。

① 未確認売買……顧客の注文内容について確認をしないで、当該顧客の計算により有価証券売買取引等を行うこと（同条1号イ）

② 誤認勧誘……次に掲げるものについて顧客を誤認させるような勧誘をすること（同号ロ）

・有価証券の性質

・取引の条件

・有価証券の価格等の騰貴・下落等

③ 事務処理上の過誤……顧客の注文の執行において、過失により事務処理を誤ること（同号ハ）

④ システム障害……電子情報処理組織の異常により、顧客の注文の執行を誤ること（同号ニ）

⑤ その他の法令違反……その他法令に違反する行為を行うこと（同号ホ）

日本証券業協会自主規制規則「事故の確認申請、調査及び確認等に関する規則」において、金商法39条3項に規定する事故により損失補てん行為を行う場合の確認申請手続、委員会調査確認申請手続および事故報告手続その他の必要な事項を定めている。

◆確認申請　協会員は、役員またはその従業員の事故による損失の全部または一部につき補てん行為を行う場合には、金商業等府令119条1項各号に掲げる場合に該当するときを除き、当該補てん行為に係る損失が事故に起因するものであることにつき、あらかじめ、管轄財務局長等の確認を受けなければならない（日本証券業協会自主規制規則「事故の確認申請、調査及び確認等に関する規則」4条1項）。

管轄財務局長等の確認を受けようとする協会員は、金商業等府令120条に定めるところにより、金商業等府令121条各号に掲げる事項を記載した所定の様式による事故確認申請書を管轄財務局長等に提出しなければならない（金商業等府令121条2項）。

管轄財務局長等への確認申請書の提出は、日本証券業協会を経由して提出しなければならない（金商業等府令121条4項）。

◆確認申請書記載事項　確認申請書には次の事項を記載する（金商業等府令121条）。

① 金融商品取引業者等の商号、名称または氏名および登録番号

② 事故の発生した本店その他の営業所または事務所の名称および所在地

③ 確認を受けようとする事実に関する次に掲げる事項

　イ 事故となる行為に関係した代表者等の氏名または部署の名称

　ロ 顧客の氏名および住所（法人にあっては、商号または名称、主たる営業所または事務所の所在地ならびに代表者の氏名）

　ハ 事故の概要

　ニ 補てんに係る顧客の損失が事故に起因するものである理由

　ホ 申込みもしくは約束しまたは提供しようとする財産上の利益の額

④ その他参考となるべき事項

申請書に添付する書類は次の資料である（金商業等府令122条）。

① 顧客が、確認申請書の記載事項の内容を確認したことを証明する書類

② その他参考となる資料

◆日本証券業協会による審査　日本証券業協会は、確認申請書の提出があった場合

には、当該確認申請書に記載された損失補
てんに係る損失が事故に起因するものであ
るかどうかを審査する（日本証券業協会自
主規制規則「事故の確認申請、調査及び確
認等に関する規則」5条1項）。

　日本証券業協会は、審査のため必要と認
めるときは、確認申請書を提出した協会員
に対し、その内容につき説明を求め、また
は証拠書類等の提出を求めることができる
（同条2項）。

◆**管轄財務局長等への確認申請書の提出**
日本証券業協会は、審査の結果、確認申請
書に記載された補てんに係る損失が事故に
起因するものであると認めたときは、当該
確認申請書を管轄財務局長等に提出する
（日本証券業協会自主規制規則「事故の確
認申請、調査及び確認等に関する規則」6
条）。

◆**協会員に対する確認結果の通知**　　日本
証券業協会は、協会員から提出された確認
申請書に係る補てん行為について管轄財務
局長等の確認の結果の通知があった場合に
は、速やかに、その旨を当該協会員に通知
する（日本証券業協会自主規制規則「事故
の確認申請、調査及び確認等に関する規
則」7条）。

◆**社内管理態勢の整備等**　　協会員は、事
故の適正な処理を図るため、事故の社内審
査、事故確認申請手続、委員会調査確認申
請手続および事故報告手続に関する社内管
理態勢の整備およびその適切な運営に努め
なければならない（日本証券業協会自主規
制規則「事故の確認申請、調査及び確認等
に関する規則」3条1項）。

　協会員は、社内審査および各手続に関す
る法定帳簿その他の書類および記録を整理

および保存し、適切に管理しなければなら
ない（同条2項）。

　なお、日本証券業協会自主規制規則「事
故の確認申請、調査及び確認等に関する規
則」は、金融商品仲介業者ならびにその役
員および従業員の事故であって、その所属
金融商品取引業者等である協会員が行うこ
の規則に定める手続について準用する（同
規則13条）。

11269	確認申請を要しない証券事故

証券事故の確認申請が不要な場合はどのような場合か

結　論

　過失による事務処理の誤りである場合や
補てんの額が10万円を上回らない場合など
は、確認申請は不要である。

解　説

◆**確認を要しない場合**　　損失補てんが
「証券事故」に起因するものであることに
ついて、次の場合は確認を要しないことが
認められている（金商業等府令119条1項）。

・裁判所の確定判決を得ている場合
・裁判上の和解が成立している場合
・民事調停が成立している場合等
・金融商品取引業協会もしくは認定投資者
　保護団体のあっせんまたは指定紛争解決
　機関の紛争解決手続による和解が成立し
　ている場合
・弁護士会の会則等に定める機関のあっせ
　んによる和解が成立している場合または

同会における仲裁手続による仲裁裁断がされている場合

・地方公共団体や国民生活センターにおけるあっせんによる和解が成立している場合または消費者基本法25条に規定する合意による解決が行われている場合

・認証紛争解決事業者が行う認証紛争解決手続において和解が成立している場合

・和解が成立している場合であって、和解手続について弁護士または司法書士が顧客を代理していること、和解の成立により金融商品取引業者等が顧客に対して支払をすることとなる額が1000万円（司法書士が代理する場合にあっては、司法書士法3条1項7号に規定する額）を超えないこと、および当該支払が事故による損失の全部または一部を補てんするために行われることを当該弁護士等が調査し、確認したことを証する書面が金融商品取引業者等に交付されていること、のすべてを満たす場合

・事故による損失について、金融商品取引業者等と顧客との間で顧客に対して支払をすることとなる額が定まっている場合であって、当該額が1000万円（司法書士が金融商品取引業協会の内部に設けられた委員会の委員のみにより当該委員会が構成されている場合にあっては、司法書士法3条1項7号に規定する額）を超えないこと、および事故による損失を補てんするために行われるものであることが当該委員会において調査され、確認されていること、のすべてを満たす場合

・金融商品取引業者等の代表者等が金商業等府令118条1項1号イからホ（【11268】参照）に定められている証券事故の「証券事故の処理」の行為により顧客に損失を及ぼした場合で、1日の取引において顧客に生じた損失について顧客に対して申し込み、約束し、または提供する財産上の利益が10万円に相当する額を上回らない場合

・過失による事務処理の誤りや、電子情報処理組織の異常による顧客の注文執行の誤りの場合で、顧客の注文の内容の記録等によって事故であることが明らかである場合

◆**確認を要しない場合の処理**　確認不要の場合について、日本証券業協会自主規制規則では「事故の確認申請、調査及び確認等に関する規則」において次のように定めている（同規則12条）。

「管轄財務局長等の確認が不要とされる事故について、補てん行為を行ったときは、当該補てん行為を行った日の属する月の翌月末日までに、金商業等府令121条各号に掲げる事項を記載した所定の様式による報告書により、管轄財務局長等に報告しなければならない」（同条1項）。

また、当該報告は、当該報告書を当該補てんを行った日の属する月の翌月20日（日本証券業協会が休業日である場合には、その翌営業日）までに同協会に提出することにより、同協会を経由して行わなければならない（同条2項）。

日本証券業協会は、必要と認めるときは、協会員に対し、その内容につき説明を求め、資料等の提出を求めることができる（同条3項）。

11270 投資信託の金融ADR

投資信託における裁判外紛争解決手続とは何か

結 論

投資信託の受益者は、販売会社との間で紛争等が生じた場合、裁判以外の紛争解決手続として、たとえばFINMACによるあっせんを選択することができる。販売会社は、投資信託の販売時において、FINMAC等の利用が可能である旨を記載した注意喚起文書を交付しなければならない。

解 説

◆**裁判外紛争解決手続とは** 　裁判外紛争解決手続は、英語でAlternative Dispute Resolutionといい、その頭文字をとり「ADR」と略して呼ばれている。日本では、平成19年4月1日に施行された「裁判外紛争解決手続の利用の促進に関する法律」により、いくつかの民間機関が紛争解決においてあっせん等を行えることとなった（主な裁判外紛争解決機関は次のとおり）。

・日本弁護士連合会
・全国銀行協会
・生命保険協会
・日本貸金業協会
・日本不動産鑑定士協会連合会
・日本証券業協会などの業界団体
・同法に基づく認証を得た消費者団体

なお、このほかに行政機関等として、国民生活センターや消費生活センターなども

あっせん等を行うことができる。

◆**投資信託におけるADR** 　日本証券業協会および投資信託協会は、金商法の規定により、協会員の業務に関する顧客からの苦情・相談に応じているほか、顧客と協会員との間の証券取引等に関する紛争の解決を図るため「あっせん」を行っており、当該苦情・相談およびあっせん業務については、両協会を含む五つの金融商品取引業協会が共同設立した「特定非営利活動法人証券・金融商品あっせん相談センター」（「FINMAC」）に業務委託している。

また、日本証券業協会は、協会員に対し次のことを義務づけている（自主規制規則「協会員と顧客の紛争等の解決のための業務委託等に関する規則」）。

・協会員等は、その業務に対する顧客からの苦情または紛争の解決の促進を図るため、センター（注：FINMAC）および本協会の業務に誠実に協力しなければならない（同規則4条）。

・協会員等は、その顧客からの苦情の解決のため、センターから、その規則で定めるところにより、事情の説明、見解の表明、顧客への回答、顧客との相対交渉、対応結果の報告等を求められた場合は、これに協力しなければならない（同規則5条）。

・協会員等の顧客からセンターに対して協定に基づくあっせんの申立があった場合には、当該紛争の相手方である協会員等は、当該紛争につきセンターがあっせんを行うことに応諾し、当該あっせん手続に参加しなければならない。この場合において、当該協会員等は、当該あっせん手続に関し、センターの規則に従わなけ

ればならない（同規則6条1項）。

・協会員等は、その顧客を相手方としてセンターに対して協定に基づくあっせんの申立をした場合には、当該あっせん手続に関し、センターの規則に従わなければならない（同規則6条2項）。

　また、日本証券業協会では、協会員に対し、投資信託を販売する際に顧客に交付する注意喚起文書に「紛争解決等業務を行う指定紛争解決機関による苦情処理および紛争解決の枠組みの利用が可能である旨およびその連絡先」や「FINMACによる苦情処理および紛争解決の枠組みの利用が可能である旨およびその連絡先（指定紛争解決機関が存在しない場合に限る）」を明瞭かつ正確に表示することを義務づけている（自主規制規則「協会員の投資勧誘、顧客管理等に関する規則」6条の2）。

投資信託販売の留意点

11271 目論見書

「目論見書」とは何か

結　論

「目論見書」とは、有価証券の募集等の際に発行会社が作成するもので、発行者や発行有価証券について説明するための、金商法で定められた文書である。

解　説

◆金商法上の発行開示　平成10年の証券取引法の改正によって、投資信託の受益証券は適用除外証券から外され、それにより同法の開示義務が課せられた。

金商法においては、5条1項の定めにより、投資信託受益証券の発行者である投資信託委託会社は、有価証券届出書を内閣総理大臣（同法194条の7第1項により金融庁長官に、さらには、投資信託に関する同法上の開示手続受理については、関東財務局長に委任されている（同法施行令39条、特定有価証券の内容等の開示に関する内閣府令（特定有価証券開示府令）33条））に

提出しなければならない。

◆目論見書の作成　投資信託委託会社は受益証券の発行者として有価証券届出書の内容を記載した目論見書を作成しなければならない（金商法13条）。

目論見書は、顧客に必ず交付する目論見書（金商法15条2項）と、顧客からの請求に応じて交付する目論見書（同法15条3項）とに分かれている。前者は「交付目論見書」、後者は「請求目論見書」という。記載にあたっては、投資家が容易に理解できるよう、有価証券届出書に記載された内容をわかりやすい表現または表記を使用して記載することが求められており、グラフ、図表等の使用や、有価証券届出書の記載項目の配列を変更して記載することが認められている（金融庁「特定有価証券の内容等の開示に関する留意事項について（特定有価証券ガイドライン）」13-1）。

◆目論見書の記載内容　有価証券届出書は、従前は第4号様式により金融庁に届け出され、同様式の第一部（証券情報）と第二部（ファンド情報）が交付目論見書に、第三部（ファンドの詳細情報）が請求目論見書に記載されていた。

しかしながら、平成22年4月1日施行

「金融商品取引法の一部を改正する法律」に基づき交付目論見書の記載事項を定めた第25号様式（特定有価証券開示府令）が新たに制定され、交付目論見書の記載内容が簡素化されるとともに、あわせて第4号様式も見直され、請求目論見書には当該第4号様式とおおむね同様の内容が記載されている。

各様式の主な記載事項は次のとおり。

【第25号様式】

1．基本情報
　(1)　ファンドの名称
　(2)　委託会社等の情報
　(3)　ファンドの目的・特色
　(4)　投資リスク
　(5)　運用実績
　(6)　手続・手数料等
2．追加的情報

【第4号様式】

第一部【証券情報】

第二部【ファンド情報】
　第1　ファンドの状況
　　1．ファンドの性格
　　2．投資方針
　　3．投資リスク
　　4．手数料等および税金
　　5．運用状況
　第2　管理および運営
　　1．申込（販売）手続等
　　2．換金（解約）手続等
　　3．資産管理等の概要
　　4．受益者の権利等
　第3　ファンドの経理状況
　　1．財務諸表
　　2．ファンドの現況
　第4　内国投資信託受益証券事務の概

要

第三部【委託会社等の情報】
　第1　委託会社等の概況
　　1．委託会社等の概況
　　2．事業の内容および営業の概況
　　3．委託会社等の経理状況
　　4．利害関係人との取引制限
　　5．その他
　第2　その他の関係法人の概況
　　1．名称、資本金の額および事業の内容
　　2．関係業務の概要
　　3．資本関係
　第3　その他

11272　目論見書の交付義務

「目論見書の交付義務」とは何か

結　論

販売会社は、顧客が購入する前あるいは同時に交付目論見書を交付しなければならない。

解　説

◆**目論見書の交付**　販売会社には、投資信託受益証券を募集または売出しにより取得させまたは売り付ける場合には、「交付目論見書」を「あらかじめまたは同時」に交付することが義務づけられている（金商法15条2項）。この規定に違反して、目論見書を「あらかじめまたは同時」に交付することなく有価証券を取得させた者は、取得した者に対して交付義務違反によって生

じた損害を賠償する責任がある（同法16条）。

「請求目論見書」については、投資信託受益証券を募集または売出しにより取得させ、または売り付ける場合において、その取得させ、または売り付けるときまでに、顧客から交付の請求があったときには、直ちに交付しなければならない（金商法15条3項）。ただし、投資者自らの判断によって、「請求目論見書」到着までの間に取得申込みを行ったとしても、「請求目論見書」の交付請求・到着の有無を確認することなく約定を受け付けることまで禁ずるものではないと解されている。

◆**契約締結前の書面の交付**　金商法では、「適合性の原則」の強化とあわせて、顧客への説明義務が強化され、その一環として、金融商品取引契約を締結しようとするときは、あらかじめ顧客に対して書面を交付することが義務づけられている（同法37条の3）。

◆**目論見書による代替**　投資信託の販売においては、交付目論見書をあらかじめまたは同時に交付する義務があり（金商法15条2項）、契約締結前交付書面の代替と認められる（金商業等府令80条1項3号）。ただし、要件として、契約締結前交付書面に記載すべき事項がすべて記載されていることが求められている。

また、交付目論見書の交付が免除される場合（金商法15条2項2号）についても、契約締結前交付書面は免除される（金商業等府令80条1項3号）。

11273 目論見書の使用者責任

虚偽記載のある目論見書等を使用した投資信託販売会社は責任を負うか

結 論

虚偽記載のある目論見書等を使用した投資信託販売会社は金商法17条に基づき責任を負う。

解 説

◆**金商法17条に基づく責任**　金商法17条は、①重要な事項について虚偽の記載があり、もしくは記載すべき重要な事項もしくは誤解を生じさせないために必要な事実の記載が欠けている目論見書または②重要な事項について虚偽の表示もしくは誤解を生ずるような表示があり、もしくは誤解を生じさせないために必要な事実の表示が欠けている資料を使用して有価証券を取得させた者の損害賠償義務を定め、虚偽記載等のある目論見書等を使用した販売会社の責任を規定している。ただし、当該責任は、販売会社が、虚偽記載等であることを知らず、かつ相当な注意を用いたにもかかわらず知ることができなかったことを証明したときは免責される。

なお、投資信託委託会社は、目論見書のうちに、重要な事項について虚偽の記載があり、または記載すべき重要な事項もしくは誤解を生じさせないために必要な重要な事項の記載が欠けているときにおける目論見書を作成した場合に発行者として責任を負う（金商法18条2項・1項）。上記のと

おり金商法17条においては「誤解を生じさせないために必要な事実の記載が欠けている」場合の責任、同法18条においては「誤解を生じさせないために必要な重要な事実の記載が欠けている」場合の責任が定められ、17条と18条では「重要な」という文言の有無という違いがある。

このような責任の違いは、投資信託の販売において、委託会社が受益証券の発行の際に目論見書の作成を行い、販売会社が受益証券の発行の際には目論見書の交付を行うという形で役割分担がなされ、投資家の属性（投資経験、金融商品取引の知識、投資意向、財産状態等の諸要素）を把握しているのが投資家に対し投資信託の販売を勧誘し直接の売買契約関係に立つ販売会社だけであることから生じているものと思われる。

◆**目論見書の虚偽記載についての裁判例（東京高判平27.1.26金法2015号109頁）**
東京高判平27.1.26は、「金融商品取引法17条又は18条の責任の趣旨は、投資判断の前提となる資料を確実にし、投資家の保護を図ることにあると解されるが、このような趣旨は、……信義則上の説明義務による投資家保護と共通する」として、販売会社は、目論見書の記載に関し、当該投資家の属性に応じた説明義務を負うと判示した。

◆**販売会社の対応**　上記のとおり、販売会社は、金商法17条に基づき虚偽記載等のある目論見書等を使用した場合には責任を負うため、目論見書等の内容を精査し、虚偽記載等がある場合には投信委託会社に訂正を求める必要がある。

また、目論見書の交付に際しては、投資家の属性（投資経験、金融商品取引の知識、投資意向、財産状態等の諸要素）に応じた説明を行うことも重要である。

11274　交付目論見書の交付義務の免除

交付目論見書の交付が免除される場合はどのような場合か

結論

同一銘柄を保有している場合などは、交付目論見書の交付義務が免除される。

解説

◆**交付目論見書交付義務の免除**　次の場合は、交付目論見書を交付しないことができる（金商法15条2項2号）。

① 適格機関投資家に取得させ、または売り付ける場合

② その投資信託と同一銘柄を所有する顧客が当該交付目論見書の交付を受けないことに同意したとき……この場合の「同意」は個別の銘柄ごとに投資家から取得する必要がある。

③ 顧客の同居者がすでに目論見書の交付を受け、または、確実に交付を受けると見込まれる場合で、顧客が交付目論見書の交付を受けないことに同意したとき……ただし、この規定により交付目論見書を交付していない場合であっても、当該交付目論見書に係る有価証券の発行者が当該有価証券に係る新たに作成した交付目論見書の記載内容と当該交付しなかった交付目論見書の記載内容とを比較し、「重要な事項に変更がある」と判断した

ときは、あらためて、当該新たに作成した目論見書の交付を要することに留意する。「重要な事項の変更」には、たとえば、投資判断に重要な影響を及ぼすような当該交付目論見書に記載された「ファンドの目的・特色」「投資リスク」「手続・手数料等」に関する事項の変更、投資資産の変更（投資資産の組換え、投資資産の銘柄の入替え）があった場合が含まれることに留意する。

11275 目論見書交付と説明義務

目論見書等説明書類の交付によって説明義務を果たすことができるか

結　論

交付のみで説明義務を果たしたことにはならず、顧客が理解できる程度の説明を尽くさなければならない。

解　説

◆**自己責任原則**　投資の判断は、最終的に投資家自身が下さなければならない。自己責任は金融商品取引における基本原則である。日本証券業協会自主規制規則「協会員の投資勧誘、顧客管理等に関する規則」においても「顧客に対し、投資は投資者自身の判断と責任において行うべきものであることを理解させるものとする」（同規則4条）と明示し、自己責任原則の徹底を求めている。

◆**自己責任原則徹底のための説明**　説明にあたっては、顧客の知識、経験、財産の

状況および当該金融商品の販売に係る契約を締結する目的に照らして、当該顧客に理解されるために必要な方法および程度によるものでなければならない（金販法3条2項）。

すなわち、販売会社は、顧客が自己責任で取引を行うために必要な情報である投資信託の仕組みや危険性等について、顧客がそれらを具体的に理解することができる程度の説明を、顧客の投資経験、知識、理解力に応じて行う義務を負う。

また、顧客と販売会社との間には知識、経験、情報収集能力、分析能力等に格段の差異が存することを考慮すれば、販売会社は、信義則上も、一般投資家である顧客を証券取引に勧誘するにあたり、投資の適否について的確に判断し、自己責任で取引を行うために必要な情報である投資信託の仕組みや危険性等について、顧客がそれらを具体的に理解することができる程度の説明を顧客の投資経験、知識、理解力に応じて行う義務を負うと考えられる。

投資信託販売に関する訴訟においては、適合性原則と合わせて、説明義務を遵守した投資勧誘が行われていたかどうかが問われることが多い。

東京高判平27.1.26（金法2015号109頁）は、毎月分配型の投資信託の販売における説明義務が問題となった事案において、「当該顧客の属性、すなわち、投資経験、金融商品取引の知識、投資意向、財産状態等の諸要素を踏まえて、当該顧客が具体的に理解できる程度に説明をすべき」として、目論見書の交付の際には、当該顧客の属性に応じた説明が必要とした。

交付目論見書に、金販法により求めら

ている重要事項が記載されている場合には、同法に基づく説明を交付目論見書を使用して行うことはできるが、交付義務を果たしていたとしても、投資家が独力でそれを読んで理解することが困難である場合は、口頭の説明がなければ、説明義務を尽くしたと判定されない。

また、顧客が仕組みやリスクを理解できていたかについて関心が低く、顧客が理解できるよう説明を尽くそうとの意識をほとんど持ち合わせていなかったと認められる場合にも説明義務違反を問われる可能性がある。

なお、目論見書は、一般的な投資者が必要とする情報等を記載しているものであり、個々の投資者が投資判断を行うために必要とする情報等が常に記載されているとは限られない可能性がある。よって、たとえば、目論見書の記載内容以外の情報等を投資者が必要とした場合には、販売会社は当該情報等を提供し必要に応じ補足説明を行ったうえで取得してもらうことが、投資者の自己責任原則を徹底するうえでも投資者とのトラブルを回避するうえでも重要となる。

11276 広告等の作成

広告を作成する際の留意事項は何か

結　論

金融商品のポスター等、金融商品取引業者等が行う金融商品取引業の内容についての「広告等」は、表示事項、表示方法等について定められた規定に沿って行わなければ

ばならない。

解　説

◆**広告等**　「広告等」とは、「広告」または「広告類似行為」を指す（金商業等府令73条）。「広告」とは、随時または継続してある事項を広く（宣伝の意味も含めて）一般に知らせることをいうと考えられ（金商法制パブコメ回答）、「広告類似行為」とは、郵便、信書便、ファクシミリ装置を用いて送信する方法、電子メールを送信する方法、ビラまたはパンフレットを配布する方法その他の方法により多数の者に対して同様の内容で行う情報の提供である（金商業等府令72条）。

実際に広告等に該当するか否かの判断は、投資者との電子メール等のやり取り、イメージCM、ロゴ等を記載した粗品の提供などの外形ではなく、実態をみて個別具体的に判断する必要があるとされている（金商業者監督指針Ⅲ-2-3-3注）。

金商法では、金融商品取引業者等が行う金融商品取引業の内容について広告等をする際の表示事項、表示方法等についての規制が定められている（同法37条）。

◆**表示事項**　金融商品取引業者等は、その行う金融商品取引業の内容について広告等をするときは、次の表示をしなければならない（金商法37条1項、同法施行令16条、金商業等府令76条）。

① 金融商品取引業者等の商号、名称または氏名

② 金融商品取引業者等である旨、登録番号

③ 顧客が支払うべき手数料、報酬、費用その他いかなる名称によるかを問わず、

金融商品取引に関して顧客が支払うべき対価の種類ごとの金額もしくはその上限額またはこれらの計算方法の概要および当該金額の合計額もしくはこれらの計算方法の概要（金商業等府令74条2項に投資信託受益権等に関する規定があり注意する）

④ 委託証拠金その他の保証金等がある場合はその額または計算方法

⑤ デリバティブ取引等の額が委託証拠金その他の保証金等の額を上回る可能性がある場合はその旨、当該デリバティブ取引等の額の当該保証金等の額に対する比率

⑥ 金利、通貨の価格、金融商品市場における相場その他の指標に係る変動を直接の原因として損失が生ずることとなるおそれがある場合は当該指標、当該指標に係る変動により損失が生ずるおそれがある旨およびその理由

⑦ 元本超過損が生ずるおそれがある場合は元本超過損が生ずるおそれを生じさせる直接の原因となる指標、当該指標の変動により元本超過損が生ずるおそれがある旨およびその理由

⑧ 店頭デリバティブ取引について金融商品取引業者等が表示する金融商品の売付価格と買付価格とに差がある場合はその旨

⑨ 当該金融商品取引契約に関する重要な事項について顧客の不利益となる事実

⑩ 当該金融商品取引業者等が金融商品取引業協会に加入している場合はその金融商品取引業協会の名称

◆表示の方法　金融商品取引業の内容について広告等をするときは次のように表示しなければならない（金商業等府令73条）。

① 表示すべき事項については、明瞭かつ正確に表示する。

② リスクやコストの文字・数字を、それ以外の事項の文字・数字のうち最も大きなものと著しく異ならない大きさで表示する。

③ テレビやラジオでの広告や看板などによる表示の場合は、上記の文字・数字を、それ以外の事項の文字・数字のうち最も大きなものと著しく異ならない大きさで表示する。

11277	**広告等の審査**

広告等には審査が必要か

結　論

「広告審査担当者」を配置し、審査させることが義務づけられる。

解　説

◆広告審査　日本証券業協会では、各協会員に対して、「広告審査担当者」を任命し、規定に違反する事実がないかどうかを広告審査担当者に審査させることを義務づけている（日本証券業協会自主規制規則「広告等の表示及び景品類の提供に関する規則」5条）。

ただし、特定投資家（金商法34条の3第4項の規定により特定投資家とみなされる者を含む）のみを対象として行う広告等と、特別会員が行う登録金融機関金融商品仲介行為に係る広告等の表示で委託会員（特別

会員に証券仲介業務の委託を行った会員）の広告審査担当者による審査が行われたものについては審査は不要である。

「広告審査担当者」として任命できる者の範囲は、内部管理統括責任者、特別会員営業責任者資格試験、特別会員内部管理責任者資格試験、会員営業責任者資格試験および会員内部管理責任者資格試験の各合格者または本協会が適当であると認めた者である。

◆広告規制の対象外行為　次の行為は広告規制の対象外である（金商業等府令72条）。

① 法令または法令に基づく行政官庁の処分に基づき作成された書類を配布する方法

② 個別の企業の分析および評価に関する資料であって、金融商品取引契約の締結の勧誘に使用しないものを配布する方法

③ 次のすべての事項のみが表示されている景品その他の物品を提供する方法

　イ 次に掲げるいずれかのものの名称、銘柄または通称

　　ⓐ 金融商品取引契約またはその種類

　　ⓑ 有価証券またはその種類

　　ⓒ 出資対象事業またはその種類

　　ⓓ 上記に掲げる事項に準ずる事項

　ロ 多数の者に対して同様の内容で行う情報の提供をする金融商品取引業者等の商号、名称もしくは氏名またはこれらの通称

　ハ 金利、通貨の価格、金融商品市場における相場その他の指標に係る変動を直接の原因として損失が生ずることとなるおそれがある場合にあっては当該おそれがある旨（当該事項の文字または数字が当該事項以外の事項の文字ま

たは数字のうち最も大きなものと著しく異ならない大きさで表示されているものに限る）

　ニ 契約締結前交付書面、上場有価証券等書面、目論見書（一体のものとして交付される書面がある場合には、当該目論見書および当該書面）または契約変更書面の内容を十分に読むべき旨

11278　販売用資料作成上の留意点

販売用資料を作成する際の留意事項は何か

結　論

販売用資料も広告等に該当するものであり、広告等の規制の適用を受ける。

解　説

金融商品取引業者が行う広告等の表示は、投資者への投資勧誘の導入部分に当たり、明瞭かつ正確な表示による情報提供が適正な投資勧誘の履行を確保する観点から最も重要であり、その徹底のために、次の点につき留意する（金商業者監督指針Ⅲ-2-3-3）。

・顧客が支払うべき手数料、報酬、その他の対価または費用が無料または実際のものよりも著しく低額であるかのように誤解されるような表示をしていないか。

・元本欠損が生ずるおそれがある場合または当初元本を上回る損失が生ずるおそれがある場合には、その旨を明確に表示しているか。

・当該広告等に表示される他の事項に係る

文字と比較して、使用する文字の大きさ、形状および色彩において、不当に目立ちにくい表示を行っていないか。特に、金利や相場等の指標の変動を直接の原因として損失が生ずることとなるおそれのある場合の当該指標、損失が生ずるおそれがある旨・その理由、および元本超過損が生ずるおそれがある場合の、その直接の原因、元本超過損が生ずるおそれがある旨・その理由は、広告上の文字または数字のなかで最も大きなものと著しく異ならない大きさで表示しているか。

・取引の長所に係る表示のみを強調し、短所に係る表示が目立ちにくい表示を行っていないか。

・当該広告等を画面上に表示して行う場合に、表示すべき事項のすべてを判読するために必要な表示時間が確保されているか。

・有価証券等の価格、数値、対価の額の動向を断定的に表現したり、確実に利益を得られるように誤解させたりして、投資意欲を不当に刺激するような表示をしていないか。

・利回りの保証もしくは損失の全部もしくは一部の負担を行う旨の表示またはこれを行っていると誤解させるような表示をしていないか。

・申込みの期間、対象者数等が限定されていない場合に、これらが限定されていると誤解されるような表示を行っていないか。

・登録を行っていること等により、内閣総理大臣、金融庁長官、その他の公的機関が金融商品取引業者を推薦し、またはその広告等の内容を保証しているかのよう

に誤解させるような表示をしていないか。

・景表法、屋外広告物法に基づく都道府県の条例その他の法令に違反するまたは違反するおそれのある表示をしていないか。

・社会的に過剰宣伝であるとの批判を浴びるような表示をしていないか。

なお、投信委託会社が販売用資料を作成した場合であっても、販売会社は、記載が虚偽であり、もしくは欠けていることまたは表示が虚偽であり、もしくは誤解を生ずるような表示であることを知らず、かつ、相当な注意を用いたにもかかわらず知ることができなかったことを証明できない限り、受益者に対する賠償責任を免れることができない（金商法17条）。よって、このような場合であっても、販売会社はその記載内容について相当の注意をもってチェックし支障がないことを確認のうえ使用する必要がある。目論見書においても同様となる（同条）。

11279　セミナー等の留意点

セミナーについての留意点は何か

結　論

勧誘行為を伴う場合は、その旨を表明する必要がある。

解　説

◆セミナー等の留意点　セミナー等（講演会、学習会、説明会等の名目のいかんを問わない）を開催して、一般顧客等を集め、当該一般顧客等に対して金融商品取引契約

の締結の勧誘（勧誘を目的とした具体的商品の説明を含む）を行う場合には、当該セミナー等に係る広告等および送付する案内状等に、金融商品取引契約の締結を勧誘する目的があることをあらかじめ明示する。

さらに、「金融商品取引契約の締結を勧誘する目的があることをあらかじめ明示」することには、セミナー等の名称が金融商品取引に関連するものであることを明確に表していることのみでは足りず、勧誘する目的がある旨を明確に表示している必要がある（金商業者監督指針Ⅲ-2-3-3）。

11280 契約締結時等の書面交付・取引残高報告書の交付

契約締結時交付書面および取引残高報告書はいつ交付しなければならないか

結　論

「契約締結時交付書面」は取引が成立した場合などに、「取引残高報告書」は原則として四半期ごとに交付しなければならない。

解　説

◆**交付すべき場合**　金融商品取引業者は、金融商品取引契約が成立したときその他内閣府令で定めるときは、遅滞なく、同府令で定めるところにより、書面を作成し、顧客に交付しなければならない。交付すべきときは次のとおり。
① 金融商品取引契約が成立したとき
② 投資信託契約または外国投資信託に係る信託契約の全部または一部の解約があったとき
③ 投資口の払戻しがあったとき

また、取引が成立し、金銭・有価証券の受渡しを行う場合にあっては、顧客から請求があったときはそのつど、または原則として四半期ごとに、取引残高報告書を交付しなければならない（金商法37条の4、金商業等府令98条1項）。

		つど交付	四半期交付
成立または受渡しのつど、交付請求があった場合	報告書に省略なし	○	×
	報告書に一部省略あり	○	○
上記請求がない場合		×	○

◆**記載事項**　契約締結時交付書面の主な記載事項は次のとおり（金商業等府令99条・100条）。
① 金融商品取引業者等の商号、名称または氏名
② 金融商品取引業者等の営業所または事務所の名称
③ 金融商品取引契約、投資信託契約もしくは外国投資信託に係る信託契約の全部もしくは一部の解約または投資口の払戻しの概要
④ 金融商品取引契約の成立、投資信託契約もしくは外国投資信託に係る信託契約の全部もしくは一部の解約または投資口の払戻しの年月日
⑤ 金融商品取引契約、投資信託もしくは外国投資信託に係る信託契約の全部もしくは一部の解約または投資口の払戻しに係る手数料等に関する事項

⑥　顧客の氏名または名称

⑦　顧客が金融商品取引業者等に連絡する方法

⑧　売付け等または買付け等の別

⑨　銘柄

⑩　約定数量

⑪　単価、対価の額、約定数値その他取引一単位当りの金額または数値

⑫　顧客が支払うこととなる金銭の額および計算方法

⑬　取引の種類

⑭　取引の内容を的確に示すために必要な事項

取引残高報告書の主な記載事項は次のとおり（金商業等府令108条）。

①　顧客の氏名または名称

②　金融商品取引契約の成立のつど取引残高報告書を交付すべき金融商品取引契約または報告対象期間において成立した金融商品取引契約に係る以下の事項

　　イ　約定年月日

　　ロ　有価証券の受渡しの年月日

　　ハ　売付け等または買付け等の別

　　ニ　有価証券の種類またはデリバティブ取引の種類

　　ホ　銘柄（取引の対象となる金融商品、金融指標その他これに相当するものを含む）

　　ヘ　約定数量（数量がない場合にあっては、件数または数量に準ずるもの）

　　ト　単価、対価の額、約定数値その他取引一単位当りの金額または数値

　　チ　支払金額（手数料を含む）

③　報告対象期間において行った有価証券の受渡しの年月日ならびに当該有価証券の種類および株数もしくは口数または券面の総額

④　報告対象期間において行った金銭の受渡しの年月日およびその金額

⑤　報告対象期間の末日における金銭および有価証券の残高

◆**交付が不要な主な場合**　　次の金融商品取引契約について、金融商品取引契約の内容を記載した書面を定期的に交付し、かつ、当該顧客からの個別の取引に関する照会に対して、速やかに回答できる体制が整備されている場合は、契約締結時交付書面の交付は要しない（金商業等府令110条）。

①　累積投資契約による買付け

②　投資信託の受益証券、集団投資スキーム持分から生ずる収益金をもって、当該受益証券、集団投資スキーム持分と同一の銘柄を取得させるもの

③　公社債投資信託（計算期間が1日のものに限る）の受益証券の売買または投資信託契約の解約

④　事故処理の場合

⑤　すでに成立している金融商品取引契約の一部の変更をすることを内容とする金融商品取引契約が成立した場合であって、変更に伴いすでに成立している金融商品取引契約に係る契約締結時交付書面の記載事項に変更すべきものがないとき。当該変更に伴いすでに成立している金融商品取引契約に係る契約締結時交付書面の記載事項に変更すべきものがある場合にあっては、当該顧客に対し当該変更すべき記載事項を記載した書面を交付しているとき。

また、取引残高報告書については、顧客が外国政府などであって、取引残高に関する照会に対して速やかに回答できる体制が

整備されている場合等は、交付は不要である（金商業等府令111条）。

11281　運用報告書の交付義務

「運用報告書」とは何か

結　論

「運用報告書」とは運用実績や運用経過等についての報告書で、投資信託委託会社が作成し、販売会社を通して受益者に対して交付するものである。

解　説

◆**金商法上の作成・交付義務**　金融商品取引業者等は、運用財産について、金商業等府令で定めるところにより、定期に運用報告書を作成し、当該運用財産に係る知れている権利者に交付しなければならない（金商法42条の7）。

◆**投信法上の作成・交付義務**　投資信託については、投信法において、投資信託委託会社はその運用の指図を行う投資信託財産について原則として計算期間の末日ごとに運用報告書を作成し、当該投資信託財産に係る知れている受益者に交付しなければならないことが定められており（投信法14条1項）、先の金商法の規定は適用が除外されている（同条7項）。

運用報告書は、1年決算のファンドの場合は1年に一度、半年決算ファンドの場合は半年に一度の交付となるが、計算期間が6カ月未満のファンドについては6カ月ごとでよいこととなっている。投資信託委託会社は原則として計算期間の末日ごとに運用報告書を作成する。ただし、計算期間が半年未満の場合は半年ごとに作成する（従来、MMFは半年ごと、MRFは1年ごとに作成されていた。しかし、平成19年9月30日以後は一定要件を満たした場合に限り、MMFは1年ごとの作成が認められ、MRFは作成が免除されている）。そして、作成のつど、販売会社を通じて知れている受益者に対して交付される。

給与天引等によって購入している受益者の場合は、販売会社は事業主を通じて交付する。なお、知れている受益者とは、受益証券を保護預りしていることなどによって、住所や氏名がわかっている受益者を指すと解されている。

◆**運用報告書の2段階化**　平成25年に改正された投信法により、運用報告書のうちきわめて重要な事項を記載した書面（一般に「交付運用報告書」と呼ばれる）の作成・交付を投資信託の受託者に義務づける（同法14条4項）一方で、約款において定める場合は受益者の個別の承諾なく電磁的方法（HPへの掲載など）により運用報告書を提供できるとされた（同条2項）。交付運用報告書を書面で交付し、運用報告書をHPなどで掲載することは「運用報告書の2段階化」といわれる。

◆**運用報告書の交付が免除される場合**
運用報告書の交付義務は、受益者の同居者が運用報告書の交付を受けることが確実で、かつ、受益者が運用報告書の作成期日までに同意している場合は免除される。ただし、受益者から作成期日までに請求があった場合は免除されない（投信法14条1項2号）。

◆**運用報告書の主な記載内容**　運用報告

書の記載事項は投資信託財産の計算に関する規則58条に規定されており、より具体的には投資信託協会の自主規制規則「投資信託及び投資法人に係る運用報告書等に関する規則」に明記されている。主な内容は次のとおりである。

・設定以来の運用実績（単位型投資信託は信託開始時から当期末まで、追加型株式投資信託は当期以前5期以上、追加型公社債投資信託は当期以前3年以上）
・基準価額と市況推移
・運用経過等の説明
・1万口当りの費用明細
・売買および取引の状況
・派生商品の取引状況
・株式売買比率
・主要な売買銘柄
・利害関係人との取引状況等
・第一種金融商品取引業、第二種金融商品取引業または商品取引債務引受業を兼業している委託会社の自己取引状況
・委託会社による自社が設定する投資信託の受益証券または投資法人の投資証券の自己取得および処分の状況
・組入資産の明細
・信用取引の状況
・債券空売りの状況
・有価証券の貸付および借入れの状況
・投資信託財産の構成
・特定資産の価格等の調査
・資産、負債、元本および基準価額の状況ならびに損益の状況
・投資信託財産運用総括表
・分配金等の記載
・お知らせ
・不動産等およびインフラ資産等の開示

11282 プロ・アマによる行為規制

適格機関投資家等に対しても販売の行為規制は適用されるか

結論

適格機関投資家などの「特定投資家」に対する行為規制については緩和されている。

解説

◆**特定投資家と一般投資家の区別**　金商法では、適格機関投資家などを中心とする特定投資家（プロ）と、個人投資家を中心とする一般投資家（アマ）に区分している。「プロ」へ投資商品を販売する場合についての規制緩和の推進を図るとともに、個人投資家を中心とする「アマ」に投資商品を販売する場合については適正な投資家保護を確保しようとするものである。特定投資家と一般投資家との区別を設ける趣旨・目的は、次の三つがあげられている。

① 特定投資家と一般投資家との区分により、適切な利用者保護とリスク・キャピタルの供給の円滑化とを両立させる必要があること
② 特定投資家はその知識・経験・財産の状況などから適合性原則のもとで保護が欠けることとならず、かつ当事者も必ずしも行政規制による保護を望んでいないと考えられること
③ 特定投資家については、行政規制ではなく市場規律に委ねることにより、過剰規制による取引コストを削減し、グローバルな競争環境に置かれている我が国金

融・資本市場における取引の円滑を促進すること

◆**プロ・アマの区分**　特定投資家（プロ）と一般投資家（アマ）の区分を表にまとめると次のようになる（金商法34条～34条の5）。

特定投資家	① 一般投資家に移行できない特定投資家	適格機関投資家その他内閣府令で定める法人など（同法2条31項1号～3号）	常に特定投資家として取扱い
	② 選択により一般投資家に移行可能な特定投資家	内閣府令で定める法人（公開会社、一定規模以上の会社、地方公共団体、預金保険機構等）（同法2条31項4号、金商法定義府令23条）	②、③は選択により移行可能
一般投資家	③ 選択により特定投資家に移行可能な一般投資家	①、②以外の法人　内閣府令で定める一定の要件を満たす個人（富裕層等）	
	④ 特定投資家に移行できない一般投資家	個人（富裕層等以外）	常に一般投資家として取扱い

◆**プロとの取引に対する行為規制の緩和**
特定投資家（プロ）との間で取引を行う場合には、情報格差の是正を目的とする行為規制の適用を除外するということで、契約締結前の書面交付義務、契約締結時の書面交付義務等は不適用となる。ただし、損失補てんの禁止等、市場の公正確保を目的とする行為規制は、市場の公正確保を図ることから、適用除外しないこととしている（金商法45条。公開会社等は基本的にプロ扱いであるものの、保護がほしいという場合は一般投資家に移行することによって業者行為規制の適用を全面的に受けることができる）。

一方、一般投資家（アマ）との間で取引を行う場合には、投資者保護の観点から十分な行為規制が適用される。

表にまとめると次のようになる。

	行為規制	一般投資家向け	プロ投資家向け
共通	・顧客に対する誠実義務	適用	適用
	・営業所または事務所ごとに標識を掲示する義務	適用	適用
販売・勧誘	・広告規制（利益の見込み等について著しく事実に相違する表示をすること、および著しく人を誤認させるような表示をすることを禁止）	適用	不適用
	・書面交付義務（契約締結前の書面交付義務、契約成立時の書面交付義務等）	適用	不適用
	・虚偽の説明の禁止	適用	適用
	・損失補てんの禁止	適用	適用
	・適合性の原則（顧客の知識、経験、財産の状況および契約を締結する目的に照らして不適当と認められる勧誘を行ってはならない）	適用	不適用
	・不招請勧誘・再勧誘の禁止	適用	不適用
運用・助言	・忠実義務、善管注意義務	適用	適用
	・利益相反行為の禁止	適用	適用
	・運用報告書の交付義務	適用	不適用

| 有価証券の保護預り | ・分割管理等（自己の固有財産と分別して管理しなければならない） | 適用 | 適用 |

◆緩和されない取引　契約締結時等の書面の交付の免除については、顧客からの個別の取引に関する照会に対して速やかに回答できる体制が整備されていない場合は免除されない。また、運用報告書の交付についても、顧客からの運用報告書に記載すべき事項に関する照会に対して速やかに回答できる体制が整備されていない場合は免除されない。

11283　相続評価

相続の際、投資信託はどのように評価するか

結　論

未上場証券投資信託は、相続開始日等に解約請求等をした場合に支払を受ける価額で評価する。

解　説

相続における評価は、相続開始時において、解約請求等をした場合に販売会社から支払を受ける価額で評価する。

未上場証券投資信託の受益証券、上場証券投資信託の受益証券、MRF・MMF等の受益証券の別に、それぞれ以下のとおりに計算した金額により評価する。

◆未上場証券投資信託の受益証券

$$\text{相続開始日等の1口当りの基準価額} \times \text{口数} - \text{相続開始日等において解約請求等した場合に源泉徴収されるべき所得税・住民税の額に相当する金額} - \text{信託財産留保額等}$$

1万口当りの基準価額が公表されている証券投資信託については、算式中の「相続開始日等の一口当たりの基準価額」を「相続開始日等の1万口当りの基準価額」と、「口数」を「口数を1万で除して求めた数」と読み替えて計算した金額とする。

また、相続開始日等に基準価額がない場合には、相続開始前の基準価額のうち相続開始日等に最も近い日の基準価額を相続開始日等の基準価額として計算する。

◆MRF・MMF等の受益証券

$$\text{1口当りの基準価額} \times \text{口数} + \text{再投資されていない未収分配金(A)} - \text{(A)につき源泉徴収されるべき所得税・住民税相当額} - \text{信託財産留保額等}$$

◆上場証券投資信託の受益証券　ETFやREITなど取引所に上場して売買されている受益証券については上場株式と同様の方法で評価する。

第 8 節

投資信託の管理

11284　投資信託の相続

投資信託の相続はどのような手続になるか

結　論

　投資信託の相続手続は各種約款等に従い行われる。

解　説

◆**投資信託における約款**　一般に投資信託は、専門的運用能力を有する投資信託委託業者（委託者）の指図に基づき、受益者が有価証券等への投資を行うものであり、各投資信託について受益者の権利その他の商品性を定めた信託約款が作成されている。一方、販売業者が顧客に販売するにあたっては、受益証券の買取りまたは解約請求の受付等に係る取引約款、および口座管理機関としての振替口座管理規程等が定められている。

　上記より、投資信託の相続手続に関しても、各種約款等に基づき処理されることになる。

◆**投資信託の相続に係る裁判例**　投資信

託受益権が可分債権と取り扱うことができるかについては、【11285】参照。

◆**振替制度移行後の手続**　投資信託の受益権については、平成19年1月から振替法に基づく記載または記録によって帰属が定まることになったことから、振替制度移行後は、受益証券の返還請求の単位ではなく、振替請求（振替受益権）の単位により権利の帰属・移転がされることに注意が必要である。

11285　相続された投資信託受益権の分割相続

相続された投資信託受益権は、相続発生時に当然に分割相続されるか

結　論

　相続された投資信託受益権は、相続発生時に当然に分割相続されるものではなく、相続人間で準共有される。

解　説

◆**投資信託受益権の法的性質に係る従前の裁判例**　相続された投資信託受益権が相

続発生時に当然に分割相続される可分債権に該当するかについては、従前議論が分かれていた。

この点、当然分割を肯定する見解は、投資信託受益権と金銭債権との類似性等を根拠として、共同相続された投資信託受益権は、金銭債権と同様、相続分に応じた口数が当然に分割帰属すると主張しており、大阪地判平18.7.21（金法1792号58頁）では、可分債権であると判示した。

これに対し、当然分割を否定する見解は、投資信託受益権には、収益分配請求権のほか帳簿閲覧請求権や議決権などの不可分な権利が含まれていることなどを根拠として、金銭債権とは法的性質が異なり、相続発生時に当然には分割されないと主張し、福岡高判平22.2.17（金法1903号89頁）では不可分債権であると判示していた。

◆投資信託の相続に係る最高裁判例 最判 平26.2.25（民集68巻2号173頁）は、MRF等の投資信託受益権（振替投資信託受益権）などにつき、相続人が共有物分割等を求めた事案において、「投資信託受益権は、その内容として、法令上、償還金請求権及び収益分配請求権という金銭支払請求権のほか、信託財産に関する帳簿書類の閲覧又は謄写の請求権等の委託者に対する監督機能を有する権利が規定されており、可分給付を目的とする権利でないものが含まれており、このような上記投資信託受益権に含まれる権利の内容及び成立に照らせば、共同相続された投資信託受益権は、相続開始と同時に当然に相続分に応じて分割されることはない」として、投資信託受益権は、不可分債権であると判示した。

◆投資信託の相続の場合の手続 以上よ

り、投資信託受益権は、相続開始により相続人間で当然分割されず、相続人の準共有となったうえ、遺産分割の対象となる。

11286 支払不能の場合の相殺

受益者に支払不能が発生した場合、投資信託受益権の解約金支払請求権を受働債権として相殺できるか

結 論

販売会社である金融機関は、支払停止後に解約金支払請求がなされた解約金支払請求権を受働債権として相殺することはできない。

解 説

◆民再法の規定 民再法93条1項3号は、「支払の停止があった後に再生債務者に対して債務を負担した場合であって、その負担の当時、支払の停止があったことを知っていたとき」には、相殺ができないものとして支払停止後の債務負担の場合には原則として相殺を禁止している。もっとも、同条2項2号は、債務の負担が「支払不能であったこと又は支払の停止若しくは再生手続開始の申立て等があったことを再生債権者が知った時より前に生じた原因」に基づく場合には、例外的に相殺が許容されるとしている。

◆相殺の可否に係る議論 投資信託受益権の販売会社による解約金の支払請求権を受働債権とする相殺が民再法93条2項2号により許されるか否かについては、相殺肯

定説と相殺否定説がある。

相殺肯定説は、投資信託受益権の換金方法として解約が一般的であること等を理由に販売会社の相殺に対する期待を保護するべきとする。相殺否定説は、投資信託受益権の換金方法は解約に限られるものではなく、販売会社の相殺に対する規定を保護するべきではないとしている。

◆相殺の可否に係る最高裁判例　最判平26.6.5（民集68巻5号462頁）は、受益者の支払停止後、投資信託の販売会社である銀行が債権者代位権に基づいて受益権の解約実行請求を代位行使し、受益者に対する解約金の支払債務（以下「本件債務」という）を受働債権として相殺の意思表示をした事案において、販売会社である銀行が本件債務をもってする相殺の担保的機能に対して合理的な期待を有していたとはいえず、本件債務の負担は、民再法93条2項2号の「前に生じた原因」に基づく場合には当たらないとして、相殺は許されないと判示した。

◆最高裁判決の射程と販売会社としてとるべき対応　上記最高裁判決は、「相殺の担保的機能に対して合理的な期待を有していたとはいえず」と判示したが、その射程は必ずしも明らかではない。しかしながら、上記最高裁判決を前提とすると、支払停止後に解約実行した場合の相殺は認められないおそれが残ることから、金融機関としては、自ら口座管理をしている受益者の投資信託について、当該受益者に対する債権の保全のためには、約定担保の設定を検討することになると思われる。

11287　投資信託の差押え

投資信託に係る差押えはどのような手続になるか

結　論

投資信託受益権（振替受益権）の差押えは、振替法に基づき、債務者に対し振替、抹消の申請または取立その他の処分を禁止し、振替機関等に対し、振替および抹消を禁止することにより行われる。

解　説

◆振替受益権の差押手続　平成19年1月から開始された投資信託振替制度以降、投資信託の受益証券は原則発行されず、投資信託受益権の権利の帰属は振替機関等が管理する振替口座簿の記載により定める仕組みへと移行した。

当該制度以降後の投資信託受益権（振替受益権）は、振替法に基づく振替社債等の一つとなったことから、その差押えは、振替法に基づき民執規によることとなり（同法280条）、債務者に対し振替、抹消の申請または取立その他の処分を禁止し、振替機関等に対し、振替および抹消を禁止することにより行われる（民執規150条の3第1項・3項）。

この場合、投資信託の販売会社は通常、口座管理機関を兼ねていることから、振替および抹消を禁止する振替機関等は口座管理機関である販売会社となるが、当該債務者については、実務上は投資信託委託会社として取り扱っている状況がある（振替法

では発行者を第三債務者としており、当該発行者は投資信託委託会社であるとして制度を運営しているが、投資信託委託会社が受益証券の発行者であることは明確であるも（投信法2条7項）、振替法上の発行者に該当するとの明確な根拠規定は見当たらない）。しかしながら、投資信託委託会社は、受益者を把握しておらず知ることもできないことから、差押えを受けても口座管理機関からの民執規150条の3第6項に基づく通知を受けなければ実務上対応することが困難な状況にある。

投資信託の差押えに係る判例としては、最判平18.12.14（民集60巻10号3914頁）が存在する。同判決では、販売会社と受益者との取引関係を規定する取引約款に着目し、販売会社が委託者から解約金の交付を受けた場合には、取引約款に基づいて、販売会社は顧客である受益者に対して解約金を支払う義務がある、つまり受益者は販売会社に対して、販売会社の解約金受領を停止条件とする解約金支払請求権を有すると判示した。そして、受益者の販売会社に対する停止条件付解約金支払請求権を差し押えた場合には、取立権の行使として販売会社に対して解約実行請求の意思表示を行うことができるとした。この判決は、投資信託振替制度以前の判決であるが、その射程は同制度以降も及ぶと解されており、このような判例も参考に口座管理機関（販売会社）が管理する振替受益権のみを差し押える方法が考えられる。

他方で、税務当局においては、振替法を勘案し、口座管理機関（販売会社）と投資信託委託会社の双方に対し振替受益権の差押えを行い、その後、販売会社（口座管理機関）に対し解約実行請求を行い、解約代金を販売会社から回収している状況があり、参考となる。

いずれにせよ、振替受益権は振替社債等の一つであることから、振替受益権の差押えは、振替法・民執規の手続に基づき行われる。

第 **9** 章

保険の窓販等

総　　　　論

11288　保険の定義

保険とは何か。富くじ・保証・共済・デリバティブとは何が異なるか

結　　論

保険とは、一定の偶然な事故が発生する危険に備えるために、多数の者がその危険に応じて保険料を拠出し、事故が発生した場合にその拠出を受けた者が金銭の支払その他の給付をし、危険への備えを実現することを内容とする仕組みをいう。経済的に保険と同等の機能を有するものとして、保証やデリバティブが存在する。

解　　説

◆**保険の定義**　保険とは、発生するかどうかまたは発生の時期が不確定な一定の事故（一定の偶然な事故）が発生する危険に備えるために、多数の者がその危険に応じて保険料を拠出し、事故が発生した場合にその拠出を受けた者が金銭の支払その他の給付をし、危険への備えを実現することを内容とする仕組みをいう。

講学上は、①一方当事者の金銭の拠出（保険料）、②他方当事者の偶然の事実の発生による経済的損失を補てんする給付（保険給付）、③①と②が対立関係にあること、④収支相等原則、⑤給付反対給付均等原則の五つの要素が備わっているものを「保険」というと解されている。なお、法律上、「保険」を過不足なく定義することは困難とされ、保険法や保険業法において、「保険」それ自体の定義は規定されていない。

◆**他の類似制度との相違**　保険と類似した制度として富くじ、保証、共済、デリバティブなどがあげられるが、以下のような相違点がある。

① 富くじ……富くじが単なる射倖であるのに対し、保険は経済的損失の補てんである点が異なる。

② 保証……メーカーや販売業者が行う品質保証については、それが無償で行われる場合は保険料を徴収しないという点で保険とは異なる。一方、故障の危険に応じた保証料を徴収する有料の品質保証は理論的には保険ともいえるが、物の製造販売に付随するサービスである点で保険とは異なる。また、債務の保証は、保証料を保険数理に基づいて決定していない

点などで、損害保険会社が行う保険の一種である保証証券業務と異なる。

③ 共済……共済は、職業、職域その他特定の人的関係を前提として相互扶助を行うものである点が、不特定の者を対象とする保険とは異なる。なお、共済契約のなかには、保険契約と同等の性質を有するものもあり、その場合は保険法が適用される（【11290】参照）。

④ デリバティブ……デリバティブは1対1の契約で成立するが、保険は多数の契約を集め資金をプールする必要がある点で異なる。また、保険デリバティブは損失の補てんとしての性質を有していない点（実損てん補不要）で保険と異なる。

◆**保険の種類**　保険法では、典型的な保険契約の類型として、損害保険契約、生命保険契約および傷害疾病定額保険契約が定められている。損害保険契約とは保険者が一定の偶然の事故によって生ずることのある損害をてん補することを約する保険契約をいい（同法2条6号）、生命保険契約とは保険者が人の生存または死亡に関して一定額の保険金を支払うことを約する保険契約をいい（同条8号）、傷害疾病定額保険契約とは保険者が人の傷害または疾病に基づいて一定額の保険金を支払うことを約する保険契約をいう（同条9号）。

その他の分類としては、たとえば、保険が公共政策上の目的を達成するものか否かによって、公保険と私保険とに分けられる。公保険はさらに、特定産業の保護育成を図るものか、社会政策上の目的を達成するためのものかにより、経済政策保険と社会保険とに分けられる。別の分類として、保険への加入を各人の自由意思に任せるか、国家または公共団体の強制によるかにより、任意保険と強制保険とに分けられる。私保険は原則として任意保険であり、公保険、とりわけ社会保険は原則として強制保険である。さらに、保険事故の対象を基準とすれば、人保険と物保険とに分けることが可能である。

11289　保険法と保険業法

保険法と保険業法はそれぞれ何を規律する法律か

結　論

保険法は、保険契約に関する一般ルールを定めることを目的とする私法であり、保険契約の締結から終了までの間における、保険契約における関係者の権利義務等を定める。

保険業法は、保険業に関する行政的監督を主たる目的とする監督法であり、保険会社に対する監督規制、相互会社の設立や組織、保険契約者の保護などを定める。

解　説

◆**保険法**　保険法は、保険契約に関する一般的なルールを定めることを目的とする私法であり、保険契約の締結から終了までの間における、保険契約における関係者の権利義務等を定める。保険契約に対し、同法に定められた事項は、基本的に同法の規律が及ぶ（同法1条参照）。一方、同法に定めのない事項は、一般法である民法や商法の規律が及ぶ。

従前、保険契約に関する契約ルールについては商法に規定が設けられていたが、明治32年の商法制定後、その後の著しい社会経済情勢の変化にもかかわらず100年近くにわたって実質的な改正がなされなかった。それゆえ、国民生活に広く浸透している傷害疾病保険に関する規定が存在せず、今日的な理論や実務に適合していないなどの課題が指摘されていた。

そのため、保険法では、保険契約に関する法制を現代の社会経済に的確に対応したものとすべく、法の適用対象となる契約の範囲の拡大、傷害疾病保険に関する規定の新設、保険契約者等の保護のための規定の整備、損害保険契約に関するルールの柔軟化、責任保険契約における被害者の優先権の確保、保険金受取人の変更についての規定の整備、モラルリスク等の防止のための規定の新設など、全面的な見直しが行われている。

保険法は、平成22年4月1日より施行されている。

◆**保険業法**　保険業法は、保険業に関する行政的監督を主たる目的とした監督法である。

保険業法の規定内容は多岐にわたるが、①保険会社に対する監督規制に関する部分、②相互会社の設立や組織等に関する部分、③保険契約者の保護に関する部分に大別することができる。

①の部分については、業務、子会社、経理、保険募集などについて定められている。②の部分については、株式会社の設立や組織等について定めた会社法の規定に対応しており、同法の規定が多く準用されている。③の部分については、保険契約者保護機構、

保険会社と保険契約者間における契約条件変更、保険契約のクーリング・オフに関する規定などが定められている。

なお、金融庁は、保険会社の監督に関して、その基本的な考え方、監督上の評価項目（保険募集態勢の適切性、顧客保護など）、事務処理上の留意点等を示した保険会社監督指針を策定・公表している。

また、主要行監督指針や中小・地域監督指針では、適切な保険募集態勢の確保等を定めるとともに、その他監督上の着眼点については保険会社監督指針を参照するものとしている（主要行監督指針Ⅲ-3-3-2-2(4)、中小・地域監督指針Ⅱ-3-2-5-2(4)）。

11290　保険契約とその類型

保険法において、保険契約はどのように定義されているか。また、保険法において保険契約はどのように類型化され、定義されているか

結　論

保険法は、保険契約を「保険契約、共済契約その他いかなる名称であるかを問わず、当事者の一方が一定の事由が生じたことを条件として財産上の給付を行うことを約し、相手方がこれに対して当該一定の事由の発生の可能性に応じたものとして保険料を支払うことを約する契約」とする。また、同法は保険契約の類型として①損害保険契約（傷害疾病損害保険契約を含む）、②生命保険契約、③傷害疾病定額保険契約の三つを

設け、それぞれを定義する。

◆保険法における保険契約の定義　保険法では、同法が適用される「保険契約」について、「保険契約、共済契約その他いかなる名称であるかを問わず、当事者の一方が一定の事由が生じたことを条件として財産上の給付を行うことを約し、相手方がこれに対して当該一定の事由の発生の可能性に応じたものとして保険料を支払うことを約する契約」と定める（同法2条1号参照）。

この規定は、契約の名称を問わず、①当事者の一方が一定の事由が生じたことを条件として財産上の給付を行うことを約している、②相手方が①に対して保険料や共済掛金を支払うことを約している、③前記②の保険料や共済掛金が、前記①の一定の事由の発生の可能性に応じたものとして支払われる、ことを「保険契約」の要件としている。

したがって、共済契約も「保険契約」に含まれうるが、③の要件を欠く共済契約は「保険契約」に該当しない。また、社会保障を目的とする社会保険（健康保険、厚生年金保険、雇用保険など）など、①、②の要件を欠くものは「保険契約」に該当しない。

◆保険法における保険契約の類型と定義
保険法は、保険契約の類型として①損害保険契約（傷害疾病損害保険契約を含む）、②生命保険契約、③傷害疾病定額保険契約の三つを設けている。

① 損害保険契約……保険契約のうち、保険者が一定の偶然の事故によって生ずることのある損害をてん補することを約するものをいう（保険法2条6号）。

このうち、保険者が人の傷害疾病によって生ずることのある損害（当該傷害疾病が生じた者が受けるものに限る）をてん補することを約するものは、傷害疾病損害保険契約となる（保険法2条7号）。

② 生命保険契約……保険契約のうち、保険者が人の生存または死亡に関し一定の保険給付を行うことを約するもの（傷害疾病定額保険契約に該当するものを除く）をいう（保険法2条8号）。

③ 傷害疾病定額保険契約……保険契約のうち、保険者が人の傷害疾病に基づき一定の保険給付を行うことを約するものをいう（保険法2条9号）。

損害保険契約が損害のてん補（実損てん補）を目的としているのに対し、生命保険契約と傷害疾病定額保険契約は定額給付を目的としている（すなわち損害の有無や額・程度を問わない）。そして、定額給付を目的としている保険契約のうち、人の生死を対象にしているのが生命保険契約、人の傷害や疾病を対象にしているのが傷害疾病定額保険契約である。

◆損害保険契約と生命保険契約における「被保険者」　損害保険契約の「被保険者」は「損害保険契約によりてん補することとされる損害を受ける者」（保険法2条4号イ）をいう。利得禁止原則から被保険者は同時に保険給付請求権者であって、これ以外の者に保険給付を取得させることはできないとされる。

生命保険契約の「被保険者」は「その者の生存又は死亡に関し保険者が保険給付を行うこととなる者」（保険法2条4号ロ）

をいう。保険給付請求権の帰属主体として、別途、保険金受取人（同条5号）を定めることができ、被保険者が保険給付請求権の帰属主体となることは必然ではない。

| 11291 | 第一分野・第二分野・第三分野 |

第一分野の保険・第二分野の保険・第三分野の保険とは、それぞれ何のことか

結　論

　生命保険会社のみが取り扱うことができる保険を第一分野（生命保険固有分野）の保険、損害保険会社のみが取り扱うことができる保険を第二分野（損害保険固有分野）の保険という。

　医療・疾病・傷害・介護保険等の保険を第三分野の保険といい、生命保険会社と損害保険会社との双方で取り扱うことが認められている。

解　説

　保険業を営むことは、内閣総理大臣の免許を受けた株式会社もしくは相互会社のみに認められている（保険業法3条1項）。この保険業の免許は、生命保険業免許と損害保険業免許との2種類があり（同条2項）、それぞれ取り扱うことができる保険の範囲が定められている。

　「人の生存又は死亡……に関し、一定額の保険金を支払うことを約し、保険料を収受する保険」、いわゆる生命保険の引受を行うことは生命保険業免許にのみ認められている（保険業法3条4項1号）。一方、

「一定の偶然の事故によって生ずることのある損害をてん補することを約し、保険料を収受する保険」、いわゆる損害保険の引受を行うことは損害保険業免許にのみ認められている（同条5項1号）。

　この両免許を同一の者が受け、兼営することは認められていないので（保険業法3条3項。なお子会社方式での相互参入は可能）、死亡・生存保険の分野は生命保険会社のみが取り扱うことができることとなり、この分野を生命保険固有分野もしくは第一分野といい、損害保険分野は損害保険会社のみが取り扱うことができることとなり、この分野を損害保険固有分野もしくは第二分野という。

　一方、前記の生命保険固有分野と損害保険固有分野との2分法ではどちらにも分類できない医療・疾病・傷害・介護保険等の分野が、第三分野といわれる。

　平成8年に保険業法が改正される前までは、第三分野商品の位置づけが法的に定められていなかったため、特定の第三分野商品については外資系生命保険会社等に限り単独商品としての販売が認められ、国内の大多数の生命保険会社については特約として付することのみ認めるとする取扱いがなされていた。しかし、第三分野商品のニーズが高まるに伴い、第三分野の位置づけを明確に定義づけることが必要となった。

　こうした状況をふまえ、平成8年に保険業法が改正され、第三分野については、①人が疾病にかかったこと、②傷害を受けたこと、または疾病にかかったことを原因とする人の状態、③傷害を受けたことを直接の原因とする人の死亡、④出産およびこれを原因とする人の状態、⑤老衰を原因とす

る常時の介護を要する身体の状態、⑥骨髄の提供およびこれを原因とする人の状態、⑦前記①、②、④〜⑥に関し治療を受けたことに関する保険と定義された（同法3条4項2号・5項2号、同法施行規則4条）。これらの第三分野商品については、生命保険会社・損害保険会社の双方がそれぞれの固有分野とあわせて引き受けることが認められることとなった。さらに、平成28年4月1日に「不妊治療を要する身体の状態」（同法施行規則4条2号）が追加されている。

なお、この法改正に際しては、激変緩和措置として当該分野への乗入れ規制措置（「当分の間、特定分野に係る商品・料率の認可申請があった場合は、特定保険会社の特定分野の経営環境に急激な変化をもたらし、特定保険会社の事業の健全性の確保にかけるかどうか考慮して審査する」（保険業法附則121条））が設けられた。これは、疾病保険やガン保険等の第三分野に依存度の高い外資系保険会社の保護を求める米国の主張によるものである。その具体的な内容は、平成8年12月の日米保険協議を受けて、子会社による第三分野への参入について、①生命保険会社の損害保険子会社による「積立傷害保険」の販売禁止等、②損害保険会社の生保子会社による医療保険およびガン保険の単品販売の禁止等の措置を講ずるというものであった。

ただし、この激変緩和措置は、平成13年1月をもって撤廃されている。

11292 引受保険会社

引受保険会社には相互会社と株式会社とが存在するが、どのような違いがあるか

結　論

相互会社とは保険事業特有の会社形態であり、相互会社と株式会社との違いは主に以下の4点に集約できる。

① 会社を構成する者はだれか
② 最高意思決定機関は何か
③ 主な資本は何か
④ 剰余金はだれに帰属するか

解　説

◆**構成員**　相互会社は保険業を行うことを目的として保険業法に基づき設立された保険契約者をその社員とする社団をいい（同法2条5項）、保険契約者（定款で定められた無配当保険等の非社員契約の契約者は除く。同法63条1項）を社員として構成されるのに対し、株式会社の場合は出資者である株主により構成される。つまり、相互会社の保険契約者（無配当保険等の非社員契約の契約者は除く）は相互会社の構成員であるのに対して、株式会社の保険契約者はその構成員たりえず、単に保険サービスを購入した顧客にとどまる。

◆**最高意思決定機関**　相互会社の最高意思決定機関は、構成員である社員による社員総会（保険業法37条以下）、あるいは社員のうちから選出された総代により構成される総代会となる（同法42条以下）。これに対して株式会社は構成員たる株主による

株主総会が最高意思決定機関である。

なお、相互会社については、現在、各社とも膨大な数の社員を有しているため社員総会を行うことは事実上不可能であり、国内すべての相互会社が総代会を最高意思決定機関としている。この総代会については、事案の透明性を高めるとともに経営チェック機能の充実を図るよう、総代会における説明・報告事項等の運営の詳細や総代が特定の業界に偏らないようにすること等のその選出に関する詳細が保険会社監督指針に定められている。

◆**主な資本**　株式会社の主な資本は資本金であるが、相互会社には資本金は存在せず、資本金に相当するものとして基金がある。株式会社の資本金が株主からの払込金であるのに対し、基金は第三者からの借入金であり、相互会社は基金の拠出者に利息を支払い、定款の定めるところにより償却する。相互会社の基金（基金償却積立金を含む）、株式会社の資本金は、ともに保険業の健全性維持の観点から、その総額が10億円以上でなければならない（保険業法6条、同法施行令2条の2）。

◆**剰余金の帰属**　相互会社の剰余金は、社員配当金として構成員たる社員（＝保険契約者）に帰属するのに対して、株式会社の剰余金は、株主配当として構成員たる株主（≠保険契約者）に帰属する。なお、株式会社においても保険約款に基づいて保険契約者に契約者配当金として配当を支払っている場合もある。

11293	保険会社の破綻に対する保険契約者の保護

保険会社が破綻した際には、どのような手続によって法的整理がなされるか。また、その際に、保険契約者を保護するためにどのようなスキームが存在するか

結　論

保険会社の破綻処理手続は、金融機関等の更生手続の特例等に関する法律に基づく更生手続または保険業法に基づく行政手続のいずれかの方法で行われる。

その場合、保険契約者保護機構によって、破綻時点の保険契約は責任準備金等の一定割合まで補償される。

解　説

◆**保険会社の破綻処理**　保険会社が破綻した場合には、①金融機関等の更生手続の特例等に関する法律（以下「更生特例法」という）に基づく更生手続、または②保険業法に基づく業務および財産の管理命令という行政手続のいずれかにより破綻処理が進められる。

◆**更生特例法に基づく更生手続**　①の更生特例法に基づく更生手続とは、経営が困難となった金融機関の維持更生・保険契約者等の権利の実現を確保しつつ事業を継続するために行う処理で、裁判所の監督のもとで進められる。

破綻保険会社等は更生手続開始の申立を裁判所に行い、裁判所は、手続開始の判断をした場合には、開始決定と同時に更生管財人を選任する。管財人は破綻会社の業

務・財産を管理・調査しながら、保険契約の移転・承継等を含む更生計画を策定する。この計画が関係者に承認され、裁判所の認可がなされた後には、この計画の定めるところにより、保険契約の継続が図られる。

なお、更生手続開始決定までは、更生手続開始申立日の前日までに保険事故が発生している保険金等の全額支払や補償対象契約の保険金等の一定額の支払等の業務は認められるが、新たな保険契約の締結や保険契約転換、解約の受付、保険期間の変更など保険契約の内容の変更等を行うことは認められず、開始決定後から更生計画が認可されるまでの間は更生管財人が裁判所の監督のもとに決定する。

◆**保険業法に基づく行政手続**　②の保険業法に基づく行政手続は、内閣総理大臣（金融庁長官）の命令により進められる破綻処理である。内閣総理大臣は、保険会社の業務や財産の状況に照らしてその保険業の継続が困難であると認められるとき、またはその業務の運営が著しく不適切であり保険契約者等の保護に欠ける事態を招くおそれがあると認められるときは、保険会社に対し、業務の全部もしくは一部の業務の停止を命じ（業務停止命令）、保険管理人による業務および財産の管理を命ずる処分（管理命令）を行うことができる。内閣総理大臣は管理命令と同時に保険管理人を選任する。保険管理人は、破綻会社の業務・財産を管理・調査しながら、保険契約の移転・承継等を含む業務・財産の管理に関する計画を作成する。この管理計画の承認を金融庁長官に求め、承認後はこの計画に基づいて保険契約の継続が図られる。

◆**保険契約者保護機構**　保険会社の破綻時には上記のように破綻処理が進められるが、保険会社が破綻したときに、保険契約者が別の保険会社と保険契約を締結し直そうとしても、たとえば年齢や健康状態等の問題から、同じ条件で保険契約を締結できるとは限らない。そこで、契約者保護の観点から、破綻保険会社の保険契約をできる限り存続させることで保障機能を維持することが重要になるため、保険契約の移転・承継等の制度を整備するとともに、保険契約者保護機構（以下「保護機構」という）が責任準備金の一定割合まで補償することとなっている。

保護機構は生・損保別に「生命保険契約者保護機構」および「損害保険契約者保護機構」が設立され、すべての保険会社が加入を義務づけられている。保護機構は、破綻した保険会社の契約を引き継ぐ救済保険会社への資金援助を行うほか、救済保険会社が現れない場合には、保護機構の子会社として設立される承継保険会社への保険契約の承継、または保護機構自らが契約の引受を行うことで、保険契約の継続を図る仕組みを整えている。

保護機構による補償の内容は、生命保険契約（高予定利率契約を除く）においては、破綻時点の責任準備金等の90％が補償される。また、損害保険契約においては、自賠責保険と家計地震保険は責任準備金等の100％が補償され、自動車保険・火災保険（保険契約者が個人、中小企業基本法に定める小規模法人、マンション管理組合である場合のみ。「その他の損害保険」について同じ。）・その他の損害保険（賠償責任保険・動産総合保険・海上保険・運送保険・信用保険・労働者災害補償責任保険など）・

海外旅行傷害保険・保険期間1年以内の傷害保険は、破綻後3カ月間は責任準備金等の100%（3カ月経過後は80%）が補償され、年金払型積立傷害保険・財産形成貯蓄傷害保険・確定拠出年金傷害保険・その他の疾病・傷害保険（傷害保険・所得補償保険・医療保険・介護（費用）保険など）は責任準備金等の90%が、それぞれ補償される。

破綻保険会社の財産状況により、上記補償割合を上回る補償が可能である場合には、当該財産状況に応じた補償割合による給付を受けることができる。

なお、保険契約の移転等の際には、保険契約を適正に維持するために、保険料の算定基礎となる基礎率（予定利率、予定死亡率、予定事業費率等）の変更が行われる場合もあり、この結果、保険金額が減額される可能性がある。

また、一定の保険契約者を維持して更生計画等の円滑な実施を図るために移転・承継された保険契約を一定期間内に解約した場合には、契約条件変更後の解約返戻金等から一定割合が削減される早期解約控除が設けられることもある。

11294 募集人登録申請

金融機関（銀行等）が保険募集を行うにあたり、どのような登録を受ける必要があるか。また、登録内容に変更が生じた場合の手続はどのようになっているか

結 論

銀行等金融機関が生命保険募集を行うためには、銀行等と保険募集に携わる役職員がともに募集人登録を受ける必要がある。一方、損害保険募集を行うためには、銀行等が損害保険代理店登録を受ける必要があるが、保険募集に携わる役職員は届出で足りる。

これら登録・届出内容に変更等が生じた場合には、遅滞なくその旨を届け出なければならない。

解 説

◆**登録義務・届出義務**　保険業法は、保険商品および保険募集形態ごとに保険募集できる者（生命保険募集人、損害保険募集人、特定少額短期保険募集人、保険仲立人）を規定し、それらの者以外の者が保険募集を行うことを禁止している（同法275条）。

生命保険の募集をする「生命保険募集人」については、すべての者に登録が義務づけられており（保険業法276条）、登録してはじめて保険募集をすることができる。具体的には、銀行等自身が法人として募集人登録をするとともに、募集業務に携わる役職員もすべてこの登録を受けなければならない。

一方、損害保険の募集については、登録が義務づけられているのは「損害保険代理店」であるため、銀行等自身が法人として登録をすることで足りる（保険業法276条）。ただし、損害保険代理店は、保険募集に携わる役職員の氏名および生年月日を届け出なければならない（同法302条）。

◆**登録・届出手続**　これらの登録申請や届出は、実務上は、所属保険会社（所属保険会社が複数あるときはその1社）を代理人としてその保険会社を介して手続を行っている（この代理人となる保険会社のことを代理申請会社（代申会社）という）。

登録申請をする際には、登録申請書とともに、定められた添付書類を提出する必要がある（保険業法277条）。

登録申請書の記載事項は、①商号、名称または氏名および生年月日、②事務所の名称および所在地、③所属保険会社の商号、名称、④ほかに業務を行っているときはその業務の種類、⑤登録申請者が法人であるときはその法人を代表する役員の氏名、⑥登録申請者が生命保険募集人の使用人であるときは当該生命保険募集人の商号、名称または氏名、⑦代申会社を代理人として登録の申請をするときは当該代申会社の商号、名称の記載が必要となる（保険業法277条・同法施行規則213条）。

また、添付書類として定められているのは、①保険業法279条1項各号（同項6号に係る部分を除く）に列記された登録拒否事由（具体的な登録拒否事由については【11295】を参照されたい）のいずれにも該当しないことを誓約する書面、②登録申請者が法人であるときはその役員の氏名および住所を記載した書面、③登録申請者が生命保険募集人または損害保険代理店であることを証する書面、④登録申請者が法人であるときはその定款、登録事項証明書またはこれらにかわる書類、⑤登録申請者が個人であるときは当該登録申請者の住民票の抄本またはこれにかわる書類である（同法277条・同法施行規則214条）。

この登録申請書もしくは添付書類のうち重要な事項について虚偽の記載があり、もしくは重要な事実の記載が欠けているときは、内閣総理大臣は登録を拒否しなければならない（保険業法279条）。また、申請者が上記書類に虚偽の記載をして提出した場合には30万円以下の罰金が罰則として科せられる（同法320条）。

◆**登録内容の変更**　また、登録内容に変更が生じた場合には、遅滞なくその旨を内閣総理大臣に届け出なくてはならない（保険業法280条）。変更の届出が義務づけられているのは、①登録申請した内容の変更、②保険募集の業務を廃止したとき、③生命保険募集人または損害保険代理店である個人が死亡したとき、④生命保険募集人または損害保険代理店である法人の破産手続開始の決定があったとき、⑤生命保険募集人または損害保険代理店である法人が合併により消滅したとき、⑥生命保険募集人または損害保険代理店である法人が合併および破産以外の理由により解散したとき、となっている。②～⑥のいずれかに該当したときは、その登録の効果を失う（同条）。

なお、銀行等の役職員が監査役、監査等委員会の委員、監査委員会の委員に就任した場合は、上記②の保険募集の業務の廃止に該当するため、廃業の届出をしなければならない。

これは、保険業法で定める生命保険募集人・損害保険募集人・損害保険代理店等の定義における「役員」から、上記の者が除外されていることによる。

その理由は、監査役や監査等委員会の委員、監査委員会の委員は、会社の会計や業務等の状況を監督する立場にあり、会社の

行為としての保険募集に従事することは利益相反の状況を生ずることから望ましくないと考えられているためである（代表権を有する役員については、その者の行う保険募集行為が保険会社の契約締結行為そのものとみなされることから、生命保険募集人等の定義における「役員」から除外されている）。これらの変更事項が生じたにもかかわらず届出をしなかった場合、または虚偽の届出をした場合には、保険業法280条各号で届出義務を負うと定められている者に対し、50万円以下の過料が罰則として科される（同法337条）。

◆**届出内容の変更**　　また、損害保険代理店が保険募集を行わせている役職員の届出内容に変更があった場合や、届け出ている役職員が死亡もしくは募集業務を行わなくなった場合にも、内閣総理大臣に届け出ることが義務づけられており（保険業法302条）、この届出をしなかった場合、または虚偽の届出をした場合にも、同様に50万円以下の過料が罰則として科される（同法337条）。

11295　募集人の要件

生命保険募集人や損害保険代理店が登録する際、注意しなければならない点は何か

結　論

　生命保険募集人や損害保険代理店を登録する際には、法定されている登録拒否要件に該当しないことを確認する必要がある。

解　説

◆**生命保険募集人・損害保険代理店の登録拒否要件**　　生命保険募集人および損害保険代理店は、登録しなければ保険募集を行うことができない（保険業法276条）。また、保険募集を行うに不適格な者は登録させるべきでないことから、内閣総理大臣（金融庁長官）は、次の要件（登録拒否要件）に該当するときは、登録を拒否しなければならない（同法279条1項）。

①　破産者で復権を得ない者または外国の法令上これと同様に取り扱われている者

②　禁錮以上の刑（これに相当する外国の法令による刑を含む）に処せられ、その刑の執行を終わり、または刑の執行を受けることがなくなった日から3年を経過しない者

③　保険業法またはこれに相当する外国の法令の規定に違反し、罰金の刑（これに相当する外国の法令による刑を含む）に処せられ、その刑の執行を終わり、または刑の執行を受けることがなくなった日から3年を経過しない者

④　内閣総理大臣により登録を取り消され、その取消の日から3年を経過しない者

⑤　成年被後見人、被保佐人または外国の法令上これと同様に取り扱われている者

⑥　申請の日前3年以内に保険募集に関し著しく不適当な行為をした者

⑦　保険仲立人またはその役員もしくは保険募集を行う使用人

⑧　営業に関し成年者と同一の行為能力を有しない未成年者でその法定代理人が上記①〜⑦のいずれかに該当するもの

⑨　法人でその役員のうちに上記①〜⑥の

いずれかに該当する者のあるもの

⑩　個人でその保険募集を行う使用人のうちに上記⑦に該当する者のあるもの

⑪　法人でその役員または保険募集を行う使用人のうちに上記⑦に該当する者のあるもの

　加えて、登録申請書や添付書類の重要な事項について虚偽の記載がある場合や、重要な事実の記載が欠けている場合も、登録は拒否される（保険業法279条1項）。

◆**損害保険代理店の役員・使用人**　　損害保険代理店の役員もしくは使用人は、届け出なければ保険募集を行うことができない（保険業法302条）。当該届出に関しては、前述のような拒否要件は定められていない。

募　　　　　集

11296　保険募集の定義

保険募集とは、どのような行為をいうか。
無登録募集の罰則はいかなるものか

結　論

　「保険募集」とは、保険契約の締結の代
理または媒介を行うことをいう。具体的に
は、見込客への保険ニーズの喚起から保険
契約の内容説明・保険契約の締結までの一
連の行為を指す。なお、単なるチラシの配
布、事務手続等についての説明、一般的な
保険商品の仕組みなどのセミナーについて
は、保険募集には該当しないとされている。

解　説

◆**保険募集の定義**　「保険募集」とは、
保険契約の締結の代理または媒介を行うこ
とをいう（保険業法2条26項）。「代理」と
は保険会社の名において保険会社のために
保険契約の締結を行うことをいい、「媒介」
とは保険会社と契約者との間の保険契約の
締結へ向けて仲介・あっせんすることをい
う（媒介と代理については【11298】参照）。

◆**保険募集に該当する行為・該当しない行
為**　保険会社監督指針において、以下の
行為を行う場合は、保険募集であるとし
て、保険募集人登録・届出を行う必要があ
るとされている（保険会社監督指針Ⅱ－4－
2－1(1)）。

① 　保険契約の締結の勧誘
② 　保険契約の締結の勧誘を目的とした保
　険商品の内容説明
③ 　保険契約の申込みの受領
④ 　その他の保険契約の締結の代理または
　媒介

　「④その他の保険契約の締結の代理また
は媒介」として、保険設計書の提示および
保険料の算出・提示、申込書の作成、保険
料領収などが含まれると解される。また、
④に該当するか否かについては、一連の行
為のなかで、当該行為の位置づけをふまえ
たうえで、以下のア. およびイ. の要件に
照らして、総合的に判断するものとすると
されている。

ア. 保険会社または保険募集人などからの
　報酬を受け取る場合や、保険会社または
　保険募集人と資本関係等を有する場合な
　ど、保険会社または保険募集人が行う募
　集行為と一体性・連続性を推測させる事

情があること。

イ．具体的な保険商品の推奨・説明を行う
　ものであること。

　一方、以下の行為を行う場合は、基本的
に保険募集・募集関連行為（募集関連行為
については【11297】）のいずれにも該当し
ないものとされている（保険会社監督指針
Ⅱ-4-2-1(2)注３）。

①　保険会社または保険募集人の指示を受
　けて行う商品案内チラシの単なる配布

②　コールセンターのオペレーターが行う、
　事務的な連絡の受付や事務手続等につい
　ての説明

③　金融商品説明会における、一般的な保
　険商品の仕組み、活用法等についての説
　明

④　保険会社または保険募集人の広告を掲
　載する行為

　もっとも、上記①～④の行為が無条件に
保険募集に該当しないとされているわけで
はなく、「一連の行為の中で当該行為の位
置付けを踏まえた上で総合的に判断する必
要がある」とされていることに注意する必
要がある。たとえば、金融商品説明会の形
をとりながら実際には特定の保険商品の販
売を目的とした説明会であった場合は、当
該説明会における説明も保険募集に該当す
る可能性がある。

◆**無登録募集の罰則**　　保険業法において
は、生命保険募集人、損害保険募集人、ま
たは保険仲立人として登録されていない者
が上記に該当する募集行為を行うと（無登
録募集）、１年以下の懲役もしくは100万円
以下の罰金に処せられるか、またはこれら
を併科する（保険業法317条の２）として
いる。

11297　募集関連行為

募集関連行為とは何か。銀行等が募集関連
行為を第三者に委託する場合、留意すべき
点は何か

結　論

　募集関連行為とは、契約見込み客の発掘
から契約成立に至るまでの広い意味での保
険募集のプロセスのうち、「保険募集」（保
険業法２条26項）に該当しない行為をいう。
銀行等の保険募集人が募集関連行為を第三
者に委託する場合（それに準じる関係に基
づいて行わせる場合を含む）は、受託した
第三者（募集関連行為従事者）が「保険募
集」に該当する行為または特別利益の提供
等の募集規制の潜脱につながる行為などの
不適切な行為を行わないよう、募集関連行
為従事者の事業規模や業務特性に応じた適
切な委託先管理等を行う必要がある。

解　説

◆**紹介行為等の募集関連行為の「保険募
集」への該当性**　　募集関連行為とは、た
とえば、保険商品の推奨・説明を行わず契
約見込み客の情報を保険会社または保険募
集人に提供するだけの行為や、比較サイト
等の商品情報の提供を主たる目的としたサ
ービスのうち保険会社または保険募集人か
らの情報を転載するにとどまるものが考え
られる。他方で、たとえば、以下の行為に
ついては、「保険募集」（「保険募集」の定
義は【11296】参照）に該当しうることに
留意する必要がある（保険会社監督指針Ⅱ

- 4 - 2 - 1 ⑵（注１）（注２））。

① 業として特定の保険会社の商品（群）のみを見込み客に対して積極的に紹介して、保険会社または保険募集人などから報酬を得る行為

② 比較サイト等の商品情報の提供を主たる目的としたサービスを提供する者が、保険会社または保険募集人などから報酬を得て、具体的な保険商品の推奨・説明を行う行為

また、銀行等が他の保険募集人のために見込み客の紹介等の募集関連行為を行う場合は、銀行等は当該他の保険募集人から募集関連行為を受託することになり、したがって当該他の保険募集人の委託先管理に従う必要がある。

◆**募集関連行為従事者に関する委託先管理等**　募集関連行為従事者に関する委託先管理等の具体的な内容として、以下の①～③があげられる（保険会社監督指針Ⅱ - 4 - 2 - 1 ⑵））。

① 募集関連行為従事者において、保険募集行為または特別利益の提供等の募集規制の潜脱につながる行為が行われていないか。

② 募集関連行為従事者が運営する比較サイト等の商品情報の提供を主たる目的としたサービスにおいて、誤った商品説明や特定商品の不適切な評価など、保険募集人が募集行為を行う際に顧客の正しい商品理解を妨げるおそれのある行為を行っていないか。

③ 募集関連行為従事者において、個人情報の第三者への提供に係る顧客同意の取得などの手続が個人情報の保護に関する法律等に基づき、適切に行われているか。

◆**募集関連行為従事者への支払手数料等の設定**　募集関連行為従事者へ手数料等の報酬を支払う場合は、慎重な対応が求められる。たとえば、保険募集人が、高額な紹介料やインセンティブ報酬（紹介者数や紹介により成約に至った保険契約数等に応じて増減する報酬）を支払って募集関連行為従事者から見込み客の紹介を受ける場合、一般的にそのような報酬体系は募集関連行為従事者が本来行うことができない具体的な保険商品の推奨・説明を行う蓋然性を高めると考えられることに留意する必要がある。

◆**募集関連行為従事者による顧客への利益提供**　近年、インターネット上などにおいて、保険契約に関するアンケートを募り、それに応じた顧客（契約見込み客）に対して現金や商品券などを提供し、当該顧客の情報を保険会社や保険募集人に紹介し、当該保険会社や保険募集人から、報酬（手数料等）を得るといった行為（業）を行っている者が存在する。

これらは、直ちに、「特別利益の提供」に該当する行為ではないものの（特別利益の提供については【11309】参照）、たとえば、送客を受けた保険代理店等が当該顧客に対して保険募集を行うことで、その行為と保険募集に一体・連続性が生じることとなれば、当該保険募集を行った保険会社や保険募集人等は、当該顧客を紹介した者を通じて「特別利益の提供」を行ったこととなりうることに留意する必要がある（保険業法300条１項、同法施行規則234条１項１号）。

11298 媒介と代理

生命保険募集人の媒介と損害保険募集人の代理とでは何が異なるか

結　論

保険会社から与えられた権限が異なる。一般的に、生命保険募集人は保険会社から「媒介」権限のみが付与されているのに対し、損害保険募集人には「代理」権限が付与されているため、行える業務の範囲に差異がある。

解　説

金融機関（銀行等）が保険窓販を行う場合、保険会社と代理店業務委託契約を締結するのが通例であり、金融機関が行うべき窓販業務の範囲は、通常、この代理店業務委託契約で定められる。

保険業法上、生命保険募集人・損害保険募集人は、保険契約の締結の「代理」（保険会社の名において保険会社のために保険契約の締結を行うこと）または「媒介」（保険会社と契約者との間の保険契約の締結に向けて仲介・あっせんを行うこと）のいずれを行うことも可能とされているが（同法2条26項）、一般的に、生命保険募集人は保険会社から保険契約の締結の「媒介」権限のみを付与されているのに対し、損害保険募集人は保険契約の締結の「代理」権限を付与されている。損害保険募集人に付与されている代理権には、契約締結権のほか、告知受領権、保険料受領権がある。告知受領の取扱いについては【11307】

を参照されたい。

実務上は、生命保険募集人たる行員は生命保険会社を代理して生命保険契約の締結を行うことができず、告知受領権等（【11307】参照）もない点に、留意が必要である。したがって、生命保険募集人は「（生命保険会社の承諾前に）契約が成立しました」「既往症については私（行職員）に口頭で告知いただければ結構です」などの説明を行ってはならない。

なお、生命保険募集人および損害保険募集人が保険募集を行おうとするときは、顧客に対して、自己が保険会社の代理人として保険契約を締結するか、または保険契約の締結を媒介するかを明示しなければならない（保険業法294条3項）。明示の方法については特に定めはないが、通常は保険会社が提供している募集用の資料に顧客説明用の記載があり、それを利用して顧客に説明を行うこととなる。

・顧客説明用の記載の文言例（代理権を有しない場合・生保）：「○○生命保険会社の生命保険募集人は、お客様と○○生命保険会社の保険契約締結の媒介を行うものであり、保険契約締結の代理権はありません。したがって、保険契約は、お客様のお申込みに対して○○生命が承諾したときに有効に成立します」

・顧客説明用の記載の文言例（代理権を有する場合・損保）：「代理店は○○損害保険会社との委託契約に基づき、保険契約の締結・契約の管理業務等の代理業務を行っております。したがいまして、代理店とご締結いただいて有効に成立したご契約につきましては、○○損害保険会社と直接ご契約されたものとなります」

11299　正規行職員以外の職員による保険募集

正規行職員以外の職員（嘱託社員・契約社員・派遣社員・パートスタッフ等）に保険募集を行わせる際に留意すべき点はあるか。また、いわゆる「委託型募集人」の適正化とは何か

結　論

派遣社員の場合は、労働者派遣契約上、保険募集業務に従事させる旨の明記が必要である。嘱託社員・契約社員・パートスタッフ等においても、その旨を労働契約上に明記するのが望ましい。

解　説

◆正規行職員以外の保険募集　正規行職員でなければ保険を募集できないといった定めはなく、正規行職員以外の職員も、銀行等の指揮命令に服する使用人であれば、生命保険においては内閣総理大臣による登録を受け、損害保険においては内閣総理大臣への届出が受理されたうえで、保険募集をさせることは可能である（保険業法275条・276条・302条）。

なお、派遣社員については、代申会社への保険募集資格試験の申込みや登録申請・届出等を、派遣元ではなく正規行職員における申請・届出等と同様に銀行等で行う必要があることに注意が必要である。また、労働者派遣契約に基づき派遣元から派遣される派遣社員については、労働者派遣契約上、保険募集業務に従事させる旨の明記が必要とされる（労働者派遣事業の適正な運営の確保及び派遣労働者の保護等に関する法律26条1項1号）。

嘱託社員・契約社員・パートスタッフ等については、雇用契約上、業務内容がある程度包括的な形で記載されている（たとえば、「窓口係」や「事務職」等）ことが通例と考えられるが、これらに保険募集を行わせるのであれば、後日のトラブルを防止する観点から、「保険募集業務を含む」旨の記載があるのが望ましい（雇用契約上明示すべき労働条件については、労働基準法15条1項および同法施行規則5条（短時間労働者においては、短時間労働者の雇用管理の改善等に関する法律6条）参照）。

◆委託型募集人の適正化　【11295】のとおり、損害保険代理店においては、届出を行った使用人のみ保険募集に従事させることができることとされている。

当該使用人について、以前は、当該代理店と雇用関係を有する者に限られていたが、平成12年の規制緩和要望を受けて基準が見直された結果、代理店との雇用関係は使用人たる要件から削除されたところであるが、その結果、代理店は本来その使用人が行う募集業務について、教育・指導・管理を行うことを当然に求められるにもかかわらず、代理店と第三者の間に形式的に委託契約等の関係があることをもって当該第三者を使用人（いわゆる「委託型募集人」）として届出を行い、適切な教育・指導・管理を行うことなく当該第三者に募集業務を行わせている可能性がある、との課題が生じた。

このような状況をふまえ、使用人との間の契約関係の名目にかかわらず、保険募集人が自らの使用人と位置づけて募集業務を行わせることが認められるのは、法令等に

基づき使用人としてふさわしい教育・指導・管理等を受けている者のみであることを明確にすることが適当とされ、現在は、保険代理店において、保険募集に従事する役員または使用人（派遣労働者を含む）については、以下の要件を満たす必要があるとされている（保険会社監督指針Ⅱ-4-2-1(3)①参照）。

① 保険募集に従事する役員または使用人とは、保険代理店から保険募集に関し、適切な教育・管理・指導等を受けて保険募集を行う者であること
② 使用人については、上記①に加えて、保険代理店の事務所に勤務し、かつ、保険代理店の指揮監督・命令のもとで保険募集を行う者であること
③ 保険業法302条に規定する保険募集に従事する役員または使用人は、他の保険代理店または損害保険会社において保険募集に従事する役員または使用人にはなれないこと

11300　他の保険代理店への出向

銀行等に在籍する生命保険販売資格（いわゆる「募集人資格」）を有する行職員を他の保険代理店に出向させる場合に、留意すべき点は何か。保険販売資格試験等は再受験のうえ、これに合格する必要があるか

結　論

　行職員を他の保険代理店に出向させる場合、一般的に一度銀行等の行職員としての生命保険募集人登録は取り消し、出向先の保険代理店で、新たに生命保険募集人登録をしなければならない。したがって、この場合には生命保険募集人登録をする際に保険販売資格試験等を再受験する必要がある。

解　説

◆代理申請会社（代申会社）　銀行等金融機関およびその役職員が生命保険募集業務にかかわる業務を行うためには、募集人として内閣総理大臣の登録を受けなければならない（保険業法275条）。また、登録内容に変更等があれば、遅滞なく変更等の届出を行わなければならない（同法280条）。登録の申請・登録内容の変更届は、その所属保険会社が代理して行うことになっている。

◆出向先での保険募集　行職員が出向先の保険代理店で保険募集業務を行うには、出向元である銀行等の代理申請会社において当該行職員の登録を取り消し、出向先の保険代理店の代理申請会社において当該行職員の登録を行う必要がある。したがって、この場合には、新たに当該行職員を登録する際に生命保険販売資格を取り直す必要がある。

◆監査役、監査等委員会の委員、監査委員会の委員の募集人登録の禁止　監査役、監査等委員会の委員、監査委員会の委員は、会社の会計や業務等の状況を監査する立場にあり、会社の行為としての保険募集に従事することは利益相反の状況を生ずるため、募集人登録を受けることはできないこととされている（保険業法2条19項）。このため、募集人である行職員が上記の者として保険募集代理店に出向する場合には、出向元である銀行等の代理申請会社で募集人登

録を抹消しなければならず、出向元である銀行等は、行職員が上記の者として出向することが確定した段階で遅滞なく代理申請会社に届け出る必要がある。

◆出向に伴う特定関係法人の変更　行職員を他の保険募集代理店に出向させた場合、出向元の銀行等と出向先の保険代理店との間に資本関係がなくとも、人的関係のある「特定関係法人」となる場合がある。この場合、出向元銀行等と当該保険募集代理店とは、遅滞なく各代理申請会社に特定関係法人となった旨の届出をする必要がある。

11301　高齢者募集ルール

高齢者募集ルールとは何か。どのように設定・運営すればよいか

結　論

　高齢者は加齢により理解力や判断力が低下していることが懸念されるため、高齢者や商品の特性等を勘案したうえで、トラブルの未然防止・早期発見に資する取組みを含めた高齢者募集ルールを定めることが求められている。

　高齢者募集ルールについては、その運用状況と苦情・紛争等の発生状況のモニタリングを行い、その結果をふまえて、ルールの実効性と改定の要否を検証していく必要があると考えられる。

解　説

◆経緯　独立行政法人国民生活センターは、平成21年7月21日付で生命保険協会お

および全国銀行協会に対し、「個人年金の銀行窓口販売に関するトラブルの防止について（要望）」を提出し、さらに、平成24年4月にも「銀行窓口で勧誘された一時払終身保険に関するトラブル（情報提供）」および相談事例が公表されている。いずれも、顧客に対して無理な勧誘を行わないことや、丁寧な勧誘を行うことを募集人に対して要請するとともに、消費者に対しても慎重な判断を行うよう注意喚起を行う趣旨のものであるが、とりわけ高齢者がトラブルに遭うケースが多いことから、平成26年2月に、保険会社監督指針が改正され、高齢者に対する保険募集に関する留意点が明記された（保険会社監督指針II-4-4-1-1-(4)参照）。

◆監督指針の内容　保険会社監督指針では、社内規則等に高齢者の定義を規定することとともに、高齢者や商品の特性等を勘案したうえで、きめ細やかな取組みやトラブルの未然防止・早期発見に資する保険募集方法を定めることを規定しており、具体的には、①保険募集時に親族等の同席を求める方法、②保険募集時に複数の保険募集人による保険募集を行う方法、③保険契約の申込みの検討に必要な時間的余裕を確保するため、複数回の保険募集機会を設ける方法、④保険募集を行った者以外の者が保険契約申込みの受付後に高齢者へ電話等を行うことにより、高齢者の意向に沿った商品内容等であることを確認する方法が例示されている。また、保険募集内容の記録・保存をすることや、高齢者募集ルールの適切性の検証等を行うことも求められている。

◆設定・運用のあり方について　高齢者募集ルールの具体的な内容については、自

金融機関の苦情・紛争等の発生状況をふまえ、顧客の利便性の観点にも配慮しつつ、前述の監督指針で例示されている①〜④のいずれかもしくは組合せ等の適切なルールを設定する必要がある。設定後も、高齢者募集における苦情を把握し、その原因を確認するなどして、設定した高齢者募集ルールの適切性の検証を行い、必要に応じて高齢者募集ルールを見直すことが考えられる。なお、苦情の発生状況等をふまえ、たとえば高齢者の定義を改定し、高齢者の範囲を縮小する場合には、改定後に従来の定義から除外される範囲の顧客についての苦情発生状況等のモニタリングを十全に行い、改定後の定義の妥当性を検証していく必要があると考えられる。

11302 特定保険契約

特定保険契約とは何か。また、変額保険とは何か。募集時に特別な資格が必要か。そのほか、募集時に留意すべき点は存在するか

結 論

　特定保険契約とは市場リスクを有するとして、保険業法300条の2により、金商法の規制の一部が保険業法において準用される保険類型である。また、変額保険とは、特定保険契約のうち、保険金等の金額が運用の成果次第で増減する生命保険であり、募集時には、内閣総理大臣により生命保険募集人登録を受けるほか、生命保険協会が実施する試験に合格し、同協会の登録を引受生命保険会社ごとに受ける必要がある。なお、特定保険契約の募集時には、保険業法が準用する金商法の各種規制にも留意する必要がある。

解 説

◆**特定保険契約とは**　保険業法において、以下のものは特定保険契約とされ、金商法の規制の一部が保険業法において準用されている（保険業法300条の2）。
① 保険業法上、特別勘定を設けなければならない保険契約（例：変額保険・変額年金保険）
② 解約による返戻金の額が、金利、通貨の価格、金融商品市場における相場その他の指標に係る変動により保険料の合計額を下回ることとなるおそれがある保険契約（例：市場価格調整機能（MVA）付保険・市場価格調整機能付年金保険）
③ 保険金等の額を外国通貨をもって表示する保険契約（例：外貨建保険・外貨建年金保険）

◆**変額保険とは**　上記①のうち保険金や解約返戻金等の金額が運用の成果次第で増減する生命保険である（ただし、運用成果に基づく保険金・解約返戻金のいずれかに最低保証があることが一般的である）。

◆**特定保険契約募集時の留意点**　特定保険契約のうち、変額保険を募集するには、内閣総理大臣により生命保険募集人登録を受けるほか、生命保険協会が実施する専門課程試験・変額保険販売資格試験に合格したうえで、同協会の登録を変額保険の引受生命保険会社ごとに受ける必要がある。

　特定保険契約は価格変動リスクを有する商品であるため、定額保険に比べて顧客へ

の説明がいっそう重要である。具体的には、定額保険の募集における保険業法上の各種規制に加え、金販法上の市場リスクに関する説明義務や、保険業法において準用されている金商法の各種規制（下記①〜⑧）が準用されている点に留意が必要である（保険業法300条の2）。

① 広告および広告類似行為を行う場合は、顧客が支払うべき手数料に関する事項やリスクに関する事項など顧客の判断に影響を及ぼすこととなる重要な事項を明瞭かつ正確に表示しなければならない（金商法37条、保険業法施行令44条の5、同法施行規則234条の15〜234条の20）。

② 変額保険の契約を締結しようとするときは、あらかじめ顧客に対し所定の事項を記載した契約締結前交付書面を交付しなければならない（金商法37条の3、保険業法施行規則234条の21〜234条の24、保険会社監督指針Ⅱ-4-2-2(2)）。

③ 変額保険の契約が成立したときは遅滞なく保険会社名・契約成立年月日・手数料に関する事項・保険会社に連絡する方法・契約内容等を記載した書面（契約締結時交付書面）を作成し、顧客に交付しなければならない（金商法37条の4、保険業法施行規則234条の25〜234条の26）。なお、当該書面は、一般的に保険契約成立後に保険会社より交付されている。

④ 銀行等（自行庫・他行庫を問わない）からの借入金を保険料に充当する場合には、当該変額保険の運用実績によっては保険金・解約返戻金等で借入元利金を返済できないリスクがあることについてあらかじめ書面を交付して説明を行い、当該説明書面の受領についての署名または

押印を取得しなければならない（金商法38条8号、保険業法施行規則234条の27第1項2号）。なお、保険会社によっては借入金を保険料に充当することを禁止している場合がある（【11331】参照）。

⑤ 契約締結前交付書面または契約変更書面の交付に関し、あらかじめ所定の事項について顧客の知識、経験、財産の状況および変額保険の契約を締結する目的に照らして顧客に理解されるために必要な方法および程度による説明をしなければならない（金商法38条8号、保険業法施行規則234条の27第1項3号）。

⑥ 顧客に迷惑を覚えさせるような時間に電話または訪問をして勧誘してはならない（金商法38条8号、保険業法施行規則234条の27第1項4号）。

⑦ 事故（銀行等の違法または不当な行為であって保険会社等とその顧客との間において争いの原因となるもの）による場合を除き、損失補てん（事前の損失保証の申込み・約束、事後の損失補てんおよび利益の追加の申込み・約束、損失補てんまたは利益の追加の実行）を行ってはならない（金商法39条）。

⑧ 顧客の知識、経験、財産の状況および契約を締結する目的に照らして、不適当な勧誘を行って、顧客の保護に欠ける、または欠けるおそれがないようにしなければならない（金商法40条、保険会社監督指針Ⅱ-4-4-1-3(1)〜(3)）。

11303 　変額保険の特別勘定

変額保険における特別勘定とは何か。特別

勘定の管理方法や保険会社の破綻時の特別勘定の取扱いはどのようになっているか

結　論

　保険会社は、変額年金保険等については、他の保険契約に基づいて運用する財産等と区分して経理するための勘定（会計上の単位）として、特別勘定を設けることとされている。

　保険会社の破綻時には、最低死亡保険金保証や最低年金原資保証等の付されている変額年金保険は、他の保険契約と同様に責任準備金等の90％が補償されている。

　一方、運用実績連動型保険契約の特定特別勘定に係る部分に該当する場合は、更生手続では、当該部分についての責任準備金等を削減しない更生計画を作成することが可能とされており、実際に削減しないか否かは、個別の更生手続のなかで確定することとなる。

解　説

◆**特別勘定とは**　　保険会社は、その保険料として収受した金銭を運用した結果に基づいて保険金、返戻金その他の給付金を支払うことを保険契約者に約した保険契約等について、当該保険契約に基づいて運用する財産をその他の財産と区別して経理するための特別の勘定（これを「特別勘定」という）を設けなければならないこととされている（保険業法118条1項、同法施行規則74条）。このため、いわゆる変額年金保険についても特別勘定が設けられており、資産運用実績に基づいて責任準備金等の額が算定されている。

◆**厳格な分別管理**　　特別勘定については厳格な分別管理が求められており、特別勘定に属するものとして経理された財産を特別勘定以外の勘定または他の特別勘定に振り替えること等は原則として禁止されている（保険業法118条2項）。

◆**破綻時のルール**　　保険会社の破綻時の補償対象契約は、運用実績連動型保険契約の特定特別勘定に係る部分を除いた国内における元受保険契約であり、高予定利率契約を除き、破綻時点の責任準備金等の90％が補償されている（保険契約者等の保護のための特別の措置等に関する命令50条の3〜50条の5）。

　この補償対象とならない「運用実績連動型保険契約の特定特別勘定に係る部分」とは、特別勘定を設置しなければならない保険契約のうち、運用結果に基づき支払われる保険金等のすべてについて最低保証（最低死亡保険金保証、最低年金原資保証等）の付されていない保険契約に係る特別勘定を指す。

　したがって、最低死亡保険金保証や最低年金原資保証等の付されている変額年金保険は、上記のとおり、他の保険契約と同様に責任準備金等の90％が補償される。

　一方、上記の運用実績連動型保険契約の特定特別勘定に係る部分（現行商品では、確定給付企業年金保険、厚生年金基金保険、国民年金基金保険等の特別勘定）については、保険会社の更生手続において、責任準備金等を削減しない更生計画を作成・認可できるとされている（金融機関等の更生手続の特例等に関する法律445条3項）。なお、実際に削減されるか否かは、個別の更生手続のなかで確定することとなる。

◆**その他**　なお、保険料を配分している特別勘定の運用・管理先（投信委託会社・信託銀行）が破綻した場合には、投資信託と同様に信託財産は保護される。

11304	情報提供義務（保険業法294条）

保険募集の際、保険募集人の情報提供義務（保険業法294条）とは、どのようなものか

結　論

　情報提供義務とは、保険募集人等が保険募集等を行う際に、保険契約者・被保険者に対して、保険契約の内容その他参考となるべき情報の提供を行う義務をいう。実務上は、主として契約概要・注意喚起情報を用いて履行される。

解　説

◆**情報提供義務**　保険商品は目にみえない商品であり、顧客が商品内容を理解するためには、保険募集人等による商品内容の正確かつ十分な説明が不可欠である。そこで、保険業法では、保険募集人等が、保険契約の締結・保険募集・団体保険の加入勧奨に際して、保険契約者または被保険者に対して、保険契約の内容その他参考となるべき情報の提供を行うことを義務づけている（同法294条）。また、この行為規制とは別に、保険会社・保険募集人に対して重要事項の説明に関する体制整備が義務づけられている（同法100条の２・294条の３、同法施行規則53条１項・53の７・227条の７）。

◆**情報提供義務（保険業法294条）とは**

重要事項とは保険契約者が保険契約の締結の際に合理的な判断をするために必要な事項をいい、具体的には当該保険契約の種類および性質等に応じて判断される。そして、保険会社監督指針では、重要事項のうち特に説明すべき重要事項を「契約概要」（顧客が保険商品の内容を理解するために必要な情報）と「注意喚起情報」（顧客に対して注意喚起すべき情報）という二つの情報に分類し、各情報の項目を定めることで、重要事項の明確化が図られている（保険会社監督指針Ⅱ－４－２－２(2)）。

　契約概要には、①当該情報が契約概要であること、②商品の仕組み、③保障（補償）の内容（保険金等の支払事由、支払事由に該当しない場合および免責事由等の保険金等を支払わない場合について、それぞれ主なものを記載すること）、④付加できる主な特約およびその概要、⑤保険期間、⑥引受条件、⑦保険料に関する事項、⑧保険料払込みに関する事項、⑨配当金に関する事項、⑩解約返戻金等の有無およびそれらに関する事項、を記載することとされている。

　注意喚起情報には、①当該情報が「注意喚起情報」であること、②クーリング・オフ、③告知義務等の内容（危険増加によって保険料を増額しても保険契約が継続できない場合がある旨の約款の定めがあるときは、それがどのような場合であるかを記載）、④責任開始期、⑤支払事由に該当しない場合および免責事由等の保険金などを支払わない場合のうち主なもの（通例でないときは、特に記載すること）、⑥保険料の払込猶予期間、契約の失効、復活等（保

険料の自動振替貸付制度を備えた保険商品については、当該制度の説明を含む）、⑦解約と解約返戻金の有無、⑧セーフティ・ネット、⑨手続実施基本契約の相手方となる指定ADR機関の商号または名称、⑩特に法令等で注意喚起することとされている事項、を記載することとされている。

◆**情報提供義務の適用除外**　【11319】参照。

◆**特定保険契約**　変額保険や外貨建保険といった「特定保険契約」（保険業法300条の2）の締結・募集に関しては、保険業法294条1項の適用が除外されているが（同法300条2項）、金商法の準用により、契約締結前交付書面の交付が義務づけられている（同法37条の3）。契約締結前交付書面に記載すべき契約概要の商品ごとの必要記載項目として、変額保険については特別勘定に属する資産の種類およびその評価方法や諸費用に関する事項（保険契約関係費、資産運用関係費）などを、外貨建保険については為替リスクに関する事項などを記載することとされている（保険会社監督指針Ⅱ-4-2-2(2)③）。

◆**履行方法**　保険募集人は、重要事項を告げる場合は、保険契約の種類や性質に応じて適正に行わなければならない。そのうえ、保険会社監督指針において、保険募集人に対して、顧客が重要事項を理解したことを確認することが求められている（保険会社監督指針Ⅱ-4-2-2(3)）。そこで、保険募集人は、申込書等において顧客から「重要事項を確認した」旨の確認印や自署等を取り付けることが通常である。

◆**罰則**　「保険契約者又は被保険者の判断に影響を及ぼすこととなる重要な事項」

に関する不告知等を行った場合、保険業法300条1項1号違反として、当該募集人に対し、同法では1年以下の懲役または100万円以下の罰金またはその併科が罰則として科される（同法317条の2第7号）。また、行政上の処分として、募集人登録の取消などがなされる場合もある。

◆**金販法・消費者契約法**　なお、重要事項の説明義務に関しては、保険業法および前述した特定保険契約に関する金商法のほか、金販法、消費者契約法によっても規制される。

金販法においては、金利、通貨の価格、金融商品市場における相場その他の指標に係る変動を直接の原因として元本欠損または元本を上回る損失が生ずるおそれがあるときは、その旨、当該指標および当該金融商品の販売に係る取引の仕組みのうちの重要な部分を説明しなければならない（同法3条1項1号・2号）。また、金融商品の販売を行う者その他の者の業務または財産の状況の変化を直接の原因として元本の欠損または元本を上回る損失が生ずるおそれがあるときは、その旨、当該者および当該金融商品の販売に係る取引の仕組みのうち重要な部分を説明しなければならない（同法3条11項3号・4号）。これらの事項について説明しなかったときは、これによって生じた損害を賠償する責任を負うとされ（同法5条）、元本欠損額は、当該顧客に生じた損害の額と推定される（同法6条1項）。

また、消費者契約法においては、重要事項について事実と異なることを告げたり、故意に消費者に不利となる事実を告げなかったり、商品等の不確実である将来における価格変動について断定的判断を提供した

りすることによって、契約者が事実を誤認して契約した場合、事業者が通常の分量等を著しく超えるものであることを知っていた場合には、消費者はその契約を取り消すことができるとされている（同法4条）。

◆**その他の説明事項**　その他、保険募集に際しては、弊害防止措置として求められる説明事項（保険取引が他の取引に影響を与えない旨の説明、預金等の誤認防止のための説明（【11343】参照）等）があることに留意が必要である。

| 11305 | 行職員の契約締結の代理権等 |

保険募集人である銀行等の行職員は、契約締結の代理権・告知受領権を有するか。行職員が「契約が成立した」旨を保険契約申込者に告げた場合、保険契約をめぐる法律関係はどうなるか

結　論

　契約締結の代理権および告知受領権については、保険会社との代理店業務委託契約上、損害保険代理店は付与されている場合が多く、生命保険募集人は付与されていない場合が多い。

　契約締結の代理権を有する行職員が保険契約申込者に対し契約が成立した旨を告げたときは、契約は成立する。他方、契約締結の代理権を有しない行職員が契約が成立した旨を告げたときであっても、保険会社が承諾するまで保険契約は本来成立していない。この場合、申込者は、保険会社に対し表見代理により保険契約が有効に成立し

たことを主張する可能性があるほか、申込者が銀行等に対し無権代理人の責任を追及する可能性がある。

解　説

◆**契約成立のタイミング**　損害保険会社の保険では、損害保険代理店は契約締結の代理権および告知受領権を付与されているのが通例である。したがって、損害保険代理店が保険契約申込者に対し「契約が成立した」旨を告げたときは、申込みに対する承諾があったものと評価され、保険契約はこの時点ですでに成立したものと考えられる。

　他方、生命保険会社の保険では医的選択判断等が不可欠であることから保険契約の締結権限が生命保険会社に留保されており、生命保険募集人には契約締結の代理権も告知受領権も付与されていないのが通例である。この場合、顧客が行職員に対して申込書を提出しても、契約申込みを保険会社が承諾していないことから、保険契約は有効に成立していない。このような状況下において、契約締結の代理権のない行職員が「保険契約が成立し保険会社の引受責任が開始した」旨を告げたとしても、本来、保険契約は成立しないが、契約申込者から保険会社に対して表見代理により保険契約が有効に成立している旨を主張される可能性があるほか、銀行等に対して無権代理人の責任追及（民法117条）がなされる可能性がある。また、保険会社は、代理店業務委託契約において、生命保険募集人が顧客に対し契約の成否の見込みに関する意見を述べることを禁止していることが通例であることから、保険代理店である銀行等は、保

険会社より、代理店業務委託契約違反によるペナルティを科される可能性もある。

このため、行職員は、保険会社と銀行等との代理店業務委託契約の内容（代理・媒介権限の別）を十分に確認することが重要であり、そのうえで自らの権限が媒介である場合には契約が締結した旨を告げたり、告知を受領してはならない（【11307】参照）。

11306　保険業法300条

保険募集における禁止行為として、保険業法300条に規定している事項は何か。また、同条違反に対する罰則および行政処分としてどのような規定があるか

結　論

　保険業法300条では虚偽説明等の保険募集における禁止行為を規定しており、同条に違反した場合、保険会社・保険募集人は業務改善命令等の行政処分の対象となることがある。重大な違反行為については保険募集人に対して「1年以下の懲役若しくは100万円以下の罰金」といった罰則が規定されており、保険会社にも罰金が科される場合がある。

解　説

◆保険募集における禁止行為　保険業法300条では、保険募集における禁止行為が列挙されており、保険会社や保険募集人等が「保険契約の締結又は保険募集に関して」主に以下のような行為を行うことを禁止している。

① 　虚偽説明、重要事項の不説明……保険契約者または被保険者に対して、虚偽のことを告げ、または保険契約の契約条項のうち重要な事項を告げない行為を禁止している（保険業法300条1項1号）。保険契約の性質上、保険加入のニーズを直ちには感じていない者に対してもニーズを喚起する必要があり、商品の特性から、支払事由が生じて実際に保険金等の請求手続をとることによりはじめてその品質・性能を知りうる、いわば目にみえないものである。こうしたことから、保険募集における重要事項の情報提供は顧客の意思決定に必要不可欠であり、顧客が正確かつ十分な情報に基づいて契約の意思決定を行うことを妨げる行為は不作為を含めて禁止されるべきとの趣旨である（重要事項説明については【11304】参照）。

② 　虚偽告知の勧め……保険契約者または被保険者が保険会社等に対して重要な事項につき虚偽のことを告げることを勧める行為を禁止している（保険業法300条1項2号）。保険契約において、保険会社が合理的で健全な契約引受判断を行うには顧客の健康状態等を十分に知る必要があり、保険契約者または被保険者から虚偽の告知がなされた場合、健全な保険制度の運営が損なわれることとなるため、顧客から保険会社への正確かつ十分な情報提供の必要性について定めているものである（告知義務と保険業法上の禁止行為については【11307】参照）。

③ 　告知妨害・不告知の勧め……保険契約者または被保険者が保険会社等に対して重要な事実を告げるのを妨げ、または告げないことを勧める行為を禁止している

（保険業法300条1項3号。告知義務と同法上の禁止行為については【11307】参照）。

④　不利益事実を説明しない乗換募集……保険契約者または被保険者に対して、不利益となるべき事実を告げずに、すでに成立している保険契約を消滅させて新たな保険契約の申込みをさせ、または新たな保険契約の申込みをさせてすでに成立している保険契約を消滅させる行為を禁止している（保険業法300条1項4号）。顧客が従来の契約内容の見直しを行うにあたって、メリットのみならず、デメリットと考えられる点も含めて合理的な判断を下す必要があり、そうした点を顧客に告げない行為が禁止されている（保険契約の乗換えおよび転換については【11308】参照）。

⑤　保険料の割引・割戻し、特別利益の提供……保険契約者または被保険者に対して、保険料の割引、割戻しその他特別の利益の提供を約し、または提供する行為を禁止している（保険業法300条1項5号）。保険料の割引・割戻しその他特別の利益の提供が行われると保険契約者間の公平性が損なわれること、不正競争の手段となり保険業の健全な発展が阻害されるおそれがあるため、当該行為を禁止している（特別利益の提供については【11309】参照）。

⑥　誤解させるおそれのある比較情報の提供……保険契約者もしくは被保険者または不特定の者に対して、一の保険契約の契約内容につき他の保険契約の契約内容と比較した事項であって誤解させるおそれのあるものを告げ、または表示する行為を禁止している（保険業法300条1項

6号）。保険契約の内容について正確な判断を行う際に必要となる事項を包括的に示さず、一部のみを表示する等の行為を禁止している。

⑦　配当等、不確実なものについて断定的判断を示すこと……保険契約者もしくは被保険者または不特定の者に対して、将来における契約者配当または社員に対する剰余金の分配その他将来における金額が不確実な事項として内閣府令で定めるものについて、断定的判断を示し、または確実であると誤解させるおそれのあることを告げ、もしくは表示する行為を禁止している（保険業法300条1項7号）。保険契約における配当金や、変額保険契約における将来の運用成果などは契約時点で確定しておらず、将来の金額について保証しているかのような顧客説明を行うと、顧客の合理的な契約の意思決定を誤らせる可能性があるため、当該行為を禁止している。

⑧　保険会社の特定関係者による特別利益の提供……保険契約者または被保険者に対して、当該保険契約者または被保険者に当該保険会社等の特定関係者が特別の利益の供与を約し、または提供していることを知りながら、当該保険契約の申込みをさせる行為を禁止している（保険業法300条1項8号）。

⑨　施行規則に定める行為……①〜⑧に定めるもののほか、保険契約者等の保護に欠けるおそれがあるものとして内閣府令で定める行為を禁止している。保険業法施行規則234条において、上記⑤の潜脱行為、法人募集代理店の従業員等に対する募集その他の威迫募集（【11312】参

照)、保険会社の特定関係者による利益供与との抱き合わせ販売、等を禁止している。

◆保険業法300条違反に対する罰則・行政処分　前述の禁止行為を行った場合、業務改善命令（保険募集人の場合は保険業法306条、保険会社の場合は同法132条）等の行政処分の対象となることがある。特に、保険募集人による同法300条1項1～3号違反（上記①～③）については、重大な違反行為として「1年以下の懲役若しくは100万円以下の罰金」といった刑事罰が規定されており（同法317条の2第7号）、保険会社にも罰金が規定されている（同法321条）。

なお、保険業法300条のルールはあくまで行政ルールであるため、本条違反により成立した保険契約が私法上も当然無効となるわけではない。ただし、虚偽説明や重要事項の不説明などにより保険契約者の意思表示について民法の錯誤や詐欺の要件が備わることになれば、錯誤・詐欺の効果が発生する。また、実際に保険契約者に損害が生じていれば、保険募集人が民法709条に基づき損害賠償責任を負うほか、保険業法283条に基づき保険募集人の所属保険会社も損害賠償責任を負う可能性がある。

11307	告知義務と保険業法上の募集人の禁止行為

保険契約における告知義務とは何か。告知義務違反による保険会社の解除権と保険募集における募集人の禁止行為はどのような関係になっているか

結　論

保険会社は、被保険者の身体的危険について確認を行うため、保険契約の締結時に被保険者に保険事故や給付事由の発生の可能性に関する重要な事項について告知を求めている。

被保険者等が故意または重大な過失により正しい告知を行わなかった場合、告知義務違反として保険会社はその保険契約を解除することができるが、保険契約締結時に保険会社が告知されなかった事実を知っていたかまたは過失によって知らなかった場合、保険募集人が告知妨害や不告知教唆を行った場合等には、保険契約を解除することができない。

このような保険募集人による告知妨害や不告知教唆は保険業法上の禁止行為にも当たる。

解　説

◆告知義務　保険会社は、被保険者の身体的危険について確認を行うため、保険契約の締結時に被保険者等に危険選択のために重要な事実の告知を求めている。保険法では、何が重要な事実であるかについては、大量の保険契約を締結して危険の測定について情報収集能力を有する保険会社が判断すべきとの考え方に基づき、告知義務の対象を「危険に関する重要な事項のうち保険会社が告知を求めたもの」と規定している（保険法4条・37条・66条）。実務上は、保険会社が用意した告知書等に被保険者が記入することにより、また、診査の際に診査医が質問したことに被保険者が回答することにより告知義務を果たすことになる。な

お、生命保険会社では、保険募集人に対して告知受領の権限を与えていないことが一般的である。

◆告知義務違反とその効果　保険加入時に保険会社が告知を求めた事項について、被保険者等が故意または重大な過失により事実の告知をせず、または虚偽の内容を告知した場合には、保険会社は保険契約を解除することができる（保険法28条1項・55条1項・84条1項）。

◆告知義務違反による解除権が阻却される場合　保険法では、保険会社に解除を認めることが妥当でないため、解除権が阻却される場合として、以下の場合を定めている。

(1)　保険会社が、保険締結の時において、契約者または被保険者が告知すべきであった事実について知っていた、または過失により知らなかったとき（保険法28条2項1号・55条2項1号・84条2項1号）

(2)　保険会社が、告知義務違反解除の原因があることを知った時から1カ月間もしくは契約締結の時から5年間経過したとき（保険法28条4項・55条4項・84条4項）

生命保険では、上記のほか、一般的には保険契約が責任開始の日から2年間有効に継続したとき等にも告知義務違反解除をすることができない旨の約款規定を設け、保険法の定めを顧客に有利となるよう変更している保険会社が多い。

(3)　保険募集人が、保険契約者または被保険者に対して、事実を告知することを妨げたとき、もしくは告知義務違反を勧めたとき（保険法28条2項2号・3号・55条2項2号・3号・84条2項2号・3号）

通常、損害保険の募集人は保険会社を代理して保険契約の締結権とともに告知の受領権を有している。したがって、保険契約の締結の代理を行う募集人が、告知すべき事実を知りながら契約者または被保険者が事実の告知を行うことを妨げたり、不実の告知をすることを勧めたりした場合には、保険会社自身が告知すべき事実を知っていた、または過失により知らなかったと評価され、保険契約の解除は行うことができないとされる。一方、生命保険の募集人は契約締結の媒介を行うにとどまり、保険会社から告知の受領権を与えられていないことが一般的である。しかし、告知受領権を有さない募集人であっても、上記(3)により、契約者または被保険者が事実の告知を行うことを妨げたこと、または事実の告知をしないよう、あるいは不実の告知を行うよう勧めたことにより、事実の告知が行われなかった場合にも、保険会社の解除権は阻却される。

したがって、告知が必要な保険商品の募集にあたっては、告知の方法について保険会社の実務取扱いを確認するとともに、被保険者等から告知の必要性について質問を受けた場合には、保険会社所定の告知方法に従い、ありのままを告知いただくよう回答する必要がある。また、被保険者等から募集人に対し健康状態の申告があった場合、その募集人が告知受領権を有さない者であっても、告知義務違反解除に際し、保険会社側の責任が問われる可能性がある。したがって、この場合、募集人は、被保険者等に対し、ありのままを告知いただくよう伝えることに加え、保険会社に対しても、保険会社所定の方法により、被保険者の状態を伝達することが必要である。

◆**保険業法上の禁止行為**　保険契約の締結に際し、被保険者等に対して告知を妨害したり不実の告知を勧めたりすることは、上記のとおり保険会社による告知義務違反解除を阻却し健全な保険集団の構築に影響を与えるばかりか、保険業法上の禁止行為（同法300条1項2号・3号）として届出の対象でもあるため決して行ってはならない。

11308 保険契約の乗換えおよび転換

現在契約中の保険契約を解約させて、新しい別の保険契約への加入を勧める場合（乗換募集）や保険契約の転換を勧める場合に、留意すべき点は何か

結　論

乗換募集をする際には、顧客に対して不利益となる事実を説明し、顧客が不利益となる事実を理解したことを十分確認しなければならない。また、保険契約を転換させる場合も、保険募集人は保険契約者に対して所定の事項を記載した書面を交付し、説明しなければならない。

解　説

◆**不利益事実を説明しない乗換募集**　継続している保険契約を中途で解約させ新しい保険契約に加入させる、いわゆる乗換募集には、保険契約者にとって、生活の変化等に応じて保障内容を見直すことができるというメリットがある半面、予定利率の低下のおそれや被保険者の健康状態によっては新しい保険へ加入ができないおそれ等の

デメリットも存在する。そこで、保険業法においては、不利益となる事実を告げないで行う乗換募集を禁止している（同法300条1項4号）。不利益となる事実は個々の契約内容に即して判断されるべきものであるが、保険会社監督指針において、①解約控除等、②特別配当請求その他の一定期間の契約継続を条件に発生する配当に係る請求権を失う場合があること、③被保険者の健康状態の悪化のため新たな保険契約を締結できないこととなる場合があることが例示されている（保険会社監督指針II-4-2-2(7)）。

また、保険募集人は、顧客から確認印を取り付ける等の方法により、顧客が不利益となる事実を理解したことを十分確認しなければならない。

◆**保険契約の転換**　保険契約の転換（契約転換制度）とは、既存の生命保険を解約して新契約に加入するのではなく、既存の保険契約の責任準備金や配当金等の合計額（転換価格）を新しい保険の一部に充当して保障内容を見直す制度をいう。契約転換制度は、乗換えにおける不利益である解約控除が行われないなど保険契約者にメリットがある半面、転換により予定利率の低い保険に誘導されるおそれなどのデメリットがある。

そこで、保険業法では、保険契約の転換を行う際には、①既契約および新契約に関する保険の種類、保険金額、保険期間、保険料（普通保険約款および給付のある主要な特約ごとに記載するものとする）、保険料払込期間その他保険に関して重要な事項、②既契約を継続したまま保障内容を見直す方法がある事実およびその方法（定期保険

契約特約等の中途付加や他の保険契約の追加契約など）を記載した書面を交付し、説明しなければならないとしている（同法施行規則227条の2第3項9号・234条の21の2第1項7項、保険会社監督指針Ⅱ-4-2-2(2)⑤）。

また、上記書面を保険契約者が受領した旨の確認をすることが求められており、それを受け、保険募集人は顧客から申込書等において確認印を取り付けることが通常である。

11309　特別利益の提供

保険業法上禁止されている保険料の割引、割戻し、特別利益の提供とは何か

結　論

保険契約者または被保険者に対し、保険契約の締結または保険募集に関して、保険料の割引、割戻しその他特別利益を提供したり、その利益提供を約束したりすることをいう。

解　説

◆**保険業法300条1項5号**　保険業法300条1項5号は、保険会社や保険募集人が、保険契約の締結または保険募集に関して、保険契約者または被保険者に対して保険料の割引、割戻しその他特別の利益の提供を約し、または提供する行為を禁止している。

こうした行為は、保険契約者の平等取扱いという保険の理念に反し、保険契約者間の公平性を害することとなるほか、不公正な競争手段による保険募集の結果、保険業の健全な発展が阻害されるおそれがあるため、禁止されているものである。

保険料の割引・割戻しはその額が1円であっても禁止される点、保険料の割引・割戻しに限らず、「特別利益」の提供が禁止されている点、提供に限らずその「約束」も禁止されている点、そして、当該禁止規制の趣旨を全うするために上記規制を免れようとする潜脱行為も禁止されている点（保険業法300条1項9号、同法施行規則234条1項1号）等に留意する必要がある。

保険業法300条1項5号の禁止行為に該当する行為の一例として、次のような行為が考えられる。

① 「第1回保険料は私が負担するので無料です」と保険契約者に約束する行為。

② 保険加入希望者の第1回保険料を一時的に立て替えて保険契約を成立させる行為。

③ 保険加入希望者に対し、「保険に加入してくれたらもれなく商品券1万円をプレゼントする」と告げて募集する行為。

◆**該当性の判断手法**　各種物品・サービス等を提供しようとすることが保険業法300条1項5号に該当するか否かを判断するにあたっては、次の各事項を検討する必要がある。

① 利益を提供する主体・客体。

② 提供している（または提供を約している）利益が、「保険料の割引、割戻しその他特別利益」に該当するか。

③ 特別利益の提供またはその約束が「保険契約の締結又は保険募集に関して」なされているといえるか。

(1) 利益提供の主体・客体（要件①）

特別利益の提供禁止については、その潜脱を防止するために、「何らの名義によってするかを問わず、法第300条第1項第5号に規定する行為の同項の規定による禁止を免れる行為をしてはならない」とされている（保険業法300条1項9号、同法施行規則234条1項1号）。

特別利益の提供の主体が保険募集を行う主体と別であるという場合には、保険業法300条1項5号所定の主体による利益提供ではないため、同号には該当しない。ただし、保険募集の主体と別の主体が利益提供している場合でも、当該利益提供に関する費用を負担するような場合には、潜脱行為として同法施行規則234条1項1号に該当し、同法300条1項9号に違反すると考えられる。

また、特別利益の提供の客体が保険契約者・被保険者以外の者である場合も、保険業法300条1項5号所定の客体に対する利益提供ではないため、同条同項同号には該当しない。ただし、保険契約者等と密接な関係を有する者（親族等）である場合には潜脱行為として同法施行規則234条1項1号に該当し、同法300条1項9号に違反すると考えられる。

（2）「特別利益」（要件②）　「特別利益」に該当するか否かについては、具体的には以下の三つの要素を総合的に考慮して判断するものとする（保険会社監督指針Ⅱ－4－4－2(8)①参照）。

　　㋑　当該サービス等の経済的価値および内容が社会相当性を超えるものとなっていないか。

　　㋺　当該サービス等が、換金性の程度と使途の範囲等に照らして、実質的に保険料の割引・割戻しに該当するものとなっていないか。

　　㋩　当該サービス等の提供が保険契約者間の公平性を著しく阻害するものとなっていないか。

（注）　保険会社等が保険契約者または被保険者に対して保険契約の締結によりポイントを付与し、当該ポイントに応じた生活関連の割引サービス等を提供している例があるが、その際、ポイントに応じてキャッシュバックを行うことは保険料の割引・割戻しに該当し、保険業法4条2項各号に掲げる書類に基づいて行う場合を除き、禁止されていることに留意する。

上記㋑に関し、当該利益の提供が法令に違反するようであれば当然「社会相当性」を超えるものと解されることから、提供するサービス等は不当景品類及び不当表示防止法の範囲内のものであることが前提となる。たとえば、保険を締結した保険契約者全員に対しある利益を提供すると約束する場合、当該利益が、同法で規定される総付規制の範囲を超えるようであれば、社会相当性を超えているとして「特別利益」と評価されると考えられる。ただし、同法の範囲内であっても、「特別利益」に該当するか否かは上記㋑〜㋩の要素を総合的に考慮して判断されるため、注意が必要である。

上記㋺に関し、たとえばデパート共通商品券は、換金が容易であり、かつ使途が広範であるため、現金類似の価値があるものとして「特別利益」と評価されると考えられる。

上記㋩に関し、特定の保険契約者に対してのみ利益提供を行う場合には、公平性を著しく阻害するおそれがありうるため、この点にも留意する必要がある。

（3）「保険募集に関して」（要件③）

「特別利益」と判断される利益を提供する（または提供を約束する）としても、それが保険業法300条1項5号違反となるには、「保険契約の締結又は保険募集に関して」（同法300条1項柱書）なされている必要がある。

この点、保険業法300条1項の「保険募集に関して」に該当する行為は、「保険募集において」というような保険募集に直接的に付随する行為よりも広い概念であると考えられていることに留意する必要がある。たとえば、保険募集に用いられるパンフレットその他の募集資料に利益提供の約束が記載されているという場合には、利益提供約束が「保険募集に関して」行われていると評価されることは必至であろう。また、形式的には「保険募集に関して」とはいえないようにみえる場合でも、その利益が実質的には新たな保険契約の締結を勧誘するために提供されているとみられかねない場合などには、「保険募集に関して」と評価される場合がありうる。

また、自己契約・特定契約の取扱いは特別利益の提供禁止の潜脱となる可能性がある。詳細は【11311】を参照されたい。

◆他業を兼業する保険募集人における留意点　他業を兼業する保険募集人が、他業の顧客に対して各種のサービスや物品等の提供を行う場合や、保険会社や保険募集人からの委託、または、それに準ずる関係等にある第三者が同様に行う場合であっても、それらサービス等の費用を保険会社や保険募集人等が実質的に負担していたり、顧客への訴求方法等によって、保険契約の締結、または、保険募集に関して行われたと認められる場合には、特別利益の提供に該当し

うると考えられることに留意する。

たとえば、通信事業（たとえば、携帯電話会社など）を営む兼業代理店が、通信事業の顧客に対して、保険契約への加入が条件であることの訴求とあわせて、通信事業に関する契約に基づく顧客の支払債務（たとえば、携帯電話の利用料金など）を減免する行為は禁止行為に該当すると考えられる。

◆電子マネーやポイントサービス等の提供
現金や電子マネーは、割引・割戻しそのものであるが、ポイントサービスや金券類の形態であっても、実質的な保険料の割引・割戻しになっているものは、「特別利益」に該当することに留意する必要がある。したがって、サービス等を提供する場合には、当該サービス等が以下の点に該当するものについては、特別利益の提供に抵触することに留意する必要がある。

① 現金や電子マネーに交換（チャージ）できるものは一般的に換金性が高いと認められるほか、「資金決済に関する法律」（平成21年法律第59号）3条1項に定義する「前払式支払手段」に該当するものについても、物品やサービス等の購入等に用いる手段であり、実質的に現金と同等の機能を有するものであること等から、実質的な保険料の割引・割戻しに該当する。

② 上記に該当しない場合にあっても、使途の範囲と社会相当性の双方の程度もふまえて判断される（たとえば、大型ショッピングモール内で利用可能なポイント、大型の量販店や通販サイト内で利用可能なポイント、幅広い商品と交換できるカタログギフト等が該当すると考えられ

る）。

また、現金・電子マネーへの交換が可能な他のポイント等サービスに交換することで、間接的に交換機能を有しているものも、上記①と同様に特別利益の提供に該当すると考えられる。

11310	申込書類の記入と代筆の取扱い

保険契約の申込書への記入はだれが行うか。保険契約者や被保険者が身体に障害を抱えており申込書その他の書類へ記入ができない場合の取扱いはどのようにすればよいか

結　論

　申込書は必ず保険契約者自身が記入する。また、保険契約者と被保険者とが別人の場合、被保険者が記入すべき欄は必ず被保険者が記入する。

　保険契約者や被保険者が未成年者の場合や、保険契約者や被保険者の身体に障害があり記入することができない場合等の取扱いについては、引受保険会社で定めている規程に従う。

解　説

◆**本人による記入の必要性**　保険契約の申込書類のなかには、申込書や告知書など、顧客自ら記入・押印することが求められるものがある。これらの書類は顧客に自ら記入・押印していただくことで、顧客本人の意思を確認し、明確に書面に残すという点で重要な意義をもつ。金融機関の保険募集人は、これらの書類につき保険契約者や被

保険者に無断で記入・押印する行為はもちろんのこと、仮に保険契約者や被保険者から頼まれたとしても、以下のように保険契約の帰趨に影響し、あるいは保険業法上の不祥事件ともなりうることから、顧客のかわりに記入・押印したり、本来記入すべき者以外の第三者による代筆・代印を認めたりしてはならない。

(1)　保険契約の帰趨に対する影響　代筆により各種書面が記入された場合であっても、保険契約者または被保険者本人の意思に基づき記入していたのであれば、本来保険契約の効力にはなんら影響は及ぼさないはずである。しかし、代筆により他人の筆跡が残る書面をもとに事実認定がなされた結果、保険契約者の申込意思がないと判断されたり、被保険者同意がないとして保険契約が無効とされたりする等、保険契約の帰趨に影響を与えるおそれがある。また、被保険者同意があったと見せかけるために被保険者以外の者に申込書等に記入させたうえで、保険金殺人を行うということも考えられるため、モラルリスクの観点からも懸念が生じる。

(2)　保険業法上不祥事件となるおそれ　募集人が代筆を行ったり、第三者に代筆を勧めたり代筆を認めたりした場合、前述のとおり、真実は契約者等名義人本人の意思に基づくものであったとしても、代筆によって作成された書類その他の証拠に基づき、真実と異なる事実が認定され、保険契約の申込みや被保険者同意が契約者等名義人本人の意思に基づくものではなかったとの認定がなされる可能性がある。そのような場合、当該保険契約が、架空契約、無断契約として評価され、保険募集に関し著しく不

適当な行為（保険業法307条1項3号）等と評価される事態も考えられる。

◆**未成年者の契約**　法律上は、保険契約者や被保険者が未成年である場合でも、意思能力が認められる限り本人による申込みが認められる。しかしながら、実務上、意思能力の有無は個別の判断がむずかしいことから、保険会社では、年齢基準により、たとえば15歳以上の場合は本人が申込書類を記入のうえ、親権者の同意を別途確認することとし、15歳未満の場合は親権者（親権者がいない場合は、家庭裁判所の選任した後見人）が申込書類を代筆することを原則とし、意思能力が認められる場合は本人記入も認めるなどの取扱いを設けている場合がある。また、未成年者でも婚姻をすれば成年とみなされ、親権者等の同意がなくとも保険契約をすることができる等の法令の規定をもとに、異なる取扱いを設けている保険会社もある。未成年者の契約を取り扱うにあたっては、引受保険会社の社内規程を十分確認のうえ、取り扱う必要がある。

◆**身体に障害があり、記入できない場合**
保険契約者や被保険者に身体の障害があり、申込書に記入することができない場合は、引受保険会社の規程に基づき、配偶者や親族による代筆を許可している取扱いがみられる。ただし、保険会社ごとに取扱いや手続方法が異なるので、引受保険会社の社内規程を十分確認のうえ、取り扱う必要がある。

11311　自己契約・特定契約

自己契約・特定契約とはどのような契約か

結　論

自己契約とは、保険代理店である当該金融機関自身を保険契約者（損害保険の場合は、被保険者も含む）とする保険契約である。特定契約とは、保険代理店である当該金融機関と「人的または資本的に密接な関係を有する者」を保険契約者（損害保険の場合は、被保険者も含む）とする保険契約である。

解　説

◆**損害保険代理店の自己契約**　保険業法は、損害保険代理店が、その主たる目的として、自己契約（自己を保険契約者または被保険者とする保険契約）の募集を行うことを禁止している（同法295条1項、保険会社監督指針II-4-2-2(6)①参照）。

その趣旨は、以下の2点である。

① 実質的に保険料の割引、割戻しその他特別の利益の提供（保険業法300条1項5号）が行われることを防止するため

② 損害保険代理店の健全な自立育成を図るため

なお、自己契約はいっさい取扱いができないということではなく、「主たる目的」として自己契約を保険募集することが禁止される。また、その基準として、「保険募集を行った自己契約に係る保険料の合計額」（保険業法施行規則229条1項）により計算した額が、当該損害保険代理店が「保

険募集を行った保険契約に係る保険料の合計額」（同条2項）により計算した額の100分の50を超えることとなったときには、自己契約の保険募集を行うことをその「主たる目的」としたものとみなすと規定しているため（保険業法295条2項）、この点に留意する必要がある。

なお、保険会社に対し、自己契約に係る収入保険料の割合が30％を超えた場合は速やかに改善するよう代理店を指導することが求められている（保険会社監督指針Ⅱ-4-2-2(6)③）。

◆**損害保険代理店の特定契約**　「特定契約」とは、自己契約ではないが、損害保険代理店が、自らと「人的または資本的に密接な関係を有する者」を保険契約者または被保険者とする保険契約をいう。

特定契約の保険募集を主たる目的（取扱保険料に占める特定契約の保険料の割合が5割を超えること）とすることは、保険業法295条の趣旨に照らし問題があるため、自己契約と同様に状況を把握し、厳正に管理、指導を行わなければならない。なお、保険会社に対し、特定契約に係る収入保険料の割合が30％を超えた場合は速やかに改善するよう代理店を指導することが求められている（保険会社監督指針Ⅱ-4-2-2(6)③）。

損害保険代理店と「人的または資本的に密接な関係のある者」とは、次の者をいう（詳細は保険会社監督指針Ⅱ-4-2-2(6)②参照）。
① 代理店本人と生計をともにする親族（姻族を含む）および生計をともにしない2親等以内の親族（姻族を含まず）
② 代理店本人または配偶者もしくは2親

等以内の親族（姻族を含まず）が常勤役員である法人
③ 法人代理店と役職員の兼務関係（非常勤、出向および出身者を含む）がある法人
④ 法人代理店への出資比率が30％を超えるもの

◆**生命保険募集人の自己契約・特定契約**
保険業法は、損害保険代理店について、自己契約を主たる目的とする保険募集を禁じているものの、生命保険についての生命保険募集人に対する自己契約・特定契約を禁止する直接の明文規定は置いていない。しかし、生命保険の募集においても、同法295条の趣旨は同様に妥当するものと考えられる。そこで、保険会社監督指針Ⅱ-4-2-2(8)③は、同法300条1項5号、同法施行規則234条1項1号（特定保険契約の場合は同規則234条の27第1項1号）関係として、自己契約・特定契約に関して次の事項を求めている。

（1）自己契約関連　生命保険会社には、生命保険募集人に対し、保険料の割引、割戻し等を目的とした自己契約等の保険募集を行うことがないよう、指導および管理等の措置を講じ、実行することが求められている。

（2）特定契約関連　生命保険会社には、法人である生命保険募集人に対し、自己または自己と「密接な関係を有する」法人を保険契約者とする場合には、手数料支払等による保険料の割引、割戻し等を目的とした保険募集を行うことがないよう、指導および管理等の措置を講じ、実行することが求められている。

11312　構成員契約ルール

構成員契約ルールとは何か。仮に自行庫の構成員契約先と、他行庫の構成員契約先を互いに紹介し合い、保険に加入させることに法的な問題点は存在するか

結　論

　構成員契約ルールとは、保険契約者等の保護および保険募集の公正を図る観点から、生命保険法人募集代理店が「当該法人及び当該法人と密接な関係を有する者の役員又は使用人を契約者又は被保険者とする生命保険商品（医療保険、介護保険等のいわゆる第三分野商品で、死亡保険金額が告示に定める限度額にとどまる場合を除く）」を募集できないルールのことをいう。構成員の交互紹介は当該ルールの潜脱行為および金融機関の守秘義務違反となる可能性があり、行ってはいけない。

解　説

◆**構成員契約ルール**　構成員契約ルールとは、保険契約者等の保護および保険募集の公正を図る観点から、法人募集代理店が「当該法人及び当該法人と密接な関係を有する者の役員又は使用人を契約者又は被保険者とする生命保険商品（医療保険、介護保険等のいわゆる第三分野商品で、死亡保険金額が告示に定める限度額にとどまる場合を除く）」を募集できないルールのことをいう（保険業法300条1項9号、同法施行規則234条1項2号、平成10年大蔵省告示第238号）。したがって、構成員契約ルー

ル違反は、不祥事件となる。

◆**「当該法人と密接な関係を有する者」**

　「当該法人と密接な関係を有する者」（特定関係法人等と呼ばれる）とは、以下①〜③の3種類に大別される。

① 資本関係に照らし密接な関係を有する法人

② 役員（非常勤を除く）または使用人の兼職、出向、転籍等の人事交流が行われているなど、人的に密接な関係を有する法人

　上記②における「出向」「転籍」について、金融庁の見解は以下のとおりである（平成14年8月30日金融庁「「保険業法施行規則及び銀行法施行規則等の一部を改正する内閣府令等」（案）等に対する意見募集の結果について」）。また、非常勤役員であっても、代表権のある役員である場合は、実質的に密接関係がある場合もあることから留意が必要である。

　「……「転籍」とは、転籍先である法人における常務に従事する役員又は使用人の人事管理（当該役員又は使用人の給与・職制等労働条件の見直しに係る管理）に、当該銀行等が関与している場合をいい、例えば、当該銀行等を退職した後の再就職先が当該銀行等の紹介によるものであっても、当該銀行等が人事管理に関与していない場合は含まないこととしています。また、「出向」とは、当該銀行等の役員又は使用人が当該銀行等との雇用関係を継続しつつ、他の法人の常務に従事している場合をいい、当該法人の常務に従事する目的が、当該法人への再就職を目的としたものであり、かつ、再就職先において当該銀行等の人事管理を受けない場合は含まないほか、当該銀行等

と雇用関係を継続していても、当該銀行等の役員又は使用人が他の法人の常務に従事する場合で、当該法人の常務に従事する目的が研修等である場合は含まないこととしています」（編注：転籍・出向には、銀行等が転籍・出向を受けている場合も含む）

③　その他設立経緯や取引関係に照らし、当該代理店等と密接な関係を有すると認められる法人（預金・融資取引のみを有する法人は除く）

代理店としては、上記特定関係法人等について適用対象となる範囲の一覧表の作成を行って募集人に周知徹底し、かつ一覧表の内容を随時メンテナンスし、特定関係法人等の役員・使用人に対し、保険募集を行わないよう留意する必要がある。

また、当該役員・使用人を被保険者とし、当該役員・使用人の配偶者等の近親者を保険契約者としたり、他行に構成員契約先の顧客を紹介して当該他行に募集させたりするような構成員契約ルールを潜脱する行為を行ってはならない。保険業法の構成員契約ルールの潜脱行為とみられかねないほか、銀行等の守秘義務違反が問題となる可能性もあるからである。

11313　危険選択

危険選択とは何か。モラルリスク懸念のある顧客の保険加入を防止するため、募集人はどのように対応すべきか

結　論

危険選択とは、被保険者における保険事故の発生可能性（危険）を確認し、健全な被保険者集団を構成するよう契約者・被保険者の選択を行うことをいう。保険募集人は、危険選択の一環として、顧客に対し、注意深く観察・質問を行い、不自然な点等がある場合は保険会社に報告する。

解　説

◆**危険選択**　危険選択とは、保険契約者間の公平を図るために、被保険者における保険事故の発生可能性（危険）を確認し、被保険者集団における危険の発生可能性を一定の範囲内に収められるよう契約者・被保険者の選択を行うことをいう。

保険における危険には、①身体的危険、②環境的危険、③道徳的危険（モラルリスク）の３種類が存在する。①、②は被保険者について問題となり、一般的には①について診査もしくは医的告知で、②について職業告知で確認を行っている（告知義務については【11307】参照）。

一方、③は被保険者だけでなく契約者等保険契約の関係者についても問題となる。また、顧客の記入する書類のみでは確認が困難であるため、募集人の観察や質問等による確認が必要となる。したがって、募集人は通常行っている適合性の確認や取引時確認等を慎重に行うことのほか、次のような事項につき注意深く観察を行い、顧客に対しさまざまな質問で確認を行うなど積極的な取組みが必要になる。この際に不自然な点が存在する場合は、具体的に記録したうえで引受保険会社に報告したり、保険募集を中止したりする等の措置を講ずる。

◆**確認・記録すべき事項**

①　顧客の外見的特徴（入れ墨・刀傷痕

等）

② 申込動機に不審な点はないか

③ 職業の内容・収入、自営業者の場合には年商・経営状況や役職員数、業務内容に不審な点はないか

④ 申し込んだ保険商品の保険金額が家族構成・資産・収入・職業等に照らして過大ではないか

⑤ 他社との同時加入・集中加入はないか

⑥ 反社会的勢力に該当する懸念はないか（反社会的勢力については【11314】を参照）

⑦ 同席者にあやしい点・不自然な点はないか

　なお、保険業に公益的要素があるとはいえ、保険会社は民間企業であり、保険会社は顧客からの申込みを承諾するか否かの自由を有しているため、理由を顧客に開示することなく承諾を拒絶することができる。したがって、保険会社は危険選択の観点から健全な保険集団を構成し契約者間の公平性を保つことがむずかしいと判断した場合には、申込みを謝絶することもある。

11314　反社会的勢力

保険契約者・被保険者または保険金受取人に反社会的勢力に当たる者が含まれているとわかった場合、どう対応すればよいか

結　論

　暴力団員等の反社会的勢力に対し、社会全体で排除に取り組む観点から、保険会社は、保険契約者・被保険者または保険金受取人に反社会的勢力に当たる者が含まれているとわかった場合には、保険契約の申込み時においては引受を謝絶する。また、保険契約の締結後であれば保険契約を解除する場合がある。

　このため、銀行等の行職員が、保険募集時に保険契約者・被保険者または保険金受取人が反社会的勢力に該当するような不審な点がある場合には、保険募集を中止する等の措置を講ずる必要がある。

　また、契約締結後に保険契約者・被保険者または保険金受取人が反社会的勢力に該当する懸念があることを知った場合には、引受保険会社にその旨を連絡する必要がある。

解　説

◆**反社会的勢力への対応**　反社会的勢力とは、暴力・威力や詐欺的手法を駆使して経済的利益を追求する集団、または個人のことで、暴力団員や暴力団関係企業等がこれに該当する。

　反社会的勢力への対応としては、平成19年6月に、犯罪対策閣僚会議幹事会において「企業が反社会的勢力による被害を防止するための指針」が決定され、これを受けて平成20年3月26日に保険会社監督指針が改正され、反社会的勢力による被害の防止に関する主な着眼点等について明記された（保険会社監督指針Ⅱ-3-8-1等）。また、平成23年10月までに全都道府県で暴力団排除条例が施行され、金融・不動産・建築等のあらゆる業界で反社会的勢力との関係を遮断するための取組みが行われている。このような背景のなかで、反社会的勢力を保険契約から排除していくことが求められて

いる。

◆保険募集時の実務対応　保険会社においては、反社会的勢力に該当する人物が、保険契約者・被保険者または保険金受取人である保険契約の申込みが行われた場合に、保険契約の引受を謝絶することとなる。

このため保険募集時に募集人は、第一次選択として、保険契約者・被保険者または保険金受取人が、入れ墨等の反社会的勢力に顕著な身体的特徴を有している場合や、暴力団員との噂がある場合等の不審な点がある場合には、保険募集を中止する等の措置を講ずる必要がある。また、判断に迷う場合には、引受保険会社に事前に相談する等の適切な措置を講ずる必要がある。

◆保険契約成立後の実務対応　生命保険会社においては、重大事由による解除（保険法57条・86条）の一類型として約款に暴力団排除条項を定めることが一般的である。保険契約成立後に、保険会社が、保険契約者・被保険者または保険金受取人が反社会的勢力等に該当することを知った場合には、重大事由による解除を実施することとなる。

このため保険契約成立後に、銀行等の行職員が、保険契約者・被保険者または保険金受取人が反社会的勢力に該当する懸念があることを知った場合には、反社会的勢力排除のため、引受保険会社に直ちに連絡する必要がある。

11315　取引時の顧客確認

保険募集における犯罪収益移転防止法に基づく取引時確認はどのように行うか

結　論

特定の保険契約の加入は、犯罪収益移転防止法の確認対象となっている。保険会社自身が金融機関として犯罪収益移転防止法による取引時確認の義務を負うため、特定の保険契約の募集の際には、保険会社所定の方法で取引時確認を行い、その結果を保険会社に報告する必要がある。

募集人は、顧客から所定の保険契約の申込みを受ける際には、マネーローンダリングを目的とする不正な保険契約を排除するために、犯罪収益移転防止法に基づき保険会社が定める方法による取引時確認を行い、保険会社に報告する必要がある。

解　説

◆保険契約の取引時確認　貯蓄性の高い保険契約（たとえば、変額保険、年金・満期保険金等がある定額保険のうち、年金・満期保険金等の金額が保険料総額の80％以上となるもの、一時払終身保険など）については、犯罪収益移転防止法に基づく取引時確認が必要となる。

（1）　一般の取引時確認　　一般の取引時確認では、以下の事項の確認が求められる（犯罪収益移転防止法4条1項）。

① 本人特定事項（顧客が個人である場合には氏名・住居および生年月日、顧客が法人である場合には名称および本店または主たる事務所の所在地）

② 取引を行う目的

③ 職業（顧客が個人の場合のみ）

④ 事業の内容、顧客の事業経営の実質的支配者の本人特定事項（顧客が法人の場合のみ）

（2）　高リスクの取引における取引時確認　取引の相手方が取引時確認ずみの顧客になりすましている疑いがある場合の取引、取引時確認に係る事項を偽っていた疑いがある顧客との取引、イラン・北朝鮮に居住または所在する者との取引、外国PEPs（Politically Exposed Persons：重要な公的地位を有する者ならびに過去に重要な公的地位にあった者およびこれらの者の家族）との取引については、さらに厳重な取引時確認が課されている（犯罪収益移転防止法4条2項）。

　具体的な取引時確認としては、申込書に記載されている顧客の本人特定事項を、公的証明書などにより確認し、申込書等に添付されている取扱者用の報告書等所定の報告書にて保険会社に報告する取扱いが一般的であるが、各事項の確認・記録の具体的な取扱いは引受保険会社によって異なるため、引受保険会社の社内規程を確認のうえ、取り扱う必要がある。

　なお、すでに銀行取引において取引時確認が完了している顧客についても、あらためて取引時確認を行うことが必要である（ただし、同一の保険会社の商品をすでに販売しており、その際に取引時確認が完了している顧客については、本人確認ずみであることの記録を確認すれば足りることもある）。逆に、保険募集時に取引時確認が完了しているが銀行取引では完了していない顧客が、保険料決済用の銀行口座を開設する場合や200万円超の保険料を現金等で支払う場合（なお、200万円以下の場合であっても、同時または連続して二以上の現金等の受払いをする取引等が行われ、それらの取引が1回当りの取引の金額を減少さ

せるために分割したものが一見して明らかな場合は、それらを1回の取引とみなす）等には、保険取引としての取引時確認だけでなく、銀行等が預金等受入金融機関として取引時確認を行う必要がある。

◆疑わしい取引　また、当該保険契約に係る取引について、理由なく多額の現金や多量の小額通貨を使用する場合や、短期解約を繰り返す等、不自然な取引を正当な理由なくして行う場合など、「疑わしい取引」に遭遇した場合には、速やかに監督官庁に届け出ることとなる。保険取引においては保険会社から監督官庁に届け出ることが必要とされるため、銀行等は保険会社に報告する必要がある（保険料を現金で振り込む場合等の銀行取引において「疑わしい取引」に遭遇した場合は、銀行等からも監督官庁に届け出ることが必要となる）。また、犯罪収益移転防止法上、取引時確認は不要とされている保険契約についても、当該取引が「疑わしい取引」である場合には、その届出が必要であることに注意が必要である。

11316　FATCA・AEOI

保険募集における「外国口座税務コンプライアンス法（FATCA）」およびAEOIへの対応について、どう対応すればよいか

結　論

　FATCAへの対応については、確認対象となる保険商品の申込み時において、顧客に対して所定の米国納税義務者であるか

を確認する必要があることを説明のうえ、保険会社所定の方法により確認する。顧客が所定の米国納税義務者であることが判明した場合は、米国内国歳入庁へ契約情報等を報告するため、顧客から所定の書類を取り寄せ保険会社に報告することとなる。

AEOIへの対応については、確認対象となる保険商品の申込み時において、顧客に対して税務上の居住地国等を申告いただく必要があることを説明のうえ、顧客の税務上の居住地国等の情報を記載した届出書を提出いただく。顧客が租税条約等により報告が必要とされている所定の外国を居住地国として申告された場合は、保険会社より国税庁へ契約情報等を報告することとなる。

解　説

◆FATCA（Foreign Account Tax Compliance Act：外国口座税務コンプライアンス法）とは　「FATCA」とは、米国納税義務者による米国外の金融口座等を利用した租税回避を防ぐ目的で、米国外の金融機関に対し、顧客が米国納税義務者であるかを確認すること等を求める米国の法律である。

金融庁および国税庁から生命保険協会宛てに傘下各社の協力を求める要請文が発出されており、保険会社は対象商品における各手続（保険契約の締結、契約者変更、契約者と受取人が異なる場合の満期期保険金・年金の支払等の取引発生時）および（米国への）海外渡航など、契約者の状況が変化した場合において、米国納税義務者（米国市民、米国居住者、米国人所有の外国事業体等）であるかについて確認する必要がある。

確認方法については、「国際的な税務コンプライアンスの向上およびFATCA実施の円滑化のための米国財務省と日本当局の間の相互協力・理解に関する声明」（以下「日米声明」という）に基づき顧客が自己宣誓する方式とFATCA規則に基づき米国人示唆情報の有無を確認する方式のいずれかを選択でき、生命保険会社によって次のいずれの確認方法を採用しているかは異なる。

① 生命保険会社所定の書面等により、所定の米国納税義務者であるかを顧客自身に申告いただく（日米声明に定められた確認方法）

② 顧客が所定の米国納税義務者であるかを確認するため、各種証明書類（運転免許証、パスポート等）を提示または提出いただく（FATCA規則に定められた確認方法）

確認の結果、顧客が所定の米国納税義務者である場合、「米国納税者番号（TIN）を含む米国財務省様式W-9」「米国内国歳入庁への報告に関する同意書」等の所定の書類を取り寄せ、保険会社から顧客の契約情報等を米国内国歳入庁へ報告する必要がある。

なお、保険募集において、顧客が確認手続に応じない場合や米国内国歳入庁への報告に同意いただけない場合、保険会社は契約締結を行わず、加入をお断りすることとなる。

◆AEOI（Automatic Exchange of Information：非居住者に係る金融口座情報の自動的交換）のための報告制度とは　AEOIのための報告制度とは、外国の金融機関を利用した国際的な脱税および租税回

避を防ぐ目的で、OECD の策定した金融機関が非居住者に係る金融口座情報を税務当局に報告し、これを各国の税務当局間で互いに提供し合う自動的情報交換に関する共通報告基準（CRS）に従う形で整備された、「租税条約等の実施に伴う所得税法、法人税法及び地方税法の特例等に関する法律」に基づく制度である。

これにより、対象商品における各手続（保険契約の締結、契約者変更、契約者と受取人が異なる場合の満期保険金・年金の支払等の取引発生時等）において、顧客は税務上の居住地国や外国の納税者番号（居住地国が日本以外の場合のみ）等を記入した届出書の提出が義務づけられている。また、上記届出書の提出後、居住地国に変更があった場合も、届出書の提出が必要となる。

保険募集においては、申込みの手続を行う際に、顧客に対して税務上の居住地国等を申告いただく必要があることを説明のうえ、顧客の税務上の居住地国等の情報を記載した届出書を提出いただく。このとき、顧客が租税条約等により報告が必要とされている所定の外国を居住地国として申告した場合は、保険会社は国税庁へ契約情報等（氏名・住所・生年月日、居住地国、外国の納税者番号等および当該契約の証券番号、資産価格等）を国税庁（所轄の税務署長）へ報告しなければならない。

なお、顧客が届出書の提出に応じない場合や国税庁への報告に同意いただけない場合、保険会社は契約締結を行わない場合があり、また、租税条約等の実施に伴う所得税法、法人税法及び地方税法の特例等に関する法律においては、届出書の提出に応じ

ない場合や虚偽の記載を行った場合には顧客は罰則が科せられることがある。

11317 マイナンバー

保険募集において「マイナンバー」は取り扱うことがあるのか。取り扱う場合、どのように対応すればよいか

結　論

生命保険会社は、支払調書の提出事務等の個人番号関係事務が発生した時点で顧客に対してマイナンバーの提供を求めることが原則であるとされている。ただし、生命保険の契約関係に基づき、支払調書等を提出する事務の発生が予想される場合は、申込み時においてもマイナンバーの提供を求めることが可能である。

金融機関が引受保険会社から個人番号関係事務の全部または一部の委託を受け、マイナンバーを取り扱う際には、引受保険会社からの指示・監督に従い、法令およびガイドラインに定める特定個人情報の適正な取扱いおよびその安全管理措置を講じることが必要である。

解　説

◆マイナンバー制度とは　平成28年1月より、「行政手続における特定の個人を識別するための番号の利用等に関する法律」（平成25年5月31日法律第27号。以下「マイナンバー法」という）に基づき、我が国においてマイナンバー制度（社会保障・税番号制度）が開始された。マイナンバー制

度とは、我が国の住民票を有する個人全員に対してマイナンバー（12桁の個人番号）を付与して、社会保障・税・災害対策等の行政手続において利用するものである。なお、マイナンバー法に基づき、法人等に対しては法人番号が指定されるが、法人番号は原則公表され、民間での自由な利用も可能であるため、本項ではマイナンバーについて記述する。

◆生命保険業務におけるマイナンバーの取扱いについて　生命保険会社では、保険金・年金等の支払の際に税務署に提出する支払調書（「生命保険契約等の一時金の支払調書」や「生命保険契約等の年金の支払調書」等）に、保険契約者および保険金等受取人のマイナンバーを記載することが義務づけられており、生命保険会社は個人番号関係事務を処理するために必要があるときは、マイナンバーの提供を求めることができる（マイナンバー法14条1項）。

このため、生命保険会社は、支払調書の提出事務等の個人番号関係事務が発生した時点で顧客に対してマイナンバーの提供を求めることが原則であり、たとえば、対象となる保険金・年金等の支払手続が発生した際に顧客に対してマイナンバーの提供を求めることが考えられる。ただし、生命保険の契約関係に基づき、支払調書等を提出する事務の発生が予想される場合は、生命保険契約の締結時点（申込み時を含む）以降、任意のタイミングにおいて、マイナンバーの提供を求めることが可能である（金融業務における特定個人情報の適正な取扱いに関するガイドライン3‐(1)、「「特定個人情報の適正な取扱いに関するガイドライン（事務者編）」及び「（別冊）金融業務に

おける特定個人情報の適正な取扱いに関するガイドライン」に関するQ&A」Q17‐1）。なお、生命保険の契約内容等から支払調書等を提出することが予定されず、個人番号関係事務が明らかに発生しないと認められる場合には、マイナンバーの提供を求めてはならない。

◆保険代理店におけるマイナンバーの取扱いについて　生命保険会社は、保険契約者および保険金等受取人のマイナンバーを記載した支払調書等を税務署に提出するための事務の全部または一部について、委託（再委託を含む）することができる（マイナンバー法2条13項・10条）。そのため、金融機関が保険代理店として、引受保険会社から個人番号関係事務の一部または全部の委託を受けて、マイナンバーを取り扱うことが可能である。

このとき、委託者（引受保険会社）は、委託先（金融機関）に対して、マイナンバー法に基づき自らが果たすべき安全管理措置と同等の措置が講じられるよう、必要かつ適切な監督を行う必要がある（同法11条、金融業務における特定個人情報の適正な取扱いに関するガイドライン2‐(1)）。そのため、委託先（金融機関）では、委託者（引受保険会社）からの指示・監督に従い、「特定個人情報の適正な取扱いに関するガイドライン（事業者編）（平成26年特定個人情報保護委員会告示第5号）」・「（別冊）金融業務における特定個人情報の適正な取扱いに関するガイドライン（平成26年特定個人情報保護委員会告示第5号）」に沿って特定個人情報の適正な取扱いおよびその安全管理措置を講じることが必要である。

なお、保険代理店においては、複数の保

険会社の商品を販売するケースがあるが、マイナンバーの利用・保管については保険会社ごとに別個に行うこととなり、共同で利用することはできないとされているので留意する必要がある（「「特定個人情報の適正な取扱いに関するガイドライン（事務者編）」及び「（別冊）金融業務における特定個人情報の適正な取扱いに関するガイドライン」に関する Q&A」Q17-3）。

11318　意向把握・確認書面

意向把握・確認書面とはどういうものか

結　論

　意向把握書面とは、意向把握に係る業務の適切な遂行を事後的に確認できるための措置として意向把握に用いた帳票のことをいい、意向確認書面とは、保険募集人等において、契約の申込みを行おうとする保険商品が、顧客のニーズに合致したものかどうかを確認する書面をいう。これらの書面を作成することにより、契約の申込みを行おうとする保険商品が顧客のニーズに合致している内容かどうかを顧客が確認でき、たとえば資産運用の必要性を感じていない高齢者に対してリスクの高い投資性商品を販売することを防ぐことができる。

解　説

◆**意向把握書面**　意向把握書面は、保険募集人が、顧客から把握した内容を記載し、その内容を顧客に確認してもらえれば足り、たとえば顧客の署名や押印まで求められる

ものではないとされる（「平成26年改正保険業法（2年以内施行）に係る政府令・監督指針案に対するパブリックコメントの結果等について」別紙1（以下「パブリックコメント」という）No.336、357）。また、電磁的な方法により保存することも認められ、その保存期間については、保険契約締結日から、保険会社または保険募集人が事後的に検証するために適正と考える期間が求められ、必要に応じ、保存期間や保存方法を見直す必要があることにも留意する必要がある（パブリックコメント No.383）。

◆**意向確認書面**　意向確認書面は、契約の申込みを行おうとする保険商品が顧客の意向に合致しているものかどうかを、顧客が契約締結前に最終的に確認する機会を確保するために、顧客の意向に関して情報に基づき、保険商品が顧客の意向に合致することを確認する書面であり、顧客に交付するとともに、保険会社等において保存するものとされている。意向確認書面の記載事項は下記のとおり（保険会社監督指針 II－4－2－2(3)④イ．（イ））。

① 顧客の意向に関する情報

② 保険契約の内容が当該意向とどのように対応しているか

③ その他顧客の意向に関して特に記載すべき事項（具体例は以下のようなものがあげられる）

　イ 当該保険契約の内容では顧客の意向を全部または一部満たさない場合はその旨

　ロ 特に顧客から強く要望する意向があった場合や個別性の強い意向を顧客が有する場合はその意向に関する情報

　ハ 当該保険契約の内容が顧客の意向に

合致することを確認するために最低限必要な情報が提供されなかった場合はその旨

④ 保険募集人の氏名・名称

なお、意向確認書面は、顧客の意向確認後、遅滞なく顧客へ交付することとなっているが、当該書面の即時の交付が困難な場合は、顧客の利便性を考慮し、意向確認書面に記載すべき内容を口頭にて確認のうえ、意向確認書面を事後に遅滞なく交付することでも足りるとされている。また、顧客における保存の必要性を考慮し、原則として書面により交付することとされているが、必ずしも独立した書面とする必要はなく（申込書と一体で作成することも可）、他の書面と同一の書面とする場合には、意向確認書面に該当する部分を明確に区別して記載する必要があることに留意すること。

（注）電子メール等の電磁的方法による交付を行う場合は、顧客の了解を得ていることおよび印刷または電磁的方法による保存が可能であることが必要である。

11319 情報提供義務、意向把握・確認義務の適用除外

保険募集人等に適用される情報提供義務（保険業法294条）、意向把握・確認義務（同法294条の2）が適用除外されるのはどのような場合か

結　論

保険募集人等に適用される情報提供義務は、保険契約者と被保険者の双方に履行する必要があるが、被保険者に対する情報提供を求める必要性が乏しい一部の場合については、被保険者に対する情報提供義務が適用除外とされる。

意向把握義務は、情報提供義務が適用除外される場合に加えて、他の法律により加入が義務づけられている保険である場合（自賠責保険）、勤労者財産形成促進法6条に規定する保険である場合（個人型財形保険）も適用除外とされる。

解　説

◆**情報提供義務の適用除外**　被保険者に対する情報提供を求める必要性が乏しい以下の場合については、被保険者に対する情報提供義務は適用除外とされる（保険業法施行規則227条の2第2項・7項、保険会社監督指針Ⅱ−4−2−2(2)⑨)。

① 被保険者の保険料負担がゼロである場合

② 保険期間がきわめて短期間（1カ月以内）かつ、被保険者が負担する保険料の額がきわめて少額（1000円以下）である場合

③ 被保険者に対するイベント・サービス等に付随して提供される場合（加入について被保険者の意思決定を要さず、かつ、主たるイベント・サービス等の提供と関連性を有する保険契約である場合）（イベントの主催者が参加者に付保する傷害保険等）

④ 公的年金制度等の加入者（年金制度等を運営する団体を保険契約者とし、その年金制度等の加入者を被保険者とする保険契約である場合）

⑤ 団体内での適切な情報提供が期待できる場合（団体（契約者）と構成員（被保険者となる者）との間に「一定の密接な

関係」がある場合等）

ただし、⑤については、保険募集人等に対し、団体（契約者）からの必要な情報提供・適切な意向確認を確保するための体制整備が義務づけられている（保険業法施行規則53条1項5号・211条の30第5号・227条の8）。

また、既存契約の一部を変更することを内容とする保険契約については、情報提供の内容に変更すべきものがないときはすべての情報について、一部変更すべきものがある場合であっても他の変更する必要がない情報については、保険契約者に対しても被保険者に対しても適用除外となる。

◆**意向把握・確認義務の適用除外**　意向把握・確認を求める必要性が乏しい以下の場合については、意向把握・確認義務は適用除外とされる（保険業法施行規則227条の6、保険会社監督指針Ⅱ-4-2-2(3)③）。
① 　情報提供義務の適用除外とされている保険契約である場合（被保険者への情報提供義務だけが適用除外となる場合には、意向把握・確認義務についても同様）
② 　他の法律により加入が義務づけられている保険である場合（自賠責保険）
③ 　勤労者財産形成促進法6条に規定する保険契約である場合（個人型財形保険）

◆**団体保険における団体と構成員との間の「一定の密接な関係」**　「一定の密接な関係」の有無については、以下の要件に照らして、それぞれの要件の充足度合いやその他団体の性質や特性、団体保険の商品性等をふまえて、団体（保険契約者）から構成員（被保険者となる者）に対して必要な情報が適切に提供されることが期待されるかといった観点から総合的に判断する必要が

ある。
① 　当該団体保険に係る団体（保険契約者）に関する利害の関係（利害関係要件）
② 　当該相手方が当該団体の構成員となるための要件（構成員要件）
③ 　当該団体の活動と当該保険契約に係る保障（補償）の内容との関係（関係性要件）

この点、情報提供義務および意向把握・確認義務が適用除外されない団体保険の構成員（被保険者になる者）への加入勧奨については、保険募集と同等の行為とされ、保険業法300条1項に規定する禁止行為の防止など、募集規制に準じた取扱いが求められる等の体制整備が必要となる（保険会社監督指針Ⅱ-4-2-2(4)）。

なお、「一定の密接な関係」を有するか否かを問わず、団体保険の形式を利用して、保険業法300条1項に規定する禁止行為等の募集規制を潜脱することは認めらない。

11320　意向把握・確認義務

意向把握・確認義務（保険業法294条の2）とはどのようなものか

結　論

意向把握・確認義務とは、保険募集にあたり、保険募集人が顧客の抱えているリスクやそれをふまえた保険のニーズを的確に把握したうえで、当該ニーズに沿った提案・説明を行うことを通じ、顧客が、自らのリスクやそれをふまえた保険のニーズに

当該提案が合致しているかどうかを判断・確認して保険契約を締結する機会を確保する義務をいう。

解　説

◆**意向把握・確認義務**　意向把握・確認義務とは、顧客の意向に沿った商品提案・説明、および意向確認を求める義務である。つまり、①顧客の意向を把握、②把握した顧客の意向に沿った保険商品を提案、③保険契約締結に際して、顧客の意向と当該商品の内容が合致していることを顧客が確認する機会を提供することである。

◆**意向把握・確認義務の履行方法**　意向把握の具体的手法については、意向把握の形骸化や保険会社・保険募集人および顧客の双方に対して過度の負担となるおそれがあることをふまえ、商品形態や募集形態に応じて、保険会社・保険募集人の創意工夫に委ねることとされている。保険会社監督指針では、具体的手法を、取り扱う商品や募集形態をふまえて選択されるべきこととしつつ、達成すべき目標水準を統一する観点から、「全商品・募集形態を通じて満たすべき水準」を示し、以下の手法によりその水準を満たすことが求められている。

① 意向把握型

顧客へ具体的な提案を行う前に、当該顧客の意向を把握する手法である。具体例を示すと下記の流れとなる。

　㋑　アンケート等で顧客の意向を把握

　㋺　当該意向に沿った個別プランを作成・わかりやすく説明

　㋩　「最終的な意向」と「当初把握した主な顧客の意向」とを比較し、相違している場合はその対応箇所や相違点お

よび相違が生じた経緯についてわかりやすく説明（以下「振り返り」という）

　㋬　契約締結前の段階において、顧客の最終的な意向と契約の申込みを行おうとする保険契約の内容が合致しているかどうかを確認（＝意向確認）

② 意向推定型

上記①とほぼ同様の手法・流れであるが、アンケート等で顧客の意向を「把握」してから提案するのではなく、当初の顧客の意向を「推定」し商品提案する手法であることが相違点である。ここで重要なことは、推定後に当該顧客とのやり取りのなかで、どこかで顧客の意向を把握する（以下「ピン止め」という）必要があり、㋩「振り返り」については、「最終的な意向」と「ピン止めした意向」との間で実施することに留意する必要がある。

③ 損保型

自動車や不動産購入等に伴う補償を望む顧客に対しても、①とほぼ同様の手法が求められるが、㋩「振り返り」が求められないことが相違点である。損保型の意向把握・確認方法が一定程度緩和されているのは、損害保険ニーズの顕在性や喫緊の顧客ニーズに対応する必要性によるものと考えられる。

銀行等が保険募集を行う際には、主に顧客が能動的に保険加入の意思をもって来店し加入意思を表明するものと思われるため、上記①に該当することが多いと考えられる。

◆**意向把握・確認の対象と時期**　保険募集に際し、保険会社・保険募集人が把握・確認すべき意向の内容は以下のとおり（保険会社監督指針Ⅱ－4－2－2(3)②ア．・イ．)。

① 第一分野の保険商品および第三分野の
保険商品について
　イ　どのような分野の保障を望んでいる
か（死亡した場合の遺族保障、医療保
障、医療保障のうち、ガンなどの特定
疾病に備えるための保障、傷害に備え
るための保障、介護保障、老後生活資
金の準備、資産運用など）
　ロ　貯蓄部分を必要としているか
　ハ　保障期間、保険料、保険金額に関す
る範囲の希望、優先する事項がある場
合はその旨
② 第二分野の保険商品について
　イ　どのような分野の補償を望んでいる
か（自動車保険、火災保険などの保険
の種類）
　ロ　顧客が求める主な補償内容
　ハ　補償期間、保険料、保険金額に関す
る範囲の希望、優先する事項がある場
合はその旨

　また、意向把握を行うにあたっては、そ
の時期について商品特性や募集形態に加え、
顧客の意向の認識度合いにも十分配慮した
うえで、個々の顧客に対し適切かつ的確な
時期である必要があるが、「最終的な顧客
の意向が確定した段階」の直前等を「把握
すべき時期」として定めることは、適切か
つ的確な意向把握とはならないとすること
（「平成26年改正保険業法（2年以内施行）
に係る政府令・監督指針案に対するパブリ
ックコメントの結果等について」別紙1
（以下「パブリックコメント」という）
No.338）、また、意向把握の手段として保
険商品の保障内容を含むアンケートを用い
るのであれば、「保険募集」に該当するた
め、実務上は、事前に非公開金融情報の利

用に係る同意を取得する必要があること
（パブリックコメント No.326）に留意する
必要がある。

◆意向把握・確認に係る体制整備義務
　保険会社および保険募集人に対しては、意
向把握・確認に係る行為規制に加え、契約
の申込みを行おうとする保険商品が顧客の
意向に合致した内容であることを顧客が確
認する機会を確保し、顧客が保険商品を適
切に選択・購入することを可能とするため、
そのプロセス等を社内規則等で定めるとと
もに、所属する保険募集人に対して適切な
教育・管理・指導を実施する等の体制整備
が求められる。少なくとも、前述「意向把
握・確認義務の履行方法」に記載した「振
り返り」に活用した、顧客の「最終的な意
向と比較した意向に係るもの」、および
「最終的な意向に係るもの」は保存する必
要がある。また、従前の意向確認に係る体
制整備は、保険会社のみに課されたもので
あったが、改正保険業法においては「保険
会社または保険募集人のいずれか、または
双方」とされており、これはすべての保険
募集人に対し顧客の意向に沿った商品の提
案・説明を求める趣旨を第一義とするもの
であると考えられる。加えて、複数の所属
保険会社を取り扱う保険募集人は、意向把
握についての実務内容がどの所属保険会社
にも紐付かない「自身」の実務になる可能
性があるため、自身の責任において、意向
の把握方法や時期を定め、これに沿った意
向把握書面を作成・保存する必要があるこ
とに留意する必要がある。

11321 比較・推奨販売ルール

乗合代理店における比較・推奨販売に関するルールとは、どのようなものか

結　論

　二以上の保険会社から保険募集の委託を受けている乗合代理店において、保険商品の比較・推奨販売を行う際には、特定の保険商品を顧客に提案・推奨する際のその理由を説明する等の情報提供義務、乗合代理店の法的な立場を顧客に誤認させないようにする等の体制整備義務が適用される。

解　説

◆比較説明に関する規制　保険契約の内容の比較に係る情報提供をする場合、乗合代理店は、「当該比較に係る事項」の説明が必要とされている（保険業法規則227条の2第3項4号イ）。

◆推奨販売に関する規制　乗合代理店が、複数の所属保険会社等の保険商品に係る比較可能な同種の保険契約のなかから絞込みを行ったうえで、顧客に対し、特定の保険商品を推奨する場合（以下「推奨販売」という）、乗合代理店による絞込みの対象となる比較可能な同種の保険契約群の概要および当該絞込みの理由を説明することが必要となる。

　なお、推奨販売に係る規制においては、乗合代理店による保険商品の絞込み理由をさらに、顧客意向に沿ったものと代理店事情によるものの二つに分けて規律している。

① 　顧客意向に沿った推奨販売……乗合代理店が、比較可能な同種の保険契約のなかから、顧客の意向に沿った保険商品の絞込みをすることにより、特定の保険商品を顧客に推奨しようとする場合には、「顧客の意向に沿った比較可能な同種の保険契約の概要」および「当該提案の理由」の説明が必要とされている（保険業法施行規則227条の2第3項4号ロ）。

② 　代理店事情による推奨販売……乗合代理店が、比較可能な同種の保険契約のなかから、顧客の意向に沿った保険商品の絞込みをすることなく、乗合代理店の事情をもとに絞込みを行い、特定の保険商品を顧客に推奨しようとする場合には、「当該提案の理由」の説明が必要とされている（保険業法施行規則227条の2第3項4号ハ）。

◆体制整備に関する規制　比較推奨販売に関する体制整備義務については、乗合代理店に対し、その法的な立場についての顧客の誤認を防止するための措置義務（保険業法施行規則227条の12）、および、比較推奨販売に係る情報提供義務の履行の適切性等を確保するための措置義務（同規則227条の14）が設けられている。

11322 保険募集人の体制整備義務

保険募集人の体制整備義務（保険業法294条の3）とは、どのようなものか

結　論

　保険会社には、募集委託先である保険代理店に対して、教育・管理・指導による体

制整備義務が課されているが、保険募集人に対しても、業務の規模・特性に応じた体制整備が求められている。

解　説

◆**保険募集人の体制整備義務**　保険募集人には以下の体制整備義務が課されている（保険業法施行規則227条の7等、保険会社監督指針Ⅱ-4-2-9）。

① 顧客への重要事項説明等保険募集の業務の適切な運営を確保するための社内規則等の策定、および、保険募集人に対する同社内規則等に基づいた適正な業務運営を確保するための研修の実施（保険業法施行規則227条の7、保険会社監督指針Ⅱ-4-2-9(1)）

② 個人情報取扱いに関する社内規則の策定（保険業法施行規則227条の9、保険会社監督指針Ⅱ-4-2-9(2)）

③ 保険募集の業務（保険募集の業務に密接に関連する業務を含む）を委託する場合の当該委託業務の的確な遂行を確保するための委託先管理（保険業法施行規則227条の11）

◆**保険代理店の従業員等**　保険代理店の従業員等にも保険募集人の体制整備義務が適用されるが、基本的には、保険会社や保険代理店の教育・管理・指導に従って（保険会社や保険代理店が作成するマニュアルに沿った業務運営、保険会社や保険代理店が実施する研修への参加等）、適正に業務を実施していることが重要となる。

| 11323 | 代理店に関する規制（帳簿書類・事業報告書） |

帳簿書類の備付け義務（保険業法303条）、事業報告書の提出義務（同法304条）とはどのようなものか

結　論

「規模が大きい特定保険募集人」に該当した場合、その事務所ごとに、その業務に関する帳簿書類を備え、保険契約者ごとに保険契約の締結の年月日その他の事項を記載し、これを保存しなければならない（保険業法303条）。また、事業年度ごとに事業報告書を作成し、毎事業年度経過後3カ月以内に、これを内閣総理大臣に提出しなければならない（同法304条）。

解　説

◆**対象となる「規模が大きい特定保険募集人」**　「特定保険募集人」とは、保険業法276条により、生命保険募集人、損害保険代理店または少額短期保険募集人（特定少額短期保険募集人を除く）をいうとされており、一定の規模を有する特定保険募集人には、帳簿書類の保存・備付けおよび事業報告書の提出が義務づけられる（同法303条・304条）。本規制の対象となる特定保険募集人とは、生命保険会社・損害保険会社・少額短期保険業者において、以下のいずれかに該当する場合と規定される（同法施行規則236条の2）。

① 当該事業年度末における所属保険会社が15以上であるもの

② 当該事業年度において二以上の所属保

険会社等から受けた手数料、報酬その他の対価の額の総額が10億円以上であるもの

◆**帳簿書類の保存・備付け**　保険業法303条において、一定の規模を有する特定保険募集人は、事業所ごとに帳簿書類を備え、同法施行規則237条の2で規定する事項を記載しなければならない。具体的には、①保険契約の締結年月日、②引受保険会社等の商号・名称、③保険契約に係る保険料および④保険募集に関して当該特定保険募集人が受けた手数料、報酬その他の対価の額を記載する必要があり、同書類は保険契約の締結日から5年間保存しなければならない（同規則237条・237条の2）。また、一定の規模を有する特定保険募集人は、社内規則等に、帳簿書類の作成および保存の方法を具体的に定める必要がある（保険会社監督指針Ⅱ-4-2-10）。なお、帳簿書類の保管にあたっては、社内規則等に規定されていれば、紙による保管のほか、電磁的記録により保存することも可能とされている（「平成26年改正保険業法（2年以内施行）に係る政府令・監督指針案に対するパブリックコメントの結果等について」別紙1 No.145）。

◆**事業報告書の作成・提出**　保険業法304条において、一定の規模を有する特定保険募集人は、事業年度ごとに同法施行規則238条で定めるところにより、事業報告書を作成し、毎事業年度経過後3カ月以内に提出することが義務づけられている。記載内容は、①事業概要、②保険募集人指導事業の実施状況等、および、③保険募集に係る苦情の発生件数（直近3カ年度）である。なお、同法施行令49条1項3号により、事業報告書の受理については、特定保険募集人の主たる事業所の所在地を管轄する財務局長に委任されている。

| 11324 | 代理店に関する規制（フランチャイズ体制整備） |

いわゆるフランチャイズ（保険募集人指導事業）において、いかなる体制整備が必要か

結　論

保険募集人が他の保険募集人に対し、保険募集の業務の指導に関する基本となるべき事項を定めて、継続的に当該他の保険募集人が行う保険募集の業務の指導を行う事業を実施する場合は、当該指導の実施方針の適正な策定や適切な指導等を確保するための措置を講じることが義務づけられている。

解　説

◆**保険募集人指導事業（フランチャイズ）体制整備**　保険募集人は、保険募集人指導事業（保険業法294条の3第1項に規定する保険募集人指導事業をいう）を行う場合には、その内容に応じ、次に掲げる措置を講じなければならない（同法施行規則227条の15第1項）。

① 保険募集人指導事業の対象となる他の保険募集人（以下この条において「指導対象保険募集人」という）に対する指導の実施方針の適正な策定および当該実施方針に基づく適切な指導を行うための措置

② 指導対象保険募集人における保険募集の業務の実施状況を、定期的にまたは必要に応じて確認することにより、指導対象保険募集人が当該保険募集の業務を的確に遂行しているかを検証し、必要に応じ改善させる等の措置

つまり、保険募集に関し、いわゆるフランチャイズ方式を採用する場合、当該本部である保険代理店（フランチャイザー）に対して、フランチャイズ傘下の保険代理店（フランチャイジー）への指導および管理を適切に行うことが求められる。なお、①に関しては、たとえば、一定の知識・経験を有する者を配置するなど、教育・管理・指導を行う態勢を構築することが必要とされている（保険会社監督指針Ⅱ-4-2-9-(7)①（注1））。

◆**商標等の誤認防止**　保険業法施行規則227条の13により、自己の商標、商号その他の表示を使用することを他の保険募集人に許諾した募集人は、当該他の保険募集人と同一の業務（保険募集の業務に限る）を行うものと顧客が誤認することを防止するための措置が義務づけられていることに留意する。

◆**実務上の対応**　銀行等は、フランチャイズ契約等により、フランチャイザーから指導を受ける場合や、商標等の使用許諾を受ける場合には、当該フランチャイザーの教育・管理・指導や誤認防止措置に従う必要がある。

11325　電話による保険募集

銀行等が電話による保険募集等を行う場合に留意すべき点は何か。また、電話による保険募集を行う場合には、どのような問題が生じうるか

結　論

銀行等の保険募集人が行う電話による保険募集等（転換および自らが締結したまたは保険募集を行った団体保険に係る保険契約に加入することを勧誘する行為その他の当該保険契約に加入させるための行為を含む）は、非対面で、顧客の予期しないタイミングで行われること等から、特に苦情等が発生しやすいといった特性等にかんがみ、当該行為を反復継続的に行う場合は、トラブルの未然防止・早期発見に資する取組みを含めた保険募集方法を具体的に定め、実行するとともに、保険募集を行う行職員に対して、適切な教育・管理・指導を行う必要がある。また、これらの取組みについて、適切性の検証等を行い、必要に応じて見直しを行う必要がある。

解　説

◆**電話による保険募集等を行う際に求められる具体的な措置内容**　電話による保険募集を行う際には、以下の態勢整備が求められる（保険会社監督指針Ⅱ-4-4-1-1(5)）。

① 説明すべき内容を定めたトークスクリプト等を整備のうえ、徹底していること
② 顧客から、今後の電話を拒否する旨の意向があった場合、今後の電話を行わないよう徹底していること
③ 通話内容を記録・保存していること
④ 苦情等の原因分析および再発防止策の

策定および周知を行っていること

⑤　保険募集等を行ったもの以外の者による通話内容の確認（成約に至らなかったものを含む）およびその結果をふまえた対応を行っていること

◆**対象となる行為**　　当規定は、業として反復継続的に電話による保険募集を行っている場合を想定したものであり、基本的には、たとえば、既契約者に対する単なる訪問アポイント取得等の契約保全や既契約の更新（更改）を目的とした電話については、生保・損保にかかわらず、上記の措置を講じる必要はないものと考えられている（「平成26年改正保険業法（２年以内施行）に係る政府令・監督指針案に対するパブリックコメントの結果等について」別紙１（以下「パブリックコメント」という）No.578～586）。

◆**通話記録の保存・確認**　　通話内容の確認については、保険会社または銀行等において、保険募集の適切性等を事後的に確認・検証するために適当と考えられる期間、保存することが必要と考えられる。また、通話内容の確認については、必ずしも全件確認を求められるものではないが、保険募集の適切性を十分に確認する必要がある（パブリックコメントNo.600～601・602～603）。

| 11326 | 保険契約のクーリング・オフ |

保険契約においてクーリング・オフができない場合はどのような場合か。また、特定早期解約とはどのようなものか

結　論

保険業法では、一定の例外を除き、保険契約のクーリング・オフを認めている。クーリング・オフができない場合としては、保険期間が１年以下の契約や通信販売等による契約などが法定されている。また、変額保険、外貨建保険等について、第１回保険料充当金を保険会社が指定する金融機関へ振り込んだこと等によりクーリング・オフができない場合については、クーリング・オフのかわりに、所定の期間内は通常の解約より有利な特定早期解約ができる。

解　説

◆**保険業法におけるクーリング・オフ**
保険（特に生命保険）商品はニーズ潜在型商品といわれており、顧客のニーズ掘起しのために、募集人が顧客を積極的に訪問等を行って募集を行うケースが多い。このように積極的な募集活動を行う場合、募集のあり方によっては、当該顧客が契約について熟慮しないうちに、保険の申込みをしてしまう可能性がある。そこで保険業法では、一定の要件のもとに契約者にクーリング・オフを認めており、申込日もしくはクーリング・オフ制度について記載した書面を受領した日のどちらか遅い日から８日以内であれば、顧客は書面（郵送）により契約の申込みを撤回または契約を解除することができる（同法309条１項１号）。

◆**クーリング・オフの対象とならない場合**
以下の場合は、顧客保護に欠けるおそれがないものとして、法令上クーリング・オフ制度の適用対象外とされている（保険業法309条１項各号、同法施行令45条各号）。

① 契約者が営業・事業のために、または営業・事業として保険契約を締結したとき

② 一般社団法人もしくは一般財団法人、特別の法律により設立された法人、法人でない社団もしくは財団で代表者もしくは管理人の定めのあるものまたは国もしくは地方公共団体が保険契約の申込みをしたとき

③ 当該保険契約の保険期間が1年以下である場合

④ 当該保険に加入することが法律上義務づけられている場合

⑤ 申込者等が保険業者に対してあらかじめ日を通知してその営業所等を訪問し、かつ、当該通知し、または訪問した際に自己の訪問が保険契約の申込みをするためのものであることを明らかにしたうえで、当該営業所等において当該保険契約の申込みをした場合

⑥ 申込者等が自ら指定した場所で保険契約の申込みをすることを請求した場合において、当該保険契約の申込みをした場合

⑦ 申込者等が郵便その他の内閣府令で定める方法により保険契約の申込みをした場合

⑧ 第1回保険料充当金を保険会社が指定する金融機関へ振込をすることによって申し込んだ場合（ただし、当該保険契約の相手方である保険会社もしくは当該保険契約に係る保険募集を行った保険会社またはこれらの役員もしくは使用人に依頼して行った場合を除く）

⑨ 顧客が保険会社の指定する医師による被保険者の診査をその成立条件とする保険契約の申込みをした場合において、当該診査が終了した場合

⑩ 勤労者財産形成貯蓄契約、勤労者財産形成年金貯蓄契約または勤労者財産形成住宅貯蓄契約であるとき

⑪ 金銭消費貸借等の契約の履行を担保するための保険契約である場合

⑫ 既存の契約の更改または更新もしくは保険金額、保険期間その他の内容の変更に係る保険契約の申込みである場合

◆**クーリング・オフの説明**　クーリング・オフ制度は、保険会社監督指針において、注意喚起情報として顧客に説明すべき重要事項とされている（重要事項説明義務については【11304】参照）。なお、法令上はクーリング・オフの対象外の契約であっても、実務上は保険会社がクーリング・オフ対象契約と同様にクーリング・オフに応じている場合が多い。しかしながら、そのような保険会社であっても、法令上クーリング・オフの対象外であって変額保険など保険料の払込み後直ちに運用が開始される商品については、リスク管理の観点からクーリング・オフに応じていない場合が多い。そこで、こうした保険会社による自主的運用について保険契約者が誤信するのを防止するため、一時払いの保険契約の締結の代理また媒介を行う際に、クーリング・オフができない旨を顧客に対して書面により説明し、その受領を確認する署名または押印を得ることが求められる（保険業法施行規則234条1項6号）。

◆**クーリング・オフをする場合の実務取扱いと注意点**　顧客からクーリング・オフの申出を受けた場合は、引受保険会社の取扱いを確認し説明することになるが、宛先

保険会社、当該保険契約の申込みを撤回する旨の記述、契約者名、被保険者名、取扱募集人名（代理店名）、申出日、申出人（契約者）の住所、申出人名を契約者の自署で記入し、申込書に捺印したものと同一の印鑑を押印し、保険会社宛てに郵送してもらう取扱いが一般的である。また、申出日は郵便局の消印をもって判定されること、配達記録付きの内容証明郵便で送付すると安心であることなどを顧客に説明することになろう。

保険会社または保険募集人が、クーリング・オフがあった際にすでに当該保険契約の保険料等を受領している場合は、申込者等に対して速やかにこれを返還しなければならないこととされており、保険料の受領権限のある保険募集人がすでに保険料等を受領してしまっている場合には、顧客への保険料返金方法などを事前に引受保険会社等に確認しておくべきであろう。

◆**特定早期解約**　　特定早期解約とは、保険契約のうち、当該保険契約の成立の日またはこれに近接する日から起算して10日以上の一定の日数を経過するまでの間に限り、解約により保険契約者に払い戻される返戻金の計算に際して、契約者価額から控除する金額をゼロとし、および当該保険契約にかかる費用として保険料から控除した金額を契約者価額に加算するものをいう（保険業法施行規則11条3号の2）。

これは、変額保険、外貨建保険等のうち上記⑤～⑧（保険業法施行令45条1～4号）に該当するため、クーリング・オフができないものについて、所定の期間内は、通常の解約より有利な解約を認めたものである。ただし、保険会社が当該契約についてクーリング・オフに応じる旨を定めている場合は対象外となる。

11327　架空契約・無断契約

架空契約・無断契約とは何か。どのような問題があるか

結　論

架空契約とは、実在しない保険契約者・被保険者の名義を用いて成立させた契約である。また、無断契約とは、無断で実在する第三者の名義を使用して成立させた契約である。架空契約や無断契約に加え、被保険者以外の者が被保険者にかわって診査を受ける替玉診査等の保険への不適正な加入はマネーローンダリング等の犯罪行為に利用されるおそれがある。また、「保険募集に関し著しく不適当な行為」として不祥事件届出が必要な行為にも該当する。

解　説

◆**架空契約等の防止**　　実在しない保険契約者・被保険者の名義を用いて成立させる架空契約をはじめ、無断で第三者の名義を使用して契約を成立させる無断契約や、被保険者以外の者が被保険者にかわって診査を受ける替玉診査等は、募集人の挙績のために行われることが見受けられる。しかし、作成名義人に無断で当該名義の文書を作成する行為は私文書偽造罪を構成しうる。また、保険金詐欺やマネーローンダリング等の犯罪行為に利用されるおそれがあり、絶対に行ってはならない。

◆保険募集に関し著しく不適当な行為

架空契約、無断契約、替玉診査は、保険業法300条1項各号に明文で定められている禁止行為ではないものの、保険会社監督指針において保険募集時や医師による診査時に、運転免許証やパスポート等の本人を特定しうる書類による確認、郵送した保険証券が返送されなかったことによる確認等により、顧客の本人確認もしくは実在の確認等を行うことが求められている。万一、架空契約、無断契約、替玉診査等が発生した場合には、同法307条1項3号の「保険募集に関し著しく不適当な行為」として不祥事件届出が必要な行為に該当するものと考えられ、募集人登録抹消等の行政処分の対象となる。

　保険代理店である銀行等は、このような著しく不適当な行為が発生しないよう、監査・検査態勢を構築し、コンプライアンス徹底のため行職員に対する教育を継続して行うなどの措置を講ずる必要がある。

11328　保険契約の短期解約

保険契約の短期解約はどのような問題を内包しているか。募集した銀行等の責任が問われることはあるか

結　論

　保険契約の短期解約そのものは不祥事件には該当しないものの、不祥事件に該当する保険募集の温床であると監督官庁および保険会社は認識している。そのため、銀行等が取り扱った契約において短期解約が多発した場合には、そのなかから不祥事件に該当する保険募集が発見され、不祥事件届出が行われるとともに、保険会社から代理店である銀行等に対して業務改善が要請される可能性もある。

解　説

　保険契約（特に生命保険契約）は、一般的には長期間にわたる契約であり、保険募集人は顧客に対し、短期間での解約が生じないよう十分に商品説明を行うことが必要である。

　保険契約の継続状況はリスク管理上、重大な関心事であり、たとえば金融庁の「保険会社に係る検査マニュアル」においては、「募集コンプライアンス担当部門は、早期失効・早期解約時の契約確認等、類型的に不祥事件の可能性が高い契約に関して確認を行う等、保険募集上の問題の有無を早期にチェックする態勢となっているか」という項目が掲げられている。また、保険会社監督指針においても、生命保険会社は、「適正な保険募集体制を確立する」ために、「募集人の挙績状況、契約の継続状況等の常時把握による管理が行われているか」という項目が掲げられている（保険会社監督指針II−4−2−1(4)参照）。

　このように短期解約が着目されている理由は、保険契約の短期解約イコール不祥事件とまではいえないものの、「不祥事件に該当する保険募集の温床である」との認識がなされているからである。具体的には、当該保険契約を募集した保険募集人により、保険業法300条に定められている禁止行為（不正話法、誤認のおそれのある比較表示、威迫・圧力募集等）がなされているのでは

ないかという疑義がもたれることになる。また、短期解約された当該契約が監督官庁への報告が必要（犯罪収益移転防止法9条）な「疑わしい取引」であることの疑義がもたれることもあろう。このような不祥事件に該当する保険募集等を未然に防止すべく、保険会社は代理店の挙績状況や契約の継続状況の管理を行う必要があるところ、代理店である銀行等の取扱契約に短期解約が多発した場合や継続状況が著しく低水準にある場合には、保険会社による調査が行われ、その結果、保険会社から銀行等に対して業務改善が要請される可能性がある。

なお、短期解約された保険契約の募集が保険業法300条1項や300条の2が準用する金商法の該当条文に定める禁止行為に違反するものであったり、保険業法307条1項3号の「保険募集に関し著しく不適当な行為」に該当するものであったりした場合には、不祥事件として監督官庁に対して届出を行うとともに（同法施行規則85条5項3号・166条4項3号）、監督官庁による業務改善命令や保険募集人の登録取消等の行政処分の対象となりうる（同法306条・307条。また、同法300条1項1～3号に掲げる行為をした場合や同法300条の2が準用する金商法37条の3第1項に違反した場合の罰則については、保険業法317条の2を参照）ため、留意する必要がある。さらに、銀行等の保険募集人が保険契約者等に対し損害を与えた場合は、損害賠償責任等の民事責任が発生する可能性があるため（銀行等および行職員の民事責任については、【11349】参照）、この点にも留意する必要がある。

11329 募集に使用する資料

銀行等が保険募集の際に使用する資料を自行庫で作成する場合に、留意すべき点は何か。また、保険会社が提供した行内研修用の資料を顧客に提示して保険募集を行った場合には、どのような問題が生ずるか

結　論

保険募集用の資料を自行庫で作成する場合は、引受保険会社と事前に協議し、保険会社のチェックを受ける必要がある。

保険会社が提供した研修用資料を顧客に配布した場合、銀行と保険会社との間で締結されている代理店業務委託契約違反および保険業法違反となる可能性がある。

解　説

◆**募集時に使用可能である資料について**
保険募集に関し顧客に資料を提示する場合、顧客に誤解を与えることのないよう、法令等にのっとった取扱いが必要である。

具体的には、保険業法上、①「一の保険契約の契約内容につき他の保険契約の契約内容と比較した事項であって誤解させるおそれのある」表示（不適切な比較表示：同法300条1項6号）、②「将来における契約者配当又は社員に対する剰余金の分配その他将来における金額が不確実な事項として内閣府令で定めるものについて、断定的判断を示し、又は確実であると誤解させるおそれのある」表示（予想配当表示：同法300条1項7号、同法施行規則233条）、③「保険契約等に関する事項であってその判

断に影響を及ぼすこととなる重要なものにつき、誤解させるおそれのある」表示（同法300条１項９号、同法施行規則234条１項４号）が禁止されており、保険募集に使用する資料は、同法上、上記各規定に抵触しない資料であることが求められる。なお、保険会社が金融機関代理店に提供する募集用資料は、保険会社内においてチェックされているのが通常である。

◆**自行庫で募集用の資料を作成することについて**　銀行等の保険募集に際しては、通常、代理店業務委託契約によって、原則として保険会社が作成した資料の使用を義務づけられていることが多い。保険募集用の資料を自行庫で作成し利用しようとする場合には、事前に所属保険会社と協議を行い、作成した資料について所属保険会社のチェックを受けることが必要であることが通例である。無断で募集用資料を作成、使用した場合、保険業法違反・代理店業務委託契約違反となる可能性がある。

　なお、生命保険の募集用の資料の作成にあたっては、生命保険協会が「生命保険商品に関する適正表示ガイドライン」を策定し、同協会の Web サイトに掲載しているので、参考にされたい。

◆**保険会社作成の研修用資料を募集に使用することについて**　保険会社が作成した銀行等の研修用の資料は、通常、顧客に提示・配布するための資料として作成されているものではないため、募集用資料としては上記の保険業法等の規制に抵触していないとの保証はない。したがって、研修用資料をそのまま顧客に提示・配布した場合、代理店業務委託契約違反となる可能性があるほか、保険業法違反となり、保険会社が、

当該銀行等を事故者として金融庁に対し不祥事件届出を行う事態となる場合が考えられる。

◆**表示規制に違反した場合**　保険会社には適切な表示を確保するための措置が求められており（保険会社監督指針Ⅱ-4-10）、その体制整備が不十分であると認められた場合には行政処分の対象となる。そのため、銀行等が引受保険会社の指導監督を遵守しなかったために表示規制に関する保険業法違反や代理店業務委託契約違反の事態を生じさせた場合には、きびしいペナルティが科せられる可能性がある。実際に、銀行等が誤表示や優良誤認・有利誤認を生じさせる不適切な表示を用いた場合には、不適切な表示行為を行った影響を払拭するための是正策として、当該表示の影響が及ぶ可能性がある者に対して訂正文書を発信する等なんらかの措置を講ずべきと考えられることから、多大なコストを要することになる。

　現に、募集文書の表示をめぐり、保険会社が、公正取引委員会による排除命令を受け、金融庁による業務改善命令を受けたという実例が存在することもあり、保険募集において利用する表示の内容については、細心の注意を払う必要があるといえよう。

11330　代理店の集金義務

代理店である銀行等が保険契約者の保険料の集金を行う場合にどのような点に留意すべきか

結　論

代理店である銀行等が保険料の集金を定期的に行っている場合に、銀行等が保険料の集金をなんらかの理由で行わなかったために保険契約者が保険料の支払を怠り、結果的に失効した場合に、保険契約者との間でトラブルに発展するケースが考えられるため、集金を行う場合には、保険料の支払、指定口座・振替口座等への入金はあくまでも保険契約者の義務であることを明示する必要がある点に留意する。

解　説

保険料支払債務は、保険契約者にその支払の義務があり、また保険約款等に特段の定めがない場合には持参債務となる。実務上は保険会社の指定した金融機関の口座への送金、口座振替等の方法により支払うこととなっているのが一般的である。したがって、保険契約者から、銀行等に集金が求められるケースはそれほど多くないと考えられる。しかしながら、保険料支払債務が持参債務であることから、本来顧客のところに訪問して集金を行うことは銀行等の義務ではなくサービスにすぎないものであるにもかかわらず、集金を定期的に行っているケースにおいては、トラブルが生じうる。

具体的には、保険契約者は、保険料の支払が保険契約者の義務であり、また持参債務であるにもかかわらず、銀行等の行職員による定期的な訪問による集金に依拠してしまっていることから、保険料の支払義務が保険契約者にあることや、保険料支払を怠ると保険契約が失効する危険があることを強く認識していない場合が多い。このた

め、銀行等の行職員がサービスとして行ってきた集金を、なんらかの理由で保険契約者に通知することなく行わなかった場合に、保険契約者による保険料の支払が行われず、結果的に、保険契約者が特段認識をすることなく、保険契約が失効するという事態が生じ、保険契約者との間でトラブルに発展する可能性がある。

銀行等としては、銀行等が募集代理店として募集を行った保険契約の保険料支払が遅滞していることを知った場合には、保険契約者に対し保険料を自主的に支払うよう督促を行い、あわせて保険料支払義務を怠り保険契約が失効した場合に、保障が失われること、復活の制度が存在する保険契約であっても、通常は告知を要することから健康状態等によっては復活できないおそれがあること等の、失効による保険契約者の不利益について認識してもらうよう周知徹底を図るべきである。また、通常は、保険会社から保険料の支払を求める通知が保険契約者に郵送されることから、保険会社からの通知を確認するよう注意喚起することも効果的である。

なお、保険契約者から集金のために銀行等の行職員に訪問を求められた場合には、保険会社に対し、事前に集金を行うことがそもそも妥当であるのか確認することが望ましい。そのうえで、銀行等において集金を行う場合には、保険契約者に対し、銀行等が集金のために訪問することは銀行等の義務ではなくあくまで「サービス」であり、保険料の支払義務は保険契約者にあることを明示する必要がある。

また、銀行等において、保険契約者に対する保険料の集金のための定期的な訪問を

開始したものの、今後の集金のための訪問を中止する場合には、一方的に中断するのではなく、今後集金のための訪問を行わないので自ら所定の方法で保険料を納めてもらう旨をあらかじめ通知する等の手立てを講ずることが重要であろう。

11331　借入金を利用した保険加入

顧客が銀行等から融資を受けた借入金を変額年金保険の保険料に充当して保険に加入する場合、銀行等はどのようなことに留意すべきか

結　論

銀行等から融資を受けた借入金を変額年金保険の保険料に充当する場合、運用実績の悪化により将来の保険金や解約返戻金で借入元利金を返済できないリスクがある。銀行等としては、顧客に対して書面によりこうしたリスクを説明し、同意を得ておく必要がある。なお、銀行等において、借入金を利用した変額年金保険の加入を認めないとすることも考えられる。

解　説

◆**変額保険・変額年金に関する弊害防止措置**　銀行等の保険窓販に関しては、優越的地位や影響力を行使した保険募集等を禁止するための規制（いわゆる弊害防止措置）が講じられているが、その一つとして、借入金を変額保険・変額年金の保険料にあてた場合のリスクの説明等を義務づけた規定がある。

具体的には、銀行等が、特別勘定で積立金を運用する保険（変額保険・変額年金など）の募集を行う際に、銀行等から融資を受けた借入金を変額年金保険の保険料に充当する場合、運用実績の悪化により、将来の保険金や解約返戻金で借入元利金を下回ることがあり、その結果、借入金等の返済に困窮することになる可能性があることを書面を用いて説明し、当該書面を受領した確認印として署名または押印で徴求しなくてはならない（保険業法施行規則234条の27第1項2号）。

なお、保険料に充当する借入金については他の金融機関等での借入金も対象となるので、自行庫で融資していない場合でも、上記説明を行わなくてはならない。

◆**適合性原則**　変額保険・変額年金などの投資性の強い保険については、規制の横断化の観点から、金商法が準用されている（どのような規制が準用されているかについては【11302】参照）。準用されている規制の一つに適合性原則がある（保険業法300条の2、金商法40条）。適合性原則とは、顧客の知識、経験、財産の状況および契約を締結する目的に照らして、不適当な勧誘を行って顧客の保護に欠ける、または欠けるおそれがないようにしなければならないという原則である。

この点、借入金を利用した保険加入については、バブル時代、相続税対策と称して、銀行と生命保険会社とが共同で貸付と変額保険をセットにして大量に販売し、後のバブル崩壊による変額保険の運用実績の低下により、社会問題となったこともある。なお、保険会社によっては、借入金を利用した保険加入を認めていない場合もある。ま

た、銀行等においては、本件のような借入金を投資性商品の保険料に充当する者は「財産の状況」等に照らして、そもそも販売することを認めないとするルールを策定することも考えられる。

11332 定期預金の満期と保険募集

定期預金等の満期が到来した顧客に生命保険を勧誘する際には、どのようなことに留意すべきか

結　論

定期預金等の満期に関する情報は顧客の非公開金融情報に該当するので、その情報を利用して保険の勧誘を行う場合には、あらかじめ顧客から書面その他の適切な方法によって同意を得ておく必要がある。また、トラブル防止に向けて、提案する商品が預金ではなく生命保険であることを十分に説明することが求められる。

解　説

◆定期預金等の満期情報　　銀行等の役職員が保険募集業務もしくは保険募集以外の業務を遂行するうえで知りえた顧客の預金、為替取引、資金の借入れなどに関する情報その他の顧客の金融取引または資産に関する公表されていない情報を「非公開金融情報」というが、保険募集業務と保険募集以外の業務との間で当該顧客の非公開金融情報を流用する場合には、事前に顧客から書面その他適切な方法による同意を得る必要がある（これを「非公開金融情報保護措

置」という。保険業法施行規則212条2項1号・212条の2第2項1号。非公開金融情報保護措置の詳細については【11337】参照）。

定期預金等の満期の到来に関する情報、預金残高、預金口座の種類などは非公開金融情報に該当する。なお、預金口座を有している事実のみであれば非公開金融情報には該当しない。

非公開金融情報を利用し、「保険募集に係る業務」を行う場合には事前に顧客から同意を得ておく必要がある。たとえば、定期預金の満期に際して、事前同意を得ずに顧客の非公開金融情報を利用し、保険の提案書を作成する行為（顧客への手交は問わない）も「保険募集に係る業務」に該当すると考えられることから留意が必要である（【11337】参照）。

◆定期預金等の満期時における保険勧誘の留意点　　満期となった定期預金等を原資として保険募集する際には、トラブル防止に向けて、提案する商品が預金ではなく、生命保険であることを十分に説明する必要がある。とりわけ、銀行等が提案する商品は元本が保証された預金であると誤認する顧客もいることから、保険募集人である行職員は、①預金等ではないこと、②預金保険法53条に規定する保険金の支払の対象とはならないこと、③元本の返済が保証されていないこと、④契約の主体等について、書面を交付のうえで説明し、顧客が理解したことを確認することが求められる（【11343】参照）。

他人のためにする生命保険契約と他人の生命の保険契約

他人のためにする生命保険契約、他人の生命の保険契約とは何か。保険募集時や契約成立後に、どのような点に留意すべきか

結　論

　他人のためにする生命保険契約とは、保険契約者と保険金受取人とが異なる生命保険契約である。他人の生命の保険契約とは、保険契約者と被保険者とが異なる生命保険契約である。

　保険募集に際しては、死亡保険金や満期保険金等を受け取った際の課税関係や、モラルリスク防止の視点から、被保険者と保険契約者・保険金受取人との関係に留意する。また、他人の生命の保険契約には、被保険者の同意が必要であり、被保険者の同意がないと保険契約は無効となる。したがって、募集にあたっては、被保険者への面談を実施し、申込書の被保険者記入欄を被保険者自身が自署すること等により、被保険者の同意をいただく必要があることに留意する。

　なお、他人の生命の保険契約では、被保険者が契約締結後に、保険契約者に対して解除請求を行うことができる。ただし、あくまでも保険契約者に対する請求であり、実際に保険契約の解除が行われない限り契約は有効である点に留意が必要である。

解　説

◆**保険金等の課税関係**　死亡保険金や満期保険金等を受け取る際、保険契約者と保険金受取人とが同一か否かによって、課税関係が異なる。

　たとえば、満期保険金を受け取る際に、保険契約者と満期保険金受取人とが同一の場合には一時所得として所得税が課税される（保険期間5年以下の一時払養老保険等は除く）。

　これに対して、保険契約者と満期保険金受取人とが異なる「他人のためにする生命保険契約」では贈与税が課税されるため、満期保険金受取人の税負担が異なる。

　したがって、募集人である行職員は、募集にあたって顧客の希望する課税関係となるよう留意する。

◆**他人の生命の保険契約**　保険契約者以外の者を被保険者とする死亡保険契約・傷害疾病定額保険契約を締結する場合は被保険者の同意が必要である。被保険者の同意が必要とされている保険契約において被保険者の同意がないときは、保険契約は無効となる。ただし、傷害疾病定額保険契約のうち被保険者（被保険者の死亡に関する保険給付にあっては、被保険者またはその相続人）が保険金受取人である場合は、被保険者の同意は不要である。これは、被保険者が保険金受取人である傷害疾病定額保険契約は、被保険者の入院等の生前給付のために締結されるのが通常であり、モラルリスクの問題が発生する可能性が一般的に少ないためである。

　通常、被保険者の同意は申込書における被保険者記入欄の自署等をもって確認されるものであるため、募集にあたって、被保険者と面談を実施し、保険契約締結に同意をいただき、申込書の被保険者記入欄に自

署等をいただく必要がある。なお、被保険者記入欄について、被保険者以外の者が代筆を行うことは、引受保険会社が特に認める場合を除き、認められない（申込書の記入・代筆については【11310】参照）。

◆**モラルリスクについて**　被保険者の死亡や傷害により保険金が支払われる保険契約では、保険契約者等が保険契約を悪用し、保険金を不当に得ようとする場合も考えられる。このため、保険募集時に被保険者と保険契約者・保険金受取人の関係を確認し、モラルリスクがあると思われる場合には、保険募集を中止する等の措置を講ずる必要がある。

◆**被保険者による解除請求**　他人の生命の保険契約について、契約締結時には被保険者が同意したものの、その後、契約の締結の基礎とした事情が変更した場合には、保険契約者に対して契約の解除を請求することができる（保険法58条・87条）。

　これは、たとえば契約締結時には、保険契約者と被保険者が夫婦であったが、その後離婚した等の事情があった場合には、保険契約の締結に同意をするにあたって基礎とした事情が変更したと考えられるためである。

　なお、行職員が被保険者からこのような相談を受けた場合には、解除請求の相手方はあくまでも保険契約者であり、保険会社に対する直接の請求では解除ができず、また、実際に解除がされない限り保険契約は有効である点に留意する。

11334　代理店業務の外部委託

銀行等の保険代理店業務の一部を外部委託することはできるか。その際の外部委託料の取扱いはどうなるか

結　論

　銀行等の保険代理店業務のうち保険募集に関する業務については、保険業法上、外部委託できない。これに対して、保険募集に該当しない機械的な契約管理事務等については、保険業法上は外部委託できるが、保険会社との間の委託契約書上、保険会社の承諾を得ない限り外部委託することはできないとされているのが通例である。

解　説

◆**保険代理店業務の外部委託**　銀行等の保険代理店業務を大別すると、保険契約の保険募集に関する業務と保険募集には該当しない保全業務（契約管理事務）とに分けられる。

　保険募集については、保険業法上、再委託が禁止されているため（保険募集の復代理の禁止）、代理店である銀行等が第三者に外部委託することはできない。（注：平成24年3月30日に「保険業法等の一部を改正する法律」が成立したことにより、保険募集の再委託（復代理）が解禁されたが、再委託が可能とされているのは同一グループ内の保険会社同士で行う場合に限定されているため、銀行等が保険募集を再委託できないことに変わりはない）

　これに対して、保険募集に該当しない保

険契約の保全業務などについては、保険業法上は外部委託することができるが、保険会社との間の委託契約書上、委託元である保険会社の承諾を得ない限り外部委託することはできないとされているのが通例である。

◆**保険業法上外部委託が許される代理店業務**　保険募集に該当しない業務および事務である必要があり、たとえば、①契約者・被保険者からの保険事故の受付、②保険契約者・被保険者への保険金請求手続の援助、③保険契約の管理・保全、④その他各種にわたる保険契約の内容等の照会が考えられる。なお、平成28年5月の保険業法改正に関連する保険会社監督指針改正により、「募集関連行為」という概念が新設され、代理店を含む保険募集人が他の事業者に募集関連行為を委託できることが明確化された。募集関連行為に関しては【11297】参照。

◆**外部委託料の法的問題**　銀行等が保険契約の保全業務など保険代理店業務の一部を外部委託する場合、銀行等が外部委託業者との間で外部委託契約（覚書）を締結し、委託料を支払うことになる。委託料の水準としては経済的合理性のある水準とする必要があるが、その手数料率を保全業務の種類別に格差を設けた場合、あるいは種類別ではあるが手数料率は一律の場合であっても、特に保険業法上の問題は生じない。

弊害防止措置

11335 銀行等による保険窓販と委託方針等

銀行等が保険会社から保険窓販を受託するにあたり、保険会社との関係でどのような留意点があるか

結 論

保険会社の委託方針をふまえ、委託内容が定められるほか、妥当な手数料設定が行われること、銀行等との業務分担を明確にして顧客に明示することなどが求められている。

解 説

◆**委託方針**　保険会社監督指針は、保険会社に対して、銀行等への委託に関して、「ア．銀行等への委託の考え方及び委託する銀行等の選定の考え方」「イ．委託する保険種目及び想定される販売量（その達成を委託の条件とするものではないことに留意すること。）」「ウ．銀行等に対する販売支援（研修等）に関し保険会社が行う業務の内容」を含む方針を定め、これをふまえて銀行等との間で委託内容を定めることを求めている（保険会社監督指針 II − 4 − 2 − 6 − 1(1)①）。したがって、銀行等が保険会社から保険窓販を受託するにあたっては、保険会社の委託方針に沿った内容となることになる。

◆**その他の留意点**　そのほかにも、保険会社監督指針は、保険会社に対して、「保険募集手数料について、保険会社の経営の健全性の確保及び銀行等による保険募集の公正の確保の見地からみて妥当な設定を行うこと」（保険会社監督指針 II − 4 − 2 − 6 − 1(1)②）のほか、「自らの経営管理の一環として、その業務の健全かつ適切な運営を確保する観点から」「①銀行等による保険募集の状況を的確に把握すること」「②銀行等による保険募集が保険会社のリスク管理能力を超えて著しく増大した場合、又は特定の銀行等に対する保険募集の依存の水準が当初の委託方針に比して著しく高くなった場合には、その原因について検討し、必要に応じて適切な対応を行うための態勢を整備していること」（保険会社監督指針 II − 4 − 2 − 6 − 1(2)）や、「保険契約締結後に行うことが必要となる業務……について、銀行等と保険会社との間の委託契約等において、その業務分担が明確に定められ、顧

客に明示されている」こと（保険会社監督指針Ⅱ-4-2-6-1(3)）、「保険会社においては、保険契約締結後の業務の健全かつ適切な運営を確保するために、例えば、銀行等が契約の締結の代理又は媒介を行った契約量に応じた当該業務を行うための十分な要員の確保に努める等、必要な態勢を構築している」こと（保険会社監督指針Ⅱ-4-2-6-2(4)）、「銀行等においては、保険契約締結後の業務の健全かつ適切な運営を確保するために、例えば、委託契約等に基づき銀行等が行う保険契約締結後の業務の性質及び量に応じた当該業務を行うための十分な要員の確保に努める等、必要な態勢を構築していること」（保険会社監督指針Ⅱ-4-2-6-1(5)）を求めている。

したがって、銀行等は、保険会社に対して手数料設定にあたり無理を強いることはできず、また、保険募集にあたっては、顧客が保険契約を申し込む前に保険契約締結後の顧客対応に係る業務分担を明示し、保険契約締結後においては、銀行等が行う保険契約締結後の業務の性質および量に応じた十分な要員の確保に努めなければならない。

11336 弊害防止措置全般

銀行等による保険窓販における弊害防止措置として、どのようなものがあるか

結　論

すべての保険商品との関係で、①非公開金融情報・非公開保険情報保護措置の実施、②保険募集指針の策定等、③法令等遵守責任者・統括責任者の配置、④優越的な地位の不当利用を禁ずるための措置の実施、⑤保険取引が他の取引に影響を与えない旨の説明、⑥預金等との誤認防止措置の実施が求められ、一部の保険商品との関係で、⑦保険募集制限先規制、⑧担当者分離規制、⑨タイミング規制を遵守するための措置の実施が求められる。

解　説

◆各種の弊害防止措置が設けられた趣旨
銀行等が保険募集を行う場合には、その情報力や信用力等を背景として顧客に対して圧力をかけ、その結果、保険契約者等の保護に欠ける事態を生じさせることが懸念される。したがって、保険業法等では、銀行等が保険募集を行う場合には、圧力募集が行われることを未然に防止するという観点から、各種の弊害防止措置が設けられた。

◆すべての保険商品との関係で適用される弊害防止措置
（1）非公開金融情報・非公開保険情報保護措置（【11337】参照）　銀行等の業務において取り扱う顧客に関する非公開金融情報が、事前に書面その他の適切な方法により当該顧客の同意を得ることなく保険募集に係る業務に利用されないことを確保するための措置（非公開金融情報保護措置）と、銀行等の保険募集に係る業務において取り扱う顧客に関する非公開保険情報が、事前に書面その他の適切な方法により当該顧客の同意を得ることなく資金の貸付その他の保険募集に係る業務以外の業務に利用されないことを確保するための措置（非公開保険情報保護措置）を講じなければなら

ない（保険業法施行規則212条2項1号・212条の2第2項1号）。

（2）　保険募集指針の策定等（【11338】参照）　保険募集の公正を確保するため、保険募集に係る保険契約の引受を行う保険会社の商号または名称の明示、保険契約の締結にあたり顧客が自主的に判断を行うために必要と認められる情報の提供その他の事項に関する指針を定め、公表し、その実施のために必要な措置を講じなければならない（保険業法施行規則212条2項2号・212条の2第2項2号）。

（3）　法令等遵守責任者・統括責任者の配置（【11343】参照）　保険募集に係る法令等の遵守を確保する業務に係る責任者（法令等遵守責任者）を保険募集に係る業務を行う営業所または事務所ごとに、当該責任者を指揮し保険募集に係る法令等の遵守を確保する業務を統括管理する統括責任者を本店または主たる事務所に、それぞれ配置しなければならない（保険業法施行規則212条2項3号・212条の2第2項3号）。

（4）　優越的な地位の不当利用の禁止（【11343】参照）　銀行等が行う信用供与の条件として保険募集をする行為その他の銀行等の取引上の優越的な地位を不当に利用して保険募集をする行為は禁じられている（保険業法施行規則234条1項7号）。

（5）　保険取引が他の取引に影響を与えない旨の説明（【11343】参照）　あらかじめ顧客に対して保険契約の締結の代理または媒介に係る取引が銀行等の顧客に関する業務に影響を与えない旨の説明を書面の交付により行わずに保険募集をする行為は禁じられている（保険業法施行規則234条1項8号）。

（6）　預金等との誤認防止措置（【11343】参照）　顧客に対し、書面の交付その他の適切な方法により、預金等との誤認を防止するための説明を行うとともに、当該説明を理解した旨を顧客から書面により確認し、その記録を残すことにより、事後に確認状況を検証できる態勢を整備しなければならない（銀行法施行規則13条の5第1項等）。

◆一部の保険商品との関係で適用される弊害防止措置　定期保険、医療保険、傷害保険、ガン保険等の保険商品（保険業法施行規則212条1項6号・212条の2第1項6号・8号に定める保険契約）については、以下の弊害防止措置も適用されることに留意する必要がある（なお、平成24年4月に弊害防止措置が見直され、一時払終身保険・一時払養老保険等は対象から除外された）。

（1）　保険募集制限先規制（【11339】参照）　事業性融資先の法人や代表者・個人事業主、事業性融資先の小規模事業者（常時使用する従業員の数が50人以下の事業者）の役員（代表者を除く）・従業員を保険契約者または被保険者とする保険契約の締結の代理または媒介を手数料その他の報酬を得て行わないことを確保するための措置を講じなければならない（保険業法施行規則212条3項1号・212条の2第3項1号）。

（2）　担当者分離規制（【11340】参照）事業性融資担当者が保険募集を行わないことを確保するための措置を講じなければならない（保険業法施行規則212条3項3号・212条の2第3項3号）。

（3）　タイミング規制（【11341】参照）

顧客が銀行等に対して事業に必要な資金の貸付の申込みを行っていることを知りながら、顧客またはその密接関係者に対し、保険契約の締結の代理または媒介を行う行為は禁じられている（保険業法施行規則234条1項10号）。

11337 非公開金融情報・非公開保険情報保護措置

非公開金融情報・非公開保険情報保護措置とは何か

結 論

銀行等の業務において取り扱う顧客に関する非公開金融情報は、事前に書面その他の適切な方法による同意を得ていない場合には、保険募集に係る業務に利用できない措置のことを非公開金融情報保護措置という。一方、銀行等の保険募集に係る業務において取り扱う顧客に関する非公開保険情報は、事前に書面その他の適切な方法による同意を得ていない場合には、資金の貸付その他の保険募集に係る業務以外の業務に利用できない措置のことを非公開保険情報保護措置という。

解 説

◆**非公開金融情報・非公開保険情報とは**
「非公開金融情報」とは、銀行等の役職員が職務上知りえた「顧客の預金、為替取引または資金の借入れに関する情報その他の顧客の金融取引または資産に関する公表されていない情報」（保険業法施行規則53条の9に規定する情報および同規則53条の10

に規定する特別の非公開情報を除く）のことである（同規則212条2項1号イ）。これに対して、「非公開保険情報」とは、銀行等の役職員が職務上知りえた「顧客の生活、身体または財産その他の事項に関する公表されていない情報で保険募集のために必要なもの」（同規則53条の9に規定する情報および同規則53条の10に規定する特別の非公開情報を除く）のことである（同規則212条2項1号ロ）。

なお、顧客の属性に関する情報（氏名、住所、電話番号、性別、生年月日および職業）は、非公開金融情報または非公開保険情報に含まれない（保険会社監督指針II-4-2-6-2(1)参照）。

◆**措置の内容**　非公開金融情報保護措置とは、事前に書面その他の適切な方法により「同意の有効期間」「撤回方法」「保険募集の方式」「利用する情報の範囲」を具体的に明示し同意を得ていない限り、保険募集に係る業務に利用できない措置を講じなければならないことを指し、他方、非公開保険情報保護措置とは、事前に書面その他の適切な方法により「同意の有効期間」「撤回方法」「保険募集の方式」「利用する情報の範囲」を具体的に明示し同意を得ていない限り、資金の貸付その他の保険募集に係る業務以外の業務に利用できない措置を講じなければならないことを指す。したがって、実務上は、いずれの措置についても事前に書面その他の適切な方法による同意を得る方法が採用されることになる。

◆**同意の有効期間**　同意の有効期間は顧客が撤回の意思表示をするまでの間と定めることも可能とされている。したがって、そのような定めがなされている場合には、

理論上、同意の撤回がなされるまでは事前同意の再取得は不要である。ただし、実務上は、事前同意を取得するための書面には他の法令等で説明・確認が求められている内容の記載も含まれているケースがあり、その場合において事前同意の再取得を省略するためには、別途法令等で求められる適切な説明・確認を確保する業務構築が必要となる。実際には、顧客に同意内容を十分に理解していただく観点からも、募集のつど、事前同意書を一律に取得するルールとするのが無難であろう。

◆**撤回方法**　同意の撤回方法は、口頭や電話等でも可能であるが、顧客が利用しやすいものにする必要がある。

◆**保険募集の方式**　保険募集の方式についての顧客に対する説明（文書）は、今後どのような勧誘を受けるのかについて顧客が具体的にイメージできるわかりやすいものとする必要がある。

◆**利用する情報の範囲**　顧客にわかりやすく示すため、利用する情報の範囲をある程度包括的に記載することは可能だが、顧客の理解に資するため必要に応じて詳細な説明を行う態勢を整備する必要がある。

◆**「保険募集に係る業務」の解釈**　非公開金融情報保護措置との関係では、特に「保険募集に係る業務」の解釈が問題となるところ、もっぱら保険募集のために一定金額以上の預金を有する者の選定を行う準備作業やもっぱら保険募集のために顧客のリストを作成する行為等の保険募集に直接つながる業務は「保険募集に係る業務」に該当し、申込書を含まない単なる商品パンフレットを送付する行為は原則として「保険募集に係る業務」に該当しないという金融庁の考え方（平成19年12月21日金融庁公表の「「保険会社向けの総合的な監督指針」の一部改正について」における「コメントの概要及びコメントに対する金融庁の考え方」）が参考になる。

したがって、銀行等が既存の住宅ローン先に対して、銀行等が取り扱う火災保険を案内するために銀行業務で知りえた非公開金融情報を利用して顧客リストを作成することは、「保険募集に係る業務」に該当するため、事前に顧客の同意を得ていない限り、行えないことになる。他方で、銀行等の住宅ローン債権を保全する観点から火災保険への加入および同保険に対する質権設定を条件としている場合が多く、銀行等としては、火災保険が満期を迎える場合には、住宅ローン債権の保全という観点から、新たな火災保険の付保と質権設定に関する要請を行うこととなる。こうした場面は、もっぱら保険募集のために火災保険の募集先リストを作成する行為とは異なり、「保険募集に係る業務」に該当しないと考えられるため、事前に顧客の同意を得ていなくても、行うことは可能であろう。ただし、この場合にも、その他の弊害防止措置には留意しなければならない。

「保険募集に係る業務」には、一時払年金保険や一時払終身保険の提案書作成が含まれると考えられることから、提案書の作成前には事前同意の取得が必要となることに留意が必要である。また、提案書の作成日を面談記録等により管理すること等により、事前同意取得と提案書作成日の前後関係を事後的に検証できる態勢が望ましい。

◆**同意の方法**　顧客から同意を取得する方法としては「書面その他の適切な方法」

によることになっているため、原則的には「同意書面」に署名や押印を徴求するといった方法により、明示的に同意を得ておくことが考えられる。なお、事前に書面による説明を行い、口頭での同意を得て、同意を得た旨を記録に残し、契約申込みまでに書面による同意を得る方法も「適切な方法」として取り扱われるため（保険会社監督指針II-4-2-6-2(1)参照）、かかる方法を採用することも考えられる。

| 11338 | 保険募集指針の策定・周知 |

保険募集指針とは何か。どのように保険募集指針を活用することが求められているか

結　論

　銀行等は保険募集指針に保険会社監督指針に定められた事項をもれなく記載したうえで、たとえば書面による交付または説明、店頭掲示、HPへの掲載等の措置を講じて、保険募集指針を公表しなければならない。

解　説

◆**保険募集指針の記載内容**　銀行等は保険募集指針に以下の事項を定めることを求められている（保険会社監督指針II-4-2-6-3）。

① 顧客に対し、募集を行う保険契約の引受保険会社の商号や名称を明示するとともに、保険契約を引き受けるのは保険会社であること、保険金等の支払は保険会社が行うことその他の保険契約に係るリスクの所在について適切な説明を行うこ

と

② 複数の保険契約のなかから顧客の自主的な判断による選択を可能とするための情報の提供を行うこと

③ 銀行等が法令に違反して保険募集につき顧客に損害を与えた場合には、銀行等に募集代理店としての販売責任があることを明示すること

④ 銀行等における苦情・相談の受付先および銀行等と保険会社の間の委託契約等に基づき保険契約締結後に銀行等が行う業務内容を顧客に明示するとともに、募集を行った保険契約に係る顧客からの、たとえば、委託契約等に則して、保険金等の支払手続に関する照会等を含む苦情・相談に適切に対応する等契約締結後においても必要に応じて適切な顧客対応を行うこと

⑤ 上記①～④に掲げる顧客に対する保険募集時の説明や苦情・相談に係る顧客対応等について、顧客との面談内容等を記録するなど顧客対応等の適切な履行を管理する体制を整備するとともに、保険募集時の説明に係る記録等については保険期間が終了するまで保存すること

　なお、これらの事項は単に保険募集指針に記載すれば足りるわけではなく、記載内容に沿って「明示」「説明」「提供」「保存」の各措置を講じなければならない。

◆**保険募集指針の活用方法**　保険募集指針は、その公表が求められている（保険業法施行規則212条2項2号・212条の2第2項2号）ため、銀行等としては、少なくとも、そのHPに掲載したり、顧客が来訪する窓口に掲示したりすることが必要になる。なお、保険会社監督指針は、保険募集指針

の内容を顧客に周知することを求めているため、書面による交付または説明を行うことも考えられる。

11339 保険募集制限先規制

保険募集制限先規制とは何か。銀行等は融資先やその役員・従業員に対して保険を募集することはできないのか

結　論

　銀行等は、一部の保険商品との関係では、所定の保険募集制限先を保険契約者または被保険者とする保険契約の締結の代理または媒介を手数料その他の報酬を得て行わないことを確保するための措置を講じなければならない。所定の保険募集制限先には銀行等の事業性融資先である法人・個人・法人代表者のほか、事業性融資先の小規模事業者（常時使用する従業員の数が50人以下の事業者をいう）の役員・従業員も含まれる。

解　説

◆**保険募集制限先**　銀行等は、一部の保険商品との関係では、原則として次に掲げる者（以下「保険募集制限先」という）を保険契約者または被保険者とする保険契約（すでに締結されている保険契約（その締結の代理または媒介を当該銀行等またはその役員もしくは使用人が手数料その他の報酬を得て行ったものに限る）の更新（注）に係るものを除く）の締結の代理または媒介を手数料その他の報酬を得て行わないこ

とを確保するための措置を講じなければならない（保険業法施行規則212条3項1号・212条の2第3項1号）。

> （注）　損害保険の場合、「更新」ではなく、「更改（保険金額その他の給付の内容の拡充（当該保険契約の目的物の価値の増加その他これに類する事情に基づくものを除く。）又は保険期間の延長を含むものを除く。）」（保険業法施行規則212条の2第3項1号）と定められている。

① 銀行等が法人またはその代表者に対し法人の事業に必要な資金の貸付を行っている場合における法人およびその代表者
② 銀行等が事業を行う個人に対し事業に必要な資金の貸付を行っている場合における個人
③ 銀行等が小規模事業者（常時使用する従業員の数が50人以下の事業者をいう）である個人または法人もしくはその代表者に対し、小規模事業者の事業に必要な資金の貸付を行っている場合における小規模事業者が常時使用する従業員および法人の役員（代表者を除く）

◆**保険募集制限先の確認**　銀行等は、顧客が保険募集制限先に該当するかどうかを確認する業務その他保険会社から委託を受けた業務を的確に遂行するための措置および保険募集に係る業務が銀行等のその他の業務の健全かつ適切な運営に支障を及ぼさないようにするための措置を講じなければならない（保険業法施行規則212条3項2号・212条の2第3項2号）。かかる確認する業務としては、以下の措置を講ずることが求められている（保険会社監督指針Ⅱ－4－2－6－4(1)）。

① 保険募集に際して、あらかじめ、顧客に対し、保険募集制限先に該当するかど

うかを確認する業務に関する説明を書面の交付により行ったうえで（保険業法施行規則234条1項9号）、顧客が保険募集制限先に該当するかどうかを顧客の申告により確認するための措置

② 募集を行った保険契約に係る契約申込書その他の書類を引受保険会社に送付する時までに、保険募集の過程で顧客から得た顧客の勤務先等の情報を銀行等の貸付先に関する情報と照合し（注）、顧客が保険募集制限先に該当しないことを確認するための措置

(注) 貸付先に関するデータベース（少なくとも年1回の更新が必要。既存のものが存在する場合はそれを活用することも可）と照合する方法や、本部等で融資情報を一元管理して各支店からの照合依頼を受ける方法その他の銀行等の規模や特性をふまえた方法によることもできる。

③ 上記の措置によって顧客が保険募集制限先に該当することが確認された場合に、保険契約に係る保険募集手数料その他の報酬について、保険会社から受領せず、または事後的に返還するための態勢の整備

なお、上記の措置を講じたにもかかわらず、たとえば、顧客の申告が得られず、銀行等の有する情報との照合によっても確認できない場合には、行員が顧客の近親者であり、事実を知らないはずがないといった特段の事情がない限り、保険募集制限先に該当しないとみなすことができると解されている。ただし、事後に保険募集制限先であることが判明した場合には、当該判明した事実についての原因究明やそれをふまえた再発防止策を講じることが必要となる。

11340　担当者分離規制

担当者分離規制とは何か。銀行等の事業性融資担当者は保険を募集することができないか

結　論

一部の保険商品との関係では、原則として、その使用人のうち事業に必要な資金の貸付に関して顧客と応接する業務を行う者が、保険募集を行わないことを確保するための措置を講じなければならないため、銀行等の事業性融資担当者は当該保険商品を募集することができない。

解　説

銀行等は、一部の保険商品との関係では、原則として、その使用人のうち事業に必要な資金の貸付に関して顧客と応接する業務を行う者が、保険募集を行わないことを確保するための措置を講じなければならない（保険業法施行規則212条3項3号・212条の2第3項3号）。

ここにいう「顧客と応接する業務を行う者」とは、フロントラインで常態として事業性資金の融資に係る応接業務を行う融資担当者や渉外担当者が想定されている。したがって、他の業務を担当していても実際に事業性融資に係る応接業務を中心に行っている者は管理職であっても「顧客と応接する業務を行う者」に含まれるが、当該業務を統括するだけの管理職（たとえば支店長）や臨時的に対応する者までは「顧客と応接する業務を行う者」には含まれないと

解されている。

　なお、事業性融資担当者が関与を禁止されるのは「保険募集を行うこと」であるため、あらゆる保険代理店業務に関する業務への関与を禁止されるわけではない。したがって、事業性融資担当者であっても、保険募集に該当しない範囲にとどまる説明を行うことは許容されることになる。

11341　タイミング規制

タイミング規制とは何か。銀行等は融資申込み中の者に対して保険を募集することはできないか

結　論

　一部の保険商品との関係では、原則として、顧客が銀行等に対し事業に必要な資金の貸付の申込みを行っていることを知りながら、顧客またはその密接関係者に対し、保険契約の締結の代理または媒介を行うことはできない。そのため、銀行等は事業に必要な融資の申込み中の者に対して当該保険商品を募集することはできない。

解　説

　銀行等またはその役員もしくは使用人は、一部の保険商品との関係では、原則として、顧客が銀行等に対し事業に必要な資金の貸付の申込みを行っていることを知りながら、顧客またはその密接関係者（顧客が法人である場合の当該法人の代表者、または顧客が法人の代表者である場合の当該法人をいう）に対し、保険契約（金銭消費貸借契約、

賃貸借契約その他の契約（事業に必要な資金に係るものを除く）に係る債務の履行を担保するための保険契約およびすでに締結されている保険契約（その締結の代理または媒介を銀行等の役員もしくは使用人が手数料その他の報酬を得て行ったものに限る）の更新または更改に係る保険契約を除く）の締結の代理または媒介を行うことはできない（保険業法施行規則234条1項10号）。ただし、協同組織金融機関である場合は、その会員または組合員については「顧客またはその密接関係者」から除かれているため、タイミング規制の対象者とならない。

　なお、タイミング規制の対象者は「事業に必要な資金の貸付の申込みを行っている顧客」であり、保険募集制限先規制や担当者分離規制と同様、事業性資金に限定されている。

　また、形式的には資金の貸付の申込みに該当しそうなケースであっても、融資限度枠の設定、個人の総合口座貸越、カードローンの申込期間中の保険募集については、原則としてタイミング規制の対象にならないと解されている。

　なお、タイミング規制の対象となるのは、所定の対象者に該当することを「知りながら」保険募集を行うことである。したがって、「知りながら」といえないケースは、タイミング規制には違反しない。もっとも、いかなる場合が「知りながら」といえないかについては、条文からは明確ではないところ、実務的には、保険募集を行う前に、顧客に対して資金の貸付の申込み中であるか否かを質問し、「資金の貸付の申込みを行っていない」旨が確認できた場合は、特

段の事情がない限り、「知りながら」といえないとして運用されている。ただし、顧客に資金需要があるにもかかわらず、保険募集を行うために意図的に貸付申込みをさせない場合については、顧客が当該銀行等に対し事業に必要な資金の貸付の申込みを行っている場合とみなされる。

11342 地域金融機関特例・協同組織金融機関特例

地域金融機関や協同組織金融機関に認められる弊害防止措置の特例とは、どのようなものか

結　論

地域金融機関や協同組織金融機関が特例を選択した場合には、募集制限先規制や担当者分離規制について、例外的な取扱いを受けることができる。

解　説

◆保険募集制限先規制の例外的取扱い

保険業法施行規則212条3項1号・212条の2第3項1号は「保険募集制限先」の定義について、「協同組織金融機関の会員又は組合員（会員又は組合員である法人の代表者を含み、当該協同組織金融機関が農業協同組合等である場合にあっては、組合員と同一の世帯に属する者を含む。）である者を除く」という除外規定を設けている。また、同規則212条3項1号ハ・212条の2第3項1号ハは「小規模事業者」の定義について、「常時使用する従業員の数」に関し、「特例地域金融機関である場合にあっては、

20人」と定めている。したがって、当該特例を選択した場合には、それぞれの特例の内容に従って募集対象範囲が拡大されることになる。

ただし、地域金融機関特例を選択した場合には、後述の担当者分離規制において原則的措置を講じた場合を除き、募集対象範囲として拡大された範囲のみならず、事業性融資先の役員・従業員との関係では、常時使用する従業員の数にかかわらず、保険契約者1名当りの募集可能な保険金・給付金の額の合計が一定額に限定されることに留意する必要がある（小口規制）。

◆担当者分離規制の例外的取扱い　地域金融機関特例を選択した場合には、事業に必要な資金の貸付に関して顧客と応接する業務を行う者（事業性融資担当者）が保険募集を行わないことを確保する措置を講ずる必要はなく、以下のいずれかの措置を講ずることで足りる（平成17年金融庁告示第51号）。

① 事業性融資担当者が、その業務において応接する事業者の関係者（当該事業者が常時使用する従業員および当該事業者が法人である場合の当該事業者の役員をいう）、契約者または被保険者とする保険契約の締結の代理または媒介を行わないことを確保するための措置

② 事業性融資担当者が、その業務において応接する事業者の関係者を保険契約者または被保険者とする保険契約の締結の代理または媒介を行った場合について、その保険契約の代理または媒介が保険募集に係る法令等に適合するものであったことを個別に確認する業務を行う者（事業に必要な資金の貸付または保険募集に

関して顧客と応接する業務を行わない者に限る）を本店または主たる事務所および主要な営業所または事務所に配置する措置

なお、協同組織金融機関の場合にタイミング規制の例外が認められることは、前述したとおりである（【11341】参照）。

また、平成24年4月の弊害防止措置見直しにより、地域金融機関特例を選択していても、原則どおりの担当者分離措置を講じる場合、融資先企業（従業員数51名以上）の役員（代表者を除く）および従業員へ募集する際の限度額は撤廃された。

◆**特例の選択**　特例を選択する場合、募集指針に所定の事項を定め、遵守することが必要である。

地域金融機関特例を活用できるのは、営業地域が特定の都道府県に限られているものとして金融庁長官が定める金融機関であるところ（平成17年金融庁告示第49号）、一部の保険商品との関係で、融資先従業員等（【11339】の保険募集制限先の類型③をいう。以下同じ）を保険契約者として対象保険契約の締結の代理または媒介を行う場合において、次の各号に掲げる保険については、それぞれ当該各号の区分に応じ、保険契約者1人当りの保険金その他の給付金の額の合計が当該各号に定める金額までに限り、保険募集を行う旨の定めを保険募集指針に定めなければならない（保険業法施行規則212条4項・212条の2第4項）。

① 人の生存または死亡に関し、一定の保険金を支払うことを約し、保険料を収受する保険（傷害を受けたことを直接の原因とする人の死亡のみに係るものを除く）……1000万円

② 一定の事由に関し、一定額の保険金を支払うことまたはこれらによって生ずることのある人の損害をてん補することを約し、保険料を収受する保険のうち金融庁長官が定めるもの……金融庁長官が定める金額

これに対して、協同組織金融機関特例を活用できるのは協同組織金融機関に限られるところ、融資先従業員等に該当する会員または組合員を保険契約者として対象保険契約の代理または媒介を行う場合においても、上記と同様に、保険契約者1人当りの保険金その他の給付金の額の合計が各号に定める金額までに限り、保険募集を行う旨の定めを保険募集指針に定めなければならない（保険業法施行規則212条5項・212条の2第5項）。

11343　その他の弊害防止措置

その他の弊害防止措置として、どのようなものがあるか

結　論

法令等遵守責任者・統括責任者の配置、優越的な地位の不当利用の禁止、保険取引が他の取引に影響を与えない旨の説明、預金等との誤認防止などが定められている。

解　説

◆**法令等遵守責任者・統括責任者の配置**
銀行等は、保険募集に係る法令等の遵守を確保する業務に係る責任者（法令等遵守責任者）を保険募集に係る業務を行う営業所

または事務所ごとに、当該責任者を指揮し保険募集に係る法令等の遵守を確保する業務を統括管理する統括責任者を本店または主たる事務所に、それぞれ配置しなければならない（保険業法施行規則212条2項3号・212条の2第2項3号）。なお、法令等遵守責任者・統括責任者については、保険募集に関する法令や保険契約に関する知識等を有する人材を配置することが求められている（保険会社監督指針II-4-2-6-8）。

◆**優越的な地位の不当利用の禁止**　銀行等またはその役員もしくは使用人が、銀行等が行う信用供与の条件として保険募集をする行為その他の銀行等の取引上の優越的な地位を不当に利用して保険募集をする行為は禁じられている（保険業法施行規則234条1項7号）。したがって、銀行等としては、たとえば顧客に対して配布する書類上に信用供与を条件とした保険募集を行わない旨、取引上の優越的な地位を不当に利用した保険募集を行わない旨を記載するとともに、こうした保険募集が行われないための態勢を整備する必要がある。特に住宅ローン関連の窓販商品（長期火災保険・債務返済支援保険）の営業推進にあたっては、住宅ローンとの抱き合わせととられないよう、運営には細心の注意が必要である。

◆**保険取引が他の取引に影響を与えない旨の説明**　銀行等またはその役員もしくは使用人が、あらかじめ顧客に対して保険契約の締結の代理または媒介に係る取引が銀行等の顧客に関する業務に影響を与えない旨の説明を書面の交付により行わずに保険募集をする行為は禁じられている（保険業法施行規則234条1項8号）。したがって、

銀行等としては、保険募集よりも前に顧客に対して配布する書類上に保険取引の有無が他の取引に影響を与えない旨を記載するとともに、当該書類を確実に交付して説明を行う態勢を整備する必要がある。なお、保険取引の有無が実際に銀行取引に影響を与えなかったとしても、影響を与える旨の印象を顧客に与えた場合は、圧力募集や優越的な地位の不当利用、融資等との抱き合わせ募集に該当する可能性がある（保険業法300条1項9号、同法施行規則234条1項2号・7号）ので、留意する必要がある。

◆**預金等との誤認防止**　銀行等は、保険業を行う者が保険者となる保険契約を取り扱う場合には、業務の方法に応じ、顧客の知識、経験、財産の状況および取引を行う目的をふまえ、顧客に対し、書面の交付その他の適切な方法により、預金等との誤認を防止するための説明を行わなければならない（銀行法施行規則13条の5第1項）。そして、かかる説明を行う場合には、①預金等ではないこと、②預金保険法上の保険金支払の対象とはならないこと、③元本の返済が保証されていないこと、④契約の主体、⑤その他預金等との誤認防止に関し参考となると認められる事項を説明する必要がある（同条2項）。また、銀行等は、その営業所において、特定の窓口において保険契約を取り扱うとともに、上記①〜③を顧客の目につきやすいように窓口に掲示しなければならない（同条3項）。したがって、銀行等としては、保険商品を取り扱う窓口を設けて（保険専用窓口である必要はない）、上記①〜③の事項を掲示したうえで、保険商品の案内にあたり保険商品が預金等と誤認されないよう、顧客に対して配

布する書面上に上記①〜⑤の事項を記載するとともに、顧客に対して当該書面を交付して説明を行い、顧客が当該内容を理解したことについて書面を用いて確認を行う態勢整備が求められる（主要行監督指針Ⅲ－3－3－2－2⑷等）。

第 4 節

保険契約の保全

11344 保険販売後のアフターフォロー

保険契約者に対し保険を販売した後のアフターフォローは、どのようにすればよいか

結　論

　保険募集代理店である金融機関は、募集を行った保険契約に関して、顧客から保険金等の支払手続に関する照会等を含む苦情・相談があった場合にはこれに適切に対応するなど、契約締結後においても必要に応じて適切な顧客対応を行うことが求められており、保険会社に任せきりにしてはならない。

解　説

◆**アフターサービスの種類**　　金融機関募集代理店（銀行等）が行う契約後のアフターサービスの種類としては、契約保全のためのサービス、保険事故発生時のサービス、ライフサイクルに合わせた保障の見直し、情報の提供等のサービス活動が考えられる。

◆**情報提供と募集人の対応**　　募集代理店である銀行等が募集した保険契約は、10年

以上あるいは一生涯にわたる長期間の契約もあるため、契約期間中に保険契約者側に種々の状況の変化が起こることが想定される。そのため、保険代理店である銀行等は、顧客と保険会社との間に立って、状況の変化に対応した適切なアフターサービスを行うことが求められる。

　保険会社監督指針においても、銀行等は保険募集指針において、保険の販売後に顧客からの苦情・相談を受け付ける先がどこになるか、および銀行等と保険会社との間の委託契約等に基づき保険契約締結後に銀行等が行う業務内容が何であるかを顧客に明示することが求められており、募集を行った保険契約に関して、顧客からの保険金等の支払手続に関する照会等を含む苦情・相談に適切に対応するなど、契約締結後においても必要に応じて適切な顧客対応を行うことが求められている（保険会社監督指針Ⅱ-4-2-6-3(4)）。

　そのため、銀行等の保険募集人である役職員は、保険会社が顧客向けに発行している諸通知について、顧客から照会があった場合には概要が説明できるよう、保険会社から提供されている諸資料の記載内容を確認し理解しておく必要があるだろう。また、

銀行等では、委託保険会社の顧客向け照会窓口を把握し、成立後の契約に関する顧客からの照会に備える必要があるとともに、募集人である役職員自身が、保険金の支払手続等に関して顧客からの申出・照会を受けた場合は、その相談に適切に対応したうえ、必要に応じて申出・照会内容を当該契約の引受保険会社の窓販担当窓口へ迅速に取り次ぐ必要があるだろう。

また、銀行等において受けた顧客からの苦情や面談内容等は、その処理結果も含めて、銀行等内においても記録簿等により適切に記録・保存するとともに、定期的に事務部門、内部監査部門へ報告することが求められる。

◆変額（年金）保険の情報提供　変額（年金）保険については、特別勘定の価格変動により、保険契約成立後の経過年数にかかわらず、年金原資や（災害）死亡給付金・解約返戻金額がそれまでに顧客が払い込んだ保険料の合計額を下回る可能性があるため、運用状況について定期的に顧客に情報提供を行うことが求められる。

このことは、保険業法施行規則53条1項1号で規定されており、保険会社は、生命保険募集人が変額（年金）保険に関して特別勘定の運用状況を記載した書面を1年ごとに保険契約者に交付するための措置を講ずることが求められている。実務的には、変額（年金）保険の引受保険会社から運用状況を記載した書面を契約者宛てに通知することになっている。

11345　保険契約解約の意思表示の撤回

保険契約者が、誤認等により保険契約を解約してしまった場合、いったん行った解約を撤回することは認められるか。また、保険契約者が行職員の不適切な説明により既存の保険契約を解約した場合、銀行等はどのような責任を負うか

結　論

保険会社の同意が得られない限り、解約の取消は認められない。

行職員の不適切な説明により既存の保険契約を解約した場合には、銀行等は保険業法違反となる可能性があるほか、民事上の責任を負う可能性がある。

解　説

◆解約の取消　保険契約の解約は保険約款に定められており、保険契約者はいつでも将来に向かって保険契約を解約することができるが、解約の意思表示は撤回することができない。保険契約者が誤解等によって保険契約の解約を行った場合に、錯誤によるものであるとして解約の意思表示の無効を主張することも考えられるが、認められる可能性は低い。錯誤無効を主張するには意思表示の要素の錯誤が必要とされるところ、通常、保険契約の解約は保険会社所定の用紙を使用して、保険証券等の本人確認書類とともに保険会社に届け出るものであり、保険契約者が誤認をする可能性は低く、解約により保障が失われることはその手続から明らかであることから、要素の錯

誤があると認められる事態は想定しがたい。また、仮に錯誤があったとしても無重過失とは認められる可能性は低い。

◆**行職員の不適切な解約勧奨**　保険業法300条1項4号は、「保険契約者又は被保険者に対して、不利益となるべき事実を告げずに、既に成立している保険契約を消滅させて新たな保険契約の申込みをさせ、又は新たな保険契約の申込みをさせて既に成立している保険契約を消滅させる行為」を禁止している。また、保険会社監督指針Ⅱ－4－2－2⑺は「一定金額の金銭をいわゆる解約控除等として保険契約者が負担することとなる場合があること」「一定期間の契約継続を条件に発生する配当に関する請求権を失うこととなる場合があること」「被保険者の健康状態の悪化等のため新たな保険契約を締結できないこととなる場合があること」など、保険契約者等に不利益となる事項について告げ、了知いただくことを求めている。

これらの説明すべき不利益事項については、保険会社が保険契約者に対して提供する注意喚起情報によって説明を行っていることが通例である。しかし、すでに成立している保険契約を消滅させて新たな保険契約の申込みをさせる場合において、所定の不利益事項の説明を行わず、逆にこれらに反する説明を銀行等の行職員が行うなど、保険契約者に対し不適切な解約勧奨が行われたと認められる場合には、保険契約者に対し不適切な説明を行ったことの責任をふまえた対応が必要となることが考えられる。なお、保険契約者に損害が生じた場合には、銀行等の行職員やその使用者である銀行等が、損害賠償責任等、民事上の責任を負う可能性がある。

◆**実務上の対応**　保険契約者から解約の申出があった場合、代理店である銀行等は保険会社に取り次ぐか、自ら対応を行う必要がある。解約の申出を受けたときには、解約の理由を確認し、解約によるデメリットを説明し、十分了解を得たうえで解約してもらう必要があることに留意する。

なお、保険契約者が、既存の保険を解約して新しい保険に加入するという場合、健康状態等の理由で新しい保険に加入できなかった際には無保険状態に陥ってしまうため、新規の保険契約への加入が完了したことを確認してから、既存の保険契約を解約するよう促すことが望ましい。

| 11346 | 個人情報保護法と保険窓販 |

銀行等が保険契約を取り扱う場合、個人情報の保護という観点からはどのような点に注意すべきか

結論

保険契約の種類によっては、その募集時に得られた個人情報は、被保険者の健康状態等のセンシティブ情報を含んだものとなる。したがって、個人情報保護法に定められた個人情報取扱事業者に課せられた義務や保険業法施行規則234条1項16号を遵守するのみならず、同項17号や金融分野における個人情報保護に関するガイドライン（以下「金融庁ガイドライン」という）に定めるセンシティブ情報に関する義務も遵守することが求められる。

　銀行等が保険契約を取り扱う場合、個人情報保護法、保険業法施行規則、金融庁ガイドラインの規定上注意すべき主な事項は次のとおりである。

◆**取得に際しての利用目的の通知等・利用目的の特定**　　銀行等が保険契約を取り扱う場合、保険契約者等の個人情報の多くを契約申込書等の書面から入手することになるであろう。

　書面により本人の個人情報を直接取得する場合には、あらかじめ本人に対して個人情報の利用目的を明示しなければならない（個人情報保護法18条2項）とされており、また、個人情報を取り扱うにあたっては、その利用の目的をできる限り特定しなければならない（同法15条1項）とされていることから、明示する利用目的についてはできる限り具体的に特定することが求められている。

　また、利用目的と相当の関連性を有すると合理的に認められる範囲で利用目的を変更するためには、本人に対する通知または公表で足りるが（個人情報保護法15条2項・18条3項）、その範囲を超えて個人情報を利用するためには原則として事前の本人の同意が必要である（同法16条1項）。なお、金融庁ガイドラインによれば、この同意は原則として書面で取得する必要があるとされている（同ガイドライン4条参照）。したがって、あらかじめ想定可能な利用目的を極力特定しておくことが重要であり、万一利用目的を超えて個人情報を利用しようとする場合には、利用目的の変更可能性を検討し、場合によっては本人から

書面に基づく事前の同意を得る必要があることに留意しなければならない。

◆**正確性・安全管理**　　銀行等が保険契約を取り扱う場合、その個人情報は「特定の個人情報を電子計算機を用いて検索することができるように体系的に構成したもの」（個人情報保護法2条2項1号）として登録されることになる。

　したがって、銀行等が取り扱う保険契約に関する個人情報は「個人データ」に該当することになり（個人情報保護法2条4項）、その結果、銀行等は個人データの内容の正確性の確保に努めなければならず（同法19条）、安全管理措置義務（同法20条）や従業者に対する監督責任（同法21条）、委託先に対する監督責任（同法22条）を負うことになる。また、銀行等が保険会社の代理店として取り扱う個人情報の安全管理や従業者および委託先の監督については、保険業法上、漏えい、滅失または毀損の防止を図るために必要かつ適切な措置を講じなければならない旨が定められている（同法施行規則234条1項16号）。申込書・告知書その他個人情報が記載された資料などは厳重な取扱いが必要である。また、保険契約に関する個人情報の漏えい、紛失等があった場合、速やかに保険会社に連絡することが必要である。

◆**第三者提供の制限**　　銀行等は、原則として、事前の本人の同意がある場合を除き、個人情報を第三者に提供してはならないとされている。また、金融庁ガイドラインによれば、この同意は原則として書面で取得する必要があるとされている（同ガイドライン4条参照）。したがって、第三者提供を行う場合には、一部の例外（個人情報保

護法23条1項参照）を除き、本人から書面に基づく事前の同意を得る必要があることに留意しなければならない。

なお、銀行等の利用目的を達成するために必要な範囲で委託先に個人情報を提供する場合、委託先は「第三者」に該当しないとされており（個人情報保護法23条4項1号）、また、銀行等のグループ企業内で個人情報を共同利用する場合、所定の要件を満たす限り、グループ企業は「第三者」に該当しないとされている（同法23条4項3号）。

また、銀行等が保険会社に対して、その保険会社が引き受ける保険契約に関する個人情報を提供することは、銀行等が保険会社の委託先に該当するため、第三者提供に当たらないと考えられる。なお、銀行等が保険契約を取り扱うに際しては、あくまで保険会社の委託先として保険会社の個人情報を取り扱う場面と、銀行等にとって固有の個人情報を取り扱う場面とが生ずることになり、それぞれ利用できる範囲が異なる等の留意点があるので、いずれの場面に該当するかを意識しなければならない。

◆**センシティブ情報**　保険契約の場合、その種類によっては、銀行等が取り扱う個人情報は被保険者の健康状態等のセンシティブ情報を含んだものとなる。センシティブ情報については個人情報保護法上の規制はないが、金融庁ガイドラインによれば、「保険業その他金融分野の事業の適切な業務運営を確保する必要性から、本人の同意に基づき業務遂行上必要な範囲」等に限定するなど、その取得・利用・第三者提供に関して規制が設けられている（同ガイドライン6条参照）。また、保険業法上も、保

険代理店としての業務の適切な運営の確保その他必要と認められる目的以外の目的のために利用してはならない旨の規制が設けられており（同法施行規則234条1項17号）、銀行業務に利用することができないので、留意する必要がある。

なお、告知書など、センシティブ情報を含む資料は、特に厳重な取扱いが求められる。漏えい・紛失等があった場合、速やかに保険会社に連絡することが必要である。

11347　保険契約への質権設定・差押えと介入権

銀行等に期限の到来した債務を負担している債務者が、保険契約に加入している場合に、当該保険契約の解約返戻金を債権の回収にあてる際や、被保険者の死亡時に、死亡保険金を債権の回収にあてる際に、留意すべき点はあるか。また、介入権に対する実務対応をどのようにすればよいか

結　論

保険契約者が銀行等との間で解約返戻金請求権に質権を設定している場合であれば、保険契約の解約手続を行い、解約返戻金を債権の回収にあてることが可能である。

なお、保険契約を銀行等が解約する場合には、保険金受取人から介入権（保険法60～62条・89～91条）が行使される場合があるが、その場合には、解約返戻金相当額を、保険金受取人が保険契約者にかわって債権者である銀行等に弁済することとなる。

また、死亡保険金請求権に質権を設定することも可能であるが、モラルリスクの問

題などが懸念される。また、死亡保険金請求権は死亡保険金受取人の固有の権利である。したがって、質権設定にあたっては、事前に保険会社へ取扱いを確認することが必要である。

　保険契約者が銀行等との間で質権を設定していない場合は、保険契約を差し押えて、保険契約を解約し、保険会社から解約返戻金の支払を受けるか、保険契約者の申出により保険契約を解約し、保険契約者が保険会社から支払を受けた解約返戻金について、保険契約者より支払を受けることになる。

解　説

◆解約払戻金への質権設定・差押え　銀行等が保険契約者との間で保険契約の解約返戻金について質権を設定する旨の契約を締結していれば、銀行等は質権者としてこれを執行することができる。具体的には、銀行等が保険契約者にかわって保険契約の解約の申出を行い、保険会社から解約返戻金を受け取ることが可能である。これに対して、銀行等が保険契約者との間で質権設定契約を締結していない場合は、保険契約は保険契約者の財産であるから、銀行等が保険契約を差し押えて解約しない限り、保険会社から解約返戻金を受け取ることはできない。差押えを行わない場合には、保険契約者の申出により解約手続をし、保険会社は解約返戻金を保険契約者宛てに支払い、銀行等はその後保険契約者よりその解約返戻金相当額の支払を受けることになる。

　また、解約するにあたって銀行等以外に債権者がいる場合、債権者間の優劣が問題となる。たとえば、税金の滞納があると、質権設定契約の締結や差押えが法定納期限以後に行われていた場合には租税債権が優先されるため、銀行等は保険契約の解約返戻金を受け取ることができない可能性があることに留意する。

◆死亡保険金への質権設定　死亡保険金請求権は差押禁止財産ではないため、銀行等が質権を設定することは可能であるが、保険契約の締結と同時に死亡保険金に質権を設定することは、死亡保険金からの債権回収を目的として保険契約を締結しているとも考えられることから、モラルリスクの問題が懸念される。

　また、死亡保険金請求権は死亡保険金受取人の固有の権利であることから、保険契約者と死亡保険金受取人が別人の場合には、実務上、保険契約者に死亡保険金請求権の設定権限を認められないと解されている。このため、死亡保険金に質権を設定する場合には、死亡保険金受取人に保険契約者が指定されていることが必要である。

　このようなことから、保険会社では保険契約への質権設定に関し、所定の確認を行う取扱いとし、また、所定の質権設定契約書を準備している場合が多い。したがって、保険契約への質権設定を行う場合は、事前に保険会社に実務取扱いを確認することが求められる。

◆解約返戻金への質権設定と介入権　解約返戻金請求権は差押禁止財産ではないため、銀行等が質権を設定し、保険契約を差し押えたうえで、保険契約者にかわって解約し、解約返戻金を債権の回収にあてることは可能であるが、わずかな解約返戻金を債権の回収にあてるために生活保障の意義の大きい生命保険契約を解約することは、被保険者の健康状態によっては、新たに保

険契約に加入することができない場合もあ
ることから、保険金受取人等の契約関係者
にとっては著しい不利益となることもある。

　このため、保険法では、保険金受取人が
介入権（同法60〜62条・89〜91条）を行使
できる旨が定められている。銀行等が保険
契約の解約の意思表示を行った場合にも、
解約の効力は1カ月後に発生する。この期
間に、死亡保険金受取人が保険契約者の同
意を得て解約返戻金相当額を債権者である
銀行等に対して支払った場合には、解約の
効力は発生しない。

その他の留意点

11348　不祥事件

保険募集上、不祥事件懸念事象が生じた場合、どのように対処すべきか

結　論

　保険業法上の不祥事件が発生した場合の所轄官庁への届出は保険会社から行われるため、直ちに保険会社に状況を報告しなくてはならない。ただし、銀行法等に定められている不祥事件にも該当した場合等は、保険会社からの届出のほか、自ら届け出なくてはならないこともある。

解　説

◆不祥事件の種類　保険業における「不祥事件」とは、保険業法施行規則85条5項・166条4項に列挙されている、保険会社またはその子会社の役職員や代理店が行う、犯罪行為、保険業法違反、その他保険会社の業務の健全かつ適切な運営に支障をきたすおそれのある次の行為である。

① 　保険会社の業務を遂行するに際しての詐欺、横領、背任その他の犯罪行為

② 　出資法に違反する行為

③ 　保険業法300条1項の規定（保険契約の締結または保険募集に関する禁止行為）もしくは同法300条の2において準用する金商法38条3〜6号もしくは39条1項の規定に違反する行為または保険業法307条1項3号に該当する行為（「この法律（略）に違反したとき、その他保険募集に関し著しく不適当な行為をしたと認められるとき」）

④ 　現金、手形、小切手または有価証券その他有価物の紛失（盗難に遭うことおよび過不足を生じさせることを含む）のうち、保険会社の業務の特性、規模その他の事情を勘案し、当該業務の管理上重大な紛失と認められるもの

⑤ 　海外で発生した①〜④に掲げる行為またはこれに準ずるもので、発生地の監督当局に報告したもの

⑥ 　その他保険会社の業務の健全かつ適切な運営に支障をきたす行為またはそのおそれのある行為であって、①〜⑤に掲げる行為に準ずるもの

　なお、保険代理店を営む銀行等金融機関としては、保険業法300条1項9号が内閣府令に委任する同法施行規則234条1項各

号に該当する行為や、各種弊害防止措置に定められた規定に違反し、同法に違反すると認められる行為（同法307条1項3号に該当する行為）が、同法上の不祥事件となる点に留意することが必要である。

また、保険会社から取扱いの委託を受けた個人情報（契約申込書、保険会社から送付されたお客様の個人データ等）を漏えいした場合も、保険業法上の不祥事件となることがあることにも留意が必要となる。

◆**不祥事件懸念事象への対応**　銀行等を含む代理店で不祥事件が発生した場合には、保険会社等から所轄官庁に対して届け出る。この届出は、不祥事件の発生を保険会社が知った日から30日以内に行わなくてはならないこととされている（保険業法127条1項8号、同法施行規則85条1項17号・同条6項、同法209条9号、同法施行規則166条1項7号・同条5項）。

保険代理店である銀行等としては、保険会社が所轄官庁に速やかに届出を行うことができるように協力する義務があるため、不祥事件懸念事象が生じた場合には、直ちに保険会社に状況の報告を行わなければならない。

◆**その他留意事項**　保険の募集に関連して発生した不祥事件の内容によっては、銀行法等における「不祥事件」に該当する場合や刑法の構成要件に該当する場合もある。この場合には、保険会社からの届出とは別に、所轄官庁や警察に対して、銀行等自らが届け出なくてはならないので注意が必要である。

11349 銀行等・保険会社の損害賠償責任

行職員の違法な募集行為により顧客が損害を被った場合、銀行等や保険会社は顧客に対してどのような責任を負うか。仮に銀行等が損害を賠償した場合、銀行等は、当該行職員に求償することができるか

結　論

顧客に対して、銀行等は当該行職員の使用者として賠償責任を負う。また、保険募集人の募集行為による損害については所属保険会社も賠償責任を負う。なお、仮に銀行等が損害を賠償した場合、信義則上相当と認められる限度において当該行職員に対して求償することができる。

行職員の違法な募集行為により顧客が損害を被った場合、銀行等や保険会社はともに顧客に対して損害を賠償する責任を負うが、その法的根拠は異なるため、それぞれについて説明する。

解　説

◆**銀行等の責任（民法715条）**　本問のケースは、民法715条1項に基づく使用者責任の成立要件である、①銀行等と行職員との間に使用関係が存在すること、②行職員が「事業の執行について」損害を与えたこと、③行職員が第三者に不法行為を行ったこと、に該当しているものと考えられる。したがって、原則として、損害を被った顧客は行職員の使用者たる銀行等に対して使用者責任に基づく損害賠償請求を行うことができる。ただし、銀行等は、同項ただし

書に基づき、行職員の選任およびその事業の監督につき相当の注意をなしたこと、または「相当の注意」をなしても損害が生じたであろうことを立証すれば免責されるが、この免責事由の立証は実際には認められず、その実態は無過失責任化しているといえよう。

なお、銀行等が損害を被った顧客に対し損害賠償を行った場合、銀行等は民法715条3項に基づき、行職員に対し求償できる。ただし、求償権の行使は「損害の公平な分担という見地から信義則上相当と認められる限度において」可能であるというのが判例の考え方である。

◆**所属保険会社の責任（保険業法283条）**

所属保険会社は、保険募集人（生命保険募集人・損害保険募集人・少額短期保険募集人）が保険募集について保険契約者に加えた損害を賠償する責任を負う（保険業法283条1項）。これは、民法715条（使用者責任）の特則であると解されている。本条は、所属保険会社と雇用関係にはない保険募集人（代理店等）が存在するが、これらの代理店等が十分な賠償資力を有しない場合もあるため、保険契約者等の保護の観点から、このような保険募集人が保険募集について顧客に損害を与えた場合に、当該顧客がより資力のある所属保険会社に対して損害賠償請求することを認める趣旨である。また、所属保険会社は保険募集人に対し求償を行うことができる（保険業法283条3項）。

なお、この場合にも、民法715条1項ただし書と同様に、免責事由が定められており、所属保険会社が保険募集人の選任・雇用・委託について相当の注意をし、かつ、

これらの者の行う保険募集について損害発生の防止に努めたときは、賠償責任は免責される（保険業法283条2項）。

本問のケースは、委託先である銀行等の使用人であり、かつ保険募集人である行職員が保険募集について顧客に損害を与えた場合であるため、当該保険募集人である行職員が不法行為責任（民法709条）を負い、また、その使用者として、銀行等が使用者責任（同法715条）を負う。また、所属保険会社は、保険業法283条によって、補充的に損害賠償責任を負うものと考えられる。

なお、所属保険会社は、代理店である銀行等の使用人の違法行為により損害を被った場合、銀行等の代理店委託契約違反（債務不履行）に基づき、委託契約を解除できるほか、銀行等に対して損害賠償を請求できる。なお、保険会社の請求に基づき銀行等が保険会社に対して損害を賠償した場合、銀行等が行職員に求償できるかについては、前述を参照されたい。

11350 金融ADR（裁定審査会）への対応

自行庫が募集した保険契約について、金融ADR（裁定審査会）への申立があった場合は、どう対応すればよいか

結　論

生命保険協会は、保険業法に定める指定紛争解決機関であり、全国に生命保険相談所とその連絡所を設置し、生命保険に関する相談や照会、苦情を受け付けている。生命保険相談所が苦情を受け付け、生命保険

会社と保険契約者等との間で話合いをしても問題の解決がつかない場合、保険契約者等は裁定審査会において紛争解決を図ることができる。

　生命保険契約の募集時に指定紛争解決機関が生命保険協会であることを説明することが必要である。また、募集等に関する苦情の申出があった場合には、誠実に紛争解決に向けて対応し、裁定審査会の紛争解決手続においても生命保険会社が負う資料等提出義務や事情聴取への出席等に協力する必要がある。

解　説

　金融ADRに関する制度全般、および全国銀行協会、証券・金融商品あっせん相談センター（FINNAC）等については、【10363】以下を参照。

◆生命保険募集時の対応　　生命保険契約の募集にあたっては、苦情等の問合せ先を説明することが必要となる。具体的には、募集時に交付が必須とされている注意喚起情報に、引受保険会社の照会・苦情等の連絡先とともに、指定紛争解決機関が生命保険協会であることが記載されていることが一般的であり、募集人はこれを説明し交付することが求められている。

◆苦情発生時の対応　　生命保険協会は、全国銀行協会、証券・金融商品あっせん相談センター（FINNAC）と同様に苦情前置主義を採用している。生命保険相談所にて保険契約者等より苦情の申出を受けた際は、当該契約の引受生命保険会社に対して申出内容が連絡され、生命保険会社と保険契約者等との間で苦情解決のための対応が行われる。また、苦情解決にあたって生命

保険相談所は必要な助言あるいは和解のあっせんを行う。これらの苦情解決の取組みにもかかわらず、生命保険相談所が苦情を生命保険会社に連絡した日から、原則として1カ月を経過しても解決しない場合に、保険契約者等は裁定審査会へ申し立てることができる（指定（外国）生命保険業務紛争解決機関「業務規程」（以下「業務規程」という）7条①）。なお、申立を行う場合に利用料金はかからないが、書面の郵送費用や、交通費等は自己負担となる。

◆裁定審査会で取り扱う事案　　裁定審査会への申立を希望する保険契約者等は、所定の申立書を記載し、証拠書類等を添付し、裁定審査会事務局まで提出する。裁定審査会は提出された申立書等に基づき適格性の審査を行う。この審査により、取り扱う苦情が生命保険契約等に関するものではない場合や、苦情申立人が生命保険契約等契約上の権利を有しない場合は、不受理となる（業務規程7条③）。具体的には募集人や募集代理店に対して損害賠償を求める内容である場合や、保険契約者等ではない第三者が申立人である場合は不受理となる（なお、申立人の配偶者や3親等以内の親族は代理人申請をすることで、代理人となることも可能である）。

　不受理事案については、事案の概要と不受理の理由が生命保険協会のHPに公表されている。

◆裁定審査会の手続　　裁定審査会において申立が受理されると、裁定審査会は生命保険会社に受理の通知・申立書等を送付し、答弁書の提出を求める。生命保険会社が訴訟や民事調停により解決を図ることを希望し、裁定審査会が正当な理由があると認め

たときに、裁定不開始となる場合がある（業務規程25条）。ただし、正当な理由は厳格に審査されることから、認められる事案は限定されている。

　生命保険会社が答弁書を提出すると、その後申立人と生命保険会社がこれに対する反論書等を提出し、また、裁定審査会は申立人と生命保険会社双方に対し資料等の提出を求めることとなる。なお、生命保険会社は関係書類の提出等に応じる義務がある（業務規程4条）。

　当事者双方からの書面等の提出をふまえ、申立人および募集人等の関係者への事情聴取（裁定審査会委員による募集時の状況や主張内容のヒアリング）が行われる。特に近年の裁定審査会では、紛争の実態や原因・背景、主張内容を的確に把握することにより解決の糸口を見いだすため、積極的に事情聴取を行う審理スタンスをとっている。なお、事情聴取は、全国にある生命保険相談所の連絡所と、東京の生命保険協会をつなぐテレビ会議システムを使用することができる。

◆**裁定審査会の終了**　裁定審査会において書面の提出、事情聴取等の手続が終了すると、裁定審査会は審理の結果をふまえ、和解による解決が相当かどうかを判断する。和解による解決の見込みがないと判断したときは、裁定書にてその理由を明らかにし、裁定手続を終了する。和解による解決が相当と判断したときは、裁定書にて和解案を双方に提示（受諾勧告）する。

　生命保険会社は原則として和解案を受諾する義務があり、申立人が和解案を受諾した場合には、和解が成立し、裁定審査会の提示する和解契約書の締結をもって裁定手続は終了する。一方で、生命保険会社と異なり、申立人には和解案を受諾する義務はなく、受諾しない場合は裁定不調となり、裁定手続は終了する。申立人が和解案を受諾したにもかかわらず、生命保険会社が和解案を受諾しない場合は、申立人が和解案を受諾してから1カ月以内に、生命保険会社は訴訟等を提起する必要がある（業務規程34条）。

　なお、申立の内容に虚偽の事実が認められたときや、申立人が正当な理由なく、事情聴取に出席しないとき、裁定開始後に不受理に該当すると認められたとき、その他裁定を行うに適当でない事情が認められたとき（事実確認が困難であり、厳密な証拠調手続機能をもたない裁定審査会による手続ではなく裁判相当と判断したとき）には、裁定手続を打ち切ることがある（業務規程32条）。

◆**募集代理店である銀行等の対応における留意点**　裁定審査会では、生命保険会社が当事者となることから、募集代理店である銀行等は、証拠書類の提出義務を直接負うことはない。しかしながら、募集代理店に保管されている顧客対応履歴や、非公開金融情報の利用に関する事前同意書面、適合性のアンケート等は、重要な証拠書類であり、積極的に裁定審査会への資料提出に協力する必要がある。

　また、募集人等の事情聴取を求められた場合は、裁定審査会が積極的に実施することを審理のスタンスとして明確に打ち出しているなかで、理由なく協力しないことは、裁定委員の心証を著しく悪化させることが懸念されるため、積極的に事情聴取への出席に協力する必要がある。

なお、募集手続に瑕疵がある場合や、資料提出や事情聴取への出席へ非協力である場合に、生命保険会社に不利な内容の和解が成立した際は、生命保険会社から相当程度の求償を求められることに留意が必要となる。

11351 超過保険

超過保険とは何か

結　論

「超過保険」とは損害保険契約において保険金額が保険価額を超える場合のことをいい、保険契約者および被保険者がそのことにつき善意でかつ重大な過失がなかったときは、原則として、保険契約者はその超過部分について当該損害保険契約を取り消すことができる。

解　説

改正前商法では、損害保険契約の締結の時において、保険金額（＝保険給付の限度額として損害保険契約で定めるもの）が保険価額（＝保険の目的物の価額）を超えていた場合（いわゆる超過保険の場合）、その超過した部分については保険契約が無効となる旨を定めていた。

しかし、保険法は上記商法の規定を変更し、損害保険契約の締結の時において、保険金額が保険価額を超えていた場合には、その超過部分の損害保険契約も有効であることを前提に、保険契約者および被保険者が、保険契約締結時に保険金額が保険価額

を超えていたことにつき、善意でかつ重大な過失がなかったときは、保険契約者はその超過部分について当該損害保険契約を取り消すことができると定めた（保険法9条本文）。もっとも、保険価額について約定した一定の価額（約定保険価額）が存在する保険契約（いわゆる評価済保険）については、例外的に、保険契約者は超過保険となっていた損害保険契約であっても取り消すことができないものとした（同条ただし書）。

本条による取消権が行使された場合、超過部分の保険契約は初めから無効であったものとみなされ（民法121条）、超過部分に対応する保険料について、保険契約者は保険者に対して既払保険料のうち超過部分に対応する保険料の返還を請求することができる（改正民法121条の2）。

11352 保険会社による代理店監査

保険会社による代理店監査について、銀行等はどのような対応をすればよいか

結　論

保険会社は募集代理店への適時適切な監査等を行うことが求められており、銀行等を含む募集代理店においては、保険会社による代理店監査等に積極的に協力しなければならない。

解　説

◆代理店監査と監査項目　　主要行監督指針や中小・地域監督指針では、保険募集に

関する法令等の遵守について内部監査を行うことが定められており、銀行等では、保険募集を含めて内部監査を行い、不適切事項があった場合は改善に取り組むことが求められる（主要行監督指針Ⅲ－3－3－2－2⑷、中小・地域監督指針Ⅱ－3－2－5－2⑷）。

また、銀行等では、内部監査が確実に実施されるよう、監査部門に保険募集に関する法令や保険契約に関する知識等を有する人材を配置する（特定の資格取得者の配置を要件とするものではない）必要がある（保険会社監督指針Ⅱ－4－2－6－9）。

平成26年保険業法改正により、銀行等自身に体制整備義務が導入された。保険募集に関する業務について、業務の健全かつ適切な運営を確保するための措置を講じ、監査等を通じて実態等を把握し、改善に向けた態勢整備を図る必要がある（保険会社監督指針Ⅱ－4－2－9）（【11322】参照）。

とりわけ、平成26年保険業法改正により導入された、「意向把握義務」「比較推奨販売」について、銀行等で策定した社内規則等の各種ルールの遵守状況を以下のような視点で主体的に事後検証することが求められる。

（意向把握義務）
・意向把握に係る帳票等（アンケートや設計書等）が保存され、適切に意向把握・確認に係るプロセスが実施されているか
（比較推奨販売）
・顧客の意向に基づき比較可能な商品の概要を明示し、顧客の求めに応じて商品内容を説明しているか
・募集人が特定の商品を提示・推奨する際には、顧客に対してその理由をわかりやすく説明しているか

・募集人が商品特性や保険料水準などの客観的な基準・理由等に基づくことなく、商品を絞込みまたは特定の商品を提示・推奨する場合には、合理的な基準・理由等を顧客にわかりやすく説明しているか
・銀行等が、比較に用いる募集用資料を作成する場合には、適正な表示を確保するための社内規則等を定めるとともに、コンプライアンス担当部門によるリーガルチェック等を含めた十分な審査体制等が整備されているか

一方、保険会社による代理店監査については、保険会社監督指針において、募集代理店への適時適切な監査等を実施し、監査としての実効性を確保できない場合には無予告で訪問による監査を実施できるような態勢整備が求められている（保険会社監督指針Ⅱ－4－2－1⑷③・Ⅱ－4－4－1－1）。そこで、保険会社と銀行等との間の保険代理店委託契約書において代理店監査に関する規定が置かれている。

銀行等においては、①登録関係、②保険業法300条1項などの募集規制、③意向把握義務関係、④比較推奨販売関係、⑤体制整備義務関係、⑥弊害防止措置・誤認防止措置等関係、⑦保険料関係、⑧苦情処理対応関係、⑨個人情報保護法関係等、委託保険会社が設定した種々の項目の監査に積極的に協力する必要がある。

◆**監査結果とその後の対応**　保険会社による代理店監査により銀行等の保険業務について不適切な事項が指摘された場合は、銀行等の業務管理責任者を中心に速やかに是正する必要がある。また、当該指摘事項が保険業法300条1項違反であるなど法令等に抵触する事項であった場合には、保険

会社は、同法施行規則85条5項各号の規定により、代理店に関する不祥事件として速やかに金融庁等へ不祥事件届出を行う必要がある。銀行等としても、同規則35条に基づき、不祥事件届出を行う必要がある場合もある。

11353　保険契約と税務調査

税務調査の際に保険取引に関する情報の提供を求められた場合、どうすればよいか

結　論

　税務調査の対象が、生命保険会社と顧客（保険契約者等）との間の取引（顧客へ支払われた保険金の課税など）に関する場合は、生命保険会社に照会してほしい旨回答する。

　もっとも、税務調査の対象が預貯金口座の取引に関する場合は、その調査を受ける。

　なお、税務調査を受けた場合、その事実を生命保険会社に連絡する義務はない。

解　説

◆税務調査一般　税務職員（国税庁・国税局・税務署）には課税要件事実について関係者に質問し、関係の物件を検査する権限（質問検査権）が認められており（所得税法234条、法人税法153条、相続税法60条など）、税務職員による適法な質問検査権の行使に対しては、その相手方（納税義務者等）は質問に答え検査を受忍する義務（受忍義務）を負う。この受忍義務は質問検査権の行使に対する真実応答義務という

積極的内容を含むものと解されている。質問検査の必要があり、かつ、これと相手方の私的利益との衡量において社会通念上相当な限度にとどまる限り、権限ある税務職員の合理的な選択に委ねられているとされ（最決昭48.7.10金法698号24頁）、いわゆる反対調査も違法とはいえないとされている。したがって、一般に税務調査は任意調査が中心となるものの、任意であるからといって、調査自体を拒否したり、質問に対し答えなかったりすることはできない。

◆保険取引　保険取引に関して税務上問題となるものは、主に、個人の保険契約では保険金などの支払についての所得税・相続税・贈与税の課税関係、また法人の保険契約では保険料・保険金などについての法人税の処理があげられ、これらが税務調査の対象となる。

　所得税を例にとると、税務調査の当事者には、以下の3通りある。
① 納税義務者（保険契約者など顧客）
② 支払調書等提出義務者（生命保険会社）
③ ①と取引関係のある者

　ただし、保険取引の関連においては、銀行等は保険契約者などの顧客（①）と取引関係のある者（③）に該当するのみである。

　また、銀行等は保険代理店として保険契約の締結の代理または媒介の業務を受託しており、保険契約申込み時の顧客情報は有するが、契約成立後の契約内容について直接の管理は行っていない。

　したがって、税務調査に対する対応として、保険料・保険金などの正確な顧客情報の調査に対しては、保険契約の一方当事者である保険会社に照会することを求めるの

が適切な対応である。

　もっとも、税務調査の対象となった顧客が有する自行庫の預貯金口座について、その入出金状況（保険料の口座振替、保険金の入金など）を主体とした確認・検査に対しては、銀行等として質問に回答し、適切に対応することが必要となる。

◆**保険会社への連絡**　　税務調査の事実を保険会社に対し通知する義務はない。特に、顧客との無用のトラブルが発生しないよう、保険会社に連絡を行う場合には、顧客に了解を得る等により慎重に対応する必要がある。

第 10 章

公共債の窓販等

11354 公共債の概要

公共債とはどのようなものか

結 論

国債、地方債、政府機関債をまとめて公共債という。

解 説

◆**特徴**　国や地方自治体も債券の発行等によって資金調達を行うが、国が発行する債券が国債、地方自治体が発行する債券が地方債、政府関係機関（公団・公庫等）が発行する債券が政府機関債（元金および利金の支払を政府が保証する政府保証債と非保証債とがある）であり、これらを総称して公共債という。

公共債は一般に流通量が多いため（一部の地方債には流通量が少ない場合もある）、換金性に優れている。また債券の発行体は国や地方公共団体なので信用度の高い商品であるが、預金保険制度の対象外であり、金利水準の変化や発行者等の信用状況により価格が変動するので、受取金額が投資元本を下回る場合がある。

◆**利息支払時期**　1年に2回、6カ月ごとに支払われ、満期時には額面金額が償還される利付債と、割引料（利息相当分）を差し引いた価格で購入する利息先取り商品である割引債とがある。

◆**発行期間、購入単位**　発行期間は中期から超長期まであり、2年、3年、5年、10年、15年、20年、30年とさまざまな期間で発行され、2年もの、5年もの、20年も

のといった呼び方をされる。購入単位は、国債は額面5万円単位（個人向け国債は1万円単位）、地方債は1万円単位、政府機関債は10万円単位である。

◆**発行（保有）形態**　公共債は証券が発行されず債券取引口座への記帳によって管理されるので、公共債の取引を行う場合は、債券取引口座の開設が必要である。

11355 個人向け国債

個人向け国債とはどのようなものか

結 論

購入対象者を原則個人に限定し、最低1万円から1万円単位で購入できる国債である。一定期間経過後は中途換金可能。半年ごとに金利の変動する「変動タイプ」と金利の変動しない「固定タイプ」とがあるが、いずれも下限金利は0.05％とされている。

解 説

◆**導入経緯**　国債の大量発行が続くなか、国債の円滑かつ確実な発行には幅広い投資家層による購入が重要であるが、従来我が国では金融機関等の保有割合が高かった。一方、個人投資家は、比較的長期安定的な国債保有者として期待できるため、国債の個人保有促進による保有構造の多様化は、安定的な国債市場の形成につながると期待されるため導入された。

個人向け国債には、平成15年3月より発行している「個人向け利付国庫債券（変動・10年）」と、平成18年1月より発行し

ている「個人向け利付国庫債券（固定・5年）」、平成22年7月より発行している「個人向け利付国庫債券（固定・3年）」の3種類がある。

◆特徴　購入対象者を原則個人に限定し（例外は特定贈与信託の受託者である信託銀行および信託業務を営む金融機関）、最低1万円から1万円単位で購入可能となっている。

半年ごとに利子が支払われ、満期が来たら元本が払い戻される仕組みだが、発行から1年経過以降は、一定額を差し引かれるものの、中途換金が可能である。

変動タイプの利率は半年ごとに見直されるが、変動・固定とも下限金利は0.05%である。

個人向け国債を含め、平成15年1月以後発行の国債は振替法に基づき発行される（以下「振替国債」という）。振替国債はペーパーレスで証券は発行されず、金融機関に開設した口座の記録により管理され、金融機関発行の「取引残高報告書」等により保有額等を確認できる。

11356　公共債の窓販の意義

いわゆる公共債の「窓販」とはどういうことか

結　論

金融機関による公共債の「窓販」とは、金融機関が、公共債募集において新発債等の募集・販売の取扱いを行うこと、およびはね返り玉の買取りを行うことをいう。こ

のような窓販は金商法28条8項1号（有価証券の売買）または8号（有価証券の募集の取扱い）に該当する業務であると考えられている。金融機関による窓販の取扱いについては、これまで同法および銀行法の改正の過程で徐々に自由化されてきた経緯がある。

解　説

◆金融機関による「窓販」の概要　金融機関による公共債の窓口販売業務（いわゆる「窓販」）とは、金融機関が、公共債の募集において、新発債の募集・募集残額の販売等の取扱いを行うこと、および自己が窓口販売した公共債等を顧客より中途換金の希望に従って満期償還前に買い取ること（いわゆる「はね返り玉の買取り」）をいう。このような窓販は、金商法28条8項1号（有価証券の売買）または8号（有価証券の募集の取扱い）に該当する業務であると考えられ、これを行う金融機関は、同法33条の2に定める規制に服する。銀行の場合は、銀行法10条2項4号（売出目的をもたない国債、地方債もしくは政府保証債の引受に係る募集の取扱い）および同法11条2号（他業証券業務）を根拠に業務として取り扱うものである。

◆金融機関の「窓販」業務に係る法令改正の変遷　証券取引法は昭和22年の制定当初より銀行等の金融機関が証券業務を営むことを原則禁止し、例外的に禁止を解除していた。また、銀行法では、昭和2年の制定当初より、銀行が行う証券業務の根拠となる条項が存在しなかった。

しかしながら、その後昭和40年代初頭に国債発行が再開されたことに伴い、金融機

関による公共債の取扱いを許容する議論が活発となった結果、昭和56年に証券取引法と銀行法の一部が改正された。この改正により、①銀行法上、公共債に係る募集の取扱いが付随業務として明記され（同法10条2項4号）、また他業証券業務（同法11条）についても定めが置かれるとともに、②投資家保護の観点から、証券取引法65条の2が新設され、金融機関の証券業務に大蔵大臣の認可を要することが定められたほか、③同法上証券会社に適用される投資家保護の規定の一部が金融機関にも適用されることになった。

また、昭和58年には、大蔵省令の改正等により、窓販の対象範囲として中期国債や割引国債も加えられることとなった。

公共債については、その後、いわゆる日本版金融ビッグバンの一環として、銀行等の金融機関が行う証券業務を拡大する流れのなかで、公共債の窓販についても従来の取扱いが改正された。すなわち、平成10年制定の金融システム改革のための関係法律の整備等に関する法律（いわゆる「金融システム改革法」）に基づく証券取引法の改正により、従来の認可制であった金融機関による窓販の取扱いが登録制に移行した。金商法のもとでも、金融機関が公共債について同法2条8項1号および9号に掲げる行為を業として行う場合には、登録が必要となる（同法33条の2第2号・33条2項1号）。

なお、移行後においても、金商法（および旧証券取引法）上証券会社に適用される投資家保護規定の大部分は金融機関にも適用される（【11357】参照）。

11357　国債等の窓販の留意点

国債等の窓口販売にあたって留意すべき事項は何か

結　論

　金商法33条2項各号に掲げる業務等を行う金融機関は、同法上の登録金融機関として、当該業務に関しては証券会社と同等に取り扱われ、顧客との取引のあり方についても証券会社と同様の規制に服することに留意すべきである。

解　説

　金商法上の登録（同法33条の2第2号）を受けて国債等の窓口販売業務を行う金融機関は、同法33条2項1号に掲げる業務に該当する当該窓口販売業務に関しては、同法上の登録金融機関として、証券会社と同等に取り扱われ、顧客との取引のあり方についても証券会社と同様の規制に服する。すなわち、契約締結前交付書面や取引報告書等の交付義務（同法37条の3・37条の4、金商業等府令98条1項3号）、損失補てん・利回り補償の約束の実行（同法39条1項1号・2号）および損失補てん・利回り補償の実行の禁止（同項3号）などがこれに当たる。

　また、証券会社と同様に登録金融機関も、金商法38条各号および金商業等府令117条1項各号に規定する行為を行うことは禁止される。その内容は、売買に関する虚偽の表示の禁止（金商業等府令117条1項2号）、特別の利益の提供の約束の禁止（同項3

号）、役職員が自己の職務上知りえた情報に基づき、またはもっぱら投機的利益の追求を目的としてする有価証券の売買の禁止（同項12号）、特定かつ少数の銘柄の有価証券の大量推奨販売の禁止（同項17号）、作為的相場形成に関与する売買の禁止（同項19号）等である。

以上のように、窓口販売にあたっては、証券会社と同様、前記のような規制に服することに留意すべきである。

11358 公共債の相続

公共債の相続はどのような手続になるか

結論

公共債も相続の対象となるが、相続開始と同時に当然に相続分に応じて分割されることはない。また、個人向け国債の中途解約に関しては、取扱機関の約款等において特に規定がない場合、取扱機関に対して中途換金の請求をする権利は、相続人全員によってのみ行使することができ、相続人の一部のみが行使することはできないと考えられる。

解説

◆**財産的地位の承継** 「相続人は、相続開始の時から、被相続人の財産に属した一切の権利義務を承継する。ただし、被相続人の一身に専属したものは、この限りではない」（民法896条）と定められており、財産上の権利・義務は相続の対象となるが、身分上の地位は相続性が否定される。

公共債に係る債権（満期時の償還請求権や中途換金時の支払請求権等）は預金債権と同様に財産上の権利であることから、相続性を否定されることはない。

◆**共同相続の場合** 相続人が複数の場合は共同相続となるが、「相続人が数人あるときは、相続財産は、その共有に属する」（民法898条）、「各共同相続人は、その相続分に応じて被相続人の権利義務を承継する」（同法899条）とあることから、公共債に関する相続人の権利も共有（準共有）となる。

個人向け国債は、法令上、一定額をもって権利の単位が定められ、1単位未満での権利行使が予定されていないものというべきであり、このような個人向け国債の内容および性質に照らせば、共同相続された個人向け国債は、相続開始と同時に当然に相続分に応じて分割されることはない（最判平26.2.25民集68巻2号173頁）。

個人向け国債の場合には、発行から1年以内の中途換金は原則不可だが、保有者が死亡した場合には発行から1年以内であっても中途換金が可能である。この中途換金については、相続人全員で行う必要があり、相続人の一部のみが行使することはできないと解するのが相当と考える（福岡地判平23.6.10金法1934号120頁、最決平28.12.19金法2058号6頁も参照）。

◆**約款等における規定** 相続の発生は、公共債に関連する各種約款（国債等公共債保護預り契約や振替決済口座管理契約など）において解約事由となっている場合があるので注意が必要である。

公共債に差押えがあった場合の処置はどのようにすればよいか

結　論

　公共債が振替法に基づき口座管理されている場合には、当該公共債の振替および抹消を禁じる民執法上の差押命令の送達を受けた口座管理機関は、発行者への通知、公共債の存否等についての陳述などを行う必要があり、また譲渡命令や売却命令が確定して口座管理機関が振替の申請を受けたときは、他の債権者が差押え、仮差押え等の執行をしていないかどうかを確認したうえで、減額の記載、記録または通知を行う。国税の滞納処分として差押えが行われた場合には、差押通知書の送達を受けた口座管理機関は当該公共債の振替および抹消を禁止され、徴収職員が発行者から償還を受けるのと引き換えに口座管理機関に対して行う当該公共債の抹消の申請を受け、減額の記載、記録または通知を行う。特定保管の公共債への差押えや共有持分権への差押えの場合は、任意提出等の対応は困難だが、寄託物である公共債の返還請求権に対する差押えがあった場合は提出可能である。

解　説

◆**振替法に基づき口座管理されている公共債への差押え**　振替法に基づき口座管理される公共債の差押命令は、債務者がその口座の開設を受けている口座管理機関に対しても送達されるところ、その内容は振替

および抹消を禁止するものである。差押命令の送達を受けた口座管理機関は、差し押えられた公共債の範囲を特定し、直ちに発行者に対し、①事件の表示、②差押債権者および債務者の氏名または名称および住所、③差し押えられた公共債の銘柄および額または数、④差押命令が送達された旨および送達の年月日を通知しなければならない（民執規150条の3第5項）。また、口座管理機関に対しては、差押えに係る公共債の存否等について陳述すべき旨の催告がなされるところ（同規則150条の8、民執法147条1項）、当該催告に対しては差押命令送達の日から2週間以内に書面で陳述する（民執規150条の8・135条2項、民執法147条1項）。差押えに係る公共債の特定が不十分である場合には、振替機関等も執行抗告（民執規150条の3第6項）を行うことができるとされている。譲渡命令が確定したときや、確定した売却命令に基づき売却が行われたときは、口座管理機関に振替の申請がなされることとなる（民執規150条の7第4項・5項、振替法70条1項）。振替の申請を受けた口座管理機関は、他の債権者が差押え、仮差押え等の執行をしていないかを確認したうえで、減額の記載、記録、または共通直近上位機関への通知を行う（振替法70条1項）。

　また、国税の滞納処分としての差押えの場合には、差押通知書の送達を受けた口座管理機関は当該公共債の振替および抹消を禁止され（国税徴収法73条の2第2項、同法施行令30条3項5号）、徴収職員が発行者から償還を受けるのと引き換えに口座管理機関に対して当該公共債の抹消の申請を行うので、当該申請を受けた口座管理機関

は、減額の記載、記録または通知を行う（振替法71条）。

◆**特定保管の公共債への差押え**　公共債が特定保管により保護預りされている場合、公共債の差押えは動産執行の方法に従って、執行官の目的物に対する差押えにより開始する（民執法122条1項）。この場合、公共債を占有する金融機関（第三者）が提出を拒めば執行できない（同法124条）が、金融機関は保護預り物について善管注意義務を負っており、顧客の同意なく任意提出できない。

　一方、債権者が寄託物の返還請求権に対する差押えを行った場合、取立のため執行官への引渡しを請求することができ（民執法163条1項）、金融機関が提出を拒めば取立訴訟も認められるので、金融機関は提出しても善管注意義務違反にはならないと解される。もっとも、金融機関は担保権による対抗が可能なので、被担保債権回収後の残余分につき執行官への引渡しに応ずることになる。

◆**混蔵保管の公共債への差押え**　混蔵保管されている公共債の場合、共有持分権に対する差押えはその他の財産権に対する強制執行（民執法167条）による。しかし、公共債は日本銀行へ再寄託されており、第三債務者の特定や換価等の観点から事実上困難と考えられる。したがって、この場合も寄託物の返還請求権の差押え（同法163条）が現実的である。

◆**取引先への通知義務**　特定保管、混蔵保管の保管形態にかかわらず寄託物に対して差押えのあった場合には、金融機関はその事実を遅滞なく取引先に対して通知しなければならない（改正民法660条1項、現行民法660条）。また、差押えに応ずる場合でも、極力、顧客の来店を求めて預り証の回収や同意書の提出を受けるなどしたうえ処理することが望ましい。

第 11 章

法定相続情報証明制度

法定相続情報証明制度が創設された趣旨は何か

結　論

相続人の相続手続における手続的な負担軽減を図るとともに、遺産となった不動産について、相続による所有権の移転の登記（相続登記）を促進させるために創設されたものである。

解　説

◆**法定相続情報証明制度創設の背景**　近時、土地の所有者が死亡した後も長期間にわたり相続登記がされず、登記上の所有者と実際の所有者が異なることとなった結果、所有者の所在の把握が困難となり、各種事業における迅速な用地取得などに支障をきたしている事例、いわゆる所有者不明土地問題が取り沙汰されている。また、相続登記の未了は、適切な管理がされていない空き家が増加している要因の一つであるとの指摘もある。

このような状況のもと、政府は、平成28年6月に「経済財政運営と改革の基本方針2016」および「日本再興戦略2016」を閣議決定し、相続登記の促進およびそのための制度の検討を進めることとした。

◆**法定相続情報証明制度の趣旨**　相続手続の現状については、①相続が発生した場合、被相続人名義の預貯金の払戻しは、比較的早期に行われる傾向にあるが、被相続人名義の不動産の相続登記は、そのメリットがみえにくいため、後回しにされがちとなること、②相続人は、遺産（不動産や預貯金等）に係る相続手続に際し、登記所や金融機関に対して、被相続人の出生から死亡までの戸除籍謄本をすべてそろえたうえで、同じ書類を登記所や各金融機関にそれぞれ提出しなければならず、煩雑で手間がかかっていること、③金融機関等においては、そもそも戸除籍謄抄本の束を読み解いて相続人を特定することや、書類が足りない場合に再提出を相続人に求めることなどに多くの手間がかかっており、しかもこれらは1人の被相続人に対して複数の金融機関等で重複して行われているため、膨大な社会的コストが発生していると考えられる。

この点、平成28年3月に国土交通省が公表した「所有者の所在の把握が難しい土地への対応方策　最終とりまとめ」では、戸籍・住民票関係の手続のために窓口に来庁した相続人に対し、必要な相続手続の促しを行った結果、行政庁への相続関係の届出件数が増大したという京都府相楽郡精華町の取組事例が紹介されている。このことは、相続登記を促進するためには、手続的な負担の軽減に加えて、相続登記の必要性についての意識を向上させることが重要であることを実証するものであると考えられる。

これらをふまえ、法定相続情報証明制度は、相続人の相続手続における手続的な負担軽減とともに、本制度を利用するために登記所を訪れる相続人に対して、相続登記の直接的な促しの契機を創出するために創設されたものである。

11361 法定相続情報証明制度の概要

法定相続情報証明制度とはどのような制度か

結　論

　各種の相続手続に際して、被相続人および相続人の戸除籍謄抄本の束のかわりとして利用することができるよう、被相続人および相続人の情報を一覧にして記載した1枚または数枚からなる書面を、登記官が確認し、その写しに認証文を付して交付する制度である。

解　説

◆**相続手続の現状**　たとえば、金融機関における被相続人名義の預貯金の払戻しや、登記所における不動産についての相続による所有権の移転の登記（相続登記）に際しては、これらの手続を処理する各機関において、相続人を特定するために、提出された被相続人および相続人の戸除籍謄抄本の束を読み解く作業をつど行っているところである。

　この作業は、相続手続を処理する機関それぞれが独自に行っているものであり、いわば重複が生ずることによって、膨大な社会的コストが発生していると考えられる。

　また、相続人においても、それぞれの機関に対して被相続人および相続人の戸除籍謄抄本の束を何度も出し直すという手間が生じている。

◆**登記官の相続等に関する専門的な知見**
登記所は、全国で年間100万件近く相続登記の申請を取り扱っているところ、登記官は、相続登記の事件処理を通じて長年にわたり相続および戸籍関係法令についての専門的な知見を培ってきていると考えられる。

　法定相続情報証明制度は、こうした登記官の専門性に着目し、登記官が被相続人および相続人の戸除籍謄抄本の束を読み解いて相続人を特定し、その結果を相続登記を含め相続手続全般に活用することを企図したものである。

◆**制度の具体的内容**　具体的には、相続人が登記所に対し、①被相続人の出生から死亡までの戸除籍謄本および相続人の戸籍謄抄本等、②前記①の戸除籍謄抄本の記載に基づく法定相続情報一覧図（被相続人および相続人の情報を一覧にして記載した1枚または数枚からなる書面）を提出して法定相続情報一覧図の保管および一覧図の写しの交付の申出をすることで、登記官がその内容を確認して、内容が正しい場合は、登記官の認証文を付した法定相続情報一覧図の写しを相続人に交付するというものである。

　法定相続情報証明制度の利用は無料であり、また、遺産に不動産がなく、たとえば、預貯金の払戻しのみをするためであっても利用することができる。さらに、法定相続情報一覧図の写しは、相続手続に必要な通数が交付される。このように、法定相続情報一覧図の写しが相続登記の申請手続をはじめさまざまな相続手続に広く利用されることで、相続手続に係る相続人・相続手続を処理する機関双方の負担を軽減することにつながるものである。

11362 法定相続情報一覧図の概要

法定相続情報一覧図とは、どのようなものか

結　論

法定相続情報一覧図は、被相続人の氏名、生年月日、最後の住所および死亡年月日ならびに戸籍謄抄本の記載に基づく相続人の氏名、生年月日および被相続人との続柄の情報を一覧にして記載した書面である。

解　説

◆**法定相続情報とは**　法定相続情報とは、被相続人の氏名、生年月日、最後の住所および死亡年月日（不登規247条1項1号）ならびに相続開始の時における同順位の相続人の氏名、生年月日および被相続人との続柄（同項2号）をいう（同項柱書）。

これらの情報は、各種の相続手続を行うにあたって被相続人および相続人を特定するために必要となる情報であり、原則として法定相続情報一覧図に必ず記載することとなるものである。

これらに加え、相続人の住所を記載することができる（不登規247条4項）。この相続人の住所の記載は、法定相続情報一覧図の保管および一覧図の写しの交付の申出をする申出人の任意によることから、記載される場合と記載されない場合とがある。

◆**法定相続情報一覧図とは**　法定相続情報一覧図とは、法定相続情報を一覧にして記載した1枚または数枚からなる書面である（不登規247条1項柱書）。

法定相続情報一覧図は、申出人（または代理人）が作成するものであり、作成の年月日を記載し、申出人が記名をするとともに、作成者である申出人または代理人が署名し、または記名押印する必要がある（不登規247条3項1号）。

これらのほか、法定相続情報一覧図は、以下の要素をふまえて作成されるものとなっている。

① 被相続人と相続人を線で結ぶなどして、被相続人を起点として相続人との関係性が一見して明瞭な図による記載とされる。ただし、被相続人および相続人を単に列挙する記載としてもさしつかえないとされる。

② 被相続人の氏名には、「被相続人」と併記される。

③ 被相続人との続柄の表記については、たとえば、被相続人の配偶者であれば「配偶者」、子であれば「子」とすることが推奨される。

④ 申出人が相続人として記載される場合は、法定相続情報一覧図への申出人の記名は、当該相続人の氏名に「申出人」と併記することにかえることができるとされる。

⑤ 法定相続情報一覧図の作成者である申出人または代理人の署名等には、住所が併記される。なお、作成者が戸籍法（昭和22年法律第224号）10条の2第3項に掲げる者である場合には、住所については事務所所在地とされ、あわせてその資格の名称も記載される。

⑥ 相続人の住所が記載される場合は、当該相続人の氏名にその住所が併記される。

⑦ 推定相続人の廃除がある場合は、その

廃除された推定相続人の氏名、生年月日および被相続人との続柄は記載されない。

⑧ 代襲相続がある場合には、代襲した相続人の氏名に「代襲者」と併記される。この場合、被相続人と代襲者の間に被代襲者がいることが表されることとなるが、その表記は、たとえば「被代襲者（何年何月何日死亡）」とすることで足りるとされる。

⑨ 法定相続情報一覧図は、日本工業規格A列4番の丈夫な紙をもって作成され、その記載に関しては明瞭に判読することができるものが求められる。

◆**数次相続が発生している場合**　法定相続情報一覧図には、相続開始の時における同順位の相続人の氏名等が記載される。したがって、数次相続が生じている場合は、被相続人ごと（各次の相続ごと）に一つの法定相続情報一覧図が作成されることとなる。

11363　法定相続情報一覧図の記載内容に関する留意点

法定相続情報一覧図を利用するにあたって、どのような点に留意する必要があるか

結　論

　法定相続情報一覧図は、戸除籍謄抄本の記載に基づくものであるため、相続放棄や遺産分割協議の結果についての情報は盛り込まれない点等に留意する必要がある。

解　説

◆**相続放棄・遺産分割協議に関する情報について**　被相続人の遺産に係る相続手続においては、相続人がだれであるかを確認することはもちろんのこと、最終的に当該財産がだれに帰属するのかについても確認する必要があり、たとえば、相続放棄がされている場合は相続放棄申述受理証明書、遺産分割協議がされていれば遺産分割協議書を当該手続に際して相続人から提出させるのが一般的である。

　この点、法定相続情報一覧図は、あくまで被相続人および相続人の戸除籍謄抄本の記載に基づくものであり（法定相続情報一覧図の詳細については【11362】参照）、相続放棄申述受理証明書や遺産分割協議書までをも代替するものではない。

　そのため、相続手続に際して法定相続情報一覧図の写しが利用される場合に、相続手続を処理する機関において相続放棄や遺産分割協議の結果について確認する必要があるときは、別途、相続放棄申述受理証明書や遺産分割協議書の提出を相続人に求める必要がある。

◆**相続欠格・廃除に関する情報について**

上記と同様の観点から、相続人について相続欠格事由がある場合についても、法定相続情報一覧図にその旨が記載されることはない。

　一方、推定相続人について廃除があった場合は、これが戸籍から判明する事実であることから、その情報を法定相続情報一覧図からわかるようにする必要があることとなる。この点、推定相続人の廃除は、推定相続人の相続権を剥奪するものであると解

されていることから、相続人として法定相続情報一覧図にそもそも記載する必要がないばかりか、記載があった場合はむしろ法定相続人と誤認させるおそれもある。そのため、法定相続情報一覧図には廃除された推定相続人の氏名等は記載されないこととなる。

ただし、推定相続人が廃除され、代襲相続が発生した場合には、被相続人と代襲相続人の間に被代襲者がいることを表す必要があるため、「被代襲者（何年何月何日廃除）」とだけ記載されることとなる。

◆その他の留意事項　　法定相続情報一覧図の記載に係るその他の主な留意事項は、次のとおりである。

① 相続人について、その法定相続分は記載されない。

② 被相続人および相続人を単に列挙する記載（【11362】参照）の場合には、嫡出子か嫡出でない子かであるとか、父母の一方のみを同じくする兄弟姉妹か父母の双方を同じくする兄弟姉妹かについて区別することができない場合がある。

③ 戸籍に記載のある氏名の字が誤字または俗字である場合は、法定相続情報一覧図への氏名の記載は、戸籍に記載のある字体でも、正字に引き直されたものでも、いずれも認められる。

④ 相続人が被相続人の相続開始後に死亡して、数次相続が生じている場合には、当該被相続人についての法定相続情報一覧図のほか、死亡した相続人を被相続人とする法定相続情報一覧図が必要となる場合がある。

11364　申出ができる者

法定相続情報一覧図の保管および一覧図の写しの交付の申出をすることができる者はだれか

結論

相続が開始した場合におけるその相続人または当該相続人の地位を相続により承継した者である。

解説

◆申出人となることができる者　　表題部所有者、登記名義人またはその他の者について相続が開始した場合において、当該相続に起因する登記その他の手続のために必要があるときは、その相続人（戸除籍謄抄本の記載により確認することができる者に限る）または当該相続人の地位を相続により承継した者は、法定相続情報一覧図の保管および一覧図の写しの交付の申出をすることができる（不登規247条1項）。

「表題部所有者」とは、不動産登記制度において、所有権の登記がない不動産の登記記録の表題部（不動産の物理的状況を公示する部分）に、所有者として記録されている者を指す。

また、「登記名義人」とは、同じく不動産登記制度において、登記記録の権利部（不動産の動的な権利関係を公示する部分）に、登記することができる権利（所有権、地上権、永小作権、地役権、先取特権、質権、抵当権（根抵当権）、賃借権および採石権）について権利者として記録されてい

る者を指す。

「その他の者」とは、表題部所有者および登記名義人以外の者を広く指し、すなわち、遺産に不動産を有しない被相続人について開始した相続に関しても、本制度を利用することができることを意味している。

そして、法定相続情報一覧図の保管および一覧図の写しの交付の申出をすることができるのは、上記の者らの相続人（戸除籍謄抄本の記載により確認することができる者に限られる）または当該相続人の地位を相続により承継した者（数次相続が生じた場合における相続人の相続人）である。

◆**相続人における法定相続情報証明制度のメリット**　遺産に不動産や預貯金がある場合に、従来の相続手続では、その手続の過程において相続人を確認するために被相続人および相続人の戸除籍謄抄本の束の提出が求められる。たとえば、異なる金融機関に預貯金が複数ある場合は、それぞれの金融機関にそのつど戸除籍謄抄本の束を提出する必要があるところ、一つの金融機関に戸除籍謄抄本の束を提出し、それが返却されるまでには一定程度の時間を要することとなり、同じ戸除籍謄抄本の束を複数式用意しなければ、各金融機関の預貯金の払戻手続を同時に進めることはむずかしいと思われる。

この点、相続人が法定相続情報一覧図の保管および一覧図の写しの交付の申出をし、法定相続情報一覧図の写しを必要通数取得すれば、各金融機関の預貯金の払戻手続を同時に進めることが可能となり、相続人にとって時間の短縮というメリットが生まれることとなる。

11365　代理人による申出

法定相続情報一覧図の保管および一覧図の写しの交付の申出を代理人がすることは可能か

結　論

法定相続情報一覧図の保管および一覧図の写しの交付の申出を代理人がすることは可能である。なお、代理人となることができる者は、申出人の法定代理人のほか、委任による代理人にあってはその親族または戸籍法（昭和22年法律第224号）10条の2第3項に掲げる者である。

解　説

◆**申出の代理について**　相続人によっては、申出に際して必要となる添付書面の収集や、法定相続情報一覧図の作成をするための時間が容易にとれない者もいると思われ、そのような相続人においては、申出に係る手続いっさいを他の者に委任したいと考えることは、当然に想定されるものである。そのため、法定相続情報一覧図の保管および一覧図の写しの交付の申出を申出人の代理人がすることが認められている。

◆**代理人となることができる者**　申出人の代理人となることができる者は、申出人の法定代理人のほか、委任による代理人にあってはその親族または戸籍法10条の2第3項に掲げる者である（不登規247条2項2号）。特別代理人（民法826条等）も、申出人の代理人となることができると考えられる。

ここでいう「親族」とは、民法725条に規定する親族である。具体的には、六親等内の血族、配偶者および三親等内の姻族である。

また、戸籍法10条の2第3項に掲げる者とは、具体的には、弁護士、司法書士、土地家屋調査士、税理士、社会保険労務士、弁理士、海事代理士および行政書士である。また、これらの士業の各士業法の規定を根拠に設立される法人も含まれる。他方で、これら以外の法人（株式会社など）は、委任による代理人となることができない。

◆代理人によって申出をする場合の添付書面　代理人によって申出をするときは、代理人の権限を証する書面を添付する必要がある（不登規247条3項7号）。

① 法定代理人の場合、代理人の権限を証する書面は、法定代理人それぞれの類型に応じ、次に掲げるものが該当する。

　㋑ 親権者または未成年後見人……未成年者に係る戸籍の謄抄本または記載事項証明書

　㋺ 成年後見人または代理権付与の審判のある保佐人・補助人……成年被後見人または被保佐人・被補助人に係る後見登記等ファイルの登記事項証明書（被保佐人・被補助人については、代理権目録付きのもの）

　㋩ 不在者財産管理人・相続財産管理人……各管理人の選任に係る審判書

② 委任による代理人の場合、代理人の権限を証する書面は、委任状に加え、委任による代理人それぞれの類型に応じ、次に掲げるものが該当する。

　㋑ 親族……申出人との親族関係がわかる戸籍の謄抄本または記載事項証明書

　㋺ 戸籍法10条の2第3項に掲げられる者……資格者代理人団体所定の身分証明書の写し等

なお、代理人が各士業法の規定を根拠に設立される法人の場合は、当該法人の登記事項証明書（会社法人等番号の提供により、この添付を省略することはできない）。

11366　手続の流れ

法定相続情報一覧図の保管および一覧図の写しの交付の申出に係る一連の流れはどのようなものか

結　論

申出人は、①申出に必要な戸除籍謄抄本等の添付書面を収集し、②法定相続情報一覧図を作成して、③申出書に必要事項を記載のうえ、添付書面とともに登記所（法務局）へ申出書を提供する。

解　説

◆申出人が対応すべき内容　法定相続情報一覧図の保管および一覧図の写しの交付の申出をする申出人は、まず、被相続人および相続人の戸除籍謄抄本その他必要となる添付書面を準備する必要がある（添付書面の具体的内容については【11368】参照）。法定相続情報一覧図の内容を登記官が確認する際には、その前提として、申出人から必要な添付書面が適式に提供されていることが求められる。

次に、申出人は、法定相続情報一覧図を作成する。法定相続情報一覧図は、被相続

人の氏名、生年月日、最後の住所および死亡年月日ならびに相続人の氏名、生年月日および被相続人との続柄の情報を一覧にして記載した書面（法定相続情報一覧図の詳細については【11362】参照）であり、申出人が作成するものである。

　最後に、申出人は、所定の内容を記載した申出書とともに、法定相続情報一覧図を含む添付書面一式を登記所に提供して申出をする。

◆**申出をする登記所**　　登記所とは、不動産登記制度において、不動産登記に関する事務を担当する国の機関であり、全国には、417の登記所（その内訳は、法務局8、地方法務局42、支局261、出張所106である）が存在する（平成29年4月1日現在）。

　法定相続情報一覧図の保管および一覧図の写しの交付の申出をする登記所は、①被相続人の本籍地、②被相続人の最後の住所地、③申出人の住所地、④被相続人を表題部所有者または所有権の登記名義人とする不動産の所在地を管轄する登記所である（不登規247条1項）。申出をする登記所について、その選択肢が複数設けられたのは、法定相続情報証明制度の趣旨にかんがみ、相続人の利便性を高めて本制度が広く利用されることが企図されたからである。そのため、相続人は、これらの登記所のうちいずれを選択することも可能であるが、当然のことながら、被相続人名義の不動産がない場合は、④の登記所を選択することはできない。

◆**申出の方法**　　法定相続情報一覧図の保管および一覧図の写しの交付の申出書の提供は、登記所に出頭してするほか、郵送によってすることもできる。

11367	申出書の記載内容

法定相続情報一覧図の保管および一覧図の写しの交付の申出に係る申出書にはどのような内容が記載されるのか

結　論

　申出書には、①申出人の氏名、住所、連絡先および被相続人との続柄、②申出を代理人によってする場合は当該代理人の氏名または名称、住所および連絡先、③利用目的、④交付を求める通数、⑤被相続人を表題部所有者または所有権の登記名義人とする不動産があるときは、不動産所在事項または不動産番号、⑥申出の年月日、⑦送付の方法により法定相続情報一覧図の写しの交付および添付書面の返却を求めるときはその旨が記載される。

解　説

◆**申出人の氏名、住所、連絡先および被相続人との続柄**　　申出書には、申出人の氏名、住所、連絡先および被相続人との続柄が記載される（不登規247条2項1号）。これらの申出人に関する情報は、法定相続情報一覧図の写しの再交付（【11370】参照）をする際に、登記所において確認をする必要がある情報であるため、正確に記載される必要がある。

◆**代理人の氏名または名称、住所および連絡先**　　法定相続情報一覧図の保管および一覧図の写しの交付の申出を代理人によってする場合（【11365】参照）は、当該代理人の氏名または名称、住所および連絡先が

記載される。また、代理人が法人であるときはその代表者の氏名が記載される（不登規247条2項2号）。

◆**利用目的・交付を求める通数**　申出書には、法定相続情報一覧図の写しの利用目的および交付を求める通数が記載される（不登規247条2項3号・4号）。

　この利用目的は、相続手続に係るものであって、かつ、その提出先が推認されるように記載される必要がある。また、その利用目的にかんがみて交付を求める通数が合理的な範囲である必要がある。

◆**不動産所在事項または不動産番号**　申出書には、被相続人を表題部所有者または所有権の登記名義人とする不動産があるときは、不動産所在事項または不動産番号が記載される（不登規247条2項5号）。

　被相続人を表題部所有者または所有権の登記名義人とする不動産が複数ある場合には、そのうちの任意の一つの記載で足りるとされるが、被相続人を表題部所有者または所有権の登記名義人とする不動産の所在地を管轄する登記所に申出をする場合には、当該登記所の管轄区域内の不動産所在事項または不動産番号が記載される必要がある。

◆**申出の年月日・送付による返却を希望する旨**　申出書には、申出の年月日が記載される（不登規247条2項6号）。また、法定相続情報一覧図の写しの交付および添付書面の返却は、送付の方法によることができるところ、申出人においてこの方法を希望するときは、その旨が記載される（同項7号）。

11368　添付書面

法定相続情報一覧図の保管および一覧図の写しの交付の申出において必要となる添付書面は、法定相続情報一覧図のほかにはどのようなものがあるか

■ 結　論

　①被相続人の出生時から死亡時までの戸除籍謄本、②相続人の戸籍謄抄本、③被相続人の最後の住所を証する書面、④申出人が相続人の地位を相続により承継した者であるときは、これを証する書面、⑤申出書に記載されている申出人の氏名および住所と同一の氏名および住所が記載されている市町村長その他の公務員が職務上作成した証明書、⑥代理人によって申出をするときは、代理人の権限を証する書面、⑦法定相続情報一覧図に相続人の住所を記載したときは、その住所を証する書面である。

■ 解　説

◆**被相続人および相続人の戸除籍謄抄本**

申出書には、被相続人（代襲相続がある場合には、被代襲者を含む）の出生時から死亡時までの戸籍および除かれた戸籍の謄本または全部事項証明書を添付する必要がある（不登規247条3項2号）。また、相続人の戸籍の謄本、抄本または記載事項証明書を添付する必要がある（同項4号）。

　除籍または改製原戸籍の一部が滅失等していることにより、その謄本を添付することができない場合には、当該謄本にかえて、

「除籍等の謄本を交付することができない」旨の市町村長の証明書を添付することとなる。

これに対して、法定相続情報証明制度は、あくまで戸籍等があるまたはあったことを前提とする制度であるため、そもそも戸籍等が存在しない場合は、本制度において一覧図の写しを交付することはできない。そのため、たとえば、被相続人が日本国籍を有しない場合や、相続人が日本国籍を有しない場合には、本制度を利用することができず、従来どおりの方法により相続手続を行うこととなる。

◆**被相続人の最後の住所を証する書面**
申出書には、被相続人の最後の住所を証する書面を添付する必要がある（不登規247条3項3号）。

具体的には、被相続人に係る住民票の除票や戸籍の附票がこれに該当する。これらの書面が市町村において廃棄されているため発行されないときは、申出書への添付を要しない。なお、この場合は、申出書および法定相続情報一覧図には、被相続人の最後の住所の記載にかえて被相続人の最後の本籍を記載することとなる。

◆**申出人が相続人の地位を相続により承継した者であるときは、これを証する書面**
申出書には、申出人が相続人の地位を相続により承継した者であるときは、これを証する書面を添付する必要がある（不登規247条3項5号）。

具体的には、当該申出人の戸籍の謄抄本または記載事項証明書が該当するが、被相続人および相続人の戸除籍謄抄本により当該申出人が相続人の地位を相続により承継したことを確認することができるときは、

添付を要しない。

◆**申出書に記載されている申出人の氏名および住所と同一の氏名および住所が記載されている市町村長その他の公務員が職務上作成した証明書**　申出書には、申出書に記載されている申出人の氏名および住所と同一の氏名および住所が記載されている市町村長その他の公務員が職務上作成した証明書（当該申出人が原本と相違がない旨を記載した謄本を含む）を添付する必要がある（不登規247条3項6号）。

具体的には、たとえば、住民票の写しや運転免許証のコピー（申出人が原本と相違がない旨を記載したもの。なお、この場合には、申出人の署名または記名押印を要する）が該当する。

◆**代理人の権限を証する書面**　代理人によって申出をするときは、代理人の権限を証する書面を添付する必要がある（不登規247条3項7号。詳細については【11365】参照）。

◆**相続人の住所を証する書面**　法定相続情報一覧図に相続人の住所を記載したときは、申出書にその住所を証する書面を添付する必要がある（不登規247条4項）。

相続人の住所は、法定相続情報一覧図の任意的記載事項である。したがって、相続人の住所が記載されない場合は、相続人の住所を証する書面の添付は要しない。

11369　登記所での取扱いに係る流れ

法定相続情報一覧図の保管および一覧図の写しの交付の申出があったときの登記所での取扱いに係る一連の流れはどのようなも

のか

結 論

登記官は、申出を受領したのち、提供された被相続人および相続人の戸除籍謄抄本等と法定相続情報一覧図の内容を確認して、その内容が正しいときは、認証文を付した法定相続情報一覧図の写しを交付する。

解 説

◆**法定相続情報一覧図の内容の確認**　登記所に対して、法定相続情報一覧図の保管および一覧図の写しの交付の申出がされたときは、登記官は、速やかに法定相続情報一覧図の内容を確認する。この内容の確認にあたっては、法定相続情報一覧図以外の添付書面が適式に提出されているかどうかも確認することとなる。

したがって、被相続人の出生時から死亡時までの戸除籍謄本が、たとえば、①除籍謄本、②改製原戸籍謄本A、③改製原戸籍謄本B、④戸籍謄本（死亡の記載あり）と4通連続しているべきであるのに、このうち、③が添付されていなかったというような場合には、登記官は、申出に不備があるとして当該謄本の補完を申出人に求めることとなる。

また、法定相続情報一覧図について、被相続人および相続人の戸除籍謄抄本から確認することができた法定相続情報の内容と合致していないなどの誤りや遺漏がある場合は、登記官は、やはり申出に不備があるとして正しい法定相続情報一覧図の補完を求めることとなる。

そして、登記官の求めに応じず、これら

の不備が補完されない場合は、法定相続情報一覧図の保管および一覧図の写しの交付をすることができないため、登記官は、申出人に申出書および添付書面を返戻することとなる。また、申出人が返戻にすら応じない場合には、申出があった日から起算して3カ月を経過したのち、申出書および添付書面を廃棄してさしつかえないこととされている。

◆**法定相続情報一覧図の写しの交付**　登記官は、提供された被相続人および相続人の戸除籍謄抄本等と法定相続情報一覧図の内容を確認して、その内容が正しいときは、法定相続情報一覧図の写しを交付することとなる。

法定相続情報一覧図の写しは、具体的には、提供された法定相続情報一覧図をスキャナで読み取り、不動産の登記事項証明書にも使用されている、偽造防止措置が施された専用紙に印刷する方法で作成される。この印刷時には、法定相続情報一覧図の写しに、「これは、平成何年何月何日に申出のあった当局保管に係る法定相続情報一覧図の写しである」という認証文とともに、発行の日付、登記官の職氏名が付され、職印が押印される。さらに、「本書面は、提出された戸除籍謄本等の記載に基づくものである。相続放棄に関しては、本書面に記載されない。また、相続手続以外に利用することはできない」との注意書きが付される。

なお、法定相続情報一覧図の写し自体には、発行からの有効期間はない。

◆**添付書面の返却**　法定相続情報一覧図の写しの交付の際には、被相続人および相続人の戸除籍謄抄本、被相続人の最後の住

所を証する書面等が申出人に返却される（不登規247条6項）。

11370　再交付

法定相続情報一覧図の写しは、再交付を受けることができるか

結　論

法定相続情報一覧図の保管および一覧図の写しの交付の申出をした申出人は、法定相続情報一覧図つづり込み帳の保存期間中は、法定相続情報一覧図の写しの再交付の申出をして、その再交付を受けることができる。

解　説

◆法定相続情報一覧図の保存期間　登記官の確認を了した法定相続情報一覧図およびその保管の申出に関する書類は、法定相続情報一覧図つづり込み帳につづり込まれる（不登規18条35号・27条の6）。

また、法定相続情報一覧図つづり込み帳は、作成の年の翌年から5年間保存される（不登規28条の2第6号）。

法定相続情報証明制度を利用することで、相続登記が促進され、相続発生から相続登記が申請されるまでの期間がこれまでよりも短縮されることが期待される。そのため、法定相続情報一覧図つづり込み帳は、5年間という比較的短期の保存期間とされている。

◆法定相続情報一覧図の写しの再交付
たとえば、当初は判明していなかった被相続人名義の不動産や預貯金等について、後にそれが判明したため、あらためて相続手続をとる必要があるときは、相続人において法定相続情報一覧図の写しの交付を追加で受けたいと考える場合があり得る。

そのため、法定相続情報一覧図つづり込み帳が保存されている期間中であれば、当初に法定相続情報一覧図の保管および一覧図の写しの交付の申出をした申出人は、法定相続情報一覧図の写しの再交付の申出をすることができる（不登規247条7項）。

再交付の申出は、再交付申出書に利用目的等所要の事項を記載するとともに、再交付申出書に記載されている申出人の氏名および住所と同一の氏名および住所が記載されている市町村長その他の公務員が職務上作成した証明書を添付する。また、代理人によって申出をするときは、代理人の権限を証する書面を添付する。

なお、再交付の申出をすることができるのは、あくまで当初に法定相続情報一覧図の保管および一覧図の写しの交付の申出をした申出人である。したがって、その申出人以外の相続人が同じ被相続人に係る法定相続情報一覧図の写しを利用して相続手続をとりたい場合は、当該申出人に法定相続情報一覧図の写しの再交付の申出をしてもらうか、その申出人以外の相続人自らが法定相続情報一覧図を作成のうえ、法定相続情報一覧図の保管および一覧図の写しの交付の申出をすることとなる。

11371　戸籍の記載に変更があった場合

法定相続情報一覧図つづり込み帳の保存期間中に戸籍の記載に変更があり、法定相続

情報に変更が生じた場合の取扱いはどのようなものか

結　論

法定相続情報一覧図つづり込み帳の保存期間中に戸籍の記載に変更があり、保存されている当初の申出に係る法定相続情報に変更が生じた場合は、その申出人は、再度法定相続情報一覧図の保管および一覧図の写しの交付の申出をすることができる。

解　説

◆法定相続情報に変更が生じる場合　法定相続情報一覧図つづり込み帳の保存期間中に戸籍の記載に変更があると、それにより登記所に保管されている当初の申出に係る法定相続情報一覧図に記載された法定相続情報にも変更が生じることがある。具体的には、被相続人の死亡後に子の認知があった場合、被相続人の死亡時に胎児であった者が生まれた場合、法定相続情報一覧図の保管および一覧図の写しの交付の申出後に廃除があった場合などである。

たとえば、被相続人の死亡後に認知の請求が認容された場合は、被相続人の死亡後に、認知された子に関することが戸籍に記載されることとなるから、当初の申出において確認した戸籍の内容と差異が生じることとなる。すなわち、戸籍の記載が当初の申出の時から変わったことによって、戸籍の記載により判明し、かつ、法定相続情報一覧図に記載されるべき相続人の範囲が被相続人の死亡時にさかのぼって変わることとなる。このような場合は、法定相続情報に変更が生じたものと取り扱われる。

他方で、法定相続情報一覧図が保管された後に、たとえば相続人の1人が死亡したり、相続人の氏が変わったりした場合については、法定相続情報に変更が生じたものとは取り扱われない。

◆再度の申出　上記のように、法定相続情報に変更が生じたときは、当初の申出人は、再度、同一の被相続人に係る法定相続情報一覧図の保管および一覧図の写しの交付の申出をすることが認められている。

再度の申出においては、当初の申出同様、申出書のほか、不登規247条3項各号に掲げられる書面が必要となる。被相続人の死後、記載内容が変わった戸籍謄本は当然であるが、その余の被相続人および相続人に係る戸除籍謄抄本も、申出人に返却をしており、登記所に保管がされていないからである。

再度の申出の内容が登記官において受領され、添付された書面の内容と再度の申出に際して新たに作成された法定相続情報一覧図に記載される法定相続情報の内容とが合致するときは、登記官は、その新たな法定相続情報一覧図を保管する。これ以降、当初の申出に係る法定相続情報一覧図の写しは交付されないこととなる。

11372 金融機関にとってのメリット

銀行をはじめとする金融機関において法定相続情報一覧図の写しを利用するメリットは何か

　被相続人および相続人の戸除籍謄抄本の束を読み解く事務負担の軽減や預貯金の払戻手続の審査時間の短縮を図ることができる。

◆法定相続情報一覧図の写しの意義　法定相続情報一覧図の写しは、各種の相続手続に際して、被相続人および相続人の戸除籍謄抄本の束のかわりとして利用することができるよう、被相続人および相続人の情報を一覧にして記載した1枚または数枚からなる書面を、登記官が確認し、その写しに認証文を付したものである。

　預貯金の払戻手続の際に、被相続人および相続人の戸除籍謄抄本の束の提出にかえて、法定相続情報一覧図の写しを提出することが認められれば、被相続人および相続人の戸除籍謄抄本の束を読み解く必要がなくなるため、相当の事務負担の軽減が図られることとなる。また、相続人において一度にすべての戸除籍謄抄本を過不足なく集めることはむずかしいと考えられる。仮に、不足があれば金融機関においてつど指摘をして足りない戸除籍謄抄本の提出を依頼することとなるが、このようなやり取りについても一定程度の事務負担が生じていると思われるところ、法定相続情報一覧図の写しが作成されていれば、当該写しの提出を受けることで足りるため、この観点からも事務負担の軽減が見込まれる。結果的に、これらの事務負担の軽減が、預貯金の払戻手続に係る審査時間の短縮にもつながるものである。

◆被相続人において預貯金を複数有する場合　被相続人において預貯金をいくつかの金融機関に有している場合が考えられるところ、被相続人および相続人の戸除籍謄抄本の束は、これを一式そろえるだけでも相当な通数となるため、何式も用意して同時に払戻手続を進めることは通常想定しづらい。もちろん、金融機関においては、提出された戸除籍謄抄本についてコピーを残すなどしたうえで相続人に返却する取扱いをとることも多いと思われるが、少なくとも提出から返却までの間は相続人が次の預貯金の払戻手続を行うことを待ってもらうこととなる。

　この点、法定相続情報一覧図の写しは、無料で複数通交付されるため、仮に、被相続人において預貯金をいくつかの金融機関に有している場合であっても、それらの払戻手続を同時並行的に進めることが可能となり、相続人が次の預貯金の払戻手続を行うことを待ってもらうことがなくなるものと思われる。

各巻主要目次

【Ⅰ巻】 金融機関の定義・コンプライアンス・取引の相手方・預金 編

金融機関の法務対策5000講　　I 巻
金融機関の定義・コンプライアンス・取引の相手方・預金 編

2018年 2 月15日　　第 1 刷発行

監修者　　遠　藤　俊　英
　　　　　小野瀬　　　厚
　　　　　神　田　秀　樹
　　　　　中　務　嗣治郎
発行者　　小　田　　　徹
印刷所　　株式会社太平印刷社

〒160-8520　　東京都新宿区南元町19
発　行　所　一般社団法人 金融財政事情研究会
企画・制作・販売　株式会社きんざい
　　　　　出 版 部　TEL 03(3355)2251　FAX 03(3357)7416
　　　　　販売受付　TEL 03(3358)2891　FAX 03(3358)0037
　　　　　URL http://www.kinzai.jp/

ISBN978-4-322-13070-6

堀総合法律事務所
（HORI&PARTNERS）

当事務所は金融機関の各業態の全般に亘る業務をその柱とし、
公的機関・資源・IT会社等を始めとする顧問会社に対応する業務をその軸としています。
担当する弁護士の全体感と業態特性を踏まえた可能な限りの専門性の深化
そして事務所全体における専門性の底上げを図るため小規模事務所の特性を活かし
所内の検討会・研究会等を通じ常に知識と経験の共有に注力しています。
全てのパートナーは会社の社外役員を兼務し臨場感と
当事者意識を持った実務対応にも注力しています。

代表弁護士 **堀　裕** （内閣府公益認定等委員会委員） （国立大学法人 千葉大学 理事・副学長）	弁護士（パートナー） **藤池　智則**	弁護士（パートナー） **隈元　慶幸**	弁護士（パートナー） **安田　和弘**
弁護士（パートナー） **髙木　いづみ**	弁護士（パートナー） **野村　周央**	弁護士 **亀甲　智彦**	弁護士 **冨松　宏之**
弁護士 **関口　諒**	弁護士 **桑原　卓哉**	弁護士 **髙見　駿**	弁護士 **鈴木　咲季**
弁護士 **山内　達也**	弁護士（オブ・カウンセル） **遠藤　美光** （前千葉大学教授）	弁護士（アドバイザー） **松下　満雄** （東京大学名誉教授）　　等	

〒102-0094 東京都千代田区紀尾井町3-12　紀尾井町ビル8階
TEL：03-3261-6711　FAX：03-3261-6706
（当事務所はホームページ等は開設しておりません。）